ISBN 978-0-364-99886-1
PIBN 11289508

Abhandlungen

der

Königlichen

Akademie der Wissenschaften

zu Berlin.

—

1854.

Abhandlungen

der

Königlichen

Akademie der Wissenschaften

zu Berlin.

Aus dem Jahre
1854.

Zweiter Supplement-Band.

Berlin.

Gedruckt in der Buchdruckerei der Königlichen Akademie
der Wissenschaften.

1859.

In Commission bei F. Dümmler's Verlags-Buchhandlung.

Die

Spuren der aztekiſchen Sprache

im nördlichen Mexico

und höheren amerikaniſchen Norden.

Z u g l e i c h

eine Muſterung der Völker und Sprachen

des nördlichen Mexico's

und der Weſtſeite Nordamerika's

von Guadalaxara an bis zum Eismeer.

Von

JOH. CARL ED. BUSCHMANN.

————◈⬗◈————

Berlin.

Gedruckt in der Buchdruckerei der Königl. Akademie
der Wissenschaften.

1859.

Abgekürzte Inhalts-Überficht.

Erfter Theil.

Die Spuren der aztekifchen Sprache im nördlichen Mexico;
Darftellung der vier fonorifchen Hauptfprachen.

~~~~~~~~~~~~~

[Gelefen in der Gefammtfitzung der Akademie der Wiffenfchaften am 9 Februar 1854.]

I. Einleitung.

§ 1. Unfre Kunde von den alten Bewohnern des grofsen mexicanifchen Landes unterfcheidet urfprüngliche Völkerftämme, von Alters her dort anfäffig, über deren Herkunft die Gefchichte nichts weifs; und Völker, welche in gefchichtlicher Zeit, zum Theil erft vor mehreren Jahrhunderten, in Anahuac eingewandert find. Diefe Wanderung begann in älterer Epoche mit den Tolteken, und wurde neuer fortgefetzt von den Chichimeken und den 7 Stämmen der Nahuatlaken, deren letzter die Azteken waren. Alle diefe genannten Völkerfchaften redeten nach der gemeinen Annahme die Sprache *nahuatl*, die aztekifche oder mexicanifche Sprache; und eben fo ge_wöhnlich ift die Annahme, dafs fie fämmtlich von NORDEN oder vielmehr NORD-WESTEN her eingewandert feien. Die Vorliebe für Afien als die Wiege der amerikanifchen Menfchheit hat einigen Antheil an der Allgemeinheit diefer Meinung. Es hat aber auch nicht an folchen gefehlt, welche andere Anfichten hegten: wie feit dem J. 1794 durch Dr. Paul Felix Cabrera die Idee eines SÜDLICHEN Ausgangspunktes der Völker Anahuacs, aus dem Schoofse des Reiches Guatemala, verbreitet worden ift, und noch jetzt die Hauptrichtung einiger neueften Forfchungen und Anfichten bildet. (¹) Die Gründe mannigfaltiger Art, welche für die Einwanderung der

(¹) Der Abbé Braffeur de Bourbourg, in feinen *Lettres pour servir d'introduction à l'histoire pri-mitive des nations civilisées de l'Amérique septentrionale*, Mexico 1851. 4°, erweift (f. meine aztekifchen Ortsnamen S. 181-3): „dafs die civilifirten Völkerftämme der aztekifchen Hochebene, die Mexicaner fo wie alle nahuatlakifchen Stämme, nicht aus den Nordgegenden gekommen feyn können; fondern dafs fie aus dem Süden gekommen feien, und zwar von Tulhà, der Trümmerftadt bei Ocofingo in Guatemala." — Gegen die Herkunft von Norden fpricht fich auch Carl Barthol. Heller in einem neueften Buche: Reifen in Mexico in den J. 1845-48, Leipzig 1853. 8°, S. 380-1, aus; er erklärt die Maya-Sprache für die Sprache der Tolteken: welche nach Yucatan gegangen feien und nicht das aztekifche Idiom gefprochen haben; das Zotzil fei ein Dialect der Maya-Sprache. — Die neuen Forfchungen in den Städte-Ruinen Yucatans und Guatemala's bewirken überhaupt in den Unterfuchungen über die alte Welt von Anahuac ein Übergewicht für Guatemala. So äufsert Herr H. Ternaux-Compans (bei Gelegenheit der huaftekifchen Sprache, die

nahuatlakifchen Stämme aus dem NORDEN oder dem fernen NORDWESTEN fprechen, bedürfen daher immer noch jeder möglichen Unterftützung: um fo mehr, als fie hauptfächlich auf den Sagen der Völker beruht; und fich nicht genau einfehen läfst, wie und ob diefe nördliche Einwanderung in den hiftorifchen Malereien beftimmt dargeftellt worden ift. Ich habe in meiner Abhandlung über die aztekifchen Ortsnamen (¹) der Entwickelung der einzelnen Beweife für die Herkunft diefer Völker aus dem Norden einen ganzen Abfchnitt gewidmet. Der Beweis durch die Ähnlichkeit oder Verwandtfchaft der in den NÖRDLICHEN Gegenden Mexico's fich jetzt noch vorfindenden SPRACHEN war ein befonders wichtiges und wünfchenswerthes Glied diefer Beweisführung. Man hatte auch fchon feit längerer Zeit von dem Vorhandenfeyn aztekifcher Wörter, ja grammatifcher Ähnlichkeiten, in einigen nördlichen Idiomen, vorzüglich in zwei Sprachen in oder um die mexicanifche Provinz Sonora, der Tarahumara- und der Cora-Sprache, geredet. Es waren diefs aber allgemeine Ausdrücke: und was davon fpeciell belegt war, war fo dürftig wenig, dafs der unpartheiifche Beurtheiler getrieben wurde an der ganzen Sache zu zweifeln, da der Wege genug waren die Übereinkunft von einer kleinen Anzahl Wörter zu erklären; denn von der Grammatik wurden meift nur einzelne Ähnlichkeiten im Syfteme angegeben, wenige der Laute. Meine Darftellung diefer Sachlage, wie fie befonders nach Vater's Mithridates erfcheint, mufste daher ein negatives Anfehen nehmen. Auch hatte der gründliche Forfcher nordamerikanifcher Spra-

---

er für verwandt mit der Hauptfprache von Guatemala halten möchte) in den *nouvelles annales des voyages Année* 1840. T. 4. (Paris. 8°) p. 7 den Gedanken: es möchte Guatemala vor dem Eindringen der 7 Stämme der Nahuatlaken, welches allerdings die Verhältniffe bedeutend umgeftaltete, feine Herrfchaft bis nach Mexico herein erftreckt haben.

Ganz eigne und eigenthümliche Anfichten hat ein in Neu-York lebender Mann, Hermann E. Ludewig, in einem, für die *American ethnological society* beftimmten und von ihm Herrn Alexander von Humboldt mitgetheilten, handfchriftlichen englifchen Auffatz, von welchem ich im Sommer 1855 Kenntnifs erhalten habe, entwickelt. Sein Augenmerk und fein *khiblet (tractus conversionis)*, um mir einen Augenblick diefen koranifchen Ausdruck zu erlauben, ift auch Guatemala: aber in anderer Weife; obgleich er bei aller Eigenthümlichkeit doch Theil an den Ideen nimmt, welche Bourbourg und Heller hegen. Er betrachtet die nahuatlakifchen Völker als Ureinwohner Mexico's, und fpricht ihnen alle Wanderungen und Einwanderungen, vollends von Norden her, ab. Zwei Züge von dem Quiche-Volke wanderten nach ihm aus Tulha bei Ocofingo wenige Jahre nach einander nach zwei Punkten in Anahuac ein; diefe Tolteken nahmen die Nahuatl-Sprache an. Später habe fich das unterdrückte Volk der Ureinwohner in einer grofsen Empörung erhoben, dem toltekifchen Reiche ein Ende gemacht, und es fei an deffen Stelle das volksthümliche Reich der Chichimeken getreten: in den 3 Staaten Tezcuco, Mexico und Tlacopan, von denen Mexico die Oberherrfchaft erlangt hätte. — Ich habe den Inhalt des Ludewig'fchen Auffatzes an einer fpäteren Stelle, bei dem Pima-Volke (Abfchn. XIII § 253, b), ausführlich entwickelt, und verweife auf diefe fpätere Stelle.

(¹) „Über die aztekifchen Ortsnamen, von Joh. Carl Ed. Bufchmann." 1te Abth. Berlin 1853. 4° S. 54-74. Ich citire nach diefem befonderen Abdruck meiner Schrift, welche zwifchen den Seitenzahlen 1 und 206 läuft. Da diefelbe aber an fich, als 2 akademifche Abhandlungen, fich in den „Abhandl. der Akad. der Wiff. zu Berlin aus dem J. 1852" S. 607-812 befindet; fo bemerke ich, dafs aus meiner partiellen Seitenzahl die der akad. Abhandlungen durch Zuzählung von 606 gefunden wird.

chen, *Gallatin*, ein fcharfes Urtheil gegen alle aztekifchen Verwandtfchaften im Norden· abgelegt (¹), wie gegen jede Verwandtfchaft der tarahumarifchen Sprache (²). Ich habe damahls jegliche Äufserung eines Urtheils von meiner Seite vermieden, weil ich etwas wefentliches mitzutheilen hatte. Der Zeitpunkt dazu ift jetzt gekommen.

§ 2. Vor etwa zwanzig Jahren machte ich, ganz felbftftändig und ohne die Präcedentien zu kennen, zu meinem Erftaunen die Entdeckung· von aztekifchen Wörtern in einer Sprache, deren Name zu den feltenften gehört, welche es geben kann. Es war die CAHITA-Sprache in der mexicanifchen Provinz Cinaloa. Ich fand fie in einem Buche, welches nur Text diefer Sprache mit fpanifcher Überfetzung enthält, betitelt: *Manual para administrar á los Indios del idioma Cahita los santos sacramentos, ... compuesto por un Sacerdote de la Compañia de Jesus, Mifsionero en las de la Provincia de Zynaloa. Sacalo á luz la piedad del Alferez D. Sebaftian Lopez de Guzman, y Ayala. Impreffo en Mexico ... Año de* 1740. 12° Nur durch den Zufatz im Titel erfuhr ich die Örtlichkeit, wo die Sprache gefprochen wird; denn der Name *Cahita* oder *Chaita* (letzteres 5mahl in den Vorreden und Approbationen vor dem Buche fo gefchrieben) kommt in keinem der vielen Werke über Mexico vor, welche ich vor und nach meiner Reife ftudirt habe und von denen ich ein alphabetifches Ortsverzeichnifs befitze: in keiner Geographie oder Reife, die ich gelefen; nicht in Alcedo's grofsem geographifchen Lexicon, in keinem Sprachwerke ufw. Ich habe ihn zuerft fehr fpät in *Mühlenpfordt's* „Schilderung der Republik Mejico" gefunden, aber wieder wird man ihn auch hier

(¹) Meine azt. Ortsnamen S. 70ᵐᵐ-71ᵃ. — Indem ich hier mich der Buchftaben *mm* und *a* bei citirten Seitenzahlen bediene, habe ich dem nachfichtigen Lefer darüber eine Erläuterung zu geben. Zufolge einer Eigenheit, welche feltfam genannt werden kann, aber nützlich ift, bewirke ich bei der Anführung der Seitenzahlen fremder und eigener Schriften durch beigefetzte Buchftaben-Chiffren, dafs ich immer die beftimmte Stelle der Seite oder die *termini* bezeichnen kann, an der oder innerhalb deren der Gegenftand fich findet. Ich theile die Seite in 3 Drittel und jedes Drittel wieder in 3 Theile, und diefe 9 Theile deute ich durch folgende Buchftaben an:

a, aa, af; m, mm, mf; n, nn, nf;

für das entfchiedene Ende der Seite gebrauche ich noch das blofse f (*finis*), ohne dadurch meine Neun-Theilung zu ftören.

(²) Noch eine neuefte gewichtige Autorität, B a r t l e t t in feinem *personal narrative* (1854 II, 283), fagt der Einwanderung aus dem Norden ab; er vermifst die Begründung diefer Idee; und fpricht aus, dafs in keiner nördlichen Sprache eine Sprach-Übereinftimmung gefunden fei. Er fagt fo: *I have been unable to learn, from what source the prevailing idea has arisen of the migration of the Aztecs or ancient Mexicans, from the north into the valley of Mexico, and of the three halts they made in their journey thither. This is another idea which has been so widely promulgated that it has settled down into an acknowledged fact, although I confess I have seen no satisfactory evidence of its truth ... The traditions which gave rise to this notion, are extremely vague, and were not seriously entertained, until Torquemada, Boturini and Clavigero gave them currency; but t h e y m u s t n o w g i v e w a y to'the more reliable results from l i n g u i s t i c comparisons. No analogy has yet been traced between the language of the old Mexicans and any tribe at the north in the district, from which they are supposed to have come ...*

A 2

vergebens in dem dem 2ten Bande angehängten alphabetifchen Regifter fuchen; es
werden im 1ten Bande (Hannover 1844) S. 209ⁿⁿ im nördlichen Theile des Staates
Cinaloa angegeben die Völkerfchaften: *Tubars, Cinaloas* und *Cahitas.* Aber noch
eher ift der Name publicirt, wenn auch von mir erft vor einigen Monaten aufgefunden, durch Hrn. H *Ternaux-Compans* im Jahrgange 1841 der *nouvelles annales des
voyages* T. 4. p. 258, bei der Herausgabe eines Wortverzeichniffes diefer und andrer
mex. Sprachen, wo die Sprache *cahita* bezeichnet wird als „geredet in den nördlichen Theilen Mexico's". Ich habe vor 20 Jahren den Cahita-Text jenes feltenen
Buches, welches eine Hülfe für die Miffionare und ein *Confessionarium* feyn foll,
ftudirt, um die Bedeutung der Wörter zu beftimmen; ich hatte von ihnen ein alphabetifches Verzeichnifs mit Angabe aller Stellen (eine Concordanz) entworfen.
Unter den aztekifchen Wörtern, die ich darin erkannte, fetzten mich zwei Wörter
in grofses Erftaunen: das zufammengefetzte Verbum *tequipanoa* arbeiten (aus
tequitl Werk, Gefchäft und noch einem Theile beftehend); und das Wort *tatacoli* Sünde, fehr oft darin vorkommend, und gleich der mex. umftändlichen Bildung
tlatlacolli. Diefs Wort ift das partic. passivi des Verbums *tlacoa* oder *itla-
coa:* befchädigen, verderben 2) fündigen, Böfes thun; und bedeutet: Vergehen,
Fehler, Schuld, Sünde; es hat dem *tla* des Stammes das pron. *tla* etwas vorgefetzt. (¹) Hätte Jemand *tatacoli* als ein Wort betrachten wollen, welches der
Sprache von den, gewifs häufig des Aztekifchen kundigen, Miffionaren willkührlich
aufgedrungen wäre; fo bewies *tequipanoa* entfchieden dagegen: ein reines mexicanifches Wort für einen Begriff, bei deffen Ausdrucke durch ein einheimifches
Wort keine Verlegenheit eintreten konnte. — Meine Entdeckung an der Cahita-Sprache habe ich bis jetzt Niemandem mitgetheilt.

Nach den Schickfalen, welche meine amerikanifchen Spracharbeiten gehabt
haben, vielfach und auf lange Jahre von anderen Arbeiten, vorzüglich in den Sprachen der oceanifchen und afiatifchen Welt, unterbrochen zu werden; bin ich erft
vor wenigen Monaten zu dem Gegenftande zurückgekehrt. Als ich im vorigen Sommer das TARAHUMARISCHE Wörterbuch des Paters Matthäus *Steffel* vom Jahre
1791 und das CORA-Wörterbuch des Paters Jofeph de *Ortega* vom J. 1732, welches durch das Vermächtnifs Wilhelms von Humboldt an die Königl. Bibliothek
gekommen, anfah; fand ich fogleich eine Anzahl unbezweifelt aztekifcher Wörter:
und fah ein, dafs der aztekifche Inhalt diefer Sprachen gröfser und ficherer fei, als
es nach den dürftigen Belegen fcheinen mufste, welche der Mithridates im J. 1816
für weitgehende allgemeine Behauptungen beigebracht hatte. Es bleibt mir auch
unbegreiflich, wie *Gallatin* in Tellechea's Grammatik (Mexico 1826), — denn fie meint

---

(¹) Im Januar 1854 fand ich, dafs auch der Mithr. diefes Wortes in der Tobar-Sprache erwähnt. In der
5ten und 6ten Bitte des von Hervas gegebenen Tobar-Vaterunfers kommt auch das Wort *tatacoli* Sünde
vor, und der Mithr. bemerkt dazu (140ⁿ⁻ⁿⁿ): „In eben diefer und der folgenden Bitte ift *tatacoli* ohne
Zweifel aus dem Mex. *tlatlacolli* entweder durch die Miffionäre übergangen, oder ftammverwandt."

er gewiſs unter der in ſeinem Beſitz befindlichen Tarahumara-Grammatik —, nicht einige aztekiſche Wörter der Sprache aufgefunden hat. (¹) Ich nahm hinzu eine vierte Sprache, die TEPEHUANA oder TEPEGUANA, aus dem nördlichen Sonora und Neu-Biscaya, deren wichtiges und einziges Hülfsmittel die hieſige Königl. Bibliothek der Sorgfalt und dem wiſſenſchaftlichen Eifer ihres jetzigen Oberbibliothekars, Herrn Dr. Pertz, verdankt: des Paters Benito Rinaldini *Arte de la lengua Tepeguana, con vocabulario, confessionario, y catechismo;* Mexico 1743. 4° min. Ich fand auch in dieſer Sprache ſogleich denſelben Antheil aztekiſcher Wörter. Am 10 October 1853 ward ich durch einen Zufall darauf geführt, daſs in den *nouvelles annales des voyages Année* 1841 T. 4. p. 260-287 ſich ein Wortverzeichniſs der CAHITA-Sprache findet, mitgetheilt von Herrn Ternaux-Compans und gezogen aus einer im J. 1737 zu Mexico gedruckten Grammatik: *arte de la lengua Cahita.*(²) Ich gewann dadurch einen höchſt erfreulichen Vorrath feſter und ſicherer Wörter aus dieſer Sprache.

Ich erkannte auch ſehr bald, daſs die vier genannten Sprachen, obwohl ſie in zwei Gruppen weit aus einander liegen: die TARAHUMARA und TEPEGUANA im nördlichen Theile der mex. Provinz Sonora und in Neu-Biscaya, die CAHITA im nördlichen, und die CORA im ſüdlichen Cinaloa oder viel mehr ſchon in Guadalaxara; unter einander genau VERWANDTE Sprachen ſind. Ich habe die ſo von mir vereinigten koſtbaren Hülfsmittel, deren verſchiedene Mangelhaftigkeit und Unzulänglichkeit ich weiter unten (Abſchn. II § 19-26) entwickeln werde, ſorgſam durchforſcht und bearbeitet. Ich liefere von den vier Sprachen: welche ich um einer gemeinſamen Benennung willen unter dem Namen der NORDWESTLICHEN mexicaniſchen, der Sonora- oder SONORISCHEN Sprachen zuſammenfaſſe: mit dem Rechte, weil die Intendantſchaft *Sonora* des Vicekönigreichs Neuſpanien die Provinzen Sonora (im engeren Sinne) und Cinaloa zuſammenbegriff; ein gemeinſames Wörterbuch (mit vorangeſtelltem Deutſchen), und einen Abriſs einer gemeinſamen Grammatik, gezogen aus meinen einzelnen 4 Grammatiken. Ich erfülle ferner die Hauptaufgabe, welche der gewählte Titel meiner Abhandlung unrichtig als einzige ausſpricht, den AZTEKISCHEN BESTANDTHEIL dieſer vier Sprachen genau zu verzeichnen und zu beleuchten. Wenn ich dieſen aztekiſchen Beſtandtheil in den Sprachen *Cahita* und *Tepehuana* allein aufgefunden habe (der letzteren Sprache konnte der Mithridates nur ¼ einer Seite widmen, und Hervas wuſste von ihrem

---

(¹) Wenn auch in Tellechea's Buche keine Stelle iſt, wo ſich die mexicaniſchen Wörter günſtig und reichlich darbieten, ſo ſtellen ſich doch mehrere ſchon dem oberflächlichen Blick und leicht dar: *mucucu* ſterben mit Formen in *muqui-* pag. 4, *machi* wiſſen 10, *cocorá* krank werden 32, *cochi* ſchlafen 33.

(²) Mich führte darauf eine Notiz in der 2ten Ausg. von Vater's Litteratur der Lexica und Grammatiken (Berl. 1847) unter Tarahumara (S. 540), wo die Tarahuma-Wörter nachgewieſen waren, welche Ternaux in Einer Liſte mit den Cahita-Wörtern in jenem Bande der *nouv. annales des voy.,* nur in einer anderen Columne, gegeben hat. Auch die Cahita-Sprache fand ſich dann nach Ternaux's Mittheilung da aufgeführt (S. 471).

Charakter gar nichts zu ſagen(¹)); ſo werde ich in einer zweiten Abhandlung,
welche ich die Hoffnung hege in ein paar Monaten der geehrten Verſammlung vortragen zu dürfen, die aztekiſchen Affinitäten auch in dem HÖHEREN MEXICANI-
SCHEN NORDEN (nach dem alten Umfange des Landes) und ÜBER DENSELBEN
HINAUS verfolgen; und ich glaube auch in dieſen Entdeckungen keine Vorgänger
zu haben.

§ 3. Der Vorrath AZTEKISCHER WÖRTER iſt mit dem Fortſchreiten
meiner Arbeit in den VIER SPRACHEN zu einem nie geahndeten Umfange angewach-
ſen. Aus der Sicherheit entſtand der Muth, aus der Übung die Erfahrung, und
ſpäter trat die Kühnheit hinzu. Wenn ſo viel ſchon ähnlich war, konnte man ſich
ſagen, ſo muſs es auch noch mehreres ſeyn; wenn ſtarke Buchſtaben- und Form-
Veränderungen unläugbar vorkommen, ſo kann man der äuſseren Geſtalt der noch
ſich ſträubenden Wörter auch noch mehr bieten. Ich lieſs aber die Vorſicht und
Entſagung mit der Kühnheit Hand in Hand gehn.

Ich biete in einem folgenden Abſchnitte etwa 170 AZTEKISCHE WÖRTER
dar, welche ich in den vier mexicaniſchen Nordweſt-Sprachen aufgefunden habe; ich
werde unten (III § 40) nachweiſen, daſs bisher (durch den *Mithridates*) nur 16
ſichere und richtige aztekiſche Wörter in den 2 Sprachen *Tarahumara* und *Cora*,
den einzigen, von denen man gröſsere Hülfsmittel benutzen konnte, aufgezeigt worden waren. Was von den 170 Wörtern als der Täuſchung und dem Zufalle angehörig abgehn möchte, wird aus einem zweiten von mir aufgeſtellten Vorrathe von
etwa 70 Wörtern erſetzt, die aber rein HYPOTHETISCH ſind und an die keine
Behauptung noch Glaube ſich knüpft. Es ſind nicht 170 Wörter in allem, in den
vier Sprachen ſummirt; ſondern ſo viele einzelne mexicaniſche Wörter, deren kleinere
Hälfte (etwa 82) in allen 4 Sprachen zugleich, in dreien oder zweien von ihnen ſich
findet; die gröſsere Hälfte (etwa 59) gehört einer einzelnen Sprache an: und ſo
vereinzelt habe ich, wie eine unten (Abſchn. V § 61) mitzutheilende genaue Berechnung nachweiſt, 322 einfache aztekiſche Wörter durch die 4 Sprachen zerſtreut aufgefunden und einzeln entdeckt. Die aztekiſchen Wörter ſind nicht vereinſamt in
dieſen Sprachen, ſondern ſie ſind meiſtentheils die Träger von Derivationen: ſo viele
ſolcher die Natur des Wortes, ſein Begriff, veranlaſſen konnte; dieſe Weiterbildung
des aztekiſchen Wortes iſt auf dem Wege der einheimiſchen Grammatik, durch die
jeder Sprache eigenthümlichen Endungen und Vorſätze, geſchehen. Ich habe bei
einer Anzahl von Wörtern dieſe Derivata maſſenhaft, bei den übrigen nur einzelne
beiſpielsweiſe angegeben. Rechnet man die Derivata mit, ſo ſind es vielleicht über
700 Wörter, die ich einzeln und *ſucceſſive* in den vier Sprachen zuſammen als
aztekiſchen Urſprungs habe fixiren müſſen. Man erwäge nun, was nach der Mangelhaftigkeit meiner Hülfsmittel an der Durchführung vieler Wörter durch die vier

---

(¹) S. ſeinen *saggio pratico delle lingue* 1787 p. 69ᵐ und unten II § 15, 2te Anm.

Sprachen, und an der Zahl von 170 und der Derivata noch fehlen mag! Manches wird auch noch weiter in dem Vorhandenen als ähnlich erkannt werden. Der INHALT diefes aztekifchen Beftandtheils ift von fchwerem Gewicht. Es find gröfstentheils nicht folche Wörter, welche wir anderwärts in reichen Erfahrungen aus Sprachen höherer Bildung oder eines ftarken Einfluffes erborgen feben; es find faft niemahls Wörter der geiftigen Welt angehörig: wie der gröfste Theil des ungebeuren Beftandtheils ift, welchen die perfifche Sprache aus der arabifchen entliehen hat. Nicht nur (bis auf wenige) lauter Wörter der finnlichen Welt find diefe 170 aztekifchen; fondern es find grofsentheils Subftantiva und Verba der einfachften und wichtigften menfchlichen Gegenftände und Handlungen, die erften und nächften Begriffe des Lebens. Wir werden fie unten kennen lernen. Das Einzelne wie das Ganze vermag in Erftaunen zu fetzen. Erftaunend find ferner Reihen von Analogien, welche das aztekifche Wort in beiden Gebieten, dem einheimifchen wie dem nordweftlichen, als eine fcharf gezeichnete Individualität, durchläuft: wie ich diefs an dem Worte *miqui* fterben zeigen werde.

Die Übereinftimmung der Nordweft-Sprachen mit dem *nahuatl* hat aber ihre GRÄNZEN; man mag noch fo kühn weiter zu fchreiten verfuchen: man fieht bald, dafs man fich zurückhalten und entfagen mufs. Die aztekifchen Ähnlichkeiten fallen dem Suchenden auch nicht fo leicht und fo maffenhaft zu, als man glauben könnte. Es gehört eine fcharfe Aufmerkfamkeit dazu; und als ich an einem gewiffen Punkte in dem Tepeguana-Wörterbuche angelangt war, konnte ich mit allem Sinnen und Wagen nur noch wenige Wörter bis zu deffen Ende herausfinden. Der Zufammenhang und die Ähnlichkeit der 4 Sprachen mit der mex. hat auch im einzelnen oft ein mittleres Ziel ('); manche wichtige Züge gebören entfchieden nur einigen diefer Sprachen an, die anderen Sprachen bleiben aus ('). Die Frage, warum fo viele Begriffe, welche nach dem Vorgange anderer oder bei Völker-Gemeinfchaft übereinftimmen müfsten, mit EINHEIMISCHEN Wörtern belegt werden ('), darf bei der Maffe des Ausgefchlofsnen gar nicht erhoben werden. Gerecht ift es dennoch zu fragen: woher diefe Gränze und wonach hat fie fich beftimmt? Das aus den fonorifchen Sprachen von mir Ausgelefene bildet, bei allem Umfange und bei aller Einfachheit vieler Wörter, doch nur einen kleinen Theil des aztekifchen Sprachgehaltes; und wiederum ift bei weitem die gröfste Maffe jener Nordfprachen ein ihnen allein angehöriger, fich jeder Vergleichung mit der mex. Sprache entziehender Schatz: deffen weitere Verzweigung in der nordamerikanifchen Völkerwelt ich im 2ten Hauptbeile

---

(') So wird man bei den Compofitis mit *miqui:* träumen, hungern, durften ufw. (f. diefen Artikel unten in IV § 56) nicht finden, dafs ein einziges diefer Wörter auch im erften Theile übereinftimmt; jede der Sprachen, auch unter fich, hat befondere Wörter vorn.

(') So findet fich *namiqui* mit feiner Kette von Begriffen (IV § 56 diefer Art.) nur im Tepeguana und Cora; ein wenig habe ich von ihm fpäter auch in der Tarahumara entdeckt.

(') Dahin gehören der Mais und alle Ausdrücke von ihm, feine Bereitungen ufw.

dieſes Werks betrachten werde. Wohl ſelten oder nie iſt ein ähnliches Verhältniſs zwiſchen zwei Sprachmaſſen, wie es hier vorliegt, in unſre Beobachtung gekommen; wir blicken es an ſtaunend und rathlos.

§ 4. Es offenbaren ſich auch merkwürdige und unläugbare ÜBEREINSTIM-MUNGEN mit dem AZTEKISCHEN in GRAMMATISCHEN Punkten und Lauten; die Cora-Sprache zeigt vorzugsweiſe deren mehrere. Ich werde dieſe Anologien in einem eignen Abſchnitte mit Gerechtigkeit entwickeln, ſie aber durch eine ſcharfe Kritik lichten. Ich lege den geringſten Werth auf Übereinſtimmungen im grammatiſchen Syſtem, auch in den Lauten der perſönlichen Pronomina: weil beides ſo ſehr ein gemeinſames Erb-theil aller oder vieler Sprachen des Welttheils iſt: aus Gründen die wichtig genug ſind, die wir aber noch nicht erfaſſen können. Es bildet aber das Ganze ein nicht zu verachtendes Aggregat; und es bleibt nach aller Abſonderung ſo mancherlei übrig, was in ſeiner Beſonderheit und Individualität eben ſo wie bei den Wörtern in voll-ſtändiges Erſtaunen verſetzt: darum, weil der ganze übrige Theil der Grammatik nichts mit der aztekiſchen gemein hat. Das grammatiſch Vergleichbare iſt jedoch un-gleich wenigeres; faſt das ganze Gebäude, des Aztekiſchen auf der einen Seite und der vier Sprachen von Cinaloa und Sonora auf der anderen, zieht ſich in SELBST-STÄNDIGKEIT auf ſich zurück. Die Ableitungs-Endungen der Subſt., Adj. und Verba; die Endungen und die Bildung der Verbalformen; die grammatiſchen Wörter wie die Poſtpoſitionen: welche wir an der Azteken-Sprache kennen; ſie bleiben alle für ſich. Wie ganz anders müſſte es in den Nordweſt-Sprachen ausſehen, wenn dieſes groſse grammatiſche Gebiet Übereinſtimmung hätte! Dieſe Nordſprachen, einig in ſich in einer genauen Verwandtſchaft, deren Auffindung ich als ein zweites bedeutendes Reſultat meiner gegenwärtigen Arbeit betrachte, haben ihre EIGNE GRAMMATIK, ihre eignen grammatiſchen Laute und Weiſen; ich muſs aber weiter, und als ein drittes Reſultat, hinzuſetzen: daſs ſie, obgleich in vielem gemeinſam auf-tretend, mehr, als man irgend denken kann, in dieſen Lauten, Weiſen und Forma-tionen VON EINANDER ABWEICHEN, und ſich oft jede auf ihre einzelne Eigen-thümlichkeit zurückziehen.

Was uns in unſren europäiſchen Überzeugungen am meiſten bei dem hier vorgeführten Schauſpiel erſchreckt, iſt die ERBORGUNG von GRAMMATIK in einer beliebigen Auswahl. Ich wanke in meiner Entſcheidung, aber ich bin nicht un-ſchlüſſig. Wenn, wie es vom Cora erwieſen iſt, Eine Sprache in grammatiſcher Ausſtattung und der Bekleidung mit grammatiſchen Lauten aus dem Azteken-Idiom den anderen weit voranſteht; ſo finden wir in dem, was wir ſo ungern zugeben mögen, eine Waffe der Abwehr. Denn es iſt dadurch die fremde Natur deſſen, was uns ſo ſehr zur Annahme der Sprachverwandtſchaft drängt, bekundet; und er-wieſen das einheimiſche Fundament, wie die Selbſtſtändigkeit der ſonoriſchen Sprachen.

§ 5. In dieſen anomalen Erſcheinungen halte ich die hier betrachtete Sprachmaſſe feſt. Ich glaube in ihnen eine Aufklärung über die unbegreifliche VEREINZELUNG

und Zerfplitterung der AMERIKANISCHEN IDIOME zu finden. Wird es dem Ureingebornen des grofsen neuen Welttheils so leicht fremden Stoff, körperlichen wie
geiftigen, in feine Sprache ein- oder an diefelbe anzufügen? oder fie ABZUÄNDERN,
äufserlich und innerlich, wie nach einer Laune? Ich möchte im Hinblick auf die
vorliegenden Thatfachen die Frage bejahen; es giebt in den Lebensverhältniffen der
amerikanifchen Menfchheit Elemente genug, welche diefe lebhafte und plötzliche Entwickelung, fo wie den jähen Übergang in fogar willkührliche Formen herbeiführen
und dazu treiben. Wenn ich mich zu einer Bejahung der kühnen Frage neige, fo
ift es mit aller nöthigen Scheu; ich durfte aber nicht davon abftehn den Gedanken,
der fo vieles erklärt, hier niederzulegen; er wird bei weiteren Forfchungen feine
Prüfung erfahren. Das, was hier zugegeben werden foll, wiffen wir wohl, dürfen
wir fonft nie wagen in Sprachunterfuchungen einzumifchen oder gelten zu laffen.
Eine Sprache, welche folchen Wortftoff, als ich in den Sonora-Sprachen und dem
nahuatl aufweife, noch dazu angewurzelt, und in vollem Triebe reicher Verzweigung
und Weiterbildung, mit einer anderen gemein hat, mufs ftammverwandt mit ihr feyn;
ihre Grammatiken können nicht verfchieden feyn. Und wiederum kann der grammatifche Bau und können die grammatifchen Laute äufserlich fo nahe verwandter Sprachen, wie es die 4 Nordweft-Sprachen unter einander find, kaum fo von einander
abweichen und vereinzelt daftehen, als fie in einem grofsen Theile ihres grammatifchen Stoffes zeigen.

§ 6. Ich nahe mich dem Schlufs diefer allgemeinen Betrachtungen. Es bleiben
aber noch einige Hauptpunkte zu erörtern übrig. In welchem ZUSTANDE erfcheint
der AZTEKISCHE STOFF im Norden? in welchen Sprachen erfcheint er reiner oder
häufiger, in welchen mehr zerrüttet oder fparfamer? Genau und verftändlich laffen
fich diefe Fragen, wie es gefchehen wird, erft weiter unten, nach Vorführung des ganzen Materials, beantworten. Am reichften und nächften ift die *Cora*-Sprache mit
aztekifchem Wort- und grammatikalifchen Stoff ausgeftattet. Die Form der aztekifchen Wörter ift in den 4 Sprachen nicht anders befchaffen, als wir es bei fremden Beftandtheilen der Sprachen gewohnt find: bald fehr rein erhalten, bald mehr
entftellt und verwahrloft; ich werde unten einige Spuren einer irrenden, unficher
gehenden Behandlung, einer fogenannten Zerfahrenheit, wie es mit etwas Fremd-
artigem natürlich ift, angeben. Welches, darf weiter gefragt werden, ift der Zuftand,
in welchem, die Ausbildungsftufe, auf der wir die Sprache der Azteken in den nordifchen Beftandtheilen überrafchen? Auch diefes wird unten von mir im einzelnen
beantwortet; ich führe bemerkenswerthe Punkte und Befonderheiten an, aber von
einer niederen und frühen Stufe kann bei dem Anblicke ausführlicher Wörter und
Compofita wenig die Rede feyn: wir müfsten denn frühere und fpätere Perioden
des Einfliefsens von Wörtern unterfcheiden.

Eine vollkommen gerechte Frage ift die: ift der gemeinfame Wort-Antheil und
der geringe grammatifche aztekifche Stoff in die Sprachen von Guadalaxara, Cinaloa,

Sonora und Neu-Biscaya als FREMDER aufgenommen? oder nicht vielmehr ein
SONORISCHER Sprachbeftandtheil, welcher in das Idiom der Azteken gelangt ift?
Es ift eine Frage von höchft fchwieriger Beantwortung ftarken Zweifeln und einem
Gegner gegenüber. Ich unternehme es nicht fie in regelrechter Weife zu erörtern.
Ich entfcheide nur, da ich auch nichts von vereinzelter Beimifchung fonorifcher
Wörter in die mexicanifche Sprache beobachtet, nach unfrer ganzen bisherigen Stellung zu dem Gegenftande, nach meiner Anfchauung von dem nahuatlakifchen Idiom,
und indem ich die Lautverhältniffe jenes aztekifchen Antheils in den Nordfprachen
vor Augen habe: dafs wir bis jetzt die grofe aztekifche Sprachbildung als eine fefte
und gebietende Einheit betrachten müffen, welche wohl anderwärts tiefe Eindrücke
hinterlaffen konnte, von deren Modificirung durch andere Idiome wir aber bis dahin
noch keine Belehrung haben.

§ 7. Sind die aztekifche und die fonorifchen Sprachen STAMMVERWANDT? Es
ift oben gewagt anzudeuten, dafs man den amerikanifchen Idiomen fowohl in Wortbefitz als in grammatifchen Lauten und Wörtern bedeutend viel zumuthen könne? —
Der Abftand ift zu grofs, des Befonderen und Nationalen auf jeder Seite zu viel:
als dafs an diefe Entfcheidung zu denken wäre. Das Volk der Azteken oder irgend
ein nahuatlakifcher Stamm ift aus der Gemeinfchaft fonorifch-cinaloifcher und anderer
Völker zu irgend einer Zeit herausgetreten, nachdem er lange in ihrer GEMEIN-
SCHAFT gelebt und auf ihre Sprachen einen tiefgehenden, kaum irgendwo bisher von
uns wahrgenommenen, charakteriftifch amerikanifchen Einflufs ausgeübt hatte. Das
grammatifch Übernommene läfst uns für diefe Verbindung eine fehr alte Zeit ahnden.
Dafs diefes Zufammenleben aber nur in den Gebirgen der Tarahumara und Nayarits
ftatt gehabt habe, ift aus Gründen zu bezweifeln, welche erft erkannt werden können, wenn ich die Entdeckungen mitgetheilt haben werde, die mir im höheren Norden geglückt find.

Ich bleibe in diefem 1ten Haupttheile bei den VIER VÖLKERSCHAFTEN
und SPRACHEN der TARAHUMARA, TEPEGUANA, CORA und CAHITA
ftehen; ich zerftreue mich hier auch nicht durch die Erwähnung von Nachbar-
fprachen, in denen man Verwandte derfelben und ebenfalls aufgenommene aztekifche Wörter nachweifen kann. Der Glaube an die Herkunft der Nahuatlaken
aus dem NORDEN oder NORDWESTEN([1]) hat eine ftarke Stütze gewonnen; die
Coras werden uns genannt unter den uranfänglichen Völkern der mexicanifchen Erde
(f. azt. Ortsn. S. 19ⁿ). Eine grofe SPRACHVERMISCHUNG ift es mir gelungen in
den bisher meift fo felbftftändig, fo unvermifcht auftretenden amerikanifchen Idiomen
aufzudecken; und darüber hinaus eine Spracherfcheinung von erftaunender ABNOR-
MITÄT und Neuheit. Abgefehen von diefen Erfolgen, erfcheint für fich fchon die
genaue und SPECIELLE DARSTELLUNG irgend einer Sprache des neuen Continents,

---

([1]) S. unten (1te Anm. zu III § 37) die ausführliche Stelle von Ribas.

gefchweige denn eines Sprach-Complexes, welcher ein neu auftauchender SPRACH-STAMM genannt werden darf, in der Weife unfrer deutfchen Wiffenfchaft hinlänglich gerechtfertigt.

Nach diefer ALLGEMEINEN DARSTELLUNG werde ich den Dingen in einer SPECIELLEN ENTWICKLUNG der einzelnen Capitel näher treten.

II. Erläuterungen über die vier Nordweft-Sprachen.

§ 8. Ich beftimme zuerft die GEOGRAPHISCHE Örtlichkeit, in der wir die einzelnen Sprachen und die fie redenden Völkerfchaften antreffen.

Die fpanifche Intendantfchaft SONORA begriff in fich die drei Provinzen: füdlich *Cinaloa*, vom Rio del Rofario bis zum Rio del Fuerte; *Oftimuri* (einen fchmalen Strich) nördlich darüber, vom Rio del Fuerte bis zum Rio Mayo; darüber die grofse Provinz *Sonora*, den Namen im engeren Sinne genommen. Die ganze Intendanz: *Chiametla, Culiacan, Cinaloa, Oftimuri, Sonora, Pimeria baxa* und *alta:* fo in einzelne Theile aufgelöft, gehörte nach Alcedo zum Reiche *Neu-Biscaya* (f. im 2ten Haupttheile XIII § 205); deffen zweite grofse Ingredienz *Durango* und *Chihualua* bildeten. Über Cinaloa und Sonora haben wir zwei wichtige alte Quellen: den Bericht über die Expedition nach Cibola vom J. 1540, in des Pedro de Caftañeda de Nagera *relation du voyage de Cibola entrepris en 1540* (gehörig zu den *voyages, relations et mémoires originaux pour servir à l'histoire de la découverte de l'Amérique, publ .... en français par H. Ternaux-Compans).* Paris 1838. 8°; und Arricivita's *cronica serafica del colegio de Querétaro,* Mexico 1792. fol.

Ich liefere eine kurze Überficht der Data in CASTAÑEDA'S Bericht: Th. I. Chichictale (über diefen aztekifchen Namen handle ich unten III § 50) letzte Stadt nach der Seite der Wüfte pag. 12ᵃ. Der Zug geht über Chiametla, Culiacan; die Armee kommt nach der Stadt Sonora, Cibola. — Pedro de *Tobar* entdeckt Tufayan oder Tutaliaco; Tufayan ift eine Provinz (58) 25 *leguas* von Cibola; da follten wieder 7 Städte feyn. — Der General nimmt die Richtung nach Tutahaco, läfst die Armee durch Don Triftan nach Tigueux führen; diefes wird belagert und eingenommen. — Gefandtfchaft aus dem Thal von Sonora. — Die Armee bricht nach Quivira auf; fie geht nach Tigueux zurück; der General kommt nach Quivira. — Andre Expeditionen gegen Norden werden verfucht.

Th. II. Befchreibung der Provinzen, Berge und Dörfer diefer Völker, ihrer Religion und Sitten p. 145-196: 1) Culiacan 149 2) Petatlan 155 3) Chichilticale (wie der Verf. hier fchreibt) und die Wüfte von Cibola 161. In diefer Landfchaft CHICUILTICALE wird ein grofses Haus erwähnt, welches Hr. Ternaux für die *casa grande* am Rio Gila zu halten fcheint; denn in einer Anm. (161) verweift er auf feinen append No VII, feinen Auszug aus Pedro Font's Tagebuch (in der *Cronica de Queretaro*): und diefen liefert er p. 583-6 als: *notice sur la grande maison dite de Moctecuzoma.* Es ift die Stelle franzöfifch, welche ich in meinen aztekifchen Ortsnamen S. 61 im fpanifchen Original geliefert habe.   Caftañeda fagt folgendes über diefe Örtlichkeit: *Le nom* (161) *de Chichilticale fut donné autrefois à cet endroit, parce que les religieux trouvèrent, dans les environs, une maison qui avait été longtemps habitée par une peuplade qui venait de Cibola.   La terre de ce pays est rouge* (162); *la maison était grande, elle semblait avoir servi de forteresse.   Il paraît qu'elle fut détruite anciennement par les habitants, qui forment la nation la plus barbare que l'on ait encore trouvée dans ces parages.   Ces Indiens habitent dans des cabanes isolées, et ne vivent que de chasse; tout le reste du pays est désert et couvert de forêts de pins.*

4) T i g u e x (fo hier, 163), dazu Provinz Q u i r i x; 5) C i c u y é 175: diefer Ort ift von Häufern von 4 Stockwerken, mit flachen Dächern und Balconen 176; f. über ein zerftörtes Dorf 178; 6) Verzeichnifs der Dörfer auf der Route 181; 7) Ebenen und Völker 187; 8) Q u i v i r a 193 (¹).

T h. III.   Begegniffe des Francifco Vazquez *Coronado* 197-246 (Marfch der Armee).

A p p e n d i x des Herausgebers, Hrn. Ternaux-Compans, p. 247-386; davon find herauszuheben: Bericht des *Marcos de Niza* 256-282, Briefe des Ant. de *Mendoza* an Kaifer Carl V 285-298, Bericht von Fern. *Alarcon* 299-348, Briefe des Vazquez *Coronado* 349-363, Bericht von Juan *Jaramillo* 364-382; endlich die oben fchon erwähnte *notice sur la grande maison dite de Moctecuzoma* 383-6.

In dem zweiten Werke, A R R I C I V I T A'S *Cronica serafica de Queretaro*, wird von *Sonora* gehandelt p. 394-412 und 554-575; ich gebe fpäter (XIII § 287) Auszüge aus ihm, welche das nördliche Sonora und die Länder des Gila und Colorado betreffen.

Ein drittes älteres Werk, das die Verfaffer des Mithridates benutzt haben, das aber weder die hiefige noch die Dresdner königl. Bibliothek befitzen, ift: Ign. P f e f f e r k o r n's Befchreibung der Landfchaft Sonora, fammt andern merkwürdigen Nachrichten von den innern Theilen Neufpaniens, und Reife aus Amerika bis in Deutfchland. Bd. 1. 2. Cöln 1794. 8°, mit einer Karte.   Eine neue Schilderung Sonora's (mit Cinaloa) hat Hr. T e r n a u x - Compans gegeben (²), in der Geftalt eines Briefes aus Mazatlan, in den *nouvelles annales des voy. Année* 1842 T. 3. p. 290, befonders 312-334; und eine neuefte enthält das, von mir unten (XIII § 193) näher

---

(¹) Die Stelle wird fo eingeleitet (182): „*Avant de parler de la plaine où sont les bisons, il est je crois nécessaire de faire l'énumération de tous les villages dispersés dans le pays, et dont les maisons sont de plusieurs étages.*" „C i b o l a ift die 1te Provinz, fie enthält 7 Ortfchaften (*villages*); T u c a y a n 7 (182), der Felfen A c u c o 1, T i g u e u x 12, T u t a h a c o 8 (diefe Örter liegen den Flufs abwärts), Q u i v i x 7, in den Schneebergen 7, X i m e n a 3, C i c u y é 1, H e m e s 7, *Aguas Calientes* 3, Y u q u e y u n q u e im Gebirge 6, V a l l a d o l i d oder B r a b a 1, C h i a 1.   Diefs macht zufammen 70." p. 187-192 wird das Geographifche diefer Gegenden und des Gebirges näher beftimmt.   Von Chichilticale (wo das Gebirge anfängt) bis Cibola find 80 *leguas*, von da bis nach Cicuyé (der letzten Ortfchaft) 70, von Cicuyé zum Beginn der Ebenen 30.   In diefen Ebenen irren eine kleine Zahl Indianer herum, genannt Q u e r e c h o s und T e y a s. „Q u i v i r a (193) *est situé au couchant des ravins où nous avons été, au milieu des terres qui touchent aux montagnes qui bordent la mer.   Tout le pays, jusque-là, n'est qu'une seule plaine; c'est à Quivira que l'on commence à apercevoir les montagnes.*" Hier find Indianer (194) ähnlich den Teyas.

(²) Ternaux giebt der Provinz 120,000 Einwohner, davon die Hälfte Indianer (312).

zu befprechende, reiche Werk des Hrn. John Ruffell Bartlett: *personal narrative of explorations and incidents in Texas, New Mexico, California, Sonora, and Chihuahua;* Vol. 1. 2. *New York* 1854. 8°.

§ 9. Über CINALOA fagt ALCEDO in feinem *diccionario geográfico-histórico de las Indias occidentales ó América* T. I. Madrid 1786. p. 581-3 folgendes: Cinaloa, Provinz und *gobierno* von Neufpanien: liegt zwifchen Weft und Nord von Mexico, wovon es 300 *leguas* entfernt ift. Es nimmt in Länge, fo weit es zum Evangelium bekehrt ift, 140; in Breite 40 *leguas* ein. Im Often hat es die ungemein hohen Gebirge von *Topia,* die fich gegen Norden fenken; im Weften umfchliefst es der Meeresarm, der Californien heifst *(que tambien va dando vuelta al N);* im Mittag hat es die Stadt *Culiacan;* und im Norden die unzähligen Indianer-Völker, deren Gränze unbekannt ift. Diefe Provinz beginnt im 27° N. Br. und geht bis zum 32°: zu der Gränze, wohin die Miffionare gedrungen find [diefe Beftimmung geht hoch in das eigentliche Sonora hinauf!]. Die Temperatur ift in hohem Grade warm, ungeachtet in den 2 Monaten December und Januar die Kälte grofs ift. Es regnet wenig, befonders an der Küfte: gewöhnlich 4- bis 5 mahl des Jahres; woraus eine fo grofse Dürre in dem Lande entfteht, dafs es unbewohnbar feyn würde ohne die vielen waffer-reichen Flüffe, die es bewäffern und gefund machen. Der gröfste Theil ift ebener Boden ... mit dichten Wäldern von 3-4 *leguas,* worin fich Färbeholz, Ebenholz und andre Hölzer finden; und welche Leoparden, wilden Schweinen, Hirfchen und Kaninchen, wilden Katzen, Coyoten, vielen Schlangen (582) und Vipern zum Zuflucht dienen. In den Thälern findet fich eine Menge von Vögeln: Wachteln, Turteltauben, Fafanen, Kranichen, Papageien, *guacamayas* ... mit gefchätztem Gefieder zum Schmuck; und eine unendliche andre Mannigfaltigkeit von Geflügel. Die Flüffe, welche alle von den Gebirgen von *Topia* herabkommen, wachfen in der Regenzeit zu 2-3 *leguas* Breite an; diefe Überfchwemmung pflegt 8 Tage zu dauern: während welcher Zeit, bei dem Mangel von Bergen und Anhöhen, die Indianer eine Terraffe von Brettern und Erde auf den Bäumen errichten, um Feuer zu machen. Das Land hat viele Salinen, Silbergruben, die aus Mangel an Arbeitern nicht gebaut werden. Es war diefe Provinz durch viele Nationen von Indianern bevölkert, welche ihre Dörfer und Hütten an dem Ufer der Flüffe hatten. Sie lebten von Maishau; zogen auch fehr füfse und gefchmack-reiche Kürbiffe, *frixoles:* und eine Art wilder *algarrovilla,* die fie *mesquites* nennen, und zer-kleint mit Waffer nach Art der Chocolate tranken. Auch dient ihnen eine andere Pflanze, welche fie *mezcal* nennen, zur Annehmlichkeit, ähnlich der *savila,* obgleich es davon mannig-fache Arten giebt: aus welcher fie Wein, Honig und Effig bereiten; aus ihren Blättern *(pencas)* machen fie Zwirn *(hilo)* und aus den Spitzen Nadeln *(agujas).* Das Land hat einen Überflufs an Nopalen, *pitahayas* und andren Pflanzen; auch giebt es viele der europäifchen hier. Alvar Nuñez Cabeza de Vaca war der Erfte, der, als er Schiffbruch litt, auf feiner Wanderung von Florida nach Mexico diefe ausgedehnte Provinz entdeckte (1); und auf feinen Bericht fandte der Vicekönig Don Antonio de *Mendoza* Entdecker in fie ab. Im J. 1590 gingen die *regulares* der Gefellfchaft (Jefu) in fie ein, um das Evangelium zu predigen: welche ihre Eingebornen bekehrten, indem fie eine Miffion gründeten ... Die Hauptftadt ift die *Villa de San Felipe y Santiago."* Alcedo nennt aufserdem (582nf-3af) in Cinaloa 40 Ortfchaften, welche ich in alphabetifcher Reihe liefere: 1) Örter mit Heiligennamen oder andren fpanifchen:

(1) Diefs war im Jahre 1546.

Real de Alamos, Santa Ana, Concepcion, Real de los Frayles, Guadalupe, San Ignacio, Loreto, Santa Maria, San Miguel, Montes Claros, Noguera, Toro, Vaca, Valle umbroso; 2) einheimiſche Namen: *Achogoa, Batacofa, Bocaverito, Camoa, Canamoas, Caurimpo, Charay, Chigunguilla* (wohl mit ſpan. Diminutiv-Endung), *Chinipas, Cuytes, Guarabe, Guazapares, Haomé, Jatebo, Mayo, Mochicahui, Mocorito, Mocoyaguy, Navajoa, Oconsoni, Sivirijoa, Tecia, Tegueco, Temoris, Tepehue, Toriz.* — „Denſelben Namen *(Cinaloa)* hat ein Fluſs dieſer Provinz; er ergieſst ſich in den Meerbuſen von Californien oder das *mar roxo de Cortes*, zwiſchen den Flüſſen *Culiacan* und *del Fuerte.*" — Ich nenne noch die Flüſſe: *S. Maria Aome, Imoya, Jabala, Raſtla, Rofario, Bayona;* und nach neuer Länderkunde die Städte: *Culiacan, el Rofario, Cinaloa, Villa del Fuerte* (oder *Montes Claros);* und die Örter: *Escumapa, Chamela, Arecife, Migano, Arboleda, Nio* (Franciſcaner-Miſſion). — Das Volk wird im *Cahita-manual los Zynaloas* genannt.

Auch von den Völkern Cinaloa's werden uns Sagen und Anſichten berichtet, daſs ſie aus dem NORDEN hierher gekommen ſeien (ſ. III § 37). Das Volk der Coras jedoch, mit welchem, als dem ſüdlichſten, wir hier beginnen müſſen, wird unter den alten Völkern Mexico's, neben den Tarasken, genannt.

§ 10. Das Volk der CORAS (ſpan. *los Coras* ([1])), wird von den Berichterſtattern in verſchiedene Provinzen verſetzt: von Mühlenpfordt (I, 209ⁿⁿ) in den ſüdlichen Theil Cinaloa's, von Vater in ſeiner Litteratur der Lexica und Grammatiken (auch in der 2ten Ausg.) gar nach Neu-Mexico ([2]). Der gewöhnliche Ausdruck, mit welchem die Sprache beſtimmt wird, iſt, daſs ſie in den Miſſionen von NAYARIT geſprochen werde. ([3]) Überwiegend richtig ſcheint es zu ſeyn, die Sprache in das nordweſtliche Ende der Provinz Guadalaxara (oder Neu-Galicien, jetzt Staat Xalisco) zu verſetzen, wo Nayarit und einige der Miſſionen beſtimmt liegen; ſollte das Volk auch in das anliegende ſüdliche Cinaloa hinüberreichen? Hervas ſagt *(saggio pratico delle lingue* 1787 p. 73ᵐᶠ): „die Cora-Sprache werde geredet in den 10 Ortſchaften *(popolazioni) del Nayerit,* welche 1767 die 7 Miſſionen begriffen, die die Jeſuiten daſelbſt hatten, und die zur Diöceſe von Neu-Galicien gehören." Die

---

([1]) Singular *el Cora,* adj *Coras (vocablos, coriſche); corisar* coriſch machen, einbürgern *(los han corisado, lo corisan:* d.h. die Wörter, das Wort); alles bei Ortega § 3.

([2]) „In Neu-Mexico, in den Miſſionen von Nayarit": 1te Ausgabe (1815) S.52ⁿⁿ, 2te Ausgabe (1847) S. 209ⁿᶠ.

([3]) So der Mithridates (S. 131), welcher die Lage nicht beſtimmt, ſondern nur ſagt: „Die Miſſionen von Nayarit ſind das Vaterland dieſer Sprache." Verwirrend für die Örtlichkeit kann die Nennung des Tarahumara-Gebirges bald danach wirken; denn es heiſst unten: „Bei dem Übergange über das Tarahumara-Gebirge trafen die Azteken auf Gräben, welche die *Cori* [ital. Form, von Hervas entnommen] aufgeworfen hatten, um ſich der Azteken bei ihrem Zuge von Huecolhuacan (jetzt Culiacan) nach Chicomoztoc (welcher Ort etwas ſüdlicher als die Stadt Zacatecas gelegen haben ſoll) zu erwehren." — Ortega führt auf dem Titel ſeines Wörterbuches an: *por el P. Joseph de Ortega, de la Comp. de Jesus, Miſſionero de los Pueblos del Rio de Jesus, Maria, y Joseph, de la Provincia de Señor San Joſeph del Nay*ᵃᵉ*rit, y Viſitador de la meſma Provincia.* — Mühlenpfordt (I, 209ⁿⁿ) nennt „die *Nayarites* und *Hueicolhues*" wie zu den Coras gehörige Volksſtämme.

7 Miſſionen heiſsen nach ihm (73ⁿⁿ): *SS. Trinità* oder *Aleſa* (¹) *del Tonati* mit 630 Seelen, *S. Rita* oder *Peyotàn* mit 350, *Jeſus Maria* mit 680, *S. Ignacio de Guai-namota* mit 460, *S. Pedro* mit 460, *S. Tereſa* mit 380, *el Roſario* mit 700 Seelen. Haſſel's Geographie führt das Dorf *Nayarith* im Staate Xalisco auf. Auf Pike's 4ter Karte finde ich in Guadalaxara ein wenig öſtlich vom *Rio de Santiago* (bei Humboldt in dieſem ſeinem unteren Laufe *Rio de Tololotlan* genannt), in Einer Breite mit ſeinem nördlichſten Punkte (den er kurz vor ſeiner Mündung erreicht), den Ort *Auguail de Nagarith;* darüber nach Norden: *Duresno, Angel, Jeſu Maria;* weit davon, nach Norden, weit nördlich über dem Rio de Santiago, *S. Tereſa* (nahe der nördlichen Gränze). Daſs Nayarith von Alters her ein groſser Bezirk war, zeigt ſich noch in der jetzigen *Alcaldia mayor.* G. Haſſel und Cannabich in ihrer „Erdbeſchreibung vom Reiche Mexico, Guatemala und Weſtindien; Weimar 1824" S. 164 ſagen: „Nayarith, Dorf und *Alcaldia mayor:* die weitläufigſte, aber auch ödeſte des ganzen Staats [Xalisco], die den nördlichen Theil deſſelben füllt. Sie iſt mit hohen und zerriſſenen Gebirgen und Hochthälern, worin bis 1718 die *Chichimecas* unbe-zwungen und der Religion ihrer Väter getreu ſich umhertrieben. Seit dieſer Zeit drangen die Spanier in dieſe Gegenden. Die Chichimeken wurden unterworfen und in den Schoofs der Kirche aufgenommen, die ihre Bildung den Jeſuiten anvertraute. Ein Kommando von 6 Of-ficieren und 38 Soldaten übernahm ihren Schutz gegen die wilden Stämme, und es entſtanden nach und nach 13 Ortſchaften, woraus jetzt die *Alcaldia* beſteht. Bergwerke ſind nicht eröffnet."

ALCEDO ſagt *(Diccionario geogr. hist. de las Indias occid.* T. 3. Madr. 1788. 4° p. 298-300) über NAYARITH: „Es iſt eine groſse und ausgedehnte Provinz; ſie gränzt in O an Neu-Biscaya und einen Theil von Neu-Galicien, in W an die Provinzen *Copala* und *Culiacan,* in S an Guadalaxara, und in N an die *sierra Madre,* in welcher ſelbſt ſie liegt, und an die Ortſchaften von *Taraumara.* Es iſt ein rauhes Bergland, doch fruchtbar und voll reicher Bergwerke, die aber unbearbeitet liegen; erzeugt auch keine Früchte, da es menſchen-leer iſt. In dieſer Provinz hatten die *Regulares de la extinguida Compañia* eine ausgedehnte Miſſion, beſtehend aus vielen *pueblos,* zu deren Schutze ein *presidio* gehalten wird, von 38 Soldaten und 6 Officieren. Die Entdeckung des Landes, das wegen ſeiner Rauheit, und weil es auſserhalb aller Straſsen nach den inneren Provinzen liegt, noch unbekannt und von keinem Spanier betreten war, geſchah im J. 1718; und wurde dadurch herbeigeführt, daſs aus ihm ein Indianer, der ſich für den König der *Nayaritas* ausgab, mit allem Gepränge und Gefolge eines Königs der Chichimeken in der Hauptſtadt Mexico vor dem Vicekönige, Marques de *Valero,* erſchien, um ſich ihm zu unterwerfen. Es wurden ihm Truppen, die er erbeten, mitgegeben; dieſelben wurden aber auf dem rauhen Wege von ihm und den Seinigen verrathen und ver-laſſen. In einer Höhle des Berges *Mesa del Tonati* fanden dabei die Spanier ihre Menſchen-Opferſtätte, ſo wie einen Götzen auf einem Stuhl [welcher ein alter König des Volkes, der 5te Vorfahr des oben genannten, geweſen ſeyn ſollte; ſ. näher Alcedo]; der Götze wurde nach Mexico gebracht und daſelbſt 1723 öffentlich auf der *plazuela de la Inquisicion* verbrannt. Die von den *Regulares* der Geſellſchaft in dieſer Provinz gegründeten Ortſchaften ſind: *Mesa del Tonati,*

(¹) Aleſa iſt ein Verſehen für Meſa, das wir bei Alcedo finden (ſ. dieſe Seite Z. 6 und 2 v. u.).

Santa Teresa, Jeſus Maria, Huaynamota, San Pedro, San Juan, Tecualmes, los Dolores, San Franciſco de Paula, San Joaquin, Santa Ana, Peyotan, San Lucas.

In dem Titel Ortega's werden (oben S. 14[nf]) als Örter, von denen er Miſſionar iſt, genannt die *pueblos: del Rio de Jeſus, Maria* und *Joſeph: „de la Prov. Nay^{æ}rit".* Seine Erlaubniſs uſw. iſt vom Biſchof von Guadalaxara.

In der CRONICA SERAFICA *de Queretaro* (Mex. 1792) werden die Verſuche zur Bekehrung nnd Eroberung des Diſtrictes von *Nayar (del Nayar)*, beſonders durch Fray Antonio, erzählt p. 88 sqq. Wir lernen alſo hier den einfachen Namen *el Nayar* für den Landſtrich kennen; die Bewohner werden *Nayeritas*, auch *Nayeres* genannt; auch kommt *Nayerit* vor. Hier wird die *Cora*-Sprache als die Sprache der Landſchaft *Nacar* genannt; und die Expedition geht aus und iſt abhängig von der *real audiencia* von Guadalaxara. Es heiſst p. 89, a: *dtó principio (el P. Fray Antonio) á su jornada por la sierra de Tepique; y haciendo mision en aquellos Pueblos, sacó del de Guaxuquilla y de San Nicolás tres Indios, de los que fue el primero Don Pablo Felipe, que á mas de saber escribir, entendia la lengua Cora, que es la del Nayar, y otros dos, de los que uno era Tarasco. En el mismo Pueblo se halló con el P. Fr. Luis Delgado, escogido Compañero; y pasando á Guazamota, desde alli despachó á Don Pablo Felipe con otro Indio, y una Carta á los Nayeritas ... pero llegando (el Intérprete) á la junta* (col. b) *de los Nayeres, les leyó y construyó Don Pablo Felipe la Carta; y á todo respondieron por tres veces, en otra que á su vista escribió el Embaxador: Que no querian ser Christianos, que así lo dixo su Rey, que es el primer Nayerit; que no se cansen los Padres Misioneros etc.* An einer Stelle (p. 94, a) lieſt man: *la conquista del Gran Nayar.*

Merkwürdigerweiſe giebt es ein zweites Volk CORAS in Californien, beinahe in Einer Breite mit den Coras von Guadalaxara. Die Sprache des californiſchen Volkes, von dem ich in einem ſpäteren Abſchnitte dieſer Schrift, bei Alt-Californien (XIII § 45.3), gehandelt habe, wird aber für einen Dialect oder eine verwandte der waicuriſchen ausgegeben.

§ 11. Im nördlichſten Cinaloa, vielleicht auch noch auf dem Gebiete von Sonora, haben wir die CAHITA-Sprache zu ſuchen. Ich habe oben (S. 4ᵃ) angeführt, wie Mühlenpfordt im nördlichen Cinaloa das Volk der Cahitas angiebt. Auffallend iſt, daſs die Autoren der zwei Bücher über die Sprache, welche ich oben und nachher (ſ. S. 3ᵃᶠ, 4ᵃᵃ und § 25) genannt, dieſelbe immer Cahita benennen (im *manual* kommt noch p. 44ᵃ im ſpaniſchen Texte *Cahita* vor); dagegen in den, von andren Perſonen herrührenden Vorſtücken des *manual* nur einmahl (im letzten Stücke: der *licencia* des Provincials der Geſellſchaft Jeſu in der Provinz Neuſpanien) *Cahita*, und 5 mahl *Chaita* geſchrieben iſt (Seiten der Vorſtücke, *dedicatoria* als 1 gerechnet: 17ᵃ, 18ᵃᵃ, 19ᵃᵃ, 20ᵐ, 21ᵃᵃ). Man darf den Volksnamen gewiſs nicht mit dem Appellativum der Sprache in Verbindung ſetzen; *cahita* kommt im *manual* oft vor, und bedeutet: nichts, keiner, Niemand *(cahita hita* oder *cahita ita* Niemand, durchaus keiner); es iſt zuſammengeſetzt aus der Negation und dem privativen Vorſatze *ca* und *hita:* Sache 2) was? welcher?

Näher darüber, was und wo die, fonft fo unbekannte Sprache Cahita fei, werden wir befonders in einem Vorworte des *manual* unterrichtet. Es wird uns dort
(Seite 5 des *prologo)* die wichtige Belehrung: dafs „das Chaita-Idiom die gemeinfchaftliche Sprache der ausgedehnten und zahlreichen Völkerfchaften an den Flüffen
Mayo und *Hiaqui* fei, über alle Ortfchaften der Provinz Zynaloa verbreitet"; dafs,
indem andere ihr Idiom darüber vergeffen und 'jene eingeführt haben, fie endlich
die gemeinfame Sprache aller bewohnten Örter befagter Provinz geworden fei. (¹)
In dem Gutachten des Pfarr-Verwefers *(Theniente de Cura)* im *Real de los Alamos*
der Provinz Zynaloa (p. 21ᵃᵃ) wird fie mit der MAYA-Sprache identificirt: *Bien veo,*
que fegun la extencion de la lengua Chaita, ó Maya...; und in der Genehmigung
(aprobacion) des gewefenen interimiftifchen Pfarrers des *Real de los Alamos,* Com-
miffars des heil. Officiums in der Jurisdiction und Provinz Zynaloa (p. 22ᵐᵐ⁻ⁿ), heifst
die Sprache nur Maya oder Hiaqui, und es wird dafelbft auch deren weitere
Verbreitung über Cinaloa hinaus angedeutet. (²) Zuletzt, in der *Licencia* des Je-
fuiter-Provincials (p. 24ᵐ), wird die Sprache als die gemeinfame in den Miffionen der
Provinz Zynaloa bezeichnet. (³) Es find alfo in den obigen Urtheilen drei Namen
von Sprachen für Eine ausgegeben: *Cahita, Maya* und *Hiaqui;* diefe Maya-Sprache
von Cinaloa, benannt nach dem Fluffe *Mayo (mayo* foll nach Hervas *saggio prat.*
75ᵃ Gränze, *termine,* bedeuten), ift natürlich etwas ganz anderes als die Maya-
Sprache von Yucatan; und *mayo* möge auch nicht Jemand hier für das peruanifche
Wort halten, das Flufs bedeutet und in manchen Flufsnamen Südamerika's erfcheint.
Ich werde an einer fpäteren Stelle (XIII § 225, 226, 229, 230) näher über die Sprachen Maya und Hiaqui handeln, und über ihre angebliche Identität mit der Cahita;
und führe hier nur an: dafs Hervas *(saggio prat.* 76ᵐᵐ), nachdem er die 3 Sprachen
(linguaggj) „*Mayo, Zuaco* und *Hiaki''* als verwandte genannt, bemerkt, dafs die
Jefuiten die Hiaki-Sprache zur herrfchenden gemacht haben. (⁴) Der Name *Mayo*
erlaubt die Cahita-Sprache auch noch in das füdliche Sonora überzuführen; denn
Mühlenpfordt (I, 209ⁿⁿ,ᶠ) nennt das Volk der *Mayos* unter den drei Hauptftämmen
des Staates Sonora, und Bartlett verfetzt die Mayos in deffen füdlichen Theil.

(¹) ... *se ha compuefto efte Manual, en el Idioma Chaita, comun lenguaje de las Naciones dilatadas en los*
Rios Mayo, y Hiaqui, tan abundantes de gente, que eftendiendofe en todos los Pueblos de la Provincia de
Zynaloa, no folo havitandolos han hecho olviden los otros fu natural Idioma, fino introduciendo el fuyo, han
confrguido fea comun en todos los Lugares poblados en dicha Provincia. Por cuya caufa fe ha formado efte
Manual, añadiendole afsimifmo un Confeffonario en dicho Idioma...

(²) *He vifto el Manual que V. S. fe firve de remitirme, que traducido en lengua Maya, ó Hiaqui, pretende*
dar à la eftampa efta Provincia de Zynaloa, de la fagrada Compañia de Jesus,... por el provecho, y confuelo
de los Naturales de dicha Provincia, y de otras donde fe eftiende efta lengua.

(³) *para que pueda imprimir un Manual para la Adminiftracion de los Sacramentos, y un Confefsionario*
traducido en el Idioma Cahita, comun en las Mifsiones de la Provincia de Zynaloa.

(⁴) *„ed i Gesuiti fecero dominante la lingua Hiaki, forse perchè era la più civile, sebbene non era della*
nazione più numerosa."

§ 12. Wir wenden uns nun zu der grofsen nördlichen Provinz SONORA, fonft auch Neu-Navarra genannt, welche fich, wie Cinaloa, mit dem ganzen Weften au den califoruifchen Meerbufen anlehnt, deffen nördlicbfte Spitze fie am Gila-Fluffe erreicht. Es ift leider jetzt die äufserfte Nordweft-Provinz des mexicanifchen Staates: nach den graufamen Beraubungen, welche derfelbe von dem nordamerikanifchen Colofs nach einem unglücklichen, nur durch früheres Unrecht herbeigeführten Kriege fich hat gefallen laffen müffen.

Die 3te Karte der Reife des Majors Z. M. P i k e vom J. 1805-7 enthält eine Special-Darftellung von Sonora; ich meine in dem Werke: *An account of expeditions to the Sources of the Mississippi, and through the western parts of Louisiana, to the sources of the Arkansaw, Kans, La Platte, and Pierre Jaun, rivers; performed by order of the government of the United States during the years* 1805, 1806 *and* 1807. *And a tour through the interior parts of New Spain, when conducted through these provinces, by order of the captain-general, in the year* 1807. *By Major Z. M. Pike.* Philad. 1810. 8°. Es enthält diefe 3te Karte Neu-Mexico, den *rio Gila*, Alt-Californien, Sonora ganz genau.

Die Nachrichten, welche der Oberft Don Antonio de ALCEDO in feinem grofsen geographifchen Lexicon von Amerika über S o n o r a giebt *(Diccionario geográfico-histórico de las Indias occidentales ó América* T. IV. Madr. 1778. 4° min. p. 574-6), fiud fchon darum wichtig, weil fie uns in eine frühere Zeit verfetzen: „San Juan Baptifta de la S o n o r a, Provinz und Gouvernement *(gobierno)* von Neufpanien, gränzt im N an die *Pimeria alta*, indem der Rio Gila die Scheidung macht; in S an die Prov. Sinaloa (Scheidung der Rio Hiaqui), in O an die Prov. Taraumara; und im W an die Küfte des Meeres von Californien, in einer Länge von über 100 *leguas*. Entdeckt wurde die Provinz vom Cap. Sebaftian *Vizcaino* im J. 1596, als derfelbe auf die Entdeckung und Erforfchung der Californien ausging. Den Namen erhielt fie nach einem grofsen Thale von 60 *leguas*: *á quien* (fagt Alcedo undeutlich) *los primeros Espan̄oles llamaron de Sen̄ora, corrompido del de Sonora.* In diefem Thale herrfchte ein Cazik oder kleiner König über eine Unzahl von Indianern. Sie baten im J. 1638 um ihre Bekehrung zum catholifchen Glauben, welche die *regulares* der Gefellfchaft Jefu unter dem P. Bartolomé Caftaño unternahmen. Sie gründeten nach und nach 24 Miffions-dörfer *(pueblos de misiones)* unter folgenden Völkerfchaften: *Pimas baxos* und *Pimas altos, Opatas, Tobas, Teguiamas, Heguis, Ceris, Tepocas* und *Guaimas;* alle diefe Stämme, mit Ausnahme des letzten, wohnen in den heften Thälern. Doch ift das Land vielmehr ein Zweig der *Sierra Madre*, und Niemand kann daffelbe durchdringen, ohne das Gebirge zu paffiren. Das Land ift höchft wafferreich: und fruchtbar an Mais, Weizen, *frijoles*, Zwiebeln, Hülfen- und Gartenfrüchten, fo wie Weintrauben; nur die Trägheit und Unkenntnifs der Indianer befchränkt das letzte Erzeugnifs. Es giebt auch viele Silber-Bergwerke, nur dafs fie wegen der hohen Arbeitskoften faft unbebaut liegen. Zur Sicherung des Landes gegen die Einfälle der Apachen wurden zu verfchiedenen Zeiten 5 *presidios*, mit gehöriger Truppenzahl, geftiftet: *Vifani, San Felipe de Jefus Guevavi, Horcafitas, Coro de Guachi, Pitiqui, Rio Chico* und *Buenavifta* [diefs find aber 7]. Im J. 1744 vollführte der Jefuit Jacob *Sedelmair* eine Erforfchung der Provinz, um nördlich weiter zur Bekehrung der Moqui vorzudringen. 1765 richteten die Einwohner

Sonora's, gequält durch die Einfälle der Wilden, an den Vicekönig Marques de *Croix* die Bitte um Truppen zu ihrer Vertheidigung. Der Vicekönig brachte, bei der Erfchöpfung des öffentlichen Schatzes, durch die Kaufmannfchaft und einige Privatleute 200,000 Pefos zufammen. Hiervon rüftete er eine Expedition unter den Befehlen des Don Jofeph de *Galvez* aus, welche nach 6jährigem Kampfe 1771 jene wilden Indianer-Stämme unterwarf, indem er fie bis tief in ihre rauhen Gebirge, auf nie bis dahin von Spaniern betretenen Wegen, verfolgte. Es wurden dabei reiche Gold- und Silber-Bergwerke an verfchiedenen Stellen entdeckt; in der Ebene *la Cieneguilla* (über 14 *leguas* grofs) fand man Goldkörner von bedeutender Gröfse (eines 9 Mark fchwer) in 2 Fufs Tiefe, wovon man viele taufend Mark gewann, ohne die Erde auszuwafchen *(tan rica que algunos inteligentes dixeron que podria haber producido hasta un millon de pesos).* Es fiedelten fich da auch in kurzem 2000 Menfchen an, wobei die Regierung der Provinz eine Umgeftaltung erfuhr, indem ein *Comandante General* (Don Teodoro de *Croix*, Kreuz- und deutfcher Ordensritter) ernannt wurde; der Anführer der Expedition, Jof. de Galvez, erhielt den Titel eines Marques de la Sonora.

Die Hauptftadt der Provinz ift das *pueblo San Juan Baptista de la Sonora*, *Real de minas de plata y oro* (ihr Hauptbetrieb), in 29° 40' N. B." Die übrigen Ortfchaften *(pueblos)*, welche Alcedo anführt, einbegriffen die Miffionen (zufammen 66), nenne ich in alphabetifcher Folge: a) Heiligennamen und andre fpanifche: *los Alamos, los Angeles, Belen, Concepcion, San Cosme, Dolores, San Eftanislao, San Francifco, San Francifco de Borja, San Hipolito, San Ignacio, Santa Magdalena, San Pedro, Remedios, Soledad;* b) einheimifche Namen: *Aconchi, Aigame, Aribeti, Arispe; Babicora, San Xavier del Bac, Bacade, Bacanutchi, Bacoati* (im Pima nach Pfefferkorn: *bacoatzi* hoher Berg), *Banamichi, Bafochuca, Batuco, Bayaconi, Bazaraca; Caborca, Cananca, Chinapa, Cinoquipa, Cocospera, Comurispas, Cucurpe, Cuquiarachi; Guachi, Guazava, Guecapa, Guevavi, Guifuani; Matape, Merifichi, Mobas, Motepore; Nacameri, Nacozari, Nazacori; Onabas, Onapa, Opode, Opofura; Pitiquin, Populo; S. Maria Soanca; Tecoripa, Teopari, Tepache* (im Pima nach Pfefferkorn: *tepatzi* Fuchsberg), *Tepetates, Timén, Toape, Tubutama; Ures, Vavispe, Zaoripa.* — Der Name *Batuco* ift bei Alcedo aus Irrthum zweimahl aufgeführt.

HERVAS nennt *(saggio pratico* 77af) 27 Miffionen, welche die Jefuiten in Sonora hatten, und welche mit 2 Miffionen der Pimas mehr denn 70 Völkerfchaften *(popalazioni)* ausmachten. Ich ftelle diefe 27 Miffionen (77nn) in alphabetifche Reihe: *Acotzi* oder *Aconchi, Aribetzi, Arispe* (bedeutet nach Pfefferkorn in der Pima-Sprache: grofse Höhle), *Ati, Babispe* (diefer Name bedeutet nach Pfefferkorn's Wörtern, f. XIII § 270: Schlangenhöhle), *Bacadeguatzi, Banamichi, Barefaca, Batuco, Caborca, Comoripa* oder *Cumuripa, Cucurpe, Cuquiàrachi, Guàfabas, Guebabi, Hures, Matape, Mobas, Onabas, Onapa, Opodepe* (nach Pfefferkorn im Pima: Steingrube), *Opofura, Sahuaripa, Saric, Soanca, Tecoripa, Tubutama.* Faft alle find, ohne oder mit einiger Änderung der Form, in Alcedo's obigem Orts-Verzeichnifs vorgekommen; neu find nur: *Ati, Barezaca* (vgl. *Bazaraca), Saric.*

§ 13. Die Landfchaft TARAHUMARA liegt nach Haffel im Staate Sonora; nach Alcedo und Steffel, auch Mithridates (III, 3. 141), gehört fie zu Neu-Biscaya; und H. G. Ward *(Mexico in* 1827, 2 Bände, London 1828) rechnet fie zu Chihuahua, indem er fagt: „der Staat Chihuahua hatte im J. 1821 112,000 Seelen, wovon ½ reine Indianer der Tarahumara." Mühlenpfordt rechnet auch die Tarahumaren theilweife zu Chihuahua, indem er (II, 521ⁿ) fagt: „weiter gegen S (von den *Apaches Mimbreños),* in den tiefen und wilden Schluchten von *Tararecua* und *Santa Sinforofa,* jagen verfchiedene Familien der *Tarahumaras."* Bartlett *(personal narrative* I, 446ⁿᶠ) nennt die *Tarahumaras* unter den Völkerftämmen des Staates Sonora: „fie nehmen", fagt er, „den weftlichen, der *Sierra Madre* anliegenden Theil ein *(occupy the western portion adjacent to the Sierra Madre)".*

Die Landfchaft ift rauhes Gebirge. Steffel (Vorbericht S. 296ᵃᵃ) bezeichnet die Tarahumara als eine „Landfchaft voll düfterer und fürchterlicher Wälder, mit fteilen Felfen und faft unzugänglichen Gebirgen, wenige in der Ebene gelegene Reductionen ausgenommen." „Nördlich von Guanaxuato", fagt Humboldt im *Essai politique* T. I. Paris 1811. 4° p. 38-39, „gewinnt die *Sierra Madre* eine aufserordentliche Breite. Bald darauf theilt fie fich in 3 Zweige, deren öftlichfter fich gegen Charcas und das *Real de Catorce* richtet, um fich in Neu-Leon zu verlieren. Der weftliche Zweig nimmt einen Theil der Intendantfchaft Guadalaxara ein. Von Bolaños an fenkt er fich fehr fchnell, und fetzt fich fort durch Culiacan und Arispe in der Intendantfchaft Sonora, bis zu den Ufern des Gila. Unter dem 30° der Breite erreicht er jedoch wieder eine bedeutende Höhe in der Tarahumara, am Meerbufen von Californien, wo er die Gebirge von *Pimeria alta* bildet, berühmt durch bedeutende Goldwäfchen. Der dritte Zweig der *Sierra Madre,* welchen man als die Centralkette der mexicanifchen Anden betrachten kann, nimmt die ganze Intendanz Zacatecas ein; man kann ihn verfolgen durch Durango und *el Parral* in Neu-Biscaya bis zur *Sierra de los Mimbres* (weftlich vom *Rio del Norte).* Von da durchftreicht er Neu-Mexico, und fchliefst fich an an das Kranich-Gebirge und die *Sierra Verde."*

„Auf der Hochebene Tarahumara", fagt Haffel, „liegt das Dorf *Babiacora";* diefes Dorf aber ift nach Humboldt's und Pike's Karte unendlich weit vom Gila und den Nordgegenden entfernt: es liegt nur eine ziemliche Strecke nördlich vom Fluffe Hiaqui, nach der öftlichen Gränze hin. Nach dem Mithridates (III, 3. 141ᵃᵃ⁻ᵐ) „erftreckt fich die Tarahumara im Often von Tepeguana, reicht aber bis über den 30° N. Br., wo eben in Tarahumara der weftliche Arm der *Sierra madre* ... im 30° von neuem eine beträchtliche Höhe erhält, und zu den Gebirgen der *Pimeria alta,* die fie bildet, heran fteigt." Hervas *(saggio prat.* 71ᵃᵃ) fetzt das Tarahumara-Volk „faft in denfelben Parallel" mit den *Tepehuana* und *Topia* „nach Norden". Die „tarahumarifchen Dialecte", fagt er ferner (76ⁿⁿ), „werden gefprochen in den tarahumarifchen Miffionen der *PP. Francescani Osservanti:* deren Zahl und Namen ich nicht kenne; in 7 Miffionen der Jefuiten, welche fie *Chiripas [Chinipas]* (¹)

(¹) Im Mithr. (141ⁿⁿ) fteht *Chinipas;* und daffelbe werden wir auch weiter bei Hervas lefen. Er nennt hier (77ᵃᵃ) wieder das Volk *Chiripa; Chinipa, Chinipas* ift die richtige Form.

oder Nieder-Tarahumara *(Tarahumara baxa)* nannten (p. 77); und in andern 17 Miffionen, welche die Jefuiten in der *Tarahumara alta* (Hoch-Tarahumara) hatten, vertheilt in 54 Ortfchaften und mehr denn 100 *Rancherias (,,orde, o tribù erranti")*. (¹) Die 7 jefuitifchen Miffionen in Nieder-Tarahumara find (Hervas 76 Anm.): *S. Xavier Senocagui* mit 545 Familien, *S. Terefa Guafapares* mit 290, *Chinipas* mit 131, *S. Ana* mit 197, *Batopilillas* mit 190, *Moris* mit 110, *Satebot* mit 365; die 17 der Ober-Tarahumara (ib. 77 Anm. a): *Coyachic, Temeichic, Papigochic, S. Tomas, Matachic, Temotzachic, Tutuaca, Temochic, Sifoguichic, Carichic, Nararachic, Nonoaba, Norogachic, Guegochic, Tonachic, S. Borja, Chinarras.* Über die Völkerfchaft *Chinarra* f. unten III § 48. Die Seelenzahl diefer Miffionen ift Hervas nicht bekannt; er weifs nur, dafs man im J. 1767 etwa 12,000 Neophyten zählte. — Zu der Miffions-Provinz *(provincia missionaria)*, welche die Jefuiten *Chinipas* oder *Tarahumara baxa* nannten, gehörten auch im J. 1767 (Hervas 76ⁿ) 2 *Tubar*-Miffionen: *S. Ignacio Tubaris* mit 170 Familien und *S. Miguel Tubaris* mit eben fo vielen. Die Jefuiten hatten mit derfelben Miffions-Provinz (ib. 77ᵐᶠ) vom J. 1753 an auch 2 Miffionen der *Tepehuana*-Sprache: *Nabogame* von 80 Fam. und *Baborigame* von 180 Fam., verbunden: mit letzterer noch die Miffion *Real de Minas de S. Nepomuceno;* fo dafs die Miffionen der *Tarahumara baxa* oder *Chinipas* im J. 1767 12, und 28 Ortfchaften mit einigen Zeltdörfern *(orde)* waren.

Die Namen diefer Ortfchaften können uns zur näheren Beftimmung der Gegend helfen; fo finden fich auf P i k e's Karte *Matachic* und *Coconnaie, Cajarichi* (?), *Bachiniba.* Auf B a r t l e t t's Karte ift der Gebirgsftrich Tarahumara ordentlich angegeben: er ift die untere, SW gen NO ftreichende Hälfte einer darauf nach N ftrebenden Bergkette, füdlich beginnend bei *Cufihuiriachie* (= *Cofiquiriachi)*, bis zum Rio Yaqui da, wo ein Flufs von N in ihn fällt (Rio *Opofura)*, gehend; der füdlichere Nebenflufs des Yaqui, hier Rio de *Papiga* genannt, folgt in feinem ganzen oberen Laufe dem Tarahumara-Gebirge an deffen Weftfeite. Im tar. Gebirge find verzeichnet: nördlich *Temafachic;* ganz im S, füdlicher als die Tarahumara felbft angegeben ift, von S nach N: *Chinipas* (oberhalb an einem nördlichen Nebenfluffe des Fuerte, nördlich über Batopilas), *Maguarichio, Curichie, Yfoguichic* (über letztem folgt dann nördlich *Cufihuiriachie).* Äufserlich wird die Gegend bezeichnet durch die Stadt Chihuahua, welche weit nach NO von Cofiquiriachi liegt; durch *Namiquipa* (Humb.), *Nemiquipa* (Bartl.), *Namiquiepe* (Pike): und nahe nördlich über ihm *Bachimba* (Hu. kl. Karte u. Ba.), *Bachiniba* (Pike und Hu. gr. K.): welche beide in (Hu.) oder öftlich von den oberen Gegenden der Tar. liegen. Es giebt aber noch ein zweites *Bachimba* (Pike *Backinoa)*, im SO bei Chihuahua. H u m b o l d t's

---

(¹) Nach Hervas *catalogo delle lingue* (p. 73ᵐᵐ) wurde in 9 der 11 Miffionen (zufammen 27 Dörfer) der Provinz *Chinipas* die tarah., in 2 die Tubar-Sprache geredet. *La stessa lingua Tarahumara si parlava con varia differenza de' dialetti nelle diciassette missioni della Tarahumara Alta, le quali conteneano 54 villaggj.*

kleine Karte (von J. B. Poirfon) zeigt die Örter *Narogame* (ganz im S), *Matachic*
und *Cocomarachic.* Auf Blatt 2 feiner grofsen Karte hat Humboldt in der weftlichen Bergreihe *Uruachi*, weit nördlich davon *Cocomorachic,* gleich darüber *Matachic;* öftlich von der öftlichen Kette *Cajurichi,* weit nach O im Freien *Tenachi*
(füdlich von Cofiquir.). Diefe Karte zeigt aber ganz anderwärts, weit nach N und
gen W, in anderen Berggruppen und in einem ganz kleinen Bereich, eingefchrieben
,,*La Tarahumara*"*:* an der Stelle, wo *Babiacoa* und *Opodepe* liegen; in Einer Breite
mit der *isla de Tiburon.* Diefe Lage ift fchon bedeutend nördlich in Sonora.

§ 14. Der wichtige Artikel in ALCEDO'S grofsem geographifchen Wörterbuche von Amerika (T. V. 1789 p. 46-47) giebt uns endlich einen ficheren Anhalt
für die geographifche Lage der Landfchaft Tarahumara; er zeugt auch für deren
grofse Ausdehnung, wie er uns einige Nachrichten über die alten Sitten des Volkes
und eine reiche Zahl von Ortfchaften gewährt. Er lautet fo: „TARAUMARA, Provinz und *Alcaldia mayor* in Nordamerika: gränzt in W an die Prov. Sonora; in O an Neu-
Mexico, wo ihr der *rio grande del Norte* zur Gränze dient: da nach diefer Weltgegend ihre
Erftreckung *(sus terminos)* noch nicht bekannt ift; in SW gränzt fie an die Prov. Cinaloa. Sie
hat über 100 *leguas* in der Ausdehnung von O nach W, und beinahe eben fo viele von N nach S.
Es bewäffern diefelbe die 2 bedeutenden Flüffe des *Norte* und des *Yaquis (del N y de Yaquis),*
welche ihr auch als Gränzen dienen. Sie entlehnt ihren Namen von dem eben fo genannten
Indianer-Volke, welches an das Volk der *Tepeguanes* angränzte. Es entdeckte diefelbe der Pater
Juan de *Font,* von der aufgehobenen Gefellfchaft (Jefu), gebürtig aus Tarraza in Catalonien,
im Jahre 1614. Diefe Indianer wohnten in fehr grofsen Höhlen; gebrauchten als Kleidung
mantas de pita, welche die Indianerinnen mit grofser Gefchicklichkeit woben; *y eran muy reca-
tadas.* Bei den Begräbniffen ihrer Verftorbnen unterfchieden fie fich von den übrigen Völkern
(p. 47), indem fie eine beftimmte, von der Ortfchaft *(pueblo)* entfernte Stelle nach Art eines
Kirchhofes hatten: wo fie alles Geräth *(ajuar),* das der Verftorbene gebraucht hatte, und auch
Speife für die Reife hinlegten: indem fie fogleich das Haus verbrannten, in welchem er gewohnt.
Sie waren von fanfter und friedlicher Gemüthsart, und wurden leicht durch den genannten
Jefuiten zur catholifchen Religion bekehrt; aber einige Jahre darauf fielen fie in ihren Götzen-
dienft zurück. Der Boden diefer Landfchaft ift gebirgig und rauh, aber reich an Silber-Berg-
werken, welche in dem *Real de Santa Eulalia* bearbeitet werden. Diefs ift beinahe das einzige
Erzeugnifs: fo wie die Früchte einiger Haciendea, von denen die Ortfchaften *(pueblos)* der
Miffionen der Francifcaner-Mönche leben, welche es in ihr giebt: neben der Hauptftadt, welches
die *Villa de S. Felipe de Chigungua* ift." Es folgt ein Verzeichnifs von 47 *pueblos* (indem
ich von 48 eines, doppelt vorkommende, *San Lorenzo,* abrechne), welche ich wieder
hier in 2 alphabetifchen Reihen gebe:

1) fpan. Namen, bef. von Heiligen: *Alamos, S. Ana, S. Andres, S. Auguftin,
S. Bernardino, S. Borja,* Concepcion, las Cruces, Santa Cruz, Cuevas, *S. Geronimo,*
Guadalupe, Hoya, *S. Ifabel,* Isleta, *S. Jofeph, S. Lorenzo* (2 Örter?), *Nombre de
Dios, Real de S. Pedro,* Socorro, Santo Tomas;

2) einheimifche Namen: *Aiciachia, Babonoya, Chubizca, Coachic, Cofiguirachi,
Coyachi, Guachuncla, Matachiqui, Moalcachi, Namiquipa* (diefer Ort gehört zu

Chihuahua; f. meine aztek. Ortsnamen 110[mf]), *Napavechi, Pafagochi, Pechera* (fpan.?), *Pitrachiqui, Purbachi, Suinapuchi, Senecú, Sifohuichi, Tacuta, Tairichi, Temeachi, Temofochi* (in mex. Zeitungen *Temofachic)* , *Theoloachi, Tomichi, Tofiguerachi, Yepomera.* Über die Bedeutung des Volksnamens theilt STEFFEL (im deutfch-tarah. Wörterb. Art. Spiel, S. 342, a[mf-n]) eine Vermuthung mit. Er fagt: „Eines der vornehmften Tarahumarifchen Spiele ift *Talahipoa,* welches mit ihrem Namen *Tarahumdri* oder *Talahumáli* gar wohl übereinkommt. Denn *tald* Fufs und *humd* laufen machen das Wort *Talahúmali,* Fufslaufer, aus." In der Tepeguana lautet der Name *Taraumali* (f. IV § 56 Art. *nahuatl): Taraumali neoque* er fpricht Tarahumarifch; *Taraumaliasapam age* oder *Taraumaliasa pamor ague* fie fagen, er fei ein Tarahumar (Rinald. *arte* 65[nf]); als plur. finde ich aber *Tatalaumali* die Tarahumaren (19[a]).

§ 15. Die TEPEGUANA- oder TEPEHUANA-Sprache verfetzt der Mithridates (welcher fie behandelt III, 3. 138-9, wieder erwähnt 156) „in Weften an die Küfte" (138[aa]): was von dem von mir weiter Anzuführenden wieder auf eine merkwürdige Weife abweicht. ([1]) Nach Hervas *(saggio prat.* p. 69[f], 70") ift fie eine der verfchiedenen Sprachen des grofsen Berglandes *(provincia montagnosa) Topia.* „Die Nation Tepehuana", fagt er (69[af-m]), „von Ribas Tepeguana genannt, ift an den Abfällen der gebirgigen Provinz *Topia (nelle falde della Topia),* welche fich von Süden nach Norden 150 *leguas* weit, von der Stadt Guadalaxara bis beinahe nach Neu-Mexico ausdehnt. Sie empörte fich oft und tödtete 8 jefuitifche Miffionare." „Zwifchen den Gebirgen der *Topia",* heifst es weiter (mm), „und dem Meere der Californien lag die Provinz Ciualoa." Anderwärts nennt Hervas das Land Tepehuana mit Parras und Parral zufammen: „Nördlich von der Zacateca (69[a]) dehnen fich aus die Provinzen *Parras, Parral, Tepehuana* und *Topia";* „nach den genannten Provinzen (71[a]) Parras, Tepehuana und Topia gen Norden, und beinahe im gleichen Parallel, find die Völker *Tarahumara* und *Concha."* Eine andere Stelle, in Hervas *catalogo delle lingue* (p. 74), aus dem Briefe eines Ex-Jefuiten, über die Miffionen der *Tepeguana* neben *Topia* und in *Chinipas* ift unten (die 4te Anm. zu III § 49) einzufehn. Mühlenpfordt (I, 209[mf,n]) verfetzt die Tepehuanes in die Staaten Durango und Chihuahua; und die Tarahumaras eben dahin, in die Schluchten der Gebirge der *Tarahumara alta.* Im 2ten Bande nennt er (521[m]) die *Tepehuanes* im jetzigen Staate Chihuahua; ein Bezirk heifst da *partido de Tepehuanes* ([nf]).

Über den Volksftamm der *Tepeguanes* giebt Alcedo in feinem *Diccionario geogr. de la America* folgendes an: Die Nation wohnte in Neu-Biscaya (eben fo nennt er V, 325 *Tepeguana* als eine Landfchaft des Reiches Neu-Biscaya); fie war eine der tapferften diefes Landftrichs, obgleich nicht zahlreich; wohnte in rauher

---

([1]) Wie der Mithr., der feine Nachrichten über die Sprachen und Völker diefer Gegenden hauptfächlich aus Hervas entnimmt, fo weit abirren konnte, bleibt räthfelhaft.

Gegend in Hütten *(ranchos)*. Sie lebten im Kriege mit ihren nächſten Nachbaren, den *Acaxees* und *Taraumaras*, welche in voller Furcht vor ihrer Übermacht waren. Der Jeſuit Geronimo Ramirez bekehrte ſie zum Chriſtenthum, und gründete unter ihnen die *pueblos* Santiago und S. Catalina. Aber 1616 erhob ſich das Volk mit anderen indianiſchen Stämmen, vom Chriſtenthum abfallend; ſie tödteten auf grauſame Weiſe 200 Spanier, wurden aber wieder unterworfen und nahmen wieder jeſuitiſche Miſſionare an. Alcedo nennt in ihrem Lande das *pueblo* und *presidio Tepegua-nes*, am *rio de las Nasas*, angelegt zum Schutze gegen die *Indios infieles de esta nacion;* er bemerkt aber, daſs das *presidio* ſpäter einging.

Ich habe vorhin (S. 21ᵐ) ſchon 2 Miſſionen der Tepehuana-Sprache, *Nabogame* und *Baborigame*, genannt, welche die Jeſuiten 1753 zu der Miſſions-Provinz *Chinipas* geſchlagen hatten. Beide (Hervas 77ⁿ) waren vor jenem Jahre „angeſchloſſen ge-weſen an 22 Miſſionen, welche die Jeſuiten in den Provinzen Topia und Tepehuana hatten und welche nachher an den Biſchof von Durango übergingen *(e che istruite e divenute civili cedettero al Vescovo di Durango)".*

In dem Titel von Rinaldini's Buch erſcheint die Provinz *Tepeguana* neben der Tarahumara; derſelbe (Jeſuit) war: *visitador de la provincia Tepeguana, y Ta-raumara antigua.* Es wird darin die Miſſion *Zape* als der Mittelpunkt des Volkes genannt; die Widmung auf dem Titel lautet nämlich ſo: *Quien en nombre de todos los Jesuitas Miſſioneros de aquella ſu Provincia lo dedica á la milagrosa imagen de Maria santissima nuestra Señora, que ... se venera en la Miſſion del Zape, centro de los Tepeguanes.* In der Widmung ſelbſt (Seite 3 des Buches) wird wie-der Zape „centro de la Prov. *Tepeguana"* genannt, con la *Advocacion de los Mar-tyres.* Dieſes Zape finde ich auf keiner Karte.

Pater Steffel (im deutſch-tarahumariſchen Wörterbuche S. 323, Art. hart) leitet den Namen her vom tarahumariſchen Verbum *peguà* hart ſeyn, und giebt zugleich eine Charakteriſtik des Volkes; er ſagt: „Von *pegua* haben die Tepeguanen ihren Namen: eine wilde, aufrühreriſche und noch immer widerſpenſtige Nation, welche mit unſern Tarahumaren gränzet. Sie haben etliche aus den Miſſionarien und viele Spanier getödtet. Ihr Name deutet ihren Charakter an, denn Tepeguane heiſst faſt ſo viel als ſteinharte Leute." — Ich habe nicht gewagt den Namen *Tepeguana* für aztekiſch zu halten, da es zu willkührlich erſcheint in jedem mit *tepe+* anfangen-den mexicaniſchen Ortsnamen das aztekiſche *tepetl* Berg anzunehmen; Ribas hat es aber gethan. (¹) Über den 2ten Theil, *huana* oder *guana*, hat ſich Ribas nach Hervas nicht ausgelaſſen.

Was die Formen des Volksnamens anbetrifft, wie ſie im Spaniſchen gebraucht werden, ſo habe ich in Rinaldini's Sprachwerk folgendes beobachtet: Der sing. masc. heiſst *Tepeguan*, fem. *Tepeguana;* beide Formen finde ich aber nur als adj.:

(¹) Hervas 69ᵐ: *Ignoro il carattere della lingua Tepehuana; ma il nome, come avverte il Ribas* (lib. 12 c. 1 etc.), *è Messicano, e proviene da* tepelt *monte.* Tepehuana *significa montanara.*

el idioma tepeguan, missionero Tepeguan; lengua tepeguana, palabra oder *diccion tepeguana.* Das Volk heifst *los Tepeguanes.* Auch eine fpanifche Derivation ift entftanden: *tepeguanizar la palabra castellana* es in tepeguanifcher Form liefern. Rinaldini fchreibt immer g, nie h (nie *Tepehuana* etc.). Das Volk felbft fcheint fich *Odame, Oddame* (Leute, Volk) zu nennen. [1]

§ 16. Es erfcheint mir nicht unpaffend, als einen Anhang zu den geographifchen Nachrichten diejenigen EINHEIMISCHEN ORTSNAMEN diefer Völker zu nennen, welche ich als ächte in den Sprachwerken gefunden habe:

Baburigame (fpan.), *Babuli* tepeg.: Babuli *amider an imoe* ich komme von Baburigame (Rinaldini *arte* 65[m]), *meitaver Babulier oidaxamoe* er ift nicht aus Baburigame (ib. [nn]), *Babulier oidaxame* die von B., die Babulier (68[n]).

Basasiachi tarah.: *Farisica Basaciachi yasame* Francifca, aus B. gebürtig (Tellechea 151[nn]).

Cajurichi tarah.: *Pegro Cajuri asame* Pedro, aus Cajurichi gebürtig (Tellechea 151[n]).

Moanimehtzé ift der Cora-Name für den *rio de Lerma.*

Mocotzáhta, Sombrerete im Cora; ift eine genau dem fpanifchen Namen analoge Benennung: denn es ift die Ortsform (in *tzahta*) von *mòcotzit* Hut.

Einige Namen von Volksftämmen werden wir fogleich (S. 26[a-mm]) kennen lernen.

Steffel nennt uns (deutfches Wörterb Art. Stein, S. 344) einige TARAHUMARA-Dörfer, welche mit *Te-* Stein anfangen: die man halb für aztekifche anfehn kann, wenn gleich das appellat. felbft (als *teéke, techtéke, tetek, *rete)* fich in der Sprache befindet. Er fagt: „Von den Steinen und Felfen des grofsen tarahumarifchen Gebirges haben die meiften Dörfer ihre Benennungen, als: *Teuilitfchic, Tecuibrutfchic, Tecavolátfchic:* d. i rundfteinig. Eine Menge einheimifcher Ortsnamen der Tarahumara habe ich oben (S. 21[aa], 22[f]-23[a]) genannt; diefe und die Steffel's enden faft alle auf *tfchic (chic)*. Es ift diefs die Poftpofition in, welche, wie mehrere aztekifche, Ortsnamen bildet.

Aus Tellechea gehn als Örter der Gegend oder Umgegend hervor: *Guasapar, Norogachic, Cerocahua;* die Endungen find aber ungewifs, denn er führt nur die gentilia an, fpanifch neben der einheimifchen Form (p. 6[nn]): *Guasai Guasapareños, Norógai Norogachenses, Cerógai Cerocahuenses.*

§ 17. Ich knüpfe an die Unterfuchungen über die geographifche Lage, in welcher wir jede der vier Sprachen zu fuchen haben, Nachrichten über DIALECTE und ABARTEN derfelben.

---

[1] Im Wörterbuche, Art. *tantos* (p 132 A[mm]), fteht der kleine Satz: *tantos Españoles vinieron quantos Tepeguanes: eg aqui dudacamoe dada, juquiati dada id Odame; atum Duducame, Odame, Tatalaumali* wir Spanier, Tepeguanen, Tarahumaren (Text p 18[f]-19[a]). In einer Stelle eines Gefprächs, die ich bei den aztek. Wörtern (IV § 56 Art. *nahuatl*) geliefert habe, erfcheint *oddame* als Name der tepeg. Sprache: *oddamea neoqui* er fpricht Tepeguanifch.

Über das CORA berichtet Ortega fehr genau folgendermafsen: (') „Drei
find gegenwärtiger Zeit der Zweige, in welche man das fchwere Cora-Idiom verbreitet fieht:
ohne dafs wir haben beftimmen können, welcher der urfprüngliche fei. Die in der Mitte des
Gebirges wohnen und die wir im pl. Muutzizti und im sing. *Muutzirat* nennen, fprechen
wie alle: blofs mit dem Unterfchiede, dafs fie den meiften Wörtern der Sprache: am Anfange,
oder in der Mitte, oder am Ende; ein *r* anfügen; *ruihma* fagen fie anftatt *huihma*,
erarit ftatt *earit*, *teatar* ftatt *teata*. Teacuaeitzisti nennen fie im pl., und im
sing. *Teacuaritzica* diejenigen, welche an den Abhängen des Gebirges *(en los bajos de la
Sierra)*, an der Seite, die gen Abend fieht, wohnen: anliegend und beinahe im Angefichte
des heifsen Landes *(contiguos quafi á la vifta de tierra caliente)*. Diefe, obgleich fie in dem
meiften der Sprache mit den Anderen übereinftimmen, haben doch viele Wörter, in denen
fie abweichen. *yahhue cari, nauca, tix üvi* fagen fie ftatt *yahhuechapoari, moauia,
tamoamata:* das die Andern fagen. Und nach diefer Weife haben fie andere Wörter, die
fie fo gefchloffen machen *(que los hazen tan cerrados)*, dafs Viele fie nicht verftehn. — Der
dritte Zweig ift derer, welche an den Ufern des eigenthümlichen Fluffes von *Nayaᵉrit (del
Rio proprio del N.)* wohnen, welchen man heutiges Tages *de Jefus Maria* nennt und welchen die Indianer in ihrem Idiom *Atè* nennen (²); weshalb fie diefe Indianer Ateacari im
pl., und im sing. *Ateanaca* nennen. Diefe reden die Sprache, nach meinem befchränkten
Urtheil, am richtigften *(hablan la lengua mas propria)*; und darum, fo wie wegen des Vor-
theils [Seite von § 1], dafs fie von allen, fogar den am meiften abgefchloffenen *(de los mas
cerrados)*, verftanden werden: habe ich diefes Wörterbuch in dem eigenthümlichen *(proprio)*
Idiom befagter *Ateàcari* abgefafst."

Dem im Mithridates (III, 3. 134) gegebenen, von Hervas entnommenen Vaterunfer liegt (wie der Mithr. fagt) ein etwas anderer Dialect als der von Nayarit
zum Grunde; es wird vermuthet, der der *Muutzizti*, wegen des *r*. Beifpiele von
diefem Dialect des Vaterunfers find: eine Endung *ra* am Subft. (f. meine fonor.
Gramm.: Subft., Anfätze der Wortbildung: *ra): jevi-ra* Wille, Nay. *xéhviat;*
Nay. *uxebe* mangeln, VU. *rujeve.*

Für die TEPEGUANA-Sprache erwähnt Rinaldini (51ᵃᶠ) der Bewohner des
Gebirges, welche einige leere Partikeln gebrauchen, die aber *en los otros Tepeguanes* keine Zierde, fondern Fehler der Rede feien. Er erwähnt auch anderwärts
des Wechfels von Buchftaben je nach den Mundarten der einzelnen *pueblos:* wie
das impérf. die Endung *cade* ftatt *tade* habe, befonders im Verbum feyn.

Über die TARAHUMARISCHE Sprache bemerkt Tellechea (p. 44ⁿⁿ-45ᵃᶠ), dafs,
ungeachtet fie Eine fei, zwifchen den einzelnen Dörfern wefentliche Unterfchiede in
der Ausfprache, in der Wahl und Bedeutung der Wörter herrfchen.

Sehr merkwürdig ift aber, was wir von einer fehr abweichenden, vielleicht
alten, volksthümlichen Redeweife erfahren. In ihren Trinkgelagen, Gefängen und
andern Volksthümlichkeiten *(abusiones)* bedienen fich, wie Tellechea (p. 46ᵃᵃ⁻ᵐ) er-

---

(') *Advertencias*, Seite vor dem § 1 bis Anfang der Seite des § 1.
(²) Der Name bedeutet nichts als Waffer (Flufs), und ift das azt. *atl* (f. unten III § 50 Art. *Ate*).

zählt, diefe Indianer befonderer, ganz ungewöhnlicher, Conjugationen, Derivata und Partikeln, welche nur ein diefer Sprache und im Verkehr mit ihnen fehr Geübter verftehen kann. Er felbft will davon in dem *Confesionario* bei den einzelnen Geboten handeln. (¹)

Von dem Zuftande der Sprachweife, wie fie den indianifchen Völkern von ihren geiftlichen Lehrern häufig geboten wurde, finden wir ein Zeugnifs bei Tellechea. Er fagt (p. 47-48): dafs der bisherige Religions-Unterricht, welchen die Tarahumaren empfangen *(instrucciones ó doctrinas)*, in gefchriebenen Heften vorhanden ift: voller Fehler, unbekannter Ausdrücke und willkührlicher Wortbildungen (²); die Indianer wüfsten fie auswendig, könnten fie aber nimmermehr verftehen. Aus diefem Grunde bietet der Verfaffer die Gebete und die chriftliche Lehre in deutlicheren, mehr gebräuchlichen und gewöhnlichen Redeweifen *(terminos)* (³) zum Verftändniffe der Eingebornen dar. Sie müffen kennen das Vaterunfer, das *Credo*, die Gebote und Sacramente; Tellechea bemerkt aber, wie trotz der vielen vorangegangenen Bemühungen ein grofser Theil von ihnen in allen Stücken der chriftlichen Religion fich in einer tiefen, Unwiffenheit befindet (⁴)

§ 18. Ich gehe dazu über die HÜLFSMITTEL zu den vier Sprachen zu verzeichnen; und mich über die Mangelhaftigkeit zu äufsern, welche diefelben in verfchiedenen Stücken und Graden für meine Zwecke und Arbeiten gehabt haben.

Ich fchicke einige allgemeine, für die Sprachen diefer Gegenden überhaupt, voran. Allen geht an Wichtigkeit vor das Werk eines Autors, den ich fchon im Vorigen einige Mahle genannt habe und unten noch öfter anführen werde: des Paters Andres Perez de R I B A S *Historia de los triumphos de nuestra santa Fee*. Madrid 1645. Der Verf. war Miffionar in Cinaloa, und hat nach Hervas *(saggio prat.* p. 70ª) die Gefchichte aller Völkerfchaften von Cinaloa (und noch weiter) gefchrieben, welche zu den Miffionen der Jefuiten gehörten. Weder die hiefige noch die Dresdner königl. Bibliothek befitzen diefes Werk, das die grofse Stütze des Hervas und Mithridates gewefen ift. Die Verf. des Mithrid. fcheinen daffelbe vor fich gehabt zu haben, da der Mithr. (138ªf) ausdrücklich bemerkt, dafs des „Andr. Pet. de Ribas" Werk die Hauptquelle aller feiner Nachrichten über diefe Gegenden fei. Mir dienen die wichtigen Auszüge, welche Hervas in feinem *saggio pratico* daraus gegeben hat.

(¹) *En las embriagueces, cantares y abusiones usan los Indios ciertas conjugaciones, derivativos, particulas etc., que de ordinario parece no comprehendrn á ningunas de las reglas que van puestas en este compendio, y solo las entienden los que perfectamente saben el idioma y se versan entre ellos.*

(²) *á mas de muchos errores, proposiciones malsonantes y absurdas, que tienen: constan de unos terminos incognitos, y derivaciones tan arbitrarias, que no son capaces de construir aun los mismos que las formáron.*

(³) An einer andern Stelle (9ªf) fagt er, er habe die Tarahumara-Texte gefchrieben: *en los terminos mas corrientes, mas claros, frequentes y comunes.*

(⁴) *una suma ignorancia de los misterios de nuestra Santa Fé, en grado, que muchos Indios: hombres y mugeres, viejos y mozos, y quizá los mas, totalmente ignoran aun lo necesario... para salvarse.*

Der Abbate Lorenzo Hervas nämlich, die zweite wichtige allgemeine Quelle, hat in einem Abfchnitte feines *saggio pratico delle lingue*, Cefena 1787. 4° (p. 67ᵐᵐ-80ᵐᵐ), über die Sprachen von Amerika, und vorzüglich über die von Mexico höchft wichtige Nachrichten gegeben. Über die aztekifche Sprache handelt er 67ⁿⁿ-68ᵐᵐ; faft alles übrige (69ᵃ-80ⁿᶠ) betrifft die Sprachen von Cinaloa, Sonora, Californien und der nördlichen Gegend über den mexicanifchen Ländern, welche der Gegenftand meiner Unterfuchungen find. Er fammelte diefe Nachrichten aus dem Munde gelehrter und kundiger Perfonen, vorzüglich der nach der Aufhebung des Ordens aus Amerika nach Italien kommenden Jefuiten, fo wie aus den Gefchichten der Miffionen der Gefellfchaft Jefu vom J. 1594 bis 1640, namentlich dem Werke des P. Andres Perez de Ribas. (¹)

§ 19. Hülfsmittel für die TARAHUMARISCHE Sprache: — Der Mithr. bemerkt (142ⁿ-3ᵃ): „Nach Clavigero hatte Agoft. de Roa eine tarah. Grammatik, Girolamo Figueroa aber Grammatik und Wörterbuch diefer Sprache entworfen; ob fie aber zu Stande gekommen, ift ungewifs, und noch mehr, ob fie gedruckt worden, da wenigftens P. Steffel fie nicht erwähnt." Im T. IV. p. 263 führt nämlich Clavigero den fpanifchen Jefuiten Auguftin Roa als Einen an, der eine chriftliche Lehre in tarahumarifcher Sprache gefchrieben habe; p. 264 den Creolen, Jefuiten Girolamo (Geronimo) Figueroa als Verfaffer einer Grammatik und eines Wörterbuchs, Auguftin de Roa als Verf. einer Grammatik. — Steffel in feinem Vorbericht fagt (298ᵃ), dafs P. Thomas Guadalaxara fein „grammatikalifches Werkchen" über die tarah. Sprache „nicht bahe zur Vollkommenheit bringen können". (²)

Die wichtige alte Quelle für die Tarahumara-Sprache, welche bisher ziemlich allein allen Darftellungen derfelben zum Grunde gelegen und ihre Kenntnifs vermittelt hat, ift: „Tarahumarifches Wörterbuch, nebft einigen Nachrichten von den Sitten und Gebräuchen der Tarahumaren, in Neu-Bifcaya, in der Audiencia Guadalaxara im Vice-Königreiche Alt-Mexico, oder Neu-Spanien. Von P. Matthäus Steffel." Die Vorrede ift aus dem J. 1791; das Werk aber ift erfchienen (als No. II) im Iten Theile von Chriftoph Gottliebs von Murr „Nachrichten von verfchiedenen Ländern des Spanifchen Amerika", Halle 1809. 8°; einnehmend dafelbft

---

(¹) *A questo fine* (p. 68ᵃᵃ⁻ᵐ) *ho consultato di nuovo alcuni Missionarj Messicani, e principalmente l'erudito Sig. Ab. D. Giuseppe Fàbrega, peritissimo delle antichità Messicane, sopra le quali ha scritti trattati degnissimi della pubblica luce. Ho combinate ancora le molte notizie, che sulle lingue si leggono nella storia delle Missioni Gesuitiche dal 1594. sino al 1640., nella quale si parla di più di sessanta nazioni, che i Gesuiti Messicani aveano istruite nella Cinaloa, Topia, Tepehuana, e Taraumara, avendone battezzate trecentomila anime.*

(²) „So fehr (297ⁿᶠ) ift diefe Sprache von der Wortfügung anderer Sprachen unterfchieden. Diefe Abweichung, diefer fonderbare Wortgebrauch, hat meiftentheils den diefer Sprache kundigen Miffionarien die (298) gröfte Schwierigkeit gemacht, fichere Sprachregeln davon zu verfaffen; und obgleich P. Thomas Guadalaxara fel. And. mit unermüdetem Fleiffe grofse Fortfchritte darinn gemacht hat, hat er doch fein grammatikalifches Werkchen nicht zur Vollkommenheit bringen können."

S. 293-374. Im J. 1791 hatte der Verf. (295; irrthümlich fteht hier 395 gedruckt) „die Übung diefer Sprache fchou über 20 Jahre nicht mehr gehabt", daher er die Bacmeifter'fchen Sätze der Prüfung eines diefer Sprache kundigen Freundes unterwarf; denn es lebten in Deutfchland „ehemalige diefer Sprache kundige Miffionarien, feine Gefährten", feit ihrer Verweifung aus der neuen Welt (296ᵐ). Die wiederholten Bitten eines Freundes bewogen den Verf. (ib. und 300ⁿ) zur Veröffentlichung des Wörterbuches. Diefes befchränkte Wörterbuch befteht aus einem gröfseren, deutfch-tarahumarifchen (S. 301-353), und einem kurzen tarah. deutfchen (353-368); in beiden find viele Artikel ausgedehnt durch kürzere oder längere Bemerkungen theils über grammatifche Punkte; theils und befonders durch „Nachrichten von den Sitten und Gebräuchen der Tarahumaren, ihren Tänzen, Spielen, Jagden, Fifchereien u. dgl." (300ᵐᶠ). Bemerkungen über Sprache und Grammatik find auch eingeftreut in den Vorbericht (297-9ᵃᵃ, 300ᵃ⁻ᵐ; über Buchftaben und Ausfprache 299). In einem Anbange werden die Zahlwörter (369-370); und zuletzt (371-4) Sprachproben in kurzen Sätzen: lat., deutfch und tarahumarifch, gegeben. Es find diefs die von Bacmeifter in Petersburg aufgefetzten Formeln, welche derfelbe im J. 1773 den Wunfch geäufsert hatte in verfchiedenen Sprachen zu bekommen. Den Schlufs bildet das Vaterunfer.

Ich habe mit diefer alten Quelle ein wichtiges neues Werk eines fprachgelehrten Mexicaners verbinden können, das ich aus Mexico mitgebracht; betitelt: *Compendio grammatical para la inteligencia del idioma Tarahumar Oraciones, Doctrina Cristiana, Pláticas, y otras cosas necesarias para la recta adminiſtracion de los Santos Sacramentos en el mismo idióma. Dispuesto. Por el P. Fr. Miguel TELLECHEA Predicador Missionero Apostólico del Colegio de Nuestra Señora de Gaudalupe* (sic) *de Zacatecas, Ministro del Pueblo de Chinipas y Ex-Presidente de las Missiones de la Tarahumara. Mexico* 1826. 4° min.

Fray Miguel TELLECHEA, Miffionar, hat fein Buch gefchrieben, während er Vorfteher der Miffionen in der Tarahumara war *(en el tiempo de su presidencia de las misiones de Tarahumara;* 1826 wird er *ex-presidente de las misiones de infieles en la Tar.* genannt). Es wird in den Zeugniffen an der Spitze des Buches bemerkt: dafs vor ihm noch kein Spanier *(no habia de los nuestros quien ...)* die Sprache in Regeln gefafst, und noch viel weniger Unterrichtsftücke *(platicas ó sermones)* für die Eingebornen „in diefer fchweren Sprache" gefchrieben hatte. Seine Vorgänger bedienten fich häufig der Dolmetfcher, die wenig zuverläffig find: *por cuyo motivo han padecido mil trabajos nuestros misioneros en aquella Sierra, valiéndose en lo comun solo de interpretes, que raras veces se encuentran fieles, para darse á entender de aquellos pobres Neófitos.* Tellechea brachte es zu einer hohen Fertigkeit in der Sprache. (¹) In dem Jahre der Herausgabe des Buches

---

(¹) *pero ya gracias á Dios* (heifst es in dem Urtheile von Guzman und Cortina auf S. 2 des Buches) *tenemos un misionero, que á costa de sacrificios y privaciones... ha conseguido por ultimo el imponerse en su*

erfcheint der Francifcaner Fray Jofé Maria de Jefus Puelles, Guardian des *Colegio de N. Sen. de Guadalupe* zu Zacatecas, als *ex-comisario prefecto de las misiones de la Tarahumara y Texas.*

Diefes Werk hat mir für meine Arbeiten den gröfsten Gewinn gebracht; denn es liefert, im grofsen Umfange, gerade die Theile, welche uns in Steffel fehlen: eine wirkliche Grammatik (p. 2-46) und reiche tarahumarifche Texte mit fpanifcher Über-fetzung (49-155). Beide bereichern auch das von Steffel gegebene Wörterbuch be-deutend; vor allem bringen fie in die Formen viel Mannigfaltigkeit. Das abweichende Schreibfyftem beider Quellen, da Steffel fich genau der deutfchen, Tellechea der fpanifchen Orthographie bedient, ift ein grofser Übelftand für meine Arbeit, da ich nicht oft beide Schreibweifen neben einander aufführen kann; häufig bleibe ich bei Steffel's Form ftehen. Die Geftalt der Wörter wird aber von beiden oft auch viel mehr verfchieden angegeben, als die blofse materielle Orthographie mit fich bringen würde; wir beobachten in den Wörtern ftärkere Abweichungen zwifchen beiden, und fo liefert Tellechea viel neues. Ich habe die Grammatik und das Wörterbuch durch die Benutzung von Tellechea's Sprachtexten vielfach bereichert, vorzüglich die erftere. Tellechea's Grammatik, natürlich willkommen genug, ift voll von Wun-derbarem; alles des vielen, im allgemeinen und von anderwärts her Bekannten zu gefchweigen: ift eine Sucht merkwürdig die grammatifchen Mittel zu häufen, für Categorien und Wortbildung ganze Reihen von Endungen beizubringen oder diefelbe Formation durch eine ganze Stufenleiter der Analogie (der Vocale ufw.) hindurch-zuführen; durch eine folche, unglaublich bleibende Häufung geräth man in Ver-zweiflung, wenn man diefes in der Grammatik nacherzählen foll. Das Werk leidet über die Maafsen an Druckfehlern: viel mehr, als das Verzeichnifs am Ende (2⅓ Seite) andeutet; die Schreibung der Wörter fchwankt vielfach. — Tellechea hatte (155[nn]) die Abficht nach diefem Buche ein *Confesionario en Tarahumar* zu liefern; ich weifs nicht, ob ein folches erfchienen ift.

Über ein tarahumarifches Wortverzeichnifs, das Hr. Ternaux in den *nouvelles annales des voyages Année* 1841 T. 4. p. 260-287 mitgetheilt hat, und welches dem Wörterbuche Steffel's, nicht, wie angegeben wird, Tellechea's Werke, entlehnt ift; werde ich unten (§ 24) reden.

§ 20. Von der TEPEGUANA-Sprache, über deren Befchaffenheit Hervas (f. oben S. 24[f]) nichts anzugeben wufste, und welcher. der Mithrid., wie fchon be-merkt (S. 5[nn]), nicht einmahl eine ganze Seite widmen konnte (III, 3. 138[aa-nn]); hatte nach Clavigero (T. IV. p. 264) Thomas de Guadalaxara eine Grammatik, Geronimo Figueroa Grammatik und Wörterbuch verfafst; von dem neapolitanifchen Jefuiten Rinaldini berichtet Clav. nur eine chriftliche Lehre (IV, 263) und eine Grammatik (IV, 264). — Mein vortreffliches und inhaltsvolles Hülfsmittel ift, wie fchon (S. 5[aa])

---

idioma con tal perfeccion, que ellos mismos se avergüenzan de explicarse en su presencia, como es publico en todos aquellos paises.

genannt: *Arte de la lengua Tepeguana, con vocabulario, confessionario, y catechismo, ... Por el P. Benito* R*inaldini, de la compañia de Jesus, Vifitador de la Provincia Tepeguana, y Taraumara antigua. Mexico* 1743. 4° min   Nirgends bin ich hefler bedacht als in diefer Sprache durch diefes Werk; denn es enthält in 3 Theilen (¹) und 3 Paginaturen nach einander: Grammatik p. 1-72, Catechismus mit Spanifchem gegenüber p 1-43, Wörterbuch mit vorangeftelltem Span. p. 1-148: alles fehr umfangreich. Am Ende des Catech. (45-48) find noch die Verwandtfchafts-Namen, und am Ende des Wörterbuchs die (äufseren und inneren) Theile des Körpers (auch *defectos del cuerpo*) befonders ausgefetzt, obgleich fie melft auch im Wörterbuche ftehn. Die alphabetifche Ordnung wird in letzterem, wie in allen fpanifchen Wörterbüchern, oft auf abenteuerliche Weife unterbrochen. Ein ganzes Stück, das zwifchen *Val* und *Vel* liegende, fehlt (p. 138): eben fo ein kleines, *Li* bis *Lil* (p. 79): was für mein Wörterbuch fehr empfindlich gewefen ift. Die Ausbeute des fo befriedigend grofsen Wörterbuchs fällt dadurch fehr zufammen, dafs ein grofser Theil der Begriffe auf künftlichem Wege befchafft ift: durch zufammengefetzte, oft fehr umftändliche Ausdrücke, ja kleine Sätze. In der Schreibung der Wörter herrfcht eine wunderbare, immerwährende Abwechslung, die fogar grundfätzlich ift; denn der Verf. bemerkt felbft über diefes Schwanken: er übe es, weil in den Dialecten der einzelnen *pueblos* folcher Wechfel vorkäme: *toopa* und *toofa pavos indianos.* Ohne mich auf Beifpiele von diefer unglaublichen Mannigfaltigkeit einlaffen zu wollen, führe ich nur an, dafs man für das Wort Sack folgende Formen zufammenfindet: *beiamoajare, bayamojare, baeymoxare, beimojare; beiga* und *baiga, bei* und *bai* für gut, *x* und *j* wechfeln ftets. (²)

§ 21. Von der CORA-Sprache verdanken wir alle unfre Kenntnifs dem Wörterbuche O*rtega*'s: *Vocabulario en lengua castellana, y Cora, dispuesto por el P. Joseph de Ortega, de la Compañia de Jesus, Mißionero de los Pueblos del Rio de Jesus, Maria, y Joseph, de la Provincia de Señor San Jofeph del Nay*ᵃᵉ*rit, y Vifitador de la mefina Provincia. Y lo dedica al Ill*ᵐᵒ*. Senor Doctor Don Nicolas Carlos de Cervantes, Digniffimo Obifpo, que fuè de Goatemala, y aora de la Nueva-Galicia, etc. En Mexico: ...* 1732. 4° min. Das Wörterbuch ift in einem mäfsigen Umfange wohl reichhaltig, aber man möchte bei der Wichtigkeit gerade diefer Sprache für das aztekifche Element es gröfser wünfchen. Diefe Sprache leidet für den beftimmten etymologifchen Gebrauch an einer erfchreckenden Menge und Mannigfaltigkeit von Vorfylben und Anfätzen, unter denen das wirkliche Wort unfcheinbar wird und fchwer zu beftimmen ift; der Behänge find zu viele, um ihrer ficher zu werden. Wilhelm von Humboldt hat unter feinen vielen

---

(¹) In den Vorftücken (Approbationen ufw.) werden dem Werke 2 *Tomos* zugefchrieben: von denen wohl Gramm. und Catech. den 1ten, das Wörterbuch den 2ten bildet.

(²) Man fehe ferner unten (II § 33) die Mannigfaltigkeit der Formen für fpanifche Wörter; z.B. für *jueves: suivisi* und *sutuisci;* IV § 56 Art. *xocotl: xucoli, jucoli, ucoli* und *uuojoli* für daffelbe Wort.

Arbeiten der Art für die amerikanifchen Sprachen eine Umkehrung des Ortega, ein
cora-fpanifches Wörterbuch, arbeiten laffen, das mir fehr viele Dienfte geleiftet hat.
Ganz anders würde ich mich aber in allen diefen Sprachen bewegen, wenn ich mir
die Zeit hätte nehmen dürfen von ihnen etymologifche Wörterbücher auszuarbeiten
(vgl. § 26). — In der Cora-Sprache ift unfre Lage fehr traurig: es fehlen uns gänzlich Grammatik und Text. Einige wenige grammatifche Bemerkungen liefert Ortega
vor dem Wörterbuche (auf S. 8-16 des Buches, wenn man das Titelblatt nicht zählt;
bezeichnet mit § 1 bis 10): hinter dem Wörterbuche folgen auf die Zahlwörter und
einige Notizen zu ihnen (fol. 41 B^{nf}-42 B^m) einige unregelmäfsige Verbalformen, kleine
Sätze und Bemerkungen zu einigen Partikeln: alles diefs bildend (42 B^{mm}-43 A^n)!
Ortega fcheint auch die Abficht gehabt zu haben eine Grammatik der Sprache zu
fchreiben; vielleicht hat er es gethan, aber ich habe nie und in keinem Werke eine
folche als gedruckt angeführt gefunden. . Er fagt nämlich vorn im § 6, er überlaffe
etwas *para el arte*, um ausführlich darüber zu handeln ([1]); und wieder verheifst er
im § 7 über die Plural-Bildung Regeln in der Grammatik *(en el arte)* zu geben ([2]). —
Durch Hervas erfahren wir *(saggio pratico* 121 A^f-B^a), dafs Clavigero einige Kenntnifs von der Cora-Sprache befafs.

§ 22. Für die CAHITA-Sprache bin ich auf ein Hülfsmittel befchränkt, welches, fo wichtig es an fich in jeder Sprache ift, doch das fchwächfte zur Darftellung
einer Sprache in Grammatik und Wörterbuch, vorzüglich in der Grammatik, genannt
werden mufs. Ich befitze in dem ,,*Manual para administrar á los Indios del
idioma Cahita los santos sacramentos"*, *Mexico* 1740. 12°, wie fchon oben gefagt, nur Text der Sprache mit gegenüberftehendem Spanifchen. Meine Concordanz,
die ich mir vor 20 Jahren von diefen Texten gefchaffen: die Überficht jeder Stelle,
in welcher ein Wort oder eine Form vorkommen; und meine vielfachen Arbeiten mit
diefem Hülfsmittel haben mich fo wenig weit geführt, wie Niemand ohne die Erfahrung an folchen eigenthümlichen Sprachen es glauben follte. In der Einleitung
zu meiner fonorifchen Grammatik habe ich mich näher über diefe meine Lage in
der Cahita-Sprache, mit Beibringung von Einzelheiten, ausgefprochen.

§ 23. In diefer Lage ift mir das Verzeichnifs von 293 Cahita-Wörtern und
25 Zahlen (zufammen 318), welches uns Hr. H. Ternaux-Compans in den *nouvelles annales des voyages Année* 1841 T. 4. Par. 8° p. 260-287 gefchenkt hat ([3]),
wie ich fchon gerühmt, eine höchft erfreuliche Hülfe, und von bedeutendem Einfluffe
auf meine Arbeit gewefen. Wie dürftig wäre ohne diefe Wortfammlung mein

---

([1]) *de efto no quiero tratar aora, contentandome folo con decir alguna cofa del nombre, y pronombre, que
es de quienes he podido averiguar mas; dexando para el arte el tratar mas de efpacio de todo efto.*

([2]) *De eftos, y de otros plurales fe darán reglas en el arte, aora en el vocabulario tendré cuydado de
poner todos los plurales . . .*

([3]) Ternaux giebt 551 franzöfifche Wörter in der zapotekifchen, miftekifchen, Cahita-, totonakifchen
und Tarahumara-Sprache.

Beitrag aztekifcher Wörter aus der Cahita-Sprache und der Antheil der Sprache an meinem gemeinfamen Wörterbuche der vier Nordweft-Sprachen ausgefallen! Ich darf aber nicht verfchweigen, dafs nach einigen Erfahrungen (f. eine Einzelheit ver- zeichnet in meinen azt. Ortsnamen S. 167 Anm.), welche fich auch in den *nouv. ann. des voy.* wiederholen, die unter dem Namen jenes höchft verdienftvollen Sammlers und Kenners amerikanifchen Alterthums gehenden Werke mit einiger Vorficht in Beziehung auf einzelnes zu behandeln find.

Die Unkenntnifs der Sprache hat zu Wege gebracht, dafs von Ternaux Wör- tern PRÄFIXA und ENDUNGEN beigemifcht werden, deren reine Form ich habe be- ftimmen können: geben B *maca*, T *amaca*; lügen B *ranoquichi*, T *aranoquichi*; glauben B *suale*, T *anesuale* enthält das pron. *ane* ich (ich glaube); eben fo erachte ich in *netanie demander ne* als ich; Vater *nachai* und Mutter *nae* enthalten das pron. poss. *n* als mein: ich kann genugfam als die einfachen Formen erweifen *achai* (oder *atzai*) und *ae; iebinaque*, welches T für kommen angiebt, bedeutet: er wird kommen (wie ich es felbft gefunden habe), und enthält die Endung *naque* des fut.; klein, T *ilichi*, habe ich als *ili* gefunden. — Ein Beifpiel, wo T's Form von meiner etwas ABWEICHT, fo dafs jene einen Fehler enthalten könnte, ift: Maisähre T *abavi*, B *abari*. — Wirkliche FEHLER, bis zum Starken, find: T giebt *teopa* als Dorf *(village)*, was, wie ich auch in Tex- ten gefunden, nur Kirche heifsen kann; *e* habe ich als *ja* gefunden, T liefert es als *nein (non)*! Buchftaben-Fehler find: T *nacqui* 4, ftatt *naiqui*; T *tachuari* Tag *(pacotachuari* Fefttag), ich finde *taeuari* (auch *taehu*) u. *tacuari* Tag; weiter: *vahi* giebt T richtig als 3, aber *vahi tacaua* fetzt er 24; *naiqui* heifst 4, T giebt auch fein *nacqui* fo an: aber *nacqui tacaua* fetzt er 26; *mammi* (richtig *mamni*) giebt er richtig als 5, aber *mammi tacua* (lies *mamni tacaua*) als 28 an; — alle diefe Zahlen haben noch den General- Fehler, dafs T die Einer vor *tacaua* (= 20) zu 20 hinzuzählt, ftatt dafs fie Factoren der Multiplication, Exponenten des Vielfachen zu ihm find; denn in meinen Texten bedeutet *bahi-tacaua* 60, *mammi-tacahua* 100 ufw. Woher alle diefe Verirrungen gekom- men find, ift fchwer zu erfinnen.

§ 24. Diefs ift nur, wo ich ficher auftrete und felbft das Richtige weifs; wo ich aber unwiffend von diefer Sammlung lernen foll, bin ich gerechtfertigt mit Scheu und Behutfamkeit aufzunehmen: um fo mehr, als eine Prüfung der TARAHUMARI- SCHEN Wortfammlung fehr ungünftig ausfällt. Seine 219 tarah. Wörter hat TERNAUX aus *Steffel's* deutfchem Wörterbuch; ftark genug ift es fogleich, dafs er (p. 258) als feine Quelle nicht Steffel, fondern *Tellechea* angiebt! ,,*J'ai suivi* . . .'' (folgen die Quellen). Ob irgend ein Wort Tellechea's darin fei, ift mir zweifelhaft; Spuren diefer Möglichkeit find: das Wort für Reiher: St *guatschó*, T *kolo;* Bauch St *rhopala*, T (wahrfcheinlich ein blofser Fehler) *khobala.* FEHLER laffen fich genug vorführen, und ihrer find fo viele und fo ftarke, dafs daraus die Unbrauch- barkeit eines folchen Wortverzeichniffes für das Publikum ohne weiteres folgt. Blofs in BUCHSTABEN beftehende find: zunächft, dem letzten Beifpiele ähnlich, Hagel St *rheheke*, T *kheheko;* Tag St *tsele*, T *trele;* Habicht St *raugui*, T *milan rauqui;*

Menfch St *tehoje*, T *tchoje*; krank St *cocojamake*, T *kokajamoke*; Leder St *gui=
tschiki*, T qui-; Flufs St *paugui*, T *pauqui*; Frucht T *khutagula* mufs heifsen
-*gala*; Mond St *maitsaca*, T *maitlaca*, und eben fo fchreibt er bei *mois*; ftumm St
taneoca (nicht redend, von *neoca* reden), T *tancoca*; grün St *pamagueameke*, T
pague ameke. Anderer Art und bis zum Starken find aber folgende FEHLER und
ABENTEUERLICHKEITEN: *épouse: muki:* aber *muki* ift *mulier* (St Weibsbild S. 361), Ehefrau heifst *upi*; *naître* T *rana*, aber diefs heifst gebären; T giebt *cojaheta* als **Wurzel**
(allgemein) an: es ift aber nach St eine beftimmte Wurzel, welche gelb färbt; *doigt: tsani*;
aber diefes bedeutet: fprechen, fagen; Finger heifst nach St *makutschiguala* (das Kind
der Hand); No. 66 *blesser: tschaka*, 67 *blessure: tapani*; beide Wörter find verwechfelt,
denn *tschaca* heifst Wunde und *tapani* verwunden; *kiaca* heifst nach St vor **Zeiten**,
T giebt es No. 511 für **Zeit**! — No. 162 fteht *jauguirameke* als *débiteur*, es heifst aber
Tänzer und gehört zu No. 161; für *vieux* giebt T an *ameke*: diefs fcheint mir aber nur
eine Abftraction aus den beiden Wörtern Steffel's *aschérameke* alter Mann, *guelameke*
alte Frau; diefer vereinzelte Verfuch grammatifcher Wirkfamkeit ift unglücklich abgefaun:
denn *ameke* ift nur eine Endung, die bekannte Endung = dem lat. -*ns* (*amans, audiens*)
und *or* (*victor, scriptor*) [nach Steffel S. 353 „das Mittelwort gegenwärtiger Zeit wirkender
Bedeutung"].
    Die OFFENLASSUNG fo vieler Begriffe (da nur 219 unter 551 der Auswahl mit
tarah. Wörtern ausgefüllt find), deren Ausdrücke bei dem, gar nicht fo dürftigen
Steffel augenblicklich zu haben waren, läfst uns in die Leichtigkeit blicken, mit welcher diefe Arbeit gemacht ift. Für **geben** hat T kein Wort, es ift aber leicht in St zu
finden: *kia*; **klein** bleibt leer, es heifst *khutá*; **Auge** hätte T um fo eher hinzufügen follen, da Ta *pusiki* dem Ca *pusi* ähnlich ift; **Ohr** fehlt auch, wo wieder beide Sprachen
verwandt find; **fallen** unter denfelben Umftänden (Ca *huechec*, Ta *guetschiki*); noch
fehlen, aufser anderem, ohne Grund: Mutter; Magen; Speichel; Floh; Nacht, geftern (*hier*);
fliehn, wiffen, lügen.
    § 25. In meiner fo befchränkten Lage habe ich mit Begierde jene neue, gram-
matifche Quelle in Erfahrung gebracht, welche, 3 Jahre vor meinem *Manual* gedruckt,
Hr. *Ternaux* in den *nouv. ann. des voy.* l. c. p. 258^{mm} für die Cahita-Sprache angiebt,
der er feine Wortfammlung entnommen und die vielleicht auch ein Wörterbuch enthält: *ARTE de la lengua* CAHITA, Mexico 1737. 12°. Man kann aus T's Vorworte folgern, dafs Hr. Aubin diefes Werk aus Mexico gebracht habe und dafs er
es befitze, indem es (p. 257ⁿⁿ) heifst: *De nouvelles recherches, et surtout l'obligeance
de M. Aubin, qui a rapporté de ce pays une collection précieuse d'ouvrages de
linguistique, nous ont mis à même d'en donner aujourd'hui cinq autres (d. h. vo-
cabulaires)...*; ich habe mich vergewiffert, dafs Herr J. M. A. Aubin es noch
befitzt. Das, drei Jahre fpäter erfchienene *Manual* redet von dem Vorhandenfeyn
von Grammatik, Wörterbuch und Catechismus im Drucke, und wie bis dahin Texte
der Sprache nur handfchriftlich vorhanden waren. (') Ob nun die drei genannten

---

(') Auf der letzten Seite des *prologo* (S. 19^{a-mm}) heifst es: *Cumplo de efta fuerte con la obligacion de
Superior precepto, dando complemento à las obras impreffas en el Idioma Chaita, conviene à faber, Arte, Vo-*

Stücke in der von Hrn. Ternaux benutzten *Arte* vereinigt oder verfchiedene Publicationen waren, bleibt zweifelhaft; mich läfst nur die Gröfse der Ternaux'fchen
Wortfammlung vermuthen, dafs der Grammatik ein Wörterbuch oder wenigftens
ein Verzeichnifs von Wörtern befonders beigegeben fei. Es ift fchmerzhaft die
Klagen, wie ich fie (oben S. 32^{mf-nn} und Einleitung zur fonor. Gramm.) geführt, über
die Unbeftimmbarkeit der Wörter und grammatifcher Punkte nach fo vielen Mühen
erheben zu müffen, wenn ein Hülfsbuch da ift, welches alles diefes erledigen könnte.
Der Befitzer hat nicht bewogen werden können mir das Buch zu leihen; die dazu
unternommenen Bemühungen habe ich in der Einleitung zu meiner Grammatik erzählt.

§ 26. Ich fchliefse meine Bemerkungen über das, was der Zuftand und die
Befchaffenheit des mir zu Gebote geftandenen MATERIALS auf meine Bearbeitung
der vier Sprachen gewirkt hat, mit einer allgemeinen. Es FEHLTEN mir zu einer
Darftellung der vier Sprachen in der Weife, wie ich fie gewünfcht hatte; aufser
allem dem, was ich an den Hülfsmitteln felbft zu vermiffen hatte, WÖRTER-
BÜCHER mit vorangeftellter FREMDER Sprache: wie ich ein folches, durch Wilh.
von Humboldt für die Cora-Sprache verfügtes, zum grofsen Vortheile meiner Arbeit
benutzte (f. oben S. 31^{nf}-2^{a}); und eine noch weit höhere Stufe hätte ich erreicht, wenn
ich fo viel Vorbereitung zu diefen Sprachen hätte treffen können, ihren Wortvorrath
in ETYMOLOGISCHE WÖRTERBÜCHER zu faffen!

§ 27. Ich trete den VIER SPRACHEN in der Entwerfung einiger ALL-
GEMEINER ZÜGE von ihnen und in einigen Mittheilungen über BESONDRE
PUNKTE näher.

Wir haben faft über alle das Urtheil ihrer Kenner gehört, welches fie als
fehr SCHWER fchildert: von Ortega über das Cora (oben S. 26^{a}), von Tellechea
über das Tarahumara (oben 29^{nn}). Daffelbe fagt Rinaldini vom Tepeguana; und in
dem *proemio* Rinaldini's wird bemerkt, dafs die Sprache Tepeguana eine der vier
fchwerften „diefer Miffionen" fei.

Ich BEHANDLE hierauf NACH EINANDER von diefen Sprachen: den rauhen
Charakter ihres Lautfyftems, Häufigkeit einzelner Laute, lange und kurze Wörter,
Wort-Zertrümmerung, Onomatopöie, heidnifche Ausdrücke; die zufälligen Ähnlich-
keiten der 4 Sprachen mit Sprachen der alten Welt, woneben die des malayifchen
Völkerkreifes und des grofsen Oceans nicht vergeffen find; den Inhalt fpanifcher
Wörter in den Nordweft-Idiomen.

§ 28. Über die AUSSPRACHE des TARAHUMARISCHEN fagt Tellechea
(3^{nn}): um nach einheimifcher Art die Buchftaben auszufprechen, *se ha de retirar
hacia dentro y á fuera el labio de arriba ó abajo;* über Doppellaute (3^{nf}): *quando
se pronuncian diptongos, se pone la lengua como para pronunciar la que comienza,*

*cabulario, y Cathecifmo; las quales echavan menos Manual, y Confeffionario en el mifmo Idioma, para fer
undequaque perfectas, firviendo de alivio a los principiantes, y defcanfo de la pluma: pues à todos le era for-
zofo tener manufcriptas en los Manuales las cofas, que aora ván impreffas ...*

y al hachar el resuello, se pronuncia la otra; v. g. *bigüé limpiar.* Die End-
buchstaben werden ganz gewöhnlich unterdrückt oder undeutlich *(truncan las ultimas finales; 3ª').*(') Auch im Anfange der Wörter VERSCHLUCKEN die Indianer
(ib.) öfter Buchstaben und Sylben; sie deuten sie nur durch einen gewissen Ton
oder Nachdruck an, den man hören und aus Übung lernen muß, der sich aber
nicht schreiben läßt. Darüber, wie dieses Verschlucken noch weiter geht, werde
ich später (37^{mf-f}) reden. — Tellechea giebt (p. 44^{nn}-45^{af}) ein Zeugnifs von dem befonderen und lebhaften Ausdrucke, in welchem diefes Idiom zu Tage tritt, und von
feinem Reichthum an Wörtern.(²)

Der TEPEGUANA-Sprache wird derfelbe rauhe und heftige Charakter beigelegt. Der Klang der Sprache wird in Rinaldini's Vorrede guttural genannt *(lo
guttural de su pronunciacion).* Die *Tepeguanes* find ferner (Rin. 71^{af}-72^{a}) fo schnell
in der Ausfprache, dafs fie nicht nur die letzte Sylbe nicht ausfprechen (fie verfchlucken), fondern auch aus vielen verfchiedenen Wörtern eins machen; bis zu
4 Wörtern werden im fprechen in eins zufammengefchlungen. Man hat unter diefer
Äufserung Rin's zu verftehn, dafs mehrere, grofsentheils regelrecht, aber mit gelegentlicher Aufopferung wefentlicher Theile (Zertrümmerung), in Wort-Einheit zufammen verbunden werden. Sein Beifpiel ift: *a-queibidade-m-usci ut coitu=
damucue* werden fie uns Maisähren *(elotes)* zu effen geben? *a* foll Adj. feyn und
fremd bedeuten, *queibidade* ift *elote*, *m* ift Zufammenziehung für das pron.
eggama.

§ 29. Viele VOCALE zeigt das Tepeg. öfter; die Wörter *ooo* Knochen und
iiuie trinken beftehen nur aus folchen. Das *u* ift in ihm häufig: *butudumuco
frescamente. d* kommt in diefer Sprache manchmahl maffenhaft vor: *toddascidaraga*
oder *doadidamodaraga* Schreck, *papalitadadamue* Erzbifchof (von *pali
padre*), *altuodadadamue* gebunden, *soigulidadatudadamo* befchwerlich,
meit sciuquidodadaguitodadamoe immerwährend.

Wenn man fich auf Sammlungen legt, fo kann man genug LANGE und viel-
förmige WÖRTER, Grundftämme mit vielen Zufätzen der Wortbildung oder der
Flexion bekleidet, zufammenbringen:

CORA: *capuachuayaoteme* enge, *tahapoatacaco* Mittags, *tipeniteahuame*
Motte, *utamuarer^{e}^{a}ca* fich erinnern, *^{e}uhripentitahua* bereiten, *ucurrebipihua*

___

(') Diefes Verfchlucken der letzten Sylbe ift in vielen indianifchen Sprachen: Abert berichtet es von
den Scheyennes *(exec. docum.* No. 41, 1848).

(²) *Aunque el idioma Tarahumar es uno, sin embargo suele haber su notable diferencia en el hablarlo de
pueblo á pueblo: ó ya en el tono, ya en la fuerza de la pronunciacion, ya en la velocidad, y aun en los terminos; de que resulta, que un vocablo dicho en este pueblo con cierto tono, fuerza, dejo etc., que en él se usa,
dicho en el otro, á donde no se usan tales dejos, fuerzas etc., ya no se entiende; y por eso se han puesto
muchos terminos con solo un significado, y algunos significados, á quienes conviene un solo termino: para que
de uno ú otro modo, quando se oigan, se entiendan; y ojalá y me fuera posible estampar en el papel los to-
nos, fuerzas, velocidad, y multitud de sinonimos, que me asisten en la voz viva!*

aforror, temuayaomuára gefallen, *uteàmuavihuáme* vergnügt, *huateaucoitzite*
fich etwas zueignen, aneignen, *autaumuarereaca* bereuen, *temuapoanamoá* auf-
merken, aufpaffen, *tite-m*ᵘᶜ*izi-pe-huame* Barbier, *puhman-puhuteahpɖa* das In-
wendige nach aufsen kehren, *tahete-poanomatame* condenarfe, *ubyanbacanîhua*
*estirar, capu*ᵉᵘ*hrihuachiaca* hinken, *tea-tzahuate-ácame* treu, gehorfam, *anomo=*
xuriteahua fruncir la boca, tecuathemintimoe idolatrar, meapurbeyaohracá
wachfen (vom Monde), *hua-muarerì-huaca* allgemein bekannt feyn, *apuenputeaca=*
nèri erfcheinen;

CAHITA: *emotemaiuanta* chriftlich, *enamesuroca* fie haben mich, dich beleidigt,
*hueientachi? *emoamabichuame* Spiegel; — TARAHUMARA: *pauguimaniameke*
Brunnen, *repagatigameke* Oberer 2) Gott, *tsestatacameke* roth;

TEPEGUANA: *vuppuodolique* blitzen, *bupuoguidaraga* Blitz, *toddascidaraga*
oder *doadidamodaraga* Schreck, *teomidagaxamue abubado, soiguliditudade* be-
trübt, *soiguliditudaraga* Betrübnifs, *soigulidadatudadamo* befchwerlich, läftig, *bid=*
davaquitadamoe Maurer, Baumeifter, *papalitadadamue* Erzbifchof (f. oben 36ᵐᶠ), *al=*
tuodadadamue gebunden, *seicuan-axare-cude* mit dem Pfluge, *appiavuvuadamoe*
regelmäfsig (adv.), *guiguidocadanxeiti* raufchen, *tuculimadadamoe* Färber, *meit*
sciuquidodadaguitodadamoe immerwährend, *meit sciuquidojⱥgguidataraga*
immerwährende Dauer.

Dagegen giebt es auch fehr KURZE, aus 3, 2, ja 1 Buchftaben beftehende
WÖRTER; ich gebe nur Beifpiele vom Cora: *nuè* gebären, *huá* fich bewegen; *ta*
geben; *chè* beifsen, *chè* wohnen, *tze* hart; *be* peitfchen, *te* riechen (von einer Sache, v. n.),
ne tanzen, *yé* keuchen, ftark athmen, *yé* trinken; *eà* antworten; *a tortear.*

§ 30. In Gefolge der leidenfchaftlichen Heftigkeit, mit welcher diefe Völker
die Lautgebilde herausftürzen, fteht die fchon oben (36ᵃ⁻ᵃᵃ, ᵃᶠ⁻ᵐ) von mehreren bemerkte
VERSCHLUCKUNG oder Weglaffung von Buchftaben oder Wortftücken am Ende
oder im Anfange der Wörter. Wo diefes wirkliche Wortftücke, befonders in der
Formation der Sprache (Flexion, Ableitung und Zufammenfetzung der Wörter), betrifft, ift es jenes merkwürdige Phänomen in den amerikanifchen Sprachen, welches
ich WORT-ZERTRÜMMERUNG genannt und in meinen aztekifchen Ortsnamen, mit
Beibringung mexicanifcher Beifpiele (S. 27-31, 31ⁿⁿ-32ᵃ), befprochen habe. Diefe
Zertrümmerung, fo wichtig wegen der furchtbaren Schwierigkeit, welche fie dem
Verftändnifs der Sprache und der diefem lebhaften Verkehr fern ftehenden etymologifchen Arbeit bereitet, ift uns von den Sprachen Tarahumara und Tepeguana berichtet. Von erfterer ift die Thatfache fchon in den oben (36ᵃ⁻ᵃᵃ) mitgetheilten
Worten Tellechea's ausgefprochen; er legt aber anderwärts (30ⁿᶠ) noch beftimmteres
Zeugnifs dafür ab, indem er berichtet: dafs in den meiften *pueblos* diefe Indianer
acostumbran partir todos los vocablos, y tomar algunas particulas de ellas en lu-
gar de todo el vocablo: je nach den Umftänden, in welchen fie reden, und diefs
mit folcher Schnelligkeit, dafs nur der in diefer Sprache fehr Erfahrene fie verfteht.
Ein tepeguanifches Beifpiel ift: *arali* klein 2) Knabe, *arali tuy* oder *altui*
Mädchen.

Von der ONOMATOPÖIE würde man in diesen Sprachen, wie von allen anderen, Beispiele darbieten können: d. h. Wörter, von welchen behauptet werden kann, sie seien dem Schalle nachgebildet; so Co *mu$^{a \acute{e}}$xe* schreien (der Hirsch), *cácave* kakern (das Huhn), *hihhua* kräben (der Hahn).

§ 31. Da uns bei der Darstellung der amerikanischen Ursprachen durch Europäer, besonders spanische Geistliche, so vieles, was gerade das Wichtigste für uns ist, entzogen wird: das Nationale jeder Art, wie das Alterthümliche in Sitten und Glauben; wofür uns vielfach neue, künstliche, dem Volke unbekannte und unnatürlich dünkende Gebilde geboten werden: so sind uns alte, nationale Spuren der Sprache, HEIDNISCHE Ausdrücke, die man am meisten uns versteckt hat, besonders willkommen. So liefert uns Ortega den heidnischen Namen der personificirten Sonne bei den Coras: *tayaoppa*, d. h. unser Vater. Er drückt es so aus (Artikel *sol*): „*x$^{e u}$cat. Decirle tayaoppa es idolatrar, porque decian que era su Padre*"; *yaoppa (ti-y aóppa)* heisst nämlich Vater.

§ 32. Ich führe eine Anzahl zufälliger WORT-ÄHNLICHKEITEN der 4 sonorischen Sprachen mit den Sprachen UNSRES und ANDERER WELTTHEILE vor; den vieren habe ich jedoch auch gelegentlich andere nordamerikanische Idiome beigemischt, welche im späteren Verlaufe dieser Arbeit uns vorübergehend beschäftigen werden. Die Nennung dieser Ähnlichkeiten thue ich nur zum Scherz; man findet darin die Lehre, welche nirgends fehlt, dafs sich zwischen jeden zwei Sprachen und von jeder mit allen eine Anzahl ähnlicher Wörter finden lassen. Ich bin nicht darauf ausgegangen und bringe nur wenige, die mir zufällig aufgeflossen sind; mit Absicht würde man viele zusammenbringen. Die Ähnlichkeiten sind manchmal unvollkommen und gesucht zu nennen, öfter aber vollständig genug und weit reichend:

DEUTSCHE Ähnlichkeiten: Ta *bucali-gua* Rücken, Buckel, *tajená* tagen, *cor= cogui* Kuckuk, *cutsi* kurz; — Te *duni* thun, Co *vyeine* weinen, Ca *coba* Kopf; — kommen schofschonisch *keemah*, Wihinascht *kimá*: bei den Comanchen *kim* komm; Chinuk *ekánem, conim* = Kahn; Safte vom Oregon *ya* ja; die Chinuks sagen für nein (wohl auch nicht) *nix, nixt* (nach *explor. exp. nekst*); ugalenzisch *lech-enne* lachen;

GRIECHISCHE: Ta *colatschi* Rabe ($\varkappa \acute{o} \rho a \xi$), Co *muaté* lehren ($\check{\epsilon}-\mu a \vartheta o \nu$, $\mu a \vartheta \tilde{\epsilon} \tilde{\imath} \nu$); Ca *cuna* verheirathete Frau ($\ddagger \gamma \upsilon \nu \acute{\eta}$); San Luis Obispo in Neu-Calif. *taxa* Bogen (= $\tau \acute{o} \xi o \nu$);

LATEINISCHE: Ta *ossanagunco* acht, *ululú* Eule, *lessi* müde werden, *muki* od. *mugui mulier*; Te *hic* dieser, *vasse, vase* Kasten *(‡ vas)*, *scicoli* rund *(‡ circulus)*, *uma* und *huma* ein *(‡ unus)*; Co *zizchi* schneiden *(‡ scindo, scidi, scissum)*, *mucuare* Schimmel *(‡ mucor)*; Kizh von Neu-Calif. *akwāken* Wasser; Moqui *ling-a* Zunge; Schofchonen: *niwawi* Schnee *(‡ nivis)*, *wuschipar* Abend *(‡ vesper)*, *tunuint* Donner; Kalapuya *wállah* Thal; Kinai: *togaa, toch-a, taga* Kleid, Rock *(‡ toga)*; *mān* Hand: Kizh;

FRANZÖSISCHE: Ta *cassinalet* oder *gassini* zerbrechen *(‡ casser)*, Te *tatame* betasten *(‡ tâtonner)*;

SPANISCHE: Ta *hoco* aushöhlen *(‡ hueco* hohl), Te *cusuquidi* kitzeln *(‡ cosquillar)*, Co *tátana* Mark *(‡ tuétano)*;

ITALIAENISCHE: Ta *cossi* fo *(≠ cosi)*;

SANSKRITISCHE: Ta *batschi* Bruder (भ्रातृ *bhrátṛi*); Co *purmi* vor Alters, *antigua-mente* (पूर्वम् *púrvam* adv., पूर्वी *púrvi* adj. fem.), *purbaztnh* alter Mann *(anciano)*, *purvcarizt* alte Frau (पूर्व *púrva* adj.); *ta* geben (दा *dá*); Miſteca *rc* ein (एक *éka*); Te *mai* nicht (मा *má* daſs nicht; Maya *ma* nein); — ſchon das aztek. *metztli* Mond, Monat iſt dem fkr. मास् *más* (Mond, Monat), मास *mása* (Monat; vgl. lat. *mensis*) ähnlich: noch gröfser aber wird die Ähnlichkeit in den fonorifchen Formen des aztek. Wortes: Te *mussade*, Ta *maitsaca*, auch **mechá*, Ca **mecha*; vollftändig iſt fie im Pima *mahsa* Mond; — *tschan-e* Mond im Kinai (चन्द्र *tschandra*); *podo* Bein in der Sekumne-Sprache von Californien (पद *pada* Fufs); fchofchonifch *kamahk* lieben (nach dem Prinzen Max. zu Wied; auch ähnlich bei den Comanchen: fkr. कम् *kam* lieben, काम *káma* Liebe); *paa* trinken im Kizh, *pae* im Netela von Neu Californien, Ta *pahì* (पा *pá*); Blackfeet nach Prinz Maximilian *pehkseü* Vogel (पक्षिन् *pakschin*, d. h. der Flügel-Begabte); Nagel an den Fingern: im Arapaho *nor'xh*, im Schefchatapufch (algonk. Spr.) *naskachee* (नख *nakha*); Waiilatpu *ischta* fehn (ईक्ष् *íksch*);

ARABISCHE: Ta **ajaré* andere (آخَر *áchar*);

MALAYISCHE (womit ich fowohl die beftimmte Sprache als ihre Verwandten meine): mal. und jav. *tãna* fragen, forfchen: Ta *tani* fordern, Te *tane* bitten, *tani-di* fordern, Ca **netanie* fragen; mal., tagal. ufw. *kami* wir (ausfchl.), Ta *tami* wir; mal. und jav. *pertscháya* glauben, vertrauen, Ta *pitschigé* glauben; mal. und jav. *kúlit*, Te *hulidade* oder *huli-daga* Haut; mal. und jav. *hútus*, Te *otose* fchicken, fenden, abfenden (mal. *utúsan*, Te *jotosci-camue* Bote, Gefandter); mal. *dabú* Staub, Te *dubur-* id. (mit Nachfätzen; an fich: Erde); jav. *hurip*, Co *huri* leben; mal. *tebbang* hauen, *tabah* und jav. *tebah* (fchlagen fpeciell), madecaffifch *tapa* bauen: Co *tabá* hauen; mal. und jav. *kayu*, Co *couyet* Baum, Holz; mittleres Eskimo (von Iglulik und vom. Kotzebue-Sund) *kaiyu* Holz; jav. *hagung*, *gung* grofs (mal. *agúng* hauptfächlich ufw.): Te *gu* oder *agu* grofs; mal. *iko*, jav. *hika*, Ca *ica* diefer; mal. *fni*, Ca *ini* diefer; jav. *harep* wünfchen, wollen, Hiaqui *harepo* Wille; jav. *hómah* Haus, Safie vom Oregon *óma*; jav. *dhina*, Chepewyan *tzinna* oder *dzinè* Tag; Eskimo von Labrador (öftl): *tessek* See *(lacus)* = mal. *tásek* der See, Kawi *tasik* Meer, tagal. *tasic* Waſſer, woraus Salz gemacht wird, madecaff. *taiche* Meer ufw.;

POLYNESISCHE: tahitifch und Ta *aita* nicht; tongifch und neufeel. *tangata*, tahitifch *taata* Menfch (tong. auch Mann): Co *teata* Mann, Menfch; neufeel., tahit., Sandwich *po* Nacht (tongifch *bo*): Sekumne Sprache von Californien *po* Nacht.

§ 33. Ich habe noch den, nicht geringen Vorrath von Wörtern zu behandeln, welche die vier fonorifchen Sprachen aus dem SPANISCHEN aufgenommen haben; der Verkehr diefer Völker und der Einflufs der Miſſionare haben diefs bewirkt, manche Wortformen rühren nur von den letzteren her und find von ihnen dem Lautfyfteme diefer Sprachen willkührlich angepafst. Es werden mir diefe SPANI-SCHEN Wörter, von denen ich übrigens nur eine befchränkte Zahl darbiete, Gelegenheit zu mehreren Bemerkungen geben; und diefe Beobachtungen find der Grund, warum ich überhaupt auf diefen Beftandtheil der Nordweft-Sprachen eingehe; ich werde aber zuvor erſt ganz einfach das ALPHABETISCHE VERZEICHNISS der von mir ausgewählten Wörter, nach dem Spaniſchen und mit einer laufenden Nummer verſehen, mittheilen, und darauf meine Beobachtungen folgen laſſen:

1 *alicante* Ta eine Art Natter

2 *aparejo* Packſattel — Ta *aparecho* (ſ. Steffel's Artikel)

3 *arriero* Maulthiertreiber — Ta *ariero* und *háliruc*, Te *jaliro*

4 *arzobispo* Erzbiſchof — Te *alzovisposi*

5 *asno* Eſel — Te hat dafür das dimin. *asnito*

6 *botas* Stiefel (pl.) — Te *botasci*

7 *buey* Ochſe — Te *boyisci*, Co *púyezi*

8 *caballo* Pferd — Ca *cabaita* Stute: was auf eine, im gewöhnlichen Spaniſchen unbekannte, Diminutiv-Form *caballita* hinausgeht (ſelbſt *caballa* heiſst nicht Stute)

9 *capitan* — Te *capitani*

10 *carnero* Hammel — Te *caniro* und *canniro* (auch Schaf), Co *cánax*

10, b *cayman* Art Crocodil — Te *caymani: lagarto, cayman*

11 *cochino* Schwein — Ta *cotschi*

12 *cocina* Küche — Te *cuscini; cocinero* Koch — Te *cusciniro*

13 *compadre* Gevatter — Te *compali*

14 *corral* Viehhof — Te *curare* oder *curar* Hof; auch Gehäge, Mauer

15 *cruz* Kreuz — Ca *cruz*, Te *curusi*; Co *curuz-tate* kreuzigen

15, b *cuajo* — Co *quaxú*

16 *cuchara* Löffel — Ta *cucharac, Te *cusciare*

17 *cuchillo* Meſſer — Te *cusciro*

18 *Dios* Gott — Ta *Diosi* od. *Dios*, Te *Diusci*, Ca *Dios*

19 *domingo* Sonntag — Te *tomino, tuminojo*

20 *fiscal* — Te *piscali*

21 *Francisco* — Te *Parancisco*

22 *Jesu* — Te *Sesu*

23 *Joseph* — Te *Suscepe*

24 *Juan* — Te *Soniro* od. *Zonniro*, Ca *Suhan*

25 *jueves* Donnerſtag — Te *suivisi* und *sutuisci*

26 *machete* kurzer Degen — Ca *machita*

27 *mamey* eine Frucht — Ta *maméi* (ſ. Steffel's Artikel im tarah. deutſchen Theile)

28 vom ſpan. *manso* zahm ſcheint das Te deriv. *mansotude, mansutude amansar* (zähmen) gebildet zu ſeyn, von welchem weitere derivata herkommen

29 *Maria* — Te *Malia* (Ta *Maria, Ca *Maria)*

30 *melon* Melone — Ca *minoli*

31 *miercoles* Mittwoch — Te *miercoris*

32 *mula* Maulthier — Ta und Te *mura*

33 *padre* — Ta *pali* Prieſter, Te *pali* Prieſter, Pater, Ca *pale* und *pare* Pater; davon abgeleitet Ta *papalitadadamue* Erzbiſchof

34 *pan* Brodt — Te *pana*

35 *pascua* — Ca *pasco-tu* an Feſten

36 *pasearse* ſpazieren gehn — Te *pasceare*, Co *paxeárubé;* im Te noch die 2 deriv. *pascealidaraga* Spaziergang (actio), *pascealitaxare* it. (Ort)

37 *Pedro* — Ta **Pegro*

38 *personas* Perſonen (plur.) — Ca *personasin* und *personasim*

39 *pesar* wägen, wiegen (v. a.) — Co *pexuvi* (ſ. auch Ortega vorn § 3) und *pexuvi*

40 *pitahaya* eine Frucht — Ta *pitaja*

41 *potro* Füllen — Te *potoro*

42 *puerta* Thür — Ca it.

43 *queso* Käſe — Te *quiso*

44 *rabel* dreiſaitige Geige — Te *raveli*

45 *rey* König — Te *reysi*

46 *Salvador* — Te *Dora*

47 *Sebastian* — Te *Sabbasci*

48 *señor* Herr — Te *sonnore*

49 *señora* Dame — Te *siñora* Dame, Ca *señora* Spanierinn

50 *silla* Stuhl — Co *sira*

51 *soldado* Soldat — Te *sandaro*

52 *tábano* groſse Fliege, Bremſe (lat. *tabānus)* — Ta *tábano;* Steffel ſcheint aber keine Ahndung zu haben, daſs es ein ſpaniſches Wort ſei: er hat einen groſsen Artikel darüber

53 *toro* Stier — Ta **roro*, Te *turu*

54 *trigo* Weizen — Te *tuligo*

55 *vaca* Kuh — Ta *vàcaschi*, Te *vacasci* oder *bacasci* (Te auch Rindvieh); ich glaube, daſs das Ca Wort für Fleiſch: *huacasi, uacasi* oder *huacas*, daſſelbe Wort und das ſpan. *vaca* oder plur. *vacas* ſei (das *si, sci, schi* möge alſo ein ſonoriſcher Subſt. Zuſatz, oder nur der Vocal *i*, an den ſpan. plur. geſetzt, ſeyn): dennoch redet dagegen, daſs Ternaux für Fleiſch *huacat* angiebt und dieſs ſichtbar = dem Co *hueat* (Fleiſch) iſt

56 *ventana* Fenſter — Te *vintana*

57 *viernes* Freitag — Te *viernesico*

58 *yegua* Stute — Te *juguasci*.

§ 34. Bei den allgemeinen BEMERKUNGEN, welche ich aus dieſer Aufzählung ziehen werde, kann ich nur ganz kurz durch die Nummer auf die Belege hinweiſen.

Steffel behandelt einige dieſer ſpaniſchen Wörter irrthümlich als tarahumariſche und widmet ihnen lange Artikel: No. 27, 52. Ein Beiſpiel, wie ein ſpaniſches Wort tiefer in dieſe Sprachen eingedrungen iſt, liefert No. 55; die Wörter gehören den Sprachen aber ſo weit an, daſs ſehr leicht aus ihnen Wörter auf einheimiſchem Wege abgeleitet werden: 15, 28, 33, 36. Manchmahl iſt die ſpaniſche Diminutiv-Form ſtatt des einfachen Subſt. eingeführt: 5, 8.

In der Nachweiſung der Form-Veränderung gehe ich vom Geringfügigen aufwärts. Die ſpaniſche Orthographie iſt etwas verändert: 2; kleine Lautveränderung: 16. — In den Veränderungen, welche die ſpaniſchen Wörter erlitten haben, ſpiegelt ſich vorzüglich das Lautſyſtem der ſonoriſchen Sprachen ab; es zeigen ſich darin der Mangel oder Beſitz gewiſſer Buchſtaben oder deren Zuſammenſtellungen, in dem Erſatz derſelben durch andere: und alles dieſes iſt die Veranlaſſung mannigfacher Buchſtaben- und Form-Veränderungen: Ta 37; Te 4, 12, 13, 14, 17, 19, 20, 21, 22, 23, 25, 31, 48, 54, 56, 58; Co 16, 50; Ca 30, 35; Ta und Te 32, 53; Te und

Ca 24, 29, 49; Ta, Te und Ca 33. — Ziemliche Veränderung der Form, in der das fpanifche Wort ziemlich unkenntlich geworden ift: 3, 49, 51; bedeutende Veränderung und Unkenntlichkeit deffelben: 25; merkwürdige Ähnlichkeit, welche 2 Sprachen in der eigenthümlich abgeänderten oder angenommenen Form erhalten: 3, 7.

Das Ende des fpan. Wortes fällt weg: 11, 47; ein Beifpiel einer ftarken vorderen Verftümmlung des fpanifchen Wortes: aus *Salvador* im Te geworden *Dora* (No. 46), ift höchft merkwürdig, weil der ganze Stamm des Wortes, fein ganzes Wefen weggeworfen und nur die lateinifche Endung actoris geblieben ift!

Dafs die Verbindung zweier Confonanten der Natur der fonorifchen Sprachen widerftrebt, zeigt fich in der Einfchiebung eines Vocals zwifchen beide: *a* 21; *o* 19, 41; *u* 15, 54. Aus demfelben Grunde wird einem Schlufsconfonant ein Vocal angehängt: *a* Te 34, 46; *e* Te 23, 48; *i:* Ta 20; Te 9, 10b, 18, 25, 44; Ca 30, 55; einen Anfatz *in* und *im* im Ca habe ich in der Grammatik behandelt. Eben dafelbft habe ich die Wichtigkeit und das, vielleicht auf der aztekifchen Subft. Endung beruhende Wefen der Endung *sci* oder ähnlich der fonorifchen Subftantiva erörtert; und das Erfcheinen derfelben als ein freier Zufatz zu den fpan. Subftantiven ift ein wichtiger Beitrag zu dem dort Entwickelten. Wir finden angefetzt: im Ta *schi* 55; im Te *sci:* 6, 7, 18, 47, 55, 58: in 2 Wörtern (6, 18) fteht es jedoch an der Stelle eines fpan. *s* und kann vielmehr als der obige Anhang *i* betrachtet werden; Te ferner *si:* 4, 45; Co *zi:* 7. — Auch gröfsere Zufätze unbeftimmter Art treten an die fpanifchen Wörter hinten an: No. 24, 36, 39, 57.

§ 35. Man wird die Frage aufwerfen nach der VERWANDTSCHAFT der hier vor unfren Augen liegenden NORDWEST-MEXICANISCHEN SPRACHFAMILIE mit irgend einem der zahllofen Idiome des grofsen AMERIKANISCHEN Continents. Ich habe die verfchiedenften und die hauptfächlichften Sprachen in der ganzen Ausdehnung des Welttheils auf diefe Vergleichung geprüft. Das Ergebnifs ift VERNEINEND geblieben, wie diefs mit wenigen Ausnahmen das Schickfal aller kühnen Unternehmungen auf diefem Boden gewefen ift. Es find dem Wagenden hier wenige Triumphe aufbehalten. Die Hoffnung ift meift vergebens auf die Erringung von Wirkungeu eines ftarken Eindrucks. Auch die grofsen und Haupt-Idiome des näheren Länderkreifes, die von Mexico, bleiben für fich, und verfagen in ihrer mächtigen Individualität alle Theilnahme. In diefem abweifenden Urtheile febe ich ab von den Affinitäten, vollftändigen oder vereinzelten, welche ich in der eignen Gegend des nordweftlichen Sprach-Complexes und im höheren Norden im zweiten Haupttheile diefes Werkes aufdecken werde.

Eine Ausnahme von meiner allgemeinen Behauptung ift der Befitz des athapaskifchen Wortes für Feuer durch die Comanchen und Schofchonen; diefs und einige fchwächere ATHAPASKISCHE Ähnlichkeiten habe ich bei den Comanchen (XIII § 445) angegeben. Hier ift auch die vollftändige Identität des Te *tasse* Sonne mit dem Tlatskanai-Worte *tao̅se* zu nennen: welche aber als die Erborgung eines fon. Wortes durch eine athapaskifche Sprache betrachtet werden mufs, weil das athap. Wort für Sonne entfchieden *sa, sah* ift.

Es ift nicht der Mühe werth einige ZUFÄLLIGE oder fehr werthlofe ÄHN-
LICHKEITEN anzuführen, wie: Fufs: Cahita *huoqui* (abweichend von den andren
Nordweft-Sprachen, welche *tara, tala* dafür haben), und Maya *uoc'* nach Hervas,
aber nach andren Quellen *oc:* alfo ein Anklang, den es kaum zu nennen erlaubt
ift. Die Grundlage *ma* der Formen für Hand: Ca *mama*, Co *moa-mati*, kann
man vergleichen mit dem Worte der Quichua-Sprache für die Hand: *maqui*.
Diefer Verfuch mit den zwei Nordweft-Sprachen geht aber erftens auf das Aztekifche zurück und trifft fie felbft nicht; die beiden andren Idiome befitzen für die
Hand einheimifche verfchiedene Wörter: Tarah. *secà*, Tepeg. *novi* (aufserdem
mataja). Zweitens gehört diefes *ma* für Hand zu einem gröfseren Kreife von
amerikanifchen Analogien, welchen ich in einer nächften Stelle (III § 45) eröffnen
werde. — Diefe Anführungen mögen nur als ein Anfang zu einer Sammlung folcher
oberflächlichen Verähnlichungen angefehen werden.

Der Mithridates verfucht (146[a.aa]) einige Ähnlichkeiten der Tarahumara-
Sprache mit füdlicheren amerikanifchen Sprachen anzugeben, bemerkend (145[nf]): dafs
fie, „wenn fie auch für fich noch nichts folgern laffen, Beweis und Antrieb der
Aufmerkfamkeit feyn können." Es find folgende: höfe Ta *tseti*, Poconchi *tsiri*;
gieb Ta *kia*, Maya *caa*; Meer Ta *paugui manila* [wörtlich Waffer-Sumpf],
Itaitifch *bagua*; Hund Ta *cocotschi*, caribifch *caïcouchi*. Ich kann in Beziehung diefer beftimmten füdlichen Sprachen berichten, dafs an keine Verwandtfchaft
derfelben mit den fonorifchen zu denken ift. *cocotschi* ift aufserdem das aztek.
chichi.

III. Allgemeine Erörterung des aztekifchen Stoffes in den mexicanifchen Nordweft-Sprachen.

§ 36. Ich habe im Anfange ausgefprochen, dafs meine ENTDECKUNG AZTE-
KISCHER WÖRTER in den NORDWESTLICHEN SPRACHEN Mexico's eine SELBST-
STÄNDIGE gewefen, und nicht von den Mittheilungen des Mithridates oder Anderer
ausgegangen ift. Der MITHRIDATES hat das Verdienft diefe aztekifche Verwandtfchaften fehr zweckmäfsig dargeftellt und verbreitet, auch mit einigen Beweifen belegt zu haben; aber die Bearbeiter entnahmen die Kunde der Thatfache früheren
Zeugniffen. Sie berichteten, was HERVAS darüber darbietet; und Hervas enthält
fich in diefem Punkte aller eignen Forfchung: er theilt, mit einer einzigen Ausnahme
(f. unten S. 45[mf]-46[a]), nur mit, was RIBAS, der felbftftändige Entdecker diefer aztekifchen Verwandtfchaft, in allgemeinen, unbelegten Ausdrücken und Behauptungen in
feinem Werke darüber gefagt hat. Ich führe die EINZELNEN ZEUGNISSE vor:

F 2

damit erkannt werde, was bisher über den aztekifchen Beftandtheil der Nordweft-
Sprachen gefagt und wie das Verhältnifs dargeftellt worden ift.

§ 37.   Zwei einheimifche Kenner der fonorifchen Sprachen haben, wohl
unabhängig von einander, vor der Mitte des 17ten und früh im 18ten Jahrhundert
die Kunde von dem Vorhandenfeyn AZTEKISCHEN SPRACHSTOFFS in gewiffen
Mundarten von Cinaloa, Sonora und der angränzenden Landfchaften in Druckwerken
niedergelegt.   Der erfte und zugleich der wichtigfte war der Pater Andres Pedro
de RIBAS, Miffionar in Cinaloa (f. oben S. 27^{mm-nn}).   Er gab im J. 1645 in feiner
Historia de los triumphos de nuestra santa fé (Madrid) Nachricht von einem
grofsen Reichthum mexicanifcher Wörter, vorzüglich fehr einfacher (radicaler), in
„faft allen" Sprachen *Cinaloa's*, fo wie von Ähnlichkeiten in der Grammatik.   Er
knüpft diefe Nachricht an die andere an: dafs auf fein eifriges Forfchen nach der
Herkunft der Völker von Cinaloa bei den Greifen und Kundigen ihm von allen
einftimmig geantwortet wäre, fie feien von dem N o r d e n ausgegangen, und hätten ihr
Heimathland verlaffen, da es von andren Nationen im Kriege eingenommen worden fei.
Von der nördlichen Herkunft aller Völker diefer Gegenden fand er, wie er fagt, überall
Spuren und Beweife, fo wie die allgemeine Sage: dafs auch das mexicanifche Volk
daher gekommen fei.   „Diefe Meinung", fährt er dann fort, „wird beftätigt durch die
Beobachtung, welche ich bei der Erlernung einiger Sprachen gemacht habe: weil in
beinahe allen (es giebt ihrer viele und verfchiedene) fich Wörter finden (vorzüglich
diejenigen, welche radicale genannt werden), die MEXICANISCHE find, oder aus der
mexicanifchen Sprache herftammen und davon viele Sylben beibehalten haben; und
ich könnte von ihnen ein langes Verzeichnifs machen."   Er zieht daraus den Schlufs:
dafs „faft alle diefe Völker Mexicaner waren und mit dem mexicanifchen Volke
verkehrten"; „und obgleich", fetzt er hinzu, „ihre Grammatiken davon (von der mex.)
verfchieden find, fo kommen fie doch mit diefer in vielen Regeln überein." ([1])   Man
kann die allgemeine Bezeichnung des wichtigen aztekifchen Beftandtheils diefer Spra-

---

([1]) So lautet die Stelle von R i b a s (lib. I cap. 6 pag. 10 feines Werks) in der italiänifchen Übertragnng
des Hervas (im *saggio pratico delle lingue* 1787 p. 70^{aa}-71^{a}): *Il Ribas dunque dice queste notabili parole:*
„Da' più vecchi, ed intendenti delle nazioni della Cinaloa con particolar cura, e non poche volte ricercai, da
dove fossero venuti, ed in qual tempo i loro progenitori si erano stabiliti nella Cinaloa.   Tutti ad una voce
rispondeano sempre, ch' erano usciti del nord, abbandonandovi i loro paesi occupati d' altre nazioni in guerra.
Di tutto ciò trovai fondamento in occasione di aver penetrato con de' soldati per pacificare alcune nazioni
interiori; e finalmente nell' informazioni, che sopra di ciò feci, trovai sempre qualche vestigio di essere venute
dal nord tutte le nazioni, che si riducono, come ancora è fama costante, che ne venne la nazione Messicana,
dicendolo così le sue storie . . . Confermasi questa opinione coll' osservazione, che ho fatta imparando alcune
lingue [della Cinaloa]: poichè in quasi tutte (sono molte, e diverse) si trovano parole (principalmente quelle,
che si dicono radicali), le quali sono Messicane, o derivano dalla lingua Messicana, e ne ritengono molte sil-
labe; e ne potrei fare un lungo catalogo.   Quindi si rilevano due cose. La prima, che quasi tutte queste
nazioni furono, e comunicarono colla Messicana: e sebbene le loro grammatiche ne sono diverse, pure con-
vengono con essa in molte regole. La seconda è, che tutte queste nazioni insieme colla Messicana vennero
dal nord, e vi trovarono (p. 71) il passaggio dal Continente per qualche stretto finora sconosciuto" etc.

chen nicht beffer wünfchen. Pater Ribas hat die grofse Erfcheinung in ihrem ganzen Umfange erkannt und gewürdigt. Er fcheint fie aber mit nichts belegt zu haben, da Hervas nicht ein einziges Wort anführt: ein Mangel, welcher feinen Einflufs auf die ganze Folgezeit ausgeübt hat. (¹) Erft durch die von mir aufgefundenen Schätze, auch in Sprachen, die Ribas wohl oder gewifs nicht kannte, und durch das in gegenwärtiger Abhandlung Mitgetheilte ift die Richtigkeit der weit gehenden Behauptung erwiefen.

§ 38. Die zweite Quelle, aus welcher die europäifche und deutfche Sprachforfchung ihre Kunde von den aztekifchen Affinitäten entnahm, ift der Pater Jofeph de ORTEGA. Derfelbe berichtet, wohl unabhängig und aus urfprünglicher Beobachtung, im J. 1732 in feinem *Vocabulario en lengua castellana, y Cora* in einem kleinen Paragraphen (§ 3): dafs das Volk der *Coras* „viele Wörter der mexicanifchen und einige der fpanifchen Sprache feinem Idiom einverleibt habe: in fo früher Zeit, dafs fie heutiges Tages für einheimifche gelten." (²) Eine zum Grunde liegende Verwandtfchaft der Cora- und mex. Sprache lehnt er alfo ausdrücklich ab. Er betrachtet die aztekifchen Wörter der Sprache, die er auch mit den fpanifchen auf Eine Stufe ftellt, als erborgt auf gewöhnlichem Wege. Er giebt nur 2 Beifpiele: *tatoani* (azt. *tlatoani*) Gouverneur und *muatati* (azt. *metlatl*, nach ihm *metlat*): „Stein, auf welchem der Mais zerrieben wird"; daneben *pexuvi* wägen, das fpan. *pesar* (³). Ich darf wohl behaupten, dafs der Pater de Ortega keine Ahndung von dem Umfange des aztekifchen Stoffes in der von ihm fo wohl gekannten Sprache gehabt hat.

§ 39. Der Abbate Lorenzo HERVAS hat das Verdienft, in feinem, 1787 zu Cefena erfchienenen *Saggio pratico delle lingue* die wichtige Entdeckung des Paters *Ribas* durch deren Mittheilung verbreitet zu haben; ihm verdankten die Arbeiter des Mithridates und andere Sprachforfcher ihre Kunde von dem Phänomen. Von fich felbft hat Hervas nichts zu dem Gegenftande beigetragen. Die einzige Ausnahme ift die, dafs er in Einer Zeile (p. 71ªª) von der Sprache der Tarahumaren fagt, fie fei „voll von mexicanifchen Wörtern" (⁴); man kann nicht beurtheilen, ob er es von fich fagt, oder nur die Nennung von Ribas, die bei ihm fo häufig wiederkehrt, unterlaffen hat. Die Verweifung auf das tarahumarifche Vaterunfer, welche er in der Klammer durch die No. 44 macht (daffelbe fteht gleichfalls im *saggio pratico*, p. 122-3) begründet die Äufserung nicht, weil Hervas weder dort mexicanifche Wörter in ihm

---

(¹) Der Mithridates, indem er (157ª⁻ªᶠ) der Ribas'fchen Entdeckung mit den Worten gedenkt: er fand (in jenen Sprachen) „viele Mexikanifche Wörter, von welchen er verfichert ein langes Verzeichnifs liefern zu können"; thut den Ausruf: „möchte er es zur Vermehrung unfrer Kenntnifs von diefen Sprachen geliefert haben!"

(²) *Muchos vocablos de la lengua Mexicana, y algunos de la Caftellana, los han corifado haziendolos proprios de fu idioma tan antiguamente; que ya oy en dia corren, y fe tienen por Coras.*

(³) *Pefar que decimos nofotros, quando fe pefa algo, lo corifan ellos y dicen Pexuvi, y affi de algunos otros.*

(⁴) *Dopo le suddette provincie ... sono le nazioni Tarahumara (la cui lingua abbonda di parole Messicane: veggasi il numero 44.), e la Concha ...*

nachweift, noch die Formel viele in fich fchliefst. Eine Seite zuvor (p. 69ᵐᵐ u. 70ᵃ) formulirt er in einem eigenen Urtheile nur die Angabe des Ribas, welche er darauf folgen läfst. Er fagt: „obgleich die Sprachen der Völkerfchaften Cinaloa's nicht mit der mexicanifchen verwandt find, finden fich darin doch fehr viele mexicanifche Wörter, wie es der genannte Ribas bezeugt." (¹) Auf welche eignen Stellen des *Hervas* die Bemerkung des Mithr. (unten S. 47ⁿᶠ an 2 Orten) fich gründet: derfelbe gehe in der Ähnlichkeit dieser Sprachen mit der mexicanifchen oft zu weit; fie (namentlich Cora und Tarahumara) „follen nach ihm von mex. Wörtern wimmeln"; welfs ich nicht. Es find wohl keine andren als die von mir eben bezeichneten, namentlich die über das Tarahumara.

§ 40. Die Verfaffer des MITHRIDATES (auf dem Titel diefes, die Nord-hälfte Amerika's behandelnden Bandes nennt fich Vater, als Fortfetzer Adelung's (²)) haben der ihnen in den Mittheilungen *Ortega's* und *Ribas* (bei *Hervas*) vorliegenden Thatfache des Vorhandenfeyns von einer Fülle AZTEKISCHER WÖRTER und der Ähnlichkeit einzelner GRAMMATISCHER Punkte in den Sprachen von Cinaloa, Neu-Biscaya ufw. in der, im J. 1816 zu Berlin erfchienenen, 3ten Abtheilung des IIIten Theils (S. 61-91, 129-196) eine lichtvolle Darftellung und umfichtige Prüfung ge-widmet, und dem Gegenftand eine weite Verbreitung gegeben. Sie haben durch Auffstellung einer kleinen Wortlifte und Nennung einiger grammatifcher Übereinftimmungen den vagen allgemeinen Ausdrücken zu einer Wirklichkeit verholfen. Wenn die, oder der Verfaffer auch übermäfsig durchdrungen find von der Wichtigkeit der von ihnen gefundenen grammatifchen Ähnlichkeiten, fo behandeln fie doch im allgemeinen den Gegenftand und den Punkt der Verwandtfchaft mit Schonung und Zurückhaltung.

Schon ein Jahr früher hat Vater der mexicanifchen Ähnlichkeit in feinem Buche: „Litteratur der Grammatiken, Lexica und Wörterfammlungen aller Sprachen der Erde"; Berlin 1815. 8°, Erwähnung gethan; an zwei Stellen: bei der Cora-Sprache (S. 52), wo er fagt: „die Sprache ift auch wegen ihres Verhältniffes zur Mexicanifchen merkwürdig"; und bei der Tarahumara (S. 231), wo bemerkt wird: „die Sprache, welche eine gewiffe Ausbildung zeigt, hat manche den Mexicanifchen ähnliche Wörter."

Ich mache es mir zum Gefchäft das im MITHRIDATES über das ganze Verhältnifs und feine Erfcheinungen Gefagte, nebft den daran geknüpften Deutungen, durch Mittheilung der Stücke in Anmerkungen, anzugeben. Die erfte Stelle, wo der

---

(¹) *e sebbene le lingue delle nazioni della Cinaloa non sono affini alla Messicana; pure vi si trovano moltissime parole Messicane, come ne fa testimonianza il citato Ribas, che vi fu Missionario, e scrisse la storia di tutte le nazioni della Cinaloa, che apparteneano alle Missioni de' Gesuiti. Il Ribas dunque dice queste notabili parole ...* (folgt die oben S. 44 Anm. verzeichnete Stelle).

(²) „Mithridates ... von J. C. Adelung. Mit Benützung einiger Papiere deffelben fortgefetzt und aus zum Theil ganz neuen oder wenig bekannten Hülfsmitteln bearbeitet von J. S. Vater."

mex. Verwandtschaft Erwähnung gethan wird, ist (immer in Th. III. Abth. 3. 1816)
S. 76 und betrifft die Cora-Sprache: in der auch die Übereinstimmung von Con-
jugations-Formen behauptet wird. (¹) Drei andere Stellen fetzen den Gegenstand
der Cora-Sprache fort und bezeichnen die grammatifchen Analogien näher. (²) In
einer neuen Stelle wird von der tarahumarifchen Sprache eine grofse Übereinstimmung, aber nicht im Grammatifchen, behauptet; das Cora nochmahls befprochen;
darauf fpricht der Verf. in wichtigen Worten fein Urtheil über den ganzen Gegenstand der aztekifchen Affinitäten aus; und im Gegenfatz damit mäfsigt er zu weit
gehende Ausfprüche, indem er auch hinzufügt: dafs von fachkundigen, an Ort und
Stelle lebenden Männern Zweifel an der mex. Verwandtfchaft erhoben worden find. (³)
Eine neue Stelle fafst wieder allgemeine Urtheile mit dem Speciellen der beiden
Sprachen Tarahumara und Cora zufammen. (⁴) Auf diefe beiden befchränkt fich

(¹) „Gerade um Nayarit herrfcht eine, mit dem Mexikanifchen, wie in der Folge genauer dargethan werden wird, augenfcheinlich zufammenhängende Sprache, die Cora. Nicht Wörter blofs, nein felbft Formen
der Conjugation der Verben find es, in welchen fich diefer Zufammenhang deutlich beurkundet."

(²) S. 89ⁿⁿ: „Merkwürdig bleibt das Zufammentreffen der fo ganz ausgezeichneten Conjugations-Weife
zwifchen der Cora und dem Mexikanifchen; und die Mexikaner müffen fich diefe Formation entweder vor
oder bei dem Durchzuge durch diefe Gegenden fchon gebildet haben, oder (90) man müfste annehmen, dafs
fie aus Anahuac wieder zurück nach Norden gekommen wäre. Dafs bey folchen Zügen und Trennungen
die Sprachen die urfprünglichen Stammverwandte fich weit von einander entfernen, und ihr Zufammenhang
faft unkenntlich wird: davon haben wir ja in den Sprachen der alten Welt Beyfpiele genug" (es wird an
Perfifch und Deutfch erinnert, „deren Zufammenhang man erft wieder habe auffuchen und beweifen müffen").

Von der Cora-Sprache im befondren beginnt der Mithrid. III, 3. S. 131 zu handeln: der Sprache, „die
wegen ihrer fchon beym Mexikanifchen [die Stelle der vorigen Anm.] erörterten Ähnlichkeit mit diefer
Sprache, felbft in der Bildung grammatifcher Formen, befonders merkwürdig ift. Nicht blofs das eine dort
erwähnte Zahlwort (1), fondern die ganze Art zu zählen und hohe Zahlen auszudrucken ift der Mex. Zähl-
weife noch ähnlicher, als es die der Yucatanifchen oder Maya-Sprache ift.

Die Ähnlichkeit des Cora-Präfixes *te* und *teu* vor Verbis mit dem Mex. erwähnt der Mithr. III, 3. 133ⁿⁿ.

(³) Der Ähnlichkeit der tarah. Sprache mit der mex. erwähnt der Mithr. 143ᵐ sq. Er fagt von ihr:
„Sie fcheint fich nicht, wie bey der Cora, eben auf grammatifche Endformen zu erftrecken; aber fie ift doch
grofs genug, um Anlafs zu geben zu Vermuthungen über Zufammenhang der Abftammung oder den Einflufs
nach Norden gegangener Völker, die Mexikanifch redeten. Zwar ift P. Ortega felbft bey der Cora diefer
Meinung nicht, fondern fagt: diefe Mex. Wörter feyen nur aufgenommene, aber in fo früher Zeit, dafs fie
für Cora-Wörter gelten. Darin hat er nun Unrecht, wenigftens in fo fern, als wir die deutlichften Spuren
der Übereinftimmung der Cora und des Mex. in ganz fingulären grammatifchen Einrichtungen gezeigt haben,
wovon die Quelle entweder in gleicher Abftammung oder folcher Mifchung gelegen haben mufs, dafs wenigftens der eine Theil diefer Mifchung, welcher diefen Einflufs gewann, zum Mex. Sprachftamme gehörte.
Indeffen (144) können wir doch bey diefen Ähnlichkeiten diefer Sprachen mit dem Mex., in Abficht welcher Hervas oft zu weit geht, nicht vorfichtig genug feyn, wenn felbft bey den erwähnten, wirklich mancherley Ähnlichkeiten mit dem Mex. zeigenden Sprachen, wie der Cora und Tarahumara, die, nach Hervas
Ausdruck, von Mex. Wörtern wimmeln, folche Zweifel von an Ort und Stelle lebenden fachkundigen Männern erhoben worden find."

(⁴) Nachdem der Verf. von der Verfchiedenheit des Moqui ufw. gefprochen hat, heifst es weiter (87ᵃᵃ):
„Diefe wefentliche Verfchiedenheit [in der Anm. zu dem Worte Verfchiedenheit heifst es: „dergleichen ja
auch zwifchen dem Sanskrit, Perf., Griech., Germ., Slawifchen als eben fo vielen wefentlich verfchiedenen
und doch zufammenhängenden Sprachen Statt findet"] fchliefst defshalb nicht Ähnlichkeiten aus, die wir

alles, was der Mithridates eignes von mexicanifchem Sprachftoff in den Idiomen der nordweftlichen Länder anzugeben weifs.

Der Mithridates hat alle feine Vorgänger übertroffen, indem er eine gewiffe Anzahl AZTEKISCHER WÖRTER in den genannten beiden Sprachen aufgezeigt hat. Es werden nämlich S. 87-88 30 Wörter, von denen die 6 letzten grammatifche find (3 Pronomina und 3 Zahlwörter), zwifchen der mex., Cora- und tarah Sprache zur Vergleichung geftellt. Darunter find folgendes keine Verwandtfchaften: Stirn A *yxquatl*, Co *cuatliti*, Ta *covára*; Breite, breit A *coyavalìztli*, Co *y*ᵃᵒ*hhua*; Frucht A *xuchiqualli*, Co *tucait*, wogegen Ta *khutagala* möglich ift; *yehuatl* er, Co *ii*, Ta *iché*; fünf A *macaili* (mufs *macuilli* heifsen), Co *amauvi*, Ta *maliki*; fehr zweifel-haft: drei A *yei*, Co *hu*ᵈᵉ*ica*; Ta *repaliki* (fo irrthümlich ftatt *kepaliki* gefchrieben) Schnee, über das ich im Abfchn. IV § 56 Art. *cetl* gehandelt habe, ift, wenn es aztekifch, we-nigftens nicht = *cepayahuitl*; eben fo ift Co *até* Flufs wohl azt., aber nicht = *atoyatl*, fondern = *atl*; Werk A *tlachihualli*, Co *tavìhat*; *qualli* gut, Ta *galà*. Ich rechne daher nur 16 Wörter als gewifs aztekifch und mit mir übereinftimmend: Nafe, Lippe, Ohr, Hand, Kehle, Schlaf, Tod, Wind, Waffer, Meer, Stein, Katze, Henne, effen, fingen, eins; aufserdem noch Frucht Ta und Werk, welche verwandt feyn können; 2 Pronomina; — verfehlt und nicht ähnlich find 4-5, fehr unwahrfcheinlich 2.

In der Wortvergleichung zwifchen der tarah. und Cora-Sprache, welche Vater S. 153-4ᵃᵃ giebt, befinden fich 2 aztekifche Wörter, welche der Verf. nicht erkannt hat: Mond Ta *maitsáca*; Zunge Ta *tenila*, Co *nanúriti*. Ich brauche aber folche Einzelheiten nicht anzuführen, da ihm der ganze Wortfchatz beider Sprachen in Ortega's und Steffel's Wörterbüchern vorlag und er fie. genug durchforfcht hat, ohne mehr daraus zu fördern.

§ 41. Der gröfste Kenner der amerikanifchen Sprachwelt, unfer verewigter grofser WILHELM VON HUMBOLDT, welcher feinen Anfpruch an diefen Ruhm durch eine lange Reihe der gediegenften grammatifchen Arbeiten begründet hat, ift dem merkwürdigen Phänomen, das wir hier behandeln, wie fich von felbft verfteht, nicht fremd geblieben. Er hat von den beiden Sprachen, welche man in jener Zeit allein in diefer Hinficht kannte, kurze Grammatiken, dem dürftigen dazu vorhan-denen Material angemeffen, hinterlaffen: eine der Cora-Sprache von 8 (¹), und eine der Tarahumara von 10 Schriftfeiten. (²) Er war gegen ihre Verfchiedenheiten

wirklich zwifchen Wörtern der noch gegenwärtigen Bewohner des Nordens von Neu-Mexiko und Mexika-nifchen finden. Das Tarahumarifche biethet folche Ähnlichkeiten dar, auch die Cora; aber letztere bewährt ihre Verwandtfchaft vornehmlich durch die unverkennbare Gleichheit einer nur diefen beyden Sprachen gemeinfchaftlichen Formations-Weife des Verbum in feinen Perfonen und die Bezeichnung ihrer Beziehung auf ein leidendes Object."

(¹) Gefchrieben nach dem Erfcheinen des Mithr. III, 3., wie es (in der Cora-Gramm.) S. 1ᵃᶠ heifst: „zu demjenigen, was fchon im Mithridates über die Verwandtfchaft beider, und die wahrfcheinlichen Urfachen derfelben gefagt ift, füge ich nur noch hinzu ..."

(²) Auf die aztekifche Verwandtfchaft der Wörter gehn diefe beiden kleinen Grammatiken wenig ein; es werden in ihnen nur folgende aztekifche Wörter nachgewiefen:

in der tarah. Gramm.: *matschi* fehen, wiffen = azt. *mati, vaki*+ trocknen, Cora *huachi* = *huaqui*;

von dem mexicanifchen Idiom nicht unempfindlich, wie er in der Cora-Grammatik S. 2ⁿᶠ fagt: „für verwandte Sprachen, wie fie allerdings fcheinen, haben die Cora und mexicanifche grofse Verfchiedenheiten in ihrem Lautfyftem"; aber er fchlug das, was er im GRAMMATISCHEN ÄHNLICH gefunden hatte, fehr hoch an und gab ihm eine weite Richtung. Ich führe hier eine Stelle der Cora-Gramm. vor, aus welcher diefs hervorleuchtet, wo aber auch wiederum der Verfchiedenheit gedacht ift.(¹) Er war empfänglich für einzelne Spuren grammatifcher Laute, die weder fehr deutlich noch irgend vervielfältigt waren und die fich mir nicht beftätigt haben: wie die der reverencialen Endung *tzin* in dem tarah. höflichen j a, *hu-tsine*.(²) Die mex. Poffeffiv-

---

in der Cora-Gramm.: *ahti* Waffer = *atl* (auch im Mithr.), *chuitati* Unrath = *cuitlatl, cutzo* fchlafen = *cochi, tenexti* Kalk = *tenextli.* Ich werde aber unten (Abfchn. IV § 59) ein gröfseres, von mir erft ein Jahr nach Vollendung diefer meiner Arbeit aufgefundenes Verzeichnifs mittheilen, welches beweift, dafs unfer grofser Sprachforfcher früh aller damaligen Kunde mit feinen Entdeckungen weit voraus war.

(¹) Der berühmte Verf. fchreibt am Schlufs der Cora-Gramm. (S. 8ᵃ-9ᵃᵃ) folgendes:

„Schon aus diefen wenigen Angaben, die indefs alles find, was fich über die Grammatik auffinden läfst, geht der grofse Antheil hervor, welchen das Mexicanifche an der grammatifchen Bildung der Sprache hat. Er erftreckt fich nicht blofs auf allgemeine Beziehungen, die auch von zwei Völkern könnten auf ähnliche Weife, ohne unmittelbare Verbindung, aufgefafst feyn; fondern geradezu auf beftimmte Formen, diefelbe Art und, foviel es beide Sprachen erlauben, denfelben Laut der Affixa. Darum aber möchte ich doch nicht behaupten, dafs die Cora-Sprache auch in dem ganzen wefentlichften Theile, dem Einverleibungs-fyftem, der Mexicanifchen gleich feyn möge; und noch weniger, dafs eine von beiden geradezu und allein von der andren abftamme. Es giebt mehr als Eine Art, wie Sprachen zufammenhangen können; und der Eindruck, den die Cora auf mich macht, ift, dafs fie eine Mifchung von zwei verfchiedenen, der Mexicanifchen und einer, vielleicht in fich älteren und reicheren, aber auch älteren fey. Die Unterfuchung des Wörterbuches mufs diefe Idee weiter ausführen und beweifen. In den grammatifchen Formen finden fich zwar fehr viele, die durchaus an die Mexicanifchen erinnern; allein, namentlich unter den Pronominen, auch viele nicht nur verfchiedene, fondern nach entgegengefetzten Regeln gebildete. Der auffallenden Erfcheinung eines hinten angebildeten *Pronomen possessivum*, und eines einzelnen vorn angefetzten, das fich erhalten hat, ift fchon oben gedacht worden; eben fo der Verfchiedenheit des Lautfyftems, das auch auf einen andren Urfprung, als den Mexicanifchen hindeutet. Zwei merkwürdige Verfchiedenheiten find ferner der Mangel der Silbenverdopplung und der Reverencialformen. Der erfte läfst auf eine verfchiedene Natur-weife, wenn man fo fagen kann, bei beiden Nationen fchliefsen. Der letzte könnte aus der Verfchiedenheit politifcher Einrichtungen, die bei den Mexicanern fehr feudaliftifch waren, erklärt werden. Allein infofern die Reverencialform auch eine der Zärtlichkeit und des Mitleidens ift, liefse fie überhaupt auf eine verfchiedene Empfindungsweife fchliefsen."

(²) In der tarah. Gramm. S. 4ᵃ⁻ᵐᶠ: „Die Ehrerbietigkeitsform ift, foviel man fehen kann, der Sprache fremd. Der P. Steffel würde ihrer unfehlbar erwähnt haben. Aber es findet fich eine leife, doch fichre Spur von ihr in einem Adverbium. *Hu* heifst ja, und ift vielleicht die 3. Perfon des Präfens vom Verbum *hucu* feyn, wie das Mexicanifche *ye;* wenn aber, heifst es in dem Wörterbuch, der Tarahumar *hu-tsine* von fich hören läfst, fo hat diefe Antwort etwas Zärtliches an fich, und bedeutet feine Bereitwilligkeit, das Verlangte zu thun. Hier ift das Mexicanifche *tzin* in feinem völligen Laut und feiner urfprünglichen Be-deutung; und die Tarahumaren können es nicht von den Mexicanern angenommen haben, da fie fonft einen andren und allgemeineren Gebrauch davon machen würden. Andre mit diefem *tsin* verwandte Wörter, wie das Mexicanifche *tzin-ti* anfangen, find in dem Wörterbuche nicht; aber es mangeln demfelben auch gewifs fehr viele Wörter, und dem Mexicanifchen *tzinti* und *tzin* fcheint ein höheres Stammwort, das etwa den Begriff der Kleinheit, Zartheit bezeichnete, zum Grunde zu liegen."

Endung *hua* verfuchte er fogar aus dem tarah. *gue* entftehen zu laffen([1]): was der Anficht von diefer Sprach-Ähnlichkeit eine kühn veränderte Wendung giebt. Das Gebiet der grammatifchen Analogien und Ähnlichkeit hat der tieffinnige Verfaffer durch feine Forfchung gegen den Mithrid. fehr bereichert. Eine Stelle feiner Tarahumara-Gramm. zählt die Punkte auf; und fpricht zugleich aus, wie die Cora-Sprache viel näher mit der mex. verwandt fei als die tarahumarifche. ([2]) Ich würde Extreme aufdecken, wollte ich diefen Anfichten das Urtheil Gallatin's über die tarahumarifche Sprache entgegenftellen.

§ 42. Eine KRITISCHE PRÜFUNG des AZTEKISCHEN EINFLUSSES IM MEXICANISCHEN NORDWESTEN, wie er fich in den von mir in die Unterfuchung geftellten vier Sprachen in fo grofsem Umfange offenbart, erheifcht die Rückfichtnahme auf eine Reihe von PUNKTEN und VERHÄLTNISSEN, wirklichen oder möglichen. Eine folche PRÜFUNG, die uns allein über das wahre Wefen diefes Einfluffes belehren kann, ift hier nothwendig; und ich mache fie zum zweiten Gegenftande diefes IIIten Abfchnittes. Wir müffen unterfcheiden verfchiedene Arten des Einfluffes, die Zeitepochen und die ungleiche Dauer; wir müffen das Unwichtige und Alltägliche von dem Gröfseren abfondern. Die Achtfamkeit auf die Umgebungen, näher und ferner, in welchen wir diefe Volksſtämme noch jetzt oder in den jüngften Jahrhunderten gegen Volkshaufen oder Bewohner nahuatlakifchen Idioms antreffen, die mehrfachen Berührungen mit folchen: laffen uns *analoga* des Gefuchten erkennen. Durch das nahe Liegende trennen wir manches als neueren oder trivialen Zuflufs von dem grofsen Ganzen einer fremden Wortwelt ab. Aber nach allem diefem und nach allen Bemühungen wird das meifte diefes räthfelhaften Stoffes und das Wefentliche uns übrig bleiben als verhüllt von dem Dunkel der Vorzeit, und anheim gegeben unferer Willkühr, oder dem Ungewiffen von Vermuthung und Ahndung. Meine Lage erlaubt mir na-

---

([1]) Eben da S. 3nf-4n: „Wenn man bedenkt, dafs im Mexicanifchen das *h* in *hua* wie ein *g* ausgefpro chen wird; fo bleibt kaum ein Zweifel übrig, dafs die Bildungsfilbe *hua*, infofern fie Befitz andeutet, aus dem Tarahumarifchen *gue* entftanden ift. Denn da diefes das vollftändige Verbum *gue* in *naligue* befitzt, fo kann man es nicht für abgeleitet aus jenem halten."

([2]) Eben da S. 10: „Das Zufammendenken gewiffer Beziehungswörter mit ihrem Pronomen, die Einverleibung des Subftantivs in das Verbum in einigen Fällen, das Zufammenftellen zweier Verben, das Wegnehmen der urfprünglichen Endfilben bei der Einverleibung, die Bildung des Plurals durch Verdopplung, und die angedeutete Spur der Ehrerbietigkeitsform find Punkte der Ähnlichkeit diefer Sprache mit der Mexicanifchen; und zwar einer unmittelbaren, nicht erft durch die Cora-Sprache gegangenen: da diefer die Silbenverdopplung, und vermuthlich auch die Einverleibung in das Verbum fremd ift. Allein, die Reduplication ausgenommen, finden fich alle diefe, dem Mexicanifchen verwandten, grammatifchen Eigenfchaften nur fragmentarifch, nicht als allgemeine Gefetze, in der Sprache: was bei der Beurtheilung des Zufammenhanges der drei Sprachen: diefer, der Cora und Mexicanifchen, die erft nach Unterfuchung des lexicalifchen Theils erfolgen kann, von grofser Wichtigkeit feyn wird. Dafs die Cora viel nähere Verwandtfchaft zum Mexicanifchen hat, da fie derfelben in Art und Laut mehrerer Beugungen gleich ift, wovon man bei der Tarahumara kaum fchwache Spuren entdeckt; ergiebt fich fchon aus dem hier Gefagten."

türlich nur, den Kreis diefer Betrachtungen in flüchtiger Eile und unvollkommenen Andeutungen zu durchlaufen.

§ 43. Das Datum der Ribas'fchen Schrift, das Jahr 1645, in welchem fcbon der ganze grofse Reichthum aztekifcher Wörter, neben der Ähnlichkeit in Grammamatifchem, in Cinaloa behauptet worden ift; weift alle leichtfinnigen Verfuche diefe Beimifchung aus trivialen Quellen und neuen Verhältniffen herzuleiten ernfthaft zurück, und mahnt uns den Blick in die ALTE ZEIT zu verfenken.

Zu der Erleuchtung des Einzelnen verhilft das Gleichartige und der gröfsere Umfang. Aus den obigen Mittheilungen der Zeugen und Gewährsmänner hat man fcbon erfehen, dafs die AZTEKISCHEN WÖRTER fich nicht in den wenigen hier unterfuchten, fondern auch in verfchiedenen ANDEREN SPRACHEN DER GEGEND, namentlich Cinaloa's, finden; ich will nur in diefem 1ten Haupttheile nicht auf anderes eingehen: und ich behalte aufserdem die Mittheilung weiterer Entdeckungen, welche ich gemacht, dem 2ten Theile vor. Aber ein wichtiges Moment, welches auf die Unterfuchung der Nordweft-Gegenden reflectirt, ift die Frage: ob in ANDEREN LANDSCHAFTEN des grofsen MEXICANISCHEN REICHS fich auf ähnliche Weife AZTEKISCHE WÖRTER in einer gewiffen Fülle den unähnlichen Volksfprachen beigemifcht finden? Ich darf diefe Frage mit nein! beantworten. Die grofsen Idiome Mexico's: wie das Zapotekifche, Miftekifche, Taraskifche, Otomitifche, Huaftekifche; verharren in einer ftarren, ehrwürdigen Abgefchloffenheit; und verkündigen darin eine eigne, für fich beftehende Welt.

§ 44. Allein von der Maya-Sprache Yucatan's, von zwei Sprachen der Provinz Veracruz: der totonakifchen (auch ein wenig in Puebla) und huaftekifchen (auch nördlich über Mexico), habe ich einzelne Einmifchungen zu berichten.

Von der MAYA find es fehr wenige; ich habe in ihr folgende 8-12 mexicanifche Wörter oder Ähnlichkeiten (beides find verfchiedene Dinge, und nur das Erftere gehört hierher) gefunden: *ceel* Kälte (azt. *cetl* Eis), *cum* Topf (A *comitl*), *kiix* Dorn (verwandt mit huaftek. *quiz*, nur ähnlich A *huitztli*), *miatzil* Weisheit *(sabiduria*; A *mati* wiffen); die Ähnlichkeit kann zufällig feyn); *mix* und *miztun* Katze (A *mizton*; über diefes Wort und feine befonderen Verhältniffe f. unten IV § 56 diefen Artikel); *nenel* Augapfel, Pupille *(niña del ojo*, A *nenetl*); *? thul* Kaninchen *(tochtli)*, *tumin* Real *(tomin)*, *tunculucho* Eule *(hibou*, A *tecolotl)*; *tzot* (bei Waldeck), *tzo* (bei Ternaux) Haar, Haare *(tzontli)*; *xiu* Kraut *(herbe*; A *xihuitl*, in compos. *xiuh*+)*. (¹)

Klein ift die Anzahl mexicanifcher Wörter und Anklänge in der TOTONAKISCHEN Sprache: a) von mir gefundene: *chajat* Frau *(uxor*; ift etwas ähnlich A *cihuatl)*, *chichi* Hund (A it.); *talacalhin* Sünden (ift etwas ähnlich A *tlatlacolli)*, *tlate* od. *tlat* Vater (A *tatli)*, *tomin* Geld (ein wirkliches mex. Wort), *totoloco* Hahn (A *totolin* Huhn); *tzintzi* ganz klein *(pequeñito)* erinnert oberflächlich an A *tzintli* und

---

(¹) Wilh. von Humboldt hat zwifchen der Maya und mex. Sprache nur die zwei, auch blofs oberflächlichen Pronominal-Ähnlichkeiten bemerkt: Ma *tech* wir, Me *tech* uns; Ma *toon* wir, Me *to* unfer.

die daraus entfpringende Dimin. Endung *tzin* und *tzitzin;* — in dem, fehr befonderen Dialect von Naolingo: *cinat* Weibchen *(hembra)*, *macalatna* Hand (das *ma* vorn, in vielen deriv. der Sprache fichtbar, ift = A *ma-itl)*, *quanaca* Hahn (ein vollftändiges mex. Wort, bedeutend: am Kopfe Fleifch habend; f. näher meine azt. Ortsnamen S. 32^{nn}), *tacalitna* Sünden, *tanatzi* Korb im 2ten Dialect (das bekannte mex. *tanatli*, welches als *tanate* und *tenate* auch in die fpan. Sprache übergegangen ift), *tocpan* Kirche (A *teopan*) in einem der 4 Dialecte (wohl in der eigentlichen *Totonaca* der *Sierra alta)*; — b) von Wilh. von Humboldt auf einem Blatte (f. unten IV § 59) verzeichnet: *atzo* mehr (A *achto* der erfte, zuerft; diefs ift keine Ähnlichkeit), *macan* Hand (A *ma-itl)*, *quinui* Baum 2) Stock, Holz *(palo;* A *qua= huitl)*, *tocohuini* Name (A *toca-itl;* die Ähnlichkeit ift gering); — von dem Dialect von *Naolingo: nan* Mutter (A *nan-tli)*. (¹)

   Mehr find der mexicanifchen Wörter, welche ich in der HUASTEKISCHEN Sprache aufgefunden habe: ?? *chic meados* (azt. *axixtli*, von *xixa cacare)*, *chuchul* faugen (vom Kinde; A *chichi)*, *coyol* wilde Dattel-Palme *(dátil silvestre;* = A *coyolli* Cocos-Palme u. a. Arten); *cuyx* Hühnergeier *(milano)*, auch *quebrantahuesos, osifraga* (= A *cuixin* Hühnergeier); *huayey* trocknen (v. n.; ähnlich A *huaqui)*, *icpalle* Stuhl (= A *icpalli)*, ?? *ja* und *ija* Waffer ift etwas ähnlich A *a-tl, mitzu* Katze (A *mizton)*, *mule* Ball (A *olli* oder *ulli)*; *pacu* wafchen (A *paca)*, ? *pauh* Rauch (A *poctli)*, *quiz* Dorn (A *huitz-tli;* f. vorhin beim maya *kiix* S. 55n); *tenam* hato, ó rancho de ganado, *vallado* ó cerca (= A *tenamitl* Mauer, bef. Ringmauer einer Stadt; auch: *cerca)*; *teopam* Tempel, Kirche (= A *teopan)*, *tumim* Geld (A *tomin)*, *tzi* culo ó nalga (A *tzin-tli)*.

   Das TARASKISCHE *ahchu* verfolgen ift zufällig etwas ähnlich dem mex. *aci; guipili* Hemde (= *huipilli* Wamms u. ä.), ? Fifch *mechoa* (unzuverläffig, von Rafinesque angegeben; es wäre ähnlich A *michin)*, *metotes* Feftlichkeit (bei Raf.; = A *mitotl* Tanz: f. meine azt. Ortsnamen S. 154^{nf}-5^{af}), *tomin* Geld (A id.).

   Ich darf nicht läugnen, dafs in diefen aztekifchen Wörtern fich vieles gleiche mit dem, was wir in den Nordweft-Sprachen anftaunen, findet; und

---

(¹) Ich habe in meinen aztekifchen Ortsnamen (S. 33^{mm}-34^{a}) eine, von mir aufgefundene Etymologie und Deutung eines fehr finnigen aztekifchen Ausdrucks für STADT oder einen bewohnten Ort überhaupt *(pueblo)* angegeben: *altepetl = atl + tepetl*, Waffer (und) Berg. Diefe Deutung wird durch eine merkwürdig gleiche Bildung der TOTONAKISCHEN Sprache beftätigt: in ihr heifst *chochotzipi pueblo*. Ich würde gern bei der additiven Deutung der Compofition: *chochot-zipi* oder *chochot-zipih*, von *chochot* Waffer (Bonilla p. 78 und 83) und *zipi* (p. 84) oder *zipih* (83) Berg *(cerro)*, ftehen bleiben, obgleich diefe Gattung eine feltene ift; bei dem aztekifchen Worte habe ich dem totonakifchen für diefe Befonderheit in dem *l* von *al+*; bei dem totonakifchen fällt die öftere Trennung des Ausdrucks in 2 Wörter auf. Die Grammatik von Zambrano Bonilla *(arte de lengua totonaca*, Puebla 1752. 4° min.) deutet das Compofitum, das fie (p. 78) als ein Beifpiel für die Regel angiebt, dafs in der Zufammenfetzung die Wörter nichts an fich verlieren, durch das gewöhnliche Genitiv-Verhältnifs des *rectum* mit nachfolgendem *regens;* und überfetzt daffelbe durch Waffer-Berg. Eben fo kommt es an einer zweiten Stelle (p. 83) vor: „*chochot zipih serro de agua*, alias *pueblo*". An einer dritten Stelle (Anhang des Naolingo p. 68) lautet das Compofitum *chocho cipeg;* es tritt hier aber eine neue Merkwürdigkeit hervor: indem der Dialect von Naolingo ein ganz anderes Wort, *xcan*, für Waffer befitzt, tritt daffelbe fogleich in die nämliche Bildung ein, und das Wort für *pueblo* ift in diefer Sprache *xcan cipeg*. — Die Wörter für Waffer finden fich als zweiter Theil in dem einheimifchen Namen für die Stadt *Puebla de los Angeles*: totonakifch *(de la Sierra alta) Palhuhuachochot*, Naolingo *Paltonxcan*.

dafs hierdurch mein obiges Urtheil über die Leichtigkeit der Annahme fremden Sprachſtoffes bei den amerikaniſchen Völkern beſtätigt wird.

§ 45. In ANDEREN THEILEN AMERIKA'S laſſen ſich AZTEKISCHE WORTÄHNLICHKEITEN angeben; aber ſie ſind zufällig und ſpielend; ich gehe nicht auf die Anklänge ein, welche die groſse uns vorliegende Wortmaſſe der von dieſem Werke ausgeſchloſſenen, vielgliedrigen, nordamerikaniſchen Sprachſtämme dar- bietet; ſo iſt in den algonkinſchen Sprachen *ton* und *tone* Mund dem azt. *tentli* Lippe, das als Lippe uud Mund durch die ſonoriſchen Sprachen geht, genugſam ähnlich: aber dieſe Ähnlichkeit iſt rein zufällig, obgleich auch ſon. Sprachen von *e* in *u* verfallen. In mehreren Idiomen Amerika's findet ſich, wie ich ſchon vor kur- zem (S. 43ᵃ⁻ᵃᶠ) zu erörtern begonnen habe, für die HAND der Grundlaut MA des mex. *ma-itl*, deſſen Stamm allein *ma* iſt und als *ma* in allen Derivationen auftritt; wenn man aber von dieſer Erſcheinung überraſcht wird, ſo muſs man ſich doch bei weiterer Prüfung ſagen, daſs dieſer Sprachen, deren mehrere dem mexicaniſchen Gebiete oder dem ſonoriſchen Schauplatz angehören, nur wenige gegen die Maſſe der amerikaniſchen ſind, in welchen ganz andere Wörter für Hand auftreten. Die Analogien ſind: im Cah. *mama*, Cora *moa-mati*, Tep. *mataja*; in Einer Spra- che der Pueblo-Indianer Neu-Mexico's (San Juan etc., Tefuque) *mah* (Whiting *mahc*), in einer andren (Jemez) *mahtish*; totonakiſch *macan*, *macalatna*; San Antonio in Neu-Californien *menan*, Arapaho *mahchet-un*, Scheyenne *mah- arts*; in Südamerika: *maqui* in der Quichua-Sprache.

§ 46. Wenn wir von dem tiefen Gehalte der NORDWEST-SPRACHEN kri- tiſch abſondern wollen, was in der ganz gewöhnlichen Weiſe gelegentlicher mate- rieller Aufnahme von FREMDWÖRTERN unter mannigfaltigen Verhältniſſen in die Sprachen eindringt; ſo gehört dazu die ganze Auffaſſung Ortega's von dem mex. Beſtandtheile des Cora: d. h. von dem beſchränkten, den er meinen kann (ſ. oben S. 45ᵃᶠ⁻ᵐᵐ). Sein Beiſpiel *tatoani* iſt ſehr wohl derArt. Er verlegt dieſe Aufnahme ſchon in die frühe Zeit zurück. Manche Wörter können wir auch als ſolche be- zeichnen, die wirklich als FREMDE und in ſpäter Zeit aus dem MEXICANISCHEN (Neu-Mexicaniſchen) entlehnt ſind; ein ſolches iſt im Tarahumara *santo-cále*, ein Compoſitum aus dem ſpan. *santo* Heiliger und dem mex. *calli* Haus. (¹)

Wie eine nicht unbedeutende Anzahl mexicaniſcher Wörter, wichtige ein- heimiſche Gegenſtände bezeichnend, in das Spaniſche übergegangen ſind; ſo mögen manche dieſer Wörter auch durch die Spanier AUS DER SPANISCHEN SPRACHE in ſpäter Zeit in die Nord-Idiome übergenommen ſeyn. Steffel führt einige Wörter dieſen Weg, wohl nicht immer mit Recht. Bei *malacate* bemerkt er (S. 343), das Wort ſei „vom Spaniſchen entlehnt". Wieder ſagt er (326), *musa* oder *misa* Katze

---

(¹) So wird nach Steffel (deutſch-tarah. Wörterbuch Art. Zimmer, S. 352) „das Zimmerchen genannt, welches jeder mexikaniſcher Indianer neben ſeinem Hauſe hat, das er mit Bildern und Blumen ausziert, und jedem, der ihn beſucht, zeigt."

fei „vom Spanifchen entlehnt"; er meint hier aber, es fei ein fpan. Wort: weil er hinzufügt: „Denn vor der Ankunft der Europäer waren ihnen die Katzen unbekannt." Diefs gehört zu der Unterfuchung über diefes merkwürdige Wort, wegen deren ich auf die zwei Stellen IV § 56 Art. *mizton* und XIII § 407 verweife; wirklich find die Formen *miz* und *miza*, auch *mizo*, fpan. Ausdrücke des gemeinen Lebens für die Katze; und *miz* ift aufserdem ein Ruf für die Katze.

Abgefehn von allem übrigen Verkehr, wohnen natürlich in diefen Gegenden SPANIER öfter mit Indianern untermifcht in den indianifchen Ortfchaften und Dörfern, oder in befonderen Dörfern neben den indianifchen. (¹) Der Eingang fpanifcher Wörter in die Sprachen Cinaloa's, Sonora's und Neu-Biscaya's gehört nicht hierher; aber er bildet, wie ich ihn an einer früheren Stelle (S. 39ⁿⁿ-42ᵐ) entwickelt habe, eine merkwürdige kleine Maffe; und die Erfcheinung überhaupt wirft einen Nebenfchein auf den hier befprochenen Eingang MEXICANISCHER WÖRTER durch das Mittel des fpan. Einfluffes und der fpan. Sprache.

§ 47.   Ich komme nun in der Abfonderung NEUERER Elemente zu dem AZTEKISCHEN EINFLUSS, welcher die eigenthümlichen, ftammverwandten Völker der nordweftlichen Landfchaften in ihren Wohnfitzen, näher oder ferner, in den jüngften Jahrhunderten umgeben hat oder noch umringt. Wir fuchen nach MEXI-CANISCH REDENDEN in ihrer Nähe oder unter ihnen. Zunächft meldet uns die neuere Länderkunde in den Provinzen D u r a n g o und C h i h u a h u a die einheimifchen Völker „neben wenigen aztekifchen Coloniften" (²). In einigen der 10 Dörfer des C o r a - Volkes wurde nach Hervas ein Dialect des Mexicanifchen geredet. (³) Steffel erwähnt „m e x i c a n i f c h e r T a r a h u m a r e n". Im Art. Decke, welche tarah. *kemaca* heifst, fagt er, dafs fie „von den mexicanifchen Tarahumaren *t i l m a* genannt wird" (⁴): was ein mexicanifches Wort ift. Er nennt *t e m a s c a l i* (306ⁿⁿ) ein mexicanifches Wort, und redet da von „mexicanifchen Indianern". (⁵) Ich habe mich auch bei dem Studium des tepeguanifchen Wörterbuches Rinaldini's gewundert über eine gröfsere Zahl mexicanifcher Wörter in dem dort gebrauchten S p a n i f c h; und es hat mir daraus hervorzublicken gefchienen, als lägen den Miffionaren jener Länder mexicanifche Wörter fehr nahe. Ich führe nur einige diefer

---

(¹) Diefes Verhältnifs wird in dem *Prologo* des *Cahita-Manual* (p. 5ⁿⁿ-6ᵃᵃ deffelben) als der Grund angegeben, wefshalb der fpanifche Text (was hätte ich aus der Sprache hervorlocken ·können ohne diefen!) neben dem Cahita hinzugefügt werden mufste: *Añadiendo afsimifmo el Caftellano, mas á el ufo, y comodidad, que à la propriedad, por fer indifpenfable, el que en los Pueblos de los Indios, ayga adminiftracion à Caftellanos, y en los poblados de eftos el adminiftrar ú los Chaitas lenguarafes, para mayor extenfion, y utilidad al comun, Miniftros, Mifsioneros, Curas, Sacerdotes, y Feligreffes: và en los dos Idiomas …*

(²) Mühlenpfordt, Mejico I, 209ᵐᶠ.

(³) Hervas *Catalogo delle lingue conosciute* 1785 p. 73ᵐ: *Nella provincia del Nayarit (la più vicina al Messico) erano sette missioni con dieci villaggj di Neofiti: in alcuni di questi parlavasi la lingua Cora, ed in altri un dialetto della lingua Messicana.*

(⁴) S. die Stelle weiter unten (Abfchn. IV § 56 in den Artikeln *quemi* und *tilmatli*).

(⁵) S. die Stelle unten IV § 56, Anm. zum Artikel *temazcalli*.

auffallenden fpan. Wörter an: das Verbum *ulamar* Ball fpielen, von *ollama* (f. Abfchn. IV § 56 Art. *ollama* bei *olli); zoquite* Koth und eine Art *barro (mex. zoquitl), caxete* Schüffel *(caxitl), elotes* (Maisähren, *elotl),* horno de *tatema;* und vieles andere. Es ift mir auch in einer Stelle Alcedo's, die ich fpäter (Abfchn. XIII § 252) angeführt habe, aufgefallen, dafs die Spanier Kinder der Niojoras, welche ihnen die Pimas als Sklaven verkauft, die mexicanifche Sprache erlernen laffen, als den Weg fie zum Chriftenthume zu führen.

§ 48. Ich wende mich nun aber zu den gröfseren und ÄLTEREN SPUREN und Zeugniffen AZTEKISCHEN DASEYNS in den grofsen NÖRDLICHEN LAND-SCHAFTEN MEXICO's, den 4 Völkern näher oder fern: deren verfchiedene Ver-hältniffe, Urfprung und Alter bei den einzelnen werden erkannt werden.

Über MEXICANISCH REDENDE Indianer bei den *Casas grandes* von CHI-HUAHUA werde ich fpäter fprechen (§ 54).

Nördlich über den Tarahumaren wohnen nach den Berichten, welche Hervas gefammelt *(saggio prat.* 71[a-m]), zwei Völkerfchaften: die CONCHA, und 28 *leguas* weiter nach Norden die CHINARRA, von denen man fchlofs, dafs fie Dialecte des Mexicanifchen fprechen. Der Miffionar der Chinarras nämlich, Rafael Palacios, verkehrte mit diefem Volke nur Spanifch; aber er erzählt, dafs fie im geheimen unter fich eine andere Sprache reden; er vernahm auch das Gefpräch zweier In-dianer, und entdeckte, dafs es Mexicanifch war. Die Chinarras erzählten dem Pa-lacios, dafs die Conchas mit ihnen, oder deren Sprache mit der ihrigen verwandt feien. Hervas zieht den Schlufs, dafs die Sprachen *Chinarra, Concha* und vielleicht auch *Mazapili* mexicanifche Dialecte find.([1])

Wenn wir in folchen Völkerfchaften oder Volkshaufen vielfach Spuren der NAHUATLAKISCHEN WANDERUNG, ZURÜCKGEBLIEBENE Theile, oder Stamm-verwandte in ALTEN SITZEN zu erkennen uns bemühen; fo hat der *Mithridates* öfter darauf hingewiefen, wie, neben neuen aztekifchen Colonien, folche mexicanifch redende Nordbewohner auch durch eine RÜCKFLUTHUNG aus dem Süden entftan-den feyn können, indem nach der Eroberung Mexico's fich mexicanifch redende

---

([1]) Hervas im *saggio pratico* p. 71[a-m]: *Dopo le suddette provincie Parras, Tepehuana, e Topia verso il nord, e in quasi in uno stesso paralello sono le nazioni Tarahumara (la cui lingua abbonda di parole Messi-cane…), e la Concha; ed al nord di questa c'è la nazione Chinarra, sulla quale il Sig. Don Rafaele Palacios, suo terzo Missionario [il primo ne fu il P. Antonio Arias, che nel 1717. fondò la missione], mi ha fatto il seguente ragguaglio. „La nazione Chinarra è 28. leghe più boreale della Concha, e presentemente col Missionario parla in Ispagnuolo; ma usa di nascosto un' altra lingua, che casualmente scoprì essere Messi-cana in occasione di aver sentiti due Indiani, che fra se parlavano. Intesi dalla gente Chinarra, che la Concha era sua parente, o della sua lingua". I PP. Francescani hanno la missione Concha unita a quella de' Mazapili, di cui si parlò avanti. Sono dunque dialetti Messicani le lingue Chinarra, Concha, e forse ancora la Mazapili. Il prelodato Sig. Ab. Fàbrega mi ha detto, che la parola* Concho *è della lingua Cochimi (50), che si parla nella California a' 31. gradi di latitudine. Forse i Messicani passarono per i paesi de' Cochimi.*

Völkerfchaften nordwärts zogen; dafs fie herrühren können von FLÜCHTLINGEN aus dem mexicanifchen Reiche bei feiner Zerftörung durch die Spanier. (¹)

§ 49. Auch die AUSDEHNUNG DER AZTEKISCHEN SPRACHE überhaupt NACH NORDEN ift in Erwägung zu ziehn und zu beftimmen. Zu den Daten, welche ich in meinen azt. Ortsnamen (S. 11-12, 103, 135-143) bereits angegeben und entwickelt habe, will ich hier einige Ergäuzungen hinzufügen, indem ich mittheile, was HERVAS im *saggio pràtico* über die AUSBREITUNG DER MEXICANISCHEN SPRACHE berichtet. Er berichtigt damit exprefs (68ᵐ) feine fehr unvollkommenen Angaben über die Sprachen Neufpaniens in feinem *Catalogo delle lingue*. (²) In diefem letzten Werke hatte er angegeben, dafs die mex. Sprache gefprochen werde (p. 75ᵃᵃ): „in der Diöcefe von *Mexico, Puebla de los Angeles, Mechoacan, Neu-Galicien, Neu-Biscaya, Oaxaca* und *Guatemala.*" Aufserdem giebt er aber im *catal.* (p. 76ᵐ⁻ᵐᶠ) ein wichtiges Zeugnifs ihrer fehr nördlichen Verbreitung, bis zum 26ten, ja vermuthend bis über den 38ten Breitengrad! (³) In *Cinaloa* wurde das Mex. neben der *Hiaqui* gefprochen (⁴), in 2 zu *Chinipas* gefchlagenen und anderen Miffionen neben der Tepehuana(⁵). Nun die Zufätze des *SAGGIO PRATICO:*

Einige Länder der Otomiten (68ᵐᶠ) ftanden unter den Mexicanern, aber es wurde dort nicht Mexicanifch gefprochen. Nördlich von den Otomiten find die Chichimeken, welche auch nicht Mexicanifch fprechen. (⁶) Auf die Chichimeken folgten die Zacateken (Anm.: die *Zacateca* gehört zum Sprengel von Guadalaxara oder Neu-Galicien), deren Name, wie auch die ihrer Länder, mex. find. Zwifchen dem O und SO der Zacateca ift das Volk *MAZAPILI* (gehörig zu den Miffionen der *PP. Francescani Osservanti)*, deren Name (Anm.: Hirfchchen)

(¹) S. diefs in den oben ausgehobenen Stellen S. 47ᵐ, ⁿ, unten S. 57 Anm. 3. Der Mithr. widerlegt aber (S. 76) den Gedanken, als könnten diefe „Flüchtlinge oder nordwärts gegangene Haufen Cicimechen für die Stifter jener Sprach-Ähnlichkeiten [von Cora und Tarahumara] gehalten werden."

(²) *Queste nuove ricerche e notizie* (die er nämlich von kundigen Perfonen mit Fleifs einzog) *mi hanno fatto conoscere, che abbisogna di essere notabilmente illustrato, quanto sugl' idiomi della Nuova-Spagna si disse leggiermente nel Catalogo delle lingue, e però anderò qui aggiungendo parecchie interessanti osserva-zioni su' detti idiomi.* (*Saggio prat.* 68ᵐ.)

(³) *Di tutte queste lingue la Messicana n'è la più universale, poichè si parlava e si parla in paesi molto distanti dal Messico, ed ove non arrivò mai la dominazione de' Messicani: cioè in molti paesi non continuati, che si ritrovano dal grado 11. fino al 26. di latitudine boreale; e congetturasi, che ancora si parla a' 38. e più gradi della medesima latitudine, mentre de' paesi di questa latitudine probabilmente sortirono quelle genti, che portarono in Messico la lingua Messicana.*

(⁴) *Catal. delle lingue* p. 73ᵐᶠ, aus dem Briefe eines mex. Ex-Jefuiten an Hervas, d. d. Bologna 20 Dec. 1783: *Nelli 40 villaggj delle 20 missioni della provincia di Cinaloa si parlavano il Messicano e l'Hiaqui con grande varietè negli accenti, e nelle pronunzie delle moltissime tribù congregatevi …*

(⁵) Folgende Stelle deffelben Briefes (*catal. delle lingue* 74ᵃᵃ⁻ᵃᶠ) ift auch zu den obigen Beftimmungen der Tepeguana-Sprache nach Hervas (S. 23ᵐ⁻ⁿⁿ) nachzutragen: *Nelle provincie di Topia e Tepehuana erano ventiquattro missioni, delle quali prima dell' anno 1760. si consegnarono ventidue al Vescovo della Nuova Bifcaglia, perchè essendo già interamente ridotte e civilizzate, le facesse governare da' Preti Secolari; l'altre due missioni furono aggregate alle missioni di Chinipas: ed in esse si parlavano il Messicano ed il Tepehuano; e credo, che questi due idiomi si parlassero ancora nelle dette missioni cedute al Vescovo.*

(⁶) Über die Chichimeken werde ich gleich nachher (S. 57) handeln.

mex. ift; und weil die Francifcaner die Mazapilen mit den *Conchi* (welche Mex. reden, wie nachher gefagt werden wird) vereinigt haben, fo vermuthe ich, dafs das Mazapili ein mex. Dialect fei. Die Mazapilen find im Sprengel von Guadalaxara, und gränzen an den des neuen Reiches von Leon. In diefem ift die Nation Coahuila, deren Name auf Mex. (p. 69) Sache der Schlange *(cosa di serpe)* bedeutet([1]). Ich kenne den Charakter der Sprache Coahuila nicht." Späterhin fetzt Hervas den Gegenftand fort. Er fagt (72[aa]): „Es find die Gränzen der mex. Sprache gegen den N und NW Mexico's angegeben worden. Gegen W, SW und S reichte und reicht die mex. Sprache bis zum ftillen Meere. — Gegen SO wird Mexicanifch gefprochen bis zur Mixteca, welche 30 *leguas* von Mexico beginnt und fich bis an das ftille Meer erftreckt.... Im SO von Mexico werden die Sprachen *Zapoteca*, *Chinanteca, Chontal, Mazateca* und *Mixe* geredet.... Nach den erwähnten Völkern des SO von Mexico war die Provinz Soconusco, wo Mexicanifch gefprochen wird.... Sie liegt in 14° N. B. und 283° L. Im NO von Soconusco ift die Prov. Chiapa, wo Mex. gefprochen wird; und fie war den Mexicanern unterworfen. Im NW von Chiapa ift die Prov. *Zoke*, deren Länder mex. Namen haben. Im O von Chiapa ift die *nazione Lacandona*, deren Länder mex. Namen haben. Über dem O von Chiapa ift die *nazione Celdala*. Die Prov. Guatemala, welche im SO von Mexico liegt und davon über 300 *leguas* entfernt ift, war unter den Mexicanern. Es wurden in ihr Mex. und andre Sprachen geredet. Mexicanifch wurde auch in andern Provinzen gefprochen, die nicht unter den Mexicanern ftanden: wie in Cozcatlan (heutiges Tages S. Salvador), im O von Guatemala; in Nicaragua, im SO von Guat.; und in Honduras, das öftlich davon liegt. — Im SO von Nicaragua und Honduras liegt die Prov. Cofta-rica, welche bis Veragua des Sprengels von Panama reicht; und ich weifs die Sprachen nicht, welche da gefprochen werden; aber es find da Länder mit mex. Namen."([2])

Der MITHRIDATES führt befonders lebhaft vor die Verbreitung der mex. Sprache weit gegen den Norden durch ftreifende oder feft wohnende wilde Völkerfchaften, vorzüglich durch die CHICHIMEKEN. Er dehnt die mex. Sprache aus „nördlich ohne Zweifel (III, 3. 85[nn]), fo weit als die Cicimechen ftreiften." Er hält feft an der Kunde, dafs die Sprache diefes Volks (unwandelbar in der Zeit) die mexicanifche war.([3]) Das rohe Jägervolk der Chichimeken, über welches ich in

---

([1]) Nicht geradezu und nicht fo ficher! f. meine azt. Ortsnamen S. 110[a].

([2]) Ich habe keine auffinden können, und habe das Gegentheil behauptet (azt. Ortsnamen S. 172[m]).

([3]) Hier eine gröfsere Stelle im Zufammenhange: Der Mithridates erinnert (144), dafs nach Humboldt's *Essai pol.* p. 289 und 99 zahlreiche Stämme der Chichimeken (*Mecos*, beides eine unbeftimmte Benennung) Neu-Biscaya beunruhigen; und ferner (145[a-aa]), dafs die Chichimeken „mit den Mexicanern eine genau verwandte Sprache redeten"; er fagt weiter, „dafs aus dem Reiche Mexico nach deffen Eroberung fich Völkerfchaften nordwärts gezogen haben." „Da nun aber auch (heifst es darauf 145[aa-nn]) aufserhalb diefes Mex. Reichs und in deffen Norden die, ganz frey und ohne fefte Wohnfitze gebliebenen Horden der Cicimechen über die Gegenden, von denen wir jetzt handeln, ftreiften; da ferner (*Essai pol.* p. 80) nach der ausdrücklichen Verficherung der Spanifchen Gefchichtfchreiber im XVI. Jahrhundert Neu-Biscaya, Neu-Mexiko und Sonora fehr wenig bewohnt waren, und nach der Eroberung Mexiko's und je mehr die Sieger fich ausdehnten, die dort umherftreifenden nomadifchen Jagdvölker fich zurück nach den Gebirgen *de la Grue* gezogen haben: fo könnte es um defto weniger auffallen, hier und da Spuren des Einfluffes der Mex. Sprache zu finden. Unter den Cora und Tarahumara aber, Gegenden, welche zeitig unter der Bothmäfsigkeit der Spanier ftanden: möchte diefer Einflufs noch älter feyn."

meinen azt. Ortsnamen (S. 79^{mf}-80^n) die wichtigften Data angegeben habe, erfchien als das erfte der einwandernden Völker 100 Jahre nach dem Untergange der T o l - t e k e n, von *Amaquemecan* kommend, in *Anahuac;* und liefs fich im J. 1170 im mex. Thale nieder. Sie verfchmolzen nachher mit den, fpäter ankommenden A c o l - h u e r n, die Herrfcher-Familie von *Acolhuacan (Tezcuco)* war aber immer aus ihrem Stamme. Ein grofser Theil von ihnen blieb jedoch unvermifcht und in feiner ur- fprünglichen Roheit; er nahm einen grofsen Landftrich nordweftlich vom mex. Thale, nördlich von Michuacan, weftlich neben den O t o m i t e n, ein: wo fie fich noch jetzt: in *Michuacan, Guadalaxara,* im füdl. *Durango* und in einigen Miffionen von *San Luis Potosi;* befinden. Der Name C h i c h i m e k e n ift im alltäglichen Gebrauch bei den Spaniern eine unbeftimmte Benennung für alle wilden Stämme des Nordweftens von Mexico, namentlich für fchweifende Horden. Die gewöhnliche Annahme ift al- lerdings, dafs die Chichimeken Eines Stammes und Einer Sprache mit den Nahua- tlaken waren; aber Ixtlilxochitl giebt ihnen eine andere, und läfst erft nach dem J. 1253 durch einen ihrer Könige die mex. Sprache unter ihnen verbreiten und be- günftigen. Ich möchte auch glauben, dafs die wilden Chichimeken durch die Be- rührung mit den Otomiten, ihr unftätes Leben und ihre Streifzüge, wenn ihre Mutter- fprache die aztekifche war, diefelbe durch Mifchungen bedeutend verändert haben möchten. In den Staaten *San Luis Potosi, Neu-Leon* und *Tamaulipas* werden uns noch jetzt (vgl. Mühlenpf. I, 209) „fchwache Refte chichimekifcher Stämme" als wohnbaft genannt.

§ 50. Die Spuren des AZTEKISCHEN Dafeyns und des aztekifchen Ein- fluffes in den mexicanifchen N O R D W E S T - L Ä N D E R N liegen uns auch vor Augen in den Benennungen von ORTSCHAFTEN und Örtlichkeiten, theils in älterer Zeit, theils in der neuen und Gegenwart. In meiner Abhandlung über die aztekifchen Ortsnamen habe ich (S. 108-110) mexicanifche Namen in den uns hier unmittelbar angehenden Ländern: *Durango, Chihuahua;* in der füdlichen Hälfte der grofsen Landfchaft Sonora, in *Cinaloa:* aber keine in der nördlichen, dem eigentlichen *Sonora,* und noch weniger darüber hinaus, aufgeführt. Das Letzte werde ich jetzt thun; und dabei auch Nachträge zu den dort fchon behandelten Ländern liefern. Die neuen Berichte in mex. Zeitungen über die Einfälle der Wilden, und die an Neuem fo reichen Schriften von Marcy, Frémont, Bartlett haben mir manches gewährt. In die reinen und gewiffen mexicanifchen Namen mufs ich vieles mifchen, was fehr unrein, ganz zweifelhaft, fchwerlich wahr, höchftens möglich in Beziehung auf aztekifchen Urfprung ift: oder was allenfalls aztekifch ausfieht; eine rohe Anfammlung folcher Möglichkeiten ift nothwendig. Durch Fragezeichen mache ich gradweife das Ungewiffe kenntlich; alle meine Erläuterungen müffen höchft kurz feyn. Bei fo hoch Problematifchem brauche ich auch die möglichen aztekifchen Etymologien gar nicht anzugeben.

? ? A c u c o (bei Caftañeda) ein Felfen (f. oben S. 12^{nn}). — A h u a c h e *spring* ($=$ mex. *ahuachtli* Thau): in der Gegend des Pafo del Norte; R. B. M a r c y's *route from Fort Smith to Santa Fe,* Wafh. 1850. 8°, p. 7[af]. — ?AMABIZCA fcheint nach mex. Zeitungen in Sonora zu liegen; es ift wahrfcheinlich nicht mex., liefse fich aber ganz leicht aus der Sprache herleiten: *Amapichca: atl* Waffer und +*mapichtli* oder +*mapictli* (in *tlamap., centlamap.:* etwas in die Hand genommenes, damit umfafstes, in die Fauft gefchloffenes; eine Handvoll, ein Bund), wie es in dem Königsnamen *Acamapitzin* (von *acatl* Rohr) erfcheint; aus *maitl* und dem vb. *piqui;* es könnte auch aus *amatl* Papier und jener Bildung +*pichtli* aus *piqui* beftehn. — ??AMUCHABA ein Indianer-Stamm in dem, für die von mir in diefem Werke behandelten Gegenden fo wichtigen Berichte J. C. Frémont's: *report of the exploring expedition to the rocky mountains in the year* 1842, *and to Oregon and North California in the years* 1843-44. Wafh. 1845. 8° maj. (mit einer grofsen Karte); p. 260: *amochitl* Zinn mit der Waffer-(Flufs-)Endung *apa* und andre Möglichkeiten würden die Form erklären, wenn es darauf ankäme. — ATÈ, das Cora-Wort Waffer (Flufs) felbft = dem mex. *atl,* ift der Name des Fluffes von Nayarit (f. oben S. 26[m]); davon kommt auf einheimifchem Wege das compos. *Ateacari* als Volksname (f. ib.). — ATOTONILCO (Ort des warmen Waffers: *atotonilli* warmes W., von *atl* und *totonia* warm werden), die in den unten (im XIIIten Abfchnitte) von mir gegebenen Berichten aus Durango über die Einfälle der Apachen oft vorkommende Haciende (§ 319 kleine Mitte) und der *rancho* (§ 318 kleine Mitte, 319 gegen das Ende, 320 im Anfang): ift wohl die von mir in den aztek. Ortsnamen (104[n]) genannte *hacienda* bei Sombrerete in Zacatecas, und nicht ein Ort in Durango; in den füdlicheren Theilen Mexico's giebt es noch 3 Örter *Atotonilco.* — ATRISCO ein kleines Dorf am Rio Grande, *Albuquerque* gegenüber (Marcy 133[mm, nf]); man könnte es in *Atlixco* umfetzen *(atl ixco* auf der Oberfläche des Waffers, über dem Waffer), welches eine *villa* in Puebla ift.

CAPULIN, das azt. Wort für Kirfche felbft, kann ich füdlicher nachweifen als 3 verfchiedene Örter; aufserdem finden wir die *sierra del Capulin* in Durango (f. unten Apachen XIII § 319[mf]). — *rio de* CHAIOLI ift (Marcy 70[m], 71[a, f]) ein kleiner Zuflufs des *rio Puerco;* diefs könnte feyn das mex. *chayotli, chayutli,* welches eine gewiffe, kürbifsartige und ftachliche Frucht bezeichnet *(fruta como calabacilla, espinosa por encima ó como erizo).* — ?CHIA (mex. *chia* oder *chian* ein Saame, woraus Öhl gewonnen wird) Ort bei Caftañeda (f. oben S. 12[nf]). — *CHICHILTIC TLALLI:* fo glaube ich zwei fehr verfchiedene Schreibungen, welche Caftañeda, wenigftens in Ternaux's Überfetzung, demfelben Namen verleiht, herftellen zu müffen; bedeutend: rothe Erde, rothes Land *(chichiltic* roth; von *chilli,* dem azt. Namen des fpanifchen Pfeffers). Es wird damit bezeichnet eine fehr nördliche Stadt am Gila und Landfchaft, und die 2 Formen find *Chichilticale* und *Chichictale* (f. oben S. 11[mf] und 11[nf]-12[aa, nf]). Die letztere, fo fehr corrumpirte Form offenbart allein hinten *tlalli:* während die erfte, fehr vollkommene, vielmehr auf *calli* Haus führt: fo dafs man fie rothes Haus zu deuten hätte. Obgleich nun Caftañeda diefe erfte einmahl (11[nf]-12[aa]) in der nächften und enger Verbindung mit der *casa grande* des Motezuma nennt, fo deutet er fie doch eben da nicht durch Haus, fondern durch Erde („der Name ... wurde der Örtlichkeit gegeben, weil dort ein Haus gefunden wurde ... *La terre de ce pays est rouge").* Übrigens würde *chichic tlalli,* wenn man keine Verftümmelung annähme, bittere Erde bedeuten; es giebt aber noch ein anderes +*chichic tlalli,* welches von einem ganz verfchiedenen Stamme, *chiqui* fchaben, herkommt, und mit dem Vorfatze *tepuztli* Eifen und dem objectiven Pronomen *tla* fichtbar wird in: *tepuz-tla-chichic-tlalli* Eifenfeilfpäne. — Man kann fchwer glauben,

H 2

dafs CHIHUAHUA (Name der grofsen Provinz) mexicanifchen Urfprungs wäre; ein fpan. Diminutivum davon, *Chiguaguilla*, nennt Alcedo als einen Ort in Cinaloa (oben S. 14[a]). — ?CHINAPA, nach Alcedo ein Ort in Sonora (oben S. 19[mf]); einen *rio de Chinapas* habe ich in meinen aztek. Ortsnamen (S. 110[aa]) in Chihuahua genannt. — ??CHINIPAS (oben S. 20[nf]. 21[mm] und öfter) Miffion in der Nieder-Tarahumara. — ??CINOQUIPA Ort in Sonora (Alcedo oben S. 19[mf]). — ?COACHIC Ort in der Tarahumara (Alc. oben S. 22[f]): wenn man die tarahumarifche Orts-Endung und Poftpofition *chic* (auch *chi*) mit aztekifchen Wörtern und aztekifcher Grundlage verbunden denken oder von ihr abfehen dürfte, fo könnten manche folcher Ortsnamen für aztekifch gehalten werden (Beifpiele: *Matachic, Tonachic, Tomichi*); in diefem Sinne werde ich mehrere derfelben hiernach aufführen; *coa* würde von *coatl* Schlange feyn. — ??COLTECHES eine Völkerfchaft bei Arricivita (XIII § 287). — COYOME (die Coyoten): nennt Bartlett *(pers. narr.* II, 339[nf]) in der Reihe der alten fpanifchen *presidos* an einer Gränzlinie: *Janos, Galeana, Carrizal, Norte, Coyome, San Eleazario, San Carlos.* — ??CUCAPA ein Volksftamm bei Arricivita (f. meine azt. Ortsnamen 70[mm]). — ??CUYTES Ort in Cinaloa (Alc. oben S. 14[a]).

?GUECAPA Ort in Sonora (Alc. oben S. 19[mf]). — ?HUALAHUISES in Neu-Leon (in der mex. Zeitung *el Orden* vorkommend): Flecken im *partido Linares*, 40 *leguas* SO (Mühlenpfordt II, 506[nn]); erwähne ich hier nur beiläufig, da diefe fehr öftliche Gegend des mex. Nordens aufser unferm Bereich liegt; der 2te Theil könnte *huitztli* Dorn feyn.

??MACHACOLE fcheint nach mex. Zeitungen in Sonora zu liegen. — ??MATACHIC, auch *Matachiqui* (Alc. oben S. 22[f]), Ort in der Ober-Tarahumara (S. 21[aa] ufw.): Orts-Endung *chic* und möglicherweife das azt. *matlatl* Netz. — ???MATAPE (19[mf, nf]), im *Orden* von 1853 *Metape:* Ort in Sonora; von *matlatl* Netz oder von dem Reibftein *metlatl.* — ??MOCHICAHUI Ort in Cinaloa (Alc. oben S. 14[a]). — ??NAMIQUIPA oder NEMIQUIPA Ort in Chihuahua (oben S. 21[nf], 22[f], 23[a]). — ??NOCHES (vgl. *nochtli* Nopal) eine Völkerfchaft bei Arricivita (XIII § 287). — ?NONOABA und NÒNOAPA, Ort in Ober-Tarahumara (oben S. 21[aa]), könnte man mit dem ächt mex. *Nonoálco* vergleichen, das von *onoc* liegen herkommt. — PETATLAN, azt. genau *Petatlan* (Ort der Matten, *petlatl),* kommt bei Caftañeda vor (oben S. 11[nf]); fchwerlich ift der fehr füdlich liegende Ort am ftillen Meere, nördlich von Acapulco, damit gemeint; fondern ein andrer, auch fonft vorkommender, in Cinaloa.

??TACUTA Ort in Tarah. (Alc., oben S. 23[a]); könnte man als *Tlacotla* deuten: von *tlacotl* Ruthe, Reis 2) Laudanum-Baum. — TE+: in manchen tarahumarifchen Ortsnamen bedeutet, wie uns Steffel belehrt (f. oben S. 25[mf]), das vordere *te*+ Stein, und ift alfo = dem azt. *tetl*. Die Namen find allerdings darum keine aztekifchen, fondern einbeimifche Bildungen; nur ift es aztekifcher Sprachftoff. Solche Ortsnamen mit Stein find: *Teuilitschic, Tecuisbrutschic, Tecavolátschic* (letztes: Ort der runden Steine; nicht „rundfteinig", wie Steffel den Namen überfetzt: f. oben S. 25[mf]). Eben fo kann das anfangende *te* Stein bedeuten in einigen der oben S. 21[aa] und 23[a] aufgeführten Ortsnamen; aber in anderen ftecken natürlich auch mit *te* anfangende Wörter. — TECOLOTE 600 *miles* von Santa Fé, Marcy 196[a]; von Abert *(executive docum.* No. 41, 1848 p. 444-5) *Tacalote* gefchrieben (er kam in das Dorf auf feinem Wege von Bent's Fort nach S. Fé: Tacalote, San Miguel, dann Thal und Dorf Pecos). *tecolote* ift die fpanifche Form des mex. Wortes *tecolotl* Nachteule, das aber als Gegenftand des einheimiſchen Aberglaubens auch ein mythiſches Weſen bezeichnet; ſo kommt es an verſchiedenen Stellen von Tellechea's tarahum. Texten (1826) vor, z. B. (p. 67-68): *no como los gentiles, que unos dicen que el Sol Dios es, otros que la Luna, otros que el Benado, otros que el Tecolote, y otros que el peyote.* — ??? T E G U E C O Ort in Cinaloa (Alc. oben S. 14ª). — T E M A S C A L *(temazcalli* das bekannte Schwitzbad-Häuschen), und ??T E M E C U L A 2 Örter nahe beim *pueblo de los Angeles* im ſüdlichen Neu-Californien (Duflot de Mofras I, 337^{nn}). — ???T E - M O S A C H I C (mex. Zeitungen über Einfälle der Wilden), Ort im tarah. Gebirge oder in *Tarahumara alta:* Alc. *Temosochi* (oben S. 23ª), Bartlett *Temasachic* (21^n), Hervas *Temotzachic* (21^{aa}). — ???T E P A C H E Ort in Sonora (Alc., oben 19^n). — ?T E P E H U A N A: das merkwürdige, für uns ſo bedeutſame Volk und ſeine groſse Landſchaft; man kann leicht *tepe* vorn durch aztek. *tepetl* Berg deuten, auch für *huana* fänden ſich Erklärungen. Der aztek. Urſprung iſt aber nicht verbürgt, obgleich Rivas ihn ohne Bedenken angenommen hat (ſ. mehr oben S. 24^{mf-nf}). — ??T E P E H U E, Ort in Cinaloa (Alc., oben S. 14ª), lieſe ſich durch *tepetl* Berg oder *tetl* Stein deuten. — T E P E T A T E S, Ort in Sonora (Alc., oben 19^n), iſt der Plural des, dem Bergmanne in Mexico wohlbekannten, ſpaniſch-aztekiſchen Wortes *tepetate*, ächt *tepetlatl:* womit ein Mineral-Stoff (Mol. *tosca ó cuzilla;* Tufſtein? losgeſchlagenes Erz?) bezeichnet wird; das mex. Wort iſt ſelbſt eine Compoſition aus *tetl* Stein und *petlatl* Matte („Stein-Matte"). Seckendorf überſetzt *tepetate* durch: verhärteter Thon, deſſen man ſich zu Maurer-Arbeiten bedient. — ?T L A M A T H iſt ein See und Indianer-Stamm nördlich über Neu-Californien, im ſüdlichen Oregon-Gebiete, über welchen F r é m o n t, *exploring exped. to the rocky mountains, and to Oregon and North California* p. 203-5 handelt, und ich ſelbſt unten (Abſchn. XIV § 534) reden werde; er wird auch *Clamet* genannt. Der Name Tlamath iſt beinahe vollkommen das azt. Verbum *tlamati,* welches 1) *mati* wiſſen mit beiläufigem pron. *tla* (etwas wiſſen, kennen uſw.) und 2) ein eigenes Wort mit feſtem *tla* iſt, bedeutend: Einen berücken, verblenden (vom Zauberer). Wir mögen es wohl hier nur mit einer jener weit getriebenen Zuſammenſtimmungen von Lautgeſtaltungen zu thun haben, deren der Zufall auf ganz fremden Gebieten fähig iſt; aber wiſſen können wir nichts, und abgewieſen iſt damit der aztekiſche Anſpruch nicht. — Ein ächtes und ſicheres azt. Wort finden wir merkwürdigerweiſe in dieſen nördlichen Gegenden der Weſtküſte walten: Frémont erwähnt (p. 251) Felder von T U L É (Binſen), in dieſer Gegend genannt *tulares; tulé* iſt das mex. *tolin* Binſe, und *tular* ein davon gebildetes ſpan. derivatum (Ort mit Binſen beſtanden); er nennt auch die T U L É - S E E N in Br. 36° 49′. Auch D u f l o t de M o f r a s *(explor. de l'Orégon* I, 253^{nf}) nennt die Süſs-Waſſer-Seen *los Tulares* in Neu-Californien; davon giebt er ſogar noch ein derivatum für die Einwohner (II, 335^{nf}) an: *Tulareños:* „Bewohner des groſsen Thales *de los Tulares* in Californien"; und eine Sprache *el Tulareño* oder *lengua Tulareña* (ſ. XIII § 489). Duflot nennt auch (I, 337^m) einen Ort T u l e auf dem Wege vom nördlichen Sonora zum *pueblo de los Angeles* im ſüdl. Neu-Californien. Mehreres über die *Tule*-S e e n findet man in dem kleinen Auffatze C o u l t e r ' s: *Notes on Upper California*, im *journal of the geogr. soc.* Vol. V. 1835 p. 59^{mf}-60^n). B a r t l e t t gebraucht bei der Beſchreibung des Hüttenbaues der neu-californiſchen Indianer öfter das Wort *tule: the posts are filled in with sticks or tules (pers. narr.* II, 30^{mf}) ... *From these are stretched stout poles ... thatched with sticks and tules, or rushes closely interwoven* (ib. ^{n}); wieder (32^n): *Beneath the outer end of the boom is a float or raft of* tulé ... *Tulares* nannten die Spanier einen Indianer-Stamm in Neu-Californien (f. XIII § 504 im Anfange). — ? T U S A Y A N, auch (bei den vielen Fehlern diefer Quelle) *Tucayan* gefchrieben: eine Provinz bei Caftañeda (f. oben S. 11^n und 12^{nn}). — ?? T U T A H A C O (S. 11^n und 12^{nn}) und wieder *Tutaliaco* (11^n): ein Ort bei demfelben. — ?? T U T U A C A (= dem vorigen?) Ort in der Ober-Tarahumara (Hervas, oben S. 21^{aa}). — Y A Q U E S I L A, der wichtige Flufs (auch *Iaq., Jaq.* oder *Hiaquesila* gefchrieben), welcher aus dem Lande der *Navajos* durch das der *Moqui* und *Cosninas* fliefst und in den Rio Colorado mündet; liefse fich aztekifch erklären. Den erften Theil kann man auch mit dem Flufs *Hiaqui* im füdlichften Sonora vergleichen. Azt. *iaqui* ift eine Participial-Form von *iauh* gehn, und bedeutet: gehend, nach Mol. gegangen, weggegangen; *yaque* ift Poffeffiv-Form von *yacatl* Nafe, Spitze: mit einer Nafe oder Spitze verfehn. — Z A C A T O N ift ftatt S a c a t o n zu fchreiben; es kann azt. dimin. von *zacatl* Kraut, Maisftroh ufw., aber auch fpanifches augment. der fpanifchen Form deffelben Wortes, *zacate,* feyn; *zacaton* ift mir als fpan. Wort, vielleicht bedeutend: dicke, grobe Zacate oder Maisftroh, vorgekommen: *zacaton para llenar los aparejos* (um das Saumzeug der Laftthiere auszuftopfen). Die Gegend *punto del Sacaton* nenne ich unten (XIII § 322 im Anfange) aus Barragan's Schrift als die Stelle, wo die *Apaches tontos* vom *rio Puerco* einbrechen. — Z O Q U I T E auf der Strafse von San Antonio de Bejar nach *el Paso* (Marcy 28^f); der kleine Strom Z o q u e t e 43^n, *Zoquete creek* 51^{mm}: diefs ift das mex. Wort *zoquitl* Koth 2) Thon; daffelbe ift aber als *zoquite* auch in das Spanifche übergegangen, befonders als, zum bauen gebrauchte, kothige Erde: wie ich es auch im tepeguanifchen Wörterbuche gefunden habe: *haz zoquite ó lodo.*

§ 51.   Unfre Aufmerkfamkeit zieht auch an fo manches Ä H N L I C H E in SITTEN, GEBRÄUCHEN und LEBENSWEISE bei den hier betrachteten nördlichen Völkern. Ich will diefs nur von den T a r a h u m a r e n beftimmt behaupten, über welche der Pater *Steffel* in einzelnen längeren Artikeln feines deutfchen Wörterbuches fo fchätzenswerthe Mittheilungen gemacht hat. Denn bei den anderen Völkern fehlt es einestheils an Nachrichten, anderntheils würde ich nimmermehr auf den Gegenftand der Sitten und das dazu Gehörige mich hier einlaffen können. Die Bereitung des Brodtes oder der Tortillas, der Anbau und die Benutzung der Aloe, der Gebrauch der Schwitzbäder und die runden Backöfen dazu *(temascali);* das Ballfpiel und die Geftalt des Platzes dazu, beides ganz fo geübt und ganz gleich eingerichtet: (^{1}) find eben fo viele Übereinftimmungen und ftellen uns die aztekifchen Indianer fo lebhaft vor. Wie viel davon werthvoll und für die Unterfuchung beweifend fei, das will ich hier nicht erörtern.

§ 52.   Bei den Unterfuchungen über die aztekifchen Beftandtheile in den Nordfprachen hat der M i t h r i d a t e s auch die VERSCHIEDENHEITEN in Erwägung gezogen, welche es in dem wirklichen A Z T E K E N - I D I O M in feinen mannigfachen Lagen gegeben haben mufs, und welche fchon in alten Zeiten in Frage kommen bei der Mifchung der einwandernden Stämme unter fich und mit den Trümmern der

---

(^{1}) f. S t e f f e l die Artikel: Brod, Aloe, Backftube, Ball, Spielplatz (letztes ein grofser Artikel; f. meinen Artikel *olli* IV § 56 und befonders die Anm. zum Schluffe deffelben); und überhaupt die grofsen Artikel in Steffel; mehrere davon habe ich in meiner Aufzählung der aztekifchen Wörter (IV § 56) wiedergegeben.

Tolteken. Er hat auch an die Spuren einer ALTEN, den Azteken felbſt unver-
ſtändlichen SPRACHE erinnert, von denen Alexander von Humboldt nach Mittheilung des *Pedro de los Rios* aus dem J. 1566 in den *Vues des Cordillères*
berichtet hat. (¹)

§ 53. Der DURCHZUG der AZTEKEN bei ihrer Wanderung aus dem
NORDWESTEN nach Anahuac herab, und ein längerer AUFENTHALT in den ſo
tiefe Spuren ihres Einfluſſes tragenden Ländern an der Seite des californiſchen
Meerbuſens und weiter nach Oſten, im Innern der ſich an den Meerbuſen anleh-
nenden groſsen Landmaſſen, bleiben immer Hauptpunkte, auf die man das Phänomen
eines groſsen aztekiſchen Antheils an nördlichen Sprachen zu ſtützen geſucht hat. Der Mithr. erwähnt nach Clavigero der Berührungen der CORAS mit den
wandernden Azteken. (²) Nach dem Aufenthalte an den *Casas grandes* in Chihuahua
läſst Clavigero die Azteken das rauhe Gebirge der Tarahumara überſteigen, und
die Richtung ſüdlich nach Huei-Colhuacan nehmen; von da läſst er ſie bei den
Coras und bei Nayarit durchziehn; er berichtet von Verſchanzungen, welche bei

---

(¹) Mithridates III, 3. 90ᵐ⁻ⁿ: „Auch in Anahuac ſelbſt mag es manche dialektiſche Verſchiedenheit
gegeben haben, da ſich die Tolteken und Cicimechen unter mancherley Verhältniſſen miſchten, und wiederum ſpäter die Stämme der Nahuatlachen dazu kamen. Auch Reſte älterer Sprache muſste es geben,
und wir finden davon ſelbſt noch Spuren. Bey Tänzen um die Pyramide von Cholula wurden (der P.
Pedro de los Rios berichtet es 1566) Lieder geſungen, die zum Theil in Wörtern beſtanden, die man damahls gar nicht mehr verſtand, z. B. *Talanian hululaez* (ſ. Humb. *Vues des Cord.* p. 24)."
Ich werde den wichtigen Gegenſtand dieſer ALTEN SPRACHE nach dem gefeierten Werke der
Vues des Cordillères hier genau angeben. In der groſsen Folio-Ausgabe deſſelben (Paris 1810) erzählt
Alexander von Humboldt p. 30, bei der Erläuterung zur *planche* VII, der Pyramide von Cholula: daſs
er nach der Rückkehr von ſeiner Reiſe bei ſeinen Forſchungen in den mexicaniſchen *codices* auf der vati-
caniſchen Bibliothek zu Rom ein Manuſcript des Dominicaner-Mönches *Pedro de los Rios* geſehen habe,
„der 1566 an Ort und Stelle alle hieroglyphiſchen Malereien, welche er ſich verſchaffen gekonnt, copirt
habe"; und giebt p. 32 von ihm eine Stelle an, ſo lautend: „Vor der Fluth, welche 4800 Jahre nach Er-
ſchaffung der Welt eintrat, war Anahuac von Rieſen (*tzocuillixeque*) bewohnt; alle, die nicht umkamen,
wurden in Fiſche verwandelt: mit Ausnahme von 7, welche ſich in Höhlen flüchteten. Als die Waſſer
ſich verlaufen hatten, baute einer dieſer Rieſen, Xelhua, mit dem Beinamen der Baumeiſter, nach Cholula,
wo er zum Andenken an das Gebirge Tlaloc, das ihm und ſeinen 6 Brüdern zur Zuflucht gedient hatte,
einen künſtlichen Hügel von Pyramiden-Geſtalt erbaute." Die Götter hätten, wird weiter erzählt, in ihrem
Zorn das himmelanſtrebende Werk durch Feuer zerſtört, wobei viele Arbeiter umgekommen ſeien; nachher
ſei es dem *Quetzalcoatl* geweiht worden. *Le père Rios*, heiſst es dann, *pour prouver la haute antiquité de
cette fable de Xelhua, observe qu'elle étoit contenue dans un cantique que les Cholulains chantoient dans leurs
fêtes, en dansant autour du téocalli, et que ce cantique commençoit par les mots* Tulanian hululaez, *qui ne
sont d'aucune langue actuelle du Mexique. Dans toutes les parties du globe,* ſetzt der gefeierte Autor in
ſeiner groſsartigen Univerſalität hinzu, *sur le dos des Cordillères, comme à l'île de Samothrace, dans la mer
Égée, des fragmens de langues primitives se sont conservés dans les rites religieux.*
(²) Mithr. III, 3. 131ᵐᵐ: „Auch die Tradition erwähnt ausdrücklich Berührungen zwiſchen den *Cori* und
den bey ihnen durchziehenden Azteken oder Mexikanern, nähmlich bey dem Übergange über das nach-
mahls zu erwähnende Tarahumara-Gebirge trafen ſie auf Gräben, welche die *Cori* aufgeworfen hatten, um
ſich der Azteken bey ihrem Zuge von Huecolhuacan (jetzt Culiacan) nach Chicomontoc [lies Chicomoztoc]
zu erwehren (Clav. II, 10)."

Nayarit vorhanden waren, von den Coras gegen die Mexicaner errichtet, um fie
auf ihrem Zuge von Huei-Colhuacan nach Chicomoztoc abzuwehren. (¹)

An die Wanderung der Mexicaner von Norden herab durch diefe Länder knüpft auch HERVAS die in den dortigen Sprachen fich findende aztekifche
Einmifchung. Die reiche Zufammenftellung von Nachrichten über fo viele Völker
und Sprachen diefes nordweftlichen mexicanifchen Erdftrichs, die er, von vielen
Zeugen erkundet oder aus werthvollen Schriften gezogen, in der Einleitung zu feiner
Vaterunfer-Sammlung, in dem *Saggio pratico*, liefert; ging nach feinen Worten nur
von dem Zwecke aus, das „fo höchft merkwürdige mexicanifche Idiom aufmerkfam
zu beobachten; was unmittelbar nach fich zog, dafs er die Strafse auffuchen mufste,
welche die Mexicaner von dem amerikanifchen Norden aus genommen hatten, und
die Lage aller der Völker beftimmen, bei denen fich eine Spur der mexicanifchen
Sprache findet." (²) Den Hervas leitet auch der Glaube an die Herkunft der Azteken
aus Afien (über die Meerenge von Anian), wie den Clavigero. (³)   Auch der
Mithridates folgt diefer Idee. Man findet diefelbe discutirt und verfochten S. 77ᵐ-82.

(¹) Clavigero T. I. p. 160ᵃᵃ⁻ᵐ: „*Da quefto luogo* (von den *Casas grandes* in Chihuahua) *traverfando
le montagne fcofcefe della Tarahumara, e indirizzandofi verfo Mezzogiorno, arrivarono ad Hueicolhuacan,
oggidì appellato Culiacan, luogo fituato ful feno della California a gradi* 24½, *dove ftettero tre anni.   E da
crederfi, che fabbricaffero delle cafe e delle capanne per loro alloggiamento, e feminaffero per loro foftenta-
mento quelle femenze, che feco portavano, come il fecero in tutti quei luoghi, dove per qualche confiderabil
tempo fi fermarono.*" Und dafelbft in Anm. 2 (160ⁿᶠ): „*Del loro paffaggio per la Tarahumara v'è tradizione
fra quei popoli fettentrionali.   Preffo al Naiarit fi trovarono delle trinciere fatte dai Cori per difenderfi dai
Meffcani nel viaggio, che quefti fecero da Hueicolhuacan a Chicomoztoc.*"

(²) HERVAS *saggio pratico* p. 68ᵃ⁻ᵐ: „*Con queste sole parole nel tomo del Catalogo delle lingue s' indi-
carono i paesi, ove si parla l' idioma Messicano; ma perchè la più accurata offervazione di questo lume sin-
golare porge a rintracciare la strada, che i Messicani fecero dal nord dell' America, ed il loro ingresso in
essa per lo stretto di Anian, mi sono preso il penfiere d' indagare attentamente il numero, e la situazione di
tutte quelle nazioni, in cui si trovi qualche vestigio della lingua Messicana. A questo fine ho consultato di
nuovo alcuni Missionarj Messicani, e principalmente l' erudito Sig. Ab. D. Giuseppe Fàbréga, peritissimo delle
antichità Messicane, sopra le quali ha scritti trattati degnissimi della pubblica luce. Ho combinate ancora le
molte notizie, che sulle lingue si leggono nella storia delle Missioni Gesuitiche dal 1594. sino al 1640., nella
quale si parla di più di sessanta nazioni, che i Gesuiti Messicani aveano istruite . . .*"

(³) S. CLAVIGERO befonders IV, 29ᵃᵃ-30ᵐ. Ich fetze den Anfang diefer Stelle hierher, weil man
darin ein Beifpiel von der Entfchiedenheit findet, mit welcher den Völkern Mexico's die Überlieferung ihrer
Herkunft aus dem NORDEN und NORDWESTEN zugefchrieben wird: *I progenitori delle Nazioni, che
popolarono il paefe d' Anahuac, paffarono da' paefi fettentrionali dell' Europa ne' fettentrionali dell' America,
o piuttofto da' paefi più orientali dell' Afia ne' più occidentali dell' America. Quefta conclufione fi fonda nella
coftante e general tradizione di tutte quelle Nazioni, le quali unanimemente dicevano, effere ftati i loro progenitori gente venuta in Anahuac da' paefi fituati a Tramontana ed a Maeftro.   Una tal tradizione venne con-
fermata dagli avanzi d' alcuni antichissimi edifizj, da quelle Nazioni fabbricati nella lor pellegrinazione, . . . e
dalla comun credenza de' popoli fettentrionali.* — Dafs auch beftimmt gefagt wird, die Einwanderung aus
dem Norden fei in den alten hieroglyphifchen Malereien diefer Völker dargeftellt gewefen (vgl. meine
azt. Ortsnamen S. 54ᵐ und in dem gegenwärtigen Werke S. 2ᵃ), beweifen folgende Worte CLAVIGERO'S
(IV, 29ᶠ-30ᵃ): *Il Cav. Boturini fa fede, che nelle pitture antiche de' Toltechi fi rapprefentava la pellegrinazione de' loro antenati per l' Afia, e per li paefi fettentrionali dell' America* (p. 30) *fino a ftabilirfi nel Regno*

In dem Kampfe, welchen die alte und durch hochangefehene Autoritäten ver-
tretene Meinung von der NÖRDLICHEN Herkunft und Einwanderung mehrerer
Hauptvölker Mexico's in der neueften Zeit, befonders gegen das aufgeklärte Nordamerika, zu beftehen hat, darf ich wohl auf das wichtige, authentifche, von fo vielen
Völkerfchaften empfangene Zeugnifs des Paters R i b a s hinweifen, welches in fo

---

*di Tollan, ed anche ſi eſibiſce di additare nella ſua Storia Generale la ſtrada, che tennero nel loro viaggio;
ma ſiccome egli non ebbe agio di comporre la Storia, che meditava, coſì non poſſiamo dir di più intorno a
queſto argomento.* Trotz diefer allgemeinen Ausfprüche bleibt immer noch Raum für mein in den obigen
zwei Stellen meiner Schriften geäufsertes Bedenken, ob die Nordgegend in den hieroglyphifchen Malereien
wirklich und beftimmt ausgedrückt worden fei. Die Stellen Boturini's, welche ich anführen werde, fo
voll fie von der Idee diefer Weltgegend find, haben ihre Stärke zum Theil an dem rechten Orte:
Afien, das ich nicht anerkenne, ift dabei das oberfte Argument; und der Meeresarm von Californien könnte
von Anderen für jeden grofsen Flufs genommen werden. Eher erkenne ich die Wichtigkeit von Colhuacan
an; und fo ift der zweite von Boturini angeführte Grund, den er mit allen feinen *mapas* bekräftigt, eindringlich: und das, was ich in diefer Anmerkung hervorzuheben und zu beweifen beabfichtigte. Auch
müffen wir das Gewicht von Reiferouten mit den Hieroglyphen von Örtern anerkennen, welche in den Nordgegenden liegen.

Die Hauptftelle über die Einwanderung aus dem Norden bei BOTURINI ift, in feinem Werke:
Idea de una nueva historia general de la America septentrional, Madrid 1746. 4° min.,
p. 127-130; in einem Capitel, überfchrieben: *del passo, y transito que tuvieron los Indios de la Nueva
Eſpaña para llegar à ella.* Er beginnt fo: 1) *Otra muy obſcura queſtion fuè la tan defeada pefquiſa, por
quales tierras, ò mares paſſarian nueſtros Indios à la America ... Apuntarè por ahora en compendio unos
Argumentos, que prueban haver venido los Indios al continente de la America* (p. 128) *por las Gargantas de
la California, refervandome en la Hiſtoria General el apurar la materia con todo cuidado.* 2) *El primer Argumento es el Itinerario, que hizo la Nacion Tultèca para llegar à Tula, ... por el qual ſe demoſtrarà, que ſu
Tranſito fuè de la California al continente.* 3) *El ſegundo, porque en todos los Mapas de la Nacion
Mexicana, y demàs acompañadas, que tengo en mi Archivo, ſe pinta ſu primera lle-
gada al pueblo de* Culhuàcan, ... *que es el primero del continente, y eſtà ſituado enfrente de dicha California... y ... dividido de ella por un brazo de la Mar del Sur. Paſſaron los Mexicànos con otras ocho
Naciones eſte Eſtrecho en unos Barcos de plataforma llamados* Acàlles, *eſto es, Caſas de agua, y aſsi lo
pintan en ſus Mapas, ni puede haver, à mi juicio prueba mas cabal.* 4) *El tercero es, que en las Pere-
grinaciones del Aſia haſta la America, quedò en los atraſſados memoria de los que ſe havian adelantado, y la
guardaban en ſus Cantares, y aſsi con el trato del tiempo fueron viniendo todos por el miſmo camino.* 5) *El
quarto conſiſte, el no haver Yo podido en las* (p. 129) *antiguas Hiſtorias de los Indios ... haſta el dia de hoy
deſcubrir algun raſtro de que los Indios huvieſſen venido de otras partes, hablo en los principios, porque las
tranſmigraciones deſpues fueron frequentes y no ſon del caſo.*

Was die Darftellung der TOLTEKISCHEN Wanderung, von Boturini felbft zu feinem erften
Argument benutzt, anbetrifft, fo erzählt er anderwärts, p. 110-1, von einem *mapa pintado*, welches Don
Fernando de Alba Yxtlilxochitl mit vielen anderen befeffen habe angiebt. *Dice, pues* (p. 111), *que por
el referido original Mapa Tultèco conſtan memorias antiquiſsimas, y en particular la confuſion de las Lenguas
de la Torre de Babèl ... en cuya ocaſion ſiete Tultècos ... ſe apartaron con ſus Mugeres, è Hijos, y deſpues
de haver peregrinado en Aſia ... por fin llegaron à las tierras de la Nueva Eſpaña, ... y fueron internandoſe
haſta llegar à Tùla ... No ſe puede, à mi parecer, defear noticia, ni mas cabal, ni mas clara, eſpecialmente
porque và acompañada de la ſucéſsiva peregrinacion, y llegada à la Nueva Eſpaña, con toda diſtincion de co-
ſas, y años, en que ſucedieron ...... (dafs die Völker durch wenige Perfonen dargeftellt find) ... y lo miſmo*
(112af) *ſe advierte en muchos Mapas de la Nacion Mexicàna, donde los nueve Barrios, ò nueve Naciones, que
con ella entraron al continente de la Nueva Eſpaña, ſe demueſtran tan ſolamente con los nueve Capitanes ...*

ftarken und fo unumwundenen Worten in einer grofsen, oben S. 44 wiedergegebenen, Stelle feines inhaltsreichen Werkes ausgefprochen ift.

§ 54. In dem Schoofse der zwei grofsen inneren Landfchaften, CHIHUAHUA's und NEU-MEXICO's, find alte, wenn gleich vereinzelte, RESTE AZTEKISCHER BEWOHNER und aztekifcher Nationalität aufgefunden worden, welche unfre Aufmerkfamkeit feffeln können. Die Spanier, welche die *Casas grandes* in Chihuahua, in der Provinz Xanos, entdeckten, fanden dort mexicanifch redende Indianer.[1] Noch viel bedeutungsvoller lautet der Bericht, den Clavigero (IV, 29[mm-nf]) nach Torquemada und Betancurt giebt:[2] „Auf einer Reife, welche die Spanier im J. 1606 von Neu-Mexico aus bis zu dem Fluffe, den fie *del TIZON* nennen, machten, 600 *miglia* von jener Provinz gen Nordweft, fanden fie dafelbft einige grofse Gebäude; und ftiefsen auf einige Indianer, welche die mexicanifche Sprache redeten: und von denen fie erfuhren, dafs einige Tagereifen entfernt von jenem Fluffe nach Norden das Reich *Tollan* und viele fehr grofse „*popolazioni*" feien, von wo diejenigen ausgingen, die das mexicanifche Reich bevölkerten; und dafs von denfelben Bevölkerern jene und andere Bauten errichtet wären." „In der That", fetzt Clav. hinzu, „verfichern alle Völker von Anahuac, dafs gegen Nordweften und Norden die Reiche und Landfchaften *Tollan, Teoacolhuacan, Amaquemecan, Aztlan, Tehuajo, Copalla* ufw. waren (alles mex. Namen): deren Entdeckung, wenn in Zukunft in jenen Gegenden die Bevölkerung der Spanier vordringt, der alten Gefchichte Mexico's grofses Licht bringen wird."[3] — Sogar am Michigan-See hat man AZTLAN finden wollen; und die neuefte Geographie hat in Folge deffen wirklich dort eines, im Staate Wisconfin, erhalten.[4]

([1]) Hervas *saggio pratico* 71[nn], Clav. I, 159 und IV. diss. I. § 2 und 3. — Meine Angabe ift blofs eine Wiederholung der Worte von HERVAS; und wenn er nicht diefelbe Thatfache gemeint hat, welche ich im Texte folgen laffe, die vom Fluffe Tizon; fo läfst er feine Angabe wenigftens unbelegt. Hervas fagt fo (*saggio prat.* 71[n-nn]), von den „Casas grandes in der Provinz Xanos" redend: *Le fabbriche delle case, che finora durano in quel sito, sono certamente Messicane, ed i primi Spagnuoli, che le scoprirono, vi trovarono alcuni Indiani, che parlavano Messicano.* Dazu fteht die Anm.: *Veggasi il Clavigero...* T. 1. lib. 2. §. 17. e T. IV. dissert. I. §. 2. Die erfte Stelle Clavigero's, die Hervas citirt, ift die Hauptftelle, wo er von der Wanderung der Mexicaner aus dem Norden nach Anahuac handelt (T. 1. p. 156-164): wo auch (156[f] und 157[nf]) erwähnt wird, dafs Betancurt in feinem *Teatro Mexicano* Aztlan 2700 *miglia* von Mexico entfernt fetzt. Von mexicanifch redenden Indianern kommt darin nichts vor. Die zweite Stelle (diss. I. im T. IV.) enthält auch nichts von dem, was Hervas berichtet, wenn man nicht ftatt des von ihm genannten § 2 den § 3 fetzt; in diefem letzteren fteht die Erzählung vom Fluffe Tizon. Nur bringen 600 Miglien gen Nordweft von Neu-Mexico aus in eine ganz entgegengefetzte ferne Welt, als die *Casas grandes* in Chihuahua find, welche gen Süden von Neu-Mexico liegen.

([2]) *Oltracciò che abbiamo detto altrove, ne abbiamo preffo Torquemada, e Betancurt un chiariffimo documento.*

([3]) S. die Kritik des Mithr. hierüber S. 86: einzelne Chichimeken könnten noch viel nördlicher anzutreffen feyn; es könnte die Sprache blofs in den Lauten Ähnlichkeit gehabt haben.

([4]) Bartlett fagt (*personal narrative* II, 283[al-m]): *People have got too much in the way of ascribing all ancient remains to the Aztecs. We hear of them on the shores of Lake Michigan, where some have located*

In neuefter Zeit ist eine höchft anziehend klingende, myftifche Kunde über einen innigen Zufammenhang der fogenannten PUEBLO-INDIANER von NEU-MEXICO mit den alten AZTEKEN und über ihr eigenes Bewufstfeyn davon in Umlauf gekommen. Sie feien Azteken, heifst es, und eins mit den alten Bevölkerern Mexico's. Jahrhunderte lang haben fie mit geduldiger Wachfamkeit in einer einfamen Höhle des Gebirges das HEILIGE FEUER gehegt, welches die Azteken forgfam erhielten in der Erwartung der Rückkehr ihres Gottes *Quetzalcoatl* zur Erde. „Der Dämmerfchein deffelben kann noch gefehen werden von dem wandernden Jäger, hervorfchimmernd aus den Schlupfwinkeln einer Höhle, wenn, geleitet von der Jagd, er in der Nähe diefes befcheidenen und einfamen Tempels vorbeiftreift." Diefe Nachricht geht aus von George F. Ruxton, der fie mittheilt in feinen *Adventures in Mexico and the Rocky Mountains*, London 1847 p. 192 und 193.(¹) Ihre Wirkung wird gefchwächt durch die Beobachtung, welche fchon *Simpson* gerügt hat: dafs diefer Verf. in Beziehung auf die Sprachen von Neu-Mexico einem grofsen Irrthum huldigt, die er fammt und fonders für ganz nahe identifch mit dem Mexicanifchen erklärt. *Ruxton's* Mittheilungen über diefen Gegenftand, über die Übereinftimmung der Sitten und Bauten diefer Völker mit den Azteken, fo wie über die in ihrem Lande vorhandenen grofsartigen Ruinen; behandle ich an einer fpäteren Stelle. — Seit einigen Jahren foll das heilige Feuer diefes treuen, feiner älten Religion innig anhangenden aztekifchen Volksftammes erlofchen und damit die Hoffnung auf die Wiederkehr feiner alten Herrlichkeit dahingefchwunden feyn. So lefen wir in dem, von mir fpäter mitzutheilenden Berichte einer nordamerikanifchen Zeitung, welcher von den neu aufgefundenen Ruinen in Yuta erzählt, und die Erzählung von der Hegung des heiligen Feuers wiederholt (f. XIII § 396 am Ende).

---

the famous city of Aztlan. Er fpielt damit wahrfcheinlich auf folgenden Hergang an, welcher wirklich dazu geführt hat uns eine Örtlichkeit, *AZTALAN* genannt, im Staate WISCONSIN zu geben. In dem neueften Bande der *Smithsonian contributions to knowledge*, Vol. 7. Wafhington 1855. 4°, ift eine Gruppe von *mounds*, welche der Verfaffer diefes reichen Auffatzes über die Alterthümer in Wisconfin („*the antiquities of Wisconsin*"), J. A. Lapham, für die älteften in diefem Staate hält, unter dem Namen *Aztalan* ausführlich befchrieben (f. p. 40, 41, 42ᵐᵐ sqq.), und auf 2 Plänen (Tafel XXXIV und XXXV) in Grundriffen und Topographie dargeftellt. Sie liegen am weftlichen Arme des *Rock river;* und wir erfahren dafelbft, dafs N. F. Hyer diefe *mounds* und Alterthümer im J. 1836 entdeckt, 1837 unterfucht, und ihnen wie der Gegend nach Humboldt's Aztlan den Namen *Aztalan* beigelegt habe.

(¹) „*Amongst many* (p. 192ᵐᶠ⁻ⁿ) *of the religious forms still retained by these people, perhaps the most interesting is the perpetuation of the holy fire, by the side of which the Aztecan kept a continual watch for the return to earth of Quetzalcoatl — the god of air — ..... Quetzalcoatl* (ⁿᶠ) *embarked, in his boat of rattlesnake-skins, on the Gulf of Mexico; as he was seen* (193) *to steer to the eastward, his arrival is consequently looked for from that quarter ... This tradition* (ᵃᵃ⁻ᵐ) *is common to the nations even of the far-off north; and in New Mexico the belief is still clung to by the Pueblo Indians, who in a solitary cave of the mountains have for centuries continued their patient vigils by the undying fire; and its dim light may still be seen by the wandering hunter glimmering from the recesses of a cave, when, led by the chase, he passes in the vicinity of this humble and lonely temple.*"

IV. Aufzählung der aztekifchen Wörter
in den vier Nordweft-Sprachen.

§ 55.   Der allgemeine Theil diefer erften Hälfte meines Werkes ift gefchloffen; und ich biete nun, in einer geordneten Ausarbeitung, den AZTEKISCHEN
WORTSTOFF dar, welchen ich in den VIER SPRACHEN DES MEXICANISCHEN
NORDWESTENS aufgefunden habe.   Ich liefere über 170 Artikel (176), jeden
einem einzelnen aztekifchen Worte gewidmet: das ich in allen, in einigen oder in einer
der Nordweft-Sprachen aufweife.   Die Artikel find in alphabetifcher Folge, nach
dem an ihrer Spitze ftehenden aztekifchen Worte geordnet.   Den fonorifchen Wörtern find ihre derivata, meift abfichtlich nur unvollftändig und beifpielsweife, öfter
aber erfchöpfend und in Maffe, beigefügt.   Der Sprachftoff und die Etymologie
haben häufig, meift von Seiten des Mexicanifchen, eine längere Deduction und Erläuterung nothwendig gemacht.

? Ein Fragezeichen vor einem fonorifchen Worte deutet an, dafs zweifelhaft ift, ob es ein aztekifches und das in Rede ftehende aztekifche Wort fei;
?? 2 Fragezeichen drücken einen noch ftärkeren Zweifel aus.

* Ein Stern vor einem Cahita-Worte bedeutet, dafs ich daffelbe aus Ternaux's Verzeichniffe entnommen habe; alle nicht bezeichneten verdanke ich meinen
Entzifferungen der Texte des Manual.   Der Stern vor einem Tarahumara-Worte
zeigt die von mir aus Tellechea's Werke (Mex. 1826) genommenen, daher nach
fpanifcher Orthographie gefchriebenen Wörter an; die nicht bezeichneten (der gewöhnliche Fall) find die Wörter aus Steffel's Wörterbuch, in deutfcher Orthographie
gefchrieben.

Mit wenigen, durch Nützlichkeits-Gründe (Nähe oder Abftufung der Formen)
beftimmten Ausnahmen, habe ich den 4 Sprachen hier wie in meinem Wörterbuche
eine beftimmte Reihenfolge gegeben, die ich, nebft den für die 4 Sprachen (auch
fchon in den vorigen drei Abfchnitten) gebrauchten Abkürzungen, hier auffteIIe:

    Ta — Tarahumara, tarahumarifch
    Te — Tepeguana, tepeguanifch
    Co — Cora, corifch
    Ca — Cahita, cahitifch

A bedeutet aztekifch, wenn ich es, wie felten gefchieht, abkürze.

§ 56. *ACATL* heißt in der aztekischen Sprache R o h r — in der Cora-Sprache ist *acati:* hohles Rohr *(caña hueca, carrizo), a c o t* im Gegentheil: *caña maciza;* das erste Wort ist einfach das aztekische, das zweite kann man für ein verschiedenes oder für eine Abzweigung ansehn.

ACHCAUH s. unten *t e a c h.*

ACHTLI S a a m e ist aztekisches Stammwort — ihm ist in den Sprachen Sonora's das Verbum s ä e n sehr ähnlich, aussehend wie das Stammverbum dazu: Cora *a t z á,* Tarahumara *e c h t s c h á,* Cahita *e c h a (*e c h i m u Saame), Tepeguana *u s s e.* — Über *a c h t l i* in der Bed. ä l t e r e r B r u d e r s. unten den Artikel *t e a c h.*

Das aztekische Verbum *ACI* hat ein sehr mannigfaltiges und bestimmt individualisirtes Gewebe von Bedeutungen; es heißt: erlangen, erreichen 2) ankommen, anlangen 3) begreifen, einsehn u. a. — C o *te-azeca,* Einen einholen, zeigt eine deutliche Identität; die Form wird auch gleich in dem andern Verbum: *anti-áze* ablangen, erreichen (etwas hohes); dazu sind noch zu zählen: *aazté-hua* erfüllen (einen Befehl), und *capu-aazté,* die einfachere Form zu dem vorigen zeigend, mit Vorsatz der Negation *capu:* etwas auszuführen unterlassen. Im T e p e g u a n a ist *aue* erlangen, erreichen 2) hinreichen ohne Zweifel dasselbe Wort.

AHUACATL ist eine bekannte F r u c h t des Landes — sie heißt im Cora *y aóhca.*

AHUECHTLI oder *AHUACHTLI* heißt T h a u, und ist von *a t l* Wasser und dem Verbum *h u e t z i* fallen abgeleitet (so wie *ce-h u e t z i* frieren, vb. impers., zusammengesetzt ist aus demselben Verbum und *cetl* Eis) — Te ist *vausci* und Ca **b a h e h u e c h e* Thau; die beiden Sprachen repräsentiren auch den wechselnden Vocal, *e* und *a.*

AMI jagen — Ca **a m u.*

AMOCHITL oder *amuchitl* Zinn — Co *amútzi* Kupfer, Messing *(azofar),* Bronze.

ANA hat eine lange Reihe recht verschiedener Bedeutungen: 1) ergreifen, nehmen, wegnehmen 2) ziehen 3) verbinden 4) wachsen 5) lose werden, nachgehen 6) sich enthalten; diese Kette wird fortgesetzt durch die derivata: *anqui* lang, *m-anqui* alt, in compos. aber: gedehnt. — C o r a *tadna alargar algo* k ö n n t e dieses Verbum seyn, da *ta* als Verbal-Präfix vorkommt.

ATEMITL ist L a u s; Wilh. von Humboldt leitete das Wort, wofür die Form wenigstens sehr vollständig spricht, von *atl* Wasser und *temi* voll seyn her; *atemi* (voll Wassers seyn) bedeutet: die Wassersucht haben. — Te ist *aate* und Co *atete* Kopflaus, Ta *te* Laus; die Mannigfaltigkeit dieser Formen bei ihrer unzweifelhaften Identität unter sich deutet uns an, daß auf ihre äußere Abweichung wenig Gewicht zu legen ist.

ATETL H o d e, zusammengesetzt aus *atl* Wasser wie jede Flüßigkeit (hier als Urin zu nehmen) und *tetl* Stein, in Compos. auch Ei; — C o r a *atúriti* Hode (der 2te Theil ist der Cora-Form für Stein, *tetéti,* nahe ähnlich).

ATL W a s s e r, auch F l u f s usw., findet sich absolut und auf's einfachste in der C o r a - Sprache: *a t é* Fluß (zugleich der Name des Flusses von Nayarit, s. oben S. 26ᵐˑ ⁱ⁾), *a h t i* Wasser (¹); ob man *a c h i t* Bach für ein aztekisches dimin. davon halten *(atzin)?* ob man T E *a q u i* Fluß hier anschließen darf oder an Ta *paugui* Fluß, *pauguiki* Wasser? sind schwer zu beantwortende Fragen. Daran, das tarah. Wort, etwa durch Vermittlung des Te *a q u i,* an das azt. anzuschließen, denke ich nicht; denn die Tarahumara- und Cahita-Sprache sind diejenigen der Reihe, welche in diesem Begriffe die sonorische Selbstständigkeit vertreten: das

(¹) Die Spaltung in zwei W ö r t e r möge nicht befremden; Ortega variirt überall in seinem Wörterbuche die Formen in der Schreibung; dasselbe Wort wird bei öfterer Wiederkehr auf möglich mannigfache Weise von ihm geschrieben.

tarah. Wort iſt in einer reicheren Geſtalt das, was Ca *b a a*, in Gliedern des ſon. Sprachſtammes auſserhalb des engen Kreiſes, auf welchen wir uns hier beſchränken, *p a h* und *p a* iſt.

Wenn *ATLATL* nichts anderes heiſst als der Riemen am Wurfſpieſse *(amiento)*, wie Mol. angiebt; ſo iſt freilich das formell ſo ähnliche *t a r a h u m. a t a c a, h a t a c a*, eine Art Bogen (St Armbruſt), unmöglich damit zu vereinigen. Nur erwecken mehrere von dem azt. Worte herkommende Ortsnamen *(Atlatlan, Atlapolco, Atlatonco, Atlatepec, Atlaxomulco)*, ſo wie *a t l a p a l l i* (bedeutend: 1) Flügel des Vogels 2) Blatt: das freilich auch ſich als *a t l +t l a p a l l i* conſtruiren läſst) den Verdacht, das Wort könne eine wichtigere Bedeutung gehabt haben. (¹)

CA, der Stamm für das zufällige ſey n, mit einem Unterſtamm *CATQUI:* und dagegen die Stämme *c a* und *c a t e +* in mehreren ſonoriſchen Sprachen, wie vor allem *g a t i k i* im Tarahumara; ſind nahe Ähnlichkeiten, welche ich, von groſsem Zweifel und bloſser Zufälligkeit beginnend, immer mehr getrieben worden bin für wirklich zu halten (ſ. dieſe Materie ausführlich XIII § 278-280).

CACAXTLI iſt das, in den mexicaniſchen Ländern bekannte G e ſ t e l l, in welchem Sachen auf dem Rücken getragen werden (ſpan. *angarillas*) — es findet ſich im C o r a wieder, als *c a c a z t i*.

CACTLI S e h u h, oder vielmehr Sandale (untergebundene Sohle): die gemeine indianiſche Fuſsbekleidung — finden wir in 2 Sprachen in einer reduplicirten Geſtalt: T A *k a c á c* Schuh oder vielmehr, wie Steffel erläuternd beifügt, nur eine Sohle (Art. Sohle, S. 341) (²); C^o *c a c á i h t e calzado*, mit dem derivatum: *u c a-c a c a i h t e calzarse*.

CALLI H a u s — Ca **c a r i* Haus; Ta *c a l i-k i* Häuschen, Hütte; *c a l i-r u j e* bauen, *s a n t o-c a l e* Zimmer. (³)

(¹) Das ſpaniſche *a m i e n t o* hat (nach dem *diccionario de la lengua castellana por la real academia española, quinta edicion,* Madrid 1817. fol.) zunächſt die 2 Bedeutungen des lateiniſchen *amentum:* 1) der Riemen am Wurfſpiefs (ſpan. auch am Pfeil: *la correa que se revolvia en la lanza ó flecha para arrojarla con mas impetu;* das *diccionario nacional ó gran diccionario clasico de la lengua española* von Ramon Joaquin Dominguez, 4ª *ed.,* 1851 zu Madrid in 2 Bd. fol. min. erſchienen, fügt noch *dardo* hinzu); 2) Schuhriemen; das ſpaniſche Wort hat noch die 3te Bed.: des Sturmriemens am Helm oder an der Sturmhaube. — S a b a g u n erklärt ſich (I, 147ᵐ) über das mexicaniſche Wort ſo: *el instrumento con que se arrojan los dardos, que se llama atatl* (zu verbeſſern in *atlatl*). — Der Pater Matthäus *Steffel* liefert im Artikel A r m b r u ſ t (S. 304), wie ſo oft, einen lehrreichen Bericht über die Waffe *ataca* der Tarahumaren: „Dieſer Bogen be-ſtehet aus einem vom harten Holze, zuvor wohl gebaitzten, gefchnittenen, an beiden Enden gefpitzten, und durchaus mit Nerven umwickelten Aſte, damit er eine rechte Schnellkraft habe und nicht ſo leicht zerbreche. Die Tarahumaren gebrauchen ſich gröſserer Bögen und auch gröſserer Pfeile als andere Nazionen. Beide ſind in der Hand eines Indianers ſehr fürchterliche und gefährliche Waffen. Ich will ſie dem Feuergefchütze darum vorziehen, weil der Indianer, eher als ein Feuergewehr nochmals geladen wird, bis dreiſig Pfeile abdrücket. Mit den erſten drey Schüſſen wird ein Pfeil durchgebohrt, und in dem Fluge iſt von dem Pfeile eben ſo wenig als von einer Kugel zu ſehen. Weil aber durch die gewaltige Spannung die Seite doch ausgedehnt wird, ſo laſſen ſich die hinten an dem Pfeil angebrachten und geſtutzten drey Federchen, wie ein kleines Rädlein, in der Luft bemerken ... Der Tarahumare geht allezeit mit ſeinem Bogen auf dem Arm, ſeinen Köcher auf dem Rücken, und mit zween Pfeilen in der Hand, damit er jederzeit fertig ſey."

(²) „Der S c h u h beſteht nur aus einer S o h l e" (S. 340). „Sie iſt (S. 341) von rohem Leder, nach dem Fuſe gefchnitten und daran angebunden; ſonſt pflegen ſie keine Schuhe zu gebrauchen, die ſie überhaupt nicht gern tragen ... Die Weiber gehen allezeit mit ganz bloſsen Füſsen, woran man ſie auch erkennt: da in der übrigen Leibesbedeckung, die eine Kotze iſt, zwiſchen Männern und Weibern kein Unterfchied iſt."

(¹) „So wird (Steffel S. 352 Art. Zimmer) das Z i m m e r c h e n genannt, welches jeder mexicaniſcher Indianer neben ſeinem Hauſe hat, das er mit Bildern und Blumen ausziert, und jedem, der ihn befucht, zeigt." — Ich bemerke, daſs im Tarah. *ki* die Subſt. Endung und *ruje* die Endung activer Verba iſt.

CAMATL bedeutet zwar **M u n d**; aber es fteht in nächfter Verbindung mit *c a n t l i* **B a c k e**: und einige feiner Compofita: *c a m a c h a l l i* Kinnbacken (über +*c h a l l i* f. meine aztek. Ortsnamen I, 83[af-nn]), *c a m a p a n t l i* die Backen *(los carrillos de la cara)*, vollends *c a m a t z u n t l i* das feine Haar auf den Backen *(el vello de los carrillos)*; laffen eine urfprüngliche Identität beider ahnden. — Die Form von *c a m a t l* und die Bedeutung von *c a n t l i* bieten uns nun die **t e p e g u a n i f c h e n** Wörter: *c a m a* Backe *(mexilla)* und *c a m a p o* Backenbart.

CAMO-PALLI **d u n k e l b r a u n e** Farbe, *c a m o - p a l t i c* dunkelbraun; das Wort ift aus *c a m o t l i* Batate und *t l a p a l l i* Farbe zufammengefetzt; dem Stamme aber, von welchem *c a m o t l i* nur ein Zweig ift, liegt der Begriff der braunen Färbung zum Grunde. Das Hauptftammwort, *c a m a h u a*, bedeutet: reif werden (vom Mais); *c a m i l e h u a* und *c a m o l e h u a* fich färben, braun werden (von reifenden Früchten), *c a m i l e c t i c* reifend 2) dunkelbraun. — Nun fragt es fich, ob wir in der **t e p e g.** Sprache eine Umkehrung der Vocale als gleichgültig anfehen, und *c o m a g u i* oder *c o m a - p a g u i* pardo für aztekifch oder die Ähnlichkeit für zufällig halten follen; *p a g u i* ift die Endung für Adj. der Farbe (f. meine fonorifche Gramm.); von *c o m a g u i* kommen her: Te *c o m a g u i - t e* trübe werden, *c o m a g u i - d i* trüben: und im Co *c h u a m o é r i* trühen müfste man daffelbe Grundwort annehmen.

CAQUI hören 2) zuhören — Ta *c a k é* hören *(*g a q u é, *a q u i)*; Te *c a u q u e* hören, *c a y a m e* zuhören. (')

CE ift im Mex. das Zahlwort **e i n**. Es wird den Subft. häufig präfigirt; theilweife find mit ihm gleichbedeutend die Präfixa *CEN* und *CEM* (beide nach Buchftaben-Gefetzen wechfelnd; fie bedeuten **e i n**), anderntheils drücken fie aber die befondren Beziehungen von: **g a n z**, **g ä n z l i c h**, **z u f a m m e n** aus, welche fich noch mannigfaltig weiter verzweigen. Folgendes find nur wenige und theilweife Beifpiele von der grofsen Ausbreitung diefes mex. Präfixes: a) = *ce*, 1: *c e m - a c o l l i* ein Maafs: Länge des Arms, *c e m - a q u a h u i t l* ein Löffelvoll, *c e m - i p i l l i* 20 (und andre Zahlclaffen), *c e m - i z t e t l* ein halber Fufs, *c e m - m a p i c h t l i* ein Bund, *c e m - m a t l* eine Klafter; *c e n - c u e m i t l* ein Gefchwader, *c e n - c a m a t l* ein Biffen, *c e n n a c a z t l i* ein Viertel, *c e n - t l a p a l* von einer Seite, *c e n - t z o n t l i* 400; b) *c e m - a n a h u a t l* die ganze Welt, *c e m - i t t a* genau anfehn, *c e m - m a t i* genau achten, *c e n - q u i z q u i* vollftändig; c) *c e m - a x c a t l* gemeinfame Sache, *c e m - i t i m e* Kinder von Einer Mutter, *c e m - p o a* zufammenrechnen, *c e n - t l a l i a* fammeln; d) *c e m m a n q u i* eben *(planus)*, *c e m - i x t i a* ebnen, *c e n - c u i* fortfetzen. — Es ftellt fich uns in diefem aztekifchen Formwefen, nach Geftalt und Sinnbereich, in zauberhafter Ähnlichkeit ein Abbild einer Formation unfres alten Continents dar. Das fanskritifche Präfix *s a* mit feiner Ausfpinnung *s a m* (nach Umftänden auch *s a n*) ift das gleiche Wefen, gleich vielgliedrig, und gleich verbreitet durch die Sprachen; was ihm an Sinn-Umfang etwa abgeht (die numerifche Einheit), fügen malayifche Sprachen, in welchen das Spiel der Bedeutungen am mannigfaltigften ift, in ihrem *sa* ergänzend hinzu. Man wird nach meinen Grundfätzen leicht ermeffen, dafs ich hier nicht von hiftorifcher Verwandtfchaft rede: fondern nur, von der Seite des Lautes die Wirkung des, im allgemeinen auch berechenbaren,

---

(') Die Formen des tep. *c a u q u e*, das ein unregelmäfsiges Verbum ift, find: *c a u* oder *c a n* (wohl einmahl verdruckt) ich höre (praes.), imperf. *c a u c a - t a d e*, praet. oder perf. *a n t a q u e i*, *q u e i - a n t a* oder *c a i - a n t a*; fut. *c a y - a g u e* oder *i c a u c - a g u e*, fut. ex. *c a i - m o c u e*, imperat. *c a u c - a n i*; für das Verbum felbft (inf.) werden neben *c a u q u e* noch *c a u* (praes.), *c a m e* und *c a i o m e* angegeben. Zuhören lautet: *c a y a m e* oder *c a y a m o*, praet. *c a y - a n t a* oder *c a y o m - a n t a*.

ſogenannten Zufalls; von der Seite des Inhaltes das Walten von Verſtandesformen und einigen geiſtigen Lebens anerkenne.

Ich habe nun das Präfix *CE* zunächſt in der Cora-Sprache wiedergefunden; Bed. eines Maaſses: *moamati* Hand, Arm, *ce-moamat* eine Klafter; metaphoriſche Bed. einer Maſſe: ganz wie im Aztek. aus *cuemitl*, der erhöhte Erdſtrich zwiſchen zwei Furchen, *cen-cuemitl* ein Kriegsgeſchwader entſteht: kommt im Cora von *viat* Grundſtück (*heredad*) *ce-viat*, eine zahlloſe Menſchenſchaar (*inumerable gente*); daſſelbe bedeutet *ce-muáti* (eigentlich: ein Kopf mit Haar, nach Ortega's eigner Erklärung; von *muáti* Kopf: alſo ähnlich dem mex. *centzontli;* nach Ortega hieſsen beide Ausdrücke wörtlich: *una heredad, una cabeza con pelos*): an einer andern Stelle giebt Ortega aber das Compoſitum nur als Kopf, = *muáti.* Das Zahlwort 1 im Cora enthält auch das *ce: c^{eau}t;* ferner erſcheint es präfigirt in den Zahlausdrücken: *ceitevi* 20, *cevix* oder *cexu* 1mahl, *ceaxuime* (einer Diſtributiv-Form des vorigen) jeder eins, je ein.

Hieran ſchlieſse ich im Cahita *senu* ein 2) Jemand; ſo wie ſeine Reduplication *cesenu* (ein) andrer; hiermit ſind gleich TA *senu* ein andrer, **sesemu* jeder, *singuli* = azt. *cecen+, cecem+;* daſſelbe Wort iſt im Tarah. *taschiné* kein, Niemand zu ſuchen (*ta* iſt die Negation). Ich füge hinzu, daſs das Cora-Zahlwort *c^{eau}t* neben eins auch 2) ein andrer bedeutet.

CEMANAHUATL oder *cemanahuac* bedeutet die Welt. Ich habe dieſes merkwürdige Wort in meinen aztek. Ortsnamen (S. 10^{nn}) als eine Zuſammenſetzung aus dem eben beſprochenen *cen* ganz und *Anahuac* dargeſtellt; die Wiederkehr des Wortes in der Cora-Sprache, als *chianacat* Welt, zwingt mich aber noch zu erwähnen: daſs Wilh. von Humboldt, welcher nicht auf *Anahuac* gekommen iſt, es vom Verbum *ana* ableitete und es gedeutet hat als: „das alles umfaſst"; und daſs wenigſtens formell eine gewiſſe Möglichkeit zu dieſer Herleitung vorhanden iſt.

CENTLI oder *cintli* die reife, trockne Maisähre — ? Co *zitáti* die Maisähre, ehe die Körner ſich dichten (*ik^{eú}riti* die trockne).

CETL Eis — findet ſich vollſtändig im CORA: *ce-rit* (*rit* iſt ſubſtantiviſche Ableitungs-Endung): Eis, Schnee 2) kalt oder Kälte (*frio*); zu ihm gehören die derivata: *cebi estar frio*, *hua-cebi* frieren (v. imp., *hacer frio*), *cicérità* Winter. — Vater im Mithrid. (III, 3. 87-88) hält TA *repaliki* für azt. *cepayahuitl* Schnee. Vater's Ta Form enthält zunächſt ein Verſehen: ſie heiſst *kepaliki*, wie in beiden Wortverzeichniſſen Steffel's (S. 339, b^{nn} und 359, b^{n}) zu ſehen iſt. Dann iſt *liki* eine tarah. Subſt. Endung, die auf keine Weiſe mit einem Theile des mex. Wortes verglichen werden darf; die Vergleichung kann ſich nur mit dem Stamme *kepá* beſchäftigen, welchen Steffel uns als das Verbum angiebt, bedeutend: es ſchneit. Das mex. Wort iſt das Subſt. von *cepayahui* ſchneien, und dieſes iſt zuſammengeſetzt aus *cetl* Eis und *payahui* leicht und unaufhörlich regnen, welches letztere zuſammenhängt mit dem Verbum *payana* zerkleinen, klein ſtoſsen. Mit Ta *kepá* ſind zunächſt auf's genaueſte verwandt die TE Wörter: *cubay* Eis; *gu coboja cubay* Schnee, *gu cubaine* ſchneien; *cubapane* gefrieren und *juba-moque* oder *uba-moque* frieren (von Perſonen). Indem hierdurch der Begriffs-Umfang erweitert und dem von *cetl* gleich wird, kann man wohl die Identität beider vermuthen; es würde dann der Stamm *ce* von *cetl* einen fremdartigen Zuſatz durch einen *p*-Laut erlitten haben.

CHICHI 1 Hund — ? Ta *cocoischi*, Te *gogosci;* Co *tz^{eu}k*, Ca *chu*.

CHICHI II faugen (von Kindern) — idem: Ta *tschitschi*(¹), Te *sciuie* (auch *usciúe:* mit praet. *sci-anta*, imperat. *sci-ini)*, Ca *cheie*, Co *tzeé;* faugen: Ta **chié*, Te *sci-tude (tude* ist Caufal-Endung); das Cora folgt der mex. Sprache noch in einem deriv.: *te-titzitè* Amme (mex. *tla-chichiti; te* und *tla* find präfigirte pron.: Jemand, etwas); ein andres deriv. ift Co *tzi-meti (meti* ift fubftantivifche Ableitungs-Endung): 1) Milch 2) weibliche Bruft (mex. *chichihualli* weibliche Brüfte).

CHICHITL Speichel (von *chicha* fpucken) — Speichel: Ca **chichi*, Co *tzitzicaite;* fpucken: Co *tzitze*, Te *sciscibe.*(²)

CHIQUATLI Nachteule *(lechuza)* — Co *cìhuati.*

CHIQUIHUITL Korb (das gewöhnliche Wort, auch allgemein im Spanifchen gebraucht, als *chiquihuite)* — Co *cikéuriti.*

CHOCA weinen 2) wehklagen — Te *soaque* weinen, *soaxe* wehklagen.

COATL Schlange — ? Te *cooy* Schlange.

COCHI fchlafen — findet fich vollftändig, in aller Einfachheit fo wie in weiter Ausfpinnung, in den 4 Sprachen; 1) fchlafen: Ca **coche (manual: cocoche* fie haben gefchlafen), Ta *cotschì* (er fchläft, *cotschimé* giebt Steffel als inf. an), Te *cocose* (imper. *cosini*, praet. *coy-anta;* aus den derivatis geht *cosci-* als Stamm hervor), Co *cotzó;* — 2) Schlaf: Ta *cotschi-ki*, Ca **cocochire.*(³)

COCOA (und *cocoya)* krank feyn 2) fchmerzen, brennend ftechen (das nächfte deriv., *cococ*, bedeutet fcharf von Gefchmack; *cocoxqui* ift krank, *cocoliztli* Krankheit) — Ca *coco* krank feyn 2) fchmerzen, weh thun; *cocore* Krankheit, *cococame* todt, die Todten (welchem ganz analog ift das Te *coidade* die Todten); Ta *cocolà* (Steffel), **cocorá* (Tellechea) krank feyn, werden, *coco-jameke* (Steffel fchreibt *-make)* krank; *cocó-ruje* (das Caufale) bedeutet: fchaden, ein Übel zufügen; im Te ift das zweite *c* in einen Hauchlaut übergegangen: *cojore* oder *coxore* krank werden (praet. *cojo-anta), cojo-dade* und *cojo-camue* krank, *cojo-daga* Krankheit *(coidade* die Todten, gleich oder ähnlich *cojodade*, habe ich eben beim Ca erwähnt); aber auch *coxore-dadame* krank (Text p. 10ⁿ); im Cora kann man nur im allgemeinen Vertrauen die Form herfetzen: *cuì* krank werden, *ti-cui* krank.

COCOTLI Turteltaube — Te *cocotoli.*

COYOTL das bekannte vierfüfsige Thier, fpan. *adive* (auch *coyote)* — Ca *coiote (manual* p. 79).

CUICA fingen (auch von Vögeln, auch zwitfchern), *cuicatl* Gefang — ift auf's vollftändigfte in allen 4 Sprachen zu finden; fingen: Co *chuica*, Ca **huica* (auch von Vögeln), Ta *guicara;* Te *quy* (nur von Vögeln; fingen allgemein ift: *nuy); cuui:* fchreien u. ä.: von Thieren, welche nicht brüllen: z. B. vom Efel; bellen; auch heulen, pipen; *a-cuuy* wiehern;

(¹) Derivata im Ta: *tschitschi-ameke* Säugling, *tschitschigua* eine zahme Kuh, die fich melken läfst.

(²) Te *scisciba-raga* od. *sciscibo-raga* Speichel, Spucke *(oam scisciua-raga flema), scisciba-roga* zäher, dicker Schleim *(gargajo);* alle find daffelbe Wort, nur mit den Schwankungen und Fehlern diefes grammatifchen Buches behaftet *(sciscibaraga* ift die richtige Form).

(³) Derivata: Ta *cotschi-ameke* fchläfrig, *cotschime-ameke* eingefchläfert, *cotschinesim* einfchlafen; Co *coztè* in Schlaf bringen; Te *coscimo* fich fchlafen legen, *cochimo-dade* fchläfrig, *coscitude* in Schlaf bringen, *coscimo-daraga* Schlaf, *coscu-damue* fchläfriger Menfch.

vgl. noch in deriv. den Stamm *cucui;* — Gefang: Co *chuicat,* Ca **buica.* (¹) Mit Te
cuuy fcheint aber wieder vielmehr ähnlich Co *keuₓ* fchreien, vom Efel.

CUITLATL ift der Ausdruck für die menfchlichen und thierifchen Excremente *(merda,*
fpan. *mierda),* wenn das Wort auch in derivatis öfter praktifch die allgemeine Bed. von Unrath
oder Schmutz hat *(nacaz-cuitlatl* Ohrenfchmalz, *yaca-cuitlatl* Rotz, *xico-cuitlatl*
Wachs: von *xicotli* Biene). — Die Cora-Sprache ift voll von diefem Worte: *chuitati*
bedeutet *merda (mierda);* und fogar hat die Sprache, im Vorzug vor der mexicanifchen, ein
Verbum, von noch einfacherer Form: *chuita cacare (cagar).* Beide Formen, wozu noch
die abgekürzte fubftantivifche *chuit* kommt, erfcheinen in mannigfachen Zafammenfetzungen,
das Subft. als erftes wie als letztes Glied. (²) — In zwei anderen Sprachen mufs man entfchloffen zugreifen, um das aztekifche Wort zu erfaffen, da es fich unter bedeutenden Buchftaben-
Veränderungen verfteckt; ich zweifle aber wenig, dafs wir es im TA *gueke* Koth, Lehm (³);
ja auch im TE *bitte mierda,* Mift, *bidde* Koth (es könnte doch nicht mex. *xixtli* feyn?)
haben. In der CA erfcheint es als **quito* am Ende eines Compofitums (f. unten im Artikel *teocuitlatl).*

EHECATL Wind 2) Luft; das Wort wird in deriv. und compos. oft in *ecatl* ver-
kürzt; und ein befonderer Zug feines Sinnbereichs ift, dafs von ihm Wörter ausgehn, welche
Schatten bedeuten: *ecahuia* Schatten machen, *ecahuian, ecahuillotl* und *ecauhyotl*
Schatten. — Alle drei Bedeutungen bieten uns die Sprachen von Sonora dar: Ca **heca* Luft,
Ta *heicala* Luft, Wind, Co *acate* Luft, Wind; Schatten: Ca **hecahua,* Te *ucaga.* (⁴)
Es ift nicht unmöglich, dafs Te *jubu-li* Wind *ehecatl* fei; aber man kann nicht fo
weit gehn.

HITACATL, auch *itacatl* ift: Mundvorrath oder Lebensmittel auf die Reife, Imbifs;
auch überhaupt Proviant (auch in das Span. übergegangen: *hitacate)* — ich erkenne es wieder
im TE *bittuga, bitugue* Lebensmittel, Proviant, Vorräthe *(bastimento);* es giebt davon
fogar ein Verbum (von einfacherer Form): *bittu-te* fich verproviantiren *(hacer vitualla).*

Zwei Stämme für trocknen, trocken befitzt die mex. Sprache: *huaqui* und *huatza,*
beide vielleicht etymologifch verwandt; und beide find durch die fonorifchen Sprachen verzweigt. Ich trenne fie, und rede zuerft von

(¹) Co *ti-chuica-me* Sänger; Te *cucui-tud-ajare* Flöte; *cucui-daraga* Stimmen der Thiere
(Gefang der Vögel aber: *nuui-dade), cucui-dade* Gebrüll, *guiguiducade* id.; *cucuidaque* faufen,
guiguiduque faufen 2) brüllen u. a. (von Thieren); *sea(n) queiti* murmeln.

(²) CORA-Compofita: Verbum: *achuita tener cursos, huateau-chuitá-me* roften; Subft. als
sec.: *xa-chuitati* die Augenbutter *(lagaña;* mex. heifst fie *ix-cuitlatl,* von *ixtli* Geficht, Augen),
tez-chuit Talg, feftes Fett oder Schmalz *(manteca sin derretir grosura;* wegen des 1ten Theils f. unten
teci); als primum: *chuit-oriti* Darm *(tripa;* ähnlich mex. *cuitla-xcolli* Gedärme), *chuita-purizt*
der Miftkäfer *(escarabajo;* von *purizt,* einer fehr kleinen Papageien-Art; mex. ift *te-cuitla-ololo*
escarabajo que vuela), u-*chuita-moa* Roft am Eifen.

(³) *gueke* „wird (Steffel 329 Art. Lehm) von den Tarahumaren das mit dürrem Grafe vermifchte und
gut getretene Koth zum ägyptifchen Ziegelmachen genannt."

(⁴) TE *ucaga-te* fchatten, *uca-tajare* und *uca-tag-ajare* Sonnenfchirm (hier erfcheint der reine
Stamm *uca* = azt. *eca, te* ift Verbal-Endung, *jare* Endung der subst. instrumenti); *tasse ucagu-iquer*
solana geht eher auf das Gegentheil des Schattigen hinaus *(solana* ift 1) ein fonniger Ort 2) Söller oder
Gallerie am Haufe, wo man fich fonnen kann; *tasse* bedeutet die Sonne). — CA **sebeheca,* Nord,
enthält *heca* Wind in feinem zweiten Theile.

HUAQUI t r o c k n e n (v. n.), vertrocknen; davon das adj. *huacqui* trocken 2) mager —
Co *huachi* trocken 2) mager 3) mager feyn; Ta Stamm: *guaqui (Tellechea), *vaki* (Steffel) und *saki* (id.); Te *gaqqui* trocken (in deriv. kommt auch die Bed. mager vor). (¹)

HUATZA t r o c k n e n (v. a. und n.; doch wohl an fich das v. a. zu *huaqui)* — finde
ich nur im C o r a: *huatzià* trocknen (v. a.), *huatzi-at* Trockenheit.

HUAUHTLI ift ein genereller Pflanzenname: fpan. *bledos (blitum)*, der wilde Fuchs-
fchwanz, Hahnenkamm, Saturei, Wohlgemuth — Co *aguauhtle* (auch *vevet;* ob auch
diefes = *huauhtli* ift?).

HUEI g r o f s — neben dem Verfuch das Te *queigui* Gouverneur = azt. *tecutli* zu
fetzen (f. über beide Wörter ausführlich unten *tecutli)* ift mir auch, befonders im Vergleich mit
kuegmica der Tubar-Sprache = azt. *hueica?* (f. Abfchn. XIII § 213), der Gedanke auf-
geftiegen, ob es nicht = *huei* fei; an *tecutli* feffelt mich die fubft. Bedeutung, für *huei*
fpricht mehr die Wortform.

HUEIATL (d. h. das grofse Waffer: *huei* grofs, *atl* Waffer) ift der Name für das
M e e r — ob das C o r a-Wort *vaac* dafür anzufehen ift? (²)

HUETZI f a l l e n — Ca *huechec(³), Ta *guetschiki,* ?Te*guguse*(praet. *gui-anta).*

HUEXOTL W e i d e (Weidenbaum, *salix)* — ?Co *huacèhti,* Ca **huata.*

HUICTLI H a c k e *(azada, coa): die eichene Hacke, wie fie von den alten Mexicanern
im Feldbau gebraucht wurde — Co *vicati: coa de palo* (hölzerne Hacke) 2) *estaca.*

I t r i n k e n — findet fich wieder im T E *iui* (der Stamm ift *i:* praet. *y-anta,* imperat.
i-ini); ich vermuthe *i* trinken auch in der Grundlage des C o r a-Verbums *i-mue* durften (hinten mit dem Hülfsverbum *mue* fterben, f. nachher unter *miqui)* und des Subft. *i-mue-at*
Durft. Über Co *yé* trinken läfst fich nichts fagen, und Ta *pahì* darf man nicht mit dem
azt. *pai* vergleichen, welches trinken nur von einem Arzneitrank, einer Purganz bedeutet,
indem es vorn *patli* enthält.

ICHPOCHTLI f. *telpochtli.*

ICHTEQUI f t e h l e n — ?Ta *itschiguá* ftehlen, rauben (Tell. **chigó);* Te *uscidi*
ftehlen, *usciboe* Dieb. — Diefen Formen find ähnlich die für v e r b e r g e n: Ta *itschiná,*
Te *uscitoque (ustoquide?);* und auf diefelbe Weife ift das azt. adv. *ichtaca:* heimlich,
verfteckt, verftohlen, dem *ichtequi* auffallend ähnlich.

ILHUICATL Himmel — ?Ca *tehueca.*

ITETL Bauch — Co *itehti* Magen; auch *cuchara de baxo* (?).

IXCA backen (Brodt, Kuchen), braten (Eier, Bataten u. a.), brennen (Sachen aus Thon
oder Lehm) — C o *hua-ᵉixca* braten *(hua-ᵉixca-met* Bratfpiefs).

IZTETL, iztitl der N a g e l oder die Nägel am Körper 2) wohl auch: die Kralle oder
Klaue der Thiere (alle diefe Bed. begreift das fpan. Wort *uña* in eins) — Co *xᵉᵘtèti uña*

(¹) Die Data des T A find: *guaqui-ehá trocknen (v. n.), *vaki-tsi* es trocknet aus, *saki-ba* es ift
trocken, *saki-ameke* trocken, *saki-ruje* trocknen (v. a.); T E *gaqui-dade* und *gaqqui-didade*
trocken, *gaqquinigade* mager, *gaqui-eamoe* trocknen, *gaqqui-dide* trocknen (v. a.), *gaqquisape*
oder *-sage* trocknen (v. n.), *gaqquisa-daraga* Trockenheit, *gaqqui-mo-idaraga flaqueza,* u. a.
derivata.

(²) Doch kann *vaac* auch, wie das Ca *bahue (gleichfalls Meer) noch deutlicher zeigt, das einheimifche
Wort für Waffer (Ca *baa)* enthalten.

(³) Im Ca liegt es auch im Worte F i e b e r: *tai-hueche (manual* p. 92), **tahi-hueche.*

K 2

2) Finger; Ta *sutúla* 1) Nagel an Händen uod Füfsen 2) Klaue, Kralle; Te *jutu* 1) Nagel am Finger 2) Klaue oder Kralle der Thiere.

MACA geben — Ca *maca* (Ternaux: *amaca); Te maxe* oder *maje* geben 2) fchenken 3) gewähren: wenn das *x* hier auffällt, fo nähern fich die deriv., *maqui+* zeigend, welches *maca* mit Bindelaut *i* ift, vor welchem das *a* weicht, ganz dem Mexicanifchen. (¹)

MAHUI fich fürchten; in der Derivation häufig, nach allgemeinen Gefetzen, in *mauh* übergehend: *mauhtia* fich fürchten 2) erfchrecken (v. a.), *mauhqui* furchtfam; *mahuiztli* Furcht — Verbum: Ca (nach fchwankenden Schreibungen) *mahue* oder *mahuc* fich fürchten; Ta *mahaguá* fürchten *(*majá+* fich f.), Co *mua-rite* erfchrecken (v. a.); im Te ift *ubuide* fürchten (v. n.): und man möchte, da diefe Sprache fonft ausbleibt, fo kühn feyn in ihr eine gewaltfame Umwandlung der Laute anzunehmen; — Subft. Furcht: Ca *mahuec* (Ternaux: *mahahue), Ta mahaguiki.* (²)

MAITL Hand; hat zum Stamme *ma* (fo als 1. compos.), da *itl* Subft. Endung ift; es kommt auch die Verdopplung *mama* vor, als plur.: *i-mama in quahuitl* die Äfte oder Zweige des Baums (f. aztek. Ortsnamen S. 29[nf]). — Das Wort findet fich in vollkommenfter Form als sec. im Co *moá-mati* Hand, Arm; das *ma*, wie in allen mex. Compofitis, als primum im Ta *ma-kutschigua-la* Finger, d.h. Kind der Hand *(kutschigua* Kind; *la* pron. fein, *ejus);* im Ca ift die Verdopplung *mama* das Wort für Hand; im Te giebt es neben dem gewöhnlichen Ausdrucke *novi* noch *mataja* für Hand. Über die Frage, wie weit der Laut *ma* für Hand eine allgemeinere amerikanifche Verwandtfchaft fei, habe ich im vorhergebenden IIIten Abfchnitt (S. 53[af-mm]) gehandelt.

MALACATL die Spindel (auch ins Span. übergegangen: *malacate,* befonders als Hafpel im Bergbau und Hüttenwefen) — Ta *malacate* Spindel; Steffel bemerkt hier (343), dafs das Wort „vom Spanifchen entlehnt fei".

MATI wiffen 2) kennen ufw.; als 2. comp. fich mit etwas befchäftigen; alle Begriffe, welche man nachher fehen wird, zeigt auch die aztekifche Wortfamilie: *imati* klug feyn, *tlamatini* klug, weife, *nematiliztli* Klugheit, *ommati* fühlen, empfinden. Es zweigt fich von diefem Stamme ein Unterftamm ab, welcher durch eine natürliche Abwandlung des Confonanten *t* in *tsch* (fpan. *ch* gefchrieben) entfteht, *MACH+: machtia* lehren, unterrichten 2) predigen 3) lernen, ftudiren; *machilia* wiffen, erkennen; *machiztia* bekannt machen, zu wiffen thun; *tlamachtli* Gefchicklichkeit. Um das Verhältnifs richtig darzuftellen, mufs ich fagen: dafs das *t* des Stammes in gewiffen Categorien der Derivata (causale, applicativum u. a.) in *ch* umgewandelt wird. — Diefes Wort *MATI*, mit feiner Kette von Bedeutungen; auch feine Nebenform *MATSCUI*: zum Theil in der bedeutfamen Kraft gewiffer Derivaten-Claffen, grofsentheils aber als freiwillige Verwandlung des Hauptftammes felbft: bin ich im Stande maffenhaft in allen vier Sprachen Sonora's aufzuzeigen. Ich gebe zunächft das Hauptverbum, das dem mex. *MATI* entfprechende, an; darauf werde ich das verbum causale, = azt. *mach+*, auführen. Die Tarah. Sprache hat den Laut *tsch* erwählt: *matschi* (Tellechea *machi*): 1) wiffen 2) einfehn, begreifen, verftehn 3) erkennen, erfahren 4) fehn; *mamatschiki,* **mamachique* beten, bitten. Doch halte ich Ta *majé* denken auch für = *mati* = Co

---

(¹) Te *maqui-garaga* (auch *mey-garaga*) Gabe, Gefchenk, *tu-maqui-gamue* freigebig, *tu-maqui-garaga* Freigebigkeit.

(¹) Ta *mahá-ruje* erfchrecken, Furcht einjagen, *maha-jámeke* erfchreckt, erfchrocken, furchtfam; Te *ubuid-araga* Furcht, *ubuqui-tude* erfchrecken (v. a.); Co *muarit-iat* Schreck.

muatze. Die **Tepeg.** zeigt *mate, matei, made: mate* wiffen; *maxe* kennen fällt freilich auf, und man möchte es mit *machi* vergleichen: aber der imper. lautet von ihm *mate-cani; mamade* lefen, ftudiren; in den deriv. fieht man *matei+*. In *meit masc-amue* un-fichtbar tritt aber für das Einfache fowohl die abgeänderte Form des causale als der neue Begriff fehen hervor; zum Activum gehört auch wohl *masci-camue* deutlich, offenbar *(manifiesto)*; das simplex dazu ift *masci:* erfcheinen, zum Vorfchein kommen. — Die **Cora**-Sprache zeigt uns drei Typen: das Hauptverbum *muaté* vereinigt die Bedeutungen des mex. *mati* und *machtia* in fich; es bedeutet: 1) kennen 2) ftudiren 3) lehren, beten, predigen; eine Form mit *tz* (= aztek. *mach+*): *muatze* denken 2) *probar algo:* in deriv. erfcheint *moatzi+*; ein dritter Stamm, welcher der Träger der Hauptbedeutungen ift *(= mati)*, vermehrt durch die von hören, hat das *t* in *r, hr* verwandelt: *muarere* wiffen 2) fühlen *(por el tacto)*; grofsentheils tritt er mit einem Vorfatz *na* auf: *namuá* oder *namoáh* hören 2) zuhören. Der Hauptcharakter aller Cora-Formen ift die Umwandlung des mex. *a* in *ua*. Als eine Ver-kürzung gehört wohl noch hierher Co *ih-mue* ein Geheimnifs entdecken. In der **Cahita**-Sprache kann ich auf Seiten des Grundverbums nur **amastia* hören aufführen, alfo eine Form ähnlich dem mex. *mach+*. — In den CAUSAL-FORMEN zeigen alle drei von mir beizubrin-gende Sprachen den mexicanifchen Zifchlaut: Ta *matschi-ruje* lehren 2) zeigen; Te *mascide* oder *mascidi* bekannt machen, entdecken, offenbaren, zu wiffen thun 2) von etwas unterrichten 3) predigen 4) bezeichnen; Ca *ieu-machi* zeigen *(manual* p. 23^(mf)), **ieu-machirra* entdecken *(ieu* ift caufales Präfix = *ieua* machen). (¹)

    MATLATL Netz — Co *atatn* Netz zum fifchen.

    MATZATLI Ananas — Co *moatzahti.*

    MAZATL Hirfch — Ca **maso,* Co *muaxati.*

    METL Aloe *(agave americana, maguey)* — Ta *meke:* nach Steffel eine der Aloe ganz ähnliche Pflanze. (²)

(¹) DERIVATA: TA *matschi-simi* lernen *(simi* bedeutet: gehen, und ift ein gewöhnliches Hülfsverbum), *matschi-gameke* klug, erfahren, gelehrt; *matschi-ruje-lilá* Lehre, *matschi-ruje-gámeke* Lehr-ling. Merkwürdig ift die grofse Ähnlichkeit, welche das Grundwort mit dem Worte der äufseren Dimenfion hat: Ta *matschi* draufsen, hinaus; Steffel betrachtet fie als Ein Wort! er fagt (324 Art. hinaus): „Diefes Wortes *matschi* (hinaus) gebrauchen fich die Tarahumaren auf verfchiedene Arten. Es heifst bei ihnen auch fehen und wiffen." Von dem adv. kommen her: *matschijena* es keimt, kommt hervor, wächft; *matschina* herausjagen, herauswerfen. — TE *mate-camue* gelehrt, *tu-mate-camoe* fcharffinnig, *matei-daga* gewufst, gekannt; *matei-daraga* oder *matey-daraga* Kenntnifs 2) Gefchicklichkeit; *mati-tude, matei-tude* und *masci-tude* zu wiffen thun, mittheilen, offenbaren; *masci-daraga* Licht; *a-mamad-adamue* Lehrer; — Co *moatzi-at* Weisheit; *muarere-at* Gedächtnifs, *uta-muarerᵉᵃca* fich erinnern; *na-muahre-at, na-muah-riat* und *na-moahri-at* Gehör, *entendi-miento*; ob auch dazu gehört *capuuh-muahchè puta?*

(²) *Steffel* S. 301-2 Artikel ALOE: „Es ift eine der Aloe ganz ähnliche, aber nicht fo grofse Pflanze, welche auf den höchften Felfen wächft, und von den Tarahumaren jährlich mit vieler Mühe und Lebens-gefahr in grofser Menge gefammelt wird. Man kann diefe Sammlung ihre Weinlefe nennen. Diefe Pflan-zen werden zum Genuffe auf folgende Art zubereitet. Es wird eine tiefe Grube gemacht, welche mit Gras ausgefüttert wird. Darein werden die Pflanzen gelegt, die man aber mit dürren Grafe bedecket; darüber kommen Steine, und über die Steine etwas Erde. Man zündet darauf ein heftiges Feuer an, fo dafs die vergrabenen Pflanzen fchwitzen, dünften, und den füfsen Saft oder Syrup, den fie in fich haben, halb flüffig machen. Wenn nun diefes gefchehen, werden fie herausgenommen und in grofse Kugeln zufammengepappt, wovon fie lange Zeit ihre Leckerbiffen haben. Es wird auch ein guter Rofoglio daraus gezogen, welcher *Mescáli* genannt wird."

METLATL der bekannte länglich-viereckige Stein, gewöhnlich über vier kleinen Füfsen, etwas abfchüffig, auf dem Boden ruhend, auf welchem die mexicanifchen Frauenzimmer, auf beiden Knien davor knieend, mit dem *metlapilli* den Mais zerreiben; als *metate* in das Spanifche übergegangen (der kleine länglich-runde Stein, mit welchem die Zerreibung gefchieht, heifst *mano de metate*) (¹) — Co *muatati*, Ta *mataca*, Te *matutur*.

METZTLI fowohl Mond als Monat: wobei ich an die zufällige Ähnlichkeit mit dem Worte des Sanskrit-Sprachftammes (fanskr. मास *mása*, lat. *mensis* ufw.; vgl. oben S. 39ᵃ⁻ᵃᵃ) erinnere. — Das Wort befitzen alle vier fonorifchen Sprachen: Ta *maitsaca* und *mechá* Mond und Monat, Te *massade* und *massadaga* it., Ca *mecha* it., Co *matzúkere* Monat (Mond bleibt Ortega fchuldig (²)).

MEXCALLI, nach verfchiedenen Angaben und Anwendungen in den nordweftlichen Provinzen: der Name der Maguey-Pflanze (Aloe), eines ihr ähnlichen Gewächfes, ein aus dem Safte diefer Pflanzen deftillirtes geiftiges Getränk. Ich habe diefes Wort in keinem grammatifchen oder lexicalifchen Werke als ein aztekifches gefunden und habe über diefe feine Natur viel gefchwankt; doch ehe es mir durch fichere Autoritäten beftätigt wurde, fchlofs ich immer aus feinem Vorhandenfeyn im Spanifchen und feiner fonftigen Verbreitung, dafs es ein aztekifches feyn möchte: nur zuerft als *mexicalli*. Die Abwefenheit des mittleren *t* nun in faft allen Geftalten diefes Wortes fchien mir für eine unabhängige Natur deffelben zu fprechen: als könnte ein fonorifches Wort fpäter zu einem aztekifchen gemacht feyn. Die trivialen Formen, welche ich finde, find diefe: *mescal, mezcal, mezcale, mescali, mescale, mizcal; mexical*. (³) — Das Wort kommt nun in der TA als *mescáli* vor.

(¹) S. die ausführliche Befchreibung der Verfertigung der TORTILLAS bei *Steffel* S. 310 Art. Brod (*teméke* oder beffer *reméke*): „Es ift ein von türkifchem Waizen gebackener Kuchen, welcher das gewöhnliche Tifchbrod ift, ob es gleich am rechten Waizen nicht mangelt. Diefer tarahumarifche Kuchen wird alfo zubereitet. Der türkifche Waizen wird entweder in einer Lauge, oder im Kalkwaffer gekocht, hernach mit frifchem Waffer gut ausgewafchen. Der Balg wird von jeden Körnchen abgezogen, und das Keimlein herausgenommen. Die Körner werden hernach auf einem fchieffliegenden und abgefchärften Reibfteine mit einem andern gefchärften und länglichten Steine zerquetfchet, und mit einigen Waffertropfen befprenget. Dann werden fie mit beyden Händen geknetet, bis der feinfte Teig daraus wird. An der rechten Seite des Reibfteines liegt eine mit Kohlen gehitzte Platte, die ein wenig mit Unfchlitt beftrichen wird. Alsdann wird von dem Teige eine Kugel, wie eine wälfche Nufs grofs, gemacht und anftatt des Walkens von einer Hand in die andere geworfen, und alfo ganz dünn und rund ausgetrieben. Wenn auch der Taig im Hin- und Herwerfen über beyde Hände herabhänget, zerfällt er doch nicht. Endlich wird er gäh auf die Platte geworfen, wo er gleich auffchwillt, und eine Blafe macht, die aber, drey oder viermal mit dem Mittelfinger getupfet, wiederum vergehet. Nun wird der Kuchen alfobald umgewendet, und wenn er ausgebacken ift, auf eine ausgebreitete Serviette gelegt. Und fo kömmt ein Kuchen über den andern, bis der ganze Teig verbacken ift. Man bringt fodann alle Kuchen in der Serviette auf den Tifch, wo fie entweder in Brocken zertheilet, eingetunket, oder zufammengerollet gegeffen werden. Sie müffen aber nicht zufehr gebacken werden, fonft find fie zu hart, und kaum zu geniefsen.“

(²) Dabei liefert er mehrere zufammengefetzte Ausdrücke; fein Artikel *LUNA* lautet nämlich fo: „*Luna planeta del Cielo*. *Luna aver nueva*. *Añahupi*. *Crecer la Luna*, *meapurbeyaohracd*. *Llenarfe la Luna*, *meapurbeyaórizt*. *Acabarfe la Luna*. *Purhuatedxe*. *Traer la Luna agua*, *ahputichaéh*.“

(³) Ich will hier die Data und die Sachlage diefes Wortes näher entwickeln. Alcedo *diccion. geogr. de la América* T. V. (1789) p. 121 fagt: *MEZCAL: nombre que dan en la Provincia de Cinaloa al Maguey*. Man wird aber in dem, was ich aus ihm über die Provinz Cinaloa beigebracht habe (oben S. 13ⁿⁿ), finden, dafs er von ihr da wie von einer befonderen Pflanze redet: doch konnte er immer fo von ihr fprechen, wenn

MEYA fprudeln, fliefsen (von der Quelle; *manar la fuente)* — Co *abmuèye ma-*
nar agua.

---

er auch die Maguey-Pflanze oder Aloe felbft meinte; es ift von ihr übrigens dort am umfaffendften gehandelt.
Dafs auch an eine verfchiedene Pflanze zu denken ift, beweift die von B e r g h a u s in feinem Auffatze über
Schofchonen ufw. (S. 58) gegebene Erläuterung: *mezcal* fei „die gebackene Wurzel der Maguey- und
einer anderen Pflanze". M ü h l e n p f o r d t (Bd. I, 98-103) nennt als 3 befondere Arten der Agave: Maguey
oder *metl:* „Pflanze, welche mit der Aloe fehr nahe verwandt ift" (98^{nn}); *pita*, eine andere Art der
Agave (102^{n}); „aus den Knollen (102^{nf}) einer dritten Agaveart mit kleinen, nicht über 15 Zoll langen und
5 Zoll breiten Blättern, *Mescále* genannt, brennt man eine Art Branntwein, den *Vino•Mescal* oder *Aguar-*
diente de Maguey" (f. das Verfahren 103^{a-m}). „Der fo gewonnene Branntwein enthält viel Fufel. Vor der
Revolution war feine Bereitung verboten, weil fie dem Abfatze der fpanifchen Branntweine Eintrag that;
er ift aber ftets in Valladolid, Mejico, Durango, Sonora, Neu-Leon und Oajaca in Menge bereitet worden.
Die Pflanze wächft in den gemäfsigten Landftrichen allenthalben wild, wird aber nirgend eigentlich angebaut. Die gebratenen Wurzeln find ein Nahrungsmittel einiger Indierftämme des mejicanifchen Norden.
Der Saft aus den Blättern gilt für ein vorzügliches Mittel gegen den Scorbut... Er ift fehr bitter" (103^{m-nn}).
— In T a p i a ' s huaftekifchem Wörterbuch (Carlos de Tapia Zenteno, *noticia de la lengua huasteca*, Mexico
1767. 4^{0} min.) im Art. *maguey* (p. 72, b) wird nach der gemeinen Art, von welcher der Pulque kommt
(beides dort *tzim*), angegeben: *y à otra efpecie de que facan el Mezcale* llaman *Ytzi*. — In O r t e g a ' s
Cora-Wörterbuch kommen vor: *penca de mizcal*, wo das Wort alfo als Pflanze behandelt ift; und *vino*
mizcal, wofür aber in der Sprache *nahuati* angegeben wird. S t e f f e l führt im Tarah. *mescáli* als „einen
guten Rofoglio", aus dem Aloe-Saft gezogen, an; f. die Stelle näher vorhin S. 77^{f}. In R i n a l d i n i ' s Tepeguana-
Lexicon kommt fogar ein fpanifches von dem Worte abgeleitetes Verbum *mescalear* vor, deffen Bed. man
zu errathen hat (vielleicht: fich betrinken oder beraufcht feyn). Das fpanifche Lexicon von S e c k e n d o r f f
hat als ein amerikanifches Wort: *, mexicál*, der aus Aloefaft *(pulque)* verfertigte Branntwein." — Diefe
Form Seckendorff's führte mich durch ihr *x* auf die von mir (fpäter) vermuthete ächte aztekifche Form:
MEXCALLI. Ich fand für fie als ein aztekifches Wort dann die volle Autorität des H e r n a n d e z. Er
hat es als primum compositi in *mexcalmetl: species minor metl*, als secundum und in feiner vollen
Geftalt in *tepemexcalli: species maguey es montani*. Hernandez leitet das Wort (ohne *metl*, das i c h
darin annehme) von *ixca* in der Afche backen ab, indem er *mexcalmetl* überfetzt: *maguey aptum, ut*
assum comedatur. Diefe Erklärung durch *ixca* und backen kann allenfalls für die Pflanze paffen, fie hat
auch die Analogie von *tlaxcalli* Brodt, *tortillas* (vorn pron. *tla* etwas) für fich; doch will die Bed. von
ixca nicht zu einem andren analogon, *texcalli* Fels (vorn *tetl* Stein), paffen: das eine andere Begriffs-
Auskunft für *mexcalli* bieten würde, wenn es nicht neben Fels auch: Ofen, Backofen bedeutete.
mexcalli als aztekifches Wort wird auch beftätigt durch 2 O r t s n a m e n: *Mexcaltzinco* (Diminutiv-
Ortsname von *mexcalli:* der kleine Ort der Mexcal-Pflanze): alte Stadt am mex. Meerbufen, nördlich von
Veracruz; und *Mexcaltepec* (auf dem Berge der Mexcal-Pflanzen): alte Hauptftadt der Cuitlateken
am ftillen Meere. Der Quelle nach (Clavigero) kann man der Correctheit diefer Formen gewifs feyn;
denn wo diefe Sicherheit nicht ift, collidirt das Grundwort mit 2 anderen von Ortsnamen: *Mexicaltzinco*
(vom Kriegsgotte *Mexitli* und *calli:* kleiner Ort feines Tempels), *Metzcalla* *(Mescala)* und
Metzcaltepec (von *metztli* Mond: Ort, auf dem Berge des Mondtempels, des Tempels des Mond-
gottes). — Nachdem ich, mit fo grofser Vorficht vorfchreitend und eine Menge von Material fammelnd,
weil ich der aztekifchen Sprache nicht ein Wort andichten wollte, das ihr nicht angehörte und das aus
irgend einer anderen Sprache in die fpanifche und fo zu täufchender Verbreitung gekommen feyn konnte,
nach gerade doch zu dem ftarken Glauben an feinen aztekifchen Urfprung und fogar aus der Mannigfaltigkeit feiner Formen zu *mexcalli* als der ächten Sprache gelangt war; habe ich durch S a h a g u n die endliche Beruhigung erhalten, dafs meine Vermuthung und mein Glaube begründet gewefen find. Er berichtet kurz
(historia general de las cosas de Nueva España T. II. *Méx.* 1829. 4^{0} min. p. 258^{mm}) unter verfchiedenen
Benennungen für Gegenftände von Mais und Aloe: *mexcalli son las pencas del maguey cocidas, mexcalli*

MIAHUATL oder *miyahuatl* die Ähre und Blüthe des Maisrohres (ſo überſetzt Mol.), die Maisähre zur Zeit der Blüthe — Co *moaéyete* Ähre (d. h. vom Mais), nebſt einem ein-fachen Verbum: *moáeye* Ähren treiben, in Ähren ſchieſsen (vom Mais; *espigar el maiz*); ?Te *muradade* Maisähre.

MICTLAN iſt die Hölle oder das Todtenreich, Ortsform von dem gleich zu erwähnenden Verbum *miqui* ſterben — Co *muechitá* Hölle.

MIEC viel — ?Te *muy* viel, viele 2) Menge; Co *muii* viel. — Ich muſs noch der Übereinſtimmung erwähnen, welche beide Sprachen, *mexicana* und *tepeguana*, in einer Be-griffs-Übertragung zeigen: das aztek. Wort viel iſt auch der Name der PLEJADEN (im Span. *las siete cabrillas*), und hat in der Bed. eine Nebenform mit *a: miec* oder *miac;* in der Te iſt eine Derivation von *muy: muytue* (oder *muytuc?*), der Name des Sieben-geſtirns. — An die einfachen Wörter ſchlieſsen ſich an derivata der Bed. oft: Te *muyova, muiova* oder *muioa;* Co *muixo;* ſo oft: Te *muyo.*

MIQUI ſterben; es wird vor Conſonanten in *mic* verkürzt: *micqui* todt, *mictia* tödten, *mictlan* Hölle; *miquiztli* iſt das Suhſt. Tod. — Alle vier Sprachen beſitzen dieſes aztekiſche Wort in vollſtändiger Übereinſtimmung, und bilden davon ihre derivata; ſie kommen überein in der Verdunklung des erſten *i* zu *u*, wozu der Anlaſs wohl leicht durch den Conſonanten *k* gegeben wurde: nur die Cora hat *ue;* dem erſten *i* folgt zum Theil das zweite nach. Ich gebe zuerſt das Verbum ſterben: Ca *mucu* (vor einem Conſonant erſcheint *muc*(1)); Ta **mucú* (nach Tellechea: **mucú-reque* er ſtarb, im fut. **muqui-rá;* dazu Formen: **muqui-boa, *muqui-sago* gerd.), nach Steffel *mukúku;* Te *mumuque* (mit der in dieſer Sprache im Verbum ſo allgemeinen Reduplication; dieſelbe weicht z.B. in dem, ſo häufig das Ende des Stammes einbüſfenden praet.: *mu-anta);* Co *mueké.* — Subſt. Tod: Ta **muqui-ari*, Ta *mukiki*, Te *muqui-daga*, Co *mue-at;* Adj.: Ta *mukú-ameke* todt, verſtorben, Te *muqui-dade* todt 2) welk, Co *muechìt* todt, geſtorben.(2) Der Ausdruck für den Begriff tödten ſchlieſst ſich in den nordweſtlichen Sprachen nicht an dieſes gemeinſame Verbum an, ſondern ſie haben dafür ein ihnen allein eignes und zwiſchen ihnen identiſches: *mea* uſw. (ſ. unten Abſchn. VIII § 150).

Die Sonnen- und Mondfinſterniſs wird im Te durch dieſes Verbum ſterben aus-gedrückt: *tasse mumuque* die Sonne erleidet eine Finſterniſs, *massade mumuque* der Mond wird verfinſtert; wörtlich: die Sonne, der Mond ſtirbt; *tassi mumuqui-daraga-de*

ſind die gekochten Blätter der Aloe; man vergleiche damit im Cora-Wörterbuch den Ausdruck: *penca de mizcal*, wie Alcedo's Angabe: aus den *pencas* der Pflanze *mizcal* werde Zwirn (*hilo*) gemacht. Die von mir oben in Verbeſſerung des Hernandez angegebene etymologiſche Löſung der Wortform durch *metl* +*ixca* ſchiene durch Sahagun's Erklärung ihrer Bedeutung beſtätigt zu werden. — Das ganze lange Beden-ken hat alſo auf dem trivialen und (beſonders im mexicaniſchen Theile) häufigen Fall beruht, daſs Molina, unſer Haupt-Anhalt, ein wichtiges und hauptſächlich mexicaniſches Wort gar nicht hat: wie ich ein an-deres Beiſpiel davon in *mitotl* Tanz in meinen azt. Ortsnamen (S. 154nf-5af) geliefert habe.

(1) Von dem Cahita-Verbum, das ich ganz aus den Texten des *Manual* gezogen habe, finden ſich näm-lich folgende Formen: *mucu* er ſtarb (pag. 105m), *mucuc* er ſtarb (81nn), ſie ſtarben (81mm), *muque* (ich) ſterbe (92m), *muquete* du ſtirbſt (89nn), *muc-naque* er möchte ſterben (72nn).

(2) Hierzu füge ich einige Derivata: Ta **cunemucame* Wittwe (der der Mann, *cuna*, geſtorben iſt), **upimucame* Wittwer (dem die Frau, *upi*, geſt. iſt); Te *muqui-ga* Gift (aztek. *micoani* oder *micohuani patli* = tödtende Arznei), *muqui-tanama* die Todesſtrafe geben, *a-muc-daman* Para-dies (Himmel); Co *muechi-tutatzi* Todtenbahre.

Sonnenfinfternifs. Von den übrigen drei Sprachen fehlt die Kunde; das Mexicanifche fagt: gegeffen werden: *tonatiuh* oder *metztli qualo* die Sonne, der Mond wird gegeffen (d. h. erleidet eine Finfternifs); *oqualoc in tonatiuh, o. in metztli* die verfinfterte Sonne oder der Mond (eig. der gegefsne); *i-qualo-ca in tonatiuh, i. in metztli* Gegeffen-Werden der Sonne, des Mondes (d. h. Sonnen-, Mondfinfternifs).

Höchft merkwürdig und wichtig ift die Übereinftimmung der vier nordweftlichen Sprachen mit der mexicanifchen in einer fehr befonderen und weitverbreiteten Anwendung des Verbums *miqui* fterben: in der Eigenfchaft, dafs es wie ein HÜLFSVERBUM an andere Wörter, Subftantiva und Verba, als zweites Glied einer Compofition, gefügt wird, um ein heftiges Leiden, eine heftige Qual oder Leidenfchaft, Körper- oder Seelen-Erregung anzuzeigen; wozu noch träumen und einige ähnliche dem Sterben verwandte Begriffe kommen. (¹) Ich eröffne die fyftematifche Aufftellung der Beifpiele, in welchen ich die mexicanifche Sprache mit den fonorifchen unmittelbar zufammenftellen werde, mit einem Gemifch MEXICANISCHER Bildungen:

nacayo-mimiquiztli Gicht, Lähmung (von *nacayotl* Fleifch, Körper; hier ift die tepeguanifche Reduplication auch im mex. *miqui* fichtbar); *xoco-miqui* fich betrinken, betrunken werden (von *xocotl* Frucht, auch wohl die des Weinftocks: f. unten diefen Art.; alfo: vom oder im Weine fterben); *yol-miqui* (von dem verlorenen, nur als 1. compos. erfcheinenden Stammwort *yolli* Herz, Geift) in Ohnmacht fallen 2) fich erfchrecken 3) heftiges Jucken haben; *cuech-micqui* fchreckhaft (f. fogleich wieder); *patz-miqui* (von *patzoa* drücken, quetfchen) fich fehr ängftigen, betrüben, in grofser Bedrängnifs feyn. Der Wirkfamkeit des neutralen Verbums *miqui* tritt manchmahl *MICTIA* activ zur Seite: *cuech-micqui* fchreckhaft (von *cuechoa* kneten, ftark bewegen, *moler mucho;* nach deriv. ftark rütteln), *cuecuech-miqui* müde an Geift und niedergefchlagen feyn, *te-cuecuech-micti* erfchrecklich, grofsen Schrecken einflöfsend.

Hieran knüpfe ich aus den SPRACHEN SONORA'S eine lange Reihe von Begriffen, in Parallelen mit der mex. Sprache:

träumen: A *te-miqui (te* kann nur von *tetl* Stein feyn, aber die Beziehung diefes Wortes bleibt uns ganz dunkel), Ta *re-mugú* (förmlich gleich dem mex., da *re = te*), Co *cuh-mue;* Traum: A *te-mictli,* Co *cuh-mu-are;*

frieren (d. h. vb. neut., nicht impers.; Kälte oder Froft empfinden, *tener frio):* A *cec-miqui* fehr frieren *(morirse de frio)* (von *cetl* Eis, oder vielleicht eher von *cecui* frieren), Ta *rurá-mugu tener frio,* Te *juba-moque* oder *uba-mocue* id.; Co *xà-mue* id.;

Hitze empfinden: A *tonem-miqui* (von *tonehua,* einem deriv. von *tona* es ift warm oder heifs) grofse innere Hitze empfinden, vor innerer Hitze verbrennen; Ta *ratá-mugu* Hitze empfinden *(tener calor).*

(¹) Einen allgemeinen Zug an dem Verbum *mugú* hat *Steffel* im Tarahumara aufgefafst; die von ihm angegebene Sinn-Beftimmung pafst aber weder zu dem, was ich hier meine, noch zu dem Beifpiele, welches er die Bemerkung heftet. Er fagt nämlich im Art. dürften (S. 313): „*pará, páramugú. mugú* ift ein Hülfswort; und wenn es mit einem Zeitworte gefüget wird, zeigt es eine Nothwendigkeit, Gewalt oder Wichtigkeit an: z. B. *igué mugújola* es ift nothwendig das zu machen." Wohl aber ift diefer Gebrauch des Verbums eine Fortfetzung des von mir bezeichneten Gebietes. Daffelbe ift hier einem Verbum vorgefetzt, denn *jola* bedeutet thun. *Tellechea* dagegen führt richtig (p. 36ª) einige der von mir gemeinten Bildungen als „compofita von *mucú* fterben" an; nämlich: *remugú* träumen, *rurámugu* frieren *(tener frio), ratámugu* Hitze empfinden *(tener calor).*

Am allgemeinſten iſt verbreitet der Gebrauch des Verbums ſterben für die Begriffe
h u n g e r n und d u r ſ t e n, und in ihnen iſt die Einheit der ſonoriſchen Sprachen mit der aztekiſchen und unter ſich am vollſtändigſten und deutlichſten:

h u n g e r n: A *apiz-miqui* (von Hunger gequält werden; *apiztli* Hunger), Te
biugui-muque; Hunger: A *apiz-miqui-liztli*, Te *biugui-mu-daga;* hungrig: A
apiz-miqui-ni; die anderen Sprachen bedienen ſich einfacher Wörter (ſ. mein deutſch-
ſonoriſches Wörterbuch);

d u r ſ t e n: A *a-miqui* durſten, verdurſten (d. h. an Waſſer ſterben: da das Wort ein
Compoſ. aus *atl* Waſſer und *miqui* ſterben iſt); Ta *pará* (das einfache Wort) und *para-
mugú*, Te *tonno-moque* oder *tonno-mocue* (im praet. der Verſtümmlung am Ende unterworfen: *tonno-mo-anta);* Co *i-mue:* in deſſen Grundworte *i* ich das azt. *i* trinken
vermuthe (ſ. oben S. 75ᵐᵐ); — Durſt: Ca **bae-muque:* eine vollſtändige und uns deutliche
Analogie mit dem Mex., indem nämlich *baa* in der Sprache W a ſ ſ e r heiſst; Te *tonno-mo-
daga*, Co *i-mue-at;* durſtig: A *amiquini*, Te *tonno-mo-dade;* *tonno-mo-ti
muquimi*, aufser ſich vor Durſt, zeigt das in Rede ſtehende Hülfswort 2mahl: im Worte für
D u r ſ t und in dem Beiſatze gequält, wörtlich ſt e r b e n d. Die Form dieſes zweiten Wortes,
muquimi, iſt höchſt wichtig, indem ſie in der Unterſuchung über die aztekiſche Identität der
ſonoriſchen Endung *ame* mit der mex. Participial-Endung *ni* einen ſchlagenden Beleg zu Gun-
ſten dieſer Identität darbietet: Te *muquimi* $=$ mex. *miquini;* ſ. meine Abhandl. über die
ſonoriſche Endung *ame* (X § 157).

An den Begriff des ſterbens ſchlieſst ſich eben ſo leicht wie träumen der von h e t r u n k e n
ſeyn an: Te *mei-muque* 1) betrunken, berauſcht werden, ſich betrinken *(mei-mu-tude*
berauſchen, betrunken machen, *mei-mu-daraga* Trunkenheit) 2) ſchwindlig, verwirrt werden
(desvanecerse de la cabeza) 3) ſich betrüben;

die ſchon in dem letzten Beiſpiel ſich anſchlieſsenden verſchiedenen Begriffe von Verwirrung, Betäubung und ſtarker Erregung entwickeln ſich weiter in folgenden: Te *va-moque*
oder *va-momoque* z o r n i g, aufgeregt, unruhig werden *(alterarse, turbarse),* wild werden,
ba-muque (daſſelbe Wort) unwillig werden *(ba-mu-daraga* und *ba-mo-daraga* Un-
wille, Verdruſs, Ärger); Te *dodoadi-moque* ſich f ü r c h t e n, *doadida-mo-daraga*
Schreck;

zu den aus ſterben leicht nachfolgenden Begriffen gehören, nach verſchiedenen Seiten
hin, auch: 1) der S c h m e r z: Ca *coba coco-na-muque* der Kopf thut mir weh *(man. 92ⁿᶠ),*
von *cocore* krank ſeyn; dem man anſchlieſsen kann Ca *heca-mumuque verwunden, mit
einem ſonſt ſehr weit abliegenden Begriff;

2) die E r m ü d u n g: Te *ibi-moque* müde werden *(ibi-mo-dade* müde, *ibi-mo-
tude* ermüden, *ibi-mo-dague* Ermüdung oder Müdigkeit);

auch t r o c k n e n und welken erklären wir leicht aus jenem Grundbegriff: Te *gaqqui-
moque* welk, mager werden *(enflaquecerse, vom mex. huaqui trocknen; gaqqui-mo-
idaraga flaqueza);*

aber auch bei einer Art Gegentheil davon tritt das Hülfsverbum auf: Te *gui-moque*
dick, fett werden (vom Stamm *gui* dick, fett, Fett), *gui-mo-tude* dick machen;

ſein Gebrauch verirrt ſich zu den ſeltſamſten Begriffen; und wenn, wie dieſs bei mehreren
der bisherigen Beiſpiele eintrifft, die Haupt-Idee gar ſchon durch das Grundwort ausgedrückt
wird, ſo leuchtet hier wie dort genugſam ein, wie das Verbum *miqui* in Zuſammenſetzungen

von einem auxiliare bis zu einer ziemlich bedeutungslofen, blofs formellen Endung herabfinken kann: Te *judu-muque* traben, *tubey-moque* betteln.

Einige natürliche Begriffe aufserhalb des eben betrachteten Kreifes, in denen das Verbum f t e r b e n auch als zweiter Theil der Compofition vorkommt, können die Analogie verftärken: fo ift im Te (f. XIII § 391) *bei-moque* ertrinken, davon das caus. *bei-mu-tude (baim.)* ertränken. Oben bei Anführung der einfachen Begriffe: fterben, Tod, todt (S. 80^{m-mf}) find die F o r m e n, welche die vier nordweftlichen Sprachen für das Wort zeigen, leicht erfichtlich: ohne dafs ich fie hier aufzuftellen brauche. Ich nenne hier aber die Formen, welche das Stammwort in dem zuletzt entwickelten auxiliaren Gebrauche hat: Ca *muque;* Ta *mugú;* Te *moque* und *muque,* auch *mocue,* dann die Verkürzung *mu* oder *mo; Co* *mue.* Es ift keine Veränderung darin gegen jene obigen Formen vorgefallen, aufser der beftimmt ausgeprägten des Ta *mugú,* welches beide Quellen beftändig. für das Hülfsverbum darbieten.

MIZTON K a t z e ift nichts als die Diminutiv- Form von *miztli* Löwe. Ich habe in meiner Abhandlung über den Naturlaut (Abhandl. der Berl. Akad. aus d. J. 1852 S. 420^{mf-nn}, befondrer Abzug S. 30) die Merkwürdigkeit hervorgehoben, dafs unfer deutfcher Laut M i e z für Katze eine gewiffe Verbreitung durch ganz verfchiedene Sprachen hat; und habe neben dem mex. *miztli* und *mizton* wie dem otomitifchen *michi* (Katze) Beifpiele aus dem alten Continente angegeben. Ich fetze jene befchränkte Sammlung hier für den neuen Welttheil weiter fort: indem ich für K a t z e 1) aus der Maya-Sprache (nach Waldeck) anführe *mix* und *miztun,* aus der huaftekifchen *mitzu;* 2) in den Sprachen Sonora's das aztekifche Wort aufzeige: Co *mizton,* Te *misto,* Ta *musa* oder *misa* (¹); und 3) auf eine fpätere Stelle diefer Schrift verweife (XIII § 407), wo ich eine höchft merkwürdige Verbreitung des aztekifchen Wortes im höheren Norden mit weiteren Bemerkungen verfolgt habe.

MONTLI Schwiegerfohn, *cihua-montli* Schwiegertochter — Co *ti-muni (ti* ift nur das poffeffive Präfix: Jemandes, wie im Mex. die Verwandtfchaftsnamen gewöhnlich mit *te* aufgeführt werden) nach verfchiedener Accentuation: Schwiegerfohn *(ti-muni),* Schwiegertochter *(ti-múni),* Schwiegervater *(ti-múni)* und Schwiegermutter *(ti-mùni).*

MUCHI alles — Te *busci (bus-quer* immer, A *muchi-pa).*

NACAZTLI O h r — Die Herrfchaft des aztekifchen Wortes durch alle Sprachen des Nordens, von welchen ich hier rede und von welchen ich fpäter handeln werde, ift ein wichtiges Moment für die Unterfuchungen, denen ich diefes Werk gewidmet habe. Man mufs aber Ein Zugeftändnifs für den ganzen Norden machen: man mufs auf das *z* verzichten, welches das aztekifche Wort charakterifirt und es wefentlich von einem anderen Stammworte, *nacatl* Fleifch, unterfcheidet; *naca+* beginnen die mit F l e i f c h, *nacaz+* die mit O h r zufammengefetzten mexicanifchen Wörter. Die nördlichen Idiome zeigen nur *naca* als Stamm für O h r. Will man darum die Ähnlichkeit eine zufällige nennen? Im Angeficht mehrerer anderer wichtiger Übereinftimmungen von Theilen des Körpers meine ich nicht fo. Wohl aber könnten wir in der einfacheren nördlichen Form einen früheren Zuftand der aztekifchen Sprache, über welchen fie im eignen abgefonderten Wachsthum fortgefchritten ift, und damit ein wichtiges allgemeines Element erkennen, wie es nur für die höheren Refultate meiner Unterfuchung gewünfcht werden kann. — Die Formen von Sonora für O h r find: Ca **naca,* Ta *nachca-la*

(¹) Vgl. ferner oben III S. 53^{nf}-54^{aa} die Angabe des Paters S t e f f e l, welcher meint, dafs die Tarahumaren das Wort vom Spanifchen entlehnt hätten. (S. 326 Art. Katze: „*músa* oder *misa,* ift vom Spanifchen entlehnet. Denn vor der Ankunft der Europäer waren ihnen die Katzen unbekannt.")

(wobei *la* nur pron. poss. fein ift), Te *naxa* oder *naja*, Co *naxaih-ti*. Derivata und Compofita zeigen für Te vielmehr *naca+* und bekräftigen Ta *nachca+*. (¹)

NAHUATL — der nationale Name für die mexicanifche Sprache, von welchem ich ausführlich in meinen aztek. Ortsnamen S. 7^{mf}-9^m gehandelt habe. Ich nenne die Sprache meift, da mexicanifch wenig deutlich ift, die aztekifche; diefer Ausdruck ift aber darum nicht der hefte, weil er fich nur an den einen Volkszweig der Mexicaner heftet (das Volk von Aztlan, oder die aus Aztlan Stammenden) und die fechs übrigen Zweige der Nahuatlaken, welche doch diefelbe Sprache redeten, vernachläffigt. Richtig fagt man immer *nahuatl*, und ich habe auch die Sprache einige Mahle heffer die n a h u a t l a k i f c h e genannt. Ich fchliefse mit diefem Namen die Tolteken, Chichimeken nicht aus, überhaupt keine Völkerfchaft, welche zu diefer Sprache gehört: weil der Name *Nahuatlacatl*, feiner Bildung nach, d. h. nach feiner Zufammenfetzung aus *nahuatl* und *tlacatl* Menfch, vollkommen allgemein, und nicht blofs der willkührlich, aber paffend gewählte Gefammtname für die fechs Völkerfchaften, welche vor den Azteken in Anahuac einrückten (den Ausdruck hat befonders A l e x a n d e r von H u m b o l d t in feinen *Vues des Cordillères* begründet und verbreitet, wie wir ihm auch die Feftfetzung und allgemeine Verbreitung des Namens Azteken verdanken), ift; fondern überhaupt, als Singular einen Menfchen, als Plural Menfchen, auch Volk, von der Sprache *nahuatl*, jeden und alle die mexicanifche Sprache Redende bezeichnet. — Ich freue mich, felbft diefen einheimifchen Namen des mex. Idioms in der t e p e g u a n i f c h e n Sprache als *N A B A* wiedergefunden zu haben: in welchem die Suhft. Endung *tl* verloren und *hua* die leichte Veränderung zu *ba* erlitten hat. In dem ächt volksthümlichen Gefpräch, welches uns Rinaldini in feiner *arte de la lengua tepeguana* liefert, kommt p. 66ᵃ der Satz vor: *Oddamea neoqui, catti qui Naba neoqui, Taraumali neoque jupu*; überfetzt: *habla Tepeguan, Mexicano, y Taraumar:* er fpricht Tepeguanifch, Mexicanifch und Tarahumara *(cattiqui*, wie *jattiqui* bedeutet: und, auch).

Das azt. Verbum *NAMIQUI*, von mir fchon in den aztek. Ortsnamen (S. 28ᵃ⁻ᵐᵐ) erwähnt, mit feinen bunten, und doch in eine logifche Einheit zufammenzufaffenden Bedeutungen, eröffnet einen Blick in eine andre, fehr anziehende Verwandtfchaft innerhalb zweier, ja dreier Sprachen von Sonora; aber zugleich in ein Wirrfal von Sinnrichtungen und Formen, zwifchen welchen man nur mit Feftigkeit und Umficht fich durchwindet, und den Glauben an eine Verwandtfchaft mit der mexicanifchen Sprache vor Zweifeln rettet. Die Verhältniffe diefer Verwandtfchaft bleiben aber immer etwas eigenthümlich. Das mex. Verbum *N A M I Q U I* ift ein merkwürdiger Wiederfchein des, oben behandelten Verbums *M I Q U I* in Rückficht der Form (f. die Beweife in meinen aztek. Ortsnamen S. 28-29); es ift nicht wahrfcheinlich, dafs das Verbum eine Einheit, nur zufällig mit einem Wortfchluffe, der mit *miqui* zufammentrifft, verfehen, fei. Es ift wohl ein Compofitum aus *miqui* fterben und einem dunklen Worte *N A*, eben fo wie es mit *tiamiqui* (f. S. 86ᵐ) ift; man kann die Bedeutung des einfachen *miqui*, wenn man will, in der völligen Hingebung einer Perfon oder Sache an die andere in der Verbindung, in der Aufgabe ihrer felbft finden, welche man philofophirend als Grundbedeutung von *namiqui* aufftellen kann. Denn die V e r b i n d u n g und das G e g e n find feine beiden Hauptfinne. Wir

---

(¹) Im Ta kommt davon *nachcá-tule* taub: wörtlich: ohrenlos (denn *tule* ift der privative Anfatz der Sprache); Ca∙*naca-mamana* zuhören; Te *naca-baraga* Ohrenfchmalz, *naca-cucugade* Ohrknorpel (*ternilla de la oreja*), *nacaidaga* und *nacasona* Schläfe, *jae nacajamue jarro* (mit Ohren!, d. h. Henkeln, verfehenes Gefäfs).

wiffen auch fchon in dem einfachen *miqui* uns einer Analyfe oder Conftruction des abfoluten oder einfachen Begriffes fterben zu nähern. Die factifchen Bedeutungen von *namiqui* find: 1) paffen (zu etwas, zu einander) 2) Einem begegnen, mit ihm zufammentreffen oder zufammenftofsen; auch ihm entgegenkommen (Mol. herausgehn, um Jemand zu empfangen); reflexiv: einander begegnen 3) mit Einem ftreiten 4) in eine Strafe verfallen, etwas verwirken. Das simplex reicht noch nicht hin, um die Sinnzüge zu fammeln und ihre Reihe zu bilden. Wir müffen, nach dem verbum neutrum, als welches *namiqui* zu betrachten ift, das von ihm gebildete vb. act. *namictia* hinzunehmen; in ihm treten hervor 1) die Bed.: verbinden 2) trauen (ein Brautpaar), copuliren; in reflexiver Form: heirathen, fich verheirathen 3) austaufchen, dagegen geben, belohnen 4) ftreiten, zanken. In einem aus *namiqui* wie *namictia* gebildeten nomen (Subft., auch Adj.; überhaupt als ein Participium zu betrachten) prägen fich unbeftimmte Züge jener deutlich, feft und practifch aus; *namictli* bedeutet: 1) verheirathet; Ehemann, Ehefrau 2) gleich, paffend 3) Genoffe 4) Gegner, Feind. Der Begriff der Verbindung, des In-einander-Fügens, gleichfam Verheirathens, liegt den zwei Compofiten *chinamitl* Rohrzaun und *tenamitl* Mauer (letzteres = Stein-Verbindung, Stein-Gefüge) zum Grunde. Noch ein neuer Begriff kommt hinzu in dem reduplicirten Verbum: *nanamiqui*: helfen, unterftützen, begünftigen. Diefs ift der Umfang einer kleinen Welt von Begriffswefen, welche gerade Gegenfätze und die Extreme von Beftimmungen einträchtig umfchliefst: Genoffe und Gegner; ftreiten, widerftehen und: helfen, begünftigen; in Strafe verfallen und belohnen. Wir bewundern hier die unglaublichen Wirkungen einer logifchen Kraft und geiftigen Lebens, welche in ftetiger Kette in einen einzelnen Anfang, ein Saamenkorn, durch zauberhafte Verwandlungen hindurch leiten und bis zum Unkennbaren hinabführen.

Die Formen dreier NORDWESTLICHEN SPRACHEN, welche ich mit dem aztekifchen Worte und feiner Familie identificire, find in zwei Sprachen nahe. übereinftimmend und überzeugend, in der dritten werden Zugeftändniffe und der Beweis durch die Thatfachen gefordert. In der Tepeguana finden wir als Grundformen der hierher gehörigen Wörter: 1) *namoque* (auch *namocue*) und *namoqui* (beide vollftändig den Formen bei *miqui* und dem azt. *namiqui* entfprechend) 2) *namoca* (auch *namuca*). In der Cora-Sprache ift eine einfache Form: *nahche* und *nahchi*, welche man für die neutrale, = *namiqui*; und eine abgeleitete, *nahchi-te*, die man als die active, = *namictia*, zu betrachten hat. Die Bedeutungen diefer Cora-Formen beweifen überzeugend ihre Identität mit dem aztekifchen und tepeguanifchen Stammworte; und fo müffen wir die merkwürdige Verwifchung des Confonanten *m*, ja der Sylbe *mi*, in das unkörperliche, beinahe verfchwindende *h* (das aber doch vielleicht ein ftarker gutturaler Hauch, deutfches *ch*, ift, wie es Steffel in der Tarahumara-Sprache uns öfter vorführt) willig anerkennen: Co *nah* ift = azt: *nam(i)*, Co *chi* = azt. *qui*. Co fterben hiefs zwar *mueke* (oben S. 80ᵐᵐ), aber in dem Adj. *muechit* todt fahen wir fchon das *chi* = azt. *qui*. — Endlich ift in der Tarah. *nemiki* fich rächen nächftens = *namiqui*.

Ich beginne, um die SONORISCHEN BEDEUTUNGEN zu zeigen, und das Innere diefer kleinen nordweftlichen Welt, als eines Abbildes der aztekifchen, darzulegen, mit CORISCH *nahche*, *nahchi*, das gleich drei verfchiedene Begriffe enthält; es bedeutet: 1) *(nahche)* Einem begegnen, mit ihm zufammenftofsen, auf ihn ftofsen (davon *nahcheca* Einem zufällig begegnen, *nahche-at* Begegnung) 2) *(nahchi)* Einem die Hände oder Füfse küffen; diefe Bed. geht hin auf das aztek. *ten-namiqui* küffen, wörtlich: die Lippen verbinden, zufammengefetzt aus *tentli* Lippe und *namiqui* verbinden 3) *(nahchi)* lahm;

die letzte Bed. ist seltsam genug und findet anderwärts kein analogon; ob wir sie für eine ver-
steckte Folge des logischen Ganges dennoch betrachten, oder das Wort für ein fremdes, durch
Aussprache unterschiedenes (Ortega setzt in diesen Formen *nahche, nahchi* keinen Accent,
wie er sonst sehr sorgfältig thut) ansehen müssen: bleibt unbekannt. Hieran schliesse ich den
Begriff b e g e g n e n in der T E P E G U A N A - Sprache, an welchen sich hier noch der von *recibir*
anhängt; das einfache Wort hat ihn selbst: *namoque* bedeutet 1) begegnen, mit Einem zu-
sammenstofsen 2) *recibir;* wie letzteres zu nehmen: ob als erhalten oder bekommen? oder als
empfangen, vielleicht gar in der Weise des mex. *namiqui: salir á recibir al que viene,* wie
Mol. übersetzt (s. oben S. 85 Z. 4)? ist nicht ersichtlich. Von *namoque* kommt das active (applicative), reduplicirte Verbum *nanamocai-di* begegnen, und das Subst. actionis (gleichfalls
mit Reduplication) *nanamoca-raga* Begegnung. Derselben Bed. von begegnen dienen,
wie wir sehen, beide Grundformen: *namoque* und *namoca;* es kann daher in ihnen kein
Unterschied gesucht werden.

     Ich gehe an der C O R A - Form *nahche* weiter. Mit einem Vorsatze *tia, tia-nàhche,*
bedeutet es: 1) theuer, kostbar, werthvoll 2) Werth haben, theuer verkauft werden *(valer en
precio, venderse caro).* Hiermit eröffnet sich eine nordwestliche Bedeutung, welche lebhaft
an das mex. *tia-miqui* (s. meine azt. Ortsnamen S. 29^{al-m}) erinnert: ein Compos. aus einem
unbekannten Worte *tia* und aus *miqui,* bedeutend: Handel treiben, handeln (auch unterhandeln). Dennoch kann das Co *tia* nicht auf dasselbe bezogen werden: denn 1) ist es, freilich
nur nach wenigen Beispielen, die ich habe sammeln können, sonst ein verbales Präfix, ohne
wesentlichen Einflufs auf den Sinn; 2) es beweisen die nachfolgenden Wörter beider Sprachen,
dafs die hier auftauchende Bed. an das einfache Wort selbst geheftet, also *tia* hier wirklich
nur Verbal-Präfix ist; 3) beide Sprachen würde immer der formelle Unterschied trennen, dafs
das mex. *tia* vor *miqui,* das corische vor das analogon des Derivatums *namiqui* gesetzt ist.
In der T E P E G U A N A heisst *namoca-ga,* ein unmittelbarer Ausflufs von *namoque* begegnen: werth oder werthvoll seyn *(valer);* wovon *namuca-ga-raga* Werth und *meitistu
namuca-ga-jamue* unnütz. Das Causale von *namoque, namoqui: sci namoqui-tude*
(Rinaldini schreibt *nomoquitude),* bedeutet abschätzen.

     An begegnen und gegen, an das Entsprechen, knüpft sich der Begriff b e l o h n e n (vgl.
namictia: austauschen, dagegen geben, belohnen), und an diesen der von b e z a h l e n; beide,
mit einander verbunden, bilden einen Hauptzug in zwei sonorischen Sprachen. Ihm sind
besondre Wortformen ganz gewidmet: im Co jene active, *nahchi-te,* im Te die applicative
namocai-di; beide kann man als identisch ansehn. Die Wörter sind: T E P E G. *jat namocai-
di* belohnen (davon *namocai-daraga* Belohnung 2) Lohn, Sold, Gehalt; *jat namocai-
daraga* Bezahlung, Zahlung); redupl. *jate nanamocai-di* bezahlen. An die Vergeltung
heftet sich der Begriff der R a c h e: *jat namocai-daraga* (auch Bezahlung), und vorzüglich T A R A H. *nemiki* sich rächen. Ähnlich ist beim neutralen azt. Verbum die Bed. der Ver-
wirkung einer Strafe (oben S. 85 Z. 5). C O R A: *nahchi-te-ne* belohnen, *a-nahchi-te-ne*
bezahlen; *nahchi-te-rit* 1) Belohnung 2) Bezahlung 3) Sold. An die Cora-Sprache, welche
schon der azt. Grundform durch den Verlust eines Wortstückes sehr fremd geworden ist, schliefst
sich das noch fremdere T A R A H U M A R I S C H E Wort an: *natejui* Bezahlung, *nachtutuje,*
*natéti bezahlen (*nategui werthvoll?). Hiermit habe ich also noch eine dritte Sprache
als Theilnehmerin an dem merkwürdigen aztekischen Verbum eingeführt. Wie wäre es ohne
den stufenweisen Fortschritt möglich dieses Wort für stammend von *namiqui* auszugeben!

Es fehlt uns noch die Hauptbedeutung **verbinden**, die dem mex. Activ-Verbum *namictia* ganz zum Grunde liegende. Sie fehlt in der Cora nicht: *uite-nahchité* eine Sache mit einer andren verbinden oder vereinigen *(juntar)*. Auch die Verbindung durch **Heirath**, der nothwendige Zug für einen realen Zufammenhang mit der azt. Sprache, fehlt im Cora nicht: *nahchi-teu* Einen trauen oder copuliren *(casar á otro)*, nebft dem Subft. abstr. *nahchi-ti-at* Ehe *(matrimonio)*. — Zu beiden Begriffen des Verbindens, Vereinigens ift wieder die active Form *nahchite* in Anwendung gekommen.

Endlich kann ich auch den Begriff des **gegen**, der Gegnerfchaft (erfichtlich im azt. *namiqui* mit Einem ftreiten; *namictia* ftreiten, zanken; *namictli* Gegner, Feind) in dem TEPEG. verbum reduplicatum *nanamocue* aufweifen; es drückt die Beziehung des *counterpart*, des andren Theils von zweien, aus: es heifst nämlich: gegen Einen fpielen. Es ift einfach die Reduplication aus *namoque* begegnen; und meine Betrachtung endet fo mit einem recht einfachen Zuge der Identität des AZTEKISCHEN und NORDWESTLICHEN Idioms. Unfer Kreislauf durch die Sprachen des Nordweftens ging von dem Begriffe der Begegnung aus; und er fchliefst ab mit einer Species derfelben Categorie, der Gegenlage.

NECI erfcheinen, gefehn werden, zum Vorfchein kommen; v. impers. *(tla-neci)* Tag werden (der Tag bricht an); daran knüpft fich die Bed. der Helligkeit und des Glanzes: *nexi-llo* licht, hell; *tla-nextli* Licht, Glanz, *tla-nexi-llotl* Licht, Helligkeit. — Indem ich mit *neci* ein CORA-Wort vereinige, ftütze ich mich auf das Zufammenftimmen der Bedeutung, und nehme eine ftarke Confonanten-Verwandlung kühn als eine belehrende Neuheit hin, des azt. *c* in *r*: *hua-neric (hua* ift ein allgemeines neutrales Verbal-Präfix in der Sprache) hell feyn; hell werden, tagen; *hua-ta-neric* (mit 2 Präfixen) tagen *(amanecer, empezar á amanecer), hua-ta-nerickeu racá: esclarecer* (das fpan. Wort kann v. a. und n. feyn: erhellen und hell werden; es wird aber das letztere gemeint feyn). Ein deriv. ift *ate-néric* Spiegel. Die einfache, dem azt. *neci* entfprechende Form *(neri,* auch ohne *c)* offenbart fich in dem Co derivatum *neri-mit* Geficht, Antlitz *(cara); mit* ift eine bekannte Endung abgeleiteter Subft. in der Sprache. Der Begriff Geficht kommt freilich in der aztek. Wortfamilie *neci* nicht vor, fondern ift ein freies Erzeugnifs des nordweftlichen Idioms.

NELHUA-YOTL (subst. abstr. vom einfachen +*NELHUATL)* und *tla-nelhuatl* (das Einfache mit vorgefetztem pron. *tla)* heifsen beide Wurzel — wenn die Cora-Form *nanat* zu weit abliegen würde (in der jedoch *t* Subft. Endung ift), fo ermuthigt die cah. *nahua,* in beiden (mit einiger Schüchternheit) das azt. Wort zu vermuthen; deriv. Co *ahua-na= nate* wurzeln.

NENETL trägt freilich im Mex. nicht die Bed. von Zunge, fondern verfchiedene andre: 1) *vulva (la natura de la muger)* 2) Puppe *(muñeca de niños)* 3) Götzenbild *(idolo);* aber eine Diminutiv-Form des Stammwortes, *nene-pilli* (mit Zufatz von *pilli* Kind), ift der Name für die Zunge. — Wir mögen glauben, dafs *nenetl* felbft in früherer Zeit die Bed. von Zunge gehabt habe; denn Zunge heifst im Ca **nini,* im Ta *neni-la (*reni-ra),* Co *nanu-riti (la* und **ra* ift das pron. fein, *riti* ift Subft. Endung), im Te *nunu.* Von der letzten Form kommt Te *nunucota* Gaumen.

NEQUI wollen — Ta *nachki, *naqui* wollen; Te *naque antojarse;* wenn es fehr ungewifs ift, ob man das azt. Wort im Ca *hitanaque* und *hunaqueria* (f. Wörterb. wollen) annehmen dürfe, fo findet in diefer Sprache die das fut. und den Imperativ bildende Endung *naque* durch w o l l e n eine eben fo merkwürdige als willkommene Erklärung: denn wir fehen, was dem Sprachforfcher fo wichtig ift, das mex. Verbum als einen unfelbftftändigen Anhang (das heifst Endung) in die Grammatik einer anderen Sprache eingedrungen. Das Ta *naqui kommt auch in der Bed. l i e b e n vor.

NEXTLI Afche — Co *naziti.* Ob das TA *nachpisoco* auch hierher gehört? es erfordert formell grofse Zugeständniffe, doch ift es wohl möglich; es würde einen Zuwachs in feinem Inneren erfahren haben. Auf der andern Seite finden wir ihm fehr ähnlich das Verbum *nachpiguá* jäten (wovon *nachpiguá-leke* Haue, Grabfcheit), und müffen bemerken, dafs *nachpisoco* neben Afche auch Staub bedeutet; dennoch kann man diefe zwei Begriffe nicht wohl mit jäten reimen. Im T E ift *matte* Afche; es ift nicht unmöglich, dafs es $=$ *nextli.*

NOCHTLI die Frucht des Nopals und andrer Cactus-Arten: im Span. mit dem haitifchen Worte *tuna,* nach Hernandez *opuntia* oder *ficus indica,* benannt — Co *nacati.*

NOPALLI die bekannte Cactus-Art, Nopal — Ta *nopal.*

NOTZA fcheint zwar äufserlich hauptfächlich die Bed. von r u f e n zu haben (auch be-rufen, vorfordern, *citare); bei mehrerem Eindringen tritt aber als feine eigentliche und Haupt-bed. hervor Mol.'s: mit Einem r e d e n (hablar con otro); wozu wir, für das Wort felbft oder feine Dependenzien, hinzufügen müffen: mit einander reden, fich bereden, berathfchlagen. Alles diefs wird aus folgenden derivatis erfichtlich: *nonotza* erzählen, berichten 2) fich unter-reden; unterhandeln, und eine Reihe andrer Bed.; *tenonotzalli* Gefpräch, Rede u. a.; *tenonotztli* Bericht 2) Erzählung, Gefchichte; *amo notz-tlani* ein unfreundlicher Menfch: der nicht mag, dafs Einer mit ihm rede. — Durch diefe Hervorhebung von r e d e n als feiner Hauptbed. habe ich überleiten wollen zu der Behauptung, welche ich mache, dafs das allgemeine Wort der vier fonorifchen Sprachen für r e d e n , f p r e c h e n und f a g e n mit dem mex. *notza* identifch fei; es ift in ihnen aber eben fo wohl Subft., bedeutend: W o r t , R e d e und S p r a c h e. Das *tz* findet man jedoch nicht mehr darin, es ift 1) zum *k* 2) zum gutturalen *ch* (fpan. *x, j)* gewor-den. Ich erinnere an eine Stelle meiner azt. Ortsnamen (S. 155), wo ich das mex. Verbum *notza,* aber fehr zweifelnd, auch angeführt habe: bei der Schwierigkeit das Wort für die Rathsverfamm-lungen in der alten Sprache von N i c a r a g u a, *monexico,* durch das mexicanifche Idiom zu erklären. Die Formen, in welchen die vier fon. Sprachen fich ganz eng zufammenfchliefsen, lauten: 1) verbum: Ca *noca* (Ternaux *noca* und *nocae),* Ta *neoca,* Co *neúca,* Te a) *neoque* oder *neoqui* b) *neoxe* oder *neoje;* 2) subst.: Te *neoqui* Wort, Sprache; Ca *noca* Wort (auch Tx.), **noqui* Sprache; deriv. Ta *neogala* und Co *neúca-rit* Wort. Das Wort ift fo als ein ganz einheimifches der Nordweft-Sprachen zu betrachten. — Die Pri-vativ-Formen diefes fonorifchen Wortes drücken f t u m m aus: Ta *ta neoca,* Te *meit neoca-damue,* Co *capu-ata-neube* (zeigt uns eine neue Form: *neube),* Ca **ca-noqui;* ein anderes priv. ift im Te: *meit neoqui-gamue* demüthig (zu deuten als: nicht w i d e r redend).

OCOTL Fichte — Co *ocótn; ocóti,* Ca **huoco,* Te *juqque;* die Cora-Sprache befitzt davon ein Collectivum *oco-tzáhti* Fichten-Gehölz, Fichtenwald *(pinal);* von Ortega auch allgemein als Wald *(monte)* aufgeführt.

OLLAMA f. unter dem folgenden *olli.*

OLLI oder *ulli* ift 1) das *gummi elasticum,* das von einer Baumgattung gewonnen wird, von den Spaniern *ule* genannt 2) der daraus gemachte Spielball, welcher zu einem Hauptfpiel der alten Mexicaner diente: das von den Spaniern *jugar con las nalgas* oder *caderas, jugar al batey* genannt wird. — Ta ift *ulé* B all, Te *oli* der *ule*-Ball; Co urá Kugel *(bola),* téura

Spielball, *u r e t: ule.* Das Te hat von *ule* ein Derivatum für das Spiel: *tuliafe jugar al ule,* wovon herkommen: *tuliaf-araga* das Ballfpiel *(juego de la ulama), tuliaf-are-quer* der Ballfpiel-Platz *(lugares adonde juegan al ule).*

Das mex. Compofitum *OL-LAMA* oder *u l-l a m a* ift das Verbum für diefes B a l l f p i e l: *jugar á la pelota con las nalgas* (davon *ullama-loni* der Spielball felbft: *pelota para jugar al batey, ó á la pelota).* Es ift zufammengefetzt aus *olli* und dem Verbum *ma:* fangen; jagen, fifchen; welches das pron. *tla* etwas vor fich genommen hat *(ol-la-ma).* *Clavigero* befchreibt diefe wichtige National-Befchäftigung der alten Mexicaner, zugleich ein leidenfchaftlich betriebenes Glücksfpiel, II, 184ª-5ᵐᶠ. Der Ball durfte nach ihm nur mit dem Schenkel-, Arm- oder Ellenbogen-Gelenk (die Benennung *á las nalgas* weift aber noch eine andre Gefchicklichkeit als Hauptfache nach; vgl. Sahagun II, 292ᵃᵃ) berührt werden; nicht mit der Hand, dem Fuls oder einem anderen Körpertheil. — Nach Pater *Steffel* bezeichnet *ulama* im Tarahumara den Ballfpiel-Platz (mex. heifst der Platz *tlachco,* das Spiel auch *tlachtli).* Er liefert von dem Spiele eine mit Clav. genau zufammentreffende Befchreibung. ([1])

OTLATL (nach Clav. *otlatli):* eine ftarke, maffive Rohrart *(caña maciza y recia),* aus welcher Stöcke (Sahagun I, 29ᵐ *utatl;* II, 374ᵐᶠ *utlatopilli),* Schilde, Wurffpiefse, Körbe, fo wie eine Art Flöfse gemacht, und die auch zum Häuferbau angewandt wurde. — Ich wage es, mit einiger Befcheidenheit, folgende zwei Wörter damit zufammenzuftellen; das erfte eher mit Vertrauen: C o *u t á t z i t i* Flofs 2) Bette 3) Tragbahre *(andas);* das 2te aber nur zu materieller Vergleichung, ohne irgend einen Glauben: T e *v a t o t o i* Flofs: befonders da es auch (in den Formen *b a t o t o y, b a t t o t o y* und *v a t t o t e)* geradezu als S c h i f f angegeben wird und diefs feine Hauptbed. ift.

OZTOTL Höhle — ??Co *teazta;* aufserdem erinnert Co *tecuzco* Bergwerk *(mina)* an *oztotl,* indem diefes in Compofition mit Metallen als 2tes Glied Bergwerk bedeutet: *cuztic* oder *iztac teocuitla-oztotl* Gold- oder Silber-Bergwerk, *chichiltic tepuz-oztotl* Kupfer-Bergwerk.

PA färben findet fich in der Endung *p a g u i* der Te Sprache für Adj. der Farbe (f. meine fon. Gramm. beim Adj.).

PACA wafchen — Tè *bacuane* wafchen, *v a c u a n e* ausfpülen (natürlich Ein Wort), Ca **hipacsia,* Ta *pagota;* in der Umhüllung fremdartig ausgedehnter und ausgeftatteter Formen kann man glauben das azt. Wort als Kern zu finden. Mit diefem Worte hangen die Ausdrücke für t a u f e n zufammen, welche auf einen Stamm *pa* zurückweifen: Ta *pagota,* Te *vacuane,* Ca *batoc* etc., *batori;* dazu noch Ta *pauvo-liki* Taufe. Die Auffaffung diefer fonorifchen Geftalten unter dem Gefichtspunkte des mex. *paca* und das eigne Verhältnifs des letzteren wird aber von der Frage erfchüttert: ob nicht diefe Wörter derivata des fon. Wortes für W a f f e r: *p a h, pa,* Ca *b a a* ufw. (f. oben S. 69ⁿᶠ-70ᵃ,75 Anm. 2; und befonders bei der Yutah-Sprache: Abfchn. XIII § 391 No. 283 und die Anm. dazu) feien?

([1]) *Steffel* S. 343 Art. Spielplatz: „Spielplatz. *Uláma.* So heifst der vornehmfte tarahumarifche Spielplatz, allwo mit dem Ball *(Ulé)* gefpielet wird. Es ift ein langes Viereck, vom Rafen gut gereinigt, und fo eben wie eine Billardtafel. Die Spieler find faft nackend, nur um die Schaam bedeckt; und haben auf dem hintern Theile ein Stück rohes Leder angebunden, damit, wenn fie fich gewaltig auf dem Boden hinfchleudern, um den Ball von der Erde in die Höhe zu treiben, fie fich nicht verletzen. Der Ball ift fchwarz, fchwer u. von elaftifchem Gummi. Er darf nicht mit der Hand, fondern nur mit der Hüfte, dem Schulterbeine oder dem Knie aufgetrieben werden. Hat er einen weichern Theil des Leibes als den Bauch und die Waden berühret, oder wird er aus dem Spielplatz herausgeftofsen, fo ift das Spiel verloren. Es ift ein fehr mühfames u. wahrhaft barbarifches Spiel, ganz gefchickt Arme und Beine zu brechen."

PALTI na∫s werden, ∫ich na∫s machen; *paltic* na∫s, feucht; *paltilia* na∫s machen, befeuchten: bilden einen Zweig des Stammwortes *paloa* eintauchen (in Brühe). — Ich meinte früher, man könne mit einiger Kühnheit vermuthen, da∫s folgende T E Wörter da∫∫elbe ∫eien: *vaggui* na∫s; *vadduide* und *vaddeide* na∫s machen; vielleicht noch *vapacate* na∫s machen, anfeuchten, wä∫∫ern: da∫s uns am näch∫ten *vaddeide* an das azt. Wort führen könnte; und da∫s *vaggui* bewei∫e, da∫s ein ∫tärkerer Con∫onanten-Wandel der Sprache nicht fremd i∫t. Aber im Hinblick auf das eben hervorgehobene ∫onori∫che Wort *PAH* u∫w. für Wa∫∫er mu∫s man jene tepeg. Bildungen vielmehr von die∫em Stamme herleiten (∫. wieder Yutah XIII § 391 No. 283); ihm die∫e azteki∫chen Wörter ∫elb∫t unterthan zu machen, i∫t eine ∫o gewaltige Wendung, da∫s ich an ∫ie hier nicht denken mag.

PATLI bedeutet: Arznei, Arzneimittel: und die allgemeinen Gattungen der Natur, welche dazu dienen; namentlich bin ich, nach ∫o vielen Pflanzennamen, in welchen es letztes Glied i∫t, der Meinung, da∫s es auch beiläufig P f l a n z e hei∫st; auch Pfla∫ter und Salbe bedeutet es. — Obwohl es den Begriff Gift nur bilden hilft: *micoani* oder *micohuani patli (pahtli)*, tödtendes Mittel; ∫o er∫cheint doch das T E Verbum *patei-made* vergiften als ein deriv. von *patli*. — Ich habe oben (S. 75ᵐᵐ) den Schein widerlegt, als könne mit einem azt. ∫peciellen Ausdruck für t r i n k e n, *PAI*, das allgemeine t a r a h. Verbum *pahì (*baji)* trinken identificirt werden; das Zu∫ammentreffen i∫t rein zufällig, weil er∫teres: einen Arzneitrank, be∫onders eine Purganz, einnehmen, ein Compo∫itum aus jenem *patli* und dem allgemeinen azt. Verbum *i* trinken i∫t. Sehr kühn wäre es, den vorhin (S. 89ⁿⁿ, 90ᵃᵃ) angeregten Gedankengang, als könnten haupt∫ächliche mexicani∫che Grundwörter, die mit *pa* beginnen und ihrem Begriffe nach Beziehung auf das Wa∫∫er oder Na∫s haben, in dem ∫onori∫chen Hauptworte *pah* oder *pa* wurzeln; auf *patli* Arzneitrank: aber auch, wie ich ge∫agt habe, Pflanze im medicini∫chen Sinne, weiter führen zu wollen. Die∫elbe Kühnheit würde auch das mex. Verbum *pa* färben die∫er Idee zu unterwerfen ver∫tehn.

PATOLLI hei∫st das Würfel-, Glücks- oder Brett∫piel; es i∫t abgeleitet vom Verbum *patoa*: die∫es Spiel ∫pielen, würfeln. — Steffel nennt bei den T a r a h u m a r e n das Spiel *pátolle*, das er be∫chreibt.(¹) Rinaldini bedient ∫ich im Te Wörterbuche wohl der ∫pan. Bezeichnung *jugar al patole;* aber das Wort der Sprache i∫t ein eigenthümliches: er giebt: als Verbum *suligue, jugar al patole;* für das Spiel *sulig-arague,* für die Spiel∫teine (∫o ver∫tehe ich ∫eine Worte: *patoles solos) juta∫care.*

PETLATL M a t t e: ein höch∫t allgemeiner und verbreiteter Name, ∫pan. *petate* — T A *peráca* Matte; mehreres Beiwerk des Wortes kann in der Idee der aztek. Identität wankend machen, doch darf die∫s nur Schein genannt werden. Steffel über∫etzt es nämlich auch: Decke

---

(¹) Das *Patole*-Spiel be∫tand nach C l a v i g e r o (II, 185) in folgendem: Man malte auf eine feine Palmen-matte ein Viereck, theilte es durch zwei Linien in vier kleinere, und zog au∫serdem noch die zwei Diagonalen. Auf die∫en vier Linien hatten die Spielenden Steinchen ∫tehn, welche nach den geworfenen Punkten der als Würfel dienenden Bohnen gezogen wurden; wer drei Steinchen in Einer Linie zu ∫tehn bekam, hatte gewonnen. Ähnlich Sahagun II, 292. — Pater S t e f f e l giebt (S. 343 Art. Spiel) eine we∫entlich andere Be∫chreibung: „*Patolle* i∫t ein einfältiges Weiber∫piel, wobei ∫ie ∫ich mit kleinen einge∫chnittenen und gezeichneten Hölzlein unterhalten. Die∫e werden entweder aus einem in der Luft hangenden Hut von unten auf mit der Fau∫t herausge∫to∫sen; oder ∫itzen beyde Partheyen auf der Erde gegen einander, machen zwi∫chen ihnen einen kleinen Zaun, auch von kleinen Hölzlein, und treiben ihre gezeichnete Hölzlein mit einer Peit∫che aus der linken Hand über den Zaun. Wo nun die Hölzlein niederfallen, und die einge∫chnittenen Strichlein darzeigen, ∫o wird eben ∫o, wie bey dem Würfel∫piele, der Gewinn oder Verlu∫t angerechnet."

und 2) Sattel; und hat ein Stammwort für diefe beiden Bed.: *per é* fatteln, aufbreiten, decken. Wir müffen annehmen, dafs aus dem azt. Worte rückwärts ein simplex gebildet worden ift; oder follten wir in diefem Ta *per é* das Stammwort für *petlatl* annehmen?

PIA bedeutet zunächft: behüten, bewachen, bewahren (auch fich hüten, als reflex.); und als eine Folge hiervon 2) befitzen, haben: eine Bed., welche Grammatiker und Lexicographen nicht kennen, welche ich aber deutlich in mexicanifchen Texten erkannt habe. Die Bed. von haltten kann ich zwar im Mex. noch nicht nachweifen; doch ift fie zu einfach, um nicht vermuthet werden zu können, fchon als überführend zu haben. — Der Befitz diefes wichtigen und fo einfachen Wortes, in feinen beiden Bedeutungen, ift für die nordweftlichen Sprachen von grofser Wichtigkeit. Zunächft kann ich im TE anführen: *viaxe* bewachen, bewahren, behüten (*xe* ift als Verbal-Endung zu betrachten, das praet. heifst *via-nta;* davon *via-jamue* Wächter); *via* als vb. reflex. fich hüten (*in via* ich hüte mich, fehe mich vor); *bia* befitzen. Dann ift *via* in der Te fowohl als Co haltten, und das Subft. *via-t* im Co Grundftück (*heredad);* ein part. mit Verdopplung kommt vor: Te *vippia-dame* der hat oder befitzt (T 10ⁿ).

PITZA blafen (die Trompete, Flöte u. a.) 2) anblafen (Feuer) 3) fchmelzen, giefsen; *ilpitza* (vorn mit einem unbekannten Beftandtheil) blafen. — Die nördlichen Formen, fehr bunt unter fich, welche ich mit beiden Wörtern zufammenftelle, haben das Abweichende, dafs fie auch athmen, hauchen bedeuten: aber das Te *busciate,* zugleich blafen und fchmelzen bedeutend, wirkt fehr beweifend. Für athmen, hauchen befitzt das Mex. ein anderes Stammwort (*ihiotl* Hauch, Athem; *ihiotia* athmen). 1) einfache Form = *PITZA*: T A *putsche* blafen; TE *busciate* id. (*soplar*) 2) Metalle fchmelzen (davon *busci-ataraga soplo*), *gugusci-tude* athmen (*alentar;* davon *gugusci-daraga aliento*). 2) Form mit *i* vorn, = *ILPITZA*: Co *ipuetza* blafen (*soplar*), wovon abgeleitet *iputz-iat* das Blafen, Hauch (*soplo);* TE a) eine volle Form mit *s* oder *st:* *ibosane* hauchen (praet. *ibo-anta*), *ibusta-raga* Hauch, Athem (es kann auch *taraga* die Endung feyn: *ibus-taraga*) b) eine hinten durch abwerfen des Confonanten verftümmelte Form: *ibue* hauchen oder athmen (*resollar),* *ibuhi* oder *iboi* Hauch, Athem (*huelgo*); es verfteht fich, dafs alle drei Formen (*ibue, ibuhi, iboi*) eins find, und alle fowohl Verbum als Subft.; fie könnnten etwas anderes, = A *ihiotl,* feyn. Auch das deriv. *ibui-daraga* bedeutet Hauch, Athem (*resuello*). Am wunderbarften entfremdet ift das C A **apuptau* Hauch, Athem (*souffle*): das man dennoch in der Sicherheit des Complexes für daffelbe als die übrigen Formen halten darf.

QUA effen — Co *cua,* Ta *coá,* Te *coai,* Ca *bua;* auch in der Ca erfcheint *coa:* in dem compos. **eietecoa* Ameifenbär (von **eie* Ameife). Das reduplicirte azt. *QUAQUA* bedeutet unter andern: nagen 2) kauen 3) weiden (Vieh, v. a.); ihm oder feinen Begriffen gehören an: Co *húcua* kauen (enthaltend eine Art Reduplication), *hua-cua-ite* weiden (v. a.; nur das einfache *cua:* denn *hua* ift Verbal-Präfix) und Te *coy-tude* weiden (v. a.); Te *quiva-ne* kauen. Hierher fcheinen auch zu gehören: Co *acuait* Kau-Tabak (dem vb. *huacuaite* weiden fehr ähnlich) und *uhuat-ahacua* Tabak kauen. — Vergl. weiter den Art. *qualli.*

QUAHUITL Baum 2) Holz; das Wort ift der häufigen Verwandlung in *quauh+* unterworfen: in der Compofition, vor Ableitungs-Endungen — Te 1) *coagui* Holz 2) *aga* Baum; Co *cᵒᵘyét* Baum, Holz; Ca **quehim* Brennholz? Sehr zweifelhaft kann man vergleichen Ta *cutschiki* Baum, *cusiki* 1) Baum 2) Holz (auch Stock, Stecken, Stab); aber gewifs ift das azt. Wort Ta *cauguiki* Wald. — Vgl. weiter *quaquahuitl.*

M 2

QUAITL und *quatl* ift der obere Theil des Kopfes, der Scheitel; in Zufammenfetzungen auch geradezu Kopf; *ix-quaitl, ixquatl* (von *ixtli* Geficht) heifst die Stirn. — Co *quatziti* Stirn. Vgl. weiter *quaquahuitl.*

QUALANI zornig werden, fich ärgern — ?? Co *uca-cuanaca* den Zorn fahren laffen *(desenojarse).*

QUALLI, d. h. vielmehr *tla-qualli (tla* etwas) S p e i f e, part. pass. vom obigen *qua* effen — Co *quahti* und *queahti* Speife; zwei Cora-Wörter für F r u c h t gehören auch hierher: *tacait (fruto)* und *tiqueahti (fruta);* Ca * *taca* Frucht scheint $=$ Co *ta cait.* (¹)

QUAQUAHUITL H o r n (Hörner, Geweih) ift zufammengefetzt aus den zwei oben behandelten Wörtern *quaitl* Kopf und *quahuitl* Baum, Holz — in den nordweftlichen Sprachen hat die erfte Sylbe der fcheinbaren Reduplication gelitten; Horn: Ta *auguaca,* Co *ahuati,* Ca * *sahua.*

QUAUHTLI A d l e r — Ta *guague* (Steffel im deutfchen Theil) und *guaugue* (id. im tarah. Theil); Ca * *buaue,* Te *baague.*

QHECHTLI H a l s — fo bedeutend weit die Formen, in fchroffem ftufenweifen Abfall, entfremdet find, möchten fie doch alle mit dem azt. Worte eins feyn: Co *keupihti,* Ta *khu tala,* Ca * *cutana,* Te *cuscivo* oder *cucivo* (dazu auch *cusci sonna: nuca);* dazu fetze ich noch Nacken: Te *covatagui.* Vielleicht enthält Co *quaik^{eu}xati* Kehle auch *quechtli,* vielleicht auch *catariti (nuca).*

QUEMI anziehn, anlegen (ein Kleid, einen Mantel); davon abgeleitet: *quentia* (v. a.) ankleiden, *tla-quemitl* und *tla-quentli* K l e i d u n g — T A, nach Tellechea *quemá: manta* (Decke, grofser Mantel), *ropa* (Kleidung); nach Steffel *kemáca* Decke, Kotze, Kleidung (²); über einen andern Gedanken, ob *kemáca $=$ A *tilmatli* feyn könne, f. unten S. 96^{nf} diefen Art.; von dem Worte kommt her *kemáraje* weben; — Co *chemi-at* Kleid, Kleidung, *a-chehte* bekleiden.

QUIAHUI oder *quiyahui* regnen, *QUIAHUITL* oder *quiyahuitl* R e g e n — ficher gehört ihm an Co *viye* regnen *(viteri* Regen, *mechéh-via* leife regnen); wohl aber nicht minder auch Te *ducue* regnen, *duqui* Regen.

QUILITL ift der allgemeine Name für Grünes, efsbare Kräuter; wohl auch (wie ich in der Compofition beobachtet habe) für Pflanze überhaupt — T A nach Steffel *kilibáca* eine

---

(¹) Die andern Sprachen (zwei) haben eigne derivata von ihrem Verbum: Te *coa-daga* Speife, Futter, Ta *coa-jámeke* Speife (**coame).*

(²) Steffel erläutert (S. 311 Art. Decke) ganz richtig, was in Mexico mit dem fpan. Worte *manta* bezeichnet wird: „D e c k e. *Kemáca.* Es ift eine von groben Wollfäden gewirkte Kotze, in welche fich die Tarahumaren einwikkeln. Bey einfallender rauher Witterung dienet fie ihnen ftatt eines Mantels, bey Nachts ftatt einer Bettdecke. Eine folche Kotze, die von groben Aloefäden zufammengewebt ift, wird von den mexikanifchen Tarahumaren *tilma* genennet, obfchon fie fich itzt mit wollenen Kotzen, welche die Spanier *Stefadas* heifsen, bedecken. Die Verfertigung der *kemáca* ift eine Arbeit der Weiber in Tarahumara. Das ganze Werkzeug dazu beftehet in zwo ruuden, und ziemlich dicken Stangen, worauf das Garn zum Weben gehafpelt, und das gewebte abgehafpelt wird. Die Stangen werden in zwey durchlöcherte Pflöcke gefchoben, damit fie gewalzet und umgedrehet werden können. Die Arbeit ift fehr mühfam; denn nach einem jeden Auffchub mufs der durchgezogene Faden mittelft eines gefchärften Holzes angefchlagen, und die übers Kreuz gezogenen Fäden mit beyden Händen zu einem abermaligen Durchfchub von einander gehoben und getheilet werden."

Art wilden Spinats (¹), nach Tellechea *quiribá* Kräuter *(hierbas)*; beide Formen find natürlich daffelbe Wort, und ohne Zweifel mit dem mex. identifch.

　　TEACH bedeutet zwar an fich nur 1) Diener 2) Buckliger; da aber *achtli* nach *Vetancurt*, *achcauhtli* nach *Tapia*, *teachcauh* und *tiachcauh* nach *Molina* ÄLTERER
BRUDER bedeuten: fo möchte auch *te-ach* diefe Bed. haben können: nämlich nur als Verbindung des pron. *te* (Jemandes) mit *achtli*, ganz wie *te-achcauh* aus *achcauhtli* entftanden
ift. Alle diefe Formen, *achtli* wie *achcauhtli*, find auf den Begriff des mehr, des Vor-
züglicheren gegründet: was ich hier nicht weiter entwickeln will. Nur die Bed. der erfte
mufs ich noch anführen: A *achto* 2) *achcauh*; *teachcauh*, *tiachcauh* oder *tachcauh*;
ob CO *ahcuatz* der erfte diefes Wort ift? — In der CORA fcheint mir·*ti-hatzi* älterer
Bruder diefes Wort zu feyn; ich hätte, da auch hier *ti* nur das präfigirte pron. Jemand (Jemandes) ift, den Artikel vielleicht eher als *achtli* aufftellen können. Der Artikel *achtli*
Saame oben zeigt eine andere, erfte Bedeutung der azt. Form, wohl ein ganz anderes Wort.

　　TECA f. unter *toca*.

　　TECI auf einem Steine zerreiben (Mais u. ä.; f. den Art. *metlatl* und die Anm. da),
und davon abgeleitet *TEXTLI* Teig *(tla-textli*, zerriebene, klein geriebene Sache, ift das
part. pass. von *teci*; *textic* zerrieben, klein gerieben); denn das *c* ift dem Übergange in *x*
unterworfen (vgl. noch *texo-ni* Mörferkeule 2) Mühlftein: nur ein paffives Participium). —
Beide Wörter, *teci moler* und *textli* Teig, gehören den Sprachen Sonora's mit an; 1) TECI
moler: Co *a-tᵉᵘₓₑ* zerreiben, mahlen *(moler)* *(teuzit* der zerreibt oder mahlt: *molen-
dero, el que muele)*; Ta *tuschi* (Steffel), **rusi* (Tellechea) mahlen (und *moler*); Te *toay
moler (tuy-care* Mühlftein; *care* ift Endung abgeleiteter Subft. des Werkzeugs); Ca vielleicht *tutuca moler*, erfichtlich aus *tutuc-ame (man.* p. 79ⁿᶠ), wohl: (wenn ich) zerreibe
(Mais auf dem *metate*); — 2) *TEXTLI* Teig, das aber wohl auch Mehl heifsen kann (vgl.
e-textli Bohnenmehl, von *etl* Bohne; *yol-textli* oder *yo-textli* Mehl, von +*yolli* Herz):
Co *moa-tᵉᵘzit* Teig; Te *tuy* Teig, *tuligo* Mehl; Ta *tuschiki* Zerriebenes, Mehl, Staub;
das letzte bietet mehr als das mex. Subft. den Zufammenhang der Begriffe, den Zufammenhang
des Subft mit dem Verbum zerreiben, zerkleinen, dar. — Das Co *tèzchuit* Talg ift ohne
Frage ein azt. Wort; ich halte es für zufammengefetzt aus einem Stamm +*textli* von *teci*
und *cuitlatl* (*cuitlatl* ift ganz gewifs, f. oben S. 74ᵃᶠ und ⁿⁿ); azt. ift *tezcuitlatic:*
fehr weifs.

　　TECPIN oder *tecpin-tli* Floh — Co *teapuit*, Ca **teput*, Te *taposci*, Ta
tschipusi.

　　TECUTLI, auch, in einer andren Geftalt, *teuctli:* ift 1) das mex. Wort für das, was
man Cazik zu nennen pflegt: Fürft, Oberhaupt, ein Häuptling (in verfchiedenen Graden der
Macht); dann aber auch: 2) Herr im allgemeinen; ein hoher Adliger in Tlascala 3) ein Unter-
richter in der Stadt Mexico. Herr felbft wird aber hauptfächlich durch das Abftractum *tecui-
yotl* oder *tecu-yotl* ausgedrückt, das bedeutet: 1) Oberherrfchaft, Herrfchaft, Herrfcherwürde,
Würde 2) Herr (auch Chriftus); *te-tecuyo* (mit Vorfatz von *te* Jemandes) Herr für den
Diener oder Sklaven. — Ich glaube das Wort TECUTLI oder TEUCTLI in drei fonorifchen
Sprachen zu finden, man mufs aber abenteuerliche Lautveränderungen zugeftehn: Co *ti-
tecual* Herr des Sklaven (worin *ti* Jemandes ift), *técuat* Götze; in dem TE *queigui* oder

---

　　(¹) „*Kilibáca* (327 Art. Kraut) ift ein Kraut, welches dem wilden Spinat gleicht; fo lange es zart ift,
wird es gekocht gegeffen. Es ift eine gewöhnliche Speife."

quiggui erkenne ich, trotz der gewandelten Form, in fchwankendem Entfchluffe entweder diefes *tecutli* oder das azt. *huei* grofs (f. oben S. 75^af); es bedeutet Gouverneur; mit *gu* grofs: *gu queigui* Fürft, Vicekönig (auch das Abftractum *queico-raga* Fürft), *sci gu queigui* (wörtlich: fehr grofser Häuptling) Kaifer oder König. — In der C A ift das diefen Würden entfprechende Wort *iaut* und *iout:* ein Oberer, Richter (fo auch Ternaux *jaut* Richter), Gerichtsperfon (als plur. *iout manual* 72, *iauta* id. 71); 2) Herr (*iton* oder *itom iautziua* unfren Herrn: *manual* 66^mm, 67^nf; unfer Herr: 91^a). Wenn man fich vor *iout* noch ein *t* denkt, fo ift die Ähnlichkeit nahe genug.

TELPOCHTLI Jüngling, junger Menfch, Burfche — ift Co *te^amuaztaé*, vielleicht auch Te *viapuguli* Jüngling; fo wie *ICHPOCHTLI* Jungfrau, junges Mädchen das Cora-Wort *eu^hmuaztaé* (*doncella*) ift. Beide Cora-Wörter unterftützen fich gegenfeitig, da fie diefelbe Analogie in ihrem zweiten Theile gegen einander tragen wie die zwei mex. Wörter unter fich. Die Wörter find Compofita, beftehend aus einem gemeinfamen Worte und zwei verfchiedenen Vorfätzen; auf die Entwicklung diefer 3 Beftandtheile will ich hier nicht eingehn.

TEMA hat verfchiedene Bedeutungen: 1) etwas wo hinlegen oder hinfchütten (wie Mais, Weizen, Bohnen u. ä.) 2) etwas in einem kleinen Ofen kochen oder backen 3) baden (v. a.) oder fich baden (v. r.), d. h. im Schwitzbade. — Die T A tritt mit einem Vorfatze, ähnlich dem azt. pron. *tla* (= etwas; z. B. *ni-tla-tema* Molina: ich lege [etwas] wohin 2) ich koche oder backe im Ofen), davor auf: *tatema* eine in der Erde gebratene Speife; (¹) ein ähnliches azt. Subft. giebt es nicht; das nächfte ift das part. pass. *tlatentli:* Mais, Weizen, Bohnen u. ä. wo hingelegt oder hingefchüttet.

TEMAZCALLI: abgeleitet von dem vorigen Verbum *tema* in feiner 3ten Bed., mit Zufatz von *calli* Haus; ift das bekannte mex. Schwitzbad, eine Art runden Backofens, Zimmer zum Schwitzbad — Ta *temascáli* Badftube [fo S. 367; aber S. 311 fteht, verdruckt, Backftube]. (²)

TENEXTLI K a l k; ein compos. aus *tetl* Stein und *nextli* Afche (Stein-Afche) — Co *tenexti*, Ca *teneti.

(¹) Die Art in der Erde zu braten f. oben in der Anm. zu *metl* (S. 77^nf).

(²) Zunächft ftehe hier die Erklärung und Befchreibung nach Clavigero's Angaben (II, 214-6). Das *TEMAZCALLI* (Mol. *casilla como estufa, adonde se bañan y sudan*) ift ein Gebäude, wie ein Backofen geftaltet; fehr gewöhnlich in Mexico. Hinten an demfelben befindet fich gewöhnlich ein kleiner Ofen, der geheizt wird. Der Kranke kriecht durch die Öffnung hinein und ftreckt fich auf eine Matte nieder. Ein Begleiter giefst nun aus einem Gefäfs Waffer auf die heifsen Steine, das fich in Dämpfen entwickelt; und fchlägt den Kranken (da diefes Bad vorzüglich für mehrere Krankheiten angewandt wurde), befonders an dem leidenden Theile, mit einem Bündel Kräuter oder Maisblätter. Oben befindet fich ein Luftloch in der Wölbung, *temazcal-ixtli* genannt (Mol. *respiradero de temazcalli;* mit Hinzunahme von *ixtli*), das nach Befinden verfchloffen oder geöffnet wird. Pater Steffel fchreibt (S. 306 Art. Backftube, hinter baden) fo darüber: „Backftube. *Temafcáli.* Es ift ein mexikanifches Wort, und bedeutet einen runden Backofen, den fchier jeder mexikanifcher Indianer vor feiner Wohnung von Kothziegeln erbauet hat. Wenn fie fich unpäfslich befinden, kriechen fie in diefen, zuvor ausgeheizten Ofen nackend hinein, fo warm als fie ihn erleiden können, und brechen fodann in einen häufigen Schweifs aus. Damit aber die Kur noch beffere Wirkung mache, fo wird der Patient zugleich von auffen mit einem Befen über den Rücken geftrichen, oder frottirt: welcher Befen, weil er dort von rauchen Palmzweigen gebunden ift, nicht wenig krazet. Es haben fich einige in der Gliederlähmung diefer Kur bedienet, und hernach geftanden, dafs das Frottiren eine gräuliche Marter wäre." ‘

TENTLI bedeutet: 1) **Lippe**, Lippen (Mol. nur plur.) 2) (als 1. compos.) **Mund**, **Maul** 3) der **Schnabel** des Vogels (eine Bed., welche Mol. auch nicht hat, welche aber wenigftens als pr. und ult. compos. vorkommt: *toto-tentli* Schnabel des Vogels) 4) **Rand**, **Saum** einer Sache 5) die **Schneide** (des Meffers; woher *ten-e* fcharf, *ten-tia* fchleifen, wetzen). — Die merkwürdige Übereinftimmung der vier Nordweft-Sprachen mit diefem Worte erhellt gleich aus zwei Wörtern zweier Sprachen, mit denen ich meinen Bericht eröffne, indem fie diefelbe Verkettung der Bedeutungen an fich zeigen: Te *tuni* 1) Mund 2) Schnabel des Vogels 3) Rand (Lippe wird durch ein Compof. davon ausgedrückt: *tuni-culiga)*; Co *teniti* Lippe, *tenniti* Mund (natürlich beide Ein Wort, nur durch orthographifches Schwanken gefchieden). Hiernach will ich die Bedeutungen vereinzelt nachweifen: 1) **Lippe**: Co *teniti* (deriv. *ten-ioe* die Lippen bewegen), Te *tuni-culiga*, Ta **chumi* (pl.); 2) **Mund**: Co *tenniti*, Ca **teni*, Te *tuni*, Ta *tschumila* (fo unkenntlich es ift) (Co deriv. *ti-tem-*ᵘᵉ*izipe-huame* Barbier); 3) **Schnabel** des Vogels: Ta *tschumila*, Te *tuni*, Ca **huiqui-teni* (wirklich: Vogel-Schnabel, indem **huiqui* für Vogel zu nehmen ift: f. mein deutfch-fonorifches Wörterbuch); 4) **Rand**: Te *tuni.* — An das Subft. knüpft fich auch der Begriff **küffen** an; im Azt. wird dazu ein compos. erfordert: *ten-namiqui* (die Lippen vereinigen, *tentli* + *namiqui*, welches oben S. 85[f] entwickelt ift); — küffen ift Te *tun-sciddague (tun* ift *tuni* = *tentli)*, Ta *nothépa* (wo *the* = *tentli* feyn könnte), ? Ca *tente;* in der Co ift *anca-ten-imoa* küffen, das Subft. Kufs aber ein einfaches Derivatum von Lippe oder Mund: *ten-eat (at, eat* ift der häufigfte Anfatz abgeleiteter Subft.). — Derivata des Te *tuni* find: *tutuniaque* gähnen, *tutuniaxe* fchnappen, den Mund viel bewegen *(boquear);* *tunimo* Biffen, *tuni-varaga* Speichel.

TEOCUITLATL, eigentlich Götterdreck *(merda deorum;* aus *teotl* und *cuitlatl*, f. oben S. 74, zufammengefetzt), ift der gemeinfchaftliche mex. Name für Gold und Silber; fie werden durch den Zufatz von **gelb** und **weifs** unterfchieden (f. meine aztek. Ortsnamen S. 36ᵐᶠ). — CA wird **teoquito* als **Silber** angegeben.

TEOPAN oder *teupan* ift der allgemeine Name 1) für **Tempel** 2) für (chriftliche) **Kirche**; es ift nichts als eine Ortsform von *teotl* Gott: Götterort (durch die Poftpof. *pan* gebildet) — **Kirche** in den nordweftlichen Sprachen: Ca *teopa (manual* p. 1ᵐᵐ), Ta *teopa (*reobá)*, Co *tiopan;* Te *quiupe* und *quiupa* (beide auch: Tempel; einmahl, Rinald. Wörterb. p. 144, aⁿ, fteht *luiupe*, das wohl verdruckt ift). In der Te ift davon ein deriv. da: *quiupa-te* eine Kirche bauen.

TEOTL Gott — von ihm kommt ein mex. Compof. *teo-cocoliztli* Ausfatz; wörtlich: Götter-Krankheit oder göttliche Krankheit; von *cocoliztli* Krankheit (subst. actionis des Verbums *cocoa* krank feyn; eben fo aus deffen partic.: *ten-cocox* und *teo-cocoxqui* ausfätzig). — Es ift möglich, dafs *teotl* ebenfalls liegt im Te *teo-midaga: lepra, bubas.*

TEPOTZOTLI und *teputzotli* bucklig, ein Bucklicher — Co *ah-tepuzi* bucklig feyn; Te *toposci* ein Bucklicher (mit den deriv.: *toposci-cate* krumm werden [ein Greis], *toposci-camue* krumm, bucklig).

TEPUZTLI (mehr als *tepoztli)* Kupfer, **Eifen** (letzteres unterfchieden durch Beifatz von *tliltic*, fchwarz) — Co 1) *tepúzti* Eifen, Metall, *alambre* 2) *teapuehti* Axt (ich bemerke, dafs im Mex. durch *tepuz* + als 1. compos. viele eiferne Werkzeuge ausgedrückt werden); Ta *tepulaca* oder *tepuraca* 1) Beil 2) Hacke; Te *tupure* Beil. — Man kann gegen die Identität des Wortes der 3 Sprachen für **Beil** mit dem azt. **Eifen** einige Zweifel hegen

obgleich die azt. Identität durch die Cora-Form fehr unterftützt wird. Das tarah. Wort, allein
betrachtet, giebt die meiften Bedenken. Es kommt nämlich äufserlich her von *tepulá*, *tepurá*
oder *depurá* hauen, hacken (vgl. *tepuná* zerreifsen); und die Verwandtfchaft wäre nur fo
ftatthaft, dafs man das Verbum als simplex rückwärts aus dem azt. Subft. entftehen liefse. Dazu
kommt, dafs im tarah. deutfchen Wörterbuche *tepuláca* nur die Bed. H a c k e erhält (eben fo
im deutfch-tarah. Art. Hacke), und die von B e i l nur einmahl, im d. tar. Th. Art. Beil, vorkommt.

TEQUIPANOA a r b e i t e n: ein compos. aus dem gleich hiernach folgenden *tequitl*
und einem Verbum +*panoa* (vgl. *quech-panoa* auf den Schultern tragen) — Ca *tequi=
panoa* arbeiten *(manual* p. 68[nf]; vgl. im Anfang diefes Werks S. 4[mm-mf]).

TEQUITL Werk, Arbeit, ein Stück Arbeit 2) Amt 3) Gefchäft 4) Tribut; in der Bed.
von Pflicht kann ich es im Azt. nicht nachweifen, *oficio* (die häufige Überfetzung für das Wort)
fcheint nur Amt andeuten zu follen. — Im Ca *manual* kommt *tequil* öfter vor, in den Bed.:
1) Pflicht, Verpflichtung 2) Verrichtung, Gefchäft.

TETL S t e i n; die Bed. von Felfen wird bei dem Worte nicht befonders bemerkt, doch
giebt Mol. *huei tetl* (grofser Stein) dafür an. — Das Wort geht durch alle vier Nordweft-
Sprachen: aber in Formen, welche zum Theil eine Reduplication der erften Sylbe, zum Theil
eine aus der mex. Endung *tl* entftandene zweite Sylbe, zum Theil eine zwifchen beiden An-
nahmen fchwankende Geftalt zeigen. Der Bed. Stein ift öfter die von Felfen beigefellt: C A
teta, Co *tétetn* und *tetéti;* in der T A find mehrere Formen anzugeben: *teéke* (auch
Klippe), *techtéke* (auch Fels), *tetek* (von mir in Texten bei Steffel gefunden), *rete* (Tellechea's Wort; das einfachfte). So wie im Azt. von *tetl* eine Menge von Compofitis gebildet
werden, in denen das Wort als *te*+ den erften Theil bildet; fo erfcheint im Ta *te*+ nach Steffel's Bemerkung (344 Art. Stein) im Anfange vieler Ortsnamen in der Bed. von Stein, Felfen
(„von den Steinen und Felfen des grofsen tarahumarifchen Gebirges haben die meiften Dörfer
ihre Benennungen"; f. diefe Namen oben S. 25[mf] und 60[nn]). Die T E Sprache bleibt mit einer
nahe ähnlichen Form an das Stein; ich habe mich aber mit der Zeit immer mehr dazu geneigt
ihr Wort *jodde*, trotz feiner weiten Abirrung, für = *tetl* anzunehmen; wenn *jo* das ganz fremd
ift, fo ift der zweite Theil *dde* fehr einfach = *tl*, und wirkt beweifend. — An *tetl* Stein
knüpft fich im Azt. der Begriff H a g e l nur in einer Compofition oder Derivation: *te-cihui*
hageln, *te-cihuitl* Hagel; in den nordweftlichen Sprachen aber hängt er fich an das einfache
Wort; Hagel: Ca *teham*, Te *teai* (hier kommt in diefer Sprache das gemeinfchaftliche
Wort zum Vorfchein), Co *téteri* (diefe letzte Form fieht wie ein plur. von S t e i n aus; denn
eri ift in der Cora eine Endung des plur.), Ta *rheheke*.

TEUHTLI Staub — Co *chuehti* Staub 2) Erde.

TEXCA und *texcan* grofse Wanze — Co *teuxa* Wanze.

TEXTLI f. bei *teci*.

TILMATLI M a n t e l: das Hauptkleid der Männer in der alten Zeit; ein viereckes Stück
Zeug, etwa 4 Fufs lang, deffen zwei Zipfel auf der Bruft oder auf einer Schulter in einen
Knoten zufammengebunden wurden. — Die wollene Decke der T a r a h u m a r e n, welche allgemein *kemáca* heifst (f. den Art. *quemi* oben S. 92[mf]), wird nach Steffel „von den mexicanifchen Tarahumaren" *tilma* genannt. Es ift nur eine durchgehende, im Laufe des Nachdenkens
natürliche und zu entfchuldigende Frage: ob man etwa gar jenes *kemáca*, das ich dort =
+*quemitl* angenommen habe, für = *tilmatli* halten folle? fie findet keinen Raum: denn
die Form *kemáca* ift fern genug von *tilmatli* und hinreichend nahe zu +*quemitl*.

TLACATL Menfch, Perfon — ob das Co *teata* Mann, Männchen damit zufammen-hängt? es ift auffallend, dafs die Sprache diefes Wort noch neben dem gemeinfamen nordweftl. Worte für Mann und Menfch befitzt: Te *teodi*, Ta *tehoje (*rejoye)*, Co *tévit*.

TLALHUATL Sehne, Nerv — Co *tàtat* oder *tàtati* Nerv 2) Ader; Te *tatta* Nerv, *tata* und *tate* Ader, Ca **obo-tate* Ader.

TLANI oder vielmehr *ITLANI* um etwas **bitten**; das Anfangs-*i* (vielleicht überhaupt nur ein grammatifcher Vorfatz bei mehreren Stammwörtern) geht dem zweiten Worte meift verloren, fobald etwas davor tritt; fo heifst zwar ni-*tla-itlani* ich bitte um etwas, aber das vom einfachen abgeleitete v. a. lautet: *tla-tlani-a* Einen um etwas fragen, etwas unter-fuchen. — Ta *tani* bitten; Te *tane* und *dane*, auch *atane*: bitten· 2) fich um etwas be-werben (davon *tanibuide prestar*). Doch auch die Bedeutungen **fordern** und **fragen** zeigt der Nordweften: Te *tani-di* fordern, Ca **netanie* fragen.

TLANTLI **Z a h n**, Zähne — obgleich die Nordweft-Sprachen durchgehends ftatt des *n* ein *m* haben, fo macht die übrige Geftaltung der Formen doch die Identität gewifs: Co *tameti*; Ta *temela*, *remela* und *ramela*; Ca **tami*; Te *tatamo*. Wenn die letzte Sprache die erfte Sylbe reduplicirt hat, fo bietet fie in dem privativum *tamo-sali* zahnlos das Wort einfach dar; in der Co ift ein deriv. *tame-tzé* die Zähne wechfeln. Um das fonorifche *m* zu erklären, könnte daran erinnert werden, dafs die mex. Sprache ein Lautgefetz befitzt, kraft welches ein *n* in vielen Fällen vor einem Vocal zu *m* werden mufs (fo lautet das Präfix und das Zahlwort *cen*, f. oben S. 71, vor Vocalen *cem*). Vielleicht war der Stamm für **Z a h n** viel-mehr *tlam* als *tlan*, und geben uns die nordweftl. Sprachen eine Belehrung über den älteren Zuftand.

TLAPECHTLI heifst ein Geftell, und zwar näher: ein Gerüft, Bühne *(tablado, andamio)*; ein Bettgeftell, bretternes Bett *(cama de tablas)*; eine Bahre *(andas de defunctos)* u. ä. — T A *tapestle* Reufe, Fifchreufe hat eine zu grofse formelle Ähnlichkeit für fich, dafs man nicht auch in der Bedeutung eine Verftändigung verfuchen follte.

TLATLACOLLI **S ü n d e**: das merkwürdige Wort, eine vielfache, ächt mexicanifche grammatifche Bildung, deren Analyfe ich im Anfang diefes Werks (S. 4^(m-mm)) gegeben habe — fo wie ich auch feine auffallende und wichtige Wiederkehr in dem C A Worte *tatacoli* Sünde, das in dem *manual* fo häufig ift, dort befprochen habe.

TLATOANI ift das partic. praes. act. von *itoa* oder *tlatoa* (letzteres ift *itoa* mit vorgefetztem, aber fchon wie ftammhaft feft gewordenem pron. *tla*, etwas) fprechen; es be-deutet 1) in Wirklichkeit Sprecher 2) aber und hauptfächlich: grofser Herr, Vornehmer, Statt-halter; Fürft, Cazik. — Das Wort gehört auch der C o r a - Sprache an: als *tatoani gober-nador*; Ortega, welcher diefs Wort in feinem kurzen grammatifchen Abrifs von der Sprache (§ 3, f. oben S. 45^(af-mm)) als ein Beifpiel der alten Aufnahme mexicanifcher Wörter anführt, giebt zugleich eine Erklärung von der Überführung feiner Bedeutung: *Tlatoani es el nombre que los Mexicanos le dan al Governador del Pueblo, por fer el que habla, ó tiene derecho de hablar por fus subditos; y quitandole la L (corrupcion antigua en todo el Obispado de Guadalaxara) le dicen á fus Governadores los Coras Tatoani.*

TLATOLLI ift das part. pass. deffelben Verbums *itoa*, und bedeutet: Wort, Rede, Gefpräch 2) Sprache — T A *tlatolle* hat die fpeciellen Bedeutungen: Verfammlung, Zu-fammenkunft 2) „Rottungen", heimliche Zufammenkünfte.

TLATQUITL ift das part. pass. von *itqui* tragen, und bedeutet: 1) was getragen wird, daher: 2) Kleider 3) Eigenthum, Befitzthum — ? C o *tazîti ropa* (Kleidung, Zeug), wollenes oder leinenes Zeug, *manta*.

TLATZINI krachen, *tlatlatzini* (das redupl. Verbum) donnern — Co *tatzinè* donnern.

TLAXCALLI ift das part. pass. des oben verzeichneten Verbums *ixca* (S. 75^{nn}) backen ufw.; und ift der Name für Brodt, aber vorzüglich für die Maiskuchen *(tortillas)*, die bekannte allgemeine Brodt-Art der mex. Indianer — Te *tàscali torta, tortilla* (f. auch Text 11^f).

TLETL Feuer — Co *tait lumbre* (diefs fpan. Wort wird in Mexico gewöhnlich für Feuer gebraucht, und foll diefs auch wohl hier bedeuten) 2) Feuerbrand; T E *tay* Feuer. Vom Co Worte habe ich noch die 2 deriv. anzuführen: *taiya* verbrennen; *taixe* 1) fich in oder an der Sonne verbrennen oder entzünden *(abrasarse del sol)* 2) Wärme oder Hitze empfinden *(tener calor)* 3) fchwitzen; *hua-taixe* verbrennen (v. n.). Die Ausfchliefsung der T A Sprache von diefem wichtigen Worte wäre auffallend: man darf daher behaupten, dafs deren *naïki, *nai* Feuer (wovon das deriv. *naïgé* Feuer machen) daffelbe Wort, = Co *tait*, Te *tay*; und dafs es durch eine ftarke, aber nicht unnatürliche Umwandlung des *t* in den Nafenlaut *n* von feiner Quelle abgeworfen fei. Es wird nun fchwer zu fagen, ob dem mex. *tletl* von Seiten der Ta auch anzufchliefsen feien die Verba: *rachá, *raja, rachtá* brennen (v. n.), *raché* es flammt, *rachelé* leuchten *(rache-liki* Licht, Kerze, Flamme; **rajimera* fut. von verbrennen, v. n.)? fie gleichen jedoch nahe den Co *taiya* und *taixe;* und in ihren Kreis pafst ferner auch durch feine Geftalt das Co *taa arderse*.

TLEXOCHTLI glühende K o h l e : ein zufammengefetztes Wort, aus dem vorigen *tletl* und einer Formation aus dem Stammworte *xotla*, fich entzünden, Feuer fangen, beftehend — ? Co *te^{u}xquari, te^{u}xcuarit* glühende Kohle.

TLILLI fchwarze Farbe; davon *tliltic* fchwarz u. a. deriv. — Indem ich die Ausdrücke zweier Sprachen für fchwarz, welche hinten ein *l,* in der Mitte freilich ein fremdartiges *c* enthalten, für das azt. Wort anfehen möchte; fetzt mich der, kaum zu läugnende Zufammenhang diefer Wörter mit den Begriffen d u n k e l oder f i n f t e r und N a c h t, welche kein *l* mehr enthalten, fondern nur auf *t* und *c* beruhen, in Verlegenheit. Ich kann nichts thun als die Sachlage aufrichtig hier vorführen. — Begriff f c h w a r z : Ca **chuculi;* Te zwar fchon ohne *l: tucu* oder *tuco,* aber in den deriv. tritt *li* hinzu: *tuculi-daraga* Rufs oder ganz fchwarze Farbe *(tizne), tuculi-made tiznar;* deriv. *tucu-te* fchwarz werden; die Ta fcheint auch anzufchliefsen zu feyn: *tschocámeke* fchwarz. — Die Begriffe f i n f t e r und N a c h t fetze ich, wohlverftanden, nur als kritifchen Stoff hierher, durch welchen vielleicht erwiefen wird, dafs das Ca und Te Wort für fchwarz nichts mit dem azt. zu thun hat, fondern nur ein Zweig diefer letzteren, und die ganze Familie einheimifch ift. N a c h t : Co *tecá-riti (riti* ift eine Endung abgeleiteter Subft.; *teca* adv. in der Nacht), Ca **tucabe;* Te hat ein *g* angefetzt, und der ganze Begriff d u n k e l erfcheint mit *g: tucaguó* St „ftockfinftere Nacht", nach Text bei ihm blofs Nacht; Tell. **rocaguó* Nacht; — d u n k e l, f i n f t e r : Te *tucagamo* oder *tucagamoe* Dunkelheit, *tucagamo-daraga* Finfternifs.

TOCA unter die Erde bringen, einfcharren, b e g r a b e n (2) fäen) — Ta *toco* begraben, einfcharren, Ta auch *teca (*recá)* begraben, Co *tete* id. — Wie in den letzten beiden Formen das azt. *o* zu *e* geworden ift, fo wird dadurch die Verwandtfchaft eines andren azt. Stammwortes befchönigt, das ich ohne diefen Schutz nicht wagen würde anzuführen.

A *TECA* ift l e g e n (bef. auf den Boden entlang), auch wohin thun — Te (redupl.) *tutuque* legen, ftellen (Imper. *tuc-ani*), *?tutuai* pflanzen.

TOCAITL N a m e — Ca Tx *tehua, manual teuam* und *teuame;* Co *teahua-rit,* Ta *reguata,* *reguara,* in Hervas Vaterunfer aber *teaguari;* damit hängt n e n n e n zufammen (azt. *toca-yotia):* ? Ca *tehua,* Ta *reguéke* (St heifsen; *regua* heifsen), (Co *teahua* heifsen,) Te *tutugue,* wovon als deriv. *tutuga-raga* Name. Ich habe die Fremdheit diefer Formen gegen die aztekifche fpäter, hinter der Pima-Sprache (XIII § 281), vermittelnd erörtert.

TOCATL Spinne — Co *tucati,* Te *tocorore.*

TOCHTLI Kaninchen — Te *tosci,* Co *tatzu* (auch 2) Hafe), Ta *rogui* (zwar fehr verftellt, aber doch für daffelbe zu erachten).

TOMIN 1) Geld 2) ein Real (etwa 5 Silbergr.); das Wort hat, wie ich im Abfchn. III § 44 (S. 51[nn, nf], 52[mm, mf]) gezeigt habe, eine weitere Verbreitung in Sprachen des mexicanifchen Gebietes — unter den fonorifchen kann ich nur die TE angeben: *tumin-sci (sci* ift Subft. Endung) 1) Geld 2) Metall, Mineral (z. B. *tuminsci cocosade* Thon); durch Zufatz von *oama* gelb und *toa* (eig. *toxa)* weifs wird es zum Ausdrucke für Gold und Silber: *oama tuminsci* Gold und *toa tuminsci* Silber (ähnlich wie azt. *cuztic* und *iztac teocuitlatl,* f. meine aztek. Ortsnamen S. 36[mf]); deriv. *tuminsci-te* Geld fchlagen, und andre.

TONA w a r m feyn (d. h. v. impers.: es ift warm), wovon kommt *totonia* warm werden — TE *toni* warm; mit mehreren Abgeleiteten: *sci toni-camue* heifs, *toni-daraga* Wärme 2) Hitze 3) Fieber, *tonidi* erwärmen, *ci tonida* Hitze.

TONALLI ift blofs ein deriv. des vorigen *tona;* es bedeutet nach Mol. nur die Sonnenwärme und die Sommerzeit *(tiempo de estio):* es ift aber nach feinen Compofiten gewifs, dafs es eben fo wie *tonatiuh* die S o n n e felbft bezeichnet oder bezeichnet hat; mit Sonne kann fich in der fonorifchen Sprache fehr leicht der Begriff von T a g verbinden — TE *tonnoli* 1) Sonne 2) Tag (neben dem gemeinfamen, einheimifchen Worte für beide Begriffe: *tasse);* damit fcheint zufammenzuhangen *tonnoraje* durchfcheinen *(traslucirse).*

TOTOLIN Huhn — Ta *totoli,* *totori* Huhn, Ca *totoli-caba* Ei (wie azt. *totol-tetl:* Stein des Huhns).

TOZAN und *TUZAN* ein Thier, das bald durch M a u l w u r f und R a t t e geradezu überfetzt (beides bei Mol.), bald als eine Art des einen oder anderen, bald als eine eigenthümliche Gattung gefchildert wird (Hern. und Clav.); Clav. fagt, es fei ziemlich gleich dem europäifchen Maulwurf; die Spanier haben daraus *tuza* und *tusa* gemacht, das ich irgendwo durch *especie de raton* erklärt gefunden habe; Lichtenftein benennt das Thier *ascomys canadensis.* — Ich finde das Wort auch in der C o r a - Sprache: *teáuxat, tuza animal.*

TZANATL S t a a r; das Wort kommt einfach bei Mol. nicht vor; ich habe es fammt feiner Bed. aus Hernandez, Sahagun und Compofitis entnommen, was ich hier nicht weiter nachweife. Steffel fagt (f. die nahe Anm. hier), dafs die Staare mex. *chanate* heifsen. — Das TA *tschachcaca* halte ich nichtsdeftoweniger für daffelbe Wort (¹), eben fo wie TE *sasane* Krammetsvogel (aztekifch *aca-tzanatl,* mit Vorfatz von *acatl* Rohr).

___

(¹) *Steffel* S. 343 Art. Staar: „S t a a r. *Tfchachcáca.* Diefes find Vögel, die mit unfern Staaren vieles gemein haben. Es find ihrer verfchiedene fchöne Gattungen. Einige find wachsgelb, mit fchwarzen, andere fchwarz mit rothen oder weifs ausgefchlagenen Flügeln, andre wiederum ganz fchwarz oder ganz grau. Sie fliegen im Herbft und Winter Schaarenweife, und machen Mittags und Abends ein Gefchnatter, wie die Staare. Bey den Mexikanern heifsen fie *Chandte,* bey denen Spaniern *Tordos.*"

TZAPA und *tzapatl* Zwerg — Te *zapa*.

TZINACAN Fledermaus. — Diefer Artikel ift nur einer kritifchen Betrachtung gewidmet. Ortega giebt im CORA an: *uheztacam bruxa;* er mag mit *bruxa* Zauberinn, Hexe meinen; das fpan. Wort bedeutet aber auch 2) eine grofse Eulenart: Kirch-Eule, Schleier-Eule; und wohl 3) vampyrartige Wefen: wie ich bei Molina finde: *bruxa que chupa la sangre: te-yollo-quani* (Jemandes Herz effend), *bruxa otra: tlahuipuchin;* und nach diefem letzten Sinne wäre es eine Möglichkeit, dafs im Co *uhe-ztacam* das azt. Wort für Fledermaus, *tzinacan,* läge.

TZINTLI foramen podicis, anus — Co *cimutziti,* durch das fpan. *sieso* überfetzt, das bedeutet: den After, die Öffnung des Maftdarms.

TZITZICAZTLI Neffel — Co *itzizcai.*

TZOMA nähen — Te *some* und *sosome* (davon *sosoma-damoe* Schneider), Ta *schulá* (von deffen *l* wir freilich abfehen müffen).

+*TZONA* liegt dem redupl. *tzotzona* zum Grunde; letzteres bedeutet: fchlagen (z. B. die Pauke, Gold, mit der Fauft) 2) fich an etwas ftofsen u. a.; man vergleiche dazu die compos. *te-tzotzona* Steine behauen 2) mit einem Stein fchlagen, *a-tzotzona* die Grundmauer im Waffer legen 2) auf einem Steine wafchen. Ein Subft. *TZONTLI* ift 1) ein befonderes Wort, der Bed. Haar (ich trenne diefe Bed. ab und mache daraus einen befondren Artikel) 2) ein deriv. des verlornen Verbums *tzona,* fo wie +*tzotzontli* deriv. von *tzotzona.* Ich habe für die beiden letzten Subftantiva Bedeutungen nachzuweifen, welche zur Vergleichung mit der Tepeguana-Sprache dienen follen; wir blicken dabei freilich in ein buntes Gewirr von Begriffen, die dem Stamm +*tzona* und +*tzontli* aufgebürdet find: *te-tzontia* die Grundlage zu einer Mauer legen, *a-tzotzontli* Grundmauer beim Wafferbau, *tlal-tzotzontli* Ringwall um eine Feftung, *tlal-tzotzontli* Gränze zwifchen Grundftücken; *tzon-yoc* Gipfel 2) auf dem Gipfel von etwas, *tla-tzom-pan* und *tla-tzon-co* am Ende, *quauh-tzon-tetl* Stamm des Baumes.

Ich finde nun, — neben Ta *tschotschoná* „ins Maul fchlagen" *(tschotschonála* Maulfchelle, Ohrfeige) —, in einer TEPEGUANISCHEN Wortfamilie, in einem Stammworte mit einer reichen Ausfpinnung von Derivaten, äufserlich eine hinlängliche Ähnlichkeit mit dem azt. +*tzona* und +*tzontli;* und in diefen Formen jene bunte Reihe von Begriffen fo enthalten, dafs ich eine Identität beider Stämme und Wortfamilien für wahrfcheinlich annehme. Dabei herrfcht in der nordweftlichen Sprache die unreduplicirte Geftalt. Stamm-Verbum: *sonne* oder *sone* fchlagen, hämmern, mit der Fauft fchlagen (man kann die Redupl. im praet. fehn: *soso-anta;* von *sone* kommt her das subst. instr. *soni-care* Hammer); derivata: *sonitapage, sonitapague* fchlagen 2) ftampfen, rammen 3) *machucar, majar* (von ihm wieder mehrere Abgeleitete, wie *sonitapa-care* Keule); *sonnituque* mit einem Beile behauen. Einfaches Subft.: *sonode* und *sonnode* Urfprung 2) Ende; Hintertheil (z. B. *batotoi* sonnode des Hintertheil des Schiffes) 3) der Stamm des Baumes *(usc sonode):* wie im azt. *quauh-tzon-tetl* (davon *sonitucaraga* Stengel); von diefem einfachen tep. Subft. find derivata: *sonnami* Ende, *sonnoami* Gränze, *sonno-tude* gründen; es liegt wohl auch in *naca-sona* Schläfe (worin *naca* Ohr ift).

TZONTLI das Haar des Kopfes, Haupthaar — Ca **choni* (Ternaux), *chonime (manual).* Ein ganz anderes +*tzontli,* nicht allein vorkommend, behandelte ich eben mit +*tzona* zufammen und als fein Derivatum.

XAMITL ungebrannter, an der Sonne getrockneter **Backftein** *(adobe de barro)* — Co *xamil,* von Ortega ganz eben fo: *adobe de barro,* überfetzt.

XICALLI 1) eine Kürbifs-Art 2) ein daraus gefertigtes, in Mexico höchft gebräuchliches **Trinkgefäfs:** das Wort, aus welchem das fpan. *xicara* und das ital. *chicchera* entftanden find — Te *chicali* diefe Trinkfchale *(xicara).*

XICTLI der **Nabel** — Te *jico* oder *icco,* Ca **sicu;* Co *zipútziti* (das letzte abenteuerlich entfremdet).

XIPEHUA die Haut abziehn 2) abfchälen, ausfchälen, aus der Schale machen (Bohnen u. a.) — Te *jipigui* fteht unter *mondar* (fchälen), aber mit der Bed. *desentrañar* (ausweiden, die Eingeweide herausnehmen).

XIXA cacare, a-xixa (mit Vorfatz von *atl* Waffer) *mingere (xixtli* Menfchenkoth, *axixtli urina)* — ?Ta *sisi mingere;* Te *ji orina, jiai orinar;* Co *ce mingere.*

XOCHITL und *xuchitl* 1) **Blume** 2) **Rofe** — Te *joscigue, jioscigui, yosciga* beides (davon *joscig-ate* blühen); Co *xúxut* Blume. — Ob nun eine bedeutend davon abweichende Form der andren Sprachen auch daher kommt oder uns ein einheimifches Wort vorführt? Ca *sehua Blume *(*sehuataitec* blühen), Ta *seguá* 1) Blume 2) Rofe. — Ein Co deriv. ift *xuxut-pasqua: pasqua florida,* d. h. Oftern: ganz = mex. *xuchi-pascua.* Die Co hat ein deriv. davon: *xuxcáta* Frühling, der im Mex. *xopan* heifst: ein Wort, das es allerdings paffender wäre als *xoch-pan* von *xochitl* abzuleiten, als von einem dunklen Stamme *xo+,* dem man es formell beilegen mufs.

Die mex. Stämme *XOCOA* und *XOCOTL* greifen mehrfach in einander und find vielleicht in Einen zufammenzuziehn: d. h. *xocotl* **Frucht,** aber wohl urfprünglich faure Frucht, ift ein Nebenftamm, aus dem Stamme *xocoa,* welcher dem Begriff **fauer** dient, entfproffen. Der Form *xocoa* wird nur eine metaphorifche Bed.: mit Verachtung wegftofsen, gegeben; feine eigentliche Bed. ift aber aus *xocoya* zu entnehmen, welches nach mex. Laut-Gewohnheiten für daffelbe Wort zu halten ift; es bedeutet: fauer werden. Von *xocoa* kommt her *xococ* fauer, von *xocoya* vielmehr *xocoyolli* (auch *xucuyulli)* Sauerampfer. *xocotl* bedeutet den Angaben nach und in der Compofition Frucht im allg.; aber fchon Hernandez überfetzt es einmahl durch *prunum.* Die Erfcheinung ift nun diefe: dafs auch *xocoa,* der Stamm für fauer feyn, eine Form *xocotl* bilden kann, als ult. compos.: *tlal-xocotl* Alaunerde (wörtlich Sauer-Erde, vielmehr Erd-Sauer, von *tlalli* Erde), *quauh-xocotl* eine Art Sauerampfer; und dafs *xoco+* im Anfang der Compofition fowohl von *xocotl* Frucht als von *xococ* fauer herrühren und danach zwei verfchiedene Bedeutungen haben kann. Ich glaube immer, dafs *xocotl* nur für einen gewiffen Bereich der Früchte gilt: für die, welche man (fchwankend und unbeftimmt) als fäuerliche anfah· und, als Folge feiner nachherigen fpeciellen Bed. von Pflaume, für die, welche pflaumenartig oder fchlehenartig fleifchig find. Einige Compofita mit ihm find: *maza-xocotl* (von *mazatl* Hirfch) die mexicanifche Pflaume, *te-xocotl* (von *tetl* Stein) *manzana de las Indias,* Hern. *pomum indicum; ama-xocotl* wie *ama-capulin* (von *amatl* Papier, *capulin* Kirfche) Maulbeere. Die Benennung des **Weinftocks** und feiner Frucht mufs man aber beftimmt als dem Begriffe der Säure entliehen annehmen; im Mex. ift es undeutlich: *xoco-mecatl* (von *mecatl* Strick, aber häufig als letztes Glied die Namen von Ranken-Gewächfen bildend), Weinftock, aber nach Mol. Art. *uvas* auch Weintraube und Weinbeeren, könnte von *xococ* wie von *xocotl* herkommen; aber die Tepeguana-Sprache beweift für *xococ.*

In zwei NORDWEST-SPRACHEN findet fich der azt. Stamm als das Adj. fauer: CA *choco, TE juco und jucoli; von juco kommt im Te das subst. deriv. jucode Sauerteig (mex. xoco-textli, von textli Teig, f. oben S. 9.$^{\mathrm{m, mm}}$), wovon nabaiti jucode Eßig. Daffelbe Wort, welches fauer bedeutet, jucoli, ift in der Te aber auch der Name für einige faure Früchte, und namentlich für die des Weinftocks; und ich möchte die Form jucoli (auch xucoli gefchrieben) geradezu für = dem mex. xocotl halten. jucoli (bei den verfchiednen Wiederholungen auch xucoli, ucoli und uuojoli gefchrieben) giebt Rinaldini 1) als Citrone oder Pomeranze 2) als Wein: d. h. die Frucht, Traube, Beere; uuojoli giebt er für uva; xucoli dud, ucoli oder jucol duud für 1) Pomeranzen-Baum 2) Weinftock.

XOTLA ift wahrfcheinlich das Stammwort für xochitl Blume, denn es gehen von ihm auch directe Derivata als Subft. +xochtli aus; es bedeutet 1) fich entzünden, Feuer fangen, anbrennen 2) knofpen, und noch verfchiedenes — Co huata-xota blühen.

YACATL Nafe — Ta jachcala, auch jacunabo; Ca *ieca, Te daca: ([1]) letztes auch Schnauze; mit dem deriv. dacapo: 1) Haare in der Nafe 2) Schnurrbart. — Das mex. Wort bezeichnet auch (nach Hernandez, nicht nach Mol.) den Schnabel der Vögel; er heifst im Cora ixèti: fern genug freilich, und von mir anderwärts (§ 58 in dem Art.) mit mex. ixtli verglichen.

+*YOLLI* Herz, abgeleitet von yoli leben, ift ein verlornes Stammwort, das nur noch im reichen Maafse in Compofitionen vorkommt; einzeln hat die neuere Zeit dafür das (abftracte) Derivatum yollotli aufgebracht. yolli hat fowohl die körperliche als die geiftige Bed.: die von Herz, wie die von Gemüth, Geift. — Beide Bed. hat auch Te jura (1) Herz 2) animo) und Ta sulala, *sura; daff. ift julio in der alten Sprache Nicaragua's (azt. Ortsn. 159).

ZACATL ift 1) Stroh, befonders aber 2) die trocknen, auch grünen Maisblätter, welche in Mexico zum Viehfutter gebraucht werden (fpan. zacate) 3) gewifs auch überhaupt Kraut, Kräuter, wie aus Compofitis unläugbar hervorgeht; z. B. zacatla: Ort voller Kräuter (hierbazal), Wiefe. — Ich erkenne das Wort, trotz ftarker Entftellungen, kraft des Umfanges feiner Bed. in zwei nordweftlichen: Ta paca trocknes Kraut oder Gras, als Futter für Pferde und Maulthiere (f. Steffel S. 322 Art. Gras); Co ^{eu}xahti 1) Stroh (paja generalmente) 2) Viehfutter (pasto para las bestias) 3) Kraut (yeroa), Kräuter (eroaje, hier wohl nicht Viehweide?); Co ferner nach cacamuí Heu (muii ift: viel).

ZOLIN und zoli Wachtel — Ta tetscholi.

ZOZO auf einen Faden ziehen, aufziehen (Perlen, Kügelchen u. ä.) — ?Co xuu.

Mögliche oder hypothetifche aztekifche Wörter.

§ 57. Auf das GROSSE, bis auf weniges fichere Verzeichnifs laffe ich ein KLEINERES, von etwa 70 Wörtern folgen, welche nur nach Möglichkeiten oder nach äufserfter Möglichkeit AZTEKISCH feyn könnten. Es ift eine

---

([1]) yacatl heifst auch die Spitze von etwas; feine deriv.: yacatia 1) zufpitzen 2) der erfte, def vorderfte feyn; yacana führen, leiten. — Könnte Co anahcate, vorangehen, führen, von yacatl feyn?

Sammlung entfernterer Formen, an deren Gleichheit mit dem vorangeſtellten azt. Worte ſich keine Behauptung knüpft; von Wörtern, die vorläufig zu beachten ſind; von Einfällen, die in Jedem erweckt werden können und die es nützlich iſt an einem Orte niederzulegen. Wer weiſs, ob man nicht ſo weit gehen muſs, manche dieſer Vergleichungen als wahr anzunehmen? Man kann nicht wiſſen, welche Verſtümmlungen, Buchſtaben-Veränderungen und -Erweichungen mit den azt. Wörtern vorgenommen ſind: wie in dem Beiſpiele *mitl*. Wenn man ſucht, ob ein wichtiges mex. Wort nicht gleich ſo vielen anderen dem ſonoriſchen Idiom eigen ſei, ſo muſs man verſchiedene Zugeſtändniſſe machen; der weite Sprung, wie ihn nicht wenige dieſer Vergleichungen verſuchen, kann reine Identität darſtellen, aber wer könnte ſo kühnes behaupten? Man kann aus dem folgenden Verzeichniſs erſehen, wie ſich jede Vergleichung von Sprachen geſtaltet: es giebt immer eine Menge von Möglichkeiten; die fragende Anziehung hat auch ſchon den Nutzen, zu zeigen, wie fern viele Formen liegen. Es iſt gewiſs, daſs viele der Wörter, welche ich angebe, in ihrer Identität höchſt hypothetiſch ſind, daſs kaum daran zu denken iſt, weil die Form zu ſehr abweicht und die Sache zu weit hergeholt iſt. Dagegen ſind manche der Wörter eben ſo wahrſcheinlich als einige, die ich dem groſen Verzeichniſs einverleibt habe. Es ſind noch manche wahrſcheinliche und glaubwürdige mexicaniſche Ähnlichkeiten darunter. Viele Formen ſind der Art, daſs Keiner behaupten oder wiſſen kann, es könne nicht Identität obwalten; Beiſpiel *ecuxoa*.

Das Fragezeichen, durch welches ich in der groſen Liſte den gelegentlichen Zweifel andeutete, iſt hier nicht nöthig: man hätte es faſt zu allen Wörtern zu ſetzen, da alles ſo gemein iſt; ich ſetze dennoch ? oder ?? manchmahl, wenn ich zu wenig an meine Vergleichung glaube.

Den Gegenſtand von der anderen Seite betrachtet, ſo läuft man Gefahr, durch die Fortſetzung eines ſolchen Verzeichniſſes die nordweſtlichen Sprachen eines groſen Theiles ihres Eigenthums, ihres nationalen Wortſchatzes, zu berauben. Als ein ſolches Attentat betrachte ich die Parallele *cihuatl = upi*.

Als nicht hierher gehörig, führe ich des Scherzes halber ein Beiſpiel von der Lockung an, welche jede Wortvergleichung beſteht, durch hinlänglich gleiche Wortformen, an deren thatſächliche Ähnlichkeit und hiſtoriſche, wirkliche Verwandtſchaft wegen gänzlich verſchiedener Bedeutung nicht einen Augenblick zu denken iſt. In der mexicaniſchen Sprache iſt *huilotl* die Taube; in der tarahumariſchen heiſst *uilú* ein Vogel, von dem Steffel ſagt: er „iſt ſo groſ als ein indianiſches Huhn, friſst todtes Aas, würget aber ſelbſt nichts."

Ich habe das nachfolgende hypothetiſche Verzeichniſs zur Nachtragung dreier ſicherer aztekiſcher Wörter, die ich zwiſchen dem Druck beider Stellen noch entdeckte, zu der vorhergehenden groſen Aufzählung benutzen müſſen: der Artikel *izquiatl*, *peyotl* und *pochotl*.

§ 58. *a a z t l i* Flügel — Co *anati*

a t i a fchmelzen (v. n.) — Te *jagtai* (v. a.)

a t o l l i ein Getränk von Mais (breiartig dick) — ? Co *atúxari* id. von geröftetem Mais

c a c a — findet fich, fonft im Mex. unbekannt, im mex. Worte *chiancaca:* einheimifcher fchwarzer Zucker *(azucar negro de esta tierra, mazapan de la tierra),* unterfchieden vom fpan.; *chian* heifst ein öbliger Saame; ift nun *caca* identifch mit dem fon. Worte, das f ü f s bedeutet? es liegt nahe, diefs zu glauben: Ca *caca Zucker; Ta *kachcá* füfs feyn, *kachka-gameke* füfs; Co *ancaca* füfs 2) Zucker. Hier läge es ferner nahe, *caca* als ein, in die mex. Sprache eingegangenes, fonorifches Wort: alfo das umgekehrte Verhältnifs gegen fonft, anzunehmen.

c a c a l l i und *cacalotl* Rabe — Te *coconi*

c h i a und *chie* erwarten — Co *chueve* (von Wilh. v. Humboldt angegeben)

c h i c h i c a t l Galle — Co *tziruxca*

c h i c h i q u i fchaben — Te *jibisome*

c h i h u a machen — Te *ifuei*, Ca *iehua* oder *ieua*, Co *táhua;* das Erfcheinen des mex. Verbums hinten im Co *anenechihua* drohen *(amagar)* ift gewifs nur ein täufchender Zufall

c h i l l i fpanifcher Pfeffer — Ta *cocoli* daff. (von St türkifcher Pfeffer genannt; auch bei den Tarahumaren unentbehrliche Zutbat zu allen Speifen: f. Art. Pfeffer S. 335)

c h i p a h u a reinigen, aber nach deriv. auch hobeln *(tla-chipahua-loni* Hobel) — Te *jibe* hobeln

c h p a n a fegen, kehren — Co *ichᵃᵇᵘta*

c i h u a t l Frau *(mulier* und *uxor)* — könnte Te *ubi (mulier)*, Ta *upi* und Ca *hubi (uxor);* oder *uita (mulier)* feyn!!

c i t l a l i n Stern — wer weifs, ob man nicht fo weit gehen mufs anzunehmen, dafs Ta *sopoli* ihm gleich fei?

c i y a c a t l oder *ciacatl* die Achfelgrube — Co *itzicuarit*

c o a oder *cohua* kaufen — Co *toa* verkaufen

c o c o l i a haffen — Te *cudde*

c u e c h t l i Schnecke — Te *gaccoli*

c u e t l a x t l i gegerbtes Leder — Ta *guarátscha* lederne Fufsfohle, Sohle („von rohem Leder", St 341)

c u e y a t l und *cuiyatl* Frofch — Co *xeucuat*

c u i c u i t z c a t l Schwalbe — Co *huavixcai*

e c u x o a niefen — Ta *tschusiguá*

e t i c fchwer (von Gewicht, *gravis)* — Co *tìhete*

h u e c a (auch *huehca*) fern — Te *muca*, Ta *mechcá* id.; 2) Ta *vuechca*, bei Tell. *gúecá*, viel (diefe Verwandtfchaft würde auf dem azt. *huei* grofs, als dem Grundworte beider, beruhen)

h u e i grofs — Te *g u*

h u i c a tragen — Te *ucate* oder *bucade,* auch *ùade*

h u i h u i o c a oder *h u i h u i y o c a* zittern — Co *ubibè*

h u i l o t l Taube — Te *guiodaga*

h u i t z t l i Dorn — 1) Co *tzicdreti* 2) Te *susci-care* (auch *suis-care)* Sporn, Stachel, *suse* fpornen 3) Co *uitetzek* Sporn

i c e q u i röften (Mais), deffen *i* dem Verfchwinden unterliegt — Co *xaxche* id., Te *jague* röften

i c i u h morgen — Te *sciarajo, sciarojo*

i c p a l l i Stuhl, Bank — Co *eupuarit* Stuhl

i h i o t l Hauch, Athem, davon *ihiotia* athmen — Te *iboi* oder *ibui* für das subst., *ibue* für das vb. (alle drei Formen find wohl nur othographifche Schwankungen, fo dafs kein Unterfchied zwifchen den Redetheilen befteht); vgl. S. 91 *pitza*

i n e c u i riechen (durch den Geruch wahrnehmen) 2) riechen (abfichtlich), fchnüffeln, fpüren; das *i* ift dem Verfchwinden unterworfen: fo gleich bei Vorfatz des pron. *tla: tla-necui* — Co *eᵘchui* riechen (durch den Geruch wahrnehmen), *aᵉᵘhchui* riechen (abfichtlich), fchnüffeln, fpüren (wie der Jagdhund)

i q u i t i oder *ihquiti* weben — trifft, wenn man einige erleichternde Rückfichten anerkennen will, in der Tepeguana-Sprache auf eine fo nahe Ähnlichkeit, dafs der Artikel in die grofse Reihe der gewiffen aztekifchen Wörter, gleich einigen fchwächeren dort untergebrachten, hätte aufgenommen werden können: das Te Verbum weben felbft, *guiguituque,* ift weniger günftig, wegen feines hinteren *u;* aber das Subft. *guiteque* Gewebe hat ein *e* und ift frei von der vorderen Reduplication (das Orts-Derivatum *guituqu-iquer* Webeftuhl hat wieder das *u* des Verbums, eben fo der impt. *guittu-ani).* Ich würde nun die aztekifche Ähnlichkeit in der Wendung finden, dafs man von *que* als einer häufigen Verbal-Endung und von dem Anfangs-*i* des mex. Wortes, das fo oft unwefentlich ift und auch in dem part. pass.: *iquittli* und *tla-quittli* gewebte Sache, verfchwindet, abfähe: wie auch das Te praet. *guite-anta* die einfache Gruppe *guite* zeigt; Te *guite* = A *quiti* würde meine Aufftellung feyn.

i x t l i heifst zwar jetzt G e f i c h t, aber im erften Gliede vieler zufammengefetzten Wörter hat es die Bed. von A u g e, A u g e n, und hat diefe vielleicht urfprünglich gehabt; — ich vergleiche daher damit Co *hᵃᵘziti* Auge; wenn wir aber uns zu der Bed. Geficht wenden, fo kann man noch mehr ähnlich finden Co *ixèti* Schnabel des Vogels, das ich fchon früher (§ 56, S. 102ᵐ) bei *yacatl* erwähnt habe.

i z a h u a c a heifer — ??Te *savalique* heifer werden

IZQUIATL Getränk aus klein geriebenem, geröftetem Mais; zufammengefetzt aus *izquitl* (das bei Mol. fehlt) geröftete, klein geftofsene Maiskörner und *atl* Waffer — ich trage hier ein wirkliches und gewiffes azt. Wort der tarah. Sprache nach, das in die obige grofse Aufzählung (S. 75^{mn}) gehört und das ich ein paar Tage nach dem Abdruck aufgefunden habe: *eskiate*, nach Steffel: „eine vom türkifchen Waizengries dünn eingekochte Suppe" (356); Mais, „gemahlen, geröftet und mit Waffer angemacht, heifst bei einigen *eskiáte*" (350).

mitl Pfeil — Co *eⁿriti* und *eùrúti*

miztli Löwe — Te *maguidi*, Co *moahyet*

nahuatia befehlen (ein deriv. von *nahuatl*, dem Namen der mex. Sprache), *nahuatilli* Gefetz, +*nahuatiliztli* (mit pron. *te* oder *tla* davor) Befehl — das einfache Ta *nulá (*nurd)* befehlen fieht äufserlich fremd genug aus, aber das deriv. *nulálilla* Befehl, Gebot ift weit günftiger; noch ein anderes Ta Wort kann man mit dem azt. *nahuatia* fehr ähnlich finden: *naguessa* verkündigen, ankündigen, melden 2) predigen (davon *nagúesari „Worte")

nanacatl Pilz — Co *yacuati*

noch-eztli Cochenille (das Thier; eig. Blut: *eztli*, der Nópalpflanze: *nochtli*) — Co *chúitziti*

nolihui fich krümmen, drehen — Ta *nólire* umgehn, einen Umgang halten

olinia fich bewegen — Te *joyni*   [*(noliruje* drehen, umdrehen)

omitl Knochen — Te *oò*

oquichtli Mann 2) Männchen der Thiere — Ta *hougui* und *hoguila* Männchen der Thiere; das mex. Wort wird, in genauer Compofition, dem Thiernamen vor-, das tarah. mechanifch nachgefetzt, um das Männliche auszudrücken: *oquich-coyametl* Eber von *coyametl* Schwein, *oquich-ichcatl* Widder, Hammel von *ichcatl* Schaf, *oquich-quaquahue* Stier von *quaquahue*; Ta *cam= baldtschi hoguila* Ziegenbock von *camb.* Ziege, *pougudca hoguila* Hammel von *pougudca* Schaf

otli Weg — Co *uyeti* (das man aber von der andern Seite vereinigen kann mit dem fon. Worte: Ta *poveke*, *bogúi, Te *boi*, Ca *boo)*

palani faulen — Co *petné*

PEYOTL — Ta *pejóte* — Ich fchalte hier ein in der grofsen obigen Aufzählung (S. 91 Z. 4) fehlendes, kurz nach dem Druck jener Stelle von mir aufgefundenes, ächtes aztekifches Wort der TARAH. Sprache ein. Das tarah. Wort *PEJÓTE* bezeichnet (Steffel's Art. Kraut S. 327) „ein Kraut und Wurzel, womit die Tarahumaren viel Aberglauben treiben; es wird von ihnen auch *Hicoli* genannt". Molina führt *PEYOTL* oder *peyutl* zwar nur mit der Bed. des Seiden-Cocons und des Gefpinnftes der Würmer *(capullo de seda ó de gusano)* auf; aber SAHAGUN liefert uns das Wort als Kraut und Wurzel. Zunächft fagt er in dem Capitel über die Chichimeken (III, 118^{aa}): „fie hatten auch grofse Kenntnifs von Kräutern und Wurzeln; fie felbft entdeckten und gebrauchten zuerft die Wurzel, welche fie *peiotl* nennen: und die fie afsen und nahmen, gebrauchten fie ftatt des Weines." Dann fagt er in dem Capitel über die beraufchenden Kräuter (III, 241^{af-mm}): „Es giebt ein anderes Kraut wie *tunas de tierra;* es heifst *peiotl*, ift weifs, wächft gegen die Nordgegend hin; die, welche es effen oder trinken, fehn fchreckliche oder lächerliche *(irrisibles)* Vifionen; diefer Raufch dauert 2 bis 3 Tage und vergeht dann; es ift ein gemeines Gericht *(manjar)* der Chichimeken, weil es fie nährt *(mantiene)*, und Muth giebt zu ftreiten und ohne Furcht, Durft und Hunger zu feyn; und man fagt, es bewahre fie vor jeder Gefahr." Als einen Gegenftand des volksthümlichen Aberglaubens, ja als eine Gottheit, nennt TELLECHEA in feinen tarah. Texten den *peyote:* aber nur in der fpanifchen Überfetzung, denn im Tarah. hat er den obigen zweiten Ausdruck für das Kraut, *jícuri* (= St's *hicoli*). Die Hauptftelle ift p. 67^n: (es ift nur Ein Gott ... das müfst ihr glauben ...) *taitasi yorábua mapurecá géntilisi tagará Pagotugame uché, ajaré chaní mapu rayénari Rióxi ju, ajaré mechá, ajaré chomari, ajaré butugúri, ajaré jícuri; taitasi gará jú quéco* ... ihr müfst es nicht machen wie die Heiden und fchlechten Chriften: (deren) einige fagen, die Sonne fei Gott, andre der Mond, andre der Hirfch, andre der *tecolote*, andre der *peyote (otros que el Tecolote, y otros que el peyote)*; das ift nicht gut (ihr müfst glauben, dafs Ein Gott ift ...). An einer zweiten, ähnlichen Stelle (76^{aa-af}) fteht im Tarah. wieder *gicuri*, im Span. durch einen Druckfehler *puyote: jena gúechiamóba taitesemáti oro, prata, gúenomí, yomá tamé semati ju; chomari, butugúri, gicuri uché, yoma Gentírisi Rióxi gará taitasi gará ju, yomá chati ju* ... hier auf Erden ift nichts werthvoll; Gold, Silber, Geld: alles ift nicht werthvoll; der Hirfch, *tecolote* und *peyote:* alle Götter der Heiden *(el Benado, el Tecolote, el Puyote de los Gentiles Dioses)*, find nicht gut, find alle fchlecht (blofs unfer Gott und fein heiliger Name find fehr gut).

POCHOTL — Ta *potschote.* Ich trage hier zu dem grofsen reellen Verzeichnifs noch einen Artikel nach. Mir ift von Anfang an die äufsere Identität des tarah. Wortes mit dem mex. nicht entgangen; aber bei der völlig verfchiedenen Bedeutung: da es Baumwolle, das mex. aber einen grofsen Baum bezeichnet, mufste ich von einer Vergleichung abftehn. Eben jetzt habe ich aber in dem beim Sahagun gegebenen Linné'fchen Namen für den Baum: *Bombax Ceiba* die Vermittlung gefunden. Das TARAH. *potschote* ift eine Art Baumwolle (Steffel S. 307). Das MEX. *pochotl* überfetzt Molina nur durch: ein grofser, fchöner Baum *(cierto arbol hermoso y grande)*; Clavigero (I, 62) deutet *pochotl* als: eine Art Tanne, in der haitifchen Sprache *Ceiba*, in Afrika *Benten* genannt; er fpricht auch von der feinen Baumwolle des Baums; Sahagun nennt an Einer Stelle (III, 13^a) *puchotl* als einen weitäftigen Baum, welcher viel Schatten macht: an einer andern (III, 336, im Pflanzen-Verzeichnifs) erklärt fein Herausgeber, Carlos Maria de Buftamante, *pochotl*, fpan. *pochote*, für Linné's *Bombax Ceiba*.

popoca rauchen — Te *cubuse*

qualli gut — hat Vater im Mithr. (III, 3. 88) mit TA *gald* gut zufammengeftellt; aber auch *ga* heifst gut, wohl, wovon *gaélé* lieben kommt; eben fo ift *gané* gut: die beiden letzten Formen würden äufserlich *qualli* am nächften kommen; die Frage wäre aber noch, ob nicht das einfache *ga* die Hauptfache und die letzten beiden Wörter nur Ableitungen von ihm find? wie von der anderen Seite zu bedenken ift, dafs das mex. Adj. *qualli* mit *qua* effen zufammenzuhangen fcheint (etwa: was fich effen läfst, efsbar). Die Form *gané* ift der Träger weiterer Derivationen: *ganinile* gefund feyn, *ganemile* es geht mir wohl, *ganeli-ameke* gefund; in Tellechea's Texten kommt oft vor *ganire:* fich freuen, felig feyn; *gará* lautet feine Form für St's *gald* gut.

quetza aufrichten, emporrichten, aufpflanzen — Te *cucuse empinar*
teocihui hungern, *teocihuiztli* Hunger — Co *túhriti* Hunger

O 2

t e p e t o m a t l der Erdbeerbaum oder feine Frucht *(madroño);* wörtlich: Berg-Liebesapfel: von *tepetl* Berg und *tomatl* — Te *opidamo*

t l a c h i h u a l l i Werk — Co *tavìhat* (im Mithr. III, 3. 87-88 angegeben)

t l a c t l i Rumpf, der K ö r p e r von der Taille aufwärts — Te *tucuga* und Ca *tacaua* oder *tacahua* Körper; das Ca Wort hat noch die merkwürdige Beftimmung, in der Bed. von 20 das Icofaden-Syftem zu bilden (f. meine fon. Gramm. bei den Zahlwörtern): (¹) und auch hierin hat es ein Vorbild in dem azt. Zahlworte *matlactli* 10, das wohl aus *maitl* Hand und *tlactli* zufammengefetzt ift.

t l a l i a als v. a. fetzen, als v. r. fich fetzen — Te *dadai* fich fetzen

t l a t z i h u i träge feyn — Ta *nassinaë*

t z a p i n i und *tzopini* ftechen — Co *tzebe, tzet*

t z o m p i l i h u i den Schnupfen bekommen, *tzompilihuiztli* Schnupfen — Te *someiva* Schnupfen

t z o p e l i c füfs — Te *jobi*

x a l l i Sand — Ta *saaté*

x i m a fcheeren (das Haar) — Te *jique, jibiome*

x i y o t l Räude — Te *jiuca-daga (daga* abftracte Subft. Endung)

z a y o l i n Fliege — Co *xáᵉᵘ*

z o y a t l Palme — Te *saguali*

§ 59. Ein Jahr, nachdem ich meine obigen zwei grofsen Verzeichniffe der aztekifchen Wörter in den 4 fonorifchen Sprachen ausgearbeitet hatte (im November 1854), habe ich in den hinterlaffenen amerikanifchen Papieren WILHELMS VON HUMBOLDT ein Blatt aufgefunden, auf welchem eine beträchtliche Zahl aztekifcher Wörter in der CORA-Sprache und einige in der TARAHUMARISCHEN verzeichnet find. Es ift gerecht, dafs ich diefe feine frühen Entdeckungen mittheile, da die Zahl diefer Wörter die des Mithridates bei weitem übertrifft. Ich werde einige Wörter, deren aztekifche Identität ich bezweifle, mit ?; die zu verwerfen find, mit einer Null 0; diejenigen, welche der Mithr. fcbon hat, mit M bezeichnen. Ich habe die kleine Lifte in eine alphabetifche Ordnung mit Umftellung nach dem Azt. gebracht, und fie gehört eigentlich an eine frühere Stelle oben III § 41, S. 49ᵃᶠ und fchliefst fich an jene Anm. unmittelbar an:

(¹) Ich habe Herrn H. T e r n a u x - Compans fehr unrecht gethan, ihm (oben II § 23, S. 33ᵐᵐ⁻ⁿ) beizumeffen, er habe in feinem cahitifchen Wortverzeichniffe dem Worte *tacaua* einen feltfam unrichtigen Zahlenwerth beigelegt. Es haben mich die Zahlen von der rechten Druckfeite, welche dicht vor den Cahita-Numeralien ftehn, getäufcht. Diefe Zahlen, von 1 bis 30 gehend, find nur laufende Ziffern, wiederholt von der linken Druckfeite, wo neben denfelben laufenden Nummern die franzöfifchen Zahlwörter ausgefetzt find (*nouv. ann. des voy.* 1841, IV. p. 286-7). Die cahitifchen Zahlwerthe find hiernach in Herrn Ternaux's Formen und Angaben: 20 *senutacaua,* 40 *uoitacaua,* 60 *vahi tacaua,* 80 *nacqui tacaua,* 100 *mammi tacaua:* und diefe Werthe find ganz richtig, und es hat *tacaua* darin überall die richtige Geltung von 20, der icofadifchen Einheit.

mexicanifch	Cora
0 *acamo* (¹)	*camu no*
M *an*	*ammo, an* pron. 2. plur.
M *atl*	*ahti* Waffer
? *cel* (²)	*c^{eau}* allein
0 *chan*	*chihti* Haus
? *chia*	*chueve* erwarten
M *cochi*	*cutzo* fchlafen, Ta *cotschime*
M *cuica*	*chuica* fingen
cuitlatl	*chuitáti mierda*
huaqui (trocknen)	*huachi* trocken, Ta *vakitsi*
0 *huatza* it. *(tlehuatza* braten)	*hua^{ei}xca* braten
machtia	*muate* lehren
M *maitl*	*moamati* Hand
mictlan	*muechita* Hölle
miec (viel)	*muii* viel (³)
0 ,,	*m^{ea}* (Pluralzeichen)
M *miqui*	*mueke,* Ta *mukuku* fterben
M *mizton*	*mizto* Katze
M *nacaztli*	*naxaihti* Ohr
? *otli*	*uyeti* Weg
0 *pitzactic* (dünn und lang)	*pitzicai* klein
M *qua*	*cua,* Ta *coa* effen; Ta *guagua* fchlingen
(tla-)qualli	*queahti* Speife
teachcauh	*tihatzi* älterer Bruder
0 *Tecuzco* Stadt (⁴)	*tecuzco mina*
tenextli	*tenezti* Kalk
tennamiqui (küffen)	*teneat* Kufs (⁵)
M *tentli* (Lippe)	*teniti* Lippe, *tenniti* Mund
tepuztli	*tepuzti calambre*
M *tetl*	*teteti* Stein
texca	*t^{eu}xa* Wanze
0 *tlatla* (⁶) (brennen, verbren-	*taiya* verbrennen (v. a.)
xochitl [nen, v. n.)	*xuxut* Blume

(¹) Diefes mex. Wort ift ein Irrthum, es heifst *amo.*
(²) Die Vergleichung ift unrichtig, nur die Grundlage *ce,* eins, beider Wörter ift identifch.
(³) Es fteht irrig *muiio* da.
(⁴) Ein folcher Ortsname exiftirt nicht, und *Tetzcoco* (Tezcuco) würde nichts erklären.
(⁵) Die Ähnlichkeit liegt nur in dem Grundworte *tentli* und in dem Begriffe.
(⁶) Es fteht irrthümlich *tlatia* da, welches verbergen bedeutet.

mexicanifch	Tarahumara
calli (Haus)	*caliki* Häuschen,
	cali-ruje bauen
caqui	*cake* hören
chichi	*tschitschi* faugen
0 *chico* (fchief, fchräg, nach Einer	*tschicotschi* Winkel
cocox-qui [Seite; adv.)	*cocoj-ameke* krank
M *ehecatl*	*heicala* Luft
? *huei* (grofs)	*uechca* viel (¹) (lies *vuechca*)
? *ichtequi* (²)	*itschigua* ftehlen
mati (machtia)	*matschi* wiffen
metztli	*maitsaca* Mond
temazcalli	*temascali* Badftube
M *totolin*	*totoli* Huhn

WILH. von HUMBOLDT hat alfo aufgezeigt: gewiffe aztekifche Wörter in der Cora 24 (davon 13 allein, 11 gemeinfam mit dem Mithr.), in der Tarahumara 9 (7 allein und 2 gem. mit dem Mithr.): alfo in beiden Sprachen zufammen 33 (20 allein, 13 gem. mit dem Mithr.); fragliche, aber mögliche, azt. Ähnlichkeiten: im Co 3, im Ta 2; unftatthafte oder nicht annehmbare: im Co 6, im Ta 1. Die TARAHUMARISCHE Sprache ift in diefer feiner Aufzeichnung fehr zu kurz gekommen: er hätte fowohl neben der Cora noch mehrere tarah. Begleiter (wie der Mithr. folche zu *cuica* und *tetl* hat) als auch in der tarah. Sprache allein mehr azt. Ähnlichkeiten angeben können; fo fehlen ihm die im Mithr. angegebenen tarah. azt. Ähnlichkeiten zu *iztetl*, *yacatl* und Axt. Es liegt in diefen Mängeln ein Element zur Beurtheilung feines Verhältniffes zum Mithridates.

V. Betrachtung der in den Nordweft-Sprachen enthaltenen aztekifchen Wörter.

§ 60. Ich werde diefen AZTEKISCHEN BESTANDTHEIL der VIER NORDWEST-SPRACHEN nun durch BETRACHTUNGEN in mannigfaltigen Richtungen aufklären und fichten.

Zur Bezeichnung der Wörter bediene ich mich der ächten aztekifchen Form, welche zugleich den Artikel angiebt, in welchem jede Sache entwickelt ift.

(¹) Ich habe vielmehr unter den obigen hypothetifchen Wörtern (S. 104ᶠ) azt. *hueca* dafür angezogen.
(²) Es fteht irrig *ichequi* da.

Ich habe in dem vorftehenden ficheren Verzeichniffe 181 AZTEKISCHE
WÖRTER in den vier fonorifchen Sprachen aufgewiefen; die kleine Zahl Wörter,
welche, als zu kühn ihnen angereiht oder als dem Zufalle in ihrer Ähnlichkeit angehörig, von ihnen abgehen möchten, werden erfetzt durch andere aus dem demfelben
hinzugefügten Verzeichniffe hypothetifcher Wörter. Ich fpreche auch lieber nur von
etwa 170, und ich habe meiner nachfolgenden Berechnung nur die 171 Wörter
zum Grunde gelegt, welche ich bis zu dem Zeitpunkte hatte; es find von der Berechnung ausgefchloffen die darauf noch von mir hinzugefügten: *i* trinken, *nelhuatl*, *ca* feyn, *huei*, *nahuatl*; wie die drei im hypothetifchen Verzeichnifs nach-
getragenen (f. S. 103ʳ). Bei der Ziehung der Gefammtzahl von 181 fogenannten
gewiffen azt. Wörtern habe ich folgende Wortpaare getrennt und für je zwei
Wörter gerechnet: *ce* und *cen*, *teci* und *textli*, *xocoa* und *xocotl*, *+tzona*
und *+tzontli*; als ein drittes *tzontli* Haar. Einige Wörter, die ich in das grofse,
ächte Verzeichnifs aufgenommen habe, beruhen allerdings auf Vertrauen; auf der
Überzeugung, dafs ein weit gehender aztekifcher Vorrath in diefen Sprachen liegt
und aufgefucht feyn will; ein folches Beifpiel ift *patli*. Eine gewiffe Anzahl Wörter des grofsen Verzeichniffes halte ich aber felbft für fehr zweifelhaft in Beziehung auf aztekifch-fonorifche Identität, ein paar Vergleichungen geradezu für
unftatthaft (wie *palti*); die Zahl beider Gruppen fteigt auf etwas mehr als 15
Wörter. Diefe 15 find: *atlatl*, *camotli*, *coatl*, *huei*, *hueiatl*, *ilhuicatl*,
pa, *paca*, *palti*, *qualani*, *qualli*, *tlacatl*, *tzinacan*, *xixa*, *zozo*; wie
gefagt, fo kann man noch ein paar gleich fchwache Artikel hinzufügen. Welche
von den fchwachen Wörtern wirklich fchwinden und auszufcheiden wären, wird
fchwerlich Jemand fagen können.

a. Numerifche Berechnung.

§ 61. Es ift nöthig die Verhältniffe genauer kennen zu lernen, in welchen
die 171 AZTEKISCHEN WÖRTER durch die 4 fonorifchen Sprachen verbreitet
find; freilich können wir dabei grofsentheils nur nach den mangel- und lückenhaften
uns zu Gebote ftehenden Wortverzeichniffen urtheilen. Ich habe daher in meinem
grofsen Verzeichnifs der 171 aztekifchen Wörter eine detaillirte BERECHNUNG
und ZÄHLUNG vorgenommen, aus welcher ich vollftändigere, mannigfaltige und
intereffante Refultate für die obige Aufgabe gewonnen habe. Bei der Concurrenz
mehrerer Sprachen ift das fehr Ungewiffe nicht gerechnet worden. In den Artikeln
ift nur das Grundwort; es ift nicht mehr als 1 gerechnet worden, wenn diefs fich
in eine oder mehrere Nebenformen fpaltet (wie *mati*, *miqui*): nur bei einigen fich
beftimmt fcheidenden Wörtern find beide gerechnet. Derivata, deren ein Heer ift,
find gar nicht mit gezählt. Folgendes find meine Refultate:

1) in allen 4 Sprachen kommen vor: 22 aztekifche Wörter

2) in 3 Sprachen:

Ta Te Co	. . . .	12 Wörter
Ta Te Ca	. . . .	6 „
Ta Co Ca	. . . .	3 „
Te Co Ca	. . . .	4 „
Summa in 3 Sprachen:		25 Wörter

3) in 2 Sprachen:

Ta Te	. . . . . .	5 Wörter
Ta Co	. . . . . .	4 „
Ta Ca	. . . . . .	3 „
Te Co	. . . . . .	14 „
Te Ca	. . . . . .	4 „
Co Ca	. . . . . .	5 „
Summa in 2 Sprachen:		35 Wörter

4) in 1 Sprache:

Ta	. . . .	15 Wörter
Te	. . . .	21 „
Co	. . . .	45 „
Ca	. . . .	8 „
Summa in 1 Sprache:		89 Wörter

Recapitulation:

in 4 Sprachen	. . . . .	22 aztek. Wörter
in 3 „	. . . . .	25 „ „
in 2 „	. . . . .	35 „ „
in 1 Sprache	. . . . .	89 „ „
General-Summe		171 aztek. Wörter

Zieht man nun das Vielfache, die fich in mehreren Sprachen zugleich zeigen-den Wörter in ihrer Vervielfältigung, in Rechnung, und fchliefst diefem das Einfache an; fo erhält man:

in 4 Sprachen	22 Wörter, d. h.	$4 \times 22 = 88$
in 3 „	25 „	„	$3 \times 25 = 75$
in 2 „	35 „	„	$2 \times 35 = 70$
in 1 Sprache	. . . .	89
		Summa	322

alfo 3 2 2 fonorifche Wörter (der vier Sprachen) find AZTEKISCHE.

Aus den obigen Special-Gruppen ist schon zu ersehen, dass jede der 4 Sprachen ihren Werth in Beziehung auf einen aztekischen Bestandtheil hat; dass z. B. die so dürftig uns in Wörtern bekannte Cahita-Sprache ihren eignen kleinen Schatz von Wörtern, welche in ihr allein sind, besitzt. Es springt auch das ungeheure Übergewicht der Cora-Sprache in Beziehung auf den azt. Stoff in die Augen, und wie die Tepeguana darin auch sehr bedeutend ist. Diess sind Schlüsse aus der jeder allein eignen Wortzahl. Stark sind die Combinationen Ta Te Co und Te Co.

Durch eine neue Berechnung werden wir das Gewicht JEDER EINZELNEN SPRACHE und die Anzahl der einer jeden zukommenden aztekischen Wörter genau kennen lernen:

Tarahumara hat unter 4 Sprachen . . . . 22 Wörter
unter 3 Sprachen:
in der Verbindung Ta Te Co   12 Wörter
    „   „   Ta Te Ca   6   „
    „   „   Ta Co Ca   3   „
          Summa in 3 Sprachen   21 Wörter   21 Wörter

unter 2 Sprachen:
in der Verbindung Ta Te . .   5 Wörter
    „   „   Ta Co . .   4   „
    „   „   Ta Ca . .   3   „
          Summa in 2 Sprachen   12 Wörter   12 Wörter
          allein für sich . . . . . .   15 Wörter
sie besitzt in allem . . . . 70 aztek. Wörter

Tepeguana hat unter 4 Sprachen . . . . 22 Wörter
unter 3 Sprachen:
in der Verbindung Ta Te Co   12 Wörter
    „   „   Ta Te Ca   6   „
    „   „   Te Co Ca   4   „
          Summa in 3 Sprachen   22 Wörter   22 Wörter

unter 2 Sprachen:
in der Verbindung Ta Te . .   5 Wörter
    „   „   Te Co . . 14 . „
    „   „   Te Ca . .   4   „
          Summa in 2 Sprachen   23 Wörter   23 Wörter
          allein für sich . . . . . .   21 Wörter
sie besitzt in allem . . . . 88 aztek. Wörter

C o r a hat unter 4 Sprachen . . . . 22 Wörter
    unter 3 Sprachen:
   in der Verbindung Ta Te Co 12 Wörter
    „   „ Ta Co Ca 3 „
    „   „ Te Co Ca 4 „
     Summa in 3 Sprachen 19 Wörter 19 Wörter
    unter 2 Sprachen:
   in der Verbindung Ta Co . . 4 Wörter
    „   „ Te Co . . 14 „
    „   „ Co Ca . . 5 „
     Summa in 2 Sprachen 23 Wörter 23 Wörter
     allein für fich . . . . . . 45 Wörter
fie befitzt in allem . . . . 109 aztek. Wörter

C a h i t a hat unter 4 Sprachen . . . . 22 Wörter
    unter 3 Sprachen:
   in der Verbindung Ta Te Ca 6 Wörter
   ,.   „ Ta Co Ca 3 „
   ,:   „ Te Co Ca 4 „
    Summa in 3 Sprachen 13 Wörter 13 Wörter
    unter 2 Sprachen:
   in der Verbindung Ta Ca . . 3 Wörter
    „   „ Te Ca . . 4 „
    „   „ Co Ca . . 5 „
    Summa in 2 Sprachen 12 Wörter 12 Wörter
    allein für fich . . . . . . 8 Wörter
fie befitzt in allem . . . . 55 aztek. Wörter

R e c a p i t u l a t i o n, nach der Reihe der Werthe:
  es befitzen an aztekifchen Wörtern:
  die Cora 109
  die Tepeguana 88
  die Tarahumara 70
  die Cahita 55
     Summa 322

  Ich mache noch auf die Merkwürdigkeit aufmerkfam, dafs die C o r a ihr Übergewicht nur vermöge der grofsen Zahl der ihr allein eignen Wörter erhält; denn wenn
man diefe Gattung abzieht, fo befitzen die Sprachen (an gemeinfamen azt. Wörtern):

es hat alfo die Cora ihren ganzen weiten Vorfprung verloren und räumt den Vorraug der Tepeguana ein.

In diefen Berechnungen ift, wie ich wiederhole, von allen den zahlreichen innerhalb diefer Sprachen aus den aztekifchen Wörtern gewonnenen *derivatis* abgefehen, deren Maffe wir immer nur unvollkommen vor uns habeu können.

b. Begriffs-Betrachtung.

§ 62. Die Betrachtung der BEGRIFFE, welche in den Sprachen Sonora's durch AZTEKISCHE WÖRTER bezeichnet werden, wird vorzüglich dazu führen die Frage zu beantworten, ob diefer merkwürdige GEMEINSAME BESTANDTHEIL als ein fremder, in den gemeinen, überall in der Sprach- und Völkerwelt fich darbietenden Verbältniffen diefen Idiomen zugeführter zu betrachten fei, oder nicht? Aufzählung und Sichtung der Begriffe entfcheidet dahin, dafs diefer Beftandtheil NICHTS GEMEINES, fondern ETWAS AUSSERORDENTLICHES und fehr merkwürdiges ift. Es find zum allergröfsten Theil nicht die Begriffe, welche ein Volk aus anderen Sprachen aufnimmt, fondern die ihm von Anfang an in feiner Mutterfprache eigenthümlich angehören und ihm immer bleiben.

A. SUBSTANTIVA.

1) Natur — Welt und Himmel: *cemanahuatl* Welt, *?ilhuicatl* Himmel, *metztli* Mond; Elemente: *tletl* Feuer, *ehecatl* Wind 2) Luft, *atl* Waffer, *?hueiatl* (grofses Waffer) Meer; Naturerfcheinungen: *cetl* Eis, *ahuechtli* Thau;

2) Metalle: *tepuztli* Eifen, *amochitl* Zinn, *teocuitlatl* (Götterdreck) Silber, *tomin* Geld (auch Mineral); Minerale: *tetl* Stein, *tenextli* Kalk;

3) Pflanzen — allgemeines: *achtli* Saame, *?+nelhuatl* Wurzel, *xochitl* Blume, *quilitl* Kraut, *zacatl* Stroh, Viehfutter, Kräuter; einzelne: *acatl* Rohr, *huauhtli bledos (blitum)*, *peyotl* peyote, *tzitzicaztli* Neffel, *xochitl* Rofe; einzelnes: *centli* Maisähre, *miahuatl* Ähre;

4) Bäume: *quahuitl* Baum 2) Holz; *huexotl* Weide, *ocotl* Fichte, *pochotl* Ceiba; *metl* Aloe, *mexcalli* eine befondre Art der Aloe, *nopalli* Nopal; — Früchte: *ahuacatl* Ahuacate, *matzatli* Ananas, *nochtli tuna*, *xocotl* Weinfrucht;

5) Thiere — vierfüfsige: *chichi* Hund, *?mizton* Katze, *mazatl* Hirfch, *coyotl adive*, *tochtli* Kaninchen, *tozan* Art Ratte oder Maulwurf; Vögel: *quauhtli* Adler, *totolin* Huhn, *cocotli* Turteltaube, *zolin* Wachtel, *tzanatl* Staar, *chiquatli* Nachteule; Gewürm: *?coatl* Schlange; Infecten: *tocatl* Spinne, *tecpin* Floh, *atemitl* Laus, *texca* Wanze;

6) natürliche Dinge, Dinge auf der Erde: *Poztotl* Höhle 2) Bergwerk; *nextli* Afche, *teuhtli* Staub, *tlexochtli* glühende Kohle; *tentli* Rand;

7) Theile des menfchlichen oder thierifchen Körpers: *quaitl (ixquaitl*, Stirn), *tzontli* Haupthaar, Haar des Kopfes, *yacatl* Nafe, *camatl* (Backe), *tentli* Lippe, Mund, Schnabel, *tlantli* Zahn, *nenetl* Zunge, *nacaztli* Ohr; *quechtli* Hals, Nacken, *maitl* Hand, *iztetl* Nagel an den Fingern 2) Klaue, Kralle, *itetl* Bauch, *xictli* Nabel, +*yolli* Herz, *atetl* Hode, *tzintli anus; quaquahuitl* Horn, *tlalhuatl* Sehne, Nerv (2) Ader); — thierifche Stoffe: *chichitl* Speichel, *cuitlatl* Excremente *(merda), Pxixa (mingere);*

8) Gegenftände im menfchlichen Gebrauch oder von Menfchen verfertigt — Wohnung: *calli* Haus, *xamitl* Lehmftein *(adobe);* Kleidung: Verbum *quemi* (davon Subft. Kleidung), *tlatquitl* Kleidung, *tilmatli* Mantel, *petlatl* Matte, Decke, *cactli* Schuh (d. h. untergebundene Sohle); Geräth: *chiquihuitl* Korb, *cacaxtli* Traggeftell, *tlapechtli* Geftell (Ta Fifchreufe), *Potlatl* (Flofs 2) Bette), *malacatl* Spindel, *xicalli* Trinkfchale, *matlatl* Netz, *metlatl* Stein, auf welchem der Mais zerrieben wird, *huictli coa* (Hacke); Waffen: *Patlatl* Wurffpiefs (Ta Armbruft);

9) Speife und Nahrung: *(qualli)* Speife, *hitacatl* Lebensmittel, Proviant; *textli* Teig (2) Mehl), *tlaxcalli* Maiskuchen, *tortillas; mexcalli* ein Getränk aus Aloe-Saft, *izquiatl* it. von geröftetem Mais;

10) der Menfch in feinen Verhältniffen: *Ptlacatl* Menfch, Mann, *ichpochtli* Jungfrau, *telpochtli* Jüngling; *montli* Schwiegerfohn, *Peach* älterer Bruder; *tecutli* Häuptling, Herr, Oberrichter, *tlatoani* Gouverneur; *tepotzotli* bucklig, Buckliger, *tzapa* Zwerg;

11) Sitten und Gebräuche: *olli* Gummi-Ball und *ollama* Ball fpielen, *patolli* Würfel- oder Glücksfpiel, *temazcalli* Backofen zum Schwitzbad;

12) abstracta zum Menfchen gehörig: *tocaitl* Name; *tlatolli* Rede, Gefpräch (Ta Verfammlung, Zufammenkunft, Rottungen); *tequitl* Verrichtung, Gefchäft 2) Pflicht;

13) religiöfe Gegenftände: *teopan* Kirche, Tempel, *mictlan* Hölle, *tlatla= colli* Sünde;

14) Wiffenfchaft und Kunft: *patli* Arzneimittel (Gift);

15) Eigenname: *nahuatl* einheimifcher Name für die mexicanifche Sprache.

B. ADJECTIVA: *camo+* braun, *xocoa* (fauer); manche andere find den Subft. und Verben angefchloffen.

C. ZAHLWÖRTER: *ce (cen* und *cem)* 1, *Pteach (achcauh)* der erfte.

D. PRON. INDEF.: *miec* viel (die Pronomina fonft gehören der Grammatik an und werden hier nicht aufgezählt).

E. VERBA — 1) wichtige einfache Begriffe: *ca (catqui)* feyn, *nequi* wollen; *cochi* fchlafen, *miqui* fterben, *cocoa* krank feyn; *qua* effen, *i* trinken; *caqui* hören; *cuica* fingen, *notza* reden, fprechen, *choca* weinen; *pitza* blafen (athmen, hauchen); *mati* wiffen ufw.; *mahui* fich fürchten; *chichi* faugen, *huetzi* lachen;

2) verba neutra, natürliche Erfcheinungen: *neci* hell werden; *quiahui* regnen (und Subft. Regen), *meya* hervorfpringen, fprudeln (vom Waffer); *huaqui* (v. n.) und *huatza* (v. a.) trocknen; *tona* warm feyn; *xotla* blühen; *Ptlatzini* krachen (Co donnern);

3) verba activa, Verrichtungen: *teca* hinlegen, *toca* begraben, +*tzona* fchlagen, *maca* geben; *quemi* anziehn (ein Kleid; davon deriv. Kleidung); *Ppaca* wafchen; *ixca* braten,

tema backen; *teci* zerreiben, mahlen; *?xipehua* fchälen; *tzoma* nähen, *?zozo* auf einen Faden ziehn; *tequipanoa* arbeiten; fäen (von *achtli* Saame);
  4) *aci* einholen, *ami* jagen, *ana* (*alargar*); *ichtequi* ftehlen, *namiqui* begegnen ufw.;
  5) *pia* 1) behüten, bewahren 2) fich hüten 3) halten 4) befitzen;
  6) *tlani* bitten.

§ 63. Was das Wunderbare diefes fremden Beftandtheils ausmacht, ift, dafs faft alle diefe Begriffe der SINNLICHEN WELT angehören.

Wie wäre es nöthig, dafs ich die Wichtigkeit des Einzelnen, das wir ein Fremdes auf fremden Boden gepflanzt fchauen, hervorhebe: da die kurze Lefung der Wörter folcher Eindrücke fo viele giebt? Mag ich nennen als aztekifch den überwiegenden Reichthum von Namen für die Theile des Körpers; von Verbis für die wichtigften und einfachften Erfcheinungen, Zuftände und Handlungen in der Natur und am Menfchen! von Einzelnem: Buckliger und Zwerg.

Soll ich im Gegentheil bemerken die Abwefenheit von fo gut wie allen Waffen; von Vater, Mutter u. ä.; von faft allen nicht finnlichen, dem geiftigen Gebiete angehörenden Begriffen an Subftantiven, Adjectiven wie Verben? Was fehlt aber von der finnlichen Welt nicht alles, als den Sprachen des Nordweftens für fich eigen, und nicht mit dem Azteken-Idiom gemeinfam! Die Gränze ift es ferner, das Befchränkte und fein Maafs, das uns verwundernd befchäftigt. Wenn Nafe, Zahn und fo vieles ähnliche aztekifch an ihnen find, warum ift es nicht Kopf? wenn es Hand ift, warum ift es nicht Fufs? Wenn drei Elemente aztekifche Wörter haben, warum nicht auch Erde? wenn Mond, warum nicht Sonne?

Was nach mannigfachen Rückfichten von diefem Vorrath materiell, direct und neuer, aus Gründen und in Folge von Verhältniffen verfchiedener Art, wie wir fie von änderwärts hinlänglich kennen, erborgt feyn könne; habe ich an verfchiedenen Stellen genannt. Aber alles diefes bleibt immer wenig gegen die fefte Maffe. Es können direct erborgt feyn die Namen der Metalle: Eifen, Zinn, Silber, Geld: auch Kalk; es können es feyn Aloe und Nopal, aber doch nicht wohl Fichte und Weidenbaum; es können Gegenftände des Ackerbaus erborgt feyn: *huictli coa;* einiges Geräth: *xicalli* Trinkfchale, *chiquihuitl* Korb; es können es feyn das Ball- und Würfelfpiel (*olli, ollama; patolli*); die religiöfen Ausdrücke: *teopan* Kirche, *mictlan* Hölle, *tlatlacolli* Sünde: wie uns Ein ficheres Beifpiel fpäter Aufnahme lehrt, *santo-cale* (f. *calli* S. 70^mm, und 53^nn). Eher neu müfste, nach befonderen Umftänden, auch die Aufnahme des merkwürdigen aztek. Wortes *cemanahuatl* Welt in das Cora (S. 72) feyn; f. meine azt. Ortsnamen S. 10^nn.

Warum follte, fragt man naturgemäfs, die mexicanifche Sprache nicht aus einer zeitweifen Gemeinfchaft mit dem mächtigen fonorifchen Idiom einige fonorifche Wörter in fich aufgenommen haben? Ich hebe, was ich kann, von folchem Stoff hervor (f. befonders die dritte Abtheilung des gegenwärtigen Abfchnitts, die Lautbetrachtung); aber an wirkliche Wörter habe ich mich nicht gewagt: denn der Beweis wäre fchwer, dafs das Verhältnifs ein umgekehrtes fei. Welche Wörter auch alle fonorifche Sprachen mit einander gemein haben: wenn fie in der mexicanifchen Sprache auch find, nenne ich fie aztekifche und aus dem Nahuatlaken-Idiom in das fonorifche aufgenommen. Nur Ein Wort habe ich (S. 104^{aa-af}) im hypothetifchen Verzeichnifs niedergelegt, wo unter ungewöhnlichen Umftänden das umgekehrte Verhältnifs aztekifcher Aufnahme aus Sonora nahe zu liegen fcheint: es ift das fonorifche Wort *caca* füfs im mex. Worte *chiancaca* einheimifcher Zucker.

Die Gewifsheit der Identität und das Intereffe des Ganzen wird oft erhöht durch die VERGESELLSCHAFTUNG zweier oder mehrerer BEGRIFFE, fei es in Einem Worte oder in der Zufammenfaffung eines Wortes mit Derivaten von ihm, in einer Wortfamilie, zu gleicher Zeit in der aztekifchen und in den fonorifchen Sprachen. Verbindung zweier Begriffe: *metztli* Mond und Monat, *quahuitl* Baum und Holz, *xochitl* Blume und Rofe, *xocoa* und *xocotl* fauer und faure Frucht, *iztetl* Nagel an den Fingern und Klaue, Kralle, *tetl* Stein und Hagel, *miec* viel und das Sternbild der Plejaden, *qua* effen und kauen. Drei Begriffe: *ehecatl* Wind, Luft, Schatten; *zacatl* Stroh, Viehfutter, Kräuter; *chichi* faugen, Amme, weibliche Bruft; *teci* zerreiben, mahlen: davon *textli* 1) Teig 2) Mehl; *pia* 1) behüten, bewahren 2) fich hüten 3) befitzen. Noch ferner ift es mir gelungen eine wunderbare Verkettung vieler oder fehr vieler Begriffe in einer ftetigen Reihe, als Proben einer fcharfen Individualität und überzeugenden Identität, zwifchen beiden Sprachmaffen aufzuftellen: es ift das Gewebe von *ce* eins, von *mati* wiffen, von *miqui*, von *namiqui* begegnen; es find die Verbindungen von +*tzona:* fchlagen, Grundlage, Ende, Gränze; und von *tentli:* Lippe, Mund, Schnabel, Rand, küffen.

Ich gehe daran nun auch das aufzuzählen, was MANGELHAFT an der Übereinftimmung der Begriffe ift; und ferner, was bei gröfserem Abftande den behaupteten mexicanifchen Urfprung einiger Wörter von Seiten des Begriffes ZWEIFELHAFT machen kann oder macht.

Fälle, wo ein kleiner Unterfchied im Begriffe ift oder wo der Begriff fich geändert hat: *centli* Maisähre, *patli* (Gift), *ollama* Ball fpielen (Ta Spielplatz); *tlatolli* Rede, Gefpräch (Ta Verfammlung, Zufammenkunft; heimliche Zufammenkünfte, Rottungen);

wo wegen verfchiedener Bedeutungen die Ähnlichkeit zweifelhaft ift oder feyn kann: *atlatl* Wurffpiefs (Ta Armbruft), *otlatl* ftarke Rohrart (NW Flofs 2) Bette), *tlapechtli* Geftell (Ta Fifchreufe), *tzinacan* Fledermaus (Co *bruxa),* *tlatzini* krachen (Co donnern).

In der fonorifchen Sprache kommt noch eine zweite Bedeutung hinzu, welche das mex. Wort nicht hat: *tlalhuatl* Sehne, Nerv (2) Ader).

Nur ein Theil des Wortes ftimmt in Beziehung auf gleichen Begriff überein: *teo-cocoliztli* und Te *teo-midaga* Ausfatz.

In der Nordweft-Sprache tritt ein Nebenbegriff oder Eine Bedeutung ausfchliefslich hervor: *notza* reden, fprechen (azt. auch: rufen).

Fälle, wo Form und Bedeutung nicht ganz ficher übereinftimmen: *pitza*
blafen, NW hauchen, athmen: ein Theil der Formen ift mehr dem azt. *ihiotl* ähnlich, nur dafs neben *ibu* auch *ibus+* befteht, was wieder fich an *pitza* anfchliefsen
läfst; *qualani* zornig werden, Co *uca-cuanaca* den Zorn fahren laffen *(desenojarse)*; *tlilli* fchwarze Farbe (NW dunkel, Nacht); *xixa* *cacare* (Te *ji urina)*;
wo die Form oder die Bedeutung eine merkliche Verfchiedenheit hat, in einer
von beiden eine Schwierigkeit liegt: azt. *quaitl* der obere Theil des Kopfes, auch
Kopf, *ixquaitl* Stirn, Co *quatziti* Stirn.

Endlich ftehe hier nur Ein Beifpiel von dem, wohl zu beherzigenden Falle,
dafs trotz ziemlicher Übereinftimmung in Form und Begriff die Ähnlichkeit zufällig
feyn kann: *xipehua* fchälen.

c. Betrachtung der Laute und Lautveränderungen.
(V, § 64-111)

§ 64, a. [Die Vergünftigung, der ich es verdanke die gegenwärtige Schrift
als eine befondere erfcheinen zu laffen, konnte nicht fo weit ausgedehnt werden, dafs ich hätte daran denken können, ein von mir nach einem umfaffenden
Plane entworfenes Werk in allen feinen Theilen als ein Ganzes zu veröffent-
lichen; die mir für die Gegenwart auferlegte Befchränkung hat mich daher
genöthigt, von demfelben nicht nur gröfsere Theile, welche für fich beftehen konnten, fondern auch fehr wefentliche, mit dem hier Erfcheinenden
eng verbundene, grofse und kleine Stücke in befonderen Vorträgen und
vereinzelten Schriften davon zu trennen. Ich halte aber in diefer Zerftreuung
an der Einheit des Werkes und an der Geftalt, in welcher ich es entworfen
habe, feft: und benenne daher an feiner Stelle hier das Fehlende, abgefondert Erfcheinende; ich führe durch diefes die Zählung der Abfchnitte und
die Paragraphen-Zahl fort. Das hier ausgefchloffene Stück der Lautbetrachtung der aztekifchen Wörter in den vier fonorifchen
Sprachen wird mit der fonorifchen Endung *ame* eine diefer vereinzelten
Schriften bilden (diefe grofse Abhandlung wurde von mir am 2 Auguft
1855 in der Akademie gelefen, und wird wahrfcheinlich erft dem Jahrgang
1856 der akademifchen Abhandlungen beigegeben werden); eine zweite
Schrift werden die Pima- und Kolofchen-Sprache, eine dritte der athapas-

kifche Sprachftamm, eine vierte die Sprachen Kizh und Netela von Neu-
Californien bilden; anderen Schriften und Publicationen bleiben andere,
gröfsere und kleinere Stücke meines vielgliedrigen Planes, welche ich aus
diefem Bande ausfchliefse, vorbehalten: die Cahita-*Texte* des *manual,* der
Cora-Vorfatz *ti;* die genaue Analyfe der Worttafeln des athapaskifchen
Sprachftammes; endlich die vielfeitige Arbeit, welche die Schlufs-Refultate
des Werkes, vorzüglich die grofsen aztekifchen und fonorifchen Worttafeln
aus dem ganzen fonorifchen Sprachftamme und noch mehr als ihm, darbieten
foll. Über die Zeit und die Art, wann und wie die zwei grofsen wefentlichen Theile der gegenwärtigen Schrift, das kleine Wörterbuch und die
Grammatik der 4 fonorifchen Hauptfprachen, welche die Noth mich gezwungen hat davon auszufchliefsen, einmahl vor dem Publikum erfcheinen
werden, weifs ich jetzt noch nichts zu fagen.]

VI. Grammatifche Aehnlichkeiten
der mexicanifchen Nordweft-Sprachen mit der aztekifchen.

§ 112. Ich behandle nun den zweiten Theil des AZTEKISCHEN EIN-
FUSSES: eine Reihe merkwürdiger Züge GRAMMATISCHER ÜBEREINSTIM-
MUNG oder ÄHNLICHKEIT der SONORISCHEN SPRACHEN mit dem AZTEKEN-
IDIOM, im Syftem und im Laute.

Subftantivum.

Endungen.

§ 113. Die erfte und fehr grofse Spur, welche wir von AZTEKISCHEN
GRAMMATISCHEN LAUTEN in den Idiomen des mexicanifchen Nordweftens
antreffen, ift die beftimmte SUBSTANTIV-ENDUNG: welche im Mex. zwiegefpal-
ten: *TL* und *TLI,* in jenen Idiomen aber gröfstentheils eine einzige ift. Es ift zu
merkwürdig, dafs diefelben Formen der Subft. Endung, welche wir in dem azt.
Worttheil der Sprachen als aus dem azt. *tl* und *tli* durch Buchftaben-Veränderung
hervorgegangen fanden (meine einzelne Schrift über die Lautveränderung V § 82-87):
Co *ti, te* oder *t;* Te *de* oder *re* und *sci,* Ta *ki* oder *ke, ca* und *la;* Ca *ri;* auch

grofsentheils die Endungen der Subft. in dem einheimifchen, nicht-aztekifchen Wortfchatze der Sprachen find. Hierdurch find fie wieder in fich eng verwandt; und auf der andren Seite geben diefe Endungen den einheimifchen Subft., befonders im Cora, oft eine grofse Ähnlichkeit mit mex. Wörtern. Die Endungen find, und das ift ferner fehr wichtig, nicht nur die Begleiter einfacher Wörter, fondern durch fie werden auch Subftantiva als durch Ableitungs-Anfätze gebildet, z. B. von Verben; fogar azt. Wörter werden dadurch national (fonorifch) weiter geführt.

Die CORA-Endung, immer und willkührlich fchwankend, nach dem Belieben des Schreibers, zwifchen *ri*, *re* und *r*, zeigt in diefer Geftalt auch die azt. Zweiheit der Endung, indem man *ti* und *te* äufserlich für = *tli*, und *t* für = azt. *tl* zu halten hätte. Beifpiele der Endung:

ri: mᵒᵘxáti Baumwolle, *hucati* Bauch, *xariti* Thon, *múuti* Kopf; *teaunamua* fich mit einem Schilde decken *(adargarse)*, *namuati* Schild; *ketzuhta* rauchen, *kᵉᵘtziti* Rauch

re: tzicaréte Dorn; Beifpiel, wie durch *te* ein Subft. von einem Verbum abgeleitet wird: *uteahahè* mit einem Stein werfen, *uteahaàyᵃᵉ-te* Steinwurf

r erfcheint hauptfächlich als Endtheil in der weitfchichtigen einheimifchen Ableitungs-Endung *at*: *viyeta* eilen, *viyetat* Eile; *ehiya* baden, *ehìyat* Bad *(actio)*; *eà* antworten, *eàt* Antwort; *cheaehre* fchuldig feyn, *cheaehret* Schuld

mehrere Formen zugleich: *ti* und *t*: *tzumet* und *tzumeti* Schleim 2) Harz vom Baume; *xanácare* fündigen, *xanacat* od. *xanacati* Sünde; *atza* verwundet feyn 2) *tener granos*, *atzat* Wunde 2) *grano*, *atzati* Gefchwür, Krätze (natürlich find beide Ein Wort); fernere Beifpiele der immerwährenden Variation und der Vereinigung von *ti*, *te* und *t* f. in den Endungen *rit*, *meti*, *tzit* meiner fon. Gramm.;

das *t* nach *z* in der fo häufigen Subft. Endung *zt* (f. Beifp. Gramm.) zeugt für die Anhänglichkeit der Sprache an die Subft. Endung;

rn: aitn Fels

Spuren von *ri* im Co als einheimifcher Subft. Endung habe ich verfucht nachzuweifen (Gramm. beim Subft.).

In der TEPEGUANA ift *re* als Subft. Endung häufig und vorherrfchend, in Anfätzen der Wortbildung aber neben ihm (befonders als *are* und *care)* das eigenthümliche *ga*. Ich fchwanke, ob man *re* mit der azt. Endung vergleichen oder für einheimifch halten folle; ich halte vielmehr *de* dafür; *re* und *ga* rechne ich alfo nicht hierher. Ein Beifpiel von *de* ift: *cosade* Neft *(cosate* niften). Ob auch *ti* manchmal, das in den azt. Wörtern gefunden wird (f. azt. Lautveränd. V § 90), im einheimifchen Theile als Endung vorkommt? vgl. Gramm. beim Subft.

Die Sprache befitzt aber eine eigne Subft. Endung *sci*, welche fie an fpanifche Wörter, auch an ein aztekifches fetzt, auch zur Wortbildung gebraucht; und fie könnte man mit dem azt. *tli* vergleichen: azt. *tomin* Geld, Te *tumin-sci* Geld

2) Metall; *pera-sci* Birne (ſpan.), *obispo-sci* Biſchof, *igo-sci* Feige (ſpan. *higo)*;
cubuse rauchen, *cubu-sci* Rauch; *ote* tröpfeln, *oo-sci* Tropfen.

In der CAHITA kommt die Subſt. Endung *ne* vor, von der ich wieder nichts
behaupten mag.

In der TARAHUMARA iſt die Subſt. Endung *ki* und *ke* für die azt. Endung
zu halten: *pauguiki* Waſſer (dagegen *paugui* Fluſs), *cusiki* Holz, Stock; wir
haben ſie ſogar an ein azt. Wort in einheimiſcher Art anhängen ſehen: *cali-ki*
Häuschen, Hütte. Die Endungen *ki* und *iki* bilden Subſt. von Verben, und das *i*
von *iki* könnte bei azt. Wörtern dem azt. Subſt. zuzuſchreiben ſeyn. Ich gebe von
iki hier nur meiſt Beiſpiele an azt. Wörtern, einheimiſche wie alle bringe ich an
einer ſpäteren Hauptſtelle (Gramm. beim Subſt.): *pusi* ſehn, *pusiki* Auge; *cotschi*
ſchlafen, *cotschiki* Schlaf (ein einheimiſches deriv. von einem mex. Worte); *ma=
haguá* fürchten (mex.), *mahaguiki* Furcht; *mukúku* ſterben (mex.), *mukiki* Tod;
tsani- od. *tsaini-jolà* Böſes thun, *tsani-* od. *tsaini-joli-ki* Übelthat, Sünde.
Beiſp. von *ke*: *bechté* wohnen, *bechté-ke* Wohnung.

Die Endung *la* der Sprache tritt für die azt. Subſt. Endungen *tl* und *tli* ein;
ob ſie daraus überhaupt entſtanden oder zugleich einheimiſch ſei, beſtimme ich nicht:
genug, ſie gehört der Sprache auch in ihren eignen Wörtern weitläufig an: *paugui*
Fluſs, *paugui-la* Suppe; *neóca* ſprechen, reden, *neogála* Wort, Rede; *pahì*
trinken, *pahila* Trunk; *cuguì* helfen, *cuguila* Hülfe; *jassd* ſitzen, *jassála* Sitz,
Stuhl, Bank. Ich behandle dieſe Endung vollſtändiger in der Gramm.

ca iſt noch eine Subſt. Endung dieſer Sprache; ich nehme ſie für einheimiſch,
und rechne ſie nicht hierher. Ihre gelegentliche Abwerfung ſ. Gramm. Subſt.

Beiſpiele der einheimiſchen Ableitung aus mex. Wörtern durch obige
Subſt. Endungen ſind: Co *huatzià* trocknen (v. a.), *huatziat* Trockenheit (einheimiſche Endung *at)*; *cua* eſſen, *queahti* Speiſe; — TA, neben den Beiſpielen
von *ki*, welche vorhin (ᵃᶠ) angeführt ſind, ſcheinbar wenigſtens wie einheimiſch:
tuschi mahlen, zerreiben, *tuschi-ki* Mehl, Staub.

Wie dieſe Subſt. Endungen auch etwas bei Adj. und Zahlwörtern erſcheinen,
habe ich in der Gramm. beim Subſt. entwickelt.

§ 114.   Ein zweiter wichtiger Punkt des aztekiſchen Geiſtes dieſer Sprachen iſt
nun der, daſs die SUBSTANTIV-ENDUNGEN derſelben, die für aztekiſch zu hal-
tenden ſowohl als die zweifelhaften und einheimiſchen, ganz in der Weiſe und in
den Fällen ABFALLEN und das Subſt. in ſeinem reinen Stamme beſtehn laſſen,
in welchen dieſs vermöge eines ſinnigen und eine hohe Cultur bekundenden Ge-
ſetzes in der azt. Sprache geſchieht. Meine Vorgänger, die Verf. des Mithridates
und vorzüglich mein unvergeſslicher, verewigter Gönner, Wilhelm von Humboldt,
haben dieſe Eigenſchaft in dürftigen Einzelheiten erkannt, aber ihre hohe Wichtigkeit beſprochen. Meine ſcharfen Forſchungen, ſogar an demſelben Material, haben
mir dazu verholfen die Sache in einem weit gröſseren Maaſsſtabe und in mannig-

faltigeren Zügen zu beobachten. Diefe merkwürdige Abwerfung der Endung des Subft. kann, als etwas fehr natürliches, an Sprachen leicht wiederkehren, und ift an fich kein Beweis der Verwandtfchaft. Sie geht vor fich bei dem Antritt eines Zufatzes hinten, fei derfelbe eine andere Endung oder ein Wort. Nur durch das Wegfallen, kann man fagen, bekundet die Subft. Endung fich als Endung, fonft würde fie zum Stamm gerechnet werden. Ein Beweis der Sprachverwandtfchaft braucht die Abwerfung auch hier nicht zu feyn. Aber neben fo genauen anderweitigen Verhältniffen ift es Jedem erlaubt fie für eine unmittelbare Verwandtfchaft, mit oder ohne Erborgung von der mex. Sprache, zu nehmen. Die Endungen und Sprachen, an denen ich diefes Wegfallen nachzuweifen vermag, find: die Cora mit der einen Endung *t, te, ti* (von *rit* geht *t* verloren); und die Tarahumara mit den Endungen *ki* oder *ke, ca* und *la*. Die beiden übrigen Sprachen, Tepeguana und Cahita, entbehren fowohl überhaupt der mexicanifchen Subft. Endungen faft ganz, als auch alles Lebens in den ftarren, ihnen etwa zukommenden eigenen und fremden. Um fo eher kann man die End-Bewegung in jenen beiden anderen fon. Mundarten für ein mexicanifches Erbe anfehn.

Die Endungen fallen weg:

1) wenn das Subft. fich mit einem **pron. poff.** verbindet. Im Azt. wird daffelbe vorgefetzt; wenn diefs auch (in getrennten Worten) in den fonorifchen Sprachen ift, fo kann doch die Weglaffung nur nachgewiefen werden vor dem Einen angehängten *pron. 3. pers. ra, la:* daffelbe möge für fich felbft ftehn (fein, ihr), oder nur auxiliar, oder eine Hülfe zum Ausdruck des Genitivs feyn: Co *an-teahua* heifsen, Namen haben, *teahua-ri-t* Name *(rit* einheimifche Ableitungs-Endung, worin *t* Subft. Endung), *eua teagua-ri-ra* dein Name; *xebe* wollen, *xéhvi-at* Wille, *eua jevi-ra* dein Wille (beides im Vaterunfer); — T^A *kaugua-ca* Ei, *pu kaugua-la* feine Eier; *bacagua-ca* Blatt, *cutschiki bacagua-la* die Blätter des Baums;

2) vor **Poftpofitionen** — Ta *maitsa-ca* Monat, *guoca maitsá-taje* vor 2 Monaten; *paugui-ki* Waffer, *paugui-tschic* im W.;

3) vor **Endungen des plur.** im Cora — *xayèti* Viper, pl. *xayétzi; xura-vet* Stern, pl. *xuravetzi;* f. weiter Gramm.; auch in der Ta ift eine Spur: *pa-mivali-ki* Jahr, *pamivali* Jahre;

4) vor Anfätzen der **Wortbildung** — Co *aná-ti* Flügel, *te-ana-va* alear; *túhri-ti* Hunger, *hua-túhri-hua* hungern; es ift unnöthig, in diefer Sprache Beifpiele zu geben, weil die Weglaffung des *t* und *ti* überall zu fehen ift, wo ich Ableitungen angeben werde; doch verweife ich in Beziehung auf alle Sprachen auf eine Stelle meiner Gramm., wo ich das abfallen der Subft. Endung beim Antritt von Anfätzen der Wortbildung fpeciell verfolgt habe; — T^A *nachcá-la* Ohr (A *na-caztli), nachcá-tule* taub (ohr-los); *cali-ki* Hütte (A *calli), cali-ruje* bauen; *cusi-ki* Holz, Baum, *cusé-ameke* Ort, wo es Holz oder Bäume giebt;

Q 2

5) die Subft. Endung geht auch verloren, ohne dafs etwas antritt, wenn vom Subft. ein Verbum abgeleitet wird; wann diefer Fall fich bei azt. Subft. ereignet, habe ich anderwärts, wo ich alle diefe Beifpiele gefammelt habe (Abfchn. V § 110), die Frage aufgeworfen, ob in diefem Punkte die Nordweft-Sprachen nicht das Azteken-Idiom uns in einem früheren Zuftande zeigen? wo diefs nicht ift, und bei einheimifchen Wörtern, ift die Erfcheinung ein Rückfchreiten zu nennen. — Beifp.: Co *moaéye-te* Ähre (A *miahuatl), modeye* in Ähren fchiefsen (vom Mais); *tunú-ti* Knie, *ti-tonó* knien; *xanaca-t* oder *xanaca-ti* Fehler, *capti-xanaca* gerecht feyn; *chauhri-t* Neft, *u-chauhri* niften; mehr Beifpiele in der Gramm.

6) Die Subft. Endung geht verloren an dem erften Gliede der Compofition, und zwar zunächft des Subftantivums mit Subftantivum: was ich in einem Capitel nach den Redetheilen (f. Gramm.) behandelt habe; und zweitens:

7) des Subftantivums mit einem Verbum: bei der vom Mithr. und von Wilh. von Humboldt für fo unmittelbar aztekifch gehaltenen fogenannten Einverleibung (Mithr. f. oben S. 47[m] und 48[nf], W. von Humboldt S. 50 Anm. 2 Z. 1-2); die ich beim Verbum (f. Gramm.) behandle.

§ 115. Plural. — In der Bildung deffelben durch Reduplication der Anfangsfylbe, wovon das Ta und Cora nur fchwach, die mex. Sprache auch in keinem grofsen Umfang Gebrauch macht; kann ich keine Verwandtfchaft finden, wie es Wilh. von Humboldt fand (f. oben S. 50 Anm. 2 Z. 3). Die Reduplication ift ein zu natürliches und häufiges Hülfsmittel der Sprachen Categorien verfchiedener Art zu bezeichnen. Der Tepeguana-Sprache, welche meine Vorgänger gar nicht kannten, ift ein ungemeffener Gebrauch der Reduplication eigenthümlich, namentlich für Verbum und Plural; ihr Abftechen darin von den andern drei Stammfprachen zeigt, wie werthlos die Reduplication für den Beweis von Sprachverwandtfchaft ift.

In einigen der vielen Plural-Endungen des Cora könnte man eine mexicanifche finden: *rzi* oder *zi*, auch *re* könnte man mit *tin*, einem der mex. Plural-Anfätze, vergleichen: *xuravet* Stern, pl. *xuravetzi; xayèti* Viper, *xayétzi;* — *atzizt* Fledermaus, *atzizzi; teacúzt* Kröte, *teacúzi;* — *bixk[eu]*?, *bixk[eu]te.* Man mufs nur fagen, dafs unter fo vielen Endungen, welche diefe Sprache für den *plur.* anwendet, fich von felbft einige mit den mex. ähnliche finden müffen. Über ein Beifpiel von *tzizti* f. nachher S. 126[m].

§ 116. Viel eher könnte die Endung *me* für das mex. Pluralzeichen gehalten werden, welche ich im CAHITA, aber fehr ftark an diefer ihrer Function zweifelnd, grofsentheils fcheinbar für den Plural finde: freilich für Leblofes wie Lebendes, da fie im Mex. nur für Lebendes gilt: *hube* verheiratheter Mann, verheirathet (vom Manne; abgel. von *hubi* Ehefrau): *hubeme* ein After-Ehepaar *(amancebados); tono* Knie, pl. *tonome (manual* p. 44[a]); *mamame hoquime* Hände und Füfse (105[af]); *inome* und *hunume* diefe *(hunuca* diefs), *ime* diefe? aber auch diefer? *(in die-fer);* — in *burume* vieles gegen *buru* viele ift es vielmehr ein Zufatz des *sing.,*

was es auch in *chonime* Kopfhaar (dem azt. *tzontli*) feyn kann. Man mufs auch
fürchten bei diefer Endung in das *me* des Affixes *actor* zu gerathen; und ich habe
fchliefslich diefe grofse und vieldeutige fonorifche Formation in einem anderen Theile
meiner Arbeit (Abfchn. X, Endung *ame* § 183) zu Hülfe genommen, um zu verfuchen
für alle hier zu entfaltenden verworrenen Züge diefes Zufatzes eine allgemeine Löfung zu gewinnen.

In der TEPEGUANA erfcheinen *ma* und *m* im *plur.* einiger *pron. demonstr.:*
iddi ift: diefer (meift für Perfonen), im plur. *iddama* (für Perfonen); *huggue*
oder *uggue* jener, pl. *huggama, huggueama, huggam* oder. *uggam* (von Perfonen). Im *perf.* ift vorgefetztes *a* bisweilen *er*, im *perf.* 2. vorgefetztes *am* fie *(ii)*.

Allgemeinere Gründe zwingen mich von der PLURAL-BEDEUTUNG diefer Endung, befonders für die CAHITA-Sprache, abzugehen; ich erblicke darin vielmehr einen
perfönlichen AUGMENTATIV-ZUSATZ, der, theils müfsig, ein Laut-Zuwachs, vielleicht
manchmahl das *pron. poss.* fein birgt, und fowohl *ME* als *M* lautet. Als blofsen Laut-
Zufatz finde ich es in: *iorem* und *ioreme* Menfch, Perfon, Jemand, Leute: neben
dem einfachen *iore* oder *yore; tehuam* und *tehuame* Name, neben dem einfachen
tehua. Unfer Horizont in der Beurtheilung diefes Anfatzes erweitert fich durch
das dem Cafuszeichen *chi* angefetzte *m* oder *n: chim* und *chin* (f. meine fon. Gramm.
bei den Cafus). An das zugefetzte *m* tritt auch die Cafus-Endung *ta* (*mta* oder
mpta zufammengefchrieben): und diefe Verbindung hat wieder einen falfchen Anfchein des Plurals: *ioremta* den Leuten oder Perfonen (107[mf]), *iorempta* die
Männer (81[nf]), Leute (84[mm]); der fchwindet, wenn man fie in anderen Stellen als
sing. findet: *ioremta* (72[mf]) und *iorempta* (85[a]) Jemanden. Was foll man aber
fagen, wenn an diefen Doppel-Zufatz *m (= me)* + *ta* nochmahls *me*, mit erneutem
Plural-Schein, angehängt erfcheint? (er wird kommen zu richten) *iore-m-ta-me*
hipse-came coco-came die Lebendigen und die Todten (106[aa], wörtlich: die
Menfchen, lebendige und todte); (bitteft du um Verzeihung, 107[nf]) *ioremtame*
en-suro tuacame die Menfchen, welche du beleidigt haft?

§ 117. **Anfätze der Wortbildung.** — Es giebt 4 bis 3 folcher Endungen
der Subft. in der CORA, welche man mit aztekifchen ähnlich finden kann:

tzahta hat ganz die Bedeutung der azt. Orts-Endung *tla* oder *tlan:* Ort einer
Sache; Ort, wo eine Sache in Menge ift; hierin würde nur *ta* aztekifch (f. *ta* gleich
hiernach), *tzah* aber ein einheimifcher Beftandtheil feyn, über den ich anderwärts
(Gramm. Ableitung des Subft.) gefprochen habe: *c^(ou)yét* Baum (das azt. *quahuitl*),
c^(ou)yé-tzahtá Ort mit vielen Bäumen *(arboleda*, mex. *quauhtla* id.); *ocotn*
Fichte (A *ocotl*), *oco-tzähta pinal* 2) *monte* (Fichtenwald, Wald; mex. *Ocotlan*
2 Dörfer); *mòcotzit* Hut (fpan. *sombrero)*, *Moco-tzähta* einheimifcher Name für
die Stadt Sombrerete.

Ganz nahe jedoch kommt *tan* in dem Worte *^(eu)keritan* Gefängnifs: nur dafs ich
nicht behaupten kann, dafs es eine Endung ift, da ich kein einfaches Wort anzugeben weifs;

aber *TA* kann wirklich das azt. *tla* und *tlan* feyn; es bedeutet Ort, auch gelegentlich Zeit — *muechi-ta* Hölle ift geradezu das azt. *mic-tlan; cehti* Sand,
ceata fandige Fläche *(arenal); cerit* Kälte (ift vom azt. *cetl), cicerita* Winter;
xúxut Blume, *xuxcatá* Frühling (im Mex. heifst der Frühling *xupantla,* auch
durch *tla* gebildet). Über den Anfatz *tzita* f. meine fon. Gramm.

Ferner ift wohl eine anziehende Spur der mex. gentilitifchen Endung *catl* im
Co *cat: muutzita* Gebirge, *muutzicat* Gebirgs-Bewohner (wo das Wegfallen
des *ta* zu beachten ift); die Endung hat aber noch eine zweite Bed., f. Gramm.
Ableit. des Subft.

Ich beantworte verneinend die, Angefichts der Lautgeftalt, fehr natürlich auftauchende Frage: ob in einer Cora-Form, die Ortega p. 42, b^{uf} anführt, das mex. reverentiale *TZIN* mit feinem Plural *(tzitzintin)* liege? Nachdem er nämlich die zwei
Wörter *tetàkazt* und *putebàkazt* durch damalig *(que era)* überfetzt hat:
„*governador que era: tátoan-tetákazt, vel tàtoan putebàkazt*"; fagt er in einer
neuen Zeile: „*Los governadores que eran. Timuericat máhtacatzizti puri.
quiere decir vulgarmente hablando; ya está dexalo.*" Wenn freilich *tim. maht.
puri* diefe Bedeutung von: es ift fchon da! lafs gut feynl hat, fo ift an *reverentiale*
nicht zu denken; dann müfste *tatoan put·* der Plural feyn. — Eine andere auftauchende Spur des reverentialen *tzin* in dem *rzt* des cahitifchen Ausdrucks:
itom iau-tzi-ua unfer Herr habe ich auch, obgleich hier einfach die Möglichkeit
vorliegt, verneinend abgelehnt (f. Gramm. Subft.). Eher könnte die, in Einem Beifpiel vorkommende Endung *cuit* im Cora: *ah-ti* Waffer, *a-chit* Bach, für das
azt. diminutive *tzin* gehalten werden (f. näher Gramm. Subft. Ableit.).

§ 118.   Ein fehr wichtiger und tief liegender Zug, in welchem die fonorifchen
Sprachen, in ihrem eignen und urfprünglichen Wefen, mit dem Genius der aztekifchen Sprache eins find, ift der Gebrauch von POSTPOSITIONEN zur Bildung
von SUBSTANTIVEN des ORTS und ORTSNAMEN; zu der erftaunenden Ähnlichkeit kommt noch die zweite Sonderbarkeit hinzu: dafs, wenn ein folches locales
Subft. mit einer Orts-Präpof. conftruirt wird, keine Poftpof. dazu gebraucht wird,
fondern das Subft. mit feiner Orts-Endung, fein Nominativ, zugleich das Präpofitio-
nal-Verhältnifs ausdrückt; A *mic-tlan* heifst Hölle und in der Hölle, zur Hölle;
Ta *revega-tschi (*regúegá-chi)* heifst Himmel und: im H. oder in den H.
Diefe Züge habe ich in den fonorifchen Sprachen an verfchiedenen Theilen der
Grammatik entwickelt und erwiefen.

Ich habe endlich in der Cora-Sprache noch von der dritten mex. Eigenthümlichkeit Belege beibringen können, dafs nämlich diefes durch angehängte Poftpofition
gebildete neue Subft. an die Poftpof. die Subft. Endung anhängen kann (f. fon.
Gramm. Abl. des Subft.); fo erfcheint die Orts-Poftpof. *tzi,* = dem eben dagewe-
fenen tarah. *chi,* in der fubftantivifchen Geftalt von *tziti* oder *tzit: múu-ti* Kopf,
múú-tziti Kopfkiffen: gleich wie Hölle im Mex. auch *mic-tlan-tli* heifsen kann.

Zahlwörter.

§ 119. Die merkwürdige und weit verzweigte Ähnlichkeit oder Verwandtfchaft, welche das mex. Zahlwort *ce* eins, auch mit Rückficht der weiteren Bedeutungen feiner Nebenformen *cen* und *cem*, in der Cora, im einzelnen auch in der Cahita und Tarah., findet; habe ich fchon bei der Wort-Aufzählung (IV § 56, S. 71ᵐ-72ᵐ) abgehandelt. Zu der Tarah. habe ich noch Wörter nachzutragen, welche fehr nahe zum azt. *cen* gehören: *sini* oder *schiné* bisweilen, wovon äufserlich herkommen: *sinépi* einmahl, *siné tà* niemahls, *sinevi* oder *sinivi* (*sinibi) immer, *sinecachi* einft; ihre Grundlage ift aber *siné* = 1, und in dem adv. immer wird recht deutlich die umfaffende Kraft des mex. *cen* (oben S. 71) erkannt.

An die Ähnlichkeit der Co Drei: *huᵈᵉⁱca* mit azt. *ei* oder *rei*, die der Mithr. (f. oben S. 48 Z. 11) mit zählt, glaube ich nicht; fie nimmt aus 7 Buchftaben willkührlich 2 innere, fehr zerbrechliche, heraus; das Zahlwort lautet im Ta *baica*, *beiquiá; im Ca *bahi*, im Te *véic-ado*. Das *b* und *p*, wandelbar in *v* und *hu*, ift wefentlicher Theil des Zahlworts, wie die Überficht aller fonorifchen Sprachen in der Grammatik zeigen wird. — In der Grundlage *o* der 2 kann man eine Ähnlichkeit finden.

Das Wort für den Zahlwerth 20 heifst in der Ca *tacava* oder *tacahua*, welches eigentlich Körper bedeutet und dadurch einen ficheren Beweis des Icofaden-Syftems diefer Sprache liefert. Das mex. *tlactli* Körper hat eine halbe Ähnlichkeit mit ihm, mehr läfst fich nicht fagen; die mex. Sprache hat für 20 ganz andere Wörter: aber ihr Wort 10, *matlactli*, ift eine Zufammenfetzung aus *maitl* Hand und *tlactli* Körper.

Die Te bildet *adv. numeralia* auf *pa*, wie auch das Mex.; aber die Bedeutungen find verfchieden: A *ceppa* 1mahl, *oppa* 2mahl; Te (ich theile:) *goca-pa* in 2 Theile, *véica-pa* in 3 Theile.

Pronomina.

1. personalia.

§ 120. Es laffen fich in einzelnen Perfonen und einzelnen Sprachen bedeutende LAUT-ÄHNLICHKEITEN mit den MEXICANISCHEN PRONOMINEN aufzeigen; aber: fei es, weil es fich hier um wenige Hauptconfonanten handelt, die immer wiederkehren müffen; fei es aus tieferen Gründen intellectueller Übereinftimmung: diefelben Ähnlichkeiten von *ne* ich, mein, *mu* du; *ta* oder *te, ata, tame* wir; *an, ammo, emo* u. ä. ihr: find in fo vielen und gänzlich verfchiedenen Sprachen aller Theile von Amerika aufzuzeigen. Dazu kommt, dafs wieder andre Pronomina der fonorifchen Sprachen den mex. unähnlich fehen, und dafs die Sprachen vielfach in fich variiren und gegen einander ungleich find. Diefe Gründe im Auge habend, kann ich den zu eröffnenden Übereinftimmungen keinen ficheren

Werth beilegen, wie meine Vorgänger gethau haben; wenn einmahl die fonorifchen Sprachen einen verfchiedenen Sprachftamm bilden, fo würde die Erborgung der perfönlichen Pronomina aus der aztekifchen wenig wahrfcheinlich feyn. Ich läugne aber nicht, dafs die Übereinftimmungen, welche fich angeben laffen, fehr treffend find. Ich laffe die unähnlichen fonorifchen *pron.* mit einfliefsen; aber ich darf mich an diefer Stelle nicht in die lange Verzeichnung aller Formen einlaffen, auch nicht in die Definition der Pronominal-Claffen und des Gebrauchs der verfchiedenen Formen.

§ 121.   ICH — A *ne, ni;* mein *no*
> *ne:* Co ich; Ca ich, mich; Ta ich, mein
>> *ane:* Te uud Ca ich; — *in:* Ca mein, mich; Te mein

DU — A *te, ti;* dein *mo.* Hier herrfcht fchon Unähnlichkeit, denn *t* kommt in den Nordweft-Sprachen gar nicht vor; fondern nur *m* fpielt die Rolle der 2. Perfon sing., daneben noch *n* und *p:*

> Ta *mu* du, dein; *mi* dir, dich; **me* dich
> Co *apue, ap, pe* du; *mua* dich, *a* dein
> Te *api* du, *u* und *pa* dein
> Ca *en* oder *em* du, dich, dein.

In den 3ten Perfonen ift keine Ähnlichkeit, und ich werde diefe Stelle daher gar nicht mit ihren Formen belaften.

WIR — A *tehuan, te, ti;* unfer *to.* In den NW-Sprachen ift zwar der Grundbuchftabe auch *t,* aber in 3 Sprachen gehört noch ein *m* danach und ein Vocal davor: wovon das Mex. keine Spur zeigt:

> Co *iteammo* od. *itean, te* wir; *ta* uns, unfer
> Ta *tamé* od. *tami,* **rami* wir; **tamú* unfer
> Te *atem, atum* wir; *ut* unfer
> Ca *itom* oder *iton* unfer

IHR — A *an* (vollft. *amehuan),* euer *ammo.* — Die Cora entfpricht diefem fcheinbar fehr vollftändig, nahe auch Ta und Ca; die Te ift aber vom Azt. und den Schwefterfprachen verfchieden, indem das *p* und *u* des sing. wiederkehren:

> Co *ammo, an* ihr, doch auch *ce; amua* euch, *amoa* euer
> Ta *emi* od. *emé* ihr, euch, euer; doch auch nach Tch ihr: *temi* und
> temé, in einem Texte St's *táemi;* ja nach Tch *me* (fonft dich)
> und *ta;* **temi* und **temú* euer
> Ca *emo?* ihr
> Te *apum* und *pum* ihr, *um* euer.

§ 122. Soll ich nun eine fcharfe Prüfung anftellen, wie fie die Wichtigkeit der Sache erfordert; fo find günftige Punkte nur das *pron.* 1. *sing.,* und 2. *sing.* und *pl.,* und hiervon am meiften 1. PERS. SING. Hier beruht abér die Hauptfache auf dem *n:* denn der Vocal wird auch umgedreht *(in),* es tritt auch einer vor *(ane)*; das *n* [kann aber ein Zufall feyn, ufw.: wie ich oben bemerkt habe. Zu demfelben Zufalle oder derfelben intellectuellen Übereinftimmung würde das *t* von wir gehören; das zu dem *t* fichtlich in den NW-Sprachen vorherrfchend hinzukommende *m* zeigt die wirkliche Verfchiedenheit vom Azt. Die 2. PERS. PL. ift nicht ficher ähnlich: die Hauptfache bleibt im Azt. *an*, nämlich *n*; das *m*, könnte man fagen, fei nur in *amehuan* durch den folgenden Vocal, in *ammo* durch das folgende *m* von *mo* gekommen; *mo* ift aber nicht als Charakter diefer 2. Perf. *pl.* zu rechnen, fondern ift ein allgemeiner reflexiver Pronominal-Anfatz, was ich hier nicht entwickeln will. Doch kann man auch *am* als Grundlage annehmen, deffen *m* nur am Wortfchlufs zu *n* werden mufste. Das *m*, auf welchem die ganze Verwandtfchaft beruht, kann wieder Zufall oder intellectuelle Übereinftimmung feyn. Will man weit gehn, fo kann man die Cora-Sprache allein das azt. *pron.* 2. *pl.* erborgen laffen. — Das Pron. DU ift nicht ähnlich.

2. demonstrativa.

§ 123. Die aztekifchen Pronomina find *inin* diefer und *inon* jener. Im Hintergrunde der Sprache und diefen Compofitionen zum Grunde (da *on* als eine Partikel = dort zu betrachten ift) liegt ein pron. *IN* diefer, welches aber nur als Artikel (der, die, das) und als *pron. rel.* erfcheint. Im *in* ift *I* als Stàmm zu betrachten, wie deriv. beweifen: *ic* (worin *c* Poftpof.) defshalb u. a. 2) wann? *ica (ca* Poftpof.) bisweilen, manchmahl u. a.

Es ift fehr leicht gefchehen, dafs *I* in den Sprachen der Erde als Stamm des demonftr. Pronomens erfcheint; und Heere von Sprachen laffen fich dafür anführen: wie der fanskritifche Sprachftamm, der malayifche Sprachftamm, amerikanifche Sprachen. Auch das *n* bei ihnen kann ein Zufall feyn; doch will ich es als eine befondre Merkwürdigkeit gelten laffen, dafs in der CAHITA *IN* diefer ift: das Pron., welches wir im Azt. erahnden, welches früher diefen Gebrauch gehabt haben mufs, das aber jetzt in fecundäre Functionen fich zurückgezogen hat. Wie azt. *in* vor *in* tritt *(inin)*, fo tritt Ca *in* vor ein zweites Pron., das es für diefer giebt, vor *ica: inica, innica* diefer, diefs, *hinica* jener; auch *ini* (ähnlich A *inin*) ift diefer. Auch das azt. *in* tritt vor das azt. *ic* zu *inic*, welches bedeutet: 1) damit, auf dafs *(ut)* 2) dafs *(= acc. c. inf.)* 3) als, während dafs 4) weil 5) als *(tamquam)* 6) vor die Zahlwörter gefetzt, bildet es die *ordinalia*.

Die andern 3 Sprachen befitzen kein *in*; es laffen fich nur bemerken: das *i* im Co *ii* diefer; und *ic*, *ica* öfter, nämlich: Co *iic* jener *(aqueste)*, Te *ic* und *hic* diefer (für Leblofes), Ca *ica* diefer.

Die Tarah. befitzt aber den einfachen Grundlaut *i*: für fich angeblich, nach Tell., als er (vorgefetzt); aber befonders und ficher als Grundlage der 2 Pronomina *igotsela* er felbft, diefer felbft und *iché* (St) oder **ijé* (Tell.) diefer 2) er 3) der, die, das. Das letzte Wort ift das gewöhnliche *pron. dem.* der Sprache; vertritt aber zugleich, wie man fieht, das Pron. 3. *pers. sing.* und ift eine Aushülfe für den Artikel; es ift der Demonftrativ-Stamm *i* mit dem allgemeinen hauchenden Anhang der *pronomina personalia* des Ta: fonft bei Steffel *hé (nehé* ich, *muhé* du), hier ausnahmsweife *ché* (ftärker gehaucht); bei Tell. immer *jé* (mit dem span. *j*, = deutfch *ch*, gefchrieben: *nejé ich, *mujé du); diefer Anhang foll an fich einen Nach-druck mit fich führen: deffen Kraft fich aber in dem Grade verloren hat, dafs jene Formen meift nur, gleich den einfachen Pronominen *(ne* ich, *mu* du), der triviale Ausdruck find. *gotse* (St) oder *goche (Tell.) ift der Anfatz der pron., welcher die Bed. felbft mit fich führt; er kann fich durch das angehängte pron. poss. fein: St *la*, T *ra*, verftärken, zu: St *gotsela*, T *gochera. Die Tarahumara bietet alfo demjenigen, der Hunderte von Sprachen der verfchiedenften Erdftriche auf Grund des Pronominal-Stammes *i* für die Categorie des *pron.* 3. *pers.* und *pron. demonstr.* in Verwandtfchaft zufammenwerfen will, ein ficheres Mitglied dar. Ich erkenne, wie gefagt, nicht einmahl eine Verwandtfchaft der fonorifchen Mundarten mit dem *nahuatl* oder eine Erborgung von ihm auf Grund diefes Pron. Stammes an.

Ich mufs noch zu der fpeciellen Geftalt *ic* und *ica* zurückkehren, welche ich vor der Erörterung der Tarahumara-Sprache genannt habe. Diefe Pron. haben mit den azt. *ic* und *ica* nur zufällig die äufsere Geftalt gemein; denn die Bedeutungen find verfchieden, und müffen es feyn, weil die azt. Wörter hinten die Poftpofitionen *c* und *ca* enthalten. Immer kann man aber eine gewiffe Ähnlichkeit finden; das azt. *ica* bedeutet 1) einmahl, zu einer Zeit; bisweilen 2) *con ó por (preposicion para jurar):* und hierzu kann man noch halten die Formen Te *icaidi, icaidi=atu, icaitud* u. a., welche alle: defshalb, darum bedeuten. Ferner gehört hierher Co *ico* jetzt.

Einen anderen Gebrauch vom Te *ic*, wo es als ein Adv. *fo*, um *fo (eo)* erfcheint und dem azt. *ic* näher tritt, behalte ich für die einheimifche Gram-matik auf.

3. interrogativa.

§ 124. Die *pron. interr.* der Cora: *atané* wer? *atác* wem? pl. *atenè*; und *titane, titac* was? (letzteres bedeutet auch: etwas) kann man vergleichen mit den azt. *pron. ac* wer? *tle* und *tle-in* was? *(itla* etwas). Die Ähnlichkeit bleibt fehr unvollkommen, aber Anklänge laffen fich nicht läugnen.

§ 125. [Der Umfang, welchen der in diefen Band eingefchloffene *T*heil meines Werks der aztekifchen Spuren im amerikanifchen Norden an anderen Stellen erlangt hat, zwingt mich die Ausführung der ferneren gram-matifchen Ähnlichkeiten, welche ich in den 4 fonorifchen Nordweft-Spra-chen mit dem Azteken-Idiom vorzubringen habe, hier abzubrechen. Ich verweife wegen ihrer auf meine fonorifche Grammatik, wo ohnehin auch die bisher entwickelten befprochen werden mufsten; ich brauche um fo weniger eine Wiederholung zu begehen. Ich werde jedoch diefe Punkte hier in der Kürze angeben.]

4. indefinita.

§ 126-136. [Ein höchft wichtiges, unläugbares aztekifches grammatifches Element, von allgemeiner Herrfchaft in der Cora-, wie in der mexicanifchen Sprache, das Präfix der Cora *TI, TE,* auch *teu,* = azt. *te* des unbeftimmten perfönlichen Pronomens (Jemandes, Jemanden), werde ich in einer befonderen Publication ausführlich behandeln.]

Verbum.

§ 137. Das praeter. bildet die Ca durch die Endung *c,* Ca und Ta durch *cA;* hiermit kann man vergleichen, dafs zwei kleine Claffen mexicanifcher Verba das *praet.* auf *c* bilden und *ca* dort die allgemeine Endung des *plusqpf.* ift.

Im *praet.* der Ca habe ich oft den Vorfatz *A* beobachtet; das Wefen diefes *a* ift mir aber immer noch nicht ficher, auch ift diefer Vorfatz nicht nothwendig. Man ift verfucht diefes *a* mit dem mex. Augment *o* zufammenzuftellen, das im *praet.* immer, im *impf.* und *plusqpf.* nach Willkühr vor das Verbum tritt.

Dafs das azt. Verbum *ca* feyn und fogar fein unregelmäfiger Nebenftamm *catqui* fich überall, wenn auch nicht ausfchliefslich, durch die fon. Sprachen verbreitet finden: ift in der Wort-Aufzählung nur kurz erwähnt, und wird von mir hinter der Pima-Sprache (Abfchn. XIII § 278-280) ausführlich erörtert werden.

Die fo wichtige Verwendung des azt. Verbums *nequi* wollen in der fonorifchen Geftalt von *naque* zur Darftellung verfchiedener indirecter Categorien im Verbum: des *fut., conj., impt.* u. a.; in der Cahita-Sprache werde ich in der Grammatik zeigen.

Von der fo merkwürdigen azt. Einverleibung des Subft. *objecti* in das Verbum, mit Verluft feiner fubft. Endung, kann ich im Cora Beifpiele anführen; von der Einverleibung des Subft. in Präpofitions-Beziehungen in der Ta und Te.

Poftpofitionen.

§ 138. Dafs die Präpofitionen in den fon. Sprachen wie in der mex., als Poftpofitionen, hinten an die Nomina gehängt werden, ift im allgemeinen Geifte der amerikanifchen Sprachen; das Wegfallen der Subft. Endungen vor ihnen, das ich in der Ta und Co zeigen kann, ift aber ächt aztekifch. Andere höchft merk-

R 2

würdige aztekiſche Züge bei der Benutzung von Poſtpoſitionen zur Bildung ört-
licher Subſtantiva, und bei der Behandlung ſolcher Derivata, wenn ſie ſelbſt
in örtliche Poſtpoſitions-Beziehung treten, habe ich ſchon beim Subſt. vorgeführt.

Im LAUTE laſſen ſich nur einige, wegen der geringen Congruenz der Bedeutungen ſehr entfernte, blofs mechaniſche Ähnlichkeiten aufbringen: die Poſtpoſ.
co der Zeit in der Te; und noch entfernter *po:* das in der Ca die allgemeine Orts-
Poſtpoſ., im Mex. aber nur eine Art Poſtpoſ. der Ähnlichkeit oder Vergleichung iſt;
doch geſtattet ihre Bed. nahe eine Anknüpfung.

Sehr nahe ſtreift an wirkliche Identität mit der durch den gröfseren Theil der
ſon. Sprachen verbreiteten, allgemeinen Orts-Poſtpoſ.: *tschi,* *chi, auch *tschic* Ta;
tzè Co uſw. (im Ca *chi* nur in Seiten-Anwendungen); eine ſehr dürftig im Mex.
daſtehende Poſtpoſ. *c ʜ i.* Sie kommt nach den bisherigen Erfahrungen nur am Worte
tlalli vor, in den Formen *tlalchi* und *tlalchipa;* erſtere überſetzt Mol. *en el*
suelo, auf dem Boden: letztere *hazia la tierra ó hazia el suelo,* gegen die Erde
oder den Boden, nach der Erde oder dem Boden hin. Die Form mit *pa* mag vielmehr und hauptſächlich der Bewegung dienen *(pa* iſt ein willkührlicher Zuſatz zu
anderen Poſtpoſ.); aber gewiſs iſt, dafs *tlalchi* nicht allein der Ruhe, ſondern auch
der Bewegung dient: wie die Beiſpiele lehren: *tlalchi ni-tlachia* ich ſchlage die
Augen nieder, blicke gegen den Boden hin *(abaxar los ojos, mirando hazia el*
suelo); tlalchi tlaza Einen demüthigen, ſich demüthigen und bis zum Boden
niederbeugen oder niederwerfen *(humillarse y abatirse hasta el suelo, humillar á*
otro afsi). Bei der Vereinzelung dieſes Beiſpiels mufste man dem *chi* die Bed. von
unten auf oder an beilegen, wie auch Wilh. von Humboldt in ſeiner mex. Gramm.
ſagt: „*chi* drückt ein niedrig, doch nicht gerade unter ſeyn aus: *tlalchi* niedrig
am Boden." — Die grofse Thatſache der ſon. Orts-Poſtpoſ. *chi,* von der man
dieſes mex. *chi* für eine ſchwache Spur halten kann, führt uns dazu die azt.
Poſtpoſ. von dieſer Nebenbedeutung, welche nur durch den Begriff von *tlalli* herbeigeführt wird, zu reinigen. Das Verhältniſs der Sprachen iſt hier umgekehrt.

Conjunctionen.

§ 139. Das azt. *ᴍ ᴀ* hat 2 verſchiedene Bedeutungen: mit der Wunſch-Partikel
(möchte doch!) kann man entfernt Ta *ma* dafs vergleichen: welches aber auch wie,
wo und das *pron. rel.* ausdrückt, und eine ſo umfangreiche, verſchiedene Sphäre beherrſcht,
dafs jede Möglichkeit einer Verwandtſchaft ſchwindet; — zu dem verbietenden mex.
ma (dafs nicht, = griech. μή, ſanskr. मा *má)* pafst einigermafsen die allgemeine tepeg.
Negation *mait* oder *meit* (nicht), beſonders als privativer Vorſatz gebraucht.

Wenn man die beiden grofsen Sprachmaſſen in ihren privativen Präfixen
zuſammenbringen will, ſo muſs man den Vorſatz *ᴀ* der Nahuatlaken-Sprache für eine

Abfchleifung des *cA* mehrerer fonorifchen Sprachen (Ca, Co ufw.) erklären; diefer Vorgang wäre annehmbar, er würde jedoch die 2 Factoren in das umgekehrte Verhältnifs gegen einander ftellen, als wir in unfrer allgemeinen, idealen Anfchauung, freilich immer noch prüfend, fie uns gewöhnlich denken: die aztekifche als fecundär. Dafs das fonorifche Präfix urfprünglich ift, leidet keinen Zweifel; es kommt in der Co auch vermehrt vor: durch einen Zufatz *pu* vermehrt: *capu;* auch *cap* und *capti;* ein Wandel des *c* in *t*, indem das privative Präfix in der Ta *rA* lautet, fcheint die Annahme einer Identität des azt. und fon. Präfixes noch fchwieriger zu machen und weit hinauszufchieben.

Wortbildung.

§ 140. In der Zufammenfetzung von Subftantiven zu einem Subftantivum befitzen die fonorifchen Sprachen diefelbe Freiheit wie die mexicanifche; für ein mexicanifches Erbftück kann man es halten, dafs die Co und Ta, auch manchmahl die Te, die Endung des erften Subftantivums in folcher Compofition, wie in der ganzen Wort-Ableitung, ftreichen: doch gefchieht diefer Vorgang auch nach allgemeinen Sprachgefetzen, wie der Sanskrit-Sprachftamm durch ein grofses Vorbild zeigt.

Man fieht, dafs die Maffe deffen, was die vier fonorifchen Sprachen an Ähnlichkeit oder Übereinftimmung mit der aztekifchen in der GRAMMATIK darbieten; ja fogar die eingefchränkte Maffe des wirklich identifchen und, wie wir im allgemeinen fagen, aus letzterer erborgten GRAMMATISCHEN STOFFES: nicht geringer wiegt als die des Wortftoffs, und von grofser Bedeutung ift. Ich unterfcheide beftimmt jenen gröfseren idealen von diefem kleineren wirklichen und ficheren Vorrath. Ich habe das viele, was mir auf dem grammatifchen Felde der fonorifchen Sprachen für einen partheiifchen Zweck zu Gebote ftand, bedeutend herabgefetzt: indem ich als Factoren der Verähnlichung bald den Zufall, bald das einförmige Wefen aller Sprachen auf dem geiftigen Gebiete; bald jene Gleichförmigkeit im Syftem und kleinentheils im Laut vorwarf, die ein Räthfel jenes grofsen Typus ift, welchen unter zahllofen Geftalten die Zunge der Völker in den ungeheuren Ausdehnungen des neuen Welttheils uns darbietet: wohl befchränkt an fich und verftandesmäfsig noch weiter zu befchränken, auch zu fcheiden in all-gemeinfames und in mehrere Gruppen; aber fo doch vorhanden, und bei allen Fragen wegen hiftorifcher Verwandtfchaft einzelner Idiome zur Vorficht mahnend und ernfte Berückfichtigung fordernd.

VII. Gemeinſchaftliches Wörterbuch der vier Sprachen des mexicaniſchen Nordweſtens:

Tarahumara, Tepeguana, Cora und Cahita.

§ 141. Die Erforſchung des AZTEKISCHEN Sprachſtoffes in den vier Idiomen von *Cinaloa, Guadalaxara, Neu-Biscaya* und *Sonora* iſt beendigt; meine Aufgabe noch nicht. Der Zweck und das beſondere Intereſſe dieſer Unterſuchungen war, in dem MEXICANISCHEN NORDEN eine SPRACHMISCHUNG offen zu legen von abnormen, wunderbaren Verbältniſſen. Ich habe zu der DRITTEN ABTHEILUNG meines erſten Haupttheils überzugehn, zu der EIGNEN DARSTELLUNG DER VIER NORDWEST-SPRACHEN; denn es gilt zu zeigen, auf wie fremdem Boden jener mexicaniſche Sprachſtoff gepflanzt iſt. Dieſer dritte Theil, durch den von mir für die Arbeit angenommenen Titel abſichtlich verdeckt, iſt nichtsdeſtoweniger ein Erforderniſs zum erſten. Wir wiſſen ſchon, mit welcher Gewalt jener aztekiſche Antheil unſre alten Grundſätze beſtürmt, und wie ſchwer es iſt ſeinem Anſpruch an den geſammten Leib dieſer Sprachen zu wehren. Aber unabhängig von dem vielen, was die Erforſchung der Verhältniſſe aufzuklären gebietet, hege ich auch wirk- lich, wie ich im Beginne geſagt, den Entſchluſs einer GENAUEN DARSTELLUNG DES SONORISCHEN SPRACH-COMPLEXES: wegen ihrer abſoluten Wichtigkeit, ohne Rückſicht auf einen Nutzen. Wichtig darf genannt werden ſchon jede Verdeut- lichung einer einzelnen Redeweiſe in dieſen Gegenden Amerika's weiter als durch ein kurzes Wortverzeichniſs und einige grammatiſche Notizen; denn wohl haufen und ſtreifen der Völker genug von den Gefilden und Bergländern Anahuac's an bis zu den Gebieten, wo die zwei groſsen Sprachſtämme der *Lenni-Lenape* und der *Irokeſen* durch den Fleiſs und die Geſchicklichkeit nordamerikaniſcher Gelehrten umſtändlich uns bekannt geworden ſind. Aber die STAMMVERWANDTSCHAFT VON VIER SPRACHEN, in weiten Gebieten aus einander geworfen, wenn auch in demſelben Länderzuge liegend, der ſich in gröſserer oder geringerer Entfernung an den californi- ſchen Meerbuſen anlehnt, iſt ein Phänomen, das mächtig anzieht ihm nahe zu treten. Wenn mit dem vielen, was ſie in Wort und Grammatik mit einander gemein haben, ſich eine erſtaunende FREMDHEIT wieder in beiden paart; ſo iſt die Begierde nicht zu tadeln, dieſe bunte Welt in ihren Erſcheinungen ſcharf und ausführlich zu zeichnen, ihre Räthſel zu löſen: da es nur durch ſolche tiefe und vollſtändige Erfaſſung einzelner Schöpfungen gelingen kann dem Problem einer unbegreiflichen, tauſendfachen Zer- ſplitterung der menſchlichen Rede in dem groſsen amerikaniſchen Continente erken- nend oder ahndend nahe zu kommen. Das weitläuftige Gemälde eines NEUEN SPRACHTYPUS, welches ich hier zu zeichnen beginne, ſich ſelbſt Zweck, ermangelt

uicht einer materiellen Beftimmung; es wird die Grundlage meiner weiteren For-
fchungeu im NORDEN.

§ 142. Den erften Theil diefer felbftftändigen Sprachdarftellung bildet das
GEMEINSAME WÖRTERBUCH DER VIER SPRACHEN. Daffelbe ift ein
nothwendiger Theil meiner Unterfuchung: indem es, neben dem, weit genug verzweigten, fremden, den reichen einheimifchen Beftandtheil diefes von mir gebildeten neuen
Sprachftammes vorzuführen hat: den Analogien entzogen, und ganz gefchieden von
dem grofsen und berühmten Idiom der Nahuatlaken. Mühfam durch eine genaue
Benutzung aus den feltenften Hülfsmitteln gewonnen, wird diefes Wörterbuch, mit
vorangeftelltem DEUTSCHEN, eine neue Grundlage für Forfchungen in den
grofsen Völkergebieten des amerikanifchen Nordens gewähren: wie ich daffelbe auch
im zweiten Theile der gegenwärtigen Schrift zu folchen Unterfuchungen gebrauchen
werde. Das Wörterbuch follte ein befchränktes feyn. Es war meine Abficht,
in ihm wefentlich nur den SINNLICHEN STOFF der Sprache, diefen aber ohne einen
Auschlufs, zu vereinigen. Einige Wörter der geiftigen Sphäre find ihm beigemifcht worden.

[Das kleine DEUTSCH-SONORISCHE WÖRTERBUCH, welches
an diefe Stelle gehört, in 2 Theilen gearbeitet: einem Haupttheil: der
Subftantiva, Adjectiva und Verba vereinigt (§ 143); und einem Nebentheil:
der grammatifchen Redetheile: der gemifchten Pronomina, Adverbia, Poftpofitionen, Conjunctionen (§ 144-148); bleibt für mich der Gegenftand
einer künftigen, befonderen Publication.]

VIII. Die einheimifche Wortverwandtfchaft der vier mexicanifchen Nordweft-Sprachen.

§ 149. Ich habe aus meinem Wörterbuche der vier Sprachen des mexicanifchen Nordweftens im Folgenden in einer gewiffen Befchränkung die hauptfächlichften
und ficherften ÜBEREINSTIMMUNGEN derfelben IN DEM EINHEIMISCHEN, nicht-
aztekifchen, finnlichen THEILE ihres Wortvorraths, in ihrem grofsen SONORISCHEN
BESTANDTHEILE, als den erften Beweis ihrer STAMMVERWANDTSCHAFT, zufammengeftellt: nämlich nur aus den drei Redetheilen der Subftantiva, Adjectiva und Verba.
Die Menge diefer Analogien ift nicht grofs; und ich werde diefs fogleich, nach dem
Schluffe diefer lexicalifchen Auszüge, erläutern. Ich hätte, um einen befferen Eindruck
von ihrer Verwandtfchaft zu erregen, einen anderen Theil hinzunehmen müffen, wo ich
die Wort-Identität zwifchen den Sprachen mit einem Zeichen des Zweifels, leifer oder
ftärkerer Unficherheit verfehen habe; denn vieles darin kann gerechterweife als über-

einftimmend gelten. Die Identität fo mancher Wörter ift auch in der nachfolgenden Auswahl, bei grofser Verfchiedenheit der Form, noch unficher. In einigen Artikeln herrfchen, wie ich bemerken mufs, zwei Wörter, in welche fich die Sprachen theilen; fo in: Menfch, Reiher, Ziege.

§ 150.

Ader — Te *tate arteria, usci tata-de* Ader im Baume, Co *tatat*, Ca **obotate* [wenn das Wort·nicht azt. ift; f. IV § 56, S. 97 Art. *tlalhuatl*]

Ameife — Ta *motsaca*, Te *momosali* eine Art

Auge — Ta *pusiki*, Ca **pusi*, Te *buy*, Co *h*^{au}*ziti*

Bär — Ta *vohi*, Te *bohi* oder *boohi*

Bart — Ca **himsi*, Co m^{uei}*ziti*

Baum und Holz — Ta *cusiki*, Te *usci*

Baumwolle — Ca *chini*, **chinim*; Ta *tschini* „alles Baumwollen- oder Leinen-Gewebe; Leinwand, Seidenzeug" (fo nach Steffel); **chini* Zeug 2) *manta*

beichten — Ta **besera*, Ca *pesec*

beiwohnen *(coire)* — Ta **boi* und **boiqui* (vgl. legen), Co *amoan-puhuicari*, Ca *(buicare, abuicare:* eine Verbalform)

Berg — Ta *reguiguiki* (auch Hügel), Te *oydigui*, Co ^{eu}*riti cerro*

Befen — Ta *petsilaca*, Ca **hichiquia*; vgl. fegen

binden — Ta *bulá*, **burá*, Te *bupure* (reduplicirt)

bitter — Te *scivo*, Co *an-tzihvi*, Ca **chibu*

Blume und Rofe — Ta *seguá*, Ca **sehua*

Bohnen *(frixoles)* — Ta *muni*, Co *mühmeti*

braten — Te *gaggai, jaguidi freir*, Ta *guaugueke (*guagüeque)* Braten

brechen — Te *tapane*, Co *tapoa*; Ta *tapani* fich reifsen, fpalten (2) fich verwunden)

Bruder — Ta *batschi*, Co *ti=hatzi* älterer B.

Buch — Ta *hosseliki*, Co *yúxarit*

Ei — Ta *kauguaca*, **totori caguára* (vom Huhn, **totori*), Ca **totoli-caba*

eingehn — Ta **vaqui* oder **baqui*, Te *vapaque* (reduplicirt)

Erde — Ta *gué*, Co *chuehti*

Feder — Ta *mashaca*, Ca **masa*

fegen, kehren — Ta *petsiki*, Ca **hichique*

Feld — Ta *bassa* (auch Acker); Te *usse* fäen *(ussa-damue labrador, ussa-daraga labranza)*

fern — Ta *mechcá*, **mecá*, Te *muca*, Co *eumuá*

finden — Te *tuggue*, Co *teac*^{e}*ahca, teuh*, Ca *?tebua*

Fliege (vgl. Mücke) — Ta *sévoli*, Co *xá*^{eu}, Ca **tecasebori (*seebori* Moskite); Te *saivoli* Bienenkorb, Honig

fliegen — Te *daay*, Co *hua-taá*

Frau — Te *ubi* Frauenzimmer (Gefchlecht), Ta *upi* Ehefrau, Ca *hubi* id.

Frucht — Co *tacait*, Ca **taca*

Fufs — 1) Ta *talá (*rara)*, Te *tara* 2) Ca *huoqui* oder *hoqui;* Te *goqqui* Fufsftapfe

gehn — Ta *simi*, Te *jimoe* od. *jimue*, auch *imoe*, Ca *(sinaque* fut. u. a.), **senuc*
geifseln, peitfchen — Ta **gúepá (guechpisoco)*, Te *gube*, Co †*be*, Ca *obeba*
gewinnen — Co *muaitek*, Te Gewinn: *meitiqui-daraga* od. *maitiqui-d.*
gleich — Te *vuppua masci, uuupua-jamoe*, Co *uxupuamecheù*
graben — Ta *hoco*, Te *cobe* (praet. *coco-anta)*
grofs — Ta *guelù*, **guerú*, Te *gu* oder *agu*, Ca *bueru*
Grofsvater — Ta *catsò*, Co *tisyaxú*
Haar — Ta *kupaka* od. *kupala*, Te *cupa* od. *cupe* (des Kopfes), Co *kepoati*
Hahnenkamm — Te *sciboda*, Co *tzubetn*
halten — Co *tebi*, Ca *?tebu*
hauen — Te *jiquituque* (vgl. fchneiden), Co *behchi*
Haus, Hütte — Te *qui* und *baqui*, Co *chihti*, Ta *bechteke*, **betè* (von *bechtè*,
*betè wohnen)
Himmel — Ta *revegatschi*, **regúegá*, Te *tuvagui*, Ca *tehueca*, **teeca*
Hirfch — Ta **chomari* Hirfch, *tschomali* Reh; Te *suimali (ciervo)*
Höhle — Ta *tessó*, Ca **teso*
Huhn — Te *tucoco* od. *tacuc*, Co *tecuarae*
kämmen — Te *agascibidi*, Co *catze*
klein — Te *ali* od. *ari*, Ca *ili*, **ilichi*
Knie — Te *tonna* od. *tona*, Co *tunuti*, Ca **tono*
Kopf — Ta *moola (*moó)*, Te *mo*, Co *múuti*
Kranich — Ta *colò*, Te *cocore*, Co *curuti*
kratzen — Ta *suchcú (*sucú)*, Te *cuucuse*
Kreis — Ta *tschitula*, Te *scicoli*
Kugel — Ta *cavoli*, Te *caboraja*
lachen — Ta *atschi*, Te *asse*
Leber — Te *numa* od. *numad*, Co *neamuat*
legen — fich hinlegen: Ta *boi* (*liegen), Te *boyni; adde* beiwohnen
löfchen — Te *tuzane*, Co *ateutza*
Mais — Ta *schunúcu* od. *sunúcu*, **sunú*, Te *june*, Co *yurit*
malen *(pingere)* — Te *oae* (zeichnen u. a.; *oa-damue jutecude* Maler), Co *yuxa*,
Ca **aosa (*hita osa-me* Maler, **osa-ri* Malerei) [vgl. noch fchreiben]
Mann — 1) *vir:* Ta *tehoje* od. *rehoje (*rejoye;* auch Menfch), Te *teodi* (auch
Männchen der Thiere 2) Menfch), Co *tèvit* (auch Menfch); 2) Ehemann, Gemahl: Ta *cunú*,
Te *cuna*, Co *tisquenna*, Ca *cuna* (auch verheirathete Frau)
Menfch — 1) Ta *rehoje* od. *tehoje (*rejoye;* auch Mann), Te *teodi* (auch Mann),
Co *tèvit* (auch Mann); 2) Ca *iorem* od. *ioreme* (auch Mann); Te *oddame* Menfchen, Leute
Metall, Erz — Ta *guenomi* (jedes M.), Te *bainomi* od. *vainomi* Eifen (Kupfer mit
Zufatz eines adj., und fo andre Metalle)
Mücke — Ta *sévoli* (auch Fliege), Ca **seebori* (auch Moskite, **tecasebori* Fliege)
Nacht — Ta *tucaguó (*rocaguó)*, Te *tucagui*, Co *tecáriti (teca* bei Nacht),
Ca **tucabe*
Neft — Te *cosade*, Ca **tosa*
Oheim — Co *tistata*, Ca *tata*

Palme — Ta *tacucu*, Ca **taco*

Pfeffer, d. h. Chile-Pf. — Ta *cocoli*, Co *cucurit*

Rabe — Ta *colatschi*, Co *coatza*

Ratte — Ta *tschiculi* (auch Maus), Ca **chiculi*

Rauch — Te †*cubusci*, Co *k^{eu}tziti*, Ca **buichi*

Regen — Ta *jukiki*, Te *duqui*, Ca *sebeiuque*

Regenbogen — Co *cuuxat*, Ca **curuas*

regnen — Ta *jukú (*yucú)*, Te *ducue*

Reiher — Ta *guatschó*, Ca**batosal*, Co 2 Arten: *cuaxú* grauer, *huatuxat* weifser

röften — Te *jaque*, Co *xaxche* (Mais)

rund — Ta *cavol-ameke (cavoli* Kugel), Te *cabolica*

Salz — Ta *honaca*, Te *onne*, Co *unati*, Ca **ona*

Sand — Ta *saaté*, Co *cehti*

fchinden — Ta **besumá*, Te *bujume*

Schnee — Ta *kepaliki*, Te *gu coboja cubay (cubay* Eis; vgl. noch fchneien) [wenn das Wort nicht azt. ift; f. azt. *cetl*, IV, 56 S. 72, und da noch mehrere Wörter]

fchneiden — Ta *siká*, **siquiré*, Te *jiquituque*, Co *zizchi*

fchneien — Ta *kepá* (es fchneit), Te *gu cubaine* (f. übrigens weiter bei Schnee)

fchreiben — Ta *hosselé*, Co *yuxa* (f. mehr bei malen)

Schuld — Ta *guikeliki (*gúique* borgen), Ca *huiquilia* fchuldig feyn

Schwalbe — Ta *souguépali*, Te *uippidomali*, Ca **huocobabalis*

fchwarz — Ta *tschóca-meke (*chócame)*, Te *tucu* od. *tuco (tuculi-made* fchw. machen), Ca **chuculi* [vielleicht ift das Wort aber azt.; f. IV, 56 S. 98 Art. *tlilli*]

Schwein — Te *taisoli* od. *toisoli*, Co *tuixo*

Sonne — Ta †*taicá*, **rayénari* (von *tajena* es wird Licht, Tag); Te *tasse*; Co *x^{eu}cat*, heidnifch *tayaoppa* (foll Vater bedeuten, das aber *ti-yaoppa* heifst), Ca *taa* [vgl. noch Tag]

Spanier — Ta **yori*, Ca *iori*

Stirn — Ta *covara*, Te *cnba* od. *cova* (Ca *coba* Kopf)

Stroh — Te *vassoe*, Ca **baso*

ftützen — Te *scisape*, Co *etzitzé*

füfs — Ta *kachka-gameke (kachkú* es ift f.), Co *an-caca* [vgl. Zucker]

Tag — Ta **ragúé*, Te *tasse* (auch Sonne), Co *x^{eu}cat* (auch Sonne), Ca ?*taehu, taeùari, tacuari*, **tachuari* [vgl. übrigens Sonne]

Tante — Co *tiztata*, Ca **tata* (auch Oheim)

Thräne — Te *oogga*, Co *ucat*

Tochter — Ta *mala*, Ca *mala*; Te *mara* Sohn und Tochter (im Munde der Mutter)

tödten — Ta *meá*, Te *mu-muai* od. *mu-muay*, Co *mee*, Ca *mea*

Topf — Te *jae*, Co *xarit*

verheiratheter Mann — Ta *upé-ameke*, **upé-game*, Ca *hube, hube-came*; verheirathete Frau: Ta *cuné-ameke*, **cuné-ame*, Te *cuna-xamue*

Vogel — Ta *tschulugui*, Te *uugui, uuggui, urugui*

Waffer — Ta *pauguiki (paugui* Flufs), **bagúiqui* und **bagúi*; Ca *baa*

Weg — Ta *poveke*, **bogúi*, Te *boy* od. *boi*, Ca *boo*

Wein — Te *nabaiti*, Co *nahuati vino mizcal*
weifs — Ta *tosá-cameke*, *rosá-cameke* od. *rosá-came*; Te *toxa*, auch *toa*;
Ca **tosali*
Ziege — Ta *cambalatschi*, Te *chibato*, Co *caurazi*, Ca **chibato* [2 Wörter]
Zucker — Co *an-caca*, Ca **caca* (vgl. füfs).

---

§ 151. Das Refultat diefer SAMMLUNG von WORT-IDENTITÄTEN ift
für die abfolute VERWANDTSCHAFT der VIER SONORISCHEN HAUPTSPRACHEN
ein unbefriedigendes. Die vier Sprachen, ausgemacht verwandt unter fich und
Eines Stammes, ftofsen einander in einem bedeutenden aliquoten Theile in FREMD-
HEIT des Wortbefitzes ab. Diefe Fremdheit eines grofsen Theiles, diefer ftarke
Sonder-Befitz bleibt fortwährend ihre Geftalt und ihre Haltung in allem, auch in
der Grammatik; fie bleiben das Gepräge auch aller der anderen vielen Glieder des
fonorifchen Sprachftammes, welche wir im Verlaufe diefer Forfchungen und in dem
weiteren Vordringen gegen den Norden vor unferen Augen werden auffpringen fehn.
Ich kann es nicht unternehmen diefe, fich uns fo tief eindringlich darftellende Fremdheit handgreiflich zu erklären; ich würde nur den allgemeinen Typus der TAUSEND-
FACH GESPALTENEN SPRACHWELT des unermefslichen ERDTHEILS zu
erklären unternehmen. Den Inhalt einer folchen Löfung über das grofse Ganze
habe ich aber fchon an einigen Stellen diefer Schrift durch einzelne mitgetheilte
Vermuthungen angedeutet: fie gehen hin auf die, durch Naturverhältniffe oder Proportionen der Nothwendigkeit, durch Sitten und Lebensweife, durch die Feindfchaft
der rohen Menfchennatur hervorgebrachte, unendliche Spaltung, Abfonderung, Ent-
fremdung und Abftofsung der AMERIKANISCHEN VÖLKER, und kleinften Men-
fchenhaufen; auf das Gegentheil davon, die mannigfaltigfte Vermifchung durch
Befreundung; wie auf abfichtliche, gewaltfame Sprachveränderung und -Entftellung;
endlich auf willkührliche Spracherfindung. Alle diefe Verhältniffe; was an diefen
Behauptungen naturgemäfs und von felbft einleuchtend, was hypothetifch und kühne
Vermuthung ift: werden nicht als Vorausfetzung, fondern als Zielpunkte ruhiger
und fortwährender Beobachtung an den feltfamen, befremdenden, unerhörten Erfcheinungen hingeftellt.

§ 152. Um den FREMDARTIGEN WORTSTOFF der vier in diefem erften
Theile der Arbeit allein behandelten Sprachen richtig zu würdigen, ift unfer Gefichtskreis noch zu befchränkt; wenn wir aber zu einzelnem in den ferneren Sprachen Analogien finden werden, fo ändert fich doch das Verhältnifs nicht wefentlich.
Der befreundete Theil diefer Wortwelt wird eben fo wie der fremde an fpäteren
Stellen diefer Schrift, in grofsartigen und genauen den nördlicheren Gliedern
des fonorifchen Sprachftammes gewidmeten Wortvergleichungen in fefterer
Geftalt, in fchärferen Linien wie mannigfach vermehrt erfcheinen. Was hier mitgetheilt ift, — es find ja blofs die Wörter der finnlichen Welt, aus drei Redetheilen,

in Anfpruch genommen worden —, hat nur den Zweck einer vorläufigen Be-
friedigung gehabt; der Feftftellung einer genügenden, wenn gleich befchränkten
Übereinftimmung der vier fonorifchen Hauptfprachen in ihren Wörtern: und· der
Gewifsheit eines fehr bedeutenden Beftandtheils, in welchem die einzelnen, ja öfter
alle, auseinandergehn. Den hohen Grad diefer FREMDHEIT zeigt mein deutfches
Wörterbuch der vier Sprachen anfchaulich. (¹) Ich konnte diefe Thatfache bei der
Zufammenftellung deffelben früh beobachten: nachdem ich die Wörter bearbeitet
hatte, welche ich durch alle 4 oder 3 Sprachen darftellen konnte, und als ich mich
damit befchäftigte die wichtigen Wörter (Begriffe) allein aus der Cora- und Tepeguana-Sprache aufzuftellen, habe ich felten zwifchen diefen beiden Sprachen ein
gleiches Wort einzutragen gehabt; faft immer wichen beide gänzlich von einander ab.

§ 153. Ich theile hier noch einige fpecielle Betrachtungen und einzelne Data
über diefe FREMDARTIGKEIT mit:

  .   1) alle VIER SPRACHEN befitzen EIN ANDERES WORT für einen Begriff:
EIDECHSE Ta *hulugui*, Ca *huicom; lagarto:* Te *turoxe,* Co *axat; lagartija:* Te
tuscibagui, Co 2 Arten: *achatza, chatzat;* FISCH Ta *totschi,* Te *vattofa,* Co
huéat, Ca *toberi;* GESICHT Ta *retéguala,* Te *vuivase,* Co *nerimit,* Ca *pu-
cha;* HAND Ta *secà,* Te *novi,* Co und Ca zwei verfchiedne Formen vom azt. *ma-
itl;* HUNGER Te *biugui-mudaga,* Co *túhriti, tzúrit,* Ca *tebaa;* HUNGERN: Ta
*tschuluguitsi, *churugui,* Te *biugui-muque,* Co *iivat, icuatn, túhrixo;*
MUTTER Ta *jejé,* Te *dudu, dada,* Co *t-ité,* Ca *aie* od. *ae;* PFEIL Ta *guaca,*
Te *vu* od. *ù,* Co *eùrúti* od. *ᵉᵘriti,* Ca *huihua;* STERN Ta *sopoli, *sopori,*
Te *jujupa,* Co *xuravet,* Ca *choqui;* VATER Ta *nonó,* Te *ogga, oga, oja,
ojali* (alle im Munde des Sohnes), felten *mama, avuscia;* Co *ti-yaoppa,*
Ca *atzai* und *achai;* — GRÜN Ta *pamagué-ameke,* Te *túddogui,* Co *hua-
ravi,* Ca *siari;* FLIEHN Ta *humd,* Te *mumure,* Co *autzocua,* Ca *buite;*
LAUFEN Ta *mahd, huma (*juma),* Te *mumure,* Co *atate,* Ca *buibuite;*
MACHEN, THUN Ta *jolá (*yorá, *ord),* Te *ifuei, duni,* Co *tahua,* Ca *iehua*
od. *ieua;* SCHWIMMEN (Ta *uvanale* eher: baden), Te *guguze,* Co *antahauzim,*
Ca *bahume;* TANZEN Ta *jaugui,* Te *tudaque, nuy,* Co *ne,* Ca *ieie;*
„ item DREI SPRACHEN (indem nur 3 zu Gebote ftehn): HONIG Te *saivoli,*
Co *zearati,* Ca *mumusitori;* MILCH Ta *piguaca,* Te *bibei* oder *bibe,* Co
tzimeti; WOLF Ta *naligoli,* Te *zui,* Co *ᵉᵘravet.*

2) Wo die Sprachen oder zwei im Grunde oder muthmafslich daffelbe Wort
haben, find die FORMEN doch manchmahl fo VERSCHIEDEN, dafs fie wie andere
Wörter ausfehn; bei 4 Sprachen: BERG Ta *reguiguiki, *cagúi cerro:* Te *oydigui,*

(¹) Der Mithridates liefert S. 153-4ᵃᵃ 24 Wörter in der tarah. und Cora-Sprache; es fcheint aber
keine Vergleichung damit gemeint zu feyn, da einige Wörter blofs in Einer Sprache angegeben find und
nur 6 von allen allenfalls oder wirklich eine Ähnlichkeit haben.

cabulica cerro; Co *ocotzahta* (im Grunde: Fichtenwald), *muutzità,* ᵉᵘ*riti cerro;* Ca **pochoi (reguiguiki, oydigui* und ᵉᵘ*riti* mögen daffelbe Wort feyn); Wasser Ta *pauguiki,* **bagúi;* Te *zuddagui, subdagui;* Co *ahti* (azt.), Ca *baa* (das Ta und Ca Wort find identifch, und find das allgemeine Wort des Sprachftamms).

3) So oft, wo man erwarten follte, dafs dem Begriffe nach ein Wort durch alle Sprachen gehen müfste, oder dafs Sitten ufw. ein Wort gemeinfam erhalten hätten, find die Sprachen einander unähnlich: diefs ift fchon aus den obigen Begriffen erfichtlich; ich könnte es belegen durch die vielen Namen für Getränke und andere Bereitungen aus Mais, unter denen fich auch nicht eine Übereinftimmung aufthut: Spindel: Ta *malacate* (azt.), Te *biddin-ajare,* Co *inarit,* Ca **hicuria.*

4) Oft, wenn einmahl zwei Sprachen übereinstimmen, weichen die anderen ab und find fremdartig: Höhle Ta *tessó,* Te *teove, cuivaga,* Co *teazta,* Ca **teso.*

§ 154. Ich will nun ein paar Beifpiele vom Gegentheil, von auffallender oder werthvoller ÜBEREINSTIMMUNG der Sprachen, geben. Es follen nur ein paar *pro forma* feyn, weil deren genug in dem obigen Auszuge der Analogien vorliegen;

a) Übereinftimmung aller vier Sprachen: Salz Ta *honaca,* Te *onne,* Co *unati,* Ca **ona;* Wort Ta *neogala,* Te *neoqui,* Co *neúcarit,* Ca *noca* (ich meine freilich, dafs diefs Wort mit dem mex. *notza* einerlei fei; aber der Typus ift doch ein befonderer in den 4 Sprachen); gestern Ta *tapaco,* Te *ta= cabo,* Co *tahcai,* Ca **tuca;*

b) Übereinftimmung von drei Sprachen, mit Abweichung der vierten: Kopf Ta *moola,* Te *mo,* Co *múuti;* Ca *coba;* Mais Ta *schunúcu, sunúcu,* **sunú;* Te *june,* Co *yurit;* Ca *bachi;*

c) die Abweichung der Thiernamen ift ein Zug der von mir oben unter No. 3 hervorgehobenen unerwarteten Fremdheit der Sprachen gegen einander; ich gebe ein paar Beifpiele der Übereinftimmung von 2 Sprachen: Bär Ta *vohi,* Te *bohi* od. *boohi;* Co *otzet* (verfchieden); Ziege Ta *cambalatschi,* Te *chibato,* Co *caurazi,* Ca *chibato (2 Wörter je zu 2 Sprachen).

IX. Grammatik
der vier ſonoriſchen Hauptſprachen.

§ 155. [Die GRAMMATIK DER VIER SONORISCHEN HAUPTSPRACHEN, deren zweiten Theil (Artikel, Subſtantiva, Adjectiva und Anfang der Zahlwörter) ich bereits am 22 Mai 1854 in der philoſophiſch-hiſtoriſchen Claſſe der Akademie geleſen habe, wird ein Ganzes für ſich bilden und nach und nach in den Abhandlungen der Akademie erſcheinen. — Ich finde auch auf dieſem zweiten, noch wichtigeren Gebiete viele Gelegenheit, im Gemeinſamen die Stammverwandtſchaft der vier Sprachen geltend zu machen und zu erweiſen; aber ihre Mannigfaltigkeit und die Maſſe des particulär Verſchiedenen, beſonders im Laute, iſt wieder unglaublich groſs.]

X. Die ſonoriſche Endung *ame*.

§ 156. Ich ſchlieſse den ERSTEN, ſich innerhalb der VIER SPRACHEN Tarahumara, Tepeguana, Cora und Cahita, welche ich die vier MEXICANISCHEN NORDWEST-SPRACHEN oder, weil die Hülfsmittel mir erlaubt haben ſie ausführlich darzuſtellen, die vier SONORISCHEN HAUPTSPRACHEN nenne, bewegenden THEIL dieſer Schrift mit der Schilderung einer GRAMMATISCHEN INDIVIDUALITÄT. Wenn den Forſcher auf dem Gebiete dieſer vier Sprachen die ſeltſeltſamen Erſcheinungen drängend und täuſchend beſtürmen: ein aztekiſcher Einfluſs bis in nie geſehene Grade, und eine nationale Übereinſtimmung, verläugnet durch erſtaunende Verſchiedenheit und Beſonderung; wenn er, in Augenblicken ſchwach, ſich fragt: ob ſie nicht doch mit dem *nahuatl* zu einem aztekiſchen Sprachſtamme vereinigt werden müſſen; oder ob ihr Verhältniſs zu einander ſo innig ſei, ſie ſelbſt zu Gliedern eines eignen Stammes zu machen; oder im Gegentheil, — da ein ſo groſser fremder Beſtandtheil, den eine jede für ſich hat, von dieſer Vereinigung zurückſchrecken kann —, ob dieſe Sprachen, einander fremd, durch ein kleines, auswärts erborgtes, gemeinſames Beſitzthum Verwandtſchaft erheucheln: ſo iſt es EINE FORMATION, welche auf den erſten Anblick, und ehe auch ſie von Zweifeln wegen aztekiſcher Analogien erſchüttert wird, geeignet ſcheint das Wahnbild zu zerſtreuen, die andringenden Gewalten abzuwehren und dem nach

der Wahrheit Suchenden einen ſicheren Halt zu geben. Eine ABLEITUNGS-
ENDUNG, unter uns noch unbekannt, weit verbreitet und in vielen Theilen der
vier Idiome herrſchend, genau individualiſirt: iſt es, die, ehe jene Bedenken auftauchen, oder wenn man ſich über ſie erhebt, unſre Zweifel aufzulöſen, und für
das Verhältniſs der Nordweſt-Sprachen unter ſich und zu dem Azteken-
Idiom die Entſcheidung zu liefern verheiſst. Sie entſcheidet für den SONORI-
SCHEN SPRACHSTAMM als eine eigenthümliche, nationale Einheit; und giebt uns,
wenn wir das Hinderniſs überwinden dürfen, die Befriedigung, in ſcharfer Gefahr
die Grundſätze nicht aufgeopfert zu haben, an welchen eine erleuchtete Sprach-
philoſophie noch immer feſtgehalten hat. Wenn wir das Hinderniſs mit ins Auge
faſſen, ſo giebt ſie uns ein treues Abbild im kleinen von dem Verhältniſs, welches beide Sprachmaſſen gegen einander in groſsen haben: von der überall
lauernden Gefahr, die ſonoriſchen Übereinſtimmungen in aztekiſchen Stoff zerrinnen
zu ſehen; von der Rathloſigkeit, in der man immer verharrt, ſie zu trennen, ihnen
nur eine lange dauernde Gemeinſchaft gönnend, oder ſie aus einer urſprünglichen
Einheit hervorgehn zu laſſen.

§ 157. Dieſe ENDUNG, deren Kraft das thätige Subject (wobei auch das
verbum neutrum als eine wirkende Thätigkeit gilt), der Begriff *actor* und *agens* iſt,
durchläuft eine Reihe BUNTER GESTALTEN. Dieſe ſind:

in der Tarahumara-Sprache: *amec* oder *ameque*, *ameke*; *came*,
camec, *cameke* oder *cameque*; *game*, *gamec* oder *gameke*; *yamec*
oder *yameque*, *jameke*; *me* oder *meke*, *meque* (nach *a*); *miti*, *meti*
oder vielmehr *amiti*;

in der Cora: *ame*; *huame (ahuame*, *ihuame)*; *came* (auch *acame)*,
auch *cam*; — *me* und *eme*, *beme*, *cheme*, *careme*; auch *meti*, *met* oder *miti*;

in der Cahita: *ame*, *huame* oder *uame*; *came*; auch *me* oder *mi*,
ſogar *ane* und *cane* (ſ. § 174 der akad. Abh. (¹));

in der Tepeguana: *canue* oder *camoe*, neben ſeltenem *came*; *gamue*
und *game* ſelten (ſ. Abh. § 162, 176); *damue* oder *damoe*, neben ſeltenem
dame; *xamue* oder *xamoe*, *jamue* oder *jamoe*: mit ſeltenem *xame*; auch
blofs *amue* oder *amoe*, *ame*; auch *mi*, *ami*; *mo*, *xamo*; auch blofs *am*,
indem *e* am Ende wegfällt (ſ. z. B. Abh. § 170).

Es laſſen ſich aus dieſem mannigfältigen Wandel, neben der vollſtändigen
Gewiſsheit der Einheit dieſer Endung, folgende ALLGEMEINE ZÜGE ſammeln.
Die Tepeguana-Sprache ſondert ſich von den 3 anderen ab; ſie hat die Endung
ſeltner mit dem blofsen Anfangsvocal *(ame, amue)*: vielmehr mit dem *c*, das die
andern auch haben, und auſserdem mit den ganz eigenthümlichen Conſonanten *d*
und *x* oder *j* (zu letzterem könnte das ſeltne Co *cheme* und das Ta *yamec* eine

---

(¹) Über dieſe Abhandlung und das, was ich hier durch Abh. ausdrücke, ſ. unten § 160.

Analogie bilden); zweitens hat fie das End-*e*, welches feltner in ihr auch erfcheint, in den Doppellaut *ue* und *oe* verwandelt.   In der Tarahumara-Sprache konnte man das ĸ am Ende, das fie gegen alle auszeichnet, für einen willkührlichen Zufatz gröfserer Lautfülle betrachten: nicht als wefentlichen, etwa von den anderen Sprachen vernachläffigten Beftandtheil; ein tieferes Eindringen hat mir aber die Überzeugung beigebracht, dafs wir in diefem Zufatz: *ke*, *que oder *c* die Subftantiv-Endung der Sprache vor uns haben.   Sie kann auch fehlen, d. h. fie wird nur verfchluckt; Steffel fagt ausdrücklich, dafs die letzte Sylbe *ke* von *ameke* verfchluckt werde.   Die drei Sprachen aufser der Tepeguana find fich fehr gleich; fie haben auch gemein die doppelte Geftalt: die einfachere mit blofsem *a* voran *(ame, amec)*, und eine mit vorgefetztem *c*.   Die augmentirte Form mit *c* ift durch alle 4 Sprachen fo fehr vorherrfchend, dafs ich lange Zeit die Endung nach ihr, *came*, benannt und erft fpäter das einfache *AME* erwählt habe.   In der Tarahumara ift diefs *c* aber fehr felten, ift *came* am feltenften von allen 4 Sprachen; fie hat das *c* in *g* erweicht, und ihr *came*, ihre confonantifche Endung ift vielmehr *game (gameke* ufw.); — *g* erfcheint felten auch in der Tepeguana.   Am engften fchliefsen fich Cora und Cahita an einander, indem fie eine dritte Geftalt, mit vorgefetztem *hu*, befitzen.   Die Tarahumara hat noch eine Geftalt mit *y* zuvor.   Allein die Cora befitzt, neben einer geringfügigen Abkürzung *cam*, deren auch die Tepeguana fähig ift (auch *xam*), als ganz abzufondern von allem bisherigen und als eine zweite Geftaltung: das blofse *me*, und namentlich diefe gemeinfame Endung mit dem Vocal *e* zuvor, allein oder in den Ausfpinnungen *beme, cheme* und *careme;* ferner *me* und *mi* mit Subftantiv-Endung: als *meti, met* oder *miti;* doch kommen *me* und *mi* auch im Ca, *mi* auch im Te vor; im Ca fogar noch das gefährliche *ne*. Die nähere Ausführung wird nachweifen, wie weit jeder der mehreren Geftalten, welche die einzelnen Sprachen befitzen, ein befonderer Kreis der Anwendung und befondere Bedeutungen zugewiefen find, oder in wie weit ihr Unterfchied nur formell ift.

§ 158.   Wir fragen beforgt: findet fich nicht in der MEXICANISCHEN Sprache eine Endung, dem uns hier vorliegenden grofsen Gebilde gleich oder ähnlich?   Wäre es aber auch der Fall, ich würde mich noch nicht ergeben, aus den 5 Sprachen und den ferneren fonorifchen Gliedern einen aztekifchen Sprachftamm zu bilden; denn fo weit gehen die Folgen nicht.   Es giebt eine nicht fo fern fcheinende Ähnlichkeit: die mexicanifche Endung *NI*, von fehr gleicher Function: eine Bildungsweife des *participii praesentis* der Verba, gleichfalls adjectivifch und fubftantivifch für *agens* und *actor* gebraucht.   *ni* und *me* kann man ähnlich finden; es kommt auch ein feltenes *mi* vor, es giebt fogar eine winzig geringe Spur vom *ne* in der Cahita: aber ⱥ wird faft immer wefentlich mit erfordert.   Nun ift wohl *ani* im Mex. häufig, aber das *a* ift nur zufällig und gehört nicht zur Sache: die mex. Formation endigt auf *ani, ini* und *oni*, je nachdem das Verbum in *a, i* oder *o* ausgeht.

o n i ift fehr häufig, weil auch eine Art des *part. praes. passivi* allgemein auf *loni*, auch in den Ausnahmen auf *oni* endigt. Diefe paffiven Participia bieten eine neue Begriffs-Gleichheit mit der fonorifchen Endung *ame* oder *came*, indem fie auch dienen für Subftantiva des Werkzeugs und für Adjectiva der Bedeutung *-bilis*. Die fonorifche Endung lautet aber nie *ome*, nie *ime*, und nur in feltenen Fällen im Cora *eme:* fie lautet, wenn auch manchmahl nur *me*, entfchieden *A M E*, und meift mit Confonanten: *c, g, h, y, j* oder *x*, ja *d* davor. Diefs ift VERSCHIE-DENHEIT genug. *ni* ift nicht *me*, noch weniger *ame* und *came*. Der Zwiefpalt zwifchen den beiden Formationen wird erweitert durch die Thatfache, dafs zwei der fonorifchen Sprachen an die Endung *me* oder *ame* die *analoga* der aztekifchen Subftantiv-Endung anfügen. Die Cora-Bildung *meti, met* oder *miti* hat einen befchränkten Umfang: diefelbe Geftalt *miti* und *meti* kommt auch felten in der Tarahumara vor; die immerwährende Endung *ke,* *que oder *c* in dem tarahumarifchen Anfatz aber *(ameke,* **ameque,* **amec)*, welche man wohl für einen blofsen Laut-Zuwachs halten könnte, ift nichts anderes als die Subftantiv-Endung der Sprache und zwar das aztekifche *tl* oder *tli* felbft; diefe Endung und ihr letzter Reft *c* kann aber durch Verfchlucken verloren gehn, und fo erfcheint in der Tarahumara auch öfter blofs *me* oder *ame*. In der Anfügung der Subft. Endung liegt ein mäch-tiger Widerfpruch gegen die Identität des mexicanifchen Anfatzes mit der mexicani-fchen Participial-Endung *ni*. Die Wichtigkeit des Zutreffens beruht hauptfächlich auf der Categorie *actor*, welche fich unabhängig an zwei Stellen fehr wohl auf gleiche Weife entwickeln mufste.

Diefs ift die Tröftung und Beredung, durch welche man fich Angefichts der Formen-Geftaltung und der äufseren Verhältniffe ftärken darf. Man gefteht den Zauber ein, der auch hier, unerklärbar, uns berückend entgegentritt; aber man weift in diefer ermuthigten Stimmung die aztekifche Affinität entfchloffen ab. Die BE-DENKLICHKEITEN und die fchwachen Augenblicke finden fich jedoch wieder ein; fie knüpfen fich zunächft an die einfachen, freilich feltenen, Geftalten der En-dung, ohne Augment. Eine gefährlich nahe Ähnlichkeit des azt. Participiums ift z. B. im Cora: *chuica* fingen, *ti-chuica-me* Sänger; im Mex. heifst *cuicani* Sänger. Noch drohender fteht da in der Tepeguana *muquimi = miquini* (f. Abb. § 157).

Ift diefe grofse Formation AZTEKISCH, fo ift nichtsdeftoweniger das Refultat ihrer genauen Betrachtung und umftändlichen Darftellung ein grofsartiges. Die be-deutende Verfchiedenheit beider Sprachmaffen in diefer Formation; die ganz eigene, weit getriebene Ausbildung, welche fie, in der Nahuatlaken-Sprache fo einfach, in den fonorifchen Sprachen erhalten hat; dazu die Allverbreitung, mit der fie alle Theile diefer Mundarten durchdringt: verfetzen uns mit den Anfängen, wo diefe Endung in die fonorifchen Idiome aus dem *nahuatl* einflofs, in Zeiten, welche wir uns nicht alt genug denken können. Wäre die Erborgung wahr, fo

würde diefe Thatfache über die anderen aztekifchen Einflüffe einen Ernft
verbreiten, der uns zwänge fie in einem bedeutend verfchiedenen Lichte zu betrachten.

§ 159.   Folgendes ift die unglaublich reiche BEGRIFFS-ENTEALTUNG diefer
Endung, womit fie einen grofsen Theil des Nothwendigen aller Nominal-De-
rivation deckt:

1) *participium praes. activi* vom Verbum, Adjectivum vom Verbum,
substantivum actoris vom Verbum, Subftantivum vom Subftantivum: der
mit etwas zu thun hat, Subft. vom Adj., *subst. instrumenti;*

2) *participium passivi* (auch fubftantivifches) vom Verbum, *substantivum
acti* vom Verbum, Adj. der Bed. *-bilis* vom Verbum;

3) *subst. actionis* vom Verbum, *verbum finitum:* als *praes.*, als
perf.;

4) Adjectivum (fubftantivifches, zum Subft. fich hinneigend und leicht
in daffelbe übergebend) vom Subftantivum: von der Eigenfchaft des Subft.;
item: verfehn mit etwas; Subft. vom Subft.: mit etwas verfehn; Adj. ohne
Rückficht auf das Stammwort, Adj. (fubftantivifches) von einem Adv.; Spuren
von adjectivifchen Claffen der Zahlwörter: *ordinalia*, Bruchzahlen und
des Vielfachen;

5) Subftantivum vom Subftantivum: Ort, wo etwas in Menge ift
(-etum); dunkle oder keine Bedeutung.

Wohl ift es gewifs, dafs an diefen Umfang der Categorien das MEXICANISCHE
ni nicht von ferne reicht; fo kann es auch nimmermehr an Subftantiva gefügt werden, nur an Verba.

---

§ 160.   [Die Entwicklung diefer einzelnen Züge in den verfchiedenen Sprachen und ihre Belegung mit Beifpielen bildet (als §§ 161-
185), wie überhaupt eine ausführliche Darftellung des Affixes, in welcher
das hier mitgetheilte Allgemeine fich in gröfserer *Fülle*, Umftändlichkeit
und Genauigkeit wiederholt (wieder, wie hier, als §§ 156-160), einen *Theil*
einer grofsen, zweigliedrigen ABHANDLUNG: da mir hier der Raum dazu verfagt ift. Diefe Abhandlung, welche ich am 2 Auguft 1855 in der Gefammtfitzung der Akademie gelefen habe, führt den Titel: die Lautveränderung aztekifcher Wörter in den fonorifchen Sprachen und die
fonorifche Endung *ame,* und wird von mir bei Citationen hier durch
Abh., fonft durch die Chiffre LV u. A, angedeutet.]

Die EINHEIT und grammatifche Verwandtfchaft der vier Sprachen ift durch die Endung *AME* oder *CAME* bewiefen. Wo wir diefe Formation antreffen, da haben wir ein Glied des fonorifchen Sprachftammes; und ich werde fie anderwärts aufzeigen.

XI. Cahita-Manual.

§ 186-7. [Bei der Seltenheit des in meinem Befitze befindlichen *MANUAL DEL IDIOMA CAHITA, Mexico* 1740. 12⁰, welches die *T*exte der Cahita-Sprache enthält, auf welche ich gröfstentheils alle meine Arbeiten über diefe Sprache, vorzüglich die Grammatik, habe gründen müffen, fuche ich eine Gelegenheit diefe *T*exte wieder abdrucken zu laffen.]

T 2

Zweiter Theil.

Musterung der Völker und Sprachen Mexico's und der Weftfeite Nordamerika's
von Guadalaxara an bis zum Eismeere;

zugleich

w e i t e r e

Spuren der aztekifchen Sprache
im nördlichen Mexico
und Spuren derfelben

im höheren amerikanifchen Norden,
fo wie

neue Glieder des fonorifchen Sprachftamms.

[Gelefen in der Gefammtfitzung der Akademie der Wiffenfchaften am 27 April 1854.]

XII. Einleitung.

§ 188. Die Unterfuchung, zu der ich in einer Reihe von Arbeiten ein grofses Material aufgeboten, wendet fich um den Vorfatz: die Örtlichkeit, von welcher in verfchiedenen Epochen, am Ende des 6ten, im 11ten und 12ten Jahrhundert unfrer Zeitrechnung, Völkerfchaften eines grofsen Stammes, des Idioms *NAHUATL* oder des AZTEKISCHEN: *Tolteken, Chichimeken, 6 Zweige Nahuatlaken, Azteken* oder *Mexicaner;* unmittelbar oder mittelbar ausgegangen oder welche fie durchzogen find, IM NÖRDLICHEN MEXICO oder IM HÖHEREN AME-RIKANISCHEN NORDEN vermittelft der SPRACHE aufzufuchen; durch daffelbe Mittel der Sprachen die Spuren ihrer EINWANDERUNG aus dem NORDWESTEN, für welchen ALEXANDER VON HUMBOLDT fo mannigfaltige und fo tief gehende Gründe geltend gemacht hat, oder ihres DURCHZUGES durch die MEXICANISCHEN

NORDLÄNDER, im glücklichen Falle gar die RESTE oder die WURZEL diefes grofsen VOLKSSTAMMES in nahen Stammverwandten an alten Sitzen aufzufinden. Eine Maffe AZTEKISCHEN STOFFS, welchen ich, wunderbar mit dem grofsen einheimifchen Grundtheil gemifcht, in vier Sprachen des NORDWESTLICHEN MEXICO'S aufgedeckt, gewährte mir die Hoffnung, dafs ein weiteres Vordringen zu mehrerem führen würde. Es nehmen diefe 4 Sprachen: CORA, CAHITA, TARAHUMARA und TEPEGUANA, deren VERWANDTSCHAFT in ihrer SELBSTSTÄNDIGEN GRUNDLAGE ich aufgefunden und zu beweifen unternommen, und aus denen ich den SONORISCHEN SPRACHSTAMM gebildet habe, in ihren Sitzen und denen ihrer Völker einen grofsen Landftrich ein, welcher 4 mexicanifche Provinzen: Guadalaxara, Cinaloa, Durango und Chihuahua, durchftreicht oder berührt, von zwei Seiten in Sonora eindringt, und deffen Grundlinie in weiterer Ferne der californifche Meerbufen bildet. Auf die Betrachtung diefer VIER SPRACHEN in ihren fchwierigen, höchft anomalen Verhältniffen: in Beziehung auf ihren aztekifchen Beftandtheil, wie auf ihre, durch viele Fremdartigkeit unterbrochene, nationale Verwandtfchaft unter einander; befchränkte fich der ERSTE HAUPTTHEIL DIESER SCHRIFT. Es gilt jetzt DIESE ENGEN GRÄNZEN ZU ÜBERSCHREITEN. ICH DRINGE GEGEN DEN NORDEN VOR. Ich fuche die SPUREN DER AZTEKISCHEN SPRACHE in allen Idiomen, die ich auf meinem Wege antreffe; ich fuche auch NEUE GLIEDER DES SONORISCHEN SPRACHSTAMMES: da an ihn vorzüglich der mexicanifche Einflufs geknüpft zu feyn fcheint. Ich habe, wenn ich meinen Zweck erreichen wollte, EINE PRÜFUNG SO VIELER SPRACHEN ALS MÖGLICH DER NÖRDLICHEN HÄLFTE DES ERDTHEILS vornehmen müffen. Meine Aufgabe war es, auf jeden eigenthümlichen Sprachtypus zu achten: wo ein folcher bekannt war, wo einer mir entgegentrat, oder wo ein Idiom als etwas befonderes bezeichnet wurde; feinen Wort-Inhalt zu prüfen. Zum Glück darf die ÖSTLICHE, viel gröfsere SEITE, von den Nordgränzen des mexicanifchen Reiches an, obwohl von mir in gleicher Weife unterfucht, dem gegenwärtigen Berichte fern bleiben.

§ 189. Die Schaaren der Völker und Sprachen im INNEREN wie den ganzen OSTEN der ENGLISCHEN COLONIEN und der NORDAMERIKANISCHEN FREISTAATEN, erfüllt von grofsen felbftftändigen Sprachmaffen, welche nach meiner Unterfuchung, eben fo wie die zahlreichen bekannten Idiome des SÜDLICHEN MEXICO'S und Südamerika's, ganz gewifs nicht mit den von mir ins Auge gefafsten Sprachen verwandt find, SCHLIESSE ICH von meiner Unterfuchung AUS. Es find diefs die Sprachen der *Eskimos* und *Grönlands*; der *algonkinfche*, *Delaware*- oder *Lenni-Lenape*-Sprachftamm, welcher den breiten Often füdlich unter den Athapasken, der Hudfonsbai und den Eskimos ausfüllt; der in ihrem Südoften infelartig eingefchobene *irokefifche* Stamm, welcher den Erie- und Ontario-See einfchliefst; füdlich davon, an der Küfte des atlantifchen Meeres und des mexicanifchen Meerbufens, die 3 Stämme: *Achelaque* (die *Hochelaga* gehören zum Irokefen-Stamme), *Chicoreans* (in Carolina) und die *Apalachen* (nach Gallatin 2 Stämme: *Cherokees* und *Chocta-Muskhog; dazu die *Hitchittees); weftlich von den Lenni-Lenape der grofse *Dacotah*-Stamm, früher *Sioux* genannt. FREMD SIND AUCH die vereinzelten öftlichen Stämme im Süden: *Catawbas, Woccons, Utchees, Natchez, Adaize, Chittemachas* oder *Chetimaches; ferner *Caddoes, Pawnies* ufw.

Schemata der nordamerikanifchen Sprachfamilien findet man in der *archaeol. amer.* Vol. II., in der Arbeit Gallatin's in den *transactions of the American ethnol. soc.* Vol. II. p. XCIX-C und einzeln discutirt C-CX, wie im 3ten Bande von Schoolcraft's *Indian tribes.*

§ 190. Mich befchränkend auf den WESTLICHEN THEIL DES CONTINENTS, nachdem ich aus dem Reiche MEXICO herausgetreten feyn werde, halte ich in der hier anhebenden Arbeit eine MUSTERUNG ÜBER DIE VÖLKER UND SPRACHEN DER WESTSEITE NORDAMERIKA'S VON GUADALAXARA im füdlicheren Mexico AN bis ZU den Geftaden des POLARMEERS, vom 20ten bis zum 70ten Grade nördlicher Breite. Der Umfang des Unternehmens, das mir aufgedrungen wird, rechtfertigt die Unvollkommenheit der Ausführung, wie die Befchränkung im ungleich fchwankenden Verhältniffe. Wollte ich den Lauf da hemmen, wo meine ficheren Erfolge aufhören; fo treiben die, welche vor mir DAS AZTEKENVOLK UND SEINE SPRACHE gefucht, mich bis IN DEN HÖCHSTEN NORDEN. Schon Spanier, dann Reifende und Gelehrte verfchiedener Nationen, die Verfaffer des Mithridates und die auf ihre wichtige Autorität fich ftützenden Nachfolger haben theils Wörter, theils die eigenthümlichen Laute der AZTEKEN-SPRACHE ihrer Meinung nach gefunden: am Canal *de S. Barbara,* bei *Monterey,* in *Nutka;* diefe hohe Küfte hinauf: im *Norfolk*-Sunde bei den *Kolofchen,* den *Ugaljachmuzen* an den Berings-Bai, am Meerbufen *Kinai;* und an anderen Stellen fonft. Ich fchätze die Laut-Charakteriftik nicht gering, aber fie kann nicht zu dem Beweife unmittelbarer und factifcher Sprachverwandtfchaft dienen. Bei den von meinen VORGÄNGERN aufgeftellten aztekifchen Wörtern in nördlichen Sprachen wollen es das Schickfal und die Umftände, dafs ich fie alle ABLEHNEN mufs; dagegen werde ich ANDERE SPRACHEN vorführen, in welchen ich ÄCHTE AZTEKISCHE WÖRTER entdeckt habe: und in ihnen allen, in den Sprachen überhaupt aufser *Cinaloa* (wo es *Ribas* fagt), und aufser der CORA und TARAHUMARA, hat merkwürdigerweife noch Niemand von aztekifchen Wörtern geredet oder folche aufgefunden.

Nur diefe Lichtpunkte, in denen ich das MEXICANISCHE oder das SONORA-IDIOM wiederfcheinen febe, hervorzuheben, und die ganze übrige Prüfung, die ich angeftellt, mit ihrem Material zu unterdrücken; dürfte mit Recht als unkritifch, partheiifch und fehr unvollkommen getadelt werden. Ift die Sammlung, welche hier dargeboten wird, reicher, als das Bedürfnifs eines einfeitigen Zweckes erheifcht;

ſo darf ich um ſo mehr hoffen, daſs dieſe mannigfaltige Auffſtellung von VÖLKERN und SPRACHEN: ausgeſtattet mit den älteren und den neueſten Nachrichten, mit den Reſultaten groſsartiger, geo- und ethnographiſcher, wie linguiſtiſcher Unternehmungen, unter denen die jüngſten des nordamerikaniſchen Volkes hoher Auszeichnung werth ſind: Nachrichten und Reſultaten voller Auffſchlüſſe über das Verhältniſs ihrer Verwandtſchaft, zu denen ich durch eigene Unterſuchung und Urtheil vielfach beigetragen habe; eine Grundlage zu weiteren Forſchungen und Entdeckungen bilden werde, wie ſie es für MICH iſt. Viele Sprachen habe ich mit WORTVERZEICHNISSEN zu ihrer feſten Charakteriſirung verſehen. Sie ſind kleiner und gröſser, bieten das Vorhandene meiſt ganz, bisweilen nur in einer Auswahl des Wichtigen dar; oder ſie ſind eine Vereinigung alles mir Bekannten Für die leichte Auffindung in ihnen iſt überall geſorgt: wogegen die meiſten Sammlungen ungeordnet und ohne ein ſolches Mittel ſind; habe ich ſie nicht ſchon in der Reihe des Alphabets ausgearbeitet, ſo iſt ihnen eine alphabetiſche Verzeichnung mit Zahlen beigegeben. In dieſen Wortverzeichniſſen ruht ein mannigfaltiger Stoff zur weiteren Erforſchung der Affinitäten und zu vielen linguiſtiſchen Zwecken.

Aber abgeſehen von Zwecken und Nützlichkeit: wer wird es tadeln, wenn ich Freude daran ſinde, DURCH EINE REICHE AUFSTELLUNG EIN ZEUGNISS ABZULEGEN für die, in den Stürmen des Barbarenthums oder unter dem Flügelſchlage einer neuzeitlichen Civiliſation RASCH DAHINSCHWINDENDEN, TAUSENDFACHEN GESCHLECHTER DER ALTEN AMERIKANISCHEN MENSCHHEIT? Es iſt ein individuelles, aber nicht minder ein wichtiges allgemeines Intereſſe, die unſägliche VEREINZELUNG und FREMDHEIT von Völkern und Sprachen mit allen Mitteln darzuſtellen und eindringlich zu machen. Es knüpfen ſich an die Erſcheinung Probleme, deren Löſung wir nicht abſehn können, welche tiefe Geheimniſſe verbergen. Was die Thatſache oberflächlich ahnden läſst, was ſie dem zudringlichen Blicke enthüllt, ſteht im Widerſpruche mit den Überzeugungen des Zeitalters.

§ 191. Die Anweſenheit der AZTEKEN IM NORDWESTEN wird durch das, was ich in den Sprachen entdecke, in einer langen, ſeitwärts verſtärkten Linie bis mindeſtens zum 50ten Breitengrade bewieſen; aber DAS AZTEKENVOLK ſelbſt wird auf der groſsen NORDAMERIKANISCHEN Erde NICHT GEFUNDEN; wohin ich mich auch in dem ungeheuren Lande gewandt, ſo eifrig und bedachtſam ich geſucht habe: nirgend iſt mir ein Stamm mit dem ächten mexicaniſchen Idiom entgegengetreten. Eine Erwägung dieſer Thatſache ſei einer ſpäteren Stelle vorbehalten.

§ 192. Meine VÖLKERSCHAU HEBT AN VON DEM SÜDEN UND STEIGT AUF GEGEN DEN NORDEN. Von dieſer reinen Folge ſind mir Ausnahmen geſtattet: um ſo mehr, als die Lage ſeitwärts der Anordnung einige Willkühr giebt.

XIII. Mexico.

§ 193. Einige Hauptgegenden des grofsen MEXICANISCHEN GEBIETS, auf welches ich mich zunächft zu begeben und AUF DEM ICH HAUPTSÄCHLICH ZU VERWEILEN HABE, find durch ein neues, hoch verdienftliches Werk eines eifrigen Forfchers des amerikanifchen Völkerlebens erleuchtet worden, Refultat einer langen, mühfeligen Reife (5000 *miles* zu Lande!); durch das: *Personal narrative of explorations and incidents in Texas, New Mexico, California, Sonora, and Chihuahua, connected with the United States and Mexican boundary commission, during the years* 1850-53. *By John Russell* BARTLETT, *United States commissioner during that period.* Vol. 1. 2. *New York* 1854. 8°; neben einer Karte geziert mit zahlreichen, kleinen und grofsen Bildern und Darftellungen. Ich bedaure, aus diefem inhaltsreichen Werke nichts als einige kurze Notizen und eingefchaltete Verweifungen aufnehmen zu können; es ift nach der Vollendung meiner Arbeit erfchienen, ein Jahr nach diefem Abfchluffe in meine Hände gelangt: und ich veröffentliche diefelbe unter Verhältniffen, welche, wie ich öfter angedeutet habe, mir jede weitere Ausdehnung diefer, fchon fo lang gewordenen Schrift verbieten. — Hr. BARTLETT, voll früherer, hoher Verdienfte um die Kunde der Ureinwohner Amerika's, hat in diefem Reifewerke (f. Vorrede p. VI) nur diejenigen Völkerftämme befchrieben, bei denen er einige Zeit geweilt hat; andere erwähnt er blofs kurz, auch ift Befchränkung bei allen fein Grundfatz (f. I, 324ⁿⁿ-5ᵃ); der Gegenftand müffe, fagt er, wegen feiner Weitfchweifigkeit befonders behandelt werden. Die Ausbeute feiner Bemühungen um die Sprachen diefer Länder wird einmahl mir einen neuen Stoff zu den gegenwärtigen Unterfuchungen gewähren. Der Verf. erhielt Vocabulare von mehr als 20 Sprachen, von denen einige noch nie, andere nicht fo reichlich aufgenommen waren; jedes enthält 200 Wörter; alle, aufser 2-3, hat Hr. Bartlett felbft aufgenommen: höchft forgfältig und nach Einem Syftem. Seine Sammlungen enthalten ferner Bildniffe von Männern und Frauen; Skizzen von Sitten, Gebräuchen und Befchäftigungen. Er beabfichtigt einen Bericht über die Ethnologie der indianifchen Völkerfchaften des grofsen von der *boundary commission* durchreiften Landes herauszugeben, wenn die Regierung ihn unterftützte; ohne diefe Hülfe würde er fich auf eine kurze Denkfchrift befchränken, die nur feine philologifchen Sammlungen (darunter find befonders die Wortfammlungen zu verftehen) enthielte.

Guadalaxara.

§ 194. Ich beginne den Lauf — in dem alten ehrwürdigen, grofsen und ruhmvollen REICHE MEXICO — von der Provinz GUADALAXARA, jetzt *Xalisco* genannt; gelegen zwifchen dem 20ten und 25ten Grad nördl. Breite: welche mit Zacatecas gemeinfchaftlich das ehemahlige Reich von NEU-GALICIEN bildete.

Philos.-histor. Kl. 1854. *Suppl.-Bd.*   U

ALCEDO *(diccionario de la América* T. II. 1787 p. 177-180) berichtet folgendes über *el Reyno de la Nueva* GALICIA: Es erſtreckt ſich von SSO gen ONO, vom *pueblo de Autlan* an der Südſee bis zur Mündung des Panuco in den mex. Meerbuſen (und *el mar del Norte).* Im Norden gränzt es an die Provinzen Cinaloa, Neu-Leon und Neu-Biscaja, in SSO an das ſtille Meer, von Autlan bis zum *pueblo de Chiametla* am Eingange des Meerbuſens von Californien. Es bildet ſo ein Dreieck von mehr denn 300 *leguas* Länge und 200 Küſten-Ausdehnung. Es wurde zum Theil entdeckt von Gonzalo de *Sandoval* bei ſeinem Zuge nach Panuco, zum Theil von Nuño de *Guzman* 1531 und erobert. Es hieſs damahls Xalisco, nach ſeinem Hauptorte *(pueblo).* Der Art. verbreitet ſich dann über die natürliche Beſchaffenheit des Landes. Es werden die *Indios Chichimecas* und Guachichiles genannt; und ſpäter expreſs als das Reich bewohnend die Völkerſchaften: *Cazcanes, Guachichiles* und *Gumares,* „welche verſchiedene Idiome haben". Die Hauptſtadt iſt *Guadalaxara.* Die 38 *alcaldías mayores* ſind:

a) ſpaniſche Namen: *Aguas Calientes, Barca, Charcas, Compostela, Fresnillo, Guadalaxara, Lagos, Sierra de Pinos, Purificacion, Xerez;*

b) einheimiſche Namen: *Acaponeta, Amola, Analco, Autlan, Caxititlan, Colotlan, Cuquio, Huauchinango, Ibarra, Izatlan, Mazapil, Nayarith, Ostotipac, Ostotipaquillo, Sentipac, Tala, Tecualtichi, Tepic, Tequepespa, Tlajomulco, Tonalá, Xala, Xuchipila (Juchipilá), Zacatecas, Zapopan, Zapotlan, Zayula.*

Alcedo *(diccionario* II, 238) läſst GUADALAXARA („einen der 3 *distritos* oder *audiencias* Neuſpaniens in Nordamerika"), das er zwiſchen 20° und 25° N. B. ſetzt, im N an das Reich von Neu-Mexico gränzen. An der Meeresküſte (239) nimmt es von NW-SW *(sic)* 200 *leguas* ein; im N verengt ſich das Land. Er theilt es in die 7 Provinzen: *Guadalaxara, Xalisco, Chiametlan, Zacatecas, Nueva Vizcaya, Culiacan* und *Cinaloa.* Der Bezirk Guadalaxara (240) hat nördlich über ſich Xalisco. — Xalisco nennt Alcedo (V. 1789 p. 351-2) eine Provinz des Reiches Neu-Galicien', die ſüdlichſte der Audienz von Guadalaxara: im W das ſtille Meer, im O die Provinzen Guadalaxara und Mechoacan habend, von der Prov. Chiametlan durch einen kleinen ins Meer flieſsenden Fluſs getrennt; von einer Erſtreckung von 50 *leguas.* Eben ſo heiſst ein *pueblo* der *alcaldia mayor* von Tepic, mit 90 Indianer-Familien.

§ 195. In der Provinz GUADALAXARA (jetzt Staat *Xalisco, Jalisco)* werden uns genannt (Mühlenpfordt) die Völkerſchaften: *Cazcanes, Guachichiles, Guamanes* (bei Alcedo *Gumares)* und *Tenoxquines* („Zweige der groſsen Familie Chichimeca"; Mühlenpf.); dann Matlatzinken *(Matlacingos)* und *Jaliscos. Chichimeken* werden uns auch hier im Anfang des vorigen Jahrhunderts als umherſchwärmend genannt (Abſchn. II, S. 15[m-mm]).

Im nordweſtlichen Ende von Guadalaxara oder Neu-Galicien, wo *Nayarit* liegt, wohl nördlich herübergehend nach Cinaloa und Durango, iſt das Volk der Coras anzunehmen (ſ. Abſchn. II S. 14); zu ihnen gehört das Volk der Nayaritas (S. 15). Die neue, durch Kiepert verbeſſerte Karte von Mexico (Weimar 1852) zeigt die *Coras* viel nördlicher: gar nicht in Guadalaxara, ſondern im ſüdlichen Cinaloa, zwiſchen den Flüſſen *Piastla* und Culiacan, anfangend im S des Piaſtla. Im NO Gadalaxara's müſſen wir, nach dem ausdrücklichen Zeugniſs Steffel's (ſ. oben S. 28[mf-n]), ſchon Volk und Sprache der Tarahumara annehmen, obgleich ſie hauptſächlich nach Durango zu verlegen ſind (ſ. S. 20-22).

Zacatecas.

§ 196. In der, nordöstlich von Guadalaxara liegenden Provinz ZACATECAS wird uns das Volk der ZACATEKEN genannt (Abschn. III, S. 56ᵐᵐ); Volk und Sprache Zacateca nennt *Hervas (saggio pratico 69)* mehrfach. Der Pater Geronimo *Ramirez* schreibt (cap. 3 bei Ribas; nach Hervas): dafs das Volk Zacateca bis nach *Quencame*, 8 *leguas* vom See Parras, reicht. Der Pater *Juan Agustin* (Ribas cap. 4 p. 675) unterrichtete in zacatekifcher Sprache; das Volk von *Parras*, an fich wohl mit eignem, verfchiedenem Idiom, verftand die zacatekifche Sprache.

Zwifchen dem O und SO der Zacateca fetzt *Hervas* (Abfchn. III S. 64ᵐᶠ) das Volk der Mazapilen *(Mazapili)*, die nach ihm vielleicht einen mex. Dialect redeten (Abfchn. III S. 56ᵐᵐ-57ᵃ, auch 55ᵐᶠ); fie find im Sprengel von Guadalaxara und gränzen an den von Neu-Leon. Alcedo hat *Mazapil* als Bergwerks-Real und Hauptort im Bisthum Guadalaxara, 100 *leguas* NNO von diefer Stadt; er nennt die Einwohner früher ein wildes Volk, da fie jetzt ruhige Bergleute feien. Mazapil gehört jetzt zu Zacatecas (Mühlenpf. II, 492), und liegt vielmehr in deffen Nord-Ende.

Das Volk Huitcole, unter welchem die Francifcaner 1767 eine Miffion hatten, nennt *Hervas (saggio prat. 73ⁿ)* als angränzend an die Cora; „es hat eine von diefer (der Cora) verfchiedene Sprache".

Cinaloa.

§ 197. Die Provinz oder der jetzige Staat CINALOA, deffen Geographie ich im Abfchn. II (S. 13ᵃ-14ᵐ) gegeben habe, ift angefüllt mit Idiomen meines SONO-RISCHEN SPRACHSTAMMES: neben welchen aber ihm ganz FREMDE Sprachen, wenigftens zwei oder drei, beftehn. Der Abbate *Hervas*, der feine reichen Mittheilungen über die Sprachen diefer Provinz aus dem Gefchichtswerke des Paters *de Ribas* und den mündlichen Mittheilungen der jefuitifchen Miffionare entnommen hat, knüpft diefe Glieder des fonorifchen Stammes bald an die Sprache am Rio Hiaqui, den er behandelt wie mit zu Cinaloa gehörig, bald an die der Cinaloas: deren jede er als ihr Vorbild betrachtet; und wiederum vereinigt er beide mit der vom Fluffe Mayo als Eine Sprache, als Einen grofsen Typus. Ich mufs die *Hiaqui*-Sprache und werde auch die *Maya* vom Rio *Mayo* hier ausfchliefsen und bei Sonora behandeln; denn fchon zur Zeit von Humboldt's Reife und der fpanifchen Intendanzen (f. Abfchn. II S. 11ᵃᶠ⁻ᵐ) bildete der Rio *Mayo* die Gränze der Provinz Sonora, füdlich davon war der fchmale Landtheil vom Mayo bis zum *Rio del Fuerte* die Provinz Oftimuri, und davon füdlich lief die Provinz Cinaloa in langer Linie vom Fuerte bis füdlich an den *Rio del Rosario*. Noch jetzt bildet der Mayo, wie damahls, die Gränze zwifchen den Staaten *Cinaloa* und *Sonora*,

U 2

indem *Oſtimuri* zum erſteren geſchlagen iſt.   Der Rio Hiaqui liegt eine ziemliche Strecke nach N vom Mayo, und iſt und war immer ein Fluſs im füdlichen Sonora. Da ich aber Hervas Berichte darſtellen muſs, ſo wird bei Cinaloa ſchon öfter von der, auch zur allgemeinen gemachten, Hiaqui-Sprache und von den Hiaqui-Miſſionen die Rede ſeyn.

§ 198.   HERVAS berichtet *(saggio pratico* 1787 p. 73[nn]-74[a] und [nf]), daſs die Jeſuiten 2 0 Miſſionen mit 40 *popolazioni* an den Flüſſen *Hiaqui, Fuerte, Mayo* und *Cinaloa* hatten: mit dem allgemeinen Namen der MISSIONEN VON CINALOA benannt; in allen war die Sprache Hiaqui herrſchend.   Am Hiaqui lagen die Miſſionen: *Bahcon* mit 900 Familien, *Thorim* 920, *Rahum* 1100, *Guirivis* 1200, *Belen* 250; in der letzten waren die Völker *Seres* und *Guaimas*.   Am Cinaloa waren die Miſſionen: *Cinaloa* mit 500 Familien, *Chicorato* 230, *Nio* 320, *Guàyabe* 250, *Mocorito* 100, *Ocoroni* 60; die beiden letzten liegen etwas vom Fluſſe entfernt; am Fuerte: *Baca* 180, *Toro* 180, *Tehueco* 680, *Mochicahui* 550; am Mayo: *Conicari* 200, *Caamoa* 320, *Navohoa* 360, *Santa Cruz* (Seehafen) 700, *Tepahue* 860 Familien; die letzte liegt zwiſchen dem Mayo und Hiaqui.   Man ſiebt, daſs mehrere dieſer Miſſionen Namen von Völkerſchaften tragen.   Am Fluſſe Hiaqui gen Cinaloa find 4 und nach Sonora zu eine Miſſion, wo ſich drei Völker befinden: Hiaqui, einige Bekehrte der Seres und andre der Guaimas, welche ſich dahin geflüchtet haben.

Obgleich die *Hiaqui*-Sprache in den 2 0 MISSIONEN VON CINALOA die herrſchende war, ſo iſt es doch gewiſs (Hervas 74[aa-af]), daſs im J. 1640 Völker von drei verſchiedenen Idiomen darin vereinigt waren.   Denn Ribas ſagt, daſs der Märtyrer Gonzalo de *Tapia*, der Gründer der Miſſionen von Cinaloa, die taraskiſche, mexicaniſche und chichimekiſche (otomitiſche) Sprache, und drei Sprachen der Völker von Cinaloa erlernte; und daſs er von allen dreien Indianer nach Mexico mitnahm, damit der Vicekönig die cinaloiſchen Völker ſähe.   Welches dieſe verſchiedenen Sprachen und deren Dialecte ſeien, entwickelt Hervas darauf (74[m]-76[nn]) im einzelnen.

Hervas zieht alſo aus ſeiner Überſicht der Sprachen Cinaloa's den allgemeinen Schluſs (76[mm]), daſs es in Cinaloa wenigſtens 3 verſchiedene Sprachen gab: die Tubar, welche vielmehr nach *Chihuahua* gehört (ſ. da, § 210-6), Zoe und Cinaloa: mit der letzten iſt das gemeint, was ich den ſonoriſchen Sprachſtamm nenne.   Ich finde aber auſser dieſen dreien bei Hervas noch als eine verſchiedene Sprache genannt die Bamoa (ſ. ſpäter, S. 160[mm]).

Hervas faſst ſelbſt (76[mm]) die Sprachen Cinaloa's zuſammen, welche (zum Theil nach ſeinen Schlüſſen und Vermuthungen) mit der Cinaloa-Sprache verwandt find, und nennt ſie ſo: *Comopori, Guayave, Ahome, Conicari, Tepahue, Tehueco, Mayo, Zuaco* und *Hiaqui*.   Dieſe würden alſo, ſo wie die Cinaloa ſelbſt, zu dem von mir ſo genannten SONORISCHEN SPRACHSTAMME gehören.

Diefe Reihe von fonorifchen Sprachen in Cinaloa gewinnt HERVAS aber zum Theil nicht durch directe Kunde über das Verhältnifs und die Befchaffenheit der Idiome; fondern er baut auf einige Anzeichen Schlüffe über die Verwandtfchaft anderer Sprachen in Cinaloa mit der Hiaqui-Sprache, und giebt dadurch diefer Sprachfamilie einen Umfang. Diefe Anzeichen find nicht ganz ficher und können täufchen: wie fie auch der Mithr. (156) etwas bezweifelt hat. Das erfte Motiv ift: dafs ein Miffionar, der *Hiaqui* verftand, auch eine andere Völkerfchaft unterrichtet oder verftanden habe: *Cinaloa, Zuaca, Tehueca, Guayave.* Sein zweites Motiv ift, dafs die Jefuiten in einer Miffion eine Völkerfchaft zu einer anderen gefchlagen, ein Miffionar zwei vereinigt hat oder gemeinfchaftlich in einer Miffion unterrichtete: *Ocoroni, Tepahue, Conicari, Chicorata.* Auch ein dritter Grund kommt vor: dafs zwei Völker einander befreundet waren: *Tepahue.* Der Mithr. macht bemerklich, dafs der Schlufs auf Verwandtfchaft „um fo weniger gelten könne, da ausdrücklich bemerkt wird, dafs die Jefuiten die Hiaqui-Sprache zur herrfchenden in den dortigen Miffionen gemacht haben." Ich finde aber nicht, dafs diefs hinderte, folche Sprachen als Dialecte oder nahe Verwandte der Hiaqui anzufehen.

§ 199. Pedro de Caftañeda de Nagera *(relation du voyage de Cibola)* nennt in der Nähe von CULIACAN die 3 Sprachen: Tahu, Pacafa und Acaxa; die letzte behandle ich bei Chihuahua (§ 219). Die *Pacasas* afsen gelegentlich Menfchenfleifch, die *Acaxas* waren aber alle Menfchenfreffer.

Der Name eines Volksftammes in Cinaloa HUEICOLHUES, d. h. grofse Colhuer, ift (wie ich fchon in meinen aztek. Ortsnamen S. 68^{mm} und 89^{mf-nn} hervorgehoben habe) eine merkwürdige Wiederkehr des Namens der *Colhuer*, eines Stammes der Nahuatlaken; der Ortsname Huei-Colhuacan, Grofs-Colhuacan, eine Station der Nahuatlaken auf ihrer Wanderung nach Anahuac, die jetzige Stadt Culiacan in Cinaloa, gegen den Meerbufen von Californien, verbindet factifch den jetzigen Volksftamm in der nordweftlichen Provinz mit dem in das mexicanifche Thal herabgeftiegenen Nahuatlaken-Volke. Sollen wir den Hueicolhues einen Dialect des reinen *nahuatl* zufchreiben? Ihre Sprache zu kennen, wäre nicht unwichtig. Sie werden zu den *Coras* gerechnet, lautet die geographifche Kunde; danach könnte ihre Sprache ein Dialect des von mir conftruirten grofsen Sonora-Idioms feyn: eine Thatfache, welche ein kleines Gewicht mehr für die rein aztekifche Auffaffung deffelben geben würde.

§ 200. Um den FLUSS CINALOA, vom oberen *(dall' alto)* anfangend, find nach RIBAS (f. Herv. 74^m) die Völkerfchaften Cinaloa, Tegueca (jetzt Tehueca), 'Zuaca und Ahome. Nach dem mir gemachten Gefetz, von der Meeresküfte in das Innere vorzugehen, werde ich diefe Reihe umgekehrt nehmen. Es würden alfo hier zunächft eine Reihe von Völkern folgen, welche nach Hervas Anficht, Schlüffen und Angaben Glieder meines SONORISCHEN SPRACHSTAMMES wären.

Die Völkerſchaft A H O M E war der *Zuaca* am Fluſſe Cinaloa benachbart (Herv. 75^{mf-nn}). Die neue Geographie kennt nördlich vom Fluſſe Cinaloa den kleinen Fluſs und Hafen Ahomé. Nach Alcedo, der dem Volke einen Artikel widmet, liegt das *pueblo* Ahome an der Mündung des Rio del Fuerte. Von ihrer Sprache ſagt Ribas ausdrücklich, daſs die Völker *Ahome* und *Guazave*, mit einander in Freundſchaft lebend, verwandt ſeien und dieſelbe Sprache hätten; er fügt hinzu, daſs beide Völker- ſchaften gemeinſchaftlich von Norden gekommen ſeyn müſſen. Von der Ahome-Sprache gilt daher daſſelbe als von der Guazave.

Das Volk G U A Z A V E (bei Ribas), jetzt (nach Hervas 75^{mf-nn}) G u a y a v e genannt, iſt eng verwandt und befreundet mit den *Ahome* (ſ. vorhin), beider Sprache iſt nach Ribas dieſelbe. Dieſe Sprache hält Hervas für verwandt mit der *Zuaca, Hiaqui* uſw.: darum, weil Ribas berichtet, daſs der P. Hernando *Villafañe*, welcher 30 Jahre lang Miſſionar des Volkes Guazave geweſen war, zuerſt eine Grammatik der Guazave- Sprache ſchrieb, „welche an der ganzen Seeküſte Cinaloa's hinabging". Das Dorf *Guayave* gehörte zuletzt zur Miſſion Cinaloa. — Alcedo hat ein Dorf *Guazabas* in der Prov. Oſtimuri und, was nicht unmerkwürdig iſt, G u a y a b o s als ein *pueblo* der Pfarrei *Tamazunchale* in der *alcaldía mayor* von *Valles* in San Luis Potoſi, in welchem 40 Familien der P a m e s -Indianer wohnen.(¹) · *Guayapa* oder *Huazapa* iſt (Mühlenpf. II, 165) ein Dorf 1½ *leguas* N O von Oaxaca.

Das wilde Volk der C O M O P O R I ſprach nach Ribas (Herv. 75^{nf}) die *Ahome*- Sprache; dieſelbe redete auch ein anderes, unſtät lebendes, barbariſches Volk, das mit den Ahome befreundet war. Alcedo hat einen Ort *Comoripa* in der Prov. Oſtimuri, am Ufer des Hiaqui, zwiſchen den *pueblos* Cocoria und Tecoriona.

§ 201. Z U A C A Volk und Sprache am Fluſs Cinaloa (ſ. vorhin S. 157^{nf}); Z u a - que iſt nach Hervas (74^{nn}) ein anderer Name für den Fluſs Cinaloa. Die Zuaca war eine Verwandte der *Hiaqui;* denn Ribas (Hervas 74^{mf-n}) berichtet von ſich: daſs er Miſſionar des Zuaca-Volkes war und, von da ſich zu den Hiaqui begebend, dieſe ſo- gleich zu unterrichten anfing. — Alcedo nennt *Zuaquéo* einen kleinen Nebenfluſs des Hiaqui in der Prov. Oſtimuri.

T E H U E C A, bei Ribas T e g u e c a, iſt ein Volk und eine Sprache am Fluſſe Cinaloa; bei den Tehueca wohnt nach P. Pedro *Mendez* (bei Ribas; Hervas 74^{mm}) ein Volk von verſchiedener Sprache. Die Tehueca ſelbſt erklärt Hervas (75^{aa-aa}) für ver- wandt mit der *Maya*, aus dem Grunde: weil der P. Pedro Mendez, welcher Miſſionar des Tehueca-Volkes geweſen war, als er in ſeinem 70ten Jahre die Beſtimmung erhielt die Maya-Miſſion zu gründen, 15 Tage nach ſeiner Ankunft (nachdem er eine Reiſe

(¹) Nach Mühlenpf. (II, 494^{a-aa}) lieſsen die Spanier P o t o ſ i, als ſie es c. 1550 beſetzten, durch hinge- ſandte *Azteken* und *Tlascalteken* coloniſiren, „und die einheimiſchen Indierſtämme wurden gegen N und W zurückgedrängt. Einige ſchwache Reſte von dieſen finden ſich zwar hie und da noch vor, aber die groſse Maſse der Bevölkerung beſteht aus Abkömmlingen jener Coloniſten und Weiſsen." — Hervas nennt uns in ſeinem *catalogo delle lingue* 1785 p. 75^{n} die Sprache P a m e neben der huaſtekiſchen in der Huaſteca.

von 300 *leguas* dahin gemacht hatte) meldet: wie er fchon 3000 Kinder, 500 Erwach-
fene, 500 Greife und Kranke getauft habe. Hervas hält die Sprache auch für verwandt
mit der *Tepahue* (f. fogleich). — Alcedo nennt **Tegueco** ein *pueblo* in Cinaloa am Rio
del Fuerte, nahe dem *pueblo Sibirijoa.*

Die Sprache **TEPAHUE** (bei Ribas **Tepague**) hält Hervas (75ᵃᶠ) für wahrfcheinlich verwandt mit der *Tehueca* (die wieder nach ihm verwandt mit der *Maya* ift), und
zwar aus dem Grunde: „weil beide Völkerfchaften (welche verwandte Namen haben;
[das ift doch nicht der Fall!]) nach Ribas befreundet waren. Die Jefuiten hatten das
Volk Tepahue mit der Maya-Miffion vereinigt." Übrigens finde ich den Einwurf des
Mithr. gegen diefe Verwandtfchaft (156) durch nichts begründet: dafs die Tepahue,
„die an den obern Sinaloa gefetzt werden [fagt diefs Hervas? es wurde vielmehr, oben
S. 157ⁿᶠ, von den Tehueca gefagt], am natürlichften als ein Zweig der bey *Tepehuana*
befonders angeführten Nation [er meint: der Tepehuanen] zu betrachten find, denen
fie jene Lage auch näher bringt."

§ 202. Die Sprache **CONICARI** war nach Hervas (75ᵐ) wahrfcheinlich mit der
Tepahue verwandt, weil nach Ribas die Jefuiten anfangs diefe beiden Sprachen vereinigten und fchliefslich beide in der Maya-Miffion waren. Alcedo nennt *Conicari* als
pueblo in Cinaloa, am Fluffe Mayo.

Die **CINALOAS** felbft werden als ein Volk genannt (Mühlenpf. I, 209 und Hervas),
am Fluffe Cinaloa (Herv.). Die Cinaloa-Sprache war eine Verwandte der *Hiaqui* (Herv.
74ᵐᵐ); denn nach Ribas „verftand der P. Chriftobal vortrefflich die Sprache der Hiaqui
und die eigne des Cinaloa-Volkes, das er unterrichtete. In dem Gebrauche des
Hervas ift die **Cinaloa-Sprache**, als nächft verwandt mit der Hiaqui, grofsentheils
der Repräfentant des Sprachtypus, von dem er nach Ribas fo viele Glieder in der
Provinz Cinaloa nachweift; das Vorbild deffen, was ich die **fonorifche Sprach-**
form nenne.

Die Völker **CHICORATA** und **CAMAVETA** waren nach Ribas (Herv. 75ᵐᵐ) in
den Gebirgen 10 *leguas* vom Volke Cinaloa; Hervas vermuthet, dafs die erftere
Sprache mit der *Cinaloa* verwandt fei, weil das Dorf *Chicorata,* Wohnfitz der Völkerfchaft, von den Jefuiten mit der Miffion Cinaloa vereinigt wurde. Alcedo hat
Chicorato als jefuitifches Miffionsdorf in Cinaloa.

Die Sprache **OCORONI** erklärt Hervas (74ⁿ) für verwandt mit der *Cinaloa* und
Hiaqui, weil die Jefuiten das Volk Ocoroni mit dem Cinaloa-Volke vereinigt hat-
ten; und weil das erftere, fich empörend, zu den Hiaqui (nach Ribas) flüchtete; „diefes
beweift", fchliefst er, „dafs es verwandte Völkerfchaften waren". Mühlenpf. fchreibt
Volk (als zu den Mayos gehörig, II, 402ⁿ), Küftenflufs (400ᵐᵐ) und Dorf (410ᵃᶠ) **Ocroni:**
ehemalige Francifcaner-Miffion; auch Haffel nennt Ocroni als Franc. Miffion im Staate
Cinaloa. Alcedo hat *Oconori* und *Ocosconi* als 2 jefuitifche Miffionsdörfer in
Cinaloa; die letztere Form haben wir oben (S. 14 Z. 5) als einen Ortsnamen
gefehn.

§ 203.   Auf diese Völkerreihe von angeblich sonorischer Zunge lasse ich
Völker FREMDER ZUNGE folgen:

Das Volk der Z o e hatte (Hervas 75^{nf}-76^a) seine Wohnsitze am oberen Cinaloa, 30 *leguas* entfernt von dem Volke *Ahome*. Hervas folgert aus Ribas Angaben, dafs diese Sprache von der Reihe bis dahin (73^n-75^{nf}) von ihm genannter
und für Eines Stammes mit der Hiaqui- und Cinaloa-Sprache erklärter Idiome verschieden sei. Ribas meldet nämlich, wie das Volk Ahome die Überlieferung hatte,
dafs es in Gesellschaft eines anderen Volkes von verschiedener Zunge, genannt Zoe,
aus dem Norden gekommen sei: mit welchem es auch immer Freundschaft gehalten
habe; und an einer anderen Stelle sagt Ribas, dafs die Zoe-Nation eine verschiedene
Sprache von der *Cinaloa* und der ihrer Nachbaren habe.

Die Völkerschaft H u i t e (Herv. 76^{aa}) ist nur 7 *leguas* von dem *Cinaloa*-Volke
entfernt, dennoch hatte sie eine verschiedene Sprache: was Hervas aus einer Angabe
des Ribas schliefst: dafs ein Huite, welcher in Cinaloa zum Sklaven gemacht war,
dem Missionar übergeben wurde, damit er ihn in der Cinaloa-Sprache und der
christlichen Lehre unterwiese. Über eine Verwandtschaft mit dem nicht-sonorischen
Tubar-Idiom s. § 210 im Anfang.

§ 204.   Am Flusse P e t a t l a n waren 2 Colonien des Volkes NEBOME von
Sonora.

Das Volk B A M O A ([1]) nennt Hervas (76^{mf}; vgl. noch oben S. 156^{nf}) nahe am
Flusse *Petatlan:* nicht sehr alt *(poco antica)*, und ein Zweig der *Nebome* von verschiedener Sprache *(diramata dalla Nebome di lingua diversa)*. Ich weifs nicht
zu bestimmen und habe in keiner neuen Geographie gefunden, wo dieses P e t a t l a n
(Ort und Flufs), von welchem ich auch schon früher (S. 11^{nf} und 60^n) gehandelt habe,
sich befindet; ich kenne nur folgende Petatlan: einen Ort in der Prov. Mexico an
der Südsee, NW über Acapulco; ein Dorf im mexicanischen Thale: ein Dorf in
Valladolid, bei Teipa und Atoyaque, südlich vom Vulkan Xorullo. ([2]) Das wirkliche Volk N e b o m e werden wir (§ 224) im nördlichen Sonora finden.

In den NORDEN CINALOA's setzt *Alcedo* (s. oben Abschn. II, S. 13^{af}) unzählige I n d i a n e r - V ö l k e r, mit unbestimmten Gränzen, wobei wir das südliche
Sonora mit oder hauptsächlich zu verstehen haben; das Land selbst war nach ihm
(ib. S. 13^{mf}) von v i e l e n N a t i o n e n von Indianern bevölkert, hausend an den
Flufsufern.

A i u i n o s ist nach Alcedo ein Indianer-Volk im N von Cinaloa, das durch den
Jesuiten Francisco *Oliñano* 1624 bekehrt wurde; in ihrem Heidenthum wohnten sie,
zur Sicherung gegen die anderen Völkerschaften, mit welchen sie im Kriege waren,
auf den höchsten Bergen; jetzt sind sie sanft und gefügig.

([1]) Bei Alcedo ist B a m o a ein jesuitisches Missionsdorf in Cinaloa.

([2]) Alcedo giebt zwei P e t a t l a n an: 1) San Sebastian de P. in der Pfarrei *Atempa*, alcaldía mayor *Teu-
zitlan* (Teuz. 50 *leguas* ONO von Mexico, Br. 20° 50') 2) in der Pfarrei *Zitlala*, alc. may. *Chilapa*.

Im nördlichften Cinaloa und im Süden Sonora's ift die CAHITA-Sprache:
über welche ich hier nichts geographifches noch erläuterndes fagen werde, weil ich
von ihr fchon ausführlich gehandelt habe (f. Abfchn. II, S. 16^{mf}-17^f).

Durango.

§ 205. Das Reich NEU-BISCAJA *(el reyno de la Nueva Vizcaya)* begriff
in fich Durango mit mehreren anderen grofsen Provinzen. ALCEDO fagt folgendes
von ihm *(Diccionario de la Amer.* T. V. 1789 p. 325-6): Es gränzt in N an das
Reich von Neu-Mexico, im S an das von Neu-Galicien, in O an das von Neu-Leon, in W an
die Californien. Es ift von N nach S 200 *leguas* lang, vom Bergwerks-Real *Chalchihuites* bis
zum *presidio del paso del Norte;* und beinahe eben fo breit. Es umfafst die Provinzen
Tepeguana, Taraumara, Batopilas, Sinaloa, Culiacan, Ostimuri, Sonora, Pimeria alta und
baxa, und *Chiametlan.* Es gränzt an die *Indios barbaros Chichimecas,* gegen welche an
der Gränze 5 *presidios* errichtet wurden: welche, nebft anderen, fpäter gegründeten, heifsen
(in alphab. Reihe): *Adais, San Bartolomé, Cerro gordo (Zerrog.), Conchos, Fronteras,
el Gallo, Janos, Mapimi, Nayarit, Pasage, el Passo, Sinaloa.* Sie alle haben nicht hin-
gereicht, um die heidnifchen Chichimeken *(infieles)* im Zaume zu halten, welche in diefen
Gebirgen leben und herumftreifen. Folgendes find in alphabetifcher Ordnung die (22) *Al-
caldias mayores* von Neu-Biscaja: a) fpanifche Namen: *minas de San Andres, minas de
S. Barbara, S. Bartolomé, S. Juan del Rio, Laguna, Saltillo, S. Sebastian;* b) einheimifche
Namen: *Chiametlan, minas de Chindea, Cinaloa, minas de Coreto, S. Antonio de Cuencamé,
minas de Dihastla, minas de Guanacevi, Guanaval, minas de Maloya, minas de Mapimi,
Mascatlan, San Francisco del Mesquital, minas de Panico, minas de Topia, Xalisco.*
Auffallend ift, dafs hier Nayarit und Xalisco genannt werden, welche doch zu
Neu-Galicien gehören und die der Verf. auch dort (f. oben S. 154^m und ^{mf}) aufführt.
Dort fchlägt er auch ganz Neu-Biscaja und 3 Provinzen zu Guadalaxara!

§ 206. In DURANGO, wie wir gefehen haben, einem der vielen Theile des
Reiches Neu-Biscaja, nehme ich den Hauptfitz des Volkes und der Sprache
der TARAHUMARA an, obgleich wir fie nach dem Zeugniffe *Steffel's* (f. oben
S. 154^f) fchon füdlicher, in *Guadalaxara,* beginnen laffen müffen. Dem grofsen
Berglande wird eine verfchiedenartige, oft bedeutende Ausdehnung beigelegt; und
es ift nicht zu bezweifeln, dafs es weit nach N in diefe innere Provinz hineindringt
und hauptfächlich in ihr liegt: wie Alcedo (f. oben Abfchn. II, S. 18^{mm}) Sonora in
O an die Landfchaft Taraumara angränzen läfst und Ward (ib. S. 20^a) fie gar zum
Staate *Chihuahua* rechnet, Mühlenpfordt Familien der Tarahumaren in Chihuahua
nennt, Alcedo felbft die Stadt Chiguagua zur Provinz Taraumara rechnet
(f. unten § 220 am Ende). Eine umftändlichere Prüfung der Lage habe ich angeftellt
im Abfchn. II, S. 20^{af}-23$^{a, nn}$.

§ 207. Das Volk Chinipas in der Nieder-Tarahumara, in den tarahumarifchen Miffionen, hatte vielleicht eine der tarahumarifchen verwandte Sprache;

vgl. oben S. 20[nf]-21[mm], 56[m, nf], und befonders das fogleich hier Folgende. Es bleibt aber nur Vermuthung; wiffen und beweifen können wir nichts, und ich thue keine Behauptung. Alcedo nennt den Ort *Chinipas* (oben S. 14[a]) in Cinaloa.

Ribas erzählt (Hervas 77[aa]), dafs der Märtyrer Julio *Pasqual* mit der *Chiripa-(Chinipa-*; f. oben S. 20[f]) Nation (in der Nieder-Tarahumara) die Völkerfchaften: Guazapari, Temori, Ihio und Varohio bekehrte; „von denen es fcheint", fetzt Hervas hinzu, „dafs fie verwandte Sprachen redeten". Diefe Äufserung verfteht der Mithrid. (141[nn]) fo: „dafs diefe Sprachen mit der tarahumarifchen verwandt feien"; Hervas hat nämlich eben vorher (76[nn]-77[a]) von den „tarahumarifchen Dialecten" in den Miffionen der Tarahumaras und Chiripas gehandelt. — Alcedo führt *Guazaipares* und *Temoris* als jefuitifche Miffiousdörfer in Cinaloa an.

§ 208. Die *Kiepert*'fche Karte läfst den gröfsten, nördlichen Theil der Berg-kette der *Sierra madre* im mittleren Durango von den Tepefuenes bewohnen: in einer langen Erftreckung, ähnlich wie die *Tepeguanes*, ihre nördliche Fortfetzung, wohnen: welche noch etwas in den N von Durango hineinreichen.

In den Norden von *Durango*, und hauptfächlich in die ganze Weftfeite der füdlichen Hälfte von *Chihuahua*, bis an oder in *Sonora* hinein: ift Volk und Sprache der Tepeguanes zu verlegen; f. fogleich hiernach ([nn]).

Chihuahua.

§ 209. In den Provinzen Durango und Chihuahua neunt Mühlenpfordt (I, 209), die Daten von Humboldt und anderer Quellen vereinigend, Völker, welche hauptfächlich zu CHIHUAHUA zu rechnen find: die *Topias, Acáxis, Xiximes, Sicurabas, Himas* und *Huimis;* dann *Acotlanes, Cocoyames, Yanos;* beim Staate Chihuahua nennt er (II, 521[m]) die Yanos, Acotlames und Cocoyames; daneben wenige aztekifche Coloniften. Die meiften diefer Völker werden ihre eigentliche Stelle fpäter finden.

Im füdweftlichen Chihuahua habe ich vor allen Dingen das Volk und die Sprache der TEPEGUANES zu nennen, welche aus dem nördlichen Durango (vor-hin [m]), in dem ich fie zuerft genannt habe, hereintritt; f. die mannigfachen Angaben über ihre Lage Abfchn. II, S. 23[m]-24[mf]. Auf der Kiepert'fchen Karte bedeckt ihr Name den grofsen weftlichen Saum durch die ganze füdliche Hälfte der Provinz, in der fie danach ihren Hauptfitz hat; im nördlichen Ende diefer Südhälfte, weftlich von der Stadt Chihuahua und Cofiquiriachi, ftreift SW-NO der Gebirgszug *sierra de Tepehuanes.*

In Chihuahua nennt Mühlenpfordt (II, 521[nf]) einen *partido de Tepocóhues,* der mir auf eine Völkerfchaft diefes Namens hinzudeuten fcheint. Ich kann deffen Lage nicht beftimmen.

Bartlett *(pers. narr.* I, 184) giebt an, dafs bei der Ankunft der Spanier die *Piro*-Indianer, welche das Thal bis nach Taos herauf([1]) (diefs war die nördlichfte Stadt Neu-Mexico's unter fpan. und mex. Herrfchaft) einnahmen, an der Stelle der jetzigen Stadt *el Paso del Norte* oder kurz *el Paso* ein Dorf Sinecu hatten, das noch vorhanden ift und aus dem die jetzige Stadt könne allmählich entftanden feyn. Er behandelt im Regifter (II, 616) den Namen Sinecu wie den eines Volksftammes. Wir werden die *Piros* bei Neu-Mexico (§ 404) betrachten.

Tubar.

§ 210. Der P. Juan Calvo fchrieb (nach Ribas, bei Hervas 76[af.m]), dafs die *Tubari* zwei gänzlich verfchiedene Idiome hätten: von denen das eine, das ge-bräuchlichfte, mit der Sprache feiner Miffion (Cinaloa) verwandt, das andere aber davon ganz verfchieden fei. Hervas fetzt hinzu, dafs vielleicht die Sprachen *Tubari* (er meint das nicht-fonorifche Idiom) und *Huite* verwandt feien (vgl. oben S. 160[m]).

Das Volk der TUBAR (Hervas nennt die Sprache *Tubar*, das Volk *Tubari*) befand fich, wie Hervas an einer erften Stelle (76[af]) ganz einfach fagt, am oberen Cinaloa. Es fcheint aber auch in Chihuahua hinein zu reichen und hauptfächlich dahin zu gehören, da er fich an einer anderen Stelle (76[n]) fo vernehmen läfst: „Die Sprache Tubar wird in den Miffionen *S. Ignacio Tubaris* (von 170 Familien) und *S. Miguel Tubaris* (item) geredet. Diefe beiden Miffionen gehörten 1767 zu der Miffions-Provinz, welche die Jefuiten *Chinipas* oder *Tarahumara baxa* nannten. Die Sprache Tubar redeten wahrfcheinlich einige Colonien des Tubari-Volkes, von denen vorher gefprochen wurde, weil die Lage derfelben den Miffionen von Cinaloa benachbart war." Im *catalogo delle lingue* fagt Hervas (73[mm]) fo: „In der Provinz *Chinipas* waren 11 Miffionen mit 27 Dörfern; in 9 diefer Miffionen wurde die Ta-rahumara-Sprache und in den 2 andren die Sprache Tubar geredet." — Alcedo nennt Tubares als jefuitifches Miffionsdorf in Cinaloa.

§ 211. Hervas liefert (No. 43, p. 122 des *saggio pratico)* das Vaterunser in der Tubar-Sprache; er hat die 5 erften Bitten mit Hülfe *Clavigero's* überfetzt; aber keinen Miffionar finden können, der ihm über die letzten einen Auffchlufs hat geben können.([2]) Der Mithridates wiederholt das Vaterunfer S. 139[n]-140[m], mit wenigen Bemerkungen 140[mm]-1[aa]. Ich fand diefe Sprache im Anfang fehr eigen-thümlich, erkannte doch aber fogleich einige tröftliche Spuren ihrer fonorifchen

---

([1]) oder meint der Verf.: das bis Taos fich heraufziehende Thal? die Worte find: *the Piro Indians, who occupied the valley extending as far north as Taos* ...

([2]) Diefer Ausfpruch erfcheint mir wunderbar; denn wer fo viel von der Sprache verftand, um den Text bis zur Mitte der 5ten Bitte zu überfetzen, hätte doch auch die letzten 1½ müffen nothdürftig deuten können. *Hervas* überfetzt nach *ikirirain* nichts mehr, er überfetzt alfo nicht mehr den Schlufs von V: denen, die uns beleidigt haben; der *Mithridates* überfetzt ebenfalls diefen Schlufs von V gar nicht, und von VI nur 2mahl *ite* mit uns und *tatacoli* Sünde.

Gemeinfchaft; fehr eigenthümlich und fremd bleibt fie immerhin: aber es ift mir durch eine fcharfe Aufmerkfamkeit auf alle Wörter gelungen manche verborgene Ähnlichkeiten mit den anderen aufzufinden und manche Schwierigkeiten zu löfen. Die Sprache diefer Formel, alfo die Tubar-Sprache, ift ein höchft felbftftändiges fonorifches Idiom, merkwürdigerweife noch mit mehrerem aztekifchen Stoff ausgeftattet als die anderen.

§ 212.   Vaterunfer.

	unfer	Vater,	Himmel - in	der (du) bift;
A	*ite*	*cañar,*	*tegmuecarichin*	*catemat;*
	21	10	35	12

	dein	Name	fei??	gepriefen;
I	*imit*	*tegmuarac*	*militurabà*	*teochigualac;*
	19	34	25	36

	dein	Reich	uns - zu	komme
II	*imit*	*kuegmicacarin*	*iti bacachin*	*assisaguin*
	19	22	11 7	3

	dein	Wille	hier?	werde gethan?,	fo	wie	dort?
III	*imit*	*avamunarir*	*echu*	*nañigualac,*	*imo*	*cuigan*	*amò*
	19	5	15	29	20	14	2

er gefchieht   Himmel - in
nachic   tegmuecarichin
27   35

	unfer	Brodt	von jedem?	Tage	heute	uns	gieb
IV	*ite*	*cokuatarit*	*essemer*	*taniguarit*	*iabba*	*ite*	*micam*
	21	13	16	32 ·	17	21	24

	unfre	Sünden	vergieb,	wie	vergeben-wir (denen), welche
V	*ite*	*tatacoli*	*ikiri,*	*atzomua*	*ikiri-rain,*
	21	33	18	4	18

uns - gegen   Böfes   ehemahls?   gethan haben
ite bacachin   cale   kuegmua   nañiguacantem
21   7   9   23   28

	nicht	uns	führe	in	Sünde,	von?	Böfem?	befreie?	uns!
VI	*caisa*	*ite*	*nosam*	*baca*	*tatacoli,*	*bacachin*	*ackirò*	*muetzerac*	*ite!*
	8	21	30	6	33	7	1	26	21

Ich laffe in alphabetifcher Folge und mit laufender Nummer das aus diefem Texte gezogene Wortverzeichnifs der Tubar-Sprache, die einzigen Wörter, welche wir von ihr befitzen, folgen; zu jedem Worte liefere ich meine Erläuterungen. In einem zweiten Stücke führe ich die von den Wörtern abzuziehenden grammatifchen Endungen oder Anfätze, auch einen Vorfatz, unter einer Buchftabenreihe, vor. Die allgemeinen Züge über das Verwandtfchafts-Verhältnifs und das Urtheil über die Sprache folgen erft auf diefe Specialien und find aus ihnen gezogen.

§ 213. Wörter des Vaterunfers
und ihre Analyfe:

1 *ACKIRÒ* VI — es fieht *ikiri* recht ähnlich: man könnte daher hierin befreie, erlöfe fuchen, was man allenfalls verwandt mit vergeben finden könnte; dann würde *bacachin* zum Vorigen gehören und das Verbum den *acc.* regieren, was beides nicht wahrfcheinlich ift; — der Stellung und Umgebung nach müfste es eher Böfes bedeuten, die Ähnlichkeit mit *ikiri* und *rac* des folgenden Wortes aber begünftigen diefs nicht

2 *AMÒ* III — dort? = Te *amu* dort; H und M faffen *amò nachic* zufammen als er gefchieht, H *si fa*

3 *ASSISAGUIN* II — (es) komme; gänzlich fremd; hier ift wieder die unverzeihliche Unzuverläffigkeit des Mithr. zu fehen, welcher *assifaguin* druckt

4 *ATZOMUA* V — wie *(conj.;* M), *siccome* H; es ift nur auffallend, dafs wie in III durch *imo cuigan* ausgedrückt ift; an Ähnlichkeiten kann ich nur die entfernten Wörter: Co *yez*ᵉᵘ (neben *yei)* fo, und Te *upua* mit einem Worte danach: wie, angeben

5 *AVAMUNADIR* III — mufs den Umftänden nach Wille heifsen, ift aber ganz fremd; ich würde *rir* für verfchrieben ftatt der Subft. Endung *rit* (No. p) vermuthen

6 *BACA* VI — erfcheint als das Einfache zum folgenden *bacachin;* es würde in (der Bewegung) feyn, dem Subft. vorgefetzt; zu beachten ift aber, dafs dem Subft. gleich *bacachin* nachfolgt: von welchem es fragt, ob es noch zum vorigen Subft., das alfo mit einer zwiefachen Präpof. bedacht wäre, oder zum folgenden Worte gehört; — wenn man fich nach Ähnlichkeiten für *baca* umfieht, fo laffen fich nur fehr entfernt die Poftpof. der Tepeg.: *bui* gegen *(contra),* gen *(versus), abba* an und *apa* auf (Ruhe: auf dem Boden) aufbringen

7 *BACACHIN* II, V, VI — ift als das vorige *baca* mit der fonor. Poftpof. *chin* (f. unten c) zu betrachten: über feine Grundlage *baca* ift dort das Nöthige gefagt; der Mithr. hatte keine Idee von dem Worte, das er als ein leeres betrachtet: „*bacachin* (140ⁿᶠ), welches drey Mahl wiederkehrt, bezeichnet wohl nur einen Hülfsbegriff, vielleicht: auch"; — ich finde das Wort lösbar durch eine Poftpof. und Präpof., wie fchon *baca* Präpof. war: in II faffen H und M *bacachin assisaguin* zufammen als komme! ich meine nun, es fei Poftpof. der Bewegung (zu): *iti bacachin* zu uns; — V *ite bacachin,* wieder Poftpof.: an oder gegen uns (haben fie Böfes gethan); — VI es ift ungewifs: ob es Poftpof. zum vorigen Subft., das fchon die Präpof. *baca* vor fich hat, ift und dann die Ortsbewegung (in) bezeichnet; oder ob es Präpof. zum folgenden, als *term. a quo* (von, aus), wäre

8 *CAISA* VI — ift wohl nicht *(ne)* vor dem *imper.;* es liegt darin als Grund *ca* des Sprachftammes, das *sa* findet Ähnlichkeiten als *ta* und *te:* non, auch wohl *ne:* Co und Ca *ca,* Ta *ta* und *caitá* (Ca *cahita* nichts, felten nicht: worin aber *hita* Sache bedeutet); *ne:* Ta **cate,* Ca *cate*

9 *CALE* V — habe ich deutlich als Böfes = Ca *caala*, Hiaqui *caalj+* (f. unten § 228, Comm. zur Vten Bitte), erkannt

10 *CAÑAR* A — Vater; ift ein ganz fremdes Wort im Sprachftamme

11 *CARINITI* II — nach H zu uns *(a-noi)*, der *kuegmica cariniti* fchreibt; ich wage aber, in Erwägung aller der an eine folche Form des Pron. geknüpften Schwierigkeiten, beide Wörter fo abzugränzen: *kuegmicacarin iti*, da *ite* (f. No. 21) uns ift

12 *CATEMAT* A — das unten (§ 278-280) genau behandelte *partic. praes.* von feyn, ganz im fonor. Sprachftamme ftehend: *cate* feyn, *mat* Endung diefes *partic.*, mit Subft. Endung *t*; — H überfetzt: der du bift, M nur: bift

13 *COKUATARIT* IV — HM überfetzen Brodt, es heifst allgemein Speife; es ift nämlich das azt. *qua* effen mit einer Art Reduplication *co* vor fich, dazu die fubftantivifche Ableitungs-Endung *tarit* (f. No. r); die verwandten Wörter find: Co *quah-ti*, Te *coa-daga* Speife

14 *CUIGAN* III — wie *(conj.)?* *imo cuigan* fo wie; ohne Ähnlichkeit; in V kommt *atzomua* als wie vor

15 *ECHU* III — die Ähnlichkeit mit dem nachfolgenden *nachic*, er gefchieht, fpricht für H *si faccia*, M gefchehe; da ich aber im nächften Worte *nañigualac* beftimmt finde: werde gethan, fo frage ich, weil es nicht wohl eine Hülfe zu diefer Verbalform feyn könnte, ob darin vielleicht hier? oder auf der Erde? läge

16 *ESSEMER* IV — *e. taniguarit* zufammen überfetzt H durch: täglich, *quotidiano;* ich frage, ob *essemer* von jedem? heifse, fo dafs in *mer* vielleicht eine Poftpof. läge (die freilich vielmehr am Subft. hangen müfste), da ich *esse* mit Te *busci* jeder, alles vergleichen würde

17 *IABBA* IV — heute nach mir; H fafst zufammen *essemer taniguarit iabba ite micam* als: *quotidiano dà a noi oggi,* welche italiänifche Wortfolge den Mithr. verführt hat *iabba* durch „gib" und *micam* durch heute zu überfetzen; f. bei *micam,* warum diefe Deutung diefes Wortes befonders fchuldvoll war; — in den fonor. Sprachen ift Ta *hipeba* heute das ähnlichfte, was fich auffinden läfst; noch kann man anziehen jetzt: Ta *hipe,* *jipe,* Co *yapúc*

18 *IKIRI* und *IKIRIRAIN* V — *ikiri* ift vergeben, verzeihen: hier *imper.*, vergieb; ihm fieht *ackirö* ziemlich ähnlich, obgleich ihre Verbindung fehr unficher ift (f. No. 1); eine Ähnlichkeit im Sprachftamme finde ich für *ikiri* nicht; — *ikirirain* vergeben-wir: fo, *perdoniamo noi,* bedeutvoll wenigftens für uns, überfetzt H; M: wir vergeben; f. weiter bei *rain* (No. 31)

19 *IMIT* I, II, III — dein, vor dem Subft.; Ca *em* dein, allenfalls auch Ta *mu,* find die einzigen Ähnlichkeiten; ich würde es für = Ca *em* mit fubft. Endung (f. No. d) halten

20 *IMO* III — fo? *(imo cuigan* fo wie?); ohne Ähnlichkeit

21 *ITE* A, IV 2mahl, V 2mahl, VI 2mahl — es bedeutet 1) unfer, vor dem Subft.: A; IV, 1; V, 1; 2) uns *(dat. und acc.),* meift vor dem Verbum; und zwar: a) *dat.* vor dem *vb.* IV, 2 b) *acc.* vor dem *vb.*, unmittelbar VI, 1; *acc.* dem *vb.* vorausgehend (nicht unmittelbar) V, 2; *acc.* auffallenderweife dem *vb.* nachftehend VI, 2; *iti* uns f. bei *cariniti;* — nahe verwandt ift der Tubar in diefem Pron. die Cora-Sprache, und zwar vorzüglich: felbftftändiges wir beim Verbum: *ite-ammo, ite-an;* aufserdem *te;* weiter noch *ta* uns und unfer

22 *KUEGMICACARIN* II — Reich: nach meiner Vermuthung, da H *kuegmica cariniti* trennt und in *cariniti* uns ſieht (ſ. No. 11); *ri* ſo wie *cari* ſind Subſt. Anſätze, *n* ein Zuſatz; — ich habe mich angeſtrengt für dieſes Wort einen aztek. Urſprung aufzufinden: das *m* muſste, als eine Einſchiebung hinter *g* (ſ. No. f), entfernt werden; ich frage nun: liegt azt. *huei* grofs darin? namentlich *hueica*, ſein *adv.: alta- y ſoberanamente?* wovon herkommt *hueica-yotl* Gröfse, hohe Würde; — dem *kuegui-ca* iſt äuſserlich ähnlich Te *queigui* Gouverneur, das ich ſchwanke = azt. *huei* oder = *tecutli* zu ſetzen (ſ. IV, 56 S. 75ᵃᶠ und 93ᶠ-94ᵃ); — die Ähnlichkeit mit dem folgenden Worte *kuegmua* iſt nicht aufser Acht zu laſſen, ich führe auch beide Wörter einen ähnlichen Weg

23 *KUEGMUA* V — ich habe für dieſes Wort keinen Anhalt; und habe, da nichts nothwendiges im Satze für es übrig bleibt, die Vermuthung geäuſert, ob es ein *adv.* der Vergangenheit: **früher? ehemahls?** ſeyn möge; — wenn diefs wäre, was ſehr problematiſch iſt, ſo kommen folgende Wörter als entfernte Ähnlichkeiten in Betracht: innerhalb des Sprachſtammes: Ta *kiá* oder *kiáca*, Te *juqui* vor Alters; mit mehr Anſchein aber das azt. *huecauh;* dieſes kommt zwar nur mit vorgeſetztem *ye*, ſchon, vor, als: *yehuecauh (adv.)* vor Alters, in der Vergangenheit, vor langer Zeit; aber andere Formen: *huecauh-tica* nach langer Zeit, *huecauh-cayotl* Alter, zeugen für das Einfache; — es iſt nämlich ganz von dem, hinzugekommenen, *m* (ſ. unten No. f) abzuſehen; die Ähnlichkeit des *kuegmua* mit dem vorigen Stamme *kuegmica* fordert ſchon auf, beide denſelben Weg zu führen: und diefs iſt von mir geſchehn, indem das Stammwort *hueca* fern, worauf jene Wörter *huecauh* beruhen, für einen Ausfluſs des grofsen Stammwortes *huei* grofs zu erachten iſt

24 *MICAM* IV — **gieb**, wohl auch **geben**: iſt das azt. *maca* geben, und gleicht in ſeinem *i* dem *amica* des Hiaqui; über *m* am Ende ſ. No. g; — ich habe ſchon oben bei *iabba* (S. 166ᵐᶠ) angegeben, wie der Mithr., durch die Wortfolge in Hervas Überſetzung verleitet, *micam* durch **heute** überſetzt hat: was uns wieder einen Blick in die Schwächen dieſes hoch verdienſtlichen Sprachwerkes thun läſst, indem 18 Seiten ſpäter (S. 158ᵐᵐ) der Mithr. *micam* richtig für geben hält, und mit *amica* der Hiaqui, wie *mac* der Opata und Eudeve vergleicht; von dem azt. *maca* haben die Verf. keine Ahndung gehabt

25 *MILITURABÀ* I — bleibt völlig unbekannt; *militurabà teochigualac* werden von H und M zuſammen überſetzt: ſei geprieſen; ob *mil.* nun die Wunſch-Partikel (möchte doch!) oder was es ſonſt ſei, darf man gar nicht unternehmen zu erforſchen

26 *MUETZERAC* VI — ganz unbekannt: Cora *muatze* denken, prüfen = azt. *mati*, kann hier nichts helfen; *rac* hätte ich nach dem Vorgang des Wortes Name für Subſt. Endung = Ta *la* (ſ. No. l), das Wort für **Böſes?** gehalten; die Stellung (gegen *ite*), allenfalls *bacachin* gegen *ackirò* laſſen eher in dieſem Böſes, in ihm **befreie, erlöſe** oder **errette?** vermuthen: dann muſs man ſich an die Verbal-Endung *lac* wenden, welche aber doch paſſiviſch iſt (No. e); — kurz das Wort liegt im tiefſten Dunkel

27 *NACHIC* III — er **geſchieht, wird gethan;** vgl. *echu*

28 und 29 *NAÑIGUA* **thun,** in einer merkwürdigen Ähnlichkeit mit dem mex. *chihua*, ſo dafs es daraus durch Vorſchläge abgeändert ſeyn kann (vgl. noch unten *teochigualac*) — möchte man aus 2 Formen ſchlieſsen: 28 *NAÑIGUACANTEM* V — nach meiner Vermuthung: ſie haben gethan; von H und M nicht überſetzt, vom M gar (als reiner Fehler, gegen H) in 2 Wörter, *nañigua cantem*, getrennt; *ca* wäre ſchon ein Zuſatz; *antem* würde ich mit dem Te

praet. anta vergleichen, welches aber nur in *pers.* 1. *sing.* und *plur.* ftatt findet, während in den 3ten Perfonen *ata* fteht; — 29 ɴᴀ͂ɪɢᴜᴀʟᴀᴄ III — von H *in-terra*, vom M Erde (ohne Präpof.) überfetzt; da die vorige Form No. 28 nahe liegt, fo frage ich, ob das Wort bedeute: werde gethan? wobei die Endung *lac* von *teochigualac*, werde gepriefen, bekräftigend ift 30 ɴᴏsᴀᴍ VI — mufs der Stellung nach führe, bringe hinein heifsen; fremd 31 ʀᴀɪɴ V — wohl wir: angehängt an *ikirirain* wir vergeben (vgl. *ikiri*); zur Vergleichung fragt man naturgemäfs, ob es für *rami* (*rani?*) verfchrieben fei, da wir im Ta *tami*, *rami ift: doch mag *rain* fo gewandelt feyn (¹) 32 ᴛᴀɴɪɢᴜᴀʀɪᴛ IV — Tag: ift ganz nahe das Ca *tacuari*, **tachuari:* auch *taeuari*, *taehu; ni* ift eingefchoben, *rit* nehme ich für Subft. Endung; diefe Wörter hangen mit dem einfachen Worte Te *tasse* Sonne und Tag zufammen (vgl. VIII, 150 S. 138$^{\text{mf, n}}$) 33 ᴛᴀᴛᴀᴄᴏʟɪ V, VI — das bekannte mex. Wort *tlatlacolli* Sünde; H überfetzt V durch den Plural (Sünden), M beide Mahle Sünde; der M fagt fälfchlich, es fehle die mex. Endung *li*, die doch handgreiflich in beiden Sprachen gleich dafteht; (²) von den 4 fon. Hauptfprachen ift nur der Cah. diefs mex. Wort, und zwar in derfelben Geftalt *tatacoli*, eigen 34 ᴛᴇɢᴍᴜᴀʀᴀᴄ I — Name; ift zunächft dem Ta *reguala*, *reguara ähnlich: das charakteriftifche *m* ift dem *g* nachgefchoben (f. No. f), und *rac* würde Subft. Endung = Ta *la*, *ra feyn 35 ᴛᴇɢᴍᴜᴇᴄᴀʀɪᴄʜɪɴ A (hier -*richui* gefchrieben, auch vom M, das ich für einen reinen Schreibfehler halte) und III — im Himmel, fo dafs ich auf ᴛᴇɢᴍᴜᴇᴄᴀʀɪᴛ Himmel fchliefse (f. No. p); *chin* ift die locale Poftpof. einiger fon. Sprachen (f. No. c); H überfetzt A durch den Plural (*in-cieli*), III durch den Sing. (*in-cielo*); M überfetzt beide Mahle nur Himmel, ohne Poftpof.; — das Wort fteht zunächft der Cah.: *tehueca*, dem *g* ift wieder ein *m* nachgefchlagen (No. f) 36 ᴛᴇᴏᴄʜɪɢᴜᴀʟᴀᴄ I — *mituraba teoch.* fei gepriefen (H *lodato*), gefeiert, vielleicht geheiligt; das erfte Wort ift unbekannt, und nicht abzufehen, was es zum Sinne thun foll; ich finde die ganze Bed. werde gepriefen ufw. in *teochigualac*; diefs ift ein ächt mex. Wort: *teochihua*, und felbft in *lac* wird man bei dem hier vorliegenden Paffivum getrieben zu glauben die mex. Paffiv-Endung *lo* zu erfaffen (f. hierüber No. e). Das mex. *teochihua* (wörtlich: Gott machen: d. h. göttliche Dinge thun, göttlich machen) hat folgende Bedd.: als *v. a.:* fegnen, im chriftlich kirchlichen Sinne (Gegenftände, *ornamentos eclesiasticos;* Jemanden) 2) Einen abfolviren; als *v. refl.:* hacer oracion (beten), *darse á Dios ó celebrar los oficios divinales;* — das Verbum *chihua* machen, thun konnten wir auch im obigen *nañigua* vermuthen

---

(¹) Der Mithr. äufsert fich fo (140$^{\text{mm-mf}}$): „Wenn in der fünften Bitte nicht irgend ein Umftand die Befugnifs aufhebt, aus der Vergleichung des Verbum *ikiri* zu fchliefsen: fo ift *rain* ein Biegungs-Anhang, fey es nun des Tempus, fo dafs das unmittelbar folgende *ite* (wir) noch dazu gehört, oder felbft der Perfon."

(²) Der Mithr. fagt fo (140^{nn}): „In eben diefer und der folgenden Bitte ift *tatacoli* ohne Zweifel aus dem Mexikanifchen *tlatlacolli* entweder durch die Miffionäre übergegangen, oder ftammverwandt; man fieht, wie der Mex. Laut *tl* zum blofsen *t* geworden ift, und auch die Mex. Endung *li* fehlt."

§ 214.   Grammatifche Endungen und Anfätze
diefer Wörter

a *CA* nicht — liegt in *caisa*, und ift (= Co und Ca) privatives Präfix in *cale*

b *CANTEM* — Endung des *impf.*; f. No. 28

bb *CARIN* — betrachte ich als eine Ableitungs-Endung des Subftantivums in dem von mir durch veränderte Abtheilung gewonnenen Worte *kuegmica-carin* (f. No. 22); *n* darin halte ich für einen Laut-Zufatz (f. No. k), und *cari* ift ganz = dem Subft. Anfatze *care* der Tepeguana, welcher befonders Subftantiva *instrumenti* bildet

c *CHIN* — ift in *tegmuecari-chin* im Himmel und hülfsweife in *bacachin* die fon. Orts-Poftpof., deren nur die Tepeh. entbehrt: allgemein im Ta als *tschi*, *chi; in indirectem Gebrauch im Ca *chi*, *chin* und *chim* 2) *tzi*; in der Co bei dem Mangel an Texten von mir nur aufgezeigt als *tzi* und *tzé*

d *IT* — Anfatz an *imit* dein; enthält die Subft. Endung *t* (f. No. q)

e *LAC* — man wird getrieben, nach 2 Beifpielen: *nañigualac* werde gethan und *teochigualac* werde gepriefen, darin die azt. Paffiv-Endung *lo (chihualo)* anzunehmen; dabei ift zu beachten: 1) dafs beide Beifpiele Optativ find: man fragt, ob das optative vielleicht im *ac* liegt; 2) die Ähnlichkeit mit der Subft. Endung *rac* (No. l) thut der paffiven Bed. Abbruch

f *M* eingefchoben — die Einfchiebung eines *m* nach *g*, hier in 4 Beifpielen vorliegend: *tegmuarac* Name = Ta *reguara, *tegmuecarit* Himmel = Ca *tehueca*, *kuegmicacarin* Reich, *kuegmua* ehemahls? ift eine merkwürdige Eigenthümlichkeit der Tubar-Sprache

g *M* als End-Anfatz — erfcheint in *micam* gieb (hier ficher), in der Endung +*cantem* (f. No. 28), und (nur als möglich) in *nosam* führe; es ift = dem Ca *m*, das ein öfterer, ganz leerer End-Zuwachs ift

h *MAT* — ift die Geftalt, welche in *catemat* die allgemeine fon. Endung *me* des *actor* und *agens* zeigt; darin ift *ma* = *me*, und *t* Subft. Endung (No. q)

i *MER* — Endung in *essemer* (von jedem?); ift eine Ähnlichkeit mit der allgemeinen Te Poftpof. *er* vorhanden??

k *N* — ift ein Zufatz am Ende der Wörter in *kuegmicacarin* (f. No. bb) und in der Poftpof. *chin* (f. No. c)

l *RAC* — erfcheint als Subft. Endung = Ta *la*, *ra in *tegmuarac* Name = Ta *reguala*, bei Tellechea **reguara;* in dem 2ten Beifpiele, *muetzerac*, ift unbekannt, ob wir fie an einem *su.* oder *vb.* haben; die Ähnlichkeit mit der verbalen Endung *lac* (No. e) ift auch zu beachten

m *RI* — Subft. Endung, f. bei *rit* (No. p)

n *RICHIN* — ift nur die Vereinigung der Subft. Endung *rit* mit der Poftpof. *chin* in *tegmueca-richin* im Himmel

o *RIR* — ift Subft. Endung in *avamunarir* Wille; fie kann verfchrieben feyn ftatt *rit*, doch kann auch *r* ähnlich *t* feyn (f. No. p und q)

p *RIT* — iſt die für meine Beweisführung der ſonoriſchen Verwandtſchaft der Tubar-
Sprache ſo wichtige ſubſtantiviſche Ableitungs-Endung, welche wir finden: einfach
in *tanigua-rit* Tag (= Ca *ri*: als reine Endung durch Ca *taehu*, auch durch Ta **raguē*
S. 138", erwieſen), dem von mir vermutheten *tegmueca-rit* Himmel und *avamunarir* Wille
(rir kann ein Verſehen ſeyn ſtatt *rit*, oder es möge auch *rir* geben); an einen Ableitungs-Anſatz
gehängt als *+tarit* in *cokua-ta-rit* Brodt. Dieſe Endung *rit* iſt ganz gleich der allgemein
herrſchenden Cora-Endung *rit* und *riti*; das *t* darin iſt die wichtige vom Aztekiſchen angenommene Subſt. Endung (= *tl* oder *tli)*, das *ri* der Anſatz der Subſtantiv-Ableitung; und ſo iſt
dieſes *rit* = dem einheimiſchen Subſt. Anſatz *ri* anderer Dialecte, welche ſich vom azt. *t* frei
erhalten haben: Te und Ca, auch Ta (bei Tell.). Das *ri*, als wirkliches Afformativ der Derivation, bleibt immer ſtehn bei den ſyntactiſchen Hinderniſſen, welche *t* entfernen; ſ. dieſs
bei *t* (No. q). Ohne End-*t* erſcheint die Endung in dem weiteren *subst. derivatum kueg-*
mica-carin (ſ. No. bb).

q *r* — die ſchon bei No. p entwickelte, vom Azt. herrührende, und die Tubar-Sprache
gleich der Cora, welche allein dieſe Endung im groſsen Umfange beſitzt, zu einer im azt. Stoff
oberſten ſtempelnde S u b ſt. E n d u n g; ſie erſcheint in der ſpeciellen Endung *rit*, an 4 Wörtern
(ſ. No. p); in der participialen Endung *mat* = *me* der anderen Sprachen, wo alſo keine eine
Afformativa hat (doch zu vergleichen mit dem ſubſtantiviſchen *met* der Cora und **miti* der
Ta); im *pron. poss. imit* (Endung *it*, ſ. No. d); vielleicht lautet die Endung auch *r: avamunarir*
(ſ. No. p). Nach den, von mir an einer Stelle der ſonor. Grammatik (Endungen der Subſt.)
entwickelten Regeln der azt. Sprache muſs die Subſt. Endung auch im ſonoriſchen Idiom in
mehreren Fällen verſchwinden: ſo: 1) vor einer Poſtpoſition: hier bleibt auch *t* von *rit* weg:
tegmueca-ri-chin im Himmel; 2) nach einem *pron. poss.*: hier bleibt es aber: *rit* und *rir: ite*
cokuata-rit unſer Brodt, *imit avamuna-rir* dein Wille: dagegen fehlt es in *imit kueg-*
micacarin; auch *li* würde im Azt. wegbleiben müſſen, was aber im Sonoriſchen nicht zu
verlangen iſt: *ite tatacoli* unſre Sünden; — ohne Hinderniſſe ſteht *t* in *taniguarit* Tag,
catemat ſeiend; es bleibt auch im *pron. poss. imit* dein vor dem Subſt., was dieſes *pron.* zu
einem ſelbſtſtändigen ſtempelt, da es als Präfix ſammt dem Subſt. die *afformativa* verlieren müſste.

r *TARIT* — in *cokua-ta-rit* Brodt: iſt aus einem, nicht bekannten A n ſ a t z e *ta* und
der ſubſtantiviſchen Ableitungs-Endung *rit* zuſammengeſetzt.

§ 215.   Verwandtſchafts-Verhältniſs der Sprache

Durch Sammlung der Züge von Ähnlichkeit und Fremdheit aus dieſem, zwar
geringen, aber durch Aufmerkſamkeit und ſorgfältige Benutzung vermehrten Stoff
gewinnen wir ein BILD DER SPRACHE: welche, dieſs iſt das Reſultat, zwar v o l l
v o n F r e m d h e i t u n d ſ e h r f ü r ſ i c h d a ſ t e h t, aber doch als ein wirkliches ſ o n o -
r i ſ c h e s G l i e d bei beſtimmten Gemeinſchaften mit den anderen, und als vorzugs-
w e i ſ e r e i c h m i t a z t e k i ſ c h e m S t o f f ausgeſtattet, gleich der Cora, erwieſen iſt;
wenn der fremden, d. h. aus den anderen unbekannten Wörter, in dem für Sprach-

vergleichungs-Zwecke ungünftigen Vaterunfer, viele find: fo haben wir in den, grofsentheils die ächtefte fonorifche, auch etwas die aztekifche Verwandtfchaft bekundenden grammatifchen Bildungs-Anfätzen ein volles Gegengewicht und den vorzüglichften Beweis für die SONORISCHE NATUR der Tubar-Sprache gewonnen. Ihre Ähnlichkeiten neigen abwechfelnd gegen die *Cora, Tarahumara* und *Cahita*, befonders gegen die beiden letzten, auch *Hiaqui;* der *Tepeguana* bleibt fie mehr fremd.

Die Tubar-Sprache ift ganz gleich ANDEREN SONORISCHEN SPRACHEN: in dem privativen Präfix *ca* = Co und Ca, in der Subft. Endung *rit* = zunächft Co, in der örtlichen Poftpof. = 3 Sprachen aufser Te (ganz ungewifs ift der Anfchein der gleichen Te Poftpof. *er* in der Endung *mer* Eines Wortes), in dem Subft. Anfatz *cari* = Te *care,* in dem müfsigen End-Zuwachs *m* und *n* = Ca;

fie ift ähnlich anderen oder den anderen fonorifchen Sprachen, aber meift mit bedeutenden Eigenthümlichkeiten, welche überall ihr Charakter bleiben: in *cale* Böfes = Ca und Hiaqui, *taniguarit* Tag = Ca *tacuari, tegmuarac* Name, *tegmuecarit* Himmel, *catemat* feiend; *rain* wir = Ta *tami* oder **rami, ite* unfer 2) uns = Co *ite+* wir, *imit* dein = Ca *em; caisa* nicht *(ne); cantem* Endung des *impf.* ╪ Te? Subft. Endung *rac* = Ta **ra,* Endung *mat* = *me actor, agens;*

vielleicht verwandt mit fon. Sprachen in: *amò* dort = Te *amu, iabba* heute (f. No. 17);

fo gut als fremd ift fie, da die möglichen Ähnlichkeiten fehr fern liegen und fehr problematifch find, in den Wörtern: *essemer* jeder, alle? von jedem? *baca* und *bacachin,* der örtlichen Poftpofition verfchiedener *termini; atzomua* wie *(conj.);*

ganz fremd find die Wörter: *avamunarir* Wille, *cañar* Vater; *ackirò* Böfes? befreien? *assisaguin* (es) komme, *ikiri* vergeben, verzeihen, *militurabà* von ganz unbekannter Bed., *muetzerac* befreie? erlöfe? *nachic* er gefchieht, wird gethan, *nosam* führe, bringe hinein; *echu* hier? *imo* fo? *cuigan* wie *(conj.);* in dem fuhft. Ableitungs-Anfatz *ta;*

dem Tubar ganz eigenthümlich ift die öftere Einfchiebung eines *m* nach *g* mitten im Worte (f. No. f).

§ 216. Von dem gewichtigen AZTEKISCHEN Antheile der Sprache nenne ich zunächft:

als mehreren fon. Sprachen eigen: *micam* geben oder gieb, zunächft = Hiaqui *amica;*

als auf aztekifcher Grundlage ruhend, aber voll fonorifcher Eigenthümlichkeit, den Sprachen allgemein: *catemat* feiend;

als anderen fou. Sprachen auch eigen, aber im Tubar voll Eigenthümlichkeit: *cokua-tarit* Speife;

als nur noch der Ca eigen und diefer ganz gleich: *tatacoli* Sünde;

als der Tubar allein eigene Wörter: *kuegmica+* Reich ≠ *hueica?*
kuegmua ehemahls? = *huecauh? nañigua?* thun? = *chihua? teo-*
chigua preifen, feiern oder ähnl.; und die paffive Endung *lac = lo?*

§ 217. In den Bezirken Parras und Parral waren nach Hervas *(saggio
pratico delle lingue* 1787 p. 69ª) im J. 1640 mehrere Miffionen unter den Jefuiten,
welche nachher den Säcular-Prieftern überwiefen wurden; der gröfsere Theil empörte fich aber und vereinigte fich mit dem Apachen-Volke. „Die Rebellen",
bemerkt Hervas weiter, „nennen fich gegenwärtig TOBOSOS; fie verftanden die
zacatekifche Sprache (nach Notizen von Ribas, f. ib. ⁿ) und vielleicht auch die
mexicanifche, aber fie fcheinen eine davon verfchiedene zu befitzen. Ribas fagt
(Hervas ⁿ): es fcheint, dafs das Volk von *Parras* verfchieden von dem der *Zacateca* ift. Der Pater Geronimo Ramirez berichtet (Hervas): ich habe angefangen die
Sprache von Parras zu erlernen und eine *doctrina christiana* anzulegen *(disporre)*.
— Alcedo legt das *pueblo* und Bergwerks-Real S. Jofeph del Parral, fo wie die
villa und (verfchieden von ihr) das *pueblo* Parras, in die Prov. Tepeguana und
das Reich Neu-Biscaja; in der Nähe des *pueblo del Parral* feien, fagt er, mehrere
jefuitifche Miffionen; f. unten S. Jofé del Parral als liegend in Chihuahua.

Nördlich über den Tarahumaren find nach Hervas die CONCHAS (f. Abfchn. II
S. 21ªª, ªᶠ) und über diefen nördlich (Abfchn. II S. 23ⁿ) die CHINARRAS: beide Völker
nach feiner Vermuthung mit Dialecten des Mexicanifchen (f. über beide Abfchn. III
S. 55ᵐ⁻ᵐᶠ, ⁿⁿ⁻ᶠ, 57ª). Der *rio Conchos* und an ihm das *presidio de Conchos* zeigen die
Lage diefes Volkes im füdlichen Chihuahua an. — Der Name Concha kommt
nach Alcedo 5mahl in Amerika vor; den *Conchas*, 4mahl vorkommend, nennt er als
Nebenflufs des Rio Bravo. Das *pueblo* und *presidio San Francisco de los Conchos*, in der Prov. Tepeguana und dem Reiche Neu-Biscaja, liegt nach ihm 58
leguas NNO von der Stadt Guadalaxara, am Fluffe Conchas, mit welchem fich in der
Nähe der *rio Florido* vereinigt; es hatte eine Befatzung, gegen die Einfälle der *Indios
infieles*. Die Autoritäten fchwanken zwifchen *Conchos* und *Conchas* für Volk und Flufs.

§ 218. Das grofse Bergland TOPIA liegt nach der Meinung des Mithr. (138ⁿⁿ)
im Norden von der *Tepehuana* (vgl. Hervas 69), und um den 25° N.B. „Zwifchen
den Gebirgen der Topia und dem californifchen Meere", fagt Hervas, „ift die Provinz *Cinaloa.*" Die Topia ift aber im S von den *Tarahumaren* (Hervas 71ª).

ALCEDO hat dem Gebirge und Landftrich einen ausführlichen Artikel gewidmet, welchem er das Volk anfchliefst. Er fagt: „*Sierra de TOPIA:* eine Kette fehr
hoher Berge *(Cordillera de montañas altisimas)* in Neufpanien, läuft von N nach S über
150 *leguas* fort von Neu-Mexico bis zur Stadt Guadalaxara, und ift über 40 breit; fie ift von fo
bedeutender Erhebung, dafs fie nur mit der der Andes von Peru fich vergleichen läfst; und es
giebt in ihr viele fo tiefe Schluchten *(quebradas)*, dafs man fie kaum anfehen kann, ohne die
Befinnung zu verlieren *(sin desvanecerse)*. Diefe ganze *sierra* ift mit Fichten von aufser-

ordentlicher Höhe und Dicke bewachfen, fo dicht, dafs ihre Wälder *(sus bosques)* die Sonnen-
ftrahlen nicht durchdringen. Sie hat verfchiedene Temperaturen, weil auf ihrer gröfsten Höhe
die Kälte fehr heftig ift, an den Abhängen *(laderas)* und niederen Theilen fich allmählich
mäfsigt. Auf ihrer gröfsten Höhe entfpringen verfchiedene Flüffe, deren einige nach W
fliefsen und in die Südfee münden, andere nach O in das Nordmeer; und welche fehr anwachfen,
wenn die grofsen Schneemaffen, die im Gebirge fallen, fchmelzen: denn oft find die höchften
Wege über 1 Monat lang mit 2 *varas* hohem Schnee bedeckt. Die gröfsten diefer Flüffe find
der von *Nazas, Papasquiaro* und *de los Ahorcados;* und aus ihnen bildet fich ein fehr grofser
See. Die Regen dauern ununterbrochen den ganzen Tag vom Juni bis September, und dann
find die Fluthwaffer *(avenidas)* der Flüffe fchrecklich: fie ergiefsen fich auf 2 bis 3 *leguas,*
und es erzeugt eine Fluth *(inundacion)* von Moskiten, welche nicht zu ertragen ift. Es giebt
viele Bäume mit verfchiedenen wilden Früchten; und auf ihnen leben fehr fchöne *guacamayas*
mit buntfarbigem Gefieder; *carpinteros:* welche viele Löcher in die Fichten picken, in deren
jedes fie eine Eichel *(bellota)* legen, um fich zu ernähren", ... welche merkwürdig feft
fitzen ...; „es giebt auch viele grofse *pavas,* und eine Menge anderer Vögel, auch einige
Königsadler; auch finden fich wilde Thiere: wie Bären, Löwen und Tiger, welche die Indianer
leicht tödten, um fich in ihre Felle zu kleiden; und eine Menge Eichhörnchen von verfchiedenen Arten. Diefe *sierra* hat fehr reiche Silber-Bergwerke ... und diefs allein konnte
die Spanier auf den Gedanken führen in jene unzugänglichen Wildniffe *(asperezas)* einzu-
dringen, denen die Natur das Vorrecht ertheilt zu haben fcheint, dafs fie von Niemandem betreten würden; denn die fie betreten haben, ftimmen darin überein, dafs alle Befchreibung zu
fchwach ift *(que toda exâgeracion es corta).* Dennoch bewohnten fie viele wilde Völkerfchaften, deren vorzüglichfte die ihres Namens ift. Es kamen herein, um fie (die letzte) zu
bekehren, die Miffionare der erlofchenen Gefellfchaft [Jefu] im J. 1590, mit dem P. Andres de
Tapia, dem es gelang viele zu bekehren und fie zum feften Wohnfitz zu bringen *(reducirlos
á poblacion);* und fo fingen die Spanier an Fufs zu faffen und die Bergwerke zu bearbeiten:
welche fie nachher wegen der ungeheuren Koften der fo weit hin zu verführenden Materialien
allmählich aufgegeben haben. Die Miffionare verfolgten ihre geiftliche Eroberung mit fo
grofsem Nutzen, dafs fie im J. 1640 in jenen Miffionen über 50,000 Seelen hatten: zufolge dem
P. Andres de *Rivas,* welcher viele Jahre fich dort aufgehalten und ihre Gefchichte gefchrieben hat."

In Topia nennt HERVAS *(saggio pratico* 69^m) aufser der *Tepehuana* die
Völker und Sprachen: *Acaxee, Xixime, Sicuraba, Hina, Huimi:* „keine von ihnen",
fagt er, „ift mit der mexicanifchen verwandt." Die Xixime find im N der Acaxee
(^{nf}); die 3 anderen find diefen beiden nahe. Hervas fpricht die Vermuthung aus
(69^{nf} und 70ⁿ): es möchten die Sprachen *Tepehuana, Topia, Acaxee, Xixime, Sicuraba, Hina* und *Huimi* — alle der bergigen Provinz Topia angehörig — aus
nur 2 verfchiedenen Idiomen entfproffen feyn: darum, weil Ribas (lib. 8 cap. 18) im
Leben des Märtyrers Hernando de *Santaren* fagt: wie er das Chriftenthum von
Topia gegründet habe, wo er mehr denn 40 Kirchen erbaut und 50,000 Seelen getauft; und dafs er die mexicanifche, die *Acaxee-* und *Xixime-*Sprache verftanden
habe. Diefe beiden Typen, Acaxee und Xixime, meint Hervas.

In dem Hauptthale der Gebirge ist (Hervas 69[nn]) das Volk der TOPIA: welches Wort in ihrer Sprache Trinkschale bedeutet. Die Sprache Topia ist nach Ribas mit der *Acaxee* verwandt.

§ 219. Alcedo sagt (T. I. 1786 p. 13) von den ACAXEE: Es ist diefs ein Indianer-Volk der Provinz *Topia;* sie sind zahlreich und alle zum catholischen Glauben bekehrt durch den Pater Hernando de *Santaren* und andre der Gefellschaft Jesu im J. 1602. Sie sind gelehrig, gutwillig und gescheut. Er redet von der Art, wie sie in ihrer heidnischen Zeit ihre Todten begruben. Die Völkerschaft empörte sich auf Antrieb eines Zauberers, wurde aber im J. 1612 von dem Gouverneur der Provinz, Francisco de *Ordiñola,* wieder unterworfen. — Caftañeda nennt die Sprache *Acaxa,* neben der *Tahu* und *Pacasa,* als gesprochen in der Gegend von Culiacan (s. oben S. 157[mm]). Die *Acaxas* waren nach ihm vollständige Menschenfreffer; sie hatten einen grofsen Theil des Landes und das ganze Gebirge inne. Gallatin vermuthete *(ethnol. soc.* II, LXVIII[af]), es feien unter diefem Volke Caftañeda's die Apachen zu verstehen; woran aber, nach den übrigen Zeugnissen, nicht zu denken ist. Mühlenpfordt nennt (I, 209) die *Acaxis* bei Durango und Chihuahua. — Die Acaxee, ein Volk in der Topia (Hervas *saggio pratico* 69[nn]), war nach Ribas (damahls) 15,000 Seelen stark; ihre Sprache, von der mexicanischen gänzlich verschieden, ist mit der *Topia* verwandt.

Die XIXIME wohnen im N der *Acaxee* (Hervas 69[nf]), deren bittere Feinde sie sind; Hervas vermuthet daraus (70[nn]), dafs vielleicht diese beiden Sprachen verschieden waren. S. oben noch S. 173[nn-f].

§ 220. Humboldt nennt (s. unten § 313) neben Apachen-Stämmen die Acoclames und Cocoyames im *bolson de Mapimi,* in den Bergen von *Chanate* und von *los Organos,* am linken Ufer des *Rio grande del Norte.* Der zweite Name ist ein ächtes aztekisches Wort: *cocoyame* Schweine, der durch Reduplication gebildete Plural von *coyametl* Schwein. Der erstere hat auch sehr eine mexicanifche Geftalt: durch *aco+, cl = tl* und durch die Plural-Endung *me* des Lebendigen; dennoch ist er nicht für mexicanisch zu halten, weil ihm nur nahe kommen: *aco= cotli,* eine Art Kürbifs (span. *acocote)* zum ausfaugen des Saftes aus dem Maguey; und *tlameme* Laftträger.

In dem *proemio* von *Rinaldini* werden zwei Sprachen genannt, mit welchen die *Tepeguana* viel Ähnlichkeit habe, die *Pima* und Julime: (die Oberen hatten erfahren) *frisar (la lengua Tepeguana) mucho con las lenguas Pima y Julime.* Die letztere Sprache ist im *bolson de Mapimi* zu fuchen, wo (s. Mühlenpf. II, 524[n]) das *presidio de Julimes,* OSO von Chihuahua, liegt. Alcedo verfetzt aber das *pueblo* und *presidio Julines* in die Prov. Coaguila im Reiche Neu-Biscaja; es liege, bemerkt er, am Ufer des *rio de Conchos.*

Alcedo (T. I. 1786 p.503) rechnet die Stadt *San Felipe de Chiguagua* zur Provinz Taraumara und zum Reiche Neu-Biscaja; sie liegt nach ihm 260 *leguas* NNW von Mexico, unter 29° 4' N. B. und 271° 50' L. (vgl. S.176[af] u. § 222,b Ende).

§ 221. Hervas *(saggio pratico* 71) nennt eine Provinz *Xanos:* neuerdings Yanos (fchon bei Humboldt), ja (f. z. B. Mühlenpfordt) *Llanos*, am beften wohl JANOS, gefchrieben; er rechnet fie zum Apachen-Volke, fagt aber, dafs die Sprache der Provinz unbekannt fei. In ihr liegen die *Casas grandes* unter 29° Br.; und der Abt Palacios rechnete von feiner Miffion bei den *Chinarras* bis zu den *Casas grandes* 60 *leguas*. Ich habe über diefe *casas grandes* in meinen azt. Ortsnamen S. 65-66 und nach den neueften Berichten Bartlett's bei den Pimas (§ 253, a) gehandelt. Das *presidio* wurde nach Alcedo (f. oben S. 161ᵐ), der mit Villa-Señor *Janos* fchreibt, gegen die Chichimeken errichtet. Er nennt es in dem eignen Art. „ein *pueblo* und *presidio* der Provinz Taraumara und des Reiches Neu-Biscaja, angelegt gegen die Einfälle der *Indios infieles Apaches* in einer geräumigen Ebne, von 6 *leguas* Ausdehnung nach jeder Seite hin, deren Boden angebaut ift und viel Weizen hervorbringt; es hat 100 Familien, 47 Soldaten mit einem *capitan, teniente, alferez, sargento;* ein *quartel* für diefe Befatzung, zu dem eine Capelle gehört, flankirt von 4 Thürmen zur Vertheidigung." Es liegt am Ende des Reichs, in 29° 20ʹ Breite (fo *Villa-Señor* II, 366ᵐ; Alc. hat 49°!). Kiepert's Karte zeigt die Yanos als einen grofsen Strich Landes, den nordweftlichen, von Chihuahua einnehmend, und noch in das äufserfte nordöftliche Sonora hineinreichend. — Wir haben fchon (S. 162ᵐᶠⁿ) die *Yanos* als Volk nennen fehen; *Villa-Señor* nennt (z. B. II, 367ᵐ) die *Indios Janos*.

In den Gegenden des *bolson de Mapimi*, von Coahuila, vielleicht auch Neu-Mexico, müffen CHICHIMEKEN gewefen feyn; denn Alcedo fagt im Artikel Neu-Biscaja (f. oben S. 161ᵐ), dafs diefes Reich an die *Indios barbaros Chichimecas* gränzte, gegen welche an der Gränze 5 *presidios* errichtet wurden; er nennt unter ihnen *Mapimi, el Passo, Janos*. S. weiter dort über die Übermacht und Ausbreitung der Chichimeken. Ob ihr Name hier und fonft zum Theil mit den Apachen verwechfelt wird?

Von den Chichimeken in Neu-Biscaja (Durango ufw.) fagt Alcedo (V, 326 Art. *Nueva Vizcaya): viven dispersos sin domicilio como fieras por aquellos montes, sin la menor muestra de racionalidad; y muchos se ocultan en cabernas.*

§ 222, a. Ich will die Betrachtung der grofsen nördlichen Provinz CHIHUAHUA mit Nennung von ÖRTERN befchliefsen, welche die NEUESTE GEOGRAPHIE (Mühlenpfordt II, 524-5) in ihr nachweift: wie ich fo oft folche Verzeichniffe aus älterer Zeit nach Alcedo den Landfchaften, hauptfächlich um die feltenen Namen, alten und unbedeutenden Örter, die Wohnfitze der Ureingebornen und die Wortformen ihrer Sprachen, beigegeben habe. Manche von den zu nennenden find fchon im Anfang diefes Werkes bei der Beftimmung der vier fonorifchen Hauptfprachen vorgekommen; ihre Fixirung hier wird jenem Zwecke nützlich, und mehrere tragen den Stempel des fonorifchen Idioms.

Zuerft die FLÜSSE (Mühlenpf. II, 520): *rio de Batopilas, de Bavispe, S. Buenaventura, del Carmen, de Casas Grandes, Chihuahua, Chinapas, rio Florido, del Fuerte, S. Isabel, Llanos,*

Mulatos, rio Grande del Norte, del Parral, de Pasesiochi, de S. Pedro, de Tonachi; Land-feen (521): *laguna de la Candelaria* oder *de Patos; Castilla*, gebildet durch die Bäche *S. Diego, Nepabechi* u. a.; *de Encinillas, de Guzman, de S. Martin* (gebildet durch die darin endenden Flüſschen Llanos und Caſas Grandes).

Die STÄDTE, FLECKEN und DÖRFER ſind nebſt einigen Bezirken *(partidos,* S. 521), und vermehrt durch Berückſichtigung des groſsen Verzeichniſſes der Bergwerks-Reale in Humboldt's *essai pol. sur la Nouv. Espagne,* wieder in alphabetiſcher Reihe: *Allende:* benannt nach einem frühen Führer in der Empörung gegen Spanien, der gröſste Ort nach der Hauptſtadt, mit 11,000 Einwohnern; *S. Barbara* Dorf und altes Bergwerks-Revier, *valle de S. Bartolomé* Pfarrdorf, S. Pedro de *Batopilas* Bergwerks-Flecken (zu Humboldt's Zeit *diputacion de mineria* und *real de minas), Bernardino* Dorf, *S. Buenaventura presidio* und *partido; presidio del Carrizal* im N nach Neu-Mexico zu, *Casas Grandes* Prefidio, *presidio de S. Carlos de Cerro gordo, Chanacaple* Dorf; Hauptſtadt *Chihuahua* am gleichnamigen Flüſschen, unter 28° 50′ N. Br. und 106° 50′ W. L. von Paris, mit 11,600 Einw., gegründet um 1691: *diputacion de mineria* bei Humboldt; *Chihuahua el viejo* Bergwerks-Real nach Humboldt, *Chocolate, Cocomarachi* oder *Cocomorachi* (oben S. 22ᵃ) Dorf um die Zuflüſse des Hiaqui, *Conchas* Dorf, *presidio de Conchas,* S. Roſa de *Cosiquiriachi (diputacion de mineria* bei Humboldt); *S. Eleazario* Prefidio am rechten Ufer des Rio del Norte an Neu-Mexico, *S. Eulalia* Flecken und Bergwerks-Bezirk, *S. Geronimo* Partido, *Guadalupe* Dorf, Prefidio *Huejoquillo* am Rio Florido, *Jesus Maria* Dorf und Bergwerks-Ort an der Gränze Sonora's, *S. Joaquin* Dorf und altes Bergwerks-Revier, *los Llanos (Yanos,* nach mir *Janos)* Prefidio, *Loredo* Dorf und altes Bergwerks-Revier, *Matatiche* Dorf um die Zuflüſse des Hiaqui, *Morelos* Bergwerks-Bezirk, *Namiquipa* Prefidio, *Narogamé* Dorf am Conchas, *presidio del Norte* oder *de las Juntas, Ojo caliente* Dorf, *Ojos de la Yunta* Prefidio; *S. Pablo* groſses Dorf mit 9500 Einwohnern, *Papigochi* Partido, S. Joſé *del Parral* Bergwerks-Flecken, *diputacion de mineria* bei Humboldt *(Parras,* Dorf am gleichnamigen See, liegt in der Provinz Coahuila, der See in Durango) *Pasos* Partido, *Patos* Dorf und alter Bergwerks-Ort am gleichnamigen See, *S. Pedro* Dorf am Conchas (bei Humb. Real der Diput. Parral), S. Joſé *de los Potreros* Dorf und Bergw. Revier, *presidio del Principe;* S. *Rita* Dorf an der Mündung des Rio Florido in den Conchas, *Todos Santos* ehemahliger Bergwerks-Ort (bei Humb. Real der Diput. Parral), *Tepehuanes* Partido, *Tepocohues* item, *Tonachi* Dorf SW von Chihuahua am gleichnamigen Fluſſe, *Urique* und *Uriquillo* alte Bergwerks-Orte (Humb. *Nu. Señ. de Monserrate de Urique* Real der Diput. Batopilas), *Velarde* Dorf, *Zapote* Dorf und Bergw. Rev. (bei Humboldt: *Nuestra Señora de Monserrate del Zapote* Real der Diput. Batopilas).

Ich will von DURANGO allein die NICHT-SPANISCHEN NAMEN nach Mühlenpfordt nachholen, denen ich die Angaben auf einer Tafel bei der kleinen *nota estadistica* des Gouverneurs des Staats vom J. 1826 wie Humboldt's Reale hinzufügen werde; Mühlenpf. nennt unter anderen die Flüſſe: *Guanábus* (ſich in den See *las Parras* ergieſsend) und *Nazas* (welcher in den See *Cayman* eingeht); ich will die lange Reihe der Flüſſe aus der *nota estad.* vollſtändig herſetzen: *rio de San Antonio, de Bocas, de S. Catalina, de la Estansuela, rio Florido, de Gamon, Guanaval, Humalla, de S. Juan del Rio, Mesquital, Nombre de Dios, de Palomas, Peñol blanco, Piastla, Santiago, Sape, la Sauceda, de Tamasula, Tunal, de las Vegas, Venado.* Von der mexicaniſchen Sprache können zeugen in der Reihe der in den Wäldern ſich findenden Bäume und Hölzer die Namen: *amapa, guisache, mesquite, pinavete, tascate, tepequenaje, tepesapote.*

ÖRTER: *Amaculi (nota estad.)*, *Bacis* Bergw. Rev., *Batres* grofses Landgut (der Verf. nennt es aber auch bei Jalisco, S. 384^{nn}); *Canatlan (nota)*, *Chachamolli* Dorf, San Miguel de *Coneto* Dorf und Real der Dip. Parral (Humb.), *Cuencamé* Partido, Hauptort und Bergw. Bez. (Real der Dip. Parral bei Humb.); die Hauptftadt *Durango*, von der ich nachher etwas mehr berichten will; *Guanasévi* Bergw. Bez. (in der *nota estad.*: *Guanacevi* Ort), *Guarisamey* Bergwerks-Flecken und Partido mit 4000 Einw. (bei Humboldt *diputacion de mineria*), *Guatimapa* grofse Hacienda; *Indeé* Dorf, Partido und Bergw. Bez. (bei Humb. *Indehé* Real in der Diput. Parral); *villa de Mapimí*, auch *partido* und Bergw. Bez. (bei Humb. Santiago de *Mapimi* Real der Dip. Parral), nördlich vom Rio Nazas, an den Gränzen des *bolson de M.*, mit 3000 Einw. (ich werde von diefem Orte und Prefidio fpäter, S. 183^{mm-nf}, umftändlicher handeln); *ranchos de Mescal* (f. 516^{n}), S. Miguel *del Mezquital* Dorf und Real der Diput. Parral, Lajas y *Milpills (nota estad.)*, *Nabacoyan* Landgut; *Cinco Señores de Nazas* am Rio Nazas, auch *partido; Papásquiaro* Flecken mit 5600 Einw. und Partido, *Poánas* Thal, *la Sarca* grofse Hacienda, *Sianóri* Dorf und Real der Dip. Parral; *Villa Feliz de Tamasula* (in der *nota: Tamazula, partido)* an der Gränze gegen Cinaloa, Geburtsort des Gen. und erften Präfidenten Guadalupe Victoria, Bergw. Bez.; San Jofé de *Tayoltita* Real der Diput. Guarifamey (Humb.), S. Catalina de *Tepehs (nota)*, *Terramén* Dorf und Bergw. Ort: bei Humboldt *Texamen*, Real der Dip. Parral; Nueftra Señora de Guadalupe de *Texame* ein anderes Real; die *nota* giebt noch an: *Topia* als Ort im Partido Tamazula (f. 7 Zeilen weiter), *Tunal*.

Diefe zwei Reihen von Ortsnamen aus neuer Zeit will ich ergänzen durch einige BERGWESKS-REALE aus Humboldt's grofsem Verzeichniffe, welche noch fehlen; fie werden zur Intendantfchaft Durango gezählt, gehören aber zu beiden grofsen Ländern: *Avinito* Real der Diputacion Parral, *Cajurichi* der Dip. Batopilas, *Caxurichi* der Dip. Chihuahua (natürlich ift es Ein fonorifcher Name), *Chalchihuites* der Dip. Parral (fchlägt aber Mühlenpf. zu Zacatecas, f. nachher S. 178^{mm}), *Maguarichi* der Dip. Chihuahua, *Panuco* der Dip. Parral, *Sabatinipa* oder *Matavacas* der Dip. Parral, *el Oro de Topago* der Dip. Batopilas, *Topia* der Dip. Parral, *Uruachi* Real der Dip. Batopilas.

Nach Alcedo ift DURANGO oder Guadiana die Hauptftadt des Reiches Neu-Biscaja, gegründet im Thale von *Guadiana* durch den Capitän Alonfo *Pacheco* auf Befehl des Vicekönigs Don Luis de *Velasco* im J. 1551. Er nennt das Klima mild und gefund, die Gegend höchft fruchtbar, fehr wafferreich, reich an Vieh und Weiden. Er zählt 5000 Einwohner (wir werden, S. 178^{a}, neuer deren 14,000; ja, S. 180^{aa}, jetzt 22,000 fehn); „dazu gehören Compagnien von Milizen aus Weifsen, Meftizen und Mulatten, welche gebildet find, um die Einfälle der *Indios barbaros* zu zügeln, von denen jenes Reich noch bewohnt ift... Die Stadt ift Sitz eines Bisthums, welches von Paul V im J. 1620 errichtet wurde... früher gehörte es zum Bisthum *Guadalaxara*, und wurde im gedachten Jahre abgetrennt, indem ihm 280 *leguas* bifchöflicher Jurisdiction in Länge und beinahe auch in Breite gegeben wurden, in welcher enthalten find die Provinzen: *Tepeguana, Taraumara, Topia, Batopilas, Culiacan, Cinaloa, Ostimuri, Sonora, Pimeria alta* und *baxa* (¹)... Es ift von Mexico 170 *leguas* gen NNW entfernt, und liegt

---

(¹) Hier wird wieder, nur mit Auslaffung von *Chiametlan*, der umfangreiche Länder-Complex genannt, welcher nach Alcedo (oben S. 161^{af}) das Reich Neu-Biscaja ausmacht; ich habe dort (S. 161^{mf}) den Widerfpruch hervorgehoben, dafs Alc. dem Landestheile Guadalaxara (f. S. 154^{mm}) das ganze *Neu-Biscaja*, *Culiacan*, *Cinaloa* und *Chiametlan*, als 4 Provinzen, untergiebt; man hat wohl zu verftehen, dafs fie (mit den 3 übrigen Provinzen) die *audiencia* Guadalaxara bilden: nur werden immer jene 3 dort von Neu-Biscaja

unter 264° L. und 24° 28′ Br." — Nach Mühlenpfordt liegt die Stadt *Durango* oder *Guadiana*, neuerdings nach dem Präsidenten *Victoria* auch *Ciudad de Victoria* genannt (in der *nota estadistica* vom J. 1826 wird sie *Victoria de Durango* geschrieben), zufolge der Bestimmungen *Oteyza's* bei Humboldt, unter 24° 25′ N. Br. (¹) und 105° 55′ W. L.; 6847 Fuls über dem Meere, im südlichen Theile des Staats Durango; und hat 14,000 Einwohner.

§ 222, b. Wegen des Nutzens der Ortsbestimmung hole ich auch die Länder GUADALAXARA, ZACATECAS und CINALOA nach.

In GUADALAXARA nenne ich, ganz kurz, allein die nicht-spanischen und nicht-aztekischen Ortsnamen bei Mühlenpfordt (Staat Jalisco) nebst Humboldt's Bergwerks-Realen in der Intendantschaft Guadalaxara: *Acaponeta* Flecken, *Ameca, Aranda, Atequiza* Landhaus, *Axixis,* cerro del *Chivo* Berg, *Cuquio, Eliso* Real in der diputacion von Hostotipaquillo, *Guajicoría* grofses Dorf, S. Josè de *Guichichila* Real der Dip. Bolaños, cuesta de *Halica* Berg; *Hostotipaquillo* diputacion de mineria, jetzt verlassener Bergwerks-Bezirk; *Huasquimia, Huejúcar* gr. Dorf, *Jalos* oder la *Villita, Mascota* gr. Dorf, *Quates* Berg, *Tala, Tenastian, Teocaltiche* gr. Dorf, *Tepanteria* Real der Dip. Hostot., *Tepic* Stadt, *Tequila* gr. Dorf, *Tototiche, Tule* Real der Dip. Hostot.

In ZACATECAS nenne ich alle Namen: FLÜSSE: *rio de Aguas calientes, de Bañuelos, del Maguey, de Ojo caliente, rio Perfido* oder *de Villanueva, Tlacotes* Bach, *Xeres, arroyo de Zacatecas;* ÖRTER: *Aguas calientes* Stadt, cerro de *Altamira* Berg, los *Angeles* Bergw. Bez., *Bergel* Hacienda, S. *Bernabe* Erzgang bei Zacatecas, la *Blanca* Real der Dip. Zacatecas (Humb.), *Chalchiguitec* Bergw. Revier (von Humboldt, in richtiger Form: *Chalchihuites,* bei Durango genannt, s. vorhin S. 177ᵐᵐ), cerro *Chiquihuitillo* Berg, S. *Cruz* Meierei bei Fresnillo, *los Edificios* die Ruinen von *la Quemada* bei Villanueva (s. meine azt. Ortsnamen S. 66ⁿᶠ-67ᵐᶠ), S. *Eustaquio* Meierei und Schmelzhütte, *Fresnillo* Bergflecken und früher diputacion de mineria, *Madroño* Real der Dip. Sombrerete, *Mazapil* Flecken und Real der Dip. Sierra de Pinos, *Mezquite* eine Besitzung (s. II, 490ⁿⁿ), S. *Pantaleon de la Noria* Real der Dip. Sombrerete, *las Norias* Hacienda, S. *Juan Bautista de Panuco* Real der Dip. Zacatecas, *el Pavellon* Grube bei Sombrerete, S. *Demetrio de los Plateros* Real der Dip. Fresnillo, *Proaño* Berg bei Fresnillo, *la Quemada* Meierei mit Ruinen (s. vorhin ᵐᵐ), *Rancho Grande, Salada* Hacienda, cerro de *Santiago* Real 1) in der Diput. Fresnillo 2) in der Diput. der Sierra de Pinos, *la Sauceda* Real der Diput. Sierra de Pinos, *Sierra Hermosa* grofse Hacienda, *Sierra de Pinos* diputacion de mineria (Humb.), *Sombrerete* Bergstadt und diputacion de min., am Fufse des Berges *Sombreretillo, Tepesala,* S. *Juan de los Troges,* Guadalupe de *Veta Grande* Real und grofser Erzgang der Dip. Zacatecas, *Villanueva* Flecken, *Xeres* Flecken; Hauptstadt *Zacatecas,* zugleich diputacion de mineria.

Hierzu füge ich einige Zusätze aus Villa-Señor's *theatro americano* P. II. 1748. fol.: das Real de *Sombrerete* heifst da auch *villa de Yllerena;* hier find die *pueblos Analco, Tunal, Santiago:* alle drei (p. 345) bewohnt von den *Indios de la Nacion Tepeguana,* unter 24° 35′ N. B.; Hacienda del *Calichal;* bei Guanacevi das *aguaje Chinacates;* Wüfte *la Tinaxa;* das *pueblo los cinco Señores* (vgl. S. 177ᵃᶠ) wird ein Ort des Indianer-Volks *Babosariganes* genannt; in der

---

abgefondert und hier als Theile deffelben genannt. Merkwürdigerweise kommen dagegen *Durango* und *Chihuahua* (vgl. oben S. 11ᵐ) in der Aufzählung nicht vor: dafür ihre Stellvertreter *Tepeguana, Tarahumara, Topia, Batopilas.*

(¹). Auffallenderweife giebt die neue Statiftik (f. S. 180ᵃᵃ) jetzt eine geringere Breite an.

Gegend ift die Wüfte *las Manos*, wo die wilden Indianer in den *mesquites* eine Menge Hände der Gefallenen aufgehängt hatten. — Eine reiche Zahl Namen von Gruben und Hüttenwerken in Zacatecas liefert das fpecielle Buch: *Descripcion de la serrania de Zacatecas, formada por I. M. Bustamante,* 1828 *y* 1829. *Aumentada . . . con planes etc. por Carlos de Berghes. Mejico* 1834. 4° Das grofse Verz. der *minas y tiros* ift p. 25-27, wovon ich nur die fremden Namen herfetze: *mina de los Rodartes, de Palenque, del Cuije, de Urista, S. Fernando del Cojotal, mina del Capulin, de la Meca, de las Mesteñas; tiro de Tecolotes, de Lete;* das Verz. der *haciendas de beneficio* f. p. 30; ich nenne noch das *pueblo Guadalupe.*

In DURANGO nennt Villa-Señor (II, 343) im Bezirke der Stadt *Guadiana* die Hacienden: *Sain, Ayala, Guatinape, Cabadonga, Quiteo, Atotonilco;* die Miffionen *el Mesquital, Canatlan.* Arricivita erwähnt (p. 169) aus dem J. 1686 der *Indios Gentiles del Cerro Gordo,* den Ort *Zamorano;* bei *Tamasula* (599) das *pueblo de Zahicallo.*

In CINALOA, das mit *Sonora* im J. 1824 den Namen *estado interior del occidente* führte, nenne ich, nach Mühlenpfordt, alle Örter; FLÜSSE: *Ahomé, rio de Bayona* oder *de las Cañas, Cinaloa, de Culiacan* (nördlich von der Stadt Durango entfpringend und dort zuerft *Sauceda* genannt), *Elota, del Fuerte* (entfpringend in Chihuahua), *Imaya, Mayo* Gränzfluſs gegen Sonora (entfpringend in Chihuahua), *de Mazatlan, Mocorito, Ocroni, Piastla, del Rosario, Tavala* oder *Tabála;* Bai von *S. Maria;* Mühleopf. nennt (II, 402ª) noch nördlich hier die Völkerfchaft der COCHITAS, neben den Tubars; — ÖRTER: *Ahomé* kleiner Hafen; *Alamos* oder *real de Alamos,* Stadt und ehemahls Hauptort des *estado del occidente,* Haupt-Bergwerks-Bezirk und ehem. *diputacion; S. Ana* Weiler, *S. Antonio* Rancho, *Bacubirito* Bergwerks-Dorf am Cinaloa, nördlich vom gleichnamigen Flecken, *Badiraguato* oder *Badicuarato* gr. Pfarrdorf, *Cacalotlan, Camoa* Dorf der Mayos am füdl. Ufer des Mayo, *Chiametla* Pfarrdorf 2 *leguas* von der Südfee und von der Mündung des Rio de Cañas, *villa de San Felipe y Santiago de Cinaloa* Flecken, *Conitaca* Dorf, S. Jofé de Copala Pfarrdorf und *diputacion de min., Cosalá* Dorf und *diputacion, Culiacan* Hauptftadt, *Curimpo* Dorf der Mayos am füdl. Ufer des Mayo, *Echajóa* item, *Escuinapa* Pfarrdorf; *villa del Fuerte,* ehedem *Montes claros* genannt, Flecken; *Guasare* Pfarrdorf, *Guitivis* f. bei Mayo, *punta de S. Ignacio* vorfpringende Spitze und Fels-Infel im Meerbufen von Californien, *Imala* oder *Imaya* am gleichnamigen Fluffe, *S. Isabel* kleine Infel vor der Mündung des Cañas, *S. José* Rancho, *S. Lucas* Hafen und Haff, Santa Cruz *de Mayo* oder *Guitivis* kleiner Hafen in der Mündung des Fluffes Mayo und Dorf der Mayos, *Mazatlan* Hafen, *presidio de Mazatlan* kleiner Ort 9 *leguas* davon, *Mocorito* Pfarrdorf, *Montes claros* f. Fuerte, *Montoya* kl. Dorf, S. Jofé *de los Mulatos* neues Bergwerks-Revier, *Nabajoa* Dorf der Mayos am füdl. Ufer des Mayo, *Ocroni* Dorf am gleichen Fluffe, *Panzacola* Rancho, S. Ignacio de Piastla gr. Pfarrdorf, *Punta Negra* vorfpringende Landfpitze, *Quilá* oder *Quillá* Pfarrdorf; *Asilo del Rosario* ehemahls nur Bergw. Real der Dip. Copala), feit 1826 Stadt; *villa de San Sebastian* Flecken, *Texahui* Pfarrdorf an der Nordgränze, *Tosagera* kl. Dorf, *Túia* Dorf der Mayos am füdl. Ufer des Mayo, *rancho de las Viboras.*

Einem, mir von der freundlichen Güte des Generals Don Jofé Lopez Uraga gefchenkten, grofsen ftatiftifchen Überfichtsblatte von dem Zuftande der mexicanifchen Republik im J. 1850: *CUADRO SINOPTICO de la republica mexicana en* 1850. *Formado en vista de los ultimos datos oficiales y otras noticias fidedignas, por Miguel M. Lerdo de Tejada;* entnehme ich folgende Angaben über die bis jetzt behandelten Länder:

Z 2

Jalisco 774,461 Einw., 6758 ☐ *leguas* Oberfläche, 115 Einw. auf die ☐ *legua;*
Hauptſtadt *Guadalajara* mit 63,000 Einw., in 20° 41′ 10″ N. B. und 4° 15′ 26″ W. L.
vom Meridian von Mexico, 191 ₂ *legua* von der Stadt Mexico entfernt
 Zacatecas 356,024 Einw., 4243 ☐ *leg.*, 84 E. auf 1; Hpſt. *Zacatecas* mit 25,000
Einw., in 22° 44′ N. B. und 3° 26′ 7″ W. L. v. M., 130 *leg.* von Mexico
 Sinaloa (ſo wird hier geſchrieben) 160,000 Einw., 4690 ☐ *leguas*, 34 Einw. auf
die ☐ *legua;* Hauptſt. *Culiacan* mit 12,000 Einw., in 24° 48′ N. B. und 8° 15′ 32″ W. L.
v. M., 403½ *legua* von Mexico
 Durango 162,218 Einw., 6744 ☐ *leg.*, 24 Einw. auf 1 ☐ *l.;* Hpſt. *Durango* mit
22,000 Einw., in 24° 2′ 50″ N. B. (bedeutend geringer gegen Alcedo's und Humboldt's
Angaben der Breite! ſ. oben S. 178ᵃ) und 4° 53′ 50″ W. L. v. M., 203 *leg.* von Mexico
 Chihuahua 147,600 Einw., 14,493 ☐ *leg.*, 11 Einw. auf 1 ☐ *l.;* Hpſt. *Chihuahua*
mit 14,000 Einw., in 28° 35′ 10″ N. B. und 6° 17′ W. L. v. M., 333 *leg.* von Mexico.

Das Oftland.

§ 222, c. Ich habe mit dem Schluſſe von Chihuahua in dem grofsen mittleren Strich (inneren Dritttheil) des, jetzt ſo traurig verkürzten Reiches Mexico
deſſen höchſten Norden erreicht. In dem ÖSTLICHEN STRICHE oder Drittheile,
ſich anlehnend an den mexicaniſchen Meerbufen, welchen ich jetzt zu überſeben
habe, weiſs ich näher bezeichnendes von Völkern und Sprachen WENIGES
ANZUGEBEN; allgemeines aber über ihr Daſeyn, jetzt oder früher, vieles und gewichtiges, wenn auch oft nur in wenigen Worten ausgeſprochen. Es verläſst mich
hier, um triftiges und recht ſpecielles darzubieten, die ſchöne Quelle, welche die bisherigen Länder ſo reichlich ausgeſtattet hat: der kenntnifsreiche Sammler Hervas: deſſen
Gebiet hier aufgehört hat. Es iſt auch hier, da ich Texas ſpäter befonders betrachte
und nicht mit meine, theilweiſe nicht mehr das Land vieler Völkerſtämme; es herrſcht
hier mehr die neue Länderkunde. Ich werde daher beſtrebt ſeyn das Fehlende
durch kurze GEOGRAPHISCHE MITTHEILUNGEN zu verdecken. Einiges iſt wieder
aus Alcedo gezogen. Ich kenne ſeine vielen und oft übergrofsen Fehler (in den
Corruptionen der ſonoriſchen und anderer Ortsnamen ſind ſie genug ſichtbar geworden); aber er iſt mir wichtig wegen ſeiner älteren Zeit, und vieler ſehr ſpeciellen
und ſehr ſeltenen Data und Namen; und er iſt ſo wenig benutzt! Wenn man die
wörtliche Aufnahme ganzer (meiſt deutſcher) Stücke aus ihm wie aus irgend
einem anderen Schriftſteller tadeln wollte, ſo habe ich dagegen zu ſagen, dafs diefe
wörtliche Anführung die kürzeſte iſt und wahr bleibt. Die eigne Umwandlung des
von einem Schriftſteller Gefagten nöthigt zu Umſchweifen, die mehr Worte koſten,
als man anderwärts erſpart; und vermiſcht, je kürzer man ſeyn will, um ſo mehr,
unerkennbar das Eigne mit dem Fremden: und Kürze, bei einem reichen Inhalte,
mufste ich ſuchen. Kürze und Wahrheit ſind noch ſichrer bei beibehaltner Sprache.

Es giebt noch zwei vortreffliche, originale Werke für die ältere allgemeine Landes- und Völkerkunde Mexico's, welche auch für diefe Gegend ihren Werth behaupten. Das erfte ift Juan Domingo ARRICIVITA'S *cronica seráfica y apostólica del colegio de propaganda fide de la Santa Cruz de Querétaro. Parte II. México* 1792. fol. Sie enthält die Gefchichte der Miffionen; der Reifen, unfäglichen Befchwerden und Leiden der um die Bekehrung der wilden Völkerfchaften fich bemühenden Mönche und Geiftlichen in den grofsen Reichen Mexico und Guatemala. Sie nennt ftellenweife viele Völker; aber fehr oft, und fo häufig hier, bleibt fie bei den allgemeinen Ausdrücken von *Indios, los Indios infieles, las Naciones barbaras* u. ä. ftehen. — Das zweite Werk, von unfchätzbarem Werthe für die ältere Landeskunde, ift das *Theatro americano, descripcion general de los reynos y provincias de la Nueva-España. Su author D. Jofeph* Antonio de *VILLA-SEÑOR, y Sanchez. Parte (I.) II. Mexico* 1746. 48. fol. Es bietet in einzelnen Gruppen, unter Bezirken (meift *jurisdicciones*, felten *provincias* genannt), in der Folge der grofsen geographifchen Abtheilungen, die speciellfte und gediegenfte Länder-, Orts- und Völkerkunde des ganzen mexicanifchen Reiches dar. Es ift die grofse Stütze Alcedo's für Neufpanien gewefen: der feinen Reichthum fich zugeeignet und oft ganzer Stellen wörtlich fich bemächtigt hat; die grofsen Verzeichniffe von Örtern und Volksnamen, welche ich aus ihm verfchiedentlich wiedergegeben, hat Alcedo bald aus Villa-Señor unmittelbar entlehnt, bald durch Zufammenftellung der dortigen Aufzählungen in derfelben Reihe aus ihm gewonnen. — Beide Werke find von mir reichlich für das Oftland benutzt worden, und es ift dadurch hier *Alcedo* in den Schatten getreten.

Die Provinz *Coahuila* im O und *Chihuahua* in der Mitte, anliegend an *Sonora* im W, bilden jetzt das grofse NORDLAND von Mexico: welches abgegränzt ift im Norden gegen die nordamerikanifchen Landestheile *Utah*, *Neu-Mexico* und *Texas*. Von O gen W reichen diefe letzten Befitzungen des mexicanifchen Reichs immer höher gegen Norden hinauf: am wenigften *Tamaulipas*, ein grofses Stück mehr *Coahuila*, ein eben fo grofses Stück mehr *Chihuahua*, und noch ein ziemliches Stück mehr *Sonora*.

Die ÖSTLICHEN LÄNDER, welche ich nach meinem, den Süden Mexico's ausfchliefsenden Vorfatze jetzt zu betrachten habe, waren alle, und mehr als fie, enthalten in der Intendantfchaft SAN LUIS POTOSI zur Zeit der fpanifchen Herrfchaft und des Vicekönigreichs Neufpanien. Folgendermafsen belehrt uns Alexander von Humboldt im 2ten Bande feines *essai politique sur le roy. de la Nouvelle-Espagne* (T. II. Par. 1811. 8° p. 360): „Die Intendantfchaft SAN LUIS POTOSI begreift in fich den ganzen nordöftlichen Theil Neufpaniens. Da fie an wüfte oder von unabhängigen und nomadifirenden Indiaern bewohnte Länder angränzt, fo kann man fagen, dafs ihre nördlichen Gränzen unbeftimmt find. Die Intendanz Potofi umfafst (361) fehr verfchiedenartige Theile: 1) zum eigentlichen Mexico gehört die Provinz San Luis: vom *rio Panuco* bis zum *rio de Santander;* 2) zu den inneren Provinzen des Vicekönigreichs *(provincias internas del virreinato)* gehören: a) das neue Reich Leon b) die Colonie Neu-Santander;

3) zu den inneren Provinzen der *comandancia general oriental:* a) die Provinz Cohahuila
b) die Provinz Texas. Die Intendanz begreift folglich alle fogenannten *provincias internas
orientales* (362), und der Intendant ftand alfo an der Spitze eines Landes, gröfser als das europäifche Spanien. Aber diefes ungeheure Land, reich an koftbaren Naturerzeugniffen, unter
einem fchönen Himmel (363) in der gemäfsigten Zone am Rande des Wendekreifes gelegen,
ift gröfstentheils eine wilde Einöde und menfchenleerer als die Gouvernements des afiatifchen
Rufslands." Die Intendautfchaft San Luis nimmt nach Humboldt beinahe 230 *lieues* Küfte ein,
faft ohne Handel und Leben. „Von der ganzen Intendanz ift nur der an Zacatecas (365) an-
gränzende Theil ein kaltes und gebirgiges Land. Das Bisthum *Monterey,* welches den ftolzen
Titel des neuen Reiches von *Leon* führt, *Cohahuila, Neu-Santander* und *Texas* find fehr niedrige
Länder. Sie geniefsen ein bedeutend ungleiches Klima: heifs im Sommer und aufserordentlich
kühl im Winter." Humboldt giebt (360) der Intendantfchaft im ganzen 334,900 Einwohner im
J. 1803 und 27,821 □ *lieues.*

In dem allgemeinen Gebiete diefer Nordländer in ihrer ganzen Erftreckung
zwifchen Often, durch die Mitte bis in die äufserften Weften: an der öftlichen
Gränze von Neu-Mexico, weit in Texas hinein, im *Bolson de Mapimi* zwifchen
Durango, Chihuahua und Coahuila; haufen und ftreifen Stämme des grofsen
Apachen-Volkes, welches ich nach der eingefchlagenen Richtung meines Laufes
fpäter (f. § 313, 315) vorführen werde; den Nordoften veröden und peinigen in
gleicher Weife durch Raub, Mord und Brand die Comanches von Texas; und
die wilden Völker in den inneren und füdlichen Theilen gehen grofsentheils unter
dem willkührlichen, unbeftimmten Namen der Chichimeken. So bleibt hier wenig
Raum für die Nennung einzelner Völkerfchaften.

Ich werde nun die EINZELNEN LÄNDER diefes GROSSEN OST-
STRICHES des mexicanifchen Reichs von Veracruz und Guanaxuato im
Süden an, die Scene durch einige geographifche Kunde belebend, durchfliegen und
die unvollkommenen Andeutungen des hier vorhandnen wilden oder uranfänglichen
Völkerlebens zufammenlefen.

Bolfon de Mapimi.

§ 222, d. Die grofse Wüfte des BOLSON DE MAPIMI, den Bienenkorb der
wilden Völker des Nordoftens, betrachte ich vor dem Süden, weil er an fich ein
Zubehör der Länder Chihuahua und Durango ift; zu letzterem Staate fcheint
er jetzt zu gehören, wie er früher fchon dazu gerechnet wurde. „Das bergige Land,
genannt der *bolson de Mapimi",* fagt Alexander von Humboldt *(essai pol. II.*
1811, 360), „begreift über 3000 □ *lieues;* aus ihm brechen die Apachen hervor.
Eingefchloffen zwifchen *Cohahuila* und *Neu-Biscaya,* im N durch den grofsen *rio
del Norte* begränzt, wird der *bolson* bald als ein nicht von den Spaniern erobertes
Land, bald als ein Theil der Intendantfchaft Durango betrachtet."

„Im Staate Durango", ſagt MÜHLENPFORDT (II, 518), „beſonders in dem noch faſt gar nicht bekannten Landſtriche *Bolson de Mapimi*, dürften ſich wahrſcheinlich noch manche bedeutende, für die alte Geſchichte des Landes wichtige Überreſte verbergen. Hier war es, wo man im Sommer des Jahrs 1838 eine äuſerſt merkwürdige altindiſche Begräbniſsſtätte auffand. Unter den wenigen Niederlaſſungen, welche unternehmende Anſiedler in jenem von wilden Indiern durchſchwärmten Landſtriche gegründet haben, iſt das Landgut *San Juan de Casta*, an der weſtlichen Gränze deſſelben, 86 *leguas* nördlich von der Stadt Durango, eine der bedeutendſten. Mit mehreren Begleitern unternahm Don Juan *Flores*, Eigenthümer dieſes Landguts, eines Tages einen Streifzug weit gegen Oſten in den Bolſon, als er an der Seite eines Berges den Eingang einer Höhle bemerkte. Er ging hinein und ſah, wie er glaubte, eine groſse Menge wilder Indier in tiefem Schweigen am Boden der Höhle umherſitzen ... Man drang (519) mit angezündeten Kiehnſpänen in die Höhle und erblickte nun — über tauſend vollkommen erhaltene Leichname, mit den Händen unter den Knien gefaltet, am Boden ſitzend." (S. weiter ihre Beſchreibung.)

Das rege wilde Völkerleben in dieſer unbekannten Bergwüſte iſt zu erkennen aus einer Stelle von Humboldt's *essai politique* (2*ème* éd. T. II. 1827 p. 217), welche, obgleich ſie ſpäter (§ 313) ausführlicher vorkommen wird, ich hier vorauszunehmen mir erlaube: *Le terrain montagneux, appelé le Bolson de Mapimi, embrasse plus de 3000 lieues carrées; c'est de-là que sortent les Apaches, qui attaquent les colons de Cohahuila et de la Nouvelle-Biscaye.* Später (p. 229): *Les Acoclames, les Cocoyames et les Apaches Mescaleros et Faraones occupent le Bolson de Mapimi, les montagnes de Chanate* uſw. Ich habe jene 2 Völker ſchon abgehandelt S. 174.

Im *bolson de Mapimi* liegt das *presidio de Julimes*, auch die Sprache *Julime* (ſ. oben S. 174nn-nf). Die *villa* und das *presidio de Mapimi* habe ich (S. 177mm) bei Durango genannt; hier mag es mir erlaubt ſeyn den Artikel ALCEDO's wiederzugeben, welcher uns einige wichtige Völkernamen liefert: MAPIMI, *pueblo* und *presidio der* Prov. Tepeguana und des Reiches Neu-Biscaja in Nordamerika: wo ein *capitan*, ein *sargento mayor* und 21 Soldaten wohnen, um die *Indios infieles* in Zaum zu halten. Gegen N *(sic)* iſt ein *jiron* öden Landes, welcher ſich auf mehr als 100 *leguas* von S nach N bis zu den Ufern des *rio Grande* ausdehnt, mit einer Breite von mehr denn 50 in der Mitte: indem er ſich zwiſchen den Flüſſen *San Pedro* und *de Conchos* verengt, bis er anſtöſst an die Prov. *Coaguila*. Obgleich auf ſeinem Gebiete früher viele wilde Völkerſchaften der *Indios Tobosos, Gavilanes, Tripas blancas* (d. h. weiſse Eingeweide), *Jacarillas* und andere wohnten; ſo iſt darin heutiges Tages nur ein zerſtreutes Gemiſch von ihnen allen *(una miscelanea de todas ellas dispersa)* geblieben: und dieſe gehören zu den Abtrünnigen *(apóstatas)*, welche aus den Miſſionen und inneren *presidios* entfliehn und dieſe Einöde einnehmen, um an den Reiſenden *(pasageros)* und Hirten Schäden, Mord und Raub zu verüben. (¹) Vor Alters gab es in dieſem *presidio* reiche Silber-Bergwerke, welche mit vielem Nutzen bearbeitet wurden und in denen ein *alcalde mayor* war; aber jetzt werden ſie nicht mehr betrieben. Es liegt 54 *leguas* in N von der Hauptſtadt *Guadiana*" (d. h. von der Stadt Durango).

(¹) Die hier genannten Völkerſchaften und die ganze Stelle von „obgleich auf ſeinem Gebiete" an bis hierher hat Alcedo wörtlich aus Villa-Señor's *theatro americano II*, 349 entnommen, nur daſs bei letzterem der richtige Name *Xicarillas* geleſen wird. Das Volk der Tobosos kommt öfter vor in Arricivita's cronica seráfica de Querétaro (p. 95 sqq.); Hervas hat es uns auch ſchon bei *Parras* genannt (S. 172aa).

San Luis Potofi.

§ 222, e.   Indem ich nun aus dem Süden in dem ÖSTLICHEN LANDE regel-
mäfsig nach Norden auffteige, finde ich zuerft, ähnlich meinem Anfange von Gua-
dalaxara auf der Weftfeite: die Provinzen *Guanaxuato*, *Queretaro*, *Mexico* und
Veracruz nördlich bedeckend; die Provinz oder den jetzigen Staat SAN LUIS
POTOSI: nicht die frühere fpanifche Intendantfchaft des Namens, welche, wie wir
(S. 181ⁿⁿ-2ᵃ) gefehen haben, eine weit gröfsere Umfaffung hatte.

Mühlenpfordt bemerkt (II, 492), dafs wir von diefem Staate nur wenig wiffen, dafs
neuere Nachweifungen faft ganz fehlen.   Der weftliche Theil ift fehr gebirgig und daher kalt;
gegen Tamaulipas hin aber fenkt fich das Gebirge, es wird zu niedrigem Hügellande, und im
füdöftlichften Ende ift flaches Sumpfland an der Küfte.   Das Hügelland geniefst ein gemäfsig-
tes Klima, mit faft immer heiterem Himmel; die flache Küfte ift brennend heifs, und wird durch
die Sümpfe fehr ungefund.

Ich habe fchon früher (S. 158ⁿᶠ) nach Mühlenpfordt angegeben, dafs die Spanier bei der
Befetzung des Landes um 1550 AZTEKEN und TLASCALTEKEN anfiedelten, durch welche
die einheimifchen Indianer-Stämme gegen N und W zurückgedrängt wurden; dafs von ihnen
noch fchwache Überbleibfel ftellenweife vorhanden find, aber die Abkömmlinge jener Mexicaner
und der Weifen die Maffe der Bevölkerung ausmachen.   Ich habe auch oben (S. 158ᵐ) nach
Alcedo eine Colonie der PAMES-Indianer, deren Sitz wie der der Sprache *Pame* eigentlich
die Huafteca ift (S. 158ᶠ), in Potofi nachgewiefen: nämlich das *pueblo* Guayabos bei *Tama-*
zunchale im Bezirk von *Valles*.

Ich kann nach ihm noch in einem anderen *pueblo* derfelben Nachbarfchaft einen fehr
merkwürdigen Wohnfitz eines anderen Volkes nachweifen.   Alcedo giebt nämlich (I, 1786
p. 459) CHAMAL als ein *pueblo de Indios* des Chichimeken-Volkes an, „im Bezirk *(partido)*
Tamazunchale und in dem *alcaldia mayor* von *Valles*, liegend in einem Thal gleiches Namens.
Seine Einwohner wurden im Anfang des Jahrhunderts unterworfen.   Sie erbaten fich einen
Priefter; man fchickte einen vom Francifcaner Orden: den fie gleich bei feiner Ankunft den
Märtyrer-Tod fterben liefsen, worauf fie feinen Leichnam verzehrten und das Dorf zerftörten.
Später unterwarfen fie fich aber, mehr aus Furcht vor den Feindfeligkeiten, mit denen fie ihre
Gränznachbaren verfolgten, als aus Verlangen den Glauben anzunehmen.   Es liegt 5 *leguas*
von *nuestra Señora de la Soledad."*

Bei dem Pueblo und Real *Charcas*, „in der Prov. *Copala* des Reiches Neu-Biscaja",
bemerkt Alcedo: dafs feinem *curato* anhangen 2 kleine *pueblos de INDIOS SERRANOS, en*
que hay mezclados algunos de la nacion TEPEGUANA. — Mühlenpfordt erwähnt bei Potofi
(495ⁿᶠ) eines einheimifchen Wortes *chijol:* „Eine Waldftaube, von den Eingebornen *Chijol*
genannt, liefert ein Holz, welches zur Verfertigung mufikalifcher Blasinftrumente vorzüglich
geeignet ift und durch eine ganz ungewöhnliche Neigung zur Petrification im trockenen Zuftande fich auszeichnen foll."

Nach Alcedo (IV. 1788, 291) gehört die Stadt SAN LUIS POTOSI (ihr allein widmet er äufserlich den Artikel) zur Provinz und zum Bisthum *Mechoacan*.   Er nennt in ihrem
Gebiete eine Menge *pueblos*, ohne Zweifel aus Villa-Señor zufammengeftellt; ich habe fie
meinem nachfolgenden Ortsverzeichnifs unter einem kleinen Kreuz † eingefügt.   Das *pueblo*

San Pedro de Potosi, an einem Berge *(cerro)*, liegt 5 *leguas* öftlich von der Hauptftadt *San Luis*, und ift ein *real de minas de plata;* in die hiefigen *haciendas* (Hüttenwerke) wurden die Silber-Erze zum fchmelzen gebracht.

Die „*nota del estado de S. Luis Potosi, remitida al congreso general en cumplimiento de la obligacion octava del artículo* 161 *de la constitucion general, mandada imprimir por la cámara de representantes*", erfchienen im J. 1826, zieht auf der Tafel der *pueblos*, wo die Einwohner-Zahl eines jeden Ortes angegeben ift, eine Gefammtfumme von 217,776 Seelen für die Bevölkerung des Staats; nach Mühl. gab der Gouverneur 1829 „übertrieben" 298,230 an, da Mühl. nach dem mex. Calender vom J. 1832 nur 192,000 Einwohner annimmt; das *cuadro sinoptico* von 1850 zählt gar 368,120 Einwohner, auf 4101 ▢ *leguas*, = 90 Seelen auf die ▢*l*. — Als Flüffe nennt Mühl. den *Panuco*, entfpringend in der Gegend der Hauptftadt, der durch den See Chairel geht; den *Santander*, welcher in Zacatecas entfpringt; das Flüfschen *Limones;* — die S e e n *laguna de Chairel* und *lag. de Chila*. — Mühl. theilt den Staat in 4 *departamentos: de San Luis, de Rio verde, Tancanhuitz* und *de Venado;* mit 10 *partidos*. Die *nota del estado* zeigt nur 9 *partidos* und theilweife andere an; übereinftimmend find zwifchen beiden die 6 *partidos: San Luis, S. Maria del Rio, del Venado, Rio verde, (n. valle) del Maiz, de Valles;* für fich giebt die *nota* an die 3: *salinas del Peñon blanco, mineral de Charcas, min. de Guadalajara;* Mühl. die 4: *Guadalcazar, Tancanhuitz, Catorce* und *Ojo caliente*. — Die B e r g e find nach Mühl.: *cerro de Angeles* bei Catorce, *la Barriga de Plata* item, *cerro de la Cantera* bei Ramos, *Chamal* Abfturz (vgl. oben S. 184^{mm-n} Alc.), *cuesta Contadera* Gehänge, *Cucharas* item, *cuesta de los Gallos* item, *Lagunillas* Hügel bei Ramos, *cerro de la Leona* bei Catorce, *c. de S. Lucia* bei Ramos, *c. de la Maroma* bei Catorce, *c. de Zamora*.

Ich nenne hierauf in langer alphabetifcher Reihe die grofse Zahl der Ö R T E R nach M ü h l e n p f o r d t: welche ich durch die Reale bei H u m b o l d t, durch die von A l c e d o in feinem Artikel als im Gebiete von Potofi liegend genannten *pueblos* (durch ein Kreuz davor † kenntlich gemacht), endlich das Ortsverzeichnifs *(municipalidades* genannt) der *nota del estado* vermehrt habe; die aus letzter genommenen Namen mache ich durch einen Stern * davor kenntlich: die Örter find *pueblos*, wo ich nichts hinzufüge; ein Stern hinter dem Orte bedeutet, dafs Mühl. und die *nota* ihn zugleich haben: *San Antonio, *Aquismon, *valle del Armadillo (*†S. Ifabel *del Armadillo); Axtla**, bei Alcedo S. Catalina de *Aztla*, Dorf* mit 980 E. im Partido Tancanhuitz (f. über diefen merkwürdigen Namen meine azt. Ortsn. S. 5^{mm}-6^a); *S. Barbara* Dorf, S. Martin *Bernalejo* Real der Diputacion Potofi, *Boca de Leones* Real der Dip. Ojo caliente (von Mühl. Neu-Leon zugetheilt, f. S. 187^{nf}, 189^{mf}) (¹), *Bocas* Vieh-Hacienda, *Borbon* Real der Dip. S. Nic. de Cruz f. 192^{mm}, Guadalupe *Carnicero* Meierei bei Charcas; *la purisima Concepcion de Alamos de (los) Catorce** Bergft. und ehem. *diputacion de minería; cañada de Catorce* Schlucht und *veta madre de Catorce* Haupt-Erzgang dafelbft; *Cedral** Dorf;

(¹) Man wird in meinen Orts-Verzeichniffen manche Fehler in der Z u t h e i l u n g der Örter an P R O V I N Z E N, diefelben Örter bei zweien wiederkehrend u. ä., zu rügen finden. Diefe Irrthümer gehen auf die verfchiedenen Werke zurück, deren mehrere (Villa-Señor, Alcedo, die *reales de minas*, die Reifewerke) nicht ohne Gefahr und grofse Schwierigkeit zu folchen Abtheilungen von Ländern gebraucht werden: die verfchiedenen Zeiten der Werke, Veränderungen in der Begränzung der Länder in älterer und neuefter Zeit, wie mannigfache Verfehen und Mifsverftändniffe der Verfaffer von Schriften müffen folche Schwankungen hervorbringen; die neueften Topographien, von den Staaten felbft herausgegeben, find für die Gegenwart allein ficher und beweifend.

S. Maria *de las Charcas** Bergſlecken und ehem. *diputacion; los Charcos* Meierei in der Gegend; **S. Clara* zum Bezirk Peñon blanco gehörig, *Conejos* Vieh-Hacienda *(estancia)* bei Charcas, *Coxcatlan**, *las Cruces* Landgut bei Potoſi, **villa de S. Elena* mit 4525 Einw., *Fernandez* kl. Stadt, **valle de S. Francisco (municipalidad)* mit 15,882 E., **Miſſion Gamotes, *mineral de Guadalajara* Partido und Hauptort mit 15,212 E.; *Guadalcazar* (¹) Partido und Flecken, 1614 gegründet, mit ſtarkem Bergbau, Real der Dip. S. Nic. de Cruz; **S. Juan de Guadalupe* Dorf im Part. Potoſi (Mühl. nennt 2 Gruben *S. Juan* und *Guadalupe* bei Guadalcazar), †Nueſtra Señora de *Guadalupe, pueblo de la Hedionda**, *Huehuetlan** Dorf, **Jampamolon*, †*las Lagunillas, *valle* (M *villa) del Maiz, *Maquines; S. Martin** Dorf im Part. Tancanhuitz 2) Real im Bez. von Catorce, nach Humb. Real der Dip. Potoſi; *Matancillas* Dorf und Real der Dip. Ojo caliente, *Matehuala* Dorf und Real der Dip. Catorce *(*valle de Matehuala),* San Miguel *Mezquitic**†, †*S. Miguel, S. Miguelito** *(*pueblo,* M *barrio* von Potoſi), *Minas viejas* Erzgang bei Guadalcazar, **S. Nicolas de los Montes, Montesillo* barrio* von Potoſi (†*S.* Chriſtoval *del Montecillo),* †*S. Nicolas,* †*Nombre de Jesus; Ojo caliente** mit einer warmen Quelle, ehem. *diputacion de min.* (vgl. oben S. 176ᵐᵐ ein Dorf des Namens in Chihuahua), **mision de la Palma, *mision de la Divina Pastora; cerro de S. Pedro** Bergwerks-Flecken, Real der Dip. Ojo cal. *(†S. Pedro de Potosi); *salinas del Peñon blanco* Partido; — S. Luis *Potosi* Hauptſtadt (M 32,000, *13,200, nach dem *cuadro* 40,000 E.), nach M in 22° 4′ 58″ N. B. und 103° 7′ W. L. v. P., nach dem *cuadro* 22° 8′ 35″ N. B. und 1° 40′ 30″ W. L. v. M. (114 *leg.* von Mexico entfernt); 5959 Fuſs über dem Meere, 1586 gegründet; ehem. *diputacion de min.,* mit dem Real *cerro del Potosi* (ſ. 185ᵃ); — **mineral de los Pozos* (†San Franciſco *de los Pozos),* †*la Presentacion, *Quayalab, Ramos** Bergſlecken und Real der Dip. Charcas, *la purisima Concepcion de Revillagigedo* Real der Dip. S. Nic. de Cruz, S. Maria *del Rio**† *villa, *Santiago del Rio, Rio verde** (†*S.* Catarina Martir *de Rio verde), las Salinas* gr. Dorf und Real der Dip. Ojo cal., *Santiago* ein *barrio* der Stadt Potoſi (†*Santiago), S. Sebastian**† *pueblo* (M *barrio* von Potoſi), *Sierra negra* Real der Dip. Potoſi, Nu. Señora de Guadalupe de *Sihue* Real der Dip. S. Nic. de Cruz, **congregacion de la Soledad, Tamapache, Tamazunchale** (M irrthümlich *Tamasunchate)* im Partido *villa de Valles* (M im P. Tancanhuitz), *Tampamoton, Tampasquin, *Tamuy* (M *Tamuin); Tancanhuitz* Partido und Hauptort *(*Jancanchuitz pueblo* des Part. *villa de Valles); Tancuayalab, *Tanlajas, Tapona* Real der Dip. S. Nic. de Cruz, *Tequisquiapam** (†*Tequisquiapan) pueblo* (M *barrio* von Potoſi), †*S.* Juan *Tetla, *pueblo de Tierra nueva, *Tlaxcala pueblo* im Part. Potoſi (ſ. auch in Neu-Leon, S. 190ᵃᵃ), *Tlascalilla* († fälſchlich *Tlacaxlilla) barrio* der Stadt Potoſi, **S. Nicolas Tolentino;* S. Antonio de *Tula* Flecken 18 *leguas* NO von Guadalcazar, in 22° 52′ 14″ N. B. und 102° 24′ W. L., in 3740 Fuſs abſol. Höhe, mit 1500 E.; *Tule* (Humb.) Real der Dip. Potoſi, San Juan *del Tusal* Eſtancia bei Charcas, **S.* Joſé *del Valle; *villa de Valles* (M *Valles* Flecken) im ſüdöſtl. Theile, gegen Veracruz hin, **Partido; pueblo del Venado**, ehem. Real der Dip. Ojo cal.; *Xililla**.

(¹) Für die Beurtheilung der geographiſchen Darſtellungen des Landes iſt es merkwürdig, daſs die *nota del estado* nicht *Guadalcazar* und Mühlenpfordt *Guadalajara* nicht hat. Ein zweites *Guadalaxara* auſser den bekannten Hauptſtadt kennt auch Alcedo's geogr. Wörterbuch nicht; dagegen widmet er *Guadalcazar* einen Artikel, in welchem er in dem Gebiete dieſer Stadt folgende *pueblos* nennt: *S. Clara,* S. Juan Baptiſta de *Jaumave,* San Joſeph *de la Lara, el Valle del Maiz, S. Maria, S. Roſa de Monte Alverne, S. Ana de Naola, S. Cecilia de las Palmas, las Palmillas, S. Rosa, S. Antonio de Tula.*

Neu-Leon.

§ 222, f. Über San Luis Potofi liegt das kleine, fogenannte Reich NEU-
LEON: *el Nuevo Reyno de Leon*, gegenwärtig *el estado de Nuevo Leon*.
Neu-Santander trennt es vom mexicanifchen Meerbufen.

ALCEDO widmet dem kleinen Reiche einen ausführlichen Artikel (II. 1787, 568-570),
aus welchem ich folgendes aushebe: „*Nuevo Reyno de Leon* in Nordamerika, gränzt an die
Bezirke *Valles* und *Guadalcazar* vermittelft der Wüften *del Jaumave* und der Anfänge der
grofsen *sierra de Tamaolipan*. Es hat in feiner gröfsten Ausdehnung, von S nach N, 98 *leguas*
vom 24ten bis 32ten Grade der Br.; und an feiner fchmalften Seite, von O nach W, 50 *leguas;*
um eben fo viel liegen feine Gränzen vom *rio Bravo* oder *Grande del Norte* ab. Der gröfste
Theil diefes ausgedehnten Landes ift öde von Dörfern und Miffionen, und nur bewohnt
von verfchiedenen barbarifchen Indianer-Völkern, von der genannten *sierra* an bis zu den
Gränzen der Provinz *de las Tejas* und zum *rio de Medina;* und in allen diefen Einöden fehlen
nicht reiche Erzftätten von Silber und fehr gute Salzlager *(salinas)*. Beinahe das ganze Reich
ift gebirgig und voll *breñas*, wie von Flüffen und Haffs *(esteros);* und es hat mehrere Bergketten *(sierras)*, welche fich von dem Hauptzuge entfernen: welcher letztere eine ausgedehnte
cordillera ift, die fich von der Prov. *Coaguila* und dem Reiche Neu-Biscaja hinftreckt, indem
fie diefes Reich von W nach S umgiebt und von der Prov. *Guasteca* trennt. Viele Flüffe
kommen von ihrem Gipfel herab. Es hat meiftentheils ein gemäfigtes Klima. Das ganze
Land ift reich an Weiden und Hölzern; es treibt Handel mit Ziegen, Maulthieren, Pferden und
Blei nach Coaguila und Texas. Im J. 1748 wurde auf Befehl des Vicekönigs Grafen von *Revillagigedo* in Mexico eine Berathung darüber gehalten, wie die Fruchtbarkeit des Landes mehr
genutzt werden könnte; es wurden darauf einige *pueblos* gegründet, aber der gröfste Theil
bleibt doch öde. Neu-Leon ift ein Bisthum, errichtet im J. 1777. Die Hauptftadt ift die *villa
de Monterrey*, und die übrigen *pueblos* find ..." Es folgen hier 21 Ortsnamen, welche er
aus *Villa-Señor* entnommen hat (f. S. 189ᵐ). — Mit diefer Provinz ift nicht zu verwechfeln eine
Provinz und *alcaldia mayor* des Reiches Mechoacan, welche durch den grofsen Flufs von
den Bezirken *Salamanca, Pasquaro* und *Tlazasalca* getrennt wird, und in WNW an den
von *Lagos* gränzt.

Über die einheimifche Bevölkerung fagt Mühlenpfordt (II, 540ᵃᶠ): „die
Zahl der hier lebenden Indier chichimekifcher und aztekifcher Abkunft ift
gering, und die ehemals im Norden des Staats fchwärmenden *Indios bravos*
find verdrängt."

In dem fchönen Werke von VILLA-SEÑOR finde ich jedoch fehr willkommene und vielfältige Angaben über das WILDE VÖLKERLEBEN in Neu-Leon
in damaliger und in früherer Zeit, das er in vielen Bezirken des Landes fehr ausdrucksvoll befpricht. Ich werde diefe Nachrichten hier vorführen:

Tlaxcala, fagt er, ift *poblacion de Indios del Curato de Boca de Leones;* diefer Bezirk
Boca de Leones wird bewohnt (II, 298) von *Naciones infieles*, „durch die man
hindurch mufs, um nach der Provinz *de los Texas* zu gelangen". — „Zwifchen N und O des
Bezirks Monterey (299) erfieht man den *Rio grande del Norte, y desde él empieza el*

Aa 2

tranſito de mucha Tierra habitada de NACIONES BARBARAS, que impiden la comunicacion por eſta parte con las Provincias de Texas, y Nuevas Philipinas." — *5 leguas* nördlich von *Cerralbo* iſt die Miſſion S. Nicolas de *Gualeguas* der Franciſcaner-Mönche. In der Gegend von Cadereyta „bewohnen das Land *ALGUNAS NACIONES DE INDIOS APOSTATAS, ſin comunicacion con los Eſpañoles, ni con los Gentiles, por el temor, que à unos, y à otros tienen."* — Der Bezirk *(jurisdiccion) el Valle de San Matheo del Pilon* gränzt (300) „an die Indianer-Völker, welche heiſsen NAZONES, NAZAS; und andere, die PILONES genannt werden, wegen der verſchiedenartigen Linien *(rayas),* mit denen ſie ſich zur Unterſcheidung von einander (ein Volk vom anderen) im Geſicht bemalen;" in dieſem Bezirk flieſst der *rio del Pilon.* — Von dem Bezirke Linares bemerkt der Verf. (30l), daſs die Einwohner ihren Vieh-ſtand beſchränken, aus Furcht vor den wiederholten Anfällen *de los BARBAROS que pueblan los contornos y la parte del Leſt.* — Die Oſtſeite der *2 jurisdicciones el Valle de San Antonio de los Llanos* und *de Rio blanco* bewohnen (301) *ALGUNAS NACIONES DE INDIOS BARBAROS.* — Eine ganze Stelle über die wilden Völker im allgemeinen, in welcher ſogar Menſchenfreſſer (302) erwähnt werden, lautet ſo: *Las Fronteras, que habitan LAS NACIONES GENTILICAS en eſte Nuevo Reyno ſon por el Oriente de Cerralvo, Cadereyta, Valle del Pilon, Valle de los Llanos, y Juriſdiccion del Rio blanco, quedando en medio Pilon, Cadereyta, y Linares, que ſon rigoroſamente las Fronteras de dichas Naciones, cuyos Indios ahora veinte años eſtaban pacificos al cuidado de los Vecinos Eſpañoles, à quienes eran encargados. Paſ-ſando eſtas Primeras Naciones ſe penetra à otras mas remotas, que ſe diſtinguen de las fron-terizas en las rayas de los roſtros, que las tienen mas grueſſas, ſobreſaliendoles del cutis, en forma de delgado (303) verdugon; reſiden los mas en las Coſtas del Mar del ſeno Mexicano, y orillas de los Rios, que deſembocan en èl; mantienenſe unos de la mucha peſca, y algunas frutas ſecas, y otros que viven diſperſos en los Campos ſe ſuſtentan de frutas, pavos, gabilanes, conejos, y venados, que produce en abundancia la tierra, y muchas veces los de la coſta de la carne humana de ſus enemigos, coſtumbre antigua, vicioſa de los Chichimecas idolatras. Eſtas remotas Naciones ſon las que contienen à los Fronterizos, obſervando cada una de por ſi, no mezclareſe con otra, de tal modo, que por el odio, y opoſicion que unas à otras ſe tienen, viven en continuas hoſtilidades.* — „In den Wüſten wohar dieſen Gränzen nach dem Küſten des mex. Meerbuſens zu hat in dieſem Jahre (1747-48) der Oberſt Don Joſeph de Escandon aus Queretaro verſchiedene Ortſchaften im O von der *sierra* von *Tamaulipa* und der *mesa de Malinche* angelegt; und hat deſshalb den Titel eines General-Capitän-Lieutenants *(Theniente de Capitan General)* der *Sierra gorda,* ihrer Miſſionen, Preſidios und Gränzen, und eines Stellvertreters Sr. Exc. des Vicekönigs *(Lugar Teniente del Excmo. Virrey)* an der Küſte des mex. Meerbuſens erhalten." Dieſe *poblaciones* find ſehr nützlich wegen der vielen Natur-Er-zeugniſſe des Landes; „aber, was viel mehr iſt, als Zaum *DE LOS BARBAROS,* welche bis jetzt dieſe Länder bewohnt und (304) das Reich Neu-Leon befeindet haben: wenn ſie nicht mehr unbekannt an den Küſten zwiſchen dem *rio de las Conchas,* dem von *San Antonio,* der Barre und dem *rio.Grande del Norte* wohnen, wo ſich viele Vortheile zur Erhaltung der Bewohner finden; ſo werden ſie mehr im Zügel gehalten und jene Häfen ſicherer für die Ein- und Aus-fahrt ausländiſche Schiffe ſeyn, beſonders wenn der neue Hafen ausgeſtattet wird, welchen man *Santander* benannt und welchen der genannte Oberſt erforſcht hat . . ."
Indem ich nun zu der LANDESKUNDE DER GEGENWART übergehe; bemerke ich zuerſt die EINWOHNERZAHL des Staates Neu-Leon. Die *Minuta* vom J. 1826, welche ich

unten erwähnen werde, gewinnt aus ihren einzelnen Anfätzen eine Summe von 83,093 Seelen. Mühlenpfordt giebt (II, 503ⁿᶠ-4ᵃᵃ) den Cenſus von 1830 auf 95,224, den von 1831 auf 95,649 und 1832 auf 113,419 an. Man muſs eine rege Vermehrung einräumen, indem das *cuadro sinoptico* vom J. 1850 die Bevölkerung des Staats zu 131,361 angiebt; es giebt ihm 2321 ☐ *leguas* Oberfläche, 57 Einw. auf 1 ☐ *legua*. — Als FLÜSSE führt Mühl. (502) an: den *rio Tigre,* entſpringend in Coahuila; den *rio de San Juan* im S, welcher in Tamaulipas in den Santander fällt; die oberen Zuflüſſe des *rio Blanco* oder *Borbon;* und im N den *rio Sabinas,* welcher aus Chihuahua kommt und in Tamaulipas in den *rio Bravo del Norte* einſtrömt.

In meinem ALPHABETISCHEN ORTSVERZEICHNISS vereinige ich die Angaben: 1) von Mühlenpfordt (II, 505-6) ohne Zeichen; 2) unter einem Stern * die Namen der 22 *partidos* aus einer kleinen Statiſtik, welche im J. 1826 zu Monterey in 4 Tafeln unter dem Titel erſchienen iſt: *Minuta de las Ciudades, Villas, y Pueblos, que comprehende el Estado de Nuevo Leon;* 3) unter dem Zeichen ⧺ Ortsnamen, welche Villa-Señor in dem Cap. XL ſeines *theatro americano* (P. II. p. 294-306), *Jurisdiccion del Nuevo Reyno de Leon,* anführt; ich brauche Alcedo nicht zu berückſichtigen, der in ſeinem obigen Artikel ein Verzeichniſs von Örtern giebt, welche in ihrer Reihe *successive* aus Villa-Señor's Texte entnommen ſind. — Mühlenpfordt und die *Minuta* theilen den Staat in die 5 *partidos,* deren jeder in mehrere *distritos* zerfällt: *Monterey* (* mit 6 *distritos,* M 7), *Cadereita-Ximenes* (* 4 Diſt., M 5), *Monte Morelos* (mit 3 Diſt.), *Linares* (* mit 4 Diſt., M 5), *villa Aldama* (mit 5 Diſt.); alſo die *Minuta* mit 22, M mit 25 *distritos:* dabei ſind manche Diſtricte verſchieden (verſchiedenen Namens) zwiſchen beiden Schriften. Einige Namen kommen nach einer oder der anderen Quelle auch in der Provinz Potoſi vor.

Die alphabetiſche Reihe der ORTSCHAFTEN (Dörfer, wo ich nichts ſage) iſt folgende: *Absalo, Agualequas,* ⧺S. *Miguel de Aguayo: puesto ó congregacion de Españoles* (vgl. 192ᵐ),⧺*Alamo* item; *villa Aldama* oder *S. Pedro de villa Aldama;* S. *Maria de las Aldamas; Boca de Leones* Bergwerks-Ort (eher hier als bei Potoſi, 185ⁿⁿ), ⧺S. *Pedro de B. de L.; Buenavista, Cadereita-Ximenez * ciudad* (⧺S. *Juan de Cadereyta), Camacho, S. Catarina* oder *Catalina* (M Dorf, *⧺valle), Cerralvo *villa* (M Bergw. Flecken, ⧺S. *Gregorio de Cerralbo), China (*valle), Concepcion, S. Engracia* (Alc.), *Galeana* Flecken, *Cañon de Guadalupe: valle, Guajuco (*valle,* ⧺*Santiago de G.), *Gualeguas villa* (⧺S. *Nicolas de G.), S. Nicolas Hidalgo* Flecken, *Huala-huises** Flecken, S. Antonio *de la Iguana* Bergw. Ort (Humb. Real der Dip. Ojo caliente), ⧺S. *Joseph* Hacienda bei Labradores, *S. Juan* nahe dem Urſprunge des gleichen Fluſſes, **La-bradores valle* (⧺*pueblo de los Labr.), Lampazos *villa* und *mineral* (M Flecken) im äuſerſten N des Staats, S. Felipe de *Linares* *⧺ *ciudad* (⧺ genannt nach dem Vicek. Herzog von *Linares),* ⧺S. *Antonio de los Llanos* Thal und *pueblo,* S. *Maria* Flecken, *Marin villa, Monte-Morelos** *ciudad;* — *Monterey* die Hauptſtadt, * *ciudad:* nach M in 25° 59′ N. B. u. 102° 33′ W. L. v. P., nach der *minuta* in 26° Br. u. 276° 15′ L., nach dem *cuadro* in 25° 40′ 6″ N. B. und 0° 49′ W. L. von Mex.; ⧺ 175, M und * 220, *cu.* 234 *leguas* von Mexico (VS und M genau nördlich); mit 13,534 *(cuadro;* M 13,000) Einw.; 1599 gegründet, unter dem Vicekönig Grafen *Monte Rey* (¹); bei Humb. Real der Dip. Ojo caliente; — *Mota (* valle,* ⧺ *pueblo); puerto de los Muertos* Rancho 10 *leguas* W von Monterey: „ſo genannt (Mühl. II, 506ᵃᵃ), weil hier die Eingeborenen

---

(¹) Villa-Señor ſetzt hinzu (II, 295): *de cuyo titulo tomó eſte nombre, quando era habitada aquella parte de las Naciones Barbaras* ...; er ſchreibt auch die Stadt *Monte Rey.*

den Spaniern eine blutige Schlacht geliefert haben follen"; (¹) *Natividad,* ‡*el Pablillo: puesto;* ‡*valle de Pesqueria, Pesqueria grande* Dorf, ehemahls mit Bergbau (* *valle)*; *Pilon* (‡S. Matheo *del P.* Thal); ‡*pueblo de la Pressa,* ‡*la Punta* äufserfte Miffion des Reiches im N; Jefus de *Rio Blanco* ehem. Bergw. Ort, Real der Dip. Ojo caliente (*Rio blanco: valle)*; *Sabinas** *mineral,* bei Humb. Santiago *de las Sab.* (fo auch ‡) Real der Dip. Ojo cal.; ‡*valle de las Salinas* 12 *leguas* NW von Monterey, aufserdem ‡*real de las Salinas* (wohl in Potofi, f. 186$^{m'}$), *Salinas Victoria** *villa,* ‡Santiago *del Saltillo* (gehört zu Coahuila, f. § 223), ‡*la Soledad* Hacienda bei Labradores, *Tablas: puesto;* S. Miguel de *Tlaxcala pueblo,* ‡*Tlaxcala,* M *Tlascala* Dorf 30 *leguas* im N von Monterey (nach der *nota* von Potofi aber in Potofi gelegen, f. S. 186^n); S. Carlos de *Vallecillo* Bergwerks-Ort (*Vallecillo mineral,* Humb. Real der Dip. Ojo caliente).

Neu-Santander oder Tamaulipas.

§ 222, g.   Die Colonie oder Provinz NEU-SANTANDER *(provincia de Nuevo Santander* auf Humboldt's Karte von Neufpanien), wie fie zur Zeit der fpanifchen Herrfchaft hiefs, liegt, an der Küfte des mexicanifchen Meerbufens entlang, nördlich von Veracruz, öftlich vom Reiche Neu-Leon; fie geht nördlich höher über diefes hinaus und berührt Texas, mit welchem fie im vorigen Jahrhunderte, bei der damahligen geringen Bedeutung des letzteren, gewöhnlich zufammengefafst wurde. Das Land bildet jetzt den Staat TAMAULIPAS. Diefer Name ift ein fpanifcher Plural der fpan. Form *Tamaulipa* ftatt der ächten, wie man doch glauben kann: aztekifchen, TAMAULIPAN. Die Deutung diefes Wortes aus der mex. Sprache ift fchwierig und dunkel: man mufs es zufammenfuchen aus einem verlorenen Stammworte *tama,* welches wir finden in den Compofitionen: *tamachihua* meffen, *tamazolin* Kröte, dem Ortsnamen *Tamapachco,* und vielleicht dem Derivatum *tamalli,* einer Art Maisbrodt (da man doch nicht eine Corruption aus *Tlamaulipan* annehmen kann, welche das Stammwort *tlama* Arzt ergeben würde); aus *olli* oder *ulli,* dem Gummi oder Ball, und aus der Präpofition *ipan. Tamaulipan,* auch *Tamaolipan* kommt vor als altes *pueblo* bei Arricivita, als ein Real (S. Jofeph de *Tamaulipan*) nach Humb. in der Dip. S. Nic. de Cruz in Potofi, nach Mühl. im Staate Tamaulipas gelegen (f. S. 192^{nn}); als *cerro de Tamaulipan* oder *Tamaolipa* bei Villa-Señor, bei Haffel *(Tamailipa)* als eine *sierra* in Neu-Leon; *Tamaulipas* als der Name des Staates, auch als der deutfcher Anfiedlungen dafelbft am Fluffe *Nueces;* endlich ift es ein Zufatz zu dem Namen der einen Stadt *Tampico: Tampico de Tamaulipas,* dafelbft.

(¹) Villa-Señor nennt (II, 296) bei Saltillo *la Cuesta de los muertos,* „wo die *Indios Tobosos* und *Gabilanes* ihren Wohnfitz haben, welche auch die Wüfte zwifchen den Provinzen Coaguila und Neu-Vizcaya bewohnen: in welchen Entfernungen diefe Wilden Mord, Angriff und Raub vollführen..." Die Tobofos rechnet er zu 90-100 Familien, die *Gabilanes* (mit blauer *raya*) zahlreicher. Der ganze nordweftliche Strich, nach *Coaguila* zu (298), *eftà poblado de diferentes Naciones de Indios, que aunque Infieles, jamás por efta parte han intentado alteracion alguna.* Die Tobofos habe ich fchon oben (S. 172^{aa}) bei Parras, fie und die *Gavilanes* (183^n, f) im *bolson de Mapimi* genannt.

Nach ALCEDO (IV. 1788, 495‑6) „erftreckt fich die Provinz *NUEVA SANTANDER*, welche auch *Sierra Gorda* genannt wird, von S nach N über 100 *leguas* weit an der Küfte des mex. Meerbufens hin. Sie gränzt in S an die *alcaldia mayor* von *Panuco* und *Tampico*, *villa de los Valles* und Prov. *Guasteca;* im N an *Coaguila* und den Anfang der Prov. *de las Texas.* Sie hat von O gen W 80 *leguas,* vom Meeresufer bis zu den Gränzen des *Nuevo Reyno de Leon* und dem übrigen Theil der Prov. *Coaguila.* Der gröfste Theil derfelben liegt unter der heifsen Zone... Diefes ausgedehnte Land war von zahllofen Indianern bevölkert, ohne viele Jahre lang erobert zu werden bis zum J. 1748, in welchem der Oberft der Milizen der Stadt *Queretaro,* Don Jofeph de Escandon, feine Unterwerfung unternahm und mit unendlichen Unkoften, Mühfeligkeiten und Befchwerden durchführte: indem er 26 *villas* und *pueblos* ftiftete; der König ertheilte ihm zum Lohne mehrere Vorrechte und den Titel eines Grafen von *Sierra Gorda.* Die Hauptftadt ift die *villa* gleiches Namens, gegründet von dem genannten *conquistador* im J. 1748; mit einem, von ihm 1739 entdeckten Hafen und einem Fort... Heutiges Tages ift es ein Flecken *(pueblo),* in welchem der gröfste Theil der Häufer Strohhütten find.” Den Schlufs diefes Artikels haben wir fchon oben (S. 188$^{nn\text{-}nf}$) aus Villa‑Señor erfehn.

Das Land war im vorigen Jahrhunderte voll von dem Leben der WILDEN VÖLKER‑SCHAFTEN; die *Sierra gorda* war ihr gefürchteter Wohnfitz. Arricivita erwähnt in feiner *Cronica seráfica de Queretaro* (p. 170) bei der Nennung des *pueblo de Tamaulipan* der „*Gentiles de aquella sierra*”; p. 441 fagt er: *hay desde el desemboque del rio Grande hasta el de San Antonio Indios de diversos idiomas, pero en cortas Rancherias repartidas por las orillas de los rios, lagunas ó islotes del mar; pero sin coleccion ni dependencia alguna.* — Villa‑Señor nennt (II, 305^{nf}‑6^a) in diefem Lande wirkliche Namen von Völkerfchaften; er fagt: *el famofo Cerro de Tamaulipa, y Mefa de Malinche, habitado de las Naciones JANAMBRES, PASITAS, y otros CHAPETONES, que ocupan las faldas de eftas Sierras, y Riberas del Mar* ... und dann redet er von der Verfammlung *(Junta),* welche (f. oben Alc. S. 187^{mf}) am 8, 9, 10 und 13 Mai 1748 über die *poblacion* und Benutzung diefer Länder gehalten worden ift.

Den NEUEN ZUSTAND DES LANDES weifen Mühlenpfordt (II, 116‑119), fo wie ein kleines Buch nach, welches von der durch den Baron Johann von *Racknitz* im J. 1845 am Fluffe *Nueces* angelegten deutfchen Colonie handelt, betitelt: „Die deutfche Colonie in Tamaulipas, Mexico. Kurz und treu gefchildert zur Anweifung für Auswanderer ...” Baltimore 1841. 12°. Der (auf dem Titel nicht genannte) Verfaffer ift Heinrich *Köhler.* Die letztere Schrift giebt dem Küftenlande (Staate) Tamaulipas noch eine Erftreckung vom 22° bis 28° N. B., indem feine Nordgränze gegen Texas durch den *rio Nueces* gebildet werde; 2500 ☐Meilen Bodenfläche (das *cuadro* von 1850 giebt dem kleineren Staat 4219 ☐*leguas!*) und 100,000 Einwohner; „meift Mifchlinge von Spaniern und Indianern”, heifst es hier (wie auch Mühl. fagt: „die Mehrzahl find Meftizen jedes Grades”); fpäter (S. 23) wird aber gefagt: „das Volk von Tamaulipas befteht der Mehrzahl nach aus Indianern, das Übrige find Creolen, welche aus jenem Stamm und den Weifsen herrühren.” Der mex. Calender von 1833 zeigt nach Mühl. 166,824 Einw. an; die Nordgränze mit dem Fluffe *Nueces* hat jetzt aufgehört! und ift auf den *rio del Norte* zurückgewichen: zufolge des 5ten Artikels des zwifchen dem occupirten Mexico und den Vereinigten Staaten am 2 Februar 1848 in der *ciudad de Guadalupe Hidalgo* abgefchloffenen Tractats. Das *cuadro sinoptico* von 1850 giebt dem Staate Tamaulipas 100,064 Einw. und 4219 ☐*leguas* Bodenfläche, = 24 Einw. auf 1 ☐*legua.*

Über die G e b i r g e macht die kleine Schrift folgende Angaben: Das Hauptgebirge bildet die *sierra madre*, welche fich an der Weftgränze von SO nach NW gegen Neu-Leon hinaufzieht. In der Gegend von *Presas* und *Sotto la Marina* ift das 2te Hauptgebirge, das „Stockgebirge" genannt, „deffen zwei höchfte Bergfpitzen (S. 8) fich bis in die Eisregion erheben, und welches noch ausgebrannte vulkanifche Krater aufweift". Weftlich vom Städtchen *Mahumawi* liegt das 3te Hauptgebirge, welches *Tierra fria* genannt wird; es zieht fich in 5-6 Äften bis in Potofi hinein. In der Gegend von *Tula* „verfpürt man häufig die Erddonner" (S. 9). Mühlenpfordt nennt (116ᵐᵐ) die Berge: *cerro Martinez, creston de Xeres, cerro del Coronel*, und die *sierras de Palma* und *del Carico;* den Hügel *la Mira* bei Tampico, mit dem Signalthurm.

Die F l ü f f e find: der *rio Borbon* oder *Blanco, de Dolores, Marina, rio Grande del Norte* oder *rio Bravo, Nueces* (jetzt nicht mehr), *Panuco, Santander, Tamesi* kleiner Flufs bei Tampico, *Tigre* oder *S. Fernando; Alcántaro* Bach, der in den Rio del Norte fällt; die kleine Schrift nennt noch *rio Colorado*, welches ein Flüfschen im jetzigen Texas ift. Die H a f f s der Küfte des Meerbufens find: *laguna de Santander* (davor die *isla del padre San José*), lag. *Madre* (zufammenhangend mit dem Golf durch die *boquillas cerradas*), lag. *de Morales* und lag. *de Tampico; los Carpinteros* kleiner See bei Tampico, *brazo de Santiago* Bucht bei Matamoros.

Der Staat zerfällt in 3 *departamentos* und 11 *partidos.* Die Ö R T E R (wo ich nichts fage: Dörfer) find nach Mühlenpfordt (II,120-129) und der kleinen Schrift (*): *Aguayo* (f. 189ᵐᵐ), *Altamira; Boca del Rio* an der Mündung des Rio del Norte, wo die Duane ift; *Borbon* (vgl. 185ⁿⁿ), *Burgos* kl. Dorf, *Camargo*, *S. Carlos* kl. Dorf, *puerto Chocollo* Rancho, *Coco* grofses Landgut, *Coronel Dorf und Gränzort gegen Potofi; S. Nicolas *de la Cruz* Gruben-Revier, bei Humboldt *diputacion de min.* in Potofi; *Dolores* kl. Dorf, der nördlichfte Ort im Staate; *Escandon* Flecken, 1748 von Jofé Escandon gegründet und ehemahls Hauptort des Marquifats *Sierra Gorda; venta de Esteros* Gehöft und Gafthaus bei Altamira; *S. Fernando* kl. Dorf, *Forton; la Fuente* im NO vom *pueblo viejo de Tampico*, mit einer Quelle Trinkwaffers; *Guadalupe* kl. Dorf, *Horcasitas* item, *Hoyos* gr. Dorf, *S. Jofé* kl. Dorf, *Llera, Loredo* Flecken, *Mahumavi** Flecken von 4000 Einw.; *Matamoros** bedeutender Hafenort und zweite Handelsftadt, am füdl. Ufer des Rio del Norte, zu dem an der Mündung des Fluffes gelegenen Hafen *el Refugio* gehörig (Mühl.); *es war 1820 noch ein kleines Dorf, genannt *el Refugio; Mier** am Rio del Norte; *Padilla*, wo der unglückliche Iturbide erfchoffen wurde; *el Refugio* f. Matamoros; *Reinosa* Dorf (* kleine Stadt) von 3000 Einw., *Revilla** Flecken, *Santander* f. Victoria, *Sierra Santiago* Dorf, *Santillana; Soto la Marina** kl. Stadt und Hafen an der Mündung des Santander (Mühl.; * am gleichnamigen Fluffe) mit 3000 E.; *S. Jofé de Tamaulipas* Gruben-Revier (vgl. 190ⁿⁿ); *Tampico de Tamaulipas* oder *S. Ana*, Stadt und Haupthafen, am nördl. Ufer des *rio Tampico* (* am linken Ufer des Panuco), unfern der grofsen *laguna de Tampico;* in 22° 13′ 10″ N. B. und 100° 7′ W. L. v. P.; 1828 ftanden hier nur wenige Häufer und Hütten; es liegt 1 *legua* NW vom *pueblo viejo de Tampico* (diefer 2te Ort und ein 3ter, *Tampico el alto*, gehören zum Staate Veracruz); [*Tula kl. Stadt mit 12,000 E.: fo die kleine Schrift; bei Mühl. finde ich fie nicht! fie gehört auch wohl nicht hierher, fondern ift das *pueblo* im Bezirk von *Guadalcazar*, über welches Alcedo einen Artikel hat; f. oben S. 186ⁿⁿ und f;] *ciudad Victoria*, ehemahls *Santander*, die Hauptftadt des Staats, am Fluffe Santander; Mühl. und die kl. Schrift geben ihr 12,000 Einw., und Mühl. giebt ihre Lage an in 23° 45′ 18″ N. B. und 100° 32′ 23″ W. L. v. P.; das *cuadro sinoptico* giebt der Stadt, 195 *leguas* von Mexico entfernt, nur 5500 Einw., und fetzt fie in 23° 42' 30" N. B. und 0° 5' öftl. L. von Mexico; *Zibue* mit Bergwerken.

Coahuila.

§ 223. Im Nordweften von Neu-Leon, den *Rio grande del Norte* berührend und früher weit überragend, füdlich anftofsend an Durango, und den *bolson de Mapimi* weftlich in feiner ganzen Länge neben fich gelagert habend: erreichen wir die Provinz COAHUILA. Unter der fpanifchen Herrfchaft gehörte fie nebft Texas und Neu-Mexico zu den *provincias internas de la comandancia general,* welche unter einem General-Commandanten ftanden (im Gegenfatz gegen die *provincias internas del virreinato* (f. oben S. 181ᶠ-2ª). (¹) Bis zum Jahre 1835, von wo an Texas durch die Nordamerikaner abgeriffen wurde, war fie mit Texas zu einem Staate verbunden, feitdem bildet fie einen Staat für fich. Zur fpanifchen Zeit griff die Provinz Coahuila noch nördlich weit über den Rio grande hinaus in Texas ein; Humboldt's Karte zieht ihre Gränze dort in NW von *San Saba* und dem *rio de S. Saba* ab in der Richtung nach SW an einen Punkt etwas über der *laguna de las Yuntas* und dem *vado de S. Antonio.* Mühlenpfordt führt noch (1844) diefe weite nördliche Ausdehnung: „weiter nördlich", fagt er (II, 507ⁿ), „find die Gränzen fowohl in NO und N gegen Texas, als auch im W gegen die von den *Comanches* und *Apaches* durchfchwärmten Gegenden um den *rio Puerco* unbeftimmt"; er nimmt die Gränze im N an in 32° Br., bei dem kleinen See von *San Saba,* welcher durch den gleichnamigen Fluſs fich in den *rio Colorado* von Texas ergiefst. Diefe Erftreckung über den Rio del Norte hinaus hat aufgehört, die Nordamerikaner haben den nördlichen Theil *Coahuila's,* wie er von je her jenfeits des grofsen Nordfluffes beftand, fich zugeeignet; und der *rio Grande* bildet daher jetzt, nach dem 5ten Artikel des Tractats von *Guadalupe Hidalgo* vom 2 Februar 1848, wie es auch auf der von *Kiepert* verbefferten *Weiland*'fchen Karte vom J. 1852 zu feben ift, in feiner langen Linie und Krümmung die Gränze fowohl von Coahuila als auch des verkümmerten Reiches Mexico in der Erftreckung der Provinzen Tamaulipas und Chihuahua gegen Norden überhaupt.

Die Namensformen für das Land fchwanken: ich habe mit dem neueften mexicanifchen Gebrauche *Coahuila* (ohne *h*) angenommen, Villa-Señor fchreibt (auch ohne *h*) *Coaguila;* Humboldt's Form ift *Cohahuila* (mit *h*): ihm folgt Mühlenpfordt nach; auch Arricivita fchreibt *h: Cohaguila* (nur 1mahl, p. 338, *Quahuila*). — In Coahuila, und auch in Neu-Leon, nennt uns Hervas (f. Abfchn. III, 57ª) das Volk der COAHUILEN, deffen Sprache er aber nicht beurtheilen kann. Wir werden Coahuila auch als Namen einer Stadt und eines Fluffes kennen lernen.

(¹) Nach dem Artikel *Julimes* bei Alcedo (oben S. 174ⁿᶠ) gehörte Coahuila zum Reiche Neu-Biscaja; in dem letzteren Art. (f. oben S. 161ᵃᶠ) habe ich es nicht unter deffen Dependenzien genannt.

Das Land, zu einem grofsen Theil wüfte, da nur beftimmte Striche und ein kleiner Theil des ganzen mit Ortfchaften und menfchlichen Wohnfitzen befetzt find, ift bis auf diefen Tag noch fehr unbekannt. Erft 168⁷ erhielten die Spanier von ihm Kunde, als Francifcaner-Mönche von dem berühmten Miffions-Collegium in *Queretaro* hier einige Miffionen gründeten, zu deren Schutze gegen die wilden Indianer darauf mehrere *presidios* angelegt wurden. A r r i c i v i t a handelt von den Miffionen in *Cohaguila* p. 240-5 feiner *Cronica serafica,* und von den vielen Leiden und Schwierigkeiten der Sendlinge, wie von dem Entfchluffe einer Aufgabe der 6 Miffionen in Cohaguila und Texas p. 437-443.

V i l l a - S e ñ o r behandelt in feinem *theatro americano,* in einem eignen Capitel, XLI, *Parte II.* p. 306-319, die *provincia de Coaguila.* Ich verzeichne hier feine allgemeinen Angaben: Er nennt fie auch *Nueva Estremadura,* und giebt den *rio Medina* als ihre nördliche Gränze an. Diefes ganze ausgedehnte Land ift beinahe menfchenleer: es finden fich in ihm nur einige Dörfer der Miffionen, durch welche feine Eingebornen zum Chriftenthume geführt find, und 3 Gränz-*presidios* gegen die *sierras* und das L a n d d e r h e i d n i f c h e n I n d i a n e r, um ihre Einfälle zu zügeln. Diefe 3 *presidios* und Hauptörter find: die *villa Monclova,* mit mehr als 150 Familien Spanier, betragend 400 Seelen, davon 260 waffenfähige Männer; das *presidio del Sacramento* und *S. Juan Baptista del Rio grande:* bei letztem einige *estancias,* in welchen wegen der reichen Weiden viel grofses und kleines Vieh gezogen wird. Nahe beim *Rio grande* find 2 Francifcaner-Miffionen des *Colegio Apostolico de Cretaro* (sic) . . . *conteniendo estos (presidios),* fagt er (p. 307-8), *los repetidos insultos de l o s B a r b a r o s, q u e p u e b l a n e n m u l t i t u d e f t o s P a i z e s.* — Die Provinz gehört zum Bisthum *Guadalaxara;* im politifchen und militärifchen regiert fie ein *Gobernador,* welcher unter dem *virreynato* und der *real audiencia* von Mexico fteht. Beide Miffionen gränzen an die grofsen Einöden zwifchen dem *Rio bravo* und *rio Medina* und der Meeresküfte . . . wo *Llanadas* find *f o l o h a b i t a d a s d e l a B a r b a r i d a d.* — Weiter fagt der Verf. (310, bⁿ): *Affi à esta Provincia de Coaguila, ò Nueva Eftremadura, como al Reyno de Leon abrigan las Poblaciones propueftas por el Coronel D. Jofeph de Efcandon, en las Rufias, Tanguáchin, Mefas prietas, Tetillas, Juntas de Rios, Cerrito del ayre, Mefa* (311) *de bocas prietas, Salinas de la barra, Llano de flores, Rio de las nueces, S. Dorothea, Paffo del metate, Paffo del cojo, y Bahìa de Sacramento; y fe determinaron fundar en la loable Junta, que fe formó, y refolvió el dia 13 de Mayo, ya citado, para la pacificacion, y poblacion de parte de la mefma Cordillera de la Cofta, y Tierras, que corren Sur Norte.* Der Verf. erzählt nun fehr ausführlich und lang (p. 311-319) den Gegenftand, die Umftände, den Gang und Erfolg diefer Berathungen über den verdienftvollen Plan des Oberften de *Escandon.*

Über den Belauf der B E V Ö L K E R U N G bemerkt die nachher zu benennende *memoria del estado* vom J. 1827 klagend, dafs die Einwohnerzahl von Coahuila und Texas gefunken fei auf die geringe Ziffer von 63,154 Seelen, und dafs fie fich wegen des Krieges der *Indios bravos* nicht habe erheben können. Sie fügt hinzu: *El modo directo de protejer la poblacion de este Estado es el de reducir á la par á los indios bravos de las fronteras, y el aumentarla el de la colonizacion.* Gegen die Indianer waren vorhanden 7 *compañias presidiales* und 2 *de milicia activa.* Die Zählung vom J. 1832 brachte nach dem mex. Calender von 1833 für beide Provinzen 127,000 Einw. heraus, wovon Mühl. etwa 97,000 auf Coahuila rechnet. Das *cuadro sinoptico* von 1850 beftimmt für den Staat Coahuila 75,340 Einw., eine Bodenfläche von 7868 ☐ *leguas,* == 10 Seelen auf 1 ☐ *legua.* — Der Hauptbetrieb ift Viehzucht, wofür fchöne

Weiden vorhanden find. Villa-Señor rechnet für *Coaguila* eine Länge von 200 *leguas* von S nach N, von der Mündung des *Rio bravo* an; 160 *leguas* von SW-NO. Von der EINGE-BORNEN MENSCHHEIT fagt Mühl.: „Gefittete Indianer verfchiedener Stämme leben in den Miffionen, wie in einzelnen Dörfern und Gehöften. Im Norden, bis an die Ufer des Rio del Norte, fchwärmen *Cumanches* und *Li-Panis.*" Letzteres gilt hauptfächlich von dem nörd-lichen, abgeriffenen Theile der Provinz; aber wir haben für das jetzige kleine Coahuila, aufser den Comanches, welche auch den Nordftrom überfchreiten, die fchreckliche Nähe des Völker-neftes *bolson de Mapimi* und die graufamen Einfälle der Apachen zu nennen.

Was die Befchaffenheit der Provinz anbetrifft, fo ift das Land an fich niedrig, mit wenigen Hügeln. Es liegt auf der erften Abfenkung der mitten durch Mexico S-N fort-laufenden Hochebene gegen den mex. Meerbufen herab. Der Süden, bis zum Fluffe *Sabinas,* ift noch ziemlich gebirgig; nördlich aber, gegen den *Rio del Norte* hin, fenkt fich das Land immer mehr. Im W und NW von *San Fernando* dehnen fich waffer- und baumlofe Wüften aus. Gegen Texas hin bedecken das Land grofse und dichte, immer mehr zunehmende Wäl-der; dazwifchen finden fich grasreiche Flächen und fruchtbare Thäler. — Das Klima ift im allgemeinen gemäfsigt, gefund und fruchtbar: doch herrfcht in den Monaten von Mitte Mai bis zur Mitte Augufts grofse Hitze; wie der Januar und Februar kälter find, als es der Breite nach feyn follte. Der heifse Sommerwind ift, vorzüglich am Abend, den Augen fchädlich.

Die Flüffe find: der *rio de S. Antonio, de S. Diego* (beide bei Villa-Señor, in den Rio grande fallend); der *Coahuila* (Mühl.), Nebenflufs des Tigre; der *rio de Nadadores* (bei Villa-Señor); der *Rio grande del Norte,* bildend die gegenwärtige Nordoft-Gränze von Coahuila und des Reiches Mexico gegen die nordamerikanifche Union; Mühlenpf. konnte noch von ihm fagen, dafs er fich von NW nach SO queer durch den Staat winde; er konnte in Coahuila auch noch den *rio Nueces,* nördlich über dem Norte, nennen; *rio Rodrigo* (bei Villa-Señor, in den Rio grande einfallend); *rio Sabinas,* welcher in diefer Prov. entfpringt, nach SW fliefst und durch den N von Neu-Leon dem Norte zugeht; der *Tigre,* welcher auch hier entfpringt. — Mühl. rechnet her 2 Seen: die *laguna de Agua verde:* aber Humboldt hat fie getheilt auf der Gränze mit dem *bolson de Mapimi,* die Weimar'fche Karte von 1852 ganz im *bolson;* den See von Parras, *laguna de las Parras:* welchen aber die Humboldt'fche und Weimar'fche Karte aufserhalb der Provinz, in Durango, Humboldt theilweife in den *bolson,* fetzen.

Ich werde nun in alphabetifcher Folge eine lange Reihe von ORTSNAMEN geben, welche ich, natürlich faft alle unbedeutend und theilweife vielleicht nur einer älteren Epoche angehörend, aus den verfchiedenen mir zu Gebote ftehenden Quellen zufammengeftellt habe, die ich durch Zeichen unterfcheide: aus Mühlenpfordt (ohne Bezeichnung, felten M); * einer Art von *memoria estadistica del estado de Coahuila y Texas:* ohne Titel, im Januar 1827 zu *Saltillo* officiell herausgegeben: meift einer Reihe Tabellen über Zölle, Einnahmen, Tabaks-Ertrag u. a.; deren letzte die 17 *municipalidades,* mit ftatiftifchen Rubriken über die Ein-wohnerfchaft, enthält; ≠ die Örter und Angaben Villa-Señor's. Wo ich nichts hinzu-fetze, ift bei Mühl. Dorf, bei VS *pueblo* gemeint: *Abasoto, Agua nueva, Agua verde* f. Rio grande; S. Francifco y S. Miguel de *Aguayo* mit 2500 E., ≠Miffion in der Gegend des Prefidio Monclova; ≠Hacienda *del Alamo* im N, *Allende**, ≠*Anelo* it. im S, Prefidio de *Bahia (Bavia)* im SW vom Pref. de Rio grande, *Begates;* S. Buenaventura* mit 3000 E., ≠Francifc. Miffion in W; *Candela* Dorf, ≠*valle de S. Bernardino de Candela* Miffion und Bezirk im O, mit 2 *pobla-*

Bb 2

*ciones de campo; Capellania** Flecken mit 3600 E., ⊹Hac. *del Carrizal* im O, *Castañuela*
ſ. Villalongia, ⊹*Cataño* Hac. im S; *Cienegas** Dorf mit 2900 E., ⊹Hac. *de las Cienegas* im W;
Coahuila ſ. Monclova, ⊹*Contotoles* Hac. im W, **S. *Estevan; S. Fernando**, M auch genannt
villa de Rosas: Flecken und Militärpoſten im N, in einer weiten Ebene, mit 3000 E.; *Gigedo**,
Guerrero, ⊹*S. Joseph* Hac. im O, ⊹*la Joya* Hac. im S, *S. Juan Bautista*, ⊹*las Juntas* Hac.
im N (wohl aber in Texas, da die *laguna de Juntas* nördlich vom Rio del Norte, über der
*Mezquite-*Prairie, in Texas liegt), ⊹*la Labor del Cura* Hac. im N, *Leona Vicario* ſ. Saltillo;
S. Lorenzo Hac. 1 *legua* von Parras, mit Weinbau; ⊹*Mesillas* Hac. im S; *Monclova* oder *Coa-
huila* am Fluſſe Coahuila; ⊹ Villa-Señor nennt die *villa* und das *presidio de Santiago de la Mon-
clova* die Hauptſtadt der Prov. Coahuila: ſie wurde gegründet vom Vicekönig Grafen *de la
Monclova*, und liegt nach ihm 258 *leguas* von Mexico; ⊹*S. Monica* Hac. im W, *Morelos**,
Morillos, *Nadadores* ⊹⊹ *pueblo* und Miſſion am gleichnamigen Fluſſe, *Nava** mit 1800 E.;
*Parras** Flecken mit Weinbau, 1831 (wohl mit der Umgegend) 16,600 E. (auf Humboldt's
Karte und nach *essai pol. II.* 1811 p. 386 liegt der Ort aber in Durango); ⊹*Peyotes*
(der Plural des mex. Wortes *peyotl*, für ein Kraut, das ich IV, 58 S. 106-7 als einen Gegenſtand des tarahumariſchen Aberglaubens, als einen Götzen, vorgeführt habe): 2 Miſſionen oder
pueblos zwiſchen den Preſidios *del Sacramento* und *del Rio grande*, mit den Zunamen *Jesus*
und *San Francisco Vizarron:* letzteres nach dem Vicekönig, unter welchem ſie angelegt wurde;
die Fehlerhaftigkeit Alcedo's zeigt ſich wieder in dieſem Ortsnamen, den er *Petoyes* ſchreibt;
⊹Hac. de *Pozuelos* im W, ⊹*puesto de los Ranchos* im N; *Rio grande** Militärpoſten am Rio
grande del Norte, auch *Agua* genannt, = ⊹Preſidio S. Juan Baptiſta *del Rio grande; S. Rosa**
Bergw. Ort an der Gränze des *bolson de Mapimi*, *villa de Rosas* ſ. S. Fernando; ⊹*presidio
del Sacramento*, gegründet 1636 am Ufer des Sabinas; ⊹*paraje de las Salinas* im O; *Saltillo**
oder *Leona Vicario* (ſo nach M und dem *cuadro sinoptico*): die Hauptſtadt des Staates; nach
Mühl. in etwa 26° N. B. und $103\frac{5}{2}$° W. L. von P., 1831 mit 20,245 E.: nach dem *cuadro* von
1850 in 25° 25' 15'' N. B. und 1° 30' W. L. von Mex., mit 19,898 E., 209 *leguas* von Mexico
(Villa-Señor verlegt *Santiago del Saltillo* in die Prov. Neu-Leon, ſ. oben S. 190[aa]); ⊹*Sardinas*
Miſſion im W, ⊹S. *Vicente: puesto* im W, ⊹*Nuestra Señora de la Victoria* Franciſc. Miſſion,
Viesca y Bustamante Dorf mit 2600 E., *Villalongia* oder *Castañuela* Flecken im NW von
Saltillo mit 3500 E.; S. Franciſco de *Vizarron* ſ. Peyotes.

Ich will noch die traurige Überſicht des ungeheuren GEBIETS-VERLUSTES, welchen
das ſonſt ſo herrliche und groſe MEXICANISCHE REICH in den 2 Epochen der Abreiſung
von Texas und dem nördlichen Coahuila, und der Abtretung in dem durch den ungerechten
Krieg und die Invaſion der Nordamerikaner erzwungenen Frieden von Guadalupe vom
$\frac{10}{30}$ März 1848 erlitten hat, nach der Zuſammenſtellung hier vorführen, welche der Miniſter
Don Lucas Alaman im letzten Theile ſeiner *historia de Mexico* (T. V. Mex. 1852, auf einer
Tafel nach p. 955) gegeben hat (wiederholt von dem Freiherrn Carl Heinrich von *Richthofen*
in ſeinem inhaltsreichen Werke: die äuſferen und inneren politiſchen Zuſtände der Republik
Mexico ſeit deren Unabhängigkeit bis auf die neueſte Zeit, Berlin 1854. 8°, S. 9). Ich führe
aber nur die wenigen Staaten auf, welche ganz oder theilweiſe verloren gegangen ſind. Alaman
vergleicht den Länderbeſtand zur Zeit der Unabhängigkeits-Erklärung im J. 1821 mit dem
im J. 1852 nach dem Frieden von *Guadalupe:*

	Flächeninhalt im J. 1821 in ☐ *leguas*	von den V. St. abgeriſſenes Gebiet in ☐*leguas*	verbliebener Beſtand im J. 1852 in ☐ *leguas*
Coahuila und Texas	33,309	25,362	7,947
Chihuahua	16,323	3,462	12,860
Tamaulipas	6,238	2,431	3,806
Ober-Californien	49,851	49,488	362
Neu-Mexico	29,199	29,199	—
Summe	134,920	109,944	24,975
ganz Mexico	216,012	109,944	106,067

Das *cuadro sinoptico* vom J. 1850 giebt 115,426½ ☐ *leguas* als den Geſammt-Beſtand des Flächeninhalts der mex. Republik und 7,661,919 als den jetzigen Belauf ihrer Einwohnerzahl an.

Sonora.

§ 224, a. DIE MUSTERUNG DER VÖLKER UND SPRACHEN geht zurück zu dem WESTEN, ſie ſetzt die Linie von Guadalaxara und Cinaloa fort durch die nördlich über letzterer gelegene groſse Provinz SONORA, und findet da reichlichen Stoff Völker zu nennen und Sprachen zu prüfen. Dieſe Provinz iſt angefüllt, wie Cinaloa, mit Völkern und Mundarten meines ſonoriſchen Stammes; aber die Umſtände ſind günſtiger: wenn dort uns nur allgemeine Nachrichten und ſelbſtgeſchaffene Vermuthungen begleiteten, ſo bietet ſich hier eine Anzahl ſolcher Sprachen dar, welche ich nach vorhandenen Hülfsmitteln unterſuchen und als zu jenem Stamme gehörig erweiſen kann.

Die Nordgränze von Sonora wurde ſchon in der ſpaniſchen Zeit als unbeſtimmt betrachtet, indem man über den Gila-Fluſs hinausging und da in dem groſsen Lande der freien Indianer keinen feſten Punkt gewinnen konnte. Villa-Señor rechnet die Provinz *San Juan Bautiſta de Sonora* vom „jenſeitigen Ufer des Hiaqui bis 4 *leguas* Entfernung von *Rio chico";* er ſagt ebenfalls, daſs die nördliche Gränze unbeſtimmt ſei. Diefs bemerkt auch *Mühlenpfordt:* doch entſchlieſst er ſich den Gila, als den Gränzpunkt der Wohnungen der Weiſsen, für das Ende anzunehmen, ſetzt alſo Sonora bis zu 33° 40′ N. B.; die Länge der ganzen Verbindung *Cinaloa, Ostimuri* und *Sonora* ſetzt er zwiſchen den 107ten und 117ten Grad W von Paris. „Gewöhnlich aber", ſetzt er hinzu, „wurden auch noch die wenig bekannten, nur von wilden Indiern bewohnten Landſtrecken im N des Gila und im W von Neu-Mexico bis etwa 39° B. zu Sonora gerechnet." Seit dem traurigen Frieden von Guadalupe Hidalgo iſt dieſer Zweifel beſeitigt, indem jetzt mit der Linie des Gila Sonora und Mexico überhaupt endet. Ich habe den Südpunkt der Provinz, wie die Abgränzung der 3 Theile der ſpaniſchen Intendantſchaft Sonora früher (II, 8 S. 11ᵃᶠ⁻ᵐ) angegeben. Der alleinige Staat Sonora (ſeit 1830) gränzt in O an Chihuahua und Neu-Mexico; er liegt zwiſchen 27° 45′ und 33° 40′ N. B., und 110°-117° W. L. v. P.

Die fpanifche Intendantfchaft Sonora ´(beftehend aus den 3 Theilen: *Cinaloa, Ostimuri* und *Sonora* im engen Sinne) gehörte zu den weftlichen inneren Provinzen des Vicekönigreichs Neufpanien und zum Gouvernement von *Chihuahua.* So vereint traten diefe drei auch als *estado interior del occidente* 1824 in die mexicanifche Föderation ein; ein Decret des General-Congreffes zu Mexico vom 13 October 1830 trennte aber auf den Antrag des Staats Cinaloa von Sonora, und machte aus ihnen zwei Staaten. Ich finde nur nicht, dafs Oftimuri jetzt zu Sonora gehöre, fondern zu Cinaloa: fo auf der Weimar'fchen Karte von 1852; auch fcheint mir Mühl. feine Ortfchaften (wenigftens theilweis) nicht bei Sonora, fondern bei Cinaloa zu haben: obgleich er (unten S. 200^m) exprefs *Ostimuri* als einen *partido* von Sonora angiebt. Ich habe daher aus Villa-Señor nicht die Prov. Oftimuri, fondern allein feine Prov. Sonora in mein nachfolgendes Ortsverzeichnifs aufgenommen; und in einem befondren Verzeichniffe darauf (§ 224, b) diejenigen Namen von ihm, welche nicht fchon in dem S. 179^{m-nf} gegebenen Verzeichnifs von Cinaloa und in dem von Sonora vorkommen, in einer kleinen Lifte für Oftimuri nachgeliefert. Der grofse Artikel Alcedo's, welchen ich im Anfang diefes Werks, S. 18^m-19^m, vorgeführt habe, enthält das, was zu jener Zeit über die Provinz Sonora gefagt werden konnte, und er ift alfo hier mit feinem vielfältigen Inhalt einzufchalten.

Was die Gröfse und Ausdehnung des Landes anbetrifft, fo rechnet Mühl. für die Vereinigung von Cinaloa, Oftimuri und Sonora eine Küften-Länge von 400 *leguas* am californifchen Meerbufen; dem blofsen Sonora feit 1830 giebt er, zwifchen der Mündung des *Mayo* und des *Colorado*, 238 *leguas* Küften-Länge. Seine gröfste Länge von S nach N rechnet er 185, feine gröfste Breite von O nach W am Gila 150 *leguas*, am Mayo im S kaum 56 *leguas*. Das *cuadro sinoptico*¡ vom J. 1850 giebt dem Staate Sonora 17,174 ☐ *leguas*. — Die Zahl der Einwohner wird 1833 zu 101,900 angegeben; das *cuadro* von 1850 rechnet 139,374: 8 Seelen auf 1 ☐ *legua.*

Bodenbefchaffenheit: Der W und S find grofsentheils eben; im S ift zwifchen den Flüffen Mayo und *Hiaqui* bis zum *presidio de Buenavista* ein fruchtbarer Landftrich, in welchem grofse Seen liegen follen. An der Oftgränze ftreicht der Hauptzug der Cordilleren, die *sierra madre*, von S nach N. An ihrer Wfeite laufen parallel neben ihr her mehrere weniger hohe Gebirgszüge. In der *Tarahumara* und *Pimeria alta* erhebt fich das Gebirge zu bedeutender Höhe; „von Babiacora (Mühl. 430^{nf}; ich habe nachher feine aftronomifche Lage angegeben) gen W und NW, zwifchen den Flüffen Sonora und Dolores, breitet fich die Hochebene aus, welche vorzugsweife den Namen *Tarahumara* führt." (¹) — Der Boden von Sonora ift eine immerwährende Abwechslung von fruchtbaren Thälern mit Flüffen; von weiten Ebenen, theils bewäffert, theils ganz wafferarm, und von fchroffen, hohen Gebirgen, durchfchnitten von tiefen Schluchten; erft gegen den *Gila* hin, wo das fchöne Thal von *la Florida* fich öffnet, wird das Land flacher, ift aber auch hier hügelig. — Die Küfte ift ziemlich eben; doch find hier

(¹) Villa-Señor kommt auch in feinem Capitel von Sonora (402, b-3, a) auf die Tarahumara: er nennt beim Paffe *Baboroco* ein dort lebendes Völkergemifch, von *Taraumares, Tepeguanes* u. a.; er nennt am Cinaloa herauf einige Dörfer der *Taraumares;* aber im wefentlichen verlegt er die Landfchaft nach *Chihuahua:* denn fo ift die Folge feiner Capitel in dem 6ten Buche vom Bisthum Durango: Prov. *Tepehuana*, Real *Sombrerete*, Stadt *Parras*, Thal S. *Bartholomé*, Real *del Parral, de la Provincia de Taraumara del Real de Chiguagua* (353-361), *presidios internos*, Pref. *Coro de Guachi*, Pref. *Guevavi;* die Provinzen: *Chametla, Maloya, Copala, Culiacan, Sinaloa, Ostimuri, Sonora*, Neu-Mexico; damit fchliefst das Werk.

hohe Gebirgszüge: die *sierra del Pico* und, in 31° 40′ N. B., die *sierra de S. Clara;* nach der Karte von 1852 noch *sierra del Nazareno;* vielfach ist die Küfte, voller Krümmungen des Contours, von Sümpfen bedeckt. — Die Provinz Sonora galt in allen Zeiten als reich an edlen Erzlagern. Das Klima ist im allgemeinen fehr warm, befonders vom Mai bis September; die Monate October, November und December find kühler und angenehm: zu Ende Decembers und den Januar hindurch herrfcht Kälte; den ganzen Juli, Augult und September hindurch ist die Regenzeit. Wenn man die fumpfige Küfte ausnimmt, fo ist das Land höchlt gefund.

Einige der hier beigebrachten Bemerkungen gehören kaum in diefe Schrift; aber die geographifchen Beftimmungen und Specialitäten werden entfchuldigt, weil fie dem Zwecke dienen die Lage der Völker und Sprachen zu erhellen und zu fixiren, wie von den Spuren ihres Dafeyns und ihrem Wefen fo viel als möglich feftzuhalten und hier niederzulegen. Wenn ich mich bemüht habe die Quellen für die alte und neue Ortskunde in diefer Provinz befonders gründlich zu benutzen, und die lange Nomenclatur von Flecken, Dörfern, Prefidios und Miffionen ausführlicher als fonft mit Beftimmungen auszuftatten; fo ist ein kleiner beiläufiger Erfolg fchon der, dafs durch eine folche kritifche Zufammenftellung der Quellen ausgemachte Fehler in den Ortsnamen aufgedeckt und verbeffert werden. Fehlerhaft wird namentlich dann und wann *Mühlenpfordt* befunden, manchmahl auch *Villa-Señor:* mehr zuverläffig *Hervas*, am meiften *Arricivita.* Die WERKE, aus welchen mein grofses topographifches Verzeichnifs zufammengefetzt ift, find, nebft den für fie gebrauchten Zeichen:

M Ed. Mühlenpfordt's „Verfuch einer getreuen Schilderung der Republik Mejico." Bd. II. Hannover 1844. 8°; wo ich keine Bezeichnung für die Örter oder deren Prädicate und Beftimmungen habe, find fie aus ihm; das Zeichen M gebrauche ich nur felten, zur Deutlichkeit

≠ das *Theatro Americano, descripcion general de los reynos, y provincias de la Nueva España, y sus jurisdicciones. Su author Don Joseph Ant. de Villa-Señor, y Sanchez. Parte II. Mex.* 1748. fol. Er behandelt die Provinz Sonora (d. h. die befchränkte: da *Sinaloa* und *Ostimuri* befondre Capitel für fich haben) II, 391-409. An einer Stelle (403, a), nachdem er zuletzt die Völker durchgenommen hat, zu den *Taraumaras* und zur *Sierra de Chinipas* übergefchweift ift, fetzt er auf einmahl an zu fagen: *los nombres de las Miffiones, que ay en efta Provincia de Sonora, y los Pueblos Cabezeras de ellas, fon:* und liefert nun ein Verzeichnifs von 30 Ortsnamen; ich habe fie alle, wie die vielen anderen feines Capitels, in mein Regilter eingetragen. — Alcedo hat alle feine 66 Örter, die er im Artikel Sonora nennt und die ich im Anfange meiner Schrift (Abfchn. II § 12, S. 19) in 2 alphabetifchen Reihen wiedergegeben habe, aus Villa-Señor genommen: auch nicht Einen eignen Ort habe ich von ihm im Folgenden aufzunehmen gehabt

× unter diefem Zeichen habe ich die 27 jefuitifchen Miffionen Sonora's aufgenommen, welche ich S. 19[nn-f] aus des Hervas *saggio pratico delle lingue* (Cefena 1787) aufgeführt habe

* find die Ortsnamen und Beftimmungen zu Örtern, welche ich aus des P. Fr. Juan Domingo Arricivita's *Cronica seráfica y apostólica del colegio de propag. fide de la S. Cruz de Querétaro, II[da] parte, Méx.* 1792. fol., zufammengefucht habe; er erzählt, nach alten Berichten, den Anfang der Miffionen in Sonora und die Reifen

von *Garzes*, *Font* u. a. zu den Flüffen Gila und Colorado; wie die Expeditionen, welche von Sonora aus nach Norden, bis Monterey und San Francifco gemacht find: p. 394-431 und 450-570

Mühlenpfordt nennt einige eigenthümliche Wörter für Natur- und Kunfterzeugniffe in der Provinz: eine Abart des Chile (II, 422^{mf}), welche „von den Bewohnern Sonora's *chiltecpin* genannt" werde; diefs ift ein rein mex. Wort, bei Hernandez und Sahagun vorkommend, und bedeutet an fich: Chile-Floh (von *chilli* fpan. Pfeffer und *tecpin* Floh); eine Art Bataten (ib. ^{nn}), „von den Indiern *temákis* genannt"; *zaguáros* (423^{m}), die Frucht einer Cactus-Art; „eine Art Seifenftrauch (423^{mf}), von den Indiern *amole* genannt, wächft wild in den Wäldern": diefs ift das mex. Wort *amolli*, nach Clavigero und Sahagun eine kleine Pflanze, aus deren Wurzel Seife bereitet wurde; nach Molina Seife felbft bezeichnend; — „in den Wäldern leben Bifons (424^{aa}), hier *cibulos* oder *ciboros* genannt".([1]) „Die Pima-Indianer (425) flechten aus den Reifern gewiffer Stauden, im Lande unter den Namen *mora* und *cuemesillo* bekannt, fehr niedliche Körbchen ... Viele diefer Körbchen, unter dem Namen *coras* bekannt und an Geftalt einem tiefen, runden, randlofen Napfe ähnlich, find vollkommen wafferdicht und dienen als Trinkgefchirre, Schüffeln ... Die Pimas, Yumas und Cocomaricopas ... verfertigen dergleichen *coras*, welche ihnen ftatt der Kähne dienen und ... wafferdicht find."

Nach Mühlenpfordt wird Sonora in 2 *departamentos* getheilt: *Arispe*, zerfallend in 3 *partidos: Arispe, Oposura* und *Altar*; *Horcasitas*, in 3 *partidos: Ostimuri, Horcasitas* und *Petic.* Wegen Oftimuri's f. meine Bemerkung S. 198^{aa-af}. — Sonora befitzt einen Bifchof.

GEBIRGE und BERGE: *sierras:* ‡*de las Animas* (373,b), ‡*die sierra azul* wird im Capitel von Guevavi genannt (374), ‡*de Carretas* (393), *de S. Clara* und *del Nazareno* f. vorhin S. 199^a, *del Pico* f. ib., ‡*de Purica* (373, b), ‡*de Siricagui* (im Cap. von Guevavi, 376), ‡*de S. Xavier* (ib., 375); — ‡*cerro prieto* (373, b), *cerro de S. Pedro*; — die ‡*cuesta del Mal Pais*, mit dem Pafs *Tetillas*, wird genannt im Cap. von Fronteras (371-2); *cuesta del Picacho* (ib., 373); — die Bergpäffe, *puertos*, bei Villa-Señor habe ich den Ortsnamen einverleibt.

Vorgebirge am calif. Meerbufen: *cabo del Haro* oder *de Guaymas*, *punta de los Lobos*; Baien und Haffs deffelben: *S. Bartolomé* Haff, ‡*bahia de Caborca* (395), Bai *S. Cruz*, *bahia de S. Juan Bautista*, *S. Martin* Haff, ‡*ensenada de Tepocas* (401), Bucht *S. Xavier*; — Infeln: *isla del Angel de la Guarda* (nach Alcedo), *S. Augustin*, *isla de S. Estevan*, *S. Inez*, *isla de los Lobos*, *de los Pajaros* vor dem Hafen Guaymas, *S. Pedro*, *Tiburon* grofse Infel; über angeblich grofse Seen f. S. 198^{mf}; eine *cienega de los Seris*, als See in Sonora in der Nähe des calif. Meerbufens, giebt Alcedo im Artikel *Seris* an.

([1]) Die jetzt angenommene fpanifche Form ift *CIBOLO*. Die fpanifchen Wörterbücher des vorigen Jahrhunderts kennen diefes Wort nicht; es fteht nicht in der grofsen 1ten Ausgabe des Lexicons der fpanifchen Akademie (*diccionario de la lengua castellana compuesto por la real academia española T. II.* Madrid 1729. fol.), nicht in dem grofsen *diccionario castellano* des *P. Esteban de Terreros y Pando* (Madrid 1786. fol.), noch in anderen; ich kann es zuerft nur nachweifen in der 5ten, in Einem Bande erfchienenen, Ausg. des Lex. der fpan. Akad. (Madrid 1817. fol.): wo fteht: *cibolo* „*animal cuadrúpedo de Nueva España, llamado tambien toro mejicano*"; *cibola* „*la hembra del cibolo.*" Jedoch führt Alcedo fchon *cibolo* im Anhange zum 5ten Bande feines geogr. Lexicons (T. V. Madrid 1789 p. 59), in feinem *vocabulario de las voces provinciales de la América usadas en el Diccionario Geográfico-Histórico de ella,* an: als *Bos Bisson, especie de Toro montaráz de la Prov. de Cinaloa ... que tiene la cerviz poblada de una lana muy larga y suave.*

Die alphabetiſche Reihe der FLÜSSE iſt: *rio de la Ascension, de la Asuncion, rio Azul* ſ. San Franciſco, *rio grande de Bavisque* Nebenfluſs des Hiaqui; *rio Chico,* welcher in den Hiaqui fällt; *arroyo de S. Clara,* ✝*Comacari* bei Guevavi; *rio de Dolores,* welcher ſich mit dem Fl. Sonora im Sande verliert; *rio de S. Francisco* oder *rio Azul* Nebenfluſs des Gila; *Gila* an der Nordgränze, welcher in 32° 45′ N. B. und 116° 43′ W. L. v. P. ſich in den rio Colorado ergieſst; *Hiaqui* oder *Yaqui,* in älterer Zeit auch *rio de S. Ignacio* genannt; ein andrer *S. Ignacio,* einfallend in den Afcenſion; ✝*rio de S. Marcos* (395), *S. Maria* Nebenfluſs des Gila, *Mayo* ſüdlicher Gränzfluſs gegen Cinaloa, *tres Ojitos* Bach, *rio de Oposura* Nebenfluſs des Hiaqui, *S. Pedro* it. des Gila, ✝*rio de Pitiqui* zwiſchen den „Gueymas und Ceris"; *rio de Sonora* (auch ✝): entſpringt bei Arispe, flieſst gegen S und vereinigt ſich bei Petic mit dem *rio de Dolores;* er iſt von den Flüſſen Sonora's am reichſten an Gold (II, 424ⁿᶠ)(¹); ✝*Zuaquéo* kleiner Nebenfluſs des Hiaqui nach Villa-Señor (und Alcedo, ſ. S. 210ⁿ⁻ᶠ): Alc. und VS legen ihn nach Oſtimuri, weil ſie (ſ. S. 18ᵐᶠ und 205ᵃᵃ) Sonora erſt vom nördl. Ufer des Hiaqui beginnen laſſen.

Folgendes iſt das groſse Verzeichniſs der ORTSCHAFTEN von Sonora: ✝*Aconchi* Miſſion am Sonora = ×*Aconchi* oder *Acotzi* jeſuitiſche Miſſion; *Acoreti* Ort mit warmen Bädern *(baños de aguas termales,* 519), *Agame* ſ. Aygame, *el Aguage* Dorf und alter Bergw. Ort = ✝*el Aguaje* Real, bei Humb. Real in der Diputacion la Huerta; ✝*los Alamos* Miſſion bei S. Juan Baptiſta (398); Preſidio de S. Gertrudis *del Altar,* Hauptort des Partido *de Altar,* am Aſcenſion (*presidio del Altar* 495); ✝*los Angeles* jeſ. *pueblo* (399), welches mit Populo eine Miſſion der Seris bildet; *Aquitoa pueblo* zur Miſſion Ati gehörig; *Aribechi* Dorf und Miſſion in der *Pimeria alta* = ×*Aribetzi* jeſ. Miſſion = ✝*Aribeti* (diese Form würde wenig gut ſeyn) Hauptort einer Miſſion = ✝*Aribetechi* (389, b); *Arispe:* Hauptſtadt eines Departements und Partido, in einem vom Fl. Sonora durchſtrömten Thale, mit 3000 E.; ✝ Miſſion am Sonora, × jeſ. Miſſion; der Name ſoll nach Pfefferkorn in der Pima-Sprache: groſse Höhle bedeuten; *Arizona* Goldwäſche; *Ati* Ind. Dorf, ✝× jeſ. Miſſion (*del Ati* 488) der *Pimeria alta;* ✝*Aygame* Real (398) = *la Agame* reiche Goldgrube bei Horcaſitas; — ✝*Babicora* (dieſs iſt die ächte, öfter vorkommende Form) Miſſion am Fl. Sonora = *Babiacora* (M): ein Hauptort der Opatas, Pfarrdorf am Son. und alter Gruben-Bezirk, in 29° 45′ N. B. und 111° 15′ W. L. v. P., mit 600 E.; *Babispe* ſ. Bavispe; S. Xavier *del Bac* kl. Dorf ganz im N bei Tuscon, ✝ Hauptort e. Miſſion = *del Vac;* — *Bacade ?* oder *Bacadeguachi ?* es iſt zweifelhaft, ob die erſte Form beſteht, ob das 2te Compoſitum Wirklichkeit hat, ob 2 Örter: Bacade und Guachi zu trennen ſind; folgendes ſind die Data: ✝*Bacade* kommt vor (403, a) in folgender Aufzählung: *Zaoripa Bacade, Guachi;* M *Bacadeguachi* Dorf und Miſſion der Opata-Ind., ×*Bacadeguatzi* jeſ. Miſſion; ✝*Bacanutchi* Real (399), nach Humb. zur Dip. la Huerta gehörig; S. Maria de *Baceoac* Dorf und Miſſion; ✝*Bacoati* (ob = dem folgd.?) Miſſion im NO des Fl. Sonora, *Bacuachi* (vgl. das vorige) Preſidio, auch Goldwäſche *(bacoatzi* bedeutet nach Pfeff. im Pima: hoher Berg); *Bacun* Dorf der Hiaqui am ſüdl. Ufer; *Banamichi* (nach M auch *Banamitza)* Pfarrdorf mit 300 E., wovon ⅔ reine Opatas, ✝× jeſ. Miſſion am Fl. Sonora; ×*Baresaca* ſ. Bazaraca; ✝*Basochuca* verfallenes Real, bei Humb. Real der Dip. la Huerta; ✝*Batepito* genannt bei Gelegenheit des Pref. Fronteras (371); *Batequi* (nach Alc.) am calif.

(¹) S. oben S. 18ᵐᶠ, daſs nach Alc. Sonora urſprünglich Name eines groſsen Thals geweſen ſeyn ſoll; das Wort kommt auch als zweiter Theil in dem Namen *Cupisonora* vor, eines Reals bei Humboldt (ſ. unten S. 204ⁿᶠ).

Meerbufen, der grofsen Infel *del Angel de la Guarda* gegenüber; +*Batuco* (bei Hervas *Batuca,*
f. § 235) Miffion oder Hauptort einer folchen = *Batuc* Pfarrdorf am Opofura, +×*Batuso* jef.
Miffion; *Bavispe* Prefidio am gleichnamigen Fl. = ×*Babispe* und +*Vavispe* jef. Miffion (bed.
nach Pfeff. in der Pima: Schlangenhöhle); +.*Bayaconi* Miffion am Sonora; *Bayoreca* Bergw.
Flecken und Revier, + bei Oftimuri (387) genannt, = Humb. *Baroyeca* Real der Dip. Cofala;
+S. Maria *Bazaraca* Miffion = ×*Baresaca* jef. Miffion; *Belen* (fo auch Alc.) Dorf der Hiaquis
an der NSeite des Fl., wohl = +*Bethlem* (388, b) und *Bethelen pueblo* (401); *Bican* f. Bocon,
Bisanig Dorf bei Caborca am Afcenfion = *Visanig pueblo* zur Miffion Caborca gehörig,
+*Bocon* (388, a) = M *Bican* Dorf der Hiaqui am füdl. Ufer, *Bonamichi* Miffion (567), *Buena-
vista* Prefidio am Hiaqui, auch +*; — *Caborca* Pfarrdorf, + Miffion und *pueblo* (400), ×* jef.
Miffion; S. Ignacio *Caburic* Dorf und Miffion am S. Ignacio, *Calabazas* (mit Kirche, 488),
+*Cananca* verlafsnes Real (399); *Miffion *del Carrizal* (f. die Gefchichte ihrer Gründung 520-4),
angelegt *en un carrizal* in der Nähe der Küfte, gegenüber der Infel Tiburon: nach Alc. *pueblo*
in Sonora zwifchen den *pueblos* Bategui und S. Marcelo; +*Chinapa* Miffion 5 *leguas* NO vom
Sonora; *Cieneguilla* Rancho 21 *leguas* von Petic, S. Ildefonfo *Cieneguilla* Bergw. Ort (2 Örter),
+*Cinoquipa* Miffion am Sonora, + *Cochuta* Ind. Dorf. S von Fronteras, +*Cocorin* = M *Cocorun*
Dorf der Hiaqui am füdl. Ufer; +*Cocospera* jef. *pueblo* (400), * *pueblo* der Miffion Suanca;
×*Comoripa* oder *Cumuripa* jef. Miffion, * (389, a), *Cumuripa* Miffion in der *Pim. baxa* (396),
wohl = +*Comurispas* Miffion oder Hauptort einer folchen; +*real de la Concepcion* (399);
S. Pedro *de la Conquista* Dorf und Miffion am Afcenfion, bewohnt von armen Seri-Indianern;
+*Coro de Guachi* f. Fronteras, +*S. Cosme* Real, *S. Cruz* Rancho bei Petic, Prefidio *de la S. Cruz*
befeftigter Ort mit Wällen; +×*Cucurpe* jef. Miff. Dorf (* 399), bei Humb. Real der Dip. la
Huerta = M *Cucurape* (das alfo unrichtig ift) Dorf; *Cuitoat* Rancheria (416), +*Cumpaó*
(390, b) = M *Cumpas* Dorf, *Cumuripa* f. Comoripa; +*Cuquiarachi* Hauptort einer Miffion, × jef.
Miffion; — *Dolores* Thal am gleichen Fluffe, von Ind. bevölkert, +*los Dolores* jef. *pueblo* (399);
+S. *Estanislao* Miffion oder Hauptort einer folchen; +*S. Francisco* 1) Miffion bei Pitiqui
2) eine andre Miffion, +S. *Francisco de Borja* (403; ob = einer der 2 vorigen oder ein 3ter
Ort?) Miffion oder Hauptort einer folchen, *S. Francisco Xavier* reiche Goldwäfche (* nennt
die Kirche zu S. Xavier); *Fronteras* Prefidio: + nennt es *presidio de Coro de Guachi de Fronteras,* und handelt von ihm in einem eigenen Capitel (II, 369-374); es liegt (393) 40 *leguas*
vom Real de S. Juan Baptifta (de Sonora); *Guachi* 1) f. Fronteras 2) f. Bacadeguachi: ob es
ein befondres Miffionsdorf ift? ×*Guasabas* f. Guazava; S. Fernando de *Guaymas* Hafenort
mit 400 E.; S. Jofé de *Guaymas* Flecken am gleichnamigen Fl. mit 5000 E., 2 *leguas* öftlich
vom vorgenannten Hafen; +*Guazava* und *Guazabas* (390, b) = ×*Guasabas* jef. Miffion (wohl
nicht hierher gehörig: denn nach Alc. und VS liegt das Dorf *Guazabas, Guazabe* [f. nachher 206ᵐ] in Oftimuri; auch habe ich die Sprache und das Volk *Guazave* bei Cinaloa, S. 158, abgehandelt), +*Guepaca* Miffion am Sonora (Alc. fchreibt fehlerhaft *Guecapa); +S. Phelipe de
Jefus *Guevavi* Prefidio, von welchem VS in einem eignen Capitel 374-7 (f. auch 400) handelt
(vgl. noch unten *Ternate*); *Guevavi* nennt er auch (403) unter den Haupt-Miffions-Örtern in
Sonora = *Guebabi* jef. Miffion = *Guevavit* und *de los Santos Angeles de Guevabi* (518, b)
Miffion in der *Pim. alta*; +*Guisuani* Real (497, bᶠ), nach Humb. zur Diputacion la Huerta ge-
hörig; — *Hermosillo* f. Petic, *Himuris* eine *visita* der Miffion S. Ignacio (ob der Ort mit dem
Volke *Himeri*, § 234, zufammenhängt?), +*S. Hipolyto* Real (399); S. Miguel de *Horcasitas*:
Flecken (*villa*) und Prefidio, Hauptort eines Departements und Partido, mit 2500 E., auch

Bergw. Revier; *Huadibis* Dorf der Hiaqui am füdl. Ufer des Fluffes, ⧺*Huepaca* Miſſion oder Hauptort einer folchen, ⧺*Huiribis* Dorf und guter Hafen oberhalb der Mündung des *Rio grande* oder Yaquis (von VS aber zu Oſtimuri gerechnet, 388), ×*Hures* f. Ures, *Icori* Dorf; ⧺*S. Ignacio* jef. *pueblo* (400) oder Miſſions-Hauptort (403), * Miſſion der *Pim. alta; S. José de Pimas* in 28° 26′ N. B. und 112° 31′ W. L., *S. Juan Baptista* f. Sonora; — ⧺*Mababi* Bergpafs *(puerto)*, im Capitel von Fronteras genannt (373); ⧺*Magallanes* item (373 u. 374), ⧺*S. Magdalena* jef. *pueblo* (400), auch *; *S. Marcelo* (nach Alc.), *S. Maria,* **S. Maria Magdalena* in der *Pim. alta;* ⧺×*Matape* jef. Miſſion, wohl = *Matapic* Pfarrdorf unterhalb der Mündung des Opofura; ⧺*Merisichi* jef. *pueblo* (399), ⧺×*Mobas* jef. Miſſion (vgl. *Moabas* in Oſtimuri unten S. 205[m]); *los Molinos* alter Bergw. Bezirk am Sonora, bei Humb. Real der Dip. Cofala; ⧺*Moradores* über Nacozari (399); ⧺*Motepore* Real NW von Tepache, nach Humb. in der Dip. la Huerta; ⧺*Murucutachi* Bergpafs *(puerto)*, genannt im Cap. des Pref. Fronteras (371); — ⧺*Nacameri* jef. *pueblo* (399), × Pfarre; ⧺*Nacozari* Pfarrei und Real, angränzend an das Gebiet der *barbaros Indios Apaches* (393, 390), *que se llaman de Gila* (Alc. hat neben diefem noch einen Ort *Nazacori,* der wohl ein Irrthum iſt), = *Nacosari* Bergw. Revier, bei Humb. Real der Dip. la Huerta; *Oapars* Rancheria (416); *Onabas* Pfarrdorf am Hiaqui, ⧺×* jef. Miſſion; ⧺×*Onapa* jef. Miſſion (beides find verfchiedene Örter: f. ⧺ 389, 403; auch hat Hervas *Onabas* und *Onapa* als 2 Miſſionen); ×*Opodepe* jef. Miſſion (bedeutet nach Pfeff. in der Pima: Steingrube) = ⧺*Opode* (unrichtige Form) jef. *pueblo* (399); *Oposura:* Hauptort der Opatas, grofses Pfarrdorf, Hauptort eines Partido, am gleichnamigen Fluffe, mit 2000 E., auch Bergw. Rev.; eine der älteſten Ortschaften in der Prov., von den Jef. gegründet; ⧺ Haupt-Miſſionsort, × jef. Miſſion; *Oquitoa** Dorf und Miſſions-Bezirk; ⧺*S. Pedro* reiches Bergwerks-Real (399), ⧺*el Pescadero* (398); *Petic* (wohl = Pitiqui) 1) früher Prefidio, bei Mühl. Hauptſtadt des Staats (f. unten Ures), mit 8000 E.; jetzt nach Ternaux *Hermosillo* genannt 2) Dorf bei Caborca am Rio de la Afcenfion; ⧺*Pitiqui* (wohl Mühlenpfordt's Petic) Prefidio am gleich benannten Fluffe, in 29° 50′ N. B. (398), * *pueblo* (mit *Seris* und *Piatos*) zur Miſſion Caborca gehörig (= Mühl.'s zweitem Petic und wohl = ⧺Pitiquin; Arric. nennt es bald *el Pitic,* bald *el Pitiqui); ⧺*Pitiquin* (verfchieden von ⧺*Pitiqui,* wohl = Arricivita's Pitiqui) Miſſion in SW vom Prefidio Pitiqui (393, 398); *Ponida* kl. Dorf in der *Pim. alta;* ⧺*Populo* jef. *pueblo* (399), welches mit Angeles eine Miſſion der Seris bildet, *el Populo* bei Humb. Real der Diput. la Huerta; *Potan* ⧺ Dorf der Hiaqui am füdl. Ufer, *Raun* Dorf der Hiaqui am füdl. Ufer = ⧺*Ruan* und wieder (f. unten S. 206[m]) *Caun,* ⧺*los Remedios* jef. *pueblo* (399); *S. Rosalia* Ind. Dorf bei der Miſſion Ures, auch *; *Ruan* f. Raun; — *S. Sabina* kleiner Hafen; ⧺*Saguaripa* (389) = ×*Sahuaripa* jef. Miſſion = M *Soguaripa* Dorf und Miſſion in der *Pim. baxa* = ⧺*Zaoripa* Miſſion oder Hauptort einer folchen; *Saric* Dorf und Miſſion, ×* jef. Miſſion in der *Pim. alta; Soanca* f. Suanca, ⧺*real de la Soledad* (393,b); *Sonora* ein im Thal des Fluffes Sonora, mit 2000 E., ehemahls *alcaldia mayor* und *diputacion de mineria;* *custodia de S. Carlos de Sonora* (ihre Gründung wird erzählt p. 562-575); S. Juan de Sonora* Bergw. Revier = ⧺S. Juan Baptiſta *(de Sonora),* bei Villa-Señor die Hauptſtadt der Prov. Sonora und Bergw. Real; *Soquaripa* f. Saguaripa; *S. Maria Suanca* oder *Soanca,* *Suanca,* ×*Soamca* jef. Miſſion (⧺ 400, 403) in der *Pim. alta;* *Suapa pueblo* zur Miſſion Onabas gehörig; *Suaqui* Pfarre = M *Suagui* Dorf (man wird verfucht diefs mit dem Flufsnamen *Zuaque* und dem Volke *Zuaca* zu identificiren: f. S. 158[n] und unten S. 210[n-f]); — *Tabutana* f. Tubutama, *Taconipa* (wohl zu verbeffern in das folgende *Tecoripa)* Dorf; ⧺×*Tecoripa* (vgl.

Taconipa) jef. Miſſion, * Miſſion: *con la visita de Suaqui, 9 leguas* vom *pueblo de Pimas* (396); ǂ*Teopari* Miſſion oder Hauptort einer ſolchen, *Tepache* ǂ kl. Dorf am Hiaqui (wohl = *tepatzi,* welches nach Pfeff. in der Pima Fuchsberg bedeutet; ſonſt iſt *tepache* der bekannte Name eines Maguey-Getränks in Anahuac); ǂ*real de los Tepetates* verlaſſen (399); *Tepocas* (Volksname) iſt nach Alcedo ein *pueblo* in Sonora am californiſchen Meerbuſen und nahe der *cienega de los Seris; *S. Teresa: visita* von Tubutama; *Preſidio de *Ternate* an der *Pim. alta* (39b) = ǂPref. de *Terrenate* (338, a), welches daſſelbe mit dem Pref. de Jeſus Guevavi zu ſeyn ſcheint; ǂ*Timen* jef. *pueblo* (400), ǂ*Toape* jef. *pueblo* (399) = *Tuape* Pfarre, *S. Tomas* kl. Dorf in der *Pim. baxa;* *Tonichi pueblo* zur Miſſion Onabas gehörig, auch ǂ (389, a); *Torin* Dorf der Hiaqui am ſüdl. Ufer, *Tuape* ſ. Toape; *Tubac* Preſidio am kleinen Fl. S. Maria, * Preſidio; *Tubasa* Ran- cheria (416); ǂ*Tubutama* Miſſion (400) am Caborca, ×* jef. Miſſion (**de S. Pedro y S. Pablo de Tubutama* 526) der *Pim. alta* = M fehlerhaftem *Tabutana* Dorf und Miſſion; *Tumacacori* (mit Kirche, 488); ǂ*Turicachi* Ind. Dorf im S von Fronteras, nach Janos zu; Preſidio de *Tuscon* (wohl zu verbeſſern in *Tuyson)* Militärpoſten, das nördlichſte *presidio* Sonora's, in 33° N. B.; *Tuyson* (auch mit anderen Formen: *pres. del Tuizon* 509, *el Tugson* 488, *pres. del Tuczon* 495) Preſidio der *Pim. alta* (396), wohl = M *Tuscon* (dieſes *Tuyson* bietet wohl keine Löſung für den räthſelhaften *del Tizon* dar, von welchem ich S. 66 gehandelt habe; ſ. § 299); — *Ures:* 1) groſses Dorf am *rio de Sonora,* 12 *leguas* SO von Horcaſitas, in etwa 29° 10′ N. B. und 111° 46′ W. L. von Paris; nach dem *cuadro sinoptico* iſt es die Haupt- ſtadt des Staats: mit 7000 E., liegend in 29° 12′ N. B. und 10° 38′ 50″ W. L. von Mex., 582½ *le- gua* entfernt von Mexico 2) Dorf und Miſſion am *rio de la Ascension* in 31° N. B. und 114° 3′ W. L. v. P.; ǂ*Ures* jef. Miſſionsdorf (398) in der Gegend von S. Juan Baptiſta, *(mission de los Ures)* Miſſion in der *Pimeria, visita de S. Rosalia* (396) = ×*Hures* jef. Miſſion (man muſs wohl annehmen, daſs dieſe Miſſion der alten Quellen mit Mühl.'s zweitem Orte, nicht mit der jetzigen Hauptſtadt, identiſch iſt); *Vac* ſ. Bac, *Vavispe* ſ. Bavispe, *Visanig* ſ. Biſanig, *Zaoripa* ſ. Saguaripa, *Zuaqui* ſ. Suaqui.

§ 224,b. Ich habe das ſchöne Verzeichniſs der BERGWERKS-REALE der Inten- dantſchaft Sonora in HUMBOLDT'S *essai politique* ſo wenig benutzen können, weil ich meiſt nicht beſtimmen konnte, welche von ihnen der Prov. Cinaloa und welche Sonora im engen Sinne zuzuweiſen ſeien; nur diejenigen davon habe ich genannt, deren Namen ich ſchon als Örter in beiden Provinzen hatte. Ich liefere hier das alphabetiſche Verzeichniſs der übrigen Reale der Intendanz (Sonora's im weiten Sinne: Cinaloa's, Oſtimuri's, Sonora's), mit Aus- ſchluſs der gewöhnlichen Heiligennamen; jedem Real ſetze ich die Humboldt'ſche Ziffer der Diputacion bei, zu welcher es gehört; und zwar bedeutet:

26 die Diputacion *Copala,* welche meiſt Cinaloa anzugehören ſcheint

27 *Cosala,* 28 *Alamos,* 30 *Guadalupe de la Puerta*

31 *S. Francisco Xavier de la Huerta,* welche letzte ſicher in Sonora zu liegen ſcheint.

R e a l e: *las Adjuntas* oder *S. Rosa* 26, S. Antonio de *Alisos* 27, *Apomas* 26, *Bacatopa* 27, *los Carcamos* 27, *el Carrizal* 31, *Charcas* 26, S. Ildefonſo de *Cieneguilla* 31, *Cupisonora* 31, *el Gabilan* 31, *la Concepcion de Haygamè* 28, *Higane* 31, *Hostimuri* 31, S. Roſa *de las Lagu- nas* 26, *Nacatabori* 31, *Nacumini* 31, *Norotal* 27, S. Nicolas de *Panuco* 26, *Plomosas* 26, *Ra- cuach* 31, *Saracachi* 30, *Sivirijoa* 27, *Surutato* 27, *Tabahueto* 27, *Tecuachi* 31, *Tenoriba* 27, *To- cuistita* 26, *Todos Santos* 31 (auch als Real genannt von Villa-Señor, bei Oſtimuri, 389, b), *Trancito* 26, *Yecorato* 27 (ǂ nennt das *pueblo Yecora* bei Oſtimuri 389, a), *Zataque* 27.

Eben fo liefere ich hier den S. 198[af] verheifsenen Nachtrag der Ortsnamen, welche VILLA-SEÑOR in feinem Capitel von der Provinz OSTIMURI *(libro VI* cap. 15, p. 387-390) als in derfelben liegend angiebt, nachdem ich diejenigen weggelaffen, welche ich (aus anderen Quellen) als Örter Sonora's in dem Verzeichnifs diefes Landes geliefert habe. Villa-Señor giebt aber der Prov. Oftimuri *(prov. de S. Ildefonso Ostimuri)* einen weiteren Bereich, indem er fie (388, a) an den Rio *Yaquis* angränzen läfst: *confina efta Provincia con el Rio grande, que affi le llaman, ò por otro nombre Yaquis...* Um fo eher (f. 201[af]) kann ich diefe Lifte von Orts-namen, — die er alle, meift jef. Miff. Dörfer, in ihrer Lage von dem *Real de Rio chico* aus be-ftimmt —, hierher ftellen: *Bacanora pueblo* 25 *leg.* N$\frac{1}{4}$O von Rio chico (388, b), *Cocorin* Miffion 22 *l.* (ib.); *de Señor S. Joseph* Real 26 *l.* NW von Rch (390, a), verlaffen wegen geringen Ge-halts feiner Erze; *pueblo de las Juntas (del Rio Yaquis con el de Taraumara;* 389, h) jef. Miffionsdorf 31 *l.* NNO von Rch; *de S. Marcial* Real 28 *l.* WNW von Rch (390, a), verlaffen wegen geringen Erz-Gehalts; *S. Marcos* altes verlaffenes *real de minas* 19 *l.* N von Rch (389, b); *S. Miguel* 25 *l.* NNW von Rch (390, a), Real mit reichhaltigen Gold- und Silbergruben, mit einem Pfarrer und zahlreicher Einwohnerfchaft; *Moabas pueblo* 4 *l.* füdlich von Rch (vgl. *Mobas* oben S. 203[aa]), *Nacori pu.* 11 *l.* N von Tecoripa (390, b); *S. Nicolas* Real 7 *l.* ONO von Rch, früher wegen des Schwunges feiner Bergwerke ftark bewohnt; *Nuri pu.* 8 *l.* S von Rch, *Opostura pu.* 41 *l.* N von Rch (390, h; follte es = *Oposura* in Sonora feyn?), *Opotu pu.* 46 *l.* NNO von Rch (390, b), *el real de Ostimuri* die ehemahlige Hauptftadt; *real del Rio chico:* war zu des Verf. Zeit die Hauptftadt der Prov. Oftimuri (387); *curato,* Sitz eines *alcalde mayor;* in der *sierra* gen N liegen mehrere *reales de minas de plata,* deren Erze gefchmolzen werden, aber von geringem Gehalt find; in derfelben Gegend find 5 Miffionen der *Pimas bajos* unter den Jefuiten; *Tacupeto* altes verlafsnes *real de minas* 18 *l.* NO von Rch (389, b), *Thesico pu.* 56 *l.* NNO von Rch (390, b), *S. Xavier pu.* 6 *l.* N von Tecoripa (390, h), *Zuaqueo* jef. Miffions-dorf 16 *l.* weftlich von Rio chico.

Nachdem ich Sonora fo viel Sorgfalt gewidmet habe, wünfchte ich den älteren Zuftand CINALOA'S, bis zur Mitte des vorigen Jahrhunderts, noch mit mehr Genauigkeit und Umftändlichkeit darzuftellen; ich wünfchte namentlich die kurze Ortskunde und blofse Nomen-clatur, welche ich (S. 13[f]-14[af]) aus Alcedo beigebracht, durch die inhaltsreicheren Erläute-rungen VILLA-SEÑOR'S zu erfetzen. Ich werde aus ihm mancherlei wichtiges mittheilen; darunter gehört die beftimmte Nachweifung und Nennung von Colonien der Mexicaner in Ci-naloa, mit gelegentlichen Bemerkungen über ihre Sprache.

Zunächft liefere ich einige zufammenhangende Stellen aus Villa-Señor, mit Grup-pen und REIHEN von ORTSNAMEN, deren Zerftreuung über das Alphabet eine grofse Weitläuftigkeit und Vervielfältigung der Erläuterungen zu Wege bringen würde. Hier wie in der alphabetifchen Reihe werden wir die von Alcedo genannten Örter wiederkehren fehen. „Aufwärts den Flufs der *Villa del Fuerte (rio arriba de la Villa del Fuerte)"*, fagt Villa-Señor II, 384, b[nn]-5, a[m], „finden fich nach einander, indem man zwifchen Norden und Often fort-wandert, die Miffionsdörfer *Toro, Baca, Toriz* (385), *Cuites, Temoris, Chinipas, Valle umbroso, Guazapares* und *Tegueco;* und an dem Flufsarm, welcher in den Fuerte geht, die Miffionen *S. Ignacio, la Concepcion* und *Jatebo;* und nach der Gegend N$\frac{1}{4}$NO in einer Ent-fernung von 25 *leguas* die Miffion *Guadalupe,* auf 28 *l.* den Flufs herauf *S. Anna,* und auf 30 *Loreto."* — Nachdem er von dem *Real de los Alamos* und einem Hafen gehandelt, fagt er (385, b[mf]-6, a[aa]): „es ift von diefer Stelle *(de efte parage)* zum *pueblo de Mayo, y Aguy* eine

Entfernung von mehr denn 30 *l.*, das am Fufse der *sierra* liegt; in dem Zwifchenraum *(en fu intermedio)* finden fich 4 Miffionen der Mayos-Indianer mit ftarker Familienzahl, welche von Jefuiter-Mönchen verwaltet werden, und aus 10 *pueblos* beftehn, von dem von *S. Cruz* an, das an der Mündung des *rio del Mayo* liegt, aufwärts; und es folgen ihm (386): *Achogoa, Caurimpo, Navajoa, Tecia, Canamoas, Guadalupe, Mocoyagui, Topehue* (Alc. fchrieb *Tepehue*) und *Batacosa.*" — Endlich, nachdem er von dem Thal geredet, das *el curato de S. Benito* benannt wird, fagt der Verf. (386, b\u207f-7, b\u1d50): „von diefem Thale nach der *sierra de Taraumara* ift eine andere Landfchaft *(provincia)*, welche man *Santiago de los Caballeros* betitelt; fie befitzt eine fo geringe Einwohnerfchaft, dafs fie keine förmliche Ortfchaft noch irgend eine Pfarrei hat, fondern nur aus mehreren *rancherias* von Spaniern und einigen Miffionen von Tarahumaren *(Indios Taraumaras)* befteht . . . die Namen (487) der Miffionen der heiligen Gefellfchaft (Jefuiten), welche in diefer Provinz (es ift ganz Cinaloa gemeint, weil diefe Aufzählung, obgleich nur durch ein Semikolon von dem *valle de Santiago* getrennt, das Cap. über die Prov. „*Sinaloa*" befchliefst) enthalten, find: die von *Chinipas,* von *Zerocahuy, *Moris, *Yecora, Guazapares, *Tubares, ×*Sinaloa,* ×*Bacuberito, Tebeco, Mochicahui, Nio,* *Bamoa, *Chicorato, Macorito (Alc. *Mocorito),* Guazabe (Alc. *Guarabe),* *Conicari, Camoa, Navajoa, S. Cruz de Mayo, *Bacuna, Torin (Alc. *Toriz),* *Caun (wohl = *Raun,* oben S. 203\u207f), Toro, Baca, *Bethlen, *Oconori, *S. Juan Francisco Regis, Noguera, Loreto und S. Anna, *Lobera, *S. Ramon und die von *S. Juan Evangelista." Die mit einem Stern * bezeichneten Örter befinden fich nicht in Alcedo's Aufzählung von Cinaloa (oben S. 14\u1d43\u207b\u1d43\u1da0), die mit einem Kreuz × vorgezeichneten aber in Mühlenpfordt's Örtern in Cinaloa (oben S. 179); einige der befternten liegen nicht in Cinaloa, fondern in anliegenden Provinzen: wie der Tarahumara, Sonora. Die Örter der zwei früheren Stellen fanden fich alle bei Alcedo vor.

Ich liefere nun ein ALPHABETISCHES Verzeichnifs von ORTSNAMEN aus Villa-Señor, mit Erläuterungen bei den Örtern; durch einen Stern * deute ich hier an, dafs die Örter in meinem allgemeinen geographifchen Verzeichnifs von Cinaloa S. 179 nicht vorkommen; mehrere in diefem letzteren verzeichnete Örter, zu denen ich nichts hinzuflügen konnte, habe ich hier weggelaffen. Ich habe zu diefem Verzeichnifs die Capitel und Provinzen Villa-Señor's: *Chametla* (II, 377-8), *Copala* (379-381), *Culiacan* (381-3) und *Sinaloa* (383-7) vereinigt; bei den Örtern, welche einer der drei erften angehören, nenne ich die Provinz: die, bei denen ich keine Provinz benenne, liegen in Cinaloa. Die Prov. Chametla wird nach VS auch *del Rosario* genannt; er läfst fie am *rio de las Cañas* gegen Neu-Galicien beginnen, den auch Mühlenpfordt zum füdlichen Gränzflufs Cinaloa's gegen Xalisco macht; es werden in diefer Provinz *Chametla* aber nur 2 Örter genannt.

Örter Cinaloa's: *Bacaverito* jefuitifche Miffion: zu ihr und der Miffion Noguera gehören 4 kleine Dörfer; *pueblo de Badiraguato* in Copala: VS nennt aber wieder bei Culiacan als ein Zubehör davon die *jurisdiccion de Badiraguato;* *Bayta ≠ *Binapa;* *el curato de S. Benito heifst (386, b) ein Thal mit *ranchos de vacas y algunos cañaverales,* verwaltet von einem *cura clerigo;* in ihm ift eine *mission de Indios Mexicanos con un Miffionero Jefuita, que los affifte;* *Binapa Francifcaner-Miffionsdorf von Mexicanern *(Indios Mexicanos)* am *rio de Elota,* *Buya item zwifchen dem *rio de Elota* und de *Tabala;* *villa de S. Xavier de Cavasan in Copala, zwifchen der Küfte und *sierra,* am Ufer des *rio de Piasta:* Hafen; *fon pertenecientes à fu Doctrina* (380, h) *dos Pueblos de Indios Mexicanos, de corto Vecindario;* *Charay Miffion der Mayos; *real de Charcas 2 *leguas* vom *real de Copala:* beide Reale beforgt ein

Geiftlicher, *à cuya Doctrina* (380, b) *eftan fujetos otros dos Pueblos, habitados de Indios Serranos, del Idioma Mexicano, interpoblados con ellos algunos de los Tepeguanes; real de Copala* in Copala; *real de Cosela* in Copala (380, b): bei Culiacan fchreibt er *Cozela* (381, a), und fagt da: *y tiene por efte rumbo muchos Pueblos de Indios Mexicanos, y varios Cortijos de Mineros Efpañoles, en los que fe benefician fuertes de caña dulce, fon adminiftrados por el Cura Clerigo de Cozela; Esquinapa* in Chametla (das einzige *pu.* diefer Prov. neben Rofario): *habitado de Indios Mexicanos* (378, b), *efemptos del tributo por eftar pencionados á correr, y vigear la Cofta, por fer imbadida de los Enemigos;* (¹) **real de los Frayles* (386, a) zwifchen dem *rio del Fuerte* und *del Mayo, *el Rio Guarabe* jef. Miffion (genannt neben Camoa); *Haomé* Miffion der Mayos: nahe an dem gleichnamigen, fehr lebhaften Hafen, und an der Mündung des *rio del Fuerte* (384, b); **valle del Maquipa* mit mehreren Hacienden (385, a), **S. Maria* Hafen nahe dem von Haomé; *Masatan* (fo fchreibt VS unfer *Mazatlan)* pueblo in der Prov. Copala: von Mulatten bewohnt, welche feinen, öfter von Feinden angegriffenen Hafen bewachen müffen; an dem *rio de Masatan; *S. Miguel* und **Mochicahui* Miffionen der Mayos; **Navitoos* Hafen in Culiacan, beim Ausfluffe des Rio de Umaya, **Noguera, *Oconori* und **Ocosconi* (384, a) jefuitifche Miffionen, **haciendas de Panuco* Hüttenwerke beim Real de Charcas in Copala; *real del Rosario* Hauptftadt von Chametla: mit vielen, meiftentheils freilich verlaffenen, Gold- und Silbergruben; *villa de S. Sebastian* die Hauptftadt der Prov. Copala: fie liegt am Abhange der *sierra;* und an deren Fufse find (380, a) 4 *pueblos de Indios Mexicanos, que imperfectamente hablan el Idioma; y otras Rancherias de Efpañoles; *Sivirijoa* Miffion der Mayos, auch *real de minas; *Tacuchameta* Francifcaner-Miffionsdorf von Mexicanern in Culiacan zwifchen den Flüffen Elota und Tabala; **Tamazula* Hafen an der Südfee (383), 14 *leguas* von der Stadt Cinaloa: wo fich diejenigen einfchiffen, welche nach Californien handeln (wir haben S. 177ᵐ ein anderes *Tamazula* in Durango gehabt); **Tegueco* Miffion der Mayos; den *rio de Umaya* (= *Imaya*, f. S. 179ᵐ) nennt der Verf. (381, b) bei Culiacan; in der Gegend diefes Fluffes find mehrere *pueblos de Indios Mexicanos* (ich nenne fie an ihren alphabetifchen Stellen), welche Miffionen der Francifcaner find (381-2).

§ 225, a. Die Landeskunde der Gegenwart (Mühlenpf.) rechnet von den Einwohnern Sonora's ⅖ Weifse, ⅕ Meftizen und ⅖ reine INDIANER. „Die in diefem Staate lebenden Indier", fagt Mühlenpfordt, „zerfallen in eine Menge verfchiedener Stämme und Familien"; „um das *presidio del Altar"*, bemerkt er noch heute (II, 433ᵐ), „fchwärmen viele wilde Indier, find aber in Frieden mit den Anfiedlern." — Wenn ich die VÖLKERSCHAFTEN nach den einzelnen Berichterftattern nennen werde, fo wird man darunter mehrere von mir fchon früher, bei anderen Provinzen, namentlich bei Cinaloa, behandelte finden. Es wird hierbei wie bei den Ortsnamen (f. oben S. 185 Anm.) erkannt, dafs es oftmahls fchwer ift die indianifchen Völker Mexico's in die politifchen Abtheilungen zu zwingen, fie einer beftimmten Provinz zuzuweifen: zum Theil gehören fie zweien zugleich an, zum

---

(¹) In einem befondern, ganz kleinen Capitel, *de la Provincia de Maloya* (379), welche an den Abhängen der *Sierra Madre de Topia* liegt und wohl nicht zu Cinaloa gehört, fagt Villa-Señor: *La Provincia de Maloya eftá al Left de la de el Rofario; componefe de quatro Pueblos de Indios Mexicanos, que el mayor tendrà de Vecindario hafta cincuenta familias; y un Real de Minas intitulado Santa Rita* . . .

Theil verwirren die veränderlichen Raumbegränzungen der Provinzen und grofsen
Bezirke in der Zeit die Beftimmung, zum Theil endlich fufsen wir auf den unvollkommenen Nachrichten und vielfachen Irrthümern der Berichterftatter oder deren
geographifcher Verarbeiter.

VILLA-SEÑOR nennt an einer Stelle feines *theatro americano* (II. 1748 p.
391) in Sonora folgende Völker: *Pimas bajos, Opatas, Tobas, Teguiamas, Heguis,
Pimas altos, Ceris, Tepocas* und *Guaymas* (es ift diefelbe Reihe, welche A l c e d o,
aus ihm entnommen, giebt: f. oben S. 18[nn]). Unter ihnen feien, fagt er, 24 jefuitifche
Miffionen, gebildet durch je 3 bis 4 *pueblos*. Im Verlaufe des Capitels über Sonora nennt er
übrigens noch einige Völker, welche er in der obigen Reihe nicht hat und welche unten aus
ihm vorkommen werden. Im allgemeinen fagt er an einer Stelle (394): *en el Valle de la Pimeria alta . . . ay crecido numero de Pueblos de Indios, y muchas Rancherias, todos Chriftianos,
aunque muy malos, porque todavia confervan las idolatrías de fu barbara Gentilidad.* Er erzählt weiter, dafs ihre Häuptlinge 4-5 Weiber hätten: was die Miffionare dulden müfsten, um
keine Empörung zu erregen, . . . *y mas en una Nacion tan numerofa, como dieftra en el manejo del arco, y la flecha.* Sie bauten Weizen, Mais, . . . Baumwolle, hätten Schaf- und Zie-
genheerden.

Arricivita nennt in Sonora die *Papagos* (403, 416), *Subaipures* (410), *Seris*
und *Tiburones* (415). Andere, die ich aus dem Werke zufammengefucht, werden
in der Reihe einzeln vorkommen.

MÜHLENPFORDT nennt (I, 209[nn]-212[a]) eine grofse Menge Völker in Sonora:
im S, nach Cinaloa hinübergreifend, die 3 Hauptftämme: *Mayos, Zuaques, Hiaquis*
oder *Yaquis;* zu ihnen gehören nach ihm die Familien: *Guazare, Ahome, Ocoromi*
(in Cinaloa), *Tegueca, Tepdlue, Zoe, Huite:* und die Guaymas oder *Guaymis.*
Viele diefer Namen gehören zu Cinaloa und find da von mir behandelt. Zu den
Pimas baxos (f. unten bei den Pimas, § 252-3) rechnet er (210[af]) folgende
„Familien": *Mobas, Onábas, Nures, Saboribas* oder *Sisibotaris, Huras, Heris,
Sabaipures* und *Sonoras.* An einer Stelle (II, 420[mf-nn]) fagt er: „Von den Noma-
denvölkern, welche den Norden und Nordoften von Sonora bis zum Fluffe Gila
und die unbekannten Gegenden im N. diefes Fluffes durchziehen, weifs man wenig.
Im O. der Sierra de Santa Clara haufen die *Papayos* oder *Papábi-Oatam*, nördlich
von ihnen die *Yumas*, die *Cucápas* oder *Cupáchas*, die *Cajuenches*, die *Coanopas*,
die *Apaches Tontos* . . . und ein Theil der *Cocomaricopas* . . ."

RIBAS giebt (bei H e r v a s im *saggio pratico delle lingue* 1787 p. 78[aa]-79[mf])
in einem befonderen Abfchnitte, *ultimas conversiones* betitelt, folgende Nachrichten
von Völkerfchaften: Zwifchen dem 32° und 33° der Br. find die *N e b o m e alta*, in
den *popolazioni: Mobas, Onavas* und *Nures;* und *Nebome baxa*, in den *pop.:
Comoripa, Tecoripa* und *Zuaque.* Darauf folgen die Völkerfchaften: *Aibina, Sisibotari* (oder *Sabaripa*), *Batuca, Hure* und *Sonora:* welche (letzte) 140 *leguas* vom
Anfange Cinaloa's entfernt ift. Diefe Völker find in 20 *popolazioni* und in 4 Miffionen

der Jefuiten gebracht *(ridotte);* es find darin 3500 Familien; von vier Hauptfprachen, welche von allen anderen Cinaloa's verfchieden find: was den Miffionaren grofse Schwierigkeiten bereitet. Das Volk *Hure* gränzt an einer Seite an das Volk *Na-cameri* und *Nacosura;* darauf folgen die *Himeri*, darauf nennt er die *Heri.* Das Volk *Batuca* foll im N befreundete Völkerfchaften haben: die *Cumupa, Buasdaba* und *Bapispe;* und gen O die *Suna.* Weiter vorwärts dehnt fich das Land bis nach Neu-Mexico hin, wo in den verfloffenen Jahren die Francifcaner Eingang fanden. Im O der *Sisibotari* find heidnifche Bergbewohner, und endlich gränzen an das Volk *Sonora* andre barbarifche Nationen. Ribas nennt noch andere Sprachen hier: und dem Hervas waren andere, nach 1640 entdeckte, bekannt (79ᵐᵐ); Hervas hat fie aber nicht mitgetheilt, weil er von ihnen keine beftimmten Nachrichten erlangen konnte. Er zieht aus diefen Notizen des Ribas den Schlufs (79ᵃ), dafs von diefen Völkerfchaften 4 verfchiedene Sprachen geredet würden: *Nebome* (vielleicht noch *Bamoa), Sisibotari, Batuca.*

§ 225, b. Nach diefer verworrenen, aber befonders bei *Ribas* fehr inhaltsreichen NOMENCLATUR von Völkernamen, Sprachen und Nachrichten über fie: welche ich nach meiner Weife, ohne eigne Verfuche zu ihrer Lichtung und Ordnung, zu deren Weite mir jeder Raum verfagt ift, authentifch nach ihren Urhebern wiedergegeben habe; werde ich EINZELNE VÖLKER und SPRACHEN, nach Möglichkeit in der Folge von Süden gegen Norden, durchgehen, von denen fich einiges, mehr oder viel fagen läfst: ohne dafs ich jedoch immer das bei der kurzen Aufzählung im vorigen § von ihnen Gefagte den Artikeln einverleiben könnte.

Das Volk Bamoa habe ich bei Cinaloa (S. 160ᵐᵐ) behandelt.

NEBOME nennt Hervas (79ᵃ⁻ᵃᶠ) als eine befondere Sprache, die der *Nebome alta* und *baxa;* beide Abtheilungen waren auch nach Ribas Äufserung verwandt: und der gemeinfame Name deutet wohl auch auf gleiche Sprache. Von diefem Volke Nebome hatten fich nach Ribas (f. oben S. 160ᵐ⁻ⁿ) in früheren Jahren 2 Colonien in der Ferne angefiedelt: in *Bamoa* am Fluffe Petatlan, 80 *leguas* weit von dem Hauptftamme *Nebome:* der 15 *leguas* vom Volke Hiaqui entfernt und von ihm verfchieden war. Das Volk Nebome gehört alfo hierher nach Sonora. — Alcedo fagt von ihm: „Die Nebome find ein Indianer-Volk in den Gebirgen 80 *leguas* von der Stadt Cinaloa. Im J. 1615 fonderten fich von dem Volke 300 Köpfe ab und liefsen fich im Dorfe *Aborozas*, in den jefuitifchen Miffionen, nieder, indem fie, angeregt von einigen Indianern, welche den Cabeza de Vaca auf feiner Irrfahrt aus Florida nach Mexico begleitet hatten, um Aufnahme in den Schoofs der Kirche baten. Nachdem fie Chriften geworden waren, befuchten fie in ihrem Vaterlande ihre Verwandten; einige Jahre darauf folgte das ganze Volk nach: fie unterrichtete der Pater Diego *Banderispe,* welcher fpäter von andern Indianern getödtet wurde. Diefes Volk war nicht fo wild als andere; es hatte Häufer von *adobes*, trieb Ackerbau und Jagd; kleidete fich in Hirfchhäute, auch *faldellines* und *mantas."*

§ 225, c. Von dem MAYA-Volke oder den MAYOS und der Sprache habe ich
fchon im Abfchn. II S. 17 gehandelt. Das Volk *Maya (nazione Maya)*, aus 30,000
Individuen beftehend, wohnte (Ribas bei Herv. 74[nn]-75[a]) am Fluffe Mayo, 40 *leguas*
entfernt von *la popolazione detta Cinaloa.* Des Volkes und feiner Miffionen
habe ich fchon bei der allgemeinen Geographie von Cinaloa (S. 206[a]) gedacht.
Da der Flufs *Mayo* auf der Gränze zwifchen Sonora und Cinaloa fliefst, ja
Villa-Señor und Alcedo Sonora erft am Hiaqui-Fluffe angehen laffen, fo werden das Volk der *Mayos* und feine Ortfchaften häufig Cinaloa zugerechnet.
So findet fich bei Villa-Señor in dem Capitel von *Sinaloa* (II, 385, b) folgende Stelle über
das Volk und feine Ortfchaften: „vom *Puerto de Santa Cruz* bis zum *Pueblo de Mayo y Aguy*
find über 30 *leguas* Entfernung; *y en fu intermedio fe hallan* 4 *Miffiones de Indios Mayos, con
crecido numero de familias, adminiftradas por Religiofos Jefuitas: y fe componen de diez
Pueblos defde el de S. Cruz, que eftá en la boca del Rio del Mayo para arriba* (386, a)*, y le
figuen: Achogoa, Caurimpo, Navajoa, Tecia, Canamoas, Guadalupe, Mocoyagui, Topehue, y
Batacofa; y es la gente mas aplicada al trabajo de las Minas: en las orillas del Rio Mayo ay
tierras de humedad, en donde fe fiembra mayz y frijol, y por efta parte hace termino la Prov.
de Sinaloa* ... Der Miffionen am *Mayo* habe ich auch fchon erwähnt S. 156[m], 158[nf]-9[a, aa, mm]. —
Bartlett *(personal narrative* I, 446[nf]) nennt die *Mayos* als wohnend im füdlichen Theile des
Staats Sonora.

Die genaue Verwandtfchaft der Maya-SPRACHE mit der Hiaqui geht 1) aus
der Bemerkung des P. Ribas hervor (Abfchn. II S. 17[mf]), dafs fie diefelbe fei als die
an den Flüffen Zuaque und Hiaqui; und 2) daraus, dafs das Cahita-*manual* (S.
17[af-mm]) fie an einer Stelle mit der Cahita, an einer zweiten die Cahita mit der
Hiaqui identificirt. — Kein redendes Zeugnifs von der Sprache erlaubt uns ihre Befonderheit zu beurtheilen; der obige Ortsname *Caurimpo* aber (Z. 14 diefer Seite)
zeigt, durch die Poftpofition *po*, ihre Zugehörigkeit zu dem fonorifchen Idiom
Cahita-Hiaqui.

Ich glaube, dafs die Sprache und das Volk ZUACA, das ich nach *Hervas*
Beftimmung fchon bei Cinaloa (S. 158[mf-n]) behandelt habe, auch zum füdlichen Sonora gehört. ZUAQUE, haben wir dort gefehn, ift ein andrer Name für den Flufs
Cinaloa. Das Volk *Zuaque*, fehr zahlreich, nennt Mühlenpfordt II, 419[m] zwifchen
den Flüffen Mayo und Hiaqui; und anderwärts (I, 209[f]; f. oben S. 208[mm]) benamt
er im Süden Sonora's die *Zuaques*, nach Cinaloa hinübergreifend. Ich glaube, dafs
der eigentliche Mittelpunkt des Volkes in Sonora liegt; ich halte nämlich für identifch mit dem Volksnamen *Zuaque* die Pfarre *Suaqui* bei Arricivita und Mühl.'s
Dorf *Suagui* (f. oben S. 203[nf]). Ich bringe damit auch in Verbindung Zuaquéo:
1) einen Nebenflufs des Hiaqui (oben S. 158[n] und 201[af]) und 2) ein *pueblo* nach
Villa-Señor (389, a): beide in der Prov. Oftimuri.

H i a q u i.

§ 226. Die HIAQUI waren früher ein kriegerifches VOLK, fie wurden aber durch das Chriftenthum zu grofser Sanftmuth geführt. Herr Bartlett hat uns in feinem *personal narrative* I, 442^{nn}-4^{mf} neuere Nachrichten über fie gegeben. Die ,,*Yaquis*": fchon unter den Jefuiten willige und gefchickte Arbeiter und von diefen zu allen fchweren Verrichtungen gebraucht, woneben fie als ausgezeichnete Handwerker die Kirchen und *presidios* bauten; machen nach ihm jetzt allgemein die Hand- und Feldarbeiter in *Ures* und anderen Städten der inneren und unteren Theile Sonora's aus, ähnlich der niederen Claffe der Irländer in den Vereinigten Staaten. Er hörte fie als höchft ehrlich, treu und fleifsig fchildern. Er fah fie in brennender Sonne, nur mit einem Gurt und Strohhut verfehn (fie lieben es beinahe nackt zu gehen, 445^{mm}), *adobes* bereiten und Mauern davon aufführen, andere im Felde arbeiten und alle harte Arbeit verrichten. Sie find auch Fifcher, und die berühmten Perltaucher des californifchen Meerbufens.

Nach Ternaux *(nouv. ann. des voy.* 1842 T. 3. p. 319) haben die *Yaquis* und *Mayos* den Theil Sonora's füdlich von Guaymas bis an den Rio del Fuerte inne; ,,fie werden gebraucht als Landbauer, Maurer, Dienftboten, Bergleute und Taucher"; er giebt ihre Zahl zu 40,000 an. Eine Empörung, die fie 1817 erregten und wobei fie einen ihrer Häuptlinge zum Kaifer wählten (!), wurde unterdrückt.

Mühlenpfordt nennt (II, 419^m) als Ortfchaften der *Yaqui: Belen, Huadibis, Raun* (vgl. oben S. 203^n), *Potan, Bican, Torin, Bacun* und *Cocorun;* aufserdem feien, bemerkt er, Taufende diefes Volkes über das ganze Land als tüchtige Feldarbeiter und Bergleute zerftreut.

Die HIAQUI-SPRACHE war nach Hervas *(saggio pratico* 73^{nn}) die herrfchende in den 40 *popolazioni* der 20 Miffionen, welche die Jefuiten an den Flüffen *Hiaqui, Fuerte, Mayo* und *Cinaloa* hatten, und welche zufammen die Miffionen von Cinaloa genannt wurden. Der Name *Hiaqui* bedeutet Einen, der fchreiend fpricht; und fo reden auch nach Ribas (Herv. 74^{mf}) die Hiaqui. Die Jefuiten machten die Hiaqui-Sprache zur herrfchenden unter den vielen ihr verwandten Dialecten in Cinaloa; nach Hervas Bemerkung (76^{mm}): ,,wohl weil fie die gebildetfte Sprache war; denn fie war nicht die der zahlreichften Völkerfchaft" (f. oben S. 17 Anm. 4).

Ich habe im II. Abfchnitt (S. 17) die Äufserungen des *Cahita-manual* angeführt, welche die Cahita-Sprache als allgemein an den Flüffen Hiaqui und Mayo gefprochen, verbreitet über ganz Cinaloa, als geradezu identifch mit den Sprachen Hiaqui und Maya angeben. Es mufs daher mein Gefchäft feyn an dem, was von der Sprache Hiaqui uns vorliegt, diefe Behauptung der IDENTITÄT zu prüfen. Es ift nur das VATERUNSER, gegeben von Hervas im *saggio pratico* (No. 42, p. 121-2) und wiederholt im Mithr. III, 3. 157-8. Als Refultat geht hervor: dafs das Hiaqui

D d 2

in Wörtern und Grammatik beinahe, bis auf einiges ihm eigenthümliches, die Cahita-Sprache ift. Ich würde beide als nächfte Dialecte, aber nicht als ganz gleich,
anfehen. Die Elemente zu diefem Ausfpruch will ich an dem Hiaqui-Texte einzeln
darlegen.

Hervas ift unterrichtet *(saggio prat.* 74ª; vgl. § 232 Anm. 1), dafs die Sprachen
der *Seris* und *Guaymas* von der Hiaqui verfchieden find; und bemerkt, dafs der
letzte jefuitifche Miffionar die 3 Sprachen erlernen mufste, um die 3 Völker zu
unterrichten.

§ 227. Vaterunfer:

unfer   Vater,   Himmel-in   der (du) bift;
A *itom achai,   teveca-po   catecame;*

geprielen fei dein Name;
I *che-chevasu yoyorvva;*

uns   komme   dein   Reich;
II *ito*u *hiepsana em yaorahua;*

dein Wille hier? Erde-auf gefchehe, auch Himmel-in gefchieht wie;
III *em harepo in buya-po annua, aman teveca-po annua beni;*

unfre   Speife   heute   uns   gieh   uns;
IV *machuve itom buareu yem itom amica-itom;*

auch   vergieb   Sünde-unfre, (welche) wir gethan haben,   wir   auch
V *esoc alulutiria ca-alj-iton   anecau,   itepo soc*

vergeben   wie   unfern Schuldnern;
alulutiria ebeni itom veherim;

nicht uns   führe   B ö f e s   -   in,   fondern   uns
VI *ca itòm butia huenacuchi cativiri betana,   aman itom*

errette!
yeretua!

Ich bin vermittelft der, fo ähnlichen Cahita-Sprache im Stande ein ganz anderes Licht über viele diefer Wörter zu verbreiten, als es Hervas, nach der ihm
doch vorliegenden Erläuterung eines Kundigen, und der Mithridates im Stande
gewefen find; und manche ihrer Fehler zu berichtigen. Vom Mithr. haben wir nur
die Überfetzung, kaum ein paar Wortbemerkungen (158^mf-nn). Indem ich mich in
vollftändigen BEMERKUNGEN über diefen SPRACHTEXT der Hiaqui verbreite,
habe ich immer auch den Zuftand der Wörter und die Anfchauung beim Hervas
und Mithr. darzulegen, welche ich durch die Buchftaben H und M bezeichne.

§ 228.   Erläuterungen zum Vaterunfer:

A   Anrede:

itom unfer: hier und IV, V Ende vorgefetzt; in V Anfang *iton* nachgefetzt, es müfste denn uns *(dat.)* nach dem Verbum feyn; — *itom* ift ferner uns: *pron. pers.*, dem Verbum vorgefetzt: *dat.* IV (und nochmahls hinter dem *vb.*), *acc.* VI 2mahl; *itou* zu uns *(pron.* mit Präpof., wieder vor dem *vb.*) II, was ich für einen Schreibfehler ftatt *iton* halte; — *itepo* wir werde ich bei V erörtern.   Diefes Pron. ftellt uns gleich die Identität der Hiaqui- und Cahita-Sprache vollftändig vor Augen: denn in letzterer ift eben fo *itom* und *iton*, vorgefetzt, unfer; für den *casus obliquus* des *pron. pers.* (uns) bieten die Texte des Cah. Manuals keine Gelegenheit.

achai Vater: ganz eben fo im Cah., auch *atzai;* felbft *itom achai* unfer Vater, in der Bed. von Vaterunfer, kann ich nachweifen *(manual* p. 90^{mf})

teveca-po, im Himmel, trennen H und M unrichtig *teve-capo;* M überfetzt gar nur Himmel, ohne Poftpof.: wie er denn oft die Poftpofitionen wegläfst (S. 214$^{m, nn}$); Hervas *ve* ift italiänifche Schreibung, für welche wir lieber die fpanifche *hue* zu fetzen hätten, da unfer Hiaqui-Text fonft in fpanifcher Orthographie ift; eben fo kommt das fremdartige *ve* in *veherim* V vor, doch *hue* in *huenacuchi* VI; *tevecapo* im Himmel kommt wieder in III, wo ein Fehler des M einzufehen ift.   Hier haben wir wieder genau die Cahita: 1) im Ca *tehueca* Himmel felbft; 2) in der Poftpof. *po,* welche in beiden Sprachen die allgemeine Orts-Poftpof. (der Ruhe und Bewegung) ift: bezeichnend genug, weil die anderen fonorifchen Sprachen ganz andere Wörter dafür haben. *po* ift im Hiaqui Poftpof. der Ruhe noch in III *buya-po;* es ift auch noch zu beachten das *po* im *pron. nom.* (wir) V (S. 215^{nn-nf}) und in *harepo* Wille III (f. S. 214^{m}); felbft das ganze *teveca-po* (A und III) haben wir im Ca *tehueca-po* wieder: im Himmel *(manual* 107^{a}).

catecame feiend: ein ächt fonorifches *partic. praes.*, deffen Natur, fonorifche Sprach-vergleichung und merkwürdige aztekifche Grundlage ich fpäter (§ 278-280) umftändlich entwickelt habe; zugleich leibhafte Cahita-Form, welche ich fogar in derfelben Verbindung *tehuecapo catecame* nachweifen kann *(manual* 107^{a}).   H überfetzt durch das *rel.:* der du bift *(quale sei);* der M aber falfch nur durch bift.

I^{te} Bitte:

che-chevasu: gepriefen fei? (H *si lodi);* ift ein gänzlich unbekanntes, dem Cah. wie allen anderen fon. Sprachen fremdes Wort: über deffen grammatifche Form fich daher auch nichts fagen läfst

yoyorva: dein Name? M nur Name (ohne dein); ift eben fo feltfam und fremd. Es ift dennoch nicht unmöglich, es mit dem Worte des Sprachftamms (f. unten § 281) zu vereinigen: indem *rova* = Ca *tehua (r* = *te, ova* = *hua)* wäre; *yoyo* wäre dann fremdartig: bliebe uns aber unerklärlich, da es keine Möglichkeit zu dein bietet, welches nach II *em* lautet.   Weiter hin erregt aber die grofse Ähnlichkeit diefes *yoyorova* mit *yaorahua* Reich (III) die Beforgnifs, es könnte diefes zweite Wort preifen oder verherrlichen, und *chechevasu* Name ausdrücken.

II^{te} Bitte:

ITOU, Fehler für *iton,* zu uns: f. bei A; H überfetzt durch den Dativ: *ci venga*
HIEPSANA, es komme: enthält vor allem die Endung *ana* des *imper.,* gleich dem Pima
und dem tepeguanifchen höflichen *imper.,* im Te an fich *conj. praes.* (f. § 258); aber hier allein
erfcheint diefe Bildung, nicht in den anderen Imperativen des VU, wo der Imperativ ohne Ausdruck bleibt (f. IV, V, VI); durch diefes *ana* fcheidet fich die Hiaqui von der Cahita, welche
den *imper.* (wie das *fut.)* durch die Endung *naque* bildet.   Das Verbum *hieps* felbft fieht
zunächft aus wie Ca *hiepsi* Seele, Herz, das auch in leben hineinfpielt (Ternaux: *hiepsa*
Leben, *hiepsame* leben); aber wir müffen es mit Ca *iebi-naque* er wird kommen (von
Ternaux irrthümlich als kommen angegeben) vereinigen: *hiep = iebi;* jedoch *s* ift fremd.
   EM dein: vorgefetztes *pron. poss.,* auch in III; ganz gleich dem Cah., wo es *em* und
en heifst
   YAORAHUA Reich: ganz fremd; über feine Ähnlichkeit mit *yoyorova* Name I habe
ich vorhin (S. 213^{nf}) gefprochen

III^{te} Bitte:

EM dein f. II
   HABEYO Wille: fieht merkwürdig ähnlich dem javanifchen Worte *harep* wünfchen,
verlangen, wollen; ich vereinige es mit Ca *bare* wollen; *po* ift aber eigen, und führt dazu
eine Poftpof. (f. S. 213^{mm}) in dem Worte zu vermuthen (in deinem Willen?)
   IN BUYA-PO giebt H zufammen durch *in terra;* M übergeht *in* in der Überfetzung und
giebt *buya-po* blofs durch Erde, ohne Poftpof. (vgl. S. 213^{af}); — *in* ift im Cah. mein; ich
verfuche es durch hier zu deuten, was am nächften liegt; eine Verwandtfchaft hätte diefes
adv. mit den fon. Sprachen nur im *i* (am nächften Ta *kinà* hierher): es wäre zu kühn an den
azt. Artikel *in* zu denken; — *buya* Erde ift = Ca *buia, po* ift locale Poftpof. (f. S. 213^{m-mm});
das ganze *buiapo* kann ich im Cah. vorführen: auf die Erde *(man. 77^m)*
   ANNUA gefchehe, H *facciasi;* der Imperativ ift nicht ausgedrückt, da diefelbe Form
weiter hin auch der *indic.* ift: gefchieht; H überfetzt freilich auch an jener zweiten Stelle durch
facciasi, M aber wie ich durch den *ind.*   Erläutern kann ich das Wort nicht, auch keine Ähnlichkeit finden; im Ca ift *iehua* oder *ieua* thun, von welchem Formen der 1. *pers. sing.* durch
ane ich einige Ähnlichkeit mit dem Hiaqui-Worte erlangen: *anaque* und *aneiehua* ich
werde thun u. a.   Näher ift Ca *anihua* und *aniua* behüten oder (fo finde ich es): er mag
behüten; foll man weiter die Bed. von: bewahren (wie ein Gefetz), beobachten folgern, und
beide Wörter für daffelbe halten?
   AMAN TEVECA-PO fchreibt H in Einem Wort: *amantevecapo;* M trennt unbegreiflich
fehlerhaft, nachdem er *tevecapo,* im Himmel, in der Anrede (f. S. 213^{af-mm}) richtig gehabt hat:
amante vecapo, und überfetzt beide blofs durch Himmel, wieder ohne Poftpof. — *AMAN*
verfuche ich durch auch zu deuten, wobei ich an Ca *aman* (und *ama)* denke, welches ftets
und zwifchen Zahlen ausdrückt, welches ich aber einmahl *(manual* 91^{aa}) auch andere Redetheile verbindend gefunden habe: in VI drückt es fondern aus; fonft wäre dort denkbar dort
   BENI und V*EBENI* wie (vgl. eine Vorfetzung von *e* in *soc* und *esoc* auch S. 215^m)
fcheint im Ca *bena* zu heifsen; das einfache *bena* kommt 1mahl vor *(manual* 93^a), wo es:
und, auch heifsen kann; *benasi* 1mahl: fo? (102^{nf}): aber häufig ift *alebenasi,* von mehreren
Bed.: fo, eben fo; gleichfalls, auch; daffelbe, fo etwas; 1mahl *aleuenasi:* fo wie? (22^{aa})

IVᵗᵉ Bitte:

H ſchreibt *machuveitom-buareu nostro cibo:* als wenn das erſte lange Wort u n ſe r hieſse, da doch nur *itom* darin u n ſ e r iſt (ſ. S. 213ᵃᵃ); M verfährt ganz wie H, nur überſetzt er B r o d t (ſtatt Speiſe). — In *MACHUVE* vermuthe ich t ä g l i c h, aber das Wort iſt ganz fremd. — *BUAREU*, S p e i ſ e, erklärt ſich durch Ca *bua* eſſen, *buahuame* oder *buauame* Eſsſachen; *bua* von Ca und Hiaqui iſt das azt. *qua* eſſen, welches die anderen 3 ſon. Sprachen treu durch *cua* Co, *coá* Ta (Te *coai)* wiedergeben; der Anſatz *reu* iſt für das eine Wort ganz fremd: ob man einen Schreibfehler ſtatt *buame* annehmen darf?? ich möchte *reu* für = dem Anſatze *re* halten, welcher in der Cah. und Tepeg. bekannt genug iſt.

REM h e u t e gleicht etwas Ca *ientapo*

AMICA-ITOM: den Bindeſtrich machen H und M; M bemerkt, daſs dieſs zweite, überflüſſige *ITOM* (uns, ſ. S. 213ᵃᵃ⁻ᵃᶠ) vielleicht zum Anfange der 5ten Bitte gehöre; — *AMICA* g i e h iſt das azt. *maca;* die Veränderung des *a* in *i,* welche auch im Tubar erſcheint *(micam),* iſt für eine bedeutende zu halten, da das Ca *maca* dem Azt. treu bleibt; eben ſo haben Pima *maca,* Eudeve und Opata *mac;* das vorgeſetzte *a* kommt auch in Ternaux's Cah. Form *amaca* geben vor

Vᵗᵉ Bitte:

ESOC, a u c h, iſt = Ca *soc* und *soco* und, auch, das aber nachgeſchoben wird; Ca *ensoco* finde ich einmahl *(man.* 18ⁿ), wo es u n d heiſsen könnte; vgl. noch *beni* und *ebeni* wie (S. 214ⁿᶠ); das bloſse *soc* a u c h kommt weiter hin in dieſer Bitte vor

ALULUTIRIA 2mahl: v e r g i e b und (wir) v e r g e b e n, iſt vollſtändig ein Ca Wort; es geht auch auf eine einfachere Form und einfachere Bed. zurück; ich habe nämlich im Ca aufzuweiſen: *aluri-naque* es ſoll fehlen oder verloren gehn, und *alulutiria-naque (naque* iſt Endung des *fut., imper.* u. a.): 1) ſie haben ſich ausgelöſcht, ſind vergangen 2) vergieb? du wirſt vergeben? es wird vergeben werden?

H hat *ca-aljiton-anecau: e-peccati nostri;* er nimmt alſo *ca* für u n d, *anecau* für u n ſ e r; M überſetzt alle 3 Worte nur durch S ü n d e n; das Wahre iſt: daſs *CAALJ* oder *CAAL* für S ü n d e, Fehler, Schuld zu halten iſt = Ca *caala* Böſes, Sünde *(man.* 91ᶠ); das Wort enthält den Vorſatz *ca* nicht (ſ. S. 216ᵃᵃ), eben ſo wie *cativiri* ſchlecht (S. 216ᵐ); — *ITON* u n ſ r e, gegen die Regel nachgeſetzt (ſ. S. 213ᵃᵃ⁻ᵃᶠ)

ANECAU, w i r h a b e n g e t h a n, wird erwieſen durch Ca *anecau* und *necau* ich habe gethan *(man.* 91ᵐᶠ und ⁿᶠ); darin iſt *an(e)* das Pron. i c h, und das übrige kommt von Ca *iehua* oder *ieua* thun her *(ane-iehua* ich werde thun); *ane* als w i r wäre gegen Ca neu, wir finden auch ſogleich *itepo* dafür

ITEPO w i r iſt eine Zuſammenfügung aus *itom* unſer (S. 213ᵃᵃ⁻ᵃᶠ) und der Poſtpoſ. *po* in einer ganz eigenthümlichen Anwendung für den *casus rectus;* ich kann *itepo* im Ca nicht nachweiſen, aber ganz dieſelbe Bildung mit *po* in 2 anderen perſönlichen Pronominen: *nepo* und *inepo* ich (aus *ne* ich, *in* mein), und *empo* du (aus *en, em* dein): in beiden Sprachen tritt alſo *po* an das *pron. poss. praefixum* und bildet daraus das ſelbſtſtändige *pron. pers.*

soc, a u c h (ſ. oben ᵐ), überſetzt H fälſchlich durch w i e *(come),* M überſetzt es gar nicht

EBENI, w i e, III *beni* (ſ. S. 214ⁿᶠ): überſetzt H wieder durch *come,* ſo daſs er w i e 2mahl hat

veherim Schuldner; in der Ca finde ich kein verwandtes Wort, dagegen eine Verwandtfchaft in der Cora: wo *te-chaehri-hudme* Schuldner ift, von *cheahre* fchuldig feyn;
merkwürdig ift die Buchftaben-Veränderung Cora *ch* (tfch) = H *v; m* des Hiaqui-Wortes
ift die Endung *actor* = Cora *hudme*

VI*te* Bitte:

ca, nicht, ift der Ca und Cora-Sprache eigen; wir haben es im Ca und Hiaqui fchon
(oben S. 215^{mf}) als privativen Vorfatz gefehn (dazu hier ^{m}); es ift in beiden *ne* beim Imperativ,
ift im Ca allgemein *non*

     itom uns f. S. 213^{aa-af}

  butia überfetzt H *indurre*, es ift = dem Ca, wo ich *butia-naque* (auch lesbar *buria-
naque*) finde als: ich empfehle, übergebe *(man.* 121^{af})

H überfetzt *huenacuchi cativiri betana: in cose cattive*, M überfetzt die beiden
erften Wörter durch in *fchlechte* und *betana* durch Dinge; beide begehn damit grofse
Irrthümer, wie ich mit Hülfe des Ca zeigen werde: die beiden erften Wörter heifsen jedes
für fich fchlecht oder Böfes: *huenacuchi* $\pm$ Ca *huena*, das 1) fchlecht, höfe und 2) Böfes,
Schlechtigkeit bedeutet; *cuchi* des Hiaqui ift unerklärlich; — *cativiri* ift = Ca *caturi:*
fchlecht, Böfes, Schlechtigkeit, welches das durch *ca* (f. S. 215^{mf}, 216^{aa}) gebildete Privativum
von *turi* gut ift; das *u* diefes Wortes hat im Hiaqui eine merkwürdige Ausdehnung zu *ivi*
erhalten. Den Mithr. hat bei diefem Worte eher eine europäifche Analogie geblendet, als
ihm irgend eine Sprachkenntnifs geleuchtet hat; er fagt (S. 158^{nn}): „*cativiri* könnte aus dem
Italienifchen *cattivo* angenommen fcheinen (!), ift aber in diefem Sinne nicht Spanifch, und
wohl ein blofs zufälliges Zufammentreffen." Wirklich diefe Völker würden doch nicht für
fchlecht ein europäifches Wort erborgt haben!

betana, das der Mithr. als Dinge auffafst, ift die Poftpof., welche in der Bewegung
hier ausdrückt; *betana* ift eine häufige cahitifche Poftpofition, die auch fonderbare Anwendungen findet; in der Bed. der Ortsbewegung ift fie mir aber dort nicht vorgekommen,
fondern als: 1) betreffend, in Bezug auf 2) *poftp.* des Ausgehns vom Orte, des *term. a quo*
(von, aus)

aman (von M gar nicht überfetzt), das hier fondern ausdrücken müfste, fchien in III
auch; f. S. 214^{nf}

yeretua errette oder erlöfe und Ca *ioretua-came* Erlöfer erklären fich wechfel-
feitig; im Hiaqui fehn wir das *simplex*, mit einer Vocal-Verfchiedenheit. H überfetzt *yeretua*
durch: befreie davon, *ne libera*, und fetzt in Klammern hilf *(ajuta);* der M überfetzt:
„rette (hilf)".

Diefes dürftige und theilweife wenig nützliche Wortverzeichnifs der Hiaqui-
Sprache dürfte in ein paar Jahren durch eines von 200 Wörtern verdrängt werden,
welches Bartlett (f. *personal narrative* I, 444^{mm}) fich von dem Pater *Encinas*
verfchaffte, der die Sprache zu fchreiben verftand und in ihr predigte.

---

§ 229. Die HIAQUI-Sprache ift, nach diefem Vaterunfer, zu einem be-
beutenden Beftandtheil mit der Cahita identifch; fie ift aber, bei fich abftufen-

den Befonderheiten, nicht DIESELBE Sprache. Die Zufammenftimmungen find jedoch der Art und in einigen fo bedeutfamen Dingen, auch grammatifchen Punkten, dafs fie fehr hoch auzufchlagen find. Diefs ift mein Refultat.

Mit der VERZEICHNUNG der aus jenem kurzen Textftück gewonnenen WÖRTER kann ich die Nachweifung ihrer Ähnlichkeit und Unähnlichkeit gruppenweife verbinden.

§ 230. Wörter, welche zwifchen der HIAQUI und CAHITA ganz gleich find:

Subft.: *achai* Vater

tehueca Himmel (fo beffer auch im Hiaqui ftatt H's *teveca*; d. h. *tehue= capo* im H.)

buya Erde = Ca *buia* (d. h. *buyapo* auf der E., Ca *buiapo* auf die E.)

pron.: *em* dein (vorgefetzt)

itom und *iton* (vorgefetzt) unfer [2] uns *(dat.* und *acc.)* im Hiaqui allein]

vb.: *catecame* feiend

alulutiria vergeben, verzeihn

anecau wir haben gethan = Ca ich habe g. (f. S. 215ⁿ)

butia übergeben ufw. (f. S. 216ᵃᶠ)

postp.: *po* in, auf (Ruhe) 2) fein merkwürdiger Gebrauch, um *pron. pers.* aus *poss.* zu bilden (f. S. 215ⁿⁿ⁻ⁿᶠ)

conj.: *soc* (auch *esoc)* auch = Ca *soc, soco*

ca nicht *(ne)* beim *imper.* 2) privatives Präfix (f. S. 215ᵐᶠ⁻ⁿ, 216ᵃᵃ)

der ganze erfte Satz der Formel, die Anrede, ift Eine Identität; *itom achai, tehuecapo catecame,* unfer Vater, der du im Himmel bift: ift eben fo Cahita als Hiaqui

came Endung *actoris* und *agentis* (in *catecame* feiend)

Wörter mit kleiner Laut-Verfchiedenheit oder etwas verfchiedener Form, fonft ganz gleich:

buareu Speife, in welchem die Grundlage, *bua* effen, = Ca ift

caalj? oder *caal?* Sünde, Schuld = Ca *caala* (f. S. 215ᵐᶠ)

huenacuchi böfe oder Böfes ╪ Ca *huena*

cativiri fchlecht, Böfes = Ca *caturi*

yeretua erretten oder erlöfen, Ca *yoretua-came* Erlöfer

beni wie *(conj)* ╪ Ca *bena*

m Endung *actoris* (in *veherim* Schuldner) = *me*

Wörter in der Form ganz gleich, nur mit leichter Abweichung in der Bedeutung:

aman auch? 2) fondern, Ca und (f. S. 214ⁿᶠ und 216ⁿ)

betana in (Bewegung des Orts); Ca aus, von *(term. a quo)* u. a.;

verwandt, aber felbftftändig:

itepo wir (f. S. 215ⁿⁿ), d. h. das *pron. nomin.* fehlt mir im Ca;

mit Cahita zu vereinigen, doch bedeutend abweichend in der Form:

>   *harepo* Wille, Ca *bare* wollen
>   *hiepsana* es komme, Ca *iebi-naque* er wird kommen
>   *reu* Endung: in *buareu* Speife = *re* (f. S. 215ᵃᵃ);

fremdartig mit möglicher Verwandtfchaft:

>   *yoyorova* (dein?) Name
>   *annua* gefchehen $\neq$ Ca *aniua* behüten?
>   *yem* heute $\neq$ Ca *ientapo

Beifpiele, wo die Hiaqui fich von der Cahita fcheidet und ANDEREN fonorifchen Sprachen gleicht:

>   *veherim* Schuldner $\neq$ Cora *te-chaehri-huáme*
>   *amica* geben gleicht der Tubar im *i (micam)*
>   *ana* Endung des *imperat.* = Tepeguana und Pima;

der Mithr. hat bemerkt (158), dafs „einige Vergleichungen ... ein gewiffes Verhältnifs diefer Sprache zur Tubar begründen"; er führt dafür an: T *ite* unfer, *imit* dein $\neq$ H *em*, und H *amica;* bedeutend ift weder diefes angeführte noch die Nähe diefer Sprache überhaupt.

Ganz fremd gegen die Cahita und auch gegen die anderen 3 fonorifchen Hauptfprachen find:

>   *yaorahua* Reich
>   *chechevasu* gepriefen fei
>   *in* hier? (III) — *machuve* täglich ?? (IV)
>   *cuchi* Endung: in *huenacuchi* Böfes (f. S. 216ᵐ).

§ 231. Der AZTEKISCHEN Wörter, welche das Vaterunfer uns darreicht, find 3: und es fehlt alfo auch diefes Kennzeichen nicht, die Hiaqui zu einer fonorifchen Sprache zu ftempeln:

>   *buareu* Speife hält fich genau an Ca *bua* effen für azt. *qua,* während die andren drei Sprachen dem Azt. treu bleiben (f. S. 215ᵃ);
>   *amica* geben (gieh) entfernt fich vom Ca und azt. *maca* (f. S. 215ᵃᶠ⁻ᵐ);
>   *catecame* feiend, ganz = Ca, hat eine azt. Grundlage.

---

§ 232. Das Volk NURE (f. oben S. 208ᵐᶠ, ⁿᶠ) hatte nach Ribas (Hervas 78ⁿⁿ) eine verfchiedene Sprache von dem der *Nebome alta,* obgleich es nicht weit von da entfernt war. Alcedo fagt von den *Nures:* Es ift ein zum catholifchen Glauben bekehrtes Volk in Cinaloa; es wohnt neben dem Volke der *Nebomes:* und folgte ihrem Beifpiele in der Bekehrung, indem es jefuitifche Mönche zu feinem Unterricht erbat, und ein *pueblo* gründete, das über 200 Einwohner hat.

Die GUAYMAS wohnen an der Mündung des gleichbenannten Fluffes in den calif. Meerb.; *Guaymas* liegt nach Mühl. in 27° 40′ N. B. u. 114° W. L. v. P., nach Ternaux 27° 58′ u. 113° 11′ 29″. Pike fchreibt das Volk *Gayamas,* Mühlenpf. (I, 210ᵃ) auch

Guaymis; Villa-Señor *Gueimas* (401), auch *Gueymas*, ja *Jupangueimas;* die Gueimas find nach ihm im Süden der Tepocas. — Er liefert (II, 401, b^a - 2, a^af) folgenden ausführlichen Bericht von dem VOLKE (wobei ich mir, wie ich ferner thun werde, die zu fonderbare Interpunctions-Weife diefes Verf. zu ändern erlaube): *En la Encenada de Tepocas ay algunos placeres de perlas. Confina efta Nacion por la parte del Sur con otra que llaman Gueimas, y Jupangueimas; eftos habitan en Montes aridos y afperos, y Serranias, arrimados al Mar, manteniendofe de los animales, que cazan con fus flechas; reconocen por fu Parrocho al Miniftro de Bethelen, y fuelen bajar à el Pueblo à oir Miffa; pero lo mas del tiempo no la oyen, y viven cafi apoftatas, con mucha libertad. En fus tierras fe dá mucha pitahalla* (eine runde Frucht . . .), *de que fe fuftentan, y hacen de ella mucho vino, con el que fe embriagan en fus juntas y combites, y de ellos refultan muertes y otras muchiffimas cofas. La tierra es tan fragofa, feca, falta* (402) *de paftos, y tan poblada de Montes afperos y efpinofos, que fe hace impertranfible à los Efpañoles y Soldados. Entre la Nacion de los Gueymas y los Ceris, que llaman Salineros, entra el Rio de Pitiqui.*

Die SPRACHE der Guaymas ift von der *Hiaqui* verfchieden, obgleich einige Guaymas am Hiaqui-Fluffe mit Hiaquis zufammen waren (nach Hervas[1]). Mehr erfahren wir von ihr nicht; ob fie eine Mundart des fonorifchen Idioms oder ein fremdes Idiom fei, läfst fich nicht wiffen. In Hervas *catalogo delle lingue* (74^a) fagt ein mex. Exjefuit in Bologna[2]: *nelle 22 missioni della Sonòra, che aveano più di cinquanta villaggj, si parlavano le lingue Opata, Eudeve, Pima e Guaima.* Im *catal.* p. 75^mf wird von Hervas felbft die *Guaima* irrthümlich nach *Cinaloa* verwiefen: *parlasi nella Cinaloa, diocesi della nuova Bizcaya.*

§ 233. Die SERIS (oder *Seres*) waren nach Mühlenpfordt (I, 210^m-mm und II, 419-420) einft eine mächtige Völkerfchaft: „fehr zahlreich und kriegerifch, der graufamfte aller Indianer-Stämme des mexicanifchen Nordens; fie find jetzt aber durch unaufhörliche Kriege mit den *Tiburones* und den fpanifchen Militärpoften beinahe aufgerieben"; „ihre geringen Refte bewohnen jetzt die Ebenen an der Küfte des Meerbufens zwifchen den Flüffen *Guaymas* und *Ascension* (II, 419^nf: „zwifchen *Petic* und der Küfte, diefe hinauf bis zum Fl. *Asc.")* bis zu der Ortfchaft *Caborca*, welche am füdöftlichen Ufer des letzteren liegt." „Das Dorf *San Pedro de la Conquista* am Afcenfion ift (II, 433^nn) von armen Seri-Indiern bewohnt".

Villa-Señor nennt (392, b) die heidnifchen *Seris* und *Tepoca* als bewohnend die Wüfte vom Prefidio *Pitiqui* bis zur Küfte. Später widmet er dem Volke folgende ausführliche Stelle (400, b^m - 1, b^a): *A la parte de la Cofta y rumbo del Sudueft*

[1] *Saggio pratico delle lingue* p. 74^a: *Sul fiume Hiaki verso Cinalo sono quattro missioni, e verso la Sonora c'è una, ove erano di tre nazioni, cioè Hiaki, alcuni convertiti della Seri, ed altri della Guaima, che vi si erano rifuggiti. So, che le lingue Seri, e Guaima erano diverse dalla Hiaki, e che l'ultimo Missionario Gesuita ebbe bisogno d'imparare le tre lingue per istruire queste nazioni.*

[2] Derfelbe konnte von den Sprachen Sonora's keine beftimmte Nachricht geben, weil er in Amerika die Miffionare diefer Provinz nicht gefehen hatte, fie auch alle nachher nach Spanien fich begaben und keiner nach Italien kam.

habita la Nacion de los Ceris. De *eſtos Indios ay una Miſſion, que conſta de dos Pueblos intitulados el Populo y los Angeles; y ſus tierras ſon fertiles para trigo y mayz, con un hermoſo Arroyo de agua, que riega las Sementeras.* Tienen los Pueblos muy poco Vecindario, lo uno por ſer la nacion corta, y lo otro porque naturalmente es gente dada al ocio y amante de ſu libertad; y aſſi ſe retiran à los Cerros immediatos al Mar, deſparramados en mas de cincuenta leguas de tierra (401), que ay de los Angeles à la Encenada de Tepocas. Tienen varias Ran-cherías, y en ellas ſe ocupan y mantienen con la caza, que hacen de Venados, Buras, Conejos, Liebres, y otros Animales; y tambien de las Bacas, que pueden hurtar à los Eſpañoles; y de los peces, que fiſgan à flechazos en la Mar, y rayzes de que abunda la tierra. En los Montes de ſus habitaciones ay muchos Aguajes malos y eſcazos, por cuya razon ſe hacen intranſitables para los Eſpañoles: porque dado caſo, que caminaſſen todo un dia para alcanzar un Aguaje, y lo encontraſſen, ſuele ſer tan corto, que ſolamente podrà ſervir de ſocorrer la neceſſidad de la Gente, y la Caballada perece, como ya ha ſucedido, y aun morir de ſed muchas perſonas; por eſte meſmo defecto no ſe trabajan las Minas, que tiene eſta cordillera, ricas de plata y oro. Todos los Indios Ceris ſon Chriſtianos, pero raro es el que no conſerva la Idolatria de ſu gen-tiliſmo. — Eine Abtheilung von ihnen heiſst auch *Salineros: los Ceris, que llaman Salineros* (402, a), an der Mündung des Pitiqui; f. die Stelle vorhin S. 219ᵃᶠ.

Arricivita redet von den *Seris* p. 426 u. flgd.; in *el Pitic* oder *el Pitiqui* waren nach ihm (485) *Seris* und *Piatos;* ,,*los Seris del Pitiqui*" (494). — Alcedo nennt eine *cienega de los Seris* als See in Sonora, in der Nähe des californiſchen Meerbuſens. — Die Humboldt'ſche Karte zeigt den Indianer-Stamm der Seris zunächſt den Miſſionen der *Pimeria alta*, im S derſelben. Bartlett läfst die *Ceris* (I, 464ⁿ) hauptſächlich die Inſel Tiburon bewohnen, mit Ausnahme der zu Chriſten gewor-denen, welche ein Dorf bei *Hermosillo* inne haben. [1] Sie zählen nur 100 Krieger, ſind aber früher durch Raub und Mord der Schrecken des Landes zwiſchen *Guay-mas* und *Hermosillo* und nördlicher geweſen (B. I, 464ⁿⁿ-5).

Die Sprache der Seris ift nach Hervas von der *Hiaqui* verſchieden, obgleich einige Seris mit Hiaquis zuſammen in Miſſionen am Fluſſe Hiaqui lebten (f. S. 219ᵐ, ⁿᶠ). Bartlett (f. I, 463ⁿⁿ-4ⁿ) hat ein Wortverzeichnifs von der Sprache der Ceris auf-genommen: welche er äuſserſt rauh, ſehr ſchwer mit unfreu Buchſtaben auszu-drücken nennt, und ,,*totally different from any aboriginal tongue I had heard spoken*". Die ihn umgebenden Mexicaner (466ᵃ⁻ᵐ) waren begierig ſeinen Ausſpruch über ihre Verwaudtſchafts-Verhältniſſe zu hören, weil Bartlett in vielen Theilen Sono-ra's die, wohl von dem antiken Volksnamen *Seres* hergekommene Meinung von einem aſiatiſchen Urſprung des Volks verbreitet fand (,,*in proof of which some statements were made, too improbable to repeat*").

An die *Seris* ſchlieſe ich an die Piatos: ein Volk, das ich nirgends anders als bei Arricivita finde; das er oft nennt (z. B. 486), manchmahl mit den *Seris* zuſammen. Indem er p. 485 von dem Zuſtande der Miſſionen der *Pimeria alta* im

---

[1] Eben ſo Ternaux (*nouv. ann. des voy.* 1842 T. 3. p. 320), der die Inſel Tiburon beſchreibt, ,,*habitée par les Séris qui ont quelques cabanes sur le continent*". Er erwähnt auch Caborca.

J. 1776 redet, fagt er: *Vivian en el Pitic los Seris y Piatos.* Sie waren früher mit den *Apaches* gegen die Spanier verbündet; fie verfuchten die *Papagos* aufzuregen, aber diefe verriethen den Spaniern den Anfchlag. Beide Völker mit einigen *Apachen* überfielen das *pueblo de S. Maria Magdalena;* dabei wird (487) die Miffion *de Cocospera* genannt, auch *Tubutama* fcheint in der Gegend zu liegen; p. 494 kommen wieder *Seris* und *Piatos* verbunden mit *Apachen* vor.

§ 234. Das Volk der HERI oder Heris (f. oben S. 208^n und 209^a) findet fich (Ribas nach Herv. 78^{mf}) 40 *leguas* von den Ebenen, nahe dem Meere; einige diefes Volkes follen auf einer Infel wohnen, und deren Sprache wird für fehr fchwer gehalten. Das Volk ift fehr roh. Hervas bemerkt (78^f), es möchten die *Heri* vielleicht eins feyn mit den *Seri*, welche die Jefuiten fpäter bekehrten.

Die HIMERI (f. oben S. 209^a) find (Ribas nach Herv. 78^{mm}) ein fehr wildes und barbarifches Volk, das mit keinem benachbarten Freundfchaft fucht oder hegt; es ift grofs, und zieht fich an den Ufern eines eben fo grofsen Fluffes als der Hiaqui hin. Ob mit dem Namen der Ort *Himuris* (f. oben S. 202^{nf}) zu verbinden ift?

Auf der grofsen Infel *Tiburon* im californifchen Meerbufen, nördlich von Guaymas, wohnen die Stämme der TIBURONES (vgl. Mühlenpf. I, 210^{mm}), welche Erbfeinde der *Seris* find; Bartlett und Ternaux laffen jetzt die Infel von letzteren bewohnen (oben S. 220$^{mm, f}$). Arricivita (428) gedenkt des Volkes der *Tiburones* auf der genannten Infel. [1] Der Name ift fpanifch, denn *tiburon* bezeichnet den Haififch; daher kehrt er auch öfter in der Geographie des fpanifchen Amerika's wieder: *Tiburon* heifsen mehrere Vorgebirge in der Tierra firme und Brafilien, ein Ort auf der Infel S. Domingo; *Tiburones* ift auch der Name von Klippen am Cap *Gracias á Dios* in Honduras.

Nördlich über den *Guaymas* (Villa-Señor 401) und den *Seris* (Karte von Weiland 1852) ift das Volk der TEPOCAS, das Villa-Señor (f. oben S. 219^{nn}) neben den *Seris* nennt; an der *ensenada de Tepocas* (401). Alcedo erwähnt auch ein *pueblo Tepocas* am californifchen Meerbufen, nahe der *cienega de los Seris.* Wieder Mühlenpfordt führt die *Tepoca* (II, 415^{mm}) auf neben den Seris zwifchen der Mündung der Flüffe *Ascension* und *Guaymas.* Des Volkes der *Tepocas* erwähnt auch Ternaux *(nouv. ann. des voy.* 1842 T. 3. p. 320^{nn}): „diefer ganze Theil von Sonora (bei der Infel Tiburon) ift unfruchtbar; *on n'y rencontre que quelques misérables Indiens Tépocas, et l'ancienne mission de Caborca . . .''*

§ 235. Die Sprache SISIBOTARI oder SABARIPA (f. oben S. 208^f) war (Herv. 79^m), nach der Angabe des Ribas, diefelbe, welche von dem Volke *Sonora*

---

[1] z. B. der Infel *Tiburon* und der Indianer auf ihr p. 427, a; ferner: *con los mismos Indios Tiburones* (428, a) *levantó el Padre un xacal que siruiera de Iglesia, y una pequeña choza de celda . . .* Im J. 1773 kam ein Indianer zu der Miffion mit Namen *Yxquisis* (429, a), mit der Nachricht, dafs die *Tiburones* einen Geiftlichen ermordet hatten (429, b).

geredet wurde.   *Sisibotari* war der Name eines Vornehmen diefer Völkerfchaft.
Über die anfcheinende, aber nicht weit reichende Ähnlichkeit diefes Namens mit
dem Volke *Sobaipuris* (f. § 250) hat der Mithr. (161) fchon gehandelt.
   Von der Sprache B A T U C A (f. oben S. 208[f]) vermuthet Hervas (79[mm]), dafs fie
mit der *Sisibotari* oder *Sabaripa* verwandt fei; er fchliefst diefs aus der Nachricht
des Ribas: dafs der P. Pedro Mendez, Miffionar der *Sisibotari*, die Miffion *Batuca*
gründete, und ein halbes Jahr nach feinem Eintritte in diefelbe fchrieb, er habe
3 gute Kirchen gebaut. — Der Mithr. macht (161[mf]) auf die nahe Ähnlichkeit aufmerkfam, welche *Batuca* mit *Paduca*, einem Namen der „benachbarten (das find fie
aber nicht!) Comanches", habe.   Man hat wohl vor allen Dingen das Miffionsdorf
Batuco in Sonora (oben S. 202[a]) mit dem Namen der Sprache zu vereinigen.

E u d e v e.

   § 236.   Die Sprachen E U D E V E und O P A T A wurden, wie Hervas (77[af]) fagt,
in einigen der 27 Miffionen gefprochen, welche die Jefuiten in Sonora hatten (f. diefe
Abfchn. II S. 19[nn-f]), und welche mit 2 Miffionen der Pimas mehr denn 70 *popolazioni*
ausmachten. — Das V O L K EUDEVE kommt in den hiftorifchen und geographifchen Nachrichten alter und neuer Zeit, fo viele ich deren feit meiner amerikanifchen
Reife ftudirt oder benutzt habe, nicht vor; ich kann nichts fagen, als dafs Mühlenpfordt (I, 210[af] und II, 419[nn]) die *Eudebes* nennt als unter den *Pimas baxos* wohnend,
weftlich von den *Opatas;* auch der Exjefuit in Bologna (S. 219[m]) nannte die Sprache
Eudeve. Ich bin auch aufmerkfam geworden auf die Ähnlichkeit der Namen *Huadibis*
und *Huiribis,* zweier Dörfer in Sonora (f. S. 202[f] und 203[a]), mit der Form *Eudebe.*
   Die Verwandtfchaft beider SPRACHEN, der *Eudeve* und *Opata*, mit der
tarahumarifchen hat fchon Clavigero (T. IV. diss. I p. 21[n]) angemerkt (diefe 3
zeigten eine folche Verwandtfchaft, dafs man fogleich wahrnehme, wie fie aus Einem
Stamme hervorgegangen feien); diefelbe Verwandtfchaft beider berichteten dem Hervas (77[m] und 78[a]) die mexicanifchen Exjefuiten. Die Ähnlichkeit beider unter fich
und mit der Tarahumara ift aber nicht fo bedeutend (vgl. auch Mithr. 161[nn] und
162[aa]). H E R V A S liefert nach dem Vaterunfer in *Opata* (p. 125 col. b) eine Vergleichung der Sprachen *Opata, Eudeve, Pima, Taraumara, Hiaqui* und *Tubar*
im Pron. und im Verbum feyn. Er ftellt zufammen: unfer: *tamu* Ta, *tamo*
O und E, *to* P; dein: *amo* O und E, *mu* Ta, *ma* P, *em* H, *imit* Tu; dann
folgen die Formen für d u bift: welche ich anderwärts (§ 278-280) betrachtet habe.
   § 237.   H E R V A S liefert *(saggio pratico* No. 46, p. 123) das VATERUNSER
der Eudeve-Sprache, und diejenigen Wörter deffelben, deren Bedeutung er hat
erfahren können; es find 13, und fie gehn nicht über die 4te Bitte hinaus. Er hat
fo das Leichtefte und dasjenige gegeben, was man von felbft wufste; wir werden
fehn, dafs nicht einmahl alles richtig ift. Der Mithridates giebt (165-6) diefes

nackte Vaterunfer wieder und (167ⁿⁿ-8ⁿᶠ) Bemerkungen über einige wenige Wörter
darin. Für die ungünftigen, aus gefuchten, unwillkommenen Wörtern und künftlichen Wendungen zufammengefetzten, 2 letzten Bitten (V und VI) bleiben wir
ohne Hülfe; in der 6ten fteigt die Schwierigkeit durch ihre ungewöhnliche Ausdehnung: welche bekundet, dafs damit eine Veränderung vorgegangen ift, die man bei
dem Mangel jeder Wortkenntnifs nicht errathen kann; doch bin ich gewifs, dafs
das von Hervas abgefonderte Stück nicht ein Schlufs ift, fondern der zweite Theil
der 6ten Bitte: daher ich diefe zwei ungleichen Theile mit VI, a und VI, b bezeichne.
Keine Anziehung der verwandten Sprachen verhilft bei der Eigenthümlichkeit diefes
Idioms zur ficheren Beftimmung auch nur eines der uns fehlenden Wörter; die von
Clavigero als fo nahe verwandt gepriefene Tarahumara eben fo wenig: denn fchon
der von Hervas erleuchtete leichte Theil enthält Dunkelheiten und Fremdes genug.
Das ift der ZUSTAND der Eudeve-Sprache, der wir einen grofsen Theil
Fremdheit neben den allgemeinen und feften Beweifen ihrer fonorifchen Ver-
wandtschaft zufprechen müffen.

§ 238.   Vaterunfer:

unfer   Vater, Himmel-im (der du) bift;
A *tamo   nono,   teuictze   catzi;*

dein   Name werde?   g e p r i e f e u ?
I *amo teguat canne vevha vitzuateradau;*

dein   Reich   möge? zu uns   kommen;
II *amo keidagua canne tame venehassem;*

dein   Wille   möge? Erde-auf gefchehn, Himmel-im er gefchieht-wie;
III *amo hinadodau canne yuhtepatz endau, teuictze endateven;*

unfre Speife   aller? Tage? heute? uns gieb;
IV *tamo badagua haona teguike oki tame mac;*

unfer Böfes   vergieb, wir vergeben unfern Belei-
V *tamo cadeni emdahtezeuai, tamo ovitzeuai tamo naven=*
digern? wie;
tziurah-teven;

uns   du?   dein-Wort?
VI, a *tame sesva eme hiagtu-tude amo emneokecata endo cabeco*
Teufel   Sünde-fein?
diabro tatacoride hiagtudo

fondern? allem Böfen-von uns erlöfe!
VI, b *nassa haonę cadeni-tzeuai tame nesirah!*

§ 239.   Wörter des Vaterunfers

in alphabetifcher Reihe:

1 *AMO* — dein, vor dem Subft. in I, II, III; in VI, a du oder dein, da das nachfolgende *em* das Pron. dein präfigirt feyn könnte; — *amo* ift zunächft identifch mit Opata
amo; dann folgen Ta *mu* dein und Co *mua* dich; verfchieden bei ähnlicher Form find dagegen: Te *mu* ihr *(leur),* fie *(ü)* und Co *ammo* ihr *(vos)*

2 *BADAGUA* IV — H Brodt: vielmehr Speife; denn es ift ein *deriv.* von *ba* = azt.
qua effen, wie Ca *bua;* die Endung *dagua,* welche wir auch in *keidagua* Reich finden, ift
= der allgemeinen Te Endung *daga*

3 *CABECO* VI, a — unbekannt; *ca* könnte privatives Präfix oder nicht feyn

4 *CADENI* V, VI, b — ift am wahrfcheinlichften durch Böfes zu überfetzen, da *ca* fon.
privatives Präfix ift; das Grundwort *deni* gut ift fremd; in VI, b kehrt das Wort nach meiner
Deutung und Trennung in *cadenitzeuai* wieder; — der Mithr. (168ªª) hält in V mit *cadeni*
das *cai naideni* des Opata an derfelben Stelle „vielleicht" für identifch; er vergleicht es
(168ⁿ) mit *cadenitzeuai,* und fcheint dunkel anzudeuten, es könne Böfes, Sünde darin
liegen; f. wegen der zweiten Stelle die Endung *tzeuai*

5 *CANNE* I, II, III — H giebt in III an: *canne-yuhtepatz sia fatta;* M fagt (168ᵐ),
canne fcheine etwas Ermunterndes auszudrücken; — in I kann das Wort feyn: fei, werde:
aber in II nur *utinam;* in III waltet gefchehe ob; — für fei (fo dafs *ne* oder *anne,* ähnlich
dem Te, Endung des *conj.* wäre) giebt es im Sprachftamme Spuren von *ca, c* feyn: noch näher
kommen im Te angehängt vor *c-ani* fei, *c-ana* ich fei; f. weiter *catzi*

6 *CATZI* A — H: der du bift *(che sei);* *ca* ift die Grundlage von feyn, wie hier ficher
erhellt (vgl. vorher *canne);* ich halte aber die ganze Form für das Verbum feyn = tarah.
gati-ki (= *gati):* fo dafs weder das *rel.* noch du ausgedrückt ift; fo weicht die Eudeve-
Formel von den übrigen 4 ab, welche alle das *partic. praes.* auf *ame* zum Ausdruck diefer
Verbindung haben; f. die Sprachvergleichung unten bei der Opata (§ 246 No. 8)

7 *DIABRO* VI — das fpan. *diablo*

8 *EMDAHTEZEUAI* V — vergieb oder vergieb uns; das Wort enthält manches Räthfel:
wenn wir zunächft die Wiederholung des Begriffes betrachten, fo lautet er da *ovitzeuai;*
f. ferner die Bemerkungen zu *cadenitzeuai* und zur Endung *tzeuai;* wollte man nun in dem
Ende *(tezeuai)* das vergeben und im Anfang *emdah* das uns fuchen: fo fteht dem 1) entgegen,
dafs uns vielmehr *tame* (VI, a) im Eudeve lauten würde, und *em* in den fon. Sprachen dein
ift; und 2) die Vergleichung mit *endateven,* wo *enda* gefchehen zu bedeuten fcheint!

9 *EME* VI, a — bleibt unbekannt wie die ganze Nachbarfchaft; vgl. No. 10

10 *EMNEOKECATA* VI, a — (wo Mithr. wieder fehlerhaft *emneohecata* fchreibt); ich
habe, in Ermanglung aller Aufklärung über den Sinn der Stelle, *neoke* mit dem fon. Worte
fprechen, reden: Te *neoque,* Ta *neoca,* Co *neuca,* Ca *noca,* zufammenzubringen
verfucht, das ich auf das azt. *notza* zurückführe; im verfuche ich das *ne* = Ca zu deuten,
wogegen freilich die Anwefenheit des bekannten *pron. amo* davor ftreitet; *ca* könnte Subft.
Endung feyn, *ta* ift im Ca Cafuszeichen; oder wir könnten eine Verbalform von reden vor
uns haben: *em* du, *cata* eine Tempus-Endung feyn, wie im Te *ata* des *praeter.*

11 *ENDATEVEN* III — H überfetzt *si fa;* es ergiebt fich hier aus der bei *endau*
gelieferten Betrachtung und aus der Endung *teven* mit ziemlicher Gewifsheit, dafs wir die Form
durch: wie *(teven)* er gefchieht *(enda)* oder wie er gethan wird, aufzufaffen haben

12 *ENDAU* III — überfetzt H durch **Erde**; der M meint aber fchon (168ᵐᵐ): die Wiederholung *endau* und *endateven* fcheine anzuzeigen, dafs man in *endau* THUN zu fuchen
habe und in *yuhtepatz* vielmehr **Erde**; er vergleicht mit *endau* auch *endo*. Ich hege
diefelbe Meinung: ich nehme *endau* für das Verbum, und habe die Auffaffung von *yuhtepa*
als **Erde** durch einen beftimmten Grund motiviren können; *canne ... endau* würde alfo:
es gefchehe oder werde gethan ausdrücken; *enda* in No. 11 heifst: es gefchieht oder wird
gethan: dadurch wird *canne*, wenn man feyn darin fucht, fchwierig; denn wäre es feyn,
fo könnte man *endau* für **machen** halten: wir müffen uns fo zu dem eigenthümlichen Begriff
gefchehen verftehn. *endo* fcheint wie = *endau* zu feyn, aber wir wiffen über das Wort
nichts; und das auch fo ähnliche *emdah-* in No. 8, wie = *enda* in No. 11, ift fern davon:
gefcheben, gethan werden oder machen heifsen zu können. *endau* erregt noch wegen feiner
Endung *dau* (f. § 240 c) eine Betrachtung.

13 *ENDO* VI, a — fcheint äufserlich wie = *endau*, doch kann man über feine Bedeutung
an der Stelle gar nichts wiffen

14 *HAONA* IV — alle? jeder? — es wäre ein wenig äbnlich dem *tarah. jumá, joma;*
eben fo habe ich *haonę* VI, b zu deuten verfucht

15 *HIAGTUDO* und *HIAGTU-TUDE* VI, a — fehn wie daffelbe Wort aus; über feine Bedeutung
läfst sich nichts ahnden: und es ift auch vergeblich ein äufserlich ähnliches *tarah*. Wort zu betrachten: *hiá* wohlauf! frifch! *hiaga* nach Steffel „anftatt *hiágo:* mache gefchwind! mache!"
unwillkührlich denkt man auch an den Ausgang in den *tepeg.* Poftpofitionen *butude, cude, mude*

16 *HINADODAU* III — H **Wille**: findet im Opata *hinadua* Wille eine unmittelbare
Ähnlichkeit, aber in den 4 fonorifchen Sprachen keine; man beobachtet hier die Endung
dau (f. § 240 c)

17 *KEIDAGUA* II — H **Reich**: follte es vom mex. *huei* grofs herkommen? *dagua* ift
Subft. Endung = tep. *daga* (f. § 240 b)

18 *MAC* IV — bedeutet: **gieh, geben**, und ift das azt. *maca*, das auch einige fon.
Sprachen zeigen; H erläutert: *ma* fchenke, das *c* weglaffend, welches er im Texte hat; M
überfetzt gieh

19 *NASSA* VI, b — habe ich der Stelle nach durch **fondern** zu deuten gefucht

20 *NAVENTZIURAHTEVEN* V — mufs der Stellung nach: **Beleidiger, Schuldner**
oder ähnl., nebft *TEVEN* **wie** (f. § 240 i), bedeuten

21 *NESIRAH* VI, b — wohl: **erlöfe** oder **errette!** im Ta ift *nessé*, **necéro* oder
*neséro: bewahren, behüten, für Einen forgen

22 *NONO* A — H **Vater**; es ift = Ta *nonó*

23 *OKI* IV — wenn es **heute** bedeutet, ift es ohne Ähnlichkeit in den anderen Sprachen

24 *OVITZEUAI* V — (vom M *ovitzevai* gefchrieben) mufs heifsen: **vergeben**; es hat
eine gröfsere Ähnlichkeit mit *vitzuateradau*, das eine andre Bed. hat, als mit *emdahtezeuui*
vergieb (vgl. diefes); f. übrigens die Endung *tzeuai* (§ 240 m)

25 *SESVA* VI — nicht zu errathen; die Stellung nach *tame* läfst ein Verbum vermuthen

26 *TAME* II, IV, VI, a und b — ift der Obliquen-Cafus des *pron.* 1. *pers. pl.*, **uns**, vor
dem Verbum ftehend (nur VI, a nicht zu beurtheilen): in VI, b *acc.*, IV *dat.*, II zu uns; in
VI, a bleibt die Beziehung unbekannt. Merkwürdig ift die Trennung der Verbalform *tame*
uns vom *pron. pers. tamo* unfer; M fagt (168ᵃ): „ob *tame* Verfehen oder Abweichungen der

Form" von *tamo* „find, läfst fich nicht entfcheiden"; die Übereinftimmung der Sprachen Eudeve und Opata in diefem Doppel-Pronomen beweift fchon gegen die Annahme eines folchen Irrthums, und die Tarah. dient auch dazu die Thatfache zu beftätigen. *tame* des Eudeve fchliefst fich eng an die Ta, an das *pron. pers.*, an: *tamé* und *tami* wir, uns *(*tami, *rami)*; die übrigen 3 Sprachen liegen fern.

27 *tamo* A, IV, V 3mahl — H unfer; es ift 3mahl u n f e r, vor feinem Suhft. ftehend: 1mahl aber, V Mitte, *pron. pers.* w i r. H vergleicht u n f e r: *tamu* Ta, *tamo* Opata und Eudeve, *to* Pima; M giebt (168ᵃ) als gleich zwifchen Eudeve und Opata an: „*tamo:* wir, uns, unfer". Im Ta giebt Tellechea fchon für das *pers. u* neben *e* und *i: tamujé, ramujé, ramejé* und *tamijé* wir, uns; für das *poss.* nur *u: tamú* unfer (fehr nahe *temú* und *temi* euer); aus Steffel erhellt das *poss.* nicht, wir entnehmen daher von ihm kein *u*.

28 *tatacoride* VI, a — ift das, auch in der Ca und Tubar (als *tatacoli*) vorhandene azt. *tlatlacolli* S ü n d e mit einem Anfatz *de* (f. § 240 d)

29 *teguat* I — H Name; es ift das allgemeine fonorifche Wort, das ich für das azt. *tocaitl* halte; es fchliefsen fich zufammen im engen Verein: Opata *tegua*, Eudeve *teguat*, Ca **tehua*, Ta *regua-la;* Co *teahua-rit*. Das Eudeve-Wort hat den Vorzug vor allen diefen Sprachen die azt. Endung *tl* am reinften zu befitzen in dem *t;* nur müfste diefe Endung gemäfs dem azt. Gefetz nach dem *pron. poss.* wegfallen: wie wir es in dem Opata-VU, wo beide Worte buchftäblich gleich find, lefen: *amo tegua*.

30 *teguike* IV — T a g? — vgl. Ta *tseli* und *tseliki*, Ca *taehu*, *tacuari*, Co *túhca;* das Wort fieht aber dem folgenden *teuic* Himmel gar zu ähnlich

31 *teuictze* A und III — H *tevictze* (v fchreibt er in der Erklärung) im H i m m e l; diefs ift in beiden Elementen ein ächt fonorifches Wort: *teuic*, — das wohl wegen der Poftpof. einen Endvocal verloren hat: wozu das, ihm fo fehr ähnliche, vorige Wort *teguike* Tag? zu vergleichen ift —, reiht fich auf's engfte an an: Ca *tehueca*, Ta *revega* oder **regüegá* (auch *reguiki* ift zu lefen unten § 282), Opata *teguiaca;* — *tze* ift die Orts-Poftpof., wie fie im Co als *tze*, im Ta als *tschi* herrfcht (f. § 240 l)

32 *venehassem* II — es komme oder k o m m e n; ganz fremd, nur dafs Co *yembene* eine entfernte Ähnlichkeit mit dem Anfange *vene* hat; man kann fogar nicht wiffen, ob nicht der Anfang des Worts eine Poftpof. zum Pron. *tame* (zu uns) ift

33 *vefha* I — ob es zu preifen mit gehört? oder ein verftärkendes Wort, vielleicht = Ta *vuechcá (*güecá)* viel oder zufammenhangend mit azt. *huei* grofs, ift?

34 *vitzuateradau* I — geprie fen? geheiligt? — M hat den Fehler das Wort in 2: *vitzuate radau* zu trennen; der Anfang *vitzua* gleicht dem Verbum *ovitzeuai* vergeben fehr, das aber mit feiner Bed. hier nichts helfen kann; man beobachtet hier die Endung *dau* (f. § 240 c)

35 *yuhtepatz* III — H erläutert: *canne-yuhtepatz sia fatta;* aber M (f. bei *endau)* glaubt vielmehr, dafs in *yuhtepatz* E r d e liege; und dafs diefs fei, beweift mir das *tz*, welches = *tze* in No. 31 die örtliche Poftpof. ift: die Form bedeutet alfo: auf d e r E r d e; es ift fo aber ganz fremd: daher ich frage, ob man *yuh*, ganz = mex. *yuh*, für fo nehmen dürfe? wo dann *tepatz* einige Ähnlichkeit mit Opata *terepa* auf der Erde, Te *dubur* Erde hätte

§ 240. Die Betrachtung der ENDUNGEN und weniger V o r s ä t z e mufs uns einige weitere Klarheit und grammatifch wichtigere Belege der Fremdheit und der Ähnlichkeit der Sprache gegen andere gewähren:

a *ca* — fonorifches privatives Präfix, das wohl in *cadeni*, vielleicht auch in *cabeco* liegt

b *dagua* — fubftantivifche Ableitungs-Endung: erwiefen in *badagua* Brodt, zu folgern in *keidagua* Reich; diefs ift eine merkwürdige Übereinftimmung mit der im Tepeguana fo allgemeinen Endung *daga*

c *dau* — mufs man äufserlich wenigftens fixiren als Ausgang dreier, freilich fehr ver-fchiedenartiger Wörter: *hinadodau* Wille, *vitzuateradau* (werde) gepriefen, geheiligt? und ftammhaft in *endau* gefchehn oder gefchehe

d *de* — Anfatz in *tatocoride*, deffen Beziehung aber unbekannt: auch in der Endung *tude* liegend; in der Tepeg. ift es das *pron. poss.* fein

e *em, en,* auch *emdah, enda* — als Präfixe, möchte man aus den auffallend fich wieder-holenden Anfängen in: *emneokecata, endau, endo, emdah-tezeuai, enda-teven* folgern: wozu noch *eme* zu fügen ift; man kann nicht wagen, bei fo vielen an Ca *em, en* dein, du zu denken; im 1ten Worte habe ich es verfucht

f *ke* — Subftantiv-Endung? in *teguike* Tag; fie wäre mit Ta *ke* zu vergleichen

g *rah* — Endung in *naventziurah-teven, nesirah*

h *r* — ift das, aus der Cora, genugfam bekannte azt. Element von hoher Ähnlichkeit, = *tl*, Subft. Endung in *teguat* Name

i *teven* — ift für die Conjunction w i e zu nehmen; fie wird in der Schreibung als En-dung gegeben, in: *enda-teven* uud *naventziurah-teven*

k *tude, tudo* — eine Endung, deren tepeguanifchen Anklang ich bei *hiagtudo* (No. 15) befprochen habe

l *tze,* auch *rz* — Poftpof. der Ruhe des Orts in *teuic-tze* im Himmel, *yuhtepa-tz* auf der Erde; diefe ächt fonorifche Poftpof. ift wahrfcheinlich, als *tzé*, allgemein im Cora: wir können nur wenige Spuren erfaffen; fie ift als *tschi, tschic (*chi)* allgemein in der Tarah.; und in vereinzelten oder indirecten Spuren als *tzi* und *chi* im Ca vorhanden

m *tzeuai* — wiederholt fich als hinterer Theil in *cadeni-tzeuai, emdahtezeuai, ovi-tzeuai;* im 1ten Worte habe ich es als Poftpof. des *term. a quo* zu deuten verfucht, in den beiden andern liegt der Begriff v e r g e b e n; der M fucht (168ᵃ) bei *cadenitzeuai* in *tzeuai* den Begriff „vergeben, vielleicht befreyen": was nach meiner Deutung des erften Theils (No. 4) unrichtig ift, da b e f r e i e n auf ein fpäteres Wort fällt.

§ 241. Verwandtfchafts-Verhältnifs der Sprache

Obgleich die Eudeve-Sprache in Folge der vielen Dunkelheiten in dem kleinen Texte am ungünftigften erfcheint, wird doch durch das, was mir gelungen ift aus ihm hervorzulocken, ihre VERWANDTSCHAFT mit dem SONORISCHEN SPRACH-STAMME, als eines ächten Gliedes, mit erfreulicher Beftimmtheit bewiefen. Diefe Thatfache wird fcbon durch die auffallende und vollftändige Übereinftimmung ge-fichert, welche fie in mehreren Wörtern mit der Opata-Sprache hat, die nach faft allen Seiten fonorifche Befreundung geniefst. Sehr merkwürdig ift die mannig-faltige Wendung, in der die Eudeve bei Ähnlichkeiten, welche Einer fonorifchen Sprache ausfchliefsend gegen die anderen eigen find, fich allen die Reihe herab (*Tarahumara, Tepeguana, Cora, Cahita, Opata)* anfchliefst: was die eigenthümliche und wichtige Stellung bezeichnet, welche auch fie als Individualität im grofsen Ganzen einnimmt.

A. Von Seiten des SONORISCHEN Sprachftoffes ift fie:

1) ganz oder beinahe ganz GLEICH anderen (mehreren, einigen oder einzelnen) fon. Sprachen in: *nono* Vater = Ta; in 3 Pronominen: *amo* dein = Opata; *tame* uns = Ta *tamé, tami* (die 3 andren Sprachen liegen fern); *tamo* unfer, 1mahl: uns = Opata *tamo,* Ta **tamu;* in der örtlichen Poftpof. *tze, tz* (f. die Sprach-vergleichung dazu in No. l); in dem (von mir vermutheten) privativen Präfix *ca;*

höchft ähnlich in: *teuic* Himmel (allen Sprachen gemeinfam); *hinadodau* Wille = Opata *hinadua* (aber in keiner andren fon. Sprache fonft zu finden); dem Subft. Anfatz *dagua* = Te *daga;*

ähnlich: *amo* dein ≠ Ta und Co, *catzi* feyn = Ta *gatiki (gati);*

vielleicht verwandt: wenn nicht *yuhtepa,* fondern *tepa* Erde heifsen kann (f. No. 35);

nur eine Möglichkeit von Ähnlichkeit: *nesirah;*

bei ungewiffer Bedeutung ähnlich: Subft. Endung *ke,* wenn fie anzunehmen ift, wäre = Ta;

Bedeutung ungewifs, entfernte Möglichkeit einer Verwandtfchaft: *teguike* Tag, *haona* und *haonę* alle? jeder? ≠ Ta *joma; vevha* = Ta *vuehcd,* En-dung *tude* ≠ Te;

fo gut als fremd: *cadeni* Böfes.

2) Die Lichtfeite in der fonorifchen Grundlage der Sprache ift uns mit diefen fich ftufenweife verlierenden Befreundungen entfchwunden; gröfser, für unfre jetzige Hülfslofigkeit, ift die Zahl der KEINE ÄHNLICHKEIT darbietenden und der keine Vergleichung geftattenden Wörter; und zwar:

ganz fremd gegen die andren fon. Sprachen find die Wörter: *yuhtepa* Erde, *naventziurah* Beleidiger? Schuldner? *venehassem* kommen, *ovitzeuai* vergeben, *emdahtezeuai* vergieb; *vitzuateradau* gepriefen? geheiligt? *endau* und *enda* gefchehn, *oki* heute? *teven* (Anfatz) wie, *nassa* fondern? Endung *dau,* wenn fie exiftirt: doch vgl. *dagua;*

alle Vergleichung mufs unterbleiben bei den ihrer Bedeutung nach ganz un-bekannt bleibenden Wörtern: *cabeco, eme, endo, hiagtudo* und *hiagtutude, sesva;* den Anfätzen *de* und *rah,* wie dem Vorfatz *em* und *en.*

§ 242. B. Die Eudeve-Sprache befitzt, gemeinfchaftlich mit den anderen fon. Sprachen, AZTEKISCHE Wörter und aztekifchen Sprachftoff: meift diefelben, welche andere auch haben; und damit ift der Beweis, dafs fie ein Glied des fonorifchen Sprachftammes ift, vollftändig geführt:

azt. Wörter, die ihr GEMEINSAM mit allen fon. Sprachen find: *teguat* Name ≠ azt. *tocaitl* (f. näher No. 29); *ba* effen, zu entnehmen aus *badagua* Speife: zu-nächft allein ähnlich dem Ca *bua* (azt. *qua);*

gemeinfam mit mehreren Sprachen: *tatacori* Sünde (azt. *tlatlacolli), mac*
geben oder gieb (azt. *maca); Suhft. Endung t, befonders = Co* (azt. *tl);*
gemeinfam mit einigen Sprachen: vielleicht *canne* fei = azt. *ca* feyn; ganz
gewifs *catzi* feyn, zunächft = Ta *gatiki (gati).*

Es kommen nun die ungünftigen Fälle:

wo ganz ungewifs ift, dafs diefes Wort vorliegt: *em-neoke-cata* = Te
neoque reden, und ähnlich in den 3 andren Sprachen: ein fonorifches, eigenthümlich
verändertes Wort = azt. *notza;*

wo fehr ungewifs ift, ob man an ein aztekifches Wort denken könne: *keidagua* Reich, von azt. *huei* grofs? *vevha* zufammenhangend mit demfelben *huei?*

C. Es findet fich auch vor ein fpanifches Wort: *diabro* Teufel =
fpan. *diablo.*

O p a t a.

§ 243. **Mühlenpfordt** (I, 210[n] und II, 420[aa]) fetzt das Volk der OPATAS
in den Often Sonora's, öftlich von den *Eudebes,* an die Flüffe *Sonora* und *Oposura,*
bis gegen *Arispe* und *Nacosari* hin. „Sie find die gefittigften unter den Indiern Sonora's.
Ihr Hauptftamm lebt in 13 Ortfchaften, unter welchen *Babiacora* und *Oposura* die bedeutendften find ... An verfchiedenen Orten hat man aus ihnen wohlbewaffnete und gut eingeübte
Milizencompagnien von je 200 Mann gebildet. Das Oberhaupt des Stammes ift Anführer diefer
Truppen, hat den Rang eines Generals..." Örter von ihnen find auch *Bacadeguachi* und *Banamichi;* fie fpinnen und weben Baumwolle. — Villa-Señor fagt II, 393, a[f]-b[aa]: *Las Miffiones
de Indios Opatas caén todas al Nordeft, y confinan en el Pueblo de Vavifpe junto à la Sierra de
Carretas, raya que divide el Gobierno de Sinaloa con el Parral.* — Hervas berichtet *(saggio prat.*
7;[nf] u. 78[nf]) aus dem Briefe eines Miffionars des Opata-Volkes, welchen er in feiner Brieffammlung
über Sprachen hatte, von der Treue und Ànhänglichkeit an den catholifchen Glauben und die Spanier, durch welche fich diefe Völkerfchaft vor allen in Nordamerika ausgezeichnet hat: „Sie war die
letzte, welche „erobert" wurde, fie berief aber felbft die Jefuiten aus Cinaloa zu fich, und nahm
fie mit gröfster Freundlichkeit auf; fie hat nie fich von den Aufforderungen und Drohungen
hinreifsen laffen, welche die *Seri, Pima* und *Hiaqui* an fie richteten, fich ihren Rebellionen anzufchliefsen: vielmehr hat fie den Miffionaren Anzeige von jenen Plänen und Unternehmungen
gemacht, und ift bereit gewefen gegen das benachbarte Apachen-Volk zu fechten, welches das
tapferfte und unerfchrockenfte ift, das man in Nordamerika kennt."

Diefelben Eigenfchaften: die Treue im Chriftenthum, die ftete Übereinftimmung mit den
Weifsen in allen Dingen, Gefügigkeit und Offenheit, ruhigen und guten Sinn, Ergebenheit
in Ordnung und Frieden: bewiefen immerfort feit den Zeiten der Eroberung, fo wie eine erftaunende Tapferkeit; rühmt Bartlett *(personal narrative* I, 444[mf]-6[nf]) von dem Volke der
Opatas. Sie find nach ihm ein grofser Stamm in den mittleren Theilen des Staats Sonora,
lebend in Dörfern, meift mit Ackerbau befchäftigt. Zwifchen *la Magdalena* und *Ures* paffirten
die Reifenden mehrere ihrer Dörfer. Sie zeichnen fich durch gute Kleidung vor den *Yaquis*
aus. Grofse Thaten der Tapferkeit haben fie längft gegen die Apachen verrichtet; und diefs

ift neuerdings wieder gefchehen durch die 3 Compagnien Infanterie, welche, aus *Opatas* gebildet, in den Gränzftädten *Bacuachi, Tubac* und *Babispe* ftehn.   Ihr Anführer *Tanori* (welcher,
6 Fufs grofs, nebft feiner Frau, von B.'s Begleiter, *Pratt,* gemalt worden ift) wurde oftmahls
von der Regierung gegen die Apachen aufgerufen.   Auch zu Courier-Dienften werden die
Opatas häufig gebraucht, indem fie lange Strecken, 40 bis 50 *leguas* in 24 Stunden, zu
laufen vermögen.

Diefe Treue, Tapferkeit und Verdienfte um Sonora durch Bekämpfung der Apachen
berichtet auch T e r n a u x *(nouv. ann. des voy.* 1842 T. 3. p. 319ⁿ): welcher die Opatas beftimmt
als wohnend längs den Flüffen von *S. Miguel de Horcasitas,* von *Arispe, de los Ures* und von
Oposura; und ihrer 20,000 fchätzt.   Er nennt fie auch gute Handwerker.

§ 244.   H E R V A S liefert *(saggio pratico* No. 47, p. 124) das VATERUNSER
der Opata-Sprache, mit Überfetzung jedes Wortes; der M i t h r i d a t e s wiederholt es
(166), und giebt (168-9) Sprachbemerkungen daraus: d. h. nur 168ᵃ⁻ᵃᶠ die gleich zu
erwähnenden Wortvergleichungen mit Eudeve, und 168ⁿᶠ-9ᵃᵃ Bemerkungen über
2 Wörter.   Da die Vaterunfer-Formel nach der gewöhnlichen Regel des Mithr.
nicht überfetzt ift, fo gewährt er zu wenig Aufklärung über die Sprache.   Die fonorifche Verwandtfchaft geht aus diefer, uns durch Hervas vollkommen zugänglichen Textprobe hinlänglich hervor.   Über die Opata-Sprache ift fchon S. 222
mehreres gemeinfam mit der E u d e v e gefagt: von den Miffionen Sonora's, in welchen
fie gefprochen wird; gegen die von Clavigero und den Jefuiten behauptete enge
Verwandtfchaft beider Sprachen unter fich und mit der tarahumarifchen; dafelbft ift
auch Hervas Vergleichung einiger Wörter des Vaterunfers zwifchen beiden Sprachen
und mit anderen gegeben.

§ 245.   Vaterunfer:

unfer   Vater,   Himmel - im   ?   der (du) bift;
A   *tamo   mas,   teguiacachi   gua   cacame;*

dein   Name   heilig   fei;
I   *amo   tegua   santo   à;*

dein   Reich   zu uns   komme;
II   *amo   reino   tame   macte;*

(dein)   Wille   gefchehe   Erde - auf,   wie   Himmel - im   auch?
III   *hinadua   iguati   terepa,   ania   teguiacachi   veri;*

heute   unfre   Speife   uns   gieb;
IV   *chiama   tamo   guacaveu   tamo   mac;*

und   uns   vergieb   unfre   Sünde   ?,   wie   wir   ver-
V   *gua   tame   neavere   tamo   cainaideni   acà,   api   tame   nea⸱*
geben   unfern   Feinden;
vere   tamo   opagua;

und nicht uns lafs verführen, (vom) Übel befreie (uns);
VI *gua cai tame taoritudare,* *cainaideni chiguadu;*
fo fei es!
VII *apita cachià!*

§ 246. Wörter des Vaterunfers

in alphabetifcher Folge:

1 *à* I — ift daffelbe Element, das wir wie eine Endung in *cachià* erblicken; es ift hier wie Imperativ von feyn, an *cachi* feyn felbft erfcheint es wie Endung des Imper. oder Conjunctivs. Man könnte es auch als diefelbe Endung an *santo* deuten, wenn man diefs als Verbum betrachtet: (er) fei oder werde geheiligt. Ich nehme es nicht auf mich die Identität des *à* in beiden Stellen zu erweifen. Wenn in I das *à* unabhängig ift, fo kann es der (als Imperativ gebrauchte) Stamm des *verb. subst.* felbft feyn: und als diefes kommt *a* in 2 fon. Sprachen vor: *a* ift im Tep., neben *ca,* Stamm von feyn; und eben fo finde ich in der Cah.: *aia* ift, *ae* und *a-naque* wird feyn.

2 *ACà* V — Bedeutung unbekannt; H berückfichtigt es nicht, er fafst zufammen: *tamo cai naideni acà:* unfre Sünden

3 *AMO* I, II — dein vor dem Suhft.; aber in III, dein Wille, ift dein ausgelaffen; ich habe die Sprachvergleichung bei dem ganz gleichlautenden *amo* der Eudeve (S. 224 No. 1) entwickelt

4 *ANIA* III — wie; unbekannt: denn Co *aitnè* wie? darf man nicht in Vergleichung ftellen; in einer andren Stelle fteht *api* für wie

5 *API* V — wie *(conj.):* mufs in Verbindung gefetzt werden mit *apita* fo, wie Ca *hulen* fo und *ulen* wie heifst; in der Bed. fo findet *api* entfernte Ähnlichkeiten: Te *apu,* Co *it^e u p^t*

6 *APITA* VII — fo, f. No. 5

7 *CACAME* A — ift das *partic.* von *ca* feyn, durch die allgemeine und wichtige fonorifche Endung *came* gebildet; die Allgemeinheit diefer Participial-Form vom *verb. subst.* felbft: feiend, auch der (du) bift ausdrückend, in den fon. Sprachen habe ich nach dem Pima (§ 278-280) entwickelt; die anderen Sprachen fetzen die Endung *came* an das längere Verbum *cati,* die Opata und Pima an das einfache; f. weiter No. 8

8 *CACHIà* VII — es fei! — *cachi* ift das Verbum feyn, zunächft = *catzi* der Eudeve (f. oben S. 224 No. 6): und diefes ift = *gatiki* der Tarah., deffen Hauptfache *gati* ift, wie die Form *cate-came* (f. vorige No.) mehrerer fon. Sprachen zeigt; ich habe auch *gati* felbft in einer Stelle Tellechea's gefunden. Der kurze Stamm *ca* (No. 7) und das ausführliche Verbum Ta *gatiki* finden fich eben fo im mex. Verbum feyn: *ca* regelmäfsiger, *catqui* fogenannter unregelmäfsiger Stamm. Nur das Widerfprechende ift, dafs alle die erwähnten ausführlichen fon. Formen: *gatiki, cate+* das zufällige Verbum feyn (fpan. *estar)* find, in der Opata aber *cachi* das *verb. subst.,* dagegen *ca+ (cacame) estar* ausdrücken. — Über die Endung *à* an *cachià* habe ich in No. 1 gefprochen.

9 *CAI* VI — nicht, beim verbietenden Imperativ *(ne);* es ift ferner in der Sprache das privative Präfix: in *cai-naideni* No. 10. In beiden Beziehungen findet *cai* feine Verwandtfchaft im Sprachftamme, wobei man wohl auch einen Übergang des *c* in *t* annehmen kann;

der Vocal ift allgemein *a*, nur die tarah. Conjunction zeigt auch *ai*. Folgendes find die verwandten Formen: a) nicht: *non,* wohl auch öfter *ne:* Ta *ta, caita, taico;* Co und Ca *ca;*
ne: Ta und Ca *cate;* b) privatives Präfix: Ca und Eudeve *ca,* Ta *ta.*

10 *cainaideni* V und VI — Schlechtigkeit, Böfes, Übel: wohl eigentlich *adj.:*
fchlecht, böfe; es ift eine Zufammenfetzung aus dem eben (No. 9) entwickelten privativen
Präfix *cai* und, wie gewifs zu fchliefsen ift, einem Worte *naideni* gut; letzteres findet keine
Ähnlichkeit in den fon. Sprachen, aufser dafs das *privativum* felbft, mit Verluft der 1ten Sylbe
von g u t, in der Eudeve-Sprache (S. 224 No. 4) als *cadeni* vorhanden ift. — H trennt das
Wort an beiden Stellen in zwei: er fchreibt V *cai naideni,* VI *cäi naideni;* M trennt es
eben fo in 2 Wörter, bemerkt aber 169ᵃ: „*cai naideni* gehört wahrfcheinlich zufammen als
ein Wort". In der 1ten Stelle (V) überfetzt es H Sünden, ich S ü n d e: aber im Grunde ift
es da wohl als Schlechtigkeit zu nehmen; in der 2ten (VI) überfetzt H v o m Übel, *dal male:*
es fteht aber das nackte Wort da, und die Poftpofition des *term. a quo* fehlt, wenn fie nicht das
chi im Anfang des folgenden Wortes ift.

11 *chiama* IV — h e u t e nach H; unbekannt in den 4 fon. Sprachen

12 *chiguadu* VI — b e f r e i e nach H: unbekannt in diefen Sprachen; das *chi* könnte
die Poftpof. des *term. a quo* zu dem vorigen Subft. feyn (f. nachher Anfätze); das Object
u n s fehlt

13 *gua* A, V, VI — in A habe ich das Wörtchen abgezweigt von *teguiacachigua,*
wie H fchreibt: es ift hier wie bedeutungslos; — in V fchreibt es H wieder, v o r g e f e t z t, mit
tame u n s zufammen: *guatame;* M eben fo; — in VI bringt es H allein, überfetzt es aber
nicht; es hat in beiden letzten Stellen (V und VI) die Bed. von u n d im Anfang des Satzes,
zur Verbindung mit einem vorigen Satze. Das Wort fteht fremd unter den fon. Sprachen da.

14 *guacaveu* IV — H fchreibt *guaca veu* und überfetzt beides durch: tägliches
Brodt; fchwerlich könnte das kurze *veu* den fo künftlichen Begriff t ä g l i c h ausdrücken; ich
verfuche daher *veu* an das vorige Wort anzuhängen: *gua-caveu* erkläre ich für Speife =
Ca *bua-huame* = Eudeve *ba-dagua.* Der Stamm *gua* ift das *qua.* Verbum *qua* effen:
Co *cua,* Ta *coa,* Ca *bua;* in der Endung *caveu* erkenne ich am liebften die fo allgemeine
Endung *came* (wie auch Ta *coaj-ámeke* und *coa-me Speife ift), obgleich wir diefe fchon
rein in *cacame* (No. 7) gehabt haben: darf man an fie nicht denken, fo würde ich *caveu* für =
Eudeve *dagua* = Te *daga* halten (f. S. 227 No. b).

15 *hinadua* III — W i l l e: nur = Eudeve *hinadodau,* fonft fremd unter den fon.
Sprachen; ich mache einen anderen Verfuch als in No. 14, hier in *dua* die Te Endung *daga*
zu finden

16 *iguati* III — g e f c h e h e oder werde gethan, H *si-faccia;* man darf nicht fo
kühn feyn zu fragen, ob *igua* = azt. *chihua* machen feyn könne? wohl aber kann man für
identifch annehmen *igua* und das Verbum m a c h e n, thun: im Te *ifuei,* dem ein zweiter
Stamm *iddu*+ zur Seite fteht, und im Ca *iehua* oder *ieua;* von dem *ti* am Ende und der
paffiven Bed. des Opata-Wortes ift freilich hierbei kühnlich abgefehn

17 *mac* IV — g i e b: ift das, einigen fon. Sprachen eigne, azt. Verbum *maca* geben;
in der Weglaffung des End-*a*, welche vielleicht nur im Imperativ gefchieht, gleicht die
Sprache wieder der Eudeve; vgl. noch *macte* in No. 18

18 *macte* II — (es) k o m m e: nach H's Überfetzung; da diefes Wort, das in der Bed.
von k o m m e n keine fon. Ähnlichkeit hat, dem vorigen *mac* fo ähnlich ift, fo fragt man,

freilich von dem *te* abfehend, ob man nicht vielleicht die Worte deuten folle: gieb oder fchenke uns dein Reich?

19 *MANI* — Vater, im Munde der Frau: gehört dem Vaterunfer nicht an, fondern wird nur von Hervas (124, b²) bei der Erläuterung von *mas* angeführt;

20 *MAS* A — Vater, im Munde des Mannes: nach Hervas eben angeführter Erläuterung; beide Wörter ftehn fremd für die fon. Sprachen da

21 *NAIDENI* — gut = Eudeve *deni:* gefchloffen aus dem Privativum *cai-naideni;* f. No. 10

22 *NEAVERE* V 2mahl — vergeben, verzeihen: zuerft als *imper.*, vergieb oder verzeihe; dann als *praes.*: (wir) vergeben; H überfetzt *rimetti* (erlafs), *rimettiamo*. Bei der Ähnlichkeit mit *veri* thue ich die Frage, ob nicht *vere* von dem Worte zu trennen fei: es könnte in beiden Stellen auch beifsen; eine andre Betrachtung ift, dafs *re* hier und in *taori= tudare* den Imperativ befchliefst. Übrigens findet das Verbum, es laute nun *nea, neave* oder *neavere*, keine Ähnlichkeit in den fon. Sprachen.

23 *OPAGUA* V — Feind nach H: hat eine unvollkommene Ähnlichkeit mit dem Te Worte *obbe*

24 *REINO* II — Reich: das fpan. Wort

25 *SANTO* I — heilig: fo überfetzt H; vielleicht aber, indem man *à* dazu rechnet, geheiligt (f. No. 1); es ift hier wieder ein fpanifches Wort benutzt

26 *TAME* II, V 2mahl, VI — ift die, dem Verbum ftets vorftehende Verbalform des *pron.* 1. *pers. pl.;* fowohl als *nom.*, wir: V, 2te Stelle; wie *acc.* uns: VI, und *dat.* uns: V; ja auch: zu uns (komme), das *pron.* mit Poftpof. der Bewegung des Orts: wenn nicht dem Verbum eine andere Bed. zu geben ift, fo dafs zu überfetzen wäre: gieb uns oder fchenke uns. Zu bemerken ift noch: 1) dafs 1mahl, beim 2ten Verbum in VI: befreie uns, der *acc.* uns nicht ausgedrückt ift; 2) dafs 1mahl, IV, der Dativ uns: gieb uns, durch das *poss. tamo* fich gegeben findet. Die Sprachvergleichung f. bei diefem (No. 27).

27 *TAMO* A, IV 2mahl, V 2mahl — es ift das *pron. poss.* 1. *pl.*, unfer, vor dem Subft. ftehend: fo in A, IV 1te Stelle, V 2mahl; in der 2ten Stelle von IV ift es, wie ich meine, irrthümlich ftatt *tame*, der *dat.* uns vor dem Verbum: gieb uns. In A fetzt H das *pron.* mit feinem Subft. durch einen Strich in Verbindung: *tamo-mas;* der M aber nicht, H auch ferner nicht. Ganz in derfelben Scheidung und Beftimmung befitzt die Eudeve-Sprache diefe beiden Pron.: *tame* als *pron. pers.*, *tamo* als *pron. poss.;* bei ihr (No. 26 und 27, S. 226) habe ich die Sprachvergleichung geliefert.

28 *TAORITUDARE* VI — lafs verführen, H *lasci indur:* die Wendung, abweichend von den umftändlicheren der anderen Vaterunfer (lafs uns nicht in das Böfe verfallen, führe uns nicht in Sünde u. ä.), ift kurz; der Ausdruck fteht abfolut und abgeriffen da: obgleich das folgende Subft., ohne alle Poftpof., fich eben fo gut zu ihm (in Übel) als zum zweiten Verbum (vom Übel) ziehen läfst. An Ergründung des Verbums durch die verwandten Sprachen ift nicht zu denken; da wir aber eine Caufal-Bedeutung vor uns haben, fo ift es wichtig auf das *tud* in der Endung aufmerkfam zu machen, indem im Tep. *tude* die allgemeine Endung der Caufal-, auch überhaupt der activen Verba ift; hiernach würde *are* eine fernere, formelle Endung feyn, zu der wir die Endung *re* in einem anderen Imperativ, *neavere*, vergleichen können.

29 *TEGUA* I — Name: das Wort mag an fich, gleich dem eudevischen *teguat* (f. S. 226 No. 29), an fich *teguat* heifsen; die azt. Subft. Endung *t* ift in der Opata aber, nach richtigen grammatifchen Grundfätzen, nach dem *pron. poss.* weggelaffen: *amo tegua* dein Name. Die Wortvergleichung diefes allgemein fonorifch-aztekifchen Wortes habe ich bei der Eudeve angegeben.

30 *TEGUIACACHI* A und III — im Himmel: diefe reine Form gewinne ich für beide Stellen aus zwei verfchiedenen, durch den Anfchlufs von zwei Partikeln bei Hervas entftandenen: *teguiacachigua* A und *teguiacachiveri* III. Der Mithr. fagt fehr confus, und fern von diefer Ahndung, (168^{nf}-9^a): „In N. 422 ift die Veränderung der Endung des Wortes für, Himmel, nicht wefentlich, vielleicht nur eine kleine Verfchiedenheit des Praepofitional-Begriffes oder des Numerus, da diefer in heyden Stellen in vielen Formeln verfchieden ift." Die von mir abgeworfenen Partikeln gehören nicht hierher; f. *gua* in No. 13, *veri* in No. 33. — *chi* ift eine fehr allgemeine Form für die Orts-Poftpof.; f. S. 235 No. d. *teguiaca* Himmel ift das allgemeine fonorifche Wort, und fteht der ächten Grundform: Ca *tehueca*, Ta *revega*, *regúega, am nächften, indem nur jenes mittlere *e* in *ia* verwandelt ift; die ganze Sprachvergleichung habe ich unten § 282-5 gegeben.

31 *TEREPA* III — auf der Erde: es fchiene *pa* die Poftpof. zu feyn, wohl = *apa* auf in der Te und Pima (f. unten § 258). *tere* würde man dann übrig behalten als Erde: und diefs wäre vielleicht das Wort der Te: *dùbure* und *dubur*, und der Pima: *tuburch*. Da wir die mittlere Sylbe, mit b, vermiffen; fo könnte man aber fragen, ob nicht das ganze *terepa* Erde bedeute, *p* mit *r* umgeftellt und die Poftpof. ausgelaffen fei? darin beftärkt die, ferner verwandte Eudeve-Form *yuhtepa-tz*, wohl eher *tepa-tz*, auf der Erde: da hier *pa* zum Stamme gehören mufs, dem das *r* oder *re* der anderen Sprachen verloren gegangen zu feyn fcheint.

32 *VERE* — f. *veri*

33 *VERI* III — gewinne ich durch Abtrennung aus H's *teguiacachiveri:* ich meine, es bedeute vielleicht a uch, obgleich es der Örtlichkeit nach auch: gefchieht, oder: wird gethan heifsen könnte; eben fo kann *vere* in *neavere* (f. No. 22) beide Mahle a u ch heifsen. Das Wort felbft ift in den fon. Sprachen unbekannt.

34 *VEU* IV — nach H's Abtheilung: halte ich für kein Wort, fondern für Bruchftück einer Endung; f. *guacaveu* No. 14.

Bartlett hat von dem Häuptling *Tanori* ein reichliches Wortverzeichnifs der Opata-Sprache aufgenommen *(personal narrative* I, 446^{nf)}; ich fehe feiner Bekanntmachung mit Begierde entgegen.

---

§ 247. Der grammatifchen und wortbildenden ANSÄTZE oder ENDUNGEN, welche ich von den vorftehenden Wörtern abziehe, habe ich viel wenigere zu nennen als bei der Eudeve-Sprache; fie find fpärlich, zum Theil hypothetifch. Ein Präfix *(cai)* tritt hinzu. Da alle diefe Anfätze nur 1mal vorkommen, fo find fie meift fchon bei den Wörtern abgehandelt und hier nur kurz zu erwähnen:

a *CAI* — privatives Präfix: ift fchon vollftändig bei der gleichlautenden Conjunction nicht (No. 9) behandelt

b *CAME* — die allgemeine und vieldeutige fonorifche Wortbildungs-Endung: bildend das *part. praes.* in *cacame* feiend, der (du) bift c *caveu* — Endung eines abgeleiteten Subft. vom Verbum in *guacaveu* Speife: ich habe alles nöthige über fie in No. 14 gefagt

d *chi* — Poftpofition der Ruhe des Orts: **in**, in dem 2mahligen *teguiaca-chi* im Himmel; ich habe ferner gefragt, ob nicht das *chi* im Anfang von *chiguadu* diefelbe Poftpof., aber da des *term. a quo* (von), fei? — Die Verbreitung diefer Poftpof. der Ruhe und Be- wegung des Orts als *tschi, chi, tzi, tze* habe ich bei *tze* der Eudeve-Sprache (S. 227 No. l) geliefert.

e *dua* — ich habe gefragt, ob diefe Gruppe als Endung in *hinadua* Wille = Te *daga,* Opata *dagua* zu finden fei?

f *pa* — es ift ungewifs, ob diefs Poftpof. auf = *apa* der Te und Pima in *terepa* fei: f. No. 31

g *re* — es kann Zufälligkeit fein, dafs es in 2 Formen auf *are* und *ere: taoritudare* und *neavere,* den Imperativ befchliefst; doch fcheint in der erfteren *are* wirklich Endung feyn zu müffen; in den anderen Sprachen fände diefes *re* für den Imperativ kein *praecedens*

h *tud* — Kennzeichen des Caufal-Verbums = Te *tude,* f. *taoritudare.*

§ 248. Die wenigen, zum Theil ungünftigen Wörter, welche wir aus der Vaterunfer-Formel gewinnen, ftellen die OPATA-SPRACHE als eine nach faft allen Seiten hin mit SONORISCHEN ÄHNLICHKEITEN ausgeftattete dar, und man kann fie mit Ruhe und ohne viele Einfchränkung als ein Glied in den fonorifchen Sprachftamm einreihen. Hervorftechend bleibt die Nähe, welche fie in mehreren Wörtern mit der Eudeve-Sprache hat.

A. Von Seiten des SONORISCHEN Sprachftoffes find in ihr:

1) identifch oder ganz nahe gleich mit den fon. Sprachen oder mehreren der- felben die Wörter: *teguiaca* Himmel (allgemein fon.; fteht der Grundform, Ca und Ta, am nächften); Poftpof. *chi* der Ruhe des Orts; *cai* 1) nicht 2) privatives Präfix (f. alles in No. 9);

2) nahe gleich oder ähnlich

mit einigen fon. Sprachen in: *tere?* oder *terepa?* Erde ╪ Te und Pima, auch Eudeve; *amo* dein, *tame* wir, uns, *tamo* unfer; *a* feyn; Poftpof. *pa* auf? = *apa* Te und Pima; mit einer einzelnen fon. Sprache: in der Endung *tud* der Caufal-Verba = Te *tude.*

3) Es ift der Mühe werth die Züge der befonderen Verwandtfchaft zu fammeln, welche die Opata mit der EUDEVE-Sprache hat:

a) identifch mit Eudeve neben anderweitigen fonorifchen Sympathien: *tegua* Name = E *teguat; mac* geben oder gieh; *amo* dein; *tame* uns, *tamo* unfer: die be- ftimmte Scheidung beider Pronomina in den beiden Sprachen ift merkwürdig

b) der Eudeve am nächften ähnlich: *cachi* feyn = E *catzi*

c) Wörter gegen alle übrigen Sprachen fremd, allein gemein mit der Eudeve: *hinadua* Wille = E *hinadodau; cainaideni* fchlecht, höfe = E *cadeni* ein Beifpiel vom Gegentheil, wo die Opata in der Form eines Wortes anderen Spra- chen nahe liegt und die Eudeve fich weit von ihr entfernt, giebt: *teguiaca* ╪ E *teuic.*

4) Ungewiffe Ähnlichkeit mit fon. Sprachen: *opagua* Feind ╪ Te *obbe??; igua* in *iguati* = Te *ifuei* und Ca *iehua* machen, thun? — *api* wie und *apita* fo; ob die Endung *dua* in *hinadua* Wille die tep. Endung *daga,* eudevifche *dagua* ift?

Gg 2

5) Wort von unbekannter Bedeutung: *acà.*

6) Die dunkle Seite der Sprache wird dargeſtellt durch eine Anzahl Wörter, welche den anderen ſon. Sprachen, beſonders den 4 Hauptſprachen, fremd ſind: *mas* und *mari* Vater; *macte* komm, *chiguadu* oder *guadu* befreie; *nea* oder *neavere* vergeben, verzeihen; *taore* verführen? *chiama* heute; *gua* und, *vere* auch? *ania* wie; *re* Endung des *imperat.??*

§ 249. **B.** Die Opata-Sprache beſitzt den gehörigen kleinen Vorrath AZTE-KISCHER Wörter:

1) mit allen ſon. Sprachen gemeinſam: *gua* eſſen (azt. *qua),* liegend in *guacaveu* Speiſe (ſ. die ſon. Sprachvergleichung in No. 14); *cachi* ſeyn: Eudeve *catzi,* andere Sprachen *cate+,* Ta *gatiki* = azt. *catqui;*

2) mit einigen ſon. Sprachen gemeinſam: *ca* ſeyn (= azt.), hervorleuchtend aus *cacame; mac* geben oder gieh (azt. *maca);*

3) azt. Wörter im ſonoriſchen Typus:

a) gemeinſam mit den ſon. Sprachen: *tegua* Name;

b) mit mehreren derſelben: *gua-caveu* Speiſe, ein ſon. *deriv.* vom azt. *qua* eſſen: der Anſatz mag nun = *came* oder = Eudeve *dagua* zu nehmen ſeyn.

C. Wörter aus dem SPANISCHEN entliehen: *reino* Reich, *santo* heilig.

---

§ 250. Nordweſtlich von den *Opatas,* am oberſten Ende des californiſchen Meerhuſens, zwiſchen ihm und theils der *sierra del Nazareno,* theils der *sierra de S. Clara,* zeigt die *Kiepert'ſche* Karte das Volk der SOBAS; iſt diefs ein Irrthum für Tobas (oben S. 208 Z. 6)?

50 *leguas* höher als die Bai von *Caborca* und den Fluſs *San Marcos* ſetzt Alcedo (Art. *Pimeria)* das Volk der PAPAGOS. Diefs, und was er von ihm noch ſagt, iſt aus Villa-Señor entnommen, der (II, 395, a^{mm}-b^{nf}) folgendes über das Volk mittheilt, indem er eben bei den *Pimas* die *Bahía de Caborca* erwähnt hat:

que eſtá diſtante de San Juan 130 leguas al Norueſt junto al Rio de San Marcos, y defde aqui à la tierra de los Indios Papagos ay de diſtancia mas de 50 leguas, y ſe hace intranſiſable por ſer eſcaza de aguas. Es la Nacion de los Papagos tan barbara, que para ſu ſuſtento no reuſa aniñal, por inmundo que ſea, contentandoſe ſolo con calentarlo á la lumbre, ſin eſperar que tenga un breve cocimiento. Se mantienen de lo que cazan con ſus flechas; viven en los Montes à la parte del Poniente, y ſus tierras ſon de calido temperamento. No uſan caſas ò chozas, ſino unas enrramadas, ò cercados para ſolo refguardarſe del ayre; lo unico á que ſe aplican es à la ſiembra del mayz y algodon; y de la pepita de eſte ſe ſuſtentan, por que las benefician à ſu modo. Es gente docil y manſa; y por tiempos vienen à la Provincia alta en numeroſas tropas, y traen á ſus hijos pequeños haſta de tres ò quatro años, à que los Miſſioneros ſe los baptizen; y ſe quedan ayudando à los Pimas en ſus ſiembras y coſechas, ſin mas interès, que comer. Vienen tambien quando los Padres los embian à llamar para la fabrica de alguna Igleſia ò caſa, y trabajan con el proprio definterès; y tantas quantas veces vienen, traen à ſus parvulos, y quieren ſe los buelvan à baptizar. De ellos ſe logran los que mueren pequeños: porque los demàs, que viven, ſe quedan en ſu Barbaridad.

.Nach Mühlenpfordt (I, 210[mf-n] und II, 420[n]) haufen die *Papagos* oder *Papábi-Ootam* nördlich von den *Pimas altos*, im O der *sierra de S. Clara*, welche fich unter 31°½ N. B. dicht am öftlichen Ufer des Meerbufens von Californien erhebt. Der Mithridates fetzt (159[mf-n]) die *Papagos* oder *Papabi-cotam* SW von den Yumas und Cocomaricopas, in 33° und 34° N. B.; und fügt die merkwürdige (wohl aus Pfefferkorn genommene) Nachricht bei, dafs fie mit den Pimas diefelbe Sprache reden (aber von ihnen verachtet werden). Ob man mit jener Doppelform die **Papabotas** als eins betrachten foll, die als ein Zweig der *Pimas altos* angegeben werden? — Eine Hütte der Papagos ift abgebildet in Bartlett's *pers. narr.* I, 382; und aufser einer kurzen Bemerkung dort werden fie II, 298[mm] bei *San Xavier del Bac* genannt: „Ein Ritt von .9 *miles* brachte uns zu der Miffion *San Xavier del Bac:* einem wirklich elenden Ort, der aus 80-100 Hütten, aus Koth oder Stroh gemacht, befteht, und deffen einzige Inhaber *Pimo*-Indianer find, obgleich fie gewöhnlich *(generally) Papagos* genannt werden." — Das Volk wird gelegentlich *Papayos* gefchrieben (vgl. S. 238[af]).

Ternaux nennt ein Volk Axuas in folgender Verbindung mit den Papagos *(nouv. ann. des voy.* 1842 T. 3. p. 320[a]): *Les Gileños* . . ., *les Axuas et les Apaches qui viennent de la Sierra Madre, sont confondus sous le nom de Papagos;* fie hätten fich 1839 empört. Ob damit identifch find die Axucas, welche Ternaux 321[nn] neben den Yumas und Cocomaricopas nördlich um den Gila und Colorado nennt?

Ein anderes, gebildeteres Volk find nach Alcedo (Art. *Pimeria)* bei den *Papagos*, angränzend an die *Cocomaricopas*, die SOBAIPURES. Alles, was er von ihnen fagt, ift aus VILLA-SEÑOR II, 396,a entnommen, der fie *Sobaypuris* fchreibt. Ich will erft eine frühere Stelle aus ihm anführen, wo er fie fehlerhaft *Sobaypares* fchreibt: *Segun las noticias* (II, 375,a[nn]) *de los que han internado aquellos defpoblados Valles y Puertos hafta el Rio Verde, figue en diftancia de diez leguas de la Azequia grande una Sierra nombrada San Xavier, que eftà al Poniente; y* (375,b) *à fu immediacion dos Rios y Valles, habitados de la Nacion Sobaypares, y juntamente el otro llamado de Gila, Nacion Gentilica de efte nombre: dichos Valles muy fertiles, y fus Rios frondofos y amenos, fus llanuras muy dilatadas* . . . Die Hauptftelle über das Volk lautet fo: *Por la parte* (II, 395, b[f]) *del referido Valle de la Pimeria eftà otra Nacion, algo mas* (396,a) *polytica, que llaman Sobaypuris, y hablan en el Idioma de los Pimas, aunque con alguna diferencia en la pronunciacion. Ay en ella muchos Chriftianos, porque los Miffioneros de la Pimeria entran à vifitarlos y Baptizarles los parbulos. Eftos Indios fon dociles, y tienen mucho amor à los Efpañoles, y fon muy contrarios de los Apaches; fon los mejores de todas aquellas Naciones, y ella por sì numerofa. Sus habitaciones fon las Rancherias en los Valles mas pingues y amenos, y hacen fus cafas de carrizos texidos en forma de efteras; fus tierras fon fertiles, y en ellas fiembran mayz y trigo, y tienen algunas crias de ovejas; los Cerros y Lomerias fon los mas Minerales, que no fe trabajan por lo dilatado de la tierra, cuyo temperamento es inclemente por humedo, frio y ventofo; y las lluvias y nieves en el Ivierno* (sic) *fon muy continuas* (396,b), *y duran feis ù ocho dias. Confina efta Nacion con otra, que eftà mas al Norte, que llaman Cocomaricopas* . . .

Derfelbe Verf. erwähnt 408,b der *Sobaipuris Pimas.* — Im Gebiete der Sobaipuris liegt nach Alcedo (I, 307) das *pueblo S. Cayetano.*

Mühlenpfordt nennt das Volk (oben S. 208ⁿ) *Sabaipures*, Arricivita (ib. ᵐᵐ) *Subaipures.* Nach Hervas (79ⁿⁿ) ift das Volk *Sovaipure* den Pimas benachbart, und es ftehn (79ⁿᶠ) in feinem Gebiete die *casas grandes.*

Hervas vermuthet, dafs die SPRACHE des Volkes *Sovaipure* der Pima-Sprache verwandt fei (79ⁿⁿ). Sein Grund ift: weil der gelehrte Jefuit Eufebio *Kino*, der Gründer der Pima-Miffion, und der P. Jacob *Sedelmayer*, welche beide Kenner der Pima-Sprache waren, auch die *Sovaipuri* unterrichteten (nach einer Schrift: apoftolifche Mühen der Jefuiten, Barcelona c. 1750). In derfelben Schrift wird berichtet, dafs die genannten Jefuiten den Völkern Papaya und Cocomaricopa, an den Ufern der Flüffe Colorado und Gila, das Chriftenthum predigten — Wir haben vorhin (S. 237ⁿⁿ) die, des Hervas Vermuthung beftätigende Nachricht Villa-Señor's vernommen: dafs „die Sobaypuris die Sprache der *Pimas* reden, obgleich mit einiger Verfchiedenheit in der Ausfprache." Sie find alfo ein neuer Zuwachs unfres fonorifchen Sprachftammes.

§ 251. Die Humboldt'fche Karte zeigt nördlich über den *Papagos*, angelehnt an die Spitze des californifchen Meerbufens, füdlich unter der Mündung des Gila, die Cucapa; über ihnen, dicht am Gila, die Cajuenches. Mühlenpfordt, der (I, 210ⁿⁿ) beide Völkerfchaften hier anführt (von den Papagos gegen N, bis zum füdlichen Ufer des Gila und öftlich der Mündung des Rio Colorado), nennt die *Cucapas* auch *Cupachas*; und nennt zwifchen beiden Völkern noch ein drittes, die *Coanopas (Coanpas* bei Bartlett, f. unten § 297); eine zweite Stelle, wo Mühl. diefe 3 Völker nennt, f. oben S. 208ⁿⁿ. Die CUCAPA find gleich den *Cocopah*, welche White (f. § 292) nördlich vom Gila fetzt. Bartlett *(pers. narr.* II, 179ⁿᶠ-180ᵃ) redet von dem Volksftamm der *Cocopas* zwifchen dem Gila-Fluffe und dem californifchen Meerbufen, dem letzteren nahe; fie befuchen dann und wann Fort Yuma, und leben mit den ftärkeren Yumas in Feindfchaft. Die *Chronica serafica* (f. § 287) nennt die CAJUENCHES und *Cucapa* auf dem Wege vom Gila zu den Moqui([1]); und

---

([1]) Ich will die ausführliche Erzählung von den Bemühungen des Pater Garzes das Volk der CUCAPAS kennen zu lernen, wobei zugleich die CAJUENCHES vorkommen, herfetzen: Am 5 Dec. 1775 trat *Garzes* (469) eine neue Reife an, *del xacal del rio Colorado;* kam an die *rancherias de S. Pablo*, durch die Yumas, die *laguna de S. Olaya* zu den *Cajuenches. Habia el Padre* (469, b) *determinado visitar una Nacion llamada Cucapa, y que* (470, a) *habita gran parte de la laguna que corre al desemboque del rio; y como estos Indios eran enemigos de los Cajuenches* ... *Acompañado de los Tallicuamais pasó á visitar sus Rancherias, y advirtió que eran estos Indios mas aseados que los Yumas y Cajuenches* ... (er wurde von ihnen freundlich aufgenommen) *desde allí determinó pasar el rio Colorado en busca de la Nacion Cucapa; pero al otro dia le dixeron los Indios, que aunque en el otro viage habia visto mucha gente, pero que ya estaba desierta toda aquella tierra, por haberse retirado toda por la persecucion de sus enemigos; y viendo que se le frustraba su deseo, le fue preciso volver á la Rancheria mas inmediata de los Cajuenches. — De ella salió para la laguna de S. Mateo, y estos Indios le pasaron en brazos y le dexaron á la otra banda, porque allí se acaba su tierra, y empieza la de la Nacion Cucapa, de que son enemigos. Llegó á las sementeras de dicha Nacion, que halló desamparadas y de-*

erwähnt nebeu den Cajuenches eines Volkes, dem Garzes den Namen *Danzarines* gegeben hat (¹). Die letzten Völker fchwauken zwifchen beideu Ufern des Gila.

Im Süden des Gila und iu Sonora ift auch noch das Volk der COCOMARI-COPAS zu nennen, von welchem, au fich und hauptfächlich dem Lande nördlich vom Gila angehörig, wo wir es auch nebft feiner Sprache (§ 289 und 290) behandeln werden, immer ein Theil füdlich vom Gila zu finden war; wie Mühl. (II, 420ⁿⁿ) unter den Völkerfchaften Sonora's nennt: „einen Theil der *Cocomaricopas*, welche vom füdlichen Ufer des Gila bis zum öftlichen des Colorado fich ausbreiten." Wir werden in § 289 die weiteren Zeugniffe über ihre füdlichen Wohnfitze und Streif-züge finden; dabei aber auch eine neuefte Nachricht von *Bartlett*, dafs fie fich jetzt auf das füdliche Ufer des Gila zufammengezogen haben: fo dafs es um fo mehr nöthig war fie hier bei Sonora zu nennen.

P i m a s.

§ 252. Indem ich durch eine Reihe von Völkern bis zum nördlichen Ende Sonora's vorgefchritten bin, habe ich ein grofses und wichtiges Volk ausgelaffen, das fowohl fchon in der Mitte des Landes als in deffen Nordgegenden wohnt, und für

---

struidas, por haber sido aquel sitio el campo de la batalla en que habian peleado los Yumas, Cajuenches y Tal-licuamais contra los de Cucapa . . . Al siguiente dia vió unos Indios, y llamándolos vinieron muy festivos, y eran Cucapas que venian á buscarle . . . que ya estaba toda la gente (470, b) *esperándole. Á las tres leguas comenzó á ver las Rancherias y siembras . . . admitió el convite que le hizo un Indio viejo . . . Fue muchísima la gente que ocurrió en esta posada á ver al Padre, y valiéndose de una vieja Pima que en ella estaba, les habló del . . . negocio de las pazes* (mit allen Völkern Frieden zu halten) . . . *Prosiguió el Padre su designio, y fue visitando por tres leguas varias Rancherias . . . tomó* (471, a) *el camino por la playa andando hácia abaxo, hasta que llegó al mismo desemboque del rio Colorado, en donde pasó la noche, y al otro dia subió á las Rancherias de los Cucapas, y atravesando una de Serranos, salió á la orilla del mismo rio, por la que llegó á los Yumas: registró de nuevo todos los parages y arribó al Puerto de la Concepcion . . . de suerte que sin contar la Nacion de estos, visitó el Padre Garzés en aquellos 18 dias, de la de los Cajuenches como 3000 Indios, de la de los Tallicuamais como 2000, y de la de los Cucapas como 3000.*

(¹) Die Expedition zur Verbindung Sonora's mit *Monterey* ging unter Garzes (451, b) am 8 Jan. 1774 vom Pref. *de Tubac* ab . . . am 28 kam fie an die Miffion *S. Marcelo de Sonaytac* . . . *En este paiage* (heifst es fpäter 453, a) *se junta el rio Gila con un pequeño brazo, que algunas leguas arriba se separa del Colorado, formando una isla bastante capaz . . . Acompañados de innumerables Indios caminaron pasando varias Rancherias, cinco dias, hasta una laguna nombrada de Santa Olaya, y es ya de los Cajuenches* (diefer See kommt nachher öfter vor) . . . Am 2 März fetzten fie (454, a) die Reife fort und kamen an die *ran-cherias der Cajuenches*, welche Garzes 1771 befucht hatte . . . *Prosiguiendo la marcha por sierras, lagunas y arenales, pasaron el Puerto de San Carlos, en cuyas inmediaciones se acaba la dilatada Nacion de los Ca-juenches, y empieza otra, que por no poder saber su nombre, llamó el otro viage el Padre Garzés de los Danzarines; y del violento movimiento de pies y manos con que hablaban; y llegando al rio de S. Anna, fue preciso hacer una puente de ramas por no tener vado, y caminando 8 leguas el dia 22 llegaron á la Mision de . . . San Gabriel, que dista 40 leguas del Puerto de San Diego y 120 de el de Monterey.* In einer andern Stelle (471, b), welche ich in § 287 gegeben habe, erwähnt Arricivita wieder der *Serranos, que llamó Danzarines*. — Es fcheint, als wenn die Reifetouren beider Anm. und die darin genannten Völker nur n ö r d l i c h vom Gila lägen.

die meinen Erörterungen zum Grunde liegenden Zwecke von hohem Intereffe ift:
das Volk der PIMAS, in dem grofsen, oft mit Sonora oder wenigftens feiner Nord-
hälfte gleich behandelten Lande der *Pimeria*.

[Das Stück über Volk und Sprache der P ı M A s, §§ 252-277, habe ich,
um den Umfang diefer Schrift zu vermindern, aus derfelben entfernt und
zum erften *T*heil einer befondren Abhandlung gemacht, welche ich am
26 April 1855 in der Akademie gelefen habe; fie wird bei den Abhandlungen der Akademie aus dem J. 1856 gedruckt werden, und auch befonders unter dem *T*itel erfcheinen: die Pima-Sprache und die Sprache der
Kolofchen.]

§ 278. Ehe ich von den Pimas den grofsen Schauplatz des fonorifchen
Sprachftammes, die Landfchaft S o n o r a (man mag den Namen im weiten Sinne
verftehn), verlaffe, bekunde ich durch eine wichtige grammatifche Form und durch
zwei Subftantiva die SONORISCHE VERWANDTSCHAFT von FÜNF feiner
SPRACHEN: der Tubar, Hiaqui, Eudeve, Opata und Pima.
Ich habe (S. 142-147) als ein ficheres Kennzeichen der Idiome fonorifchen
Stammes eine Endung *came*, von der Grundbedeutung *actor*, angegeben. In den
Vaterunfer-Formeln von 4 Sprachen findet fich diefe Endung in der Verbalform
du bift oder der du bift (im Eingange): Hiaqui *CATECAME*, Tubar *catemat*,
Opata *cacame*, Pima *dacama*. Diefe Formen find identifch mit der Cahita-Form
catecame, welche ich in den Texten des *manual del idioma Cahita* als w e l c h e r
ift, vielleicht auch 1mahl als e r ift, gefunden habe. Der Gebrauch der Endung
actoris in dem Falle, wo nicht das *pron. rel.* zu dem *partic. praes.* (Vater, im
Himmel feiend) geführt hat, läuft darauf hinaus, dafs eine fonorifche, im Tarahumara
deutlich hervortretende Art der Bildung des Präfens die durch das *nomen actoris*,
als eine Art Participiums mit hinzuzuergänzendem feyn (ich fchlafe = ich [bin] fchla-
fend oder vielmehr ein Schlafender), ift. Das Hiaqui hat mit der Cahita daffelbe
Wort *(catecame)*, in der Opata fehlt das *te* am Stamme für feyn; die Pima fchliefst
fich demnächft an (über ihre mögliche Grundlage *tat = cat* und *da = ca* f. § 266);
das Tubar hat zwar den Stamm *cate* beibehalten, aber die Endung, *ma* wie im
Pima (ftatt *me*), hat eine Endung wie aztek. *tl* angenommen: das wefentliche *a* der
Endung *(ame)* fehlt.
Wenn ich diefes Wort in den 4 Sprachen von felbft in feiner Wichtigkeit
für mich aufgefunden habe, fo hat doch H e r v a s *(saggio prat.* 124 col. b^mm) fchon,
nach dem Opata-Vaterunfer, die Formen von 6 Sprachen für d u b i f t angegeben
und für verwandt erklärt, unter denen die 4 obigen find; von ihm entnahm fie der
Mithridates, welcher fie (140^f-1^aa) fchüchtern als eine einzelne Ähnlichkeit zwifchen den Sprachen der Gegend bemerkt; es liege in den 4 Formen „eine gewiffe

Ähnlichkeit, die fich aber nicht weiter verfolgen läfst". Das *catecame* der Cahita-Sprache ift natürlich dem Hervas wie dem Mithr. unbekannt.

§ 279. Ich habe die Frage aufgeworfen: ob man in *catecame* vielleicht die AZTEKISCHE Form *catca* erkennen folle, welche zu einem Unterftamm für den allgemeinen, auch in den fonorifchen Sprachen erfcheinenden, Stamm *ca* für *feyn* gehört, der gewiffen Formen zum Grunde liegt; ja ob nicht gar *catecame* geradezu als = einem *quasi*-azt. Participium *catcani*, feiend, angefehen werden könne; da die fonorifchen Sprachen das Zufammenftofsen zweier Confonanten nicht ertragen, fondern fie durch einen zwifchengeworfenen Vocal zu trennen wiffen, fo würde *cateca* = *catca* ganz regelrecht feyn. Das azt. *catca* ift aber wohl nicht unmittelbar in *catecame* zu fuchen; auch würde es fchwerlich zum *partic. praes.* angewandt werden: d. h. ich habe überhaupt bisher gar kein *participium* des Verbums feyn angeführt gefunden;(¹) und überhaupt bleibt es ein Problem, ob die fonorifche Endung *came* oder *ame* die azt. Participial-Endung *ni* fei oder nicht. Wahrer und

(¹) Die Umftände mit dem MEXICANISCHEN unregelmäfsigen Verbum *CA* SEYN find folgende: Aufser anderen Unregelmäfsigkeiten, die nicht hierher gehören, haft es die Spaltung in zwei Stämme: *ca* und *catqui:* deren letzteren man bis jetzt, wie namentlich Wilh. von Humboldt gethan hat, als eine Vermehrung des erfteren anfehn mufste. Das *praes. sing.* kann von beiden gemacht werden, fein *plur.* nur von *ca:*

	ich bin	*nica*	oder	*nicatqui*
	du bift	*tica*	„	*ticatqui*
	er ift	*ca*	„	*catqui*
	wir find	*ticaté*		
	ihr feid	*ancaté*		
	fie find	*caté*		

(Carochi fchreibt immer *cá: nicá, ticá, cá*).

Vom Thema *catqui* geht das Präteritum *catca* aus:

	sing.	*plur.*
• 1.	*nicatca*	*ticatcá*
2.	*ticatca*	*ancatcá*
3.	*catca*	*catcá*

Nach *Vetancurt* giebt es nur diefe eine vergangene Zeit, und er nennt fie *imperf.;* diefs ift nach den anderen Grammatikern zu eng gezogen. *catca* ift vielmehr *praet.* zu benennen; *Aldama* und *Carochi* nennen es *praet. imperf.* Diefelbe Formation kann auch das Augment *o* vorfetzen: 1. *sing. onicatca*, 3. *ocatca* etc.: was Aldama als ganz gleich der obigen augmentlofen Form betrachtet und auch *praet. imperf.* nennt; er fetzt hinzu, dafs diefe Formation (fein *praet. imperf.* mit *o*) als *praet. perf.* und *plusqpf.* diene: *ocatca* estuvo. Ich meine, dafs man *onicatca* perf. nennen könne. Carochi ftellt das Verhältnifs fo dar: die Form *nicatca* könne auch als *perf.* und *plusqpf.* dienen, und man könne ihr *o* vorfetzen: *onicatca.*

Durch den Anfatz der gewöhnlichen Imperfect-Endung *ya*, die aber hier auch verdoppelt werden kann, an das obige *praet.* entfteht das wirkliche Imperfectum. Tapia giebt ein regelmäfsig von *catca* gebildetes *imperf.* an: *ni-catca-ya* ufw., deffen Endfylbe oft verdoppelt werde: *ni-catca-yaya;* Aldama fagt, dafs an das *praet. imperf. ya* oder *yaya* angehängt zu werden pflege.

Diefes mexicanifche Verbum *ca* nebft allen diefen Formen ift aber nicht *verbum subst.* (denn das wird ausgelaffen und durch verbale Behandlung der Prädicate ausgedrückt), fondern es bedeutet: fich an einem Orte befinden, gleich dem fpan. *estar.* Um fo eher läfst es fich mit dem oben von mir zu nennenden tarah. *gatiki* (höchft gleich *catqui*) identificiren.

näher werden die 4 Formen der 5 Sprachen erläutert durch die 2 noch von Hervas verglichenen: Eudeve *catzi* du biſt, und das tarah. *gatiki:* welches Hervas nach dem Vaterunſer als **du biſt** anſieht, das aber im allgemeinen das Verbum **ſeyn**, d. h. = ſich (an einem Orte) befinden (ſpan. *estar)*, iſt; *cate* oder *catec* in *catecame* würde alſo = *gatiki in natura* ſeyn, und *came* oder *ame*, wie wir wiſſen, die Nominal-Endung *actoris*.

§ 280. Die vier participialen Formen des zufälligen **ſeyn**, im Verein mit dem Cahita, erweiſen die vier Sprachen Hiaqui, Tubar, Opata und Pima in einfacher Wahrheit als Glieder des SONORISCHEN SPRACHSTAMMES. Das tarah. *GATIKI* führt uns aber zu einer einzelnen Übereinſtimmung dieſes Sprachſtammes mit der mexicaniſchen Sprache, welche, wenn ſie nicht vermöge wunderbarer, nicht ſelten die höchſten Analogien nachahmender Einwirkung dem Zufalle anheimfällt, erſtaunend iſt. Steffel's *gätiki* iſt für identiſch zu erachten mit dem azt. Nebenſtamm *CATQUI*, auf den ich oben als die Quelle von *catca* anſpielte. Wir können ſogar das ſucceſſive Wachsthum der aztekiſchen, bis jetzt räthſelhaften Form oder (wenn man umgekehrt von der azt. vollen Form als einem fertigen Wurfe ausgeht) ihre Abnahme in den ſonoriſchen Sprachen beobachten. In der Tarahumara ſchon hat Tellechea, der gewöhnlich das *g* vorn wegläſst, ſo daſs bei ihm das Verbum ſeyn gemeinhin die Geſtalt von *atiqui* hat, gelegentlich eine Form *gati* (auch *ati): cabú gati Pegro* wo iſt Pedro? (dagegen *mamu yeyé atiqui* wo iſt deine Mutter?) Auch *gatiqui* kommt bei Tell. vor. Das *part. gatigameke*, *atigame* zeugt nicht ſicher für den Stamm *gati*, obgleich *gameke*, *gamec*, *game* eine höchſt verbreitete Endung iſt, weil das *g* hier vom *k* des *gatiki*, *atiqui* herrühren könnte (ſ. die Endung *ame*, Abſchn. X § 161). Da *catca* der Vergangenheit gewidmet und erſt aus *catqui* dafür abgeleitet iſt; ſo leuchtet ein, daſs ein azt. *partic. praes.*, wenn es vorkäme und vom vermehrten Thema des Stammes *ca* gebildet würde, nicht *catcani*, ſondern *catquini* lauten würde.

§ 281. Aus dem Vaterunſer erhellen zweitens die Ausdrücke für NAME: Opata *tegua*, Eudeve *TEGUAT*, Tubar *tegmuarac*; welche ſchon der Mithridates (141[aa]) nebſt dem Cora „*teaguarira*” für verwandt erklärt, an deren AZTE-KISCHEN Urſprung aber Niemand gedacht hat. Die ſonoriſchen Formen ſtehn aber meiſt dem mexicaniſchen Worte ſo fern, daſs wir in ihm ein wichtiges EIN-HEIMISCHES Element erkennen müſſen. Doch gelange ich durch eine Stufenfolge und durch die Vermittlung günſtigerer Formen zu dem Beweiſe meiner Behauptung von dem aztekiſchen Urſprung dieſes Wortes. Diejenige der 4 Vaterunſer-Formeln, welche am meiſten dazu führt, hat der Mithr. nicht mit als verwandt genannt: *tu- kica* des Pima (ſ. oben § 258); dieſe und die Form *+tugue* der Tepeguana bilden die nächſte Ähnlichkeit mit azt. *TOCA-ITL*. Für die anderen Sprachen müſſen wir die ſtarke Verwandlung des *o* in *e* zugeben, auch eine des *a* der zweiten Sylbe in *ua*; mit dieſen Vorausſetzungen und Zugeſtändniſſen folgen zunächſt Cahita *tehua*

= Opata *tegua* = Eudeve *tegua-t* (welches letzte im *t* fogar die azt. Subft. Endung *tl* zeigt); ihnen ift gleich Ta *regua-la*, *regua-ra, deffen *la* und *ra eine ein-heimifche Subft. Endung ift.(¹) Ich würde eine dem Azt. nähere Form der Ta, *reguéke*, die ich immer gern für das Subft. Name habe halten wollen, an das Te +*tugue* anfchliefsen und dem eudevifchen *teguat* vorgehn laffen, wenn ihre fub-ftantivifche Natur eine Wahrheit wäre; diefe Form ftände dem azt. *tocaitl* be-deutend nahe: es hätte nur die fon. Umwandlung des *o* in *e*, fonft aber das *ai* in feinem mittleren *e* und die Subft. Endung *tl* in dem tarah. Analogon derfelben *ki (ke)* bewahrt.(²) Dem tarah. *reguara reiht fich, nach der abenteuerlichen Einfchaltung eines *m* (vgl. nachher S. 244[nn, nf]), *tegmuarac* des Tubar an: deffen Endung *rac* für Subft. Anfatz = Ta *ra* zu halten ift (f. oben S. 169[n]). Die letzte Reihe bilden, mit weiterer Veränderung des erften Vocals in *ea* (Abftufung: *o, e, ea)*, und mit diefer Hinzufügung gleich der vorigen Reihe: *teahua-rit* des Cora (deffen *rit* einhei-mifche Subft. Endung ift) und *teaguari* des Cora-Vaterunfers: *eua teaguarira* dein Name (Hervas *saggio prat.* p. 121); denn das *ra* danach ift *pron. poss.* fein. Die Hiaqui-Sprache fcheint fich mit *yoyorvva* (Name? oder dein Name?) ganz auszufondern; doch ift es nicht unmöglich, dafs es mit Ca *tehua zufammenhinge (f. oben S. 213[nf]).

§ 282. Da meine Abficht in diefen zufammenfaffenden Schlufsbetrachtungen die ift, an einigen recht augenfcheinlichen Übereinftimmungen für die fünf neuen dem fonorifchen Sprachftamm gewonnenen Glieder, welche deren Zahl bis jetzt auf 9 bringen, die fonorifche Gemeinfchaft zu erweifen; fo habe ich lange ein drittes Wort, HIMMEL, für paffender gehalten als die zwei vorhergehenden, fogleich in die azte-kifche Welt überfchweifenden, weil es eigenthümlich fonorifch fcheint; auch finden

---

(¹) Ich würde das *la* oder *ra ohne ein beftimmtes, gleich zu erwähnendes Hindernifs für die formelle Subft. Endung der Sprache halten, welche den Redetheil von dem Stamm-Verbum *reguá* heifsen (Namen haben) unterfcheide.   Der Anfatz *la* oder *ra ift noch öfter in anderer Weife zweideutig in der tarah. Sprache, weil er 3) das *pron. poss.* der 3. Perfon (fein, ihr) ift, das auch bei allgemeinen poffeffiven Be-ziehungen gebraucht wird. Weil der Begriff Name gleich den Verwandtfchaftswörtern meift mit *pron. poss.* oder als *regens* eines Genitivs vorkommen mufs, fo habe ich lange feine Endung in dem Verdacht gehabt das *pron. poss.* zu feyn. Die von mir in Tellechea's Texten aufgefundene Poffeffiv-Form *régúarára,* fein Name, jedoch hat mit bewiefen, dafs diefs nicht ift. Sie verhindert auch, das *la* oder *ra für formelle Subft. Endung zu halten; wir müffen den Anfatz alfo deuten als die fubftantivifche Ableitungs-Endung, als den, in der Sprache öfter zu beobachtenden Derivations-Anfatz, welcher abgeleitete Subft. bildet: wie hier aus *regua* heifsen *reguála,* *reguara Name entftanden ift. Diefe Deutung als Ableitungs-Endung pafst auch eher zu den anderen Sprachen, welche gleichfalls *ra* zeigen. — In Steffel's Vaterunfer kommt jedoch das Subft. ohne Endung, ja ohne Poffeffiv-Anfatz *ra* vor: *mu reguá* dein Name (S. 374). Ein Derivatum ift: *reguá-meke* benannt, was einen Namen hat.

(¹) Steffel giebt *REGUÉKE* im deutfchen Theile an, mit der Bed. heifsen 2) nennen; von der erfte-ren giebt er (S. 324) die Beifpiele: *atschi mu regueke* wie heifst du? *Juan ne regueke* ich heifse Johann; welche ich früher zu deuten verfucht habe: welches (ift) dein Name? Juan (ift) mein Name. Die Auffaffung von *regueke* als Name ift aber entfchieden aufzugeben, da ich in Tellechea's Texten *regúéque* einfach in dem Sinne er heifst gefunden habe.

Hh 2

fich unter ihm alle 5 Sprachen, während unter den zwei vorhergehenden ihrer nur 4 waren. Ich habe fpät den Schritt gethan auch diefes Wort auf aztekifche Gemeinfchaft zurückzuführen; die Verhältniffe find aber täufchender und nicht fo einfach. Ich werde, zuerft bei dem fonorifchen Idiom ftehen bleibend, bei der bedeutenden Verfchiedenheit mehrerer Haupttypen, durch eine bedächtige Reihenfolge und Gruppirung Ordnung und Einficht zu erwirken fuchen. In mehreren Sprachen, befonders denen, welche wir nur durch das Vaterunfer kennen, mifchen fich am Ende Poftpofitionen des Orts in das Wort, welche aber auch zum Theil dem Subft. felbft, als einer Orts-Formation, angehören.

1) Einen deutlichen Typus erkennen wir an dem Cahita-Worte *TEHUECA* *(*teeca);* diefem reihen fich leicht und unmittelbar folgende Sprachen an: Hiaqui *teveca-po* im Himmel *(po* bekannte Orts-Poftpof. des Cahita); TARAHUMARA *revega-tschi* Himmel (Steffel's Wörterbuch; *tschi* ift die örtliche Poftpof. der Sprache), **reguegá* (Tellechea's Texte; **reguegá-chi* im Himmel, in den H.); das letztere *reguega* kommt als im Himmel in der 3ten Bitte aller drei tarah. Vaterunfer vor: *réguega guami* in dem Steffel's *(guami* bedeutet dort): welche ebenfalls Ferne beide Wörter der Mithr. (150ᵃ) fehlerhaft fo überfetzt „*réguega gami*" (¹); *reguegà guami rigui* in Hervas VU der eigentlichen Tarah. *(saggio pratico* p. 122,bⁿᶠ, No. 44), im Himmel dort oben, wo Hervas oder feine Quelle *Don Giacomo Mateu reguegà* eben fo falfch zu fo wie rechnet: *mata-achivè reguegà cosi come, guami-rigui là-sopra;* diefelben 3 Wörter mit einem Umlaut im letzten in dem 2ten VU des Hervas (p. 123,bᵃᵃ), welches von „einem andren tarah. Dialecte" ift und das er von „andren Miffionaren erhalten hatte: *reguegà guami rigiù* (ftatt *rigui).*

Die Tarahumara-Sprache liefert uns den Urfprung und das Grundwort des ganzen hier uns befchäftigenden fonorifchen Wortes. Es kommt her von REGUI' hinauf (Steffel), aber wohl auch: oben: mit welchem zufammenhangen *reguiguiki* Anhöhe, Hügel, Berg, Gebirge; *reguiki* in einem Ausdrucke für Himmel; und vielleicht weiter hin *repá* oder *tepá* oben (Steffel 334, aᵐᵐ; 365, aᵃᵃ), ja fogar **repá* gen Himmel (Tellechea 80ᵐ); 2) im Himmel. Der ganze Vorgang wird eingeleitet durch das, was Steffel unter dem Art. Himmel (324, bᵐ) fagt: „Sie haben kein eigenes Wort dazu, fie fagen aber *guami repá,* oder *guami reguíki,* oder *re= vegatfchi.*" *guami* heifst dort, nach Steffel hat es aber auch eine Anwendung für weit (357, aⁿ und 350, bᵃᶠ). Jene ftümperhafte Ausdrucksweife für Himmel durch dort oben oder weit oben herrfcht in der Anrede aller drei tarah. Vaterunfer: Steffel *regui guami,* vom Mithr. „hoch weit" überfetzt; Hervas wirkliches Tarah. *rigui-guami,* von ihm überfetzt „oben dort"; Hervas tarah. Dialect *rigiù guami;*

(¹) Es findet allerdings eine merkwürdige Collifion ftatt: denn *mapu revega* bedeutet: wie, fo wie, gleichwie; eben fo; **mapu reguegá* wie *(rel.):* und diefes *revega* ift = *recá;* beide Wörter habe ich aber noch nicht allein gefunden.

und diefes *rigui* und *rigiù* ift in beiden letzten Formeln, wie das *adv. guamı* in allen dreien, eine Zugabe zu dem wirklichen Ausdruck für Himmel, welcher in der 3ten Bitte herrfcht (f. vorher S. 244^{m. mf}). Aus dem tarah. *regui* oben (Hervas *rigui)* fchiene alfo durch einen Anfatz *ga* das tarah. *reguega* (alle 3 VU), *re= güegá* (Tellechea), *revega-tschi* (Steffel's Wörterb.) gebildet zu feyn. [1]

Das *g* des Anfatzes wird in den anderen Sprachen zum *c,* das *gu* nach 2 Seiten leicht zum *hu* und *v;* fo fchliefsen fich zunächft an die tarah. Bildung an: Cahita *tehueca* und Hiaqui *teveca;* *r* und *t* wechfeln leicht, in der Tarah. ftets, fogar in unferm Grundworte: vgl. oben S. 244^n *repá* und *tepá.*

Ich habe im Abfchnitt IV, in meiner Aufzählung der aztekifchen Wörter der 4 fonorifchen Hauptfprachen (S. 75), ganz kurz den Artikel gegeben: *ıʟʜᴜıᴄᴀᴛʟ* Himmel —? Ca *tehueca.* Ich hebe das Fragezeichen auf: das fonorifche Wort ift höchft wahrfcheinlich mit dem ᴀᴢᴛᴇᴋıꜱᴄʜᴇɴ *ilhuicatl* identifch; man hat das *re* des tarah. *reguega* umzudrehn, und für *r* zu fetzen *l: re = er = il.* Eben fo ift das mex. *ilhuitl* Tag = *teguike* des Eudeve (oben S. 223^n und 226^m). Beide Wörter, einander äufserlich fo ähnlich, dafs das mex. Himmel ein Derivatum von Tag zu feyn fcheint, ftehn in der Azteken-Sprache vereinzelt und ohne eine etymologifche Ver-mittlung mit Einfacherem da. Die Grundlage und Vermittlung für Himmel bietet die Tarahumara dar; und es fcheint hier jenes umgekehrte Verhältnifs obzuwalten, wel-ches fo felten, aber auch fo wichtig ift (vgl. S. 104 Art. *caca):* dafs dem fonorifchen Idiom die Priorität zukommt und das aztekifche fich in Abhängigkeit findet. Das Manövre, durch welches diefes Refultat gewonnen wird, ift, obgleich es unter Um-ftänden feine Berechtigung hat, ein gewaltfames, durch das die Thorheit Wort- und Sprachverwandtfchaften ärndtet; vor der eudevifchen Analogie *teguike* Tag = azt. *ilhuitl* habe ich es nicht, und um fo weniger gewagt, als die Gefammtheit der fon. Sprachen mit *t* auftritt und nur die Tarahumara das bequeme *r* darbietet.

§ 283. Ich fahre nach der Tarahumara in der Entwicklung der Formen des erften Typus fort. Drei Sprachen fchliefsen fich, jede ihre eigene Veränderung vor-nehmend, der Tarahumara leicht an: Opata *teguiaca-chi* im Himmel: das End-*e* der 2ten tarah. Sylbe ift in *ia* verwandelt; *chi* in beiden Endungen ift = der tarah. Orts-Poftpof. *tschi,* *chi;* Tubar *tegmueca-richin* im Himmel, wohl herkommend von *tegmueca-rit* Himmel (f. S. 168): die Abweichung des Tubar-Wortes befteht aufser diefem *ri* (das ich S. 170 No. p erläutert habe) in derfelben Nachfchiebung von *m* nach *g,* welche wir auch in dem Worte Name diefer Sprache, oben S. 243^{af}, beobachtet haben (f. S. 169 No. f); Eudeve *teuic-tze* im Himmel (an beiden Stellen des VU): *tze* ift die allgemeine fonorifche Orts-Poftpof., = Ta *tschi;* der Vocal der 2ten tarah. Sylbe, fchon im tarah. Grundworte *i,* ift in *i* verwandelt, der Anfatz *ca* in *c* verkürzt worden. — Im weiteren Abftande befchliefst diefen erften

---

[1] Die einfachfte Form, das Grundwort felbft, erfcheint in *hatáca-regui* Regenbogen (Armbruft oder Bogen oben).

Typus das tepeguanifche Wort *tuvagui* Himmel, mit gewaltfamen Vocal-Ent-
ftellungen an allen Orten: Ta *revega* ╪ Te *tuvagui:* e der 1ten Sylbe zu *u*, *e* der
2ten Sylbe zu *a, a* des Anfatzes zu *i* geworden; Veränderungen, deren keine eine
der vorigen Sprachen fich erlaubt hat.

§ 284.   Sieben Sprachen halten fich fo in Einem Typus nahe zufammen:
Tarahumara; Cahita, Hiaqui; Opata, Tubar, Eudeve; Tepeguana: zwei der neun
fallen weiter ab, mit zwei ftufenweis fern liegenden Formen. Das PIMA-Wort
titauaca für Himmel (zu entnehmen aus *titauaca-tum,* im Himmel, der Anrede
in Hervas VU; wogegen *titamaca-tum* der 3ten Bitte im *m* einen Schreib- oder
Druckfehler verräth; f. oben § 258) hält fich dem regelmäfsigen Typus noch ziemlich nahe: wir haben den Anfatz *ca,* wir haben die 1te Sylbe im *ti;* die 2te Sylbe
Ta *gue* zu P *taua* hat aber eine nur auf Befehl zu vermittelnde Veränderung erfahren;
daher habe ich gedacht (§ 258), dafs das Wort eher fo zu conftruiren fei: *ti* für
einen Zufatz, und *taua* für die 2 Hauptfylben des eigentlichen Worts: = Ca *tehue,*
alfo das *e* beider Sylben in *a* verwaudelt, zu halten.

Die CORA-Sprache endlich mit *tahapoa* Himmel (Ortega's Wörterb.) und:
im Himmel (2mahl in Hervas VU) hat ein Wort, das viel mehr ein ganz anderes
feyn kann, als dafs es fich in folchem Verfall mit dem allgemeinen Worte vermitteln
läfst. Die Identität bleibt jedoch das Wahrfcheinliche, das *t* im Anfange und die
2fylbige Grundlage zeugen dafür; in *poa* ift eine andre Orts-Poftpof. zu finden,
welche im Cah. als *po* herrfcht; wir müffen alfo *taha* für eine gleichgültige Verwifchung und tiefe Verfallenheit erklären ╪ cah. *tehueca:* aus welchem die Vocale
e uud *ue* in *a* verfunken find und der End-Zufatz *ca* verloren gegangen ift. Diefe
eben gegebene Erläuterung, wenn wir an ihr fefthalten wollen, haben wir mit der
Thatfache zu einigen, dafs im Cora *apoan* die Poftpof. auf, über ift.

§ 285.   „Grofs", — fo fchrieb ich fchon in früherer Zeit, bei der Abfaffung
diefes Stückes —, „ift die Ähnlichkeit der cahitifchen und Opata-Form: *tehueca*
und *teguiaca*╪, in dem hinteren, gröfseren Theile mit dem AZTEKISCHEN Worte
für Himmel: *ILHVICATL*, das keine deutliche Ableitung innerhalb der Sprache findet;
die Verfchiedenheit des Anfanges *il* ╪ *te* mufs aber für jetzt die Ähnlichkeit, fo bedeutend fie ift, für eine zufällige erkennen laffen." Ich habe diefe Schranke fpäter
überfprungen und die aztekifche Gemeinfchaft eingeräumt; in diefem Sinne ward,
als diefer Bogen gedruckt wurde, von mir die Stelle hinzugefügt, welche (S. 245[af-mf])
den Schlufs des § 282 bildet.

Gila und Colorado

oder

das grofse Weftland der wilden Indianer.

§ 286, a.   Aus den rauhen und wilden Landfchaften im Süden des GILA-Fluffes trete ich über in die nicht minder wilden Länder, welche fich im NORDEN des GILA ausdehnen: Einöden von ungeheurer Erftreckung, bewohnt oder durchftreift von zahlreichen und wilden Völkerfchaften. Ich bin damit aus dem Gebiete des mexicanifchen Reiches, wie es in der Gegenwart ift, ausgetreten; denn der Gila-Flufs trennt das traurig verftümmelte, ehedem in Länderbefitz fo herrliche Reich von dem Gebiete der Vereinigten Staaten. Ich trete aber darum nicht aus dem heraus, was: unbekümmert um die Gewaltthaten, welche diefes fchwer duldende Land im Verlaufe einer fehr kurzen Zeit um die fchönen und grofsen Provinzen Texas, Neu-Mexico und Neu-Californien, und im ganzen um die gröfsere Hälfte feines Gebiets gebracht haben (oben S. 197); ich MEXICO nenne.

Indem ich hier die Landftrecken behandle, welche von den Flüffen GILA, Rio COLORADO *de Californias* oder *del Occidente* und JAQUESILA bewäffert werden, bewege ich mich in der grofsen weftlichen Hälfte des jetzigen Territoriums Neu-Mexico: mich abfchliefsend im O gegen den öftlichen Theil oder das eigentliche Neu-Mexico im alten engeren Sinne, im W gegen das füdliche Ende von Neu-Californien; mit begreifend im N das Utah-Territorium, das aus dem nordweftlichen Theile der ungeheuren alten mexicanifchen Landfchaft gebildet worden ift, welche man neben anderen Bezeichnungen und Zutheilungen wohl bisweilen in weitefter Faffung Neu-Mexico genannt hat.

Das grofse Gebiet, deffen fchweifende wilde Völker ich in diefer Abtheilung nennen und nach Möglichkeit erörtern will, war bis in die letzten Jahre in feiner ZUGEHÖRIGKEIT fehr unbeftimmt, und bildete vor allem nie eine Einheit für fich. Willkührlich und fchwankend dehnte man bald die nördlichen Gränzen Sonora's, bald die Oftgränzen Neu-Californiens, oder Neu-Mexico nach Weften hin weit und unbeftimmt in daffelbe aus, und behandelte es fonach entweder als ein Zubehör von Sonora oder als noch Neu-Mexico, ja als noch Neu-Californien. Es hat daher wie willkührlich gefchienen, wenn Humboldt und nach ihm Mühlenpfordt Sonora im N mit der Gila-Gränze abzufchliefsen fich entfchloffen (vgl. oben S. 197[mf-nf]), wenn man Neu-Mexico im W am öftlichen Abfalle der *sierra Madre* enden liefs und das füdliche Neu-Californien nur bis an den *rio Colorado* rechnete. So behandelt *Villa-Señor* manches, was er von diefem Lande fagt: vom *Gila*, vom *Colorado*, von den *Cocomaricopas* und *Yumas;* im Cap. Sonora (p. 404-9), an deffen Ende. Man beendete auch bisweilen Neu-Californien mit dem Cap *Mendocino,* und rechnete feinen nördlichften Theil zu diefem LANDE DER WILDEN: daher läfst Mühlenpfordt letzteres in einer

Stelle bis an die Südſee gehn (II, 536ª), und zählt an ſeiner Küſte auf die Land-
ſpitzen *Mendocino,* die *punta de San Sebastian* oder *St. George's point,* und Cap
Oxford; ſo wie die *bahia de la Trinidad,* paſſend zu einem Hafen. Aufserdem gehörte zu dem wilden Gebiete ein nördliches Stück über Neu-Mexico, ehe die ſpaniſchen Beſitzungen gegen die Vereinigten Staaten endigten, ſo daſs es alſo im Norden
eine ungeheuer weite Erſtreckung von W nach O hatte. *Humboldt's* Karte bezeichnet mit Neu-Mexico nur einen ſchmalen, beſchränkten Strich; eben das meint
Mühlenpfordt damit, welcher (II, 525ⁿᶠ) es begränzt zwiſchen 31° und 38° N. B., und
105° bis 109° W. L.; hinzufügend: ſeine Gränzen ſeien ſehr unbeſtimmt; im N begränzten es „die wüſten Jagdreviere der Indier (526ª), welche zwiſchen der *sierra
de las Grullas,* den Quellen des *rio del Norte* und den oberen Zuflüſſen und
Quellen des *Arkansas*-Fluſſes belegen ſind"; im W ſtiefse Neu-Mexico „an die
wüſten Indierländer, welche die Flüſſe *Gila, Jaquesila, Nabajoa* und *Colorado* umgeben; und welche bald zu Sonora, bald zu Obercalifornien, bald zu Neu-Mejico
ſelbſt gerechnet werden, eigentlich aber keiner dieſer Provinzen angehören." Die
Nordamerikaner verſtehen unter Neu-Mexico viel mehr nach W, auch nach NO;
ſo nennt *Schoolcraft* unter den Völkern Neu-Mexico's auch die „des unerforſchten
Theiles Neu-Mexico's zwiſchen dem Gila und der Südgränze von Utah", er nennt
ferner die Comanchen.

Alexander von Humboldt hat in ſeinem *essai politique* dem Gebiete der
wilden Indier keinen geographiſchen Abſchnitt gewidmet; und mit der Provinz
Neu-Mexico meint er nur das ſchmale, längliche Land in gröſster Beſchränkung, wie
es ſeine Karte darſtellt. Mühlenpfordt hat aber ſehr zweckmäſsig aus dieſem
Gebiete am Ende ſeines Werkes (Bd. II. S. 534-540), nach Neu-Mexico, eine eigne
geographiſche Abtheilung gebildet, die er benennt: „No. XXIV. Die Länder der freien
Indier, im Norden und Nordweſten von Mejico." Der Spielraum des wilden Lebens
der Völker iſt weit genug, daſs ich, von den neuen Beſitz-Verhältniſſen mich fern
haltend und treu meinem alten Mexico, daſſelbe thue. Das grofse Land, deſſen
Völker ich benennen will, hat in neueſter Zeit durch die NORDAMERIKANISCHEN
Linien und verſtandesmäſsige Theilung ſeine mythiſche Unbeſtimmtheit verloren:
eine ſchnurgerade Linie, von O nach W gehend, theilt es im 37ten Breitengrade
in eine nördliche und ſüdliche Hälfte, deren nördliche das Territorium Utah iſt;
deren ſüdliche ein zweites weſtliches, unregelmäſsiges Viereck Neu-Mexico iſt,
angeſetzt an ein regelmäſsiges von N-S längliches Viereck des früheren beſchränkten Neu-Mexico; drei ganz gerade Linien ſchneiden dieſes alte öſtliche Neu-Mexico
im N von Nebraska, im O vom *Indian territory* und Texas, im S von Texas und
dem mexicaniſchen Nordoſt-Gebiete ab. Der Gila-Lauf macht die fernere ſüdliche
Gränze gegen Mexico; und der untere Colorado, von ſeiner Mitte eine lange gerade
Linie gen NW und, ihr im ſtumpfen Winkel anſtofsend, eine gerade nordwärts
gewandte zweite gerade Linie ſchneiden im W die Territorien Neu-Mexico und

Utah von dem 31ten Staate der Union, *Upper California* oder *California*, ab. Im J. 1850 wurde aus der nördlichen Hälfte des grofsen INDIANERLANDES das Territorium Utah, und im Sept. 1850 aus feiner (kleineren) füdlichen Hälfte und dem fpanifchen Neu-Mexico (der *gazetteer* fagt: aus Neu-Mexico, nebft einem Theile von Ober-Californien und Texas) das Territorium Neu-Mexico der nordamerika-nifchen Freiftaaten gebildet.

Ich behandle das GROSSE INDIANERLAND, wie ich fchon gefagt, in diefem Abfchnitte als ein Ganzes: ich werde dem Ganzen eine einleitende GEOGRAPHISCHE SCHILDERUNG widmen, ich werde von dem ganzen Gebiete Völker-Verzeichniffe liefern; nachher aber werde ich EINZELNE THEILE deffelben befonders behandeln: in fo fern nämlich als befondere Völker mit ihren Sprachen mich veranlaffen aus ihnen ABGESONDERTE GRUPPEN von einigem Umfange zu bilden. So trenne ich nach Beendigung der allgemeinen Darftellung zuerft das Gebiet des Moqui ab, dann das Land der Navajos; die überall hin zerftreuten Apachen erforderten ein befonderes Capitel, welches eine Menge Provinzen: das füdliche Indianerland, Sonora, Neu-Mexico, Coahuila und mehr als diefe, verbindet und ergänzt; die Apachen haben mich zu einer grofsen, von dem Plane meines Werkes abfpringenden Arbeit, der ausführlichen Darftellung des athapaskifchen Sprachftammes, veranlafst; nach diefer ftarken Digreffion führt mich die Sprache des Yutah-Volkes in die nördliche Hälfte des wüften Indianer-Gebiets, und ich widme fo beiläufig zuletzt dem Territorium Utah eine befondere kleine geographifche Schilderung nach feinen neuen Verhältniffen: unbefchadet, dafs es in der einleitenden Schilderung des ganzen Gebietes einbegriffen ift. Wie das grofse Indianerland zu Sonora, Neu-Mexico oder Neu-Californien gerechnet worden ift: fo greift auf der einen Seite meine Behandlung jedes diefer Länder, — in geographifchen Angaben, Gefchichte, Reifen und Völker-Verzeichniffen —, öfter naturgemäfs in diefes Gebiet ein und liefert an jenen Stellen einigen hierher gehörigen Stoff; auf der anderen Seite kann ich nicht verhindern, dafs die gegenwärtige Darftellung des Indianer-Gebiets im allgemeinen wie die feiner Theile jene anliegenden Länder berührt: bei den Reifen in Sonora und bei feinen Völker-Liften haben wir von Völkern nördlich vom Gila fchon gehört; wenn ich die Völker vom Colorado-Fluffe nennen werde, fo werde ich fchon in das füdliche Neu-Californien eindringen; bei Neu-Mexico werden fpäter Völker des Indianer-Gebiets und Ortfchaften im Moqui ge-nannt; in den Aufzählungen der Völker des Indianerlandes, welche ich aus Reifen, alten und neuen Berichten hier machen werde, werden Völker von Sonora, Neu-Californien und Neu-Mexico mit erfcheinen. Was foll ich der Beifpiele noch mehr geben? Diefe Contiguität und folche Wiederholungen find unvermeidlich; die Dinge laffen fich nicht aus ihrem Zufammenhange trennen, und manches andere ift durch Nothwendigkeit verbunden: wie ja manche Völker mehreren Ländern oder zwei Flufsufern angehören.

Da ich genöthigt bin das Indianerland oder vielmehr das weftliche, breite Viereck Neu-Mexico, als feine füdliche Hälfte, von dem öftlichen, fchmalen, ftehenden Viereck, der eng begränzten Provinz Neu-Mexico, aus der ich einen eigenen Abfchnitt gemacht habe, zu trennen; fo dient als natürliche Scheidung zwifchen dem Weften und Often die grofse *Cordillera* der *sierra Madre:* nur dafs einige Ortfchaften, welche bei der Provinz Neu-Mexico genannt werden, noch weftlicher liegen. Der *gazetteer* (f. den Titel S. 252 Anm.) fagt, dafs der gröfsere Theil des Territoriums Neu-Mexico weftlich von der *sierra Madre* liege: diefs ift, was ich die weftliche Hälfte, oder das weftliche, breite Viereck des jetzigen Neu-Mexico nenne; die (kleinere) füdliche Hälfte des Weftlandes der wilden Indianer.

§ 286, b. Wenn ich nach diefer langen Discuffion über Zugehörigkeit und Behandlungsweife dem ungeheuren WESTLANDE DER WILDEN INDIANER-VÖLKER eine kurze GEOGRAPHISCHE BETRACHTUNG zu widmen wünfche, fo wird es mir erlaubt feyn, zur Eröffnung des Gemäldes, ftatt meiner, meinen alten Freund und mexicanifchen Reifegefährten, Eduard MÜHLEN-PFORDT, reden zu laffen. „Der Landftrich", fagt er Bd. II. S. 534, „welcher fich vom Fluffe *Gila* gegen Norden bis zum 42. Grade nördl. Breite und von den Quellen des *Arkansas* und feiner oberen Zuflüffe, des *Rio del Sacramento, Napestle, Dolores, Wharf* und *del Purgatorio,* bis zu den Gebirgen von Obercalifornien gegen Weften ausbreitet, wird nach den fchon verfchiedentlich erwähnten Gränzbeftimmungen vom 22 Februar 1819 noch zu Mejico gerechnet. Dies ganze ungeheure Gebiet, welches 9 Grade der Breite und an feiner Nord-gränze etwa 17, an feiner Südgränze, dem Fluffe Gila, aber etwa 7 Grade der Länge umfafst, ift uns noch faft ganz unbekannt. Kein Europäer hat bis jetzt feine Wohnung in ihm aufgefchlagen; es ift von freien Völkern eingenommen, und der Befitztitel Mejico's darauf beruht nur auf den Anfprüchen, welche die Europäer von jeher aus ihrem angemafsten Ufurpationsrechte hergeleitet haben. Nehmen wir an, dafs Obercalifornien fich nur bis zum Cap *Mendocino* ausdehne, fo ftöfst das Indierland auf die Strecke zwifchen diefem Vorgebirge und Cap Oxford, alfo auf eine Länge von etwa 2 Breitengraden oder 53 Leguas, an den ftillen Ocean. Aufserdem trifft es im Weften mit den unbeftimmten Oftgränzen von Obercalifornien zufammen, ftöfst im Norden an die nordweftlichen Gebiete der nordamericanifchen Freiftaaten; im Süden, durch den Rio Gila gefchieden, an *Sonora*; im Often an *Nuevo-Mejico,* und zwifchen der Nordoftgränze diefer Provinz und dem Arkanfasflufs an die unbeftimmten Gränzen von *Tejas.* Was wir von diefem Lande wiffen, befchränkt fich faft ganz auf die Nachrichten, welche einige wenige Reifende, namentlich Miffionaire, uns mitgetheilt haben, die, zum Theil mit erftaunenswürdiger Kühnheit, tief in daffelbe eindrangen und unter welchen wir die Paters *Garces* (1773), *Peter Font* (1775) und *Antonio Velez y Escalante* (1777) namentlich anführen. Mehrere Franziscanermönche gründeten einige Miffionen unter den Indiern von Moqui (535) und Nabajoa, wurden aber im Jahre 1680 bei dem grofsen Auffande der Indier erfchlagen; und feitdem ift kein neuer Verfuch zu Anfiedlungen in diefen Gegenden gemacht worden, obgleich auf den meiften Charten fich noch die chriftlichen Namen verfchiedener Ortfchaften zwifchen den Flüffen *Nabajoa, Animas, Colorado, San Xavier, San Rafael* und *San Buenaventura,* und an den Ufern des Sees *Timpanogos* finden. Diefe Namen bezeichnen wohl nur die Wohnplätze

von Indiern, welche die Miffionaire an diefen Punkten fanden und nach ihrer Weife tauften. (¹)
Noch kein Reifender hat es unternommen, dies Land mit einem eigentlich wiffenfchaftlichen
Zwecke zu befuchen; und die Handelscaravane, welche im Herbft und Winter 18$\frac{29}{30}$ auf ihrem
Wege von Neu-Mejico nach Obercalifornien einen Theil deffelben durchzog, hat uns wenig
Neues über daffelbe gelehrt, weil auch bei ihr kein wiffenfchaftlich gebildeter Mann fich befand.
Im Jahre 1836 drangen nordamericanifche Jäger und *Indian-Traders* bis zum See Timpanogos
vor, aber auch ihre Nachrichten von diefen Gegenden find fehr befchränkt." — Der Verf. erzählt
fpäter (S. 539ᵐ-540ⁿ) diefe Expedition. Sehr bald find diefen Unternehmungen aber andere,
fehr wiffenfchaftliche und mit grofsen Erfolgen gekrönte E R F O R S C H U N G E N durch gelehrte
und kühne Männer der Vereinigten Staaten gefolgt, welche an verfchiedenen Stellen das Dunkel
gehoben haben, das diefe Länder bisher bedeckte; ich nenne F r é m o n t 's Expedition in den
J. 1843-44, S i m p f o n 's Zug 1850, S i t g r e a v e s 1852: anderer Schilderungen und kühner Züge
Einzelner zu gefchweigen.

§ 286, c. Ich habe das G R O S S E W E S T L A N D D E R W I L D N I S S E nach den grofsen
Flüffen GILA UND COLORADO benannt, weil diefe zwei Flufsfyfteme es beherrfchen:
der G i l a bildet feine füdliche Grundlinie in deffen ganzer Erftreckung und feine Nebenflüffe
füllen die gröfsere füdliche Hälfte des weftlichen Neu-Mexico; der C o l o r a d o, indem er mit
dem *rio Virgen* als Fortfetzung die weftliche Wand von Weft-Neu-Mexico bildet, durchzieht
in feinem früheren füdweftlichen Lauf die Mitte des nördlichen Neu-Mexico, deffen obere
Hälfte feine zwei grofsen Nebenflüffe *Jaquesila* oder *little Colorado* und *Nabajoa* oder *S. Juan*
durchftrömen, und füllt mit feinen beiden oberen grofsen Armen *Grand river* und *Green river*
das öftliche Drittel des Utah-Gebiets: er füllt diefen Landtheil mit feinen zahllofen oberen
Zuflüffen ganz aus; die gröfsere weftliche Hälfte von Utah bleibt fich mit ihren Seen und See-
Flüffen allein überlaffen. — Es ift gerecht, dafs ich die zwei Ströme, nach welchen ich das
Land benenne, mit einiger Ausführlichkeit zu fchildern verfuche.

Der Rio GILA entfpringt am weftlichen Abhange der *sierra Madre (gaz.)*: nach
M Ü H L E N P F O R D T, den ich zuerft reden laffen werde (II, 416ᶠ), „in einer engen Schlucht
der *sierra de los Mimbres,* in der Nähe heifser Quellen; und ftrömt anfangs gegen S durch
ein, von hohen Bergen fehr eingeengtes Thal, welches (417) durch einen von O nach W
ftreichenden Gebirgsarm gefchloffen wird. Vor diefem ftürzt fich der Gila in eine Höhle,
tritt aber fchäumend und braufend auf der anderen Seite des Bergarms wieder zu Tage, durchbricht von neuem das fchroffe Gebirg und nimmt weiter unten einen aus O kommenden kleineren
Flufs auf, von jetzt an mit diefem feinen Lauf gegen W richtend. Weiterhin mündet in ihn der
bedeutende *rio de San Francisco* oder *rio Azul* (f. nachher bei Humb.'s Karte S. 252ᶠ-3ᵃ,
dafs es 2 Flüffe find), welcher aus NO herankommt; und noch weiter gegen W, in etwa 33° 38'
N. B., 113° 10' w. L. v. P., im N des an feinem linken Ufer gelegenen Militairpoftens Tuscon,
empfängt er den aus SO herankommen ... ftarken Flufs *San Pedro.* Seinen Lauf gegen
W fortfetzend, nimmt er fpäter den, im S des Prefidio de Tubac entfpringenden, weft-nord-
weftlich die Länder der Cocomaricopas und Pimas Gileños durchftrömenden Flufs *S. Maria* auf;
und zwifchen diefem und dem S. Pedro den aus N herankommenden *rio de la Asuncion,*
welcher zuvor die kleineren Flüffe *rio Salado* und *rio Verde* aufgenommen hat. Ein breiter,

(¹) Ich werde im U t a h - Gebiete (§ 383, h) nach Humboldt's grofser Karte eine Reihe folcher Ortfchaften nennen.

für grofse Fahrzeuge fchiffbarer Strom, fällt der Gila in beiläufig 32° 45' n. B., 116° 43' w. L. v. P. in den Rio Colorado. An feiner Mündung ift er gegen 1 Legua breit." Man kann bei Humboldt *(essai pol.* I, 1811. 8° p. 76-79) die vielen Varianten in der Angabe der aftrono-mifchen Lage der *junta de los dos rios* lefen, welche im Laufe der Zeit die Unternehmer von Meffungen gemacht haben; Sitgreaves beftimmt (p. 24) den Zufammenflufs des Gila und Co-lorado in 32° 43' 31" N. B. und 114° 33' 4" W. L. von Greenwich; Ternaux giebt an *(nouv. ann. des voy.* 1842 T. 3. p. 321): 31° 51' N. B. und 118° 25' 24" W. L. v. P.

Ehe ich die mancherlei Berichtigungen oder Veränderungen der Neuzeit jenen älteren Nachrichten und Namen Mühlenpfordt's an die Seite fetze, will ich die noch ältere Stimme VILLA-SEÑOR's über den Gila-Flufs reden laffen. Er bemerkt (II, 407, b^nf), etwas unver-ftändlich, dafs die Cocomaricopas dem Colorado und Gila gleichmäfsig den Namen des grofsen Fluffes gaben: *eftos llaman al dicho Rio colorado Rio grande, y por no averfe efte defcubierto daban al de Gila el mefmo nombre;* und dafs er überall durch Fuhrten paffirbar fei: *el qual es vadeable en todas partes, aun por la parte de abajo, donde ya fe le unen los Rios verde y falado.* Über das Land und die Völker am Gila fagt er weiter hin: *Las Naciones* (408,b), *que hafta oy fe han averiguado viven por las Riberas del Rio de Gila, fon por la parte de arriba los Indios Apaches, enemigos nueftros; y figue un defpoblado, que tiene como* 24 *leguas: despues vive la Nacion Pima* (408, b) *en las Rancherías, que diximos, y entra otro defpoblado de* 24 *leguas; y luego fe llega á la Nacion de los Cocomaricopas, entrando otro defpoblado de* 30 *para llegar à la de los Indios Yumas; y en la junta, que por la parte de abajo hace con el Rio colorado* ...

Die nordamerikanifchen Forfchungen haben vieles unbekannte an den Flufsfyftemen des Gila und Colorado beftimmt, vieles berichtigt, aber auch durch unnöthige neue Namen manches alte verwifcht. Denn die Kenntnifs beider Flufsflüffe und ihrer Nebenflüffe war bisher fehr mangel- und lückenhaft. Auf Emory's Karte find zu beiden Seiten des Gila (das füdliche Ufer durch * von mir unterfchieden) von O gen W verzeichnet: *steeple rock, *black mountains, rio Prieto, rio Bonita, rio Azul, rio S. Carlos,* *mount Graham,* *Piñon llano,* *mount Turnbull,* **Saddle Back peak; rio S. Francisco, Disappointment creek,* *rio S. Pedro, Mineral creek;* nach langer Strecke *Pijmo village, Coco Marikopas, Rio Salinas* (in den folgenden fliefsend), *rio S. Francisco;* weiter hin ein langer Gebirgszug, nach längerer Strecke der Einflufs in den Colorado; nördlich über diefer Mündung hat der Colorado zu beiden Seiten ein Gebirge. — Die Karte des *gazetteer* (¹) zeigt auf der nördlichen Seite: vor *Steeple rock* den Nebenflufs *Sholey's fork,* weiter *Williams fork* (vielleicht = *rio Azul);* weiter den *Salt river* (= *rio Salinas):* einen grofsen Flufs, welcher oberhalb den *Moqui* aufnimmt und in den *S. Francisco* fällt, kurz vor deffen Einflufs in den Gila. Bartlett hat auf feiner Karte am oberen Gila an einer Stelle zufammen die 3 nördlichen Nebenflüffe *rio Prieto, Azul* und *S. Carlos;* fpäter den *S. Francisco* ganz allein; viel fpäter den *rio Salinas,* in welchen oberhalb der *rio Verde* geht *(Williams fork* ift bei ihm ein grofser Nebenflufs des Colorado = *S. Maria* des *gaz.).*

Ich mache nur ein paar Bemerkungen über die bedeutenden Differenzen in den NEBEN-FLÜSSEN: dafs ftatt Mühl.'s bedeutenden *rio de S. Francisco* oder *Azul* man bei E getrennt findet einen *rio Azul* und nachher einen 1ten *S. Francisco;* dafs Mühl.'s Flufs ohne Zweifel in 2 Flüffe zu trennen ift, da Humboldt's grofse Karte nach einem Fluffe *S. Francisco*

(¹) *A new and complete gazetteer of the United States. By* Thomas Baldwin *and* J. Thomas. *Philad.* 1854. 8°

den *rio Azul* (aber beide in diefer Folge von O-W) hat; und dafs Mühl.'s *rio de la Asuncion* mit den Nebenfl. *Salado* und *Verde* = ift bei E einem 2ten *S. Francisco* mit dem Nebenfl. *Salinas* (Humb.'s grofse Karte zeigt den Afuncion nur mit dem einen Nebenflufs *Rio verde*, welcher von NW in ihn geht); dafs das Verhältnifs zwifchen beiden letztgenannten Flüffen fich anderwärts ändert. Bartlett fagt (II, 269 Anm.): der *Salinas* fei früher *Assumption*, und der *San Francisco* fowohl *Verde* als *Azul* genannt worden. Die Darftellung Mühl.'s von dem Afuncion finden wir auch bei Villa-Señor, welcher (404, b) folgendes fagt: *Doce leguas diftante del Rio de Gila, por el rumbo del Nornorueft, fe encuentra el de la Affumpcion, que componen dos brazos, que defpiden los Rios falado y verde; y en la junta que hace con el de Gila, forma un Paìs muy ameno, y por efta parte fe defciende al Pais de los Cocomaricopas, caminando à la vanda del Norte toda fu grande buelta, la que hafta aora no fe avia penetrado ni vifto; y en efte Rio* (405, a) *de la Affumpcion vive toda la Nacion Cocomaricopas ...* — Der Karte des *gazetteer* allein ift ein Flufs M o q u i eigen, welcher, von O-W laufend, in den *Salt r.* geht, nachdem er einen von N kommenden Flufs aufgenommen hat; er kommt vom *pueblo Zuñi*, und Henry Lange (in feinem „Atlas von Nord-Amerika", Braunfchw. 1854, Bl. XIII) nennt ihn *rio de Zuñi*, als einen öftlichen Zuflufs feines *Salinas*; auf Bartlett's Karte ift der Flufs von Zuñi, einen noch längeren füdlichen empfangend, der Anfang des k l e i n e n C o l o r a d o (= Jaquefila), eines bedeutenden Zufluffes des grofsen Colorado.

§ 286, d. Die Schilderung des noch gröfseren Fluffes COLORADO, des *rio Colorado:* zum Unterfchiede von mehreren anderen gleiches Namens, vorzüglich des grofsen von Texas, *rio Col. del occidente* oder *de la California* genannt; erlaube ich mir mit dem ausführlichen Artikel M Ü H L E N P F O R D T ' S (II, 536) zu eröffnen. Er fagt: Der *rio Colorado* „entfpringt als *rio de San Rafael* in etwa 40° 15′ n. B., 110° 50′ w. L. v. P. am weftlichen Einhange der *sierra de las Grullas*, und ftrömt anfangs gegen SW durch ein 1½ bis 2 Leguas breites, von hohen Bergen eingefchloffenes Thal. Am Fuße des *monte de Sal-Gemme* empfängt er den *rio de Nuestra Señora de los Dolores ...* Jetzt nehmen die zu Einem Strome vereinten Flüffe den Namen *rio Zaguananas* an, wenden fich faft genau gegen Süd und wälzen ihre Waffer bei einer Breite von 600 bis 900 Fufs ein nicht über 2000 Schritte breites, von hohen Fels- wänden eingefchloffenes Thal entlang. Nach einem Laufe von etwa 106 Leg. im Gebirge tritt der Flufs durch eine tiefe, ungangbare Schlucht in 36° 55′ n. Br., 113° 5′ w. L. in die Ebene heraus und empfängt dafelbft den *rio Nabajoa*, der von O heranftrömt und zuvor durch den aus NO kommenden *rio de las Animas* oder *de los Alamos* verftärkt worden ift. Von hierab erhält der Hauptftrom den Namen *rio Colorado*, und nimmt, von der *sierra de Chegui* aus feinem bisherigen Wege gedrängt, eine füdweftliche Richtung an. An der Südfeite diefer Sierra ftrömt der *rio de Jaquesila*, und fällt in etwa 36° 15′ n. Br., 113° 45′ w. L. in den Colorado. Diefer ftrömt fortwährend gegen SW, empfängt von beiden Seiten eine Menge kleiner Flüffe, und fällt endlich in 32° 30′ n. Br., 116° 44′ w. L. in den Bufen von Californien, nachdem er kurz zuvor noch den mächtigen, aus O kommenden *rio Gila* verfchlungen hat. Seine Mündung ift faft 1 Legua breit, und es liegen in ihr drei kleine Infeln. Der ganze Lauf des Colorado mag etwa 250 Leg. betragen. Auf ungefähr 50 Leg. ift er für kleine Seefchiffe, und auf noch etwa 100 Leg. weiter hinauf für flache, grofse Böte fchiffbar. Ebbe und Fluth find noch in einer Entfernung von 35-40 Leg. von der Mündung bemerklich." Die Expedition des A r m i j o fand an einer Stelle im Lande der *Payuches* und *Talarenos* (Mühl. 540), wo der Flufs 4000 Fufs breit ift, eine Fuhrt, wo er „watend und fchwimmend ohne befondere Schwierigkeit paſſirt werden konnte. Seine Ufer fand man (dort) ſehr ſteil und felſig, und fah an einer glatten Felswand eine unleſerlich gewordene Inſchrift in ſpaniſcher Sprache. Sie ſoll von Miſſionairen herrühren, welche auf einer Entdeckungs- und Bekehrungs-Wanderung vor etwa 150 Jahren an dieſer Stelle über den Strom gingen, nach kurzem Verweilen auf dem rechten Ufer aber auf das linke zurückkehrten. Seitdem wird in den Miſſionen dieſe Stelle *el vado de los padres* (Paterfurth) genannt."

Hierauf laſſe ich die anziehenden Mittheilungen VILLA-SEÑOR'S über den Fluſs folgen, wo wir vernehmen, daſs er damahls (1748) eben erſt bekannt geworden war: *Por el parage* (II, 405, b) *donde rematan los Cocomaricopas de Gila, tomando el Norueſt, ay de atrabezia* 40 *leguas; y terminando eſta diſtancia ſe llega al famoſo Rio colorado, ni viſto, ni oído deſde la Conquiſta de la America haſta el tiempo preſente; la atrabezia dicha, que media entre los dos Rios, ſin paſtos, muy pocos aguajes, ſin ſeñal de que en ellos ay a algunos habitadores, por ſer inhabitables y toda tierra de mal paſſo; pero es camino Real, por el que los Cocomaricopas* (406, a) *de Gila ſe comunican con la Nacion que habita en eſta parte del Rio colorado, no obſtante de aver camino mas breve* ... Hierauf kommt die Schilderung einer herrlichen Gegend an einem Waſſerquell, welche ich ſpäter (Mitte von § 289) wiedergegeben habe. *Dicho Rio colorado* (407, a), *aunque no es tan ancho, como lo imaginaban, es muy caudaloſo, profundo, y ſin vado que ſe ſepa, por lo que es capaz de Embarcaciones; los Cocomaricopas lo paſſan à nado* ... (ſ. die Schilderung weiter im § 289). *El origen del nombre colorado es porque ſus aguas vienen coloradas en algunos meſes del año, que, ſegun aquellos Indios explican, ſucede por Marzo y Abril; ſe diſcurre, que entonces llueve en tierras almagradas, ó que es el embije* (407, b), *que tiene el Rio. Donde el colorado ſale del Norte al Sudueſt y dà buelta àzia el Poniente, y à las ſeis leguas de diſtancia ſe llega à otro Rio (del qual haſta ahora no ſe avia tenido noticia) que llaman azul, cuyas Riberas ſe miran pobladas de frondoſas Alamedas, ni es profundo, ni ancho, ignorandoſe ſi viene de la Provincia del Moqui, ò ſi es un brazo del Rio verde (donde el colorado dà buelta del Norte al Poniente) que ya ſe averiguò entrar en el Mar de California, como llevamos dicho* ... (*Los Cocomaricopas*) *llaman al dicho Rio colorado Rio grande, y por no averſe eſte deſcubierto daban al de Gila el meſmo nombre* ...

Den meiſten Anſtoſs gegen die alten Vorſtellungen, welche Mühlenpfordt noch vorträgt und Humboldt's Karte zeigt, giebt die neue nordamerikaniſche Darſtellung von zwei groſsen Strömen, welche im Utah-Gebiete bis in ſeinen Süden in langer Linie NO-SW parallel neben einander fortlaufen, der weſtliche *Green river* (Weimar'ſche Karte auch *rio Verde*), der öſtliche *Grand river* genannt; und welche ſich dort vereinigen, nachdem der letztere von O her den *San Juan* oder *St. John's river* aufgenommen hat. Der GAZETTEER ſtellt es auch, im Artikel über das Territorium Utah (p. 1197, a), einfach ſo dar: „der Colorado wird gebildet durch die Vereinigung des *Green* und *Grand river* im füdl. Theil des öſtlichen Beckens oder Thals (von Utah). Der öſtliche Zweig, *Grand r.*, in den *Rocky mountains* entſpringend, flieſst gen SW: dem *Green r.* entgegen, welcher der ſtärkere Zufluſs iſt und ſeine Quellen im füdöſtl. Theile von *Oregon* hat. Der *Grand r.* hat einen langen Lauf von etwa 300, der *Green r.* von etwa 400 *miles.*" Der Artikel des *gazetteer* über den Fluſs (262, a) ſagt: der Rio Colorado, auch *Colorado of the West* genannt, zum Unterſchiede vom *Colorado of Texas*, entſpringt in den *Rocky mountains*, „in 2 Armen, nämlich *Green* und *Grand river*, welche ſich in etwa 35° 30′ N. B. und 112° 55′ W. L. vereinigen. Zuerſt gen SW, dann W, zuletzt beinahe genau S flieſsend, fällt er in die Spitze (*head*) des Meerbuſens von Californien, in etwa 32° 10′ N. B.

und 114° 20′ W. L.   Seine ganze Länge, mit Einfchlufs der des *Green river*, feines längften Armes, kann auf 1200 *miles* gefchätzt werden.   Obgleich er nach der Columbia der gröfste Flufs im W der *Rocky mountains* ist, ist doch die in feinem Bette herabftrömende Waffermenge in der trocknen Jahreszeit fehr gering.   Er heifst *Rio Colorado* oder *Red River*, weil in Folge des Regenfalles auf rothem Thonboden feine Waffer oft diefe Farbe annehmen.''   Im Artikel Neu-Mexico (791, b) fagt daffelbe Werk: „Der Colorado tritt von *Utah* aus in Neu-Mexico ein; und etwa 150 *miles* lang nach SW fliefsend, nimmt er den *Virgen* auf, wendet fich nach S, und bildet vom 35° N. B. bis zur Mündung des *Gila* die Weftgränze.''

Ich überlaffe die Verwicklung der vielen kleinen Arme und Zuflüffe der 2 Ströme *Green river* und *Grand river*, welche ich von den neuen nordamerikanifchen Karten ablefe, dem Gebiete Utah; und verzeichne aus ihnen hier nur den WEITEREN LAUF der 2 Ströme und des Colorado GEN SÜDEN.   Nach der Karte des *gazetteer: Nachdem* im füdlichen Utah fich der *Green r.* und *Grand r.* vereinigt haben, nimmt der Colorado von O her den grofsen *S. John's river* auf und tritt damit in das weftliche Neu-Mexico (die füdliche Hälfte des wilden Indianerlandes) ein; nach einer Strecke nimmt er von SO den grofsen *Red river* auf, welcher einen O-W laufenden Nebenflufs hat: diefer Nebenflufs tritt aber fo bedeutend nahe an feiner Mündung ein, dafs der Flufs dadurch eine fehr verfchiedene Geftalt von der Bartlett's mit dem Zuñi ganz im Anfange feines Laufes erhält; fpät und weit im W fällt in ihn auf feiner WSeite der N-S fliefsende *rio Virgen*, von wo an er gen S ftrömt; in der Mitte diefes füdlichen Laufs empfängt er im W aus Neu-Californien den *Mohave river* (NW-SO) und in O den SW fliefsenden *rio S. Maria.*   Bartlett's Karte zeigt die Geftalt der 2 grofsen Parallel-Flüffe *Green r.* und *Grand r.* vor ihrer Vereinigung nicht als ein Dreieck, fondern als ein offenes längliches Viereck, mit einer plötzlichen Biegung des *Grand r.* (nach Aufnahme des *rio San Juan*) O-W als Bafis; in diefe Bafis fällt bei ihrem öftlichen Anfange von SO her der Flufs *little Colorado*, welcher in feinem oberen Laufe eine Gabel von 2 Flüffen zeigt, deren nördlicher bei dem *pueblo Zuñi* vorbeifliefst; weftlich von dem offenen Viereck heifst der, nun einfache Flufs *Rio Colorado*, nimmt bald darauf den N-S fliefsenden *rio Virgen* auf (welcher auf feiner WSeite mehrere Nebenflüffe hat), dann auf feiner WSeite den *Mohave r.*, und nachher auf feiner OSeite den Nebenflufs *Williams fork* = *gaz. S. Maria*, welcher dem dann folgenden Gila parallel läuft.

Um Humboldt's Karte, der Mühlenpfordt's Darftellung analog ist, mit diefen neuen Thatfachen der Nordamerikaner zu einigen, mache ich folgende Bemerkungen, welche vorzüglich die NEBENFLÜSSE des Colorado betreffen: Der weftliche Flufs, *Green river*, ist als der Hauptftrom zu erachten, und ist = H's *rio de S. Raphael*, nachher *rio Zaguananas*. H's *rio de los Alamos* (nach Mühl. auch *de las Animas* genannt) nebft dem unteren Laufe des *rio Nabajoa* ist = dem *Grand river*, der obere *rio Nabajoa* ist = *rio San Juan* B oder *St. John's river gaz.* Die Humboldt'fche Darftellung beruht auf den Berichten *Escalante's;* er fetzt auf feine Karte nördlich über dem Nabajoa: *Pays vus par le Pere Antonio Velez (y Escalante) en* 1777; auch auf H's Karte bildet der Zufammenftofs beider Flüffe (des Nabajoa und Zaguananas) eine Ecke wie im *gaz.;* man kann kaum jenen Mühl.'fchen *rio de las Animas* mit dem öftlichften der 4 kleinen, von N nach S fliefsenden, in die NSeite des *S. Juan* auf B's Karte einfallenden Flüffen, welchen er *rio de las Animas* nennt, zufammenbringen. — H's *rio Jaquesila* ist der kleine Colorado *(Little Colorado)* B's, des *gaz.* Red River; nach Mühl. fällt der Jaquefila (f. S. 253[nf]), im S der *sierra de Chegui* ftrömend, in 36° 15′ N. B. und 113° 45′ W. L. in den Colorado.   Über feinen Nebenflufs f. oben aus *gaz.* und B: man kann argwöhnen, dafs der Nebenflufs *Moqui* des *gaz.*, deffen ich beim Gila-Syftem (S. 253^{af-m}) gedacht habe, eine Verwechslung mit diefem Nebenflufs des kleinen Colorado *(rio de Zuñi*, wie ihn Simpfon exprefs nennt) enthalte, obgleich der *gaz.* dem kl. Col. auch noch einen Nebenflufs (den aus des *gaz.* und B's Karte oben befprochenen) beilegt. Humboldt's Karte giebt dem Anfange des *Jaquesila* diefelbe Geftalt einer Gabel von 2 fich nachher vereinigenden Flüffen wie Bartlett. — Der öftliche *Santa Maria river* des *gaz.* ═ B's *Williams fork* fehlt auf Poirfon's Karte und bei Mühl. ganz; dennoch hat ihn die grofse Humboldt'fche Karte, nur als einen ganz kurzen, kleinen Flufs. — Den *rio Virgen* B's und des *gaz.* halte ich für H's *rio de las Piramides sul- fureas*, von welchem feine Karte nur ein abgeriffenes Stück, NO-SW gerichtet, parallel dem Colorado, angiebt; und ein ähnliches Stück, füdlich, eben fo gerichtet, von H *rio de los Martires* genannt, halte ich für den *Mohave river* der 2 nordamerik. Karten. Mühl. fafst (II, 537^m) H's Karte fo in Worte: „Zwifchen dem 35. und 37. Grade n. Br. und dem 114. und 115. Grade w. L. ftrömt mit dem Colorado fast parallel der *rio de los Pyramides sulfureos*, und unter dem 34° n. Br. und dem 117° w. L. der *rio de los Martires.*" Der *rio Virgen* hat bei B einen weftlichen Nebenflufs, bei welchem der Name *Vegas* (wohl der Gegend beftimmt) fteht; auf der Weiland'fchen und auf Lange's Karte heifst der *rio Virgen* in feinem oberen Laufe *rio S. Clara*, und er kommt nördlich aus den *Vegas de S. Clara.* Ich verweife auf meinen Auszug aus Frémont's Karte bei *Utah* (Ende von § 383, e), wo ich vom *Virgen* weiter gehandelt habe. Was für ein Flufs ist nun der *rio Azul*, welchen Villa-Señor (oben S. 254^{mm-mf}) an- deutet, der auf 6 *leguas* vom Colorado gefehen wird? die Stelle, wo der Colorado aus der Richtung N-SW in die nach W übergeht und die Windung macht, kann nur die „Bafis" feyn, welche der *Grand river (rio de los Alamos)* bildet, ehe er auf den *Green river (Zaguananas)* trifft. Die Schilderung fcheint nicht einen Nebenflufs bezeichnen zu follen: fonft könnte man den kleinen Colorado *(Jaquesila)* vermuthen. Ist mit der Wendung nach W eine füdlichere Stelle gemeint, fo paffen H's Fragmente des *rio de las Piramides sulfureas* oder *de los Martires.*

　　Einen Flufs, den es fchwer feyn wird zu deuten, nennt Arricivita (p. 348) im Lande nördlich vom Gila: den Rio de Sonaita; ob der Name mit dem Ortsnamen *Sonoi* im Lande der Yumas zufammenhängt?

　　Der *gazetteer* fagt im allgemeinen über die Flüffe Colorado, Gila und Norte (791, b): dafs fie „von fehr geringer Wichtigkeit für die Schifffahrt feien, da fie felten Tiefe genug für Fahrzeuge hätten, die gröfser als ein Canot oder flaches Boot find. Denn wirklich hätten die Nebenflüffe einen grofsen Theil des Jahres hindurch entweder ein trockenes Bette oder feien eine Kette von grofsen Pfützen *(pools)*." An einer anderen Stelle, bei *Utah* (1198, b), wird bemerkt: neuere Unterfucher erachteten den *Colorado* oberhalb des *rio Virgen* in Neu-Mexico als fchiffbar für leichte Dampfböte, fo dafs vielleicht einft auf ihm Utah einen Handel nach Cali- fornien eröffnen könnte. — Einer eignen Erfcheinung der *cañones* gedenkt diefes Werk (791-2): „weftlich vom Rio Grande, innerhalb und jenfeits der Sierra Madre, find ungeheure *cañons*, d. h. tiefe Canäle in der Erde, welche meift die Betten von Strömen bilden: oft 2- bis 300 Fufs tief und beinahe ausgefchloffen vom Tageslichte."

　　§ 286, e. Über die GEBIRGE fagt MÜHLENPFORDT (II, 535) folgendes: „Die grofse Hauptkette der Cordilleren durchzieht das Land unter dem Namen der *Sierras de Acha, de las Mimbres* (richtig *los*) und *de las Grullas* im Often, bis zu den Quellen des Rio del Norte. Hier erhält das Gebirge den Namen *Sierra verde*, welchen es unter dem 45. Breitengrade gegen

den des Felfengebirges *(Rocky mountains)* vertaufcht. Weiter öftlich ftreicht aus Neu-
Mejico herüber ein bedeutender Parallelzug diefes Gebirges gegen Nord, die Fortfetzung der
Sierra oscura. Zwifchen beiden ftrömt der Rio del Norte. Die öftliche Kette fendet Arme
nach Tejas und den Vereinigten Staaten hinüber, zwifchen welchen die oberen Zuflüffe des
Arkanfas und Red River ihren Urfprung nehmen. Gegen Weften ift die Hauptkette von verfchiedenen Nebenäften begleitet, welche unter den Namen der *Sierras de los Cosninas, de Chegui,
de los Guácaros* [die *Guacaros* find ein Volk in Neu-Californien], *de Sal Gemme, de Timpanogos* und *Nevada* die Indierländer in verfchiedenen Richtungen durchfchneiden. Ganz in
Weften erhebt fich die Kette der californifchen Gebirge, von welchen die *Sierra de San Marcos*
wahrfcheinlich ein Zweig fein dürfte." — Arricivita nennt (p. 348) nördlich vom Gila die
sierra de Siricagui.

BARTLETT'S Karte zeigt nördlich vom Gila im O die *sierra blanca,* dann *s. Mogoyon;*
es ift ein Zug von O in W, welcher weftlich weiter keinen Namen hat und in mehreren Gruppen
bis zur *junta* des Gila und Colorado geht. Von diefem Gila-Gebirge fagt der *gaz.* (791, a):
*A broken ridge of mountains coasts the Gila river for a considerable distance, rising, according
to computations of Major Emory, to* 4347 *feet and* 5724 *feet, in two places, estimated by him.* —
Weftlich bei dem fchmalen Neu-Mexico find von Bartlett verzeichnet *Zuñi mts,* nördlich
davon *mt Taylor* (etwas SW von S. Fé, nach dem *gaz.* zu 10,000 Fufs Höhe gefchätzt); nördlich darüber *sierra de Chusca,* nördlich weiter *pass Washington,* und darüber nördlich *sierra
de Tune Cha;* alles diefes ift eine Bergreihe, von S-N laufend, bis zum füdlichen Ufer des
S. Juan. Weftlich von *Tune Cha* und NO vom kleinen Colorado ift die *sierra del Carrizo,*
nördlich vom Einfluffe des Rio S. Juan in den Grand river der *Cerro abajo;* und davon weftlich, zwifchen den 2 grofsen Flüffen Grand und Green river, die *sierra de la Lanterna.* —
Im W vom Rio Grande erwähnt der *gazetteer* „fteiler *bluffs* von rothem und weifsem Sand-
ftein-Felfen, durch die Wirkung der Elemente abgearbeitet zu der Geftalt von Feftungen,
Schlöffern u. a." Darftellungen diefer abenteuerlichen Berggeftalten begleiten die neuen
Reifebefchreibungen.

„Hügelland, Ebenen und Thäler", fagt Mühl. (II, 535[nf]), „zwifchen den Gebirgen fich
ausdehnend und von zahlreichen Flüffen durchftrömt, nehmen die übrigen Theile des Landes
ein. Von dem See Timpanogos an bis zur Küfte des Auftraloceans, und weiter gegen Süd bis
zum 35° n. Br. und dem Fluffe Colorado foll fich nach den Verficherungen der oben genannten
Jäger eine furchtbare Sandwüfte ausdehnen, ohne Flüffe, ohne Bewohner und ohne Thiere."

„Das KLIMA (537[n]) ift das des inneren Amerika's: fehr heifs im Sommer, kalt im
Winter." „Dichte Wälder fchöner Bäume (539[m]) bedecken zum Theil das Innere, in welchen
wilde Thiere in Menge haufen"; unter ihnen „der Bifon, das Elenn und der Damhirfch ...
Fifche liefern die Flüffe in Überflufs. Die Indier bringen einige rohe Häute und Pelze in
den Handel."

Wir haben oben (S. 250[nf]-1[a]) von Mühl. vernommen, dafs in dem wilden Lande des Gila
und Colorado keine ORTSCHAFTEN zu nennen feien: damit find nicht gemeint Ortfchaften der indianifchen Völker, noch weniger die Zeltdörfer der ftreifenden Jäger; denn
folche Örter und Ortsnamen fehlen nicht. In den Berichten der Miffionare, welche ich im
§ 287 mittheile, wird man nicht nur der *rancherias* der Völkerfchaften im allgemeinen erwähnt, fondern auch Ortfchaften mit Namen genannt finden. Das ehemahlige Vorhandenfeyn

gröfserer, von Stein gebauter Flecken und Städte bekunden die Trümmerftätten an verfchiedenen Flüffen, fo wie die wüften *pueblos* des *Moqui.* — Humboldt's grofse Karte zeigt um
den Jaquefila *el Rastrillo* und *puerto de Bucarelli.* — Bartlett's Karte hat eine Strecke NW
über Zuñi das Fort *Defiance.* Die Karte des *gaz.* verzeichnet auf einer von *Acoma* über Zuñi
gen NW an die Mündung des St. John in den Colorado führenden Strafse die Ortfchaften:
Casita (gleich nach Zuñi), *Osoti, Taquestril* (nördlich beim Red river), *Concepcion* (an jener
Mündung, auf der Gränze des Utah - Gebiets). Im NW, bei Californien, zeigen beide Karten
den Namen *Vegas,* der aber eine Gegend und kein Ort feyn foll. Am Ufer des G i l a entlang
haben die erforfchenden Reifenden vorzüglich viele verödete oder verfallene *pueblos* gefunden, Zeugen einer früheren ftärkeren Bevölkerung und ehemahliger höherer Civilifation (vgl.
nachher S. 260 Z. 5).

§ 286, f. Ich trete an meinen eigentlichen Zweck: das W I L D E V Ö L K E R -
L E B E N zu fchildern, welches diefe Einöden und Wüften von ungeheuren Raum-
verhältniffen belebt; ihm Namen zu geben und vielgetheilte Rede. Herrfchend bis
jetzt faft ungeftört in jener Wüftenwelt, wird es bald ein Gegenftand der Vernich-
tung und Verfolgung feyn: zerdrückt von Pflugfchar, Riefenbau und Eifenbahn. Ich
erreiche in diefem Lande zugleich meinen Hauptzweck, der diefer Völkerfchau zum
Vorwande dient: ich zeige an zwei claffifchen Stellen, in der Tiefe des hier fchon
fo breiten Erdtheils (was in Neu-Mexico, dem Often, nicht gelungen ift), Sprachen
mit a z t e k i f c h e r Beimifchung, Glieder des f o n o r i f c h e n Stammes; in dem *Moqui*
und *Yutah.* Ich ziehe ferner das grofse a t h a p a s k i f c h e Idiom aus dem hohen
Norden der Hudfonsbai und der Polarländer herab in diefe Tiefe, wo ihm das
ftattliche Volk der *Navajos* angehört; und wo wir durch die *Ticorillas* die Erwartung empfangen vielleicht das grofse Apachen-Volk ihm zutheilen zu können.

Jetzt zu der AUFZÄHLUNG DER VÖLKER in dem grofsen wüften
W e s t l a n d e d e s G i l a u n d C o l o r a d o !

V i l l a - S e ñ o r nennt bei Neu-Mexico (II, 412, b) nach Anführung der fried-
lichen Völker diefes Reichs, eine Reihe von Völkerfchaften als Feinde diefer Völker;
ich fetze diefe Namen hierher, weil die meiften den grofsen nordweftlichen Land-
ftrecken, welche ich hier behandle, angehören. Der Verf. fagt: *Las Naciones de
Indios Enemigos de los de dicho Reyno fon: los Apaches, Pharaones, Natajees,
Gilas, Mefcaleros, Colinas, Quartelexos, Palomas, Xicarillas, Yutas, Moquinos,
Navajoos, Salineros, Hachos, Trementinas, Calchufines, Lemitas, Aas, Tacitos,
Cayguas* (413, a), *Cuampis, Quituchüs, Pananas, Sierras blancas, Zaguaguas,
Moguachis, y otras;* er fetzt hinzu: *y todas piden la paz quando les tiene cuenta,
y rompen la guerra al tiempo que hallan la ocafion de conveniencia.* Die P a -
n a n a s nennt er fpäterhin (II, 417, a) als ein Volk, welches über 400 *leguas* gen
Nordweft von Neu-Mexico entfernt ift und bis zu welchem die *Cumanches* ihre
Züge ausdehnen, um mit ihnen zu kämpfen.

S c h o o l c r a f t benannt, im Vol. I. der *Indian tribes,* in feiner Aufzählung der
Völker nach Provinzen (f. § 448), in dem unerforfchten Theile Neu-Mexico's, zwifchen

dem Gila und der Südgränze von Utah: die alten *Cibolos*, N vom Gila und O vom Colorado 20000; *Navajoes* (die nicht anderwärts, § 402, begriffenen) 6500; *Umahs* des Colorado, nicht in Californien einbegriffen, „die *Umanos* früherer fpan. Schriftfteller, 5000 (man fchreibt ihnen eine alte Civilifation zu, im Gegenfatze zu den Jägervölkern);" *Apaches* (die nicht in 2 Gruppen bei Neu-Mexico, f. da § 402, gezählten) 2000.

Folgendes find die Völkernamen, welche die grofse Karte HUMBOLDT's (das 1te Blatt der Original-Karte, denn *Poirson*'s Verkleinerung hat wenige Völker) in dem Lande des Gila und Colorado darbietet: auf der öftlichen Seite des Colorado folgen von S gen N, vom Gila ab, auf einander: die *Jumas, Tejua, Jalchedum, Yamaya* und daneben öftlich *Yabipias, Chemeguaba* (auf beiden Ufern), *Cosninas;* ganz oben am Fluffe Dolores *Yutas-Tabeguachis;* — auf der Weftfeite von S nach N: *Jenigueih, Jumbuicrariri, Timpabachis;* ganz nördlich, zwifchen dem Rio de S. Rafael und dem Rio de S. Buenaventura, öftlich vom Salzfee, die *Raguapui;* neben den vorhin genannten *Cosninas* liegen gen Often die *Indiens* und das Land *Moqui,* und von ihnen noch weiter gen Often die *Indiens de Nabajoa* und das *Pays de Nabajoa.*

Ich werde die Stelle wörtlich aufnehmen, in welcher MÜHLENPFORDT in feinem 2ten Bande, indem er hauptfächlich die Verzeichnung von Humboldt's grofser Karte in Worte fafst, die Völker des Landes vom Gila und Colorado zufammenftellt. „Eine grofse Menge verfchiedener, zum Theil fehr zahlreicher Indierftämme", fagt er (537ᵃ), „durchfchwärmen den weiten Landftrich ... Gehen wir vom Fluffe Gila gegen N hinauf, fo treffen wir zwifchen diefem Fluffe und der *Sierra de los Cosninas* zunächft *Apaches;* um die Quellen des Gila, auf deffen NSeite, die *Nichoras* oder *Nijoras;* an feiner Mündung in den Colorado und auf beiden Seiten diefes letzteren Fluffes die *Yumas* und *Cocomaricopas,* und weiter gegen den Fufs der genannten *sierra* hin die *Yabipias* oder *Yabipais* mit langen Bärten. Weftlich von diefen wohnen am Ufer des Colorado die *Jalchedumes,* die *Juniguis* oder *Jeniguéihs,* die *Yamayas,* die *Tejuas* und die *Chemeonahas* oder *Chemeguabas.* Jenfeit (538) der *sierra de los Cosninas* wohnen um die Mündung des Fluffes Jaquefila die *Cosninas;* öftlich von diefen, an demfelben Fluffe, die *Moquis:* und weiter gegen NW hinauf die *Nabajoas.* Weit gegen W vom Fluffe Colorado fchweifen die *Nochis* und höher hinauf um die *sierra de los Guacaros,* wo der Rio Colorado den Namen Zaguananas führt, auf deffen weftlichem Ufer die *Timpabachis* und *Jumbuicrariris.* Um den Flufs Dolores haben die *Yutas Tabeguachis, Payuches* und *Talarenos* ihre Wohnfitze. Nord-nord-weftlich und nördlich von diefen, zwifchen den Flüffen San Rafael und San Buenaventura, wohnen die *Raguapuis,* und auf der WSeite (mufs OSeite heifsen) des Sees Timpanogos die *Yamparicas.* Um die Quellen der Flüffe Grande del Norte und Arkanfas endlich, bis zu den Panis und Ofagen gegen O und bis an die Ufer des Red River gegen S fchweifen verfchiedene Stämme der *Cumanches,* auch *Jetans, Tetans* oder *Tetaus* genannt. Zu ihnen gehören die *Yutas* an den Quellen des Rio del Norte und die *Kyaways* am Plattefluffe. — Von allen diefen Stämmen ift uns wenig mehr als die Namen bekannt; und von denen, welche in dem weiten Striche weftlich der beiden grofsen Landfeen bis zu den Gebirgen von Californien wohnen, kennen wir auch diefe nicht einmal. Eben fo wenig wiffen wir von den Anwohnern des Auftraloceans nördlich vom Hafen San Francifco, unter welchen die Ruffen, auf mejicanifchem Boden, des Pelzhandels wegen eine Niederlaffung gegründet haben. Einige der genannten Stämme erfreuen fich einiger Cultur und können als anfäffig betrachtet werden. Die Patres Garces und Font trafen bei den Indiern auf dem linken Ufer des Colorado unfern feiner Mündung und auf beiden Ufern des Gila volkreiche Dörfer und wohlangebaute Felder ... Bei den *Yamayas* und *Yabipais* hat man ebenfalls Spuren von Sittigung angetroffen, und die *Yamparicas* fchildert Garces als ebenfo civilifirt wie die Moquis und die Indier am Gila. Alle diefe Spuren (539) deuten auf das ehemalige Dafein alt-mejicanifcher Cultur in diefen Gegenden ..."

§ 287. Von der Verfchiedenheit der Sprachen in der Gegend des Gila, unter fich und gegen die mexicanifche, habe ich fchon in meinen azt. Ortsnamen S. 69ᵃ-70ᵐᵐ gehandelt. Ich habe da zunächft eine Stelle aus Humboldt's *Essai politique* über die Indianer vom Moqui, die Yabipais ufw. angegeben; dann Nachrichten aus ARRICIVITA'S *Cronica serafica de Querétaro* (parte II), von der Reife des Paters Garzes her: über die grofse Mannigfaltigkeit und Fremdheit der Sprachen im Lande der Yumas und in der Gila-Gegend überhaupt. Ich nannte, aus dem Berichte der 2ten Expedition nach dem Hafen San Francifco, ausgeführt von Francifco Garces (zum 2ten Mahle) und Pedro Font, zunächft die Völker: *Cocomaricopas, Quiquimas, Opas;* dann auf der Strecke vom Gila bis zu den Moqui die Volksftämme: *Cajuenches, Cucapa* (diefe beiden Völker habe ich fchon bei Sonora, S. 238-9, behandelt, obgleich fie vorzüglich an die gegenwärtige Stelle gehören möchten), *Tallicuamais, Yavipais, Quemaya, Jamajabs, Chemevet.* Der Völker, welche Garzes auf feiner Reife von Sonora nach dem Moqui befuchte, waren nach Arricivita (p. 484) neun. (¹)

Ich erlaube mir einige Auszüge, ähnlich den an befondere Stellen zerftreuten, aus dem Verlaufe der Chronik des ARRICIVITA zu geben, um Namen und Verhältniffe von Völkern und Sprachen, fo wie geographifche Data aus den Reifen des Garzes hier niederzulegen:

Al otro dia (421, a) *esperó un rato á los guías de Sonoaitac* ... die Völker fagten (423, a) ftatt *Jesus y Maria: Mensus y Marria, y casi todos á Jesus añadian la palabra Azan* ... *salen* (423, b) *á las Naciones vecinas á vender sus hijos, que los Yumas y Cocomaricopas compran*

(¹) Ich liefere hier eine Überficht des für meine gegenwärtige Schrift wichtigen Inhaltes von ARRICIVITA'S *Cronica serafica* (es ift diefs der 2te Theil eines Werkes von 2 Bänden): Zacatecas pag. 82, *Nayeritas* 88, *naciones gentiles* 94, *Cerro gordo* und *infieles* 169, *infieles* 196, *fieles* 201, *Texas* 213, *infieles* 218, *Lampazos* 240, *Texas* 321 u. 330, *Apaches* 338-386, *Comanches* 390, *Sonora* 394-412, *gentiles* 413; neue Reife des Paters *Garzés á los rios Colorado y Gila* 1571 418, *Seris* 426, *Coahuila* 437, *Monterey* 450; 2te Expedition nach *puerto de S. Francisco* und neue Reife von *Francisco Garces á las naciones gentiles* 461 (hier wird auch *Pedro Font* zu einer Reife beftimmt), die Expedition kommt nach dem Gila 462 und bis San Francifco -468; *visita el padre Garzes las naciones gentiles hasta el Moqui* 468-484 (hier find viele Volksftämme genannt); *Pimeria alta* 485; Miffionen am Colorado und Gila 1575-6 489, Colorado 497, Rebellion der Yumas 504, Rio Colorado 510-9; verfchiedene Gegenden 524; Colorado und Gila 529, Tod von *Garzes* 540; Sonora ufw. 554-575; darauf noch mehrere Gegenden.

por caballos, y son los que llaman Niforas [vielleicht das Volk der *Nijoras?* f. § 298] ...
424, b hört der Pater von einem Volke, genannt *Macueques* ... in 4 Tagen (425, b) will man
ihn bringen *á los Indios de Cujant ó á Zúñiga.*
Die 2te Expedition zum *Puerto de San Francisco,* unternommen von Francifco Garzes
und Pedro Font, ging am 20 April 1775 vom Pref. de *Horcasitas* (462, a) nach dem Pref. de
*Tubac; se tomó el camino para San Xavier del Bac, que el P. Garzes habia visto mas corto y
ménos penoso que el de Sonoytocat ó de San Marcelo.   El dia 29 llegaron al cerro de Tacca,
y desde alli se envió á avisar á los Pimas Gileños.*   Darauf kommen fie an die *casa grande* ...
am 1 Nov. zum *pueblo de Uturicut* (463, a) ... zum *pu. de Sutaquison* ... *Á las dos leguas
de allí pararon en una laguna de tan mala agua que enfermó* (463, b) *á algunos, y la llamaron
del Hospital; y caminando siempre á orillas del rio Gila, llegaron al parage de la Agua-caliente*
... hier war ein Dorf der *Cocomaricopas* ... *á los tres dias* (464, a) *volvieron á vadear
el rio Gila, y á los diez llegaron al cerro del Metate, y en el camino ocurrió un Indio Yuma,
enviado del Capitan Palma, para decirles que los esperaba de paz con toda su gente Yuma, y
tambien la de los Jalchedunes, que habia baxado á la junta de los rios para verles* ...
El P. Font (464, b) *caminando 4 dias llegó á la laguna de Santa Olaya, á donde acudieron
muchísimos Indios de la Nacion Cajuenche* ... *Á los 27 dias de marcha y el dia 4 de Enero
de 1776 llegáron á la Mision de San Gabriel* ...· *á los once dias llegaron á la Mision de San
Luis Obispo, situada en un alto* ... *cerca de la sierra de S. Lucia y tres leguas del mar* ...
De esta Mision (465, a) *llegaron á los 4 dias á la de San Antonio de los Robles, que está en la
misma sierra de S. Lucia* ... *saliendo de ella, á los tres dias llegaron al Presidio de Monterey*
... von da kam die Expedition nach San Francifco.
No habia visitado (471, b) *el Padre Garzés mas que de paso á los Serranos, que llamó
Danzarines* (über diefe f. oben S. 239[a und f]) ... *ya habian hecho las pazes con los Jalche-
dunes* ... fie wollten auch Frieden mit den *Yumas* machen; *vino con ellos uno de la Nacion
Quemaya, y dió noticia de que dos ó tres Naciones habian peleado con los Españoles de la Costa*
(es find die Indianer der Miffion *San Diego* gemeint) ... *Tambien vinieron á visitar á los
Padres los Yavipais Tejua, que son los indómitos Apaches, pero amigos de los Yumas* ...
Los Jalchedunes (472, a) *le instaban mucho al Padre para que fuera á su tierra, y condescendió
á ello, pero con la condicion de que le habian de conducir á la de los Jamajabs, á lo que se
resistieron por el miedo que les tenian.*   Er befchlofs die *Jamajabs* zu befuchen, *tomó* 14 Febr.
*el rumbo de una sierra, y caminando por otras muy ásperas, á los ocho dias llegó á un valle,
donde encontró 80 Indios Jamajabs* ... Nach etwa 4 Tagen ... *al baxar* (472, b) *una sierra
se vieron 40 Indios de la Nacion Chevet* ... *Puebla esta Nacion las riberas del rio Colorado
hasta los Yumas, pero son de muy distinto idioma de los que tienen las demas Naciones: á los
tres dias llegaron á las Rancherias de los Jamajabs, y aunque los Indios estaban en la otra
banda del rio, á la voz del Capitan pasaron todos. „Puedo decir",* fagt der Pater (nach einer
fehr freundlichen Aufnahme) in feinem Tagebuch, „*con toda verdad que estos Indios hacen
grandes ventajas á los Yumas y demas Naciones que he visto hasta ahora en el rio Colorado...*"
No le era posible (473, a) *al Padre salir de allí por el muchísimo gentio que succesivamente iba
llegando con la ansia de verle* ... *Pasaron de dos mil almas las que allí concurrieron* ... Der
Capitan de la Nacion Chemevet kam auch dahin ... 12 Tage lang waren die Reifenden durch
rauhe Gebirge und fchlechte Wege in Regen und Kälte gezogen, die Kälte war fehr grofs; ...

caminando quatro dias llegaron (473, b) *á la Rancheria primera de la Nacion B e ñ e m e* (er
ſchreibt ſie auch *B e ñ a m e).*
Hierauf kam Garzes nach der Miſſion S. Gabriel.

Nachdem der Pater von den *Beñame* aus (474) 2 groſse *sierras* überſtiegen, kam er zu
dem Volke C u a b a j a i ; Völkerſchaft N o c h e s (475) [ſing. *Noche*], worauf er über die *sierra
de San Marcos* ging; auch *Noches* P a g n i n o a s werden genannt (476), *Noches* C o l t e c h e s ; (¹)
darauf an den Fluſs S. Felipe (477), dann an die *rancherias* der C u a b a j a i s ; er wollte die
Völker C h e v e t und C u a j a l a beſuchen, man brachte ihn zu den C o b a j i. Nach 15 Tagen
Reiſens durch die *Chemeveti* kam er zu den *Jamajabs.* Dieſe hatten zu ſeinem Empfange eingeladen die Völker: *Yabipais Tejua* (dieſe werden 483, wie vorhin S. 261ᵐᶠ, ═ *Apaches* geſetzt),
J a g u a l l a p a y s , Chemevets, Jalchedunes. — Garzes erkundigte ſich (478) bei den *G u a l l a -
p a y s* nach den Entfernungen bis zum Moqui; er ging herab zu den Yumas, über den *rio de
los Jaguapays;* Volk *J a g u a p a i s ;* in 4 Tagen kam er an die *rancheria* der *Jaguallipais,*
dann durch eine der *Yabipais;* weiter im Lande der Yabipais (479), an eine *rancheria del Jabesua;* über den Fluſs *Jaquesila,* noch durch die Yabipais; darauf an ein verfallenes Dorf *del
Moqui,* nach 12 *leguas* an das Dorf *Muca* oder *Oraybe.* Hierher kamen Indianer von Zuñi
(480-1); der Pater ſprach zu den Moqui (482) theils in Yuma, theils in Yabipai, in Spaniſch
und in Zeichen. Nach 4 Tagen kam er an die *rancheria de Jabesua,* wo die Eingebornen
ihn mit hoher Freude aufnahmen. Er ging über den Colorado, kam an die Landſpitze der
Jamajabs; ihn begleiteten der *capitan* der *C u e r c o m a c h e s* und die *Yabipais Jabesuas;* er
kam dann zu den *J a l c h e d u n e s* (483); endlich gelangte er nach dem *puerto de la Concepcion* zu
den Yumas, dann über den Fluſs und zu den Cocomaricopas; hierauf beſuchte er die *rancherias*
der *O p a s ,* kam zu den *Pimas Gileños,* und am 17 Sept. 1776 kehrte er zurück in ſeine Miſſion
S. Xavier del Bac (er hatte ſie verlaſſen am 21 Oct. 1775). Die Völker, welche er beſuchte,
waren 9, ſtark 25,500 Seelen; alle wild und abgeneigt.

§ 288.   Die ſonderbare Idee R u x t o n 's, welcher eine Menge Völker nördlich
vom Gila zum A p a c h e n - S t a m m e ſchlägt (deſſen Sprache wieder ihm nahe gleich
der mexicaniſchen dünkt!), habe ich, nebſt Simpſon's Widerſpruch, in meinen azt.
Ortsn. S. 72ᵃᵃⁿ dargelegt.   Ruxton rechnet nämlich zur Apachen-Familie: die Indianer
des nördlichen Mexico's, nebſt den Pueblos; die *Navajos, Moquis, Yubipias, Maricopas, Chiricaquis, Chemeguabas, Yumayas, Nijoras.*   Richtig wird es von den
Navajos ſeyn: vorausgeſetzt daſs das Apachen-Idiom zum Athapasca gehört; von
den *Yabipais Tejuas* hat es (vorhin Z. 10) auch Arricivita geſagt.

M ü h l e n p f o r d t meint (I, 211ᵃ), daſs eine Reihe Völker, welche er an den
Ausflüſſen des Gila und Colorado (210ⁿⁿ⁻ⁿᶠ) nennt, nebſt den Papagos, nur als Glieder der groſsen Familie der P i m a s zu betrachten ſeyn möchten.

Ein von mir in meinen azt. Ortsnamen noch nicht angeführter, ſehr ſpecieller
Bericht über die G i l a - G e g e n d und die R u i n e n daſelbſt, vom Capitän

---

(¹) Dieſe Gegenden gehören zu Neu-Californien; Humboldt bemerkt auf ſeiner Karte in Neu-Calif.,
weſtlich vom *Colorado,* in der Breite des *Jaquesila:* daſs da unter 120° W. L. eine Bergkette ſei, durch-
ſchnitten von dem *rio de S. Felipe,* deſſen Ufer von den N o c h i - Indianern bewohnt ſeien.

A. R. Johnſton, findet ſich in No. 41 der *Executive documents (Wash.* 1848. 8°) p. 567-614. Über das ganze Gebiet des Gila und nördlich davon iſt wichtig die Expedition von W. H. Emory: *notes of a military reconnaissance, from fort Leavenworth, in Missouri, to San Diego, in California, incl. the Arkansas, del Norte, and Gila rivers. Wash.* 1848. 8°; dazu eine groſse Karte.

TRÜMMER von groſsen Gebäuden, Schutthaufen und zerſtreute Tongefäſse fah Bartlett nördlich vom Gila am Rio Salinas *(pers. narr.* II, 243, 245-7), von denen auch Mangi (Monge) 1694 hörte (282^{nn-f}); Leroux am Rio de S. Francifco (247; Cap. Johuſton und Major Emory noch darüber hinaus: 277^{mf}). Bartlett's Schluſsfolgerung über den einſtmahligen Zuſtand dieſer Fluſsthäler f. bei den Pimas (§ 253, b im Anfange). — Hier im Lande der freien Indianer, jenfeits des Gila, am Ufer des *rio de S. Francisco*, hat Mühlenpfordt (II, 436 und 538^n) „die Ruinen einer alten Stadt" angegeben, „welche von den umwohnenden Indiern *Hottai-Ki*, von den Spaniern aber *Casas de Piedras* genannt werden." Ich habe erſt wegen dieſer 2 neuen Namen geglaubt, daſs andere Ruinen, hier nördlich vom Gila, damit gemeint feien (auch Bartlett weiſt uns: II, 244-8, hier, am Fluſse *Salinas, Casas grandes* [239] und „die Häuſer des *Montezuma*" [242] nach); ich habe aber nach Prüfung der Zuthaten (f. Pimas § 253, c) eingefehen, dafs nur die weltkundige *casa de Motezuma* damit bezeichnet wird, welche Humboldt und ältere Reifen an das füdliche Ufer des Gila-Fluſſes fetzen. Am Ende bleibt aber die Gewiſsheit übrig, dafs neuerdings auch Ruinen im Norden des Gila mit diefen zwei claſſifchen Namen belegt werden. — Ich verweife übrigens auf die von mir bei den *Navajos* (§ 312) beigebrachte Stelle, in welcher Alexander von Humboldt nach Mittheilung der Sage, dafs die AZTEKEN bei ihrer Wanderung ihren erſten Aufenthalt am Fluſse *Zaguananas* genommen haben follen, die am Ufer des Gila und in diefen Gegenden überhaupt erkennbare alte Civilifation an die Stämme der Nahuatlaken knüpft.

Ehe ich irgend ein VOLK·im Lande des Gila einzeln nenne, verdient den erſten Platz das Volk GILA felbſt. Villa-Señor nennt uns die *Gila* als Volk bei Sonora, doch fo, dafs man ſich feinen Aufenthalt eher im Süden des Fluſſes denken kann; *Gila, nacion Gentilica de este nombre,* nennt er nämlich (II, 375) neben den *Sobaypares* (f. oben S. 237^n); die *Gilas* erfcheinen in feiner Liſte (oben S. 258^{nn}).

Das Volk der PIMAS war und iſt noch auch auf dem nördlichen Ufer des Gila zu finden, da fein Hauptſitz allerdings Sonora in einem weiten Raum iſt. Die alten Berichte Arricivita's zeigen diefs; die Nordamerikaner verkehrten mit den *Pimas* vorzüglich am füdlichen Ufer: wo das *Pijmo Village* auf *Emory's* Karte ſteht; daſſelbe, wie auch *Pimo villages*, kommen oft bei *Bartlett* vor (f. diefen II, 239-260).

Cocomaricopas.

§ 289. Das wichtige Volk der COCOMARICOPAS, fo oft in alten und neuen Nachrichten erwähnt, wohnte bisher hauptſächlich im NORDEN des Gila-Fluſſes, und es wurde bisher nur wie beiläufig geſagt, daſs ein Theil von ihnen auch im Süden des Gila, in Sonora, zu finden ſei (ſ. oben S. 239ᵃᵃ). Wir werden unten *Bartlett* berichten ſehen, daſs kürzlich eine Änderung eingetreten iſt, der zufolge ſie ſich in den Süden des Fluſſes zurückgezogen haben; vielleicht iſt diefs aber doch nicht vollſtändig ſo, oder ändert ſich auch wieder.

In der *Crónica seráfica* Arricivita's ſpielen die Cocomaricopas eine be-deutende Rolle und werden oft genannt.

VILLA-SEÑOR nennt ſie (II, 396,b) als Nachbaren der *Sobaypuris* und *Ni-joras,* zugleich als der letzteren wüthende Feinde: *Confina eſta Nacion (Sobaypuris) con otra, que eſtà mas al Norte, que llaman Cocomaricopas, y entre ellos ay algunos Chriſtia-nos, porque con la ocaſion de las viſitas de los Miſſioneros les Baptizan los pequeños, aunque deſpues viven en ſu barbaridad como los Sobaypuris: de eſtos algunos, rara vez, vienen à la Pimeria, porque ſe rezelan de los Pimas, aunque en ſus tierras tienen trato y contrato con ellos; porque los Cocomaricopas mantienen continua guerra con la Nacion de los Nijoras, con quien lindan: que á una y otra divide un caudaloſo Rio engroſſado de varios Arroyos de la Sierra Madre à la parte del Norte, y defagua en la Mar del Poniente . . .* Über ihre Feindſchaft mit den *Nijoras* werde ich bei dieſen (§ 299) berichten. An einer zweiten Stelle ſetzt Villa-Señor den Wohnſitz der Cocomaricopas an den Fluſs *de la Assumpcion.* Er nennt nämlich (II, 404), bei Sonora, den *rio de la Assumpcion,* aus 2 Armen, den *Rios salado* und *verde,* beſtehend; *y en la junta,* ſagt er dann, *que hace con el de Gila, forma un Paìs muy ameno, y por eſta parte ſe deſciende al Paìs de los Cocomaricopas, caminando à la vanda del Norte toda ſu grande buelta . . . y en eſte Rio* (405) *de la Aſſumpcion vive toda la Nacion Cocomaricopas, en cuya grande Rancheria ay muchos Indios Pimas, tripulados con los Cocomaricopas, con el motivo de eſtar emparentados con ellos.* Es wird erzählt, wie der jeſuitiſche Miſſionar Jacob *Sedelmair* im J. 1744 hierher kam, auf ſeinem Wege zu den *Moquinos,* und das ganze Volk ihm mit gröſster Freundlichkeit entgegenkam und das Geleit gab, nachdem es ſchon 1743 die Jeſuiten aufgenommen hatte. Im Verfolge erwähnt der Verf. auf einmahl (405, b), als wenn es die Cocomaricopas ſelbſt wären, *la Nacion Comaniopa, que vive por las Riveras del Rio de Gila.* Jenſeits des *rio Colorado* wohnt ein anderer Zweig der Cocomaricopas (406,a), *del mefmo Idioma que los de Gila, los que ocupan de arriba à abajo por todo el Valle como 36 le-guas de longitud; ſon eſtos Indios inclinados al cultivo de la tierra . . .* (ſ. weiter über ihren Feldbau und die Beſchaffenheit des Landes). Hier an einer Quelle *(un quarto de legua diſtante de la orilla del Rio ay un ojo de agua),* in einer reizenden Gegend *(ſiendo toda la Campaña viſtoſo vergel de frondoſas Alamedas y ſaucedas en la longitud de nueve leguas),* predigten die Jeſuiten zuerſt, im J. 1744, das Chriſtenthum: *aqui fue* (406,b) *la vez primera, en donde el año paſſado de 1744 predicaron los Jeſuitas la palabra de Dios y la creacion del univerſo; puſieron al parage el nombre del Archangel San Rafael, enarbolòſe alli el Arbol Santo de nueſtra Redempcion, por el primer Miniſtro Evangelico, que piſſò aquella tierra, dandole palabra los Indios de mantenerlo con culto y veneracion. Es toda gente bien ageftada, afable, alhagueña, cariñofa, y liberal con exceffo para con los huefpedes: y él Indio à cuya cafa ò chofa llega el foraftero, fe hace cargo de franquearle y miniftrarle toda la comida el tiempo que alli permanece, con abundancia y fin interés. Vienen à comerciar con ellos los Indios Moquinos, que habitan el Rio* (407, a) *arriba en la parte del Nordeft.* — Weiter erzählt der Verf., wie die Cocomaricopas, Männer wie Weiber, fehr gefchickte Schwimmer find und alle fchwimmend über den *rio Colorado* fetzen: *los que quieren paffar fus armas ò algunas alhajas, eftriban la izquierda fobre un palo, teniendo en ella fuera de la agua las armas, y bogando con la derecha, nadan con velocidad; las Mugeres ponen fus enaguas de fauce en una corita, ò cefto de varas* (f. oben S. 200[af-m]), *y encima fus chiquillos, y rempugando con la izquierda, bogan con la derecha y paffan el Rio.*

Was Alcedo (in feinem Art. *Pimeria*) über die Cocomaricopas mittheilt, hat er aus Villa-Señor entnommen. Gallatin hat die alten und neuen Nachrichten über fie zufammengeftellt in feinem Auffatze *semi-civilization of New Mexico*, in den *transact. of the amer. ethnol. soc.* II, LXXXIX[af]-XC[a].

Nach Mühlenpfordt (I, 210[f]-1[a]) erftrecken fich die Cocomaricopas, Nachbaren der *Quiquimas*, vom weftlichen Ufer des Rio Colorado bis auf das füdliche des Rio Gila; nach einer anderen Stelle (II, 420[nn]) „vom füdlichen Ufer des Gila bis zum öftlichen des Colorado". Der Mithridates fetzt fie (159[mm]) öftlich neben den Yumas, auch auf der linken Seite des Gila, zwifchen 34° und 35° N. B.; fie leben nach ihm in beftändiger Feindfchaft mit den Yumas. — Bartlett berichtet über die Coco-Maricopas vom Gila und feinen Verkehr mit ihnen im *pers. narr.* zuerft I, 451[f]-3[nf]. Er fand ihr Anfehen ganz verfchieden von dem aller von ihm gefehenen Indianer; er fchildert fie nackt bis auf einen Gurt *(breech cloth)*, Kopf und Füfse unbefchützt, das Haar naturwüchfig und in eigner Weife getragen. Ausführlicher redet er von ihnen in Vol. II, 221[nf]-4: dafs fie vor kurzem vor ihren immerwährenden Feinden, den Yumas, ihren Ort am Gila verändert hätten (221[nf]-2[a]). Nachdem er (224[mm]) den merkwürdigen Ausfpruch gethan, dafs, die Begräbniffe ausgenommen, die Sitten und Gebräuche der Cocom. mit denen der Pimos einerlei feien, (¹) berichtet er über diefe, wie über Induftrie (Weben, Gefchirr), ohne Unterfchied beider Völker, bis 238. Er berichtet über die Örtlichkeit (232[n]-3[af]): das von den Pimos und Cocom. eingenommene Thal dehnt fich 15 *miles* am füdlichen Ufer des Gila aus, 2-4 *miles* in Breite; hier ftehn ihre Dörfer und Kornfelder, alles ift mit Bewäfferungs-Canälen durchzogen; die Pimos haben den öftlichen Theil inne; aber keine Gränzlinie noch irgend etwas läfst die Dörfer beider unterfcheiden. An der Nordfeite des Fluffes ift das Land weniger günftig, fie haben hier einige angebaute Stellen, aber beide Volkstämme find ihren Feinden zu fehr ausgefetzt, um hier feft zu wohnen. Die Cocomaricopas nahmen (II, 262) ihren Wohnfitz in dem den Pimas anliegenden Thale ungefähr vor 30 Jahren, von einem Punkte den Gila tiefer abwärts, wo fie die immerwährenden Angriffe der Yumas und Apachen beinahe vernichtet hatten. Sie fuchten bei den Pimas Schutz und fchloffen mit ihnen einen engen Bund; fie eigneten fich ihre Kunftfertigkeiten an. Früher wohnten fie am nördlichen Ufer des Gila, am Rio *Salinas*, ein abgefonderter Haufe fogar (269) am weftlichen Ufer des

---

(¹) Die Künfte feien aber den Cocom. von den Pimos gekommen. Diefe Angaben wiederholt er 261-2.

Colorado; fie durchftreiften auch das Land füdlich vom Gila, und finden fich auch da auf alten Karten (270^{mm}). Bartlett liefert eine Anficht des Dorfes der Cocom. II, 235.

§ 290. Bartlett bemerkt (II, 262^{nn}), dafs die Cocomaricopa-SPRACHE von der *Pima* gänzlich verfchieden fei; er konnte diefs fchon beim fprechen wahrnehmen: die eine ift fanft und melodifch, die andere rauh und guttural.

Der Lieut. William H. Emory hatte in einem Briefe vom 20 Sept. 1847 an GALLATIN 20 Wörter der Coco-Maricopas und einige Wörter der „Pimos" gefchickt (f. W. H. Emory, *military reconnaissance . . . to San Diego; Wash.* 1848. 8° p. 127). Gallatin antwortete darauf (ib. p. 127); er fagt (129): er habe diefe Coco-Mar. Wörter mit 4 Sprachen Mexico's, von denen er Hülfsmittel befitze, und mit 22 wohl erforfchten indianifchen Sprachfamilien verglichen, und fie mit keiner ähnlich gefunden. Es fei für ihn eine ganz neue Sprache; nur das Wort *apache* für Menfch ift ihm merkwürdig. In Emory's Buche find diefe Coco-Maricopa-WÖRTER nicht gegeben; aber Gallatin hat fie, mit Wiederholung feines Urtheils und feiner Bemerkungen, mitgetheilt in feiner *introduction* zu Hale's Arbeit, im Vol. II. der *transact. of the american ethnological soc. (New York* 1848) p. CIX. Die Wörter (10 Zahlwörter und 10 Subftantiva) find:

1	*sandek*	horse	*quactish*
2	*haveka*	man	*apache*
3	*hamoka*	woman	*seniact*
4	*champapa*	child	*comerse*
5	*sarap*	corn	*tarichte*
6	*mohok*	water	*ha-aehe*
7	*pakek*	fire	*house*
8	*sapok*	foot	*ametche*
9	*humcámoke*	hand	*issalis*
10	*shahoke*	eyes	*adoche*

Ich habe über diefe Wörter, für die wir nach gerade eine fchöne grofse Sammlung von Bartlett *(pers. narr.* I, 452^{n}, 453^{nn}) eintaufchen dürften, fchon in meinen azt. Ortsnamen (S. 71) geredet; auch zwei aztekifche Ähnlichkeiten: *seniact* Frau, A *cihuatl; comerse* Kind, A *conetl;* hervorgehoben: die ich aber als nicht nahe genug und als ferner vorläufig dem Zufalle zuzufchreiben bezeichnet habe; und diefs für jetzt noch thun mufs, bis man mehr von der Sprache erfährt. Sedelmayer (f. azt. Ortsn. 71^{af}) giebt den YUMAS einen Dialect der Coco-Maricopa-Sprache. Die Verwandtfchaft beider Sprachen ift vollftändig: (¹) in allen Wörtern mit Ausnahme von dreien (Feuer, Kind und Pferd). In der folgenden Vergleichung habe ich durch

---

(¹) So fagt auch Bartlett (II, 270^{nn}): *their languages are nearly the same.* Über die nahe Verwandtfchaft mit der Sprache von S. Diego handle ich § 463.

○ die Wörter bezeichnet, welche ganz verfagen; durch
† die, welche in ihrer Form ftärker abweichen, aber doch diefelben find; durch
× die Wörter mit geringer Verfchiedenheit in der Form:

	Cocomaricopa	Yuma		Cocomaricopa	Yuma
× 1	sandek	sin od. asiéntie	Auge	adoche	è-dotche-ée
2	haveka	havick	○Feuer	house	aa-wó
3	hamoka	hamóok	Frau	seniact	seenyáck
4	champapa	chapóp	Fuſs	ametche	é-mĕtch-slip-a-
5	sarap	serap			slapyáh
† 6	mohok	humhook	Hand	issalis	ee-sálche
† 7	pakek	pathcaye	○Kind	comerse	hailpĭt
× 8	sapok	chip-hook	Mais	tarichte	tèrditch
9	humcamoke	humhamook	Mann	apache	èpach,èpah,eepàh
10	shahoke	sahhook	○Pferd	quactish	huts
			†Waffer	ha-aehe	ahd

Yuma.

§ 291. Das Nachbarvolk der Cocomaricopas gen W find die YUMAS. Die Humboldt'fche Karte zeigt uns die *Jumas* nordwärts vom Gila: in dem Dreieck, welches diefer bei feiner Mündung mit dem Colorado macht. — Mühlenpfordt fetzt die Yumas auch in den Süden des Gila, nach Sonora; er fagt (I, 210ⁿ): „von den *Papagos* gegen N, bis zum füdlichen Ufer des Rio Gila und öftlich der Mündung des Rio Colorado in den Golf" feien die *Yumas, Cucapas* und *Cajuenches*. Der Mithridates beftimmt die Yumas (159ᵐ): an der SSeite des Gila, und an der OSeite des Colorado nach feiner Vereinigung mit erfterem. Villa-Señor beftimmt (II, 408,a-b) die Örtlichkeit fo: „Die Völker, welche nach den bisherigen Ermittlungen an den Ufern des *Gila* leben, find am oberen Theile *(por la parte de arriba)* die *Apachen*"; dann folgt eine Wüfte von etwa 24 *leguas*, und darauf wohnt das *Pima*-Volk in *rancherias;* es folgt wieder eine Wüfte von 24 *l.,* dann kommt das Volk der *Cocomaricopas;* dann kommt eine Wüfte von 30 *l.* und darauf folgen die *Yumas.*

Bartlett, welcher *(pers. narr.* II, 177ᵐ-8ª, 179ⁿ) näher auf das Volk eingeht, zum Theil nach *Whipple* (180ᵃᵃ-1ⁿ), fetzt fie rings um das Fort Yuma, zu beiden Seiten des Colorado, ober- und unterhalb feiner Verbindung mit dem Gila; es fei unbekannt, wie weit fie fich nach Norden erftrecken. Wenn fie auch auf ihren Raubzügen am Gila auf- und abwärts fchweiften (179ⁿ), fo gehörten fie doch dem Colorado beim Einfluffe des Gila an, wo die früheften Erforfcher fie fanden.

In den Auszügen, welche ich an verfchiedenen Stellen diefer Länder aus Ar-ricivita's *Cronica serafica* gegeben habe, kommen die *Yumas* fehr oft vor. An einer Stelle (419,a) fchildert er diefes Volk in den Worten des Tagebuchs von *Garzes* von feiner Reife 1771 an den Gila und Colorado fo: *Los Yumas son Indios muy dóciles, y de malas armas; muchos no llevan arco, y si lo llevan, es mal dispuesto, y con dos ó tres flechas: son muy amorosos, y demasiada-mente liberales ...* !er rühmt dann die Güte und Fülle der Naturerzeugniffe in ihrem Lande, ufw. — Später erzählt die Chronik (p. 504-511) von einem wüthenden Aufftand der Yumas im J. 1781; es wird dabei (510,b) das *pueblo de San Pedro y San Pablo de Bicuñer* (539,a *del Bicuñer)* erwähnt. In der früheren Stelle (420) nennt Arric. in der Gegend den Ort *Sonoi,* welcher eine Ähnlichkeit mit dem Flufs-namen *Sonaita* deffelben Verf. (f. S. 256^{mf}) hat.

§ 292. Das Wortverzeichnifs der Yumas oder Cuchan in Schoolcraft's *Indian tribes* II, 118-121 rührt her vom Lieut. WHIPPLE, von der Armee der V. St., und findet fich in einem Berichte des Letzteren (p. 99-121) über einen von ihm 1849 ausgeführten Zug von San Diego nach dem Zufammenfluffe des Rio Gila und Colorado, betitelt: *physical data respecting the southern part of California included in the line of boundary between San Diego and the mouth of the river Gila.* Der Zug hatte zum Zweck die Erforfchung der Gränze gegen Mexico und Verband-lung mit der mexicanifchen Gränz-Commiffion (f. 117^{nf}-8^a). Das Wortverzeichnifs ift (118^{af-m}) vielmehr Cuchan, und ift auf alle Weife berichtigt worden. *a, o, u* bedeuten die reinen langen Vocale; *ĕ, ĭ, ŏ* die kurzen; *è* langes *e* (eh); aber *e* ift = ih, *i* = ei. Die Tonfylbe ift angegeben. Die mit einem Stern * (von mir mit C) bezeichneten Wörter (121^{af}) rühren von *Pablo* her, und find zum Theil oder viel-leicht beinahe ganz *Comoyei*-Wörter.

Whipple erwähnt (110°) eines Dorfes der Yumas (112^{mf}: *Cuchans)* am unteren Über-gange *(at the lower crossing)* des Colorado; er befchreibt den Häuptling diefer Abtheilung, *Santiago,* und feine Begleiter (ᵃᵃ), auch die Bewohner des Dorfs überhaupt (ᵐ⁻ᵐᶠ). Die Schil-derung des Volksftammes ift eine fehr günftige: *I doubt whether America can boast of a finer race of Indians.* Sie find vortreffliche Reiter. *3 miles* jenfeits des Dorfes gelangte die Ex-pedition, durch Maisfelder, Pappeln- und Weiden-Gehölze an den Rio Colorado; *12 miles* unterhalb diefer Stelle „vereinigt der Gila feine meergrüne Fluth mit dem richtig fo genannten Colorado". Die Zahl der Yumas an der Gila-Mündung (103^{mm}) wurde auf 5000 gefchätzt. Feindlicher gegen die Nordamerikaner (gegen Auswaudrer) wurden die Indianer höher herauf, nahe der Gila-Mündung, gefchildert (110^{nf}). Weiter an den Ufern des Colorado entlang ziehend, gelangte die Expedition (111^m) zu einem anderen Dorfe der Yumas (f. die Schilderung $^{mm-nn}$); *2 miles* von da kamen fie an die Vereinigung der beiden Flüffe (ⁿᶠ). Hügel dabei, zu einer Sternwarte geeignet (111^{nf}); die Lage des „Monuments" an dem Zufammenfluf des Gila und Colorado wird (117^{nf}), nach 2monatl. Aufenthalt, genau beftimmt: 32° 43′ 31″ N. B. und 111° 33′ 4″ W. L. von Gr. (Sitgreaves, oben 252 Z. 6, hat 114°). Schilderung des Oberhäupt-lings der Yumas, *Pablo Coelum* (112^{aa}, ^{mm}; 115^{nn} *Coelam*)*:* dem verkündigt wurde, dafs fein Stamm jetzt den V. St. untergeben fei. *3 kleine Häuptlinge: capitanes de los Cuchanes* (ⁿ; *Cuchans* nennen fich die Yumas an der Mündung des Gila: 113^{mf}); Schilderung der Bewohner des Dorfes (112^{nn}-3^{nn}). In der Yuma-Sprache wird der Rio Colorado (113^{nf}) *Hahwith-c-cha-whut* (d. h. der rothe Flufs) und der Gila *Hah-qua-su-ethel* (falziger Flufs; 114[nf] fteht: *Haquasiul* = Salz-waffer) genannt; der Verf. fand das Gila-Waffer wirklich *brackish*, und Salzwaffer-Pflanzen an feinen Ufern wachfend; f. über Farbe und Befchaffenheit beider Flüffe an ihrer Vereinigung 114[nn]-5[a]. — Eine Anzahl Yumas zogen gegen die *Mar-icopas* aus, zu Pferde, ohne Sättel (f. 113[nf]-4[a]); man erwartete auch einen Angriff diefes Stammes (115[a-aa]), der wirklich er-folgte ([af-mm]).

Whipple giebt (115[nf]-6[nf]) allgemeine Nachrichten über die Yumas und andere Stämme, von welchen er Kunde erhielt. Yuma bedeutet: Söhne des Fluffes, und wird nur auf die angewandt, welche an den Ufern des Rio Colorado geboren find. Die Yumas zerfallen in 5 kleine Stämme oder Schaaren *(bands)*: 1) Cuchans: 5000, in Dörfern an beiden Ufern (116) des Colorado, 20 *miles* von der Gila-Mündung, wohnend; fie find ein edler Stamm; 2) Mahhaos: ein grofses Volk, am rechten Ufer des Colorado, höher hinauf, 7 Tagereifen von der Mündung des Gila; fie find fehr arm, aber kriegerifch (f. [aa]); 3) Hahwalcoes: ein grofses Volk, welches das linke (öftliche) Ufer des Colorado inne hat, 8 Tagereifen oberhalb des Einfluffes des Gila; 4) Yampaio: der Stamm, welcher das linke Colorado-Ufer, 6 Tage-reifen oberhalb des Einfalls des Gila, einnimmt. Diefe 4 Nationen reden diefelbe Sprache: „welche von dem *Cuchan* verfchieden ift" (auffällig: da die Cuchans unter den vieren find! man fcheint verftehen zu müffen, dafs die Yumas mit den Stämmen 2, 3, 4 diefelbe Sprache haben); Pablo fagte, dafs er keine von ihnen verftehen könne, aufser den *Mahhaos*. Die 4 Nationen find aber eng mit den *Cuchans* gegen ihre immerwährenden Feinde, die *Maricopas*, verbunden (f. [m]).

An der Mündung des Colorado, etwa 80 *miles* unterhalb des Gila-Einfluffes ([mm]), ift der Stamm Cocopah, welche auch Yumas feyn möchten, obgleich fie mit den Cuchans feind find; die Gila-Indianer rechnen bis zu ihnen 3 Tagereifen, und fürchten fie fehr. Ich nenne felbft diefes Volk bei Sonora (S. 238[m-f] und 239[mm-n]), ohne zu entfcheiden, wohin es beffer gehöre. — An der Wüfte weftlich vom Colorado find 2 Indianer-Stämme, genannt Cahweeos und Comoyah: letztere haben die Ufer des *New River (Hah-withl-high)*, am Salzfee, inne; erftere wohnen weiter nach N, an den oberen Waffern deffelben Fluffes; der Cuchan-Häuptling *Pablo* war ein geborner *Comoyah*.

§ 293. Auf einer Völker-Karte im 2ten Bd. von Schoolcraft's *Indian tribes* (bei p. 28) findet fich der Name HUMANOS, wohl von den Yumas hergenom-men; und es ift diefem Völkerftamm, weftlich neben den *Apachen*, ein grofses Gebiet angewiefen: anfangend nördlich vom Gila, und dann den ganzen Norden von Sonora, die Oftküfte des californifchen Meerbufens, begreifend; in der Mitte des Meerbufens endet die Karte, fo dafs man nicht fagen kann, wie weit diefe *Humanos* noch nach Süden fortgefetzt werden. — Ich weifs bis jetzt nicht, ob wirklich ein Zeugnifs dazu führt das Volk der *Humanas*, das wir vielmehr an den Ufern des *rio del Norte* in Neu-Mexico, fogar bis in den Often deffelben, zu fuchen haben, mit den *Yumas* vom Colorado in Verbindung zu fetzen; oder ob die blofse, übri-gens unvollkommene Klang-Ähnlichkeit neue Schriftfteller dazu eingeladen hat. Ich habe den Gegenftand bei der Erörterung des Volkes der *Xumanas* bei Neu-Mexico (§ 404) ausführlich abgehandelt.

Schon Sedelmayer hat die SPRACHE YUMA als einen Dialect der Cocomaricopa bezeichnet: was meine Vergleichungen auch beftätigen. Diefelbe Thatfache hat auch fchon Villa-Señor berichtet (II, 408, a), indem er zugleich mittheilt, wie die fo unmittelbar verwandten Völker durch tödtliche Feindfchaft gefchieden werden: *La Nacion de Indios Yumas, que vive mas abajo del colorado y Gila, fe ha aberiguado no fer Nacion diftinta de la Cocomaricopa, pues ufan el mefmo Idioma; y el Interprete que fue el año paffado con el Miffionero, fiendo Yuma, entendia à los Cocomaricopas, fiendo el Idioma de eftos el mas univerfal en eftos Rios, dandofe las dos Naciones por diftintas en la oppoficion y enemiftad, que la una à la otra fe tiene, ufando por tropheo de las victorias, que configuen, poner el efqueleto de un difunto en un palo muy alto à la vifta del Campo contrario, y funcion, que practica el vencedor con el vencido.* — Ich habe bei den Cocomaricopas (S. 266ⁿ-7ᵐ) die genaue Verwandtfchaft beider Sprachen erwiefen. Meine Entdeckung der genauen Verwandtfchaft der Yuma mit der Sprache von San Diego im füdlichen Neu-Californien habe ich § 463 entwickelt.

Hervas zählt die Provinz „oder vielleicht Sprache" der Yuma zu dem Apachen-Volke (f. die Stelle § 313). — Diefs mag feyn; das eine Element dazu ift da, dafs das Wort Mann in beiden Sprachen, der Yuma und Cocomaricopa, der Volksname felbft, welcher in der Apachen-Sprache Menfch bedeuten foll, ift: Coc. *apache,* Y *epach.* Ich kann darüber nichts fagen, weil ich bis jetzt keine Wörter der Apachen-Sprache gefehn habe. Ift übrigens die Yuma ein Zweig der Apachen-Sprache, fo find es die Cocomaricopa und der Dialect von San Diego (alle drei eng zufammengehörende Mundarten) ebenfalls. Sind fie aber Apachen-Dialecte, fo folgt die wichtige Thatfache, dafs das Idiom der Apachen nicht, wie man feit wenigen Jahren vermuthen konnte, ein Zweig der grofsen athapaskifchen Zunge ift. Ich kann nämlich das behaupten, dafs das Idiom Yuma-Cocomaricopa-Diego in der Hauptfache KEINE ATHAPASKISCHE Sprache ift; in wie weit es, zufolge einer Mifchung im amerikanifchen Geifte, einigen athapaskifchen Stoff in fich berge oder nicht, läfst fich jetzt wohl nicht beftimmen; ich glaube aber nach dem, was ich jetzt vor mir habe, nicht daran. Das ift die Thatfache der von mir angeftellten Unterfuchung: In den grofsen Kriterien, den allgemein herrfchenden athapaskifchen Wörtern, denen, welche ganz oder ziemlich den Sprachftamm durchdringen, an welchen man ein Glied deffelben ficher zu erkennen hat; verfagt fich das Yuma-Idiom und bleibt aus. Solche Wörter find: Feuer, Waffer, Stein; Fifch, Hund; Kopf, Ohr, Zunge, Zahn, Auge, Fufs, Blut; Mann und Menfch, Vater, Mutter; Regen, Schnee; weifs, fchwarz; ich, du; — beide Seiten erfcheinen in diefen Wörtern als fremde Welten. Viele andere Wörter von Wichtigkeit und theilweife Beftimmtheit im Athapaskifchen find dort ganz verfchieden, als da find: Bein, Schulter, Hals, Herz, Fleifch; Himmel, Sonne, Tag, Nacht, Morgen, Winter; Land, See, Berg, Flufs; Eis, Wind, Blitz; Baum und Holz; Salz, Eifen, Tabak, Glascorallen; Beil, Meffer, Boot, Pfeil, Hut; Krieger; Pferd; kalt, warm; fehn, fchlafen, laufen, fitzen, geben; die Zahlwörter; nein; — viele andere fonft. Dagegen giebt es einzelne Anklänge und ÄHNLICHKEITEN, deren Werth nach dem allgemeinen Urtheil, das die fpätere Zeit über das ganze Verhältnifs fällen wird, fehr tief fallen oder auf einer mäfsigen Stufe fchweben kann. Nach meinem Urtheil find diefe Ähnlichkeiten werthlos, und geben keine Hoffnung auf eine Wirklichkeit. Am wichtigften ift dabei das Pronominal-Präfix *ee* oder *è* der Yuma (f. § 296, a; in einem Cocom. Worte *i*), das dem von mir für *pron.* 3. *pers.* (fein) gehaltenen Präfix *e, ei, i* athapaskifcher Sprachen (f. befonders meine Darft. des athap. Sprachftamms S. 169) gleich ift und als *i* gerade in der Ticorilla herrfcht. Ziemliche oder nahe Ähnlichkeiten find: Haar (No. 4 meiner grofsen athap. Worttafel) Yuma (was ich jetzt immer bei den Wörtern meine) *èètche,* befonders = *iₔtse* der Ticorilla, *hoₔtse* des Navajo (Chep. *thiegah,* Tac. *thiga);* Mond (No. 6) *huth'lya* oder *hullyár* ≠ Nav. *oldchay,* Uq *iyaltfchi,* Atnah *goljₔei* (f. noch Chep. ufw.); Haus (No. 99) *n'yevalyay* ≠ Dogrib *nepalle* Zelt (ähnlich Chep.); Bogen (No. 69) *artim, otéesa* ≠ Chep. *atheike, elthi,* Ku *altₔheikh* ufw.; ja *ahₔah* oder *oh,* Tac. *ahá,* Chep. *eₔh.* Eine gewiffe Ähnlichkeit, mit manchen Zugeftändniffen, kann man allenfalls finden in: *woman* (No. 3) Y *seenyack,* Coc. *seniact* ≠ Nav. *estennay* u. a.; *wife* (No. 188) *oshurche, oso* ≠ Tic. *peₔaug-oole* (vgl. noch Kol.); Hand (No. 5) *ee-salche* ≠ Tic. *wisₔlah,* Atnah *fsₔla* (diefs ift eher ein Spiel, da *s* diefer athap. Dialecte zum *pron.* gehört und *lah* das Subft. ift); Nafe (No. 7) *è-hotche* oder *ee-hos* ≠ Nav. *huₔtchin* (Tic. *wiₔtchchess;* wieder Illufion, weil Nav. *hu* das *pron.* ift, das Suhft. im Sprachftamm *chee, tₔe* ufw. lautet). Entfernte Ähnlichkeiten haben noch Häuptling (No. 80), Stern (No. 17) mit Umpqua.

Der Dialect von San Diego hat zu weiter keinen athapaskifchen Ähnlichkeiten geführt (f. unten § 463).

§ 294. Wortverzeichnifs der Yuma oder des Cuchan, vom Lieut. Whipple *(Schoolcr.* II, 118-121)

1 man	*èpach* oder *èpah*	18 brother	*soche* C
2 woman	*seenydck*	19 sister	*amyùck* C
3 wife	*oshúrche* od. *oso* C	20 tongue	*èpulche* od. *eepailche*
4 husband	*n'avère*	21 teeth	*aredóche*
5 boy	*hèrmái* C	22 beard	*yahbo-inѐh*
6 girl	*mèsèrhdi* C	23 neck	*n'yeth'l*
7 infant	*hailpĭt*	24 arm	*ee'-seth'l* od. *è-séel*
8 father	*lothmocúl*	25 shoulder	*ee-wée*
9 mother	*n'taie* C	26 hand	*ee-sálche*
10 Indian	*mĕt-èpáie* C [wheltho	27 fingers	*ee-salche sérap*
11 head	*ècóutsuch-èrow-o,* C *oomₔ*	28 finger-nails	*ee-sálche-calla-hótche*
12 hair	*èètche,* C *ocóu-o*	29 body	*ee-mátche,* C *tawawám*
13 face	*èdótche,* C *ee-yú*	30 leg	*mee-sith'l*
14 forehead	*ee-yucalóque* C	31 foot	*é-mĕtchslip-a-slapydh*
15 ear	*smyth'l* od. *èsĭm-ile*	32 toes	*é-mĕtch seráp,* C *é-meeₔ*
16 son	*homáie* C	33 back	*atan* C [cassás
17 daughter	*m'cháie* C	34 hat	*apeeárpe* C

35	heart	*ee-éie* **C**
36	blood	*a-w'hut* **C**
37	town, village	*hepaithlao* **C**
38	rich man	*eepa'hhan*
39	chief	*cohóte* [*neydo*
40	eye	*è-dotche-ée*, **C** *ee-yusu*‹
41	nose	*è-hotche* od. *ee-hós*
42	mouth	*ee-yuqua-ófe* **C**
43	arrow of w-	*n'yeepah-ésáhhe*
44	hatchet [ood	*atacárte* **C**
45	knife	*n'émaro* **C**
46	canoe	*écalhór* **C**
47	river [do	*ha-with'l* od. *ha-wéel*
48	Rio Colora-	*ha-weelcha-whoot*
49	Rio Gila	*haquasǐ-eél*
50	shoes	*n'hum-an-óche*
51	tobacco	*a-órbe*
52	sky, heaven	*ammai*
53	sun	*n'yatch*
54	whiskey	*harup*
55	moon	*huth'lya* od. *hullyár*
56	star ,	*klupwataie* od. *hutchar*
57	day ‥	*nomasup*
58	night	*n'ye-ascup*
59	midnight	*n'yat-aso-arpe*
60	light	*metn'yúm*
61	darkness	*n'yatcolsée*
62	morning	*estanosup*
63	evening	*n'yat-anndie*
64	noon	*hucn'apin*
65	spring	*oocher*
66	summer	*omocachepúe*
67	autumn	*hatǐol*
68	warrior	*conniee* **C**
69	parents	*hon-o-wai* **C**
70	friend	*n'yet'l* **C**
71	compadre	*matrohabée-é* **C**
72	house	*n'yevalyáy*, **C** *een-ou-wa*
73	hut	*een-oumùt* **C**
74	bow	*otées-a*, **C** *artím*

75	arrow	*n'yepáh*
76	arrow of	*n'yeepahtáh*
77	ice [reed	*shokine*
78	land	*omút*
79	sea	*ahathlou-o*
80	lake	*hashacut*
81	valley	*hamutmatárre*
82	hill od.mou-	*weequatdie* od. *habée*
83	island [ntain	*hamutmatárre quel marm*
84	stone	*o-wee*
85	salt	*e'sith'l*
86	iron	*n'yermaro*
87	tree	*e'-eesh*
88	wood	*e-ée* od. *e-eetch*
89	leaf	*ee-atch-a-berrbeerrch*
90	meat	*tasoú-o*
91	horse	*huts*
92	dog	*hoo-wée*
93	winter	*n'yapin*
94	wind	*mit-har*
95	thunder	*mithárcono*
96	lightning	*n'yacolsee*
97	breech-clo-	*waymahcoutche*
98	rain [th	*muhíe*
99	snow	*halúp*
100	hail	*n'awocópe*
101	fire	*dá-wó*
102	water	*ahá*
103	I	*n'yat*
104	thou	*manto*
105	he	*habritzk*
106	no	*cobarro* od. *cobarque*
107	yes	*áh-àh* od. *oh*
108	much	*epaìlque*
109	to-day	*lueelyóh*
110	yesterday	*ten-igh*
111	to-morrow	*qual-a-yoque*
112	one	*sin* od. *asiéntie*
113	two	*ha-wick* od. *havick*
114	three	*hamóok*

115 four	*chapóp*	155 be sleepy	*aeepóre*
116 five	*serap*	156 speak	*querquèr* od. *atch-ahque=*
117 six	*humhook*	157 see	*o-óok* [*rçk*
118 seven	*pathcaye*	158 love *(v.)*	*amoohdn*
119 eight	*chip-hook*	159 kill	*au-ou-oúe*
120 nine	*humhamook*	160 sit	*aunúe*
121 ten	*sahhook*	161 stand	*aboúck*
122 bird	*ahermáh*	162 go	*n'yee-moom* od. *atcober=*
123 eagle [hers	*èspátch*	163 paper	*manúrke* [*qùie*
124 eagles' feat-	*sorméh*	164 shortly	*accoúrt*
125 feathers	*sahwith'l*	165 I go shortly	*accourt-n'yamóoms*
126 fish	*achee*	166 beans *(kl.,*	*ahomah* od. *marricotah*
127 white	*haur-arlk*		*mitfchwarz.*
128 black	*quin-ele* od. *n'yúlk*		*Flecken)* [do?
129 red	*acha-whut*	167 how do you	*quiyayvaymaydeek*
130 blue [blue)	*ha-woosurche*	168 who comes	*yam-abárque*
131 green *(auch*	*atso-woosurche*	there? [ry	
132 yellow	*aquésque*	169 I am hung-	*méchampau-eeka*
133 great	*otaique*	170 mezquite	*eeyah* (pl. *ee-yahts)*
134 small	*onóeòque*	long-bean	
135 good	*ahótekäh* od. *ahotk*	171 you have	*ho-wodówk*
136 bad	*haloolk*	some [ws?	
137 handsome	*ehauc* od. *ehduac*	172 who kno-	*esmédéek*
138 ugly	*eepah*	173 very great	*èpailque-n'yamóok*
139 cold	*huts-eele*	174 musk-me-	*chimèt-ahán*
140 warm	*ep-eelk*	lou	
141 come	*quediqùe (kerdeek)* od. *n'=*	175 good melon	*chémet-ahán*
142 desire *(v.)*	*a-woonoorch* [*yuc-a-yuc*	176 water-me-	*chèmèt-ou-yá, chemettóh*
143 very bad	*a-wooserche* od. *n'you-a-*	lon (zandia)	
144 good	*ahóte'k* [*mìck*	177 cigar	*neecachain*
145 light *(s.)*	*aah-oche*	178 smoke *(v.)*	*as-eepóo*
146 I have none	*n'yo-pike*	179 far off	*accorque*
147 eat	*asao* od. *atch-amdin*	180 very good	*ahóte'k-ahau-ac*
148 drink	*asee* od. *hasúe*	181 very bad	*halulk-ahau-ac*
149 run	*conó*	182 scissors	*chim-ènyùch*
150 dance *(v.)*	*ahese* od. *cheenine*	183 river's bank	*n'yeemcot-abarbah*
151 wash	*etsìms*	184 Emory's hill	*habeecohá*
152 I wish	*n'yats-hersaìlk*	185 Pyramid	*habeeco-achis*
153 sing	*atch-arseevárch*	hill [me hill	
154 sleep *(v.)*	*aseeniah*	186 capital do-	*habeetocúe*

187	Pilot knob	*habecolà* [*eequouyeera*	200	devil	*mastamhóre*

187 Pilot knob   *habecolà* [*eequouyeera*
188 Pilot range   *queyousowin-a* u. *hab=*
189 I am going   *atcobenquiè - n'yeval=*
   home   *yay-yeemoom*
190 chimney rock   *mel-eekéet-á*
191 I am going   *n'yemóom*
192 mezquite
   screw-bean [ve *é-eesse*
193 I am going abo- *metuc-adeek*
194 the woman is *seenyac-n'yehdudc*
   handsome [ly
195 the man is ug- *eepàh-n'yá-anùc*
196 it is well that *atco-berquie-n'yaral=*
   I am going ho- *yay-memoom-ahho=*
197 California [me *n'yahdp* [*te'k*
198 I am going to *n'ydhdp-méyemoom*
   California
199 he is not here *cobárrque*

200 devil   *mastamhóre*
201 God   *coocoomáh-at*
202 give me   *ĕn-carque*
203 give me tobac- *o-oobe-éncarque*
204 beads   [co *sacóol*
205 stingy   *mezqueeno*
206 white beans   *marèque (mareck)*
207 maize   [ne? *tèrditch*
208 have you no- *nopy-am?*
209 I have none   *n'yopéke*
210 Mexicans   *Hércóh*
211 Americans   *Paingotesáh*
212 grass-seed   *ac-otáie*
213 beads   *pook*
   (von kleinen Stücken von Seemuſcheln, mit
   Löchern in der Mitte und auf einen Faden
   gezogen)
214 come here   *quediquo (kerdéek)*

§ 295.   Alphabetiſche Verzeichnung zu den YUMA-Wörtern

1) Subſtantiva, Adjectiva und Verba

arm	24	boy [oth	5	dog	92	girl	6
arrow	75; 43,	breech-cl-	97	drink	148	give	202-3
autumn	67 [76	brother	18	eagle	123-4	go	162, 165,
back	33	canoe	46	ear	15		189, 191, 193, 196,
bad	136, 143,	chief	39	eat	147	god	201 [198
bank	183 [181	child ſ. infant		evening	63	good	135, 144,
beads	204, 213	cigar	177	eye	40		180
bean	166, 170,	cold	139	face	13	grass-seed	212
	192, 206	come	141, 168,	father	8	great	133, 173
beard	22	compadre	71 [214	feather	124-5	green	131
bird	122	dance (v.)	150	finger	27, 28	hail	100
black	128	darkness	61	fire	101	hair	12
blood	36	daughter	17	fish	126	hand	26
blue	130	day	57	foot	31	handsome	137, 194
body	29	desire (v.)	142	forehead	14	hat	34
bow	74	devil	200	friend	70	hatchet	44

6) Interjectionen

yes   107 | *no*   106

7) Eigennamen

10, 48, 49, 184-8, 190, 197-8, 210, 211

8) kleine Sätze

146, 165, 167-9, 171, 189, 191, 193-6, 198-9, 202-3, 208-9, 214

§ 296, a.   Die Sprache hat in ihrem Lautfyftem Härten, wie fcbon der häufig
gebrauchte Apoftroph nach *n* zeigt *(n'y).*   th'l ift häufig; den Ausgang *tk* findet
man in *good (ahotk),* den Ausgang *rlk* in *white (haur-arlk); rrb* und *rrch* kommen beide vor in *leaf: ee-atch-a-berrbeerrch.*   Ein ungeheures Wort bildet
der Satz No. 196.   *écalhór* Boot könnte ≠ mex. *acalli* gefunden werden.

Die Körpertheile tragen fichtlich das *pron. poss. praef. ee, è* oder *èè* (fein? f.
S. 271ᵃ); manche find ohne Präfix; die Verwandtfchafts-Grade haben nie eins.   Das
Präfix *en* mir läfst fich erkennen; *n* (mein) bei manchen Körpertheilen, auch in:
Schuhe. (Im Cocomar. erfcheint *i* in *issalis* Hand und *a* in *ametche* Fufs.)

Das Wort für *stingy: mezqueeno* fieht wie fpanifch aus.

----

§ 296, b.   Der Pater Francifco Garzes fand im Jahr 1770 nördlich vom Gila
das Volk der OPAS auf.   Ich kann nicht glauben, dafs diefes, allein von Arricivita genannte Volk, „welches die Sprache der *Yumas* und *Cocomaricopas* redet",
mit den Opatas (in Sonora, S. 229 u. folgd.) in Verbindung zu fetzen fei: wozu
der Zufatz Arric.'s, dafs einige von ihnen die *Pima* verftanden, in welcher Garzes
ihnen predigte, und die Nennung der *Papagos* kurz nach ihnen verleiten können.
Die Gegend und der Yuma-Dialect machen, dafs man das Volk doch als ein ganz
verfchiedenes anfehen mufs.   Um diefs zu verdeutlichen, verfolge ich ARRICIVITA's
Bericht mit Genauigkeit.   Von den *Pimas* wegen Krankheiten zu Hülfe gerufen, reifte der
Pater Garzes (416) am 18 October 1770 von feiner Miffion ab, nahm die Richtung nach NW,
*atravesó un Valle distinto de otros que tenia andados de los Papagos, registró las Rancherias
Cuitoat, Oapars y Tubasa, de las quales hay algunos en la Mision . . . se encaminó el dia 19 al
Poniente, vió varias Rancherias volantonas, y el Aquitun . . .* am 20 gelangte er an den *Gila*
und an die *rancheria de Pitac;* von da ging er weiter, dann den Flufs herab, wo am jenfeitigen
Ufer die grofse *rancheria Napeut* liegt.   *Viendo el Padre,* heifst es dann, *mucha gente, y tan
buena tierra, le dixeron que estaba cerca de allí la Nacion de los Opas, que hablan la lengua
de los Yumas y Cocomaricopas.*   Von da kam er durch das *pueblo de Sutaquison* und noch ein
anderes; am 23ten gelangte er *á una salina, y caminando entre Norte y Poniente, y ya noche,
llegó á los Opas que buscada.   Ya el Padre estaba medianamente instruido en el idioma Pima,
y en él les hablaba, y así le recibieron muy bien, y les pudo predicar, porque entre ellos habia
algunos Pimas ú Opas viejos que lo entendian.   No habian visto estos Indios Padres ni gente*

blanca . . . *Corre la gentilidad de éstos y de su misma lengua por los rios Colorado y Gila, y tambien por los rios Azul, Verde, Salado y otros que entran al Colorado: en este, que viene del Norte, hay otras Naciones que baxan á comerciar con las dichas y con las del Moqui* . . . *no registró otras Rancherías, y baxando al Sur salió por una sierra que corta el Gila, á otras de Opas* . . . . am 28ten (417) *pasó por varias Rancherias y siembras* . . . *Tres dias anduvo por despoblado hasta llegar á las Rancherias ya conocidas de los Papagos* . . . Die *rancherias* der *Opas* wurden wieder (483) im J. 1776 von *Garzes* befucht auf feiner Rückkehr von den *Moqui* (f. oben S. 262^{mm}).

Die Verfchiedenheit der *Opas* von den Opatas geht genugfam aus den nördlichen Nebenflüffen des Gila-Fluffes, welche oben genannt werden, und dem Colorado hervor: da die *Opatas* dem Südlande des Gila angehören; fie geht auch deutlich aus dem hervor, was Bartlett *(personal narr.* II, 268^{nn}-9^{aa}) von ihnen fagt, indem er über *Font's* Reife von Horcafitas in Sonora aus nach Monterey in den J. 1775- 76 nach dem in feinem Befitz befindlichen Tagebuche deffelben berichtet: „Zu jener Zeit fcheinen die *Cocomaricopas* nicht mit den *Pimos* gewefen zu feyn; aber bei ihrer Reife den Gila herab ftiefsen unfre Reifenden, in einer Entfernung von 17 *leguas* von den Dörfern der letzteren, auf einen Stamm, den fie die *Opas* nennen; und 15 *leguas* weiter trafen fie die *Coco-Maricopas,* die, wie Font fagt (269), „diefelben find mit den *Opas*".

§ 297. Mühlenpfordt nennt (I, 210^{nf}) am nördlichen Ufer des Rio GILA, unfern feiner MÜNDUNG in den Colorado, am öftlichen Ufer des letzteren, die Völkerftämme: *Cutguanes, Hoabonomas, Bagiopas* und *Quiquimas.*

Am *rio Azul* wohnte nach Arricivita das Volk der NORAGUAS. Folgendes ift der Zufammenhang, in dem fie genannt werden: Die 2te Reife an den Gila und Colorado unternahm Garzes von der Miffion *San Xavier del Bac* aus im J. 1773 (Arric. 418). Er verliefs San Xavier am 8 Aug. (419, b), kam nach dem Befuche vieler Rancherias in das *pueblo de Ati* (420, a); am 16 bat er den Gouverneur von *Sonoi* um 2 Führer zu den *Yumas* . . . *caminaron* (420, b) *por la sierra que fue volcan de Santa Clara, y largos arenales,* bis fie am 22 an den Gila und kurz danach an feinen Nebenflufs *rio Azul* kamen . . . *andando todo el dia, poco ántes de ponerse el Sol fueron sentidos de unos Indios que viven á la otra banda, llamados Noraguas: estos los obsequiaron mucho* . . . *el dia 23 concurrieron muchos de la otra banda á ver al Padre* . . .

Die Quiquimas (f. *Chronica seraf.* p. 421 und oben S. 260^{mm}, fo wie Mühlenpfordt eben vorhin ^{mm}) gränzen nach Mühlenpfordt (f. oben S. 265^{m}) an die *Cocomaricopas,* und dehnen fich aus bis in die fruchtbaren Ebenen am weftlichen Ufer des Colorado.

Weftlich von den *Yabipais* nennt Mühlenpfordt (I, 211^{n-nn}; f. oben S. 259^{mf}), am Ufer des COLORADO, nach einander die Völkerfchaften: *Jalchedumes, Juniguis, Yamayas* (die Yamayas find auch in Neu-Californien, f. § 458) und die *Chemeondhas* oder *Chemeguabas;* auch weftlich vom Colorado, am unbekannten Fluffe *rio de San Felipe,* nennt er (211^{nf}; nach Humboldt, f. oben S. 262 Anm.) die *Nochis:* wir haben fie (S. 262 Z. 5-6) bei Arricivita **Noches** (Sing. *Noche)* genannt gefunden, auch mit 2 Beinamen.

Die Yabipaïs oder *Yabipias,* die ich fchon an mehreren Stellen kurz genannt habe (f. S. 259[af, mf]; 260[aa, af, mm]; 262[n]), ein Volk mit langen Bärten (nach Humboldt, *essai pol.* II, 254: f. meine azt. Ortsn. S. 69[nn]), beftimmt Mühlenpfordt (I, 211[n]) als wohnend in den unbekannten Gegenden zwifchen dem Rio Gila und Rio Yaquefila, füdlich von der *sierra de los Cosninas.* Arricivita nennt fie öfter *Yavipais* (mit *v),* und fie find in meinen Auszügen aus ihm (S. 262[af, m]) vorgekommen; er nennt uns auch 2 Stämme: die Yavipais **Tejua,** welche er gleich fetzt den Apachen (oben S. 261[mf], 262[af]), und welche Freunde der *Yumas* find (f. noch nachher " *Tehuas);* und die Yabipais **Jabefuas** (262[mm]; vgl. [m]); die Sprache der erfteren *(Y. Tejua)* würde das Apache feyn (f. Ruxton, oben 262[n], und meine Bemerkung dabei). Garzes redete zu den *Moqui* zum Theil in *Yabipai* (262[m]). Arricivita fcheint fie auch **Niforas** zu nennen oder neben ihnen die *Niforas;* über fie hinaus nennt er ein Volk **Quilmurs.** ([1]) Die *Niforas* wurden uns auch genannt oben S. 261 Z. 1; ich habe über den Namen eine Erörterung bei dem Volke der *Nijoras* (§ 299) gepflogen.

Bartlett bemerkt (II, 177[m]), dafs über die Stämme **nördlich** von den **Yumas** (den Nordamerikanern) wenig bekannt fei, da weder die Reifenden noch die Regierung mit ihnen verkehrt hätten (178[a]). Die früheren Miffionare, welche das Land durchftreift wären, hätten mehrere Volksftämme auf ihre Karten gefetzt, die jetzt fogar dem Namen nach verfchwunden wären. Er nennt zunächft Völker des füdlichen Neu-Californiens (f. § 458). Er fagt dann (178): der Pater Kino, der im J. 1700 hier gewefen fei, nenne die *Quiquimas, Coanpas* (= *Coanopas* bei Sonora, oben S. 208[nn], 238[mm]), *Bajiopas* und *Cutganes.* **Öftlich** vom **Colorado** nennten die Miffionare die *Tehuas* [= *Tejuas,* vorhin [af]] und *Cosninas;* ein Stamm der erfteren Familie wohnte in Neu-Mexico. Die Yumas fprächen von den Volksftämmen *Hawalcos* und *Yampaos* (179[a]) am öftlichen Ufer des Fluffes, welche *blankets* verfertigen; f. beide oben S. 269[af, m].

Von der Völkerfchaft der **Cawinas,** welche einft am Gila gegen den Colorado hin wohnte, waren bei Bartlett's Befuch (II, 251[f]-2[af]) nur noch 10 übrig, welche unter den *Pimas* und *Cocomaricopas* lebten; einige von ihnen kamen in das amerikanifche Lager; ein einziger *Maricopa* verftand ihre, von der Pima und Maricopa

---

([1]) Zu einer Verbindung Neu-Mexico's mit *Monterey* (455,a) verfuchte *Garzes* einen Brief dem nächften Miffionar zu bringen. *Desde el Pueblo de Oparsoitac, que habia llamado de S. Simon y Judas, trató de entrar á los Yabipais ó Niforas, pero no lo permitieron los Indios por otros sus enemigos;* kein *Cocomaricopa* wollte einen Brief übernehmen. *Dos Jalchedunes del rio Colorado . . . dixeron que ellos eran amigos de los Yabipais . . . caminó como 30 leguas, hasta una larga laguna poblada de los Jalchedunes, y subiendo á otra tambien muy poblada, vió mas arriba muchisima gente . . . y acabando aun mas allá de andar los términos de estas Naciones, no penetró mas rio arriba, porque se seguia la de los Quilmurs, que eran sus muy crueles enemigos . . .* Die Reife des Paters endete mit feiner Rückkehr (456) am 10 Juli 1774.

verfchiedene Sprache: er verhiefs ihm ein Wortverzeichnifs zu geben, kam aber nicht wieder.

Duflot de Mofras nennt (I, 338[aa]) über den Yumas in NW am Colorado die Amagaguas.

§ 298. Die Apachen-Stämme, welche fich in den Gila-Ländern finden, habe ich bei der allgemeinen Betrachtung diefes grofsen Volkes (§ 315) behandelt.

Von den Mohavi hörte Bartlett *(personal narrative* II, 178[mf]) im Fort Yuma: einem athletifchen, kriegerifchen, den anderen Stämmen am Fluffe Mohavi, an welchem fie wohnen, überlegenen Volke. Cap. Sitgreaves traf auf das Volk der MOHAVES bei feiner Erforfchung des *Colorado* gegen den Gila hin (f. bei Neu-Mexico § 403 am Ende). Das Volk pflegt bei grofser Kälte einen Feuerbrand mit fich zu tragen, und diefs foll nach dem Verf. der Urfprung des Namens des *rio del Tizon* bei der Expedition zum Colorado vom J. 1540 feyn. Die Gegend pafst eher zur Erklärung des, von mir oben (Abfchn. III, S. 66) erörterten, unbekannten Flufsnamens als das von mir eine Zeit lang mit grofsem Zweifel verfuchte *presidio del Tuyson* (f. oben S. 204[m]) im nördlichften Sonora. [1] Der Mohave-Flufs ift nach den neuen nordamerikanifchen Karten (Bartlett, *gazetteer* ufw.) ein grofser weftlicher Nebenflufs des Colorado im füdlichen Neu-Californien, wohl Humboldt's *rio de los Martires* (f. oben S. 255[m, mf], 256[af]), nach der Weimar'fchen Karte der V. St. fcheinbar = *rio de las Animas;* diefe fetzt das Volk auch in Neu-Californien, aber Bartlett verzeichnet die Zelte der *Mohaves,* welche ohne Zweifel beide Ufer des Colorado inne haben werden, auf dem öftlichen Ufer des Colorado.

Das Volk der COSNINAS, öfter in der obigen allgemeinen Aufzählung der Völkerftämme (S. 259[af, n]) vorkommend, auch bezeichnet durch das nach ihm benannte Gebirge (S. 257[aa], 259[mm, mf, n]), beftimmt Mühlenpfordt (I, 211[nn]) als auf beiden Seiten des Fluffes Yaquefila, unfern feiner Mündung in den Rio Colorado, wohnend; öftlich von ihnen kommen dann die *Moquis,* und noch weiter gen ONO die *Nabajoas.* Bartlett meint (II, 178[nn]), die *Cosninas,* öftlich vom Colorado, möchten gleich den Cochnichnos feyn, welche *Leroux* auf feiner jüngften Reife den Colorado herab antraf, mit denen er aber wegen ihrer Feindfeligkeit nicht verkehrte.

Emory hat berichtet (f. Gallatin in *ethnol. soc.* II, XCIII[af-mm]) von einem indianifchen Volksftamm Soones am oberen *Salinas,* der an die Navajos gränzt und von Apachen umgeben ift. Er foll in Sitten und Lebensweife den Pimas gleichen, friedlich und ackerbauend, nur dafs die Häufer in den Felfen gehauen find. Es foll unter ihm viele Albinos geben.

---

[1] Auf der alten Karte, welche Gallatin der p. LII feines Auffatzes im Vol. II. der *transact. of the Amer. ethnol. soc.* beigegeben hat, wird ein mittlerer Theil des Colorado, d. h. um eine bedeutende Strecke oberhalb feiner Mündung, auch *Rio del Tizon* genannt.

§ 299.   Zwifchen den *Cocomaricopas* und den *Moqui* wohnen die NIJORAS.
Sedelmayer fand fie 1744 am *rio Azul*, einem Nebenfluffe des Gila (azt. Ortsnamen 71[af]). Nach Alcedo (im Art. *Pimeria*) trennt ein wafferreicher Fluſs, welcher viele
im N von der Sierra Madre herabkommende Bäche aufnimmt und fich in die Südfee ergieſst,
die *Niojoras* (wie er die Form verderbt) von den, in beftändigem Krieg mit ihnen lebenden
Cocomaricopas. Die Cocomaricopas fangen die Knaben der Niojoras weg und verkaufen fie
als Sklaven an die *Pimas*, und diefe an die Spanier. Den Spaniern gelingt es nur nach langem
Unterrichte diefe Kinder zum Chriftenthume zu führen, weil fie fehr fchwer „die mexicanifche
Sprache *(la doctrina y la lengua Mexicana)*" lernen. Die Niojoras find nicht zahlreich, find
fanft und furchtfam. — Alle diefe Angaben Alcedo's find ziemlich wörtlich aus Villa-Señor
entnommen. ([1]) — An fie gränzen die *Moquinos* (f. § 300). — Ich werfe, bei der
grofsen Ähnlichkeit der Form, die Frage auf: ob nicht der Volksname Niforas, welchen
Arricivita 2mahl in undeutlichen Beziehungen nennt, auf diefes Volk der *Nijoras* zu deuten
fei? Zuerft (f. oben S. 261 Z. 1) fagt er, daſs die von einem gewiffen Volke an die *Yumas*
und *Cocomaricopas* verkauften Kinder *Niforas* genannt werden; an der anderen (f. S. 278[m, nf])
nennt er die „*Yabipais* oder *Niforas*": wo es zweifelhaft ift, ob damit 2 Völker neben einander
bezeichnet werden oder ob er *Niforas* als einen anderen Namen für die *Yabipais* anfieht; die
bittere Feindfchaft gegen die Cocomaricopas pafst auf die Nijoras. — An Einer Stelle
(407, b[mf]) fchreibt Villa-Señor das Volk *Nijotes;* und bemerkt, daſs fie in immerwährendem
Kriege mit den Cocomaricopas leben. — Mühlenpfordt (I, 211[mm]) fetzt die Nijoras nördlich
über die *Apaches Gileños:* welche beide Völker an den Quellen des Gila, am öftlichen Fufse
der *sierra de los Mimbres* haufen. Er meint, die Nijoras möchten zu den *Pimas altos* gehören.
Ich werde, wie ich fchon im Eingange diefes Abfchnittes von dem Lande
des Gila und Colorado (S. 249) verkündigt habe, mich fogleich in verfchiedenen
Richtungen, zum Theil weit in die Ferne, zu EINIGEN EINZELNEN VÖLKERN
und SPRACHEN ergehn, die ich als fefte Punkte in dem grofsen Wüftenlande
umftändlich darftelle; es find der Reihe nach: die Moquis, Navajos, Apaches
und in ihrem Gefolge der athapaskifche Völker- und Sprachftamm; endlich die
Yutah. Alles vereinzelte, kürzere habe ich HIER zu behandeln, mögen die
Völker auch in den Weiten von *Utah* liegen.
   Indem ich nun mit den *Nijoras* mich dem Moqui und Neu-Mexico genähert
habe, reihe ich hier in ziemlicher Rathlofigkeit ein nördliches Volk an, deffen

([1]) Villa-Señor fagt folgendes über das Volk der NIJORAS: ... *los Cocomaricopas* (11, 396,b)
mantienen continua guerra con la Nacion de los Nijoras, con quien lindan, que à una y otra divide un cauda-
lofo Rio engroffado de varios Arroyos de la Sierra Madre à la parte del Norte, y defagua en la Mar del
Poniente. De la enemiftad y odio, que tiene una Nacion con otra, refulta, que los Cocomaricopas apreffan
los muchachos Nijoras [que todos fon gentiles] y los venden por efclavos à los Pimas (397, a), y eftos à los
Españoles, que los compran en cortas cantidades, los baptizan, fiendo pequeños, los crian, y fe firven de ellos,
debajo de fujecion hafta que fe cafan, ò paffan de diez años de fervicio, en que quedan inftruidos en los
Myfterios de nueftra Santa Fee; y fi fon adultos, fe mantienen mucho tiempo fin baptizar por la dificultad,
que tienen en aprender la Doctrina, y entender el Idioma Mexicano. Efta Nacion de los Nijoras tiene fama
de muy manfa ò cobarde, por la poca refiftencia, que hace à los Cocomaricopas; pero lo cierto es, que el
huir de ellos es, porque fon pocos los Nijoras. Siguefe la Nacion de los Indios Moquinos ...

Ortsbeftimmung mir fchwer fällt. Pike erwähnt *(expeditions to the Sources of the Mississippi &c. Philad.* 1810. 8° *append. to Part III.* p. 9ⁿᶠ) in Neu-Mexico der NANAHAWS in NW von Santa Fé *("the Nanahaws are situated to the north-west of Santa Fé"),* welche häufig mit den Spaniern im Kriege waren, etwa 2000 Krieger; bewaffnet mit Bogen, Pfeilen und Lanzen. „Diefes Volk", fagt er, „fo wie alle andern im Weften von ihnen, augränzend an Californien, reden die Sprache der *Appaches* und *Le Panis,* welche in Einer Linie mit ihnen zum atlantifchen Meere find *(who are in a line with them to the Atlantic)".* Da ich diefen Völkernamen auf keiner Karte noch in andren geographifchen Büchern gefunden habe, fo habe ich mir manche Sorge damit gemacht. Ich habe gefragt, ob damit, fo fonderbar die Örtlichkeit ift, die Comanchen gemeint feyn könnten, welche fich felbft (f. § 417) *Na-une* nennen: aber diefe Form ift mit *Nanahaw* zu wenig ähnlich; auch pafst nicht, was über die Sprache gefagt wird. Diefs pafst vielmehr auf die Navajos: dürfen wir einen Irrthum in dem Einen Buchftaben annehmen: Nanahaw ftatt Navaho? — Mühlenpfordt zählt (I, 213ᵃ), aus Pike fchöpfend, die *Nanahas* zu den Apachen, und nennt fie, im NO von Santa Fé, neben den *Apaches Llaneros.*

M o q u i.

§ 300. Das wichtige VOLK und LAND des MOQUI *(el Moqui, provincia del Moqui; Moquinos, Indios Moquinos, Moquis),* welches eine Rolle fpielt in den Forfchungen nach den Stationen der Azteken auf ihrer Wandrung, mit Spuren höherer Civilifation und Städtetrümmern; ift uns in feiner Sprache näher getreten durch ein kleines vom Lieut. *Simpfon* in dem wichtigen Bericht von feinem Zuge in das Navajo-Land gegebenes Wortverzeichnifs. Seine Wichtigkeit macht, dafs wir Land, Volk und Sprache fchon öfter auf unfern Schritten, befonders hier im Gila-Lande, zu nennen gehabt haben; und ich werde fie mehrfach noch nennen bei Neu-Mexico, von dem ich es in jenen Beziehungen nicht wohl trennen kann.

In dem Lande der Wildniffe bildet das Moqui, mit feiner alten höheren Civilifation, mit feinen vorhandenen oder in Trümmern liegenden *pueblos* einer befferen Bauart, ein hervorftechendes Gebiet; es ift ein vorgefchobener Poften des gebildeten Landes Neu-Mexico, das voll *pueblos* und fittlich erhöhter, fanfter Indianer-Völker ift. Das Land, auf das man, wie Humboldt that, lange feine Blicke gerichtet hatte bei dem Suchen nach dem Volke der Azteken, hat die Erwartung erfüllt, wenn fie Neu-Mexico getäufcht hat: ich habe in der Sprache des Moqui aztekifche Wörter entdeckt und ein Glied meines fonorifchen Stammes erkannt.

Einen Flufs *Moqui* einiger Karten habe ich (S. 252ⁿ, 253ᵃᶠ⁻ᵐ, 256ᵃ) beim Gila-Lande hinlänglich erläutert: welcher nach Einigen, als Nebenflufs des *rio Salinas,* zum Gila-Syfteme, nach Anderen als *rio de Zuñi* und Zuflufs des *Jaquesila* zum Syfteme des *rio Colorado* gehört.

Die merkwürdigen, überall genannten *pueblos* (oder grofsen Dörfer und Flecken; auch wohl kleine Städte zu nennen) des Moqui find nach Humboldt's grofser Karte: *Oraybe, Mosanais, Jongoapi, Gualpi;* weit öftlich davon, nach Ge-
mez und Zuñi zu: *Chacat* und *Cumpa.* Diefs find 6; Gregg zählt deren 7 (f. meine azt. Ortsn. S. 71 Anm.). Schoolcraft, im Vol. I. feiner *Indian tribes,* bei feiner Aufzählung der Völker nach Provinzen (vgl. § 448), nennt alle 7, mit Bei-fügung ihrer Seelenzahl: *Oriva* 5000, *Sumonpavi* 1500, *Juparivi* 1250, *Manzana* 900, *Opquive* 650, *Chemovi* 750, *Tanoquevi* 900; diefe Namen erfcheinen wefentlich anders, und fo werden wir Form und Namen von manchen in den verfchiedenen Berichten wechfeln fehen. Im Vol. III, 633 bemerkt Schoolcr., dafs die Pueblos vom Moqui im J. 1850 10,850 Seelen enthielten; die Zahlen im 1ten Bd. geben *in summa* 11,950.

Ich werde nun der Zeit nach die mannigfaltigen Nachrichten der Schrift-fteller über das LAND und VOLK des MOQUI mittheilen: faft allen ift etwas Gefchichte beigemifcht; diejenigen, welche hauptfächlich nur Gefchichte liefern, werde ich nachfolgen laffen.

„Wenn man von *Zuñi",* fagt VILLA-SEÑOR (II, 425, b), „gen WNW geht, *empiezan los Pueblos y Rancherias de las Provincias de Moqui Oraybe; los Pueblos Moquinos fon: Hualpi,* √ *Tanos, Moxonavi, Xongopavi, Quianna, Aguatubi, y Rio grande de efpeleta, habitados de Indios Apoftatas y rebeldes en numero de mas de 500 perfonas."* „Aus diefen entfernten Ländern kamen (426, a) im October 1742 (Alcedo fagt 1743!) an 440 Wilde" und baten den Gouverneur jenes Reiches (Neu-Mexico's), Oberft-Lieut. de *Mendoza,* um Aufnahme; er fiedelte fie an ver-fchiedene Punkte und in Miffionen an, und gab ihnen Vieh und Ackergeräth. — *Eftas tierras del Moqui,* heifst es weiter, *confinan por el Sur con el Rio de Gila hafta la Pimeria, quedando Norte Sur con San Phelipe de Jesus Guevavi, por donde comenzaron á emprender la entrada los Miffioneros de la Comp. de Jesus ...; y vencidos* (426, b) *los intermedios, fuera el camino mas en derechura por los Prefidios de Janos, Coro de guachi y Guevavi, por fer la plana, que de Sur à Norte figue, en cuyo intermedio eftá la barbara ceguedad de los Apaches.* „Gegen O gränzen diefe *tierras Moquinas* an das Reich Neu-Mexico ..."

ALCEDO, der die Angaben Villa-Señor's, wie immer, wiedergiebt, fafst die obige Verbindung. (Z. 18) *Moqui Oraybe* als Namen auf; er fagt, andere Stellen Villa-Señor's hinzunehmend *(diccionario* III. 1788 p. 246-7): Das Land der wilden Moqui-Indianer *(Moqui Orayve)* gränzt im Süden an den Rio Gila bis zur Pimeria, in O an Neu-Mexico, in N und W an die „unbekannten, noch von Niemandem durchdrungenen Land-ftrecken". Er fährt fort: *solo se tiene la confusa noticia de algunos Indios que dicen haber caminado seis lunas ácia Poniente; y se infiere de sus relaciones la conjetura de que tienen termino en los confines de la Tartaria por el estrecho de Uriz* (ähnliches fagt Villa-Señor, f. bei den Navajos, § 310). Diefe Provinz, fagt Alc., wird von vielen wilden, heidnifchen Indianer-Völkern bewohnt. (Hierauf kommen die Botfchaft „1743" und die Namen der *pueblos.)* Im J. 1748 drang von Neu-Mexico aus in das Land der Commiffar der Francifcaner-Miffionen, um diefe Bekehrungen und die der Provinz *Navajoos* (N von der Provinz Moqui, NW von S. Fé) fortzufetzen. — Im Artikel *Pimeria* (IV, 218) erwähnt Alcedo (wieder nach Villa-Señor) die

Moquinos als Gränznachbaren der *Niojoras* und als wohnend im Mittelpunkte der *Sierra Madre*. Im nördlichen Theile, der an Neu-Mexico gränzt, waren fie vor Alters durch die Francifcaner bekehrt; fie empörten fich aber nachher, tödteten die Miffionare und verharren im Heidenthum und in ihrer Wildheit.

Über die Moqui (am nördlichen Ufer des Yaquefila) handelt auch der Mithridates III, 3. S. 181af-2af: auch über die Zeichen höherer Civilifation bei ihnen, wie die Ruinen.

§ 301. Über die Ruinen berichtet George F. RUXTON in feinen *adventures in Mexico and the Rocky Mountains*. London 1847. 8° p. 194nn-5a. Nach ihm find im Lande der Moquis die Überbleibfel von 5 Städten bedeutender Ausdehnung; auf der Stätte einiger ftehn bewohnte Dörfer, deren Häufer von dem Material aus den Trümmern erbaut find. ([1]) Vieles zerbrochene Thongefchirr liegt umher, dem des alten Mexico's ähnlich. Die 5 *pueblos* im Moqui find nach Ruxton (195a): *Orayxa, Masanais, Jongoapi, Gualpi* und eines, deffen Name ihm unbekannt ift. Diefer Volksftamm ([aa]) ift den *trappers* und Jägern des Gebirges als „wälfche Indianer" bekannt. Nach ihrer Schilderung find fie von fchönerer Bildung als andere Volksftämme; und find einige unter ihnen ganz weifs, mit hellem Haar. Ruxton erklärt diefs durch das Vorkommen der Albinos, welche unter den Navajos häufig find und wohl auch unter den Moquis fich fänden (wir haben oben S. 279nf auch bei dem Volk der *Soones* Albinos erwähnt gefunden). Die Moquis haben feit dem Jahr 1680 ihre Unabhängigkeit behauptet (190n). Ruxton entwickelt die wunderbare Vermuthung (195m-n), fie könnten Nachkommen von *Madoc's* Gefährten feyn.

SIMPSON giebt an einer Stelle feines Berichts von feinem Zuge in das Navajo-Land (p. 108) einige Nachrichten über das Volk der Moqui, von dem er einen, von ihm wegen feiner Erfcheinung hoch belobten ([2]) und in *plate* 51 abgebildeten, den gelben Wolf *(Cheki-watte-wa)*, fah. Das Volk wohnte 3 Tagereifen von da (von *Chelly, 19th camp*), und fteht in dem Rufe von Einficht *(intelligent)* und grofser Ordnung. Die Sage, dafs fie kein Menfchenblut vergiefsen dürfen, wird wohl, meint Simpfon, nach Umftänden Ausnahme erleiden; fie führten einmahl einen Vertheidigungskrieg gegen die Navajos, mit Bogen und Pfeil. Er hörte, dafs die Moqui Vieh ziehen, Mais bauen und in Dörfern *(pueblos)* wohnen: deren nach dem gelben Wolf jetzt nur 3 feyn follen.

Bartlett fagt *(pers. narr.* II, 178f) von den Moquis: fie bauen den Boden (f. auch II, 263aa), ziehen eine Menge Schafe, wohnen in grofsen Dörfern, und verfertigen ein vorzügliches Zeug *(blanket)*, fowohl von Baumwolle als Wolle.

Nach Vol. I. von SCHOOLCRAFT's *Indian tribes* p. 519 ([3]) liegen die Moquis

---

([1]) An einer anderen Stelle (193m) fagt er: *Far to the north, in the country of the Moquis, the hunters have passed, wonderingly, ruins of large cities, and towns inhabited by Indians, of the same construction as those of the Pueblos, and identical with the casas grandes on the Gila and elsewhere.*

([2]) *A more intelligent, frank-hearted looking fellow I have seldom beheld. Indeed, it occurred to me, that he had all the air and manner of a well-bred, vivacious American gentleman; and the only thing Indian in his appearance was his complexion.*

([3]) Ich erinnere hier beiläufig an das, was diefer 1te Band Schoolcraft's über die nördlichen Länder des mexicanifchen Reichs, in welche ich hier eintrete und über welche ich im Folgenden handle, enthält: p. 204-228 über die Stämme des Südpaffes der *Rocky Mountains*, des Beckens der Salzfeen, *Lewis river* und der Oregon-Küfte; Stämme am Fufse der *Rocky Mountains* 259-264.

Nn 2

genau weftlich von S. Fé, 3 bis 4 Tagereifen NW von Zuñi. Sie reden alle diefelbe Sprache, bilden aber getrennte Staaten, mit einer allgemeinen Verbindung.

Sie werden auch Mawkeys und Munchies genannt *(Berghaus* geogr. Jahrbuch III, 1851 S. 58).

Im 3ten Bande *Schoolcraft's* befindet fich (306-9) ein kleiner Auffatz, betitelt: *Moqui tribe of New Mexico.* Es dreht fich derfelbe hauptfächlich um die indianifchen Symbole eines diplomatifchen Actenftücks. Im Aug. 1852 gelangte nämlich zu dem Präfidenten der V. St. eine Abordnung der *pueblos* von Tefuque, welche ihm Freundfchaft und Verkehr anbot, und in Symbolen eine Strafse von den *Moqui* nach Wafhington eröffnete. Diefes Actenftück, deffen Hauptpunkte in Figuren oder Sinnbildern ausgedrückt waren, wurde Schoolcraft zur Unterfuchung übergeben; f. feine Befchreibung 306^m^ - 8^nf^. Die Stücke find: eine Friedenspfeife, ein Symbol für die Moquis, eins für den Präfidenten der V. St.; eines deutet die Lage der Navajoes gegen Wafhington an. Weiteren Inhalt hat der Auffatz nicht.

§ 302. Ich gehe nun daran die Hauptdata der GESCHICHTE des Moqui, einige in kurzen Andeutungen, andere in ausführlicher Erzählung, vorzuführen. Im nördlichen Theile, der an Neu-Mexico gränzt, waren die Einwohner fchon ganz früh durch die Francifcaner bekehrt (Alc. oben S. 283 Z. 2, VS 285^af^). Denn abgefehen von der Expedition des Francifco Vazquez Coronado (f. oben S. 12^m^), welche wohl auch diefe Gegenden berührte, hatten im J. 1582 zwei Francifcaner-Mönche einen Theil von Neu-Mexico und weftlichere Landftrecken durchftreift, deren Unternehmen Juan de *Oñate* 1598 durch gewaltfame Unterwerfung beendigte; und der Orden der Francifcaner hatte im weiten Umfange die Völker diefer Länder zum Chriftenthum gebracht (f. alles diefes im Anfange von § 398). Bei der allgemeinen Empörung der Völker von Neu-Mexico im J. 1680 thaten auch die weftlichen Stämme und mit ihnen die *Moquis* (Alcedo oben S. 283 Z. 3) die fpanifche Herrfchaft und den chriftlichen Glauben ab.

Wir lefen in dem Berichte von der Wiedereroberung (1691? oder 1693?) (§ 398), wie das Volk der *Taos* dem Diego Ponze de Leon verrieth: dafs die *Hemes, Queres* und *Pecos* den Plan gemacht hätten, „mit Hülfe der *Apachen* und der Bewohner der Provinzen *Zuñi* und *Moqui* die Spanier bei ihrem Hervorbrechen aus einem Hinterhalte zu überfallen": was den General zum Rückzuge nach *S. Fé* bewog. Bald aber rückte er von neuem ins Feld; und nachdem er die *Hemes* und *Queres* unterworfen und eine Reihe *pueblos* von Neu-Mexico eingenommen hatte, drang er, wie ich im Verfolge des § ausführlich erzählt habe, unter grofsen Befchwerden bis tief in das *Moqui* vor und brachte auch diefes Volk zur Unterwerfung. Vor dem *pueblo* ftellten fich ihm 800 bewaffnete *Moquinos* entgegen; er zog aber in das *pueblo* ein: darauf in die *pueblos Moxonavi, Gualpi* und *Jongopavi; Oraibe*, noch weit ab gelegen, unterwarf fich durch Sendfchaft. Als erfter Ort im Moqui von Neu-Mexico aus wird genannt *Aguatubi* oder das *aguaje de Aguatuvi*. Im Hauptorte des *Moqui* hatten fich fogleich Viele taufen laffen.

Diefe Wiedererwerbung des *Moqui* mufs aber wohl nicht lange Dauer gehabt haben; und Alcedo's Bemerkung: fie verharrten (nach 1680) im Heidenthum und in ihrer Wildheit (oben S. 283 Z. 3), mufste im 18ten Jahrhundert in Geltung feyn; denn dafs 1742 440 Wilde aus diefer Gegend nach Neu-Mexico kamen und dort um Aufnahme baten (Villa-Señor oben S. 282ᵐᵐ), beweift, dafs für chriftliche Indianer in ihrer Heimath keine Stätte war. Villa-Señor fpricht auch die Herr-fchaft des Heidenthums zu feiner Zeit (1748) aus. Er befpricht die *Moquinos* nach den *Nijoras: Siguefe* (II, 39?, aⁿ) *la Nacion de los Indios Moquinos, que habitan en el centro de la Sierra Madre por la parte de el Norte, confinante de el Nuevo Mexico;* und fügt hinzu: *Antiguamente fueron Chriftianos eftos Indios, eran adminiftrados por Miniftro de el Orden Seraphico, y aviendofe* (397, b) *revelado todos, y dado muerte à los Miniftros Evangelicos, no fe ha podido confeguir hafta aora fu reduccion, fobre que hablarémos en la defcripcion de la Nueva Mexico.*

Das vollftändig herrfchende Heidenthum veranlafste auch das kühne und gefahrvolle Unternehmen *Sedelmayer's.* Der jefuitifche Miffionar Jacob SEDELMAYER drang im J. 1744 muthig bis mitten in das Land *Moqui* ein, er predigte den Völkern auf dem Wege das Chriftenthum, hatte aber im *Moqui* felbft geringe Erfolge. Villa-Señor, welcher an verfchiedenen Stellen feine Reife erzählt, nennt einmahl das Jahr 1742, und einmahl fagt er, dafs fchon 1743 Jefuiten bei den *Cocomaricopas* waren. Die Hauptftelle Villa-Señor's ift diefe: *Por el mes* (II, 403, a) *de Octubre de 1744 fe folicitò por el* (403, b) *Apoftolico zelo de los Miffioneros de la Compañia de Jesus la entrada à explorar las Provincias Moquinas; y aunque no fe configuiò, por los motivos que fe diran, por lo menos fe defcubrieron y talaron algunas de las tierras, folo hafta entonces penetradas, por que haviendo falido de la Miffion de Tubutama el Padre Jacobo Sedelmair, Miffionero Jefuita, y tranfitado por las grandes tierras de los Pimas altos, llamados Papabotas . . . . .* Weiter hin (405, a) erzählt Villa-Señor, wie im J. 1744 der jefuitifche Miffionar an den Flufs *Assumpcion* zu den *Cocomaricopas* kam, auf feinem Wege zu den Provinzen der Moquiner: *y quando el fitado año de quarenta y quatro entrò en eftas tierras el Miffionero Jefuita, que paffaba à las Provincias de los Moquinos, falieron todos à faludar y recibir al Miniftro y fu corta comitiva con todo amor y cariño: porque como eftos Indios, yà el año antecedente de quarenta y tres, avian recibido à los Jefuitas en la entrada que hicieron, y los conocian, aora no huìan de ellos . . .* Ich habe fchon oben (S. 264ᵐᶠ⁻ⁿ) diefe Stellen erwähnt, und im weiteren Verlauf (264ᵒⁿ⁻⁵ Z. 1), wie der Miffionar im J. 1744 in einer reizenden Gegend am *rio Colorado* zuerft den chriftlichen Glauben predigte. — Lange nach diefer Stelle heifst es fchliefslich (408, bⁿᶠ): *Y eftas fon las Tierras y Naciones, que el zelo de los Miffioneros Jefuitas ha penetrado y vifto el fitado* (409) *año de 744, fiendo el deftino de tan penofo viage la entrada à las Provincias del Moqui, à la reduccion de aquellos Barbaros Apoftatas, lo que no fe configuiò entonces, por la oppoficion de las Naciones, falta de Guia, practico en la tierra, aver enfermado los Compañeros del Miffionero, y el mucho pavor de los pocos Indios de razon, que le feguian.* — An einer fpäteren Stelle kommt der Verf. nochmahls auf den kleinen Erfolg im *Moqui* zurück. Villa-Señor bemerkt (II, 422, a) bei der Miffion *de San Auguftin de la Isleta,* am Ufer des Rio grande, dafs der fie verwaltende Mönch auch das neu gegründete *pueblo de Genizaros* (f. beides bei Neu-Mexico) beforge;

dafs an ihm auch einige Indianer der Provinz Moqui hangen: und erwähnt dann, ohne ihn zu
nennen, der fpärlichen hier durch *Sedelmayer* im J. 1742 gelegten Keime zum Chriftenthum:
con efte Miffionero affiften algunos Indios de dicha Provincia del Moqui, y con ellos entrò un
Religiofo con fu compañero, el año de 1742, *penetrando lo mas interno de ella, en cuyo* (422, b)
apoftolico viage reduxeron al gremio de nueftra Santa Feè algunos Indios è Indias, los que
traxeron y repartieron, para inftruirlos en los Catholicos Dogmas, en las Miffiones del Reyno;
fon eftos Indios verazes, formales, fieles y muy racionales.

Die im J. 1748 durch die Francifcaner von Neu-Mexico aus betriebene
Bekehrung, von der Alcedo (oben S. 282[f]) berichtet, mufs auch nicht wefentlich
oder bleibend in der Hauptftadt gewefen feyn: denn wir fehen in dem Berichte des
Paters Francifco GARZES, welcher im J. 1776 von *S. Gabriel* im füdlichen Neu-
Californien aus bis zum *pueblo Moqui* und 3 *leguas* öftlich über daffelbe hinaus
vordrang, in diefer Hauptftadt das volle Heidenthum herrfchen; wir fehen die Hart-
näckigkeit, mit welcher diefes Volk das Chriftenthum zurückweift; in grofser Angft
und hülflos verlaffen, hält der Pater Tag und Nacht in einem Winkel auf der Gaffe
aus, und das Volk erlaubt nicht einmahl, dafs ihm Speife gereicht wird; er ift
froh auf den gefährlichften Wegen feinen Rückweg zu bewerkftelligen. — Ich liefere
hier die genaue Erzählung diefer Reife des Garzes nach dem Moqui aus Arricivita's Chronik; fein Weg hin und zurück bietet viele geographifche Data dar: und
unfre Kenntnifs von dem Lande des Moqui wird durch die Einzelheiten vervoll-
kommnet, welche der Pater von der Geftalt der Stadt, von der Lebensweife ihrer
Einwohner, und befonders von der Bauart der Häufer mittheilt, in welcher fie den
bekannten *pueblos* Neu-Mexico's gleicht.

Bei der 2ten Expedition, welche der Vicekönig nach San Francifco fchickte, machte
der Pater Francifco *Garzes* eine Reife durch die Völker des Gila-Landes und bis zum Moqui.
Er war nämlich, den Befehlen des Vicekönigs zufolge, mit dem Pater *Eyzarch* in dem von der
Expedition erbauten *xacal* am (wie ich vermuthe: füdlichen) Ufer des Gila zurückgelaffen
worden, während die militärifche Expedition unter *Ansa,* mit dem Pater *Font,* nach dem Hafen
S. Francifco weiter ging; fie follten bis zur Rückkehr der Expedition von dort in dem *xacal*
bleiben, und die Zeit dazu verwenden: die zu Miffionen geeigneten Stellen zu erforfchen, darüber mit den benachbarten Völkern zu unterhandeln, fich von ihrer Stimmung zum Chriftenthum zu unterrichten. Als die Expedition von S. Francifco zurückkam (469,a), trat *Garzes*
einen Zug nach San Gabriel im füdl. Neu-Californien an (deffen Stufen ich S. 261[mm]-2[a]
verfolgt habe): er ging nämlich zunächft von den *Yumas* nach der *laguna de S. Olaya,* „wo
er der Expedition begegnete, und mit deren Commandeur und dem Pater *Font* zufammen war;
von da nahm er feine Richtung nach dem Volke der *Cajuenches"* . . . Den Zug von *S. Gabriel*
aus bis zu den *Guallapays* habe ich S. 262[a-aa] befchrieben, auch in der Kürze (262[aa-mf]) deffen
Fortfetzung zum *Moqui* und die Rückkehr bis *S. Xavier del Bac.*

„Bei den Guallapays (Arric. 478, a) hatte *Garzes* von allen Entfernungen bis zum Moqui
und nach den Miffionen Neu-Mexico's Kunde eingezogen"; von ihnen aus begann er die Reife,
welche Arric. 478-484 erzählt. Auf dem Wege (479,a) ftellten fich ihm 2 Indianer mit einer
Frau dar, welche fagten, dafs fie vom Moqui feien, und ihm dahin Gefellfchaft leiften wollten.

In der *rancheria* des einen von ihnen wurde ihm gefagt, dafs von hier an der Weg zum Moqui fchon ganz eben und mit Waffer verfehen fei. Er trat in das Land der *Yabipais* ein; der Weg war fehr fchlecht; er mufste bei ihnen 5 Tage verweilen (479, b). *Acompañado de cinco Indios caminó con mucho trabajo hasta una penosísima cuesta, cuyos despeñaderos infunden horror y espanto; pero ya por tierra buena llegó á una Rancheria del Jabesua, y se le ofreció uno para acompañarle al otro dia. En él vió los profundísimos caxones por donde corre el rio Colorado en aquel parage, y en una gran sierra un puerto abierto hasta abaxo, que por singular llamó de Bucareli* (vgl. oben S. 258 Z. 3): *aquí esperaban tres familias para ir juntas, por el temor de los Yabipais Tejua, y llegaron al rio Jaquesila, el que pasado con indecibles fatigas, llegaron á una Rancheria de Yabipais . . . concurrieron allí dos Indios del Moqui, vestidos con cueras, y casi como Españoles . . . Al siguiente (dia), acompañado de los Yabipais, pasó el rio Jaquesila, y un Pueblo arruinado del Moqui: á las 12 leguas llegó al que los Yabipais llaman Muca, y es el de Oraybe.* Der Pater gelangte darauf an das *pueblo del Moqui*, welches (480, a) auf einer *mesa* liegt: *es la cuesta muy áspera y estrecha, pero despues de rodeos y baxadas, se vió como repentinamente en él: á su entrada hay una calle ancha que corre derecha hasta la salida; á un lado y otro de ella van saliendo otras calles de la misma anchura, formando quadras. Vió tambien dos plazuelas. Las casas son de altos, y en tal disposicion, que del piso de la calle se levanta una pared de vara y media de alto, y encima está el patio de la casa, al que se sube por escalera de palo movediza: en el patio hay varios quartos con llaves de madera, tambien escalera para subir á los altos, que tienen salas grandes y recámaras, y para las azoteas.* — *La figura del Pueblo ni es quadrada ni redonda, y luego que el Padre y los dos Indios entraron en él á vista de innumerables mugeres y muchachos que estaban en las azoteas, se arrimaron para subir á la casa de una muger conocida del Yabipai viejo . . .* die Frau rief aber dem Indianer vom Dache herab, er folle hereinkommen, doch nicht der Pater. Ein junger Menfch (480, b) fagte zu ihm auf Spanifch: *estos son Chichimecos, y no quieren bautizarse . . .* er kenne ihn, fei getauft und aus *Zuñi;* er möge mit ihm gehn, morgen vor Mittag würden fie nach einem *pueblo* und übermorgen nach der Miffion *Acome* kommen. Man wollte von dem Pater hier in Moqui nichts wiffen. *Ya entrada la noche, como la gente dormia en las* (481, a) *azoteas y corredores, era intolerable el ruido de cantos, flautas y gritos . . . Hasta la alva anduvieron los hombres paseando las calles.* Die *Yabipais* fagten dem Pater: *que supiese que los del Moqui no le querian.* Am Morgen kam der alte *Yabipai* mit einem der *principales del Moqui, que le instaron á que fuese á visitar los otros Pueblos, en donde le darian de comer, porque allí no querian.*

Er ritt aus Moqui nach jenfeits *(baxada la cuesta* [481, b] *tomó por un Valle, y subió á otro alto semejante al del Pueblo);* da aber die Indianer, denen er begegnete, vor ihm flohen, fo fchlofs er auf ihren höfen Willen, und ritt die 3 *leguas* zurück zum *pueblo* (Moqui). *Poco ántes de la noche entró en él, admirando la multitud de gente que desde las azoteas y casas le estaban mirando . . . . . al amanecer oyó cantar y baylar por las calles, y vió Indios embijados con plumas en la cabeza, á los que acompañaba mucha gente con pitos y algazaras; por lo que viendo que al salir el Sol iba gran multitud de gente al parage en que él estaba, le causó gran recelo de que iban á quitarle la vida . . . Quatro de los principales llegaron al Padre, y uno le dixo: ¿por qué has venido aqui? Aquí no te quedes, vete otra vez á tu tierra. El Padre les hacia señal á los principales para que se sentaran; pero no quisieron* (482, a), *é intre-*

pido con el Santo Christo en la mano, medio en Yuma, medio en Yabipai, medio en Castellano, y con las señas que los Indios entienden, les dixo las Naciones que habia visitado: que todas habian besado el Santo Christo, y ninguna se habia portado mal con él: que por el amor que les tenia á los Moquis, habia ido á decirles que Dios está en el Cielo, y que aquel Señor que estaba en la Cruz era Dios Jesuchristo, y que estaba bueno: á lo que decia un viejo en Castilla volviendo la cara, no, no. Entónces el Padre pidió la mula, y se salió acompañado de todos hasta fuera del Pueblo.

Comenzó su camino con grandes trabajos por no saberlo . . . Entró en unos potreros donde no podia hallar salida, en cuyos caxones le hallaron los Yabipais que se habian quedado en el Pueblo: luego le daban priesa para que caminara, por haber visto los humos con que los Yabipais Tejua se convocan para la guerra. Llegó á la Ranchería del Yabipai barbon; hier wurde er ſehr gut aufgenommen und geſpeiſt. *Encumbrada una sierra, á los 4 dias llegó á la Rancheria de Jabesua* (482, b), *y fue indecible el gozo que tuvieron quantos le vieron;* er muſste 6 Tage bei ihnen bleiben. Nach 4 Tagereiſen kam er an eine *rancheria* und wieder an eine, in denen er 1 und 2 Tage verweilen muſste. *De ella pasó al rio Colorado, y siguiendo su corriente dió en la punta de la tierra de los Jamajabs.* Dieſe waren auſser ſich vor Freude. *Iban con el Padre el Capitan de los Cuercomaches y los Yabipais Jabesuas . . . Prosiguió* (483, a) *su viage visitando varias Rancherias, y en la que habia llamado de la Pasion le detuvieron dos dias, porque todos deseaban verle: alli le dixeron que los Yabipais Tejua ó Apaches eran ya amigos de los Cocomaricopas, y que podia salir por su tierra en 4 ó 5 dias sin ir á rodear por los Yumas; pero . . . tuvo por mas conveniente sufrir la molestia de tan largo y penoso rodeo por visitar á los Yumas, reconciliarlos con los Jalchedunes u. a. . . . En el camino de otras Rancherias llegó un Jabipais Tejua ó Apache, enviado de su Nacion á convidar al Padre para que fuese á su tierra, pues habia dias que le estaban esperando, y se volvió disgustado y sin ver al Padre, por saber que no podia por entónces darles gusto. Á los 11 dias llegó á los Jalchedunes . . . Á los tres dias* (483, b) *pasaron los Indios al Padre en una balsa á la otra banda del rio Colorado . . . Con la misma continuacion de gentes y de obsequios, llegó en 7 dias á la última Rancheria de los Jalchedunes . . . á los dos dias volvió á pasar el rio Colorado, y á las 12 leguas llegó al Puerto de la Concepcion, donde fue recibido de la Nacion Yuma con particular regocijo . . . Alli gastó algunos dias . . . Pasado el rio llegó á los Cocomaricopas . . . de alli* (484, a) *fue visitando las Rancherias de los Opas . . . Llegó á los Pimas Gileños . . . De aqui fue* (484, b) *por las jornadas hechas en la entrada, saliendo hasta su Mision de San Xavier del Bac, á la que llegó el dia* 17 de Septiembre del año de (17)76 . . . Er hatte ſeit ſeiner Abreiſe aus ihr am 21 Oct. 1775 etwa 1000 *leguas* gemacht.

Zuletzt wäre, nach einer langen Kluft von 1776 oder noch von Alcedo (1787) an bis zur neuſten Zeit, wo man nichts über das Land und Volk des Moqui erfährt, das jüngſte Ereigniſs der Abordnung zu nennen, welche (oben S. 284ᵃᵃ) von *Tesuque* in Waſhington erſchien und dem Präſidenten einen Verbindungsweg von da nach den *Moquis* vorlegte.

§ 303. Ich will nun zwei frühere Urtheile über die SPRACHE des *Moqui* vortragen, welche in Bemerkungen über Volk und Land eingehüllt ſind. — Hervas (im *saggio pratico* 1787 p. 71ᵐᶠ) zählt die Provinz „oder vielleicht Sprache" Moqui zu dem Apachen-Volke. Es waren früher daſelbſt Miſſionen der Franciſcaner,

welche aber im 17ten Jahrh. aufgegeben wurden, weil das Apachen-Volk die Miſſionare
tödtete und die Länder der Miſſionen beſetzte. — Der MITHRIDATES ſagt III, 3. 86ⁿ-
87ᵃ, theilweiſe in Worten Humboldt's (ſ. § 312): „Dagegen im Lande der Moqui,
wo der Rio Yaqueſila flieſst, und wo man gerade zahlreiche Bevölkerung, ganze Örter von
Gebäuden, ungefähr nach Art der ... Casas grandes, und andere Spuren der Cultur gefunden
hat, und von welchen nur 20 *Lieues* nördlich entfernt die Tradition den erſten Aufenthaltsort
der Azteken bey ihrem Zuge aus Aztlan ſetzt, bey den *Yabipais*, die lange Bärte tragen, und
den Bewohnern der Ebenen in der Nähe des Rio Colorado, war die Sprache weſentlich verſchieden von der Mexikaniſchen nach den Zeugniſſen, im Mexikaniſchen ſehr geübter
Miſſionäre"; es wird citirt die *Chronica serafica* p. 408 und Humb. *Essai pol.* p. 306.

Die Moqui-Sprache iſt doch der mexicaniſchen befreundet! ſie iſt — dieſs
iſt meine Erfindung — ein Zweig des Idioms, welches dem Suchenden als ein Phan-
tom ſtatt des leibhaften *nahuatl*, als ſein Schattenbild, in dem alten Norden überall
entgegentritt: ein Gebilde der ſonoriſchen Zunge, bei welchem Namen ein kleines
aztekiſches Erbtheil ſich von ſelbſt verſteht.

Ich danke dem Lieutenant J. H. Simpſon, welcher durch ein ganz kleines
WORTVERZEICHNISS (bei ſeinem Berichte von ſeinem Zuge in das Navajo-Land,
in R. B. *Marcy's route from Fort Smith to Santa Fe*, Waſh. 1850. 8°) uns dieſe
wichtige Sprache aufgedeckt hat. Er erlangte dieſe Wörter von „einem Moqui-
Indianer, welcher ſich im amerikaniſchen Lager zu *Chelly* befand": wohl dem S.
283ᵐᵐ erwähnten.

§ 304. Wortverzeichnifs des MOQUI,
nach J. H. Simpſon p. 141-3, No. 6

Arm	*mahat*	Haar	*hayme*	Ohr	*nook-a-wuck*
Auge	*pose*	Hals	*quape*	Peitſche	*wobockpe*
Bein	*hokah*	Hand	*mocktay*	Pfeife	*chong*
Bogen	*auah*	Himmel	*tokepaylah*	Pferd	(wie im Span.)
Bohne	*sekamose*	Holz	*serherbe*	Sonne	*tahwah*
Bruſt	*toewitzkah*	Hund	*poku*	Sporen	*lepom-uckke*
Degen	*lepowah*	Hut	*patanock-achee*	Stirn	*coller*
Ellbogen	*cherber*	Kinn	*ke-at*	Wolf	*Cheki-watte-wa*
Erde	*touchquae*	Knie	*tomme*		gelber Wolf, Name eines Man-nes (Simpſon *plate* 51)
Feuer	*daybor*	Kopf	*quatah*		
Finger	*mahlatz*	Korn (corn)	*kar-uk*	Wolke	*omow*
Flinte	*amuckte*	Mann	*seke-ah*	Zahn	*tahmah*
Fuſs	*herkuck*	Mond	*mooyah*	Zunge	*ling-a*
gelb ſ. Wolf		Mund	*mo-ah*		
Gott	*tockill*	Naſe	*yakuck*		

§ 305. Ich erkläre die Moqui-SPRACHE für ein Glied meines SONORISCHEN SPRACHSTAMMES. Schon die auffallend vielen, mauchmahl in vorzüglich reiner Form erfcheinenden, aztekifchen Wörter bezeichnen die Sprache als eine fonorifche: es kommt das zweite Kennzeichen hinzu: der Befitz gewiffer ächt fonorifcher Wörter. In einem grofsen Theile erfcheint die Sprache aber überaus fremdartig: um fo mehr, als fie auch von den 5 Pueblo-Sprachen, wie fchon Simpfon bemerkt hat, gänzlich verfchieden ift; die nicht unbedeutende Zahl der gegen alles fremden Wörter habe ich nirgends auffinden können: fie reflectiren die ftarre Verfchiedenheit der Pueblo-Sprachen, und ihre Verfchloffenheit ift gleichfam von da mitgetheilt. Athapaskifch find fie nicht: darauf habe ich fie geprüft. Die Spuren der Subft. Endung *pe, be* u. ä. (f. S. 292[m]) weifen der Moqui-Sprache ihren Platz unter der comanche-fchofchonifchen Familie des Sonora-Idioms an. Diefes allgemeine Urtheil über die Sprache ift ficher: fo klein auch die Wörterzahl ift, aus der es hat gezogen werden müffen. Jede Vermehrung derfelben wird wichtig feyn, weil fie eine Vermehrung des fonorifchen Stoffes bringen mufs: des Elementes, welches mir hier befonders wichtig ift. Denn es ift gerecht zu fagen, dafs die Simpfon'fche Auswahl der Begriffe nicht ganz günftig ift; hätten wir ftatt mehrerer andere oder hätten wir ein gröfseres Verzeichnifs vor uns, fo würden wir über das Fremdartige der Sprache wahrfcheinlich mehr erleichtert werden. Bohne, Degen, Gott, Hut, Peitfche, Pferd, Sporen können uns zur fonorifchen Sprachvergleichung wenig oder nichts helfen. — Eine auffallende Eigenfchaft diefer Sprache, in der fie fich an die vier fonorifchen Hauptfprachen und das eigentliche *Schofchonifche* anfchliefst, ift, dafs die Glieder des Körpers in reiner Geftalt, ohne *pron. poff. praefixum*, auftreten; die Sprache der *Comanchen*, die *Kizh* und *Netela* find voll Präfixa.

§ 306. Ich hehe mit der Moqui-Sprache eine SPECIELLE WORTVER-GLEICHUNG EINER NEUEN REIHE fonorifcher Sprachen: derjenigen von mir entdeckten Glieder des fonorifchen Sprachftammes an, von welchen wir Wortverzeichniffe befitzen: mit genauer Prüfung ihrer Verwandtfchafts-Verhältniffe; dem Moqui werden fpäter nach geographifcher Lage die Sprachen der Yutah, Comanches, Kizh und Netela, zuletzt der Schofchonen folgen. Kürzer behandelte ich früher 5 andere Glieder, meift gelegen in der Provinz Sonora: die *Pima*, mit gröfserem Apparat; und die 4 blofs auf das Vaterunfer zu bauenden Sprachen: *Tubar, Hiaqui, Eudeve* und *Opata*. Ihr Inhalt an aztekifchen Wörtern; und zweitens das Maafs der Verwandtfchaft ihrer Wörter mit anderen Sprachen des fonorifchen Stammes, fo wie der Umfang ihres ungleichartigen, fremden Beftandtheils: find die Zielpuukte, welche diefe SPECIELLE WORTVER-GLEICHUNG verfolgt. Der Beweis, dafs diefe Sprachen, wie ich es bei ihrem Erblicken fogleich ausgefprochen habe, Glieder des fonorifchen Sprachftammes find, — hier wie dort das Hauptziel meines Unternehmens —, ift mir überall gelungen. Neben dem Gemeinfamen und Beweifenden nimmt der fremde, dunkle Beftandtheil diefer Sprachen ein befonderes Intereffe in Anfpruch.

Da ich bei diefer Wortvergleichung überall Reihen von Analogien, daffelbe Wort in mehreren Sprachen ähnlich, beizubringen habe, fo habe ich durch diefe Reihen in den oben genannten 5 Unternehmungen *(Kizh* und *Netela* find verbunden) eine laufende Nummer geführt: denn für die Wortvergleichung des fonorifchen Sprachftammes bilden diefe Reihen von Ähnlichkeiten einen willkommenen Schatz, und find ftets brauchbar. Am Ende der Reihe, nach den Schofchonen, gewährt eine alphabetifche Verzeichnung mit beigefetzten Nummern die Leichtigkeit, in diefer langen Reihe von Wort-Analogien zu finden.

Mein Gefichtskreis bleibt hier noch befchränkt: denn ich habe die vorhin genannten 5 Sprachen der Provinz Sonora von der Vergleichung ausgefchloffen, und agire nur mit den 4 fonorifchen Hauptfprachen und den Gliedern diefer fpeciellen Vergleichung: mit allen letzteren nur hier beim *Moqui,* ohne Moqui bei *Kizh* und *Netela,* ohne alle diefe 3 bei *Comanchen* und *Schofchonen;* überall, aufser dem Moqui, ohne die *Yutah*-Sprache. (¹) Eine grofsartige Behandlung aller 16 Glieder des fonorifchen Sprachftammes — denn fo viele habe ich zufammengebracht — neben einander unter dem Gefichtspunkte der Wort- und Sprachverwandtfchaft wird der Gegenftand einer eigenen, fpäteren Arbeit feyn.

Ich habe hier einige Abkürzungen nothwendig zu erläutern: C = Comanches, Sch = Schofchonen, W = Wihinafcht; andere deuten die Quellen einzelner Verzeichniffe diefer Sprachen an, und werden fpäter bei ihnen verftändlich.

§ 307. Von allgemein befeffenen AZTEKISCHEN Wörtern finden fich in dem Moqui-Wortverzeichniffe, bald mit naher Form am Azt., bald in einer ferneren Geftalt, folgende: ¹ ARM *mahat;* CN *mo-wa* (auch Hand), W *mai;* Co *moamati* (auch Hand); Kizh *mān,* Ne *mā;* das azt. Wort *(ma-itl* Hand; f. feine ganze fon. Reihe bei Yutah No. 288) liegt auch in *mahlatz* Finger: wie in den meiften fon. Sprachen, auch C und Sch; ² HALS *quape;* Co *keupih-ti* (beide nahe ähnlich); Ta *khutala,* Ca **cutana;* Sch *kurö;* W *kutá;* ³ MOND *mooyah;* Kizh *mōár,* G *mūarr,* CB *mea* halber Mond, Sch *mungá;* Ta *** und Ca **mecha,* Te *massade* ufw.; CN *mush,* W *muschhá;* Yutah *mahtots;* ⁴ OHR *nook-a-wuck;* Sch *nŏngkawa;* Ta *nachca-la,* Te *naxa, naca,* Ca **naca,* Co *naxaih-ti;* W *ixnaká,* CB *nak(i),* N *nahark;* Yutah *nink;* Kizh G *nanax,* Ne *nāköm,* G *nakwn* ufw.; ⁵ ZAHN *tahmah;* CB *nextam, tama,* W *tamá,* Sch *tángwa;* CN *tahnee;* Yutah *tong;* Kizh *axtátöm* (pl.), Ne *noxtó;* Ta *teme-la,* Co *tame-ti,* Ca **tami* ufw.; ⁶ ZUNGE *ling-a* (= mex. *nenetl);* Kizh *axnóngin* (C und Sch haben ein einheimifches Wort: *ehk, aku);* Ca **nini,* Te *nunu,* Co *nanu-riti,* Ta *teni-la;* — einige wichtige Wörter, welche noch aztekifch feyn könnten und zum Theil würden, fehlen im Verzeichnifs: Waffer, Stein u. a.

allgemein befeffene azt. Wörter, aber in ferner oder höchft ferner Form; dennoch wahrfcheinlich: ⁷ HAND *mocktay* (f. No. 1); ⁸ HOLZ *serherbe* kann = feyn Ca **quehim,* Te *coagui* ufw.

_____

(¹) Nach einer Zufälligkeit in der Reihenfolge der Bearbeitung tritt die hohe, laufende Nummer der Yutah-Wortvergleichung zwifchen Kizh und Schofchonifch, da fie der geographifchen Folge und der meiner Schrift nach gleich hinter dem Moqui eintreten und fehr niedrig feyn müfste.

Der gröfsere Reichthum der Moqui-Sprache an azt. Stoff offenbart fich an einigen a z t e-
kifchen Wörtern, die fie vorzugsweife vor anderen Sprachen befitzt: [9] KOPF *quatah:*
ungemein ähnlich dem mex. *quaitl;* die fon. Sprachen haben *moo,* andere Sprachen haben
andere Wörter; [10] NASE *yacuck* (A *yacatl);* Ta *jachca-la, jacunabo,* Ca **ieca,*
Te *daca;* C, Sch, Kizh und Ne haben *muule, mui*
       vielleicht aztekifch, nicht unbedeutende Wahrfcheinlichkeit: [11] GOTT *tockill*
(= *teotl;* das Wort fehlt mir in allen fon. Sprachen); — eine geringere Wahrfcheinlichkeit: [12] FEUER *daybor (bor* kann einheimifche Endung feyn, f. ᵐ); Kizh
tschāwot, Co *tait,* Te *tay.*
    Die Schattenfeite ift, dafs die Sprache einige allgemein befeffene aztekifche Wörter
nicht hat: Mund *mo-ah,* Hund *poku.*
    Prüfen wir die Subftantiva der Moqui-Sprache, fo finden wir an ihnen eine Mannig-
faltigkeit von Endungen, von denen folgende von den azt. Endungen *tl* und *tli* herrühren
können: *t: mahat* Arm, *tah: quatah* Kopf, *tay: mock-tay* Hand; *l: tockill* Gott, *ck:*
yacuck Nafe, *nook-a-wuck* Ohr; — eine ganz fremde ift PE: *quape* Hals (aus
dem comanche-fchofchonifchen Sprachkreife; f. unten § 390); vielleicht auch in *wobockpe*
Peitfche und *serherbe* Holz; vielleicht als *ber, bor* in *cherber* Ellbogen, *daybor* Feuer;
auch *rz* beobachtet man (vgl. Yutah und Schofch. § 390): *mahlatz* Finger; — ohne Subft.
Endung find *tahmah* Zahn, *ling-a* Zunge.
    An den azt. Beftandtheil möge im Vorbeigehn ein ganz unwichtiger: ein kleiner SPA-
NISCHER, geknüpft werden: das Wort Pferd, wie im Spanifchen.
    § 308. Zu dem SONORISCHEN Beftandtheile der Sprache übergehend, heifse ich den
Befitz folgender allgemein oder weit verbreiteter fonorifcher Wörter willkommen;
erkläre ihn für fehr wichtig, und für genügend zur Begründung meiner Behauptung, dafs das
Moqui ein Glied des fonorifchen Sprachftammes fei: [13] AUGE *pose:* Ca **pusi,* Ta *pusiki;*
Te *buy,* Sch und W *pui,* CB *puile,* Ne *no=pūlum* (pl.); [14] BEIN *hokah,* FUSS
herkuck; Fufs: CN *koegen?* W *kuki;* Ca *huoqui, hoqui;* Te *goqqui* Fufsftapfe;
[15] KNIE *tomme:* Te *tonna, tona,* Ca **tono,* Co *tunuti;* CB *tamap, ne=rannup*
Kniefcheibe, N *tunnop;* Ne *ne=tēme-lum* (pl.); [16] SONNE *tahwah:* SchE *tava, taba,*
PM *tahbe;* W *tava, taba;* CN *tah-arp;* Sch Schoo *tarpe;* Yutah *tap;* Kizh *tāmet,*
Ne *temet;* Ta *taicá,* Ca **taa;* Te *tasse*
    item, eine ziemliche Ähnlichkeit: [17] HIMMEL *tokepaylah;* der erfte Theil
ift ähnlich: Ca *tehueca,* Sch *tukum*
    ganz geringe Ähnlichkeit mit einer fon. Sprache oder mit fon. Sprachen:
[18] ELLBOGEN *cherber,* Co *tzicúriti;* [19] ERDE *touchquae;* Kizh *toöánga,* Te
dúbure; [20] HAAR *hayme:* das allgemeine Wort von C und Sch *papi, pampi* Kopf,
Haar; [21] STIRN *coller:* Te *coba, cova,* Ta *covara.*
    § 309. Die dritte ift die Nachtfeite der Moqui-Sprache: ihre Ausftattung mit einem
grofsen, man kann fagen überwiegenden Beftandtheil ganz FREMDER Wörter:
    fremd gegen alles find: Bogen *auah,* Bohne *sekamose,* Degen *lepowah, latz*
in *mahlatz* Finger; Flinte *amuckte* (fremd gegen C, Sch und Te; fonft fehlt mir das
Wort); Hund *poku,* Hut *patanock-achee,* Kinn *ke-at;* Mais (wenn diefs unter *corn*
gemeint ift) *kar-uk* (ich habe das Wort nur in den 4 fon. Sprachen: im ganzen Athapaskifchen
nicht); Mann *seke-ah;* [22] MUND *mo-ah* (alle Sprachen haben azt. *tentli;* es kommt

merkwürdig dem Worte **Naſe** nahe von: CB *muule*, Sch *mui*, W *moöi*, Ne *mūöum* uſw.);
Pfeife *chong* (fremd gegen C, Sch, Ne; in den 4 ſon. Sprachen fehlt mir das Wort); gelber
Wolf *cheki-watte-wa*, Wolke *omow* (aber mir ſtehn in allem nur 3 Sprachen zu Gebote)
kaum Anhalt eines Vergleichs in einigen ſon. Sprachen: [23] B R U S T *toewitzkah:*
CB *pitzi* Brüſte, *apizii* Bruſtwarze, Ta *putschi-la* Bruſt
fremde Wörter, die ich aber nur in 2 ſonoriſchen Sprachen habe: [24] S P O R E N
lepom-uckke, CB *naziwueka* (den 2ten Theil kann man ähnlich nennen), aufserdem noch
Te; im Athap. fehlt mir das Wort; — nur in Einer ſonoriſchen Sprache: Peitſche
wobockpe: ich habe das Wort nur noch Schoſchoniſch.

Navajos.

§ 310. Im Nordoſten (wohl genauer ONO) von den *Moquis* wohnt das wilde,
viel genannte Volk der N A V A J O S und liegt ihr Land NAVAJOA oder Nabajoa;
ſie haben auch dem Fluſſe *rio Nabajoa*, der ihnen etwas im Norden ſtrömt, den
Namen gegeben. Die wechſelnden Namensformen für das Volk lauten: *Navajos,
Nabajos; Navajoes, Nabajoas, Navajoos; Navahoes,* auch *Navijos, Nahjo.* Oft genug
ſchon iſt in dem bisherigen Verlauf meines Werkes das Volk und ſeine Sprache
beiläufig erwähnt worden. — Die *Navajos* werden beſtimmt (ſ. meine azt. Ortsnamen
S. 71 Anm.) als wohnend zwiſchen 36° und 38° N. B., 150 *miles* weſtlich von *S. Fé.*
Nach Humboldt's Karte (vgl. Mithr. 179[nn]) wohnen ſie öſtlich von den *Moqui,* am
ſüdlichen Ufer des oberen *rio de Jaquesila;* (¹) nach der Weiland'ſchen Karte von
1852 zieht ſich das Volk noch in den ſüdlichſten Zipfel des *Utah territory* hinein.
Die nachher mitzutheilenden Nachrichten werden ſeine Wohnſitze noch vielfach genauer beſtimmen.

Ich eröffne die NACHRICHTEN der verſchiedenen Schriftſteller über das
VOLK und LAND der Navajos mit der Stelle, welche V I L L A - S E ñ O R (1748) ihnen
widmet, welche aber ſogleich in die Mittheilung abenteuerlicher, aber merkwürdiger,
allgemeiner geographiſcher Anſichten übergeht. „Die *Provincia de Navajoos",* ſagt er
(II, 426, b), „liegt gen N vom *Moqui* und in NW von der Stadt *S. Fé: cuyos Paiſes Navajoes
eſtan poblados de Rancherías de Indios barbaros gentiles* (auch 421, a werden die *Navajoos*
eine *Nacion barbara* genannt), *pero faciles de introducirles el Catheſiſmo; y una y otra Provincia* (427, a), fährt der Verf. in Schlufsbetrachtungen ſeines Werkes fort, *de Moqui y Navajoos
confinan por el Norte y Oeſt con las baſtiſſimas, dilatadas tierras ſin termino, ignoradas por
no taladas, teniendoſe ſolo la noticia de algunos Indios priſſioneros, de aver caminado ſeis Lunas
de parte de el Poniente à la Nueva Mexico deſde ſus territorios, con lo que ſe comprueban todas
las congruencias de ſeguir el baſto continente por dilatados territorios, por el Veſt y Norueſt en*

(¹) Humboldt's grofse Karte hat *el Moqui* (das Land) weſentlich ſüdlich vom *Jaquesila,* anliegend
gen NO an dem Gebirgszug *Sierra de los Cosninas* (d. h. der *sierra* in NO); nördlich vom Jaqueſila die
Indiens Moqui. Im O von dieſem Strich, etwas nach N, aber nicht über das Süd-Ufer des Jaqueſila hinaus-
gehend, ſind die *Indiens de Nabajoa* und das *Pays de Nabajoa* verzeichnet; nördlich darüber, am ſüdl.
Ufer des oberen *rio Nabajoa,* folgt dann die *Sierra de Chegui* und der *Lac de la Trinité.*

opulentas, incognitas Naciones hafta afrontarfe con la Tartaria en el eftrecho de Uris y Tierra de Hiezo, cuyos extenfiffimos territorios de fecundas entrañas embidan à la poblacion, reduccion y pacificacion, hafta dejar eftendido el Santo Nombre de Dios en tan dilatadas è ignoradas Provincias, de donde folo fe tiene una larga noticia de fu fertilidad, de fu abundancia y de fu riqueza, que comprueban las monftruofas Animalias, que fe dejan veer (427, b) *en los principios de eftas partes, pues los Ciervos, y Cabras montefes fon de diforme eftatura . . . fus Carneros montefes . . . fon tan fuertes, y de cornamentas tan grueffas . . . los Cibolos y Offos . . . fiendo folo fenfible, el que barbaramente ciegos fus habitadores ignoren los efectos faludables de las Aguas Sagradas del Baptifmo; mas aviendofe ya reconocido, que el Mar mediterraneo de California tiene fu termino en la boca del Rio colorado, en* 33° *de latitud* (428), *ya conoceràn las capacidades de los Geographos, que eftando en la contra Cofta del Mar del Sur el cabo Mendozino en* 41°, *es argumento neceffario, el que el mafizo de las tierras, por donde tranfita el Rio colorado, fea continente firme de la California en fus partes Septentrionales, cuya duda podia muchos dias ha averfe refuelto con efta reflexion, cuyo defcubrimiento efpero en Dios ha de fer principio para talar por eftas partes tan bafto continente, tantas tierras, tan copiofos Rios, y tan prometida riqueza de las Sierras, que arrifcan el territorio, principalmente la de la bufcada azul, Provincia de Quivira, ignorada la exiftencia de fu poblacion, pues fon feñales, las que vàn facilitando el conocimiento de lo interno de la felicidad del Reynado de Nueftro Catholico Monarcha el Señor Don FERNANDO SEXTO.* — Es ift nicht unintereffant, zu lefen, wie man in der Mitte des vorigen Jahrhunderts in Mexico über allgemeine geographifche Verhältniffe des neuen Erdtheils und über die unbekannten Länder im Nordweften des mexicanifchen Reiches dachte.

Alcedo *(diccionario de las Indias occid.* T. III. 1788 p. 295) nennt das Land *Navojoa* und das Volk *Navajoos.* Nach ihm liegt es im N vom Moqui, in NW von der Stadt S. Fé von Neu-Mexico. (¹) Er nennt fie (nach den Worten Villa-Señor's) *Indios barbaros gentiles* (in *rancherias* wohnend), aber leicht zu bekehren: was im J. 1748 der Francifcaner, Fray Juan *Menchero,* bei ihnen verfuchte. Den Namen führt nach ihm auch ein Ort *(pueblo)* in Cinaloa, bewohnt von bekehrten Indianern diefer Nation *(reduccion de Indios de la Nacion referida:* zu beziehen auf die vorher genannten *Navajoos),* gehörig zu den Miffionen der *regulares* der Gefellfchaft Jefu. Diefs ift *Nabajoa* der Humboldt'fchen Karte, am füdl. Ufer des Rio Hiaqui gezeichnet. Das Richtige ift aber, dafs diefes zweite *Nabajoa* oder *Navajoa* (der Ort) ein *pueblo* der *Mayos* am füdl. Ufer des *rio Mayo* (f. oben S. 179ⁿ) und jefuitifche Miffion unter diefem Volke (S. 206ʰ ᵐ, 210ᵐ) ift; Hervas nennt diefe Miffion *Navohoa* (oben S. 156ᵐ). Welchen Zufammenhang der Ortsname fo mit dem Volke der *Navojos* haben folle, ift dunkel; das *pueblo* liegt vor allen Dingen in fehr grofser Entfernung von den Sitzen des Volks.

Benavides (c. 1630) bezeichnet das Volk durch den Namen *Apaches de Navajo* (f. Gallatin in *ethnol. foc.* II, CLXXII); derfelbe Doppelname fteht im englifchen Atlas von Amerika (Mithr. 180ᵃ).

Merkwürdigerweife finde ich unter den *Comanchen*-Haufen von Texas bei Berghaus (f. unten § 415) einen *Nabachho* genannt; ob diefs, und vielleicht auch dunkel in Cinaloa, eine Abzweigung des Volkes ift, die fich in der Ferne Fremden angefchloffen hat?

(¹) Ausgedrückt ift es fo: *confina* (la Provincia y Nacion) *por el N con la de Moqui, y por el NO con la Villa de Santa Fé* . . .

Ich habe (S. 281^m) ſchüchtern die Frage aufgeworfen: ob P i k e mit dem räthſelhaften, nirgends wieder genannten Volke der N a n a h a w s, im NW von S. Fé (f. 280^f-1^m), welches die Sprache der Apachen ſprechen ſoll, in Folge eines Buchſtaben-Fehlers, die *Navajos* meine? Vermittelſt eines zweiten Verſehens ſetzt ſie Mühlenpfordt in den NO von S. Fé, neben die *Apaches Llaneros!* Auf ſeiner Karte (No. 3) führt Pike die Navajos als *Indiens de Nahjo.*

Die Navajos bewohnen nach S c h o o l c r a f t *(Ind. tribes* I, 519) ſteinerne(?) Häuſer ohne Dächer, ziehen Schafe, ſind aber noch räuberiſch und gefürchtete Feinde.

G R E G G hält ſie für Eines Stammes mit den *Moqui,* wenn nicht für die Moqui ſelber; an einer anderen Stelle erklärt er ſie für Überreſte der Mexicaner. Zugleich von dem berühmten durch ſie verfertigten Baumwollen-Zeuge und anderer Gefchicklichkeit redend, ſagt er *(commerce of the prairies* 1844 Vol. I. p. 285-6): *They (the Navajos) reside in the main range of the Cordilleras, one hundred and fifty to two hundred miles west of Santa Fe, on the waters of Rio Colorado of California, not far from the region, according to historians, from whence the Aztecs emigrated to Mexico; and there are many reasons to suppose them direct descendants from the remnant, which remained in the north, of this celebrated nation of antiquity. Although they live in rude* jacales, *somewhat resembling the wigwams of the Pawnees, yet, from time immemorial, they have excelled all others in their original manufactures; and, as well as the Moquies, they are still distinguished for some exquisite styles of cotton textures, and display considerable ingenuity in embroidering with feathers the skins of animals, according to their primitive practice. They now, also, manufacture a singular species of blanket, known as the Sarape Navajo, which is of so close and dense a texture, that it will frequently hold water almost equal to gum-elastic cloth. It is therefore highly prized for protection against the rains. Some of the finer qualities are often sold among the Mexicans as high as fifty or sixty dollars each.*

W. W. T u r n e r ſagt (bei den Apachen, wohl nach Simpſon), daſs die *Navahoes* eine bedeutende Gefchicklichkeit in der Verfertigung eines, ihren Namen tragenden Zeuges *(blanket)* beſitzen; im übrigen ſeien ſie aber geübte und gewandte Plünderer. Er meint, daſs ſie ihre wenigen Künſte, ihre maleriſche Kleidung, ähnlich den alten griechiſchen Kriegern, und ihre Sagen von Motezuma von den gebildeteren *Pueblo*-Völkerſchaften und den Spaniern erhalten haben.

§ 311. Der getreueſte Berichterſtatter, und den ich, wenn dieſe Mittheilungen nicht der Zeit folgten, zuerſt hätte nennen müſſen, iſt der Lieut. James H. SIMPSON, von dem *corps* der *topographical engineers* der Vereinigten Staaten, welcher im Auguſt und Sept. des J. 1849 mit einer Truppen-Abtheilung, zu dem Commando des Oberſt-Lieut. John M. Waſhington, Gouverneurs von Neu-Mexico, gehörend, einen Z u g i n d a s L A N D D E R N A V A J O S machte; ſein vielſeitiger Bericht: *journal of a military reconnaissance from Santa Fe ... to the Navajo country,* iſt angereiht an den *report of capt.* R. B. M a r c y *'s route from Fort Smith to Santa Fe, Wash.* 1850. 8°, p. 56-138 und weiter. Ihm ſind beigefügt, auſser denWortverzeichniſſen der Pueblo-Indianer (50^{nn}): *a number of sketches illustrative of the personal, natural and artificial objects met with on the route: including portraits of distinguished chiefs, costume, scenery; singular geological formations, petrifications, ruins; and fac similes of ancient inscriptions, found engraven on the side walls of a rock of stupendous proportions and of fair surface.* — Einzelne

Nachrichten über die Berührungen der Expedition mit dem wilden Volke der *Navajos* f. p. 86[n]-87[aa, n], 88[aa, mm], 89[af-mf], 90-91, 93[nn], 96[mf], 101, 107, 108 und noch weiter; Simpfon rieth an den Gränzen des Navajo-Landes einen Militär-Poften anzulegen (138[mf]-9), was auch nach feiner Angabe in *Cebolletita* gefchehen ift (138[f]).

Simpfon erklärt es (106[aa-mm]) für eine Unmöglichkeit, dafs die Navajos, wie *Gregg* meint, directe Abkömmlinge der A z t e k e n feien. *But if,* fährt er fort, *as is likely and as Gregg also supposes, this ancient people once inhabited the pueblos, now in ruins, on the Chaco, how is it that they have retrograded in civilization, in respect to their habitations, when they have preserved it in their manufactures? I know of but two ways to account for it. Either the Navajos are descended from a cognate stock, prior to that which built the Chaco pueblos, which stock lived, as the Navajos do now, in lodges — and this agrees with the tradition given by Sandoval* (fo hiefs der Navajo-Dolmetfcher) *— or, in process of time, the cultivable and pastoral portion of the country becoming more and more reduced in area, and scattered in locality, the people of necessity became correspondingly scattered and locomotive, and thus gradually adopted the habitation most suitable for such a state of things — the lodge they now inhabit.*

Der Flufs C h a c o, an welchem Simpfon fo ausgedehnte Ruinen und fo viele Überbleibfel alten Völkerlebens entdeckt hat, liegt nach der Karte von Marcy's Werk in NO von den *Navajos,* nordweftlich vom *rio Puerco;* fein Lauf ift zuerft O-W, dann nördlich, worauf er fich in den *S. Juan,* = Humboldt's *rio Nabajoa,* ergiefst.

Die ftattliche Erfcheinung diefes hochbelebten Volkes, in welcher *Turner* fie den alten griechifchen Helden vergleicht, hat uns Simpfon in *plate 52* vorgeführt in einem n a b a j o i f c h e n K r i e g e r im vollen Coftüm. ([1]) So, mit Bogen, Speer und Schild, in malerifchen Farben, zum Theil mit Adlerfedern auf einem helmartigen Kopfauffatz, erfchien eine Schaar von wenigftens hundert vor den Nordamerikanern nach dem Abfchlulfe eines Vertrags (108[a]); wenige hatten Flinten *(rifles). In some instances they were very handsomely dressed, an appendage of eagle feathers to their helmet-shaped cap adding not a little to the picturesqueness of their appearance.* Das Bemalen des Geficbts mit einem Pflanzenftoff ift auch fehr beliebt; *their faces totally coated with paint,* heifst es von einer andern Begegnung (86[nf]). — Über die Z a h l diefes, in feften, obgleich rohen Hütten *(lodges, jacales;* Schoolcraft fagt: fteinernen Häufern ohne Dach) wohnenden V o l k s f t a m m s eine Angabe zu machen, fehlt dem Verf. jeder Anhalt, obgleich er eine Vermuthung von 8000 bis 10,000 äufsert: welche letztere Zahl die von *Gregg* ift; die Expedition hat zu wenige gefehn; danach wäre ihre Zahl bisher fehr übertrieben worden: er nimmt aber an, dafs fie über einen grofsen Landftrich verbreitet feien, und dafs die Bevölkerung des kleinen Gebietes, durch welches die Amerikaner zogen, fich forg-fältig verborgen gehalten haben möchte. — Der Viehbefitz der Navajos, meint Simpfon nach dem, was er bemerkt und erfahren (106[nf]-7[a]), beftehe mehr in Schafen und Pferden als in Maulefeln und Rindvieh.

Von ihren berühmten b a u m w o l l e n e n G e w e b e n nennt Gregg zwei verfchiedene: *some exquisite styles of cotton textures,* worin fie feit alter Zeit bis jetzt ausgezeichnet feien; und neuerdings *a singular species of blanket,* bekannt als der *sarape Navajo.* Die erftere Art,

---

([1]) Zwei andre Abbildungen pl. 50 und 49 zeigen *Chapaton,* den Häuptling der Navajos von San Juan, und *Mariano Martinez,* einen Navajo-Häuptling.

die *cotton fabrics*, läugnet Simpfon ab, als erlofchen: fie hätten keine Spuren diefer Verfertigung unter dem Volke gefehn (106^{mm}), auch keine von dem Anbau der Pflanze; fpäter erfuhr er von *Vigil*, Secretär der Provinz (^{nf}), dafs fie früher *a few cotton fabrics* von dem rohen Material verfertigt hätten, welches fie von Santa Fé und anderwärts her einführten: diefer Kunftzweig *(this species of manufacture)* fei aber jetzt beinahe, wenn nicht ganz, eingegangen. Die zweite Gattung, *blankets*, gefteht er zu (108^{aa-af}): *Their principal articles of traffic consisted of blankets of their peculiar and superior handiwork, dressed skins, and peaches. The blankets, though not purchasable with money, as it is not used as a tender among them, were sold, in some instances, for the most trifling article of ornament or clothing.* — Die fchöne Feder-Arbeit und Schmuck gefteht Simpfon ihnen zu, aber nicht Stickerei darin (wie doch Gregg fagt: *embroidering with feathers the skins of animals)*; er bemerkt davon (100^{mf}): *In regard to the manufacture of plumage or feather-work, they certainly display a greater fondness for decorations of this sort than any Indians we have seen; but, though they exhibit taste in the selection and disposition of this kind of ornament about their persons, I saw no exhibition of it in the way of embroidery.*

Bartlett redet von den Navajos im Vol. I. feines *personal narrative of explorations and incidents* p. 329^{mf}-330^{nn}, und rühmt hoch ihre wollenen *blankets;* 400 des Stammes lagerten am Gila, in der Gegend der Kupfergruben (329^{mf} und 350^{nn}).

§ 312. Zuerft hat uns der grofse Reifende der Cordilleren im Navajo-Lande an die Spuren alten AZTEKISCHEN Dafeyns erinnert. Nachdem Humboldt über die ähnliche Form der Häufer im Moqui mit den *Casas grandes* am Gila (II, 1811 p. 409-410) gefprochen hat, fagt er nämlich (410): *Tout paroît annoncer, dans ces contrées, des traces de la culture des anciens Mexicains. Les traditions indiennes nous apprennent même que vingt lieues au nord du Moqui, près de l'embouchure du Rio Zaguananas, les rives du Nabajoa*(^{1}) *étoient la première demeure des Aztèques, après leur sortie d'Aztlan.* [Auf Humb.'s grofser Karte fteht füdlich von der Mündung des *Nabajoa* eingefchrieben: *Première demeure des Azteques sortis d'Aztlan en* 1160. *Tradition incertaine.*] *En considérant la civilisation qui existe sur plusieurs points de la côte nord-ouest de l'Amérique, au Moqui et sur les bords du Gila, on seroit tenté de croire (et j'ose le répéter ici) que, lors de la migration des Toltèques, des Acolhues et des Aztèques, plusieurs tribus se sont séparées de la grande masse du peuple pour se fixer dans ces contrées boréales. Cependant la langue que parlent les Indiens du Moqui, les Yabipais, qui portent de longues barbes, et ceux qui habitent* (411) *les plaines voisines du Rio Colorado, diffère essentiellement de la langue mexicaine.* — Ich bin fo glücklich gewefen den Einwurf der Sprachen in fo weit mildern zu können, dafs ich in dem Moqui und dem Yutah fonorifche Mundarten mit Einmifchung aztekifcher Wörter kennen gelehrt habe.

Die Idee GREGG's, dafs die Navajos geradezu Abkömmlinge des Azteken-volkes feien, müffen wir, fo anfprechend fie in Beziehung auf die hohe Erfcheinung des Volkes ift, aufgeben, wenn wir nicht annehmen, dafs fie ihre Sprache vollftändig gewechfelt haben. Auch fein zweiter Gedanke, ihrer Verwandtfchaft, ja Identität

---

(^{1}) Wenn hier durch einen Druckfehler *Napajoa* fteht, fo findet fich der richtige Name (*Nabajoa*) fchon in der Quart-Ausg. (Par. 1811) I, 305; ferner in der 2ten 8°-Ausg. (Par. 1827) II, 254.

mit den Moqui, widerlegt ſich durch die gänzliche Verſchiedenheit der Sprache.
BERGHAUS (geogr. Jahrbuch III, 1851 S. 58) bemerkt noch eine Anſicht, nach welcher die Navajos „mit den Jutahs, alſo mit den Schoſchonen und Komantſchen,
ſprachlich verbunden ſein ſollen." Auch dieſe wird durch meine Beſtimmungen
dieſer 3 Sprachen ganz zerſtört; ſo wie durch den von mir geführten Beweis, daſs
die Navajo-Sprache ein Glied des groſsen ATHAPASKISCHEN Sprachſtammes iſt.

Das Wortverzeichniſs und die nähere Auskunft über dieſe Verwandtſchaft
der Sprache habe ich mit dem Verzeichniſs und der Beſtimmung der Ticorillas
vereinigt, und den Apachen, dem Stammvolke der Navajos, einverleibt (§ 327-331).

A p a c h e n.

§ 313. Indem wir durch die Sprache die den Moqui benachbarten Navajos,
durch deren Gebiet man die Mexicaner ziehen läſst, und in denen man, zugleich
angezogen durch ihre ſtattliche Bildung, ſo gern das Volk der Azteken oder deren
Stammgenoſſen hat erkennen wollen, als einen Zweig des APACHEN-Volkes kennen
lernen, und *Simpson* dieſs durch Zuſammenſtellung ihrer Wörter mit denen eines
anderen Apachen-Stammes, der *Ticorillas,* hat erweiſen laſſen; werden wir von ihnen,
was auch geographiſch entſprechend iſt, zu der Betrachtung des groſsen und weit
verzweigten Volkes der APACHEN: von unendlicher Wildheit und Grauſamkeit,
weit geſürchtet, der Feinde des chriſtlichen Namens, des Schreckens eines ganzen
Reiches und mehrerer Jahrhunderte; hingeleitet. Nachdem wir ſie ſchon im groſsen
Oſtlande Mexico's angetroffen und ſchon das Süd-Gebiet des Gila verlaſſen haben,
iſt es, da ſie auch den Süd- und Nordländern des Gila angehören, nothwendig, daſs
wir hier endlich, beim Nord-Gebiete, ihr Volksthum behandeln.

Es iſt meine Abſicht zuerſt die Schriftſteller reden zu laſſen, welche ALL-
GEMEIN von dem VOLKE handeln, allerdings dabei auch die von ihnen eingenommenen verſchiedenen Landſchaften nennen; ihr vereinzeltes Daſeyn in beſtimmten
Ländern ſoll mein zweiter Gegenſtand ſeyn. Doch will ich vorläufig ſchon hier
durch Berufung auf die vielen Stellen, in denen ich in dem bisherigen Verlauf
meines Werkes das Volk zu nennen gehabt habe, den WEITEN RAUM ungefähr
überſehn laſſen, welchen dieſs gefährliche Räubervolk in ſeinen vielen Stämmen
im nördlichen Mexico einnimmt: das es in ſeiner ganzen Breite, zwiſchen dem äuſserſten
Weſten beim *Colorado* und in *Californien* und dem äuſserſten Oſten in und über *Texas*
einnimmt, oder durchzieht und erſchüttert. Apachen haben, ſüdlich vom *Gila,* den
N und NO von Sonora inne, und auſserdem zittert es vor den Einfällen der
Stämme im N des Gila: oben S. 221[a-aa], 229[nn, f]-230[a, aa], 237[m], 282[n]; gegen ihre
Einfälle wurden nach und nach 5 *presidios* in Sonora geſtiftet: 18[nf]. Apachen ſind
nördlich vom Gila: über ſeinem mittleren Lauf wie über ſeinen Quellen: 252[m],
259[a, mm], 261[mf], 265[nf], 267[n], 269[n], 279[nf]; auch zwiſchen dem Gila und der *sierra*

de los Cosninas (259^{mm}). Südlicher, nach O hin, find Apachen in Chihuahua (172^{aa}), dort in der Prov. *Janos* (175^{a, af}); im *bolson de Mapimi* (174^{mm}, 182^{nf}, 183^m, 195^{aa}); fie bedrohen und wohnen in Coahuila (195^{aa} und unten § 315, c); wir finden fie (nachher, § 315, c) mächtig in Texas, neben den *Comanches;* wir finden fie, höher im N als alle diefe Länder: in, weft- und öftlich von Neu-Mexico (S. 258^a und § 402; öftlich: 301ⁿⁿ, 302^{af, nn}, 303^{mm}). Über ihre Verbreitung durch das ganze Nordland f. S. 182^{m-mm}, und über ihre Verbreitung im allgemeinen S. 249^m. — Diefe und mehr Länder, fo wie eine Menge genau beftimmter Punkte des graufamen Dafeyns der Apachen werden wir in den verfchiedenen BERICHTEN über das VOLK, welche ich folgen laffe, auftauchen und vielfach wiederholt fehn.

HUMBOLDT berührt die Apachen an zwei Stellen feines *Essai pol. sur le roy. de la Nouvelle-Espagne*, 2ème *éd.* T. II. 1827. 8°: *Le terrain montagneux appelé le* Bolson de Mapimi (p. 217), *embrasse plus de 3000 lieues carrées; c'est de-là que sortent les Apaches, qui attaquent les colons de Cohahuila et de la Nouvelle-Biscaye.* — *Les Acoclames* (229), *les Cocoyames et les Apaches Mescaleros et Faraones occupent le Bolson de Mapimi, les montagnes de Chanate et celles de los Organos, sur la rive gauche du Rio grande del Norte. Les Apaches Mimbreños se tiennent plus à l'ouest dans les ravins sauvages de la Sierra de Acha.* Über die Einfälle der Wilden nach Humboldt f. bei den Comanchen (§ 413). Letztere find Todfeinde der Apachen (Humb. ib.). „Mehrere Apachen-Stämme leben in Frieden mit den fpanifchen Anfiedlern" (ib.). Sie find, fo wie „Stämme (231) der Moquis und Yutas, unter dem Namen von *Indios de paz,* fefshaft, vereinigen ihre Hütten und bauen Mais."

Alcedo widmet den Apachen keinen Artikel, erwähnt fie aber anderwärts.

Schon Benavides (c. 1630) begreift alle wilden und kriegerifchen Völkerfchaften, welche Neu-Mexico in jeder Richtung umgeben, unter dem allgemeinen Namen der *Apachen* (f. Gallatin in *ethnol. soc.* II, CLXXII). Er giebt ihnen aber unterfcheidende Namen: fo nennt er alle Indianer im O von Neu-Mexico, welche Büffeljagd treiben, *Apaches Vaqueros.*

ARRICIVITA, zeugend für die Ausdehnung des Volkes über einen ungeheuren Raum, entwirft (1748) ein fchreckliches Bild von dem Volke der Apachen. In dem Capitel, in welchem er die erften Bemühungen der Miffionare bei ihnen erzählt, macht er (II, 338) einen Eingang über Leoparden, Wölfe, Adler und Satanas; und fagt dann: *Sobre este obscuro diseño, se puede formar la idea propia que corresponde á la feroz y horrible Nacion de los Apaches, cuyo formidable nombre, por sus freqüentes y sangrientas hostilidades, se extiende desde el Real de Chiguagua, cruzando al Poniente hasta el rio Gila, y subiendo al Norte hasta el Moqui, Nuevo México, y Provincias de Texas y Quahuila; y revolviendo al Sur remata en el sobredicho Real. En esta dilatada y casi circular extension de tierra, que es de mas de 300 leguas, viven los tan temidos como crueles feroces Apaches, esparcidos y divididos en rancherias, no muy numerosas, entre valles y serranias muy difíciles de penetrar* (339, a), *ó por la escasez de agua en los caminos, ó por lo áspero é inaccesible de sus montes . . . . los legitimos Apaches nunca se rayan el rostro, y conservan particular modo en el pelo.* — *Horror tiene la pluma* (339, b) *para indicar algunas de sus ferinas costumbres . . .*

oprimen con muy duro trato á sus prisioneros, dándoles las mas crueles muertes . . . ó muchos los queman vivos, y mientras viven les cortan las carnes, y á su vista se las comen, y á este modo son otros tormentos con que los hacen padecer mucho: á pocos les reservan las vidas para que les sirvan como Esclavos, ó para venderlos á otras Naciones . . . Á toda esta san-grienta barbarie juntan una grande rusticidad, sin tener mas economia para su subsistencia que unas muy cortas siembras de frutos, porque la de todo el año la fian del robo de caballos y mulas, que es su mas gustosa comida: ésta los hace tan hediondos que á mucha distancia perciben los brutos por el olfato los efluvios adherentes á sus cuerpos, y se conturban como que reconocen la cercania de sus mortales enemigos . . . — Son todos los Apaches diestrisimos en el manejo de los caballos, y en sus acometimientos levantan tal algazara y griteria, que sus alaridos infunden terror á los mas animosos, y siendo sus ordinarias armas el chuzo y las flechas, las juegan con gran ligereza (340, a), *brio y destreza . . . pocas veces pueden resistir á su fuerza ni las cueras, ni las adargas: son arrojados como feroces tigres, y por robar tra-ginan toda la latitud de aquellas tierras, causando amarguisimas lágrimas con la increible car-niceria que executan en los que defienden sus bienes y haciendas, ó en los pasageros para que no avisen de sus invasiones. Estas las freqüentan como lobos nocturnos dando con alevosia improvisos asaltos, y valiéndose de las tinieblas de la noche y cautelosos ardides, para lograr sus entradas que proporcionan con mañosa astucia . . . logrado su arrojo, caminan en una noche increibles distancias, y hacen sus retiradas como veloces águilas, dificultando mucho el darles alcance. — Otra razon es, el que su alarido dexa despavoridos los Pueblos y turbados á los Soldados . . . . no es posible hacer cómputo exâcto del número de Christianos que han muerto* (340, b) *á manos de los Apaches, y fuera fastidio el insinuar las Poblaciones, Minas y Hacien-das que se han despoblado por huir de la crueldad y sevicia de tan rabiosos tigres, carniceros lobos, y rapantes águilas . . . . tambien en medio del dia* (344), *y á cara descubierta han atacado los Pueblos y Presidios, y han executado en los comboyes escoltados de Soldados lasti-mosas muertes, y llevádose grandes despojos.* — Die Gottheit der Apachen ift die Sonne, eine Sonne war 1723 (in Texas, 342, b) auf eine Büffelhaut gemalt.

„Im NW von den *Chinarras* und *Taraumaren*", fagt Hervas *(saggio pratico* 1787 p. 71[mm]), „ift das Volk der Apachen, welches die Provinzen (oder vielleicht Sprachen) begreift, die von den Spaniern *Xanos, Yuma* und *Moqui* genannt werden."

Major Z. M. Pike *(an account of expeditions to the Sources of the Missis-sippi &c. - - 1805-7. and a tour through the interior parts of New Spain - - in - -* 1807; Philad. 1810. 8°) handelt von den „Appaches" im *Appendix to Part III (geographical, statist., and gen. observations on the interior provinces of New Spain)* p. 10[a]-13[af]. Sein Blick ift befchränkt: die Nation dehnt fich nach ihm (10[a]) aus von den „*black mountains* in Neu-Mexico bis zu den Gränzen von *Cogquilla*"; fie erftreckte fich früher ([aa]) „vom Eingange des *Rio Grande* bis zum californifchen Meerbufen".

Der Mithridates handelt von den *Apaches* S. 177[m]-9[n]; Mühlenpfordt giebt eine Schilderung ihrer Körperbefchaffenheit und äufseren Erfcheinung II, 421[aa-m].

Ruxton *(adventures in Mexico and the Rocky Mountains,* Lond. 1847. 8°) fchildert an verfchiedenen Stellen die Raubzüge der Apachen (p. 100, 153-4); er nennt fie hinterliftig und feig(¹). „Ihr Land ftöfst zum Theil an den Staat *Durango*" (100ⁿ). „Sie bewohnen (153ᵃᶠ) die Bergrücken und Hochebenen der *Cordillera*, die *Sierra Madre* im Weften, und die Landftrecken zwifchen dem *Conchos* und dem *Rio del Norte:* während zerftreute Stämme alle Theile von *Chihuahua* raubend und verwüftend durchziehen.

Violet *(travels and adventures in California* 1843) berechnet die Apachen auf 40,000 Köpfe.

§ 314. Berghaus handelt von den Apachen in feinen „Völkern des Erd-balls" I S. 290, und in einem Auffatze, überfchrieben: „Über die Verwandtfchaft der Schofchonen, Komantfchen und Apatfchen" im „geographifchen Jahrbuch" 1851, III. (S. 48-62) auf S. 48-49, 58-62. Die Apatfchen (58) an der Oftfeite des Rio del Norte heifsen gewöhnlich *Mescaleros*, nach dem *mezcal* (f. § 315, a); der gröfsere Theil diefes Volkes fchwärmt aber in den Weftgegenden, jenfeits des Gebirges von Neu-Mexico, herum, im Gebiete des *Gila;* er führt den Spottnamen *Apaches Coyo-teros:* „angeblich, weil fie das Fleifch des *coyote* oder Prairie-Wolfs effen." Über die Namen, mit welchen die Apachen-Stämme in Neu-Mexico bezeichnet werden, hat Wislizenus in einem Auffatze in Berghaus geogr. Jahrbuch 1850, I S. 51 gehan-delt, betitelt: Beiträge zur genauern Kenntnifs des nördlichen Mexico.

Unter den neueren Nachrichten und Bemerkungen über das Volk ift von be-fonderer Wichtigkeit ein Auffatz, betitelt: die Apachen nach William W. TURNER *(a paper read before the Ethnological Society march 27ᵗʰ*, 1852) — in der Zeit-fchrift: *the Literary World*, No. 272, *New York* 17 April 1852 (pag. 281-2). Ich theile hier nur mit, was vom Volke handelt; fpäter (§ 324) werde ich die Auslaf-fungen des Verf. über die Sprache geben:

Unter den ureingebornen Völkerftämmen, welche die neuen Gebiets-„Erwerbungen" von Mexico in die Gränzen der Vereinigten Staaten gebracht haben, find das mächtige Volk der Apachen und ihre Stammverwandten, die *Navahoes:* zufammen, nach noch unzuverläffigen Zählungen, 25,000 Seelen. Ihr Hauptfitz während der Zeit, wo fie den Europäern bekannt gewefen find, ift das Dreieck zwifchen dem *Rio del Norte*, dem *Gila* und *Colorado* des W; aber fie fcheinen feit langer Zeit allmählich fich nach dem Süden gefenkt zu haben, und ihr Spiel-raum ift jetzt von bedeutend öftlich vom *Rio del Norte* in Texas durch die nördlichen Provinzen von Mexico bis nach Californien; weit füdlich vom *Paso del Norte*, durch Chihua-hua und den *bolson de Mapimi*, bis Coahuila. Sie find fertige Reiter und die gewandteften Viehdiebe in der Welt. Sie find der Schrecken der Bewohner von *Neu-Mexico, Chihuahua* und *Sonora*, welche in beftändiger Furcht vor ihren Anfällen leben. Diefs hat fich auch nicht geändert, feitdem die Nordamerikaner Befitz von Neu-Mexico genommen haben; immer kom-men neue Nachrichten von ihren Raubzügen und -Einfällen. Die vielen in Trümmern lie-genden Niederlaffungen ackerbauender Indianer und der Spanier vom Gila an füdwärts zeugen von ihren Verwüftungen im langen Laufe der Zeit. Die Apachen nennt er *„idle drunkards"*,

---

(¹) *They are* (100ⁿⁿ) *a treacherous and cowardly race of Indians, and seldom attack even the Mexicans save by treachery and ambuscade.*

welche vom plündern leben. Haben fich die athapaskifchen Völker, fragt der Verf., von N nach S oder umgekehrt verbreitet? mit welchen Völkern find fie bei jeglicher Richtung in Berührung gekommen? wodurch und wann find die zwei äufserften Enden ifolirt abgetrennt worden? Er hofft bald mehr Aufklärung von einer weiteren Erforfchung Oregons und Californiens, fo wie von dem Eifer John R. *Bartlett's*, Chefs der *Mexican boundary commission.*

BARTLETT handelt auch in feinem neuen Reifeberichte *(personal narrative of explorations and incidents &c.* 1854) viel von den Apachen, mit denen er in freundlicher Berührung war. Er fetzt fie (f. I, 325ᵃ-6ᵃ geogr., 326ᵃ-9ᵃ Lebensweife): vom *Pecos* in O bis zu der dem californifchen Meerbufen anliegenden Wüfte und zum *Rio Colorado*, nordwärts von ihm: d. h. von 103°-114° W.L. von Greenwich; in der Richtung N-S vom Lande der *Yutas*, 38°, bis zum 30ten Grade N. B.: über welchen fie noch hinausfchweifen, ohne fefte Wohnung. Er erwähnt auch der Unficherheit, ob alle unter diefem Namen begriffenen Völkerfchaften nach Sprache und Abkunft zu dem grofsen Stamme gehören; und der Wahrfcheinlichkeit, dafs andere, noch nördlichere, zu ihm hinzuzufügen feyn möchten. Am *Colorado* von Californien feien viele, nur dem Namen nach bekannte Stämme, von welchen man nicht fagen könne, ob fie mit dem Apachen-Volke oder einer der californifchen Familien zufammenhingen. — Er kommt wieder auf die Apachen zurück im 2ten Bande: Er erachtet ihre Anzahl geringer, als man gewöhnlich annimmt (f. II, 386-7), zu 5000; fie dehnen fich aus von der Nachbarfchaft des *Pecos* „durch die Staaten *Chihuahua, Sonora* und das Territorium *Neu-Mexico* bis zu den Gränzen von dem *Colorado* des Weften. Sie find in ihren Gewohnheiten weniger nomadifch als die Comanchen, und haben Bezirke, in denen ihre Familien dauernd wohnen." Ihre Einfälle, unvermindert unter der gegenwärtigen amerikanifchen Herrfchaft (f. 385), erklärt er (385ⁿⁿ-6ᵃ) für weniger ernfthaft wegen ihrer geringeren Zahl und der dünneren Bevölkerung des Schauplatzes: „welcher fich in Mexico auf die nördlichen Theile der Staaten Sonora und Chihuahua befchränkt"; fie find jetzt verödet und werden wieder zur Wildnifs. S. weiter über die Apachen und feine Vorfchläge gegen die Einfälle beider Räubervölker 387ᵃ-9ⁿⁿ. Abbildungen: I, 326 ein Apachen-Haufe, 329 ihre Kleidungsart, II, 412 ein Angriff von ihnen.

Capt. John POPE giebt im Berichte von feiner Expedition zum Zwecke der grofsen Eifenbahn vom Miffifippi an die Südfee, 1854 *(report upon . . . the route near the 32ᵈ parallel, from Red river to the Rio Grande:* in den *executive documents of the house of representatives, 1ˢᵗ session of the 33ᵈ congress* Vol. 18. part 2, p. 19-20), einen treffenden Bericht über die Apachen, aus welchem ich folgendes heraushebe: *This is* (p. 19) *by far the most numerous tribe of Indians in New Mexico* (im weiten, nordamer. Sinne gemeint), *and extends along both sides of the Rio Grande, from the southern limits of the Navajo country at the parallel of 34° to the extreme southern line of the Territory, and from thence over the States of Chihuahua, Sonora, and Durango, of Mexico. Their range eastward is as far as the valley of the Pecos, and they are found as far to the west as the Pimos villages on the Gila. They are divided into numerous bands, each of which takes its name from the district of country in which it is most frequently found, and all of which are under the control of separate and independent chiefs. They are greatly the most difficult to control of the Indians of New Mexico, as they not only infest the entire southern portion of the Territory, but carry their plundering forays as far south as the city of Durango itself . . . . Their country is nearly destitute of game . . . . These Indians are wholly different in their characteristics from any with whom we have been brought into contact*

*in the valleys of the Mississippi or Missouri. They are much less intelligent and less bold, and
have none of the warlike tastes or accomplishments of the Pawnee or the Sioux. Their soel
object is plunder . . . . Those tribes of Apaches* (20) *which I have named, occupying the
fastnesses of the mountains east and west, descend upon the valley of the Rio Grande as far
to the north as the town of Socorro, and as far to the south as the San Elizario of Texas . . .
They . . . have never, to my knowledge, been known to attack a larger number of persons than
ten. The great difficulty of controlling or chastising them has consisted in the impossibility
of overtaking or bringing them to an engagement. Upon the approach of a body of armed men,
they scatter to all points of the compass, over the mountains and by-paths of the country, and
only reunite at some point far removed from danger. On their wiry and active ponies they
scale heights apparently impracticable, and rush at headlong speed through the most difficult
and dangerous passes of the mountains . . .* Einige Apachen der Ebenen wohnen unter den
Camanches (24^m). In der geringen Zahl, die fie angreifen follen, irren die Nordamerikaner.

§ 315, a. Nach Vorführung der ausführlichen Zeugniffe über das Volk
der Apachen, feine Wohnfitze, feinen Charakter ufw. ift es meine Abficht feine Anwefenheit in den EINZELNEN LÄNDERN des MEXICANISCHEN REICHS in befonderen, meift kleinen Gruppen zu erörtern. Eine doppelte flüchtige Überficht des
GANZEN GEBIETS ift beftimmt dazu vorzubereiten.

Die Humboldt'fche Karte von Mexico zeigt: 1) im Often: hoch im Norden
$(37°\frac{1}{2})$ nahe der Louifiana, wenig unter der „ungeheuren Ebne, wo die Bifons
weiden (Cibola)", öftlich von der Nordfpitze Neu-Mexico's (etwas höher als Taos):
links (im W) die *Apaches Llaneros*, nahe im NO dem *Rio Rojo de Natchitoches*
oder *rio de Pecos*; rechts (im O der vorigen) die *Apaches Lipanes*; unter beiden
(S) ift das Volk der *Taouayazes*; — 2) in den grofsen Weftländern: zunächft im
füdlichen Theile von Neu-Mexico, weftwärts vom *Paso del Norte*, die *Apaches
Mimbreños*; von ihnen füdweftlich die *Apaches Chiricaguis* (vgl. auch Mühlenpf. I,
211^mf), in der Nordoft-Spitze von Sonora; nordweftlich von den Mimbreños, füdlich
vom Rio Gila, nahe feiner Quelle, unter der Einmündung des Rio de S. Francifco
in den Gila: die *Apaches Gileños* (über denen nordöftlich, jenfeits des Gila, fich die
Niojoras befinden; weit von den Apaches Gileños nach W, aber unter Einem
Parallel, $33°\frac{1}{2}$, zu beiden Seiten des Gila, find die *Pimas Gileños)*; nördlich über
den Pimas Gileños und dem Gila liegt die *Apacheria*; — füdlicher: von den *Pimas
Gileños* nach SSW, nordöftlich von der *Pimeria alta* und den *Seris*, ziehen fich
in langer Linie, NW gerichtet, in der Provinz Sonora, die *Apaches tontos* hin.

Ich liefere hierauf, in alphabetifcher Folge, die Reihe der DOPPELNAMEN:
die mannigfaltigen Apachen-Stämme, welche durch einen Zufatz zu dem allgemeinen
Namen unterfchieden werden:

Die *Apaches Chiricaguis* finden fich auf Humboldt's Karte im nordöftlichen
Sonora, den *Ap. Mimbreños* im SW; nach Mühl. II, 421ª find fie weiter weftlich
von letzteren; vgl. oben S. 262ⁿ. Ich zweifle nicht, dafs diefer Name mit der *sierra
de Siricagui* (oben S. 200^mf, 257^af) zufammenhange.

Apaches Coyoteros ist nach Berghaus (oben S. 301^m) ein Spottname für die Apachen der Gila-Länder.

Die *Apaches Faraones* oder (Villa-S.) *Pharaones* find westlich von Neu-Mexico (oben S. 258^n); in den *sierras del Diablo, Chanate, de Pilares* (f. nachher S. 306^{af}); fie machten nach Villa-Señor (II, 416, a^{nn}) ihre Angriffe in der Wüfte nach *Alburquerque* in Neu-Mexico zu (f. § 399, a). Vereinzelt fteht da, dafs Humboldt (oben S. 183^m und 299^m) fie beim *bolson de Mapimi* nennt: feine grofse Karte hat fie aber Mühl.'s Beftimmung gemäfs.

Die *Apaches Gileños* haufen nach Mühlenpfordt (I, 211^{m-mm}) öftlich von den *Pimas Gileños,* am öftlichen Fufs der *sierra de los Mimbres:* und zwar im S, während die Nijoras fich im N befinden; nach II, 421^a: öftlich vom Flufs *S. Pedro,* zwifchen ihm und der *sierra de los Mimbres,* auf der füdlichen Seite des *Gila;* die Humboldt'fche Karte hat fie im S des oberen Laufes des Fluffes, von feiner Quelle ab. Ich verweife auf die nachherige Stelle (S. 305^n), wo ich von dem allgemeineren Ausdruck der Apachen vom *Gila* handle.

Die *Apaches Ipandes* find = *A. Lipanes.*

In den neueren Berichten der Nordamerikaner fpielen eine Rolle die Apachen der Kupfergruben *(Copper Mine Apaches):* zu beiden Seiten des *Rio Grande,* auch in *Janos,* weftlich bis zu den Coyoteros und Pinaleños; ftreifend und periodifch wohnend weit in *Chihuahua* und *Sonora* hinein, mit einem Lieblingsplatz am See *Guzman,* weftlich vom Pafo del Norte. S. über fie Bartlett I, 300-353, befonders 323-4; auch *Marcy's route to Santa Fe* 1850 p. 197^{nf}-8^a, 202^{nf}-3^a; auch Turner erwähnt ihrer (f. § 324). Kupfergruben am Gila f. oben S. 297^m. — Zwifchen den *Sacramento*-Bergen und dem *Pecos* find andere Apachen-Stämme; f. Bartl. 324^{af-mm}.

Die *Apaches Lipanes,* bei Arricivita einmahl auch *Lipandes,* und im Anfang feines Berichtes über fie immer *Ipandes* oder *Ap. Ipandes* genannt: find das bekannte Volk der *Lipanes* oder *Li-Panis* in Texas; ich handle über fie bald hiernach (§ 315, c) und aufserdem bei Texas. Humboldt's Karte hat die *A. Lipanes* hoch im N, über Texas, in der Louifiana.

Die *Apaches Llaneros* zeigt diefelbe Karte nahe bei ihnen in W, nordöftlich von S. Fé, nördlich über dem *Rio Rojo de Natchitoches* oder *Rio de Pecos.* Barragan nennt (unten § 322) *Ap. Taneros,* wohl verdruckt ftatt *Llaneros,* als an verfchiedenen Stellen: auch in den *sierra de Mimbres* und am See *Guzman.*

Die *Apaches Mescaleros,* benannt nach der Pflanze oder dem Getränk *mescal* (f. Abfchn. IV § 56, S. 78-79), werden neben den *Faraones* von Villa-Señor (oben S. 258^n) weftlich von Neu-Mexico, von Arric. (§ 315, c am Ende) in Coahuila, von Humboldt (183^m) im *bolson de Mapimi* genannt; von Mühl. (f. hiernach S. 306^{af}) in den *sierras del Diablo, Chanate, de Pilares;* die grofse Karte Humboldt's hat fie an der von Mühl. erläuterten Stelle, und nochmahls füdlicher: auf beiden Ufern des *Rio Puerco* oberhalb feiner Mündung in den *Rio grande.* Schoolcraft nennt *Ap. „Muskaleras"* in Texas.

Die *Apaches Mimbreños* find nach Humboldt's Karte in der *sierra de los Mimbres*, von der fie den Namen führen: weftlich vom *Paso del Norte* und dem Süd-Ende Neu-Mexico's, an der Nordgränze von Chihuahua; im SO der *A. Gileños* (weiter füdlich unter dem Gila), öftlich bei den *A. Chiricaguis;* vgl. Mühl. I, 211^{mm} und II, 421^a.

Die *Apaches Natages* oder *Natajes* nennt Arricivita in Texas neben den *Ipandes* oder *A. Lipanes;* f. über fie nachher (S. 306^{nn}-7^{af}, 308^a).

Apaches Pelones nennt derfelbe Verf. (f. S. 308^a), wie es fcheint, in Coahuila.

Die *Apaches Pinaleños* haufen nach den neuen mexicanifchen Berichten in den *sierras del Pinal* und *Blanca* (f. § 322); nach Bartlett (I, 308-9), 500 Seelen ftark, in dem weiten Raum zwifchen beiden Gebirgen ftreifend, die am oberen Fluffe *San Francisco*, 5 Tagereifen nördlich vom Gila, zu fuchen find.

Die Tejuas (oben S. 259$^{af, mf}$, 287^{aa}, 288^{af}), ein Volk gen O vom Rio Colorado, im Gila-Lande, erklärt Arricivita als Yabipais Tejua für die Apachen felbft: wie nur einen Ausdruck für das Apachen-Volk des Gila-Landes (oben S. 261^{mf}, 262$^{aa, n}$, 288^{mm-mf}); fie find Freunde der *Yumas;* Bartlett fchreibt (oben 278^n) *Tehuas.*

Die *Apaches tontos*, ein friedfertiger Zweig des Volkes (vgl. Mühl. I, 211^{aa} und II, 420^n; oben S. 208^n), find nach Humboldt's Karte im nordweftlichen Sonora, im NO bei den *Seris* und der *Pimeria alta*, füdlich von den *Cocomaricopas* und dem Gila. *Barragan* nennt (§ 322) auch *Ap. Tontos* als wohnend am *rio Puerco.*

Apaches Vaqueros ift ein von Benavides (oben S. 299^{mf}) gewählter allgemeiner Name für die Büffeljäger in O von Neu-Mexico.

§ 315, b. Das weite, freie Reich der Apachen kann man in VIER grofse ABTHEILUNGEN oder LANDSCHAFTEN zertheilen: das Weftland oder die Länder am Gila; das füdliche Mittelland: *Chihuahua, bolson de Mapimi, Coahuila;* das nördliche Mittelland: Neu-Mexico; das ungeheure Oftland, oder Texas mit dem Norden darüber oder den öftlichen Weiten Neu-Mexico's.

Südlich und nördlich vom GILA, in Sonora und im Lande des Gila und Colorado, haufen Stämme der Apachen. Die *Apaches Gileños* find uns erläutert worden als die im Süden des Gila; der Ausdruck der „Apachen vom Gila" möchte aber allgemeiner feyn und auch vom Nordlande des Gila gelten. Bei der Befchreibung des Landes in der Mitte von Sonora nennt Villa-Señor die Apachen: „Die *Apaches llamados de Gila* dringen (II, 393) durch die Schluchten der Gebirge bis tief in das Innere der Provinz ein; die grofse Landftrecke nördlich von *Pitiqui* bis zum *Gila:* 100 *leguas* meffend, faft lauter Gebirge, ift das ganze Jahr hindurch unbewohnbar: *porque continuamente eftán las Sierras pobladas de Apaches, ocupando las mas altas Vigias . . . .*" Später (408) nennt der Verf. eigens als am Nord-Ufer des Gila wohnend: *los Indios Apaches, enemigos nueftros.* Die Auszüge und Reifeberichte, welche ich an verfchiedenen Stellen meiner Schrift aus Arricivita's Chronik gegeben habe, führen uns oft genug die Apachen, welche das Land des *Gila* und *Colorado* erfüllen, vor; fo erläutert er die *Yabipais Tejua* als die Apachen.

Der andere, noch gröfsere Schauplatz für das grofse und wilde Volk der Apachen als im W das Gila-Land find die ungeheuren Landftrecken des fernen NORDOSTENS des alten mexicanifchen Reichs; er geht nach Mühlenpf. I, 212^{uf}: von den öftlichen Gränzen Neu-Mexico's weit hinein nach Texas, in den *bolson de Mapimí,* zwifchen *Durango, Chihuahua* und *Coahuila.* Hier find, im NO von S. Fé, die *Apaches Llaneros* (id. 213ᵃ); füdlich von ihnen und den *Lipanis:* in den *sierras del Diablo, Chanate, de Pilares* ufw., die *A. Faraones* und *Mescaleros.* Ähnlich fagt Mühl. im 2ten Bande (521^{mm-n}) bei der Prov. Chihuahua: „Unbezwungen und ungezählt fchweifen im *Bolson de Mapimí* und in den öftlichen Gränzgebirgen *del Chanate, del Diablo puerco* und *de los Pilares* die *Apaches Mescaleros* und *Faraones,* (¹) von den zuweilen hieher kommenden *Cumanches* bekriegt. In den Schluchten der *Sierra de los Mimbres* im NW des Staates haufen die *Apaches mimbreños ...*" Pope nennt fogar (oben S. 302^{nn,} ᶠ) Apachen in *Durango.*

Die Apachen um Neu-Mexico finden wir thätig bei dem allgemeinen Auf-ftande der Völker Neu-Mexico's vom J. 1680; (²) nach deren Wiederunterwerfung 1691 oder 1693 fand *Ponze de Leon* (f. meinen Auszug aus *Siguenza* im § 398, gegen das Ende) die Apachen *(el enemigo Apache)* auf feinem Rückwege gegen *el Paso* hin gelagert, und feine Nachhut wurde von ihnen angegriffen.

§ 315, c. Selbft in TEXAS begegnen wir weit und breit, ftark genug, dem Apachen-Volke: und wir fehen das fonderbare Verhältnifs, dafs die beiden, in diefer Provinz mit Schrecken haufenden feindlichen Völker der Chriftenheit und des fpanifchen Namens fich hier als wilde Gegner gegenüberftehn. Der Name der Apachen ift fo bedeutfam in Texas, dafs die Chronik des ARRICIVITA mit dem Berichte von den Verfuchen zu ihrer Bekehrung, mit den von den Spaniern gegen fie (1745, 1749) geführten Kämpfen, mit der Gefchichte der Miffionen in Texas eine Reihe von Capiteln und ein langes Stück (p. 340-389) anfüllt.

Der erfte Verfuch bei ihnen gefchah 1723. Später wurde die Miffion von *San Saba* (am gleichnamigen Fluffe: 364, aⁿᶠ, b) gegründet; auch ein neues *presidio, de San Luis de las Amarillas,* wurde angelegt (368, 369, a). — Diefe Apachen in Texas find befonders die zwei Stämme *Apaches Ipandes* oder *Ipandis* und *Apaches Natages* oder *Natajes;* erft in dem fpäteren Theile der Gefchichte erfahren wir, dafs unter erfteren die *Lipanes* verftanden werden.

Am *rio Salado,* fo hebt ARRICIVITA an, wohnten Apachen, 80 *leguas* vom *presidio* und der Miffion *de San Antonio (de Bejar:* 381, b^{mf}); in der Miffion *S. Antonio* waren auch Comanches: 470, b; welche die Einwohner der Provinz ebenfalls ängftigten (373, a). (³)

(¹) Die Beftimmung Mühlenpfordt's durch diefe Gebirge ift nur eine Erläuterung von HUMBOLDT's grofser Karte. Diefelbe zeigt die nördlicheren *Ap. Mescaleros* zwifchen 5 *sierras:* deren weftliche Reihe von N-S die *Sierra de los Organos, Sierra de la Cola del Aguila* und *Sierra de Pilares;* die öftliche *Sierra del Diablo* im N und *Sierra del Chanate* im S bilden. Anliegend der *Sierra de los Organos,* weftlich von den beiden erften *sierras,* zwifchen ihnen und dem *Rio grande,* zeigt die Karte die *Apaches Faraones.*

(²) Hervas nennt die Apachen fogar (oben S. 289 Z. 1-2) als eigentlich dabei handelnd.

(³) Ein Oberft ftellte (374, b) zur Beruhigung der Miffionare ein Zeugnifs aus: *llamando á los Oficiales mas antiguos, que habian penetrado muchas veces en correrias y campañas aquellos paises, hizo información*

Dem Vicekönige wurde 1745 vorgelegt *una geográfica y prolixa descripcion de toda aquella tierra, sus rios, montes y minerales, con individuacion de las Naciones que la habitan y hostilizan las Provincias internas, y hecho cargo despues de una larga inquisicion de muchos años, de que los Indios altaneros que hay en ella, son los Apaches llamados I p a n d e s y N a t a g e s* .... Die *Apaches Ipandes* f. auch 354, b^n; 382, b Z. 1; fie werden auch blofs *Ipandes* und *Natages* genannt (347, a; 349, b^{mf}; 355, b^n; 381, b^a); [weiter (349, a) werden die *Ipandis* genannt *la porcion mas considerable de los Indios que hostilizan las provincias de Cohaguila y Texas.* Die Form mit *i* kommt oft vor, 349, b *el Capitan grande Ipandi;* 353, b^{nn} der Sing. *el Nataje,* auch 383, b^m: *el Capitan grande Natage.* „In Verbindung mit den *Natajes* (354, b) beunruhigten die *Julimes* den Weg des *rio Grande";* 363, b heifst es: *los Apaches, que entran y salen en San Antonio, llamados Ipandes; y es lo mas cierto que los (sucesos) hicieron los Natages, ú otros Indios de Tulimes.*

Nachdem bisher der eine Volksftamm immer **Ipandes** oder **Ipandis** gefchrieben worden ift, tritt 383, a auf einmahl auf und bleibt herrfchend bis zum Schlufs der Name **Lipanes**, zum erften Mahle *Lipandes: el Capitan grande ... y toda su Nacion de los Lipandes; Lipanes:* 384, a^{mm}, b^{aa}; 387, b ufw.; 388, a^a: *los Apaches Lipanes.* Nun erkennen wir, dafs es das vielgenannte Volk der *Lipans, Li-Pans, Lipanis* oder *Le Panis* (Pike) in Texas ift. Ich habe es bei der Provinz Texas abgehandelt; laffe aber hier bei dem Apachen-Volke das ftehn, was ich dem Arricivita über fie entlehne, da mit ihnen zufammen die *Apaches Natages* und überhaupt die Apachen von Texas und des fernften Oftens behandelt werden. Wir fehen auch unter Texas Zeugniffe, dafs die *Li-pans* ein Apachen-Stamm feien und die Sprache der Apachen reden; aber auch andere, dafs fie mit den *Comanchen* verwandt feyn follen.

Es gelang den Spaniern, Kriegern und Miffionaren, den guten Willen diefer Apachen von Texas zu gewinnen und fie zur Anfiedlung in der Miffion *San Saba* geneigt zu machen; wir fehn fie fogar, wie ich fchon vorausgefchickt, durch gleiche Gegner an die Spanier gefeffelt. Denn im J. 1758 zog ein furchtbares Ungewitter über beide herauf (357 sq.): es erfchienen die Widerfacher, welche die Apachen im Norden hatten, die feindlichen Völker und unter ihnen die **Comanches**, und umzingelten die Miffion *San Saba* mit bedeutender Streitmacht; fie tödteten den Präfidenten, zündeten Häufer und Kirche an: und das Ungewitter entlud fich zuerft über die Spanier, indem die Apachen fich fchlau in geheime Schlupfwinkel zurückzogen. 3 Monate nachher brachten aber (379) die Comanchen den Apachen am *rio Florido* eine Niederlage bei, letztere flüchteten fich in das wieder von den Spaniern befetzte *presidio de San Saba.* Eine fpanifche Abtheilung fuchte (381-2) die Comanchen in ihrem Lande gen N auf, fand fie aber wohl gerüftet und mufste fich mit Verluft zurückziehn. Nun wollten die Apachen von der Niederlaffung in der Miffion *San Saba,* wegen ihrer Unficherheit gegen ihre Feinde, nichts hören; fie gingen aber auf die Anlegung eines *pueblo* und einer Miffion (383) am *rio* und im *valle de San Joseph,* auf der Mitte des Weges zwifchen dem *rio Grande* und *San Saba,* ein. Hier wurde 1761 das *pueblo* und die Miffion *San Lorenzo de la*

---

juridica con cinco testigos, que declararon no tener noticia de que por el rumbo del Norte hubiese otra Nacion de Gentiles mas que la que se llama A p a c h e, y que por él solo, y muy distantes, estan los C o m a n c h e s.

Santa Cruz angelegt; nach der erften auch (386) eine zweite Miffion, *de nuestra Señora de la Candelaria.*

An Einer Stelle Arricivita's (388, a) werden noch andere Apachen-Stämme benannt; es heifst da: *De los Apaches que los Españoles llamamos Natages, Pelones, Mezcaleros y propiamente Apaches, que son los que damnifican en la Provincia de Cohaguila, los que no reconocen estos valles, aseguran los Lipanes su reduccion, verificada la suya, por ser ó parientes, ó muy amigos y de un idioma.* — Schoolcraft nennt *Ap.* M e s c a l e r o s *("Muskaleras")* in Texas, und noch einen Apachen-Stamm: die E u q u a t o p s, dafelbft.

Die Karte zu *C. C. Becher's* Buche: Mexico in den . . . J. 1832 und 33 (Hamb. 1834. 8°) zeigt noch Apachen weit im SW-Gebiete der V e r e i n i g t e n S t a a t e n, weit über dem öftlichen Theil ihrer grofsen mexicanifchen Provinz der „heidnifchen Völker".

§ 316. Nach Beendigung des geographifchen T h e i l s, welchem zugleich die Schilderung des V o l k e s zugewiefen war, will ich in einem ZWEITEN THEILE ein Bild von den furchtbaren R A U B Z Ü G E N, Ü B E R F Ä L L E N und VER-HEER U N G E N entwerfen, in welchen das graufame Apachen-Volk fich über die N O R D L Ä N D E R Mexico's ergiefst und durch welche es feit Jahrhunderten ein Schrecken der Völker gewefen ift.

Wir werden eingeführt in diefe Schreckensfcenen durch das, was in älterer Erzählung S T E F F E L (1791), fehr lebendig und aus der Erfahrung gegriffen, von den Apachen fchreibt (in Gottliebs von *Murr* Nachrichten vom Spanifchen Amerika Th. I. 1809 S. 302-3 Art. Apatfchen): „Apatfchen, ein Volksname. *Apatsche.* [d. h. in der Tarahumara-Sprache heifen fie *Apatsche.*] Sie find eine heidnifche, freye, diebifche, und barbarifche Nazion, welche um ganz Neu-Biscaya, und auch an Tarahumara gränzet. Es ift nicht zu befchreiben, was diefe Barbaren mit ihren unausgefetzten Streifereyen in diefem ganzen Reiche für Verwüftungen und Schaden angerichtet, und welche Mordthaten fie verbreitet haben. Sie haben eine ungeheure Menge Viehes, Pferde, Efel, und Maulthiere davongetrieben; und damit ich von ihren Räubereyen nur einen kurzen Entwurf mache, fo haben fie innerhalb fechs Jahren nur von einem einzigen Beftand bis 40,000 Stücke geftohlen. Man war nirgends ficher, dafs man ihnen nicht in die Hände fiel, und ermordet wurde. Immer war es fchrecklich zu hören, wie viel fie da und dort umgebracht haben. Sie ziehen den Getödteten die Haare fammt der Haut ab, und nehmen fie mit, damit, wenn fie mit ihrer Beute zu den Ihrigen zurückkommen, fie fich damit als Zeichen ihrer graufamen Tapferkeit pralen, und folche bey ihren feftlichen Tänzen gleichfam im Triumphe vorzeigen können. Sie giengen fonft nur bey Nacht auf Räubereyen aus; zuletzt aber fielen fie auch bey hellem Tage in die Reductionen ein, und führten alles fort, wobey es auch an Mordthaten nicht mangelte. Es ift unglaublich, über was für ein unerfteigliches Gebirg fie das geraubte Vieh fortgetrieben haben. Wenn ein Thier müde ward, oder ausreiffen wollte, machten fie es nieder: fo dafs man den Trieb, ohne erft auf die Spur Acht zu haben, aus dem Luder erkennen, und den Weg, den fie genommen hatten, wahrnehmen konnte. Ihre Einfälle und Lauerungen verbreiteten allenthalben Furcht und Schrekken. Wer fich auf die Reife begab, konnte fich einbilden, dafs er feine Behaufung nicht mehr fehen werde. Daher reifete niemand, ohne mit einem guten Pferde und mit allerhand

Waffen verfehen zu feyn. Ein Reifender hatte gemeiniglich vier Piftolen, über dem Sattelknopf eine Flinte, in der Hand einen langen Spiefs, an der Seite einen fpanifchen Säbel, nebft einem von groben Leder zweifach überlegten Schild, um fich fammt feinem Pferde wider die Pfeile fchützen zu können. Unfere Tarahumaren, ob fie gleich auch kriegerifche Leute find, konnten ihnen doch nicht gewachfen feyn. Oft find fie von ihnen mit vielem Verlufte in die Flucht gefchlagen worden. Daher fie von der Furcht fo fehr eingenommen find, dafs, wenn fich nur ein einziger Apatfche an der Höhe des Gebirges bei einer Redukzion fehen liefs, das ganze Dorf in eine fürchterliche Unruhe verfetzt wurde, wie ich es felbft erfahren habe. Es ift zu beklagen, dafs nicht durch nachdrückliche Veranftaltungen von höheren Orten diefen Wütrichen und Landesverheerern engere Gränzen find gefetzet worden, da doch alle ihre Ausfälle, befonders in dem tarahumarifchen hohen Gebirge, wohin fie von ihren Heimaten nur drey Päffe oder Zugänge haben, durch eine Befatzung mit etlichen dreifig Soldaten hätten können gehemmt werden."

§ 317. Die graufamen Einfälle der wilden Indianer *(INDIOS BARBAROS* oder blofs *BARBAROS,* auch *salvajes)* in die nördlichen Staaten des, aus tiefem Elend fich kaum ein wenig erhebenden, mexicanifchen Reichs befchäftigen die ZEITUNGEN von MEXICO während des vorigen und gegenwärtigen Jahres (1853 und 1854) lebhaft; fie find voll von den Berichten über diefe Gräuelthaten, und fchildern den Schrecken der hülflofen Bewohner, wie die Verödung, welcher die Länder verfallen. Ich will durch Mittheilungen aus ihnen ein Bild fchaffen von den fchaudervollen Zuftänden, in welche die Herrfchaft des Barbarenthums und das Walten der Unmenfchen ein Land verfenken kann. Ich thue es hier, weil die Apachen meiftens unter diefen *Indios barbaros* zu verftehen find, wie fie auch öfter mit Namen genannt werden; felten find es die Comanches. Einmahl werden die Seminolen genannt (unten S. 312af), einmahl Caihuas (S. 312ⁿ): d. h. die *Kiaways* von Texas. Ich mufs bei meinen Mittheilungen aber das Specielle: von gemordeten, verwundeten oder gefangen weggefchleppten Menfchen; von geraubten Pferden, Rindvieh, Schafen, und den übrigen Gräueln meift hinzudenken laffen. Meine Mittheilungen, — welche die von mir aus genauen Quellen fchon fo reich ausgeftatteten Verzeichniffe von den Ortsnamen der nördlichen Provinzen durch viele neue Namen vermehren und, ihre Unzulänglichkeit verrathend, uns in eine fehr fpecielle Ortskunde blicken laffen —, find gezogen aus der mexicanifchen confervativen Zeitung *EL ORDEN:* deren Benutzung ich der freundfchaftlichen Güte des General-Lieutenants Don Jofé Lopez Uraga, Gefandten der mexicanifchen Republik beim preufsifchen Hofe, verdanke. Diefe Hülfe und viele fchöne Hoffnungen für Mexico find aber bald wieder entfchwunden, weil der nie ruhende Revolutionsgeift jenes Landes die mächtig beginnende Herrfchaft Santa Anna's, feines Retters und letzten Horts, wieder geftürzt hat.

Die No. 283 des *Orden* vom Anfang Juni 1853 berichtet die Verwüftungen der Comanches im Parral. — In Chihuahua gefchahen Angriffe durch Trupps von 40 und wieder von 100. — Im Blatte vom 14 Aug. ift ein Artikel: *los barbaros en Coahuila* aus der officiellen Zeitung des Staats; Angriff der Hacienda *Guadalupe* bei der *villa de Guerrero* am 15 Juli.

Die Zeitung *el Orden* vom 22 Juni befpricht nach einem Briefe aus einer Hacienda in Zacatecas im *Universal* die von den Wilden im Staate Z a c a t e c a s überhaupt angerichteten Gräuel, und giebt ein A L L G E M E I N E S B I L D der Verwüftungen und ihrer traurigen Folgen: Man rechnet, dafs vom Febr. 1852 bis zum Febr. 1853 in diefem Staate 1500 Menfchen von den Wilden hingefchlachtet find. In jener Hacienda litten 76 den Tod. „Die Bevölkerung wandert nach dem Inneren aus, die Verödung nimmt täglich zu, die kleinen und mittelgrofsen *ranchos* find fchon verlaffen. Niemand will Hirt oder Jäger feyn (*vaquero, pastor ni montero*), weil Niemand auf dem Felde und im Freien feines Lebens ficher ift; nicht die in Haufen gehenden Feldarbeiter find ficher, daher Niemand fich von den Häufern der Haciendas entfernen mag . . . . Es fcheint, als wenn wir nicht zu einem civilifirten und chriftlichen Volke gehörten . . .” Es erleiden tödtliche Schläge der Verkehr, der Ackerbau und die Viehzucht. „Mit den Pferde - und Maulthier-Heerden ift es aus, denn ihr Raub ift der Hauptzweck der Wilden; das kleine Vieh (Schafe) fangen fie mit der Schlinge (*lancean*); und vor allem giebt es keine Hirten, oder fie laffen die Heerden im Stich, welche von den wilden Thieren zerriffen werden. Mit der Holz - und Waldarbeit ift es aus: und diefe Verwüftung und Vertilgung ift der Untergang diefer Landftriche, welche fich in Steppen (*paramos*) wilder Völkerftämme verwandeln werden.”

Aus dem *Orden* vom 18 Aug., nach der officiellen Zeitung von C h i b u a h u a, Bericht aus *Matachic* im Canton Guerrero vom 19 Juni: Die Apachen griffen *el puerto de Segura* an. In ftarker Zahl fielen fie über den *pueblo de Cocomorache* her: fie tödteten 14 Perfonen jeden Gefchlechts, führten 10 Männer und Frauen gefangen weg, und plünderten alle Häufer aus (nahmen *barras, cavadores*, Äxte, Mais, alles mit). Die commandirenden Officiere in *Temosachic* und *Arisiachic* verfolgten den Feind.

Im *Orden* vom 19 Aug. fteht aus der officiellen Zeitung des Staates Neu - Leon vom 4 Aug. der B richt: dafs 60 *Indios barbaros*, nachdem fie in den Staat C o a h u i l a eingedrungen, ftationirt feien in *la Hediondilla, Huachichil* und *estancia de Guadalupe;* worauf ein Oberft mit den Präfidial - Truppen Neu - Leons aufgeboten wurde.

Der *Orden* vom 18 Aug. liefert aus der officiellen Zeitung von Sonora einen Artikel aus M e t a p e vom 13 Juli: „Dafs diefer *pueblo* fich in der jammervollften Lage befinde, wegen der oft wiederholten Einfälle des *enemigo apache*, der in diefem Bezirke feinen Sitz fcheine auffchlagen zu wollen.” Es wurden angefallen am 6 der *rancho de Machacubiri*, am 8 *Musapia*, am 11 *Chorisori*.

Der *Orden* vom 25 Aug. liefert einen grofsen Artikel aus dem *Siglo XIX: los barbaros en* SONORA: Am 19 Juni waren die Bewohner des *pueblo de Granadas* mit dem aufnehmen der Weizen - Erndte befchäftigt, als fie von den Apachen überfallen und von allen Seiten angegriffen wurden. In wenigen Augenblicken waren 5 Männer und 4 Kinder getödtet. Es waren der Apachen über 100, und fie fchlugen die Richtung nach *Tepachi* ein. — Am 30 Juni erfchienen Wilde bei *Sahuaripa*, in *la Cruz, Batemaneco*. Der mittlere Theil des Staates war angegriffen, bei *Aygame* trieben fie 160 Maulthiere weg, dem Gouverneur gehörig. Am 12 Juli raubten fie alles Vieh in den Ranchos *Peñascos* und *Bonancita;* fie tödteten einen Herrn bei *Matape* und fchlugen die Richtung nach *Rodriguez* ein. Am 11 griffen fie die Feldarbeiter von *el Mollete* an, tödteten einen Herrn bei *la Casita;* in *Chorizori* tödteten fie 5 Perfonen. Am 15 machten fie bei *Buena Vista* einen Capitän mit faft feiner ganzen Mannfchaft (20) nieder; fie griffen den Rancho *S. Lorenzo* an. Am 16 führten 6 Wilde eine Menge geraubten Viehs durch den Rancho *de las Rastras;* am Nachm. fielen 40 Apachen über *Cieneguita* her, tödteten 12 Menfchen und verbrannten den Ort; von *Corchos* führten fie 6 Gefangene fort und liefsen nicht ein Huhn übrig. Am 17 griffen 70 Apachen *la Punta de Agua* an; die Familien waren allein, weil die *vaqueros* fich auf dem Felde befanden; alles wurde umgebracht: Männer, Weiber und Kinder; nur 3 Weiber, ihre Kinder in den Armen, entkamen. Am 17 und 18 wurden in *S. Lorenzo, Cieneguita* und *el Carrizal* 28 Perfonen getödtet. Eben fo litten *el Altar, Cumpas* und andere Punkte. Die Indianer, welche *Punta de Agua* angriffen, nahmen die Richtung nach *la Noria de Valle* bei Guaymas. In Einer Woche wurden von den Wilden über 80 Menfchenleben geopfert.

§ 318. Im *Orden* vom 14 Aug. fteht aus dem *Siglo XIX* der Auszug aus einem Briefe aus D u -
r a n g o vom 1 Aug.: Im Anfang des Juli ermordeten die Indianer den Pfarrer von *Otaez*, welcher von
4 Veteranen begleitet war. Ein Trupp von 20 Indianern nahm 300 Stück Vieh von der Hacienda *S. Catalina*. Don Ignacio Buftamante reifte zu Pferde mit 4 Mann von *S. Juan del Rio* nach *Panuco;* er wurde
verwundet, nackt hingeworfen, alle feine Begleiter wurden getödtet. Am 21 hinderte die Anwefenheit von
40 Veteranen in *S. Catalina* nicht, dafs 60 Indianer die Hacienda befchoffen und alles Vieh nahmen. Ein
armer Deutfcher und fein Diener wurden im Wege ermordet gefunden. Die Hacienda von *S. Pedro* wurde
angegriffen; es wurden verwüftet die Hacienden *S. Esteban, Cieneguilla, S. Nicolas Obispo, Salto, Chaparron* u. a. Im *partido* von *Indé* wurden 1000 und 1500 Schafe geraubt. Allen Raub bringen die Wilden
in ihr Zeltdorf (*aduar*) in der *Sierra de San Francisco*. „Alle Quellen des Wohlftandes (heifst es) find ver-
fiegt; der Handel ift nicht mehr möglich, der Bergbau geht zu Grunde, es giebt keine Pferde noch Maulthiere
mehr zum reifen. Der Ackerbau ift in gänzlichem Verfall; und es giebt keinen bewohnten Ort, aus deffen
Mauern man fich herauswagen darf, ohne fchwere Gefahr ein Opfer der Wilden zu werden."

Orden vom 23 Aug.; aus dem *Registro oficial* des Staats D u r a n g o, von *S. Catalina* 3 Aug.:
eine Abtheilung von 50 Soldaten verfolgte 12 Wilde gen *Ventanillas*, wurde aber plötzlich von 200 angegriffen und mufste fich zurückziehn. — *Orden* vom 24 Aug., Artikel *los barbaros en Durango*, aus dem
Siglo XIX: Am 9 überfiel ein zahlreicher Trupp den Rancho *de Valdes*, 2 *leguas* von *San Juan del Rio;*
und zu gleicher Zeit griffen die Indianer die Ranchos *Camargo, Atotonilco, Barranca, Refugio, Estancia
Blanca* und *Ranchito* an. *Camargo* ging in Flammen auf und alle feine Bewohner wurden niedergemetzelt;
7 Frauen, die fich verborgen hatten, verbrannten; 13 Frauen und Kinder wurden gefangen fortgeführt.
(S. weiter unten S. 312nf-3a einen zweiten Bericht über diefen Einfall.) Es waren ihrer verfchiedene Schaaren der Apachen, und jeder Haufe zählte über 100. Um 4 Uhr Nachm. griffen 300 Indianer *Cienega grande*
an. In dem Rancho *Valdes* wurden alle Häufer geplündert; Weiber, wie alle Maulthiere und Pferde fortgeführt. In der Nacht erblickte man von *San Juan del Rio* aus die Feuer der Wilden nach allen Richtungen hin.

Ein 3ter Artikel des *Orden* vom 25 Aug., aus einem Briefe aus D u r a n g o: Am 26 Juli erfchienen 200 Indianer, wohl bewaffnet, vor der Hacienda *S. Catalina* im *partido* von *Cuencamé;* am 27 brachten
fie einem Reitertrupp von 60 Mann einen fchweren Verluft bei. In *Tapona* lancirten fie 30 Joch Ochfen
und tödteten die Treiber. Am 28 *Saucillo* (f. S.312aa). Am 29 gefchah noch gröfseres Unglück in *el Pedernal*, ein anderer Trupp griff zu gleicher Zeit *la Estanzuela* an. Im *partido Nombre de Dios* wurde eine
Hacienda rafirt. Von da ging es mit Gräuelthaten nach *Chaparron, Mortero*, bis in den Staat Z a c a t e c a s.
Geftern (am 4 Aug.) waren 100 Indianer in der *Punta de Levaris*, 10 *leguas* N von diefer Hauptftadt, und
andere 100 in der *punta de los Padres*, 7 *leguas* nach O; andre Trupps hielten den Weg nach den Realen
und nach *Mazatlan* befetzt. Viehrauben in der Hacienda *de Frontera*, im Rancho *Cruces*.

Im Blatte vom 17 Aug., aus dem *Siglo XIX*, einem Briefe aus D u r a n g o entnommen: Zunächft
Überfälle, welche fchon erzählt find. Die *Indios barbaros* griffen einen langen Wagenzug an, der aus
Neu-Mexico kam; fie wurden aber zurückgetrieben. Darauf fielen fie einen achtbaren Herrn an, welcher
15 Diener bei fich hatte; diefe entflohen alle, der Herr wurde fcalpirt (*fué muerto, habiéndole arrancado
la cabellera;* vgl. nachher S. 312aa). Nun erfolgte die Niederlage einer Abtheilung von 86 Soldaten. —
Nachrichten aus P i n o: Die Indianer fielen die Hacienda *del Puerto de Cañas* an; bald darauf die von
S. Julian, von der fie alle Ochfen zur Feldarbeit, über 100 Joch, in das Gebirge von *S. Francisco* trieben;
fie tödteten einen Mann im Rancho *Laisola*, lancirten den Pferde-Beftand der Hac. von *Sazttaguillo*. Eine
andere Abtheilung griff die Hac. *Magdalena* an und näherte fich dem *Mineral de Tejamé*. Von *Toloso*
wurden alle Pferde fortgeführt.

4ter Artikel des *Orden* vom 25 Aug., aus C a n a t l a n vom 11 Aug.: Am 9 bemächtigte fich
eine Abtheilung von mehr denn 200 Wilden (*barbaros*) der Ebenen der Hacienda *Sauceda;* fie nahmen
alles Vieh jeder Art und tödteten 2 Dienftleute. Der allgemeine Zuftand wird fo gefchildert: *Cosas asi*

ocurren por estos rumbos todos los dias. Los campos están desiertos; las crias desahijadas, los rancheros ya no tienen caballos ni sillas de montar, las casas están quemadas, los bienes todos desaparecen en momentos; los campos son tristísimos, sin bueyes, sin caballos, sin ovejas; y por todos lados andan los indios, y á todas horas se temen sus horrores.

Ein zweiter Artikel des *Orden* vom 25 Aug. enthält folgendes aus S. Juan del Mesquital: Am 30 Juli griffen 100 Indianer die Hacienda *de la Estanzuela* an, 5 *leguas* entfernt, wo die Bewohner ihnen aber Widerftand leifteten; doch in *Ojo* und *Tapona* tödteten fie viele Ochfen, und von *Estanzuela* trieben fie die Pferde weg, lancirten (*lanceáron*) 200 Stuten. Von *Saucillo* trieben fie 80 Stuten weg (vgl. S. 311^mm-nf). 2 Morde in *Carboneras*. Am 31 überfielen fie die *estancia del cerro de Santiago*, nahmen den Pferde-Beftand (*la caballada*) mit bewaffneter Hand. Dem Herrn der Hacienda *Atotonilco* mit Begleitung begegneten fie, gaben ihm 3 Flintenfchüffe und fcalpirten ihn; feine Begleitung entkam (vgl. S. 311^nn). Eine Abtheilung Seminolen, über 200, haben die Hacienda *Sombreretillo* eingefchloffen. „Alle Indianer", fo fchliefst der Bericht, „find mit Flinten bewaffnet; fie wimmeln (*brotan*) wie Ameifen, und machen uns den Garaus (*y están acabando con nosotros*)."

§ 319. Ein Bericht aus DURANGO vom 24 Nov. 1853 ift im *Orden* vom 8 Dec. I, 5-II, 2: Am 7 Sept. erlitt der Oberft *Ant. Contreras* mit 156 Mann eine Niederlage. Am 3 Oct. erfuhr man, dafs ein zahlreicher Haufe Wilder bei *S. Catalina* in der Richtung des *depart.* von Zacatecas durchgezogen fei; man traf einen grofsen Haufen bei der Hac. *del Chorro*, ein andrer griff die *orillas de San Juan del Rio* an; ein Trupp wurde gefchlagen in der *sierra de Gamon*, eine andre Schaar griff *la Joya de los Fierreños* an; man fchlug fich mit 200 Wilden bei der Hac. *de San Lorenzo Calderon*, welche dann durch die *sierra del Capulin y Santa Helena* nach der *sierra de Michis* zogen.

Andre Nachrichten aus Durango vom 22 Nov. 1853 find im *Orden* vom 10 Dec. III, 3-4: das Militär griff einen Trupp Wilder in *el Punto de las Godornices* (im Bezirk von *Cerrogordo*) an, nahm ihnen Gefangene und viel Vieh ab.

Von Santiago Papasquiaro in Durango wird vom 27 Dec. 1853 (*Orden* 13 Jan. 1854 III, 5) im *registro oficial de Durango* gemeldet: wie ein Haufe der *indios barbaros* in diefen Bezirk eingefallen fei, indem er in grofser Zahl über die Hacienda von *San Julian* kam, und wie er bald neue Verheerungen in der *municipalidad de Barazas* angerichtet habe; darauf überfielen fie *Atotonilco*, am 13 fah man 34 derfelben *en el punto de Carreras*; am 24 griff eine Abtheilung *el punto de los Huisaches* an, am 25 die *munic. de Papasquiaro*; am 25 waren fie am *Vado de Corrales* und *vado de San Diaz*. Überall wurden namhafte Einwohner getödtet oder mitgefchleppt.

In einem Bericht des *Orden* kommen 24 *caihuas*, welche fich unter den Angreifenden befanden, als der Name einer befondren wilden Völkerfchaft vor: es find die *Kiaways* von Texas; ein Comanche wurde dabei gefangen.

Im JAHRGANGE 1854 der MEXICANISCHEN ZEITUNGEN gehn diefe traurigen Berichte von den gräuelvollen Einfällen der *barbaros* oder *Indios barbaros*, die Beängftigungen, Leiden und Verwüftungen der Nordländer in derfelben Weife fort; fie bilden in ihnen einen ftehenden Artikel.

§ 320. Im *Orden* vom 27 Aug. 1853 befinden fich officielle Berichte und Vorftellungen über den furchtbaren Einflufs der Einfälle der Wilden auf die ganzen Staaten Durango und Sonora: Der Oberft-Lieut. *Sotomayor* drang, nach der Niederlage des Capitäns *Paez*, geleitet durch fichere Kundfchaften, in die geheimen Schlupfwinkel der *Sierra de Gamon* (DURANGO) ein, wo er über 300 Indianer vor fich fand, welche fo viel Unglück in *San Juan del Rio* angerichtet hatten. — Bericht von dem, fchon früher (S. 311^af-m) von mir ausführlicher erzählten Angriff auf den Rancho *Valdes*, 2 *leguas* von letztgenanntem Orte; auf den Rancho *Camargo*; zugleich wurden angegriffen die Ranchos *Atotonilco, la Barranca, Refugio, Estancia Blanca* und *Ranchito*. *Camargo* ging in Flammen auf, 13 Weiber und Kinder

wurden gefangen weggeführt. Über 300 Wilde waren zufammen. In *el Ranchilo* machten fie 11 Gefangene. Das unendliche Elend des *pueblo San Juan del Rio* wird der Regierung des Staats Durango
gefchildert.

Ein 2ter Bericht ift von dem Gen. Commandanten und der Regierung von S O N O R A an den Kriegsminifter gerichtet, d. d. *Ures* 22 Juli. Die Tollkühnheit der Apachen fei gewachfen, heifst es darin, feitdem
kein regelmäfsiger Krieg mehr gegen fie geführt werde. Folgende fchwer ernften Worte werden dem
Kriegsminifter gefchrieben: *Gruesas sumas se han gastado en tres ó cuatro años; y sin embargo el mal ha
crecido en una proporcion tan amenazante, que, si no se pone, y muy en breve, el remedio, Sonora habrá de-
jado de tener existencia. — Repito, Exmo. Sr., que, puesto como estoy á la cabeza de un pueblo que sufre
tantos males y que está amenazado de una próxima desolacion, apuro los recursos de mi autoridad y de mi
inteligencia en bien de la nacion; y espero confiadamente que el Exmo. Sr. presidente de la Republica se ser-
virá dar su suprema aprobacion á todas aquellas medidas que tomé para ocurrir á los eventos que diaria-
mente amenazan concluir con este Estado.*

§ 321. Der energifche Mann, welchen das mexicanifche Volk in feinem tiefften
Elende als feinen einzigen Retter angerufen, hatte auch fchon durch eine Maafsregel dem ge-
ängftigten Norden eine kleine Hülfe gewährt. Gleich im Anfange feiner Machtberufung hatte
er durch eines feiner tief eingehenden Decrete, durch welche er dem fterbenden, vor Freiheit
erftickenden Lande einen erften Lebenshauch gab, das vom 11 Mai 1853, dem Unwefen und der
Lächerlichkeit der Nationalgarde und Volksbewaffnung ein Ende gemacht; er hob unterm 4 Aug.
deffelben Jahres einen Theil diefer Verordnung für die Nordftaaten wieder auf, und erlaubte
ihnen Waffen zuzuführen. Das Decret *(el Orden* vom 26 Aug. III, 4) lautet alfo:
*Introduccion de armamento para los Estados fronterizos. — Ministerio de guerra y marina. — El Exmo. Sr.
presidente se ha servido dirigirme el decreto que sigue:*
„*Antonio Lopez de Santa-Anna, benemérito de la patria, general de division, caballero gran
cruz de la real y distinguida órden española de Cárlos III, y presidente de la República mexicana, á
los habitantes de ella, sabed: que . . . . he tenido á bien decretar lo siguiente:*
Art. 1.° *Se permite la libre introduccion de armamento para los Estados fronterizos que son hostili-
zados por bárbaros.*
Art. 3.° *Queda derogado en esta parte el decreto espedido en* 11 *de Mayo último.*
Palacio nacional de Tacubaya, á 4 *de Agosto de* 1853. — *Antonio Lopez de Santa-Anna.*"
Am 10 Dec. 1853 erliefs der rettende Herrfcher, deffen mächtiges Walten dem hinfter-
benden Reiche einen letzten, nun verlofchenen Glanz verliehen hat, ein andres Decret zur
Bekämpfung der grofsen Noth der nördlichen Gränzländer *(Orden* 19 Dec. I, 4), die Verordnung: „In den von den Wilden *(barbaros)* angegriffenen Bezirken mufs jeder Mann zwifchen
18 und 50 Jahren auf den Ruf der Behörde herbeieilen und den Feind überall bekämpfen.
So lange die Bewohner zur Bekämpfung der Wilden beifammen find, ftehn fie unter den
Militär-Gefetzen."
§ 322. Der Schwadrons-Chef Aguftin B A R R A G A N hat in einer Schrift, aus welcher
der *Orden* vom 27 Dec. 1853 (II, 5-III, 2) Auszüge giebt, einen Plan mitgetheilt zur Wieder-
herftellung der *compañias presidiales* an der Weftgränze *(frontera de Occidente)*,
gegen die nördliche Gränze der Vereinigten Staaten. Er hatte 3 Jahre lang die weftlichen Wüften
(los desiertos de Occidente) in immerwährender Verfolgung der Wilden durchftreift, und die
hauptfächlichften *sierras* kennen gelernt, wo ihre *aduares* find. Die Nachweifung diefer ihrer
Schlupfwinkel, ihrer Haupt-Lagerftätten; der Päffe und Wege, auf welchen fie gewöhnlich
hervorbrechen und auf denen fie fich mit ihrem Raube zurückziehn: macht diefe Mittheilungen

fehr intereffant. Der Verf. führt die Stellen an, wo folche Mannfchaft aufzuftellen ift: am Gila; ftatt, wie bisher, im *pueblo del Altar:* am *punto del Sacaton,* wo die *Apaches Tontos,* welche am *rio Puerco* wohnen, einbrechen: nahe bei den *Maricopas* und *Papagos Gileños;* die *compañia del Tucson* läge beffer am *punto del Tabaco,* bei der Mündung des *San Pedro* in den Gila: gegen die die *sierras del Pinal (Apaches Pinaleños,* am *rio de San Carlos;* f. oben S. 305[af]), *Blanca, Mogoyon* und *la Neblina* bewohnenden Wilden; eine *comp.* am *punto de Tres Alamos,* am *rio de San Pedro: en la abra que forma la cordillera de las Bolas,* durch welche grofse Haufen Indianer einftrömen, welche die *sierras de Mogoyon* und *las Burras* bewohnen und die *pueblos* am *rio de San Ignacio* plündern; die *comp.* von *S. Cruz* heffer in *San Pedro,* um das grofse Thal von *S.* Pedro zu decken, durch welches die Indianer ihren Raub fchleppen: um fie zu bekämpfen, ehe fie eingehn in die *cordillera de la sierra de las Bolas y la Peñascosa.* Die *cord. de la sierra de S. Barbara* ift auch eine Zuflucht der Apachen; die *Apaches Taneros (Llan.?)* bewohnen bald die *cajones de la Cabellera y Pitaycachi,* bald die *sierra de Mimbres,* bald befinden fie fich an der *laguna de Guzman:* die *comp. de fronteras* würde hier decken die Ein- gänge der *sierra Puerca, Mavavi y la de Leon;* fie fchützt die *pueblos de Cusiarachi, Bacuachi* und die Stadt *Arizpe,* „welche wegen der häufigen Einfälle der Wilden beinahe in Trümmern liegt". Die *comp. de Babispe* ift an einer wichtigen Stelle: denn von dort aus laffen fich beobachten die Fluthen *(avenidas)* der Apachen, welche fich bergen in der *sierra del Carca y la cordillera donde está el cajon de los Bucaros y la cuesta de las Bolas.* Diefe Compagnie fchützt zugleich die *pueblos* und *rancherías des rio de Opesura* (sic) und die am Ufer des *rio de Babispe:* fie befteht aus *indios Opatas,* welche an den Krieg mit den Wilden gewöhnt find.

§ 323. Ein frühes, merkwürdiges Urtheil über die VERWANDTSCHAFTS- VERHÄLTNISSE der APACHEN-SPRACHE habe ich in ARRICIVITA's Chronik (Mex. 1792; II, 339, a) gefunden, befagend: dafs diefelbe beinahe mit dem OTOMI identifch fei. Es heifst dort: *Es inaveriguable el antiquísimo origen de esta bárbara Nacion, y así son libres las opiniones de los que han querido asignarlo ... Estando bastantes Apaches de paz en la Mision de San Antonio de Valero, observó un Religioso el que un Indio Otomite ladino, que habia entrado con la requa de los avios, estaba una noche parlando en una larga conversacion con ellos, y siendo poco el tiempo que habia estado en aquella tierra, le preguntó que si acaso entendia la lengua de los Apaches, y satisfizo con que era la misma Otomite que él hablaba, y solo con la diferencia de que ellos variaban la significacion de muchos vocablos que en la suya querian decir otras cosas: pero por el contexto de las otras palabras facilmente se entendian.* Der Verf. hält es für möglich, dass Volk könnte Chichimeken feyn, welche vor den fpanifchen Waffen fich in jene inneren Provinzen geflüchtet hätten. *Seria muy pro- ficua á la reduccion y catequismo de los Apaches, si su idioma es conforme al de los Otomites: pues podian emplearse en él Ministros instruidos de este dialecto en que hay muchos: pues á los que* (339, b) *lo ignoran se les hace muy dificil la pronunciacion gutural y áspera de sus términos.*

Da es mir an allen Wörtern aus der Apachen-Sprache fehlt, fo kann ich nur fagen: dafs das otomitifche Wort für Menfch, *n'yoéhœ,* mit *apache* keine Ähnlichkeit hat; und dafs auch die otomitifchen Ausdrücke für Mann von *apache* himmelweit verfchieden find. Ich kann auch melden, dafs die otomitifche Sprache keine Verwandte des athapaskifchen Idioms ift. Bei einer Vergleichung der Hälfte der wichtigen Wörter habe ich nur folgende, ungenügende: wie man fehen wird, ganz in der Einfylbigkeit und gröfsten Wortkürze liegende, Anklänge gefunden: Beil O *ttĕgi,* Chep. *thelth;* Berg O *ttœhœ,* Ch *sheth;* Fufs O *gua,* athap. *ka* u. ä.; geben O '*da,* gieb: It *nta,* Ik *inta;* Geficht O *hmi,* Uq *nii,* N *nne;* kalt O *tzĕĕ,* Ch *edzah;* eine gewiffe Ähnlichkeit zeigen auch die Begriffe: Baum, Bein, donnern, Gans, gut, Holz. Ganz ohne Ähnlichkeit und meift charakteriftifch verfchieden find aber die Wörter für: Arm, Bär, Bauch, Beinkleider, Blut, Bogen, Boot, Ei, Eis, Eifen, Erde, Feuer, Fifch, Fleifch, Flinte, Frau, gelb, Gras, grofs, Haar, Hals, Hand, Handfchuh, Haut, Hemde, Herbft, Herz, Himmel, Hirfch, Hund.

Hervas fpricht, nur als Vermuthung, aus, dafs die YUMA-Sprache zum *Apache* gebören könne. Wirklich ift *apache* im Cocomaricopa, *epach* im Yuma das Wort für Mann; und diefes Wort foll im Apache Menfch bedeuten. Sollte eine folche Verwandtfchaft feyn, fo würde die neue Hoffnung verfchwinden, dafs das Apache-Idiom eine athapaskifcbe Sprache wäre; denn ich habe auf S. 270, wo ich auch fcbon diefe Idee des *Hervas* behandelt habe, und bis S. 271 bewiefen, dafs das Yuma-Idiom keine atbapaskifche Sprache ift.

Die thörichtfte Meinuug über die Verwandtfchafts-Verhältniffe der Apachen-Sprache hat RUXTON vorgebracht *(adventures in Mexico and the Rocky Moun-tains,* Lond. 1847. 8°). Ich habe in meinen azt. Ortsnamen I, 72 die Stelle (p. 194) wörtlich aufgeführt und auch fchon in diefer Schrift (S. 262ⁿ⁻ⁿⁿ) kurz angegeben, in welcher er die Apachen-Familie „die Indianer des nördlichen Mexico's, fammt den Pueblos", als Eins umfaffen läfst; von welcher Zweige feien: „die *Navajos, Moquis, Yubipias, Maricopas, Chiricaquis, Chemeguabas, Yumayas* (2 Stämme des Moqui), und die *Nijoras* (ein kleiner Stamm am Gila)." „Alle diefe fprechen Dialecte derfelben Sprache, welche fich mehr oder weniger der apachifchen nähert. Sie verftehen fich auch unter einander." Die gröfste Thorheit folgt noch nach: „das Verhältnifs diefer Sprache zur mexicanifchen fei unbekannt; feinem Eindrucke nach werde man fie aber höchft ähnlich, wenn nicht identifch, mit diefer finden."

Streift man von diefer Anficht auch das ab, was Thorheit oder unerwiefene Hypothefe ift; fo fragt fich im Gegentheil immer noch: ob fich aus ihr eine leife Zuverficht fchöpfen laffe, dafs die vielen und weit zerftreuten Stämme des Apachen-Volkes wirklich durch Eine, gewifs in verfchiedene Dialecte gefpaltene Sprache zu-fammengehalten werden; oder ob fie nicht zum Theil Völker von ganz verfchiedener Zunge find, welche die Europäer willkührlich unter einen allgemeinen Namen zu-fammengefafst haben?(¹) Eine theilweife Gewähr für das Erftere (wenn fie beffer begründet ift als die vom *Otomi!)* haben wir durch Arricivita, welcher (oben S. 308ᵃᵃ) angiebt, dafs die öftlichen Apachen-Stämme, von *Coahuila* und *Texas,* auch die *Pelones* und *Mezcaleros,* Eine Sprache *(un idioma)* zufammen haben.

Violet fcheint zuerft die Apachen, COMANCHEN und SCHOSCHONEN nebft ihren Sprachen zu Einem, verwandten Stamme zufammengeworfen zu haben *(Nar-*

(¹) Daffelbe Bedenken hat Bartlett geäufsert (f. oben S. 302ᵃᵃ⁻ᵃᶠ): der auf der andern Seite vermuthet, es möchten noch nördlichere Völker zu den Apachen gehören.

rative of Travels and Adventures in California. *Ed. by Marryat.* Lond. 1843);
er fagt (nach Berghaus S. 48): dafs fie alle diefelbe Sprache reden; und diefelbe
Religion, Sitten und Gebräuche haben. In dem Auffatze Turner's (f. auf diefer
Seite ᵐᵐ⁻ⁿ) wird als Violet's, „am meiften augenommene" Meinung angegeben: dafs
die Apachen und *Comanches* ein Zweig der *Shoshonis* oder Schlangen-Indianer vom
Oregon feien; eine Anficht, die auch Latham in feinen *Varieties of Man*, doch mit
Zweifel, aufgenommen habe.

§ 324. Nach diefen feblgefchlagenen Verfuchen ift William W. Turner, in
einem von mir oben (S. 301ᵐᵐ) genau bezeichneten Auffatze, welcher am 27 März
1852 in der ethnologifchen Gefellfchaft zu Neu-York gelefen ift, mit der beftimmten
Behauptung aufgetreten, dafs die Sprache der Apachen ein ATHAPASKISCHER Dialect
fei. Er hat nämlich in *Simpson's* Wortverzeichnifs der Ticorillas, eines Apachen-
Stammes (in welchem ich eine fehlerhafte Überlieferung des Volkes der Xicarillas
vermuthe: f. S. 319ᵃ⁻ᵐ), die athapaskifche Verwandtfchaft erkannt und, wie er
fagt, einige Apachen-Wörter hinzugenommen. Ich werde zuvor einfach feine Mittheilungen vortragen und dann die Lücken und Mängel, welche die Behauptung, an
deren Wahrheit ich gern glauben mag, läfst, bemerklich machen.

Turner rügt zuvörderft den Irrthum, welchen Vater im Mithridates begangen habe,
indem er die Apachen zu Sprachverwandten der Pawnees machte; diefs fei entftanden aus
Major Pike's Ausdruck *Lee Panis*, womit er aber die *Lipanes*, einen kleinen Apachen-Stamm
in Texas, meinte. — Er erwähnt dann Ruxton's excentrifche Meinung. — Am meiften
Verbreitung hat nach dem Verf. aber die von Violet in feinen Reifen, unter anderen „eben
fo kühnen als unwahren" Ausfprüchen über Verwandtfchaft indianifcher Stämme, vorgetragene
Anficht gewonnen: dafs die Apachen wie die Comanchen von den Schofchonen oder
Snake-Indians (Schlangen-Indianern) des Oregon abftammten. Es heifst wörtlich weiter:
*Had this assertion remained confined to the original romance, it would not have been worth
noticing at this time; but unfortunately it has found its way into the scientific literature of the
day, having been incautiously adopted by the distinguished geographer* Berghaus *in one of the
supplements to his Physical Geography, and by Dr. Latham (though not with perfect confidence)
in his recently published Varieties of Man. That it is incorrect, is evinced by the testimony of
reliable original authorities, who describe the Comanches and Apaches as differing both in person
and character as well as in the nature of their languages, to such a degree that they must
necessarily be of different tribes.* Der ficherfte Führer aber, die Sprache, fehlte den Ethnologen
bis dahin; man hatte nur diefelbe im allgemeinen immer als fehr guttural und rauh befchrieben,
bis Lieut. Simpfon 1850 die (fo viel Turner weifs) erfte Probe von der Sprache lieferte. Turner
erhielt auch einige Apáche-Wörter von Mr. Bartlett aus den *Copper Mines*, und die Zahlwörter von Dr. John L. Le Conte. Turner legte fich, nach Befchreibungen der Reifenden
von der Sprache und nach anderem Material, darauf den Urfprung derfelben nordwärts aufzufuchen; und er ift, wie er fagt, „zu der höchft anziehenden ethnologifchen Thatfache gelangt:
dafs die Apachen, wenigftens was ihre Sprache betrifft, zu der grofsen Familie von Ureinwohnern gehören, welcher Gallatin den Namen der ATHAPASKEN gegeben hat." Die Entdeckung
diefer Verwandtfchaft, fagt Turner, vermehre das Intereffe an diefer ausgedehnten Völker-
Familie, *and indeed may be regarded as opening a new chapter in American ethnology.*

In dem Berichte über eine Sitzung der *New York historical society* vom 7 April, in welcher *Moore* den Auffatz Turner's gleichfalls verlas, in der folgenden No. der Zeitfchrift *the Literary World* (No. 273, 24 April 1852, pag. 298-9), wird derfelbe fo bezeichnet: *an Inquiry into the remarkable resemblances between the powerful tribe of Apache Indians of New-Mexico and the Athapascans of the region north-west of Hudson's Bay.* Dem urfprünglichen Auffatze waren noch einige Zufätze beigefügt, welche in diefer 2ten No. geliefert werden. Ich laffe fie hier folgen: *The surprising agreement, amounting even to indentity of terms, in the description given by Mr. Bartlett and Sir John Richardson, of the sounds of the Apache and of the Northern Athapascan, testifies, at the same time, to the strong resemblance of the two languages.* 2) Bartlett fchreibt in einem Briefe aus *Rito del Cobre* vom 25 Juli 1851, abgedruckt in der *Literary World*, vom Apachifchen: *But such a language! It sounds like a combination of Polish, Chinese, Choctaw and Dutch. Grunts and gutturals abound, and there is a strong resemblance to the Hottentot click. Now blend these together, and, as you utter the word, swallow it: and the sound will be a fair specimen of an Apache word.* — Nun kommt unglücklicherweife ein Einfall Turner's von afiatifchem Urfprunge: *There are some circumstances recorded by travellers which go to sanction the supposition of the Asiatic origin of this people* (er meint den athapaskifchen Stamm überhaupt). [1]

§ 325. Hierzu HABE ICH nun zunächft ZU SAGEN: Es ift auffallend, dafs Turner in feinem Auffatze beim Allgemeinen ftehen bleibt. Der oberflächliche Klang, die Rauhheit und die ftark gutturale Natur bilden die Hauptftütze für die von ihm behauptete nahe Verwandtfchaft zwifchen der Apachen-Sprache und dem athapaskifchen Sprachftamm. Ob er in dem einen Zufatze unter *identity of terms* mehr als allgemeines, ob er Wörter-Gemeinfchaft damit meine, ift ungewifs. Wenn er Wörter der Apachen befafs, fo wäre es wichtig gewefen, fie mitzutheilen und damit einen fpeciellen Beweis für Andere zu führen. Vielleicht hat er diefs vor der *ethnological society* gethan oder ift der Auffatz feitdem ausführlich gedruckt. Die athapaskifche Verwandtfchaft der Ticorilla- oder Xicarilla-Sprache ift gewifs; fie ift, wie die gleiche der Navajo-Sprache, von mir beobachtet und bewiefen worden. Hier ift der Punkt, wo es namentlich die gleichmäfsig von *Bartlett* und mir (oben S. 302[aa-af] und 315[n-nn]) aufgeworfene Frage gilt: ob alle Stämme, welche zu den Apachen gerechnet werden, Ein Volk find; oder ob der Name Apachen zum Theil ein oberflächlicher, mifsbräuchlicher ift? und ob alle Apachen-Stämme durch Eine Sprache verknüpft werden oder ob in den grofsen Verband bei uneigentlichem Gebrauch des weiten Gattungsnamens auch mannigfache Völker anderer Zunge eingehn? Hier vermiffe ich fo fchmerzlich die von Turner bezogenen Wörter aus den Kupfergruben und die Numeralien. Es ift bisher nur vereinzelt ausgefprochen worden, dafs die *Navajos* ein Apachen-Stamm feien, und die *Ticorillas* find vor Simpfon nicht unter den apachifchen Völkerfchaften genannt worden. Aus ihren Sprachen einen Schlufs auf das Idiom der Apachen zu ziehen und diefes darum für eine

[1] Ein Auszug aus Turner's Vorlefung befindet fich auch in den *nouvelles annales des voyages, nouv. série* T. 31. 1852. Par. 8° p. 307-315.

athapaskifche Sprache zu erklären, ift etwas kühn. Ich habe oben (S. 270) auch einen gefährlichen Einwurf zu machen gehabt: *Hervas* nannte die Yuma „vielleicht" eine Apachen-Sprache; fie befitzt auch wie die *Cocomaricopa* für Mann das Wort, den Volksnamen felbft, welcher im Apache Menfch bedeuten foll. Geht die apachifche Verwandtfchaft des Yuma-Idioms weiter, fo ift die Apachen-Sprache keine athapaskifche; das eine mir aus ihr bekannt gewordene Wort *apache* ift ein übles Anzeichen für ihre athapaskifche Verwandtfchaft. — Ich habe aber, wie gefagt, im vollen Gefühl der grofsen Wichtigkeit der Thatfache für den Welttheil, den beften Willen an die athapaskifche Natur des *Apache* zu glauben; und habe auch an ver-fchiedenen Stellen meines Werkes, da ich nicht überall meine Zweifel einftreuen konnte, einfach geredet und gehandelt, als wenn fie entfchieden wäre.

Für Prof. BERGHAUS wünfchte ich einige Worte der Vertheidigung gegen Tur-ner's ungerechten Vorwurf (316[mf]) zu fagen. Prof. Berghaus hat feinen (oben S. 301[aa-af] bezeichneten) Auffatz (1851) überfchrieben: „Über die Verwandtfchaft der Schofchonen, Komantfchen und Apatfchen." Mit diefer Überfchrift kann die Verwandtfchaft fowohl behauptet als geläugnet werden; nothwendig wird mit ihr nur gefagt, dafs der Auffatz den Punkt der Verwandtfchaft befpricht. S. 48-49 giebt B. nur Anderer Urtheile an, fpricht fich aber nicht felbft über das Verhältnifs der Apachen zu den beiden anderen, von ihm mit Recht als in ihren Sprachen nahe verwandt bezeichneten Völkern aus. Er konnte die Verwandtfchaft der Apachen mit ihnen nicht felbft behaupten, weil man bis dahin keine Probe von ihrer Sprache befafs; und er hat es nicht gethan: er hat die Verwandtfchaft nur nach den Angaben anderer Berichterftatter angemerkt. In einer zweiten Stelle (S. 58, a[mm-n]) fagt er wörtlich fo: „Die Kenntniffe, welche wir aus älteren Nachrichten über die Apatfchen fchöpfen, find durch das Vordringen des nordamerikanifchen Volks nach Weften in neuefter Zeit wefentlich vermehrt worden; aber wir haben bisher leider noch gar keine Auskunft über ihre Sprache bekommen, fo dafs wir uns noch immer in der Lage befinden, die Behauptung der Reifenden, dafs die Apatfchen mit den Schofchonen und Komantfchen Ein Volk bilden, auf guten Glauben anzu-nehmen." Wie wenig Prof. Berghaus die Verwandtfchaft der Apachen mit den letzteren beiden Völkern hat felbft behaupten wollen, beweifen folgende Schlufsworte, mit welchen er (59, a[a-aa]) den Gegenftand verläfst: „Mögen nun die Apatfchen mit den Schofchonen und Ko-mantfchen verwandt fein oder nicht, worüber die Erforfchung ihrer Sprache entfcheiden mufs; fo ift auf den Umftand aufmerkfam zu machen, dafs alle drei Nationen, mit Bezug auf geogra-phifche Lage, Bewohner des Binnenlandes find, wie alle grofsen Indianer-Nationen Nord-Amerika's . . . ." Was Prof. Berghaus in feiner früheren Abhandlung, in feinem Werke: „die Völker des Erdballs nach ihrer Abftammung und Verwandtfchaft" (1845, I, 288 sqq.) über das Verhältnifs des Apachen-Volkes gefagt hat, liegt mir nicht vor; doch kann er auch nur die Berichte und Ausfprüche Anderer vorgeführt haben.

§ 326. Die für uns vorhandene Lücke, dafs an den Wörtern einer apachifchen Völkerfchaft der Beweis der von Turner zuerft behaupteten Verwandtfchaft der APACHEN-SPRACHE mit dem ATHAPASKISCHEN SPRACHSTAMME geführt werde, fülle ich aus: indem ich diefen Beweis nicht allein an der einen von Turner ge-nannten Völkerfchaft, dem Idiom der TICORILLAS (?), liefre; fondern ihr auch, in ähnlicher, naher Verwandtfchaft das des berühmten, fchon oben (S. 293-8) von mir behandelten NAVAJO-Volkes an die Seite ftelle. Ich trete hiermit von dem grofsen Volke der Apachen ab und gehe auf die Behandlung der SPRACHEN NAVAJO und TICORILLA ein: in dem Glauben, dafs fie zwei Repräfentanten des APACHE-IDIOMS feien.

Wie ich in dem Auszuge von *Turner's* Auffatz in den *nouv. ann. des voy. (nouv. série* T. 31. 1852 p. 310) den Volksnamen, wie durch einen Druckfehler, *Jicorillas* gefchrieben lefe; fo glaube ich wirklich, dafs der Name Ticorillas, der nirgends fonft vorkommt, ein Verfehen für den beftimmt uns von *Villa-Señor* (oben S. 183[n, f], 258[n]) als den eines Volkes im *bolson de Mapimi* und gegen Neu-Mexico genannten Namen der XICARILLAS ift. Weil aber *Simpson* (in dem Werke: *report of capt. Marcy's route from Fort Smith to Santa Fe; and report of lieut. J. H. Simpson of an expedition into the Navajo country. Wash.* 1850. 8°) alle 3 Mahle, wo der Name vorkommt: 2mahl in der Überfchrift des Wortverzeichniffes (p. 141 und 143), und in der erläuternden Bemerkung p. 143[nn], Ticorillas fchreibt; fo habe ich mir verfagen müffen den Namen eigenmächtig zu ändern, und habe an den zahlreichen Stellen der Wortverzeichniffe in meiner athapaskifchen Arbeit, wie ich hier wieder thue, *Ticorillas* drucken laffen.([1])

An fich hat die Verwandtfchaft der Navajo-Sprache mit der apachifchen fchon RUXTON *(advent. in Mexico and the Rocky M.* 1847) ausgefprochen, welcher (p. 196, in einer in meinen azt. Ortsn. S. 72 verzeichneten Stelle; vgl. oben S. 262[n]) als Zweige der grofsen apachifchen Völker-Familie nennt: „die *Navajos, Apaches Coyoteros, Mescaleros, Moquis, Yubipias, Maricopas, Chiricaquis, Chemeguabas, Yumayas* und *Nijoras;* alle diefe fprächen Dialecte Einer, der apachifchen fich nähernden Sprache und verftänden einander." Nur hat er gezeigt, dafs er kein Urtheil über Sprachen hat (f. azt. Ortsn. S. 72), fo dafs auf keinen einzelnen Aus-fpruch diefer Art bei ihm etwas zu geben war. So ift es fchon nicht wahr, dafs die *Maricopas* eine apachifch-athapaskifche Sprache haben; und die *Moqui,* zu denen Ruxton die *Chemeguabas* und *Yumayas* rechnet, reden auch keine athapas-kifche Sprache. Was er alfo 1847 von der Sprache der Navajos fagt, war als nicht gefagt zu betrachten. Aber Simpfon hat nach feinen 2 Wortfammlungen die gegenfeitige Verwandtfchaft der Sprachen der NAVAJOS und TICORILLAS 1850 ausgefprochen([2]); diefe Beobachtung, die Gemeinfamkeit der Hälfte der Wörter, ent-geht allerdings Niemandem, welcher beide neben einander fieht.

([1]) Dafs folche Fehler in Simpfon's Schrift vorkommen, will ich durch arge Verdrehungen beweifen, die mit den gleich hiernach ([mf]) von mir angegebenen Volksnamen einer Stelle Ruxton's durch unrichtige Lefung der Handfchrift vorgegangen find; ftatt *Moquis* fteht (p. 57 Anm.) *Mogeris,* ftatt *Maricopas: Marec.,* ftatt *Chiricaquis: Cherec.,* ftatt *Chemeguabas: Chemegerabas,* ftatt *Yumayas: Yurmarjars.*

([2]) *The vocabulary* (Marcy p. 57[nf]) *as distinctly shows the kindred character of the languages of the Na-vajos and of the Ticorillas branch of the Apache.*

Hier liefere ich von den Sprachen beider Völkerfchaften, in alphabetifcher
Folge, die wichtige kleine WORTSAMMLUNG, welche wir SIMPSON verdanken.
Simpfon erlangte das Navajo-Verzeichnifs von dem befreundeten Navajo-Häuptling
Tuscahogontle, mex. *Sandoval;* das ticorillifche von einem Apache-Indianer, wel-
cher in dem *guard-house* zu S. Fé gefangen war.

§ 327. Wortverzeichnifs der NAVAJOS und TICORILLAS (XICARILLAS?),
nach J. H. Simpfon p. 141-3 No. 7 und 8

	Navajo	Ticorilla		Navajo	Ticorilla
Arm	*hutcon*	*witse*	Kind (wl.)	*chayway*	
Auge	*hunnah*	*pindah*	Kinn	*hiotze*	*ezaytah*
Bein	*hutyah*	*witchate*	Klapper-	*klish*	
Brodt	*pah* (wohl fpan.	*klaytunchechay*	fchlange		
Bruft	*hay-yete* [pan)	*kojay-ae*	Knabe		*iskee*
Büffel	*a-yanne*	*yahnay*	Kopf	*hutse*	*itse*
Erde	*ne*	*nay*	Mädchen		*memcheto*
Feuer	*elchin*	*cone*	Mann	*tennay*	*tinlay*
Fleifch	*etse*	*itse*	Mond	*oldchay*	
Flinte [an	*paydilston*	*jehkay*	Mund	*luzzay*	id.
Frau: wom-	*estennay*	*taykay*	Nafe	*hutchin*	*witchchess*
wife	*chaat*	*pe-aug-oole*	Ohr	*hutchah*	*wickyah*
Fufs	*hutkay*	*witkay*	Pfeil	*hohuck*	
Geliebt	*hunne*		Pferd	*kle*	*shle*
Gott	*yuahdelkill*	*Dios*	Schlange	*kotso*	*kooh*
Haar	*hotse*	*itse*	Sonne	*chohaenaei*	
Hals	*huckquoss*	*wickcost*	Stern	*delgayhe*	*shah*
Hand	*hullah*	*wislah*	Stirn	*huttah*	*pinnay* (vgl. Au-
Hirfch (de-	*pay-ye*	*pay-ah*			ge)
Hund [er)	*klaycho*	*klinchaah*	Waffer	*toe*	*ko*
Katze	*moose*	*moosah*	Zähne	*howgo*	*egho*
Kind (ml.)	*cheyaz*		Zunge	*hotso*	*ezahte*

§ 328. An einer fpäteren Stelle, beim ruffifchen Nordamerika, (¹) lege ich
dem Lefer die WÖRTER diefer zwei Sprachen in dem grofsartigen Gewebe ihrer
verwandtfchaftlichen Verbindung vor, und derfelbe wird dort die Sprachen diefer
zwei wilden mexicanifchen Stämme genugfam als Glieder des grofsen ATHAPAS-
KISCHEN SPRACHSTAMMES erkennen, und ihre Verhältniffe zu den Stammgenoffen
felbft einfehen können. Hier will ich jedoch die mannigfaltigen, dorther zu fammeln-
den BEOBACHTUNGEN felbft mittheilen.

(¹) Dem Drucke nach im 3ten Theil meiner abgefonderten Abhandlung über den athapaskifchen Sprachftamm.

§ 329. Dem Uneingeweihten erfcheinen auf den erften Anblick viele der hier gefammelten Wörter beider Sprachen fchwer durchdringbar: einige fehen fich fehr ähnlich:
N *hutse* Kopf, *hotse* Haar, *etse* Fleifch; in der Ti kommt für diefelben 3 Begriffe die einzige
Form *itse* vor.(¹) Im Navajo fällt auch beim erften Blick auf, dafs eine Menge Wörter fich
mit *h: hut, hun* ufw., anfangen. Die Vergleichung mit den athapaskifchen Sprachen will
auch nicht fogleich anfprechen.

Ein Hauptgrund von allen diefen Erfcheinungen, und davon, dafs viele Wörter auf
beiden Seiten, in der Vergleichung, dem Anfchein nach fo fremd auftreten, find die vielen
GLIEDER DES KÖRPERS: welche fowohl in den 2 mexicanifchen Sprachen als in den
athapaskifchen PRONOMINA POSSESSIVA vorn haben, die in allen diefen Sprachen fehr
verfchieden find. Im Nav. ift das allgemeine Präfix *hu* (f. z. B. Fufs, Hals, Hand, Nafe, Ohr,
Stirn); *ho* kommt vor in: Zahn, Zunge; ein 2tes ift *hi*, vorkommend in Kinn. In der Tic. herrfcht
wi (f. alle die Wörter, in denen Nav. *hu* hat, aufser Stirn); daneben erfcheint *pi* (in Auge,
Stirn); nicht felten ift *i*, auch *e* (in Kinn, Zunge; auch im N: Fleifch); *hu* zeigt fich in Fufs.
Auch vor Verwandtfchaftsnamen kommen *pronomina praefixa* vor: vor Frau N *cha*, Ti *pe*.

In diefen VORSÄTZEN offenbaren beide Sprachen gegen einander die Verfchieden-
heit, dafs im N *hu* oder *ho*, in der Ti Vorfätze mit *i (wi, pi, i)* herrfchend find; fie nehmen aber
dabei auch gegenfeitig Theil an diefen Präfixen. Diefe *pronomina praefixa* reihen fich leicht
ein in die der anderen athapaskifchen Sprachen, deren alphabetifche Reihe ich Athap. S. 169-170,
nach fpecieller Abhandlung der der einzelnen Sprachen 166-8, gegeben habe; fie find ein wichtiger
Beftandtheil des Beweifes athapaskifcher Verwandtfchaft für die Navajo- und Ticorilla-
Sprache. Wir finden dort ≠ *hu, ho* Präfixe mit *u* und *o* (χ*o* u. a.); wir finden die 2 anderen
Formen, die Vocale *i* und *e: be, wö, me* u. a. Alle find fonft, wie in jener Abh. (f. z. B.
S. 232) dargethan habe, das *pron.* 3. *pers.*, befonders fein; und es ift auffallend, dafs in den
beiden Apachen-Dialecten das in dem ganzen athapaskifchen Kreife, auch den Kinai-Sprachen,
fo allgemein herrfchende *pron. pers.* 1., welches an fich für Glieder des Körpers viel natürlicher
ift und fich durch den Zifchlaut *(schi, si, se, s* ufw.) charakterifirt, nicht vorkommen follte.
Das *cha* des N in Frau möchte diefes feyn.

§ 330. Wenn wir durch die Abftreifung diefer Ponominal-Präfixe für einen
grofsen Theil der Wörter ein anderes Licht gewinnen, fo kann ich folgendes Refultat verkünden: die VERWANDTSCHAFT diefer 2 Sprachen, des *Navajo* und der
Ticorilla, mit den ATHAPASKISCHEN ift vollkommen und durchgehend; fo
feltfam manche Wörter jener 2 gegen diefe beim erften Scheine auftreten, laffen
fich doch faft alle mit den athapaskifchen zufammenfinden, da der letzteren Wörter
und Formen auch vielfach fehr bunt find. Die Verwandtfchaft ift fo vollkommen
und ausgemacht, dafs felbft ftarke Abweichungen der 2 mex. Sprachen nur belehrend
und vervollftändigend für die athapaskifchen find. Ein Beifpiel, wie felbft bei Verfchiedenheit der 2 mex. Sprachen gegen einander jede vollkommen dem Athap. ähnlich ift,
giebt Zunge; für jede mex. Sprache findet fich eine athapaskifche mit ähnlicher Form.
Büffel erfcheint nur als Theil in Einem Ausdruck Chep. Rich. und erfcheint wie ein unter-

(¹) Ich mache noch auf die merkwürdige Geftalt des Wortes für Brodt im Ti aufmerkfam:
klaytunchechay.

geordnetes Wort; doch müffen uns beide mex. Sprachen belehren. Eben fo mufs uns belehren Pferd: beiden Sprachen gemein, fehr einfach gegen die langen Wörter zweier athap. Dialecte. Mit den athap. Sprachen find bedeutend ähnlich: NT Ohr, Hand, Mann, Hals, Zahn, Zunge; N Auge, Mond, Waffer, Frau *(wife),* Haar, Kind (weibl.); T Feuer, Bein, Nafe, Frau *(woman);* — identifch, nur mit einer Befonderheit: NT Hund, N Nafe; mit einer oder einigen athap. Sprachen ähnlich: NT Arm, Büffel, Erde; N Stern (T vielleicht = Sonne), Sonne? T Auge, Mädchen; — ziemlich, etwas öder wahrfcheinlich ähnlich: NT Fleifch, Fufs, Kopf, Mund; N Geficht, Feuer, Bein, Frau *(woman)?* Kinn; T Bruft, Haar, Waffer. — Fremd gegen den athapafkifchen Stamm (nach dem bisherigen Material) find beide Sprachen in: Flinte, Hirfch, Katze, Stirn; N in: Pfeil, männl. Kind (doch erfcheint *yaze* im athap. *boy);* ich nenne aufserdem: NT Pferd; N Bruft; T Knabe, Kinn, Frau *(wife).* — Die Wortreihen felbft, aus denen diefe Verhältniffe hervortreten, kann ich hier nicht geben; fie find vollftändig in den Tafeln des 3ten, alle Sprachen des grofsen Stammes zufammenfaffenden Theiles meiner athapafkifchen Abhandlung (f. befonders S. 261ᵃ⁻ᵃᵃ) enthalten: und durch die deutfche Verzeichnung zu ihnen (S. 266-8) find alle hier angegebenen Wörter leicht aufzufinden.

In der athap. Sammlung kommen gar nicht vor, um verglichen werden zu können: Gott, Schlange, Klapperfchlange. Spanifch find: N Brodt? T Gott; Mädchen kommt dem fpan. *muchacha* nahe. — Nur Eine fonorifche Ähnlichkeit zeigen beide mex. Sprachen: das Wort für Katze (T *moosah,* N *moose;* Marcy p. 143 No. 41), welches aber durch 8 Sprachen von Marcy's Sammlung aus jenen Gegenden geht (f. bei Neu-Mexico § 407).

§ 331. Es ift nicht unpaffend auch die beiden mexicanifchen Idiome, Navajo und Ticorilla, UNTER SICH zu vergleichen; ihre unmittelbare Verwandtfchaft folgt daraus, dafs fie beide athapafkifche Dialecte find:(¹) nur nach ihren näheren Verhältniffen können wir forfchen. Beide Sprachen gleichen fich in der Wortreihe: Büffel, Erde, Fleifch, Fufs, Haar, Hals, Hirfch, Hund, Katze, Kopf, Mann, Mund (ganz gleich), Nafe, Ohr, Pferd, Zahn; beide find wohl im Grunde gleich in: Hand, Kinn, Schlange, Waffer. In nicht wenigen Wörtern find beide Sprachen einander ungleich; weichen fehr, oder mehr oder weniger von einander ab; ich nenne: Feuer, Flinte, Frau, Stern, Stirn (hier ganz), Zunge. — Einige Begriffe find nur in Einer Sprache angegeben: N Geficht, männl. und weibl. Kind, Klapperfchlange, Mond, Pfeil, Sonne; T Knabe, Mädchen.

Athapafkifcher Sprachftamm.

§ 332. Die beiden mexicanifchen Völker der Navajos und der Ticorillas als Stämme des APACHEN-Volkes, wie man meint, haben mich, da ich aus der Sprache den Beweis unternommen habe, dafs ihre Idiome, und demzufolge muthmafslich das des ganzen Apachen-Volkes, dem athapafkifchen Sprachftamme angehören, zu einer FREMDARTIGEN ABSCHWEIFUNG geführt. Ich fchalte hier, abweichend von meinem Grundfatze, welcher mich von der Berückfichtigung der grofsen Sprachmaffen des Centrums und des Oftens von Nordamerika entbindet,

---

(¹) Simpfon fchon bemerkt (bei Marcy p. 143ⁿⁿ), dafs in jener feiner vielgliedrigen Worttafel (meift Pueblo-Sprachen) nur *Navajos* und *Ticorillas* eine Verwandtfchaft zeigen.

fehr ungeographifch, eine allgemeine Betrachtung des grofsen ATHAPASKISCHEN Völker- und Sprachstammes ein. Ich kann diefe Abweichung aber durch mehrere Motive rechtfertigen. Mich zog allerdings zunächft dahin die Betrachtung, dafs ich, vermöge der herrlichen Vermehrung früherer, fchon vortrefflicher Wortfammlungen durch Sir John Richardfon's 1851 erfchienene arctifche Reife zur Auffuchung Franklin's, bei Vereinigung des ganzen Sprachftoffes ein ziemlich genügendes Bild des, einig in fich und fremd gegen anderes daftehenden grofsen Stammes darbieten konnte. Nachdem ich diefes, wie ich es hier vorlege, ausgeführt, ift für mich aus diefer Darftellung die Entdeckung von neuen Gliedern des Athapasken-Stammes in mehreren Sprachen des hohen Nordens der Weftküfte im ruffifchen Amerika, hervorgegangen: nämlich in der KINAI-Sprache und ihren Verwandten. Drei andere Mundarten, bekannt als Glieder deffelben, fand ich, weit nach Süden gefchleudert, in der Oregon-Gegend, an der Meeresküfte oder ihr nahe, in dem Wege meiner regelmäfsigen Erforfchung. So ift es gekommen und entfchuldigt, dafs ich von den Apachen aus die fremdartige Einfchaltung des ATHAPASKEN-STAMMES unternommen habe. Ich habe durch diefe Arbeit bethätigt, wie gern ich mich dem Glauben ergebe, dafs wir (was noch nicht bewiefen ift) in den Sprachen Navajo und Ticorilla Glieder des grofsen APACHEN-IDIOMS vor uns haben, und dafs diefen beiden die Zunge des ganzen Apachen-Volkes anhängt.

[Die umfaffende Darftellung, welche ich dem Sprach- und Völkerftamme der ATHAPASKEN, entfprechend feinen grofsartigen Dimenfionen, gewidmet habe: Dimenfionen, in welchen er ein ungeheures Gebiet im Innern des nördlichen Continents einnimmt, nahe an das Eismeer reicht, und queer das nordamerikanifche Feftland durchzieht: indem er im Often die Hudfonsbai, im Südweften in abgeftofsenen Stämmen am Umpqua-Fluffe das ftille Meer berührt; — fchliefse ich, aus den in einer früheren Hauptftelle (S. 119-120) angegebenen Gründen, von diefem Bande aus: fie bildet, in drei Stücken, bezeichnet als Abfchnitt XIII § 332-382, und Abfchnitt XVI § 732-756 und § 787-848, eine befondre, von mir am 23 November 1854 in der Gefammt-Akademie gelefene Abhandlung, welche in den Schriften der Akademie aus dem Jahre 1855, S. 149-320, und auch für fich erfchienen ift. An die gegenwärtige Stelle, nach dem Apachen-Volke der mexicanifchen Nordländer, gehört nur die erfte der drei Abtheilungen: die Betrachtung der ATHAPASKISCHEN VÖLKER und SPRACHEN im engeren Sinne: die §§ 332-382 des gegenwärtigen XIII^{ten} Abfchnitts, S. 149-222 der Abhandlung oder der befonderen Schrift.]

Y u t a h.

§ 383, a. Ich habe von dem LANDE DES GILA UND COLORADO oder dem
GROSSEN WÜSTENLANDE DER WILDEN INDIANER, nachdem ich daſſelbe im
ganzen und allgemein geſchildert, die kleinere füdliche Hälfte: das nördliche
Gila-Land, welchem man Sonora als das füdliche an die Seite fetzen kann; durch-
ſchritten. Nachdem ich in ihm zu den Apachen und ihnen zufolge zu dem Atha-
pasken-Volke weit abgeleitet worden bin, trete ich im regelmäſsigen Lauf ein in
deſſen gröſsere NÖRDLICHE HÄLFTE, in das YUTAH-TERRITORIUM:
ein groſses Land im Norden des neueſten weſtlichen Neu-Mexico's, oder ein
nördliches Stück des Weſtgebietes einer ungeheuer groſsen Provinz NEU-MEXICO
in altem Sinne (¹) bildend, und von eben dieſer mexicaniſchen Provinz durch die
Nordamerikaner abgezweigt. Es lehnt ſich in feiner ganzen, ſchräg und ſtark nach
Weſten auslaufenden, weſtlichen Seite an Neu-Californien an. Ich habe es hier
hauptfächlich mit dem Volke der YUTAS oder YUTAH zu thun: denen füdlicher,
gegen den nordweſtlichen Zipfel des nordamerikaniſchen Neu-Mexico's oder des
Nord-Gila-Landes, das Volk der PAYUTAS im Namen und Stamme entfpricht.

Die SPRACHE dieser Yutas aber, welcher in ihrer Wichtigkeit als einem
Gliede des fonoriſchen Sprachſtamms und Bewahrerinn von azteckiſchen Reſten allein
dieſe neue Gruppe in dem GROSSEN WÜSTENLANDE des GILA und COLO-
RADO gewidmet iſt, veranlaſst mich zu einer unerlaubten GEOGRAPHISCHEN

(¹) In dem Sinne, in welchem, wie ich früher (S. 247mf-8m) gefagt habe, das WÜSTENLAND DES
GILA UND COLORADO ehemahls und bis vor kurzem nach einigen Vorſtellungen mit der ſchmalen
öſtlichen Provinz ein groſses Land Neu-Mexico bildete, wie es nach anderen Theil einer ausgedehnten
Provinz Neu-Californien oder Sonora war. Dieſes weite Neu-Californien und das Wüſtenland als feinen
Theil ſtellen dar 2 kleine Karten von Mexico: eine vom J. 1831, zu J. Meyer's Univerfal-Atlas (Hildburgh.
und Neu-York) gehörig; und eine von F. W. Spehr, zu Braunfchweig 1825 erſchienen. Dagegen hat das
11te Blatt von W. E. A. von Schlieben's Atlas von Amerika (Leipzig 1830) eine groſse Provinz geſchaffen,
genannt „das Land der freien Indianer", das aber merkwürdigerweife jenfeits des ſchmalen Neu-
Mexico's, über deſſen Norden es ſich wegzieht, in dem Norden von Texas (mit Comanchen und Rio Colorado) eine öſtliche Hälfte erhalten hat; der ganze Norden von Mexico zwiſchen der Gränze Neu-Californiens und dem Gebiet der Vereinigten Staaten iſt dieſe Eine ungeheure Provinz, nur mit dem Enclave des
ſchmalen Neu-Mexico's. Eben fo hat C. C Becher auf der Karte zu feinem Buche: Mexico in den . . .
J. 1832 und 33 (Hamb. 1834) beide Gebiete, das weſtliche des Gila und Colorado und das öſtliche über
Texas, wie den Norden über Neu-Mexico zu Einer groſsen Provinz vereinigt, bezeichnet „heidniſche
Völker". Z. B. Pike's 3te Karte zu den *expeditions to the Sources of the Mississippi*, Philad. 1810. 8⁰,
ſcheint der punctirten Gränzlinie nach im N über den Provinzen Senora, Neu-Biscaya, bolson de Mapimi
und Cogquilla nichts zu kennen als eine einzige groſse Proviuz *New North Mexico*: diefs iſt einge-
ſchrieben füdlich von S. Fe, im O beim Rio grande; und die Gränzlinie gen O liegt noch weit von dieſem
Fluſse ab; von einer weit öſtlichen Stelle des *Rio Colorado de Natchitoches* geht ſie in füd-füd-öſtlicher
Richtung herab auf das äuſere Ufer des *Rio grande* bei feiner groſsen Wendung nach O, trifft das *Presidio
de Agua verde* und läuft abwärts bis eine Strecke in W von S. Antonio (de Bejar). Erſt öſtlich von dieſer
Gränze iſt die Provinz *Texas.*

ABSCHWEIFUNG. Da der Name des Volkes einmahl durch die jetzigen Macht-
haber zu der hohen Bedeutung gelangt ift, Name für ein grofses Land zu werden,
das cinft ein Staat der Union feyn wird: Wohnfitz eines wie fabelhaft auftretenden,
neuen Volkes mit einem neu erfundenen, myftifchen Glauben; fo fühle ich
mich getrieben diefen neueften Umfang des Namens YUTAH durch eine GEO-
GRAPHISCHE SCHILDERUNG zu erleuchten, welche faft ganz in der
jüngften Gegenwart fchwebt. Es ift meine Abficht, obgleich ich im Beginne fchon
das ganze Land der wilden Indianer fo behandelt habe, feiner nördlichen Hälfte,
dem jetzigen TERRITORIUM UTAH des nordamerikanifchen Staatenbundes,
eine Betrachtung in Beziehung auf LANDESKUNDE zu widmen. Ihr erfter
Theil wird MANNIGFALTIGE VERHÄLTNISSE nach und meift wörtlich nach dem
Artikel *Utah* (p. 1196-9) des neuen *gazetteer* behandeln, deffen Titel ift: *A new
and complete gazetteer of the United States. By Thomas Baldwin and J. Thomas.* Philad. 1854. 8°. Im zweiten Theil behandle ich, mit Benutzung der grofsen
Frémont'fchen Karte, die FLÜSSE: befonders den oberen Lauf des *rio Colorado*
und feine oberen Zuflüffe. — Mit befonderem Intereffe fchildere ich in einem 3ten
Theile ausführlich die 2 SEEN: den grofsen Salzfee und den kleineren Utah-See;
fie find allein fchon darum anziehend, weil Alexander von Humboldt auf feiner
grofsen Karte Neufpaniens den erfteren, als *laguna de Timpanogos,* angegeben hatte
und er, nachdem lange und vielfach feine Exiftenz bezweifelt worden ift, durch
neue, wichtige Entdeckungen, welche jenes ganze Land enthüllt haben, vollftändig
gerechtfertigt ift: nur dafs der Name auf einen Zuflufs des kleinen Sees zurück-
gefallen ift. Der kleine See, auch von Humboldt angedeutet, nur unrichtig als ein
falziger, geht mich auch darum nahe an, weil ihm der Name Utah beigelegt ift.
Ich werde in diefem dritten Theile nicht nur die beiden Seen, fondern auch den
Landftrich, in welchem fie liegen, das Thal des grofsen Salzfees, fchildern: und
mich dazu des wichtigen Werkes feines Erforfchers bedienen: *An expedition to the
valley of the Great Salt Lake of Utah. By Howard Stansbury, captain corps
topographical engineers, United States army.* London 1852. 8°; mit vielen Anfichten der Gegend, und 2 ungeheuer grofsen Karten: einer vom Salzfee-Thal und
einer von der ganzen Reiferoute. Ich benutze nebenbei auch die geographifche
Einleitung feines Affiftenten, Lieut. J. W. Gunnifon, zu feinem Buche: *the Mormons, or, latter-day saints, in the valley of The Great Salt Lake.* Philad. 1852.
8°: deffen anziehende Schilderungen fich zu dichterifchem Schwunge erheben. —
Ein vierter Theil behandelt die BEWOHNER des Utah-Territoriums, befonders die
Mormonen und die wenigen Indianer-Völker.

    Ein noch neueres, wichtiges Werk, welches auch in gewiffen Abtheilungen viele
Nachrichten über das *Utah*-Territorium, den grofsen Salzfee wie die Salzfee-Stadt enthält,
mufs ich hier einfchaltend kurz befprechen, weil es, grofsartige neue Entdeckungsreifen, gleich-
zeitig durch viele Breiten-Zonen ausgeführt, fchildernd, voll neuer Aufklärungen gerade über

die Länder ift, welche ich als Theile des alten nördlichen Mexico's in dem letzten und nächften Verlaufe meines Werks darzuftellen unternommen habe. Ich muſs es hier thun, weil daſſelbe erſt (im Sept. 1856) kurz vor der Zeit zu uns gelangt ift, wo dieſes Stück gedruckt wurde: und es daher an einer allgemeinen Stelle, neben *Bartlett* (S. 153[aa]), nicht genannt werden konnte. Es ift diefs das Werk, welches, durch die Documente des Waſhingtoner Congreſſes zerſtreut, die Berichte der auf Befehl der Regierung der Vereinigten Staaten ausgeführten Expeditionen zuſammenfaſst, welche beauftragt waren eine geeignete Linie aufzufuchen, um eine GROSSE EISENBAHN VOM MISSISIPPI AN DIE SÜDSEE zu führen. Der allgemeine Titel findet fich in einem Quartbande, welcher Vol. I. benannt ift:

Reports of explorations and surveys, to ascertain the most practicable and economical route for a railroad from the Mississippi river to the Pacific ocean, made . . . in 1853-4. Vol. I. *Wash.* 1855. 4⁰. Dieſer Band bildet Vol. 13 part 1. der *reports of committees printed by order of the Senate.* 2^d *session of the* 33^d *congress;* er ift aber auch zum 2ten Mahle gegeben als *Vol.* 11 *part* 1. der *executive documents of the house of representatives;* ([1]) es kann verwirren, daſs er *Vol. I.* genannt wird, da die 3 Octavbände, welche das Werk darſtellen, in dem vor ihnen ſtehenden Inhaltsverzeichniſs *Vol. I. II. III.* genannt werden. Ihre Titel und Rubricirung find folgende:

Report of the secretary of war communicating the several Pacific railroad explorations. (Vol. 1. 2.) *Executive documents printed by order of the house of representatives during the* 1st *session of the* 33^d *congress. Vol.* 18 *part* 1. 2. *Wash.* 1855. 8⁰; dazu 1 Band *maps:* Vol. 18 part 4. Der Octavband Vol. III. fehlt noch. — Ich werde nun den für meine Zwecke wichtigen INHALT der 4 vorhandenen Bände angeben:

In VOL. I.: des *capt. A. A. Humphreys examination of the explorations to determine the most practicable and economical route for a railroad from the Mississippi river to the Pacific ocean;*

report of governor I. I. Stevens upon the route near the 47th *parallel* (ift der gröſste Theil des Bd., trägt p. 1-599): dazu ein ſorgfältiges Regiſter;

In VOL. II.: *report of lieut. E. G. Beckwith upon the routes near the* 41st & 38th *parallels* (2 Stücke; das erſte Stück, 38-39 Par.: *from the mouth of the Kansas to Sevier river, in the great basin);* diefe beiden Stücke enthalten viel über *Utah, Great Salt Lake* und *City;*

report of lieut. A. W. Whipple upon the route near the 35th *par.:* handelt befonders über Neu-Mexico, hat auch einen eignen reichen Theil der Naturgeſchichte und meteorologiſcher Beobachtungen: wie barometriſche und meteorologiſche Tafeln und Beobachtungen allen Berichten des Werks beigefügt find;

rep. of capt. John Pope upon . . . the route near the 32^d *par. from the Red river (Preston) to the Rio Grande;* alle Stücke haben befondre Paginatur.

Das VOL. I. IN 4⁰ enthält die 4 kleinen Stücke: *report of the secretary of war, examination of the reports of the several routes explored, railway memoranda, letter of major general Thomas S. Jesup;* dann die grofse wichtige Arbeit von *I. I. Stevens* (Gouverneur des *Washington territory): report of explorations for a route for the Pacific railroad, near the* 47th *and* 49th *parallels of north latitude, from St. Paul to Puget sound* (p. 1-635, mit Regiſter p. 637-651). Dieſer ganze Quartband ift, obgleich die Titel des Inhalts etwas anders lauten,

---

([1]) und, wie man ſogleich (326[f-7a]) fehen wird, ift er auch als ein Octavband gedruckt worden.

nur ein andrer Abdruck der Stücke des 1ten Octavbandes; namentlich ift das Werk von *Stevens* und das grofse Regifter in beiden daffelbe.

Vol. 18 PART 4. *MAPS:* enthält grofse, fehr fpecielle Karten, wenn auch voll leerer Räume, aller Gegenden; z. B. von Neu-Mexico bis *Mesilla*, Salzfee ufw., Gila und weiter Californien. — Auf der letzten Karte zu *Whipple's* Expedition im Vol. 2. der *exec. docum.* erfcheint der Name der Azteken: in dem *Aztec pass.*

Das jetzige TERRITORIUM Utah nennt der *gazetteer* „urfprünglich ein Gebiet *(territory)* von Ober-Californien"; 1848 von Mexico an die Vereinigten Staaten abgetreten und 1850 zu einem befondern Territorium erhoben. Die Regierungsform eines folchen *territory* ift die: dafs ihm durch den Präfidenten je auf 4 Jahre ein Gouverneur vorgefetzt wird; dem eine *legislature* von einem *council* von beifpielsweife (bei *Minnesota*) 9 Gliedern, und einem *house of representatives* von 18 Gliedern: beide vom Volke gewählt, erftere auf 2 Jahr, letztere auf 1 Jahr; zur Seite fteht. Das Gerichtswefen wird von einem *supreme, district* und *probate courts* beforgt. Das Territorium fendet einen Abgeordneten an das allgemeine Repräfentanten-Haus, der reden, aber nicht ftimmen darf.

Utah wird in N BEGRÄNZT vom Oregon-Gebiet; in O vom *Indian territory (Nebraska)* und Neu-Mexico, getrennt von ihnen durch die *Rocky mountains;* im S von der weftlichen Hälfte des nordamerikanifchen Neu-Mexico's: d. h. vom Nord-Gila-Lande oder der Südhälfte von dem Wüftenlande des Gila und Colorado; auch von dem NW des eigentlichen Neu-Mexico's; im W von der nördlichen Hälfte Neu-Californiens: von welchem es theilweife durch die *sierra Nevada* gefchieden wird. — Das Territorium liegt zwifchen 37° und 42° N. B., und von 105° 30' oder 106° bis 120° W. L. Ein längliches Viereck, wie ich früher (S. 248^n-9^a) fchon bemerkt habe, in deffen Weftfeite die neue Geftalt des nördlichen Neu-Californiens einen ftumpfen Winkel einbricht: beträgt feine gröfste Länge, von O-W, 700 *miles;* feine Breite, N-S, 347 *miles;* fein Flächeninhalt 187,923 □ *miles.*

§ 383, b. „Diefes ausgedehnte Land ift feiner BESCHAFFENHEIT nach im allgemeinen ein höchft unfruchtbares Plateau, durch die *sierra Madre* in ungleiche Theile getrennt; die gröfsten Abtheilungen liegen in W. Der weftliche Abfchnitt, genannt das grofse Becken *(the GREAT BASIN)* oder *FREMONT BASIN*, ift von allen Seiten von Bergen eingefchloffen: indem es an der NSeite die *Blue mountains* von Oregon, im O die *Wahsatch mountains*, im W die *sierra Nevada*, im S ein unbenanntes Gebirge hat. Diefes Becken hat von O-W eine Ausdehnung von etwa 500 *miles*, von N-S von 350 *m.*, und eine allgemeine Erhebung von 4-5000 Fufs über dem Meere; es hat ein eignes Syftem von Seen und Flüffen, aber ohne Verbindung mit dem Ocean. Der öftliche Theil ift mit einem weifsen Überzuge falinifchen und alkalinifchen Stoffes bedeckt; der weftliche mit einer Mifchung von Salz, Sand und Thon, in welche Thiere bis an die Kniee einfinken. Einige vereinzelte Gebirge durchziehen diefes Becken: deren vorzüglichftes die *Humboldt river mountains* find, welche von N nach S nahe in der Mitte des Beckens hinlaufen und 2-5000 Fufs über der Umgegend emporragen. [Über fie berichtet neueftens *Beckwith* im Vol. II. der *documents* (f. oben S. 326^{mf}), im 2ten Stück *(par.* 41)]. Die *Wahsatch mountains* fteigen zu 4-7000 Fufs über den benachbarten Thälern an, und einige Berge erreichen die ewige Schneehöhe. [Dem *Lone peak* öftlich vom Jordan find auf Stansbury's Karte 10,713 Fufs Erhebung beigelegt.] Einige Thäler im füdlichen Theile *(of the settled country)* haben eine Höhe von etwa 6000 Fufs über der Meeresfläche. —

Ein GROSSES THAL, noch unfruchtbarer als die weſtliche Abtheilung, nimmt die Gegend zwiſchen den *Wahsatch* und *Rocky mountains* ein."

„Von der GEOLOGIE Utah's iſt noch ſehr wenig bekannt. Es ſcheint aber, daſs vulkaniſche Felſen in verſchiedenen Theilen gefunden werden. Baſalt kommt an den Abhängen der Berge an vielen Stellen vor. Die *Boiling Springs* (ſ. unten § 383, c am Ende) und die heiſsen Quellen im Thal des *Bear river* wie in anderen Abtheilungen zeigen die Nähe vulkaniſcher Feuer an." Von Metallen iſt noch nirgends etwas geſagt; Stansbury erwähnt aber (5ⁿⁿ) „der unerſchöpflichen mineraliſchen Reichthümer des Steinkohlen-Beckens vom *Green-river*-Thal." An ſchönen Bergſcenen fehlt es nicht; der *gaz.* ſagt (1197, b): *Among the mountain faſtneſſes and gorges of the Rocky, Wahſatch, Humboldt, Sierra Nevada, and other mountains, there probably exiſt scenes yet unrevealed to civilized eyes, equal in intereſt to any that have been discovered."* Wir werden unten begeiſterte Schilderungen von Naturſchönheiten vernehmen. Zu ihnen geſellt ſich der Zauber der Luftſpiegelung. Bei der Reiſe durch die Salzwüſten des *Fremont baſin* ſah Frémont's Zug ſich abgeſpiegelt in der Luft: was nach ſeiner Vermuthung von Salztheilchen kam, die in der Luft ſchweben. „Auf den unfruchtbaren Ebenen", ſagt Gunniſon (p. 21), „und in den dürren Thälern kehrt, ſobald die trockne Jahreszeit etwas vorgeſchritten iſt, die Luftſpiegelung die Gegenſtände um und verdreht ſie in höchſt phantaſtiſcher Weiſe. (Man leſe die Bilder des Verf.) *Sometimes a man walking alone will be multiplied into a troop marching with beautiful military exactness, and a few horsemen riding in a disorderly manner converted into a troop performing various evolutions . . ."* „Bei *Brown's hole* (*gaz.* 1197, b), in der Nachbarſchaft des *Green river*, in etwa 41° Br. und 109° W. L., find eine Anzahl enger *cañones* oder Schluchten, mit beinahe ſenkrechten Mauern von 6-800, ja 1500 Fuſs Höhe, welche Scenen von auſserordentlicher Wildheit und Gröſse darbieten."

Das KLIMA der groſsen Hochebene zwiſchen dem Felſengebirge und der *sierra Nevada* iſt dem der groſsen tatariſchen Ebenen in Aſien ähnlich gefunden worden. „Zufolge *Orson Pratt* iſt die Mitte des Sommers trocken und heiſs, indem die Hitze um Mittag 90°-105° F. beträgt; aber mit kühlen Morgen und Abenden, die durch Bergwinde *(breezes)* erfriſcht werden. Die Winter find mild: da Schnee ſelten einige Zoll tief in den Thälern fällt und nicht lange liegen bleibt. Der Frühling und Herbſt, obgleich mild, find plötzlichen Wechſeln unterworfen; und der Wind iſt ſehr veränderlich, ſich beinahe täglich nach allen Compaſsſtrichen umſetzend. Regen fällt ſelten zwiſchen April und October; wenn aber heftige Schauer kommen, find ſie gewöhnlich von Donner und Hagel, manchmahl auch ſtarken Winden, begleitet. Dr. *Bernhiſel* und Mr. *Snow* ſagen, daſs das Klima der groſsen Salzſee-Stadt, in 40° 45' N. B., milder und trockner als unter demſelben Parallelkreiſe an der atlantiſchen Küſte, und die Temperatur gleichmäſsiger iſt, da das Thermometer ſelten auf Null ſinke. Während 3 Jahre der Beobachtung war der höchſte Punkt, welchen das Thermometer erreichte, 100° über, und der niedrigſte 5° unter Null. Der Unterſchied zwiſchen der Tag- und Nachtwärme beträgt in der Sommermitte 20°-40°. Fröſte treten im Utah-Thal bis Ende Mai's und vom Beginn des Septembers an ein."

Nach der Anſicht des *gaz.* (1198, a) „kann im Vergleich nur ein ſehr kleiner Theil von Utah jemahls nutzbar gemacht werden, Nahrung für Menſchen und Thiere hervorzubringen. Die wenigen fruchtbaren Flecke werden in den von reinen, aus den benachbarten Gebirgen herfliefsenden Strömen bewäfferten Thälern gefunden; und am Fufs der meiften Gebirge ift ein Streifen fruchtbaren Landes. Die Linie der Mormonen-Niederlaffungen nimmt von N nach S die am weftlichen Fufse des *Wahsatch*-Gebirges liegenden Thäler ein. Diefe find im hohen Grade fruchtbar. Bewäfferung ift aber auch hier zum erfolgreichen Landbau nothwendig; doch find grofse Theile der Thäler zu fern von Strömen, um von Bewäfferung Nutzen zu ziehn. Die Thäler *Bear, Great Salt Lake, Utah, Yuab, South, Sevier* und *Land Pitch* find die hauptfächlichen Ackerbau-Bezirke. Der obere Theil der Thäler des *Green* und *Grand river* wird als unfähig gefchildert irgend eine Bevölkerung zu ernähren. Die *Unitah-* [= *Uintah-*] und *Green river*-Thäler, welche weiter abwärts an den Nebenflüffen des *Colorado* liegen, find jedoch nicht fo unfruchtbar." (¹)

„Weizen, Roggen, Gerfte, Buchweizen, Mais und Garten-Gemüfe der mittleren Staaten find die Erzeugniffe von Utah. Ein feines Bündel-Gras *(bunch-grass)*, das in Folge der Trockenheit des Klima's nicht vergeht, liefert den Winter hindurch Futter für das Vieh, ohne einer Sorge zu bedürfen. (²) Der Mais und Weinftock find frühen und fpäten Fröften ausgefetzt. Die Verfuche Obft zu ziehn find noch nicht genugfam geprüft worden, um zu beftimmen, ob das Klima fich dafür eignet...." — „Bauholz *(timber)* (1198, b) ift felten durch diefs ganze Territorium, aufser auf den Bergen, und befteht vorzüglich in Fichten und Tannen. Es giebt einige Haine *(groves)* von *cottonwood* und *box-elder* in den Gründen der Hauptftröme, und auch eine ftrauchartige Ceder in einigen Thälern. Holz, fowohl zum bauen als brennen, ift theuer." Diefer Mangel an Baumwuchs und dem Zauber des Waldes klingt durch alle Reifeberichte von dort; überall bedauert man in den Lithographien Stansbury's die troftlofe Nacktheit und Kahlheit der Berge und Gegenden. Im Einklang damit fagt Gunnifon (21): „In den tiefen Klüften und längs den Strömen ... ftehn die Ceder, Fichte, *dwarf-maple*, und hin und wieder die Eiche"; die Einwohner müffen Reifen von 20-40 *miles* von ihrer Wohnung machen, um fich Brenn- und Bauholz zu verfchaffen." (³) „Das Land", fagt der

---

(¹) Wyeth fagt (in *Schoolcraft's Indian tribes* I, 219): *The northern or Green River division of this valley* (nördlich von *Brown's Hole*) *is unfit to produce anything, that I know of, for human sustenance, except such that may be derived from grazing. Horses, kine, sheep, and goats, may be sustained during the year, using the vicinity of the mountains in the warm months, and retiring south at the approach of cold weather.* — *The many fertile and warm valleys of Grand River would sustain, at all seasons, the same animals, and also produce wheat and many other articles suitable for food, and could be brought to sustain a considerable population.*

(²) Wyeth redet auch von diefem Gras 1848 (in *Schooler.* I, 222): *This valley* (zwifchen den *Blue* und *Cascade mountains*), *throughout its whole extent, produces, generally,* "*bunch-grass*," *which stands with the autumn rains, and remains green during the winter, drying like made hay in the dry season. It is in the highest degree nutritive.*

(³) Diefe troftlofe Nacktheit der Landfchaft wegen gänzlicher Abwefenheit der Bäume ift in grofsen Landftrecken eine traurige Wahrheit. Stansbury fagt darüber (129) folgendes fo finnig als fchön: *One of the most unpleasant characteristics of the whole country, after leaving the Blue river, is the entire absence of trees from the landscape. The weary traveller plods along, exposed to the full blaze of one eternal sunshine, day after day, and week after week, his eye resting upon naught but interminable plains, bald and naked hills, or bold and rugged mountains: the shady grove, the babbling brook, the dense and solemn forest, are things unknown here, and should he by chance light upon some solitary cotton-wood, or pitch his tent amid some stunted willows, the opportunity is hailed with joy, as one of unusual good fortune. The studding, therefore, of this beautiful city (Great Salt Lake City) with noble trees will render it, by con-*

330 XIII, 383, b-c. Gila u. Col.; *Yutah: Thiere, Handel; der obere Colorado.*

gaz. weiter (1198, b), „ift kaum fruchtreicher im Thier- als im Pflanzenleben; aber es werden Elennthiere, Hirfche, Antelopen, graue Bären, Bergfchafe, Füchfe und Wölfe gefunden. (¹) Waffervögel giebt es im Überflufs an den Seen, Forellen und fehr fchönen Lachs in den Berg-ftrömen." Eben fo nennt Gunnifon (20) Wildpret vollauf: Antelope, Hirfch und Geflügel; Bär, Panther und kleine Raubthiere; die Forelle und andere Fifcharten.

Über Fabriken f. *gaz.* 1198, b^m–mm. Handel wird vorzüglich mit Californien (*with the overland emigrants of Cal.*) getrieben; vielleicht wird einft eine Handelsftrafse dahin durch Befchiffung des *Colorado* gefunden. Aufserdem „hat Cap. *Gunnison* einen Pafs durch die *sierra Blanca* entdeckt, welcher einen befferen Weg nach Californien bilden wird als der jetzige durch die Salzfee-Stadt. Diefer würde durch den füdlichen Theil Utah's laufen, und am kleinen Salzfee entlang durch *Walker's* Pafs in den Südoften von Californien einführen."

Auf das Erziehungswefen wird fchon grofse Aufmerkfamkeit gewendet, und es war fogar die Rede von Errichtung einer Univerfität für Gegenftände der höheren Wiffenfchaft.

§ 383, c. Von den FLÜSSEN des Utah-Territoriums ift fchon mehreres bei dem all-gemeinen Gebiete des *Gila* und *Colorado* vorgekommen: befonders, was den oberen Lauf des COLORADO und feine Nebenflüffe betrifft; ich habe auch dort fchon die Reduction der älteren Namen und Vorftellungen auf die neuen nordamerikanifchen geführt. Hier habe ich aber fpeciell den OBEREN LAUF des Colorado und feine OBEREN NEBENFLÜSSE zu behandeln. Bei Humboldt ift *rio de S. Raphael* der Name, welchen der Colorado bei feinem Urfprunge und in feinem erften Stadium führt; von da an, wo der füdweftliche Lauf des Stromes ganz nach S wendet, heifst er *rio Zaguananas;* ich habe oben (S. 255") gefagt, dafs diefe beiden Flüffe = dem weftlichen Arm des Colorado nach neuer Vorftellung, dem *Green river* feien, welcher als der Hauptftrom, als der eigentliche Colorado, zu erachten ift. Der *S. Raphael* nimmt im S einen bedeutenden, von S gen N perpendicular auf ihn zulaufenden Nebenflufs, den *rio de Nuestra Señora de los Dolores,* auf: nachdem in diefen kurz vorher der dem Raphael, ein wenig füdlicher, parallel laufende *rio de S. Xavier* eingefallen ift. Mühlenpfordt fagt (II, 536^aa–af) über den Dolores folgendes: „Am Fufse des *Monte de Sal-Gemme* empfängt (der San Rafael) den *Rio de Nu. Señ. de los Dolores.* Die Quellen diefes Fluffes liegen etwa 1 Grad füdlicher und ½ Grad weftlicher als die des (Rafael), im *Cerro de la Plata,* einem Seitenarme

---

trast with the surrounding regions, a second "Diamond of the Desert", in whose welcome shade … the pilgrim, wayworn and faint, may repose his jaded limbs and dream of the purling brooks and waving wood-lands he has left a thousand miles behind him.

Wyeth fagt (in *Schoolcr. Indian tribes* 1, 219) über das Thal nördlich von *Brown's Hole: This valley may be said to produce no timber, except in the verge of the mountains. On the heads of Green River, quaking asp, a kind of pine, and a kind of spruce, is found: on the heads of Grand River, in addition to these, pitch pine, box, alder, and scrub oak. Grass is barely tolerable on the heads of Green River, but is very fine on those of Grand River.*

(¹) Wyeth fand (Schoolcr. I, 206, 220^nf), dafs das früher dichte WILD fich nach einigen Jahren aus manchen Gegenden vor den neuen Anfiedlern verzog: befonders Büffel und Biber. Über den Reichthum des Thals nördlich von *Brown's Hole* im J. 1832 fagt er (219): *When I first visited this region in 1832, it was a fine game country. Besides buffalo in the greatest abundance, there were Elk, Bear, Deer, Sheep, Antelope, and Beaver in great numbers. This abundance of game I attributed to its having always been a war-ground for the surrounding tribes. Neither the Indians, nor the whites, dared visit it openly … S. 217: Near Fort Hall, in 1834, there were plenty of buffalo, but soon after the Fort was established, they disap-peared from its neighborhood. The beaver disappeared next.*

der *Sierra de las Grullas.* Er ftrömt anfangs gegen SW, fchwingt fich dann im weiten Bogen gegen N herum, nimmt den von der *Si. de las Gr.* herabkommenden, mit dem San Rafael faft parallel ftrömenden *Rio de San Xavier* auf, und fällt in etwa 39° 27' n. B., 112° 22' w. L. in den San Rafael. Jetzt nehmen die zu Einem Strome vereinten Flüffe den Namen *Rio Zaguananas* an . . ." Es wird fchwer zu fagen feyn, was diefe 2 Nebenflüffe in den neuen Beftimmungen feien; es fällt z. B. zuerft auf, dafs der Anfang des *Green river* nicht gen SW, fondern erft SSO, dann gerade N-S fliefst.

Nach FRÉMONT'S Karte kommt der *Green River* fammt feinen erften Zuflüffen aus den *Wind river mountains;* die 2 äufserften Arme find der in W bei den *New Forks* (N-S fliefsend), im SO beim *South Pass;* in den letzteren gehn (N-S fliefsend) der *Little Sandy* und *Big Sandy;* nachdem beide äufserfte Arme fich vereinigt haben, fliefst der *Green river* gen SSO; von W geht in ihn *Muddy fork* mit feiner Fortfetzung *Black's fork;* ferner ift in O *Mary's r.* (NO-SW) angedeutet. Später biegt er gen SW um; nimmt auf: bei der Biegung, in O *Vermilion creek,* nachher in W die 2 kleinen *Brush cr.* und *Ashley's fk;* darauf fliefst in ihn, beinahe W-O laufend, der ftarke *Uintah r.,* der nach einander auf feiner NSeite aufgenommen hat die gen SO gerichteten kleinen Flüffe (W-O): *Red fork, Du Chesne fk, Lake fk;* weftlich von der Quelle des *Uintah* ift noch der *White r.* (S-N fliefsend) angedeutet.

Nach Stansbury's Karte hat der weftliche Arm der *new forks* einen weftlicheren, fehr langen, hoch aus N kommenden, N-S mit etwas O gerichteten Flufs neben fich: der vielmehr als der Anfang des *Green r.* betrachtet werden müfste, in welchen der Arm der *new forks* als Nebenflufs einfiele; der Arm des *south pass* ift gen SW gerichtet. Der vereinigte Flufs nimmt in O den O-W fliefsenden *Bitter cr.* auf, welcher im N den NNO-SSW gerichteten *north branch of Bitter cr.* aufgenommen hat; erft füdlicher fällt in den Green R. von W *Blacks fk,* der mit feinen Nebenarmen grofse Bögen befchreibt: die erfte Hälfte von *Blacks fk* ift S gen N gerichtet; er nimmt im O *Smiths fk* (S-O) auf, darauf in W *Muddy fk,* fpäter in W den W-O fliefsenden *Ham's fk;* von deffen Mündung wendet fich *Blacks fk* durch einen Bogen nach SO. Nach ihm fällt in den *Green r.* in O die kleinen *Sage cr.* und *Currant cr.,* dann in W *Henry's fk;* vor der Biegung bei *Vermilion cr.: Red fk* und *Tom Bigg cr.* In den *Uintah river* geht noch, öftlich von *Lake fk: north fork of Uintah r.,* N-S fliefsend. Vor dem *Uintah* empfängt der Green R. auf feiner OSeite den grofsen, O-W fliefsenden *Yampah* oder *Bear r.,* der auf feiner NSeite öftlich den *Elk head r.* und weftlicher den *little Snake r.* (beide NO-SW) aufgenommen hat; kurz nach dem *Uintah* fällt in den Green R. in O der, O-W fliefsende, grofse *White river.*

Die Karte des *GAZETTEER* läfst den *Grand river* aus dem Gebirge *the three parks* (anliegend an Nebraska) kommen; nachher empfängt er 3 nördliche Nebenflüffe: *Caney fork, Tumbletee fk, Cottonwood fk;* darauf geht in O hinein der *Eagle r.:* welcher entftanden ift aus *Smith fk, Flint-stone fk* und *rio Compadre;* bald darauf geht in SO in ihn *S. Michael river.* Hierauf fällt er in den von N herabkommenden grofsen Flufs *Green r.,* welcher in feinem oberen Lauf eine grofse Verzweigung von Nebenflüffen darbietet. Nun tritt der vereinigte Flufs als *Colorado* in das weftliche Neu-Mexico ein. (') — BARTLETT'S Karte zeigt auf einer langen

(') Nathaniel J. Wyeth fagt (in *Schoolcraft's Indian tribes* I, 218): *The valley northward of Brown's Hole is occupied by the two main forks of the Colorado. Green River, in six branches, heads in the Rocky Mountains to the north of the South Pass, and near the Sweet-water of the Platte; and Grand River, which*

Strecke den oberen Lauf zweier einander parallel laufender groſser Flüſſe, NO - SW gerichtet: nördlich *Green r.*, füdlicher *Grand r.* Der *Grand r.* kommt aus den *Rocky Mountains*, und zeigt im S nach einander die Nebenflüſſe *Piney cr.*, *Bunkaro r.* (dann nördlich *Caney fk* und *Tumbletee fk)*, dann *Pass cr.*, *Uncompagre r.*, *S. Miguel r.*, *rio Unka Weep;* fpäter nimmt er nach langem Zwifchenraum den groſsen Fluſs *rio de S. Juan* auf, welcher gerade O-W fließt; in diefen geht kurz vor feiner Mündung ein ihm füdliches und paralleles Flüſschen, *cañon Bonita.*

Was den groſsen öftlichen Nebenfluſs des Colorado, welcher zum Utah-Territorium gehört, indem er ein wenig nördlich über feiner Südgränze hinläuft, betrifft; fo habe ich fchon früher (S. 255ⁿⁿ) erläutert: daſs der obere Theil von Humboldt's Rio N A B A J O A, ehe er feinen groſsen nördlichen Nebenfluſs, den *rio de los Alamos*, empfängt, ein Nebenfluſs des *Grand river* (nach neuen Ideen), Bartlett's *rio San Juan*, *St. John's river* des *gaz.* ift; daſs aber der *rio de los Alamos* (nach Mühl. auch *rio de las Animas* genannt) und der untere Theil des *Nabajoa* (vom Einfalle des *Alamos* an gerechnet, bis zur eignen Mündung in den *Zaguananas)* nach der neuen Anficht zufammen den ganzen G r a n d r i v e r ausmachen. Humboldt's Karte ftellt den oberen Nabajoa als eine Gabel von 2 langen, fich fpäter vereinigen-Flüſſen dar. Der Rio San Juan fließt nach Bartlett's Karte gerade O-W, kommt aus der *sierra de S. Juan*, und zeigt in feinem oberen Laufe die nördlichen Nebenflüſſe: *rio de las Animas*, *rio Nevajo* oder *Florida* (ganz klein), *rio de la Platte* (ganz klein), *rio S. José* oder *Manco;* darauf fällt in SO in ihn der *rio de Chaco*, dabei noch *Tune Cha creek* bei der *sierra de Tune Cha;* bald nördlich der *rio Salado*, darauf füdlich der *rio de Chelly.*

Nach dem Syftem des o b e r e n Colorado im Ofttheil, find in Frémont's Becken nur F L Ü S S E zu neunen, die keine bemerkbare Verbindung mit dem Ocean haben, fondern fich entweder in die inneren Landfeen ftürzen oder von dem Sande der Wüften aufgefogen werden. Der gröſste Strom der erften, allein von mir zu berückfichtigenden Gattung ift der *Humboldt river;* er hat feine Quellen in den weftlichen Abfällen der *Humboldt mountains* (B *Hu. river mts),* fließt gen SW und fällt nach einem Laufe von 300 *miles* in den Humboldts-See *(Humboldt's lake).* Er heiſst auch *Mary's river.* Über den *Humboldt river* und die *Humboldt river mountains* findet man viel in *Beckwith's* Berichte im Vol. II. des Werks der Südfee-Eifenbahn (oben S. 326ᵐᶠ): im 2ten Stücke (Parallelkreis 41). Der zweite Fluſs ift *Nicollet river:* er entfpringt im füdlichen Theil des Territoriums; fließt erft nach N, dann nach W, und fällt in den Nicollet-See. — Die Flüſſe des groſsen Salzfees und des Utah-Sees werde ich bei diefen Seen behandeln. — Noch find (Mühl. II, 537ᵃᶠ) hier zu berühren der *rio de S. Felipe* und der *rio de S. Francisco* von Neu-Californien, welche in Utah entfpringen.

An vielen Stellen des Landes brechen h e i ſ s e Q u e l l e n aus. Merkwürdig find (f. näher *gaz.* 1197,b) die vorzugsweife fo genannten *Boiling Springs* in etwa 39° N. B. und 117° 30′ W. L., welche Frémont befchreibt als in unregelmäſsigen Zwifchenzeiten mit vielem Getöfe aufwallend; Temperatur am Rande des groſsen Beckens 206° F. Über die warmen Quellen am Utah-See f. Gunnifon p. 19-20.

§ 383, d. Das Territorium Utah zeichnet fich durch eine reiche Zahl groſser und kleiner SEEN aus, welche fo viele Flüſſe verfchlingen. Nahe der öftlichen Bafis des Gebirges *sierra*

Nevada (ich folge dem *gaz.* p. 1197, a) in dem WESTLICHSTEN THEIL des Landes, gegen Californien hin, find 2 Gruppen von Seen, welche die Waffer des öftlichen Abfalls diefer Berg-kette empfangen. Nach Bartlett's Karte find die der weftlichen Reihe des Abhanges der Hauptkette von N nach S: *Mud lakes* (ein Paar; nach *gaz. Mud lake),* und mit ihnen zufammen-hangend *Pyramid lake, Bigler l.* (füdlichere, *Mono l.* und *Owen's l.,* gehören fchon zu Neu-Californien); die der öftlichen Reihe: *Humboldt lake* (B *Humboldt river sink, gaz.* Karte *sink of Mary's river),* sink of Carson river und mit ihm verbunden *Carson l.* (nach B ift erfterer ein grofser, der 2te ein kleiner See; nach *gaz.* Karte und Weiland ift der nördliche klein und der füdliche gröfser); *Walker's l.* und *river.* — *Pyramid lake* liegt am Abhange des Gebirges *sierra Nevada,* ganz im W gegen Californien hin; er ift nach Frémont etwa 700 Fufs höher als der grofse Salzfee, und hat feinen Namen von einem pyramidenförmigen Felfen erhalten, welcher aus der Mitte feiner Waffer emporfteigt. Der *gaz.* erhebt (1197, b) durch eine hohe Schilderung das fchöne Naturbild, welches diefer See gewährt: *The Pyramid lake, ... embosomed in the Sierra Nevada Mountains, with the singular pyramidal mount rising from its transparent waters to the height of perhaps 600 feet, and walled in by almost perpendicular precipices, in some places 3000 feet high, has nothing, we believe, similar to it within the borders of the United States.* — Humboldt's Karte hat weit im O, bei der *sierra de Chegui,* den *lac de la Trinité;* der *gaz.* hat dort, auf der füdlichen Gränze von Utah, ganz in feinem O, 2 Seen, *Trinity lakes* genannt.

Im INNEREN find mehrere kleine Seen, welche die Wafferbehälter und Aufnehmer der Ströme des inneren Beckens, oft aber auch blofse Cloaken *(sinks)* und Pfuhle find. Die wichtigften diefer inneren Seen find *Nicollet lake,* beinahe in der Mitte des Territoriums, Aufnahme des bedeutenden, erft S-N, dann gen NW fliefsenden *Nicollet* oder *Sevier river* (B); und etwa 70 *miles* füdlich von ihm *Ashley l.* (Text) oder *Astley l.* (Karte des *gaz.*), bei B *Preuss l.* (zwifchen beiden hat die Weimar'fche Karte noch einen See, von welchem die anderen nichts wiffen); im S ift noch ein unbenannter Salzfee; bei *Parowan.*

Nördlich liegen in diefer inneren, den Weft-Abhang der langen *Wahsatch-*Bergkette bildenden Linie die zwei vielberufenen Seen: der GROSSE SALZSEE *(Great salt lake)* und, verbunden mit ihm, in feinem Süden der kleine UTAH-SEE: über welche ich ihres hohen und vielfachen Intereffes wegen fehr ausführlich zu handeln beabfichtige: vor allem darum, weil fie fchon auf Humboldt's Karte von Neufpanien angedeutet find, und die lange ihm beftrittene Thatfache durch die neuen Entdeckungen der Nordamerikaner (Frémont's) beftätigt worden ift.

Stansbury vermuthet fogar, dafs bereits la Hontan, auf einer Reife, die er 1689 be-fchrieben (f. fie gefchildert 151-6) und die 1735 erfchienen fei, (¹) von dem grofsen Salzfee

____

(¹) Der Verf. mag eine einzelne Ausgabe oder Überfetzung meinen; die Reife des Barons N. de la Hontan ift aber fchon 1703.4 erfchienen: *Nouveaux voyages de Mr. le baron de Lahontan dans l'Amérique septentrionale* T. 1. 2. (T. 2: *Mémoires de l'Amérique sept. ou la suite des voyages); A la Haye* 1703. 12"; *Suite du voyage, de l'Amerique, ou Dialogues de Monfieur le baron de Lahontan et d'un sauvage, de l'Ame-rique. Amst.* 1704. 12° Neue Ausgaben erfchienen zu Amft. 1705 (2 Bd.), 1728 und 1731 (jede in 3 Bd.). *Charlevoix* hat die Reife la H.'s nach der *rivière Longue* etwas ftark für eine Erdichtung erklärt. Schon in der 1ten Ausg. (1703) findet fich, der p. 136 des T. 1. beigegeben, die „*Carte que les Gnacsitares ont des-siné sur des peaux de cerfs*" (nur mit 2 Seen, welche die *rivière morte* verbindet); und rechts die *Carte de la rivière longue etc.* Der 3te See, ganz in W, *Lac de Thoyago,* ift aber angedeutet auf Coxe's Karte 1741.

Kunde erhalten habe; er legt p. 154 eine Karte dieser rohen Ansichten vor: 3 Seen von O gen W, wovon H. nur den östlichsten erreichte: die 2 östlichen durch einen Fluss verbunden, an ihnen das Volk der *Gnacsitares;* von dem westlichsten, N-S gestreckten, grofsen Salzsee, in dessen nördliches Ende O-W ein grofser Fluss geht, erhielt er die Zeichnung durch dieses Indianer-Volk; nördlich über ihm ist das Volk der *Mozeemlek.* Diese Karte gab 1710 John *Senex* als einen Theil seiner Karte von *North America* heraus. Daniel Cox benutzte in seiner *description of Carolana (or) Florida* 1772 (¹) schon diese Kunde zu der Idee einer Verbindung mit der Südsee vermittelst mehrerer grofser Flüsse und Seen.

HUMBOLDT verzeichnete auf dem 1ten Blatte der grofsen Karte von Mexico in seinem *Atlas géographique et physique du roy. de la Nouv. Espagne* (Par. 1812) den „*Lac de Timpanogos, douteux*"; nur die südliche Hälfte schwarz ausgezogen, etwa vom 40-42° N. B. und 114-115° W. L. Von NW fliefst der *rio Yampancas* hinein, im O 4 Flüsse ohne Namen; am SO-Ufer liegt ein Ort *S. Andres;* im NO ist die *sierra de Timpanogos,* darunter stehn *Indiens Yamparicas,* und im SO liegen dem See an die *Montagnes de Sel gemme.* Beigeschrieben ist dem See folgende Nachricht: *Ce Lac dont les limites ne sont que très-imparfaitement connues par les Journaux de route du Père Escalante, seroit-il identique avec le Lac de Teguayo des bords duquel, d'après quelques historiens, les Azteques passèrent au Rio Gila?* — Süd-süd-westlich unter diesem See, von etwa 38°¼-39°½ N. B., ist das östliche Ende eines anderen grofsen Sees verzeichnet, in welchen im N von O her der lange *rio de S. Buenaventura,* von SO her der *rio Salado* einfliefst; dem See ist beigeschrieben: *les limites Occid^{les} de ce Lac salé sont inconnues.* Südlich unter ihm find bezeichnet die *Plaines (Llanos) de Nuestra Señora de la Luz,* im SO die *sierra de los Guacaros.* (Hassel's Geographie legt beide Seen nach Neu-Californien.)

Die 3te Karte PIKE'S (zu dem 8°-Werke: *expeditions to the Sources of the Mississippi,* Philad. 1810. 8°: *a map of the internal provinces of New Spain)* bildet dieselben Vorstellungen, nur mit fabelhaften Fehlern in den Namen, ab. Dem *Lac de Timpanogos* ist zur Linken beigeschrieben: *This Lake is known as high as the 40° of Lat. there it opens wider to the West and receives the Waters of the Rio Yampancas;* zur Rechten: *The Lake of Timpanogos is supposed to be the same as the Lake of Thequaio in the Chart d'Alzate de Thequao placed in 40° of Lat: some Historians pretend that the Aretiqui comes from this Lake.* In O ist hingesetzt die *Sierra de Timpanogos,* im S die *Sierra de los Guacaros,* gleich darunter 2 Örter: *S. Rustico* und *Valle S. Jose;* südlich darunter, im NW des *Rio de los Panamides surfurcas,* die *Ind. Guacaros.* Unter dem *Rio S. Xavier* stehn *Utas Sa-beguachis,* der grofse nördliche Nebenfluss des *Nabajoa* wird *Rio de los Duimas* (statt Humb.'s *Alamos!)* bezeichnet, statt *Jaquesila* steht *Rio Jasquevilla.*

In seinem *essai politique* erwähnt HUMBOLDT des Sees Timpanogos nur einmahl, des fabelhaften Sees Teguayo an 2 Stellen. Im T. II. (1811) p. 396 sagt er, dafs (nach unsicherer Annahme) „die 1te Station der Azteken beim See *Teguayo* (im S der fabelhaften Stadt *Quivira,* des mexicanischen Dorado) gewesen seyn solle." Auf S. 420 sagt er in einer grofsen Anm.: *L'ancienne carte manuscrite de Castillo place la ville fabuleuse de Cibola ou Cibora sous les 37° de lat. . . . . . Les auteurs du 16. siècle plaçoient un second Dorado au nord*

(¹) Daniel Coxe's Werk erschien schon 1741: *A description of the English Province of Carolana by the Spaniards call'd Florida, and by the French, La Louisiane.* (London) 1741. 8°; dabei *map of Carolana* &c.

de Cibora, sous les 41° *de lat. C'est-là que se trouvoit, selon eux, le royaume de Tatarrax et une immense ville appelée* Quivira, *sur les bords du lac de Teguayo, assez près du Rio du Aguilar. Cette tradition, si elle se fonde sur l'assertion des Indiens d'Anahuac, est assez remarquable; car les bords du lac de Teguayo, qui est peut-être identique avec le lac de Timpanogos, sont indiqués, par les historiens aztèques, comme la patrie des Mexicains.*

Unter den FLÜSSEN der beiden SEEN hat der Name *rio Yampancas* eine ſo bedeutende Ähnlichkeit mit dem *Yampah river*, dem öſtlichen Nebenfluſs des *Green r.* (ſ. oben S. 331ⁿ), daſs man ihn als daher entſtanden anſehen kann, wenn der Yampah auch weit ab im O liegt. Der Name Timpanogos ward, wie wir jetzt wiſſen, durch eine eigenthümliche Verwechslung irrthümlich dem groſsen Salzſee gegeben: Frémont hat uns belehrt, daſs *Timpan-ogo* (zwei aztekiſch-ſonoriſche Wörter!), bedeutend Felſenfluſs oder Steinwaſſer (ſ. näher § 394), auf ſeiner Karte *Timpan-ozu* geſchrieben, der gröſste der in die kleinen Utah-See fallenden Flüſſe iſt. Das Plural-*s* in *Timpanogos* wäre danach auch zu verwerfen; dennoch nennen Stansbury (z. B. p. 127) und Gunniſon (P. 14, 17) den Fluſs *Timpanogas*; Erſterer auch *Provaux* (geſetzt etwa 50 *miles* ſüdlich von der groſsen Salzſee-Stadt); ja in dem neueſten Bericht *Beckwith's* über die Expedition zum Behuf der groſsen Eiſenbahn zur Südſee wird der Fluſs, Humboldt getreu, wieder *Timpanogos* genannt. Von den Irrthümern, welche Humboldt's Darſtellung auf der Karte enthält, werden die Hauptpunkte erklärt und richtig: wenn man mechaniſch die Stellung beider Seen als verwechſelt anſieht und ſie umdreht: machen wir ſeinen nördlichen See zum ſüdlichen, ſo paſst dazu der Name *Timpanogos* als Fluſs; ſetzen wir ſeinen ſüdlichen See in den Norden, ſo iſt ſeine Bezeichnung als eines ſalzigen richtig: und wir können ſeinen Zufluſs, den groſsen *rio de SAN BUENAVENTURA*, für identiſch mit dem *Bear river*, dem Zufluſſe des groſsen Salzſees, halten. Denn die Gröſse, welche Humboldt dem Buenaventura gegeben hat, deutet gar zu ſehr auf den groſsen *Bear river* hin. Topographiſche Zeichnungen, beſonders von Indianern herrührende, können leicht zu ſolchen Irrthümern in den Weltgegenden führen. Der groſse Autor des Kosmos hat (Bd. IV. Anm. 78 zu S. 411) eine ſolche Verwechslung und Verwirrung mit den Inſeln *St. Paul* und *Amsterdam* im indiſchen Ocean aufgedeckt. Auf Humboldt's groſser Karte flieſst der San Buenaventura, welcher oberhalb gen NO einen groſsen Zufluſs, *rio de S. Clemente,* hat, aus der *sierra Verde* kommend, gen WSW in den N des Salzſees. Mühlenpfordt ſagt, noch im Unbeſtimmten ſich bewegend (II, 537): Der Buenaventura „entſpringt nördlich von den Quellen des Colorado (S. Rafael) in einigen weſtlichen Ausläufern der *sierra Verde* unter etwa 42° 10' n. Br., ſtrömt gegen SW, nimmt den aus O kommenden *Rio de San Bernabe* in ſich auf, und fällt in den *Lago Salado* oder *Lago de Teyugo.* Nach Anderen ſoll er dieſen blofs durchſtrömen, die Gebirge von Obercalifornien durchbrechen und in 35° 40' in den Auſtralocean münden." Der *gaz.* ſagt (1197, a): „im nordöſtlichen Theil des groſsen Beckens tritt der *BEAR RIVER* aus Oregon in das Territorium ein, und iſt der Hauptzufluſs des groſsen Salzſees." Ich werde bei der Analyſe von Frémont's und Stansbury's Karte die vielen Nebenflüſſe dieſes durch ſeinen langen Lauf in 2 langgeſtreckten Seiten einer engen Windung, zuerſt in einer viel längeren S-N, dann in einer halb ſo langen N-S, merkwürdigen Fluſſes angeben. (Über das Thal des *Bear river* handelt der 11te Brief Wyeth's in *Schoolcr. Ind. tribes* I, 220-3.) — Was den See *Timpanogos* betrifft, ſo bemerkt Mühl. (II, 537ᵃᶠ), daſs nach Einigen der *rio de S. Felipe,* nach Andern der *S. Francisco,* die in Utah entſpringenden Flüſſe Neu-Californiens (oben S. 332ⁿⁿ), ein Abfluſs deſſelben ſeyn ſollten. Unter den groſsen Flüſſen der beiden Seen, die ich hier abhandeln wollte, ift zuletzt noch der bedeutende Fluſs Jordan zu nennen, welcher den groſsen Salzſee mit dem Utah-See verbindet.

§ 383, e. Um zu den ZWEI SEEN felbft überzugehn, ſo ſetzt MÜHLENPFORDT (1844) noch die früheren fabelhaften Anſichten fort (II, 537^{mm-n}): er verlegt den See Timpanogos zwiſchen 40° und 42° N. Br. und 114°-115° W. L.; und, da Humboldt dieſen mit *Pike* nur fragend mit einem fabelhaften See Teguayo der Azteken in Verbindung ſetzte, giebt er dem ſüdlichen, namenloſen See der Humboldt'ſchen Karte gar (537^{aa} und ^{mf}) den, im Laute veränderten Namen des *lago Teyugo* ([1]) (oder *Lago Salado); er theilt mit, daſs nordamerikaniſche Jäger und *Indian traders*, welche 1836 bis zum See *Timpanogos* vorgedrungen ſind, ausgeſagt haben: letzterer See liege in 41° N. B. und ſei in mehrere Salzſümpfe getheilt, ohne Verbindung mit dem Ocean.

Die nordamerikaniſchen Entdeckungen haben, wie geſagt, ſeit wenigen Jahren dieſen Fabeln und Ungewiſsheiten ein Ende gemacht. Ich leite dieſe Wirklichkeit durch die kurze Darftellung ein, in welcher der *GAZETTEER* beide Seen abhandelt. Der groſse Salzſee, *Great Salt lake*, der nördliche und ſehr bedeutende See, „ift der hervorftechende Gegenftand, welcher bei Behandlung der Gewäſſer von Utah betrachtet werden muſs. Dieſe ausgedehnte und eigenthümliche Waſſerfläche *(sheet of water)* liegt nordöftlich von der Mitte des Territoriums (1197, a); er ift etwa 70 *miles* lang und 30 *miles* breit, ohne ſichtbaren Ausfluſs. Das Waſſer ift in ſo hohem Grade ſalzig, daſs kein lebendes Weſen in ihm exiftiren kann; und läſst durch Verdunftung bei heiſsem Wetter auf ſeinen Ufern eine dicke Salzrinde zurück. Zufolge Frémont's Analyſe einiges Salzes dieſes Sees waren in 100 Theilen: 97,8 *chloride of sodium* oder gemeinen Salzes; 1,12 *sulphate of lime;* 0,24 *chloride of magnesium* und 0,23 *sulphate of soda.*" Der *gaz.* findet dieſen See (1197, b^{aa-m}) in vielen Beziehungen ſehr ähnlich dem todten Meere von Paläftina, auch „in dem rauhen und abftoſenden Charakter einiger Theile der Umgegend". „Statt jedoch 1000 Fuſs unter liegt er mehr als 4000 Fuſs über der Meeresfläche; und überdieſs ſind ſeine Waſſer, beinahe eine reine Auflöſung von gemeinem Salz, frei von dem ftechenden Weſen *(pungency)* und Ekel erregenden Geſchmack, welche die des todten Meeres bezeichnen." (Stansbury ſagt jedoch aus, nachher § 383 g, daſs ſie allerdings gewaltiges Erbrechen erregen.) — „Ungefähr (1197, a^{aa}) 25 *miles* im S von dieſem, und mit ihm in Verbindung ftehend durch den Fluſs *Jordan*, ift der Utah-See, eine Maſſe friſchen Waſſers von etwa 35 *miles* Länge. Er ift mit Forellen und anderen Fiſchen ausgeftattet. Beide Seen liegen 4200 bis 4500 Fuſs über dem Meere." — Der *gaz.* ſagt (in einem kleinen Artikel 1199, a) von dem *Utah*-See: daſs er in dem nördlichen mittleren Theile des Territoriums, in etwa 40° 20′ N. B. und 112° W. L. liege und die Quelle des Jordan-Fluſſes ſei; ſeine Länge betrage etwa 30, ſeine gröſste Breite 10 *miles*. Er fügt hinzu: „das Waſſer ſoll friſch ſeyn *(the water is said to be fresh)*."

([1]) Die neuen Karten kommen überein den ſüdlichen See ſo zu benennen: die kleine Karte Mexico's von *Spehr*, Braunfchw. 1825, zeigt im SW vom „*Timpanogos*-See" den Tegayo-See, deſſen Waſſer durch den Fluſs *S. Felipe*, gerade gen W, in die Südſee abgeführt werden: auf der von J. *Meyer's* Univerſal-Atlas 1831 heiſst er Teguayo-See, auf der von *Schlieben* 1830 Tegujo-See. Auf C. F. *Weiland's* Karte der Verein. Staaten, Weimar 1834, wird der nördliche *Timpanogos*-See durch den groſsen Fluſs *Timpanogos* gen WSW in die Bai S. Franciſco; und der ſüdliche *Tegujo*-See in eben der Richtung durch den nach dieſer Seite fortgeſetzten Buenaventura-Fluſs, von welchem der *S. Felipe* weit ſüdlich liegt, an die californiſche Küfte in die Südſee abgeführt.

Ich werde diese beschränkten Mittheilungen über die beiden Seen durch die Benutzung sehr ausführlicher Hülfsmittel ausdehnen. Zunächst nehme ich von FRÉMONT'S GROSSER KARTE, bei seiner *exploring exped. to the Rocky Mountains in* 1842, *and to Oregon and North California in* 1843-44, eine Topographie der Seen, ihrer und anderer Flüsse, wie der Gegend ab: In NO nimmt der große Salzsee den *Bear river* auf, nachdem er in 2 langen Linien einen Kreislauf durch die Gebirge im NO des Sees beschrieben hat. Kurz vor seiner Mündung hat der *Bear r.* den *Roseaux* oder *Reed cr.* (N-S) aufgenommen; an dem äußeren ORande des Gebirges sind als Zuflüsse des *Bear r.* bemerkt, nach dem *Beer Spr.* (ganz im N): in NO *Tullich's fork, Thomas' fk,* ganz O *Smith's fk.* Südlicher als der *Bear r.* fällt in die OSeite des Sees der kleine *Weber's fk,* südlicher ein unbenanntes Flüschen. Der kleine Utah-See ist gleichsam eine südliche Fortsetzung des großen Salzsees; er ist ihm ganz nahe: und ein Canal, Ausfluß beider, verbindet sie unmittelbar. In die OSeite des Utah-Sees fließen ein: nördlich der *Timpan-ozu* (im Text *Timpan-ogo* genannt; s. näher in §†394), im S *Spanish fk.* Eine Strecke südlich vom See, da, wo die *Utah*-Indianer gesetzt sind, durchbricht das Gebirge, gen NW strömend, der *Sevier river;* westlicher ist der *Sevier lake.* Von hier an strecken sich gen SSW die *Wahsatch mountains* hin, welche in ihrem südlichen Theile noch einen ganz kleinen *Salt lake* bergen. In seiner Nähe ist *S. Joseph's Spr.* An das südliche Ende der *Wahsatch* setzt sich der breite Bergbezirk *Vegas de S. Clara* an, aus welchem der Fluß *S. Clara:* später, nach der Vereinigung mit einem kleineren Nebenflusse (O-W mit etwas S), *rio Virgen* genannt, hervorkommt; viel weiter nach S liegt erst die Örtlichkeit Vegas, aus welcher ein westlicher Nebenfluß (NW-SO) des Virgen kommend angedeutet ist (Bartlett's Karte zeigt noch einen, gleichlaufenden, Nebenfluß zwischen beiden).

§ 383, f.   Eine wissenschaftliche Expedition, von der Regierung der Vereinigten Staaten ausgesandt, ausgeführt von zwei Officieren des Corps der topographischen Ingenieure, dem Capitän Howard STANSBURY und, als Gehülfen, dem Lieutenant Gunnison, hat uns gerade die zwei mich hier beschäftigenden Seen und ihre Umgegend, das große Salzsee-Thal, auf's genaueste kennen gelehrt.   Der Erstere hat uns darüber ein großes, oben (S. 325ᵃ) angegebenes Buch: mit vielen lithographirten Abbildungen, und begleitet von 2 ungeheuer großen Karten, geschenkt: deren erste das *Great Salt Lake Valley,* die zweite die ganze Reiseroute darstellen.   Der Zweite hat uns ein Buch über die Mormonen geliefert.   Der Leiter der Expedition hat außerordentliches geleistet im Verhältniß zu der Beschränktheit seiner Mittel: da die Eile ihm nicht erlaubte sich gute Instrumente zu verschaffen, und ihm ein einziger Officier bewilligt wurde, welcher *(Gunnison)* ihm wegen Krankheit (Fiebers) auf dem langen Wege vom *Missouri* bis zum *Green river* keine Hülfe gewähren konnte.(¹) Stansbury's Bericht ist gerichtet an Oberst *Abert,* den Vorsteher des *bureau of topographical engineers,* welcher ihm den Auftrag gegeben hatte den großen Salzsee zu vermessen *(survey)* und sein Thal zu erforschen.   Die Expedition begleitete vom Fort *Leavenworth* bis zur großen Salzsee-Stadt ein kleiner Trupp nach Californien gehender Auswanderer.   Sie verließ Fort *Leavenworth* am

---

(¹) Cap. Gunnison leitete später, 1853, die, vom Lieut. *Beckwith (executive documents of the house of representatives* 1ˢᵗ scss. *of the* 33ᵈ *congress* Vol. 18 part 2.) beschriebene Abtheilung der Expeditionen zum Zwecke der großen Eisenbahn für den 38-39ten Parallelkreis (oben S. 326ᵐᶠ), und wurde (s. p. 82-83) am 26 Oct. 1853 von den *Pah-Utahs* bei einem Überfall des amerikanischen Lagers getödtet, von 15 Pfeilschüssen durchbohrt.

31 Mai 1849: unter Stansbury 18 Mann, 5 Wagen, 46 Pferde und Maulthiere; Mr. *Sackett* mit
5 Perfonen, 1 Reifewagen und 15 Thieren.   Am 19 Juni kamen fie nach Fort *Kearny*, gingen
über den *south fork* vom *Platte*-Fluſs, fahen *Sioux*-Dörfer, kamen am 12 Juli nach Fort
Laramie; fie gingen über den *north fork*, durch die *Rattle Snake mountains*, den *south pass*,
und die Flüfschen *little Sandy* und *big Sandy*, durch den *Green river*; am 11 Aug. gelangten
fie nach Fort *Bridger*, danach in das Thal des groſsen Salzfees, und Ende Augufts nach *Great
Salt Lake City.* Von hier aus wurde am 12 Sept. eine Erforfchung nach Fort *Hall* unternommen, darauf wurden die Wüften um die weftlichen Ufer des groſsen Salzfees erforfcht;
es folgte eine Wüfte von 70 *miles*, von wo der Weg nach *Humboldt's river* geht. Man war
genöthigt eine lange Winterruhe in der groſsen Salzfee-Stadt, bis zum 3 April 1850, zu halten.
Am 28 Aug. trat die Expedition den Heimweg an, und wählte weiter hin dazu eine mehr füdliche Linie; am 12 October erreichte fie wieder Fort *Leavenworth*, und am 6 Dec. ftellte fich
Stansbury in Waſhington vor.

Mit Vorführung diefer beiden Beobachter erweitere ich meine topographifchen Mittheilungen von den zwei Seen auf den näheren Landftrich, in welchem fie liegen; und gebe
eine umftändlichere Schilderung fowohl der ZWEI SEEN als des GROSSEN SALZ-
SEE-THALS: und mit der Schilderung eines blofsen Theiles des groſsen weftlichen Beckens
zugleich eine, welche ziemlich für das ganze Utah-Territorium gelten kann.

STANSBURY hat auf feiner 1ten groſsen Karte eine herrliche, deutliche, neue und
ausführliche Darftellung des groſsen Salzfees und Utah-Sees wie der umliegenden
Gegend gegeben: deren Einzelheiten ich hier verzeichnen werde. Jenfeits der Bergreihe,
welche an der ganzen WSeite des groſsen Sees herabzieht, füllt den W die Wüfte *(the desert)*;
jenfeits der Wüfte, mehr im W, auf einen kurzen Strich, *rocky range.* Im N zieht fich über
dem See hin die Auswanderer-Strafse *(emigrant road)* von Californien. Über der NSpitze
des Sees find *brackish springs, salt flat*, höher ein *teton*; W vom Nord-Ende *Red Dome*; eben
da und tiefer, neben der Mitte des Sees, im W *storm line.* Im See find von N gen S die Infeln:
Dolphin island, Gunnison i., Hat i. (wie ein Felfen), *Carrington i.* (gröſser), *Stansbury i.* (groſs);
im O *Fremont i., Antelope i.* (groſs); im Buche nennt er noch *Egg i., Mud i.* Am Ufer liegt
unterhalb von *Gunnison i. Strong's knob.* Der nordöftliche Zipfel des Sees heiſst *Spring bay;*
dabei find *brackish springs.* Eine Landzunge fchneidet öftlich von N-S in den See ein, füdlich endend im *promontory point*, mit *Alum bay;* ihr entfpricht öftlich von ihr in gleicher
Geftalt und Gröſse ein langer Bufen, *Bear river bay*, mit einem weiten Erguſs (Bai) in O:
deſsen füdliches Ende mit dem *Weber river* das groſse *Mud island* bildet; das Nord-Ende fchlieſst
mit dem *Bear river: miry clay flats* ein. In SSW vom füdweftlichen Ende des Sees liegt das
groſse Quellen-Thal, *spring valley*, zwifchen 2 Bergketten: im N mit dem *Pilot rock, saline
springs*, in der Mitte gen W mit *brackish spring*, mehr öftlich mit *fresh water springs.* An
einem Punkte des füdöftl. Ufers find der *black rock* und *salt works.* In den füdlichften Zipfel
des Sees flieſst der *Tuilla creek* von SW ein; den S unter diefem füdöftlichen Ende des Sees
nimmt das groſse *Tuilla valley* ein: den ganzen Raum zwifchen dem mittleren Bergkette im S
und einer 3ten, öftlichen, dem *Oquirrh*-Gebirge, ausfüllend; in diefem Thale liegt nördlich
Benson's mill, in der Mitte *Willow spring, Tooele settlement;* im S ein Cedern-Hain, dann
She-elop-pah lake. — In das nordöftliche Ende der *Bear river bay* flieſst von N der groſse
Bear river ein, welcher vorher auf feiner WSeite den neben ihm N-S herrflieſsenden *Roseaux*
oder *Reed creek* oder *Malade river* aufgenommen hat. Im W von ihm ift ein kleiner See,

im O find 2, im S einer. In den *Bear r.* fallen auf der OSeite ein von N nach S: *Gros Bois cr.*, *High cr.*: *Muddy cr.*: von S-N ftrömend, der kurz vor feiner Mündung *Blacksmiths fork* (mit feinem Nebenarm *Logan fk)* aufnimmt; ganz im S *Box elder creek.* In die öftliche Bucht der *Bear r.* Bai fällt der kleine *Bright creek.* An einer nördlichen Stelle, *the Gates* genannt, durchbricht der *Bear river* das, in einer langen Linie hier im ganzen Often herabziehende *Wahsatch*-Gebirge. Öftlich von ihm find hier im N, neben dem *Bear r.*: *Cache valley, grazing land;* weiter füdlich, im O der Seitenbucht von *Bear r.* bay (wieder im O jenfeits der Wahfatch-Berge), *Ogden's hole;* etwas füdlicher durchbricht *Ogden river*, von O nach W fliefsend, die Wahfatch, hat an feinem nördlichen Ufer *Ogden city* und fällt dann in den *Weber river:* der erft im S ihm parallel ftrömt, dann gerade nördlich geht und darauf in einem grofsen Bogen gen W unterhalb *Mud island* in den Salzfee fällt. Südlich von feinem Bogen liegt ein See und *Bruches pasturage.* Unfern einer vorgeftreckten Oft-Bucht des Sees, öftlich von *Antelope island*, find mitten im Lande 4 kleine gen SW gerichtete Flüffe angedeutet, jeder mit einer Befitzung an ihm, von N-S: *Philips, Holmes, Haight;* der füdlichfte heifst *Miller's creek.* In den füdöftlichen Zipfel diefer Bucht fällt (mit einem nördlichen Nebenflufs *Deuel) Kimboll cr.*, an welchem oberhalb eine Mühle liegt. Unweit deffen Mündung empfängt die Südlinie diefer Bucht, nahe ihrem öftlichen Ende, den grofsen J o r d a n - Flufs: welcher, genau von S nach N fliefsend, die Verbindung zwifchen dem grofsen Salzfee und dem Utah-See bildet. Im W vom Jordan, zwifchen ihm und dem *Oquirrh*-Bergzuge, find von N-S bezeichnet: *alkaline Artemisia, Barrens, Welsh settlement, West creek* (unvollftändig angegeben); diefer eingerahmte Landftrich wird im S durch einen Bergzug (W-O) *Traverse* gefchloffen. Öftlich vom Jordan liegen von N nach S, überall anftofsend an oder eingeniftel in das nahe öftliche Bergland: *Ensign mount, Great Salt lake city* (angelehnt an den Jordan); öftlich von der Stadt *Nah-po-pah* oder *City creek, Red Butte cr.* (beide unvollftändig, ohne Mündung); füdlich bei der Stadt, durch das *Big field* laufend, ein Flufs, an welchem *City's mill* liegt, der oberhalb aus 3 Flüffen entfteht: *Emigration cr., Ombit-ko-ke-chee* (hoch im Gebirge *Kanyon cr.* genannt) und *Ombit-o-pah* (¹) *cr.* oder *Mill cr.;* es folgen gegen S die, nordweft- lich gerichteten Nebenflüffe des Jordan: *We-en-de-quint cr.*, oberhalb *Big Cottonwood cr.* genannt, durch einen N-S gezogenen Canal mit *Mill cr.* verbunden; *Wa-ko-ne-kin cr.* oder *Little Cottonwood cr.* (zwifchen beiden letzten liegen die *Twin peaks*), *Sherente cr.* oder *Dry Cottonwood cr., Peses-sé-oge cr.* oder *Willow cr.;* öftlich von ihm liegt *Lone peak;* auf diefe Flüffe folgen noch *hot sulphur springs* und ein kleiner Bergzug, ONO gerichtet, neben welchem am Jordan *rapids* und *kanyon* bezeichnet find; im W des Fluffes find weiter im S *cold springs*, und am nördlichen Zipfel des Utah-Sees *warm springs.*

Es folgt nun gen S der Ut a h - S e e: länglich von N gegen S ausgeftreckt, mit einem grofsen dreieckigen Ausgufs gegen O. In das nördliche (W-O mit etwas S hinlaufende) Ufer diefes Sees münden die, NO-SW ftrömenden Flüffe: zunächft im W *Pah-to-sho-unt-quint* oder *Dry cr.* (dann ein ganz kleines Waffer, *large springs*), *Pah-gun-a-quint cr.* oder

(¹) Ich mag hier, da wir bei den Mormonen zum Theil wieder in das einfylbige China verfetzt zu werden fcheinen, dem Verf. für den Augenblick in feinem fylbenmäfsigen Anreihen der Wörter folgen: was
nicht nöthig wäre. In den Flufsnamen, die uns hier vorgeführt werden, erhalten wir ohne Zweifel fonorifchen
Stoff, Wörter der Yutah-Sprache; fo ift das häufige *pah* W a ffe r; und ein Name am Ende diefes Auszugs
(S. 340 Z. 11), *Onapah*, bedeutet S a l z w a ffe r, wie das Flüfschen auch englifch *Salt creek* benannt ift.

U u 2

American fork, Pomont-quint cr.; zwifchen beiden letzten liegen am Seeufer *meadows.* Weiter
in S fällt in den Vorfprung des Sees, von demfelben Laufe, aber mehr S gerichtet, der *Timpan-o-gos river:* an welchem in W *cedar grove,* in O *city site;* im S, kurz vor feiner Mündung,
fort Utah; weiter füdlich dehnen fich *Utah settlements* hin. In den öftlichften Zipfel der
Vorftreckung des Sees fällt *Pimquan cr.,* in das Süd-Ufer der Vorftreckung *Pequinnetty cr.:*
beide letzte fliefsen SO-NW; eben fo find gerichtet 3 Nebenflüffe des, ganz von S nach N
fliefsenden, weftlichften Fluffes diefes Süd-Ufers, des *Wa-kee-ti-kee cr.: Clear cr., Pe-tete-nete
cr.* und *App cr.* Alle diefe Flüffe oder Bäche des Süd-Ufers durchfchneiden einen Landftrich:
settlements, irrigable lands und *pasture land* bezeichnet. Zwifchen *Wakeetikee cr.* und einem
langen füdlichen Zipfel des Utah-Sees ftreicht ein Bergzug N-S, *Table mount;* und in das füdlichfte Ende des Sees fällt, von S gen N fliefsend, ein *Onapah* oder *Salt cr.* Im W läuft, in
Entfernung, längs der ganzen Erftreckung des Sees herab ein Bergzug. Südlich vom See find
noch, weit ab in O, in dem öftlichen Gebirge: *Pungun spring, mount Nebo,* und im W von
ihm *Youab valley.*

§ 383, g. Nach diefer fo umftändlichen, für mich fo unerlaubten, topographifchen Befchreibung füge ich einige Bemerkungen GUNNISON's über den grofsen Salzfee, mit
einer begeifterten Schilderung, bei. „In dem centralen Theil von Utah find", fagt er *(Mormons*
p. 18), „3 Salzfeen (¹); *the greatest of them surrounded with romantic scenery, and invested
with interest by many a legend among the early discoverers' and mountain trappers."* Das
Waffer ift fo von Salz gefättigt und fo dicht, dafs Menfchen korkgleich auf feinen Wellen
fchwimmen oder bequem aufrecht ftehn, mit den Schultern frei über der Oberfläche." (²) Der
Badende erhält einen weifsen Überzug. (³) „Mehrere herrliche Infeln find in dem See eingefchloffen: 2 darunter von bedeutender Gröfse, mit einem Bergzug durch die Mitte von 2000
Fufs Höhe, und frifchen Wafferquellen ..." *The silence that surrounds one when standing
on these islands, and having an unobstructed view of every part of the vast expanse, is very
impressive; and as he floats on the surface of the waves, the eye traces several terraces around
the contour of the islands, and along the adjacent mountains, on the whole circumference parallel with the horizon ...* — Frémont leiht der Gröfse und Wildheit der Gegend des Utah-
Sees einige erhebende Worte (f. § 394 Schlufs der grofsen Anm.).

Folgendermafsen ftellt GUNNISON die Verhältniffe des GROSSEN SALZSEE-THALS
im grofsen und befonders in geognoftifcher Beziehung dar, zuletzt die Scene mit tiefer Emp-
findung belebend: „Diefes Thal liegt auf halbem Wege zwifchen den Staaten des grofsen

(¹) Stansbury nennt p. 142 einen *Little Salt Lake,* 250 miles *south of the city* (der grofsen Salzfee-
Stadt? oder *Manti?*), an welchem *Cedar city* angelegt ift. Vgl. oben S. 333ᵐᶠ und 337ᵐ.

(²) Stansbury fagt (212): *No man, without witnessing it, can form any idea of the buoyant properties
of this singular water. A man may float, stretched at full length, upon his back, having his head and neck,
both his legs to the knee, and both arms to the elbow, entirely out of water. If a sitting position be assumed,
with the arms extended to preserve the equilibrium, the shoulders will remain above the surface. The water is
nevertheless extremely difficult to swim in, on account of the constant tendency of the lower extremities to rise
above it.* Dazu fchmerzt das Waffer in den Augen; und das einfchlucken von ihm, heftiges Erbrechen
und Würgen erzeugend, würde bald den beften Schwimmer erfticken.

(³) Gunnifon fagt (p. 20): *It is a refreshing and delightful sport to bathe in the Salt Lake; but on
emerging, the person is completely frosted over in purest white, and a fresh spring is a necessary appendage —
it may be called the whitewashing ewer, applicable to the body if not the character.*

Miſſiſippi und dem Goldreiche, welches an den Ufern des ſtillen Oceans zu Leben und Einfluſs emporwächſt. Es iſt abgeſchieden von dem bewohnbaren Erdboden: da es unwirthliche Land-ſtrecken gegen N und S; den baumloſen Abfall der Felſengebirge, von beinahe 1000 engl. Meilen Breite, in O; und eben ſo viele Meilen dürrer Sandwüſten in W hat, vielfach unter-brochen von öden Gebirgszügen." (¹) Es ſelbſt nennt er einen fruchtbaren Landſtrich.

„Die Mormonen-Anſiedlungen liegen in der merkwürdigen Senkung, welche man das groſse Becken *(Great Basin)* nennt: einer in dem Felſengebirgs-Lande einbegriffenen Gegend, aus der keine Waſſer flieſsen. Jener Alpen-Bezirk zieht ſich an der Weſtſeite des amerikaniſchen Feſtlandes hin und bedeckt 16 Längengrade; er iſt eine Folge beinahe parallel laufender Berg-reihen, deren Richtung N-S iſt. Zwiſchen dieſen Reihen liegen die Thäler, von 20 *miles* Breite im Durchſchnitt. An einigen Stellen brechen die Reihen plötzlich auf eine Strecke ab und laſſen eine Lücke, einen Einbruch, welcher *cañon* oder Paſs, je nach der Breite, heiſst. *These are names given by the trappers, who were the pioneer white men into those solitudes."* Der *South Pass* in der groſsen öſtlichen Kette iſt über 100 *miles* lang oder breit. Dieſe Durch-brüche gewähren Straſsen. Ich kann dem Verf. nicht folgen in ſeiner ferneren geologiſchen Beſchreibung der Päſſe wie des *Great Basin* (14-16). „Südlich vom See ... liegen (16) die mehr fruchtbaren Thäler des *Jordan* und *Tuilla*, geſchieden durch das *Oquirrh mountain;* und dieſe werden von den im Süden liegenden Thälern, zwiſchen denſelben Bergreihen, ge-trennt durch das *Traverse mountain*, welches ein Queerzug iſt. Hier iſt ſchöne Weide durch das ganze Jahr, und der Oſten des Jordan-Thals wird von 4 kühnen *(bold)* Strömen bewäſ-fert ... Erſteigt man den Queerzug, ſo ſtellt ſich ein herrliches Panorama von See, Ebene (17) und Fluſs dar: eingehegt von hohen, romantiſchen Bergen. Hier iſt der liebliche U t a h - S e e und ſein geſchlängelter Ausfluſs; und der *Timpanogos*, mit 4 anderen Flüſſen, eingefaſst mit *cottonwoods:* ein ſo ſeltener Anblick in dieſen Gegenden, und bezaubernd durch den Contraſt. Das ganze Thal an der Oſtſeite des Sees iſt fruchtbar, und die Waſſer ſind durchgängig friſch und blinkend, wie ſie ſchnell in den ſtillen Behälter hinabſteigen."

Die dichteriſche Schilderung fortſetzend, ſagt der empfindungsvolle Verfaſser: *Every day of the year* (p. 20) *has a different landscape for the eye, in the variety of light and shade cast by the sun, as he approaches toward, and recedes from, those frowning cliffs and snow-clad peaks — and the different coloured garb of the seasons ...* „Im SO ſtrebt auf (21) das luſtige Haupt des *Lone Peak*, mit doppelten Strebepfeilern auf dem Gipfel, *that look like an open portal to giant chambers in the clouds;* und nicht weit davon, in N, ſtehn die *Twin Peaks* (Zwillings-Spitzen) neben einander." „Die freieren Theile des Landes überlaufen die F e u e r, durch welche die Indianer die Grillen *(crickets)* tödten und braten, die ſie im Som-mer zur Winternahrung ſammeln ... " Die Flammen ſteigen zu den Felſen empor, ſie zehren den trocknen Pflanzenwuchs auf und erleuchten die Nacht. Die L u f t des Thales iſt ſo leicht, daſs Gunniſon (21) dort das Athmen eine Wolluſt *(a real luxury)* nennt; kleine Gegenſtände werden auf weite Fernen deutlich geſehn. Dazu kommt der unbeſchränkt ſchweifende, freie Blick in die gränzenloſe Ferne.

(¹) *This valley* (G u n n i ſ o n *Mormons* p. 14) *is situated midway between the states of the great Mississippi and the golden empire rising to life and influence on the shores of the Pacific Ocean. It is iso-lated from habitable grounds; having inhospitable tracts to the north and south, and the untimbered slope of the Rocky Mountains, nearly a thousand miles wide, on the east, and nearly a thousand miles of arid salt-deserts on the west, broken up by frequent ridges of sterile mountains.*

§ 383, h. Folgende ORTSCHAFTEN nnd ÖRTLICHKEITEN zeigt HUMBOLDT'S grofse Karte in dem Theile des grofsen Indianer-Landes, das jetzt das Utah-Territorium heifst: am *S. Buenaventura*, in der Nähe des Salzfees: *S. Isabel;* öftlich nahe am See *Valle Salado;* füdlich vom Salzfee *S. Rustico, Valle S. José;* um die Quellen des Colorado die Örter: *S. Serafina, S. Rosalia, S. Atanasio, S. Rosa;* füdlicher, am *Dolores: S. Bernardo, Asuncion;* nördlich vom *rio Nabajoa*, in feinem oberen Laufe: *S. Cayetano, S. Maria de las Nieves, Velasques;* zwifchen dem *Nabajoa* und *Jaquesila*, in der Nähe des Colorado: *el Rastrillo ;* an der Mündung des Jaquefila: *puerto de Bucarelli.* (¹)

Wenige Jahre des NORDAMERIKANISCHEN Befitzes liefern uns fchon das Bild eines Landes mit einer Anzahl neuer Städte und Dörfer, eingetheilt in 12 Graffchaften. Die Namen der 12 *counties* des *Utah territory* find (*gaz.* 1196, b): *Davis, Deseret, Great Salt Lake, Green River, Iron, Millard, San Pete, Tooele, Utah, Washington, Weber, Yuab.* Die Hauptftadt des Territoriums ift *Fillmore city*, wo ein Staats-Capitol erbaut wird. Die vorzüglichften Städte und Dörfer find: *Great Salt Lake City*, mit 8-10,000 Einw.; dann von N-S: *Brownsville, Ogden, Lehi, Provo, Springville, Nephi, Manti* (im *San Pete*-Thal, an dem Wege nach Californien), *Fillmore, Parovan* und *Cedar city.* Nach Stansbury (142) find angelegt: *Provaux city* (= *Provo* vorhin) am öftlichen Ufer des Utah-Sees, und *Paysan* füdlich von ihm. Diefe Städte, meift von *adobes* (ungebranntem Stein) gebaut, liegen über einen Raum von beinahe 300 *miles* zerftreut, gröfstentheils am Fufs des *Wahsatch*-Gebirges. Die grofse Salzfee-Stadt, *city of the Great Salt Lake* oder *Great Salt Lake City* (beinahe eine chinefifche Kette von Monofyllaben!) wurde (Stansb. 124) im J. 1847 von den Mormonen gegründet. Sie liegt in 40° 46' N. B. und 112° 6' W. L., am Fufse des weftlichen Abhangs der *Wahsatch moyntains.* Ich verweife auf eine genaue und fehr günftige Schilderung der Stadt und ihrer Gegend bei *Stansbury* 128^{mm}-130^{mf}.

Ich benenne hierauf noch, was alles mit dem Namen UTAH belegt worden: welcher, als Name eines fonorifchen Volks und Sprache, mit Humboldt's *laguna de Timpanogos* die Veranlaffung und der Vorwand meines grofsen geographifchen Excurfes ift: Utah heifst eine Graffchaft *(Utah county, gaz.* 1199, a) im öftlichen Theil des Territoriums, mit einem Flächeninhalt von mehr denn 6000 ☐ *miles.* Sie wird entwäffert *(drained)* durch den *Grand, White* und *Green river*, welcher letzte fie auch durchfchneidet. Der Utah-See liegt in ihrem weftlichen Theile. Im J. 1850 hatte fie 2 Kirchen und 4 *academies* oder andere Schulen. Ihre Hauptftadt ift *Provo city;* ihre Bevölkerung beträgt 2026 Seelen: wovon 2000 Freie und 26 Sklaven find. — Utah ift Name eines kleinen Forts (f. oben S. 340 Z. 4, nachher S. 344^{aa} und § 384 am Ende); und aufserdem der Name von 4 Poftämtern *(post-offices):* eines im Utah-Territorium, in *Utah county;* und dreier in ganz fernen Staaten der nordamerikanifchen Union, nämlich: im Staate *Ohio* (in *Lucas county)*, im Staate *Indiana* (in *la Grange county)* und in *Illinois (Warren county).*

§ 383, i. Die BEVÖLKERUNG des Utah-Territoriums betrug *(gaz.* 1196, a) zufolge der Zählung (des *census)* vom J. 1850 11,380 Einw.: getheilt in 2322 Familien, welche eben fo

---

(¹) Diefer *puerto de Bucarelli* oder *Bucareli* ift ein Bergpafs: nach *Garzes* (oben S. 287^{aa}). — Faft alle diefe Ortsnamen führt auch Pike's 3te Karte, aber fehr fehlerhaft: wohl aus derfelben Quelle, aus welcher Humboldt fchöpfte (*Escalante?)*, übertragen. Beifpiele diefer abenteuerlichen Fehler (mit Nachfetzung der richtigen Form Humboldt's) find: *S. Resaka* = *S. Rosalia, S. Antonasio* = *S. Atanasio, Asension* = *Asuncion, S. Maria de los Nemes* = *de las Nieves, Puerto del Bacorelli* = *de Bucarelli.*

viele Wohnungen einnahmen. Der Mormone *Orson Pratt* schätzt sie 1853 auf 30-35,000 Einw., worin die Indianer nicht mit begriffen sind.

Die Bevölkerung wird vorzüglich durch die MORMONEN gebildet, welche sich hier im J. 1847 niederliefsen, nachdem sie aus *Missouri* und *Illinois* vertrieben waren. Sie gründeten in dem Jahre die Stadt des grofsen Salzsees, und nennen sich selbst die *Latter-day Saints of the Church of Jesus Christ.* Neue Anhänger *(gaz.)* strömen ihnen fortwährend aus der Union und Europa zu. „Die 9 Kirchen des Territoriums gehören vielleicht ihnen allein an; ein Zehntheil hat ein jeder Mormone von seinem Eigenthum an die Kirche zu geben." STANS-BURY urtheilt über die *Mormon community* nach genauer Beobachtung von 1 Jahre; damahls war die Nachricht noch nicht hingelangt, dafs sie in eine Territorial-Regierung organisirt wären: und es war abzuwarten, welche Veränderungen diefs nach sich ziehen würde. Er widerspricht der Vorstellung von einem ungezügelten Umgang zwischen den Geschlechtern, und stellt die Wahrheit des Ausdrucks *spiritual wife system* in Abrede. „Nichts", sagt er (5ᵃ⁻ᵃᶠ), „kann von dem wahren Stande der Sache ferner seyn. Das Band, welches einen Mormonen an seine 2te, 3te oder 4te Frau knüpft; ist ganz eben so stark, heilig und unauflöslich als, das ihn seiner ersten verbindet. Obgleich diefes Eingehen neuer Ehebande *sealing* heifst, werden sie doch nicht heimlich, sondern unter der feierlichen Weihe einer religiösen Ceremonie, in Gegenwart und unter der Billigung und Genehmigung von Verwandten und Freunden geknüpft. Was man auch von der Sittlichkeit dieses Gebrauchs denken möge, so kann doch Niemandem entgehn, dafs er einen ganz verschiedenen Stand der Dinge von der groben Ausgelaffenheit darstellt, welche man sich gewöhnlich als in dieser Gemeinde herrschend denkt und die, wenn sie statt fände, mit Recht den Abscheu der ganzen gesitteten Welt verdienen würde."

Folgendes ist die kurze GESCHICHTE der Mormonen: Diese religiöse Secte (Stansb. 124) wurde im J. 1830 von Joseph Smith gegründet; hatte eine Zeit lang ihren Sitz zu *Kirtland* im Staat Ohio und wurde dann nach *Jackson county* in Missouri verlegt, wo „die Heiligen *(the saints)*" durch göttliche Offenbarung angewiesen wurden einen prächtigen Tempel zu bauen; der Grundstein wurde gelegt, aber der bewaffnete Pöbel vertrieb die Erbauer aus dem Staat. Sie begaben sich nach Illinois, wo sie am Ufer des Missisippi die blühende Stadt *Nauvoo* erbauten. Hier wohnten sie bis 1844, wo auch die Einwohner diefes Staats sich gegen sie kehrten, eine wüthende Menge sie angriff, und ihr Prophet Joseph *Smith* mit seinem Bruder *Hyrum* im Gefängnifs zu *Carthage* ermordet wurde. Diese Verfolgungen dauerten das Jahr 1845 hindurch fort, bis die Mormonen in einer feierlichen Versammlung *(council)* beschloffen ihre Stadt *Nauvoo* zu verlaffen, und in der westlichen Wildnifs eine Stelle zu suchen, wo sie, fern von den Wohnungen der Menschen, den Gebräuchen der von ihnen eingeführten neuen Religion nachgehn könnten. Im Anfang Febr. 1846 (p. 125) ging ein grofser Theil der Gemeinde aus *Nauvoo* über den Missisippi und bildete einen Sammelplatz bei *Montrose* in *Iowa.* Hier blieben sie bei strenger Kälte und tiefem Schnee bis zum März, wo mehrere hundert Wagen mit Frauen und Kindern zu ihnen stiefsen, und sie sich ordneten unter der Führung von *Brigham* Young, dem Nachfolger Joseph Smith's. Auf ihrem westlichen Zuge durch den nördlichen Theil von Missouri wurden sie wieder durch Drohungen aus diesem Staate an die südliche Gränze von *Iowa* getrieben, bis sie endlich im Sommer die Ufer des Missouri jenseits der Gränzen der Staaten erreichten. Sie wollten mit Hinterlaffung eines Theils weiter ziehn, als ein Officier der V. St. bei ihnen erschien und von ihnen 500 Mann zum Kriege gegen Mexico forderte, die sie auch willig stellten; sie litten grofsen Abgang und Noth in diesem Winterlager.

Am 8 April 1847 wurde eine Pionier-Compagnie mit vielen Wagen und Thieren voraus-gefchickt, welche am linken Ufer des *Platte,* über Fort *Laramie* und den *south pass* am 21 Juli das Thal des grofsen Salzfees erreichte. Am 24 langte die Präfidentfchaft und das Hauptcorps an. Ein Stück Boden (126) wurde ausgewählt, durch Gebet geweiht, urbar ge-macht und bepflanzt; und fo 1847 der Grund zu dem gelegt, was fchon 1850 als ein Territorium in die Union aufgenommen werden konnte. 1849 wurde eine Niederlaffung am *Weber river;* 1850 am *Ogden creek,* Nebenflufs des *Weber, Ogden city* angelegt. Im Herbft 1848 langte eine andre grofse Einwanderung unter dem Präfidenten *Brigham Young* an; der Winter war fehr ftreng (127). Im Frühjahr 1849 wurde ein kleines Fort an der Mündung des „*Timpanogas*" gegründet. [Diefs ift Fort Utah, von welchem fich vor dem Titelblatte von *Stansbury's* Werk eine Abbildung findet.] Es war nun eine weltliche Regierung neben der bisherigen geift-lichen nothwendig. Am 5 März 1849 hielten daher „alle Bürger des öftlich von der *Sierra Nevada* gelegenen Theils von Ober-Californien" eine Verfammlung in der grofsen Salzfee-Stadt, um die Zweckmäfsigkeit der Errichtung einer Territorial- oder Staats-Regierung in Betracht zu ziehn; die Verfammlung nahm am 10ten eine vorläufige Verfaffung an, bis der Congrefs der V. St. eine Regierung beftimmen würde. Sie verordnete „eine freie und unabhängige Regie-rung, unter dem Namen des *State of Deseret";* fetzte die Gränzen des neuen Staats feft, wählte einen Gouverneur, Senatoren, Repräfentanten und Richter. Unterm 2 Juli wurde eine Denkfchrift an den Congrefs der V. St. gerichtet und er (128) um Aufnahme des Staats *Deseret* in die Union gebeten; eine früher eingefandte Bittfchrift um eine Territorial-Orga-nifation war zurückgezogen worden. Schon 1847 war eine Stadt in einem grofsartigen Maafsftabe angelegt worden: beinahe 4 *miles* lang und 3 breit, mit Strafsen in rechten Winkeln auf einander. Vor der Hand vertritt das *Bowery* (130) das Gotteshaus, aber ein grofsartiger Tempel foll einft alles in der Welt dagewefene übertreffen.

Ein Engel führte (135) Jofeph *Smith* an die Stelle, wo in einem fteinernen Kaften *(box)* eine Anzahl Urkunden in der Erde verborgen lagen, auf goldenen Platten in „umgewandeltem Ägyptifch *(reformed Egyptian)*" gefchrieben; er gab Smith einen Theil derfelben, und verlieh ihm die Kraft der Offenbarung, fo dafs er die Schrift überfetzen konnte. Diefs that er, und übergab als Ergebnifs der Welt das Mormonen-Buch *(book of Mormon).* — Die Mor-monen, fagt GUNNISON (p. 13), nennen ihren Staat *Des-er-ét:* mit einem myftifchen Worte, das aus dem Mormonen-Buche entnommen ift und das Land der Honigbiene bedeutet.([1]) Das Wort *Mormon* (im Griech. ift ἡ μορμών ein Gefpenft, Popanz, Schreckbild) leiten die-*latter-day saints* felbft aus dem Gaelifchen und einem „teutonifchen Dialecte" ab, indem fie es nämlich zufammenfetzen aus *more* grofs und *mon* gut; fo dafs es bedeuten foll „mehr gut, grofs gut"! Mit dem erfteren ift das gaelifche *mòr* grofs gemeint; das zweite Wort aber als gut aus einem germanifchen Dialect zu beftätigen will ich Andern überlaffen.

§ 384. Ich komme nach diefer langen Abfchweifung einer geographifchen Schilderung des Utah-Territoriums auf das zurück, was allein mein Beruf in diefem Werke ift: auf das wilde Leben der alten INDIANISCHEN VÖLKER in diefen, nun von der Raftlofigkeit neuer Civilifation durchtoften Einöden. Die Mit-

---

([1]) Wir in unfrer geringeren Tiefe meinen, dafs der Name nichts als das, chinefifch auseinander-gezogene, englifche Wort *desert* fei; die Benennung eines Staats der Wüfte dünkt uns eine erhabene in Beziehung auf Naturwahrheit und den ausdrücklichen Willen der aus der Welt Verftofsenen.

theilungen der Nordamerikaner über fie athmen die Gleichgültigkeit, welche jenes alte Völkerleben ausftöfst und vertilgt. „Es find mehrere elende Indianer-Stämme hier", fagt der *gazetteer* (1196, a und 1199, a), „in einem niedrigen Zuftande, welche dem ftarren *(churlish)* Boden einen fehr unficheren Lebensunterhalt entnahmen: meift fich nährend von Wurzeln, Beeren, Fifchen; und gewöhnlich in Höhlen oder Gebüfchen *(bushes)*, manchmahl in Hütten *(wigwams)* und Zelten lebend, und beinahe nackt gehend." „Vor dem J. 1847, wo die Mormonen anfingen ihre Schritte hierher zu lenken, waren fie im ungeftörten Befitz des Landes, nur beläftigt von den gelegentlichen Befuchen erforfchender Abtheilungen oder ftreifender *trappers* und Jäger."

Mit dem Volke der **Timpabachis** (S. 259^{af, nn}) treten wir aus dem Gila-Lande in das fogenannte Yutah-Gebiet ein; fie wohnen (f. Mühlenpf. I, 211^{nf}) nördlich von den *Nochis*, um die *sierra de los Guacaros*, am weftlichen Ufer des Rio Zaguananas.

In der AUFZÄHLUNG der VÖLKER von Yutah habe ich hauptfächlich die Namen zu wiederholen, welche beim Gila-Lande überhaupt (S. 259^{af-m} und ⁿⁿ) von Humboldt's grofser Karte entnommen find: darunter die *Jumbuicrariri* und, im O vom Timpanogos-See (vgl. S. 259ⁿⁿ, 260^{aa}, 334^{af} und hier ⁿⁿ), die *Yamparicas*.

Mühlenpfordt nennt (I, 211^f-2^a) auf der öftlichen Seite des Rio Colorado, zwifchen ihm und der *sierra de las Grullas*, als wohnend „am Bache Dolores" die Völker: *Yutas-Tabeguachis* (fo in Bd. 2; im 1ten macht er daraus zwei Völker) (¹), *Payuches* und *Talarenos;* von diefen in NNW, um die Quellen des Rio Zaguananas oder Colorado, die *Raguapuis* (alles nach Humboldt's Karte).

Armijo, welcher (f. S. 251^{a-aa}, 253^f) 1829-30 diefe Gegend durchreifte, nennt (Mühl. II, 540^a) die Yutas *Ayotes;* er fand am Colorado auch *Payuches (= Pah-Yutas)* und *Talarenos.*

Schoolcraft nennt in feiner grofsen Aufzählung der Völker nach Provinzen *(Indian tribes* I, 518-523; vgl. bei Texas § 448, b) im Territorium *Utah* folgende Völkerftämme: *Utahs* von den Quellen des Colorado und dem Becken des *Great Salt Lake* 7000 Seelen; *Shoshonees, Snakes, Bonacks; Yumpatick-ara* oder *Root-Eaters, Koolsatick-ara* oder *Buffalo-Eaters, Penointik-ara:* d. h. *Sugar-* oder *Honey-Eaters:* alle verbunden, 4500 Seelen. — Der Name *Yumpatick-ara* fieht dem Volke der *Yamparicas* von Humboldt's Karte (f. oben ^m) fo ähnlich, dafs ich fie für einerlei halten möchte. (²)

(¹) Beide Namen geben die Humboldt'fche Karte und die Pike's (oben S. 334ⁿ) als Ein Volk; der Mithr. deutet diefs (176ⁿⁿ und 177^a) auf einen Namen *Yutas Tapeguachis* (sic), welcher wohl aus den Nachrichten des P. Escalante herrühre: der 1777 die Gegenden nördlich vom Gila durchreifte und das Moqui-Land durchzog, indem er von S. Fé in Neu-Mexico aus einen Weg nach Monterey fuchte. — Mühlenpf. hat im 1ten Bd. irrthümlich *Timpachis.*

(²) Man folgert leicht aus Schoolcr.'s Überfetzungen die Wörter *tick-ara* Effer oder effen, *yumpa* Wurzel, *koolsa* Büffel und *penoin* Honig oder Zucker; die Vermuthung liegt nahe, dafs obige Namen kleine fchofchonifche Stämme bezeichnen; und fo kann ich auch zwei diefer Wörter als fchofchonifchen ähnlich erweifen: im Schofch. ift *tikaru* E, nach dem Prinzen Maximilian *richkia,* effen; *kotzo* Bifon. Die 2 anderen Begriffe fehlen in meinem Wortverzeichnifs.

Die hauptfächlichen Bewohner find vier Zweige von Völkern SONORISCHER
Zunge: die *Utahs, Pah-Utahs,* die *Schoschonen;* und ihr verkommener, tief er-
niedrigter Zweig, die *root-diggers.* Sie allein werden uns in den neuen nordamerikanifchen Berichten genannt, als die, auf welche die Reifenden und auf Entdeckung
und Erforfchung ausgehenden Trupps im Utah-Gebiete geftofsen find. Auf der
Hinreife ftiefs STANSBURY'S Expedition hinter Fort *Bridger* auf 8-10 Indianerinnen,
„fchofchonifche *root-diggers* oder *snake-diggers:* ganz nackt, mit Körben auf dem Rücken,
um *grass-seeds* für den Wintervorrath zu fammeln; welche fogleich in die Berge flohen" (f.
näher p. 32). Auf dem Rückwege traf fie bei *Strong's Knob* einen alten *Utah* digger mit Frau
und Kind *(with his squaw and papoose),* welchen fie im Herbft im *Spring valley* gefehn hatten
und der wahrfcheinlich fein *lodge* mit Fleifch für den Winter verforgen wollte (f. 202ⁿ-3ᵐ).
Bei ihren Erforfchungen im Frühjahr von der Salzfee-Stadt aus ftiefsen die Reifenden (174)
am grofsen See bei den *Indian springs* und der *Spring bay* auf 3 Schofchonen zu Pferde,
welche ihre Bewegungen beobachtet hatten. Sie gehörten zu einem kleinen *lodge,* das in den
Bergen gelagert war. Im September, wo nach der Recognofcirung gegen das Fort *Hall* hin
die Wüften um die weftlichen Ufer des grofsen Salzfees unterfucht wurden, mufsten fie durch
das Gebiet der Schofchonen oder *Snake-Indians* ziehn, welche, wegen einer von Auswanderern
kurz zuvor erlittenen, maafslofen Beleidigung, fehr feindlich gefinnt waren; man ftiefs auf
fchofchonifche Winter-*lodges.*
In folgender allgemeiner Stelle (148) liefert Stansbury eine traurige Schilderung von
den *root-diggers, Pah-Utahs* und *Utahs:* „Die eingebornen Stämme, mit denen wir im Thal
(des grofsen Salzfees) in Berührung gekommen find, waren die am meiften herabgefunkenen
und niedrigften Wefen *(the most degraded and the lowest in the scale of being),* welche ich
je gefehn habe. Es waren die *root-diggers,* eine Claffe Indianer, welche aus dem Auswurf
ihrer Stämme *(outcasts from their respective tribes)* zu beftehen fchien: hauptfächlich lebend
von aus dem Boden aufgegrabenen Wurzeln und dem Saamen verfchiedner hier einheimifcher
Pflanzen, den fie zwifchen 2 platten Steinen zu einer Art Mehl zerreiben. Eidechfen und
Grillen *(crickets)* bilden auch einen Theil ihrer Nahrung. Zu gewiffen Jahreszeiten erhalten
fie aus den Zuflüffen des Salz- und Utah-Sees eine bedeutende Menge Fifche, welche fie in
Reufen oder Fallen *(weirs or traps),* aus Weidenbüfchen verfertigt, fangen. Die, welche wir
fahen, waren Zweige von *(from)* den Schofchonen oder *Snakes* und von dem grofsen und
kriegerifchen Volksftamme der Utahs, welche letztere einen ausgedehnten Landftrich gegen
den Süden bewohnen. Sie find bei den *traders* unter dem Namen *snake-diggers* und *Utes*
bekannt; wogegen diejenigen des letzteren Stammes, welche die Nachbarfchaft der Seen und
Ströme bewohnen, und hauptfächlich von Fifchen leben, durch den Namen Pah Utahs oder
Pah Utes unterfchieden werden: indem das Wort *pah* in ihrer Sprache Waffer bedeutet. (¹)
Während wir mit der Vermeffung des Utah-Thals befchäftigt waren, wurden wir nicht wenig
von Schaaren des letzteren Stammes beläftigt, die das Lager umfchwärmten, fich um die Koch-
feuer herumdrängten, mehr gleich hungrigen Hunden als menfchlichen Wefen: begierig auf
das kleinfte Stück, das weggeworfen würde, lauernd, welches fie mit Heifshunger und ohne

_____

(¹) Es ift das allgemeine fonorifche Wort für Waffer; *Päah* (d. h. mit 2 getrennten *a*) nennen die
Schofchonen (nach *Wyeth* in *Schoolcr.* I, 226ⁿ) den *Snake river,* welchen die *Nez percés Saaptin*
nennen.

die geringfte Vorbereitung verfchlangen. (') Die Hirten klagten auch, dafs ihr Vieh oft zerftreut würde und dafs trotz ihrer höchften Wachfamkeit mehrere Thiere davon fpurlos ver-
fchwänden .... Nachdem der Trupp den Utah-See verlaffen hatte, um in der Salzfee-Stadt
Winterquartiere zu beziehn, wurden die Indianer übermüthiger: indem fie prahlten, was fie
gethan hätten; das Vieh aus den füdlichen Anfiedlungen wegtrieben, fich allen Verfuchen zur
Wiedererlangung widerfetzten; und zuletzt auf die Leute feuerten, die aus ihrem kleinen
Gehäge hervorkamen, um ihrer gewöhnlichen Befchäftigung nachzugehn. Unter diefen Umftänden wandten fich die Anfiedler im Utah-Thal an die oberfte Regierung in der Salzfee-
Stadt... Der Präfident (*Young*) war anfangs ftrengen Maafsregeln fehr abgeneigt.... aber
(149) felbft *Stansbury* rieth dazu, da auch der Anführer der Indianer ein blutdürftiger Wilder
war, der jeden einzeln angetroffenen Weifsen zu ermorden gedroht hatte..." Es wurde ein
Zug gegen fie unternommen, der vollkommen glückte. „Die Indianer fochten fehr tapfer,
wurden aber gefchlagen, einige 40 von ihnen getödtet und eben fo viele gefangen genommen;
die letzteren, meift aus Weibern und Kindern beftehend, wurden nach der Stadt geführt und
unter die Einwohner vertheilt, um fie zu fanften Sitten, Bildung und chriftlichem Leben zu
bringen. Der Verfuch gelang aber nicht, weil die meiften Gefangenen bei der erften Gelegenheit entfprangen." *Stansbury* hat uns bei p. 148 durch eine Abbildung von gefangenen Utah-
Indianern auf der Platform im Fort *Utah* eine Anficht von diefer Menfchengattung verfchafft,
welche durch die unglaubliche Scheufslichkeit in den Gefichtszügen, Mienen; dem zerzauften
Haar und dem Benehmen, — fowohl bei Männern, als Weibern, Greifen und Kindern —,
zurückfchreckt. Eine andere Abbildung, nach p. 150, *old Elk and his squaw — Utah-Indians,*
verföhnt aber wieder: denn wir haben in dem Manne eine angenehme, in der jungen Frau eine
milde und liebliche Erfcheinung vor uns; beide find in Felle gehüllt.

In diefen Berichten der Erforfcher des grofsen Salzfee-Thals herrfcht einige
Dunkelheit, weil man manchmahl nicht weifs, von welchem Stamme die Rede ift.
Hervorheben mufs ich: dafs diefe Expedition und die Bewohner des Salzfee-Thals
in diefer Örtlichkeit häuptfächlich nur mit den verkümmerten, tief gefunkenen Stämmen der zwei fonorifchen Zungen, dem Auswurf der zwei Völker, zufammengeftofsen
find, welche in der dortigen Gegend herumirren und deren elendes Dafeyn fchon
oftmahls in grellen Farben dargeftellt worden ift. Ihre verächtlichen Schilderungen
find aber nicht auf das grofse, muthige Volk der Schofchonen; auch nicht einmahl auf das eigentliche Volk der Yutas zu beziehn, welche füdlicher wohnen und
welche Stansbury felbft einen grofsen und kriegerifchen Stamm nennt.

§ 385. Ich wende mich nun, nach Befeitigung der übrigen Völker des Territoriums, fchliefslich zu meinem Hauptgegenftand in diefem grofsen Lande: zu dem
VOLKE der YUTAHS, um von ihnen und bald ihrer Sprache allein zu handeln.
Wir haben fchon Stansbury über fie gehört: dafs er fie füdlich von den nordamerikanifchen Niederlaffungen fetzt; dafs er (vorhin S. 346ⁿⁿ) redet von dem „grofsen und kriegerifchen Stamm der *Utahs,* welche einen bedeutenden Landftrich im
Süden bewohnen", und (hier ᵃᶠ) wie fie tapfer fochten. Frémont's Karte fetzt fie

(') Den fchrecklichen Hunger, welchen der niedrige Schofchonen-Stamm ausgefetzt ift, fchildert auch
Wyeth (f. Abfchn. XIV § 560).

etwas südlich vom *Utah*-See (f. S. 337ᵐ). — Wenn man das Territorium und die
verfchiedenen Ortsnamen fchon nicht anders als mit den Nordamerikanern UTAH
fchreiben darf, fo wähle ich doch für Volk und Sprache die dem Laute folgende
und altberechtigte Form YUTAH und YUTAHS. Sie werden fpanifch gefchrieben
Yutas; englifch *Utaws* (z. B. hier ᵐᶠ), ja in alter englifcher Weife *Eutaws* (f. nachher
S. 349 Z. 7); die nordamerikanifche Form ift *Utahs*, fo auch bei Stansbury: doch
bedient er fich auch der Form *Utes* (z. B. vorhin S. 346ⁿⁿ); auch haben wir (S. 345ᵐᵐ)
eine willkührliche fpanifche Form *Ayotes* gefehn.

Die PAYUTAS oder Waffer-Yutahs (genau *Pah-Yutah)* find ein befonderer
Stamm, wie wir oben (S. 346ⁿᶠ) gefehn haben; auch kriegerifch (vgl. oben S. 337ᶠ):
fie werden häufig Payuches genannt (S. 253ᶠ, 259ⁿⁿ, 345ᵐᵐ, ᵐᶠ) und wohnen in
SW, wie wir nachher (hier ⁿⁿ) wieder vernehmen werden; von ihnen handle ich
hier nicht.

Ich ftelle einige ältere Nachrichten über das VOLK der YUTAHS zufammen,
da die neueften fo theilweife und ungenügend gewefen find:

Nach Pike *(expeditions to the Sources of the Mississippi* 1805-7. Philad. 1810. 8°,
append. to Part III. p. 9) reden die *Utahs* mit den *Kyaways* und *Tetaus* Eine Sprache. Sie
wandern herum an den Quellen des *Rio del Norte,* in der muthmafslichen Stärke von 2000
Kriegern; find mit Bogen, Pfeilen und Lanzen bewaffnet, und jagen den Büffel. Sie find etwas
civilifirter als die *Kyaways,* weil fie mehr Verkehr mit den Spaniern, welcher aber häufig nur
in Krieg beftanden hat, gehabt haben. Pike erzählt von einem Kampfe derfelben mit den
Tetaus im Sept. 1807, wo auf jeder Seite 400 Streiter waren. — Humboldt nennt im *essai
pol.* (f. oben S. 299ᵐ) neben einigen friedlichen Apachen Stämme der Moquis und Yutas als
Indios de paz, fefshaft und Mais bauend. — Das Land der *Utaws* liegt nach Samuel Parker
(exploring tour beyond the Rocky Mountains 1835-37, Ithaca 1838. 8° p. 301) im O und SO
von den Schofchonen, am oberen Colorado von Californien. Ihre Zahl ift, fagt er, nahe 4000.
Sie fcheinen ein fanftes, friedliches Volk zu feyn: ehrlich, freundlich und gaftfrei gegen Fremde,
liebreich unter einander. Sie leben von der Jagd, vom Fifchfang, und fammeln Wurzeln und
Beeren. Ihre Kleidung ift einfach und ihr Benehmen ohne Anmafsung. Das Land ift warm,
von fchönem Klima und gutem Boden. — Die Jutahs, fagt Prof. Berghaus in feinem Auffatze über die Comanchen S. 58, haben ihre Weideplätze an dem Salzfee des grofsen inneren
Beckens von Ober-Californien, der darum auch ihren Namen führt [nicht er, fondern der
kleine, füfse See]. Diefer See liegt unter 41° N. B. Südweftlich davon, unter 37°, giebt
Frémont die Weideplätze eines anderen Stammes, der *Pah-Jutah,* welche wohl mit jenen verwandt find *(Charles Preuss, Map of Oregon and Upper California. From the Surveys of
John Charles Frémont and other authorities. Wash. City* 1848). Die Jutahs lebten zwar mit
der Regierung von Neu-Mexico in Frieden, aber fie zwangen die Handelsleute und Jäger,
denen fie begegneten, zu einer Abgabe: verüben auch oft Graufamkeiten gegen fie.

Wir haben oben (ᵐᵐ) von Pike die Äufserung vernommen, dafs die *Utahs,
Kyaways* und *Comanches* einerlei SPRACHE reden; (¹) hiernach fagt Mühlenpfordt

---

(¹) Die Worte lauten (p. 9), bei den *Kyaways: This nation with the Tetaus and Utahs all speak the
same language.*

(I, 212ⁿᶠ) bei den *Cumanches:* „zu ihnen gehören die *Yutas* an den Quellen des Norte und die *Kiaways* am Platte-Fluſs." — Berghaus ſcheint die Jutahs als nahe ſprachverwandt mit den Schofchonen und Comanchen zu betrachten (ſ. bei den Navajos S. 298ᵃ). Er führt auch an (48,b), daſs Ruxton ſie für einen Zweig der Schofchonen erkläre.(¹) Auch Hale ſoll nach Gallatin vernommen haben, daſs die Utahs mit den Comanchen und Schofchonen Mundarten Einer Sprache reden ſollen; Gallatin, der das Volk *Eutaws* ſchreibt, bezweifelt dieſe Verwandtſchaft noch (ſ. beide Stellen im § 418).

§ 386. Die Möglichkeit über das Verhältniſs der Yutah-Sprache zu urtheilen iſt uns erſt ſeit kurzem durch das kleine WORTVERZEICHNISS des Lieut. J. H. Simpſon (bei ſeinem Berichte von ſeinem Zuge in das Navajo-Land, in R. B. *Marcy's route from Fort Smith to Santa Fe*, Waſh. 1850. 8°) geboten: welches er von einem im *guard-house* zu S. Fé gefangen ſitzenden *Yutah*-Indianer erlangte:

Wortverzeichniſs der YUTAH,

nach J. H. Simpſon p. 141-3, Col. 9

Arm	*pooir*	Katze	*moosah*	Schlange	*toeweroe*
Auge	*puttyshoe*	Kinn	*hahnockquell*	Sonne	*tap*
Bruſt	*pay*	Knabe	*ahpats*	Stein	*timpa*
Feuer	*coon*	Kopf	*tuts*	(aus Frémont: ſ. § 394 die lange Anm.)	
Fluſs	*og-wahbe* u. *ogo*	Mädchen	*mahmats*		
(nach Frémont: ſ. § 394 Anm.)		Mann	*toe-on-pay-ah*	Stern	*quahlantz*
Frau (wom-*naijah*		Mond	*mahtots*	Stirn	*muttock*
Fuſs [an) *namp*		Mund	*timp*	Waſſer	*pah* ²) *ogo* ᵣ
Geſicht	*koo-elp*	Naſe	*mahvetah*	(letzteres aus Frémont gefolgert: ſ. § 394 Anm.)	
Haar	*su-ooh*	Ohr	*nink*		
Hals	*kolph*	Pferd	*kahvah* (ſpan.)	Zahn	*tong*
Hand	*masseer*	Salz	*ona* ✓	Zunge	*ah-oh*
Holz	*oof*	(von mir hinzugefügt: ſ. S. 352ᵐ No. 283,b)			
Hund	*sahreets*				

§ 387. Schon die früheren Urtheile, welche ich (S. 348ᶠ-9ᵃᵃ) einfach berichtend mitgetheilt, haben die VERWANDTSCHAFT, ja Identität der Sprache der Yutahs mit der der Comanchen und Schofchonen ausgeſprochen: *Pike* machte ſie mit der der Com. identiſch, *Ruxton* das Volk zu einem Zweige der Schofchonen, *Hale* rechnet das Volk zu den Com. und Schofch.; dieſe Verwandtſchaft iſt von *Gallatin* bezweifelt worden. Indem ich die Urtheile wegen der comanchiſchen und ſchofchoniſchen Verwandtſchaft beſtätige, erkläre ich die Yutah-Sprache für ein Glied des SONORISCHEN SPRACHSTAMMES. So kurz das Wortverzeichniſs iſt, welches wir

(¹) Ich habe bei Ruxton keine ſolche Stelle auffinden können.

dem, nicht genug zu preifenden, wiffenfchaftlichen Eifer des Lieutenants Simpfon verdanken (30 Wörter), fo berechtigen die von mir darin entdeckten aztekifchen Wörter und die Verwandtfchaft der meiften übrigen Wörter mit den fonorifchen Sprachen mich hinlänglich zu diefer Entfcheidung. Ein näherer Zufammenhang mit den fonorifchen Gliedern diefer Region, der Comanche- und doppelten Schofchonen-Sprache: der Art, dafs alle zufammen ehemahls Eine Sprache gewefen feyn könnten; hat Wahrheit. Ich werde diefe Thatfache in der Analyfe auf's ftärkfte bekräftigen. Ich werde aber daneben genug der Verfchiedenheit auch zwifchen Yutah und ihnen; auch einige Wörter, welche dem gröfseren fonorifchen Kreife fremd find: zu bezeichnen haben; ich werde ferner gelegentlich directe Übereinftimmung gerade mit den 4 fon. Hauptfprachen bemerklich machen. Eine Folge der nahen Zugehörigkeit zu dem fchofchonifchen Kreife ift es, dafs die Yutah-Sprache auch ein athapaskifches Wort: das Wort für Feuer, gemeinfam mit Comanche und Schofchonifchem, befitzt.

§ 388. Wie wenig eine eng befchränkte, eine vereinzelte Sprachvergleichung geeignet ift zu richtigen Anfichten über Verwandtfchaft oder Nicht-Verwandtfchaft zu führen; zu welcher Ungerechtigkeit fie verleiten, wie ungünftig fie für Verwandtfchafts-Verhältniffe ausfallen kann: das lehrt das Ergebnifs, welches man erhält, wenn man die von *Simpson* neben einander mit gleicher Begriffs-Auswahl aufgeftellten zwei Wortverzeichniffe der Sprachen MOQUI und YUTAH mit einander vergleicht. Beide find, wie von mir entdeckt und bewiefen ift, Glieder des fonorifchen Sprachftammes; nach der blofsen Vergleichung beider unter fich würde man fie aber für einander fremde Sprachen, mit 2 entfernten, zufälligen Ähnlichkeiten, erklärt haben. Ich erläutere diefen Fall genauer, weil es belehrend ift zu fehen, wie es in der Wirklichkeit eines folchen Verhältniffes zugeht:

Zuvörderft büfst man von der fchon kurzen Wortreihe (Moqui 39, Yutah 30 Wörter) den gröfsten Theil ein: als mit denen man gar keine Vergleichung anftellen kann, weil fie nur auf der einen oder anderen Seite angegeben find. In dem, viel kürzeren *Yutah*-Verzeichniffe find von den Wörtern der *Moqui*-Sammlung ausgefallen die 17: Bein, Bogen, Bohne, Degen, Ellbogen, Erde, Finger, Flinte, Gott, Himmel, Hut, Knie, Korn, Peitfche, Sporen, Wolke; von *Yutah*-Wörtern fehlen im *Moqui*-Verzeichniffe die 7: Frau, Katze, Knabe, Mädchen, Schlange, Stern, Waffer: Summa 24 ausfallende Wörter. Von den zur Vergleichung übrig bleibenden find zwifchen beiden Sprachen ganz verfchieden die Wörter für: Arm, Bruft, Feuer, Fufs, Haar, Holz, Hund, Kinn, Kopf, Mann, Mund, Nafe, Stirn, Zunge; folgende, wirklich verwandte, find einander äufserlich, und wenn man fie vereinzelt erblickt, fo wenig ähnlich, dafs man ihre Verwandtfchaft fchwerlich erkannt oder behauptet hätte: Auge, Hals, Hand, Mond, Ohr. Es bleiben nur übrig als allenfalls und gar nicht ficher ähnlich, da man das fpan. Wort Pferd nicht rechnen kann, 2 Wörter: Sonne M *tahwah,* Y *tap;* Zahn M *tahmah,* Y *tong.*

Wer hätte es gewagt, an diefes fo fchneidend negative Ergebnifs eine Behauptung von der VERWANDTSCHAFT der Moqui- und Yutah-Sprache zu knüpfen! und dennoch find fie, wenn gleich zu einem grofsen Beftandtheil fich fremd, Glieder Eines Sprachftammes, mit einander verwandt; und es wird das Mangelnde feine Stelle, feine Erläuterung oder Entfchuldigung finden.

§ 389. Ich beweife meine Behauptung der SONORISCHEN VERWANDTSCHAFT der YUTAH-Sprache mit einem kleinen Befitzthum AZTEKISCHER WÖRTER durch eine VEREINZELTE WORTVERGLEICHUNG, wie ich fie bei dem Moqui begonnen und in ihrer Einrichtung (f. § 306, S. 290-1) befchrieben habe. Die Ziffer, welche den Wortreihen gegeben ift, fchliefst fich, zufolge eines Zufalls (f. oben S. 291 Anm.), erft hinter der *Kizh* und *Netela* an: da fie gleich an das *Moqui*, vor der grofsen Comanche-Wortvergleichung, hätte anknüpfen müffen. Ich führe hier alle Sprachen meiner Kette zur Vergleichung herbei:

Ta, Te, Co und Ca

C = Comanche, Sch = Schofchonifch, W = Wihinafcht

K = Kizh, Ne = Netela

M = Moqui

(Y, wo es nöthig ift, bedeutet Yutah).

§ 390. Noch ehe ich zur Wortvergleichung übergehe, kann ich die fonorifche Natur der Sprache nach den beiden Elementen der aztekifchen und fonorifchen Gemeinfchaft, und fogar ihre befondere Stellung zwifchen der comanche-fchofchonifchen Ligue, durch blofse zwei, in ihr fich hervorthuende SUBSTANTIV-ENDUNGEN darlegen:

ts (1mahl *tz*) — die eine Endung: mufs, der Anzahl der Beifpiele in den wenigen Wörtern nach, grofse Verbreitung haben; ich halte fie für eine Abänderung der aztekifchen Endung *tl*: fie ift als *tse* (1mahl *ts*)und befonders *tsi* eben fo ftark im Schofch. verbreitet (f. § 575). Nur 1mahl haftet fie an einem azt. Worte: *mahtots* Mond; fonft an fremdartigen: *ahpats* Knabe, *mahmats* Mädchen, *tuts* Kopf; *quahlantz* Stern (hier *tz*); das Beifpiel Hund erweift deutlich diefe Endung, indem das Wort im Com. und Schofch. einer Endung baar erfcheint: Y *sahree-ts*; CB *zari*, N *sharde*; Sch *schari*

p (1mahl *ph, lp*) — eine zweite ftark ausgeprägte Endung der Subft. im Yutah, ift eine bezeichnende Subft. Endung der comanche-fchofchonifchen Ligue: welche ich als *p* (beiläufig *pe, pa,* vielleicht auch *pi*) im Com. (§ 427); als *p, pa, pe, pi* im Schofch. und Wih. (§ 575) befprochen habe; ich habe ihre Spuren auch im Moqui (als *pe, be, ber, bor;* f. S. 292ᵐ) nachgewiefen. Folgendes find die Beifpiele und Beweife diefes *p:*

TIMP Mund (= azt. *ten-tli*): CN *tèppa*, B *tupe* Lippen; Sch *timpa*, W *tupá*

TAP Sonne, gegen Ca **taa*: CB *tabih*, N *tah-arp*; SchE *tava* und *taba*, A *tabba*, PM *táhbe*, Scr *tarpe*; W *tava* und *taba*

NAMP Fufs: CN *nahap*, Sch *nampa*; KE *a﹦nēf*; andere neu-calif. Formen zeigen das Wort (wenn es daffelbe ift) der Endung baar: K, auch E: *né﹦neö*; Ne *neé* Bein, Fufs

KOLPH Hals: ich bin geneigt es für = azt. *quechtli* zu halten, und vergleiche damit M *quape*, Co *keupih-ti*

KOO-ELP Geficht (Endung *lp* = Com. *rp*); die com. fchofch. Trias hat das Wort ohne Endung: CN *koveh*, Sch *kuwŏ̆*, W *koöá, kobá.*

Im allgemeinen läfst fich an der Sprache der eigenthümliche Zug bemerken, dafs fie zu confonantifchen Endungen und Weglaffung eines Endvocals im Ausgange hinneigt: dahin gehört ihre Endung *p:* gegen *pa, pe, pi* der verbündeten Sprachen, befonders fichtbar in *timp* Mund; dahin gehört die Geftalt der azt. Wörter *nink* Ohr und *tong* Zahn; dahin endlich *muttock* Stirn gegen fchofch. *mor̊óka.* Auch im athap. *coon* Feuer zeigt fich diefs, da die 3 andren Sprachen auf *na* und ne ausgehn.

§ 391. Nach diefer wichtigen grammatifchen Parallele trete ich in die SPE-CIELLE WORTVERGLEICHUNG zwifchen der YUTAH und der langen Reihe SONORISCHER SPRACHEN ein:

I. fonorifche Wörter:

1) Die Yutah-Sprache befitzt Wörter, welche ALLGEMEIN den SONORISCHEN Sprachen: den 4 Hauptfprachen, dem Comanche und Schofchonifchen ufw.; angehören:

a) ohne Unterfchied, oder den 4 fonorifchen Sprachen vorzugsweife zugeneigt: [282] AUGE *puttyshoe* (mit feltfamer Verlängerung, da *putty* oder *puttysh,* wohl mit Subft. Endung *sch,* das Wefentliche fcheint): Ta *pusiki* (dem *puttisch* am nächften kommt), Ca **pusi;* M *pose;* Te *buy,* Sch und W *pui,* CB *puile;* Ne *no=pūlum* (pl.); [283] WASSER *pah* (Wort beftätigt durch fein häufiges Vorkommen in den Flufsnamen des Utah-Gebiets: f. S. 339ᶠ, auch 346ᶠ): Ca *baa* (**bahuc* Meer, Co *vaac* Meer), Ta *pauguiki,* **bagúi* und **bagúiqui*(¹); CB *pa,* N *pah-ar;* SchE *pa,* A *pah,* Scr *paah;* W *pa,* K *bar,* G *pāärā;* Ne *pāl,* G *pal;* [283,b] SALZ *ona* (von mir entnommen dem Flufsnamen *Onapah* oder *Salt creek* auf Stansbury's Karte: f. S. 339ᶠ): anzufchliefsen der von mir beim Kizh (KN S. 520 No. 182) gegebenen fon. Reihe

(¹) Die Tepeguana-Sprache und die Cora nehmen direct nicht Theil an dem fonorifchen Worte für WASSER, fie entbehren es darum aber nicht: in der Cora habe ich fchon *vaac* als auf den fon. Stamm hingehend bemerkbar gemacht. In der Tepeguana ift *vaggui,* nafs, das fich weit durch Derivationen und Begriffe verzweigt, in der Form fchon merkwürdig gleich Ta **bagúi:* ich zweifle nicht, dafs ihm das fonorifche *pah* zum Grunde liege; noch näher rückt diefer einfachen Form *vai-quier* See (*lacus*)', in welchem *quier* nur Orts-Endung ift; wahrfcheinlich liegt es, als Waffer, auch in *bai-moque* und *bei-moque* ertrinken (im Waffer fterben; vgl. Abfchn. IV § 56 S. 83 Z. 5); ohne Zweifel in *ba-dupique* unter dem Waffer fchwimmen (von *dupique* zu Grunde gehn) und *ba-tutube* fich baden (= im Waffer fpielen, von *tutube* fpielen). — Auf den Stämmen *vai* und *va* beruhen auch die tepeguanifchen Wörter und Derivata: *vaigue* Waffer holen oder bringen, *vapague* bewäffern (reduplicirt aus *vague*), *vapacate* (redupl. aus *vacate*) remojar, embeber, empapar; *varaga* oder *baraga* Saft, Brühe; *vaddeide* und *vadduide* mojar u. a. Ich thue ferner die Fragen: ob *ba* Waffer vorn im Ca**bahehueche* Thau liegt? (f. IV § 56 S.69ᵐ), und ob man das Te Wort für Waffer: *aqui* für = azt. *atl* oder = Ta **bagúi* mit apocopirtem *b* halten foll? — Die Anficht von dem tarah. Worte für Waffer vervollftändige ich durch die Angaben: *paugui* Flufs (*p̦augui-tschic* im Waffer, *paugui-tschiki* im Fluffe), *pauguila* Suppe; und das Compoſ. diefes Subft. mit *mani,* welches im beim Kizh und Net. (KN S.529ᵃ⁻ᵐ) genau dargelegt habe; *pauguina* fchwitzen (Te *baure*); *pauguó* jenfeits des Fluffes, hinüber, **bacochi* im Flufs. Schon das letzte Wort verläfst den Stamm *pau* und geht auf *ba, pa* zurück: wie auch *pabahi* oder *babahi* Waffer ziehn oder fchöpfen (wovon herkommt *pabahitschic* Ort, wo es viele Sümpfe giebt, wo Moräfte find). Auf dem Stamm *pa* Ta und Ca, *ba* Te und Ca, und *va* Te beruhen auch in den 3 Sprachen aufser der Cora die Ausdrücke für wafchen, nebenher taufen: Ta *pagota* (**pagóra* und **pagoco* w.), Te *bacuane* und *vacuane,* Ca **hipacsia* w., *batoc* ufw. oder *batori.*; Taufe heifst Ta *pauvo-liki* oder *pavo-liki,* **pagó-riqui.*

b) mit naher Anſchmiegung an Comanche und Schoſchoniſch: [284] SONNE *tap:* ich habe anderwärts (Schoſch. § 575 am Ende) bemerkt, daſs die beſondere Geſtalt, welche das ſon. Wort für Sonne in der comanche-ſchoſch. Ligue angenommen hat, wohl der eigen-thümlichen Subſt. Endung dieſes Sprachkreiſes *(p, pe:* weiter gehend zu *be, ba, va)* zuzu-ſchreiben ſeyn möchte; die Yutah-Form zeugt für dieſe Endung vorzugsweiſe, und ſie liegt ganz innerhalb des comanche-ſchoſch. Typus: CN *tah-arp,* SchScr *tarpe;* CB *tabih;* SchPM *tahbe;* SchE und W *taba, tava;* M *tahwah;* — dieſs iſt der beſtimmte Typus dieſes Völkerkreiſes; die 2 neu-calif. Sprachen zeigen ſtatt *pe* uſw. einen Zuwachs *me* mit ihrer azt. Subſt. Endung *t:* K *tāmet,* Ne *temet;* unter den 4 ſon. Hauptſprachen zeigt die Cah. den einfachen Stamm des Wortes: **taa;* Ta *taicá,* Te *tasse* haben ihn durch Zuſätze, welche ſich auch organiſch erklären laſſen, vermehrt

c) nahe verwandt mit Comanche und Schoſchoniſch, bei möglicher oder wahr-ſcheinlicher Verwandtſchaft mit einer ſon. Sprache: [285] GESICHT *koo-elp (lp* Subſt. Endung); CN *koveh,* Sch *kuẇó,* W *koöá, kobá;* Te *vuivase.*

Die allgemeinen Analogien in voller Reihe der ſonoriſchen Mundarten, welche uns hier ſchon, ſo früh, zu entſchwinden ſcheinen, knüpfen ſich auf dem aztekiſchen Gebiete wieder an.

§ 392. 2) Wörter identiſch mit dem COMANCHE und SCHOSCHONISCHEN oder einem dieſer 3 Glieder, fremd gegen die ſonoriſchen Hauptſprachen:

a) [286] ARM *pooir;* C *pur(e),* Sch *púiro;* W *putá;* [287] HUND *sahreets (ts* Subſt. Endung); CB *zari,* N *sharde;* Sch *schari;* [288] NASE *mahvetah* findet ſein Analogon Com.: B *nezmobitain* Naſenlöcher, *mamobita* Nüſtern des Pferdes: deſſen erſtem Theil *(mobi)* N *mo-opee* gleich iſt; vielleicht iſt dieſes Wort, indem *pi, bi* Endung ſeyn könnte, doch eins mit dem andren Worte: Naſe Sch *mui,* W *moöi;* CB *muule;* [289] SCHLANGE *toeweroe;* CN *nohe-er;* Sch *túqua,* W *toyókwe;* man kann noch eine ſon. Ähnlichkeit aufbringen, indem im Te unter vielen vereinzelten Benennungen *tuquisci* Waſſerſchlange vorkommt; [290] STIRN *muttock* findet ſich nur, aber vollkommen, wieder im Sch *motoʼka* (C hat *kai);* [291] ZUNGE *ah-oh* bekundet die comanche-ſchoſcho-niſche Verwandtſchaft der Sprache recht beſtimmt: weil nur dieſer Sprachkreis dieſes beſondere Wort hat: CB *ehk,* N *ah-ako;* Sch *aku,* W *eyó;* Kizh, Moqui und die 4 ſon. Sprachen haben dagegen das azt. Wort *nenetl* (ſ. Moqui, S. 291 No. 6); [292] zu dieſer Gemeinſchaft gehört auch die SUBST. ENDUNG des Yutah *p = p, pe, pi, pa* uſw. von Com., Schoſch., Wih., Moqui (ſ. das Ausführliche darüber oben S. 351ⁿ⁻ᶠ)

b) vielleicht zugleich identiſch mit Kizh und Netela: [293] FUSS *namp;* CN *nahap,* Sch *nampa;* vielleicht iſt dieſes Wort nämlich daſſelbe mit K *aznēf* oder *néznëö* Bein, Ne *neé* Bein, Fuſs: wenn man K *f,* Y und C *p,* Sch *pa* als Subſt. Endung anſieht.

§ 393. 3) Folgendes ſind die Wörter der Yutah, bei denen jede Analogie verſtummt, welche uns in eine unbekannte Region verſetzen:

Wörter FREMD GEGEN ALLES: gegen die 4 ſon. Sprachen, gegen Com. und Schoſch. (auch Kizh und Netela, wo ſie vorkommen): [294] BRUST *pay* (man kann doch nicht C *pitzi* uſw. ähnlich finden, ſ. Moqui S. 293 No. ɛ3; im Sch fehlt der Ausdruck); FRAU *(femina)* *naijah;* [295] KINN *hahnockquell* (C *paritz, nebaduez;* Co *ayᵃᵉhrit);* KNABE *ahpats;* KOPF *tuts* (auch fremd gegen Kizh und Net.); MÄDCHEN *mahmats;*

[296]MANN *toe-on-pay-ah* könnte, wenn man abenteuerliche und abfichtliche Veränderungen annehmen will, = CN *too-avish-chee* genannt werden; [297]STERN *quah= lantz;* ich nenne andere Wörter: CB *tazinupp(ig)*, N *ta-arch* (in diefem könnte eine forcirte Ähnlichkeit mit oder Abänderung gegen *quahlantz* gefunden werden); Sch *putsíhwa,* W *patuzúva;* K *suon,* Ne *suol;* jede der 4 fon. Spr. hat ein anderes Wort.

II. aztekifche Wörter:

§ 394. Die von mir in der Yutah-Sprache entdeckten AZTEKISCHEN WÖRTER fetzen die in den Rubriken 1 und 2 des vorigen Abfchnitts vorgeführten fonorifchen Verwandtfchaften, fo wie die nähere comanchifch-fchofchonifche Zugehörigkeit der Yutah-Sprache kräftig fort: indem diefe azt. Wörter im Sprachftamme einen eigenen, fonorifchen Typus haben und auf halbem Wege ftehn; fie vollenden in ihrer ftarken Zahl und ihrem bedeutenden Gewichte den in jenen beiden Rubriken noch unvollkommen gelaffenen Beweis von der fonorifchen Stammverwandtfchaft der Yutah:

1) die Yutah befitzt ALLGEMEIN von den fon. Sprachen befeffene aztekifche Wörter: a) in eigenthümlicher oder allgemeiner Geftalt, ohne Hinneigung zu einer einzelnen fon. Gegend: [298]HAND (azt. *ma-itl*): *masseer;* die Form ift eigenthümlich gegen alles: wenn man kühn feyn will, kann man fagen, es könne *s-r* für die azt. Endung *t-l* ftehn; dann hätte man eine nächfte azt. Analogie; die anderen Sprachen zeigen die bunteften Geftalten, deren meifte aber genaue nationale Vertreter der azt. Form *maitl* oder des azt. Stammes *ma* find: Co *moa-mati* (auch Arm); M *mahat* Arm, *mocktay* Hand; K *mān* und Ne *ma* Hand und Arm; CB *mashpa* (*pa* wohl Subft. Endung), N *mo-wa;* W *mai;* [299]MOND (azt. *metz-tli*): *mahtots* ift wieder dem azt. felbft am meiften ähnlich; W *muschhá,* M *mooyah;* Sch *mungá;* CN *mush,* B *mea* halber Mond; K *mōár,* G *mūārr;* Ta * und Ca *mecha,* Te *massade* ufw.; [300]OHR (azt. *nacaz-tli*): *nink;* CB *nak(i),* N *nahark;* Ta *nachca-la,* Te *naxa, naca,* Ca *naca,* Co *naxaih-ti;* W *inaká;* KG *nanax,* Ne *nāköm,* G *nakwn* (beide letzten Formen mit Plur. Endung *öm*); Sch *nōngkawa* (*wa* ift ift für Subft. Endung zu erachten, f. Schofch. § 575 am Ende), M *nook-a-wuck;* [301]ZAHN (azt. *tlan-tli*): *tong* kommt durch fein *ng* und feinen confonantifchen Schlufs dem azt. Stamme fehr nahe, wie in anderer Weife CN *tahnee:* während der allgemeine fon. Typus ein *m* und ein Schlufs-Vocal, *a* oder *e*, ift: CB *tama,* aber daneben *ne=tam* (ohne Endvocal), W *tamá;* M *tahmah;* Ta *tame-la,* Co *tame-ti,* Ca *tami* ufw.; K *aztátöm* (pl.), Ne *no=tó* (mit Einbüfung des Schlufs-Confonanten des azt. Stammes); W *tángwa* deute ich nicht als eine Lautfüllung = *tama*, fondern als die vocalofe Form *tang* = Y *tong* mit Subft. Endung *wa*

b) mit genauer Anfchliefung an Comanche und Schofchonifch: [302]MUND (azt. *ten-tli* Lippe): *timp* ift der azt. Stamm *ten* mit Subft. Endung *p;* in diefer Geftaltung durch die Subft. Endung diefes beftimmten Völkerkreifes fchliefst fich die Yutah-Form zufammen mit: Sch *timpa;* CN *tèppa,* B *tupe* Lippen; W *tupá;* (¹) die 4 fon. Hauptfprachen

_____

(¹) Das Wort MUND kreuzt fich in dem comanche-fchofchonifchen Völkerkreife, in Folge der eigenthümlichen Subft. Endung diefer Sprachfamilie, auf eine nachtheilige Weife mit dem Worte STEIN; die Formen für beide find einander fo ähnlich, dafs ihre Auseinanderhaltung in einzelnen Sprachen nur durch inneres Gebot gefchieht, die Entfcheidung über die Bedeutung jedes Elementes der Wortpaare abfolut aber auf Willkühr beruht. Indem ich das Wort für Stein in der Yutah-

zeigen den blofsen Stamm: Ca *teni, Te *tuni*, Ta *tschumi-la* Mund, Schnabel, *chumi Lippen; Co mit azt. Subft. Endung: *tenni-ti*; die Kizh-Form *a≠tóngin* ift der fonorifche

Sprache, welches Simpfon's kleines Wortverz. nicht enthält, aus dem weiteren Verlauf diefer Anmerkung anticipire, ift deffen Formenreihe diefe, = mex. TETL: Ta *teéke*, *rete, *lechteke;* Co *tétetn*, Ca *teta, Te *jodde;* K *tota*, Ne *tōt;* C *terp*, Sch *timpi*, W *tipi*, Y *timpá*. Ordnen wir die Wortpaare in jeder Sprache zufammen, zuvor Mund, als zweites Wort Stein, fo fehen wir vor uns: C *tèppa* und *terp*, Sch *timpa* und *timpi*, W *tupá* und *tipi*, Y *timp* und *timpa*. Bei einer allgemeinen Überficht darf man felbft practifch nicht behaupten, dafs in der Endung ein Un_ terfchied liege: denn wir fehen beim Worte Mund wohl 3mahl *pa*, aber 1mahl den Buchftaben *p;* bei Stein wohl 2mahl *pi*, aber 1mahl *pa* und 1mahl *p*. Es gehörte fich, dafs die Formen für Stein fich durch den einfachen Stamm *te* von dem Stamme *tem* für Mund unterfchieden: aber 2 Sprachen haben für beide Begriffe den einfachen Stamm, 2 andere für beide Begriffe den Stamm *tim;* die Vo_ cale des Stammes find in 3 Sprachen für beide Wörter diefelben (im C *e*, im Sch und Y *i*): nur die Wih. hat, willkührlich, für Mund *tu*, für Stein *ti*. Der Unterfchied beider Wörter beruht alfo in der factifchen Ausprägung diefer Sprachen faft allein auf dem fo unwefentlichen Element der Subft. Endung.

Der von mir in der Yutah-Sprache entdeckte kleine aztekifche Wortfchatz verwirklicht und be_ währt fich in dem vielberufenen Namen des lange bezweifelten grofsen Sees in diefen nördlichen Re_ gionen des ehemaligen Vicekönigreichs Neufpanien, der *laguna de* TIMPANOGOS.

Alexander von Humboldt überfetzt in der neuen, 3ten Ausgabe feines herrlichen Werkes der „Anfichten der Natur" (Stuttg. und Tüb. 1849), welches Carl von *Holtei* (in einer Erzählung: ein Schneider, Bd. III. Breslau 1854 S. 60) „das hinreifsendfte aller wiffenfchaftlichen Bücher" nennt, „welches zugleich den Titel eines erhabenen Gedichtes verdient", den Namen TIMPÁN OGO durch „Felfen-Flufs" (Bd. I. S. 60); und legt ihn der *Utah*-Sprache bei. Er folgt darin den Berichten des Cap. J. C. Frémont (in feinem *report of the exploring expedition to the Rocky Mountains in the year* 1842, *and to Oregon and North California in the years* 1843-'44. Wafh. 1845. 8° p. 273), welcher fagt: in der Utah-Sprache bedeute *timpan* Fels; und *og-wáhbe* Flufs, das aber „in der Verknüpfung mit anderen Wörtern im gemeinen Gefpräch gewöhnlich zu *ogo* verkürzt werde". Es würden daraus für uns zwei Yutah-Wörter: *timpan* Stein und OGO WASSER, hervorgehn; denn ich gehe nicht darauf ein *ogo* eine Abkürzung von 'og-wáhbe zu nennen; fondern halte letzteres für eine Ableitung (der Bed. Flufs), oder gar nur für eine Ausfpinnung von *ogo* vermittelft der comanche-fchofchonifchen Subft. Endung *(pa, pe, be* ufw.), fo dafs es auch nur Waffer bedeutete. Nach diefem Commentar im Texte des Werks ift es aber auffallend, dafs auf Frémont's Karte der kleine nördliche Zuflufs des Utah-Sees auf deffen OSeite *Timpan-ozu* genannt wird: was veranlafst hat, dafs auf der Weiland'fchen Karte der V. St. vom J. 1852 der Flufs *Timpanozu* und eine Berg_ kette in O, nördliche Fortfetzung der *Wahfatch*-Berge, die *Timpanozu mountains* genannt find. *ozu* als Waffer vereinigt fich leichter als *ogo* mit dem fchofch. *ohksche* und wäre auch nicht ferner von *atl*. Eine andere Form, *oge*, für Waffer (Flufs) kommt vor auf Stansbury's Karte, in dem füdlichften der öftlichen Nebenflüffe des *Jordan*, *Peses-se-oge creek* (f. oben S. 339ⁿⁿ), nörd_ lich über dem Utah-See. — Ob das End-*s* in Humboldt's Namen *Timpanogos* eine Begründung hat oder wir von ihm abfehn müffen, beftimme ich nicht: es würde in dem fchofch. *ohksche* einen Anklang finden. Frémont giebt entfchieden -*ogo* an: aber ich habe oben (S. 335ᵃᶠ⁻ᵐ) fchon hervor_ gehoben, dafs 3 neuere Erforfcher der Gegend dem Flufs ein *s* geben: dafs Stansbury (oben S. 344ᵃᵃ) und Gunnifon (341ᵐᵐ) ihn *Timpanogas* (doch Erfterer auf feiner Karte *Timpan-o-gos:* f. S. 340 Z. 3), Beckwith wieder *Timpanogos* nennen.

Stamm mit der dortigen Subſt. Endung *n*; [303] als ein gemeinſames Beſitzthum des com. ſchofch. Völkerkreiſes von einer beſtimmten Ausprägung eines azt. Stoffes habe ich ſchon oben bezeichnet die Geſtalt Y *ts* = Sch *tsi, te* uſw. der azt. SUBT. ENDUNGEN *tl* und *tli* (ſ. alles ausführlich erörtert oder nachgewieſen S. 351[mm-mf])

c) allgemein beſeſſenes azt. Wort, das aber ſeiner eigenthümlichen Geſtaltung wegen (wie in geringerem Grade ſchon manche Wörter in den vorigen Rubriken) für h a l b

---

Der Begriff STEIN fehlt unſrem Wortverzeichniſs; wir könnten *TIMPAN*, eher *TIMPA*, bereitwillig annehmen, wenn es nicht ſo genau mit dem uns vorliegenden Worte *timp* Mund zuſammenträfe: und dieſes iſt eigentlich als *timpa* aufzufaſſen, wie ſchofchoniſch der Mund heiſst. Für Stein könnten wir vielmehr eine abweichende Form vermuthen: wie er ſchofch. *timpi*, im Wih. *tipi* heiſst. Für das *n* an *timpa* (als *timpan*) habe ich keine Erklärung: eine Subſt. Endung *pan* kommt in dieſem ſonoriſchen Sprachkreiſe nicht vor, und ich kann nach dem bis jetzt vorliegenden Beſtande nur eine Form *timpa* zugeſtehn; da das *n* doch nicht als Anfang des 2ten Wortes (Waſſer) gelten kann: um ſo weniger, als die Sylbentheilung *(Timpan-ogo,* Stansb. *Timpan-o gos)* es dem erſten zuweiſt; ſo bleibt bei unſrer Unwiſſenheit nur die Ausflucht übrig es als einen Bindelaut zwiſchen den Vocalen anzuſehn. An der Bed. von *timpa* als Stein dürfen wir, trotz ſeiner Nähe an Mund, doch nicht zweifeln, weil dieſes *timpa* (aber nicht *timpan!*), wie Herr von Humboldt mir ſagt, auch in anderen Namen der Gegend vorkommt; wir haben dazu gleich das Volk der *Timpabachis* (oben S. 345[aa, nf]). Ja merkwürdigerweiſe, und an unerklärlicher Stelle wegen der Sprache, zeigen die neueſten Karten von Neu-Mexico einen zweiten kleinen Fluſs *Timpa* im nördlichſten Neu-Mexico (ſ. § 399, b); wir müſſen, wenn wir den Namen (als Steinwaſſer oder Felſenfluſs) verſtehn wollen, das Wort Waſſer oder Fluſs hinzuergänzen: wie auch Eine Karte ihn *Timpas creek* bezeichnet.

Für WASSER giebt unſre Wortſammlung uns das ſonoriſche *pah*, eben ſo wie im Schofch. die anderen Quellen thun; Prinz Maximilian zu Wied liefert uns aber dafür im Schofch. das merkwürdige Wort *ohksche*, wie er ſelbſt wieder in der Blackfoot-Sprache *ochkéh* angiebt; ich bin geneigt in beiden das azt. *atl* zu erkennen (ſ. bei den Comanchen § 443, No. 165): und Frémont's *ogo*, das ſich dem ſchofch. und Blackfoot-Worte anſchlieſst, kann in dieſer Vermuthung beſtärken: noch mehr Stansbury's *oge;* ſie finden in dem Worte *oh* von Santa Barbara in Neu-Californien (unten § 463) eine noch einfachere, dem azt. *a-tl* (Stamm *á*, welchen auch *ah-ti* der Cora zeigt) noch nähere Form.

Wir hätten alſo in dem Namen der denkwürdigen *laguna de TIMPANOGOS:* welche, wie ich ſchon früher (S. 325[mm] und 333[n]) bemerkt habe, Alexander von Humboldt ganz richtig auf ſeiner groſsen Karte von Neuſpanien verzeichnet hatte; und deren Exiſtenz, lange angefochten, durch die neuen Erforſchungen der Nordamerikaner als des „groſsen Salzſees" beſtätigt worden iſt (Anſichten der Natur I, 60-61): nur daſs der Name *Timpan-ogo* nicht dieſem See, ſondern dem gröſsten der Flüſſe zukommt, welche in den mit jenem groſsen in Verbindung ſtehenden, nicht ſalzigen, kleinen Utah-See einmünden; — zwei aztekiſche Wörter, in einheimiſcher, comanche-ſchofchoniſcher Form; und zugleich einen Beweis aztekiſcher Zuſammenſetzungs-Fähigkeit der Sprache. Man kann aber glauben, daſs der Name *Timpan-ogo,* welcher eher zu dem Thatbeſtande der ſchofchoniſchen als der Yutah-Sprache paſst, uns in andere Völker-Verhältniſſe dieſer Gegend, als die gegenwärtigen ſind, blicken laſſe.

Gerechtfertigt wird der Name des Steinwaſſers (Frém. aber *Rock river)* bei dem Fluſſe des Utah-Sees, nach Frémont's Erläuterung, durch die Wildheit der Gegend: *a name, which the rocky grandeur of its scenery, remarkable even in this country of rugged mountains, has obtained for it from the Indians.* Von dem Utah-See ſelbſt ſagt er, daſs er faſt ganz von Bergen umgeben, und im N und O durch einen hohen und ſchneebedeckten Bergkamm mauerartig abgeſchloſſen ſei.

fonorifch gelten kann: [304] HALS *kolph*, worin ich *ph* oder *lph* als Subft. Endung betrachte, fcheint mir = Moqui *quape (pe* Subft. Endung), und diefes fetze ich = azt. *quech-tli*; im Schofch. wie im engen fon. Kreife erfcheint ein Confonant, welcher das *l* der Yutah als ftammhaft rechtfertigt, obgleich man ihn wie im Moqui als ausgefallen und *lph* zufammen als Subft. Endung betrachten kann: *r* oder *t:* Sch *kur&* (= Y *kol+*); W *kutá:* unmittelbar = Ta *khuta-la*, Ca **cutana;* die Cora-Form *keupih-ti* kommt auffallend durch den Zuwachs *pih* dem M *quape*, Y *kolph* nahe: worin doch *pe*, *ph* nur Endung find; — ich bin fo kühn gewefen alle diefe Formen für bunte Verwandlungen des azt. Wortes *quechtli* Hals anzunehmen; [305] KATZE *moosah* ift unmittelbar = dem Ta *musa;* es heifst im Ta auch *misa;* mit diefem Worte bewege ich mich aber auf fchwankendem Boden, da ungewifs bleibt, ob man es auf das azt. *miztli* Löwe *(mizton* Katze) oder auf ein populäres fpanifches Wort gründen mufs; der Name *moosah* ift faft allen den, in fich fo verfchiedenen Sprachen des Simpfon'fchen Wortverzeichniffes eigen, dafs auch dadurch die Sache gefchwächt wird: f. bei Neu-Mexico meine ausführliche Betrachtung § 407

2) dem azt. ungewifs ähnlich: [306] HOLZ *oof;* bei diefer Form wie bei anderen, weit abgehenden und weit auseinandergehenden, fon. für Holz und Baum, kann ich nur mit grofser Kühnheit und Zweifel, wie mechanifch, an das azt. *quahuitl* erinnern; Sch heifst Holz *wápi*, Ne *kutā;* f. die weiteren fon. Formen bei Net. S. 528 No. 280: wozu noch Ca *quehim (f. oben S. 91[nf] und 291[nf]) hinzuzufügen ift

3) ganz ungewifs ähnlich: [307] HAAR *su-ooh* = azt. *tzontli?* C und Sch find fremd; f. fichere fon. Identität mit *tzontli* bei Com. No. 174

4) das Gegentheil des Bisherigen, der NICHT-BESITZ eines in anderen fon. Sprachen und vorzüglich den 4 Hauptfprachen vorhandenen aztekifchen Wortes, tritt ein: bei Nafe und Zunge. In diefem Mangel fteht die Yutah-Sprache wieder vereint mit dem Comanche, Schofchonifchen und Wihinafcht da, indem fie an den eigenthümlichen Wörtern diefes Völkerkreifes für die zwei Begriffe Theil nimmt.

§ 395. III. athapaskifch

ift das Wort der Yutah für Feuer: *coon.* Sein merkwürdiger Befitz ift wieder eine Folge davon, dafs diefe Sprache ein Glied der comanche-fchofchonifchen Ligue ift; vier Glieder derfelben fehen wir im Befitz des athapaskifchen Wortes, als Feuer und beiläufig auch als Holz; die vierfache Verbindung geftaltet fich nämlich fo:

FEUER Y *cunn;* CN *ku-ona;* SchE *kuna*, PM *kohn-ne;* Holz: CN *koo-one*, W *kuná;* — Chep. u. a. *counn, kon, kone:* und fo durch den ganzen athap. Sprachftamm hindurch.

IV. fpanifch

ift *kahvah* Pferd = *caballo;* das Moqui foll = dem fpan. Worte feyn; das Comanche und Schofchonifche befitzen für den Begriff eigene Wörter.

§ 396. Ich liefere hier als einen Anhang zu YUTAH neuere Nachrichten über aufgefundene und den Azteken zugefchriebene, grofsartige RUINEN, für welche diefs eigentlich nicht die richtige Stelle ift. Der Vorwand ift, weil die nordamerikanifche Zeitung, welche diefe Kunde bringt, und die zwei Entdecker fie an das UTAH-TERRITORIUM knüpfen und erftere fie in Utah fetzt; und weil die erfte Nachricht, die des *bulletin de géographie*, wirklich Ruinen in Utah betrifft.   Die übrigen Gruppen, und zwar alle von der nordamerikanifchen Zeitung angegebenen, liegen in anderen mexicanifchen Provinzen und hätten müffen an anderen geeigneten Stellen untergebracht werden: im Nord-Gila-Lande, nördlich vom *S. Francisco*, und bei Neu-Mexico: wie ich in Anmerkungen näher bezeichnen werde.   Immer wird es nicht fo unpaffend feyn, wenn diefes Stück, da die Berichterftatter diefe Ruinen einmahl unter das Utah-Territorium gefetzt haben, zufammen bleibt und hier feine Stelle findet.

Es find neuerdings wieder anderwärts im Norden, im *territory* UTAH und mehr noch aufser ihm, GROSSARTIGE RUINEN von Städten und Wohnungen aufgefunden worden, welche die Entdecker geneigt find den AZTEKEN zuzufchreiben.

Zunächft findet fich in *bulletin de la société de géographie,* 3ᵉ série T. 14. Paris 1850, in einem Berichte über die, 1847 gegründete Mormonen-Stadt *Utah* (sic), eine Nachricht (p. 433): dafs 100 *milles* füdlich vom grofsen Salzfee, in dem Thal *SAN PETE*, Ruinen mit Hieroglyphen, ein alter Tempel und Thongefäfse gefunden feien: ,,vielleicht herrührend von alten Städten der Azteken".

Ein andrer Bericht über ganz neue Entdeckungen findet fich, nach dem *SAN FRANCISCO HERALD,* in *Galignani's messenger* vom 25 Nov. 1853, Seite 2 Col. 3-4.   Hier fein Inhalt: ,,Das grofse Becken in der Mitte des *Utah*-Territoriums, deffen Gränzen find: im N die *Wahsatch*-Berge und die Anfiedlungen der Mormonen; in O die *Rocky Mountains,* wie fie das rechte Ufer des *Rio Grande* einfaffen; im S der *Gila* und in W die *Sierra Nevada;* ift ein faft noch ganz unbekannter Landftrich.   *Troppers* und Bergbewohner haben wohl feinen inneren Rand ganz umkreift; aber keiner hat es durchzogen, aufser Mr. *Beale* und Capitän Joe WALKER..   Erfterer hat auf feinem jüngften Ausfluge feinen Nord-Abhang durchreift; Cap. Walker, der berühmte Gebirgs-Reifende, hat aber im Winter des J. 1850 es beinahe mitten durchfchnitten.

Es fehlt diefem räthfelhaften, bei allem noch faft ganz unbekannten Landftriche nicht an Ge-wäffern: der *Rio Colorado chiquito* oder kleine *Red River* durchfliefst ihn ganz, etwa 100 *miles* nördlich vom *Gila*, ihm beinahe parallel, und ergiefst fich in den *Colorado*; 120 *miles* nördlicher ver-folgt der *San Juan* denfelben Lauf, fich in den *Grand River*, den wichtigften Nebenfluf des *Colo-rado*, ergiefsend.   Der *Grand River* felbft durchfchneidet füdweftlich den nördlichen Theil des Beckens; während der *Avonkaree,* ein grofser, von Beale entdeckter Fluf; *Green River* und der *Rio Virgen;* alle grofse Ströme, dem nördlichen Gebirgsrand die Waffer entführend, in füdlicher Richtung dem *Colorado* zufliefsen.   Das grofse Becken zwifchen dem *Colorado* und *Rio Grande* ift ein ungeheuer grofses Hochland, nach dem *Gila* und *Rio Grande* zu durch einzelne Bergzüge durchbrochen.   Beinahe alle Flüffe haben ein tief eingefchnittenes Bette.   Das Land ift unfruchtbar, öde und ganz unbewohnt. Aber es finden fich Beweife vor, dafs es einftmahls dicht befetzt war von einer civilifirten Bevölkerung. Cap. Walker verfichert, dafs das Land vom Rio Colorado bis zum Rio Grande, z w i f c h e n   d e n Flüffen GILA und SAN JUAN(¹), voll von zertrümmerten Wohnungen und Städten ift, welche

---

(¹) WALKER redet wohl im geographifchen Anfange vom füdlichen *Utah* und dem nördlichen Theil des Nord-Gila-Landes; aber er füllt das Nord-Gila-Land, das Land zwifchen dem *rio de San Juan (Nabajoa)* und *Gila*, mit Ruinen.   Die Trümmer, welche er befchreibt, liegen im mittleren Theile des Nord-Gila-Landes oder weftlichen neuen Neu-Mexico's: am oberen JAQUESILA *(little Red ri-ver)*, nördlich von der *sierra Blanca* (nur die Beftimmung durch diefs Gebirge gen Süd läfst uns den o b e r e n Lauf des Fluffes annehmen, da die Stelle des Fluffes gar nicht beftimmt wird): alfo gegen *Zuñi*, und nahe zufammenfallend mit Simpfon's Ruinen am Fluffe *Chaco* (welche ich bei Neu-Mexico, § 401, b gegen das Ende, genannt habe) und den Nachrichten über Ruinen n ö r d l i c h über

gröfstentheils in der Hochebene liegen. Wohl waren ihm bei früherer Gelegenheit oft zerfallende Maffen von Mauerwerk und zahllofe Stücke alter Thongefäfse aufgeftofsen, wie fie in dèm Striche füdlich
vom Gila häufig find; aber nie vor feinem letzten Zuge ein ftehender Bau. Er war bei ihm etwa
auf der Mitte *(about midway)* vom *Colorado* in die Wildnifs eingedrungen und hatte fich am
LITTLE RED RIVER gelagert, *with the Sierra Blanca looming up to the south:* als ein Gegenftand in der Nähe feine Aufmerkfamkeit erregte. Da er herankam, war es eine Art Citadelle, um welche
herum die Trümmer einer Stadt von mehr als einer engl. Meile Länge lagen. Sie zogen fich an
einem Abhang gegen den *Red River* hin; man konnte deutlich den Lauf der Strafsen, einander im
rechten Winkel fchneidend, erkennen. Alle Häufer waren von Stein gewefen; aber alle waren von
einer grofsen Hitze, welche fichtlich über die ganze Gegend hingefahren war, zerftört worden. Nicht
eine gewöhnliche Feuersbrunft |war es gewefen, fondern es mufste eine wilde Gluthhitze wie die
eines Schmelzofens, wohl die eines Vulkans, diefes Zerftörungswerk vollbracht haben: denn die Steine
waren ganz verbrannt, einige beinahe zu Afche *(cinders);* andere verglaft, wie gefchmolzen. Jedes
Trümmerftück, das er traf, hatte daffelbe Anfehn. Ein Feuerfturm fchien über den ganzen Landftrich
hingefahren zu feyn, und die Einwohner müffen ihm erlegen feyn. In der Mitte diefer Stadt ftieg jäh
ein 20 bis 30 Fufs hoher Felfen empor, welchen ein Theil der Mauern eines einftmahls fehr grofsen
Gebäudes krönten: gebaut von grofsen, wohl gefügten Steinftücken. Das ganze füdliche Ende des Gebäudes fchien zu Afche verbrannt und in einen Schutthaufen zufammengefunken zu feyn; der Felfen felbft
fchien theilweife von der Hitze gefchmolzen. Keine andere Mauer konnte Walker aufserdem ftehend
auffinden. Bis dahin waren ihm bei Ruinen noch keine Geräthfchaften des alten Volkes vorgekommen:
aber hier fand er eine Anzahl Handmühlen, wie fie die Pueblos und Mexicaner zum Kornmahlen gebrauchen; ihre Befchreibung lautet fo: *They were made of light porous rock, and consisted of
two pieces about 2 feet long and 10 inches wide, the one hollowed out, and the other made
convex like a roller to fit the concavity.* Sie waren der einzige Gegenftand, welcher der Hitze
entgangen; keine Metalle waren zu finden. Überall waren Stücke von irdenem Gefchirr *(crockery)*
umhergeftreut: zum Theil fchön ausgefchnitten *(carved),* zum Theil bemalt; fie waren natürlich nichts
neues. Am folgenden Tage bemerkte Cap. Walker bei Fortfetzung feines Weges mehrere andere
Ruinen in kleiner Entfernung, konnte fich aber nie nicht aufhalten. Dieffeits des Colorado
[d. h. von S. Francifco in Neu-Calif. aus] hat er nur Ruinen der jetzigen Völker gefehn; und die Indianer konnten über diefe, die fie mit Staunen betrachten, und über ihre Gründer keine Kunde geben.
Walker ift der Meinung, dafs diefes, jetzt fo unfruchtbare Becken einft ein reizender Landftrich war,
der Millionen Menfchen nährte, und deffen gegenwärtige Verwüftung durch die Einwirkung vulkanifchen
Feuers hervorgebracht ift. Die Handmühlen deuten wohl auf Landbau; doch die jetzige Anficht des
Landes ift eine folche, als hätte auf ihm nie Ackerbau getrieben werden können.

    Lieut. BEALE erzählt, dafs bei feinem erften Ausfluge queer durch den Continent er in der Mitte
der Wüfte nördlich vom Gila (¹) Ruinen gefunden habe, welche ihm wie die eines ftarken Forts
vorgekommen, die fteinernen Mauern von grofser Dicke. Er drang hindurch und zählte 42 Gemächer
darin. In der Nähe fand er eine Menge Kugeln verfchiedener Gröfse von hartem Thon, deren häufig
10-20 zufammen klebten; fie waren fehr hart."

    Das Blatt erzählt noch von Überbleibfeln der Azteken, welche „bis vor einigen Jahren bei der
zertrümmerten Stadt *Grand* QUIVIRA oder *Pecos,* in der Wüftenei von Neu-Mexico, gelebt haben.
Sie hätten hier in tiefen Höhlen, mit frommer Sorgfalt, das heilige Feuer unterhalten, welches immer

---

dem *rio de San Francisco* (welche bei mir oben S. 263ᵃᵃ und bei Gelegenheit der Pimas, § 253 b,
ihre Stelle gefunden haben).

(¹) Ich würde diefe Trümmer BEALE's füdlicher als die Walker's annehmen, vielleicht entfprechend
denen am oberen Rio de San Francifco (oben S. 263ᵃᵃ und gelegentlich der Pimas, § 253, b).

brennen follte bis zur Wiederkehr Motezuma's. Doch vor etwa 10 Jahren ift es erlofchen, nachdem
der letzte Indianer des Stammes geftorben." [Diefe Sage von Reften der Azteken in Neu-Mexico
und ihrer Hegung des heiligen Feuers habe ich fchon oben S. 67 *Ruxton* nacherzählt. Die Trümmer des grofsen Quivira liegen im SO des wirklichen (alten) Neu-Mexico's (f. § 401, b); *Bartlett*
hat auf feiner Karte im O von der *sierra Jumanes* (SSO von *Socorro* jenfeits des *Norte)* „Grand
Quivira Ruins" bezeichnet: am oberften *Pecos,* genannt (Flufs) *San Carrizo.*]
      Da alle diefe Ruinen-Stätten und Erzählungen an den Namen der AZTEKEN geknüpft
und als Zeugen von dem alten Dafeyn diefes Volkes im Lande des Gila und Colorado,
das ich hiermit verlaffe, und in dem nun von mir zu betretenden Neu-Mexico gefetzt werden; fo erinnere ich hier noch an die oben (Abfchn. III, S. 66) mitgetheilte Erzählung, nach
welcher Spanier im J. 1606 am Fluffe *del Tizon,* 600 *miglia* gen NW von Neu-Mexico,
mexicanifch redende Indianer angetroffen haben wollen: diefs würde in einer Gegend
feyn, die dem Lande des *Gila* und *Colorado* angehörte; denn ich habe den früheren Verfuch
(S. 204[af]), welcher diefen Flufs in das nördliche *Sonora* verfetzte, in einer fpäteren Stelle
(S. 279[af-m, f]) durch die Vermuthung abgeändert, dafs ein Theil des *rio Colorado* mit diefem
Flufsnamen gemeint fei.

Neu-Mexico.

      § 397. Ich fteige herab nach Südoft: nachdem ich die nördliche Hälfte des
Landes vom Gila und Colorado oder der wilden Indianer, Yutah, durchfchritten;
trete ich ein in ein Oftland, welches feiner Südhälfte, dem Nord-Gila-Lande, wie
dem füdöftlichen Ende von Yutah, anliegt, an diefer äufserften Oft-Linie der füdlichen Hälfte des wilden Indianerlandes herabläuft: in das fchmale NEU-MEXICO,
in der Geltung, welche diefer Name unter fpanifcher und mexicanifcher Herrfchaft
hatte; die öftliche Hälfte des jetzigen Territoriums Neu-Mexico der nordamerikanifchen Freiftaaten: indem die Südhälfte des Wüftenlandes der wilden Indianer oder
das Nord-Gila-Land deffen weftliche Hälfte bildet.

      [Ich habe diefe Provinz NEU-MEXICO, die §§ 397 bis 411 bildend,
wegen der Überfüllung des mir für das gegenwärtige Werk bewilligten Bandes aus demfelben ausgefchieden; und aus ihr: ihrer Landesbefchreibung,
ihren Völkern und Sprachen; und aus der Darftellung der Völker und
Sprachen der WESTSEITE des BRITISCHEN Nordamerika's eine Abhandlung
gebildet, welche ich am 22 Januar 1857 in der Gefammt-Akademie gelefen
habe und welche in den Ahandlungen der Akademie und auch als eine befondere Schrift im Druck erfcheinen wird.]

Texas.

Comanchen.

§ 412, a. Meinen Eintritt in das gegen den SO von Neu-Mexico fich hin-
ftreckende TEXAS, die öftlichfte Provinz des mexicanifchen Reichs nach feinem
ehemaligen Umfange, bereite ich vor durch eine umftändliche Behandlung des wilden
Volkes der COMANCHES und feiner SPRACHE, welche ich nach meinen Entdeckungen als ein Glied des fonorifchen Sprachftammes, mit aztekifchen Sprachftoff ausgeftattet: beides freilich in einem auffallend dürftigeren Verhältniffe als
frühere, erfunden habe. Ich habe unregelmäfsig diefes Volk und diefe Sprache an
die Spitze von TEXAS geftellt, und handle fie, gleichfam wie einen Übergang
oder wie ein Mittelglied zwifchen Neu-Mexico und Texas, hier ab: ehe ich ein
Wort über die neue Provinz gefagt habe, in welche ich mit ihnen eintrete und
deren Südweften hauptfächlich das Volk einnimmt. Diefe allgemeine Beftimmung
erleidet aber bedeutende Ausdehnungen. Ihre Wohnfitze erreichen auch die Mitte
der Weftfeite: den oberen *Colorado* und *Brazos*; ja auch den Often, gegen *Trinidad*
und *Red r* (367ᵃᶠ, 365ᵐᵐ). Diefe Nachrichten fchon und andere rücken fie gegen den
Nordweften hin; ja Mühl. (f. S. 365ᵐ) fetzt fie geradezu in den NW, und auch am
oberen *Red river* werden Com. genannt. Alle diefe Beftimmungen von dem Süden
und der Mitte *(Col.* und *Brazos)* gelten aber nur für den Winter: von wo fie nach
Trimble (f. S. 364ⁿⁿ) im Frühling gen N, im Herbft wieder gen S ziehn. Diefe
nördlichen Wanderungen bringen fie fogar über Texas hinaus, an die Quellen des
Arkansas: ja nach Trimble bringen fie den Sommer an den Quellen diefes Fluffes
und des *Missouri* zu. *Stem* in Schoolcr. III (f. unten S. 368ⁿⁿ) erwähnt fogar nördliche Comanchen, aufserhalb Texas; und im andern Extrem läfst Bartlett die zeitweifen
Sitze der Com. fogar füdlich in den *bolson de Mapimi* gehn.

Das Volk der COMANCHEN gehört Texas, als deffen wichtigftes und Hauptvolk es alle Berichte über diefes Land angeben, eigentlich an: aber nebenbei auch
dem SO von Neu-Mexico; es ift als beiden Ländern gemeinfam zu betrachten,
und erfcheint in dem Gange meines Werkes richtig als eine Einfchiebung zwifchen
beiden Provinzen. Auf der grofsen Humboldt'fchen Karte Neufpaniens find die
Comanches verzeichnet als gleich, im O, anliegend dem Süd-Ende Neu-Mexico's,
auf beiden Seiten des *Riò Puerco;* und eben fo find fie auf der Weiland'fchen
Karte der VSt vom J. 1852 im füdöftlichen Viertel von Neu-Mexico wie im SW
von Texas bedeutfam eingefchrieben.

Die NAMEN und Namensformen für das Volk (vgl. Mithr. 174, Mühl. I, 212ⁿ⁻ⁿⁿ), find:
1) *Comanches* oder Comanchen, *Cumanches* (Villa-S., Humb.); *Comanchees* (Scr. II); *Camanches* (Mithr., Millard, Scherpf, Pope), *Camanchees* (Catlin) (f. unt. 366ᵐᶠ eine genaue Angabe über
Ausfprache und Form des Namens) [*Camarsches:* Morfe unt. S. 364ⁿⁿ] 2) *Jetans* [*Jelan:* Morfe

S. 364[nn]] od. *Hietans* (Lewis); wie verfchrieben daraus: *Tetans, Tetaus* (Pike) 3) *Na-uni* ift nach Neighbors (f. unten S. 367[nf], 368[a]) der Name, welchen fie fich felbft geben (Scr *Na-u-ne*): wogegen aber Kriwitz (unten S. 366[mf]) genau die Ausfprache von *Comanche* im Munde des Volks befchreibt 4) zweifelhaft ift die vom Mithr. (f. S. 364[mf]) befonders hervorgehobene Identität der *Paducas* mit den Comanchen (f. Lewis hier 363[af-n]). Ihre Namen bei andern Völkern f. S. 368[aa].

Etwas fehr bedeutfames theilt Prinz Maximilian zu Wied mit: nach ihm (II, 636[nf]) follen die Comanchen fich felbft **Jamparicka** nennen; wir haben die *Yamparicas* als ein Volk im O des grofsen Salzfees von Utah kennen gelernt (f. S. 334[af], 345[m, n]; 259[nn], 260[aa]). Wenn diefs gegründet ift, fo haben wir in dem letzteren Volke ein Verbindungsglied zwifchen dem weit nach Often gefchleuderten fonorifchen Volke der Comanchen und feiner weftlichen Heimath. Es kommen die Beftätigungen hinzu, dafs (unt. 364[nf]) in Morfe einer der 3 Stämme der Comanches *Yamperack* genannt wird; eben fo bei Burnet (unt. 365[mf]) *Yamparack* im N und W *(Tenawa* im Innern). Ähnlich fieht aus der Name *Japarishka* bei Kriwitz (unt. 367[a]). Auf einer Tafel bei Morfe (unt. S. 364[nn]) heifsen die „*Camarsches*" auch *Ayutans*; diefer Name, zunächft = *Jetans*, ift den *Yutas* ähnlicher als Armijo's *Ayotes* (S. 345[mm], 348[aa]); noch mehr Kriw.'s *Juchta* (367[aa]): fo dafs man fragt, ob nicht der ganze Name *Jetans* für die Comanchen daffelbe fei und das Volk zu den *Yutas* hinüberführe? Wir werden bei Villa-Señor fehen, dafs ihre früheren Züge fie noch nach dem fchofchonifchen Weften führten; und Berghaus hat (f. unt. 367[af]) die Ähnlichkeit des kleinen, öftlichften Stammes *So zo n i s* mit den Schofchonen bemerkt.

§ 412, b. Ich gebe zunächft aus einer langen Reihe von Berichterftattern und Quellen mannigfaltige NACHRICHTEN über das VOLK der COMANCHEN; vieles davon ift nur Hindeutung auf weitläuftige Mittheilungen, die ich mir nicht erlauben darf.

VILLA-SEÑOR befpricht (1748) die *Cumanches* in dem Capitel über Neu-Mexico, wo er fie am Ende der reihe der friedlichen Völkern diefes Reiches feindlichen Völkerfchaften (f. § 402) nennt. Er fagt (413, a): *Todos los años por cierto tiempo fe introduce en aquella Provincia una Nacion de Indios tan barbaros como belicofos, fu nombre Cumanches; nunca baja fu numero de 1500, y fu origen fe ignora, porque fiempre andan peregrinando y en forma de batalla, por tener guerra con todas las Naciones refpecto de fu numerofidad; y affi fe acampan en qualquier parage, armando fus tiendas de Campaña, que fon de pieles de Sibolas, y las cargan unos perros grandes, que crian para efte efecto. Su veftuario de los hombres no paffa del ombligo, y el de las mugeres les paffa de la rodilla; y luego que concluyen el Comercio, que alli los conduce, que fe reduce* (413, b) *à gamuzas, pieles de Sibola, y los Indios de poca edad, que captivan* [*por que à los grandes les matan*] *fe retiran continuando fu peregrinacion hafta otro tiempo, de lo que efpecificamente trataré.* — Diefe zweite Stelle finde ich kurz nachher (417, a); und fie ift fehr wichtig dadurch, dafs, wenn von *Neighbors* (unt. S. 368[a-aa]) ganz neu nur als eine Überlieferung des Volkes angeführt wird, dafs fie weit her aus dem Nordweften über das Gebirge in ihre weiten öftlichen Landftrecken gekommen feyn wollen, hier ohne weiteres gefagt wird, dafs fie 500 *leguas* weit gen NW fchweifen, und weit aus dem Weften von Neu-Mexico, muthmafslich von den Küften der Südfee, herftammen. Diefe Stelle lautet fo: *... los ... Cumanches, Nacion tan belicofa y valiente, que predomina à todas las que pueblan las dilatadas Provincias de lo interno del Reyno, internandofe en èl mas de 500 leguas, que en el difcurfo del año caminan hafta batallar con la Nacion de los Indios Pananas, que diftan del Nuevo Mexico mas de 400 leguas al Norueft, fegun exploraciones, fon gentes* *blancas; pero los mas de ellos fon guerreros por lo numerofo de la Nacion, que concurre de quarenta años á efta parte, y traen fu origen de àzia el rumbo del Veft de la Nueva Mexico y Villa de Santa Fè, conque fegun la congetura fon originarios de las Coftas del Mar del Sur, que corren Left Veft, hafta el eftrecho de Uris mas de 600 leguas, por averfe eftos puefto en feis Lunas defde fus tierras.* — Bei *Taos* pflegen die Cumanchen in Neu-Mexico einzubrechen (420, a: *que vienen á la feria* [fic] *con los captivos*).

Auffallend ift, dafs Alcedo (1786) keinen Artikel über das Volk hat.

Bei den Apachen habe ich einige gefchichtliche Nachrichten Arricivita's (1792) über die Comanchen in Texas mitgetheilt: über ihre Feindfeligkeiten in der Provinz (f. S. 306ⁿⁿ, 307ᶠ), wie einige in der Miffion *S. Antonio* waren (306ⁿⁿ); wie fie 1758 mit andern feindlichen Völkern die Spanier in Texas überfielen, *San Saba* verbrannten, und fpäter den mit den Spaniern verbündeten Apachen am *rio Florido* eine Niederlage beibrachten und die Spanier zurücktrieben (307ᵐᶠ⁻ⁿᶠ). (¹)

LEWIS und Clarke wiffen nichts von der Einheit der *Paducas* mit den *Comanchen;* in der kurzen Ausgabe ihrer Reifen *(travels,* in 1 Bd., Lond. 1809. 8°) kommen beide als verfchiedene Völker an ganz getrennten Stellen vor: die *Hietans* oder *Comanches* p. 198-202 unter den Volksftämmen zw. Miff. u. *rio Grande*, die *Paducas* am Ende des vorigen Cap. p. 182-3. Von letzteren fagt Lewis: *Paducas. This once powerful nation has, apparently, entirely disappeared; every inquiry I have made after them has proved ineffectual. In the year 1724, they resided in several villages on the heads of the Kansas river, and could, at that time, bring upwards of 2000 men into the field. (See Monsr. Dupratz History of Louisiana p. 71 ...) The information that I have received is, that being oppressed by the nations residing on the Missouri, they removed to the upper part of the river Plate, where they afterwards had but little intercourse with the whites. They seem to have given name to the Northern branch of that river, which is still called the Paducas Fork. The most probable conjecture is, that, being still further reduced, they have divided into small wandering bands, which assumed the names of the subdivisions of the Paducas nation, and are known to us at present under the appellation of Wetepahatoes, Kiawas, Kanenavish, Katteka, Dotame, &c. who still inhabit the country to which the Paducas are said to have removed. My* (183) *information led me to believe that those people spoke different languages, but other and subsequent information has induced me to doubt the fact.* — Von den *Hietans* oder *Comanches* beginnt er fo zu reden: „Sie werden mit beiden Namen benannt, haben weder Städte noch Dörfer: in fo viele verfchiedene Horden oder Stämme *(tribes)* getheilt, dafs fie kaum irgend eine Kenntnifs von einander haben. Sie bleiben nie länger als wenige Tage an demfelben Orte, fondern folgen dem Büffel, deffen Fleifch ihre Hauptnahrung ift." — *padoko* bedeutet im Com. Stier (B No. 109).

§ 413. Alexander von HUMBOLDT handelt im *Essai pol. sur le roy. de la Nouvelle-Espagne* 2ᵉᵐᵉ *éd.* T. II. 1827. 8° ausführlich über die Comanchen *(Cumanches)* und überhaupt über die fchrecklichen Einfälle der wilden Indianer-Stämme, unter welchen die nördlichen Provinzen von Mexico zu leiden haben. Er fagt: *Les Cumanches* (II, 229) *et les tribus nombreuses des Chichimeques, que les Epagnols comprennent sous le nom vague de Mecos,*

(¹) Prof. Berghaus giebt, in dem von mir S. 301ᵃᶠ bezeichneten Auffatze (51) der „Miffion und dem *pres.* am *rio de San Saba*" eine übertriebene Befatzung von 600 Soldaten. Er nennt ferner das Jahr 1780, indem er fagt: „Es wird erzählt, dafs wegen eines kleinen Grolles im J. 1780 fich alle Comanchen-Stämme, wie auch die *Li-Pans* und Apachen mit einander verbunden, und die Miffion nach einer Belagerung von 2½ Monaten eingenommen haben."

inquietent les habitans de la Nouvelle-Biscaye, et les forcent à ne voyager que bien armés et en caravane. Les postes militaires (presidios) *dont on a garni les vastes·frontières des Provincias internas, sont trop éloignés les uns des autres pour pouvoir empêcher les incursions de ces sauvages, qui, semblables aux Bédouins du désert, connaissent toutes les ruses de la petite guerre. Les Indiens Cumanches, ennemis mortels des Apaches, dont plusieurs hordes vivent en paix avec les colons espagnols, sont les plus redoutables aux habitans de la Nouvelle-Biscaye et du Nouveau-Mexique. Comme les Patagons du détroit de Magellan, ils ont appris à dompter les chevaux devenus sauvages dans ces régions depuis l'arrivée* (p. 230) *des Européens. Des voyageurs instruits assurent que les Arabes ne sont pas des cavaliers plus agiles et plus lestes que les Indiens Cumanches. Aussi depuis des siècles, ces derniers parcourent-ils des plaines qui, entrecoupées de montagnes, leur offrent la facilité de se mettre en embuscade pour·surprendre les passans. Les Cumanches, comme presque tous les sauvages errans dans les savanes, ignorent leur patrie primitive. Ils ont des tentes de cuir de bufle, dont ils ne chargent pas leurs chevaux, mais de grands chiens qui accompagnent la tribu errante..... Les Cumanches se font d'autant plus craindre par les Espagnols, qu'ils tuent tous les prisonniers adultes, et ne laissent vivre que les enfans, qu'ils élèvent avec soin pour s'en servir comme d'esclaves. — Le nombre des Indiens guerriers et sauvages* (Indios bravos) *qui infestent les frontières de la Nouvelle-Biscaye, a un peu diminué depuis la fin du dernier siècle. Ils tentent moins souvent de pénétrer dans l'intérieur du pays habité pour piller et pour détruire les villages espagnols. Cependant leur acharnement contre les blancs est resté constamment le même; il est l'effet d'une guerre d'extermination entreprise par une politique barbare, et soutenue avec plus* (p. 231) *de courage que de succès. Les Indiens se sont concentrés vers le nord dans le Moqui et dans les montagnes de Nabajoa, où ils ont reconquis un terrain considérable sur les habitans du Nouveau-Mexique. Cet état de choses a eu des suites funestes qui se feront sentir pendant des siècles, et qui sont bien dignes d'être examinées."* Die nachfolgende Betrachtung (231^{aa}-232^{nf}), die ich hier leider nicht aufnehmen kann, ift voll wichtigen Inhalts.

Der **Mithridates** handelt ausführlich von den „*Camanches*" S. 174^{af}-6^{mf}. Nach ihm führt das Volk bei dem *Pani*-Volke den Namen *Paducas* (f. oben S. 362^{a}). Karten geben weiße Paducas am Miffouri in 41° N. B., fchwarze an der linken Seite des oberen Arkanfas in 38° an.

TRIMBLE, in einem Bericht vom J. 1818 über die Völker zwifchen dem *Red r* und *rio del Norte*, welche er 1817 bei einem Commando dort kennen gelernt hatte (in Morfe's *report on Indian affairs*, 1822. 8°: f. § 448), fagt (p. 259) über die *Comanchen:* Sie ziehen mit dem Büffel: im Frühling von S-N, im Herbft von N-S; im Winter haben fie das Land an den Quellen des *Brazos* und *Col.* inne, den Sommer bringen fie hin an den Quellen des *Arkansas* und *Missouri*, zwifchen den öftlichen *spurs* der *Rocky M.* Sie erlitten 1816 durch die Pocken einen Verluft von 4000 Seelen. — Auf einer ftatiftifchen Tafel der Völker der VSt in demfelben Werke werden p. 367 die *Ayutans* oder *Camarsches* genannt: 8000 Seelen, im SW vom Miffouri, nahe den *Rocky M.* Die ftatiftifche Tafel p. 373-4 führt die Com. (374) auf in den 3 Abtheilungen: *Comanches, Jelan* und *Yamperack:* 30,000, fchweifend von den Quellen des *Brazos* bis zu denen des *Red r, Arkansaw* und *Missouri.*

Millard nennt (im *Champ d'Asile* 1819, § 447,f) die *Camanches:* fie zeigten fich öfter gegen die Gränze hin.

§ 414. Die Comanches find neuerdings, feitdem die **NORDAMERIKANER** das Land Texas von Mexico abgeriffen haben, in Schriften vielfach gefchildert worden. Nur einige mögen hier genannt werden: B. von Ehrenkreuz, vollftändige Befchreibung des Staates Texas, Coblenz 1846; Geo. *Catlin, letters and notes on ... the North American Indians Vol. II.* Lond. 1841. 8° p. 44-72 *(Camanchees); Scenes in the Rocky Mountains, Oregon, California, New-Mexico, Texas and Grand Prairies; including descriptions of the different Races inhabiting them, &c. By a New Englander.* Philad. 1846; vorzüglich aber Jofiah Gregg, *commerce of the prairies or a Journal of a Santa Fé trader, during eight expeditions across the great western prairies. Vol.* 1. 2. New-York 1844. 8° Ihre Raubzüge und Verheerungen befpricht Ge. F. Ruxton, *adventures in Mexico and the Rocky Mountains,* Lond. 1847. 8°min. p. 101ªª-3ⁿf.

Über die Comanches in Texas, als den wichtigften Indianer-Stamm des Landes, handelt auch *Mrs. Mary Austin Holley* in ihrem *Texas* (Lexington 1836. 8°) p. 151-8. Sie wohnen nach ihr im N und NW von *S. Antonio de Bexar.*

Scherpf fagt in feinem „gegenw. Zuftand von Texas" 1841 S. 65: die Comanches „leiteten ihren Urfprung von einem der Adels-Stämme her, die bei der Eroberung Mexico's in der unmittelbaren Umgebung Montezuma's ihren Wohnfitz hatten und deren Häupter feinen Hof bildeten." Von ihrer Einwanderung aus einem anderen Lande redet er auch. — Violet (1843, f. oben S. 315ⁿf-6ªª) berechnet die Comanches und ihre (weit gehenden) Nebenftämme auf 60,000 Köpfe. — Mühlenpfordt giebt in feinem Mejico (I, 1844, S. 213ªª) an: dafs einige Stämme der *Cumanches* in der Nähe der *Apaches Mescaleros,* um den oberen Theil des *rio Colorado de Texas,* wohnen. In feinem Texas (1846 S. 114) nennt er die *Cumanches* geradezu „Abkömmlinge des grofsen Stammes der *Schoschonen....* Sie haben in den Gebirgen von Texas, namentlich im Nordweften, zahlreiche Dörfer, zwifchen welchen fie das ganze Jahr hindurch in Truppen von 50 bis 500, ja 1000 Mann mit Weib und Kind umherziehen." Er fchildert fie ausführlich bis S. 117ⁿf. — David G. Burnet in feinem im Sept. 1847 aus *Austin* in Texas an Schoolcraft gefandten Auffatze, niedergefchrieben auf Bitten von *Neighbors* (f. § 448), in deffen *Ind. tribes* I, 231-9, hat werthvolle eigne Nachrichten über das Volk der Comanchen mitgetheilt; es zerfällt nach ihm in die 3 grofsen Theile *(bands): Comanche* zwifchen dem *Col.* und *Red r, Yamparack* im N und W der vorigen, und *Tenawa* innerlich von den erften.

Römer (Texas 1849 S. 330) fagt von den Comanchen: „ihre Wanderungen und Raubzüge erftrecken fich über ein ungeheures Gebiet ... Vorzugsweife aber haben fie ihre Wohnungen in dem gröfstentheils felfigen Hochlande ... zwifchen dem oberen Laufe des *Red River* und dem *Rio Grande.* Das *San Saba*-Thal ift namentlich im Winter ihr Lieblingsaufenthalt ... fie fchweifen auch (331) gelegentlich bis zum *Arkansas*-Flufs gegen N, und noch vor 50 Jahren follen fie, nach *Gregg,* nördlich von diefem Fluffe gewohnt haben. Auch in dem ebenen ... wüften Landftriche zwifchen dem *Nueces* und dem unteren Laufe des *Rio Grande* ziehen fie umher und gehen felbft bis an die Küfte herab." — Auf feiner Reife durch Texas ftiefs er wieder auf diefes Volk; er befchreibt das Lager oder Zeltdorf der Comanchen 293-5: wieder, nebft Bemerkungen über das Volk, 296-8; erzählt über den Verkehr der Deutfchen mit ihnen 296-8; nennt ihre 3 grofsen Häuptlinge: *Mope-tschokope* alte Eule (Eule + alt; *Kateumzi* 367ª ift etwas andres), *Buffalo-hump* (Büffel-Höker) und *S. Anna* 321: den Letzten fchon 297; eine eigentliche und gründliche Darftellung des Volkes liefert er 330-6.

§ 415. Ich verweife auf die anziehende Schilderung der Comanches, welche BERGHAUS nach den Berichten eines jungen deutfchen Anfiedlers in Texas zweimahl gegeben hat: früher, in der Zeitfchrift für Erdkunde Bd. 10. Magdeb. 1850 S. 401-9 („Sitten der Comanches in Texas von Emil KRIWITZ" [1]); und wieder in dem hier von mir benutzten, S. 301ªf näher bezeichneten Auffatze (1851) S. 54-58. Ich fetze aus diefem nur einiges kurz her.

---

[1] So fchreibt Prof. Berghaus den Namen und fo wird er im Adrefs-Kalender für Potsdam von 1847 bis 1849 gefchrieben: von da an aber (1850-4) *Kriewitz.*

Die Charakter-Eigenfchaften, welche den *Comanches* beigelegt werden, find fo unvortheilhaft als möglich: Rohheit und Wildheit, Treulofigkeit, Hinterlift und Graufamkeit. Ihre Gewandtheit im reiten hat *Catlin* gerühmt; grofs ift ihre Gefchicklichkeit im werfen des *lazo*, wie in der Zähmung von Pferden und Maulthieren. Der Branntwein hat bei ihnen wenig Eingang gefunden. Die Medicin. Männer *(oakata)* fpielen auch bei ihnen eine grofse Rolle: fie heirathen nicht; fie nehmen im Alter einen Knaben zu fich, auf den fie ihre Geheimniffe übertragen. Die zahlreichen Büffelheerden zwifchen dem *Colorado* und *Brazos* liefern den Stämmen ihren Lebensunterhalt. Mit den Mexicanern leben die Comanchen feit undenklichen Zeiten in erbitterter Feindfchaft; und alljährlich machen die Krieger eines jeden Stammes mehrere Raubzüge nach Mexico: wo fie einzelne Dörfer überfallen, die Heerden von Pferden und Maulthieren forttreiben, alles Lebende in den Hütten mit erfchrecklicher Graufamkeit tödten, und nur Knaben und hübfche Mädchen mit fich führen; erftere werden zu Kriegern erzogen, die Mädchen werden manchmahl von den Europäern losgekauft. Jedes Haar im Gefcht, fogar die Augenbrauen und Wimpern, reifsen fich die Comanchen mit einer kleinen Zange aus: wodurch der Ausdruck der Augen grauenvoll wird; um die Augen geht ein rother Strich, das allgemeine Stammzeichen. Aufserdem bemalen fie fich in mannigfaltigfter Weife. Die Waffen find: die lange Flinte *(rifle)*, Lanze, Bogen und Pfeile, ein langes Meffer in einer Scheide im Gürtel; der Tomahawk ift ungebräuchlich. Dem Todten werden feine Waffen mitgegeben; und die beften Pferde, oft bis zu 20, gefchlachtet, deren Blut in die für ihn beftimmte Grube fliefsen mufs. Auch bei diefem Stamm findet fich die Spielwuth, ihr Spiel gefchieht mit 24 Stäbchen. Die Comanchen leben in kleinen Abtheilungen, da ihre Heerden von Pferden und Maulthieren wegen der Weide Raum erfordern; denn ein tapferer Krieger oder gefchickter Pferdedieb befitzt deren von 20 bis zu Hunderten. Die Stämme werden regiert von einem erblichen Kriegs- und einem gewählten Friedens-Häuptling. Es herrfcht Vielweiberei. Den Weibern liegen alle fchweren Arbeiten ob, der Mann fchafft nur das Fleifch herbei; die Weiber erliegen beinahe unter den Laften, welche fie dem Manne nachführen, bei der Aufrichtung des Zeltes ufw.

Prof. Berghaus theilt mit (50), was der junge Anfiedler in *Texas* über die Ausfprache des Volksnamens berichtet: derfelbe habe in feinem langen Verkehr mit dem Volke die erfte Sylbe ftets *ko* (nie *ka* oder gar *ku*) gehört; in der letzten Sylbe ift er geneigt, doch noch fchwankend, nicht den Laut *tsch* (fpan. *ch*) fondern ein deutfches *ch* anzunehmen: es fcheint ihm wenigftens ein Mittellaut zwifchen beiden, dem Zifch- und dem Kehllaute, zu feyn. Von diefem jungen Anfiedler erhielt Prof. Berghaus auch eine flüchtige Handzeichnung von den Wohnplätzen der Comanches in Texas, erläutert durch eine Tabelle; und eine Schilderung ihrer Sitten und Gebräuche. Ich entlehne diefen Nachrichten einiges:

Die COMANCHEN werden das zahlreichfte Indianer-Volk in Texas genannt (50). Sie durchziehen die endlofen Landftrecken zwifchen dem *rio de Puercos* und dem *rio Colorado* bis zu den Quellen des *rio Roxo de Nachitoches (Red River);* und dehnen ihre Raubzüge oft bis zum andern (rechten) Ufer des *rio grande del Norte* aus, verheerend und mordend. Wegen ihrer fortwährenden Einfälle find ganze Landftrecken von ihren Bewohnern verlaffen und verödet. Befonders wird von ihnen der Strich der Nord-Provinzen Mexico's heimgefucht, welcher zwifchen *San Bernardo, Dolores, Jaguana, Revilla* und *Monclova* liegt. Die fehr fpeciellen Nachrichten über die Weideplätze der Comanchen innerhalb der einzelnen Zuflüffe des *rio Colorado* und des *rio Brazos*, fo wie über die Namen der vielen Unterftämme des Volkes hat der junge Deutfche von dem Comanchen-Häuptling Santa Anna erhalten: der feinen Namen von dem Helden und Staatsmann entlehnt hat, welcher noch vor kurzem mit ftarker Hand die Gefchicke des mexicanifchen Volkes lenkte. Diefer Häuptling gehört dem nächften Stamme, von den Anfiedlungen aus gerechnet, an; fpricht Spanifch und etwas Englifch; er durchzieht die Weideplätze zwifchen dem *Llano* und *San Saba* bis zum *Conjo* oder *Enehokue.* Die Angabe der Stämme, deren nähere geographifche Beftimmung bei Berghaus nachzufehen ift, wird die erftaunende Zerfplitterung der, oft an fich fchon kleinen Völkerfchaften der

Ureinwohner Amerika's zeigen. Ich nenne 1) die Stämme, welche ihre Weideplätze im Gebiete des Rio Colorado haben (manchmahl find es Namen der Häuptlinge): *Santa Anna* (Häuptling), *Paha- joko* (it.), *Kateumzi* (alte Eule; vgl. S. 365nn), *Buffalohumb* (Büffel-Höker); *Nokoni, Essekuita, Puheua; Tanemoe, Pero; Teua, Nonenoe, Taeuaraoe, Quitarae; Japarishka* (vgl. oben S. 362aa-af), *Quassare* (welchem fich ein Zweig der ehemahligen grofsen Nation der *Chiccasaws,* die *Witchitas,* angefchloffen zu haben fcheint); *Kaesua, Manakiko, Nabachho* (merkwürdige Wiederkehr des Namens der *Navajos,* f. S. 294nf). Mit dem letztgenannten fcheint vereint der kleine Stamm der *Kitscha:* zufammengefetzt aus den Überreften der *Keacheyes* und *Ionies* (wir werden diefe 2 Völkerfchaften in § 449, a kennen lernen), gefürchtet als gewandte Pferdediebe. 2) Stämme, welche ihre Weideplätze auf der Wafferfcheide zwifchen dem oberen Colorado und Brazos haben: *Sariteka, Aracho, Togaroe;* 3) im Flufsgebiete des *rio de los Brazos* (S. 51): *Juchta* (= *Yutas?* vgl. S. 362af) und *Wakoes* (d. h. Ausgeftofsne, ein Stamm von nur 40-50 Kriegern; die *Wakoes* find aber ein verfchiedenes Volk: f. § 449, a); 4) zwifchen dem oberen Brazos und dem Trinidad: die *Tuachhare* und *Sozonis.* Berghaus erinnert mit Recht (61 Anm. 13) an die Ähnlichkeit des letzten Namens mit den Schofchonen. — Diefs find 25 Stämme.

§ 416. Bemerkungen über die Comanchen findet man auch in R. B. MARCY'S *route from fort Smith to Santa Fe,* Wafhington 1850. 8°; befonders über den Stamm der Büffel-Effer *(buffalo- eaters)* oder oberen Comanchen: p. 187nf-190, 204n, 207af, 208mm, 217nn. Ich bemerke die Stelle (217nf): „Der *rio Brazos* läuft durch ein Land, das viel befucht wird von allen füdlichen Prairie- Stämmen von Indianern öftlich vom Pecos. Auf der Süd- und Weftfeite fchwärmen der zahlreiche und mächtige Volksftamm der *Comanches* herum; auch die *Kioways, Lepans* und *Tonkeways.* An der Nord- und Oftfeite werden gefunden die *Witchitas, Caddos, Wacos,* und die anderen kleinen Stämme, welche das Land zwifchen dem *Washita* und *Red river* bewohnen. Der *Brazos* bildet die Gränze zwifchen den Comanchen und den öftlich von ihm lebenden Stämmen, und letzteren geftatten die Comanchen nicht auf der Weftfeite diefes Fluffes zu jagen." Marcy nennt folgende Comanchen-Namen: *Issakiep,* den Häuptling der *buffalo-eaters;* 2 Berge: den dicken und kleinen *Tucumcari;* einen grofsen Strom, das *main red fork* des Colorado: von den Comanchen genannt *Pash-ahono* (209af); das *double mountain fork* des Brazos heifst bei ihnen *Tock-anhono* (212aa); *honope* heifst nach Neighbors Flufs in der Sprache (f. *hunova* in § 447, v).

Das neue Werk des Capitäns R. B. Marcy: *exploration of the Red River of Louisiana,* Wafh. 1853. 8°, befchäftigt fich mehrfach mit den Comanchen; f. z. B. p. 25-26, 33. Den Sitten und der Lebensweife des Volkes ift eine ausführliche Schilderung p. 94-108 gewidmet.

§ 417. SCHOOLCRAFT hat im 1ten Theile feiner *Indian tribes* (1851) die Zugehörigkeit der Comanchen zu feinem grofsen Schofchonen-Volke auf's beftimmtefte ausgefprochen; er läfst die Schofchonen von Weften nach Texas wandern, und fagt, dafs fie „Wortfammlungen zufolge daffelbe Volk mit den Comanchen in Texas zu feyn fchienen". Ich verweife auf die Stelle (§ 560), wo ich feine Worte vollftändig angegeben habe. Die in diefem P. I. p. 229-241 über die Comanchen und andere Volksftämme in Texas gegebenen Nachrichten find von *Burnet* aus dem J. 1847 (f. oben S. 365mm). Im P. II. (1852) *introd.* p. IX-X rechnet Schoolcraft die Comanches oder *Na-u-ne* ([1]) zu dem weit verbreiteten Stamme der *Shoshonee.* Er giebt von diefem Volke in Texas p. 125-134 einen Bericht des Robert S. NEIGHBORS ([2]). Derfelbe klagt über die Unzulänglichkeit feiner Nachrichten, weil der Verkehr mit diefem Volke fo gering fei: indem es die Weifsen fcheue und man fehr fchwer Dolmetfcher finde, welche feine Sprache ordentlich verftehen. Die Comanches wiffen wenig von

---

([1]) *na-une* bedeutet in der Sprache felbft Leben, nach Neighbors Wortverzeichniffe; f. No. 720.
([2]) Majors und *special Indian agent* für Texas.

ihrem Urfprunge; fie meinen, immer in derfelben Gegend gewohnt zu haben, und kennen nur Eine Wanderung: von Weften her, wo fie mit den „Gebirgs-Spaniern" in den Gebirgen Neu-Mexico's zufam- mengetroffen feien, mit denen fie viele Jahre zufammen gewohnt und durch Heirathen fich vermifcht haben. Danach befuchten fie die *prairies* wegen Jagd, und vermifchten fich durch Heirathen mit den dortigen Stämmen: *Wacos, Tahwaccarros, Toriuash* und *Pawnee*-Stämmen. Sie nennen fich felbft *Na-uni* (Lebendige); die Mexicaner nennen fie *Comanches,* die *Wacos: Nar-a-tah &c.,* die Ofagen: *Partooku,* die Caddoes: *Sow-a-to.* Als fie in ihre jetzigen Wohnfitze gelangten, war kein weifses Volk im Lande; die erften Weifsen fahn fie in W vom *rio Grande del Norte.* Sie haben eine dunkle Sage von einem anderen Volksftamm vor ihnen in diefer Gegend, weifs und gebildet, und von einer grofsen Fluth (f. 126nn). Seit ihrer Wanderung aus Weften haben fie fich fehr vermehrt. Sie zerfallen jetzt in 8 Stämme, unter Häuptlingen (die aber nicht erblich find, fondern nach Vorzügen erwählt werden), mit einem all- gemeinen Verband. Die Namen der 8 Stämme find nebft Neighbors Deutungen (127nn-8aa): *Hois* oder *timber-people,* auch *piñe-takers* oder Honig-Effer *(honey-eaters)* genannt; *Nokonies* (weil fie immer in einem Kreife leben und wandern), *Teu-a-wish* oder Leber-Effer, *Nonaum* (weil fie in der hohen Prairie leben; ich erinnere bei diefem Namen an Pike's *Nanahaws* S. 280nn-1m, 295a), *Itchit-abud-ah* kaltes Volk oder nördliche Bande, *Hainena-une* von Mais Lebende (Scr *corn-eaters;* enthält im 2ten Theil das Wort Leben, leben, das vom Verf. als Name des ganzen Comanchen-Volks angegeben wird), *Koochetakers* Büffel-Effer, *Parkeena-um* Waffervolk. Viele Comanchen fprechen unvollkommen fpanifch; alle ihre Gefchäfte werden in ihrer Sprache verhandelt, mit Hülfe eines Dol- metfchers. Es giebt jetzt wenige unvermifchte Comanchen, fie haben fich durch Heirathen fehr ver- mifcht. Seit ihrer Einwanderung haben fie ihre Wohnfitze nicht verändert, nur dafs diefelben durch die Weifsen fehr eingeengt find. Sie mafsen fich die Obermacht über alle Indianer der *prairies* an: welche aber nur von den kleinen nächft wohnenden Stämmen anerkannt wird. S. über die Befchaf- fenheit des Landes 128mf-9mm; und ferner über Sitten, Einrichtungen, Bildungsftufe 130-4. Alle Handarbeit liegt den Frauen ob, die Männer treiben nur Krieg und Jagd. Sie find die erfahrenften Reiter in der Welt. Gefangene machen fie nie, alles wird fcalpirt und getödtet. Sie befitzen wenig Feuerwaffen und find in ihrer Handhabung unerfahren, was den Gränzftämmen die Obmacht über fie verfchafft. — Schoolcr. liefert auf *plate* 33 einen Angriff der Com. auf Auswanderer, welche die weft- lichen *prairies* auf ihrem Wege nach Neu-Mexico, Utah ufw. durchreifen; viele Abbildungen Catlin.

In SCHOOLCRAFT'S Vol. III. (1853) p.635 redet Jeffe STEM (1851) von den *Comanches* in Texas (auch *Camanches* heifsen fie anderwärts in diefem Bande); ihre Zahl wird zu 20,000 gefchätzt aber gefagt, dafs es fehr fchwer fei fie zu beftimmen. Die füdlichen Schwärme: die einzigen, welche fortwährend in Texas blieben, feien wenig zahlreich; fie bewohnen das Land am *Llano, Colorado* und an feinen Nebenflüffen, und jagen und handeln bis zum *Brazos* hinauf. Sie find ohne feften Sitz, heute hier und morgen dort; ihre Häuptlinge find *Catumsie, Buffalo Hump* und *Yellow Wolf.* Die nördlichen Comanchen kommen nur im Winter nach Texas, wegen des milderen Klima's: im Sommer jagen fie den Büffel auf den grofsen Prairien des Nordens. *Pah-a-yuka's* Schwarm enthält c. 200 *lodges* und 1000 Perfonen, der *Shanico's* 200 Perfonen. Man konnte von keinem anderen Häuptling der nördlichen Comanchen Kunde erhalten. Zahlreiche Haufen diefes Völkerftammes find gewifs in immerwährenden Wandern begriffen, deren wenig bekannt ift; doch hält man die Ge- fammtfumme von 20,000 für viel zu hoch. — So fagt der *Indian agent, Jeffe Stem.*

BARTLETT erklärt (1854) die Comanchen für ftärker an Zahl, für mehr nomadifch als die Apachen, und ihre Einfälle für bedeutender. „In keiner Zeit", fagt er *(pers. narr.* II, 385), „find ihre Einfalle häufiger und von gröfseren Graufamkeiten begleitet gewefen als in der Gegenwart. Die Comanchen gehen über den *rio Grande,* in Schaaren von 3-400, nach Mexico und dringen in das Herz von Chihuahua ein; fie find eingedrungen in Durango und Zacatecas, und haben Coahuila und Neu-Leon durchftreift. *The extent of the depredations and murders committed by them would* be appalling, if summed up"; f. die Anm. 385-6: eine Berechnung des in 4 Jahren, 1846-50, in Neu-Mexico von ihnen geraubten Viehes. Bartlett fchätzt die Zahl der Comanchen unter 12,000 (386). „Ihr Bereich geht von den genannten mex. Staaten bis zur Büffel-Gegend, nördlich und öftlich von Santa Fé. Im Herbft und Winter ift ihre Heimath nahe dem *rio Grande*, im *bolson de Mapimi*, einem in W von hohen Gebirgen eingefchloffenen Becken. Hier geniefsen fie den ununterbrochenen Befitz einer weiten Landftrecke, von wo aus fie ihre Einfälle in das Herz von Mexico machen." Im weiteren Verlauf des Bandes erwähnt der Verf. öfter der felbft erlebten oder kurz zuvor an den von ihm berührten Punkten gefchehenen Angriffe der Comanchen.

John POPE giebt in der Befchreibung feines Zuges um den 32ten Parallelkreis zum Zwecke der grofsen Eifenbahn zum ftillen Meere (*executive documents of the house of repres.*, 1*st session of the* 33*d congress* Vol. 18. part 2 p. 21-23) einen fehr neuen Bericht (1854) von den „*Camanches*". Er nennt fie (20) „die Araber der Wüften Nordamerika's"; „in Verbindung mit den *Sioux* oder *Dacotahs* des Nordens", fagt er, „haben fie viele Jahre lang eine beinahe unbeftrittene Herrfchaft über die ungeheuren Landftrecken zwifchen dem Felfengebirge und den Gränzen der weftlichen Staaten behauptet... *Many small tribes under* (21) *different names, but speaking the same language, and fragments of bands whose power and influence have long since passed away, live among them in friendly or dependent relations. In their hunting expeditions among the buffalo, they roam as far to the north as the* 38*th parallel of latitude; and, passing the Rio Grande 500 miles from their homes, they invade the dominions of Mexico to within 250 miles of her capital. In small parties, and unsupported, they penetrate into the densest settlements of the northern States of Mexico; and in broad day-light, and nearly unopposed, they carry off into captivity hundreds of \human beings, and thousands of horses and mules, and lay under contribution populous towns, and even large cities.... The women who are thus carried off from their homes, become the wives or servants of their captors; and the men, after a probation more or less lengthy, are adopted into the tribe, most generally in a dependent condition..... The Camanches* (22) *are small of stature; quick and sprightly in appearance and action... they wear moustaches and heads of long hair instead of shaving to the scalp-lock, as is the custom with the more northern races... During the summer months nearly the whole tribe migrates to the north, to hunt buffalo and wild horses on the plains of the upper Arkansas, but return in the autumn with the proceeds of their hunting expeditions to pass the winter in the timbered country along the valleys of the upper Colorado, Brazos, and Red rivers. Since the establishment of military posts on the frontiers of Texas, and the consequent advance of settlements into their country, the Camanches... have begun to contract that passion for ardent spirits which has proved so fatal to their race.... Up to the period of the occupation of the country by the troops of the general government, the Camanches were accustomed to equip large expeditions, which, traversing the State of Texas by various routes, and passing the Rio Grande at numerous points in its course, even as low down as Matamoras, laid waste the northern States of Mexico. The establishment of a chain of military posts enclosing the extreme settlements has seriously interrupted their hitherto unmolested progress to the Rio Grande, and they have been compelled to conduct their marauding parties to the frontiers of Mexico by routes much farther to the west.* Er giebt p. 23ª ihre jetzige Strafse an. Die Poftenkette müfste noch weiter geführt werden.

PARKER (in Schoolcr. V, 1855) fagt, dafs die *Comanches* annehmen (*suppose*), ihre Vorfahren feien von Sonnenuntergang hergekommen; fie hielten fich für das gröfste Volk. S. über Weiberkauf und mehreres andere (Kriegszüge, Religion) p. 683ⁿ-5ªᶠ. Nach der Zählung von 1854 waren (702ⁿ) der Com. 10,000 Seelen.

§ 418. Von dem Volke der Comanchen gehe ich auf ihre SPRACHE
über, und gebe zunächſt die NACHRICHTEN, welche wir über ſie, beſonders über
ihr VERWANDTSCHAFTS-VERHÄLTNISS, bisher erhalten haben:

Cap. Meriwether LEWIS in ſeiner Reiſe mit Clarke *(Travels from St. Louis, by way
of the Missouri and Columbia rivers, to the Pacific Ocean,* Lond. 1809. 8°) legt (p. 200; vgl.
Mithr. 176) den Comanchen eine Sprache bei, welche von den Sprachen aller anderen Völker
unterſchieden ſei: Keiner könne ſie ſprechen oder verſtehn; aber daneben eine Zeichen-
ſprache. (¹)

PIKE'S Nachricht (1807) giebt ſchon poſitives und tritt der Wahrheit verhüllt nahe; er
meldet *(append. to Part* III p. 9; vgl. oben S. 348ᵐ und unten § 449, a Art. *Kiaways):* daſs
„die *Kyaways* mit den *Tetaus* und *Utahs* Eine Sprache reden". Dadurch iſt ſchon ſehr
früh, verſteckt und bisher unverſtändlich, die ſonoriſche Verwandtſchaft der Comanche-Sprache
ausgeſprochen; denn Pike's *Tetaus* ſind Lewis *Hietans* oder die Comanchen (oben S. 361ᶠ-2ᵃ).
Unter dem Ausdruck iſt nur Verwandtſchaft zu verſtehn: denn *Comanche* und *Yutah* ſind wohl
ſonoriſche Glieder einer beſtimmten Gruppe, aber doch genugſam von einander verſchieden.

Die neuſte Zeit dreht ſich um die Verwandtſchaft der Comanche-Sprache mit der der
SCHOSCHONEN im weiten Weſten:

Schon der Prinz Maximilian zu Wied hatte Kunde von der, von mir in dieſer
Schrift ſo umſtändlich bewieſenen Verwandtſchaft der Sprache der Comanchen mit der der
Schoſchonen; er drückt ſich in ſeiner „Reiſe in das innere Nordamerica" (gemacht 1832-34,
erſchienen 1841) II, 636 ſo aus: „mit den *Snakes* ſollen die *Comanches* ... ziemlich dieſelbe
Sprache reden."

Dieſelbe Verwandtſchaft wird von Hale *(ethnogr. der expl. exp.* p. 567ᵐᶠ) auf's nach-
drücklichſte in den Worten ausgeſprochen: *The fact that the Comanches of Texas speak a
language closely allied to, if not identical with that of the Shoshonees, is supported by testimony from so many sources, that it can hardly be doubted.*

Die von Hale behauptete Verwandtſchaft der Sprache der Comanchen, Schoſchonen
und *Yutahs* bezweifelt Gallatin noch, jedoch auf nähere Unterſuchung provocirend. Er ſagt
(ethnol. soc. II p. CVIIIᵐᵐ): *Next to these, the vocabularies most immediately wanted are
those of the Eutaws, the Cumanches, and the Apaches. The two first and the Shoshonees are
said by Mr. Hale to speak the same language.* (²) *This appears to me doubtful, and should
be investigated. If found to be true, it would be a most valuable addition to our knowledge of
Indian languages.*

Die ſchoſchoniſche Verwandtſchaft wiederholt Schoolcraft. Die Sprache der *Comanchees* oder *Na-une* rechnet er *(Indian tribes* II, introd. p. IX-X und 134; oben 367ⁿ⁻ⁿᶠ)
zu dem weit verbreiteten Stamme der *Shoshonee;* ſ. die Stelle bei den Schoſchonen § 560. —

(¹) *Their native language of sounds differs from the language of any other nation, and
none can either speak or understand it; but they have a language by signs, that all Indians
understand, and by which they converse much among themselves.*

(²) Ich weiſs nicht, wo Hale dieſs (in Beziehung auf die Yutahs) ſagen ſoll; in der *ethnology
der expl. exped.* iſt es nicht; in einer ſpäteren Stelle der *transact. of the Amer. ethnol. soc.* II,
1848 p. 18 ſpricht wieder nur Gallatin: *Mr. Hale says that the Utahs, beyond the Salt Lake,
and the Comanches of Texas are said to speak dialects of the same language.*

Er liefert ein Wortverzeichnifs der Comanchen p. 494-505, entlehnt von *R. S. Neighbors;* in der Verbindung: *Comanchee, Satsika* oder *Blackfeet, Costanos, Cushna.*

§ 419. Prof. BERGHAUS hat, nach den bis dahin vorhandenen Zeugniffen, fich auch für die Verwandtfchaft der Comanche- und Schofchonen-Sprache erklärt und diefes Urtheil beftimmt ausgefprochen. In feinem von mir fchon öfter angezogenen Auffatz 1851 (f. oben S. 301[aa]) beginnt er, auf feine Ausfprüche vom J. 1845 verweifend, fo: „In meinem ethnographifchen Bilderbuche (Die Völker des Erdballs nach ihrer Abftammung und Verwandtfchaft, Brüffel u. Lpz. 1845, I. S. 288) und in der ethnogr. Abtheilung des Phyfikalifchen Atlas (Ethnographifche Karte von Nordamerika, Juni 1845) habe ich unter der Auffchrift „Schofchonen oder (und) Kamantfchen" die lange Reihe von Indianerftämmen, welche fich von den füdlichen Zuflüffen des Oregon-Stroms einer Seits bis an den Gila-Fluſs und darüber hinaus; andrer Seits quer über das Felfengebirge bis an die Ebenen von Texas erftreckt, als Einer Sprach-Familie angehörend, zufammengefaſt." Er vermuthet nach einer Sage (49): daſs die Urheimath des Volks der Schofchonen und Comanchen unter 39° N. B. gewefen fei: auf der füdlichen der drei Hochebenen des Felfengebirges, Frémont's *South Park.* — Prof. *Berghaus* giebt die Urtheile Anderer über die Verwandtfchaft der drei Völker an (48-49), er felbft fpricht die der Apachen aber hier nicht aus: nur daſs fein Auffatz überfchrieben ift: „Über die Verwandtfchaft der Schofchonen, Komantfchen und Apatfchen". In Anm. 12 (S. 61) nennt er beiläufig, in einer Klammer, die Sprache der Schofchonen und Comanchen „Töchter Einer Mutter-Sprache"; aus feiner kleinen Wortvergleichung beider (auf S. 54; f. darüber § 432) zieht er das Refultat (49-50): „daſs beide Zungen für einige Begriffe genau daffelbe Wort, und für andere fehr ähnliche Wörter haben, während bei einer dritten Gattung von Begriffen gar keine Ähnlichkeit obwaltet." Er fügt den noch beftimmteren Schluſs hinzu (50): „Als End-Ergebniſs diefer Vergleichungs-Tafel glaube ich annehmen zu dürfen, daſs Violet's und Ruxton's und Hale's Angaben richtig und Gallatin's Zweifel nicht begründet feien; daſs nämlich die Schofchonen und Komantfchen Einer gemeinfamen Sprach-Familie angehören, und diefe Verwandtfchaft nicht blofs in dem ausgedehnteren philologifchen Sinne zu nehmen fei, ... fondern in dem befchränkteren Sinne von Schwefterfprachen ...."

Mühlenpfordt nennt in feinem „Texas" (1846 S. 114; vgl. oben S. 365[m]) die Cumanches Abkömmlinge der Schofchonen.

§ 420. Profeffor BERGHAUS hat uns in feinem Auffatze (S. 51-53) mit einem reichen und fehr werthvollen Original-WORTVERZEICHNISSE der Comanchen von Texas befchenkt. Er hat daffelbe von einem jungen Deutfchen empfangen, der fich im J. 1846 dem Mainzer Auswanderungs-Verein anfchloſs, um fich in Texas anzubauen: fein Name ift Emil KRIWITZ; Prof. Berghaus theilt (60-61 Anm. 11) einen Brief mit, welchen derfelbe nach einjährigem Aufenthalte in Texas im Febr. 1847 an feine Mutter gefchrieben. Das Wortverzeichnifs ift nach deutfchem Lautfyftem gefchrieben; die nicht ganz deutliche Handfchrift kann aber, wie Berghaus fagt, hin und wieder zu Fehlern in den Wörtern geführt haben:

§ 421. I. Wortverzeichnifs der Comanchen
von Emil KRIWITZ, bei Berghaus (geogr. Jahrb. 1851 III, 51-53)

1 Vater	*achpe*	5 kleines Kind *ounha*	9 Zopf	*neꝫkoiz(i)*
2 Mutter	*pia*	6 Vetter (Freund) *haiz*	10 Seitenzöpfe	*neꝫwapoiuchꝫ*
3 Frau	*weishpe*	7 Kopfhaut (sc- makoichzischꝫ		*tana*
4 Knabe	*tuinipp*	8 Haare [*alp*] *pap(i)* [*ka*	11 Stirn	*kai, neꝫkali*

12	Nafe	*muule*	53	Wade	*ne=rauiz*	93	donnern	*tomojake*
13	Augen [nen	*puile*	54	Spanne	*ne=roam*	94	Wolken	*tommohab(ig)*
14	Augenbrau-	*kaile*	55	Füfse	*koegen (?-313)*	95	Wind	*neait*
15	Augenlieder	*puursi*	56	Fufsfohle	*ne=ragpan*	96	Meer	*honobish* (vgl.
16	Backen	*schoo*	57	Hacken	*ne=ragpiko*			*honope* Flufs)
17	Backenkno-	*ne=zoob*	58	Zehe	*tassewueke*	97	warm	*uduik*
18	Bart [chen	*motz*	59	grofse Zehe	*biaragtoke*	98	kalt	*etscho*
19	Lippen	*tupe* (vgl. N	60	Blut	*poschp*			
		tèppa Mund)	61	Eingeweide	*zap*	99	Gold	*oaoch*
20	Nafenlöcher	*ne=mobitain*	62	Kopfweh ha-	*nochzikuagh*	100	Silber	*tochzaui*
21	(Zahn	*ne=tam*		ben	*ne=wap*			(*tochza* weifs)
22	(Zähne	*tama*	63	Bruftweh ha-	„ *worainah*	101	Blei	*nabahaak*
23	Zahnfleifch	*ne=rochk*		ben [ben		102	Meffing	*nadino*
24	Zunge	*ehk*	64	Leibweh ha-	„ *cochicam*	103	Stahl	*cozo*
25	Speichel	*koschip*	65	Nafenbluten	*mochtochtan*	104	Salz	*onahap*
26	Bruft	*nanema*	66	kleine Wunde	*uaz*	105	Büffel	*pimmoroo,*
27	Brüfte	*pitzi* (vgl.168)						auch *kuchz*
28	Bruftwarze	*apizii* [*duez*	67	fehen	*mabuni*	106	Büffelfell	*nachozuma*
29	Kinn	*paritz; ne=baz*	68	hören	*manakan, ne=*	107	Büffelhaare	*kuchzunapo*
30	Hals	*toichk; ne=roz*			*minakat*	108	Büffelkalb	*ekakogzo*
31	Schlund	*ne=kuz [ig(h)*	69	riechen	*okuin, multare*	109	Stier	*padoko*
32	Ohr	*nak(i)*	70	niefen	*aux*	110	Panther	*keberakuazie*
33	Arm	*pur(e);ne=ana*	71	gähnen	*echtaman*	111	Leopard	*naboragaro=*
34	Ellenbogen	*kip*	72	fchielen	*muraunar*	112	wilde Katze	*machzope* [*que*
35	Hand	*mashpa*	73	huften	*ornip* [*poiton*	113	Stinkthier	*teguez*
36	Finger	*massit*	74	fchlafen	*mishpo, uch=*	114	Bär	*ochzo*
37	Daumen	*biomogto; ne=*	75	fchläfrig feyn	*pahobe*	115	Hund	[rd *zari*
		biamachtoko	76	träumen	*taksip*	116	braunes Pfe-	*ekakoma,*
38	Zeigefinger	*ne=rechzigzoka*	77	weinen	*jake*	117	fchwarzes	*hochpier*
39	Mittelfinger	*ne=machbina*	78	fingen	*toniog*		Pferd	
40	Goldfinger	*ne=machtaka*	79	Sonne	*tabih*	118	Bläffe (am	*tochzako*
41	kleiner Finger	*ne=machtoa*	80	Erde (Planet)	*chokoo*		Pferde)	
42	Fingerfpalte	*ne=manisisk*	81	halber Mond	*mea*	119	Schimmel	*tochza* (d. h.
43	Nägel	*lechzezuke*	82	Stern	*tazinupp(ig)*		(Pferd)	weifs)
44	Herz	*ne=bigk*	83	Tag	*tabikan*	120	Rothfchim-	*ixenebok*
45	Bauch	*ne=sap*	84	Morgen	*pötzk*		mel [erd)	
46	Bauchwarze	*ne=ssük(o)*	85	Mittag	*tokuichtawene*	121	Schecke(Pf-	*tochzanabo*
47	Rippen	*ne=wuachzo*	86	Abend	*jehume*	122	grofse Sche-	*essarawa*
48	Bein (cf. 52)	*ne=wichkap,*	87	Afche(desFeuers)	*etschip*		cke(Pferd)	
49	Knie	*tamap* [*ohm*	88	Rauch	*quip*	123	Hengft	*köbi* [*toa*
50	Kniefcheibe	*ne=rannup*	89	Waffer	*pa*	124	Fohlen	[ne *pukkuroa, ma=*
51	Biegung im	*ne=nazimina*	90	Regen	*omaart*	125	Pferdemäh-	*nabinikka*
	Knie	[48]	91	regnen	*naridiad*	126	Pferdehuf	*theogoth tossit*
52	Unterbein	*ne=ohn* (vgl.	92	blitzen	*ekapuschtke*	127	Pferdefchweif	*tichoa quash*

128 Nüftern (des *mamobita*	165 Fleifchbrühe *oanap(ich)*	198 Spiegel *naboni* (f. 67)
Pferdes) (vgl. 20)	166 weifser . *techzachta*	199 Zelt *tozak*
129 Pferdebrand *manasochpo*	Zwieback	200 Büffelzelt *casa*
130 Gallen beim *mamachta*	167 kleine Boh- *hochzistabacki*	201 ein Zelt *top kareich*
Pferde	168 Milch [nen *opitschzi*	bauen *kan*
131 Hirfch *arika*	169 Arznei *natscho*	202 Schüffel *techzoon, tess-*
132 Hirfchkalb *ewua(b)*	170 baumwollen *manap*	203 Angel *hoea* [oon
133 Hirfchhaare *some*	Zeug	204 Holzdeckel *woko*
134 Puter *kujonie*	171 blauer Blan- *echptosawoka,*	205 Fernglas *ohap*
135 Fifche *bek(uih)*	kett *ewoichtosso=*	206 Kohle *kotop(h)*
136 Laus *puchzie*	[kett *saboke* [oka	207 Pritfche *pokuowuchpei*
137 kleine Made *tochzuama*	172 rother Blan- *echkatatosaw=*	208 Seife *woanakoze*
138 Klapper- *nuicha*	173 grüner *kuewowanna*	209 Koffer *wobiojot*
fchlange	Blankett	210 eifernerRing *wuekonne*
139 Bifs derfel- *kichzian*	174 Halstuch *toanatorochk*	211 kleiner Beu- *woss* (vgl.213)
140 Fliege [ben *turuaed*	175 Schube *nap*	tel
141 Holzbock *michta*	176 Schubfohle *tachtezako*	212 Regenfchirm *hok(h)*
142 Heufchrecke *kome, achtak*	177 Hemde *quazo*	213 lederne Ta- *wosch* (vgl.
143 Seemufchel *uak*	178 Gürtel *nazanishki*	fche [Decke [211)
144 Ameife *hanikochzi*	179 Mütze *uichtoabab,*	214 mexicanifche *huichki*
145 Gras *zomip*	*wichtoawab*	215 Henkel *piuachnachza=*
146 Zweig *kanipp*	180 Hofen *pitzo, pitksokh*	216 Zunder *nawuach* [ga
147 Rinde *hopichtapoa*	181 Leggins *uhs*	217 Schwamm- *cochzo*
148 Eiche *hop(ch)*	(Reithofen)	tafche
149 Eichenblatt *pachzapnnin*	182 Tuch-Leg- *kuss*	218 Büffelhorn- *nartoko*
150 Maisblatt *temaquatubok*	gins [daran	Spitze
151 trocknes Blatt *passa, . puni*	183 die Lappen *tuwuanap*	219 Eifendraht *naxagugé*
puhip	184 Handfchuhe *moonarsoh*	220 kleine eifer- *nabochza*
(im Wihinafcht ift *puhi* Blatt)	185 Franzen [zen *tassek(h)*	ne Ketten
152 Älte *passa poni*	186 lederneFran- *manaschaki*	221 kleine *nechtopka*
153 Brodt *shimmita*	187 Ohrringe *makzim, toch=*	Schnalle (vgl. 238)
154 Fleifch *teschkap*	188 Halsfchmuck *zonip* [piti	222 kleine Pfeife *muijaka*
155 Sehne *tamm*	189 Handring *mabizo*	(wohl zum pfeifen, vgl. 249)
156 Zucker *pigna*	190 Armring *hizawepua*	223 Meffer *huig*
157 mexicani- *mox*	191 Fingerring *moziika*	224 kleines Mef- *habi*
fcher Zucker	192 Schminke *pissap*	fer [fer-
158 Caffée *tuchpa*	193 Schmink- *pissanasch*	225 grofses Mef- *wui*
159 Honig *powikkina*	tafche	226 grofse Axt *huuchwanni*
160 Tabak *pa(hm)*	194 Schmink- *pissanapsch*	227 Beil *howon*
161 Sumach *temagia*	täfchchen [(vgl. 230)	228 Hammer *techanni*
(wilder Tabak)	195 Haarpinfel *natzistuge*	229 kleine Schel- *pissagone*
162 Rofinen *nachzabukum*	196 Haare flech- *possikett*	len [195)
163 Syrup *pina*	ten	230 grofserKamm *nazistoge* (f.
164 Branntwein *boschawa*	197 Tomahawk *tohihowan*	231 kleiner Kamm *nabuseaka*

232 filberner Ka- *pohiæonazist-*
233 Scheere [mm *nechziske* [oge
234 Feile *puiwuichtichka*
235 Nähnadeln *wonachzachta-*
236 Behälter da- *wuginachz* [na
237 Fingerhut[zu *mositon*
238 Schnalle *nechtopka* (vgl. 221)
239 Hacke *muchpe*
240 Cafféekanne *puhihab*
241 kleinesFutte- *uihinaz*
242 Cigarre [ral *temaquatobibb*
243 Cigarren *teomaqueta* wickeln
244 Perlmutter- *nachzim, nak-* Schale *zim* [azomo
245 rothe Perlen *ecachzomo,ek-*
246 weifse Per- *tochzachzomo,* len *tochzazomo*
247 blaue Perlen *uichzomo,pui-*
248 kleiner [chzomo Schleifftein *topp(h)*
249 Pfeife (Ta- *toich* bak*s*-)
250 Zinnkopf *huiahk* [gon
251 Sattel *narino, nade-*
252 Sattelknopf *mamunup*
253 Satteltasche *piksohr*
254 Steigbügel *narachtoki*
255 Steigbügel- *naramushk* Riemen
256 Sporn *naziwueka*
257 Pferdegebifs *ashra*
258 Zügel *nachtuko* [nié
259 Jagdtasche *ahinachzeva-*
260 Gewehr *piai* (Feuer-)
261 Gewehrlauf *mashkanboni*
262 Piftole *subuichbieta*
263 Mündung des *mateb* Gewehrs
264 Pfannendec- *piatenak* kel [ran
265 Schraube da- *pietenaravuen*

266 Vifir [webr *mawua (ib.)*
267 Korn am Ge- *nanaboni* (f.
268 Feuerftein *narak* [198)
269 Ladeftock *nenarezenni*
270 Kugelform *nabakaui*
271 Kugellöffel *naauch*
272 Pulver *nahrkoz*
273 Pulverhorn *nachtoko, kuchzuna nahrkoz*
274 Pulvermaafs *naritze*
275 Bogen (zum *eth* schiefsen)
276 Bogensehne *pakkauz*
277 Pfeile *paak*
278 Pfeilspitze *tachk*
279 Köcher *kokun*
280 Lanzenschaft *wuhinahop*
281 Lanzenspitze *zick*
282 Degenscheide *wuichtanarsch*
283 Buch *tiwoub*
284 Papier *tiboub*
285 fchreiben *tibuob*
286 Trompete *piawoin*
287 blafen darauf *reagaket*
288 Knoten *mawuchpara*
289 kleines Loch *tait*
290 roth *ecksa, ecach*
291 fchwarz *tochobz*
292 weifs *tochza, toch-*
293 blaue Farbe *puichb* [zach
294 gelbe Farbe *equipza*
295 carminrothe *ecksap* (vgl. Farbe No. 290)
296 rothe Farbe *pissap*
297 gut *apanachke*
298 fehr gut *zaart*
299 nicht gut *techzek*
300 fchlecht *wuapo*
301 fchnell *namachzo*
302 ja *ha*
303 nein *neatz*
304 ich *un*

305 du *unoso*
306 er *ennes*
307 ihr *en* [vgl. 517)
308 fie *ojet* (bed. alle,
309 mein *imma*

310 abziehn *techlat*
311 Ader laffen *tasuibal*
312 ausgiefsen *mabuuchtia*
313 ausziehn *ne-mapagzag-* (Schuhe) *koegen* (cf.
314 brechen *oito* [55)
315 bringen *terrajia*
316 erfchiefsen *mateshkan*
317 effen *teschkaro*
ich effe *unteschkaro*
du iffeft *unosoteschkaro*
er ift *ennesteschkaro*
ihr effet *nessateschkaro*
fie effen *ossetteschkaro*
ich habe ge- *unmatebima-*
geffen *nuish kom- mateschkaro*
effen (mit dem *ne-bajuneme* Löffel)
318 fifchen *tuinishpe*
319 heben *tuquamene*
320 kommen *nariskoe*
321 kratzen *machziik*
322 laden(einGewehr) *marribakioo*
323 losdrücken *manawuishki* (desgl.)
324 nachfetzen *ichap matide*
325 nähen *mazachke*
326 rauchen (Ta- *pamotubon*
327 reiben [bak] *mabizzuckin*
328 reiten *nominaroe*
329 fchiffen *poich* (durchfchiff-
330 fchiefsen[en] *machkuschtine*
331 fchlagen *nare*
332 fchleichen *temakimaar*
333 fchneiden *nenochkian*
334 ftopfen (die *tomagiah* Tabakspfeife)

335 taufchen *temaowegk*
336 tödten *habechkaro, machukke*
337 treten (fich etwas in den Fufs) *narazoem*
338 trinken *hibig*
339 umhängen *woawuchtop=*
340 {werfen *kesch* [*po* werfen (mit dem Lazo) *wuip*
341ª wegnehmen *anemazokan*

341ᵇ wiehern (des Pferdes) *ochattscha= wawo* [*in*
342 zuftecken *machtomazi=*

343 wo? *hak*
344 komm! *kim*
345 gehe weg! *miaro*
346 höre! *karbun(e)*
347 gieb her! *majakim*
348 da nimm! *eh(e)*
349 gieb mir die Hand! *nomahiik*

350 fetzt euch! *care* [*wui*
351 was wollt ihr? *himme en so=*
352 es gehört ei- nem Andern *atrin piaet*
353 es ift das mei- nige *niamatz* [*nige*
354 es ift das dei- *esse ochkahip*
355 wir gehen morgen *miaro poitzka*
356 fie kommen angeritten *onarin e kima taohpa*
357 er kommt an *pennashpe*

§ 422, a. II. Wortverzeichnifs der Comanchen

von Robert S. Neighbors (bei *Schoolcraft* II. 1852 p. 494-505)

358 god	*tah-apee*	385 neck	*to-yock*	411 {town	*kanuke*
359 man	*too-avish-chee*	386 arm	*mo-wa*	412 } house	*kanuke*
360 woman	*wy-apee*	387 back	*quahe*	413 door	*kanuke*
361 boy	*too-anickpee*	388 {hand	*mo-wa*	414 lodge	*kanuke*
362 girl or maid	*wy-apeechee*	389 {finger	*mo-wa*	415 chief	*taquin-e-waph*
363 infant or child	*too-ăchee*	390 nail	*nooreah*	416 warrior	*too-avitche* (f.
364 father, my	*ner=akpee*	391 breast	*toko*	417 friend	*haartch* [359)
365 mother, my	*ner=bee-ah*	392 body	*wahkchee*	418 enemy	*ahta-witche*(f.
366 husband, my	*ner=comakpee*	393 leg	*ahtoko* (vgl.	419 kettle	*witwa* [372)
367 wife, my	*ner=quer*		*toho* thigh)	420 arrow	*pá-ark*
368 son, my	*ner=too-ah*	394 navel	*peeshpo* [vgl.	421 bow	*ho-a-ate*
369 daughter, my	*ner=patah*		404) [*oko* leg)	422 spear	*cheak*
370 brother, my	*ner=tăma*	395 thigh	*toho* (vgl. *aht=*	423 axe	*hohimna*
371 sister, my	*ner=pachee*	396 knee	*tunnop*	424 gun	*peïáte*
372 Indian	*ahtah-witchee*	397 {foot	*nahap*	425 knife	*weith*
373 white man	*toshopty'voo*	398 {toe	*nahap*	426 flint	*nadahcarte*
374 head	*pá-aph*	399 {heel	*nahap*	427 boat	*wo-wepoko*
375 hair	*parpee* (==sc-	400 bone	*tsonip*	428 shoe	*ma-ape*
376 face	*koveh* [alp)	401 heart	*peehe*	429 legging	*koosha*
377 scalp	*parpee* (==ha-	402 liver	*ten-a-wa*	430 {coat	*quasho*
378 ear	*nahark* [ir)	403 stomach	*shah-ap*[394]	431 {shirt	*quasho*
379 eye	*nachich*	404 bladder	*peeshpo* (vgl.	432 breech-cloth	*warweithpara*
380 nose	*mo-opee*	405 {blood	*peeshpah*	433 head-dress	*wiste-warwop*
381 mouth	*tèppa* (vgl. B	406 {vein	*peeshpah*	434 pipe	*toïsh*
	tupe Lippen)	407 sinew	*tonu*	435 wampum	*tshenip*
382 tongue	*ah-ako*	408 flesh	*tohko*	436 tobacco	*pahamo*
383 tooth	*tahnee*	409 skin	*pesh*	437 shot-pouch	*nar-ahtoku*
384 beard	*mo-orcho*	410 seat	*queta*	438 sun	*tah-arp*

439 moon	*mush*	470 wood	*koo-one* (f.	510 pepper	*mohartch*
440 star	*ta'-arch* (vgl.	471 grass	*shonip* [452)	511 salt	*onaevit-er*
	summer)	472 hay	*parshopsho=*	512 bitter	*hartchkonee*
441 day	*tah-arp* (=		*nip* (cf.grass)	513 I	*nur*
	sun)	473 bread	*taëshartar*	514 thou	*un*
442 night	*tookana*	474 meat	*taekop*	515 he	*shoku*
443 darkness	*yeir*	475 fat	*yoo*	516 they	*punche*
444 morning	*pua-arthca*	476 beaver	*hărne̅ es*	517 all	*o-yet*
445 evening	*yurhumma*	477 deer	*arraker*	518 near	*màtich*
446 spring	*taneharro*	478 bison or buf-	*kooche*	519 far off	*manarke*
(Frühling)	[star]	479 bear [falo	*to-onah*	520 to-morrow	*pa-archqua*
447 summer	*ta-ārch* (vgl.	480 otter	*patcukee*	521 yesterday	*kirt*
448 autumn	*yerwane*	481 wolf	*ish*	522 yes	*hă*
449 winter	*tohane*	482 dog	*sharde*	523 no	*ka*
450 rain	*ermah*	483 panther	*to-yardoko*	524 perhaps	*woharkane*
451 snow	*tahkan*	484 hog	*cochena*	525 nothing	*ka-atch*
452 fire	*koo-ona*	485 horse	*tehe-yar*	526 eat	*tukarroo*
453 water	*pah-ar*	486 cow	*pemoro*	527 drink	*hebeto*
454 sea	*pahhappëa*	487 sheep	*quahade*	528 laugh	*yahanet*
455 river	*honope* (cf.*ho=*	488 snake	*noheër*	529 cry	*yahkee*
	*nobish*Meer)	489 bird	*hocho*	530 love *(v.)*	*kummarkee*
456 spring (Quelle)	*pah-achope*	490 feather	*shëah*	531 burn	*wăhëapp*
457 hill	*to-yarvit*	491 turkey	*ko-yonetie*	532 walk	*hermumsh*
458 forest	*ho-ocarte*	492 eagle	*neëto*	533 run	*noka-ark*
459 bog	*yohocarte*	493 owl	*mopie*	534 see	*nar=boone*
460 stone	*terp*	494 fish	*păgue*	535 hear	*narcut*
461 silver	*toshop pohe-*	495 white	*toshop* (an.and	536 speak	*taquon*
	wista (*toshop*		in.) [in.)	537 strike	*warpur*
	weifs; cf.No.	496 black	*tohop* (an. and	538 think	*mis-sho-wine*
	462)	497 red	*akopte*	539 call	*muremarne*
462 iron(cf.gold,	*pohe-wista*	498 green	*a-whipt*	540 go	*neër*
silver; mai-		499 yellow	*ohopt* (cf.464)	541 sing	*hobeër*
463 lead	[ze) *na-wok*	500 great	*pëop*	542 dance *(v.)*	*neërker*
464 gold	*oha-we pohe-*	501 small	*yertitch*	543 die	*turyah*(cf.507)
	wista (cf.	502 strong	*keatŭh*	544 tie	*wyth-ermun*
	silver u.499)	503 old	*chokopie*	545 kill	*ma-wakun*
465 maize or corn	*harne-wista*	504 young	*irkahun*	546 eating	*takopenne*
	(cf. No. 462)	505 good	*cha-arne*	547 drinking	*havagunte*
466 pea	*pahute*	506 handsome	*chanarboony*	548 laughing	*yahhakate*
467 melon	*pehena*	507 dead	*turyar*(cf.543)	549 crying	*yahkate*
468 squash	*nahkosh*	508 life	*na-une*		
469 tree	*hapete*	509 cold	*urtch-ate*		

Zahlwörter

(nach *Schoolcr.* II, 129-130)

550	1 *semmus*	557	8 *nahwa-wachote*	564	15 *moo-waka-matoĕcut*
551	2 *waha*	558	9 *semmomance*	565	16 *nahwa-matoĕcut*
552	3 *pahu*	559	10 *shurmun*	566	17 *tah-achote-matoĕcut*
553	4 *hayar-oohwa*	560	11 *shumme-matoĕcut*	567	18 *nahwa-wacho-matoĕcut*
554	5 *mo-waka*	561	12 *wahata-matoĕcut*	568	19 *sunmo-washta-matoĕcut*
555	6 *nahwa*	562	13 *tahu-matoĕcut* [*cut*	569	·20 *wahamamu-matoĕcut*
556	7 *tah-achote·*	563	14 *hayar-ookwa-matoĕs*	570	30 *pahamamu*

§ 422, b. La`nge nach Vollendung meiner Arbeit, im Sommer 1855, kam ein drittes Wortverzeichnifs der Comanches in meine Hände, das wir dem Capitän Randolph B. Marcy verdanken; in feinem zweiten Werke([1]): *Exploration of the Red River of Louisiana, in the year* 1852: *by Randolph B. Marcy, captain* 5th *inf. U. S. army; assisted by George B. McClellan, captain. Wash.* 1853. 8° (p. 307-10). (Der Band gehört zu den Congrefs-Schriften und ift bezeichnet: 32^d *Congress,* 2^d *Session. Senate. Executive,* No. 54.) Ich habe den Inhalt diefes Wortverzeichniffes zwar nicht mehr in die vielen Verzweigungen meiner fonorifchen Wortvergleichung bei den anderen Sprachen einarbeiten können, hier beim *Comanche* felbft aber ift es gefchehn.

III. Wortverzeichnifs der Comanchen

von R. B. Marcy *(explor. of the Red River* 1853 p. 307-310)

571 man	*toĕbitch-e*	586 moon	*mushe* [657]	600 powder	*nahcochee*
572 woman	*wy-epe*	587 stars	*ta-arche* (cf.	601 gun	*peüt*
573 white man	*toĕtitch-e*	588 water	*pah*	602 bow	*ho-a-āte*
574 Mexican	*Tack-otibo*	589 fire	*koo-onah*	603 arrow	*pa-ark*
575 negro	*toosh-ahtybo*	590 smoke	*cooktoe*	604 yes	*hah*
576 Osage	*Washsashe*	591 river	*hono*	605 no	*kay*
577 chief	*taakquinno*	592 mountain	*to-yahoeestah*	606 hear	*nahgut*
578 friend	*hartch*	593 corn	*hahnebetah,*	607 sleep	*ithepe*
579 enemy	*tohobakah*		*hahnebeteh*	608 come	*keemmah*
580 horse	*pooke*	594 grass	*mecheeseka*	609 go	*mëahlo*
581 mule	*moorur*	595 tree	*ohopee*	610 fight	*nawbahdakah*
582 bear	*wheelah*	596 blanket	*wahnopp*	611 understand	*hockkunnee*
583 dog	*charl-lee*	597 mirror	*nahbone*	612 talk	*taquaw*
584 prairie-dog	*keechee*	598 paint *(s.)*	*pees-ahpee*	613 look here	*cabboon* [*hitto*
585 sun	*tah-arpe*	599 tobacco	*pahmo*	614 tell them	*marry-ëah-w=*

([1]) Aus dem erften: *Report of capt. R. B. Marcy's route from Fort Smith to Santa Fe,* Wafh. 1850. 8°, habe ich die wichtigen Wortfammlungen des Lieut. *Simpson* von Sprachen Neu-Mexico's entnommen.

615 good	*chaat*	650 scalp	*pahpee*	683 axe	*hohimnah*
616 bad	*tahechit*	651 buffalo	*cookchow*	684 spear	*cheak*
617 great	*pĕopp*	652 ox	*pemoro*	685 knife	*weith*
618 small	*tertitche*	653 herd of hor-	*tahhe-yeh*	686 flint	*nadacurte*
619 black	*toohop*	654 deer [ses	*ulleekkah*	687 shoe	*ma-apee*
620 dead	*ta-yeh*	655 turkey	*ko-yonittah*	688 town	*keenukie*
621 god	*tar-ape*	656 day	*tah-arp* (=su-	689 warrior	*too-avitche*
622 father	*ackpee*	657 summer	*ta-arch* [n)	690 hot	*ur-ate*
623 mother	*bĕar*	658 winter	*tohan*	691 cold	*urtch-ate*
624 brother	*tama*	659 spring (Früh-	*tanehahro*	692 white	*tooshop*
625 sister	*pacher*	660 night [ling)	*tookahra*	693 red	*akoptee*
626 son	*too-ar*	661 morning	*pua-arthco*	694 handsome	*charnarbomy*
627 daughter	*patar*	662 darkness	*teir*	695 live	*nay-ure*
628 husband	*comackpe*	663 rain	*ermar*	696 salt	*onaebit-er*
629 wife	*quer*	664 snow	*tarkau*	697 near	*maytitch*
630 child	*to-achee*	665 sea	*parhap-hia*	698 far off	*manarkee*
631 boy	*to-anickpe*		(vgl. 667)	699 to-morrow	*pa-archquee*
632 girl	*wy-ahpeechee*	666 prairie	*pehewalete*	700 kill	*maywaykun*
633 face	*kooveh*	667 spring	*pahhappea*	701 eat	*tukarroo*
634 body	*wahkcher*	(Quelle)	(vgl. 665)	702 walk	*hermumsh*
635 head	*pa-aft*	668 bread	*taëshawtar*	703 run	*noka-ark*
636 heart	*pehee*	669 melon	*pehena*	704 drink	*hebetto*
637 breast	*tokoo*	670 wood	*koo-ohnee*	705 laugh	*tahahnet*
638 hair	*parpe*	671 forest	*hoo-ohcarte*	706 cry	*tahkay*
639 hand	*moo-wah*	672 bird	*hoochoo*	707 love (*v.*)	*kummarpee*
640 leg	*ahtookoo*	673 fish	*paque*	708 trade (*v.*)	*temĕahrow*
641 foot	*nahhap*	674 snake	*noobeĕr*	709 see	*nahzbone*
642 neck	*too-yock*	675 stone	*terp*	710 sing	*hobĕe-er*
643 eye	*nawchiche*	676 lead	*nupparke*	711 dance (*v.*)	*neërker*
644 mouth	*teppa*	677 pipe	*toh-ish*	712 me	*ne*
645 tongue	*ar-ahko*	679 tent	*kahhahme*	713 you	*herche*
646 back	*quahee*	680 wampum	*tshenip*	714 he	*shoku*
647 bone	*sonip*	681 kettle	*wayheto-wah*	715 they	*punche*
648 blood	*peeshepah*		oder *witwah*	716 very well	*oshusshe*
649 ear	*nahkarke*	682 boat	*wo-wepoke*	717 perhaps	*woharkene*

§ 422, c. IV. Zufätze von mir,

d. h. Wörter aus Eigennamen gefolgert und die Eigennamen felbft:

718 *oakata* Medicin-Mann (Zauberer): beiläufig von Kriwitz angegeben (f. S. 366ᵃ)

719 *hono* Flufs, das auch M (No. 591) hat (gegen N *honope*), zeigt fich in den 2 Flufs-namen *Pash-ahono* und *Tock-anhono* S. 367ᵐᶠ; in 4 Flüffen von Texas werden wir fpäter (§ 447, v)

hunova und *junova*, und in einem wieder *hono* fehn (*gono* geworden in *Pasigono)*

720 *Na-uni* ift nach Neighbors der eigne Name der Comanchen (f. S. 367ⁿᶠ, ᶠ), den er Le-bendige (368ᵃ) und in den zwei Volksftämmen *Nonaum* und No. 723 lebend überfetzt (368ᵃᶠ): „weil

fie in der hohen Prairie leben"; daraus könnte man *no* als **Prairie** folgern, wofür aber M (No. 666) ein ganz anderes, langes Wort angiebt; *na-une* (und diefs ift auch Schoolcr.'s Form für die Comanchen: f. S. 369ⁿⁿ; wie fie auch in dem 2ten Volksftamm, No. 723, erfcheint) bedeutet nach N (No. 508) Leben, nach M (695) *nay-ure* leben; ich glaube aber, dafs das Wort practifch auch geradezu **Volk** (d. h. eigentlich Lebende) heifst (ähnlich fagt auch fchon Neighbors: *alive, or live people*, bei Schoolcr. II, 126ᵐᵐ): fo kommt *naum* vor in dem fchon genannten *Nonaum* und in *Parkeena-um* Waffervolk (S. 368ᵐ); *par* (nach N'*pah-ar*, M *pah*, B *pa*) erfchiene hier u. 665 als **Waffer**, wobei *kee* freilich unerklärt bleibt

721 Namen von Häuptlingen find: *Issakiep* (S. 367ᵐᵐ), *Pahajoko* (367ᵃ) oder *Pah-a-yuka* (368ⁿⁿ), *Shanico* (ib.)

722 Namen von Comanchen-Stämmen f. S. 367ᵃ⁻ᵃᶠ, ᵃᶠ⁻ᵐ; mehrere folgen hier nach

723 aus *Hainena-une* von Mais Lebende (S. 368ᵃᶠ) geht *haine* als **Mais** hervor; fonft nur mit einer umftändlichen Endung angegeben: N *harne-wista*, M *hahnebetah* oder *-teh*

724 die *Hois* werden (S. 368ᵃᶠ) auch *timber people* oder *pine-takers* genannt; ob der Name fo etwas bedeutet?

725 *Itchit-abud-ah* (ib.) wird **kaltes Volk** oder nördliche Bande überfetzt; *itchit* ift darin **kalt**, ≠ NM *urtch-ate* (B *etscho*)

726 *Kateumzi* (S. 367ᵃ) bedeutet nicht als **Eule** (f. No. 728), fondern könnte der Stamm diefes Häuptlings feyn; doch giebt Stem *Catumsie* (S. 368ⁿ) als einen Häuptling an

727 *Koochetakers* bedeutet Büffel-Effer: *kooche* ift **Büffel** bei N (B *kuchz*, M *cook=chow*); *takers* würde alfo **Effer** heifsen follen: **effen** ift N und M *lukarroo*, B *teschkaro*; dazu ift zu fügen *takopenne eating*

728 *Mope-tschokope* (S. 365ⁿⁿ) bedeutet richtig **alte Eule**: N *mopie* **Eule** + N *choko=pie* **alt** :

729 *Nokonies* fcheint mit **Kreis** zufammen-zuhangen (S. 368ᵃᶠ)

730 *Teu-a-wish* wird (ib.) **Leber-Effer** überfetzt: *tercawa* N ift **Leber**, von **effen** fcheint doch nichts darin zu feyn (367ᵃ *Teua*)

731 *Tucumcari* ift Name zweier Berge (S. 367ᵐᶠ)

§ 423. Alphabetifche Verzeichnung
zu den 3 Wortverzeichniffen der Comanchen
(die Erläuterungen hierzu folgen nach: S. 383ᵃ⁻ᵐ)

A. Subftantiva, Adjectiva und Verba

arm	33, N 386	bear	114, N 479, M	blanket	f. 171-3, M 596
arrive	357	beard	18, N 384 [582	bleed	311
arrow	277-8, N 420,	beaver	N-476	blood	60, N 405, M 648
ashes	87　　[M 603	bell	229	blooding	f. 65
autumn	N 448	belly	45 (a. 46)	blow	f. 287
axe f. hatchet		belong	352-4	blue	293
back	N 387, M 646	belt (wamp-	178, N 435, M 680	boat	N 427, M 682
bad	299, 300, M 616	bird [um]	N 489, M 672	body	N 392, M 634
bag	211, f. 213	biscuit	166	bog	N 459
ball *(Kugel)*	f. 270-1 (N 437)	bit	f. 257	bone	N 400, M 647
band	*725	bite	f. 139	bonnet	179
barter *(v.)*	335	bitter	N 512	book	283
beads	245-7	black	291, f. 117, N 496,	bow	275, N 421, M 602
bean	167	bladder	N 404 [M 619	bow-string	276

§ 424. Ich gehe nun daran BEMERKUNGEN zu den drei WORTSAMM-
LUNGEN fo wie zu deren VERZEICHNUNG zu machen, und Beobachtungen über
die SPRACHE mitzutheilen.

Zuerft über die von mir gelieferte alphabetifche VERZEICHNUNG zu den
3 Wortfammlungen: Die Wörter des grofsen Berghaus'fchen Verzeichniffes (1 - 357) gehn
voraus und bleiben ohne Zeichen; es folgen die aus *Schoolcraft* entnommenen Wörter (358 -
549), welche N (den Namen ihres Urhebers Neighbors) vor fich haben; zuletzt kommen
mit dem Zeichen M die Wörter Marcy's. Für die vielen indirecten Vocabeln in B's Verzeichnifs bediene ich mich der 3 Bezeichnungen: 1) f. (= fiehe) 2) ( ) der Klammer 3) *a.* (=
adde: Nebenwerk, welches angefchloffen wird). Folgende, fchwer auszudrückende Wörter
des B'fchen Verzeichniffes habe ich in der englifchen Verzeichnung ausgelaffen: Büffelhorn-
Spitze 218, Holzbock 141, Pritfche 207, fich etwas in den Fufs treten 337, zuftecken 342.

§ 425. Nun habe ich über die DREI WORTSAMMLUNGEN zu reden:

B die von Kriwitz, deren Kenntnifs und Befitz wir Herrn Prof. Berghaus
    verdanken;

N die von Neighbors bei Schoolcraft,

M die von Marcy;

* einen Stern fetze ich vor die Nummern meiner Zufätze (718 - 731), vor
    die von mir aus Eigennamen gefolgerten Wörter:

Die erften beiden Quellen der Comanchen-Sprache haben folgenden Unterfchied: das Kri-
witzifche oder Berghaus'fche Verzeichnifs ift fehr zahlreich, liefert auch viele wichtige
befondre Begriffe: nur find fie fo fpeciell, dafs fie in den anderen (nordamerikanifchen) Wortverzeichniffen felten oder gar nicht vorkommen, daher zur Sprachvergleichung nicht dienen
können; manche Wörter gehen zu weit ins Unnöthige und liegen unferm Bedürfnifs zu fern;
dagegen hält fich die Neighbors'fche Sammlung an die bedeutendften, wichtigften und einfachen Begriffe: zugleich die, welche in den Wortverzeichniffen des Volkes der Vereinigten
Staaten allgemein vorkommen. Es ift im wefentlichen die Wort-Auswahl der *exploring
expedition,* wie fie die Nordamerikaner jetzt allgemein ihren Sammlungen von Wörtern der
Sprachen zu Grunde legen. Die Zahlwörter bei *Schoolcr.* (550-570) find wohl auch von *Neighbors.*

MARCY's Wortverzeichnifs (147 Wörter) ift das kleinfte; es ift beinahe als eine etwas abgekürzte Wiederholung von Neighbors Sammlung zu betrachten: denn es folgt, auch ungefähr der
Reihenfolge nach, ebenfalls der Begriffs-Auswahl Schoolcraft's. Nur eine Sonderbarkeit ift, dafs viele
kleine Abtheilungen diefes Schema's fich an zwei Stellen zerfplittern, in der erften und der zweiten Hälfte:
wie wenn das Verzeichnifs durch Aneinanderfchliefsen zweier Sammlungen, deren jede das Schoolcraft'fche Schema durchläuft, gebildet wäre. (¹) Zu diefer Übereinftimmung in der Wort-Auswahl mit
Neighbors kommt die zweite: dafs Marcy durchgängig die Comanche-Wörter in nahe ähnlicher
Geftalt liefert; mit leichten Abweichungen, welche bald auf der Schreibung, bald auf einer verfchiedenen Auffaffung der Laute beruhen. M hat öfter die merkwürdige Endung *r* in Subftantiven,
wo N ein *h,* bisweilen den blofsen Vocal hat; in: Mutter, Sohn, Tochter, Schwefter; Leib, Regen,
Maulthier. Auch in der Mitte hat er manchmahl ein *r,* wo N es nicht hat. Im Gegentheil hat N die
Endung *r* in: Waffer, todt; f. auch hören. Etwas mehr verändert, doch mäfsig (an Einer Stelle

---

(¹) So erklärt fich auch das doppelte Vorkommen von *corn* und *kettle,* jedes Mahl mit etwas anderer Form.

des Wortes), find die Wörter M's: *chief, darkness, snow, river,* Berg; ziemlich anders: *deer.*
Ganz andere Wörter als Neighbors bringt er für: *white man, enemy, grass, bear, horse; go,
you* (du). — Über den grofsen mit Neighbors gemeinfamen Theil hinaus, liefert uns Marcy aber auch
mehrere Wötter, die wir nur von Kriwitz haben; beide find wieder unter einander genau ähnlich: nur
für 3 Begriffe liefert M ganz andere Wörter: Rauch *cooktoe,* Zelt *kahhahme,* fchlafen *ithepe.*
Über die SCHREIBWEISE der beiden erften Quellen, Kriwitz und Neighbors,
werde ich auch noch bei den Buchftaben handeln: fie folgen dem Lautfyftem ihrer Mutterfprache,
was fich befonders in den Confonanten hervorthut, da die neuen nordamerikanifchen Wort-
Aufnahmen fich zum Theil (aber auch nur zum Theil: f. ⁿⁿ) durch eine vernünftige, deutfche
Darftellung der Vocale auszeichnen. Der Unterfchied zwifchen den beiderfeitigen Wortgeftalten zeigt fich fehr häufig, dafs N das Wort mit r-en interpolirt, welche der deutfche
Sammler fchuldig bleibt; mag er diefe rauhen Zwifchentöne für undarftellbar gehalten haben
oder mögen fie dem von ihm befragten Völkerhaufen nicht eigen gewefen feyn. Eine fehr
eigenthümliche Schreibweife des *Neighbors'*fchen Verzeichniffes ift die von *Schoolcraft* angegebene der Darftellung des Wortes in getrennt gefchriebenen Sylben; die fo auseinandergeriffenen Wörter, ohne Bindeftriche zwifchen den Gliedern, erfcheinen wie 2, 3, 4 Wörter:
man kann auch nie fehn, wann es einmahl 2 Wörter find und wie fie fich dann fcheiden, da die
Gruppen manchmahl 2fylbig find; Beifpiele von 2 Wörtern find: *toshop pohe-wista* Silber
(weifses Eifen), *oha-we pohe-wista* Gold (gelbes). Im N'fchen Verzeichnifs haben manchmahl 2, 3, 4 Begriffe nach einander Einen Ausdruck; 2: Hand = Finger, Blut = Ader; 3: Fufs
= Zehe = Ferfe; 4: *town* = *house* = *lodge* = *door;* ich habe fie durch Klammern oder, wo
fie getrennt ftehn, durch Citate verbunden. Ich gehe hier nicht darauf ein die Verfchiedenheit
beider Sammler in den Wortformen wie in der Beibringung ganz anderer Wörter
darzuftellen: fie ift vorhanden von leichten bis zu hohen Graden und wird unten bei der vereinzelten Wortvergleichung genugfam hervortreten. Nur ein paar Beifpiele nicht unwefentlicher
Abweichung können hier ftehn: Ohr B *nak,* N *nahark,* M *nahkarke;* Zahn B *tama*
(allgemein fonorifch), N *tahnee* (wichtig wegen des dem Azt. gemäfsen *n,* welches in keiner fon.
Sprache vorkommt); Hand B *mashpa,* N *mo-wa* (M *moo-wah*); Morgen B *pötzk,* N *pua-
arthca* (M *-co*); Salz B *ohanap* (richtig nach der Sprachverwandtfchaft), N *onaevit-er* (M
-bi.); fehr verfchieden Silber: B *tochzaui (tochza* weifs), N *toshop pohe-wista*
(weifses Eifen; *toshop* N weifs).

Marcy's Schreibweife ift ziemlich die von *Neighbors,* auch in der Sylbenfcheidung: hier
aber mit Trenn- oder Bindeftrichen; die Vocale find aber wohl nicht immer rein: fo fcheint
mir *ay* eh bedeuten zu follen; vgl. noch *kettle.* Überhaupt herrfchen in den nordamer. Wortverzeichniffen noch die englifchen Diphthongen. Eine fonderbare Erfcheinung, über die nichts
gefagt wird, ift, dafs meift Eine Sylbe im Worte curfiv gedruckt ift; ich würde diefs für
eine feltfame Erfindung zur Bezeichnung der Tonfylbe halten: nur dafs manchmahl folcher
Sylben zwei, und manche Wörter ganz in *antiqua* find. Ich habe in meiner Unwiffenheit
diefs fallen laffen. Ich habe ferner ganz den Vorfatz *ner* weggelaffen, den Marcy vor allen
Verwandtfchaftsnamen hat und der mein bedeutet.

§ 426. Die aus dem Wortvorrath hervorgehenden GRAMMATISCHEN BEMER-
KUNGEN eröffne ich mit den BUCHSTABEN, weil fie denen über die drei Verzeichniffe
zugleich angehören. Zunächft BERGHAUS: ö kommt vor; ob *c* und *k* verfchieden find?
f. Perlen; häufig find: *ch* (mufs deutfch feyn: fchwarz B *tochobz,* N *tohop,* M *toohop),*
chk (f. Feile), *gh, gk;* wie find *j, x* (niefen, Zucker ufw.), *qui* zu nehmen? wie find *sch* und *sh*

unterſchieden? auch *th* kommt vor; *w* iſt wohl deutſch zu nehmen; *z* am Ende ſ. vor. S. Z. 2 v. u. (ſchwarz). Ein eigenthümlicher Gegenſtand iſt die Einklammrung von Endbuchſtaben und ganzer Endungen durch *Kriwitz;* es ſind dieſs wohl ſolche, welche undeutlich, nur halb hörbar klingen, und nach der Gewohnheit dieſer wilden Völker (vgl. oben II § 28, S. 36^(a-aa, nn)) verſchluckt werden oder dumpf abfallen. Als ſolche Endungen kommen vor: *e* (Arm, Fleiſch-brühe), *i* (Haare, Zopf, Ohr); *uih* (Fiſche); *ig* (Stern, Wolken), *ich;* *o* (Bauchwarze); *h* nach *k, p* (Regenſchirm, Kohle); *chr* (Eiche); *hm* (Tabak); *b* (Hirſchkalb), *ib* (Viſir). — In der Sammlung von NEIGHBORS bemerke ich folgende Zeichen über den Vocalen: *ă, ŭ; ā, ē; à, è.* N bringt, wie ich ſchon geſagt habe, überall *r*-en in die Wörter; nur 2 Beiſpiele: *ner* mein, ich = B *ne;* morgen B *poitzka,* N *pa-ar̟chqua* (M -*quée*). — Es fehlt der Sprache nicht an Härten: Hoſen B *pitksokh* (auch einfacher: *pitso,* geſchrieben); blaue Farbe B *puichb:* und ſtärkeres. Es giebt lange Wörter: (alles nach B) *toanatorochk* Halstuch; grüner Blankett *kuewowanna,* rother *echkatatosawoka,* blauer *echptosawoka* oder *ewoichtossosaboke;* *piuachnachzaga* Henkel, *pohiwonazistoge* ſilberner Kamm, *puiwuichtichka* Feile, *wonachzachtana* Nähnadeln, *ahinachzevanié* Jagdtaſche.

Die Sprache beſitzt den Vortheil der ZUSAMMENSETZUNG der Wörter: B *nazistoge* groſser Kamm, *pohiwo-nazistoge* ſilberner K.; B *howon* Beil, *huuchwanni* groſse Axt (N *hohimna* Axt): *tohi-how̟an* Tomahawk; N *tehe-yar* Pferd: B *theogoth toſsit* Pferdehuf, *tichoa quaſh* Pferdeſchweif; Hand liegt als *ma* in No. 42 und 189, als *mach* in 37, 39-41; *machtoa* kleiner Finger bedeutet Sohn der Hand: N *too-ah* Sohn; letzteres liegt auch in 124 Fohlen, beſonders *matoa;* *rag* geht als Fuſs hervor aus 56, 57, 59 (vgl. 37), 254; aus *pah* Waſser (M; B *pa*) ſind comp. N *pahhappëa* Meer und *pah-achope* Quelle, *ſhonip* Gras 471 ſteht am Ende in Heu (472); aus N *cha-arne* gut und dem Stamm *buni (boni)* für ſehn iſt gebildet N *chanarboony* hübſch; vgl. 27 Brüſte und 168 Milch. Wenn wir in dem Namen des Häupt-lings alte Eule (S. 379^m No. 728) das Adject. dem Subſt. nachgeſetzt gefunden haben, ſo iſt vielmehr die Regel der Sprache die Vorſetzung wie bei uns; ſolche Verbindungen ſind aber nur für ſyntactiſche Nebeneinanderſtellung zu erachten, wenn nicht durch Einbuſse einer Endung oder einen Zuſatz, wie es im Mex. iſt, das vordere Adjectivum die Compoſition bekundet: wovon hier eine Spur vorkommt, in: B *puichb* blau, *puich-zomo* oder *uich-zomo* blaue Perlen (Endung *b* weggefallen); ſonſt iſt die Verbindung loſe: B *tochza* und *tochzach* weiſs: *tochza-zomo* und *tochzach-zomo* weiſse Perlen, *tochzanabo* Schecke, auch in 137 Made; B *ecach* roth, *ecachzomo* rothe Perlen; ſ. noch 172 und 171, 464 & 1 Gold und Silber. Die Sprache huldigt dem ſynthetiſchen Princip hochgebildeter Sprachen, wie die Sanskrit-Sprachen und die mexicaniſche, durch Compoſitionen mit vorangeſtelltem *rectum;* ſo bildet ſie Subſtantiva aus 2 Subſt. mit vorausgehendem *gen.:* B *kuchz* Büffel, *kuchzunapo* Büffelhaare (vgl. noch 106, 273); B *hopch* Eiche, *hopichtapoa* Rinde; B *paak* Pfeile, *pakkauz* Bogenſehne; B *piai* Gewehr, *piatenak* Pfannendeckel, davon 265 gar 3faches *comp.;* in B *toanatorochk* Halstuch ſcheint (wie in umgekehrter Ordnung) *roighk* oder *toichk* (30) Hals zu liegen. Zu demſelben ſynthetiſchen Princip gehören Spuren der ſo merkwürdigen mexicaniſchen Einverleibung des *subſt. objecti* in das Verbum im Comanche: B *pahm* Tabak, *pamo-tubon* T. rauchen; B *toich* Tabakspfeife, *tomagiah* ſie ſtopfen; vgl. noch No. 313.

Rege iſt eben ſo die ABLEITUNG, vermittelſt An- und Vorſätze. Gemiſchte Beiſpiele der Ableitung durch Anſätze, Endungen oder Zuſätze am Ende ſind: B *tochza* oder *tochzach* weiſs: *tochzaui* Silber, *tochzako* Bläſse am Pferde (ſ. na͜chher S. 387^(af) Endung *ko);* B *tabih* Sonne, *tabikan* Tag; N *honope* Fluſs, B *honobiſh* Meer; N *mohartch* Pfeffer, *hartchkonee* bitter; ſ. No. 243 & 2 Cigarre; ein Anſatz *ta* zeigt ſich in B *mamobita* Nüſtern des Pferdes, *ne͜mobitain* Naſenlöcher gegen N *mo-opee* Naſe (ſ. oben S. 353^(mm)); ähnlich iſt ein Anſatz *te, ate, kate* in 3 verbalen *derivatis* auf engl. *ing* bei N, von denen fich nicht beftimmen läfst, ob fie *subst. actionis* oder *partic.* feyn follen: *te* in trinken 527 & 547; *ate* (vielleicht *kate*): *yahkee cry, yahkate* crying; *kate: yahanet* lachen, *yahhakate laughing;* ein 4tes *deriv.* zeigt den Anfatz *penne:* N *tukarroo* effen, *takopenne eating;* eine Endung *chee* zeigen: N *too-ah* Sohn, *too-achee* Kind; *wy-apee* Frau, *wy-apeechee* Mädchen (f. noch S. 387af); *witchee* f. in 372 & 418, 359 & 416, und bef. Wortvgl. No. 81. — Deutlich ift ein Vorfatz *ma* (bisweilen *m*) der Verba in vielen Beifp.: fo find B *manakan* und *ne=minakat,* N *narcat* hören *deriv.* von B *nak(i)*, N *nahark,* M *nahkarke* Ohr; fehn CB *mabuni* (N *nar=boone*), Schofch. A *mabonee,* Wih. *puni; buni* und *bont* erfcheint im Com. noch in mehreren *deriv.:* N *cha-arne* gut, *chanarboony* (M *charnarbomy*) hübfch, B *naboni* (M *nahbone*) Spiegel und *nanaboni* Korn am Gewehr; die letzten 2 laffen fchon den Vorfatz *na* erkennen, welcher mir (mit der Bed. des *instr.?*) in vielen Geräthen bei B auffällt: f. No. 198, 251, 254.6, 258, 267-274.

§ 427. Die SUBSTANTIVA zeigen gewiffe ENDUNGEN, welche wegen ihres wahrfcheinlichen aztekifchen Urfprungs Wichtigkeit haben, indem fie = dem azt. *tl* oder *tli* find; T, TE, TI haben unmittelbare Ähnlichkeit: N *to-yarvit* Hügel (M *to-yahveestah* Berg), Sch *tuiáwi* Hügel, Berg; N *hapete* Baum vielleicht = azt. *quahuitl:* M ohne Endung *ohopee;* Puter B *kujonie,* N *ko-yonetie* (M *-nittah);* Flinte B *piai,* N *peïáte,* M *peïit;* — LE ift in anderer Art ähnlich: *puile* Augen, Sch und fon. Sprachen *pui,* Ta *pusiki;* f. noch 12, 14. Diefs find nur Beifpiele; auch laffen fich noch manche andre Geftalten der azt. Endung beobachten; fo *ta.* Andere Subft. Endungen erfcheinen als einheimifche aber aztekifche Analogie feyn: R oder AN: Waffer B *pa,* M *pah,* N *pah-ar,* f. No. 720 *par.* (1)

Eben fo wichtig als diefe aztekifchen Spuren ift eine EINHEIMISCHE Subft. Endung jener nordweftlichen Familie des fonorifchen Sprachftammes, welche ich, befonders nach diefem Kriterium, die comanche-fchofchonifche genannt habe; mehr variirt in anderen Sprachen, bei denen allen ich von ihr und ihren Geftalten gehandelt habe *(Moqui: pe, be, ber* ufw. S. 292af-m; *Yutah p,* 351n-f; dem *Schoschoni* und *Wihinascht:* p, pa, pe, pi; be, wa ufw.: f. § 575), bleibt fie im Comanche ziemlich bei Einem Typus, dem p, fteho: die Sprache verwendet fie aber in reichem Maafse. Die Überficht der Wortverzeichniffe wird diefs leicht beweifen; ich werde nur befchränkte Beifpiele geben. Merkwürdigerweife tragen in der Sprachfamilie auch vielfach die Adjectiva fowohl diefe als jede andere Art von Subft. Endungen an fich. Die Geftalten der Endung im *Comanche* find: p, ph; pe, pee; pa; rp, rpe; auch Spuren von *wa* finden fich. — P ift häufig: Knie *tunnop* gegen fon. *tono,* Blatt *puhip* gegen Wih. *puhi;* B *ecksa* roth, *ecksap* r. Farbe; weifs N *toshop,* M *tooshop* (B *tochza*); *onahap* Salz; 408, 474, 154. — Auch B ift zu nennen; PH: N *pa-aph* Kopf, f. No. 415; — PE: Flufs N *honope,* aber M *hono:* auch fo in 3 Flufsnamen; dagegen *hunova* und *junova* (mit der nachfolgenden Subft. Endung *a*) in 4 anderen Flufsnamen (f. näher No. 719); f. No. 112, 572, 631, 638; M *tar-ape* Gott, viell. = azt. *teotl;* — PEE (d. h. *pi*) oft: N *comakpee* Ehemann, M *comackpe* = fon. *cuna* (f. S. 392n und Knabe § 439 No. 93, a); viell. in Nafe: *mo-opee, mobi+* gegen Sch *mui* ufw. (f. S. 353mm); f. bei *pe* Flufs; Haar, Schuh. — PA, WA: Hand B *mashpa,* N *mo-wa,* M *moo-wah;* B *tupe* Lippen, NM *teppa* Mund (f. § 443); N *tercawa* Leber; *pah* f. Blut, *wah* No. 681. — RP und RPE: N *tah-arp,* M *tah-arpe* Sonne, Tag = Ca *tacuari* Tag *(rp* = Ca *ri*); in N *terp* Stein = azt. *tetl* erfcheint die Endung *rp* als = azt. *tl* (wie 6 Zeilen vorher Gott; f. noch *nadacurte* 686); man übernimmt zu viel, wenn man

---

(1) Ich habe fchon oben (S. 383nf) mitgetheilt, dafs die Endung *r* bei Marcy öfter vorkommt, wo Neighbors fie nicht hat. Die Endung R überhaupt wird beftätigt durch das Kizh, wo fie fehr verbreitet ift (f. KN S. 511un-2a); dort heifst Waffer nach G *paãrã,* nach E *bar.*

das ganze Wefen diefer comanche-fchofch. Subft. Endung für ein aztekifches Erbtheil: *p, pe* ufw. = *tl,*
tli erklären will; es kann fo feyn: es können aber auch diefe Endungen fonorifches Ur-Eigenthum feyn.

Auch *PT* und *FT* kommen vor: N *ohopt* gelb, M *pa-aft* Kopf = N *pa-aph* (vor. S. Z. 13 v. u.),
N *a-whipt* grün. — .Aufmerkfamkeit erregt noch die Endung N *wifta*, M *betah, beteh* in den
2 Wörtern Mais (f. No. *723 u. § 439 No. 100) und Eifen: dazu M *to-yahveeftah* Berg (N *to-*
yarvit); über Eifen f. die Wortvergl. § 441 No. 126, § 444 No. 179, b; foll man jene Endung für eine
Verbindung der fon. und azt. *be* oder *wi + ta* (S. 386ᵐ), anfehn? N *onaevit-er* Salz (B *onahap*).
— Bei *pron. poss. praef.* fehn wir die Endung *pee* bleiben (f. No. 366); dagegen aber find merkwürdige Zeichen da, dafs die com. fchofch. Subft. Endung im aztekifchen Geifte weicht, wenn das Nomen
als erftes Glied der Compofition auftritt: *pissap* Schminke, *pissanasch* Schminktafche; *puichb*
blau f. oben S. 385ᵐᶠ; das Wort Hand, *mashpa*, zeigt in den Namen der Finger (No. 37-41 aufser
38) nur die Geftalt *mach:* = mex. *ma* mit einem Hauch; blofs *ma* in 42 und 189.

Ich habe mich bei diefen Endungen auf Andeutungen befchränkt; man kann diefes Feld
mannigfaltig machen, fich darauf weit ergehn und noch manche andere Geftalten hervorziehn.
Solche find: *na* No. 467, 452; *ina* 39, 51, 159; *ana* 10, 235, 442; *anna* 173; — *ka* 38, 40, 171-2,
234; *ke* 42, 58, 59, 171, 233; *ko* 37, 57, 118. 176, 273; *z; chee* (S. 386 Z. 4-6) f. Pulver.

§ 428. Die Theile des Körpers erfcheinen bei B oft mit dem *pron. poss. praefixum* **mein**,
welches dort *ne*, bei N und M (anderwärts) *ner* lautet; *ne* bei B f. Backenknochen, Stirn,
Zahnfleifch, Zopf u. a.; N *mo-opee* Nafe, B *ne=mobitain* Nafenlöcher, *mamobita* Nüftern
des Pferdes; Daumen B *biomogto, ne=biamachtoko;* B *tama* Zähne, *ne=tam* Zahn;
Herz B *ne=bigk*, N *peehe*, M *pehee*; N *tunnop* Knie, B *ne=rannup* Kniefcheibe;
B *ohm* Bein, *ne=ohn* Unterbein, Schofch. *yún* Bein. — N giebt nur als **ich** an; *nar* ift
als **ich** in einige Verba eingemifcht: fehn B *mabuni*, N *nar=boone*, W *puni; ner* kommt
immer als Präfix **mein** bei N in Verwandtfchaftsnamen vor: f. No. 364-371; auch allgemein
bei M (f. S. 384ⁿᶠ). — Ein *a*, wie das Präfix 3. pers. in der Sprache Kizh (f. KN S. 516ᵃ⁻ᵐ),
erfcheint in B *a=pizit* Bruftwarze gegen *pitzi* Brüfte, und *(ah)* in N *ahtoko* leg gegen
toho thigh.

Einige grammatifche **Formen** und kleine **Sätze**, woraus etwas weniges grammatifches
erfehn werden kann, findet man bei B No. 344-357, bei M 614. — Für allgemeine Sprachbetrachtung find Beifpiele wichtig, wo entgegengefetzte Begriffe durch Formen von geringem Unterfchiede ausgedrückt werden: N *toshop* (M *tooshop)* weifs, *tohop* (M *toohop)* fchwarz;
M *ur-ate* heifs, NM *urtch-ate* kalt.

§ 429. Das COMANCHE ift ein wichtiges Glied des von mir durch eigne,
vereinzelte Entdeckungen zufammengebrachten grofsen **Sprachftammes**, welchen
ich den **fonorifchen** benannt habe. Die merkwürdige Lage diefes Volksftammes:
weit hin gefchleudert in den freien Often, weit ab von den weftlichen Gebirgszügen, welchen die anderen Völker folgen, in unendliche Entfernung hinausgeftofsen
nach Südoft von den Stammfitzen der fchofchonifchen Familie; .das an das wilde,
durch feine mehrhundertjährigen, graufamen Verheerungen und den Schrecken feines
Namens allbekannte Volk geknüpfte, hohe Intereffe; find die Urfachen, warum es
mir fo wichtig ift diefes **Volk** und diefe **Sprache** für mein grofses **azteken-**
artiges Bündnifs gewonnen zu haben.

Als ich das vom Prof. *Berghaus* bekannt gemachte grofse Wortverzeichnifs von
Kriwitz erhielt (das Verzeichnifs von Schoolcraft war noch nicht erfchienen), fpäter
wie beim Schofchonifchen, fand ich fogleich in der Comanche-Sprache eine Anzahl
von Wörtern, welche mir ihre fonorifche Verwandtfchaft ficher bewiefen; ich
fand auch zu meiner Freude eine gewiffe Zahl aztekifcher Wörter. Die ftärkere
Befchränkung der letzteren, und eine Fremdheit, über den gröfseren Theil der
ganzen Sprache verbreitet: waren der Eindruck, welchen die Comanche-Sprache
auf mich machte und behauptete. Die lebhafte Verbindung, in welche ich fie fpäterhin vermittelft einer fcharfen Analyfe mit der Schofchonen- und den 4 fonorifchen
Hauptfprachen gefetzt habe, hat diefe Fremdheit für die letzteren gemildert; wenn
fie dort zum Theil bleibt, geht fie aber viel mehr auf in dem grofsen nordweftlichen
fchofchonifchen Bunde. In der engen Verbindung mit der fchofchonifchen Sprache, welche meine nachfolgende Prüfung des Sprachftoffes angenommen hat, mufs
ich fchon alle die Entdeckungen offenbaren, welche, erft an eine fehr fpäte Stelle
gehörig (§ 579 und 580), ich an der Schofchonen-Sprache gemacht habe; es
find ganz diefelben und in denfelben Verhältniffen als an dem eng verfchwifterten
Comanche.

§ 430. Ich trete jetzt in eine SPECIELLE WORTVERGLEICHUNG
der COMANCHEN-SPRACHE im Vereine mit den beiden Zweigen der der
SCHOSCHONEN ein: eine Vergleichung, deren Verhältniffe und Einrichtungen ich
bei der *Moqui*-Sprache (S. 290^{mf}- 1^{mm}) auseinandergefetzt habe. Ich erreiche durch
fie glücklich das Ziel, unter fchwierigen Verhältniffen diefe 3 Sprachen als wichtige
Glieder des von mir geftifteten SONORISCHEN SPRACHSTAMMES zu erweifen. Die
Schwierigkeit lag darin, dafs, da meine Vergleichung fich hier auf die 4 SONORISCHEN
HAUPTSPRACHEN: *Tarahumara, Tepeguana, Cora* und *Cahita*, befchränkt;
wichtige neue Glieder vieles anders und vieles fremde darbieten mufsten, und dafs
durch fie unfer Gefichtskreis bedeutend erweitert wurde. Diefe fehr fremdartige
Geftalt bei gewiffen deutlichen Kennzeichen der Verwandtfchaft forderte auch
von Haufe aus eine folche fcharfe Vergleichung. Es werden in diefer allgemeinen Vergleichung auch die Verhältniffe der drei Sprachen: der COMANCHEN,
SCHOSCHONEN und WIHINASCHT, genau an das Licht geftellt. Die zwei Schofchonen-Sprachen find dem gröfsten Theile des uns mitgetheilten Wortvorrathes
nach hier mit dem Comanche zufammen behandelt: d. h. fo oft ein Begriff in beiden
Sprachgruppen uns gegeben ift; an einer fpäteren Stelle (im Abfchnitt der Vereinigten Staaten) tritt eine Wortvergleichung des Schofchonen-Idioms allein hinzu: für
die Begriffe, welche wir nur in ihm, nicht im Comanche, befitzen. Die Vergleichung
des Comanche allein (für die nur in ihm gegebenen Begriffe) ift der zweite Beftandtheil meiner Arbeit. Zu der gemeinfchaftlichen Behandlung ift das Material
der zwei Sprachgruppen fehr ungleich: das comanchifche Wortverzeichnifs ift
unverhältnifsmäfsig reich, wenn auch zum Theil an unwichtigeren oder feitwärts

liegenden Begriffen: wogegen der fchofchonifche Vorrath klein und mager ift; defshalb erfcheiut oft die Comanche-Sprache allein, und defshalb laffen fehr viele comanchifche Wörter fich gar nicht mit fchofchonifchen vergleichen.

Für die COMANCHE - Sprache (durch C angedeutet) verbinde ich die
Wortfammlungen:

      B   die von Berghaus herausgegebene des jungen *Kriwitz*

      N   die von Neighbors bei *Schoolcraft*

      M   die von Marcy;

für das SCHOSCHONISCHE (durch Sch bezeichnet):

      E   die Wortfammlung der *exploring expedition;* von mir aber faft
immer hier unbezeichnet gelaffen

      A   die Wörter der *archaeologia americana*

      PM   die Wörter des Prinzen Maximilian zu Wied

      Scr   die in Schoolcraft's 1ten Bande;

WIHINASCHT (W) ift nur in der *exploring expédition* da.

    Was das VERHÄLTNISS der BESTANDTHEILE des beiderfeitigen Wortvorraths,
der verfchiedenen Sammlungen für jede Sprache, anbetrifft; fo zeigen fie alle Abftufungen
von Gleichheit, Ähnlichkeit, Variation, verfchiedener Auffaffung, und Abweichung. Wie der
Quellen nicht genug feyn können, um zu der Wahrheit und dem Umfange einer Sprache zu
gelangen, und wie Ein Zeugnifs unter vielen etwas fehr wichtiges liefern kann, zeigen die
Beifpiele: *woman:* wo im Schofch. die fo folide Hauptquelle der *explor. exped.* uns nur
fremde Wörter: Sch *kevöö*, W *moyóni, luqáqa*, giebt; aber die *archaeol. amer. (wepee)*
und Prinz Maximilian *(uah-aipe)* das Wort der Comanchen (N *wy-apee)*, welches fonorifch ift, mit Nachdruck angeben; für Waffer liefert uns in der Schofchonen-Sprache
Prinz Maximilian das, vielleicht aztekifche Wort *ohksche*, während alle übrigen Sammler
das fonorifche *pah* angeben; eben fo bringt nur Prinz Max. im Sch *oyette* alle = CN *oyet.*
Ich habe manchmahl die kleine fchofch. Wortfammlung bei Schoolcraft in Verdacht gehabt,
vielleicht Comanche zu feyn, da öfter diefe Wörter = den comanchifchen find, wo die Schofchonen nach den andren Quellen ein anderes Wort haben; fo: Pferd.

    § 431. Für die allgemeine VERGLEICHUNG bemerke ich, dafs ich vieles unähnliche
übergehe; auch wähle ich oft überall ähnliche Wörter oder Sprachen aus: unterdrücke, dafs
andere Wörter oder Sprachen unähnlich find. Die Zahlwörter berückfichtige ich nur
kurz und lückenhaft, weil ich fie in der fonorifchen Grammatik auf's umftändlichfte behandelt
habe; leider find fie uns auch im Schofch. und Wih. fehr unvollkommen angegeben: d. h. wir
haben nur 9 Zahlen. Der Hauptzweck des Beweifes der fonorifchen Verwandtfchaft diefer
3 Sprachen, fchon nicht fo umfaffend, als die Partheilichkeit es wünfcht, wird durch ungünftige Umftände beeinträchtigt: dadurch, dafs mir in den 4 fon. Hauptfprachen manche
Wörter (Begriffe) ganz fehlen; fie find: Biber, Branntwein, Büffel, Erbfe, Gott, Halsband,
Handfchuh, Hemde, jung, Keffel, Krieger, Lanze oder Speer, *leggins,* Mütze, Ochfe, Ohrring,
Otter, Panther, (Tabaks-)Pfeife, Pulver, Reithofe, Schminke, Tafche, Zelt; weniger wich-
tige oder unbedeutende Begriffe, die mir ganz fehlen, find: Bogenfehne, Cigarre, Daumen,
Feile, Fingerhut, Futteral, Haken, Halstuch, Heu, Huf, Kette, Made, Mähne, Milbe, Regen-

fchirm, reiben, reiten, Rock, Schnalle, Schwammtafche, Sehne, Spanne, Stahl, Steigbügel. Die Zwecke und die Denkart derer, welche. den Wortftoff zu den fonorifchen Hauptfprachen geliefert haben, waren fehr weit von denen der neuen nordamerikanifchen Sammler ver-fchieden. Manche Wörter find ferner zu ungünftig, als dafs damit nur ein Verfuch zu machen ift: z.B. bringen, tragen. Ich habe auch nicht vermeiden können, noch will ich es verfchweigen, dafs nicht wenige der von mir verfuchten und hier vorgeführten Vergleichungen fchwach find: von der Wahrfcheinlichkeit und einer Realität fern; nur in dem weiten Reiche des Möglichen liegend. Was feyn kann, mufste regiftrirt werden.

§ 432. Die ÄHNLICHKEIT und VERWANDTSCHAFT der COMANCHEN- und SCHOSCHONEN-Sprache haben fchon mehrere Stimmen, von· mir S. 370-1 an einander gereiht, berichtet: *Ruxton* und *Violet* (f. Berghaus oben S. 371ᵃᵃ), Prinz *Maximilian, Hale, Schoolcraft;* von *Berghaus* mit lobenswerther Befchränkung ausgefprochen, bezweifelt von *Gallatin* gegen *Hale.* Ich werde hier gleich etwas bei diefem Gegenftande verweilen. ICH kann diefes Urtheil fehr nachdrücklich bekräftigen: beide Sprachen find einander SEHR ÄHNLICH; fie find es, mit Rückficht auf die entfernte Stellung anderer fonorifcher Glieder, fo fehr, dafs man zu der Frage geführt wird: ob nicht Comanchen und Schofchonen einftmahls, in den weftlichen Sitzen, welche die letzteren noch inne haben, Ein Volk gewefen feyn können? Viele Wörter find ihnen gemein, wo jene fonorifchen Sprachen keine Ähnlich-keit zeigen. Die Ähnlichkeit oder Unähnlichkeit der zwei Sprachen ift ein Hauptmoment meines Schema's, an die verfchiedenften Stellen vertheilt: und die Ähnlichkeit wird genugfam erfichtlich. Einen Haupteindruck davon zu machen ift vorzüglich die impofante Maffe geeignet, welche ich im § 441 in der Rubrik 8,a vorgeführt habe.

Ich befpreche hier die VERGLEICHUNG, welche Prof. BERGHAUS auf S. 54 feiner Schrift zwifchen Schofchonen- (auch Wihinafcht-) und Comanchen-Wörtern zur Er-weifung der Ähnlichkeit beider Sprachen angeftellt hat. Das Ergebnifs ift fehr mangelhaft. Die Geftalt diefes Verfuchs ift grofsentheils nur eine materielle Zufammenftellung der Wörter in beiden Sprachen für gewiffe Hauptbegriffe, ohne Anfpruch auf Ähnlichkeit. Für 14 Begriffe ift der Ausdruck blofs in Einer Sprache angegeben; überhaupt liefert Berghaus 49 Wörter: wobei ich die Zahlwörter gar nicht rechne, weil er alle nur im Schofch. giebt. Unähnlich find 18 Begriffe. Nahe und bedeu-tende Ähnlichkeit haben folgende:

	Schofch.	Com.
Mutter	*pia*	*pia*
Auge	*pui*	*puile* (pl.)
Nafe	*moui*	*muule*
Zunge	*egho*	*ekh*
Waffer	*pa*	*pa*
roth	*atsak-witya*	*ecksa, ecach*

Ähnlichkeiten, deren Grund im Aztekifchen liegt:

Mund	*tupa*	*tupe* (Lippen)
Ohr	*inaka*	*nak(i)*
Zähne	*tama*	*tama*

ziemlich ähnlich find: Axt, Tag, weifs, fchwarz; mögliche Ähnlichkeiten: Finger, Füfse, Meffer, Mond (azt.). Es ift nun allerdings des Unähnlichen viel.

. Das unähnliche, FREMDE Element ift zwifchen beiden Sprachen, wie wir bei *Berghaus* fchon fehen, nicht abzuläugnen; ich habe es nur etwas verringern und die nahe

Zugehörigkeit beider bedeutend erhöhen können. Ich kann an diefer Stelle fchon für einige
Wörter auf daffelbe eingehn, in denen ich abfehn kann von der fonorifchen Vergleichung.
So find Comanche und Schofchonifch einander unähnlich und nicht verwandt in den Wörtern: Hals (Sch hat das fon. Wort), Hemde, Knochen, fchlafen, Vogel. In anderen haben
fie fehr entfernte Formen, find aber wahrfcheinlich oder vielleicht verwandt: Bär *ochzo,*
Sch *uitsitsi;* Häuptling N *taquin-e-waph* (nach M *taakquinno* ift freilich die Übereinftimmung zu bezweifeln), Sch *taiwa;* Fuſs N *nahap,* Sch *nampa;* grün N *a-whipt,*
Sch *fchakwaöit* (die fon. Sprachen find fremd); warm *uduik,* Sch *tarúin* (W *yöi;* die
fon. Sprachen haben *toni* oder andere Wörter).

§ 433. Die Sprache der WIHINASCHT oder weftlichen Schofchonen ift meift
verwandt mit der eigentlichen fchofchonifchen; ich begreife fie daher in der gemeinen Praxis
unter der fchofchonifchen mit, meine unter dem Ausdrucke beide Sprachen. Nicht felten
aber hat das Wihinafcht ein befonderes Wort und ift vom Schofch. verfchieden (f. eine kleine
Auswahl von Beweifen diefer Verfchiedenheit in § 584): und diefe Summe des Eignen und
die Variation der Formen hat mich veranlafst fie in der Zahl der fonorifchen Sprachen als
eine befondere zu zählen. Manchmahl findet das Wihinafcht eine Verwandtfchaft im Comanche oder in den fonorifchen Sprachen, wo das fchofch. Wort keine findet; ich behandle aber,
wie gefagt, das Wih. immer unter dem Schofchonifchen: es war zu unbequem es auszufondern.
Von dem, nicht feltenen Fall, daſs Comanche und Wih. ähnlich find, das Schofchonifche
aber ein anderes Wort hat, hier nur Ein Beifpiel: Holz N *koo-one,* W *kuná;* Sch *wápi;*
diefs Verhältniſs waltet befonders in den Zahlwörtern ob. Alle drei Sprachen: Com.,
Schofch. und Wih., find bisweilen unter einander unähnlich, gegen einander fremd, indem
für einen Begriff jede ein anderes Wort befitzt: jung, Krieger, Mädchen, Salz (Com. hat das
allgemeine fon. Wort), Stadt oder Dorf, ftark. — Man wird unter diefen Verhältniffen in den
Wortreihen bald Sch und W zufammen, bald nur Sch oder nur W erfcheinen fehn.

§ 434. Ich beginne nunmehr meine GROSSE WORTVERGLEICHUNG:
in der Anordnung, daſs ich die 3 Sprachen COMANCHE, SCHOSCHONISCH und
WIHINASCHT durch das SONORISCHE Element, durch die Vergleichung mit den
4 Sprachen: Tarahumara, Tepeguana, Cora und Cahita; vom günftigften
Momente an, dem Befitze deffelben Wortes in fehr naher Geftalt, eine STUFEN-
LEITER bis zur völligen Fremdheit herabführe. Auf jeder Stufe durchfchreite
ich die gleiche Abftufung in Beziehung auf die Verwandtfchaft des Com., Schofch.
und Wih. in fich: vom Befitz deffelben Wortes in grofser oder geringerer Ähn-
lichkeit bis zur Fremdheit; in Folge deffen: Vergleich des Com. allein oder des
Schofch. allein. — Der zweite Punkt, welchen ich behandle, find die AZTEKISCHEN
Wörter der drei Sprachen: der merkwürdige Schatz, welcher ganz und gar meine
alleinige Entdeckung ift. Dann kommt der wunderbare kleine ATHAPASKISCHE
Antheil, vor allem erwiefen durch den gemeinfamen Befitz des Wortes Feuer bei
Com. und Schofch., als Holz im Wih.

Die Reihenfolge der Wörter in den Categorien folgt alphabetifch den
englifchen Wörtern, was durch den Gebrauch der deutfchen verdeckt wird. Bei
der fonorifchen Vergleichung herrfchen die Übelftände: daſs man verfchiedentlich

von allen vier fon. Hauptfprachen, von nur dreien, zweien oder blofs einer reden
kann; und dafs die Gründe davon bald find: weil nur fo. viele im Worte zufammenftimmen, andere oder alle fich durch den Befitz verfchiedener Wörter abftofsen
oder vereinzeln; bald weil ich nur von fo vielen Sprachen (3, 2 oder 1) den Ausdruck für einen Begriff aufbringen kann. Selten kann ich mich auf die Weitläuftigkeit einlaffen das obwaltende Verhältnifs anzugeben; die in den Reihen beigebrachten fon. Sprachen zeigen wenigftens durch fich felbft die in Anwendung
kommende Sprachzahl.

Es fei die Äufserlichkeit bemerkt: dafs ich bei der überwiegenden Maffe der
Comanche-Wörter gewöhnlich die Chiffre C unterdrücke.

I. fonorifche Wörter:

§ 435. Ich beginne mit dem wichtigen Schatze des GÜNSTIGSTEN, welchen ich
zufammengebracht habe und welcher die von mir entdeckte und behauptete fonorifche
Verwandtfchaft der drei Sprachen in entfcheidender Stärke beweift. Er konnte in
feiner oberften Rubrik nur zufammengebracht werden durch begünftigende Umftände,
namentlich durch die zwei: dafs die 4 fonorifchen Hauptfprachen oder 3 von ihnen fich in
Wort-Identität zufammenfchliefsen, und dafs ich in fo vielen Sprachen das Wort für den
Begriff in meinen verfchiedentlich befchränkten Hülfsmitteln aufbringen konnte. Es erhellt,
dafs die Verkümmerung diefer günftigen Verhältniffe den Erfolg fchwächt, aber den Anfpruch
auf gleiche Kraft und Geltung gerechterweife beftehen laffen mufs. Die nächften Stufen haben
daher immer noch hohen Werth. Die wunderbare VERSCHIEDENHEIT aller fonorifchen Sprachen in einem grofsen Theile ihres Wortbeftandes bei fo vielem gemeinfamen
fchwächt allen Widerfpruch und Zweifel, welche gegen die Stammverwandtfchaft der einzelnen Glieder erhoben werden können.

§ 436. 1) Comanche und Schofchonifch mit ALLEN oder den MEISTEN fonorifchen
Sprachen ähnlich:

a) [25] SCHWARZ B tochobz, N tohop, M toohop; Sch tuwit, W tuhúkwityá; Te tucu oder
tuco, Ca *chuculi, Ta tschóca-meke und tschócame, *chócame; [26] EHEMANN N comakpee,
M comackpe (ckpe, ckpee ift ein Zufatz der Sprache, worin pe, pee Subft. Endung ift; f. oben
S. 386ⁿⁿ und unten § 439 No. 93,a); Sch kúma, W i=kumá; Ta, Te, Ca cuna, Co ti=quenna;
[27] NACHT N tookana, M tookahra; Sch tukwön oder tuguön, W tokáno (auch Dunkelheit);
Ta tucaguó (*rocaguó), Te tucagui (tucagamo und tucagamoe dunkel, finfter), Ca *tucabe,
Co tecáriti, aber befonders texuma fchwarz (= W tokáno); [28] SONNE B tabih, N tah-arp
(auch Tag; M tah-arp Tag), M tah-arpe; Sch und W tava und taba, A tabba, PM táhbe,
Scr tarpe; (alle 3 Sprachen zeigen be, ba; davon zeigen die fon. Sprachen nichts:) Te tasse,
Ta taicá, Ca *taa (Co xᵉᵘcat; heidnifch tayaoppa, worin yaoppa Vater liegt, ta aber wohl
unfer bedeutet); höchft günftig ift: [29] WEISS B tochza (auch Schimmel, d. h. als Pferd), toch=
zach, N toshop, M tooshop (vgl. noch oben S. 385ⁿ); Sch tuschdöi, W tohákwityā; Ta tosá-
cameke oder rosácameke, rosácame, Te toxa, toa, Ca *tosali (Co quainà); f. noch § 445 einen
Verfuch beim athap.; eine ziemlich allgemeine Ähnlichkeit kommt heraus aus: [30] NBIN (auch
NICHT): N ka, M kay (B neatz; N ka-atch nichts); SchA ka nicht (No. 191), A kayhee nein
(E naromoe); W kaii; man hat damit zu vergleichen: nicht. Ta ta, ca-, caitá (*caté ne);

Co und Ca *ca*; nein Ta *ke, keke (*queque)*; *ta, caitá* ufw.; Co *ehè* nicht, nein, Ca *eè* nein; Co *tehai* nicht, Ca *ca-hita* nichts, nicht; vgl. No. 56.

b) Ich bringe ein zweites Stück von demfelben Werthe, das nur durch einen Wechfel im Prädicat vom vorigen getrennt wurde: Comanche und Schofchonifch find ähnlich, auch DIE SONORISCHEN SPRACHEN: [31] TRINKEN B *hibig*, N *hebeto*, M *hebetto*; Sch *iwipi*, W *iöï*; Te *iui*, Co *yé*, Ca **baquepta*; [32] AUGE B *puile (puursi* Augenlieder), Sch und W *pui*; Te *buy*, Ca **pusi*, Ta *pusi-ki (pusí* fehn 2) Augen); [33] FRAU *(femina)* B *weishpe*, N *wy-apee*, M *wy-epe*; Sch A *wepee*, PM *uah-aipe* (E giebt ein fremdes Wort an); Te *ubi femina*; verheirathete Frau: Ta *upi*, Ca *hubi*; vgl. No. 97; [34] ZWEI C *waha*, Sch *hwat*, W *wahäiu, wahéyu*; fonorifch zu lang zu entwickeln; [35] DREI C *pahu*, (Sch *manugit?*), W *pahäiu*; Ca *bahi* ufw.; fehr vollftändig: [36] ICH B *un* (giebt N für d u an), N *nur*, auch *nar* (M *ne* mich); (Sch *kwan*), W *ni*; Ta und Co *ne*, Te *ane*, Ca *ne, ane*; [37] MEIN B *imma*, aber Präfix *ne*, NM *ner* (S. 387^(m-mf); aus B *niamatz*, es ift das meinige, fpringt *ni* hervor); Ta und Co *ne*, Te und Ca *in*.

c) Ein drittes Stück: Comanche und Schofchonifch find ähnlich, auch EINIGE fonorifche Sprachen: [38] BOGEN a) B *eth*, NM *ho-aate*; Sch *atschö*, W *ati*; Ta *hataca* oder *ataca* (auch Armbruft), Te *gato* Armbruft (f. jedoch unten über eine athapask. Ähnlichkeit diefes Wortes § 445); b) ein anderes Wort für Bogen: SchPM *nähmeack*, Co *tunamoari*; [39,a] ABEND B *jehume*, N *yurhumma*; W *iongóna* (Sch ift fremd); Te *juruna-xo*, Co *chumãana*; [39,b] BÄR M *wheelah*, Sch *uira*, Scr *wearabze*: Ta *vohi*, Te *bohi*; [40] FUSS a) B *koegen?* (vgl. 313), W *kuki*; Ca *huoqui, hoqui*, Te *goqqui* u. *goqque* Fufsftapfe; b) aus Compof. (No. 56, 57, 59; vgl. 37; auch 254) geht im C *rag* als Fufs bei B hervor (S. 385^m): das man mit Ta *tala (*rara)*, Te *tara* vergleichen kann; [41] WASSER B *pa*, M *pah*, N *pah-ar* (f. *par* No. 720 u. S. 386^(m. nf)); Sch *pa*, A *pah*, Scr *paah*; W *pa*; Ca *baa*, *(*bahue* Meer, Co *vaac)*, Ta *pauguiki*, **bagúi*, **bagúiqui*: f. ausführlich S. 352 No. 283 und die grofse Anm. (Co *ahti* azt., Te ein ganz fremdes Wort); [42] DU B *unoso* (vgl. ihr *nessa*, das aus 317 hervorgeht), N *un* (vgl. B *en* ihr 307); Sch *emöe* (W *i* ganz fremd); Ta *mu*, Co *mua* dich (fonft aber herrfcht *p*), Ca *em+*; diefs *em* und *emöe* ift über die 4 Sprachen hinaus noch mehrfach verbreitet; [43] IHR *(vos)* B *en* (vgl. N *un* und B *unoso* du); Ta *emi, emé*, Ca *emo*; [44] JA B *ha*, N *hä*, M *hah*; W *ahã*; Ca *e, heùi* oder *hehui*; Ta unter anderm *erú* (Te und Co fehlen mir; vgl. noch Blackfoot und Algonkin § 563)

d) fchon eine etwas fchwächere Stufe: Com. und Schofch. find ähnlich, auch EINE fonorifche Sprache (d. h. in verfchiedenen Graden der Wahrfcheinlichkeit): [45] GESICHT N *kooeh*, M *kooveh*; Sch *kuwö*, W *kooä* oder *kobá*; Te *vuivase*; [46] FINGER B *massit*, Sch *mascho*, Te *massaquiga*; [47,a] FLEISCH B *teschkap*, N *tohko flesh*, *ta-ekop meat*; W *atukú* (Sch ift fremd); Te *tucugue* oder *tucuga* (die andren Sprachen find fremd); [47,b] ROTH B *ecksa*, *ecach, ecksap* karminrothe Farbe; N *akopte*, M *akoptee*; Sch *ángkawit*, W *atsákwityá*; Ta *tsestana* roth werden, *tsestá-cameke*, **sitácame* ufw. roth (andre fon. Sprachen fremd, bef. Te *oama* und *vuggui)*

e) alle find ähnlich und verwandt, aber zum Theil mit bedeutendem Formenwechfel: [48] TAG B *tabikan*, NM *tah-arp* (auch Sonne); Sch *taschön*, W *taöino*; Te *tasse* (auch Sonne); Ca *taehu, taeuari, tacuari*, **tachuari* (das aber wohl = azt. *ilhuitl* ift)

f) Com. und Schofch. unvollkommen ähnlich, die fon. Sprachen oder eine ähnlich mit einer von beiden: [49] WINTER N *tohane*, M *tohan*; Sch *tumu*, W *tomó*; Te *gu tomo-jo (gu* grofs)

g) Com. und Schofch. find ungleich, einige fon. Sprachen ähnlich: [51]HIRSCH:
Sch *murátsi deer,* Ta *bura* grofse Hirfch-Art, Co *muaxati* Hirfch, *muaríti* kleine Hirfch-Art;
wahrfcheinlich ift aber Ein Wort öder die Hauptfache = azt. *mazatl* (f. unten No. 171) (aufserdem in allen diefen Sprachen viele ganz fremde)

h) COMANCHE allein, mit den 4 fon. Sprachen oder einigen derfelben ähnlich:
[52]BRODT B *shimmita;* Maiskuchen (auch beiläufig Brodt): Ta *temeke,* beffer *reméke,* **remé,*
Co *hamuit;* [53]KNIE (ein fehr günftiges Beifpiel): B *tamap, nezrannup* Kniefcheibe, N *tunnop;*
Ca **tono,* Co *tunuti,* Te *tonna, tona;* [54]SALZ B *onahap,* N *onaevit-er,* M *onaebit-er* (über
die Endung f. S. 387ᵃ) (Sch und W haben 2 fremde Wörter); Ta *honaca,* Co *unati,* Te *onne,*
Ca **ona;* Yutah *ona* (f. S. 352ᵐᵐ No. 283,b); [55]MANN *(vir)* N *tyvoo* (in *toshop t.* weifser
M.; vgl. noch No. 96) = Te *teodi,* Co *tevit,* Ta *tehoje;* [56]N *ka-atch* nichts ift zwar an fich
verfchieden, zeigt aber privatives *ca* = Ca *ca,* Co *capu, capti, cap;* f. weiter No. 30.

§ 437. 2) Ehe ich weiter herabfteige, bringe ich eine Rubrik, die ich nur theilweife
bedacht habe: Ähnlichkeit mit EINER beftimmten fonorifchen Sprache; es war
ein Verfuch das Übergewicht einer der 4 Sprachen zu prüfen, der keinen Weg zeigte; ich
habe fonft die einzelne fon. Sprache neben den mehreren in jeder Rubrik. Die Grade der
Ähnlichkeit find in diefer Anlage fchon verfchieden:

a) mit Tarahumara: vollftändig ähnlich: [57]WIR W *tami* (nur vom W ift diefes
Pron. vorhanden; C und Sch fehlen); ziemlich ähnlich: [58]FRAU *(femina)* W *moyóni,* Ta *muki,*
**mugui;* ungewiffe Ähnlichkeit: [59]SCHLECHT B *techzek,* M *tahechit;* Ta *tseti,* **cheti,* **chati;*
[60]STARK Sch *schígön,* Ta *igué* fehr (auch **gue),* *igué-ameke* ftark (alle andren Spr. fremd
gegen einander)

b) mit Tepeguana: vollftändig ähnlich: [61]KNOCHEN Sch *húo,* W *aohó,* Te *oò* (Co
fremd); f. aber noch No. 179,d eine azt. Vergleichung; ziemlich ähnlich: [62]SEIFE B *woa-
nakose,* Te *vacuan-ajare* (v. wafchen); — ungewiffe Ähnlichkeit: [63]HERBST N *yerwane,* Te
iov-ajo; von *iove vendimiar ó pixcar,* woher auch kommt *iov-araga* Erndte; [64]FLEISCHBRÜHE
B *oanap,* Te *varaga,* auch Saft: das aber ein *deriv.* *(va-raga)* vom Stamme *va* Waffer ift
(f. S. 352ⁿ) (die andren Spr. fremd); [65]AUGENBRAUNEN B *kaile,* Co *ceakèriti* (andre Sprachen
fremd); [66]B *ekakoma* BRAUNES Pferd (worin aber vorn *ecach* roth liegt), Te *comagui* und
coma-pagui braun; [67]Te *oama* GELB (auch Hülfswort in Gold); Gold: B *oaoch,* N *oha-we
pohe-wista (poh.* Eifen); [68]WERFEN B *wuip* (2) *kesch),* Te *bupe* (andre Sprachen fremd)
(f. noch S. 393ᵃ No. 80)

c) mit Cora: nahe ähnlich: [69]BÄR B *ochzo,* Sch *uitsitsi,* Co *otzet;* [70]RIECHEN B *okuin,*
Co *ᵉᵘchui;* — ziemlich ähnlich: [71]BART B *motz,* N *mo-orcho;* Sch *múntschu,* W *mußii,*
Co *mᵘᵉⁱziti* (die andren Spr. unähnlich); — ungewiffe Ähnlichkeit: [72]RÜCKEN N *qua-he,*
M *qua-hee,* Co *huariti* = Ta *bucali* rückwärts; [73]KINN B *pariz,* Co *ayᵃᵉhrit;* [74]B *haiz*
VETTER (Freund; N *haartch* und M *hartch* Freund: f. No. 119), Co *tizhatzi primo hermano;*
[75]B *uaz* kleine WUNDE, C *atzat* Wunde *(atzà* verwundet feyn; wohl nur zufällig
ähnlich)

d) mit Cahita: [76]SOMMER N und M *.ta-ārch;* Sch *tútsö,* W *tazá;* Ca **tasa.*

§ 438. 3) Comanche und Schofchonifch haben mit den fonorifchen Sprachen eine
MÄSSIGE, nicht fichere Ähnlichkeit:

a) Com. und Schofch. find ungewifs ähnlich, eine fon. Sprache fcheinbar ähnlich:
[77]NAHE N *màtich,* M *maytitch;* W *tayi;* Te *mia* nahe, *miade de cerca*

b) Comanche allein: [78]BRUST a) *(pectus):* N *toko*, M *tokoo* (B *nanema)*, Te *taggui;* b) weibliche B.: B *pitzi* Brüfte *(apizii* Bruftwarze), Ta *putschi-la* Bruft (auch *uber*); Te *vippi* die weibl. B., Ca **pipi tétion* (Co fremd); [79] N *yoo fat*, Te *gui* FETT, Ta *guelé* FETT (auch dick); [80]WERFEN B *wuip*, Te *bupe* (f. fchon S. 394ⁿ, No. 68); [81] N *ahtah-witchee* INDIANER *(ahta - witche* Feind ift daffelbe Wort; wir finden hier den, auch in Mann, S. 396ª No. 96, zu beobachtenden Worttheil, Anfatz oder Endung *witchee, witche, vitche, bitch-e; vish-chee:* welcher ähnlich ift *wista* S. 387ª und von welchem fich wieder die formelle Subftantiv- [S. 387ªᶠ] oder die Ableitungs-Endung [S. 386 Z. 5-6] *chee* abfondert) (W *tökömúikwas* Ind. 2) Volk), Te *odame* Volk; [82]SCHEERE B *nechziske*, Ta *nassila*; SCHNEIDEN B *nenochkian*, Co *zizchi*; [83] B *tichoo quash* Pferdefchweif; SCHWANZ: Co *quaziti*, Ca **buasiaola*; [84]GEHN NM *hers mumsh =* fon. *simi* (bef. Te *jimue)?*

§ 439. 4) UNGEWISSE und FERNE Ähnlichkeit mit den fon. Sprachen, einigen von ihnen oder einer:

a) Com. und Schofch. find unter fich ähnlich: [85]KIND a) B *ounha*, Sch *wa*, W *ohá*, Ca *?huoic*; b) N *too-achee*, M *to-achee*, Ta *cútsehigua* (herkommend von *cutsi* kurz; **cuchi* Kinder; *chee* im Com. Worte fcheint aber eine Endung zu feyn: f. S. 386 Z. 5-6, 387ª); vgl. No. 93, a; [86]TANZEN N und M *neërker*; Sch *nikar*, W *niyá*; Te *nuy*, Co *ne*; [87]FISCH B *bek(uih)*, N *págue*, M *paque*; Sch *payótsi?*, W *ayai*; Co *huéat*; [88]BERG, Hügel: N *toyaroit* (M *toyahoeestah;* f. S. 387ª), Sch *tuiáwi*; Ta *reguiguiki*, Te *oydigui*, Co *ᵉᵘriti* (ein Beifpiel, wie die Übereinftimmung fich unter grofser Form-Veränderung verftecken kann); [89]PFERD a) B *theogoth*, *tichoa*, N *tehe-yar*, M *tahhe-yeh* (von ihm aber: eine Heerde Pferde überfetzt); Sch Scr *tohuech*; Ta *cajutschi, caú, *cagúé;* b) M *pooke:* und dem entfprechend haben im Schofch. A und PM *bunko, punko*; [90]GELB B *equipza* g. Farbe, N *ohopt*; Sch *wapit*, W *ohākwityá* (diefs fcheint *=* *equipza*); Te *oama*, Co *teaumuavi (teaumua* g. feyn); [91]FERN N *manarke*, M *manarkee*, Sch PM *máhnarko*; Ta *mechcá, mechá, *mecá*,

b) Com. und Schofch. unter fich ungewifs ähnlich: [92]SchA *waree* Antilope: vielleicht damit ähnlich ·CB *arika* HIRSCH, N *arraker*, M *ulleekkah; elk:* Sch *parⁱoi*, A *paree*, W *patit*; beide Wörter gleichen dem Hintertheil des fon. Wortes: Ta *tschomali* Reh, **chomari* Hirfch; Te *suimali* Hirfch

c) Com. und Schofch. fich unähnlich: [93,ª]KNABE B *tuinipp*, N *too-anickpee*, M *tóanickpe* (wenn man diefes Wort mit dem von No. 85 für Kind vergleicht, fo erfcheint als Stamm beider *too-a* oder *to-a*, welches Sohn bedeutet: f. unten No. 141; *pp* wie *ckpe* oder *ckpee* find Anfätze, worin *pe* oder *pee* Subft. Endung ift: wie *chee* von Kind ein Anfatz ift; f. S. 386ⁿⁿ und 392ⁿ No. 26): Sch *tuwitsi*, Ta *togui* (2) unähnlich Sch und W *nátsi*); [93,ᵇ]VOGEL: a) Com. allein: N *hocho*, M *hoochoo*; Te *uugui, uuggui, urugui*, Ta *tschulugui*, Ca *huiqui(chim) pl.* b) Schofch. und Wih.: Sch *página*, W *kuináa*; Co *pinazt*; [94]FLIEGE Sch *múpu*, W *mipita*; Te *muvali* (auch Mücke)

5) SEHR UNGEWISSE, fchwache oder entfernte Ähnlichkeit mit den fonorifchen Sprachen:

a) Com., Schofch. und fon. Sprachen oder eine haben eine entfernte oder eine gewiffe Ähnlichkeit, wo Identität möglich ift: [95]MORGEN (vgl. No. 107) B *pötzk*, N *pua-arthca*, M *pua-arthco*; Sch *itschuku*, W *awámüö̇schu*; Ta *beá*, *bealiki*, Te *quia buimoco*, Morgens *buhimoxo*

b) Com. und Schofch. find in fich unähnlich, haben verfchiedene Wörter: [96]MANN *(vir)* N *too-avish-chee,* M *toëbitch-e* (Krieger NM *too-avitche;* vgl. noch § 445 bei den athap. Wörtern; ferner *too-a, to-a* S. 395ⁿⁿ No. 93, a und wegen des, hier wieder fichtbaren Wort-theiles oder Anfatzes *witchee, witche* ufw. S. 395ᵃᵃ No. 81); Ta *tehoje,* Te *teodi,* Co *tevit* (vgl. No. 55); [97]FRAU *(uxor)* N *ner=quer,* Sch *uépui* (= fon. *upi*), W *norikwe* (viell. ift diefes = *ner=quer*); vgl. S. 393ᵃᵃ No. 33

c) Comanche allein: [98] B *pitzo* oder *pitksokh* HOSEN, N *warweithpara breech-cloth,* Te *atazaiga* (andre Sprachen fremd); [99]MaisBLATT B *temaquatubok,* Co *xamuatu;* [100]MAIS N *harne-wista,* M *hahnebetah, hahnebeteh:* aus welchen Formen im Vergleich mit *pohe-wista* Eifen und dem Namen *Hainena-une* eines Stammes (f. S. 379 No. 723) *harne, hahne* und *haine* als das eigentliche Wort für Mais, bekleidet mit einer ftarken Endung (f. S. 387ᵃ), hervor-fpringt; Ta *schunucu,* *sunú, Te *june,* Co *yurit;* [101,ᵃ]NÄHNADEL B *wonachzachtana (wugi= nachz* Behälter dazu), Ta *guechtsaca;* [101,ᵇ]WO? B *hak,* Ta *ca;* [102]VIELLEICHT N *woharkane,* M *woharkene,* Ta *gualeke*

§ 440. 6) GROSSE MANNIGFALTIGKEIT zwifchen allen Sprachen, mit einzelnen Vereinigungen oder Gruppen: [103]ER B *ennes* (≠ Ca *ini, inica, hinica* DIESER), NM *shoku* (mit W *oscho* ufw. am beften zu vereinigen); Sch *ton, tan* (bleibt ganz fremdartig); W *oo* (dafür findet fich Anhalt: Co *ᵉᵘú ese,* Ca *hume* er, Te *uggue* jener, und anderes mit Grund-lage *u*), *oscho?* (Ta *iché* und *ijé* diefer, er; *etse* diefer): vgl. *osset* in No. 105; [104]SIE *(ii)* NM *punche* (vgl. Ta *pu,* *guepuna,* *ijépuna);* W *imui* (vgl. Ca *emo* fie, *ime* diefe; Co *aehmo* fie, jene, *amuehpu esos); ojet* und *osset* f. die folgende No.; [105]ALLE N *o-yet;* Sch *mamon= tösch,* PM *oyette;* W *noióna;* die fon. Sprachen bringen faft jede ein anderes Wort; aber B giebt *ojet* als fie *(ii)* an: ähnlich einem Vorgange im Kizh, wo ein Ausdruck für wir auch viele bedeutet (f. KN S. 508ⁿⁿ, 517ᵃ); und aus No. 317 geht vielmehr *osset* für *ü* hervor; das letzte Wort ift mit *oscho* der No. 103 zu vergleichen; [106]GESTERN N *kirt,* Sch *tuma,* W *moa;* dagegen befitzen die 4 fon. Sprachen Ein allgemeines Grundwort und find fich wefentlich gleich; [107]MORGEN (vgl. No. 95) B *poitzka,* N *pa-archqua,* M *pa-archquee;* Sch *itschu,* W *möös;* ich habe diefs Wort nur in Einer fon. Spr., welche verfchieden ift

7) eine dunkle, HÖCHST UNGEWISSE und unvollkommne Ähnlichkeit, der Fremdheit gleich zu achten:

a) Com. und Schofch. fich unähnlich: blau

b) Com. allein: fchreien

§ 441. S) Ich trete jetzt in die grofse, ausgebreitete NACHTSEITE der drei hier zur Vergleichung geftellten Sprachen: in die weite, fchwer wiegende Maffe der uns gänzlich unbekannten Wörter. Sie find ein ftarker Widerfpruch gegen die von mir behaup-tete fonorifche Verwandtfchaft; wenn uns aber diefe Maffe von diefer Seite fehr unwillkommen ift, fo ift fie uns von einer anderen willkommen und wichtig. Sie giebt den drei Gliedern eine mächtige Eigenthümlichkeit; unfer Geßchtskreis erweitert fich, wir haben eine Aufgabe für die Zukunft. In dem nachfolgenden Stück fchwebt die Vergleichung und die Aufzeichnung nur noch zwifchen den drei neuen Sprachen; von den 4 Vorbildern wird keine Wortform mehr angegeben.

Mit den 4 fonorifchen Sprachen oder einigen derfelben UNÄHNLICH oder ihnen GANZ FREMD:

a) COMANCHE und SCHOSCHONISCH find einander ähnlich, nahe ähnlich oder
vollftändig verwandt (wie fchmerzlich vermifst man bei manchen diefer fchönen einheitlichen
Gruppen den Anklang in den fon. Hauptfprachen!): [108]Arm B *pur(e)*, Sch *púiro*, W *putá*;
[109]Glasperlen B *zomo:* nur in Compos. mit Adj. der Farbe, 245-7, fichtbar: z. B. blaue
uichzomo und *puichzomo*; Sch Scr *puetzomo* beads; [110]Blut B *poschp*, N *peeshpah*, M *peeshe-
pah*; Sch *páope*, W *apoi*; [111]Bruder NM *ner-tăma*, Sch *tamye*; [112]kalt B *etscho*,
NM *urtch-ate*, in dem Namen eines Comanchen-Stammes *itchit* (No. 725); Sch *ötscho'in*, W
izíts; mit Sch ift in diefem Worte das *Palaihnih* ähnlich: *östsé* (vgl. § 563); f. das Wort
kalt auch § 445 bei den athap.; [113]kommen M *keemmah*, B *kima (kim* komm!); SchA
keemah (E *paíki*), W *kimá*; [114]todt N *turyar*, M *ta-yeh*, Sch *tiyé* (W *yéi*); [115]Hund
B *zari*, N *sharde*, M *chart-lee*; Sch *schari* (die fon. Spr. befitzen ein azt. Wort); [116]effen
B *teschkaro*, NM *tukarroo* (in einem Stammnamen S. 368[m] und 379 No. 727 erfcheint *takers*
als Effer); Sch *tikaru*, W *tiká* (A *boreecan*, PM *máhrichkia*); in 3 Völkernamen Utah's (f.
S. 345[n] und [nf]) *tick-ara* und *tik-ara*, bedeutend Effer ([1]) (die fon. Sprachen haben das azt. *qua*);
[117]Vater B *achpe*, N *ner-akpee*, M *ner-ackpee*; Sch *apui*; [118]Feder N *she-ah*, Sch *wöschia*;
[119]Freund B *haiz* (vgl. als Vetter No. 74), N *haartch*, M *hartch* (nach *Turner* aus der
Witchita entlehnt: f. § 445); SchA *hants* (E und W find fremd); [120]geh! geh weg!
B *miaro*, (M *mëahlo* gehn), SchA *numeearo*; [121]gut B *zaart*, N *chaarne*, M *chaat*; Sch *tsánti*
oder *tsaant*, A *sant* (die fon. Sprachen fremd); [122]Gras B *zomip*, N *shonip*, SchScr *shawneep*
(andre Sammler haben andere Wörter); [123]grofs N *pëop*, M *pëopp*; Sch *piap*, A *peeup*
large, big; W *paoaiu* oder *pawaiu*; [124]B *howon* Beil *(tohihowan* Towahawk), *huuchwanni*
grofse Axt, NM *hohimna* Axt; Axt, Beil: SchE *hühúhwan*, Scr *hohanii*, W *wuwiáni*; [125]Herz
B *ne-bigk*, N *peehe*, M *pehee*; Sch *piö*, W *piwe* (die 4 fon. Spr. haben andre Wörter);
[126]Eifen N *pohe-wista*, W *púiwáisch* (Sch *tömpiu* fremd); das Wort, wie es ift, kann, mit
einiger Kühnheit, dem mex. *teputli* ähnlich gefunden werden; ift aber *wista*, wie es nach
einem andern Worte (f. S. 387[a]) fcheint, nur ein formeller Anfatz, fo würde die Möglichkeit
uns noch mehr entfchwinden; [127]Meffer B *huig*, *wui* ein grofses, NM *weith*; Sch *hwihi*,
W *wihi*, Scr *wehe* awl or fish-knife; [128]Blatt fcheint CB 1) *puhip* 2) *passa poni*, *pachzaponin*
(pachzaponin Eichenblatt, *passa poni* Äfte, *passa puni puhip* trocknes Blatt); W *puhi*;
[129]B ohm Bein, *ne-ohn* Unterbein, Sch *yún* legs; [130]lieben N *kummarkee*, M *kummarpee*;
SchA *kommuh*, PM *kamahk*, *kamangkä*; [131]B *nap* Schuh, N *ma-ape* und M *ma-apee* id.;
SchScr *maunep* moccasins; [132]Mutter B *pia*, N *ner-bee-ah*, M *ner-be-ar*; Sch und W *pia*;
[133]Nafe B *muule*, N *mo-opee*, B *ne-mobitain* Nafenlöcher, *mamobita* Nüftern des Pferdes
(vgl. oben S. 353[mm], 385[f], 386[aa]); Nafe: Sch *mui*, W *moöi* (die fon. Sprachen haben das azt.
yacatl); [134]alt B *chokopie*, Sch *tschuqúputsi* (W ift fremd); [135]Regen B *omaart*, N *ermah*,
M *ermar*; Sch *uwor* (W fremd); [136]Sattel B *narino*, *nadegon*; Sch Scr *narrino*; [137]fehn
B *ma-buni*, N *nar-boone*, M *nah-bone (buni* und *boni* Grundlage in vielen Derivatis: f. oben
S. 386[aa]); Sch *puníni*, A *ma-bonee*, M *puni* (im fon. zeigt fich *ni* und *nini*); [138]fingen
B *toniog*, N *hobe-er*, M *hobee-er*; Sch *tinikwön*, W *oviédhu* (2 Wortpaare; die fon. Spr. haben
das azt. *cuica*); [139]Schwefter N *ner-pachee*, M *ner-pacher*; Sch *patsi*; [140]B *care* fetzt
euch; fitzen: Sch *kárönu*, W *kati*; [141]Sohn N *ner-too-ah*, M *ner-too-ar*; W *istué* (Sch
natsi fremd); 2 Derivata von C *too-ah* find in No. 85 u. 93 verglichen worden, f. noch S. 385[m];

([1]) Hierbei find die beiderfeitigen Namen für Büffel-Effer zu vergleichen: der Comanchen-Stamm
Koochetakers (f. No. 727), der fchofchonifche *Koolsatik-ara* (S. 345[n] und Anm. 2).

[142]Tabak B *pa(hm)*, N *pahamo*, M *pahmo* (vgl. S. 385[nf]); Sch *pamu*, Scr *tooparm*; W *pamu, pahmúh*; [143]Zehe B *tassewueke*, Sch *tascho* Zehen; [144]Zunge B *ehk*, N *ah-ako*, M *ar-ahko*; Sch *aku*, W *eyó* (die ſon. Spr. haben das azt. *nenetl*); [145]Wind B *neait*, Sch *nöor* (W und die ſon. Spr. haben das azt. *ehecatl*; vgl. dieſs auch noch No. 168); [146]Wolf N *iſh*, W *iſchä̆, iʒá* (aber Sch *ſchinȯwi*; die 3 ſon. Spr. haben 3 ganz andre Wörter); ſ. in § 445 noch einen Verſuch beim athap.; [147] die Subſt. Endungen C *p, pe, pee, pa (b)* S. 386[nf]-7[a]; Sch und W *p, pa, pi*, Sch *pe* (§ 575); Yutah *p* (S. 351[n-f]); Moqui *pe, be, ber, bor* (S. 292[m])

b) Com. und Schoſch. ähnlich; die eine ſonoriſche Sprache, welche vorkommt, fremd: [148]Gewehr, Flinte B *piai*, N *peïáte*, M *peüt* (mit und ohne Subſt. Endung *t, te*: S. 386[af]); Sch Scr *peait*

c) Com. und Schoſch. ſind einander ziemlich ähnlich: [149]Haar: B *pap(i)*, N *pars pee*, M *parpe*; Kopf: N *pa-aph*, M *pa-aſt* (ſ. S. 387[a]); Sch *pampi, pȯmpi* (die ſon. Sprachen haben *mu*+)

d) Com. und Schoſch. wahrſcheinlich in ſich ähnlich: [150]klein N *yertitch*, M *tertitche*; Sch *titötsi*, W *tiitsin* (vom ſon. *ali, ili* keine Spur)

e) beide unvollkommen ähnlich, doch wahrſcheinlich identiſch: [151] B *tomojake* donnern, Sch *tunuínt* Donner (W und die ſon. Spr. haben jede ein anderes Wort)

f) Com. und Schoſch. ſind vollkommen ähnlich, wo das Wort in den ſon. Sprachen nicht vorkommt: [152]Biber N *härnees*; Sch Scr *harnitze*, A *hanish*; [153]Büffel (Biſon) B *kuchʒ*, N *kooche*, M *cookchow*; SchA *kotʒo*, in einem Volksnamen von Utah (ſ. S. 345[n] und [nf]) *koolsa*; [154]Pulver B *nahrkoʒ*, M *nahcochee* (wo *ʒ = chee* wie eine formelle Endung erſcheint: S. 387[af]); SchScr *nargotouche*; [155]Keſſel N *witwa*, M *witwa* und *wayheto-wah*, Sch *uítua*; [156] B *uhs* Reithoſen, *kuss* it. von Tuch, N *koosha* *leggins*; SchScr *cootche* *trowsers*; [157]Tabakspfeife B *toich*, N *to-ish*, M *toh-ish*; W *toïscha* (aber Sch hat ein andres Wort).

§ 442. Das Gebiet, wo immer noch eine auf einen kleinen Raum zuſammengedrängte Befreundung ſich fand, iſt geſchloſſen; wir treten nun in das Gebiet, wo ALLES ſich FREMD abſtöſst:

g) COMANCHE und SCHOSCHONISCH ſind gegen einander und gegen die ſon. Sprachen fremd in den Begriffen: Boot und Schiff, Leib, Tochter, Erde, Stirn, Mädchen, hübſch, tödten, Blitz, Zaum und Zügel, Fluſs (Sch *piopa, peeup*), laufen (C, Sch, W und 3 ſon. Spr. haben jede ein anderes Wort), Meer (allgemeines Auseinandergehn), Schlange, reden oder ſprechen (auch Sch und W haben verſchiedne Wörter), Frühling, Stern, Muſchel; W *ihasa* wer? CB *himme* was? finden nicht die geringſte Verwandtſchaft, und die ſon. Sprachen differiren ferner genug unter einander

h) noch länger iſt die Reihe der Begriffe, welche im Schoſch. und Wih. uns fehlen, und in denen das COMANCHE gegen die 4, gegen 3 oder 2 ſonoriſche Sprachen (je nachdem mir in ihnen die Ausdrücke ſtehn) ganz fremd auftritt: Beutel oder Sack, Bohne, Bauch, Gürtel, bitter, *blanket*, Sumpf, Buch, Äſte und Zweig, brechen, Wade, Backe, Wolke, Kohle, Decke, ſchneiden, Schüſſel, träumen, Ellhogen, Eingeweide, Ferſe, Honig, Knoten, lachen, Leben, Leber, Spiegel, Laus, Arznei, Melone (die ſon. Spr. haben das ſpaniſche Wort), Milch, Ameiſe, Mittag, Eiche, Eule, Papier, Pfeffer, Hacke, ſchnell, Rippe, Rinde, Ring, kratzen, Sitz, Silber (aber in beiden wird es weiſses Metall, weiſses Eiſen genannt), Haut oder Fell, Rauch und rauchen (auch Tabak), nieſen, Sporn, ſchlagen, binden, Zunder, Zweig, weinen, ſchreiben, gähnen; andrer

i) *item*, wo der Ausdruck nur in Einer fonorifchen Sprache da ift: wilde Katze, Kamm, Feind, Zahnfleifch, Hammer, Loch, Blei, Leopard, Heufchrecke, wiehern, Köcher, fchiefsen, Klapperfchlange, Trompete, Puter, flechten.

k) Ein befonders fcharfer Ausdruck für den bedeutenden fremden Beftandtheil, welchen die 3 hier geprüften Sprachen in fich fchliefsen, ift es, dafs von gewiffen allen oder einigen fonorifchen Sprachen gemeinfamen, für ihren Kreis recht bezeichnenden Wörtern in ihnen KEINE SPUR da ift; folche find: *mu+* Kopf, *mea* tödten, *vainomi* Metall; auch fällt es immer am meiften auf, wenn die Fremdheit wichtige Begriffe, deren Übereinftimmung wir verlangen zu dürfen glauben, trifft: wie Vater, und vieles andre; die grofse Variation der 4 fon. Sprachen in manchen diefer zeigt .uns aber, dafs unfer Maafsftab in den amerikanifchen Sprachen nicht gilt.

II. aztekifche Wörter:

§ 443. Die zweite Entdeckung, welche ich an den drei hier fo genau geprüften Sprachen: dem Comanche, der fchofchonifchen und dem Wihinafcht, gemacht habe, ift: dafs fie, jede für fich, einen kleinen Schatz AZTEKISCHER Wörter in fich bergen; die Exiftenz diefes Beftandtheils ift für meine gegenwärtige Schrift, ihrem Hauptzwecke nach, von oberfter Wichtigkeit: fie ift ferner der zweite Beweis ihrer fonorifchen Natur. Diefe Einmifchung ift nicht fo ftark als bei den 4 fonorifchen Hauptfprachen, fie ift um einen bedeutenden Abfall knapper gemeffen. Ich behandle hier wieder die 3 Sprachen gemeinfam, erinnere aber, dafs einiges wenige von dem aztekifchen Inhalt der Schofchonen-Dialecte unten an ihrer befonderen Stelle vorkommt.

1) Comanche und Schofchonifch befitzen das aztekifche Wort DER SONORISCHEN HAUPTSPRACHEN (meift aller, manchmahl einiger):

a) beide zufammen: [158] OHR (azt. *nacaztli*): B *nak(i)*, N *nahark*, M *nahkarke;* Sch *nöngkawa*, W *iznaká;* Te *naxa, naja*, wohl auch *naca*, Ca **naca*, Ta *nachca-la*, Co *naxaih-ti;* an Ohr fchliefst fich hören an: B *manakan* (über *ma* f. S. 386ᵃᵃ), *nezminakat*, N *narcut*, M *nahgut;* [159] HAND (azt. *ma-itl*): B *mashpa* (*sh* kann ein Augment vor *pa* fein ≠ *ck* in *comackpe* S. 386ⁿⁿ, 392ⁿ; vgl. B's *sh, sch* in No. 33, 47, a u. 116), N *mo-wa*, M *moo-wah*: in Compof. *ma* und *mach* (f. S. 385ᵐ); Sch *ma* in *maschitu* = W *schirú* Nägel (f. § 578), W *izmaï* oder *mai;* Co *moamati*, Ca *mama;* [160] MOND (azt. *metz-tli*): B *mea* halber M., N *mush*, M *mushe;* Sch *mungá* (PM giebt kalte Sonne, Scr *uphuie* an), W *muschhá;* am nächften liegen Ta * und Ca **mecha*, Ta *maitsaca*, **mecháca*, Te *massade;* [161] ZAHN, Zähne (azt. *tlan-tli*): B *tama*, *neztam*, N *tahnee* (höchft wichtige Form, weil fie dem Azt. durch das *n* am nächften fteht, während alle bekannten fon. Sprachen *m* zeigen); Sch *tángwa*, W *tamá;* Ca **tami*, Co *tameti*, Te *tatamo*, Ta *ramela, remela, temela;* [162,ᵃ] EIN (azt. *ce, cen, cem*): C *semmus;* Sch *schimutsi*, W *sing;* Co *ce-*, Ca *senu;* Ta *senu* ein andrer, *sesenu* jeder, *ta-schiné* kein: dazu *schiné, siné, sini:* f. S. 72ᵐ, 127ᵃᶠ, fon. Lautveränd. azt. Wörter S. 441ᵐ; [162,ᵇ] hierher ziehe ich auch die von mir im Com. (S. 386ᵃᵃ⁻ᵐ) und Schofch. (§ 575) aufgezeigten Vertreter oder Analoga der, auch einigen fon. Sprachen in verfchiedenen Geftalten eignen, azt. Subft. Endungen *tl* und *tli*

b) Comanche allein: [163] HAUS N *kanuke* = azt. *calli;* zunächft Ta *cali-ki* (**cari-qui*, **cari*); Ca **cari;* vielleicht gehört noch näher hierher B *karcich* (Zelt?) in No. 201; B *casa* Büffelzelt kann eher = *calli* als das fpan. *casa* feyn (M *kahhahme* Zelt); [164,ᵃ] B *atrin piaet* es gehört einem Andren: ich erkenne im 2ten Worte (viell. Subft. Befitzthum, abgeleitet durch die Subft. Endung *t*) das azt. *pia:* 1) bewahren 2) halten 3) haben; Te *via* halten, *bia* befitzen (f. näher S. 91); [164,b] man könnte auch azt. nennen die fon. Analogien der Sprache: *ne mein*, ich *(ni, ner)*, *un* ich; *en* ihr *(nos)*

c) Schofchonifch oder Wihinafcht allein: [165] WASSER (azt. *atl*): PM *ohksche* (alle Andren haben das fon. *pah*); Co *ahti*; wenn das Wort, welches die Schofch. mit den Blackfeet (PM *ochkéh*) gemein haben, durch die Erfteren den Letzteren entnommen wäre (nicht gewifs, weil es nicht algonkinfch ift), nicht umgekehrt; fo wäre an einen azt. Urfprung deffelben nicht zu denken; f. weiter wegen der Wörter *ogo (oge)* und *oh* in 2 andren Sprachen bei der Yutah S. 355^mm-f und 356^mm-n; wenn ich dort, den Umftänden nach, das Wort wie ziemlich gewifs aztekifch befprochen habe: fo will ich nicht unterlaffen hier beftimmt zu fagen, dafs diefe Behauptung, fchon der Kürze des azt. Wortes wegen, nur hypothetifch feyn kann (¹); [166] HALS (azt. *quechtli*): Sch *kuro*, W *kutá*; Ta *khuta-la*, Ca *cutana (Com. hat ein verfchiedenes Wort); [167] HUND (azt. *chichi*): W *soyóouk*; Te *gogosci*, Ta *cocotschi*; [168] WIND (azt. *ehecatl, ecatl*): W *hikwä*; Ta *heicala*, Co *acate*; vielleicht find auch gleich B *neait*, Sch *nóor* (f. S. 398ª No. 145)

d) Com. und Schofch. haben das azt. Wort der fon. Sprachen (oder einiger), aber in eigenthümlicher Form, deren Übereinftimmung bei ihnen merkwürdig ift: [169] LIPPE (azt. *ten-tli*): B *tupe* (pl.); MUND: N *tèppa*, M *teppa*; Sch *timpa*, W *tupá*; ich hatte erft die Vermuthung, diefe Endung *pa* könnte = mex. *tempa* feyn, das ein Subft. gewefen feyn kann, wie es für das fonftige +*tenco* in *Atezcatempa* (am Ufer des Teiches), See in der Prov. Chiquimula von Guatemala, vorkommt; ich habe aber fpäter in diefem Zufatze eine Subft. Endung des comanche-fchofchonifchen Sprachkreifes erkannt (f. Com. S. 386^nn, Schofch. und Wih. § 575, Yutah S. 351^n-f; f. noch die Hauptftelle für diefes Wort fogleich bei Stein); in den fon. Sprachen erfcheint *pa* nicht, nur *tentli* felbft; [170] STEIN (azt. *tetl*): NM *terp*; Sch *timpi*, W *tipí:* diefe Endung, und fo auch *p* in *terp*, halte ich für Subft. Endung, vielleicht der mex. *tl* nachgebildet; *pa* für daffelbe zu halten: ich verweife auf die ausführliche Betrachtung, welche ich den Ausdrücken für beide Wörter, Stein und Lippe (oder Mund), fowohl in Beziehung auf die Form ihres Stammes als ihrer Endungen bei Gelegenheit der Yutah-Sprache (S. 354-6 die grofse Anm., bef. 354^nf-5^m und 356^aa-mm) gewidmet habe.

2) Ein befondres Gewicht mufs der Fall haben, wenn eine der 3 Sprachen vor den 4, fo reich verfehenen fonorifchen ein azt. Wort VORAUS hat; ein folches, und noch dazu

---

(¹) Man behauptet damit nicht nur die Identität eines einzelnen Buchftaben, *o* = azt. *a* (*oh* von S. Barbara = dem Stamme *a* von *a-tl*): fondern auch dafs alles übrige des Wortes = der mex. Subft. Endung *tl* fei: am einfachften in *o-ge, o-go;* *ge* mehr ausgeführt in *o-ch-keh* des Blackfoot (deffen hinzutretenden Hauch man dem Stamme *o* oder der Endung *keh* = *ge* = *tl* zutheilen kann); überladen oder vermehrt im Sch *oh-ksche:* deffen Subft. Endung man für analog der comanchifchen augmentirten *kpee, ckpe* in *coma-kpee, coma-ckpe* = fon. *cuna* (S. 392ⁿ No. 26 und 395ⁿⁿ No. 93, a; vgl. B *passa* und *pachza* in Blatt No. 128) erklären kann: *sche* = azt. *tl;* das Augment *k* = *ch* des Blackfoot. — Diefes wichtige Wort Waffer in den hier angezogenen Sprachen kann fehr wohl aztekifch feyn (wofür im Schofch. das Vorhandenfeyn des einheimifchen *pa* daneben fpricht), und dann wird man die obige Conftruction feiner Laut-Vorgänge treffend und richtig finden; es kann aber alles auch nur ein zufälliger Anklang feyn, welcher durch die künftlichen, für alles feilen Mittel ganz nach Wunfch zubereitet wird. Behaupten läfst fich nichts: wie es fo oft bei Sprach-Ähnlichkeiten ift.

eines von aufserordentlichem Gewichte, befitzt die Com. Sprache [171,a] in einem zweiten Worte für die ZEHN, erfcheinend in der Bildung der Zahlen 11-19 und der 20: *matoĕcut* = azt. *matlactli* 10. Mit Staunen fehe ich diefes azt. Zahlwort in fo weite Ferne unter diefen graufam wilden Volksftamm verfchlagen; die Kraft diefes Fundes, viele mangelnde azt. Wörter erfetzend, ift fo grofs, weil das Wort nicht nur fo ausführlich, fondern eine zweigliedrige Zufammen- fetzung: *ma-tlactli* = Körper *(tlactli)* der Hände *(ma-itl)* ift: d. h. beide Hände zufammen.

§ 444. 3) Ich fteige nun in der Gewifsheit der aztekifchen Identität ABWÄRTS, da fchon manche der obigen Wörter, gefichert durch befondere Verhältniffe, eine genugfam gewandelte Form uns gezeigt haben; dennoch find in diefer Rubrik noch einige fehr wichtige und ftarke Beweife des azt. Gehaltes diefer Sprachen, wie Brodt (No. 172):

a) wohl aztekifch: [171,b] HIRSCH (azt. *mazatl*)*:* Sch *murátsi deer;* Co muaxati Hirfch, *muariti* kleiner H. (f. mehr S. 394ª No. 51)

b) beftimmt azt., aber entftellte Form: [172] BRODT (azt. *tlaxcalli,* bef. Maiskuchen): B *techzachta* weifser Zwieback (könnte nach diefer Überfetzung als ein *deriv.* von *tochza* weifs angefehn werden: was aber nicht der Fall ift), N *ta-eshartar,* M *ta-eshawtar;* Ta *tascali* Maiskuchen

c) ungewifs aztekifch: [173] ASCHE (azt. *nextli*)*:* B *etschip;* Ta *nachpisoco,* Co *naziti;* [174] *some* B Hirfchhaare, ferner *zuma* und *zuna* in *nachozuma* und *kuchzunapo* No. 106-7 (von *kuchz* Büffel) = azt. *tzontli* HAAR? Ca *chonime,* *choni;* [175] N *ho-ocarte,* M *hoo-ohcarte* Wald = azt. *quahuitl* BAUM? Ta *cauguiki* Wald 2) Wüfte, Einöde, *cagúi* Berg *(cerro);* von andrer Seite ift es möglich, dafs Baum: N *hapete,* M *ohopee* (f. S. 386ᵐ), Sch *schúwi* = *quahuitl* find; aber von den fon. Wörtern find fie weit entfernt: Ta *cusiki, cutschiki,* Te *usci* (als ein ächt fon. Wort zu betrachten); Co *cᵒᵘyet;* vielleicht geht HOLZ eher: (N *koo-one,* M *koo-ohnee* und W *kuná* find = Feuer und athapaskifch) Sch *wapi* (wieder Ta *cusiki, kussú,* Te *usci),* Te auch *coagui* (dem *quahuitl* höchft nahe), Co *cᵒᵘyet,* Ca *quehim;* [176,a] HÄUPTLING (azt. *tecutli, teuctli)*: N *taquin-e-waph,* M *taakquinno,* Sch *taiwa;* Co *tiᵗtecual* Herr des Sklaven, Te *queigui* Fürft; [176,b] GOTT M *tar-ape* kann man mit mex. *teotl* ähnlich finden, indem man *pe* als einheimifche Subft. Endung = *tl* fetzt (vgl. oben S. 386ⁿⁿ)

d) fehr ungewifs, doch noch möglich: [177] NÄGEL an den Fingern (azt. *iztetl)*: B *techzezuke,* N *nooreah;* Sch *máschitu* (worin ich *ma* für Hand = azt. *ma-itl* halte), W *schirú;* Ta *sutula,* Te *xutu, jutu;* [178] NABEL (azt. *xictli)*: N *peeshpo;* aber viel ähnlicher ift B *nez ssük(o),* das er (No. 46) fonderbar durch Bauchwarze überfetzt; Te *jico,* Ca *sicu,* Co *zipútziti;* [179,a] GEBEN (azt. *maca,* fo wie einige fon. Sprachen): B *majakim* gieb her! [179,b] EISEN *pohe- wista* kann zwar, mit einigem Zugeftändnifs, für ähnlich azt. *tepuztli* gefunden werden; vor der Analyfe (f. S. 397ᵐᵐ No. 126) verfchwindet aber die Wahrfcheinlichkeit; [179,c] RAUCH M *cooktoe* (B *quip)* ≠ azt. *poctli;* [179,d] KNOCHEN (azt. *omitl)*: N *tsonip,* M *sonip;* Sch *húo,* W *aohó,* Te *oò* (die Vergl. der 3 letzten Sprachen f. fchon S. 394ᵐᵐ in No. 61; über Te *oò* vgl. S. 106ᵐ).

4) Die aztekifchen Wirklichkeiten und Möglichkeiten find hiermit gefchloffen; ich habe nur noch die SCHATTENSEITE zu zeigen: wie die BEDEUTENDE DÜRFTIGKEIT der 3 Sprachen an diefer Erbfchaft fich darin offenbart, dafs fie eine gewichtige Reihe der von den fonorifchen Hauptfprachen befeffenen azt. Wörter NICHT BESITZEN, fondern dafür eigene zeigen:

a) COMANCHE und SCHOSCHONISCH haben dabei daffelbe Wort: Hund (doch W f. No. 167), effen, Feuer (das Wort ift athapaskifch), Axt oder Beil, Herz (2 fon. Sprachen haben = azt. +*yolli*), Nafe, fingen, Zunge

b) Com. und Schofch. haben jedes ein Wort für fich: fchlafen, Schnee, reden (fon. *noca*), warm (azt. Stamm *toni*), alle (azt. *miec*), viel

c) Comanche allein: Adler, hören (es herrfcht ein *deriv.* vom azt. Ohr), nähen, Speichel.

III.   athapaskifche Wörter:

§ 445. Es ift eine wunderbare, unbegreifliche Thatfache, dafs in allen drei Sprachen: dem Comanche, Schofchonifchen und der Wihinafcht, fich einige Wörter des ATHAPAS-KISCHEN Sprachftammes finden. Ich machte diefe Entdeckung durch die fchlagende Iden-tität des Wortes Feuer: Com. N *ku-ona*; Schofch. E *kuna*, PM *kohn-ne;* Chep. *counn, kon, kone;* und fo durch den ganzen Sprachftamm. Die Thatfache weift fchon darauf hin, dafs die Comanchen diefe Wörter in ihren alten Wohnfitzen, wo die Schofchonen noch find, fich angeeignet haben; die Gemeinfamkeit der 3 Sprachen in diefem Element ift ein neuer, befon-derer Beweis, wie diefe 3 fonorifchen Glieder fich in naher Verwandtfchaft an einander fchliefsen. Ein wenig werden freilich auch die füdlicheren Sprachen in das neue Element hineingezogen (f. athap. Abh. S. 163ᵃ-4ᵐᶠ). Die Erborgung folcher Begriffe, wie manche der zu bezeichnenden, und befonders Feuer, find, von einem ganz fremden Sprachftamme gehört, fo erftaunenswerth fie ift, zu den fcharfen Eigenthümlichkeiten des amerikanifchen Völker- und Sprachlebens, und ich habe über diefe eine hier kein Wort mehr zu verlieren. Ich laffe eine Reihe von Wörtern folgen, deren athapaskifche Identität der Formnähe nach verfchiedene Grade der Wahrfcheinlichkeit hat, unter denen fich auch blofs zufällige Ähnlichkeiten finden, wie mehrere derfelben fchon oben unter dem fonorifchen Stoffe diefer Sprachen verglichen find; ich wollte nur materiell das Mögliche vorlegen, und bezeichne das Gewiffe mit ††, das ziemlich Ähnliche mit †:

†† Feuer N *ku-ona*, M *koo-onah;* SchE *kuna*, PM *kohn-ne;* Holz (identifch damit und = Feuer): N *koo-one*, M *koo-ohnee*, W *kuná;* — Feuer: Chep. *counn, kon, kone:* und fo durch den ganzen Sprachftamm hindurch; auch die Yutah-Sprache befitzt diefes Wort: f. S. 357ⁿ⁻ⁿⁿ

†† Bogen B *eth*, NM *ho-aate;* Sch *atschö*, W *ati* (f. die weitere fon. Vergleichung diefes Wortes S. 393ᵐ No. 38): Chep. *atheike, elthi*, Ku *altheikh*, Uq *atlχi*

† kalt B *etscho, itchit* No. *725, NM *urtch-ate;* Sch *ötschóin*, W *izits* (fchon S. 397ᵃᵃ No. 112 verglichen): Chep. *edzah, adzak*, Tla *kóskötse*, apachifch *goosgahz*

† Hund B *zari*, N *sharde*, M *charl-lee;* Sch *schari* (f. No. 115): Ch *sliengh, thling*, Uq *tχli*

† Auge N *nachich*, M *nawchiche* (die andren fon.): Ch *nackhay*, Tla *náχai*

Abend (oben S. 393 No. 39, a) B *jehume*, N *yurhumma*, W *iongóna;* Te *jurunaxo*, Co *chumãana:* Tla *yiöχ, iöχöt*, Uq *χöiyinaa;* apach. *shaunga*

hübfch Sch *nasunto:* Tac *nezo*, nzu ufw. (eig. gut), apach. *eetshoo (neet-shoo* gut); Dogr. *tzoonaëti*

†† See Sch *pikau:* Tac *pöngkat* ufw. (f. mehr bei der Netela, KN S. 528ⁿⁿ-9ᵐ)

Flufs M und No. *719 *hono*, N *honope:* Uq *χönöë*, Ku *han* (andre athap. Spr. haben ganz andre Wörter)

Zunge B *ehk*, N *ah-ako*, M *ar-ahko;* W *eyó*, Sch *aku;* ich gebe dem Worte kein
Vorzeichen: denn es fcheint zwar dem athap. fehr zu gleichen, in diefem ift aber das
Anfangs-*e* als ein *pron. poss.* wegzudenken: Ch Mack. zwar *edthu*, aber das Wort ift
nur *tthoon* (Dobbs), Dogr. *eththadu, tthou*

Krieger NM *too-avitche*, Tla χ*oatséite:* diefs find 2 vereinzelte Wörter, fonft find
auf beiden Seiten andere Wörter; das Com. Wort bedeutet aber wefentlich Mann und
ift oben S. 396[a] in No. 96 behandelt

weifs (f. oben S. 392[nf] No. 29) B *tochza*, N *toshop*, M *tooshop;* Sch *tucháöi*, W
tohúkwitya: Ch *telka-ye*, D *telká;* apach. *seeka, ceekah*

†Wolf N *ish;* W *ischŭ̆, izá:* Ch *yess*, Tac *yes*

Tabakspfeife hat eine ferne Möglichkeit: B *toich*, N *toïsh*, M *toh-ish:* Ch †*thekh*, *ι*
Tac *tesay*

ja (f. No. 44) B *ha*, N *hă̆*, M *hah;* W *ahŭ̆;* Ca *e, heùi:* Ch *e-h, hèkh;* Tac *ah-ăh,
ahá;* Uq *ehe.*

Ich kann die Befürchtung niederfchlagen, als feien die 3 Sprachen noch weiter hin mit
athapaskifchem Wortftoff verfetzt und als könne der dunkle Beftandtheil derfelben
auf diefem Wege eine Löfung finden. Ich habe den bedeutenden mir von ihnen zu Gebote
ftehenden Vorrath an allen irgend günftigen Punkten mit den athapaskifchen Sprachen verglichen, darin nur vorftehende Ähnlichkeiten gefunden; und kann verfichern, dafs folgende,
grofsentheils wichtige Begriffe im Comanche, Schofchonifchen und Wihinafcht oder
in einzelnen derfelben entfchieden NICHT mit ATHAPASKISCHEN Wörtern belegt find:
Axt, Bär, Bart, Bauch, Beinkleider, Berg, Biber, Bifamratte, blau, Blut, Boot, Bruder, Büffel,
Donner, Ei, Eis, Eifen, Ente, Erde, effen, Feuerftein, Fingerring, Fifch, Fleifch, Flinte, Frau
(femina), Freund, gelb, Glasperlen, Gras, grofs, Gürtel, gut, Haar, häfslich, Häuptling, Hand,
Haus, Hemde, Himmel, Indianer, Infel, jung, Kamm, klein, Knabe, Kopf, Lachs, laufen, *leggins,*
Mädchen, Meffer, Mücke (Moskite), Mutter, Nähnadel, Pfeil, Pfriem, Pulver, rauchen (Tabak),
Regen, Ring (Finger-), roth, fchlafen, Schlange, Schnee, Schuhe, fchwarz, Schwefter, fitzen,
Sommer, Sonne, fprechen, Stern, Tabak, Tag, tanzen, Thal, Wind, Winter, Wolke, Zelt;
die Zahlwörter, Pronomina, Adverbia; nein.

IV. Witchita- und fpanifche Wörter:

§ 446. Turner hat (f. § 449, e) einige Wörter nachgewiefen, welche der WITCHITA-
Sprache mit dem *Comanche* gemein feien; das Comanche-Wort für *prairie-dog* (M *keechee*)
erklärt er für entlehnt aus der Witchita *(keeche-n'ah);* noch ftimmen zwifchen beiden
Sprachen überein: Freund, Ofage, Maulthier (fpanifch); nur nach M Bär.

Nur beiläufig füge ich dem vorigen die unwichtige Bemerkung von einigen SPANISCHEN
Wörtern im Comanche bei: N *cochena* Schwein (= *cochino)* hat nichts auffallendes; M *moorur*
Maulthier = *mula*, zeigt die Endung *r;* dafs *casa* Büffelzelt (B No. 200) trotz der äufseren
Gleichheit fchwerlich das fpanifche *casa* feyn könne, habe ich fchon S. 399[nf] No. 163 erklärt.

§ 447, a. Ich habe das grofse mexicauifche Reich, wie es ehemahls und
noch vor kurzem in feinem weiten und herrlichen Länderbefitz war, mit dem Lande
des Gila und Colorado und zwar Utah und mit Neu-Mexico in feiner
gröfsten Erftreckung, in der Mitte, gegen Norden abgefchloffen; es bleiben mir noch

die Flügel des Nordens zu behandeln übrig. Ich ſteige von dem hohen Neu-Mexico um ein bedeutendes Stück gegen den Süden herab, und ſchliefse in feinem Südoſten das an einer früheren Stelle (S. 180-197) behandelte Oſtland von Mexico mit feiner öſtlichſten Provinz: TEXAS, dem Lande jenſeit des grofsen Nordfluſſes. Sie ging dem mexicaniſchen Reich zuerſt verloren. So weit dieſes Land von der Linie meiner Forſchungen und dem eigentlichen Schauplatze meiner Völker-Muſterung gegen den Oſten abliegt, hat es doch durch die Merkwürdigkeit eines grofsen Volkes mit einer Sprache fonoriſchen Stammes und mit aztekiſchen Reſten in folchen Weiten, der COMANCHEN (mit denen aber nicht, wie *Pike* fälſchlich uns ſagt, die Kiaways ſprachverwandt ſind): einen begründeten Anſpruch an mich. Eine lange Reihe anderer Indianer-Völker verſtärkt dieſen Anſpruch auf Berückſichtigung.

Indem ich dieſer mexicaniſchen Provinz einen ABRISS der LANDES-KUNDE UND GESCHICHTE gleich den früheren beizugeben wünſche, fühle ich mich bedrängt durch den Reichthum des vermöge der neuen Verhältniſſe und ihres Eintritts in die moderne nordamerikaniſche Welt ſo ſehr angewachſenen Materials. Es iſt nicht daran zu denken, daſs ich dieſe Mannigfaltigkeit von Namen und Ereigniſſen auch nur zum grofsen Theil andeute. Es handelt ſich für mich hier um die Mittheilung eines ſehr kurzen Auszugs aus der umſtändlichen Arbeit, welche ich über dieſes merkwürdige Land ſo wie über das ſo wenig bekannte Alt-Californien ausgearbeitet habe. Sie berückſichtigt auch die ältere Zeit; denn faſt alle die vielen in der kurzen Zeit ſeit der Empörung von Texas erſchienenen Bücher über das Land bewegen ſich in der neueſten Zeit, und ſind ſchwach in der Kunde der früheren und älteren Verhältniſſe. Für die Beſchränkung der Nomenclatur in Ortſchaften, Flufsnamen uſw. ſoll in beiden Provinzen der Reichthum des Regiſters entſchädigen.

Fern davon mich auf die Unzahl der neuen BÜCHER über Texas einlaſſen zu können, nenne ich nur folgende, welche ich in meiner geographiſchen Schilderung unter gewiſſen Buchſtaben-Chiffren öfter anführen werde:

G *A new and complete gazetteer of the United States. By Thomas Baldwin and J. Thomas.* Philad. 1854. 8°: Art. *Texas* p. 1143,b-7,b

H *Texas. By Mrs. Mary Austin Holley.* Lexington 1836. 8° min. mit einer Karte

M Der Freiſtaat Texas. Geogr. ſtat. naturhiſt. und mit Rückſicht auf Auswanderer beſchr. von einem transatlantiſchen Reiſenden (d. h. Eduard Mühlenpfordt). Mit e. Karte von Texas. Lief. 1. (Clausthal 1846.) 12° — Von dieſem vortreſflichen Buche, reich an Material jeder Art, iſt leider nur die erſte Hälfte erſchienen: es bricht im Anfange der einzelnen Völker ab; wie reich würde die 2te Lieferung in Ortsnamen und den Nachrichten über die Ortſchaften geweſen ſeyn!

Ol. *A journey through Texas … by Frederick Law Olmsted.* Lond. 1857. 8° mit e. Karte; ich habe von dieſem neueſten Buche nur die chronologiſche Tafel der Geſchichte von Texas p. 463-5 benutzt

PC Texas. Geſchildert in Beziehung auf ſeine geographiſchan, ſocialen und übrigen Verhältniſſe mit beſ. Rückſicht auf die deutſche Coloniſation …. von Carl, Prinzen zu Solms-Braunfels. Nebſt 2 Karten von Texas. Frankf. a. M. 1846. 8°

R Texas. Mit bef. Rückf. auf deutfche Auswanderung und die phyf. Verhältniffe des Landes ... gefchildert von Ferd. Roemer. Bonn 1849. 8° Mit einem naturwiff. Anh. und einer topogr. geognoftifchen Karte von Texas. — Der Verf. gründet feine Schrift auf einen mehr als einjährigen Aufenthalt in dem Lande, vom Dec. 1845 bis April 1847. Den Haupttheil derfelben bildet ein fortlaufender Reifebericht des ganzen Aufenthalts (S. 46-362); darauf folgt ein naturwiff. Anhang

Sch Entftehungsgefchichte und gegenw. Zuftand des neuen, unabh., amerikanifchen Staates Texas. Im Lande felbft gefammelt von G. A. Scherpf. Mit 2 Karten. Augsb. 1841. 8°

VS *Theatro Americano, descripcion general de los reynos, y provincias de la Nueva-España, y sus jurisdicciones. Su author D. Joseph* Antonio de *Villa-Señor, y Sanchez, Contador General de la Real Contaduria de Azogues, y Cofmographo de efte Reyno. Segunda Parte. Mexico* 1748. *fol.* — Diefe unfchätzbare, aufser *Alcedo* fo wenig benutzte Quelle der älteren Geographie und Topographie Neufpaniens behandelt *Texas: de la Prov. de los Texas, fus Poblaciones, y Prefidios* (p. 319); in 4 Capiteln des Vten Buches (Bisthum *Guadalaxara*) diefes 2ten Theils, nach den 4 Hauptörtern der Provinz: cap. 42 *San Antonio de Bejar* (p. 319-323), cap. 43 *presidio de Nuestra Señora de los Texas, Asinais* (Mitte der Provinz, p. 324-6), cap. 44 *pres. de Nuestra Señora del Pilar de los Adaes* (p. 326-9), cap. 45 *pres. y bahia del Espiritu Santo* (p. 330-6)

Die von allen Seiten gerühmte Arbeit Kennedy's (welcher lange, bis 1846, als engl. Conful in *Galveston* lebte) über Texas habe ich nicht benutzen können; es fcheinen 2 Werke zu feyn: *Texas, its history, geography, natural history and topography. Vol.* 1. 2. Lond. 1840. 8° (von *Römer* angeführt); und *rise, progress and prospects of the Republic of Texas. Vol.* 1. 2. Lond. 1841 (von *Muhl.* angeführt); ich füge hinzu: *Texas, its geogr., nat. hist. and topogr.* New-York 1844. 8° — Bei *Coahuila* (S. 195nn) habe ich der kleinen, für *Texas* fehr geringfügigen, officiellen Schrift vom Januar 1827 erwähnt: einer Art *memoria estadistica del estado de Coahuila y Texas.* — Sehr neue Kunde ift zu finden in dem *report of capt. John Pope upon ... the route near the 32d par. from the Red river to the Rio Grande:* im Vol. II. des Werkes der Südfee-Eifen-bahn (f. oben S. 326nn). — Unter den Karten foll nach H (p. 4) die vom Gen. *Austin* zufammen-geftellte, von *Tanner* herausgegebene die erfte geographifche Kunde von dem Lande gewährt haben.

§ 447,b. Seinen NAMEN hat Texas, das auch die neuen Philippinen genannt wurde (VS 319: *la Prov. de los Texas ò Nuevas Philipinas, las Provincias de Texas y Nu. Phil.* oben S. 188 Z. 2), von dem Volke der Texas (im Sing. *Texa*) erhalten, über welches ich fpäter (§ 449,a) handeln werde; *prov. de los Texas* ift das Richtige (VS auch oben S. 187 vorletzte Z., Arricivita p. 232), obgleich Alcedo öfter (oben S. 187af, 191a) *prov. de las Texas (Tejas)* fagt. Arric. fagt 219,b: *las naciones de los Texas.* Sibley (1806) und Lewis nennen das Volk *Tachies* (f. § 449,a Art. *Inies*), und Lewis gebraucht für die Provinz die Namens-formen Taxus (f. *ib.* und feine p. 188aa), nebenbei auch *Tachus.*

Höchft VERSCHIEDEN und WANDELBAR in AUSDEHNUNG und GEOGRAPHISCHER BESTIMMUNG ift nach den verfchiedenen Zeiten, Intereffen, Lagen und Anfichten gewefen, was man TEXAS genannt hat. Wie fchmal, ein breiter Küften-Gürtel, erfcheint die Provinz auf Humboldt's Karte! wenn auf den neuen der nordamerikanifche Staat mit bedeutender Höhe gen N, welche etwas weftlich von der Mitte noch durch ein zwifchen der Mitte der OGränze Neu-Mexico's und das *Indian territory* in letzteres eingefchobenes Viereck vorgetrieben ift, eine herzförmige Geftalt, mit der Spitze an der Mündung des *rio del Norte*, darbietet. Bei jener älteren Schmalheit verfügten die Karten und Geographen verfchiedentlich über die grofsen Länderftrecken im N von Texas und im O von Neu-Mexico (vgl. S. 324 Anm.): man fchlug fie zu Neu-Mexico, zu dem Lande der freien oder heidnifchen Indianer, und die *Luisiana* erfcheint als ein unbeftimmter Begriff. Auf Humboldt's

Karte werden diefe Räume unbeftimmt gelaffen: *Pays inconnu entre le Rio Puerco et les sources du Rio Colorado.;* weiter gen NO von diefem unbekannten Lande find *Louisiana* bezeichnet und nördlich darüber *Apaches.* Sein Texas beginnt in SW mit dem *rio Medina* (der *Nueces*, etwas weftlich von ihm, bleibt in Coahuila u. Neu-Santander), im O geht es noch über den *R. Sabina* und *R. Carcusiu* hinaus, nahe dem *R. Mermentas.* „In diefem Augenblick", fagt Hu. im *essai pol.* II, 1811 p. 367, „betrachtet der Intendant von San Luis Potoſi als die öftliche Gränze der Prov. Texas und folglich feiner ganzen Intendanz den *rio Mermentas* oder *Mexicana,* welcher ſich öftlich vom *Rio de la Sabina* in den mex. Meerbufen ergiefst." — Noch einmahl fo breit ift das Texas der Mrs. H o l l e y: denn von Hu.'s Nordgränze bis zum *Red river,* ihrer Nordgränze, ift eben fo viel Raum, als Hu. Texas Breite giebt. V i l l a - S e ñ o r läfst (319) Texas in O und NO gränzen an die „franzöſifchen Colonien" *(las que ſe han introducido por aquella parte).* *Tiene* (320, a) *efte dilatado País ſu principio defde el Rio de Medina, que es termino que divide la Prov. de Coaguila de efta, que còrre entre Or. y N à el rumbo del NE, por mas de 220 lg de largura y mas de 60 de ancho . . .* Daraus, dafs VS das Preſidio *Dolores* die Mitte der Provinz nennt, welche Ab-theilung er (324, a) mit dem Fluffe *Nechas* beginnt, kann man fchon folgern, dafs fein Texas viel weiter nach O ging als felbft Hu.'s Karte; fein ganzer 3ter Landestheil, der des *Pres. de los Adaes,* liegt aufserhalb Texas, gen O; auch ging es nicht fo weit nach SW als jetzt.

Ehe ich in den Beftimmungen der Gränzen und Gröſse weiter gehe, will ich von der Z U G E -H Ö R I G K E I T des Landes und feiner P O L I T I S C H E N F O R M handeln. — Bis 1776 war Texas eine P r o v i n z Neufpaniens; bei der Einrichtung der Intendantfchaften im J. 1776 wurde es mit *Coahuila, Neu-Leon, Neu-Santander* und *Potosi* zur Intendantfchaft S a n L u i s P o t o ſi verbunden, welche auch (vgl. S. 181ᵐⁿ - 2ᵃᵃ u. 193ᵃᶠ) *comandancia general oriental* genannt ward; *Coahuila* und *Texas* bilde-ten die inneren Prov. diefer *com. gen. or.* Beide gehörten direct unter General - Commandantur von *Chihuahua,* obgleich der Gouverneur von *Coahuila* und *Texas* auch unter dem Intendanten von *Potosi* ſtand. (') — Der conftituirende Congrefs der Republik Mexico vom J. 1824 vereinigte durch das Gefetz vom 7 Mai 1824 C o a h u i l a und T e x a s provifurifch zu einem Staate, und diefes Ver-hältnifs dauerte bis zum J. 1835 (f. S. 193ᵃᶠ⁻ᵐᶠ), von wo an Texas ſich von Mexico losrifs und zu einem felbftftändigen Freiftaate machte, der am 22 Dec. 1845 als ein Staat in die grofse nordameri-kanifche Union aufgenommen wurde.

Ich liefere jetzt einige Züge aus der G e f c h i c h t e der G R Ä N Z E N von Texas:

Die Unbeftimmtheit der nordöftlichen Länder von Mexico und der weiter liegenden: der fran-zöſifchen Provinz L u i f i a n a und der fpanifchen F l o r i d a, haben lange und viele Zweifel, Streitigkeiten

---

(') Nach der klaren Auseinanderfetzung H u m b o l d t' s im 8ten Cap. des III. Buches feines *essai pol.* über die E I N T H E I L U N G Neufpaniens gab es vor des im J. 1776 durch *Galvez* eingeführten Intendanzen: die 3 Königreiche: *Mexico, Neu-Galicien* und *Neu-Leon;* die Colonie *Neu-Santan-der;* die Provinzen: *Texas, Cohahuila, Neu-Biscaja* (auch Königreich genannt, f. oben S. 161ᵃᵃ), *Sonora* und *Neu-Mexico; Alt-* und *Neu-Californien.* Zu Hu.'s Zeit waren 12 Intendanzen und 3 Provinzen: *Neu-Mexico, Neu-* und *Alt-Californien.* Von den 12 Intendantfchaften lagen 3 in den inneren Provinzen, mit welchem Namen alle Länder im N und NW von *Neu-Galicien* aufser Calif. zufammengefafst wurden: *Durango, Sonora* und *San Luis Potosi;* die letzte Intendanz war dem Vicek. nur unterworfen um *Leon, Santander, Charcas, Catorce* und *Altamira.* Unter dem Vicek. ftanden nämlich 10 Intendanzen, darunter *San Luis Potosi* (ohne *Cohahuila* und *Texas*). Die *provincias internas del virreynato,* unmittelbar unter dem Vicekönig ftehend, waren: das Königr. *Neu-Leon* und *Neu-Santander;* die *prov. int. de la comandancia general,* unter dem, 1779 zum General-Capitän erhobenen Gouverneur oder General-Commandanten von *Chihuahua* ftehend, waren: die 2 Int. *Neu-Biscaja* oder *Durango* und *Sonora;* die 3 Prov. *Neu-Mexico, Cohahuila* und *Texas.*

und Verhandlungen über die Gränzen veranlafst. Solche Berathungen fanden fchon (VS 332,a) in den J. 1715 und 1717 ftatt: *Hizofe prefente à Su Mag. en Confulta de 15 de Sept. de 1715 y 28 de Julio de 1717, quan importante era la feguridad de eftos Dominios, y que fe eftableciefse por limite entre las dos Coronas dicho famofo Rio Mififipi, y que fe poblafsen por nueftra parte fus margenes de la vanda de acá, cerrando con fu caudalofa corriente toda la ocafion de diferencias y difturbios* ... „Seit der Abtretung Louifiana's an die Vereinigten Staaten ([1]) (fagt Humb. *essai pol.* II, 1811 p. 365-370) find die Gränzen zwifchen der Provinz *Texas* und dem *county* von *Natchitoches* (welches einen Gebietstheil der Vereinigten Staaten ausmacht) der Gegenftand einer eben fo langen als unfruchtbaren politifchen Verhandlung geworden. Mehrere Mitglieder (366) des Wafhingtoner Congreffes haben geglaubt, man könne das Gebiet der **Luifiana** bis zum linken Ufer des *Rio Bravo del Norte* ausdehnen. Ihnen zufolge gehörte das ganze Land, welches die Mexicaner die Provinz *Texas* nennen, ehedem zur Luifiana; die Vereinigten Staaten befäfsen alfo die letztere Provinz mit derfelben Ausdehnung der Rechte, mit welchen fie Frankreich vor der Abtretung an Spanien befeffen hätte. Die amerikanifche Regierung verfehlte auch nicht die Anfiedlung des Franzofen *de Lasale* 1685 anzuführen . . . ." Weder die weftliche noch öftliche Gränze der 1803 erkauften Luifiana (heifst es in *Koch's* und *Schöll's traités de paix* VII, 212) waren beftimmt; die Vereinigten Staaten benutzten auch die Verwirrung in Spanien feit 1808, um fich des weftl. Florida's, als Theils der Luifiana, zu bemächtigen. WFlorida (IX, 433) war durch eine fpanifche und eine amerikanifche Parthei zerriffen; die letztere forderte Vereinigung des Landes mit den Vereinigten Staaten. Am 27 Oct. 1810 befahl (434) der Präfident *Maddison* die Befitznahme des Theiles diefer Provinz zwifchen dem *Mississippi* und *Perdido,* als Theiles der durch den Parifer Vertrag vom 30 Apr. 1803 an die Vereinigten Staaten abgetretenen Luifiana; bald darauf liefs er auch mit den Bewohnern OFlorida's unterhandeln. *Monroe* fagte dem englifchen Gefandten, WFlorida gehöre beftimmt den Vereinigten Staaten, weil es zu Louifiana gehört habe, als Frankreich es befafs; OFlorida nehme er als ein Sicherheits-Pfand hin für an Spanien nächft zu ftellende Reclamationen; man occupire Florida auch, um anderen Nationen darin zuvorzukommen.

Durch den Vertrag zu *Washington* vom 22 Febr. 1819 wurden diefe Streitigkeiten zwifchen Spanien und den Vereinigten Staaten durch Beftimmung der nördlichen und theilweife öftlichen Gränze formell beendigt; durch denfelben trat zugleich Spanien **Florida** durch Verkauf an die Vereinigten Staaten ab. Dennoch erhoben die Vereinigten Staaten (M 7) auch hierauf wieder Zweifel an der Gültigkeit der Gränze; „fie fuchten", fagt Mühlenpfordt, „durch allerlei heimliche und öffentliche Machinationen in den Befitz von Tejas zu gelangen"; ([2]) 1828 erhielt der Gefandte *Poinsett* Auftrag eine Gränzregulierung in Mexico zu betreiben; die Anträge es zu kaufen wies Mexico ab (f. weiter 8).

Früher fchon habe ich (f. S. 193^{m-nn}) angeführt: dafs in der fpanifchen Zeit der SW der Provinz fchwächer war, da *Coahuila* und **Neu-Santander** über den *rio Grande* hinaus in Texas eingriffen (eben fo griff der *bolson de Mapimi* bedeutend über ihn hinein); dafs aber im Frieden von *Guadalupe Hidalgo* vom 2 Febr. 1848 diefes Stück und namentlich der Flufs *Nueces* dem mex. Staate Coahuila genommen und die texanifche SWGränze an den *rio Grande* vorgerückt wurde. Die Überfchreitung des *Nueces* durch die Truppen der Vereinigten Staaten war von Mexico als Beginn der Feindfeligkeiten betrachtet worden. Durch diefen Frieden wurden die Anfprüche befriedigt, welche (f. M 10-11) Texas feit 1836 auf alles Land im O des *rio Grande* gemacht hat. Durch einen Befchlufs vom 19 Dec. 1836 hatte überhaupt der texanifche Congrefs die Gränzen für Texas (f. Sch 53-54 und R 3)

([1]) Durch Frankreich im Vertrage von *Paris* vom 30 April 1803, gegen eine Kauffumme von 11¼ Mill. Dollars *(piastres).*

([2]) **Scherpf** fagt (S. 5), dafs fchon 1820, bei Gelegenheit des Kaufs von Florida, im nordamer. Congreffe die Erlangung von *Texas* ernftlich abgehandelt fei.

feftgefetzt: welche nicht nur einen Theil von *Tamaulipas* und *Coahuila*, fondern auch eine bedeutende Bevölkerung am *rio Grande* mit den Städten *SFé, SJuan* u. a. einbegriffen.
Nach dem *gaz.* (f. oben S. 249ª) wurde 1850 ein Stück von Texas und Neu-Californien zum
Territorium Neu-Mexico gefchlagen. Der gegenwärtige Staat Texas enthält nach demfelben (1147,b)
auch Theile der Staaten *Tamaulipas, Coahuila, Chihuahua* und *Neu-Mexico*.... „Durch das
compromise act vom J. 1850 wurden die Gränzen von Texas etwas abgeändert, indem es an *Neu-
Mexico* einen Theil feines nördlichen Gebietes für 10 Mill. Dollars abtrat, welche die Regierung der
Vereinigten Staaten zu zahlen hat." (Ol. fagt: 1850 wurde die tex. Gränzfrage beigelegt durch Zahlung
von 10 Mill. Doll. durch die V. St., und Neu-Mexico wurde am 9 Sept. zu einem Territorium gemacht.)
Wenn ich nun die GRÄNZEN, LAGE und GRÖSSE von Texas näher angeben will, fo führe
ich zunächft an, dafs Alcedo (1789) die Provinz in O und NO an *Canada* oder *Nueva Francia*
angränzen läfst. — Pike (1807: *app. to part* III p. 29) fagt: Die Provinz Texas liegt zwifchen 27°
30' und 35° N.B., und 98°-104° W.L.; ihre gröfste Länge (30) von N-S mag 500 *miles*, die Breite
von O-W 350 *miles* feyn. Der *Sabine*-Flufs (31) bildet die gegenwärtige Gränze zwifchen den fpanifchen Befitzungen und den Vereinigten Staaten. Zu feiner Zeit waren (34) 988 Mann Militär in
Texas; die Regierungsform war rein militärifch. — Mrs. Holley giebt (1836, p. 14) feine Lage an
zwifchen 27° .und 3ȷ°⅓ N. B., 93°⅓ und 99⅓ W.L.; im N trenne es der *Red river* vom Territorium
Arkansas, im W der Flufs *Nueces* von *Tamaulipas* und *Coahuila* (nach Humb.'s Karte geht *Tamaulipas* etwas, *Coahuila* aber noch recht bedeutend nördlich über den *Nueces* hinaus); es fei etwa
450 *miles* lang von N-S und 400 breit von O-W, und enthalte etwa 200,000 □*miles;* feine Küfte
am mexicanifchen Meerbufen habe 300 *miles* Ausdehnung. — Nach Mühlenpfordt (1846, S. 4)
liegt Texas zwifchen 27° und 38° N. B., 93° 45' und 103° 16' 45" W. L. von Greenwich. Die
Gränzlinie nach dem Vertrag von 1819 beginnt in N der Mündung der *Sabina* und folgt dem
Fluffe bis zum 32° N. B.; von da fteigt fie in 94° L. gegen N auf bis an den *Red river (rio Colorado de Natchitoches)*, dem fie bis zum 100° folgt; von da geht fie gerade N bis an den *Arkansas*
[jetzt nur bis über beide *Canadian*], dem fie nach W folgt (f. 5). Andere rücken diefen Theil der
NGränze mehr gen N, bis an den *Wharf river* (Nebenflufs des *Arkansas*). Gegen *Tamaulipas*
wurde gewöhnlich der Flufs *Nueces* als Gränze angenommen; *Almonte* berichtete aber 1834, dafs
die Regierung des Staates Coahuila und Texas die Provinz von dem Flufs *Aransaso* rechne; die
Gränze folge dann der *Medina* und gehe darauf zum *rio Grande del Norte* (6). — Nach Römer
(3) beftimmte der texanifche Congrefs 1836 zur Gränze in O und N die Flüffe *Sabine, Red river*
und *Arkansas;* im W und SW den *rio Bravo del Norte* oder *rio Grande*. — Die Angaben des
gazetteer find folgende: Texas ift mit Ausnahme von Florida der füdlichfte Theil der Vereinigten
Staaten. Es gränzt in N an *Neu-Mexico*, das *Indian territory* und *Arkansas;* in O an *Arkansas* und *Louisiana*, in SO an den mexicanifchen Meerbufen, in SW und W an *Mexico* und
Neu-Mexico. Der *Red river* bildet feine Gränze gegen das *Indian territory*, die *Sabine* gegen
Louifiana und der *Rio grande* gegen Mexico. Es liegt zwifchen 25° 50' und 36° 30' N. B., 93° 30'
und 107° W.L. Seine Geftalt ift fehr unregelmäfsig; feine gröfste Länge von SO-NW beträgt 800 *miles*,
die gröfste Breite von O-W c. 750 *miles;* es hat 237,321 □*miles:* alfo 5mahl mehr Flächenraum als
Pennfylvanien. — Zur Erläuterung der Geftalt und Angränzung füge ich folgendes hinzu: das ftehende
Viereck des öftl. Neu-Mexico's fchneidet faft ganz in den NW von Texas ein, fo dafs fein äufserfter
W nur geringe Höhe hat; öftlich über Neu-Mexico erhebt fich ein Stück von Nord-Texas durch das
oben erwähnte in das *Indian territory* eindringende Viereck bedeutend nach N; öftlich von diefem
vorfpringenden Viereck wird aber die öftl. Hälfte von Texas im N wieder herabgedrückt durch das füdl.
Ende eines breiten Vierecks vom *Indian territory*, welches in Texas bis zum Gränzflufs *Red river
(Colorado de Natchitoches)* eindringt; den Staat *Arkansas* (und zwar deffen füdweftlichen Zipfel)
berührt nur eine kleine nordöftliche Ecke von Texas, feine Oft-Anlage bildet faft allein die *Luifiana*.

§ 447, c.   Die GESCHICHTE von TEXAS bietet eine Reihe nach einander zu behandelnder Punkte und Begebenheiten dar, von denen ich nur die wichtigften in GRÖSSTER KÜRZE berühren kann.   Denn feine Lage und eigenthümlichen Verhältniffe haben die Gefchichte diefes Landes fehr mannigfaltig und reich an Ereigniffen gemacht. Sie hängt auch vielfach mit der Gefchichte der Luifiana und Florida's zufammen.   Die *Luisiana* gehörte bis 1763 und wieder 1801-3 Frankreich, 1763-1801 Spanien, 1803 erkauften fie die Vereinigten Staaten; *Florida* gehörte Spanien aufser der Zeit 1763-1783 (1781), wo es an England abgetreten war: 1819 verkaufte Spanien es an die Vereinigten Staaten.

Der Franzofe Robert de la Salle, der erfte Befahrer der canadifchen Seen und Erforfcher des *Missisippi*, gelangte mit feiner Expedition, am 10 Jan. 1685 die Mündung diefes Fluffes verfehlend, im Febr. 1685 in die Bai *SBernardo*, welche er *St. Louis* benannte. La Salle blieb mit 220 Mann hier; er hielt den Fluſs, in welchen er eingelaufen war, den *Colorado*, für einen Arm des Miffifippi; er legte an feiner Mündung den Grund zu einem Fort, das er *Joutel* zu vollenden beauftragte; er ging den Flufs herauf, hob das erfte Fort auf und vollendete im Oct. hier ein 2tes.   Er entfernte fich noch 3mahl von feinen Leuten und entdeckte Länder: kam erft März 1686 wieder (die letzte Fregatte war gefcheitert), dann wieder im Auguft.   Aus Kummer über den Verluft vieler Leute verfiel er in eine Krankheit und konnte erft 12 Jan. 1687 eine 3te Reife mit 16 Mann unternehmen (*Ferris* fagt: er habe zu Lande bis nach *Illinois* durchdringen wollen).   Mit einem bequemen Canot marfchirten fie nach O; nach unendlichen Wanderungen durch die Wildnifs tödteten 3 Böfewichter 17 Mai la Salle's Neffen und am 20 (*Ferris* fagt: am 19 März) ihn (am *Nechas?*).   In der am Ufer des *Colorado* zurückgelaffnen Colonie (oder Fort) metzelten die Wilden alle Franzofen bis auf 6 nieder, welche fie an die Spanier verkauften; von ihnen gelangten 4 nach einigen Jahren nach Frankreich zurück (*Joutel* fagt: es glückte 5 den *Arkansas* zu erreichen und nach Canada zurückzukehren).

Früh fchon und lange Zeit hindurch bemühte fich die fpanifche Regierung durch Gründung von Miffionen fefteren Fuſs in Texas zu faffen.   Arricivita handelt in der *cronica serafica* p. 213-226 von den Unternehmungen der Miffionen in Texas, Villa-Señor giebt die Gefchichte der Miffionen bei den einzelnen.   Arric. beginnt (213) damit, dafs 1690? *Damian Masanet* nach der *bahia del Espiritu Santo* kam und 1691 mit anderen Mönchen, unter ihnen *Hidalgo*, zum 2ten Mahl in Texas eintrat; fie kamen an den *rio de SMarcos*; auch Truppen ftiefsen zu ihnen: der Plan war 8 Miffionen zu gründen; fie mufsten aber Oct. 1693 das Land wieder verlaffen.   1690 war fchon die Miffion *SFrancisco* gegründet (222; nach Ol. auf den Trümmern des Forts *St. Louis*), und *Olivares* war (219) 1691 Miffionar in der M. *SFrancisco nacion de los Asinais*.   Nachher kam von Mexico die Weifung die Miffionen an den *rio de San Antonio* zu verlegen; und an diefem Fluffe lagen auch fpäter 4 Miffionen: *SAntonio, Nu. Sra de la Concepcion, SJuan Copistrano* und *SFrancisco*.   (Die neuen Reifenden befchreiben die Trümmer von 4 Miffionen unterhalb *Bexar* am *SAntonio: de la Concepcion, SJosé* [am beften erhalten], *SJuan, de la Espada*.)   1708 erhielt Francifco *Hidalgo* (221) Befehl vom Vicekönig zur Bekehrung der *Indios infieles Texas* abzugehn; es konnte aber nicht aus-gefůhrt werden.   Als nach Ausbruch des Krieges zwifchen Spanien und Frankreich die Franzofen 19 Mai 1719 *Penzacola* angriffen, wurden (VS 334, b) im Juni d. J. die Miffionen *de los Adaés y Texas* auf das Prefidio *de SAntonio de Bexar* zurückgezogen; im März 1721 kam (Arric. 225, VS 335, a), zum Gouverneur der Provinzen *Texas* und *Conhuila* ernannt, der Marques *de SMiguel de Aguayo* mit den Miffionaren von *SAntonio*, um die Miffionen wiederherzuftellen, und marfchirte bis *los Adaés*.

Um diefe Zeit wurden auch die weltlichen Niederlaffungen, Ortfchaften und Prefidios gegründet oder verftärkt.   Humboldt bemerkt (*essai pol.* II, 1811 p. 367): dafs die fpanifche Be-völkerung von Texas fehr alt fei und feit den erften Zeiten der Eroberung aus dem Inneren Neufpaniens über *Linares, Revilla* und *Camargo* gekommen fei; dafs *de Lasale* fchon 1685 Spanier unter den Wilden fand, welche er bekämpfte. Diefe Bevölkerung blieb aber immer fehr fchwach, und war nach W gedrängt. Fremden blieb es ftreng verboten Texas zu betreten; und felbft die Nieder-laffung von Spaniern und Mexicanern fuchte die fpanifche Politik fpäter zu verhindern, um in Texas eine Vormauer gegen die anwachfende Macht der Vereinigten Staaten zu haben und die Berührung mit diefem Geift zu verhüten. Das Land blieb 2 Jahrhunderte lang eine Wildnifs, fortlebend im Naturzuftande. Im J. 1692 war der Ort *SAntonio de Bexar* gegründet, 1716 *la Bahia del Espiritu Santo* (H, Sch 96); der Militärpoften *Nacogdoches* in O foll (H 301) 1732 (die Miffion aber 1715) gegründet feyu; 1730 oder 1731 wurde die Stadt *SAntonio*, 1731 die Miffion *Concepcion* gegründet.

Für die nächfte Zeit habe ich oben (S. 306^{mm} - ^{8a}) dem Arricivita verfchiedene intereffante Ereig-niffe entlehnt, welche befonders die Verhältniffe der Spanier zu dem Volk der Apachen *(Ipandes* oder *Lipanes* und *Natages)* in Texas betreffen: die Verfuche fie zum Chriftenthum zu bekehren, Kämpfe mit den Comanchen und die Anlage einiger Miffionen.

Durch einen geheimen Vertrag zu *Fontainebleau* vom 3 und im *Escurial* vom 13 Nov. 1762, und durch den Frieden zu *Paris* 10 Febr. 1763 trat Frankreich die Luifiana weftlich vom *Missi-sippi* an Spanien ab: als eine Entfchädigung für das von ihm in demfelben Friedensfchluffe an England überlaffene Florida. — 1767 fällt der kühne und abenteuerliche Zug des französ. Schiffscap. Vicomte de Pagès: welcher ganz allein von der Luifiana aus, lauter wilde Völker und die grofsen Wildniffe der Länder, auch das öde *Texas*, durchirrend, fich durch Mexico (in deffen Hauptftadt er 28 Febr. 1768 ankam) nach Acapulco hindurchwand (f. bef. Humb. *essai pol.* II, 1811 p. 369-370). — 1781 eroberte Spanien Florida wieder; und im Frieden zu *Versailles* vom 3 Sept. 1783 trat England beide Flo-ridas, das öftl. und weftl., wieder an Spanien ab. Die im Frieden zu *Lunéville* 9 Febr. 1801 von Spanien an Frankreich zurückgegebene Luifiana erkauften die Vereinigten Staaten am 30 Apr. 1803 (f. S. 407^{nf}) von Frankreich; damit begann die lange Kette ihrer Anfprüche und Beunruhigungen wegen Texas, welche mit dem Verluft des Landes für Mexico geendigt haben. — Im J. 1807 durchreifte Pike Texas, von der Stadt *Chihuahua* kommend.

Schon im J. 1812 gefchah vom Gebiete der Vereinigten Staaten aus, aber von einem Mexicaner, ein Angriff auf Texas mit dem Zwecke es von Spanien loszureifsen: es war ein Zug des, mit dem durch den Priefter *Hidalgo* am 10 Sept. 1810 erregten Aufftande begonnenen, mexicanifchen Revolu-tionskrieges. Den Aufftand begannen der Lieut. Magee (Ol. *Mc Gee*) und Bernardo Gutierrez de Lara an der *Trinidad;* Lara nahm 11 Aug. 1812 *Nacogdoches,* fpäter die *Bahia del Espiritu Santo,* am 1 Apr. 1813 *SAntonio de Bexar* ein; nach der Schlacht an der *Medina* wurde der Aufftand, welchen zuletzt der Spanier Jofé Alvarez de Toledo commandirte, am 10 Oct. beendigt. — Schon feit 1816 war die Infel Galvefton zum Tummelplatz unruhiger Zufammenläufer (Independenten; fo unter Oberft *Perry*); hier trieb auch fein Wefen der Franzofe *Lafitte*, Freibeuter, aus Kaufmann zu Neu-Orléans, nachdem er 1814 feine Niederlaffung zu *Barataria* in der Luifiana aufgegeben hatte. Auf diefer Infel (in den Berichten der Zeit *San Luis* genannt, „bei der Mündung der *Trinidad*") er-fchien am 24 Nov. 1816 die Expedition des Spaniers (Francifco) Xavier Mina (hier verweilend bis 27 März 1817): der, nachdem er eine kurze Zeit die mexicanifche Infurrection ermuthigt hatte, 11 Nov. 1817 im Angeficht des Forts *Remedios,* auf dem Bergkamm von *Bellaco*, in Guanaxuato erfchoffen wurde.

Eine merkwürdige Epifode in der fo vielfach romanhaften Gefchichte von Texas bildet das *Champ d'Asile:* die im J. 1818 von exilirten, durch die Verordnung vom 24 Juli 1815 getroffenen, oder die bourbonifche Reftauration fliehenden, Napoleonifchen Officieren und Kriegern verfuchte Nie-derlaffung am *rio de la Trinidad,* im füdöftlichften Texas: nach Aufhebung einer früheren Anfied-lung am Mobile und Tombigbee gegründet von dem General *Charles Lallemand* (dem älteren) unter Beihülfe feines jüngeren Bruders *Henri* und des Gen. *Rigaud.* Nachdem fich diefe französfchen Krieger, auch aus ihrem Lager auf der Infel *Galvefton* vertrieben, im Elend zerftreut hatten; gründeten einige unter dem Marſchall *Lefebvre-Desnouettes* eine zweite, auch nur kurz dauernde Niederlaſſung am *Tombigbee*, genannt *canton de Marengo*, mit der Hauptſtadt *Aigleville*.

Kurz nach dieſer traurigen Cataſtrophe an dem öſtlichen Ende Mexico's ſchloſs Spanien, am 22 Febr. 1819, mit den Vereinigten Staaten den Vertrag zu Waſhington ab, in welchem es an letztere Florida verkaufte und die Gränze von Texas, namentlich durch die *Sabina* im O, beſtimmt wurde (ſ. S. 407mf und 408mm).

Gleich darauf beginnt die Coloniſation der Provinz Texas von den Verein. Staaten aus; und ſehr bald, nachdem ſie etwas emporgekommen, iſt die Geſchichte von Texas eine ſtete Vermiſchung von den Fortſchritten der nordamerikaniſchen, auf die Abreiſsung des Landes von Mexico abzweckenden Coloniſirung, und der Widerſetzlichkeit und nach gerade des Aufſtandes dieſer neuen nordamerikaniſchen Bevölkerung gegen die mexicaniſche Regierung: welche mit dem vielfältigen Wechſel in dieſer Regierung ſelbſt und ihren Leitern wie mit den zahlreichen Umwälzungen des Landes Mexico durchflochten und von ihnen abhängig ſind. — 1819-22 iſt zu nennen eine Republik Texas unter James Long, mit dem Hauptort *Nacogdoches*. Am Ende des J. 1821 fand ſich Texas in einem völlig geſetzloſen Zuſtande, indem Abenteurer aller Art: Schleichhändler, entlaufene Sklaven, wilde Indianer und flüchtige Verbrecher; ſich zuſammengerottet hatten, um eine Art von Unabhängigkeit zu behaupten. — Der Waſhingtoner Vertrag erweckte in einem unternehmenden Mann, Moſes Auſtin, den Plan Texas durch NORDAMERIKANISCHE COLONISTEN zu bevölkern; nachdem er 10 Juni 1821 in Miſſouri geſtorben war, ſetzte ſein Sohn, Stephen F. A. Auſtin (Oberſt, dann General), das Unternehmen ins Werk; es entſtanden die Colonien: *Austin's colony* an den Flüſſen Brazos und Colorado, *Vehlin, Zavala, Burne*t, *Power's grant* u. a.

Ein Decret vom 7 Mai 1824 verband Texas mit Coahuila zu einem Staate. Vom Dec. 1826 bis in das Jahr 1827 waren die Unruhen der *Fredonians* in *Nacogdoches*.

· Die zweite Epoche dieſer nordamerikaniſchen, ſchon durch ihre Zahl beinahe für ſich allein Texas ausmachenden Bevölkerung bildet die Geſchichte des fortſchreitenden AUFRUHRS und des REVOLUTIONSKRIEGES bis zur LOSREISSUNG des Landes von Mexico, die J. 1832 bis 1836 einnehmend: deren einzelne Ereigniſſe ich nicht angeben kann. Nachdem im Jan. 1836 die mexicaniſchen Truppen Texas verlaſſen hatten, erſchien im Febr. mit Kriegsmacht der General Santa Ana ſelbſt; die Schlacht am Fluſſe *SJacinto* 21 April und *Santa Ana's* Gefangennehmung am 22 entſchieden die Unabhängigkeit der Republik *Texas*. Dieſelbe wurde von den Vereinigten Staaten anerkannt, aber die Aufnahme in ihren Bund verweigerte dieſe Regierung 10 Jahre lang.

Für den Mainzer „Verein zum Schutze deutſcher Auswanderer in Texas' gründete der Prinz *Carl* zu *Solms-Braunfels* 1844 die deutſche Colonie *Neu-Braunfels*, O. von *Meusebach* 1845 *Friedrichsburg;* eine ſpätere Sendung erlitt ſchreckliches Ungemach 1846. — Nachdem die *annexation* im Laufe des Jahres im Congreſs zu *Washington* durchgegangen war, wurde Texas 22 Dec. 1845 als ein Staat, und zwar mit Neger-Sklaverei, in den Bund der Vereinigten Staaten aufgenommen. — Bald darauf (Anfangs 1846) brach, durch die jenſeitige Gier nach den ſchönen mexicaniſchen Nordländern herbeigeführt, der ernſthafte Krieg zwiſchen den Vereinigten Staaten und der Republik Mexico aus: in welchem der amerikaniſche General *Taylor* 2 Treffen (8 Mai 1846 bei *Palo Alto* und 9 Mai bei *Resaca de la Palma*) im ſüdlichſten Texas gewann, und welcher, durch den Frieden zu *Guadalupe Hidalgo* 2 Febr. 1848, mit der jammervollen Verkleinerung Mexico's um mehrere groſse Provinzen, darunter auch Texas, endigte und dem nordamerikaniſchen Staate Texas den *rio Grande* zur SWGränze ſetzte. — 1850 wurde ein Stück von Texas für 10 Mill. Dollars (ſ. S. 408a-aa) zu Neu-Mexico geſchlagen.

§ 447,d. Ich ſetze meine, durch die Landesgeſchichte (ſeit S. 409a) kurz unterbrochene, kleine GEOGRAPHIE von TEXAS in groſser Verkürzung fort:

Seiner BESCHAFFENHEIT nach zerfällt Texas in 3 Striche: den flachen: einen breiten Gürtel
am mexicanifchen Meerbufen; den wellenförmigen, weiter hin; und den hügligen oder gebirgigen Landftrich: tief im Innern, und befonders nach W und NW; auch die Wüfte gehört ihm an. — Namen
von Gebirgen find: das, jetzt für fabelhaft erklärte Gebirge von *San Saba;* das *Guadalupe*-Gebirge
und das *Colorado*-Gebirge. Merkwürdig find im hügligen Lande das grofse Waldland, die fogenannten *Cross timbers:* fich erftreckend vom oberen *Brazos* und von der Nähe der Quellen der
Trinidad durch den *Red river* bis zum *Arkansas:* nach dem *gazetteer 200 miles* lang.

Das KLIMA von Texas ift vortrefflich und fehr gefund; die Extreme der heifsen und gemäfsigten Zone vermeidend, befitzt es die milde Temperatur *Louisiana's,* ohne feine ungefunden Sumpf-
Dünfte. Bei der günftigen Lage, bei vielen grofsen und kleinen Flüffen und dem fchönen Klima ift
die Fruchtbarkeit des Landes fehr grofs, und unzählbar find feine Erzeugniffe in allen 3 Natur-
reichen. Der innere und auswärtige Handel wird durch die vielen fchiffbaren Flüffe, Baien und
Häfen, und die lange Linie, welche das Land am mex. Meerbufen einnimmt, auf's höchfte begünftigt.

Der mexicanifche Meerbufen bildet in Texas zahlreiche BAIEN und HAFFS oder LAGUNEN:
d. h. theils grofse in das Land eindringende Ergüffe (wirkliche Baien oder Haffs), welche fchöne Häfen
bilden: nur dafs der fchmale Eingang mehrerer von ihnen durch Barren oder Sandbänke gefchloffen
ift; theils fchmale und fehr lange Meeresftreifen, welche fchmale, langgeftreckte Landftücke (Infeln:
niedrig und wenig fruchtbar) einfchliefsen und richtiger Sunde zu nennen wären: mit fchmalen Strafsen
zwifchen den langen Infeln (Einfahrt, Pafs oder *inlet*), welche die Verbindung mit dem Meerbufen
bilden. Die Küfte von Texas bekommt ein charakteriftifches Anfehen durch diefes fchmale innere
Meer, welches durch die Kette von Infeln vom Meerbufen abgefondert ift. Diefe Lagunen find in
der Richtung von S nach N: 1) die *laguna Madre* 2) Bai *Corpus Christi* 3) *Nueces*-Bai 4) *Aran-*
saso-Bai 5) *Copano*-Bai 6) *bahia del Espiritu Santo* (mit der *Matagorda*-Infel) 7) *Matagorda*-Bai,
früher *bahia* oder *lago de SBernardo* genannt (mit der Halbinfel *Matagorda*), mit der kleinen
Caranchua-Bai 8) Bai *la Vaca (Lavaca)* 9) Bai *Galveston* (davor die lange Infel *Galveston* oder
SLuis, worauf die Stadt *Galveston*) 10) die Bai *Sabina,* die öftlichfte im jetzigen Texas, an der
Gränze der Luifiana: auch *Sabine lake* genannt. Humboldt's Karte zeigt noch in Texas die Bai *Car-*
cusiu (G *Calcasieu*) an der OGränze; fie und die noch öftlichere, die Bai *Mermentas:* beide mit
den Mündungen der gleich benannten Flüffe; liegen aufserhalb Texas.

Texas befitzt auch eine Anzahl innerer SEEN, aber die meiften find klein: im N vom *rio*
Grande ift ein grofser Salzfee; von den vielen im nordweftlichen Theile der Luifiana liegenden Seen
reichen Zipfel des *Caddo*-Sees (*Soda-, Ferry-*Sees) in das nördliche Texas hinein.

Das Innere von Texas wird durchfchnitten von vielen und vielverzweigten, herrlichen und
fchiffbaren FLÜSSEN: welche durch ihren Eingang in den mexicanifchen Meerbufen und in folcher Nähe
zu den wefll. Nebenflüffen des grofsen *Missisippi* dem Lande eine feltene Gunft zu einem ausgedehnten
und vielfeitigen Handel gewähren. Sie kommen alle aus dem fernen W und NW, dem Gebirgslande von
Texas, oder noch weiter her; und laufen alle gen SO und (aufser 11, 12) in den mexicanifchen Meerbufen.
Indem ich die grofsen Ströme von S nach N mit einigen ihrer Nebenflüffe, auch unter einem B die
kleinen zwifchen 2 grofsen, nennen will; bemerke ich, dafs ich in meiner Arbeit öfter abkürzend
fetzen werde: *r.* für *river,* c. für *creek* oder *creeks, f.* für *fork.* Die Hauptflüffe find: 1) der *rio*
Grande del Norte, die SWGränze bildend: mit *rio Puerco* und *del Altar* 2) *rio de las Nueces:*
mit *rio de SMiguel* (und *rio Frio*); B *Aransaso, Refugio* 3) *rio de SAntonio:* mit *rio Salado,*
Medina, Cibolo 4) *Guadalupe* (kurz vor der Mündung mit dem *SAntonio* zufammenfliefsend):
mit *rio de SMarcos* und *Coleto;* B *rio de la Vaca* mit dem *rio de la Navidad* 5) *rio Colo-*
rado de Texas (uneig. *Red river* genannt): mit *rio Florido, Pasigono, Concho, San Saba, Llano,*
rio de los Pedernales; B *Caney* creek und *rio de SBernardo* 6) *rio de los Brazos de Dios,*
kurz *Brazos:* mit *Navasoto, rio de SAndres, Yegua;* B *Oyster* creek, *Chocolate* 7) *rio de SJa-*

cinto, mit *Buffalo bayou* 8) *rio de la Santisima Trinidad,* gewöhnlich *Trinidad* oder *Tri-*
nity r.: mit *Bois d'Arc* 9) *rio de los Nechas:* nach dem einſt hier wohnenden Volke der *Nechas,*
doch bei Villa-Scñor nur *rio de Nechas,* jetzt immer *Neches* genannt: mit der *Angelina* (und dieſe
mit dem *rio de Atoyaque* oder *Atoyac*) 10) *rio de la Sabina* (VS 325,b *rio de SFrancisco de*
las Sabinas) oder *Sabina,* engliſch *Sabine:* von ihrer Biegung gen S in 32° an die Gränze von Texas
gegen die Luiſiana bildend; B über ihre Mündung hinaus, in Luiſiana, der *rio Carcusiu (Carcassiou,*
G *Calcasieu)* und der *rio Mermentas* oder *Mexicana, früher die Gränze bildend 11) *rio Roxo*
(auch *Colorado)* de Natchitoches, jetzt gewöhnlich *Red river* genannt, in N und O: in dem W-O
gerichteten Theil ſeines Laufs die nördl. Gränze gegen das *Indian terr.* bildend, Nebenfl. des *Missisippi:*
ſüdlich mit *big* und *little Washita* oder *Witchita, Bois d'Arc, Sulphur river;* nördlich mit *Washington*
r., *North fork,* im *Indian terr.: false Washita r.* (mit dem *little Washita), Washita r.* (uneigentlich) oder *Blue river* oder *water, Boggy r., Kiamicha* oder *Kimishi;* an der OSeite ſeines
ſüdlichen Laufs mit dem groſsen, eigentlichen *Washita river;* B *Cypress bayou* (vom *Ferry*-See)
12) in der Nordhälfte des nordweſtlich hoch heraufgehenden Vierecks von Texas ſtrömen Arme des
groſsen Flufsfyſtems des *Arkansas:* der groſse W-O ſtrömende *Canadian river (south fork)* oder
Gualpa (auch *rio Colorado* genannt), über ihm das gleich groſse *north fork of Canadian river.*

Villa-Señor theilt Texas in 4 Landestheile, nach 4 *presidios:* den des *presidio de SAn-*
tonio de Bejar, pres. de Nuestra Sra de los Dolores de los Texas, Asinais; pres. de Nu. Sra
del Pilar de los Adaes und *pres. y Bahia del Espiritu Santo.* Jetzt zerfällt es in 88 *counties.* —
Das Land glich unter der ſpaniſchen Herrſchaft einer Einöde: es gab nur einige groſse ORTSCHAFTEN
als *presidios* und eine Anzahl Miſſionen. — Eine kurze Reihe von Jahren hat unter den Händen des
nordamerikaniſchen Volkes die Wildniſs von Texas mit einer unglaublichen Zahl von STÄDTEN,
FLECKEN und DÖRFERN ausgeſtattet: wobei es ſich von ſelbſt verſteht, daſs gewiſſe Gegenden vorzugsweiſe angeſiedelt ſind, andere und viele in ihrer Wildheit und Unbekanntheit verharren. Das
Räthſel dieſer Unzahl von Städten und neuen Örtern löſt ſich leicht dadurch, daſs dabei der Name
die Hauptſache iſt. Die Amerikaner ſelbſt ſpotten über dieſe Gaukelei und dieſes Grofsthun; und was
hier von Texas geſagt wird, wird auch viel Anwendung auf andere neu bevölkerte Provinzen finden,
über deren jähen Auffchwung und Gröſse wir ſtaunen. Mrs. *Holley* ſpricht (109) von der Lächerlichkeit, daſs in einem eben angeſiedelten Lande wie Texas eine *town-making mania* herrſche: jeder,
der eine groſse Pflanzung von vortheilhafter Lage für eine Stadt kaufe, lege gleich eine Stadt an;
daher ſeien eine groſse Zahl ſogenannter Städte nicht einmahl Dörfer: indem ſie manchmahl nur 1 oder
2 Wohnungen enthalten, mit einem *blacksmith shop* und einer Mühle. Wieder ſagt ſie (215): *Towns*
in Texas are of mushroom growth; they spring up in a day, and decay as soon, being
abandoned for some more alluring spot, which has the charm of novelty for a roving and
unsettled emigrant. Scherpf ſagt (97): „Wo immer 2 oder 3 Anſiedler ihre Wohnungen ſo errich-
teten, daſs ſie ſich einander zurufen können, erhält der Platz einen Namen und iſt ein Dorf; wo ſich
ein Schmidt oder Wagenmacher, eine Sägemühle, oder irgend einige Handwerker niederlaſſen, iſt ein
Flecken angezeichnet." S. 88ⁿ ſagt er, daſs „manche Städte" für jetzt „nur aus 3 oder 4 Häuſern beſtehen".

Ich liefere hier in ſehr beſchränkter Auswahl ein alphabetiſches Verzeichniſs der alten
und neuen Ortſchaften von Texas: *Anahuac* (zuerſt *Perry's point* genannt), *Aransaso* Hafen;
Austin 1) *(A. city)* ſeit 1844 (?) Hauptſtadt von Texas 2) *SFelipe de Austin* oder blofs *SFelipe,*
der Hauptort von *Austin's* Colonie, jetzt ganz unbedeutend; *la Bahia del Espiritu Santo,* kurz *Ba-*
hia, jetzt *Goliad; Bastrop* oder *Mina,* Fort *Belknap* am Brazos; *SAntonio de Bexar* oder *Bejar,*
unter ſpan. und mex. Herrſchaft die Hauptſtadt: dabei die Feſte *Alamo;* 2 *Bolivar,* Neu-*Braunfels,*
Brazoria, Brownsville, 2 *Buffalo, Carlshafen, Castroville, Columbia, Columbus,* Miſſion *de la*
purisima Concepcion in Trümmern am *SAntonio, Copano; presidio de Nuestra Sra de los Dolores*
de los Texas (Asinais) im öſtl. Theile, von Villa-Señor kurz *los Thexas* genannt; *SEleazario*

(ſonſt zu Chihuahua gehörig), Miſſion *de la Espada* in Trümmern; *villa de SFernando*, alter Zwillingsort von *SAnt. de Bexar;* Miſſion *SFrancisco de los Asinais*, Miſſion *SFrancisco de los Nechas; Friedrichsburg* oder *Fredericksburg* deutſche Colonie; *Galveston* auf der gleichnamigen Inſel, erſte Handelsſtadt und der beſte Hafen in Texas; *Gonzales, Harrisburgh, Houston, Independence, Indian point, Industry* deutſche Colonie, 2 *Jefferson;* Miſſion *SJoseph de los Nazonis*, eine Miſſion *SJosé* in Trümmern am *SAnt.*, Miſſion *SJuan Capistrano* it.; *Lagrange, Laredo* (früher in Neu-Santander), *Lepanticlan, Liberty*, Miſſion *SLorenzo de la SCruz, SLuis de las Amarillas* altes *presidio* und Miſſion am *SSaba, Lynchburg, SMarcos, Marion* oder *Bell's landing, Matagorda* bedeutende Handelsſtadt und Hafen, 2 *Milam, Montezuma, Monticello, Nacogdoches* alter ſpan. Militärpoſten und Miſſion, *Palacios, Palestine, SPatricio* oder *St. Patrick* irländiſche Colonie, *Quintana, Refugio, Rusk, Rutersville, SSaba* alte Miſſion und *presidio, Seguin, Tenochtitlan* (gewöhnlich anders geſchrieben), *Texana*, 2 *la Vaca, Velasco, Victoria, Washington, New Washington* oder *Clopper's point, Zavala* in *Zavala's grant.*

§ 447, e. Die civiliſirte BEVÖLKERUNG von Texas wurde Jahrhunderte lang und bis in die neue Zeit allein durch eine geringe Zahl von SPANIERN oder MEXICANERN gebildet. Die ſpaniſchen Anſiedlungen erſtreckten ſich immer nur über einen kleinen Theil von Texas und betrafen vereinzelte Gegenden: die um *SAntonio de Bexar, Victoria* an der Guadalupe, *la Bahia* und *Refugio* gegen den Meerbuſen hin; weit in NO *Nacogdoches.* Dieſe ſpaniſche und mexicaniſche Bevölkerung wird bis in die letzte Zeit auf nur 6-7000 Seelen geſchätzt. Sie hat ſich nach dem Eindringen der Anglo-Amerikaner ſogar neueſtens ſehr vermindert: weil faſt alle wohlhabenden mexicaniſchen Familien über den *rio Grande* zurückgewichen ſind; R ſchätzt ſie jetzt auf nur 2000: wovon etwa 1200 (meiſt ärmere) auf *SAntonio* und die Umgegend, 500 auf *Nacogdoches* und ſeine Gegend kommen. PC bemerkt (59), wie merkwürdig und beſtimmt der *Guadalupe*-Fluſs das amerikaniſche Element, die amerikaniſchen Sitten und Bewohner (im N) von den mexicaniſchen (im S) ſcheide.

Die ANGLO-AMERIKANER oder das Volk der VEREINIGTEN STAATEN bilden ſeit den zwanziger Jahren den überwiegenden Theil der texauiſchen Bevölkerung; ihre Einwanderung hat ſeit *Austin's* Unternehmen und dem J. 1819 ohne Unterbrechung fortgedauert; Sch rechnet ſolcher Eingewanderter bis 1830 15,000. Sitten, Lebensweiſe und Sprache ſind, mit Ausnahme weniger Örter, jetzt überall die der Anglo-Amerikaner, beſonders derer der ſüdweſtlichen Staaten der Union.

Eine dritte Gattung der Bevölkerung bilden neuerdings die NEGERSKLAVEN: ein Element, welches die Nordamerikaner ſogleich mitbrachten. Des Kaiſers *Iturbide* Coloniſations-Geſetz (4 Jan. 1823) verbot den Sklavenhandel und befahl alle in *Texas* geborenen Sklaven mit dem 14ten Jahre frei zu geben; die Einführung von Sklaven wurde aber erſt 1827 unterſagt. Der Präſident *Guerrero* erklärte 1829 durch ein Decret alle Sklaven in Mexico für frei, die amerikaniſchen Coloniſten erlangten aber durch den Gouverneur *Viesca* deſſen Widerruf für Texas. Bei der Aufnahme des Staats in die Union im Dec. 1845 erhielt Texas das Recht der Neger-Sklaverei und iſt ein Sklavenſtaat.

Die EINWOHNERZAHL iſt in früheren Jahren ſehr übertrieben worden: es werden angegeben im J. 1832 30,000 ohne die Indianer, wovon 20,000 eingewanderte Nordamerikaner; für c. 1835 giebt Mrs. II 50,000 ohne die Indianer an, wovon 5000 Mexicaner; 1839 werden 125,000 angenommen; *Bollaerts* rechnet 1843 60,000 Weiſse, 80,000 Kupferfarbige und 12,000 Negerſklaven = 152,000; die Zählung von 1847 ergab 143,200, worunter 39,060 Negerſklaven; die vom J. 1850 (G) ergab 212,592 Einwohner, darunter 58,000 Sklaven: 49,000 waren im Staate geboren, 88,000 in andern nordamerikaniſchen Staaten, 11 Procent in Europa oder im britiſchen Amerika; 1855 waren 106,000 Negerſklaven.

§ 447, f. Das wilde Leben zahlreicher INDIANISCHER VÖLKER hat Texas ſeit der alten bis in die neue Zeit erfüllt: es hat in dem, Jahrhunderte lang eine Wildniſs gebliebenen Lande länger und freier als anderwärts, beinahe ungezügelt, gewaltet. In alle Epochen der Geſchichte des Landes ſehen wir es eingreifen; in die wichtigſten Ereigniſſe ſind die indianiſchen Völker verflochten, wenn nicht die hauptſächlich Handelnden; überall bis auf dieſen Tag erfordern ſie die ernſteſte Rückſicht: jede Unternehmung im Lande und zuletzt gegen Mexico ſuchte ſich zuvor ihre Freundſchaft oder Theilnahmloſigkeit und Ruhe zu verſichern; Anſiedler und Reiſende, von gröfserer oder geringerer Zahl, fürchten ſtets ihren Angriff und ihre Nähe. Ihre Menge wird vielfach bezeugt. *Alcedo* ſagt von Texas: *Este dilatado pais está habitado de inſinitas Naciones de Indios ya pacificados* (wovon letzteres nicht richtig iſt). Von einem Jahrhundert früher (c. 1691) ſagt Arric. (219,b) vom Miſſionar *Olivares:* dafs er viele *rancherias* über 50 *leguas* weit *hasta los Codadachos* beſucht und unzählige Heiden geſehn hatte. In der geographiſchen Beſchreibung von Texas, welche dieſem Schriftſteller zufolge (ſ. oben S. 307ª) dem Vicekönig im J. 1745 vorgelegt wurde, waren auch die Völkerſchaften einzeln bezeichnet, die es damahls bewohnten oder feindlich behandelten. Über das Verhältnifs der Völker von Texas im allgemeinen ſagt *Arric.* 441,b: dafs vor der Ankunft der Miſſionare des Collegiums von *Queretaro* die Völkerſchaften durch die Anfälle der *Apachen* ſo zuſammengeſchmolzen und eingeſchüchtert waren, dafs nur Trümmer von ihnen ſich an die Meeresküſte gezogen hatten und kaum ſich ein Volk nennen konnten: *Si hay desde el desemboque del rio Grande hasta el de San Antonio Indios de diversos idiomas, pero en cortas Rancherias repartidos por las orillas de los rios, lagunas ó islotes del mar; pero sin coleccion ni dependencia alguna.* Er ſpricht 442,a von ihrer Religion. Villa-Señor äufsert bei Gelegenheit der Gegend von den Völkern *Asinais* und *Nechas* folgendes: *Los Indios todos* (324,b) *de este parage de los Aſinais ó Nechas ſon tan amantes de la Nacion Eſpañola, que muchas veces ellos mesmos los ſolicitan, deſſeando ſu comercio y comunicacion; y en estos tiempos han pedido ſe les aſſiſta con Miſſioneros y poblacion, por que ſiendo, como ſon de varias Naciones Texas, Nechas, Malleyes, Aſinais, Aſineis, Nacodoches, y otras, ſe hace reparable el que no eſtè fecundado con el Riego Evangelico, y juntamente poblado con Vecindario* (325,a) *preſidial, mayormente ſiendo aquel Pais tan fecundo, como ſe dirà deſpues, y en donde aprovecharà mas el Preſidio, que en Conchos de la Nueva Vizcaya, en el Gallo, ni Cerro gordo, porque aquellos ya tienen poblaciones, y grangerias ſus vecindarios, y eſtà plantada nueſtra Santa Fee, y en eſtos parages y Provincia eſtà todo en embrion, y verdaderamente muy en los principios.* VS bemerkt (331,b) bei Gelegenheit des *preſidio* der *bahia de Espiritu Santo* von dem Verkehr mehrerer eurupäiſcher Nationen in dieſer Bai und ihrem böſen Einfluſſe auf die Indianer: ... *por quanto ſuelen las Naciones eſtrañas entrar, y ſondear ſu ſeno, como lo califica el que los Soldados han viſto á los Indios é Indias hacer viaje à la Coſta, y de ſu Campaña reſultar ocupados los vientres de ellas, en cuyos partos ſe ha conocido aver comunicado con Gentes Eurupèas, por nacer Meſtizos, blancos y rubios* ... Pike (1807) weifs wenig von den Indianern in Texas zu ſagen; nachdem er nur die *Tancards* ausführlich beſprochen hat, ſagt er: ,Es giebt, noch (33) eine Anzahl andrer Völkerſchaften, die aber beinahe ausgeſtorben ſind; einige von ihnen ſind vom Dr. *Sibley* in einem Bericht erwähnt, welchen er (34) an die Regierung der Verein. St. über dieſen Gegenſtand gemacht hat; ſehr wenige dieſer Völker ſind von den Miſſionen bekehrt worden ..." Die jetzigen wilden Stämme werden in ihrem kriegeriſchen Sinne den nordamerikaniſchen Indianern gleich geſtellt. Die civiliſirten Einwohner von Texas unterſcheiden die Völker in wilde und (nach dem Ausdrucke R's) zahme. Die letzteren erkennen die Herrſchaft der Nordamerikaner an; ihnen iſt ein *Indian agent* beigegeben: der unter ihnen lebt, ſie auf ihren Zügen begleitet und ſie unter beſtändiger Auſſicht hat. Die wilden Völker leben aber immerfort in Feindſchaft mit den Weifsen. Zu den zahmen oder halb civiliſirten gehören nach R (18) die *Lipans, Tonkohuas* und *Caddoes;* zu den wilden die *Wacoes* und natürlich die *Comanches:* welche immerdar als das Haupt- und unvergleichlich zahlreichſte Volk in Texas zu nennen ſind. In der grofsen Wüſte im S zwiſchen dem unteren *rio de las Nueces* und dem *rio Grande* ſtreifen einzelne Banden; aber das hauptſächliche und ſichere Gebiet des wilden und mächtigeren Völkerlebens iſt das gebirgige Hochland: eben wegen ſeiner noch weniger bekannt und fchwer nahbar. Von der nie ruhenden Feindfeligkeit der wilden Völker in Texas giebt auch ein Zengnifs die kleine *nota estadistica* von 1827, welche klagt, dafs die Einfälle der Indianer alles im Staate zurückhalten.

§ 447, g. Wie ich von den indianifchen Völkern im allgemeinen gehandelt habe, fo will ich auch das, was fich über ihre SPRACHEN im ALLGEMEINEN fagen läfst, hier mittheilen. Wir werden unten fehen, dafs es deren viele und verfchiedene giebt; nur ift dem Vf. von *Lewis* Völker-Nachrichten nicht immer zu vertrauen, deffen Weife es ift jedem Volke „eine von allen andren gänz-lich verfchiedene Sprache" beizulegen. *Arricivita* redet von einer Sprache, welche die gemeinfte in Texas fei; es läfst fich nicht fagen, welche darunter zu verftehen ift; vom Miffionar *Hidalgo,* der von 1690 an wirkte und 1726 ftarb, fagt er nämlich (233, b) aus dem J. 1716: *el Padre estaba medianamente instruido en el idioma mas comun de aquellos Indios.* Arric. theilt auch 2 Wör-TER von unbeftimmten Sprachen in Texas mit: *chenesi* Priefter (219, b) und *Misuri* (441, b) als den Namen, mit welchem fie den Teufel benennen; ein einheimifches Wort wird auch *mestang* (engl. *mustang*) für die wilden Pferde feyn. Mannigfaltiger STOFF aus den EINHEIMISCHEN SPRA-CHEN liegt auch in den Eigen-, befonders den Flufsnamen: viel gewähren namentlich die Ne-benflüffe des *Brazos;* die Endung *HUNOVA* oder *junova* in 5 Flufsnamen (1mal *hono* beim *Red river*) bedeutet Flufs und ift aus der COMANCHE-Sprache, wo *honope* angegeben wird: aber auch *hono,* das in 2 ächten Flufsnamen vorkommt (f. S. 367ᵐᶠ und 378 No. 719). — Es find zufammen 9 Flüffe, welche diefes Comanche-Wort Flufs in ihrem 2ten Theile tragen; 2 davon gehören zum Syftem des *Colorado* (No. 1, 2), 6 zum *Brazos,* 1 zum *Red river* (No. 9): 1) *Pisapehunova* oder *Pesajunovo* 2) *Pash-ahono* oder *Pasigono* 3) *Tosohunova* 4) *Keriachehunova* 5) *Tahuacono* (Sch *Tanacono,* R *Towacony*): wozu gehört das Volk der *Tahuacanos* = *Tawacanies* 6) *Tah-cahunova* oder (Sch) *Tahcajunova* (R *Tacunova*), rein in der Comanche-Sprache *Tock-anhono* 7) *Ontehunova* (Sch *Ontejunova*) 8) *Towacana* 9) *Keche-ahquehono.*

Sehr merkwürdig und wichtig ift, dafs Texas, das am weiteften von der grofsen weftlichen Linie der nahuatlakifchen Wanderung oder Heimath abgelegene, ganz nach Often abgefonderte Land, in feinen Orts- und zwar vorzüglich Flufsnamen uns einen kleinen AZTEKISCHEN Schatz dar-bietet. Alles in den Ortsnamen ift modern, abfichtliche Bildung oder Wiederholung. Um die azteki-fchen Flufsnamen zu erklären, reicht es nicht aus daran zu erinnern, dafs wir in Texas in den Comanchen ein Volk fonorifcher Zunge, mit aztekifchem Sprachftoff haben; die meiften Formen find zu fehr aztekifch felbft. Das zurückbleibende Dunkel macht diefe Refte fehr merkwürdig. Wieder-erzeugt find in Texas die Namen für ORTSCHAFTEN: *Montezuma:* neu angelegte fogenannte Stadt (H 119) am *rio de los Brazos de Dios; Anahuac:* früher eine Stadt mit Militärpoften, auf Befehl des mex. Gen. *Teran* an der nordöftl. Ecke der *Galveston*-Bai angelegt, den Mündungen der *Trinidad* gegenüber; fo benannt, nachdem Oberft *Bradburn* fie befetzt; nach dem *gaz.* ein Poft-Dorf in *Liberty county,* 35 *miles* NO bis O von *Galveston; Tenochtitlan,* d. h. nur *Tenoxtitlan, Tenoxticlan* und *Tinoxticlan* gefchrieben: angelegt als Stadt und Militärpoften gegen die Indianer für *Austin's* Colonie am mittleren *Brazos.* Durch die fpanifche Sprache kann hervorgebracht feyn *Chocolate:* Name zweier Flüfschen der *la Vaca*- und *Galveston*-Bai; aber Auffehen erregen: der fonorifche FLUSSNAME *Timpisarahea:* ein Flüfschen im unbekannten NW von Texas, welches mit anderen den *Brazos* bildet, und durch feinen 1ten Theil, *timpi,* an den Flufs *Timpa* in Neu-Mexico (NM S. 242ⁿ⁻ⁿⁿ, 243ᵃ⁻ᵃᵃ) und den *Timpanogo* in Utah (f. S. 355.6) erinnert; wenn die letzten 2 Namen als Stein durch *timpa* der Yutah-Sprache erklärt wurden, fo erlaubt uns das Wort der fchofchonifchen, *timpi,* den Anfang des tex. Namens auch durch Stein zu erklären; und noch mehr erregen Auffehen, als auftretend wie in einem aztekifchen Lande (z. B. den Provinzen Veracruz oder Oaxaca, oder der nördlichen Hälfte Guatemala's), die Flufsnamen: *Ocoque,* erinnernd an *ocotl* Fichte: Zuflufs des *Tahcahunova,* weftlichen Nebenfluffes des *Brazos; Atoyac* oder *Atoyaque* (letzteres bei VS 325, a; G *Attoyac,*

H *Attoyeac*, Pike *Toyac*), Nebenflufs der *Angelina* des *Nechas*: als *Atoyaque* Wiederkehr eines Flufsnamens in Veracruz und Oaxaca, und aufserdem Name eines Dorfes bei Zacatula: unmittelbar abgeleitet von dem mex. Worte *atoyatl* Bach; ferner die Flufsnamen *Chimal*: Nebenflufs des *Llano* vom *Colorado*, = mex. *chimalli* Schild; *Comal*: füdl. Nebenflufs der *Guadalupe*, auch *county* und Dorf, = mex. *comalli* flache Pfanne zum backen der Tortillas; *Papalote* (fo allein R; bei allen übrigen: Sch, M, PC: *Papelote*)(¹), Zuflufs des *Aransaso*, = mexicanifch *papalotl* Schmetterling; *Chiltecpin* (fo bei M S. 45ᵐ und fo von mir berichtigt ftatt *Chiltipin* aller übrigen: R, Sch, PC; bei Presler am fchlimmften: *Chillipin*), ein anderer Zuflufs des *Aransaso*: ift der mex. Name für die ftärkfte Art des fpanifchen Pfeffers, in der ausgeftorbenen Sprache von Haiti *huarahua* genannt; ein Compofitum, welches bedeutet Chile-Floh, von *chilli* fpanifcher Pfeffer *(capsicum)* und *tecpin* Floh. Eine moderne aztekifche Bildung ift *Lepanticlan*, Name eines kleinen Ortes bei *Goliad* oder *la Bahia*: welches der Name des apachifchen Volksftammes der *Lipanes*, *Lipans* oder *Lepans* mit einer geläufigen mex. Orts-Poftpofition *titlan* ift, und bedeuten foll: Ort der *Lepans*.

Alles, was ich über BESTIMMTE und einzelne SPRACHEN in Texas mitzutheilen habe, — und der Nachrichten und Sprachen find viele —, habe ich den Völkern (im § 449, a) einverleibt; doch habe ich am Ende von 5 Sprachen Wortverzeichniffe geliefert und die Sprachen ausführlicher betrachtet.

§ 448. Ich gebe zunächft die verfchiedenen AUFZÄHLUNGEN der zahlreichen INDIANISCHEN VÖLKER von Texas in Gruppen, wie fie die Schriftfteller und Befchreiber des Landes in alter und neuer Zeit geliefert haben oder welche ich aus ihnen zufammenftelle; es find entweder vollftändige oder lückenhafte Liften über das ganze Land: oder gelegentliche, theilweife kleine Gruppen. Aus ihnen werden fich in einem folgenden Capitel die einzelnen Völkerfchaften ablöfen; und die Zurückweifung dort auf den Zufammenhang, in welchem hier die Völker, bisweilen mit Bemerkungen, genannt werden, wird den dort zu gebenden Commentar bedeutend abkürzen. Neben vielen Wiederholungen, welche mit diefen verfchiedenen Liften verknüpft find und durch den eben erwähnten Vortheil aufgewogen werden, fehen wir doch manchen Wechfel: wir hören namentlich noch im vorigen Jahrhundert wichtige Völker nennen, von denen in den neuen Nachrichten nicht oder wenig mehr die Rede ift: wie das Volk der *Texas* felbft, von dem das Land feinen Namen erhalten hat; im Gegentheil treten in allen neuen Berichten eine Reihe von Namen auf, die den Vereinigten Staaten angehören: Völker, welche dem englifchen Stamme füdwärts hierher nachgezogen zu feyn fcheinen.

Im 1ten Theile der *Chronica seraphica*: *Chronica apostolica, y seraphica de todos los colegios de propaganda fide de esta Nueva-España, de Missioneros Franciscanos Observantes . . . escrita por . . . Isidro Felis de* ESPINOSA, *. . . ex-Guardian de dicho Colegio* &c. *P. I. Mex.* 1746. fol.; werden p. 443 in Texas erwähnt die *Indios Ays*, das Volk der *Yatasis*, die *Indios Adays* und die *Caddodachos*; im J. 1730, wo 3 Miffionen an den *rio de* SAntonio verlegt werden, nennt der Vf. p. 459 in der Gegend: *tres Naciones de Indios Gentiles muy dociles de las Naciones de los Pacaos, Paalat y Pitalaque*; zufammen über 1000 Seelen.

VILLA-SEÑOR (P. II. 1748) nennt an einer Stelle, die ich S. 415ᵐ⁻ᵐᵐ ausführlich gegeben habe, in Texas folgende Völker: *Texas, Nechas, Malleyes, Asinais, Asineis, Nacodoches*

_____

(¹) Die Form *Papelote* hat auch eine recht fchöne und fpecielle Karte von Texas, welche ich erft fpät durch eine 1851 in *Wolfenbüttel* erfchienene Nachbildung kennen gelernt habe, betitelt: *Map of Texas. Compiled from surveys at the Land Office of Texas by K. W. Presler* & *W. Völker Geometers of the Land Office of Texas.* An Fehlern in den Namen gebricht es ihr nicht, wie diefs häufig das Schickfal nordamerikanifcher Erzeugniffe ift.

y otras; er bezeichnet fie fpäter (325, a^{nf}) als *Gentiles.* An einer 2ten Stelle (329, b) nennt er in dem Landestheile des *presidio de los Adaes* noch eine kleinere Gruppe: *Dichos Miſſioneros, continuando ſu Apoſtolico zelo, profiguen reduciendo y catequizando á muchos Indios de las Naciones Gentiles, que pueblan eſta Provincia, y ſon: de Adoſes, Ayes y Cocos, por eſtar ſubyugados à los Texas.*

Juan Domingo ARRICIVITA, in feiner *Parte* II. der *cronica serdfica y apostólica del colegio de propag. fide de la Santa Cruz de Querétaro. México* 1792. fol., handelt p. 213-226 von den Unternehmungen der Miſſionen in Texas und den dortigen Indianer-Stämmen. Es wird Zeugniſs abgelegt von der Maſſe vieler Völkerſchaften in Texas: *los Codadachos, los Indios infieles Texas, los Asinais;* weiter (321-338) werden genannt: *Indios Mayeyes* 337, *los Natages, Indios de Tulimes* (richtig *Julimes:* im *bolson de Mapimi* und *Coahuila,* f. oben S. 307^{af}, 174^{an-nf}, 183^{mm}) 363, *Vidais* 376, *Lipanes* 387.

Dr. John SIBLEY von Natchitoches (vgl. oben S. 415^{n-nn} *Pike*) hat einen von Gallatin in der *archaeol. amer.* II, 1836 p. 115^{nn}-7^{af} kurz vorgetragenen, fehr genauen Bericht von den zahlreichen kleinen Völkerſtämmen im W des *Missisippi,* am und füdlich vom *Red river,* gegeben; er iſt abgedruckt bei dem, mir nicht zu Gebote ſtehenden *president's message* vom 19 Febr. 1806: „mit beigegebenen Documenten von *Sibley* u. A." (¹) Diefe Völkerſtämme zerfallen in 2 Claſſen: 1) die feit Menfchengedenken von der OSeite des *Missisippi* hergewandert find: die *Appalaches, Alibamas* und *Conchattas* (116) aus dem *Creek*-Lande; die *Taensas* am *Red river;* die *Humas, Tunicas, Boluxas* und *Pascagoulas;* die *Pacanas,* früher in WFlorida. Sibley verfichert, daſs jedes der 4 letzten Völker eine eigne und verfchiedene Sprache hat. 2) Urfprüngliche Völker der Gegend: die *Caddoes* oder *Caddokies;* ihre Nachbarvölker: die *Nandakoes, Inies* oder *Tachies* [= *Texas*], und die *Nabedaches;* zufammen etwa 200 Krieger, reden Dialecte der *Caddo*-Sprache; die *Natchitoches* und *Yatassees, Adaize, Appelousas, Chactoos, Panis* oder *Towiaches, Tawakenoes* (117). Zu ihnen fügt Gallatin noch (117^m) die *Chitimachas.* Er verfichert (118^{nn}), auf Grund der 4 Wortverzeichniſſe, die Richtigkeit von *Sibley's* Behauptung: daſs die Sprachen der *Attacapas, Chitimachas, Adaize* und *Caddoes* ganz unter einander und von allen ihm bekannten verfchiedene Sprachen find. Aus feinem Briefe an *Duponceau* iſt zu fchliefsen, daſs *Sibley* auch von einigen andren Sprachen, über die er abfpricht, Wortverzeichniſſe erlangt, fie aber nicht mitgetheilt hatte.

In des Cap. LEWIS Reife mit *Clarke (travels, from St. Louis, by way of the Missouri and Columbia rivers, to the Pacific Ocean; performed in the years* 1804-6. London 1809. 8°) werden in einem Abfchnitte, überfchrieben: *historical sketches of the several Indian tribes in Louisiana, south of the Arkansas river, and between the Mississippi and River Grand* (p. 184-210), nach einander folgende Völker behandelt: *Caddoques, Yattassees, Nandakoes, Adaize, Aliche* oder *Eyeish, Keyes* oder *Keychies, Inies* oder *Tachies, Nabedaches, Bedies, Accocesaws, Mayes, Carankouas, Cances, Tankaways* oder *Tanks, Tawakenoes* oder *Three Canes, Panis* oder *Towiaches, Hietans* oder *Comanches, Natchitoches, Boluxas, Appalaches, Allibamis, Conchattas, Pacanas, Attakapas, Appalousa, Tunicas, Pascagolas, Tenisaws, Chactoos, Washas, Chactaws, Arkansas.* Es verfteht fich, daſs mehrere diefer Namen nicht nach Texas gehören. — Es iſt mir nicht

---

(¹) Die *biogr. univ.* giebt (Art. *Lewis* im *suppl.*) franzöfifch den Titel diefer Publication fo an: *Message du président des E. U., communiquant les découvertes faites dans l'exploration du Missouri, de la rivière Rouge et de l'Ouachita, par les cap. Lewis et Clarke, le Dr. Shibley et M. Dunbar; avec un état statistique des pays voisins. Wash.* 1806. 8°. Die Entdeckungen „*Shibley's*" und *Dunbar's* betrafen das Land im S des *Arkansas* und zwifchen dem *Missisippi* und *rio Grande. Dunbar* liefs den Band unter verändertem Titel wieder drucken: *découvertes faites dans l'exploration du Missouri &c.* (wie vorhin), *Natchez* 1806. 8°.

unwichtig, aber eben fo fchwer zu beftimmen, von wem diefe fo genauen und umftändlichen Nachrichten über eine Menge, felten befuchter Völker und wann fie verfafst find: fchon darum, weil gelegentlich der Vf. in der erften Perfon fpricht, als an Ort und Stelle gewefen; und weil oft Jahresbeftimmungen, an das Jahr des Schreibens geknüpft, darin vorkommen. Sollte Lewis felbft der mit ich Sprechende, und während feiner 2jährigen Statthalterfchaft in der Luifiana (1807-9) oder vor feiner Reife zu einigen diefer Völker gekommen feyn? Dafs das meifte diefer fo genauen Nachrichten über fo viele Völker in einer feiner Reife fremden Gegend nicht von ihm erkundet feyn kann, ift ficher anzunehmen. Am nächften liegt es, aus der bedeutenden äufseren Übereinftimmung der in feinem Reifewerke aufgeführten Völker und Namensformen fowohl als der Übereinftimmung fehr fpecieller Nachrichten über fie mit denen Sibley's zu fchliefsen, dafs die Notizen von diefem herrühren oder *Lewis* ihn benutzt habe. (¹) Ich beruhige mich dabei, dafs ich durch eine Bemerkung des Präfidenten *Jefferfon* vor dem Buche wenigftens berechtigt werde diefe Völker-Nachrichten (und es find vor dem obigen Stück noch folche über weftliche Völker, aus feiner Reife: ein Stück überfchrieben *statistical view*, p. 157-183) unter Lewis Namen zu ftellen. Der Präfident äufsert nämlich dort in einem *message* an den Congrefs (p. IVᵃᵃ): *With these* (nämlich dem Material von feiner Reife vom *Missouri* aus an die *Columbia* und Südfee) *I communicate also a Statistical View, procured and forwarded by him, of the Indian nations inhabiting the territory of Louisiana, and the countries adjacent to its northern and western borders . . . .* (²) Das ganze Buch über die Reife hat weder Meriwether *Lewis* noch Will. *Clarke* unmittelbar herausgegeben. Eine fpätere Ausgabe in 3 Bd. (*Travels to the source of the Missouri river and across the American continent to the Pacific ocean*, London 1817. 8°) enthält die Völker-Nachrichten nicht.

Sehr wichtige und authentifche Nachrichten über diefelbe Gegend, die Völker von Texas und feinen nördlichen und öftlichen Nachbarländern, welche wir von ihm nicht ganz abfondern können, aus den J. 1817 und 1818, enthält das Werk: *A report to the secretary of war of the United States, on Indian affairs, comprising a narrative of a tour performed in the summer of 1820, under a commission from the president of the U. St., for the purpose of ascertaining . . . the actual state of the Indian tribes in our country. By Jedediah* Morse. *New-Haven* 1822. 8°, mit einer Karte der Verein. St. Zuerft findet fich darin p. 256-9 ein Bericht über die Indianer zwifchen dem *Red river* und *rio del Norte* von dem Oberft W. A. Trimble d. d. 7 Aug. 1818, gegründet auf Erkundigungen, die er 1817 bei einem Commando in jener Gegend eingezogen hatte; ich hebe daraus hervor die über die *Caddos, Coshattas, Choctaws* und *Comanches*. Das Wichtigfte für uns ift aber der Theil der grofsen ftatiftifchen Tafel der nordamerikanifchen Völker, mit Angabe ihrer Seelenzahl und Wohnfitze (von p. 361 an), welcher (373-4) die Völker zwifchen dem *Red river* und *rio del Norte* begreift. Diefe Völkertafel rührt wieder von Trimble her: denn *Morse*, obgleich ihm eine Reife zu den Völkern im N und eine zu denen im S der Verein. St. aufgegeben war, fcheint nur die nördliche Reife gemacht zu haben. Er hatte nämlich, alt und kränklich, den 7 Febr. 1820 einen Befehl des Präfidenten der Verein. St. erhalten die indianifchen Völkerfchaften der Verein. St. zu befuchen, und zwar die nördlichen im Frühling und Sommer, die füdlichen im Herbft und Winter; und über alle

---

(¹) Da ich die wichtige Arbeit Sibley's nur nach den Mittheilungen beurtheilen kann, welche *Gallatin* im 2ten Bande der *archaeol. amer.* aus ihr gemacht hat, fo unterfcheiden feine Nachrichten fich von denen bei Lewis für mich immer dadurch, dafs die *Sibley's* kürzer und fragmentarifch, die bei *Lewis* ausführlicher und vielfeitig find.

(²) Eben fo fteht auf dem Titel der Reife: *The travels &c. Containing delineations of the manners, customs, religion, &c. of the Indians, compiled from Various Authentic Sources, and Original Documents, and a summary of the statistical view of the Indian nations, from the official communication of Meriwether Lewis.*

ihre Verhältniffe einen Bericht˙auszuarbeiten. Er reifte 10 Mai 1820 mit feinem jüngften Sohn *Richard C. Morse* als Gefährten von *New-Haven* ab: ihre Reife ging nach NW bis *Green bay*, 1500 *miles* Weges (f. p. 13-18); fie kehrten am 30 Aug. nach *New-Haven* zurück. Am 4 Juli 1821 reifte Morfe nach Canada (19).

Morfe fagt über jene grofse Völkertafel p. 23: . . . *I have prepared, with no small labor, from the most authentic materials which I could command, a* Statistical Table, *embracing the names and numbers of all the tribes within the jurisdiction of the U. St., and have accompanied this Table with a Map, shewing, as far as is known, where each tribe resides.* Von dem, uns hier allein angehenden Theile der Völker in der *Luisiana* und zwifchen dem *Red river* und *rio del Norte* fagt Morfe (36ⁿ) unter diefem Landftrich: *„In our Table are given the names, numbers and locations of these tribes, furnished by Col.* Trimble*, with an account of their present state . . . .* [mit dem *account* meint er den erften Theil meiner allgemeinen Mittheilung (S. 419ᵐᶠ), die ich unter *Trimble's* Namen ftelle]. Obgleich ein grofser Theil diefer Völkerfchaften aufserhalb der Gränzen der Vereinigten Staaten liegen, macht ihr Zufammenhang mit unfern Indianern es doch wichtig, dafs wir ihre Lage kennen . . ."

Ich nenne hier nur die Namen der Völkerfchaften, wie die Tafel fie in Gruppen, wie nach Verwandtfchaft, zufammenfafst, da ich die Beftimmungen zu den Namen im folgenden § den einzelnen Völkern beifügen werde: 1) *Mobile*-Stamm: *Tunica, Biloxi, Alabama, Apalache, Pascagoula, Choctaw, Quapaw, Chickasaw, Cherokee, Delaware, Chatteau* 2) *Muscoga*-Stamm: *Coshatta* 3) *Caddo*-Stamm: *Caddo, Natchitochy, Adayes, Tetassee, Nadaco, Nabidacho* 4) *Cadodache*-Stamm: *Nacogdochet, Aise, Texas, Hini, Beedi, Keechi* 5) vereinzelte Völkerftämme: *Attacapas, Coco; Towacanno, Towcash, Tahuacana* oder *Tahuaya* (diefe 4 wie Ein Volk); zu den *Pani* werden gerechnet: *Waco, Towcash* 6) Tonkawa-Stamm: *Tonkawa* (274), *Coronkawa, Arrenamuses, Carees;* darauf folgen: *Apaches Lapanne, Comanches* in 3 Abtheilungen. Alle diefe Indianer bilden eine Summe von 45,370 Seelen. — Diefe ftatiftifche Völkertafel meine ich immer, wenn ich im § 449,a bei den einzelnen Völkern Morfe (Mᵤ) nenne: ohne darum ihm die Angaben beizumeffen, denn fie find von Trimble; wo eine Nachricht aus der früheren Stelle (256-9, *account*) ift, nenne ich *Trimble.*

MILLARD in: *Le Texas, ou notice historique sur le Champ d'Asile, . . . par MM. Hartmann et Millard. Paris, Juin* 1819. 8° p. 126 fagt: die wilden Völker *Tankards, Panis, Apaches* und *Camanches* zeigten fich oft gegen die Gränzen hin; aufserdem nennt er die *Karankavès.*

Mrs. HOLLEY (1836) nennt (p. 151-161) in Texas die *Comanches,* *Carancahuas;* Überbleibfel (160) der *Waccos, Tawackanies, Caddos, Tankaways, Lepans:* alle fehr unbedeutend: fie feien entweder zu wenig zahlreich oder zu civilifirt, um die Anfiedler zu ftören; *Cushatees.* Die *Kickapoos* (161), *Shawnees, Cherokees* und *Creeks:* welche von den Nordamerikanern nach dem W vom Miffifippi getrieben find; dehnen oft ihre Jagdzüge bis zu den Niederlaffungen am *Brazos* aus, welche fie aber freundlich behandeln; eine Erzählung über *Waccos* und *Tawackanies* f. 161-173.

George CATLIN erzählt im Vol. II. feiner *letters and notes on the manners, customs, and condition of the North American Indians*, London 1841. 8°, viel von den Comanchen (p. 44-72) und einigen anderen Völkern von Texas (73-75).

MÜHLENPFORDT, in feinem Buche: der Freiftaat Texas, Clausthal 1846. 12°, S. 113-4, macht folgende Aufzählung: „In Texas, wenn man feine Gränzen bis an den Rio Grande del Norte ausdehnt, haufen als eigentliche Eingeborne des Landes vorzüglich *Cumanches, Apaches, Lipanis, Wäkuhs (Wacoes), Tonkewühs (Tonkewaes)* oder *Toncahuas, Tahuacanos* oder *Towakanihs, Caranchuhuas* oder *Carancowasos, Cayugas (Kiaways?)* und *Bidias* oder *Bidaes.* Aufserdem find nach und nach, aus der Verein. Staaten vertrieben, einzelne Bauden von den Stämmen der *Cherokees, Pahnih-Picten (Pawnee-Picts)* oder *Toweasches, Coschattas, Kickapuhs, Choctahs, Caddoes, Schanies (Shawnees), Alabamas, Delawaren, Unataquas, Quapahs* (114), *Tohuhk-*

tuhkihs, *Beluxis* und *Jawanihs* oder *Tawanihs* in Texas eingewandert." Von der zweiten Reihe interessiren die Völker aus den Vereinigten Staaten mich wenig, und ich nehme nur einige davon in meine alphabetische Lifte auf. — Der Vf. behandelt nun ausführlicher die *Cumanches, Apaches, Lipanis, Cayugas, Wacoes, Caranchuhuas* und *Tahuacanos;* da bricht, wie ich schon gesagt habe (S. 404nn), die 1te Lieferung seiner Schrift über Texas ab: daher ich bei den übrigen Völkern nichts aus ihm anführen kann.

Schoolcraft theilt im 1ten Theile seines gleich zu nennenden Werks (*Indian tribes* p. 229-241) einen interessanten Auffatz des bekannten Hrn. David G. B U R N E T, gewesenen ersten Präsidenten von Texas, mit, von ihm auf Anfuchen von *Neighbors* verfafst (f. oben S. 365mm) und unter dem 29 Sept. 1847 aus *Austin* in Texas an *Schoolcraft* gesandt [1]: in welchem er aus seiner eignen Kenntnifs werthvolle Nachrichten über die Comanchen (p. 231-9) und darauf (p. 239-241) kürzere über die *Seraticks* und *Muscalaroes* (= *Mescaleros*), *Tonkawas* mittheilt. Die *Whacoes, Tawacanies, Towe-ash, Aynics, San Pedro's, Nabaduchos, Nacado-cheets* und *Hitchies* sind kleine Stämme oder Bruchstücke von solchen; sie wohnen seit langer Zeit in Texas, seien aber im Grunde Abarten der *Caddo*-Familie; die bedeutendsten von ihnen seien die *Whacoes*. Die *Caddoes, Cherokees, Shawnees, Delawares, Kickapoos* und einige andre Stämme habe das schöne Klima und der Reichthum an Wild nach Texas gezogen. Sie sind nach seinem Urtheil allzumahl Eindringlinge, ohne Wohnrecht; und er nennt es unklug, dafs die Regierung von Texas sich 1844 in einen Vertrag mit mehreren von ihnen eingelassen hat; die Regierung der Verein. Staaten müfste sie in die *Rocky Mountains* schaffen.

R Ö M E R (1849) sagt (p. 301): dafs die *Kickapoos, Shawnees* und *Delawares*, weiter nördlich im W des Staats Arkansas wohnend, das texanische Gebiet und besonders das Thal der Flüsse *SSaba* und *Llano* nur der Jagd wegen, in kleinen Trupps, besuchen.

Der junge deutsche Ansiedler in Texas, dessen Nachrichten über das Volk der Comanchen Prof. Berghaus mitgetheilt hat (1849; f. oben S. 366mf-7af), Emil K R I W I T Z, nennt (*Berghaus* S. 61 Anm. 14) aufser den Comanchen noch folgende Indianer-Völker auf dem Gebiete, welches der Staat Texas für sich in Aufpruch nehme: die *Pawnee-Picts, Tonkaways* und *Towaconays, Karancahuas* oder *Karankaways;* dann die Stämme der *Caddoes, Kikapoes, Choctaws (Chahta)* und *Chickasaws*, nebst den *Witschitas:* alle aus den Verein. St. eingewandert, und umherziehend zwischen den Quellen des Brazos und Colorado; endlich *Delawares* und *Shawnees:* halb civilisirte Indianer, in kleinen Haufen von 20 Kriegern sich haltend in der Nähe von Austin, Antonio, Braunfels, Friedrichsburg; ein Theil der *Shawnees* soll *farms* am *Canadian river* haben. — Von den kleinen Stämmen der Comanchen, welche er nennt, greift keiner in die Volksnamen von Texas ein.

Henry R. S C H O O L C R A F T, *historical and statistical information . . . of the Indian tribes of the United States.* Part I. Philad. 1851. 4°, zählt p. 518-523 die indianischen Völkerstämme nach den Provinzen auf, zugleich mit Angabe ihrer Anzahl. Ich nehme hier nur die Zahl ihrer Krieger von 1849 auf. Stämme in T e x a s: *Comanches* oder *Na-uni* 4000 Krieger, *Kiowas* 300, *Lipans* (vom Apachen-Stamm) 100; *Ionies, Caddoes* und *An-a-dahhas* zusammen 280; *Koechies* 60; *Waecoes, Witchitas* und *Tahwaecarras* 200; *Tonkahiras* 130; *Muskaleras* 400; *Euquatops* 300 (beide Apachen-Stämme).

Im P. III. seiner *Indian tribes* (1853) liefert S C H O O L C R A F T wieder ein Verzeichnifs der Texas bewohnenden Indianer-Stämme. Zunächst sagt er (403nn), dafs er Wortverzeichnisse von folgenden kleineren Völkerschaften vermisste: den *Wacoes, Keechies, Towacoros, Lipans, Ionies* und *Anduicos.* Auf p. 635 wird dann die indianische Bevölkerung von Texas so angegeben: *Towacarros* 141, *Wacoes* 114, *Keechies* 38, *Caddoes* 161, *Andaicos* 202, *Ionies* 113, *Delawares* 63, *Shawnees* 70; Summe 902 Seelen, darunter 317 Krieger. Am *Brazos* und an seinen Nebenströmen ziehen noch die *Tonkawas* herum, c. 250 Seelen. Noch gehören hierher die *Wichitas*, 100; *Lipans* 500.

[1] Wegen der häufigen Abwesenheit von *Neighbors* überfandte er ihn *Schoolcraft.*

Neuere Nachrichten über einen Theil von Texas mit einer grofsen Karte haben wir vom Cap. R. B. M A R C Y, in feinem Werke: *exploration of the Red River of Louisiana, in the year* 1852; Wafh. 1853. S⁰. Er nennt (p. 93) neben den Witchitas, über die ich nach ihm fpäter ausführlich handeln werde, die Völkerfchaften: *Wacos, Kechies* und *Quapaws*. Alle diefe 4, fagt er, haufen *(resort to)* in dem Landftrich um die *Witchita*-Berge, wo fie vor wenigen Jahren ihre Dörfer und Kornfelder hatten; aber fie find neuerdings in die Nähe der weifsen Niederlaffungen gezogen. Die *Witchitas* und *Wacos* wohnen jetzt am *Rush creek*; die *Kechies* und *Quapaws* an *Chouteau's creek*, einem Nebenwaffer des *Canadian*. Die *Witchitas* und *Kechies* zählen jede etwa 100 Krieger, die *Wacos* etwa 80, die *Quapaws* nur 25; alle find zu Pferde. Die *Quapaws* find der armfelige Überreft des einft fo mächtigen Volks der *Arkansas*. Über die *Kioways* wird mehreres gefagt. In *Schoolcraft* V, 712 (f. näher im § 449,b) fetzt *Marcy* die *Witchitas* mit den *Wacos* und *To-woekonies* zufammen an den *Rush creek*.

Hier führe ich auch die Schrift an: *portraits of North American Indians, painted by J. M. Stanley. Deposited with the Smithsonian institution.* Wafh. 1852. 8⁰: ein Verzeichnifs von Bildniffen, in welchem auch deren genannt werden von Perfonen der: „*Wichetaws* oder *Pawnee Picts*" p. 47-48, *Caddoes* 48-49, *Anandarkoes* 49-50, *Wacoes* 50-51; von dem Ober-Häuptling der *Natchitoches* (*Cho-wee*, der Bogen: 51), gemalt 1843; der *Towocconies* 51-52, *Keechies* 52-53, *Comanches* 53-55, (*Pueblos* 55-56, *Apaches* 57, *Pimos* 58, *Maricopas* 58, *Clackamus* 61 u. a.).

Noch neuere Nachrichten find von John P O P E, der (*exec. docum. congr.* 33, 1 Vol. 18, 2 p. 24) fagt (1854): dafs das Thal des *Brazos* und das Land von da bis zum *Red river* durch die kleinen Stämme der *Tonkawas, Wacos, Wichitas, Caddoes* ufw. eingenommen find; zufammen etwa 1000 Seelen. Sie find friedlich und freundlich, treiben Ackerbau (in kleinen *farms*) und werden leicht durch Fort *Belknap* am *Brazos* im Zaum gehalten.

Im 5ten Theile von S c h o o l c r a f t's *Indian tribes* (Philad. 1855) p. 682-5 befinden fich, in einem Schreiben aus *Burlington* vom 14 März 1855 an denfelben, Mittheilungen über Sitten, Sagen und Gefchichte der Indianer des füdweftlichen Texas von Will. B. P A R K E R: aus welchen ich folgendes aushebe: Die *Caddos, Ionies* und *Ahmaudahkas* meinen nach einer Sage von den heifsen Quellen des *Arkansas* zu ftammen, von da an den *Red river* bei Natchitoches und endlich an den *Brazos* gekommen zu feyn. Sie, wie die *Wacos* und *To-wac-onies*, haben kegelförmige Häufer von *framework of poles* (f. näher). Sie leben zufammen in grofser Einigkeit am *Brazos*, unterhalb Fort *Belknap*, und reden die *Caddo*-Sprache „als ein allgemeines Verftändigungs-Mittel". — Dann nennt er *Witchitas* (683), *Toukaways, Delawares, Comanches*. Alle diefe Stämme nehmen fo viele Weiber, als fie erhalten können; fie werden gekauft. Weiter hin (702) giebt er nach dem Cenfus vom J. 1854 für das füdweftliche Texas folgende Seelenzahlen an: *Caddos, Ionies* und *Ahnaudahkas* 750, *Wacos* 205 (65 Männer), *To-wac-onies* 189 (51 Männer), *Witchetaws* 314 (80 Männer), *Bolixes* oder *Paluxies* 60, *Kechies* 100 (etwa 25 Männer), *Quapas* 25 Männer.

M A R C Y giebt, fehr ähnlich mit *Parker*, an (bei Schoolcr. V, 712): dafs die *Ionies, An-adak-kas* und *Caddoes*, alle die *Caddoe*-Sprache redend, nahe bei einander am *Brazos*, unterhalb Fort *Belknap*, wohnen; ihrer feien etwa 700 Seelen. Sie leben in ftehenden Dörfern, von Ackerbau und Jagd. Diefe 3 Stämme haben früher Feindfeligkeiten mit den Anfiedlern von Texas gehabt, find aber jetzt ruhig und fiedeln fich auf den ihnen gefchenkten Ländereien an. Sie ftehn unter einem, ihr Beftes fördernden, alten Häuptling, *José Maria*.

The history of Texas ... from 1685 ... to 1846 *by H. Yoakum.* Vol. 1. 2. *Redfield* 1856. 8⁰ erwähnt im Anfang einige Völker: *Cenis, Nassonis* (vgl. bef. unten bei diefem Volke) ufw. Diefe weitläuftige Gefchichte von Texas klärt einige ungewiffe Punkte auf; doch hat die ältere Epoche nur einen geringen Umfang: denn mit p. 111 des 1ten Bd. geht fchon das Jahr 1800 an; und bald darauf vertieft fich das Buch in die für uns wenig Nutzen und Vergnügen gewährenden Händel, Unruhen, Aufftände, Anzettelungen, Kriegsfcenen und die neuefte politifche Gefchichte.

In der Mitte Juni's 1857 erhielt ich eine, von mir näher bei dem Volke der *Kiaways* (im § 449, a) besprochene, wichtige Arbeit, voll Wortverzeichnisse: über die Völker und Sprachen in Texas, Neu-Mexico, dem Lande des Gila und Colorado, und Neu-Californien: welche die Expedition des Lieut. *Whipple* um den 35ten Breitengrad für die grofse Südsee-Eisenbahn 1854-55 angetroffen hat; ein Heft, betitelt: *report upon the Indian tribes, by lieut. A. W. Whipple, Thomas Ewbank, Esq., and prof. Wm. W. Turner.* Wash. 1855. 4° (aber gedruckt noch während des J. 1856). Neben Nachrichten über die Völker enthält das Heft Wortverzeichnisse: in Texas: der *Delaware* und *Shawnee* (p. 56-60, vom Algonkin-Stamm), *Choctaw* 62-64, *Kichai* und *Hueco (Keechi* u. *Waco)* 65-68, *Caddo* 70, *Comanche* (das ich bei Neu-Mexico S. 309-14 nachgetragen habe) zusammen mit *Chemehuevi* am Colorado und *Cahuillo* in Neu-Californien: 2 neuen sonorischen Sprachen! 71-76; endlich *Kioway* 78-80; *Kechi* in Neu-Calif. 77 (nur einige Wörter von Bartlett), einer 3ten neuen son. Sprache! ferner: *Navajo* und *Apache Pinaleño* 81-83; *Kiwomi, Cochitemi* und *Acoma* vom *Queres*-Stamme in Neu-Mexico 86-89; *Zuñi* 91-93; ein neues kleines der *Pima* 94, das ich auch bei meinem Neu-Mexico (S. 308-9) nachgetragen habe; endlich vom *Yuma*-Stamme am Colorado und in Neu-Californien: *Cuchan, Cocomaricopa, Mojave (Mohave), Diegeno (Diegueño)* 95-101: wovon das *Mohave* ein ganz neuer Gewinn ift. — Whipple giebt Bildnisse und Abbildungen: von *Choctaws* p. 24 und 25, *Shawnees* 25 und 26, von *Hueco*-Indianern 27, von *Comanchen* 28, *Kiowas* auf einer Büffeljagd 29.

§ 449, a. Ich behandle nun die EINZELNEN VÖLKER von Texas, jedes für sich: indem ich sie, wie sie aus den Liften des vorigen Capitels hervorgehn, in alphabetischer Folge nenne; und bei jedem Volke die Nachrichten verzeichne, welche ich über es und (was seltner ist) über seine SPRACHE habe sammeln können. Dieser Völker-Reichthum knüpft sich nicht an die Gegenwart: es sind die Völker darin, welche ehemahls in Texas lebten und genannt werden: auch nach dem weiten Verftande, in welchem Villa-Señor und andere Schriftfteller diefes spanische Besitzthum nehmen, ausgedehnt besonders nach O hin: Völker, welche jetzt zum Theil nicht mehr sind; und es sind alle Völker der Gegenwart und der jetzigen Ausdehnung des Landes darin: auch noch etwas, sogar manchmahl weit, in die Nachbarländer: Louisiana und Arkansas, das *Indian territory,* ja östlich bis Florida, hinein.

Aus der Liste von *Lewis,* welche die Völker „in Louisiana südlich vom *Arkansas* und zwischen dem *Missisippi* und *rio Grande*" enthält, und der ähnlichen von *Sibley* und *Gallatin,* wie auch aus allen übrigen Quellen: fielen mir bei der Gelegenheit von Texas viele Völker der vorhin genannten Nachbarländer im O, NO und N, zu, mit Nachrichten von Interesse und Aufklärungen über ihre Sprachen:. dafs ich der Verfuchung unterlegen bin sie aufzunehmen. Es ist überhaupt schwer von Texas alle Völker auszuschliefsen, welche dem sonstigen Gebiete der Vereinigten Staaten angehören; in der Geschichte und den Verhältnissen von Texas treten die Nachbarvölker vielfach auf, und man kann sie nicht verschweigen. Da sich mich einmahl mit dieser Gegend befafst habe, mache ich mit dem, was hier an Völkernamen zu viel und ferner liegendes dargeboten wird, einen leisen Anfang zur Erleuchtung eines andren Schauplatzes. Die mit Nachrichten versehenen auswärtigen Völker (der neuen Zeit) find aber in eine eckige Klammer [ ] eingeschloffen. Dagegen habe ich von dem nachfolgenden Verzeichnifs die kleinen Stämme ausgeschloffen, welche zu Völkern der Vereinigten Staaten gehören, die fich erft feit kurzer Zeit theilweife nach Texas herabgezogen haben: die *Cherokees, Chickasaws, Creeks, Delawares, Kickapoos, Shawnees;* ich finde mich nicht veranlafst über sie noch ihre Sprachen Erläuterungen zu geben, noch ihre Wortverzeichnisse zu nennen.

Mit und ohne diefe Nachbarvölker ist die Zahl von Völkern, welche ich in Texas zusammen_gebracht habe, erftaunend grofs; ich verdanke diefen Reichthum den vielfältigen Quellen, die ich von allen Seiten zu diefem Unternehmen verwandt habe.

Diefe einzelnen Quellen bezeichne ich durch Chiffren; und indem diefe Chiffren öfter allein auf die Völker-Verzeichniffe im vorigen § verweifen, kann ich hierdurch, aufser der Beftimmung der Zeit und Autorität, viele Worte erfparen, welche nöthig wären, um die Lage einer Völkerfchaft aus-zudrücken oder Bemerkungen über fie zu wiederholen. Die Quellen mit ihren Chiffren find: A =: Arricivita, B = Burnet, Ga = Gallatin, H = Mrs. Holley, K = Kriwitz, L = Lewis (d. h. der unbekannte Vf. der Völker-Nachrichten in dem Buche von *Lewis* und *Clarke's* Reife, am wahrfcheinlichften *Sibley*), M = Mühlenpfordt, Ma =. Marcy, Mi = Millard, Mo = Morfe (d. h. nicht er, fondern der Vf. feiner texanifchen Völker-Tafel: Oberft *Trimble*), P = Pope, R = Römer, Sc = School-craft: und zwar Sc1: feine Lifte in P. 1, Sc2: die in P. III; Si = Sibley, VS = Villa-Señor, Wh = Whipple.

VERZEICHNISS der VÖLKER von und bei Texas (gen Oft, Nordoft und Nord), nebft Nachrichten über fie und ihre Sprachen:

Accocefaws: nur von L genannt; fie hatten nach ihm (191-2) ihre alte Stadt und ihren Hauptfitz an der WSeite des „*Colerado of Rio Rouge*", 200 miles SW von *Nacogdoches:* verlegen ihren Wohnort aber oft nach den Jahreszeiten, an die Bai ufw.; ihr Land wird als vorzüglich ge-fchildert. Sie haben eine befondre Sprache: theilen fich aber auch durch Daum-Zeichen mit, die fie alle verftehn; ihrer find 80 Männer. Vor 30-40 Jahren hatten die Spanier eine Miffion hier, hoben fie aber auf oder verlegten fie nach *Nacogdoches;* fie fprechen davon fie wiederherzuftellen.

Adaes bei VS, *Adays* Espinofa (443), *Adayes* Mo, jetzt Adaize (L): VS nennt fie nicht als Volk, fondern ich fchliefse es nur aus feinem *presidio de Nuestra Sra del Pilar de los Adaès* und aus den von ihm oft erwähnten 3 Miffionen *de los Adaés;* der Name des *presidio* bezeichnet die Wohnfitze des Volks: bei den Seen in der weftl. Luifiana; near der Gränze von Texas und nahe (SW) bei *Natchitoches;* wo auf der Karte des G der Ort *Adayes* fteht (im Texte heifst *Adaies* ein Poftamt in der Pfarre *Natchitoches*). Nach *Sibley* (1806: f. Ga 116ⁿ) wohnten die *Adaize* zwifchen den *Natchitoches* und *Yatassees*, waren auf 50 Seelen heruntergekommen und reden eine von allen andren *(from any other known to us)* gänzlich verfchiedene Sprache: was Ga (118ⁿⁿ) auch von feiner Seite beftätigt. Wir kennen fie durch ein Wortverzeichnifs, das (f. Ga 118ᵐᶠ) *Sibley* an *Duponceau* fchickte und *Gallatin* als No. XIII, 48 feiner grofsen Worttafel *(archaeol. amer.* II, 1836 p. 307-367) gegeben hat. Nach L (f. 189) wohnen die *Adaize* feit uralter Zeit 40 miles von *Natchitoches*, unterhalb der *Yattassees*, am *lac Macdon;* fie waren das nächfte Volk an dem alten fpanifchen Fort oder der Miffion *Adaize*, welche nach ihnen benannt ift; jetzt find ihrer nur 20 Männer und mehr Frauen übrig. „Ihre Sprache, verfchieden von allen andren, ift fo fchwer zu fprechen und zu verftehn, dafs kein Volk 10 Wörter von ihr fprechen kann"; fie reden aber alle *Caddo*. Sie waren mit den Franzofen gegen die *Natchez* verbündet. — Mo nennt beim *Caddo*-Stamme die *Adayes:* 30 Seelen, am *bayou Pierre* des *Red river.*

Adofes nennt VS (329, a) neben den *Ayes* im Landestheile des *presidio de los Adaes*

Aés: VS nennt (325, a) im Landestheil *Asinais* eine Gegend *(el Parage) que llaman de los Aés, Indios Gentiles, Rancheados en eftos contornos;* hier wohnte auch ein Miffionar (325, b). So ähnlich die Namen find, mufs man doch diefes Volk für ein anderes als die *Ayes* halten.

[**Alabamas** (Mo und M; Si *Alibamas*, L *Allibamis*) nennt M beiläufig aus dem Verein. St. Nach L (f. 204-5) find fie aus WFlorida, vom *Allibami*-Flufs, und kamen zu gleicher Zeit mit den *Boluxas* und *Appalaches* zum *Red river;* „im vorigen Jahre" hat ein Theil (30 Männer) vom *bayou Rapid* fich nahe den *Caddoques* angefiedelt; fie reden *Creek, Chactaw* und *Mobilian;* ein andrer Theil (40 Männer) hat feit der Einwanderung aus Florida ein Dorf im Bezirk *Appelousa* inne.]

An-adahhas Sc1, *An-adakkas* Ma in Schoolcr. V, *Ahnaudahkas* (auch *Ahmiaud.*) Parker's, *Anandarkoes* Stanley's, auch wohl *Andaicos* und *Anduicos* Sc2: find die *Nandacoes* von Si und L, Mo's *Nadaco*. Nandacoes nennt Si (Ga 116mm) als Nachbaren der *Caddoes* und als redend einen Dialect der *Caddo*-Sprache. Nach L (188-9) wohnen die *Nandakoes* 60-70 *m.* im W der *Yattassees:* nur noch 40 Männer, da vor einigen Jahren die Pocken gewüthet hatten; ihre Sprache ift *Caddo*, fie betrachten fich als identifch mit den *Caddos* und vermifchen fich mit ihnen durch Heirath. Mo nennt beim *Caddo*-Stamm die Nadaco am linken Ufer der *Sabina*, 180 Seelen. Nach Ma (Schoolcr. V, 712) wohnen die *Ionies*, An-adakkas und *Caddoes*, alle die *Caddo*-Sprache redend (nach Parker S. 422mf aber nur als ein allgemeines Verftändigungs-Mittel), nahe bei einander am *Brazos*, unterhalb Fort *Belknap*; f. näher S. 422; eben da find die gleichen und weitere Angaben *Parker's* über die *Ahmaudahkas*, nachher richtiger *Ahnaudahkas* gefchrieben, einzufehn: die fich felbft von den Quellen des *Arkansas* herleiten.

Ein Hauptvolk in Texas find die APACHEN, allgemein und in verfchiednen Stämmen. All_gemein werden fie genannt von *Millard*, vom G im W von Texas; der neuefte Vf. über Texas, *abbé E. Domenech* in feinem *journal d'un missionnaire au Texas* ct au *Mexique* 1846-52, Paris 1857. 8o, hat auf der Karte die *solitudes fréquentées par les Apaches* im hohen NW, nördlich über den *solitudes habitées par les Comanches:* er hat nämlich die *Apachen* nördlich vom *north fork* des *Colorado*, füdlich vom *Salt fork* des *Brazos* (in *Bexar county* und nördlich davon), gegen den *big Wichita* hin. Arricivita nennt befonders die hier nachfolgenden Lipanes, die er auch *Ipandes* oder *Ipandis* nennt, und die Natages oder *Natojes*. Ich habe feine Nachrichten über die Apachen_Stämme in Texas und einen Theil ihrer Gefchichte ausführlich beim Apachen-Volke (S. 306m-8af) mitgetheilt. Andere Stämme, weit nach N, fogar über Texas hinaus, find (f. S. 303mm) die *Apaches Llaneros* (vgl. noch S. 304nn) und unbezeichnete (308af).

Römer erwähnt (339): „dafs fich zur Zeit feines Aufenthalts in Texas auch zahlreiche Banden fogenannter *Apaches Mescaleros*, die regelmäfsig ihre Wohnfitze weiter weftlich haben, an dem SSaba und *Llano* zeigten; von den *Comanches* aber, obgleich mit ihnen ftammverwandt, doch als Fremde betrachtet wurden." (Er nennt nämlich die *Apaches* und *Navajoes* „die Stammverwandten" der Comanchen: 331.) Mit diefer Nachricht ftimmt Sc1 überein, der 400 **Muskaleras** in Texas nennt; B nennt (239) die *Muscalaroes* als verwandt den *Lipans:* wohnend am *rio Puerco*, in der Stärke von 1000-1500 Kriegern; friedlich Ackerbau und Viehzucht treibend; nach allem von ihm gefagten gehören fie nach Neu-Mexico. — Sc nennt noch die *Euquatops* als einen Apachen-Stamm in Texas, 300 Seelen.

[Apalaches: find nach L (204) aus WFlorida, vom gleichnamigen Fluffe, ausgewandert; ka_men um diefelbe Zeit als die *Boluxas* an den *Red river:* wo fie feitdem, oberhalb des *bayou Rapid*, wohnen; diefes alt berühmte Volk von Florida ftand bei den Franzofen in hoher Achtung und benahm fich ftets gut. Nur 14 Männer find von ihm übrig; fie haben ihre eigne Sprache, reden aber Fran_zöfifch und *Mobilian.*]

[*Appaloufa* L, Appeloufas Si, *Opelousas* Ga (woher das Dorf *Opelousas* in Louifiana): ein Volk, das nach Si (Ga 116n) auf 40 Männer herabgefunken war; mit einer ganz befondren Sprache, von der wir aber (Ga 118n) leider keine Probe befitzen. Das Wort *Appalousa* foll nach L (207) fchwarzer Kopf oder Schädel bedeuten. Sie find nach ihm Ureinwohner des nach ihnen benannten Bezirks; ihr Dorf fteht 15 *m.* W von der *Appalousa*-Kirche, ihrer find 45 Männer. Ihre Sprache ift von allen andren verfchieden, doch verftehn fie *Attakapa* und fprechen franzöfifch. Sie pflanzen Korn und haben Vieh.]

Arrenamufes nennt Mo, und er allein, beim *Tonkawa*-Stamme: am *SAntonio*, nahe feiner Mündung; 120 Seelen

Asinais als ein Volk von Arric. genannt, auch von VS 324, b; etwas dunkel ſagt er 323, b: *la (Nacion) de los Nechas de la parcialidad de los Aſinais, cuya Nacion es la Capital de la Prov. de los Texas;* 324, a nennt er in der Nähe des Preſidio *Dolores „de los Texas, Aſinais"* „die Miſſion *de los Indios Aſinais":* es iſt die Miſſion S*Francisco de los Asinais* (S. 409n), auch Miſſion *de los Indios Aſinais* und S*Francisco de los Nechas* genannt; vielleicht ſind die *Asinais* die neuen *Inies* (geſprochen *Eineis;* ſ. S. 431af); gleich nach ihnen nennt VS die:

Aſineis (324, b: ſ. oben, S. 417nn): und man muſs daraus ſchlieſsen, daſs ſie trotz der beinahe völligen Gleichheit des Namens ein anderes Volk ſeien

[Attacapas haben nach L (206-7) ihr Dorf im gleichnamigen Bezirk (in Louiſiana), 25 m. W von *Attakapa church,* gen *Quelqueshoe;* ihrer ſind 50 Männer: aber einige *Tunicas* und *Humas,* die unter ihnen leben, bringen ſie auf 80; ſie ſind gut geartet und arbeitſam. Sie und die *Carankouas* haben dieſelbe Sprache. Sie wohnten an ihrer jetzigen Stelle ſchon, als die Franzoſen dieſen Landtheil entdeckten. — Si (Ga 116nn) ſagt auch, daſs ſie auf 50 Männer herabgeſunken ſind, und daſs ſie eine ganz beſondre Sprache haben, die nach ihm (und L) auch von den *Carankouas* geſprochen wird; ſie ſollen früher Menſchenfreſſer geweſen ſeyn. Ihren Namen haben ſie nach Ga (118aa) von den *Choctaws* erhalten und er bedeutet Menſchenfreſſer *(men-eaters;* dieſs ſagt ſchon L): von *hottok* Perſon und *uppa* eſſen. Ein bedeutendes Wortverzeichniſs dieſer Sprache verdanken wir dem Franzoſen Martin *Duralde* in *Atacapas,* der es 1802 an *Jefferson* ſchickte (vgl. weiter unten bei dem der *Chetima-chas* von demſelben: S. 429nn-f); es iſt ganz abgedruckt in *Vater's* Analekten der Sprachkunde Hf. II, Hlf. 2. Leipzig 1821 S. 63-72; auſserdem bildet es, in einer Auswahl, No. XV, 50 in Ga's groſser Worttafel p. 307-67: und er urtheilt nach ihm, daſs die Sprache von der *Choctaw* ganz verſchieden ſei. — Ich will von der groſsen Fremdartigkeit der Sprache im allgemeinen zeugen: obgleich man einige aztekiſche Ähnlichkeiten herausfinden kann: *ak* Waſſer (A *atl*), *kagg* Baum, Holz (A *quahuitl*), *nedle* Zunge (A *nene-pilli,* urſprünglich *nenetl*). Häufig ſind in der Sprache auch den aztekiſchen ähnliche Conſonanten-Verbindungen: *gl, tl, dl; gn;* häufig die Endung *st,* mit weiterer Verſchlingung (z. B. *gst*): *atliggl* heute, *idla* morgen, *ogld* Fleiſch; *ihoigglst* Blitz, *addleshltaggn* Eis.]

Ayes bei VS (329, b), *Ays* bei Espinoſa (443): verſchieden ſcheinend von den *Aés,* aber wahr-ſcheinlich = den *Eyeish* (Mo *Aise*); — Aynics ſ. Burnet (oben S. 421af), wohl = *Inies*

Bidais (A *Vidais,* M *Bidaes* und *Bidias,* Mo *Beedi,* L *Bedies*): ſind aufbehalten in dem *Bidais creek* in *Walker* county, Zuſluſſe des *rio de la Trinidad;* Alcedo nennt aber (I, 240) *Bidaie* als einen *pueblo* der *Indios Cenis* an dieſem Fluſſe. Nach L (191) ſind die *Bedies* an der *Trinidad,* 60 m. S von *Nacogdoches,* 100 Männer; ihre Sprache iſt von allen andren verſchieden; aber ſie ſprechen *Caddo;* ſie ſind ein friedliches Volk, von vortrefflichem Charakter. Mo hat die *Beedi,* 120 Seelen, am rechten Ufer der *Trinidad,* 65 *miles* oberhalb ihrer Mündung.

[Boluxas wanderten nach L (ſ. 203-4) vor 42 Jahren als ein zahlreicher Stamm aus *Pen-sacola,* nachdem es die Engländer eingenommen, zum *Red r.;* lieſsen ſich erſt zu *Avoyal* nieder, gingen dann höher herauf, und wohnen jetzt 40 m. unterhalb *Natchitoches,* auf 30 Seelen herabgekom-men; ſie haben eine eigne Sprache, reden aber das von allen Indianern an der OSeite des Miſſiſippi geſprochene *Mobilian.* Mo hat die *Biloxi* 1) 90 m. oberhalb der Mündung des *Red r.,* 30 Seelen 2) am *Biloxi bayou,* 15 m. oberhalb ſeines Einfluſſes in den *Nechez,* 50 Seelen. Sie haben nach Ga den Namen gegeben dem Dorfe *Biloxi* in *Harrison* county des Staates Miſſiſippi, an der mit dem mexicaniſchen Meerbuſen in Verbindung ſtehenden *Biloxi*-Bai, 90 m. ONO von NOrléans. Nach Ga (116a) wohnten ſie ſonſt im O des Miſſiſippi, jetzt aber unterhalb *Natchitoches;* M nennt die *Beluxis* unter den beiläufigen Volksſtämmen in Texas aus den Verein. Staaten. *Parker* führt im Cenſus des ſüdweſtl. Texas vom J. 1854 die *Bolixes* oder *Paluxies* mit 60 Seelen auf.]

Caddos (H, L, Mo; meiſt *Caddoes*) oder *Caddoques* (L, *Caddokies* Ga; auch von B, K, Sc1 und 2, P genannt), von R zu den Halbwilden gezählt: wohnten nach *Sibley* (bei Ga 116) vormahls 300 *m.* den *Red river* aufwärts auf einer Prairie an einer Höhe, auf welche der grofse Geift, nachdem die ganze Welt in der grofsen Fluth ertrunken war, Eine *Caddoe*-Familie fetzte, aus der alle Indianer entfproffen find (daffelbe erzählt L). Lewis widmet ihnen einen langen Artikel (184-7), und nennt fie bald *Caddoques,* bald *Caddos:* Sie wohnen, fagt er, feit 5 Jahren 35 *m.* W vom Hauptarm des *Red r.,* am *Sodo bayou,* 120 *m.* NW von *Natchitoches;* gleich im 1ten Jahr rafften die Pocken die Hälfte von ihnen hin, dann kamen die Mafern. Vorher und feit undenklicher Zeit (185) wohnten fie am füdl. Ufer, 375 *miles* höher herauf; die Franzofen hatten hier ein Fort. (Die Wohnfitze der *Caddos* werden befonders bezeichnet durch den *Caddo*-See im nordweftl. Ende der Luifiana.) Das ganze alte *Caddo*-Volk (186) ift jetzt auf 100 Krieger herabgefunken. „Diefes Volk übt grofsen Ein-flufs über die *Yattassees, Nandakoes, Nabadaches, Inies* oder *Yachies* (Irrthum für *Tachies,* f. hier ⁿ), *Nagogdoches, Keychies, Adaize* und *Natchitoches:* welche alle die *Caddo*-Sprache fpre-chen, fich mit ihnen verheirathen" ufw. Sie leben in Zwift mit den *Choctaws.* — Trimble fagt: Als die Franzofen fich 1717 am *Red r.* anfiedelten, waren die *Caddos* das zahlreichfte und kriege-rifchfte Volk bis zu feinen Quellen; fie hatten aber fehr von den Pocken zu leiden, und verloren in ihren Kriegen mit den *Osagen, Towcash* und *Camanches:* welche fie von den Quellen des *Red r.* vertrieben; fie wohnen jetzt am See *Cèodo* [*Caddo*-See], c. 90 *m.* NW von *Natchitoches* (f. noch weiter); fie wurden als das Hauptvolk ihres urfprünglichen Landes betrachtet und hatten eine Ober-hoheit über alle Nachbarftämme aufser den *Choctaws,* mit denen fie in grofser Eiferfucht lebten. — Mo nennt fie, als erftes Volk feines *Caddo*-Stammes, und zwar: 1) 450 am See *Ceodo* des *Red r.* 2) 100 am rechten Ufer des *Red r.* bei *Nanatsoho.* — Nach B wohnten fie einft am *Red r.,* ober-halb *Natchitoches* und unterhalb des grofsen *raft;* vor einigen Jahren (B) find fie nach Texas gezo-gen und haben fich an einem Zweige des *Red r.* (Ga), 120 *m.* oberhalb *Natchitoches,* niedergelaffen. Obgleich fie durch die Pocken und ihre Kriege mit den *Osagen* auf 100 Krieger herabgefunken find, werden fie doch von den Nachbarftämmen fehr geehrt. Nach R aber (18, 242-4) bewohnen fie am oberen *Brazos* ein Dorf, und leben meift mit 2 anderen kleinen Stämmen, den *Keechyes* und *Inyes,* zufammen. — Nach *Parker* und *Marcy* (in Schoolcr. V, 1855) wohnen die *Caddoes* mit den *Ionies* und *Ahnaudahkas* oder *An-adakkas* zufammen am *Brqzos,* unterhalb Fort *Belknap.* Nach Erfterem reden fie die *Caddo*-Sprache „als ein allgemeines Verftändigungs-Mittel"; fie ftammen nach ihrer Sage von den heifsen Quellen des *Arkansas:* von wo fie an den *Red r.* bei *Natchitoches* und endlich an den *Brazos* gelangt find. 1854 zählten diefe 3 Völkerfchaften zufammen 750 Seelen. S. näher über fie S. 422ᵐᶠ⁻ⁿ. — Nach *Whipple* (70) wohnen die *Caddos* am *Red r.,* find ein kleiner Stamm, und ähneln in Kleidung und Ausfehn den *Delawares,* in Pfeilen und Bogen den Comanchen; fie haben viele Flinten. S. noch *Stanley* (oben S. 422ᵃᶠ).

Ga nennt als Dialecte der *Caddo*-Sprache redend die *Nandakoes, Inies* oder *Tachies* (= *Texas*) und *Nabedaches.* Ein *Caddo*-Wortverzeichnifs fchickte (Ga 118ᵐᶠ) *Sibley* an *Duponceau;* Ga machte nur theilweife Gebrauch davon, weil er ein reicheres von dem *Indian agent* Ge. *Gray* erhielt; Ga hat ein Wortverzeichnifs, das er beide Mahle dem Ge. *Gray* zufchreibt, in 2 Theilen ge-liefert: als No. XVI, 51 feiner grofsen Worttafel p. 307-67 und als befonderes als Col. 3 von 5 Spra-chen p. 383-397. Im 5ten Theile von *Schoolcraft's Indian tribes* p. 709-12 hat uns *Marcy* ein neues Wortverzeichnifs gefchenkt; diefs, und die Wichtigkeit des Idioms als alt heimifch in und fpecififch für Texas, Sprache der *Texas (Tachies* oder *Inies)* und anderer, fo wie eine Zwifchen-fprache fremder Völker, haben mich veranlafst (in § 449, d) felbft eins aufzuftellen und das Idiom näher zu unterfuchen. Diefem meinem Wortverzeichnifs habe ich unter einem Stern * die 20 Wörter *Whipple's* (p. 70) hinzugefügt. Ich finde die *Caddo*-Sprache ganz fremdartig; die wenigen Wörter, die fie mit den *Pawnee*-Sprachen und darunter fpeciell mit der *Witchita* gemein oder ähnlich hat, nenne ich im § 449, e.

Hhh 2

Ich irre wohl nicht, wenn ich meine, dafs Villa-Señor's Volk der C A D O D A C H O S, Espinofa's *Caddodachos* (443) und Arricivita's *Codadachos* die *Caddos* find; der Hauptbeweis ift
die Gegend. Unter den *Cadodachos* follten 1691 (VS 333, a) 4 Miffionen angelegt werden; in ihrem
Lande hatten fich fchon (334, aⁿⁿ) feit 1716 Franzofen angefiedelt; 1719 waren diefelben noch in ihren
presidios de Cadodachos y Nachitoos.   Arricivita nennt die *Codadachos;* er fagt auch (233, b),
vom J. 1716: in *Codadachos* (wie einem Ort) hatten die Franzofen fchon ein Prefidio errichtet; als
folches kommt es bei VS *(Cadodachos)* 1721 vor. — Meine Gründe für ihre Identität mit den *Caddos* find: die Gegend, das franzöfifche Fort (vgl. Lewis); dafs die fpanifchen Schriftfteller nur die
Cadodachos; die englifchen, amerikanifchen und deutfchen nur die *Caddoques* oder *Caddoes* nennen.
Nur Ein Widerfpruch ift: dafs Morfe feine 3te Abth. den *Caddo*-Stamm, eine 4te den *Cadodache*-
Stamm benennt; er fchlägt zu letzterem die Völker *Nacogdochet,* .*Aise, Texas* und *Hini:* ziemlich
die, welche L (f. vorhin S. 427ªª) neben andren von Morfe's *Caddo*-Stamme im grofsen *Caddo*-Ver-
bande nennt; ich halte alfo die Trennung beider Abtheilungen für einen Irrthum der Tafel bei Morfe.

Cances (L; 1mahl, 195ⁿ, fogar *Cancers*) oder Carees (Mo) nennen L und Mo auffallenderweife allein: und dabei find fie nach L (f. 194_5) ein fehr zahlreiches Volk, das aus einer Menge
verfchiedener Stämme befteht. Sollten wir fie in den *Senis (Cenis)* zu fuchen haben? Nach L nehmen die Stämme der Cances verfchiedene Landestheile „von der Bai *SBernardo,* über den *rio
Grande,* gegen Veracruz hin", ein. Sie find keine Freunde der Spanier, aber den Franzofen ergeben,
und mit allen andern Indianern aufser den *Hietans* in Freundfchaft; gute Jäger und Bogenfchützen.
Ihre Kleidung ift eigenthümlich, aus feinem Leder; die Weiber tragen lange Röcke. Ihre Zahl läfst
fich nicht fchätzen. Vor 30-40 Jahren pflegten fie die Spanier zu Sklaven zu fangen und in Menge
nach *Natchitoches* zum Verkauf an die franzöfifchen Einwohner zu bringen; viele wohnen hier noch,
find aber frei, „da vor 20 Jahren ein königlicher Befehl die Sklaverei verbot und aufhob". Sie haben
eine eigne Sprache, und alle andren verftehn fie durch Zeichen. — Mo nennt, unter dem *Tonkawa*-
Stamme, die Carees, 2600 an der Zahl, an der Küfte zwifchen dem *Nueces* und *Norte.*

C A R A N C A H U A S (H, *Karankahuas* K; *Carankouas* L und Si, *Carancowasos* M; *Karankaways* K, *Carankoways* R; *Carancuhuas* R, *Karankuhuas* PC; *Caranchuhuas* M; *Coronkawa*
Mo; von den franzöfifchen Gefährten *la Salle's,* nach *Yoakum's history of Texas* 1856 I, 27, *Kirononas* genannt): nach welchen die kleine Bai *Caranchua* (ein Arm der *Matagorda*-Bai) und
ein Flüfschen derfelben benannt: find ein von allen neuen Berichterftattern genanntes, fehr wildes
Volk, ja von Menfchenfreffern, das ehemahls (H 158) die ganze Meeresküfte inne gebabt haben foll
und jetzt in dürftigen Reften, hauptfächlich vom Fifchfang lebend, am Seeufer und an den Mündungen
der Flüffe (PC 30) herumfchweift. Man hat gemeint (H 3), dafs die Spanier fie für fo wild und für
Menfchenfreffer ausgegeben haben, um Anfiedler von Texas abzufchrecken; oder wahrer, dafs aus Schrecken
vor ihnen fie fich nicht in das Land wagten und es daher wenig kennen lernten. Mir ift fehr merkwürdig, dafs keine frühere Nachricht diefes Volk erwähnt (nur f. ᵐᶠ,ⁿᶠ); der Erfte ift *Sibley:* welcher
(Ga 116ⁿᶠ) die *Carankouas* am Seeufer nennt, und fagt, dafs fie die Sprache der *Attacapas* reden.
Nach L (f. 193-4) leben die *Carankouas* auf einer Infel oder Halbinfel der Bai *SBernardo,* 10 *m.*
lang und 5 breit; an einer Seite der fruchtbaren Infel ift ein hoher *bluff* oder Kohlen-Berg, welcher
viele Jahre in Feuer ift, bei Nacht leuchtet und bei Tage raucht, wodurch öfter Schiffe getäufcht
werden; aus diefer brennenden Kohle wird eine gummi-artige, pech-ähnliche, ftark riechende Subftanz
von der Brandung an den Strand geworfen, welche die Spanier *cheta* nennen und die *Carankouas*
gern kauen. Sie find unverföhnliche Feinde der Spanier, immer fie bekriegend und tödtend. Diefe
nennen fie Menfchenfreffer, aber die Franzofen geben ihnen ein anderes Zeugnifs und find feit *la Salle's*
Zeit ftets von ihnen freundlich behandelt worden; mit allen andern Indianern ftehn fie im guten Vernehmen   Sie follen 500 Männer ftark feyn, aber L (oder feine Quelle) hat fich keine genaue Angabe
verfchaffen können. Sie reden die *Attakapo*-Sprache. — Morfe nennt, beim *Tonkawa*-Stamm, die

Coronkawa, 350, herumstreifend am *SJacinto.* — Millard nennt (p. 126) die *Karankavès* als Menschenfresser; er sagt: *Les antropophages sont les Karankavès, nation barbare et toujours errante; ce sont eux qui ayant surpris deux de nos malheureux camarades les dévorèrent, et nous trouvâmes encore sur la terre les restes de leurs membres palpitans.* — Mühlenpfordt (120) nennt das Volk *Caranchuhuas* und *Carancowasos.* Sie „hatten", sagt er, „ehedem ihre Wohnsitze in der Küstengegend zwischen dem Orte *Goliad* oder *La Bahia* und *Aranzaso.* Sie sind kräftig, hochgewachsen, mit stark gebogener Nase, niedriger Stirn und markiert hervortretenden Backenknochen." Sie tragen das Haar herabhangend, sind tätowirt; „mit Messern, Bogen und Pfeilen bewaffnet; die Ansiedler durch ihre Neigung zum Stehlen belästigend, Todfeinde der Cumanches. Ihre Wohnungen gleichen den Rohrhütten der Mejicanischen Indier wärmerer Landstriche. Gegenwärtig sind ihrer nur noch wenige, und die französischen Missionaire *Odin* und *Estany* haben (1842) Schritte gethan, sie mit den Resten einiger anderen kleinen Stämme in eine Mission zu vereinigen." — Mrs. Holley erzählt ihre Vertilgung so: Die ersten Ansiedler (158) unter Stephen *Austin* traten in bedeutender Stärke und wohl bewaffnet auf: so lange sie (159) zusammenhielten, blieben die *Carancahuas* friedsam, bettelten nur und stahlen; als jene sich aber zur Erforschung des Landes zerstreuten, tödteten sie 4. Da gingen die Feindseligkeiten an: die Ansiedler mussten aber duldend bleiben, da sie ohne militärische Hülfe waren; später unternahm *Austin* mit Büchsenmännern einen Zug gegen sie, und der halbe Stamm wurde hingeschlachtet; der Rest flüchtete sich in die Kirche der mexicanischen Mission *la Bahia:* sie wurden unter der Bedingung frei gegeben, dafs sie den Flufs *la Baca,* WGränze der Colonie, nicht wieder beträten; was sie gehalten haben. Später fingen die Mexicaner an die Überbleibsel des Stammes für Räubereien und Mordthaten zu vertilgen; die Überlebenden kamen über den *la Baca* und baten die Colonisten um Schutz gegen Arbeit: die Gränzbewohner haben sie als Diener unter ihre Familien vertheilt. *Thus,* sagt Mrs. H (160[m-mf]), *the shores and bays of this beautiful region, in which these fierce children of the woods once roamed, free as the lion of the desert, have been transferred to other hands. From being the rightful proprietors of the domain, they have become the hewers of wood and drawers of water to their invaders.* — PC nennt (13) das Volk jetzt „wenig zahlreich", K giebt in Texas die *Karancahuas* oder *Karankaways* an: nur 10-12 Familien armseliger Fischer, an der Aransas-Bai und dem Nueces; R sagt (19), „sie schienen ausgestorben zu seyn".

[*Chactoos* sind nach L (f. 208-9) und Si (Ga 116[nf]) am *bayou Boeuf,* Ureinwohner da (L), nur 30 Männer: sie haben nach ihnen eine besondere Sprache, von der wir aber (Ga 118[n]) keine Wörter besitzen; nach L reden sie *Mobilian;* — ob sie auch die Chatteau sind? genannt von Morse: an der *Sabina,* 50 miles oberhalb ihrer Mündung; 240 Seelen]

[*Chitimachas* (auch *Chittemachas, Chetimaches:* f. S. 151[a]) nennt Ga (117[m]): bemerkend, dafs sie früher in der Nähe des Sees *Barataria* gewohnt haben und noch in Unter-Louisiana existiren; nach ihnen ist der *Chetimaches*-See oder *Grand Lake* benannt: in der südlichen Luisiana, zwischen dem *Atchafalaya bayou* und dem Flufs *Teche.* — Ein reiches Wortverzeichnifs der Sprache der *Chetimachas,* von dem Franzosen Martin *Duralde* zu *Atacapas* (Vater S. 83) an den Präsidenten *Jefferson* geschickt (Ga 118[mf]), ist, nebst einem gleichen der *Atacapas* (f. oben S. 426[m]), abgedruckt in Joh. Sev. *Vater's* Analekten der Sprachenkunde Hf. II, Hlf. 2. Leipzig 1821. 8° S. 73-83, und in einer Auswahl in Ga's grofser Worttafel (1836) als No. XIV, 49 p. 307-67. Dieses Wortverzeichnifs ist aber nicht von *Duralde* aufgenommen, wie Ga (118[mf]) sagt: denn *Duralde* schreibt eigens in einer Schlufs-Note (Vater 83), datirt *aux Atacapas, le 23. Avril 1802: Il faut observer que n'ayant ni entendu ni reçu ce vocabulaire moi-même, je ne puis donner aucun secours pour la prononciation, ni pour la quantité; qu'en le transcrivant j'ai supprimé toutes les diphthongues Françaises…*]

Choctaws oder *Chactaws* *(Chactas):* von ihnen find nach L (f. 209-10) viele an der WSeite des Mifüfippi, ein Dorf von 30 Männern am *Oacheta river*, eins von 50 am *bayou Chico* im nördl. *Appelousa;* aufserdem durchftreifen fie die ganze untere Luifiana; fie find im Kriege mit den Caddoques. Mo nennt ihrer 1200 an der *Sabina* und am *Nechez*, 140 am *Red r.* bei *Nanat-soho* oder *Pecan point* [in Arkanfas]; nach *Trimble* find fie zerftreut über das Land vom *Red r.* bis zur *Trinidad*, wo fie ohne fefte Wohnung in kleinen Haufen herumziehn. Abbildungen von ihnen find gegeben in *Whipple* p. 24 und 25.

Cocos nennt VS (329,b) in dem Landestheil des *presidio de los Adaes* (vgl. *Cooko prairie* bei *Pacanas*), als ein den *Texas* unterworfnes Volk; noch Mo nennt die *Coco*, 150, an der *Trinidad*

den COMANCHEN *(Comanches)*, dem Hauptvolke im ganzen Lande, und zwar hauptfäch-lich wohnend in feinem SW (f. die weiteren Beftimmungen S. 361), und ihrer wichtigen Sprache habe ich ein eignes grofses Capitel (§§ 412-446, S. 361-9, 370-403) im Anfange des Abfchnitts von Texas, vor allem Eingehn auf das Land, gewidmet; dazu ift zu fügen ein Zufatz zur Sprache in mei-nem Neu-Mexico S. 309-314

COSCHATIS: fo will ich deutfch ausgleichen die franzöfifche Schreibung *Hartmann's* (p. 34), welcher (71) meldet, dafs das Volk *Cochatis* mit den Franzofen des *Champ d'Asile* ein Bündnifs fchlofs; die deutfche M's, welcher die *Coschattas* beiläufig aus den Verein. St. nennt; und der H (160-1) *Cushatees* (daher im G: *Coushatee Chute* Poftamt in *Natchitoches parish* in Louifiana). Mrs. H nennt das Volk fehr bemerkenswerth, aber gering an Zahl: fie hätten Dörfer an der *Trinidad;* ihre Häufer feien gut gebaut, ihre Felder wohl beftellt; fie hätten viele Pferde und Vieh, feien gaftfrei und freundlich; wenn fie im Herbft nach der Erndte jagen, bleibe oft kein Mann in den Dörfern zurück. — Auf diefe neueften laffe ich die älteren Nachrichten folgen. Die *Conchaitas* nennt Si (Ga 115-6) auf der OSeite des Mifüfippi, wohin fie aus dem *Creek*-Lande gekommen waren. Sie find nach L (f. 205-6) beinahe identifch mit den *Allibamis;* fie kamen vor 10 Jahren herüber, wohnten zuerft am *bayou Chico* in *Appelousa*, wohnen feit 4 Jahren aber am OUfer der *Sabina*, 80 m. S von *Natchitoches;* ihrer find 160-200; fie reden die, ihnen angeborne *Creek*-Sprache und *Choctaw*. Mo nennt beim *Muscoga*-Stamm die *Coshatta*, und zwar 1) 350 am *Red r.*, 510 m. oberhalb feiner Mündung 2) 50 am *Nechez*, 40 m. oberhalb feiner Mündung 3) 240 in 2 Dörfern an der *Trinidad*, 40-50 m. oberhalb ihrer Mündung. Nach *Trimble* erhielten die *Coshattas* von den *Caddos* die Erlaubnifs fich am *Red r.* niederzulaffen: fie wanderten aus Florida ein und „werden für einen Zweig der *Muscogees* gehalten".

Eyeifh (Mo's *Aise*) find vielleicht die *Ayes* (der Form nach weniger die *Aés*) VS's; fie woh-nen nach L (189-190), der fie auch *Aliche* nennt, bei *Nacogdoches*, find aber beinahe ausgeftorben, da ihrer nur noch 25 Seelen find; vor 4 Jahren rafften die Pocken den gröfsten Theil von ihnen hin, und vor wenigen Jahren waren fie noch ein bedeutendes Volk am gleichnamigen *(Ayish) bayou*, welcher die Strafse von *Natchitoches* nach *Nacogdoches* durchfchneidet, 12 m. W von der *Sabina*. Kein anderes Volk redet ihre Sprache, aber fie fprechen und verftehen Caddo und verkehren mit die-fem Volke viel. — Es find die *Aise* Mo's: in feiner *Cadodache*-Abtheilung, gleich wohnend feinen *Nacogdochet* (an der *Angelina*) und mit ihnen vermifcht, 20 Seelen.

INIES find nach Si (116^mm) Nachbarn der *Caddoes* und reden einen Dialect der *Caddo*-Sprache; ja wir lernen von ihm, dafs fie gleich den *Texas* find: wofür er *Tachies* fagt; es heifst nämlich fo (116^mm): *the* Inies or *Tachies* (beide Namen hat auch L), *who have given their name to the province of Texas*. Ich handle von beiden Völkern auch unten bei den *Texas*. L fagt (190) über die *Inies* oder *Tachies: From the latter name the name of the province of Tachus or Taxus is derived.* Die *Inies* wohnen feit alter Zeit 25 m. W von *Natchitoches* am *Naches* (den er „einen kleineren Flufs, einen Zweig der *Sabina*" nennt); es find ihrer noch 80 Männer; ihre Sprache ift die der *Caddos*, mit denen fie in Freundfchaft leben; fie find von gutem Charakter, haben ein vortreffliches. Land und bauen Mais (*corn*) zum Verkauf. — Mo giebt im *Cadodache*-Stamm getrennt die *Texas* am *Nechez*, (f. da) und die *Hini*, 200 Seelen, an der *Angelina* an. In yes (gefpr. *eineis*, wie fie auch Whipple *Hainais* fchreibt: f. mein Neu-Mexico S. 312[f]) nennt R (244); neben den *Keechyes* als einen kleinen Stamm, mit dem die *Caddoes* meift zufammenleben; nach K find die *Kitscha* zufammengefetzt aus den Überreften der *Keacheyes* und Ionies (letzteren Namen. hat auch Sc1 und 2); ob M's Jawanies oder Tawanies, beiläufige Stämme aus den Verein. St., daffelbe find? Ich verweife auf Angaben aus dem J. 1855 von *Parker* und *Marcy*, welche ich beim allgemeinen (S. 422[mf-nn]) über die am *Brazos*, unterhalb Fort *Belknap*, nahe bei einander wohnenden *Caddos*, *Ionies* und *Ahnaudahkas* oder *An-adakkas* gegeben habe: welche nach Erfterem, der auch ihre früheren Sitze nennt, die *Caddo*-Sprache „als ein allgemeines Verftändigungs-Mittel", reden. —. Vielleicht find die *Inies* (wohl B's *Aynics*) VS's. und Arric.'s. *Asinais*, welche in dem Namen des Prefidio *Dolores* (S. 426[a-aa]) auch mit den *Texas* auffallend zufammengeftellt werden.

Juchta nennt K neben, den *Wakoes* im Gebiete des *Brazos* als einen Comanchen-Stamm (f. oben S. 367[aa]), daher ich den Namen mit *Yutas* verglichen habe (362[af-m]): wozu ich noch die Merkwürdigkeit hinzufügen mufs, dafs *Presler*'s Karte von Texas im fernen NW, füdlich vom *Elm creek* des *Clear fork* vom *Brazos*, ein *Pahayutka village* verzeichnet: vielleicht = *Pah-Yuta*; diefs Dorf ift wohl = dem Comanchen-Häuptling *Pahajoko* oder *Pah-a-yuka* (S. 367[a], 368[nn], NMex. 307[aa-af])

KEECHIES (Sc2) oder Keechyes (R: gefpr. *kihtscheis*; Mo *Keechi*, L *Keychies* oder *Keyes*, K *Keacheyes* und *Kitscha*, Whipple *Kichais*; *Kechies* Ma und Whipple, *Koechies* Sc1): wohnen nach L (190) am öftlichen Ufer der *Trinidad*, ein wenig oberhalb der Strafse von *Natchitoches* nach *SAntonio*; es find ihrer 60 Männer; fie haben ihre befondere Sprache, reden aber jetzt meift die der *Caddoes*, mit denen, fie fich verheirathen; früher wohnten fie in ihrer Nähe, an der ob. *Sabina*. Mo nennt die *Keechi*, 260, am rechten Ufer der *Trinidad*, 125 m. oberhalb ihrer Mündung; diefs pafst zum *upper* und *lower Keechi creek.*, welche: jener nördlich (mit dem Zuflufs *Buffalo*), diefer füdlich, in die *Trinidad* auf ihrer WSeite einfallen. — Hitchies nennt B unter den kleinen, alten Volksftämmen von Texas, welche nach ihm im Grunde Abärten der *Caddo*-Familie feyn follen; fie feien ehemals ein befondrer und vereinzelter (*isolated*) Stamm gewefen, hätten aber durch Heiraths-Vermifchung mit benachbarten Schwärmen ihre Identität eingebüfst und fich in den gemeinfamen Stamm verloren. Die *Kechies* wohnen nach Ma (der mehr von ihnen berichtet) an *Chouteau's creek*, einem Zuflufs des *Canadian*. R erzählt (244): dafs die *Caddoes* meift mit 2 andren kleinen Stämmen, den *Keechyes* und *Inyes*, zufammenleben; und K (oben S. 367[aa]): mit den *Nabachho* fcheine vereint der kleine Stamm der *Kitscha*: zufammengefetzt aus den Überreften der *Keacheyes* und *Ionies*. *Parker* nennt im Cenfus des füdweftl. Texas vom J. 1854 die *Kechies* mit 100 Männern; f. noch *Stanley* (oben S. 422[af]) *Keechies*. — Nach Whipple (68) wohnen die *Kichais* (*Keechies*, *Kechies*) „am *Canadian river*, *near Choteau's old trading-house*. Seitdem er getödtet wurde, ift der Ort ganz in ihrem Befitz gewefen." Er rechnet den Stamm zu 500 Kriegern oder darunter. Durch *Whipple's* Wortverzeichniffe (*Kichai* [des *Canadian*] und *Hueco* 65-68) find wir über das Verhältnifs diefes Volksftammes und feiner Sprache zur Klarheit gekommen: dafs fie ein Glied der Pawnee-Familie; eine genaue Verwandte der *Pawnee*, *Waco* und *Witchita* ift; diefs beweife ich im § 449, g, wo ich auch das, leider nur kurze Wortverzeichnifs der Sprache gebe.

Die KIAWAYS (nach engl. Schreibung; *Kyaways* Pike; *Kiawas* L, Mo; *Kiowas* Sc, P, *Kioways* Ma, Catlin, Wh; *Keawas* Olshaufen I, 309), im nordweftlichen Ende von Texas, find das Volk, welches in mex. Zeitungen (f. bei den Apachen S. 312[n]; 309[mf]) *Caihuas* heifst und mit Comanchen in eine mex. Nord-Provinz einfällt (vgl. *Pope* unten S. 434[af]); VS's *Cayguas*, die er (f. oben S. 258[nn]) unter den gegen Neu-Mexico feindlichen Völkern nennt; im Kiwomi-Dialect der Quera (f. Neu-Mex. S. 301, 303[af]) *Cáiguas*. Diefe fpan. Form und die Bemerkung *Whipple's* (p. 28[f]), dafs die Indianer und Mexicaner den Namen bisweilen *Kayaguas* ausfprechen, beftärken mich in dem Argwohn,

dafs Mühlenpfordt unter feinen Cayugas in Texas (S. 119, vgl. oben S. 420nf u. 421a), die an fich
ein irokefifcher Volksftamm find, welcher in den Staat *Neu-York* gehört, das Volk der *Kiaways* (das
fonft bei ihm fehlen würde) meine. Diefe Vermuthung wird etwas dadurch erfchüttert, dafs *Schoolcraft* die *Cuyugas* in Neu-Mexico (f. mein NM S. 205aa), 2000 an der Zahl, anführt; da er aber
dort auch *Arapahoes* und *Cheyennes* nennt, die ihm ebenfalls fern liegen, fo verliert der Einwurf
etwas von feiner Bedeutung; doch beweift jene Anführung, dafs das Volk wirklich auch gegen S gefunden wird. M's Angaben über Wefen und Verhältniffe feiner *Cuyugas* paffen nicht zu den *Kiaways,* die Gegend pafst etwas. (1) — Pike (*expeditions to the Sources of the Mississippi* 1805-7.
Philad. 1810. 8° *append. to Part* III p. 9) nennt die *Kyaways* bei Neu-Mexico: als wandernd um
die Quellen des *La Platte* in der Stärke von 1000 Männern. „Sie befitzen ungeheure Pferde-Heerden,
und find im Kriege mit den *Pawnees* und *Tetaus,* wie mit den Sioux. Sie reden mit den *Tetaus*
und *Utahs* Eine Sprache." — Diefe Nachricht war für mich von hoher Wichtigkeit, indem fie den
Kiaways eine dem *Comanche* und der *Yutah* ähnliche (nach Pike gar gleiche) S P R A C H E beilegt;
wir gewannen dadurch einen neuen Zweig des fonorifchen Sprachftammes, eine zweite fonorifche Sprache in dem fernen O von Texas. Da bis dahin noch nicht ein Wort von diefer Sprache
bekannt geworden war (vgl. Anf. des § 449,f), fo prüfte ich begierig einige Perfonennamen der *Kiaways,* welche *Catlin* (f. nachher S. 433m-mm) mit Überfetzung angiebt; aber diefe Wörter offenbarten
mir eine ganz fremde Sprache gegen das *Comanche* und den fonorifchen Stamm. Diefes Urtheil fand
ich fpäter durch *Whipple's* Wortverzeichnifs vollkommen beftätigt; aber zugleich in *Whipple* eine
Wiederholung jener unrichtigen Behauptung von einer Verwandtfchaft des *Kiaway* mit fonorifchen
Sprachen. Er fagt nämlich dort (p. 28nn): „Es fcheint kein charakteriftifcher Unterfchied zwifchen
den *Kaiowas* und *Comanches* zu feyn. Es ift wahrfcheinlich, dafs fie beide Zweige des *Snake-*
Stammes find. Unfre Wortverzeichniffe ihrer Sprachen, die Prof. *Turner* unterfucht, werden die
Thatfache entfcheiden." — Durch die Güte des eben genannten Hrn. Prof. Will. W. T U R N E R, deffen
ich fchon öfter bei der Sprache der Apachen rühmliche Erwähnung gethan habe und gleich wieder
thun werde, erhielt ich in der Mitte Juni's 1857, in einem neugedruckten Hefte, voll Wichtigkeit für
mich, ein Wortverzeichnifs der *Kiaway*-Sprache. Gefammelt vom Lieut. A. W. Whipple auf
feinem Zuge um den 35ten Parallelkreis zum Zweck der grofsen Südfee-Eifenbahn 1853-54, befindet
es fich in einem zu diefem Werke gehörenden Quart-Hefte, betitelt: *report upon the Indian tribes, by lieut. A. W. Whipple, Thomas Ewbank, Esq., and prof. Wm. W. Turner.* Wafh.
1855 (aber vielmehr noch gedruckt im Laufe des J. 1856: wie p. 84nn zu fehn ift, wo z. B. der Mai
1856 genannt wird); p. 78-80: neben einer grofsen Zahl anderer mir wichtiger Wortverzeichniffe
(oben S. 423aa-af). Dem Prof. T u r n e r verdanken wir die Redaction derfelben in einer gruppenweifen
Anordnung nach den von ihm beftimmten Verwandtfchafts-Verhältniffen der Sprachen; er erörtert diefe
Verhältniffe bei jeder einzelnen und erweift fie durch Wortvergleichungen: wodurch er fich ein Verdienft um diefe Sammlung und die Sprachkunde diefer Länder erworben hat. Diefes Wortverzeichnifs beftätigt mein auf jene dürftigen Namen-Erklärungen gegründetes Urtheil, dafs die *Kiaway-*
Sprache keine fonorifche Verwandtfchaft habe; es hebt Pike's oder Anderer (2) Urtheil über ein

---

(1) „Unter 35° N. B., 105° w. L. v. Gr.", fagt *Mühlenpfordt,* „haben an den Oberwaffern des Fl.
Puerco im NW von Texas die Cayugas ihre Wohnfitze: ein ehemals mächtiger, jetzt durch Kriege
mit den *Cumanches* fehr herabgekommener Stamm. Sie führen ein fchweifendes Leben, find aber
fchlecht bewaffnet ... Feuerwaffen und Pferde befitzen fie nur wenige. Man hält fie für Kannibalen;
meint aber, dafs fie fich fcheuen würden, einen Weifsen aufzufreffen."

(2) *Turner* legt auch Lewis und Clarke diefes Urtheil bei; er fagt (80aa-af): *It was the opinion
of Lewis and Clarke* [wo fteht dief? vgl. folgende S. mm], *as well as of Pike, that the Kioways belong to the same stock and speak the same language as the Comanches and Utahs,*

Comanche- und *Yutah*-Verwandtſchaft derſelben auf und erlaubt uns beſtimmt zu entſcheiden. Mein Urtheil iſt dieſes: die *Kiaway*-Sprache birgt in ſich wunderbare Vereinzelungen weniger Wörter aus den Sprachen ſonoriſchen Stammes: *Comanche, Schoschoni, Yutah, Kizh* und *Netela;* aber ſie iſt mit keiner von ihnen im geringſten verwandt: weder was den ſonoriſchen, aztekiſchen, noch den fremdartigen oder beſonderen Beſtandtheil aller dieſer Sprachen noch jeder einzelnen betrifft; worauf ich ſie genau geprüft habe. Sie zeigt ferner einige wenige Ähnlichkeiten mit den verſchiedenſten anderen Sprachen: mit athapaskiſchen, aztekiſchem, mit Sprachen Neu-Mexico's, manchen nördlichen der Verein. Staaten. Sie iſt trotz dieſer vielfachen Miſchungen mit keiner Sprache Nordamerika's verwandt; namentlich nicht: mit den athapaskiſchen Sprachen, *Caddo, Comanche, Kizh* und *Netela,* den Sprachen Neu-Mexico's, dem *Pawnee, Schoschoni,* der *Witchita, Yuma, Yutah.* Das *Kiaway* iſt, allen dieſen Sprachen auf's äuſserſte fremd, ein eignes, von allen übrigen uns bekannten nordamerikaniſchen und überhaupt amerikaniſchen Sprachen verſchiednes Idiom (dieſen kühnen Ausdruck nach der von mir an einer andren Stelle, im § 456 k, gegebenen Erklärung aufzunehmen); und vermehrt die lange und unbegreifliche Reihe der ſelbſtſtändigen Sprachen des Welttheils wieder um eine. Ich werde die bunte Durchflechtung dieſes Idioms mit ſpärlichen Wörtern oder Ähnlichkeiten anderer Sprachen im § 449,f nach dem Wortverzeichniſſe vorlegen, und ende hier die Discuſſion über die Sprache, mit welcher ich die geſchichtliche Reihe der Mittheilungen über das Volk unterbrochen habe.

Catlin ſah (II, 1841 p. 73) bei dem groſsen *Camanchee*-Dorfe auch Schaaren von *Pawnee Picts* und *Kioways,* und hat, wie er ſagt, über ſie viel geſammelt; nach ihm haben die *Pawnee Picts* mit den *Kioways* und *Wicos* das ganze Land am oberſten *Red river* bis in und durch die *Rocky Mountains* inne. Die *Kioways* (74) ſehn aber beſſer aus als die *Camanchees* und *Pawnee Picts,* und ſind von ihnen ganz verſchieden im Äuſseren; er giebt ihnen *the fine and Roman outline of head, that is so frequently found at the north.* Auch ihre Sprache, ſagt er, ſei verſchieden von der dieſer 2 Völker, wie die *Wicos* eine 4te ganz verſchiedene hätten. — Lewis nennt (182; vgl. Anfang der Anm. 2 auf der vor. S.) die *Kiawas* und *Wetepahatoes* unter den Stämmen, in welche das Volk der *Paducas* ſich zerſchlagen habe. Morſe führt (253) die *Kiawas* oder Wetapahato-Indianer an als ſtreifend oberhalb der *Staitans* oder *Kite*-Indianer (welche zwiſchen dem ob. *Platte*-Fluſs und den *Rocky Mountains* ſind): 1000 Seelen, das lange Haar in 3 Flechten tragend. School-craft nennt in Texas *Kiaways,* 300 Köpfe; Marcy giebt mehrere Nachrichten von den *Kioways.*

John Pope nennt in ſeinem Bericht vom J. 1854 (Werk über die Expeditionen für die Eiſenbahn zur Südſee, *exec. docum. congr.* 33, 1 Vol. 18, 2 p. 23-24) die *Kiowas* den bedeutendſten unter den „*Camanches*" wohnenden Indianer-Stamm, und ſchätzt ihre Zahl auf 1500. „Den *Camanches* ähnlich

with whom they have long been associated. Long, however, speaks of the language as "exceedingly difficult," and "abounding in strange sounds;" whereas it is well known that the Comanche is sonorous and pleasant to the ear. Captain Marcy, too, in his recently published Explor. of the Red River, says, "these tribes have similar habits, but speak different languages." Prof. Turner ſelbſt äuſsert ſich (80ᵐ und ⁿᶠ) ſo über das Verhältniſs der Sprache: *A comparison of this vocabulary with those of the Shoshonee stock* (er hat ᵐᶠ⁻ⁿⁿ ſolche Wort-Ähnlichkeiten gegeben) *does, it is true, show a greater degree of resemblance than is to be found in any other direction. This resemblance, however, is not sufficient to establish a radical affinity* (ſie beſteht vielmehr überall nur in paar winzigen Wort-Gemeinſchaften!), *but rather appears to be the consequence of long intercommunication. . . . Some resemblances are likewise to be observed between the Kioway and the languages of the southern and western tribes of the Sioux or Dakota stock; and it even appears to contain a few Athapascan words. All these, however, are doubtless to be attributed to the wandering life of the Kioways, which brings them into contact with many different tribes.*

im Aufsehn und beinahe gleich in Sitten, find fie doch viel trügerifcher und entbehren ganz deren ritterliche Eigenfchaften. Sie jagen in Gefellfchaft der Camanchen den Büffel, und immer begleiten Schwärme von Kiowas ihre Raubzüge in die mexicanifchen Staaten (vgl. S. 431nf). Sie zerfallen in mehrere Unterftämme; und Theile von ihnen nehmen, fogar in den Winter-Monaten (24), das Thal des oberen *Arkansas* und feines Nebenfluffes, des *Purgatory r.*, ein. The *"Big Timbers"* of the Arkansas, and the bushy shores of the Purgatory afford them fuel and shelter from the storms, and they find an abundant supply of food in the immense herds of buffalo which pass the winter along the banks of the Arkansas. In common with all the Indians of the plains, they maintain a continual warfare with the Indians of the mountains; and the Utah Indians, who inhabit the fastnesses of the Raton and Sangre de Christo, frequently avail themselves of the absence of the Camanches, during the summer, to make descents from the mountains upon the small parties of Kiowas who remain in the valley of the Arkansas. — Abbildungen f. Whipple p. 29.

LIPANES: der berühmte und bedeutende Apachen-Stamm, von welchem ich fchon vieles, befonders gefchichtliches aus dem vorigen Jahrhundert, aus Arricivita, unter den Apachen (S. 304-7) mitgetheilt habe: der fie Ipandes oder Ipandis, dann Lipandes nennt. Die *Apaches Lipanes* habe ich dort unter den Apachen-Stämmen fchon behandelt; hier habe ich das Volk vorzugsweife zu betrachten: von deffen apachifcher Sprache uns leider noch die geringfte Probe mangelt. Der Name wird vorzüglich allein gebraucht, in bunten Formen: *Lipanes; Lipanis, Li-Panis, Lee Panis, Lee Pawnies; Lipans, Li-Pans; Le Panis, Lepans* Holley, *Lapanne* Morfe.

Von den „*Le Panis*" fagt Pike (*append. to Part* III p. 9nf), dafs fie, fo wie die *Nanahaws*, die Sprache der Appaches fprechen. Dagegen nennt Berghaus (in dem S. 301aa bezeichneten Auffatz, 51,baa) die *Li-Pans* „verwandt und befreundet" mit den Comanchen. Mühlenpfordt nennt (Mej. I, 213a) die *Lipanis* als Apachen, im S und O der *Apaches Llaneros*. — An einer anderen Stelle (29) fagt Pike: „Die *Lee Pawnees* ftreifen vom *rio Grande* bis eine Strecke in die Provinz Texas hinein; ihr früherer Wohnfitz war am *rio Grande*, nahe der Meerküfte. Sie find jetzt in 3 Schwärme *(bands)*: von 300, 350 und 100 Männern; getheilt. Sie find im Kriege mit den *Tetaus* und *Appaches*, und im Frieden mit den Spaniern. Sie haben fchönes Haar und find gewöhnlich hübfch; bewaffnet mit Bogen, Pfeilen und Lanzen. Sie verfolgen die wilden Pferde, von denen fie Schaaren fangen und an die Spanier verkaufen." — Morfe nennt die *Apaches Lapanne* in der Zahl von 3500, als herumfchweifend zwifchen dem *Norte* und den Quellen des *Nueces*. — Faft alle neuen Berichterftatter über Texas reden von dem Volke der *Lipanes*: fo nennt Schoolcraft die *Lipans* vom Apachen-Stamm; und Römer (Texas 1849) liefert S. 129-133 eine Schilderung der *Lepan*-Indianer. — Mühlenpfordt handelt in feinem Texas von den *Lipanis* S. 118-9; er fchildert fie als „von hoher, fchöner Geftalt; faft unbekleidet; bewaffnet mit Speeren, Bogen und Pfeil, Tomahawk, Meffer und einem runden, etwa 3½ Fufs im Durchmeffer grofsen, wattierten und mit Büffelhaut überzogenen Schilde. Ihre Bogen find gegen 4 Fufs lang und werden unter einem ledernen Überzuge getragen; die Lanzen haben 12-15 Fufs Länge .... mit Federn verziert. Pferdefleifch ift ihre Lieblingsnahrung ... Ihre Sprache befteht in dumpfen Kehllauten, die mit halbgeöffnetem Mund ausgeftofsen werden, den Tönen eines Stummen vergleichbar. Nur ein kleiner Stamm der Lipanis (119) lebt in Texas; fie find Feinde der Cumanches und Freunde der Weifsen ..." — John Pope (Zug unter dem 32ten Parallelkreife, 1854: *executive documents congr.* 33, 1 Vol. 18, 2 p. 20) erwähnt kurz der *Lipans*, welche gelegentlich bis in das Thal des *Pecos* und die *Guadalupe*-Berge ftreifen, und die er auf nur 500 Seelen fchätzt. — Die neuefte Nachricht gleicht der erften: gleich Pike, bemerkt der Gouverneur W. Carr Lane 1854 (bei Schoolcr. V, 689mm), dafs „die *Apaches, Navahoes* und *Lepans* Dialecte derfelben Sprache reden".

MALLEYES nennt VS (322,b) im Landestheil SAntonio: in der Umgegend einer Quelle, *las Puentecitas, se halla rancheada la Nacion de los Indios Gentiles, Malleyes;* er nennt die *Malleyes* wieder 324,b; Arricivita nennt (337) die *Indios Mayeyes* bei *SXavier*. — L's Mayes

(129) find wohl daffelbe Volk: fie wohnen nach ihm an dem grofsen Bach *(creek) SGabriel* an der Bai *SBernardo*, nahe der Mündung der *Guadalupe*, und werden auf 200 Männer gefchätzt. Sie find immerwährende Feinde der Spanier, waren aber den Franzofen feit *la Salle's* Landung in ihrer Nähe fehr gewogen. Die Stelle, wo „jetzt" die Spanier einen Hafen eröffnen wollen, ift in ihrem Lande; fie fanden dabei die Überbleibfel eines franzöfifchen Blockhaufes. Sie haben eine eigne Sprache, reden aber *Attakapa*, welches die Sprache ihrer Nachbaren, der *Carankouas*, ift; fie unterreden fich aber auch durch Zeichen.

Nabedaches nennt Si (Ga 116^{mm}) als Nachbaren der *Caddoes* und redend einen Dialect der *Caddo*-Sprache; nach L (191) wohnen fie (auch *Nabadaches:* oben S. 427^{aa}) an der WSeite des *Naches*, 15 *miles* oberhalb der *Inies*, mit denen fie in Sprache und Sitten übereinftimmen; Morfe nennt beim *Caddo*-Stamm die *Nabidacho:* am *Nechez*, 400 Seelen; Burnet führt die *Nabaduchos* (f. oben S. 421^{af}) auf

NACOGDOCHES, in fpan. Form *Nacodoches:* nach VS (323,b) bewohnte ein früheres Volk diefes Namens (von welchem alfo der Ortsname nur eine Übertragung ift) ehemahls die Ebne *de SPedro de los Nacodoches;* er erwähnt das Volk wieder 324,b. L nennt die *Nagogdoches*, mit *Caddo*-Sprache, im *Caddo*-Bunde (f. oben S. 427^{af}); Mo bei feinem *Cadodache*-Stamm die *Nacogdochet:* 60 Seelen, an der *Angelina*, 100 *miles* oberhalb ihrer Mündung in den *Nechez;* auch B nennt die *Nacado-cheets* (als noch vorhanden; f. näher oben S. 421^{af}).

[Natchitoches nennen L und Si als Volk: Letzterer (Ga 116^{mm}) neben den *Yatassees*, als wohnend 50 *m.* oberhalb *Natchitoches*, zufammen 100 Seelen: redend diefelbe Sprache, welche von jeder andren verfchieden fei; leider befitzen wir keine Probe diefer Sprache. Der alte Ort *Natchitoches* ift ein Denkmahl diefes Volkes. — Nach L (f. 202-3) wohnten fie an der Stelle der jetzigen Stadt *Natchitoches;* feitdem die Franzofen (vor 98 Jahren) fich in *Natchitoches* niederliefsen, waren fie ihre immerwährenden Freunde. 1728 (p. 189^n fagt er 1798) machten die *Natchez*-Indianer die franzöfifchen Einwohner von *Natchez* nieder, kamen den *Red river* herauf und lagerten fich 6 *m.* unterhalb der Stadt *Natchitoches*, wo fie aber von den Franzofen und *Natchitoches* gefchlagen wurden; die letzten kamen im See um, und das Volk *Natchez* ift feitdem ausgeftorben; nach ihnen ift der *Natchez*-See benannt. L fagt (203), dafs jetzt von den *Natchitoches* nur 12 Männer und 19 Frauen übrig find, in einem Dorfe 25 *m.* über der Stadt *Natchitoches* am *lac de Muire;* er fagt, dafs fie mit den *Yattassee* diefelbe Sprache haben, aber *Caddo* fprechen. — Mo nennt in der *Caddo*-Abtheilung die *Natchitochy:* 20 Seelen, am *Adayes bayou*, welcher in den *Spanish lake* fällt. — Aus der Angabe *Stanley's* (oben S. 422^m), dafs 1843 der Ober-Häuptling der *Natchitoches* (*Cho-wee*, der Bogen) gemalt wurde, folgere ich mit Vergnügen, dafs diefes Volk mit eigenthümlicher Sprache noch nicht erlofchen ift: wie man nach der geringen von Lewis und Morfe ihnen gelaffenen Seelenzahl fürchten mufste.]

Nazonis: ich vermuthete immer nach dem Namen der Miffion *SJoseph de los Nazonis* bei VS (329,a), dafs diefs eine Völkerfchaft fei: diefs wurde beftätigt durch das Volk *Nazones* in Neu-Leon (f. S. 188^a). Die Miffion weift ihnen in Texas ihre Stelle im O an: nahe den *Texas* und *Nechas*. Ich finde für meine Vermuthung eine Beftätigung in der vor kurzem erhaltenen *history of Texas* von H. Yoakum 1856 (f. oben S. 422^{nn}). Der Vf. nennt (1, 29) zwifchen dem Volke der *Cenis* und der *Sabina* die *Nassonis* oder *Nassonites;* ihr Hauptfitz, meint er, fei am öftl. Ufer des *Nechas*, in der Prairie *Bradshaw place*, gewefen: wo 3 *mounds* Zeuguifs von ihnen gäben. „Diefer Ort", fährt er fort, „hiefs *Texas*, und gab ohne Zweifel dem Staate den Namen" (hierüber noch etwas unten S. 438^n bei den *Texas*). Merkwürdigerweife rechnet der Vf. (p. 29) die alten Bewohner von Texas überhaupt „zur grofsen Schofchonen-Abtheilung".

Nechas, nur bei VS genannt: als ein indianifches Volk (323,b), welches damahls (1748) die, früher von den *Nacodoches* bewohnte Ebene *de SPedro de los Nacodoches* inne hatte (vgl. *Asinais);*

er nennt fie wieder 324,b: und ihren Namen tragen alfo der *rio de (los) Nechas* (fo bei VS geformt) und eine Miffion (hiernach ⁿⁿ)

die **Paalat**, *Pacaos* und *Pitalaque* nennt Espinofa 1730 (p. 459) als 3 fanfte Indianer-Stämme *(tres Naciones de Indios Gentiles muy dociles)* am *rio de SAntonio*

[**Pacanas** nennt Si (Ga 116ᵃᵃ) im W des Miffifippi, wohin fie aus WFlorida gekommen feyn follen. Nach L (206) find fie ein kleiner Stamm von 30 Männern am *Quelqueshoe*-Flufs *(Carcusiu* oder *Calcasieu)*, welcher in die Bai zwifchen *Attakapi* und der *Sabina* fällt, *which heads in a prairie called Cooko Prairie*, 40 *miles* SW von *Natchitoches.* Diefs Volk, friedlich und freundlich, fei vor 40 Jahren aus Weft-Florida eingewandert. Ihr Dorf fteht 50 *miles* SO von den *Conchattas;* ihre Sprache ift von jeder andren verfchieden: doch fprechen fie *Mobilian.*]

Pacaos f. bei *Paalat*, **Pahnih-Picten** und **Panis** f. *Towiaches*

[**Pascagoulas** (Mo) oder *Pascagolas* (L) kamen nach L (208) vom gleichbenannten Flufs in WFlorida; haben jetzt, nur noch 25 Männer, ein kleines Dorf 60 *m.* unterhalb *Natchitoches;* fie haben eine eigne Sprache, reden aber *Mobilian.* Mo nennt 1) 80 am *Red river*, 160 *m.* oberhalb feiner Mündung 2) ib. 320 *m.*, 60 Seelen 3) am *Biloxi bayou.* Nach Si (Ga 116ᵃᵃ) wohnten fie früher im O des Miffifippi; der Name ift nach Ga (117ᵐᵐ) aus der *Choctaw*-Sprache und bedeutet Brodt-Volk: *paska* Brodt und *ogoulas*, verderbt aus *okla* Volk; *du Pratz* nennt (Ga 115ᵃᵃ) das Volk auch **Pasca Ogoulas**, als „Brodt-Volk": am gleichnamigen Fluffe *(Pascagoula* im füdöftl. Theile von Miffifippi, durch den Zufammenflufs des *Chickasawhay* und *Leaf river* gebildet und in die *Pascagoula-Bai* fich ergiefsend; an diefer Bai und der Mündung liegt das Dorf *Pascagoula)*, jetzt am *Red river;* L nennt fie Nachbaren der *Tenisaws* (unten S. 437ⁿⁿ, ⁿᶠ).]

Pawnee-Picts, Pawnees f. *Towiaches;* die **Picuri**-Sprache *(Enaghmagh)* reden 2 Pueblos bei *el Paso* (dabei wohl *la Isleta* des Südens; f. Neu-Mexico S. 277ⁿⁿ); **Pitalaque** f. bei *Paalat*

Quapaws (M *Quapahs)* wohnen nach *Trimble*, in der Stärke von 700, an der SSeite des *Arkansas*, dem *Post* und *Little rock* gegenüber; Mo nennt in der Abtheilung *Mobile* ihrer 250 am *Washita.* Nach Ma wohnen fie an *Chouteau's creek*, einem Zufluffe des *Canadian;* und find ein elender Reft des ehemahligen grofsen Volkes der *Arkansas.* *Parker* führt aber im Cenfus des füdweftl. Texas vom J. 1854 die *Quapas* auf mit 25 Männern. Ich habe zu fagen, dafs ihre Sprache zum *Sioux*- oder *Dacotah*-Stamm gehört: wie ein Wortverzeichnifs der „*Quappas*", handfchriftlich franzöfifch, herrührend vom General *Izard*, in No. 36 von *Gallatin's* grofser Worttafel in der *archaeol. amer.* II, 307-367 beweift. — Nach einer Tafel in Schoolcr. V, 495 find jetzt auch *Quappas* im *Kanzas*-Territorium, und find fie das von Hernando de Soto 1542 *Kapahas* genannte Volk; Schoolcraft handelt von den *Quappas* noch in *Part* IV. p. 591ⁿᶠ-2ᵐᵐ.

San Pedros ein Volk fonderbaren Namens bei B (f. oben S. 421ᵃᶠ); *SPedro* heifst ein Poftamt in *Houston county* (zwifchen *Trinidad* und *Nechas)*, und VS nennt (f. oben S. 435ᵃᶠ) die Ebne *de SPedro de los Nacodoches*

Die **Senis** werden bezeichnet als im öftlichen Theile von Texas nahe dem Volke der *Texas* [und *Nechas* wohnend durch die Miffion *SFrancisco de los Nechas* „im Lande der *Texas*"; leider ift in der von mir S. 438ᵃᵃ-ᵃᶠ gegebenen Stelle VS's (328,b) nicht erfichtlich, ob die Miffion „*SFrancisco de los Senis*" oder Texas „*provincia de los Senis*" heifsen foll. Alcedo hat (I, 1786 p. 439) einen Artikel über das Volk der **Cenis**: es ift nach ihm an fich in der Luifiana; dafelbft liege ihr *pueblo Cenis*, auf dem Wege nach Mexico: da fei auch ein Fort, welches die Franzofen zur Zeit, als fie die Provinz befafsen, errichtet haben; wieder führt er (I, 240) in Texas *Bidaie* als ein *pueblo* im Lande der *Indios Cenis* an, am Ufer des *rio de la Trinidad:* vgl. das Volk der *Bidais.* Sind fie vielleicht das grofse Volk der *Cances* von L und Mo's *Carees?* oder = *Inies?* — **Yoakum** in feiner *history of Texas* (1856) verfetzt (I, 28) die *Cenis* an den *Buffalo bayou*, in das Thal des *SJacinto* und an die *Trinidad*, welche bei ihnen *Arcokisa* hiefs; auf fie ftiefs nach ihm (35) *la Salle*, und deffen französifche Gefährten nannten (28) das Volk *Simais* und *Sinaes,* wie die Comanchen von ihnen *Choumans* und *Cannensis* benannt wurden.

Seraticks nennt B (239) als verwandt mit den *Lipans:* daher fie ein Apachen-Stamm feyn würden; fie wohnen am *rio Grande* oberhalb des *Paso del Norte,* und man weifs wenig von ihnen TAWACANIES (B; H *Tawackanies,* PC *Tawakhannies,* M *Towakanihs,* K *Towaconays;* Ma *To-woc-oneès, Towoekonies,* Stanley *Towocconies;* f. nachher noch mehr): Si nennt (Ga 117ª) die Tawakenoes 200 *m.* W von *Nacogdoches,* füdlich vom *Red r.:* und fie follen nach ihm mit den *Towiaches* einerlei Sprache haben; Ga fagt (117ªª) weiter: „zur Zeit der erften Expedition des Majors *Long* feien fie von den *Osagen* aus ihren Dörfern vertrieben; aber wahrfcheinlich feien fie zurückgekehrt und daffelbe Volk mit den Indianern, welche jetzt Dörfer im N des *Red r.* haben und in einem neulich mit mehreren weftlichen Volksftämmen gefchloffenen Vertrag mit dem Namen *To-wocas* und *Wachos* bezeichnet werden; diefe Namensform gleicht aber mehr dem Volke der *Towiaches* (auch *Towcash, Tow-e-ash*). Nach L (196) heifsen fie *Tawakenoes* oder *Three Canes;* wohnen an der WSeite des *Brazos,* find aber oft einige Monate lang tiefer, in der grofsen Prairie *at the Tortuga* oder *Turtle,* zu finden; ihr gewöhnlicher Wohnfitz ift 200 *m.* W von *Nacogdoches,* gegen SFé hin; ihrer find 200 Männer, und fie reden diefelbe Sprache als die *Panis* oder *Towiaches,* mit denen fie gleicher Abftammung zu feyn behaupten. — Mo nennt, wie Ein Volk: die *Towacanno, Towcash, Tahuacana* oder *Tahuaya:* 1200, am *Brazos,* 180 *m.* oberhalb feiner Mündung; hierunter follte man die Form *Towcash* als = *Towiaches* halten: welche, trotz der Ähnlichkeit des Namens, doch nach L ein anderes Volk find; es ift auch auffallend, dafs Mo (f. oben S. 420ᵐ) die *Towcash* nennt den vereinzelten Völkern und als *Panis.* — H liefert 161-173 eine Erzählung von den *Tawackanies* und *Waccos,* PC nennt (30) die *Tawakhannies* wenig zahlreich; nach K find die *Tonkaways* und *Towaconays* armfelige Überbleibfel von Fuchs-Indianern, umherziehend zwifchen dem *Brazos* und *Colorado,* in der Sprache ähnlich den *Caddoes;* M nennt fie Tahuacanos oder *Towakanihs;* f. über die *Tawakanies* bei B (oben S. 421ªf). — Ma weifs, in *Schoolcr.* P. V. (1855) p. 712ªª, den *To-woc-onees* (irrthümlich *Yo-w.*) oder *Towoekonies* einen andren Schauplatz als K, und ihrer Sprache daffelbe Verhältnifs als Si und Mo an: nach ihm nennen fie mit den *Witchitas* und *Wacos* diefelbe Sprache und wohnen mit ihnen zufammen am *Rush creek* (f. § 449, b); dagegen zeigt uns Ma's Karte die *Towockonies,* wie *Caddos* und *Wacos,* am ob. *Brazos* bei Fort *Belknap* (f. näher S. 441ªf): und nördlich vom *Red r.,* bei dem 2ten *site* der *Wacos,* hat fie keine *Towockonies.* — Nach Parker (*Schoolcr.* V) haben die *To-wac-onies* kegelförmige Häufer von *framework of poles* (f. näher): er zählt ihrer 169 Seelen, 51 Männer (f. oben S. 422ᵐf, ⁿ). S. noch *Stanley* oben S. 422ᵐ. — Ein anderes Volk find wohl Schoolcraft's *Towacarros* (f. unten S. 439ᵐ).

[Tenifaws, wohl = Si's *Taensas* (oben S. 418ᵐ), find nach L (208) von dem gleichnamigen Fluffe *(Tensaw),* welcher in die *Mobile*-Bai fällt, (¹) ausgewandert; haben 40 Jahre am *Red river* gewohnt und find auf 25 Männer herabgefunken; ihr Dorf fteht 1 *mile* von den *Pascagoulas,* an der anderen Seite: aber fie haben vor kurzem ihr Land verkauft und find gezogen oder wollen ziehn nach dem *bayou Boeuf,* 25 *miles* S von ihrer jetzigen Stelle (daher Flufs und Bezirk *Tensas* der Luifiana); alle fprechen Franzöfifch und *Mobilian,* und leben fehr gleich ihren Nachbaren, den *Pescagolas*]

[Tetaffee nennt allein Morfe: beim *Caddo*-Stamm, 40 Seelen, am linken Ufer der *Sabina;* der Name ift fehr ähnlich den *Yatassees* und könnte dafür verfchrieben feyn]

(¹) Diefer Flufs *Tensaw* des weftlichften Florida's, jetzigen Alabama's, ein Arm des *Mobile,* ift von dem *Tensaw* oder *Tensas* der Luifiana, im W des Miffifippi, zu unterfcheiden: welcher fich mit dem *Washita* bei *Trinity* vereinigt, worauf der Flufs gewöhnlich *Black river* genannt wird.

Das Volk der Texas, von welchem das Land feinen Namen erhalten hat, verdanken wir hauptfächlich dem Arricivita und Villa-Señor; fie allein nennen es fo rein, mit Einer neueren Aus. nahme. Arricivita fagt *los Texas* (als Volk, p. 373, b[nf]), *los Indios Texas* (371, b[nn]), *los Indios infieles Texas* (221); er hat auch den Sing.: *el Texa* (376, b[nf]), *el Indio Texa* (385, b[n]); er nennt das Land *provincia de los Texas* (232). — Scherpf weifs aber eine andere Erklärung für den Landesnamen oder überhaupt eine Deutung für den Namen: nach ihm (65) riefen die Comanchen auf ihrer Wandrung, als fie von den Hochgebirgen diefes Land erblickten, aus: *Texas!* was in ihrer Sprache Paradies bedeute; und diefer Name habe fich bis jetzt erhalten. — Eine erfte Stelle (324, b), wo Villa-Señor das Volk *Texas* nennt, bei den *Asinais* und *Nechas*, habe ich oben S. 415[m-mm] gegeben; an einer 2ten (328, b[m]) fagt er bei Gelegenheit der Miffion *SFrancisco: y efte es rigoro-famente el parage de la Nacion de los Texas, y centro de la Provincia de ellos, por quien toma el nombre, llamada tambien de los Senis;* die Wohnfitze des Volks werden aber auch dadurch beftimmt, dafs die Miffion und das Prefidio *de Nuestra Sra de los .Dolores* nach ihm *(de los Texas)* benannt, ja von VS einmahl kurz *los Thexas* genannt wird; 329, b bemerkt er weiter, dafs die Völker *Adoses, Ayes* und *Cocos* (der Provinz des *pres. de Adaes*) den *Texas* unterworfen feien (f. oben S. 418[a]); die *Texas* waren es nach ihm (332, b), welche 1687 den gröfsten Theil der Gefährten des *Roberto de la Sala* tödteten, als fie durch ihr Gebiet zogen; darauf zerftörten fie das franzöfifche Fort *(presidio).* — Auch Sibley hat noch eine Ahndung von dem Volke; er giebt eine indirecte Beftätigung meiner Anficht, dafs das Land nach ihm benannt fei; und ein merkwürdiges Zeug-nifs, dafs das Volk noch in einem kleinen Stamme fortlebt: nämlich in den *Inies* oder *Inyes*, die er wie L auch Tachies nennt; in diefer Form *Tachies* geben beide die *Texas*, und diefe reden nach ihnen einen Dialect der *Caddo*-Sprache. Alles diefes, was ich aus Sibley herleite, ift in den paar Wor-ten ausgedrückt: *the Inies or Tachies who have given their name to the province of Texas.* Diefer kleine Stamm wohnt nach ihm in der Nähe der *Caddoes;* f. mehr unter *Inies:* dort gebe ich auch die ähnlichen Äufserungen von Lewis (welcher die Formen *Tachus* und *Taxus* vom Lande gebraucht). Das Volk der Texas mit diefem reinen Namen bietet uns aber fogar in noch neuer Zeit die ftatiftifche Tafel in Morfe dar: welche, in dem *Cadodache*-Stamme, das Volk *Texas*, 230 Seelen ftark, am *Nechez*, bei dem Einfluffe des *SPedro*, angiebt. — Aus einigen Stellen des früher von mir Gefagten geht hervor, dafs das Volk der *Texas* in der Gegend der Miffion *SJoseph de los Nazonis* wohnte. *Yoakum*, der in feiner *history of Texas* (1856) 2mahl fich auf diefen Namen des Landes einläfst, fagt an einer Stelle (I, 27: f. oben S. 435[nf]), von dem Hauptfitz des Volkes der *Nassonis* am OUfer des *Nechas* redend: „Diefer Ort hiefs *Texas*, und gab ohne Zweifel dem Staate den Namen." Andere Verfuche und Angaben über den Namen macht er I, 51-52.

Tonkawas oder Toncahuas, auch Tancards oder Tanks, find ein vielgenanntes Volk in Texas. Ich werde zuerft die fyftematifche Reihe der Namensformen, und dann die bunt fich durch-kreuzenden und fich widerfprechenden Nachrichten in der Folge der Zeit geben. Sie werden genannt: *Tonkawas* Pike, Sc2, B, *Toncahuas* PC, M, *Tonkahiras* Sc1, *Tonkaways* K; *Tonkewähs* M, *Tonkewaes* M; *Tonkohuas* R; *Tankaways* L, H, *Dankaves* von Hartmann im *Champ d'Asile;* *Tancards* Pike, *Tankards* Mi; *Tanks* L. — Pike's Nachrichten lauten bedeutend verfchieden von den fpäteren; er fagt (33): „Die *Tancards* find ein Indianer-Volk, welches an den Ufern des *Red r.* fchweift und 600 Männer ftark ift. Sie folgen dem Büffel und den wilden Pferden, und treiben Handel mit den Spaniern. Sie find bewaffnet mit Bogen, Pfeilen und Lanze. Sie leben unftät und gehören keinem beftimmten Bezirk an; find ein grofses, hübfches Volk; *in conversation have a peculiar clucking,* und drücken mehr durch Zeichen aus als irgend andre Wilde, die ich gefehn habe; fie find fehr arm und nach den Apachen die unabhängigften Indianer, auf welche wir in den fpan. Befitzungen geftofsen find. Sie haben grofse Pferdeheerden." — Nach L (195) nennen die Franzofen die *Tanka-ways: Tanks;* fie haben kein Land, noch einen beftimmten Wohnfitz, fondern find immer in Bewegung: indem fie abwechfelnd das Gebiet der *Trinidad*, des *Brazos* und *Colorado*, gegen *SFé* hin, einnehmen. In der Kleidung ähneln fie den *Cancers* und *Hietans;* man fchätzt fie auf 200 Männer; fie haben die beften Pferde, find ein athletifches Volk, und bald Freunde, bald Feinde der Spanier. — Mo macht die *Tonkawa* zu einer Abtheilung, und ftellt unter fie die *Coronkawa*, *Arrenamuses* und *Carees;* er nennt das Volk felbft, in der Zahl von 700 Seelen, herumfchweifend an der Bai *SBernardo*. — Mi nennt das wilde Volk: der *Tankards;* PC (30) die *Toncahuas:* freundliche Indianer, welche herumziehn in dem Landftriche zwifchen der *Guadalupe* und dem *Colorado*, wie zwifchen der *Guadalupe* und den Baien *Aransas* und *Corpus Christi*, und betteln; R rechnet (18) die *Tonkohuas* zu den halb civilifirten Völkern. Nach M (120) find die *Tonkewähs (Tonkewaes)* „eine unbedeutende, ganz rohe Völkerfchaft", wohnend unfern der *Wacoes;* „Feinde der Cumanches, gute Reiter..." K nennt die *Tonkaways* und *Towaconays* unbedeutende und armfelige Überbleibfel von Fuchs-Indianern, in der Sprache ähnlich den *Caddoes*, welche zwifchen dem *Brazos* und *Colorado* umherziehn; dagegen B (239) die *Tonkawas* ohne Verwandtfchaft mit andren Völkern im Lande, fchweifend und von der Jagd lebend: 150 Krieger. *Parker* (1855) befchreibt (in Schoolcr. V, 683[a-af]) den Wolfstanz der *Toukaways*.

    Towacarros oder *Towacoros* Sc2, *Tahwaccarros* bei Neighbors (oben S. 368[a]), oder *Tahwaecarras* Sc1 mufs man wohl, der Form nach, für ein verfchiednes Volk von den *Tawacanies* halten; die Form ift fehr ähnlich K's Comanchen-Stamme der *Taeuaraoe* (oben S. 367[a])

    Towiaches ift nach L der indianifche und fpanifche Name für ein Volk, das die Franzofen Panis nennen. Der letztere Name (Si, L, Ga, Mi), auch *Pawnees* (K, M) gefchrieben, führt zu einer bedenklichen Verwechslung ihrer mit dem, gleichfalls in beiden Weifen gefchriebenen Volke und einer Sprache am *Arkansas* und *Platte*-Flufs (von der Say, Ga in No. 52 und Prinz Maximilian zu Wied S. 630-2 Wortverzeichniffe gegeben haben); er hat verleitet ihre Sprache mit der diefer verwandt zu nennen, was fie nach *Catlin* nicht ift. — Unfre neuen, uneigentlichen *Panis* oder *Pawnees*, auch Pawnee-Picts (K) oder Pabnih-Picten (M) genannt, oder Towiaches wohnen nach K, ein kühner Reiter-Stamm, zwifchen dem *rio Roxo de Natchitoches* und dem *south fork* des *Canadian;* nach M ganz im N von Texas, nach Ga (118[m]) „jenfeits des Staates Louifiana"; nach Si (Ga 116[nf-7a]) wohnen fie am *Red r.*, nahe der weftl. Gränze der Verein. St., und haben da die 2 Dörfer *Nitehata* und *Towahack* (welche nicht im gaz. ftehn); f. oben (S. 421[af-m]), was B über fie als Tow-e-afh (auch bei M *Toweasches*) fagt; fie find wohl auch die *Taouayazes* der Humboldt'fchen Karte (f. oben S. 303[mf]) und Neighbors *Toriuash* (oben S. 368[a]); Catlin fchreibt fie *Tow-ee-ahge* (f. folgd. Seite [aa]). Die Sprache der *Panis* oder *Towiaches* follen nach Si (Ga 117[a-aa]) auch die *Tawakenoes* reden; Ga bemerkt, dafs man von diefer *Pani*-Sprache wegen der Ähnlichkeit des Namens vermuthe, fie fei ein Dialect von der der *Pawnees* von *Arkansa*. — Nach L (f. 196-8) wohnen die *Panis* oder *Towiaches* an der SSeite des *Red r.*, 800 *m*. oberhalb *Natchitoches* nach dem Flufslauf oder 340 nach dem nächften Landweg; fie haben 2 Städte nahe bei einander, *Niteheta* und *Towaahach*. Sie find im Kriege mit den Spaniern und *Osagen;* haben viele Pferde und Maulthiere. Ihre Sprache ift von der jedes andren Volkes verfchieden, die *Tawakenoes* ausgenommen; ihre Zahl wird jetzt auf 400 Männer gefchätzt, vor 4 Jahren rafften die Pocken viele von ihnen hin. L trennt fie und die *Tawakenoes* beftimmt als 2 Völker, aber die Namen ftehn fich fehr nahe, und beide find fprachverwandt; die *Towcash*, welche Mo bei den *Tawacannos*, wie nur eine andre Namensform, am *Brazos* nennt, möchte ich, als gar zu nahe der Form *Toweash*, hierher nehmen. Er bringt fie bald darauf auch befonders, als ein Volk, das er zu den *Panis* rechnet: 400 am *Red r.*, 1200 *m*. oberhalb feiner Mündung. — L hat in feiner weftl. Völker-Abtheilung (181-2) die Pania Pique, von denen er wenig erfahren konnte, weil fie keinen Verkehr mit den Bewohnern des *Illinois* haben; „fie waren fonft unter dem Namen der weifsen *Panias* bekannt und find von gleicher

Familie mit den *Panias* (¹) des Platte-Fluffes." — Catlin (II, 1841 p. 73) fah bei dem grofsen Ca.
manchee-Dorfe auch Schaaren von *Pawnee Picts* und *Kioways;* er fagt, dafs er über fie und die
Wicos viel gefammelt habe. Die *Pawnee Picts* find nach ihm ein zahlreicher und mächtiger Volksftamm, welcher mit den *Kioways* und *Wicos* das ganze Land an den *head waters* des *Red river*
bis in und durch die *Rocky Mountains* inne hat; es können der *Pawnee Picts* 8-10,000 Seelen
feyn; fie feien enge mit den *Camanchees* verbündet. Sie nennten fich felbft *Tow-ee-ahge:* ein Name,
deffen Bedeutung er noch nicht erfahren habe. Sie feien durchaus nicht verwandt mit den *Pawnees*
des Platte, welche 1000 *m.* oder mehr nördlich von ihnen wohnen und .ihre Feinde feien. S. mehr
über fie 73ᵃ-74ᵐ. — Wenn hier Catlin nur von der Nicht-Verwandtfchaft der Völker redet; fo folgt
aus feiner andren Bemerkung (unten ⁿ), die Sprache der *Wicos* [vom *Pawnee*-Stamme] fei von
der der *Pawnee-Picts* ganz verfchieden, daffelbe für die Sprachen. Noch find nachzufehn unter
Wacos (S. 441ᵐᵐ) die Bemerkungen, welche *Turner* über die *Pawnee-Picts* macht und welche fie
von neuem zum *Pawnee*-Stamme drängen wollen. — Wegen Abbildungen f. *Stanley* (oben S. 422ᵃᶠ:
von „*Wichetaws* oder *Pawnee Picts*"), *Whipple* p. 27.

[T u n i c a s wohnten nach L (207) früher am *Tunica bayou,* oberhalb *point Coupee,* auf der
OSeite des Miffifippi; jetzt zu *Avoyall,* 25 Männer; fie befitzen eine eigne Sprache, reden aber *Mobilian.* Mo hat fie beim *Mobile*-Stamm, 30 Seelen; 90 *m.* oberhalb der Mündung des *Red r.* —
Nach Ga (115ᵐᵐ) wohnten fie urfprünglich der Mündung des *Red r.* gegenüber (im O des *Missisippi*
116ᵃ), und waren im Bunde mit den Franzofen; fie find im Verlauf des *Natches*-Krieges von den
Chicasas beinahe aufgerieben: ihr Reft ift anfäffig in *Avoyelle* am *Red r.* (G *Avoyelles parish* in
der Luifiana, an der Mündung des *Red r.*). Der Name des Volks ift übergegangen auf ein *county*
im nordweftl. Theile von Miffifippi und ein Poftamt in *West Feliciana parish* in Louifiana.]

U n a t a q u a s nennt M (oben S. 420 vorletzte Z.) unter den Stämmen aus den Verein. Staaten
W a c o s (Ma, P), auch gefchrieben: *Wacoes* M, Sc2; *Wakoes* K, *Whacoes* B, *Waecoes*
Sc1; *Waccos* H; *Wachos?* Si; (²) *Wäkuhs* M, *Wicos* Catlin: find ein in neuer Zeit viel genanntes
Volk in Texas, deffen Name nach K Ausgeftofsene bedeuten foll. Ich habe mich gefcheut diefe, fo
verbreitete, Namensform umzuftofsen; es ift aber rathfam diefs zu thun und das Volk mit den Spaniern
H u e c o s zu fchreiben: denn diefe Lautform foll das engl. *Wacos* darftellen. Si oder Ga (117ᵃᵃ) fagt,
dafs die *Tawakenoes* = den *Towecas* und *Wachos* feien: er meint wohl letzteren wohl die *Wacos.* Auf-
fallend ift, dafs fie L nicht hat; Mo führt, von ihm zu den *Pani* gerechnet, die *Waco* an: 800, am *Brazos*,
24 *m.* oberhalb feiner Mündung. Catlin (II, 1841 p. 73) fagt, dafs er über die *Wicos*, die er mit den
Pawnee Picts und *Kioways* an den oberften *Red r.* fetzt, viel gefammelt habe; pl. 183 giebt er den
Ober-Häuptling des *Wico*-Stammes, *Ush-eekitz,* nach ihm bedeutend: der mit einer Feder Kämpfende.
Die Sprache der *Wicos* nennt er ganz verfchieden von den Sprachen der *Camanchees, Kioways* und
Pawnee Picts. H nennt das Volk nur *Überbleibfel* der *Waccos,* und liefert eine Erzählung von ihnen
und den *Tawackanies* p. 161.173. Dagegen find nach B (239) die *Whacoes* der bedeutendfte von
einer Reihe kleiner Stämme, welche feit langer Zeit in Texas wohnen, aber Abarten der *Caddo*-Familie
find: doch follen fie nur 150 Krieger zählen; fie find nach ihm diebifch und treulos, und haben vielen
Schaden angerichtet. Nach PC (30) find fie noch zahlreich; und haben am ob. *Colorado* ein Dorf mit

---

(¹) Humboldt's Karte hat 1) *Paniassas* an feinem oberften (aber fehr kurzen) *Arkansas,* öftlich von den *Apaches Lipanes* und *Taouayazes* 2) P a n i o u a s s a s nördlich darüber, am *Missouri.*

(²) L's Wafhas (209) find ein andres Volk: als die Franzofen in den Miffifippi kamen, wohnte es
auf der Infel *Barataria* (L *Barritara*), SW von Neu-Orléans; fie waren das erfte Volk, das fie kennen
lernten, und blieben ihnen freund; fpäter wohnten fie am *bayou la Fosh;* von einem bedeutenden Volke
find fie jetzt auf 2 Männer und 3 Frauen herabgefunken, die in franzöfifchen Familien zerftreut find; ihre
Sprache ift verloren.

Hütten, wo fie rohen Ackerbau treiben. Nach Mühl. (119) follen die *Wacoes* „vom Stamme der *Cumanches*" feyn. Sie „wohnen im W der *Cross-Timbers,* an den Quellen der dort entfpringenden Zuflüffe des *Brazos.* Sie find hoher Statur, ... kriegerifchen Geiftes und gleich den Cumanches faft immer zu Pferde. Deffenungeachtet lieben fie Landbau und Viehzucht. ... Die Dörfer find regelmäfsig angelegt ..."; f. weiter bis S. 120. — K nennt (oben S. 367ᵃᶠ) im Gebiete des *Brazos* die *Juchta* und *Wacoes:* einen Stamm von nur 40-50 Kriegern; am *Brazos* liegt auch das, wohl nach ihnen benannte Dorf *Waco.* — Marcy's Ausfagen verändern das Wefen der *Wacos:* er fetzt fie (f. oben S. 422ᵃ⁻ᵃᶠ) an den *Rush creek,* mit den *Witchitas* zufammen (f. S. 442ᵘⁿ⁻ᶠ); und giebt (f. 443ᵃᶠ) jenen 3 Völkerfchaften einerlei Sprache: danach würden fie der *Pawnee*-Sprache zufallen (wie es auch wirklich ift), wogegen die übrigen Urtheile fie dem grofsen *Caddo*-Stamme anheim geben. Ma's grofse Karte ergänzt aber feine örtliche Angabe: fie zeigt uns aufser dem *Waco*-Dorfe am *Rush creek:* ganz an der Stelle wie die Andren, auf beiden Seiten des ob. *Brazos,* in der Gegend der Vereinigung des *Clear fork* und *Salt fork* (welche vereint in den Brazos fallen), Zelte, denen beigefchrieben find: *Caddo's Waco's;* nördlich darüber, auf dem öftl. Ufer des *Brazos,* Zelte mit *Towockonies* (vgl. S. 437ᵐᶠ). — Die *Wacos* haben nach Parker, wie die *To-wac-onies,* kegelförmige Häufer von *framework of poles* (f. näher); und er giebt ihrer 225 Seelen (205 in feiner Summe), 65 Männer, an. — Von Whipple (*report upon the Indian tribes* 1855, vielmehr 1856, p. 68) erfahren wir, dafs wir das Volk, nach fpanifchem Namen, eigentlich *Huecos* zu nennen haben, woraus nach ihm *Wacoes* nur eine Corruption ift. Ihr einheimifcher Name fei, fagt er, *Tálle-witsus;* im Wortverzeichnifs ift diefs aber der Name des *Hueco river.* Nach Wh liegt das *Hueco*-Dorf neben dem *Witchita*-Dorfe, zwifchen dem *Washita* und *Red river,* etwa in 98° 20' W. L. *Turner* macht (68) noch folgende Bemerkungen: *The Huecos and Witchitas are said by Gregg to have received, in consequence of their profuse tattooing, the name of Pawnee Picts. Hence it is probable that they are remnants of the Pawnees or Towiaches of Red river, described by Dr. Sibley. And these latter, from the former of their two names, have been supposed (though this, in the absence of specimens of their language, has been doubted) to be a branch of the great Pawnee nation, whose home is on the Platte and Kansas rivers.* [Diefe Zugehörigkeit der *Wacos* zu den *Pawnee Picts* würde nach Catlin's Äufserung über das letzte Volk und Sprache, oben S. 440ᵃᵃ, unftatthaft feyn.] *The accompanying Kichai and Hueco vocabularies ... enable us to make a comparison with the Pawnee proper; the result of which is that these languages really do, in all probability, belong to the Pawnee stock.* Was Prof. *Turner* hier noch mit Zurückhaltung ausfpricht, habe ich im § 449,g, wo ich auch das Wortverzeichnifs gegeben habe, bewiefen: dafs die *Waco*-Sprache, wie *Morse* (vorige S. ᵐᶠ) fchon angedeutet hat, ein Glied der *Pawnee*-Familie ift, genau verwandt mit dem *Pawnee, Witchita* und *Keechi.* Von der *Caddo*-Sprache ift fie gänzlich verfchieden. — S. noch *Wacoes* bei Stanley oben S. 422ᵃᶠ.

WASHITAS oder WITCHITAS (auch *Witchetaws* gefchrieben) mit ihrer Sprache behandle ich fogleich (S. 442-3) in einem befondren § 449,b

Yataffees (Si; L *Yattassees*), von Espinofa (1746, p. 443) als *Yatasis* erwähnt, nennt Si als wohnend neben den *Natchitoches,* und von gleicher Sprache mit ihnen, welche von allen andren verfchieden fei. L (187-8) giebt fie an als wohnend am *bayou Pierre* oder *Stony creek,* einem Zuflufs des *Red river,* im weftlichen Theile, 50 m. oberhalb *Natchitoches;* ihr Dorf liegt in einer grofsen Prairie, etwa auf halbem Wege zwifchen den *Caddoques* und *Natchitoches,* umgeben von einer franzöfifchen Niederlaffung. Die fpanifche Regierung übt „jetzt" die Gerichtsbarkeit über diefe Niederlaffung aus, und hält da eine Wache von 1 Officier und 8 Soldaten; dafs fie, früher zum Bezirk *Natchitoches* von Louifiana gehörig, unter der Regierung von „*Taxus*" ftand, war nur ein jüngftes Übereinkommen zwifchen den Commandanten von *Natchitoches* und *Nagogdoches;* die Franzofen hatten früher hier eine Station und Factorei, und eine andre an der *Sabina,* 100 m. NW von der

Niederlaffung am *bayou Pierre*. Von den alten *Yattassees* find nur noch 8 Männer und 25 Weiber, ohne die Kinder, übrig; *but a number of men of other nations have intermarried with them and live together*. L befuchte im „vergangenen Sommer" ihr Dorf und fand 40 Männer zufammen. Ihre urfprüngliche Sprache ift von jeder andren verfchieden, aber fie fprechen jetzt alle *Caddo*. Sie treiben in ihrem reichen Lande Ackerbau und Viehzucht. Vgl. S. 437^{nf} Morfe's *Tetassee*.

Schliefslich glaube ich, für das zweite Hauptvolk von Texas (nach den *Texas*), dafs (S.426^a, 431^{nf}, 436^{nf}) gleich find: *Inies* (gefpr. *Eineis*), *Asinais* und *Senis* oder *Cenis* (*Sinaes, Simais*).

§ 449, b. Ich ergreife (fo fchrieb ich bei der erften Abfaffung meiner Arbeit) mit Vergnügen die Gelegenheit, welche ein neueftes Werk mir bietet, um von einem uns Texas angehörenden Volke eine neue Sprachprobe vorzulegen, da leider alle eigenthümlichen Sprachen von Texas aufser dem *Comanche* uns vorenthalten bleiben; und die wenigen durch Wortverzeichniffe bei *Gallatin* bedachten, mit Ausnahme allein des *Caddo*, zu den Vereinigten Staaten zu rechnen find. Das zweite Werk von **Marcy**, das ich fchon bei den Comanches genannt und benutzt habe (f. S. 367^{mf}, 377^{aa-m}): *Exploration of the Red River of Louisiana, in the year* 1852: *by Randolph B. Marcy, captain 5th inf. U. S. army; assisted by George B. McClellan, brevet captain U. S. engineers*. Wafh. 1853. 8°; befchenkt uns mit einem kleinen Wortverzeichnifs (p. 307-8) des Volkes der WASHITAS, von ihm WITCHITAS genannt, welches wir dem Cap. Marcy felbft verdanken.

Obgleich das Volk fich hauptfächlich im N vom *Red river* befindet, fo darf man es doch beiläufig auch zu Texas rechnen, da es an 3 verfchiedenen Stellen: einer in *Texas*, einer im *Indian territory* und einer weit davon in der *Luisiana;* angezeigt wird. Der 5te Theil *Schoolcraft's* rechnet es auch zu Texas. Diefe 3 weit entfernten Punkte deutet der 6fache Flufsname an: im nördlichften Texas, etwa in der Mitte der langen Nordlinie, geht von S in den *Red r.* nach früheren Vorftellungen: der uneigentliche *Washita*, welcher aus den, ihm beinahe gleichlaufenden Armen *big* und *little Washita*, nach Marcy *big* und *little Witchita* (G *Wachita*), gebildet wird: nach den Karten Ma's und des G und fpäteren aber 2 neben einander laufende Zuflüffe des *Red river*, an deren weftlichem *(big Wachita)* die Karte des G kurz vor feiner Mündung ein *Wachita village* hat; bald darauf folgen gen O, im füdl. *Indian territory*, die nördlichen Nebenflüffe des *Red r.: false Washita* und *Washita* (letzterer auch ein uneigentlicher *Washita*: meift *Blue water* oder *river* genannt), dicht bei einander, und wieder dem *Red r.* ziemlich parallel; endlich der eigentliche und grofse *Washita*-Flufs (franz. *Ouachita): öftlicher Nebenflufs des *Red r.*, gen S gerichtet, welcher das füdliche Arkanfas und die nördliche Luifiana durchftrömt. *Washita* heifsen auch ein *parish* in der nördl. Luifiana und ein *county* in der füdl. Mitte von Arkanfas: beide von dem grofsen *Washita* durchftrömt. Du Pratz nennt (f. Ga 115^n) die *Washittas* am weftl. Ufer des Miffifippi; fie wurden nach ihm von den *Chicasas* vertrieben, und verfchmolzen mit den *Natchitoches*. Kriwitz (f. oben S. 367^a) nennt die *Witchitas* einen Zweig des ehemahligen grofsen Volkes der *Chiccasaws*, welcher fich den *Quassare* (einem *Comanche*-Zweig) angefchloffen zu haben fcheine: und zwar am Colorado. Der Sprache nach ift an keinen Zufammenhang der *Witchitas* mit den *Chiccasaws* zu denken. Sc1 nennt die *Witchitas*, Sc2 *Wichitas* in Texas, Pope auch die *Wichitas*.

Marcy felbft redet über die kleine Völkerfchaft der Witchitas an mehreren Stellen (f. p. 17, 72). Sehr oft wird die Gebirgsgegend der *Witchita mountains* erwähnt, nördlich über dem *Red r.* liegend (im *Indian territory*). An fie lehnte fich gleich im O das alte Witchita-Dorf an (eine bedeutende Strecke weftwärts von der Mündung des *big Witchita); weit im O davon, wieder nördlich über dem *Red r.* und im füdl. *Indian territory*: in der Mitte des Raums zwifchen dem *Red r.* und dem *false Washita*, ift das gegenwärtige Dorf der Witchitas. Ich finde feine Lage nach der Karte von diefem Theile von Texas, welche dem Reifewerke beigefügt ift, in 34°$\frac{1}{2}$ N. B. und 98°$\frac{1}{3}$ W. L; eine gleiche Strecke im O von ihm, als der Abftand von dem alten Dorfe beträgt, liegt Fort *Arbuckle*. Neben dem neuen Witchita-Dorfe liegt dicht im W das Dorf der *Wacos;* die Witchitas und Wacos, fagt Ma (93^m), wohnen jetzt am *Rush creek;* die Witchitas zählen etwa 100 Krieger, ihr

Dorf (p. 77) enthält 42 *lodges.* „Mit Ausnahme einiger weniger Familien", fagt Ma (77ⁿᶠ), „die am *Canadian* wohnen, ift das ganze Witchita-Volk an diefer Stelle concentrirt; ihre Zahl überfteigt nicht 500 Seelen." Das Urtheil über ihren Charakter lautet nicht fchmeichelhaft: *They have during the early settlement of Texas given more trouble to the people upon the northern borders* (78ª) *of that State than any other Indians. They have no regard for truth, will steal, and are wholly unworthy of the least confidence, and their vicious propensities are only kept in check now from fear.* In Schoolcraft's P. V. fagt Ma neuerdings (712ᵃᶠ): *The Witchitas have given much trouble to the frontier settlers in Texas for many years, and many of the depredations committed along the borders have been traced directly to them, and I look upon them as the most arrant freebooters in the south-west.* Er fagt dort (712ᵃᵃ), dafs fie mit den *Wacos* und *Yo-woc-onees* (gleich dabei fagt er *Towoekonies,* meint alfo die *Tawacanies* oder *Towaconays*) diefelbe Sprache reden; und mit ihnen am *Rush creek,* einem Zuflufs des *Washita*-Fluffes, im *Choctaw*-Gebiete, 50 m. vom Fort *Arbuckle,* zufammen wohnen. Er zählt *Witchitas* 314 Seelen (80 Männer).

Über diefen *Witchita* nördlich von Texas ift aber nicht zu vergeffen, dafs uns das Volk auch in Texas felbft genannt wird: von Kriwitz (vorige S. ⁿ und S. 367ª) am *Colorado,* von Marcy felbft (in feinem erften Werke: oben S. 367ᵐᵐ) an der Nord- und Oft-Seite des *Brazos,* von Schoolcraft und Pope (vorige S. ⁿⁿ). Nach *Parker* (1855, p. 683ª) wohnen die Witchitas im *Choctaw*-Gebiete am *Kush* (lies *Rush*) *creek,* find die ärgften Pferdediebe und haben die Anfiedler von Texas mehr beläftigt als irgend ein anderer Volksftamm. Im Cenfus vom J. 1854 (p. 702) nennt er unter den Völkerfchaften des „füdweftlichen Texas" die Witchetaws mit 314 Seelen (80 Männer). S. noch „*Wichetaws* oder *Pawnee Picts*" bei *Stanley* oben S. 422ᵃᶠ.

§ 449, c. Ich hatte die 60 Wörter der *Witchita*-Sprache, welche Marcy in feiner *exploration of the Red river* aus dem J. 1852 mitgetheilt hat, lange für meine Arbeit eingerichtet: als ich noch vor dem Druck der Stelle (im Febr. 1857) im Vten Theile von Schoolcraft's *Indian tribes* (Philad. 1855) p. 709-12 ein neues Wortverzeichnifs des CADDO und WITCHITA fand, vom Capitän R. B. Marcy unter dem 26 Febr. 1855 aus Neu-York an *Schoolcraft* gefchickt. Ich fand mich dadurch bewogen, fo fehr ich jede Ausdehnung meines Werkes fcheute, die Caddo-Sprache, den Haupt-Sprach-Typus für Texas (oder *Inies*) felbft gerechnet, mit aufzunehmen; ich wollte ihre Spaltung in 3, die der Witchita in 2 Wortverzeichniffe durch Vereinigung in eine Auswahl heilen und meiner Arbeit den Vortheil diefer zwei Sprachen verfchaffen: Woher *Marcy* diefes neue Doppel-Verzeichnifs genommen habe, fagt er nicht.

MEIN WORTVERZEICHNISS der ZWEI SPRACHEN enthält die Begriffs-Auswahl *Gallatin's* verbunden mit den Wörtern der beiden Wortverzeichniffe *Marcy's,* des von 1852 und 1855: von mir gebracht in eine alphabetifche Reihe. Ich liefere demzufolge von der CADDO-Sprache:

1) in der 1ten Columne: die Wörter von *Gallatin's* grofser Worttafel in der *archaeol. amer.* II, 1836 p. 307-367 No. 51, welche derfelbe der handfchriftlichen Sammlung Ge. Gray's entnommen hat; nur einige Wörter bezeichnet er mit *s.:* fie find wohl aus *Sibley's,* von ihm fo wenig benutztem Verzeichnifs (oben S. 427ª): Bruder, Bein, Licht, Schwefter, Tabak, Zehe, jung; alle Verba; 7, 20, 30

2) mit einem Stern * in der 1ten Col.: für die durch *Marcy's* beide Verzeichniffe zu *Gallatin's* Begriffs-Auswahl hinzugekommenen Begriffe die Ausdrücke, von mir entnommen aus *Gallatin's* 2tem, fpeciellen Wortverzeichniffe in der *archaeol. amer.* p. 383-397: das er auch aus Gray's Sammlung gezogen hat

3) in Col. 2 gebe ich Marcy's Wörter in *Schoolcraft* V, 709-12

4) diefer 2ten Col. habe ich unter einem Stern * die 20 Wörter Whipple's p. 70 feines *report upon the Indian tribes* 1855 (1856; f. oben S. 432ᵐᵐ⁻ⁿ) einverleibt.

Mein Ausdruck Columne ist bei der Zusammendrängung im Druck uneigentlich; doch habe ich ge-
forgt, dafs die Beziehung jedes Wortes und die Herstellung der Columnen in Gedanken nicht zweifelhaft
feyn können: die *Caddo*-Sprache (Col. oder Wort 1. *Gray* und 2. *Marcy*) ist von der *Witchita*
(3te Col. oder Wort) durch ein Semikolon gefchieden; wo die 2te Col. des *Caddo* 2 Wörter enthält,
ist die 1te gegen fie auch durch ein Semikolon gefchieden. Wo eine der 3 Columnen unbelegt ist,
vertritt ein Strich — die Stelle des Wortes. — Die von beiden Sammlern *(Gray* und *Marcy)* für
denfelben Begriff angegebenen Caddo-Wörter zeigen grofse Verfchiedenheiten: öfter fehr bedeutende
Abweichungen in der Auffaffung der Laute, und weiter gehende (vgl. z. B. Schwefter). Ganz andere Wörter geben fie für: Boot, Bruder, Tag, todt, *deer,* Ei, Fufs, Herz, Nacht, Nafe, Flufs,
Schlange; Zahl 1.

Von der WITCHITA-Sprache bildet die Hauptmaffe das Wortverzeichnifs Marcy's bei
Schoolcr. V, 709-12; zu ihr find unter einem Stern * die 60 Wörter feiner *exploration of the Red
river* p. 307-8 hinzugefügt. Jene neue, grofse Lifte find andere Begriffe als die in feiner früheren
enthaltenen; in feiner neuen Worttafel hat er die Begriffe, welche in feinem Witchita-Wortverzeichnifs
von 1852 belegt waren, für diefe Sprache leer gelaffen. Doch find in beiden Liften mit Wörtern, aber
verfchiedner Form, belegt: *chief, gun, smoke,* die Zahlwörter.

Ich habe von *Marcy's* neuem Doppel-Verzeichnifs nur ausgelaffen die unnöthige Weitläuftigkeit
der Zahlwörter 13-19, 21-29 und 60-90.

Über die Schreibweife habe ich befonders zu fagen, dafs *Marcy* in beiden Verzeichniffen
die ängftliche Auflöfung des Wortes in feine Sylben, wie die Nordamerikaner fie feit einigen Jahren
üben: im neuen vereinzelt, im alten durch Striche verbunden; angewandt hat. Ich fchreibe fie zufammen, und bediene mich des Trennftriches nur felten, in den zwei Fällen: nothwendiger Vocal-Trennung
(wo ich die *puncta diaereseos* nicht anwenden darf); und eines am Ende der Sylbe, gefondert vom
folgenden Vocal, tönenden Confonanten. Im alten Verzeichnifs geht wieder durch alle zwei- und
mehrfylbigen Wörter, wie bei Marcy's Comanche-Wörtern (f. oben S. 384[nn]), der curfive Druck einer
Sylbe: was ich für ein feltfames Mittel die Tonfylbe zu bezeichnen halte: nur dafs fich damit etwas
fchwer reimt, dafs bisweilen der curfive Druck zwei Sylben umfafst: *eteh-cod, ah-water-cotsh.* Im
neuen Verzeichnifs ift die Tonfylbe durch einen Acut hinter dem Endconfonanten (eine neuefte, aber
unangenehme Art ihrer Bezeichnung, durch welche die accentuirten Vocale umgangen werden) angezeigt,
welchen ich auf ihren Vocal verfetzt habe. Die Vocale in *Gray's* Schreibung fcheinen nach nationaler
englifcher Weife zu feyn, nicht in der neuen geläuterten Weife der Nordamerikaner; von dem Verzeichnifs bei *Schoolcraft* ift letztere nur theilweis anzunehmen. — Im Druck meines Wortverzeichniffes der 2 Sprachen ift es nöthig gewefen das Längenzeichen über den Vocalen durch einen
Circumflex zu erfetzen: *á, ó* ftatt *ā, ō* zu fchreiben.

Man wird kein richtiges Urtheil über einen gewiffen Theil der Wörter beider Sprachen fällen,
wenn man nicht die *pron. poss. PRAEFIXA* beachtet, welche die Subftantiva der Verwandtfchafts-
grade und der Theile des Körpers gewöhnlich, wenn gleich mit manchen Ausnahmen, beginnen. Ich
habe fie nach meiner Weife durch 2 kleine Trennftriche vom wirklichen Worte abgefondert. — Im
Caddo find die erfteren (aufser *husband?*) frei von Präfixen. Die Glieder des Körpers zeigen bei
Gray gewöhnlich *da;* feltner *do,* auch *du;* ohne Präfix giebt er: Bart, Blut, Haar, Herz, Bein, ?Zahn,
Zehe, Zunge. *Marcy* hat mehr Wörter rein; er hat Gray's Präfix felten: *du* in breast, *windpipe;*
den? fein gewöhnliches Präfix ift *ocko, ochko, ockto* (*ockku* in Hals); in Auge hat er *nockko.* —
In der Witchita haben die Verwandtfchaftsnamen das Präfix *nutta* oder *nutti* (merkwürdig ähnlich
nutte, nutti Frau im Caddo), die Körpertheile *duts* (in Bart, Hals, Leib, Nafe, Schulter) oder *däts*
(in Fufs, Bein) (*de* in Haar?). — Im Caddo erkenne ich auch in den Adj. der Farbe (und wohl in
einigen andren: *cold, hot*?, *warm*) abzufondernde Präfixa: Gray *ha;* Marcy *ah, o, ho, os.* Die
Verba beginnen gewöhnlich mit *yo.*

§ 449, d. Wortverzeichnifs der Caddo- und Witchita-Sprache

A. Subftantiva, Adjectiva und Verba

	Caddo		Witchita		Caddo		Witchita
	Gray	Marcy			Gray	Marcy	

English	Caddo (Gray)	Caddo (Marcy)	Witchita
anger	—	cowwesáha;	—
apple	—	cár-us;	—
arm	du-mishaugh (vgl. hand),	máso;	—
arrow	bah,	bark;	*nayquats
autumn	nibba	—	—
axe	konow (auch hatchet), quinnáho; tawháwkis		
back	*da-natsho, ockkun-nabáto;		—
bad	hasthono,	huppúnnah;	*naw-outta
bark	doudushneha	—	—
bean	—	tabáhsee;	ósta-ets
bear	nouitrseh; now-áche, *nórtsi'; *weerah		
beard	chumeeceto, ochko-wunkcossah; duts-kid-		
beaver	touogh	—	— [o-wigs
belly	da-bina	—	—
bird	bunnit,	bérnit;	—
black	ha-dehko,	ah-dickko;	*corash
blanket	*hunnewah,	hine-o;	*ah-watercotsh
blood	baaho,	pah-áhho;	—
blue	ha-ddehou; o-ssáhco (grün);		—
boat	haugh (auch canoe), achéchah;		—
body	du-nko (vgl. breast), cottoe; duts-dutske-		
bone	nahaks,	nahahco;	gaske [áhhos
book	— no-ashtohatóno (vgl. paper);		—
bow	tchoueh,	cháwéy;	*keestüits
box	—	tako;	—
boy	sheatsseh,	*siastsi;	—
bread	dushkut (du-shcut?), éscat;		kit-átske
breast	— du-nto (vgl. body);		—
bridle	—	nohoconéshe;	—
brother	nahyin S,	kinsick;	tawdaútch-e
buffalo	touahah; táak, tóünaha;		dort
bull	— wahcussássee (vgl. cow);		narrýtit
calf	—	wercústy;	—
cat	*muo,	mé-ow;	—
chair	—	narké-eto;	—
chief	kaadeh,	kahháhtee; ahduótte, *araoh	
child	kiaotseh,	heotete;	—
cloud	—	cars-chaho;	—
coat	*nokehkotashun, cappoté;		ackkawd
cold	hehno; ackkóto, *háccohodó';		—
come	—	dáhtah: komm her;	*totaos

English	Caddo (Gray)	Caddo (Marcy)	Witchita
coon (ein Thier)	—	oat;	—
copper	nooooshta	—	wick-ashé-e-os
cow	*wakus, wahcusdúno (vgl. bull); wáwcuts		
cry	— ackchickkakássa; taddhhitch		
curse	—	ho-obendso;	—
dance (v.)	yo-uayshan S, ta-wéshun; dáttshushe		
darkness	dushkoeh	—	—
daughter	hinin nutteh (vgl. son u. woman), hunnin-		
day	disko, wischesáckko; — [e; she-ót-eks		
dead	dehka,	kee-úndashe;	*wahtatash
deer	dah;	noutchsee, *'ndá; dock	
die	—	pakkier;	—
doctor	—	koonah;	dakib-edor
dog	datsseh,	chinetüshco;	*keetch-ah
door	*duswatcha	—	de-orhóckke
drink	yo-yakkah S, diyáhcun (vgl. eat); its-a-		
duck	kun,	kéenuck; shunks-ékits [ahkit-ah	
ear	da-bishta, ockko-bistee;		—
earth	wadat (auch land), wahdütte; — [dde-itscats		
eat	dehashnowya S, diyáhnow (vgl. drink); kawki-		
egg	nosehbaiyko, kappáckchenospe (pl.);		—
enemy	*dehkaugh	—	*nowta-wah
evening	sikoooon, nersáycoon;		—
eye	da-chiaugh, nockó-chun; kid-áhkuck		
face	da-chunkia	—	— [óshheke (mein)
father	aa, úghugh mein V. (two grunts); nutta-		
fight	—	dahtro-otóssee;	*ta-achots
fill	—	ki-etúnne;	—
finger	da-simbin, simbítto; duts-etskátske		
fire	nako,	nickko;	*estore
fish	batta,	bátah;	—
flint	—	—	acúnshis
foot	da-nuna (pl.), narson; dats-oske (vgl. leg)		
forehead	dau-tsaughadiaugh —		—
fox	koos	—	—
friend	— ti-éshuck, *teïsa;		*hartch
girl	nuttaitesseh (vgl. woman) —		—
glass	—	kunchi-éba;	—
go	— cohahnahdé-er: go there; *totch-esch		
God	ehnehko	— nekit-ats-uck-e [co;	—
gold	*sona kiko (gelbes Silber; sona S.), sonohié-		

	Caddo Gray	Caddo Marcy	Witchita
good	hahut;	háhhut, *háhütti;	*atchtah
goose	knaugh,	kie;	kattehead-ách-es
grass	kohoat,	cóhoot;	*ecyockcod
great	himi;	hiémi, *haimai;	*totchtah
green	ha-saehko,	o-ssáhco (auch: blau); ne-	
gum	—	doyt	— [odskítste
gun	—	tahhátto; késha-ets,	*kahtokash
hail	kiass	—	—
hair	baat,	be-únno;	dé-odske
hand	do-shaugh (vgl. arm), ockkó-see;		simhého
handsome	hahut (gut), ahkutnútte: h. girl;		últsa-hos: h. girl
hare	doo (auch rabbit)	—	—
hat	—	bíshto;	—
hate	—	whittand-ut;	naw-áhtetdde-os
head	do-kundsa,	cúndo;	étskase
hear	—	ackchohibah;	*to-otchkash
heart	munn,	kahhdhyole;	shékits
hen	*sasin kapatseh	—	—
hog	—	nákcoshe;	—
horse	*dehtama,	datúnmah;	*ca-wahra
hot	—	acktáto (vgl. warm);	—
house	sahouogh (auch hut); táhhow, im H: kah-nákah; úckcoke (auch lodge)		
hunt	—	chi-e-wátte;	—
husband	ahannoh,	den-nighhe;	nutti-ókéke
ice	ktossaugh	—	—
Indian	hassaiynaiy,	hahséenigh;	*Ehhos
iron	nakako,	noh-endhsick;	—
island	wandi	—	—
keg	—	tockóneh;	—
kettle	daydo,	ottótoe;	úspe
kill	yo-kay S,	chíckkee;	úd-okke
knee	*bih-oko,	buco;	—
knife	kut	—	dacóhock
lake	hehkut (auch sea)	—	—
lariet	—	bart;	—
laugh	—	ackkonósee;	dukúd-ebus
leaf	kakoagh,	kókko;	—
leg	sifedahoh S,	carson;	dáts-coske (vgl. Fufs)
legging	—	kaykúnshus;	nats-ahkáhwhat
life	quiadehka (auch alive)	—	—
light	manoh S	—	—
lightning	duckaninis	—	dekock-eskíd-e-os

	Caddo Gray	Caddo Marcy	Witchita
liquor, spirituous	*kanaugh akasso, cunnohahco-oso whiskey; — [*kee-etchtah (v. grofs)		
little, small	tehteh;	hiácktick,	*hüppünnüschik;
lodge	—	sanáno;	uckkoke (auch Haus)
look here	—	di-épot;	*eshsha-esh [de-os
love (v.)	yo-nowanote S, chintúrnmenut; utstá-		
maize	kisheeee;	kéesick, *kisĭ";	*tais (corn)
man	shoeh;	shówwe, *sú-oui;	*twobear-ekets-ah
meat	kouhouehto (auch flesh)	—	—
watermelon	*kono hasaako, kono-wasa-wáho;		
merry	—	cowwenla;	— [gaskéquat
mirror	—	—	*atch-e-o-wash
moon	neeeeish,	nishe;	*moir
morning	tsahioteh,	sahnárty;	—
mother	ehneh,	émuch;	nutti-coháyhe (vgl. wife)
mountain	anehko (auch bill),	enickko;	*ne-yaw-
mouth	du-nehwatcha,	nowoése;	háwkoo[cawtee
mule	—	sacárdip;	*moorur
nail (am Finger)	da-sehkono,	sookto;	— [itske
neck	du-natsehaugh,	ockkun-nochéhah;	duts-kid-
negro	—	hahdúck-es;	*estahhëescorash (*Estáhe
night	nubba,	dacónah;	— [Mexican]
noon (midday)	*diska,	dísk-er;	—
nose	da-swehaugh,	sol;	duts-tlstoe
oak	batoh (weise)	—	—
old	hunaisteteh,	*hünnisti;	—
opossum	*nahcushhuckkio (weifses Schwein), nár-		
paint	—	sitil;	*tahrah-o-way [cush; —
panther	*kisheh,	kéyshe;	—
paper	—	no-áshto;	—
partridge	kowehat	—	—
pigeon	wahus	—	—
pine	dehioass	—	
pipe	timko; tóngko 2) songuégo; naw-háwkatts		
potatoe	*inkenish (füfse), ech (fehr kurz);—		
powder	—	—	*etehcod
prairie-dog	—	—	*keeche-n'ah
pumpkin	*kono kokkinako, córno;		—
puppy	—	de-átit;	—
rain	cawiohe S,	ackkáwwis;	taw-húd-e-os
red	ha-ttehno,	o-ttínno;	kid-opah
ride	—	chick-atownóuske;	dadécub
river	bahat,	nickketl-e;	*hat
road	—	—	*to-yah-atchco

	Caddo		Witchita
	Gray	Marcy	
run	yo·wijah S,	*patani;	—
saddle	— nah-ahonnóckchar,	báchto:	saddle-
salt	*waydish,	wédisht;	kdwhats [bags; —
say	—	—	*talkkash: he says
sea	hehkut (auch lake)		
see	yo·iba S, highchúnnie;	ke-otdashe,	*unsha-
sheep	— highné-wah —	[esh: ich fehe (vgl. look)	
shirt	— nickkakahsunduncodch-e;	ack-áh-what	
shoe	—	ye (ſprich e i);	áshshade
shoot	—	to-wécha;	—
shoulder	—	—	dúts·cogs
silver	*sona, sonohockhio (l. weiſs);	awebit-éscots	
sing	yio·niow S,	landoh;	dakit-oshe
sister	dathdin S,	ydhhiegh;	unetud-ehdtch-e
skin	*no-ishto,	noshtoe;	
sky	katshaho (auch heaven) —		—
sleep (v.)	yo·dekah S	—	*ashotch-ashówbick
smell	—	achchohíbah;	—
smoke	— ochchekahe;	etsbág-ake,	*etchqua-
snake	kika,	how-óso;	— [askco
snow	hehnaakia, henaachkáwwis; —	[shucks	
sun	hininshatrseh (vgl. daughter),	húnniu;	meó's-
sour	—	kahbáshco;	dáwkats
speak	yo·keyanaha S,	dog-ón-er;	washtalkke·
spear	—	—	goodnickshus [shaw talk
spring (Frühling)	wanitteh,	kockkiahdútche-e;	
squash	—	cósh-obut;	— [kitts-scúd-as
squirrel	shaiywaugh,	shéwah;	—
star	tsokas,	chokéus;	*eckquadeco (pl.)
steal	—	—	ke-ud-ad-dstick
stomach	—	benno;	—
stone	seeeeko,	sickko;	eckaw
stop	—	chunktie;	—
strike	—	to-itdrsa;	ud-e-ahhíd-awe
strong	kiki,	haicai;	—
summer	hishineh,	hé-ah;	mahratscod-ahginte-
sun	sako,	sácco;	*keeshaw [dhkaw
sweet	—	dish-ahbit-o;	kit-atkáts-hits
table	—	nockkee-es-enówah;	—
tell	—	*eshock: tell them;	—
think	—	tickki-ahchóchos;	kúts-itskoshe
thunder	hadehhenin	—	i-ekínnix
tobacco	yahah S,	táhha;	*wayco
toe	simbatoh S	—	—

	Caddo		Witchita
	Gray	Marcy	
tongue	hadehto,	ockto·túnna;	hutske
tooth	tonaugh (pl.),	ockto·déta;	awk
town (vgl. village)	—	— did-otchow-hährah	
tree	yako (auch wood),	he-áckkeo;	*cawk
turkey	noh,	noo;	dáhbatts
ugly	quiahaugh,	naw-áhtehos:	ugly girl; —
understand	auckachanneh huneh	— *wahtah·	
village	kwat (auch town) —	—	[chow-otchkash
wagon	—	carsóe;	—
walk	yo·yah,	cahhahsee-é·agh;	nav-e-órsto
wampum	*nockinchibi: belt	—	mawhdwkah
warm	hattehto (vgl. hot)	—	—
warrior	shoehdaugh	—	—
water	koko,	kóko;	*keetche
white	ka·kio, white man:	*inkenish;	Marcy: ho·
	ckkdhyo, *hǘ·ccaïo; white man: inkinnis,		
	*ekarish; Witch. udstit-ahcótske		
wife	danahhe, tanárha;	nutti·okeháyhe (vgl. bus-	
wind	houehto	—	[band u. Mutter)
windpipe	—	du·nto;	—
winter	tshikaahadeh,	ackkóto (eig. kalt);	—
wolf	tasha;	tahshdah,	*ydha;
woman	nutteh (vgl. girl, daughter);	nútte, nǘtti;	
wood	yako (auch Baum) —	—	[*kahhaak
yellow	ha·kkiehko,	os·ki-éco;	nud-eshiste
young	chetyatse S	—	—

Chickasaw	—	Chick-ashaw;	—
Choctaw	—	Cháttaw;	— [*Nótaw
Comanche	—	Sóntto (nach N Sow-ato: S. 368aa);	

B. Zahlwörter

1	kouanigh,	whíste;	cherche, *cha-osth
2	behit,	bit;	mitch, *witch
3	daho,	dów-oh;	daub, *taw-way
4	hehweh,	he-á-wch;	dáwquats, *taalkwitch
5	dihsehkon,	díssickkah;	ésquats, *esquaw-
6	dunkeh,	dúnkkee;	kéhass, *kehash [etch
7	bisekah S,	bíssick-ah;	ké-opits, *ke-off-itch
8	dousehka,	dowsick-ah;	ké-otope, *ke-otaw-
			wah [*saokinte
9	hehwehsehka,	he-weslck-ah;	sherchekulte,
10	hehnehaugh,	bínnah;	skíd-orash, *eskirrïah.
11	10 u. 1, whistecút-es;	she-oshtekit-uck [wash	
12	10 und 2, binnahbítcut-es;	mitchskíd-orash	

Caddo Gray	Marcy	Witchita
20 *beniahbeta-S,*	*binnahbitte;*	*estah-etssheshe*
30 *beniahahhou* S,	*binnahdöw-o;*	*estah-ets-*
skeshé-daub		[*quats*
40 — *binnahhé-we;*	*estah-etsskeshé-däw-*	
50 — *binnahdissickkah;*	*estah-etsskeshé-*	
100 *wistahiashogh*	—	— [*ésquats*
1000 *himi behnehaugh* —	—	

C. Pronomina

1) pers.

	Caddo Gray	Marcy	Witchita
I	*koktsai,*	*kadchche;*	*dádutske*
thou	*nokahio,*	*nockka-é-yah;*	*núshshag*
he	*sehdehaugh*	—	—
we	**koseh*	—	—
you	*dakaya* S	—	—
they	*dehatsseh* (vgl. this) —	—	

2) übrige

this	*dehtoteso,*	**dehhiano;*	*délie;*	*táhhah*
that	*deh,*	*cohóte;*	*háwde*	

who	*dehkottou*	—	—
all	*wanteh,*	*wúnte;*	—
much, many	*wia,*	**y-ah* much;	—
how much?	—	—	**atchkinch*

D. Adverbia

near	*behittehteh;*	*béte, *pittúhti;*	*tuntáh-abe*
far off	**takeheh* od. *takek* far, *táka;*		*ke-utstáabe*
how far?	—	—	*ahsheka-atch-e-a-wah*
in the house	—	*kahnákah;*	*nuckkaw-hódde*
on the tree, out doors —		*bítte;*	*its-ah-a-wúts-e*
to-day	*dughia diska,*	*tohhé-ah;*	*dadeshawkidde*
yesterday	*niekishstho,*	*sécote;*	*dadeshawkid-ak-*
to-morrow	*tsehhia,*	*che-ahé-a;*	*kahunte* [*rash*
perhaps	**noka*		*hascats-adiske*

E. Interj.

yes	*ahi, áhhic; ahhay* (also a sound like *clu*		
	cling, to a horse), **wash*		
no	*quiaeh,*	*hónuh;*	**ke-ahre*

§ 449, e. Ich ziehe aus dem Wortverzeichniſs einige BEMERKUNGEN über die SPRACHEN. Die Wörter beider Sprachen ſind oft ſehr ſchwer in Lauten; die *Witchita* überbietet darin das *Caddo.* — Beide beſitzen viele lange Wörter; ich verweiſe im *Caddo* z. B. auf: Buch, Ei, Hemde, reiten, Sattel, Stirn, Tiſch, Thal; in der *Witchita* auf: Mann, Neger, ſchlafen, Sommer, Stadt, verſtehn, 10, *how far?* — Das Wort *strong* zeigt, daſs das Caddo-*i* der archaeol. auch als ei gilt. Die *Witchita* endet oft ihre Wörter auf *ske* (wie S. 449ⁿ zu ſehn iſt); wie auf *hos, os, e-os* u. ä.

Die CADDO-Sprache iſt eine ganz ſelbſtſtändige Sprache, die ich mit keiner andren verwandt gefunden habe; ſie iſt eben ſo gänzlich verſchieden von der Pawnee-Sprachfamilie, darunter ſpeciell gänzlich fremd der *Witchita:* dennoch laſſen ſich einige gemeinſame Wörter mit dieſer: d. h. mit dem *Pawnee* ſelbſt und ſeinem Gefolge (*Riccara, Waco, Keechi*) oder mit der *Witchita* allein, nicht wegläugnen. Manche Wort-Ähnlichkeiten ſind unvollkommner: was mein Zeichen † ausdrückt; einige beruſsen auf dem Zufall (durch mein Fragezeichen ? ausgedrückt): und dieſs kann mit einigen der 2 vorigen Arten auch ſeyn. Die Wort-Ähnlichkeiten mit dem Pawnee ſelbſt und ſeiner ganzen Reihe ſind (unter Voranſetzung des *Caddo*-Wortes): Bein M *carson* (aber S *sifedahoh*): P *kashoo,* Wa *cósh,* Wi *dáts-coske;* Büffel *touahah* oder **tóunaha,* P *tarahäh* (nach dem Prinzen Maximilian zu Wied); †Himmel *katshaho,* P *tskaoo* (aber eigentlich Mund) (Wa *ŭscah*); †Mais *kisheeee,* M *kéesick,* Wh **kisĭ":* P **lákhéschu,* R *nä'hschu,* Wa *task,* Wi *tais;* †Mann *shoeh,* M *shówwe,* Wh **sú-oui:* P *tsaeeksh* oder **söhnisch,* Wa *tódekitz,* Wi **twobear-ekets-ah;* ſchlafen *yo-dekah* (S): P **titkah,* Wa *tehéd-itscos;* Sonne *saco,* M *sácco:* P *shakoroo* oder **sokkóhro,* R *schakühn,* Wa *sahki;* †Zunge *hadelto,* M *ockto-túnna:* P *hatoo,* 2 *behit,* M *bit:* P *peetkoo,* R *plttcho,* Wa *witz,* Wi *mitch* oder **witch;* 3 *daho,* M *dow-oh:* P *tou-weet,* R *táh-uitt,* Wa *tow,* K *táh-withco,* Wi *daub* oder **taw-way.* Allein mit dem Keechi iſt ähnlich: Waſſer *kóko,* K *kiokóh.* Mit der Witchita allein hat das *Caddo* einige Wörter (davon ein paar zugleich mit *Waco* oder *Keechi*) gemein: welche, wo die Übereinſtimmung nicht auf dem Zufall beruht, jede von der andren aufgenommen haben kann: das *Caddo* von der *Witchita* dann, wenn das Wort der letzteren in der Pawnee-Sprachfamilie fteht; die *Witchita* von dem *Caddo*, wenn das Wort diefer Familie fremd ift. Die fämmtlichen Wort-Ähnlichkeiten zwifchen beiden Sprachen (das *Caddo* voran-, die *Witchita* als zweite geftellt) find diefe: Baum *yako*, M *he-áckkeo:* Wi **cawk*, Wa *hatq;* †Flufs *bahat, *hat;* Gras hat eine geringe (zufällige) Ähnlichkeit; Hirfch (*deer*) *dah* oder **'ndá, dock;* Kuh **wakus,* M *wahcus: wáwcuts* (diefe Übereinftimmung beruht aber auf dem fpanifchen Worte *plur. vacas*); †Stein *seeeko,* M *sickko:* Wa *icoh',* Wi *eckkaw;* weifser Mann **inkenish,* M *inkinnis: *ekarish;* ?diefer *dehtoteso* oder **deh-hiano,* M *déhe: táhhah;* †?jener *deh,* M *cohóte: háwde;* ja *ahi,* M *áhhic:* Wa *ahé,* K *ah-í,* Wi *ahhay;* nein *quiaeh:* Wi **ke-ahre,* K *kídde;* dazu das Präfix *da, du:* †Wi *duts, dáts* (444nn, nf).

Eine entfchiedene Ähnlichkeit des WITCHITA-Idioms mit einer andren nordamerikanifchen Sprache offenbart fich nicht; einzelne aber (zum Theil unvollkommene) mit verfchiedenen Sprachen der Gegend laffen fich auffinden: *kahhaak* Frau, Adaize *quaechuke; cawk* Baum (von andrer Seite dem Mexicanifchen ähnlich), Attacapa *kagg;* mit Chiccafaw: *nayquats* Pfeil, Ch *nucka; keeshaw* Sonne, Ch *husha;* mit Pawnee: *keetche* Waffer, P *keetsoo; witch* 2, P *peetkoo; tawway* 3, P *touweet.* — So hatte ich mein Urtheil über die *Witchita*-Sprache formulirt, als fich mir durch den Empfang der *Whipple*'fchen Wortverzeichniffe (im Juni 1857) die Ausficht erweiterte; es folgte aus den dortigen Wortverzeichniffen des *Waco* und *Keechi,* dafs die *Witchita* ein Glied der PAWNEE-Familie ift. Die Erfcheinung ift fehr merkwürdig: dafs die beiden genannten Sprachen (*Waco* und *Keechi*) eine Fülle von Wort-Ähnlichkeiten nach 2 Seiten hin: mit *Pawnee* auf der einen und mit *Witchita* auf der andren (f. S. 454a - 5m), offenbaren; und dennoch die *Witchita* felbft, alfo fo innig mit diefen beiden verwandt, fo höchft wenig Übereinftimmung mit der *Pawnee*-Sprache hat. Denn ob ich gleich, wie alsbald zu fehn ift, durch die Gewalt getrieben, einige Wörter mehr zur Vergleichung gebracht habe; fo ftehn diefe doch alle unter den 2 Zeichen des mittelmäfsigen (°) oder der fehr fernen und fremden Form-Ähnlichkeit (†), und es find zu den 3 früher von mir gefundnen genau ftimmenden Wörtern kaum ein paar hinzugekommen. Dem Prof. *Turner* ift es ganz eben fo gegangen als mir: er hat früher die *Witchita*-Sprache an keine anzufchliefsen gewufst und rechnet fie jetzt zum *Pawnee*-Stamme; er fagt (68): *The Witchita vocabulary of Capt. Marcy, which I was formerly unable to place, here also finds its appropriate location.* Er liefert (68-69) eine Tafel, in welcher er die Verwandtfchaft des *Pawnee, Riccaree, Kichai, Witchita* und *Hueco* (*Waco*) darftellt.

Folgendes find die einzigen und höchft geringfügigen Wort-Ähnlichkeiten zwifchen Pawnee (1tes) und Witchita (2tes Wort): °Auge *keereekoo, kid-áhkuck;* °Bein *kashoo, dáts-coske;* °Fufs *ashoo, dats-oske;* †Haar *oshoo, de-odske;* †Knochen *keeshoo, gaske;* †Mund *tskavo, háwkoo;* †Regen *tatsooroo, taw-húd-ëos;* †Schwefter *eetahee, unetud-ehátche;* †tödten **uëtekut, úd-okke;* Waffer *keetsoo, *keetche;* °2 *peetkoo, *witch;* °3 *tou-weet, *taw-way;* °10 look-sheeree, skid-orash oder *eskirrïah-wash;* †nein *kakee* oder **káhkih, *këahre.* Wie fremd, doch hin und wieder mit einer Möglichkeit der Identität, find: Berg, Bogen, Büffel, Flufs, Hund, Nafe, Vater, weifs, Zahn, Zunge; 4, 5, 8; ja. Ganz fremd und verfchieden find die Wörter: Bär, Bart, Bruder, effen, Feuer, Frau (*femina*), grofs, gut, Hals, Hand, Haus, Herz, klein, kommen, Kopf, Kupfer, lieben, Mais, Mann, Menfch, Mond, Mutter, Pfeife, Pfeil, fchlafen, fchlecht, fchwarz, Sohn, Sommer, Sonne, Stein, Stern, Tochter; 1, 6, 7, 9, 20 und folgende Zahlen; ich. Die Fremdheit der *Witchita* ift fo grofs, dafs fie durch die *Riccara* nur in 3 Wörtern gebeffert wird: in Pulver: W **etehcod,* R *ïtkáhn;* ja (der Reihe: wie fremd) W *ahhay,* P *nawa,* R *haa;* und in Pfeife (ganz fremd) W *naw-háwkatts,* R *nauschkatsch.* Dagegen kommen zu den ganz fremden hinzu: Bohnen, Hemde, lachen, Prairie-Fuchs, Rauch, Rock.

Prof. *Turner* bat früher in einigen die 2 Wortverzeichniffe Marcy's vom J. 1853 begleitenden Bemerkungen (311) hervorgehoben, dafs nach ihnen die Witchita-Wörter für: Bär, Freund, Maulthier, *prairie-dog* und Ofage diefelben wie im Comanche find; das für *prairie-dog* hält er im Comanche *(keechee)* für entlehnt aus der Witchita. — Ich bemerke hierzu: obenan fteht in diefen Übereinftim-mungen Freund: Wi *hartch;* Comch. M *it.*, N *haartch*, B *haiz* (auch Vetter); dann folgen 3 Wör-ter, deren beiderfeitige Ausdrücke uns allein Marcy giebt: *prairie dog* C *keechee*, W *keeche-n'ah;* Ofage *Washsashe*, Maulthier *moorur:* letzteres ift aus dem fpanifchen *mula* hervorgegangen; die Übereinftimmung von Bär findet fich nur in Marcy's Comanche-Worte: *wheelah* = W *weerah;* da-gegen geben N *to-onah* und B *ochzo* an.

Man kann eine aztekifche Ähnlichkeit finden in den *Caddo*-Wörtern: Arm (mex. *maitl*), dem Anfange *chumee-* von Bart = tarah. *chumi* Lippen (= mex. *tentli*), *cawk* Baum = *quahuitl*, *cawiohe* Regen = *quiahuitl.*

Auch fpanifche Wörter find eingedrungen: Caddo *cappote* Rock; in der Witchita: Pferd, Maulthier, wohl auch *doctor;* Kuh im C und W, *bull* im C.

§ 449, f. Wortverzeichnifs der Kiaway-Sprache

von A. W. WHIPPLE, im *report upon the Indian tribes*, Wafh. 1855. 4° p. 78-80

[Diefes Wortverzeichnifs wurde (f. p. 80ᵐ) erlangt von Andres Nuñares, einem Mexicaner, der 5 Jahre lang ein Gefangner des Volksftammes gewefen war. Früher war fchon (f. Turner 80ᵃᶠ) ein *Kiaway*-Wortverzeichnifs vom Dr. Say aufgenommen worden, ift aber verloren gegangen. Die Vocale der folgenden Verzeichniffes find in ihrer deutfchen Geltung zu nehmen (auch *ai*): wie, nach *Turner's* Bemerkungen über die Schreibweife der *Whipple*fchen Wortverzeichniffe (p. 54-55), die aller mit Ausnahme der 5 erften: nur giebt er *ŭ* an wie in *but;* *ou* (befonders im Anfang) foll oft = uh und 2) = engl. w vor Vocalen; *ow* = au feyn; ' nach *h, s,* t bezeichnet einen ftarken Hauch.]

A. Subftantiva, Adjectiva und Verba: alive, life *pĕhe*, arm *mŏʳta* (auch Hand), arrow *arcŭ*, autumn *suh'*, axe, hatchet *hŏŭt-ho;* — bad *púu*, bark *toucŏl*, bear *támtil*, beard *sénpoh*, beaver *púïto*, belly *buh'*, bird *cŭatoh*, black *cónki*, blood *um*, blue *săʳw-hai*, boat, canoe *tzu*, body *cúkiă*, bone *tónsip*, bow *zípco*, boy *tuquois*, bread *có-ot-oui*, brother *papĭe*, buffalo *col;* — chief *tangŭa*, child *talyi*, cold (adj.) *tuh*, copper *otŭʳite;* — dance *begúin*, darkness *kiha-úti*, daughter *seïtŏnc*, day *kiŭʳlhpa*, dead, death *pétoh*, deer *tonkĭeni*, devil *dŏʳw-okiʳi*, dog *'ntseïŏ*, drink *kiatúnto*, duck *ahcóh-i;* — ear *taŭti* (auch Auge), earth, land *pai*, eat *atóhi*, egg *tentáh*, evening *tehl*, eye *taŭti* (auch Ohr); — face *ca-úpa* (vgl. Stirn), father *tŏwwathtŏʳwï*, fingers *mŏʳʳditz-ón* (auch Zehen, Nägel); vgl. Hand), fire *pía*, fish *tómkëasu*, flesh, meat *ki*, foot *ŏnsút*, forehead *ta-úpa* (vgl. face), fox *báo*, friend *'tzah;* — girl *mátong*, gó *apáto*, god *púhasun*, good *túsenŏw*, goose *kaipahtul*, grass *son*, great, big *it*, green *tuta;* — hail *'tĕn*, hair *o-óto*, hand *mŏʳʳta*, hand-some *táhki*, hare, rabbit *kiaŭul*, head *kiakŭ*, heart *tĕn*, hill *pĭeti* (auch Thal), house, hut *tu*, hus-band *ki-iă;* — ice *ténkia*, Indian *cótatsen*, iron *ónc-i*, island *gúmkiathtonc';* — kettle *'tzu*, kill *emhúlt*, knife *tlick-ho;* — lake *coïtál*, leaf *aĭte*, leg *páras*, light *búu*, lightning *búïmpa-yípco*, love (v.) *ahbóh;* — maize *étahl*, man *kiăñ-i*, moon *pa*, morning *kaïñeco*, mother *coh'*, mountain *kiatáhpa*, mouth *sŭʳr-ol;* — nails *mŏʳʳditz-ón* (auch Finger und Zehen), neck *k'coul*, night *giïki*, nose *maucŏʳn;* — oak *suh*, old *cómtoh;* — partridge *cúpesa* (auch turkey), pigeon *tohlqua*, pine *ipah*, pipe, calumet *só-otu;* — rain *seïptoh*, red *guŏʳʳdlŏh*, river *ósi*, run *yiaïtlhpo;* — sea *seïtzo*, see *ahbóh*, shoes, Indian *tŭti*, sing *bidópait*, sister *tŏnc*, sky, heaven *kidcoh*, sleep *bimóh*, small, little *sŏŭn*, snake *saoni*, snow *'tul*, son *atŭa*, speak *emtúmki*, spring (Frühling) *tuh*, star *tah*, stone, rock *'ts'u*, strong *cut*, summer *só-olpups*, sun *pai;* — thunder *pŏʳlhsuth*, tobacco *tápo*, toes *mŏʳʳditz-ón* (auch Finger, Nägel), tongue *dĕn*, tooth *zun*, tree *ai*, turkey *cúpesa* (auch partridge); —

ugly (*tlick*)-*ŏ́nta;* — valley *p̓teli* (auch hill), village, town *tuói;* — walk *emtóki,* warm, hot *sahl,* warrior *tencòn,* water *'tú,* white *'tai,* wife *kiúng,* wind *gúmti,* winter *tuh,* wolf *alpagôi,* woman *ma-yi,* wood *sd-os;* — yellow *cŏ́rta,* young *túquoil*   Eigennamen: American *Córnucoyd,* Mexican *Tábebo*

   B. Zahlwörter: 1 *páhco,* 2 *giă̆,* 3 *páo,* 4 *taki,* 5 *ŏ́nto,* 6 *mŏ́sso,* 7 *pántsa,* 8 *iátsa,* 9 *cóhtsu;* 10 *cŏ́k-hi,* 11 *páta* (auch 21), 12 *glata,* 13 *páota;* 20 *iúthkia,* 21 *páta* (auch 11), 22 *iuthkiata giata;* 30 *páoki,* 40 *iatkiaki,* 50 *óntoki,* 60 *mŏ́ssoaki,* 100 *cótoki*   C. Pronomina: I *no,* thou *am,* he *kin,* we *kimi,* ye *tusa,* they *cuta;* this *tómki,* that *úíta;* who *úíte;* all *ti,* much, many *ôi*   D. Adverbia: near *kiatsi;* to-day *iho,* yesterday *cáñico* (vgl. Morgen), to-morrow *tiphŏ̈i*   E. Interjectionen: yes *hó-o,* no *hóani*

   Ich habe mich über das Verhältnifs der Kiaway-Sprache bei der Erörterung des Volkes (S. 432ᵐ, ⁿⁿ, 433ᵃ⁻ᵃᶠ) hinlänglich ausgefprochen: dafs fie, obgleich untermifcht mit wenigen Wörtern oder Wort-Ähnlichkeiten der verfchiedenften Sprachen, von allen Sprachen des Erdtheils verfchieden und eine ganz eigenthümliche, von der fchärfften Individualität in ihren Wörtern, ift. Hier verzeichne ich die von mir beobachteten dürftigen WORTGEMEINSCHAFTEN oder WORT-ÄHNLICHKEITEN (letztere, meift als zufällig zu erachten und unvollkommen, unter einem Fragezeichen ?) mit einer bunten Reihe von Sprachen, das *Kiaway*-Wort immer voranftellend: allgemein amerikanifch: *no* ich (z. B. Netela); athapaskifch: Waffer *tu,* ?Stein *'ts'u* ≠ *tse* ufw.; ?Bauch *buh,* Chep. ufw. *but;* namentlich Umpqua und Tlatskanai: ?Indianer *cótatsen:* Menfch Uq *tttsön,* Tl *taltsen;* ?Knabe *tuquois,* Tl *astoqwe* Kind (ähnlich: klein); aztekifch: ?Hand und Arm *mŏ́rta* fehr ähnlich A *maitl* (Comch. *mo-wa);* ?Zahn *zun,* Yutah *toṅg* (diefs find aber auch die einzigen Ähnlichkeiten); Cherokee: Boot *tseu;* dem Choctaw und Chiccafaw ähneln ein paar Wörter: wie z. B. Rebhuhn *cúpesa,* Cho *kofë,* Chi *koofeh;* Comanche: Knochen *tónsip,* C *tsonip;* Sohn *atúa,* C *tooah;* Geficht *ca-úpa,* C *koveh,* Y *koo-elp;* 3 *páo,* C *pahu* (hier ift das Kiaway fonorifch): aber alle übrigen Zahlwörter find fremd, *pántsa.*7 = fanskr. 5; ja *hó-o,* C *hă̆* (Utchee *ho,* Kechi *oho)*: hiermit find die Ähnlichkeiten erfchöpft; Kizh und Netela: Mutter *coh'* ≠ K *á-ok,* G *a-úkŏ̆* (N *yŏ̆* oder *yoh)*; heifs *sahl* ≠ NG *xalek;* ?weifs *'tai,* K *árawátai;* 1 pahco, KN *puku* (eigenthümliches Wort beider); ?du *am,* N *om,* K *oma;* viele *ôi,* K *ayôin* (*ôe* alle): kein anderes der vielen eigenthümlichen Wörter der Kizh und Netela trifft zu; Sprachen Neu-Mexico's: Sonne *pai:* Xemez *pay,* Tezuque *pah;* Mond *pa:* Xemez *pah-ah,* Tezq. *pho;* ?Hals *k'coul,* Tezq. *kaiku;* ?deer *tonki-eni,* Quera ufw. *ke-ahne:* halbe Anklänge giebt es mehrere, aber fie find als Spiel zu nehmen; Pawnee: Mond *pa;* ?Haar *o-óto,* P *oshu:* diefs find die einzigen Anklänge diefer 2 gänzlich verfchiedenen Sprachen; fchofchonifch: Hals *k'coul:* Sch *kurŏ̆,* W *kutá,* Y *kolph;* Yutah: Hals (f. eben); ?Frau *(femina) ma-yi,* Y *naijah.*

   Vom Äufseren der Sprache bemerke ich: den Buchftaben *ñ,* rauhe oder eigenthümliche Confonanten-Verbindungen in *roth* und *Sommer, kia* als Anfang mehrerer Wörter; lange Wörter: Blitz, Infel.

§ 449, g. Wortverzeichnifs des Waco oder Hueco und ein kleines der Kichai

von A. W. Whipple, im *report upon the Indian tribes,* Wafh. 1855. 4° p. 66-68

   [Die Wörter beider Sprachen, die erfte Probe von ihnen, find (p. 68) von Individuen diefer Stämme erlangt worden; die Stelle beider Völkerfchaften nach *Whipple* habe ich bei den Völkern (S. 441ᵐ⁻ᵐᵐ, 431ⁿ) bezeichnet. Die *Kichais* find die Keechies nach der gewöhnlichen Schreibung. Ich gebe zunächft die wenigen Wörter, welche wir in beiden Sprachen erhalten haben; dann, das *Waco*-Wortverzeichnifs, mit ein paar eingemifchten *Keechi*-Wörtern: denen ich K vorfetze.]

I. Waco und Kichai

A. Subſtantiva, Adjectiva und Verba

	Waco od. Hueco	Kichai		Waco od. Hueco	Kichai
arm	*weh*	*hélequeo*	hand	*isk'to*	*ichshenne*
beard	*kid-e-wékste-ask*	*háhcaraius*	head	*atskïéstacak*	*quitatso*
belly	*có-wesh*	*cánnahenne*	heart	*shikitz*	*kishikéeto*
body	*kek*	*tónano*	man	*tódekitz*	*cai-uquanóquts*
boy	*wéx-eki*	*chŏ'tskek* (= girl)	mother	*áts-iá*	*chache*
child	*chád-ax-eki*	*cháwadotz*	mouth	*áhcok*	*hŏ'k-innik*
daughter	*nŭttere-wáwaski*	*chôs*	nails	*isquits* (vgl. Finger)	*x'squíeto*
ear	*ortz*	*átik-oroso*	neck	*ketisk*	*quitot-henne*
eye	*kídik*	*quidïeco*	nose [met	*tisk*	*chúscaraio*
face	*ichcŏh*	*ltscot*	pipe,calu-	*wehketz*	*quíocak*
fingers	*iskitz-ĕ*	*itssquit-ahĕok*	rattle-sna-	*hĕïch*	*kinitz*
fire	*hatz'*	*yécenieto*	son [ke	*nŭtte·ydhi*	*chiwá*
foot	*ŏs*	*ŭs-inic*	toes	*ŏskitz* (ŏs Fuſs)	*ŭsquits-ats-hen-e*
forehead	*nicŏk* [child]	*nicŏkhénne*	tongue	*hŏtz*	*háhtok*
girl	*chád-ax-eki* (=	*chŏ'tskek* (= boy)	tooth	*ahtk*	*áthnesho*
god	*kid-i-ásh-ikitz*	*ahhókitou*	water	*kits-ah*	*kiokŏh*
hair	*ishkéstëatz*	*ltscoso*	woman	*cáhheïc*	*chĕquoiké*

B. Zahlwörter

1	*cheos*	*aríshco*	10	*skitte-was*	*x'skani*
2	*witz*	*chósho, chóso*	11	*cheostekitte*	*x'kanianini arish·*
3	*tŏw*	*táh-withco*	12	*witzchitz-edach*	*x. choso* [co
4	*táhquitz*	*kithnŭ'c-ote*	13	*tow-atitz-edach*	*x. táhwith*
5	*ishquitz*	*xs'tŏw-eo*	20	*stedskishi'*	*arisquinikérico*
6	*klash*	*nahitŏw*	21	*s. cheotekitte*	*a. anini arisco*
7	*kió-whitz*	*tsŏw-etate*	22	*s. witztitz-adad*	*a. anini choso*
8	*kiátŏw*	*naikinŭc-ate*	30	*ŏstedskishi-tithhitz-i*	*tah-withquin'n'*
9	*choshkitte*	*tan-irokat*			

E. Interj.

yes	*ahe*	*ah-í, wahtlk*	no	*kídde*	*ho-ŏh*

II. Wortverzeichnifs des WACO, mit wenigen Kichai-Wörtern

A. Subſtantiva, Adjectiva und Verba

arrow	*téquatz*	bow	*kchets*	darkness	*wichtáhcucŏs*
axe, hatchet	*tahakés*	bread	*kid-escod-es*	day	*toc'*
bear	*wid-oc'*	brother	*nŭttŭ-trëatsi*	deer	*dŏh'*
bird	*étsit*	buffalo	*tad'*	devil	K *wit-ar-ekite*
black	*ahácod-i*	calf of the leg K *kishtato*		dog	*kitsi-el*
blood	*watzkitz*	chief	*ékĕrquash, éde* ·	earth, land	*hidŏwat*
boat, canoe	*arkeos* [bone	cold	*kitz-itéoc*	evening ·	*ŭllashohkesk*
bone	*ŏstotskesk:* ankle	copper	*aquitz-isquatz*	father	*tádda*

fish	*catz*	mountain	*tŭtskid-e-wasqua*	tree	*hatq*
flesh, meat	*ŭ'd-èrsh'*	night	*hitz*	valley	*stĕr-ecotdhitz*
fox	*ketŭckesh*	rain	*tahhaidŭsh*	village, town	*ed-atácucki*
friend	*etatátzwŭstuc-e*	red	*a-withquach*	warrior	*edĕárteda*
good	*ŭtstetz-i*	ring	*tschocoitaria*	white	*ahácŭtz*
grass	*hŏd-itz*	river	*ecúak* (auch lake)	wife	*nŭttĕ-oki*
great, big	*tatztíd-e-watz*	sea	*tetskitsŭs*	wind	*dŭĕh*
green	*ahad-oskitz*	shirt	K *ohca-wéono*	wolf	*kittux*
hare, rabbit	*cókish*	shoes, Indian	*ŏsset*	yellow	*chish*
hill	*kĕestld-ekitsqua*	sister	*nŭttc-tatsi*		
house, hut	*ŭcáh*	sit down	K *náoui*	Eigennamen:	
husband	*nŭttĕ-kidi*	sky, heaven	*ŭ'scah*	American	K *Innikinnish*
ice	*dŏhhitz-e*	sleep	*tehéd-itscos*	Canadian river	K *Kitsate*
Indian	*Nihashquatz*	small, little	*tĕethtld-ekitz*	Hueco river	*Tálle-witsŭs*
iron	*aquitz-iscŭt*	(*vgl.* great)			
island	*kittikitz*	snake	*echáchcŭrrikitz*	B. Zahlwörter	
kettle	*echcŭrresh*	snow	*hid-ork'*	40	*witzstedskishi*
knife	*táha*	squirrel	*wátz-ah'*	50	*w. tithkitz*
lake	*ecúak* (auch river)	star	*héquidicco*	60	*tow-witz-stedskishi*
leg	*cösh*	stone, rock	*icoh'*	70	*t. tithkitz*
light	*wahquish*	sumach	*wáhhahtŭtse*	80	*towquith-tedskishi*
lightning	*ŭddu-wŏk'*	sun	*sáhki*	90	*t. tithkitz*
maize	*task*	thigh	K *kŭs-in-ic*	100	*squets-tetzkisha*
moon	*mŏr*	thunder	*tekinnicksh*	1000	*tethkitz*
morning	*hahdĕ'tenne*	tobacco	*wéh-ec* ✓		

In der WACO-Sprache ift der Laut *tz* überaus häufig, auch *x* wird gebraucht; *Turner* nennt (55m) in beiden Sprachen die Schnalzlaute *tc, tk* und *tlk: In the Kichai and Hueco,* tc, tk *or* tlk *is a click, made with the tongue against the r₀f of the mouth.* Im *Kichai* fällt die Endung *henne* in Körpertheilen (Bauch, Stirn, Hand, Hals, Zehen), *innik* in Mund, *inic* in *thigh*, auf; vielleicht bedeutet fie mein: doch find die meiften Körpertheile ohne fie. Die *Waco*-Sprache befitzt viele lange Wörter: Bart, Biber, Tochter, Berg, Freund, Gott, Hügel, Kopf, Ring, klein, Schlange, Thal, Krieger; die Zahlwörter von 11 an; viele 4fylbige aufserdem; dagegen zeigt fie aber auch nicht wenige einfylbige. Lange Wörter im *Kichai* find: Finger, Herz, *man*, Zehen.

Die Sprachen WACO und KEECHI (ich werde mich diefer von mir gewählten Hauptform bedienen) find fehr genau fowohl unter einander als auf der einen Seite mit der *Witchita*, auf der andren mit dem *Pawnee* VERWANDT: was ich nach einander durch Angabe der Wort-Gemeinfchaften beweifen werde. Da die Zahl der uns von beiden zugleich gegebenen Wörter befchränkt ift, fo läfst fich über ihr Verhältnifs ZWISCHEN SICH freilich kein auf viele gegründetes Urtheil fällen; dennoch wird das von mir abzugebende allgemein und für das Ganze gelten. Etwa die Hälfte der Wörter ift zwifchen beiden Sprachen gänzlich fremd und verfchieden: Bart, Bauch, Leib, Tochter, Feuer, Gott, Kopf, *man*, Mund, Hals, Nafe, Sohn; alle Zahlwörter, nein. Vollkommen ähnlicher, identifcher, ja nur fehr ähnliche Wörter giebt es zwifchen beiden Sprachen fehr wenige: Auge, Geficht, Nägel, ja; ziemlich oder mäfsig ähnlich find nur: Mädchen, Hand. Die meiften Ähnlichlichkeiten und gemeinfamen Wörter find der Art, dafs die *Waco*-Sprache das ausführliche oder ausgedehnte, öfter lange *Keechi*-Wort bruchftückartig in jeder Art der Zertrümmerung, Zufammenziehung oder Abkürzung befitzt: bis zur Einfylbigkeit: Arm, Ohr, Finger, Fufs, Stirn, Haar, Herz, Zehen, Zahn; Zahl 3; bei dem Reichthum des *Waco* an langen Wörtern würde man eher das Gegentheil erwartet haben. Geringe oder fehr geringe Ähnlichkeit, bei manchmahl noch vorhandener, oft aber wohl nicht ftatt findender Identität, haben: Knabe, Kind, Mutter, Pfeife, Klapperfchlange, Zunge, Waffer, *woman.* , Bei der Fremdheit auch der Sprachen Eines Stammes in diefem Welttheil ift hiernach die Verwandtfchaft des *Waco* und *Keechi* immer noch eine fehr nahe zu nennen.

Die *Waco*- und *Keechi*-Sprache find entfchieden und genaue Verwandte der PAWNEE-Sprache; diefs wird durch eine lange Reihe identifcher Wörter: oft mit bedeutender, manchmahl (von mir durch † bezeichnet; durch einen Stern * davor bezeichne ich die *Pawnee*-Wörter des Prinzen Maximilian zu Wied, während die übrigen von T. *Say* find) mit fchwächerer oder fchwacher Form-Ähnlichkeit: fo vieler, als fich oft nicht für verwandte Sprachen aufbringen laffen; bewiefen. Meine Lifte: in welcher das 1te Wort *Pawnee*, das 2te (wo kein K fteht) *Waco*, das 3te *Keechi* ift; wird noch dadurch befchränkt, dafs meinem *Pawnee*-Wortverzeichnifs (*Say* und Prinz Maximilian) viele Wörter, wieder manche dem der 2 Sprachen von Texas fehlen. Ich erfetze das *Pawnee* daher durch *Riccara*-Wörter, fie durch R bezeichnend. Die Unvollkommenheit der Form-Übereinftimmung ift es intereffant zu beobachten; wo ich eine der 2 Sprachen weglaffe, hat fie manchmahl daffelbe Wort, doch in zu entfremdeter Geftalt: öfter aber fchliefst fie fich durch ein ganz anderes aus. — Gemeinfam mit dem *Pawnee* (gelegentlich der *Riccara*) find dem *Waco* und *Keechi* die Wörter: Auge *keereekoo, kidik, quidieco;* Bart *raroosh,* K *hähcaraius;* †Beil R *katardtsch, tahakés;* Bein *kushoo, cösh;* Bruder *eeraree, nüttüetrëatsi;* †Büffel *tarahäh, tad';* †Eis *lasheetoo,. döhhitz-e;* †Eifen *pabeetdeeshoo, aquitz-iscüt;* †Finger *hashpeet* (vgl. Nägel), *isklz-ë, its-squit-ahéok;* Fufs *ashoo, ös, üs-intic;* grofs *tirëhhu, tatzild-e-watz;* Haar *oshu,* K *itescoso;* †Hals *tshusheeree,* K *quitothenne;* Hand *iksheeree, isk'to, ichshenne;* †Haus *akkaroo, ücäh;* †Hirfch R *ud* oder *wah, döh';* Knabe *peeshkee, wéx-eki;* Knochen *keeshoo,* wohl *kesk;* Kopf *pakshu,* K *quietatso;* Mädchen *tchoraksh, chád-ax-eki;* Mund *tskaoo, áhcok;* Mutter *ateerah, dts-iá;* †Nägel *hashpeet* (auch Finger, vgl. diefs), *isquitz, x'squicto;* Nafe *tshtshoo,* K *chúsca-raio;* Ohr *atkároo,* K *átik-oroso;* †Regen *tatsooroo, tahhaidüsh;* fchlafen *titkah, tehéd-itscos;* †Schuhe R *chütsch, össet;* Schwefter *eelahee, nutte-tatsi;* †Sonne *shakoroo* oder *sokköhro, sáhki;* †Stern *ópeereet, héquidicco;* Waffer *keetsoo, kits-ah, kiokéh;* Zunge *hatoo,* K *háhtok;* 1 *askoo,* K *arishco;* 2 *peetkoo, witz;* 3 *touweet, töw, táhwithco;* †4 *shkeetiksh, táhquitz;* †5 *sheeooksh, lshquitz, xs'löw-ëo;* †10 *looksheeree, skitte-was, x'skani.* Schwach ähnlich find noch: Berg, Hügel, Fleifch, Zahn. — Eine andere Hälfte beider Sprachen ift aber fremd gegen das *Pawnee* (gelegentlich die *Riccara*), und zwar find es folgende Wörter: Abend, Arm, Bär, Berg K, Blut, Bogen, Boot, Büffel, Erde, Feuer, Finfternifs, Flufs, Frau *(femina* und R *uxor),* Freund R, gelb R, grofs, gut, Häuptling R, Herz, Hund, Infel R, kalt, Kind, klein, Kupfer, Licht, Mais, Mann, Menfch, Meffer R, Mond, Morgen, Nacht, Pfeife, Pfeil, Schnee, fchwarz, Stein, Stirn, Tag, Thal, Vater, Vogel, weifs, Wind R, Wolf R; 6, 7, 8, 9, 20; ja, nein.

Noch länger ift die Reihe der Wörter, welche die Sprachen *Waco* und *Keechi* mit der WITCHITA: meift in fehr naher, feltner in mehr oder weniger entfernter Form (wofür mein Zeichen † gilt); gemein haben. Folgendes find (voran *Witchita*, in 2ter Stelle ohne Zeichen *Waco*, in 3ter *Keechi* ftehend) die von mir aufgefundnen Identitäten: Auge *kid.áhkuck, kidik, quidieco;* Axt *tawháwkis, tahakés;* †Bär *weerah, wid-oc';* Bart *duts-kid-o-wigs, kid-e-wékstëask;* Baum *cawk, halq;* Bein *dáts-coske, cösh;* Bogen *keeslüts, kchels;* Brodt *kit-dtske, kid-escod-es;* †Bruder *tawdaütch-e, nüttü-trëatsi;* †Büffel *dort, tad';* Donner *tekinnix, tekinnicksh;* Frau: 1) *femina *kahhaak, cähheïc, chéquoiké* 2) *uxor nutti-okeháyhe* (f. Mann), *nüttéeoki;* Fufs *dats-oske, ös;* †gelb *nud-eshiste, chish;* †Gott *nekit-ats-uck-e, kid-ïásh-ikitz;* grün *ne-odskitste, ahad-oskitz;* Haar *dé-odske, ishkéstëatz, ltscoso;* Hals *duts-kid-itske, ketisk;* ?Hand *simhého,* K *ichshenne;* †Haus *úckcoke, ucäh;* †Hemde *ack-äh-what,* K *ohca-wéono;* Herz *shékits, shikitz, kishikéeto;* Hirfch *(deer) dock, döh';* Hund *keetch-ah, kitstel;* Knochen *gaske,* wohl *kesk;*

Kopf *élskase, atskĭéstacak, quĭtatso;* Mais **tais, task;* Mann (d. h. Ehemann) *nutti-ŏkéke, nŭtté-
kidi;* Menfch **twabear-ekets-ah, tódekitz* (K verfchieden); †Meffer *dacóhock, táha;* Mond **moir,
mŏr;* Mund *hä'wkoo, ähcok, hŏ"k-innik;* †Mutter *nutti-coháyhe,* K *chache* (W verfchieden); Nafe
duts-ĭlstoe, tisk; Pfeife *naw-häwkatts, wehketz, quiocak;* Pfeil **nayquats, téquatz;* Regen
taw-húd-ĕos, tahhaidŭsh; Schuhe *áshshade, ŏsset;* Schwefter *unetud-ehátch-e, nŭtte-tatsi;*
†Sonne **keeshaw, sáhki;* Stein *eckkaw, ĭcoh';* Stern **eckquadeco, héquidicco;* Tabak **wayco,
wĕh-cc;* Waffer *keetche, kĭts-ah, kĭokŏh;* Zahn *awk, ahtk, áthnesho;* Zunge *hutske, hŏtz,
hähtok;* — die Zahlwörter 1 *cherche* oder *chá-osth, cheos;* 2 **witch, witz;* 3 *daub* oder *tdwway,
tŏw, táhwithco;* 4 **tdalkwitch, táhquitz;* 5 *ésquats* oder **esquáw-etch, ishquitz;* 6 *kéhass*
oder **kéhash, kĭash;* 7 *ké-opíts* oder **ke-óff-itch, kĭó-whitz;* 8 *ké-otope* oder **ke-otáw-wah,
kidtŏw;* 9 *sherchekulte* oder **saokinte, choshkitte;* 10 *skid-orash* oder **eskirrïáh-wash, skitte-
was;* 11 *she-oshtekit-uck, cheostekitte;* 12 *mitchskĭd-orash, witzchitz-edach;* 20 *estah-etssheshe,
stedskishi'* (die Zahlwörter des *Keechi* find ganz verfchieden, ausgenommen die 3); ja *ahhay* 2) **wash:
ahé, ah-ĭ* 2) K *wahtlk;* †nein **këahre, kĭdde.* Den ftärkften Beweis der fo ganz nahen Verwandtfchaft der 3 Sprachen unter einander liefert das *pron. poss. praefixum* der Subftantiva der Verwandtfchaft und Körpertheile (mein): welches in der Witchita die Formen *nutti* (z. B. in Mutter, Ehemann,
Ehefrau), *nutta* (Vater), *nŭttŭ* und 2) *duts* und *dats* hat; und im Waco *nutti* oder *nŭtte* (letzteres
z. B. in Schwefter), im K *nŭtté* (z. B. *uxor*) lautet. — Vielleicht find noch identifch die, fehr fern
liegenden Wörter: grofs, Häuptling, Kupfer, roth, weifs. Der *Witchita* fremd find nur die kurze Reihe:
Blitz, Feuer, Flufs, Freund, Gras, gut, Indianer, Keffel, klein, Leib, fchlafen, fchwarz, Sohn, Tochter,
Vater; und die *Keechi*-Zahlwörter, mit Ausnahme der 3.

Der Zufall bewirkt, dafs 1) 2 *Waco*-Wörter aztekifche Ähnlichkeit haben: A *iztetl* Nagel
(unguis), W *isquits,* K *x'squíeto* (auch ähnlich); A *metztli* Mond, W *mŏr* (auch Witchita *moir);*
und 2) ein *Keechi*-Wort athapaskifch fcheint: *chéquoiké* Frau *(femina),* Chep. *tshekwè* und
ähnlich andre Sprachen; die 2 anderen Sprachen fchwächen fchon den Eindruck: Waco *cähheïc,*
Wi **kahhaak.*

Alt-Californien.

§ 450, a. Von dem äufserften **Often** gehe ich plötzlich über zu dem äufserften **Westen:** und behandle in der, dem Küftenlande von *Cinaloa* famt *Sonora*
gegenüber hinlaufenden, langgeftreckten und fchmalen Halbinfel **ALT-CALIFOR-
NIEN** (auch Unter- oder Nieder-Californien; *Lower California, la Basse
Californie, la Baxa California* genannt) die letzte, armfeligfte Provinz des jetzt
im Norden fo elend zufammengeprefsten mexicanifchen Reichs.

Unter den **Büchern** über Californien fteht oben an und ift von mir überall benutzt:

Ven. *Noticia de la California, y de su conquista temporal, y espiritual hasta el tiempo
presente. Sacada de la historia manuscrita, formada en Mexico año de 1739. por el
Padre Miguèl Venegas, de la Compañia de Jesus; y de otras Noticias, y Relaciones
antiguas, y modernas*.... *Dedicada al Rey N.ᵗʳᵒ Señor por la provincia de Nueva-España,
de la Compañia de Jesus.* T. I. II. III. Madrid 1757. 4° min.
Diefes vortreffliche und reiche Werk, das auch ins Englifche, Franzöfifche und Deutfche überfetzt
worden ift, letztes als: „Natürliche und bürgerliche Gefchichte von Californien ... Aus dem Engl.
überfetzt und herausgegeben von Johan Chriftoph Adelung." Th. I. II. III. Lemgo 1769. 69. 70. 4°;
enthält in feinem T. I die Parte 1: *descripcion de la California, y de sus habitadores* (die

Geographie) und P. 2: *tentativas para la Conquiſta de la California, haſta la entrada en ella de los Jeſuitas* (die frühere Geſchichte); im T. II oder der P. 3: *reduccion de la California por los Jeſuitas, y ſus adelantamientos haſta el tiempo preſente;* T. III oder P. 4 den *apéndice* oder einzelne ausführliche Berichte von Entdeckungsreiſen und Erforſchungen des Landes.

VS Villa-Señor's *Theatro Americano:* wo Californien cap. 39, in P. II p. 272-294, bildet; bietet faſt gar nichts dar: indem der gröſste Theil dieſes kurzen Stückes der Erzählung von *Consag's* nördlicher Expedition zum Colorado 1746 (p. 276-294) gewidmet iſt.

Bg. Der Pater Jacob BÄGERT hat in ſeinem anonymen Buche: „Nachrichten von der Ame-rikaniſchen Halbinſel Californien ... geſchrieben von einem Prieſter der Geſellſchaft Jeſu, welcher lang darinn dieſe letztere Jahr gelebt hat." Mannheim 1772. 8°; eine ſehr natürliche, genaue und wahrheitsgetreue Schilderung von Californien und ſeinen Einwohnern geliefert: welche freilich ein tief ergreifendes Bild von der überaus elenden, jammervollen und armſeligen Beſchaffenheit beider gewährt. Er war in Californien 17 Jahre, 1751-1768 (reiſte 1750 aus Europa hin: 279); und ſtand, wie ich aus ſicheren Schlüſſen gefolgert habe, aber nirgends geſagt finde, der Miſſion *SLuis Gonzaga* (bei ihm *S. Aloysii*) vor. Er ſtarb 29 Sept. 1772 zu *Neuburg* an der Donau. Indem ich dieſe wichtige Quelle fleiſsig benutze, gerathe ich überall in Gegenſatz mit den Angaben des Buchs von *Venegas* und den Neueren *(Ternaux* und *Duflot);* denn in ſeiner trüben Erfahrung läugnet der ehrenwerthe Pater an allen Stellen die Realitäten in Natur- und Menſchenweſen ab, welche die Anderen, obwohl beſchränkt, in dem Lande Californien angeben und ich nach ihnen aufführen muſs.

Df., Tx. Zwei neue Darſtellungen von Alt- und Neu-Californien ſtimmen faſt wörtlich über-ein, ohne daſs ich dieſes Verhältniſs zu ergründen vermag: *Exploration du territoire de l'Orégon, des Californies et de la Mer Vermeille, exécutée* pendant les *années* 1840, 41 et 42, par *M. Duflot de Mofras, Attaché à la Légation de France à Mexico;* giebt in T. I. p. 88-117 einen kurzen Abriſs der Reiſen (beſonders der Spanier) an die Weſt-Küſte Amerika's, 201-5 eine Beſchreibung des californiſchen Meerbuſens und 217-249 Alt-Californien; und Henri Ternaux's *lettre* aus *Mazatlan* vom 29 Dec. 1840 in den *nouvelles annales des voyages, année* 1842 T. 3. p. 290-334 (auch Cinaloa und Sonora ſchildernd; ſ. oben S. 12ⁿ): in welcher er p. 324-332 eine geographiſche Skizze Alt-Californiens giebt.

Esp. *itinerarios de la Baja-California, remitidos por su gefe politico el Sr. coronel D. Rafael Espinosa:* eine Tafel im T. III. des *boletin de la sociedad mexicana de geografia y estadistica,* Mex. 1852. 4° min. nach p. 44, welche ſehr geſchickt die Entfernungen aller Ortſchaften ſowohl von *Loreto* als unter ſich in den Richtungen gen NO (doch zu leſen NW!), O, S und SO nachweiſt.

Mühl. oder M bezeichnet Mühlenpfordt's „Méjico"; — für Völker und Sprachen ſind:

Bo. P. Miguel del Barco bei *Hervas* 1785 (ſ. das nähere im § 452)

H des Hervas Mittheilungen von *Miguel del Barco* 1785 und 1787 (ſ. ib.)

Dc. P. Franz Benno Ducrue bei *Murr* 1784 und 1811 (ſ. am Ende des § 454, c)

Von der GESTALT Alt-Californiens hat: trotz aller Expeditionen, Erforſchungsreiſen und Re-cognoſcirungen in der Südſee und im Meerbuſen, wie im Lande; bis in die Mitte des vorigen Jahr-hunderts die Meinung vorgeherrſcht, daſs es eine Inſel ſei. Es hatte ſich, durch einige unwahre Reiſeberichte beſtärkt, die Vorſtellung feſtgeſetzt, der Meerbuſen oder das *mar bermejo* ſtehe durch eine Meerenge in Verbindung mit der Südſee. Eine Meerenge, *el estrecho de Uriz,* meinte man, führe in W nach der Tatarei und der *tierra de Hiezo, Hiaſſo, Ilezo* oder *del Yeſſo* (der Inſel *Jezo* des japaniſchen Reichs); höher nach N und an Amerika ſetzte man eine andere Meerenge, welche eine wüſte Anſpielung, ein *analogon* und ein dunkles Vorſpiel der Berings-Straſse iſt: *el estrecho de Anian;* durch welche die Südſee mit dem *mar del Norte* bei *Terra Nova* (Neufundland) zu-ſammenhangen ſollte. Gegen *Anian* hin ſetzte man das *cabo Blanco de SSebastian,* den *rio de Martin de Aguilar* (Ven. III, 19) und andre Örtlichkeiten.

§ 450, b. Die L A G E der Halbinfel Californien, welche Ven. (I, 6) auch eine grofse Landzunge nennt, habe ich im Anfang fchon angedeutet. Sie läuft hin, gerichtet von NW gen SO, zwifchen der Südfee und dem californifchen Meerbufen: beginnend im N mit deffen Spitze und der Mündung des *rio Colorado* in diefelbe (nach Mühl. in 32° 30′ N. B. und 116° 44′ W. L.): bis zum Cap *SLucas,* dem Hafen *Mazatlan* in Cinaloa gegenüber, im äufserften S: das beftimmt wird in 22° 52′ 23″ N. B. und 112° 13′ 15″ W. L.

Die G R Ä N Z E Alt-Californiens im N gegen Neu-Californien fängt nach Df. I, 217 und Ternaux p. 324 öftlich an der Mündung des *Colorado* an und endet in W füdlich von *SDiego* (diefs nach Mühl. in 32° 39′ 30″ N. B. und 119° 38′ 15″ W. L.), indem fie dem 32ten Parallel folgt, unter welchem die Miffion *SMiguel* liegt; im Innern fcheint (Df. I, 236) die Theilung beider durch 2 hohe Berge bezeichnet zu werden, welche in Hochebenen ausgehn, genannt *las mesas de Juan Gomez*. Nach dem Atlas der Verein. Staaten von *H. D. Rogers* und *A. Keith Johnston,* Lond. 1857. fol., geht, zufolge der Beftimmungen von 1849 und 1850, die NGränze in W, in 32°⅓, ein wenig füdlich von *SDiego:* näher ein wenig füdlich von *SArguello* und *Concepcion,* etwas nördlich von den Infeln *los Coronados,* aus; und läuft in gerader Linie W-O mit einer höchft geringen Neigung nach N gerade auf den Zufammenfluſs des *Gila* und *Colorado* und Fort *Yuma* zu.

Die G R Ö S S E Alt-Californiens giebt das *cuadro sinoptico* vom J. 1850 zu 8437 ◻*leguas* an, mit 12,000 Einwohnern. Die Länge der Halbinfel beträgt (Mühl.) etwa 350 *leguas;* ihre Breite ift (nach Ven. I, 30) 10 *leguas* (am Cap *SLucas):* weiter hin 20, 30 bis 40.

Die P O L I T I S C H E F O R M des elenden, unfruchtbaren, wenig bevölkerten Landes mufste eine eigenthümliche feyn. Seit dem Eingange der Jefuiten, fpäter zweier anderer Mönchsorden, und der Errichtung der Miffionen (früheres gab es nicht) herrfchten die K i r c h e und die O r d e n: local, in vielen kleinen Gruppen; im grofsen in einheitlicher Unterordnung. Die Jefuiten hatten während ihres Beftehens alle Gewalt im Lande. Allgemein waren Alt- und Neu-Californien 2 Provinzen und blieben es auch nach Errichtung der Intendantfchaften (f. oben S. 406ⁿⁿ). Nach der Revolution kam Alt-Californien, da es nicht bevölkert genug war einen eigenen Staat zu bilden, gleich der Nachbar-Provinz Neu-Californien, als ein T e r r i t o r i u m unter die unmittelbare Verwaltung der Föderal-Regierung; durch ein Decret vom 17 Auguft 1833 wurden die Miffionen in beiden aufgehoben, und ftatt derfelben Pfarreien unter Weltgeiftlichen eingerichtet. Das *cuadro sinoptico* vom J. 1850 nennt es *territorio de la Baja California.*

§ 450, c. Die GESCHICHTE Alt-Californiens zerfällt in 3 Perioden: der allmähligen E n t d e c k u n g und Erforfchung durch zahlreiche, für den Zweck fefter Niederlaffungen immer mifsglückende Expeditionen bis 1680; des Einganges der J e f u i t e n in das Land, ihrer Befeftigung und Fortfchritte durch allmählige Gründung von Miffionen: von 1683 bis zur Aufhebung des Ordens 1767 und ihres Auszuges Anfangs 1768; und der Zeit von da an bis auf die Gegenwart.

Nachdem *Magellan* Ende 1520 von S her durch die Magellans-Strafse in die Südfee gelangt war, war es dem Hernan C O R T E S vorbehalten von Norden her in diefelbe vorzudringen. Als der Held am 13 Aug. 1521 die Stadt Mexico eingenommen hatte, empfing er Gefandte des Königs von *Michuacan,* deffen Reich die Südfee *(la mar del sur)* berührte; und in der folgenden Epoche feines thatenreichen Lebens befchäftigten ihn lebhaft Entwürfe zu Expeditionen in beiden Oceanen und deren Ausrüftung; auf der von ihm 30 Oct. 1533 von feiner Stadt *Tehuantepec* ausgefandten entdeckte Hernando de G r i j a l v a im Febr. 1534 (Humb. II, 1811 p. 416) die Küften Alt-Californiens. C o r t e s führte felbft eine grofse Expedition dahin, welche 15 April 1535 von *Chiametla* abfegelte. Er nahm den Lauf gen N durch den Meerbufen, welcher von da an *mar de Cortes* hiefs, und landete 1 Mai in der *bahia de SCruz;* er fuchte unter taufend Mühfeligkeiten die zurückgefandten Schiffe an der Küfte *Cinaloa's*. Getäufcht in feinen Erwartungen von dem Lande, kamen ihm die dringenden Bitten aus Mexico, wo der Vicekönig *Ant. de Mendoza* angelangt war, um feine Rückkehr fehr gelegen, und er verliefs Californien im Anfang des folgenden Jahres. Die Expedition führte Francifco de Ulloa bald darauf von der *bahia de SCruz* zurück, und befuhr mit einer neuen 1539-40 die ganze Küfte Alt-Californiens. In dem letztgenannten Jahre verliefs der Held und Eroberer den Schauplatz feiner grofsen und ftaunenswerthen Thaten: *Hernan Cortes* kehrte 1540 nach Spanien zurück, das er fchon einmahl, 1528-30, befucht hatte; er ftarb dafelbft am 2 December 1547 zu *Castilleja de la Cuesta*, auf dem Wege nach Cadiz, 63 Jahr alt.

Von den nachfolgenden Unternehmungen nach Alt-Californien nenne ich: die See-Expedition des Cap. Francifco de Alarcon 1540-42, eigentlich combinirt mit der Land-Expedition des Gen. Francifco Vazquez *Coronado* nach Neu-Mexico (f. NM S. 223ⁿ⁻ⁿⁿ, 227ᵃ); die Expedition des Juan Rodriguez Cabrillo 1542-43, fortgefetzt von Bartolomé *Ferrelo*; 2 des Sebaftian Vizcaino, 1596 (wo er im Hafen *de la Paz* eine Niederlaffung begann) und 1602-3: an der äufseren Küfte Alt-Californiens und der Küfte Neu-Californiens. Im J. 1642 ging nach Californien Luis Ceftin de Canas, Gouverneur von Cinaloa, mit *regulares* der Gefellfchaft Jefu, um Miffionen zu gründen; der ihn begleitende Pater Jacinto *Cortes* gründete auch (nach *Lorenzana* p. 327) eine Miffion *SJoseph*. Hiermit fanden die Jefuiten Eingang in Californien; Humboldt fagt: fie begannen 1642 ihre Niederlaffungen zu gründen, und meint, dafs einige Militär-Stationen fchon früher fchienen gegründet zu feyn. Der Admiral Ifidro Otondo, begleitet von dem Jefuiten Eufebio Francifco Kino (*Kühn* aus Ingolftadt), machte 1683-85 vom Hafen *la Paz* aus Züge ins Innere und ftiftete eine zeitweilige Niederlaffung *(real de SBruno)*, fchiffte zuletzt aber alles wieder ein.

Man hatte genugfam erkannt, dafs die Unfruchtbarkeit des Landes keine europäifche Bevölkerung ernähren konnte. Die JESUITISCHEN Mönche und Miffionare *(regulares de la Compañia)* löften auf eine einfache Weife das Räthfel, wie man feften Fufs in Californien faffen könne. Ohne Umftände, ohne grofsen Apparat, doch unterftützt von einigem Militär, gingen fie in das Land ein; und fetzten fich durch Erlernen der Sprache, Unterricht und Umgang: im allgemeinen durch geiftigen und geiftlichen Zwang, unter den Eingebornen feft; fie bekehrten fie, leiteten einzelne felbft zum unter- richten an; bildeten kleine Niederlaffungen, zogen die anfänglichen kleinen Vereinigungen der Einge- borenen um fie nach einiger Zeit in den feften Verband einer Miffion: und gründeten fo in einer Reihe von Miffionen die einzigen Ortfchaften, welche es noch jetzt im Lande giebt; fie bauten das Land um diefe an; und, fern davon Gold und Silber anzuhäufen oder Geld und Schätze aus dem bitterarmen Lande zu ziehn, wie in Neufpanien und noch mehr in Europa gefabelt worden ift, haben fie fo und durch eine grofse Thätigkeit vom Ende des 17ten Jahrhunderts an bis zur Mitte des 18ten Spanien den Befitz Alt-Californiens verfchafft: in welchem fie eine völlige, ihnen auch zugeftandene, geiftliche und weltliche Alleinherrfchaft ausgeübt haben. Sie ftrebten ftets die Francifcaner von Californien fern zu halten. Die Jefuiten haben in Californien die Entdeckungen weiter geführt, indem fie bald im kleinen, bald durch gröfsere, von einigem Kriegsvolk unterftützte Expeditionen das Innere des Landes mit einer Genauigkeit erforfcht haben, wie es fonft nie möglich gewefen wäre. (¹) Ich habe vorhin (ᵃᶠ) erzählt, dafs die Jefuiten fchon 1642 auf der Halbinfel Fufs fafsten; ihre dauernde Herrfchaft ift von 1683 an zu rechnen.

1767 begann mit der AUFHEBUNG des JESUITER-Ordens und (1768) dem WEGGANGE der Jefuiten aus Californien und dem ganzen fpanifchen Amerika die 3te Epoche in der Gefchichte Alt-Californiens. Am 30 Nov. 1767 langte dafelbft der neue Statthalter, der Dragoner-Capitän Gaspar *Pórtola* (ein Catalonier), zur Ausführung der Abnahme der Miffionen im Hafen von *SJoseph del Cabo* an; als im Jan. 1768 die 14 Francifcaner zur Übernahme der Miffionen angelangt waren, reiften die

_____

(¹) Die Expedition des Fernando Confag, welcher 1746 zur See eine genaue Recognofcirung der Oftküfte gen N bis zur Mündung des *Colorado* ausführte, bewies entfcheidend, dafs Alt-Californien eine Halbinfel und keine Infel fei.

16 Jefuiten, am 3 Febr. 1768 um 9 Uhr Abends zu Schiffe gehend, am 4 und 5 aus dem Lande ab: am 13 April von *Veracruz* abfegelnd, liefen fie 18 Juli in den Hafen von *Cadiz* ein. — Auf Befehl des Vicekönigs weilte Jofeph de G a l v e z, welcher als *visitador* den Norden Neufpaniens bereifte, nach dem Befuche Souora's 1768-69 in Californien; er errichtete einige Miffionen unter den F r a n c i f c a n e r- Miffionaren von *SCruz de Queretaro* und *Zacatecas;* fchickte Schiffe nach dem Hafen *SDiego* in Neu-Californien, wo er eine Miffion gründete, wie eine andre im Hafen von *Monte-Rey.* Auf die D o m i n i c a n e r (vom Klofter *Slago de predicadores* zu Mexico) gingen nun die Miffionen und die Herrfchaft in Alt-Californien über. Diefs und die neueften Ereigniffe: wie die Provinz ein T e r r i t o - r i u m der mexicanifchen Republik ward und wie die Föderal-Regierung durch Decret vom 17 Auguft 1833 die M i f f i o n e n in beiden Californien a u f h o b, habe ich oben (S. 457ᵐᵐ⁻ᵐᶠ) fchon berichtet.

§ 450, d. Ich fetze den, S. 456ⁿⁿ⁻⁷ᵐᶠ begonnenen, kurzen Überblick der LANDES- KUNDE fort:

Die B e f c h a f f e n h e i t der Halbinfel Alt-Californien ift im allgemeinen gränzenlos elend; überall bietet fie eine troftlofe Dürre, Unfruchtbarkeit und Rauheit: Fels, Stein und Sandflächen, dar; es mangeln faft ganz Vegetation und Waffer. „Wo Waffer ift", fagt *Bägert* (30ᵐ), „da ift oft keine Erde, fondern lauter Stein oder Sand; und wo Erde, da ift gemeiniglich kein Waffer..." Es giebt einige beffere Stellen und Striche, und da fand man eine einheimifche Bevölkerung vor und es wur- den da Miffionen und Prefidios angelegt: fo im SEnde, gegen das Cap *SLucas* hin. — Eine G e b i r g s - k e t t e durchftreicht die Halbinfel in ihrer ganzen Länge von N nach S, fich gegen das Cap *SLucas* hin allmählig fenkend; fie ift eine ununterbrochene Reihe zerriffener Bergfpitzen, vulkanifchen Ur- fprungs; fie legt fich zuweilen, befonders in S, fo dicht an die Oftküfte an, dafs die Berge unmittelbar aus dem Meerbufen emporfteigen; beim Cap *SLucas* bildet fie ein fruchtbares Plateau, auf welchem, neben 12-15 *ranchos,* das Real *SAntonio* liegt. Die Berge erfcheinen meift als ungeheure Felsblöcke mit fonderbar geftalteten Gipfeln; zu nennen find: der *cerro de la Giganta* bei Loreto und der Vulkan *las Virgenes* bei SIgnacio. Auch die Weftküfte hat Gebirgszüge. — Das K l i m a ift im allge- meinen aufserordentlich heifs (vom Juli bis Mitte Octobers), die Luft fehr trocken und bewunderns- würdig rein; aufser der Regenzeit prangt der Himmel im tiefften Blau, prächtig ift fein Farbenfpiel am Abend. Wind ift immer (Bg. 19): NW oder SW, felten N, nie O. Nach Regen lechzt diefes unglückliche Land faft immer; „der Californifche Himmel", fagt *Bägert* (21), „fcheinet aus Stahl und Ertz gegoffen zu feyn"; es giebt „viele Orte (22), in welchen 3, 6 und mehrere Jahre nach einander nicht einmal der Staub benetzet wird". — Die V e g e t a t i o n ift fehr dürftig; es überwiegen ftachliche und Saftpflanzen, Bäume giebt es am wenigften.

Ich kann mich nicht mit einer Mufterung (Revifion) der inneren Küfte (der des Meerbufens oder öftlichen) und der äufseren Küfte Alt-Californiens (der der Südfee oder der weftlichen) befchäf- tigen, um die Folge der vielen Baien, Infeln und Caps der beiden Meere zu nennen. Ich hebe nur den grofsen c a l i f o r n i f c h e n M e e r b u f e n felbft hervor: *golfo* oder *seno Californico, mar de California;* auch *mar Mediterraneo* (VS); von den alten Entdeckern *mar Bermejo* oder *Roxo:* von der Ähnlichkeit mit dem rothen Meere (aber nicht als wenn es röthlich ausfähe: Bg. 316ᵐᶠ), auch *mar de Cortes* (f. S. 457ⁿᶠ) genannt; von den Miffionaren *seno* oder *mar Laureteno,* zu Ehren Unfrer Lieben Frau von *Loreto.* Duflot und Ternaux beftimmen feinen Anfang im S durch das Cap *SLucas* in 22° 52' 28" N. B. und 112° 10' 38" W. L. v. P., und das fehr füdliche Cap *Corrientes* in Xalisco in 20° (fo alle diefe Ziffern hat) 25' 30" N. B. und 107° 59' 31" W. L. Er endet im N mit der Mündung des *rio Colorado* in 32° 30' (nach Mühlenpf., ob. S. 253ⁿⁿ).

F l ü f f e giebt es in diefem nackten, dürren und rauhen Gebirgslande faft gar nicht (vgl. Bg. 25ⁿᶠ-26ᵃᵃ). Nach Ven. (I, 33) find an der ganzen Oftküfte nur 2 geringe Flüffe: der der Miffion *SJoseph de los Coras* und der *Mulegè;* die übrigen Miffionen liegen an kleinen Bächen, welche nur in ftarker Regenzeit in das Meer gelangen. Nach Bg. (214) liegen alle Miffionen an einem Regenbach.

Mmm 2

Die fpärlichen und geringfügigen ORTSCHAFTEN der Halbinfel Alt-Californien werden gebildet durch 2 Prefidios und eine Reihe von Miffionen: meiftentheils von den Jefuiten angelegt. Zu den Miffionen gehörten nach *Venegas* gewöhnlich einige Dörfer *(pueblos de visita)* der Indianer: wo_ gegen alle Äufserungen *Bägert's* über den Zuftand der Miffionen und ihre indianifche Bevölkerung keinen Gedanken an die Möglichkeit folcher Dorffchaften, die zu ihnen gehörten, aufkommen laffen. — Es wurden nach Bägert (207nn; bis 1767) nach gerade 18 Miffionen geftiftet; am Eingang des J. 1768 wurden aber (211-2) deren nur noch 15 gezählt. Da diefe Zahl fich feitdem und nach Abgang der Jefuiten vermehrt hat; fo klagt Humboldt (II, 1811 p. 430), dafs die Zahl der Miffionen damahls auf 16 herabgefunken fei; SIago und *Guadalupe* feien öde aus Mangel an Einwohnern. Seit der Auf- hebung der Miffionen im J. 1833 find diefe, fchon fo wenig bewohnten Ortfchaften im jähen Verfall und fehr fchon in der Einwohnerzahl herabgekommen, wovon in den Verzeichniffen bei Ternaux und Duflot (hier I, 237) Beifpiele gegeben werden; ja Letzterer fagt (I, 236), die meiften Miffionen feien ganz verlaffen.

Von den vielen Namen von Ortfchaften und Örtlichkeiten, welche man, *Bägert's* Verficherungen entgegen, aus einer Reihe von Quellen in älterer und neuer Zeit, befonders noch von den neuen Kar- ten, in Alt-Californien zufammenbringt, will ich hier keinen Begriff geben; fondern ich liefere nur ein alphabetifches Verzeichnifs der Miffionen und zweier andrer Örter *(SAna* und *SAntonio)*, denen ich kaum wenige Erläuterungen beigebe, dabei das Stiftungsjahr in Klammern: SAna Dorf, Minen- Real und Hafen im S, an der Oftküfte; Real *de SAntonio* dicht dabei, mit Silbergruben: zu Ternaux's Zeit Sitz der Behörden; SBuenaventura ganz im N (1766), SCatalina die nördlichfte Miffion, *la purisima Concepcion de Cadegomó* in W (1718, Bg. 1715); *Nu. Sra de los Dolores:* 1) *del Sur* (1721), früher genannt SJuan Bautista Ligui oder Malibat (1705) 2) *del Norte; SD*omingo in W, Miff. SFernando (Tx., beinahe 30°); SFrancisco *(de) Borja*, kurz SBorja, in O (1762); SFrancisco Xavier, kurz SXavier (1699); SGertrudis (1751) faft in der Mitte der Halbinfel, *Nu. Sra de Guadalupe* in W (1721, Bg. 1720), SIgnacio (1728), Jesus Maria (Df.; vgl. *Maria),* SJosé Comondú (1707-8); SJoseph del Cabo (de SLucas) oder SJosé de los Coras an der SSpitze der Halbinfel (1729-30), feit 1736 auch Prefidio; SJuan Bautista 1) Ligui oder Malibat f. Dolores 2) eine 1745 angefangene Miff. hoch im N; Real, Pref. und Miff. *de Nu. Sra de Loreto:* bis in die letzte Zeit Hauptort der Provinz und Sitz des Militär-Commandanten, Hafen an der Bucht von Lo- reto, (1697) zuerft Pref. *de SDionisio* genannt; SLuis Gonzaga (Bg. *S. Aloysii)* 46 *lg.* S von Loreto (um 1721, Bg. 1737); SMaria Magdalena: 1) im S 2) im N, in etwa 31°: vielleicht Bg.'s U. L. F. *de Columna* (1766); SMiguel (Df. und Tx.) in etwa 32°, in W; Miff. und *puerto de la Paz* (auch *Nu. Sra del Pilar* genannt) in O, an der grofsen *bahia de la Paz* (1721): 1850 Hauptftadt des Territ. Alt-Calif.; SRosa im füdl. Ende: 1733 an der Stelle von *Santiago* geftiftet, bald wüft; SRo- salia Mulejé oder Molejé in O (1705), *Nu. Sra del Rosario* in W; Santiago de los Coras ganz im S (1721-23), früher an einer andern Stelle; *Todos (los) Santos* ganz im S (1720), STomas im äufserften N, SVicente (Df., Tx., Esp.) im NW, SXavier f. SFrancisco.

§ 451, a. Die EINGEBORNEN VÖLKER der Halbinfel Californien oder die CALIFORNIER *(Californios)* find, obgleich in viele Stämme zerfplittert, wohl immer nur in fchwacher Zahl gewefen; über deren Gröfse in den erften Jahrhunderten der fpanifchen Unternehmungen und Befitznahme ift nichts' bekannt. *Bägert* (91) meint, dafs vor Ankunft der Spanier die Californier nicht über 40-50,000 Köpfe gewefen feyn möchten. Im allgemeinen fagt er (91) fo: „In einem fo armfeligen unfruchtbaren Land, als Californien ift, kann die Anzahl der Ein- wohner freylich nicht gros feyn, und es würden ficherlich faft alle in gar wenig Tägen vor Hunger draufgehen ... Es feynd alfo deren Californier fehr wenig, und in Anfehung der Gröfse des Lands eben fo viel, als wann ihrer gar keine wären: und dannoch nehmen fie noch jährlich ab .... Man reifet hie und dort 3, 4 und mehr Täge, ohne einer menfchlichen Geftalt anfichtig zu werden ...

Gewifs ift, dafs im J. 1767 in 15, d. i. in allen Miffionen, und von dem 22. bis an den 31. Grad, nur 12,000 gezählt wurden." Die 9 Miffionen der *Cochiml* enthielten nach *Barco's* Angaben (§ 453, b) im J. 1767 zufammen 5385 Seelen. — Seit dem Ende des vorigen Jahrhunderts hat die Zahl der Ureinwohner durch Pocken und *mal frances* fehr abgenommen, wie Humboldt (II, 1811 p. 430) von „den letzten 30 Jahren" bemerkt: fo dafs er nur 4-5000 *Indios reducidos* in den Dörfern der Miffionen fchätzt (f. noch Df. I, 236nn-7aa). Die Einwohnerzahl überhaupt fchätzt er 1803 auf 9000; der ftatiftifche Calender von 1833 giebt nur etwa 6000, *Ternaux* gar nur 4000, *Duflot* als Summe der Miffionen 3766 an: wenn dagegen das *cuadro sinoptico* von 1850 dem Territorium der *Baja California* 12,000 Einwohner beilegt.

Spanier waren immer fo wenige hier; *Bägert* nennt überall (79, 85, 102, 240aa ufw.) als Hauptclaffen: Soldaten und Kuhhirten (f. über fie 248, 250), wozu Schiffsleute und die Bergleute in SAna und SAntonio (vgl. 265nn und 266nn) kommen; von den letzten zählt er (S. 80) 400, Spanier und Indianer. Er beftreitet (328) die Zahl von 600 Spaniern im J. 1700; er fchätzt „die haufsfäfsige Spanier" im J. 1768 kaum auf 100 Seelen.

'Daran, wilde INDIANER noch aufserhalb jener geringen Zahl von Einwohnern auf der Halbinfel zu finden, ift längft nicht mehr zu denken: denn fchon P. *Linck* fagt in feinen Nachrichten von Californien bei Murr (II, 405) ganz beftimmt: „die Miffionen haben fich hernach gegen S und N fo verbreitet, das von *Cap SLucas* bis gegen den 31ften Grad N. B. im J. 1767 kein Ungetaufter mehr zu finden war." (S. aber noch *Ven.* an 2 Stellen des § 452.) Ich glaube aber nicht ganz, was *Duflot* und *Ternaux* behaupten, dafs die Hauptvölker (auch Sprachen?) diefer Provinz jetzt in Eine ununterfcheidbare Maffe zufammengefloffen feien: Les Indiens de la Basse-Californie sont complétement réduits, et les tribus des Coras, des Edués, Pericués et Cochimies ne peuvent plus étre distinguées entre elles (Df. I, 227n und Tx. 331 wörtlich übereinftimmend); les Indiens Pericués, Cochimies, les Coras et les Monquis, qui formaient autrefois la population de la Basse Californie, sont maintenant confondus et ne forment plus de tribus distinctes; ils sont du reste en très-petit nombre (Df. I, 238nf-9a). ◄

Die *Edues* oder *Pericues* (Ven. I, 71) wie die *Cochimies* oder *Laymones* haben die Überlieferung, dafs fie von Norden nach Californien gekommen: zu unbekannter Zeit, in Folge eines Streites bei einem Gaftmahl mehrerer Völker, wo die Schwächeren gen S flohen und, von den mächtigen verfolgt, fich in den Gebirgen der Halbinfel verfteckten. *Bägert*, der (97-99) verfchiedene Möglichkeiten erwägt, neigt fich auch hierzu. Er redet (99) von den fteten Kriegen, welche faft alle Völker Amerika's mit einander führen, fo lange noch ein Theil dem andren Widerftand leiften kann; „welche Kriege aus gar geringer Urfach, auch zwifchen den verfchiedenen Zünften der nämlichen Haupt-Nation und von der nämlichen Sprach zu entftehen pflegen." Der fehr Gefchwächte fliehe dann in die Ferne. „Diefemnach ift meine Meinung, dafs die erfte Californier, von ihren Feinden verfolget, von Norden in diefe Halbinfel zu Fufse gekommen feynd, und in Californien eine fichere Wohnung gefucht haben." Vor dem Erfcheinen der Spanier glaubten fie (100), „dafs Californien die ganze Welt, und fie derfelben einzige Einwohner wären. Dann fie kamen zu niemand, niemand kam zu ihnen; und es hielt fich ein jedes kleine Völklein in feinem kleinen Bezirke. Einige von den meinigen glaubten, fie kämen von einem Vogel her; andere, von einem Stein, welcher nicht weit von meinem Haus lag ..." — *Venegas* (72) läfst die Californier und alle Völker Amerika's zu den Zeiten der Völkerzerftreuung und Sprachenverwirrung aus Afien kommen.

Ven. fchildert (I, 68) die Californier als *bien formados, y de talla corpulenta y bien hecha,* und nennt ihre Farbe etwas dunkler als die andrer Völker Neufpaniens: fie ift nach Bg. (89nf) im allgemeinen dunkelbraun; bei einigen mehr fchwarz, bei andren mehr kupferroth. Das Haar ift pechfchwarz und ftraff (98aa); alle Californier find ohne Bart und haben fchwache Augenbraunen. Die Männer gehn ganz nackt und haffen alle Kleidung (f. auch Bg. 106-7); die Frauen tragen nur einen

Gürtel von verfchiedner Länge aus Aloe-Fäden (107-8); wenn fie können, tragen fie Schuhe oder Sohlen aus Hirfchfell; der Kopf bleibt ftets unbedeckt.

Wenn *Venegas* diefe Wilden im Sommer unter Bäumen, im Winter in Höhlen, ja ftrich. weife in Zweighütten und Gehägen wohnen läfst, fo benimmt uns *Bägert* die Idee von irgend einem Obdach diefer armfeligen Völker. „Es wohnen die Californier", fagt er (102), „fie effen, fchlafen und leben, je und allezeit unter dem freyen Himmel, in offenem Feld und auf der bloffen Erde ... Dann fie bringen (103) ihr ganzes Leben mit immerwährendem Herumfchweifen zu, worzu die Noth, ihre Nahrung zu fuchen und zu finden, fie zwinget..." — Die Californier haben wenig Geräth, und führen Bogen und Pfeile (f. Bg. 111-4). — Ihre Nahrung find nach Bg., aufser dem vielen Hunger (37), zeitweife und verfchieden nach der Gunft der Umftände: als befte und erfte die *pita. hayas,* die gebratene *yuca*-Wurzel, der gebackene Aloe-Kopf oder *mezcal* (f. 123); allerhand kleine Saamen, allerlei Hülfenfrüchte an Hecken und Bäumchen (117); das wenige Wildpret (65), vierfüfsige Thiere und Vögel (117): darunter „heutiges Tags Hund und Katzen, Pferde, Efel und Maulthier"; danach aber find es die ekelhafteften Gegenftände, eben fo ekelhaft verzehrt (f. bef. 155): Schlangen, Eidechfen, Mäufe und Feldratten (65), Nachteulen (117), Fledermäufe, Heufchrecken, Grillen, eine Art fingerlanger Raupen und ein abfcheulicher, weifser Wurm. „Die vierte Gattung befteht in allerhand Unfauberkeiten, und fchier gar in allem dem, was die Zähn käuen und der Magen verdauen kann ... gegerbtes und ungegerbtes Leder (118), alte Riemen aus rohem Felle ... *item,* was ein anderer fchon eine gute Weil im Maul gekäuet und ausgefpiehen hat... roher und fauler Weizen und Welfch. korn ... (f. bis 120). Unter deffen haben fie fich allzeit von dem Menfchenfleifch enthalten, gegen den unmenfchlichen Gebrauch fo vieler anderen Amerikaner ..... Gott aber fey es gedankt (121), dafs fie von einem anderen Trank als dem Waffer nichts wiffen ..!" — „Es wiffen (Bg. 122) die Cali- fornier nichts von kochen, fieden oder braten ... Sie brennen demnach, fengen und röften in und auf dem bloffen Feuer alles, was fie nicht roh verzehren." Balg und Gedärme werden mit gegeffen.

Die geiftigen Fähigkeiten der Californier find fehr gering (f. Ven. I, 75-78; Bg. 230-1). Humboldt nennt fie fehr roh und träge (fie liegen mehrere Tage auf dem Bauche im Sand); Bg. (145): „dumm, .. undankbar (und ohne irgend eine edle Eigenfchaft: 150), verlogen, verftohlen (auch fchlau: 149), ftinkfaul, grofse Schwätzer und bis ins Grab .. gleichfam Kinder." „Trägheit (151), Lügen und Stehlen feynd 3 ihnen angebohrne Lafter ... fie fagen in einem Athem 6mal Ja und eben fo viel mal Nein, ohn fich zu fchämen ... Sie arbeiten keinen Streich, .. was nicht den Hunger zu ftillen unum- gänglich (152) vonnöthen ift ..... Von ihrem Stehlen könnte man Bücher fchreiben ... was kann gekäuet werden (153), es fey roh oder gekocht, über oder unter der Erd, zeit- oder unzeitig, das ift vor ihnen nicht mehr ficher als die Maus vor der Katz .. Es wird auch der Schaaf- oder Geishirt den Hund felbft, den man ihm zur Sicherheit der Heerd hat anvertraut, nicht verfchonen." — Die Hei- rathen (Bg. 128-130) gefchehen „von ihrer Seit (130) ohn alle Ceremonie, ohne Beyfeyn der Elteren und der Freundfchaft, ohne einige Freuden-Bezeugung ... Sobald die Einfegnung vorbey, fo gehet der Mann z. E. nach Sonnen-Aufgang und das neu-verehlichte Weib gegen Niedergang, ihr effen, ein jedes für fich, zu fuchen, als wann fie einander heut nicht mehr angiengen als geftern ... Was die Koft oder den Unterhalt belanget, forget weder der Mann (131) für das Weib, noch das Weib für den Mann, noch beyde für ihre Kinder ... Als fie noch ungetauft waren, nahm ein jeder Mann fo viele Weiber, als er konnte und wollte ..." (Ven. I, 81 fagt, dafs die *Edues* oder *Pericüs* Vielweiberei hatten.) Die Weiber bringen wenige Kinder zur Welt und fehr viele Kinder fterben jung (f. Bg. 132-3). „So bald das arme Kind das Tageslicht erblickt hat, ift für daffelbe kein andere Wiege vorhanden als der harte Erdboden, oder eine noch härtere Schaal von Schildkrott, in welcher es die Mutter .. übel eingewickelt mit fich fchleppet ..." Von Sorge und Erziehung ift nicht die Rede (f. 134-5). „Dannenhero (136) thuen die Kinder alles was fie gelüftet ..." — Wenn Ven. I, 100 be- hauptet, dafs die Californier gar nichts von Religion: keinen Götzendienft, keine Götzen, Tempel,

Altäre ufw. hatten; fo berichtet er felbft (101-9) von ihnen in Erftaunen fetzende chrift-ähnliche Ideen und genug Mythologie: wie die *Pericues* in 2 religiöfe Partheien, Anhänger des *Niparaya* (Gottes) und des *Wac-Tuparan* (des böfen Principes, eines Titanen), gefpalten waren; über die californifchen Priefter und Zauberer (109-119): welche auch die Kinder in abgelegenen Höhlen oder Wäldern in Religion und Litteratur (f. nachher ⁿ) unterrichteten. Bg. läugnet (168) alle frühere Religion ab. — Zu einer Obrigkeit war gar kein Bedürfnifs da (Bg. 168-9; Ven. I, 79-80): jede Familie lebte nach eignem Belieben; doch ordneten nach Ven. in *rancherias*, 1, 2 oder mehrere die Erndte und Heereszüge an (f. 80-81). — Die Lebensweife der Indianer in dem (wohlthätigen) Zwange der Miffionen, die viele Sorgfalt für fie und die fchweren Laften der Miffionare fchildert *Bägert* (207-8, 222-9).

Über die Spaltung der fo wenig zahlreichen Bewohner Californiens in kleine Nationalitäten, in viele Völkerfchaften und Häuflein, werde ich am Ende des § 452 handeln.

§ 451, b. Wenn die Namen der Völkerfchaften zahlreich genug find, fo find der SPRACHEN auf diefer Halbinfel ausnahmsweife zwar im Grunde nicht viele oder vielmehr wenige: d. h. wenn man auf die Haupttypen fieht und wie es nach einer allgemeinen Gruppirung das Anfehn hat; fie vermehren fich aber in der Wirklichkeit durch das Walten des überall in diefem Welttheil zu findenden Princips einer Spaltung bis ins kleinfte zu einer bedeutenden Zahl von Sprachen und Mundarten: von der wir nur durch allgemeine Äufserungen und Beifpiele eine Ahndung erhalten, da unfre Kunde fich auf wenige befchränkt. *Bägert*, der uns vorzüglich von der Vieltheilung der Völker und Völklein der Halbinfel belehrt (Ende des § 452), fagt (97): „Die in dem Land übliche Sprachen und deren Dialecte feynd auch nicht wenig, ein Miffionarius aber ift froh, wann er deren eine erlernt hat." In der fpäteren Stelle fagt er exprefs, die Californier feien „in ungemein viele Völkerfchaften . . und Zungen eingetheilt".

In der Mitte des Landes lernten die Patres bei *Otondo* 1683 (f. S. 458ᵐ) fchon 2 verfchiedene Sprachen kennen; und *Consag's* Expedition fand 1746 am nördlichen Theile des Meerbufens (VS 278,b) *Gentilidad de varias Rancherias*, deren Sprache mit Mühe verftanden wurde (f. nördlichftes *Cochimi*, gegen Ende des § 453,b). — Über die Wildheit und Armfeligkeit der *Guaicura*-Sprache hat *Bägert* (f. § 445,b) ein fehr herabfetzendes Urtheil gefällt, welches Mühlenpf. (II, 444ᵃᶠ⁻ᵐ) allgemein für die Sprachen der Halbinfel angiebt; Bg. heftet fich befonders an den Mangel abftracter Wörter in diefer Sprache. — Merkwürdig ift eine Nachricht bei Ven. von einer Art Schrift der Californier; nachdem er ihnen diefelbe vorher (I, 68-69) abgefprochen hat, berichtet er (112), dafs die Zauberer den Kindern an abgelegenen Orten lehrten: 1) Religion 2) *à formar ciertas figuras en unas Tablas; y aprendidas aquellas, les enfeñaban otras al modo, que fe hace en las Efcuelas, para enfeñar à efcrivir à los niños.* Der P. *Salvatierra* entdeckte den plötzlichen Weggang aller Kinder zu einer gewiffen Zeit vom Real von *Loreto.* Bei ihren Feften kommen diefe *tablas* mit *disparatadas figuras* wieder vor (114). — Die jefuitifchen Miffionare find feit ihrem erften Auftreten in Californien in die Sprachen der Halbinfel eingedrungen, haben fie fleifsig erlernt und Texte darin verfafst: von welchen leider fo viel wie nichts in den Druck gekommen ift. Die PP. *Kino, Copart* und *Goñi* in *Otondo's* Expedition landeten 1683 in 26°½ und machten Züge ins Innere; fie lernten fleifsig „die 2 Sprachen des Landes" (Ven. I, 332-3) und überfetzten die chriftliche Lehre (f. Ven. über die Mühe und die Art, wie fie fich in Wort für aufzuftehen verfchafften); da fie nun einen Catechismus hatten, lernten die Indianer die *doctrina* in ihrer eignen und der fpanifchen Sprache. „Alle Täge bey Sonnen Aufgang hörten alle [in den Miffionen, Bg. 224] die heil. Mefs, vor und nach welcher fie die chriftliche Lehr in ihrer Sprach fragweis aufgefetzt, unter der Mefs aber felbft den Rofenkranz betteten, nach diefem hielt ihnen der Mifsionarius in eben diefer ihrer Sprach eine halb- oder 3viertelftündige Unterweifung." Einige Eingeborne (Ven.) wurden zu Lehrern ihres Volkes. Viele Indianer lernten Spanifch (Ven. II, 190) und dienten als Dolmetfcher zu *entradas à otras naciones.* P. *Copart* hat zuerſt in der Sprache geſchrieben; ſeinen Catechismus und ſeine Papiere nahm *Salvatierra* 1697 mit auf die Reiſe (Ven. II, 14). Dieſe Schriften in den cali-forniſchen Sprachen, ſo wie alle Bücher, wurden den vertriebenen Jeſuiten, wie uns *Ducrue* erzählt (f. § 457,a), in der Havana abgenommen.

Ich verzeichne hier diejenigen W ö r t e r unbeſtimmter californiſcher Sprachen, welche in Venegas (wo ich den Band nicht nenne: in T. II.) zerſtreut vorkommen:

1) Appellativa: *chacuaco* ſcheint die Cigarre zu ſeyn (Ven. I, 113), *tabaco cimarron* (117ᵃ); *b e r r e n d o ,* das californiſche grofse wilde Schaf im Spanifchen, ist wohl ein einheimi-ſches Wort; *i b i m u h e i t e* (232) ist ein Ausruf beim aufleben der Fliegen: es mag dem Cochimi angehören, abgeleitet von *i b i* ſterben: aber auferſtehn heifst dort (f. Anf. des § 457,i) *a u a d i p e ;* Df. nennt (I, 241) die grofsen Bäume mit efsbaren Kernen *(graines): m e d e z á , d i p u d , a s i g a n d ú , g u i s a c h e* (ob alle calif.?); die Ähren des *t e d a* geben Körner wie Anis, *t e d e* *g u a* ist eine Art Neſſel mit efsbaren Körnern; — Gilij führt in ſeinem *saggio di storia amer.* T. III. 1782 p. 412 aus *Buriel*'s Geſchichte von Californien an: *n o t ù* Himmel oder oben und *d i c u i n o c c i o* Ärzte: ſie ſind aus der Sprache von *Loreto* (f. § 455,a); und 4 mythologiſche Eigennamen, die er angiebt, aus der *Pericú* (f. § 455,c); aus den Ortsnamen ergeben ſich einzelne appellative Bedeutungen

2) P e r ſ o n e n : Ven. nennt (II, 190) 2 Indianer, welche Spaniſch erlernt und eifrig den *padres* geholfen haben: Bernardo *Dabava* und Andres *Comanayi*

3) O r t s n a m e n : Inſel *A f e g ù a* = Vogel-Inſel 1730 (Ven. II, 436, 439), Inſel *A m a l g u a* = Nebel-Inſel (437, 439, 441), *playa de A m u ñ a* (225), *rancheria de A n a w a* gegen die Südſee 1730 (435); *A p a t e* ist der einheimiſche Name für die *bahia de los Dolores* (I, 25), *playa de Apate* (376, 378) die erſte Stelle der Miſſion *Dolores del Sur* 1721; *B i a u n d ò* f. *Viggè; las rancherias de C a d e g o m ò* (wohl *Cochimi*-Wort) nahe der Südſee, NW von *Mulegè* (1712 und 1718 genannt: 223, 312); *C a d e m i n o* 1718 (312), *C a d u a n a* (wenn es ein ein-heimiſcher Name iſt): auf der Weiland'ſchen Karte Mexico's von 1852 ein Ort ganz im Süden; *C o m o n d ù* (wohl Cochimi-Wort) *parage* (203) und Bai bei der Miſſion *SJosé Comondú; sitio H u a s i n a p i* 60 *lg.* N von Loreto (1720: 328), in 27°: 27 *lg.* NW von *SIgnacio,* 30 von *Concepcion; M o l e j é* oder *Mulegé* Flufs und Bai, dazu Miſſion *SRosalia Mulejé; parage T a ñ u e t i a* = Ort der Gänſe (377; wird aus der Sprache *Uchiti* oder *Guaycura* ſeyn), 2te Stelle der Miſſion *Dolores del Sur:* 10 *lg.* vom Meerbuſen, 25 von der Südſee; eine Rhede *T e m b a b i c h e* der Oſtküſte nennt Tx.; *las sierras de V a j a d e m i n* (Ven. 223, 312: 1718); *V i g g è - B i a u n d ò parage* im S von Loreto (49, 109), *SXavier de Viggè* 123 und öfter; *W a l i m è a rancheria* = *SS Trinidad* ganz im N an der Südſee (406_7, 408-9, 435), in der *playa de SXavier.*

Mehrere andere Ortsnamen (wie Appellativa) gebe ich nachher bei beſtimmten Sprachen: der von *Loreto,* der *Pericú, Cora* und dem *Cochimí.*

Die Sprachen der californiſchen Halbinſel liefern keine Ausbeute für meinen ſpeciellen Zweck in dieſem Werke: ſie zeigen k e i n e ſ o n o r i ſ c h e Verwandtſchaft und k e i n e n aztekiſchen Sprachſtoff, mit Ausnahme der Ähnlichkeit eines verdächtigen laymoniſchen Zahlwortes (f. Ende des § 454,c); ſo ist es eine kleine, aber auch die geringſte Genugthuung für mich, dafs ich wenigſtens in dem Ortsnamen *M e t a t e* ein ächt aztekiſches Wort vor-führen kann; das Ereignifs iſt aber ohne alle Bedeutung: 1) weil der Name nur in meiner neueſten Quelle, in *Espinosa*'s Tafel (als ein Ort 14 *leguas* weſtlich von Loreto), vorkommt und 2) weil *metate* (mex. *metlatl:* der längliche Stein, auf welchem die Indianerinnen den Mais zerreiben) ſeit Jahrhunderten ein ſpaniſches Wort geworden iſt.

Von der Erfindung einer fonderbaren Verwandtfchaft habe ich noch zu berichten; nach Mittheilung des Briefes von Miguel del *Barco* (f. S. 466[af-nf]) giebt H e r v a s von fich noch den abenteuerlichen Gedanken zum Beften, dafs alt-californifche Sprachen t a t a r i f c h e Dialecte feien: *E' probabile che ne' paesi settentrionali della California si parli qualche dialetto Tortaro; anzi può congetturarsi, che sia dialetto imbastardito della lingua Tartara il linguaccio Cochimì.* Hierin ergeht fich Hervas weitläuftig (*catalogo delle lingue* p. 83[mm]-84[aa]).

§ 452. Indem es meine Abficht ift nun eine AUFZÄHLUNG der VÖLKER und SPRACHEN Alt-Californiens zu geben, mufs ich fie in eine Erörterung der VERWANDTSCHAFTS-Verhältniffe beider, in die Aufftellung von Hauptvölkern und Stammfprachen und deren Verzweigung oder Abarten verflechten, und von diefem zweiten Gegenftand hauptfächlich handeln. Wir werden fehen, dafs die Halbinfel in 3 Regionen von S gen N zerfällt, mit d r e i H a u p t v ö l k e r n und d r e i Hauptfprachen: deren einige Dialecte fo verfchieden find, dafs fie für eine 4te oder 5te Sprache gehalten werden können; aufserdem ift es möglich, dafs den Jefuiten und fpäteren Miffionaren Sprachen anderer Wilden unbekannt geblieben find; daher fallen Äufserungen von einer 4ten Stammfprache im Norden, von einer 5ten füdlicher; unfre Gewährsmänner berichten uns nur von den bekehrten (reducirten) Völkern: andere follte es fchon 1767 nicht mehr geben, aber der früher fchreibende *Venegas* läfst (f. nachher S. 466 Z. 5) noch deren vermuthen. Ich werde jeden für fich reden laffen.

Sehr vollftändig und beifallswürdig trägt gleich V E N E G A S das ganze Verhältnifs von Völkern und Sprachen vor; er beginnt mit letztern und überliefert uns erft ein fremdes gewichtiges Urtheil: Einige Miffionare, fagt er (I, 92), nehmen 6, andere 5 Sprachen an; der P. Sigismundo T a r a v a l (c. 1732) und Andre reduciren fie auf 3; diefs kommt daher, dafs ein tieferes Studium Einige gelehrt hat, dafs Sprachen nur Dialecte find, die Andere für verfchiedne Sprachen halten. Er zieht (63) *Taraval's* Meinung vor, como uno de los mas practicos en todos los Paifes, y que dice ha. verlo averiguado por si mifmo. Seine 3 Sprachen find: *Cochimi, Pericù* und die von *Loreto* (beffer: *Pericù,* die von *Loreto* und das *Cochimi*); von der von *Loreto* gehn Zweige aus: die *Guaycùra* und *Uchiti* (als Hauptzweig des Volkes von *Loreto* nennt er 65[f] die *Monquis*). Venegas fagt nun: die Verfchiedenheit *(variacion)* ift fo grofs, dafs, wer die 3 Sprachen nicht kennt, meint, es feien nicht nur 4, fondern 5 Sprachen; die Indianer verftehn einander nur in einigen wenigen Wörtern, welche daffelbe in den 3 Sprachen von *Loreto, Guaycura* und *Uchiti* bedeuten. *Puede fer, que de dos Lenguas fe formaffen eftas variaciones, y entonces feràn quatro; pero contadas de diverfo modo.* Er erinnert (64) zu beachten, dafs es für Eine Sprache mehrere Namen gebe. Diefe mehreren Namen für diefelbe Sprache können Verwirrung ftiften; und wir werden fehn, dafs Venegas felbft in einen böfen Irrthum verfällt. Nachdem er von den 3-5 Sprachen geredet hat, kommt er auf die V ö l k e r: gleich den Sprachen, fagt er (63), feien die Hauptvölker der Halbinfel, welche man in 3 beinahe gleiche Theile theilen könne: im S das Volk *Pericù* oder fpan. *Pericùes,* dann *Monquis, Cochimi* oder *Cochimies:* d. h. letzte gehn im N nur bis zu dem dort Ent. deckten (64). . Doch pflegen im Gebiete Eines Volks und Einer Sprache einige *rancherias* der andren zu feyn; aufserdem zerfallen diefe allgemeinen Völker in kleinere. In der Sprache der Miffion *Loreto Conchò* giebt es befondre Namen für die Völkerfchaften der Halbinfel ,in Beziehung auf die Gegend, wo fie wohnen: *Edu, Edùes* oder *Equì* im S; fich felbft nennen fie *Monqui* oder *M o n. q u i s,* und die im N von Loreto nennen fie *Laymones.* Diefe Namen haben grofse Verbreitung in Californien (65): und da bald der eine, bald der andere gebraucht wird, kann daraus grofse Verwirrung entftehn; *por efto es jufto advertir,* dafs die *Edues* im wefentlichen diefelben als die *Pericues,* die *Laymones* = *Cochimies* find: nur dafs in die *Edues* und *Laymones* einige Zweige der *Monquis* eingerechnet werden. Nachdem Venegas diefe Hauptvölker, ihre verfchiednen Namen und Zweigvölker angeführt hat, fagt er (66): *eftas fon las Naciones, que hafta ahora fe han reducido.* Eine theilweife Aufzählung von Völkerftämmen enthält die Stelle Ven.'s II, 24 etwa vom J. 1697: *cafi todas las Rcmas de la Nacion, yà llamada Lauretana, Liyùes, Mònquis, Didiùs, Laymònes, y algunos Edùes del Sur.* — Obgleich Ven. vorher (S. 465mf) fowohl von *Taraval* die Meinung vorgetragen hat, dafs die Sprache von *Loreto* die 2 Zweige *Guaycùra* und *Uchiti* ausfchiefst, als auch felbft (ib. 3 Zeilen weiter) beide als deren Zweige (fie zufammen als 3 Sprachen) genannt hat; behauptet er im übrigen auf's beftimmtefte, dafs der Name *Guaycuros* und die Sprache *Guaycura* nur eine andere und zwar abenteuerliche Benennung für Volk und Sprache *Pericù* fei! und macht fie wie die *Uchities* zu Theilen der *Pericù.* Diefe Angaben unterdrücke ich hier, weil ich fie im § 454,a vollftändig mittheile.

HERVAS nennt in feinem *saggio pratico delle lingue* (Cefena 1787) nur Dialecte der *Cochimi*-Sprache (nach einem erften Briefe des P. Miguel del Barco); wegen der übrigen Sprachen verweift er (p. 80m) auf feinen *catalogo delle lingue,* weil er von ihnen das Vaterunfer nicht beibringen kann. In dem *catalogo delle lingue* (Cefena 1785) giebt er (p. 81-83) ausfuhrliche Nachrichten über die Sprachen von Alt-Californien. Er zieht fie aus einem zweiten Briefe des P. Miguel del BARCO, gefchrieben aus Bologna (wohl 1784: nach der Äufserung 6 Zeilen hiernach von 16 Jahren + 1768), der 20 Jahre lang Miffionar in Californien gewefen war [in der Lifte der Miffionen vom J. 1745 erfcheint er als Vorfteher der Miffion *SXavier,* in 25°¾]. Der Brief beginnt (p. 81) mit einer bittern Klage des 77jährigen Geiftlichen, dafs Hervas, nachdem er (Barco) ihm auf das Drängen des Francifco Xavier *Clavigero* und Pedro *Canton* den kleinen Verfuch über den Charakter der *Cochimi*-Sprache gefchickt, ihn von neuem wegen weiterer Nachrichten über diefe Sprache quäle, wegen deren, da er fie feit 16 Jahren verlaffen, er fein fchwaches Gedächtnifs zwingen folle: da er die Sprache als unnütz vergeffen und nicht nach grammaticalifchen Regeln gelernt habe. Er fchicke ihm mit grofser Anftreugung feines Gedächtniffes und Gefichts die wörtliche Überfetzung des *Cochimi*-Vaterunfers; und antworte ihm auch in diefem Briefe auf die Fragen, welche Hervas ihm über die Sprachen Californiens geftellt habe *(sulle lingue della miserabile California).*

Der P. del Barco theilt nun mit (Hervas catal. *delle lingue* p. 81): dafs den Jefuiten nur 3 Stammfprachen *(lingue matrici)* unter allen von ihnen zum Chriftenthnm bekehrten Völkerfchaften Californiens bekannt waren: die *Pericù, Guaicura* und *Cochimi.* Oberhalb der letzten berichtet er (Herv. catal. p. 83a), nach diefen dreien von ihm beftimmt genannten, noch von einer Stammfprache, beginnend vom 33° Br., welche nach dem Urtheile der jefuitifchen Miffionare mit den nördlichften *Cochimen* oder der Sprache *Cochimi* gänzlich verfchieden war, und von dem kein Cochime auch nur ein Wort verftand. — Am Ende feines Berichtes über die 3-5 grofsen Hauptfprachen äufsert M. del Barco noch (Herv. catal. *delle lingue* 83aa-m): Er habe in feinem Berichte die Völkernamen angewandt, welche die Jefuiten-Miffionare gebrauchten; nicht die, welche die Völker felbft gebrauchen und H verlangt habe. Die von den Völkern felbft gebrauchten Namen feien: *Pericù, Guaicurà, Cochimi* (aber diefe hat ja Bo. von Anfang angegeben!). Über die andren Sprachen diefer Gegend habe er die von Hervas gewünfchten Nachrichten nicht erlangen können, weil von den 15 Jefuiten, welche dort Miffionare gewefen, jetzt nur noch wenige vorhanden und diefe in andern Ländern zcrftreut feien. — Aus diefem hier endenden Briefe erhellt zweierlei: 1) dafs, wie ich fchon gefagt habe, die Miffionare uns nur über den, nicht alles Völker- und Sprachwefen der Halbinfel umfaffenden Kreis ihrer Reductionen Kunde zu geben wiffen, und dafs es vielleicht noch etwas von unbekannten Haupt- oder Zweigfprachen geben könne, und 2) wird uns beftimmt im äufserften Norden eine 4te Stammfprache bezeichnet.

Der P. Jacob Bägert (über den ich S. 456[af] geredet habe) nennt in feinem anonymen Buche (Mannh. 1772. 8°) S. 176, neben feiner waïcurifchen, „fünf andere ganz verfchiedene, und in dem bis-her entdeckten Californien übliche Sprachen (welche feynd die *Laymóna,* in der Gegend der Mifsion von Loreto; die *Cotfchími,* in der Mifsion des heil. X. Xaverii und anderen gegen Norden; die *Utfchití* und die *Pericúa* in Suden; und die annoch unbekannte, welche die Völker reden, fo P. *Linck* auf feiner Reis hat angetroffen); nebft (177) einer Menge Abfproffen oder Dialekten." Er felbft handelt blofs von der *waïcurifchen,* die er erlernt hat. Zur Erläuterung des Namens Linck, über deffen Perfon ich fpäter (S. 472[mm]) nähere Nachricht gebe, führe ich die Worte *Murr's* in feinem Vorbericht zu *Ducrue's* Mittheilungen (Span. Amer. II, 391) an, über die Karte bei *Bägert's* Buch: „worauf Californien von P. Wenzel Links äufserften Entdeckungen an, nämlich von der Million von *S. Benaventura* bis zur Miffion von *San Jofeph del Cabo.*" Auf jener Karte fteht ganz im N bei *SBonaventura: hucusq. pervenit P. Linck* 1766. Bägert's Aufzählung der Sprachen trennt nun 1) das *Cochími* von der *Laymona* wie 2 Sprachen 2) die *Utfchiti* und das *Waicurifche* bei ihm müffen wir für die Stellvertreter der Hauptfprache anfehn 3) aber von der Ver-wandtfchaft der *Uchíti* und feiner *waicurifchen* fagt er nichts; fondern fie erfcheinen bei ihm wie 2 verfchiedene Stammfprachen 4) unter der neuen von *Linck* aufgefundenen Sprache ift wohl die nörd-lich von (über) den äufserften *Cochimi* zu verftehn.

Der P. Franz Benno Ducrue, welcher 15 Jahre lang jefuitifcher Miffionar und *visitador* (Murr II, 414) in Californien war und von dem ich bei der laymon. Sprache (Auf. des § 454, c) mehr fagen werde, in dem Auffatze bei *Murr,* fchreibt in feinem Briefe an diefen aus München vom 9 Dec. 1778 (Murr's Spanifches Amerika II, 1811 S. 392): „dafs dreyerley Sprachen in Californien find, nämlich die *de los Picos,* dann die *de los Waïcuros,* (von welcher P. Bägert Meldung gethan), und endlich die *de los Laymones,* welche den ganzen Norden hinauf geredet wird, doch fo, dafs inner-halb zwey und drey Miffionen fchon ein merklicher Unterfchied in Worten und Dialecten ift." An einer 2ten Stelle (393): „Es find gegen Süden noch 2 andere Sprachen, von denen P. *Bägert* mel-det, welche von der unfrigen völlig abweichen." Den Namen *Picos* halte ich unbedenklich für eine Verkürzung von *Pericus:* wogegen der Mithridates (187[aa-m]) dafür 5 Möglichkeiten aufftellt, dar-unter die *Ikas.*

Alexander von Humboldt nennt (II, 1811 p. 429) 3 Völker: die *Pericues, Menquis* (auf der Karte: *Monquis*) und *Vehities;* auf feiner grofsen Karte die *Colimies;* Ternaux die *Coras, Edues, Pericues* und *Cochimies:* er nennt alfo das füdliche Volk 3fach *(Pericues, Edues, Coras;* wie Humboldt das mittlere 2fach: *Monquis* und *Vehities)* und bleibt das Volk von *Loreto* fchuldig. — Mühlenpfordt nennt in feinem 1ten Bd. (212[aa]) die Völker Californiens etwas fehlerhaft in Beziehung auf Verwandtfchaft wie Lage; er fagt: es „wohnen an der Südfpitze die *Pericues;* dann die *Mon-quis* oder *Menguis,* zu welchen die Familien der *Guaycúras* und *Coras* gehören; die *Cochlas* oder *Colimïes,* die *Laimones,* die *Utfchitas* oder *Vehitis,* und die *Icas.*" Die *Coras* gehören zum Süden, die *Utfchitis* zur füdlichen Mitte. — Ausführlich und richtig giebt Mühl. aber in feinem 2ten Bd. (II, 443[mf-nf]) die Völkerfchaften Alt-Californiens an. „Im Süden", fagt er, „vom Cap SLucas bis über den Hafen Los Pichilingues und die Million La Paz hinaus wohnen die *Pericues,* zu wel-chen die Familien *Edú* oder *Equu* und *Cora* gerechnet werden. Von La Paz bis über den Prefidio von Loreto dehnt der Stamm *Monqui, Moqui* oder *Mongui* fich aus, welchem die Familien *Guay-cúra* und *Uchiti* oder *Vehiti* angehören, die jedoch von einigen Reifenden für ganz verfchiedene Stämme gehalten werden. Die eigentlichen Monquis theilen fich in die Familien *Liyú, Didicú* u. m. a. Nördlich von Loreto fchwärmt der zahlreiche Stamm der *Cochimies,* auch *Cochimas* oder *Colimíes* genannt. Zu ihm gehören die *Laimónes* und die *Icas.*"

Die Nachrichten des 18ten Jahrhunderts: die von *Venegas,* und dann die der nach Europa 1768 zurückgekommenen Jefuiten: Miguel del *Barco* bei *Hervas, Bägert,* und *Ducrue* bei *Murr;*

bleiben bis jetzt die einzigen und find die letzten, welche uns über die Völker und Sprachen Alt-
Californiens belehrt haben; es ift uns gewifs vieles unbekannt geblieben; die Neuen wiederholen nur,
und meift lückenhaft: fo *Duflot* und *Ternaux*, was jene mitgetheilt haben; wir haben keine Nachrichten weiter über Völker und Sprachen erhalten: als die betrübende der Letztgenannten, dafs die
Völker in Eine Maffe verknetet feien: was den nahen Untergang der Sprachen um fo mehr befürchten
läfst, als fchon Barco (wie unten bei den einzelnen zu fehen ift) den wirklichen oder nahen UNTER-
GANG mehrerer der wichtigften Völker oder Sprachen meldet. Da diefe Nachrichten, die er 1784
fchreibt, fich eigentlich und meift fchon auf das J. 1767-8 beziehn, fo lautet die Kunde, die er uns
giebt, um fo trauriger. Nach Barco war das Volk der *Coras* fchon beinahe erlofchen (f. S. 472[nf]);
das Volk *Pericù* (f. näher im Anf. des § 455,c) war fchon damahls faft aufgerieben: und er meint,
man könne die Sprache jetzt zu den erlofchenen zählen; 1767 fprachen die noch übrigen 300 des
Volks Spanifch; auf beide Völker ift feine Äufserung (f. unten § 454,a Anf.) von Trümmern der füdlichen Völkerfchaften zu deuten. Die Völkerfchaft *Uchitie* ift nach Barco (f. ib.) ganz ausgeftorben;
aus Bägert's Aufzählung (hiernach [mm]) ift aber zu erfehn, dafs fie (wie auch der Mithr. S. 185[n]
annimmt) noch nicht ausgeftorben war. Die Sprache von *Loreto* ift nach Barco (f. im § 455,a) erlofchen, und die Bewohner haben die fpanifche angenommen.

Die oben genannten Völker und Sprachen, welche es überhaupt in Californien giebt, bilden
eine geringe Zahl; dafs es aber auch in der Halbinfel Californien nicht an dem amerikanifchen Reichthum von VÖLKERSCHAFTEN und kleinen Stämmen oder Haufen: eignen Namens und fcharfer
Sonderung von Eigenthümlichkeit und Redeweife, fehlt; deutet uns Jac. Bägert an, indem er nach
feinen allgemeinen Mittheilungen · oben (S. 467[a-aa]) ein 2tes Verzeichnifs vieler und meift anderer
(S. 95[nn]-96[af]) liefert, das er folgendermafsen einleitet: , So gering nun diefe Anzahl ift, und wie ein
kleiner Theil der Erdwohner die Californier ausmachen, fo feynd fie doch in ungemein viele Völ-
kerfchaften, Zünfte, Nationen und Zungen eingetheilet. Es mag eine Mifsion nur aus taufend (96)
Köpfe beftehen, fo mag fie leicht eben fo viel verfchiedene Völklein unter ihren Pfarrkindern, als die
Schweiz Cantons, Buudsgenoffene, zugewandte Länder und Unterthanen, zählen. Ich zählte unter den
Meinigen, *Paurus, Atfchémes, Mitfchirikutamáis, Mitfchirikuteurus, Mitfchirikutaruanajéres,
Teackwàs, Teenguàbebes, Utfchis, Ikas, Anjukwáres, Utfchipujes:* lauter verfchiedene Völklein,
aber kein halb taufend Californier." *Bägert* beftätigt diefe Vielheit von Völkern auch im allgemeinen,
indem er auf S. 8 der Vorrede fagt: „Californien ift ein weitfchichtiges Land, fehr fchlecht, aber von
vielerley Nationen bewohnt, deren eine bisweilen 30 und mehr Stunden weit von der anderen
entfernet ift." Von der Spaltung der einheimifchen Bevölkerung Californiens in kleine Nationalitäten belehrt uns die gleich folgende Stelle Bägert's: „ein jeder Californier (96[nn]), ein jede Zunft
und Völkerfchaft haben ihr Vatterland, in welches fie fo fehr als andere Leute, ja noch mehr, weil fie
unvernünftiger, verliebt und vernarret feynd (97), alfo, dafs fie fich keineswegs auf 50 und mehr
Stunden weit von ihrem Geburtsort entfernen liefsen. Erftgemeldte Zünfte und Völker, deren Vatterland eines von dem anderen etwas weit entfernet ift, hegen immer Feindfchaft gegen einander . . ."
„Meine Pfarrkinder", fagt er weiter, „beliefen fich bey weitem nicht auf 1000 Seelen, und waren dennoch oft 30 Stunden weit, eine von den anderen, gelagert." — Die Zerfplitterung innerhalb der Sprachen ift zu fehn S. 467[mm], 470[a-aa, n], 472[aa] und Anfang des § 454,c.

§ 453, a. Nach diefer Aufzählung, Gruppirung und vergleichenden Erörterung
werde ich die VÖLKER und SPRACHEN der Halbinfel EINZELN und AUSFÜHRLICH,
in einem ALPHABETISCHEN VERZEICHNISS, abhandeln: indem ich, was
von jedem und jeder zu fagen ift, zufammenftelle; es mufs dabei vieles im vorigen § Gefagte
wiederholt werden: ja ich konnte eine mehrfache und läftige Vervielfältigung derfelben
Angaben und Schriftftellen nicht vermeiden, weil ich jedem Volke und jeder Sprache das
ihnen gehörige zutheilen und unter ihnen zufammenhalten wollte. In den einzelnen Artikeln

handle ich fowohl vom **Volke** als von der **Sprache**. Ich möchte wohl, nach der Ordnung, vom Volke in erfter und von der Sprache in zweiter Stelle reden; aber gewöhnlich mufs ich beide in einander mifchen, weil der meifte Text die Örtlichkeit und das Verwandtfchafts-Verhältnifs behandelt: 2 Gegenftände, welche beide gleich betreffen. Diefe 2 und die Sprache beherrfchen die Artikel, wogegen das von dem Volke zu Sagende fich meift auf ein wenig Gefchichte am Ende befchränkt. Ich trenne von den 2 grofsen Sprachen: der *guaicurifchen*, dem *Cochimí* und der *laymonifchen;* den **Sprachftoff** ab, welchen ich fpäter für fich liefre; den geringen Sprachftoff anderer fchliefse ich gleich hier den Sprachen an.

Für die, von mir fo oft zu nennenden Quellen oder die die Quellen wiederholenden Schriften, deren Angaben ich zu erwähnen habe, gebrauche ich folgende, fchon im Anfang (S. 455ⁿⁿ-6ⁿ) von mir angegebne und zum Theil fchon bisher geübte Chiffren: Bg. = *Bägert* in feinem anonymen Buche über Californien 1772, Bo. = P. Miguel del *Barco* bei *Hervas* 1785, Dc. = *Ducrue* 1778 und 79 bei Murr 1811 (Wiederholung von 1784), H = *Hervas* Mittheilungen von *Barco* 1785 und 1787, M = *Mühlenpfordt* 1844, Ven. = *Venegas* 1757.

Verzeichniss der Völker und Sprachen Alt-Californiens

Anjukwáres Bg., *Aripe* nennt Bo. (unten § 454, a Anf.) eine Völkerfchaft und einen Dialect der *Guaicura, Atschémes* Bg.; *Cadegomó* der Dialect der *Cochimí* in der Miffion *Concepcion,* welche auch *Cadegomó* heifst (f. folgd. Seite Z. 3); *Callejues* nennt Bo. (unten § 454, a Anf.) eine Völkerfchaft gegen den S: 1) in der Miff. *la Paz*, welche die reine *Guaicura*-Sprache (des S) bewahrten 2) fie hatten fich in der Miff. *Todos Santos* mit den Trümmern der füdlichen Völkerfchaften vereinigt (ibid.).

§ 453, b. *COCHIMÍ* grofses Volk im N und bis über die Mitte, und eine der 3 Hauptfprachen (fo nach *Taraval* u. *Barco*): im Pl. *Cochimís* (deutfch *Cotschimis*) und *Cochimíes* (Ven., M), auch *Cochimas* (M), auf Humb.'s gr. Karte *Indiens Colimies* genannt (daher auch M). Ich eröffne meine Mittheilungen über diefes wichtige Volk und diefe wichtige Sprache mit dem Artikel von *Hervas* und dem *Barco's*: da ich den Vortrag beider, befonders des Letztern, über die Sprachen Alt-Californiens nicht durch Vereinzelung und Vermifchung in die übrige Materie zerftören mag. *Hervas* Artikel, befonders die Variationen und Dialècte der Sprache zeigend, führt uns ein in die Örtlichkeit, in der fie gefprochen wird, und in ihr ausgedehntes Gebiet. Er fagt in feinem *saggio pratico delle lingue* (1787 p. 79^f-80^{af}) folgendes über die **Dialecte** der *Cochimí*-Sprache: Der Dialect der Miffion von *SXavier* wurde im J. 1767 im Dorfe *SXavier* von 485 Seelen und in der Miff. von *SJosé Comandù* von 360 Seelen gefprochen; der Cochimí-Dialect der Miff. *SMaria* wurde gefprochen in der Miff. *SBorja* von 1500 Neophyten, und in der von *SMaria* von 300 Neophyten und 30 Catechumenen: letztere war die nördlichfte (in 31° Br.; vgl. auch *saggio prat.* 236^{mm}), welche die Jefuiten in Californien errichtet hatten. Zwifchen der Miffion SXavier, welche die füdlichfte war, und der von SMaria wurden 2 andere Mundarten der Sprache Cochimi geredet: in den Miffionen *la Concepcion* von 130 Neophyten, *SRosalia de Midegè* (lies: *Molejè*) von 300, *Guadalupe* von 530: von verfchiedenen Schwärmen *(orde)* oder Stämmen *(tribù)* der Cochimis; in *SIgnacio* von 750 Seelen und in *SGertrudis* von 1000.

Miguel del **Barco** fagt in feinem 2ten Briefe an Hervas (*catalogo delle lingue* 1785 p. 82^{mf-f}) folgendes: „Die dritte Stammfprache ift die *Cochimi* oder die der *Cochimi,* welche die mittleren *Guaicuren*-Lande ([1]) (hingedehnt an den Ufern des Meeres) und alle die andern Länder einnehmen, welche bis zur Miffion *SMaria* entdeckt waren, die zur Zeit unfrer Vertreibung fich bildete. Diefe

---

([1]) Die Worte find (Hervas *catal. delle lingue* p. 82^{mf}): *La terza lingua matrice è la Cochimi, o de' Cochimi, che occupano li paesi mediterranei di Guaicuri (distesi per le sponde del mare) e tutte le altre terre, che si erano scoperte sino alla missione di Santa Maria ...*

Miffion liegt etwa unter 31° Br.: von wo aus, wie es mir fcheint, die Cochimi fich 6 Grade weit ausdehnten, in folgenden 9 Miffionen, welche noch dort waren: *SXavier, SJosé Comandu, la Concepcion* oder *Cadegomò, SRosalia Muleje, Guadalupe, SIgnacio, SGertrudis, SBorja,* und die angefangene Miffion *SMaria.* In diefer Ausdehnung waren dafelbft wenigftens 4, fo verfchiedene Dialecte, dafs derjenige, den ich in meiner Miffion *SXavier* (welche die erfte war) gebrauchte, von dem von *SBorja* (der 8ten) fo fehr abwich wie das Spanifche vom Franzöfifchen; und noch viel mehr unterfchied er fich von dem Dialect der neuen Miffion *SMaria.* Wir bezeichneten diefe Dialecte mit den Namen der Miffionen, wo fie in Gebrauch waren, fo dafs wir fie nannten: die Dialecte *SXavier, Cadegomò, SIgnacio* und *SMaria."*

Es ergiebt fich aus beiden Darftellungen eine Erftreckung der Cochimi-Sprache und des Volkes von der Miffion *SXavier* in Süden: 25° 45' bis *SMaria* in Norden: c. 31°; durch die Miff. *SXavier* überflügeln die *Cochimis Loreto* noch etwas gegen den Süden: denn *SXavier* liegt etwas füdlich von *Loreto* (25° 45': 25° 59' oder 26° 12'). — Ven. fagt (64): die *Cochimi* oder *Cochimies* wohnen von *Loreto* bis fo weit im N, als dort entdeckt ift: womit er eine geringe Höhe nach N meint; denn er fagt weiter (67): es fcheine, dafs das Volk und die Sprache der *Cochimies* nach der letzten Miffion *SIgnacio* noch mehr nach N gehe: f. hiernach ", wie er felbft den *Colorado* und hohe Punkte der Weftküfte nennt. Nach Bg. ift das *Cotschimì* in der Miff. *SXavier* und andren gegen N: es ift hinzuzunehmen, dafs er die *Laymona* in die Gegend von *Loreto* fetzt. — Das Volk der *Cochimies* oder *Laymones* ift nach Ven. (I, 66) „das zahlreichfte von allen, und bis jetzt kennt man das Ende diefer Sprache nicht". (Ich fondre eine nördliche Sprache ab, welche als eine 4te Stammfprache angegeben wird.) Im J. 1728 wurde unter ihm die Miffion *SIgnacio* „ganz im Norden" angelegt; das Volk zeigte fich fehr gefügig (Ven. II, 390-409). Zu *Consag's* Expedition (1746) wurde nach Villa-Señor (II, 293, a) eine genügende Anzahl *de Chriftianos armados de la nacion Cochimi* geftellt, die ihn begleiteten. — Das Volk heifst, wie Ven. (I, 64) einfach fagt, in der Sprache von *Loreto Laymones,* nur dafs *Laymones* noch einige *rancherias* der *Monquis* begreifen. An fich ift alfo Volk und Sprache *Cochimi* daffelbe als *Laymonen* und *laymonische* Sprache; aber Ven.'s Zufatz begründet fchon einen kleinen Unterfchied, auch kann man bei der Willkühr des Gebrauchs der Namen gelegentlich Volk und Sprache der *Laymonen* als einen Zweig oder eine befondre Art des *Cochimi* betrachten; ich habe daher Laymonen und laymonifche Sprache für fich behandelt: und verweife auf diefen 2ten Artikel, der allerdings wie das fpäter von der Sprache zu Sagende meiftentheils von den und vom Cochimi auch gilt, und den gegenwärtigen Artikel wie das von der Cochimi-Sprache Gefagte und Gegebene ergänzt. — „Die *Cochimies* oder *Laymones* zerfallen (fagt Ven. I, 66) in einige Zweige: mit kleinen Verfchiedenheiten in der Sprache *(idioma),* Endungen und Ausfprache; folche laffen fich beobachten in der letzten Miffion gen N, *SIgnacio,* und an der übrigen Küfte von *SIgnacio* bis zum *rio Colorado;* auch an der Weftküfte, *en la playa de SXavier y islas de los Dolores".* Luyando predigte (Ven. II, 399) 1728 den Cochimies in ihrer Sprache.

Wir verdanken dem Eifer des Abbate *Hervas* und dem P. Miguel del *Barco* einen werthvollen SPRACHSCHATZ des Cochimi-Idioms. HERVAS hat A. in feinem *vocabolario poligloto* (Cefena 1787. 4°) Wörter des Cochimi gegeben, indem diefe Sprache feiner grofsen Sprachtafel p. 164-217 als ein Glied einverleibt ift (die Sprachen ftehn, immer unvollkommen 3 Seiten einnehmend, unter einander; und in Zeilen werden daneben immer einige Wörter, in der Folge des Alphabets, gegeben); 2) die Zahlwörter, vorzüglich des Dialects von *SXavier,* mit Varianten des von *SBorja,* in feiner *aritmetica delle nazioni* (Cef. 1786. 4°) p. 113; B. er giebt in feinem *saggio pratico delle lingue* (Cef. 1787. 4°) 1) p. 125 das Vaterunfer im Dialect von *SXavier* (No. 49) und in dem der Miffionen *SBorja* und *SMaria* (No. 50), ohne Überfetzung: indem er p. 233nf-4ᵃ bemerkt, dafs die bejahrten, von Krankheit gebeugten Miffionare fich nach 20 Jahren nicht mehr genau der Sprachen erinnern könnten; 2) zum Erfatz dafür giebt er a) p. 234-6 eine kurze chriftliche Lehre in dem Dialect der

Miſſionen *SXavier* und *SJosé Comandú*, welche er vom Exjeſuiten Miguel del Barco, der dort geweſen war, erhalten hatte, mit wörtlicher Interlinear-Überſetzung; b) p. 236-7 einen „ganz kleinen Catechismus" im Dialect der Miſſionen *SGertrudis*, *SBorja* und *SMaria*, den er gleichfalls erhalten ([1]), mit ſatzweiſe nebengeſetzter Überſetzung.

Duflot de Mofras liefert (*explor. de l'Orégon* II, 395-6) das Vaterunſer aus den 3 Miſſionen *SIgnacio de Loyola*, *SGertrudis* und *SFrancisco Borja*. · Die Duflot'ſche Formel von *SGertrudis* iſt der Hervas'ſchen von *SXavier*, und die Duflot'ſche von *SFranc. Borja* Hervas gemeinſamer Formel von den 2 Miſſionen *SBorja* und *SMaria* ähnlich bis nahe zur Identität; die Ähnlichkeit iſt nämlich buchſtäblich mit Ausnahme weniger Buchſtaben: bei Duflot ſind die Wörter aber oft anders getheilt und mit einigen Accenten mehr verſehn. Die Duflot'ſche Formel der Miſſion *SIgnacio de Loyola* ſteht allein da, nähert ſich aber bedeutend der von *SBorja*. In den 3 Vaterunſern von Duflot haben wir, wie aus der obigen Darſtellung des Hervas erhellt, 3 Varietäten des *Cochimi*-Idioms vor uns.

Der Mithridates, welcher S. 182nn-8aa über die Sprachen der Halbinſel im allgemeinen handelt, giebt S. 192-3 Hervas 2 Vaterunſer mit einigen übergeſetzten Wörtern (ſehr dünn), 194 ein kleines Stück aus Hervas chriſtlicher Lehre und ein kleines aus ſeinem Catechismus mit übergeſetzter Überſetzung; 195-8a grammatiſche Bemerkungen über dieſe Sprachproben und die laymoniſche; 198aa-9m liefert er eine vergleichende Worttafel des Waicuriſchen; des Cochimi in 3 Columnen: *vocabolario*, *SXavier* und *SJosé*, *SBorja* und *SGertrudis*; und des Laymoniſchen; das letzte rechnet er als Eine Sprache mit dem Cochimi: die 2 Miſſions-Paare und das Laymoniſche überſchreibt er *Cochimi-Laymonisch*. Der Mithridates zeigt durch dieſe Worttafel und S. 187mm die Sprache der Cochimen als mit der laymoniſchen verwandt.

Ich werde allen jenen Sprachſtoff (*Hervas* mit dem wenigen Text *Duflot*'s) ſpäter, nach dem Völker-Verzeichniſs, (§ 457, a-o) in einer geordneten Geſtalt vorführen und eine neue Arbeit daraus entwickeln. Meinen Zwecken gehört nichts von dem *Cochimi* an: die Sprache iſt fremd für Sonoriſch, für Aztekiſch und für alles.

Wenn ich alle Data über die DIALECTE der Cochimi-Sprache, deren Hervas und Barco jeder 4 angeben, zuſammenſtelle, ſo entſpringt daraus ein verworrenes Bild; H's Angaben über die Texte vermehren die Verwirrung. Barco nennt ſehr verſchieden die Dialecte von *SXavier* und *SBorja*, und noch abweichender *SMaria* (von *SXavier*); er nennt die 4 Dialecte: *SXavier*, *Cadegomó* (= *Concepcion*), *SIgnacio*, *SMaria*; ſoll man *SBorja* mit *SIgnacio* vereinigen? Hervas 4 Dialecte ſind, wenn ich ſie nach Bo.'s, S-N gehender Reihenfolge ordne: 1) *SXavier* und *SJosé Comondú* 2) *Concepcion*, *SRosalia*, *Guadalupe* 3) *SIgnacio* und *SGertrudis* 4) *SMaria* und *SBorja*; zwiſchen beiden iſt nur der Widerſpruch, daſs H *SMaria* und *SBorja* zuſammenwirft, welche Bo. unter den 3 ſehr verſchiedenen Dialecten genannt hat. Die Vereinigungen der Texte ſind folgende: mein 1tes Vaterunſer iſt von *SBorja*, *SMaria* (H) und *SIgnacio* (Df.); mein 2tes von *SXavier* (H) und *SGertrudis* (Df.); ſeine chriſtliche Lehre giebt H als von *SXavier* und *SJosé Comondú*, ſeinen Catechismus als von *SGertrudis*, *SBorja* und *SMaria* an: in dieſen Verbindungen ſind mehrfach Dialecte zuſammengeſtellt, welche dieſe 2 Autoren uns als verſchiedene angegeben haben. — Ich glaube, daſs H's Catechismus im Dialect von *SBorja* iſt; die wenigen Wörter ſeines *vocabolario*, welche in Texten vorkommen, ſtimmen bald mit der chriſtl. Lehre, bald mit dem Catech.; vom *vocabolario* ſtimmen überein: Erde mit dem Vaterunſer von *SBorja*, Feuer mit dem Catech., Herz mit der chriſtl. Lehre, Menſch *tämma* = chriſtl. Lehre, *tamma* = Catech.; die Zahlwörter 1 und 3 von *SBorja* ſind dieſelben im Catechismus. — Über den nördlichſten Dialect, den von *SMaria*, rede ich noch in dem hier folgenden beſondren Artikel:

([1]) Ob auch von Barco, iſt nicht deutlich; die Worte ſind: *e parimente ho avuto* ....

NÖRDLICHSTES COCHIMI nenne ich einen Zweig des *Cochimi*-Idioms, welcher uns von 2 Seiten als höchft fremdartig gegen diefes gefchildert und von beiden zugleich als beginnend von 31° Br. genannt wird: fo dafs ich, was folgt, mit *Barco's* Dialect von SMaria für identifch halte und meine nördlichfte Cochimi-Sprache oder die Sprache der Miffion *SMaria* als den 4ten Zweig des grofsen *Cochimi* aufftelle. Bei der Gefchichte der Expedition Confag's 1746 im nördlichen Cali-fornien erzählt VS 278,b: wie fie in etwa 31° bei der Bai *SLuis Gonzaga* mit einem kriegerifchen und feindlichen Volke zufammenkamen, deffen Sprache fie mit Mühe verftanden (f. oben S. 463mm); 284, a fagt er (vielleicht von etwas weiter Wohnenden): *fueron los ultimos Gentiles, con quienes fe hablò; aunque con dificultad, por la gran diferencia con que hablan el Idioma Cochimi, tanto, que cafi lo extraen de fi mefmo, confervando folamente algunas palàbras con clara expreffion del dicho Idioma.*

. NÖRDLICHE oder VIERTE STAMMSPRACHE: Ich fchliefse an das nördlichfte *Cochimi* die weitere, noch nördlichere Sprache, die äufserfte Alt-Californiens: von der uns, ohne dafs fie einen Namen erhalten hat, beftimmt überliefert ift, dafs fie eine von den bekannten 3 Hauptfprachen ganz verfchiedene, eine 4te Stammfprache ift. P. del Barco fagt uns (f. oben S. 466n) von einer Stamm-fprache, beginnend vom 33° N. B., welche nach dem Urtheile der jefuitifchen Miffionare unter den nördlichften Cochimen von dem *Cochimi* gänzlich verfchieden war, „und von der kein Cochime auch nur ein Wort verftand". Diefe neue Sprache finde ich beftätigt durch P. Wenzel Linck: denn *Bägert's* „annoch unbekannte Sprache, welche die Völker reden, fo P. *Linck* auf feiner Reis hat an-getroffen" (f. oben S. 467a), der in feinen Entdeckungen 1766 bis zur Miffion *SBuenaventura* in N gekommen ift, verftehe ich als diefe nördlichfte. — Murr theilt von Link (Spanifches Amerika II, 1811 S. 402-12) „Nachrichten von Californien" mit; er bemerkt (398), dafs Link zu jenen nördlichften Völkern 1766 als Miffionar kam und die äufserfte Miff. *SBuenaventura* anlegte (417nn); 1767 ftand er (417) der Miff. *SFrancisco Borja* vor; Murr theilt ferner mit (402), dafs er aus *Joachimsthal* in Böhmen gebürtig war und noch 1790 in *Olmütz* lebte. — Wenn wir obige 33° N. B. nicht geringer, fondern genau zu nehmen haben, fo läge diefe 4te Sprache in Neu-Californien und würde am nächften durch das *Yuma*-Idiom gedeutet, zu welchem (f. § 463, a-b) die Sprache von *SDiego* (gelegen in 32° 39' 30") gehört.

§ 453, c. Im füdlichften Theile Alt-Californiens befindet fich das Volk der *CORAS*. Ich habe über die merkwürdige Wiederkehr diefes Namens, der ein Volk und eine Sprache in *Guadalaxara*, faft in derfelben geographifchen Breite, bezeichnet, fchon dort (im Abfchn. II, S. 16mf) geredet; auch der Mithr. (III, 3. 186) bemerkt diefe Wiederkehr. Der P. Miguel del *Barco* rügt in feinem 2ten Briefe an Hervás (*catal. delle lingue* 81nf): dafs der gelehrte P. *Burriel*, fchlecht unterrichtet, in der Miff. *Santiago* (einer des Volkes *Pericù*) Coras nenne; die *Coras*, fagt er, feien nicht in *Sant-iago*, aber fie fingen einige *leguas* von Santiago gegen die Miff. *la Paz* an. Doch auch *Alcedo* verfetzt die Coras nach Santiago, und zwar fehr beftimmt. Er hat in feinem *Diccionario geogr. de la America* (I, 655) nur für die *Coras* von Californien einen Artikel; d. h. er führt auf: „*Sant-iago de los Coras: pueblo de las misiones que tenian los Regulares de la Compañia en la California; in gleicher Entfernung von beiden Käften; es de Indios de la nacion de su nombre.*" Hier liegt oder lag die Miffion *San José de los Coras* oder die Miffion und das Prefidio *de SJoseph del Cabo* (de SLucas); SJosé nennt aber Barco entfchieden wieder als eine Miffion der *Pericù.* Derfelbe nennt die *Cora* einen (bedeutend verfchiedenen) Dialect der *Guaicura*-Sprache (f. hiernach S. 474a), die Völkerfchaft war aber nach ihm (cat. 82m; 1783 oder 1768) fchon beinahe erlofchen. Ternaux (p. 321) erwähnt der *Coras* im Namen der Miff. *Santiago*: nahe dem Cap *SLucas* ift ein fruchtbares Gebirgs-Plateau, *où sont réunis, avec douze ou quinze* Ranchos, *le réal de San An-tonio, capitale actuelle du département* (23° 32' N. B., 112° 12' 37" W. L.), *l'ancienne mission de San Yago de los Coras, celles de Todos los Santos et de San José.* — Über die Zugehörigkeit der *Coras* und ihre Sprache ift für jetzt nichts auszumachen, vielleicht auch nie mehr: An fich liegt es nahe fie zu den Pericús zu rechnen, denen das füdliche Californien angehört; das fagt auch 2mahl Ven.: die *Coras* feien (I, 65) von den kleinen Unterabtheilungen der *Pericues* oder *Edues* die bekanntefte (f. S. 480ᵐᵐ): es fei eigentlich Name einer *rancheria*, welcher fich nachher einigen *pueblos* und dem Fluffe mitgetheilt habe; und wieder nennt er fie (II, 373) einen Zweig des Volkes *Pericú* (f. genauer 2 Stellen von ihm hiernach S. 474ⁿⁿ). Die Zugehörigkeit der *Cora*-Sprache zur *Pericú* folgt auch ziemlich 1) aus dem Zwiefpalt, wem die 2 Miffionen *SJosé* und *Santiago* ange-hören und 2) daraus, dafs *Tirs* diefen beiden Miffionen vorftand und Bg. (f. unten S. 481ᵃᶠ) ihn den Miffionar der *Pericues* und *Coras* nennt. Dagegen legt Barco, wie wir gefehn haben, den *Coras* einen Dialect der Guaicura-Sprache bei; und felbft in einer gleich anzugebenden Bemerkung Ven.'s über *Bravo* (nach 8 Z.) kann man einen Beleg dafür fuchen. Mühlenpf. rechnet die *Coras* in Bd. I. zu den *Monquis*, in Bd. II. aber zu den *Pericues*. Im Sinne des Ven. würde in den beiden Angaben kein Zwiefpalt feyn, weil er die *Guaicura* zur *Pericú* rechnet; da die andren Zeugniffe aber die *Guaicura* für einen Zweig der *Monqui* erklären: fo würde *Cora*-Volk und -Sprache nach Bo. und Mühl. I zum *Monqui*- oder *Loreto*-Stamme gehören. — *Otondo's* und *Kino's* Expedition fand 1683 bei *la Paz* (in O) die *Coras*, welche den Spaniern freundlich waren; ein Soldat verftand ein wenig *Cora*. Um das J. 1721 waren die *Coras* im immerwährenden Kriege mit den *Guaycuros* in *la Paz* (f. Ven. II, 384-6): hier wird erwähnt *el P. Bravo, que fabia ya la Lengua Guaycura media-namente, y podia fer entendido de los Coras*; es wurde zwifchen beiden Völkern Friede geftiftet. 1733-4 waren aber die *Coras* im Aufftande gegen die Spanier (f. Ven. II, 445-9); diefer war im Anfang 1734 geftillt: da brach im Oct. 1734 der fchreckliche und allgemeine Aufftand der füdlichen Völker *(Pericues* und *Corus)* auf, über welchen ich bei erfteren (S. 481ᵃᵃ⁻ᵃᶠ) handle. — Da Bo. fchon das *Cora*-Volk für nahe erlofchen erklärt (nachher S. 474ᵃᶠ), und nach Df. und Tx. diefe Völker in Eine Maffe verknetet find, fo werden wir kaum noch eine redende Spur von diefer Sprache erhal-ten; wir haben den einzigen Namen *Yeneca* als den einer *rancheria* der *Coras* 1733 (Ven. II, 446). An eine Verwandtfchaft mit der fonorifchen Cora ift nicht zu denken.

§ 453, d. *Didiús* (Mühlenpf. II *Didicú*) find, wie die *Liyúes*, ein Zweig der *Monquis* (Ven. I, 66) oder der *nacion Lauretana*, welcher fchon 1697 vorkommt (Ven. II, 24)

Edú oder *Edúes*, oder *Equú* heifsen (Ven. I, 64) in der Sprache von *Loreto* die Indianer im S von dort; die *Edues* find (65) im wefentlichen diefelben als die *Pericues* des S, nur dafs der Name *Edues* noch einige Zweige des Volkes von *Loreto* oder der *Monquis* begreift. Auch Mühl. II nennt *Edú* oder *Equu*, Tx. *Edues*; Sprachftoff f. bei *Pericú*.

§ 454, a. Volk *GUAICUROS* oder *GUAYCUROS* (auch *Guaycuras* Ven. 1mahl, M), *Waïcu-ros* (Dc.) oder *Waicuren* (Bg.; *Waikuren*); und Sprache *Guaycúra* (*Guaicura* Bo.) oder die waicurifche (Bg.): feltfam zufammentreffend im Namen, aber gar nicht verwandt (f. § 456,1), mit dem füdamerikanifchen Volke und der Sprache der *Guaycurus* oder *Guaycuru* in Paraguay, welche man auch *Mbaya* nennt; find nach H und Bo. gleichbedeutend mit *Monquis*, *Monqui* und daher das 2te Hauptvolk oder die 2te Stammfprache: die der füdl. Mitte. Wenn H fie in die Mitte der Halbinfel fetzt, fo gehn fie nach Ven. (II, 373) und Bo. in den S herab bis *la Paz*: ja Bo. nennt uns nur füdliche Sitze; und da er den *Coras* einen guaicurifchen Dialect giebt, fo würde der Stamm den äufserften S erreichen: wenn der N, *Loreto*, ftreitig ift. Während alle übrigen Zeugniffe aber, felbft *Ven.* 1mahl, *Guaicuren* und *Guaicura* für diefen mittleren Stamm oder einen Hauptzweig deffelben erklären, wirft fich Ven. darauf Volk und Sprache mit den und der *Pericú* zu identificiren, und bringt damit eine grofse Verwirrung in beide Stämme; aber auch Bo. bringt durch eine Nachricht über die Sprache von *Loreto* eine gefährliche Unficherheit in die Sache. Zwifchen Hervas und Barco wird jedoch auf's entfchiedenfte ausgefprochen, dafs *Guaicuren* geradezu daffelbe ift als *Monqui*. Da nämlich H die Guaicuren auch *Monqui* oder *Mongui* nennt, fo bemerkt ihm Bo. (*catal. delle lingue* 82ᵃ), dafs er in Californien nie diefen Namen gehört habe: doch habe er ihn in den „Gefchichten" gelefen, und daher werde H ihn auch erfahren haben. Der P. Miguel del B A R C O fagt nun über Volk und Sprache in feinem 2ten Briefe an Hervas. (*catal. delle lingue* 1785 p. 82ª⁻ᵐᵐ) folgendes: „Die 2te Stamm-fprache *(lingua matrice),* welche fich gegen N findet, ift die *Guaicura* (welche H *Monki* nenne...). Sie wurde auf einem Raume von etwa 60 *leguas* bis nach *San Loreto* gefprochen. In diefer Re-duction *(riduzione)* wurde einigen Jufuiten zufolge eine verfchiedene Sprache geredet, nach andren war es ein Dialect der *Guaicura;* ich neige mich zu letzterer Meinung, als der von denjenigen Jefuiten vertheidigten, welche die beften Kenner der Sprachen Californiens find." Hierauf folgt die von mir unten auf S. 478ⁿ gegebene Stelle, worin die Annahme der fpanifchen Sprache vorkommt. „Es gab noch 3 Dialecte der *Guaicura,* welche nach den Namen der fie redenden Völkerfchaften hie-fsen: Cora, Uchitie und Aripe. Diefe 3 Dialecte waren unter einander bedeutend verfchieden. Die Völkerfchaft *Uchitie* ift ganz, die *Cora* faft ganz ausgeftorben. Die Callejues, welche in der Miffion *la Paz* waren, bewahrten die reine Guaicura-Sprache: welche von den Guaicuren des S, und in den Miffionen *Dolores* und *SLuis Gonzaga* gefprochen wurde, wo beinahe 100 Seelen in unftät lebenden Familien *(in famiglie erranti)* waren. Die *Callejues* hatten fich mit den Trümmern der füdlichen Völkerfchaften *(tribù)* in der Miffion *Todos Santos* vereinigt. In *Loreto* werden wenig über 100 Guaicuren feyn."

Nach dem P. Taraval (Ven. I, 63) ift die *Guaicùra* ein Zweig der Sprache von *Loreto,* wie ein andrer die *Uchiti.* Eben fo nennt Venegas I, 66 das Volk der *Uchities* und *Guaycùras* als Zweige des Volks von *Loreto,* und die *Guaycùras* als fich von *la Paz* an der inneren (öftlichen) Küfte bis in die Umgegend von *Loreto* erftreckend; doch fagt er auch, dafs es Perfonen gebe, welche die *Guaycura*- und *Uchiti*-Sprache für verfchiedene Sprachen von der der *Monquis,* und eben fo die Völker, halten; er fügt aber hinzu: „es fcheine, dafs man fich an das Zeugnifs des P. *Taraval* halten müffe, welcher glaube, fie feien Ein Volk und Eine allgemeine Sprache." Ducrue's Aufzäh-lung der 3 Sprachen: *de los Picos, de los Waïcuros* und *de los Laymones* (f. oben S. 467ᵐᵐ) läfst auf die Identität der waicurifchen mit der Sprache von *Loreto* fchliefsen; eben fo Bägert. Er nennt die Sprachen *Uchitì* und *Pericùa* im S, und danach die *waïcurifche:* wobei er aber kein Wort über eine Verwandtfchaft der 1ten und letzten fagt, fondern fie als 3 verfchiedene Sprachen erfcheinen läfst (f. oben S. 467ᵃ, ᵃᶠ). Mühlenpfordt I rechnet die *Guaycùras* zu den *Monquis;* eben fo II das Volk *Guaycura* zu dem Stamm *Monqui:* fetzt da aber hinzu, dafs es von einigen Reifenden für einen verfchiedenen Stamm gehalten werde.

Diefen vielen Zeugniffen gegenüber und nachdem er (f. S. 465ᵐᶠ⁻ⁿᶠ, hier ᵐ und 477ⁿ) felbft nach Vortrag und Vertheidigung von *Taraval's* Anficht die Sprachen *Guaicùra* und *Uchiti* als Zweige der Sprache von *Loreto* genannt hat; ift es zu wunderbar, dafs Venegas im ganzen Übrigen feines Werks die Völker *Guaycuros* und *Uchities* wie ihre Sprachen nicht nur Zweige der *Pericù* nennt, fondern diefes Verhältnifs auch durch eine Gefchichtserzählung erläutert: indem er *Guaycuros* für einen auf einem abenteuerlichen Irrthum beruhenden Namen ftatt *Pericù* erklärt. — Zunächft nennt er in einer Stelle II, 373 vom J. 1721 (f. fie genau unten S. 481ᵃ) als Zweige des Volkes *Pericù:* die *Guaycuros, Uchities, Coras é Isleños;* und wieder im J. 1734 (II, 497) fagt er: *pacificacion de los Pericùes, ó Uchities, Guaycuros y Coras.* Die Hauptftelle ift II, 322: er erzählt da, dafs das J. 1720 durch die Gründung zweier Miffionen ausgezeichnet worden fei: *La primera, y mas peligrofa fuè la defeada en la de la Bahia de la Paz,* 80 *lg.* de *Loreto entre los Guaycuros. No es efte nombre propio de Nacion, pues los Pobladores de aquellas comarcas fon propia-mente la Nacion* Pericù *ò los* Pericùes. *El nombre de* Guaycuros *fe les diò, porque en las Expediciones paffadas, unos Soldados oyeron gritar muchas veces à los Indios al faltar à tierra:* Guaxòro, Guaxòro, *que en Lengua del Pais fignifica* Amigo. *Defde entonces los dieron en llamar* Guaxòros, *y defpues* Guaycuros, *y afsi fe entienden mas comunmente. Diefer Be-*

hauptung einer zufälligen Entftehung und beiden widerfpricht Barco: indem er (f. oben S. 466n) exprefs als die einheimifchen Namen bei den Völkern felbft die 3 Hauptvölker *Pericù, Guaicurà* und *Cochimì* nennt; wo wir alfo *Guaicura* = *Loreto* annehmen müffen. Wir haben aber gefehn (oben S. 474aa), dafs Ven.'s Anficht, die *Guaicuros* feien = *Pericùs* oder die *Guaicura*-Sprache fei ein Dialect der *Pericù,* in der Angabe Barco's ein gefährliches Seitenftück erhält: dafs einige Jefuiten die Sprache von *Loreto* für eine ganz verfchiedene von der *Guaicura* erklärten.

Unter dem J. 1642 giebt Ven. (I, 211) an, dafs die Guaicuren des feften Landes Feinde der Bewohner der *islas de SJoseph* waren; die Expedition *Otondo*'s und *Kino*'s ftiefs 1683 im SW von *la Paz* auf die *Guaycuras,* welche feindlich auftraten (f. Ven. I, 221-7); 1716 wurde unternommen die *pacificacion de los Guaycuros* (Ven. II, 227), 1723 waren fie wieder unruhig (f. unten S. 481a): und fie waren auch bei dem Aufftande im October 1734 betheiligt (f. S. 481aa-af).

Der P. Jayme *Bravo* (f. oben S. 473m) verftand 1721 die Sprache *Guaycura* ziemlich (Ven. II, 385). Wir verdanken einen ziemlichen SPRACHSTOFF und grammatifche Mittheilungen von ihr allein dem P. Jacob Bägert: welcher in feinem anonymen Buche ausfchliefslich von der „waïcurifchen" Sprache redet, die er erlernt hat: „Nachrichten von der Amerikanifchen Halbinfel Californien", Mannh. 1772. 8o, zufammen S. 175-194; und zwar: über die Sprache im allgemeinen S. 177-181nn, 184n-5f, 190-2m; grammatifche Bemerkungen und Notizen 181nn-4n, Conjugation eines Verbums 192mf-4f, Text 186-9 (das Vaterunfer und die Glaubens-Artikel mit Überfetzung). Der Mithridates (in der 3ten Abth. des IIIten Theils, Berlin 1816: welche die Sprachen Mittel- und Nord-Amerika's behandelt) liefert nach *Bägert:* grammatifche Bemerkungen S. 188af-9f, das Vaterunfer 190nn-1mf, Bemerkungen darüber 191mf-2af; endlich 198aa-9m eine vergleichende Worttafel des *Waicurifchen*, *Cochimì* und *Laymonifchen*. — Ich werde den aus *Bägert* zu entnehmenden Sprachftoff am Ende der Völker und Sprachen (§§ 456, b-l) in einer eignen Bearbeitung vorlegen.

Die waicurifche Sprache ift für meine Zwecke ganz fremdartig; wenn *bue* Speife (bei Bägert) dem cahitifchen *bua* effen ganz nahe kommt, fo ift diefs dem Zufall beizumeffen und kann nicht als = dem aztekifchen Worte *qua* angefehen werden.

§ 454, b. *Icas* find ein Volksftamm in Bägert's grofser Lifte (*Ikas:* oben S. 468mf), welcher (Bg. 94mf-an) eine andere Sprache redete als das übrige Volk feiner Miffion (alfo als guaicurifch), aber fich nie auf 500 Perfonen belaufen hat. Mühlenpfordt nennt fie I, 212 unter den Völkern, in II als eine Völkerfchaft des *Cochimi*-Stammes.

Was Venegas *Isleños* nennt: die Bewohner der grofsen Infeln der Oftküfte gegen S, find dem Stamme *Pericù* zugehörig; diefs find zum Theil die Bewohner der *islas de SJoseph* (entfprechend der Infel SJoseph an der Oftküfte gegen S, in der Breite der Miffion SLuis Gonzaga): fie nennt Ven. 1642 als Feinde der *Guaicuren* (f. oben Z. 7-8); II, 374 nennt er (c. 1721): die *Isleños de SJoseph, de Espiritu Santo* (grofse Infel im S von SJoseph), *de Cerralvo* (von letzter in SO); dann die Stelle II, 373: dafs (c. 1721) *toda la Nacion Pericù, y fus diverfas Ramas de Guaycuros, Uchities, Coras é Isleños* fich in immerwährender Feindfchaft unter einander aufreiben.

§ 454, c. Die *LAYMONES* und die Sprache *LAYMONA* find an fich ziemlich identifch mit dem Volke und der Sprache Cochimi, im wefentlichen nur ein anderer Name für daffelbe; diefs ift Ven.'s und Dc.'s Gebrauch. Darüber hinaus kann man aber geftatten, dafs auch eine befondre Sprachweife des allgemeinen *Cochimi*-Idioms: und zwar die *Loreto* nahe, die füdliche, practifch und zum Theil willkührlich *Laymona* genannt werde; und fo gebrauchen den Namen Bg. und der Mithr. Was Venegas über das Verhältnifs fagt, ift triftig und erledigt die Sache gegen alle Verwirrung, welche andere Darftellungen anftiften: *Laymones* heifst nach ihm (I, 64) in der Sprache von *Loreto* das Volk nördlich von *Loreto;* die *Laymones* find (65) im wefentlichen daffelbe als die *Cochimies* des Nordens, nur dafs der Name *Laymones* (f. S. 476nf) auch einige *rancherias* des füdlichen Volkes der *Monqui* in fich begreift. — Ich werde nun zunächft mittheilen, was der Kenner der laymonifchen Sprache, dem wir unfern ganzen Stoff von ihr verdanken, der P. Franz Benno Ducrue (vgl. oben S. 467[m-mf]), über fie bei *Murr* (Span. Amer. II, 1811) fagt. Derfelbe, gebürtig aus *München,* war (392) 15 Jahre lang Miffionar und *vifitador* der Miffionen (414) in Californien gewefen, wo er (414, 417 und Bg. 307) die Miffion *Guadalupe* leitete; und *Murr* theilt (ib. S. 413-430) von ihm, als ihm von Ducrue aus München unter dem 27 Aug. 1778 überfchickt, mit feine „Reifebefchreibung aus Californien durch das Gebiet von Mexico nach Europa, im J. 1767". Bei der Überfeudung des Sprachtextes nennt Ducrue dem Murr in einem 1ten Briefe aus *München* vom 9 Dec. 1778 (II, 392) als 3te Sprache Californiens „die *de los Laymónes,* welche den ganzen Norden hinauf geredet wird, doch fo, dafs innerhalb 2 und 3 Miffionen fchon ein merklicher Unterfchied in Worten und Dialecten ift. Es ift daher niemals möglich gewefen, von diefer Sprache eine Grammatik zu verfaffen." Und in einem 2ten Briefe, aus München 19 Jan. 1779 (393): „Die laymonifche Sprache, welche von der Miffion S. Xaverii bis den ganzen Nord hinauf fich erftrecket, . . . ift von Miffion zu Miffion fo fehr unterfchieden, dafs man bis in die dritte oder vierte fich kaum einander mehr verftehet . . . Und diefes ift eben auch die Urfache, warum wir keine Grammatik von diefer Sprache haben verfertigen können." Die grofse Verbreitung, welche Ducrue der laymonifchen Sprache giebt, ihr füdlicher Anfangspunkt *SXavier* (vgl. S. 469[nf]-470[aa]) und ihre ftark abweichenden Dialecte beweifen hinlänglich, dafs diefer Verfaffer darunter geradezu die *Cochimi*-Sprache felbft meint. Weil diefes überhaupt fo ift, mufs für die laymonifche Sprache und das Volk alles unter *Cochimi* gefagte verglichen werden.

Diefem reinen Begriffe tritt aber Bägert in feinen Mittheilungen verwirrend entgegen: er verfetzt die *Laymona* (f. oben S. 467a) in die Gegend „der Miffion von *Loreto*", und nennt, als eine „ganz verfchiedene" Sprache, nach ihr „die *Cotschimi,* in der Mifsion des heil. Xaverii und anderen gegen Norden". Der Mithridates, den Ven.'s Definition unbekannt ift, fchiebt die Sache weiter, indem er zunächft (185) nach Bg. aufzählt: „die *Laymona,* welches die Sprache um Loretto fey"; und hinzufetzt: „und, wie aus den nachher mitzutheilenden Proben erhellen wird, fehr verfchieden von den übrigen uns gefchilderten Kalifornifchen Sprachen, aufser von der nächft folgenden, ift; die der *Cotschimi* . . . in den Miffionen des S. Xaver und anderen im N, und der der *Utschiti* und der *Pericù* im S." Doch difcutirt er nachher (187) Dc.'s Anficht, und nimmt an: „Die noch weiter, als die der Laymones, nach N gebräuchliche Sprache der Cochimi hat P. Ducrue wohl wegen ihrer Verwandtfchaft mit der Laymonifchen, die aus den folgenden Sprachproben erhellen wird, gerade hin zu diefer gerechnet; und wenn andere Miffionäre *Cochimi* als den Hauptnahmen der ganzen Nation und aller ihrer Dialekte betrachten, fo nimmt er dafür Laymonifch" ufw.; er fchliefst: dafs „alle diefe Verfchiedenheiten der Anficht auf die Verfchiedenheit (188) der Dialekte zu fchieben" find. Schon der obige Ausdruck ([mm]) „die Sprache um Loretto" wurde gefährlich; aber hier nun (188a) bringt der Vf. alles in grofse Gefahr, indem er fie „den Dialekt von Loretto" nennt: „Ihm (Dc.) allein verdanken wir, was wir von der Laymonifchen Sprache oder vielmehr dem Dialekt von Loretto wiffen". Diefer Ausdruck bringt Gefahr, darunter die Sprache von *Loreto,* d. h. die der *Monquis,* zu verftehn: welche doch die 2te Stammfprache der Halbinfel, wie *Cochimi* oder *Laymona* die 3te, ift. Ich darf aber nicht unterlaffen als zu diefem Streitpunkte gehörig anzuführen, dafs nach Ven. (f. unten S. 478[af]) dem allgemeinen Volke vor *Loreto* „einige *Laymonen*" beigemifcht, und nach einer andren Äufserung deffelben (I, 65[af-m]) einige *rancherias* der *Monquis* in den Namen *Laymones* begriffen waren: *Los Laymones fon los mifmos, que los* Cochimies *del Norte, aunque el nombre de* Laymones *no folo comprehende à eftos, fino tambien à algunas Rancherias de la mifma Nacion Mediterranea* Monqui, *ò* Lauretana. — Mühlenpfordt nennt in beiden Bänden die *Laimones,* im 2ten (oben S. 467[nf]) als zum Stamm der *Cochimies* gehörig.

Wir verdanken dem P. Franz Benno Ducrue als einzigen SPRACHSTOFF der *Laymona,* die Zahlwörter 1-6 und 3 Druckfeiten Textes bei Murr mit lateinifcher Interlinear-Überfetzung. Es ift diefs nämlich die Überfetzung der *Bacmeifter'*fchen Formeln (kleinen Sätze), um welche Hr.

von *Murr* Ducrue gebeten hatte und welche diefer unterm 9 Dec. 1778 *Murr* von München aus über-
fchickte. Diefer Sprachtext, vielleicht (nach den obigen Erörterungen) im Dialect von *Concepcion* oder
Cadegomó (S. 469[n], 470[a, aa]), ift zwiefach abgedruckt: 1) in Chriftoph Gottliebs von Murr Journal
zur Kunftgefchichte und zur allg. Litteratur Th. 12. Nürnb. 1784. 8° S. 268-274, und 2) ganz unverändert
wieder in *Murr's* „Nachrichten von verfchiedenen Ländern des Spanifchen Amerika" Th. II. Halle 1811.
8° S. 394-7 (394[a-af] die Zahlen 1-6, 394[af-7aa] die kleinen Sätze), als „Californifche Sprachproben";
die ganze Mittheilung S. 391-9 (worauf noch die Reifebefchreibung Wenzel *Link's* 402-412 und
Ducrue's 413-430 folgt). — Aus diefem Sprachftoff liefert der Mithridates, nach allgemeinen
Mittheilungen über die laymonifche Sprache S. 185[aa-mm], 187[a-aa], [m-8aa]: 4 Zeilen Text mit deutfcher
Interlinear-Überfetzung 194[n-f], und 195-8[a] grammatifche Bemerkungen über die cochimifchen und
laymonifchen Sprachproben; aus der vergleichenden Worttafel 198-9 fpringt die Verwandtfchaft beider
Sprachen deutlich hervor, welche auch der Vf. in den vorangehenden Bemerkungen mehrfach gezeigt
hat. Ich habe den laymonifchen Sprach- und Wörtftoff mit dem cochimifchen vermifcht (in §§ 457, b-o):
denn die ausgemachte Gleichheit der Sprache, trotz hinreichender Abweichungen, rechtfertigt es, dafs'
ich beide Sprachen *(quasi)* in Ein Wortverzeichnifs und Einen grammatifchen Abrifs vereinigen konnte;
den laymonifchen Text habe ich im § 457, f gegeben.

Die laymonifche und Cochimi-Sprache ift für mich fremdartig; aber das Zahlwort 4, *nauwi*,
bietet eine merkwürdige mexicanifche Ähnlichkeit; = mex. *nahui*. Das Phantasma fcheint aber
zu zerrinnen: denn Ducrue bemerkt (394[aa]) felbft: „er zweifle wirklich und erinnere fich nicht recht,
ob das Wort californifch oder mexicanifch fei"; eine Anmerkung *Murr's* macht auch bemerklich, dafs
es mexicanifch ift. Weil nun die *Cochimi* ein ganz anderes Zahlwort hat, fo ift zu glauben, dafs
Ducrue fich geirrt hat. Sonft würde ich diefer grofsen Ähnlichkeit an die Seite gefetzt haben, als
gleich zufällig in der Sprache der *Minnetare* oder *Grosventres nahwi* 3 heifst.

Liyúes find, wie die *Didiús*, ein Zweig der *Monquis* (Ven. I, 66) oder (II, 24: c. 1697) der
nacion Lauretana; Mühlenpfordt II macht daraus einen Sing. *Liyü:* die er als eine Familie der
eigentlichen *Monquis* nennt.

§ 455, a. Das VOLK und die SPRACHE von *LORETO:* gewöhnlich in die Mitte des Landes
verfetzt und von Ven. auch (I, 65) *Nacion Mediterranea* genannt, aber in Wirklichkeit in der füdlichen Mitte der Provinz und von *Loreto* weit in den S reichend; find der 2te Hauptftamm der
Halbinfel. Der Name bezeichnet aber auch in einem engeren Sinne den Volkszweig und Dialect
des allgemeinen Stammes, welcher der Gegend von *Loreto* angehört und als Volk *Monqui* oder
Monquis heifst; diefer Volksname wird practifch auch für den ganzen Volksftamm gebraucht. Taraval nennt (Ven. I, 63 und oben S. 465[mf-n]) die Sprache von *Loreto* als 3te Hauptfprache; er läfst
von ihr die 2 Zweige *Guaycùra* und *Uchiti* ausgehn: welche ihr auch bleiben müffen, obgleich
Venegas beide in grofsem Irrthum, wie ich bei der *Guaicura* (S. 474[n]-5[a]) ausgeführt habe, der *Pericù* zutheilt und die *Guaicura* mit diefer identificirt. Vieles zeugt für die grofse Verfchiedenheit der
3 Zweige: denn wir haben die fpecielle Sprache von *Loreto* als einen dritten zu betrachten (oben
S. 465[mf] und hiernach 478[nn]); und wir lefen (oben S. 465[mf-nn]) bei Ven. das Urtheil: dafs die 3 Dialecte der 2ten Stammfprache: die Sprache von *Loreto*, die *Guaycura* und *Uchiti*, fo fehr verfchieden
find, dafs fie nur einige Wörter gemein haben; ja die Folgerung: fie feien vielleicht aus 2 Sprachen
zufammengefloffen, fo dafs es auf der Halbinfel 4 Grundfprachen gäbe. Die Bewohner von *Loreto*
nennen fich felbft (Ven. I, 64) mit dem allgemeinen Ausdruck *Monqui* oder *Monquis (à si mífmos
fe llaman con vocablo general* Monqui, ò Monquis). Ich mache den Unterfchied, dafs ich hier
hauptfächlich die Sprache und unter *Monqui*, welcher Artikel alfo mit dem gegenwärtigen zu verbinden ift, das Volk behandle: denn *Monqui, Monquis* ift nur der Name des Volks und die Sprache
hat nach Ven. keinen Namen. Doch gebraucht er felbft oft den Ausdruck: Volk von *Loreto*, und er
nennt es auch (I, 65[mm]) ausdrucksvoll *Nacion Lauretana;* eben fo kann man fagen: die Sprache

der *Monquis*, und bei Ven. kommt auch (I, 43ⁿ) der Ausdruck *Lengua Monqui* vor. *La Nacion de Loreto*, fagt derfelbe I, 65ⁿⁿ, *no tiene nombre propio de la Lengua de los Indios, que la fignifique en toda fu extenfion; y por effo para apellidarla en general ufamos de el nombre de la principal de fus ramas, que es la de los* Monquis. „Aufser diefer aber (fährt er fort) giebt es andere (Zweige), welche (66) ihre Namen von der Verfchiedenheit ihrer Dialecte, Wohnfitze und anderer Zufälligkeiten erhalten. Die hauptfächlichften find: die der *Uchites*, welche die Umgegend der Bai und des Hafens *de la Paz* bewohnen; und die der *Guaycúras*, welche fich von *la Paz* an der inneren Küfte bis in die Umgegend von *Loreto* ausdehnen." Aus diefer Stelle geht das Verhältnifs der Namen klar hervor: Sprache und Volk von *Loreto* kann man allgemein fagen, indem man den ganzen 2ten Hauptftamm damit meint *(nacion Lauretana)*; und man kann ihn als einen Theil gebrauchen: für einen einzelnen Zweig des Volkes, und das find die *Monquis*; und für den Dialect von *Loreto*: als unterfchieden von *Guaicura* und *Uchiti*. Im allgemeinen Sinne fagt Ven. I, 104: *la Nacion de Loreto, compuefta de algunos Laymones, Monquis, Vehities y Guaycuros;* es waren ihr alfo einige *Laymonen* beigemifcht, die ja auch nach Bägert *Loreto* umgaben; und nach einer anderen Äufserung Ven.'s (f. oben S. 476ⁿⁿ⁻ⁿf) waren einige *rancherias* der *Monquis* in den Namen *Laymones* einbegriffen.

Bägert (f. oben S. 467ᵃ) nennt weder die allgemeine noch die befondre Sprache von *Loreto*, fondern ftatt der allgemeinen die *Utfchiti* und *waïcurifche*, und ftatt des Dialects die *Laymona* in der Gegend von *Loreto*: welche Angabe, mit der von Ven. (5 Z. hiervor) gemeldeten Beimifchung von *Laymonen* in das allgemeine Volk von *Loreto* zu verbinden, Veranlaffung zu Mifsverftändniffen gegeben hat, als wäre die Ortsfprache von *Loreto* die laymonifche (f. S. 476ᵐᵐ⁻ⁿⁿ): woneben es eine Hindeutung giebt (oben S. 474ᵃ⁻ᵃᵃ), dafs fie einige Jefuiten für eine andre Stammfprache gehalten haben. Es fcheint nicht, dafs die Sprache von *Loreto* fich nördlich von *Loreto* weiter erftreckt habe; ihre Erftreckung ging vielmehr von da in den S, und zwar fehr weit (f. S. 473ⁿⁿ, 474ᵃ⁻ᵃf). — Ducrue nennt nur die Sprachen *de los Picos, Waïcuros* und *Laymones*: bei ihm vertreten alfo die Waicuren die Stammfprache von *Loreto*; Ternaux nennt diefes Hauptvolk nicht. Barco (f. oben S. 474ᵃ⁻ᵐ) benennt (= Dc.) die allgemeine Stammfprache *Guaicura*: von der er, Kennern folgend, die Sprache von *Loreto*, welche nach einigen Jefuiten eine verfchiedne Sprache feyn foll, als einen Dialect betrachtet, genannt von ihm *dialetto Loretano*; Dialecte der *Guaicura* find nach ihm ferner die *Uchitie, Cora* und *Aripe*; die *Callejues* fprachen die reine *Guaicura*-Sprache des Südens. Hiernach und nach den S. 474 Z. 8 angegebenen Worten thut Barco noch eine Äufserung, dafs man jetzt nicht mehr wiffen könne, ob die Sprache von *Loreto* „ein Dialect oder die Stammfprache felbft" fei: weil die Eingebornen fpäter die fpanifche Sprache angenommen haben; er fagt nämlich in Hervas *catal. delle lingue* p. 82ᵐ: *La lingua di Loreto, o dialetto Loretano è perito, perchè prefentemente tutti vi parlano lo Spagnuolo: onde non fi può fapere, fe era un dialetto, o la lingua steffa matrice.*

Es ift noch nöthig die Bemerkung des Ven. (I, 66) mitzutheilen, dafs Einige Volk und Sprache *Monqui, Guaycura* und *Uchiti* für verfchiedene erklärt haben: *Los que juzgan fer Lenguas diftintas de la de los* Monquis *la Guaycùra y la* Uchiti, *creen tambien, que fon diftintas Naciones, y no ramas de una mifma; fin embargo parece, que debe eftarfe al Teftimonio del P. Taraval, que cree fer una Nacion, y una Lengua general.*

Wir danken es allein dem P. *Bägert*, dafs wir das grofse Idiom von *Loreto* in der Zweigfprache *Guaicura* kennen; von der einheimifchen Zweigfprache von *Loreto*, der Sprache von *Loreto* im engern Sinne oder der der *Monquis*, ift uns nichts überliefert worden; fie war nach Barco fchon erlofchen. Folgende wenige WÖRTER von ihr habe ich aus Venegas gefammelt: der Name des eigenthümlichen, zum Theil dem Hirfch ähnlichen Thieres, *tayé*, ift aus diefer Sprache; Ven. I, 43, von 2 *especies de monteria* redend: *La primera es la que los Californios, en la Lengua Monqui, llaman* Tayè. Das Thier ift ähnlich einem Kalbe, fein Kopf dem des Hirfches: mit fehr

dickem, aber dem des Widders ähnlichen Geweih; hat gefpaltenen Huf *(pesuña)* wie der Ochfe; das
Haar ift wie beim Hirfch, aber kürzer; es hat einen kurzen Schwanz und fehr fchmackhaftes Fleifch
(44); wieder genannt Ven. II, 400ⁿ (1728); — *dicuinocho* (Ven. I, 105 und 109) heifsen die Priefter, *pùa* ift Schiff *(embarcacion:* Ven. II, 54); im Capitel der Religion giebt Ven. (I, 104) nach
einem Miffionar an: dafs das Volk von *Loreto* kein eigentliches Wort für Himmel habe, fondern
dafür *notù* oben, hoch gebrauche (die 2 Wörter *notù* Himmel oder oben und *dicuinoccio* Arzt
wiederholt *Gilij:* oben S. 464ᵃᶠ); — Perfonennamen: *Gumongo* ift ein Geift im Himmel (I, 104);
er fendet einen andren Geift, *Guyiagui,* auf die Erde: diefer fät *pitahayas* (I, 105); — Ortsnamen: *Conchó* ift der Name der Bucht von *Loreto* in der Landesfprache (Ven. I, 26); *Didiùs*
ein Zweig der *Monquis; Edù* oder *Edùes (Equù)* das Volk im S von *Loreto,* = *Pericù;* Laymones das Volk um und nördlich von *Loreto,* = *Cochimi; Liguì* nannten (Ven. II, 182) die *Monquis* in ihrer Sprache eine Örtlichkeit *(parage)* oder einen Strand *(playa)* füdlich von *Loreto*
(II, 134, 147), welche die Laymonen in der ihrigen *Malibà*t nannten und wo die Spanier nachher
(II, 181) die Miffion S*Juan Bautista Liguì* oder *Malibat* gründeten (f. oben S. 460ᵐ, ᵐᵐ); die *playa
de Liguì ò Malibàt* nennt Ven. oft; *Liyùes* ein Zweig der *Monquis; Londó* hiefs ein *sitio* 9 lg.
von *Loreto* (Ven. II, 49, 123), nachher S*Juan Bautista* (II, 49) genannt; daher heifst auch ein *pueblo*
S*Juan de Londó* (Ven. II, 136); der Name *Monqui* oder *Monquis* felbft, den fich (oben S. 477ᵐᶠ, ⁿⁿ)
das Volk beilegte.

Mitschirikutamdis, Mitschirikutaruanajéres und *Mitschirikuteurus* find 3 Namen kleiner
Völkerfchaften in Bägert's Lifte.

§ 455, b. *MONQUI* oder *MONQUIS* (nach H auch *Mongui,* nach M auch *Menguis,* ja *Moqui:* gleich dem Volk im Lande des *Colorado* in der Provinz *Moqui)* ift der Name für das Volk
von *Loreto:* d. h. für das dortige Zweigvolk des grofsen mittleren Volksftammes der Halbinfel,
den man auch Volk von *Loreto* (im weiten Sinne), *nacion Lauretaná* oder *nacion de Loreto* bei
Ven., nennt; 2) willkührlich und practifch, um einem Mangel abzuhelfen, bedient man fich aber des
Namens *Monqui, Monquis* auch, um den ganzen Volksftamm, die *nacion Lauretana,* zu bezeichnen: weil die einheimifche Sprache für ihn keinen Namen hat. Der Name *Monqui* ift aber nur
Name des Volkes; für die Sprache giebt es keinen einheimifchen Namen: man nennt fie, im engen
wie im weiten Sinne, die Sprache von *Loreto:* auch die Sprache der *Monquis;* doch fagt Ven. auch
gelegentlich (I, 43ᵃ: f. S. 478ᶠ) *lengua Monqui.* Ich habe alle diefe Verhältniffe im Artikel *Loreto*
ausführlich behandelt und mit Belegen verfehn; ich habe in jenem Artikel, welcher mit diefem zu
verbinden ift, die Sprache ganz und das Volk mit behandelt: hier habe ich es allein mit dem Volke,
dem Stamme wie dem Zweige, zu thun: in fo weit es *Monquis* genannt wird.

Das Volk *Monquis* wohnt nach Ven. (I, 64) von *la Paz* bis über das Prefidio *de Loreto;*
er bemerkt weiter (64), dafs diefen allgemeinen Namen *Monqui* oder *Monquis* fich die Bewohner von
Loreto felbft beilegen; einige Zweige der *Monquis* werden in den Namen *Edues,* einige *rancherias*
der *Monquis* (f. oben S. 476ⁿⁿ-ⁿᶠ) in den Namen *Laymones* einbegriffen. Das Stammvolk von *Loreto*
zerfällt nach Ven. (I, 65-66) aufser feinem Hauptzweige, den *Monquis,* in die Zweige *Liyùes,
Didiùs* und andre kleinere Zweige; die genannten 2 werden (II, 24; c. 1697) wieder als Zweige
der *nacion Lauretana* genannt. Man wird in den Artikeln *Guaicuros* und *Loreto* finden, dafs
nicht nur ein Zweig des Volkes und der Sprache von *Loreto* die wichtigen *Guaicuros* und die
Guaicura find, fondern dafs einige Autoritäten diefen Namen als Vertreter des ganzen Stammes gebrauchen und *Monqui* nicht kennen. Hervas, der die *Monqui* auch *Mongui* nennt, fpricht geradezu
die Identität von *Monqui* und *Guaicuren* aus. Wichtig ift für diefen ganzen Artikel die Erklärung
Barco's (f. oben S. 473ᶠ-4ᵃ), dafs er den Namen *Monqui* nie in Californien gehört, fondern nur in den
„Gefchichten" gelefen habe; Barco erklärt hiermit auf's beftimmtefte die Identität beider Namen. —
Mühl. nennt I, 212 von S aus zunächft nach den *Pericues* die *Monquis* oder *Menguis;* er rechnet

zu ihnen die *Guaycúras* und *Coras* (letztere. in II zu den *Pericú*); im Bd. II (f. oben S. 467nf) nennt er den Stamm *Monqui, Moqui* oder *Mongui:* und rechnet zu ihm die *Guaycura* und *Uchiti* oder *Vehiti.*

Paurus ift eine kleine Völkerfchaft in Bägert's Verzeichnifs.

§ 455, c. Das Volk PERICÚES und die Sprache PERICÚ find der füdlichfte der 3 Haupt-ftämme Alt-Californicns; fie werden (Ven. I, 63) in der Sprache von *Loreto Edues* genannt, nur dafs letzterer Name noch einige Zweige der *Monquis* begreift. — Die Sprache *Pericù,* die erfte der 3 Stammfprachen des P. Miguel del Barco, wurde nach ihm (Hervas *catal. delle lingue* 81n-82a) gefprochen vom Cap *SLucas* an durch 50 *leguas.* Die Miffionen des Volkes *Pericù* waren *SJosé* (8 *lg.* vom Cap) und *Santiago* (letztere nenne der P. *Burriel* irrthümlich eine Miffion der *Coras:* f. näher S. 472n-f). Bösartige Krankheiten *(le pesti)* und Unglücksfälle haben das Volk *Pericù* faft aufgerieben, welches im Anfang des 18ten Jahrhunderts aus 3000 Seelen beftand und (p. 82) zur Zeit der Vertreibung der Jefuiten aus den fpanifchen Befitzungen 300 zählte, welche Spanifch redeten; man könne daher jetzt (zur Zeit von Barco's Briefe, 1783) die Sprache *Pericù* zu den erlofchenen zählen. — An diefe letzte Nachricht fchliefst fich die Vermuthung an, dafs unter den „Trümmern der füdlichen Völkerfchaften" (f. S. 474af), welche nach Barco in der Miffion *Todos Santos* vereinigt waren, wohl hauptfächlich die *Pericúes* zu verftehen feien.

Die *Pericú*-Sprache ift (Ven. I, 63) die eine der 3 Hauptfprachen nach Taraval. — Nach VENEGAS (ib.) bewohnt das Volk *Pericù* oder fpanifch *Pericúes* den Süden der Halbinfel, vom Cap *SLucas* bis über den *(mas acá del)* Hafen *la Paz;* er nennt es (II, 373) auch *Nacion Meridional.* Über feine Unterabtheilungen fagt er zunächft (I, 65): das Volk der *Pericù* oder *Edues* zerfalle in mehrere kleine Völkerfchaften *(Nacioncillas pequeñas),* deren bekanntefte die *Coras* feien. Obgleich die Zugehörigkeit der *Coras* zu den *Pericús* das natürlichfte ift, fo find fie doch von Andren (f. S. 473a-af) auf's beftimmtefte den *Guaicuros* zugezählt worden. Einen viel ftärkeren Widerfpruch gegen alle übrigen Autoritäten aber und einen entfchiedenen Irrthum hat Venegas darin vorgebracht, dafs er: gegen die von ihm vorgetragene und auch an Stellen von ihm felbft angenommene Anficht *Taraval's,* dafs die Völker und Sprachen der *Guaycuros* und *Uchities* Zweige des Volks und der Sprache von *Loreto* feien; fich entfchieden dahin wendet die *Guaicuros* für einerlei mit den *Pericús,* und die *Uchities* für einen Zweig der *Pericús* zu erklären: indem er den Zwiefpalt der erfteren beiden Namen dadurch erläutert, dafs der Name *Guaycuros* ein auf einem Mifsverftändnifs beruhendes Kauderwälfch fei. Ich habe diefen ganzen Gegenftand bei den Guaicuren (S. 474n-f) erledigt, wo auch (vorher) die entgegengefetzten und richtigen Angaben der Andren aufgeftellt find. Zu diefer unrichtigen Vorftellung gehört eine fogleich (S. 481a) im Zufammenhange anzugebende Stelle (II, 373), in welcher Ven. die Zweige des *Pericú*-Volks anzugeben unternimmt, aber faft nur falfche angiebt, wenn wir die *Coras* nicht zu ihnen rechnen dürfen: toda la Nacion Pericú, y fus diverfas Ramas de Guaycuros, Uchities, Coras é Isleños; die *Isleños* allein, deren Bedeutung ich S. 475mf-nn erläutert habe, dürfen wir zum *Pericú*-Stamme zählen. Eine ähnliche Äufserung f. auf der hier folgenden Seite aa.

Bägert nennt die Sprachen *Utschiti* und *Pericúa* in Süden; und läfst feine *waïcurische* wie eine 3te, verfchiedene, erfcheinen. Ducrue's 3 Sprachen find die *de los Picos, de los Waïcuros* und *de los Laymones;* er hat hiermit richtig die 3 Stammfprachen genannt: und feine *Picos* find, wie die Form es leicht errathen läfst, die *Pericús;* der Mithr. bemüht fich (f. oben S. 467mm) um ihre Löfung durch 5 Möglichkeiten. — Mühlenpfordt führt I und II die *Pericúes* im S auf.

Venegas berichtet (II, 322) von der Feindfchaft, welche das VOLK der *Pericúes* feit Otondo, feit 40 Jahren, gegen die Spanier gezeigt habe; er erzählt (II, 322_7) die *entrada,* welche zu ihnen 1721 zu Lande durch Clemente *Guillen* und zur See durch *Ugarte* gemacht wurde. Die Völkerfchaften des Südens lebten dabei felbft unter einander in bitterer Feindfchaft; Ven. fagt (II, 373; c. 1721), dafs man in der Miffion *la Paz* beobachtet hatte: *que toda la Nacion Pericú, y fus diverfas Ramas de Guaycuros, Uchities, Coras é Isleños* fich in immerwährenden Fehden und Feindfchaft aufrieben. Die Aufregung gegen die Spanier wuchs; fchon 1723 waren die füdlichen Völker (Ven. II, 419): *Uchities, Guaycuros* und *Coras*, theilweife unruhig; 1725 mufsten (420) wieder Soldaten hingefandt werden, 1729 wurden wieder einige *Coras* unruhig. Nachdem ein von 1733 bis Anfang 1734 dauernder Aufftand der *Coras* geftillt war (f. oben S. 473ᵐ), brachen die füdlichen Völker (er nennt zunächft nur *Pericúes* und *Coras*) im Oct. 1734 in einen furchtbaren Aufftand los, in welchem die *patres* Lor. *Carranco* (1 Oct.) in *Santiago de los Coras* und Nic. *Tamaral* (3 Oct.) in *SJosé del cabo de SLucas* den Opfertod ftarben und 4 Miffionen verloren gingen: diefe 2, *SRosa* und *Nu. Sra del Pilar de la Paz*, die nachher wieder hergeftellt werden mufsten. Die Dämpfung diefes Aufftandes, welcher von den *Pericúes* ausging, wird (Ven. II, 497) genannt: *pacificacion de los Pericúes, ó Uchities, Guaycuros y Coras.* — Von den *Pericúes* und *Coras* bemerkt Bägert (270), dafs diefe Nationen „von einem gar ftolzen, unruhigen und ganz unerträglichen Naturell bis auf diefe Stund feynd, wie es ihr letzt gewefener Mifsionarius, Ignatius *Tirs*, genug erfahren hat."

Es ift zu bejammern, dafs wir von der füdlichen, nun gar fchon, wie Barco gefagt hat, unter- gegangnen Hauptfprache Alt-Californiens, der *Pericú*, da die *Guaicura* nicht zu ihr gehört, gar keine Kenntnifs haben. Nicht Ein Wort, nur einige N A M E N, habe ich (aus dem Capitel über Religion, § 7, bei Venegas I) aufbringen können: *Anayicoyondi* die Frau *Niparoya*'s (102), *Cucunumic* hat (104) nach der Meinung der Anhänger *Niparaya*'s den Mond gefchaffen, *Cunimniici* heifst (102) der rothe Berg gegen *Santiago de los Coras*, *Niparaya* ift (102) der Schöpfer oder Gott; *Pericú*, der Name des Volkes felbft, würde der Sprache angehören (das Volk von Loreto nannte es *Edú* oder *Edúes*); *Purutabui* hat (104) nach der Meinung von *Niparaya*'s Anhängern die Sterne gefchaffen; *Quaayayp* (102) ift der Sohn *Niparaya*'s und der *Anayicoyondi*: diefer menfchliche Sohn hat einen *tecolote (buho)*, der zu ihm redet; *Wac* (103), nach Andren *Tuparàn (Wac- Tuparàn)*, ift eine grofse Perfon im Himmel, Feind von *Niparaya*: er wurde von diefem befiegt und zur Erde gefchleudert; nach diefen beiden himmlifchen Perfonen ftanden fich, wie Humboldt (II, 1811 p. 429) auch hier gehalten hat zu erzählen, 2 feindliche Religions-Partheien im Volke gegenüber. — Gilij liefert in feinem *saggio di storia americana* T. III. Roma 1782. 8° p. 412 einige „californifche Wörter", gezogen aus *Buriël*'s Gefchichte von Californien, auf italiänifche Schrei- bung gebracht: die Sprache wird nicht genannt: es find aber die mythologifchen Namen der *Pericues*: *Niparàja* und *Anajicòjondi* mit ihrem Sohn *Quajaip* (fie hatten nach ihm zufammen 3 Söhne), und der Geift oder Titane *Vac-tuparàn*. Die 2 *appellativa*, welche er aufserdem angiebt: *notù* Himmel oder oben und *dicuinoccio* Ärzte; find in der Sprache von Loreto (f. oben S. 464ᵃᶠ).

§ 455, d. Die Sprache der *Picos (de los Picos)* nennt Ducrue als eine der 3 Sprachen Californiens: neben der der *Waïcuros* und *Laymones;* es folgt aus diefer Reihe einfach, dafs der Name eine Zufammendrängung von *Pericús* ift; dem Mithridates erfcheint die Sache verwickelter, und er müht fich ab 5 Deutungen für ihn aufzuftellen

Teackwàs, Teenguábebes und *Utschipujes* find 3 kleine Völkerfchaften in Bägert's Lifte; der letzte Name ift fehr ähnlich den *Uchiti* und wie eine Ableitung davon

UCHITI und plur. *UCHITIES* (Bo. *Uchitie*, Bg. *Utschiti*, M I *Utschitas*, Bg. *Utschis*) oder *VEHITIES* (M *Vehitis* und *Vehiti*) find eine Sprache und ein Volk des Stammes von *Loreto;* fie werden immer neben den *Guaicuros* und der Sprache *Guaicura* genannt, und theilen das Schickfal diefes Zweiges: indem fie mit diefem von allen Autoritäten aufser Venegas für einen Zweig des Volkes und der Sprache von *Loreto* oder der *Monquis;* von Ven. 2mahl (1mahl nach *Taraval*) für daffelbe, dann aber und im übrigen für einen Zweig des Stammes *Pericú* ausgegeben werden. Von der *Guai- cura* unterfcheidet fich die Lage der *Uchiti* noch dadurch, dafs einige Quellen die *Guaicura* und *Guaicuros* wie die allgemeine Stammfprache und das Stammvolk an Stelle der *Monquis* oder der grofsen Sprache von *Loreto* nennen; Volk und Sprache *Uchiti* aber immer nur als Zweigvolk und Zweigfprache oder Dialect genannt werden. Ich verweife auf die Artikel *Guaicuros* und *Pericúes:* in denen alle diefe Verhältniffe und Angaben, die ich hier zum Theil, fo weit fie fich auf die *Uchiti* beziehn, neben anderen über diefes Volk und diefe Sprache anführen werde, im Zufammenhange ent-wickelt find.

Das *Uchiti* und die *Guaycura* find nach Taraval (Ven. 1, 63) Zweige der Sprache von *Loreto;* eben fo fagt Venegas zuerft (I, 66): die *Uchities* feien ein Zweig des Volks von *Loreto,* in der Umgegend der Bai und des Hafens *de la Paz;* nach *Taraval* (und Ven. an diefer Stelle) find *Monqui, Guaycura* und *Uchiti* Ein Volk und Eine Sprache, doch nach Andren verfchiedene. An einer Stelle (I, 104) fagt Ven., einige *Vehities* feien unter dem Volk von *Loreto;* und nun im Gegentheil nennt er II, 373 (beim J. 1721) die *Uchities* einen Zweig des Volkes *Pericú,* befindlich zwifchen *la Paz* und *Loreto* (374); andre Stellen f. bei den Guaicuren. Barco nennt (f. oben S. 474ᵃᵃ) die *Uchitie* einen Dialect der *Guaicura*-Sprache. Bägert giebt die Sprachen *Utschiti* und *Pericúa* im S an; und wieder finden fich in feiner grofsen Lifte die *Utschis:* daneben aber auch *Utschipujes,* deren Name im Zufammenhang mit unfrem Volk zu ftehn fcheint. Humboldt nennt die *Vehities;* Mühlenpfordt im Bd. I, 212 die *Utschitas* oder *Vehitis:* im Bd. II rechnet er das Volk *Uchiti* oder *Vehiti* zum Stamm *Monqui;* fetzt aber hinzu, dafs fie von einigen Reifenden für einen verfchiedenen Stamm gehalten werden. — Nach Barco find die *Uchitie* ganz ausgeftorben; aus Bägert ift aber (f. oben S. 463ᵃᶠ) zu fchliefsen, dafs fie es noch nicht waren.

Vehities oder *Vehitis* = *Uchities, Uchitis*

Waicuren, waicurifche Sprache f. *Guaicuros*

§ 456, a. Ich hatte erft den SPRACHSTOFF: das MATERIAL, welches wir, allein aus dem Ende des vorigen Jahrhunderts, von den SPRACHEN ALT-CALIFORNIENS befitzen; übergehn wollen, weil diefe Zungen für meine Zwecke gar nichts anfprechendes enthalten: nichts fonorifches und nichts aztekifches; auch bis jetzt mit keinem Idiom mir eine Verwandtfchaft verrathen haben. Das Bedauern aber, dafs auch ich über diefe SELTENEN und doch von Niemandem beachte-ten ÜBERBLEIBSEL nun beinahe ganz verftorbener oder dem Untergange rettungslos zueilender Sprachen hingehen; dafs ich von dem alten Mexico Ab-fchied nehmen follte, ohne den hinfchwindenden Völkerfchaften diefer feiner letzten Provinz den Tribut einer Art von Wiederbelebung zu leiften: hat mich bewogen diefe PROBEN von ZWEI CALIFORNISCHEN SPRACHEN vorzulegen. Wehmüthig habe ich gewünfcht diefen KLEINEN SCHATZ zu erneuern und für die Nachwelt zu erhalten; ich bin noch weiter gegangen: ich habe ihm durch eine müh-fame Verarbeitung erft feinen rechten Werth verfchafft.

Die füdliche Sprache, die der *Pericú,* ift für uns verloren; von ihr ift uns kein Ma-terial überliefert worden. Die mittlere und nördliche: die *Guaicura* oder waicurifche Sprache, einen Zweig der Sprache der *Monquis* oder von *Loreto,* und wohl den reinen Dialect des Südens; und die *Cochimi*- oder laymonifche Sprache des Nordens, welche aber fchon in der füdlichen Mitte, bei *Loreto,* beginnt: betreffen die Sprachproben, die ich mit-zutheilen und zu verwerthen habe. Zerftreutes Material, die dürftigften Trümmer, beftehend aus wenigen Wörtern oder Namen, habe ich von einigen anderen Sprachen oder Mundarten: oder von Sprachen Alt-Californiens im allgemeinen, ohne dafs die

Sprache, der fie angehören, lich beftimmen läfst; an den verfchiednen Stellen der früheren
Entwicklung mitgetheilt. Ich weife diefen VEREINZELTEN SPRACHSTOFF hier nach:
im Verzeichnifs der Miffionen (S. 460) finden fich einige einheimifche Namen; faft alle Namen
meines alphabetifchen Verzeichniffes der Völker und Sprachen (§§ 453, a - 455, d: S. 469ᵐ - 482ᵐ)
find einheimifche; einige davon, welche beftimmten Sprachen zukommen, find ihrem Sprachftoff beigefügt worden; vor dem alphabetifchen Verzeichnifs der Völker, bei dem Allgemeinen
der Sprachen (in § 451, b: S. 464), habe ich die Wörter und Namen gegeben, die man nicht
einer beftimmten Sprache zutheilen kann; von beftimmten Sprachen aufser den 2 grofsen,
die wir mit hinlänglichem Material belegt haben, habe ich geringen Wortftoff beilegen können: der *Cora* mit einem Ortsnamen (S. 473ᵐᵐ) und vielleicht ihrem Namen felbft, der
Sprache von *Loreto* (f. S. 478ⁿᶠ⁻⁹ᵐ) einige *appellativa* und Eigennamen, der *Pericú* (f.
S. 481ᵐ⁻ᵐᶠ) nur Eigennamen (von himmlifchen Wefen, einen Berg, und ihren eignen Namen).

§ 456, b. Ich führe zuerft vor das MATERIAL der WAICURISCHEN SPRACHE
oder *GUAICURA:* beftehend aus 2 Textftücken BÄGERT's: dem Vaterunfer und dem
Glauben; aus einer kleinen Grammatik, welche ich aus Bägert's grammatifchen Bemerkungen und Texte gezogen habe; und dem von mir aus *Bägert* gewonnenen Wortverzeichnifs. Wir lernen hiermit wahrfcheinlich die reine *Guaicura*-Sprache des Südens kennen,
welche nach Barco in der Miffion *S Luis Gonzaga* herrfchte, die nach meiner Vermuthung unter *Bägert*
ftand. Über diefen doppelten Sprachftoff *Bägert's*, dem wir allein die Kenntnifs der *Guaicura*-Sprache
verdanken, mitgetheilt in feinem anonymen Buche, habe ich fchon oben (S. 475ᵃᶠ⁻ᵐ) gefprochen. Um
„ein Mufter diefer fo galanten Sprach" zu geben, fagt er (S. 185ⁿ), nachdem er von der Schwierigkeit
geredet die chriftlichen Wahrheiten in einer fo wilden und unmenfchlichen Sprache den Californiern
vorzutragen; wolle er aus dem californifch-waikurifchen Catechismus das Vaterunfer und den Glauben
herfetzen, mit 2facher deutfcher Dolmetfchung. Er giebt nämlich zuerft eine wörtliche Interlinear-
Überfetzung und läfst darauf den Sinn in ordentlichem Deutfch folgen.

Wir haben es hier mit einer vernünftigen Sprache zu thun, mit ganz anders günftigen
Verhältniffen als bei *Barco's* und *Hervas* Cochimi-Texten, aus deren Nacht und Chaos fich weder
Wörter noch Grammatik ordentlich und ficher entwickeln laffen. Bei dem grofsen Vortheil grammatifcher Nachrichten durch *Bägert*, fehn wir in der *Guaicura* eine Sprache vor uns, welche ihre beftimmten grammatifchen Hülfswörter und Endungen hat, welche wirklich Formen bildet; Bägert giebt
uns einen Text mit ordentlicher, fefter Überfetzung, in welcher alles ficher und nutzbar ift. Er ift ein
Mann, der die Sprache ordentlich kennt und noch weifs, wogegen *Barco* fie beinahe vergeffen hat
und mit grofser Anftrengung des Kopfes auf *Hervas* Drängen fie aus dunkler Erinnerung hervorprefst.
Bägert fpricht über feine Texte, ihre Überfetzung und Eigenthümlichkeiten S. 190ᵐ⁻ⁿᶠ; über die fchwer
auszudrückenden Begriffe, als welche den Californiern unbekannt find, 190ⁿᶠ⁻²ᵐ: dafs er z. B täglich
und Herr hat auslaffen müffen. Er kann nicht aufhören von der Wildheit und Armfeligkeit diefer
Sprache zu reden: es bewegt ihn hauptfächlich ihr Mangel an abftracten Ausdrücken und andren
Wörtern, welche ein wildes Volk nicht nothwendig befitzen mufs. S. 177 fagt er: dafs die Sprache
„im höchften Grad wild fey und barbarifch"; er beweift diefs (177 - 185) durch Aufzählung der Mängel
der waicurifchen Sprache: „... fo beftehet derfelben Barbarey (177) ... ⁴) In einem erbärmlichen und
erftaunlichen Mangel unendlich vieler Wörter, ohne welche man doch glauben follte; dafs nicht möglich fey, dafs vernünftige Gefchöpf mit einander reden ... könnten". Er nennt unter andren als fehlend (178-9) die Wörter: Leben und Tod, Kälte und Hitze, Regen; Freund, Sache, Knecht und Herr;
reich und arm, jung und alt, halb, mehr, gefchwind, tief, rund; wohnen, leben; und eine Menge *substantiva* und *adjectiva abstracta* (f. noch 160). Bägert redet darüber und führt fie in Maffen an

Ppp 2

177[of]-183[nn], 184[n]. Für Farben (179[nn]-[f]) giebt es nur 4 Wörter; es werden nicht unterfchieden: gelb und roth, blau und grün, fchwarz und braun, weifs und afchfarben. „In einer fo wilden und armen (fagt er weiter 185[af.n]), fo unmenfchlichen und unfprächichen Sprach zu reden, mufs ein Europäer gleichfam fich umfchmelzen und ein halber Californier werden"; um den Californiern die chriftlichen Wahrheiten in ihrer Mutterfprache vorzutragen, müffe man fich „allerhand Umfchweifen bedienen, welche bisweilen ... europäifchen Ohren und Köpfen feltfam genug, ja oft auch lächerlich würden vorkommen". Der Vf. nennt (184[nn]-5[aa]) die bald finnige, bald feltfame Befchaffung einiger Be-griffe: Thür durch Maul, Brodt durch leicht, Eifen : fchwer, Wein = böfes Waffer, Flinte = Bogen, der fpanifche Hauptmann = wild oder graufam, Ochfen und Kühe = Hirfch, Pferd und Maulthier = Kind von einer „weifen" Mutter, Miffionar = „fein Haus in Norden hat" (d. h. = Nordmann). In den Texten kommen folgende fpanifche Wörter vor: *alma* Seele (aufser dem Text), *communion* Gemeinfchaft (No. 10), *cruz* Kreuz, *Diòs* Gott, *gracia* Gnade, *santa iglesia catholica* (10), *Espiritu Santo* heiliger Geift, *Santa Maria virgen* (4). — In der Bezeichnung des Menfchen in feinen natür-lichen Verhältniffen weift Bägert (179[n]) der Sprache felbft Vortheile nach: fie haben fpecielle Wörter für einen alten Mann oder Weib, jungen Burfchen oder Weibsperfon; aber die Wörter alt und jung haben fie nicht.

§ 456, c.   Waicurifches Vaterunfer
aus *Bägert* S. 186:

A *kepè-dáre tekerekádatembà   daï,*
   unfer Vater gebogener Erde (in) du bift,

I *eï - rì akdtuikè-pu-me, tfchakárrake pu-me   ti   tfchie;*
   dich o dafs erkennen alle werden, lo - ben alle werden Menfchen und;

II *ecùn gracia-ri   atúme   catè . tekerekádatembà tfchie;* [1]
    deine Gnade o dafs haben werden wir gebogene Erde und;

III *eï - ri jebarraké-me   ti   pù jaúpe datembà,   pàe eï*
     dir o dafs gehorfamen werden Menfchen alle hier Erde (auf), wie dir

jebarrakére   aëna   kéa; | IV *kepecùn búe kepe kén   jatúpe untáiri;*
gehorfamen (die) droben feienden; | unfre Speife uns gieb an diefem Tag;

V *catè kuitfcharrakè téi tfchie kepecùn atacámara, pàe kuitfcharrakère catè tfchie*
   uns ver - - gieb du und   unfer Bö - fes, wie ver - ge - ben wir auch

cávape   atukiàra kepetujakè; | VI *catè tikakambà téi tfchie,   cuvu - me - rà*
denen (welche) Böfes uns thun; | uns hilf du und, (dafs) wollen werden nicht

catè uë atukiàra: kepe kakunjà pe atacdra tfchie. Àmen.
wir etwas Böfes: uns befchütze vor Böfem und. Amen.

§ 456, d.   Die 12 Artikel des Glaubens
aus *Bägert* S. 187-9

1 *Irimánjure pè Diòs ti-are   uretì-pu-puduéne,* 2 *táupe me buarà uretlriklri*
  Ich glaube an Gott feinen Vater machen alles könnend,   diefer aus nichts gemacht hat

tekerekádatembà atembà tfchie. 3 *Irimánjure tfchie pe Jesu Christo,   ti - tfchánu lbe te*
gebogene Erde Erde und. Ich glaube auch an Jefum Chriftum, feinen Sohn allein

---

[1] o dafs wir deine Gnade und den Himmel haben werden!

ti - áre, 4 *éte punjére   pe Espiritu Santo, pedára tfchie me   Santa Maria virgen.*
feines Vaters, Mann gemacht(¹) durch   Geift heiligen, geboren   und   von der heil.   Maria Jungfráu.

5 *Irimánjure tfchie, táu-vérepe Jesu Christo hibitfcherikiri   te - nembeú apánne řebitfchéne*   ✓
Ich glaube auch, diefer eben Jefus Chriftus gelitten hat   feinen Schmerz grofsen   befehlend

témme pe Judea Pontio Pilato; 6 kutikúrre rikiri tína   cruz, pibikíri, kejenjùta rikiri(²)
feiend in Judäa Pontius Pilatus; ausgefpannt gewefen auf dem Kreuz, geftorben ift, eingefcharrt worden

tfchie; 7 keritfchéü   atembà búnju; me   akúnju untáiri tipè-tfchetfchutipè riklri;
auch; herabgeftiegen(³) Erde - unter; nach (in) drei   Tagen lebendig wiederum geworden(⁴) ift;

tfchukíti tekerecádatembà, 8 penekà tfchie me   ti-tfchuketà   te Dios ti - áre uretí-
hinaufgegangen krummes Land (in),   fitzt   auch   zu feiner rechten Hand Gottes feines Vaters machen

.pu-puduéne. 9 Aipúreve tenkie   uteüri - - ku - méje ｜*atacámma atacámmara ti   tfchie.*
alles könnend.   Von dort Bezahlung zu geben (er) kommen wird ｜ guten   böfen Menfchen auch.

10 *Irimánjure pe Espiritu Santo; irimánjure,   epi   santa Iglesia catholica,* communion
Ich glaube an   Geift heiligen; ich glaube, es giebt eine heilige Kirche cathulifche, Gemeinfchaft

te kunjukardü ti tfchie. 11 *Irimánjure, kuitfcharakéme Dios   kumbáte-didì-re, kutéve-*
gewafcheñer Leute und.   Ich glaube, verzeihen wird Gott denen, die haffen recht, bekennen

didì-re ti tfchie kicùn atacámmara pánne pù. (⁵) 12 *Irimánjure tfchie,   tipè tfchetfchutipé*
recht Menfchen nnd ihr   Bö - fes grofses alles.   Ich glaube und, dafs lebendig wiederum

me   tibikìu ti   pu; enjéme tipe déi méje   tucáva tfchie.   Amen.
werden feyn todten Leute alle;' alsdann lebendig immer feyn werden   fie(⁶) und.   Amen.

Die für mein Wortverzeichnifs aus diefen Textftücken gewonnenen Wörter wie die aus ihnen hervorgehenden Beifpiele und Belege der Grammatik verweife ich vermittelft der Bezifferung auf die Sätze oder kleinen Stücke, in welche ich beide Texte zertheilt habe; für das Vaterunfer gelten die römifchen, für den Glauben die arabifchen Ziffern.

§ 456, e. Ich lege zunächft vor, aus *Bägert's* grammatifchen Notizen, feinen 2 Texten und zerftreuten Stellen feines Buches gefammelt, mein:

Wortverzeichnifs der waicurifchen Sprache

[durch ein Kreuz + am Ende von Verben deute ich an, dafs der von mir gegebene Stamm nur hervorgeht durch weglaffen der Conjugations-Endung; dafs man aber nicht wiffen kann, ob am Ende nicht etwas weggefallen ift]

Subftantiva, Adjectiva und Verba:

allmächtig f. No. 1, 8 = alles machen könnend
Aloe *(maguey, mescal)* heifst nach Bg. (322) auf calif. *pui, kenjei* etc,' ob er nun damit wai-curifch meint?
Arm = Hand, ausfpannen *kutikúrre* 6, befehlen *řebitfché* 5; begraben (Bg. einfcharren) *kejenjùta?* 6 (Bg. überfetzt: unter Erde); bekennen oder beichten *kutéve* 11, befchützen *kakunjà* VI, Bezahlung *tenkie* 9 (Lohn: im guten und böfen Sinne)

böfe 1) *entuditù*, von Bg. aber (184ᵐ) auch wüft überfetzt 2) *atacámmara* 9 (abgeleitet von *atacámma* gut); auch Böfes, Sünde 11, *atacámara* V; Böfes *atacára* VI, *atukiàra* V, VI
.einfcharren f. begraben
Erde (auch Land) *atembà* 2, 7; *datembà* auf der Erde III; auch als 2ter Theil in Himmel er-fcheint das Wort als *datembà; atembàtie* (S. 138ⁿ) auf der Erde feyn oder liegen, auch Ausdruck für

---

(¹) d. h. Menfch geworden   (²) Bg. überfetzt *kejenjùta* durch: unter Erde, ·*rikiri*: gefcharrt ift; vgl. aber *rikíri* in No. 7   (³) Bg.: hinabgegangen   (⁴) Bg.: gewefen   (⁵) Gott wird denjenigen Menfchen verzeihen, welche alle ihre grofsen Sünden recht haffen und beichten   (⁶) Bg.: diefelbe

krank feyn; der Mithr. fagt (191ⁿⁿ): „man fei nicht
gewifs, dafs *d* zum Worte felbft gehöre"; er hat
aber (198ᵐ) in die Worttafel *datembà* gefetzt;
unter der Erde f. begraben

Frau *(mulier)* *ánaï* 184ᵐ

Freund lautet nach Ven. (II, 322) in der *Pericù*
oder *Guaicura (!)*: *guaxòro*, woraus der Volksname *Guaycuros* nach ihm entftanden feyn foll
geben *kén* IV, *uteürì* 9; es giebt f. feyn; geboren *pedàra* 4, gedenken *umutù* 184ª, gehorchen
jebarraké III‖; Geift: *Espiritu Santo* heiliger
Geift 4, 10; Gefang *ambéra didì* (fo heifst ihr
Gefang: 164ᵃᶠ); glauben *irimánju;* d. h. immer:
irimánjure ich glaube: 1, 3, 5, 10‖, 11, 12

Gnade *gracia* II; Gott *Diòs* 1, 8, 11 (auch S. 170ⁿ)
grofs *pánne* 11, *apánne* 5; gut *atacámma* 9
haben *atù*+ (fut. *atùme*) II, Hand *kére?* (f.
heirathen und recht), haffen *kumbáte* 11

Haus *ambúja* (S. 160ⁿ) [vgl. noch Miffionar]
2) Kirche 3) Woche (weil fie in jedem Monat
wechfelsweife eine Woche lang in der Miffion
oder Kirche erfcheinen müffen)

heilig *santa* (vor femininis); heirathen *tikére
undiri:* d. h. „feine Arme oder Hände zufammenftofsen" (f. Bg. 131); helfen *tikakambà* VI
herabfteigen oder hinabgehn *kerilfchëü* 7
herauffteigen oder heraufgehn *tfchukíti* 7

Himmel *(caelum)* *aëna* = oben (192ª) 2) *tekerekà-
datembà* = krumme oder gebogene Erde oder
Land (192ᵃᵃ); in den Texten als: den Himmel II,
2, im Himmel A, in den oder zum Himmel 7

Jahr f. Pitahaja, Kind f. Pferd und Sohn

Kirche 1) *ambúja* (eigentlich Haus) 2) *iglesia* 10
können *puduè*+ 1, 8; kommen *pù*+ 9, krank
feyn f. Erde, Kreuz *cruz* 6; krumm *tekerekà*+,
f. Himmel; lebendig *tipè* 7, 12, *tipe* 12; leiden,
dulden *hìbitfche* 5, loben *tfchakárake* I; machen
uretì 1, 2, 8; *tujakè* thun V, *punjére* gemacht od.
geworden 4; Mann *éte* 4 (über Ehemann f. 131ᵐᶠ)

Menfch *ti* (fo Mithr. Worttafel 198ᵐᶠ); d. h. in
den Texten immer als pl., Menfchen oder Leute:
I, III, 9, 10, 11, 12

Miffionar *tià-pa-tù* (185ᵃᵃ) = fein Haus in Norden hat (= Nordmann nach Bg.)

Mutter 1) *cue?* (f. bei Vater) 2) f. Pferd

Nafe *namù* 182ᵃᵃ

Nord *tù* oder *patù?* f. Miffionar

Pferd und Maulthier foll nach Bg. (185ª) *titfché-
nu-tfchà* heifsen und diefes bedeuten: „Kind von
einer weifen Mutter"; es foll wohl: weifsen heifsen,
alfo wie: Kind einer Weifsen; *ti* ift das pron.
fein (f. S. 487ⁿᶠ, 488ᵃᵃ), *tfchánu* Sohn: in 3 heifst
titfchánu fein Sohn

Pitahaja *ambìa* (S. 160) 2) diefes Wort vertritt
auch den Begriff Jahr: es ift fchon eine *ambìa*
vorbei, oder diefe *ambìa*

fich raufen *piabakè* 184ᵃᵃ, rechte Hand *tfchuke-
tà* 8, fchlagen *tfchipake* 184ᵃᶠ, Schmerz *nembeü*
182ᵃᶠ, ᵐ und 5, fchwatzen *jake* (pl. *kuàke*) 184ᵃᵃ

Seele *alma* (170ⁿ)

feyn: *daï* du bift A, *kéa* die da find *(están)*
oder die Seienden III, *témme* feiend 5; *epì* es
giebt 10; im perf. und fut. werden. mit Adjectiven
für feyn die Anfätze oder Hülfswörter diefer Zeiten
gebraucht: 7 *tipè* ... *rikiri* (er) ift lebendig geworden (nach Bg.: gewefen), 12 (2mahl) *tipè* .. *me*
und *tipe* .. *méje* (fie) werden lebendig feyn

fitzen *penekà* 8ⁱ Sohn *tfchánu* 3, in Pferd
aber *tfchénu;* Speife *bùe* IV, fpielen *amukiri*
192ᵐᶠ, fterben *pibi*+ 6 (vgl. todt), Stirn *apà* (mit
pron. poss. *dapà:* 182ᵃᵃ, ᵐᵐ); Tag *untáiri* IV,
untáiri 7; Tanz *agénari* (fo heifst ihr Tanz:
164ᵃᶠ); taufen f. wafchen, thun f. machen
todt *tibikiu* (plur.) 12 (vgl. fterben)

Vater 1) *áre:* im Munde des Sohnes? (182ª, ᵐ);
mit einigen pron. poss. *dáre* (vgl. Mithr. 191ⁿ);
mit pron. fein: *tiáre* 182ª, 3, 8, *tiare* 1 2) im
weiblichen Munde *cue?* oder bedeutet diefs Mutter? — Die Worte Bägert's, welche diefe Verwirrung hervorbringen, lauten fo (182ª-ᵃᵃ): „Alfo
fagen fie nur: *Bedáre, eddre, tiáre, kepeddre* &c.
das ift, mein, dein, fein, unfer Vater, wann von
Mannsbildern geredet wird; und *bécue, écue, tlcue,
kepécue,* wann von Weibsbildern die Red ift."
Wahrfcheinlich ift, dafs *cue* Mutter bedeute.

vergeben oder verzeihen *kuitfcharrakè* VI‖,
kuitfcharaké 11; wafchen *kunjukara*+ 10 (auch
taufen); weifs *tfchà?*, f. Pferd

werden: *punjére* geworden oder gemacht 4,
rikiri (das Hülfswort des perf.) er ift geworden 7
wiffen: *aipekériri* wer weifs das? (171ª), allgemeine Abfertigung für alles fie nicht Intereffirende

Woche f. Haus, wollen *cuvu*+ VI ·

zufammenftofsen *undiri* (f. heirathen)

. Eigennamen: *Botòn* und *Chicóri* (Bg, 271) hiefsen die Rädelsführer und Haupt-Anschürer der Rebellion des J. 1734; *Aripe* (oben S. 469ᵐ) heifst ein Dialect und *Callejues* (ib.) eine Völkerschaft der *Guaicura*-Sprache; *Uchiti (Vehiti)* ist ein anderer Zweig des Volkes und der Sprache von Loreto oder der *Monqui* neben der *Guaicura*. :

Zahlwörter: 1 vielleicht *ibe* (bedeutet einzig in No. 3), 3 *akúnju* (No. 7). Bägert fagt (147): „Ihr Zähl- und Rechenkunft geht nicht weiter als bis auf 6, und bey einigen gar nur bis auf 3; alfo, dafs keiner aus ihnen weifs noch fagen kahn, wie viel Finger er hat. Die Urfach deffen ift, weil fie nichts haben zu zählen, an dem ihnen etwas gelegen wär..... Was dann mehr als 6 ift (148), das heiffet alles in ihrer Sprach **viel**; ob aber diefes Viel 7, 70 oder 700 feye, das mag, wer will, .. rathen." Die übrigen Redetheile liefere ich in der Grammatik (§ 456, g und i).

§ 456, f. Ich beginne meine KLEINE GRAMMATĪK der waicurifchen Sprache:

Es fehlen der Sprache nach Bägert (177ⁿⁿ; „blind feynd") die Buchftaben: *f, g, l, s* (aufser in *tfch*), *x, z; o.* Ich beobachte auch *fch:* in *ti-fchania* fein Wort (182ᵃᶠ), eigentlich *tania;* und *nj* (= fpan. *ñ*). Ein *ü* bei Bägert ift wohl nach Vocalen nur *u* mit Trennpunkten; aber ein ficheres *ü* kommt vor in ausfpannen (No. 6) und gefchlagen (f. § 456, h am Ende). Kein Wort endet auf einen Confonanten: wogegen die Cochimi-Sprache frei ihre Wörter auf Confonanten enden läfst.

Einen Artikel giebt es nicht (183ⁿⁿ): weder den beftimmten (2, 6), noch den Einheits-Artikel (10ǁ). Das SUBSTANTIVUM hat keine Declination (Bg. 183ⁿⁿ) und keine Veränderung der Cafus (Mithr. 188ᵐ). Den *nominat. subjecti* finde ich beim *fut.* (11, 12) nach dem Verbum; der *genit.*, dem *regens* folgend, fcheint mir durch das *te* vor fich ausgedrückt zu werden, welches Bägert unter den allgemeinen Präpofitionen (f. § 456, i 2 Stellen) angiebt: 3, 8, 10; den *dat.* finde ich nach dem Verbum und ohne Zeichen: 9; der *accus.* fteht meift nach dem Verbum: II (Himmel), V, 2, 5, 11; feltner davor: II, IV. Der Plural ift vom Singular nicht unterfchieden (*ti* Menfchen), aufser in einigen Subft. (Bg. 184ᵐ); das einzige Beifpiel: *ánaï* Weib, *pl. kánaï*, zeigt *k* vorgefetzt (= *ku, k* vor dem Verbum: S. 489ⁿᶠ); ich verweife noch auf *ku* und ein angehängtes *u* in Participien (§ 456, h Ende), fo wie auf *u* im *tu* nach dem Imperativ (ib.).

Einige ADJECTIVA follen einen Plural bilden (Bg. 184ᵐᵐ); das Beifpiel zeigt angehängtes *ámma: entuditù* „wüft oder auch bös"; *entuditámma*, „wann deren wüften böfen Weibern viel feynd". Ich finde das Adj. meift nach feinem Subftantivum: grofser Schmerz 5, alle grofsen Sünden 11, allmächtiger Vater 1, 8, einziger Sohn 3; doch auch vor ihm: todte Menfchen 12, gute und böfe Menfchen 9. — Der Comparativ und Superlativ fehlt nach Bg. (183ᵐ⁻ᵐᶠ), wie auch mehr und weniger fehlen follen; fein Beifpiel zeigt, dafs die Sprache für den *comparativus* die Aushülfe der mexicanifchen und andrer darin unbeholfner Sprachen findet: einen bejahenden Ausfpruch einem verneinenden entgegenzufetzen: *Peter* ift grofs und hat viel, *Paul* ift nicht grofs und hat nicht viel = *Peter* ift gröfser und hat mehr als *Paul.*

§ 456, g. Die *pronomina PERSONALIA* find meiftentheils zugleich die *POSSESSIVA*; die letzteren werden, wenn fie einfylbig find, dem Subft. präfigirt: wenn fie mehrfylbig find, ihm vorangeftellt.

Schema:

	personalia	possessiva: einfach	2te Art	3te Art
ich	*be*	*be (bed); me, mi, m*	*becún*	*beticún*
du	*ei, eï*	*e (ed, et); ei*	*ecún*	*eiticún*
er	*tutáu, tutau*	*ti, te, t*		
wir	*catè, kepe*	*kepe (keped)*	*kepecún*	
ihr	*petè*			
fie	*tucdva*		*kicún*	

Bemerkungen und Beifpiele zum Schema: *personalia:* für *be* fchreibt der Mithr. 188ᵃᵃ unrichtig *bè; eï* dir III (2mahl), dich I; *tutau* überfetzt Bägert: er und der; *catè* wir II, IV; uns *(dat.)* V, VI; *kepe dat.* IV, V, *acc.* VI; für *petè* fetzt Mithr. (188ᵃᵃ) unrichtig *petì; tucdva* kommt vor 12. — *possessiva* einfacher Art: mein *be: bécue* meine Mutter? (f. Wortverzeichnifs Art. Vater), *betania* mein Wort; *bed: bedáre* mein Vater; *me: menembeú* mein Schmerz, *mi: minamù* meine Nafe, *m; mapà* meine Stirn; dein: *e: écue* deine Mutter?, *etania* dein Wort, *enembeú* dein Schmerz; *ed: eddre* dein Vater, *et: etapà* deine Stirn; *ei: einamù* deine Nafe; fein: *ti: tidre* fein Vater (auch 3, 8), *tiare* (1); *ticue* feine Mutter?, *titfchánu* fein Sohn 3 (im Wort Pferd *titfchénu*), *tinamù* feine Nafe, *tifchania* fein Wort (von *tania*), *tiàpa* fein Haus?: f. das Wort Miffionar im Wortverzeichnifs; *te: tenembeú* fein Schmerz (auch 5), t: *tapà* feine Stirn; unfer: *kepe: kepécue* unfre Mutter?, *keped: kepedáre* unfer Vater (auch A); — 2te Art der *possessiva: ecùn gracia* deine Gnade II, *kepecùn* IV, V, *kicùn* 11.

Über die Bildung beider Claffen bemerke ich: dafs das *poss.* 1. *sing.* einen 2ten Stamm, *m,* zeigt; und dafs das *pron. pers.* 3. *sing.* und *pl.* fichtlich das *demonstrativum* ift, und das wirkliche und einfache Pronomen im *possessivum:* in 3. *sing.* als *ti,* in 3. *pl.* als Grundlage *ki* von *kicùn* fichtbar wird; über *tucdva* fie f. S. 489ᵃᵃ. Die Plural-Pronomina find verfchieden von den Singular-Pronominen: felbftftändig und nicht aus diefen gebildet; ausgenommen die 3te Perfon, deren Plural eine Bildung aus dem Singular ift; *pron. pers.* 1 und 2 *pl.* kommen in der Endung *tè* überein. — Eine 2te, umftändliche und ausdrückliche Art der *pronomina possessiva* wird (Bg. 184ᵐᶠ) durch Anfatz von *cùn* an die *pron. pers.* oder *poss.* gebildet: und davon beobachte ich noch eine umftändlichere Art, mit zwifchengefetztem *ti.*

Die *pronomina* PERSONALIA kennen keinen Unterfchied der Cafus: diefelbe einfache Form ift *nominat., dat.* und *accus.* wie *possessivum praefixum; be* bedeutet: ich, mir, mich und mein; *ei:* du, dir, dich und dein; eben fo heifst V *cdvape* denjenigen. Über ihre Stellung gegen das Verbum bemerke ich: dafs das *pron. subjecti* gelegentlich nach dem Verbum fteht: V (bei wie), VI (nach dem *fut.* = auf dafs), 12 (nach dem *fut.* mit dafs); das *pron. dat.* fteht vor dem Verbum: z. B. III∥, IV, Vⁱⁱ: (welche) *kepetujakè* uns thun, *catè tikakambà téi* hilf uns VI; das *pron. acc.* fteht auch vor dem Verbum: VI *(imperat.).*

Die *pronomina* POSSESSIVA haben die 2 Laut-Eigenheiten: gelegentlich bei Vortritt vor. Subftantiva, die mit einem Vocal anfangen: 1) entweder fich ein *D* (d. h. *be* mein: *bed, e* dein: *ed, kepe* unfer: *keped)* oder *T* (d. h. nur *e* dein: *et)* anzuhängen, oder dem Subft. vor- oder zwifchenzufetzen; oder 2) ihren Endvocal abzuwerfen (d. h. *me* mein: *m, ti* oder *te* dein: *t).* Wie weit diefe Sache geht, ift unbekannt; der Mithr. fafst fie allgemein, indem er (189ᵃⁿᵃ) fagt: „an die Poffef-fiva wird, wenn ihr Subft. mit einem Vocale anfängt, *d* oder *t* angehängt, oder fie felbft mit Weg-laffung ihres End-Vocals gefetzt" (f. noch 191ⁿ). Bägert giebt gar keine Regel; wir beobachten den Vorgang nur an feinen Beifpielen: die alle mit *a* anfangen. Ein *d* erfcheint auch vor *atembà* Erde *(datembà)* wo es in Himmel 2ter Theil ift (vgl. Mithr. 191ⁿⁿ); nur kommt III wirklich *datembà* als: auf der Erde vor.

Die waicurifche Sprache befitzt die fo allgemeine und verbreitete Eigenfchaft der amerikanifchen Sprachen (z. B. der mexicanifchen), dafs die Subftantiva der Verwandtfchaft und die Theile des Körpers, und auch noch andere, nicht ohne *pronomen possessivum* PRAEFIXUM gebraucht werden können. Bägert meldet (181ⁿⁿ⁻ᶠ) diefe Eigenfchaft klagend: dafs die Californier die Theile des Körpers und die Verwandtfchaftsnamen (auch Camerad); auch Wort oder Sprache, Athem, Schmerz, „und viel andere Ding"; ohne Zufatz der *pron. poss.* nicht ausfprechen; er giebt die Specialien 182ᵃ⁻ⁿⁿ. In den Texten beobachtet man die 2 befonderen Züge, dafs folche Wörter das *pron. poss.* 3. *pers.* müfsig vor fich haben: 1) wenn fie allein ftehn: Gott fein Vater = Gott der Vater (1, 8); er hat ge-litten feinen Schmerz grofsen = er hat grofsen Schmerz gelitten (5) 2) wenn fie einen nachfolgenden *genitivus* regieren: den einzigen Sohn feines Vaters (3), waicur.: feinen einzigen Sohn feines Vaters; Pferd = „Kind einer weifen Mutter", waicur.: fein Kind ...; zur rechten Hand Gottes (8), waicur.: zu feiner rechten Hand Gottes.

Die *pronomina demonstrativa*, wenigftens die nahen, endigen alle auf *pe*: das äufserlich mit einer allgemeinen Präpofition (S. 491ⁿ, ⁿᶠ) übereinftimmt: *táupe* diefer (2; ohne Subftantiv ftehend) hängt vielleicht zufammen mit dem *pron.* 3. *pers.*, deffen Stamm *tu* ift; von ihm ift abgeleitet *táuvérepe* eben diefer (5; vgl. *reve* S. 491ᵐᵐ); *jatúpe* diefer IV: hängt zufammen mit *jaúpe* hier; *cávape* diejenigen (vielmehr *dat.*: denjenigen), welche (V); *pe* f. auch in *aipe* (ᵃᶠ); hierher gehört wohl auch das *pron. pers. tutáu* er, pl. *tucáva* fie: *cáva* ift ihm gemein mit dem eben angeführten *cávape*. — D e r j e n i g e, mit folgendem (aber ausgelafsnen) *relativum*, findet fich in No. 11 ganz unterdrückt: es fteht das blofse Verbum, aber M e n f c h e n folgt ganz zuletzt nach.

Das *pronomen relativum* fehlt der Sprache (Bg. 182ᵃᶠ und 183ᵃᶠ), wie die eben genannten 2 Beifpiele mit diejenigen zeigen; wie durch ein *participium* erfcheinen *demonstrativum* mit *relativum* ausgedrückt in III *kéa*: die find (die Seienden);

pronomina interrogativa: aipekériri wer weifs das? (171ᵃ; mit welchem Worte fie alles abfertigen, was fie nicht intereffirt): *aipe* würde das *pe* der *demonstrativa* (ᵃᵃ) haben;

pronomina indefinita: alle *pù*: nach dem Subft. III, 11, 12; *pu* findet fich zwifchen. gefchoben: 1) zwifchen 2 Verba in dem Ausdruck für allmächtig (1, 8) 2) zwifchen das Verbum und die Endung *me* des *fut.* I (2mahl); etwas *uĕ*, und zwar gehörig zu einem nachfolgenden Subft. (VI): auf dafs wir nichts Böfes wollen: *(ra) uĕ atukiàra* (nicht) etwas Böfes; nichts *buarà* 2 oder (S. 162ᵃ) *vára* (auch nein: 171ᵃ): enthält hinten die Negation *ra* und ift vielleicht von *búe* Speife (= Sache) abgeleitet; einzig *ibe* 3: zeigt uns vielleicht das Zahlwort eins.

§ 456, h. Die VERBA, deren Stamm man willkührlich (Mithr. 189ᵐᵐ⁻ᵐᶠ) für den Infinitiv anfehn kann, zeigen zum Theil gewiffe wiederkehrende E N D U N G E N: *kę̀: akátuikę̀* erkennen; befonders *akę̀, ake: piabakę̀* fich raufen, *tfchipake* fchlagen, *tujakę̀* thun, *jake* fchwatzen; *arrake: jebarrakę̀* gehorchen, *kuitfcharrakę̀* verzeihen, *tfchakárrake* loben; *ri: uteüri* geben, *undiri* zufammenftofsen, *amukiri* fpielen; *re:* ausfpannen; *ti:* herauffteigen, *te:* haffen, *tie: alembàtie* auf der Erde liegen; *tfche:* befehlen, leiden, *tfcheü:* herabfteigen; verfchiedene: fitzen *kà*, helfen *kambà*, bekennen *ve;* befchützen, gedenken, machen; kurze und einfache Verba find: geben, kommen, feyn.

Die Conjugation ift einfach, indem 1) keine Veränderung in den Perfonen und meift auch keine im Plural gefchieht; 2) die Zeiten, auch das Präfens, durch angehängte Endungen oder Kennfylben: oder längere, nachgefetzte Hülfswörter gebildet werden; fie wird 3) einfach durch den gänzlichen oder theilweifen Mangel vieles Zubehörs des Verbums, oder unfre Unkenntnifs von ihm. Die *afformativa* oder Hülfswörter der Zeiten treten auch als Adjectiva, und vertreten fo das Verbum feyn oder werden, bey einem fehlenden Verbum: fie werden lebendig werden (aufleben) und immer lebendig feyn (immer leben): 12. Bägert giebt (192ⁿ₋4ᵃᶠ) „die Conjugation des ganzen Verbi *amukiri* fpielen (f. 185ᶠ); was er giebt, find der Indicativ der 3 Zeiten, der Imperativ und ein negativer *optat. plqpf.*

Über die Z E I T E N, deren 3 find (183ⁿⁿ), und die gelegentliche P l u r a l - B i l d u n g fagt Bägert fehr dunkel (183ⁿⁿ): dafs „fie (die Verba) in *re* oder *reke*, ein *rujère, raupe, raúpere* oder *ríkiri* und ein *me* oder *meje* oder *éneme* zu dem *verbo* fetzen, welches in allen Perfonen und beyden *numeris* unveränderlich ftehen bleibt. Doch (184ᵃ⁻ᵃᵃ) fetzen fie in etlichen die Sylb *ku* in dem *Plurali* voran, oder das *k* allein, oder veränderen fonft die erfte Sylb oder erften Buchftab in ein *ku*." Als Beifpiel diefes Plurals führt er an (184ᵃᵃ): *piabakè* fich raufen, *kupiábake* von Mehreren; *umutù* gedenken, *kumutú; jake* fchwatzen, *kuáke;* ich finde *ku* auch in einem *participium* vorgefetzt (184ᵐ); was Bg. hier angiebt, find plürale Stämme der Verba, welche noch der Temporal-Anfätze harren. Ich werde zeigen, dafs gelegentlich die Z e i t e n ohne ein Kennzeichen bleiben; und dafs die Anfätze auch durch Wörter vom Verbum getrennt werden können (f. z. B. folgd. S. Z. 5₋6, ⁿᶠ).

Ich finde die Perfon vor dem Verbum fehlend: ich ift nicht ausgedrückt in dem fo häufigen *irimánjure* ich glaube; er nicht in: er fitzt 8, er wird. kommen 9.

Das Präfens foll nach Bägert *re* oder *reke* anhängen; wir fehn nur *re*; *amukiri* fpielen: *bè, eï, tutáu-catè, petè, tucáva amukirire* ich, du, er — wir, ihr, fie fpielen; *irimánjure* ich glaube (ohne ich; oft), *jebarrakére* (fie) gehorchen III; *kuitfcharrakère catè* wir vergeben V; das *re* folgt in 11 (2mahl) erft einem dem Verbum angehängten *adverbium:* recht. Ich finde das blofse Verbum in: er fitzt 8, (welche) *tujakè* thun V.

Das **Perfectum** (ein *imperfectum* kommt bei Bägert nicht vor) foll nach Bg.'s Angabe durch die Anfätze *rujére, raupe (ráupe), .raúpere (ráup.)* und *rikiri* gebildet werden; im Schema (193a-af) hat er als „*praeteritum*": „*bè, eï, tutau amukiririkiri,* oder *rujére* oder *ráupe* oder *ráupere* ich ufw. habe gefpielet; *catè, petè,* tucáva *amukiririkiri* oder *rujere* &c. (wir ufw.) haben gefpielet". Von feinen Anfätzen zeigt fich aber in den Texten nur *rikiri* (1mahl *kiri*). Diefs Hülfswort, das dem Verbum bald angehängt, bald nachgefetzt wird, ift für ein felbftftändiges Verbum zu halten: wie feine Endung *ri* (f. S. 489mm) zeigt; es bedeutet gelegentlich (f. feyn im Wortverzeichnifs) gewefen oder geworden, erfcheint auch wie das *pass. perf.* bildend: er ift ausgefpannt „gewefen" oder worden und eingefcharrt worden (6; *rikiri* nachgefetzt). Einfache Beifpiele, wo *rikiri* angehängt das *perf.* bildet, find: er hat gemacht 2, er hat gelitten 5; Endung *kiri: pibikiri* er ift geftorben 6; das *perf.* ift 2mahl durch das blofse Verbum ausgedrückt 7: er ift herabgeftiegen, er ift heraufgegangen; doch haben hier voraufgehende Verba *rikiri* bei fich. — *rujére* erfcheint auch im *optativus plusquamperfecti* (f. hier unten nf).

Dem **Futurum** theilt Bägert die Anfätze *me, méje* und *éneme* oder *enneme* zu (193mm-nn): *bè, eï, tutau amukírime* oder *méje* oder *éneme* ich werde fpielen ufw.; *catè, petè, tucáva amukirimè* oder *méje* oder *enneme* wir ufw. werden fpielen. In den Texten kommen nur die Endungen *me* und *méje* vor: *me* in verzeihen 11, *méje* in *kuméje* er wird kommen 9; beide, allein ftehend, drücken wieder (wie es im *perf.* war) das *fut.* von feyn nach einem Adjectivum aus: fie werden wieder lebendig feyn oder wieder aufleben 12 (f. feyn im Wortverzeichnifs). Das *fut.* in *me* drückt auch damit *(ut)* mit dem Conjunctiv aus (f. 8-9 Z. hiernach) und dient im optat. (f. hier nf). Vgl. *enjéme* dann S. 491mf.

Nach Bägert (183nn) hat die Sprache nur Einen *MODUS* (er meint den *indicativus*); nach ihm „beftehet die Barbarey der californifch-waicurifchen Sprach" 4) (183mf) „In Abgang des *Modi Conjunctivi, mandativi* und fchier gar des *optativi. Item,* des *verbi Paffivi,* oder an ftatt deffen, des *verbi Reciproci,* deffen fich die Spanier und Franzofen bedienen." Ich werde Arten den *conjunctivus* und einen gewiffen *optativus* zu bilden angeben, und den *imperativus* liefert Bägert felbft; was foll daher fein *mandativus* bedeuten?

Den **Conjunctiv** fammt feinem dafs *(ut)* finde ich (VI) durch das *futurum* auf *me* ausgedrückt: *cuvumerà catè* damit wir nicht wollen.

Zwei Zeiten des **Optativs** kommen vor, gebildet durch einen Anhang *ɴɪ* an das vorausgehende *pronomen* oder *substantivum subjecti* oder *objecti,* und durch Gebrauch. der Endungen oder Hülfswörter des *fut.* und *perf.* Der gewöhnliche *optativus* (*praes.* oder *imperf.*) hängt *ri* an das dem Verbum vorgefetzte *nomen dàt.* oder *acc.;* an das *pron. eï: (eï-ri)* dich (I) oder dir (III) o dafs!, wie *subst. objecti: ecùn gracia-ri* deine Gnade o dafs! (II; das *pron. subjecti* wir fteht hier ganz hinten): und· das Verbum hängt *me* an; in· I·wird *me* (2mahl) durch *pu* vom Verbum getrennt. — Bägert giebt in feinem Schema (194a-aa) als *opt. plusquamperfecti:* wo dem *pron. subj. ri* angehängt und an das Verbum 2 Hülfswörter des *perf.* mit angehängter 2fylbiger Negation angefügt find: *rikiri-kára* und *rujere +ára = rujerára;* alfo: *be-ri, eï-ri, tutau-ri; catè-ri, petè-ri, tucava-ri amukiririkirikára* oder *amukirirujerára* wollte Gott, ich, du, der; wir, ihr, fie hätten nicht gefpielet!

Der **Imperativ** wird nach Bg.'s Schema (193[nn-f]) durch Nachfetzung von *tei (téi)* im *sing.*
und *tu* im *pl.* gebildet; diefe Anfätze — denen *t* gemeinfam ift: in *tei* verbunden mit *ei* du, in *tu*
vielleicht mit dem Vocal des Pluralzeichens? (S. 487[mm], 489[nf], hier [af]) — überfetzt Bg. durch die
Pronomina: *amukiri tei* fpiele du, *amukiri tu* fpielt ihr; *téi* in V und VI überfetzt Bg. wieder du. —
Der Imperativ ift ohne Zeichen, durch das einfache Verbum, auch ohne Pronomen, gegeben in IV (gieb)
und VI (befchütze).

Vom **Infinitiv**, als welchen man (oben S. 489[mm]) das einfache Verbum anfehn kann, kommt
kein einfaches Beifpiel vor; der Inf. mit um zu erfcheint durch das blofse, vorgefetzte Verbum (als
Inf.) ausgedrückt (9): er wird kommen, um zu geben = geben (er) kommen wird.

Ich finde ein durch die Endung *ne* gebildetes **Participium** *praesentis: puduéne* können d
(in allmächtig: 1, 8), *iebitfchéne* befehlend 5. Andre zeigen einfache Formen: *témme* feiend 5, *kéa*
die Seienden (oder: die, welche find) III; befehlend und feiend kommen aber nur vereinigt in einer
Participial-Conftruction für eine Conjunction in No. 5 vor: während *Pilatus* befahl = befehlend feiend
Pilatus. — Als ein *part. praet. act.* ift anzufehn *tibikiu* todt (12; vgl. *pibikiri* ift geftorben), in
welchem *u* als Plural-Anfatz und *ki* als die Grundlage der Endung *kiri* des *praet.* (S. 490[m]) anzufehn ift. — Einige Verba haben nach Bg. (184[af-m]) ein *partic. praet. pass.* oder *partic. pass.;* fein
Beifpiel zeigt eine Verfchlingung des Endes des Verbums durch einen langen Anfatz auf *re;* im plur.
durch Anfatz *ú* und nochmahligen Vorfatz des Pluralzeichens *ku* (oben S. 487[mm] und 489[nf]), wobei
der Anfang *tfche* des Verbums zu *t* wird: *tfchipake* fchlagen, *tfchipitfchürre* ein Gefchlagener, „und
in *plurali kutipaú*". Ich finde eine *partic. pass. sing.* auf *re* endend: *punjére* gemacht 4,
und eines des *pl.* auf *raü: kunjukaraü ti* gewafchene (getaufte) Leute 10.

§ 456, i. Die **ADVERBIA** follen nach Bägert (183[af-m]) „alle" fehlen; er fpricht von dem
„Abgang ... aller *Adverbiorum*, fo wohl deren, welche von *Adjectivis* herkommen, als auch fchier
aller anderen"; er nennt als Beifpiele: fpät, früh, gänzlich, fchier; und 183[a] als fehlend die „Conjunctionen": alfo, fo, dennoch. Ich werde doch eine Anzahl Adverbia angeben: hier *jaúpe* III (zufammenhangend mit *jatúpe* diefer: f. S. 489[aa]), *aipúreve* von dort 9 (vgl. *repe* S. 489[aa]); oben *aëna*
192[a] und III; *enéme* dann, alsdann 12 (vgl. *eneme* des *fut.* S. 490[mf]); immer *déi* 12, wieder (wiederum) *tfchetfchutipè* 7, *tfchetfchutipé* 12; recht *(valde) didi* 11 (2mahl).

Auch den „Mangel und Abgang der **PRÄPOSITIONEN**, Conjunctionen, und *Relativorum*"
meldet Bägert (182[nn]-3[a]); ausgenommen *déve* oder *tipitfcheú* wegen und *tína* auf; auch nennt er
(182[f]-3[a]) noch 3 fehr allgemeine Präpofitionen: „An ftatt aller übrigen Präpofitionen, als da feynd,
aus, in, vor, durch, mit, für, gegen, bey ufw., behelfen fie fich mit *me, pe, te,* welches alles eins ift,
oder laffen es gar aus." Ich werde diefe Data mit meinen eignen in eigner Darftellung vereinigen.

Die waicurifche Sprache weicht von dem allgemeinen amerikanifchen Charakter dadurch ab und
zeigt wieder die fchon in den andren Erfcheinungen hervortretende grofse Einfachheit darin, dafs fie
(bis auf Eine Ausnahme) keine Poftpofitionen, fondern Präpofitionen: vor die Nomina gefetzt, hat.
Oftmahls entfchlägt fie fich ihres Gebrauchs, und fetzt die cafuslofen Wörter wie einen unbeftimmten
Accufativ hin; ich finde nicht ausgedrückt: die Ruhe des Orts: im Himmel A, auf der Erde III;
die Bewegung: in den oder zum Himmel 7, die Zeit: an diefem Tag IV. Die allgemeine Präpofition
ME kommt vor: für die Ruhe des Orts: zur rechten Hand 8, für den *terminus a quo:* aus 2, für
von *(agentis):* geboren von Maria 4, fur nach *(post)* oder in der Zeit: nach oder in 3 Tagen 7.
Die 2te allgemeine Präpofition, *PE* oder *PÈ* dient: für die Ruhe des Orts: in 5, für das Werkzeug:
durch 4; für vor nach befchützen VI; für an nach glauben 1, 3, 10. Die 3te allgemeine Bg.'s, *TE*,
habe ich allein als Zeichen des *genitivus* (f. S. 487[m]) gefunden. *tína* nennt Bg. als auf, und es
kommt vor in No. 6: *tína cruz* auf dem Kreuz (nach Bg.; am Kreuz?); *búnju* unter erfcheint nachgefetzt wie eine Poftpofition: *atembá búnju* unter die Erde 7. Schlicfslich nenne ich die 2 Präpofitionen Bägert's für wegen: *déve* und *tipitfcheú*.

Qpq 2

Die CONJUNCTIONEN follen (f. vor. S. mm, mf) nach Bägert der waicurifchen Sprache auch fehlen; und er nennt (183a-aa) als folche: dafs, damit, aber, dann, weil, fondern, weder, zwar, als, doch. Die eigentlichfte Conjunction und drückt das, immer: fowohl einzelnen Wörtern, Subftantiven wie Verben, als Sätzen: ja oft bis zum Äufserften, nachgefetzte *tfchie* (Bg. 184a) aus; welches, in derfelben Stellung, zugleich auch bedeutet. Seine Erfcheinungen als und find, immer mit Nachfetzung nach dem Hinzugezählten: es verbindet 2 Subftantiva: II, 2; Verba 6, 11; Verba oder Sätze: I; es verbindet nur Subft., fteht aber ganz am Ende, nach allen zu dem Subft. gehörenden Zufätzen: 10; es verbindet nur Adjectiva, fteht aber noch fpäter: noch nach anderen dem Adj. folgenden Wörtern: guten und böfen Menfchen 9; es verbindet Verba, hat aber noch ein *rectum* des Verbums nach fich: und geboren von der Jungfrau Maria 4; es fteht, indem es im Anfang von Sätzen den Satz mit dem vorigen verbindet, nach: nach dem Verbum, ja ganz an das Ende des Satzes hingeworfen: V, VII, 8, 12‖; — *tfchie* als auch nach Verben: V, 3, 5.

Die Conjunction dafs = dem lateinifchen *accus. cum infinitivo* findet keinen Ausdruck, fondern der conjunctive Satz folgt als directer, unverknüpft, dem vorderen: 5, 10, 11, 12; damit, auf dafs wird nicht ausgedrückt, aber das Verbum fteht im *futurum* mit *me* VI (vgl. oben S. 490nn). Auffallend ift in der ungelenkigen, armen Sprache, dafs fie doch die relative Conjunction wie befitzt: *pde* III, *pàe* V. — Die Negation *ra* nicht wird nachgefetzt; wir finden fie (VI) der Tempus-Endung des Verbums angehängt: *cuvumerà catè* (dafs) wir nicht wollen werden; und als *àra* ufw. in einem *optat.* (f. S. 490nf). Aufser diefem einfachen Gebrauch kommt fie in einer andren häufigen Anwendung vor: der, durch Antritt an Adjectiva privative Adjectiva zu bilden: *atacama* oder *atacàmma* gut: *atacàmara, atacàmmara* und *atacàra* böfe, Böfes; *atukiàra* Böfes, ohne bekanntes *simplex; buarà* oder *varà* nichts (auch nein: f. oben S. 489m): vielleicht von *búe* Speife (= Sache); f. fogleich noch weiter über *ra* (Z. 1.7 von hier).

Interjectionen: *hu hu hu* (163mm) ift Klage- oder Trauerruf; *vàra* nein (171a; auch nichts: f. 3 Zeilen hiervor).

Über die Ableitung ift, in Fortfetzung des eben Abgehandelten über *ra,* zu fagen, dafs überhaupt die Sprache viele einfache Adjectiva durch *privativa* befchafft; Bägert führt (179mf) diefs wieder als einen Mangel an, und redet dunkel in Beziehung auf ein Wort *ja* (waicurifch *ja?*) fo: „Bös, eng, kurz, entfernt, wenig und dergleichen, können fie nicht ausfprechen, als mit Hinzufetzen der Verneinung; ja, oder *ra,* zu den Wörtern gut, weit, lang, nahe und viel." — Von *atembà* Erde wird abgeleitet *atembàtie* auf der Erde liegen.

Auch der Zufammenfetzung ift die Sprache, ohne weitere Kunft, fähig: wovon die Wörter: allmächtig = machen alles könnend *ureti-pu-puduéne,* Miffionar = der fein Haus in Norden hat *tià-pa-tù,* und Pferd = „Kind einer weifen (wohl weifsen) Mutter"; zeugen.

Eine Partikel oder einen Zufatz *a* im Anfang beobachte ich in: grofs *pànne* 11, *apànne* 5.

§ 456, k. Nachdem fo die *Guaicura*-Sprache, in Wörtern freilich fehr dürftig, vor uns liegt, kann ich fagen, dafs fie eine von der Cochimi- oder laymonifchen Sprache: fowohl in ihrem Wortbeftande (bis auf Ein Wort) als in ihrer Grammatik und ihrem grammatifchen Geifte, völlig VERSCHIEDENE ift. Sie ift auch: fo weit man nach allgemeinem Eindrucke und Erinnerung, ohne eine Maffe von Sprachen felbft darauf geprüft zu haben — auf welcher vagen Grundlage ja gewöhnlich folche Ausfprüche beruhen —, urtheilen kann; von allen übrigen Sprachen verfchieden. (¹) Die Vergleichung der *Guaicura* mit andren Sprachen

---

(¹) Man geht bei dem kühnen Ausfpruche, deffen Werth und Begründung ich hier kritifire und den ich felbft bei manchen Sprachen im Laufe diefes Werks geübt habe: dafs eine Sprache Amerika's von ALLEN ANDREN amerikanifchen Sprachen VERSCHIEDEN fei: — gethan, ohne fie alle oder oft auch nur viele geprüft zu haben: meift nach der Erinnerung, und mit der natürlichen Befchränkung,

würde immer fehr elend ausfallen, weil uns fo| wenige wichtige Wörter aus der finnlichen Welt in ihr gegeben find; reich fteht hierin im Verhältnifs die cochimifche da. Ihre Verfchiedenheit von der Cochimi oder laymonifchen will ich durch eine Zufammenftellung der Wörter für die gemeinfamen Begriffe darthun: wobei das 1te Wort waicurifch, das 2te Cochimi ift: böfe *atacámma-ra*, *ambi-nyi* (beide Sprachen ftimmen in der Anhängung der Negation und in der privativen Bildung des Wortes aus gut überein); Erde *atembà, amet* oder *ammet*; Frau *(mulier) dnaï*, Voc. *huägin* und L *wakoe*; grofs *pánne* und *apánne, kákka* und L *ka*; gut *atacámma, ami* und *ambi*; Hand *kére?*, *nagana*; Haus *ambúja, ajihuenen*; Himmel: krumme Erde oder *aënu* (oben), *ambeing* u. ä.; Jahr *ambia* (Pitahaja): *meyibò*, L *amayben*; können *pudué, duu+*; kommen *pu+, cucuem*; krank feyn *atembàtle* (auf der Erde liegen), L *betel* oder *uybetel?*; machen verfchieden; Mann *éte*, L *wami* oder *uami*; Menfch *ti, tama* oder *tamma*; Sohn *tfchánu, uisai*; fterben *pibi, ibi* und *yibi* — hier ift eine bedeutende und die einzige Ähnlichkeit zwifchen beiden Sprachen (wenn man nicht auch eine bei Jahr finden will); Tag *untairi, ibò* (eigentlich Sonne); taufen *kunjukara* (wafchen), *lekieng* getauft; Vater *dre*: Coch. *känamba*, L *keneda*; *lahai* oder *cahai*; wiffen *kériri?, gkomendà*; wollen *cuvu*, *nogodoño* (auch: lieben). Die grammatifchen Wörter beider überlaffe ich ferner zu vergleichen.

Keine Verwandtfchaft hat fie mit den fonorifchen Sprachen noch mit der aztekifchen. Blofs zum Beweife, dafs ich die Vergleichung gemacht habe, führe ich die einzigen 4 fonorifchen Anklänge an: Jahr *ambia* (d. h. Pitahaja): Ta *pami* oder **bami*, voll aber: *pamivdliki, *bamivari*; krumm *tekereká*, tepeg. *gacoraca (gaccolica* und *gaccoli)*; Menfch *ti* ift ähnlich dem Anfang des fon. Wortes: tarah. *tehoje*, tepeg. *teodi*, Cora *tévit*; es ift auch der Anfang des malayifchen *tiyang*; Vater *áre*, cahit. *atzai* oder *achai*. — Da ich die malayifche Sprache angeführt habe, fo kann ich auch noch darauf aufmerkfam machen, dafs *pudue* können = ift dem fpanifchen *poder (puede* er kann; lat. *pote)*.

§ 456, l. Ich habe fchon früher (S. 473ⁿ) der merkwürdigen Übereinftimmung gedacht, welche das Volk und die Sprache der *Guaycuros* Alt-Californiens mit dem grofsen und mächtigen Volke und der Sprache der *Guaycurù* oder GUAYCURUS in SÜDAMERIKA in der Provinz Paraguay hat. Die Namens-Übereinftimmung ift noch mehr vollftändig und wunderbar als die des nordamerikanifchen Volkes der *Micmac* vom algonkinfchen oder Lenni-Lenape-Stamme mit den *Mitmac* des Inca-Reichs: und in beiden Fällen von keinerlei Sprachverwandtfchaft begleitet. Ich glaube, dafs diefe letzte Namens-Ähnlichkeit noch von Keinem bemerkt worden ift; fie erweckt die Begierde nach Prüfung der Sprache um fo heftiger: als der peruanifche Name, nur ein *appellativum*, in der *Quichua*-Sprache einen Ankömmling, aus einem andren Lande oder in ein fremdes Land Verpflanzten, einen Fremdling bezeichnet; man könnte meinen, die nordamerikanifchen *Micmacs* könnten aus Peru ftammen!

dafs nur von den bekannten die Rede feyn könne; — in diefem Welttheile ficherer als in der übrigen Welt: weil in ihm die Verfchiedenheit der Sprachen und ihre abfolute Fremdheit gegen einander die grofse Regel, nach dem bisher Gefundnen wenige bedeutende Entdeckungen von Übereinftimmung und Zufammenhang noch vorbehalten find. In weiten Entfernungen geht man noch viel ficherer: und braucht daher für eine nordamerikanifche Sprache wirklich keine von Südamerika verglichen zu haben, um den Ausfpruch wagen zu dürfen: fie fei von allen amerikanifchen gänzlich verfchieden. Weil an 10 oder 20 und beliebig mehr Sprachen angeftellte mühfame Vergleichungen mit Hunderten von anderen Sprachen der neuen Welt ftets nur das niederfchlagende Ergebnifs eines gänzlichen Ausbleibens jeder Annäherung oder irgend einer Zugehörigkeit liefern; fo wird man gezwungen und in Sicherheit eingewiegt, fo nach Befragen feiner Erinnerung (was freilich die Hauptfache ift) und dann nach Prüfung einer gewiffen Anzahl jenen ungründlichen, alles ablehnenden Ausfpruch zu thun.

Wie gefagt: fie haben *Lennï-Lenape*-Sprache, endlos fern vom *Quichua*-Idiom; und die peruanifchen keine beftimmte Sprache. Denn der Name *Mitmac* ift für etwas allgemeines, für mannigfache Nationen, *Quichua*- und andren Stammes, zu nehmen: in der Art, als die Incas die Völker, welche fie, nach ihrer klugen Gewohnheit, verpflanzten, fo nannten. (¹)

Für die füdamerikanifchen *Guaicurú* finde ich auch die Formen *Guaicures* und *Guas-curues* bei Alcedo, *Guaicukě* und *Eyiguayegi;* man nennt auch Volk und Sprache *Mbaya.* Alcedo nennt fie ein wildes Volk in Paraguay, öftlich von *la Concepciòn; Vater's* Litt. der Lexica, 2te Ausg. (156), fetzt fie in den Bezirk *Cuyaba* am linken Ufer des *Paraguay;* Andere an die WSeite des oberen *Paraguay,* in 20-21° S. B. Pedro de Angelis nennt diefes Volk herftammend aus dem *Chaco*, von wo fie nach der Oftfeite des Fluffes *Paraguay* zur *reduccion de Belen* verpflanzt wurden. — Ich will beweifen, dafs beide Sprachen, die californifche und die füdamerikanifche *Guay-cura* oder *Guaycuru (Mbaya)* von einander GÄNZLICH VERSCHIEDEN find. In meinen Wortpaaren, deren Zahl bei der Armuth des von mir von dem californifchen Idiom zufam-mengebrachten Wortvonraths nicht gröfser feyn kann, ift das 1te Wort californifch, das 2te Mbaya, wobei ich die Wörter *Castelnau's* von letzterem Idiom durch einen Stern * auszeichne:

Bezahlung calif. *tenkie,* füdamerik. *oyedi;* Erde *atembà, jigodi* oder *ŭgodi (*jiogo);* Frau *(mulier) ánaï, igualo (*ivuavo) (uxor* Mb.: *natonĭgĭ);* Freund *guaxòro,* **imai;* grofs panne oder *apanne,* **elliodi;* Hand *kére?, baagadí (*co·bahaga);* Haus *ambúja, dĭmigĭ* oder *doigi (*ittacoli);* Himmel: calif. f. S. 486,ᵃᵐᶠ, Mb. **dibidibimaidi;* Menfch *ti,* undeigua *(*conailaigo hommᵉ);* Mutter *cue?, eĭodo;* Nafe *namù, nimigo* (könnte ähnlich gefunden werden) oder *nionigo (*co·deimie);* fchlagen *tfchipake, achacogo;* Sohn *tfchánu, yònĭgĭ;* Speife *búe, nĭgueenigĭ;*

(¹) Folgendes nähere entnehme ich aus Garcilafo's de la Vega *commentarios de los Incas* P. I. Madrid 1723. fol.: Im Regifter erläutert er *MITMAC* durch: *advenedizo, Indio pasado á otra parte para poblar;* Pedro *Cieça de Leon* cap. 99 (f. Garcil. p 221,b) nennt fie *Mitimaes;* Garcil. lib. III cap. 19 (p. 97,2): *Mitmac* werden Indianer genannt, die aus einer Provinz in eine andre ver-pflanzt werden; eine folche Verpflanzung gefchah unter dem Inca *Capac Yupanqui* mit Indianern von *Nanasca,* einem befondren Volke, welche an den *Apurímac* verfetzt wurden; *Indios transplantados (que llaman Mitmac)* wohnten (III, 25; p. 104,2) in *Copacavano.* Die Hauptftelle über diefe Ver-pflanzungen ift lib. VII cap. 1 (p. 220-2); das Wohl des Landes und der Völker leitete dabei, neben politifchen Gründen, die Incas: wie fie z. B. (III, 19) auf Gleichheit des Klima's beider Länder fahen. In fruchtbare, aber fchlecht bevölkerte Provinzen führten fie Bevölkerung aus Ländern gleicher Tem-peratur, befonders unfruchtbaren; wenn eine Provinz zu viele Einwohner hatte, führten fie fie bis zur Hälfte von ihnen aus: fo brachten fie aus der kalten und nicht fehr ergiebigen Provinz *Collao* Indianer nach O in die *Antis* und nach W an die Südfee-Küfte, wo das Land fruchtbarer war. Auch wenn fie eine ferne, kriegerifche Provinz erobert hatten, verpflanzten fie, um das Reich gegen Aufftände zu fichern, einen Theil ihrer Einwohner oder alle nach einer fanft gehorchenden Provinz. *A todos eftos Indios trocados defta manera llamavan Mitmac* (221,b), *afi à los que llevavan, como à los que traian* (fowohl die fie wegnahmen als die fie hinführten); *quiere decir Trafplantados ò ad-venediços, que todo es uno.* — Der Sinn des Wortes geht aber noch weiter: *Mitmacs* hiefsen auch (cap. 2, p. 222,b) die Erbföhne der Herren von Vafallen, welche vor der Erbfolge am Hofe der Incas leben mufsten, fowohl um fich auszubilden als um deffen Glanz zu erhöhen; *llamavanles Mitmac, porque eran advenediços.* — Für *mitmac* wird in den Wörterbüchern auch das einfache *mitma* angegeben; *mitmac* ift ein Participium des Verbums *mitmani* fich überfiedeln oder wo ein-bürgern *(avecindarse el extrangero),* von welchem ein *subst. actionis mitmay* herkommt: be-deutend Überfiedlung.

Stirn *apä, natacolö;* Tag *untäiri, nocco (*noco);* Vater *äre, eliodi;* — Zahl 1 *ibe?,* *uninitegui;*
3 *akụnju,* dagani oder *dagadi;* — ich *be, è* oder *eò; du* *ei,* Mb.: *acami* oder *am,* im obliquen
Cafus *taga+;* er *tutau,* *syobate;* wir *catè* oder *kepẹ, ocò:.* oblq. *dogo+;* ihr *petè, acami* mit
Zufatz: oblq. *daga+* mit Zufatz; fie *tucäva., syobate* mit Zufatz; — mein *be* oder *me, mi:* Mb.
(immer Präfixe) *yn;* dein *e.* oder *ei, can;* fein *ti* oder *te, n;* unfer *kepe, con;* euer?, *cam* mit
Nachfatz; ihr?, *netacado* mit Zufatz; —. oben *aëna, hitipigimedi;* unten?, *icatinedi;* möchte doch!
ri (an das *nomen* gehängt), *oda* oder *taga;* nein *vära,* **ähica.*

§ 457, a. Von der COCHIMI-Sprache find uns als SPRACHSTOFF,
neben einigen WÖRTERN, zufammenhangende TEXTE überliefert worden: ein feltener Vortheil, und faft alles allein von Hervas, d. h. von Miguel del Barco.

So viel man Text für grammatifche Beftimmungen wünfcht und fo oft man die blofse
Einfammlung von Wörtern herabgefetzt hat; zeigt doch die Erfahrung hier und hat fie mir
öfter fchon gezeigt, wie bedingt die Richtigkeit jenes allgemeinen Urtheils ift. In den Vaterunfer-Formeln hat *Hervas* nur zu wenigen Wörtern zwifchen den Zeilen die Überfetzung
gegeben; *Duflot* liefert keine Überfetzung zu feinen Formeln, und er hat die Bitten auch
nicht abgefetzt. Ich habe diefe Formeln auf 2 reducirt, indem ich zuerft drei, dann 2 unter
einander geftellt habe: weil fie fo, je 3 (befonders 1 = 2) und je 2, beinahe identifch find;
hier fetzt der grofse Unterfchied in Erftaunen, dafs die 3fache Formel fo kurz und die 2fache
fo lang in ihren Gliedern ift: und wir müffen mit Befremden fchliefsen, was auch einige bezeichnete Wörter verrathen: dafs wir weder in der einen noch der andern, am wenigften in
der langen Formel, unfer Vaterunfer getreu vor uns haben. — Zu der chriftlichen Lehre
hat *Hervas* die Bedeutungen Wort für Wort zwifchen den Zeilen untergefetzt; aber diefe
Bedeutungen find nicht zuverläffig: fie verrathen, wie ich nachher zeigen werde, Unrichtigkeiten, ja grobe Fehler: was ein weiter gehendes Mifstrauen einflöfst. Der kleine Catechismus
ift in jedem Sätzchen von einer meift wörtlichen, auch fcheinbar (aber nicht ficher) Wort
für Wort geordneten Überfetzung begleitet.

Ich verfehe die Texte von meiner Seite auch mit einer wörtlichen Überfetzung zwi-
fchen den Zeilen; ich folge darin meift *Hervas,* öfter blindlings; aber ich habe mehrere
Veränderungen auf eigne Hand gemacht, ich bin in manchem mit ihm in Widerfpruch ge-
treten: folche Wörter fetze ich (aufser manchem eignen, das ich nicht bezeichne) curfiv,
Hervas Wort in Anmerkungen; wo ich Hervas folge, aber zweifle, habe ich dem deutfchen
Worte einen Stern vor- oder ein Fragezeichen nachgefetzt. Die Vaterunfer habe ich mit
Wörtern bereichert. Da ich im Catechismus die Hülfe von Hervas nicht habe, fo find die
von mir dort untergefetzten deutfchen Wörter nur von mir herrührende Verfuche oder
Beftimmungen.

In der Schreibart habe ich blofs das abgeändert, dafs ich die fo fchwer zu unterfchei-
denden Vocale *æ* und *œ* in *ä* und *ö* verwandelt habe. Statt *æ (a + e),* das in Hervas *vo-*
cabolario poligloto und chriftlicher Lehre herrfcht, fchreibe ich *ä;* ftatt *œ (o + e)* in Duflot's
Vaterunfer von *SGertrudis* (von Hervas *ę* gefchrieben) fchreibe ich *ö.* — Hervas *gh* in der
chriftlichen Lehre verräth italiänifche Orthographie.

Auf die *Cochimi*-Texte laffe ich das fchöne LAYMONISCHE Textftück folgen, welches
wir dem P. Ducrue und Hrn. von Murr verdanken und über welches ich fchon bei der
Sprache (S. 476[nf]-7[af]) ausführlich gefprochen habe. Es ift diefs ein grofser Theil der *Bac-*
*meifter'*fchen Formeln. *Murr* hatte nämlich (II, 397) diefe Formeln aus St. Petersburg von

Hartwig Ludw. Chriftian *Bacmeister*, Infpector des Gymnafiums der Akad. der Wiff., in verfchiedenen europäifchen Sprachen erhalten, weil fie zu dem grofsen ruffifchen Sprachwerk dienen follten; *Murr* liefs fie befonders drucken und erhielt fie von Verfchiednen in mehrere amerikanifche Sprachen überfetzt. Ducrue fchickte (II, 392) *Murr* diefen laymonifchen Text von *München* unterm 9 Dec. 1778; er fagt: „er wolle ihm, fo viel er fich noch erinnern könne, einiges in diefe Sprache überfetzt zufchicken". In einem 2ten Briefe von München vom 19 Jan. 1779 fchreibt Ducrue an Murr (393): „Ich mufs mich billig fchämen, dafs ich Ihnen, die californifche Sprache betreffend, kein vollftändiges Vergnügen verfchaffen kann, weil wir keinen Buchftaben von allem, was wir in 15 Jahren, fo ich in felben Miffionen gelebt, nicht ohne Mühe zufammen gefchrieben, haben retten können. Man hat uns in Havana alle Schrif-ten und Bücher, bis auf das Brevier, genommen." Ducrue liefert Satz für Satz erft in lay-monifcher, dann in lateinifcher Sprache; die Wörter beider Sprachen find beziffert, obgleich fchon die lateinifchen Wörter mit wenigen Ausnahmen nach den laymonifchen geordnet find. Die Trennftriche in meinem laymonifchen Text und fonft find von mir der Bequemlichkeit bei der Überfetzung wegen gefetzt, Ducrue giebt die Wörter in eins.

Hier wie bei der waicurifchen Sprachprobe fehen wir eine ordentliche und regelmäfsige Sprache vor uns, die auf feften Füfsen fteht und aus der man Refultate, in Wörtern und Grammatik, gewinnen kann. Es kommt daher, dafs beide Verfaffer genaue Kenntnifs von der Sprache befafsen: wogegen die *Barco's* ftümperhaft, die Überfetzung voll Lücken oder Dunkelheiten und Unrichtigkeiten, und gewifs auch der Text voll Fehler ift. Ich habe aus dem laymonifchen Textftücke *Ducrue's*, deffen Kürze nirgends vielen Zuwachs geben konnte, eine hübfche Bereicherung des Wortverzeichniffes und Zufätze zu anderen Theilen gewonnen; der zweifelhafte Theil meiner Verzeichnungen aus dem *Cochimi*-Text hat aber durch das Laymonifche keine Aufhellung erhalten.

§ 457, b. Cochimi-VATERUNSER in dem Dialect
der Miffionen *SBorja* und *SMaria* (in 31° N. B.),
nach *Hervas saggio pratico delle lingue* 1787 p. 125 No. 50;
der Miffion *SFrancisco de Borja*, nach *Duflot de Mofras* II, 395;
und der Miffion *SIgnacio*, nach *Duflot de Mofras* II, 396

Vater unfer Himmel-im der du bift			dein Name	all ver - ehrt
A *Lahai-apa,* *ambeing* *mia:*			I *Mimbangajua*	*val vuit-maha:*
Cahal apá, *ambeing* *miá,*			*Mimbang-ajuá*	*val-vuit-mahá;*
Ua bappd amma-bang miamú,			*Ma mang-á-jud*	*huit maja tegem:*

Erde dein Reich komme	Wil-le dein? Himmel-im gethan werde Erde - auf wie
II *Amet mididivvaijua kukuem:*	III *Jen-mu-jua ama-bang vihi mieng ametetenang luvihim:*
Amét mididuvaijud cucyém;	*Jemmu jud amaֿ bang vihi miéng ametenáug luichim.*
Amat-ma-thadabajuá ucuem:	*Kem-mu-jud amma-bang vahi-mang amat-á-nang la-uahim.*

Brodt	Tag
IV *Thevap yi - cue ti-mi-ei-di-gua:*	V *Ibang-a-nang na-kahit tevichip nuhigua aviuve ham:*
Theváp yi-e-ud ti-mi-ei; di-gud,	I *bang-anáng gna cáhittevichip nuhigud aviuvehám,*
Teguap ibang gual gúiang-a-vit-á-jua	*Ibang-á-nane pac-kagit: machi-pugijua abadakegem,*
Tagen-in allen	

VI *Vichip iyeg - ua na - kaviu - vem cassetajuang i - na - me - nit nakum:*
   Vichip iyeg⌐ ud gna - caviu - vém: cassetasuàng ma - me - nit - guakúm
   Machi uayecg-juá pac-kabaya-guem; kazet-à-juan d-juangamuegnit-pacum:
VII *Guang tevisiec na - kaviñaha.*
   Guang tevisiec gna cavignahà. Amen.
   Guang mayi-acg packanajam. Amen.

A n m. Al *ua* ift Herr; IIB *kukuem* hat Hervas als Anfang der 3ten Bitte, aber nach dem Unter-
fcheidungszeichen in beiden Vaterunfern Duflot's gehört es an das Ende der 2ten; VI der
Mithridates bemerkt (197[nn]), dafs *vichip iyegua* vielleicht noch zu V gehöre: mit *iyegua*
vergleicht er *higua*

§ 457, c. Cochimi-Vaterunfer

der Miffion *San Xavier,* aus *Hervas saggio pratico delle lingue* 1787 p. 125 No. 49;
und der Miffion *Santa Gertrudis,* nach *Duflot de Mofras* II, 395-6

    unfer?   Vater-unfer? welcher   Himmel   du   bift
A *Pennayù makęnambà yaa ambayujui miyà mo:*
  Pennayù nakänambá y´da ambayujúp miya mó

    deinen?   Namen Menfchen erkennen und   lieben   alle
I *Buhu mombojua tamma gkomendà hi nogodoño de-muejueg gkajim:*
  Buhú mombojud tammalá gkomendá hi nogodognó de muejueg gkajim;

    uns?   und   Himmel auf, oben   Erde   befriedigen?
II *Pennayùla bogodoño gkajim, guihi ambayujup maba yaa kęammeté decuinyi*
  Pennayulá dogodognó gkajim guihi ambayujup mabá yaá kòammet e decuinyi

mo puegiñ.
mó puegign;

    dein? Wille? Himmel - im gethan wird, Erde-auf diefer?   wie?
III *Yaa m buhula mujua ambayup . mo dedahijua, amet é nò guilugui hi pagkajim.*
   Yaá buhula mújua amb'ayu jupmó dedahijua, ameté nó guilugui, ji pagkajim.

    Brodt? diefen Tag   Tag
IV *Tamadà yaá ibo tejueg guiluguigi pęmijich é môu, ibo yanno puegiñ:*
   Tamadd yaá ibó tejuég guiluguigi pamijich é mó; ibó yanno puegin:

    und Menfchen,   welche gethan haben? Böfes   uns, wir? gethan haben
V *Guihi tamma yaa gambuegjula kępujui ambinyíjua pennayula dedaudugùjua,*
  Guihi tammá yaá gambuegjula köpujui ambinyijuá pennayula dedaudugújua,

     wie
guilugui pagkajim:
guilugui pag kajim;

    und   Böfes   und obgleich   und obgleich
VI *Guihi yaa tagamuegla hui ambinyijua hi doomò puhuegjua, hi doomo pogounyim:*
   Giuhi iyaá tagumuegla hui ambinyyjúa hi doomó puguegjud hi doomó pogounyim;

    auch   Erde   befriedigen? und was? ift? böfe
VII *Tagamuegjuà guihi usimahel kęammet é decuinyimò, guihi yaa hui ambinyi yaa*
   Ta - muegjua, guihi usi mahel köammet é dicuin yumó, guihi yad hui mabinyí yaá

gambuegjuà pagkaudugum.
gambueguá pagkaudugum. Amen.

§ 457, d. Kurze chriftliche Lehre in *Cochimi*,
nach dem Dialect der Miffionen *S Xavier* und *SJosé Comandú*,
von *Miguel del Barco*, in *Hervas saggio pratico delle lingue* 1787 p. 234-6

1 *Temmia ayimbio   Dios-la   tämma uyipilta huan? Dios-la   tämma uylpil*
Um welche Sache (warum) Gott (den) Menfchen gemacht hat? Gott   den Menfchen machte

nagaal-latajua: 2 *amet é mo ghinna udaahi, Dios-mo   uyipunjuo känogooso   ibà, hi kä*
wegen diefes: Erde - auf leb - - end, Gott (acc.) Herzen-mit liebe (dafs er) fehr und ihn

huimaha ibà, 3 *hi yda Dios-la gajiguijua jil   deegyi, hi yaa bujuetji uddemi,* 4 *ibi*
verehre fehr; *und* was Gott thun heifst, thue (er) immer, und diefes er thue wenn, fterbe (er)

udaahi ambayujup-mò   egheg ji ayimbio, hi ghio Dios-mò   ghich ami   udaahi, kä
wenn, Himmel - zu (er) gehe damit und, dort Gott (acc.) (er) fieht gut (adv.) wenn, er

uyibaha ibàl kanduguagunyi: 5 *guihi käuyibaha iba bujuet kä ammet   é decuinyi omui.*
fich freue fehr recht fehr;   und viele Freude gro - fse? diefe, welche ich fage endigt *nicht* je?.

6 *Hiei: guimuguihi Dios-la pùhuededepil nagaal-latá; amet é nò nuhuajat udaahi,*
So ift es: defshalb Gott uns hat gemacht defs - halb; Welt - in diefer wir find während,

nuhui ambi uddemmi, ambayujup-mo Dios-la ujù   pu - jui dehuchi: 7 *guihi ghio*
wir feien gut wenn,   Himmel - zu Gott   mache uns gehn damit;   und   dort

nuusa, hi Dios Guagua-papà-mò at udaahi, kä   uyibaja ibal känduguagunyi
wir find und Gott Herrn unfern fehn während, dafs wir uns freuen *fehr*   recht fehr,

yijual deegyi omui. 8 *Huidehuena; Dios-mo kä hui ami ibàl känduguaguinyi, hi kä menaba*
ift *nöthig.   Die Urfach ift: Gott   er? ift gut fehr recht fehr, und er? fchön

hui ibàl kanduguagunyi muguihi; 9 *yaa   Ambayujup-mo usa, hi Dios-mò ichjua, kä*
ift fehr recht fehr   weil; diejenigen (welche) Himmel - im find und Gott (acc.) fehen, *fie*

uyibaja   ibal   yijual deegyi omui. 10 *Guihi ghio   uyiajalcu   najua,*
fich freuen (dafs) fehr, *recht* fehr *ift* *nöthig. Und dort traurig werden kann man nicht,

duuñip omui. 11 *Guihi Dios Guagua papà Käkka ibàl känduguaguinyi, hi kä hui ami ibàl*
ift unmöglich.   Und Gott Herr unfer Yater fehr *ift grofs recht fehr, und er? ift gut fehr

kanduguaguinyi, hi kä menaba hui ibàl kanduguaguinyi muguihi; 12 *yaa   Dios kä ami*
recht   fehr, und er fchön   ift fehr recht fehr   weil; diejenigen Gott *fehr gut

ibà bujuet ichjua, uyipunjuo Dios-mo   känogooso   ibal deegyiyijual deegyi omui.
fehr diefes fehn, Herzen-mit Gott (acc.) ihn fie lieben (dafs) fehr, *im - mer *ift *nöthig.

13 *Guihi ghio yaa hui ambinyijua nogodoño najua   duuñip,   yaabujuet känogodoñonyi*
Und dort Sachen fchlechte zu lieben *wirklich?* können (fie) nicht, diefe Dinge fie wollen nicht

ibà yijual deegyi omui: 14 *yaa hui ambijua, guihi yaa Dios-la nogooso jua, guimma kä*
fehr *nothwendigerweife;   Dinge   gute   und jenes? Gott   liebt das ift *fie

nogodoño ibà yijual deegyi omui. 15 *Yaa   Ambayujup-mò usà, hi kä uyibaja iba, ba*
lieben fehr *nothwendigerweife. Diejenigen Himmel - im find, und fich freuen fehr, was

5 H überfetzt *decuinyi* endigt, *omui* nie *(mai-non)*   8 *kä* überfetzt H beide Mahle, wie
gewöhnlich, wo ich er oder fie vermuthe; durch f eh r   13 H überfetzt *najua duuñip*: können
fie nicht in Wahrheit 14 *kä* H *che-molto*   15 H *che ci-ho-detto; chinanyi: forniscono,*
luju: no-ancora

ahuettu - ta, chinanyi luju. 16 *Huidehuena; Jesu-Christo Guagua papa, yaa*
'ich uns geſagt habe, gewähren *nicht* noch.   Die Urſach iſt: Jeſus Chriſtus Herr   unſer als

tämma kä hui ami ibajua, ghuihi Guichi   S. Maria Virgen Guagua papajua, guihi
Menſch, welcher iſt gut   ſehr,   und ſeine Mutter, die heil. Maria Jungfrau Herrinn   unſre,   und (die)

Angeles, hi Santos, hi Tämma-gambueg, 17 *yaa Ambayujupmò usàjua,   ich   ami*
Engel   und Heiligen und Menſchen andere,   welche Himmel - im   ſind, *ſehen (ſie)* gut *(adv.)*

demuejueg uddaahi, kä uiyibaja ibà nugual-la luju mughuihi. 18 *Huidena;   Angeles, hi*
alle   *wenn, ſie* ſich freuen ſehr defs - halb noch   weil.   Die Urſach iſt: die Engel und

tämma Ambayujup-mò usàjua guidemuejueghi, kä ambi iba, hi kä menaba-hui iba, hi
Menſchen Himmel - im   ſind al - - le   gut ſehr, und ſehr? ſchön ſind ſehr, und

känogodoñondo ami   ibà muguihi; 19 *yaa bujuet   ich, à hi k'gomenda ami*
lieben einander gut *(adv.)* ſehr weil;   dieſes alles ſie ſehen es und es kennen gut *(adv.)*

uddaahi, kä uyibaja nagaal-la ibà luju. 20 *Guimbuet (yaa mba ahuettu   duujua kä*
indem, ſie freuen ſich defs-halb ſehr noch.   Dennoch (das was ich euch ſagen werde jetzt, *das*

gkagcomenda gkambìn) 21 *Angeles, hi Santos, hi tämma gambueg, yaa Ambayujup-mo*
höret   wohl:)   (die) Engel und Heiligen und Menſchen andere, welche Himmel - im

usàjua, kä ambi iba, hi kä menabahui iba duuñip demuejueg doomo, 22 *Dios Guagua*
ſind, ſie gut ſehr und   ſchön *ſind* ſehr 'wirklich al - le obgleich,   Gott Herr

papagui   yibihojuo   hui ambi ibanyi, hi menaba hui ibanyi   omui.
Vater unſer? ſeiner Gegenwart-in ſind gut ſehr nicht und ſchön ſind ſehr nicht nothwendigerweiſe.

23 *Tegyi yaa Dios-la huededepillajua guidemuejueg hi kä ambi iba doomo; huihuinadoomo,*
Dinge, welche Gott   gemacht ʰ hat, al - le   gut ſehr obgleich; den - noch

Dios guiyibihojuo   kättenyi duuñip omui; 24 *huidehuena, Dios-mo' guimma' ped*
Gott ſeiner Gegenwart-in *viel nicht* 'ſind ſie wahrlich;   die Urſach iſt: Gott   allein ſehr

kkäkkà ibàl kanduguaguinyi,   hi kä ami ibàl kanduguaguinyi,   hi kä menaba hui
grofs   ſehr un - end - lich *(adv.)*, und   gut ſehr un - end - lich *(adv.)*, und   ſchön *iſt*

ibal-kanduguaguinyil deegyi duuñip-omui muguihi.
ſehr un - end - lich   immer 'in Wahrheit   weil.

§ 457, e. Kleiner Catechismus
in dem Cochimi-Dialect der Miſſionen *SGertrudis, SBorja* und *SMaria:*
in *Hervas saggio pratico delle lingue* 1787 p. 236-7

25 *Kistiano vahet miie? | Aha || Kistiano-vajua acui e?* 26 *Tama lekieng Jesu-*
ein Chriſt biſt du? | ja || ein Chriſt   was iſt?   Menſch getauft

Kisto dalamai auiñe uihiujua, kuuimurek ñangauak ñak midiaipea: Kistiano vajua gui
Rede?   ein Chriſt dieſer iſt

27 *Diosì iduuie? | Dujuenidi || Dujuenidi buhet acuie?* 28 *Uauai midauai muac pet*
Götter wie viele? | einer || Einer dieſer wer iſt?   Herr guter   ſehr

---

17 und 19 H *ich: vedendo-li*   21 *duuñip* H: *son-veramente*   23 *kättenyi duuñip*
H: *molto-poca-cosa*   25 Biſt du ein Chriſt? ja! — was iſt ein Chriſt?   26 Ein getaufter Menſch
Jesu Chriſti wiſſend die Lehre, glaubend ſie bekennt: dieſer ein Chriſt iſt   28 Ein ſehr guter Herr,
welcher durch ſich beſtehend jedes Ding ſchafft

iyak,   *te*   *ual uchan ujua Diosi-igua gui*   29 *Uauai midaui muak pet iya mijuet*
ſtehend welcher? alles   macht, Gott dieſer iſt   Herr   guter   ſteht

acui-è? | *Guitamu santisima Tinida: Diosi - ac iham, uisaiham, Espilitu - santo*
wer iſt? | ſelbſt die allheilige Dreieinigkeit: Gott Vater,   Sohn,   Geiſt heiliger

30 *Diosi combiec è?* | *Tegüinai; Pesonasi cambiec uim ugui*   31 *Diosi uja gui dujuenidi*
Götter drei ſind? | nein; Perſonen drei   ſind   Gott   ſeyn   ein

mieng Diosi uauai apa dujuenidi || *Diosi uauai apa ingangiya?* | *Ambeing iyac*
Gott Herr unſer einer (iſt) || Gott Herr unſer wo | iſt er? | Himmel ſteht wenn

ametang val iya 32 *Diosil tama uehenac iduuiduuec ucham hu?*
(cielo stando), Erde ganze ſteht   Gott den Menſchen erſchaffend hat erſchaffen warum *ihn?*

33 *Tamal amateguang Dios udipuicchec guil nididuuai uihihu mumac ambeing uhe, duec*
Menſch-der Erde-auf Gott lie - bend, ſeine Gebote   beobachtend, Himmel-in gehe, deſshalb

uchuang hu 34 *Pesona combiec ac acui tama gui hu?* | *Dios Uisai* ||
hat er geſchaffen ihn   Perſonen drei   welcher Menſch iſt geworden? | Gott (der) Sohn ||

Ingang tama gui hu? | *Santa Malia ca udibang tama gui hu* 35 *Dios uisai tama*
Wo Menſch ward er? | der heil. Maria Bauche-aus Menſch ward er   Gottes Sohn Menſch

guiec iduuiduvec tama gui hu? 36 *Uiña ambeing midabet ujua tama auiñe*
geworden warum? Menſch ward er?   (des) Himmels   (den) Menſchen zeigen

uihiec, guang . . . tama hu yibi he duuec Tama gui hu. 37 *Jesu-Kisto yibi hu?* |
um zu, damit die Menſchen ſterben können, Menſch ward er.   Jeſus Chriſtus ſtarb er? |

Aha. Ponsio Pilato uihiliai ham santa cus-áng delelisetang yibi hu 38 *Ibang cambiec*
Ja. Pontius Pilatus Statthalter als war, heiligen Kreuz-am angenagelt ſtarb er;   Tagen drei

ang pet auadipehu. || *Auadipehulul iñang uuè?* | *Ambeink . . . uuè: Dios -*
in von ſelbſt ſtand auf er. || Auferſtanden er wohin ging er? | Himmel-zu   ging er; Gottes (des)

ac uihi hijue hu mien tamacaguag ya. 39 *Cubucue tajas?* | *Aha.* || *Cubucuec*
Vaters? allmächtigen   zur Rechten iſt er. Zurückkommen wird er? | ja. || Zurückkehrend

tugua uiitajai? 40 *Tama ual iyunyec tama uichipejua ametayan ussi*
was wird er thun? Menſchen alle vereinigend, Menſchen (die) guten   ins Paradies, Feuer

macuinieng ayute tayai o yute.
ewiges in

§ 457, f. Kleine laymoniſche Sätze
nach *Ducrue*, in *Murr's* Span. Amerika II, 394-7

41 *Diosjúa ibiñi* 42 *tamma amayben metañ aguina-ñi* 43 *uamibutel gui-wuclujua*
Gott   ſtirbt nicht der Menſch Jahre   viele   lebt nicht   Mann dieſer ſeine Frau

nangassang 44 *wakoebutel waka - meta* 45 *whanu wamijúa wangaṭa* 46 *uybetel*
liebt   Frau dieſe ſchwanger iſt geweſen einen kleinen Mann hat ſie geboren; ſie iſt krank

---

29 Herr ſehr guter, welcher voñ ſich exiſtirt, wer iſt?   31 da Gottes Seyn eins iſt: *d' Iddio essere uno essendo*   34 *persone tre quale uomo si-fece?* — Bauch: d. h. *uterus*   36 Strafſe des Himmels um zu zeigen den Menſchen   38 *ambeinkuuè* überſetzt H nur durch *cielo-al* 39 *cubucue tajas* H: *tornerà venire?*   40 ins Paradies, die ſchlechten wird er ſetzen ins ewige Feuer der Hölle   42 der Mithr. druckt fehlerhaft *metaii*

luhu 47 *wahnu awiangga* 48 *tammabutel gadeki* 49 *gui-wuetuja ducui-ñi* 50 *uamibutel*
noch / das Kind   weint   Menfch diefer fieht nicht feine Frau   hört nicht Mann diefer

nutmang 51 *waknajua lebieng wayp - mang* 52 *tejoe kanopa tahipo-mang* 53 *kamoe*
(ift) ftumm   Kinder   alle find gefund gewifs   einer fingt   gut gewifs der andere

dalama 54 *kénassa maba guimma* 55 *keneda-bapa urap guang lizi, guimib tejunoey*
fpricht \ Schwefter deine   fchläft   Vater mein ift und trinkt, aber wenig ;

56 *mabelajua dalama may* 57 *kadagua gadey, iguimil decui-ñi* 58 *kahal ka* (d.h.Flufs)
die Zunge   fpricht ! fchlecht der Fifch fieht, aber hört nicht ; Waffer grofses

59   *nupi   va*   60 *jueta-ba-jua tahipeñi* 61 *kotajua kamang, gehua* 62 *maka*
(meine) Bruft fchmerzt Blut mein (ift) gut nicht der Stein (ift) grofs, hart ; der Bauch

hauiley mang 63 *ussi   mancu* 64 *kalal bemalacù* 65 *ibungajua ganehmajen*
(ift) voll gewifs das Feuer (ift) heifs das Waffer (ift) füfs   (die) Sonne   Mond als (ift)

kaluhu 66 *annet andemajuong galamata*
gröfser   geftern in der Nacht es geregnet hat

§ 457, g. Italiänifche Überfetzung des Hervas

Da ich in den 2 Textftücken des *Hervas* mir manche Abweichungen erlaubt habe, auch durch
die Umfetzung des Italiänifchen ins Deutfche Veränderungen und Dunkelheiten entftehen können; fo
ift es fehr nützlich, wenn ich diefen auseinandergeriffenen Text allein für fich in Hervas italiäni-
fchem Original hierher fetze:

Istruzione in Cochimì.

1 *Perchè cosa Iddio l' uomo fece? Iddio l' uomo fece per ciò:* 2 *terra in vivendo,
Iddio-a cuore-con ami molto, e lo rispetti molto,* 3 *lo che Iddio faccia dice; faccia sempre,
e questo faccia se,* 4 *muoja quando al-cielo-che vada perchè, e là Iddio-a vedendo bene,
si-allegri molto moltissimo:* 5 *e molta-allegria grande questa, che dico finisce mai-non.*
6 *Così-è: perciò Iddio ci-ha-fatti per ciò; mondo in questo siamo mentre, fossimo buoni
se, cielo-al Iddio andare farci per:* 7 *e là essendo-noi, e Iddio Signore-nostro vedendo,
che ci allegriamo molto moltissimo è necessario.* 8 *La-cagione è; Iddio molto è buono
molto moltissimo, e molto bello è molto moltissimo perchè;* 9 *coloro cielo-in sono, e Dio-a
vedono, molto si-allegrano moltissimo è necessario.* 10 *E là contristarsi non può, è
impossibile.* 11 *E Iddio Signore nostro Padre molto è-grande moltissimo, e molto è buono
molto moltissimo, e molto bello è molto moltissimo perchè;* 12 *coloro Iddio molto buono
molto questo vedono, cuore-con Iddio molto-lo-amino molto sempre è necessario.* 13 *E là
cose cattive amarle non possono davvero, queste-cose molto-non-vogliono molto necessariamente:* 14 *cose buone, e quello Iddio ama, esso-è che-molto amano molto necessariamente.*
15 *Coloro cielo-in sono, e molto si-allegrano molto, che ci-ha-detto, forniscono no-ancora.*
16 *La-ragione-è; Gesu-Cristo Signore nostro, come uomo che-è buonissimo, e sua-Madre
S. Maria Vergine Signora nostra, e Angioli, e Santi, e Uomini altri,* 17 *che cielo-in sono,
vedendoli bene tutti, molto si-allegrano molto per ciò ancora perchè.* 18 *La ragione è;*

---

59 Ducrue überfetzt meine Bruft; aber auch der Mithr. bemerkt (195ᶠ), dafs mein hier nicht
ausgedrückt fei   60 Ich fuche in *ab a* mein; der Mithr. tadelt (195ᵃᶠ), dafs bei Murr hier *jua*
durch mein überfetzt fei, und fagt, es fei hier unausgedrückt geblieben   65 Ducrue: *sol luna est
major:* aber er nimmt das 1te laymonifche Wort für Mond, das 2te für Sonne; auch der Mithr.
(194 Anm.) deckt diefen Irrthum, der auf einer Ziffer beruht, auf

Angioli, e uomini cielo - in sono tutti, molto buoni molto, e molto belli - sono molto, e molto si-amano-mutuamente bene molto perchè; 19 *ciò tutto vedendolo, e conoscendolo bene, molto si-allegrano per-ciò molto ancora.* 20 *Tuttavia (ciò che ci-a-dire-vado-adesso, molto intendetelo bene)* 21 *Angioli, e Santi, e uomini altri, che cielo-in sono, molto buoni molto, e molto belli molto son-veramente tutti ancorche,* 22 *Iddio Signore padre nostro sua-pre-senza-in sono buoni non molto, e belli sono non-molto necessariamente.* 23 *Cose che Iddio fatto-ha tutte molto buone molto ancorché; tuttavia, Dio sua-presenza-in molto-poca-cosa sono veramente:* 24 *la-ragione-è; Iddio-il solo grandissimo molto infinitamente, e molto buono molto infinitamente, e molto bello molto infinitamente sempre veramente perchè.*

Catechismo Cochimì.

25 *Cristiano sei?* | *Sì.* || *Cristiano quale è?* | 26 *Uomo battezzato di Gesu-Cristo sapendo dottrina, credendo la-confessa: questi Cristiano è.* || 27 *Dii quanti?* | *uno* || *Uno esso chi è?* | 28 *Signore molto buono, che-esistendo da-se crea tutta cosa.* | *Iddio questi è.* || 29 *Signore molto buono, che-esiste da-se chi è?* | *stessa Santissima Trinità.* | *Iddio Padre* | *Figliuolo* | *Spirito-santo* || 30 *Dei tre sono?* | *non* | *persone tre sono* | 31 *D' Iddio essere uno essendo* | *Iddio Signore nostro uno (è).* || *Iddio Signore nostro ove è?* | *cielo stando.* | *terra tutta stà.* || 32 *Iddio uomo creando* | *creollo perchè?* | 33 *uomo-il in-terra Iddio amando, osservando suoi comandamenti vada cielo in.* | *perciò creollo* || 34 *Persone tre quale uomo si-fece?* | *Iddio figliuolo.* || *ove uomo si-fece?* | *Santa Maria utero uomo si-fece* || 35 *Di-Dio figliuolo uomo fatto* | *perchè uomo si fece?* | 36 *strada del cielo per insegnare agli uomini:* | *per gli uomini poter morire* | *uomo si fece.* || 37 *Gesu-Cristo morì?* | *sì.* | *Ponzio Pilato governatore essendo* | *santa croce-in* | *inchiodato morì* | 38 *giorno tre da se risorse.* || *ri-sorto-il* | *ove andò?* | *cielo-al:* | *Di-Dio-Padre tutto-potente a destra è.* || 39 *tornerà venire?* | *sì.* || *ritornando che farà?* | 40 *uomini tutti radunando* | *uomini buoni* | *al paradiso, cattivi metterà al fuoco eterno d' inferno.*

§ 457, h. Ich biete im folgenden den WORTVORRATH der COCHIMI-Sprache dar, zufammengeftellt aus den Wörtern in Hervas *vocabolario poliglotto* wie der *aritmetica* und meinen Ermittlungen aus den vorangehenden Texten. Diefer 2te Theil ift, das Laymonifche ausgenommen, eben fo mifslich als unficher und mangelhaft. Denn ich habe fchon angedeutet, wie fchwer es ift in den Texten die Bedeutung der einzelnen Wörter zu beftimmen, und dafs über die von Hervas nach *Barco* und die von mir vorgenommenen Beftimmungen grofse Zweifel fchweben. Wie wenig Hervas und fein Gewährsmann *Barco* (wenn er die Schuld trägt) felbft ficher gingen, erhellt aus einigen abenteuerlichen Verfchiedenheiten in der Sinnbeftimmung deffelben Wörtes: *amet é mo* wird fonft und richtig: auf der Erde überfetzt (fo 2), in 5 *ammet é* durch: ich fage; *iba bujuet* wird 5 grofs, *yaa bujuet* 13 diefe Dinge (alfo *bujuet* als Ding), 19 diefes alles überfetzt (vgl. noch *tegyi* Dinge 23: S. 505 Art. Sache); *deegyi* 1) immer 3, 12, 24 2) nöthig feyn 3) ift 9, 12; in 12 überfetzt es Hervas bei einander 1mahl durch immer und 1mahl durch ift; *duuñip omui:* 1) ift unmöglich (10; *ñi* bedeutet: nicht, und in *duu* liegt: können) 2) find fie wahrlich (23) 3) in Wahrheit (24); *duuñip:* wirklich (13), find wirklich (21); *omui* wird 5 durch nie überfetzt, was es nimmermehr bedeuten kann (f. 7); in 22 ift es wohl: nothwendigerweife; *yiyual deegyi omui* wird durch: ift nöthig (7), ift recht fehr nöthig (9), ift immer nöthig (12), endlich durch: nothwendigerweife (13, 14); *deegyi duuñip-omui* immer (!) in Wahrheit (24) überfetzt; *udaahi* 1) fich freue (4) 2) fehend (7) 3) wenn, während (nachgefetzt; 4, 6) 4) *ghinna udaahi* lebend (2); *uyibaha* 1) fehr (4) 2) *uyibaja ibal* wir uns freuen (7) 3) *käuyibaha* viel Freude (5). Genug Beftimmungen diefer 2 Vorgänger bezweifle ich; und wenn ich auch einige abgeändert habe, fo habe

ich doch bei der herrfchenden Dunkelheit fo vieles von ihnen beibehalten, dafs ein verzweifelter Zuftand der Überfetzung diefer Texte auch bei mir jedem entgegentritt. Ich bezweifle z. B. durchaus,
dafs das fo oft den Wörtern vorgefetzte *kä* vorherrfchend fehr bedeute, wie es faft immer und fo oft
von Hervas überfetzt und auch vom Mithr. angenommen wird; es ift darum unglaublich, weil es öfter
an Stellen vorkommt, wo an eine Verftärkung des Satzes gar nicht zu denken: der Ausfpruch fo einfach ift, wie man ihn fonft giebt; und weil 2) wo fehr ftatt findet, es nachher, nach dem Verbum,
durch *ihá* oder *ibál* oder wunderbar umftändliche und lange Ausdrücke, recht fehr oder die höchfte
Übertreibung anzeigend, gegeben ift. Ich vermuthe vielmehr, dafs *kä*, fo vorgeftellt, meift er, bisweilen ihn, bedeutet; und fo oder demonftrativ giebt es Hervas, fich felbft widerlegend, einige Mahle:
er 4, 8, ihn 2, diefer 5, das? 20, welcher 16. Es bleiben aber einige Stellen übrig (f. den Art. *kä*
im § 457, m), wo die Bedeutung fehr einzutreten fcheint. Wenn der Mithr. (196ᵃᵃ) *iham* für Vater
nimmt, finde ich darin nur einen Anhang (an Vater, Sohn 29), deffen Kraft noch fraglich ift; ich finde
ihn wieder in *uihiliai ham* (37) als er Statthalter war.

Bei der Unficherheit der aus den Texten des *Hervas* gezogenen Wörter darf ich die
Weitläuftigkeit nicht fcheuen bei jedem Worte und jeder Bedeutung die Stellen anzuführen:
wefshalb ich die Bitten der Vaterunfer durch römifche und die 2 gröfseren Texte von Hervas
durch arabifche Ziffern (die chriftliche Lehre 1-24, den Catechismus 25-40) in Kommata
(kleine Abfchnitte) abgetheilt und bezeichnet habe; ihnen fchliefsen fich die laymonifchen
Sätze *Ducrue's* als Kommata 41-66 an. Längere Artikel, voll Formen und Stellen, find:
Erde, Himmel, machen, feyn.

Folgendes find die **Beftandtheile** meines **Wortverzeichniffes** und die für fie
gewählten **Chiffren**:

B1 das Vaterunfer von *SBorja* und *SMaria* bei *Hervas*, B2 das bei *Duflot*, G das von
SGertrudis bei *Duflot* (No. 5), I das von *SIgnacio* bei *Duflot* (No. 3); L find die laymonifchen Wörter aus *Ducrue's* Textftück, Voc. die Wörter aus des *Hervas vocabolario poliglotto*
(ohne Bezeichnung des Dialectes); Ven. Venegas: bei dem ich ein paar Wörter, beftimmt Cochimi von
ihm genannt, gefunden habe: f. Bach und Zauberer; X das Vaterunfer von *SXavier* bei *Hervas* (No. 4).

Die **Ausbeute** diefer Texte und ihrer Überfetzungen ift recht gering; ich habe mir auch
nicht die Zeit und vor allen Dingen hier nicht den Raum nehmen dürfen ihnen durch genauere Arbeiten nahe zu treten, ich konnte mich nur auf das forgfältige Eintragen der Wörter in das Deutfche
und das alphabetifche Aufzeichnen eines Theils der Cochimi-Formen einlaffen: was nicht ohne einige
Erfolge geblieben ift; ich gebe den Sprachftoff in einer Geftalt, aus der fich weitere Erfolge überall
gewinnen laffen. Schwach ftehn wir da mit der Beftimmung der Wörter in ihrer abfoluten Geftalt
(als Vocabeln), und auf der andren Seite mit den grammatifchen Beobachtungen, welche wir aus ihren
Formen ziehen follen; wo das reine Wort nicht gekannt wird, kann man nicht wiffen, welche Behänge
grammatifche Zuthat find, und kann aus den Formen eines Textes keine Grammatik entnehmen: hin-
wieder ohne Kenntnifs der grammatifchen Vorgänge und Laut-Zufätze einer Sprache können wir nicht
die einfachen Wortgeftalten beftimmen. Wir können es nicht; ich will damit fagen: wir können es
wenig. Wenn diefe Thatfache wenig bekannt ift und wenig geglaubt wird, fo ift fie nichtsdeftoweniger wahr. Ich trete daher in dem deutfchen Wortverzeichniffe überall (auch bei den Wörtern
aus dem *vocabolario poliglotto* als Zugabe) mit allen Formen auf, welche in den Cochimi-Texten
für ein deutfches Wort in feiner grammatifchen Abwandlung vorkommen. Ich kürze öfter durch einen
Stern * vor dem Cochimi-Worte ab: und will andeuten, dafs das Wort nicht einfach das deutfche
bedeutet, fondern in einer Flexions-Form in der Stelle vorkommt, die nachzufehen ift; dafs man nicht
wiffen kann, was am Worte Behang ift. Manchen deutfchen Wörtern gebe ich nur die Ziffer der
Stelle bei, wenn nicht ficher ift, welches Wort diefe Bedeutung hat. Ich verfehe alle Formen mit

den Ziffern aller Stellen. Zweifelhaft und fraglich (ift bei fo vielen Wörtern, ob fie das deutfche Wort, dem ich fie beigebe, bedeuten oder einen ganz andren Sinn haben; ich gebrauche oft das Frage‑ zeichen, und noch an mehr Stellen kann der Lefer fich eines denken. Und bei allem diefem, wo fo wenige Wörter ficher und einfach hervorgehn, haben diefe Texte noch das ungünftige: meiftens un‑ finnliche, weit ab liegende Begriffe zu enthalten, welche der Forfchung über eine Sprache am wenig‑ ften erwünfcht find und uns recht wenig helfen können; in fo fern ift mit Dank der ganz fchwache Inhalt von Hervas *vocabolario poliglotto* zu betrachten, in dem wir doch mehrere wichtige finnliche Ausdrücke, wie die Zahlwörter durch die *aritmetica*, gewinnen.

I.   deutfch - cochimifches Wortverzeichnifs

§ 457,i. A. Subftantiva, Adjectiva und Verba

achten *huimana* 2, allmächtig *hijue hu mien?* 38
auferftehn *auadipe* 38‖ (vgl. *ibimuheite* bei den Wörtern unbeftimmter Sprache S. 464ᵃᵃ)
Auge *ayibikà* Voc.
Bach: Ven. II, 224 *a*. 1706 fagt: *los Cochimies del Norte de las Rancherias de Kadà-Kaaman, que fignifica en fu Lengua Arroyo de Carrizal;* gelegen am Abhange der *sierra* gegen die Südfee-Küfte hin, in der *sierra de SVicente* (390), 40 *lg*. NW von *SRosalia* und 25 *lg*. N von *Guadalupe;* hier wurde die Miffion *SIgnacio* gegründet; vgl. *kahal* Waffer
Bauch *akalepen* Voc., *maka* L 62, *uterus udis bang* (wohl mit Poftpofition) 34
Befehl, Gebot *nididuuai* 33
befriedigen? *decuinyi* (mit *mo* danach; vgl. L *decui* und *ducui* hören) XG II (Endung ähnlich recht fehr, *nyi* = nicht: f. enden), X VII (G ähnlich) [f. im § 457, n]
Bein *agannappahò* Voc. (*agannapa* Fufs)
bekennen 26, beobachten (befolgen) 33
Binfen f. Bach, Blut L **jueta* 60
böfe, fchlecht *ambinyi* (*privat.* von gut) VII X, G *mabinyi; ambinyijua* 13, f. 40; Böfes *ambinyijua* XG V, VI; fchlecht (Adv.) L *may*
Brodt *thevàn* B, *teguap* I IV, *tamadá* XG IV; Bruft L *nupi,* Chrift *kistiano* 25‖, 26; Dreieinigkeit *Tinida* 29; ehren, verehren *huimaha* 2 (vgl. verehren *vuitmaha*); enden: *decuinyi* endet nicht 5 (vgl. befriedigen; *macuinieng* ins ewige 40)
Erde *amet* Voc., B II, auch Mithr.; *ammet é* oder *amet é* auf der Erde (auch: in der Welt) XG II, III, VII, 5, 6; *amet é mo* auf der E. 2; *kɛammeté* X, *köammet e* G II; *ametang* die E., *amat-ànang* auf der E. III, *amateguang* it. 33,

ametetenang it. III B1, *ametetenaug* B2; (vgl. *ametayan* ins Paradies 40)
erkennen f. *gkomendà* § 457, n, erlöfen VU VI, effen L *urap;* Feuer *usi* Voc., *ussi* 40, L *ussi* 63 finfter *gannayi* Voc. (auch Nacht)
Fifch 1) *kadagua* L 57 2) *kahal ghinna* Voc. (d. h. im Waffer lebend); Flufs L=grofses Waffer 58
Frau (*mulier*) *huägin* Voc., *wakoe* L 44; *uxor:* L *wuotu* 43, **wuetú* 49
freuen, fich: *uyibaha* er fich freue 4; *uyibaja* wir freuen uns 7; fie freuen fich 9, 15, 19; *kä uyibaja* oder *uiyibaja ibà* fie freuen fich fehr 15, 17; — Freude *käuyibaha?* 5
führen VU VI, Fufs *agannapa* Voc. (auch in den Zahlen 15 und 20; vgl. Bein); gebären L *wanga?* 45, geben VU IV, Gebot f. Befehl
gehn: *uhe* er gehe 33, *uuè* er ging 38‖; Mithr. (197ᵃᵃ) fagt: *uju* fcheine gehn zu bedeuten, welches in SBorja *ucham, uchu, uhe, uve* fei; *jui?* in *ujùpujui* 6; **egheg* oder *ji?* 4
Geift *espilitu* 29, Geficht *ayibi* Voc., gefund L *wayp* 51, gewähren? *china* 15, glauben 26
Gott *Dios* in der chriftl. Lehre und L 41, *Diosì* im Catech.; grofs *käkkà* 24 (11 Vater?); L *ka* 58, 61, 65; bujuet? 5 .
gut 1) Adj. *ami* 8, 11, 16, 24; *ambi* 6, 18, 21, 22, 23; *ambijua* (pl.) 14; *midauai* 28, *midaui* 29; *uichipejua* 40; 2) (Adv.), wohl *ami* 4, 12, 17, 18, 19; *gkambin* 20; L *tahipo* 52, *tahipe* 60
Hand *nagana* Voc. (*naganna* in den Zahlwörtern), hart L *gehua* 61
Haus *ajihuenen* Voc., heifs L *mancu* 63
Herr *guagua* 7, 11, 16, 22; *uauai* 28, 29, 31‖; Herrin *guagua* 16; *ua bappà* unfer Herr? I A (unfer Vater überfetzt); Herz *auyipun* Voc., *uyipun* 2, 12

Himmel (abgeleitet von *ambà* oben) *ambeing* 31, 36, im H. BA, zum H. oder in den H. 33; *ambeink* zum, in den H. 38; *amabang* oder *ammabang* im H. III; *ambayujui* im H. (vielleicht noch eine folgende Partikel) XA, *ambayup mo* im H. X III; *ambayujúp* H.: Voc., GA; im H. (vielleicht noch eine folgende Partikel) XA, XGII; *ambayujup-mo* 1) im H.: GIII, 9, 15, 17, 18, 21 2) zum H. ,4, 6; vgl. noch Paradies

Hölle 40; hören f. *gkomendà* S. 510[nn]; L *ducui* 49, *decui* 57; Honig *cadesè* Voc.; Jahr *meyibò* Voc., *amayben* L 42; kennen f. *gkomendà* S. 510[nn]

Kind L *whanu* 47 (auch klein? 45), Kinder L *wakna* 51

können *duu+*: *duuec* (fie) k. 36, *duuñip* (enthält *ñi* nicht) *omui* ift unmöglich? 10 (f. *duuñip.* S. 510[nn] und 502[nf]), *najua* nicht k.? f. Partikeln S. 510, b[m]

kommen *cucuem* ufw. VU II; *cubucuec* zurückkehrend 39, *cubucue tojas* wird er zurückk.? 39

Kopf *agoppi* Voc., krank feyn L *betel* oder *uybetel?* 46, Kreuz *cus* (fpan.) 37; leben *ghinna* 1, L *aguina* 42; Lehre 26, Leib *ambat* Voc.

lieben 1) *nogodoño* (ähnlich einem Worte *bogodoño;* f. noch wollen) X I, 13, *nogodogno* G I; *kä nogodoño* fie lieben (fehr?) 14, *känò godoñondo* fie lieben einander (fehr) 18; *nogooso jua* er liebt 14, *känogooso* Conj. 2, 12; L *nàngassang* lieben 43 2) *udipuicchec* liebend 33

machen, thun, erfchaffen: 1) *jil* er thue 3 2) *uyipil* machte 1, *uyipilta huan* hat gemacht 1; *uiitajai* er wird thun 39 3) *uehenac* erfchaffend 32 4) *ujua* er macht? 28, *uchuang* er hat gefchaffen 33 5) *pujui* fie haben gethan? XGV (in 6 überfetzt es H durch machen, ob aber nicht *pu* wir und *jui* gethan heifst?), *bujuetji* er thue 3 6) *gajiguijua faccia dice* 3 7) *puhuedepedepil* er hat uns gemacht 6, *huedepedepiltajua* er hat gemacht 23 8) *iduuiduuec* er hat ihn erfchaffen? 32 (*iduuiduvec* warum? 35) 9) *dedahijua* er wird getban oder gefchieht? XGIII, *dedaudugújua* wir haben gethan? XGV 10) er gefchehe oder werde gethan: *vihimieng* B, *vahi-mang* I III

Mann L *uami* 43, 50, *wami* 45; Menfch *tämmà* Voc., 1 (2mahl), 16; pl. I||, V XG, 16, 18, 21; *tama* 26, 33, 34|||, 35, 36; pl. 36, 40|| , L *tamma* 42, 48

Monat, Mond *gamma* Voc., **ganehmajen* L 65

Mund *ahà* Voc.

Mutter *nadà* Voc.; *guichi* feine M. 16 (vgl. fein)

Nacht *gannayi* Voc. (auch finfter); **andemajuong* in der Nacht 66; nageln: angenagelt *delelisetang* 37

Name *mimbanga* BI, *mamang-á* I I (oder beide mit *jua?* enthält *mi, ma* dein?), *mombòjua* XGI (oder liegt in *mo* vorn oder in *jua* dein?)

nothwendig f. *deegyi* S. 502[nf]

Paradies: *ametayan* ins P. 40 (hängt mit *amet* Erde zufammen); Perfonen *pesona* 34, *pesonasi* 30

Priefter (und Zauberer) *wama* (Ven. I, 109 und II, 399 im J. 1728) oder *guasmas* (Ven. I, 109)

recht: zur rechten (Hand) *tamacaguag* 38; regnen L *galama?* 66, Reich VUII, roth *mokò* Voc.

Sache, Ding *yaa* 13, *bujuet?* 13, *uchan?* 28, *ayimbio* 1 (Urfach), *tegyi* Dinge 23 (vgl. *deegyi* S. 502[nf])

fagen f. 3; *ahuettu-ta* ich habe uns gefagt 15, *ahuettu duujua* ich werde euch jetzt fagen 20

fchlafen L *guimma* 54, fchlecht f. böfe; fchön *menaba* 8, 11, 18, 22, 24; Schuld VU V

fchwanger L *waka* 44, fchwarz *akàl* Voc.

Schwefter *kénassa* L 54, Seele *amoteg* Voc.

fehn: 1) ich 17, 19, *ghich* 4; *ichjua* fie fehn 9, 12 2) L *gadey* er fieht 57 (*gadeki* fieht nicht 48) 3) *at?* 7

fetzen f. 40, fingen L *kanopa* 52

feyn 1) ausgelaffen 27, 31; it. oder unbekannt: 13, 14, 21, 24; exiftiren f. 28, 29 2) *hui* er, es ift (vielleicht ift aber darin *hu:* er, es): L 50, 60, 61, 62, 63, 64, 65; XG VII?, 8||, 11||, 16; fie find 18, 22; dunkel XG VI; *gui* er ift 26, 28; er ift geworden, ward 34|||, 35, 36; Seyn? 31; — *guiec* geworden 35, *guimma* das ift? 14; *uim ugui* fie find 30; *nuhui* wir feien 6, *nuhuajat* wir find 6; — *hiei* fo ift es 6 3) *usà* fie find 9, 15; *usàjua* it. 17, 18, 21; *nuusa* wir find 7 4) *iya* (eigentlich ftehn) er ift *(està)* 31, *ya* it. (oder fteht) 38; *yijual* ift 7 5) *mia* ufw. fcheint du mit feyn zu feyn: auch der Mithr. (197[mf]) fagt, *mia, miyà* möge bift oder du bedeuten; *mia* du? feiend? BA, *mijà mo* X, *miya mó* G du bift A, *miamù* der du bift IA; *vahet miie* bift du? 25, *mieng* da ift? 31; L *meta* ift gewefen 44 6) *è* find? 30, vgl. noch *acuie* wer ift? 507, a[nn] 7) *ham* als war? 37 (vgl. Partikel *iham* S. 509, b[n])

Sohn *uisai* 29, 34, 35

Sonne *ibò* Voc. (auch Tag), L *ibunga* 65

ſprechen L *dalama* (vgl. *dalamai* Catech. 26)
53, 56; Statthalter *uihiliai* 37

ſtehn *iya:* auch ſeyn (d. h. *estar;* ſ. dieſes);
ſeyn oder exiſtiren 29, ſteht 31 (*ya* iſt oder ſteht
38); *iyac* ſtehend 31, *iyak* it. oder exiſtirend 28

Stein *canoonet* Voc., *kota* L 61; ſterben *ibi 3,
L 41; *yibi* 36, er ſtarb oder iſt geſtorben 37‖

Strafſe 36, ſtumm L *nut* oder *nutmang?* 50

ſüſs *cadesè* Voc., L *bemalacù* 64

Tag *ibò* (eigentlich Sonne) Voc., XG IV‖; *ibang*
das Wort mit einer Poſtpoſ.: in ... Tagen I IV,
38; *ibang* ... ſ. BI V

taufen: *lekieng* getauft 26, Thier *tendà* Voc.

traurig werden *uyiajalcu* 10, trinken L *lizi* 55

Urſach: *huidehuena* (vgl. *dehuehi* auf daſs)
die Urſach iſt 8, 16, 24; *huidena* id. 18

Vater 1) *känamba* Voc.: iſt aber wohl *käna*
Vater + unſer *mba* XGA; L *keneda* 55 2) *käkka?*
11 (24 nach H: grofs) 3) *lahai* B1, *cahai* B2 A
(mit *apá* unſer danach) 4) *ac?* 29, 38 5) *uihui?* 38
verehren B *vuitmaha,* I *huit maja* I: die Be-

deutung iſt vom Mithr. aufgebracht, der das Wort
197ᵐ mit *huimaha* (ſ. oben ehren) zuſammenſtellt
vereinigen *iyunye* 40, vergeben VU V, Verſuchung
VU VI, Vogel *ttoò* Voc., voll L *hauiley* 62

Waſſer *kahal* Voc. (vgl. Bach); L it. 58, *kalal*
64; weinen L *awiangga* 47, weiſs *gala* Voc.

Welt ſ. Erde, werden ſ. ſeyn; Wille *mújua?*
XG III, *jenmu?* B III, *kemmu?* I III; wiſſen ſ.
kennen, wohlriechend *(odoroso) ñiñò-ami* Voc.
wollen *nogodoño* (eigentlich lieben) 13

Zauberer ſ. Prieſter, zeigen 36, Zunge L *ma-
bela* 56, zurückkommen *cubucue* 39‖

Eigennamen: *Malia* Maria 34, *ſewal* muſs
ein gutes Weſen ſeyn (Ven. II, 400); aus der
Cochimi-Sprache müſſen wohl ſeyn die Ortsnamen
Cadegomó und *Comondù* (ſ. oben S. 464ᵐᵐ),
auch das Volk *Cochimi* ſelbſt (welches die Volk
von Loreto *Laymones* nannte); *Kadà-Kaaman*
eine Örtlichkeit ſ. Bach; *Malibàt* hiefs bei den
Laymonen die Örtlichkeit, welche in der Sprache
der Monquis *Ligui* genannt wurde: ſ. oben S. 479ᵃˢ

§ 457, k. B. Zahlwörter

des Dialects der Miſſion *SXavier,* mit den abweichenden der Miſſion *SBorja;*
aus *Hervas aritmetica delle nazioni* 1786 p. 113:

1 *tejueg* (in der 5: *tejuep),* L *tejoe* (auch 52);
B *dujvenidi, dujuenidi* 27‖, 31‖

2 *goguò,* L *gowac* (L *kawam* 2mahl; *kamoe*
der andre 53)

3 *kombio,* B *kambiec, combiec* 30‖, 34;
cambiec 38; L *kamioec*

4 *magacubuguà,* L *nauwi?* (Dc. weiſs nicht, ob
es calif. oder nur mex. ſei; ſ. näher oben
S. 477ᵃˢ⁻ᵐ)

5 *naganna-tejuep* (Hand eine), L *hwipey*
die übrigen Zahlwörter ſind zwiſchen beiden
Miſſionen gleich
die Laymonen können (Dc. S. 394ᵃˢ) nur bis 5
einfach zählen, dann „verdoppeln ſie":

6 L *kamioec kawam = tres bis*

10 *naganna-iñimbal-demuejeg.* (Hände alle)

15 *nag. iñ. dem. agannapa* (Hände alle Fuſs)

20 *nag. agannapa-inimbal-demüejeg* (Hände,
Füſse, alle)

C. Pronomina:

1) **personalia und poſſeſſiva**

ich — *ahuettu-ta* ich habe uns geſagt 15;
mein L *bapa* (= Coch. unſer) 55, dunkel 59;
aba? juetabajua mein Blut 60 (vgl. unſer)
du — 1) *mi?* ſ. *mia* uſw. bei ſeyn 2, *mo? mu?*
ſ. ib.; — dein 1) *mo, ma* vorn in Name? VUI;
mi in Name I, Reich II?; *mo* unbekannt XGII,
VII; L *maba* (nachgeſetzt) 54 2) *buhu?* XGI,
buhula? XGIII 3) *jua?* ſ. Partikeln und VU

er — 1) *hu* am Ende oder nachgeſetzt 32, 33
(ſ. beſonders), 34‖, 35, 36, 37, 38; in der Mitte
eines Gerund. 38; expletiv 34, 37; vgl. noch ſie
(*ii*); dagegen er nicht ausgedrückt 38; wohl in
hui er iſt (ſ. ſeyn); L *uy?* 3. pers. 46 2) *à* es
19 3) ihn ſ. *kä* S. 510,ᵇˢ 4) *(papa)gui yibihojuo*
22, *guiyibihojuo* 23 vor ihm, in ſeiner Gegenwart; — ſein: *guichi* ſeine Mutter 16, *guil* (acc.)
33; L *gui* vorgeſetzt: 43, 49

wir — 1) *nu?: nuhui* wir feien 6, *nuhuajat* wir find 6, *nuusa* it. 7 (vgl. feyn) 2) *pù?* (*pujui* wir gebn? 6) 3) *uyibaja ibal* wir uns freuen 7 4) f. V vergeben; — uns: 1) *pennayùla* dat. XGV (oder wir?), zu uns II; *puhuededepil* er hat uns gemacht 6 2) *ahuettu-ta* ich habe uns gefagt 15, gieb uns IV, vergieb uns V; — unfer: 1) *pennayù?* XGA 2) *upd* B1 und 2 A, *uauai opa* unfer Herr 31∥ 3) *papà* (= laym. *bapa* mein) 11? *guagua papa* unfer Herr 7, 16 (ziemlich beweifend), *gua-gua papajua* unfre Herrinn 16 (beweifend); *ua bappd* wohl unfer Herr (nicht: unfer Vater) IA; *papagui* 22 (*gui* ift e r; ich habe falfch überfetzt) 4) Anfatz *mba? makęnambà* Vater-unfer? XGA 5) *käkka?* 11 6), f. IV, V

euch — *ahuettu duujua* ich werde euch jetzt fagen 20

fie (*ii*) — 1) *hu* (fonft: er) 36 (expletiv); *hui* fie find 17 (fonft: er ift; f. feyn); vgl. *uim ugui* fie find 30 2) *kä* (auch: er): *kä nogodoño* fie lieben (fehr?) 14, *kä uyibaja iba* fie freuen fich fehr (f. *uyibaja* auch bei wir Z. 3) 3) Endung *jua?: usàjua* fie find 17 (auch *usa*), *ichjua* fie fehn 9 (*ich* fehn) 4) f. 9 fich freuen, 12 lieben, 13 wollen

fich (oder felbft) — 28, 29

2) demonstrativa, relativa, interrogativa

diefer — 1) f. *yaa, kä; hi yaa* das was f. *yaa* 2) *igua* 28, *vajua* 26 (vgl. 25) 3) *nò* 6, XGIII? (oder: hier? in?) 4) *buhet* 27; L *butel* (nachgefetzt) 43, 44, 48, 50; diefes *latajua?* 1, *guimma* das ift? 14; diejenigen f. *yaa* S. 510, b^{mf}

jener — f. *yaa* S. 510, b^{mm}

welcher — 1) f. *yaa, kä* 2) *ba* was (vorangefetzt) 15, *yaa mba* das was 20 3) *te?* 28

wer? — 1) *acui* wer, welcher? 34, *acuie* wer ift? 25, 27, 29 2) *buhet* 27, *mijuet* 29; — welcher? *temmia* 1; was? *vajua?* 25, *tugua* 39

3) indefinita

felbft — *guitamu* 29, f. noch 28; *pet* von felbft 38 (fonft aber: fehr)

andrer — L *kamoe* (vgl. Zahl 2 S. 506, a^{mf}) 53

alle — 1) *val* BI, *ual* 28, 40, *gual* I IV (vgl. ganz) 2) *demuejueg* XGI, 17, 21; *guidemuejueghi* 18, 23; in den Zahlen 10, 15, 20: *iñimbal de-*

muejeg (vor. Seite ⁿ) 3) *yaa bujuet* diefes alles? f. *bujuet* S. 502ⁿⁿ 4) L *lebieng* 51

ganz — *val* 31 (vgl. alle)

viel — f. 5; *kättenyi* recht wenig (viel-nicht?) 23; viele L *metañ* 42; *iduuie* wie viele? 27; wenig L *tejunoey* 55

andre — *gambueg* (nach dem Subft.) 16, 21

allein *guimma* 24

D. Adverbia

des Orts: dort *ghio* 4, 7, 10, 13; wo? *ingang* 31, 34, wohin? *iñang* 38; oben *ambà* Voc., *mabà* (oder: auf) XGII; unten *y͡o* Voc.

der Zeit: jetzt *duujua?* 20, immer *deegyi?* f. S. 502^{nf}, nie (*omui* falfch f. ib.); heute IV, feftern L *annet* 66; noch *luju* 15, 17, 19; L *luhu* 46 (bildet auch den compar. 65)

der Art u. a.: *hiei* fo ift es, f. Partikeln S. 509, b^{mm}; wie (rel.) 1) *luvihim* B1, *luichim* B2, *la-uahim* I III 2) *pagkajim?* XGIII, V

defshalb — 1) *nagaal-la* 19, *nugua-la* 17 (vgl. *nagaal* wegen; *la* f. Partikeln S. 510, b^{nf}), *nagaallatà* 6 2) *duec* 33 3) *guimuguihi?* 6 (*guimbuet* dennoch f. 10 Zeilen weiter; *muguihi* weil S. 508, b^{aa})

warum? — *ucham* 32, *iduuiduvec?* 35 (f. 32: er hat erfchaffen?)

fehr — 1) f. *ibà, ibàl* S. 509 b, da auch *ibajua*; *yiyual?* f. S. 502^{nf} 2) f. *kä* S. 510, a^{a-m} 3) *kandu-guagunyi* (enthaltend hinten *nyi* nicht) recht fehr 4, 7, 8∥, 11∥∥, 24∥ (H: unendlich); *känd.* 7, 8, 11; *kändeguinyi* 11∥, 24; *kändeguinyil* 24 4) *pet* 28, 29; *ped* 24 (aber *pet* 28: von felbft)

dennoch — *guimbuet* (vgl. *guimuguihi* defshalb) 20, *huihuinadoomo* (*doomo* obgleich) 23

gewifs (*certe*) L *mang* angehängt f. Partikeln S. 510, b^{a-aa}

E. Prä- und Poftpofitionen

die allgemeine Poftpofition des Orts: Ruhe, Bewegung und *term. a quo;* auch der Zeit: *ang* f. Partikeln, des Orts *mo;* auf 1) *é mo?* 2 (f. Partikeln) 2) f. *no;* vor (*coram*): *gui yibi-hojuo* in feiner Gegenwart 22, *guiyibihojuo* it. 23; mit *juo?* 2, 12; wegen *nagaal* (vorgefetzt; vgl. defshalb) 1

F. Conjunctionen

und — *hi* und *guihi* (beide allgemein verbreitet);
L *guang* 55 (vgl. Partikeln S. 509,b^m)
aber — L *guimib* 55, *iguimil* 57
nicht — Anfatz *nyi* und *ñi: chinanyi* gewähren
nicht 13, *känogodoñonyi* fie wollen nicht 13
(*nogodoño* lieben); *ibanyi* nicht fehr (f. *iba*), *kät-*
tenyi recht wenig 23 (nicht viel?), *kanduguagunyi*
u. a. f. fehr; vielleicht in *macuinieng* 40 und in
poguinyim XGVI; *duuñip* f. S. 510^nn; — L 1) *ñi*
41, 42, 49, 57, am Adj. 60 2) *ki?* L *gadeki*
fieht nicht; *nyi* Cochimi bildet privativa: *ambi*
gut, *ambinyi* fchlecht; — — *najua* man kann
nicht 10, fie können nicht 13

dafs — *kä* 7
auf dafs, damit — *ayimbio* (nachgefetzt) 4; it.
oder um zu: *uihiec* 36, *dehuehi* 6 (beide nachgefetzt) (vgl. *huidehuena* S. 506^af unter Urfach)
wenn — 1) *uddemi, uddemmi* (nachgef.) 3, 6
2) *udaahi* (nachgef.); während *udaahi* 6; *uddaahi*
während, da 17, 19; vgl. S. 502^nf, 509^a
weil — *muguihi, mughuihi* (nachgef.) 8, 11,
17, 18, 24 (davon kommt S. 507,b^mm *guimuguihi*
defshalb)
obgleich — *doomo* (nachgef.; vgl. Adv. dennoch
S. 507,b^n) XGVI, 21, 23

G. Interjectionen

ja — *aha* 25, 37, 39; nein *tegüinai* 30

§ 457, l. II. Grammatifches

Was das Lautfyftem anbetrifft, fo fagt Ducrue von der laymonifchen Sprache (II, 392): „die
Ausfprache ift meiftentheils *gutturalis* und *narium*". In Einem laym. Worte (*lizi* trinken) zeigt fich z.

Der Artikel fehlt im Laymónifchen; fowohl der beftimmte: 42, 47, 56, 57, 61-64; als der
Einheits-Artikel: 45

Subftantivum — Cafus: *nominat.* 1) ohne Zeichen: *Dios* 7, 11 2) A *la, l, mo:* f. Partikeln; *genit.* f. 31 und Partikeln *ac, ca; Dios uisai* Gottes Sohn 35; *dat.* A *la:* f. Partikeln;
accus. 1) ohne Zeichen: *Dios* 12, 33; *tämma* den Menfchen 1, *tama* 32 2) A *mo* f. Partikeln
S. 510, b^af 3) f. *l* S. 510, a^mm

plur. — ohne Zeichen: *Diosi* Gott und Götter, *tämma* Menfch und Menfchen; L vgl.:
whanu Kind, *waknajua* Kinder 51

Adjectivum — 1mahl nachgefetzt: *yaa* (Dinge) *hui ambijua* (gute) 14; Comparativ L 65
durch Anhängung von *luhu* noch

Verbum — a) Zeiten: *praeter.* und *perf.*: 1) ift gewöhnlich die einfache Form des Verbums
= *inf.: uuè* er ging, *yibi* er ftarb oder ift geftorben 37‖ 2) Endung *ta: uyipil* machte 1, *uyi-*
pilta huan er hat gemacht; *puhuededepil* er hat uns gemacht 6; *huededepiltajua* er hat
gemacht; *ahuettu-ta* ich habe uns gefagt 15; Laym. *ta* Perf.: 45, 68 3) *iduuiduuec* er hat ihn
erfchaffen 32 (f. 35); *uchuang* er hat gefchaffen 33; *auadipehu* er ftand auf 38

fut. — *uiitajai* er wird thun 39; *ahuettu duujua* ich werde euch jetzt fagen 20,
cubucue tajas wird er zurückkommen? 39; f. noch 40

b) Modi: Conjunctiv: *nogodoño* lieben, *nogooso jua* er liebt 14, *känogooso* dafs er
liebe 2, dafs fie lieben 12; *jil* er thue 3, *bujuetjl* er thue 3; *huimaha* (er) verehre 2; *jussivus:*
gajiguijua faccia dice 3; Imperativ: *gkagcomenda* hört 20; Infinitiv: ift das einfache
Verbum: *nogodoño* lieben (mit können) 13, *yibi* fterben (it.) 36

das Gerundium (öfter Conjunctionen der Zeit ausdrückend) fällt mit dem *partic. praes.*
zufammen: 1) die Endung c ift ein ausgemachter Ausdruck dafür: *uehenac* erfchaffend 32, *udi-*
puicchec liebend 33, *cubucueç* zurückkehrend (von *cubucue*) 39, *iyunyec* vereinigend 40,
uihihumumac beobachtend 33; *iyac* wenn fteht f. 31 (f. noch feyn); auch 1mahl *partic. praet.*:
guiec geworden 35 (von *gui* er ift); *lül* Anfatz des *praeter.: auadipe* auferftehn, *auadipe-*
hulul nachdem er auferftanden war (*hu* er) 38 2) das, wenigftens von Hervas gebräuchte italiänifche

Gerundium wird öfter durch die nachgefetzte Conjunction *udaahi, uddaahi* (während, indem, da, wenn; f. S. 508,b^aa) ausgedrückt: fehend *ich* 17, 19, *ghich* 4; kennend 19, *nuusa* wir feiend 7, *ghinna udaahi* lebend 2

participium (praeteriti) passivi: *lekieng* getauft 26., *deleliseta̍ng* angenagelt 37 (ob *ng* dem *partic.* oder dem folgenden angehört?)

c) Gattungen: *verbum reciprocum* mit Endung *ndo:* *känogodoñondo* fie lieben einander 18 (*nogodoño* lieben); *caufale:* *ujùpujui* er machte uns gehn 6; *passivum* f. machen, VU III

Frage — 1) ohne Zeichen 37 2) f. Partikel *è* (hier a^f-b^m)

Ableitung — f. Himmel von oben S. 505, a^a

§. 457, m. III. Partikeln und kleine Wörter

[Durch Vo. bezeichne ich Vorfätze, durch A Anfätze, durch E Endungen, N Nachfatz (als felbftftändiges Wort bei Hervas); wo nichts fteht, find felbftftändige Wörter (wenigftens nach Hervas Schreibung) gemeint]

a — Vo. f. Herz, Jahr, leben

ac — A fowohl im *gen.*: *Dios:ac uihi* Gottes des Vaters 38, als im *nom.*: *Diosi-ac* Gott der Vater 29 (in beiden Stellen kann es Vater heifsen); 3 Perfonen f. 34

ang — (1mahl *ag*, 1mahl *nk*) und blofs *ng* ift allgemeine Poftpofition, des Orts wie der Zeit; 1) Ruhe des Orts: *amateguang* auf der Erde 33, f. noch Himmel im VU und Erde; *ag: tamacaguag* zur Rechten 38; Bewegung: *ambeing* und *ambeink* zum oder in den Himmel (f. S. 505, a^a), *ussi macuinieng* ins ewige Feuer 40 (*ng* oder *eng* an das Adj. gehängt); Ruhe oder Bewegung: *cus-ang* am oder an das Kreuz 37, Ruhe oder *term. a quo: udibang* im oder aus dem Bauche 34; feft im Subft. *loci,* nach Art aztekifcher Poftpofitionen: f. Himmel; Erde *amet* und *ametang* (vgl. *ametayan* ins Paradies 40) 2) Zeit: *ibang cambiec ang* in oder nach 3 Tagen 38 (von *ibo*), *ibang gual* in allen Tagen I IV; f. noch *ibang*... BI V; ob in L *andemajuong* in der Nacht? 66 — diefer Anfatz *ng* ift eine tagalifche Ähnlichkeit und noch in vielen Wörtern diefer Texte zu beobachten

at — ? 7 [f. gramm. S. 508^nf]

c — Endung des *partic. praes., gerund.* ufw.: *ca* — N des Genitivs? *Santa Malia ca udibang* aus oder im Bauche der heil. Maria 34

e (è) — A Zeichen der Frage? 25|| *(miie),* 27, 30

é — A an Erde (ob Poftpof.?): *amet* oder *amet é* 5, XGII, III, *amet é nò* in diefer Welt 6; —

é mo A auf? *amet é mo* auf der Erde 2 (5 überfetzt Hervas *ammet é* ich fage!); *é mò* dunkel

g — endigt oft Wörter [XGIV

gk — Vo. in *gkambim* wohl 20 (fonft *ami, ambi*); vgl. *gkomendà* wiffen, *gkajim*

guang — Vo. auf wie? 36 (vgl. L *guang* und); f. BI VII; *gui* f. er, fein, ift; *ham* f. *iham, he?* 36

hi — 1) und 2) *hi yaa* das was? 3; *hiei* fo ift es 6 (vgl. feyn)

ibà — fehr, immer nachgefetzt: nach Adj. 12, 18|||, 21||, 23; nach Verben 2, 13, 14, 15, 17, 19; *iba bujuet* f. *bujuet*; *ibajua* fehr 16, *ibanyi* nicht fehr 22||; f. Fortfetzung *ibàl*

ibàl — 1) fehr, abgeleitet von *ibà* und nachgefetzt: nach dem Adj. 8||, 11, 24||; nach dem Verbum 4, 12; vor dem Adj. 11 2) wie Zeichen des Conjunctivs nach dem Verbum nach Hervas (aber wohl wieder: fehr) 7, 9

iham — (f. fchon oben S. 503^af) angehängt den Wörtern Vater und Sohn 29 (der Mithr. 196^aa meint, *iham* bedeute Vater); *uihiliai ham* als er Gouverneur war 37

ja — L müfsiger Anfatz = *jua* 49, *ji* — ? 4

jua — ein häufiger und mannigfaltiger, dunkler Anhang, auch im Laymonifchen: von welchem auch der Mithr. 195^aa handelt, der ihm *jui* und *jup* anfchliefst; man räth auf die verfchiedenften Beziehungen: 1) dein? BI I, II, III und XGI 2) *papajua* unfer 16: fonft *papa* 3) *ambijuà* gute 14, f. Böfes 4) *usa* und *usàjua* fie find 17, *ichjua* fie fehn, *nogooso jua* er liebt 14; f. machen 5) *ibajuà* fehr 16 6) als Endung f. *najua;*

dazu gehört *jual;* — L *júa* am Subft. 41, 43,
45, 51 (pl.), 56, 61 (f. noch *ja*); am *pron. poss.*
60; ob 66?

jual — A = *jua:* f. *y ijual* ift; *juo* mit 2
kä — (*ke* X, *kœ* G) Vo. — 1) a) wird von H
meift durch *fehr* überfetzt: wo es aber er bedeuten kann, weil fehr vielmehr durch nachfolgende
Wötter ausgedrückt ift: 8||, 9, 11||, 12||, 13, 14,
15, 17, 18||, 19, 21||, 23, 24||; auch der Mithr.
(195ⁿⁿ) hält es für verftärkend und für das laym.
ka grofs: f. über diefe Differenz oben S. 503ᵃ⁻ᵃᵃ
b) er? *kä hui* er? ift 8, *känogooso* dafs er
liebe 2 c) er? nach dem Verbum 4 d) ihn (vor
dem Verbum) 2 e) diefer 5, das? *(acc.)* 20, welcher 16 f) dafs? 2, 7, 12 g) *ke* X, *kö* (*œ*) G vorgefetzt vor Erde II, VII 2) wo fehr zu feyn
fcheint: 18, 20; *kättenyi* recht wenig 23 (viel-
nicht?); es liegt auch in *kanduguagunyi,*
känd. ufw. recht fehr (f. S. 507, bⁿ) 3) unbekannt: 5 (viel Freude), XG V *(ke, kœ)*

l — A = *la:* 1) Zeichen des Nominativs:
Diosil Gott 32, *tamal* der Menfch (H *uomo-
il*) 33, viell. *kalal* Waffer 64 (von *kahal*) 2) des
Accufativs: *guil* feine 33; vgl. *nagaal* wegen

la — A = *l:* 1) Zeichen des Nominativs:
Dios-la Gott: oft in der chriftl. Lehre, z.B. 23;
tammald Menfchen GI; *buhula* dein? XGIII
gegen *buhu* I 2) des Dativs: *pennayula* uns
XGV (oder wir?) 3) f. *la* auch an defshalb (Adv.),
dagegen *nagaal* wegen; *gambuegjula* ufw.
und *tagamuegla* f. Cochimi-Wörter

m — A: *gkambim* wohl 20 (fonft *ami*, *ambi*)
ma — Vo.? **decuinyi* enden 5, *macuinieng* ins ewige? 40

mang L ift nach Ducrue (395ᶠ; vgl. Mithr.
195ᵃᵃ⁻ᵃᶠ) eine Expletiv-Partikel, bedeutend: ge-
wifslich; f. es angehängt 51, 52, 61: vgl. noch 50;
auch nachgefetzt: 62

mo — A 1) Poftpof. des Orts: der Ruhe wie
der Bewegung: *ambayujup-mo* im Himmel 9,
15, 17, 18, 21; wohl auch *A* XG; zum Himmel:
4, 6; *amet é mo* (*é mo*) auf f. bei *é* 2) daher
gewöhnliches Zeichen des Accufativs, wie *la* des
Nominativs: *Dios-mo* Gott oft: z. B. 9, 12; H
überfetzt es wohl durch *a:* *Iddio-a* (2, 4), *Dio-a*
(9); *guagua-papà-mò* unfern Herrn 7 3) aber
auch Nominativ: *Dios-mo* 8, 24 (H hier: *Iddio-il*)
. *najua* — man kann nicht? 10, *ng* f. *ang*, *nò*
f. bei *é*; *nyi, ñi* A nicht: f. S. 508, aᵃᵃ⁻ᵃᶠ

omui — f. S. 502ⁿⁿ⁻ⁿᶠ

p — A in *duuñip* kann oder können nicht,
in *ambayujup* und *ambayup* Himmel gegen
ambayujui; auf p endigt *thevap* und *teguap* Brodt

yaa — 1) diefer (was auch der Mithr. 196ⁿ fagt)
XGIV; diefes 3, 19, *yaa bujuet* diefe Dinge
13; jenes 14; diejenigen 12, 15, diejenigen (welche) 9; *yaa mba* das was 20 2) welche (nach
Subft.) XG A, 17, 21, 23 *(acc.);* *hi yaa* das
was? 3 3) Dinge, Sachen? 13, 14 (vgl. aber *yaa
bujuet* diefe Dinge) 4) als *(tanquam)* 16 5) *yaa*
ift noch an vielen Stellen zu prüfen: z. B. XG VII

§ 457, n. **IV.** Unbekannte oder ungewiffe und mehrdeutige **Cochimi-Wörter**

abadakegem f. *aviuvehám*, *amet é* od *ammet é* f. S. 502ⁿ, *auiñe* f. *uiña*, *aviuvehám* oder
abadakegem V, *ayute* 40; *bogodoño* X, *dogodognó* GII (endigt wie *nogodoño* lieben); *bujuet*
f. S. 502ⁿⁿ, *cassetajuang* VI, *dalamai* Lehre? 26 (vgl. L *dalama* fprechen); *decuinyi* f. befriedigen,
enden *(nyi* ift: nicht); *deegyi* f. S. 502ⁿⁿ, *dogodogno* f. *bogodoño*, *duuñip* (*duu*+ können, *ñi* nicht)
f. S. 502ⁿⁿ⁻ⁿᶠ; *gambuegjuà* XGVII, *gambuegjula* XGV (vgl. *puguegjua*): *tagamuegla* oder *tagum.*
XGVI, *tagamuegjuà* X und *tamuegjua* GVII; *gkajim* XGI, II (vgl. *pagkajim*); — *gkomendà*
erkennen XGI, *k'gomenda* kennend 19, *gkagcomenda* hört 20; ein anderes Wort für wiffen ift in
26 zu fuchen; — *guilugui* XGIII, V, *guiluguigui* und *guiluguigi* XGIV; *guimma* das ift? 14, *hijue*
38, *inamenit* oder *mamenit* BVI, *iñimbal* f. alle S. 507, aᶠ, *iyeg-ua* VI (der Mithr. vergleicht damit
197ⁿⁿ *higua*), *kuuimurek* 26, *machi* I IV, *macuinieng* ewiges-in? (vgl. *decuinyi* f. enden; *nie* =
nicht; f. S. 508, aⁿⁿ und 509, aᵐᵐ), *mamenit* f. *inamenit*, *mayi-acg* I VII, *midauai* gut? 28, 29 (fonft
ami); *midiabet* 36, *midiaipea* 26; *mien* 38; *mijà* X, *miya* G A: in? du bift? (f. bei feyn S. 505);
muac und *muak* 28, 29, *mumac* 33; *nakahit* oder *gnacahit* V (= *packagit*), *nakaviñaha* BVII,
nakaviu BVI; *nakum, guakum, pacum* VI (vgl. *ñak*); *nuhigua* V, *ñak* 26 (vgl. *nak*+), *ñangauak*

26, — *pac-kabaya* I VI; *pac-kagit* I V *(= nakahit)*, *pagkajim* (vgl. *gkajim*) wie? XGIII, V; *packanajam* I VII, *pagkaudugum* XGVII; — *pamijich* oder *pem*. XGIV, *pennayù* unfer? (f. Pron. S. 507, a^{aa}; nach H: Vater), *pogouinyim* XGVI (*nyi* kann nicht feyn), *puegiñ* XGII, IV, *pugijua* V, *puguegjua* und *puhu*. XGVI (vgl. *gambuegjua*); *pujui* f. bei machen, *tagamuegla* und *tagum*. f. *gambuegjula*, *tajas* zurück? 39, *tayai* 40; *tegem* I I, *tejueg* XGIV; *tevichip* V, *teviriec* BVII; *uayecg-jua* I VI; *udaahi* f. S. 502^{nf}, 508, b^{aa} und 509^{a}; *uihi* 38, *uihihu* beobachten? 33, *uihiujua* Lehre? 26 (vgl. *uihiliai* Gouverneur 37 und *uiitajai* er wird thun 39); *uiña* Strafse? zeigen? 36, *auiñe* 26, zeigen? 36; *uja* 31, *ujua* 36 (Mithr. 197^{aa} bemerkt', *uju* fcheine: gehn zu bedeuten; vgl. S. 504^{n} gehn), *usimahel* XGVII kann von *usi* Feuer kommen, *uyibaha* f. S. 502 vorletzte Z. und 504, b^{m}, *vajua* 25, *vem* oder *guem* Endung VI, *vichip* V, VI, *yanno* XGIV, *yicue* oder *yieué* IV, *yijual* f. bei *deegyi* S. 502^{nf}, *yute* 40

§ 457, o. Folgendes find die Übereinftimmungen und Abweichungen, welche eine Vergleichung zwifchen dem COCHIMI und der LAYMONISCHEN Sprache: oder vielmehr, da fie ausgemacht diefelbe Sprache, wenn auch verfchiedne Dialecte, find; die Wortvergleichung der beiderfeitigen, mit zwei verfchiedenen Namen belegten Texte *Barco's* und *Ducrue's* ergiebt: genau gleich in der Form, diefelben Wörter find: Feuer, Menfch, fterben, Waffer, mein und unfer, fein, nicht, Anfatz *jua*; eine geringe oder fehr geringe Verfchiedenheit in der Form zeigen: Jahr, leben, lieben, (fprechen), Vater (Laym. übereinftimmend mit dem Worte des *vocab. poligl.*), Zahlen 1 und 3, noch; eine ftärkere Verfchiedenheit der Form, aber die Identität des Wortes genugfam hervortretend: grofs, Mond, Zahl 2; eine bedeutende Verfchiedenheit, bei der aber wahrfcheinlich noch Identität des Wortes ftatt findet: Frau, diefer; it., wo die Identität ungewifs ift: Bauch, Stein. Ganz verfchieden find beide Sprachen, Dialecte oder Texte in den Wörtern: gut, Nacht, fehn, füfs, 4 und 5; auch werden im Laymonifchen manche Hülfswörter des Cochimi nicht fichtbar: wie die Cafuszeichen *c*, *l* oder *la*. Die Übereinftimmungen würden mächtig erfcheinen, wenn wir beiderfeits über diefelben Begriffe gebieten könnten; das kleine laymonifche Stück liefert aber nur fo viele auch in den Cochimi-Texten vorkommende Wörter; darum gewährt es auch kaum bei ein paar Wörtern Hülfe zur Aufhellung des dunkeln Stoffes im Cochimi. Ähnlichkeiten zwifchen beiden Sprachweifen f. auch vom Mithr. aufgeftellt S. 195^{m}-6^{a}, und was aus der vergleichenden Worttafel 198^{m}-9^{m} erfichtlich wird.

Die Cochimi- und laymonifche Sprache hat, wie ich fchon S. 477^{m} angedeutet habe, durchaus keine Verwandtfchaft mit den SONORISCHEN noch mit der AZTEKISCHEN: bis auf das, wahrfcheinlich irrthümlich von Ducrue eingemifchte Zahlwort *nauwi* 4 = azt. *nahui* (f. S. 477^{m-mm}): zu deffen Ähnlichkeit nach beiden Seiten, dem laym. und azt., hin 2 fonorifche Sprachen hinzutreten: Ca *naiqui*, Ta *naguoco* oder *naguó*. Aufser diefer führe ich folgende, meift fehr unvollkommene und weit hergeholte Wort-Ähnlichkeiten der Cochimi- und laymonifchen Sprache mit fonorifchen an: Brodt unter andern *tamadá*, Te *temeke*; hart L *gehua*, Ta *peguá* hart feyn; Herr *guagua*, Te *gucuga* (worin *gu* grofs liegt); *iduuiduuec* er hat ihn' gemacht', Te *idduni* machen; fehn *ich* und *ghich*: Co *céha*, Ca *bicha* (aber *ch* ift hier = tfch); Sohn *uisai*, Ca *usi* (aber Coch. *usi* ift Feuer!); weinen L *awiangga*, Co *vyeine*; Zahl 2 *gogud* und L *gowac*: Ta *guoca* und *oca*, Te *gócado*. — In die *pronomina* und die folgenden Redetheile gehe ich nicht ein; doch bemerke ich, dafs *aha* ja fonorifche und weitere nordamerikanifche Verwandtfchaft hat.

Neu-Californien.

§ 458, a. Die nördliche Fortfetzung von Alt-Californien, das noch den Mexicanern gehört, ift NEU-CALIFORNIEN, feit 1850 ein Staat der nordamerika-nifchen Union, einft von Francis Drake Neu-Albion genannt: unglaublich reich an Völkernamen und Sprachen in erftaunender Vereinzelung und Fremdheit, reich an Wortverzeichniffen. Spanier, Franzofen, Engländer, Ruffen und neuerdings die, ruhelos die Länder durchrennenden Nordamerikaner, aufserdem Unternehmer grofser und wichtiger wiffenfchaftlicher Expeditionen: haben zufammengewirkt, dafs ich von diefem Lande ein bedeutendes Material darbringen kann.

Ich eröffne auch diefe letzte Provinz des ehemahligen Mexico's mit einer kurzen GEOGRAPHISCHEN SCHILDERUNG und GESCHICHTE: einer Beigabe, welché in' den, der grofsen nordamerikanifchen Union anheimgefallnen, mexicanifchen Nord-Provinzen aus der jüngften Epoche ftarke Contrafte darbietét, und bei dieser um fo nothwendiger ift: wegen des mit dem Lande vorgegangnen ungeheuren Wechfels, feiner jähen Verfetzung aus einer alten, alles unverändert laffenden Zeit in den Strudel der Neuzeit und einer anderen Civilifation von mächtigem Umfchwunge.

§ 458, b. Neu-Californien (la Nueva California, la Nouvelle Califorie), neuerdings fehr gewöhnlich Ober-Californien (Upper California, auch fchon früher fpanifch Alta California: Anf. des § 488, b) und (wie früher Alt-Californien) blofs Californien (vgl. S. 249ª) genannt, führte lange nebft feiner nördlichen Fortfetzung auf englifchen Karten und danach bei einigen Geographen den ihm von Drake gegebenen NAMEN Neu-Albion. Alex. von Humboldt (II, 436) macht bemerk-lich, dafs es nicht richtig ift, dafs Drake 1578 (vielmehr 1579: f. nachher S. 513ᵐ) die NWKüfte Amerika's entdeckt habe (f. 436-7); er fagt, dafs nach gewiffen hiftorifchen Daten der Name Neu-Albion auf den Theil der Küfte von 43°-48°, vom cabo Blanco de Martin de Aguilar bis zum Eingang der Fuca-Strafse, befchränkt werden müffe, weil Cabrillo fchon 1542 die Küften Neu-Californiens bis zum Parallel von 43° erforfcht hatte. Der Name hat aber einen noch weiteren Bereich, indem er auch über Neu-Californien füdlich hinaus noch den Norden von Alt-Californien begreift; diefs erhellt aus Vancouver's Reife, der, die Benennung allgemein für Neu-Californien gebrauchend, (voyage II, 1798. 4° p. 501ⁿⁿ) „die füdlichften Gränzen von Neu-Albion unter den 30° N. B." fetzt.

Von feiner GESTALT, welche der gazetteer unregelmäfsig nennt, befonders den verfchiednen Linien der öftlichen Gränze, habe ich fchon früher (S. 327ᵐᵐ) gefprochen; es ift ein langes und fchmales Land, gerichtet von SO-NW.

Die GRÄNZEN und der UMFANG Neu-Californiens find gegen N und O verfchieden ge-wefen: Humboldt fetzt es (II, 433) von der Bai Todos los Santos, füdlich von SDiego, bis zum Cap Mendocino (nach Mühlenpfordt 40° 29′ N. B.; f. noch unten § 458, g); durch den Tractat von Washington vom 22 Febr. 1819 wurde aber der 42te Parallelkreis N. B., als nördliche Gränzlinie des ganzen weftlichen Mexico's gegen die Verein. Staaten bis zum ftillen Ocean feftgefetzt, auch die Nordgränze Neu-Californiens gegen Oregon, und ift es auch nach der Abtretung geblieben (vgl. näher im § 458, g); das hier hinzugekommene Stück im N, vom Cap Mendocino bis Cap Orford (etwas mehr), wurde früher zu dem wilden Indianer-Lande gerechnet (f. oben S. 247ⁿᶠ-8ª, 250ᵐᶠ). Ich habe ferner im vorigen öfter hervorgehoben (f. bef. S. 247ⁿⁿ, ⁿᶠ, 324ᵐᶠ, 250ⁿ, 327ªª, 344ªᶠ, 348ªⁿ), dafs man vielfach Neu-Californien in Often eine unbeftimmte, weite Ausdehnung gegeben und das Land des Gila und Colorado, fo auch Utah, noch zu ihm gerechnet hat. Die Südgränze, gegen Alt-Californien, in etwa 32°½ N. B., etwas füdwärts vom Hafen SDiego, habe ich S. 457ªª-ªᶠ umftändlich angegeben; auch die 1850 vorgenommene Übertragung eines Stückes von Neu-Californien auf Neu-Mexico (S. 408ᵃ) gemeldet. Nach dem *gazetteer* liegt Neu-Californien zwischen 32° 28′ und 42° N. B., 114° 10′ und 124° 50′ W. L.; und gränzt in N an *Oregon*, in O an *Utah* (von dem es theilweise durch die *sierra Nevada* geschieden ist). Nach der Karte im Atlas von *Rogers* und *Johnston* (1857; und der zu *Ernest Seyd's California*, Lond. 1858) läuft die nördliche Gränze genau in 42° Br. hin, und liegt der Fluß *Klamath* ganz in Californien: diese Gränze beginnt im W über der *Pelican*-Bai, etwas nördlich von *point SGeorge* und *Crescent city* (welche 3 also noch zu Neu-Californien gehören), dicht über der Mündung von *Smith's river;* durchschneidet den nördlichen (nach der *expl. exp.* südlichen) Theil des *Klamath*-Sees und den *Goose* oder *Pitt's lake.* Im südlichsten Theile, nachdem die südliche der 2 grosen einen Winkel bildenden Linien an den *Colorado*, etwas nördlich von der Mündung des *Pah-Utah creek* und den *Mohaves*, angelaufen ist, bildet der *Colorado* bis zum Einfluß des *Gila* und Fort *Yuma* die östliche Gränze.

Die G ʀ ö s s ᴇ Neu-Californiens giebt *Humboldt* (II, 1811 p. 433) zu 2125 ☐*lieues* an: es ist nach ihm 197 *lieues* lang und 9-10 breit; *Mühlenpfordt* setzt es (II, 451) zwischen *SDiego* und Cap *Mendocino* 210 *leguas* lang und 10-11 breit; *Alaman* giebt (oben S. 197ᵃᵃ) Ober-Californien 49,851 ☐*leguas*, wovon die Nordamerikaner 49,488 erhalten haben; nach dem *gaz.* beträgt seine größte Länge 700 *miles*, seine größte Breite 335, die geringste 150: und es enthält 188,982 ☐*miles* (nach *Appleton*: 187,500).

§ 458, c. Die G ᴇ s ᴄ ʜ ɪ ᴄ ʜ ᴛ ᴇ Neu-Californiens beginnt mit C a b r i l l o, der schon 1542 seine Küsten bis 43° N. B. erforscht hatte; am 15 Nov. recognoscirte er die Bai von *Monterey*, die er *bahia de los Pinos* nannte. Während aber *Venegas*, *Herrera* und *Humboldt* (vgl. § 458, i bei *Monterey*) diese Entdeckungen dem *Cabrillo* zuschreiben, sagt *Duflot* (I, 96-97), daß er am 5 Jan. 1543 auf der Insel *SBernardo* gestorben sei, und legt seinem *piloto mayor* Bartolomé F e r r e l o dieses Vordringen bis zum 43° und beim Rückgange in 40° die Entdeckung des Caps *Mendocino* bei. Sir Francis D r a k e entdeckte 1579 (¹) die amerikanische Küste weiter, von 43°-48° (s. brit. Am. S. 316-7 Anm. und oben 512ᵐᵐ⁻ᵐᶠ). Der grose Seefahrer, General Sebastian V i z c a i n o, hatte, wie die von ihm 1602 angefertigten Pläne beweisen, auf seiner 2ten Expedition, 1602-3, sorgfältig das ganze Küstenland Neu-Californiens recognoscirt: das Cap *Mendocino*, das *cabo Blanco de SSebastian;* und in *Cabrillo's* Bai *de los Pinos* den grosen Hafen entdeckt, welchen er nach dem Vicekönig *Monterey* benannte. Mit seinem einen Schiffe soll nach *Torquemada* Antonio F l o r e z noch nördlicher gelangt seyn, bis zu *Cabrillo's* Fluß *de Martin. de Aguilar* in 43°. Pater K i n o ging auf seiner Reise 1701 auf das westliche Ufer des *Colorado* über, konnte aber seinen Plan nicht ausführen bis *Monterey* und Cap *Mendocino* durchzudringen. Manche Reisen sonst, die zur Erforschung von Alt-Californien unternommen wurden, erstreckten sich nach Neu-Californien; so recognoscirte der P. Taraval 1730 die *islas de los Dolores* (vgl. S. 470ⁿ), und brachte von seiner Reise Kunde von den Inseln im Canal *de SBarbara*. Aber erst 167 Jahre nach der entscheidenden Expedition des Gen. *Seb. Vizcaino* nahmen die Spanier Besitz von diesem schönen Lande (*Humb.* II, 438). Aus Furcht, daß andere Mächte Niederlassungen auf der NWKüste Amerika's anlegen könnten, befahl der Madrider Hof dem Vicekönig *de Croix* und dem *visitador Galvez* Missionen und Presidios in den Häfen *SDiego* und *Monterey* zu gründen. Zu diesem Zwecke liefen 2 Schiffe vom Hafen *SBlas* aus und legten im April 1763 in *SDiego* an, eine andre Expedition kam zu Lande durch Alt-Californien. Seit *Vizcaino* war kein Europäer an diesen fernen Küsten gelandet. Die ersten spanischen Ansiedler litten sehr durch Mangel an Lebensmitteln, an Obdach und durch Strapazen: alle bis auf 8 erkrankten; erst spät brachte die Land-Expedition der unglücklichen entstehenden Colonie Hülfe. Bestimmt wird erst das Jahr 1769 für Ansiedlung und für die Gründung der M i s s i o n e n angegeben (dem

---

(¹) Obgleich Alex. von *Humboldt* das Jahr 1578 angiebt, ist es doch gewiß, daß es 1579 war.

Galvez werden namentlich *SDiego* und *Monterey* zugefchrieben: S. 459ª⁻ᵃᵃ), denen die Francifcaner (¹) vorftanden. Neu-Californien war, wie Alt-Californien, unter der fpanifchen Herrfchaft eine Provinz des Vicekönigreichs Neufpanien, und blieb es auch nach Einrichtung der Intendanzen (f. S. 406ᵘⁿ); es ftand unter einem, in *Monterey* refidirenden Gouverneur, wie Alt-Californien unter dem in *Loreto* (Chamiffo's Reife S. 19). „Hinfichtlich feiner politifchen und kirchlichen Zuftände", fagt *Mühl.* II, 456, „glich Ober-Californien ftets ganz feiner fchwefterlichen Halbinfel". Nach der mexicanifchen Revolution wurde es (457), da es nicht bevölkert genug war, um einen eignen Staat zu bilden, als ein Terri-torium unmittelbar unter die Föderal-Regierung geftellt. „Es behielt einftweilen feine bisherige Verfaffung, bis das fchon bei Alt-Californien erwähnte Gefetz [Decret vom 17 Aug. 1833: f. oben S. 457ᵐᶠ] auch hier die Miffionen aufhob und in eben fo viele, von Weltgeiftlichen bediente Pfarreien verwandelte." Der gaz. berichtet auffallend (178, b), dafs das Land nur bis 1836 bei der mex. Republik geblieben fei, „wo die Einwohner fich empörten, die Mexicaner vertrieben und einen unabhän-gigen Congrefs bildeten." Diefs mag einen Augenblick gewefen feyn. *Duflot* fagt (1840-42: I, 316): beide Californien bildeten Ein Departement der mex. Republik, unter dem Namen *departamento de Californias*, mit einem Deputirten beim Congrefs; der Gouverneur zu *Monterey* ftand beiden Cali-fornien vor, Alt-Californien aber nur dem Namen nach: es wurde wegen der Entfernung durch einen *gefe politico* zu *la Paz* regiert. *Ternaux* läfst (331) einen „General-Commandanten beider Califor-nien in *Monterey* refidiren", und auch *Mühlenpfordt* giebt ihm (II, 461) diefen höheren Titel.

Schon *Mühlenpfordt* berichtet (II, 1844 S. 457): „dafs in neuefter Zeit von Europäern, nament-lich Deutfchen, verfchiedene Anfiedelungsverfuche gemacht find". Die Begierde nach dem fchönen Lande, das man fchon durch Kauf zu erlangen gefucht hatte, war ein Antrieb zu dem ungerechten Kriege, welchen die Vereinigten Staaten mit dem Beginn des J. 1846 gegen Mexico anfingen (f. S. 411ᵘⁿ); fie trugen es im Febr. 1848, im Frieden von *Guadalupe Hidalgo*, als reiche Beute davon. Der *gazetteer* fagt an 2 Stellen fo: nachdem es (Californien; 178, b) während des Krieges mit Mexico der Schauplatz mehrerer blutiger Kämpfe gewefen war, ward es durch den Friedensvertrag von 1848 ein Theil der Verein. Staaten, und wurde 1850 als ein fouveräner Staat in den amerikanifchen Bund aufgenommen; *since which time its almost daily history has been blazoned to the world, far and near, in the newspapers of the day;* — und (p. 173, b): „Am Schluffe des neulichen Krieges mit Mexico erwarben die V. St. durch Eroberung und Kauf (¹) einen, meiftentheils dürren, unfrucht-baren und gebirgigen Landftrich von beinahe 500,000 □*miles*, deffen gröfserer Theil bisher als das mexicanifche Territorium Ober-Californien bekannt gewefen war. Aus dem weftlichen Theile diefer unfruchtbaren Gegend fchuf der Congrefs der V. St. im Sept. 1850 den 31ten fouveränen Staat, unter dem Namen *California*." — Ehe die innere Regierung fich ordnete, herrfchte 1850 in der Provinz grofse Unruhe und Verwirrung, weil die oberfte Regierung unterlaffen hatte eine für das Land zu beftimmen; diefs findet man genau erzählt im *report of hon. T. Butler King on California*, Wafh. 1850. 8°. Der Staat Neu-Californien, mit einem Senate und einem Repräfentanten-Haufe, wird von einem Gouverneur verwaltet, der vom Volke auf 2 Jahre gewählt wird. — Durch die Entdeckung der Goldlager (f. unten S. 517ᵐᵐ⁻ⁿⁿ) wuchs der Zuflufs von Menfchen nach Californien ungeheuer

---

(¹) *Vancouver* fchreibt in feiner Reife (*voyage* Vol. II. 1798. 4° p. 499ᵃᵃ) vom J. 1793: dafs die „Miffionare vom Francifcaner-Orden ihre Wirkfamkeit nicht weiter füdlich als *SDiego* erftrecken"... weiter (ⁿᶠ): die Miffionen „des Dominicaner-Ordens, füdlich von *SDiego*, find 16 an Zahl... vom Francifcaner-Orden find nördlich von *SDiego* 13."

(²) Nach *R. S. Ripley, the war with Mexico* Vol. II. *New-York* 1849 p. 633-4 waren 2 Punkte des Friedensvertrages von *Guadalupe Hidalgo*: dafs die Verein. St. an Mexico für die Länder-Ab-tretungen (Neu-Mexico und Ober-Californien) 15 Mill. Dollars zahlen und die Schuld der mex. Republik an ihre Bürger übernehmen wollten, welche letztere auf 20 Mill. Dollars angegeben wird.

(nach *King* find in Folge deffen in 1 Jahre 100,000 Menfchen eingewandert; eben fo ins ungeheure nahm der Handel zu (f. § 458, i bei *SFrancisco*): mit China und durch eine Unzahl von Schiffen, welche aus den Vereinigten Staaten um das Cap Horn fahren.

§ 458, d. Schon die frühen fpanifchen Erforfcher beider Californien: *Vizcaino*, *Kino* und P. *Taraval*, hatten beobachtet, dafs die BESCHAFFENHEIT Neu-Californiens eine viel günftigere ift als die von Alt-Californien (f. *Venegas* I, 31nf-32mm). Der Unterfchied ift ein ungeheurer. *Humboldt* fagt (II, 1811 p. 440): *Autant le sol de la Vieille-Californie est aride et pierreux, autant celui de la nouvelle est arrosé et fertile. C'est un des pays les plus pittoresques que l'on puisse voir.*

Zwei GEBIRGE oder Gebirgsketten durchziehen Neu-Californien von S-N: der Küfte der Südfee in verfchiedenen Abftänden nahe, ihr gleichlaufend und durch das ganze Land ftreichend, die Küftenkette oder das Küften-Gebirge, englifch *coast range*: eine Fortfetzung des langen Berg-zuges der alt-californifchen Halbinfel; und im O und gegen die Oftgränze das Schneegebirge oder die *sierra Nevada*, welche erft fpäter beginnt, mehr Breite hat und ein breites Gebirgsland bildet. *Humboldt* nennt (II, 457) bei *Monterey* die Cordillere *de SLucia*, Mühlenpfordt (II, 461) die hohe *sierra de SLucia*. Der *gazetteer* giebt (174, a-b) folgende Schilderung: Ein niederer Gebirgszug, *the coast range*, tritt aus *Oregon* in Californien ein und erftreckt fich, beinahe gleichlaufend mit dem Ocean, in wechfelndem Abftande von 30-100 *miles*, bis 35° N. B., wo er fich mit der *sierra Nevada* vereinigt und in Californien eindringt. *Mount Linn* in 40° Br. ift die höchfte Spitze diefes Theiles des *coast range*, *SBernardino* in 34° erreicht die ewige Schneegränze. In diefem Theile liegen zwifchen der *sierra Morena* (nahe der Südfee) und dem *coast range* die Thäler des *SJuan* und *Buenaventura;* diefe letztere 60 *miles* lang und 15-20 breit; die *sierra Morena* oder *Brown mountains*, von 2000 Fufs Höhe, ziehn fich gegen das *Golden Gate* (Meerenge, welche in die Bai *SFrancisco* führt) herab, deffen füdliche Mauer fie bilden. Die Gebirge dicht an den Küften führen verfchiedene Localnamen: *Table hill* an der Bai SFrancifco, 2560' hoch; *monte Diablo* öftlich von SFrancifco, 3770'. Nahe der nördlichen Gränze des Staats, *in a spur of mountains running N. E. from the coast range to the sierra Nevada*, ift *mount Shasta*, der höchfte bekannte Berggipfel Californiens, von 14,400' Höhe; er ift mit ewigem Schnee bedeckt. — Das grofse Thal des *Sacramento* und *SJoaquin* erftreckt fich von N-S etwa 500 *m.*, mit einer durchfchnittlichen Breite von etwa 60 *m.* (*Appl.*: 75 *m.*, mit reichem Boden und warmem Klima), begränzt durch das *coast range* in W und die *sierra Nevada* in O. (Ihm reihen fich Seitenthäler an; diefs ift *Appl.*'s 1te Ab-theilung.)... Am nördlichen Ende des *Sacramento*-Thales ift ein 2tes, höheres Thal, von etwa 100 *m.* Länge und einigen taufend Fufs Höhe... Die Bergkette der *sierra Nevada* (*sierra N. range;* f. über fie Appl. 374-5) kann als eine Fortfetzung der *Blue mountains* von *Oregon* be-trachtet werden. Sie erftreckt fich beinahe gerade nach S, bis fie fich in 34° Br. mit der Küftenkette vereinigt, in ihrem Laufe die Oftgränze Californiens bildend bis zu 39° N. B., wo *Frémont*'s Pafs, 7200' über der Meeresfläche, fich befindet. In *Calaveras county* ift ein Vulkan, bei den Quellen des *Jackson river*. — Über die Schönheit der Gebirgsfcenen: *the magnificent mountain ranges, with their summits clad with everlasting snow*, fpricht der gaz. 175, b*; f. noch über eine na-türliche Felfenbrücke, über *Chyote cave*, über 2 tönende Felfen (*the Cathedral* genannt) 176, a*-f. — Nach *Appleton* (366) zieht fich die ganze Länge der *sierra Nevada* herab, unerfchöpflich, ein Waldgürtel von riefenhaften Bäumen hin (ein Wald folcher Riefenbäume ift *Mammoth tree grove*, an der Quelle eines Zweiges des *Calaveras r.*: f. 376). Der Küftenftrich (*Appl.*'s 2te Abtheilung) enthält Taufende von fchönen Thälern: einige fehr ausgedehnt, wie das des *Salinas*; diefer Strich hat wegen der See ein kühleres Klima. Die 3te Abtheilung, das Land im O der *sierra Nevada*, ift noch wenig bekannt, befonders gen Südoften; doch find auch da fchöne Thäler, wie *Car-son's valley*.

Tu 2

Ausführlich handelt über den Gegenstand John B. Trask in seinem *report on the geology of the coast mountains, and part of the Sierra Nevada*, bildend 2 Stücke der Legislatur des Staats (1854 und 1855). 8°; bei ihm find viele Namen zu finden. Er nennt *SBernardino chain, Monte Diablo range, SCruz mountains.*

Ich will noch die Bergnamen angeben, welche sich in dem Atlas von 1857 von S-N finden: an der SOGränze find *Pilot knob* und *Chimney peak;* nördlich im Innern *San Gorgonia mount* und *pass, SBernard's peak* (34°), *Quiqualnonigo* und *Cajon pass,* Pass *cañada de las uvas, Walker's pass,* eine Gebirgsgegend *the Park;* in der Mitte des Landes in der *sierra Nevada: mt Ophir;* in W *mt Ose, monte Diablo* in O von SFrancisco; — nördlich von der Bai SFrancisco liegen streckenweise gen N in der Küstenkette: *mt St. Helen, mt Ripler, mt St. John;* in der Mitte *Butte mts* und *Table mt; mt Linn;* in derselben Breite mit dem letzten gegen die OGränze *Pilot peak,* nördlich davon *mt St. Joseph;* — in dem nördlichsten Theil des Staats: in W *Trinity mts* (in der Breite der gleichnamigen Bai), nördlich davon *Siskiyou mountains;* in der Mitte *Shasta butte* (dem hier 17,600' gegeben werden): diefs erscheint vielmehr wie ein Gebirge, und fo nennt es auch Duflot; es wird auch die *Tschastl-* oder *Tshashtl-*Berge genannt; nördlich davon *Sheep rock.* — Die grosse Karte Neu-Californiens in den *senate documents of the 34th congr. sess. 3.* (1856-57) Vol. 4 No. 7 (in *sess.* 1 & 2. 1855-56 No. 9 befindet sich eine ähnliche grosse, in No. 26 eine kleine) zeigt folgende befondre Gebirgszüge: von 33°-34°½, von W gen O: *SAnna mts, Temescal mts, SJacinto mts, Coahuila valley;* sie umzieht im weiten Bogen *Bernardino range;* weit in O find *Providence mts;* über 34° find an der Küste *sierra de SMonica,* darüber *sierra de SSusanna,* bei SBarbara *sierra de SInez;* — in der Breite von *Monterey* befinden sich zwischen den langen Bergzügen des *Coast range* und der *monte Diablo mts* die *Gabilan mts,* nördlich davon gegen die Küste *SCruz mts.* — Der *gazetteer* nennt noch einzeln (176, b): *mount Prospect* von 5000' Höhe und *Salmon mountain,* 9 Monate im Jahr mit Schnee bedeckt, beide in *Klamath county; mt St. Helen's* 3500', *Saddle peak* 7200', *Table mountain* 8000', *Butt* am *South fork* 9000': alle in der *sierra Nevada;* 2 *Double peaks* in *Solano, Oregon hill* von 2800' in *Yuba county;* über die *three Buttes,* deren höchster 2483' hat, s. p. 176, a^{m-mm}.

Humboldt hebt (II, 434-6) die erstaunende Merkwürdigkeit hervor, dafs die kühnen Spanier nicht den Weg aus Neu-Mexico nach Neu-Californien und *Monterey* gefunden haben, da *Taos* unter derselben Breite als *SFrancisco* liege an nur 30 *leguas* von ihm entfernt ift. Diese Lücke ift spät ausgefüllt worden: durch die, von mir schon sonst (S. 251ᵃ, 253ᶠ, 345^{mm-mf}) erwähnte Handels-Caravane des Antonio de Armijo, welche (s. *Mühl.* II, 460^{mf-1ᵃ} und 539^{m}-40ⁿ) 1829 von Neu-Mexico nach Ober-Californien ging: sie brach 7 Nov. 1829 von *Abiquiri* auf und gelangte 17 Jan. 1830 nach der Mission *SBarbara,* 31 nach *SGabriel,* ihrem Ziel; ein Theil ging von hier nach Sonora, ein andrer nach Neu-Mexico zurück: letzterer verliefs *SGabriel* 1 März, erreichte 20 April *Jemez,* 25 April *Abiquiri (Abiquiu).*

§ 458, e. Von dem KLIMA Neu-Californiens sagt Humboldt (II, 440): „Der Himmel ift trübe *(brumeux);* aber die häufigen Nebel, welche sich landen an den Küsten von *Monterey* und *SFrancisco* schwierig machen, geben der Vegetation Kraft und machen den Boden fruchtbar, der mit schwarzer, lockerer Dammerde bedeckt ift." Heftige und sehr kalte N- und NWWinde wehen (441ⁿf). Der Gebirgskamm bedeckt sich (452ᵃf) im Nov. mit Schnee; und gegen das Cap *Mendocino* hin (Mühlenpf. II, 452) zeigen sich im Innern des Landes mehrere Berggipfel, die auch im Sommer damit bedeckt find. „Keine ansteckenden Krankheiten find hier bekannt" (Mühl. 454). — Der *gazetteer* sagt (176, b) folgendes: „Das Klima von Californien ift, selbst in bedeutenden Erhebungen, weit milder als in denselben Breiten am atlantischen Gestade, und die Winter find kurz und selten streng . . . An der Küste ift der Schnee eine Seltenheit. Die Sommer von *SFrancisco* und andren Theilen am Meere find unangenehmer als die Winter wegen der vorherrschenden Nordwest-Winde vom Ocean her, welche kältende Nebel mit fich führen .. fie ftofsen durch das *Golden Gate* gerade auf *SFrancisco* [wo die Temperatur in 24 Stunden manchmahl um 30° F. fchwankt]. Die gefchützten Thäler längs der Küfte geniefsen ein herrliches Klima." Das Klima ift nach Strichen verfchieden: der nördliche Theil hat mehr kältende Nebel in der warmen Jahreszeit, und mehr und längere Regen in der naffen als der füdliche Theil; und in den grofsen Thälern des *Sacramento* und *SJoaquin* ift die Hitze im Sommer gröfser als an der Küfte. Die Hitze ift nicht fo niederdrückend als im öftlichen Amerika. Von Winter und Sommer kann man nicht reden, man mufs die tropifchen Namen der naffen und trocknen Jahreszeit gebrauchen. Nach *Tyson* fängt der Regen im N früh im Herbft an, er zieht fich langfam gen S, erreicht *SFrancisco* Ende Novembers, *SDiego* einen Monat fpäter, wo die Regenzeit mit dem Februar zu Ende ift; und, zurückfchreitend, währt er fpäter ins Jahr hinein, wenn man nach N vorgeht: wo der Regen nicht nur länger dauert, fondern auch in gröfser Menge fällt. Während der trocknen Jahreszeit fieht man in einem Monat kaum eine Wolke in dem grofsen Thale. — In den Goldminen ftürzte nach Ballenftedt (Reife nach den Goldminen Californicns, Schöningen 1851. 8° min. S. 51) im Januar der Regen oft in Strömen herab, der Flufs trat aus; im Anfang Februars nahmen die Regengüffe gewaltig zu (52): mit Ende Februars (57) traten Froft und Schnee ein; über den kurzen Winter f. 60; es regnet oft in 6 Monaten nicht (84).

§ 458, f. Über die ERZEUGNISSE diefes fruchtbaren Landes darf ich nur vereinzelte Mittheilungen machen. Von der fehr fchnellen Zunahme von Anbau und Induftrie redet *Humb.* II, 1811 p. 443nf-4nn. Wenn *Mühlenpf.* (II, 462nf) noch fagt: „Minen find ... bis jetzt in Neu-Californien nicht entdeckt worden", fo fpricht der *gaz.* (174, bnf-5, ann) fo: „Es ift überflüffig zu fagen, dafs Californien eine der wichtigften Erz-Gegenden der Welt ift, befonders in feinen Goldlagern"; und zählt (175, a) auf als in verfchiedenen Theilen gefunden: Queckfilber, Eifen, Blei, Silber (in *Butte county, Marion c.*, reiche Gruben in *SLuis Obispo*), Platina (gewöhnlich mit dem Gold zufammen), Kupfer. — Über die weltberühmten Goldgräbereien im nördlichen Neu-Californien und deren Terrain handeln viele Schriften; ich führe nur die einfache Erzählung eines Deutfchen an (*Ballenstedt* S. 39-59) von dem Bezirk bei der Stadt *Stockton.* Über die Entdeckung fagt er (32-33): Der Schweizer *Sutter*, früher im franzöfifchen Militär-Dienft, ging nach Amerika, „leiftete dem mexicani- fchen Statthalter als Capitän einige wichtige militärifche Dienfte und erhielt zur Belohnung einen Strecke von 10 fpan. Meilen im Umfang. Diefs Land, eine völlige Wildnifs und von Indianer-Stämmen um- geben, hatte Sutter möglichft urbar zu machen gefucht und fich bei den Indianern in Achtung zu fetzen gewufst, fo dafs fie ihn bald als ihren Häuptling anfahen .. Im Winter 1847-48 bauete Sutter an einem Nebenfluffe des *Sacramento* [dem *American r.*] eine Sägemühle, wo bei Gelegenheit der Erweiterung des Mühlgrabens die erften Goldkörner gefunden feyn follen."(¹) Seine Niederlaffung hiefs nach dem *gaz.* (1046, a) *New Helvetia*, und die Entdeckung des Goldes war im Dec. 1847, nach *Appleton* im Jan. 1848. Den Cap. *Sutter* traf auch die *expl. exped.* als einen Anbauer am *Sacramento* an (f. § 501, b). — Der *gaz.* fagt über Goldgraben und Gold überhaupt: Am weftl. Abfall (174, b) der *sierra Nevada*, meift zwifchen 37° und 40° N. B., find die berühmten *gold diggings*, „zu welchen die Augen derer, die fchnell reich werden wollen", fo gierig gewandt gewefen find feit der erften Entdeckung von Gold in *Sutter's* Mühlengerinne im J. 1847." Aufserdem ift aber (175,a) diefes edle Metall auch in andren Gegenden in beträchtlichen Mengen gefunden worden, befonders in *Klamath county* im NW und in *Shasta county.* „Das zuerft entdeckte Gold war augenfcheinlich nicht am Ort *(not in place)*, fondern Abfpülung von den oberen Strecken *(regions)*; und wenn diefes ganz erfchöpft feyn wird, find grofse Maffen goldhaltigen Quarzes da, welche (mit gröfserer Arbeit und

---

(¹) Nach *Appleton's illustrated hand-book of American travel*, New York 1857. 8° p. 366 gefunden von James W. *Marshall* (in *Sutter's* Dienft, deffen Anfiedlung in das J. 1839 gefetzt wird) am *south fork* des *American river*, an der Stelle des jetzigen Dorfes *Coloma* (vgl. 375).

Kolten) wahrlcheinlich grolse Vorräthe diefes Metalls für künftige Gelchlechter liefern werden." Bis Ende 1851 waren in der Münze der V. St. $98\frac{1}{2}$ Mill. *dollars* californifchen Goldes niedergelegt worden, wozu vom *J.* 1852 $46\frac{1}{2}$ Mill. kommen = 145 Millionen; hinzuzurechnen find aber noch: ein wahrlcheinlich weit höherer Werth, der nach Europa in Staub oder Barren gefandt worden ilt; die ohne Angabe im geheimen herausgenommenen Summen, und vieles in Californien verbliebene. Der Prälident *Buchanan* lagt in leiner Botlchaft an den Congrels am 7 Dec. 1857, bei dellen Eröffnung: dals in den letzten 8 Jahren 400 Millionen Dollars in Gold aus Californien in die V. St. eingeltrömt leien. — Auch am *Klamath*-Flulle und am *Trinity r.* wird „Gold in Menge" gefunden (*gaz.* 570, b[mf] und 1161, a); und im Oct. 1857 meldete eine Zeitungsnachricht aus Neu-York, dals in *SRaphael*, oberhalb der Bai SFrancilco, ein reiches goldhaltiges Quarzlager entdeckt leyn lolle: „da man bisher geglaubt habe, dals Gold lich nur in den Höhenzügen linde, die von der *sierra Nevada* ausltrahlen." S. noch über Gold- und andre Erzlager in Neu-Californien Ernelt *Seyd, California and its resources,* London 1858. 8° p. 60[nn]-61[aa]. Nach *Appleton* (366[f]) linden lich im Kültenlande „Gold und die reichlten Queckfilber-Gruben der Welt", Gold auch (367[a]) am Olt-Abhange der *sierra Nevada;* er nennt auch Steinkohle und Eilen.

Die Pflanzenwelt ilt reich: „nirgend (*Mühl.* II, 457[m]) lieht man eine kräftigere und lchönere Flora, nirgend einen herrlicheren Baumwuchs"; l. *Ballenstedt* (65) über die herrlichen Blumen im März. Der wilde Weinltock (mit faurer Frucht) ilt einheimilch (l. *Humb.* II, 441[a-n]), die Millionare haben den europäilchen eingeführt. — Was die Thierwelt, belonders das Wild, anbetrifft, lo führt *Torquemada* (*Ven.* I, 45) an: dals es im Hafen *Monterey* lehr grolse Bären, *antas,* und den *tayés* von Alt-Californien (l. deren Belchreibung oben S. 478[f]-9[a]) ähnliche grolse Hirlche, mit langem Schwanz und ungeheurem Geweih, gebe; *Humb.* nennt unter den wilden Thieren (II, 451[f]-2) auch *berendos* (452[af]); und belchreibt (452[m]-5[aa]) eine, Neu-Californien allein eigne, rielenhafte Hirlch-Art, die in Alt-Californien nicht gefunden werde (allo verlchieden von dem *tayé*): in Heerden den zu linden. Der *gaz.* führt (177, b) auf: Eleunthiere *(elks),* Antilopen, californilche Löwen (eine Art Panther), *coyotes,* wilde Pferde. Von den vielen Filchen in der Bai *SFrancisco* redet lchon Fray Ant. de la *Ascension* (bei *Ven.* I, 56); dort werden die Arten genannt. Über den Wallfilchfang handelt *Duflot* I, 507-18; das Meeresufer beleben Heerden von Seeottern und Robben.

Über den Handel lelen wir in *Chamisso's* Entdeckungs-Reile (1815-18 S. 19): „Californien liegt ohne Indultrie, Handel und Schifffahrt öde und unbevölkert"; *Mühlenpfordt* (II, 459) nennt den Handel noch „unbedeutend": er wurde (ib. und *gaz.* 178, b) während des lpanilchen Belitzes haupt-lächlich von den Nordamerikanern betrieben, welche Neu-Californien wegen der in den Millionen zugerichteten Thierhäute und Felle beluchten; aulserdem von den Rullen wegen der Robben oder Seehunde. Über den rielenhaften Maalsltab, den er jetzt erreicht hat, verweile ich auf die Stadt *SFrancisco* (im § 458, i); er belchränkt lich aber, aulser dem Golde, auf Einfuhr.

§ 458, g. Um die Baien, Caps oder Landlpitzen und Inleln aufzuführen, theile ich 2 Re-visionen der Küste von Neu-Californien und der Südlee von S gegen N mit, eine ältere und eine neue, welche lich nicht in einander lchieben lallen. Die 1te ilt von Mühlenpfordt (II, 452[n]-3[n]): Von S gen N linden lich, wenn man vom Hafen (und der Bai) *SDiego* und der Spitze *de la Loma* ausgeht: die Inleln *SSalvador* oder *SClemente, SNicolas, SCatalina, SBarbara, STomas* (oder *Encapa* nach Duflot's Karte), *SCruz, SMiguel* (oder *SRosa* nach Df.), *SBernardo* (wo Juan Rodriguez *Cabrillo* ltarb): die Meerltralse zwilchen den Inleln *SCatalina, SBarbara* und *STomas* wird *canal de SBarbara* genannt; es folgen in 33° 25' die *ensenada de SJuan Capistrano* (453), dann *bahia de SPedro* (mit dem Hafen *SPedro* [462[mm]] in 33° 44' am Canal *SBarbara*), die Rhede von *SBarbara,* und die Caps *Fermin, Vicente, Felipe* und *Concepcion* (bei dem letzten endet der Canal *de SBarbara*); Bai *del Carmelo* zwilchen (nach) den Caps *Arguello, Sal* und *Esteros;* die grolse Bucht von *Monterey* in 36° 36', von den Caps *Pinos* und *del Año nuevo* begränzt; Spitze

Almejas: worauf die grofse Bai von *SFrancisco* folgt (von der ich S. 519^mf-nn u. 520ª befonders handeln werde), mit der weiten *bahia del Agua fresca;* die *punta de los Reyes* begränzt die Bai im N, und ihr (der Bai) genau weftlich gegenüber liegen im Meere die Felfen *farallones de los Frayles;* in 38° 10′ der *puerto de la Bodega (Drake's port)* und (39°) die Spitze *barra de Arena,* weiter hin *punta Delgada* und *punta de Vizcaino:* und endlich die weftlichfte von allen, das Cap *Mendocino* (in 40° 29′ N. B. [im Mithr. 206^a zu 40° 19′, in der *biogr. univ.* zu 41°½ angegeben] und 126° 48′ 45″ W. L.). Von hier bis zu 42° ftreicht die Küfte faft genau gegen N, und auf ihr finden fich die *bahia* und der *puerto de la Trinidad* und die Spitzen *SSebastian* (¹) und *Oxford* (nach der Weim. Karte von 1852 folgen nach einander und in Entfernungen von einander gen N: Cap *Vizcaino, pta Delgada,* Cap *Mendocino, Trinity*-Bai, *Rocky point, pt. St. George,* Cap *SSebastian,* Cap *Orford:* beide letzte liegen auf diefer Karte in *Oregon*). Es bleibt nach dem Atlas von 1857 gewifs, dafs beide letzte Caps in *Oregon* liegen; er verzeichnet fie als verfchiedene Landfpitzen, und zwar umgekehrt: zuerft *point Oxford,* und dann eine Strecke nördlich Cap *Blanco.* Merkwürdig ift, dafs, während diefe Hülfsmittel *Oxford* fchreiben (Atlas auch *port Oxford City*), gründlichere Quellen: *Humboldt* (II, 1811 p. 464), der *gazetteer,* die Karte der *expl. exp.* und *sen. docum.* (f. unten bei *Oregon* Anf. des § 505, e), den Namen *Orford* fchreiben. — Ich felbft mache folgende Revifion der Küfte nach dem Atlas von 1857, von S-N: *punta Loma, puerto Falso* (bei *SDiego*); ein grofser Strich genannt *bahia de los Temblores* (= der 1ten Hälfte des Canals *SBarbara*), in welchem, bis weit in die See hinein, liegen die Infeln: *SJuan* (Verwechslung mit *punta* bei Df.), *SClemente* oder *SSalvador, SCatalina, SBarbara, SNicolas; bahia de SPedro, pta Fermin, pta Vincent; pta Duma;* wieder eine grofse Meeresftrecke genannt *canal de SBarbara* (2te Hälfte): in ihr die Infeln *Anacape* (klein), *SCruz, SRosa, SMiguel; pta Concepcion, pta Arguilla* (lies *Arguello), pt de SPedro, pta Sal,* port *SLuis,* Bai *Esteras,* Bai *SSimeon, pta Gorda, pta Sur, pta de Lobos* oder *Carmel,* Bai *Carmelo, pta Pinos;* Bai *Monterey, pta de SCruz, pta del Año nuevo; pt Miramontes, pta de SPedro;* Bai *SFrancisco,* mit dem NEnde Bai *SPablo* (und diefe mit der Suisun-Bai, f. S. 520^a), *pt Boneto, Sir F. Drake's* Bai, *pta de los Reyes; Tomales pt, Bodega*-Bai, *Bodega head; pta Arena, pt Delgado, pta Gorda,* Cap *Mendocino; Humboldt*-Bai, Bai *Trinidad, Trinity head;* ganz im Norden *pt St. George, Pelican*-Bai.

Die grofse und tiefe **Bai** *SFrancisco:* nach Mühl. (II, 453) in 37° 48′, und durch einen Canal zufammenhangend mit der weiten *bahia del Agua fresca;* nennt der gaz. (175, a) den beften und geräumigften Hafen an der Südfee-Küfte. Sie hat die 2 Arme: die eigentliche Bai *SFrancisco* und die Bai *SPablo;* ihre Länge beträgt etwa 70 m. und ihre gröfste Breite 14 m. Eine Meerenge, etwa 1 mile breit und 6-7 lang, verbindet fie mit dem Ocean. „Diefe Meerenge wird nicht unpaffend das goldene Thor (*the Golden Gate*) genannt: *as it is the passage through which the multitudes* (175, b) *from every region of the world are constantly hastening in order to gather the wealth of this new and richer El Dorado.*" Zwifchen den Hügeln (*within the barrier of hills*) theilt fich die Bai in 2 Theile: der eine ftreckt fich nach S hin etwa 40 m., der andre nach N

(¹) Es herrfcht viel Verwirrung mit *cabo Blanco:* Ein *cabo Blanco de SSebastian* fetzt Venegas I p. 10 in 43°¼, I p. 191 in 41°½ N. B., die *biogr. univ.* in 42°. *Humboldt* bemerkt (I. B S. 316^mf), dafs *Cap Blanco* (in c. 43°) von *Vancouver* Cap *Orford* genannt wird. *Duflot's* Karte fondert 2 Landfpitzen: er hat ein *C. San Sebastian* weit füdlich vom *C. Blanco de Aguilar* oder *Orford:* dicht über *Pt. St. Georges,* ein wenig über der Mündung des *Tlamac,* in 41°½ (innerhalb Neu-Californiens); das *Cap Blanco* oder *Orford* in nahe 43° (ein ziemliches Stück nördlich über dem *Toutouni*-Flufs oder *r. des Coquins*). In 42° 58′ hat *Cap Blanco* eine Karte des *Oregon* in den *senate docum.* (1855-56): *port Orford* liegt aber ein Stück füdlicher, in 42° 48′; *Blanco* und *Orford* find 2 verfchiedene Spitzen: f. § 505, e Anf.

etwa 30 *m.*; am nordweftl. Ufer des füdl. Arms ift die Stadt *SFrancisco;* der nördliche Arm, *SPablo* (f. Appl. 371), ift durch eine 2te Meerenge, *Karquenas* (von Gibbs § 504 *Karquines*, von Appl. 371 *Carquinez* genannt), mit der *Suifun*-Bai (f. Appl. 372) gerade in O von ihr, welche 15-20 *m.* lang ift, verbunden. „Das goldene Thor ift der einzige Verbindungs-Canal zwifchen der Südfee und dem Innern Califorruiens."

Von S e e n ift zuerft zu nennen in der Mitte des Landes der grofse *T u l e*-See (fo in einem Art. des *gaz.*, 1164, b und bei Frémont), jetzt gewöhnlich und falfch *T u l a r e*-See genannt; früher als eine Reihe von Seen: *Tule*-Seen oder *los Tulares*, angegeben. Der Name ift das aztekifche Wort *tolin* Binfe, *Tular* ein fpan. derivatum davon; und ich habe über diefe Ableitungen wie über die Seen und Gegend fchon ausführlich S. 61ⁿ-62ᵃ gehandelt. Der *Tule*-See liegt nach dem *gaz.* in *Tulare* (richtig *Tular*) *county*, in der Mitte zwifchen der Küftenkette und der *sierra Nevada;* et wird 30-40 *m.* lang genannt, anderwärts aber (179, bⁿ), gewifs mit Zurechnung des *Kern lake*, 60 *m.*, und feine gröfste Breite ift etwa 22 *m.;* er fliefst aber nicht, wie es die Weim. Karte von 1852 dar- ftellt, in den Flufs *SJoaquin* aus. Das füdliche Ende des Sees wird im *gaz. Kern lake* (in 35° 10' N. B.) genannt: 15 *m.* lang und 8 breit, der den *Kern river* aufnimmt und auch *upper Tule lake*, der obere oder kleinere *Bulrush lake* genannt wird. Der Atlas von 1857 und die Karten der *sen. doc.* ftellen, die frühere Idee von mehreren Seen und den Namen *Tulares* rechtfertigend, dar: im S 2 kleine Seen: *Kern l.* und *Buenavista l.*, 2 ohne Namen in der Mitte, einen kleinen *Goose l.*, und darüber den grofsen See *Tulare*. — Das grofse Thal diefes Sees heifst *los Tulares* (f. Duflot I, 449 und 450).

Folgendes find die a n d e r e n S e e n von S-N, die ich vorzüglich der Karte im Atlas von 1857 entnehme: im füdlichen Theile *Dry lake* und *Soda l.* (vielleicht der Salzfee im W vom *Colorado*, den ich S. 269ᵐᶠ genannt habe); in der Mitte in O *Owen's l.* und nördlich davon *Mono l.* (mit *Mac Lean's river* im N), dabei der kleine See *Charles;* dann der kleine *Bonpland l.* (in el Dorado county, 14 *m.* lang und 6 breit, aus welchem die Karte von 1852 unrichtig den *American river* kommen läfst), weit nördlich davon die weftliche Seite des *Bigler l.* (der meift *Utah* angehört); — im nördlichen Theile gegen die Küfte der grofse *Clear lake* in 39° mit dem *Cache creek;* nörd- licher, gegen die OGränze, 2 kleine Seen, darüber *Eagle l.;* — an der NGränze find in der öftlichen Hälfte: *Klamath l.* (verlegt der *gaz.* 570, b nach *Oregon*), *Rhett l.*, *Wright's l.*, *Goose* oder *Pitt's l.* (nach dem Atlas, oben S. 513ᵃ, werden die Seen *Klamath*, *Goose* und *Pitt's* von der Gränze durchfchnitten); die kleine Karte der *sen. doc.* hat zwifchen *Rhett (Tuilla) l.* und *Goose l.*, dicht unter der Gränze: *Ampa l.* und *Ingall's l.;* Duflot nennt noch (I, 454) den *lac Masqué* in der Gegend des *Shasta*-Gebirges.

§ 458, h. Mit den F l ü s s e n Neu-Californiens, deren wir jetzt fo viele zu nennen wiffen, war man his vor kurzem beinahe ganz unbekannt. Man hatte im allgemeinen das Verhältnifs der 2 grofsen Flüffe, welche fich bei der Bai *SFrancisco* begegnen, aufgefafst; aber ihre jetzigen Namen *SJoaquin* und *Sacramento* kommen kaum vor, (¹) fondern dafür *SFelipe* und *SFrancisco*. Nach K o t z e b u e (Entdeckungs-Reife 1815-18 S. 8) ergiefsen fich in die Bai *SFrancisco* 2 grofse Ströme, deren nördlicher der gröfsere ift und von den Spaniern *rio Grande* genannt wird; er wird als fehr grofs gefchildert. M ü h l e n p f o r d t (II, 452) kennt nur den *rio de SFelipe* und den *rio de SFran- cisco*. Der *rio de SFelipe* wird vielfach früher genannt (f. oben S. 262ᵃᵃ, 277ᶠ, 336ᶠ), auch von Humboldt (f. oben S. 262ᶠ); von Mühl. als entfpringend in *Utah* (oben S. 332ⁿ), Abflufs des Sees *Timpanogos* (335ⁿᶠ; nach Andren des Sees *Teguayo* 336ⁿᶠ) und mündend bei *Monterey* (II, 452ᵐᶠ). Der *rio de SFrancisco* entfpringt nach Mühl. gleichfalls in *Utah* (oben S. 332ⁿ), foll Abflufs des Sees *Timpanogos* feyn (335ᶠ), und fällt in die Bai *SFrancisco* (II, 452); er fei aber wenig bekannt. Trask nennt einen Flufs *SFelipe* in *SClara county*.

_____

(¹) Ich nehme z. B. aus, dafs Chamiffo (S. 23) den „*Rio del Sacramento*" nennt.

Nach der jetzigen Wirklichkeit find der Hauptgegenftand in Neu-Californien die 2 grofsen Flüffe *SJoaquin*, fliefsend von S-N (SO-NW); und *Sacramento*, fliefsend von N-S: die bei der Bai *SFrancisco (Suisun)* auf einander ftofsen und fich in fie ergiefsen; ein Arm des *Sacr.*, der kleine Flufs *Jesus Maria*, bildet nach Duflot (I, 448-9) mit den beiden grofsen 3 Gabeln. Nach dem *gaz.* (175, b) vereinigen fich die 2 grofsen Flüffe, in entgegengefetzter Richtung fliefsend, etwa 15 *m.* oberhalb der *Saisun*-Bai, in welche fie ihre vereinigten Waffer ergiefsen; jeder der 2 Flüffe hat eine Länge von 250-300 *m.* [mehr]; alle ihre Zuflüffe von Bedeutung kommen von dem Abhang der *sierra Nevada* herab; nahe bei ihrem Zufammenflufs fällt in den *Sacramento* (nach Andren in den SJoaquin) der *Moquelumne* (*sen.* kl. Karte *Mokelumne*, gr. *Mokalumne*, Weim. K. *Mukelemnes*, Ball. 40 *Macallemai*). — Der *rio de SJoaquin* entfpringt (*gaz.* 1047, a; f. noch *Appl.* 378) in der *sierra Nevada*, fliefst zuerft gen S und SW, dann plötzlich und immerfort gen NNW, und vereinigt fich nach einem Laufe von 350 *m.* in 38° 10' N. B. mit dem *Sacramento;* auf der Karte von 1852 erfcheint er unrichtig als der Ausflufs der *Tule*-Seen. Er nimmt (nachdem ihm * ein *King's r.* von S zugegangen ift) auf feiner Oftfeite eine Reihe von Flüffen auf, die nach dem Atlas und der grofsen Karte *sen.* (*) von S-N heifsen: *Cottonwood creek*, *Fresno*, *Chowchilla* (* *Chewehilla)*, *Mariposa* (* mit einem Gewirr von Nebenarmen), *rio de la Merced*([1]), *Tuolumne*, *SEstanislao* (*Stanislas r.), French camp c., Calaveras r., Dry c.* (ift nach *sen.* Zuflufs des *Mokalumne* vom *Sacramento*). — Der *rio del Sacramento* entfpringt ganz im N der Provinz in den *Tshashtl*-Bergen (Karte von 1852) oder *(gaz.)* „in einem Bergzuge, welcher von der Küftenkette fich nordöftlich gegen die *sierra Nevada* hinzieht";([2]) er ftrömt zuerft gen SW, dann immer gen S, durch ein höchft fruchtbares Thal: und erreicht, nach einem Laufe von 370 *m.*, den *SJoaquin* bei der Spitze *(head)* der *Suisoon*-Bai. Duflot fagt (f. I, 451-5): bei feiner Mündung zeigt er 2 Arme, deren weftlicher *rio de Jesus Maria* genannt wird. Er ift bis 40° 15' N. B., 200 *m.* lang, fchiffbar; und es wird ein ungeheurer Fifchfang in ihm betrieben. In ihn fliefsen (nach dem Atlas und *sen. doc.)* ein auf feiner Oftfeite, von N-S: *Pitt r.* (mit *Fall r.* und *Canoe creek), Cow c.* und *Dry c.* (* mit vielen andren herum), *Battle c., Antelope r.* (**c.), *Mill c.* (Atl. *Milk c.), Deer c., *Rock c., Chico c., Butte c.* (* mit *Table mtn c.);* dann der grofse, vielverzweigte *Yuba r.* oder **Feather r.* (**Yuba* ift hier nur ein mittlerer Zuflufs), auch *Plumas* genannt: oben mit vielen *forks; Bear r., Bear c.;* der grofse, vielverzweigte *American river* (mit *Martin's fork;* auf der Weim. Karte von 1852 kommt er aus dem *Bonpland*-See), *Prairie c.;* hiernach folgt noch auf der grofsen Karte die Vereinigung der Flüffe *Cosumnes r.* (andere *Cosemnes;* wohl = *Cassima* der *expl. exp.*, § 501, b), *Lagoon, Dry c.* und *Mokalumne r.* (vgl. hier ᵃᵃ); — auf der Weftfeite, von N-S: *Clear c.*,

([1]) Der *rio de la Merced*, in *Mariposa county*, nahe der Mitte Neu-Californiens, fliefst gen WSW und mündet 75 *m.* über *Stockton;* unter der Mündung liegt *Merced city.* Bei feinem Eintritt in das ungemein fruchtbare *Yohamite-* oder (nach *Appl.* 377) *Yofemity-*Thal, überragt von ungeheuren Granitfelfen und mit riefigen Bäumen geziert, ftürzt der Flufs über die Felfen 3100 Fufs in die Thalfohle hinab: in einem grofsen Sturz von 2100' Höhe und zwei kleineren von 600' und 400'; er bildet nach *Ernest Seyd* in feinem *California and its resources*, Lond. 1858. 8° p. 120-1, den höchften und prächtigften Wafferfall der Welt. S. eine Abbildung des Wafferfalls vor dem Titelblatt; eine des Felfenthals bei p. 120, eine andre bei *Appleton* p. 377. Diefer giebt dem *Yosemity*-Fall 2500 Fufs Höhe: in deffen Nähe noch 4 andre Fälle, von 200-900 Fufs, feien.

([2]) Nach den obere (variirenden) 2 Karten der *sen. doc.* kommt der obere *Sacramento* (gr. auch *Pitt r.*?) aus NO, nach der kl. aus dem *Goose lake;* und nimmt auf feiner NSeite *Falls r.* (gr. dann in S *Ponsette r.*), dann *Mc Loyd's r.* (gr. *Mc Cloud's fork*), dann (kl.) einen genau N-S fliefsenden, aus *mount Shasta* kommenden Flufs auf, welchen der *Sacramento* fortfetzt, indem er von da an gerade gegen S fliefst.

Cottonwood c., *Dry c.*, *Red Bank c.*, *Oats c.* (* dafür *Elder c.*), *Tom's* oder *Willow* c., *Stony* c., **Willow* c., **Grapevine c.*, *Sycamore c.*, *der grofse *Cache c.*, *Puta c.*, *Ulates* c. Duflot nennt als Nebenflüſſe: (in W:) *Beaulieu*, *Young*, *Martin; (in O:) *trois Buttes* u. a.

Nach diefen 2 Hauptflüſſen ift der *rio de SBuenaventura* zu nennen: kleiner als der *SJoaquin* und füdlich von ihm, aber auch von SO-NW, an der WKüfte hin und ihr im langen Laufe parallel, fliefsend. Er heifst auch *Salinas* und entfpringt (*gaz.* 1040, a) am Oft-Abhange der Küften. kette im öftlichen Theil von *SLuis Obispo county;* er bewäſſert (175, b^mf) einen Theil des Thals zwifchen der *sierra Morena* und den Küften-Gebirgen, wendet fich dann gegen das ftille Meer und fällt in 36° 45′ N. B. in die Bai von *Monterey*. Zuflüſſe von ihm find (nach gr. *sen.*) auf der OSeite: in S *SJuan* mit *Choloma c.*, in N *SLorenzo* und *Chalon c.;* auf der WSeite: in S *Naci- miento c.* und *SAntonio c.* — Nach ihm ift zu nennen der bedeutende *Mohave*-Flufs im füdlichen Theile, weftlicher Nebenflufs des *Colorado* (f. oben S. 256^af).

Die öftlichen Zuflüſſe der Tule-Seen find (nach dem Atlas von 1857 und * der gr. Karte) von S-N: *Tejon c.*, *Park r.*, *Kern r.* (vgl. S. 520^af; * mit *Walker's* oder *Tahichapa c.* in O, füdl. mit *Emidio r.*), *Pose* (**Posey) c.*, *Cottonwood c.*, *White c.* (**r.*), **Flat c.*, *Moore's c.*, *Tule r.*, **Spackwood's c.*, **Cross c.*, *Pipauna r.*, *Elbow c.*, der grofse *King's r.;* nach andren Karten gehn *Mariposa* (f. S. 521^m) und *Lake fork* in das nördl. Ende des Sees. — Der *Tlamath*. oder *Klamath*-Flufs oder *Tututulna* (*expl. exp.*) im höchften N, mit feiner Quelle und einer oberen Krümmung im Oregon-Territorium liegend: deſſen Mündung die früheren Karten (*expl. exp.* und danach die Weim.) auch nach Oregon (in 42°½) legen; die neuen (513 Z. 6) aber (*gaz.*, Atlas, beide *sen.* und fogar fchon Df.) nach Californien: in etwas mehr als 41°½, zwifchen *Crescent city* und *Trinity head;* entfpringt aus dem *Klamath*-See im füdweftl. Theile von Oregon (*gaz.;* nach Df. II, 38 it. aus dem See, aber am Fufs des *Shaste*-Gebirges, unfern der Quelle des *Sacramento*). „Er ftrömt im allgemeinen gen S, indem er die Gräuzlinie zwifchen Oregon und Californien durchkreuzt, bis er die Waſſer des *Rhett*-Sees empfängt; darauf fliefst er nordweftlich in Oregon hinein; wendet fich wieder und nimmt eine füdweftliche Richtung an bis zu feiner Verbindung mit dem *Trinity river;* endlich nimmt er wieder einen nordweftl. Lauf an und fällt in 41° 30′ N. B. in das ftille Meer." Seine Länge beträgt 250 *miles*, vor feiner Mündung ift eine Barre; er ift auf eine kurze Strecke fchiffbar. — Die Karte des Atlas ftellt den *Klamath* dar als von O gen W laufend, mit einer grofsen Windung nach S; auf feiner SSeite nimmt er von O-W auf: *Butte c.*, *Shasta r.*, *Scott's r.*, *Salmon c.* (bei Gibbs *Salmon r.* oder *Quoratem r.* genannt: f. § 504). Auf feiner SSeite fliefst darauf, von S-N ftrömend, in ihn der grofse *Trinity river (Trinidad):* mit *South fork*, und auf der OSeite mit: *North fork*, *New river* (ein andrer ift S. 269^mf im S, weftlich vom *Colorado*, genannt); diefer entfpringt (*gaz.* 1161, a) im öftl. Theil von *Klamath county*, am Fufs der Küftenkette: fliefst zuerft gen SW, dann NW und fällt in 41° 20′ N. B. in den *Klamath* (bei Df. und nach ihm auf der Weim. Karte von 1852 ift er ein Küftenflufs, der in die *Trinity*-Bai fällt).

Nach Darftellung diefer grofsen Flüſſe und Hauptgruppen nenne ich die Küftenflüſſe von S-N, welche ich auf der Karte des nordamer. Atlas vom J. 1857 (und * der gr. der *sen. doc.*) an- gegeben finde: **rio de SDiego*, **SBernardino*, *rio de SLuis* (**Rey*), **Margarita*, *SAna*, **Coyote* (mit einem Ort *Coyotes*), *SGabriel* (in den kurz vor feiner Mündung in N und W der *rio de los Angeles* fällt), *SFrancisquito* (mit *caxon de Tenoco*) (* ftatt feiner *SClara*), *SInes*, *SMaria* (* nach der Vereinigung mit dem *Cuyamos Rio grande* genannt), *rio del Carmelo* (fchon bei Mühl. II, 453^m), *SBuenaventura* oder **Salinas* (f. ^a-aa), *Paxaro; Guadalupe*, **Coyote* und **Penitencia c.* (alle in die SSpitze der Bai *SFrancisco* fallend); **Alameda c.*, **SLorenzo c.*, **SLeandro c.* (diefe in die OSeite der Bai); *Napa c.*, *Sonoma c.*, **Petaluma c.*, *Daniel's c.*, **estero Americano* (ein langes Haff füdlich bei *Bodega);* der grofse *Russian river* (fliefsend von N-S: nördlich von *SFrancisco*, beim Fort *Ross*, in die Südfee gehend): früher *SSebastian*, von den Ruſſen Словянка *Slowjanka* genannt (f. § 497); *Bear r.*, *Mendocino* oder *Eel r.* (in fein *main fork* fallen nach einander die Flüſſe *Miles* c. und *Kelsey's* r. im S, *Vendusen fork* im NO), *Elk r.*, *Mad r.* (f. § 503 oft; Atl. *Mud r.*), *Red Wood* c., *Klamath* (f. S. 522[m-mf]; in der Gegend feines Nebenfluſſes *Salmon r.* nennt Gibbs § 504 *Bluff* c.), *Elk c.* (vgl. 2 Z. zuvor), *Smith's r.* mit *Hinac r.* (die Weim. Karte hat nördl. vom *Russian r.*: *Maron r.*, *Trinity r.* [beide auch Df.], *Pigeon r.* mit *Smith's r.*).

Ich liefere zuletzt eine kleine alphabetiſche Reihe von noch nicht vorgekommnen Flufs-namen aus verſchiednen Quellen, faſt alle aus Trask (alle nach *counties* [c.] beſtimmte): *Aguagos* in SClara *county*, *SAugustin* in SCruz c., *SBenito* in Monterey c., *la Brae* und *Camels* in SClara c., *Carnadero* in SClara c., *Carrizo* (nach Karten) ganz im S, *Corralitos* in Monterey c., *SFelipe* (f. S. 520 vorletzte Z.), *los Gatos* in SCiara c., *SJacinto* innerer Flufs S vom *SAna* (522[nn]), *Jackson r.* nennt der gaz. bei den Gebirgen (f. 515[nn]), *Llagos* (wohl *Lagos*) in SClara c., *Lougell* in SCruz c., *SMateo* in SFranciſco c., *Owen's r.* (nach Karten) in der Mitte in O: in *Owen's lake* fallend, *Pescadero* in SClara c., *Syante* in SCruz c., *rio de los Truches* (Humb. *las Truchas*, in beinahe 36°) nennt Mühl. (II, 453[m]) nördlich vom Canal de SBarbara, *Vergeles (Berjeles)* in Monterey *county*.

Merkwürdige grofsartige Schwefelquellen, gleich den Geyſirs, finden ſich in *Napa county* (f. die Beſchreibung gaz. 175,[b]nn-6, a[af]), welche aus Hunderten von Seitenſpalten Gas mit ſtarkem Getöſe ausſtoſsen.

§ 458, i. Die BEZIRKE der nordamerikaniſchen Staaten heiſsen *counties;* Californien zerfällt ńach dem gaz. (174, a) in folgende 36 counties: *los Angeles, SBarbara, Butte, Calaveras, SClara, Colusi, Contra-Costa, SCruz, SDiego, el Dorado, SFrancisco, SJoaquin, Klamath, SLuis Obispo, Marin, Mariposa, Mendocino, Monterey, Napa, Nevada, Placer, Sacramento, Shasta, Sierra, Siskiyou, Solano, Sonoma, Sutter, Trinity, Tulare, Tuolumne, Yolo* und *Yuba;* nach *(post)* dem Cenſus von 1852 wurden gebildet: *Alameda* aus *Contracosta* und *SClara, Humboldt* aus *Trinity,* und *SBernardino* aus *los Angeles.* In *Trask's* Aufzählung kommt noch vor: *Amador* (ein Ort in 38° 26', im Innern).

Zur Zeit der ſpaniſchen Herrſchaft und bis in die neueſte bildeten die 18, zuletzt 21 Miſſionen der Franciſcaner neben mehreren *pueblos* der Indianer die einzigen bewohnten ORTSCHAFTEN Neu-Californiens. Die mexicaniſche Regierung, ſagt Humboldt (II, 1811 p. 433), hat ſeit 10 Jahren im Lande Miſſionen und Militärpoſten eingerichtet; nördlich vom Hafen SFrancisco, der 78 *leguas* vom Cap *Mendocino* entfernt iſt, findet ſich kein Dorf und keine Meierei. Über die Miſſionen ſagt Chamiſſo (1816, S. 19-20): ſie ſtehn unter den Franciſcanern; in jeder Miſſion ſind 2 Mönche, auf 10 Jahre. Zu *Humboldt's* Zeit (II, 440) gab es 18 Miſſionen in Neu-Californien, ſie regierten 36 Franciſcaner-Mönche, ihr damaliger Präſident war der P. Firmin *Lasuen.* Den Anfang der Grün-dung der Miſſionen ſetzt Humboldt in das Jahr 1769. „Von allen Miſſionen Neuſpaniens", ſagt er II, 442, „ſind die der NWKüſte in der Civiliſation am ſchnellſten fortgeſchritten: 1776 (443) gab es nur 8 Dörfer, 1790 11, 1802 18." *Vancouver* rechnet (oben S. 514[nf]) 13 Miſſionen. Nach *Mühlenpf.* (II, 452) war 1833 ihre Zahl auf 21 geſtiegen, und eben ſo viele führt die Tafel von *Duflot* (I, 320) auf; in dieſem Jahre wurden die Miſſionen aber aufgehoben und in Pfarreien verwandelt (Mühl. 454 und oben S. 514[aa]). Die Tafel Duflot's ergiebt, als Folge dieſer Maaſsregel, eine ungeheure Abnahme der Seelenzahl der Indianer in dieſen 21 Ortſchaften: im J. 1834 30,650 Einw., im J. 1842 nur noch 4450.

Weil es für meine Bearbeitung der Völker und Sprachen Neu-Californiens wichtig iſt, ſo gebe ich hier ein einfaches VERZEICHNISS der 21 ehemaligen MISSIONEN Neu-Californiens, wie ſie von S nach N auf einander folgen, und einiger *pueblos* unter ſie gemiſcht, welche in ſpaniſcher und mexi-caniſcher Zeit ſchon vorhanden waren und von *Mühlenpfordt* oder *Duflot* angegeben werden. Die 18 alten Miſſionen *Humboldt's* find ohne Zeichen, die 3 (4) neuen mit einem Stern * bezeichnet, und die *pueblos* mit einem Kreuz †. So, von S nach N, hat ſowohl Humboldt (II, 1811 p. 455-8) als *Duflot* (auf Tafeln I, 318 und 320, und in weitläuftiger Ausführung I, 328-468) die Miſſionen und

pueblos verzeichnet. Nur einige wichtige Örter behandle ich ausführlich. Die Jahrzahl nach dem Namen bezeichnet das Jahr der Gründung; die Grad-Beſtimmung, wo ich nichts ſage, iſt von *Mühlen-*
pfordt und die Breite die von Paris. Von den Zahlen der Einwohner bezeichnet die 1te die *Hum-*
boldt's vom J. 1802, die 2te die *Mühlenpfordt*'s c. 1833 (vgl. § 458, k Anf.), die 3te die *Duflot*'s
vom J. 1834, die 4te die deſſelben vom J. 1842. Alle Miſſions-Örter werden ſowohl Miſſion als
pueblo genannt.

S Diego 1769 (von *Galvez* geſtiftet) — an der Bucht gleiches Namens, in 32° 39' 30" N. B. und
119° 38' 15" W. L. v. P. (Df. 119° 37' 13"): der älteſte Ort Neu-Californiens, mit vortrefflichem Hafen;
Einwohner 1802: 1560, Mühlenpfordt 1800; Duflot 1834: 2500, 1842: 500

S Luis Rey de Francia 1798 — Einw. 600 8_900 3500 650

S Juan Capistrano 1776 — an der gleichnamigen Bucht; in 33° 29' N. B. und 120° 13' 30" W.
L. (Mühl.); Df. ſetzt die Rhede 33° 27' N. B. und 120° 1' 24" W. L., eine andere Angabe von *S Juan*
iſt 33° 35' (*sen.* 33° 30'); Einw. 1000 1200 1700 100

†*puerto de S Pedro* — ein Ankerplatz am Canal *S Barbara*, in 33° 44' N. B.; weit von ihm
(wie es ſcheint, 7 *leguas*) liegt das *pueblo* (ſ. § 489, h)

†*pueblo de Nuestra Señora la Reyna de los Angeles* 1781 — 7 *leguas* landeinwärts vom
puerto de S Pedro, mit 1000 weißen Einw. (Mühl.); jetzt der wichtigſte Ort im äußerſten S genannt (ſ. Appleton p. 380)

S Gabriel Arcangel 1771 — nach Humb. und Mühl. unfern des Seeufers und in 33° 47' 30"
N. B. und 120° 42' W. L., aber nach Duflot und den Nordamerikanern nördlicher und mehr im Innern:
in 34° 12', *sen.* 34° 4' N. B.; Einw. 1050 1200 2700 500

S Fernando rey de España 1797 — in 34° 16' (*sen.*; aber Df.'s Karte 34° 25', Mühl. nach
Humb.'s Karte gar 33° 57') N. B. und 120° 57' W. L.; Einw. 600 — 1500 400

S Buenaventura 1782 — dicht am Meere, in 34° 17' N. B. und 121° 45½' W. L.; Einw.
950 — 1100 300

S Barbara 1786 — auch *presidio* (nach *Humb.*'s Karte und Df.) und Hafen: dicht am Meere,
am Anfang des gleichnamigen Canals, in 34° 26' N. B. u. 122° 5' 30" W. L.; E. 1100 1300 1200 400

la purisima Concepcion 1787 — nach Df. dicht am Meer und nahe dem gleichnamigen Cap
(nach *sen. doc.* liegt aber *la Purisima* abwärts), in 34° 32' N. B. (Df.'s Karte und *sen.* aber 34° 39½')
und 122° 40' W. L.; Einw. 1000 1200 900 60

S Ines 1804; Einw. — — 1300 250

S Luis Obispo (Df. *obispo de Tolosa de Francia*) 1772 — in 34° 54' N. B. (jetzt 35° 16')
und 122° 52' W. L.; Einw. 700 — 1250 80

S Miguel Arcangel 1797 — in 35° 5' 30" (Df. 36', *sen.* 45') N. B. und 122° 54' W. L.; Einw.
600 — 1200 30

S Antonio de Padua 1771 — in 36° 19' N. B. (* aber in 35° 50' und nahe an *S Miguel*, Df.
wenig über 36°) und 124° 3' 30" W. L.; Einw. 1050 1300 1400 150

Nuestra Señora de la Soledad 1791 — in 36° 34' (jetzt 25'); Einw. 570 — 700 20

Miſſion de Nuestra Señora del Carmelo 1770 (angefangen 1769 an der Bai von *Monterey*,
1770 an einer andren Stelle gegründet) — Einw. — — 500 40

S Carlos de Monterey 1770 — (bei Df. nicht Miſſion, wofür aber genug Zeugniſſe ſind: vgl.
oben S. 459ªª, 3 Z. vorhin *Carmelo*, im Anf. des § 490, Wrangell im § 497) bis vor kurzem der
Hauptort Neu-Californiens und Sitz des General-Commandanten oder Gouverneurs (vgl. S. 514ᵐ);
zugleich Hafen und *presidio:* an der gleichnamigen Bai und am Fuß der Cordillere *de S Lucia*
(Humb. II, 457); das Dorf iſt 2 lg. vom gleichnamigen Preſidio entfernt. „Es ſcheint, daß *Cabrillo*
ſchon, 15 Nov. 1542, die Bai von Monterey recognoſcirt hatte und daß er ſie wegen der ſchönen
Fichten der benachbarten Berge *bahia de los Pinos* nannte. Ihren jetzigen Namen erhielt ſie 60 Jahre

fpäter durch *Viscaino* nach dem Vicekönig." (S. über *Vizcaino's* Befuch oben S. 513^mf.) Mühl. (II, 461) fetzt Monterey in 36° 36′ N. B. (was nach *sen.* richtig ift; die *biogr. univ.* in 36° 40′) und 124° 11′ 8″ (*sen.* 121° 54′) W. L., an den *rio de SFelipe;* der Hafen oder die Bai ift fehr grofs, und in fie ergiefst fich der Flufs (jetzt *Salinas*). Der *gaz.* nennt Monterey eine Stadt (auch Duflot), Hauptftadt von *Monterey county;* noch jetzt ift hier ein catholifcher Bifchof. Die Einwohner-Zahl giebt Humboldt zu 700, der gazetteer zu 2728 an.

SJuan Bautista 1797 — in 36° 44′ (*51′, Df. 37°) N. B. u. 123° 57′ W. L.; E. 960 1200 1450 80

†*pueblo* oder *villa de Branciforte* 1796 — benannt nach dem damahligen Vicekönig (Duflot läfst es hinter-*SCruz* folgen, aber feine Karte hat fie fo)

SCruz 1794 — dicht am Meere, in 36° 55′ N. B. (Duflot's Karte nach aber in 37°, *sen.* in 36° 57½′) und 124° 12′ W. L.; Einw. 440 — 600 50

†*pueblo de SJosé de Guadalupe* — nennt Duflot, und es liegt in Einer Breite mit *SClara*, im O von ihm. Nach dem *gaz.* (der es die ehemahlige Hauptftadt Californiens nennt) ift es jetzt eine Stadt geworden und hatte 1853 3500 Eiuw. (p. 1047). Es hat eine herrliche Lage im Thale (und in dem *county*) *SClara*, 7-8 *miles* von der Spitze *(head)* der Bai *SFrancisco;* obgleich man von ihm in der Ferne fchneegipflige Berge das ganze Jahr hindurch erblickt, erfreut fich der Ort vielleicht des reizendften Klima's in Californien.

SClara 1777 — in 37° 27′ (jetzt 20′) N. B. und 124° 7′ W. L.; Einw. 1300 2000 1800 300

SJosé 1797 — (die Miffion, weit nördlich vom *pueblo*) in 37° 36′ (jetzt 31′) N. B. und 124° 8′ W. L.; Einw. 630 — 2300 400

SFrancisco (nach Df. Miffion *de los Dolores de SFrancisco de Ásis:* wie noch School-craft [f. gegen Ende und am Ende des § 495, 3mahl] die Miffion *Dolores* nennt) 1776 — Miffion, herrlicher Hafen und Prefidio an der gleichnamigen grofsen Bai, in 37° 48′ 30″ N. B. (ift nach Df. die Breite des Forts) und 124° 57′ W. L. v. P. (Df. giebt das Fort żu 124° 48′ 26″ W. L. an): nennt Humboldt (II, 434) die nördlichfte aller fpanifchen Befitzungen im neuen Continent; Einw. 820 1200 500 50; nach *Chamisso* (Reife S. 21) zählte er etwa 1000 Indianer. Jetzt ift es eine Stadt geworden, erfüllt von einer wachfenden Menfchenmaffe, welche der ungeheure Handel, Goldgräberei und Abenteuer hier zufammenführen. „Die Handelsftadt *SFrancisco*", fagt der *gazetteer* (p. 177, b^nf), „ift aufge-fchoffen wie durch Zauber, und ihr Hafen ift gedrängt von Schiffsgefäfsen aus Europa, Afien, Auftralien und von der atlantifchen Küfte der Verein. Staaten. In diefem Augenblicke find in allen unfren grofsen atlantifchen Häfen grofse Zahlen von Schiffen erfter Gattung mit koftbaren Frachten nach Californien in Ladung. Mehrere Linien, verwendend 41 ungeheure Ocean-Dampfer, jeden von 900 bis 3000 Tonnen Laft, angefüllt mit Paffagieren, in einem Grade, der ohne Gleichen in der Gefchichte der Schifffahrt ift; kommen wöchentlich in *SFrancisco* an oder gehn von da ab als dem einen Endpunkt, und in oder von *Neu-York* und *Neu-Orléans* als dem andren . . . . Der Handel Californiens droht den Handelsverkehr des Oftens umzuwälzen, und *SFrancisco* fcheint beftimmt das *Alexandria* der Neuzeit zu werden, der Stapelplatz des afiatifchen Tranfit-Handels auf feinem neuen weftlichen Wege nach Europa: um Handel (und mit ihm Civilifation) den Infeln des ftillen Meeres zu eröffnen und fogar den Chinefen den Geift des Fortfchritts einzuflöfsen." Der *gaz.* hat der Stadt *SFrancisco*, ihrem Handel und Verkehr einen ausführlichen Artikel gewidmet (1044, a-6, a). Nach ihm (1046, a) hätte der 1776 gegründete Ort bis zur nordamerikanifchen Befetzung (*Appl.* 370ᵃ: bis Januar 1847) *Yerba Buena* geheifsen; Duflot nennt (I, 425-7) das *pueblo de la Yerba Buena*, zwifchen der Miffion und dem Prefidio *SFrancisco*, an der Bai, „vor wenigen Jahren" gegründet. 1839 wurde es nach dem *gaz.* zu einer Stadt angelegt (nach *Appl.* 370ᵃ errichtete das erfte Haus der Cap. *Richardson* 1835); es enthielt 1845 150 Einw. und nach 2 Jahren nahe an 500 (im Jan. 1848, wo das Gold aufgefunden wurde, nach *Appl.* 800); immer noch hiefs es *Yerba Buena*. Jetzt nennt der *gaz.* *SFrancisco,* gelegen am weftl. Ufer der prächtigen Bai, in einer fehr fandigen Ebene, regelmäfsig

gebaut, mit Strafsen im rechten Winkel fich fchneidend: *the queen city of the far West".* Erft
nachdem mehrere verheerende Feuersbrünfte ihren gröfsten Theil in Afche gelegt hatten, wurden die
Fachwerk-Häufer durch fteinerne erfetzt.   Im *J.* 1852 zählte die Stadt 34,876 Einw., 1853 fchon
60,000: fo weit eine grofsentheils hin- und herfluthende Menfchenmaffe eine fefte Beftimmung zuläfst.
Appleton giebt ihr 1857 75,000; die Miffion liegt etwa 4 *m.* SW von der Stadt, das *presidio* etwa
3 *m.* gegen das goldne Thor. — *Ballenstedt* (S. 90) rechnet (1850) etwa 20,000 Einw.: meift Kauf-
und Handelsleute, Gaft- und Spielhaus-Befitzer.   Er erwähnt (83) der „alten Abtei *SFrancisco,*
2 Stunden von der Stadt entfernt".

SRafael 1817 — in 38° 10' N. B. *(expl. exp.* VI, 222[n]; nach Df.'s Karte und *sen.* in nahe
38°): zu Df.'s Zeit beinahe zerftört: Einw. — — 1250 20; der *gaz.* nennt es aber jetzt eine Poftftadt
(post-town) im öftl. Theile von *Marin county* und deren Hauptftadt, an der Bai *SPablo,* etwa
25 *miles* weftlich von *Benicia*

SFrancisco Solano 1823 — Einw. — — 1300 70

†*Sonoma* — *pueblo* zur Miffion *SFrancisco Solano* gehörig: der indianifche Name der Örtlichkeit; jetzt Stadt

†*SRosa* 1827 — nach Duflot (I, 447) als eine Miffion gegründet, die aber nicht zu rechnen ift
(fonft die 22te feyn würde)

†*New Helvetia* — die Colonie des Cap. *Sutter* am *rio del Sacramento,* befchreibt Duflot I,
457-66 (= *Sacramento city,* in 38° 34½')

Humboldt's Ortfchaften in Neu-Californien hörten, wie er felbft (f. oben S. 525[mm]) bemerkt hat,
fchon mit *SFrancisco* auf; die darauf folgenden find neuer Zufatz; ich will diefe Reihe mit den
4 nördlichften Ortsnamen nach *Duflot's* Angaben fchliefsen, welches blofse Häfen find:

†Hafen und *punta de los Reyes* — eine grofse Bai *(sen. doc. Sir F. Drake's bay)* und
eine Landfpitze (Df.'s Karte und *sen.* in 38°), welche die Spanier 1542 entdeckten: der Hafen von
Drake (port of Sir Francis Drake), in welchen er im Juni 1579 einlief (f. brit. Amer. S. 317[nf])

†*Humboldt city* — *(gaz.)* eine Stadt in *Humboldt county* am *Humboldt harbor* und bei
der *Humboldt*-Bai, in 40° 45' N. B.; *Humboldt bay* ift 16 *miles* lang und ¾ *mile* bis 4 und 5 *m.*
breit: fie bildet einen der beften Häfen an der Küfte und hat 21 Fufs Waffer an der Barre; ihr Eingang hat kaum 300 *yards* Breite

†*puerto de la Trinidad* (jetzt *city* und *Trinity head*) — in 41° 7' *(sen.* 5⅓') N. B. und
126° 35' 37" W. L., entdeckt 11 Juni 1775

†Hafen *St. George* — fo nannte *Vancouver* (nach Df. II, 39) die kleine Bai füdlich vom
cabo (Blanco) de SSebastian des *Vizcaino* vom *J.* 1602 (dem füdlichen Cap diefes Namens, nach
Df.'s Auffaffung: f. oben S. 519[nn-nf]); dabei ift die Spitze *point St. George* (* in 41° 45½') und bei
ihr *Crescent city* (verfchieden von einer andren Stadt des Namens am *Tuolumne* des *SJoaquin,*
in c. 37°½). Ich will noch erwähnen *Mendocino city* in 39° 19' nach *sen. doc.*

Ich habe in dem vorftehenden Verzeichniffe nur die alte Zeit darftellen wollen, ich habe die
mittlere hinzugegeben und die neuefte nur gelegentlich berührt.   Das Wichtige an Ortsnamen der
NEUESTEN ZEIT faffe ich in wenige Zeilen. Der *gaz.* nennt (94, a) als Hauptftadt von Neu-Californien *Benicia*: in *Solano county,* an der NSeite der Meerenge *Karquenas,* welche die Baien
SPablo und *Suisun* verbindet; zugleich Eingangs-Hafen, 1853 2000 Einw.; nach *Appl.* (371[nn]) ift fie
nicht mehr Hauptftadt; — der *gaz.* nennt (174, a) die Städte: *SFrancisco, Sacramento city* (1852
mit 20,000 Einw., 1857 25,000: f. Appl. 372; erbaut an der Stelle, wo *Sutter* 1839 fein Fort errichtete), *Marysville* 7000 (f. Appl. 373), *Stockton* 4-6000 (1857 10,000: f. Appl. 378-9), *Nevada
city, Placerville* (f. Appl. 375), *SJosé* (vgl. oben S. 525[af-m]), *Vallejo, Sonora* (f. Appl. 377),
Shasta city (ib. 373), *Sonoma* und *Monterey* (beide letzte f. in meinem Verzeichnifs hier [af] und
S. 524[un-Saa]); — *Appleton* nennt noch die Städte: *Mokelumne hill* (376), *Columbia, Coultersville*
(377), *Mariposa* (378); und die Dörfer *Yreka* (373), *Auburn* (375), *Coloma, Murpheys* (376).

§ 458, k. Die BEVÖLKERUNG Neu-Californiens beſtand in den Jahrhunderten der
ſpaniſchen Herrſchaft und des kurzen mexicaniſchen Beſitzes aus den bekehrten Indianern der
Miſſionen, aus wilden und ſchweifenden Indianer-Stämmen von unbekannter Zahl, und aus
einer geringen Anzahl Weiſser: d. h. Spanier, Creolen und Farbiger. *Humboldt* beſtimmt
die Bevölkerung im J. 1803 auf 15,600 Einwohner; er nennt (II, 1811 p. 448^{aa}-50^{af}) Umſtände,
welche den Fortſchritt derſelben zurückgehalten haben. Die Zahl der Weiſsen, Meſtizen
und Mulatten weiſs er (II, 458) nicht anzugeben, meint aber, daſs ſie (1803) über 1300 betrage. Nach *Mühlenpf.* (II, 454) ſchätzte man im J. 1830 die Bevölkerung auf 24,000, worunter
etwa 4000 Weiſse; „und die neueſten Nachrichten, vom J. 1833, geben 30,000 an". *Duflot*
(I, 318) rechnet 5000 weiſse Einw. Die amerikaniſche Beſitznahme hat dieſe Jahrhunderte
lang gedauerten Verhältniſſe in wenigen Jahren gänzlich umgeändert: das Land iſt in einer
ungeheuren Zunahme überfluthet von weiſser, theilweiſe unſtäter Bevölkerung: von dem Volke
der Vereinigten Staaten, und von Menſchen aller Völker und Erdtheile; der Indianer und
Urbewohner iſt in den Hintergrund getreten und eilt ſeinem Untergange entgegen. Der
gazetteer (173, b-4, a) redet ſo: „Kein Glied des amerikaniſchen Bundes, ja vielleicht kein
Theil der Erde, hat eine ſo gemiſchte Bevölkerung als Californien, indem Abenteurer aus
faſt jedem Winkel der Erdkugel hier zu finden ſind; ſelbſt das ausſchliefsliche chineſiſche
Reich hat hier ſeine Vertreter bei Zehntauſenden, deren geduldige Betriebſamkeit ſie zu nütz-
lichen Einwohnern macht. Die Indianer bilden auch einen grofsen Theil der Bevölkerung."
Nach der Volkszählung *(state census)* vom Ende des J. 1852 betrug die Bevölkerung Californiens 264,435 Einw.: darunter 180,856 Weiſse, 1890 Neger, 522 Mulatten, 32,539 anſäſſige
(domesticated) Indianer; 93,344 waren Bürger der Vereinigten Staaten über 21 Jahr alt,
50,631 männliche und 4360 weibliche Fremde.

Humboldt weiſt (II, 443) aus den hier Z.2-1 v. u. angeführten Zahlen der feſten, dem Landbau
ſich ergebenden INDIANER nach, daſs „die Einwohner-Zahl ſich in 12 Jahren verdoppelt habe". Dagegen ſagt *Chamisso* (S. 21): die Indianer ſtürben in den Miſſionen wegen grofser Sterblichkeit. Über
die Gewebe und das Hirſchleder-Gerben der Indianer ſ. Humb. II, 451. *Mühlenpf.* ſagt (II, 454),
„die Anzahl der nomadiſchen Eingebornen ſei nicht bekannt". *Schoolcraft* giebt bei ſeiner Aufzählung
der Völker nach Provinzen *(Indian tribes* I, 1851 p. 520; vgl. oben S. 421^n) nach den älteren Berichten und Zählungen ſpaniſcher Miſſionare (1769-99) die Zahl der Bevölkerung von Neu-Californien
an, und nennt dabei die Ortſchaften oder Miſſionen. Wir haben geſehn (oben S. 523^{nn}), daſs nach
Duflot die ruhig wohnende indianiſche Bevölkerung, die Einwohner-Zahl der Miſſionen, durch die
Aufhebung der letzteren (im J. 1833) in eine unglaubliche Abnahme gerathen iſt: indem, wie er in
der Tafel I, 320 nachweiſt, die 21 Miſſionen im J. 1834 30,650 und 1842 nur 4450 Indianer enthielten; dennoch giebt die Volkszählung vom J. 1852 (hier ^{mm}) 32,539 *domesticated Indians* an.

§ 458, l. Meinen kleinen Abriſs der Landeskunde Neu-Californiens nebſt
ſeiner Geſchichte erachte ich hier für geſchloſſen; und gehe nun an den Gegenſtand, der mich eigentlich allein zu beſchäftigen hat: ich beginne von den INDIA-
NISCHEN VÖLKERN Neu-Californiens und ihren SPRACHEN zu reden;
zunächſt von den VÖLKERN IM ALLGEMEINEN.

Humboldt hebt den raſchen Fortſchritt ſelbſt der Eingebornen Neu-Californiens hervor, und berichtet *(essai pol.* II, 1811 p. 443): daſs die Zahl der anſäſſigen Indianer *(fixés
au sol)*, welche angefangen hatten ſich auf Landbau zu legen, im J. 1790 7748 Seelen, 1801
13,668, 1802 15,562 betragen hat. Diefs ſei „um ſo merkwürdiger (444^{nf}), als die Eingebornen

dieſer Küſte vor 30 Jahren nur noch ein nomadiſches Volk (445) waren, von Fiſchfang und Jagd lebend und keinerlei Gewächſe anbauend. Die Indianer der Bai *SFrancisco* waren da_mahls ſo elend, wie die Einwohner von Van Diemen's Land ſind. Biofs im Canal *de SBarbara* fand man 1769 die Eingebornen etwas mehr in der Bildung vorgeſchritten. Sie bauten grofse, pyramidenförmige Häuſer bei einander. Gut und gaſtfrei, brachten ſie den Spaniern künſtlich von Binſenſtengeln geflochtene Körbe dar", deren *Bonpland* einige beſitzt.

Ich will hieran knüpfen, was Mühlenpfordt (II, 455ᵃ-6ⁿⁿ) über das Leben der Indianer in den Miſſionen und über die wilden Stämme ſagt: „Bis zur Aufhebung der Miſſionen lebten die zum Chriſtenthume bekehrten Indier noch, wie von jeher, als eine Art geiſtlicher Leibeigener, oder wenig_ſtens als einer beſtändigen Vormundſchaft bedürftige Kinder, unter dem Regimente der *Padres Mis-sionarios.* Sie beſorgten den Ackerbau und alle Handwerksarbeiten in jeder Miſſion. Die Väter ver_walteten ihr Vermögen, ſorgten für ihre Bekleidung, und verabreichten ihnen regelmäfsig die nöthigen Lebensmittel aus den gemeinſchaftlichen Magazinen, in welche alle Erzeugniſſe des Fleiſses der Indier abgeliefert werden muſsten. Jeden Sonntag ward in der Miſſionskirche ein muſicaliſches Hochamt ge_halten,. bei welchem Orcheſter und Sängerchor aus Indiern beſtand. Dieſe beſitzen ein ausgezeichnetes Talent für Muſik ... Übrigens hatte langjährige Gewöhnung und Zucht bei dieſen Indiern eine geheime Sehnſucht nach der Freiheit und dem ſchweifenden Müſsiggange in ihren Wäldern und Bergen noch nicht zu vertilgen vermogt. Sie entliefen häufig dem Miſſionszwange, beſonders die Neophyten, welche man als Kinder ihren wilden Stämmen entriſſen, getauft und in den Miſſionen grofs gezogen hatte. Inwiefern ihr Zuſtand durch die Aufhebung der Miſſionen ſich gebeſſert oder verſchlimmert hat, dar_über fehlen bis jetzt zuverläſſige Nachrichten. — Die wilden Indier ſchwärmen an den Gränzen der Niederlaſſungen in bedeutender Anzahl. Schön gewachſen und von ſchwärzlich-brauner Farbe, haben ſie langes, ſchwarzes, frei um die Schultern wallendes Haupthaar. Beide Geſchlechter gehen ſtets völlig nackt, mit Ausnahme einer oberflächlichen Bedeckung der Schamtheile. Ihre Waffen be_ſtehen nur in Bogen und Pfeil. Sie leben vom Fiſchfange, der Jagd; den Samen gewiſſer Gräſer, Eicheln und den Früchten wildwachſender Geſträuche. Pferdefleiſch iſt ihre Lieblingsſpeiſe, weshalb ſie (456) nicht ſelten die Pferde aus den Niederlaſſungen rauben; doch beginnen ſie jetzt auch ſich der Pferde zum Reiten zu bedienen.. Sie ſind flinke und ausdauernde Fufsgänger und Läufer.. Ihre Wohnungen ſind zuckerhutförmige Hütten, von Zweigen geflochten und mit Schilf bedeckt... Die Muſeſtunden der Indier nach Jagd oder Wanderung füllen Erzählungen, Geſang und Tanz. Ihre Ge_fänge ſind näſelnd, eintönig, mit einer Art von Gefellſchaftsſpiel verbunden ... Ihr Haupttanz iſt der Kriegstanz ..... Wie die Urbewohner Alt-Californiens lieben auch die Neu-Californier ſehr den Gebrauch der heifsen Luft- oder Dampfbäder, und nehmen ſie auf dieſelbe Weiſe wie jene und die meiſten mejicaniſchen Völker, in geheizten Schwitzöfen." (Vgl. Anf. des § 458, o.)

Adelbert von Chamiſſo ſagt in ſeinen „Bemerkungen und Anſichten auf einer Entdeckungs-Reiſe unternommen in den *J.* 1815_18 ... auf dem Schiffe Rurick." Weimar 1821. 4o (Bd. III. von *Kotzebue*) über die Californier im allgemeinen: Alle Indianer (S. 21) ſind von ſehr wildem Anſehn, von ſehr dunkler Farbe; viele führen Bogen und Pfeile (22); „einige beſitzen die Kunſt, zierliche waſſerdichte Gefäſse aus farbigen Grashalmen zu flechten" (vgl. *Humb.* hier ᵃᵃ); alle gehn nackt, alle ſind ohne Pferde und ohne Kähne; aus zuſammengeflochtenen Bündeln von Schilf fahren ſie über das Waſſer; ſie treiben keinen Ackerbau: an den Flüſſen leben ſie von Lachs, im Innern von wilden Früchten und Körnern. — Ein verſchiedenes Ausſehn haben (21) die *Tcholovonen.*

Der P. Geronimo Boscana (Miſſionar 1808.-31), in ſeiner S. 529ᵃᶠ bezeichneten Schrift (f. Anf. des § 488, b), ſtellt, — zwar eigentlich nur von den Indianern von *SJuan Capiſtrano* redend, aber bemerkend, dafs daſſelbe wohl ziemlich auf die Indianer Neu-Californiens überhaupt ausgedehnt werden könne —, die Meinung auf (238): dafs dieſe Völker von den Chichimeken abſtammen möchten. Diefer Name bedeutet nach ihm (239m) Sauger [er leitet ihn alfo vom Verbum *chichi* faugen ab]: weil fie das Blut der gefchlachteten Wilden auffögen. Sein Grund für die Chichimeken ift, weil die hiefigen Indianer der Befchreibung *Torquemada's* (238-9) von den Chichimeken glichen; er zweifelt freilich wieder, ob wegen der Verfchiedenheit der Sprachen, deren Schwierigkeit (240-1) er nicht zu löfen weifs, alle Bewohner Neu-Californiens von den Chichimeken abftammen. Er bemerkt den wefentlichen Unterfchied, dafs die zwifchen *Monterey* und der äufserften mexicanifchen Nordgränze (dem nördl. Ende Neu-Californiens) den Kopf kahl abfcheeren (239nf): wogegen die in S (240), zwi- fchen *SBarbara* und gegen *SLucas,* das Haar lang tragen; die zwifchen *SBarbara* und *Monterey* unterfcheiden fich von diefen bedeutend.

Ich kann mir nicht verfagen die fehr eindringliche- und charakteriftifche S c h i l d e r u n g hier wörtlich mitzutheilen, welche der P. Geronimo *Boscana*, Miffionar der Miffion *SJuan Capistrano* bis 1831 (f. Anf. des § 488,b) von den In d i a n e r n Neu-Californiens in feiner Schrift *Chinigchinich*, englifch überfetzt in dem *life in California, New York* 1846. 8o, p. 335-6, entwirft und welche vielfach auf den rothen Menfchen überhaupt Anwendung findet. Er fagt: „Die Indianer von Califor- nien können mit einer Art Affen verglichen werden; denn für nichts drücken fie Theilnahme aus, aufser indem fie die Handlungen Andrer nachahmen und befonders die Weife der *gente de razon* oder Weifsen nachmachen, die fie als höhere Wefen achten; dabei wählen fie aber das Lafter aus ftatt der Tugend . . . Der Indianer verbirgt unter feinem ernften, unterwürfigen und zurückhaltenden Wefen (336) eine heuchlerifche und verrätherifche Anlage. Er täufcht den fchärfften Beobachter: wie es bei vielen oder allen gewefen ift, die feinen Charakter kennen zu lernen geftrebt haben, bis die Zeit ihnen feine wahren Eigenfchaften offenbart hat. Er fieht Einen nie während des Gefprächs an, fondern hat einen irrenden und boshaften Blick. Für empfangene Wohlthaten ift er niemahls dank- bar: und ftatt auf das Gegebene zu fehn, achtet er nur auf das, was zurückgehalten wird. Seine Augen find nie emporgerichtet, fondern wie die der Schweine zur Erde niedergefchlagen. Wahrheit ift nicht in ihm, es fei denn zum Schaden eines Andern; und er ift aufserordentlich falfch."

In dem allgemeinen Theile über die Völker und Sprachen der Weftfeite der Vereinigten Staaten habe ich (Abfchn. XIV gegen Ende des § 514) charakteriftifche Bemerkungen über phyfifches und geiftiges der Indianer Neu-Californiens aus dem Werke der *U. St. explor. exped.* gegeben: wo ihnen eine dunklere, ja beinahe fchwarze Farbe und der tieffte Standpunkt unter allen nordamerikani- fchen Völkerfchaften zugefchrieben werden.

Adam J o h n ft o n ([1]) macht im 4ten Theile *Schoolcraft's* (1854) (223nf-6) Mittheilungen über die Sitten der Indianer Neu-Californiens, befonders über ihren Urfprung von den *coyotes.* Er nennt einen Stamm *Potoyante* (224m). Nach ihm (f. mein Neu-Mex. S. 306af) graben alle Indianer Neu- Californiens Wurzeln, und fo fand Major *Savage* einen Schwarm *Root-diggers* am *Merced river.*

In einem kleinen Auffatze, überfchrieben *California tribes,* im Vol. V. der *Indian tribes* (Philad. 1855) p. 214-7, fpricht S c h o o l c r a f t 216nn-7nn über die californifchen Indianer im allge- meinen; er theilt ferner (214nf-6aa) einiges über Sitten, Tänze, Fefte ufw. der Stämme im Umkreife von *SDiego* mit; er giebt dabei 3 Darftellungen von Weibern aus dem Thal *SJoaquin,* wie fie Gras- faamen reinigen, einfammeln und forttragen; früher, pl. 7 (p. 80), ift eine Indianerin aus dem *Sacra- mento-*Thale dargeftellt, Körbe flechtend. Im Lande, wird bemerkt (217), feien keine Ruinen oder alte Denkmäler, die von früherer höherer Cultur zeugten. Bemerkungen von K e r n über die Sitten der Indianer von Californien ftehn 649-650.

([1]) So fteht der Name gedruckt hier IV, 221: wogegen in einer fpäteren Stelle (p. 406) deffelben Bandes die Perfon Adam J o h n f o n genannt ift; ohne zu wiffen, welches die richtige Form fei, habe ich ihn mehrmahls (S. 531n, 532aa, § 494,b) *Johnson* fchreiben müffen.

Welches das LOOS der UREINGEBORNEN VÖLKER Neu-Californiens nach den neue-ften grofsen Veränderungen fei und feyn werde? diefe Frage beantworten die nachfolgenden Bemerkungen und Nachrichten. In welcher Weife das alte amerikanifche Völkerleben, von den Spa-niern Jahrhunderte lang erhalten, an der Hand des nördlichen Bürgerthums gedeiht, braucht nicht mehr durch einzelne Belege dargethan zu werden; der grofse nördliche Staatenbund, mit feinen „freien In-ftitutionen", deren Eine Folge die zu feyn fcheint, dafs Ein Menfch herz- und theilnahmlos bei dem anderen vorübergeht, hat es auf allen Punkten feines grofsen alten Gebietes lange und deutlich genug gezeigt. Das Hinfiechen und Hinfchwinden der Indianer-Stämme aus den neu-californifchen Miffionen in Noth und Elend, innerhalb fo weniger Jahre NORDAMERIKANISCHEN Treibens, fpricht Hr. Bartlett an zwei Stellen feines *personal narrative* (1854) offenherzig aus: *I saw more Indians,* heifst es in der erften (II, 82[m-nn]), *about this place (los Angeles, bei San Gabriel) than in any part of California I had yet visited. They were chiefly "Mission Indians", i. e. those who had been connected with the missions, and derived their support from them until the sup-pression of those establishments. They are a miserable, squalid-looking set, squatting or lying about the corners of the streets, without occupation. They have now no means of obtaining a living, as their lands are all taken from them; and the missions, for which they labored, and which provided after a sort for many thousands of them, are abolished. No care seems to be taken of them by the Americans; on the contrary, the effort seems to be, to exterminate them as soon as possible.* Ein alter Häuptling der Kechis aus der Nachbar-fchaft von *San Luis Rey* liefs fich (II, 92[mf-f]) fo vernehmen: *On inquiring as to the state of things, when the padres were here, the old man heaved a deep sigh. He said, his tribe was large, and his people all happy, when the good fathers were here to protect them. That they cul-tivated the soil; assisted in rearing large herds of cattle; were taught to be blacksmiths and carpenters, as well as other trades; that they had plenty to eat, and were happy. He remembered, when three thousand of his tribe were settled in the valley, dependent upon or connected with this mission. Now, he said, they were scattered about, he knew not where, without a home or protectors, and were in a miserable, starving condition. A few hundred alone remained in some villages up the valley, a few miles from the mission.* — Wir erfahren durch *Bartlett* auch (II, 389[nn]-390[aa]) von einem Vorfchlage, der in Californien gemacht ift, alle Indianer-Stämme aus diefem Lande nach Neu-Mexico zu treiben; er billigt ihn nicht.

Entfprechend diefem Berichte eines Staats-Angehörigen lefe ich in einem Artikel aus Neu-Orléans vom 27 Mai 1856 (in der Neuen Preufs. Zeitung vom 13 Juni) folgende Worte: „In Cali-fornien bekriegen die Amerikaner fowohl die Indianer, als was von fpanifch-creolifchem Blute dafelbft weilt: die Indianer in fchonungslofem Gemetzel, die Creolen mit Mord und Landesverweifung." Über die ftaatlichen und moralifchen Zuftände haben wir Jahre lang furchtbare Berichte und Schilderungen gelefen, als in den erften Jahren ihrer Entdeckung die Abfchaum der Menfchheit zu den Goldgräbereien Neu-Californiens fluthete.

Um gerecht zu feyn, mufs man aber fagen, dafs fchon vor der Herrfchaft des Sternenbanners die einheimifchen Völkerfchaften Neu-Californiens fich fehr vermindert haben; f. darüber Dr. Thomas Coulter in einem kurzen Auffatz vom J. 1835, *Notes on Upper California,* im *journal of the royal geogr. soc.* Vol. V. 1835 p. 67-68. Duflot de Mofras giebt bei allen Miffionen Zeugnifs von diefer Verminderung. Coulter's Auffatz (p. 59-70), von einer kleinen Karte begleitet, enthält nichts für unfere Zwecke. Der Verf. gelangte (p. 59[n]) nicht nördlich über *San Francisco* noch öftlich über die *Tule*-Seen hinaus. Die Hauptreife, welche er in Neu-Californien machte (60[nn]), ging von *Mon-terey* zu der Mündung der Flüffe *Colorado* und *Gila.* Seine Aufmerkfamkeit war auch auf die aftro-nomifche Beftimmung der Örter gerichtet. Wir verdanken ihm vor allem aber wichtige Wortfammlungen von Sprachen (f. unten S. 535[a-af] und § 467: letzteren in meiner Abh. über *Kizh* und *Netela* S. 510[m-nn]).

Die einheimifchen Völker Neu-Californiéns machen den 'Nordamerikanern doch noch einiges zu fchaffen, wie man aus dem Abfchnitt *Indian disturbances in California* in No. 26 der *exec. documents of the senate, 34th congr. sess.* 1. (1855-56) p. 4-68 (im Vol. 10), erfieht.

§ 458, m. Für die von mir fchon im Eingange bemerkte unglaubliche VIELHEIT und Vieltheilung der Völker und Sprachen in Neu-Californien find im Laufe der Zeit viele Zeugniffe aufgeftellt worden.

Bartlett giebt eine Erläuterung für die VIELEN VÖLKERNAMEN Californiens: dafs fie da-her kämen (*pers. narr.* II, 29nf-30m), weil die kleinen Stämme an fich keinen Namen haben, und von Reifenden und anderen Stämmen verfchiedentlich benannt werden; dafs fie felbft den Namen ihres Häuptlings angeben, der von jenen irrthümlich als Volksname genommen wird.

Ein Zeugnifs von der MENGE von SPRACHEN in Neu-Californien legt fchon de Lamanon ab, von dem die Wortfammlung und Sprachbemerkungen in *la Pérouse's* Reife herrühren (*voyage de La Pérouse* II, 323). Er fagt, es gebe vielleicht kein Land, in dem man eine gröfsere Anzahl verfchiedner Idiome finde als Nord-Californien.,([1]) — Auch Alex. von Humboldt hat in feinem *essai pol.* II, 280-1 (vgl. meine azt. Ortsnamen S. 14aa-af) von den vielen verfchiednen Sprachen in Neu-Californien geredet: indem der P. Lafuen (von dem Humboldt ein Manufcript benutzte; f. über ihn oben S. 523n) an deffen Küften von *SDiego* bis *SFrancisco*, in einer Längen-Ausdehnung von 180 *leguas*, 17 Sprachen zählte. — Im Anf. des § 495 habe ich eine Stelle von Otto v. Kotzebue (1816) angeführt, wo er fagt: „Die Küfte Californiens ift fo reich an verfchiednen Völkerftämmen, dafs fich in der Miffion *(SFrancisco)* oft mehr als 10 verfchiedene Stämme befinden, von denen jeder feine eigene Sprache fpricht." Weiter hin habe ich von Wortfammlungen aus 5 Sprachen vom *rio del Sacramento* gefprochen, welche in dem Werke der *U. St. explor. exped.* gegeben find; und es wird gefagt, dafs diefe „nur wenige von den vielen find, welche dort geredet werden". Ganz eben fo eindringlich lauten die Nachrichten, welche uns Adm. von Wrangell und Hr. Koftrominotow (f. im § 497) 1839 von der Vielheit der Völker und Sprachen in der Gegend der *Bodega*-Bai geben.

Der P. Geronimo Boscana (f. Anf. des § 488,b) legt ein Zeugnifs von der grofsen VER-SCHIEDENHEIT der Sprachen in Neu-Californien ab, indem er (*Chinigchinich* p. 240) fagt: „Die Verfchiedenheit der Sprachen ift in Californien fo grofs, dafs man alle 15-20 *leguas* einen verfchie-denen Dialect findet: fo verfchieden, dafs keiner dem andren irgend ähnlich ift;" fo feien die Sprachen von *SDiego*, *SJuan*, *SBarbara*, und weiter nach N gänzlich verfchieden. Er nennt noch (340nn, 341a) ein Volk *Sagues* (Sing. *Sagui*). — Ein anderes Zeugnifs ift von Adam Johnfon (oder Johnston? — f. S. 529mf und Anm.), der fich durch Sammlung von Wörtern aus 4 Sprachen (f. § 479,b) um die neu-californifchen Sprachen bemüht hat. Er fagt (*Schoolcr.* IV, 407a-m): „Ich habe früher gedacht, die indianifche Sprache diefes Landes möchte Eine und diefelbe feyn, und die anfcheinende Verfchiedenheit beftehe nur in Mundarten; aber die Erfahrung einiger *Jahre* unter den verfchiednen Indianer-Schwärmen hat mich zu einem andren Schlufs gebracht. Eine beftimmte Verfchiedenheit ift in den Zahlwörtern der Volksftämme oder -Schwärme *(tribes or bands)*, und in ihren Namen für Sonne, Mond und andre Gegenftände. Ich habe mehrere Indianer-Schwärme neuerdings in enge Nähe mit einander gebracht, oder die in demfelben *rancho* oder Dorfe wohnten, welche nicht ein Wort

([1]) *Voyage de la Pérouse* T. II. Par. VI. 1798. 8° p. 323nn: *Je dirai, d'après les observations de M. de Lamanon, qu'il n'est peut-être aucun pays où les différens idiomes soient aussi multipliés que dans la Californie septentrionale. Les nombreuses peuplades qui divisent* cette *contrée, quoique* très-près *les unes des autres, vivent* (324) *isolées, et ont chacune une langue particulière. C'est la difficulté de les apprendre toutes qui console les missionnaires de n'en savoir aucune; ils ont besoin d'un interprète pour leurs sermons et leurs exhortations à l'heure de la mort.*

ihrer gegenſeitigen Sprache verſtanden." Dieſe Verſchiedenheit ſei auch in den beigeſandten Proben von 4 Indianer-Schwärmen zu ſehn. Der Vf. bemerkt noch im allgemeinen: „Die Ausdrucksweiſe iſt auch in einigen Völkerſchaften verſchieden: z. B. die *Coconoon* . . ſprechen ganz langſam, durch die Naſe und undeutlich, wie ohne Gaumen. Die indianiſche Rede iſt gewöhnlich haſtig *(rapid)*, abgeſtoſsen *(detached)* und guttural."

Über die bisherige UNBEKANNTSCHAFT der neu-californiſchen Sprachen äuſsert ſich Adam Johnſon (Schoolcr. IV, 406) ſo: „Es iſt auſserordentlich ſchwer geweſen irgend eine richtige Anſicht von ihrer Sprache oder irgend ein bedeutendes Stück derſelben zu erhalten, weil bis jetzt ſo Wenige ſie hinlänglich verſtehn, um ſolchen Auſſchluſs zu geben. Weder die ſpaniſchen noch die eingebornen Californier haben je daran gedacht ſich irgend eine der indianiſchen Sprachen des Landes zu eigen zu machen. Die wenigen Amerikaner, die irgend wo in der Nähe von Indianern gewohnt, haben bis jetzt nur wenig von ihrer Sprache gelernt: nur ſo viel, als hinreicht, um die gewöhnlichſten Geſchäfte ab_ zumachen." Der Vf. hat an mehrere Perſonen die Liſte des Departements zu Wortverzeichniſſen gegeben: aber hat nicht eine, trotz vieles bittens, zurückerhalten.

§ 458, n. Unter den neueren SCHRIFTEN habe ich hier, ihrer Beiträge zu den Sprachen von Neu-Californien wegen, viel mehr als ſpäter beim Oregon-Gebiet zu nennen die: *exploration du territoire de l'Orégon, des Californies et de la mer vermeille, exécutée pendant les années 1840, 1841 et 1842, par M. DUFLOT de MOFRAS, Attaché à la Légation de France à Mexico.* T. 1. 2. Paris 1844. 8°; mit einer groſsen Karte. Der Verf. bereiſte im Auftrage des Miniſters Mar_ ſchalls *Soult* die weſtlichen Provinzen Mexico's: *Neu-Galicien, Colima, Sinaloa, Sonora, Alt-* und *Neu-Californien* und die *russischen Forts* daſelbſt; *Astoria,* das *Columbia*-Gebiet und das Terri_ torium des *Oregon.* Er hat in ſeinem Werke dieſe Länder, das nordweſtliche Mexico wie den *Oregon,* allmählich von Süden gegen Norden vorſchreitend, geſchichtlich, geographiſch, ſtatiſtiſch und politiſch dargeſtellt. Einen beſonderen Werth verleiht dem Werke die groſse beigegebene Länder_ karte, welche darſtellt: das ganze Land weſtlich vom Felſengebirge; einen Theil Canada's, des Ge_ bietes der Hudſonsbai-Geſellſchaft, des ruſſiſchen und engliſchen Nordamerika's, der Vereinigten Staaten wie von Texas; den gröſsten Theil der mexicaniſchen Provinzen, und das ganze, bis dahin ſo unbe_ kannte Oregon-Gebiet. Nachdem die ſüdlicheren Provinzen Mexico's eine kürzere Schilderung erfahren haben, giebt der Verf. eine ſehr lange und ausführliche Beſchreibung von Neu-Californien (T. I. p. 251_518, T. II. p. 1-71). Auf dieſes Land concentrirt ſich auch der von dem Vf. unter dem Capitel der Indianer (390_6, 401) gelieferte SPRACHSTOFF, welcher in dem Vaterunſer aus 3 Miſſionen Alt- und 9 Miſſionen oder Ortſchaften Neu-Californiens, wozu noch eines einer Sprache vom Sacra_ mento-Fluſſe und eines der *Chinuk*s kommen, und den Zahlwörtern 1_10 von 5 neu-californiſchen Miſſionen (p. 401) beſteht; die der *Pimas,* welche hinzukommen, ſind von *Tolmie* entlehnt. Sein Zweck bei dieſer Mittheilung iſt (ſ. II, 389) der weite, zu einer Vergleichung der amerikaniſchen Spra_ chen mit den oceaniſchen und oſt-aſiatiſchen Gelegenheit zu geben; deſshalb ſind den amerikaniſchen Vaterunſer-Formeln angehängt (396-400): die der *Azteken* (angeblich), von *Neu-Seeland, Raro_ tonga, Samoa, Tonga,* der *Sandwich-, Marquesas*-Inſeln, *Tahiti*'s. Unglücklicherweiſe iſt die Sprache, welche der Vf. ſowohl beim Vaterunſer (396) als bei den Zahlwörtern (401) aztekiſch *(langue des Aztèques du Mexique)* nennt, ſehr fern vom Aztekiſchen: es iſt die *huastekiſche* Sprache. Dieſer Irrthum macht etwas ängſtlich bei dem Gebrauch eines Werkes, das, wie ich an der zweiten Stelle, wo ich den über Mexico hinausgehenden Inhalt deſſelben beſprochen habe, Abſchn. XIV § 505, be_ merkt, auf zu viele Gegenſtände eingeht, um überall gründlich ſeyn zu können. Jene Texte werden ohne alles weitere, ohne Paraphraſe noch Erläuterung, gegeben. Ich habe mich auch, in der Bedrängniſs um den Raum, faſt jeder Analyſe und Benutzung dieſer Texte zu Wörtern und Sprachbetrachtung enthalten, und auf die bloſse Mittheilung der Texte an den verſchiedenen Stellen beſchränkt.

§ 458, o. Das Suchen nach einigen AZTEKISCHEN Sprachſpuren, das ich bei
Texas und *Neu-Mexico* nicht vergeſſen habe, ſchlägt auch bei Neu-Californien nicht ganz fehl:
Ich habe den Namen *Tule:* als groſsen See, als Ort im ſüdlichen Theile (auch als Fluſs: oben
S. 522af); und ſeine ſpan. derivata: *Tulares* als Gegend und Seen (vgl. S. 520aa-m), und *Tulareños*
als Volk im Anfange dieſer Schrift (S. 61n-62a) ausführlich erläutert, als = dem mex. *tolin* Binſe. —
Wir haben vorhin (S. 528n) die Sitte der Schwitzbäder und der eigenthümlichen kleinen Gebäude dazu
bei den Indianern Neu-Californiens wiedergefunden. *Mühlenpfordt*, der daſſelbe auch von den Alt-
Californiern meldet, hat dieſs wohl nur aus *Humboldt* entnommen; dieſer ſagt (ſ. im Anf. des § 493)
von den *Rumsen* und *Escelen* bei Monterey, daſs man bei ihnen die aztekiſchen *temazcalli* finde.
Beſtätigend dafür iſt, daſs *Duflot* (vor II, 249) eine ausführliche neue Abbildung eines *temazcal* giebt;
und vorzüglich beſtätigend, daſs *Temazcal* ſelbſt ein Ort im ſüdlichen Theile, nordöſtlich von *SJuan
Capistrano* (nach dem Atlas von 1857 und Duflot: ſ. oben S. 61a), iſt, wie auch ein Gebirgszug daſelbſt (ſ. S. 516m) und ein ſüdöſtl. Nebenfluſs des *rio de SAna* (S. 522nn) auf den 2 groſsen Karten
Temescal heiſsen. Hierzu kommt noch ein Ort *Temacala, Temacula* dieſer 2 Karten: im S, an dem,
nördlich auf den *SLuis* folgenden Küſtenfluſs *SMargarita* (S. 522nn); welchen ich als *Temazcalla*
(Ort der Badehäuschen) deute. Auch die Völker Neu-Mexico's haben *estufas* (ſ. Neu-Mex. S. 232af,
259nf, 261m-mm, 304a, nf, 306m), und betrachten ſie als einen von den Azteken überkommenen Brauch
(Neu-Mex. S. 261m, 304a). — Das Flüſschen *Ulates creek*, ein weſtl. Nebenfluſs des *Sacramento*
(S. 522 Z. 2), kann der ſpan. Plural des mex. *otlatl* ſeyn: das ich, als bezeichnend eine ſtarke, maſ-
ſive Rohrart, im Abſchn. IV S. 89af-m beſprochen habe; *Tomales point* an der nördl. Küſte (S. 519mm)
oder *Tomales*-Bai (als ein langes Haff) nach *sen. doc.* könnte man für ein mex. Wort *tomalli* annehmen, das ich nachzuweiſen vermag; der Fluſsname *Coyote*, 2 Küſtenflüſſe bezeichnend (S. 522nn, nf),
rührt von der ſpan. Form des aztekiſchen Thiernamens *(coyotl)* her, und der Ortsname *los Coyotes*
(bei dem erſteren von ihnen, S. 522nn) iſt der ſpaniſche Plural.

Der Name Miſſions-Indianer, *Mission Indians,* wird in der Stelle S. 530af-m, welche ihr
jetziges elendes Daſeyn ſchildert, erläutert als diejenigen Indianer, welche mit den ehemahligen Miſſionen verknüpft waren und bis zu deren Aufhebung ihren Unterhalt von ihnen bezogen (vgl. unten
S. 536aa). Ich finde aber den Namen jetzt von den nordamerikaniſchen Schriftſtellern oft wie den eines
beſtimmten Volkes gebraucht; ſo nennt *Turner* (in *Whipple's report* p. 87) ſie neben den *Pah-Yutes*
als Zweige ſeines allgemeinen Schoſchonen-Volkes: was keinen Sinn nach der urſprünglichen Bedeutung
hat, weil ja in den Miſſionen viele und verſchiedene Sprachen herrſchend waren.

§ 458, p. Ich trete nun aus meiner allgemeinen Erörterung über die
INDIANISCHEN VÖLKER Neu-Californiens und ihre SPRACHEN heraus, um die
EINZELNEN VÖLKER UND SPRACHEN in der Richtung VON SÜDEN
GEGEN DEN NORDEN vorzuführen und zu behandeln.

A. Ich habe zunächſt eine gemiſchte Gruppe von Völkernamen im SÜDLICHEN
THEILE der Provinz, beſonders gegen den COLORADO-Fluſs hin, zu nennen, welche
wegen ihrer ſchwankenden Lage ſchon zum Theil bei früheren Provinzen: bei Sonora und
bei dem Lande des Gila und Colorado, vorgekommen ſind. — VENEGAS ſagt, nachdem er
die Völker Alt-Californiens aufgezählt hat, (I, 67): Es ſind noch andere entdeckt *por el lado del
Continente de la Pimeria,* welche zu rechnen wären *al terreno de la California.* Pater *Kino*
berichtet, daſs, nachdem er aus der *Pimeria* zum *Colorado* und über dieſen bei ſeiner Vereinigung
mit dem *Gila* gegangen ſei, er am Ufer dieſes Fluſſes auf der californiſchen Seite gefunden habe: das
Volk der *Bagiopas* (auf Ven. Karte nahe der Mündung des Colorado), *Hoabonomas* (etwas über
den vorigen, gegenüber den *Yumas* und *Quiquimas,* welche am linken Ufer ſind), *Iguanas, Cutguanes* oder *Cueganas;* am rechten Ufer des Col. (68), den *Alchedomas* (des linken Ufers)

gegenüber, follten die *Cuculatos* wohnen, „ein jetzt unbekanntes Volk". „Die übrigen Völker, welche die Länder zwifchen dem *rio Colorado* und den Häfen *Monte-Rey, del Cabo Mendozino* und die übrige Küfte entlang bewohnen; find beinahe ganz unbekannt, nichts·verbürgtes läfst fich von ihnen fagen."

Es find hier einige Völker genannt, welche ich im *Gila*-Lande aufgeführt habe und von wel. chen ich felbft hier fagen wollte, dafs fie wohl Neu-Californien mit berühren: die *Quiquimas, Coanopas, Bajiopas, Cutganes.* Manche Völker überhaupt,˙ die im *Gila*-Lande am *Colorado* ge. nannt find, erfcheinen auch an feinem weftlichen Ufer, oder gehören allein dem weftlichen an; wenn nun der *Colorado* im füdlichen Theile die Oftgränze von Neu-Californien bildet, fo würden manche dort genannte Völker zu Neu-Californien gehören: fo die *Mahhaos* (269af), *Cahweeos* und *Comoyah* (269mf-n). Vorzüglich aber habe ich (S. 259af, nn) auf feinem weftl. Ufer nach *Humboldt's* grofser Karte genannt: die *Jenigueih, Jumbuicrariri* und *Timpabachis.* Auf neuen Karten von Mexico (z. B. Weimar 1852) finden fich im füdlichen Drittel von Neu-Californien 3 grofse Völ. kerfchaften verzeichnet: füdlich *Genigueches,* NW über ihnen *Mohaves;* über diefen NO die *Yamayas,* an die *Yabipais* .im Gila-Lande hinüberreichend. *Whipple* erklärt (14af) die *Yabipais* für einerlei mit *Yampais* und fetzt diefes Volk (2000 an Zahl) im W und NW der „aztekifchen Gebirgskette" *(the Aztec range of mountains)* bis zur Mündung des *rio Virgen;* den *Mojaves* zufolge wohnen die *Yampais* (17nf) eine kurze Strecke unterhalb der Mündung von *Williams river;* f. noch über fie 32m. Die *Yampais* befuchte *Sitgreaves* 1852 (f. Neu-Mex. S. 267a-aa). — Über die *Mohaves* werde ich fpäter (im § 464, c) ausführlich reden. — Ein handfchriftlicher Bericht des Jofé Cortes vom J. 1799 nennt *(Whipple* 18a-aa) im *Colorado*-Thal folgende Völker: *Talliguamayque* 3000, *Cajuenches* 2000, *Yumas* 3000, *Tamojäbs* 3000, *Talchedums* 3000, *Cucapa* 3000.

BARTLETT *(pers. narr.* II, 178) nennt nach alten Karten weftlich vom Colorado die *Ge- nigueh, Chemeguabas, Jumbuicrariri* und *Timbabachi* als Beifpiele des Verfchwindens von Völkerfchaften; er nennt fie ·„Stämme, von deren Dafeyn wir heutiges Tages nichts wiffen". Diefe Behauptung halte ich nicht für ficher: die *Timpabachi* fcheinen (f. oben S. 345af, nn) eine Wirklichkeit zu haben, und Humboldt's (oben S. 259af) und Ruxton's (oben S. 262n) *Chemeguabas* haben wir nebft ihrer Sprache (f. § 489, b-c) als *Chemehuevi* in jüngfter Zeit genau kennen gelernt. — WHIPPLE giebt uns (16aa-mm) eine Karte des *rio Colorado* mit Angabe der Völkerfchaften und ihrer Lage in feinem Thale (alle am Oft-Ufer), wie fie ein *Yuma (Cuchan)* auf den Boden zeichnete. Der *Colorado*-Flufs heifst hier *Hahweal-asientic* und hat 2 öftliche Nebenflüffe: im S den *Hah- quasiilla:* unter ihm (von S-N) die 2 Völker *Cocopás* und *Comoydtz;* in N den *Hah-Wealha- mook:* zwifchen beiden die *Cuchans, Yabapáis, Cuchans, Mac-há-vès, Chem-ehuevitz;* nördlich vom nördl. Nebenflufs: die *Mac-há-vès, Cahualchitz, Mat-hat-evátçh, Hualpáich, Chem-ehuevitz* (letzte auch auf dem weftl. Ufer). *Whipple* bemerkt (16mf), dafs die Exiftenz mehrerer diefer Stämme nur den Indianern bekannt zu feyn fcheine; 1849 gab ihm der Häuptling der *Yumas* an der Gila- Mündung diefelben Namen an. Eine 2te Karte des *Colorado* mit Völkernamen, gezeichnet vom Häuptling der *Chemehuevis (Pai-ute Map of Rio Col.),* giebt *Whipple* p. 16n-nf. Hier heifst der *Colorado*-Flufs *Uncah pah,* die öftlichen Nebenflüffe: im S *Sien-á-oùip-pah,* N *Hahcuchà-pah;* füdlich von jenem find die *Cucápa,* zwifchen beiden die *Cuchans* an 2 Stellen, nördlich über dem 2ten die *Amac-hávès.* Der *Colorado* hat noch 3 weftliche Nebenflüffe: im S, etwas füdlich vom 1ten öftlichen, den *Ha-withl-met-high:* mit Cuchans um feine Mündung und *Comái-yäh* am oberen Lauf; weiter nach N, nördlich über dem 2ten öftlichen, den *Pah-sáwàgáiè:* füdlich von ihm in W die *Pahránnè,* am Colorado die *Chem-ehuevis;* nahe nördlich über ihm den *Pah-rásápáh:* mit den *Paiutes* auf beiden Ufern..

Humboldt's grofse Karte hat in Californien, weftlich von den *Timpabachis,* die *Indios Guacaros;* von ihnen hat das von mir beim Lande des Gila und Colorado viel genannte Gebirge, *sierra de los Guacaros*, feinen Namen. Zu den **Cosninas**, ganz dem öftl. *Colorado*-Lande angehörig (f. S. 279[mf·nn]), nach denen auch ein Gebirge benannt ift, füge ich hinzu, dafs nach *Whipple* (14[af]) das Jagdgebiet der „*Cosninos*" in der *sierra de SFrancisco* ift und fie bis zu der grofsen Biegung *(big bend)* des *Colorado* fchweifen follen.

§ 459. B. Ich lege von der neu-californifchen Sprachwelt zunächft ein Wortverzeichnifs von vier füdlichen Miffionen vor: von SAN DIEGO ein doppeltes, von S. BARBARA, S. LUIS OBISPO und S. ANTONIO. Diefe vier Sprachen legen durch ihre gänzliche Verfchiedenheit gegen einander fogleich ein Zeugnifs ab von der Zerriffenheit des Völkerwefens der grofsen Landfchaft; da fie auch nicht durch ihre örtliche Lage genau zufammengehören, fo beruht die Verbindung, in der ich fie aufführe, allein darauf, dafs ich eine Wortfammlung Scouler's wiedergebe, in welcher er 6 Idiome Neu-Californiens und die Pima-Sprache Sonora's in Einem Schema vereinigt hat. Er liefert nämlich in feinem Auffatze im *journal of the royal geographical society of London* Vol. XI. 1841. 8° p. 246-251 ein Wortverzeichnifs der *Pima*, und der Sprachen von *SDiego, SJuan Capistrano, SGabriel, SBarbara, SLuis Obispo* und *SAntonio*. Er erhielt die neu-californifchen Wortverzeichniffe von feinem Freunde Dr. COULTER, der fich mehrere Jahre lang in jenen Gegenden aufgehalten hatte. ([1]) Ich hatte die Pima daraus entfernt; und darauf auch die 2 Sprachen von SJuan Capiftrano und SGabriel, welche fich in Verwandtfchaft und wichtigen Eigenfchaften aneinanderfchliefsen. Ich behielt fo die 4 Sprachen übrig; das Verzeichnifs habe ich in eine alphabetifche, beziehungsweife fyftematifche Ordnung umgefetzt. — Ein gröfseres Wortverzeichnifs der Sprache von San Luis Obispo haben wir einmahl von Bartlet|t zu erwarten, der es in *SJosé* (füdlich von *SFrancisco*, dicht bei *SClara*: f. S. 525[af]) mit einem Amerikaner verheiratheten Frau diefes Stammes aufgenommen hat (*pers. narr.* II, 56[n]-57[a]).

Die vier Namen find Namen früherer fpanifcher Miffionen. San Diego liegt nach *sen. doc.* in 32° 44½' (*new town* 43'; vgl. oben S. 524[aa] Mühl. 32° 39½') N. B., am füdlichften in Neu-Californien; S. Barbara liegt bedeutend nördlicher: es wird damit wohl hier weniger der Canal von S. Barbara, von welcher Gegend wir nachher (im § 464, a) handeln werden, noch die Infel S. Barbara, als das *presidio* (beide fo auf Humboldt's Karte bezeichnet) und die Miffion, nördlicher als jene beiden gelegen, in 34° 26' (* 27'), gemeint feyn; San Luis Obispo liegt noch nördlicher, in 35° 16'; und San Antonio de Padua wieder bedeutend weiter nach Norden, in etwa 36° N. B. (vgl. S. 524[nn]).

Auf das viergliedrige Wortverzeichnifs *Coulter's* laffe ich eine zweite Wortfammlung von feiner erften Sprache folgen. Das Wortverzeichnifs der Sprache von SAN DIEGO im *Schoolcraft* II, 103[nn]-4[mm] ift gefammelt vom Lieut. Whipple, von der Armee der V. St.; und findet fich in einem bemerkenswerthen Auffatze Whipple's (p. 99-121) über den füdlichften Theil Neu-Californiens, betitelt: *physical data respecting the southern part of California included in the line of boundary between San Diego and the mouth of river Gila.* Die Expedition ging (p. 100[af-mm]) am 11 Sept. 1849 von der Miffion *SDiego* nach dem Zufammenfluffe des *Gila* und *Colorado* ab. Sie hatte als Führer und Dolmetfcher den Häuptling des Indianer-Stammes *Lligunos* oder *Diegunos*, „*Tomaso*", angenommen. Von ihm erfuhren fie, dafs der Volksftamm 8800 Seelen zählte: welche alle diefelbe Sprache redeten und das Gebiet von *SLuis Rey* an bis *Agua Caliente* (nach *sen.* eine Örtlichkeit gen O von SLuis, ein wenig nördlich, in 33° 16') inne hätten. Sie find ohne Waffen und fehr friedlich; eifrige Chriften, blicken fie mit Verachtung auf ihre heidnifchen Nachbaren, die Indianer der Wüfte und des Rio Colorado. Über die Miffion und die Stadt *SDiego* (beide 5 *miles* aus einander, wobei wieder die Miffion 2 *m.* von der *plaza* SDiego entfernt ift), fo wie ihre Bewohner, f. mm-f.

([1]) Ich habe an zwei früheren Stellen (Pima S. 366 Anm., Kizh und Netela S. 510 Anm.) eine am Ende diefes § zu findende grofse Anmerkung citirt, in der nebenbei von einem Auffatze Dr. Coulter's die Rede feyn folle; aus diefer Anmerkung ift jetzt ein Stück Text S. 530[nn-f] geworden.

Hier liegt das Dorf *San Felipe* (103ᵐ), 20 *m.* von *Santa Isabel.* Der Vf. giebt feine Einwohnerzahl zu 50 Indianern an: von denen der eine Theil *Diegunos* find und „ *Tomaso's*" Obergewalt anerkennen; die übrigen zu dem Stamme der Wüfte gehören, welcher *Como-yei* oder *Quemeya* (p. 110ⁿ: *Comoya*) heifst: eine verfchiedene Sprache redet und vom Spanifchen gar nichts weifs. Das Wortverzeichnifs der *Diegunos* wurde von „Tomafo" und anderen Individuen des Stammes entnommen (ⁿⁿ).

Ein gröfseres oder zwei haben wir einmahl von Hrn. Bartlett zu erwarten, welcher ein folches in *SDiego* (*pers. narrative* II, 7ᵐ⁻ⁿ), und ein anderes in *los Angeles* bei *San Gabriel* (oben S. 524ᵐ) von einem fogenannten Indianer „der Miffionen" (II, 82ⁿᶠ) (¹) aufnahm. *Bartlett* fchildert den Stamm („*Diegeno Indians*"; richtig allein *Diegueño* oder *Diegeno*), an Körper und Kleidung, als fehr häfs_lich ausfehend (7ᵃ⁻ⁿᶠ). Diefe Indianer nehmen nach ihm die Küfte 50 *miles* über und unter *SDiego* und auf 100 *miles* ins Innere ein; und find derfelbe Stamm, welcher den erften Anfiedlern unter dem Namen *Comeya* bekannt war.

§ 460. 1) Wortverzeichnifs von S. Diego, S. Barbara, S. Luis Obispo, S. Antonio;

von Dr. *Coulter* im *journal of the geogr. society* XI, 1841 p. 246-251

A. Subftantiva, Adjectiva und Verba

1	arrow	copel	yah	tslehui	tatoiyen
2	bad	xanō	—	tsohuis	xomo
3	black	nillh	axemai	—	k'hanhuat
4	body	ëmal	hekiampuin	—	natrikan
5	bow	atimm	axa	taxa	xakeia
6	boy	jacuel	tupneesh	tschuilmono	sketana
7	brave	kunemei	axauishash	—	xaialhua
8	chief	cuaipai	huot	— quatai	(eig. grofs)
9	cold	xetchur	soxton	—	tsatleia
10	day	na (auch Sonne)	husiec-esini	t'chashin	
11	door	huaā	ekeipe	—	tahxam [trokana
12	ear	xiamall	—	p'ta	tishokolo
13	earth	mat	iti-kiala-kaipi	—	—
14	enemy	axua	—	tsinayihlmu	trinaihl
15	father	mānallë	kokonosh	sapi	tele
16	friend	kunehuaia	—	tsaxsi	tienxa
17	good	xan	—	ts'yunon	kitsep
18	great	quatai	—	—	katcha
19	hand	ëshall	—	nupu	menan
20	head	xellta	—	p'sho	traako
21	heart	yatchick	—	noxop	auhuu
22	hot	—	sientseuk	—	trauyeiya
23	house	ähuā	ahpa	—	traamah
24	lake	xā-quatai	eukeke	—	ilpoj

25	light	—	neuk	tina	traan
26	little	—	—	tsihuisnin	shomo
27	man	ëpatch	eheye	h'lmono	lūdh
28	moon	iātllā	aguai	tabua	tatsoopai
29	mother	patālle	xoninash	tuyu	epjo
30	mountain	mai	oshlolomohl	tspu	kitspoi
31	much	—	—	tsexu	xaiya
32	night	cöjoñ	sulcuhu	tch'xime	smekkai
33	river	xā	shtejeje	tslimi	shooka
34	salt	ëxii	tipi	tepu	trakai
35	sea	xāsilk	s'xamihui	t'shnexan	sh-kem
36	sky	—	alapai	tixis	napalemak
37	small	illmöm	—	—	skitano
38	star	xllepxuatai	akehuu	k'shishimu	tatch.
39	stone	ehuei	xe-up	txeup	tashxa [huanillh'
40	strong	—	—	—	kmopax
41	sun	ñā	alishaxua	s'maps	nnah
42	water	xā	oh	to	tcha
43	white	umshap	ohuox	—	k'matsol
44	woman	seen	ehnek	tasiyuhl	letse

B. Zahlwörter

45	1	siha	paka	tshxumu	kitol
46	2	xahuac	shkoho	eshiu	kakishe
47	3	xamoc	masex	misha	klap'hai
48	4	tchapap	skumu	paksi	kisha ˎ

(¹) Diefes, fehr verftändige Individuum konnte den Namen feines Stammes nicht angeben; Bartlett erkannte nur durch Vergleichung des Wortverzeichniffes, dafs es die „*Diegeno*"-Sprache fei, in einigen Wörtern von dem in SDiego erlangten abweichend.

49	5	*xetlacai yiti-paka tiyehui ultraoh*	55	11	*sihn-noxap keilu tihuapa tsosoktolh*
50	6	*xentchapai yiti-shkome ksuhuasya paianel*	56	12	— *masex-eskumu takotia lapaiksha*
			57	13	— *kel-paka, huakshumu, lapaiksha trextol*
51	7	— *yiti-masex kshuamishe t'eh*			
52	8	*tchapap-tchapap malahua sh'komo shaanel* [*tetatsoi*	58	14	— *kel-ishko huaklesiu huoshosho*
			59	15	— *kel-masex huaklmishe lapai-ultraū*
53	9	*sihntchahoi spa shumotchi-maxe*	60	16	— *peta peusi k'pesh*
54	10	*ñamat keshko tuyimili tsoeh*	61	20	— — — *kakisho-tsoeh*

§ 461. 2) Wortverzeichniſs der Diegunos von Whipple
(*Schoolcraft* II, 103-4)

62 horse *moquúc* oder *hut,* 63 mule *ahhút* oder *moolt,* 64 man *aycóotcht (aycóotchet),* 65 woman *sun (seen),* 66 father *nile,* 67 mother *tile,* 68 body *hainato (hamato),* 69 head *estár,* 70 face *wa,* 71 nose *hoo;* 72 eyes *a·yen (yon),* *a·wŭc;* 73 mouth *ah,* 74 hand *selh'l (sith'l),* 75 fingers *a·sac'l,* 76 arms *cuwis,* 77 leg *e·with'l,* 78 knee *toon,* 79 foot *ha·mulyay (meelydy),* 80 hair *hil-e-tar,* 81 boy *elmdm,* 82 to-day *en-ydt'l,* 83 to-morrow *mát-in-yat'l,* 84 night *hoon,* 85 good *han* oder *hánna,* 86 house *a-wáh,* 87 blanket *tayhuth (tayhéeth)* oder *cuchao,* 88 hat *apl·eu (apée-ĕl),* 89 1 *hind (hinc),* 90 2 *ha-wue (ha-wŭc),* 91 3 *hamóok,* 92 4 *chapóp,* 93 5 *suap (seráp);* 94 money *cooquit hue (cooquit'lhue, iris-coquit'lhue);* 95 he wants money *poot wurris (pootivurris) coquit'l-hue,* 96 1 *n'yah (n'yat),* 97 he *poo,* 98 am *twa,* 99 here *pee,* 100 I am here *n'ya-pee-táwa,* 101 he was there *poo-ce-pa-a (poo-eepia-a),* 102 fruit *ach-amácha,* 103 water *ahá᷄ (ahá),* 104 bread *mĕyut'l (mĕyert'l),* 105 to eat *as-áo,* 106 to drink *aysáil (aysáie),* 107 ear *ha·mát'l,* 108 I drink water *n'yá᷄-ahá᷄-asāy,* 109 I eat meat *n'ya-coquago* ("*, ayo) asaho,* 110 brandy *quarquue* ("*, uc),* 111 to be drunk *asu-muaye (asĕrmĕ᷄rāye),* 112 I drink rum *n'ya quarquac-asu (asée),* 113 nothing *omuc'l* oder *omāhū᷄ (omah-o),* 114 yes *ho,* 115 I have a home *n'ya-hub(hut)-n'yay-pilyay,* 116 I had a horse yesterday *n'ya-hut-pour·yayo (y'ayo),* 117 I shall have a horse to-morrow *n'ya-hut-meton-yat'l-ninia,* 118 6 *sumhook,* 119 7 *sérap* (Yuma 5), 120 8 *sahook* (Y 10), 121 9 *chiphook* (Y 8), 122 10 *yamat*

§ 462. Verzeichnung zu den zwei Wortverzeichniſſen von San Diego
1) 1-61: Dr. *Coulter* bei Scouler 2) 62-122: *Whipple* bei Schoolcraft

Subſt, Adj. und Verba: *arms* 76, *arrow* 1, *bad* 2, *black* 3, *blanket* 87; *body* 4, 68; *bow* 5; *boy* 6, 81; *brandy* 110, *brave* 7, *bread* 104, *chief* 8, *cold* 9, *day* 10, *door* 11, *drink* 106 & 108, *drunk* 110; *ear* 12, 107; *earth* 13, *eat* 105 & 109, *enemy* 15, *eyes* 72, *face* 70; *father* 15, 66; *fingers* 75, *foot* 79, *friend* 16, *fruit* 107; *good* 17, 85; *great* 18, *hair* 80; *hand* 19, 74; *hat* 88; *head* 20, 69; *heart* 21, *home* 115, *horse* 62 & 116..7; *house* 23, 86; *knee* 78, *lake* 24, *leg* 77; *man* 27, 64; *meat* 109|, *money* 94 & 95, *moon* 23; *mother* 29, 67; *mountain* 30, *mouth* 73, *mule* 63; *night* 32, 84; *nose* 71, *river* 33, *rum* 112, *salt* 34, *sea* 35, *small* 37, *star* 38, *stone* 39, *sun* 41, *want* 95; *water* 42, 103 & 108; *white* 43; *woman* 44, 65 Zahlwörter: 45-61, 89-93, 118-122 Pronomina: *I* 96, *he* 97 & 101, *much* 31, *nothing* 113 Conjugation: ſeyn 98 & 100 & 101, haben 115-7 Adv. *here* 99 & 100, *there* 101; *to-day* 82, *to-morrow* 83 & 117, *yesterday* 116 Interj. *yes* 114

Duflot de Mofras, der von der Miſſion SAN DIEGO T. I. p. 333-339 handelt, liefert T. II. p. 395 das Vaterunſer der Sprache: *Nagua anall amai tacoguach naguanetuuxp mamamulpo cayuca amaibo mamatam meyayam canaao amat amaibo quexuic echasau nuguagul ñañaca-chon ñaquin ñipil meñeque pachis echeyuchapo ñagua quexuic ñaguaich ñacaguaihpo ñame-chamel anipuchuch-guellch-cuiapo. Naculuchpambo-cuchllch-cuiatpo-ñamat. Napuijá.*

§ 463, a. Dieſe **VIER SPRACHEN** ſind ganz fremdartig unter ſich; enthalten nichts ſonoriſches und nichts aztekiſches auſser dem wenigen, was ich angeben werde. Die gänzliche Verſchiedenheit, welche ſie gegen einander behaupten, wird ſogleich bewieſen durch die Zahlwörter, unter
denen nicht eine Spur von Ähnlichkeit vorkommt. Doch kann ich von je 2 Sprachen 2 Ähnlichkeiten angeben:

Häuptling	SDi. *cuaipai*	SAnt. *quatai*		Bogen	SBarb. *axa*	SLuis *taxa*
Sonne	„ *n͞a͞*	„ *nnah*		Stein	„ *xe-up*	„ *txeup*

Auch könnte daſſelbe Wort ſeyn: Haus SDi. *a͞hua͞* SBarb. *ahpa*

Die vorletzte Übereinſtimmung kann auf das aztekiſche Wort *tetl* hinausgehn; und die Endung *p* würde jene comanche-ſchoſchoniſche Subſt. Endung ſeyn, von der ich vielfach bei mehreren
ſonoriſchen Sprachen gehandelt habe; auch *tashxa* Stein von SAnt. könnte = *tetl* ſeyn. — *neuk*
Licht SBarb. könnte man mit azt. *neci* ſcheinen (*tla-nex-tli* Licht), über welches
im Abſchn. IV § 56 (S. 87, Art. *neci*) hinlänglich gehandelt iſt; und *oh* Waſſer in derſelben Sprache
nähert ſich dem von mir bei Yutah (S. 355ᵐᶠ⁻ᶠ und 356ᵐᵐ⁻ᵐᶠ), Comanchen (S. 400ᵃ⁻ᵃᵃ und ⁿⁿ⁻ᶠ) und
Tezuque von Neu-Mexico (NM S. 282ᵃᵃ⁻ᵐ) ausführlich beſprochenen Worte *ogo* der Yutah und *ogh*
des Tezuque nach Simpſon (aber nach Whiting *poh*), und hat mit dem Tezuque ein gröſseres Anrecht
das azt. *atl* zu ſeyn als das comanchiſche.

Ich finde nur Eine ſonoriſche Ähnlichkeit: SDiego *toon* Knie = Te *tona,* Ca **tono* uſw.

Ich finde ferner Eine athapaskiſche Ähnlichkeit: SLuis *to* Waſſer = Chepewyan und Dogrib
C *to,* Tacully und Dogrib S *tu;* dieſs iſt aber auch die einzige Übereinſtimmung: ſonſt iſt·nicht
eine Spur aufzuweiſen. Auch in der Sprache von *San Diego,* bei welcher wegen der geringen Anklänge ihrer Verwandten (ſ. S. 270ᵃᶠ⁻¹ᵐ) dieſe Frage ernſthafter ſich erhebt, habe ich keine athapaskiſchen Ähnlichkeiten gefunden; namentlich führen die nachher (ⁿⁿ) von mir als der *Yuma* fremd
bezeichneten Wörter auch zu keiner. Geringe Anklänge erſcheinen in Kopf und Haar.

Die Sprache von S. Barbara hat (ſ. § 494) eine einzige Übereinſtimmung mit der der Eslen
oder Ecclemachs von *Monterey:* in der Zahl 1 (wie ſchon der Mithr. ſagt: ſ. unten S. 541ᵃ).

Mit dem Griechiſchen kann man ſcherzhaft vergleichen SLuis *taxa* (= τόξον).

In Beziehung auf Lautweſen fällt im SAntonio das *tr* auf, welches ſo oft die Wörter anfängt. Im SDiego enden ſie öfter auf *t'l* bei Whipple, wofür Coulter *ll* hat; *tll* findet ſich in *ia͞tlla͞*
Mond, *xll* in *xllepxuatai* Stern. Bartlett bemerkt von der Sprache von San Diego, daſs keine auſser
dem Apache ihm ſo ſchwer in Buchſtaben auszudrücken geweſen ſei, in Folge der Unmaſſe von Gurgel-
und Naſenlauten in ihr (II, 7ᵐᶠ⁻ⁿⁿ).

Von *Coulter's x* im *Diegueño* (uſw.) bemerkt *Turner* in *Whipple's report* (103ᵐᵐ), es ſei
deutlich der ſonſt mit griech. χ bezeichnete Kehllaut; dieſs trifft öfter zu: es ſteht für *h* in gut, kalt,
Ohr, ſchlecht, Waſſer; 2, 3; als Vorſatz vor einen Vocal in Kopf; für *k* in Stern; aber auch für
Ziſchlaute (z. B. 6).

Ich kann, nach eigner Entdeckung, auf die ich zuerſt durch das Wort *epatch* Mann oder Menſch
geführt worden bin, die genaue **VERWANDTSCHAFT** der Sprache von **SAN DIEGO** mit der Yuma,
und folglich auch mit der Cocomaricopa, verkündigen.[1] Ein nicht unbedeutender Theil der
Wörter verſagt, was in dem Welttheile nicht verwundern darf; nicht ähnlich ſind, nach *Coulter's*
Sammlung: Pfeil, ſchlecht, Knabe, Häuptling, Ohr, Freund, gut, groſs, Kopf, Herz, Haus, Mutter, Berg,
Nacht, Fluſs, Meer, klein, weiſs; 6, 9, 10; nach *Whipple's:* Auge, Geſicht, Mund, Haar; er, heute,

---

[1] Wenn man die Breiten-Beſtimmung als ernſthaft nimmt, ſo könnte (wie ich ſchon S. 472ᵐᵐ
geſagt habe) die Sprache von *SDiego* unter jener 4ten Stammſprache Alt-Californiens verſtanden werden, welche (ſ. S. 472ᵃᶠ⁻ᵐᵐ) über den nördlichen Cochimen, beginnend vom 33°, geſprochen wurde und von der kein Cochime ein Wort verſtand.   .. ..

geſtern. Vielleicht oder wahrſcheinlich ſind verwandt, aber mit bedeutender Form-Abweichung: ſchwarz, Knabe (nach *Whipple*), trinken, Hut, See, Naſe, Sonne.

Die bedeutende Verwandtſchaft beider Sprachen beweiſen aber folgende Wörter, deren 1tes immer SDiego, das 2te Yuma iſt: 1) Coulter's: Leib *ĕ̱mal ee-mátche*, Bogen *atimm artim;* Hand *ĕ̱shall* (W *asac'l* Finger) *ee-salche, ee-seth'l* Arm; Mond *iätllá huth'lya*, Salz *ĕ̱sii e'sith'l*, Stern *xllepxuatai kleepwataie*, Stein *ehuei o-wee*, Frau *seen seenyack* 2) Whipple's: Waſſer *ahá ahá*, eſſen *asao asao*, Pferd *hut huts*, 1 *hinc sin*, 2 *ha-wuc ha-wick*, 3 *hamook hamook*, 4 *chapop chapop*, 5 *serap serap*, ich *n'yah (n'yat) n'yat*, ja *ho oh*.

Es iſt noch nöthig zu vergleichen, in wie weit die ZWEI QUELLEN, welche wir für die Sprache von San Diego haben, mit einander in den Wörtern und ihren Formen übereinſtimmen. Dieſe Übereinſtimmung iſt nicht ſo bedeutend: wobei zu ſagen iſt, daſs beide Sammler nur die wenigen Begriffe, welche ich angeben werde, gemeinſam haben. Beide Quellen zeigen daſſelbe Wort, gleich oder beinahe gleich: in Haus und 4; ziemlich ähnlich: Hand, Frau; mit bedeutend verſchiedener Form: Vater, Mutter, Nacht, Leib; *item*, wo aber die Verſchiedenheit vorzüglich in dem ſeltſamen von *Coulter* gewählten *x* liegt, wofür Whipple ein *h* hat: Ohr, Waſſer, 2, 3; ſie haben vielleicht daſſelbe Wort: für Kopf; — beide geben aber ganz verſchiedene Wörter an für die Begriffe: Knabe, man, 1, 5.

§ 463, b. So hatte ich ſeit einigen Jahren geſchrieben, als mir in 2 Epochen nordamerikaniſche Bemerkungen über die Sprache von SDiego vor Augen kamen. Zuerſt war es eine Stelle in Bartlett's *personal narrative* II, 270ᵐⁿ: „die Sprachen der *Cocomaricopas* und *Yumas* ſind beinahe dieſelbe. *The Comeya, or Diegenos . . . will also be found closely allied to them.*" — Mehr denn 2 Jahre danach erhielt ich die Wiederholung von Whipple's kleiner Wortſammlung als 4tes Glied ſeiner *Yuma*-Worttafel in ſeinem *report upon the Indian tribes* (Waſh. 1855 oder vielmehr 1856, 4°) p. 95-101. Es werden durch dieſe Redaction *Turner's* eine Reihe Fehler in den Wortformen des erſten Druckes bei *Schoolcraft* ſichtbar, welche ein Recht zu dem ſchärfſten Tadel einer völlig leichtſinnigen Veröffentlichung geben: der es gleichgültig iſt, wenn die Schriftzüge in einer ſtümperhaft unrichtigen Leſung vor das Publikum gebracht werden. Ich habe die Varianten von *Whipple's report* den Formen *Schoolcraft's* (S. 537) in Klammern beigeſetzt: und der Augenſchein lehrt, daſs erſtere immer die richtigen ſind. *Turner* giebt auch noch (103) die Zahlen 7 bis 10 von *Whipple:* indem er (102ⁿᶠ) bemerkt: *Whipple* gebe nur die Zahlen 1 bis 5; und füge in einer Anm. hinzu, daſs das Volk nach dem Häuptling *Tommaso*, der ihm das Wortverzeichniſs angab, nur dieſe 5 habe: daſs aber „Andere des Stammes ihm zögernd 10 angaben, die anſcheinend irrthümlich den *Yumas* entnommen waren"; *Turner* folgert aus ſeiner Zuſammenſtellung dieſer 10 Zahlwörter mit denen Coulter's, daſs dieſs nicht gegründet iſt. Aber ich möchte doch *Whipple* beitreten: nur die 6 iſt richtig und ≠ Yuma; die 7 iſt aber = Y 5, die 8 = Y 10, die 9 = Y 8, die 10 neu. *Turner* bemerkt noch (103ᵃ): wie „*Whipple* keine Vorſtellung davon gehabt habe, daſs die *Diegeños* zum *Yuma*-Stamme gehören."

Bartlett nennt (oben S. 536ᵃᵃ⁻ᵃᶠ und hier ᵐ) das Volk der *Diegueños* geradezu wie eins mit den Comeya (*Whipple's report* 102ᵐᶠ: *Mr. Bartlett says they are the same who were known to the first settlers as the* Comeya *tribe*); aber *Whipple* verſichert, wie ich ſchon (S. 536ᵃ) angegeben habe: daſs der Volksſtamm der Wüſte, welcher *Comoyei* oder *Quemaya* genannt wird, eine verſchiedene Sprache rede. Ob dieſe Sprache vom *Yuma*-Stamm eine fremde ſei, bleibt noch zu erforſchen. Daſs die *Comeya* und *Yuma (Cuchan)* verſchiedene Sprachen ſind, wird in den Wörtern ſichtbar, wo in Whipple's *Cuchan*-Wortverzeichniſs für Begriffe das *Cuchan*-Wort und das des Häuptlings der *Comeya* zugleich gegeben ſind. Mehrere *Comeya*-Wörter ſind aber vom *Yuma*-Stamme, d. h. mit anderen Sprachen deſſelben als *Cuchan* entſchieden identiſch: Blut, Freund, Häuptling, Haus, Hut, Mädchen, Mutter, Sohn; ähnlich wenigſtens ſind: Frau *(uxor)*, Knabe, Tochter.

Dagegen aber find viele fremd den Wörtern der *Yuma*-Sprachen: Auge, Bogen, Dorf, Geficht, Haar, Herz, Indianer, Kopf, Krieger, Leib, Meffer, Mund, Stirn. Die Beurtheilung des Verhältniffes der *Co-meya*-Sprache zum Diegueño beruht auf 9 Begriffen, für die wir in beiden die Wörter haben: fehr ähnlich find zwifchen ihnen: Haus, Hut; gegen die Einerleiheit beider Sprachen zeugen, obgleich ähn-lich und ftammverwandt, die *Comeya*-Wörter: Knabe und Mutter; es zeugen dagegen fehr entfchieden die, ganz fremden Wörter: Auge, Geficht, Kopf, Leib, Mund.

Von dem Volksftamme, welcher nach dem Hauptorte, neben welchem er gefunden wurde, be-nannt ift: den *DIEGUEÑOS (Diegeños, Diegeenos, Llegeenos)*, wird in Whipple's *report* (102mm-nn) die von mir fchon S. 536aa bezeichnete Erftreckung angegeben. Bartlett (vgl. oben S. 536aa) befchreibt fie (II, 122) als „ein fchmutzig ausfehendes Gefindel *(a filthy-looking set)*: halb bekleidet und anfcheinend halb verhungert;.... das zehnmahl fo viel Arbeit verwendet, um die Wurzeln, Sämereien und andre elende Nahrung einzufammeln, von denen es lebt, als nöthig feyn würde, um durch Anbau des Bodens Brodt, Früchte und Fleifchfpeifen *(meats)* in Überflufs zu erzeugen." „Dennoch", fagt Whipple, „befitzen fie die höchfte Ehrfurcht vor der römifchen Kirche; und blicken (wie ich fchon S. 535nf gefagt habe), fich mit dem Namen eines Chriften brüftend, mit Verachtung auf ihre indianifchen Nachbaren der Wüfte und des *Colorado*-Fluffes, welche fie erbärmliche Heiden nennen. Nach der Angabe ihres Häuptlings zählt der Stamm etwa 8800 Perfonen."

Wir werden kurz hiernach (§ 464, b-d) das *DIEGUEÑO* in feiner grofsen Familien-Verbindung des Yuma-Idioms erblicken.

§ 464, a. Da dem Wortverzeichniffe *Scouler's* oder *Coulter's* einmahl die Sprache von SANTA BARBARA einverleibt ift, fo mufs ich fie hier erledigen, wiewohl fie nördlich über die 2 Sprachen fich befindet, welche nachher folgen werden.

Im Mithridates (201mf-2af) wird eine eigene, fchon von *Vancouver* bemerkte Sprache er-örtert, welche auf den Infeln im Canal S. Barbara und der gegenüberliegenden Küfte geredet wird. Der Stoff ift entnommen aus dem: „Repofitorium für die neuefte Geographie, Statiftik und Gefchichte. Herausg. von *P. J. Bruns* und *E. A. W. Zimmermann*", Bd. 1. Tübingen 1792. 8°. Hier findet fich nämlich (S. 1-32) ein Auszug aus der Schrift: *An historical Journal of the expeditions by sea and land to the North of California in* 1768, 1769, *and* 1770: *when Spanish establish-ments were first made at San Diego and Monte-Rey. From a Spanish MS transl. by William Reveley, Esq. published by A. Dalrymple.* London 1791. 4°. Dem Auszuge ift beigegeben „*Costanso's*" Karte von (beiden) Californien vom J. 1770. Mir ift weder diefe Überfetzung noch das Original (H. E. Ludewig *literature of american languages* p. 167) zugänglich: *Diario Historico de los Viages de mar y tierra hechos al norte de California, de orden del Virrey de Nueva España Marques de Croix y por direccion de D. José de Galvez. Executados por la tropa destinada á dicho objeto al mando de D. Gaspar de Portola, y por los Paquebotes S. Carlos y S. Antonio. Mexico* 1770. fol. (56 Seiten, unterfchrieben *D. Miguel Costanso*; es ift die oben S. 513nn-nf erwähnte doppelte Expedition.)

Auf S. 21 des Auszugs heifst es: „Die lebhafteften und fleifsigften Indianer find diejenigen, welche die Infeln und die Küfte des Kanals *Santa Barbara* bewohnen." Venegas berichtet *(noticia de la Calif.* I, 119) über die Religion auf diefen und auf anderen nahen Infeln, die P. Sigismund *Taraval* 1732 erforfcht und *de los Dolores* (oben S. 470n und 513n) genannt hat: von der Infel *SCatalina* nach Torquemada 119mf-120nf, von der *isla de la Trinidad* nach Taraval 120nf-4m; da die Infeln dicht bei einander liegen (124mm), fo ift die Verfchiedenheit ihrer Religion fehr auffallend.

Es werden in dem obigen Repofitorium folgende Wörter von S. Barbara (S. 25) gegeben (vom Mithr. S. 205nn, 202a zum Theil wiederholt): Kopf *nucchù*, Bruft *kejuhè*, Hand *huachajà*, Ellbogen *chipucù*, Armgrube *focholò*, Lende *fononomò*, Knie *pistocù*, Bein *kippejuè*, Fufs *acteme*; Kahn, Canot *tomol*; Dorf, Stadt *apa*; Anführer *femi*; 1 *pacà*, 2 *excò*, 3 *maseja*, 4 *scumu*, 5 *ytipaca*, 6 *ytixco*, 7 *ytimasge*, 8 *malahua*, 9 *upax*, 10 *kerxco*; nein *amo*

Der Mithrid. urtheilt von den Wörtern diefer Sprache, dafs fie völlig verfchieden feien von denen der von ihm darauf angegebenen neu-calif_ornifchen Völker; nur das Zahlwort 1 treffe mit dem der *Eslenen (pak* oder *pek)* zufammen (f. S. 538ᵐᵐ).

Die Auswahl der wenigen Wörter ftimmt fo unglücklich zu der *Coulter's*, dafs nur ein einziges Subft. wiederkehrt, welches abweicht. Da aber die Zahlwörter, aufser der 9 (welche aber dennoch¹ daffelbe Wort ift), fo genau übereinftimmen, fo trage ich kein Bedenken die Sprache Coulter's, welche ich gedeutet habe als die der Miffion und des *presidio*, und die Sprache vom Canal *de SBarbara* aus der fpanifchen Expedition der Jahre 1768-1770 für diefelbe zu erklären. Die 2 Abweichungen find: Miffion und *presidio (Coulter):* Häuptling *(chief)* huot, 9 *spa;* Canal (fpan.): Anführer *femi*, 9 *upax.* — Die Zahlen 5-7 find deutlich additiv zufammengefetzt aus einem Element *yti* = 4 und 1, 2, 3; und im 2ten Theile der 10 ahndet man die 2. — *amo* nein ift geradezu gleich dem aztekifchen (*amo* 1) nicht 2) nein).

Die Spanier dachten bei diefer Sprache an die mexicanifche. Denn S. 25 in *Bruns* Repofitorium heifst es: „Ihre Sprache ift tönend und leicht auszufprechen. Einige Spanier glaubten darin eine gewiffe Ähnlichkeit mit der mexicanifchen zu finden, weil der Buchftabe *l* und *f* häufig vorkam. Wer mit der mex. Sprache bekannt ift, der urtheile über die Ähnlichkeit oder Unähnlichkeit nach folgenden Wörtern." *l* und *f* machen aber nicht das geringfte mexicanifche Kennzeichen.

§ 464, b. C. Ich verlaffe die füdliche Küfte, zu welcher *Coulter's* 4gliedrige Worttafel mich zunächft geführt hat; und finde, mich nach Often gegen den *Colorado*-Flufs, zu der Gegend wendend, von der ich zuerft (S. 533ⁿⁿ-4ⁿᶠ) einige Völkergruppen genannt habe, ein Volk, dort (S. 534ᵃᵃ, ᵃᶠ, ᵐ) auch fchon angeführt, deffen Sprache, vom *Yuma*-Stamme, uns die Nordamerikaner jüngft kennen gelehrt haben: die MOHAVES. Sie führt mich auf früher fchon von mir abgemachte Glieder des YUMA-SPRACHSTAMMES und fein neues Glied, die Sprache von SDiego, zurück, und zu einer allgemeinen Betrachtung des Stammes felbft.

In *Whipple's report upon the Indian tribes*, Wafh. 1855 (1856). 4° p. 95-101 ift, nach feinen Aufnahmen, eine 4gliedrige Worttafel des YUMA-IDIOMS gegeben: Cuchan, Coco-Maricopa, Mojave und „Diegeño". Es ift, nach ihr die leitende Sprache, denn *Yuma* oder wirklichen *Yuma*, das grofse Schema: ftark befetzt in ihm *(Cuchan),* ziemlich ftark auch im *Mohave;* aber fehr dünn befetzt im *Cocomaricopa* und *Diegueño.* Das Cuchan ift nur die Wiederholung des grofsen Wortverzeichniffes *Whipple's* vom J. 1849 (f. *report* 101ᵐᶠ-ⁿᶠ), das ich, in derfelben Ordnung von Materien mit einer alphabetifchen Verzeichnung, beim Lande des *Gila* und *Colorado* S. 271-4, 274-6 gegeben habe, und das (*report* 101ⁿ) zuerft gedruckt ift im „*Extract from a Journal of an Expedition from San Diego to the Rio Colorado, by A. W. Whipple,* und darauf erft im 2ten Bd. *Schoolcraft's.* Über das Volk der *Coochans* f. *report* 101ᵐ-ᵐᶠ. Von den Yumas wird gefagt: fie feien (101ᵐ) ein Volk von Ureinwohnern, das in viele, an beiden Seiten des *rio Colorado* wohnende, Stämme getheilt fei; fie feien (ᵐᶠ) „lebhaft *(sprightly):* voll Lebens, Luftigkeit und guter Laune". — Zwei Sprachen diefer Worttafel find für mich neu und von mir hier im füdlichen Neu-Californien zu behandeln: die Sprache des von mir fchon früher kurz befprochenen Volkes der Mohaves am unteren *Colorado*, und die des Volkes vom Hafen San Diego, von der uns fohon früher Wortfammlungen zu Gebote ftanden, die ich (S. 535ᵃᶠ-40ᵃᵃ) bereits abgehandelt habe.

Whipple's Wortverzeichnifs der COCOMARICOPAS, über deffen Aufnahme (102ᵐ) nichts mitgetheilt wird, nöthigt mich auf diefes Volk und diefe Sprache, welche ich früh, an feiner Stelle beim Lande des *Gila* und *Colorado*, S. 264ᵃ-267ᵐ behandelt habe, hier zurückzukommen: weil ich dort von der Sprache nur 20 Wörter (10 Subftantiva und die Zahlwörter 1-10) habe mittheilen können: welche damahls als ein koftbarer Fund zu betrachten waren. — Von dem Volke wird in *Whipple's report* (101ⁿᶠ) gefagt: dafs *Kino* auf es am Ende des 17ten Jahrhunderts ftiefs, und dafs es da dargeftellt wird als das Land füdlich vom *Gila*, auf eine Länge von beinahe 150 *miles* von feiner Mündung aufwärts, einnehmend. *Emory* fagt: „fie haben fich allmählich vom califorrifchen Meerbufen an ihre jetzige Stelle neben den *Pimas* gezogen; *Carson* fand fie 1826 an der *Gila*-Mün. dung; und Dr. *Anderson* (102), der 1828 aus Sonora nach Californien ging, fand fie ... etwa an der Stelle, wo wir jetzt lagern." Hier wird aber (102ª) gefagt, ihr Dorf liege am „nördlichen" Ufer des *Gila*, einige *miles* von dem Dorfe der *Pimas*, in etwa 112° W. L. (vgl. oben S. 265ⁿⁿ); p. 94ⁿⁿ von *Whipple's report* werden beide Dörfer an die „Südfeite" des *Gila* (wie es auch richtig ift: ·f. oben S. 263ⁿᶠ, und meine *Pima* S. 325ª, 351ªᶠ, 333ᵐᶠ), etwa in der Mitte feines Laufes, gefetzt. Über das Ausfehn des Volks f. 102ª⁻ᵃᵃ; „fie haben eine mehr adlerartige Nafe als die *Pimos*".

Wortverzeichnifs der Cocomaricopa

von A. W. Whipple, in feinem *report upon the Indian tribes*, Wafh. 1855. 4° p. 95-100,
mit Zufatz der Wörter *Emory's*

A. Subftantiva, Adjectiva und Verba: arrow *outeese*, bad *poook*, beads *hutquasoose*, beard *yaybomitz;* belt, sash *soeher-up-andkay-herpáh*, *soeher-up-andkay-herwhiltz* (von ver-fchiedner Farbe); blanket *hutchóche*, boy *homárche* (vgl. child), mountain buck *ahbeebubber*, cereus giganteus *ah-áhchy*, †child *comerse* (vgl. boy); cloth *ham-arlk*, red c. *hahwhétz;* cold *hutchúnk*, come here *herdéek;* *eye *ayedotch*, *adoche; *fire *dh-ooch*, *house; fish *chée-ish*, flour *enpay» mah-barrache*, flute *cahvocahvarpk*, † foot *ametiche*, generous *escoo-áilk*, girl *mes-aháitz*, good *ahot'k*, grass *hutchitz*, great *betáchy*, †hand *issalis*, handsome f. Redensart: hat *coopóos;* *horse *ahquactus*, *quactish; *maize, corn *terdítz*, *tarichte; *man *eepáche*, *apache; melon *quedóuiz*, moon *hull-ash*, mountain range *ahbée-i'llhatsch*, mouth *eezátch*, mule *mel-ahcolish*, nose *yayhay-óoche*, raven *cáchesel*, road *on-ñitz*, Indian shoes *anhum-enyeous*, shoot *acquee-árm;* small, little *ohnóc-oque;* star *hummahsísh*, stingy *mezquéeno* (fpan.), sun *n'yatz*, tobacco *oh-óube*, town *ahbahpailque*, trowsers *awaytic-erhab-itz*, †water *ha-aehe*, white *vach;* *woman *sinchay-aix-hutch*, *seniact   Eigennamen: American *Paingotesahch*, Apache *Yahbaypáiesh*, Yuma *Couchan*, rio Azul *Hushyentis*, rio Gila *Hahquahsie-cel-ish*, Casa Blanca *Avuc-hoomarlish*   B. Zahl-wörter 1-10 f. Emory   C. übrige Redetheile: I *inyátz*, thou *mantz;* much, many *ëpdilque*, none *cobarrk;* how do you do? *matahhah-wick?* no *es-éelsch*   D. Redensart: the girl has pretty eyes *mes-ahaitz ayedotz-ahot'k*

In dem obigen Wortverzeichnifs habe ich alles vereinigt, was wir von der *Cocomaricopa*-Sprache befitzen: d. h. ich habe die 10 Subftantiva Emory's dem *Whipple*'fchen Wortverzeichniffe eingefügt; die beiden gemeinfamen Begriffe tragen einen Stern * vor fich, darin das Wort Emory's wieder einen Stern; die nur *Emory*·angehörenden haben vor fich ein Kreuz †. Eine Vergleichung der beiden gemeinfamen Begriffe ergiebt, dafs die immer daffelbe Wort angeben: aber ftets mit einer kleinen oder mäfsigen Verfchiedenheit in der Form: Auge, Feuer (verfchiedne Schreibung), Kind und Knabe, Mais, Pferd; mit verfchiednem Vocal: Menfch; Frau ift bei Whipple weit ausgedehnt durch Zufätze. — In Whipple's Wortverzeichnifs find lange Wörter: *belt, flour, trowsers;* fpanifch ift das Wort für *stingy*.

Der Cocomaricopa-Name, welchen *Whipple* für Apache angiebt: *Yahbaypáiesh*, fcheint mir auf das von mir (S. 278ª⁻ᵐ ufw.) viel genannte Volk der Yabipais hinauszugehn, das auch als *Yabipais Tejua* = Apachen gefetzt wird. *Turner* redet über es (103ᵃᶠ⁻ᵐᵐ) am Ende des Capitels vom Yuma-Idiom; er fchlägt es aber zu diefem und nimmt es als eins.mit den *Yampayos* (f. oben S. 269ᵐ, 278ⁿ). „Die *Yabipais*", heifst es, „(*Yabapais; Yampais, Yampaio, Yampaos), welche im NO der *Mojáves* wohnen, gehören auch zum *Yuma*-Stamm. Ein paar von ihnen befuchten *Whipple's* Lager. Er befchreibt fie als Kerle von breitem Geficht, mit römifcher Nafe und kleinen Augen, den *Diegueños* von Californien im Ausſehn etwas gleichend. Ihre Sprache glich auch der dieſer: wie dieſs durch die Wörter *hanna* gut, *n'yatz* ich und *pook* Glasperlen erwieſen wird. Ihr Haar beſchreibt er als kurz über der Stirn abgeſchnitten *(clipped)*, in der Weiſe der Indianer vom *Gila* und *Colorado*, und als von der Hinterſeite des Kopfes beinahe bis zur Mitte des Leibes *(waist)* herabhangend; aber nichts wird von den langen Bärten geſagt, welche ihnen von *Humboldt* auf den Grund der frühen Miſſionare zugeſchrieben werden. — Es giebt noch andere Yuma-Stämme (ſ. *Whipple's* Tagebuch bei *School-craft* II, 115-6); aber die obigen ſind alle, von deren Sprachen wir bis jetzt Proben beſitzen."

§ 464, c. Durch **Whipple** allein wir ſein reiches Wortverzeichniſs lernen wir die Sprache des ſchon früher, aber auch nach ihm, von mir (S. 279^{aa-mf}) genannten Volkes der MOHAVES (Wh. *Mojaves*), und zwar als ein Glied des *Yuma*-Stammes, kennen. Ich vermuthe, daſs ſie einerlei ſind mit den **Mahhaos** am weſtlichen Ufer des *Colorado.* (S. 269$^{af, mm}$, 534^{aa}). Das Volk und die Sprache der *Mohaves* ſind, wie ich ſchon (S. 541^{mm}) geſagt habe, das allein eigentlich von mir hier bei Neu-Californien zu behandelnde, ſie ſind der Vorwand zu dieſer nochmahligen Erörterung der *Yuma*-Familie.

Wortverzeichniſs des Mohave

von A. W. **Whipple**, in ſeinem *report upon the Indian tribes*, Waſh. 1855. 4° p. 95-100

A. Subſtantiva, Adjectiva und Verba: alive, life *habinn'yabáik;* arm *i-sáil* (vgl. Hand), arrow *akim;* axe, hatchet *tocydt,* bad *aláik;* beans *seván,* b. cooked *marique-cutd;* beard *yabú-meh,* belly *i-tó,* black *aquéra,* blood *ñia-whút,* blue *echúrwasucha,* body *i-wáh,* bow *ipá,* boy *húmar,* bread *mudíl,* chief *quohoté,* child *húrquilya,* cold *húlchúrk,* come here *quedíc,* dance *húc-dm,* darkness *tinyamk,* daughter *homarché,* day *cutinyáma;* dead, death *terpóuïk,* dog *hatch-otsóc,* drink *ithïo,* ear *e-smdílk;* earth, land *dmartar;* eat *omáo,* evening *ñyat-in-di-am,* eye *i-dotz,* face *i-hal-imé,* father *niqui-oché,* fingers = Hand, fire *á-wa,* fish *echí;* flesh, meat *lthoïk;* foot *i-milap-elap,* forehead *yahmapúl,* friend *n'yithl,* girl *mes-ahdïtz;* go *n'yimóom,* geh *quiimk;* God *mat-evíl,* good *áhhotk,* grass *ich-íwila,* great *húmik,* green *achhága,* gun *átïis,* hair *i-mí,* hand *i-sail-queserap* (auch Finger; *i-sail* Arm), handsome *atsocámpuk;* head *cá-wa-wa;* heart *wïat,* *i-wá;* hill *habí,* house *áhla,* husband *n'y-abétch,* Indian *n'yith'l,* iron *anydrum,* kettle *múhulk,* kill *at-apóu-yop,* knife *áhque,* know: es-emedic (ich) weiſs nicht, leg *misil,* let it alone *curbendílk,* light *ényaik,* lightning *óraba,* love (v.) *atcoquébut,* maize *térdicha,* man *ipáh,* moon *hullyd,* morning *tinyáma,* mother *huntaiché,* mountain *itz-íbila,* mouth *i-a,* nails *saculyahó,* name: *cúcha* wie heißt es?, neck *hu-nák,* night *nydhabit,* nose *i-hu,* old *curák,* pipe *mdílho,* rain *cúba-wa,* red *ché-whüt-a,* rich man *ipah han (ipah man),* river *ha-wil,* rivulet *herow-ok,* road *onyé,* run *ababérum,* see *ich-éük,* Indian shoes *húmn'yo-wa,* sing *imak,* sit down *quinüc* (impt.); sky, heaven *amáiya;* sleep *es-omdom;* small, little *ató-wenok;* snake *ahbéh,* snow *óhacha,* son *homaiché;* speak *hutch-equerrk,* ich rede: *cucanarbuk;* spring (Quelle) *hutoh-ipá,* star *hámuse,* stay *quibak,* sun *n'yatz,* thunder *wócata,* tobacco *a-úba,* toes *miqueserap-a,* tongue *i-pailya,* tooth *i-dó* (pl.), trade *et-er-áb,* tree *emétsk,* ugly *hutchúrk;* village, town *n'yohableyimp;* wait *ath-ipam,* walk *ar-aóïk,* warm *hepílka,* warrior *atchibercebut,* water *áhha,* white *haquik,* wife *nicurátch,* wind *müt-ha,* wolf *at-olwéh,* woman *sinydx,* wood *eï,* yellow *il-imasaba* **Eigen-namen:** American *Paingotesátch,* ursa major *ahchicutabéch-a,* Orion *dmu,* Pleiades *hutchár,* polaris *mas-akehála,* Sirius *amotucabéra*

B. Zahlwörter: 1 *sétto,* 2 *havíca,* 3 *hamóco,* 4 *junepáp-a,* 5 *serdpa,* 6 *sínta,* 7 *víca,* 8 *móok-a,* 9 *pái-a,* 10 *arápa* C. Pron., Adv., Interj.: I *imáta,* *n'yatz;* thou *in-icak,* *mantz;* he *pépa,* all *quibüc;* much, many *átaike;* little *onóc-oc;* near *hipdu-ac,* far *amiché,* to-morrow *hul-iyóm;* yes *e,* no *cobárro*

In den Subftantiven, welche Glieder des Körpers bezeichnen, erfcheint das, von mir fchon (S. 271[a-aa]) an der *Yuma* hervorgehobene *pron. poss. praefixum i:* in Arm, Auge, Bauch, Fin-ger, Fufs, Geficht, Haar, Hand, Herz, Leib, Mund, Nafe, Zahn, Zunge; daffelbe ift wohl auch das *y* in: Bart und Stirn; das Präfix ift *e* (wie auch in der *Yuma*) in: Ohr. Ein anderes Präfix, *hu*, zeigt fich in Hals; in Verwandtfchafts-Namen als *ho* in Sohn und Tochter, als *hun* in Mutter; alle diefe Geftalten find auch ein athapaskifches Präfix. Ein drittes, *ni*, wie in fonorifchen Sprachen und im Mexicanifchen, ift in den Verwandtfchafts-Namen: Ehemann, Frau, Vater zu beobachten. Das Wortverzeichnifs wurde (102[mm]) von Einem des Stammes erhoben; das *i* darin hat unfren deutfchen Ton (= engl. *ee*).

Das VOLK, welches (102[m]) fich felbft *A-moc-háve* nennt (ob. 534[n, nn]), traf Whipple im O des *Colorado*, oberhalb *Bill Williams's fork*, an: ähnlich der Nachricht, nach welcher ich ihm fchon im Lande des *Gila* und *Colorado* feine Stelle gegeben habe; der *Mohave*-Flufs fetzt fie hierher nach Neu-Californien, und die *Mahhaos* find auch am Weft-Ufer des *Colorado;* die 2 Indianer-Karten (oben S. 534[n] und [nn]) fetzen die *Mohaves* auf fein öftliches Ufer. Whipple befchreibt die *Mohaves* als „muskulös, wohl proportionirt, fchlank und gerade, mit einem Tritt fo leicht wie ein Hirfch." Sie verfahen den Reifezug mit einer Menge Korn *(grain)* und Gemüfe, was auf ihren fleifsigen Anbau des Bodens fchliefsen läfst. Er handelt über das Volk auch auf p. 17[a-nn], 33[aa]-34[a]; p. 33 pl. 25 giebt er die Abbildung von einem Mann und einer Frau: p. 24 pl. 10 einer *Mohave*-Wohnung, befchrieben p. 23[n]-24[a]; Gefäfse der *Mohaves* find abgebildet p. 45 und erläutert 46 und 47;. Geräthe derfelben auf pl. 41 und 42, befchrieben p. 50-53. — Bartlett hörte von den „*Mohavi*" im Fort *Yuma:* „dafs fie ein Land, bewäffert vom gleichnamigen Fluffe, inne haben, der etwa 150 *miles* oberhalb des Forts fich in den *Colorado* ergiefst; fie follten ein fchönes, athletifches Volk feyn; aufserordentlich kriegerifch und ausgezeichnet vor den anderen Stämmen längs des Fluffes."

§ 464, d. Nachdem ich, in zwei Ländern, im Lande des *Gila* und *Colorado* und im füdlichen Neu-Californien, die 4 uns bekannten Sprachen des YUMA-IDIOMS vorgeführt habe, wünfche ich daraus der Vortheil zu ziehen diefes Idiom in feiner feften GRUNDLAGE, den durch zwei oder mehrere Glieder bekräftigten WÖRTERN, darzulegen. Ich liefere daher hier in einem alphabetifchen VERZEICHNISS die Begriffe, für welche die Sprachen, alle oder wenigftens 2, daffelbe Wort befitzen; das nicht übereinftimmende füge ich in Klammern bei. Die *Comoyei*-Sprache berückfichtige ich nur in fo weit, als fie ein *Yuma*-Wort zeigt. Für die Sprachen gebrauche ich die Zeichen: Y oder vielmehr faft immer ohne Zeichen *Yuma (Cuchan)*, Co *Comoyei*, C *Cocomaricopa* (die Wörter mit Stern * find die *Emory's*), M *Mohave*, D Sprache von *San Diego* (die Wörter *Coulter's* haben einen Stern * vor fich). Die meiften Wörter find zwifchen *Yuma* und *Mohave* gemeinfam: und diefer Fall ift ftets zu verftehn, wo ich 2 Wörter ohne Vorzeichnung der Sprache angebe. Aus den nachfolgenden Wortgruppen geht auch für die einzelnen Sprachen: für die Cocomaricopa, das Mohave und die *Diegueño*, der, an ihrer Stelle zu liefernde Beweis ihrer Stammverwandtfchaft und Zugehörigkeit zur Yuma, wie ihres näheren Verhältniffes zu einander hervor. Zur Gewinnung mehrerer abfpringender Wörter dient die Beobachtung, dafs der Lautform öfter ein Laut tfch oder tfche: die Endung *tch, ch;* *tche, che* (auch *sh*), anwächft; was bewiefen wird durch die Wörter: Feuer, Frau *(uxor)*, Holz, Nafe, Sonne, Zahn; vgl. noch Mund, woman, Gila, road *(tz)*.

ALPHABETISCHES VERZEICHNISS: arm *ee-seth'l* oder *è-see'l*, *i-sáil* (D *cu-wis*); dazu Hand: *ee-sálchè*, C **i-ssàlis*, M *i-sail-queseráp*, D *sith'l* oder **è-shall*; Finger: *ee-salche serap*, M *i-sail-queseráp*, D *a-sac'l*; vgl. noch leg; arrow 1) *n'yeepáh*, *ipá* Bogen 2) C *outeese*, Y *otées-a* Bogen 3) M *akim*, Co *artim* Bogen, D **atimm* Bogen (4) D **copel* Pfeil); axe, hatchet *atacárte*, *tocydt;* bad *haloolk*, M *aldik*, D **xano͞* (C *povìk*); beard *yabomĕh*,

C *yaybomitz*, M *yabůmeh*; black 1) *n'yéelk*, D *nillh* (2) 3) Y *quim-ele*, M *aquéra*); blood Co *a*-*whut*, M *ñi-a-whůt*; blue *ha-woosurche*, *echůr-wasucha*; body *ee*-*mátche*, M *i*-*wáh*, D *ha*-*mato* oder *ě*-*mal*; boy Co *hermái*, C *homárche* oder **comerse* (Kind), M *húmar*, D *elmám* (D **jacuel*); chief Co *cohóte*, M *quohoté* (D **cuaipai*); cold *huts-ule*, C *hutchůnk*, M *hůt*-*chůrk*, D **xetchur*; come here *quedique (kerdeek)*, C *herdéek*, M *quedic*· daughter Co *m'chaie*, M *homarché*; drink *asée* oder *hasúc*, M *ithìo*, D *aysáie*; ear *smyth l* oder *è*-*sǐm-ile*, M *e*-*smáilk*, D *ha*-*mǎt'l* oder **xiamall*; earth, land *omut*, M *ámartar*, D **mat*; eat *as-áo* oder *atch-amam*, M *omáo*, D *as-áo*; evening *n'yat-ann'aee*, *ñyat-in-ái-am*; eye *e*-*dotche-ée*, C *aye*-*dotch* oder **a*-*doche*, M *i*-*dotz* (D *a*-*yon*, pl. *a*-*wǔc*); fingers f. arm; fire *aa-wo*, C *áh-ooch* oder **house*, M *a-wa*; fish *achée*, C *chée-ish*, M *echl*; foot *e*-*metch-slip-a-slapyah*, C **a*-*metiche*, M *i*-*mi-lap-e-lap* (über *mi* f. die Bemerkung bei leg), D *ha*-*meelyáy*; dazu Zehen: *e*-*metch* scrap (*seráp* 5), *mique-serap-a* (2) Y *e*-*mee-cassao*); friend Co *n'yet'l*, M *n'yithl* (D **kunehuaia*); girl Co *mě*-*èrhdi*, C und M *mes-aháitz*; go *n'yeemoom*, *n'yimóom* (Y 2) *at-cobérquic* gebn, M *quǐtmk* geh); good *aholekah* oder *aholk*, C *ahot'k*, M *áhhotk* (D *han* oder **xan*, *hánna*); great *oteieque*, C *betáchy*, D **quatai* (M *hůmik*); hand f. arm; hat Co *apee-árpe*, D *apée-ěl* (C *coopóos*); head 1) Co *oom-whelîhe*, D *estár* oder **xellta* (2) 3) Y *e*-*cout-such-èrówo*, M *cd-wa-wa*); hill 1) *habée*, *habí* (2) Y *weequataiè*); horse 1) *huts*, D *hut* (2) 3) C *ahquactus* oder **quactish*, D *moquíc*); house 1) Co *een-ou-wa* (*een-oumůt* Hütte), M *áhba*, D *a-wáh* oder **ǎhuā*; husband *navère*, *n'yabétch*; (I) dont know *esmédéek*, *es-emedic*; leg *mee-sith'l* (fcheint ein Grundwort *mi*, das aus Fufs und Zehen deutlicher erfichtlich ift, mit dem angehängten Worte für Arm), M *misil*, D *e*-*with'l*; maize *těrditch*, C *terditz* oder **tarichte*, M *térdicha*; man *èpadch* und *èpdh* oder *èèpah*, C *eepáche* oder **apáche*, M *ipáh*, D *aycóotchet* oder *èpatch*; moon *huth'lya* oder *hullyar*, C *hull-ash*, M *hullyá*, D **iǎlllā*; mother Co *n'taie*, M *hun-taiché*, D *tile* oder **pa-tǔlle*; mouth M *i*-*a*, D *oh* (C *ee-zátch*: vielleicht doch daffelbe Wort mit *i*-*a*); nails *ee-sálche* (Hand) *collahotche*, *sa-culyahó*; nose 1) M *i*-*hu*, D *hoo* 2) (daffelbe Wort mit angewachsner Endung) *e*-*hotche*, C *yayhay-óoche*); red *a-chawhut*, *chéwhůt-a*; river *ha-with'l* oder *ha-weèl*, *ha-wil* (D **xā*); road C *onñitz*, M *onyé*; salt *esith'l*, D **ěsii*; see *o-ook*, *ich-éůk*; Indian shoes *n'hum-au-óche*, *hůmn'yo-wa*, C *anhum-enyeous*; sky, heaven *ammay*, *amái-ya*; sleep *aseemáh*, *es-omáom*; small, little *onoc-oque*, C *ohnóc-oque* (M *ató-wenok*, D **illmōm*); son Co *ho-maie*, M *homaiché*; speak *atch-akquérk*, *hutch-equerrk* (Y 2) *querquer*); star 1) *klupwataie*, D **xllepxuatai* 2) C *hummahsish*, M *hámuse* (3) Y *hutchar*); stone *o-wee*, D **ehuei*; sun *n'yatch*, C und M *n'yatz*, D **ñā* (auch Tag); tobacco *a-óobe*, C *oh-óube*, M *a-úba*; toes f. foot; tongue *e*-*pulche* oder *ee*-*pailche*, *i*-*pailya*; tooth (pl.) *are*-*dóche*, *i*-*dó*; warm *ep-eelk*, *hepílka*; water *ahá*, C **ha-aehe*, M *dhha*, D *ahd* oder **xā*; wife Y *o*-*shúrche*, Co *o*-*so*, M *ni-curátch*; wind *mět-har*, *mǔt-ha*; woman *seenyack*, C **seniact* oder *sinchay-áixhutch*, M *sinyáx*, D seen (auch ***); wood *e-ée* und *e-eetch*, *eì*; dazu Baum: *e-eesh* (M *emétsk*); American *Paingotesáh*, C *Paingotesahch*, M *Paingotesátch*; rio Gila *Haquasî-éel* (Salzflufs), C *Hahquahsie-eel-ish*; — 1 sin und *asìentic*, C **sandek*, M *sétto*, D *hinc* oder **siha*; 2 *ha-wick* oder *havlck*, C **haveka*, M *havlca*, D *ha-wǔc* oder **xahuac*; 3 *hamóok*, C **hamoka*, M *hamóco*, D *hamóok* oder **xamoc*; 4 *chapóp*, C **champapa*, M *junepdp-a*, D *chapóp* oder **tchapap*; 5 *saráp*, C **sarap*, M *serápa*, D *seráp* (**xetlaai*); 6 1) *humhóok*, C **mohok* 2) M *sínta*, D *sumhook* oder **xentchapai*; 7 *pathcayé*, C **pakek*, M *vica*; 8 *chip-hóok*, C **sapok* (M *móok-a*, D **tchapap-tchapap* = 4 + 4); 9 *humkamóok*, C **humcamoke* (M *pái-a*, D **sihntchahoi*); 10 *sahhóok*, C **shahoke* (M *arápa*, D *yamat* oder **ñamat*); — ich *n'yat*, C **inyátz*, M *n'yatz* (oder *imáta*), D *n'yat*; du Y, D und M *mantz* (M 2) *in-icak*); viel, viele *epailque*, C *ěpáilque* (M *átaike*); ja *oh* oder *ah-ah*, M *e*, D *ho*; nein *cobárro* oder *cobarque*, M *cobárro* (C *es-éelsch*).

Ich verzeichne noch diejenigen Begriffe, welche in 2 oder mehreren Sprachen k e i n e Übereinstimmung liefern, sondern für welche eine jede ein verschiedenes Wort besitzt; wo ich die
Sprachen nicht beisetze, sind es *Yuma* und *Mohave: beads* Y und C, *blanket* C und D, *bread* M
und D, *child, dance, darkness, day* Y, M und D, *dog, face* Y, M und D, *father* it., *flesh, god,
green, hair, handsome, heart* M und D, *Indian, iron, kill, lake* Y und D, *light, lightning,
love, morning, mountain* M und D, *neck, night* Y, M und D, *rain, run, sea* Y und D, *sing,
snow, thunder, ugly, white* in allen 4, *yellow;* — er Y, M und D, fern, heute Y und D, morgen
Y, M und D, wie befindest du dich? Y und C. — Diese Wörter und die vereinzelten Begriffe einer
jeden der 4 Sprachen würden mit der obigen Liste der gemeinsamen Wörter nebst den bei ihnen ein-
geklammerten Abweichungen den ganzen Vorrath des Yuma-Idioms ausmachen: der bei Sprachver-
gleichungen oder neuen Erwerbungen zu befragen und in Thätigkeit zu setzen wäre.

§ 465-488, a. D. [Zwei Sprachen im südlichen Neu-Californien, gele-
gen nördlich über *San Diego,* am *canal de S. Barbara,* habe ich von hoher
Wichtigkeit gefunden: ich habe in dem KIZH oder der Sprache der Miſſion
S A N G A B R I E L, in etwa 34° N. B.; und in der NETELA oder der der Miſſion S A N J U A N C A P I S T R A N O, in 33°½: zwei Glieder meines ſonoriſchen
Sprachſtammes, ausgeſtattet mit aztekiſchem Sprachſtoff, entdeckt.
Die genaue Darſtellung und Unterſuchung dieſer zwei Sprachen bildet eine
kleine Arbeit, welche ich als eine Abhandlung, die ich am 25 October 1855
in der Akademie geleſen, von dieſem Bande ausgeſchloſſen habe und welche
in den Abhandlungen der Berliner Akademie der Wiſſ. aus dem J. 1855
S. 501-531 und auch als beſondre Schrift im Druck erſchienen iſt.]

§ 488, b. Ich bin in jener Arbeit nicht auf einen merkwürdigen Beitrag zu der
SPRACHE von S A N J U A N C A P I S T R A N O eingegangen, den ich hier einſchalten
will. In einem Buche, betitelt: *L i f e i n C a l i f o r n i a: during a residence of several years
in that territory . . . by an American. To which is annexed a historical account of the origin,
customs, and traditions, of the Indians of Alta-California. Transl. from the orig. spanish
ms. New York* 1846. 8°; befindet ſich am Ende, p. 227-341, als eine beſondre Schrift, das,
durch den eben genannten Zuſatz bezeichnete, kleine Buch: *C H I N I G C H I N I C H; a hist.
account of the origin, customs, and traditions of the Indians at the missionary establishment of St. Juan Capistrano, Alta California; collected with the greatest care . . . by the rev.
father friar Geronimo B o s c a n a, of the order of St. Francisco, apostolic missionary at said
mission. Transl. from the orig. spanish ms . . . New York* 1846. 8°. Die Handſchrift wurde
nach des Vf., der 1808 Miſſionar in *la Purisima* war (p. 325) und länger als 20 Jahre in jener
Provinz wohnte, 1831 erfolgtem Tode unter ſeinen Effecten gefunden (p. 234), mit anderen
Schriften, welche in den Beſitz des Syndicus der Miſſionen kamen: und dieſer ſchenkte die
Handſchrift dem nordamerikaniſchen Vf. Ich werde nicht auf die vielen Nachrichten von
den Sitten und Gebräuchen dieſer Indianer eingehn, welche das Buch enthält; bin aber ge-
nöthigt das, was es an Sprachſtoff in ſich ſchließt, zu ſammeln und zu betrachten: als einen
Zuſatz zu meiner längſt veröffentlichten Arbeit über die N E T E L A-S p r a c h e, deren
Stelle hier iſt.

Über den URSPRUNG der BEVÖLKERUNG der, 1776 (p. 234) gegründeten Miffion San Juan Capiftrano theilt der Vf. in einem eignen Capitel (329-333) folgendes mit: Die erften Bewohner diefes Landestheils wanderten (329) aus einem Orte Namens *Sejat* aus (= Ort wilder Bienen: 333, welche dort in Menge waren): 7-8 *leguas* NO von der Miffion, jetzt *el rancho de los Nietos* genannt, in der Mitte eines Thals gelegen; nach gerade kamen fie unter die Miffion. Der Häuptling *Oyaison* (= Weisheit, Einficht) hatte mit feiner Frau *Sirorum* (= geräufchvoll) 3 Kinder: *Coronne* (Tochter), *Vuiragram* und *Uiniojum.* Nach dem Tode feiner Frau führte er wegen zu grofser Volksmenge eine Colonie (330) aus, die er 7-8 *leguas* gen S, an einem Orte *Niguili*, ½ *legua* NO von der Miffion, an einer Quelle anfiedelte; darauf kehrte er, feine Tochter *Coronne* da laffend, nach *Sejat* zurück. Die neue Anlage wurde nachher *Putuidem* = „*umbilicus projectura*" benannt, weil die, fehr dicke *Coronne* an diefem Übel litt. Nach gerade zerftreuten fich Viele aus der Colonie über das Thal von *SJuan:* und fo entftanden die vielen kleinen Dörfer (331) oder Städte, welche auf dem Wege nach *Putuidem* anzutreffen waren. Jede diefer neuen Anlagen erhielt einen 1ten Häuptling *(nu)* und einen 2ten *(eyacque)*; die Frau des 1ten war *Coronne*, die des 2ten *Tepi* (beides find 2 Arten kleiner Fliegen: *lady bug*). Nach einem grofsen Fefte, das *Coronne* da gab, fchwoll ihr Leib zu einem Erdhügel auf, welchen die Indianer (332) jetzt noch für ihren Körper halten. Die vom Fefte nach Haufe Zurückkehrenden übernachteten an einem Orte, den fie *Acagchemem* nannten, d. h. eine kegelförmige Erhebung, wie ein Stein- oder Ameifenhaufen: weil fie dort auf einander gehäuft gelegen hatten; und diefs ward nun Name des Volks. Als die Indianer (333) fich im Thale von *SJuan Capistrano* anfiedelten, redeten fie eine von der jetzigen etwas verfchiedene Sprache, nicht unähnlich der Redeweife in *SGabriel;* die Sprachveränderung foll ihr Häuptling *Oyaison* vorgenommen haben, der ihnen fagte: da fie ihren Wohnort verändert hätten, müfsten fie auch ihre Sprache abändern, um zu einem befondren Volke zu werden.

Der Vf. erzählt den Glauben der 2 Volkstheile, der *Serranos* und der *Playanos*, von der ENTSTEHUNG DER WESEN und der Welt; und ich mufs um der mythologifchen Eigennamen willen diefe Erzählung aufnehmen. Folgendes ift der Glaube der *Serranos:* Der erfte Menfch hiefs *Ouiot* (243): „er war Oberhaupt der erften Familie, feiner Kinder; von einer Frau wiffen fie nichts. *Eyacque* (bedeutend 2ter Häuptling) ift (245) ein feindliches Wefen; fein Name wurde in *Eno* verwandelt, bedeutend *coyote* oder die wilde Katze; fein Name wurde in *Eno* verwandelt, bedeutend Dieb und Menfchenfreffer. *Chinigchinich* (der Titel von *Boscana's* Buch) ift das höchfte Wefen und der Weltfchöpfer (245-7); er war bekannt unter 3 Namen, die verfchieden nach der Zeit und Art feines Tanzes waren (247): er hiefs *Saor* in dem Zeitraum, wo er nicht; *Quaguar*, wo er tanzen konnte (248); *Tobet*, wann er in einem eigenthümlichen Coftüm: mit Federfchmuck, Krone ufw., tanzte; f. diefen Anzug befchrieben p. 265 und 289. — Der Glaube der *Playanos* oder Bewohner der Südfee-Küfte, welche fich im Thale von *SJuan Capistrano* niederliefsen (249), ift diefer: *Nocuma* ift der Schöpfer der Welt; er fetzte zu ihrer Befeftigung in ihre Mitte einen fchwarzen Felfen, genannt *Tosaut* (249-50); darauf fchuf er den erften Menfchen: *Ejoni* (250) und die erfte Frau: *Aé.* Unter ihren Nachkommen waren ein Mann *Sirout* (f. Tabak) und eine Frau *Ycaiut* (bedeutet: oben); fie hatten einen Sohn, *Ouiot* (foll nach den Indianern bedeuten: was Wurzel gefchlagen hat; aber eigentlich [251ª]: Herrfcher). Seine Gefchichte ift diefe: Aus der Gegend der *rancheria Pubuna*, etwa 8 *lg*. NO von *SJuan Capistrano*, kam das Ungeheuer *Ouiot*: ein wilder Krieger von hochfahrendem Wefen; er gewann die Herrfchaft über viele Städte; im Anfang feiner Regierung war er mild, aber nach einigen Jahren ward er graufam und der Abfcheu feiner Unterthanen. Um ihn zu tödten, liefsen fie den Felfen *Tosaut* holen und fingen an diefen zu Pulver zu zerreiben, um daraus Gift zu bereiten; *Cucumel* (252), ein kleines in Erdlöchern lebendes Thier, verrieth zwar dem *Ouiot* den Plan: Einer vergiftete ihn aber doch. Eine ungeheure Menfchenmenge kam aus allen Städten in der Stadt *Pubuna* zufammen, um ihn verbrennen zu fehn. Sie hatten bis dahin (253) von einer Art Thonerde *(clay)* gelebt, fie hielten jetzt eine Berathung über die fernere Einrichtung ihrer Angelegenheiten; da erſchien unter ihnen Einer, genannt *Attajen* (Menſch): er übernahm die Leitung. Lange nach *Ouiot*'s Tode (254) erſchien, wohl aus fernem Lande, in der Stadt *Pubuna Ouiamot*, Sohn des *Tacu* (ſ. auch 339ⁿⁿ) und der *Auzar:* wie ein Gott; er iſt der Gott *Chinigchinich*, welcher von den Indianern ſo hoch verehrt wird, der Geſetze und Einrichtungen machte. Bei einem Tanze, den er, ſchwarz und roth bemalt, vor ihnen aufführte, nannte er ſich *Tobet;* er hieſs die Häuptlinge und Alten ſich eben ſo kleiden und lehrte ſie tanzen: dieſen Auserwählten (Höheren) des Volkes wurde der Name *puplem* gegeben; ſie wurden die Zauberer, Wahrſager (255), Rathgeber und allſeitigen Helfer des Volks. Noch heutiges Tages ſagen die Indianer, wenn ſie ein Wild erlegen *(secure an animal): guic Chinigchinich*, d. h. Dank dem *Chin.!* *Chinigchinich* lehrte ſie Tempel *(vanquech)* bauen; die hineingehn, heiſsen *tobet;* das übrige Volk (im Gegenſatz gegen die *tobet*) heiſst *saorem:* d. i. Leute, die nicht zu tanzen verſtehn. *Chinigchinich* erhielt bei ſeinem Tode, als er zu den Sternen aufſtieg, den Namen *Quaguar* (ſ. noch 256).

§ 488, c. Wörter der Indianer von S. Juan Capiſtrano,

geſammelt aus dem *Chinigchinich* des P. Geronimo Boscana

[L bezeichnet das Lied p. 282, die Ziffer dabei den Vers]

air (Luft) *piuts* (eigentlich leben 316; auch Athem), argave *panal* (ſpan.? L4), astrologer *pul* (236, 269, 281ⁿ), ball (Art ſchwarzen 296) *aguet*, basket (kleine Art 275) *tucmel*, bed *pacsil* 277, bee: Ort wilder Bienen *sejat* 333 (auch Honig), body *petacan* 316ᶠ, breath *piuts* 316ⁿᶠ (bedeutet auch: leben, Luft), lady bug (Art kleiner Fliege 331): *coronne* die rothe, *tepi* die gelbe; chief *not* (im serrano 239ᵃᶠ), *nu* (1ter Häuptling 331); *eyacque* 2ter Häuptling (243, 331); costume: eine beſondre Art *tobet* (ſ. 248, 265, 289, 294ⁿⁿ); auch Name einer allgemeinen Perſön-lichkeit; auch Name für diejenigen, welche in den Tempel gehn: ſ. hier ᵃᵃ); council (das dem Ober-häuptling zur Seite ſtehende 264) *puplem* (die Prieſter uſw.); coyote oder wilde Katze, als Perſon in ihrem Aberglauben und ihren Ceremonien: *eno* (serrano 245ᵐᶠ, 299), er hieſs in andrer Art auch *tacue* = Eſſer, Menſchenfreſſer (299); crown, d. h. Art Kopf-Auffatz der Weiber, *eneat* 290; devil, böſes Weſen in Geſtalt eines ſchrecklichen Thieres: *Touch* (271, 274ⁿⁿ); eater *tacue* (299, 300; auch ein Name des coyote, auch Menſchenfreſſer 321ᵃ, auch Mondskinder?); fruit: eine Art wilder *naut* (322ᵃ), go L1; hawk (eine Art 260) *pame*, heart *pusuni* (317ᵃᵃ, auch Seele); hell *tolmec* 318: früher Paradies bedeutend, aber unter der Erde befindlich, daher es ſeit ihrer Be-kehrung Hölle bedeutet; home L1; honey (beſonders wilder) *sejat* 296, *seja* L5, *sejar pepau* 333; Indian *saorem:* das gemeine Volk (255, bedeutet: die nicht tanzen können), instrument: ein gewiſſes muſikaliſches *paail* 291, live *piuts* 316 (bedeutet auch: Athem), lord (Herr, Herrſcher) *ouiot* (oben S. 547ⁿⁿ, ᵐᶠ), man (Menſch 253) *attajen*, man-eater *tacue* (321ᵃ, eigentlich Eſſer 299ⁿ; im serrano *eyoton:* auch Dieb); marking: Ceremonie der Bezeichnung der Indianer durch einge-brannte Zeichen: *potense* 273; moon: Mondskinder *tacuieh* (ſ. 299; = coyote *tacue?*), navel: groſser hervorſtehender *putuidem* 330, noisy *sirorum* 329ⁿⁿ, paradise ſ. hell; petticoat: eine Art von weiblichem Gürtel oder Schurz aus Federn *paelt* (260, 290, 292, 294ᶠ); place (vb.) L3; plant: 2 Arten: 1) *estafiarte* 277 2) *pibat* 271: aus der ein berauſchendes Getränk gemacht wird; pot: ein ſteinerner *urusar* L4; priests: zugleich Ärzte, Lehrer, Zauberer: *puplem* (254, 280ᵃᵃ, ⁿ, 291ⁿ, 296ᵐᵐ, 299ᵐᵐ, 311, 315ᵃ; ſoll bedeuten: der alles weiſs 260); vom Vf. auch *capitanes* genannt 289ⁿⁿ; sand *ecbal* L5, shade L2, soul *pusuni* (317ᵃᵃ; auch Herz; eigentlich: innerer Stoff), temple *vanquech* (255: auch Kirche; ſ. die Tempel beſchrieben 258-63), thank *guic* 255, thief *eyoton* im serrano (auch Menſchenfreſſer; abgeleitet von *eno* Coyote + *Ouiot*), tobacco: eine Handvoll *sirout* 250, vulture (eine Art 291-2) *panes* (eine Art Götze, auch Name eines Feſtes); wife: männliche Weiber, welche von Jugend auf zu weiblichen Verrichtungen angehalten und nachher an Männer verheirathet

werden (283-4); von dem Vf. eine verabfcheute Menfchenart genannt: in der Miffion *cuit* (merkwürdig ähnlich dem mex. *cuiloni* männliche Hure, part. pass. von *cui* nehmen 2) *coire*), in den Gebirgen
uluqui, in andren Gegenden *coias* (jetzt foll aber diefe Sitte ganz unbekannt feyn); **wig**: eine Art
Kopf- oder Haartracht der Weiber *emetch* 290, **willow** L2; **wisdom**, intelligence *oyaison* 329ⁿⁿ
Zahl 5 *majaar* L3; ich *no?* L1, mein L1, fie (they) L3; diefer *ibi* L; oben *ycaiut* (250)

Verfe, die den Verlobten gefungen wurden (p. 282):

quic noit noivam	I go to my home,
quic secat peleblich	that is shaded with willow.
ybicnun majaar vesagnec	These five they have placed,
ibi panal, ibi urusar,	this argave, this stone pot,
ibi ecbal, ibi seja, ibi calcel.	this sand, this honey, &c.

Namen der Monate (p. 303-4):

aapcomil	December und Januar	*sintecar*	Juni und Juli
peret	Februar	*cucuat*	Auguft
yarmar	März	*lalavaich*	September
alasoguil	April	*aguitscomel*	October
tocoboaich	Mai	*aaguit*	November

Ihr Jahr fing mit dem 21 December an.

§ 488, d. Die durch diefe Schrift zufammenkommenden Wörter, ohne vielen Nutzen für uns, beweifen wenigftens durch einige, dafs wir diefelbe Sprache vor uns haben, die ich in meiner Arbeit
über *Kizh* und *Netela* dargeftellt, und *Netela* genannt habe. Diefe beweifenden Wörter find:
Häuptling B *not* und *nu* (ohne Subft. Endung t), N *nōt*, G *nōl*; Leib B *pe*tacan*, NG *pě*tāxo* (ich
habe in meiner Arbeit S. 527ⁿᶠ gefagt, dafs diefs das mex. *tlactli* feyn könnte); Herz B *pu*suni* (mit
dem Poffeffiv-Präfix *pu* = dem vorigen *pě*), N *no*sūn*, G *no*shun* (diefs Wort habe ich S. 528ª
für das mex. *yolli* erklärt); B *pul* Aftrolog kann der Sing. von N *no*pūlum* Augen feyn; 5 B *majaar*,
N *mahár*; *no* ich. — Abweichend dagegen find von der *Netela*: Menfch, Tabak, diefer. Ein fonorifches Wort ift vielleicht *saorem* Indianer = Ca *iorem;* manche Wörter ftehn fremd da, wie
vanquech Tempel. Die Identität der Sprache beweifen einige hier wieder herrfchende Subftantiv-
Endungen, welche ich in der *Netela* aufgedeckt habe: *t* in *aguet* Kugel, *eneat* eine Art weiblichen
Kopfputzes, *paelt* Schurz oder Rock, *sejat* Honig, *tobet* eine Art Coftüms; *ts: piuts* Athem; *l: pul*
Aftrolog, *panal* und viele andre Wörter. Für meinen wichtigften Zweck, von neuen aztekifchen
Wörtern, bietet diefe Sammlung nichts beftimmtes; ich kann nur einige Möglichkeiten bezeichnen:
tepi, ein Infect (*lady-bug* = eine Art Wanze), fieht fehr ähnlich dem aztekifchen *tecpin* Floh; *tacue*
Effer, auch *coyote*, kann mit *tlaquani* (an fich Effer, practifch: wildes Thier); und *touch* Teufel, ein
fchreckliches Thier, fehr ungleich im Sinne mit *tochtli* Kaninchen verglichen werden; dazu kommt
cuit, oben Z. 1 (mex. *cuitl* ift part. pass. von *cui; stupratus?*). Die Monatsnamen find den mexicanifchen Monaten und auch den chronologifchen Zeichen ganz fremd; doch fehen äufserlich wie aztekifch
aus die Monate: *alasoguil, sintecar, cucuat, aguitscomel* (vgl. *acuetzpalin* Cayman), *aaguit.*

§ 489, a. E. Vor Kizh und Netela hätte ich die Völkerfchaft und Sprache
der KECHI zu nennen gehabt; der alte Indianer, angeblich Häuptling, von welchem
Bartlett (*pers. narr.* II, 92ᵃ⁻ᵐᶠ) zu SAN LUIS REY ein Wortverzeichnifs aufnahm,
wohnte in der Nachbarfchaft; und *San Luis* liegt füdlich unter *San Juan Capistrano*,
in Einer Breite mit der *isla de S. Barbara*, in 33° 13½′: es folgt zunächft auf
SDiego, und wir gehn jetzt von da weiter. Über das frühere Glück und jetzige
Elend diefes Stammes habe ich die Stelle wörtlich oben (S. 530ᵐ⁻ᵐᶠ) gegeben.

Ob diefe Kechi-Sprache nun eins ift mit der von San Luis, fragt fich. Von der Sprache der Miffion San Luis *Rey de Francia* (f. Duflot I, 340-7), 14 *leguas* von *San Diego* gen Norden, 13 im SO der Miffion *San Juan Capistrano*, liefert DUFLOT de MOFRAS II, 394 das Vaterunfer, 401 die Zahlwörter. Das Vaterunfer zeigt in diefer Schreibung die Sprache gröfstentheils einfylbig: bei der Menge der Wörter folgt von felbft, dafs hier eine abenteuerliche Zerfchlagung mehrerer obwaltet; auch die Zahlwörter widerlegen die Einfylbigkeit:

> *Cham na cham mig tu panga auc onan mo quiz cham to gai ha cua che nag omreina li vi hiche ca noc ybá heg gd y vi an qui gá topanga. Cham na cholane mim cha pan pituo mag ma jan pohi cala cai gui cha me holloto gai tom chame o gui chag cay ne che cal me tus so lli olo calme alla linoc chame cham cho sivo. Amen Jésus.*

> 1 *tchoumou*, 2 *eschiou*, 3 *micha*, 4 *paksi*, 5 *tiyeoui*, 6 *ksoukouïa*, 7 *ksouamiché*, 8 *scomo*, 9 *scoumotchi*, 10 *touymili*

Eine kurze Betrachtung lehrt, dafs die Sprache des Vaterunfers der *Netela* oder der von *SJuan Capistrano* in manchem fehr nahe kommt; erkennen laffen fich als gleich: *om* du, *cham* wir, unfer, *na* Vater (Bartl. *náh*), *tupanga* Himmel = N *tupana* (aber fehr ähnlich *toöänga* Erde des Kizh). Einige Stellen beider Vaterunfer (das von *SJuan Capistrano* f. in meinem Kizh und Netela S. 509[nn]) paffen zufammen; mehr zufammenzufinden hindert die Kürze der letzteren Formel, die fichtlich nur ein Bruchftück ift: Netela *cha - na cham mig tu-panga ave onench*   *otune a*

San Luis   *cham na*   *ech tupana auc onan mo-quiz cham togai ha*
        unfer Vater unfer   Himmel

cuachin, chame om reino, libi cho-so-nec   Ende: *y i julugcalme ... chame chum .*
cua-che chenag om-reina li-vi hiche ca noc   *so lli olo calme ... chame cham .*

Als ich das Obige vor einigen Jahren fchrieb, habe ich nicht geahndet, dafs ich in der Kechi-Sprache ein Glied des SONORISCHEN Sprachftammes erkennen follte; es war an dem von *Duflot* mitgetheilten Sprachftoffe auch nicht zu fehn. Als ich im Juni des J. 1857 durch die Güte des Hrn. Prof. Turner die, von ihm redigirten Wortverzeichniffe der *Whipple'*fchen Expedition der Jahre 1853-54 (*report upon the Indian tribes*, Wafhington 1855 [1856] 4°; vgl. oben S. 423[a-af] und 432[mm-n]) erhielt; entdeckte ich darin DREI NEUE SONORISCHE SPRACHEN, angehörig dem füdlichen Neu-Californien: die der Chemehuevis (Humboldt's *Chemeguabas* am unteren *Colorado*), der Cahuillos (zwifchen den Quellen des *SAna* und *SGabriel*) und das Kechi oder die Sprache der Miffion *San Luis Rey*. Von den beiden erften hat WHIPPLE ein grofses Wortverzeichnifs gefammelt, das Turner mit einem Comanche-Wortverzeichnifs p. 71-76 zu einer Worttafel zufammengeftellt hat, die fein allgemeines *Shoshonee*-idiom vorftellen foll. Um die bedeutende Verwandtfchaft des *Cahuillo* mit dem *Kechi, Netela* und auch *Kizh* zu zeigen, hat er p. 77 eine Tafel von 21 Subftantiven, 3 Pronominen und der Zahlen 1-4 = 28 Wörter in diefen 4 Sprachen aufgeftellt: und diefem Zwecke verdanken wir die Mittheilung von 28 Wörtern des KECHI aus Bartlett's oben (S. 549[nn]) von mir gedachter handfchriftlicher Wortfammlung diefer Sprache: denn ihr hat er fie entnommen. Die 4 Zahlwörter find ganz andere, als die *Duflot* angiebt; Duflot's Zahlen find ganz fremdartig, auch ganz fremd denen der *Netela*. Diefe Zahlwörter find fonorifch. Ich mufs aber zunächft geben die:

Wörter des KECHI oder der Sprache der Miffion San Luis Rey,

aus Bartlett's Sammlung herausgegeben von *Turner* in *Whipple's report upon the Indian tribes*, Wafh. 1855. 4°, p. 77

arm *no•má*, arrow *no•hú*, bear *húnuit*, blood *no•ôh*, bow *kótopis*, chief *nôt*, deer *sukŭt*, dog *awál*, ear *no•nák*, eye *pu•sún-opush*, father *peh•náh* (his), fire *kŭt*, head *poyá,* heart *no•shón*, house *kícha*, moon *moíla*, mother *peh•yó*, nose *ne•mábi*, sun *temét*, water *pala*, wolf *isunt;* 1 *supul*, 2 *weh*, 3 *pai*, 4 *wahsáh;* I *no*, thou *om*, he *w'nal*

§ 489,b. Wortverzeichnifs des Chemehuevi und Cahuillo

von A. W. Whipple, im *report upon the Indian tribes*, Wafh. 1855. 4° p. 71-75

A. Subftantiva, Adjectiva und Verba: alive, life *ninuyéshma pácŭl*, antelope *wántzit —*, arm *angáwa•nim ne•mŏk*, arrow *nu hul*, arrow-point *ounáppe —*, autumn *yo•wŭn —*, axe, hatchet *tacábenepa tuqúsh* (auch Meffer); bad *cuchá*, *cattushó-a;* *elélquish;* bear *pahpŏ́w•o húnuit*, beard *mutzá nul•tám-an*, beaver *pah-wínch —*, belly *shapúnin ne•tĭi*, bird — *pahinchim*, black *sha-wágare* (vgl. blue) *túliksh*, blood *païpi né•a*, blue *shaw-wámuk* (vgl. black) *túquiknish*, boat, canoe *pohgába kél-o-wŭt*, body *nud•nim né•to*, bone *maïgan né•ta*, bow *atz chuquílnopish*, boy *áipatz kĕat*, bread *sahmĭt-iwap sá-wish*, brother *parvítch nác-is*, buffalo, bison *cóoch-o úchanŭt*, chief *to-wŭ̆n-io nét-i*, child — *pánispúli*, cold *shuïyá esi*, come *païik —*, copper — *túlnik-ish*, dance *winómino chén-genŭt*, darkness *tuwáb'-i aitolsŏ́wwi*, daughter — *emáilyo* (vgl. son), day *tuwár-uwit támyit* (vgl. sun); dead, death *nidiqua;* *múqush, yuïm̈ïesi;* deer *tĕ́e súquut*, devil — *tĕolŭ̆v-el* (engl.), dog *sharich d-wul*, drink *hebíba páka*, duck *chúke —*, ear *nancába na•nŏ̆́ck-a*, earth, land *te-wip témül*, eat *tecába wáiëcun*, egg *wi-ondtko wit-chucúlba*, elk *pari —*, evening *tabábutz-ipa* (vgl. morning) *tohpáhipa*, eye *pu-oui nd•push* (auch face), face *cobd•nim né•push* (Auge), father *múo né•na*, feather *pĭtdo —;* fingers — *ne•mo•áks-o-wish* (ne•mŏk Arm), fore-f. *ma-couyo —*, middle-f. *ma-oura•nim —*, third f. *ou-wíu-ereïlch —*, little f. *macóu-a-wi•nim —;* fire *cŭn cŭ́t*, fish *pahgé —*, flesh, meat *túquoi wáï*, foot *námpan né•ik*, forehead *mutácan nu•íyi*, fox *tucúmich —*, friend *tégibu ne•tálhlo*, girl *naïts-it lnísmal* (klein), go *páique múluk*, God *puánt hémnok*, good *at' áttai*, goose *yárake —*, grass *shúbŭt —*, great *acconté ómnow-it*, green *tupái —*, hair *torpíp ptiki*, hand *masíwa•nim ne•mo-hém-osh* (ne•mŏk Arm), handsome *naitz ĕ́ïlo*, hare, rabbit *cam súïsh*, head *mutáco-wa* (vgl. Stirn und Gefiht) *ni•yúl-uka*, heart *pi-in né•sun*, hill *caíb ŏ́wsoni*, house, hut *cáni kish*, husband — *nŏ-wél-is-u*, Indian *nin táhalshut*, iron *pahnŭ̆h témül*, island *pahrun-oquitz —*, kettle *pampúni méto-wilkish*, kill *pacái méca*, knife *ouitz tu-qúsh* (auch Axt), lake *pahgári (pah Waffer) wéwunit*, leaf *po-wĭuk —*, leg *puncá-wim ni•china*, light *tasíva kísish*, lightning *yaganŭc aitulsówwi;* love (v.) *pĭámuch, áshinteic; —;* maize *hahwíb páho-withlim*, man *ta-wátz náhanes*, moccasins *pahgáp-a ne•wák-a*, moon *miágoropitz ményil*, morning *tabár•e-wik-it* (vgl. Abend) *païipa* (vgl. Abend), mother — *né•yĭh*, mountain *te-witz-ecaib (caíb Hügel) túquush*, mouth *timpóu-o ne•tám-a* (auch Zahn!), nails *madítsom ne•mo-nímyomim*, neck *curán•nim nu•cúspi*, night *tuwŭ̆n tucmárpish*, nose *mu-ví né•mu*, old *nanápper nisíogul*, partridge *cacár —*, pipe *tshu yúlil*, rain *pahpitz wiwíncŭl*, rattle-snake — *sé•wit*, red *encágare sélnik-ish*, river *pah (Waffer) wánish*, run *noquínna núwinnish*, salt *u-áve —*, sea *otzip híl-iwit*, see *punica netéik*, mountain-sheep *nahgt —,* sing *hobíllo wáëhi*, sister — *ni•yúl*, sit *caré —*, sky, heaven *tu-úp tuqush-ámica*, sleep *opŭ̆n-io hanechimcúpa;* small, little *yŭ̆hpuïtz* (nismal) (auch girl), *inis-el-attai;* smoke *quip —*, snake *cúyatz —*, snow *nuave yuyŭ̆t*, son — *no-máilyo* (vgl. daughter), speak *empáno cúktish*,

[Chemehuevi Cahuillo]

spring: 1) Quelle *picábo* —, 2) Frühling *tamán* —, stand *winínna* —, star *pútsip chéhïam,* stone *timp cö̆'w-wish,* strong *cuïtzic* —, summer *term* —, sun *tdbaputz támit* (vgl. day), sweat *pahcába* —, thumb *ma-to-wa-nim* —, thunder *tondnnŭc aitzowmi,* tobacco *co-áp-e pibŭt,* toes *tapún-ie ne-säl-o,* tongue *agó ne-nŭn,* tooth *tow-wá ne-tdm-a* (auch Mund!), tree *ú-wip* —, ugly *mamáo elélquish,* valley *unu-wip témŭltátchow;* village, town *carnia, cútcan; mibipebokísh;* walk *pagánno* —, warm, hot *conshŭ̆ïgonŭc siwumai,* warrior *nów-iqui wllnit,* water *pah* (auch Fufs) *pal,* whirlwind *turún-ia* —, white *tushá-gare té-wishnik,* wife — *mukĕadi,* wind *nigát ydh-i,* wolf *shünáp is-o-wit,* woman *marúqua nikil,* wood *cóucŭp* —, yellow *hŭrben-care tésiknish,* young *ocóchtim pánis*

B. Zahlwörter: 1 *shŭish súpli,* 2 *wáï me-wí,* 3 *pdïï me-pá,* 4 *wat-chú me-wichu,* 5 *manú nome-quadnŭn,* 6 *nabái quadnŭn-súppli,* 7 *moquíst quanmun-wí,* 8 *natch quanmun-pá,* 9 *u-wip quanmun-wichu,* 10 *mashú no-machúmi,* 11 — *peta-súpli,* 12 — *peta-wí,* 13 — *peta-pá,* 20 *wai-mashu wís-nomachúmi,* 30 *paï-mashu pás-nomachúmi,* 40 *watchŭï-mashu nome-quadnun-nomachumi* (wohl 50), 100 *matshŭï-mashu* — C. Pronomina: I *nŭi neh,* thou *háïïco eh,* he *einpá peh,* we — *chémim,* you — *éhmim,* they — *iwim';* this — *iwi,* that — *peh,* all *manoni umim,* much, many *avát mét-e-wit,* who — *atahaĕh* D. Adverbia: near *sagatch súnchi,* far *mïóni* —, to-day *a-ŭibit chíva,* yesterday — *paican,* to-morrow *ách-ecusht païïpa* E. Interj.: yes *u-wái kēc,* no *cach kïil*

§ 489, c. *Whipple* oder vielmehr *Turner* liefert das Wortverzeichnifs diefer 2 Sprachen (p. 71-75, Comch. bis 76) zufammen mit *Comanche (Comanche, Chemehuevi, Cahuillo),* und nennt diefe Verbindung *Shoshonee.* Er bildet nämlich (76ᵐ) eine grofse *Shoshonee-* oder *Snake-*Sprachfamilie: zu der nach ihm gehören: „die eigentlichen *Shoshonees* des füdlichen *Oregon,* die *Utahs* um den grofsen Salzfee; dann, gen S und W, die *Pah-Utahs* im W des Colorado, und die Indianer der Miffionen des füdlichen Californiens: die *Kizh* (von *SGabriel),* die *Netela* (von *SJuan Capestrano)* und die *Kechi* (von *SLuis Rey);* und im S und O die *Comanchen* der Prairies." Das Wortverzeichnifs der *Chemehuevi,* des von mir fchon oft beim Gila-Lande (S. 259ᵃᶠ,ᵐᶠ, 262ⁿ, 277ⁿᶠ, 315ᵐᵐ, 319ᵐᶠ,ⁿ) in der *Humboldt'*fchen Form *Chemeguabas* (auch *Chemeonahas:* S. 259ⁿᶠ, 277ⁿᶠ), am unteren Colorado und an feinen beiden Ufern, genannten Volkes (f. noch vör kurzem S. 534ᵐᵐ-ⁿ,ⁿᶠ), wurde (76ⁿᶠ) erlangt von dem Häuptling diefes Schwarms; das des *Cahuillo* von einem alten Indianer, welcher bei den Prieftern in *SLuis Rey* bis zum Abbruch der Miffion gelebt hatte. — *Whipple* nennt (76ⁿⁿ) die Chemehuevis „einen Schwarm *(band) Pah-Utahs* (Pa-Yutes, Pai-Utes, Piutes, Piuches ufw.), d. h. Flufs-*Utahs*;" und diefe Identicirung wiederholt fich bei ihm: p. 32 pl. 24 giebt er eine Abbildung von *„Paiutes* oder *Chemehuevis*-Indianern", unterfchrieben: *Chemehuevis Indians (Pah-Utahs).* Er handelt über das Volk p. 32ⁿᶠ-33ᵃᵃ: er nennt fie da einen Theil des grofsen *Pah-Utah*-Volks und fagt, dafs fie eine von der fie umgebenden Stämme ganz verfchiedene Sprache haben. Von den Cahuillas handelt *Whipple* (p. 19ᵃᶠ und befonders p. 34): der wilde Theil diefer Völkerfchaft ift zerftreut zu finden von dem *Mormon road* bis an den Fufs der *sierra Nevada;* vielleicht nicht über 500 an Zahl, machen fie häufige Raubanfälle auf die *ranchos* an der Gränze Californiens. Ehemahls gehörte der ganze Stamm, von den Jefuiten (?) der Wildnifs entführt, zu den californifchen Miffionen; feit deren Verfall find fie *peones* (Leibeigne) in den *ranchos* gewefen, wo viele von ihnen noch weilen, während ein andrer Theil fich dem wilden Leben wieder zugewandt hat. Eine *rancheria* der Cahuillos oder *Cawios* wurde (76ⁿᶠ) angetroffen nahe der Südfee, zwi-fchen den Quellen des *SGabriel* und *SAna;* p. 34 pl. 26 ift eine Abbildung derfelben, „wie fie in *Coco Mongo rancho* gefehn wurden" *(Cahuillas: Peons, or domestic Indians of California);* fie werden da genannt *squalid, miserable, and degraded.*

Zu GRAMMATISCHEN Bemerkungen über die 3 Sprachen übergehend, bemerke ich zunächst, was *Turner* (77ⁿⁿ) über den Ton sagt: dafs er im Ch und Ca (¹) weniger regelmäſsig ist; aber gewöhnlich im Ch auf der 2ten, im Ca auf der 1ten Sylbe liegt.

Von Subſtantiv-Endungen liesen ſich viele angeben; es zeichnen ſich darunter mehrere der *Kizh* oder *Netela*, dem *Comanche, Schoschoni, Moqui* und der *Yutah* eigne aus: deren theils nahen, theils fernen oder ideellen Zuſammenhang mit den aztekiſchen Endungen *tl* und *tli* ich bei jenen Sprachen genugſam beſprochen habe. Im Ch ſind erkennbar P in *timp* Stein und *cóucŭp* Holz (= azt. *quahuitl?*), *b* in Mais, *ba* in Ohr, eine erweiterte Endung *póu-o* in Mund; in dieſer Endung der comanche-ſchoſchoniſchen Sprachfamilie ſteht das Ch gegen die 2 andren allein da: ſeine Theilnahme an den andren Endungen dieſer Familie werden wir gemeinſam ſehn. Das azt. *r:* ſehr häufig im *Kizh* (ſeltner *ti, te, ta*), ſelten in der *Netela*, zeigen alle 3 Sprachen. Im K und Ca ſind ſehr beweiſend: die Form *cút* (²) für Feuer, wo Ch die ſtammhafte athapaskiſche *cŭn* hat; Wolf: K *isunt,* Ca *is-owit* = Ki *íschot, íšot,* N *isot* = Wih *ischá, izd,* CN *ish;* in allen 4 Sprachen haben t: Bär, Hirſch, Sonne, Wolf; in Häuptling haben K, Ca und N t: N aber auch *l;* Ch zeigt t in: Mädchen und Wind; ſein Wort für *elk* iſt rein, wogegen das Comch-Schoſch. die Endung t hat. — Für die Endungen *Ts* und *tsch* der Ki und N, eine 2te Geſtalt der mex. *tl* und *tli*, hat das Ch *tz* in: Mann, Meſſer, Regen, Schlange; Ca häufiges *sh:* beſonders *ish*, auch *nish* (*wánish* Fluſs; *pish* in Nacht); auf *ish* enden auch Adjectiva; ein mannigfaltiges Beiſpiel iſt Haus: Ki *kitsch* (und *kín,* G *kiit*), Ca *kish,* K *kicha* = NG *kécha:* alle ſind = tepeg. *qui.* Eine 3te Endung, vielleicht auch das azt. *t* vertretend, iſt bezeichnend für die *Kizh* und *Netela:* L im N = r und N im Ki (n 1mahl auch in der N); und der Umſtand, daſs die Endungen *l* und *n* (auch *la;* nicht *r*) den 3 neuen Sprachen auch eigen ſind, iſt ein ſtarker Beweis ihrer, ſchon von mir verkündeten Nähe zu *Kizh* und *Netela.* l haben: im K: Hund, 1; und im Ca: Hund, Pfeil, *pal* Waſſer = Ch *pah,* Mond *ményil* (das Ch beſitzt *l* nicht); — *la* im K: *moila* Mond, *pala* Waſſer; *n* im K: *shón* Herz, und Ch: Herz, Stirn; auch im Ki und N hat Herz *n:* nur iſt es nicht recht beweiſend, weil *n* eigentlich zum Stamme gehört. Den Wechſel dieſer Geſtalten zeigen: Mond Ca und N *l,* K *la;* Pfeil: Ca und N *l,* Ki *n,* K ohne Endung; Waſſer: Ca uud N *l,* Ki *r,* K *la,* KiG *ra.*

Es fällt auf die Adjectiv-Endung *gare (care)* im Ch in Farben. An Plural-Endungen erſcheint das *om?* der Netela im Ch in Nägel; im Ca *wim* und *mim* in Nägel, und in den pron. pl. wir, ihr, ſie, alle. Die Fähigkeit dieſer Sprachen zur ſynthetiſchen Zuſammenſetzung zeigen im Ch die Wörter Inſel, See, Schweiſs (alle 3 Waſſer enthaltend), Kopf; im Ca Finger: und überhaupt in den Sprachen die compos. mit azt. *ma* Hand.

Das *Cahuillo* und *Kechi* bekunden ihre nähere ſonoriſche Verwandtſchaft durch PRON. POSS. PRAEFIXA vor den Körpertheilen und den Verwandtſchaftsgraden, beſonders die der 1ten Perſon sing. mit *n;* das *Chemehuevi* hat dafür Anſätze oder Endungen; dieſe Vor- oder Anſätze fehlen öfter, beſonders in den Verwandtſchaftsnamen. Im Cahuillo kommen vor, als mein, die Präfixa *ne,* öfter den Ton tragend, in: Arm, Bauch, Blut, Finger, Fuſs, Herz, Leib, Naſe, Zahn, Zehen, Zunge; Freund, Mutter, Vater; *ni* in: Bein, Kopf, Schweſter? *na* (auch mit Accent) in: Auge, Ohr; *no?* in Sohn (vgl. Tochter); *nu* in Hals, Stirn, *nul* in Bart. Ein Präfix *wi, wit,* von athapaskiſcher Ähnlichkeit (*wi* Xicarilla, *bi* Chep., *pi* Tahkali, *bit* Chep., *mi* Dogrib uſw.; *pe* zeigt ſich auch in der Netela: ſ. KN

(¹) Ich bediene mich für die hier zu vergleichenden Sprachen folgender Chiffren: K = *Kechi,* Ch *Chemehuevi,* Ca *Cahuillo* (aber Cah *Cahita*); Ki *Kizh,* N *Netela;* C *Comanche,* Sch *Schoschonisch,* W oder Wih *Wihinascht,* Y *Yutah;* die Bedeutung der Zuſatz-Chiffren beim Comanche und Schoſchoniſchen iſt bei dieſen einzuſehn. C oder K (in dieſem Fall = *Kizh*) mit einer Zahl dabei bedeutet die laufende Nummer meiner groſsen ſonoriſchen Wortvergleichung (ſ. § 306 und 589).

(²) Ich muſs hier die Länge der Vocale durch einen Circumflex ſtatt einer Linie (*ú* ſt. *ū*) bezeichnen.

S. 516[mm, nn]), das ich durch fein deute, könnten Ch und Ca in Ei tragen; ohne pron. ift Ca Haar. Das Kechi-Präfix ift hauptfächlich *no* (= Net.; im Kizh nur ich *noma*): Arm, Blut, Herz, Ohr; fogar in Pfeil; *ne* in Nafe; dann giebt es ein pron. 3 pers. (fein, = *pe* und *po* der Net.): *peh* in Mutter, Vater, (*po* in Kopf fcheint ftammhaft), *pu* in Auge. Das Chemehuevi zeigt in Körpertheilen diefelben 2 Pronomina, *ni* und *wi*, mit der Endung *m* als Anfätze am Ende: und zeichnet fich da-durch vor allen fonorifchen Sprachen aus; die Verwandtfchaftsnamen bleiben frei; auf *nim* (mein) endigen: Daumen, kleiner Finger, Geficht, Hals, Hand, Mittelfinger; *wim* in Bein (vgl. S. 553[mf] Ca). Das Ca trägt eigenthümliche Präfixa in Zahlwörtern: *no* in 5 und 10; *me* in 2, 3, 4, wohl auch 5.

§ 489, d. Um das VERWANDTSCHAFTS-VERHÄLTNISS diefer 3 Sprachen darzuftellen, führe ich zunächft Prof. Turner's Urtheil über 2 an, der fagt: das *Chemehuevi*-Wortverzeichnifs (76[nf]) „ftimme am nächften überein mit *Simpson's Utah* und *Hale's* öftlichem Schofchonifchen"; vom *Cahuillo* (76[f]): das Wortverzeichnifs „zeige die engfte Verwandtfchaft mit dem *Kechi* und *Netela*, vorzüglich dem erfteren; feine Verwandtfchaft mit dem *Kizh* fei gleichfalls augenfcheinlich." Diefe Verhältniffe zu zeigen, hat er p. 77 die Worttafel von 21 Subft., 3 Pron. und den Zahlen 1-4 = 28 Wörtern in *Cahuillo*, *Kechi*, *Netela* und *Kizh* aufgeftellt. Ich habe vor allen Dingen zu fagen, dafs ich an diefen 3 Sprachen des füdlichen Neu-Californicns drei neue Glieder meines fonorifchen Sprachftammes gewonnen habe, ausgeftattet, wie alle, mit einem kleinen Antheil aztekifcher Wörter. Wenn alle 3 dem comanche-fchofchonifchen Idiom, einem befondern Zweige des grofsen fonorifchen Körpers, anzufchliefsen find; und *Kechi* wie *Cahuillo* zum Theil fo fehr der von mir genau dargeftellten *Netela*-Sprache neben *Kizh* ähnlich find, (¹) dafs Jemand glauben könnte, wir hätten an beiden wenig gewonnen und fie gingen in diefes, fchon bekannte auf: fo macht dennoch das fchroffe Auseinandergehn alles Sprachwefens in Amerika, dafs wir an ihnen drei neue, genugfam eigenthümliche Sprachen des fonorifchen Stammes gewonnen zu haben fagen können. Die Wahrheit diefer Behauptung wird fchon durch Eine Thatfache bewiefen: die Chemehuevi- und Cahuillo-Sprache find einander fo fremd, dafs fie beinahe für alle Begriffe ganz andere Wörter befitzen; ihre Verfchiedenheit ift fo grofs, dafs man aus ihnen allein nicht ahnden follte, fie feien beide gleichmäfsig fonorifche Glieder. Gemeinfam, zum Theil in fehr entfernten Formen oder in Folge der fonorifchen Bafis oder des aztekifchen Beftandtheils, find ihnen blofs folgende Wörter: Abend, Auge, gut, laufen, Nafe, Ohr (azt.), Sonne, Waffer, weifs (unvollkommen), Zahn (azt.); 2, 3, 4, 10; ich, er. Kechi und Cahuillo find einander dagegen in den meiften Wörtern nahe; doch weichen fie in manchen wieder bedeutend von einander ab. Obgleich nun beide letzte wichtige Beweife ihrer comanche-fchofchonifchen Zugehörigkeit liefern, fo übertrifft dennoch das Chemehuevi das *Cahuillo* in diefer und der fonorifchen Verwandtfchaft überhaupt bedeutend: Chemehuevi hat viel mehr Wörter zu meiner Vergleichung geliefert, während ich vom *Cahuillo* viele mehr als fremd habe liegen laffen müffen; eine merkwürdige Probe diefes Verhältniffes kann man in No. 5 der fonorifchen Wortvergleichung in dem Stücke II, a und III, a gegen das kleine H, b (S. 557[nn] - 8[m]) fehn.

Was das fo nahe Verhältnifs der 3 Sprachen zum KIZH und zur NETELA betrifft, fo kann der Gedanke entftehn: ob nicht das Kechi vorzugsweife dem Kizh gleich oder fehr ähnlich fei, und ob nicht gar die beiden einander fo fehr gleichenden Namen eins feien und Eine Sprache bezeichnen? fo dafs die *Kechi*-Sprache der Miffion *SLuis Rey* auch in der Miffion *SGabriel* (= Kizh) gefprochen werde? Diefer Vermuthung tritt aber fogleich entgegen das von mir fchon vorhin 2mahl (hier [m] und [nf]) Ausgefprochne: dafs die 3 Sprachen ihre gröfste Nähe zur Netela haben und dem *Kizh* um einen Grad ferner ftehn. Eine vorzugsweife Nähe zum *Kizh* läfst fich an den Subftantiv-Endungen nicht wahrnehmen; dem *Kizh* find *n* und *r* eigen: *r* kommt gar nicht vor, *n* faft nur im Ch; viel-

---

(¹) Das Kechi hält fich auch nach meinem Urtheil meift an das *Kizh* und die *Netela*, befonders die letztere (vgl. noch S. 550[af-mm]); das Nähere und das Gegentheil davon werde ich im Folgenden darlegen.

mehr tritt auch hier die *Netela* hervor: das *l* der N iſt in beiden Spracben, K und Ca, häufig. In den Wörtern findet etwas eine Nähe mit dem *Kizh* ſtatt in: Haus, Kopf, Waſſer; aber keine vorzugsweiſe Ähnlichkeit in: Pfeil. K und Ca ſind beiden gleich nahe in: 2, 3. Eher der. *Netela* ſind nahe: Bär, Herz, Hirſch, Mond, Mutter, Sonne, Vater; 4; ich, du, er; von dem Ca kommen der *Net.* eher nahe: Herz, Sonne. Für die groſse und vorzugsweiſe Ähnlichkeit und Nähe, welche die 3 Sprachen, oder *Kechi* und *Cahuillo*, zur *Netela* haben, führe ich folgende, auffallende Beiſpiele und Beweiſe an: Mond K *moila* = N *moil*, G *mioil* (Ca *ményil*); Mutter K *peh-yó* = N *no-yó*, G *ne-yoh* (Ki *á-ok*, Ca *né-yih*); Waſſer Ca *pal*, K *pala* = N *pál* (Ki *bar*, G *páárä*); Zahl 1 K *supul*, Ca *súpli* = NG *supuhe* (Ki und N *pukú*): wohl = C *semmus*, Sch *schimutsi*: das ich mit ſonoriſchem und aztekiſchem *ce* zuſammenſtelle (ſ. comch. ſon. Wortvergl. No. 162,a).

Obgleich die Sprachen *Netela* und *Kizh* diejenigen ſind, an denen unſre 3 neuen ſich zunächſt halten; ſo iſt dieſes Verhältniſs doch, wie ich ſchon (S. 554 Anm.) angedeutet habe, beſchränkt und nur mäſsig; die 3 Sprachen ſind auf der andern Seite in ſehr vielen Wörtern der *Netela* und *Kizh* unähnlich oder gänzlich fremd; ich nenne als ſolche in *Chemehuevi* und *Kechi:* . . . . . *dead, earth, egg, friend, island, light, mouth, old, red, sea, star, summer, warm, yellow, young; all, much; near, to-day, yesterday.*

§ 489, e. Ehe ich an das, was mir am wichtigſten iſt, an die Darlegung des kleinen aztekiſchen Inhalts, gehe, werde ich, nach der von mir ſonſt beobachteten Ordnung, den zweiten und gröſeren Theil meiner Entdeckung an den 3 Sprachen, ihre SONORISCHE Verwandtſchaft und Zugehörigkeit, durch eine SPECIELLE WORTVERGLEICHUNG beweiſen. Sie iſt eine Fortſetzung der mit den übrigen nördlichen ſonoriſchen Sprachen von mir geführten groſen Vergleichung: wobei ich das *Comanche* durch *Whipple's*, mir bei der Ausarbeitung der *Comanche*-Wortvergleichung (S. 392-403) noch unbekannte Wörter und Formen (von mir aber nachgeliefert bei Neu-Mexico S. 309-312) verſtärkt habe; die laufende Nummer der Verzeichnung muſs ich aber, auſer der Ordnung, an die ſchoſchoniſche anknüpfen. Faſt überall wird man an den 3 Sprachen, nach dem, was ich ſchon geſagt habe, ihre Nähe zu dem comanche-ſchoſchoniſchen Sprachkreiſe, und oft zunächſt zu den 2 neu-californiſchen Sprachen Netela und Kizh, hervortreten ſehen; ſehr ſelten neigen ſie ſich den ſonoriſchen Hauptſprachen zu: (¹) wenn ich nach deren Theilnahme oder Mangel die comanche-ſchoſchoniſche Rubrik theile, ſo iſt dieſs nur theoretiſch, denn der Inhalt beider Abtheilungen bleibt faſt immer das comanche-ſchoſchoniſche Idiom. Die Wortformen der 3 Sprachen behaupten, wie ſonſt, ſehr verſchiedene Stufen der Ähnlichkeit und Annäherung gegen die verglichenen ſonoriſchen Sprachen, und die Gewiſsheit ihrer Verwandtſchaft iſt danach manchmahl zweifelhaft; ich kann hier keine Scheidung nach dieſen Stufen der Ähnlichkeit und Wahrſcheinlichkeit machen: ich deute nur manchmahl die unvollkommene Ähnlichkeit durch ein vorgeſetztes Kreuz † oder durch das Parallel-Zeichen ⧺ für das Gleichheits-Zeichen =, und die zweifelhafte Identität durch vorgeſetztes Fragezeichen ? an. Beträchtlich iſt der fremdartige Beſtandtheil der 3 Sprachen: die Summe der Wörter, welche mit dem bisher bekannten Beſtande der hier zur Vergleichung geſtellten Sprachen keine Verwandtſchaft haben; darum, mit welchen anderen Sprachen dieſe fremde Wortwelt eine Verwandtſchaft haben könnte, kümmere ich mich jetzt nicht.

(¹) Dieſer wichtige Fall tritt ein: bei Auge (No. 336), Stirn (410), tödten (355), Zahl 3.

In meiner fonorifchen Vergleichung fcheide ich zunächft in den von mir nach den verglichenen fonorifchen Sprachen zu machenden 6 Abtheilungen 2 Abfchnitte: den Fall, wo wir den Begriff in allen 3 Sprachen (auch im *Kechi*) befitzen, von dem, wo er nur im *Chemehuevi* und *Cahuillo* oder in einer von diefen angegeben ift; 2) in jeder der von mir nach den verglichenen fonorifchen Sprachen zu machenden 6 Abtheilungen der Sprachvergleichung der 2 genannten unterfcheide ich durch römifche Ziffern die 3 Fälle:

I wo *Chemehuevi* und *Cahuillo* daffelbe Wort haben

II wo *Chemehuevi* und *Cahuillo* ein verfchiedenes Wort haben: a) *Chemehuevi* b) *Cahuillo*

III wo das Wort für den Begriff nur in Einer Sprache angegeben ift: a) im *Chemehuevi* b) im *Cahuillo*

A. alle DREI SPRACHEN

a) alle drei Sprachen haben daffelbe Wort:

1) fie haben daffelbe Wort mit dem Comanche und Schofchonifchen nebft Netela und Kizh, wie den 4 fonorifchen Hauptfprachen, einer oder einigen von ihnen: [334]Waffer Ch *pah*, Ca *pal*, K *pala* = N *pál*, Ki *bar*, G *páára*; CB und Wh *pa*, N *pah·ar*, Sch *pa* und *pah*, W *pa*; Cah *baa* ufw. (f. C 184); [335]Sonne K *temét*, Ca *támit* = N *temét*, Ki *támet*; CB *tabih*, Sch und W *tava* ufw., CW *tab'b*; Cah **taa*; mit Sch ift ähnlich Ch *tábaputz*; Tag Ca *támyit*, Ch *tuwár-uwit* = N *temé* (*temék* Morgen); [336]Auge a) K *pu·sún-opush*, Ca *na·push*, dazu *né·push* Geficht = Cah **pusi*, Ta *pusiki* (auffallendes Anfchliefsen an die fonorifchen Hauptfprachen) b) Ch *pu-ouí* = CW *póuï*, Sch und W *pui*, Te *buy* (f. mehr K 193); [337,a]Zahl 3 K *pai*, Ch *pdïi*, Ca *me·pá* = Ki *páhe, pai*, N *páhe*, G *pahai*; Cah *bahi* oder *bai*; C *pahu*, W *pahǎ-iu* (in diefem Worte zeigen fich die 5 neu-californifchen Sprachen in gröfster Einheit mit den 4 fonorifchen Hauptfprachen, während Comch. und Schofch. ferner liegen); [337,b] ich K *no*, Ch *nǔü*, Ca *neh* = N *no* (Ki *ne* und *ni* mein; CM *nétza* ich)

2) id. ohne die fonorifchen Sprachen: [338]Zahl 2 K *weh*, Ch *wáïi*, Ca *me·wi* = Ki und N *wehé*; C *waha*, CW *wáhhat*, W *waha-iu* und *wahé-yu* (fon. *oca* ufw.); [339]Zahl 4 K *wahsáh*, Ch *wat·chú*, Ca *me·wlchu* = Ki und N *watsá*, NG *huasah*, Sch *hwdtschiwit*, W *watsik-weyu* (fonorifch andre Wörter), CW *háiodoquit*

b) Kechi und Cahuillo haben daffelbe Wort:

1) fie haben daffelbe Wort mit Comanche und Schofchonifchem nebft Netela und Kizh, wie fonorifchen Sprachen (find aber vorzüglich ähnlich mit *Netela* und *Kizh*): [340]Haus K *ki·cha*, Ca *kish* = Ki *kítsch, kin*, G *kiit*; N *ni·ki*, G *kécha*; Te *qui*; [341]Pfeil K *no·hu*, Ca *hul* (Ch *nu*) = N *hul*, Ki *ni·hun* (f. KN No. 200,a); Te *vu* oder *ù*; [342]Vater K *peh·ndh*, Ca *né·na* = N *na·ná*, Ki *a·ndk, ní·nak*; W *uná*, Ta *nonó*

2) id. ohne fonorifch: [343]Hirfch K *sukǔt*, Ca *súquut* = N *súkot*, Ki *schukát* (W *suyús*); [344]Wolf K *isunt*, Ca *ís-o-wit* = Ki *íschot, fsot*, N *ísot*; W *ischá, izá*, CN *ish*

3) mit Netela und Kizh allein identifch: [345]Bär K und Ca *húnuit* = N *húnot*, Ki *húnar*; [346]Blut K *no·óh*, Ca *né·o* = N *no·ó*; [347,a]Häuptling K *nót*, Ca *nét·i* = N *nót*, G *nôl* (an diefem Worte nimmt keine andre fon. Sprache Theil); [347,b] Zahl 1 K *supul*, Ca *súpli* = NG *supuhe*

7) fremd gegen alle Sprachen: Bogen K *kôtopis*, Ca *chuquilnopish*; Hund K *awál*, Ca *á-wul*; Mutter K *peh·yó* (ob = C, Sch und W *pia?* nach Vater aber nicht), Ca *né·yǔh*

c) Kechi und Chemehuevi haben daffelbe Wort:

5) identifch mit Comanche und Schofchonifchem: [347,c]Nafe a) K *ne·mábi*, Ch *mu-vi* = CW *móbi*, N *mo-opee*, B +*mobi*+ (f. C 133); b) Ca *né·mu* = CB *muule*, Sch *mui*, W *moöi*

d) alle 3 Sprachen haben ein andres Wort:

3) eine hat daffelbe Wort mit Netela und Kizh: [348]Kopf K *poyá* = Ki *a∘poán*, G *á∘puan* (vielleicht = fon. *mo, mu*); [349]du K *om* = N *om*, Ki *oma*; [350]er a) K *w'nal* = N *wanál*; b) Ca *peh* (auch jener) (Ch *einpá*) = N *pe* fein

5) eine hat daffelbe Wort mit Comanche und Schofchonifchem: [351]Herz Ch *pi∘in* = C *peehe*, CW *pih'* (B *ne∘bigk*), Sch *plö*, W *píwe*; [352]Stirn Ch *mutácan*, Kopf *mutáco-wa* = Sch *motöka*, Y *muttock*

7) fremd gegen alle Sprachen: Kopf Ca *ni∘yúl∘uka*

B. CHEMEHUEVI und CAHUILLO

1) beide Sprachen oder eine von ihnen haben daffelbe Wort mit Comanche und Schofchonifchem nebft Netela und Kizh (diefer Familie fich meift am nächften anfchliefsend), fo wie mit den 4 fonorifchen Hauptfprachen, einigen oder einer von ihnen:

I [353]Mädchen Ch *naïts-it*, †Ca *inismal* = N *nawitmal*, Sch *naintsöts*; [354]Nacht Ch *tuwŭn*, Ca *tucmárpish* = N *túkmöt* (G *tuenenga*), CN *tookana*, Wh *túcan'*, Sch *tukwön* ufw. (f. K 192); [355]tödten Ca *méca*, Ch *pacai* (wohl daffelbe) = Ta und Co *mea* ufw. (Ki *améya* todt) (hier beobachtet man ein wichtiges Anfchliefsen der 2 Sprachen an die 4 fon. Hauptfprachen)

II [356]Bart Ch *mutzd* = N *nu∘mús*, CB *motz*, Wh *mŏrtz∘ŏn*; Sch *müntschu*; Co *mᵘᵉiziti*; [357]Berg Ch *te∘witz∘ecaib* (*caib* Hügel) = Sch *tuiáwi*, CN *toyarvit* (f. C 88), Wh *tŏ'i∘yab* Hügel; [358]Hügel Ch *caib* (liegt auch in Berg) = N *haiχ*, G *kahui*; Ta *cagúi* (K 205) Berg

III [359]Salz †Ch *u-áve* ≠ KiG *üngurr*, CN *onaevit-er*, Wh *órnabist*, Ca *ona* ufw. (f. K 182); [360]wir Ca *chémim* = N *tscham*; W und Ta *tami* ufw. (K 194); [361]ihr Ca *éhmim* = Ta *emí*; Ki *omómo*, N *omŏm* (*om*, *oma* Plur.) (f. K 189)

3) allein mit Netela und Kizh:

II [362]klein Ca *inismal* (auch Mädchen) = NG *elúhmal*; [363]fchlafen Ca *hanechimcúpa* = N *kúpla*; [364]Schnee Ca *yuyŭt* = N *yúit*, Ki *yoát*; [365]Tabak Ca *pibŭt* = N *piöot* (vgl. K 271)

4) identifch mit Comanche und Schofchonifchem wie den fonorifchen Sprachen, fich aber meift an jene zunächft anfchliefsend:

I [366]Brodt Ch *sahmit-iwap*, ?Ca *sá-wish* = CB *shimmita*; Ta *temeke*; [367]Mais Ch *hahwib*, Ca *páho-withlim* = CN *harne-wista*, Wh *hŭn-ibist*, M *hahnebetah*; Te *june* ufw. (f. C 100) [alle Formen gehen aus einander]; [368]weifs Ch *tushá-gare*, Ca *té-wishnik* = Sch *tuschäöi*, CB *tochza*, M *tooshop*, Wh *tŏ's-afit*; Te *toxa* ufw. (C 29)

II [369]Fleifch Ch *túquoi* = CN *tohko*, Wh *túthcŭp'*, W *a∘tukú*; Te *tucugue*; [370]Hals (vielleicht aztekifch, f. daher auch S. 559ᵐᵐ No. 424) (K 166); [371]Mann Ch *ta-wátz* = Stamm *tooa* im C (No. 96 und 93, a); Ta *tehoje* ufw.; [372]Nägel (*ungues*) Ch *maditsom* (worin *ma* azt. Hand) ≠ Sch *máschitu*, CM *o∘más-it*, W *schirú*; Ta *sutu* ufw. (C 177); [373]ja Ca *héc* = C *hă*, *hah*, Wh *haa*; Cah *e*, *heùi* ufw. (f. C 44); [374]nein Ch *kach* = C *ka*, Co und Cah *ca* ufw. (C 30), CW *ke*

III [375]Frau (*uxor*) Ca *mukĕadi* = *femina*: Ta *muki*, W *moγóni*

5) identifch mit dem comanche-fchofchonifchen Sprachkreife:

I [376]Himmel Ch *tu-úp*, Ca *tuqush-ámica* ≠ Sch *tukum*, Moqui *tokepaylah*

II a) [377]Büffel Ch *cóoch-o* = CN *kooche*, Wh *cúth'son*, Sch *kotzo*; [378]Donner Ch *tonánnŭc* ≠ CW *tómoyah'k*, Sch *tunuint* (vgl. C 151); [379]?Ente Ch *chŭke* ≠ Sch *tschiga*; [380]effen Ch *tecába* = CB *teschkaro*, Wh *tilhcadoh*, NM *tukarroo*, Sch *tikaru*, W *tiká* (in Volksnamen *tik-ara* Effer); [381]Fufs Ch *námpan* = Sch *nampa*, Y *namp* (CN *nahap*, Wh *nápe*, Ki *a∘néf*); [382]Haar Ch *torpip* ≠ CB und Wh *papi* (Wh auch Kopf), N *parpee*, Sch *pampi*

Kopf (f. C 149); [384]Meffer Ch *ouitz* = CB *huig, wui*, Wh *wih'*, NM *weith;* Sch *hwihi*, W *wihi;* [385]Pfeife +Ch *tshu* = CN *to-ish*, W *toïscha*, Wh *tŏ'h-i;* [386]roth Ch *encá-gare* = Sch *ángkawit*, CW *écofte* ufw. (f. C 47, b); [387]fchlafen Ch *opŭn-io* ≠ CW *ĕrthpuïdoï*, Sch *dpui*, W *aöi* oder *abi;* [388]Schnee Ch *nuave* = Sch *niwŏwi*, W *niwawi;* [389]fchwarz Ch *sha-wá-gare*, blau *shaw-wámuk* = Sch *schakwákar* blau (Ta *schioga-meke*); [390]fehn Ch *punica* = C +*buni* (Wh *ŏhcobon*), Sch *puníni*, A *ma-bonee*, W *punl;* [391]fingen Ch *hobĺlto* = CN *hobe-er;* [392]fprechen Ch *empáno* ≠ Sch *ampakan;* [393]Stern Ch *pútsip* = Sch *putsíhwa*, W *patuzúva;* [394,a]Wind Ch *nigát* (wenn es nicht aztekifch ift, f. S. 559 No. 417) = CB *neait*, Sch *nŏŏr;* [394,b]Zunge Ch *agó* = W *eɣó*, Y *ah-oh*, Sch *aku;* CN *ah-ako*, Wh *écon;* [395]Zahl 6 Ch *nabái* = C *nahwa*

b) [396]kalt Ca *esi* ⇌ W *izits*, Sch *ötschŏin* (f. K 231: wozu noch zu fügen CW: *ŭtz-ait* kalt, *étz-eït* Winter); [397]Keffel Ca *méto-wilkish* = CN *witwa*, M *wayheto-wah*, Sch *uítua;* [398]morgen Ca *päïpa* ≠ CB *poitzka*, Wh *pĕu-et-sko*, N *pa-archqua*

III a) [399]Baum Ch *ú-wip* = CM *ohopee*, N *hapete*, Wh *hóthpist* (mit grofs davor), Sch *schúwi;* [400]Blatt Ch *po-wĭuk* = CB und Wh *puhip*, W *puhi;* [401]Fifch Ch *pahgé* = CN *págue* (Wh *pĕeque*), Sch *paɣŏtsi?*, W *aɣal;* [402]Herbft Ch *yo-wŭn* = CN *yerwane* (C 63); [403]Hirfch (vielmehr Elenn: *elk*) Ch *pari* = Sch *parŏi*, A *paree*, W *patít* (N *pálut*); [404]Infel Ch *pahrun-oquitz* = Sch *pahárnur;* [405]Rauch Ch und CB *quip;* [406]fitzen Ch *caré* = CB *care* (Wh *ihcard*), Sch *kárönu*, W *katl;* [407]ftehn Ch *winínna* = Sch *wŏninu*, W *winí;* CW *warn*

6) fie haben daffelbe Wort allein mit einer oder einigen der fonorifchen Hauptfprachen:

II [408]?Erde Ca *témŭl* = Te´*dŭbure;* [409]?Freund Ch *tégibu* ≠ Ta *tehimá;* [410]Stirn Ch *cobá-nim* = Te *coba*, Ta *cova-ra;* [411]Zahl 5 Ch *manú* = Cah *mamni* (Ki und N *mahárr);* [412]?heute Ca *chíva* ≠ Te *scibi*, Ta *hipeba* (*hipe* jetzt)

III [413]Frühling Ch *tamdn* ≠ Te *tabba, taba*

7) Ich behalte eine gute Anzahl, zum Theil wichtige Wötter übrig, welche (manche bei fchwacher Vergleichung, da die Begriffe nur in wenigen Sprachen gegeben find: welche ich durch einen Stern * bezeichne) allen hier zur Vergleichung geftellten fonorifchen Sprachen fremd zu feyn fcheinen: I *evening* (und Ca *morning*), *good, run;* 10 Ch *mashú* = Ca *no-machúmi* (worin *ma* azt. Hand); II in beiden Sprachen: *alive, bad, belly, boat, body, bone, boy, brother, egg, go, *God, great, hand* (die Zufätze), *handsome, *hare, *Indian, *lake, leg, light, lightning, old, sea, *valley, *village* (Ch 2tes Wort), *warm, *warrior, woman, yellow, young; all, much; near;* — a) im Chemehuevi: *axe, kettle;* 7, 8, 9; *heute, morgen; ja;* — b) im Cahuillo: *blue, eat, flesh, friend, hair, hill, man, mountain, pipe, rain, red, river, sing, star, thunder;* 5, *nein*

III a) Chemehuevi: *feather, *fox, goose, grass, green, love, *partridge* (nur in 1 fon. Sprache da), *strong, summer, *sweat;* b) Cahuillo: *bird, finger, husband, *rattlesnake* (in 1 fon. Sprache), *stone, yesterday*

8) Die wenige Auficht bei ungünftigen Umftänden hat mich fchon mit manchen der eben als verfagend genannten Wörter etwas eilig verfahren laffen; wegen folcher geringen Auficht habe ich einige andre Wörter gar nicht unterfucht: II in beiden Sprachen: *dance, moccasins, toes, ugly;* a) im Chemehuevi: *cold, earth, whirlwind;* b) im Cahuillo: *beard, buffalo, darkness, foot, forehead, nails, see, speak;* — III a) Chemehuevi: *antelope, arrow-point, beaver, come*, die 5 einzelnen Finger, *mountain-sheep, spring* (Quelle), *walk;* b) Cahuillo: *child, copper, sister; this, who.*

Ich will noch kurz einige Möglichkeiten andeuten: [414]?Eifen Ch *pahnŭ'h* ≠ Te *vainomi*, Finfternifs Ch f. C 27, ?todt Ca *yuïmïesi* ≠ Ki *améya* (vom fon. *mea*).

§ 489, f. Ich entwickle hierauf den zweiten Theil meiner Entdeckung an den 3 neuen californifchen Sprachen, den kleinen Schatz AZTEKISCHER Wörter, welchen fie in fich fchliefsen. Es
befitzen aus der aztekifchen Sprache alle 3 Sprachen: Hand: d. h. K no·má und Ca ne·mök Arm;
im Ca als *mo* noch liegend in Hand, Finger, Nägel; Ch *ma* als Theil der Zufammenfetzung in: Hand,
Nägel, in 4 Fingern, in der 5 und 10; Mond, Ohr; — die Ch und Ca: Hals, Mund, Wind?, Zahn;
K und Ca: Herz; Ch: Haus, Holz?, Schlange?, Stein; Ca: fchwarz, todt, Zunge. — Näher und fyfte-
matifch betrachtet, find diefe Wörter, denen ich unter einem Fragezeichen ? zweifelhafte und unter 2 ??
fehr zweifelhafte, nur als eine Möglichkeit, ein Gedanke aufgeftellte, beigemifcht habe: ⁴¹⁵aztekifch
calli Haus: Ch *cáni* Haus und *carnia* Dorf, Stadt (wichtiges und vorzugsweifes Wort) = CW
cáhne, N *kanuke* Hütte und Stadt; Cah **cari;* ⁴¹⁶*coatl* Schlange: ?Ch *cúyatz* (Te *cooy*);
⁴¹⁷*ehecatl* Wind: ? entweder Ch *nigát* (das aber fonorifche Analogien hat: f. S. 558 No. 394,a) oder
Ca *yáh-i* = Ki *ahíkain,* Ta *heicala* ufw. (f. K 263); ⁴¹⁸*maitl* Hand: K no·má Arm, Ca ne·mök
Arm und *mo* in Compof., CW *mŏh* Finger (*mátlpan* Hand), Ch *ma* in Compof. (f. Z. 4-5);
⁴¹⁹*metztli* Mond: K *moila* = N *motl,* G *mioil;* Ca *modr;* Ki *muárr;* Ch *miágoropitz;* Ca
ményil: CW *mĕn-i* fehr nahe (doch nach N *mush,* M *mushe;* B *mea* halber Mond) [die 3 Sprachen
find in ihren Formen fo fern von dem mexicanifchen Grundwort, dafs nur die weitere Verkettung die
Gemeinfchaft erweift; am abenteuerlichften entfremdet ift Ch]; ⁴²⁰*miqui* fterben: Ca *mú-qush* todt,
Tod = Ta *mucu* fterben ufw.; ⁴²¹*nacaztli* Ohr (fon. *naca+*): K no·nák, CW *nŭk',* Ch *nancába,*
Ca na·nŏck-a (f. die übrigen Sprachen K 257); ⁴²²*nenepilli* Zunge (im fon. auf *nenetl* beruhend):
Ca *nŭn* = Ki a·nóngin (Ch hat das comanche-fchofchonifche Wort); ⁴²³*quahuitl* Baum, Holz:
Ch *cóucŭp* Holz = Ta *cauguiki* Wald ufw.; ⁴²⁴*quechtli* Hals: 1) (ungewifs, ob azt.; f. da-
her auch S. 557 No. 371) ?Ch *curán-nim* = Sch *kurŏ',* W *kutá;* Ta *khuta-la* ufw. (C 166)
2) Ca nu·cúspi = Te *cuscivo;* ⁴²⁵*quiahuitl* Regen: ??Ch *pahpitz* (worin aber das fon. *pah*
Waffer zu liegen fcheint) ✻ Ki *akwákit;* ⁴²⁶*tentli* Lippe: Mund: Ch *timpóu-o* = Sch *timpa,*
CN *tèppa,* W *tupá;* CW *tŭp';* Ca ne·tám-a (wohl Irrthum für Zahn); ⁴²⁷*tepuztli* Eifen: ?? 1)
Ca *témŭl* Eifen 2) Ca *tuqúsh* Axt, Meffer ✚ Te *tupure* Axt ufw.; ⁴²⁸*tetl* Stein: Ch *timp* = Sch
timpi, W *tipi,* Y *timpa;* CN *terp;* Wh *tŭppist;* ⁴²⁹*tlantli* Zahn: Ch *tow-wá,* Ca ne·tám-a
(auch Mund!) = CB und W *tama* ufw.; ⁴³⁰*tlilli* fchwarze Farbe: Ca *tüliksh* fchwarz (keine andre
fon. Sprache kommt *tlilli* fo nahe, indem keine das *l* beibehalten zeigt); ⁴³¹+*yolli* Herz: K *shón,*
Ca *sun* = Ki *sún,* G a·shún; N no·sún, G no·shun; Ta *sula,* Te *jura.* — Diefe vollwichtige
Reihe, zu der noch die aztekifchen Subftantiv-Endungen: ⁴³²*t, tz; l, n* zu zählen find; enthält die
gewöhnlichen aztekifchen Wörter, welche allen oder faft allen fonorifchen Sprachen und befonders
dem comanche-fchofchonifchen Zweige eigen find (Hand, Mond, Ohr, Zunge, Mund, Zahn, Herz), neben
einigen befonderen, daher noch mehr wichtigen: Haus, Schlange, Wind, fterben, Holz, fchwarz; einzig
ift Schlange.

§ 489, g. Als comanche-fchofchonifche Sprachen erweifen fich *Chemehuevi* und *Cahuillo* durch
den Befitz des ATHAPASKISCHEN Wortes für Feuer: Ch *cün* (= athap.; auch CW *cün,* Yutah
cunn; CN *koo-ona,* M *koo-onah;* Holz: Wih *kuná,* CN *koo-one,* M *koo-ohnee*) K *kút,* Ca *cüt*
(wo das radicale *n* durch die azt. Subft. Endung t verdrängt ift); in diefem Worte find die 3 Sprachen dem *Kizh* und der *Netela* fremd, welche für den Begriff fonorifche und andre Wörter haben;
dazu ift noch zu nehmen der Stamm *p* und *w* für das *pron.* 3 pers.: Ca *peh* er, jener, Ch *einpa* er
(vgl. Net. *pe* fein, Kizh *paéma* ·er); *pron.* praefixum fein: Ch *wi,* Ca *wit?* (f. die athap. Formen
in meinem *Kizh* und *Netela* S. 529ᵐᵐ).

Das Cahuillo-Wort für Teufel (*tĕolŭ̆v-el*) fcheint das englifche *devil* zu ·feyn; eine fcherz-
·hafte lateinifche Ähnlichkeit bieten Ch *hebiba* trinken und Ch *tonánnŭc* donnern dar, eine grie-
chifche Ch *term* Sommer.

§ 489, h. F. Die 2 Sprachen der eben beendeten Dreizahl, welche der Küfte angehören, führen uns von der 2ten Miffion im S: *S. Luis Rey*, der der Kechi-Sprache, aus
weiter nach N; nach dem *Kechi* würde meine Arbeit über die Netela (Sprache der Miffion
S. Juan Capiftrano) und das Kizh (Sprache von *S. Gabriel*) einzutreten haben; vor
das *Kizh* gehört aber das Cahuillo, welches (f. S. 552 [nf]) zwifchen den Quellen der Flüffe
SAna und *SGabriel* angetroffen wurde: denn die Folge der Küftenflüffe ift (f. S. 522 [nn]) von
S nach N: *rio de SDiego, de SLuis, SAna, SGabriel.* Über die Miffion *SGabriel* hinaus
kommen wir 9 *leguas* in NW von ihr, 7 vom *pueblo* und 14 vom Hafen *San Pedro* (fo wenigftens nach Duflot's Beftimmungen I, 359-361; vgl. oben S. 524 [af, mm]) an die Miffion SAN
FERNANDO *rey de España*, gegründet 1797: von deren Sprache uns Duflot de Mofras (II,
393) das Vaterunfer giebt: *Yyorac yona taray tucúpuma sagoucó motoanian majarmi
moin main monó muismi miojor y iactucupar. Pan yyogin gimiamerin majarmi mi fema
coyó ogorná yio mamainay mii, yiarmá ogonug y yoná, y yo ocaynen coijarmea main ytomo
mojay coiyamá huermi. Parima.* Diefes Vaterunfer ift dem von S. Gabriel (Kizh: f. Kizh
S. 509) fo fehr ähnlich, dafs beide Sprachen als nahe Dialecte zu betrachten find und die
Sprache von *S. Fernando*, wenn wir fie vereinzeln, eine neue fonorifche Sprache feyn mufs.

Nach *SFernando* kämen wir über die Miffion *SBuenaventura* an die Miffion S. Barbara; und hier würde ihre Sprache und die des von ihr benannten, weit gen S von ihr
hingeftreckten Infel-Canals, die fchon in unfre erfte Gruppe gezogen ift, eintreten. Nach
SBarbara die Miffion *de la purisima Concepcion* überfpringend, gelangen wir an die Miffion
de Santa INES (Duflot I, 377-8): liegend 12 *leguas* NW von der Miffion *de SBarbara*,
S von der der *purisima Concepcion*, 15 füdlich von *San Luis Obispo de Tolosa de Francia;*
von welcher uns Duflot (II, 393) das Vaterunfer geliefert hat: *Dios caquicoco upalequen
alapa, quiaenicho opte: paquininigug quique eccuet upalacs huatahuc itimisshup caneche alapa.
Ulamuhu ilahulalisahue. Picsiyug equepe ginsucutaniyug uquiyagmagin, canechequique
quisagin sucutanagun utiyagmayiyug peux hoyug quie utic lex ulechop santequiyug ilautes
chop. Amen Jesus.*

Nach *SInes* folgt die fchon in meiner 1ten Gruppe behandelte Sprache der Miffion San
Luis Obispo. Von da ftreckt fich in Often, in der Mitte des Landes, die lange Niederung
der *Tule*-Seen hin. Duflot de Mofras (II, 387-8 [aa]) redet von einer allgemeinen Sprache des
grofsen Thals *de los Tulares* (,,*dont presque toutes les tribus sont originaires''*), *el TULA-
REÑo* (Namensformen, die ich nebft ihrem Gegenftande genug befprochen habe: Abfchn. III
S. 61 [n]-62 [a] und hier S. 520 [aa-m]), auf welche die fpanifchen Francifcaner fich gelegt hätten und
von der er eine handfchriftliche Grammatik befitze: *Gramatica de la lengua Tulareña por el
R. P. Arroyo de la Mission de Santa Ines.* Der Vf. liefert (II, 392) das Vaterunfer in
diefer Sprache: *Appa macquen erinigmo tasunimac emracat, jinnin eccey macquen unisinmac
macquen quitti éné soteyma erinigmo: sumimac macquen hamjamú jinnan guara ayci: sunun
macquen quit ti enesunumac ayacma: aquectsem unisimtac nininti equetmini: juriná macquen
equetmini em men.* Gibbs (f. Anfang des § 504) gedenkt des von den Spaniern *Tulares*
genannten Volkes an einer nördlichen Stelle, als einnehmend das füdliche Ende der Halbinfel
zwifchen dem Meerbufen *SFrancisco* und der Miffion *SRafael;* es folle aber beinahe ausgeftorben fein. Über Wörter, welche Johnfon von den Indianern um den *Tular*-See beigebracht hat, handle ich S. 564 [mm].

Von diefer Abfchweifung gen Often in das Innere des Landes kehren wir zu dem breiten Küftenftrich zurück, in welchem, näher oder ferner dem Meere, die ehemahligen Miffionen liegen. Die *explor. exped.* liefert p. 633-4 zwei kleine Wortfammlungen von Indianern der Miffionen Neu-Californiens, wie fie allgemein fagt; die Sammlung ift fo klein, weil fie unterbrochen wurde und fich nicht wieder aufnehmen liefs. Sie find (p. 222nn): „von *la Soledad,* an der Küfte, in 36° N. B.; und von *San Miguel,* etwa *50 miles* SO von Soledad". Wir haben diefe Miffionen umgekehrt zu nehmen: zuvor SAN MIGUEL (in 35° 45': f. oben S. 524n), im Weften, fern genug, fich dem grofsen *Tule*-See anfchliefsend; und dann LA SOLEDAD (nach Df. und *sen.* eben fo viel im Innern als jene, in 36° 25': S. 524nn). Über die Lage und Gefchichte der Miffion *de Nuestra Señora de la Soledad* fpricht Duflot de Mofras (*explor. de l'Orégon* I, 389-390); II, 401 liefert er die Zahlwörter diefer Sprache: 1 *enkala,* 2 *oultis,* 3 *kappes,* 4 *oultizim,* 5 *haliizou,* 6 *haliskakem,* 7 *kapkamaï,* 8 *oultoumaï,* 9 *pakké,* 10 *tamchakt.* Die *expl. exp.* fpricht die vollftändige Fremdheit der beiden Sprachen (633mm) aus: *The few words which were obtained, will serve at least to show that these languages are independent of each other, and of all the rest contained in this work.* Es erhellt aber aus den Zahlwörtern und andren Wörtern, dafs die Sprache von *la Soledad* der der *Runsien* (S. 563mm-mf) nahe gleich und der der *Achastlier* (S. 562nn-f) ähnlich ift.

Auf *SMiguel* folgt gen N, vor *la Soledad,* zunächft, in 35° 50' (f. andre Angaben S. 524nn), die Miffion SAN ANTONIO de Padua: nach Duflot (I, 387-9) 13 *leguas* NW von *SMiguel,* 11 S von der Miffion *la Soledad;* gegründet 1771. Ihre Sprache ift uns fchon fehr früh (S. 535-8) als 4tes Glied der vierfachen Worttafel Coulter's bei der von *SDiego* vorübergegangen, und ich habe hier nur noch das Vaterunfer von ihr aus Duflot (II, 392) vorzuführen: unfer Vater   Himmel,   möge geheiligt werden dein Name! möge

      Za   tili   mo   quixco   nepe   limaatnil   an   zucueteyem   na   etzmatz   an·

kommen dein Reich!   Möge gefchehn dein Wille Erde auf wie (im) Himmel!

tsiejtsitia na ejtmilina. An   citaha natsmalog, ruilac quicha   nepe lima. Maitiltac taha

      Unfre   Schuld   du vergieb? wie

zizalamaget zizucanatel ziczia. Za manimtiltac na zanayl, quicha na kac apaninitilico na zananaol. Zi quetza commanatatelnec zo alimeta zo na ziuxnia. Zo na quissili jom zig zumlaylitec. Amen Jesus. — In diefer Formel ift vieles einfach verftändlich, fo dafs ich zur Hälfte das Deutfche überzufetzen vermocht habe; 2 Wörter bietet auch *Coulter:* tele Vater = hier *tili,* napalemak Himmel = hier *nepe lima.*

Nach *SAntonio* würde nun la Soledad (vorhin aa-m) folgen. Die nächfte nach *Soledad* ift die Miffion *de Nuestra Señora del* CARMELO (f. Duflot I, 391-4): in 36° 34½' nach *sen. docum.* (nach Df. in 36° 30'), *Monterey* ganz nahe; und von ihr giebt uns Duflot (II, 401) gleichfalls die Zahlwörter: 1 *pek,* 2 *oulhaj,* 3 *koulep,* 4 *kamakous,* 5 *pemakala,* 6 *pegualanaï,* 7 *kulakulanaï,* 8 *kounaïlepla,* 9 *kakouslanaï,* 10 *tomoïla.* Diefs ift die Sprache der *Eslen* (563aa,m).

§ 490. G. Wir find in allmählicher Stufenfolge der Miffionen am Küftenfaume an einen wichtigen Wendepunkt des Landes: an die Bai, den Hafen, die ehemahlige Miffion und das Prefidio, die jetzige Stadt MONTEREY (in 36° 36' oder [*sen.*] 35' N. B.); gelangt. Zwei denkwürdige Seereifen haben fchon am Ende des vorigen Jahrhunderts Kunde von den Sprachen dreier Völker IN UND UM MONTEREY verbreitet: durch die Expedition der mexicanifchen Schiffe *Sutil* und *Mexicana* im J. 1792 nach der *Fuca*-Strafse haben wir (in dürſtiger Kürze) Kenntniſs von der Sprache der Runſien und Eslen; durch die Reiſe *la Pérouse's*, welcher, vom *St. Elias*-Berge herabkommend, bis zum 24. Sept. 1789 im Hafen von *Monterey* ankerte: von der der Letzteren (hier *Ecclemachs* genannt) und der Achaſtlier erhalten. Jede Reiſe giebt 2 Wortverzeichniſſe.

Hr. de la Péroufe, *voyage autour du monde* T. II. Paris 1798. 8° nennt (p. 324) um *Monterey* 2 Sprachen: die der *ACHASTLIENS* und der *Ecclemachs.* Beide Völker find zum Theil in derſelben Miſſion *(de S. Carlos)* vereinigt; aus den zwei Sprachen würde, ſagt *la Pérouse*, bald eine dritte entſtehn, wenn die chriſtlichen Indianer aufhörten mit denen der Rancherien zu verkehren. Von der Sprache der Achaſtlier hebt er die Armuth an Begriffen hervor; ſ. einiges über die Sprache 324-5; er liefert dabei einige Wörter und die Zahlen 1-10. — Die Sprache der *ECCLEMACHS* (326), deren Land ſich über 20 *lieues* nach Oſten von *Monterey* erſtreckt, ſchildert er als gänzlich verſchieden von allen benachbarten; ſie habe ſogar mehr Ähnlichkeit mit den Sprachen von Europa als von Amerika. Er fügt hinzu: *Ce phénomène grammatical, le plus curieux à cet égard qui ait encore été observé sur ce continent, intéressera peut-être les savans qui cherchent dans la comparaison des langues l'histoire de la transplantation des peuples.* Dieſe Sprache ſei reicher als die der andren californiſchen Völker. Wollte man das Volk für fremd dieſer Gegend Amerika's anſehen, ſo wäre doch ſicher, daſs es daſelbſt ſeit lange wohnhaft ſei; denn es ſei in ſeiner Farbe, Zügen uſw. von den Völkern dieſes Landes durchaus nicht verſchieden. p. 327 ſind wieder die Zahlen und 12 Wörter.

Der Mithr. meint (202[nn]), daſs die *Ecclemachs* La Péroufe's vielleicht ein Zweig der Eslen oder Escelen, von eben der Sprache ſeien: von Dialecten kann aber nicht die Rede ſeyn, ſondern es iſt dieſelbe Sprache, deren Name auch identiſch iſt; dieſs wird dadurch bewieſen, daſs in den beiden Wortſammlungen die gemeinſamen Wörter vollſtändig übereinſtimmen: Bogen, Vater, Mutter, Nacht.

Humboldt berichtet (*essai pol.* T. I. Paris 1811. 4° p. 321) nach Laſuen (über ihn ſ. oben S. 523[a] und 531[af]): daſs Rumſen und Escelen die Bevölkerung des *presidio* und des Dorfes *Monterey* bilden.

§ 491. Über das Grammatiſche der Sprache der ACHASTLIER (auch ausgezogen im Mithr. 204) wird (von Lamanon, welcher der Verfaſſer der Sprach-Nachrichten iſt: oben S. 531[af]) in la Péroufe's Reiſe (*voyage de la Pérouse autour du monde* T. II. Paris V. [1797]. 4° p. 290-1 oder Paris 1798. 8° p. 324-5) folgendes bemerkt: Sie unterſcheiden den *plur.* vom *sing.;* ſie haben einige Conjugation, aber keine Declination. Es fehlen die Buchſtaben *f*, *b*, *x*; ſie haben den Laut *chr.* Faſt die Hälfte aller Wörter enthält den Vocal *u* (franz. *ou*); es beginnen beſonders viele mit t und k.

Außerdem werden die Zahlen 1-10 und 8 andere Wörter angegeben; Zahlen: 1 *moukala*, 2 *outis*, 3 *capes*, 4 *outiti*, 5 *is*, 6 *etesake*, 7 *kaleis*, 8 *oulousmasakhen*, 9 *pak*, 10 *tonta;* Wörter: *ouakeche* 1) Kröte 2) Froſch; *missich* gut (von Menſchen), wohlſchmeckend (Speiſe); *keche* ſchlecht (von Menſchen), verdorben (von Speiſen); *chrskonder* Vogel, *chruk* Hütte, *chouroui* ſingen, *touroun* Haut, Fell, *touours* ongle.

Es iſt die Ähnlichkeit der Zahlwörter mit denen der Runſien erſichtlich, und beide Sprachen wohl als verwandt zu betrachten; dieſs läſst ſich aber an keinem anderen Worte prüfen, weil keines beiden kleinen Verzeichniſſen gemeinſam iſt. Der Mithr. meint (203[af-m]), daſs, da jede der zwei Quellen nur 2 Völker bei Monterey angiebt, jede einen anderen Dialect *(Runsien, Achastlier)* Eines Volkes aufgefaſst habe, welche Dialecte weit von einander abweichen konnten. Ich habe vor allem die nahe Ähnlichkeit der Sprache der *Achastlier* mit der der Miſſion *la Soledad* (ſ. S. 561[af-m]) und die nahe Gleichheit der letzteren mit der Sprache der *Runsien* (S. 563[mm-mf]) auszuſprechen, bewieſen durch die Zahlen und ziemliche (nicht vollkommene) Übereinſtimmung in Wörtern.

§ 492. Wörter der Ecclemachs bei Monterey,

aus dem *voyage de la Pérouse autour du monde* T. II. Par. V. (1797). 4° p. 292
oder Par. 1798. 8° p. 327

1) **Zahlwörter**, mit Beifatz (in 2ter Stelle) der der *Sutil* und *Mexicana (Eslen)*: 1 *pek*
pek, 2 *oulach u-lhaj*, 3 *oullef julep*, 4 *amnohon jamajus,* 5 *pemaca pe-mojalá*, 6 *pekouluna*
pegualanai, 7 *houlakualano jula-jualanai*, 8 *koulefala julep-jualanai*, 9 *kamukoualane jamajus-*
jualanai, 10 *tomoïla tomoila*   2) **Subftantiva** ufw.: amie *nigefech*, arc *pagounach*, barbe
iscotre, danser *mefpa*, dents *aour*, étoile *aimoulas*, mère *atzia*, nuit *toumanes*, père *aoi*, phoque
opopabos; oui *ike*, non *maal* (im folgenden kehren wieder: *arc, mère, nuit, père*)

Wörter der Eslen,

aus der: *relacion del viage hecho por las goletas Sutil y Mexicana en* ... 1792
para reconocer el estrecho de Fuca. Madrid 1802. 4° min. p. 172-3

1) **Zahlwörter** f. in zweiter Stelle neben denen *la Pérouse*'s   2) **Subft. u. a.**: agua *azanax*,
amigo *mish-fe*, arco *payunaj*, cielo *imita*, chico *ojusk*, dia *asatzd*, flecha *lottós*, fuego *ma ma-*
manes, grande *putuki*, hermano *mi-itz*, hija *tapanna*, hijo *panna*, noche *ejennutek*, luna *tomanis-*
ashi, luz *jetza*, madre *azia*, muger *tanutek*, noche *tomanis*, padre *a-hay;* mio *nitschd*, tuyo
nimetahd. Die Zahlwörter beweifen die Identität diefer Sprache mit der der Miffion del Carmelo
(S. 561nn); die Formen der fpanifchen Sammlung ftimmen genau, die der franzöfifchen Reife find ferner.

§ 493. Die RUNSIEN (auch Rumfen: Humb., f. oben S. 175[nf]) wohnen bei *Mon-*
terey, im W der *Escelen*. Beide Völker nennt Alex. von Humboldt (II, 1811 p. 445) als die
Bewohner des nördlichen Neu-Californiens; „fie reden ganz verfchiedene Sprachen und bilden die Bevölkerung des Prefidio und Dorfes *Monterey.*" Bei beiden Völkern findet man
nach ihm die aztekifchen *temazcalli* (450-1; vgl. oben S. 528[n] und 533[a-m]).

Aus der Reife der *Sutil* und *Mexicana* p. 172-3 entnehme ich die: Zahlen: 1 *enjalá*,
2 *ultis*, 3 *kappes*, 4 *ultizim*, 5 *hali-izú*, 6 *hali-shakem*, 7 *kapkamai-shakem*, 8 *ultumai-shakem*,
9 *pakke*, 10 *tam-chajt*   Wörter: agua *ziy*, amigo *kauk*, arco *laguan*, chico *pishit*, cielo *terraj*,
dia *ishmen*, flecha *teps*, fuego *hello*, grande *ishac*, hermano *taan*, hija *kaana*, hijo *enshinsh*,
hombre *muguyamk*, luna *orpetuei-ishmen*, luz *shorto*, madre *aán*, muger *latriyamank*, noche
orpetuei, padre *appan;* mio *ka*, tuyo *mé*. Diefe Sprache ift nahe gleich der von la Soledad
(S. 561[m], 562[nf]) und nahe verwandt der der Achaftlier (S. 562[nn]).

§ 494, a. Der Mithridates hat (S. 205) eine Vergleichung der Wörter von S. Barbara, der
Achaftlier, Ecclemachs, Eslenes und Runfienes zufammengeftellt, aus welcher die Verhältniffe diefer (4 oder 3) Sprachen dürftig ·(wegen der wenigen gemeinfamen Begriffe) erhellen. Die
Sprache von SBarbara (§ 463, a) hat eine einzige Ähnlichkeit mit der der Ecclemachs oder Eslen, in dem Zahlworte 1: SB *paka*, E *pek;* fonft find ihre Wörter ganz verfchieden.

Die frühere Zeit und die Spanier haben in den Sprachen von *Monterey* und in
diefen Wörtern Anklänge und Übereinftimmungen mit der AZTEKISCHEN finden wollen.
Davon ift, befonders was Wörter anbetrifft, nichts in ihnen zu finden. Alex. von Humboldt
erwähnt diefe Verwandtfchaften, befonders die weit mehr gegründeten von *Nutka*, auch mehr zweifelnd und mäfsigend in der Stelle des *essai politique sur la Nouv. Espagne* T. I. Paris 1811. 4°
p. 321-2 (1811. 8° T. II. p. 446), welche ich beim bric. Nordam. S. 363 Anm. wörtlich angeführt habe
und wo er über die Völker und Sprachen Neu-Californiens redet. Er fchliefst mit der Zufammenftellung der Zahlen 1-10 in den 4 Sprachen: Aztekifch, *Escelen, Rumsen, Nutka.*

§ 494, b. In den Breiten von *Monterey* gen Oſten, gegen die *sierra de S. Marcos* hin, am Fluſſe „*San Felipe*", wohnt nach den älteren Nachrichten das Volk der N o c h e s (Humb. *Nochi*), das beim Lande des *Gila* und *Colorado* (S. 262[a-aa, f]) vorgekommen iſt. Dort (S. 262) find auch noch andere Völker dieſer Gegend genannt, durch welche *Garzes* von *SGabriel* aus in das *Moqui* gelangte.

Ich wende mich mit dieſen alten Nachrichten von M o n t e r e y mit der neueſten Zeit zu dem F L U S S L A U F   I M   O S T E N und im I N N E R E N   L A N D E, und erhebe mich an ihm gegen den N O R D E N.

In *Schoolcraft's* 4tem Theile (1854) giebt eine kleine Bevölkerungs-Tafel p. 608 im „ſüdlichen" (vielmehr mittleren) Californien an: *M a r i p o s a county* Indianer, 5 Schwärme: 3407 Seelen; Indianer vom *F r e s n o*, 5 Schwärme: 1337 Seelen; *M e r c e d e*-Indianer, 3 Schwärme: 280 Seelen. Die 3 Flüſſe *Fresno*, *Mariposa* und *Merced* haben wir (S. 521[af]), in dieſer Folge von S - N, als öſtliche Nebenflüſſe des *rio de SJoaquin* kennen gelernt.

Wir verdanken Adam J O H N S O N (oder J o h n ſ t o n? — ſ. oben S. 529[mf, nf], 531[n], 532[aa-af]) Wortverzeichniſſe oder Wörter von 4 Sprachen des nördlichen Neu-Californiens, welche er an *Schoolcraft* geſchickt hat, in deſſen 4tem Theil (p. 406-15) ſie abgedruckt find; er hat ſie, nachdem er auf die Hülfe Anderer vergebens gewartet (ſ. oben S. 532[af]), während der Zeit, wo er im indiſchen Dienſte des Landes ſtand, zuſammengebracht. Er liefert (p. 408[a]-13[a]) ein großes Wortverzeichniſs der T u o l u m n e - Stämme am gleichnamigen Fluſſe; und kleine (413) von dem Überreſt der C o c o n o o n s am Fluſſe *Merced*, den Indianern am *King's r i v e r* (oben S. 522[af]) und um den *Tular*-See (413[nn] - 4[mm]; vgl. oben S. 560[f]), und (414[n]-5[mf]) von denen bei Mag R e a d i n g 's am oberen *Sacramento:* nicht weit von den Indianern, von deren Sprache der Vf. 1850 etwas überſchickt hat (ſ. Anf. des § 501, c); die Zahlwörter von Indianern im S a c r a m e n t o -Thal 412[mm]. Die Sprachen der *Coconoons* und die vom *King's river* find nahe verwandt, die andren find verſchieden; wir haben alſo 3 Idiome vor uns. Für mich ſind ſie fremdartig, und liefern für meine Zwecke keinen Stoff: wenn ich auch einige zufällige Ähn. lichkeiten auffinden kann: Co und KiR t*alee* Zähne ≠ azt. *tlantli*, MagR t*omi* Haar = azt. *tomitl* Haar der Thiere, *mute* Pfeil = azt. *mitl*. — Von der *Tuolomne*-Sprache ſagt der Verf. (407[mf]), daſs ſie allen Schwärmen des Volks (deren Namen er nennt) aufſer den H a w - h a w s (früher im Gebirge) gemeinſam iſt. Die *Coconoons* ſollen (413[aa]) Überbleibſel von 3 verſchiedenen Schwärmen ſeyn, deren jeder urſprünglich eine verſchiedne Sprache geſprochen habe: „die Alten des Volks verſtehn einander ſchwer, während die Jüngeren ſich leichter verſtändlich machen. Es iſt ſchwierig eine genaue Kenntniſs von irgend einer ihrer Sprachen zu erhalten"; und der Verfaſſer hat Wörter aufgefaſst, wie er gekonnt hat.

Durch den *rio de la M e r c e d* (an welchem Major *Savage* [ſ. Neu-Mex. S. 306[m]] einen Schwarm *Root-diggers* [vgl. Anf. des § 501, a], genannt *Yo-semety* [wie das Thal des groſsen Waſſerfalls der *Merced*: oben S. 521 Anm.] fand) und den ihm unmittelbar gen N folgenden *T u o l u m n e*, 2 öſtliche Nebenflüſſe des *rio de SJoaquin*, find wir in unſerm Laufe bis an das Ende des 2ten Drittheils Neu-Californiens gekommen; denn das, was *Johnson's* Arbeit von Sprachweſen aus dem *Sacramento*-Thal und gar vom oberen *rio del Sacramento (Mag Reading's)* enthält, iſt für uns hier anomal und liegt unſrem Laufe noch fern.

Ehe wir es verlaſſen, finden wir, wieder der Küſte uns zuwendend, zwiſchen *Monterey* und *SFrancisco*, letzterem näher und nicht weit ab im S vom ſüdlichen Ende des Meerbuſens von *SFrancisco:* die Miſſion S a n t a C L A R A, in 37° 20' (Df. 27') N. B.: nach Duflot (I, 415-8)

1 *legua* vom *pueblo de SJosé*, 19 von der Miffion *SJuan Bautista*, 11 von *SCruz* und 6 von der Miffion *SJosé* (jenen 3 füdlich, der letzten nördlich von ihr: f. oben S. 525[aa-m]); gegründet 1777. Das Vaterunfer (II, 392) lautet: *Appa macréne mé saura saraahtigà elecpuhmen imragat, sacan macréne mensaraah assueiy nouman ourun macari pireca numa ban saraahtiga poluma macréne souhaii noltis anat macréne neéna, ia annanit macréne nieena, ia annanit macréne macrec équetr maccari noumabaü macre annan, nou maroté jassemper macréne in eckoué tamouniri innam tattahné, icatrarca oniet macréne equets maccaritkoun och á Jesus.* Drei Wörter des Anfangs diefer Formel find denen der *Tulareña* fehr ähnlich: T *appa macquen ... emracat*, SC *appa macréne ... imragat*: und fo weiter das oft wiederholte *macquen = macréne;* aber weiter läfst fich, auch bei der verfchiednen Länge beider Formeln, nichts an einander paffen.

§ 495. H. Ich trete in das letzte Drittel des Landes ein mit dem Namen, welcher in der Gegenwart der berühmtefte in Neu-Californien ift und ehemahls der Endpunkt aller fpanifchen Anfiedlungen in Amerika war. Um die Bai SAN FRANCISCO nennt Humboldt (*essai pol.* T. I. Paris 1811. 4° p. 321; 8°-Ausg. 1811 II, 445[nf-6a]) nach *Lasuen* die Matalans, Salfen und Quirotes: Völkerfchaften, deren Sprachen von einem gemeinfamen Stamme ausgingen. Die Völkerfchaften aber, welche das Binnenland gegen O bis an den *rio Colorado* hin bewohnen, erklärt noch Mühlenpfordt (II, 212[mm]) für gänzlich unbekannt.

Otto von Kotzebue bemerkt in feiner „Entdeckungs-Reife in die Süd-See und nach der Berings-Strafse ... 1815-18" Bd. II. Weimar 1821. 4° S. 6 (wie ich fchon S. 531[m] angegeben habe): „Die Küfte Californiens ift fo reich an verfchiednen Völkerftämmen, dafs fich in der Miffion (*SFrancisco*, October 1816) oft mehr als 10 verfchiedene Stämme befinden, von denen jeder feine eigene Sprache fpricht." Die Expedition wurde von 2 Gruppen Indianer aus verfchiednen Nationen überrafcht: „ihre Phyfionomie ift häfslich, dumm und wild; übrigens find fie gut gewachfen, ziemlich lang und von fchwarzbrauner Farbe; die Weiber find klein und fehr häfslich." Die Miffionare erzählen, dafs diefe Indianer tief aus dem Lande kämen und fich unterrichten laffen; 2mahl im Jahre erhalten fie die Erlaubnifs in ihre Heimath zu gehn.

Chamiffo fagt (Bd. III. S. 23): Man hat uns folgende Stämme der Californier genannt, als folche, die im Bereich der Miffion von *SFrancisco* wohnen: die *Guymen, Utschiun, Olumpali, Soclan* und *Sonomi*: reden alle Eine Sprache; fie machen in der Miffion von *SFrancisco* die Mehrzahl aus; die *Chulpun, Umpin, Kosmitas, Bolbones, Tchalabones, Pitem, Lamam, Apalamn* und *Tcholovones*: wohnen am *Rio de Sacramento* und fprechen alle nur Eine Sprache. Sie führen die beften Waffen. Die *Tcholovones*, ein kriegerifcher Stamm, find mit den Spaniern gegen die andern Indianer verbunden; die *Suysum, Numpali* und *Tamal*: „fie tatuiren fich, reden diefelbe Sprache, und wohnen gegen N, die *Tamal* gegen NW; die *Ululato* wohnen nördlicher als die *Suyfum,* und deren kommen nur Wenige in die Miffion."

Schoolcraft *Indian tribes* II, 506 nennt um die Bai San Francifco 5 Stämme, welche unter der Miffion zu *Dolores* (vgl. oben S. 525[m]) ftanden: *Ahwashtes, Olhones* (von den Spaniern *Costanos*, Küften-Indianer, genannt), *Altahmos, Romonans* und *Tulomos.* Es waren noch einige kleine Stämme, aber fie alle fprachen diefelbe Sprache. Zur Zeit der Errichtung der Miffionen waren diefe Stämme zahlreich. Schoolcraft liefert ein Wortverzeichnifs der Coftanos (II, 494-505; in der Verbindung: *Comanches, Satsika* oder *Blackfeet, Costanos, Cushna*); es rührt von einem alten Indianer in der Miffion *Dolores* her, *Pedro Alcantara*, vom Stamme der *Romonan*; die Miffion von *Dolores* wurde 1776 gegründet. Ich habe in diefem Wortverzeichnifs keine Ähnlichkeiten gefunden.

§ 496. An der Nordfeite des Meerbufens von *SFrancisco* (*expl. exped.* p. 222ⁿ), der Weftfeite der Bai *SPablo*, gelangen wir zunächft an die neue, 1817 gegründete Miffion SAN RAPHAEL, jetzt eine kleine Stadt, in nahe 38° N. B. (fo nach Duflot's Karte; *sen.* 37° 58½', nach Mühl. aber 38° 10': vgl. S. 526ᵃᵃ). Die *explor. exp.* giebt von ihrer Sprache in No. 15 ein Wortverzeichnifs. Ich erwähne diefe nachher in den Nachrichten von *Gibbs* (*M'Kee:* im Auf. des § 504), wo fie zur *Tulareña* gerechnet zu werden fcheint; die beiderfeitigen Vaterunfer offenbaren keine Ähnlichkeit als die 2 Wörter (oben S. 560ⁿⁿ): T *appa* und *macquen*, SR *api* und *macóno*. Aber das Vaterunfer von *SRaphael* und das Choucouyem vom *rio del Sacramento* find beinahe ganz gleich und bekunden, wie auch die beiderfeitigen Wortverzeichniffe (*Tchokoyem* bei School-craft), die nahe Identität beider Sprachen; in letzteren kommen gröfsere und kleinere Abweichungen vor: aber nicht bedeutendere, als eine verfchiedene Aufnahme derfelben Sprache oder nahe Dialecte mit fich bringen. Diefe Sprache ift ganz fremdartig; ich kann aber nach zwei Seiten hin einige Ähn-lichkeiten aufweifen: 1) mit den fonorifchen Sprachen: *molu* Kopf (fon. *mu+*); *ai* Sohn, Tochter: Ta *agui* Tochter; *sökā* Boot: Schofch. *schake*, Wih. *sakī*; 2) mit dem *blackfoot*-Idiom: *wiskī* Herz, Bl. E *ó-skitsi; aiik* fchlafen, Bl. E *alokau;* eine kleine, ferne Ähnlichkeit haben auch: Kno-chen, Biber. — Alle diefe Anklänge haben keine weitere Folge; die Sprache hat nichts mit dem fo-norifchen oder algonkinfchen Stamme zu thun; fie ift aber, wie *Tchokoyem*, = *Olamentke* (§ 500, 504).

Duflot de Mofras nennt die Sprache der Miffion von *San Raphael* (I, 444-5) Joukiousmé und giebt (II, 391ⁿⁿ) von ihr das Vaterunfer: *Apí maco sa liléto manénas mi aues onia macóno michauka oiopa mitauka chakenit opu negato chákenit opu liléto tumako muye quenunje naya macono sucuji sulia macóno masojte chake mat opu ma suli mayaco maco yangia ume omut ulemi macono omu in capo. Netenti Jesus.*

Derfelbe Reifende befpricht (*explor. de l'Orégon* 1844 I, 445-6) die nächft folgende, erft 1823 geftiftete Miffion von San Francifco SOLANO, liegend zwifchen der Miffion *San Raphael* (von der fie 13 *lieues* entfernt ift) und dem *pueblo* von *Sonoma*, nur einige Meilen (*milles*) von der Bai *San Pablo* und etwa 12 *lieues* von den ruffifchen Anfiedlungen entfernt (nach Df.'s Karte in 38°¼). Er liefert uns (II, 391ᵃ⁻ᵃᵃ) das Vaterunfer in der dor-tigen Sprache, die er Guiluco nennt: *Alla-igamé mutryocusé mi zahud om mi yohuatail cha usqui etra shou mur tzecali ziam pac onjinta mul zhalíge Nasoyate chelegua mul znatzoitze tzecali zicmatan zchiitiilaa chalehua mesqui pihuatzite yteima omahud. Emqui Jesus.*

§ 497. I. An der BODEGA-Bai, etwas nördlich von *San Francisco*, erwarb die ruffifch-amerikanifche Compagnie (f. Adm. von Wrangell ftatift. und ethnogr. Nachrichten über die Ruffifchen Befitzungen an der Nordweftküfte von Amerika, St. Petersb. 1839. 8° S. 4) im J. 1812, mit Bewilligung der dortigen Regierung, einen Landftrich und ward da-durch Nachbarinn von Mexico. Diefe Befitzung bildete die COLONIE ROSS, in 38° 33' N. B. (S. 5ᶠ) und 125° 35' 24" W. L. von Paris (Duflot II, 15ᵃ). S. ausführlich über Land und Volk v. *Wrangell* im Auffatz IV S. 66-96.

Schon Vancouver giebt in feiner Reife *Puget's* Bericht über den „Hafen *Bodega*", den die-fer 1793 auf einer Entfendung befucht hatte; über die Bewohner fpricht er (*voyage* Vol. II. 1798. 4°) p. 435ⁿⁿ-6ᵃ, und bemerkt: dafs „ihre Sprache ein Gemifch von Spanifch und ihrer eignen Provinzial-Mundart" fei.

Duflot de Mofras hat uns in feiner *exploration de l'Orégon* 1844 (T. II. p. 1-20) eine genaue Gefchichtserzählung und Schilderung diefer ruffifchen Befitzung, wie er fie im J. 1840 fand, gegeben. Die Ruffen wurden mit der Örtlichkeit bekannt durch die Rückreife des Kammerherrn von Refanow von feiner Sendung nach *Japan:* auf der er, nachdem er die Länder der ruffifch-amerikanifchen Compagnie an der Küfte im nördlichen Afien und an der Nordweft-Küfte Amerika's befucht hatte, im Mai 1807 im Hafen von *San Francisco* landete. *Resanow, Langsdorff* und die ruffifchen Officiere waren auf ihren Ausflügen von der Schönheit des Landes um den Hafen *de la Bodega* lebhaft angezogen worden. Der fudliche Theil diefes Hafens ift nach Duflot (II, 3^m) nur 8-9 *lieues* von dem nördlichen Theile des Hafens von *San Francisco* entfernt. Das F o r t R o f s liegt (6^{aa}) 12 *lieues* von *la Bodega*, jenfeits des *rio de San Sebastian*, welchen die Ruffen *Slawianska* nannten (Wrangell nennt ihn aber Словянка *Slowjanka*). Diefs ift der bedeutende Flufs, welchen die Nordamerikaner jetzt *R u s s i a n   r i v e r* nennen (f. oben S 522^f); diefer entfpringt nach dem *gaz.* (1013, a) an der Gränze zwifchen den *counties Mendocino* und *Sonoma*, bildet in feinem ganzen, im allgemeinen füdlich gerichteten Laufe diefe Gränze, und fällt darauf unter 38° 38′ (nach *sen.* 27½′) in das ftille Meer. „Die Ruffen behandeln (fagt Duflot II, 9^{nn}) die fie umgebenden Ureinwohner, welche gegen Zahlung für fie arbeiten, mit der gröfsten Sanftmuth; fie thun ihnen nie etwas zu Leide.” — Im Jahr 1841 haben die R u f f e n diefe N i e d e r l a f f u n g a u f g e g e b e n. (^{1}) Hr. B a r t l e t t erzählt in feinem *personal narrative* (II, 27-28), dafs die Reifegefellfchaft durch das *Napa*-Thal zu dem Anblick des Berges *Helena* (vgl. *St. Helen's mount* oben S. 516$^{aa,\ mm}$), bei den Ruffen *Moyacino*, gelangte, des höchften auf 80 *miles (directly before me on the eastern side of the valley loomed up Mount Helena or Moyacino of the Russians): auf* deffen Gipfel, wie ihnen mehrere Perfonen bezeugten, eine ruffifche Infchrift auf einer Tafel die geographifche Breite und Länge des Ortes angiebt. *The Russians,* fährt er fort, *had a settlement, called Fort Rosse or Bodega Bay, opposite this mountain; and the tablet was doubtless placed there to show the line of boundary which Russia claimed.*

Der Contre-Adm. von W r a n g e l l giebt uns Aufklärung über die Völkerfchaften und Sprachen diefer Landftrecke; er fagt: „Alle Gegenden Ober-Kaliforniens (74)... werden von Indianern bewohnt, deren Sprache und vielleicht auch Abkunft keinesweges eine und diefelbe ift... Die Indianer in *Bodega* (75) verftehen nur mit Mühe die Sprache derjenigen, welche in den Ebenen am *Slawänka*-Fluffe leben; die Sprache der nördlich von *Ross* lebenden Stämme ift ihnen völlig unverftändlich. Unmittelbar hinter der Hügelkette, die öftlich jene Ebene begränzt, nomadifiren wieder andere, den übrigen ganz fremde Stämme; ja in der Miffion *St. Carlos* (bei *Monterey*) zählt man allein eilf daurch Sprache von einander unterfchiedene Indianerftämme, die aus der Umgegend zufammengebracht worden find.” S. darauf noch einige Ideen über diefe angebliche Sprachverfchiedenheit S. 75. Das folgende Stück (80-96) ift von Herrn K O S T R O M I T O N O W, der (227) 7 Jahre lang Director der Anfiedlung in *Ross* war: „Die Indianer”, fagt er (80), „welche in der Umgegend von *Ross* mehr oder weniger entfernt wohnen, theilen fich in mehrere Stämme....: die Bodegifchen *(Olamentke),* die Steppen-Indianer (Тундренскіе, *K a i n a m a*), die N ö r d l i c h e n (Сѣверновскіе, *Chwachamaju*) und die Entfernten (дальновскіе). Die letztern zerfallen wieder in eine Menge Stämme, deren Zahl und nähere Verhältniffe man in der Kolonie Rofs nicht kennt. Die Bodegifchen Indianer verftehen die Nördlichen nicht... die Sprache... ift verfchieden. Die Entfernten und die Steppen-Indianer fprechen eine Menge Dialekte oder Sprachen, deren Eigenthümlichkeit und Verwandtfchaft noch nicht bekannt ift. Es ift fchwer die Anzahl diefer nomadifirenden Stämme zu beftimmen.” S. weiter über die Völker 80^{mf-nn} (Auswanderung, Aufreiben mehrerer Stämme durch Seuchen). Gegen N von *Ross* „giebt es grofse Wohnfitze, unter denen *Kajatschim, Makoma* und *Japiam* bekannt find. In letzterer hat man gegen 2000 Seelen angetroffen... Jenfeits des Bergkette (81), welche, die Thalebene der *Slawänka*

(^{1}) Nachdem ich mich lange vergebens nach einer ordentlichen hiftorifchen Nachricht darüber umgefehen hatte, fand ich die obige Angabe in einem Zeitungs-Artikel aus der nordifchen Biene, mit dem Zufatze: das Dorf *Ross* fei aufgegeben worden, weil es fich für den Ackerbau, den es pflegen follte, nicht geeignet erwies.

durchfchneidet, giebt 'es einen grofsen See [wohl *Clear lake:* oben S. 520ᵐᶠ], um welchen herum zahlreiche Wohnfitze der Indianer liegen ... die Sprache ift von der der Küften-Indianer gänzlich ver.. fchieden." S. die Schilderung der Volksftämme 81ᵐ-96. Ein Kriegslied der Bodegifchen Indianer, mit Überfetzung, S. 91.

§ 498. In dem Werke Wrangell's ift (234-254), gefammelt von Koftromitonow, in 2 Columnen neben einander, ein reiches W O R T V E R Z E I C H N I S S 1) der OLAMENTKE: oder der Californier, welche in der Nachbarfchaft der Bai B o d e g a und der ruffifchen Colonie R o f s wohnen; 2) der CHWACHAMAJU: derjenigen Indianer, welche weiter nach Norden anfäffig find und von den Ruffen S e w e r n o w z e r oder die Nördlichen genannt werden. Ich gebe es, aus ruffifcher Schrift übertragen und alphabetifch nach dem Deutfchen geordnet, in diefer Folge (das 1te Wort *Olamentke* oder *Bodega,* das 2te *Chwachamaju* oder *Sewernowzer*), da Wrangell das *Chwachamaju* in 1ter und das *Olamentke* in 2ter Stelle hat:

Wortverzeichnifs der OLAMENTKE (an der Bai Bodega)
und der CHWACHAMAJU oder SEWERNOWZER (im Norden von da),
nach Koftromitonow, in des Adm. von Wrangell Nachr. über die Ruff. Befitzungen an der Nordweftküfte von Amerika, St. Petersb. 1839. 8° S. 234-254 .

A. Subftantiva, Adjectiva und Verba: Abend *yme dujeli,* Adler *moolok ussul,* Auge *fchyt uui,* Bär *kulle budaχa,* Bart *uttu assemme,* Baum *amwa* (*m* ift unficher) *kale,* Beeren *agom kamtfchiljulju,* Beil *atfcha tupulu,* Bein *ko kama,* Beinkleider *ollowa fchakudatala,* Berge *paji nono,* Biber *poo uch-fchi,* Blatt *kolli fsizal,* Blume *pakà tfchino,* Blut *kitfchi balai,* Bogen *kopo fchigmi,* Bruder *ok-ini kuino,* Bruft *tepa kunu,* Colibri *kuluppe tule,* Donner *talowa makala,* Dorf *jomi atfchà·d,* Ei *puulu ytfch,* Eiche *katan tfchifchkale,* Eichhorn *fchakma tfchuma,* Eis *killa tilafch,* Eifen *tfchawyk tfchawyk,* Ellbogen *kuppi kossa,* Eller *fchotto katfchida,* Ente *melle kaitfchagogo,* Erde *ioà amà,* effen *julu mdd,* Feder *kennebaga* (das 2te *e* ift ungewifs) *fchiku,* Feuer *bili ocho,* Finger *ukki tfchooifso,* Fifch *ellé afcha,* Fliege *poteljmi zamo,* Floh *kygy imella,* Flügel *paga i-i,* Flufs *tfchook k-äbidd;* Frau: 1) femina *kuleie imada* 2) uxor *kulle imata-ke;* Frofch *kotola kwata,* Frühling *wean-tuppe tfchadomado,* Fuchs *awag-i aχaw,* Fufs *ó-ol fchakku,* Gans *lôak lala,* geben *waae tfchochdo,* gehn *owit wan-wady,* Geficht *onni uumo,* Glasperle *pifchpi kugnu,* Gras *kole χadi,* grofs *kawai achkol,* grün *lyd'jida zakalla,* Haare *pytta fchina,* Häuptling *oíbu nupupupua,* Hagel *tfchoga j-uco,* Hals *ellege mechija,* Hand (pl.) *tali ifchaa,* Haus f. Wohnung, Haut *fchaappa zydà,* Hemde *lofchmabu tfchiwaloo,* Herbft *lupuk zoome,* Herz *wufchiki zukkul,* Himmel *lile kali,* Holz *tuma agai,* Huhn *kojina* (fpan. gallina) *kajina,* Hund *aijufcha áó,* Hut *molbu daboma,* Indianer *ulli-nego atfcha* (auch: Menfch), wilde Katze *tolle dolom,* Kind *kjai nata,* Kinn *eui kako,* Klauen *patfchi etfch,* klein *tunnugu poólollo,* Knie *mui moχoo,* Knochen *mytfchi igja,* Kohle *uta mafseji,* Kopf *molo chotto,* Korb *ewi fchee,* krank *tijil fchulan,* Krieger *ilawak ibatfchája,* Lanze *otfchi katfchowdali,* Laus *keet àlfchi,* Leib *mye fchaba,* Lippen *lagim-fchappa agaziada,* Luft *bed ama,* Mann *taji ibaja,* Maus *emfche fchako,* Meer *koju-liwa kàmoz,* Menfch *miitfcha atfcha* (auch: Indianer), Meffer *kutfchio* (fpan. cuchillo) *katfcha,* Mond *pululuk kala'ja,* Morgen *kaulme amaduje,* Mücke *puiju kóótai,* Mund *lagi a-a,* Mutter *ypyji áaten,* Nabel *nomo oχo,* Nacht *kaul duje,* Nadel *fchammyja jafsu,* Nägel *pilfchi etfche,* Nafe *uuk illa,* Ochfe *poga kuluat,* Ohren *alok fchima,* Otter *timi mitta,* Pfeil (pl.) *landa izuu,* Pferd *kawoju* (fpan. caballo) *kuwoju,* Rabe *kakali kogai,* Rauch *kaal ofsa,* Regen *uppa ichtfche,* Rennthier *lande o-ofsyn,* roth *katfchulu kyfs,* Rücken *luma batfchoo,* Ruder *ujak kabachla,* Sand *fchugui mlta,* Schaf *jamana amany,* Schiff *lumani batfchebate,*

Schildkröte *melleja kawina*, fchlafen *etfch fsima*, Schlange *wuakalle mussala*, Schmetterling *kiitilla zaada*, Schnee *jawém ichgiju*, Schulter *ojuwi zua*, Schwan *fcholok zichtokalli*, fchwarz *lokgoda kypli* (*p* ungewifs), Schwein *kotfchina* (fpan. cochino) it., Schwefter *awtfcha fchomen*, See *puuluk k:amo*, Seehund *tfchitfchik kabifche*, fehn *eljbide tfchàdu*, Sommer *fchippe ama-gobi*, Sonne *g-l ada*, Spinne *pokkok itfchaa;* fprechen *maatfcha* od. *matfchome, tfchach-nudu* od. *tfchachnodo;* Staub *kommi ino*, Stein *luppu kaabe*, fterben *tyla tfchoiji*, Stern *itti kamaz*, Stiefel *tfchatami kamotitalo*, Stirn *fchutu lile*, Stockfifch *nuume aima*, Tag *ijana mad'ji*, Tanne *fchanak kupum*, tanzen *kaul manew*, Urin *otfchtfcho zôo*, Vater *abiji dabe*, Vogel *meije zitta*, Wallfifch *puumo puumo*, Waffer *liwà aka*, weifs *poddoda kalle*, Wind *kiwel igwja*, Winter *omtfchu kotza*, Wohnung *kotfch-d atfcha*, Wolf *oijujugi lui*, Wolke *illai amakilim*, Wurm *loope ilfcho*, Zähne *kyt ô-ô*, Ziege *tfchoi-eke bjifche*, Zunge *lem-teppo aba*, Zwirn *katpi fsulima*

  B. Zahlwörter: 1 *kenne ku*, 2 *ofcha koo*, 3 *tellega fsibo*, 4 *uja mitfcha*, 5 *keneku tufcho*, 6 *patfch-ida latfcha*, 7 *fcheeloge ladkoo*, 8 *o-ofchua kofchtfchao*, 9 *kallekoto lfchatfcho*, 10 *kitfch-i tfchafchu*, 11 *kenne-wami* (w unficher) *natfcha*, 12 *ofcha-walle naχo*, 13 *tellega-walle nafchju*, 14 *uia-walle winamitfcha*, 15 *kenek-walle winatufcho* &c., 20 *o-amagatfchi tfchabmo*, 30 *tellego-katfchi ljatfchachma*, 40 *ujakitfchi kugai*, 50 *kenakitfchi fchotolema*, 70 *fchelokitfchi kofsai*, 80 *ofchuakitfchi mitfchaai*, 90 *kenne-koto-kitfchi tufchuai*, 100 *kenne-tuguli latfchaai*   C. Pronomina: ich *kanni a*, du *mi ma*, wir *mako ja*, fie (*ii*) *makko maja;* viel *walli watfcha*, wenig *witfcha pikoi*   D. Adverbia: morgen *auge amgul*, geftern *nitta due*

  § 500. Das obige Wortverzeichnifs beweift, dafs die Sprachen OLAMENTKE und CHWA-CHAMAJU unter einander gänzlich verfchieden find. — Ich finde unter den vielen Wörtern nur 3 beiden gemeinfchaftlich: Eifen, Schaf und Wallfifch; etwas ähnlich: Fuchs, Vater und Wohnung. Für einige Thiere: Huhn, Pferd, Schwein; und für Axt und Meffer (Ol.) find die Ausdrücke dem Spanifchen entnommen; und in diefen 3 Thiernamen ftimmen beide Sprachen genau überein. Merkwürdig ift die Form *tande* Rennthier, etwas ähnlich dem lateinifchen *tarandus.*

  Wichtig für mich find aber 2 aztekifche Wörter: zuerft *tupulu* Beil im Chwachamaju, höchft ähnlich dem tepeguanifchen *tupure* (tarah. *tepuraca* oder *tepulaca*) Beil, das ich für das mex. *tepuzlli* Eifen halte (f. Abfchn. IV S. 95ⁿᶠ); das Zufammentreffen von *tupure* mit dem ruffifchen Worte топоръ (eben fo polnifch *topór*) Axt, Beil ift fonderbar genug, aber doch nur dem Zufall beizu-meffen. Unbegreiflich ift im Olamentke *kakali* Rabe, vollftändig gleich dem azt. *cacalli;* fchwach ift aber Chwach. *agai* Holz ≠ Te *coagui* Holz = azt. *quahuitl*, und Te *aga* Horn = azt. *qua-quahuitl*. Eine fonorifche Ähnlichkeit ift im Olamentke *molo* Kopf: aber unvollkommen und zufällig.

  Über das Verhältnifs jeder der 2 Sprachen für fich habe ich zu fagen: dafs das Olamentke ganz oder im wefentlichen = *Tchokoyem* (f. S. 572ᵃ und 575ⁿⁿ) ift: in der Weife, dafs die Wörter maffenhaft in beiden Wortfammlungen übereinftimmen, aber nicht wenige Begriffe verfagen, indem fie mit ganz verfchiednen Wörtern belegt find; und dafs eben fo ftark und mit derfelben Befchränkung die Sprache Chwachamaju fich identifch mit der durch 4 Glieder dargeftellten Sprache *Yukai, Kulanapo* ufw. (f. S. 575ᵐᶠ) erweift.

  § 501, a. K. Im NAPA-Thal, bei der ruffifchen Colonie, lernte Bartlett (*pers. narr.* II, 29ᵐᵐ-31ᵃ) einen Indianer-Stamm mit einem Dorfe kennen, von welchem er ein vollftän-diges Wortverzeichnifs erlangte. Sie fchienen, fagt er, wie es häufig in diefer Gegend fei, keinen eignen Namen zu haben; er benennt fie oberflächlich *Indians of Napa valley.* Die Weifsen nennten diefe und alle anderen Indianer zwifchen dem *Sacramento* und der Küfte, und von da durch die mittleren Theile des Staats, *Diggers* (Gräber) oder *Digger-Indians* (vgl. oben S. 540ᵃᵃ⁻ᵃᶠ, 564ⁿⁿ): weil fie vorzüglich von Wurzeln leben, die fie ausgraben.

Am Cap MENDOCINO (in 40° 29'; f. S. 519ª) foll ñach dem Mithr. (206ª) Vancouver Eingeborne gefunden haben, den *Nutkaern* ganz unähnlich, welche eine von diefen ganz
verfchiedene Sprache redeten. Diefe Verfchiedenheit verfteht fich bei der grofsen Entfernung
von felbft. Ich finde aber auch gar nicht in *Vancouver's* Reife, dafs er beim Cap *Mendocino*,
welches er 26 April (f. II, 238ⁿⁿ und 239ⁿ) und wieder bei der 2ten Fahrt (nach Süden)
17 October 1793 umfegelte, fich aufgehalten hat und etwas von den Bewohnern des dortigen
Landes fagt. Wir werden aber unten (S. 573ⁿⁿ und 574ⁿᶠ) die neue Nachricht lefen: dafs
„die Stämme an der Küfte vom Cap *Mendocino* bis zum *Mad river* (Mündung in 40° 55½')
im wefentlichen Eine Sprache reden", die aber ganz verfchieden von der am *Russian river* ift;
Gibbs verfchaffte fich einige Wörter derfelben, und fchildert das Volk.

  . Über die Sprachen um die HUMBOLDTS-BAI (f. S. 526ᵐᵐ⁻ᵐᶠ; *Humboldt city* in
40° 45') find wir belehrt durch *Gibbs* und *M'Kee's* Expedition von 1851 (f. S. 575ⁿᵗ und 574ⁿⁿ⁻ⁿᶠ).
Das Volk des oberen Theils der Bai heifst Wifh-osk; feine Sprache hängt zufammen mit
denen vom *Mad* und *Eel river* (jener nördlich, diefer füdlich von der Bai); wir haben von
ihr und ihrer Verwandten, dem We-yot: am *Eel river*, aber auch die Bai berührend, durch
Gibbs ein Wortverzeichnifs erhalten. Bei der Bai finden fich noch die *Bald Hill*-Indianer
(f. unten S. 573ᶠ, und 574ᵃᵃ andre Namen und Schwärme von ihnen).

  Über die Eingebornen um den *puerto de la* TRINIDAD (jetzt *Trinidad* oder *Trinidad
city*, in 41° 5½' N. B.: f. S. 526ᵐᶠ), nördlich über dem Cap *Mendocino*, redet aber (wie der
Mithr. 206ᵃ⁻ᵃᶠ hier richtig bemerkt) Vancouver. Er ankerte auf feiner 1ten Fahrt (gen
Norden), nachdem er Cap *Mendocino* pafsirt, in ihm („*Porto de la Trinidad*", und zwar in 41° 3')
am 2 Mai 1793 (*a voyage of discovery to the North Pacific Ocean, and round the world* ...
performed in the years 1790-95, *in the Discovery* .. *and* .. *Chatham, under the command of
captain George Vancouver*. Vol. II. Lond. 1798. 4° p. 240ⁿⁿ), und blieb da bis 5 Mai Morgens; er redet von den Eingebornen da (Mithr.: klein und fchlecht gebaut) p. 241ᵃᵃ-3ᵃᶠ,
240ⁿⁿ-8ᵃ. Ihre Sprache war den Reifenden „ganz unverftändlich, ohne die geringfte Verwandtfchaft mit den nördlicheren Dialecten" (248ᵃ). Nach *Gibbs* (f. unten S. 573ⁿᶠ) werden
die Bewohner *Trinidad's* von den nördlichen Indianern Chori genannt; wie die von *Gold
Bluff*, zwifchen *Trinidad* und den *Klamath*: Offegon (S. 573 letzte Z.).

  § 501,b. Neben diefen fchon fehr nördlichen Punkten haben mich die Erfolge
zweier nordamerikanifchen Expeditionen zu befchäftigen, welche, uns noch in
höheren Norden erhebend, das nördliche Gebiet Neu-Californiens durchftrichen und uns
mit reichen Nachrichten über Völker und mit reichem Sprachftoff aus ihm befchenkt haben.
Es ift zuerft der Lauf des *rio del* SACRAMENTO, welchen die *United States exploring
expedition*, reifend 1838-42 von N gen S, in der entgegengefetzten Richtung meines
Ganges, abwärts, verfolgt hat. An diefem Fluffe hat uns *Chamisso* (1816 S. 21 und 23, vgl.
oben S. 528ⁿᶠ, 565ⁿ), neben anderen Volkftämmen, die Tcholovonen als ein Volk genannt, das fich durch ein ganz verfchiednes Ausfehn von allen andren californifchen Völkern
unterfcheidet. Wir haben vom Thal des *Sacramento* und felbft von feinem oberen Laufe
(*Mag Reading's*) auch fchon an einer früheren Stelle (S. 564ᵐᵐ, ⁿᶠ) Sprach-Nachrichten
von *Johnson*, unregelmäfsig füdlichern angefchloffen.

  Ich mufs die Nachrichten der *EXPLORING EXPEDITION*, zwifchen denen ich die
einiger anderer Berichterftatter einfchiebe, und meine ihr entnommenen Angaben gegen meine
Regel in umgekehrter Folge, von Norden nach Süden, gehn laffen. Nach den Stämmen im S

der *Jakon* (f. bei den Verein. St. § 532) find (*U. St. explor. exped.* 1838-42 Vol. VI. *Ethnography and philology* 1846 p. 221^nf) der nächfte Punkt, an welchem die *explor. exp.* irgend eine beftimmte Kunde über die Eingebornen erhalten konnte, die Ebenen des Sacramento-Fiulfes, 250 *miles* von feiner Mündung, wo derfelbe zum erften Mahle von der *exploring party from the squadron,* auf ihrem Wege von der *Columbia* nach *SFrancisco,* gefehn wurde. Diefs war 60 *miles* füdlich vom *Shasty*-Lande (222). *Dana* bemerkt bei feinem *Shasty*-Wortverzeichnifs: dafs die Eingebornen in den Ebenen des *Sacramento* den *Shasty*-Indianern in der Regelmäfsigkeit der Gefichtszüge gleichen; dafs die Männer bemalt, die Weiber unter dem Munde tättowirt find; f. weiter ^aa-af.

Noch weiter nach S, etwa 100 *miles* oberhalb der Mündung des *Sacramento,* erhielt Dana Wortverzeichniffe von vier Völkerftämmen: den Puzhune, Sekumne, Tfamak und Talatui. Seine Nachrichten über diefe Stämme f. 222^m-n. Die *Talatui* werden p. 631^a an den *Kassima*-Flufs, Nebenflufs des Sacramento (vgl. *Cosumnes* oder *Cosemnes* oben S. 521^mf), an feine Oftfeite, 80 *miles* von feiner Mündung, gefetzt. Dafelbft heifst es ferner ^nf: Dana erhielt als von Stämmen am Weft-Ufer des Sacramento folgende Namen: *Bushumnes* oder *Pujūni, Secumnes (Sekumne), Yasumnes, Nemshaw, Kisky, Yalesumnes, Huk* und *Yukal* [vgl. *Yukai* bei Gibbs, unten S. 574^nn]; den Namen *Tsamak* oder *Chamak* verftand man nicht deutlich. — S. 631 ift das Wortverzeichnifs der *Talatui* (in manchen Wörtern verwandt mit *Tchokoyem*); 632 in 3 Columnen neben einander die der *Pujuni, Sekumne* und *Tsamak: Pujuni* und *Sekumne* noch 633^a-m. Diefe 4 Wortverzeichniffe zeigen gemeinfames und fremdes zwifchen den 4 Sprachen; *Sekumne* und *Tsamak* find nahe verwandt.

Dana erhielt (630^nn-f) eine allgemeine Auskunft über diefe Gegend vom „Capitän Suter, einem Anbauer *(settler)* wohnend 100 *miles* aufwärts den *Sacramento*" (f. über ihn oben S. 517^mm-n), fo lautend: dafs die Indianer der Nachbarfchaft, getheilt in zahlreiche Stämme oder Trupps, in zwei Racen gebracht werden könnten: deren eine an der öftlichen; die andre an der weftlichen Seite des *Sacramento,* fo wie an den Ufern feines öftlichen Nebenfluffes, des *Feather river,* 20 *miles* weiter aufwärts, wohnen. Beide Racen glichen einander in jeglicher Hinficht, nur nicht in der Sprache. Zu der erften gehörten die *Talatui,* und folgende Stämme: die *Ochecamnes, Servushamnes, Chupumnes, Omutchumnes, Sicumnes, Walagumnes, Cosumnes, Sololumnes, Turealemnes, Saywamines, Nevichumnes, Matchemnes, Sagayayumnes, Muthelemnes* und *Lopotatimnes.* In allen diefen Dialecten heifse Waffer *kīk,* in denen der andren Race *momi.*

§ 501, c. Schoolcraft behandelt im Part II. feiner *Indian tribes* ausführlich die Sprache Cushna am *Sacramento,* vorzüglich durch ein Wortverzeichnifs: p. 494-505 (in der Verbindung: *Comanches, Satsika* oder *Blackfeet, Costanos, Cushna*), 507-8 (*Cushna* allein). Es wurde (506^nn) erlangt durch den Agenten der V. St. Johnfon (von dem wir fchon S. 564^af-n Sprachftoff, zum Theil hierher gehörig, gefehn haben; f. auch S. 529^mf, nf) von dem Volksftamme *Cushna* auf den Bergen des füdlichen *Yuba* (oben S. 521^mf); die Sprache ift aber den meiften Stämmen gemeinfam, welche den oberen Theil des Thales des *Sacramento* bewohnen. *Johnson* berichtet, dafs er nie einen Dolmetfcher gefunden habe, der die Sprache über das enge Bedürfnifs des Handelsverkehrs mit dem Volke hinaus verftand, wenn fie auch gewöhnlich mehr davon zu wiffen vermeinten. Er mufste fich alfo mühfam felbft helfen. Ich finde in diefer Sprache keine Ähnlichkeit. Die Zahlen lauten: 1 *wictem,* 2 *pan-im,* 3 *sap-u-im,* 4 *tschu-im,* 5 *mark-um,* 6 *tumbum,* 7 *tap-u-im,* 8 *pentchim,* 9 *pellom,* 10 *match-im;* 4 und 5 find etwas mit *Weitspek* ähnlich: *tohhunne, mahr-otum.*

Bartlett fah zu *SDiego* im füdlichen Neu-Californien einen, vor 3 Jahren von den amerikanifchen Truppen gefangen genommenen Indianer von dem Volke der Hhana des oberen *Sacramento,* von welchem er ein vollftändiges Wortverzeichnifs erlangte; genau weifs er den Wohnfitz des Stammes nicht anzugeben (*personal narrative* II, 7^nf-8aa). Vgl. die *Ohnah* (S. 574^aa), welche Mac Kee als einen Zweig der *Bald Hill*-Indianer nennt.

Duflot de Mofras giebt (*explor. de l'Orégon* 1844 II, 391) das Vaterunfer von einer Sprache CHOCOUYEM des *rio del Sacramento,* von welcher (als *Tchokoyem*) wir von und nach *Gibbs*
mehr hören werden (S. 574ⁿ, 575ⁿ⁻ⁿⁿ), dem wir ein Wortverzeichnifs derfelben verdanken: *Api maco su
lileco ma nénas mi aués omai mácono mi taucuchs oyópa mi tauco chaquenit opú neyatto
chaquenit opu liletto. Tu maco muye genum ji naya macono sucuji sulia mácono masócte,
chague mat opu ma suli mayaco. Macoi yangia ume omutto, ulémi mácono omu incapo.
Nette esa Jesus.* Die Gleichheit diefes VU und folglich diefer Sprache mit dem VU und der Sprache
der Miffion San Raphael habe ich bei diefer (S. 566ᵃᵃ⁻ᵃᶠ; wo *Chocouyem* zu lefen ift) ausgefprochen.

§ 501, d. Der Name, welchen wir im nördlichften Ende der Provinz, in der Mitte des
Landes: als den höchften Berg derfelben (S. 515ᵐᶠ, 516ᵃᶠ): Berg *Shasta, Shasta butte;* oder
auch als ein Gebirge (S. 516ᵃᶠ): *Tschastl-* oder *Shaste-*Gebirge, die *Tshashtl-*Berge; aufserdem
als einen Flufs (S. 522ᵐᶠ), als Stadt (*Shasta city* S. 526ⁿᶠ) und *county* (S. 523ᵐᵐ); kennen
gelernt haben: ift wefentlich der eines Volkes. Die Sprache der SASTE oder SHASTY
ftellt die *expl. exp.* als No. 10 mit der der PALAIHNIH oder *Palaiks,* als No. 11, zufammen; fie gehören zu ihrer 3ten geogr. Gruppe, der vom Süd-Oregon. Diefe 2 Stämme (218)
wohnen füdlich unter den *Lutuami:* die Saste in SW, die *Palaihnih* in SO. Wenig ift von ihnen
bekannt, als dafs fie ein wildes Wanderleben führen, von Wild und Früchten lebend. Sie werden
von den Handelsleuten gefürchtet, indem fie fie beim Durchzuge anfallen. Krankheit hat aber jüngft
ihre Zahl fehr vermindert; beide mit den *Lutuami* zufammen werden nicht über 1200 Seelen angenommen. Die Weiber der *Saste* find tättowirt in Linien vom Munde nach dem Kinn; vielleicht ift
das auch bei den anderen Stämmen, wie diefe Sitte fich bei denen im Innern von Nord-Californien findet. — Die Karte der *expl. exp.* hat diefe 2 Völker und Landfchaften in *Oregon,* 42°-43°.

§ 501, e. Eine Prüfung beider Wortverzeichniffe führt mich zu folgenden Bemerkungen: Die beiden Sprachen *Shasty* und *Palaihnih* find unter einander ganz verfchieden; felten zeigen
fie ein gemeinfames Wort, und zwar find es folgende: Ohr S *isak,* P *ischöt;* Mund *aof, ap;*
Zähne *itsau, itsa;* Keffel? *iapoko, papuka;* Waffer *dtsa, as.* Zwei Wörter hat *Shasty* mit dem
Satsikaa gemein: *atähi* Sommer, *wakwi* Winter (gant gleich in beiden). Aztekifche Ähnlichkeiten,
wohl nur zufällige, find: Waffer S *dtsa,* P *as;* Hagel P *tahali* (≠ azt. *tetl* Stein). Beide Sprachen
find den fonorifchen fremd, aber fie zeigen einige, zum Theil fichere Wort-Gemeinfchaften: zwei S
hoka, Tarah. *oca;* gut P *tusi,* Cah. *turi;* kalt P *östsé,* Schofch. *ötschöin,* Comanche *etscho,* Kizh
otschö⁻, G *ōtsō⁻;* Boot P *schapi,* Schofch. *schake,* Wih. *saki.*

Noch höher liegt uns der vielfältige Name TLAMATH oder KLAMATH, der auch
Völkername ift. Das Volk und die Sprache der *Tlamath* oder *Klamath,* auch Lutuami
genannt, welche ich auf das *Shaste* folgen laffen könnte, überlaffe ich dem Gebiet der Vereinigten Staaten (§ 534), weil Flufs (S. 522ᵐ⁻ⁿ) und See (S. 513ᵃᵃ, 520ᵐᶠ, 522ᵐᵐ) die Gränze
nach *Oregon* überfchreiten, und das Volk, auf der Karte der *expl. exp.* ganz in es gefetzt, noch
mehr in ihm zu liegen fcheint. *Gibbs* berichtet uns (f. unten S. 574ᵃ): dafs *Tlamath* ein
gemeinfamer Name von Volksftämmen ift, dafs 3 verfchiedene Stämme mit verfchiednen
Sprachen die Ufer des Fluffes bewohnen. Er nennt (f. unten S. 574ⁿᶠ) am *Klamath,* beim
Einflufs der *Trinity,* das Volk und die Sprache *Weits-pek,* bis zur Meeresküfte; an anderen
Theilen des Fluffes die Völker und Sprachen *Tahlewah, Ehnek, Watshahé-wa* (S. 575ᵃ⁻ᵃᵃ).

§ 502. Ich durchlaufe diefelbe nördliche Strecke Neu-Californiens noch einmahl, und
zwar in meiner natürlichen Richtung von S gegen den N, und fchliefse diefe Provinz mit
dem Berichte über einen Zug, welchen die Nordamerikaner zur Erforfchung diefer Gegenden im J. 1851 durch den nordweftlichen Theil des Landes bis zu Californiens

Nordgränze, bis zum Fluſſe *Tlamath,* geführt haben: in welchem uns eine unglaubliche Menge von Völkernamen und von Sprachen genannt wird. Lange Wortverzeichniſſe von 12 Sprachen in 3 Abtheilungen zu je vieren ſind dem Berichte angehängt, aus denen ich aber, eine ausgenommen, wegen ihrer vollſtändigen Fremdheit gegen das mir Vorliegende keinen Vortheil ziehen kann.

Der 3te Theil von Schoolcraft's *Indian tribes* (Philad. 1853) enthält p. 99-177, von George GIBBS geführt und verfaſst, das Tagebuch einer Expedition, welche der Oberſt Redick M'KEE, *United States Indian agent,* im Sommer und Herbſt des J. 1851 (5 Monate lang, vom 11 Aug. bis 28 Dec.) durch den nordweſtlichen Theil des Staates Californien (nördlich von der Bai von *San Francisco* und weſtlich vom *Sacramento*) geführt hat; eine (nicht mitgetheilte) Karte, und Wortverzeichniſſe der Indianer-Stämme, durch welche die Expedition kam, fügte *Gibbs* ſeinem Tagebuche bei. — Ich beſchränke mich auf einige Aufzeichnungen der flüchtigſten Art aus dem Reiſebericht.

§ 503. Oberſt *M'Kee* und ſeine Begleitung *(party),* escortirt vom Major *Wessels* mit 35 berittenen *riſlemen,* gingen ab von *Soloma* (100; = *Sonoma,* ſ. oben S. 526af; in 38° 17½') nach *Santa Rosa* (oben ib.; nach Df. in etwa 38° 25'). Die allgemeine Beſtimmung der Expedition war: den *Russian river* hinauf bis zu ſeiner Quelle, den *Eel river* hinab bis zur *Humboldt bay,* von da hinüber zu dem *Klamath,* dieſen hinauf bis zum *Shaste-*Thal. Ein Indianer-Stamm bei *Fitch's ranch* (102nn): *Kainaméah,* ſpaniſch *Kainaméro;* ſ. die weitere Erſtreckung dieſer Sprache. 2ter Stamm, mit verſchiedner Sprache, *Tumalehnias* an *Bodega's* Bai (nf-3aa). *Clear lake* (105); Indianer vom *Clear lake* (108af-m). Von einem die Expedition begleitenden Indianer, welcher auch ziemlich Spaniſch verſtand, erlangte man ein Wortverzeichniſs (180mm-mf); man fand viele Wörter ähnlich denen der Indianer am oberen *Russian* und *Eel river,* mit denen der Indianer ſich auch meiſt unterhalten konnte. — Eine Verſammlung der Stämme (109nf-110a): *Hulannpo, Habenapo, Dahnohabe, Mo-alkai, Shekom* und *Howkuma* am See, *Shanelkaya* und *Bedahmarek* von einem Thale; ein Stamm dabei: *Chotan-oman-os* (110a); ſ. noch aa; *Napobatin* allgemeiner Name für die erſten 6 Stämme; Stamm *Lupayuma* (af); Verhältniſs der Sprachen mm; *Mutistul* mf. „Wie viele wirklich verſchiedene Sprachen zwiſchen den Quellwaſſern der *Russian river* und der Bai *San Francisco* anzunehmen ſeien, läſst ſich nicht beſtimmen; es ſind aber mehrere." Die der *Napobatins* in ihren Dialecten iſt eine der ausgedehnteſten: ſie geht vom *Sacramento range* zur Küſte, und aufwärts bis zu den Quellwaſſern des *Eel river.* Seelenzahl der Stämme nn-nf, 112m. — *Sahnel, Yukai, Pomo, Masutakaya (Masutakéo)* (112af). Der Vf. erhielt ein Wortverzeichniſs von der *Yukai band;* ſie wohnen bei *Parker's ranch.* Verhältniſs der Sprachen mm; Stämme: *Boch-héaf, Ubakhéa, Tabahléa, Moiya.* — 5 kleine Schwärme 116aa, von denen man ein Wortverzeichniſs im Anhange. — Schwärme in einem Thal (nn): *Naboh, Chow-eshok, Chaute-uh, Bakow-a, Samunda.* — Ein Stamm 119aa. — „Die Stämme an der Seeküſte (126mf-n) vom Cap *Mendocino* bis *Mad river* (oben S. 523a, Mündung in 40° 55½') reden im weſentlichen dieſelbe Sprache", ſ. weiter; von der indianiſchen Frau eines Anſiedlers am *Eel river* erhielt der Vf. einige Wörter derſelben. „Es findet ſich keine Ähnlichkeit zwiſchen dieſer Sprache und der am *Russian river*" (nn); ſ. bis 127aa, Schilderung des Volks bis 128af. — *Humboldt city* (131; in 40° 55'; ſ. oben S. 526mm); der Vf. erhielt (133aa) ein Wortverzeichniſs von den Indianern des *Mad river;* ihre Sprache gleicht im weſentlichen der um die Bai *(Humboldt)* und am *Eel river;* jenſeits des *Mad r.* herrſcht eine andere. Die Indianer der Bai nennen ſich *Wish-osk,* die der Berge nennen ſie *Te-ok-a-wilk;* die der Bai und vom *Eel river* werden aber von den nördlichen Indianern gemeinſam *We-yot* oder *Walla-walloo* genannt; *item* die von Trinidad (ſ. oben S. 526mf; in 41° 5½'): *Chori;* die von *Gold Bluff* [41° 22-26'], zwiſchen Trinidad und den Klamath: *Ossegon.* — *Bald Hill-*Indianer, bei *Humboldt bay* (134m). —

Klamath oder Tlamath: Flufs und gemeinfamer Name von Volksftämmen (137-8). Drei verfchiedene Stämme, mit verfchiedenen Sprachen, bewohnen die Ufer diefes Fluffes (138[mf]) zwifchen dem Meere und der Mündung des *Shasté* (oben S. 522[mf]); fie haben 32 Dörfer: die Namen der hauptfächlichften f. [nn]. Namen von 11 *ranchos* und mehr am *Trinity*- oder *Hoopah*-Flufs 139[aa-af]; die Sprache ift verfchieden von der der unteren *Klamaths;* über andre verfchiedene Sprachen [m]. Stamm *Hoopah* an der unteren *Trinity* ([mm]); durch den *Klamath*-Dolmetfcher erlangte man ein Wortverzeichnifs deffelben. Über die *Bald Hill Indians,* auch *Oruk* und *Tchololah* genannt, f. [nn]; Schwärme derfelben heifsen: *Cherr'h-quuh, Ottehpell, Ohnah, Ohpah, Roquechoh.* — Indianer nördlich vom Klamath: ein Stamm an der Küfte *Tol-ewahs* ([nn]); *Eenahs* oder *Eenaghs, Sians* oder *Siahs* (ib.); fie follen verfchiedene Sprachen reden; von den erfteren erlangte der Vf. einige Wörter. — Indianifches Dorf *Seheperrh* am *Bluff creek* (vgl. oben S. 523[a]); *Quoratem* oder Indianer vom *Salmon river* (147[n]). — Man kommt in das Gebiet des *Shafté.* — *Pitt river Indians* (166[mf] sq.; über den Flufs f. oben S. 521[mm, nf]): ein Stamm, welcher lange als der fchlimmfte im nördlichen Californien gegolten hat. — 171 werden Stämme genannt: am Klamath: *Ode-eilah;* im Shafte-Thal: *Ikaruck, Kosetah* und *Idakariuke;* im Scotts-Thal (f. oben S. 522[mf]): *Watsahtwa* und *E-eh.* — Zum Schlufs kam die Expedition nach *Union* [*Union town:* an der Küfte, nördlich von *Humboldt city* und füdlich vom *Mad r.,* in 40° 52'], von da nach *Humboldt;* hier fchiffte fie fich ein und fegelte nach *Portland* am Columbia-Flufs, von wo fie nach *San Francisco* fchiffte.

§ 504. In einem fpäteren Theile des 3ten Bandes von *Schoolcraft* läfst Mr. George Gibbs die, von ihm mit grofser Mühe gefammelten und mit allem möglichen Fleifs der Genauigkeit entgegengeführten, reichen Wortverzeichniffe der Sprachen des nördlichen Californiens folgen. Er berichtet zuvor von den Verzeichniffen im allgemeinen (p. 420 ganz); dann (421-3) über jede SPRACHE und jeden VOLKSSTAMM befonders: ihre geographifche Lage, Verwandtfchafts-Verhältniffe, Verzweigungen der Stämme. — Ich verzeichne einiges davon:

Das füdliche Ende der Halbinfel zwifchen dem Meerbufen von *San Francisco* bis zur Miffion *San Rafael* (421[aa]) foll von einem Stamme eingenommen feyn, den die Spanier *Tulares* nennen; fie follen beinahe ausgeftorben feyn. Ich habe oben (S. 566[a]) das Wortverzeichnifs von *San Raphael* in der *explor. exp.* angegeben. Ein andrer Volksftamm ift oberhalb der Miffion und in den Thälern von *Petaloma* und *Sonoma.* Im *Petaloma*-Thale find die urfprünglichen Bewohner faft auf nichts zufammengefchmolzen; fie find erfetzt durch Indianer von der Bai *Suisun;* ein Beifpiel von ihrer Sprache ift gegeben in den Wörtern des Schwarms Tchokoyem, aus dem Sonoma-Thale. Ein andrer Volksftamm im unteren *Napa*-Thale und um die Meerenge *Karquines* (oder *Karquenas:* oben S. 520[a], 526[nn]); nördlich von ihnen andre Schwärme und Mundarten: eine davon Copéh. — Kulanapo ein Schwarm vom *Clear lake,* deffen Sprache alle Stämme in dem grofsen Thale theilen; das Wortverzeichnifs wurde entnommen von dem Diener des Dr. *Griffin* in der Expedition. Man kann eine Verwandtfchaft der Stämme des oberen *Russian* und *Eel river* mit den *lake Indians* bemerken. — Yukai [vgl. *Yukal* der *expl. exp.* oben S. 571[af]] am *Russian river,* Chow-e-fhak und Batemdakai-eé am oberen *Eel river;* diefe 3 Wortverzeichniffe wurden erlangt durch den Indianer vom *Clear*-See in der Expedition. — Wee-yot (422) die Sprache am *Eel river* bei feinem Ausflufs und an *Humboldt bay;* Wifh-osk Dialect des oberen Theils der Bai und der Indianer vom *Mad river.* Die allgemeine Sprache fcheint fich vom Cap *Mendocino* bis zum *Mad river,* und rückwärts in das Innere, an den Fufs der erften Bergreihe, zu erftrecken. — Weits-pek der Hauptfchwarm am *Klamath,* beim Einfluffe der *Trinity;* diefe Sprache herrfcht von oberhalb diefes Punktes bis zur Meeresküfte, entfernt fich aber nicht weit vom Fluffe auf beiden Ufern. — Hoopah nennen die *Weits-pek* und andre Klamath-Indianer den unteren Theil der *Trinity* und feine Bewohner, und der Vf. hat die Sprache eben fo benannt; fie geht bis zum *South fork* (oben S. 522ⁿ); die Wörter wurden von einem jungen Häuptling, vermittelft des *Weits-pek,* entnommen. — Tahlewah wurde nicht von Einem des Stammes, fondern von einem *Schrégan-* oder *Serragoin-*Indianer, von einem Schwarm abwärts am Klamath, entnommen. — Ehnek ein Schwarm an der Mündung des *Salmon* oder *Quoratem river* (oben S. 522ᵐᶠ); die Sprache geht vom *Bluff creek* bis nahe zum *Clear creek,* mit mehreren Variationen; der allgemeine Indianer-Stamm heifst bei den unteren Indianern *Pehtsik.* — Watfhahé-wa ein Schwarm von *Scott's river* (oben S. 522ᵐᶠ), von der Shafté-Familie; die Sprache herrfcht vom *Clear creek* den *Klamath* herauf, vielleicht bis an die Seen; es wurde entnommen (423) von mehreren Indianern, vermittelft des *Oregon jargon.* — Howteté-oh wurde in *Scott's valley* gefammelt: von einigen Indianern, welche von der *Rogue's river*-Fähre herkamen, wo fie wohnten. — Nabiltfe wahrfcheinlich auch eine Sprache von *Rogue's river;* von einem jungen Indianer an der oberen Fähre am *Klamath.* — Diefe beiden letzten Sprachen gehören nicht zu Californien. — Über einen *jargon* in diefen Gegenden zur Vermittlung des Verftändniffes f. p. 423ᵃᶠ⁻ᵐᵐ

Es folgen nachher die Wortverzeichniffe:

A. 1 *Tchokoyem,* 2 *Cop-éh,* 3 *Kulanapo,* 4 *Yukai:* p. 428-434;

B. 5 *Chow-eshak,* 6 *Batemdakai-ee,* 7 *Weeyot,* 8 *Wish-osk:* 434-440;

C. 9 *Weits-pek,* 10 *Hoopah,* 11 *Tahlewah,* 12 *Ehnek:* 440-5.

Ich brauche auf diefe 12 SPRACHEN nicht näher einzugehn, weil fie meinem Hauptzwecke fremd find: keine fonorifchen noch aztekifchen Elemente enthalten (nur ift die häufige Endung *tl* im *Wish-osk* im Sinne des Mithridates zu bemerken); auch überhaupt ftehn fie fremd da. Ich werde aber nicht über fie hingehn, ohne das wefentlichfte, was ich nach eigener Prüfung an ihnen erkannt habe, von ihnen zu fagen.

In der 1ten Gruppe find die Sprachen 3 und 4, Kulanapo und Yukai, verwandt: d. h. in dem befchränkten Grade, dafs viele Wörter zwifchen ihnen übereinftimmen, viele andere (z. B. ein guter Theil der Zahlwörter) verfchieden find. In der 2ten Gruppe find die Sprachen 5 und 6, Chow-efhak und Batemdakai-ee, fehr genau und im vollkommnen Maafse unter einander, und wiederum beide ganz genau mit *Yukai,* und auch *Kulanapo,* verwandt; und es ift fchwer zu begreifen, warum die Zufammenftellung nicht nach diefer Verwandtfchaft geordnet worden ift: da ja fo leicht diefe 4 Sprachen die 1te Gruppe bilden konnten. Das durch diefe 4 Typen dargeftellte Idiom ift identifch mit dem bei der ruffifchen Colonie abgehandelten *Chwachamaju* (f. S. 569ⁿⁿ). Die Sprachen 1 und 2 der 1ten Gruppe: Tchokoyem, Duflot's *Chocouyem,* von dem er (f. oben S. 572ᵃ⁻ᵃᵃ) das Vaterunfer gegeben hat; und Cop-éh: find gegen einander und gegen das 3te Idiom ganz fremd; einzelne Ähnlichkeiten find nicht zu rechnen: wie du 1 *meeh,* 2 *mih;* ja 1 *ooh,* 2 *oh;* auch ift es unnütz einzelne fonorifche und mexicanifche Ähnlichkeiten, die fich aus fo vielfältigem Wortftoff zufammenfinden laffen, anzugeben: doch will ich bemerken das Zufammentreffen von Vater: im *Tchokoyem ahpee,* mit *akpee* des *Comanche.* Wichtig ift es aber zu fagen, dafs die Sprache *Tchokoyem* mit dem *Olamentke* der *Bodega*-Bai (f. S. 567ᵃ, 568ᵃᵃ, 569ⁿ) und mit der der Miffion *SRaphael* (f. S. 574ᵐᶠ und 566ᵃᵃ, ᵐ) nahe gleich ift; und dafs die Sprache des oberen *Sacramento,* von welcher in der *expl. exp.* fich eine kleine Wortfammlung findet (p. 630; f. oben S. 571ᵃ), in 4 Wörtern (effen, Feuer, Mund, Waffer) mit dem *Cop-éh* übereinftimmt, in den übrigen aber ihm fremd ift. — In der 2ten Gruppe find das 2te Sprachpaar, No. 7 und 8, Weeyot und Wifh-osk, unter einander verwandt. Die 4 Sprachen der 3ten Gruppe, No. 9-12, find gegen einander ganz verfchieden: doch finden fich einige Ähnlichkeiten: er 9 *yok,* 10 *yo;* 9 und 12 gleichen fich in Hund, 10 und 11 in Boot, 10 und 12 in Ohr. Eine fonorifche Ähnlichkeit in 9 will ich nicht verfchweigen: *pdhá* Waffer. Unbeftreitbar ift aber ein kleiner athapaskifcher Antheil in diefer 3ten Gruppe, vorzüglich in der Hoopah-Sprache (No. 10; ich werde gleich fagen, dafs ich diefe wirklich zu den athapaskifchen ziehe): wozu gehört, dafs die Körpertheile wie im *Navajo* mit *ho, hu (hot)* beginnen. Solche athapaskifche Ähnlichkeiten in der *Hoopah*-Sprache find: *holluh* Hand (Nav. *hul-lah*), *kloke* Fifch = Ta *txluk;* eine Reihe Zahlwörter find auffallend ähnlich: *nahnih* 2, *hahkin* 3, *inkin* 4, *twollah* 5 (enthält *luh* Hand), *hoostan* 6 (bef. = Uq *wösthäne*), *hook-itt* 7. Auch die andern 3 Sprachen haben ein wenig: ja 9 *yaah*, 12 *ah* = Ta *ah-ah;* Bogen 10 *tsilt-heh*, 11 *chetlta* = athap. *elthi*, Ki *tsalthan*, *zylten*, *tfchiltchen;* Pfeil 10 *kahhuss*, 12 *kha-wish* = Uq *axös*, N *huhuck*, Ch *kah;* Zahn 12 *woo'h* = Ch *hough*, *goo*, N *wgo*, D *w-who*. Andere wichtige Wörter find aber nicht athapaskifch: Waffer, Feuer (10 *huh*), Sonne (10 *hwah*), Bär, ich. — In der Sprache 2 *(Cop-eh)* habe ich noch anzugeben *silte* fchwarz, athapaskifchen Wörtern ähnlich. — Ich habe fpäter die *Hoopah*-Sprache wirklich für eine athapaskifche angenommen; aus den angegebenen Refultaten meiner früheren, flüchtigen Betrachtung wird fchon erfichtlich, dafs die athapaskifche Verwandtfchaft Mängel hat.

Im 3ten Theil *Schoolcroft's* p. 634 ift die Stärke der einzelnen Volksftämme im nord-weftlichen Californien nach *M'Kee* angegeben; die Summe beträgt 9080.

XIV.   Vereinigte Staaten.

§ 505, a.   Jetzt verlaffe ich, was für mich MEXICO ift. Ich habe mit Neu-Californien die Betrachtung des NÖRDLICHEN MEXICO'S, nach dem alten Um-fange diefes, nunmehr auf die Hälfte feines Länderbefitzes herabgefunkenen Reiches, beendet; und meine MUSTERUNG DER VÖLKER UND SPRACHEN, von hier an, doch nicht ohne einige Abweichungen, auf die weftlichen Küftenländer Nordamerika's eingefchränkt, tritt in das Gebiet der VEREINIGTEN STAATEN ein.

Eine inhaltreiche Arbeit von Dr. Scouler und Hrn. Tolmie, *surgeon* der Hudfons-bai-Gefellfchaft, gegeben als ein kleiner Auffatz im Journal der Londoner geographifchen Gefellfchaft von 1841, noch viel weiter in den Norden reichend; wie in zweiter und Haupt-ftelle die grofsartigen ethnographifchen und linguiftifchen Refultate der Erforfchungs-Expedition der Vereinigten Staaten, welche Hr. Hale in einem befonderen Bande des umfaffenden Werks der gelehrten Welt vorgelegt hat: fetzen mich in den Stand meine Auf-gabe in diefen weiten Regionen des weftlichen Amerika's in einem fehr erfreulichen Umfange zu erfüllen. Lang und erftaunend ift wieder hier die Reihe der Völker und ihrer Sprachen. Nur kurz ift diefes Weftgebiet von S nach N, wie es eingefchloffen ift zwifchen der Nord-gränze Neu-Californiens und den britifchen Befitzungen; es ift nichts als das grofse Territorium OREGON, in der Mitte durchfloffen von der Columbia oder dem Oregon-Fluffe. Seit kurzem (Karte des vortrefflichen neuen geographifchen Werks: *a new and complete gazet-teer of the United States. By Thomas Baldwin and J. Thomas.* Philad. 1854. 8°) heifst die Hälfte nördlich von der Columbia das *Washington territory* und nur die füdliche das Territorium (in diefem Augenblick bereits Staat) Oregon. In diefer Arbeit wird aber meift nur der allgemeine Name Oregon für die ganze in diefem XIVten Abfchnitte zu behandelnde Weftfeite der Vereinigten Staaten gebraucht werden. Bei der Behandlung der einzelnen Völker und Sprachen diefer Ländergebiete mufs ich auf die regelmäfsige Folge von Süden nach Norden vielfach verzichten, indem ich an das Zuſammenfaſſen derſelben unter Einer Völker- und Sprachfamilie in der *expl. exped.*, und die Vereinigung mehrerer, oft gar nicht verwandter Sprachen durch *Scouler* zu Einer Worttafel gebunden bin. Noch weniger kann ich eine Scheidung in der Arbeit nach den beiden jetzigen Territorien beobachten, indem ich zuerſt das Oregon- und dann das Waſhington-Territorium in Völkern und Sprachen behandelte; ſchon darum nicht, weil dieſe Trennung in den Jahren, aus welchen faſt mein ganzes Material ſtammt, noch nicht beſtand.

Zu der Zeit, als das Oregon-Gebiet ein vielgenannter Gegenſtand in dem Streite zwiſchen den Vereinigten Staaten und England war, erſchien, als Frucht einer politiſchen Sendung, ein franzöſiſches Werk von 2 Bänden unter dieſem Namen, die: *exploration du territoire de l'Orégon, des Californies et de la mer vermeille, exécutée pendant les années* 1840, 1841 *et* 1842, *par M. Duflot de Mofras.* T. 1. 2. Par. 1844. 8°; das aber nur zum kleinſten Theile, in T. II. p. 93-130 und 249-295, ſich mit dem Oregon-Lande beſchäftigt. Der gröſsere und übrige Theil verbreitet ſich über das nördliche Mexico, den höheren Norden der amerikaniſchen Weſtküſte (II, 130-247), das ruſſiſche Nordamerika (297-324) und die Indianer-Völker Amerika's (327-402). Überall werden eine ſolche Menge von Gegenſtänden berührt, daſs ſie oft nur leicht, und nicht immer ſicher und aus eigner Erkundung abgehandelt werden konnten. Ich habe über jenen anderen Inhalt ſo wie den amerikaniſchen Sprachſtoff an einer früheren Stelle (bei Neu-Californien, S. 532^{af-f}) geredet.

Ich nenne noch ein Buch, welches ſeinem Gegenſtande nach viel ſpecielles über mehrere Völker dieſer Gebiete enthält: *Missions de l'Orégon et Voyages aux montagnes rocheuses, aux sources de la Colombie, de l'Athabasca et du Sascatshawin, en* 1845-46. *Par le père P. J. de Smet. Gand* (1848). 8°; mit Abbildungen und einigen Specialkarten.

Unter den Karten von Oregon in weiter Bedeutung oder von beiden Territorien nenne ich: die der *expl. exp.*, des *gazetteer*, die in *Duflot's* und in *Rogers* Atlas (1857), und eine kleine vor *de Smet's Missions de l'Orégon* (das weſtliche Stück Nordamerika's zwiſchen c. 44°½ und beinahe 55° N. B. begreifend den Oſten, um die *Rocky mountains*, erhellend); vom beſchränkten *Oregon* eine Karte des Theils weſtlich vom Caſcaden-Gebirge in den *senate documents of the* 34th *congress, session* 1 & 2 (1855-56) Vol. 4. No. 10; 3 vom weſtlichen Theile des *Washington*-Terr.: eine eben da No. 11, eine beſchränktere (weſtlich vom Caſc. Geb.) in *sen. doc.* 34th *congr. sess.* 3 (1856-57) Vol. 4. No. 8, und eine kleine in *Swan's northwest coast* vor p. 17.

§ 505, b. Ehe ich in meiner Einleitung den allgemeinen Inhalt meiner zwei Hauptquellen: Scouler's, und Hale's Ethnographie der *U. St. exploring expedition*, darlege; gebe ich, um den Schauplatz zu erhellen, eine kurze GEOGRAPHISCHE SCHILDERUNG und die ſehr kurze GESCHICHTE des Oregon-Gebiets und des Washington-Territoriums nach einander.

Das TERRITORIUM OREGON (¹) begriff bis vor kurzem das ganze Weſtgebiet der nordamerikaniſchen Union; ſeit dem *J.* 1853 heiſst aber ſo nur die ſüdliche Hälfte vom *Columbia*-Fluſſe an:

(¹) Ich folge bei dieſem kurzen geographiſchen Abriſs meiſtentheils dem *gazetteer of the United States* vom *J.* 1854, im Artikel *Oregon*, p. 864, a - 867, a; auſserdem habe ich vieles den Karten entnommen.

indem im Laufe jenes Jahrs eine Congrefs-Acte aus dem Lande nördlich von diefem Fluffe das *Washington territory* bildete.

Vor dem Jahr 1846 war Oregon fogar ein noch weiterer Begriff. Im Vertrage zu *London* vom 20 Oct. 1818 war nämlich als die Nordgränze des Gebiets der VEREINIGTEN STAATEN gegen das BRITISCHE Nordamerika: — im O gebildet (gegen Canada) durch den *St. Lorenz-Strom* und die Seen *Ontario, Erie, St. Clair,* den Huronen- und oberen See —; vom Waldfee *(lake of the Woods, lac des Bois)* in der Mitte, nordweftlich vom oberen See (in 95° W. L. v. Gr.), an bis an die *Rocky mountains* (in 114° L.) der 49te Parallelkreis N. B. [1] beftimmt worden. Weftlich von den *Rocky mountains* und dem 114ten Längenkreis betrachteten die V. St. aber das Land bis an das ftille Meer weit gen N als ihr Eigenthum, und es wurde für daffelbe durch einen Vertrag mit Rufsland (f. § 668, b), am 17 April 1824 zu *Petersburg* abgefchloffen, der Parallel von 54° 40′ N. B. als Nordgränze feftgeftellt. Zur füdlichen Gränze gegen Mexico wurde im Vertrage zu *Washington* vom 22 Febr. 1819 mit Spanien, das *Florida* vermöge Kaufs abtrat, von den *Rocky mountains* (von etwa 109°$\frac{3}{4}$ W. L. v. Gr.) an gen W bis an die Südfee (bis etwa 124°$\frac{3}{4}$ L.) der 42te Breitenkreis (öftlich f. oben S. 408[mf-nn]) beftimmt. In diefen Gränzen ift das grofse Weftland der Vereinigten Staaten oder Oregon auf den beiden fchönen Karten der *expl. exp.* 1841 und von *Duflot de Mofras* 1844 (f. brit. Amer. S. 391[nn-f], 392[nn]) dargeftellt: die ganze Küfte des ftillen Meeres bis an das Felfengebirge einnehmend zwifchen 42° N. B. in S (angränzend an das mex. Neu-Californien und *Colorado*-Land) und 54° 40′ N. B. in N (angränzend an die ruffifche Weftküfte und den W des britifchen Nordamerika's). In dem Vertrage zu *Washington* vom 15 Jan. 1846 wurden die drohenden Zwiftigkeiten zwifchen Grofsbritannien und den Verein. Staaten über diefe weite Ausdehnung des *Oregon*-Gebietes dadurch beigelegt, dafs die Verein. Staaten die kleinere nördliche Hälfte Grofsbritannien überliefsen: indem [2] jene, 1818 für den O vereinbarte Gränzlinie des 49ten Breitenkreifes von den *Rocky mountains* an gen W bis an das ftille Meer (in etwa 122°$\frac{1}{5}$ W. L. v. Gr.) fortgefetzt wurde (f. brit. Amer. S. 392[nf-f]).

Über den Urfprung des Namens *Oregon*, welchen auch der *Columbia*-Flufs führt, äufsert fich *B. L. E. Bonneville* bei Schoolcraft V, 708-9, in einem Briefe aus Fort *Vancouver* vom 4 Aug. 1854: dafs nach den älteften Männern im Gebirge die Spanier das Land *Orégano* nach dem in gewiffen Theilen maffenhaft wachfenden Kraute *orégano* benannt haben: englifch *sage* oder *wormwood,*

---

[1] *Convention conclue entre les États-Unis d'Amérique et l'Angleterre à Londres le 20 Octobre 1818* — im *nouveau recueil de traités... par G. F. de Martens* T. 4. (oder *supplément au recueil des principaux traités* T. 8.) 1808-19. Gott. 1820. 8° p. 571-7. Art. 1 beftimmt für die V. St. freien Fifchfang in brit. nordam. Befitzungen; 2 die Gränze zwifchen den Befitzungen beider Mächte foll eine Linie bilden, gezogen vom nordweftlichften Punkte des *lac des Bois* auf den 49. Parallel N. B. und diefem Parallel folgend bis zum Felfengebirge; Art. 3 beftimmt einen Bezirk für freie Fifcherei auf 10 Jahre.

[2] *Traité de l'Orégon, conclu entre la Grande-Bretagne et les États-Unis, et signé à Washington le 15 janvier 1846* — im *nouveau recueil gén. de traités &c. réd... par Fréd. Murhard. (Contin. du grand Recueil de feu M. de Martens.)* T. 9. pour 1846. Gottingue 1852. 8° p. 27-29. Der 1te Art. beftimmt: von dem Punkte des 49. Parallelkreifes N. B. an, wo fich nach den zwifchen beiden Mächten beftehenden Verträgen ihre Gränzen enden, wird die Gränzlinie auf diefem 49. Parallel nach W fortgefetzt bis zur Mitte des Canals zwifchen dem Feftlande und der *Vancouver*-Infel, und von da nach S: indem fie der Mitte diefes Canals und der *Fuca*-Strafse bis in das ftille Meer folgt; wobei die Schifffahrt in diefem Canal und diefer Meerenge füdlich vom 49. Parallel für beide Theile frei und offen bleibt. Art. 2 beftimmt für die Hudfonsbai-Gefellfchaft und die mit ihr handelnden britifchen Unterthanen freie Schifffahrt auf der *Columbia,* von 49° N. B. in ihrem nördlichen Arm an bis zur Mündung des Fluffes.

d. h. *artemisia, absinthium, wild* oder *bastard marjorum.* Die Jäger des Innern, nicht die Seefahrer, müſsten dann den Namen gegeben haben, da von dem Cafcaden-Gebirge bis zur Küſte es diefe Pflanze nicht gebe, dagegen von ihm an gen O das Land Ein Feld von *sage* fei bis zum *Black hill* am oberen *Platte*-Fluſs. (Lat. *origanum,* auch griechifch, ift die Pflanze Wohlgemuth, Doften.) Macken-zic's Fluſs *Orégan* = *Takutché-Tessé* leitet Humboldt (II, 1811 p. 492) von „dem indianifchen Worte *origan*". Er bezeichnet da auch eine fehr merkwürdige Mifsdeutung des fpanifchen Wortes *origen* auf einer Karte.

Die **Gränze** des *Oregon*-Gebiets gegen das *Washington territory* im N bildet in der weſtlichen Hälfte die *Columbia:* von da an, wo fie mit dem 46ten Parallelkreife zufammentrifft, bis zu ihrer Mündung. Im O fcheiden es die *Rocky mountains* vom *Missouri*-Gebiet oder *North-west territory* oder *Nebraska;* im S gränzt es an das *Utah*-Territorium und den Staat Californien. Es liegt zwifchen 42° und 46° 20′ (eher 16′) N. B., und zwifchen 109°$\frac{1}{2}$ und 124°$\frac{1}{2}$ W. L.; feine gröfste Länge beträgt 750 *miles,* die gröfste Breite 278 *miles;* fein Flächenraum 188,000 □*miles.*

Die **Gefchichte** des Landes beginnt mit dem Jahr 1775, wo (f. *Humboldt* im *essai pol.* II, 1811 p. 470 und 491, und mein brit. Ndam. S. 319^f-320^a) auf der von S. Blas ausgegangnen fpanifchen Expedition des Bruno *Heceta,* Juan *de Ayala* und Juan *de la Bodega y Quadra* die Mündung der *Columbia* am 17 Auguſt von *Quadra* entdeckt wurde: damahls genannt *entrada de Heceta* oder *Eceta;* diefe *entrada,* auch *entrada de la Ascension* (p. 491; nach Swan p. 126 hiefs die Öffnung der Küſte *ensenada de la Asuncion*) genannt, unterfuchte wieder 1792 die Expedition des *Galiano* und *Valdes* (in den Schiffen *Sutil* und *Mexicana*) auf ihrem Rückwege aus dem N nach Monterey. Der *gazetteer* meint (p. 867, a^m und 263, a^{aa}): dafs die *Columbia* erſt im *J.* 1791 durch Cap. *Robert Gray* (vgl. brit. Nordam. S. 316^{nf}) von dem Boſtoner Schiffe *Columbia Rediviva* be-kannt geworden fei, welcher die Mündung des Fluſſes fah, aber erſt am 11 Mai des folgenden Jahres (1792; f. auch *Humboldt* 491) in fie einfahren konnte, wo er ihm den Namen feines Schiffes gab. Diefe neue Auffindung war aber, wie *Humboldt* bemerkt, darum wichtig, weil *Vancouver,* der fchon diefer Küſte ganz nahe gefolgt war, vom 45ten Breitengrade bis zur *Fuca*-Straſse keine Einfahrt hatte entdecken können, und damahls felbſt das Vorhandenfeyn des *Columbia*-Fluſſes oder der *entrada de Eceta* bezweifelte. (Über *Heceta*'s und *Gray*'s Entdeckungen und *Vancouver*'s Verfuche f. fpe-ciell *Swan* p. 124-133.) Von diefer Zeit an bis zum *J.* 1804 wurde die Küſte von *Oregon* gelegent-lich von britifchen und nordamerikanifchen Pelzhändlern befucht. In dem Jahre fandte der Präfident *Jefferson* eine Expedition *(exploring party)* unter *Lewis* und *Clarke* aus: welche von *St. Louis* aus, der *Missouri*-Linie folgend, an die *Columbia* und bis zur Südfee vordrangen, und den Winter von 1805-6 an der Mündung diefes Fluſſes, den fie genau erforfchten, zubrachten. Nach diefer Zeit wurden Ausflüge von Pelzhändlern aus den Verein. Staaten hierher gewöhnlich; und diefe hielten mit der britifchen *Hudsonsbai*-Gefellfchaft gemeinfam das Land in Befitz: was zu vielen eiferfüchtigen Zwiften und blutigen Streitigkeiten führte, bis ein drohendes Mifsverhältnifs zwifchen den 2 grofsen Weltmächten im *J.* 1846 durch einen Vertrag (zu *Washington,* vom 15 Januar: f. S. 578^{mm-mf} und Anm. 2) befeitigt wurde, der den Vereinigten Staaten alles Land unterhalb des 49ten Grades N. B. überliefs. Alles dieſs hiefs damahls *Oregon,* aber von 1853 an führt das nordamerikanifche Küſten-land zwifchen dem 46° und 49° Breitengrade den Namen des *Washington territory.* Vom *J.* 1839 fing eine Auswanderung aus den Verein. Staaten hierher Behufs Anfiedlung an; fie wurde aber fpäter durch die mächtige Anziehung, welche die Goldfchätze Neu-Califurniens ausübten, gefchwächt. „Doch kann es nicht fehlen, dafs nach und nach beide Länder einen gegenfeitigen Markt für einander bilden, und dafs einſtmahls *Oregon* eine wichtige Rolle in dem Handel des ſtillen Meeres und befonders dem der polynefifchen Infelgruppen fpielen werde." In *Appleton's illustrated hand-book of American travel* (New York 1857) heifst es (p. 383^{n-nn}): *It was but the other day that the only homes of civilization in that remote land were found in the rude cabins of the exiled trappers,* and now the lonely waters are everywhere traversed by richly freighted steamers, and their shores adorned with cities and towns and cultivated fields. — *Oregon* ift jetzt, wo diefe Stelle gedruckt wird, zu einem Staate erhoben; diefs ift aber für mich kein Grund den Ausdruck Territorium in der fertigen Arbeit abzuändern.

§ 505, c. Seiner Befchaffenheit nach wird *Oregon* gewöhnlich in die 3 Abtheilungen ge-fchieden: das untere Land *(lower country)*, am Ocean; das mittlere *(middle country)*, zwifchen der Cafcaden-Bergkette und den *Blue mountains;* und das obere Land, zwifchen letzteren und den *Rocky mountains.* „Oregon bietet, wenn man ihm vom Meere her naht, diefelbe kühne, eifenfefte *(ironbound)* Küfte dar wie Californien: nur mit dem Unterfchiede, dafs die Küftenkette, ftatt mit der Südfee parallel zu laufen, aus einer Reihe von Hochlanden befteht, welche beinahe in rechten Win-keln mit dem Meeresufer find, und durch deren Thäler die Ströme der *Callapuya* oder *Callapooya mts* (der WGränze des *Willamette*-Thals) zum Ocean herabftrömen." Die erfte Abtheilung ift etwa 75-120 *miles* breit, und begreift in fich die Thäler des *Willamette, Umpqua* und *Rogue river:* von denen das erfte dem Meere gleich, die andren in rechten Winkeln auf daffelbe laufen. Ein merkwürdiger Zug des *Willamette*-Thales find die *buttes:* hohe, kegelförmige, alleinftehende Hügel von etwa 1000 Fufs Höhe. Im *Willamette*-Thale gewährt ein Punkt, nahe dem *Rickreall river* (gaz. 865, bᵐᵐ), den herrlichen Anblick, 7 Berggipfel des Cafcaden-Gebirges *(Cascade range)* zu überfehn, ewigen Schnee tragend. Die mittlere Abtheilung bedeckt eine Breite von 160 *miles* und ift meiftentheils eine Hochebene. Das Oberland nimmt den weftlichen Abhang der *Rocky mountains* ein, und ift meift ein unfruchtbarer Landftrich: mit Lava bedeckt, in welche die Flüffe bis zu grofser Tiefe ihr Bette einfchneiden; diefe Felsbetten find an vielen Stellen für Menfchen und Thiere unzu-gänglich. Die *three Buttes* und *three Tetons*, am Fufse der *Rocky mountains*, find kegelförmige Erhebungen von bedeutender Gröfse. „Oregon kann ausdrucksvoll ein Bergland genannt werden. Fangen wir (um die GEBIRGE zu nennen) im O an, fo haben wir die hohen Gipfel der *Rocky mountains*, welche (in *Frémont's peak*) die Höhe von 13,570 Fufs erreichen; fie fcheiden das *Missisippi*-Thal von der Südfee-Region und entfenden Strahlen *(spurs)* weftwärts." Die Kette der *Rocky mountains* hat im füdlichen Theile der Oftgränze Oregons die veränderte Richtung gen NW, und führt hier und fchon in *Utah* den Namen der *Wind river mountains;* beide zufammen tragen auf der Karte des Atlas (1857) den Namen der *Chippewayan chain.* „An der öftlichen Gränze zwifchen dem *Middle* und *North Park*", fagt Humboldt im 4ten Bd. des Kosmos (S. 436), „verändert die Gebirgskette der *Rocky mountains* auf einmal ihre bisherige Meridian-Richtung und wendet fich von 40° 15' bis 44° N. B. in einer Erftreckung von ohngefähr 65 geogr. M. gen NW. In diefem Zwifchenraume liegen der *South pass* (7028 Fufs) und die berühmten, fo wunderbar fpitz ge-zackten *Wind river mountains*, mit *Frémont's peak* (in 43° 8'), welcher die Höhe von 12,730 (Parifer) Fufs erreicht. Im Parallel von 44°, nahe bei den *Three Tetons*, wo die nordweftliche Richtung aufhört, beginnt wieder die Meridian-Richtung der *Rocky mts.* Sie erhält fich bis gegen *Lewis and Clarke's pass*, der in 47° 2' N. B. und 114°½ W. L. liegt. Dort hat die Kette des Fels-gebirges noch eine anfehnliche Höhe (5608 Fufs), aber wegen der vielen tiefen Flufsbetten gegen *Flathead river (Clarke's fork)* hin nimmt fie bald an regelmäfsiger Einfachheit ab . . . ."

Die Karte von 1857 zeigt im füdlichen Oregon, etwas weftlich von der OGränze und den *Rocky mountains*, einen aus dem nördlichen *Utah* hereintretenden Gebirgszug: die *Bear moun-tains*, welche, genau S-N ftreichend, nahe dem 44° auf die *Rocky mts* ftofsen, denen fie fich immer mehr genähert haben. — „Etwa in der Mitte zwifchen den *Rocky mts* und der Südfee find die *Blue mountains*, beinahe von N nach S gerichtet, welche aber Bergzüge *(ridges)* nach ver-fchiedenen Richtungen ausfenden. Diefe Berge fteigen manchmahl bis zur Schneelinie an, haben aber gewöhnlich nur eine Höhe von 3-4000'. Das Cafcaden-Gebirge *(Cascade range)*, mit den höch-ften bekannten Berggipfeln in den Verein. Staaten, erftreckt fich (wenn man den Namen allgemein macht) von 60° N. B. (beinahe gleichlaufend dem ſtillen Ocean) bis zum ſüdlichen Theile Alt-Californiens; ſein Abſtand wechſelt in Oregon zwiſchen 80 und 140 *miles*. *Mount Hood, mount Jefferson, mount Pitt* oder *Mc Laughlin* ſind (N-S) die vorzüglichſten Gipfel in Oregon; der höchſte iſt der 1te, 14,000' über dem Meere." Zuletzt kommt das Küſtengebirge *(coast range)*, welches in Oregon die *Callapooya mountains* genannt wird; ſie entſenden, wie geſagt, Strahlen *(spurs)* in rechten Winkeln auf den Ocean. Die *Salmon mountains* durchſtreichen die Mitte des öſtlichen Theiles von Oregon in der Richtung von O-W.

§ 505, d. Gemeinſam mit der Weſtküſte aller Feſtländer, hat Oregon ein milderes Klima als die Oſtſeite Nordamerika's. Der Küſtenſtrich hat die mildeſte und das Oberland die rauheſte Temperatur. Im erſteren iſt der Winter gewöhnlich kurz, obgleich faſt in jedem etwas Schnee fällt; der Winter von 1852-3 war ſehr ſtreng. Vom April bis November fällt nur wenig Regen. Im mittleren Striche iſt der Sommer weit trockner und der Winter kälter als im O des Caſcaden-Gebirges; die Regenzeit iſt ſchwächer und kürzer. Das Oberland iſt veränderlich, indem es oft täglich alle Wechſel der Jahreszeiten durchmacht; es iſt daher für den Ackerbau untauglich. Hier iſt eine ſtarke Regenzeit vom November bis April. Stürme und Regen ſind noch ſtärker an der Küſte als im *Willamette*-Thale. Auf einen kurzen Zeitraum ſchönen Wetters im Februar oder März folgen gewöhnlich 3-4 Wochen Kälte und kühle Regen. Im letzten Theil des Winters ſind leichte Schneefälle. Selten ſinkt jedoch das Thermometer auf den Gefrierpunkt. Im allgemeinen iſt der Winter in Oregon ſehr unregelmäſsig, aber Milde vorherrſchend. Das Land zwiſchen den *Blue* und *Rocky mountains* iſt ſehr trocken; der Unterſchied zwiſchen der Tages- und Nacht-Temperatur iſt ſehr bedeutend.

Was die Fruchtbarkeit anbetrifft, ſo iſt ein groſser Theil von Oregon untauglich zum Ackerbau; und zwar durchgängig das Oberland oder der öſtliche Theil, wegen Dürre und unregelmäſsigen Klima's. Die Mitte iſt zwar nicht überall anzubauen, hat aber zu einem geringen Theil vorzügliche Weide. Die Hauptgegend für Ackerbau iſt das Land weſtlich vom Caſcaden-Gebirge, beſonders in den Thälern des *Willamette* (dieſes vorzüglich), *Umpqua* und *Rogue's river*. Das Erdreich der *Columbia* iſt guter Boden, aber wegen des Austretens zum Anbau unfähig: es kann jedoch gute Viehweide geben; die nicht der Überſchwemmung ausgeſetzten Striche (wie der oberhalb Fort *Vancouver*) ſind äuſserſt ergiebig. — Erzeugniſſe aus dem Mineralreich haben erſt angefangen ſich zu entwickeln; doch hatte man *(gaz. 865, a^m)* Nachrichten von reichen Goldgräbereien zu *Jacksonville*, im Thal des *Rogue river* und bei *port Orford*. Oregon iſt berühmt wegen ſeiner Waldungen rieſenhafter Fichten; *Lambert's pine* erreicht manchmahl 300' Höhe und 40' im Umfang. Ihnen ſteht an Nutzen zunächſt die Eiche; der mittlere Strich iſt ſchwach an Bauholz. Über die Thierwelt ſ. *gaz. 866,b^{n-nf}*.

Der Cenſus vom Jahr 1850 gab in Oregon 32 *academies* an.

§ 505, e. Oregon beſitzt keine bedeutende Bai (ſ. S. 582^{mm}), auch wenige Caps oder Häfen *(harbors)*, da ſeine Küſte merkwürdig frei von Krümmungen iſt. Die Caps ſind: Cap *Blanco* oder *Orford*: nach dem Atlas von 1857 2 Spitzen: ſüdlich *point "Oxford"* (jetzt mit der Stadt *port Orford*, Atl. *Port Oxford city*), nördlich davon Cap *Blanco* (ſ. ähnlich oben S. 519^{af} und Ende der Anm.); ſ. über beide und den Namen *Oxford* bei Neu-Calif. S. 519^{aa-af} und Anm.); Cap *Arago* (1) (= *C. Gregory* der *expl. exp.*), *Umpqua head*, Cap *Perpetua*, Cap *Foulweather*, Cap *Lookout*, *false Killamook* (sen. *Tillamook*), *Killamook head*, point *Adams* (auch *sen.*; die nördlichſte Ecke unter der *Columbia*-Bai). — Häfen bieten die *Columbia* und der *Umpqua*-Fluſs. — Zwiſchen dem Caſcaden- und blauen Gebirge, und zur Fuſs der *Rocky mountains* liegen einige kleine Seen; unter den erſteren ſind zu nennen: der nördliche Theil des *Klamath*-Sees *(little Klamet l.* nach *expl. exp.)* und des *Goose* oder *Pitt's lake*; nördlich über dem erſteren

---

(¹) Mit einem Stern * bezeichne ich Namen, welche ich dem Atlas der Vereinigten Staaten von 1857 entnehme; die ohne Zeichen ſind meiſt aus dem *gazetteer* oder nach Umſtänden aus den neuen Karten.

der *upper Klamath lake* oder *(expl. exp.) great Klamet l.* (*nur wieder *Klamath l.*), der ganz in Oregon liegt; *Christmas l., *l. Abert, Salt l., Mud l. (expl. exp.), *Summer l.* u. a., *Sylanilles;* unter den letzteren: *Godere* und *Jackson's lake,* *Medicine lodge l., *Market l.;* noch nennt *Schoolcraft* (unten Ende des § 507,a) im äußersten S: *Plioc, Toqua* und *Coast.*

Unter den FLÜSSEN ist obenan die COLUMBIA oder der *Oregon* zu nennen, deren Ent-deckung und Namen ich oben (S. 579^{af-mf}) schon erläutert habe. Da sie in meiner Erörterung der Völ-ker und Sprachen und für beide Territorien eine so wichtige Rolle spielt, so will ich über sie aus-führlicher seyn. Der Fluß hat seinen Ursprung in einem kleinen See, nahe den Quellen des *Flatbow river,* am westl. Abhange der *Rocky mountains,* etwa im 50° N. B. und 116° W. L. (s. die Karte seiner Quelle in *de Smet's Missions de l'Orégon* bei p. 86). Der erste Theil seines, mannigfaltig ge-richteten Laufs geht gen NW, am Fuße dieser Bergkette hin: bis er ein wenig über 52° N. B. sei-nen ersten Zufluß [*Canoe river,* von N-S auf seine Beugung stoßend] empfängt, wonach er bis zum 46ten Parallel südwärts strömt; von da an bis zur Südsee läuft er gerade nach W, mit einer kurzen nördlichen Biegung vor dem Ende, und bildet die Gränze zwischen den Territorien *Washington* und *Oregon.* Dabei hat er zwischen 48°½ und 46° einen vielfach geschlängelten Lauf: gen NW, W und SW 140 *miles* weit; danach SO bis Fort *Wallawalla.* Er ist ein sehr reißender Strom, und stürzt oft durch Bergschluchten und Fälle. Merkwürdig sind auch in seinem unteren Lauf zwei Engen und Stromschnel-len: die *Dalles,* wo er auf ½ *mile* Länge zwischen Basaltfelsen auf 100 *yards;* und eine andre 40 m. weiter herab, wo er bei seinem Durchbruch durch das Cascaden-Gebirge auf 150 *yards* zusammenge-drängt wird, und eine Reihe von Stromschnellen hat, in denen er seine Wasser mit großer Gewalt fort-stürzt; im *Washington terr.* sind die *Kettle falls,* gerade unter der Mündung von *Clarke's river.* Der Überschwemmungen des Flusses habe ich schon (S. 581^{mm}) erwähnt. 30-40 *miles* aufwärts von ihrer Mündung in das stille Meer bildet die Columbia eine Art Bai, von 3-7 *miles* Breite. Die Mündung ist durch Sandbänke und Untiefen (an denen viele Schiffe verunglückt sind) behindert, aber für Schiffe von 16 Fuß Tiefgang fahrbar; Schiffe von 2-300 Tonnen können von der See aus 130 *miles* aufwärts bis zu den Wasserfällen *(cascades)* gelangen: oberhalb dieser ist kein Theil des Flusses stetig weiter als 20-30 *miles* schiffbar, und dann nur für Schiffe kleinerer Gattung oder Böte. Die vorzüglichsten Nebenflüsse der Columbia sind, auf ihrer Ostseite, von SO gen NW strömend: *Mc Gillivray's* oder *Kootenay (Kootanie expl. exp.)* oder *Flat bow river,* im brit. Amer. mündend; *Clarke's river* oder *fork,* oder *Flathead river,* einfallend 30 *miles* innerhalb des ersten, im *Washington terr.* (dem er ganz angehört) (s. eine Karte seiner Quelle in *de Smet's Missions de l'Orégon* bei p. 146); darauf *Spokan river;* und weiter der Hauptarm der Columbia, welcher im wesentlichen mit *Clarke's fork* zusammen dieselbe mehrt: der große *Snake* oder *Lewis river,* welcher von S her auf ihrer OSeite in 46° 20' N. B. und 118° 50' W. L. (so gaz. 262, b^{nn}; 599, a^{n} aber: 46° 6' und 118° 40'), im *Washington terr.,* in sie einfließt und ⅔ des Territoriums *Oregon* in O mit seinem großen Netz von Nebenflüssen einnimmt, mit denen er das große Thal zwischen dem Felsengebirge und den blauen Ber-gen bewässert. Alle diese großen östlichen Flüsse entspringen in der Kette der *Rocky mountains.* Nach dem *Snake r.* sind im *Oregon*-Gebiete als Zuflüsse der Columbia zu nennen: 1) östlich vom Cascaden-Gebirge: von O her der *Wallawalla* (auf der Gränze fließend, seinen Einfluß aber im *Wash.* terr. nehmend); dann im S, von SO her (in der Folge von O-W): der *Umatilla (*Umatilah),* John *Day's r.* oder *Mahhah* (welcher vor seiner Mündung *Quesnell's r.* aufnimmt, der aber nach *expl. exp.* u. a. ein besondres Flüßchen vor diesem ist), und der große *Fall r. (expl. exp. Falls* oder *Shutes r.,* oder *riv. de la Chúte,* Df. *des Chútes),* S-N fließend (mit einem *east-branch);* 2) west-lich vom Cascaden-Gebirge: der große *Willamette* (S-N): mit vielen Nebenflüssen, besonders in O, auf deren Nennung ich aber nicht eingehe. Der *Willamette* hat etwa 25 *miles* vor seiner Mündung Wasserfälle, die einen reichen Lachsfang bewirken; er ist bis *Portland* und manchmahl bis zu den Wasserfällen für Seeschiffe fahrbar; oberhalb der Fälle können kleine Dampfschiffe beinahe 100 *miles* weit fahren. — Auf der Nord- und Weftfeite find nur 2 Nebenflüffe der Columbia zu nennen: der *Okanagan (*Okinakane r.)* im *Wash. terr.*, dem oberen Laufe der Columbia von N-S weftwärts gleichlaufend und auf das Ende ihrer weftlichen Beugung ftofsend, fo dafs er mit ihrem ferneren füd-lichen Lauf eine Linie bildet; und der *Snake*-Mündung gegenüber die *Yakima* (f. nachher S. 586ᵐᵐ); weiter nach W ift noch ein nördlicher Nebenflufs, der **Klikatat r. (expl. exp. Cathtatates r.).*

Der *Snake* oder *Lewis river* entfpringt im SO aus mehreren Quellen an der Seite des Hauptrückens der *Rocky mountains* nahe dem 43° N. B. und 109° W. L.; in feinem oberen Lauf hat er den bedeutenden Wafferfall *American fall* oder *falls.* Sein allgemeiner Lauf geht zuerft gen W: bis zu 115°⅓ W. L., wo er fich nach N bei W wendet; diefe Richtung behält er ziemlich bis zum Parallel von 46°½, von wo an er wieder den weftlichen Lauf annimmt. Seine Länge wird auf 900 *miles* gefchätzt. Nach der Karte des Atlas und der der *expl. exp.* (*) nimmt der *Snake r.* auf im Süden (von O.-W): *Pannack r., *Blackfoot r., *Portneuf's r., Fall creek, Raft c., Swamp c., Goose c., Rock c.* (* ftatt diefer 3: *Clark's r.*), *Panac* c. (**r.*); in Weften, von SW fliefsend, in der Folge S-N: *Smoke r.* (Weim. Karte), *r. Branca,* den grofsen *Owyhee* (Weim. *Fish) r.,* dann die *rivière aux Malheurs* (Df. *du Malheur, Malheur r.* oder *Watschlimo*); weiter gen N: *Burnt r., Powder r., grand Rond* oder **grande Ronde r.;* auf der Nordfeite nimmt er von O-W auf: einen Arm aus *Lewis* und *Henry's fork* gebildet (**Henry's r.*), *r. Malade* oder **Sickly r., *Bridge r.;* weiter auf der Oftfeite, von S-N: *Boisée* oder *big Wood r.* (oder **Reid's r.*), *Fayette* oder **Fayette's r.* (oder *Shushpellamine,* Df. *Souxpellalima),* dann den *North branch* oder *Salmon r.* (auch *Waptikakus* genannt); darauf den *Kooskooskia* oder **Kooskooskee r.,* wel-cher von S den *Lapwat* (**Lapwai) r.* aufnimmt und danach, gegen feinen Einflufs in den *Snake r., Clear Water r.* heifst; bei feinem Einflufs macht der *Snake r.,* bisher genau S-N mit etwas W fliefsend, eine plötzliche Wendung gen W, mit welcher er der Columbia zueilt; diefem weftlichen, letzten Stück wird der Name *Sahaptin, Saptin* oder *Snake r.* gegeben: das von N den *Peluse r.* (**Flag r.*) aufnimmt; der grofse Zuflufs *Kooskooskia r.* und diefes letzte Stück *Saptin r.* liegen im *Washington territory.*

Noch fliefsen im füdöftlichen Zipfel von Oregon, gegen das *Great Basin* von Utah hin: ganz in O der Anfang des *Green river,* dann *Bear river* in feiner Windung (alfo wie 2 Flufsläufe), fein Zuflufs *Roseaux* und *Malad creek.*

Aufser den zwei grofsen Flüffen: der *Columbia* mit ihren füdlichen Armen, und dem *Snake* oder *Lewis river,* hat das Territorium an felbftftändigen Flüffen nur einige, meift kleine KÜSTENFLÜSSE: Klamath, der nach Californien übertritt, nur zum kleinen Theil ihm gehörend (f. das nähere S. 522); *Chilico (sen.), Rogue's* oder *Rogue r.* (mit vielen Zuflüffen), *Sequalchin r., Coquille r., Kowes* oder *Goos r.,* den Umpqua (mit *Smith's r.* in N), *Sciisticum (sen. Siuslau), Alseya (expl. exp. Alciyco), Yaquima (sen. Yaquina), Salitz, Nekas, Nechesne, Killamook r., Nehakim, Young's r.* (in der nördlichen Ecke). Der *Umpqua,* 25 *miles* hinauf für Dampffchiffe fahrbar, kann auf eine kurze Strecke durch Schiffe von 8′ Tiefgang aufwärts befahren werden, und Schiffe von 12′ kön-nen in feine Mündung gelangen.

§ 505,f. Oregon zerfällt nach dem *gaz.* in die 10 *counties: Benton, Clackamas, Clatsop, Lane, Linn, Marion, Polk, Umpqua, Washington* und *Yamhill;* nach dem Atlas von 1857 find aber die *counties,* allein in dem weftlichen Striche zwifchen der Südfee und dem Cafcaden-Gebirge befindlich, von S-N folgende: **Jackson, *Coose, *Douglas, Umpqua, Lake, Benton, Linn, Polk, Marion, Yamhill, Clackamas, *Wascopen, Clatsop, Washington, *Columbia;* die 5 mit Stern bezeichneten kommen zu jenen 10 hinzu. — Die vorzüglichften Städte Oregon's find: *Portland* (nach dem *gaz.* mit 821 Einw.; von *Appleton* aber 1857 die gröfste und wichtigfte Stadt in Oregon genannt, mit 8000 Einw.), *Oregon city* (die frühere Hauptftadt), *Milton* (692 Einw.), *Salem* (die Hauptftadt) und *Marysville;* zu nennen ift noch das Dorf *Astoria* an der SSeite der Columbia, 10 *miles* von ihrer Mündung: früher eine wichtige Niederlage für den Pelzhandel, benannt nach dem Gründer des Forts, John Jacob *Astor* (f. *Swan* 225-6).

Die Bevölkerung des ungetheilten Landes *Oregon* betrug 1850 13,294 Einwohner (8142 männliche und 4946 weibliche), ohne die Indianer. Diefe Zahl fieht der *gaz.* (1854) als die neue Einwohner-Zahl des Territoriums Oregon nach Abtrennung des *Washington territory* an, indem die-felbe fich in der kurzen Zeit verdreifacht habe.

§ *505, g.* Ich fchliefse, wie ich (S. 577[nn]) verkündet, die kurze GEOGRAPHISCHE Schilderung des WASHINGTON-TERRITORIUMS an die von Oregon an, und folge dabei wieder meift dem *gazetteer* (1233, a[m]-5, a[a]); ich benutze aber auch die neue genaue Schilderung des Landes: *The northwest coast; or three years' residence in Washington terri-tory. By James G. Swan. New York* 1857. 8° (f. Geographie befonders im Cap. 8 p. 117-124 und Cap. 21 p. 392-407).

Das *Washington*-Territorium wurde, wie ich fchon (S. 578[a], 579[nn]) bemerkt habe, durch eine Acte des Congreffes im J. 1853 aus dem nördlichen Theile des *Oregon*-Territoriums gebildet. Es nimmt den äufserften NW des Gebietes der Verein. Staaten ein; und gränzt in N an die Strafse des *Juan de Fuca*, welche es von der *Vancouver*-Infel trennt, und das britifche Amerika; im O an die *Rocky mountains* und *Nebraska (Northwest terr.)*; im S an Oregon: indem die *Columbia* weftlich etwa zur Hälfte bis nahe Fort *Wallawalla*, und von da öftlich der 46te Parallel (vgl. S. 579[aa]) die Gränzlinie bilden; in W an das ftille Meer. Mit Ausnahme der weftlichen $\frac{2}{5}$, der gekrümmten *Columbia*-Linie: d. h. eines langen Stückes im O, wo der Flufs fich füdlich fenkt (bis etwa 45° 33'), und der nördlichen Erhebung feines Endlaufes (nach dem *gaz.* bis 46° 20', nach den Karten aber weniger, höchftens bis 46° 16' [= Cap *Disappointment*: S. 585[nn]]) liegt es zwifchen 46° und 49° N. B., und zwifchen 112° (*gaz.* 110°) und 125° W. L. Seine gröfste Länge beträgt etwa 600 *miles* von O nach W und die Breite etwa 209 *miles* von N nach S: indem es beinahe ein Parallelogramm bildet, mit einem Flächeninhalt von etwa 123,022 (*Swan*; *gaz.* vielleicht 120,000) □*miles*: von denen 22,000 zum Ackerbau tauglich find.

Von der Befchaffenheit und den Gebirgen gilt daffelbe, was bei *Oregon* gefagt ift: nur dafs die *Blue mountains* im N der Columbia mehr zerriffen und zerftreut find. Die Hauptgipfel des *Cascaden*-Gebirges find *mount St. Helen's* von 13,300' Höhe: ein Vulkan, der im Oct. 1842 einen Ausbruch gehabt hat, deffen Befchreibung der *gaz.* (865, b[m-nf]) giebt; *mount Adams* (wie der vorige: in SW), *Rainier* von 12,000' und *Baker*. Der höchfte Gipfel der Küftenkette ift *mount Olympus* von 8197'. Die meiften diefer Gipfel tragen ewigen Schnee. Der Atlas von 1857 zeigt in O *Coeur d'Alène mts*, in der Mitte das *Spokan plateau* oder die grofse Ebne der *Columbia*. — Man berieth eine Strafse von *Wallawalla* an der Columbia nach *Olympia* am Pugets-Sund zu eröffnen, und die Auswanderer fchlugen im Sommer 1853 theilweife einen der Pafs des Cafcaden-Gebirges im N des *mount Rainier*. „Der Gouverneur *Stevens* führte eine *exploring party* durch das Gebiet"; mit diefem Ausdruck des *gaz.* wird wohl feine wichtige Expedition um den 47ten Parallelkreis ge-meint, welche zu denen für die grofse Südfee-Eifenbahn gehört (f. § 507, c gegen Ende).

Das Klima ift dem von Oregon gleich, mit einigen durch die verfchiedne Breite und Örtlich-keiten veranlafsten Abweichungen.

Fruchtbarkeit (f. *gaz.* 1234, a[n]-b[af]) findet fich an vielen Stellen; fo find oder follen günftig feyn das Thal des *Cowlitz* und *Duwamish*, wie die Thäler der in die *Bellingham*-Bai fallenden Flüffe; die Thäler gegen die *Rocky mountains*, mit herrlichen Flüffen und prachtvollen Wäldern. Das *Chekalis*-Thal in W hat vortreffliche Prairie und dichte Waldung, die Niederungen an den Strömen und das Land der *Flatheads* im N find ergiebig und dicht bewaldet; voll Wälder, mit zerftreuten Prairien, dürren und fteinigen Strecken untermifcht ift das Land zwifchen dem *Pugets*-Sund und dem Cafcaden-Gebirge; das unmittelbar um diefen Sund foll fandig und unfruchtbar, aber mit grofsen Tannen und Cedern beftanden feyn. — Erzeugniffe des Mineralreichs haben noch nicht verfolgt werden können; man hat Steinkohlen bei der *Bellingham*-Bai und rothen Sandftein zum bauen gefunden. Das Territorium bringt Bauholz in Menge hervor: fo die Hügel und Thäler im öftlichen Theil, an den *Rocky mountains;* die grofsen Waldbäume um den *Pugets*-Sund; dem Territorium gehört die riefenhafte Fichtenart des *Oregon*-Gebietes gleichmäfsig an. Wilde Thiere und Wildpret giebt es in Menge, und keine Gegend der Erde ift vielleicht fo fifchreich als *Washington*, befonders der *Pugets*-Sund und die umliegenden Gewäffer; der Lachs füllt die *Columbia* und ihre Nebenflüffe.

Die neueften Ereigniffe im nordöftlichen Afien geben dem *Washington*-Gebiete eine gröfsere Wichtigkeit für den grofsen Handel; ein Zeitungs-Artikel aus Neu-York vom 23 Dec. 1857 fchreibt: „Die gegenwärtigen Verhältniffe der Seemächte zu China, die neuen Handelsvortheile, welche die Ruffen von deffen Regierung in Bezug auf den Theehandel erlangt haben, ziehen in hohem Grade die Aufmerkfamkeit auf das Terr. *Washington.* Man hofft, dafs man von hier aus den Thee für Nordamerika aus den ruffifchen Befitzungen wird holen können; und dafs der Verkehr, der bereits zwifchen *S. Francisco* (in Neu-Californien) und dem *Amur*-Fluffe befteht, fehr zunehmen wird. Der *Amur* hat feine Mündung unter dem 53° N. B., und der Eingang in die Meerenge von *Fuca* liegt nur 4½ Grad füdlicher. Von der Meerenge von *Fuca* aus ift die Fahrt nach *S. Francisco*, das 10° füdlicher liegt, ohne alle Schwierigkeit, da hier der Wind faft das ganze Jahr von NO weht." — Die neueften Ereigniffe in China haben diefe Ausfichten noch erweitert.

§ 505, h. Die *Fuca*-Strafse *(straits of Juan de Fuca)* zwifchen *Washington* und der *Vancouver*-Infel, verbindet die Südfee *(Pacific ocean)* mit dem *Admirality inlet*, *Pugets*-Sund und *Hoods*-Canal: alles Armen einer grofsen Bai, die fich 60-70 *miles* in füdlicher Richtung von dem Meerbufen von *Georgien* aus erftreckt und durchweg für die gröfsten Schiffe fahrbar ift: die wegen ihrer ganz fteilen Ufer dicht an ihrem Rande ankern können; die *Bellingham*-Bai am NWEnde des Territoriums ift ein Arm des Golfs von *Georgia*, und am öftl. Ende des *Admiralty inlet* ift *Elliott*-Bai. An der Südfee-Küfte folgen dann von N-S: *Gray's harbor*, eine Erweiterung der Mündung des Fluffes *Chekalis (Chehalis)*, in etwa 47° N. B.: einige Schiffe faffend; füdlich von ihm ift die fchöne und wichtige *Shoalwater*-Bai in 46° 43', der Hauptgegenftand von *Swan's* Schilderungen (f. p. V, VI, 20); zuletzt die *Columbia*-Bai: d. h. die grofse, zu einem Meeresarm und einer Bai fich erweiternde Mündung der *Columbia.* Viele kleine *inlets* werden unten (§ 507, c) von *Stevens* genannt.

Keine grofse Infeln finden fich an diefer Küfte; die bedeutendfte ift *Destruction island* oder die *isle of Grief*, etwa 40 *miles* füdlich vom Cap *Flattery:* Im *Puget*-Sund liegen: *Fox, M'Neil*, *Anderson's* und *Hartstein's (sen Hartsten) island;* im *Admiralty inlet* liegen im N: *Whidbey's island:* 40 *miles* lang, voll fruchtbarer Prairien und Wildprets; mit Wald, aber knapp an Waffer; öftlich davon *M'Donough's* oder *(sen.* 1857) *Camano island;* im S *Bainbridge, Vashon's* und *Maury's isl.;* im NW von *Whidbey's isl.*, weftlich von der *Bellingham*-Bai im S ift der Archipel der *Arroo-* oder *Arro*-Infeln, von vielen Canälen und Meerarmen durchfchnitten, deren 2 hauptfächlichfte in der Mitte *Rosario strait* und im W *Haro strait* oder *canal de Haro* (f. über ihn brit. Nordamer. S. 319ⁿⁿ) find; wichtig durch ihren Fifchfang.

Die wichtigften Caps find: Cap *Disappointment* in 46° 16' N. B., an der Einfahrt der Columbia; und Cap *Flattery* an der Einfahrt der *Fuca*-Strafse; die neuen Karten nennen mehrere *points*.

Es finden fich im *Washington*-Territorium mehrere Seen, meift im öftlichen Theile, gegen den Fufs der *Rocky mountains*: darunter *Flathead lake*, in Verbindung mit der Quelle diefes Fluffes; in NW davon geht diefer Fluf in feinem mittleren Lauf durch *lake Kullespelm (expl. expl. Kulluspelm,* Atlas *Kalluspehn)* oder *Pend d'Oreilles l.*, eine Erweiterung des Fluffes; SW von diefem, im ob. *Spokan, l. Coeur d'Alène (expl. exp.);* nördlich an der Gränze hat der Atlas **l. Rootham*, durch welchen von O der *Kootenay r.* geht; und nördlich vom *Rootham l.* im brit.

Amerika den grofsen, hufeifenförmigen *Flat bow l.*: die *expl. exp.* hat ftatt des *Rootham l.* den
Flat Bow l., welchen kurz vor feiner Mündung der *Kootanie* oder *Flatbow r.* durchfliefst. Weftlich vom *Rootham* ift gegen die NGränze der kleine *Osoyoos lake* im *Okanagan*-Flufs: dem im N,
im brit. Amerika, mehrere Seen diefes Fluffes folgen, befonders *great Okinakane l.*; füdlich davon
liegen im O der grofsen Weft-Biegung der Columbia: *Sallie's l., Hay's l., Elias l.* (Swan; *sen.*
Eltas), 2 *Salt l., grand Coulée.* Gen W von da kommt ein Landftrich, eben fo nördlich, der
viele kleine Seen enthält: im N ift *l. Chelan,* füdlich find kleinere: *Kleattam* (Atl. *Klealium) l.,*
Kachess l., l. Pillwattas (Atl. *Pilwaltas), Kitchelas (sen. Kitchelus, -lis) l.*; weit im S *Golds-*
boro l. Die Ofifeite des grofsen inneren Meeres-Erguffes, auf diefen Strich im W folgend, begleiten
Seen: die Mitte des *Admiralty inlet* der grofse *Dwamish l.,* mit *Sammamish l.* in O; im S hat
der Atlas *Nooknoo l.*; ganz im N find bei der *Bellingham*-Bai *Samish l.* und *Whatcom l.*; fie
find vielleicht der grofse See, von ausgedehnten Prairien umgeben, welcher nach dem gaz. 10-20 *miles*
rückwärts von der *Bellingham*-Bai gefunden feyn foll; in S *Toutle l.* — Gegen die NWKüfte der
Südfee find der *Queniult* oder *Quinaiutl l.,* Durchgang des gleichnamigen Fluffes, und der *Cushman l.*

§ 505, i. Die FLÜSSE des Territoriums, befonders im W des Cafcaden-Gebirges, welche ihre
Quellen in jenen fchneeigen Gipfeln haben, find plötzlichen Überfchwemmungen unterworfen; auch
viele Stromfchnellen und Wafferfälle giebt es, welche die Schifffahrt hindern; denn die Flüffe hier
find meift nur für Böte und Canots fchiffbar. *Washington* theilt mit *Oregon* den grofsen Flufs des
Südfee-Abfalls, die COLUMBIA, welche, aus dem britifchen Amerika eintretend, das Territorium erft
in füd-füd-weftlicher, dann füdlicher und darauf in füd-füd-öftlicher Richtung durchfchneidet, bis fie
etwas unter 46° N. B. gelangt (S. 584^{mm}), wo fie fich für immer weftwärts wendet und von dem Punkte
an bis zu ihrer Mündung in das ftille Meer die SGränze bildet. Diefer Flufs theilt das *Washington*-
Territorium in 2 Theile, deren gröfserer in O liegt. Der *Okanagan* aus dem britifchen Amerika ift
ihr Hauptzweig in N und die *Yakima (sen.* und Swan *Yakama)* im füdlichen Theil des Territoriums
(oben S. 583^a); beide fallen von W her in die Columbia; von O fliefsen in fie ein von N-S: *Flat-*
head oder *Clarke's river* und *Spokan, Saptin* oder *Lewis, Wallawalla. Clarke's* und *Lewis*
river find grofse Flü fe, die in den *Rocky mountains* entfpringen, und haben beide die Richtung gen
NW; der *Lewis* und *Wallawalla* ftrömen hauptfächlich in Oregon. Der *Spokan* bewäffert die Mitte
der öftlichen Abtheilung; *Mc Gillivray's* oder *Flatbow* oder *Kootanie* den nordöftlichen Theil, und
erreicht die Columbia im britifchen Amerika.

Ich fchildere das Flufsnetz der Columbia im *Washington*-Gebiete nach dem Atlas von 1857
(mit Zufätzen aus *Swan* unter einem Stern *): Im S über die Mitte hinaus gen W ift auf der Gränze
der kleine *Wallawalla*-Flufs, welcher da in die Columbia auf ihrer OSeite fällt; nördlich von ihm
ift dann ein langer Flufslauf von O-W: gebildet durch den *Kooskooskia r.,* fpäter *Clear Water r.*
genannt, der von S aus Oregon den *Lapwat r.* aufnimmt (oben S. 583^{m-mm}); der *Kooskooskia* mündet
in den *Snake r.,* oder *Saptin,* und deffen weiterer Lauf bildet die Fortfetzung der Linie des *Koosk.*
und mündet in die Columbia. Weit davon ift im N des Territoriums von O bis weit gegen W ein
langer Flufsbogen, gebildet von den Nebenflüffen der Columbia und der Columbia felbft: ganz im SO
ift *little Blackfoot r.,* von O-W fliefsend, nachher *Hell Gate r.* genannt, der einen Flufs von S
aufnimmt; nördlich von ihm läuft eben fo *Blackfoot fork;* die Vereinigung beider nimmt von S
Bitter Root oder *St. Mary's r.* auf, und heifst darauf, in einem langen Lauf gen NW ftrömend,
Clarke's fork: geht nahe der NGränze des Territoriums in die Columbia; in *Clarke's fork* fällt
gegen die OGränze von N *Flathead r.:* weit davon, gegen die NGränze, von O her *Kootenay* (oder
Flatbow) r. [nach der *expl. exp.* fallen beide nach einander in die Columbia; von S geht ein
langer, W-O mit etwas S ftrömender Flufs in ihn, welcher in W *Coeur d'Alène r.,* im O *Lou Chou*
fork heifst; nahe dem Anfang des *Coeur d'Alène,* wohl mit ihm verbunden, geht der kurze *Spo-*
kane r. von O-W in die OSeite der Columbia; diefe obere Columbia heifst im nördlichen Theil des

Territoriums (N-S flieſsend) im N *Grand Eddy* (nach *expl. exp.* von der Mündung des *Flathead* oder *Clarke's* r. gen S an bis Fort *Colville*), ſüdlich *Colville r.* Hierauf wendet ſich die Columbia O-W, und nimmt auf ihrer NSeite auf (O-W) die 2 kleinen Flüſſe *Sanpoila r.* und *Spilnin r.*, dann den groſsen *Okinakane r.* (*expl. exp. Okonagan*), dann den kleinen *Methow r.* mit *Twitsip r.*; danach wendet ſich die Columbia für eine kleine Strecke NO-SW, und nimmt auf ihrer WSeite auf *lake Chelan* (*expl. exp. Barrier r.*), den kleinen *Enteatqua* (**Enteatkwa, sen. Enteatkwu, expl. exp. Enty Catecome*) r., kleinen *Pisquouse* oder *Pisquose* oder *Wenatshapanik* (sen. *Wenatshawpam*) r. Danach läuft die Columbia eine lange Strecke, bis zur SGränze des Territoriums, gen SSO, und nimmt hier nahe der SGränze in W die groſse *Yakima* (**Yakama*), in 2 verſchieden gewandten Bögen flieſsend, auf, welche auf ihrer WSeite von N-S die Nebenflüſſe hat: *Yakinsee, Emteman* (sen. *Entenum*) r., *Wenass r., Nahchess* (*Nachess*) r., *Atahnam r., Pisco r.*; die *expl. exp.* hat ſtatt dieſer Nebenflüſſe nur *Spipen* und *Shanwappum.* Auf der SGränze flieſst nun die Columbia O-W und nimmt hier auf der NSeite den *Camill r.* und *Klikatat* (*expl. exp. Cathtatates*) auf; nach W noch einige, darunter *Washookal creek;* darauf empfängt ſie, indem ſie in der Mitte ihres letzten Laufes einen Bogen gegen N macht, auf der OSeite: *Yahkatt r.* mit *Catapoodle r.* (* und *sen.* haben den *Cathlapoodle* oder *Catapoodle* in 2 Armen, *south* und *north fork*, die ſich kurz vor ſeiner Mündung vereinigen), *Kalama* oder (sen.) *Kalma r.*, den kleinen *Gobar's r.*; hiernach auf der NSeite: den groſsen *Cowlitz r.* (mit dem oberen Zufluſs *Tilton r.* und dem unteren *Toutle;* unter ihm, im O des *Cowlitz*, iſt der 586[af] genannte *Toutle lake*), *Strong's r., Grey's r.* (letzterer geht aber ſchon in die Bai); der *gaz.* nennt *Cowlitz river* den Hauptarm der Columbia im W des Caſcaden-Gebirges, mit einem Laufe von vielleicht 100 *miles.*

Die Küſtenflüſſe des *Washington*-Territoriums ſind nach *Swan's* Karte (*), dem Atlas und den *sen. doc.*, nördlich von der *Columbia*, von S-N: in die *Shoal-water*-Bai fallend: **Nasal r.* (und immer r.), **Nemar, *Querquelin* oder *Mouse r.* (L p. 74), **Palux, Whelappa* (**Wilapoh*, sen. *Willopah); dann der *Chehalis* (*gaz.* *Chekalis* oder *Chickalees*, ein *sen. Chihalis:* der gröſste von ihnen und der einzige von Bedeutung): mit den öſtlichen Zuflüſſen *Nowaukum* (sen. *New*) r., *Shookum Chuck* (sen. *Skookum Ch.*), im S *Mc Kinley's fork*, nördlich mit *Sautes r.;* bei ihm *Satsop; Copales* oder *Copalis r.; Queniült* (sen. *Quinaiutl*) r., und in derſelben Gegend nach dem Atlas (bei *port Grenville*, in 47°⅔) *Sawamish r., Raft r.* (sen.); *Quaitso* (sen. *Queets*), *Hooch* (sen. *Chahlat*); *Quelaiult* (sen. *Quillehyate*), *Tsooyess* und *Waatch* (sen.); die meiſten dieſer Flüſſe ſind zugleich Völkernamen (L § 507, d). In das ſüdliche Ufer der *Fuca*-Straſse gehn von W-O: *Quenailsath* (sen. dafür *Okeho*), *Canel r., Elwha r., Dungeness r.*

Hier in dem nördlichen Theile iſt ſchon der vielarmige Meerſund *Puget sound* (mit *Hood's* Canal in W und *Admiralty inlet* in Oſten und Nordoſten), mit vielen Inſeln, welcher ins Land eindringt (ſ. brit. Am. S. 373[n-on]); in die vielen Arme dieſes groſsen Meer-Erguſses, vom *Puget*-Sund in S an bis nördlich herauf fallen von S-N, auf der OSeite: der kleine *Deshite*, der *Nesqually* oder *Nisqually, Puyallup* oder *Puyalup; White r.* und *Green r.* oder *Nooskope*, welche den kurzen *Dwamish r.* bilden (im Atlas heiſst aber der ganze Fiuſs *Dwamish r.*); dieſer letzte, mit *lake Dwamish* und nach dem Atlas *Nooknoo r.* (auch mit einem See), fällt nach dem *gaz.* (1234, a[f]) in die *Elliott*-Bai; gleich auf die letzte Fluſsverbindung folgt *Cedar r.*, dann *Sammamish r.* mit dem gleichen See. Höher geht in einen anderen Meerarm in langer Fluſs, welcher ganz oder theilweiſe ſowohl *Snoqualmie* als *Snohomish r.* genannt wird; ja Swan vermehrt die Verwirrung, indem er ihn auf ſeiner Karte *Skokomish r.* nennt, wie ein Zufluſs des *Hood*-Canals in W heiſst; der Name *Snohomish r.* iſt hergenommen von dem Volk der *Snohomish* (§ 613, b) oder *Sinahoumes* (ſ. brit. Amer. S. 392[af]). Dieſen Fluſs nennt Swan in ſeinem Texte (p. 395) richtig *Snohomish*, mündend gegenüber dem SEnde von *Mc Donough's* Inſel, in den *Possession sound;* ſein ſüdlicher Nebenfluſs oder Anfang iſt der ſchon genannte *Snoqualmie r.*, mit einem merkwürdigen Waſſerfall in 47° 40′ N.B.

Der Atlas nennt aber den ganzen Fluſs *Snoqualmo r.; in sen.* heiſst der lange Fluſs, mit verfchiednen Zuflüſſen (bef. *Skywhamish* oder *Scawhamish*), *Snoqualmie* oder *-moo*, fein unterer Lauf aber *Snohomish r.* (Statt aller dieſer Flüſſe hat die *expl. exp.* nur *Sakpam = Dwamish?* und *Tuxpam* [Atlas *Taxpam*] = *Stolukwamish*.) Nördlich über jenen hat die eine Karte der *sen. doc.* noch die Flüſſe: *Stolukwamish, Skagit r., Swoctahmish, Samish r.* (mit See); nördlich über der *Bellingham-* Bai mündet endlich an der NGränze (in den Golf von Georgien) der *Nooksahk r.* — Auf der WSeite dieſes langen und vielförmigen Meer-Ergusses ist allein der *Skokomish r.* zu nennen, welcher, dem *Quinaiutl r.* gegenüber, von NW her in das füdliche Ende des *Hoods-Canals* einfließt.

Die mühfame Anfammlung dieſer vielen und oft geringfügigen Flüſſe gefchieht darum, weil in den Völkerliften (z. B. im § 507, a und c) fo viele zur Bezeichnung der Örtlichkeit genannt werden; fie reicht dabei nicht einmahl aus: da, wie z. B. fogleich in *Morse's* Lifte (S. 591-2) zu fehen ist, viele andere und fremde Namen, auch für Seen, vorkommen. So ist es auch zwifchen den Karten.

§ 505, k. Das *Washington*-Territorium zählt nach dem *gaz.* die 7 *counties: Clarke, Island, Jefferson, Lewis, Pacific, Pierce* und *Thurston;* nach der Karte des Atlas find es aber, allein an der Weftfeite, folgende von S-N: *Clarke, Pacific, *Warkiacum, *Cowlitz, *Chehalis, Lewis, Thurston, Pierce, *Sawamish, Jefferson, *Clallam, *Whatcom;* die mit Stern kommen zum *gaz.* hinzu. — *Olympia* ist die Hauptftadt, an der Spitze (im S) des *Pugets*-Sundes gelegen; die andren Städte oder Anfiedlungen *(settlements)* von Bedeutung find: *Nesqually* oder Fort *Nisqually* (f. brit. Amer. S. 380ª), *Steilacoom, New York, Seattle, port Townsend* und *New Dungeness* am *Pugets*-Sund und *Admiralty inlet; Pacific city, Cathlamet, Monticello,* Fort *Vancouver* und *Cascade city* an der Columbia; *Cowlitz farms* und *Wabassport* an oder nahe dem *Cowlitz*-Fiufs, und *Pennscove* und *Whidbey's island.*

Von der Bevölkerung giebt es nach dem *gaz.* keine abgefonderte Zählung; *Swan* aber giebt an (401): daſs *Stevens* im *J.* 1854 7559 Indianer zählte, Oberft *Anderson* Ende 1853 3965 Weiſe angab, und man jetzt 8000 Weiſe und 7400 Indianer fchätze. Von der Zahl der indianifchen Völker- fchaften werde ich aber unten mehrere Zählungen angeben.

§ 506. Zahlreich find die VÖLKER und SPRACHEN, welche ich fowohl in Oregon als im Wafhington-Territorium zu nennen habe; dabei ist die allgemeine Er- fcheinung, auf welche HALE in der *ethnography* der *exploring expedition* (p. 223ᵐᶠ⁻ⁿ) auf- merkſam gemacht hat, merkwürdig: daſs, während das Innere des Landes weftlich von den *Rocky mountains* von wenigen, ausgedehnten Völker- und Sprachfamilien *(Tahkali, Selish, Sahaptin* und *Schoschonen)* eingenommen fei; die ganze Küfte, von der Berings-Strafse an bis zum Vorgebirge *S. Lucas* (Neu- und Alt-Californien), mit einer Menge kleiner Volksſtämme, verfchiedener Idiome (von Alt-Californien ist dieſs irrthümlich), befetzt fei. Von dieſen feien wenige, wie das *Tsihailish, Kwalhioqua* und *Nsietshawas,* mit den Familien des Innern verwandt; der gröfste Theil aber weder mit dieſen noch unter fich (¹). Er hebt auch hervor, daſs gewöhnlich anderwärts, wo die alltägliche Sage einer wilden Bevölkerung eine Menge unähnlicher Sprachen verliehen hatte, fpätere Forfchungen ihre Zahl bedeutend vermindert haben: wie im Often des Felfengebirges; daſs in Oregon aber das Gegentheil fich ereignet habe. Man habe da die Mannigfaltigkeit der Sprachen gröfser gefunden, als man erwartet; und der Verf. meint, daſs keine Gegend der Welt fonft fo viele Völker- ſtämme mit verfchiedenen Sprachen, dicht auf einem kleinen Raum zufammengedrängt, auf- zuweifen habe. Er ist geneigt fie für die Überbleibfel der Horden zu halten, welche zu

(¹) *but the greater number are entirely unconnected, both with these, and with one another.*

verfchiedenen Zeiten das mexicanifche Hochland (224) überflutheten. (¹) — Hierher würde auch gehören, was ich fpäterhin (§ 514 gegen die Mitte) über den Gegenfatz der Völker beider Territorien, *Washington* und *Oregon* (Nord- und Süd-*Oregon*), gegen einander, und über ihren Charakter (auch ib. gegen Ende) gefagt habe; über das Wanderleben der *Oregon*-Indianer (Ende des §). Vieles noch fonft, was an diefe Stelle, welche IM ALLGEMEINEN von den INDIANISCHEN VÖLKERN und SPRACHEN des *Oregon*- und des *Washington*-Territoriums handeln follte, gehörte; bleibt den nachfolgenden grofsen Stücken aus *Scouler's* Arbeit und dem ethnographifchen Theil der *exploring expedition* einverleibt: in welchen ich (vgl. § 508) in diefe allgemeine Betrachtung der Völker und Sprachen zurücktrete.

Von den Völkerfchaften des Wafhington-Territoriums fagt der *gazetteer* (1233, aⁿ⁻ⁿⁿ): „Es find mehrere indianifche Volksftämme hier, welche friedlich find; und die am *Pugets*-Sund können civilifirt genannt werden. Sie find im fortwährenden Verkehr mit den Weifsen, treiben Landbau *(farming)* und ziehen Kartoffeln: die mit dem Lachs ihre Nahrung ausmachen." — Eine neuere Zeitungsnachricht, welche wohl das *Wash. terr.* betrifft, beweift aber, dafs der Befitz diefes Landes für die Verein. Staaten nicht ganz friedlich ift; es fand fich in unfren Zeitungen, aus *Neu-York* vom 12 Nov. 1856, die Nachricht: dafs die Indianer im *Oregon*-Gebiete den Nordamerikanern viel zu fchaffen machen, dafs fie den Gouverneur *Stevens* zum Rückzug gezwungen haben. Dafs diefe Völker fich gewaltig gegen den einengenden Gebieter regen und gegen ihre Vertilgung fträuben, bezeugen die Abfchnitte: *Indian disturbances in California* (aber auch im *Wash.* Territ.) p. 4-68 in den *senate documents of the 34ᵗʰ congr. sess.* 1. (1855-56) *exec. doc. No.* 10 (im Vol. 10), *Indian disturbances in Washington and Oregon ib.* No. 66 im Vol. 13 p. 3-68, *martial law in Wash. terr. ib.* Vol. 14 No. 98; auch noch 3ᵈ *sess.* (1856-57) No. 41 in Vol. 8. Vom Sept. 1858 wird von Neu-York eine ernfthafte Expedition gegen die *Wallawallas* gemeldet, die, 3000 Reiter ftark, am *Snake* ftanden.

Sehr eindringend und genau hat James G. SWAN in feinem oben (S. 584ªᶠ) genannten Buche: *the northwest coast,* Neu-York 1857, die indianifchen Völker des *Washington*-Territoriums nach dreijähriger Anfchauung gefchildert: d. h. die *Chenooks, Chehalis* und 1-2 Stämme nördlich von *Gray's harbor:* unter denen er gelebt hat (V); er bedauert, eine koftbare Sammlung von Bemerkungen über die Küftenftämme (befonders Sagen) verloren zu haben. Ich verweife auf folgende Stellen bei ihm: p. 38 (wo Geräthe abgebildet find) bis 42, 97 seq., 135-140 (Fifchfang) bis 150; die Indianer der *Shoalwater*-Bai, Befchreibung der Küften-Indianer oder der Indianer nördlich von der *Columbia:* 151-215 (Cap. 10-12); Glaube und Aberglaube 68 seq., 77, 147-8; Zahl der Ind. in den Küftenftämmen 346; über den Charakter der Ind., ihre Gefühle gegen die Weifsen, Betragen der *Hudsonsbai*-Compagnie gegen die Ind. und Gefchichte der Comp. 369-391 (Cap. 20); die frühe Gefchichte der *Chenooks* und *Chehalis* und überhaupt Urfprung der ind. Bevölkerung 202-10.

Auch über die Sprachen macht Swan fehr viele und belehrende Mittheilungen; er ftellt ihre Verfchiedenheit in ein grelles Licht. Cap. 18 (p. 306-327) ift voll davon: über den *jargon,* Schwierigkeit zu verftehn, wie eine Sprache gebildet werden kann, Urfprung der ind. Sprache, Bemerkungen *Squier's,* Anfichten *Duponceau's* (311-2), indianifche Reifen weit nach Süden; Schwierigkeit der Ind. in der Ausfprache gewiffer Buchftaben, Urfach des *chuckling sound* der NWSprachen. „Die Sprache der Stämme nördlich von der *Columbia* ift ein Gurgelton (306), welcher einem Fremden

---

(¹) *If we might suppose that the hordes, which, at different periods, overran the Mexican plateau, had made their way through this territory, we might conclude that the numerous small tribes there found were the scattered remnants of these wandering nations, left along their line of march, as they advanced from the frozen regions of the north into the southern plains.*

zufammengefetzt fcheint aus dem Grnnzen des Schweins und dem Glucken *(clucking)* des Huhns." Über die Schwierigkeit diefes Gluchzlautes f. 315-6. Von dem aztekifchen Laute *tl* werde ich beim *Chinuk* (§ 549) und bei der *Chehali*-Sprache (§ 594) reden. Über die Schwierigkeit die indianifche Sprache zu lernen und richtig auszufprechen f. 316-7. Die Indianer können (314) *r* im Anfang der Wörter nicht ausfprechen, fondern fagen dafür *l;* andre Buchftaben fprechen fie mit grofser Anftrengung aus (315). Die Wörter werden (im Einklange mit dem von mir öfter: Abfchn. I S. 36, 37 u. a., Gefagten von dem Verfchlucken der Worttheile bei den amerik. Völkern), bei Eile, abgekürzt: und der Vf. führt Beifpiele an, wie die erfte Sylbe weggelaffen und auf andere Weife das Wort zufam-mengezogen wird. — Die Wörter und Namen werden fo mannigfach gefchrieben (308): der Vf. zeigt diefs, und wie fie dadurch als verfchiedene Wörter erfcheinen, an einigen Beifpielen. — „Alle Volks-ftämme (306) des Territ. (einige 25) reden eine Sprache, die, obgleich ungeübten Ohren wie diefelbe klingend, fehr verfchieden ift, wo fie verftanden wird; und felbft fo nahe verbundene Stämme wie die *Chenooks, Chehalis* und *Queniülts,* welche nur wenige *miles* von einander entfernt find, können einer die Sprache des andren nicht verftehn. Doch giebt es Einzelne, die durch herumziehn im Handel mit der gegenfeitigen Sprache vertraut geworden find und fich gewöhnlich verftändlich machen können." Wieder p. 318 nennt der Vf. es wunderbar, dafs fo nahe und in fo gleichen Verhältnif.en lebende Völker fo verfchieden in der Sprache find. — p. 201-2 giebt er einige Lieder mit Text und Noten.

§ 507, a. Die erftaunende Menge von Völkerfchaften und Sprachen in beiden Territorien wird fichtbar in den VÖLKER-VERZEICHNISSEN oder AUFZÄHLUNGEN der VÖLKER, deren ich, befonders aus den ftatiftifchen Tafeln in *Schoolcraft's* Werk, mehrere von beiden Gebieten zugleich und von jedem einzeln aus verfchiedenen Jahren mittheilen werde.

Ich eröffne diefe Liften mit einem älteren reichen Verzeichnifs, welches fich, neben verfchiedenen, befonders nördlichen, Theilen Oregons, hauptfächlich auf das WASHING-TON-Territorium bezieht: mit der Tafel Jedidiah MORSE'S von den indianifchen VÖLKERSCHAFTEN im WESTEN der *ROCKY MOUNTAINS* in p. 368-372 feines, von mir bei Texas (S. 419^{mm}-420^{mf}) befprochenen *report to the secretary of war of the United States, on Indian affairs. New-Haven 1822. 8°: Chinnook*-Indianer: 1700 Seelen, 12 *miles* von der Mündung der *Columbia,* auf der NSeite; *Clatsop* 1300 ib.; *Chiheeleesh* 1400, 40 *m.* nördlich von der Col.; *Callimix* 1200, 40 *m.* füdlich davon, an der Südfee-Küfte; *Cathlamat* 600, 30 *m.* von der Mündung der Col.; *Waakicums* 400, den vorigen gegenüber; ein Theil der *Hellwits,* 1200, 39 *m.* von der Mündung der Col.; *Cowlitsick* 2400: wohnend in 3 Dörfern am gleichnamigen nördlichen Zufluffe der Col., 62 *m.* von deren Mündung; *Cathlakamaps* 700, 80 *m.* von der Mündung der Col., an der Mündung des (unrichtig *Multnomah* genannten) *Wallau-mut,* eines füdl. Zweiges der Col.; *Cathlapootle* 1100, den vorigen gegenüber, an der Col.; *Cathlanamcncns* 400, auf der Infel in der Mündung des Fluffes *Wallaumut:* vormahls fehr mächtig unter dem berühmten Häuptling *Toteleham; Mathlanobs* (unrichtig *Multnomahs* genannt) 500, am oberen Ende jener Infel; *Cathlapooyas* 1800: 50 *m.* von der Mündung des *Wallaumut,* an der WSeite; *Cathlathlas* 500: 60 *m.* von deffen Mündung, an der OSeite; *Shoshones* 20,000 (f. bei dem Volke); *Cathlakahikits* 900: an den Stromfchnellen der Col., auf der NSeite, 160 *m.* von ihrer Mündung; *Cathlathlas* ib., auf der SSeite; *Chippanchickchicks* 900: an der NSeite der Col., etwas unterhalb der Wafferfälle, 220 *m.* von ihrer Mündung; *Cathlaskos* 900, an der Col. den vorigen gegenüber; *Ithkyemamits* 66: auf der NSeite der Col., den vorigen nahe; ein Theil der *Hellwits* (p. 369), 1200 Seelen, an den Wafferfällen der Col.; *Wollawalla; Sho-shonees* 60,000 (f. bei diefen); *Ootlashoot* 400: im Frühling und Sommer in den *Rocky mts* und am *Clarke's r.*, im Winter und Herbft am *Missouri* u. feinen Zufl. wohnend; *Chopunnish* [erfte] 2400: am *Kooskooskee r.* unterhalb der *forks* und am *Cotter's creek:* fie gehn manchmahl über zum *Missouri;* es folgen 5 Schwärme *(bands)* der *Chopunnish:* 1) *Pelloatpullah* 1600: am *Kooskooskee r.* oberhalb der *forks* und an feinen kleinen Zuflüffen, im W der *Rocky mts* und des *Chopunnish r.:* gehn auch bisweilen über zum *Missouri* 2) *Kimmooenim* 800: am *Lewis r.*, oberhalb des Einfluffes des *Kooskooskee*, hinauf bis zu den *forks* 3) *Yeletpoo* 250: unter den füdweftlichen Bergen, an dem kleinen Fluffe *Weancum*, welcher oberhalb des Einfluffes des *Kooskooskee* in den *Lewis r.* fällt 4) *Willewah* 500: am gleichnamigen Flufs, welcher in die SWSeite des *Lewis r.* unterhalb der *forks* einfällt 5) *Soyennom* 400: an der NSeite des *east fork* vom *Lewis r.*, von feinem Zufammenflufs bis an die *Rocky m.*, und am *Smallar* creek; — *Chopunnish* [zweite] 2300: am *Lewis r.*, unterhalb des Einfluffes des *Kooskooskee*, an beiden Seiten diefes Fluffes bis zu feinem Zufammenflufs mit der *Columbia*; *Sokulk* 2400: an der Col. oberhalb des Einfluffes des *Lewis r.*, hinauf bis zum Eintritt *(entrance)* der Col.; *Chimnahpum* (p. 370) 1860: an der NWSeite der Col., ober- und unterhalb des Eintritts des *Lewis r.*, und am *Taptul r.*, welcher 15 *m.* oberhalb des *Lewis r.* in die Col. fällt; *Wollaolla* 1600: an beiden Seiten der Col., bis herab zum *Muscle-shell rapid*, im Winter übergehend zum *Taptul r.; Pisquitpahs* 2600: am *Muscle-shell rapid* und an der NSeite der Col., bis zum Beginn des Hochlandes: überwinternd an den Waffern des *Taptul r.; Wahowpum* 700: am nördl. Arm der Col., *in different bands from the Pishquitpahs, herab* bis zum Flufs *Lapage;* die verfchiedenen Schwärme diefes Volks überwintern an den Waffern des *Taptul* und *Cataract r.; Eneshure* 1200: am oberen Theile der grofsen Engen *(narrows)* der Col., an beiden Seiten: feft wohnend; *Chilluckittequaw* 1400: zunächft unterhalb der Enge und fich an der NSeite der Col. bis zum Flufs *Labiche* ausdehnend; *Smockshop* 800: an der Col., auf beiden Seiten des Eingangs des *Labiche* bis gegen die grofsen Stromfchnellen diefes Fluffes; *Shahala*-Nation: an den grofsen Stromfchnellen der Col., fich in verfchiednen Dörfern bis zum *Wallaumut*-Flufs herabziehend; die Völkerfchaften *(tribes) Yehah* 2800 oberhalb, *Clahclellah* und *Wahclellah* unterhalb der *rapids;* tribe *Neerchokioon* 1000: 100 *lodges* an der SSeite einige *miles* unterhalb, oberhalb des *Wallaumut*-Fluffes; *Wappatoo*-Nation; *Nechacoke* 100: an der SSeite der Col., nahe dem *Quicksand r.* und gegenüber der *Diamond*-Infel; *Shoto* 460: an der WSeite der Col., im Rücken eines Teichs, und beinahe dem *Wallaumut*-Flufs gegenüber; *Nemalquinner* 200: an der NOSeite des *Wallaumut*-Fluffes, 3 m. oberhalb feiner Mündung; *Cathlanaquiahs* (p. 371) 400, an der SWSeite der *Wappatoo*-Infel; *Clockstar* 1200: an einem kleinen Flufs, der fich an der SOSeite der *Wappatoo*-Infel ergiefst; *Clanimatas* 200: an der SWSeite diefer Infel; *Cathlacumups* 450 am Strande *(on the main shore)* SW von diefer Infel; *Clannarminnamuns* 280 an deren SWSeite; *Skilloot* 2500: an der Col. zu beiden Seiten in verfchiednen Dörfern, vom unteren Theil des Col. Thals an herab bis *Sturgeon island*, und auf beiden Seiten des *Coweliskee*-Fluffes; *Killamucks* 1000: von den *Clatsops* der Küfte an längs der SOKüfte; *Lucktons* 20, *Kahuncles* 400 und *Lukawis* 800 von unbekannten Wohnfitzen; [hier folgt nun ein kleines Stück, das unfrem Schauplatze fremd ift:] *Rapid*-Indianer oder *Paw-istuc Ienemuck* 500: ein kleiner tapferer Stamm auf den grofsen Prairies am *Missouri; Sicaunies* 1000: auf den *Rocky mts* bei und weftlich von den *Rapid*-Indianern; *Carrier* ein allgemeiner Name, welcher den eingebornen Stämmen Neu-Caledoniens gegeben wird; *Facullies* (lies *Tacullies*) und *Atenas* *(Atnah)* zufammen 100: in einem Dorfe am *Stuarts*-See, an der WSeite der *Rocky m.*, in 54° 30' N. B. und 125° L., den Oberwaffern *(heads)* des *Missouri* gegenüber; fie haben andre Dörfer; *Naleotetains* 2000 und *Flatheads* 1000: in Neu-Caledonien, weftlich von den *Rocky m.*, am nördlichen Rande der Verein. Staaten; — folgende Völkerfchaften wohnen an der Küfte füdlich vom *Columbia*-Flufs und reden die *Killamuck*-Sprache: *Youicone* 700, *Neekeetoos* 700, *Ulseahs* 150, *Youitts* 150, *Sheastukles* 900, *Killawats* 500,

Cookkoo-oose 1500, *Shallalah* 1200, *Luckkarso* 1200, *Hannakallal* 600; an der Küſte wohnen in der angegebenen Folge nach einander nördlich vom *Columbia*-Fluſs: die *Killaxthocles* 100, *Chiltz* 700, *Clamoctomichs* 260, *Potoashs* 200, *Pailsh* 200, *Quiniilts* 1000, *Quieetsos* 250, *Chillates* 150, *Calasthocle* 200, *Quinnechart* 2000; — *Clarkamees* (p. 372) 1800: am gleichnamigen groſsen Fluſs, der im *mount Jefferson* entſpringt und ſich in den *Willaumut* ergieſst, 40 *miles* aufwärts dieſen Fluſs an ſeiner NWSeite; das Volk hat mehrere Dörfer an beiden Seiten des Fluſſes; *S k a d-d a l s* 200: am *Cataract r.*, 25 *miles* N von den *big narrows; S q u a n n a r o o s* 120: am *Cataract r.*, unterhalb der vorigen; *S h a l l a t t o o s* 100: it., oberhalb ihrer; *S h a n w a p p o n e s* 400: an den Oberwaſſern der Flüſſe *Cataract* und *Taptul; C u t s a h n i m* 1200: an beiden Seiten der Col., oberhalb der *Sokulks,* und an den nördl. Zweigen des *Taptul r.,* auch am *Wahnaachee*-Fluſs; *L a-h a n n a* 2000: an beiden Seiten der Col., oberhalb des Einfluſſes vom *Clarke's*-Fluſs; *C o o p s p e l l a r* 1600: an einem Nebenfluſs der Col., nördlich von *Clarke's r.; W h e e l p o* 2500: an beiden Seiten von *Clarke's r.,* vom Einfall des *Lastaw* bis zu den groſsen Fällen des *Clarke's r.; H i h i g h e-n i m m o* 1300: vom Einfall des *Lastaw* in den *Clarke's r.,* auf beiden Seiten des *Lastaw,* herauf bis zu den *forks; L a r t i e l o* 600: an den Fällen des *Lastaw r.,* unterhalb der groſsen *Wayton*-Sees, an beiden Seiten des Fluſſes; *S k e e t s o m i s h* 2000: an einem kleinen gleichnamigen Nebenfluſs des *Lastaw,* unterhalb der Fälle, um den *Wayton*-See uud auf 2 Inſeln deſſelben; *M i c k s u c k-s e a l t o n,* Völkerſchaft der *Tushshepah,* 300: am *Clarke's*-Fluſs, oberhalb der groſsen Waſſerfälle, in den *Rocky mts; H o h i l p o s,* deſſelben Stammes, 300: eben da, über den vorigen; *Tushshe-p a h s* und (als ein Schwarm der erſteren) *O o t l a s h o o t s* 5600: an einem nördl. *fork* des *Clarke's*-Fluſſes im Frühling und Sommer, aber im Herbſt und Winter am *Missouri.* — Über mehrere dieſer Völker im W von den *Rocky mountains* finden ſich in dem früheren Reiſebericht des Buches p. 328-344 Nachrichten, ferner in *Morse's* Bericht 37-44. — Es folgen hierauf (p. 373-4) die von mir anderwärts (im § 449, n) verzeichneten Volksſtämme von *Texas,* beginnend mit *Tunica, Biloxi* uſw.

In ſeiner groſsen Verzeichnung der Völker nach Provinzen im I т в n T н е i l e ſeiner *Indian tribes* 1851 p. 520 (vgl. bei *Texas* S. 421ⁿ) nennt S C H O O L C R A F T folgende Stämme von *Oregon* (im allgemeinen Sinne): 1) ſüdlich der der *Columbia* (d. h. im Oregon-Terri-torium): *Snakes* oder *Shoshonees* 700; *Ponashita,* viel mit *Snakes* vermiſcht, 550; *Contenay* 400, *Salish* oder *Flat Heads* 320, *Calespelins* 1200, *Ponderas* oder *Squialeps* 1200, *Kettle Falls* oder *Colville*-Indianer 800, *Conerd Helene (Coeur d'Alène)* oder *Printed Hearts* 500, *Spokan* 1000, *Ouki-negans* 700, *Senpoils* 500, *Nez percés* 1500, *Palvas* 300, *Cayuse* 800, *Wallawalla* 1000; *Dechutes, Wascopaws* 300; *Wascopaw* 200, *Mole Alleg* 100, *Clackamas* 60, *Willamette*-Ind. 20, *Clickitats* 180, *Calipoa*-Ind. 60, *Sualatine*-Ind. 60, *Yam Hill*-Ind. 90, *Suckamier*-Ind. 15, *Umpqua* 200, *Killamuck.*-Ind. 200, *Clatsacamin* 300, *Clatsop* 50, *Catelamet* 58, *Caloait* 200, *Wakamucks, Namanamin, Namoit* (Zahl unbekannt); — 2) nördlich von der Columbia, alſo im Waſhington-Territorium: *Makaw* oder *Cape Flattery*-Indianer 1000, *Noosclalum* 1400, *Snoquamish* 500, *Homanish* 500, *Tuanoh* und *Hokamish* 500; *Quallyamish, Picallipannish* und *Sinnamish* 550; *Sinahamish* 350, *Snoqualamick* 350, *Skeywhamish* 450, *Skagats* 500, *Hookluhmic*-Indianer 220, *Cowlitz* 120, *Chinooks* 100, *Quenoil* und *Chehaylis* 300; *Kathlamet, Konick* und *Wakanascecies* 150; *Til-hulhwit* 200, *Wyampam* 130, *Yacaaws* 1500, *Piscahoose* 350.

Im V о L. V von *Schoolcraft's Indian tribes* (Philad. 1855) werden auf einer Tafel p. 492-3 die Völkerſchaften des O R E G O N-Territoriums alſo aufgezählt (alle im S der *Columbia*): A. weſt-lich vom Caſcaden-Gebirge: 1) *Chinnooks* 10 Seelen (dieſer Stamm findet ſich jetzt faſt ganz im N der Columbia); *Clatsops* 71 (von *Lewis* und *Clarke* 1806 zu 200 geſchätzt), bei der Mündung der Columbia; *Tillamooks* 150, *Clackamas* 79, am gleichnamigen Fluſs; *Callipooyas* 560: im *Willa-*

mette-Thal des füdl. *Oregon; Mollales* 123, ib.; *Umpquas* 243, ib. am *Umpqua*-Flufs 2) *Tototins* im Bezirk vom *port Orford*, an der Südfee, nach dem Berichte des Agenten *J. S. Parish: Nasomah* 59, *Chocreleatan* 105, *Quatomah* 140, *Cosutheutun* 27, *Euquachee* 102, *Yahshute* 120, *Chetles-sentun* 51, *Wishlenatin* 66, *Cheattee* 241, *Tototin* 120, *Mackanotin* 145, *Shistacoostee* 100 3) Indianer vom *Rogue river* 332, im füdl. Oregon; *Klamaths* 150 an den Seen *Klamnth, Plioc, Toqua* und *Coast:* im äufserften S des Gebiets; B. öftlich vom Cafcaden-Gebirge: *Wascopams* 241; *des Chutes* 300, am *Falls river; Cascades* 80, *Wascos* 300 *(Mission Indians)*, *Utillas* 200, am *Utila*-Flufs; *Cayuses* 126, am *John Day's r.* (fie tödteten 1837 den Dr. *Whitman*); *Walla-wallas* 130 am *Walla-Walla*-Flufs; *Saaptins* oder *Nez Percés* 180 (an den Flüffen *Salmon* und *Clear water:* der gröfsere Theil diefes Stammes ift im *Washington* terr.) 4) *Shoshones*, im SO des Cafcaden-Gebirges: *Snakes* vom *Lewis river* 1000, *Bonnacks* 500, *Root Diggers* 100. — Diefe Völker zählen zufammen 6068 Seelen.

Nachdem ich diefe fehr reichen Liften von beiden Territorien mitgetheilt habe, will ich von der grofsen Oregon-KARTE der *U. St.* EXPLORING EXPEDITION die kleine Zahl von Völkern herfetzen, denen dort ganze Landftrecken zugetheilt find und unter die das Land vertheilt ift. Südlich von der Columbia, in Oregon, find: am Meere von S-N: die *Shaste, Umpqua, Iacon, Kilumuke;* zunächft gen O die *Callapuya* (über den *Umpqua*): im N über ihnen die *Chinooks*, beide Ufer der unteren Columbia bis zur Südfee einnehmend und daher auch dem *Wash.* Terr. angehörend; weiter gen O, von S-N: *Palaiks, Klamet* oder *Lutuami:* über ihnen nach W *Molele*, nach O *Waillatpu* oder *Cayuse;* zwifchen beide reicht ein Zipfel der *Walla-walla* aus Wafhington füdlich über die Columbia herein. Ein grofses Land in O von diefer Maffe, beinahe die öftliche Hälfte des Territoriums, nehmen die *Shoshones* oder *Snakes* mit den *Punashli* oder *Boonacks* in S ein: fie befetzen die ganze Breite von *Oregon*, nur dafs im N die füdliche Hälfte des Gebiets der *Nez percés* oder *Saptin* noch hergehört und davon abgeht. Im Norden der Columbia, im Wafhington-Territorium, find der Völker und ihrer Landfchaften weniger: über den *Chinooks* (f. vorhin ᵐ) nehmen in W die *Chickeeles* die Südfee-Küfte ein, öftlich find über jenen die *Cowlitz* in S und *Nisqually* in N; die letzten und die *Chickeeles* decken im N die *Clallams*, welche die ganze Südküfte der *Fuca*-Strafse inne haben. Von diefem fchmalen Weftgebiete an nehmen die ganze Länge des Territoriums in O die 2 grofsen Gebiete der *Walla-walla* (gen W) und *Nez percés* oder *Saptin* (gen O) neben einander ein: jene etwas in S über die Columbia hinabreichend (vorhin ᵐ), das Gebiet der *Nez percés* zwifchen Oregon (ᵐᵐ) und Wafhington gleich getheilt; nördlich über den *Walla-walla* find, oftwärts vom Cafcaden-Gebirge, in SW die *Pischous*, NO die *Selish* oder *Flatheads;* diefem breiten und grofsen, fich in einem fchmalen Streifen bis zum öftlichen Ende der *Nez percés* hinziehenden, mittleren Gebiete fchliefst fich in O der fchmale und lange Landftreifen der *Kitunaha* oder *Kootanie* oder *Flat-bows* an, der ganzen Linie der *Rocky mountains* in ihrer Richtung von SO gen NW in Weften anliegend und bis weit in das britifche Nordamerika, bis über 52°, fortgefetzt (vgl. brit. Amer. S. 391ᵐᵐ⁻ᵐᶠ). — Diefs find die Völkermaffen oder Völker-Familien, unter welche die *exploring expedition* die beiden Territorien *Oregon* und *Washington* landfchaftsweife vertheilt hat.

§ 507, b. Diefes wenige nur kann ich an Liften vom Oregon-Gebiete angeben; von dem WASHINGTON-Territorium fteht aber eine überflüffig lange Reihe von VÖLKER-VERZEICHNISSEN zu Gebote: aus dem Grunde, weil der Vte Theil Schoolcraft's fich mit ihm in ftatiftifchen Tafeln (die ich abkürze) weitläuftig befchäftigt. Sie fchweifen hier und da ein wenig in das Oregon-Territorium ab.

Folgendes find nach *Schoolcraft* V, 706 die Angaben von Lewis und Clarke aus den J. 1806-7 über die Indianer-Völker des jetzigen *Washington territory: Wollah wollah* 2600 Seelen, *Wahhowpum = John Day's river* 1000, *Eneshur = des Chutes r.* 1200, *Sewatpalla = Pelouse* 3000, *Sokulk = Priest's rapids* 3000, *Chanwappan* = unteren *Yakama* 400, *Shallattos* it. 200, *Squam-across* it. 200, *Skaddals* it. 400, *Chimnahpun* = oberen *Yakama* 2000, *Shahala =: Cascades* und oberen *Chinooks* 1000, *Echeloot = Cascades* 1000, *Chillukkit-cquaw = Dalles* 2400, *Smakshop* it. 200, *Cutsanim = Okin-akanes* 2400, *Hehigh-enimmo = Sans Puelles* 1500, *Whëelpo = Schwoyelpi* 3500, *Larlielo = Spokanes* 900, *Sketsomish = Skitmish* 2600, *Mick-sucksealtom = Pend d'Oreilles* 800, *Hohilpo = Flatheads* 600, *Tush-epah = Kootamies* 300, *Chopunnish = Nez Percés* 8000, *Willewah = Grande Ronde* 1000, *Willetpos = Waitlatpu?; —* zufammen 40,200. Ich habe die Fehler in den Namen nach *Clarke's* Karte etwas verbeffert. — Swan nennt (p. 210; vgl. S. 596^mf) als *Lewis* und *Clarke's* Namen der Küftenftämme: *Chenooks, Chilts, Killaxthokle, Clamoitomish, Potoashees, Pailsk, Quinults, Chillates, Calasthocle, Quinnechaut.*

Cap. Wilkes machte 1841, nach *Schoolcraft* V, 705, folgende Zählung: *Chinook* 209 Seelen; Indianer von *Pillar rock, Oak point* und dem *Columbia-Fluf's* 300; *Cowlitz* 350, *Chihalis* und *Pugets-Sund* 700, *Nisqually* 200, *port Orchard* 150, der *Scatchat*-Stamm: bei *Penn's cove*, auf *Whitby's* Iufel und dem feften Lande, 650; *Birch bay* 300; *Clallams* von *port Discovery, New Dungeness* ufw. 350; *port Townsend* 70; *Suquamish* und *Toanda* am *Hoods*-Canal 500; — zuf. 3779.

W. F. Tolmie machte im Herbft 1844, nach *Schoolcraft's Indian tribes* V, 704, folgende Verzeichnung der indianifchen Völkerftämme am oder beim Pugets-Sund: *Staktamish* 207 Seelen, zwifchen den Flüffen *Olympia* und *Nawaukum; Squaks'namish* 135, *Sehehwamish* 92, *Squallia-mish* 471, *Puyallup-amish* 207, *S'homamish* 118, *Suquamish* 525, *Sin-ahomish* 322, *Snoqualmook* 373, *Sinaahmish* 195, *Nook-lummi* 244; — zufammen 2689 Seelen.

Eine Volkszählung vom *Washington territory* (das aber nicht genannt wird) von Dart aus dem J. 1851 fteht in *Schoolcraft* V, 707: *Wallawalla* 130 Seelen, *des Chutes* 300, *Dalles* 482, *Pelouse* 181, *Klikatat* 492, *Yakama* 1000, *Rock island* 300, *Okonagan* 250, *Colville* 320, *Sinhu-manish (Spokane)* 232, *Coeur d'Alène* 200, untere *Pend d'Oreilles* 520, obere 480, *Mission* 210, *Nez Percés* 1880, *Cayuse* 126; — zufammen 7103. Es wird bemerkt, dafs die *Pisquouse* und *Koutanies* ausgelaffen und der Schwarm *(band)* der oberen *Chinooks* bei den *Dalles* in die *Walla-wallas* eingefchloffen find.

§ 507, c. Im Vten Theile *Schoolcraft's* (1855) findet fich p. 705 ein Verzeichnifs der Volks-ftämme im *Washington territory* öftlich vom Cafcaden-Gebirge nach des Gouverneurs I. I. STEVENS Schätzung im J. 1853: *Flatheads* 350 Seelen, *Cootenays* und *Flatbows* 400; *Pend d'Oreilles* vom oberen See 280, vom unteren See 420; *Coeur d'Alènes* 500, *Spokanes* 600, *Nez Percés* 1700, *Pelouses* 500, *Cayuses* 120, *Walla-wallas* 300, *Dalles*-Banden 200, *Cascades* 36, *Klikatats* 300, *Yakamas* 600, *Pisquouse* und *Okinakanes* 550, *Schwo-Yelpi* oder *Colville* 500; — zufammen 7356. Es wird die Bemerkung hinzugefügt: dafs wohl eine grofse Zahl der *Nez Percés* fich im *Washington territory* befinde; aber der gröfsere Theil der *Cayuses, Walla-Wallas* und *Dalles-*Indianer in Oregon feien. Schoolcraft hat (V, 490-1) diefes wie das folgende Verzeichnifs wiederholt.

Ein wenig früher (V, 1855 p. 703-4) theilt *Schoolcraft* von demfelben *(Stevens)* eine Überficht *(estimate)* der indianifcheu Völkerfchaften im *Washington territory* weftlich vom Cafcaden-Ge-birge vom Januar 1854 mit, die diefer (mit einigen Varianten in den Namen) in feinem *report* p. 464-5 gegeben hat: obere *Chinooks*, 5 Banden, mit Ausfchlufs der *Cascade*-Bande: an der Columbia, oberhalb der *Cowlitz*, 200 Seelen; die oberen diefer Banden find mit den *Klikatats*, die unteren mit den *Cowlitz* vermifcht; untere *Chinooks*: 1) *Chinook*-Bande an der Columbia, unterhalb der *Cow-litz*: 66 2) 4 andere Banden an *Shoalwater*-Bai: 50; eine von ihnen ift mit den *Cowlitz*, die übrigen find mit den *Chihalis* durch Heirathen verknüpft; *Chihalis*: 1) bei *Gray's harbor* und am

unteren *Chihalis*-Flufs, 100 2) an den nördl. Armen deffelben Fluffes, 200; *Cowlitz* und obere *Chihalis* an den gleichnamigen Flüffen, oberhalb der *Satsop*, gänzlich durch Heirathen verknüpft: 165; *Taitin-apam (*Tintinapain)* am Fufs der Berge, am *Cowlitz* ufw.: 75; *Quin-aitle (*Quinailee, Quinaik)* ufw. an der Küfte von *Gray's harbor* an gegen N: 75; *Makáhs* um Cap *Flattery*, 500; *S'Klallams* an der *Fuca*-Strafse; darunter: *Kahtai* bei *port Townsend* 155, *Kaquaith (-aitl)* bei *port Discovery* 50, *Stehllum (Stentlum)* bei *New Dungeness* 170, alle übrigen bei *False Dunge-ness* ufw., weftlich: 475; zufammen 850; *Chimakum* bei *port Townsend* 70; *To-anhooch* am *Hoods-Canal*, 265; *Skokomish* an deffen oberem Ende, 200; *Quáks'n-amish* an *Case's inlet* ufw., 40; *S'Hottemamish (S'Koslem.)* an *Carr's inlet* ufw., 27; *Sahéhwamish* an *Hammersly's inlet* ufw., 23; *Sawámish* an *Totten's inlet* ufw., 3; zu ihnen: *Squaiaitl (Squa-aitl)* an *Eld's inlet* ufw. 45, *Stéhchasámish (Stellchas.)* an *Budd's inlet* ufw. 20, *Noosehchatl* an *South bay* 12: zufam-men 170; *Squalliahmish*, 6 Banden, an und bei dem *Nisqually*-Flufs: 184; dazu: *Steilacoom-amish* am und beim *Steilacoom creek*, 25; *Puyallup-amish* an der Mündung des *Puyallup*-Fluffes ufw., 50: dazu *T'quaquamish* am oberen *Puyallup*, 50; *Suquamish* auf der Halbinfel zwifcben dem *Hoods-*Canal und *Admiralty inlet*, 485: dazu *S'Homámish (S'slom.)* auf *Vashon's*-Infel, 33; *Dwamish* am *Lake fork* des *Dwamish*-Fluffes, 162; zu ihnen: *Sumamish* und *S'ketéhlmish* am *Dwamish-*See 101, *Smelkámish (Smulk.)* am oberen *White river* 8, *Skope-ähmish* am oberen *Green r.* 50, *St-kámish (Sekamish)* am *main White r.* 30: zufammen 351; *Sin-ahomish* (p. 704) am SEnde der *Whitbys*-Infel und dem *Sinahomish*-Flufs, 350; dazu: *N'quutlmamish (Qunkmamish)*, *Sky-whamish* und *Sk-tahlejum*, obere Zweige, am *Sinahomish*-Flufs: 300; dazu auch *Snoqualmook* am *south fork* des *Sinahomish*-Fluffes, 195: zufammen 845; — *Stoluchwámish* am gleichnamigen Fluffe ufw., 200; *Kikiallis* am gleichnamigen Flufs und auf *Whitby's* Infel, 75; *Skagit* am gleich-namigen Flufs und *Penn's cove*, 300; dazu 1) *N'quachamish, Smalèhhu, Miskaiwhu* und *Saku-méhu:* an Zweigen des *Skagit*-Fluffes, 300 2) *Squinámish, Swodámish* und *Sin-aahmish:* am NEnde der *Whitbys*-Infel, *canoe passage* und *Sinamish r.:* 300; — *Samish* am *Samish*-Fluffe und an der *Bellingham*-Bai, 150; *Nooksäak* am *south fork* des *Lummi*-Fluffes, 450; *Lummi* am *Lummi-*Flufs und auf der Halbinfel, 450; *Shim-iahmoo* zwifchen *Lummi point* und *Frazer's river,* 250. —
Die Summe aller diefer Völkerfchaften beträgt 7559 Seelen.

In dem Werke der *Pacific railroad explorations* gehört die Expedition des eben ge-nannten Gouverneurs I. I. STEVENS um den 47ten Parallelkreis in den *J.* 1853-4, von ihm in einem grofsen Bericht *(report of governor I. I. Stevens upon the route near the 47th parallel)* be-fchrieben und fowohl in einem 8°- als einem 4°-Bd. gedruckt (f. bei *Utah* S. 326mf und nf-7a), faft ganz dem *Washington*-Territorium an; und aus diefer Erforfchungs-Reife rühren auch die 2 eben von mir mitgetheilten Völker-Verzeichniffe her. Ich will ihnen zu einer möglichen Ergänzung Völker-namen anhängen, welche ich aus dem Regifter diefes Berichts (und zwar der 8°-Ausgabe folgend) aushebe; obgleich diefes Verzeichnifs faft nur eine confufe Wiederholung des obigen und nicht ohne Unficherheit feyn kann, fo können darin doch faft nur Völker des *Washington* territory vorkommen:

- *Banax Indians* p. 331, *Indians of Bitter root valley* 38; *Blackfeet* 466-483 (eigentlich lieut. John Mullan *report on the Indian tribes in the eastern portion of Washington territory)*, auch 474, 475; *Cayuse* 438, *Chequoss* f., *Chihalis* 454, *Chimakum* 458-9, *Clullam* 456-8, *Cowlitz* 454, *D'Wamish* 459, *Flathead Indians* f. (befonders 466-472, 291-8), Ge. Gibbs *report on Indians in Washington territory* 419-462; *Indians:* ein grofses Stück im Regifter, wovon nicht alles wichtig ift, f.; ich bezeichne befonders: Zahl vieler Stämme 93-94, 439-441, 463-5 (hieraus find viele Namen zu entnehmen); *Kalispelm* 91, 278-284; *Kettle fall Indians* 434, *Klikatat* 420-6, *Kootenaies* 437, 471, *Nez percés* f., *Okinakane* 433, *Peluse* 225, *Pend d'Oreille* f., *Piegans* 474, 478, *Pisquouse* 432, *Root-diggers* 331-2, *Schwoyelpi* 434, *Skagit Ind.* 460, *Spokane Ind.* 227, 264-5, *Walluh-Wallah Ind.* 442, *Yultinapam* 455, *Yakima Ind.* 420-431.

p. 94 werden genannt: weſtlich von den *Rocky mountains* die *Shwoi-elpi* oder *Colville* 500 Krieger, weſtlich von den *Cascades: Nisqually* 209; p. 439: *Dalles* 2400 Seelen, *Sans Puelles* 1500, *Schwoyelpi* 3500, *Grand Ronde* 1000 (es ſtehn hier noch andre Völkernamen, bei allen ſind die einheimiſchen Namen beigeſetzt); *Des Chutes* 300; p. 440: *Kullas Palus* oder *Kalispelm* 300; p. 441: *Kanatat* 492 (dieſelben Namen wiederholen ſich öfter auf dieſen Seiten, indem die Zählung nach mehreren Berichten gegeben wird).

§ 507, d. Im Anhange zu *Schoolcraft* V, 700. 1 findet ſich noch eine Statiſtik der indianiſchen Völkerſchaften „von *Oregon*" (aber zu verſtehn vom *Washington territory*), welche Achilles de HARLEY geſammelt und *Schoolcraft* überſandt hat; ich muſs die Bemerkungen über ſie weglaſſen: die *Mahaw* oder Indianer vom Cap *Flattery*, 1000 Seelen; die kriegeriſchen *Noostlalums* in 11 Stämmen am Eingange von *Hood's* Canal, *Dungeness*, *port Discovery* und der Küſte gen W: 1485; die kriege-riſchen *Soquamish* um *port Orchard* und an der WSeite der *Whitbys*-Inſel: 519; die friedlichen Stämme *Homamish*, *Hollimamish*, *Squahsinawmish*, *Sayhaywamish* und *Stitchassamish*: von der Enge *(narrows)* am weſtl. Ufer des *Pugets*-Sunds bis *New Market*, zuſammen 500; die friedlichen *Tuanoh* und *Skokomish* (701) an den Ufern des *Hoods*-Canals, etwa 200; die *Squallyamish* und *Pugallipamish* um die Flüſſe *Nesqually*, *Pugallippi* und *Sinnomish*: friedlich und freundlich, 500; die *Sinahemish*, eben ſo geſinnt, am gleichnamigen Fluſſe (der in den *Possession*-Sund fällt) und am SEnde der *Whitbys*-Inſel: 333; die kriegeriſchen *Snoqualimich* längs dem gleichnamigen Fluſs und dem ſüdl. Zweige des *Sinahemish*-Fluſſes: 348; die friedlichen und freundlichen *Skeysehamish* längs dem gleichnamigen Fluſs und dem nördl. Zweige des *Sina-hemish*: etwa 450; die *Skadjets*, gleichgeſinnt, an beiden Ufern des gleichnamigen Fluſſes und dem NEnde der *Whitbys*-Inſel: 506; die kriegeriſchen *Nooklummie* um *Bellingham's* Bai: 222; die friedlichen und freundlichen *Staktomish* zwiſchen den Flüſſen *Nisqually* und *Cowlitz* und dem oberen *Chehaylis*-Fluſs: 204. Der Verf. fügt hinzu: „daſs er noch eine Reihe von Bemerkungen über den Charakter und das Schickſal der Indianer Nordamerika's bewahre; und nur dieſs hier ſagen will, daſs die Indianer dieſes Landes dahinſchwinden, und daſs die Zeit wahrſcheinlich nicht ſehr fern iſt, wo ſie ganz erloſchen ſeyn werden." Dieſes Verzeichniſs iſt alſo vom Puget-Sund.

Hierher gehört auch Starling's Völker-Verzeichniſs vom PUGET-SUND im 4ten Theil *Schoolcraft's*, das ich wegen der daran gefügten genauen Beſtimmungen von 8 Sprachen an das Ende dieſes Abſchnitts von den Vereinigten Staaten (in § 613, b) geſtellt habe.

SWAN wurde (210) vom Gen. *Gibbs* im Mai 1855 beauftragt *Lewis* und *Clarke's* Namen der Küſtenſtämme (ſ. ſie oben S. 594ªᶠ) zu berichtigen. Die Indianer gaben ihm folgende als die Namen der Völkerſchaften von der *Columbia* bis zur *Fuca*-Straſse an: *Chenooks* an der Columbia; *Karwéewee* oder *Artsmilsh* für die Stämme der *Shoal-water*-Bai, welche jetzt beinahe ausgeſtorben ſind und gewöhnlich als *Chenooks* angeſehn werden; *Chehális* an *Gray's harbor* und dem *Chehalis*-Fluſſe; *Copális* am *Copalis*-Fluſſe, 18 *miles* nördlich von *Gray's harbor* (ſ. über ſie 251); *Quénäiult* bei *point Grenville* (ſ. des Vf. Beſuch bei ihnen und ihre Schilderung 250 sq., eine Abbildung ihres Dorfs bei 253): dieſer Name (211) wird vom Gen. *Gibbs* unrichtig *Quinaiutl* geſchrieben; die In-dianer ſprechen den Namen, wie ihn der Vf. ſchreibt, aus: die letzten Sylben fallen ſo ſanft ab, daſs manche nur *Quénai* zu hören glauben; nördlich über ihnen ſind die *Quáitso*, dann die *Hooch* oder *Hooh*, *Queläi-ült* und *Quendītsath*. „Die Indianer der *Shoal-water*-Bai hatten keine eigne beſondere Sprache, ſondern gebrauchten *Chenook* oder *Chehalis promiscue*: ausgenommen den Stamm am *Whilapah*-Fluſs, der eine Sprache etwas ähnlich der *Cowlitz* ſprach; 2. 3 *Whilapah*-Indianer leben noch an der *Shoal-water*-Bai, ihr übriger Stamm iſt ausgeſtorben. Die andren Namen der In-dianer der *Shoal-water*-Bai waren die *Necománchee* oder *Nickomin*: an einem Fluſſe, welcher in die NSeite der Bai fällt; die *Queláptonlilt*, deren Dorf an der Mündung des *Whilapah r.* war, an einem Bach ihres Namens ... Das Dorf der *Whárhoots* ſtand an der Stelle der jetzigen Stadt *Bruceport*, und das *Quérquelin*-Dorf an der Mündung des Baches, wo mein Haus war; die *Palux*-Indianer am *Copálux* oder *Palux r.*; die *Márhoo*, *Nasal* und mehrere andre Dörfer auf der Halbinfel, von geringer Bedeutung." „Überbleibſel von alten *lodges*, Canots, Haufen von Muſcheln u. a. bezeugen, daſs (212) ehemahls eine bedeutende Maſſe Indianer um die *Shoal-water*-Bai geweſen feyn muſs; überall findet man durch das Territorium an der Küſte dieſe verlaſſenen Dörfer"; fie fielen fchon *Vancouver* auf (f. die Deutung). Noch nennt *Swan* (309) die *Satchap*-Indianer; und er nimmt (206) überhaupt etwa 25 Völkerfchaften im Territorium an.

§ 508. Nach dieſen **Völker-Verzeichniſſen** trete ich zurück in die ALLGEMEINE BETRACHTUNG der VÖLKER und SPRACHEN (ſ. S. 589ᵃᵃ), indem ich den kurzen Inhalt ZWEIER ARBEITEN ſehr verſchiednen Umfangs vorführe, welche nicht nur dieſes Weſtgebiet der Vereinigten Staaten, fondern den GANZEN NORDWESTEN NORDAMERIKA's, die Länder zwiſchen der Küſte des ſtillen Meeres und den *Rocky mountains* von den ruſſiſchen Befitzungen (von etwa 60° N. B. an) bis zum ſüdlichen Ende Neu-Californiens, in ihren Völkern und Sprachen behandeln. Indem dieſe Auszüge eine EINLEITUNG zu meiner Behandlung der EINZELNEN Völker und Sprachen (dieſes Abſchnittes über die Vereinigten Staaten wie des über das britiſche Nordamerika) bilden, ſo treten ſie hier richtig nach den Völker-Liſten der beiden Territorien ein, welche ebenfalls der einzelnen Behandlung des nordamerikaniſchen Weſtens vorausgefchickt find.

Eine kleine, aber ſehr werthvolle Abhandlung über die Sprachen und Völker der amerikaniſchen Nordweſt-Küfte find Dr. John SCOULER'S *Observations on the Indigenous Tribes of the N. W. COAST of America*, in dem *Journal of the royal geographical society of London* Vol. XI. 1841 p. 215-250. Eine Reihe von Wortverzeichniſſen erhöhen den Werth dieſes gehaltvollen Auffatzes. Mit dem Verf. theilt das Verdienſt ein Freund deſſelben (217), Mr. TOLMIE, *surgeon* der Hudſonsbai-Gefellfchaft: welcher 8 Jahre lang an der Nordweſt-Küfte gewohnt, und den Sprachen wie den Sitten der Indianer grofse Aufmerkſamkeit zugewendet hat. Von ihm allein rühren alle Wortverzeichniſſe her (von 17 Sprachen, und von Scouler als höchſt genau und zuverläffig bezeichnet), und viele Bemerkungen über die Indianer; von ihm erhielt der Verf. auch eine Schädel-Sammlung (¹). Von den Wortfammlungen urtheilt *Scouler:* dafs ſie mehr Aufklärung über die nordweſtlichen Mundarten gewähren, als in irgend einer ihm bekannten Schrift zu finden fei.

Dr. Scouler hebt hervor, dafs, trotz der vielen Kunde, welche ſeit *Vancouver's* Reife (215), und den Land-Expeditionen von Sir A. *Mackenzie*, *Lewis* und *Clarke* über den amerikaniſchen Norden, von der Küfte des ſtillen Meeres bis zur Weſtfeite der *Rocky mountains* (216), verbreitet worden iſt; doch noch über viele Gegenden grofses Dunkel bis dahin geherrſcht habe. Er redet über den Unterfchied dieſer Indianer in Sitten und Lebensweife gegen die Stämme des Oſtens; über das mildere Klima, die Küftenbildung; die verfchiedene Nabrung (dort der Büffel, hier der Lachs); vorgefchrittener Zuſtand der Küſtenſtämme (217ᵃ-ᵐ).

(¹) Sie hat Dr. John Scouler Veranlaffung zu einem kurzen Auffatz gegeben: *Remarks on the form of the Skull of the North American Indians*, geliefert im *zoological journal* Vol. IV. 1828-29. Lond. 1829. 8° p. 304-8, mit 2 Tafeln, pl. X und XI.

Der Verf. befchränkt feine Bemerkungen auf die Küftenftämme füdlich vom *Columbia*-Fluffe an bis nördlich zur Königinn-*Charlotten*-Infel, da er diefe Strecke allein felbft kennen gelernt hat. Mit feinen eignen Beobachtungen verband er das reiche Material Tolmie's. (¹)

Bei der Schilderung der zahlreichen Volksftämme der Nordweft-Küfte berückfichtigt Scouler (217ⁿⁿ) vorzüglich ihren phyfifchen Charakter und ihre Sitten, fo wie die Verwandtfchafts-Verhältniffe ihrer Sprachen. Die Schilderung der Völker bin ich genöthigt zu übergehn. In der Ziehung der Sprach- und Völker-Verwandtfchaft ift der Vf. zu leicht, er gründet fie auf fehr allgemeine Grund-züge; was er Sprachverwandtfchaft nennt, ift oft nichts. Ich berichte feine Meinungen, aber ich bin oft fern davon an ihnen Theil nehmen zu wollen; er fieht überall Verwandtfchaft, die Wirklichkeit zeigt uns in diefen grofsen Ländergebieten als Hauptfache die Verfchiedenheit und völlige Fremdheit. Trotz dem ift aber meift alles wichtig, was er über die Sprachen fagt.

§ 509. Die INDIANISCHEN VÖLKERSTÄMME des NORDWESTENS laffen fich in ZWEI GRUPPEN theilen (217ⁿᶠ): die infularifchen und die inländifchen: oder die Bewohner der Infeln und Ufer der Küfte, faft ganz vom Fifchfange lebend; und die im Inneren des Landes leben und theilweife Jäger find.

Die INSULARISCHE GRUPPE (218) begreift eine grofse Menge von Volksftämmen, welche fich an den Küften des ftillen Meeres vom *Columbia*-Fluffe bis *Sitga* und bis zu den Polargegenden ausdehnen, wo die nördlichen Glieder diefer Gruppe mit den *Esquimaux* zufammenftufsen. Die INSULAREN und KÜSTENSTÄMME der Indianer kann man in zwei Familien theilen: die nörd-liche und die füdliche.

Die NÖRDLICHE Familie befteht aus vielen kleinen Stämmen oder Gemeinheiten, die fich vom Polarkreife bis zum Nord-Ende der Quadra- und Vancouver-Infel verbreitet haben. Alle indianifchen Stämme im ruffifchen Gebiete gehören zu diefer Familie. Über ihre „Sprache" urtheilt der Vf.: dafs fie, „der befchränkten Wortfammlung *Wrangel's* zufolge, fehr nahe identifch mit der Sprache fei, welche auf der Königinn-*Charlotten*-Infel gefprochen wird." Scouler befchreibt die Stämme diefer Nord-Familie, die er auch allgemein die Haidah-Familie nennt (von den *Haidah* auf der Charlotten-Infel), indem er die Infulaner von Königinn-Charlotte zum Mufter nimmt, 218ᵐ⁻ⁿⁿ. *This northern family ... are by far the best looking, most intelligent and energetic people on the N. W. coast;* und fie ftechen in jeder Hinficht vortheilhaft ab von den füdlichen Stämmen des *Nutka*-Sundes und der *Columbia*. Die nördlicheren Stämme diefer Nord-Familie bewohnen das ruffifche Gebiet, und werden von Wrangel (226) aufgezählt unter den Namen der: *Kolosſhen, Uga-lenzen, Atnas, Kolchans* und *Kenaï*. Die *Tun Ghaase* find die nördlichften Indianer diefer Fa-milie, welche Verkehr mit englifchen Pelzhändlern haben. Die zahlreichen Stämme, welche die Infeln und Küften der Königinn-*Charlotten*-Infel nordwärts bis zum 60° N. B. bewohnen, gehören nach Scouler's Meinung (220ᵃᶠ) „unbedenklich zu Einer nördlichen Familie. *The points of similarity between them are numerous and unequivocal. They resemble each other in physical features and intellectual character*"; f. weiter bis ᵐᵐ. Es folgt hier nun ein Ausfpruch über Einheit der Sprachen: der Nord-Familie näher in fich, aber auch diefer und der Süd-Familie; fo kühn und um-faffend, wie ich (oben ᵃᵃ) fchon ausgefprochen habe, dafs diefes Verfaffers Urtheile find: und eben fo unglaublich. Die ganze Stelle (220ᵐᵐ⁻ᵐᶠ) lautet: *The most decisive circumstance is, however, the near affinity of all the northern dialects. In as far as I have been able to obtain vocabularies, it appears that the numbers and names of simple and familiar objects are often the same among all these tribes. It is true the language of the Southern branch ap-*

(¹) *The information which I have collected, would be very meagre, if I had not enjoyed the advantage of obtaining a great amount of valuable material from my friend, Mr. Tolmie . . . .*

pears to be radically the same as that of the Northern Family; but, at the same time, it appears that the dialects of the Northern Section differ less from each other than any one of them does from the language spoken at Nootka Sound, or on the banks of the Columbia. Zur nördlichen Familie rechnet er nun die Chimmesyan (f. fie bef. § 665), obgleich fie einige Ähnlichkeit mit der füdlichen Abtheilung haben.

§ 510, a. Die zweite oder SÜDLICHE Familie (221aa) der infularen Völkerftämme nennt Scouler die NUTKA-COLUMBISCHE, den Namen hernehmend von den beiden Punkten, wo fie den meiften Verkehr mit den Europäern gepflegt, und wo ihre Sitten und Sprache uns am beften bekannt find. Diefe Abtheilung begreift die Stämme, welche die Quadra- und Vancouver-Infel wie die benachbarten Buchten des Feftlandes bewohnen, bis füdlich herab zum Columbia-Fluffe, und vielleicht bis zum *Umpqua*-Fluſs und dem nördlichen Theil von Neu-Californien. Von der Verwandtſchaft fagt Scouler (221af-m): *The numerous tribes of this Family, though intimately related to the Northern Division, by affinity of language and many words common to the dialects of both, differ from the latter in physical character, and also in arbitrary customs.* S. ihre Schilderung m-nn. Unter den *Nuka-Columbiern* ift das Zufammendrücken des Kopfes, unbekannt unter den *Haidah*-Stämmen, allgemeine Sitte; es herrfcht längs der Nordweft-Küfte vom *Salmon river* bis zum *Umpqua*-Fluſs, von 53° 31' bis 46° N. B.; f. hierüber 221nf-2f. Die füdliche infulare (224a) oder *Nutka-Columbiſche* Gruppe begreift eine gröfsere Anzahl von Stämmen und eine reichere Bevölkerung in fich als die nördliche oder *Haidah*-Familie. Ihre nördlichften Stämme find die *Haeeltzuk* (f. brit. Amer. § 655) und *Billechoola* (f. ib. § 657); er behandelt dann die Stämme der *Quadra*- und *Vancouver*-Infel (f. diefe Infel § 616-641), von denen er eine weiter gehende Verwandtfchaft gegen die Küfte und das Innere prädicirt (f. eben da § 619). Ein anderer (224mf-nn) zahlreicher Zweig der Nutka-Columbifchen Familie begreift die verfchiedenen Völkerfchaften, welche die Ufer des Meerbufens von Georgien und bis zum Süden des Columbia-Fluffes bewohnen. Die wichtigften Stämme diefer Abtheilung find die *Kawitchen, Noosdalum, Squallyamish* und *Cheenooks:* von denen allen ich (§ 645-651) befonders (und zwar, wie von allen diefen füdlichen Familien, beim britifchen Nordamerika) gefprochen habe. Unter *Kawitchen* (§ 646) habe ich auch die Angaben Scouler's über die Verwandtfchaft aller diefer Sprachen unter fich, mit dem *Nutka, Haeeltzuk;* fo wie über die Erborgung von Wörtern des Inneren, verzeichnet.

§ 510, b. Im INNERN des Landes (224nf) finden wir verfchiedene Stämme, deren Sprachen und Sitten beträchtlich von denen der Bewohner der Küfte abweichen. Sie leben von der Jagd (f. 225a). Diefe continentalen Indianer (225a-m) beftehen aus zwei Familien oder Gruppen, deren Sprachen bedeutend von einander verfchieden find, „obgleich (nach der Weife und den Worten Scouler's) fie wahrfcheinlich aus einer gemeinfamen Quelle entfprungen find". — Die erfte oder nördlichere Familie des Innern nennt Scouler die *Shahaptan family;* fie begreift 3 Volksftämme: die *Shahaptan* oder *Nez Percés* der Canadier, die *Kliketat* und die *Okanagan:* alle drei mit Dialecten derfelben Sprache. Die zweite Indianer-Gruppe des Innern (225m) bildet Scouler aus den *Kalapooiah* und den *Yamkallie*, und nennt fie nach den erfteren. Bei den *Kalapooyah* (§ 540) habe ich die ganze Stelle Scouler's über die Verwandtfchaften ihrer Sprache, der er auch das *Umpqua* und die *Cathlascon*-Stämme anfchliefst, verzeichnet.

§ 511. Hierauf läfst Scouler (225nn-6) eine allgemeine Betrachtung über die VERWANDTSCHAFT der SPRACHEN des ganzen grofsen Ländergebietes folgen, das feine Abhandlung umfafst; und er findet da Gelegenheit feine Neigung an den Tag zu legen, grofse, ganz verfchiedene Sprachmaffen doch als im Grunde verwandt zu betrachten. Er fagt: „Es fei eine fchwierige Aufgabe Verwandtfchaften fo zahlreicher Indianer-Stämme aufzufpüren, welche über eine fo ausgedehnte Länderftrecke als den Nordweft-Theil des amerikanifchen Continents verbreitet find. Keine der in diefer Gegend gefprochenen Mundarten fei in Büchern oder Wortfammlungen aufbewahrt, aufser denen von

Californien, in welche die ſpaniſchen Miſſionare einige ihrer Andachts-Schriften überſetzt haben. Man habe daher den grammatiſchen Bau der nordweſtlichen Dialecte noch nicht erforſchen können, und könne deſshalb die Verwandtſchaft der Sprachen nur durch Wortvergleichung darthun." „Nach einer ſorgfältigen Unterſuchung der Sprachen des Nordweſtens von Amerika", ſagt er, „von denen 16 Wort-verzeichniſſe beigefügt ſind, ſcheint es, daſs die zwiſchen ihnen obwaltenden Verſchiedenheiten weit weniger offenbar und entſcheidend ſind *(are far less manifest and decided)*, als eine oberfläch-liche Unterſuchung derſelben uns anzunehmen veranlaſſen würde. *Even in the languages of the most remote tribes, as the Haidah of Queen Charlotte's Island and the Kalapooiah of the Willa mat plains, we discover words which are nearly identical in form and meaning; and the number of words common to any two tribes is, as might be expected, much the greatest in the Gulf of Georgia, or on the Columbia River, where a very extensive intercourse is kept up between the tribes of the coast and those of the interior. — As an examination of numerous vocabularies indicates that all these dialects have more or less intimate relations with each other, instead of a numerous group of simple and primary languages, we have at the very utmost only two simple tongues, the combinations of which in various propor-tions have given rise to all the subordinate idioms before mentioned."* Dieſe Anſicht beruhe, ſagt der Vf., auf der einfachen Annahme: daſs die Bewohner der I n ſ e l n ſich auf dem Feſtlande längs den Buchten und dem Laufe der Hauptſtröme angeſiedelt, und ſo ſich mit den Bewohnern des I n n e-r e n, welche eine verſchiedene Sprache reden, vermiſcht haben; aus dieſen Wanderungen ſeien die verſchiedenen zuſammengeſetzten Mundarten entſtanden. Solche Vermiſchungen und Kreuzungen von Volksſtämmen verſchiedener Sprachen hätten unzweifelhaft ſtatt gefunden; er führt als Beiſpiele die *Cathlascons* und *Kawitchens* an. Es folgt nun die ſpeciellere Rechtfertigung der Annahme von nur z w e i S p r a c h e n bei groſser Verſchiedenheit der einzelnen. *It has been already stated,* heiſst es (226ⁿ-7ᵐ), *that many of the differences between the dialects are more apparent than real, and that a careful examination will discover unexpected analogies between them; thus, if we find on comparing the numerals and names of the more common objects in the dialects of two conterminous tribes, that they are very different in both, it by no means follows that these should be considered as two primary languages: on the contrary, such discre-pancies often admit of a very satisfactory explanation. In the languages of the North-West Coast the names even of simple and familiar objects, such as the sun, moon, day, night, are not always nouns, but are not unfrequently compound words* (p. 227) *and epithets. In this case, unless we possessed an intimate knowledge of the influence of the verbs and the na-ture of the indeclinable particles, we might mistake two nearly allied tongues for primary languages. That such a principle of variation exists in the dialects of the North-West, ad-mits, I think, of but little doubt: more especially as we know, that the names bestowed on European articles are not borrowed from the English names, and that they are different in almost every dialect. Among the Chimmesyans the name for a gimlet is a compound word, constructed from the verb "to make" and the noun signifying "a hole" or "aperture;" hence they designate that implement by a word equivalent to "borer" or "hole maker." — Assu-ming the hypothesis, that all dialects of the North-West are derived from the inter-mixture of two primary languages, we have another source of variation, inasmuch as a word compounded of two radicals may have borrowed one of them from each of the pri-mary tongues. Not to wander into so wide a field, we will restrict our investigations to the numerals, which will afford evidence of this fact.*

Dieſs wird durch Analyſen von Z a h l w ö r t e r n der Nordweſt-Sprachen erläutert 227ᵐ-ⁿⁿ. Der Vf. knüpft daran allgemeine Bemerkungen über das Zählſyſtem dieſer Völker, im Gegenſatze gegen das in anderen Ländern des Welttheils (227ⁿⁿ sq.); vorzüglich über ein auf die Zahl 4 gegründetes, das unter den indianischen Stämmen von der Königinn-Charlotten-Insel an bis nach Californien gelte (228^nn). In den nördlichen Theilen der Küste (^m) hätten die Zahlwörter, wegen der Vermischung mit anderen Volksstämmen, ein sehr unregelmäsiges Ansehn; aber in Californien würden sie regelmäsiger und trete das quaternare System deutlicher zu Tage. S. specielle Beispiele beider Züge 228^aa-n.

§ 512. Der Verf. sucht dann (228^n-nf) seine allgemeine Verwandtschaft und Einheit der Sprache speciell durch WORTVERGLEICHUNG zu erweisen; er sagt: *An examination of the words expressing simple ideas affords similar evidence of the intimate affinities which subsist among the dialects of the Indians of the N. W. Coast. Many terms are the same in languages spoken many hundred miles apart, and by tribes who are not aware of each other's existence. The following very brief selection of names, expressing simple terms and used by remote tribes, will exhibit such an affinity; and many others may be observed by comparing the vocabularies together.* Ich setze seine Beispiele (228^nf-9^a) zur Beurtheilung her. Mehrere Vergleichungen sind ohne Ähnlichkeit, die Beisetzung der Sprachen ist daher nicht nothwendig:

> plenty: *kai-unum, kuach, aya* (ähnlich: Kalapooiah *shooie,* Chimmesyan *shooee-heildh*)
>
> Frau: *kootlina, tlootzimen,* Kind: *toole, tilcoole.*

Ähnlich erscheinen:

> Mond: Cathlascon *kium,* Chimmesyan *kium-agum-at-uk*
>
> Schnee: Shahaptan *meaka,* Squallyamish *maaka,* Chimmesyan *moaks*
>
> Meer: Haeeltzuk *tluagh,* Kliketat *toagh;* ob aber die folgenden eins in sich und mit diesem Worte sind, steht dahin: Nousdalum *steagh,* Squallyamish *kaagh;* Chimmesyan *tow-oo* (beruht auf dem Athapasken-Worte zu Wasser); fremd bleibt Shahaptan *tais*
>
> See: Billechoola *tzalh,* Cheenook *tzalil*
>
> Kind: Billechoola *munna,* Kawitchin *mumunna.*

Wo die Ähnlichkeit entschieden ist, ist sie wohl meist zwischen schon als verwandt anerkannten Sprachen.

Scouler schreitet dann zu dem Hülfsmittel einer etwas veränderten Bedeutung weiter: *Other* (229^a) *and equally decisive affinities may be traced by a more indirect process. In many instances, when the same object is distinguished by a different word in two languages, these two words may still be common to both, and we may detect their presence among the appellations of nearly related objects. The word indicating water in one language may be found as the name for rain or a lake in another.* Er vergleicht so Billechoola *tzalh* See mit Cheenook *tzailh* Fluss; aber sehr unglücklich Haeeltzuk *totoah* Stern mit Nutka *totah* Donner! Noch deutet er die Analyse von Zusammensetzung (^m), ähnlich der von ihm mit Zahlen versuchten, als ein Mittel an, Analogien aufzufinden, welche sonst unentdeckt bleiben würden: wozu aber eine gröfsere kritische Kenntnifs dieser Sprachen gehöre, als er bis jetzt besitze. (Das Mittel würde auch ein gefährliches seyn!)

Es folgt nun noch der nachdrückliche Ausspruch allgemeiner VERWANDTSCHAFT der Küstensprachen vom Polarkreise an, wenigstens auf Mischung aus zwei Sprachen gegründet, so (229^mm): *It appears, however, from these investigations, that the languages spoken on the N. W. Coast from the Arctic Circle to the Umpqua River, in lat. 46° N., are all intimately related to each other; and if not modifications of a single primary tongue, we cannot find any evidence of more than two distinct languages which have been mixed together in every imaginable proportion.*

§ 513. Scouler vermuthet (zunächst nach „philologischen Anzeigen", 229^mf-nn): dafs die Wanderungen der Indianer der Nordwest-Küste von NW nach SO gegangen; und dafs sie, in ihren Canots dem Laufe der Flüsse folgend, allmählich in das Innere vorgedrungen sind, und sich da mit Stämmen anderer Sprache vermifcht haben: wogegen fchwerer Jägerftämme an die Küfte gedrungen wären. S. näher [nn]. Einen Beweis findet er „in der grofsen Verbreitung von Wörtern der *Haidah*- und *Nutka*-Dialecte: welche gen O und S feltner werden, und von denen wir im füdlichen Californien alle Spur verlieren."

Es folgen nun die **Wortverzeichniffe** in Gruppen, die der 3 erften Gruppen von **Tolmie** herrührend:

1) *Haeeltzuk, Billechoola, Chimmesyan, Haidah, Tun Ghaase:* p. 230-5 (f. die 4 erften beim britifchen Nordamerika);

2) *Kliketat, Shahaptan, Okanagan, Kalapooiah, Yamkollie, Umpqua:* p. 236-241 (von welchen ich die der 3 letzten Sprachen aufgenommen habe, die der 3 erften nicht);

3) *Kawitchen, Tlaoquatch, Noosdalum, Squallyamish,* (fogen.) *Cheenook,* (fogen.) *Cathlascon:* p. 242-7 (fämmtlich von mir reproducirt);

4) *Pima* mit 6 Sprachen von Neu-Californien: welche Wortfammlungen Scouler (229[nf]) von feinem Freunde Dr. **Coulter** erhielt, der mehrere Jahre in jenem Theile Amerika's fich aufgehalten hatte: *Pima; San Diego, San Juan Capistrano, San Gabriel, Santa Barbara, San Luis Obispo, San Antonio:* p. 246-251 (von mir fämmtlich aufgenommen).

Der Herausgeber des *geogr. journal* fügt (250[mm]) den Wortverzeichniffen die Bemerkungen bei: man habe diefelben nicht der Orthographie des Journals anpaffen können; Dr. *Scouler* fchreibe flüchtig und undeutlich; Dr. *Coulter's* Weife fei noch verwirrter, da er einer eignen Orthographie folge, die er nicht angebe, vielleicht der fpanifchen; fein *x* fei engl. *kh* [d. h. fpanifches *x*].

§ 514. Ich gehe über zu der umfaffenden Betrachtung, welcher der inhaltsreiche 6te Band der ERFORSCHUNGS-EXPEDITION der VEREINIGTEN STAATEN, verfafst von dem Philologen derfelben, Horatio HALE (*UNITED STATES EXPLORING EXPEDITION, during the years* 1838-1842, *under the command of Charles Wilkes.* Vol. VI. *Ethnography and philology, by Horatio Hale.* Philad. 1846. 4°), die indianifchen Völkerfchaften und Sprachen des nordweftlichen Amerika's unterwirft.

Der allgemeine Theil läuft von p. 179-225. In dem langen und fchmalen Striche des neuen Continents, beginnt er (197), welcher von den *Rocky mountains* und dem ftillen Meere eingefchloffen ift, anfangend in Norden vom Lande der Eskimos und gehend bis zur Halbinfel Californiens im Süden, findet fich vielleicht eine GRÖSSERE ANZAHL von Volksftämmen mit verfchiedenen Sprachen als in irgend einem anderen Landftrich von derfelben Gröfse in der Welt. Eben fo verfchieden find diefe Völkerfchaften in ihrer phyfifchen Erfcheinung, ihrem Charakter und Sitten. Der Verf. theilt fie nach allgemeinen Übereinftimmungen in VIER CLASSEN. Ich werde mich mit wenigen Ausnahmen nur auf das einlaffen, was die Sprachen angeht, und verweife für alles übrige auf das Werk felbft. 1) NORDWESTLICHE Abtheilung: diefe Stämme bewohnen die Küfte zwifchen der Halbinfel Alafchka in 60° N. B. und dem Königin-Charlotten-Sund in 52°. Die Expedition befuchte diefen Landftrich nicht, die Nachrichten rühren meift von Mitgliedern der Hudfonsbai-Compagnie her. Diefe Stämme ähneln der weifsen Race: fie find fchön, von Anlagen, und die Männer haben ftarken Bart; im übrigen ift ihre Phyfiognomie indianifch. 2) die NORD-OREGON-Abtheilung (198). Zu ihr gehören alle Stämme nördlich von der Columbia, ausgenommen einige der *Wallawallas*, dazu 3-4 füdlich von der Columbia. Sie begreift: die *Tahkali-Umkwa*-Familie (die *Carriers, Qualinguas, Tlatskanies* und *Umguas*); die *Tsihaili-Selish*-Familie *(Shoushwaps, Flatheads, Chikoilish, Cowelits* und *Killamuks)*, mit den *Chinooks, Yakones* (und füllichen *Killamuks*) und zum Theil den *Calapuyas;* auch gehören hierher die *Nootkas* und andre Stämme der *Vancouver-*Infel. Die Völker diefer Abtheilung gehören zu den häflichften ihrer Race und find klein; vorzüglich die an der Küfte, denn die des Inneren *(Carriers, Shoushwaps, Selish)* find

hübfcher. Ihr geiftiges Vermögen ift auch befchränkt, ihr Charakter fchlecht. Diefe böfen Eigenfchaften find am ftärkften an der Mündung der Columbia, wo auch das Eindrücken des Kopfes am
ftärkften herrfcht (f. darüber *Scouler* oben S. 599ᵃᶠ⁻ᵐ); daffelbe fcheint von den *Chinooks* ausgegangen
zu feyn. Die Sprachen diefer Abtheilung (die der *Calapuyas* ausgenommen), obwohl von verfchiedenen Familien, zeichnen fich durch ihre aufserordentliche Rauheit in der Ausfprache aus: wogegen
die der folgenden Abtheilung ungemein fanft und wohltönend find. 3) die SÜD-OREGON-Abtheilung: wozu gehören die *Sahaptin*-Familie (*Nez-percés* und *Wallawallas*; 199), die *Waiilatpu*
(Cayuse und *Molele)*, die *Shoshoni (Snakes, Bonnaks* ufw.), *Lutuami, Shasties, Palaiks* und
wahrfcheinlich noch andere Stämme gegen S und N. Sie kommen den Indianern im O der *Rocky*
mountains nahe, nur dafs fie etwas tiefer ftehn; fie find kriegerifch, jagdliebend und thätig. Sehr
auffallend ift für den, welcher die *Columbia* heraufgeht, der Unterfchied der Eingebornen ober- und
unterhalb der Wafferfälle: der *Chinooks* und *Wallawallas;* in Europa geben keine zwei Völker fo
weit in Ausfehen und Charakter aus einander als diefe beiden amerikanifchen Nachbarftämme. 4) die
CALIFORNISCHE Abtheilung: ausgezeichnet durch dunkle Farbe. Die Eingebornen von Nord-
oder Ober-Californien find um einen Grad brauner als die *Oregon*-Indianer, und einige Stämme
der Halbinfel follen beinahe fchwarz feyn. Im übrigen haben fie die Kennzeichen ihrer Race. Sie
ftehen geiftig am tiefften unter allen nordamerikanifchen Völkerfchaften, „*approaching to the stupi-*
dity of the Australians; they are dull, indolent, phlegmatic, timid, and of a gentle, sub-
missive temper." Der Vf. bemerkt, etwas unzart, dafs, was man mit ihnen unternommen *(of*
collecting them, like a herd of cattle, into large enclosures called missions, and there setting
them to work), man den Indianern von *Oregon* nicht hätte bieten dürfen. S. näher über diefe Miffionen und ihre neuere Auflöfung p. 222ⁿⁿ⁻³ᵐᵐ. — Das Werk giebt 5 Wortverzeichniffe von Stämmen
Neu-Californiens, die früher unter den fpanifchen Miffionaren geftanden haben: 3 grofse (No. 15-17).

Nach Ziehung diefer Eintheilung geht der Vf. zu ALLGEMEINEN BEMERKUNGEN über.
Die INDIANER im W der *Rocky mountains* fcheinen im ganzen tiefer zu ftehen als die im
O der Bergkette. S. näher 199ⁿᶠ-200ᵃᵃ. In den Stämmen, auf welche die Expedition geftofsen ift
(200), meint der Vf. eine allgemeine Charakter-Ähnlichkeit zwifchen den amerikanifchen Ureinwohnern
im ganzen, befonders denen von *Oregon*, und den Auftraliern gefunden zu haben: welche letzteren
das Extrem und die Carricatur der erfteren feien (f. - ᵐᶠ). Die Oregon-Indianer führen ein halbes
Wanderleben: in der Weife, dafs fie jeden Monat ihren Wohnfitz verändern, aber jedes Jahr zu derfelben Zeit fich wieder an derfelben Stelle befinden. Der Vf. entwickelt (200ⁿⁿ-1ⁿⁿ) die phyfifchen
Gründe diefes Verfahrens.

§ 515. Er giebt nun (p. 201ⁿᶠ-225) nähere Berichte über die EINZELNEN VÖLKER-
STÄMME, von welchen die Expedition fich Wortverzeichniffe hat verfchaffen können, in der Reihenfolge der fpäteren *Synopsis* und der Wortverzeichniffe. Diefe Folge geht im allgemeinen von
Norden gegen Süden, aber mit vielen Ausweichungen. Die erfte Region ift die nordweftliche Abtheilung,
vom 60° bis zum 52° N. B.; bleibt ganz leer, und wird nicht berührt. Die *explor. exped.* beginnt
ihre Reihe mit der 2ten Abth. (Nord-*Oregon*), No. 1-3 b) diefe durchbricht fie, indem fie folgen läfst
aus der 3ten Abth. (Süd-*Oregon*) No. 4, 5 c) dann folgen aus Abth. 2: No. 6.8 d) aus Abth. 3:
No. 9.12 e) hierauf wendet fich das Werk weit nach Norden, zu den *Satsikaa* (No. 13), welche
weit öftlich von feiner erften Region liegen f) nun kommt der höhere Norden der 2ten Region, von
Nord-*Oregon*: No. 14 *Nutka;* dann füdlich wieder zu der Gegend
der *Umkwa*, dann geht es fchnell nach Süden herab zum *Sacramento;* endlich wendet fich der Faden auf die 4te Gruppe, *Neu-Californien:* No. 15-17 und 2 kleine Wortfammlungen. Die Bemerkungen über einzelne Völker und Sprachen fchliefsen mit einigen allgemeinen (223-5): über
Häufung der Sprachen, das Vorrücken der Völker gegen den Süden, Abtrennung einzelner Sprachen,
etwanige Verwandtfchaft mit Idiomen Mexico's.

§ 516. Da ich jenen Stoff ſpecieller Bemerkungen nach den einzelnen Völkern und Sprachen zerſtreut habe, und ſie in entgegengeſetzter Richtung, von Süden gen Norden, verfolge; ſo will ich hier die REIHENFOLGE und das SCHEMA vorlegen, in welchen das Werk der *exploring expedition* die Sprachen und Wortverzeichniſſe giebt. Es führt eine arabiſche Ziffer durch die Hauptſtämme (Familien), und daneben eine Bezeichnung mit groſsen römiſchen Buchſtaben durch die einzelnen Sprachen, mit kleinen römiſchen Buchſtaben durch die Dialecte:

1. Die *Tahkali-Umkwa*-Familie	5. *Waiilatpu*
A. *Tahkali* oder *Carriers*	O. *Waiilatpu (Willetpoos, Cayuse)*
B. *Tlatskanai*	P. *Molele*
a. *Tlatskanai*	6. *Tshinuk*
b. *Kwalhioqua*	Q. *Watlala* (obere *Chinooks*):
C. *Umkwa* oder *Umpqua*	l. *Watlala (Cascade Indians)*
2. D. *Kitunaha (Coutanies* oder *Flat-*	m. *Nihaloitih (Niχaluitiχ, Echeloots)*
3. *Tsihaili-Selish* [*bows*)	R. *Tshinuk* (*Chinooks* od. untere *Chinooks*):
E. *Shushwapumsh (Shushwaps, At-*	n. *Tshinuk*
F. *Selish (Flatheads):* [*nahs*)	o. *Tlatsap (Clatsops)*
nördlicher c. *Kullespelm (Ponderays)*	p. *Wakaikam (Wahkyecums)*
d. *Tsakaitsitlin (Spokan-*Ind.)	7. S. *Kalapuya:*
Zweig e. *Soaiatlpi (Kettle-falls &c.)*	q. *Kalapuya*
G. *Skitsuish (Coeur d'alène)*	r. *Tuhwalati (Follaties)*
H. *Piskwaus (Piscous)*	8. T. *Iakon* (untere oder ſüdliche *Killamuks)*
mittl. Zweig I. *Skwale (Nasqually)*	9. U. *Lutuami (Tlamatl, Clamets)*
J. *Tsihailish (Chickailis, Chilts):*	10. V. *Saste (Shasties)*
weſtlicher f. *Tsihailish*	11. W. *Palaihnih (Palaiks)*
g. *Kwaiantl*	12. *Shoshoni*
Zweig h. *Kwenaiwitl*	X. *Shoshoni (Shoshonees, Snakes)*
K. *Kawelitsk (Cowelits)*	Y. *Wihinasht* (weſtliche *Shoshonees)*
ſüdl. Zweig L. *Nsietshawus (Killamuks;* d. h.	13. Z. *Satsikaa (Blackfeet)*
4. *Sahaptin* [nördliche oder obere)	14. *Nootka* (Fam.) — Sprache: *Kwoneatshatka*
M. *Sahaptin (Nez-Percés)*	(*Newittee)*
N. *Walawala (Wallawallas):*	15. ? (Familie unbekannt) — Sprache: *San*
i. *Pelus (Pelooses)*	*Raphael*
j. *Jaakema (Yakemas)*	16. *Kizh — San Gabriel*
k. *Tlakatat (Klikatats)*	17. *Netela — San Juan Capestrano*

§ 517. In ſeinem Auszuge in *ethnol. soc.* II giebt Hale auf einer Tafel (nach p. 24) Beſtimmungen über die Seelenzahl mehrerer dieſer Völkerſchaften. Daſelbſt werden, nach Berichten des Cap. *Wilkes*, noch genannt (p. 22-23): die *Clalam* bei Port *Discovery*, die Indianer vom *Kooskooskee river*, die *Lapwai* in 46½°, die *Classet* um Cap *Flattery*.

Auf dieſe GROSSEN gemeinſchaftlichen Wortverzeichniſſe, welche (p. 570-629) in Reihen unter einander ſtehn, indem jede Seite in 3 ſenkrechten Columnen 3 engliſche Wörter enthält; folgen einige KLEINE Wortſammlungen für je eine, 2 oder 3 Sprachen (p. 630-4): vom oberen *Sacramento* 630, *Talatui* 631; *Pujuni, Sekumne* und *Tsamak* 632-3; von *Soledad* und *San Miguel* 633-4, *Hailtsa* 634. Zuletzt ſteht noch ein intereſſanter Auſſatz über: *the jargon, or trade-language of Oregon* (635-650); mit Wortverzeichniſs.

§ 518. Wenn jener allgemeine Abſchnitt (p. 197-225) den GEOGRAPHISCHEN Beſtimmungen über Völker und Sprachen und der Schilderung der Völker gewidmet iſt: ſo geht ein ſpäterer (p. 533-568), betitelt: *the languages of northwestern America,* näher auf die SPRACHEN ein; neben Nachrichten über die Einſammlung der Wortverzeichniſſe finden ſich Mittheilungen über die Grammatik jeder einzelnen. Auch dieſe Notizen find von mir unter die Idiome zerſtreut.

Die WORTSAMMLUNGEN ſind in einer höchſt genauen ORTHOGRAPHIE und Schrei-bung abgefaſst: die Vocale nach reinem (deutſchen) Syſtem (¹); für einige Vocale und Conſonanten find eigne, etwas abenteuerliche, nicht glücklich gewählte Zeichen erfunden worden. Da ſie aufſer-halb unſerer Typen liegen, ſo würden ſie ſich ſchon darum für uns nicht empfehlen; ſie laſſen ſich mit Hülfe unſrer Buchſtaben ausdrücken. Ihre vielerlei Geſtalten, Ableitungen und ihre Bedeutung habe ich mir mühſam durch Sammlung verſchafft, denn die über das Alphabet handelnde Stelle des Vol. VI. (*ethnology;* ganz vorn, p. IX - XII) weiſt nur ſehr kurz das Einfache nach.

Was ſich von den eigenthümlichen Zeichen der *explor. exped.* mit unſern Typen ausdrücken läſst, habe ich meiſt beibehalten und nachgeahmt; es find folgende:

γ und χ — ſollen das gutturale *g* und *ch* ausdrücken (²)

q — „drückt einen ſehr rauhen Kehlton *(very harsh guttural)* aus, der tief in der Kehle ausgeſprochen wird"

ð und Ꝟ — ſollen das geliſpelte ſanfte und ſcharfe *s* bezeichnen (³)

ä, ï, ö, ü — ſollen nur die *diaeresis,* die Trennung des Vocals vom fol-genden, ausdrücken; die Wahl iſt aber bei *a, o, u* für unſre deutſche Sprache unglücklich: ich habe daher, ſo oft es vorkam, *i* mit den Punkten verſehn und die andren 3 Vocale davon frei erhalten, (⁴) oder ich habe mir durch einen Trennſtrich geholfen

ă, ĕ, ŏ — find die kurzen Vocale

ā, ī, ō, ū — find die langen Vocale

á, é, í, ó, ú — find die Vocale in der Accentſylbe

Unter den gewöhnlichen Conſonanten bezeichnen: *g* immer den Laut gh (wie im engliſchen *good, get),* *j* den des franzöſiſchen *j* (in *jour),* *dj* den des engliſchen *j;* „den gewöhnlichen engliſchen Laut vertreten" unter andern: *s,* *z, v, w, y.*

(¹) ſo gelten *au, ai* ganz wie im Deutſchen.

(²) γ wird bezeichnet als „der ſanfte Kehllaut, wie das deutſche *g* zwiſchen Vocalen" (man muſs natürlich verſtehn: wie nach *a, o, u;* nicht wie nach *e, i);* für den groſsen Buchſtaben iſt ein eignes Zeichen gemodelt worden (No. 13 meiner Tafel). χ ſteht für den „harten Kehllaut *(hard guttural),* das ſpan. *j* und deutſche *ch* in *hoch".*

(³) „das *th* im engl. *thy* und *thigh".*

(⁴) Ich belade nur *e* und *i* mit *punctis diaereseos (ĕ, ï):* und benutze ſie dazu, ſie mögen in erſter oder zweiter Vocalſtelle ſtehn. Punkte über *a, o* und *u (ä, ö, ü)* drücken bei mir immer die deutſchen eigenthümlichen Laute, wie in: Bär, Körner, Mündung, aus; ä und ü kommen nur unter be-ſonderen Verhältniſſen und bei beſonderen Sprachen im Bereiche meiner ganzen Arbeit vor: z. B. bei der Wiedergabe des ruſſiſchen я und ы durch Andere, wofür ich vielmehr *ja* und *y* ſetze; ö iſt der von mir gewählte, oft genug (z. B. beim *Tlatskanai* und *Umpqua)* vorkommende Ausdruck für das abenteuerliche Zeichen der *explor. exped.,* welches ich als No. 4 der fremdartigen Zeichen auf-geführt habe.

Ich komme nun zur Erklärung der **fremden**, neu erfundenen **Zeichen** der **Nordamerikaner**; ich ſetze ihre Geſtalt hierher und verſehe ſie mit Nummern, um ſie gelegentlich bezeichnen zu können:

1   ɧ bezeichne ich durch *n̄g*, in Wortverzeichniſſen öfter

2, 3 ç, tç - - - *sch, tsch*   [nur durch *ng* (¹)

4   ᴜ ᴒ - - - *ö* (²)

5   a a - - - *ȯ* (³)

Ableitungen:

6   ᴜ̈ - - - -ö

7, 8 ᴜ̆ ă - - - ŏ, ȯ̆

9, 10 ū ā - - - ō, ȱ

11, 12 ᴜ́ á - - - ó, ó'

varia:

13   Ꝗ = groſsem guttur. *g*

Da ich einmahl auf die orthographiſche Darſtellung der Laute und Buchſtaben geführt bin, ſo will ich hier auch andere VON MIR in meinem ganzen Werke gewählte ZEICHEN, Auskunfts-mittel und Gebräuche der SCHREIBUNG mittheilen. Andere Stellen, wo ich dergleichen für be-ſtimmte Sprachkreiſe mitgetheilt habe, ſind hiermit zu verbinden: ſo in meinem *athapaskiſchen* Sprach-ſtamm S. 161ᵐᵐ⁻²ᵃ (XIII § 344) und 230ⁿᶠ⁻¹ᵐ (XVI § 740), bei der *koluſchiſchen* Sprache S. 393ᵐᵐ⁻⁵ᵃ.

Da ich den Sammlern, beſonders Nordamerikanern, in der Abtheilung von Sylben durch einen Strich in einem geringen Maaſse folgen muſs, dieſer Strich ferner nöthwendig bei uunatürlicher Sylben-theilung (Ein Conſonant ſchlieſsend, die folgende Sylbe mit Vocal beginnend), wie zur Vocal-Trennung und Verhütung der Diphthongiſirung in Arſpruch genommen wird; ſo habe ich bei der mechaniſchen **Sylbentrennung zwiſchen den Zeilen** in amerikaniſchen Wörtern, gegen den typographiſchen Gebrauch bei lateiniſcher Schrift, die **Doppelſtriche** anwenden laſſen, welche in deutſcher Schrift in Anwendung kommen: wogegen ich in engliſchen, ſpaniſchen und anderen europäiſchen Wörtern

---

(¹) No. 1 iſt das Zeichen für das naſale *n* (ohne Nachklang von *g*); ſ. näher S. 607ᵐ⁻ᵐᵐ.

(²) No. 4 iſt das für den **Laut** *ö* angenommene Zeichen: er mag ſowohl den engliſchen naſalen, unbeſtimmten Laut in *sun* und *son (mother)* als uofren deutſchen reinen ausdrücken. Von dem ein-fachen Zeichen (No. 4) wird angegeben, es ſei das *u* im engliſchen *but;* mit dem Kürze-Zeichen (No. 7): in *mutter*, mit dem Zeichen der Länge (No. 9): in *murmur*, auch franzöſiſch *eu.*

(³) No. 5 bezeichnet den **zwiſchen** o und *a* ſchwankenden Laut, wie ihn die engliſche Sprache lang und kurz (in *or* und *on*) beſitzt; ich bediene mich dafür der ſchon in meinem „Lehrbuch der engliſchen Ausſprache" (Berlin 1832) von mir gewählten Bezeichnung durch *ȯ*, obwohl das Hülfs-zeichen darüber unbequem iſt. Das einfache Zeichen (No. 5) ſoll das *a* in *hall*, das kurze (No. 8) *a* und *o* in *what, not*, das lange (No. 10) wieder *a* in *hall* ſeyn.

Dieſe zwei wunderbaren Vocalzeichen der *expl. exp.*, welche ihr von *Pickering* an die Hand gegeben ſind, erhalten nun auch die den anderen (lateiniſchen) Vocalzeichen beigegebenen Hülfszeichen: die *puncta diaereseos*, das Zeichen der Kürze und Länge, das Accentzeichen (ſ. No. 6-12). Bei No. 6 *(ö in diaeresi)* helfe ich mir ſo, daſs ich die Punkte über den anderen Vocal *(ï)* ſetze, oder durch Trennſtrich.

die Druckerei bei dem Trennftrich gelaffen habe. Diefe Doppelftriche concurriren freilich mit denen, durch welche ich *pronomina possessiva praefixa* in Subftantiven abfondre; nur die Umftände können hier die Unterfcheidung an die Hand geben. Da ich in den Spalten der Wortverzeichniffe zur Erfparung von Zeilen das bekannte Hülfsmittel, einen Zeilen-Schlufs vermittelft einer eckigen Klammer [der folgenden oder vorhergehenden Zeile beizugeben, überall benutzt habe; fo ift dort manchmahl, bei der Bedrängnifs um den kargen Raum, die Abtrennung vermittelft der Striche = oder des Striches - nicht regelrecht, fondern ganz roh, bei jedwedem Buchftaben, vorgenommen worden: die ganze Procedur ift eben etwas rein mechanifches. So findet man im Englifchen abgebrochen [*indeer* [*oth* (*athap*. S. 179^mf, 189^a).
re-   cl-

Für den fanften aspirirten Zifchlaut, das franzöfifche *j* in *jour*, habe ich mir den Buchftaben *j* mit einem willkührlichen zugefetzten Zeichen, '*j*, gewählt (vgl. meinen athapaskifchen Sprachftamm S. 23ta und 226^aa): und führe diefen Buchftaben in allen meinen Schriften; die Druck-Schwierigkeit entfernt leider den *spiritus lenis* fo weit von dem Confonanten, dafs man wenig darauf geführt wird ihn als ein blofses Beiwerk anzufehn und mit dem *j* in Verbindung zu fetzen. Es kommt fogar der Übelftand vor, dafs '*j* der Laut des deutfchen *j* (in jetzt) mit einem *spiritus lenis* davor ift: f. in der kolofchifchen Sprache (PK) S. 395 Anm. Z. 2.

Für das Confonantenzeichen der *expl. exped.* No. 1 der Schrifttafel, welches ein blofses nafales *n*, ohne Nachfendung eines *g*, darftellen foll, konnte ich das Zeichen *ñg* (mit dem Schwung zwifchen beiden Buchftaben), welches Wilhelm von Humboldt auch für die malayifche Sprache gewählt hat, nur im gewöhnlichen Text meiner Schrift und da blofs in den Theilen, wo die amerikanifchen Wörter gefperrt werden, gebrauchen. In den Wortverzeichniffen mufste ich mich mit dem zweideutigen *ng* begnügen; denn ich wollte nicht *ñg* (*n* mit dem Schwung, fpanifch *tilde*, auf fich; mit *g* danach) gebrauchen, weil das *ñ* doch einmahl der fpanifche Buchftabe ift, welcher *nj* oder *ny*, ein flüffiges *n*, darftellt.

§ 519. Die GRAMMATISCHEN Nachrichten, welche von einzelnen Sprachen gegeben werden, find von mir unter die Idiome zerftreut; und ich habe hier nur die allgemeinen Bemerkungen zu verzeichnen, welche diefer Abfchnitt (533-4) über den Charakter der Sprachen diefer ganzen grofsen Länderftrecke, einzelner Familien oder Gruppen mittheilt.

Mr. Hale theilt (534) die Sprachen der Völkerftämme im Weften der *Rocky mountains* nach äufseren Kennzeichen, d. h. nach Klang und Ausfprache, in zwei, einander fchroff entgegenftehende Claffen: eine nördliche: mit ein paar Ausnahmen, von der *Columbia* im N; und eine füdliche: vorzüglich im S diefes Fluffes. Zur nördlichen gehören: die *Tahkali-Umqua*, das *Selish*, *Tshinuk* und die *Iakon*-Sprachen, nebft allen bekannten der NWKüfte; zur füdlichen: *Sahaptin, Shoshoni, Kalapuya, Saste, Lutuami* und die californifchen Sprachen des Werks. Die NORDSPRACHEN zeichnen fich durch ihre aufserordentliche Rauheit aus: welche in einigen fo ftark ift, dafs fie allen Glauben überfteigt Die *Chinooks, Chikailish* und *Killamuks* fcheinen fich förmlich abzuquälen, um Rede hervorzubringen. Das χ in diefen Sprachen wird als etwas tiefer guttural wie fpanifches *j* gefchildert; das *g* als ein fonderbarer Laut, ähnlich dem ftarken Räufpern, wenn fich Einer quält Speichel aus der Kehle herauszubringen.[(1)] Dem Vf. ift ein ähnlicher Laut der *Quichua*-Sprache von Peru, unter dem Namen „*cc castañuelas*", befchrieben als gleichend dem Geräufch des Knackens von Nüffen mit den Zähnen. *tχl* foll durch ausftofsen des Athems zur Seite des Mundes, zwifchen Zunge und Gaumen, hervorgebracht werden. Neben der Rauheit geht eine Unbeftimmtheit der Laute her: im *Tshinuk* und in andern Sprachen glaubt man denfelben Buchftaben einmahl als *v*, ein ander Mahl als *b*, ein 3tes als *m* zu hören; *n* und *d* find in einigen nicht zu unterfcheiden; und die Expedition war ftets in Zweifel, ob fie gewiffe kurze Vocale fchreiben oder weglaffen follte.

---

(1) *resembling the hawking noise produced by an effort to expel phlegm from the throat.*

Dahingegen find die SÜDLICHEN Sprachen ausgezeichnet durch Sanftheit und Wohl-
klang. In zweien oder dreien finden fich die Kehllaute: „wohl durch den Verkehr mit den nördlichen
Stämmen hineingekommen". Schwere Confonanten-Verbindungen (534) giebt es nicht, es ift ein
Reichthum an Vocalen. Doch ift hierin viel Schwanken: einige Sprachen: *Lutuami, Saste* und *Pa-
laihnik*, klingen weich und angenehm; während das *Shoshoni* und *Kalapuya* wohl fanft, aber nafal
und undeutlich find.

Im Grammatifchen fand man, fo weit man es beftimmen konnte, in den Sprachen vom
Oregon die allgemeinen Eigenfchaften der Idiome Amerika's: einen Überflufs an Beugungen, eine grofse
Gefchicktheit zur Zufammenfetzung. Das Wefen der Tranfitionen, d. h. die *pronomina subjecti* und
objecti durch Verbal-Flexion auszudrücken, foll nach Hale in allen fich finden; auch die Formation
durch Affixa, die Leichtigkeit jeden Redetheil in ein Verbum umzufetzen. Von dem Unterfchiede des
Belebten und Leblofen haben die Miffionare nicht ein einziges Beifpiel gefunden. Im *Tshinuk* und
Waiilatpu giebt es ein Dual-Pronomen, ein doppeltes *wir* (ein- und ausfchliefsend) im *Tshinuk*.

§ 520. Einige allgemeine Bemerkungen über die WORTVERZEICHNISSE der *ethnography*
der *exploring expedition* finden fich 567a-8f gegeben: über die wenigen Abweichungen in der Auswahl der Wörter von *Gallatin* (567a-nf), die verfchiedenen Grade der Genauigkeit und Zuverläffigkeit
(567nf-8aa); wie für mehrere allgemeine Begriffe (Baum, Schlange, Vogel, Fifch) in den nordamerikanifchen Sprachen fpecielle Arten (Fichte, Klapperfchlange, Taube, Lachs) gegeben wurden; und fo
weiter über mehrere Wörter und Begriffe.

Scheyennes.

§ 521. Ehe ich meinen Lauf an der Meeresküfte hinauf, von da ftets feitwärts nach O
in das Innere fchreitend, beginne, habe ich ganz aus dem Innern des Landes, in weit anderen
Regionen, nordöftlich von dem Staate Neu-Mexico und öftlich von *Utah*, das Volk der
SCHEYENNES oder *Sheyennes* (¹) wegen feiner eigenthümlichen Sprache hier einzufchalten. Ich begehe damit eine Unregelmäfsigkeit und überfchreite meine Regel: denn ich
vertiefe mich mit ihm in das Innere des Continents und bewege mich im O von den *Rocky
mountains*, fehr fern von *Oregon* und *Washington*. Ich könnte das Volk der *Scheyennes* auch
viel fpäter ftellen, vor die *Rickaras* und *Mandans* (§ 612 und 613): denn es findet fich zum
zweiten Mahle fo weit nördlich wieder; es ift fo in *Nebraska* und im *Northwest territory*.
Catlin's Karte hat die *Shiennes* nur nördlich: (unter einander *Mandans, Arickara, Cheyennes*)
SW neben den *Crows;* man fteigt von feinen *Shiennes* gen NO auf: in ziemlicher Entfernung, etwas
feitwärts, zu den *Sioux;* von ihnen, wieder gerade SO, nahe den *Mandans*, dann den *Minetares*.
Die Karte des *gazetteer* zeigt 2mahl *Cheyennes*, weit aus einander: im Süden, und im Norden (nördl.
vom *Washteg r.*). Diefe letzten meint Prinz Maximilian (f. S. 487): fein Wortverzeichnifs ift nach
der Ausfprache eines *Mandan*-Indianers gefchrieben. *Gallatin* fagt von ihnen, fie hätten ehemahls am
Red river beim *Winipik*-See gewohnt, und feien nach Mackenzie durch die *Sioux* vertrieben; jetzt
wohnen fie, fagt der Prinz, an den Quellen des *Cheyenne*, eines Zufluffes des *Missouri*. Die Karte
von *Schoolcraft* III, 96 zeigt nur die füdlichen (*Arapahos* & *Cheyennes* unter einander, nahe über
dem nordöftlichen Ende von Neu-Mexico, über *Bent's* Fort, 38°½-39°½ N. B.), die Karte der *archaeol.
amer.* II (1836) nur die nördlichen (*Shyennes*, W neben den *Tetons;* 44°-44°½). Die Weiland'fche
Karte der Verein. Staaten von 1834 hat nur die nördlichen *Shiennes;* die von 1852 hat im Norden

---

(¹) *Vater's* Litt. der Lex. II, 348 giebt noch an die Formen *Shawhays* (= Flufs *Shiehah* auf der
Karte des *gaz.*) und *Shara;* nach *Olshausen* Verein. St. I, 309 ift der Name *Scheiennes* zu fprechen.

die *Shayennes* (etwa 44°½), im Süden in einer langen bogenartigen Linie „*Arrapahoes* (weſtlich) & *Cheyennes*" (öſtlich von ihnen); diefs iſt ein wenig nördlich über dem Arkanfas-Fluſs (etwa 39°⅕); die Weiland'ſche Karte von ganz Nord-Amerika von 1852 hat nur die füdlichen *Shayennes:* wieder öſtlich von den *Arapahoes,* in NO über Neu-Mexico, in fchräger Richtung auf den unteren *Nebraska* oder *Platte*-Fluſs fich hinziehend.

Über das V o l k der *Cheyennes (Chayennes)* f. nach Lewis und Clarke G a l l a t i n *ethnol. soc.* II, CXI[a-n]. Gallatin's Worte zeigen eine Vermittlung zwifchen beiden Stämmen: er erzählt, wie die *Cheyennes* (d. h. die nördlichen) fich immer mehr nach Weften gezogen haben (die Hauptfache wäre aber Süden!); endlich fetzt er fie an den *Platte*-Fluſs und *Arkansa,* als wenn nördlich gar keine mehr wären. Nach C a t l i n find die *Shiennes* der reichfte Volksftamm an Pferdebefitz auf dem ganzen Continent von Amerika; f. überhaupt über fie II p. 2[al-mf]. Catlin meint die nördlichen, denn er fagt: fie find ein kleiner Stamm von etwa 3000; weftliche Nachbaren der *Sioux,* zwifchen den *Black hills* und *Rocky mountains;* fie find der ftattlichfte Menfchenfchlag nach den *Osugen,* faft keiner mifst unter 6 Fufs.

§ 522. Ehe noch die Nordamerikaner zu W O R T V E R Z E I C H N I S S E N diefes Volkes gelangten, hat der Prinz M a x i m i l i a n zu Wied (1841) ein Verzeichnifs von 67 Wörtern der *Chayennes* gegeben (Bd. II feiner Reife S. 487-9). Nach ihm nennt das Volk felbft fich *Istayü.*

In feiner wichtigen Schilderung von Neu-Mexico in No. 41 der *executive documents,* Wafh. 1848. 8° (f. S. 858[aa]) giebt Lieut. A B E R T ein Wortverzeichnifs der *Cheyennes,* p. 428-430; es find aber nur etwa 140 Wörter, nebft einigen Nachrichten über die Sprache; dazu kommen p. 427 23 Zahlwörter = c. 163 Wörter. *Schoolcraft* fagt irrthümlich (III, 403[nf]), Abert gebe 226 Wörter nebft den Zahlen. Den ganzen kleinen Abrifs Abert's von der Sprache hat *Gallatin* in der *ethnol. soc.* II (1848) wiedergegeben: die grammatifchen Notizen p. CXVI[nn]-VII[nf], das Wortverzeichnifs mit einigen Auslaffungen CXVIII. Man ftaunt, dafs Hr. *Jomard* fchon unter der Jahreszahl 1846: im *bulletin de la société de géographie,* 3e série T. 6. Paris 1846. 8° p. 384-6 (im Nov. und Dec. Heft), aus Abert's Sammlung Mittheilungen gemacht hat. Er berichtet,([1]) dafs Lieut. Abert ein Wörterbuch und eine Grammatik von der Sprache der *Cheyennes* aufgefetzt habe; er giebt die Zahlen; und bemerkt: das Volk bemühe fich, unter feinem Häuptling, dem „gelben Wolf", zur Civilifation zu gelangen.

Lieut. *J. W.* A b e r t, von dem Corps der nordamerikanifchen Ingenieure, giebt diefe Sprachprobe in einem Bericht über die von ihm in den J. 1846-47 vorgenommene Unterfuchung von Neu-Mexico: *report of lieut. J. W. Abert, of his examination of New Mexico, in the years* 1846-47; in No. 41 der *executive documents of the* 30th *congr.,* 1st *sess.* (1847-48), Wafh. 1848. 8° p. 417-548. Er begleitete den Heerestheil, welcher in dem Kriege gegen Mexico unter General *Kearny* gegen S. Fé von Neu-Mexico marfchirte und diefe Stadt nachher eroberte. Er verliefs mit ihm am 27 Juni 1846 Fort *Leavenworth* (nahe der Mündung des *Konza* in den *Missouri);* am 22 Juli wurde er fo krank, dafs er von der Stelle aus bis zum 30 Juli auf einem Wagen nach *Bent's Fort* (erbaut gegen die Angriffe der Neu-Mexicaner; am Arkanfas, knapp über dem nordöftlichen Ende von Neu-Mexico) gebracht werden mufste. Hier zurückgelaffen, überftand er eine gefährliche Krankheit, und benutzte die Zeit zur Befchäftigung mit dem das Fort überall umgebenden *(the tribe continually hovers about Bent's Fort)* Volksftamm der *Cheyennes.* Diefs iſt alfo ohne Frage der füdliche Volksftamm, der im NO über Neu-Mexico haufende; denn diefe Örtlichkeit iſt in der Nähe des Fluffes *Arkansas,* an den die *Cheyennes* jagen, an den fich Abert eines Abends bringen läfst, um in ihm zu baden; die *Kioways* hatten einen Panther getödtet. Seine Aufzeichnungen über die *Scheyenne*-Sprache waren bedeutender; denn er bemerkt, dafs er feine Grammatik auf feiner Winterreife durch die Prairies verlor und nur das kleine Wortverzeichnifs rettete.

. ([1]) nach einem Briefe Abert's: *M. Abert* (385[n]) *finit sa lettre en montrant* . . . .

§ 523. Ein fehr reiches Wortverzeichnifs diefer Sprache ift neulich in Vol. III. von Schoolcraft's *Indian tribes* erfchienen, herrührend von John S. SMITH, p. 446-459, in der Verbindung: *Mandan, Arapahoes, Sheyennes, Pueblo of Tusuque.* Das Verzeichnifs wurde erlangt (Schoolcr. III, 404ᵃ) von der nach Walhington gekommenen Abordnung. Es betrifft den füdlichen Volksftamm. Diefs folgt fchon daraus, dafs Schoolcraft's Sprachkarte nur die füdlichen *Cheyennes* kennt; aber eʃ deutet es auch felbft an, indem er den Stamm, von welchem die Wörter find, an die Quellen des Platte-Fluffes und *Red river* fetzt. Er fagt (III, 403): *with respect to the region west of the Mississippi, full vocabularies have been obtained, from authentic sources, which are now published, of the languages of the Arapahoe and Cheyenne, two warlike tribes who occupy the sources of the Platte and Red rivers.* Zunächft werden dann die *Comanchen* genannt.

§ 524. Da es nun ausgemacht ift, dafs es zwei Völkerfchaften der *Scheyennes*, eine füdliche und eine nördliche giebt; fo habe ich zu unterfuchen unternommen, ob die Sprachen beider gleich find. Folgendes ift eine VERGLEICHUNG von Wörtern der NÖRDLICHEN Sprache nach dem Prinzen Maximilian mit der SÜDLICHEN nach den 2 Sammlungen von Smith (bei Schoolcraft) und Abert (in der das 1te Wort vom Prinzen *Maximilian*, das 2te von *Smith*, und das felten hinzutretende 3te [11 Wörter unter 30] von *Abert* ift):

Antilope *wóhka* — *voka*, Axt *jóh-iewuŕh hah-e-ovo kekoi-anano*, Bär (grauer) *náchku nahquo nahco*, Bogen *máhtachk mahteka*, Büffel oder Bifon (der Stier) *hottúe — otowah*, Elennthier (Elk) *mo-úi mo-ee mah-ah*, Feuer *hoísta o-esth oist*, Flinte *mah-ahtdn mi-etan-o mitun-o*, Flufs *óhhä oha*, Frau *hiih-u ha-e-o*, grofs *hiäh-est hah-ist*, gut *ipáua pahwah*, Häuptling *wihhu ve-onnabe weho*, Hund *chotónn otam*, Keffel *máïtáïtó mïtituch mytutook*, Kind *kaichkünn kikuna* (Knabe), Kopf *mïhk mahkeo*, Mann *itdn hatan*, Meffer *wótachke mutéka motahke*, Mutter (meine) *na-chkuä' na-hco-ee*, Pfeil *mahhóss mi-otze*, Pferd *woindohdmm mo-innahham*, Pulver *pdi* — —, fchlecht *iháwa-süwa abseevah*, Sonne *ischä issche*, Tabakspfeife *hióchko ha-e-yoke*, Tag *wawóhn navone*, Vater (mein) *nï-ho-ä'h ne-o-ee*, Waffer *mápe mahpa*, Wolf *hohní ornena*. — Es geht aus diefer Zufammenftellung eine fo bedeutende Übereinftimmung aller drei Quellen hervor, wie fie irgend von drei verfchiedenen Sammlern bei Einer Sprache zu verlangen ift; man wird kaum fagen können, dafs zwifchen der nördlichen Sprache (Prinz Max.) und der füdlichen mehr Unterfchiede feien als zwifchen Abert und Smith innerhalb der .füdlichen; nur im weibl. Büffel (*issiwóhn isseevone mahno*) und in Axt weicht Abert ftark ab, aber von beiden andern. Die nördliche und die füdliche Sprache dürfen wir alfo .als Eine betrachten. Die Vergleichung zwifchen den Verzeichniffen von Abert und Smith erweift eben fo diefelbe Sprache: es find meiftentheils .die nämlichen Wörter mit veränderter Form; manchmahl ift das Wort ein verfchiedenes.

§ 525. Man war früher geneigt die Sprache der *Shyenns* zum Sioux-Stamme zu rechnen; durch das erfte Wortverzeichnifs fand Gallatin (*ethnol. soc.* II, CVII) erwiefen, dafs fie zur ALGONKIN-Familie gehöre. Das nähere Refultat erfolgt p. CXIᵃ-CXIIᵃᶠ: von 47 Shyenne-Wörtern feien 13 „unzweifelhaft" algonkinfch, und 25 hätten „mehr oder weniger entfernte Verwandtfchaften" (*affinities*) mit einigen Sprachen diefes Stammes. *Of these last*, fagt Gallatin weiter, *I would have rejected more than one-half, had they stood alone; but they corroborate*, to some extent, *the evidence afforded by the words the etymology of which is clear*. Der Schlufs ift (CXIIIᵃ): *out of* 180 *words* 54 *have clear affinities*. Die Wortvergleichung felbft fteht p. CXIII-V. Ich glaube auch an diefe algonkinfche Verwandtfchaft der Scheyenne-Sprache, obgleich ich ebenfalls behaupten mufs, dafs die Maffe und innere Bedeutung der von diefem Stamme abfallenden, ihm ganz fremden Wörter in derfelben fehr grofs ift.

§ 526. Indem ich ein wenig felbft auf die Scheyenne-Sprache eingehn will, habe ich Gelegenheit ihren Gefichtskreis zu erweitern. Schoolcraft hat nämlich gefagt (III, 404ᵐ), die ARAPAHO-Sprache fei ein verwandter Dialect des Cheyenne. Diefe Behauptung zu prüfen war leicht, weil er in dem grofsen Wortverzeichnifs feines 3ten Theils p. 446 - 459 beide Sprachen neben einander geftellt hat. Als Ergebnifs erhält man: nahe oder entfernte Übereinftimmung, d. h. Befitz deffelben Wortes, in vielen Wörtern; gänzliche Verfchiedenheit und Fremdheit beider Sprachen gegen einander in den meiften. Wo die Wörter entfernter ähnlich find, fieht es oft fo aus, als habe eine gewaltfame, abfichtliche Abänderung fie unkenntlich machen follen. Folgende Wörter find Beifpiele vollkommener oder befriedigender Ähnlichkeit, wobei ich das *Arapaho* voranftelle, das *Scheyenne* als zweites: mein Sohn *naah, nah;* Zunge *na-thun, ve-tunno* (algk.); Bogen *boh-eetah, mohteka* (algk.); tanzen *wattah, mattah.* Die Zahlwörter find äufserlich zwifchen beiden Sprachen faft alle fehr verfchieden, obgleich fie dennoch verwandt find und daffelbe Wort darftellen; von vollkommener Ähnlichkeit find aber: 7 *neesorter, neesoto* (algk.); 10 *mahtohtah, mahtoto* (algk.); 20 *neissor, neiseso* (algk., wenn auch nicht unmittelbar ähnlich); und fo find die Zehner weiter fehr ähnlich. — Ziemlich ähnlich find: *my husband nash, noh;* scalp *meethash, metake;* Mund *nettee, morthe* (wohl algk.); Bein *ner-ahtah, sth-ach* (etwas dem algk. ähnlich); Blut *bahe, mah-e;* Hagel *wah-with-thon, ahsitlon* (etwas algk.); Eis *wahhoo, mah-omh;* Eule *bastha, mistah;* ja *ah, ha* (algk.).

§ 527. Eine Übereinftimmung von Wörtern des *Scheyenne* und *Arapaho* kann darum nicht fehlen, weil beide Sprachen in einem grofsen Beftandtheil Glieder des Algonkin-Stammes find; Gallatin hat die Verwandtfchaft mehrerer *Scheyenne*-Wörter mit den Sprachen des algonkinfchen Stammes in *ethnol. soc.* II (1848), CXIV-V erwiefen; aber merkwürdig ift, dafs er nicht diefelbe Beobachtung am *Arapaho* gemacht hat, das er mehrere Seiten zuvor (XCIX und CVI, f. § 609) für eine felbftftändige Sprache erklärt. Schoolcraft (III, 403^nf^-4^aa^) weifs nur von geringen, unbeftimmten, vereinzelten Analogien zwifchen *Abert's* Cheyenne-Wortverzeichnifs und den algonkinfchen Sprachen zu fagen. Unter den wohl ähnlichen Wörtern habe ich fchon als algonkinfch: Zunge, Bogen, Eis, ja, 7, 10, 20; als wohl algk. Bein, Mund, Hagel bezeichnet. Das Beifpiel der *Blackfoot*-Sprache lehrt übrigens das Unglaubliche: wie eine Sprache mit einer anderen von Einem Sprachftamme feyn und doch faft gar keine Ähnlichkeit mit ihr haben könne (f. Blackf. § 602). Zu der algonkinfchen Verwandtfchaft gehören auch die Poffeffiv-Pronominal-Präfixa für Verwandtfchafts- und Körperglieder, welche ich im Scheyenne beobachtete: 1) *na* (bei Verwandtfchaft) 2) bei Körpertheilen: *wo, ve; me, mee; ma.* Ohne Rückficht auf die Ähnlichkeiten, welche *Gallatin* vorgelegt hat, theile ich hier die von mir in der Scheyenne-Sprache beobachteten Wort-Ähnlichkeiten mit verfchiedenen algonkinfchen Sprachen mit, das Scheyenne-Wort voran-, die verfchiednen algonkinfchen Formen nachftellend; a) aus dem Wortverzeichniffe des Prinzen Maximilian: Bogen *mahtachk,* (Saukies) *mactaah;* vielleicht ähnlich: Waffer *mope; nipi, nipe, nepe;* etwas ähnlich: Mutter, ein wenig ähnlich: Bär *nachku;* b) nach John S. Smith's Wortverzeichnifs ähnlich: Bär *nahquo: mackquah, mquoh;* Ei *wowote: wowanash, wowi;* fchwarz *moketavoh: mukkudaiwa, mackatey;* nein (vielleicht); 1 *nuke, nicote;* 4 *nave: niwin, naoo, newe;* 5 *noane: nahnun, nane.*

§ 528-531. Die erften Völker, welche ich, nach Vorausfendung diefes öftlichen, im weftlichen Nordamerika zufolge der *EXPLORING EXPEDITION* zu nennen habe, gehören noch grofsentheils nach Neu-Californien. Es find diefs Völker und Sprachen vom *rio del Sacramento,* und ich habe fie und die Nachrichten über fie bei Neu-Californien behandelt: namentlich die *Puzhune, Sekamne, Tsamak* und *Talatui* (S. 571^aa-m^); eine Aufzählung vieler Stämme (ib. ^mf^); *Cushna, Hhana, Chocouyem* (S. 571^mf^-2^aa^). *Shasty* und *Palaihnih* (*Palaiks*), auch dort von mir behandelt (S. 572^aa-n^), würden hier paffenderweife eintreten: d. h. *Shaste* gehört eher nach Neu-Californien, *Palaihnih* vielleicht ganz nach Oregon; die Karte der *expl. exp.* weift (oben S. 593^m^) beide Völker nach Oregon. — Aus dem Berichte von *Gibbs,* welchen ich bei Neu-Californien im Zufammenhange gegeben habe, gehören in das füdl. Oregon die 2 Völker und Sprachen vom *Rogue's river* (S. 575^aa, af^): *Howleté-oh* und *Nabiltse.*

§ 532. Die Angaben, welche die *exploring expedition* (221) von Indianern und *trappers* über die Völkerftämme im Süden der IAKON und UMKWA erhielt, ftimmten im allgemeinen in Beziehung auf Namen und Örtlichkeit überein, wichen aber in Betreff der Zahl und Verwandtfchaft der Sprachen weit von einander ab. Unmittelbar füdlich von den Iakon finden fich die *Saiüstkla:* an einem kleinen Fluffe, welcher genau im S des *Umqua*-Fluffes in das Meer fällt. Diefen zunächft find die *Kiliwátshat*, an der Mündung des *Umqua;* und höher herauf, an demfelben Fluffe, die *Tsalél.* Südlich von den *Kiliwatshat* find die *Ka-üs* oder *Kwokwo-ōs*, an einem kleinen Fluffe gleiches Namens [*expl. exp. Cahoos,* Atl. *Goos, sen. Goos r.:* oben S. 583ⁿ], zwifchen dem *Umqua* und *Clamet.* Am unteren Theile des *Clamet*-Fluffes find die *Totutúne*, mit dem wenig fchmeichelhaften Beinamen der *Rogue* oder *Rascal Indians.* Über diefe hinaus ift die Bevölkerung fehr fpärlich, bis wir an das Thal des *Sacramento* kommen; alle Stämme deffelben werden von den *traders* unter dem allgemeinen Namen der *Kinkld* zufammengefafst: was wahrfcheinlich, wie *Tlámatl,* ein Chinook-Ausdruck ift. Einer Angabe zufolge redeten die *Saiustkla, Kiliwatshat, Tsalel* und *Kaus* Eine Sprache; nach einer anderen zwei: ein dritter Bejichterftatter gab jedem Stamme ein befonderes Idiom.

IAKON oder *Yakones*, oder die füdlichen (auch unteren) *Killamuks*, bilden No. 8 in der *explor. exped.*, und gehören (wie die nördlichen oder oberen *Killamuks:* welche aber als ein Zweig der *Tsihaili-Selish*-Familie, No. 3 L, gegeben find) zur 2ten geographifchen Gruppe, der Nord-Oregon-Abtheilung. — Der Volksftamm ift klein (p. 218), er zählt nur 6-700. Sie leben an der Küfte, füdlich von den *Nsietshawus* (nördlichen Killamuks): „von denen fie fich nur in der Sprache unterfcheiden".

§ 533. Indem wir nach den *Killamooks* in unfrer Küftenlinie den Norden des Territoriums *Oregon* erreichen, kommen wir zu 2 kleinen Volksftämmen zu beiden Seiten der Columbia, welche wir mit einem Volk im S zu verbinden haben; es treten uns in ihnen die 3 Völker des athapaskifchen Stammes entgegen, welche, fo merkwürdig, von dem Hauptftamme und feiner·Fefte getrennt, weit nach Süden an die Küfte des ftillen Meeres gefchleudert find: die TLATSKANAI, ein kleiner Stamm im S der *Columbia,* nahe ihrer Mündung; die KWALHIOQUA, ein ähnlicher Stamm in der Waldgegend nördlich von derfelben;(¹) und die UMPQUAS, am oberen *Umpqua*-Fluffe, unter dem 43ten Breitengrade. Sie bilden mit dem Volk der *Tahkali, Tacullies* oder *Carriers* im britifchen Weftlande, welches bei dem grofsen Ganzen geblieben ift, die *Tahkali-Umkwa*-Familie, bei welcher ich fie (§ 335, athap. Sprachftamm S. 153ᵃᶠ⁻ᵐ) mit behandelt habe. — Scouler nimmt (225ⁿ) eine gewiffe Verwandtfchaft des Umpqua mit dem Kalapooiah an, obgleich er fie felbft nicht für nahe zu halten fcheint; f. die Stelle unter *Waiilatpu* (§ 540 am Ende).

§ 534. Das Volk Calapuya, nördlich über den *Umpquas,* nahe in O von den *Iacon* und *Killamuks,* würde hier folgen; es hat aber mit feiner Sprache feine Stelle in der Verbindung mit *Waiilatpu* (§ 537-557) erhalten. Nachdem ich nun die weftliche Küftenlinie von S gen N vollendet habe, erreiche· ich (f. S.·593ᵐ) in dem zunächft öftlichen Landftrich im S das Volk der TLAMATH.

Prof. Berghaus (geogr. Jahrbuch III S. 48, b) rügt eine Bemerkung·Ruxton's (*adventures in Mexico and the Rocky Mountains,* Lond. 1848), dafs die TLAMATH ein Zweig der Schofchonen feien. Berghaus bemerkt dagegen (S. 60 Anm. 7), Hale folgend: wie die Tlamath oder LUTUAMI nicht zu den Schofchonen gehören, ihre Sprache auch ganz verfchieden fei.

(¹) So fagt *Hale expl. exp.* p. 225ᵃ und in den *transact. of the Amer. ethnol. soc.* II, 1848 p. 9; p. 204 der *expl. exp.* fetzt er (fo wie ich Athap. S. 153ᵐ) die *Tlatskanai* nördlich und die *Kwalhioqua* füdlich von der Columbia.

·In der *explor. exped.* ſind die *Lutuami, Tlamatl* oder *Clamet*-Indianer No. 9: mit einer ganz fremden, für ſich beſtehenden Sprache, in der 3ten geogr. Abth., der von Süd-Oregon. Zu dem dortigen Wortverzeichniſs der *expl. exp. (Lutuami)* iſt in den letzten Jahren ein neues des *Klamath* gekommen, aufgenommen durch Lieut. *Williamson* mit.Hülfe des Lieut. *Crook* vermittelſt des *Chinook:* in dem Bericht von *Abbot* und *Williamson* über den Weg vom *Sacramento*-Thal bis zum *Columbia*-Fluſs, im Vol. 13 *part 6. der senate documents of the 33ᵈ congress, 2ᵈ sess.* (1854-55), Waſh. 1855. 4° p. 71-72. Beide Verzeichniſſe ſtimmen oft ſehr genau in Wörtern und Formen überein, doch haben ſie auch oft ganz verſchiedne Wörter für die Begriffe. *Lutuami* iſt (*expl. exp.* p. 218) der ächte Name in ihrer Sprache, der 2te iſt der ihnen von den Chinooks, der 3te der nach dieſen ihnen von den Weiſsen gegebene. Sie wohnen an dem oberen Fluſſe *(head waters)* und um den See, welche beide von Fremden *Clamet* genannt ſind. Sie ſind ein kriegeriſcher Stamm, und greifen oft die Handelszüge an, welche auf dem Wege nach Californien durch ihr Land kommen. Mit ihren Nachbaren, den *Shasties* und *Palaiks*, ſcheinen ſie in beſtändiger Feindſchaft zu leben; ſie gewinnen dadurch Sklaven, welche ſie an die *Waiilatpu* und die Indianer des *Willammet* verkaufen. Über eine mögliche, aber durch nichts zu verbürgende, aztekiſche Deutung des Namens *Tlamath* f. meinen Abſchn. III S. 61ᵐ⁻ᵐᶠ. Obgleich der gröſste Theil des Namens *Tlamath* oder *Klamath:* die *county,* .ein halber See und faſt der ganze Fluſs, dem nördlichſten Neu-Californien angehört; ſo laſſe ich doch das Volk bei den Verein. Staaten: es ſcheint mehr in ihrem Gebiete zu liegen; es gehören dahin eine Hälfte des kleinen Sees und der groſse oder obere See ganz (S. 581ⁿᶠ⁻ 2ᵃ), auch ein wenig vom Fluſse (S. 522ᵐ⁻ᵐᶠ).

§ 535. Ich dringe über die weiteren Völker in einem Sprunge vor an die Colum- bia. — Von belehrendem Inhalt iſt ein kleiner Auffatz, der im *geogr. journal* unmittelbar auf den Scouler's folgt (*journal of the royal geographical soc. of London Vol. XI.* 1841 p. 250-7): *Notes on the Geography of the Columbia River. By the late Dr. GAIRDNER. Communicated by his Mother.* Nach geographiſchen Nachrichten über die Gegend p. 250-4 folgt eine fernere Bereicherung unſrer Völkerliſten, ein Verzeichniſs der indianiſchen Volks- ſtämme an der oberen und unteren COLUMBIA (255ᵃ-6ᵐ): das aber auch, wie man ſehen wird, gen N und S weit vom Fluſse abſchweift; es ſind ihrer 33:

1) *Katlagakya:* von den Waſſerfällen bis Vancouver, längs dem Fluſse 2) *Mamnit:* auf *Multnomah*-Inſel, an der Seite zunächſt der Columbia; jetzt erloſchen 3) *Katlaminimim:* auf *Mult- nomah*, ganz an der Seite zunächſt *Wallamat;* der untere Zweig erloſchen 4) *Wakamass:* von *Deer's isle* zum unteren Zweig des *Wallamat,* an ſeiner Mündung 5) *Katlaportl:* längs dem gleich- namigen Fluſſe bis zur Mündung und zum rechten Ufer der Columbia, 5 *miles* oberhalb ihrer Mündung 6) *Klakalama:* an den Ufern eines kleinen Fluſſes am rechten Ufer der Columbia, zwiſchen No. 5 und dem *Towalitch*-Fluſs 7) *Seamysty:* an der Mündung letztgenannten Fluſſes 8) *Ketlakaniaks:* zu *Oak point,* am linken Ufer der Columbia; No. 7 und 8 bildeten ſonſt Eine Nation, *Kolnit* ge- nannt, ſie trennten ſich ſpäter wegen Mangels an Raum 9) *Wakaikum:* am rechten Ufer der Colum- bia: an einem kleinen Strom, *Cadet river,* eine gute Strecke unterwärts *Oak point,* zwiſchen ihm und *Katlamak* 10) *Katlamak:* am linken Ufer der Columbia, am gleichben. Fluſſe, der aus dem Inneren kommt 11) *Awakat:* zu Fort *George;* dieſs iſt der Name eines Ortes, allein er nennt Nation; dort kommen viele Völkerſchaften zuſammen, wegen Beeren uſw. 12) *Klakhelnk:* zu *Clatsop point,* gewöhnlich *Clatsops* genannt 13) *Chenook:* ein Volk an *Baker's* Bai 14) *Chachelis:* an *Gray's* Bai; am Eingange des Fluſſes 15) *Qyan:* am Nordpunkte der *Gray's*-Bai 16) *Qweenyll:* am gleich- namigen Fluſſe 17) *Naelim:* an einem Fluſſe der Meeresküſte, 30 *miles* S von *Clatsop point* 18) *Nikaas:* an der Meeresküſte, 30 *miles* S von No. 17 19-25) *Kowai, Neselitch, Tacóon, Aleya, Sayonstla, Kiliwatsal, Kaons:* alle an der Seeküſte, jeder Name ſüdlich vom vorigen

26) *Godamyon:* item *(Siquitchib)* 27) *Stotonia:* item, an der Mündung des Fluſſes *des Coquins* 28) *Katlawewalla:* an den Waſſerfällen des *Wallamat* 29) *Klakimass:* am gleichnamigen Fluſſe 30) *Clamet:* am oberen Theile des Fluſſes, und 60 *miles* unterhalb des gleichbenannten Sees 31) *Sasty:* am gleichnamigen Fluſſe, W von No. 30 32) *Isallet:* am *Umqua*-Fluſs: zwiſchen No. 24, die an ſeiner Mündung ſind, und den erſten Stromſchnellen 33) *Umqua:* am gleichnamigen Fluſſe, oberhalb No. 32, nach dem Inneren zu. — Dieſe 33 Völkerſtämme zählt der Verf. zu 11-12 Sprachen: 1) *Saho Latak*-Sprache gebildet aus No. 1-11 2) *Chenook:* 12, 13 3) *Chachalis* 14, 15 4) No. 16 5) *Killimoux* 18-20 6) No. 21, 22 7) 23, 24 8) 25, 26 9) 27 [10,a] *Sehalatak* 10)[b] No. 30 11) No. 31; (bei 32 und 33 iſt die Sprache nicht bemerkt).

Es folgen noch (256[mm]-7[nf]) Bemerkungen über die Völkerſtämme um Fort *Walla-walla*, im Innern, und auch Nachrichten über ganz auderwärts und weit wohnende Völker. Die *Nez percés* zerfallen in 2 Stämme: eigentliche *Nez percés*, in den Gebirgen; und *Polonches*, in ebnen Lande um die Mündung des *Snake river.* Er nennt ferner *Ciriés*, und *Piegans* oder *Blood Indians* dieſ. ſeits der *Rocky mountains;* die *Rayouse* ſind ein verſchiedener Menſchenſchlag von den Walla-wallas (ſ. 256[nf]-7[a]); über die *Walla-walla* ſ. 257[m]-[nf].

Sahaptin.

§ 536. SAHAPTIN nennt die *explor. exped.* eine Sprachfamilie ihrer 3ten geographiſchen Gruppe, der Süd-Oregon-Abtheilung; ſie trägt dort No. 4.

M. *Sahāptin* oder *Nez-percés.* Sie beſitzen das Land (212) zu beiden Seiten des *Lewis* oder *Snake river*, von den *Peloose* bis zu den *Wapticacoes* (etwa 100 *miles*); nebſt den Nebenflüſſen, in O gehend bis an den Fuſs der *Rocky mountains.* Es ſind c. 2000 Seelen. Im Charakter und Äuſsern gleichen ſie mehr den *Missouri*-Indianern als ihren Nachbaren, den *Salish.* Sie führten früher blutige Kriege mit den *Schoschonen, Crows, Blackfoot*-Indianern u. a., die mit ihnen gleiches Jagdgebiet hatten; jetzt ſind dieſe Fehden ſeltner. Sie baten vor einigen Jahren durch Abgeordnete um Lehrer in den Künſten und dem Glauben der Weiſsen, und zeigten dadurch höhere Bildung; Ungebundenheit und Veränderlichkeit haben aber ihre Fortſchritte zurückgehalten. Wenn es (213) nicht gelingt, was ſchwer iſt, die Lebensweiſe dieſer Völker, welche auf Büffeljagd beruht, weſentlich zu ändern, ſie zu feſtem Wohnſitz und Schafzucht zu bewegen; ſo iſt auch wenig zu erwarten.

N. *Walawalą: Wallawallas, Pelooses, Yakemas, Klikatats* u. a. — Das an die Columbia in einiger Entfernung ober- und unterhalb des Einfluſſes vom *Lewis river* gränzende Gebiet iſt im Beſitze mehrerer unabhängiger Indianer-Schwärme, welche alle Eine Sprache, doch mit Dialect-Verſchiedenheit, ſprechen. Die eigentlichen *Wallawallas* finden ſich an einem kleinen Strom, welcher bei dem Fort *Nez-percés* in die Columbia fällt; die *Yakemas (Iuákema)* an einem groſsen Strom nahe gegenüber; die *Peloose (Pelūs)* am gleichbenannten Strom, der in den *Lewis river* mündet; und die *Klikatals (Tχlúkatat)* ziehn in der Waldgegend um den Berg *St. Helens* herum. [Scouler nennt die *Klıketat* (225[af]) einen Zweig der Shahaptans; ſie wohnen nach ihm jetzt am *mount Rainier*, und ſind gegen die Waſſerfälle der Columbia vorgedrungen; anderwärts (236) werden ſie geſetzt zwiſchen das Fort *Nez Percés, mount Rainier* und die Fälle der Columbia. Catlin II, 1841 p. 113 nennt die *Klick-atacks* gegen die Mündung der Columbia; vgl. brit. Am. 399[f].] Alle zuſammen werden von den Miſſionaren auf 2200 Seelen geſchätzt. — Sie gleichen den *Sahaptin*, mit denen ſie durch die Sprache verbunden ſind; ſind aber träger. Sie leben vorzüglich vom Lachs; ſ. 213na. Die *Sahaptin* und *Wallawallas* drücken die Köpfe ein, obgleich nicht ſo ſtark als die Küſtenſtämme; in ihrer eingehenden Stirn (214) und Adlernaſe gleichen ſie ſehr den mexicaniſchen hieroglyphiſchen Gemälden.

Die Wortverzeichniſſe der Sahaptin-Familie (542) rührten aus verſchiedenen Quellen her; der amerikaniſche Miſſionar M. *Whitman* zu *Waiilatpu*, wo er 6 Jahre wohnte, vermittelte die

Einfammlung von den Eingebornen, und gab viele Nachrichten über die Volksftämme. Einen wichtigen Dienft leiftete der *expl. exp. A. B. Smith* zu *Astoria*, der 3 Jahre unter dem Volksftamme, am *Kooskooskee*-Fluffe, gelebt und fich in das Studium der *Sahaptin*-Sprache vertieft hatte; er reichte feine Grammatik dar. Über die Laute und Schreibung f. 542[nf]-3[nn]; einen Auszug aus *Smith's* Grammatik 543[nn]-561[mm]. Scouler bemerkt auch (226[f]) eine Schrift mit Text *(a small Primer),* welche in die Shahaptan-Sprache von den nordamerikanifchen Miffiönaren, die unter dem Stamme wohnen, herausgegeben ift. Ich finde deffen Titel in dem werthvollen, aber nur die grofsen öftlichen Sprachmaffen der Vereinigten Staaten berückfichtigenden *bibliographical catalogue of books etc. in the Indian tongues of the United States,* Wafh. 1849 8°; p. 28: *Nez Perce's First Book. Designed for children and new beginners. Clear Water Mission Press.* 1839. 8° (20 Seiten). Es werden dafelbft in der „*Sa-aptin*"-Sprache (oder *Saaptinic*) die befonderen Laute *tl, lh* und *hl* hervorgehoben: welche „die einzigen zu feyn fchienen, die den Volksftämmen im Often der Gebirge unbekannt zu feyn fcheinen, aber ihre Analogien in der aztekifchen Familie haben".

Die Sahaptan follen auch *Chopunish* heifsen (Vater's Litt. der Lex. II, 335[mf]): die uns (S. 591[a, af], 594[aa]) als ein Volk am *Kooskooskee river* (mit einem gleichnamigen Nebenflufs in N: S. 591[a]) genannt werden. Prof. C. S. Rafinesque erwähnt in feinem *atlantic journal,* Philad. 1832-33. 8° p. 133-4, der *Chopunish*-Sprache zwifchen den *Rocky mountains* und den Fällen des Oregon oder der Columbia. Er giebt 24 Wörter derfelben: wovon er 12 von Mr. George *Shannon* (einem Reifegefährten von *Lewis*) erhielt und die anderen aus *Lewis* [1] und *Cox* gezogen hat. Die Mittheilung ift (134), im Geifte diefes Gelehrten, von folgender Bemerkung begleitet: *It is singular that this uncouth language has six analogies out of 24 with the English, by primitive connection, equal to 25 per cent. It is therefore Asiatic like the Saca or old Saxon.*

Ich habe diefe Wörter Rafinesque's zu einem Theil ganz verfchieden von den *Sahaptan* gefunden (nämlich die für die Begriffe: Himmel, Flufs, Land, Vater, Sohn, Sonne, Arm, Kopf); aber die genaue Übereinftimmung der 6 Zahlwörter und eine Reihe andrer Übereinftimmungen: Nafe Ch *nashne,* S (d. h. Sahaptan der *expl. exp.) nuschnu;* Bär Ch *yahar,* S *hahats* weifser Bär, Scouler *yaakah* fchwarzer; Büffel Ch *cokala,* Parker *cocoil;* Waffer Ch *mekish,* S *kusch;* fern Ch *way'ot,* Parker *wyat:* beweifen die Ähnlichkeit beider Sprachen. 4 Begriffe Rafinesque's find der Auswahl der 3 Sahaptan-Verzeichniffe fremd. Das von Rafinesque für Sonne gegebene Wort endlich: *spokan,* ift vielmehr Selifh: *spökane (expl. expl.).*

Scouler bildet (225) aus den „*Shahaptan* oder *Nez percés* der Canadier, den *Kliketat* und *Okanagan*" die erfte oder nördliche Familie der Stämme des Innern: die er die *Shahaptan family* nennt. Die 3 Sprachen find nach ihm Dialecte Einer Sprache, und die Völkerfchaften „können einander verftehn". Er liefert ein Wortverzeichnifs der 3 Sprachen p. 236-241, in der Verbindung: *Kliketat, Shahaptan, Okanagan, Kalapooiah, Yamkallie, Umpqua.* Wir haben fo vom *Sahaptin* 4 Wortverzeichniffe: *expl. exp.* No. 4, Scouler, Parker p. 327-330: und Rafinesque's *Chopunish;* vom *Kliketat* 3: *expl. exp.* ib., Scouler, Parker *(Klicatat)* p. 330-3. *Kliketat* und *Sahaptin* find verwandt.

Scouler liefert zu diefer Völker-Familie noch die *Okanagan* (225[af]): welche nach ihm den oberen Theil von *Fraser's river* und feine Nebenflüffe bewohnen. Ein 2tes Wortverzeichnifs ihrer Sprache hat Jof. *Howse* geliefert im Vol. IV. der *proceedings of the philological society,* Lond. 1850. 8° p. 199-204; in der Verbindung: *Kútani, Flat-head, Okanagan, Átna* oder *Shoushwhap.*

[1] Rafinesque fagt (132) über die Wortverzeichniffe diefer Reife folgendes: *The vocabularies of languages collected by Lewis and Clarke, in their memorable journey to the Pacific Ocean, appear to have been lost and never published. It is said they were put into the hands of Dr. Benj. Barton, who made no use of them; since his death they have disappeared, and cannot be traced any where.*

Waiilatpu, Chinuk, Calapuya und Yamkallie.

§ 537. WAIILATPU nennt die *explor. exped.* eine Sprachfamilie (No. 5) ihrer 3ten geogr. Abth., der Süd-Oregon-Abtheilung.

O. Cailloux oder Cayuſe. Die *Waiilatpu* wohnen in S von den *Sahaptin* und *Walla-walla* (214); ihr Hauptquartier iſt am oberen Theil des *Wallawalla*-Fluſſes, wo ſie in enger Ver-bindung mit einer Schaar *Nez-percés* wohnen: deren Sprache ſie gewöhnlich vorzugsweiſe reden, während ihre beinahe auſser Gebrauch gekommen iſt. Sie ſind nur 500 Seelen; werden aber von ihren Nachbaren geachtet, als gute Krieger und wohlhabend. Sie treiben, bei reicher Weide, ſtarke Pferdezucht; einer ihrer Häuptlinge beſitzt 2000. Sie ſtreifen reitend weit nach O und S. Früher kriegten ſie mit den *Schoschonen* und *Lutuamis*.

P. Molele: in dem durchbrochenen und waldigen Lande um die Berge *Hood* und *Vancouver*. Sie waren nie zahlreich, und ſind neuerdings durch Krankheiten noch mehr herabgekommen: 1841 waren ihrer nur 20, und jetzt mögen ſie nahe oder ganz ausgeſtorben ſeyn.

§ 538. Die reiche CHINUK-(*Tshinuk*-)Sprachfamilie bildet in der *explor. exped.* (p. 214-217) No. 6, und gehört zu ihrer 2ten geographiſchen Gruppe, der Nord-Oregon-Abtheilung.

Q. WATLALA oder OBERE CHINOOK. — Dieſer Name *(Watχlala)* kommt eigentlich den Indianern an den Waſſerfällen, 150 *miles* von der Mündung der *Columbia* entfernt, zu; aber aus Mangel an einer allgemeinen Benennung iſt er auf alle Stämme, welche Dialecte einer gemeinſamen Sprache reden, ausgedehnt: von der *Multnoma*-Inſel an bis zu den Columbia-Fällen, auch die am unteren *Willammet* eingeſchloſſen. Zur Zeit des Beſuches von *Lewis* und *Clarke* (215) war diefs der bevölkertſte Theil der ganzen Columbia-Gegend, und er blieb es bis zum J. 1823: wo das *ague-fever*, bis dahin im W der *Rocky mountains* unbekannt, ausbrach und in Einem Sommer ⅘ der Be-völkerung hinraffte; ganze Dörfer ſtarben aus, ohne einen Überlebenden. Damahls waren ihrer über 10,000 Menſchen, jetzt 500. Unterhalb der Waſſerfälle war dieſe Geiſsel am ſtärkſten, zwiſchen ihnen und den *Dalles* war ſie weniger verheerend; es ſind hier noch 5-6 Dörfer übrig, mit 7-800 Bewohnern. — Sie wurden von den Weiſsen früher als die ſchlechteſten unter den Oregon-Indianern betrachtet: diebiſch, betrügeriſch uſw.; ſ. 215^{mm-n}. Die Miſſionare haben einiges gebeſſert.

R. UNTERE CHINOOK. — Vor 20 Jahren waren unterhalb *Multnoma-island* ihrer 5-6000, ganz oder nahe dieſelbe Sprache redend; die Haupt-Stämme oder -Schwärme waren die *Wakaïkam* (*Wahkyekum*, *Wakaïköm*), *Katlámat* (*Cathlamet*), *Tshinŭk* (*Chinook*) und *Tlatsap* (*Tχlatsap*, *Clatsop*). Jetzt iſt ihrer nur 1/10 übrig, und auch dieſe werden bald verſchwinden. Dieſes Volk kann als das Muſterbild der Nord-Oregon-Abtheilung angeſehen werden; ſie ähneln dem mongoliſchen Race (216). S. ihre Schilderung ^{a-nn}. Die *Chinooks* ſtehn geiſtig niedriger als die Be-wohner der Nordweſt-Küſte, aber weit über denen von Californien; ſie bauen ordentliche Häuſer und zierliche Canots (f. ^{nf}-217^{aa}). Die Chinooks, gleich den nördlichen Küſtenſtämmen, ſind mit ihrer Exiſtenz an das Meer gewieſen, und ſind dem Wandern zu Lande abhold; dagegen leben die Cali-fornier von Eicheln und Sämereien, bauen zeitliche Hütten von Geſtrüpp *(brushwood)* und Stroh, und wandern von Ort zu Ort.

Catlin handelt in ſeinen *letters and notes* II, 1841 p. 110-3 von den *Chinooks*.

Swan lernte die *Chenooks* und ihre Sprache am nördlichen Ufer der Columbia im Waſhing-ton-Terr., kennen. Seine *Chenooks* ſind aber nur (109-110) ein elender Überreſt des einſt mächtigen Stammes (deſſen Häuptling *Comcomly* berühmt und vielgenannt in der Geſchichte *Astoria's* iſt), wenig über 100 Perſonen: übrig geblieben von den Maſern und Pocken, bewohnend das Dorf *Chenook* am NUfer des Fluſſes, nahe ſeiner Mündung, wo er ſich zu *Baker's* Bai erweitert (ſ. ſeine Beſchreibung des Dorfes und der *Indian lodges* 110-3). Diefe wenigen Menfchen nennt er: *a depraved, licentious, drunken set, of but little use to themselves, and of no account to any one else.*

§ 539. Scouler's **Cathlascon**, das ich vielmehr für **CHINUK** nehme. — Scouler fagt von feinen „*Cathlascons*" (224^{nn}): dafs die *Kawitchen* ufw., auch feine *Cheenooks* (für mich Pfeudo-Cheenuks) mit „den verfchiedenen Familien der „*Cathlascons*" verwandt feien, welche fich nach dem Lande der „*Cheenooks*" von den unteren Wafferfällen der Columbia aus verbreitet haben." Ich habe das Nähere hiervon bei *Kawitchen* (XV, § 647, 651). Scouler bemerkt für fein „*Cathlascon*" eine ftarke Entleihung von.Wörtern aus Sprachen des Inneren; f. diefs in § 646. — Nachher kommt Scouler nochmahls (225^{n-nn}) auf die „*Cathlascon*-Stämme des Columbia-Fluffes" zurück: die er für verwandt mit der *Kalapooiah*-Familie erklärt, mit einer Beimifchung von *Nutka*. Er fagt fo: *The Cathlascon tribes, which inhabit the Columbia River, are, I am convinced, intimately related to the Kalapooiah Family; this affinity has never, as far as I am aware, been suspected by the Europeans residing on the N. W. coast: but a careful comparison of the vocabularies of the different dialects will leave no doubt of this fact. If we examine the numerous names of simple objects in the Cathlascon language, we shall find that they are partly Kalapooiah and partly Nootkan; and that here, as at the mouth of Fraser's River, a blending of the languages of the coast and the interior has taken place.* An einer anderen Stelle (226^{n}) läfst er die *Cathlascons* der unteren Columbia aus „*Cheenooks* und *Kalapooiahs*" gemifcht feyn.

§ 540. **KALAPUYA** (bei Scouler *Kalapooiah*, bei Parker *Calapooa*) bildet in der *explor. exp.* No. 7 und gehört zu ihrer 2ten geogr. Gruppe, der Nord-Oregon-Abtheilung.

Die *Kalapuya* (oder *Callapooyahs*) befitzen (217) das Thal des *Willamet* (genau *Wöldmt*) oberhalb der Wafferfälle, den fruchtbarften Bezirk von Oregon. Es ift eingefchloffen zwifchen den zwei Bergreihen, welche unter den Namen der Küftenkette *(coast range)* und der californfchen Bergkette bekannt find, und wird durch zahlreiche Nebenflüffe des Hauptftroms bewäffert. Von reicher Zahl find die Eingebornen durch Krankheit auf etwa 500 herabgefunken. Die Miffionare werden daher wenig ihre Lage verbeffern können. Die *Kalapuya* ftehn, gleich den *Umkwas*, in der Mitte zwifchen den wilden Wanderhorden des Inneren und den verworfnen, fchmutzigen und ftreitfüchtigen Küftenbewohnern. Der Nahrung wegen verändern fie in gewiffen Jahreszeiten ihren Wohnfitz; würden aber, wenn diefe gefichert wäre, leicht zu feftem Wohnen zu bringen feyn.

Scouler macht (225^{m-n}) aus den *Kalapooiah* und den *Yamkallie* die 2te Gruppe der Völkerfchaften des Inneren, und nennt fie die *Kalapooiah family*. Wegen feiner allgemeinen Angaben über die Verhältniffe der Sprache fetze ich die Stelle wörtlich her: *The second Group of Indians inhabiting the interior use a language which is still more remote from that of the insular tribes than that spoken by the Shahaptans; this family includes two tribes, speaking a similar language, which is disseminated over a very extensive district to the south of the Columbia. The Kalupooiah tribe inhabits the fertile Willamat plains(¹); and the second tribe, called the Yamkallie, lives more in the interior, towards the sources of the Willamat river. The Umpqua, or tribes residing on the Umpqua River towards New California, appear to belong to this Family, although their language is rather more remote from the Kalapooiah than the Yamkallie is.*

§ 541. Ich biete hiernach **WORTVERZEICHNISSE** für folgende Sprachen dar, deren von mir angenommene **Chiffren** ich zugleich hier angebe:

(¹) In der Überfchrift fagt Scouler, dafs die *Kalapuya* gefprochen werde: „*on the Wallamat plains*".

Wp — *Waiilatpu*
M — *Molele*
Wl — *Watlala* oder obere *Chinuks*
ChU — untere *Chinuks*
Ch — *Chinuk:* im allgemeinen, vorzüglich die 3te Columne dieser Sprache: welche ich 3-4 besonderen Quellen gewidmet habe, bei denen die Bestimmung zwischen den 2 Volkszweigen der *expl. exp.* aufser Acht bleibt
[Cl — *Cathlascon* nach Scouler's Ausdruck, nach mir = *Chinuk*]
K — *Kalapuya*
Y — *Yamkallie*

Der meiste Stoff zu ihnen rührt aus den Wortverzeichnissen (der grofsen, vielfachen Worttafel) in dem Bande der *ethnology* (Vol. VI.) der *United States exploring expedition* her;

und zwar ist das dortige Schema, nebst den gebrauchten Ziffern und Buchstaben, dieses:
5. *Waiilatpu* — daraus macht die *expl. exp.* 2 Arme:
    O. *Waiilatpu* (*Willetpoos, Cayuse*); die 2 Namen in Klammern sind wohl dasselbe
    P. *Molele*
6. *Tshinuk*
    Q. *Watlala* (obere *Chinuks*):
        l. *Watlala* (*Cascade Indians*)
        m. *Nihaloitih* (*Echeloots*)
    R. *Tshinuk* (*Chinooks* od. *lower Chinooks*):
        n. *Tshinuk*
        o. *Tlatsap* (*Clatsops*)
        p. *Wakaikam* (*Wahkyecums*)
7. S. *Kalapuya:*
    q. *Kalapuya*
    r. *Tuhwalati* (*Follaties*)

§ 542. Nach diesem Schema der *expl. exp.* und aus ihren Wörtern ist meine grofse Worttafel gemacht, und ich habe aus ihm drei Buchstaben-Zeichen angenommen, die ich in bestimmten Columnen gebrauche und die mit den von mir selbst gewählten nicht verwechselt werden dürfen:

    M — in Col. 3 der *Watlala:* bezeichnet, = m der *expl. exp.*, den Dialect der *Nihaloitih* oder *Echeloots;* alle nicht bezeichneten Wörter mufs man für eigentliches *Watlala* oder *Cascade Indian*, = l, ansehen, das die *expl. exp.* nicht setzt: diefs M darf mit meinem M = *Molele* nicht verwechselt werden

    O — *Tlatsap* oder *Clatsops*   } beides in Col. 4 der unteren *Chinuks*, = o und p
    P — *Wakaikam* oder *Wahkyecums* }
der *expl. exp.;* die nicht bezeichneten Wörter mufs man, als = n (das die *expl. exp.* nicht gebraucht), für das eigentliche untere *Chinuk* halten: P darf nicht mit dem P verwechselt werden, welches ich im 1ten und 2ten Wortverzeichnis in der Columne der *Calapuya* für die Quelle *Parker* gebrauche.

Bei der *Kalapuya* bedient sich die *expl. exp.* nie des r (noch weniger des q) und die beiden Dialecte werden daher durch nichts unterschieden.

    Meine 4 ersten Columnen im grofsen Verzeichnifs habe ich also allein aus der *expl. exped.*, aus ihr die 2 Sprachen *Waiilatpu* und *Molele* ganz allein entnommen; für *Chinuk* und *Kalapuya* habe ich noch andere Quellen hinzugefügt. Das Wortverzeichnifs der *Waiilatpu* der *expl. exp.* revidirte Dr. *Whitman* (561[n]), das der *Molele* erhielt man von einem Eingebornen durch Eine Zusammenkunft.

§ 543. Zur Sprache CHINUK habe ich vier andere Quellen, welche, da sie den Dialect nicht bestimmt gleich der *expl. exp.* unterscheiden lassen oder wenn auch bei 3en die Gegend genau angegeben wird, ich (um jene 2 rein zu erhalten) in eine eigne dritte (gemischte) Columne verwiesen habe, die ich blofses *Chinuk* benenne:

    Pk — Samuel Parker, *journal of an exploring tour beyond the Rocky Mountains,....* *performed in the years* 1835, '36, *and* '37. *Ithaca* 1838. 8°; p. 336-8 befindet sich ein: *vocabulary of the Chenook language as spoken about fort Vancouver*

    G — Scouler oder vielmehr Tolmie im: *journal of the royal geographical society of London* Vol. XI. 1841. 8° p. 242-7; in der Verbindung: *Kawitchen, Tlaoquatch, Noosdalum, Squallyamish, Cheenook, Cathlascon.*

Ich habe diefes Verzeichnifs nur durch einen kühnen Schlufs unter Chinuk gebracht: denn er felbft nennt die Sprache *Cathlascon;* und was er *Cheenook* nennt, ift eine Sprache, die nicht hierher gehört. Ich habe diefes fonderbare Verhältnifs fchon vorher (S. 617[a-m]) weitläuftig erörtert, und werde es hier noch in anderer Weife kurz darftellen: Auf p. 242-7 hat Scouler in Col. 5 die Sprache „*Cheenook*", von der „*entrance of Columbia river*"; diefs ift aber fo fehr eine ganz ver-fchiedene Sprache von dem *Chinuk* der *expl. exp.*, *Parker's* und der *archaeol. amer.*, dafs ich fie nimmermehr für *Chinuk* halten kann. Dagegen ift die Sprache der Col. 6, welche er „*Cathlascon (Cathlascou?)*" nennt: „*on the banks of Columbia river, from the lower falls to Cheenook*", ganz mit dem *Chinuk* der anderen Quellen verwandt oder gleich: fo dafs ich glaube, es habe eine Ver-wechslung der Columnen oder Überfchriften ftatt gefunden. Ich habe daher das angebliche *Cathlascon* als *Chinuk* betrachtet und mit *Parker* und *archaeol.* in der 3ten Columne vereinigt; dagegen habe ich Scouler's angebliches *Cheenook* als eine befondre Sprache geliefert in dem Wortverzeichnifs: *Tlaoquatch, Kawitchen, Noosdalum, Squallyamish, pseudo-Chinook* (XV § 649, S. 375-8); diefe letzte Sprache, das angebliche *Chinuk*, habe ich in diefer 5gliedrigen Verbindung beim britifchen Gebiete (S. 372[a]-9[nn]) dargeftellt.

R — C. S. Rafinesque liefert in feinem *atlantic journal*, Philad. 1832-33. 8° p. 134, 33 Wörter des „*Chinuc*": die er aus Cox, Lewis und anderen Quellen zufammengelefen hat; die Zahlwörter giebt er in 2 Dialecten

A — *archaeologia americana* Vol. II. 1836 p. 379 No. XXVIII (63); die Sammlung ift von *Franchère* (franzöf.), und von der Mündung der Columbia.

Ich habe nichts aufgenommen aus einem neuen Wortverzeichnifs des „*Chinook jargon*" in Oregon und im Wafhington-Terr., in Schoolcraft's *Indian tribes* V, 1855 p. 548-552 und aus dem neueren Swan's (*the northwest coast* 1857 p. 415-420), das, alphabetifch nach der fremden Sprache geordnet, die undeutliche Überfchrift „*Chenook or Jargon*" trägt; es werden darin faft alle Wörter als *Chenook*, wenige als franzöfifch oder englifch bezeichnet; konnte ich jene wohl als ächte Wörter betrachten und *Swan* als neue Quelle aufnehmen, fo habe ich mein Verzeichnifs nicht mit noch einem Gliede belaften wollen: denn feine Wörter find meift denen der 2ten (untere *Chinuk*) und der Beftandtheile der 3ten Col., öfter zugleich auch der 1ten, gleich oder ähnlich; fo habe ich auch die Zahlwörter nicht aufgenommen, die er, hinter diefem Verzeichnifs, p. 420-1 vom *Chehalis* und *Chenook* neben einander giebt.

§ 544. Bei der Sprache Kalapuya habe ich zuerft ftehn das Wort aus dem Wortverzeichnifs der *expl. exp.* (aus welchem die Wörter ohne Vorzeichen find). Die Expedition erhielt daffelbe (564) von 2 Eingebornen: darunter einem jungen Menfchen, welcher von den Mifßonaren in der Sta-tion *Wallammet* erzogen war. Zu ihm fügte ich 2 andere Wortfammlungen:

P — Samuel Parker, *journal of an exploring tour beyond the Rocky Mountains*... 1835-37. *Ithaca* 1838. 8° p. 333-6: ein fehr fchönes und reiches Verzeichnifs; er nennt die Sprache *Calapooa*

G — Scouler oder vielmehr Tolmie im *journal of the royal geographical society of London* Vol. XI. 1841. 8° p. 236-241 Col. 4; in der Verbindung: *Kliketat, Shahaptan or Nez Percés, Okanagan, Kalapooiah, Yamkallie, Umpqua.*

Diefe 4 bis 5 Sprachen: *Waiilatpu, Molele, Chinuk* (doppelt, und in 3 Columnen) und *Ka-lapuya* bilden MEIN GROSSES WORTVERZEICHNISS, dargeftellt durch die Auswahl von Wörtern (Begriffen) der *exploring expedition*, denen ich eine alphabetifche Ordnung gegeben; die 2 Sprachen *Chinuk* (gemifcht oder unbeftimmt) und *Kapaluya* werden fortgefetzt in einem zweiten Ver-zeichnifs: das gebildet wird von den zahlreichen Wörtern (Begriffen), welche die 4 Quellen *Parker, Tolmie, Rafinesque* und *archaeologia americana (Franchère)* über die *exploring expedition* hinaus enthalten.

Zu den 5 Sprachen habe ich aus eigner Bewegung die Sprache Y A M K A L L I E als 6te in einem dritten Verzeichnifs hinzugefügt, weil fie mit der *Kalapuya* unmittelbar verwandt ift. Sie wird gefprochen um die Quellen des Fluffes *Wallamat* (S. 617ⁿⁿ); und ich verdanke das Wortverzeichnifs allein T o l m i e im eben vorhin genannten *geogr. journal* Vol. XI. p. 236-241: wo fie in Col. 5, unmittelbar nach *Kalapooiah*, fteht.

Da ich in diefem grofsen Wortverzeichniffe den Vortheil der Lautbezeichnung *ñg* (für nafales *n:* vgl. oben S. 606ᵃ, ⁿ, 607ᵐ⁻ᵐᵐ) nicht gern aufgeben wollte, fo habe ich diefen·Laut in ihr ausnahmsweife mit dem (an fich unrichtigen) Zeichen *ñg (tilde über dem n)* gefchrieben.

§ 545. 1) Worttafel des Waiilatpu, Molele, Chinuk und der Calapuya

[Da ich die Beftandtheile diefer Worttafel von fehr unregelmäfsigen Dimenfionen in einander fchiebe und der Ausdruck von Columnen in ihr ein fehr uneigentlicher ift, fo gebe ich durch Ein Wort ein genaues Bild des ordentlichen S c h e m a ' s diefer Tafel:

		C	*h*	*i*	*n*	*u*	*k*		
	Waiilatpu	*Molele*	*Watlala* oder obere *Chinuks*		untere *Chinuks*	*Chinuks* nach Verfchied.		*Calapuya*
blue	*yotsyóts;*	*latilátwe*	*ptschiχ,* M *töpötsáχ;*		*spaχ;*	Pk *spock*		P *'mpulunk*

In der nachfolgenden gedrängten Worttafel ift daher des 1te Glied die Sprache *Waiilatpu,* das 2te die verwandte *Molele* (die Scheidung zwifchen beiden gefchieht durch ein Semikolon); auf fie folgt als 3te das dreifache *Chinuk,* von den 2 erften durch einen fenkrechten Strich und von der 4ten Sprache durch 2 fenkrechte Striche | .... ‖ abgefchieden, in den 3 Gliedern: 1) *Watlala* oder obere *Chinuks* 2) untere *Chinuks* 3) *Chinuks* nach andren Sammlungen als der *explor. exped.* (das Ende des 1ten und 2ten *Chinuk* wird durch ein Semikolon bezeichnet); das letzte Glied der Tafel, das hinter dem Doppelftrich ‖, ift die *Calapuya.* Wo eine Sprache in einem Worte ausfällt, ift ihr Feld mit einem liegenden Strich — befetzt. Wörter mit Komma oder Kolon zwifchen fich gehören zu Einer Columne oder Sprache. Das Ende eines Artikels, dem ein andrer fich in derfelben Zeile anfchliefst, ift durch 2 Doppelftriche ‖‖ kenntlich gemacht.]

A. Subftantiva, Adjectiva und Verba

affection *atïñg, tischktaschewelduñgko; mátχlköst* | *tquaieχ; tkaieχ, qáteneáχut;* — ‖ *tschö-kántschop* ‖‖ alive *wióko;* kest | *paůla, iakwámunitχl; tχlakanáte, niχtápatχl;* — ‖ *iálei, iálai* arm *tiélaq; háñglöqs* | *eméχo, eχó:* M *itschχó* (my); *bepotétuk,* P *ebéχo;* — ‖ *pútökwi, tántökwi,* P *t'ntooque* ‖‖ arrow *lalχ; watχl* | *tkámatschχ; tkalaitánam,* O *obátsχr,* P *tkdbats;* G *tukaamatch* ‖ *enúk,* P *un'owsuk,* G anoak (pl) ‖‖ autumn *tóñg; naïömp* | *tschámatχlïy; tsábatχl,* P *tschábatχliχ* — ‖ *qop* ‖‖ axe, hatchet *yeñggökinsch; iutχlwákains* | *q̂ueslön; ekaisétχlebá,* P *ckástan* — ‖ *q̂ueschtan,* G *askystaan* ‖‖ bad *luastu,* pl. *laluástu; ndmai, nõma* | *idmöla, maschátschi; iákatχɐl;* G *yakami:* Pk *wake close, very bad: mestsa* ‖ *kůsqe, kaschq,* P *kaskah,* G *uchaskeh* ‖‖ bark *pétimi* — | *aiaqôpitɐχöq, itschqwámilaq; okwotátχla* — ‖ *atd-kötχle* ‖‖ bear *limёaksa, nokoláo; natám* | *iqwáqwa; etsχot;* Pk *siano,* R host ‖ *alótufan,* P'*mmo,* G *wamoi-eim* black bear ‖‖ beard *schimkémösch; puskaúnts* | *tememökscho, temeökscho; tebebeǔkso, temékso* — ‖ *mündi* ‖‖ beaver *p̄ekà; pösndsins* | *kánoq* — Pk *eena,* G *kanook* ‖ *akaípi,* P'*nkipeah,* G *akeipeh* ‖‖ bird *tianlyiwa; téitschá* | *tkälakaläbaχ, tsikala; kalakaláma, tldlaχ;* Pk *kallokalla* ‖ *pōkalfo na, tuitsch,* P *noknok* ‖‖ black *schkupschkúpu; mokimoki* | *tχlöl, tötχläl; tχláluχ;* Pk *klaait* ‖ *mõiёöm,* P *mo'* ‖‖ blood *tiwёösch; átχlp* | *tχlkáwölkt,* M *kawǒlikit;*

tχláwölkt, P *tχlkáwölkt;* A *tlaoltk* ‖ *mẽenu* ‖ ‖ blue *yotsyóts; latilátwe* | *ptschiχ*, M *töpötsáχ; spaχ;* Pk *spock* ‖ P *'mpulunk* ‖ ‖ boat, canoe *tχláap; tχlóp* | *ekáném; ekánem, ekabólebál;* Pk *conim* boat, G *cunaim*, A *icanneve* boat ‖ *hömpó, hampau*, P *'mpaw*, G *ahmpow* body *schilämösch; pitχliin* | *emétχlqa*, M *welχdtχlk; ebétχl-d*, P *ebétχlka* — ‖ *tökópia* bone *pö'pöt; pupt* | *eqótscho*, M *χaqwátscho; iuótso*, P *tökótso* — ‖ *pótsi*, P *'ntsa* bow *hifvit; wö'tχlak* | *atχláχet; optχléke*, O *oχlaχaitk*, P *atχaχai;* G *thlaghein* ‖ *opósqe, opóschqö*, P *unchin*, G *aposkeh* ‖ ‖ boy *láutlañg; maiats, kúschöñgwi* | *tχlkaskös, iátχlkö; tχlkáskös*, O *lkaskös;* Pk *kaskas*, G *ekas* ‖ *aduitim*, P *ehwahpyuh*, G *alchakoaleik* brother *puákön, pönátañg; punáka, punát* | *itschoχáiχ, emamáχiχ:* M *aui, ápχu; kapχu, au, tχlkáwaχ:* P *itsoχwéχ;* G *tzocheech* ‖ *schipi: schut* (younger), P *táh* (elder), G *shoat* brother buffalo — — | *musmúsqe; músmus* — ‖ — ‖ ‖ chief *iatóiañg; iakánt* | *tχlkákamána, ischtámχ; tχlkákamánan*, P *tχlkakabána;* Pk *tie:* R *tia, tuye* ‖ *atschu'mpaki*, P *'ntsombeek* child, infant *skütχla; köláköla, kuschása* | *tχlabuláddiksch; etschanúks*, P *skaχakeikóχ;* child: G *tilkaskas*, A *tanasse* ‖ *awépe, awápe*, G *tooapeh* child ‖ ‖ cold *schúñga; fwalta, fötásöm* | *tsómetíy*, M *itschétschöq; tsös, tschösch* — ‖ *páñgkafiti* ‖ ‖ come *wintúkum; tildm* | *mú'te, mo'χla; mú'te* oder *böte;* Pk *chawko*, G *mitteh* ‖ *schmák*, P *mohek* dance (v.) *iókseak; watátki* | *móitsch, alχóiutschkwa; bawó'tsk, mawó'tsk* — ‖ *iatömpidlo* darkness *schilimtiñgk* — | — *nopónöm* — ‖ — ‖ ‖ daughter *wái* (auch Sohn); *puéna, péna* | *ököχán*, M *ökχán; okwú'χa, asa:* P *oköχán;* G *quemilh*, A *ahkan* ‖ *tschitapinna*, G *opo= meik (apo?)* ‖ ‖ day *ewëïó; wasná, tχláka* | *iotschóktíy*, M *itschokdídiχ; etsöktet, eketsokte* — ‖ *ömpïön, ompïön* (Sonne), P *'mpeyon* ‖ ‖ dead *úwaa; niaúina, ö'nint* | *tχlmémelust; tχló= mökt, tχlmémelust* — ‖ *fú-u, fó-o* ‖ ‖ deer *aitχléwa; musims* | *lalaχ; imáson;* Pk *moueech:* G *ehlaaluk* roebuck, *molak* red deer: R *mulak, lap:* A *moulak* ‖ *atálim*, P *ammoke' dog *náapañg; witkui* | *qotqot, qóötqööt*, M *kiutan; tχlkámokuse;* Pk *kamux*, G *kootkoot*, R *camux*, A *kamoux* ‖ *mántal*, P *'n'tul*, G *mattaal* ‖ ‖ drink (v.) *pasqunstáñga; ókuna* | *antχló= komischta*, M *öntχltöqu'mischtöχö; tχlú'kχöbst* — ‖ *schikwitmámpka* ‖ ‖ duck *öschimtχl;* nest | *okwéχkweχ; okwekwe* — ‖ *ú'mpiük* ‖ ‖ ear *taksch; taops* | *amémtscha*, M *amtχlóχe; béutsaks, méutsaks:* O *tebéutschaschχ*, P *akabótsa* — ‖ *póktá*, P *toandunkahtáh* earth, land *liñgsch; lañgks* | *welχ, wiliχ; eleë, éleχ;* Pk *illuha*, A *ilekai* ‖ *hu'nqatóp, áno*, P *umpullo* ‖ ‖ eat *pitáñga; pá-ast* | *itχlχu'löm*, M *naχitχlχu'löbaχ; abatχlχdleba;* Pk *mucamuc* | *kwäinapfo* ‖ ‖ egg *lópitχl; lults* | *tχlkoláwaldwuks; tkolawaláwuks* — ‖ *atö'mp* ‖ ‖ elk *yú= tiñgsch; mdfii* | *mólak; imólak* — ‖ *ántöqö*, P *'ntokah* ‖ ‖ evening *wöχala; nadamp* | *lawéska*, M *tschúyuschtiχ; tsolióste, tsóiöste:* P *iu'χrχ* — ‖ *húih* ‖ ‖ eye *hákamösch; tunts* | *idχot, ilχáχut, sméχos:* M *siáχos; siáχos*, O *schebéχost*, P *sköχós* — ‖ *kwálukχ* ‖ ‖ face *léequksch; logónui* | *amiχ, wdmiχ*, M *wokχ; siáχos* — ‖ — ‖ ‖ father *pintel, tilscha; pötdtischa, tötösch* | *tχlöχlám, wipam:* M *tschömáma, windmie; tχliamáma*, P *emam;* P *ktilecummama*, Gweeaam ‖ sima: *káhum* (thy), P *hum nee* (my), *makkan nee* (thy), G *effum* ‖ ‖ feathers *tiaqaimutχl; heñg* | *töpéak; töpée* — ‖ *atuwániwan* ‖ ‖ fingers *épip* (Hand); *tafaitoks* | = hand; *tebéksiga* (Hand) — ‖ *alakwa* (vgl. hand), P *taw'nah* (sing.) ‖ ‖ fire *tetsch; tats* | *walótχl; olpitski*, P *dtotχl;* Pk *olaptska* ‖ *hamméih* oder *hámai*, P *ummi* (vgl. house) ‖ ‖ fish *wialisch; waibalf* | — — — ‖ P *'ntumuak* ‖ ‖ flesh, meat *pitχli; náwit* | *irχaléwa* — — ‖ *ömhók* ‖ ‖ fly *tqainschisch, katχ= linsañg; múmus* | *eqanáχweχwe; oponatsú'ktsök* — ‖ *atikaáne* ‖ ‖ foot *tisch; tailöks* ‖ ‖ *tömépsch:* M *idilχdpsch, tχlpu'sch; tχlekhöps*, O *tömbaipsch*, P *tχlöbépsch* — ‖ *pu-uf*, P *teuofoh* forehead *penátχlisch; tákai* | *amischqó, wálχaχ*, M *ökegwó; obétspaχ*, O *obéχ*, P *ebéχ* — ‖ *támpan* ‖ ‖ friend *enldpoit* — | *schiksch; tudnoχa* — ‖ *tánkwu* ‖ ‖ girl *staitχlöñg, staitlañg; kwó'nasa* | *wáleq; tχláléq*, O *okóskös*, P *akdskas;* Pk *l'kpho*, G *akaskas* ‖ *apinna*, P *'mpeena*, G *whuleok* ‖ ‖ go *wintúkstañga, wintúql* (imp.); *tila* | *mischa, alχóia; maiá, alχóyiχ;*

go: G *kulch-owéa*, to go fast: Pk *clatua hiuc* ‖ *tschak*, P *tattea* ‖‖ good *suaiu*, pl. *sasudiu*; *báswe, pŏ'swi* | *tokte, itókôte; etókôte, tókte;* Pk *close*, G *tooktee*, R *clouch* ‖ *tenna*, P *misso*, G *watennah* ‖‖ grass *tχlĕft, qŭ'ischt; palöksŭ'mχte* | *ötschkité, watschköliχ; tŭ'pso* — ‖ *ölŏ'qŏ, ölŏqo* ‖‖ great *yaúmua*, pl. *yiyimu; nosa, nuscha* | *iákaitχl*, M *iágaitχl; iákwnitχl;* Pk *hias* large ‖ *pöl, pol* ‖‖ green *yotχjóts* (= blue) — | *töpötscháχ; pôtsŭ"χ;* Pk *peteish* ‖ P *pitchish* hail *puñgiós; patχliwás, patliwás* | *watsoptsóp*, M *atsupôtsóp; tχlkakχwél*, P *akotχl;* G *atzo-kitso* ‖ *ataiu*, G *atai-oh* ‖‖ hair *tχlókomot; tátχlim* | *ököschschu*, M *natχlχdt; tχlik-hökso, tχliökso:* O *tχl.ösch*, P *tχlkŭ"so* — ‖ *ômötχl* ‖‖ hand *épip; tes* | *tömékschi*, M *itχlkö-schin; tebéksiga, temékso*, O *tebékschéa* — ‖ *tlákwa* (vgl. fingers), P *tlakquah* handsome *hapútsu, suaiu* — | *siqŏi; katseiékta* — ‖ *tina-tekwálak* ‖‖ head *talsch, tdölsch; ldwi* | *káqstaq, kákstöq; tχlihókatöka*, O *ebékataka*, P *tχlkákstak* — ‖ *támótχl*, P *unquáh* heart — *ilimp* | *eléwan*, M *gwdmönitχl; tbeléwan*, P *ebébnχst* — ‖ *pumhú-upin* house *nischt; hélim* | *tkwŭ'tχlé, itukwŭ'tχle; tóotχl*, P *tχlkwŭ'tχle;* G *taima* ‖ *hámméih* (-fire), P *ummi*, G *hummie* (= fire) ‖‖ husband *inaiu; iátχlöm* | *itschikékal; itsaχékal, qwáp:* P *akökékal* — ‖ *téél*, P *tahwahke* (auch wife) ‖‖ ice *tók; tχlös* | *kápa*, M *ikába; ikápa* — ‖ *andís*, G *andeiss* ‖‖ Indian, people (vgl man) — *witsp, witschp* | *natitanoe, tileχam; tŭ'leχam;* Pk *tilecum* people, G *tilikum* men ‖ *ménomi* ‖‖ iron *qauqauitχlinik* — | *kewéöke, kewéöqe; ekewékχe;* G *kystin* ‖ *ötskwŏ'funt*, G *asquafout* ‖‖ island *liñgtkaíli* — | *akoχetk*, M *agŭ'ptχl-χwaíaχ; tχluχ*, P *kokwŭ'lók;* G *ragh-etluk*, R *ela* ‖ *ati"ñgkei*, G *kampochpoa* kettle *tχlipanisch; iáqöt, tiqŏ'i* | *téwat; kalkótχlelt*, P *akaikótχlele* — ‖ *atéwati* kill *piniitχltiñg; piá-öst* | *eabuáikba, iömaköt; ömtχláwa* — ‖ *stahe* ‖‖ knife *schekt; tχlkómla* | *qawéqe; óputsáχ, akewékχai;* Pk *öpitsah* ‖ *hekémistüh*, P *'nkamistik* ‖‖ lake *fuñgsch; kilalp* | *itχlála; .ikákuχlétχ*, P *itχlálu;* G *ethlala* ‖ *mömpáhle, mömpatχl*, P *wássetnummeke*, G *mam-puchailheh* ‖‖ leaf *qansós; ihiköm* | *akásoχ*, M *tkwáχa; tŭ'pso* — ‖ *hŭ"ñgkweik* ‖‖ leg *maúwöt; mauit* | *tebéqoét, emékwöt:* M *tχlχnkwnit, ékwait; tiáwe*, O *tebeáuwe*, P *ebékwait* — ‖ *pulówin, alówi* ‖‖ light (s.) *notawásim* — | — *woχ*, P *waχ"χ* — ‖ — ‖‖ lightning *schniktawiñg-tiñg; tötχltitkost* | *wdtotχl; ekélikst* — ‖ *ŏ"mpókwi* (auch thunder), G *tcheiltoa-ai* love (v.) *ktáscha; ina komotχlkas* | *tqéχedmuχt* ich liebe dich; *töqéχid* — ‖ *tschökánhete* man (vgl. Indian) *yuánt; iái, iŏi* | *tχlekála, tχlkdla; tχlekála, kutχléliköm;* G *eelkalla*, R *tillikum* men ‖ *atschañggo*, P *'noihee*, G *halumhan*, P common men: *anwoekee* moon *hátχllóp; há.utχl* | *öktχlŭ'men, ököktχlömén; ükutχlamén*, P *akáyim;* Pk *ootleum*, G *kai-um*, A *ocoutlamaine* ‖ *ölŏ'p, ötóp*, P *'ntope*, G *ahthoap* ‖‖ morning *tétχlpöna; pákast* | *kawŏχ*, M *kadúχ; knwéχ* — ‖ *hálu-ön* ‖‖ mosquito *piñgkii; luiöks* | *aponatschŭ'ktschöh; otanŏ'kst* — ‖ *tömútschöktschök* ‖‖ mother *penin, ninscha; quks, na* | *wuiuk, dkχo:* M *wánaksch; tχlianáa*, P *wámdkχ;* Pk *st'llmama*, G *ko* ‖ *sinni, kanni* (thy): P *sin nee* (my), G *ennim* mountain, hill *téit; yŏ"ñgint* | *tpnkóχunnoχ, iba'kal; ipa'kχa'l, tχlpaka'lama*, P *natspŏ'keiχ;* mountain: Pk *saghalle illahn* (vgl. valley), G *kakam* ‖ mountain: *uméfo*, P *peotahmefuok*, G *amelfoh* mouth *sömqaksch; similk* | *emékuschχat*, M *iukschiχat, itschkuschχát; ebésqötχl*, P *ebé-kusχa* — ‖ *mandi, tant*, P *tinte* ‖‖ nails (am Finger) *schüñgisch; suks* | *alχwate*, M *χnχwalag-wa'dit; tχlbétχlnχotétök*, P *tebétχlχwate* — ‖ *montia* ‖‖ name *peschp; haistok* | *ia'χaleu; ia'χal* — ‖ *éfali* ‖‖ near *piu'fi; ia'uhwe* | *qwa'piχ, qwa'biχ; kwapka'ti, kwapeich* — ‖ *piinañgk*, P *'mchillah* ‖‖ neck *yet; iétpöp* | *ebélokχ, emétokχ:* M *itschtíoq, etókw; betakχ, ebétok* — ‖ *ma'mböki* ‖‖ night *ftólp; iska'i, múka* | *aikú'p*, M *χa'biχ; nopónôm*, P *χnréχ;* Pk *pollakle* ‖ *atitschikim*, P *monyou* ‖‖ nose *pitχlöken; pitχlts* | *imiktschi*, M *igitsch, etχu'götsch; ebeχa'ts-χat*, O *ebéka'tschχ*, P *ebékost;* A *ilikuts* ‖ *ŏuŏ'n, tanŏn* ‖‖ old *kuiu'tsu; nniwe* | *iakaiôkt, iqeŏqöt; iakuiŏywut, iutχlbaitt;* G *keokit* old man ‖ *iuhoyu, yuhaiyim*, G *wayuhay* old man (2) Sohn!) ‖‖ pigeon *súuku* — | *ka'χamau; oo'mana* — ‖ — ‖‖ pine *laüiksch; môs* | *itscha'oksch;*

iaka'ïtaba'löka — ‖ hŏ̆ntawatχl ‖‖ pipe iptnχlo'nsch; wéböksch, wénbiksch ‖ kala'möt; tsche-
la'möt, P akala'ba; R kulama ‖ ant, ötŏ̆mpsch? ‖‖ rain tischtkitχlmï'tüg; kwauwöst, kĭ'uwaschm
‖ ischkéĭχlti; srχĭχn'tschst, stökwéĭχlte; G stetikeilteh ‖ ökwĭ̈, G koonqueet ‖‖ red lakaĭ'tla-
kaï'tu; tschaktscha'kwe ‖ tχlpu'l, tötχlpa'l; tχlpŭ̆'lpöl; Pk pelpil ‖ tschal, P 'tselow
river luschmi; tels ‖ tχluχnnét, wémntχl; wébatχl, ématχl; Pk ibolt, G emalh ‖ ma'ntsal,
anhwï'ïo, P 'ntsok, G amhooie-oh ‖‖ run pqĭ'ntuql; lu'nöst ‖ spnkömu'kte; baχu'neku; G melch-
ewitz ‖ mĭ'ntschischi ‖‖ salmon milo'qli; lo'at ‖ ïgunat; ikwa'ön; Pk quanagh, R equannat,
A equannet ‖ ala'meök ‖‖ salt kamtischĭ'mpen — ‖ tχlupéχ; tχlupu'χ — ‖ — ‖‖ sea yamué-
ischkaï'nisch — ‖ tŏ̆mntχl; weköwa', P tömatχl; Pk wecoma ‖ mĭ'lóq, P mullak
see miskalénlönt; pötstatu'itke ‖ nio'qomit, ikschta; bökχékst, iama'kχam; Pk nonencech ‖
stschépölu'-öt, P chatś'onhoĭ'n ich fehe ‖‖ shoes taŭ'tχlo; pölka'nsch ‖ tkaï'tχlpa; tökaï'tχlba — ‖
ölömu'f, alu'mauf ‖‖ sing tuñgséaql; tu'ñgsas ‖ lala'möχ, M ölgöla'lama; amskala'lam, oqe-
waio'tχlqo — ‖ schĭ'igaut ‖‖ sister pöna'tiañg, pŏuwaĭ'öq; pukaĭ'ai ‖ ökᴜ'tχĭχ, emema'tχĭχ,
atschi; tχlia'u, ats; Pk a'hts, G kootich eich ‖ schtĭ'tsch, P shetup, G sleitch ‖‖ sit ifnĭ'ql,
ifnĭ'kta; ha'pitke ‖ mŏ̆'tχlait, M anutχlaĭ'da: io'χwöt; mötχla'it; R mittait sit down ‖ sĭyu, pint
sky, heaven ndjölawaĭ'a, tĭ'ñgpap; tafa'nöp, hu'cilp ‖ ko'schaχ; ko'saχ; Pk coosah heaven,
G ekoshach ‖ ämia'nk, P ahlupkluoah heaven, G ameeak sky ‖‖ sleep schpĭ'schiñgql; plĭ'ist
‖ kewan, anᴏko'pteta; abapte, amapte; Pk moonsom ‖ schĭ'wei, tu'wei, P towi
small etsa'ñgua; kosa, kuscha ‖ io'kwaï'ts, M iögaĭ'ts; iano'kust, itχla'nukst; Pk tunas ‖
pöma'lĭñq, tĭ'tschak, P ētoo ‖‖ snake waĭ'tmasch; kwa'lai ‖ kawelχ, M ku'wilöch; itsa'iau — ‖
ölöméikwa ‖‖ snow po'i; peñg ‖ tχltöka', M ilχltika'; tχlka'pa, P tχltöka'; G stzikkat ‖ nukpéik,
alu'paik, G anoopeik ‖‖ son wa'ï; waĭ'u, gúschañgwi ‖ itschĭχu'n, imĭ'χa'n: M itschχa'n;
etsŏ̆'χa, etschŏ̆'χa: P itsöχa'n; G chichan ‖ tawa'qai, G wayuhoy (2) old man!)
speak u'lipkin; sa'wast ‖ pala'wala, pala'walöl; kipala'wöl; Pk wáwá, G mukeim ‖ schiyiu
spring suatoluñga'tnting, kia'tim; talĭ'mk ‖ kawa'χömtĭy; tsa'épai, P kawuχᴜ̆'mtek — ‖ nisch-
nö'köt ‖‖ stand lau'tsiñg; wila'ki ‖ mŏ̆'tχᴏit, M anutχwĭ'da; mŭ̆'tχnë, lŭ̆'tχoe — ‖ ta'puti, schitŏ̆'p
star tχlĭ'tχlisch; kaki ‖ tχlqeχa'nama; qeka'nap, P eyeka'nappᴜ̆'χka; G tukycha napucha ‖
atuĭ'ninonk, P 'ntsalowah (pl.), G ahto-eenunk (pl.) ‖‖ stone a'pit; kant ‖ qala'möt, waqa'nasch;
iaka'naks, P ebiga'n — ‖ ôndi, P 'ntáugh ‖‖ strong nta'loa, naanta'loa; tχlĭ'foe ‖ tiaĭ'tχlχewŏ̆'l,
M idiatχlwĭ'löχ; tiatχlewŏ̆'l, toχaĭ'al — ‖ tŭ̆'lktako, G taluchtokko (vgl. weak)
sturgeon — señghai ‖ inaqwo'n; ina'qχon — ‖ ŏ̆'mtok ‖‖ summer schqa'ätim; wa'sam ‖ tscha'kwai,
tsagwaĭ'iχ; tsa'ko'ie, P tscha'kwaĭ'χ — ‖ nischnŏ̆'lköt, mékwu ‖‖ sun huéwisch; was ‖ ka'tχläχ;
o-o'tχlaχ, P aka'tχnχ; P otlah, G kulthlach, A outlah ‖ ŏ̆'mpïön, ŏ̆'mpïön, P 'npeun, G umpean
thunder.tiñgtulululéschin; timiön ‖ kanawäkschŏ̆'maχ, M kanawöχschĭ'waχ; eka'nawakso'ha
— ‖ ompökwi, Gah-ump-equeh ‖‖ tobacco hansch; fiénöp ‖ kaĭ'nutχl; kaĭ'nolχl, P kösχa'lotᴜ̆'tök;
R quayenult, A kaienoulk ‖ kainutχl ‖‖ toes tiyöχa'u; tχlakχwaĭ'totχl ‖ tömépsch, idilχa'psch;
tχlekhöps — ‖ pu-uf (= Fufs) ‖‖ tongue pusch — ‖ manχutko'numa, M malu'χtkwa'lumat;
ememanko'nüba, O ebébanku'nuwa, P ebébanχutkwa'nuba — ‖ ma'mtschötχl ‖‖ tooth, pl. tenif;
ténuf, ténuχ ‖ tχlbeka'tsch, M tχlχaka'tsch (vgl. foot); tχlbea'tsχ, P tχlebékats — ‖ pu'ti,
tanti, P tinte ‖‖ tortoise atsĭ'k; lka'möt ‖ etχla'χwa; id. — ‖ ata'kötχle
town, village — — ‖ — ĭ'lïχam, P eleχam; G toquilthleinach (lanach?) village ‖ suiha'mih,
G shooie-kummie village (hummie Haus) ‖‖ tree lau'ik; mos odet môs ‖ tkamo'nak; ᴚχleba'χöstχö
— ‖ hŏ̆utawatχl ‖‖ ugly hua'stu — ‖ ia'möln; einkᴜ'tχa — ‖ kaschq takwa'luk
valley pania'kp; ia'köp ‖ iaqo'met; naĭ'aqē; Pk kekulle illaha (vgl. mountain) ‖ tiékwei, P wállah
warm loko'ia; pöla'kene, mᴜ'ka ‖ iutschkaĭ'tiy, M aga'tχlaq; nosko'it — ‖ ma'ïuwin
warrior lotéwa; kilökölaĭ' ‖ ito'χwea'l; atχlu'kaukau; G yuchmakau ‖ tschetχlia'qa, G watzie-
eyuk ‖‖ water ischka'tnisch; oko'nits ‖ tχltscho'kwa; tχltso'kwa, O ltschŏ̆'ke, ltschŏ̆'ko;

Pk *isuck*, G *stchuqua* ‖ *mampöka*, *ŭʹmpke*, P ʹ*mpahke*, G *mampukka* ‖‖ white *txlaktxlaʹko*; *txlaksch* | *tqoʹp*, *totqoʹp*; *tkuʹp*; Pk *ťkoup* ‖ *kommoʹu*, P *mowʹ* ‖‖ wife *intxlkaiʹo*; *loñgitxlaï* | *kakiʹlak*, *ökökekal*; *uiaxékal* — ‖ *pul*, P *tahwahke* (auch husband) ‖‖ wind *huʹntitxp*; *haʹtxl͈ köschp* | *ikxaʹla*; *itsxaʹx*, P *ikxaʹla* — ‖ *awéip*, *yaʹnan*, P ʹ*ntolouh* ‖‖ wings *hañg*; *heñg* (auch: feather) | *töwiwiuʹksch*, *löwiuksch*: M *idiapëök*; *aiuʹko* — ‖ *alaʹkwa* ‖‖ winter *wit*; *fit* | *tscha͈ go löxlxlïx*; *tsaxŭʹlöktxle*, P *tschaxuʹlöklix* — ‖ *kompioʹs*, *kompiʹaus* ‖‖ wolf *txlaiʹu*, *tsoʹilaxs*; *kasuʹli* | *iskoʹlea*, M *ischkiʹlöksch*; *iléaqöm*; Pk *leelŭ*, G *lehcumoh* ‖ *aʹmelint*, P *molent*, G *nonit͈leint* ‖‖ woman *pintxlkaiʹu*, *watxloʹa*; *löñgitxlai* | *txlkakiʹlak*; ·*txlaʹkël*; G *kakeilak* ‖ *pummaiʹke*, P *ehwahktsut*, G *apoommeik* ‖‖ wood *huʹtisch*; *kux* | *ischkaʹn*, *iʹtkaʹmönak*; *ebaa sx*, O *töbschx* — ‖ *awaʹtiki*, P *owáttuk* ‖‖ yellow *qöschqŭʹschu*; *käskaʹswe* | *öschiʹnx*, M *tögaʹsch*; *itakaʹukauaʹka* — ‖ *töñgktschim* ‖‖ young *itsaʹïgu*; *kusaʹïgwe* | *kwölépx*; *ikwalaʹs*, *katsae͈ txlaʹbutet* — ‖ *amuʹï*

B. Zahlwörter

1 *na*; *naʹñgö*, *nöʹñgô* | *ixt*; *ixt*; Pk *eght*, A *icht*, G *eecht:* R *ect*, *icht* ‖ *waʹ-an*, P *towneh*, G *wa* ‖‖2 *léplin*; *laʹpkö* | *maʹkuscht*; *maʹkust*; Pk *moxt*, A *mokust*, G *moxt:* R *moxt*, *makust* ‖ *këëm*, P *kamah*, G *kaïm* ‖‖ 3 *maʹtnin*; *mŭʹtka* | *txlon* oder *xlon*; *txlon*; Pk *none*, A *thloun*, G *thlune:* R *clunc*, *thlown* ‖ *uʹpschin*, P *peshin*, G *oapsha* ‖‖ 4 *piʹpiñg*; *piʹpa* | *laʹket*; it.; Pk ʹ*lăkit*, A *sakut*, G *sakit:* R *uct*, *lakut* ‖ *taʹope*, *tap*, P *tohwah*, G *taapheh* ‖‖ 5 *taʹwit*; *piʹka* | *kwaʹnam*; it.; Pk *quinum*, A *quannum*, G *quinum:* R *quanim*, *quanum* ‖ *huʹwan*, P *wul*, G *oa-wan* ‖‖ 6 *nöinaʹ*; *napiʹtka* | *taʹxöm*; *taʹxam*; Pk *tohhum*, A *tukut*, G *tuchum:* R *tuckum*, *tackut* ‖ *töf*, *taf*, P *táffo*, G *tauf* ‖‖ 7 *noʹilip*; *laʹhken* | *sönomaʹkust*; it.; Pk *sinnamox*, A *sine͈ bakust*, G *sunnamoxt:* R *sinanixt*, *sinbakust* ‖ *pschiʹnimua*, P *pʹsinmewe*, G *sheeni-moah* 8 *noʹimaʹt*; *mölpiʹtka* | *ksoʹiken*, M *koʹtxlköt*; *kustoʹxtkin*; Pk *stoghtkin*, A *stouktekane*, G *kzoughtikui:* R *stutkin*, *stuktekan* ‖ *këëmuʹa*, P *kėʹmewe*, G *kai-moah* ‖‖ 9 *tanaʹuiaischiʹm͈ schim*; *luginstschiaʹtkös* | *kwéos*, M *kwiʹis*; *kwaiïʹtst*; Pk *quiitz*, A *quoiust*, G *queeoos:* R *quayels*, *quayust* ‖ *waʹnwaʹha*, P ʹ*quisteh*, G *ohshien teinifeh* ‖‖ 10 *niñgiʹtelp*; *nawiʹtspö*, *laʹkena* | *taʹtxlelikam*, *tatxlelam*; *taʹtxlelam*; Pk *taughlelum*, A *itallilum*, G *stathleilum:* R *tai͈ tlelum*, *italilum* ‖ *tiʹnifia*, P *teenerfeáh*, G *teinifeh* ‖‖ 11 *naʹntetxle* — | *taʹtxlelikam iko'na-ixt*; *taʹtxlelam kone-ixt*; A *ekoun-icht*, G *stathleilum qun eecht* ‖ *tiʹnifi-no-waʹn*, P *teenefeah-pe͈ townah*, G *waam teinnfa* ‖‖ 12 *leplin-ntélxle* — | *taʹtxlelikam ikoʹna-makust*; *taʹtxlelam kone͈ makust*; A *ekoun-makust*, G *stathleilum moxt* ‖ *tiʹnifi-no-këëm*, P *teenefeah-pekamah* 20 *lépuik*; *lapuʹtspö*, *lapiʹmlakenan* | *makust-txlkaʹtxl*; *makust-txlatxl*; Pk *moxtlághlelum*, A *makust thlalt*, G *moxt stathleilum* ‖ *këëm-tinifia*, P *keefo-tenefeah*, G *kaim te teinifeh* 30 *maʹtuiʹk*; *matuiʹtspö*, *matiʹmlakenan* | *txlon-txlkatxl*; *txlon-txlatxl* — ‖ *pschin tiʹnifia*, P *pʹshin-tenerfeah* ‖‖ 100 *niñgiʹtalpuʹk* — | *taʹqamonak*; *itaʹkamönak*; Pk *taughlelum laughlelum*, G *taka moonak* | *tuʹmpe*, P *tenefœah* (ein Irrthum, ist 10), G *teinifeh teinifeh* 1000 — — | *iaʹtxlikam ikamoʹnak* — — ‖ *tiʹnifi-tumpe*, P *tumpeah* (mufs 100 feyn)

C. **Pronomina personalia:** I *tʹning*; *iʹna* | *naiʹka*; *naika*, *naiʹkxa*; Pk *nika*, G *nika*, R *maik* (I, me) ‖ *tschiʹi*, Pk *tsa* ‖‖ thou *nikiʹ*; *ki* | *muika*; it.; Pk *mika*, G giebt *mika* fälfchlich für er ‖ *maʹha*, P *mah* ‖‖ he *nip*; *nui* | *iaʹxka*, *axka*; *iaʹxka*, *xeixeiʹk*, P *iaxé*; Pk *yahkah* (auch she), G *yuchka* falfchlich für wir: it: Pk *klaska* ‖ *kök*, *kouka*, P *annuihe:* she: P *ahwahkotsut* we *naʹmök*; *kimt* | *nösuiʹka*, *alxaiʹka*, M *ntschaʹika*; *nösaïʹka*, P *nöxaïʹka*; G *nutika* (Dual), *nuseka* (pl.) ‖ *sŏto*, *sôtô*, *schutoʹt* ‖‖ you *mkiʹmisch*, Dual *nkiʹmisch*; *kŭʹmöïg*, *kŭʹmö* | *mösaika*, M *mschaʹika*; *mösaʹika*; G *misika* (pl.), *mutika* (Dual) ‖ *miʹti* they *niʹpik*; *aʹwi* | *txlaiʹtscha*; *txlaʹska*, P *txlaiʹtska* — ‖ *kiʹnnuk* andre Pronomina: this *qe, qǎ, ke; niwi* | *laíaχ*, M *dawíaχ; ókok, χeíχeik,* P *keipá, iaχé* — ‖ *haska, höska, hakápscha* ‖ ‖ that *qd* oder *ka; kawe* | *iáχka; iaχíaχ, iáχtau, iáχka* — ‖ *kóifan* ‖ ‖ who *isch; éwi* | *schanschan,* M *tántan; tχláksta,* P *tχlun;* Pk *'tkaksta* ‖ *éia, aia,* P *me'ch* ‖ ‖ all *nañginǎo; nañgkai* | *saqu,* M *kanawéa; kanawé,* P *kanawaluks* — ‖ *pókot- fan,* P *teloh* ‖ ‖ many (much) *yíphea; tam* | *tχliápala,* M *adatítχlχö; oχowé,* P *tχlkápöldtschks;* Pk *oghooway* much, G *til-kaapilta* plenty ‖ *siüwi, schiöoi:* P *milloe,* G *shooie* plenty

· D. Adverbia: to-day *pámöñg; nimkuwas* | *tikotschiχ,* M *schaibákatχlaχ; ako-ótχla* — ‖ *haska mántifo* ‖ ‖ yesterday *ietin; látim* | *to'kötχl, tákötχl; taántχlkit* — ‖ *küyi* to-morrow *tetχlp; tátim* (= yesterday) | *kauχ,* M *itwigwa; weχe, wöχe* — ‖ *meïtsch, kúï*

· E. Interjectionen: yes *i; ia* | *a; eka-á,* P *katχn·ö;* Pk *ah, aha* ‖ *hě, naue,* P *aw* no *téehu; pila* | *akwáska,* M *kaia; ke* oder *qe, nekst, akwaska, qa;* Pk *wayick* oder *wáke,* R *wake* (nicht), A *nix, nixt* ‖ *wáñgk,* P *kussowe*

§ 546. 2) nachträgliches Wortverzeichnifs des Chinuk und der Calapuya

[Die 1te Stelle nimmt der Chinuk: nach *Parker, Scouler (Cathlascon), Rafinesque* und der *archæologia;* die 2te Stelle die Calapuya ein. Wo die 1te Sprache nur mit Einem Worte auftritt, ftehn beide Sprachen ohne Trennung neben einander; wo das *Chinuk* mit mehreren Wörtern auftritt, wird es durch einen fenkrechten Strich | von der *Calapuya* abgefondert.]

A. Subftantiva, Adjectiva und Verba: air Pk *kummataz* — angry A *chalaks* — ball Pk *coliëtan* — beads R *comoshuk* — berries G *tukeemach* G *akyeah;* blanket R *poclishqua,* A *passischqua* — boil — P *liplip;* bread — P *shappleel;* cake R *pacheco* — chin — P *'tlák;* cloth A *passischi* — clouds G *tikka* G *onoopuk;* coastwise G *mal-lhemi (chemi?)* — cow Pk *moosmoos* P *moosmoos;* dagger G *kywekkee* G *akinustah;* door G *kuppotat* G *akow-atchum;* Europeans A *papischi aiyouks* — far Pk *sia; tunas sia* little way, *hias sia* great way | P *m'lok- kio* far off; not fast (nicht fchnell) Pk *koke hiuc* — fat G *ilkatza* G *sooi-tompeah* (vgl. lean); fisherman G *yach-etekalla* — fox Pk *tiskowköw* — gift A *patlatch* — give R *pattach* P *mahaque;* god P *cannum,* A *etalapasse;* god of waters A *ekannum;* R gods: *Etalapass, Etanemi* | P *'ntsompate;* gun Pk *sucwállál,* R *sakqualal,* A *sakquallal,* G *shukquallalla* musket | P *suk- wállahlah;* half G *sheiticoom* G *kho peefoh;* happy G *toohlee yamux* G *walena timopeh;* hard — P *'p'tsákkolloo;* heavy — G *koomkit;* hell Pk *shookoom* (auch: evil spirit) P *owievenah;* high Pk *saghalle,* G *yaatilkit* | P *tsamayunk,* G *tompass;* horse Pk *kuetan,* G *keoutan,* A *keou- tane* | P *kuetan,* G *akeeowtam;* hunger A *olo* — hunter G *yakemaquan* G *wai-yookne;* large — P *pellah;* lean G *yeutlil* G *waa-tompeah* (vgl. fat); light (adj.) G *syquanquan* G *shimadillo;* long G *yakilkit* G *komposs;* low Pk *kekulle,* G *yaachehkukit* | P *wállah,* G *tootzkeigh;* make Pk *mammook* — mat G *thlilquatie* G *haish-ai;* money R *haiqua* — paddle G *eeskie,* A *issik* | G *shukkowt;* plain (s.) G *tumkaima* G *apeepalh;* poor G *taneelakiti* G *waato-uka;* potatoes A *ouapto* — powder Pk *poolalla* — rabbit — P *umpon;* rich — G *sooi-to-uka;* rope A *thli- paight* — round — G *wapokotch;* ship A *pousk* — short G *sowilow* G *leeuktchis (seenk?)* — sick G *yatzomum* G *waeilfatteh;* slave A *elaighti* — soft — P *'mput'l;* sorry G *yakamil* G *uchaskeh* (fchlecht); spear — R *akkallah;* evil spirit Pk *skookoom* P *ehwakehe;* swan — P *mow;* talk — P *tanuk;* tall man G *ya toomit* G *whapoos;* thief G *ya-eooleem* G *walatzoh;* understand Pk *cumetax,* R *comatox* — walk P *clatuwa* P *o'wállowah;* weak G *teal-aekauw* G *wadluchtakko* (vgl. strong); well (gefund) G *katty-ya* G *petanneh;* whale R *ecola* —

B. C. Zahlwörter und Pronomina: 40 Pk *lakittághlelum* P *topwah-tenefeah;* 50. G *quennum tekal* | P *wul-tenefeah,* G *cowante teinifeh;* my A *naika* | P *nee* nachgef. (hum *nee* my father, *sin nee* my mother); your — P? (*makkun nee* your father); what Pk *ikta* P *ánnikkee;*

some men A *chout-tilikum* (*tilikum* men) — none Pk *haloo* P '*nwa*; how many? G *kuncheich* G *aho alhoh*; little Pk *tunas*, G *tilkawakiteeks* scarcity — few — P '*mponuk*, G *waha* scarcity

E. Adverbia: here Pk *ookook* P *m'hash*; there R *kok* P *piefan*; where Pk *cáh* P *mutchoo*; when A *kantchick* P *tahnondeh*; now Pk *witká*, G *aka* — soon A *ouinapi* — long ago Pk *aunacotta*, G *ankatie* — perhaps Pk *clunas* (oder: ich weiſs nicht)' —

F. Redensarten und kurze Sätze: 1) in *Chinuk* und *Calapuya* bei Scouler (G): what are you doing? *taan mee o holla | akumanseh me winah*; what are you saying? *kun ke mo holla | akumanseh anishi*; where is it? *kachpa keetan | halla tip eint*; let me see it *nee ook sta | enatzitzipotot*

2) im CHINUK: a) bei Parker: I have, or it is with me *mitlic nica*

b) in der *archaeologia:* where dost thou go? *kakhpah omoreya*; when dost thou set off? *kantchick alachoya*; when wilt thou come back? *kantchick eus-koya*; thou dost not understand *nixt enethlitkal*; sit down there *mitlaight o kok*; show me thy pipe *tane tsi koulama*; wilt thou give it to me? *patlatch nainmaika*; what wilt thou eat? *ikta mika makoumak*; perhaps some fruit *thlounasseolili*; no, give me some meat *nix, quatiasse moulak thlousk*

c) Conjugation bei Parker: *wáwá* ſprechen: *nica w.* ich ſpreche, *mica w.* du ſprichſt, *yákká w.* er ſpricht, *klaska w.* ſie ſprechen; *mammook* machen: *nica m.* ich mache, *mica m.* du machſt, *yákká m.* er macht, *klaska m.* ſie machen; *cumetax* verſtehn: *nica c.* ich verſtehe, *alta nica c.* jetzt verſtehe ich; *nica clatuwa* ich gehe

d) Ein Textſtück des *Chinuk* vom Columbia-Fluſſe, das Vaterunſer, giebt uns Duflot de Mofras in ſeiner *exploration de l'Orégon* T. II. 1844 p. 390:

Lhaïka wilham ikaushah pa; itokouté maïka emeh halléou ekintchehel tcohmmok, kwannissom tekeh antchi keoha kanavoué itélehom, itakouté maïka ametige intchakwamenith pa, kwanissom maïka amentchetekishta. Itokoute maïka abiawat ikan holitchommok kopa willeh kwatlekwe kopa sahalé. Tayah wikwah amentchita nsaïka el hollom. Ikann hamnten tchallalakwa nsaïka kitamela kwolekwe nsaïka hamnten tchallalakwa itelehem. Kitamela kopa nsaïka. Ikoun kholkkhal itcha wintchammohohtch naske kansih kitamela nsaïka. Aka tlaak hamnten tchoha kitamela kopa nsaïka itokouté kivotlké.

§ 547. 3) Wortverzeichniſs des Yamkallie

nach Tolmie bei Scouler, im *journal of the royal geographical soc. of London* Vol. XI. 1841. Lond. p. 236-241 Col. 5

A. Subſtantiva, Adjectiva und Verba: arrows *kanooqua*, axe *kansasalh*, bad *ukalchka*, black bear *kaneh wita*, beaver *kuma-keipeh*, berries *kantakolo*, bow *kampooshka*, boy *kaynæe-wastcha*, brother *yet-apai*, canoe *kampow*, child *ketawai*, clouds *khunk-ta*, dagger *koomai-ooqua*, daughter *tapenea*, dog *kantaala*, door *kunka waspa*, fat *kumkeah*, father *taháha*, fisherman *oopasilocca*, girl *kampuna (pee?)*, good *moshoh*, hail *khantah* (vgl. ice), half *olopa hal*, heavy *mukkye*, high *moppohtch*, horse *keowtan*, house *kulhla*, hunter *kanyoh wallaak*, ice *khan-teiceh* (vgl. hail), iron *kantaala*, island *mampailh*, lake *kalohloa*, lean *moochai*, light (adj.) *mookalap*, lightning *ma-ala-poh-ait*, long *tmaalugh*, low *ulskoolsko*, man *poshkahoo*, mat *feh-weyook-ausai*, moon *khuma tohpie*, mother *kit-aneit*, mountain *kum-uffoh*, old man *kanchaha*, paddle *mentzatoom*, plain (s.) *qualhoyo*, poor *weh-akuk* (vgl. rich), rain *mulla-aala*, rich *mul-ewa-akuk* (vgl. poor), river *qualass kumkey*, round *unta-millaweh*, salmon *kampeich*, sick *oashwai*, sister *ta-yit-apolh*, sky *wee-opuk-anie*, snow *kanopaik*, son *kithowac (wai?)*, sorry *mossho*, spear *kamfeasulh (ſeusulh?)*, stars *quatso-wunk*, strong *mita-kootcheh*, sun *khumpeuna*, tall man *apostch*, thief *kaya-latchko*, thunder *kampequa*, village *mooleevee kungha*, warrior *witzyawie*, water *khampkea*, weak *mohlok*,

well (gefund) *koshoh*, wolf *kamalein*, woman *ahwehquattie*   B. Z ahl w ö r t e r : 1 *wan*, 2 *kee-ama*, 3 *hophie*, 4 *taappa*, 5 *oawanna*, 6 *utafo*, 7 *ohopshie*, 8 *wach-keeamoh*, 9 *wacho ainoh*, 10 *a-teishwa*, 11 *atashwa wana*, 20 *keamie tum weiska*, 50 *waunwho*, 100 *teishuffoh*
     C. P r o n o m i n a : plenty *mulh-eewie*, how many? *powluno-eioh*, scarcity *poshnag*
     D. R e d e n s a r t e n : what are you doing? *akansopoet*, what are you saying? *akanse yewa*, where is it? *aman peyoh*, let me see it *kah hohtoh*

§ 548. Nachdem ich den W O R T B E S T A N D dief er Sprachen vorgelegt habe, kann ich fie zum Gegenstand von BETRACHTUNGEN machen. Zunächft habe ich in den zwei aus 4 und 3 Quellen zufammengefetzten Sprachen, *Chinuk* und *Kalapuya*, von der Ü B E R E I N S T I M M U N G oder A B W E I C H U N G diefer Q u e l l e n u n t e r e i n a n d e r in den Wörtern und Wortformen kurz zu handeln und einige fpecielle B E M E R K U N G E N über diefe Q U E L L E N zu machen:

     C H I N U K — mehrere Quellen find mit der *expl. exp.* gleich in den Wörtern: *canoe, earth, moon;* die Zahlen find zwifchen der *expl. exp.*, Parker und *archaeol.* ganz gleich: die *arch.* ift oft der *expl. exp.* noch näher, als es Parker ift; — Parker und *expl. exp.* find gleich in: *knife, moon, river, sky, sun*, wie in den Pron.; dagegen verfchieden in: *small; see, sleep, speak;* — Tolmie ift mit *expl. exp.* ähnlich in *man;* nicht ähnlich in *run, speak;* — die *archaeol.* und *expl. exp.* find gleich in: *blood, nose, salmon*, tobacco; — *arch.* und Parker find gleich oder ähnlich in: *dog, Indian;* ungleich in *paddle.*

     K A L A P U Y A — 1) P a r k e r : Er hat manchmahl diefelben oder ziemlich gleiche Wötter und Wortformen, oft aber ganz andere Wörter als die *expl. expl.*: fo weichen die Zahlen 1, 5, 9 ganz ab; für 1000 giebt er fälfchlich das Wort 100 an; für 100 giebt er fälfchlich das Wort an, welches die Zehner bildet und folglich 10 bedeutet; auch für nein wird ein ganz andres Wort angegeben. 2) T o l m i e : Er ftimmt in den Wörtern faft immer mit der *expl. exped.* überein: er hat diefelben und hat fie in der *expl. exp.* fehr ähnlicher Form, wo Parker andere Wörter oder fehr entfremdete Formen hat. Tolmie hat einen unangenehmen Fehler: er hat *house* an 2 Stellen, und giebt an beiden für alle 6 Sprachen ganz verfchiedene Wörter; durch die 2 Sprachen Kalapuya und Yamkallie wird erwiefen, dafs das 2te Mahl *horse* zu lefen ift.

     § 549. Diefe Sprachen find mehr oder weniger erfüllt mit S C H W E R E N , gutturalen, oft gehäuften C O N S O N A N T E N L A U T E N , und ihre Wörter find nicht felten von beträchtlicher L ä n g e ; nur die Kalapuya wird in der *expl. exp.* (564) fanft und wohlklingend genannt.

     Die zahlreichen Schwankungen in der Schreibung der Wortverzeichniffe der Chinuk-Familie erklärt Hale (562) durch die ungehaure Unbeftimmtheit der Ausfprache. Diefe und anderes macht die Sprache fo fchwer, dafs felten ein Ausländer fie zu erlernen verfucht; daher ift auch der *jargon* entftanden, welcher den Verkehr der *traders* mit den Eingebornen vermittelt. Nur Ein Weifser gelangte zu einer genauen Kenntnifs diefer Sprache, und ward dadurch berühmt bei beiden Theilen: ein Canadier, der mit der erften Expedition *Astor's* in das Land kam und darin blieb; er erlernte die Sprache während einer langen Krankheit, in welcher die Eingebornen feiner pflegten. Die Chinuk-Sprache ift rauh, *tχl* und andre Gruppen finden fich in ihr; *tχl* beginnt häufig die Wörter: öfter als poff. vor Verwandtfchaftsnamen. *Swan* fagt (306) vom *Washington terr.*: dafs die *Chehalis*-Sprache jetzt gewöhnlich gefprochen werde: denn das alte *Chenook* fei eine fo gutturale, fchwierige Sprache, dafs viele junge *Chenook*-Indianer fie nicht fprechen können, fondern von ihren Eltern die *Chehalis*-Sprache und den *jargon* gelehrt erhalten haben. Im W a i i l a t p u ift *tχl* auch nicht felten; viele Confonanten zufammengeballt zeigen feine Wörter: *kill, lightning, rain, wind, to-morrow.* Solche Confonanten-Ballung zeigen in mehreren Sprachen die Wörter: *drink, eat, island, sing, winter; yesterday.* — Lange Wörter bieten fich überall dar; Beifpiele (befonders im Chinuk) find *egg, leg, tongue.*

Eine leichte, glatte Geftalt, frei von Gurgellauten und kurz, bieten im Gegentheil durchgehends dar die Wörter: *beaver, deer, elk, name, salmon.*

§ 550. Ein paar GRAMMATISCHE Notizen vom *Waiilatpu* giebt die *expl. exp.* p. 561[f], grammatifches vom oberen *Chinuk* oder *Watlala* 562[mm]-4[mf], von der *Kalapuya* 564[nf]-6[n]. Diefe letzte Sprache ift nach ihren Nachrichten merkwürdig durch die grofsen Umwandlungen, welche die Wörter in der grammatifchen Behandlung erfahren: der Art, dafs oft nur eine geringe Spur von der Grundform übrig bleibt.

§ 551. Welches ift, fo fragt man billig, die VERWANDTSCHAFT diefer Sprachen unter einander, die mich veranlaffen konnte fie in Ein Wortverzeichnifs zufammenzuftellen? Denn die *expl. exped.* macht aus ihnen 3 Familien, die nur ftetig auf einander folgen: Waiilatpu, Tfhinuk, Kalapuya. An fich find diefe drei Hauptfprachen unter einander wirklich nicht verwandt; aber fie find gebunden durch einzelne Wortgemeinfchaft; ferner dadurch, dafs fie, fremd dem fonorifchen Sprachftamme, wenige aztekifche und fonorifche Wörter in Wirklichkeit befitzen, die fie wieder bisweilen durch Gemeinfamkeit zufammenfeffeln. Beifpiele grofser und allgemeiner Verfchiedenheit aller diefer Sprachen unter einander, ja fogar aller drei Columnen, welche ich dem *Chinuk* gegeben habe, liefern die Begriffe: Krieger, klein, fchlafen. Waiilatpu und Molele follen nach der Anficht der *expl. expl.*, da fie fie als 2 Arme Einer Nummer giebt, wefentlich verwandt feyn; aber man wird ganze Strecken des Wortverzeichniffes mit ganz verfchiedenen Wörtern zwifchen ihnen befetzt fehn, obgleich man vielfach durch Identität des Wortbefitzes wieder geftärkt wird. Gröfser ift die Übereinftimmung zwifchen den beiden Chinuk-Dialecten, grofs die Verwandtfchaft der Kalapuya und des Yamkallie; aber an verfchiedenen Wörtern fehlt es nicht. Oft, wo man in allen diefen Sprachen wohl zwifchen zweien daffelbe Wort annehmen darf, glaubt man in einer bedeutenden Form-Verfchiedenheit jene abfichtliche gewaltfame Abänderung und Entftellung wahrzunehmen, welche ich in der amerikanifchen Sprachzerfplitterung mit ftillem Argwohn verfolge (f. ähnlich beim *Scheyenne* S. 611[a]).

Ich habe mir nicht die Zeit nehmen dürfen zu fammeln, was zwifchen den an fich nicht verwandten Gliedern meiner Tafel an Wortverwandtfchaft vorhanden ift; ich belege meine Behauptung gelegentlicher Übereinftimmung aber durch Beifpiele. Zwifchen dem Waiilatpu (mit Molele) und dem Chinuk find ähnlich *valley* und *near;* zwifchen Chinuk und Kalapuya: Kuh, Moskite, Pferd; *gun, blanket.* Die, an fich gewiffe, Verwandtfchaft der 3ten Col. des Chinuk mit unterem Chinuk zeigen Parker's: *boy, dog, Indian, sea;* der *archaeol.:* nein. — Die Verwandtfchaft von Scouler's Cathlascon mit oberem Chinuk erweifen: *arrow, bad, beaver, daughter, dog, father, hail;* mit unterem Chinuk: *girl,* mit beiden Chinuks der *expl. exp.: good;* es ift gleich mit Parker's Chinuk in: *high, horse, moon;* fehr ähnlich in den Zahlen; mit Chinuk der *archaeol.* in: *deer, paddle;* mit Parker und der *archaeol.* in: *gun.* Selten ift ein fogen. Cathlascon-Wort Scouler's unähnlich dem Chinuk der Anderen: *iron.* Anderwärts (brit. Amer. S. 374[a-m]) habe ich fogar einige Wortgemeinfchaft zwifchen Scouier's Cathlascon und feinem fogenannten Chinuk nachgewiefen. — Von der, unbezweifelten Verwandtfchaft der Yamkallie-Sprache mit der Kalapuya will ich einige Belege geben: Eis Y *khan-teich* (vgl. *khantah* Hagel) = K *andis*, G *andeiss;* Sonne Y *khumpeuna* = K *ömpiön*, G *umpean;* f. Boot, Waffer, Wolf; Zahl 1 Y *wan* = K *wdan*, G *wa.* Ganz nahe ähnlich find die Zahlen 2, 3, 4, 5, 6; die 3 entfernt ähnlich; die 7 ift im Y felbftftändig aus 2 gebildet, 8 Y ift K mit einem Vorfatz; 10 ift unvollkommen ähnlich, aber wohl identifch. — Mr. Hale redet (*expl. exp.* VI, 561[nn]) von einigen Ähnlichkeiten des Waiilatpu mit der Sahaptin-Sprache, im Zahlworte und Pronomen, welche er als eingefloffen durch lange und enge Genoffenfchaft diefes Stammes mit den *Nez-Percés* anfieht; in allem übrigen, fagt er, feien beide Sprachen gänzlich verfchieden.

§ 552. Höchft merkwürdig find einzelne unläugbare AZTEKISCHE und zweitens einzelne SONORISCHE WÖRTER, welche ich in diefen Sprachen aufgefunden habe. Beide Erfcheinungen find darum fo wichtig, weil diefe Sprachen, wie ich diefs durch eine genaue Prüfung beftimmt habe, durchaus mit den fonorifchen nicht verwandt find; und zweitens wegen der hohen Lage diefer Sprachen, welche noch etwas nördlicher als die *Schoschonen* hinaufreichen. Es liegen nämlich, nicht fo weit von der Küfte der Südfee, die Kalapuya und Molele (auf Schoolcraft's Sprachkarte *Moolalles*) von beinahe $43°\frac{1}{3}$ bis $45°\frac{1}{3}$ N. B.; um den $46°$ die Chinuks, reichend bis zur Südfee. Es wird daher auffallen, dafs ich diefe Sprachgruppe (mehr aber noch das *Sahaptin*) vor die, viel füdlicher beginnenden Schofchonen geftellt habe; ich fetzte aber die *Schoschonen:* welche überdiefs eine andre, öftliche Region inne haben, defshalb fpäter, weil ich bei ihnen auf ihre früheren, nördlicheren Wohnfitze in dem jetzt von den *Blackfeet* eingenommenen Gebiete mein Augenmerk richtete. Der fehr geringe aztekifche und fonorifche Zug in den hier zufammengefafsten Sprachen macht es nöthig, dafs ich fcheide: was zuverläffig aztekifch und fonorifch in ihnen ift; und was nur unvollkommene, vielleicht zufällige Ähnlichkeiten find.

Die Dürftigkeit der drei Sprachgruppen *Waiilatpu, Chinuk* und *Kalapuya* in aztekifchem Wortbefitz erhellt daraus, dafs ihnen eine lange Reihe jener wichtigen Wörter fehlen, welche meift durch alle oder faft alle fonorifchen Sprachen aztekifche find: Fichte azt. *ocotl* (nur in einigen); Hand: aufser wenn *tö, te* pron. poss. praef. feyn könnte, fo würde in Wl *tömékschi,* ChU *temékso* wenigftens die Grundlage *m* zu finden feyn; Mond, Name, Nafe, Ohr, fchlafen, fingen, Stein (eine kleine Möglichkeit ift K), warm t*oni,* Waffer, Zunge.

§ 553. AZTEKISCHE WÖRTER:

1) in MEHREREN SPRACHEN zugleich: a) für gewifs aztekifch halte ich das durch 3 Sprachen gehende Wort für Zahn: Wp *tenif,* M *ténuf, ténuχ,* K *tanti,* P *tinte* (die Chinuk-Sprache hat aber ein ganz anderes, eignes Wort); das K *tanti* kommt dem azt. *tlantli* höchft nahe, die anderen find dem Comanche (N) *tahnee* nahe; die fonorifchen Sprachen führen ein *m:* Ca **tami,* Co *tameti,* Ta *temela,* fchofch. Ligue *tama;* b) für nicht unwahrfcheinlich Feuer (azt. *tletl):* Wp *tetsch,* M *tats;?* Wl *watótχl,* ChU P *átoíχl;* die fon. Formen find Co *tait,* Te *tay;* c) für ungewifs, aber möglich Holz: 1) M *kuχ* ≠ azt. *quahuitl* 2) K *awátiki,* P *owáttuk* ≠ azt. *quahuitl.* — Die durch mehrere Sprachen gehenden Wörter werde ich bei den einzelnen durch das Zeichen † auf die allgemeine Stelle verweifen.

2) in EINZELNEN SPRACHEN:

im Waiilatpu: wohl gewifs: Zahn †, nicht unwahrfcheinlich: Feuer †; unficher: Baum *laúik* = azt. *quahuitl?*

im Molele: wohl gewifs: Zahn †, nicht unwahrfcheinlich: Feuer †; unficher: Holz †, *deer* und Schlange f. Chinuk, effen f. Kalapuya;

im Chinuk finden fich die meiften Wörter: a) gewifs oder wenigftens in bedeutender, hinreifsender Ähnlichkeit: roth Wl *tχlpál,* tö*tχlpál,* ChU *tχlpölpöl* (Pk *pelpil*) = azt. *tlapalli:* welches eigentlich Farbe, aber in Compofitionen auch öfter rothe Farbe, roth bedeutet (das gewöhnliche Wort für roth ift *chichiltic*); Wind Wl *ikχála,* ChU *itsχáχ,* P *ikχála* halte ich für gewifs *atl,* = Ta *heicala,* Wihinafcht *hikwá* = azt *ehecatl;* aber in der Geftalt, welche fie in 20 und 30 hat: Wl *tχlkátχl,* ChU *tχlutχl* ≠ Ca *tacaua:* das freilich 20 bedeutet und Icofaden bildet, das ich aber für azt. *tlactli* Leib (wovon *matlactli* 10) halte; geben Ch *maika* in einer Redensart der archaeol., KP *mahaque* = azt. *maca;* fchwarz Wl *tχlöl,* tö*tχläl,* ChU *tχláluχ* = azt. *tlilli* = Te *tucu,* Ca **chuculi;* — b) nicht unwahrfcheinlich: ob der 2te Theil = azt. *atl* Waffer ift in Flufs: Wl *wématχl,* ChU *wébatχl, ématχl,* ChG *emalh;* und in Meer: Wl und ChU *tömatχl;* — c) unficher, doch möglich: *deer* M *musims,* ChU *imásön* = azt. *mazatl?* das allgemeine Chinuk-Wort für *deer* und *elt* ift aber *molak*, was auch = *mazatl* feyn könnte; Schlange Wl *kawelχ*, M *káwilöχ* (Molele *kwálai*) = azt. *coatl;*

in der Kalapuya: a) gewifs: Zahn †; Mund *tant* (fehr ähnlich *tanti* Zahn), P *tinte:* das durch die fon. Sprachen als Mund und Lippe allgemein verbreitete Wort = azt. *tentli;* geben f. Chinuk, wohl gewifs; — c) unficher: Holz †; Stein *ôndi*, P *'ntáugh* = azt. *tetl?* Hagel *atdiu*, G *atai-oh* = Te *teai*, Co *teteri* ufw.? = azt. *tetl* Stein; effen: ob im 1ten Theile von *kwdinapfo*, Molele *pá-ast* liegt azt. *qua?* = Co *cua*, Ta *coá*, Ca *bua;* im Yamkallie: unficher: Haus *kulhla* = azt. *calli?*

§ 554. Aus den angeführten Wörtern entnehme ich in den Geftalten, welche den zwei aztekifchen SUBSTANTIV-ENDUNGEN *tl* und *tli* entfprechen, ein fehr wichtiges Argument für die aztekifche Nähe diefer Sprachen in einem ganz kleinen Beftandtheile: weil nicht nur diefe Geftalt fehr ähnlich geblieben, fondern die Erhaltung der Endung ein hoch anzufchlagender Vorzug ift; beide Eigenfchaften kommen den fonorifchen Sprachen aufser zweien nur in fehr geringem Grade zu. Die Geftalten find: *tχl* Wl und ChU oft; — *ti* und *te* K in Zahn, Mund, t K in Mund; *tsch*, *ts* und *sch* Wp; — *lχ* und *löχ* Wl in Schlange, *luχ* ChU in fchwarz, *lh* ChG in Flufs = *tχl* der expl. exp.; *la* Wl und ChU in Wind; — *χ* Wl und ChU in Wind, *k* Wp und K, *ki* K. Fremdartig find *n* ChU und *m* M ftatt der azt. Endung in *deer;* fehr regelmäfsig und fonorifch ift aber die Verwandlung des aztekifchen Ausgangs *lli* in *l*, durch Weglaffung der Subft. Endung: Wl und ChU in roth und fchwarz.

§ 555. SONORISCHE Wörter: Die eigentliche Vergleichung kann nur mit Hülfe meiner noch vorbehaltenen Wörttafel aller fonorifchen Sprachen gemacht werden: denn das Wörterbuch der 4 Sprachen, auf welches ich mich im Folgenden meift befchränke, ift zu ungenügend; viele Ausdrücke fehlen in ihm oder fallen aus einander. Aber auch mit jenem ftärkeren Hülfsmittel wird man kein irgend erhebliches Ergebnifs erzielen; denn an eine fonorifche Verwandtfchaft der Sprachen *Waiilatpu* und *Molele*, *Chinuk*, *Kalapuya* und *Yamkallie* ift nicht zu denken. Das Verhältnifs der mühfam von mir zufammengebrachten fonorifchen Ähnlichkeiten ift ein ganz anderes als das der aztekifchen: ich konnte wirkliche, unzweifelhafte aztekifche Wörter beibringen: fie find als fremder Stoff aufgenommen; der fonorifche von mir aufgebrachte Vorrath ift dürftiger: und obgleich fich manche Wörter von fehr genauer Form-Ähnlichkeit, wie Wort-Identität ausfehend, darunter finden; fo mufs man fich doch geftehen, dafs eben fo viel der Zufall thun konnte; es ift kein Wort darunter, von welchem man eine wirkliche Identität behaupten kann. Es ift alfo nicht nur keine fonorifche Verwandtfchaft vorhanden, fondern auch keine Wort-Aufnahme oder Wort-Gemeinfchaft mit den fonorifchen Sprachen. Das Nicht-Vorhandenfeyn fonorifcher Sprachverwandtfchaft in diefen Idiomen will ich durch den Mangel einer Reihe wichtiger fonorifcher Wörter in ihnen beweifen: welche im Gegenfatz gegen fo viele ungünftige Begriffe, die zerfallen und in denen man einen ganz unficheren Grund geniefst, durch fefte Ausprägung, Beftändigkeit und meift durch ihre Durchdringung der meiften fonorifchen Sprachen ein ficheres Prüfungsmittel fonorifcher Sprachverwandtfchaft bilden. Durch alle uns hier vorliegende Sprachen findet fich keine Ähnlichkeit oder Gemeinfchaft mit den feften, ftehenden fonorifchen Ausdrücken für: Erde; Auge: fon. *pusi;* Feder: Ta *mashaca*, Ca **masa;* Kopf: *moo-la*, *muu-ti* (man kann doch nicht in K *támötχl ta* für praef. poss. anfehn?); Haus, *husband;* Metall und Eifen: *vainomi*, tödten: *mea*, Nacht: Te *tucagui*, Salz: *onne*, *ona;* fehn: 1) Ta *nene* (doch ChPk *noneneech*) 2) fchofchonifcher Bund: *puni*, *bonee*; Himmel: Ca *tehueca* (eig. azt.); fprechen: *noca*, *neuca*, *neuca* (im Grunde azt.); Sonne: Cu **taa*, Te *tasse*, fchofch. Ligue *taba*, *tahbe;* Tabak: fchofch. Ligue *pahm*, *pahmu* (dagegen Ch und K *kainutχl*); Waffer: *pa*, Ehefrau: *ubi* und *cuna;* und viele andere Begriffe, die ich unterlaffe zu nennen; auch fagt kein Zahlwort zu.

§ 556. Die dürftige Ausbeute von SONORISCHEN Wörtern oder Wort-ÄHNLICHKEITEN in diefen Sprachen befteht in folgendem:

1) in MEHREREN SPRACHEN zugleich: a) durchaus ähnlich oder identifch: ja 1) Wp *i* 2) Wl *a*, ChPk *ah, aha;* K *hë,* P *aw* 3) M *ia:* alle diefe finden ihre Ähnlichkeit in fon. Formen *c, hă, ahä;* c) unvollkommen ähnlich und ungewifs: Hund M *witkui;* Wl *qotquot* u. *qoötqoöt,* ChG *kootkoot* ⚹ Ta *cocotschi* (welches Wort ich für = azt. *chichi* halte); mehrere *pronomina pers.* find binlänglich ähnlich: aber diefer Redetheil begründet, wie ich fchon anderwärts erklärt habe, keine Verwandtfchaft amerikanifcher Sprachen auf unficherem oder fremdem Boden: ich Ch *naika, nika,* K *nee* mein, auch Wp und M *in+* ich finden Ähnlichkeit in fon. allgemeinen *ne* ich, Ca *in* mein; eben fo kann man du Ch *maika, mika* ähnlich finden mit fon. *mu* (nicht aber im Wl *niki,* M *ki*); eben fo liegt *n* dem wir und *m* dem ihr zu Grunde, wozu Dual- und Plural-Endung kommt;

2) in EINZELNEN SPRACHEN:

im Waiilatpu: c) ungewifs: Holz *hätisch* ⚹ Ta *cusiki,* Te *usci;* Häuptling *iatöiang,* M *iakánt* ⚹ Ca Oberer, Gerichtsperfon, Gouverneur: *iout, iauta, *jaut;*

im Molele: a) fehr ähnlich: Bogen f. bei Chinuk; c) unvollkommen ähnlich, vielleicht dem Zufall angehörig, oder ungewifs: Häuptling f. Waiilatpu, Hund +; klein *kosa, kuscha* ⚹ Ta *khuta;* Donner *timiön* ⚹ Comanche *tomojake* donnern, fchofch. *tunulnt:* diefs ift fogar nur eine vereinzelte Ähnlichkeit, da die übrigen Sprachen voll Mannigfaltigkeit find;

im Chinuk habe ich wieder einen gröfseren Vorrath von Wörtern anzuführen; aber felbft die erfte Claffe ift der Art, dafs man alle diefe Übereinftimmung im Worte dem Zufall zufchreiben kann: a) vollkommen, höchft oder fehr ähnlich, ausfehend wie identifch: Bogen Molele *wótχlak;* Wl *atχláχet,* ChU *optχléke,* O *oχlaχaïtk,* P *atχáχai* = Ta *ataca, hataca;* kalt Wl M *itschétschöq,* ChU *tsös, tschösch:* Comanche E *etscho,* fchofch. *ötschöin,* Wih. *izïts;* Eis Wl *kápa,* M *ikába,* ChU *ikápa:* Te *cubay,* Ta *kepa-liki* Schnee; Bär ChU *etsχot* ⚹ Co *otzet;* nein Wl *kaia,* ChU *ke, qe, qa* = fchofch. *kaia (kaii, kayhee);* fon. *ka* nicht, befonders als privatives Präfix; *kai, tai, ke* nicht, Ta *ke* nein; — c) unvollkommen ähnlich, unficher: Hund +; weifs *tkop* (vgl. M *tχlaksch,* Wp *tχlaktχlako*) ⚹ Comanche *tochza, toshop,* fchofch. *tuscha+, toha+* ⚹ fon. *tosa+, toxa, toa;* Wolf Wl *iskólea,* M *ischkilöksch* ⚹ Comanche N *ish,* Wih. *ischa, izd;*

in der Kalapuya: c) unvollkommen ähnlich: Regen *ökwii* (G *koonqueet*) ⚹ Ta *juki-kí,* Te *duqui.*

§ 557, a. Ich glaube auch ein ATHAPASKISCHES Wort oder zwei in diefen Sprachen zu erkennen; es find diefelben, welche wir auch in einige fonorifche Sprachen eingedrungen fanden: ungewiffer Bogen Molele *wótχlak,* und die eben (m) angegebenen Formen im Watlala, unteren Chinuk, Tlatfap und Wakaikam; gewiffer See, nur in der Kalapuya: *mömpähle, mömpatχl,* G *mampuchai-lheh;* im Tlatskanai *mö'nkat,* Umpqua *mö'ngkök,* Tahkali *pöngkat.*

Das Chinuk-Wort für Häuptling: Pk *tie,* R *tia, taye,* ift unläugbar identifch mit Nutka: M *tays,* bei Jewitt das oft genug vorkommende *tyee.*

Das Wort fieht im Chinuk aus, wie aus dem fpanifchen *palabra* entftanden: Wl *palăwala, paldwalöl,* ChU *kipaldwöl;* ich merke diefe Ähnlichkeit nur an, ohne die Übernahme zu behaupten: denn der Begriff ift der Art, dafs er nicht leicht aus der Fremde entliehen wird.

Aus der uns vorliegenden Sprachgruppe ift merkwürdigerweife der Name entnommen, mit welchem die Nordamerikaner die indianifche Tabakspfeife belegen: c a l u m e t. In keiner der vielen Sprachen, welche in der grofsen Worttafel des 2ten Bandes der *archaeol. amer.* begriffen find, findet fich eine Spur diefes Wortes; im Chinuk findet es fich aber: die Tabakspfeife heifst im Watlala oder oberen Chinuk *kalámöt,* im unteren Chinuk *tschelámöt.*

§ 557, b. Ich will nicht unterlaffen hier in der Kürze der merkwürdigen Erfcheinung einer Mifchfprache, nicht blofs aus amerikanifchen, fondern auch aus europäifchen: des KAUDERWÄLSCHEN oder *JARGON* VON OREGON, gewöhnlich blofs der *jargon* ge-

nannt; zu gedenken: jetzt herrfchend an der amerikanifchen Nordweft-Küfte und befonders
im *Oregon-* und im *Washington-*Territorium.

    Der *jargon* hat fich im Laufe der Zeit aus dem Verkehr der europäifchen Nationen mit den
Eingebornen in diefen Gegenden wegen des Pelzhandels und der indiannifchen Völkerfchaften unter fich
bei fehr verfchiedenen Sprachen (vgl. S. 590^{aa-m}) gebildet. Seine Hauptgrundlage ift *Chinuk;* doch
fcheint auch unter feinen Wandlungen (f. unten ^{nn}) nach den verfchiednen Örtlich- und Volksthümlichkeiten das *Chehalis* zu feyn: da *Swan* (f. § 594) öfter vom „wirklichen *Chehalis* (nicht *jargon*)"
redet. Als die englifchen und nordamerikanifchen Schiffe (ich folge der *expl. exp.* p. 635-6) c. 1780
zuerft an der NWKüfte erfchienen, fanden fie fehr verfchiedene Sprachen vor: deren keine eine vorzugsweife Verbreitung hatte, um zur Erlernung zu reizen und zu einer allgemeinen Verkehrs-Sprache
fich zu eignen; diefe Sprachen waren zugleich rauh und fchwierig: die Fremden lernten daher keine.
Indem damahls Nutka die Hauptniederlage des Handels war, nahmen die Europäer einige *Nutka-*,
die Eingebornen einige englifche Wörter an; mit ihnen und der Beihülfe von Zeichen begnügte man
fich. Diefe Wörter (Nutka mit Englifch) verfuchten die *traders* nachher zur Verftändigung mit den
Völkern der *Columbia;* die *Chinuks* fafsten fie leicht, und fo waren fie fchon 1804 bei *Lewis* und
Clarke in Gebrauch. Als jedoch nachher fich die Fremden in *Oregon* niederliefsen, wurde diefer
geringe Wortvorrath für den lebhafteren und dauernden Verkehr ungenügend befunden; man erfand
eine wirkliche und vollftändige Sprache (im kleinften Umfange). Die vorhandene Grundlage: jene
ältere und Chinuk als 2ter Beftandtheil, wurde in ihren Lücken ausgefüllt; fo erlangte der *jargon*
eine regelmäfsige Geftalt. Es traten daher noch andre Zufätze hinzu: die canadifchen *voyageurs*
kamen in engere Verbindung mit den Indianern als alle übrigen: denn fie handelten nicht blofs, fondern
jagten und lebten mit ihnen; fo traten einige franzöfifche Wörter in den *jargon* ein, für neue
Gegenftände; 8 bis 10 felbftgebildete Onomatopöien fchloffen fich an. Auf diefe Weife wurden
etwa 250 Wörter, als ganzer Beftand diefer Sprache, zufammengebracht. — Die *ethnogr.* der *U. St.*
explor. exp. behandelt den „*jargon* oder die Handelsfprache *(trade langage)* von *Oregon*" p. 635-
650 und liefert darin das ganze Material deffelben: wie fie felbft fagt, beinahe vollftändig, in fyfte-
matifcher Anordnung. Es werden (p. 636^m-9^f) nach einander, alphabetifch nach der fremden Sprache
geordnet, aufgezählt: die Wörter von *Nootka* (*Swan* giebt auch ein kleines Verzeichnifs, p. 422, an),
die englifchen, *Tshinuk,* franzöfifchen, Onomatopöien, zweifelhaften (ob *Tshinuk* oder *Nootka*);
darauf folgen (640-4) Betrachtungen und Bemerkungen über die Wörter und die Sprache, dann Re-
densarten und kleine Sätze (644^{nn}-6^{aa}); zuletzt folgt (646^{af}-650) ein umgekehrtes, ganzes Wortverzeichnifs englifch-*jargon,* alphabetifch nach dem Englifchen. — Ein neueres Wortverzeichnifs im
5ten Th. Schoolcraft's: und ein zweideutiges von Swan, hauptfächlich aus *Chenook* beftehend,
habe ich S. 619^{m-mm} angegeben; die Sprache heifst da *Chinook jargon* und *Chenook or Jargon.* Ich
habe den *jargon* von *Oregon* fchon öfter (S. 575^{aa}, 604^{nf}, 627^{n-nn}) zu erwähnen gehabt. *Swan* fagt (307,
vom *Wash.* Terr): „Der *jargon* ift das Mittel, durch welches die Indianer mit einander und mit den
Weifsen verkehren. Diefer *jargon* ift aus *Chenook,* Franzöfifchem und Englifchem zufammengefetzt . . ." Der Vf. giebt aber da die Übereinftimmung von 12 *Nutka*-Wörtern *Jewitt's* mit „dem
jetzigen *Chenook*-Dialect oder Jargon" an, und diefelbe Vergleichung der 12 wiederholt er p. 422.
Er redet von ihm wieder 309-10. Diefer Dialect ift wandelbar (309), indem einzelne Indianer aus
ihrem Verkehr neue englifche ufw. Wörter einmifchen und jeder Volksftamm aus feiner Sprache Wörter hinzufügt: fo dafs wohl Jemand bei einem Volksftamme das Nothwendige zum Handel fprechen,
aber nicht ohne Hülfe eines genau mit der Redeweife Bekannten ein längeres Gefpräch führen kann.
„Davon fah ich (fagt *Swan*) ein Beifpiel bei Gelegenheit eines Vertrags, den der Gouv. *Stevens* im
Frühjahr 1855 mit 5 Volksftämmen am *Chehalis*-Flufs abzufchliefsen verfuchte. Es waren gegenwärtig die *Cowlitz, Chehalis, Chenook, Queniült* und *Satchap*-Indianer. Oberft B. F. *Shaw* war
der Dolmetfcher und redete die Sprache fliefsend; aber obgleich er von den *Cowlitz* und *Satchap*-

Indianern vollkommen verftanden wurde, war diefs nur unvollkommen der Fall mit den *Chenooks, Chehalis* und *Queniülts:* und es mufsten mit den Küftenftämmen vertraute Perfonen, die anwefend waren, ihnen das von ihm Gefagte wiederholen, ehe fie ganz verftehen konnten. Ich erfuhr diefelbe Schwierigkeit: denn da ich gewöhnt war einen bedeutenden Theil der *Chehalis*-Sprache mit dem *jargon* zu fprechen, fo fand ich, dafs die Indianer aus dem Innern mich nicht fobald verftanden, wenn ich Wörter vom *Chehalis*-Dialect gebrauchte."

Schofchonen.

§ 558. Ich komme zu dem höchft wichtigen Volke der SCHOSCHONEN (engl *Shoshonee, Shoshonees*), einem der Lichtpunkte meiner Erforfchung. Es tritt, wie ich fchon vor kurzem (S. 629ᵃᵃ) erörtert habe, hier nicht an feiner richtigen geographifchen Stelle ein: denn diefe ift im füdlichen *Oregon*-Gebiet, ja herab bis in *Utah;* und die vorhin behandelten Völker und Sprachen find nördlichere. Ich habe aber die Schofchonen mit Rückficht auf ihre früheren Wohnfitze an der Stelle der *Blackfeet* fpäter gefetzt.

Ich eröffne die NACHRICHTEN ÜBER DAS VOLK mit einer aufserhalb der Zeitfolge: Wafhington IRVING giebt in feiner *Astoria (Astoria, or anecdotes of an enterprise beyond the Rocky Mountains*, Vol. I. Philad. 1836. 8°) folgende Nachricht von den Schofchonen, indem die Reifenden an einem Nebenfluffe des *Bighorn river* einem gemifchten Trupp von *Flatheads* und *Shoshonies* oder *Snakes* begegneten und eine Tagereife mit ihnen zogen (274) (¹). „Die Schofchonen oder Schlangen-Indianer (275) find ein Zweig des einft mächtigen und blühenden Volkes der *Snakes*, welches früher ein vortreffliches Jagdgebiet an den Quellen des *Missouri* [45° N. B. und 110°½ W. L. v. Gr.] befafs. Bei dem Vordringen der Hudfonsbai-Gefellfchaft erhielten ihre Nachbaren, die *Blackfeet*, von diefer Feuerwaffen, welche die Schofchonen vergebens von den Spaniern zu erlangen fuchten. In diefer Übermacht wurden fie von den *Blackfeet* ihres Jagdlandes beraubt und immer weiter zurückgetrieben, bis in die wildeften Schlupfwinkel der *Rocky mountains;* felbft da fuchen ihre Feinde fie öfter heim, fo lange fie noch Pferde und Eigenthum haben. So find die *Snakes* allmählich ein armfeliges, muthlofes, zerftreutes Volk geworden: an einfamen Flüffen und Bergftrömen wohnend, und vorzüglich von Fifchen lebend. Diejenigen, welche noch Pferde befitzen (276) und gelegentlich als Jäger auftreten, werden *Shoshonies* genannt; es giebt aber eine andere Claffe, in äufserfter Verworfenheit: fie heifsen *Shuckers*, oder gewöhnlicher *Diggers* und *Root eaters*." Der Verf. fchildert fie fo: *These are a shy, secret, solitary race, who keep in the most retired parts of the mountains, lurking like gnomes in caverns and clefts of the rocks, and subsisting in a great measure on the roots of the earth. Sometimes, in passing through a solitary mountain valley, the traveller comes perchance upon the bleeding carcass of a deer or buffalo that has just been slain. He looks round in vain for the hunter; the whole landscape is lifeless and deserted: at length he perceives a thread of smoke, curling up from among the crags and cliffs, and scrambling to the place, finds some forlorn and skulking brood of diggers, terrified at being discovered.* — Die noch mit Pferden und Waffen verfehenen Schofchonen treten etwas kühner auf und wandern weiter herum. Im Herbft, wenn der Lachs verfchwindet und der Hunger fie treibt, wagen fie fogar eine flüchtige Büffeljagd bis zu ihrem alten

(¹) Diefer Trupp war auf einem Befuche zu den *Arapahoes:* einem Stamme, welcher die Ufer des *Nebraska* bewohnt (277).

Jagdgebiet. Dabei werden fie manchmahl von den *Flatheads* begleitet, mit denen fie verbündet find. Diefs gefchieht aber mit gröfster Vorficht und Scheu; man hat 500 von ihnen kampfbereit auf den Höhen Wache halten fehn, während 50 in der Prairie jagten.

§ 559, a. Die früheften Nachrichten, welche ich über die Schofchonen zu geben habe: bei Edw. Umfreville (*the present state of Hudson's Bay*, Lond. 1790. 8° p. 177) und in der Reife von Lewis und Clarke (*travels, from St. Louis, by way of the Missouri and Columbia rivers, to the Pacific Ocean...* 1804. 6; Lond. 1809. 8° p. 180), kennen das Volk unter dem Namen der *Snake Indians*. Umfreville fagt: *On the other* (176[nn]), *or weftern fide of the Stony Mountain are many nations of Indians, utterly unknown to us, except by Indian information, which we cannot enough rely on...* All (177[a·m]) *I can fay for certainty is, that a principal nation of these Indians is known to us by the name of the Snake Indians. That all the other Indians we have received an account of go to war againft them every fummer. In thefe war excurfions many female flaves are taken, wo are fold to the Canadian traders, and taken down to Canada...* Der Vf. erwähnt den *Snake Indians* noch einmahl (202): als von denen allein es ihm nicht geglückt fei fich eine Sprachprobe zu verfchaffen. — In dem einbändigen Reifebericht von Lewis und Clarke heifst es (p. 180) unter der Überfchrift „*Aliatans, Snake-Indians*" (auf der folgd. S. 181 folgen dann die Überfchriften: *Aliatans of the Weft, Aliatans of La Playes:* ganz verfchiedene Völker): diefs fei „ein zahlreiches, gut gefinntes Volk, in einem waldigen und gebirgigen Lande wohnend; fie zerfallen in 3 grofse Stämme, die weit aus einander wandern und fich felbft *Sosona, Sosóbubar* und *I-akar* nennen; diefe theilen fich wieder in kleinere, obgleich unabhängige Schwärme *(bands),* deren Namen ich noch nicht erfahren habe; fie ziehen Pferde und Maulthiere ..." — Die Karte, welche die neue, 3bändige Ausgabe diefer Reife begleitet (*travels to the source of the Missouri river and across the American continent· to the Pacific ocean. Performed ... in the years* 1804, 1805, *and* 1806. *By captains Lewis and Clarke. A new ed.* Vol. I. Lond. 1817. 8°), zeigt uns die Schofchonen aufser ihren öftlichen Sitzen auch, und zwar hauptfächlich, im mehr weftlichen Oregon; und zwar hat diefe Karte die *Shoshonees:* 1) am öftlichen Ufer der füdlichen Hälfte, fehr weit nach SSO ausgedehnten *Wallaumut,* in 43-41°: 10,000 2) unterhalb 45°, in einem Strich mehr nach O, in der oberen Hälfte des grofsen füdlichen Nebenfluffes der Columbia, *To-warnabeooks r.* (= *Falls r.*): 2000 Seelen 3) in O von da, etwas füdlicher, am weftlichen Ufer einer Strecke des mittleren *Lewis river,* in 43°-44°$\frac{1}{4}$: 400 Seelen.

Dem Verf. des Mithridates war die Sprache der Schofchonen noch nicht bekannt; er theilt nur die Idee mit, dafs das Volk ein Zweig der *Flatheads* fei (207[a]): „nur fcheint es deutlich, dafs die an den Quellen des Columbia (50°!) wohnende *Shoshone*-Nation ein Zweig von ihnen find." Später nennt er (251[mf]): zunächft „die fchwarzfüfsigen Indianer, etwas füdlicher die Fall-Indianer; und noch füdlicher, und näher den Quellen des Miffuri die *Snake* oder *Serpentine-,* Schlangen-Indianer"; von den *Snake* gebe *Lewis* und *Clarke's* Reife nähere Auskunft. Sie trafen fie (255) in der Gegend der Quellen des Miffuri an (f. weiter ihre Schilderung ib.).

Morfe giebt in feiner Tafel der Völkerfchaften im W (f. oben S. 590[mf]) der *Rocky mountains* die *Shoshones* an 2 Stellen an: 1) (p. 368, oben 590[nn]) 20,000; er fetzt die Bemerkung bei: *all above No.* 14 (die Schofchonen find No. 15) *on the Wallaumut are of this name. They inhabit the banks of this fine crooked river...* 2) (p 369, oben 590[of]) *Shoshonees* 60,000: „Sie nehmen alles Land zwifchen den füdl. Zweigen von *Lewis's r.* ein, fich ausdehnend vom *Umatullum* bis zur Oftfeite der *Stony mts,* an den füdl. Theilen des *Wallaumut*-Fluffes, von etwa 40°-47° N. Br. Ein Zweig diefes Volksftammes von 4-5000 wohnt im Frühling und Sommer am Weft-*fork* von *Lewis river* (einem Zweige der Columbia), im Herbft und Winter am *Missouri.*"

§ 559, b. Prinz Maximilian zu Wied (II, 1841 S. 635-6) nennt die *Snake-Indians* oder *Serpens (Schoschonés* bei ihnen felbft) als Alliirte der *Flat-Heads,* und als Feinde der *Blackfeet* und *Crows*. Sie wohnen in den *Rocky mountains* und jenfeits an der Columbia; und zerfallen in 2 Abtheilungen: 1) die wahren *Schoschonés* 2) die *Gens de pitié, Radigeurs* oder *Root-diggers, Maradizos* der Spanier. Über beide Abtheilungen des Volks giebt der Prinz mehrere, anziehende Nachrichten (636).

Samuel Parker (*journal of an exploring tour beyond the rocky mountains ... performed in the years 1835, '36, and '37. Ithaca* 1838. 8° p. 300-1) beftimmt die Wohnfitze der *Shoshones* oder *Snake Indians* als: im füdlichen Theile des *Oregon-territory*, anliegend an Ober-Californien. Ihre Zahl wurde (nicht fehr ficher) gewöhnlich über 30,000 gefchätzt. Folgendes ift feine Schilderung des Volkes: *Their country is decidedly the most barren, west of the mountains; most parts being covered with scoria and other volcanic productions. These Indians are poor, and as indicative of their condition and their resources, they are called Snake Indians, and Rootdiggers. Some of them go to the mountains and hunt buffalo, and they very generally resort to the river in the season of fishing. They have a tolerable supply of horses. When they go to Rendezvous, they make a great display, advancing on horseback, dressed in their most fantastical manner, exhibiting all their ornaments of feathers, beads, wolftails, teeth and claws of animals, arranged according to their notions of good taste. Their warriors are armed, hideously painted, and those who have been wounded in battle are very fond of showing their scars. After coursing around and through the camp of Rendezvous for some time, they dismount and go through the ceremony of shaking hands.*

Über die Schofchonen wird noch angeführt Capitän Bonneville p. 159.

George Catlin in feinen feinen *letters and notes on the manners, customs, and condition of the North American Indians;* Lond. 1841. 8° II, 113 fagt über die Schofchonen, die er zu den *Comanches* rechnet: *The Indians* (113) *who inhabit the rugged wildernesses of the Rocky Mountains, are chiefly the Blackfeet and Crows, ... and the Shoshonees or Snakes, who are a part of the Camanchees, speaking the same language, and the Shoshokies or root diggers, who inhabit the southern parts of those vast and wild realms, with the Arapahoes and Navahoes, who are neighbors to the Camanchees on the West, having S. Fe* on *the S* (114), *and the coast of California on the W. Of the Shoshonees and Shoshokies, all travellers who have spoken of them, give them a good character, as a kind and hospitable and harmless people;* er führt mehrere bedeutende Autoritäten dafür an.

Violet (*Narrative of Travels and Adventures in California. Ed. by Marryat.* Lond. 1843) läfst (nach Berghaus Auffatze S. 48) das weite Gebiet der Schofchonen von der Südfee bis beinahe an die *Rocky mountains* fich erftrecken, zwifchen 38° und 43° N. B. und 116° bis 125° W. L. Er nennt es fruchtbar, befonders an den Flüffen; es gehört zu den wellenförmigen Prairien, ift aber von häufigen Waldftrecken durchbrochen. Violet rechnet 60,000 Schofchonen, dazu noch 10,000 auf die im Gebirge lebenden Stämme.

§ 560. Die Schofchonen (*Shoshoni, Shoshonees*) oder Schlangen-Indianer (*Snake Indians, Snakes*) bilden in der *U. St. exploring expedition* No. 12 der grofsen nordweft-amerikanifchen, in den Bereich des Werkes fallenden, Völker- und Sprachenreihe; fie gehören zu deren 3ter geographifcher Gruppe, der Süd-Oregon-Abtheilung; und das Werk giebt von ihnen 2 Sprachformen: die der *Shoshoni*, und die der *Wihinasht* oder weftlichen Schofchonen. — Es giebt über das Volk folgende Nachrichten (218^{nf}-9^{mm}): Das Land der eigentlichen Schofchonen liegt im S des *Lewis* oder *Snake river*, im O von dem Salzfee. Es ift aber ein abgefonderter Haufe (*band*), bekannt als die *Wihinasht* oder weftliche *Snakes*, bei Fort *Boirie* [vielmehr *Boisée:* in der Mitte von Oregon, am *Lewis* r. bei der Mündung des *Red* r. (gaz. 392); in 43° 49' 22" N. B. und 116° 47' W. L. v. Gr.], durch die *Bonnaks* von dem grofsen Hauptftamme getrennt. Die Schofchonen find gewöhnlich im Kriege mit den *Satsikaa* oder *Blackfoot*-Indianern und mit den *Upsaroka* oder *Crows*. Der Kampf-

platz der 3 Völker ift das Land zwifchen den oberen Waffern *(head waters)* des *Snake.*, *Green.* und
Platte-Fluffes. Auch hier werden Schofchonen zu Pferde und mit Flinten von den nördlichen: mit
Bogen, von Eicheln und Wurzeln lebend, unterfchieden; letztere elende Menfchen werden von den
Jägern *Diggers* genannt. — Say giebt das einheimifche Wort *Pun-ash* für *root eaters*, als eine
Schofchonen-Bande (bei ihnen heifst nach ihm das Pferd *to-ish*, eine Frau [*squaw*] *mocone* [$e = i$]);
auf der Karte der *expl. exp.* (f. oben S. 593^{mm}) nehmen die „*Punashli* oder *Boonacks*" ein
mittleres, mehr nach W gelegenes Landftück von der füdlichen Hälfte des Schofchonen-Landes (etwas
über 42° bis etwas über 44° N. B.) ein; das ganze Schofchonen-Land geht auf diefer Karte von 42°
bis 45° 35' N. B. und von 110° bis 120° W. L. v. Gr.

    SCHOOLCRAFT bildet in feiner Gruppirung der nordamerikanifchen Völker im Vol. I. der
Indian tribes aus den *Shoshonees* eine grofse Abtheilung. Er bezeichnet die *Rocky Mountains*
im ganzen, ihren Gipfel und ihre Höhen, von den Quellen des *Missouri* an füdwärts, als ihren ge-
fchichtlichen Wohnfitz, füdwärts ausgedehnt bis nach Neu-Californien; er weift ihnen nach ihren Sagen
das Thal des *Saskatchewan* (in feinen beiden Armen zwifchen 50°$\frac{1}{2}$ und 54° N. B.) in vor-hifto-
rifcher Zeit an; erklärt die *Comanchen* für daffelbe Volk: und indem er die Wanderung der Schofchonen nach Texas annimmt, fieht er in kühner Übertragung fie auch in Texas. (¹) Er handelt wieder
I. p. 198-203 von den Schofchonen oder *Snake*-Indianern; und in Part II. feines Werkes, *introd.*
p. IX-X, kommt er noch fpecieller auf die Verhältniffe diefes Volksftamms zurück. Er fagt von der
grofsen Gruppe der *Shoshonee*-Stämme, dafs ihre urfprüngliche Heimath fich in den *Rocky Mountains*
befunden habe. Er rechnet zu ihr: die *degraded Bonacks* oder *Root-diggers* von Utah und die
Snakes und *Shoshonees* von Oregon: welche auch verbreitet find durch Theile von Texas, Neu-
Mexico und Californien. Er hält es für wahrfcheinlich, dafs „die verwandten Dialecte ihrer Sprache
einen gröfseren Flächenraum bedecken als irgend ein anderer Völkerftamm der Vereinigten Staaten."
Er nimmt überhaupt (II, 343) zu den Zeiten der einzelnen Entdeckungen in den Vereinigten Staaten
öftlich von den *Rocky Mountains* folgende Sprachfamilien an: *Algonquins, Iroquois, Appalachians,
Dacotas, Shoshonees, Achalaques (Cherokees), Natchez.* In Texas (!) gehören (340ª) nicht zum
Schofchonen-Stamme: der kleine Stamm *Chawai*, bekannter als *Cheyennes*, ftammend von den Quellen
des Miffiffippi: den er für eine unabhängige Sprache hält; die *Catawbas* und *Woccons.* Die *blackfeet* rechnet er entfernt zum Algonkin-Stamme. Die *Natchez* und *Uchees* (345) läfst er auch befonders beftehen, da noch keine Verwandtfchaft erkundet ift.

    Dem Artikel über die Schofchonen (I, 198-203) fchliefst SCHOOLCRAFT eine Folge von Briefen
an, welche ihm, zur Beantwortung feiner Fragen über die Völker jener Landftrecken, Nathaniel J.
WYETH (im J. 1848) gefchrieben hat. Diefer war eine Reihe von Jahren hindurch in dem Handel
weftlich von den *Rocky mountains* befchäftigt, 1832-36 ein Agent oder Factor der Hudfonsbai-
Compagnie, und baute Fort *Hall* am oberen *Lewis, Snake* oder *Saaptin river.* Der Gegenftand

---

    (¹) Seine Worte find diefe: *This genus of tribes* (p. 37ᶠ) *possess the Rocky Mountains. They
appear, as far as history extends, to have held its heights and passes from the sources of
the Missouri* (p. 38), *in lat. about* 44°, *to the southern rim of the Great Salt Basin. Their
own traditions represent them to have lived in the valley of the Sastatchewine, from which
they were driven by the Blackfeet. They occupy the Lewis fork of the Columbia river, as
far down as lat. about* 44° 30'. *It is clearly apparent, that they were situated on the summit of the Rocky Mountains, — in the territory of Utah, — and in the plains and hill-country
of Texas.... It appears, from vocabularies, that they are the same people as the Comanches
of Texas. West of the Sierra Nevada, a tribe of them, called Bonacks, or Root-diggers,
extends into California. Their track of migration appears to have been south, branching
into California, and southeast into Texas.*

find vorzüglich die Schofchonen. Er verfteht unter diefem Namen einen elenden, verkommenen Stamm, und fcheint *Schoschonen* und *Bonnacks* zu verwechfeln; letztere find ihm ein höherer Stamm, und der allgemeine Name für das Volk ift für ihn *Snakes*. — Im 2ten Briefe (206-8) läfst fich Wyeth über Verfchiedenheiten und Stämme innerhalb des Schofchonen-Volkes aus und beftimmt ihre füdliche Erftreckung. Er fagt: *In my intercourse* (206) *with the bands of Snake-Indians at Fort Hall ... and while endeavouring to communicate with them for the purposes of trade, my atten-tion was struck by the diversity of dialect; not great enough to lead to the supposition of a very ancient separation, and yet too great to exist between tribes inhabiting the same region . . . During these years, the few whites then in that region called the more miserable bands* Diggers, *or* Shoshonees. *They differ from the other* Snakes *somewhat in language; their condition is much poorer, having no horses, and living chiefly on roots and fish from the brooks, with what small game that region affords. I am not quite certain, but think their distinctive name among the natives is Shoshonee; another division of the Snakes are called by themselves and others,* Bouacks, *or* Paunaques. *They do not seem, radically, to differ from the former; they are more intelligent, and better supplied with all the means of Indian independence; horses, lodges, guns, knives, &c., and form bands annually to hunt in the buffalo country. — The region which both these descriptions of Snakes inhabit, extends south from the Sänptin or Snake River, as far as the southern end of the* Great Salt Lake, *and from the Rocky to the* Blue Mountains, *and is nearly a desert; although there are a few spots of good soil, it produces the least possible quantity of game. There are no buffaloes; elk and deer are very scarce and unknown, except in the mountains. Antelope and big-horn are rare, as also the bear.* Diefe Völkerfchaaren find faft ohne innere Verbindung (f. 207a-na); auf vielfache Fragen, *I could never obtain any further information than that the* Bonacks *had horses, and went to hunt buffalo, while the Shoshonees had no horses, and lived on roots and fish.* — Der 5te Brief (p. 211-4) handelt über die Geräthe des Volks, der 7te (215-7) über die Sprache; aufser dem knappen Wortverzeichnifs wird nur über die Schwierigkeit gehandelt von den Indianern Sprachftoff zu erhalten. Dann wird (216nf) über das Volk noch gefagt: *These Indians nearly starve to death annually, and in winter and spring are emaciated to the last degree; the trappers used to think they all eventually died from starvation, as they became old and feeble. In salmon-time they get fat.* — Da die auf den aztekifchen Monumenten und Malereien herrfchende Geßichtsbildung mit zurückliegender Stirn und vorfpringender Adlernafe, ße unter den jetzigen Indianer-Stämmen des mexicanifchen und weiteren Nordens anzufinden, neuerdings ein Ge-genftand der Aufmerkfamkeit geworden und von Alexander von Humboldt (f. feine Vorrede zu *Möll-hausen's* Reife) neu angeregt; auch ein Punkt von Wichtigkeit für meine Forfchung nach den Azteken in diefem Norden ift: fo hat folgende weitere Bemerkung Wyeth's (217mm-mf) einen Werth: *The difference of language and physical appearance leaves little doubt that they* (die Indianer Amerika's) *have come at several widely separated periods of time, and perhaps also from very different regions. Some of the Indians of the Valley of the Snake River have the aquiline countenance so common among the* Crows, *but a greater portion of them have the features of the Chinnooks and other Indians about the mouth of the Columbia.*

Im 11ten Briefe, in welchem er vom Thal des *Bear river* handelt, fagt Wyeth (221): *I con-fine my remarks on the valley lying between the Blue and Cascade Mountains, to that part of it which lies between the Columbia and the heads of the small streams that enter it from the South. The Snake, or Digger Indians inhabit this region near the heads of these small streams; in winter living on the deer and other animals driven, by the snows of the moun-tains, within their reach; in more genial seasons, on roots and fish. Besides these, the Nezperces, Walla-Wallahs, and Cayouses visit this region.* — Im 13ten Briefe nennt er die

Schofchonen-Stämme die eigentlichen Herren des Landes (vgl. 205ᵃᶠ) im W von den *Rocky Mountains* bis zu den *Blue Mountains:* eines grofsen Gebiets, das er (224) näher fo beftimmt: *The following remarks should be confined to the countries I have heretofore partially described, viz., from the summit of the South Pass by the Colorado, Bear, Snake, and Columbia Rivers to the Great Dallas... This country is essentially different from any which this government has heretofore controlled... It resembles the interior of Asia. None of the roving tribes who infest it claim the ownership of its soil; they visit it only to hunt game, and murder and plunder those they meet... The different bands of Shoshonees are its true inhabitants, except below the Blue Mountains, where the Cayouses and Walla-Wallahs dwell. These Indians plant nothing, and live only by the indigenous productions, on fish, game, and roots.*

§ 561, a. Am Ende der Völkertafel des *Oregon*-Territoriums (f. oben S. 593ᵃᶠ) im P. V. führt Schoolcraft an die Schofchonen, füdöftlich vom Cafcaden-Gebirge, in den 3 Abtheilungen: *Snakes* vom *Lewis r.*, 1000 Seelen; einnehmend den Gipfel der *Rocky mountains; Bonnacks* 500; und *Root Diggers* 100, fich in das *Utah*-Territorium und die *Rocky mountains* hinein ausdehnend. — Schoolcraft führt noch Schofchonen, 500 Seelen, auf an der Spitze der Tafel vom Nebraska-Territorium (V, 494), am nördlichen Abhange der *Rocky mountains;* er bemerkt dabei, dafs fie vor den *Blackfeet* hergetrieben find und in kleinen Trupps angetroffen werden.

Ich habe bei den Nachrichten vom Utah-Territorium vielfach die *Schoschonen* erwähnen müffen; fie find auch in *Utah* und reichen (wie wir auch fchon vorhin gelefen haben) herunter bis in *Utah:* f. S. 346ᵃˏ ᵃᶠ⁻ᵐ (ein *lodge* von ihnen in den Bergen öftlich vom Salzfee), weftlich vom grofsen Salzfee kam *Stansbury's* Expedition durch das Gebiet der Schofchonen oder *Snake-Indians* mit Winter-*lodges* 346ᵐ, fie fahen in *Utah* Schofchonen oder *Snakes* 346ⁿ; *Schoolcraft* zählt (f. oben S. 345ⁿ) in Utah auf: *Shoshonees, Snakes* und *Bonacks;* dazu hat er 3 Stämme, deren Namen im hinteren Theil *tick-ara* Effer haben.

§ 561, b. Der Verf. der *ethnography* der *exploring expedition,* Hale, welcher auch die Bevölkerer von *Mexico* aus dem Norden und an der Küfte herabwandern läfst, berichtet (224ᵃ⁻ᵐᶠ) von dem noch jetzt vor fich gehenden langfamen Vorrücken der Völker der amerikanifchen Nordweft-Länder gegen den SÜDEN; und fucht den Grund diefer Bewegung in der überwiegenden Thatkraft der nördlichen Stämme, vereint mit dem allgemeinen Streben ein fruchtbareres Land und ein milderes Klima zu erreichen. Eine folche Bewegung ift befonders in den inneren Ebenen zu beobachten: wo nach dem Zeugnifs der achtbarften Handelsleute und Jäger „ alle Stämme langfam gegen den Süden vorfchreiten". Die *Schoschonen* bewohnten ehemahls das Land der *Blackfeet;* und es giebt unter erfteren Greife, welche beffer mit den Engwegen und geheimen Pfaden jener Gegend vertraut find als die Blackfeet felber. Zu eben der Zeit war die Landftrecke öftlich vom Salzfee, die jetzt von den *Schoschonen* eingenommen ift, im Befitze der *Bonnacks,* welche von ihnen theilweife in die füdweftliche Wüfte hinausgeftofsen find. Die *Scheyennes, Kiaways* und *Comanchen* wurden von mir als andere Beifpiele der Art genannt. Solche find ferner an vielen füdlichen athapaskifchen Völker an vielerlei Stellen: wie *Turner* (oben S. 301ⁿ) es auch von den *Apachen* fagt; die Reifen nach Süden bei Swan (oben S. 589ⁿⁿ), dafs die Bevölkerung Alt-Californiens aus dem Norden gekommen feyn foll (461ᵐᶠ); f. noch nach Scouler oben S. 601ⁿᶠ⁻²ᵃ, nach der *expl. exp.* 603ⁿᶠ.

§ 562. Ich gehe dazu über die URTHEILE über die VERWANDTSCHAFTS-VERHÄLTNISSE der SCHOSCHONEN-SPRACHE aufzuführen.

Nach Prof. Berghaus (S. 48, bᵃᶠ) foll RUXTON (*Adventures in Mexico and the Rocky Mountains,* Lond. 1848) fagen: „dafs die Comanches in Texas von den Schofchonen oder Schlangen-Indianern abftammen. Sie waren einft Ein Volk oder Stämme eines grofsen Volkes; fie fprechen noch jetzt diefelbe Sprache." Ich habe keine folche Stelle in Ruxton's Schrift auffinden können; Berghaus fchreibt nur nach der Anzeige derfelben in der Zeitfchrift „das Ausland".

CATLIN aber (II, 1841 p. 113: f. oben S. 635mm) rechnet treffend die Schofchonen zu den Comanchen, diefelbe Sprache redend.

Die *United States* EXPLORING EXPEDITION erhielt Nachrichten von einer weiten Verbreitung der Verwandtfchaft der Schofchonen-Sprache (218nf-9a); es follten danach Mundarten einer gemeinfamen Sprache reden: die *Shoshóni* und *Pánasht* oder *Bonnaks* der Columbia, die *Yutas* und *Sampiches* jenfeits des Salzfees, die *Comanches* von Texas, und einige andre Stämme an Mexico's Nordgränze. Über die *Netela* f. bei ihnen.

Ein auffallendes Verfehen macht SCHOOLCRAFT in feinem P. IV, 551: bei der Litteratur der indianifchen Sprachen führt er als 1te Abtheilung der Schofchonen an die Litteratur der *Nez-Percés* oder *Sah-aptin!*

Der Prinz MAXIMILIAN zu Wied bemerkt (II, 461m), dafs „zwifchen den *Blackfoot*-Indianern und den *Snakes (Schoschonés)* fich verwandte Worte finden".

§ 563. Ich nehme diefe Äufserung, welche keine Verwandtfchaft der beiden Sprachen, fondern nur die Gemeinfchaft von Wörtern ausfpricht, hier gleich auf. Von einer Verwandtfchaft zwifchen beiden Sprachen kann darum nicht die Rede feyn, weil das *Satsikaa*- oder *BLACKFOOT*-Idiom (f. § 602) ein Zweig des grofsen algonkinfchen Stammes ift. Ich kann hier noch exprefs und mit ganzem Nachdruck die völlige FREMDHEIT von Blackfoot und Schofchonifch oder Sonorifch überhaupt ausfprechen; es ftechen fchon die langen Blackfoot-Wörter von den gewöhnlich kürzeren fchofchonifchen auffallend ab. Ich habe zwifchen dem Schofchonifchen und Blackfoot nur 2 gemeinfame Wörter aufgefunden: das erfte ift das Wort Waffer: Bl. PM *ochkéh*, E *oχkí*, Scr *ocquié:* für welches im Schofch., ftatt des von allen übrigen Sammlern gegebenen allgemeinen fonorifchen Wortes *pah* oder *pa*, Prinz Maximilian allein uns *ohksche* angegeben hat. Da das Wort nicht algonkinfch ift, fo bleibt immer noch mein Verfuch (f. S. 356mm, 400a-a, n, 538af-m; Neu-Mex. 282aa-m) ftatthaft es, als fchofchonifch, mit dem aztekifchen *atl* zu identificiren; diefs würde dazu leiten es durch die *Blackfeet* von den Schofchonen erborgen zu laffen. — Das 2te Wort ift nur bei Schoolcraft: *cuma husband*, ganz = Sch und W, und = Ta und Te *cuna;* die expl. exp. hat verfchieden: *n-ummi* mein Ehemann. Als eine Gemeinfchaft beider Sprachen fehe ich drittens die merkwürdige Adjectiv-Endung an, mit welcher uns *yu*, meift *ẽyu*, das Wihinafcht (f. Ende des § 576) vereinzelt in feinem Stamm dafteht; ich beobachte in dem Blackfoot-Verzeichnifs der *expl. exp.* in den Adj. fehr herrfchend die Endung *iu (archaeol.* in dem einen Beifpiel *eeu),* 1mahl *eu* oder *yeu;* Prinz Maximilian fchreibt dafür ein helles eh, das er bald *éh*, bald *e* fchreibt; im Schoolcr. beobachtet man *yé* und *ie*, 1mahl *ieu*, oft *é;* in Catlin *oay* 1mahl, *ya* 2mahl, *ee* 3mahl.

Einige Ähnlichkeiten zwifchen dem Schofchonifchen oder überhaupt fonorifchen Sprachen und Blackfoot will ich noch anführen: kalt Bl. E *istuyeu*, Scr *stouyé*, Catlin *stuya;* Sch E *ötschüin*, W *izits;* das Bl. Wort geht aber auf das Algonkin zurück, und auf diefer Grundlage fchwindet die Ähnlichkeit bedeutend; ähnlich mit dem Schofch. ift aber wirklich hier das *Palahnih:* östsé. — Ähnlichkeit kann man auch finden mit Wihinafcht in Vater, Mann (hier auch Netela); Bl. E *o-makuóki* Bein, W *kuki* Fufs; letzteres ift fonorifch (f. S. 393 No. 40); Schoolcraft giebt aber für Bein *o-sicsina* an.

Das Präfix *ni* mein in Verwandtfchaftsnamen, woraus *nistó* ich entfteht, kann nicht für fonorifche Verwandtfchaft ausgegeben werden, weil fie eher allgemein amerikanifch genannt werden kann; vor allem, felbft in diefem präfigirenden Gebrauch, das algonkinfche Pron. ift. — Das privative Präfix *ka* (auch fon. wie fchofch.: Anf. des § 578) läfst fich in PM gefund (= nicht-krank), ftumm (= nicht-fprechend), Scr. *ca-istouyé* heifs (von *istuyeu* E kalt) beobachten; aber erftens weifs man bei PM nicht, ob nicht vielmehr *katä, katäh* oder *kat* das Präfix ift (das Beifpiel bei Schoolcraft hat aber entfchieden *ka):* und zweitens geht es auf Algonkin zurück, wo z. B. in einigen Sprachen *ka* nein bedeutet.

Das Wort für ja: Bl. PM *ah*, Scr *ha*, ähnlich Wih. *ahä́*, Comanche *ha*, Cah. *e*, *he+* (f. S. 393
No 44); findet fich auch als *oh*, *haha* und *eh* in einigen algonkinfchen Sprachen
Mein eigenes Urtheil über das Verhältnifs der Schofchonen-Sprache findet eine fpätere Stelle.

§ 564. Ich berichte ÜBER DIE von mir nach einander vorgeführten WORT-
VERZEICHNISSE der Sprache der SCHOSCHONEN:

A. Aus der: *United States EXPLORING EXPEDITION* ... Vol. VI. *Ethnography and
philology*, *by Horatio Hale, philologist of the expedition.* Philad. 1846. 4° p. 570-629. Das
Volk der Schofchonen bildet dort in der Tafel von 17 Sprachen die No. 12; und zerfällt in zwei
Reihen: de.en erfte, die eigentlichen Schofchonen *(Shoshoni, Shoshonees)* oder *Snakes*, der Verf.
durch X; deren zweite, die *Wihinasht* oder weftlichen Schofchonen, er durch Y bezeichnet. —
Von diefem Wortverzeichniffe, und zwar von dem des weftlichen Zweiges, der Wihinafht, hat der
Verf. des Bandes (fine) einen Auszug (von 57 Wörtern) gegeben in Vol. II. der *transactions of the
American ethnological society*, New York 1848. 8° p. 121: in feinem grofsen Auffatze:
Hale's Indians of North-West America; welcher felbft ein Auszug aus dem obigen 6ten Bande
der *United States exploring expedition*, der *ethnography and philology*, ift: fo weit derfelbe
Amerika betrifft. Eine Wiederholung diefes Auszugs find die 17 Wihinafht-Wörter, welche Prof.
Berghaus auf S. 54 des anderwärts von mir angeführten Werkes (f. S. 301ᵃᵃ) mit Wörtern der
Comanches in Vergleichung geftellt hat. — Ich habe den Wörtern des Verzeichniffes der *expl. exp.*,
indem ich fie in ihrer unalphabetifchen Ordnung gelaffen habe, auch die Nummern gegeben, welche fie
in dem ganzen englifchen Verzeichniffe haben; es fehlen daher dazwifchen einige Nummern, wo Begriffe im fchofchonifchen Verzeichniffe nicht gegeben find: z. B. es fehlen No. 64 *autumn*, 93 *buffalo*;
156-8 die Zahlen 7, 8, 9; u. f. f.

B. Einen älteren, kleinen Anfang einer Sammlung von Wörtern der Schofchonen laffe ich auf
das grofse Verzeichnifs folgen: es find 24 (27) Wörter von SAY, wie fie im Vol. II. der *archaeologia americana*, Cambr. 1836. 8°, p. 378 erfchienen. — Sie finden fich urfprünglich in einer
kleinen Sammlung von Thomas Say, betitelt: *Vocabularies of Indian languages*, Beftandtheil des
Vol. II. eines Werkes, pag LXIX-LXXXVIII deffelben einnehmend; fie ftehn da p. LXXIX. Say fchreibt
die amerikanifchen Wörter in der Weife englifcher *pronouncing dictionaries*, mit Ziffern darüber;
ich folge der Umfetzung der *archaeologia*. Wieder aber (vgl. Athap. S. 229ⁿ-230ⁿ) begeht die *archaeologia* mehrere Fehler in den Wörtern, indem fie namentlich 3mal *au* ftatt Say's *an* fchreibt.

§ 565. C. Einen kleinen, aber nicht unwichtigen Beitrag zu der Sprache der Schofchonen
verdanken wir dem hochgebildeten Prinzen, der, in edlem Eifer und Vorliebe für die Befchauung und
die Erforfchung des Natur- und Völkerlebens, auf zwei Expeditionen, voll von Mühfalen und Gefah-
ren, grofse, weit getrennte Erdräume des neuen Continents aufgeklärt hat. Ein grofser Theil des 2ten
Bandes (S. 455-645) von dem Werke des Prinzen MAXIMILIAN zu WIED: Reife in das innere
Nordamerica in den J. 1832 bis 1834, Coblenz 1841. 4°; ift den Wortfammlungen der nordamerikanifchen Sprachen gewidmet: welche, meift verhältnismäfsig grofs, die Idiome von 23 Völkern
umfaffen und zum Theil feltene Schätze enthalten. Ganz abgefehen von dem übrigen, unbedingten
Lobe, das die Sprachkunde diefen wichtigen Bemühungen und diefem reichen Material zollt; ift
die forgfältige Aufzeichnung und Befchreibung der Ausfprache, welche dort jedem Worte beigegeben ift, eine Zierde einzig in ihrer Art. Es ift noch von keinem Reifenden etwas nur annähernd
ähnliches geleiftet worden. Der Prinz Maximilian hat uns (Bd. II. S. 635) mit 19 Wörtern der "*Snake-
Indians (Schoschoné's)* in den *Rocky-Mountains*" befchenkt; fie find gefchrieben nach der Ausfprache des fpanifchen Dolmetfchers *Isidro Sandoval.* Ich mufs noch als eines fehr wichtigen Bei-
trages zur Aufhellung des Sprachlebens der amerikanifchen Völker der inhaltsvollen und ganz neuen
Monographie erwähnen, mit welcher der Prinz diefen Abfchnitt über die Sprachen der von ihm befuchten
Völker fchliefst: einer Monographie über die indianifche Zeichenfprache.

§ 566. Ein höchft merkwürdiges Mittel der nordamerikanifchen Völker fich bei ihren vielen und ftarr einander abftofsenden Sprachen zu verftändigen, ift die Sprache durch ZEICHEN. So berichten *Lewis* und *Clarke* (oben S. 370ªª, ⁿ˸), dafs die *Comanches* gegen andre eine Zeichen-fprache haben, die fie auch viel unter fich gebrauchen; die *Accocesaws* in Texas haben nach dem-felben Reifewerke (f. oben S. 424ᵐ) eine Daumen-Sprache, die fie alle verftehn; die *Tonkawas* eben da drücken nach *Pike* mehr durch Zeichen aus als irgend andre Wilde, die er gefehn hat (S. 438ⁿ˸); Arricivita deutet bei dem Befuche des *Garzes* unter den Völkern am *Colorado* (oben S. 288ª) auf die allgemeine indianifche Zeichenfprache hin *("las señas que los Indios entienden");* und Ruxton fagt *(adventures in Mexico and the Rocky Mountains* 1848 p. 292-3): „in weft-lichen Ländern verftehn fich die Indianer vortrefflich vermittelft der Zeichenfprache, ohne von ihren Sprachen irgend etwas zu wiffen."

Prinz Maximilian belehrt uns über eine doppelte Beftimmung diefer ftummen Sprache. Viele wilde Völker Nordamerika's, fagt er, bedienen fich mannigfaltiger Zeichen, wenn fie nicht gehört feyn wollen; oder zur Verftändigung, wenn fie mit Leuten einer anderen Nation reden. *Mitchill* und *Dunbar* hegen unrichtige Ideen über diefe merkwürdige ftumme Sprache. Von ihr hat *Say* in *Edw. James* Befchreibung der Expedition des Majors *Long* nach den *Rocky Mountains* Proben gegeben, und in mehreren anderen Werken ift von ihr die Rede. Nach den Erfahrungen und Erkundigungen des Prinzen Maximilian verftehen die *Arikkaras, Mandans, Mönnitarris, Crows, Chayennes, Snakes* (oder Schofchonen) und *Blackfeet* fämmtlich gewiffe Zeichen, welche nach den ihm gemachten Verficherungen den *Dacotas, Assiniboins, Ojibuäs, Krihs* und anderen Nationen unverftändlich find. Von diefer Zeichenfprache hat der Prinz auf 8 Seiten (S. 646-653) hundert Proben gegeben.

Wenn wir hierdurch ein Licht über das Räthfel erhalten, dafs Völker von fo vollftändiger, von fo mannigfaltiger Sprachverfchiedenheit, wie fie an zahllofen Stellen des ganzen amerikanifchen Continents, oft in dem kleinften Raume, auf einander gedrängt find, mit einander Verkehr treiben und fich verftän-digen können; fo befteht eine zweite Aufklärung deffelben in der Führung und Übung mehrerer Sprachen neben einander.

Bei der Betrachtung und Beurtheilung der Sprachen des neuen Welttheils, ihrer Verhältniffe zu einander und der ihr redenden Völker, bei der Frage nach Mifchungen unter mehreren, und bei den vielen Schwierigkeiten, welche die Entwirrung aller diefer Verhältniffe darbietet; ift ein Moment nicht aufser Acht zu laffen: die Thatfache, dafs den amerikanifchen Völkerfchaften fo oft mehrere ganz ver-fchiedene Sprachen geläufig find. Nach überall fich leicht darbietenden Beobachtungen und nach meiner eigenen Erfahrung fprechen die Völker fo oft die Sprache oder Sprachen ihrer Nachbaren, neben der ihrigen (daffelbe f. auch Mithr. III, 161˸ bemerkt); ja zwei Nachbarftämme fprechen eine dritte, ihren beiden Idiomen ganz fremde, Sprache, durch welche fie fich unter einander verftändigen.

§ 567. D. Endlich findet fich eine kurze Reihe fchofchonifcher Wörter von WYETH in Schoolcraft's *Indian tribes* I, 216; f. darüber vor dem Verzeichnifs felbft. Ich bezeichne diefen Beftandtheil im Index durch S.

E. Ich habe noch einige muthmafsliche fchofchonifche Wörter aus Utah hinzugefügt.

§ 568. A. Wortverzeichnifs der Schofchonen und Wihinafht

aus der *U. St. exploring expedition* Vol. VI. Philad. 1846. 4° p. 570-629 No. 12

[das 1te Wort ift das fchofchonifche, das 2te Wihinafht oder das der weftlichen Scho-fchonen; wo bei einer Sprache 2 Wörter angegeben find, ift die Scheidung beider Sprachen durch ein Semikolon angezeigt]

1 man *táka; nanά, näĭ*; 2 woman *ḱwöö̌; moyóni, luqάqa*; 3 boy *nάtsi, tuwϊtsi; nάtsi*; 4 girl *naïntsöts, naϊa; tsϊd*; 5 infant, child *wa ohά*, 6 father *ápui unά*, 7 mother *pia pia,*

8 husband *kúma i•kumd*, 9 wife *uépui noríkwe*, 10 son *natsi i•tué*, 11 daughter *nanai, naïö; tauáχki;* 12 brother *tamye, tsakai; tsalamátkwait (?);* 13 sister *namei, patsi; sam (?);* 14 Indian, people — *tökömúikwas (?)*, 15 head *pampi, pômpi; tsop.'y;* 16 hair *tupía, tsupiu; i•kuó;* 17 face *kuwó° koöd* oder *kobá*, 18 forehead *motúka íá*, 19 ear *nŏñgkawa i•naká*, 20 eye *pui pui*, 21 nose *mui moöl*, 22 mouth *timpa tupd*, 23 tongue *aku eyó*, 24 teeth *tăñgwa tamá*, 25 beard *múntschu musúi*, 26 neck *kuro° kutá*, 27 arm *púiró° i•putá* oder *putá*, 28 hand — *i•mái* öder, *mai*, 29 fingers *maschŏ° mai*, 30 nails *máschitu schirú*, 31 body *schildmösch i•niwiá*, 32 leg *yún saï*, 33 foot *nampá kuki*, 34 toes *tascho° kuki*, 35 bone *húö achó*, 36 heart *piö piwe*, 37 blood *páöpe apoï;* 38 town, village *kúö nosiwe*, 39 chief *taïwa nimwimohiniwitχ* (our elder brother), 40 warrior *top natŏi*, 41 friend *páoi i•weá*, 42 house *uinkán noöi*, 43 kettle *ultua tsidá*, 44 bow *atschö atl*, 45 arrow *wönd puñgós*, 46 axe, hatchet *huhúhwan wuwidni*, 47 knife *hwihi wihí*, 48 canoe, boat *schake saki*, 49 shoes *patsa mokó*, 50 pipe *púu tuischa*, 51 tobacco *pamu pámü* oder *pahmúh*, 52 sky, heaven *tukum patöskia*, 53 sun *tava* oder *taba; tavá* ode *rtawd* oder *tabá;* 54 moon *muñgá muschhá*, 55 star *putsihwa patuzúva*, 56 day *taschŏn taöíno*, 57 night *tukwo°n* oder *tuguo°n tokáno*, 58 light — *kutáöidó*, 59 darkness — *tokáno*, 60 morning *itschuku awámüöschu*, 61 evening *wuschipar loñgóna*, 62 spring — *yivdno* oder *yibáno*, 63 summer *tátsö; tazá, mulju;* 65 winter *tumu tomó*, 66 wind *nöü°r hikwă*, 67 thunder *tunuint niniäöa*, 68 lightning *panakuscha atsäwizidho*, 69 rain *uwo°r tomóa*, 70 snow *niwo°wi niwáwi*, 71 hail *päüñgp paziöonoät*, 72 fire *kuna kosó,* ⸨73⸩ water *pa pa*, 74 ice *pähikŭ°p patsíyop*, ⸨75⸩ earth, land *tiwĭp tüp,* 76 sea *ewĭpa paninatχ,* ⸨77⸩ river *piopa anahúkwa*, 78 lake *pikáu patsún*, 79 valley *páun tiydya*, 80 hill, mountain *tuiáwi káiöa* oder *káiba°,* 81 island *pahárnur padéwa*, 82 stone *tĭmpi tipĭ*, 83 salt *wavi* oder *wabi pimatíyimwaiákin*, 84 iron *tömplu púiwáïsch*, 85 tree *schúwi* — 86 wood *wápi kuná*, · 87 leaf *náñgka puhi*, 88 bark *okutsöñg* oder *ogutsöñg apoá*, 89 grass *núhwa, hwáwa; puhi, sonáöa;* 90 pine — *wayópi*, 91 flesh, ⸨meat⸩ *aschībru, schiöru; atukú;* 92 dog *schari soyóöuk,* ⸨94⸩ bear *uira, ultsitsi; paduá, tokákwidt;* 95 wolf *schinó°wi; ischă, izd;* 96 deer *murátsi suyús*, 97 elk *paró°i patít*, 98 beaver — *kohí*, 100 fly *múpu mipíta*, 101 musquito *muaöi mopóñg*, 102 snake *túqua toyókwe*, 103 bird *página kuinda*, 104 egg *nupáhwi anohó*, 105 feathers *wöschia a•pihl*, 106 wings *kasa huzikia*, 107 duck *tschiga pui*, 108 pigeon — *ihööi*, 109 fish *payi°tsi (?) ayat*, 110 salmon *akdi* oder *agdi ayat*, 112 name *nöwi oniá (?)*, 113 affection *nígiwa piyásupikia*, 114 white *tuschäöi tohákwityá*, 115 black *tuwĭt tuhúkwityá*, 116 red *dñgkawit atsákwityá*, 117 blue *schakwákar ikwĭtskwityá*, 118 yellow *wapit ohákwityá*, 119 green *schakwaöit* — 120 great *piap puöaĭu* oder *pawaiu*, 121 small *tltötsi tiĭtsĭn*, 122 strong *schĭgön nazúï*, 123 old *tschuqúputsi moétöp*, 124 young *diwöntsi tĭtsiu*, 125 good *tsánti* oder *tsaant pijéyu*, 126 bad *tup schĭtáyu*, 127 handsome *nasuntö pijéyu*, 128 ugly *tĭrko° kwatsíyeu*, 129 alive *kieu torschietsiñga*, 130 dead *tiyé yéi*, 131 cold *ötschu°in izits*, 132 warm *tarúin yöi*, 133 I *kwan ni*, 134 thou *emŏ°e i*, 135 he *ton, tan;* oo, *oscho (?);* 136 we — *tami*, 137 ye — *ischú (?)*, 138 they — *imui (?)*, 139 this — *id*, 140 that — *öd*, 141 all *mamo°ntösch noióna*, 142 many (much) *manuku iwaiu*, 143 who — *ihasa*, 144 near — *tayí*, 145 to-day *öyĭtschi iydsu*, 146 yesterday *tuma moa*, 147 to-morrow *itschu möös*, 148 yes *usch ahá*, 149 no *narŏ°moe kaii*, 150 one *schimutsi; sĭñgwéiu, sĭñgwdiu;* 151 two *hwat; wahăiu, wahéyu;* 152 three *manugit (?) pahăiu*, 153 four *hwátschiwit (?) watsĭkweyu*, 154 five *schiumanusch (?) nopáiu*, 155 six — *natákskweyu*, 159 ten *paimanusch (?) sĭñgwaloyú*, 162 twenty — *wahdwaloyú*, 163 thirty — *pahĭmanoyu*, 166 eat (inf.) *tĭkaru tĭká*, 167 drink *iwĭpi°iöi*, 168 run *tunátsi pizömidχo*, 169 dance *nikar niyd*, 170 sing *tĭnikwön oviédhu*, 171 sleep *ápui aöi* oder *abi*, 172 speak *ampakan; yadúa, tĭkwi;* 173 see *punini puni*, 175 kill *kwáschiñggur watsá*, 176 sit *kárönu kati*, 177 stand *wu°ninu wini*, 178 go *schunt miákwi*, 179 come *paĭki kimá*

§ 569. B. Wörter der Schofchonen von Thomas Say,

nach der *archaeologia americana* Vol. II. Cambr. 1836. 8° pag. 378

180 good *sant*, 181 bad *kayteesant* (Say: *katesant*), 182 salmon *augi*, 183 come *keemah* (S *kema*), 184 large *peeup*, 185 big river *paupeeup*, 186 eat *borwecan*, 187 white people *tabbaboo* (people of the sun), 188 go (wohl impt.) *numeearo*, 189 copulate *yoco*, 190 see *mabonee*, 191 did not see it *kayenmabonee*, 192 love (v.) *kommuh* (archaeol. fälfchlich *kumnuch*), 193 a great many shant, 194 bison *kotzo*, 195 antelope *waree*, 196 elk *paree*, 197 awl *weeu*, 198 beaver *hanish*, 199 friend *hants*, 200 woman *wepee* 201 water *pah*, 202 horse *bunko*, 203ᵃ no *kayhee*, 203ᵇ Pierced Nose (a nation of the Columbia) *Tash-epa*, 203ᶜ Black feet Indians *Pawkees*, 203ᵈ Root eaters (a band of Shoshones) *Pun-ash*

§ 570. C. Wörter der *Snake-Indians* oder *Schoschoné's* in den *Rocky mountains*

aus der Reife des Prinzen Maximilian zu Wied Bd. II. 1841. 4° S. 635

204 Sonne *táhbe* (e ganz ausgefprochen), 205 Mond *ohtse-táhbe* (e ½): d. h. die Nachtfonne (f. aber meine Bemerkung S. 647ⁿᶠ, dafs es kalte Sonne bedeutet), 206 Gott *tiwitsim-pohhacante* (e ganz ausgefpr.): d. h. der Herr des Lebens, 207 Feuer *kuhn-ne* (e ½), 208 Waffer *ohksche* (e ½), 209 Erde *dhsche* (ah lang, e ½), 210 Mann *han-aht-se* (an franz., e ½ und kurz), 211 Weib (Frau) *udh-ai-pe* (ai zufammen, e ½), 213 Kopf *ochkanneh* (ch guttural), 214 Kopfhaar *uchkannea* (2tes a kaum gehört), 215 Bogen *nahmeack*, 216 Pfeil *tóhietsitta* (iet zufammen, sítta ganz ausgefpr.), 217 Pferd *punko*, 218 Pferd, das gut läuft *punko-emáhhi-min* (mi von a getrennt, a ganz ausgefpr.), 219 habe Mitleiden *tiwitsch-naschuntita*, 220 weit, entfernt *máhnarku*, 221 ich liebe *tiwitsin-kamahk*, 222 effen *máhrichkia* (ich mit der Zungenfpitze, wie im Deutfchen), 223 ich liebe alle Weifsen *oyette-tabelo-kamangkä*

§ 571. D. Wörter der Schofchonen von Nathaniel J. Wyeth,

in Schoolcraft's *Indian tribes* I, 216 (mit 4 Wörtern Nachtrag pag. 218)

[der Sammler hat (p. 215) Zweifel an der Zuverläffigkeit, da er wenig von der Sprache wufste; einige Nachrichten über das Volk f. p. 216ⁿⁿ-7]

224 beaver *harnitze*, 225 musk-rat *pauitze*, 226 salmon *arki*, 227 mule *mourah*, 228 horse *tohuech*, 229 white men *tarbabo*, 230 bear *wearabze*, 231 fish-hook *natzoon*, 232 clasp-knife *harbeteze*, 233 awl or fish-knife *wehe*, 234 beaver-trap *harnitzeoon*, 235 tin bason or pot *wetour*, 236 pipe *parm*, 237 bridle *auke-wanuss*, 238 gun *penit*, 239 saddle *narrino*, 240 whip *neutequar*, 241 powder *nargótouche*, 242 beads *puetzo-mo*, 243 long shells *tawacar*, 244 hatchet *hohanic*, 245 grass *shawneep*, 246 tobacco *tooparm*, 247 river or water *paah*, 248 sun *tarpe*, 249 moon *uphuie*, 250 shirt (clothing?) *wanup*, 251 waistcoat *too-wanup*, 252 buffalo robe *cootche*, 253 trowsers *cootche*, 254 great-coat *toshi-wanup*, 255 moccasins *maunep*, 256 no *kay* oder *tkay*, 257 none *kaywut*, 258 bad (not good) *kayshaunt*, 259 good *shaunt* (viell. auch many?)

E. Als einen Zufatz fchliefse ich einige Wörter aus muthmafslichen fchofchonifchen Dialecten in Utah an, die von mir S. 345 Anm. 2 aufgeführt find: 260 Effer oder effen *tick-ara*, 261 Wurzel *yumpa*, 262 Büffel *koolsa*, 263 Honig oder Zucker *penoin*, 264 *Päah* (pa-ah, Waffer) nennen die Schofchonen den *Snake river = Saaptin* der *Nez percés* (346ᶠ)

§ 572. Alphabetische Verzeichnung zu den Wortverzeichnissen der Schofchonen

A. Substantiva, Adjectiva und Verba

affection 113	drink 167	house 42	pipe 50, S 236
alive 129	duck 107	husband 7	pity (PM 219)
antelope A 195	ear 19	ice 74	pot S 235
arm 27	earth 75, PM 209	Indian 14	powder S 241
arrow 45, PM 216	eat 166, A 186, PM 222,	infant ſ. child	rain 69
awl A 197, S 233	U 260	iron 84	red 116
axe 46	egg 104	island 81	river 77 (A 185) S 247
bad 126, A 181, S 258	elk 97, A 196	kettle 43	robe S 252
bark 88	evening 61	kill 175	root U 261
bason (S 235)	eye 20	knife 47 (S 232) 233	run 168 (PM 218)
beads S 242	face 17	lake 78	saddle S 239
bear 94, S 230	far PM 220	land 75	salmon 110, A 182, S 226
beard 25	father 6	large A 184	salt 83
beaver 98, A 198, S 224	feather 105	leaf 87	sea 76
(S 234)	finger 29	leg 32	see 173, A 190 (191)
big (A 185)	fire 72, PM 207	life (PM 206)	shells S 243
bird 103	fish 109	light 58	shirt S 250
black 115	fish-hook S 231	lightning 68	shoe 49
blood 37	flesh 91	lord (PM 206)	sing 170
blue 117	fly 100	love (v.) A 192 (PM	sister 12
boat 48	foot 33	221) (223)	sit 176
body 31	forehead 18	man 1, PM 210	sky 52
bone 35	friend 41, A 199	meat 91	sleep 171
bow 44, PM 215	girl 4	moccasins S 255	small 121
boy 3	go 178, A 188	moon 54, PM 205, S 249	snake 102
bridle S 237	god PM 206	morning 60	snow 70
brother 11	good 125, A 180, S 259	mosquito ſ. musquito	son 9
buffalo A 194, U 262	grass 89, S 245	mother 7	speak 172
canoe 48	great 120	mountain 80	spring 62
chief 39 (PM 206)	green 119	mouth 22	stand 177
child 5	gun S 238	mule S 227	star 55
clothing S 250	hail 71	musk-rat S 225	stone 82
coat S 254	hair 16, PM 214	musquito 101	strong 122
cold 131 (PM 205)	hand 28	nail (am Finger) 30	sugar U 263
come 179, A 183	handsome 127	name 112	summer 63
copulate A 189	hatchet 46, S 244	near 144	sun 53 (A 187),
dance (v.) 169	head 15, PM 213	neck 26	PM 204 (205), S 248
darkness 59	heart 36	night 57	thunder 67
daughter 11	heaven 52	nose 21	tobacco 51, S 246
day 56	hill 80	old 123	toe 34
dead 130	honey U 263	people 14 (A 187)	tongue 23
deer 96	horse A 202, PM 217	pigeon 108	tooth 24
dog 92	(218), S 228	pine 90	town 38

trap	S 234	wolf	95	**C. Pronomina**	**D. Adverbia**	
tree	85	woman	2, A 200, PM 211	1) pers.	near	ſ. adj.
trowsers	S 253	wood	86		far	ſ. adj.
ugly	128	yellow	118	I 133 (PM 221)	to-day	145
valley	79	young	124	thou 134	yesterday	146
village	38	Snake river U 264		he 135	to-morrow	147
waistcoat	S 251	3 Völker	A 203, b-d	we 136	not	(A 191)
warm	132			you 137		
warrior	40	**B. Zahlwörter**		they 138	**E. Interjectionen**	
water	73, A 201,	1	150		yes	148
	PM 208, S 247	2	151	2) andre pron.	no	149, A 203ᵃ, S 256
whip	S 240	3	152	this 139		
white	114 (A 187,	4	153	that 140	**F. Wortformen oder**	
	PM 223, S 229)	5	154	all 141 (PM 223)	**kleine Sätze**	
wife	9	6	155	much, many 142, A 193	A 187, 191; PM 205, 206,	
wind	66	10	159	who 143	219, 221, 223	
wing	106	20	162	many S 259		
winter	65	30	163	none S 257		

§ 573. Über das von mir durch Vereinigung verfchiedener Sammlungen zufammengebrachte WORTVERZEICHNISS der Schofchonen-Sprache und feine Theile habe ich das meifte fchon S. 640ᵃ⁻ⁿᶠ, 641ᵃ gefagt. In meiner Verzeichnung zu den 5 Sammlungen habe ich diefen folgende Chiffren vor dem Zahlzeichen gegeben:

... gar kein Zeichen tragen die Wörter des grofsen und Haupt-Verzeichniffes der *exploring expedition*: No. 1-179

A find die Wörter Thomas *Say's* in der *archaeologia americana*: No. 180-203

PM das Wortverzeichnifs des Prinzen Maximilian zu Wied: No. 204-223

S das Verzeichnifs von *Wyeth* bei School-craft: No. 224-259

U die 5 Wörter der Schofchonen in *Utah*: No. 260-4

In der Wortvergleichung bediene ich mich zur Bezeichnung diefer Theile der folgenden Chiffren:

E nur, wo es zur Unterfcheidung fteht; gewöhnlich gar keines Zeichens: für die grofse Wortfammlung der *expl. exp.*

A = *archaeologia americana* (die Wörter *Say's*)

PM = Prinz Maximilian zu Wied

Scr = Schoolcraft (*Wyeth's* Wörter)

W bezeichnet die Wihinafht-Sprache

§ 574. Ich liefere hier einige BEOBACHTUNGEN über das GRAMMATISCHE DER SPRACHE, welche ich aus den Wörtern habe ziehen können und deren einige zu der richtigen Behandlung der Wörter in der nachfolgenden Sprachvergleichung nothwendig find.

Eine Menge von Vocalen neben einander zeigt das Wihinafcht in: *paöalu* grofs.

Ein auffallend langes Wort ift im Wih. Salz: *pimatiyimwaiäkin;* es fehlen nicht andere lange Wörter.

§ 575. In den meiften ENDUNGEN, welche fich an den SUBSTANTIVEN, gelegentlich auch den Adjectiven, beobachten laffen, erkenne ich Refte, Verwandte, Analoga, kurz eine Erb-fchaft, der zwei mexicanifchen Endungen *TL* und *TLI;* es find diefs folgende: *t (IX, te, ti);* ts, *tse, tze, ze, che* (= tfche); *tsi (tsin);* sch, *sche;* vielleicht auch *r.* Die meiften von ihnen kommen fowohl dem eigentlichen Schofchonifchen als dem Wihinafcht zu. Ich werde fie einzeln durchnehmen:

r — im Schofch. *thunder*, *peait* Gewehr Scr (f. in der fon. Wortvergleichung des Comanche No. 148 S. 398^{aa}); *good*, in den Adj. auf *wit* und *pit* (vgl. befonders weifs Sch, endend auf *öi* = *wi* = *wit:* in der Comch. Wortvgl. No. 29 S. 392 Z. 5 v. u.); iu den Zahlwörtern 2 (Sch *hwat*, C *waha*; f. Comch. Wortvgl. No. 34), 3, 4; doch endet auch das Verbum *go* auf t; — im Wih. *brother*, *hail*, *bear:* das t fticht deutlich hervor im W *patit ett* gegen Sch *paree*; *τχ* — W *chief*, *τε* — Sch Gott PM, *τι* — Sch *good* (neben t); *τs* — W *cold*; *τse* — Sch Mann PM; *τze* Sch in Scr: Biber, *musk-rat*; *ze* Sch in Scr: Bär (*bze*: E *uira*, Scr *wearabze*; f. Comch. Wortvgl. No. 39, b), Meffer; *che* (= tfche) — Sch Pulver Scr; *τsi* — macht fich als Endung im Sch bemerklich in: *murátsi deer* = Co *muaxati* und wohl = azt. *mazatl*; Fifch *puyŭtsi* = Com. N *págue*. (f. S. 395^m No. 87); aufserdem: *girl*, *son*, *sister*, *bear* (*uitsitsi*, f. S. 394^n No. 69); *old* (f. S. 397^a No. 134), *young*; Zahlwort 1 (*schimutsi*; vgl. S. 399^{nn} No. 162, a); — im Sch und W zugleich: *boy* (f. S. 395^{nn}), *small* (hier hat W *tsin*); (auch das vb. *run* endigt auf *tsi*); *sch* (sh) — Sch *body*, *beaver* A, *all*, 5, 10; W *iron*; *sche* — in 2 Wörtern des PM: *áhsche* Erde, *ohksche* Waffer; wenn diefes das azt. *atl* wäre, fo würde *ksche* = azt. *tl* erwiefen feyn

r — findet fich nur im Schofch.: *evening*, *wind*, *rain*, *island*; *blue*; bei Scr: Topf, *whip*, *shells*.

Als eine einheimifche Subftantiv-Endung, wenn auch vielleicht in eine *analogon* oder Wiederfchein der aztekifchen, ftellen fich durch ihre Verbreitung und anderweitige Verwandtfchaft (Comanche *p* ufw. S. 386^m-7^a, Yutah S. 351^{mf}-2^a u. a.) dar die Ausgänge: *p*, *pa*, *pe*, *pi*; *p* — iu Sch und W: *ice*, *earth*; — im Sch *hail*, *great*; bei Scr: *grass*, *shirt*, *moccasins*; — im W: *old*, *large*; *pa* — SchW *mouth*, Sch *foot*; *pe* — Sch *blood?* (f. S. 397^a No. 110), Frau PM, Sonne Scr (bei den andren Sammlern *be*); *pi* — Sch *timpi*, W *tipi* Stein; W *wayópi* Fichte.

Ich glaube fogar, dafs diefe einheimifche Endung der comanche-fchofchonifchen Sprachfamilie noch weiter wirkt, und dafs ihr (als *be*, *bih*, *ba*, *va*) die befondere Geftalt zuzufchreiben ift, welche das Wort Sonne in diefem Sprachkreife angenommen hat: gegen Cah. *taa: Comch B *ta-bih*, N *tah-a-rp*; SchE *ta-va* und *ta-ba*, A *ta-bba*, PM *táh-be*, Scr *ta-rpe*; Wih. *ta-va* und *ta-ba*; Moqni *tah-wah*, Yutah *ta-p*. Ganz deutlich ift *wa* (auch dem Comanche angehörig, *wa* und *va*: S. 386^n, ^{nn}) Endung im Sch *nŏngkawa* Ohr (f die Reihe Yutah No. 290) und *tdngwa* Zahn. Auf *wa* beruht die fonderbar umftändliche Endung *waisch*, welche im Wih. *púiwáisch* Eifen = CN *pohe-wista* erfcheint und deren Identität mit der von mir S. 387^{a-aa} und Neu-Mex. S. 313^{nn-nf} befprochenen Comanche-Endung *wista*, *bist* gerade aus diefem Beifpiel hervorfpringt; f. noch S. 397^{mm} No. 126.

§ 576. Am Wihinafcht beobachte ich 2 ADJECTIV-ENDUNGEN:

kwitya oder *kwityá* für die Farben: *tohá-kwityá* weifs = Sch *tuschá-öi* (Sch hat alfo für die Endung *öi:* welche = dem nachfolgenden *wit* ohne die azt. Endung t ift); *ikwits-kwityá* blau: im Sch, das ein andres Wort hat *(schukwokar)*, könnte allenfalls eine Endung *kwakar* ≠ *kwityá* vermuthet werden; hauptfächlich entfprechen aber dem W *kwitya* die Endungen *wit* und *pit* im Sch: fchwarz Sch *tu-wit*, W *tuhú-kwityá* (f. S. 392^n No. 25: wozu kommt Comch. bei Whipple *túhuft*); wohl auch roth: Sch *ángka-wit* = W *atsá-kwitya* (f. S. 393^{nn} No. 47, b); gelb Sch *wa-pit*, W *ohá-kwityá*. Diefes *wit* und *pit* finden wir kürzer im Comanche: als *pt* bei *Neighbors* und als *ft* bei *Whipple* (f. Neu-Mex. S. 313^{nf}): ja bei Letzterem auch *fit*, in *lös-afit* weifs (wo B ohne Endung *tochza*, die 2 Andern mit *p*: N *toshop*, M *tooshop*, geben); ferner habe ich dem *witya* an die Seite zu ftellen die Endung *pza* in dem einen Comanche-Worte B *equipza* gelbe Farbe (f. S. 395^{mm} No. 90). Eine weitere Ausfpinnung von *wit*, zugleich mit *k* davor, ift zu beobachten im Sch *scha-kwaöit* grün (obigem fchwarz fehr ähnlich), wo uns das Wih. Wort fehlt; das *öit* ift = zu fetzen *wit:* und hierher ift zu ziehn die fchon (^{n}) erörterte Endung *öi* im Sch weifs, welche diefes *öit* ohne die azt. Subft. Endung ift. — Ich bin auf diefe Endung *witya* aufmerkfam geworden, und habe mir zuvörderft im nächften Kreife die Frage vorgelegt: ob vielleicht *witya* des Wihinafcht

= der tarahumarifchen Endung *meke* fei, wie fie in Einem Beifpiel von der Farbe: fchwarz Ta *tschoca-meke* = W *tuhú-kwityd,* vorkommt? Diefs weiter verfolgend, fage ich: die Wihinafcht-Form liegt zwar von der fonorifchen weit ab, aber das fchofchonifche *wit* nähert fich dem *meke* fchon genugfam, vermittelt die weite Abirrung der des Wih., und zeigt, dafs in amerikanifchen Wort-Veränderungen nichts unmöglich ift; ihm fehlt auch das vorn fo feltfam zugewachfene *k.* Dann würden wir *wit* und *kwitya* für die grofse fon. Bildung der Subft. und Adj. *actor* und *agens* halten dürfen: für welche Behauptung uns aber noch jeder Beleg fehlt. Die Identificirung von *wit* mit tarah. *meke* gefchieht auf dem Wege, dafs man in Erwägung zieht: wie im Tarah. *ke,* nichts als die azt. Subft. Endung der Sprache, = mex. *tl* und *tli,* dem Anfatz *me* auch fehlen kann; und wie im Wih. das *t* die Nominal-Endung diefer Sprache und daffelbe als im Tarah. *ke* ift. Übrigens ift es unnöthig wegen des Abftandes zwifchen *wit* und *meke* zu handeln: denn ich habe in meiner grofsen Arbeit über die fonorifche Endung, welche den Abfchnitt X bildet, die Formen *mit* und *miti* felbft (in der Tarahumara und Cora) nachgewiefen.

Eine Endung *ru*, mit verfchiedenen Vocalen davor, zeigt fich in Adjectiven und in allen Zahlwörtern des Wihinafcht: *ayu (áiu, áiu): schitáyu* fchlecht; *singwáiu* (neben *éiu*) 1, *wahǎiu* (neben *éyu*) 2, *pahǎiu* 3, *napáiu* 5; — *eyu (éiu,* auch *kweyu): pijéyu* gut, hübfch; *singwéiu* (neben *áiu*) 1, *wahéyu* (neben *áiu*) 2, *watsíkweyu* 4, *natákskweyu* 6; — *iyeu: kwatsíyeu* häfslich; *oyu: sing-waloyǔ* 10, *wahd-waloyú* 20, *pahi-manoyu* 30. Ich habe diefe merkwürdige Endung als im Blackfoot wiederkehrend nachgewiefen (S. 639[mf]).

§ 577. Die fchofchonifche Sprache weicht von der gröfseren Hälfte der Glieder des fonorifchen Sprachftammes darin ab, dafs die Ausdrücke der Verwandtfchaft und die Theile des Körpers ohne pronomina possessiva praefixa uns angegeben werden; meiftentheils gefchieht es im Wihinafcht ebenfalls: doch tritt in diefer Sprache oft das Präfix *i*, zweifelhaft auch *a* auf. Welches poss. und welche Perfon diefes *i*, das an fich du bedeutet, und *a* (im Kizh fein, 3. sing.) feyn mögen: läfst fich nicht beftimmen. Ohne Präfix ftehn die Verwandtfchaftsnamen: Sch und W Vater, Tochter, Bruder, Schwefter; Sch Mutter, *wife*, Sohn; — die Körpertheile in der Regel in beiden Sprachen: Stirn, Auge, Nafe, Mund, Zunge, Zähne, Bart, Hals ufw.

Präfix *i* des Wih. — *i-tué* Sohn, als Vorfatz erwiefen durch Comch. *ner-too-ah* mein Sohn; *i-kumá husband,* Sch *kúma* = fon. *cuna; i-mái* oder *mái* Hand = azt. *ma-itl, i-naká* Ohr = azt. *nacaz-tli, i-putá* oder *putá* Arm; noch: Haar, Leib;

a des Wih. — würde nach dem Kizh (wo *a* allgemeines Präfix ift) in W *apihi* Federn liegen, = Kizh *a-pēhan;* unficher ift es mir in *aohó* Knochen = Sch *húo,* in Blut; da das Schofch. gar kein Präfix zeigt, darf man *a* auch nicht in Sch *ápui* Vater vermuthen.

§ 578. Das fonorifche privative Präfix *ka* finde ich als *kay* und *kwa* in: Sch A *kayteesant (kate?)* fchlecht: von E *tsánti* oder *tsaant,* A *sant* gut; und im W *kwatsíyeu* häfslich. Das verbale Präfix *ma* des Comanche (S. 386[aa]) läfst fich auch im Schofchonifchen beobachten: PM *máhrichkia* effen = W *tikd* (f. S. 397[af] No. 116), SchA *ma-bonee* fehn (f. S. 397[nn] No. 137).

Dafs die Sprache den Vortheil der Zufammenfetzung, namentlich zweier Subftantiva, befitzt, zeigen folgende Beifpiele: Sch Scr *harnitze* Biber, *harnitze-oon* Biberfalle; Sch *máschitu* = W *schirú* Nägel: deffen *ma* ich für Hand halte, ganz wie azt. *maitl* in der Compofition erfcheint; *pa* Waffer als 1ter Theil in SchW Eis, Infel; W Meer, See; als 2ter Theil in Sch Meer und Flufs; Sch Scr *wanup shirt* (No. 250) ift 2ter Theil in 251, 254; Prinz Maximilian lehrt uns die 2 Compofita: Gott = Lebensherr (No. 206), und *ohtse-táhbe* Mond (No. 205) kennen: das feiner Angabe nach = Nachtfonne feyn foll; es bedeutet aber kalte Sonne: denn Nacht heifst Sch *tukwön,* aber Sch *ötschöin* heifst kalt. Noch eine Compofition ift Sch *puetzomo beads* = CB *puichzomo* blaue *beads:* f. S. 397[a] No. 109; eine fernere No. 187, 223, 229.

§ 579. Die zwiefache Schofchonen Sprache und das Volk der Schofchonen find das ÄUSSERSTE GLIED MEINER ENTDECKUNGEN: des grofsen
Bundes, durch ein mächtiges eignes Element zufammengehaltener Sprachen, von
einem kleinen Erbtheil aztekifchen Wortftoffes durchdrungen; welches ich, von
Guadalaxara aus nordwärts fuchend nach den Spuren des AZTEKEN-Idioms
und feines Volkes, angetroffen habe; fie bilden den SCHLUSSSTEIN meines
fonorifchen Baues. Die JETZIGEN Wohnfitze der Schofchonen: von *Violet*
gefetzt zwifchen 38° und 43° N. B. (oben S. 635ⁿ), nach der Sprachkarte in *Schoolcraft* III bis 44°, nach der Karte der *expl. exp.* von 42° bis 45° 35' N. B. und
110-120° W. L. v. Gr. (S. 636ᵃᵃ), von *Morse* (634ⁿᶠ) bis 47°; find es nicht, welche
uns am meiften intereffiren: denn fie befinden fich, zum Theil fogar noch in das
Utah-Territorium hinabreichend, in deffen Wüften die armfeligen *Root-diggers* zu
finden find, weit im Süden gegen ihre FRÜHEREN: welche waren im höheren
Norden und auf der Oftfeite des Felfengebirges. So weit das Volk der Schofchonen in den höheren Sitzen der *Blackfeet* nach Norden fchweifte, oder das
gröfsere Volk, deffen Repräfentant es gegenwärtig in feinen allgemein geographifch
unveränderten Sitzen ift, wohnte: fo weit habe ich die Gränzen des AZTE-
KISCHEN EINFLUSSES oder der einftmahligen Anwefenheit des AZTEKEN-
VOLKES nordwärts vorftrecken können. Ich blicke daher auf diefes Glied,
in feiner fo weit NÖRDLICH vorgefchobenen Lage, welche wir immer zunächft über
die *Blackfeet* hinaus verlegen können, mit befonderer Freude; ich habe das
Intereffe feine Gränzen, in neuer wie in alter Zeit, fo weit NORDWÄRTS als
möglich verfetzt zu wiffen.

§ 580. Alles, was ich, als das obige allgemeine Urtheil über ihre VERWANDTSCHAFTS-
Verhältniffe begründend, an der zwiefachen Schofchonen-Sprache, dem fchofchonifchen Idiom
im engeren Sinne und dem weftlichen der Wihinafcht, ENTDECKT: bin ich gezwungen gewefen
fchon an einer fehr frühen Stelle, bei der fpeciellen über das COMANCHE und Schofchonifche gemeinfchaftlich verbreiteten Unterfuchung, zu offenbaren. Es find diefelben Eigenfchaften und Züge,
die ich etwas fpäter am Comanche entdeckt und S. 388ᵃ⁻ᵐ gefchildert habe. Eine flüchtige Überficht
des Wortverzeichniffes der *exploring expedition* zeigte mir im Schofchonifchen und im Wihinafcht
eine kleine Reihe aztekifcher Wörter; zeigte mir zweitens diejenigen Wörter, welche, als durch
die 4 fonorifchen Nordweft-Sprachen gehend, für die fonorifche Natur eines Sprachwefens beweifend find: über diefelben hinaus andere, weniger verbreitete, fonorifche Wörter. Beide Züge waren
befchränkt und knapp; an der Sprache haftete viel Fremdheit. Diefe Einzelheiten und die Beweife diefer Entdeckungen: die aztekifchen und die fonorifchen Wörter der fchofchonifchen und Wi-
hinafcht-Sprache, habe ich bei weitem gröfstentheils in der SPECIELLEN WORTVERGLEICHUNG
geliefert, welcher ich, im vielgliedrigen, fyftematifchen Schema, an jener frühen Stelle, BEIM CO-
MANCHE, das Comanche im engen Verein mit der doppelten Schofchonen-Sprache unterworfen habe.
Ein gewiffer Theil der anfcheinenden Fremdheit gegen die fonorifchen Hauptfprachen ift durch diefe
Arbeit gehoben worden; wenn aber ein anderer noch geblieben ift, fo ift diefe Fremdheit erleichtert
und gelichtet worden durch die Überzeugung von einer ENGEN VERBINDUNG zwifchen den zwei
fchofchonifchen Sprachen und dem Comanche: dadurch, dafs wir innerhalb des grofsen Stammes eine ENGERE GEMEINSCHAFT und einen BESONDEREN TYPUS haben aufgehn fehn;

ich nenne diefe Sprach- und Völker-Verbindung öfter die COMANCHE-SCHOSCHONISCHE LIGUE oder den comauche-fchofchonifchen BUND; und verwahre mich hier, dafs ich damit nur etwas ideelles, aber doch hiftorifches: kein Bündnifs, das zwifchen diefen beiden Hauptvölkern errichtet wäre, meine; ich fage auch bisweilen richtiger: die comanche-fchofchonifche Sprachfamilie; und abgekürzt manch-mahl die fchofchonifche Ligue oder Sprachfamilie. Mit diefem letzten, von mir aber nur ab-gekürzten Ausdruck falle ich mit den nordamerikanifchen Sprachforfchern zufammen: welche den von mir (aber überall durch eigne Entdeckungen) innerhalb meines fonorifchen Sprachftammes zufammengebrach-ten engeren Kreis von Sprachen und Völkern mit dem allgemeinen Namen des *Shoshonee*-Idioms, des *Snake*-Stammes oder der *Snake*-Sprachfamilie belegen; f. oben S. 432^{mm}, 433^{nn}, 435^{nf}, 533^{mf}, 550^{nn}: und befonders 552^{mm}, 636^{mm}. Die, fo oft fchon von mir (f. S. 390^{aa-mm}) ausgefprochene NAHE VERWANDTSCHAFT zwifchen Comanche und Schofchoni fpricht lauter als die uns berichtete, wichtige Volks-Überlieferung dafür, dafs die Comanches einftmahls in diefen nordweftlichen Ländern, welche die Schofchonen noch einuehmen, gewohnt haben; und dafs fie nur durch eine grofse, merkwürdige Wanderung weit von diefen Urfitzen des aztekifchen Einfluffes abgeriffen worden find. Das Bild einer BESONDEREN SPRACHFAMILIE, eines BESONDEREN IDIOMS inner-halb des allgemeinen fonorifchen, welches durch die Verknüpfung der Völker Comanches und Schofchonen entftand, ift im Fortgange meiner fprachlichen Prüfungen in diefer Schrift immer fefter und beftimmter geworden. Glieder der fchofchonifchen Ligue find auch die Sprache des Yutah-Volkes und das Moqui. Die fonorifche Zugehörigkeit des letzteren, von der ich mich fpäter über-zeugte, ahndete ich erft fchüchtern: angezogen durch eine Subftantiv-Endung mit *p* (*p; pa, pe, pi; ba, va*), welche ein charakteriftifches Kennzeichen diefes Völkerbundes ift. Meine weiteren Ent-deckungen fchloffen an diefe meine älteren Glieder noch eine Reihe neu-californifcher Sprachen an. Die Nachrichten, welche die Erforfchungs-Expedition der Vereinigten Staaten erhielt (f. S. 639^{a-aa}), laffen noch anderwärts eine beträchtliche Erweiterung deffelben hoffen.

§ 581. Das Verhältnifs der WIHINASCHT-Sprache zu der eigentlichen fchofchoni-fchen habe ich fchon beim Comanche (S. 391^{aa-mm}) abgehandelt: wie das Wihinafcht viele Wörter mit der fchofchonifchen, in derfelben oder fehr ähnlicher Geftalt, gemein hat; in vielen aber (ich lege unten S. 650^{n-nf} nur eine kleine Auswahl von Beifpielen vor) und, wie auch oben (S. 646^{mf-7m}) zu fehen ift, in befonderen Eigenthümlichkeiten fich von ihr trennt; wie diefs mich berechtigt hat im engeren Sinne fo genannte Schofchonifche und das Wihinafcht: obgleich ich letzteres im allgemeinen Gebrauch, geftützt auf die ihm und dem Volkszweige von der *expl. exp.* beigelegte Nebenbenennung der weftlichen Schofchonen, unter dem Ausdruck Schofchonifch mit verftehe, als zwei Sprachen zu nehmen und zu zählen.

§ 582. Die kritifche Bearbeitung des fchofchonifchen Sprach-Materials (vom Scho-fchonifchen und Wihinafcht) zur Erreichung meines Zweckes: des Beweifes der Verwandtfchaft mit und der Zugehörigkeit zu dem grofsen fonorifchen Sprachftamme, der eugen Gemeinfchaft mit dem Comanche, und der Aufzeigung der in ihnen fortlebenden aztekifchen Wörter; ruht beim CO-MANCHE. Ich habe aber von den verfchiedenften dort gemachten Rubriken hier einen NACHTRAG und ABSCHLUSS im kleinen Maafsftabe einzurichten: aus dem Grunde, weil ich beim Comanche nur diejenigen fchofchonifchen Wörter behandelt habe, welche den in den zwei Comanche-Wortver-zeichniffen auch vorhandenen Begriffen zugehören. Mochte das einen folchen Begriff ausdrückende Wort des Schofchonen- oder Wihinafcht mit dem Comanche-Wort identifch oder von ihm ganz verfchieden feyn, fo wurde es beim Comanche betrachtet und abgemacht. Für die hiefige Stelle habe ich aber diejenigen Wörter der zweifachen Schofchonen-Sprache übrig behalten, deren Begriffe in dem Comanche-Wortvorrathe NICHT gegeben find; und an ihnen mufs hier ganz daffelbe Verfahren beobachtet werden als beim Comanche.

So klein nämlich die Auswahl der fchofchonifchen Wörter (Begriffe) gegen die der Comanchen ift, fo enthält fie doch viele wichtige Wörter, die das Verzeichnifs der Comanchen nicht hat; diefs kommt von der unweifen Auswahl des deutfchen Anfiedlers. Man kann daher die oben mit dem Comanche gemeinfam betriebene Sprachvergleichung mit den 2 Schofchonen-Sprachen in derfelben Weife weiter führen; die Refultate fetzen fich hier gleichmäfsig fort. Folgendes find (aufser Acht gelaffen *Whipple's* fpät hinzugekommene Wortfammlung des Comanche) die ÜBERSCHÜSSIGEN BEGRIFFE der fchofchonen Wortverzeichniffe; die Begriffe, welche den Stoff zu der nachfolgenden ergänzenden Sprachvergleichung herleihen: *affection, alive, antelope, awl, bark, bason, big, bridle, clothing, copulate, duck, egg, elk, far, fish-hook, hail, heaven (sky), ice, island, lake, land, large, light, lord, mule, musk-rat, musquito, name, pigeon, pine, pity, pot, powder, robe, salmon, shells* (Com. 143), *stand, trap, ugly, valley, waistcoat, whip, wing.*

Ich habe jedoch auch, gegen die Regel, einzelne, vom Comanche abweichende Wörter der GEMEINSCHAFTLICHEN LISTE hierher gebracht und hier behandelt.

§ 583. Obgleich es hier, am Schluffe der ganzen fonorifchen Sprachreihe, paffend wäre alle oder wenigftens den, fonft in meiner SPECIELLEN WORTVERGLEICHUNG berückfichtigten Kreis der fonorifchen Sprachen in diefer fchofchonifchen Vergleichung erfcheinen zu laffen; fo halte ich mich doch hier, aus Gründen der erften Anlage und der Gleichartigkeit, in dem befchränkteften Kreife, welchen ich bei der grofsen comanche-fchofchonifchen Vergleichung behauptet habe: indem ich nur die vier fonorifchen Hauptfprachen gegen das fchofchonifche Idiom in Vergleich ftelle. Es bleiben hier aus fowohl *Kizh* und *Netela,* als *Yutah* und *Moqui;* die reichfte Vergleichung, die in allen Gliedern, habe ich beim *Moqui* und *Yutah:* und im gröfseren Umfange bei den, fpät hinzugekommenen und ausgearbeiteten, neu-californifchen Sprachen (S. 556-9) geführt. Da hier auch das Comanche nicht erfcheinen kann (¹), fo ift das folgende kleine ergänzende Gemälde um fo wichtiger, weil in ihm allein der Beweis der höheren fonorifchen Gemeinfchaft beider Sprachen waltet.

Die Einrichtungen und Zeichen bleiben in der hier anhebenden THEILWEISEN SPECIELLEN WORTVERGLEICHUNG der ZWIEFACHEN SCHOSCHONEN-SPRACHE diefelben als, die hier im Comanche gebraucht und erklärt habe (f. S. 389ᵃ⁻ᵐ, 391ᵐᶠ⁻²ᵃᵃ).

I. fonorifche Wörter:

§ 584. Ich fchicke aufser der Ordnung Beweife, hergenommen aus dem ganzen Wortvorrath, von der VERSCHIEDENHEIT zwifchen dem Schofchonifchen und Wihinafcht voran:

a) Sch und W haben daffelbe Wort in fehr verfchiedener Form: Hagel Sch *päungp,* W *paxlöonoát* (Co *mevatzé* hageln ift zu fern)

b) Sch und W haben verfchiedene Wörter; ich bringe, da unten in der Wortvergleichung allein hiervon noch genug Belege vorkommen, nur eine kleine, beiläufige Auswahl ftatt der vielen zu gebenden Beifpiele bei: Frau *(femina, woman)* Sch *kevöŭ* (andre Quellen geben das fon. Wort *wepee,* *uah-aipe),* W *moyóni* (vielleicht = Ta *muki), luqáqa* (ganz fremd); Infel (f. No. 81) fcheint auch verfchieden zwifchen beiden zu feyn; Thal Sch *páun,* W *tiyáya;* in den Zahlwörtern find beide Sprachen bedeutend verfchieden: ganz in der 3, 5, 10; ftark in der 1 und 2 (doch haben fie daffelbe Wort); fie fchliefsen fich ganz nahe nur in der 4 zufammen; das Wih. ift hier befonders mit dem Comanche verwandt; — im Pron. ich fondert fich Sch *kwan* von C und W *(ni)* aus, welche = fon.; du Sch *emŏ̆e* (= fon.), W *i* (ganz fremd); er Sch *ton, tan;* W *oo, oscho?* — fo überhaupt gehen beide Sprachen in den Pron. faft immer aus einander; eben fo in den Adv.; ja Sch *usch* (fremd), W *ahá* = C *há.*

(¹) Ich habe zuletzt noch (S. 651ⁿᶠ, 652ᵃ⁻ᵃᵃ, ᵃᶠ, ᵐ) einige Comanche-Wörter hier eingemifcht, die ich erft fpät durch *Whipple's report* erhielt; fie find durch CW bezeichnet.

§ 585. Nun eile ich zu meinem Gegenftande:

A. Schofchonifch und (oder) Wihinafcht haben DASSELBE WORT mit den 4 fonorifchen Hauptfprachen, einigen oder einer derfelben:

1) in vollkommener oder naher Ähnlichkeit: [308]Ehefrau, Frau *(uxor, wife)* Sch *uépui;* Ta *upi,* Ca *hubi;* [309]Winter Sch *tumu,* W *tomó;* Te *gu tomojo* (2 andre fon. Sprachen haben verfchiedne Wörter); vielleicht ift auch = CN *tohane;* [310]Moskite Sch *muaöi,* W *mopóng* ift wohl daffelbe Wort; Te *muvari, muvali,* Ca **seebori;* vgl. Te *vamogue sancudo;* [311]Ei W *a-nohó,* CW *u-nó-io,* Te *nono* (Sch *nupahwi* fcheint ein verfchiedenes Wort zu feyn; die 3 andren fon. Sprachen haben 3 andre Wörter); [112]die Zahl fechs

2) ziemlich oder etwas ähnlich mit den fonorifchen Sprachen: a) [113]Baumrinde Sch*okutsöng, *ogutsöng* (aber W verfchieden: *apoá* = CW *pŏh-ap*), Co (nur in diefer Einen Sprache befitze ich den Ausdruck) *cutzapehti;* [114]Sch *wetour* zinnernes Becken oder Topf; Ta *bechtoleke* Gefchirr, *tschicoliki* Topf, Ca **sucori* Gefäfs (wenigftens find beide letzte Wörter identifch); [115,a]Pfeil Sch *wönd,* Te *vu* (W hat ein andres Wort) b) Wihinafcht ift eigenthümlich, läfst fich aber ungefähr durch fonorifche Sprachen lofen: [115,b]diefer W *iá;* Co *ii,* Ca *ica;* [116]jener W *öd,* Co *euü ese*
3) wohl ähnlich mit fon. Sprachen: [117]ja Sch *usch* (ganz verfchieden vom C und W); Ta *hu* (bedeutet in Wirklichkeit: ift) und *u, hútsine* und *hústine* (zärtlich; auch *hune:* freundlich: fo dafs *ne,* vielleicht = ich? als ein Zufatz erfcheint); Ca *heüi, hehui* (darin ift Hauptfache *he* = C und W); [118], [119]die Zahlen zwei und drei
4) eine entfernte, ungewiffe Ähnlichkeit mit den fon. Sprachen oder einer: [121]Hund W *soyööuk,* Co *tzeuk;* [122]Vater W *uná,* Ta *nonó;* [123]gehn Sch *schunt* vielleicht = Ta *simi* und ähnlich in andren fon. Sprachen; [124]gut W *pijégu,* Te *beiga;* [125,a]Licht W *kutáöidö (light),* Te *cudaxare candela;* [126,b]heute Sch *öyitschi,* W *iyásu;* Co *iico* (die fon. Ähnlichkeit unbedeutend; andre fon. Sprachen haben andere Wörter); [126]die Endungen von Adj. der Farbe: Sch *wit (pit),* C *pt* und *ft* (f. Neu-Mex. S. 313[nf]), W *kwitya* = Ta und Co *mit, miti* ufw.? (f S. 646[n]-7[af])
5) Schofchonifch oder Wihinafcht haben kaum eine Ähnlichkeit mit den fon. Sprachen oder einer von ihnen: [127]Himmel Sch *tukum* kann man vergleichen mit Ca *tehueca;* W *patóskia* könnte man im Hintertheil damit vergleichen; [128]Taube W *ihööi,* Te *guiodaga* (Co hat ein andres Wort).

§ 586. B. Der befreundete Boden ift uns nun entfchwunden; noch leichter tritt die Stufe auf, dafs wir den AUSDRUCK in den fonorifchen Sprachen NICHT BESITZEN: wo alfo noch Verwandtfchaft feyn KANN:

a) mir fehlen in den 4 fonorifchen Sprachen: Pfriem *(awl),* Infel, Bifamratte, Lachs, Thal, Wefte, Peitfche

b) in einem folchen Worte volle Übereinftimmung aller Quellen vom Sch und W: [119]Lachs Sch E *akdi* oder *agdi,* A *augi,* Scr *arki;* W *oyal*

c) Sch und W haben für den Begriff verfchiedne Wörter: Thal Sch *páun,* W *tiyóya.*

§ 587. C. Wir treten in die dunkle Region der zwei fchofchonifchen Sprachen und blicken ein in den Beftandtheil von ihnen, der uns unbekannt, ganz FREMD gegen die 4 fonorifchen Sprachen ift:

a) Sch und W haben daffelbe Wort: [130]ftehn Sch *wo+ninu,* W *wini;* CW *warn;* [131,a]Eis Sch *páhikŭp,* W *patsiyop* (vgl. CW *táh'cab* Eis, Schnee)

b) Sch und W haben verfchiedene Wörter: Flügel Sch *kasa,* W *huzikia, affection No. 113,* See No. 78 (Sch ift wahrfcheinlich athapaskifch); Ente Sch *tschiga,* W *pui* (nur im Ta vorhanden); Haus Sch *uinkän,* W *nööl;* lebendig No. 129; häfslich Sch *tirkŏ+,* W *kwatsiyeu;* viel, viele Sch E *manuku,* A *shant a great many,* W *iwaiu* (die fon. Sprachen haben viele verfchiedne Wörter)

c) wo das Wort nur im Schofchonifchen angegeben wird: [331,aa]Pferd SchA *bunko,* PM *punko;* Piede (Payuta): *ponikoe,* Vieh *pungo;* Angelhaken Sch Scr *natzoon*

d) wo das Wort nur im Wihinafcht vorkommt: ihr *(vos)* W *ischú?* eigenthümlich dem Wih., fremd gegen Schofchonifch und gegen die fon. Sprachen ift die Endung der Adj. und Zahlwörter *yu,* befonders *eyu* (f. oben S. 647[af-m])

[ganz fremdartig füge ich hier, mich beziehend auf das oben S. 650 Anm. Gefagte, einige fo. norifche Vergleichnngen bei, welche zum Comanche nachzutragen find: [331,b]Blitz CW *écakquitz-el,* W *atsäwiziäho* (dagegen SchE *panakusche*); [331,c]Fuchs CW *wdh'nic,* Te *banne* (auch *coyote*) (Ta *passatschi*); [331,d]laufen CW *túnethl'ch,* SchE *tunútsi;* [331,e]Schwefter CW *nǘmmi,* SchE *namei* (vgl. Ta *boni* und **bini* jüngere Schwefter); [331,f]fingen CW *téniquer,* SchE *tinik- wön;* [331,g]Wolf CM *cǘthseïna,* SchE *schinǒwi*]

§ 588. II. aztekifche Wörter:

1) das aztekifche Wort der fonorifchen Sprachen ift vielleicht im Schofchonifchen oder Wihinafcht auch VORHANDEN: [312]Fichte (azt. *ocotl*): W *wayópi* (*pi* Subft. Endung), CW *wǒr- cobǘh;* Co *ocótn* oder *ocòti,* Ca **huoco,* Te *juqque*

2) Schofchonifch und Wihinafcht befitzen NICHT das azt. Wort der fon. Sprachen, fondern führen ein eigenes:

a) beide Sprachen daffelbe Wort: [313]Hagel (fon. das azt. *tetl* Stein) Sch *päǘngp,* W *pazíöonoát* (Form freilich abenteuerlich verfchieden)

b) jede ein befonderes: Name Sch *nöwi,* W *oniá* (beide Wörter ganz fremd; das allge. meine fonorifche [Ca **tehua* ufw.] = azt. *tocaitl* erfcheint nicht).

III. athapaskifche Wörter: befinden fich beim Comanche (S. 402[mf-3af]); ich trage zum Comanche noch nach: Menfch *(man)* CW *dénnathpük,* wohl = athap. *'tinne* ufw.

IV. ein fpanifches Wort: Sch Scr *mourah* Maulthier = fpan. *mula.*

§ 589. Ich habe die umftändliche WORTVERGLEICHUNG befchloffen, durch welche ich unternommen habe die Verwandtfchafts-Verhältniffe der durch befchränkte Wortverzeichniffe uns bekannten Glieder des fonorifchen Sprachftammes, die *Pima* ausgenommen, d. h. der comanche-fchofchonifchen Familie: ihre nähere oder entferntere Lage unter einander wie gegen den ganzen Stamm, vorzüglich die vier fonorifchen Haupt. fprachen; auch ihre Gegenfeite ihrer völligen Fremdheit gegen den kleineren oder gröfseren Kreis; und zweitens ihren aztekifchen Inhalt: darzuftellen: und durch welche ich, wie ich hoffe, ihre, von mir nach eigner Entdeckung behauptete, fonorifche Stammverwandtfchaft bewiefen habe. Es find durch diefe Wortvergleichung Analogie-Reihen, daffelbe Wort fehr ähnlich oder in mannigfach gewandelter Geftalt durch mehrere oder wenigere Stamm- fprachen darbietend, gewonnen, welche fo lange, bis ich meinen Plan einer allgemeinen Wort. vergleichung aller fonorifchen Stammfprachen ausgeführt haben werde, für jede ähnliche etymo- logifche Operation nutzbar und erwünfcht find. Ich habe defshalb durch diefe Analogie-Reihen eine laufende Nummer geführt, und mache fie hier durch eine alphabetifche Wortver- zeichnung (für die Redetheile aufser Subft., Adj. und Verbum eine fyftematifche) zugänglich.

Die BESTANDTHEILE der Wortvergleichung und der Wortreihen find:

M = Moqui: in fich begreifend No. 1-24, zu finden auf den Seiten 291-293

C = Comanche, gemeinfam mit Schofchonifchem und Wihinafcht: enthaltend No. 25-179, auf den Seiten 392-403 [in den Nachträgen zu diefer Sprache beim *Chemehuevi* und *Schoschoni* habe ich die Wörter *Whipple's* durch W (in der Verbindung CW) und Wh (wo es allein fteht: zur Verhütung der Verwechslung mit W = *Wihinascht*) bezeichnet]

K = Kizh und Netela: enthaltend No. 180-281, auf den Seiten 520-529 diefes ausgefonderten Stückes

Y = Yutah: enthaltend No. 282-307, auf den Seiten 352-357; diefe Sprache, liegend zwifchen *Comanche* und *Kizh*, hat durch einen Zufall diefe fpätere Stelle in der Numerirung und
der Verzeichnung bekommen

Sch = Schofchonifch und Wihinafcht: enthaltend No 308-333, auf den Seiten 651-652

Ch = Chemehuevi, Cahuillo und Kechi: enthaltend No. 334-432: aufser der Ordnung,
weil diefe 3 Sprachen erft zuletzt hinzukamen; auf den Seiten 556-559.

Die Unvollkommenheit diefer Reihen befteht darin, dafs fie, wohl allmählich an Inhalt wachfend, nur eine befchränkte Zahl von fonorifchen Sprachen in die Vergleichung bringen:

C und Sch nur die 4 von mir vermittelft eines reichen Sprachftoffes (Wörterbücher, Grammatiken und Texte) tief erfafsten Sprachen des nordweftlichen Mexico's: welche ich, um irgend
einen kurzen Ausdruck zu haben, hier gewöhnlich die 4 fonorifchen Hauptfprachen genannt habe;

K diefelben 4 nebft Comanche, Schofchonifch und Wihinafcht;

M, Y und Ch zu den vorigen noch Kizh und Netela und fie felbft.

Bei allen fehlt die Anziehung der Pima und der 4 uns nur durch den Vaterunfer-Text bekannten
Sprachen der Provinz Sonora: Tubar, Hiaqui, Eudeve und Opata. Das Nicht-Ähnliche: Wörter,
welche vereinzelt daftehen; wird hier nicht aufbewahrt: fie tragen keine Ziffer. Befchränkte Analogie-
Reihen: fo die Übereinftimmungen zwifchen dem Comanche und zwiefachen Schofchonifchen, auch
blofs den 2 fchofchonifchen Dialecten; zwifchen Kizh und Netela: mit Ausbleiben oder Mangel anderer
fonorifcher Sprachen; find zum Theil aufgenommen. Viele Wörter (Analogien-Reihen) kehren bei den einzelnen Sprachen wieder; die fpätere Reihe bietet die gröfsere Fülle dar, und ift zum Gebrauch zu wählen.

In der hier nun folgenden ALPHABETISCHEN (am Ende fyftematifchen) VERZEICHNUNG
ZUR WORTVERGLEICHUNG der zehn fonorifchen Sprachen des comanche-fchofchonifchen Völkerkreifes habe ich den citirten Nummern das in ihnen herrfchende fonorifche oder
aztekifche Wort vorgefetzt. Diefe Wortformen find felten das Wort der Sprachen, denen
die Nummern angehören: fie find vielmehr gröfstentheils, öfter nach fchwankender und willkührlicher Wahl, das fefte Wort einer Grundfprache; bisweilen find die Wortformen nur eine Andeutung. Weil ich die Zufetzung der in der Vergleichung liegenden Wörter nur zu dem Zwecke
unternommen habe: anzuzeigen, was in den Nummern zu finden ift und was nicht; das Nachfuchen zu
erleichtern und unnöthigem vorzubeugen: fo handelte es fich blofs um eine Andeutung. Manche Nummern habe ich ohne den Zufatz des Wortes laffen müffen, weil der in ihnen vorkommenden Wörter
mehrere oder der zufammengeftellten Wortformen zu mannigfaltige waren; häufig deute ich diefen
Fall der Mannigfaltigkeit durch einen vorgefetzten Stern * an: was in dem Falle, wo ein folches
Citat mit anderen zufammenfteht, welche ein Wort vor fich haben, fogar nothwendig ift.

§ 590. Alphabetifche Verzeichnung zur Wortvergleichung der 10 fonorifchen Sprachen

A. Subftantiva, Adjectiva und Verba:

Abend C 39a, athap.; alt *chokopie* C 143; Arm *maitl* M 1, K 258, Y 298, Ch 418; *pure*
C 108, Y 286; Armbruft C 38, Afche C 173; Auge *nachich* C athap.; *pusi, pui* M 13, C 32,
K 193, Y 282, Ch 336; Augenbraunen C 65; Axt, Beil *howon* C 124, *tepuztli* Ch 427

Bär *hunot* K 237, Ch 345; *otzet* C 69; *uira, vohi* C 39b; Bart *motz* C 71, K 190, Ch
356; Baum *hapete, schuwi* = *quahuitl?* C 175, Ch 399; *quahuitl* Ch 423; Baumrinde Sch 313;
Bein *hoqui* M 14; *namp, nef* K 250, Y 293; *ohm* C 129; Beinkleider *kuss* C 156, *pitzo* ufw.
C 98; Berg *cagúl* K 205, Ch 357; *tuiawi* u. a. C 88; befitzen *pia* C 164a, Biber *harnees*

C 152; Blatt *puhi* C 128, Ch 400; *C 99; blau *schioga* K 235, Ch 389; Blitz Sch (eig. C) 331b; Blut *o*, *vure* K 218, Ch 346; *peeshpah* u. a. C 110; Bogen *eth*, *ati* C athap.; *C 38; Boot *tr—* C athap., *K 236; braun *coma+* C 66, *breech-cloth pitzo* ufw. C 98; Brodt *temeke* C 52, Ch 367; *tlaxcalli* C 172; Bruder *batschi* K 225, *tama* C 111; Bruft *pitzi* M 23, C 78 (2)*toko*), Y 294; Büffel *kooche* C 153, Ch 378

Donner, donnern *tunu+* C 151, Ch 379; dunkel, Dunkelheit *tokano* C 27

Ehefrau f. Frau, Ehemann f. Mann; Ei *kauguaca* K 219, *nono* Sch 311; Eis *pahiköp* Sch 331a; Eifen *pohewista (tepuztli)* C 126, 179b, Ch 427; *vainomi* Ch 414; Ellbogen M 18, Ente *tschiga* Ch 380; Erde *dubur* M 19, Ch 408; *exel* K 248; effen *qua* K 265; *tika, tukarroo* C 116, Ch 381; *K 238

Feder *masa* K 198, *pihi* K 233, *she-ah*, *wöschia* C 118; Feind K 249, fern *meca* C 91; Feuer *con* C athap., Y athap.; *tletl* M 12, K 266; Fichte *ocotl* Sch 332; Finger *massit* ufw. M 1, C 46, K 195; finfter C 27; Fifch *muyut*, *hueat* K 220; *pague* C 87, K 239, Ch 401; Fleifch *tuku*, *tucugue* C 47a, Ch 370; Fleifchbrühe C 64, Fliege *mupu (muvali)* C 94, Flinte f. Gewehr; Flufs *hono* C athap., *paugui* K 210; Frau: 1) *femina muki* C 58, Ch 376; *upi* C 33 2) *uxor upi* C 97, Sch 308; Freund *haiz* C 119, *tehima* Ch 409; Frühling *taba* Ch 413, Fuchs *banne* Sch (eig. C) 331c; Fufs *hoqui* M 14, C 40 (2) and.); *nampa, nef* K 250, Y 293, Ch 382

geben *maca* C 179a, Gefäfs Sch 314; gehn *miaro* C 120, K 241; *simi* C 84, Sch 323; gelb *oama* C 67, *wapit* und *oama* C 90; Geficht *koveh* C 45, Y 285; Gewehr *peait* C 148, Glasperlen *zomo* C 109; Gott *teotl* M 11, C 176b; Gras *shonip* C 122; grofs *guelu* K 209, *piap* C 123, *yoit (huei)* K 276; gut *beiga* Sch 324, *chaat* C 121, turi K 202

Haar *papi* M 20, Ch 383; *tzontli* C 149, 174, Y 307; Häuptling *not* Ch 347a; *teuctli* u. a. C 176a, K 274; Hagel Sch 333; Hals *kuta*, *quechtli* M 2, C 166, Y 304, Ch 371, 424; *paχon* K 251; Hand *maitl* M 1, 7, C 159, K 258, Y 298, Ch 418; Haus *calli* C 163, Ch 415; *ki, qui* K 206, Ch 340; Herbft *yerwane* C 63, Ch 402; Herz *peehe, piwe* C 125, Ch 351; *yolli* K 277, Ch 431; Himmel *tukum (tehueca?)* u. a. M 17, Ch 377, Sch 327; Hirfch (auch Elennthier) *arika* √ C 92 (auch *tschomali, paree*), *mazatl* C 171b, *mura+ (mazatl?)* C 51; *paree* K 234, Ch 403; *sukut* K 203 *(tschomali)*, Ch 343; hören C 158; Holz *con* C athap.; *quahuitl* M 8?, K 280, Y 306?, Ch 423; *C 175; hübfch C athap.; Hügel *cagui* K 205, Ch 358; *tuidwi* C 88; Hund *chichi* C 167, K 275 (auch *wasi*); *tzeͧk* Sch 321; *zari* C 115 und athap., K 246, Y 287

Indianer C 81, Infel *paharnur* Ch 404

kalt *ötschö* C 112 und athap., K 231, Ch 396; Katze *moosah* Y 305; 'Keffel *witwa* C 155, Ch 397; Kind C 85; Kinn C 73, Y 295; klein C 150, Ch 363; Knabe *tu*, *togui* C 93a, K 201 *(kwiti)*; Knie *tono* M 15, C 53, K 196; Knochen *oo* C 61, 179d (auch *tsonip, omitl?*), K 200b; kommen *kima* C 113, K 232; Kopf *pa-aph, pampi* C 149; *poan* K 222, 348; *quaitl* M 9; Krieger C athap.

Lachs *agai* Sch 329, Land K 248, laufen *tunátsi* Sch (eig. C) 331d, *leggins* C 156, Leib *tlactli* K 273; Licht *cuda* K 199, Sch 325a; lieben *kamahk* ufw. C 130, Lippe *tentli* C 169 (Y 302)

Mädchen *nai+* K 240, Ch 353; *tegueke* K 221; Mais *june* C 100, Ch 368; Mann 1) *vir teodi*, *tua-*, *toe-* C 55, 96, K 223, Y 296, Ch 372; 2) Ehemann *cuna* C 26; Meer *mohonot* K 252, Menfch *'tinne* Sch (eig. C) athap.; Meffer *wui* C 127, Ch 348; *moccasins* C 131; Mond *metztli* M 3, C 160, K 259, Y 299, Ch 419; Morgen *pu+ (bea)* C 95; Moskite, Mücke Sch 310; Mund *mui* M 22; *tentli* C 169, K 260, Y 302, Ch 426; Mutter *pia* C 132

Nabel C 178; Nacht *tucu* C 27, K 192, Ch 354; *yohualli* K 270; Nadel (Nähn.) C 101a; Nagel (an den Fingern) *sutu, schiru* C 177, Ch 373; nahe *C 77, Name *tocaitl* K 267; Nafe *mobi, mui* C 133, K 228, Y 288, Ch 347c; *yacatl* M 10

Ohr *nacaztli* M 4, C 158, K 257, Y 300, Ch 421

Pfeife f. Tabakspfeife; Pfeil *vu, hu* K 200a, Sch 315a, Ch 341; Pferd *punko* C 89, Sch 331aa; *tehe+* C 89; Pulver *nahrkoz* C 154

Rauch *poctli* u. a. C 179c, *quip* Ch 405; Regen *erman* C 135, *K 226; *quiahuitl* K 272, Ch 425; riechen C 70; roth *ecksa, tsesta, enca+* C 47b, Ch 386; *vuggui* ufw. K 227; Rücken *C 72

Salz *ona* C 54, K 182, Y 283b, Ch 359; Sattel *narino* C 136, Scheere *C 82; fchlafen *apui* Ch 387, *cupa* Ch 364; Schlange *coatl* Ch 416, *tuqua* Y 289; fchlecht *tseti* C 59, K 180; Schnee *niwawi* Ch 388; *yui_t, toiit (cetl?)* K 278, Ch 365; fchneiden C 82, Schuh *nap* C 131, Schwanz C 83; fchwarz *schioga* (blau) Ch 389; *tucu* und *tlilli* C 25, 27, K 191, Ch 430; *yupiχa* K 247; Schwefter *namei* Sch (eig. C) 331e, *pachee* C 139; See *mokat* K athap., *pikau* C athap.; fehn *puni* C 137, Ch 390; Seife C 62, fich fetzen *care* C 140; fingen *hobe-er* Ch 391, *C 138; *téniquer* Sch (eig. C) 331f; fitzen *care* C 140, Ch 406; Sohn *tuah* C 141, Sommer *tasa* ufw. C 76; Sonne *ta+* M 16, C 28, K 183, Y 284, Ch 335; Sporn M 24, fprechen *ampa+* Ch 392; ftark *gubuca* K 224; *igué, schigön* C 60; ftehn *wini* Sch 330, Ch 407; Stein *tetl* C 170, K 261, Anm. zu Y 302, Ch 428; Stern *putsihwa* Ch 393, *suon* K 253, *Y 297; Stirn *coba* M 21, Ch 410; *motŏka* Y 290, Ch 352

Tabak *pahm* C 142; *picietl* K 271, Ch 366; Tabakspfeife *to-ish* C 157 und athap., Ch 385; Tag *ta+* C 48, K 183, Ch 335; tanzen *nikar (nuy)* C 86, Taube Sch 328; todt (tödten) *mea* K 214, Ch 355; *miqui* Ch 420, *tayeh* C 114; Topf Sch 314; trinken *hibig, iui* C 31; *pahi* K 204

Vater *achpe* C 117; *na, nono* K 181, Sch 322, Ch 342; Vetter C 74, Vogel *C 93b, Volk *C 81

Wald *quahuitl* C 175; Waffer *atl* C 165, K 279, Anm. zu Y 302: f. auch noch S. 538[af-m] und S. 639[m-mm]; *pah* C 41, K 184, Y 283 mit Anm., Ch 334; weggehn C 120; weifs *quaina* K 217; *toxa* C 29 und athap., Ch 369; werfen *wuip, bupe* C 68, 80; Wind *ehecatl* C 168, K 263, Ch 417; *neait* C 145, Ch 394a; Winter *otscho* K 231, *tohane* = *tomo* C 49, *tomo* Sch 309; Wolf *ischa, isot* C 146 und athap., K 229, Ch 344; *schinŏwi* Sch (eig. C) 331g; Wunde *atzat* C 75

Zahn *tlantli* M 5, C 161, K 262, Y 301, Ch 429; Zehe *taschö* C 143; Zunge *aku* C 144 und athap., Y 291, Ch 394b; *nenetl* M 6, K 268, Ch 422

B. Zahlwörter:

1 *ce+, se+* ufw. C 162a; *puku, supuhe* K 254, 281, Ch 347b; 2 *waha* C 34, Sch 318; *wehe* K 185, Ch 338; 3 *bahi* C 35, K 186, Sch 319, Ch 337a; 4 *watsa* K 230, Ch 339; 5 *maharr* K 207, *mamni* Ch 411; 6 *nahwa* Sch 312, Ch 395; *pabai* K 207; 10 C 171a

C. Pronomina:

1) pron. pers.: ich *un, n+* C 36, 164b; *n+* K 187, 255, Ch 337b; du *om, em* C 42, K 188, Ch 349; er *a+* K 213, *hu+* K 197; *pa+* K 256, *pe* Ch 350, *pu* K 208; *wanal* Ch 350; *C 103; wir *tami* C 57, K 194, Ch 360; ihr *emi, om* C 43, 164b, K 189, Ch 361; fie *C 104

2) pron. poss.: mein *in, n+* C 37; *n+* C 164b, K 187, 255; dein *mu* K 212, *u* K 188; fein *a* K 213; *pa, pe* K 256 und athap.; *pu, po* K 208; unfer K 194, euer K 189; ihr C 164b, K 208

3) pron. demonstr.: diefer *hu+* K 197, *i+* Sch 315b; *C 103, pl. 104; jener *öö, u* K 197, Sch 316; *C 103, pl. 104

4) pron. interr.: wer? *haki, achin* K 215

5) pron. indef.: viel, viele *ayoin* K 243, *miec* K 269; alle *oyet* C 105, K 242

D. Adverbia:

wo? C 101b; heute *scibi, hipe* Ch 412, *iyasu* ufw. Sch 325b; geftern *mna* K 244, *tuca* K 211; *C 106; morgen *pa+, pu+ (bea)* C 107 (vgl. 95), K 245, Ch 398; vielleicht C 102

E. Conjunction:

nicht *ca* C 30, 56

F. Interjectionen:

ja *ha, he, ah* C 44 und athap., Ch 374 und noch S. 640ª; *hu* Sch 317; nein *ca* C 30, Ch 375

G. grammatifche Endungen:

des Subft. *p, pe* ufw. C 147b, Y 292, Sch S. 646af-mf; *t* ufw. C 162b, K 264, Y 303, Ch 432, Sch S. 645nf-6af; des Plur. *om* K 216, von Adj. der Farbe Sch 326

---

§ 591. Ich habe durch meine Beobachtungen und Bemühungen zwanzig bis 21 Glieder des von mir gegründeten fonorifchen Sprachftamms zufammengebracht. Ich zähle nur die, von denen wir Sprachftoff haben und aus ihm die Überzeugung fchöpfen. Jede diefer 20-21 Sprachen fchliefst einen gewiffen, kleineren Beftandtheil aztekifcher Wörter in fich: diefen aztekifchen Beftandtheil verdanke ich bei allen meiner Entdeckung; nur von zwei Sprachen, der *Tarahumara* und *Cora*, war eine geringe Anzahl Wörter vor mir beobachtet worden, die ich aus niederen Zehnern in Hunderte gebracht habe. Die 20-21 ficheren Glieder des fonorifchen Sprachftammes find:

1) die 4 mexicanifchen Nordweft-Sprachen, welche ich, unterftützt durch ein reiches Material, vollftändig habe erfaffen und ausführlich darftellen können; von mir kurz genannt die 4 fonorifchen Hauptfprachen:

Tarahumara, Tepeguana, Cora und *Cahita;*

2) 4 Sprachen der mexicanifchen Provinz Sonora, welche wir nur durch die von Hervas fo forgfältig gefammelten Vaterunfer-Texte kennen, deren Verwandtfchaft mit der Tarahumara vor mir durch gewiffe Ausdrücke ausgefprochen war:

Tubar, Hiaqui, Eudeve, Opata;

3) eine 5te Sprache der Provinz Sonora, uns durch eine gröfsere Wortfammlung und etwas Text ziemlich bekannt:

die *Pima;*

4) eine Reihe von Sprachen, die nördliche Region über Sonora (eine jetzt neben Sonora) in einer breiten Erftreckung zwifchen Oft und Weft einnehmend, uns durch gröfsere Wortverzeichniffe bekannt, welche ich zum Gegenftand einer fehr fpeciellen Wortvergleichung gemacht habe:

a) im füdlichen Neu-Californien hatte ich zuerft nur die 2 Sprachen *Kizh* und *Netela* aufgefunden; durch *Whipple*'s Wortverzeichniffe traten mir im Sommer 1857 hinzu: *Kechi, Chemehuevi* und *Cahuillo* (f. S. 550mm-n, 554af-m); die ftetige Reihe diefer Glieder von S-N ift:

Kechi, Netela, Cahuillo, Chemehuevi, Kizh, S. Fernando

Kechi ift die Sprache der Miffion *S. Luis Rey* (der 2ten in Neu-Californien, nach der Reihe S. 524), *Netela* die der Miffion *S. Juan Capistrano* (der 3ten), *Cahuillo* ift zwifchen den Quellen der Flüffe *S. Ana* und *S. Gabriel; Chemehuevi* weit ab gegen die Gränze in O, am unteren Colorado; *Kizh* die der Miffion *S. Gabriel* (des 6ten Orts), *S. Fernando* der 7te Ort. Faft alle diefe Sprachen find an der Südfee-Küfte. Die Sprache der Miffion *S. Fernando*, von der wir nur das Vaterunfer durch Duflot de Mofras befitzen, zeigt fich (f. S. 560[af-m]) in diefem Texte fo ähnlich dem *Kizh*, dafs fie auch eine fonorifche genannt werden uiufs; doch fteht fie vielleicht dem *Kizh* zu nahe, um mitzuzählen: diefs kann erft bei mehrerem Sprachftoff ausgemacht werden. Die ganze Südküfte Neu-Californiens ift alfo fonorifch, nur ganz im Süden (um *S. Diego*) haben fich die *Yumas* eingedrängt.

Es folgen in 2 Reihen die grofsen, nördlichen Völker des Innern:

b) *Comanche, Moqui, Yutah, Piede* oder *Pah-Yutah;* die letzte Sprache habe ich erft fpät, im Jahr 1857, durch die Mittheilung eines geringen Sprachftoffs bei *Carvalho* als eine neue, befondre, fonorifche Sprache hinzugefunden (f. Neu-Mex. S. 307[m-8a])

c) *Schoschonisch* und *Wihinascht*

Die Sprachen diefer 4ten Region, in ihren 3 Reihen, fchliefsen fich alle merkwürdig zufammen und bilden gegen die füdliche fonorifche Welt ein befonderes Idiom, das ich das comanche-fchofcho-nifche, wie die Völker den comanche-fchofchonifchen Bund oder die comanche-fchofchonifche Familie genannt habe.

§ 592. In diefer nördlichen Region verheifsen uns die Ausfagen mehrerer Reifenden eine Vermehrung des Sprachftammes durch andere Glieder der comanche-fchofchonifchen Familie. Die Nachrichten, welche die *United States exploring expedition* von einer weiteren Verbreitung der Schofchonen-Sprache erhielt (f. oben S. 639[a-aa]), verheifsen uns in dem Gebiete von Yutah als neues Glied das Volk der *Sampiches* jenfeits des Salzfees, aufserdem einige andere Stämme an Mexico's Nordgränze. Ein von mir unbezweifeltes Glied der fchofchonifchen Ligue ift der, nur durch tiefes Elend abgetrennte, fchofchonifche Stamm der *Bonnaks* oder *Pánasht*, von deffen Sprache ich auch fehr gern ein Wortverzeichnifs erfcheinen fähe (3 Wörter f. S. 636[a]).

In dem Maafse, als wir die Sprachen und Völker in dem Inneren der mexicanifchen Nordweft-Länder näher kennen lernen werden, werden in diefen Hauptfitzen noch einige andere fonorifche Glieder vor uns aufgehn; es weifen fchon darauf hin und machen uns diefe Hoffnung die Völkernamen und Nachrichten, welche wir Hervas verdanken. Wir find ihnen fogar fchon näher getreten: Wenn ich diefen RÜCKBLICK: den ich mir geftatte, um an einem Haupt- und Schlufspunkte, die Refultate fammelnd, die durch meine Arbeit zufammengebrachte MASSE DER SONORISCHEN SPRACHEN (durchzogen mit aztekifchem Stoff) und IHRE GLIEDER zur Anfchauung zu bringen, fortfetze; fo kommen wir an eine ZWEITE REIHE von Völkern und Sprachen, deren fonorifche Zugehörigkeit, von den meiften gewifs, ich nur aus Ausfprüchen, und aus Urtheilen von Gewährsmännern habe fchliefsen können: ohne, wie ich es bei jener erften Reihe leiften konnte, an irgend einem vorhandenen Sprachftoff fie prüfen und den Beweis dafür liefern zu können; und unfer Schauplatz geht zurück in die SÜDLICHEREN MEXICANISCHEN NORDLÄNDER, anliegend im Weften dem ftillen Ocean.

Diefen Schauplatz betretend, finden wir im Süden die Landfchaft Cinaloa angefüllt mit Mundarten des fonorifchen Sprachftamms; Hervas, nach den Angaben des Ribas, knüpft fie bald an die Sprache am Fluffe *Hioqui*, bald an die *Cinaloa*-Sprache, oder nach beiden an die vom Fluffe *Mayo* (f. Abfchn. XIII S. 155[mf-nn], 156[nf], 157[a-m,f], 158[a-9f], 159[mf]). Hervas nennt, nach indirecten Schlüffen (f. ib. S. 156[nf]), als verwandt mit der *Cinaloa*-Sprache (d. h. in ficherer Auslegung: als fonorifche Sprachen):

Ahome, Comopori, Conicari, Guayave, Tehueco, Tepahue, Zuaco = 7

dazu kommen noch *Mayo* oder *Maya* (wenn man fie nicht = *Hiaqui* annimmt), *Ocoroni* (157[af]), *Chicorata* (157[af]). Fragen kann man, ob die Sprache der *Hueicolhues* eine fonorifche zu nennen fei? (f. 157[nn]), ob vielleicht *Chinipas??* (f. 161[f-2a] und die dortigen Citate): es läfst fich aber nichts wiffen; mit *Chinipas*, vermuthet Hervas wieder (162[aa]), feien die Sprachen der *Guazapari, Temori,*

Ihio, Varohio verwandt. Vielleicht gehören her einige der Sprachen der Landfchaft T o p i a, indem Hervas (oben S. 173[nf]) vermuthet: *Tepehuana, Topia, Acaxee, Xixime, Sicuraba, Hina* und *Huimi* möchten nur 2 verfchiedene Sprachen enthalten; er ftellt die 2 Typen auf: *Acaxee* und *Xixime* (vgl. 174[mm]); *Topia* und *Acaxee* find verwandt. Wirklich fonorifch ift das *Julime* (174[nn-nf]). Weiter nördlich, in S o n o r a, gehören ficher zum fonorifchen Stamm die *Papagos,* als nahe verwandt mit oder gar ein Zweig? der *Pimas* (237[aa,m]); und die *Sobaipuris,* mit einem Dialect der *Pima* (237[nn], 238[aa]). Für fonorifch würde man endlich halten dürfen die *Paducas* am Platte-Flufs, genannt nahe mit den Comanchen verwandt, fogar mit ihnen identificirt (362[a]; doch find *Kiawas* unter ihren Trümmern: 363[mf]); auch würden dann die andren, aus ihnen entftandnen Stämme, aufgeführt S. 363[mf], fonorifch feyn können.

So r e i c h i f t d i e f e W e l t, von der wir nur Nachrichten wiederholen und Urtheile nachfprechen können, ohne felbft zu wiffen; fo grofse Schuld trägt der fpanifche und mexicanifche Volksgeift!

§ 593. Ü b e r d a s S C H O S C H O N E N - L A N D h i n a u s — nicht nur das jetzige (wo wir fie im *Chinuk, Waiilatpu, Molele,* in der *Calapuya* und im *Chihalis* haben: S. 629[m]-630[m], 660[aa-mm]), fondern vor allen Dingen das ehemahlige — bis in den H O H E N N O R D E N des Weltteils treten uns vereinzelte A n a l o g i e n des A Z T E K E N -, weniger des fonorifchen Idioms entgegen; fie find bald unficher und verfchwimmen in den Zufall; bald, in ftärkerer Realität auftretend, find fie räthfelhaft zu nennen, bleiben aber gerade darum unermefslich wichtig. Zu der letzteren Claffe gehört (ähnlich wie das fonorifche *pah* Waffer in der *Tezuque*-Sprache von Neu-Mexico) die Herrfchaft des aztekifchen Wortes *tetl* S t e i n durch den ganzen athapaskifchen Sprachftamm, bis in das ruffifche Nordamerika, ja noch in der ganz fremden Sprache der Kolofchen. Diefe aztekifchen S p u r e n, fo wie die Kritik, welche die weit ftärkeren und bis in den h o h e n N o r d e n gehenden Behauptungen des Mithridates erheifchen, nöthigen mich, in meiner M U S T E R U N G der V Ö L K E R und S P R A C H E N auf Nordamerika's Weftfeite unaufhaltfam n o r d w ä r t s bis an die Geftade des Eismeers vorzudringen.

§ 594. Wir treten nun ein in die Region, welche die Nordamerikaner mit dem Namen NORD-OREGON bezeichnen, feit 1853 das *WASHINGTON* t e r r i t o r y benannt.

T S I H A I L I - S E L I S H nennt die *exploring expedition* die hier herrfchende vielgliedrige, reich verzweigte Sprachfamilie (No. 3), in ihrem 2ten Gebiete, der Nord-Oregon-Abtheilung (p. 205-212); von der gröfsten Verbreitung: über das ganze Wafhington-Territ. und einen Theil des britifchen Weftlandes, eine ftarke Ländermaffe einnehmend, zwifchen O und W beinahe von den *Rocky mountains* beginnend (wo die *Coutanies* vorliegen) und ftetig bis an die Südfee fortlaufend (von 118°, ja auf dem füdlichen Flügel von 112°$\frac{1}{2}$, bis 124°$\frac{1}{2}$ W.L. v. Gr.); welche im N bis an die *Tahkali* reicht und im S noch über die Columbia herab die *Killamuks* an der Küfte des nördlichen Oregons begreift (zwifchen 44° 42' und 52° 45' N. B.). Die Sprachfamilie wird dort in 8 Sprachen dargelegt; und eben fo ift das Wortverzeichnifs sfach (E-L), mit 6 Dialecten nebenbei (c-h).

E. *Shushwāpumsh* oder *Shushwaps* oder *Atnahs* gehören fchon in das britifche Nordamerika: und ich habe fie dort an 2 Stellen: neben der Sprache des *Friendly Village,* welche Hale unrichtigerweife an fie knüpft (brit. Amer. S. 320[n]-2[af]), und bei den Völkern des britifchen Feftlandes

(391^{m-mm}, 392^{a-aa}), behandelt. Ich will hier nur noch ein Wortverzeichniſs der Sprache nachtragen: gegeben von Joſ. *Howse* in ſeiner 4ten Worttafel, als 4tes Glied, im Vol. IV. der *proceedings of the philological society*, Lond. 1850. 8° p. 199-204, in der Verbindung: *Kútani, Flat-head, Okanagan, Atna* oder *Shoushwap.*

F. *Selish, Salish* oder *Flatheads:* an der oberen Columbia und ihren Nebenflüſſen: dem *Flathead-, Spokan-* und *Okanagan*-Fluſs. Es gehören zu dem Stamme mehrere unabhängige Völkerſchaften: ſo die eigentlichen *Salish*, die *Kullespelm* (das *u* iſt eig. kurzes ö), *Soayalpi (Sχoaiatχlpi)*, *Tsakaitsitlin (Tſökaetſitlin)* und *Okinakan* (*Okinakain* 535^{nf}); zuſammen 3000 Seelen. Über das Volk f. 205^{nf}-9ⁿⁿ. Die *Kullespelm* wohnen am gleichnamigen Fluſſe und See (535ⁿⁿ); die Canadier nennen ſie *Pend-oreilles*, was zu *Ponderays* corrumpirt iſt.

G. *Skitsuish* oder *Coeur d'Alène*-Indianer: 3-400 Seelen (209); am gleichnamigen See. Sie ſprechen einen Dialect (210) der *Salish.* Über den Namen *Coeur d'Alène* f. ^{aa-n}.

H. *Piskwdus* oder *Piscous.* So heiſst eigentlich der Stamm an dem kleinen Fluſſe, der 40 *miles* unter Fort *Okanagan* in den Columbia-Fluſs an ſeiner WSeite einfällt; hier iſt er aber auf alle Stämme bis zu *Priest's rapids* ausgedehnt, welche mit jenem Eine Mundart reden. Sie ſind armſelig und ſehr diebiſch. Die Monatsnamen (f. ſie 211^{m-n}), von einem Häuptling erhalten, ſcheinen Ähnlichkeit mit *Selish* zu zeigen.

I. *Skwále* oder *Nisqually*   J. *Tsihailish* oder *Chikailish (Tsχailisch)*, mit 2 Unterarten: *Kwaiantl (Kwaiantχl)* und *Kwenaiwitl (Kwenaiwitχl).*

K. *Kawelitsk* oder *Cowelits*   L. *Nsietshdwus (u =* kurzem ö) oder *Killamuks.* (¹) Der erſte der zuletzt genannten 4 Stämme (I-L) bewohnt die Küſten von *Puget's* Sund, der 2te die Mitte der Halbinſel weſtlich vom Sunde und nördlich von der Columbia, der 3te an den Ufern des kleinen Fluſses *Cowelits* (welcher ſüdlich vom Sunde in die Columbia fällt); der 4te, getrennt von den andern, am Meer, im S der Columbia. Sie weichen bedeutend im Dialect von einander ab, nicht aber im Äuſsern: worin ſie den *Chinooks* und andern Nachbarſtämmen ähneln. Ihre Zahl war 1840: 600, 2000, 300 und 700 Köpfe (212). Den *Tsihailish* ſind beigeſellt die *Kwaiantl* und *Kwenaiwitl* (von den Weiſsen zu *Queen Hythe* corrumpirt): nahe der Küſte, 30-40 *miles* ſüdlich vom Cap *Flattery;* welcher jeder einen beſondern Dialect beſitzt.

Auf das 1te dieſer 4 letzten Völker, das Volk *Nisqually* oder *Nesquallis* (brit. Amer. S.380^{mm}), und ſeine Sprache, von *Schoolcr.* als einen Haupttypus hingeſtellt, werden wir noch am Ende dieſes Abſchnitts der Verein. Staaten (im § 613, b) zurückkommen; über das 2te, die *Tsihailish* oder *Chehalis*, werde ich ſogleich weiter handeln; No. 3 und 4 ſind die in den Völkerliſten vielgenannten *Cowlits* oder *Cowlitz* (mit dem gleichnamigen Fluſſe; S. 590ⁿ, 592^{mm}, 593^{mm}, 594^{af, nf}, 595^{n, nn}) und *Killamuk* (S. 590ⁿ, 591ⁿ, 592^{n, f}, 593^m). Die *Quaiantl* wohnen (535^{nf}) am gleichnamigen Fluſſe, nördlich von den *Tsihailish;* und die *Kwenaiwitl* von ihnen nördlich (536^a), unfern des Eingangs der Fuca-Straſse; von beiden nennt Swan nur das letztere (*Queniult*, oben S. 596ⁿ⁻ⁿⁿ), die erſteren Gairdner als *Qyan* (oben S. 613^{nf}).

Das Volk der C H E H A L I S, von Catlin II, 113 *Cheehaylas* genannt (vgl. brit. Amer. S. 399^f), und ſeine Spiache iſt neben Volk und Sprache der *Chenooks* dasjenige, was S w a n im *Washington terr.* vorzüglich kennen gelernt hat. Es wohnt nach ihm an *Gray's harbor* (c. 47° N. B.) und dem *Chehali(s)*-Fluſs; f. ſeine Reiſe zu ihm p. 327 sq., über ſeine alte Geſchichte 202 sq. Ich habe ſchon beim *Chinuk* (S. 627^{nf}) nach ihm bemerkt, daſs die *Chehalis*-Sprache an der Küſte jetzt die am gewöhnlichſten geſprochene iſt, und daſs vielen jungen *Chenook*-Indianern wegen der Rauheit und Schwierigkeit ihrer eignen Sprache ihre Eltern das *Chehalis* und den *jargon* lehren. *Swan* hat die

_____

(¹) Es ſind dieſs die nördlichen oder oberen *Killamuks*; die ſüdlichen oder unteren ſind = *Iakon*, und bilden No. 8 oder T (f. oben S. 612^{af-m}).

Chehalis-Sprache felbft fprechen gelernt (309), wurde aber von den Indianern des Innern nicht verftanden: fo verfchieden find Ton und Weife der Sprachen. Die *Chehalis*-Sprache (die wirkliche,
nicht der *jargon*: vgl. S. 632ªª) ift nach *Swan* (316) fehr reich in Wörtern und fehr beftimmt. Ein
Wortverzeichnifs des (wirklichen) *Chehalis*, alphabetifch nach ihr, giebt er p. 412-5. Der Vf. hat in
der *Chehalis*-Sprache (310ⁿᶠ-1) irländifch klingende Wörter gefunden: *But I believe that there are
more Irish-sounding words in the Chehalis language than there are Hebrew ...*

A z t e k i s c h e Anklänge, befonders den Confonantenlaut *tl* (fo häufig in den Namen diefer
Küfte), wie ich fie im *Chinuk* und *Waiilatpu* (S. 629ⁿⁿ-ⁿᶠ) aufgewiefen habe, treten in der *Chehalis*-
Sprache mächtig auf; und fie haben felbft S w a n ' s Aufmerkfamkeit erregt, und führen ihn weit zu
hiftorifchen Schlüffen, deren Wirklichkeit der Richtung meines Werks fehr erwünfcht wäre. „Der
oberflächliche Beobachter", fagt er p. 313, „mufs erftaunen über die grofse Ähnlichkeit in der Endung
vieler *Chehalis*-Wörter mit dem mexicanifchen oder aztekifchen *tl;* wie z. B.: *aquailshitl* Nord-
wind, *querloëchintl* Berberitze *(bear-berry)*, *parlamshitl* Himbeere *(raspberry)*, *narwhatl* ja,
ow-whitl ein andrer, *joquitl* aufftehn, *shooksquitl* heute, *secartl* Pechtanne *(spruce)*, *sheoquintl*
Ceder, *skaerkuttl* Frau *(woman)*, *sartl* 2." Die nördlichen Völkerfchaften, fo erzählt der Vf., die
von *Oregon* und *Washington*, pflegen weit nach Süden zu ftreifen; fo erregte ein ftarkes Corps von
Wallawallas Unruhe in Neu-Califurnien in der Gegend des *Sacramento:* ja fie kamen einmahl bis
S. José in Neu-Californien (314). „Diefe Thatfachen, wenn man fie mit der Allegorie von dem Don-
nerkeil der *Chenooks* und *Chehalis* zufammenftellt, möchten der Annahme Gewicht geben, dafs zu
irgend einer Zeit die mexicanifchen Indianer u n t e r d e n n ö r d l i c h e n V o l k s f t ä m m e n g e-
w e f e n w ä r e n; oder es kann auf der andren Seite, von denen, die an den nordweftlichen Ausgang
aus Afien glauben, da die mexicanifche Endung *tl* unter den noch nördlicheren Völkerfchaften gefunden
wird, als ein Beweis betrachtet werden, dafs die Mexicaner felbft in jener Gegend ent-
f p r u n g e n f e i e n." Sehr merkwürdiges berichtet *Swan* (316) noch über diefen Laut *tl:* „Manchmahl
enden fie, wie zum Spafs, alle ihre Wörter auf *tl;* und die Wirkung ift beluftigend Drei oder Vier
zu gleicher Zeit mit diefem fonderbaren Laute reden zu hören, gleich fo vielen brütenden Hühnern."

§ 595. Das *Skwale*-Wortverzeichnifs (535) erhielt man von einem Dolmetfcher, alle
übrigen aber von Eingebornen der Stämme; das *Selish, Skitsuish* und *Piskwaus* verdankte man der
Beihülfe der amerikanifchen Miffionare *Walker* und *Eels* zu *Tshamakain* am *Spokan*-Flufs, und
ihrer Kenntnifs der *Selish*-Sprache.

Die S p r a c h e n diefer Familie find nach der *expl. exp.* (535) alle rauh, guttural und undeutlich (vgl. *Swan* oben S. 589ⁿⁿ-590ªª). Der Dialect-Verfchiedenheiten find fehr viele, man hielt es
für überflüffig mehr als einige zu beachten. Die obigen Miffionare machten es möglich der Grammatik
diefer Sprachfamilie mehr Aufmerkfamkeit zu widmen als irgend einer andren. S. die *pron. poss.* p. 536.
Das *Nsietshawus* ift bedeutend fremdartig gegen die übrigen Stammfprachen (f. näher 536ⁿⁿ-7ªª).
Es wird eine kurze grammatifche Überficht von der *Selish*-Sprache gegeben 537ªᶠ-542ᵐᵐ.

Über die Völker und Sprachen des Puget-Sundes werde ich am Ende (§ 613,b) handeln,
nachdem ich die grofsen Völker des Inneren, gegen die *Rocky mountains* hin, betrachtet haben werde.

§ 596. Die *F l a t h e a d s* wohnen nach dem Prinzen Maximilian zu Wied (II, 501) in den
Rocky mountains; nach dem Miffiunar Parker (p. 302) follen fie nur 800 Seelen zählen, und follen
(304) mit den *Ponderas* und *Spokein*-Indianern diefelbe Sprache reden. Wortverzeichniffe gaben
fchon die: *archaeol. amer.* II (1836), 307-367 No. XVIII, 53 (*Salish*, von einem unbenannten Verf.,
aus Duponceau's Sammlung); Prinz Maximilian zu Wied (1841) II, 501-2 *(Flatheads);* zuletzt
Jof. Howse in der oben (S. 659ª) genannten Worttafel (p. 199-204, 205). Dazu kommt alfo die
expl. exp. No. 3 F.

Der Mithridates war fchon auf diefes Volk aufmerkfam, und bezeichnet es (206ᵐ-7ªª) fo:
„in dem unbekannten Inneren des Landes die Anwohner des grofsen *Multnoma*-Fluffes, welcher an

den Gränzen von Neu-Mexico mit dem (weftlichen) Colorado und dem Apoftle-Fluffe zufammen entfpringt, die *Pallotepallor* oder Flachköpfe, die auf der Karte bey Lewis und Clarke vom 42° an
bis faft dem Nutka-Sunde gegen über auf der Weftfeite das grofsen Gebirgszuges oder der fteinigen
Gebirge erfcheinen." Der Mithr. wufste nichts von ihrer Sprache, hält aber die *Shoshone*-Nation für
einen Zweig derfelben. — Ich habe das Volk der *Selish* oder *Flatheads* gebührendermaafsen auch
beim **britifchen Nordamerika** (brit. Amer. S. 391[af-m]) aufgefuhrt, in das fie fich nördlich hinein-
ziehn, ja dem ihre Maffe hauptfächlich angehört.

§ 597.   Den Saum gen O von der Ländermaffe der *Selish* bis an die *Rocky mountains,* einen langen und fchmalen Landftreifen, wie fie von SO gen NW gerichtet, nimmt,
gröfstentheils (gen N) dem britifchen Weftlande angehörig ($47°\frac{1}{2}$ bis $52'$ N. B.), das Volk der
KOOTANIES *(Koutanie, Kitunaha)* oder *FLAT-BOWS* ein (f. fchon brit. Amer. S. 391[mm-n],
392[a]). Sie lehnen fich an als ihre Weftgränze an den oberen Lauf der *Columbia* in der nördlichen und an *Clarke's* oder *Flathead river* in der füdlichen Hälfte ihres Gebietes, den *Kootanie* oder *Flatbow river* in ihrer Mitte einfchliefsend; alle diefe Flüffe haben gleich ihrem
Lande und der mächtigen Bergkette in ihrem Often die Richtung zwifchen SO und NW.

Sam. Parker *(exploring tour beyond the Rocky Mountains* ... 1835-37, *Ithaca* 1838. 8°
p. 304) berichtet von den *Cootanies* in einem Landftriche nördlich von den *Ponderas* am *M'Gillivray's*-Fluffe [demfelben, der auch *Knotanie* oder *Flatbow river* heifst], als einem „ungemein
intereffanten" Volke. Ihre Sprache fei von allen umgebenden verfchieden: offen und wohlklingend,
frei von Gurgeltönen. Prinz Maximilian zu Wied hat im 1ten Bande feiner „Reife in das innere
Nordamerica in den *J.* 1832 bis 1834" mehrere Nachrichten von ihnen geliefert (z. B. S. 551, 607);
er nennt fie *Kutanä, Kutunäs* oder *Kutnehä;* fie felbft follen fich *Kutonachä* nennen; die Franzofen
kennen fie unter dem Namen *Coutonais,* die *Blackfeet* nennen fie *Kutanä.* Sie leben nach ihm
(II, 513) in den *Rocky mountains* jenfeits der Quellen des *Maria river* [*Maria's r.* nördlicher Zu-
fluss des oberen *Missouri,* nahe den *Rocky m.*]. Sie find nicht zahlreich (nach Parker nicht über
1000 Seelen), und follen nur etwa 40 Zelte zählen. Die *Blackfeet,* befonders die *Blood-Indians,*
find ihre erklärten Feinde. S. weiter 513-4. Der Prinz bezeugt (Bd. II, 511), dafs der behauptete
Mangel an Gurgellauten ein Irrthum ift; er bemerkt: dafs die Sprache durch den ihr eignen „Zungen-
fchnalz" für das ausfprechen fchwierig werde, und dafs fie eine Menge von Gutturaltönen habe. Man
fpreche (514) die Wörter leife und undeutlich aus; dabei gebe es darin viele fchnalzende Töne, indem man mit der Zungenfpitze anftöfst; auch gebe es viele dumpfe Kehllaute. Der Prinz hat (II,
511-3) ein Wortverzeichnifs der Sprache gegeben, aufgenommen von einem alten *Kutanä.*

§ 598.   Die *Kitunäha* oder *Coutanies,* auch *Flat-bows* genannt, find die 2te Sprachfamilie
der *exploring expedition;* gehörig zur 2ten geogr. Abth., der Nord-Oregon-Abtheilung. Das Wortverzeichnifs bildet No. 2 (D) in dem grofsen Verzeichnifs. Es wurde erlangt (535) von einem *Cree*-
oder *Knisteneau*-Indianer, welcher mit dem Volke viel verkehrt hatte und die Sprache geläufig redete;
es folgt daraus ein Mangel an Zuverläffigkeit. In der 2ten Ausg. von Vater's Litt. der *Lexica* (253[n])
wird als ein Dialect des *Minetare* der der „*Kattanahaws*" angegeben: womit unfer Volk nicht gemeint ift, deffen Sprache gegen die *Minnetare* ganz fremd ift. Die *Kitunaha* ufw. find nach der
expl. exp. ein kleiner Stamm von 400 Köpfen, wandernd in dem rauhen, gebirgigen (205) Landftrich
zwifchen den 2 nördlichen Armen der Columbia. Zu ihnen gehören auch der *Flat-bow*-Fluss und
-See. Sie find grofse Jäger, und gleichen mehr den Indianern im O der *Rocky mountains* als denen
von Nieder-Oregon. — Nach der Karte der *explor. exped.* gehört das Volk der *Kitunaha, Koutanie*
oder *Flat-Bows,* wie ich fchon gefagt habe, gröfstentheils dem britifchen Weftlande an, und ich
habe es daher dort (S. 391[mm-n]) auch genannt. — Ein neues Wortverzeichnifs des *Kutani* gab Jof.
Howfe (f. oben S. 659[a]) in der *philol. soc.* IV, 199-204, 205 und 206.

Blackfeet.

§ 599. Ich überſteige nun die *Rocky mountains*, um im Oſtgebiet der Vereinigten Staaten EINIGE GROSSE VÖLKER mit eigenthümlichen Sprachen meinem Werke anzufügen. Ihnen in Oſten ſchweift, nordöſtlich von unſerm bisherigen Schauplatz, das groſse Volk der *BLACKFEET* oder *SATSIKAA*, die wüthenden Feinde der Schoſchonen. Sie dringen aber auch durch die rauhe Bergkette und treten unter den Völkern des Weſtlandes auf.

Umfreville (*the present state of Hudson's Bay*, Lond. 1790. 8°) faſst zuſammen: „*The Black-foot, Paegan, and Blood Indians.*" Unter dieſer Überſchrift ſagt er (p. 200): „Dieſe Indianer, obgleich ſie in obige 3 Stämme getheilt ſind, ſind alle Eine Nation, reden dieſelbe Sprache und leben nach denſelben Geſetzen und Sitten. Aus welchem Grunde ſie ſo genannt ſind, habe ich nicht entdecken können: aber ſie gelten unter keinem andren Namen bei den *Nehethawas.* Sie ſind das zahlreichſte und mächtigſte Volk, das wir kennen;" zugleich das kriegeriſchſte, ſagt er, und furchtbar ihren Feinden: in deren Land ſie häufige Einfälle machen, eine Menge Pferde wegführend. (S. weiter über ſie 201.). „Ihre Sprache (202ª) iſt dem Ohr eines Fremden nicht ſehr angenehm; aber wenn man ſie erlernt hat, iſt ſie ſowohl angenehm als ausdrucksvoll." — Der Mithridates, welcher obiges wiedergiebt (252ᵐᶠ-3), nennt (251ᵐᶠ) „an der Weſtſeite (!) des Felſengebirges, ungefähr in gleicher Breite mit der Königinn-Charlotten-Inſel, die Blut-, *Paegan*- oder ſchwarzfüſsigen Indianer; etwas ſüdlicher die Fall-Indianer, und noch ſüdlicher ... die *Snake*- oder Schlangen-Indianer." Zu den vielgewandelten Formen des einen Namens bemerke ich *Siksekai* und *Seksekai* in Vater's Litt. der Lex. 2te Ausg. S. 341ᵐ; für die Blut-Indianer: *Kühna* oder *Kaëna* (ib.).

Lewis Karte hat die *Blackfeet* nördlich über *Maria's river;* die von Morſe im O dieſes Fluſſes, nördlich über dem *Missouri.* Parker's Karte hat die *Blackfeet* an 2 Stellen: 1) dicht an den *Rocky m.* in O, zwiſchen ihnen und *Maria's r.*: in 46°½-47°½ N. B. und 33°-35° W. L. v. Waſh. (dieſs iſt im *Northwest territory*) 2) in N: etwas weiter ab von den *Rocky m.*, den *Bull Pound r.* mit dem oberen ſüdlichen Zweige des *Saskatchawan* in der Mitte ihrer Erſtreckung von SO-NW habend: von 49°-50°½ N. B. und 35°-36°½ L. (im ſüdlichſten britiſchen Gebiete, beginnend im nördlichſten Theil des *Northwest terr.*). Auf Gallatin's Karte bildet das Land der *Blackfeet* ein von SO-NW längliches Viereck, den *Rocky m.* in O anliegend: im S ſüdlich vom *Bighorn r.* beginnend und im N die Mitte zwiſchen den beiden Armen des *Saskachawan* erreichend: von 42°⅔-beinahe 53° N. B.; in SO ſtoſsen ſie an die *Crows*, in NW an die *Sussees.* In ſeiner *synopsis* (*archaeol. amer.* II, 1836) handelt Gallatin von den *Blackfeet* p. 132ᵐᶠ-3ᵃᵃ, und giebt ihnen alles Land von 103° W. L. bis an die *Rocky mountains* und vom 52°-42° N. B.

Unter dem Namen der SATSIKAA oder *BLACKFEET* (*Blackfoot-Indians*) behandelt die *ethnography* der EXPLORING EXPEDITION, als No. 13, eine Ligue oder Conföderation von 5 Völkerſtämmen (219), welche ein ausgedehntes Gebiet in und an dem Felſengebirge inne haben: zwiſchen dem oberen *Missouri*, dem *Saskatchawan* und der *Columbia.* Die Stämme ſind: 1) die eigentlichen *Satsikaa* (*Sŏtsikáa*) oder *Blackfeet* 2) die *Kena* (sing. *Kenekún*) oder Blut-Indianer 3) die *Pickän* (*Piekŏn*) oder *Pagan Indians* 4) die *Atsina* oder Fall-Indianer, manchmahl genannt *Gros Ventres* der Prairie 5) die *Sarsi (Sörsi)* oder *Sussees.* Hale wurde *Sikskékuanak* als Name der Conföderation angegeben: von welchem Worte er es für zweifelhaft hält, ob es nicht aus der *Cree*- oder *Knisteneau*-Sprache ſtamme. Die 3 erſten Stämme ſprechen Ein Idiom; der 4te hat eine eigene Sprache, der 5te redet einen athapaskiſchen Dialect. Dieſe Verbindung iſt ein Ereigniſs neuer Zeit, noch in Menſchengedenken. — Die *Atsina* ſind identiſch mit den

Arrapahaes. Vor einigen Jahren wurden die Blackfoot-Stämme durch ihre Zahl und ihren kriegerifchen Geift der Schrecken aller weftlichen Indianer, zu beiden Seiten der *Rocky mountains.*
Man rechnete fie zu 30,000 Seelen; nicht felten waren 30-40 Kriegshaufen auf einmahl zu Felde: gegen
die *Flathead (Salish), Upsarokas* (oder *Crows*), *Schoschonen,* die nördlichen *Crees.* Aber im
J. 1836 rafften die Pocken ⅔ ihrer Seelenzahl hinweg, und es find ihrer jetzt nur noch 1500 Zelte
oder 10,000 Seelen. Ihre Feinde ermannen fich und rächen fich an ihnen.

§ 600. George Catlin in feinem herrlichen Werke: *letters and notes on the manners,
customs and condition of the North American Indians* Vol. I. Lond. 1841. 8° maj., in welchem
er p. 29-53 bei dem Volke verweilt, nennt die *Blackfeet* eine der zahlreichften Völkerfchaften, wo
nicht die zahlreichfte, und die mächtigfte „des Continents": *The Blackfeet are* (p. 42), *perhaps,
one of the most (if not entirely the most) numerous and warlike tribes on the Continent;*
p. 51: *the most powerful tribe on the Continent.* „Sie nehmen (p. 42) das ganze Land um die
Quellen des *Missouri* ein, von der Mündung des *Yellow Stone river* [48° 5′ N. B. und c. 104° W.
L. v. Gr.] bis zu den *Rocky mountains.* Ihre Zahl beträgt nach den beften Berechnungen 40-50,000.
Sie durchftreifen das ganze Land, dringen in und durch jeden Theil des Felfengebirges, und bekriegen
ihre Feinde; diefs ift jeder Volksftamm, der um fie wohnt." Er bemerkt aber weiter (52), dafs wir
wahrfcheinlich mehr Indianer unter den Namen *Blackfeet* bringen, als zu ihnen gehören. So fei es
mit den *Grosventres des Prairies* und *Cotonnés:* welche beide nicht die Blackfoot-Sprache reden,
aber mit den Blackfeet zufammen leben, fich verheirathen und jagen. „Die eigentlichen Blackfeet
zerfallen in 4 Schwärme *(bands)* oder Familien: die *Pe-a-gans* von 500 *lodges,* die *Blackfoot
band* von 450 *l.,* die *Blood-band* von 450 *l.* und die *Small Robes* von 250 *l.;* diefe 4 Banden
betragen zufammen etwa 16,500 Seelen. Dann kommen die uneigentlichen Blackfeet: die *Grosventres
des Prairies* 430 *l.,* mit gänzlich verfchiedener Sprache; *Circes* [*Sussees*] 220 *l.* und *Cotonnés*
250 *l.,* mit verfchiedener Sprache gegen einander. Später erhielt Catlin eine Nachricht von einem
Kundigen, dafs die Blackfeet nicht viel unter 60,000 Seelen zu rechnen feien.

Schoolcraft widmet im P. V. feiner *Indian tribes* (Philad. 1855) den *Blackfeet* ein kleines
Capitel (p. 179-184); dazu kommt *append.* 685-7. In der Tafel vom *Nebraska*-Territorium bei
Schoolcraft V, 494 werden 1) *Blackfeet* nördlich vom *Missouri,* 9000 Seelen 2) aber *Blackfeet
Sioux* am *Sheyen river:* 4500 Seelen, die *Sioux*-Sprache redend; aufgeführt.

§ 601. Ein fchönes und fehr forgfältiges WORTVERZEICHNISS der *Blackfoot*-Indianer
gab fchon im J. 1841 der Prinz Maximilian zu Wied im 2ten Bande feiner „Reife in das innere
Nordamerica in den J. 1832 bis 1834" S. 480-6. Ein frühes kleines gab Edw. Umfreville, *the
present state of Hudson's Bay,* Lond. 1790. 8°, nach p. 202 *(Black Foot Indians,* neben *Fall-
Indians),* das wiederholt ift in der *archaeol. amer.* II, 373 (1836): in deren Syftem (p. 306) die
Blackfeet (als No. XXI, 56) unter den vereinzelten Völkern erfcheinen. — Ein felbftftändiges und
viele wichtige, von Anderen nicht berückfichtigte Begriffe enthaltendes Wortverzeichnifs verdanken wir
Geo. Catlin in feinem 5fachen Verzeichniffe. Derfelbe giebt nämlich in feinem fchon genannten
Werke: *letters and notes on ..... the North American Indians* Vol. II. Lond. 1841. 8° maj. app.
p. 262-5 ein von ihm felbft unmittelbar aus dem Munde der Indianer gefammeltes Wortverzeichnifs
der 5 Sprachen: *Mandan, Blackfoot, Riccaree, Sioux, Tuskarora.* Er giebt es exprefs als Beifpiel der grofsen im Norden des Welttheils herrfchenden Sprachverfchiedenheit: *of the radical difference, that actually exists among a vast many of the languages spoken by the North American Indians.* Er wiederholt hier von p. 236 (¹): *that of the forty-eight languages, which he*

_____

(¹) Ich verweife auf die wichtigen und intereffanten Anfichten, welche der in das Leben der amerikanifchen Völker fo tief eingeweihte Verfaffer über das Wefen und die Verfchiedenheit ihrer Sprachen
II, 236ᵐ-7ⁿ mittheilt.

has visited, he pronounces thirty of them as radically different as these are, while the re-maining eighteen may be said to be dialects from four or five distinct roots.

Das Woitverzeichnifs der *exploring expedition* (No. 13 Z der Worttafel) bezieht fich allein auf die eigentlichen *Satsikaa* oder *Blackfeet*. Andre Verzeichniffe find: bei Schoolcraft II, 494-505, herrührend von J. B. Moncrovie (in der Verbindung: *Comanches, Satsika* oder *Black-feet, Costanos, Cushna*); *Amer. ethnol. soc.* II, CXIII-IV (zufammengeftellt mit *Algonkin*). Eine Ausgabe von P. J. de Smet's *Missions de l'Orégon, New York* 1847. 12°, foll nach *Lude-wig's lit. of American languages* (p. 19) „auf den letzten 2 Seiten der 2 letzten Blätter" „pp. 408, 4°" ein Wortverzeichnifs des *Blackfeet* enthalten; in der mir zugänglichen Aus-gabe *de Smet's* aber, Gand (1848) 12°, befindet fich diefe Beigabe nicht. Auf der 1ten Worttafel von Jof. Howfe's Wortverzeichniffen im Vol. IV. der *proceedings of the philological society,* Lond. 1850. 8° p. 104-112, findet fich nach 3 algonkinfchen Dialecten: *Nipissingue, Shawnees* vom *Miami-Flufs, Ind. von New Brunswick (Micmac)*, ein doppeltes Wortverzeichnifs: des *Blackfoot* und der *Blood-* oder *Paegan Indians* (beide wenig von einander verfchieden, oft gleich). Von den beiden andern Dialecten ift aufser *Howse* nichts bekannt.

§ 602. Gallatin, der in der *archaeol. amer.* II, 133ᵃᵃ die Sprache noch für „verfchieden von jeder andren uns bekannten" erklärte, fagt neuerdings (*ethnol. soc.* II, C): die VERWANDTSCHAFT der *Blackfeet* mit der Algonkin-Familie fchiene ihm vollftändig erwiefen zu feyn *(appears to me conclusively proved).* Diefe Verwandtfchaft erwähnt er wieder CXIⁿᶠ; und CXIII-IV erweift er fie von einer Anzahl Wörter, die er mit den algonkinfchen Sprachen vergleicht.

Ich habe in der Sprache der *Blackfeet* keine Ähnlichkeit für meine Zwecke gefunden. Bei den Schofchonen habe ich fchon verfichert, dafs fie gegen diefe Sprache fo wie gegen den fonorifchen Sprachftamm eine ganz fremde ift. Auf die Bemerkung des Prinzen Maximilian zu Wied (oben S 639ᵃᶠ) von „verwandten Wörtern" zwifchen beiden Völkern habe ich nicht nur zwei ihnen wirklich gemein-fame Einzelheiten, fondern auch andere Ähnlichkeiten (S. 639ᵃᶠ-640ᵃ) angegeben; die letzteren führe ich meiftentheils auf die algonkinfchen Sprachen hinaus. Denn ich will hier die eben mitgetheilte Meinung Gallatin's, dafs die Blackfoot-Sprache dem algonkinfchen Sprachftamme angehört, nach-drücklich und nach eigener Anficht beftätigen. Wenn es dafür die ficherften und genügendften Beweife giebt, fo hat dennoch das *Satsikaa* einen andern, von dem Algonkin ganz verfchiedenen, fremden Beftandtheil von bedeutendem Umfang. Die Selbftftändigkeit der Sprache trotz der algonkinfchen Verwandtfchaft wird durch die unglaubliche, von mir durch Prüfung herausgebrachte Thatfache be-wiefen: dafs das Blackfoot von einem andern algonkinfchen Idiom diefer Gegend, dem *Arapaho*, in allen Wörtern gänzlich verfchieden ift. Als Ausnahmen finde ich nur: Mais Bl. *besca-tte*, A *bes-cahder;* ja *ha, ah;* eine kleine Ähnlichkeit hat Panther. Scheyenne (auch algonkinfch) habe ich mit Blackfoot nicht verglichen; ich finde beiläufig übereinftimmend: Vogel Bl. *picsi*, Sch *vickis;* ja *ha* in beiden. Die entfchiedene Fremdheit von Blackfoot und Scheyenne bezeugt aber *Brazeau* bei Catlin (f. unten S.665ᵐ⁻ᵐᶠ). Ich nenne nun im Blackfoot als ganz fremd dem Algonkin-Stamme die Wörter: Bär, Biber, Bogen, Büffel, effen, Flufs, gut, Haus, Hund, fchlafen, Sommer, Sonne, Stein, Waffer, Winter; unter den Zahlwörtern, die überhaupt, auch wo fie verwandt find, eine fehr unvoll-kommene Ähnlichkeit zeigen: die 1-5, 6, 7, 8, 10, 100; wer? viele; geftern. In dem algonkin-fchen Beftandtheile tritt es gegen die lange Reihe der anderen Glieder des grofsen Delaware- oder Lenni-Lenape-Sprachftammes doch grofsentheils fo eigenthümlich auf, dafs diefe Blackfoot-Sprache eine fehr merkwürdige und entfchiedene befondere Stelle in ihr einnehmen und eine wefentliche Be-reicherung derfelben bilden würde. Grofs ift die Zahl der Blackfoot-Wörter, welche näher oder ferner fich nach dem Schema des vielgliedrigen Sprachftammes als algonkinfche erweifen; in diefen vielen Gliedern herrfcht neben manchem recht günftigen und ftetigem fo viel Wechfel und Mannig-faltigkeit in Wortformen und Wort-Exiftenzen, dafs bei der Behauptung diefer Gemeinfchaft oder

Ähnlichkeit der Blackfoot-Wörter in den meiften Fällen nur von dem Anfchlufs an gewiffe einzelne Algonkin-Sprachen die Rede feyn kann. Als fehr ähnlich oder einfach ähnlich mit algonkin-fchen Sprachen kann ich nennen die Blackfoot-Wörter für: Blatt, Fifch, Frau, Infel, Kopf, Nägel, Tochter, weifs; den Stamm der Pronomina: *ni* ich, *ki* du, *wi* er; diefer. Die Verwandtfchaft beider wird durch den einen grammatifchen Zug bewiefen: dafs nicht nur im Blackfoot und in den algonk. Sprachen die Subftantiva der Verwandtfchaft das pron. poss. praefixum *ni* oder *ne* mein; fondern vorzüglich, dafs die Glieder des Körpers ein ganz anderes poffeffives Präfix (3. sing.) vor fich führen, deffen Geftalten find: im Blackfoot: in der *expl. exp.* *o* (1mahl *oχ*, 1mahl *u*), bei Schoolcraft *o*, beim Prinzen Max. meift *oh*, auch *och*, in der *archaeol.* engl. *w;* in den algonkinfchen Sprachen: *o; u, oo; wu* und *mu, we* und *me.* Ziemlich oder wenigftens bis zum Wiedererkennen ähnlich mit algonkinfchen Sprachen find die Blackfoot-Wörter: Bart, Baum, Bein, Erde, grofs, Hirfch *(deer),* kalt, laufen, Mann, roth, Schlange, Schnee, Tag, tödten, Wolf; die Zahlen 3, 4, 9; nein.

§ 603. Ich beobachte auch ein paar vereinzelte Ähnlichkeiten der Sprache von *San Raphael* in Neu-Californien mit Blackfoot-Wörtern (f. S. 566af), die aber ohne weitere Bedeutung find.

Über die gründliche VERSCHIEDENHEIT der Blackfoot-Sprache von allen Sprachen der Gegend thut Catlin Vol. I. die nachdrücklichften Ausfprüche: *The Crows and Blackfeet* (die er zufammen betrachtet hat) *speak* (p. 51) *two distinct and entirely dissimilar languages; and the language of each is different, and radically so, from that of all other tribes about them.* Weiter p. 53: *The language of the Dohcotas is entirely and radically distinct from that of the Mandans, and theirs equally so from the Black foot and the Crows.* , Und", ,,fährt Catlin fort, ,,Herr Brazeau .... der mehrere Jahre unter den *Blackfeet* und *Shiennes* gelebt hat und die Sprache von Stämmen zu ihren beiden Seiten fpricht, verfichert mir, dafs diefe Sprachen *are radically distinct and dissimilar;* und auch, dafs, obgleich er mehrere Jahre unter jenen Völkerfchaften gewefen fei, er nicht die kleinfte Ähnlichkeit habe auffinden können zwifchen den Sprachen *Circee, Cotonné, Blackfoot, Shienne, Crow* und *Mandan:* und andere mit diefen Völkerfchaften bekannte Perfonen haben mir diefs in einer Weife beftätigt, dafs ich von der Richtigkeit ihrer Angaben vollftändig überzeugt bin."

§ 604. Die *SATSIKA* oder *BLACKFEET* find jene wüthenden Feinde und Verfolger, mit welchen die öftlichen Schofchonen (f. S. 633mm-mf, 634f, 635f-6a, nn, 638m) immer im Kriege leben. In ihrem Lande wohnten einft die Schofchonen; und diefes ihr Land ift daher die Gränze, bis zu welcher ich die fichren und hiftorifch begründeten SPUREN DER AZTEKISCHEN SPRACHE im höheren amerikanifchen Norden habe verfolgen und nachweifen können (f. S. 645af-mm). Obgleich jener Ausfpruch: dafs die *Blackfeet* jetzt das frühere Gebiet der *Schoschonen* inne haben, nicht die fcharfe Folge zu haben braucht: dafs eben fo weit, als fie fich nördlich ziehen, auch die Schofchonen gewaltet haben; fo kann es doch fo gewefen feyn. Die Karte im 3ten Bande Schoolcraft's läfst die Blackfeet nur bis an den *Missouri,* bis zum 47ten Breitengrade, gehn; Kiepert's neue Ausgabe der Weiland'fchen Karte von Nordamerika (Weimar 1852) fchreibt fie ein vom 47ten bis ein wenig über den 50ten Grad, *Parker* läfst fie nur bis 50°½ gehn (oben S. 662mf), *Gallatin* in feiner *synopsis* (ib. n) bis 52°, die ethnographifche Karte in Hale's *ethnography* der *expl. exp.* (Vol. VI. nach p. 196) zeigt fie fich erftreckend vom 49ten bis 52ten; auf *Gallatin's* Karte geht das Volk beinahe bis 53° (f. S. 662n); die neue Ausg. der *Weiland'fche* Karte der Verein. Staaten (Weimar 1852) hat *Blackfoot*-Indianer: 1) fich hinziehend aus dem Oregon-Gebiet noch ein Stück in das brit. Nordamerika, von 45°½ bis 50° 2) andere liegend in beinahe 53°, am *Battle river,* kurz über *Blood-* und *Fall*-Indianern; der Mithr. fetzt (251mm) die Schwarzfüfse ,,ungefähr in eine Breite mit der Königinn Charlotten-Infel" (liegt 52°-54° 25'); die Karte der Vereinigten Staaten von Nord-Amerika von C. F. *Weiland,* Weimar 1834, endlich hat Blackfoot, Schwarzfüfser:

1) nahe dem nördlichſten Rande des Oregon-Gebiets, in 49° N. B. 2) wieder weit höher, unter 53°$\frac{1}{2}$- 54°, im britiſchen Nordamerika.

§ 605. So weit alſo etwa erſtreckten ſich vor nicht langer Zeit die Schofchonen-Sprache, das ſonoriſche Idiom und die Trümmer des Aztekiſchen. Die wirkliche Azteken-Sprache, die volle und ganze, wird nirgends gefunden; und es iſt daher die Prüfung um ſo ernſter zu nehmen, welche ich im 1ten Theile dieſes Werks mit dem Wortbeſtande und in einem ſpäteren mit der Grammatik der 4 ſonoriſchen Hauptſprachen, an welche alle die von mir anderwärts und im höheren Norden entdeckten Sprachen mit aztekiſchem Wortſtoff anzuſchlieſsen ſind, unternommen habe: ob wir in den Sprachen mit aztekiſchem Beſtandtheil, den ſonoriſchen im weiten Sinne, wirklich das Azteken-Idiom, in überwiegender Miſchung mit einem ſpäteren, fremden Beſtandtheil; oder ob wir eine groſse andere Sprache, accidentell überkommen von aztekiſchem Einfluſs, vor uns haben? Um unter höchſt verwickelten Verhältniſſen hierüber eine ſichere Entſcheidung zu geben, iſt meine einzelne Stimme, die auch immer noch ſchwankt, zu ungenügend; ſie iſt ein Anruf zum Miturtheil an andere und mehrere Sachkenner, wie an die geſammte ſprachphiloſophiſche Welt.

§ 606. Es iſt hier, wo wir an dem Wiederfinden des unvermiſchten Azteken-Idioms, wie wir es in dem Lande Anahuac kennen, verzweifeln, eine Stelle für die Erörterung der Frage: wo iſt der von uns mit ſo vielem Rechte in dieſe Nordgegenden verſetzte aztekiſche Urſtamm geblieben? wo ſind die Wurzeln der reinen Sprache *nahuatl*, die uns in ſeinen neuen Sitzen auf den Hochebenen von Anahuac in mächtiger Einheit und Abſchlieſsung entgegentritt, bekräftigt durch Überbleibſel bis zu den Geſtaden Nicaragua's? wenn man ſein Idiom höher im Norden nur zu einem kleinen Antheil dortigen Sprachen beigemiſcht antrifft. Iſt der Völkerſtamm von den Tolteken an bis zu den letzten, den Azteken, aus dem höheren Norden, in welchem ich ſein ehemahliges Daſeyn durch die Sprach-Beimiſchungen erwieſen habe, ganz nach Anahuac und dem ferneren Süden abgerückt? oder ſind die Sprach-Verhältniſſe ſo auszulegen; ſind Sprach-Schickſale: Vertauſchung, Vermiſchung, beſonders ſpäteres genaues Zuſammenwachſen mit einem zweiten groſsen Volksſtamme, dem ſonoriſchen, anzunehmen: welche uns geſtatten, in den mit einem Theile oder mit Trümmern des Azteken-Idioms behafteten Völkern die Nachkommen des groſsen Nahuatlaken-Stammes, ganz oder halb, zu erkennen? Die dürftige Beſchränkung aller der Wortverzeichniſſe, welche aus dem Norden uns vorliegen, läſst, das muſs ich ausſprechen, den Beſtandtheil, welcher mir ſo wichtig iſt, nur ſehr ungünſtig hervortreten. Sind die jetzigen ſonoriſchen Völker, was ich am meiſten geneigt bin zu glauben, eine Verbindung eines groſsen Volkes und der Nahuatlaken; ſo nehmen die Geſchichte dieſer Vorgänge und die nahuatlakiſche Wanderung ein bedeutendes Alterthum in Anſpruch.

§ 607. Ich muſs aus der Ligue der *Satsikaa* oder *Blackfeet* die ARAPAHO (oder *Arapahoes, Arrapahaes*) beſonders herausziehn; ſie erſcheinen darin als das 4te Glied, und heiſsen *Atsina* oder *Fall-Indianer*, werden auch manchmahl *Gros Ventres* der Prairie genannt: nicht zu verwechſeln mit den *Gros Ventres* des Miſſouri (*expl. exp.* 219-220), eigentlich *Minetari*, welche die *Crow*-Sprache reden. Die *Atsina* ſind aber (ib. 219) identiſch mit den *Arrapahaes*. Sie wohnten früher in den Ebenen, wurden aber von ihren Feinden in die Gebirge getrieben und zu dem Bündniſs mit den *Blackfeet* gezwungen. Nach dem Prinzen Maximilian zu Wied (II, 499) nennen ſie ſelbſt ihren Namen *Ahni-ninn*. Das genauere Verhältniſs: daſs die *Arapahoes* nur ein Schoſs des gröſseren Volks ſind, der ſich von Norden herabgezogen hat, giebt uns Gallatin an (*synopsis* in der *archaeol. amer.* II, 132^{aa-mm}): „Zwei wandernde und reine Jägervölker, *Fall, Rapid* oder *Paunch Indians*, uneigentlich *Minetares of the Prairie* genannt; und die *Black Feet*: haben ihre Hauptſitze am *south fork* des *Saskachawin*. Ihre Jagdgebiete dehnen ſich in S bis zum *Yellowstone r.* und zu ſeinen Nebenflüſſen aus. Die *Rapid Indians* ſind der öſtlichſte Stamm, und werden gewöhnlich zwiſchen dem *Saskachawin* und dem *Missouri* bei und über dem *Mandane*-Dorfe

gefunden. Sie haben etwa 300 *lodges* und werden auf 3000 Seelen geschätzt. Die *Arrapahoes*
(oder *Arrapahays*) sind ein abgesonderter Zweig dieses Volks, der jüngst südwärts bis zum *Platte-*
Flufs und *Arkansa* herabgewandert ist, wo sie eine zeitige Verbindung *(union)* mit den *Kaskaias*
(oder *Kaskayas*) und einigen andren schweifenden *(erratic)* Stämmen gebildet haben. Obgleich mit
den *Black Feet* eng verknüpft, reden sie eine verschiedene Sprache." — Wir steigen mit diesem
Volke wieder nach Süden herab, zu den südlichen Scheyennes; denn neben diesem Volke haben
wir die *Arapahoes* gefunden: im W (S. 609ᵃˡˡ) oder N (608ⁿⁿ) von ihnen, nahe über dem nordöst-
lichen Ende Neu-Mexico's, an den Quellen des *Platte*-Flusses (610ᵃᵃ); die Karte des *gazetteer* hat
sie (über den *Cheyennes*) in 39°⅓ N. B., nördlich über dem *Arkansas*, zwischen dem *Smoky hill*
fork (in S) und *Republican fork* (in N) des *Kansas*-Flusses.

§ 608. Unsre WORTVERZEICHNISSE sind: 42 Wörter in Edw. Umfreville, *the present*
state of Hudson's Bay, Lond. 1790. 8° nach p. 202 *(Fall Indians)*, wieder abgedruckt in der
archaeol. amer. II (1836) p. 373 *(Rapid or Fall Indians, XX No. 55)*; 46 Wörter vom Prinzen
Maximilian zu Wied II (1841) S. 499-500 *(Fall-Indians oder Grosventres des Prairies)*; eine
andre, abweichende, amerikanische Sammlung von 26 Wörtern (s. über sie H. E. Ludewig's *liter. of*
amer. languages 1858 p. 12ⁿᶠ) in der *ethnol. soc.* II (1848) p. 96-98. Hiernach erhielten wir
neuerdings durch Vol. III. von Schoolcraft's *Indian tribes* (Philad. 1853) ein schönes und grofses
Wortverzeichnifs der *Arapahoes*, von John S. Smith; es ist gegeben p. 446-459 in der Verbindung von 4 Sprachen im Westen des Missisippi: *Mandan, Arapahoes, Cheyennes, Pueblo* von
Tusuque.

§ 609. Das URTHEIL der *explor. exp.*, dafs die SPRACHE eine selbstständige sei, wiederholt
Gallatin *ethnol. soc.* II, XCIX und CVI, der sie auch (oben Z. 5) für verschieden vom *Blackfoot*
erklärt; und es ist nur dem allgemeinen Geiste seiner Schrift gemäfs, wenn Violet diese Sprache für
verwandt mit der der Schofchonen und Comanchen erklärt hat: eine Nachricht, die Prof. Berghaus früher (in seinen „Völkern des Erdballs") wiedergab; s. Berghaus in seinem neueren Auffatze
über Schofchonen und Comanchen S. 60 Anm. 8. Ich kann auf eine Vergleichung der Wörter behaupten: dafs zwischen beiden Sprachen durchaus keine Ähnlichkeit besteht; und dafs das Arapaho
für meine nächsten Zwecke, aztekischen und sonorischen Sprachstoff, ganz fremdartig bleibt.

§ 610. Die Arapaho-Sprache gehört, abgerechnet den bedeutenden Theil, der, wie so oft, fremd
erscheint, zum grofsen ALGONKINSCHEN Stamme; und es ist nur merkwürdig, dafs Gallatin, der
die algonkinsche Verwandtschaft doch beim *Blackfoot* und *Scheyenne* beobachtet hat, dieselbe beim
Arapaho entgangen ist. Ihre algonkinsche Verwandtschaft folgt schon daraus, dafs die Sprache zum
Theil mit dem Scheyenne ähnlich ist; ich habe diese Analogien S. 610ⁿᶠ⁻¹ⁿ.

Ich lege nach dem Wortverzeichnisse bei Schoolcraft die günstigsten Ähnlichkeiten des
Arapaho mit den algonkinschen Sprachen vor, indem ich manche andere, anscheinende oder
ungewisse, übergehe; die erste Form ist das Arapaho-Wort, die folgenden sind die verschiedner Algonkin-
Sprachen: Blatt *weechis: anipish, nibi, metshi-*; Ente *sheeshee: seesip, sheeseeb*; essen *men-*
neesee (Schey. *missis*): *weesinni, wissin, migichi, mizin, meetsee, mirnüci*; Feuer *is-shittah:*
esquittu, ishkodai, skootay; Herbst *tah-unee: togangu, taquonck;* Herz *battah: tah, wuttah;*
Hund *ath: attim, atié;* Insel *bennah* (Schey. *amunhive*): *minis, menahan;* sehn *nernor-how-wo:*
Miami *naunahawaw* und Shawno *nanawoh* ich sehe ihn, Abnaki *ne-namihue* ich sehe; sehn:
naamin, wabam, wabemo, wabuma (Schey. *vome*); Stern *ahthah,* Knisteneaux *attáck;* trinken
bannah (Schey. *manni*): *meneh, minnih, mennahn;* 2 *neis: naeez, niss;* 3 *nas: nass, nish.* —
Wohl algonkinsch sind: Knochen, Sonne, Tag; vielleicht mit Algonkinsch identisch: Indier *enen-*
eetah, Delaware *lenope;* Auge, Bär, Bart, Biber, Boot, Eisen, Finger, grün, Nase, Zahn; wer?

§ 611. Das Gebiet der Vereinigten Staaten verlasse ich mit ZWEI
VÖLKERN, weit nach Often von unserm eigentlichen Schauplatze und der Kette der *Rocky*

mountains, im Innern und beinahe in der Mitte des Continents zwifchen W und O; mit eigenthümlichen, mir aber nichts gewährenden Sprachen: den RICCARAS und MANDANS. Wir gehn von den Arapahoes wieder nach Norden, und finden in Einem Längenzuge über einander von S gen N: die nördlichen Scheyennes, welche ich fchon mit den füdlichen (S. 608^mm-611^n) zufammen behandelt habe, die Riccaras und die Mandans; im W des *Missouri*, ihm nahe, füdlich vom *little Missouri r.* So hat die Karte des *gaz.* die 3 Völker über einander im öftlichen Ende des *Northwest terr.*: die *Cheyennes* in 45°, *Arickarees* 46°-46°½, *Mandans* um den 47° N.B.; beide letzte von 100°½-103° W.L. v. Gr. Gallatin's Karte hat eben fo gegen den *Missouri*, in 99°½-102° L., über einander: *Ricarees* in 46°, *Mandan* in 46°½-47° und *Minetare*; eben fo gegen beide Flüffe wie der *gaz.* hat Parker's Karte die *Mandans* in 46°⅔ N.B. und 101°-102°½ L.

GALLATIN fpricht fich (*synopsis* in der *archaeol. amer.* II, 125^a-m) fehr beftimmt über das VERHÄLTNISS dreier Völker aus: „Die *Minetares (Minetaree* und *Minetaries)* beftehn aus 3 Volksftämmen (oder Zweigen, *tribes*): 3 verfchiedene Sprachen redend, welche zu einem gemeinfamen Stamm *(stock)* gehören. Ihre Verwandtfchaften mit dem *Dahcota* find nur entfernt, aber haben hinlänglich gefchienen, fie zu berechtigen zu derfelben Familie gezählt zu werden. 2 diefer Völkerfchaften *(tribes)*: die *Mandanes*, deren Zahl nicht 1500 überfteigt; und die feft wohnenden *(stationary) Minetares*, 3000 Seelen betragend, eingefchloffen die, welche *Annahawas* heifsen: bauen den Boden und wohnen in Dörfern au oder nahe beim *Missouri*, zwifchen 47° und 48° N.B.... Sie haben oft Streit mit den *Ricaras* gehabt, die gleich ihnen ein ackerbauendes Volk find; und fie machen oft Raubzüge gegen die *Shoshonees* in den öftlichen Thälern der *Rocky mountains*. Sowohl die *Mandanes* als die *Minetares* betrachten fich als Eingeborne jenes Landtheils.... Der 3te *Minetare*-Stamm *(nn-nf)* ift bekannt unter dem Namen der *Crow*- oder *Upsaroka*-Nation ... Sie find ein fchweifender Volksftamm *(an erratic tribe)*, der im S des *Missouri*, zwifchen dem kleinen *Missouri* und den füdöftlichen Zweigen des *Yellowstone r.* jagt ... fie haben etwa 300 *lodges* und können auf 3000 Seelen gerechnet werden."

§ 612. Wir kennen durch den Prinzen Maximilian (II, 237-248) und ein grofses Wortverzeichnifs deffelben (II, 465-474) das Volk der *Arikkaras*, R̃IKKARAS, bei den Franzofen *Ris*; von *Lewis* in feiner Reife (London 1809) p. 163-4 behandelt (auch *Satrahe* follen fie heifsen; nach Vater's Litt. der Lexica, 2te Ausgabe S. 306). Gallatin fagt von ihnen (*archaeol. amer.* II, 129^a-af): „Die *Ricara*-Dörfer liegen am *Missouri*, etwa 150 *miles* unterhalb der *Mandanes*, in 46°½ Br. Sie bauen den Boden und find, gleich den *Mandanes*, immer den Angriffen der fchweifenden Stämme *(erratic tribes)* ausgefetzt. Sie hatten fich defshalb früher mit ihnen vereinigt und waren zufammen 20 *miles* unterhalb der jetzigen Stelle der *Mandane*-Dörfer angefiedelt. Sie geriethen in Streit und trennten fich, feit welcher Zeit fie auch einen kurzen Krieg mit den Verein. Staaten gehabt haben. Sie ... werden zu 3000 Seelen gerechnet." — Ein anderes Wortverzeichnifs der „*Riccaree*" haben wir in Ge. Catlin's *letters and notes on ... the North American Indians* Vol. II. 1841 p. 262-5 (f. *Blackfeet* S. 663^nn). Gallatin fagt von diefem Volke (das obige fortfetzend, 129^af): „dafs alle Berichte der Indianer und Dolmetfcher darin übereinftimmen, fie redeten Pawnee, wir aber kein Wortverzeichnifs ihrer Sprache haben." Ich kann die Sprache als einen genauen Dialect der *Pawnee*-Sprache bezeichnen: die Wörter fchliefsen fich faft alle diefer in feltener Übereinftimmung und Ähnlichkeit an; manche find freilich mehr verändert. (¹) Man beobachtet manche Verfchiedenheiten

---

(¹) Einige Jahre, nachdem ich diefes gefchrieben, erhielt ich (im Juni 1857) Whipple's Wortverzeichniffe (gedruckt 1856), wo (p. 68-69) Prof. Turner eine unvollkommene, aber fichere Verwandtfchaft der *Riccaree* nebft den 3 Sprachen von *Texas*: *Kichai, Witchita* und *Hueco (Waco)* mit dem *Pawnee*-Idiom durch eine kleine Worttafel darftellt.

zwifchen dem (kleinen) Wortverzeichniffe Catlin's und dem des Prinzen Maximilian; nach der Ähnlichkeit mit dem *Pawnee* zu urtheilen, hat Erfterer nicht richtig fcheinende (auf Mifsverftändnifs beruhende) Wörter, wogegen der Prinz die richtigen hat, für: Bein, Feuer, Haar, Mond, Nacht, Ohr; umgekehrt fcheint es zu feyn bei: Frau *(femina),* Pfeife, Regen, Schnee; verfchiedene Wörter haben beide auch für Finger.

      Meine genaue WORTVERGLEICHUNG der Sprachen *Pawnee* und *Riccara* giebt folgende, fehr günftige, abgeftufte Sätze: in der *Riccara* find mit der *Pawnee:* ganz und vollftändig gleich die Wörter: gut, Kind, Mann, Mond, Zunge; das privative Präfix *ka;* beinahe gleich, bis auf eine Kleinigkeit oder eine einzelne Abweichung (beftehend meift in einem Buchftaben-Wechfel, dem wegfallen eines Buchftaben oder einer Sylbe): Auge, Bart, Bein, Eis, effen, Feuer, Frau *(femina),* Haar, Hand, kalt, klein (wichtig als 4fylbiges Wort), Knochen, Kopf, Mädchen, Ohr, Pfeil, Regen (nach C), fchwarz, Sonne, Zahn; ganz oder genügend ähnlich: die Zahlen 1-6 und 8; ziemlich ähnlich und gewifs identifch: grauer Bär, Blut, Boot, Bruder, Erde, Pfeife (nach C), 100; mäfsig ähnlich: Arm, Pferd, 10, 12; unvollkommen ähnlich, doch identifch: Hund, Mund, Pfeife (nach PM), Regen, Schnee (nach C), Stein, Tag, 20; fehr verfchieden in der Form, doch wohl oder gewifs identifch: Fleifch, Fufs, Nacht, fchnell, Tag, Vater, Waffer; — kaum identifch, wegen zu grofser Verfchiedenheit: Fifch, weifs, ja; wohl ganz verfchieden: Maulthier. Für folgende Begriffe befitzt die *Riccara* ganz andere Wörter als die *Pawnee* und ift in ihnen ganz fremd gegen fie: Abend, Bogen, Büffel, Finger, Flufs, gehn, Gott, grofs, Hand, Köcher, kommen, Morgen, Mutter, Nafe, *scalp,* Schnee, Stern, Stirn, Teufel, Vogel, Wald, Winter; ich. Ohne die Kürze unfrer *Pawnee*-Wortfammlung (von *Say),* in der viele Wörter fehlen, würden die günftigen Verhältniffe der *Riccara*-Sprache gegen fie noch mehr hervortreten.

    § 613, a. Ein Wortverzeichnifs der *MANDAN,* von *James Kipp,* findet fich in Schoolcraft III, 446.459, in der Verbindung: *Mandan, Arapahoes, Cheyennes, Pueblo* von *Tusuque.* Ein werthvolles kleineres Verzeichnifs verdanken wir *Catlin* in feinem Wortverzeichnifs der 5 Sprachen (f. bei den Blackfeet S. 663^nn) in den *letters and notes on ... the North American Indians* Vol. II. 1841 p. 262-5; er handelt über das Volk der *Mandans* Vol. I. p. 66-183, wieder 203-7. Rafinesque giebt im *atlantic journal,* Philad. 1832-33. 8° p. 132, 32 Wörter der Mandans, welche er von *Ge. Shannon* erhielt, aufser einigen, die er aus *Lewis* Reife zufammenlas. Nach Shannon nennt das Volk felbft fich *Wahtanis.* — Ein grofses Wortverzeichnifs der *Mandans* oder *Nŭmangkake* gab der Prinz Maximilian zu Wied im II. Bd. feiner "Reife in das innere Nord-America in den J. 1832 bis 1834", Cobl. 1841. 4°, S. 514-544, ja fogar eine kleine Grammatik der Sprache 544-561; über das Volk handelt er ausführlich II, 102-210. Kipp urtheilte (Schoolcr. III, 406^af), dafs die Sprache gänzlich *(radically)* verfchieden vom *Dacotah* und *Minnetaree* fei. Gallatin hält *(ethnol. soc.* II, C) die Verwandtfchaft der *Mandans* und fefshaften *(stationary)* Minetares mit den *Upsarokas* oder Crows für fehr einleuchtend *(is very clear);* er liefert CXV-VI eine Wortvergleichung: „die Verwandtfchaft der *Upsaroka-* oder *Crow*-Sprache mit der der fefshaften *Minetares* vom Miffouri und den Sprachen der *Sioux*". In feiner *synopsis:* wo er (f. oben S. 668^af-m, mm) die fefshaften *Minetares,* die *Mandans* und *Crows* oder *Upsarokas* und ihre (bedeutend unter fich verfchiednen) Sprachen als 3 Zweige Eines Stammes, der dem *Dakota*-Sprachftamm zwar fehr fern liege, doch aber zu ihm gehöre, erklärt; fagt Gallatin (125^nf-6a), dafs fchon *Lewis* und *Clarke* den *Mandans* einen verwandten Dialect mit der *Crow-* oder *Upsaroka*-Mundart beilegen. Sie hätten aber irrthümlich die *Rapid, Fall* oder *Paunch Indians,* welche bisweilen *Minetares of the Prairies* heifsen, als zu derfelben Familie gehörend betrachtet, da alle nachfolgenden Berichte ihnen eine gänzlich verfchiedene Sprache zuweifen.

    Wortverzeichniffe des *Upsaroka* oder *Crow* gaben Prinz Maximilian II (1841) S. 491, Say p. LXXIX, Gallatin in der *archaeol. amer.* II, 377 und der *ethnol. soc.* II (1848), CXV-VI, und

Hale ib. p. 82-89. Andre (wohl eigentliche?) *MINETARES* werden einfach zum *Sioux*-Sprachftamme gezählt; f. z. B. Wörter diefer *Minetares* mit andern Dialecten der *Sioux* zufammengeftellt von Hale in *ethnol.* soc. II, 116-7: wie auch einfach *Minetares* in Gallatin's grofser Worttafel als Nu. 40 und Endglied im grofsen *Sioux*-Sprachftamme (VI) ftehn, neben der Verwandtfchaft bedeutende Ausweichungen zeigend. Auch der Prinz Maximilian zu Wied bemerkt (II, 464[af]): „die Sprachen der Ofagen, Konzas, Otos, Omáhas, Puncas, Dacotas, Affiniboins und Mandans fcheinen nur Mundarten des Dacota (Sioux)-Sprachftammes zu feyn"; er bemerkt jedoch, dafs „fich manche Übereinftimmungen der Mandan- und Mönnitarri-Sprache finden, die aber", fügt er hinzu, „wie man mir allgemein verficherte, erft durch das nahe Zufammenleben beider Völker erzeugt wurden." Später (562) erklärt fich der Prinz nochmahls, nach den Ausfagen des Volkes felbft, gegen Gallatin's Verwandtfchaft mit den Mönnitarris, deffen Stamm *Annahaways* ihm auch ganz unbekannt fei. Wortverzeichniffe der *Minnetare* oder *Grosventres* find: Say p. LXX-VIII und LXXXIV-V, nach Say in *archaeol. amer.* II, 307-367 No. 40; ein fchönes grofses gab Prinz Maximilian zu Wied II, 562-590 (er handelt von dem Volk der *Mönnitarris* oder *Grosventres* II, 211-236).

§ 613, b. Den Übergang zu dem britifchen Nordamerika in dem mir gewählten Landftriche fochend, gehe ich aus dem Inneren der grofsen Ländermaffen und von weit jenfeit der Kette des Felfengebirges zurück an die nördliche Weftküfte des Wafhington-Territoriums: an den fchon früh wegen der Geographie (S. 585[m-mm], 587[n]) und wegen eines Volkes (S.659[mf]) von mir genannten PUGET-SUND: der, ein inneres Haff von der unregelmäfsigften Geftalt, ganz im N aus der *Fuca*-Strafse in das *Washington terr.* eindringt. Ich habe, nach den 3 Verzeichnungen bei den allgemeinen Völkerliften (S.594[n-mm], 595[aa-mf] und 596[aa-mf]), um ihn, und ferner von der Südküfte der *Fuca*-Strafse ein reiches Verzeichnifs von Völkern und eine genaue Beftimmung von 8 Sprachen, unter die fie vertheilt find, mitzutheilen: abgedruckt im 4ten Tb. von *Schoolcraft's Indian tribes* und herrührend von dem *Indian agent* E. A. Starling.

Folgendes ift die, eigentlich den anderen anzufchliefsende Aufzählung der Völker diefes Sundes, deren einige beim britifchen Amerika wieder werden genannt werden: *Stitcheosawmish* oder *Turn Water,* an *Budd's inle*t und der *South bay,* in der Nähe der Stadt *Olympia:* 30; *Squall-yahmish* (f. unten S. 671[m, mm]) oder *Nisqually* (f. ib. [mm, mf]), am gleichnamigen Flufs und Bai, 100; *Puallipawmish* oder *Pualliss* (= *Puiale* ib. [mf]): am gleichen Flufs und Bai, 200; *Neewam-ish* am gleichen Flufs und Bai, 60; *Sahmamish:* in einer Landftrecke an einem See zwifchen den Flüffen *Neewam-ish* und *Snohomish* (f. unten S. 671[mf]): 100; *Snohomish* am gleichen Flufs und Bai, dem füdlichen Ende der *Whitney's*-Infel: 250; *Skeawamish,* am gleichnamigen Flufs, dem nördlichen Zweige des *Snohomish r.:* 175; *Skuckstan-ojumps* am gleichnamigen Arm des *Skeawamish*-Fluffes: 100; *Snoqual-amuk* am gleichnamigen füdlichen Arm des *Snohomish*-Fluffes: 225; *Stillaquamish* am gleichen Flufs, 175; *Kick-uallis* an der Mündung des gleichen Fluffes: 160; *Squanamish* beim *Kickuallis r.:* 60; *Skagit* am gleichen Flufs, dem NEnde von *Whitney's* Infel: 800; *Sock-amuke* am oberen *Skagit r.:* 250; *Neutubvig* am nördlichften Ende der *Whitney's*-Infel und in dem Lande zwifchen *Skagit's r.* und *Bellingham's* Bai: 400; *Cowewachin, Nuot-hum* und *Miemissouks* zwifchen den vorigen und *Frazer's r.* (von diefen Stämmen ift wenig bekannt); — anfangend vom Cap *Flattery* folgende: *Macaw* bei *Flattery* vom Cap bis *Neah*-Bai: 800; *Pistchin* von *Neah*-Bai bis *los Angeles point:* 200; *Sklallum* an der Küfte zwifchen *los Angeles* und *port Townsend:* 800; *Chin-akum* bei *port Townsend:* 75; *Tuanooch* an der Mündung des *Hood*-Canals, 150; *Skokomish* an der Spitze (*head*) des Canals, 150; *Snoquamish* um *port Orchard* und *Elliot's* Bai, 400; *Shomam-ish* auf *Vashou's* Infel, 40; *Strootlemam-ish* an *Case's inlet,* 60; *Quack-enamish* eben da, 100; *Sayhaymamish* am *Totten inlet,* 35; — Summe der ganzen Bevölkerung 5895. Es folgen noch Bemerkungen p. 598-602. Der Vf. redet über die *Click-atats* p. 600[a-aa]; die Südfeite von Cap *Flattery* foll (599[n]) ein Volk *Clossets* bewohnen.

Der Vf. hat (600) unter den Völkerfchaften diefes Bezirks nur ACHT SPRACHEN entdecken können („andere mag es noch geben; aber er kann nicht entdecken, dafs fie im Gebrauch find"; er nennt jedoch 9). Für uns ift diefe Aufklärung von befriedigender Wichtigkeit; und der kundige Vf. weifs uns genau die Vertheilung der Völker auf die Sprachen anzugeben: 1) die Sprache Nesqually reden: die *Stitcheosawmish, Squallyahmish, Puallipawmish, Neewamish, Sahmamish, Snoqual-amuke, Snoquamish, Quushsuamish, Snyhaymamish* und *Sroollemamish* 2) Snohomish: die *Snohomish, Skeawamish, Skuckstan-ajumps* und *Stillaquamish* 3) Skagit: die *Skagit, Kickuallis, Squanamish* und *Sock-amuke* 4) die Nĕutubvig und *Misoňk* reden diefelbe Sprache, wie auch angeblich *Cowewachin* und *Noot-hummic*; diefe 4 Stämme kommen nie in nordamerikanifche Nieder-laffungen, fondern handeln nach der *Vancouver*-Infel 5) eben fo die Macaws und *Pistchins*, von derfelben Sprache 6) die Sklallums haben eine eigne Sprache und handeln meift in *Victoria*, auf der *Vancouver*-Infel 7) die Chin-akums: aber beinahe vernichtet von den *Sklallums* 8) die Tuanooch und *Skokomish*: friedlich und felten unter die Weifsen gehend 9) die *Cow-elitz* und Chehalis oder *Chick-alees* reden diefelbe Sprache, und find fehr vermifcht. Die letzten find die *Tsihailish,* die wir fchon früher (S. 659$^{m, mf, n}$-660^{mm}) betrachtet haben.

Von den Völkern am Pugets-Sund habe ich 2 mit ihren Sprachen unregelmäfsig beim briti-fchen Nordamerika (S. 372^a-9^{nn}) abgehandelt: NOOSDALUM und SQUALLYAMISH, neben einer 3ten, Kawitchen, wirklich der britifchen Weftkülte angehörigen: weil alle 3, jedoch mit be-deutender Befonderheit, fich in Verwandtfchaft zufammenfchliefsen (f. brit. Amer. S. 378^{nf}-9^{af}). Sie finden fich fogar dort in einer 5gliedrigen Verbindung. Die *Squallyamish* wohnen nach Scouler (brit. Amer. S. 373^{mf-nn}) am *Pugets*-Sund, die Noosdalum (ib. ^{mf}) am *Hoods*-Canal. *Starling* nennt das letztere Volk nicht, aber die Squallyahmifh (S. 670^{mf}): die er gleich mit den *Nesqually* fetzt und deren Sprache er (oben Z. 5) der Sprache *Nesqually* (No. 1) zutheilt. Jenem 3ten Volk, den Ka-witchen oder *Cowichin* (f. brit. Amer. S. 372^{nn}-3^m), auch an der Oftkülte der *Vancouver*-Infel zu finden, find gleich *Starling's Cowewachin* (gegen den *Frazers*-Flufs, 670^{nn}); er ftellt aber (oben ^{aa}) ihre Sprache unter No. 4. — Vom Fort *Nisqually* gen N bis zur Mündung des *Frazer*-Fluffes habe ich (brit. Amer. 379^{nf}-380^{mf}) nach einem canadifchen *trapper (explor. exped.)* genannt die Völker Sukwames, Sunahumes (*Sinahoumes*): f. 380^{m-mf}; = *Snohomish* oben S. 670^n), Tfhikatfat, Puiale (= *Puallis* oder *Puallipawmish* oben S. 670^{mf}) und wieder Kawitfhin; nach *Duflot de Mofras* (brit. Am. S. 380^{mm}) die Nesquallis (oben S. 670^{mf}). Die *expl. exp.* führt (oben S. 659^m) *Nisqually* als eine Sprache des *Tsihaili-Selish*-Stammes (Glied 1) auf; f. noch über das Volk S. 659$^{m, mf}$.

An der Nordweft-Küfte des Wafhington-'Territoriums, der Südküfte der FUCA-STRASSE nannte uns *Starling* (vorhin S. 670^{nn}) die Völker Macaw und Sklallum(s) (f. auch hier ^{aa}); die letzteren habe ich als *Clallems* fchon beim brit. Nordamer. (S. 334^{a-aa}) befprochen; *Clallam* heifst auch ein Landftrich hier, der äufserfte Nordweften des Territoriums; *Grant* nennt in feiner Befchrei-bung der *Vancouver*-Infel (*geogr. journal* Vol. 27. 1857) das, auch an der Südküfte diefer Infel durch Übergang fich findende, Volk *Tsclallums* oder *Clellumş.* Die Sprachen der Macaws (oder *Nitteenat*) und *Tsclallums* find nach ihm (p. 295) gänzlich verfchieden: was er durch die Zahlen erweift; von der erfteren bemerkt er aber, „fie fei nicht unähnlich der von den Eingebornen des *Co-lumbia*-Fluffes gefprochen". — Am nordweftlichen Ende der *Fuca*-Strafse wohnen die Claffets (vgl. 670^f), von denen ich (f. brit. Amer. S. 334^{a-aa}) vermuthe, dafs fie daffelbe mit dem mächtigen Volk der *Klaïzzarts* im füdlichen Theile der *Vancouver*-Infel (brit. Amer. S. 329$^{a, af}$, 334^a) feien.

XV. Britiſches Nordamerika.

[Dieſen Abſchnitt, §§ 614-666, habe ich aus dem Bande ausgeſondert; er bildet den 2ten Theil einer Abhandlung, betitelt: die Völker und Sprachen Neu-Mexico's und der Weſtſeite des britiſchen Nordamerika's, welche, von mir am 22 Januar 1857 in der Akademie geleſen, in deren Abhandlungen aus dem Jahre (Neu-Mexico S. 209-314, brit. Nordamerika S. 315-414) gedruckt und auch als beſondre Schrift erſchienen iſt. Ich habe das ganze britiſche Nordamerika (mit Ausſchluſs der ſüdöſtlichen Enden und Länder) erledigt durch einen kurzen Überblick des britiſchen Oſtlandes in den Monatsberichten der Akademie vom 18 October 1858 (S. 466-486), nachdem ich ſeine Sprachwelt in meiner früheren Arbeit über den athapaskiſchen Sprachſtamm (geleſen 1854, erſchienen 1856) ausführlich dargeſtellt hatte: der eine neue, 1857 bis 1858 geſchaffne, bald folgen wird.]

XVI. Ruſſiſches Nordamerika.

§ 667. Mit dem RUSSISCHEN NORDAMERIKA, das uns über die nördlichſten Punkte der amerikaniſchen Weſtküſte an das Eismeer führt, betreten wir die letzte Stufe unſerer Forſchung. Wollte ich nicht von ſelbſt dieſe höchſten Geſtade zu meinen Zwecken prüfen, ſo nöthigen mich doch meine Vorgänger dazu. Denn ich habe bei *Nutka* (brit. Ndam. S. 331-3, 368-9) und vor kurzem (S. 658^{mm-mſ}) angeführt, und werde an einzelnen Punkten dieſes äuſserſten Nordens (bei den *Koloſchen* und *Ugaljachmuzen*) die Stellen des Mithridates anführen, daſs man aztekiſche „Sprachähnlichkeiten, wenigſtens Laute wie *tl*, bey den Völkern in der Nähe der Ruſſiſchen Colonien gefunden" habe. — Wenn wir auch in dieſem Gebiete der ruſſiſchen Beſitzungen eine reiche Reihe von VÖLKERN und SPRACHEN ſehr verſchiedenen Stammes kennen lernen werden, ſo macht ſie doch Scouler, nach ſeinem Geiſte der Verallgemeinerung, einander gleich, indem er urtheilt (218^{aſ}): daſs nach Wrangel's kurzer Wortſammlung „die Sprache aller Stämme im ruſſiſchen Gebiete ſehr nahe identiſch mit der Sprache der Königinn-Charlotten-Inſel ſei"!

§ 668, a. Das wichtigſte Werk, das wir über Völker und Sprachen, ſo wie über alle Verhält-niſſe des ruſſiſchen Amerika's beſitzen, verdanken wir dem Admiral von WRANGELL und dem kaiſ. ruſſ. Akademiker K. E. von BAER. Es führt den Titel: „Statiſtiſche und ethnographiſche Nachrichten über die Ruſſiſchen Beſitzungen an der Nordweſtküſte von Amerika. Geſammelt von dem ehemal. Oberverwalter dieſer Beſitzungen, Contre-Admiral v. Wrangell. Auf Koſten der Kaiſ. Akad. der Wiſſ. herausg. und mit ... Zuſätzen vermehrt von K. E. v. Baer." St. Petersb. 1839. 8°; und bildet das 1te Bändchen der groſsen Sammlung: „Beiträge zur keuntniſs des Ruſſiſchen Reichs und der an-gränzenden Länder Aſiens. Auf Koſten der Kaiſ. Akad. d. Wiſſ. herausg. von K. E. v. Baer und Gr. v. Helmerſen."

Trotz des lebhaften Wunfches diefe reiche Quelle nach ihrem Werthe zu benutzen zwingt der mir fo fehr zugemeffene Raum mich zu äufserfter Befchränkung.

Admiral von *Wrangell* war 1830-35 Ober-Verwalter der ruffifch-amerikanifchen Befitzungen. S. frühere Nachrichten über diefelben nachgewiefen S. VII Anm., VIII (Lütke). Die Gränzen des ruff. Amerika's f. S. 3; es beginnt im S von der Südfpitze der *Prince of Wales*-Infel, in 54° 40′ N. B. An den Küften von Neu-Albion (Neu-Californien) hat die ruffifch-amerikanifche Compagnie feit 1812, mit Bewilligung der dortigen Regierung (S. 4), einen Landftrich am Meerbufen *Bodega* in Befitz genommen (ob. S. 566ⁿ-7ᶠ). Die Bezirke des ruff. Amerika's f. S. 4-6. Der Mittelpunkt der Colonial-Verwaltung (S. 6) und Sitz des Ober-Verwalters befindet fich in der Haupt-Factorei Neu-Archangelfk im Sitcha-Meerbufen oder Norfolk-Sund: in 57° 2′ 50″ N. B. und 224° 42′ O. L. von Greenw. (S. 8). Wichtig ift Auffatz III, von Wrangell: von dem Verkehr der Völker der Nordweft-Küfte von Amerika unter ein-ander und mit den Tfchuktfchen, S. 57-65. Über 2 Hauptracen S. 58. Auffatz IV, von Wrangell: einige Bemerkungen über die Wilden an der Nordweft-Küfte von Amerika, 66-136 (voll von Nach-richten über viele Völker); V. Auszug aus dem Tagebuche *Glasunow's* von einer Reife im Innern von Nordweft-Amerika 137-160 (voll von Nachrichten über Länder und Völker); IX. Sprachproben, gefammelt von Wrangell und *Kostromitonow*, 226-274. S. 226-7 findet man viele frühere Quellen für Sprachfammlungen genannt; X. Wrangell: Zufammenftellung amerikanifcher Nachrichten über die Völker an der NWKüfte von Amerika mit den in dem Buche gegebenen, S. 275-289 (enthält befon-ders eine Kritik über Gallatin).

Der Adm. von *Wrangell* hat (f. S. 227-8) feinem Werke, auf einer grofsen Tafel, „eine ver-gleichende Überficht von Wörtern aus 10 verfchiedenen Sprachen" beigegeben, die von ihm gefammelt find; fie gehört zu S. 259. Er fagt 10 Sprachen. Die Tafel, welche ich kenne und durch die Güte des Herrn Alexander von Humboldt befitze, enthält aber nur 8 Sprachen: 1) Aleuten auf den Fuchs-Infeln 2) Kadjacker 3) Tfchugatfchen 4) Ugalenzen 5) Kenaier 6) Atnaer am Kupferflufs 7) Koltfchanen am Kupferflufs 8) Kolofchen auf Sitcha. Das Verzeichnifs umfafst 97 Wörter.

§ 668, b. Ich würde meine Arbeit fehr verlängert haben, wenn ich mich auf eine GEOGRA-PHISCHE Schilderung des ruffifchen Gebietes eingelaffen hätte: wofür fo viel Antrieb und fo manches neues Material vorhanden war. Ich berufe mich auf den kurzen Abrifs der Gefchichte der Ent-deckungen von der ganzen Nordweft-Küfte Amerika's, welchen ich nach Alexander von Hum-boldt vor der britifchen Nordamerika (Neu-Mex. S. 315-320) gegeben habe, und von welchem ein Theil, enthaltend geographifche Specialien, den ruffifchen Küftenländern zukommt. Einen allgemeinen Erfatz für die fehlende Geographie des ruffifchen und britifchen Nordamerika's biete ich aber durch die genauen Erläuterungen und Beftimmungen, welche ich den Namen im Regifter beigegeben habe; die Breiten und Längen habe ich mir durch die Karten felbft verfchafft (beim ruffifchen Gebiete durch die *Duflot's, Sagoskin's* und *Richardson's*), woraus das Ungefähre ihrer Geltung folgt.

Das RUSSISCHE GEBIET im nordweftlichften Theile Nordamerika's oder das RUSSISCHE NORDAMERIKA erhielt feine Beftimmung und feine GRÄNZEN gegen das BRITISCHE NORD-AMERIKA durch 2 Verträge, im J. 1824 und 1825. In einem Vertrage mit den Vereinigten Staaten: welche, öftlich von den *Rocky mountains* mit dem 49° N. B. endend, fich im W von ihnen noch weit höher nach N ein grofses Weftland, *Oregon* fo weit ausdehnend, beilegten (f. S. 577ⁿⁿ-8ᶠ, 579ⁿ-ⁿⁿ); abgefchloffen zu *St. Petersburg* 17 April 1824, wurde dem ruff. Nordamerika der Parallel von 54° 40′ N. B. als Südgränze angewiefen (¹) (vgl. brit. Amer. S. 391ⁿⁿ-ᶠ). Ein Vertrag

─────────

(¹) *Convention entre les Etats-Unis de l'Amérique septentrionale et la Russie, concernant la navigation de l'océan pacifique et les établissemens à former sur la côte nord-ouest d'Amérique, signée à Petersbourg le* 5/17 *Avril* 1824 — im *nouveau recueil de traités ... par* G. F. de Martens *continué par Fréd. Saalfeld T.* 6 (oder *supplément au recueil des principaux*

Rufslands mit **England**, am 28 Febr. 1825 gleichfalls zu *Petersburg* gefchloffen, der ihm feine lange
Oftgränze gegen das britifche Gebiet bis zum Eismeere anwies, gab dem ruffifchen Nordamerika
jene, von mir fchon öfter (brit. Amer. S. 315^m, 325^{mm}, 391^{nn}, 403^{nf}-4^{aa}, 404^{nn}) erwähnte, eigenthümliche Geftalt: in welcher es in der füdlichen Hälfte, von 54° 40' bis c. 60°$\frac{1}{4}$ N. B., vom füdlichen
Ausgang des *Observatory inlet* bis zum *St. Elias*-Berge, ein fchmaler Küftenftreifen, neben dem
brit. Weftlande herlaufend, mit einem Infelmeere in W, ift; von 60°$\frac{1}{4}$ an aber ein breites Land wird,
das brit. Nordamerika mit dem 141° W. L. v. Gr., der beiderfeitigen Gränzlinie (bis zum Eismeere in
c. 69°$\frac{1}{2}$ N. B.), von dem W abfchliefst und felbft das ganze grofse nordweftliche Ende des amerikanifchen
Continents (bis zur *Berings*-Strafse ufw.) einnimmt(^{1}) (vgl. brit. Amer. S. 404^{a-aa}). Der *Oregon*-
Vertrag, zwifchen England und den Verein. Staaten zu *Washington* 15 Jan. 1846 abgefchloffen (f. oben
S. 578^{m-mf}, $^{nn-f}$), machte, indem die Verein. Staaten ihr Gebiet auch im W der *Rocky mountains* auf
den 49ten Parallelkreis N. B. zurückzogen, England auch auf der Südgränze in 54° 40' N. B. zum Nachbaren Rufslands: fo dafs feitdem das ruff. Nordamerika auf beiden Landfeiten, auf dem Südpunkte und
in feiner langen öftlichen Gränzlinie von 54° 40' bis nahe 70° N. B., vom grofsen britifchen Nordamerika umfchloffen ift; im W, NW und N umgürten es der ftille Ocean und das Eismeer.

traités T. 10) *partie* 1. 1822-23. Gott. 1828. 8° p. 1010-12. Art. 1. ftellt für beide Theile die
freie Schifffahrt, Fifcherei ufw. im ganzen ftillen Meere oder in der Südfee feft 2. kein Angehöriger eines
Theils darf in Niederlaffungen des andren ohne Erlaubnifs der Behörde landen 3. keine nordamer.
Niederlaffung darf nördlich und keine ruffifche füdlich von 54° 40' N. B. auf der amer. NWKüfte oder
einer der anliegenden Infeln angelegt werden. — *Holmberg* fagt (289), dafs hier im S der Flufs *Näss*
die Gränze zwifchen den ruffifchen und englifchen Befitzungen bildet.

(^{1}) *Convention entre la G r a n d e - B r e t a g n e et la Russie, concernant les limites de leurs*
possessions respectives sur la côte du nord-ouest de l'Amérique et la navigation de l'Océan
pacifique. Conclue à St. Petersbourg, le $\frac{16}{28}$ *Février* 1825 — in den *nouveaux supplémens au*
recueil de traités fondé par Ge. Fréd. de Martens ... par Fréd. Murhard T. II. 1765-1829.
Gott. 1839. 8° p. 426-430. Art. 1. fichert beiden Theilen ungehinderte Schifffahrt und Fifcherei in
der Südfee; auch Landung und Handel mit den Eingebornen an den noch nicht befetzten Punkten
2. ein Theil darf ohne der Erlaubnifs des Gouverneurs oder Commandanten nicht auf einem Punkte
landen, wo fich eine Niederlaffung des andern findet 3. die Gränzlinie zwifchen der beiderfeitigen
Befitzungen auf der Küfte und den Infeln des nordweftl. Amerika's foll fo gezogen werden: vom füdlichften Punkte der *Prince of Wales*-Infel, welcher fich in 54° 40' N. B. und zwifchen 131-133°
W. L. v. Gr. befindet, foll die Linie längs dem *Portland channel* [f. über ihn brit. Amer. S. 398^{nn-nf}]
nordwärts bis zu dem Punkt des Feftlandes auffteigen, wo fie den 56ten Grad N. B. erreicht; von
diefem letzten Punkt an foll die Scheidelinie dem Kamm der der Küfte parallel laufenden Gebirge
bis zum Durchfchnittspunkte des 141° W. L. folgen, und endlich foll von diefem Durchfchnittspunkte
an [welcher ift beim *St. Elias*-Berge, in c. 60°$\frac{1}{4}$ N. B.] diefer Meridian des 141. Grads in feiner
Verlängerung bis zum Eismeer die Gränze zwifchen den ruffifchen und britifchen Befitzungen auf dem
Feftlande des nordweftlichen Amerika's bilden 4. Es wird erläuternd hinzugefügt: 1) dafs die *Prince*
of Wales-Infel ganz Rufsland gehören foll 2) wo der Gebirgskamm vom 56° N. B. bis zum Durchfchnittspunkte des 141° W. L. mehr als 10 Seemeilen vom Ocean entfernt wäre, foll die Gränze
zwifchen den brit. Befitzungen und dem obigen ruff. Küftenfaum *(lisière)* durch eine Linie parallel
den Krümmungen der Küfte gebildet werden, die nie über 10 Seemeilen davon entfernt feyn darf
5. kein Theil darf auf dem Gebiete des andern, wie fie oben beftimmt find, eine Niederlaffung
anlegen 6. die brit. Unterthanen follen für immer das Recht der freien Schifffahrt auf den Flüffen
haben, welche in ihrem Laufe zum ftillen Meere die Scheidelinie auf dem Küftenfaum *(lisière)*
durchfchneiden.

Die jüngſt (1858) erfolgte Abtretung der Amur-Mündung und eines grofsen Landſtriches an jenem Fluſſe, am nord-aſiatiſchen Geſtade des ſtillen Weltmeeres, durch China an Rufsland verheiſst dem ruſſiſchen Nordamerika, plötzlich zu einem Verbindungsglied zwiſchen dem atlantiſchen Nordamerika und Nord-Aſien geworden, eine unberechenbar höhere Bedeutung in dem grofsen Weltverkehr. Ein nordamerikaniſcher Abgeſandter, welcher 1857 dort reiſte, hat in einem *Washington blue-book* die Überzeugung ausgeſprochen: „*Amuria*" werde bald für viele Millionen amerikaniſcher Waaren beziehn und in kurzem die Handelsſtrafse nach Central-Aſien, der hohen Tatarei und den weſt-turkeſtaniſchen Ländern werden.

§ 668, c. Wenn die VÖLKER und SPRACHEN, ähnlich wie die Örtlichkeiten, in dieſem Abſchnitte öfter in ihrer Vereinzelung bleiben, ſo will ich doch ihre Darſtellung mit einem theilweiſen Überblick beginnen: der, hier und da, Punkte der britiſchen Weſtküſte berührend, die Völker des ſüdlichen Theiles der ruſſiſchen, etwa bis 58° Br. in N, begreiſt. SCHOOLCRAFT liefert im Part V. ſeiner *Indian tribes* (Philad. 1855. 4º) p. 487-9 eine Tafel über die indianiſchen Völkerſchaften der NÖRDLICHEN SÜDSEE-KÜSTE: auch mit den einheimiſchen Namen der Stämme, mit Zählung derſelben nach den Altersſtufen (wobei man leider die Summe ſelbſt ziehn muſs): mit der Zahl ihrer Böte, Flinten, Häuſer; auch einer Columne für die Zugehörigkeit ihrer Sprache. Er rechnet zur *Chimsyan*-Sprache die: *Nass*-Indianer, *Chimsyans*, *Skeena*-Indianer, *Sabassas;* zum *Ha-eelbzuk* oder *Baloballa:* die Indianer vom *Milbank*-Sund, deren er mehrere Stämme nennt; zur *Klen-eekate-* [d. h. koloſch.] Sprache rechnet er (489) die *Chilcat:* mehrere Stämme, am *Lynn's*-Canal, 267 Männer; die *Hunacow*, vom Cross-Sund, 258; *Auke* nördlich vom Eingang des *Tako river*, 72; die Indianer von *Tako*, *Samdan* und *Sitka* von den Flüſſen *Tako* und *Sitka*, und ſüdlich davon auf dem feſten Lande: zuſammen 127; *Hootsinoo* von Hood's Bai 274, *Hanaga* 82, *Kake* 169; *Stikeen; Ahëalt* vom *port Stuart* 50, *Tongass*-Indianer oder *Keetahhonneet* 85: ſüdlich vom Eingange der Clarence-Strafse, *Lughsele* vom Cap *Fox* 45; dieſe 3 Stämme handeln nach Fort *Simpson* und beſuchen gelegentlich *Stikeen;* — zur *Haidah*-Sprache rechnet er: die *Kygargey* vom Prinz Wales-Archipel und die Einwohner der Königinn-Charlotten-Inſeln. Alle dieſe Völker bilden eine Summe von 15,160 Männern, 16,171 Frauen, 15,359 Knaben, 17,004 Mädchen, 1146 männlichen und 1375 weiblichen Sklaven — in Summa 66,215 Seelen. An den einzelnen Landestheilen und Punkten werde ich ſpecielle Aufzählungen zu dieſer grofsen Überſicht mittheilen.

An dieſes Völker-Verzeichniſs iſt ein kürzeres, vom Capitän Will. Bryant, von mir bei dem Volke der *Koloschen* (Pima u. Kol. S. 379^mſ-nn) mitgetheilt, zu fügen: dieſelbe Gegend betreffend und zum Theil dieſelben Völker nennend.

§ 669. Die jüngſte Reiſe L. SAGOSKIN's im ruſſiſchen Amerika hat uns neue Aufklärungen über viele Gegenden und über mehrere Sprachen verſchafft: und iſt von mir im Späteren an mehreren Stellen (§§ 721, 735, 772-3) behandelt und benutzt worden. — Sagoskin theilt uns an einer Stelle die Nachrichten mit, welche ihm die Umwohner des *Norton*-Bufens (ſein Hauptpunkt iſt die Redoute des heil. *Michael* auf einer Inſel im ſüdl. Theile dieſes Meerbuſens, liegend [p 28] in 63° 28' 45" N. B. und 161° 44' 1" W. L. v. Gr.) auf ſeine Fragen über die Völker-Verhältniſſe gaben. Dieſe Eingebornen geben ſich (40ſ) den allgemeinen Namen *Juggyl;* die Theilnamen (41) *Tatschigmjut, Paschtoligmjut, Atchwigmjut* uſw.; örtlich allgemein nennen ſie ſich *Tschnagmjut* (Uferbewohner). Die Eingebornen ſagten ihm: daſs ihnen in N wohnen die *Maleigmjuten* oder *Naleigmjuten;* in S die *Kwichljuagmjuten, Magmjuten, Aguljmjuten, Kuskokwigmjuten:* alles örtliche Benennungen; *Achkugmjuten* (d. h. Bewohner warmer Länder): mit welchem Namen die Eingebornen des *Norton*-Bufens ihre Stammgenoſſen in Süden benennen: d. h. die *Aglegmjuten* und *Kadjaker;* in O die *Inkaliki.Ulukagmjuten, Inkaliki-Takujakfsa, Inkality-Anwigmjuten:* hinter ihnen die *Inkalich.ljuaten* und weiter die *Inkality* (d. h. Niſſige, Läuſige: weil ſie ſich das Haar nicht ſcheeren; 42); ſie alle benennen ſie allgemein *Jug-eljnuk:* Fremde, Stumme; ſie haben auch eine verſchiedne Sprache von der der Befragten; wie jene ſich ſelbſt nennen (42), wuſsten ſie nicht zu ſagen. Ihre Stamm-genoſſen nennen die befragten Anwohner der Seeküſte: *Kan'julit* die am Fluſs Kwichpak, *Kang-eljnut* die am Kuskokwim: d. h. von Einer Sprache. „Alle Eingebornen der" vom Vf. „beſuchten Stämme des Volks *Kangjulit* ſagen übereinſtimmend aus, daſs ihre Vorfahren aus N gekommen ſeien." Auf dem übrigen, gröſsten Theil dieſer Seite (42) beſchäftigt ſich der Vf. mit den allgemeinen Verwandt-ſchafts-Verhältniſſen der Sprachen dieſer Gegenden, nach Andrer und eignen Urtheilen. Bei aller Stammverwandtſchaft (43 mf-nn) leben oder lebten die Volksſtämme der amerikaniſchen NWKüſte groſsen-theils entweder in ewiger Feindſchaft gegen oder doch Beſorgniſs vor einander: ſo die *Kwichpagmjuten* vor denen des unteren *Kuskokwim*, dieſelben und die Anwohner des *Norton*-Buſens vor den *Magmjuten;* die *Kuskokwimen* befehdeten ſonſt immer die *Aglegmjuten*.

§ 670. Indem ich den Völkern und Sprachen des ruſſiſchen Nordamerika's eine allge-meine Betrachtung widme, bediene ich mich beſonders der werthvollen Daten, welche Hr. WENJAMINOW in der Einleitung zu ſeiner Schrift: замѣчанія о Колошенскомъ и Кадьякскомъ языкахъ, St. Petersb. 1846. 8°, geliefert hat. (¹) Seine Arbeiten und Leiſtungen in zwei Werken hat ſchon im *J.* 1849 Hr. Prof. Wilh. *Schott* in einem Auszuge, betitelt: „über die Sprachen des ruſſiſchen Amerika's, nach Wenjaminow", in *A. Erman's* Archiv für wiſſ. Kunde von Rufsland Bd. VII. S. 126 - 143 bekannt gemacht. Iwan *Wenjaminow* beginnt (p. 3 - 5) mit einer Erör-terung über die erſtaunende und unbegreifliche Verſchiedenheit der Völker und Sprachen im nördlichen Amerika: oft auf einem kleinen Raume und bei einer ſehr geringen Seelenzahl. Er zählt im ruſſiſchen Amerika 6 Sprachen (3ᶠ und 5ᵐᵐ): die unalaſchkiſche, kadjakiſche, kenaiiſche, jakuta-tiſche, ſitkiſche und kaiganiſche; jede derſelben zerfällt in einige Dialecte. Ich handle ſpäter von jeder Sprache beſonders (von der kaiganiſchen auch bei der Königinn-*Charlotten*-Inſel), und ver-zeichne hier nur das gemeinſchaftliche oder allgemeine.

Wenjaminow findet (7ⁿ; nach allgemeinen Eigenſchaften) in allen ruſſiſch-amerikaniſchen Spra-chen zwei Hauptgattungen,¹ von einander gänzlich verſchieden: die unalaſchkiſche und die kolo-ſcheniſche; ſ. ſeine Aufzählung ihrer Eigenſchaften und Unterſchiede 7ⁿⁿ-8ᵃᶠ. Zum erſteren Typus rechnet er (8ᵐ) die unalaſchkiſche und kadjakiſche Sprache; zum zweiten alle übrigen, wenigſtens ſo weit ſie nicht-unalaſchkiſche Formation haben. Merkwürdig iſt jedoch (ᵐᵐ-ⁿ), daſs im Zahlenſyſtem die *Unalaschka*- von der *Kadjak*-Sprache ganz verſchiedene Grundlage (Unalaſchkiſch hat Decimal-Syſtem), letztere aber dieſelbe mit der koloſchiſchen (einer Art icoſadiſchen) hat.

Eine neue, herrliche Arbeit bildet den *fasc.* 2 *Tomi IV.* der *acta societatis fennicae, Helsingforsiae* 1856. 4° (S. 281-421): „ethnographiſche Skizzen über die Völker des ruſſiſchen Amerika von Heinr. Joh. HOLMBERG" (vorgetr. am 2 Juni 1854); nur erſt die Hälfte, wie es ſcheint. Der Vf. entwirft (S. 283-8) eine Claſſification dieſer Völker. „Man könnte", ſagt er (283ⁿᶠ), „die Völker des ruſſiſchen Amerika ihrer Herkunft nach auf vier Hauptſtämme zurückführen, die ich nach dem bekannteſten Volke eines ſtarken Stammes: *Thlinkithen, Konjagen, Thnaina* und *Aleuten* be-nennen will. I. Der Stamm der *Thlinkithen* (284) umfaſst: 1) die eigentlichen *Thl.* (Bewohner des Archipels von den Parallelen des Fluſſes *Näss* bis zum *St. Eliasberge*) und 2) die *Ugalenzen* ... II. Der Stamm der *Konjagen*" enthält die Völkerſchaften: 1) die eigentlichen *Konjagen* oder Be-wohner der Inſel Kadjak 2) die *Tschugatschen* 3) die *Aglegmjuten* ... „Sowohl die *Agl.* als die *Konjagen* der Inſel Kadjak werden von den Küſtenbewohnern des Nortonſundes mit dem gemeinſamen

---

(¹) Ein hohes Lob ſpendet Hr. von *Baer* (in Wrangell's ruſſ. Amer. S. XIV) dieſem „ehrwürdigen Geiſtlichen, welcher der Bekehrung der Aleuten zum Chriſtenthume mit ächt apoſtoliſchem Eifer viele Jahre hindurch, auf den nebelreichen und baumloſen Felſen dieſer Inſel-Reihe alle Bequemlichkeiten der civiliſirten Welt geopfert hat." Er nennt ihn einen „zweiten *Egede*, der vielleicht nie von dem erſten gehört hat." S. noch Stellen von mir Kol. S. 377ⁿ, 378ᵃ⁻ᵃᶠ und unten § 761.

Namen *Achkugmjuten* (285) (d. h. Bewohner der warmen Gegend) benannt. 4) Die *Kijataigmjuten* wohnen an den Ufern des Fl. *Nuschagakh*, fowie feines Nebenfl. *Iljgajakh"* 5) *Kuskokwigmjuten* 6) „Die *Aguljmjuten* (d. h. die Einwohner zwifchen den Mündungen) haben fowohl den Küftenftrich als das Innere des Landes zwifchen den Mündungen des *Kuskokwim* und des *Kishunakh* inne. 7) Die *Magmjuten* oder *Magagmjuten* zwifchen den Flüffen *Kishunakh* und *Kipunajakh*." 8) Die *Kwichljuagmjuten* . . . am *Kwichljuak*, einem Arm der Mündung des Kwichpak 9) *Kwichpagmjuten* (d. h. Bewohner des grofsen Fluffes) , am *Kwichpakh* vom Küftengebirge an bis zum Nebenfl. *Uallik.* 10) Die *Tschnagmjuten*, an den Ufern der Meerbufen *Pastol* (286) und *Schachtolik* zwifchen den Flüffen *Pastol* und *Unalaklik.*" 11) Die *Paschtoligmjuten* im W der vorigen, am *Pastol*-Flufs 12) *Anlygmjuten* an der Bai *Golownin*, nördlich vom Norton-Sund 13) „Die *Maleigmjuten* bewohnen die Küfte des Nortonfundes vom Fl. *Unalaklik* an und gehen durch das Innere des Landes hinauf bis zum *Kotzebue*-Sunde." III. Der Stamm der *Thnaina* (Kenaizer) begreift: 1) „Die *Junnakachotana*, am Fl. *Jukchana* oder *Junna* (fo wird der obere Lauf des Kwichpakh genannt) zwifchen den Nebenfl. *Nulato* und *Junnaka*, fo wie am unteren Laufe des letztgenannten Fluffes. 2) Die *Junnachotana* bewohnen den oberen Lauf des *Jukchana* oder *Junna* von der Mündung des *Junnaka.*" 3) Die *Inkiliken* 4) die *Jugelnuten* (287) am *Kwichpakh*, *Tschageljuk* und an der Mündung des *Innoka* 5) die *Inkalichljuaten* am oberen Laufe des *Innoka* 6) die *Thljegonchotana* am Fl. *Thljegon*, welcher mit dem *Tatschegno* den *Innoka* bildet 7) „Die eigentlichen *Thnaina* bewohnen die Halb-infel Kenai und ziehen fich von da weftlich über das *Tschigmit*-Geb·rge zum *Mantaschtano* oder *Tchalchukh*, einem füdl. Nebenfl. des *Kuskokwim.*" 8) die *Galzanen* oder *Koltschanen* 9) die *Athnaer* am *Athna*- oder *Kupferfluffe* IV. Der Stamm der *Aleuten* begreift: 1) die *Unalaschkaer* oder *Fuchs*-*Aleuten*, bewohnend „die Gruppe der *Fuchs*-Infeln, den füdweftl. Theil der Halbinfel *Aljaska* (288ª) und die Infelgruppe *Schumaginsk*; 2) die *Atchaer* oder *Andrejanowschen Aleuten*", bewohnend „die *Andrejanowschen*, die Ratten- und die *Nahen*-Infeln der Aleuten-Kette." — Der Verf. fchildert nun ausführlich: die *Thlinkithen* S. 289-354, die *Konjagen* 355-421.

Ganz jüngft hat in Deutfchland ein wohlbekannter, kenntnifsreicher Reifender uns fpät mit dem intereffanten Bericht feiner Reifen in diefe Gegenden befchenkt; ich fpiele an auf die „Denkwürdigkeiten einer Reife nach dem ruffifchen Amerika, nach Mikronefien und durch Kamtfchatka von F. H. v. Kittlitz; Gotha 1858. 8°: wo im Bd. I. S. 191-303 die Reife durch das ruffifche Amerika fteht. Der Verf. war im Juni 1826 von *Berlin* nach *Petersburg* gereift; er fuhr dann von *Kronstadt* über *Portsmouth* nach *Rio Janeiro* und *Valparaiso*, und kam 24 Juni (1827?) im *Norfolk*-Sunde an. Er befchreibt *Neu-Archangel*, die „Kaloschen", die Bai von *Sitcha*; er fuhr dann durch die aleutifchen Infeln, in die Bai von *Illuluk* auf *Unalaschka*: fah darauf, nach N fegelnd, die Infeln *St. Georg, St. Matthäus* und die *Behrings*-Infel; im Sept. gelangte er nach dem *Peter-Pauls*-Hafen.

§ 671, a. Das ruffifche Nordamerika: in der füdlichen Hälfte, bis zum *St. Elias*-Berge (in 60° N. B. und 141° W. L. v. Gr., nach der Gränzbeftimmung vom J. 1825; nach *Sag.*'s Karte liegt der Berg 60° 15' und 141° 10'), ein fchmales Küftenland mit Infeln und Infelgruppen im W, neben dem britifchen Feftlande herlaufend, beginnt im S mit dem PRINZ-WALES-ARCHIPEL *(Prince of Wales' archip.)* und der grofsen Prinz-WALES-Infel, von 54°⅔ bis 56°⅘: welche ganz im W ift und öftlich neben fich die Infeln *Gravina, Revillagigedo* und des Herzogs von *York* *(Duke of York's island)* hat; ihre Südfpitze wurde (f. brit. Amer. S. 320ᵐᵐ) von *Caamaño* 1792 *isla de Ulloa* genannt.

Scouler berichtet (219ᵃᵃ), dafs fich im füdlichen Ende des Prinz von *Wales*-Archipels und auf der Nord-Infel *(in the Northern Island)* eine Colonie der Haidah-Familie (eigen der Kö-niginn-*Charlotten*-Infel, f. brit. Amer. S. 393ᵃᶠ⁻ᵐ) angefiedelt habe, die KYGA'NIES; er fchildert fie fehr vortheilhaft (ᵃᶠ). Ich habe über die kaiganifche Sprache der „Infel *Kaigan* und der Charlotten-Infeln" als eine Sprache im ruff. Amerika nach *Wenjaminow* gehandelt beim brit. Nordamerika

S. 393nn-f. Noch habe ich von Bryant (brit. Am. S. 393n) und Gallatin (ib. S. 394mm) die Form *Kigarnee*
angeführt. — Schoolcraft nennt im P. V. feiner *Indian tribes* (1855) p. 489, als Fortfetzung feiner
Aufzählung von Volksftämmen der „Königinn-*Charlotten*-Infeln" (f. brit. Nordam. S. 394a-m), von den Kygargey (ob. 675mm), zur *Haidah*-Sprache gehörend, wohnend an der SSeite des *Prince of Wales'*
Archipels, folgende Stämme (welche Fort *Simpson, Stikeen, Tacco* und *Sitka* befuchen): *Youahnoe*
68 Männer, *Clict-ass* 98, *Quiahanless* 30, *Houaguan* 117, *Shouagan* 53, *Chatcheenie* 65.

Ein paar Wochen vor dem Druck diefer Stelle, am 24 Dec. 1858, erhielt ich durch die freundliche
Güte des Verfaffers, der in bewundernswürdig rafcher Folge uns die Schätze des grofsen Kaiferreichs
aus den Sprachen des ruffifchen Nordamerika's erfchliefst, die wichtige Arbeit: „Einige Nachrichten
über die Sprache der Kaiganen; von L. RADLOFF." Es fcheint ein, am $\frac{8}{20}$ Januar 1858 in der Petersburger Akademie gehaltener Vortrag zu feyn und bildet in T. III. der *mélanges russes* (8°) und
wohl eben fo im *bulletin* der Akad. die Seiten 569-607. Der Verf. fchenkt uns darin (S. 593m-
607aa) ein grofses Wortverzeichnifs der Kaigani-Sprache, alphabetifch nach dem Deutfchen, das er von
dem Sammler, Herrn W. von Middendorff, erhalten hat; er hat ihm die, von mir in meinem britifchen Nordamerika (S. 395-7) fehr genau gelieferten Wortverzeichniffe der *Haidah*-Sprache der
Königinn-Charlotten-Infel *(Tolmie, archaeol. amer., Chanal)* einverleibt: und es geht aus feiner
Arbeit die, uns fchon aus den früheren Zeugniffen bekannte Identität der Kaigani-Sprache mit der
Haidah hervor. [1] Er fagt über den Urfprung diefes Schatzes (569m-nf): „Während feines mehrjährigen
Aufenthaltes im ruffifchen Amerika, wo er als Director des Sitkhaer Magnetifchen Obfervatoriums
mehrfach Gelegenheit hatte die Eingeborenen zu beobachten und kennen zu lernen, fammelte Herr von
Middendorff unter Anderem aus dem Munde eines aus dem Hafen von Kaigan (Lat. 54° 46' N. und
Long. 132° 45' 30" W.) gebürtigen Kaiganen, mit Namen *Kükü*, ein kleines Wörterverzeichnifs nebft
einigen kurzen Sätzen und Notizen über dies wenig gekannte Volk. Seinen Aufzeichnungen, die er
mir mit der bereitwilligften Gefälligkeit zur Benutzung überliefs und durch mündliche Erläuterungen
über die Ausfprache der Sprachproben; über Verbreitung, Sitten, Lebensweife und Verkehr der Kaiganen
vervollftändigt, entnehme ich die folgenden Bemerkungen: Die *Kaigáni* (569f) ... bewohnen den
füdlichen Theil der Infeln (Archipels) des Prinzen (570a-aa) von Wales. An der öftlichen Seite
der füdweftlichften diefer Infeln [Prinz-*Wales*-I.] belegene fchon erwähnte Hafen, wie auch die Strafse
(Sund), welche die Königinn Charlotten-Infeln von dem Archipel des Prinzen von Wales trennt, von
den Ruffen Grenz-Strafse (проливъ Границы) genannt, führen nach ihnen den einheimifchen Namen:
Kaigani-Hafen und *Kaigani*-Sund." „In neuefter Zeit (571af-m) follen fehr viele Kaiganen durch die
lockende Ausficht auf reichlicheren Gewinn fich in's Oregongebiet ganz übergefiedelt haben, wo fie bei
den Engländern als Tagelöhner in Dienfte treten, und fich mit Kartoffelbau befchäftigen. Daher erlernen
viele das Englifche, mit deffen Hilfe fich auch Kükü Herrn von Middendorff verftändlich machte." —
Über die Sitten ufw. des Volks f. S. 570mm-mf, 572a-.3aa.

Über die ganze Sprache, *Haidah* und *Kaigani* zufammen, mufs natürlich auch Hr. Prof.
Radloff: der (f. S. 573aa-4aa) es für wahrfcheinlicher hält, dafs im Archipel der Königinn-*Charlotten*-
Infeln Eine Sprache als mehrere herrfchen, das Zeugnifs der Fremdartigkeit ablegen (575m-mf), obgleich
er noch auf einen Anfchlufs zu hoffen fcheint. Er findet fie (575n-6a) am meiften ähnlich mit der
kolofchifchen (dem *Thlinkit*), von der ich (S. 398aa-m) nur 4 Wörter im *Haidah* gefunden habe;
er giebt (576aa-af) mehrere übereinftimmende Wörter („zum Theil wohl entlehnt") im *Kaigani* an:
räumt aber (576a) ein, dafs „die Zahl der gleichlautenden Wörter nur eine fehr geringe" fei. Er

---

[1] Der Verf. fagt felbft (S. 574af) fo: „Die Identität des Kaigáni mit dem *Haidah* wird durch
den Vergleich obengenannter Wörterfammlungen mit der des Herrn von Middendorff über allen Zweifel
erhoben." Er giebt dann (574af-5af) die Wörter an, welche zwifchen beiden Sprachen übereinftimmen, die fremden, und die allein im *Haidah* gegebenen Begriffe.

bezeichnet ferner (576af-m) ein Kinai-Wort (Feuer *tass* = K *tasi*), ein athapaskisches (Hand, das uns im Haidah nicht gegeben ist: *slei, tslei;* vielleicht noch Nagel) und einige europäische. Ich kann die athapaskische Verwandtschaft diefer Stammsprache gänzlich verneinen. — Ich verweise auf die schöne Belehrung, welche uns Hr. Professor Radloff noch in einer kleinen Grammatik giebt, die er mit grofser Sorgfalt aus den kurzen Sätzen feiner Wortsammlung entwickelt hat: über die Orthographie, Buchstaben, Zeichen, Laute und Wortgestalt S. 576mm-580f; über die Redetheile nach der Reihe S. 581a-593a.

Ich kann mich mit der Sprache nicht mehr beschäftigen, liefere aber hier aus dem *Middendorff - Radloff*'schen Wortverzeichnifs eine kleine Reihe von Kaigani-Wörtern: wichtige Begriffe, welche uns im *Haidah* fehlen oder (*) von ihm verschieden sind: Arm *chiei,* Auge *han kätli,* Backe *hankal,* Bart *khùngal* (Schnurrbart *s-chaui*), *Berg *tl-tau;* Bruft *khan skuts,* weibl. *tl-in;* *Dolch *k-ähl,* Eifen *iäz,* essen *tatla,* Feder *t-aun,* *Feuer *tass,* *Flinte *tziggu,* Fufs *st-ei,* geben (imp.) *hall* oder *digesta,* gelb *könhl,* ältere Geschwister *koei,* Geficht *hánga;* männl. Glied *zitz,* weibl. *khu;* grün *hlötl,* Hals *hell,* Hand *slei,* Herz *khuk,* *Himmel *tahit-na,* Hinterer *k-assi,* Holz *kük,* Horn *nestang,* hübsch *hàna,* Kamm *tl-chetl-keng,* Kartoffel *kùssat,* Kasten *hött,* Katze *tuss,* Kinn *tl-khai,* *klein *hùtsu,* Knie *khallu kats,* Knochen *skuts,* Knöchel *tómma,* Kopf *kat skuts,* Koth *na,* Leder *skattál,* Leib *khan,* Lippe (Mund?) *tkut,* Löffel *slagwal,* Mädchen *t'jetta,* Menfch (Leute, Volk) *hata, hátei,* *Mutter *aùa,* Mütze *tetsöng,* Nabel *skill,* Nacht *seng, singja,* Nadel *tslin,* Nagel (an den Fing.) *kun,* Nafe *kùn,* Ohr *kju,* Pfeife *hlha,* Pulver *hëk-ël-t-au,* Rauch *jën* (= Wolke), *roth *shätt,* Rücken *skw-oi,* Schiff *tlu-ei,* schlafen *tkátti,* schneiden *k-etl,* Schulter *skall,* *schwarz *lhätl,* Schwein *tlhîmel,* fetz dich *kaùtlä,* Speichel *tl-han,* Spiegel *händsong,* *Stein *köa,* Stirn *kholl,* tanzen *hjell,* Tasche *tratl,* Teller *kédla,* Thee *henkan, hánkan,* Urin *tschikin,* Zahn *tsing,* Ziege *k-émdi,* Zunge *t-ängel;* — *viel *koángan,* *wenig *tleng-àn;* *geftern *a sängwi.*

§ 671,b. Scouler nennt (218nf) einen kleinen Stamm, die TUN GHAASE, welche den füd-öftlichen Winkel des Prinz von Wales-Archipels bewohnen, und die nördlichften Indianer feiner nördlichen insularen und Küften-Familie sind, welche mit den englischen Pelzhändlern Verkehr haben. Auf Duflot's Karte finde ich *Tungass,* in 55° N. B., wie eine Infel in Südwesten von der Infel *Revillagigedo,* bei der *isla de Gravina,* oder wie einen Ort auf erster Infel. *Tolmie* „vermuthete, dafs ihre (der *Tun Ghaase*) Sprache diefelbe fei als die von *Sitga*" (219a); eine Idee, die ich unten fehr modificiren werde) (¹); fie wird nach ihm von 55° 30' bis 60° N. B. gesprochen; er berichtet, fie feien das tapferfte Volk wie die beften Jäger an der Küfte, und haben immer im guten Vernehmen mit den Weifsen gelebt. Ein Wortverzeichnifs der *Tun Ghaase* giebt Scouler p. 230-5 in der Verbindung: *Haeeltzuk, Billechoola, Chimmesyan, Haidah, Tun Ghaase.* Ich liefere hier diefes Wortverzeichnifs (von 52 Wörtern) in alphabetifcher Ordnung:

§ 672. Wörter der Tun Ghaafe nach Tolmie bei Scouler

A. Subftantiva, Adjectiva und Verba: bad *tzilthliskeh;* black bear *tseck,* grizzly bear *hootch;* beaver *segede,* birds *koch,* blanket of cedar bark *tloo-it,* cedar *tzuk,* chief *uncan,* child *toosee,* coat or capot *kodatz,* day *tsoolatik;* red deer *tchisko,* roe-buck *kogan;* dog *ucha,* surf-duck *kadlahi,* good *ahkeh,* grass *tau,* halibut *chaatil,* handkerchief *sheedada,* herring *noagh,* hungry *chun-in(ui?)-oha,* large *ahklein,* man *kah,* marten *coogh;* old man *shoan,* old woman *stooshit;* land-otter *coostah,* sea-otter *youchtz;* roebuck *f.* deer, salmon *ka-at,* sand *hatza,* shirt *kad-ani kodatz (kodatz:* coat), slave *kooch,* sleepy *talhit-such,* small *kleik-ahklein (ahklein:*

(¹) Cap. *Bryant* nennt unter feinen 10 die *Sitka*-Sprache redenden Volksftämmen (Kolofch. S. 379ua) den der *Tumgarse;* Schoolcraft (oben S. 675mm) die *Tongass*-Ind. im S der Clarence-Strafse.

large), stone *ta*, summer *kootaan*, tobacco *kuntsh*, tree *oush*, trowsers *qun*, valuable *kleik* (daſſelbe Wort, welches in *small* wie ein privativer Vorſatz erſcheint), valueless *klaik ilkatzen*, vest *wiltzin-eh*, whale *yio-agh*, winter *koolaan-tawk*, woman *shewat*

B. Pronomina: 1 *ushut*, thou *aith*, he *yout*   C. Adverbia: upwards *shaklein*, downwards *tuchei*, now *eedit*, long ago *tsawk*

§ 673, a.   Unter den 52 Wörtern hat die Tun Ghaaſe-Sprache 5, eigentlich 3, mit der Hai-dah-Sprache der Charlotten-Inſel gemein (ſ. brit. Amer. S. 397ⁿ-8ᵃᵃ); im übrigen ſind beide Sprachen ganz fremd gegen einander. Merkwürdig iſt aber der groſse koloſchiſche Beſtandtheil, welcher ſich in der Sprache findet, anzüſchlagen auf ein Drittel; die übrigen ⅔ des Tun Ghaaſe ſind aber fremd. — Die koloſchiſchen Wörter ſind in .der Sprache meiſt mit vollſtändig, genau oder ganz nahe identiſcher oder ähnlicher Form, welche die fremde Erborgung genugſam anzeigt; eine etwas fernere Form hat Biber, in Winter gehört nur der letzte Theil zur Vergleichung. Zweifelhaft, aber zum Theil wohl noch wirklich iſt die Verwandtſchaft der Wörter *chief, good, handkerchief.* Man kann auch noch verſuchsweiſe vergleichen: kol. *ataghithe* unten, Tun G. *tuchei* herab; kol. *jagitét* jetzt, Tun G. *eedit.*

In der folgenden Tafel ſind das 1te Wort Tun Ghaaſe, die folgenden (alle nach dem Se-mikolon) koloſchiſch; das kuloſchiſche Wort ohne Vorzeichen iſt von Wenjaminow: bad *tzilthlis-keh; tlheklhuſchké* uſw. | grizzly bear *hootch; chuzh* uſw. | beaver *segede;* Fluſs-Biber: *zhhketi,* Wᵣ *ſsykijty,* D *ſsryjty* | chief *uncan; anχáu,* Wᵣ *ankao* | coaţ, caput *K̓odatz;* ſ. bei Haidah (brit. Am. S. 398ᵐ) | good *ahkeh; ğᵉχᵉ́,* R *gekk-e,* D *ckje,* L *tooaké* | halibut *chaatil; tſchatlh,* D *tſchatlj* | handkerchief *sheedadá; ſstatháŭ* | large *ahklein; atlhén* | man *kah; χá́,* D *ka,* Wᵣ *kaa* | old *shoan; ſchan,* N *ſchaan* | land-otter *coostah; küſchta,* D und Wᵣ *kuſsta* | sea-otter *youchtz;* N *juchtſch,* L *youhch* | slave *kooch; küchh,* D *kooch* | summer *kootaan; kután,* D und N *kutaan,* L *kootaan* | tobacco *kuntsh;* D *kantſchj* uſw. | trowsers *qun;* D *kan* | whale *yio-agh;* jaǧ, D *jagg* uſw. | winter *koolaan-tawk; tákŭ* uſw., N *taak* | woman *shewat; ſchaŭdt,* L *shavvot* uſw. | he *yout; jútha* jener, L *youta* er

Mit der Nutka-Sprache und den athapaskiſchen Idiomen hat das Tun Ghaaſe keine Verwandtſchaft.

§ 673, b.   Auf dem feſten Lande, dem ſüdlichen Theil der Inſel *Baranow* gegenüber, deutet das Fort *Stikin* und die Mündung des *Stikin*-Fluſses (beide ruſſiſch), in 56°½ N. B., das Volk STIKIN an, das nach Fort *Simpson* (im S) und nach *Sitka* und *Tacco* (in beinahe 58°) zum handeln kommt; und welches, da es wohl dem britiſchen Weſtlande auch angehört, mit ſeiner Sprache (von Schoolcraft zur *Klen-eekate-*, von *Green* zur *Sitka*-Sprache gerechnet: was daſſelbe, nämlich Koloſchiſch, iſt) ich beim britiſchen Nordamerika (S. 403ⁿ-4ⁿ) behandelt habe.

Koloſchen.

§§ 674-705.   Die ſüdlichſte der 6 Hauptſprachen des ruſſiſchen Nordamerika's iſt die wichtige Sprache der KOLOSCHEN. Dieſes weit an der Nordweſt-Küſte verbreitete Volk ziehen neuerdings die ruſſiſchen Gelehrten *(Holmberg, Radloff)* vor nach ihm ſelbſt *Thlinkit* zu nennen. [1]

[1] „Dieſes Volk", ſagt Holmberg (289), „das ſich ſelbſt *Thliukith,* d. h. Menſch, nennt, von den Ruſſen aber die Namen *Kaljuſchen, Koljuſchen, Koloſchen* erhalten hat, bewohnt den ganzen Küſtenſtrich des nördlichen Amerika vom St. Eliasberge bis hinunter zum *Columbia*ſtrome(!), oder vom 60° bis zum 45° (!) nördl. Br. . . . . Doch nicht allein die Küſte des Feſtlandes wird von ihnen bewohnt, ſondern auch die meiſten der nahbelegenen Inſeln, und zwar in noch gröſserer Zahl als das Feſtland."

[Die, in einer früheren Stelle (S. 119-120) auseinandergefetzten Umftände, welche mich genöthigt haben gröfsere Stücke aus dem gegenwärtigen Bande zu entfernen und anderwärts zu vereinzeln, haben vorzüglich im ruffifchen Nordamerika gewirkt. Ich würde mich gefreut haben diefes nördlichfte Land meiner Forfchung hier in dem impofanten Umfange zu zeigen, welchen es durch mehrere wichtige Sprachmaffen und deren ausführliche Bearbeitung durch mich erlangt hat. Ich habe es aber durch Auslaffung aller diefer grofsen Maffen auf's äufserfte verkleinern müffen.

Das Volk und die Sprache der Kolofchen bildet den zweiten Theil einer Abhandlung, welche, von mir gelefen am 26 April 1855, ich in den Schriften der Akademie der Wiff. aus dem J. 1856 S. 321-432 geliefert habe, und welche auch abgefondert erfchienen ift, unter dem Titel: die Pima-Sprache und die Sprache der Kolofchen, Berlin 1857; das Stück über die Kolofchen und ihre Sprache findet fich dafelbft S. 376-432.]

§ 706. Nathaniel Portlock liefert in: *a voyage round the world &c. in* 1785-88; Lond. 1789. 4° p. 293 die Zahlwörter und einige Wötter von *PORTLOCK'S HARBOUR.* Diefer Hafen liegt im N von *mount Edgecumb:* in 57° 48' N. B. und 136° 35' W. L. (nach Portlock's eigener Angabe, append. p. XXIII; auf *Tschitschagow's* Infel).

Ich ftelle einige diefer Wörter mit kolofchifchen (bei Krufenftern) zufammen (wobei das 1te Wort vom *Portlock h.*, die anderen [die nach dem Semikolon] kolofchifche find): gieb mir *hatseene; achtschitté* | Glasperlen *caw-wout; kagut* | Waffer *een; in, iin* | 1 *clacke; tlek, klejek* | 2 *taike; tech* | 3 *nusk; nezk, nozk* | 4 *takoon; taakun, takkun* | 5 *kacheene; kejetschin, kitschin* | 6 *claytooshoe; tlet-uschu, ketuschu* | 7 *tack-a-tooshoe; tachate-uschu* | 8 *nusk-a-tooshoe; nezkütüissju, nesket-uschu* | 9 *covshuck; kuussiok, kuschock* | 10 *cheene-caught; stchinkat, tchinkat.* — Die gröfste Ähnlichkeit befteht in den Zahlwörtern; andre Wörter als die obigen find gar nicht ähnlich. Mit dem Kinai befteht keine Ähnlichkeit; allein ftimmen allenfalls oder ziemlich: die 1 *zelkeï*, die 2 *tycha* od. *tech-a.* Kolofchifch ift noch *youtes* Otter (nachher) = *juchtfch.*

Ich fetze die übrigen Portlock-Wörter her: bad *aguagoone*, berries like a wild raspberry *claake*, blanket *caacongo*, box *onowska*, bring *hatata*, hostage or friendship *cow-akana*, iron *hoetaa*; sea-otter *youtes*, young sea-otter *youtes-gaatea*; marmot or ermine skin *sulk*, tongue *lala.*

Eine fehr geringe aztekifche Ähnlichkeit könnte *lala* Zunge feyn (✝ azt. *nenetl*, das jetzt durch fein dimin. *nenepilli* für diefen Begriff vertreten wird).

§ 707. In 58° 37' N. B. und 139° 50' W. L. (nördl. über dem *Cross*-Sund) fand la Pérouse an der Küfte den von ihm fo genannten *Port des FRANÇAIS;* er unterfcheidet die Eingebornen beftimmt von den *Eskimos* (f. Mithr. 221^m-nn): ja er führt (*voy. de La Pérouse* 4° T. II, 212-3) folgende Sprachen und Völker auf, deren Wortverzeichniffe er vergleichen und mit welchen diefe Sprache nicht ähnlich fei: *Alaska, Norton, Nootka*, Grönländifch, *Esquimaux*, Mexicanifch, *Nadoessis* und *Chipavas.* In den wenigen von *Lamanon* gegebenen Wörtern findet der Mithr. ficher kolofchifche Verwandtfchaft (f. befonders 223^mf-f und die Tafel 224). Die Franzofen heben in der Sprache fchwere und rauhe Laute, ein Schnarren (z. B. ftarkes *r*), Häufigkeit des *k* und doppelter Confonanten hervor (f. näher Mithr. 222): wogegen die Eingebornen das *d, f, l, x, j* und *g* der Franzofen nicht ausfprechen konnten. Eine Probe diefes rauhen Lautwefens ift die Gruppe *khlrl*, in *khlrleies* Haar.

Voyage de la Pérouse autour du monde. T. 2. Par. V. (1797.) 4° ftehn p. 210-211 von de Lamanon die Zahlwörter des *Port des Français*: 1 *keirrk*, 2 *theirh*, 3 *neisk*, 4 *taakhoun*, 5 *keitschine*, 6 *kleitouchou*, 7 *takatouchou*, 8 *netskatouchou*, 9 *kouehok*, 10 *tchineĉate;* 11 *keirkrha-keirrk* (*rh* drückt das höchft gutturale, krächzende *r* der Sprache aus), 12 *k. theirh*, 13 *k. neisk:* ufw. bis 19; 20 *theirha*, 30 *neiskrha*, 40 *taakounrha*, 50 *keitschinerka*, 60 *kleitouchourha*, 70 *takatouchourha*, 80 *netskatouchourha*, 90 *kouehokrha*, 100 *tchinecaterha*. Aufserdem führt Lamanon p. 212 an die WÖRTER: *kentaga* Lippenklotz: das runde Holz (*rouelle*), welches die Frauen in der Unterlippe tragen (welches fie am deutlichen Ausfprechen der Buchftaben hindert, und bewirkt, dafs ihre Ausfprache gutturaler ift als die der Männer); *kaourré* Robben-Zahn, *kaaga* Kopf 2) Geficht, *alcaou* 1) Häuptling 2) Freund. Die Zahlwörter find fehr getreu die der Kolofchen, es ift danach die Sprache nur für einen nahen kolofchifchen Dialect zu halten; die höheren Zehner gehen ab, indem fie nicht dem icofadifchen, fondern decimalen Syftem folgen. Haar (Z. 2) weicht ab, es heifst kol. *fchachaú.* In den obigen Würte für den Zahn und die Zähne der Robbe haben wir das allgemeine Wort Zahn, fammt dem pron. praef. *ka* Jemandes: kol. Wenj. *ka-úchh*, Roblet *ka-hourg;* denn die Franzofen haben (wie das auch in den Zahlwörtern zu fehn ift) die ftarken Hauchlaute als eine Art *r* aufgefafst. In der Bemerkung, dafs daffelbe Wort Kopf und Geficht bedeute, irrt fich wohl Lamanon, und hat 2 Laute zufammengeworfen; was er giebt, ift kol. Geficht, wieder mit pron. praef.: Wj χa-gá, RJ *ka-ga;* Kopf heifst kol. χa-fchá, ka-fcha, nach WN *ach-fsja.* Das Wort für Häuptling ift auch genau kolofchifch: Wj *an-χáu*, W *ankao;* Freund ift davon verfchieden, aber der Beobachter hat den Unterfchied nicht aufgefafst; es lautet kol.: Wj *ach-gaχáu*, DWN *ach-ekawu:* worin *ach* mein ift. Das Wort für den Lippen-Zierrath ift genau kolofchifch; Roblet giebt dafür an *keintäkä.*

In etwa 58°⅓ (nach Lifiansky's Karte bei p. 221 von 58° 5'-30') ift der Crofs-Sund (f. Kol. S. 376ᵐᶠ).

§ 708. Im Port MULGRAVE, an der *Berings*-Bai, nach Humboldt (f. brit. Ndam. S. 319ᵐᵐ) in 59° 34' 20" gelegen, würden wir nach *Beresford's* Äufserungen in Dixon's Reife die kolofchifche Sprache vermuthen müffen. Bei der Ankunft im *port Mulgrave* (*Voyage* (¹) p. 167) „redeten" die Reifenden „die Leute mit einigen unter den Eingebornen des *Prinz-Williams*-Sundes gebräuchlichen Wörtern an, aber fie hatten gar keinen Begriff von ihrer Bedeutung; wirklich war es gleich auf den erften Anblick ziemlich einleuchtend, dafs diefe Leute eine verfchiedne Nation waren, nach dem Bau ihrer Canots..." *Beresford* fagt daher nachher (172): „die Sprache hier (im *port M.*) ift verfchieden von der des Prinz-*Williams*-Sundes oder *Cooks*-Fluffes; fie fcheint barbarifch, unfanft (*uncouth*) und fchwierig auszufprechen..." er konnte fich keinen Sprachftoff verfchaffen, da fie nicht mittheilend waren. Später fagt er beim *Norfolk*-Sunde (191): „was die Sprache hier betrifft, fo habe ich einigen Grund zu denken, dafs fie beinahe diefelbe mit der im *port M.* fei;" doch hofft er bei Fortfetzung der Reife mit weiterer kunde den Gegenftand wieder aufzunehmen. Auch im Äufseren findet er (186) die Bewohner des *Norfolk*-Sundes ziemlich einerlei mit denen im *port M.*, doch kämen (187) ihre Sitten denen im *Cooks*-Fluf und Prinz-*Williams*-Sund näher als denen im *port Mulgrave.* (²)

(¹) *A voyage round the world; but more particularly to the north-west of America: performed in* 1785-88, *in the King George and Queen Charlotte, captains Portlock and Dixon. By captain George Dixon.* London 1789. 4°

(²) Diefe Urtheile *Dixon's* wiederholen Marchand (*voyage* T. I. 1798 p. 282): der für *Norfolk*-Sund *Tchintikane* fagt; und der Mithr. (221ᵃᶠ), welcher fehlerhaft *Port Musgrave* fchreibt.

§ 709. Die JAKUTATISCHE Sprache (Якутатскій языкъ) ift nach *Wenjaminow* eine der 6 Hauptfprachen im ruffifchen Amerika. Sie wird gefprochen (Wenj. Kolofch. Sprache 7ᵃᶠ⁻ᵐ) von den Bewohnern Jakutat's [= Berings-Bai, füdlich beim *Elias*-Berge, nahe 60° N. B.], und weiter gen Weften. Sie zerfällt in zwei Dialecte: den jakutatifchen und den ugalenzifchen (Угаленское нарѣчіе); beide Stämme zählen nur 300 Seelen. Die Sprache der Ugalenzen habe ich als athapaskifch erwiefen: fie hat dazu einen bedeutenden kolofchifchen Beftandtheil, dem zufolge die ruffifchen Gelehrten fie zum *Thlinkit*-Stamme rechnen, und einen dunklen; diefelbe Verwandtfchaft und verworrene Mifchung müfste man von dem Jakutat annehmen, wenn jene von ihm ein Dialect feyn foll; das dem Mithr. als jakutatifch überfandte Vaterunfer mufs wohl nicht vom Jakutat feyn, oder Wenjaminow hat Unrecht.

Der Mithr. liefert (465) das Vaterunfer in der Jakutat-Sprache, das Hr. von *Baranow* darreichte, und handelt von der Sprache 464ᵐ⁻⁵ᵃᶠ: die er nach jenem Texte beftimmt für gehörig zum Eskimo-Stamme erklärt, was doch nach Wenjaminow gar nicht der Fall ift. Auch ich kann den eskimoifchen Charakter jenes Vaterunfers nur beftätigen; vielleicht ift noch irgend etwas fremdes dazu gekommen.

Der Mithr. bezeichnet (464ⁿⁿ) in dem *Jakutat*-Vaterunfer die Wörter für: Vater, unfer, Himmel, Name, dein, Erde als Beweife, dafs diefe Formel vom Eskimo-Sprachftamme ift. Diefe Wörter lauten mit meiner Vergleichung: Vater *addut*: Kadj. *adaga*, Esk. von Labrador *attàtak*, Mittel-Esk. von *Winter Island* und *Iglulik* *attata*; unfer *fankuda*: Esk. wir *uagut*, unfer fuff. -*rwut*; Himmel im *kilagmi*: Kadj. *keliok*; mi esk. Poftpof. in; Himmel: Esk. von Labr. *killak*, Wortverz. von *John Ross* (*append. of a 2ᵈ voy.* 1835) *krillak*; Name *atchün*: Labr. *attek*, *Wint. Isl. atka*; dein *ilpit*: Esk. du *igwit*, dein fuff. -*at*; Erde auf *nunami*: Kadj. *noonà*, Labr. *nuna*. Andere Wörter der Formel (465), welche dienen können, find: gieb *taitschkut*: Labr. *tunitsi*, *Wint. Isl. pilliteh*; Rofs: er giebt ihm: *tunnia*; Böfem von *ikmonwáutschimik*; esk. Poftpof. *mik*: an, mit, *mit*: von; das Wort felbft ift nicht zu löfen.

Bei allem dem finde ich die Formel fehr eigenthümlich, denn die übrigen Wörter kann ich in den eskimoifchen Wörterbüchern nicht auffinden.

Ugalenzen.

§ 710. Mit Wenjaminow's UGALENZEN (nach ihm einem Zweige der, uns räthfel-haften Jakutat-Sprache) ift identifch das Volk, welches frühere Quellen, wie *Vater* im Mithr., UGALJACHMUTZEN oder Ugaljachmiuten, *Resanow* und nach ihm *Radloff* (f. diefen S. 468-9) Ugalachmut (genau *Ugaljachmut*) nennen. Man ftöfst fich an der kleinen Zahl von 300 Seelen, welche Wenjaminow (ob. Z. 5) beiden Dialecten der *Jakutat*-Sprache zufammen giebt, welche aber durch *Wrangell* (f. flgd. S. ᵃᶠ) beftätigt wird, wenn man die wichtige Ausdehnung des Volkes auf Karten anfieht. Die Weiland'fche Karte des ruffifchen Reichs vom J. 1825 zeigt auf dem Feftlande um den Prinz-Williams-Sund, nahe dem Meere, nördlich über dem St. Elias-Berg, das „Land der *Ugataschmiuten*" (sic); und die neue Ausgabe derfelben vom J. 1853 von Kiepert zeigt in demfelben Bezirk und derfelben Erftreckung, aber weit im Inneren des Landes, fehr fern von der Meeresküfte, die *Ugalakmiuten*: als ein Volk von achtungswerther Gröfse; Gallatin's Karte hat die *Ugaljachmutzi* längs der Küfte in einigem Abftande von 138°-147° W. L. v. Gr. verbreitet, nördlich über den *Kou-lisken*. Ich habe (XV brit. Ndam. S. 404ⁿ) gefagt, dafs der Saum des britifchen Weftlandes noch Theil an dem Volke nimmt.

Der Mithr. beftimmt (228ⁿᶠ) die „*Ugaljachmutzi*" als wohnend in der Gegend des Berges Elias, im N der Behrings-Bai. Das Volk fei (229ᵃ) erft nicht lange bekannt, und alle Kunde von ihrer Sprache gehe von dem handfchriftlichen Wörterbuch des Hrn. von *Refanoff* aus. Da von den reichen Wortfammlungen Refanow's (f. § 691, Kolofchen S. 391ᵃ⁻ᵃᵃ) bis vor kurzem nichts als Auszüge in *Krusenstern's* Wortſammlungen (1813), von der ugalenzifchen aber nichts gedruckt war; ſo muſs ich vermuthen, daſs Vater die Handſchrift zur Benutzung gehabt hat. In dem Vorberichte ſage Reſanow (Mithr. 229ªª): daſs dieſs „ein nicht groſses Volk", und daſs ſeine Sprache eine von den übrigen durchaus verſchiedene ſei, obwohl ſie einige Wörter von den, an ſie gränzenden Kolofchen angenommen haben (ſ. dieſs wieder 236). Der Mithr. liefert nach *Resanoff:* 1) S. 212-3 Wörter, welche aztekifche ſeyn ſollen, mit kolofchifchen zuſammen 2) 230-1 Wörter in Vergleichung mit Kinai 3) 232-5 grammatifche Nachrichten von Ugalj., Kinai und Kolofchifch 4) 234 Verba im Inf. und Imperat. 5) 235 die Pron., mit Kinai und Kolofch. zuſammen 6) S. 237 liefert er Wörter, welche die Ugaljachmutzi mit den Kolofchen gemeinfchaftlich haben 7) 238 zwei Wörter, die eskimoifch ſeyn ſollen. — Der Admiral von Wrangell hat uns in Col. 4 ſeiner Worttafel von 8 Sprachen mit 81 Wörtern der Ugalenzen befchenkt.

Wrangell handelt von den Ugalenzen S. 96-97; er ſagt: „Das Vorgebirge St. Elias kann als die Gränzfcheide der Wohnſitze der See-Kolofchen gegen NW angefehen werden. Weiter weftwärts wohnen die Ugalenzen, ein kleines Völkchen von nicht mehr als 38 Familien. Den Winter über halten ſie ſich in einer kleinen Bucht öſtlich von der Inſel *Kadjack* auf, und begeben ſich im Sommer zum Fifchfang nach der öſtlichen Mündung des Kupferfluſſes." Wrangell rechnet die Ugalenzen (99ᵐᵐ) zu Einem Stamme mit den Kolofchen. Die Wortvergleichung, die er macht, zeigt nur ein paar Wörter ähnlich, mehr Ähnlichkeit aber natürlich mit den Atna. — Die *Ugalenzen* bewohnen nach Holmberg (284ᵃᶠ) im Winter eine Bucht der kleinen Inſel *Kajak* gegenüber, im Sommer wohnen ſie am rechten Ufer des Kupferfluſſes bei deſſen Mündung.

§ 711. Die Sprache der „Ugaljachmutzi" hat den Verff. des Mithridates einen neuen Anhalt gegeben ihr Suchen nach den AZTEKEN bis in den hohen Norden zu treiben. Zunächft haben ſie Lautbefchaffenheiten angelockt. Der Mithr. findet (211ⁿᶠ-2ª) die Häufigkeit des, ihm ſo wichtigen Lautes *tl* (ſ. bei Nutka, brit. Am. S. 331ᵃᵃ-3ᵐᵐ; und bei den Kolofchen S. 380ⁿ-1ᵃᵃ) „bei den Ugaljachmutzi ſo auffallend groſs, daſs unter den bey nahe 1200 von Hrn. von Refanoff gefammelten Wörtern derfelben bey nahe der zwölfte Theil — aber Wörter von allerley Art, nicht bloſs Subftantive — die Endung *tl,* zuweilen *tli* oder *tle* haben." S. 229ª redet der Mithr. wieder von dieſer, „in Bezug auf die Vergleichung mit dem Mexikanifchen recht merkwürdigen, Sprache".

§ 712. Nun ferner giebt Vater im Mithr. aus der Sprache der Ugaljachmutzi (ſ. das allgemeine bei den Kolofchen S. 383ⁿⁿ-4ᵐᵐ) eine Reihe, ihm dünkender Wort-Ähnlichkeiten mit dem Mexicanifchen (212-3) an; es ſind folgende:

	mex.	ugaljachm.			mex.	ugaljachm.
1 Bruder	teachcauh	kachaoch		11 Ente	canauhtli	kach
2 Weib	ciuatl	süöt (S. 230 ſteht		12 roth	quacocoztic	takakuete
3 Mädchen	ocuel	keël [syet]		13 Holzaxt	quauhtlateconi	ljakatakatl
4 Stirn	yxquatl	kaintschit		14 Nacht	youalli	sülchatl
5 Mund	camatl	kasatll		15 leben	yali	salljaal
6 Kehle	cocotl	katkakl		16 ſehen	chia	utschtschiilia (¹)
7 Schulter	acoli	kakaljachatag		17 ſchlafen	uetztoc	azut
8 Name	tetocayotiloni	kedetude-ë		18 tragen	itqui	itta
9 kalt	cecuitzli	kateitle		19 kochen	coxitia	coatk
10 Länge	quauhticayotl	kuaua				

(¹) Dieſe Vergleichung wird ſo erläutert: „So ſind z. B. die Wörter für: ſehen ſehr ähnlich, da *utsch* bey mehreren Wörtern der Ugaljachmutzi Vorfatz des Infinitivs und *lia* eine Mexikanifche Endung der Verba ift"; alfo von dem langen Worte geht vorn *utsch* als ugalj. Inf. Vorfchlag, und hinten *lia* als mex. Verbal-Endung ab! eine kühne Operation! Nun bleibt freilich *tschii* ≠ *chia* übrig. Übrigens heiſst im Azt. nicht *chia* ſehen (denn dieſs bedeutet erwarten), ſondern *tlachia*.

§ 713. Über diese, nicht unbedeutende Lifte habe ich nun eine KRITIK zu verbreiten, wobei ich auf das von mir in dem ähnlichen Falle bei den Kolofchen (S. 386) im allgemeinen Gefagte verweife. Zuerft bemerke ich in den angeführten aztekifchen Wörtern die kleinen Ungenauigkeiten: dafs *yxquatl,* Stirn, heifsen mufs: *ixquatl, cocotl* Kehle: *cocolli, acoli* Schulter: *acolli;* die gröfsere, dafs leben nicht *yali,* fondern *yoli* heifst. In Bezug auf Bedeutungen und die gewählten Formen habe ich folgendes zu bemerken: *huetztoc* heifst gar nicht fchlafen, fondern liegen: ausgeftreckt liegen (fchlafen ift *cochi); quacocoztic* heifst nicht roth, fondern rothhaarig, indem es vorn *quaitl* Kopf enthält; *cecuiztli* mufs *cecuiztli* heifsen, und bedeutet nicht kalt, fondern Kälte. Wie können die weitläuftigen Derivata, welche fich nur in jüngfter Zeit im Schoofse der Sprache felbft bilden, zum Beweife der Verwandtfchaft einer, doch genug fern liegenden Sprache dienen? wie *te-toca-yo-ti-loni,* das nicht das Wort für Name ift (denn diefs ift das einfache *tocaitl),* fondern bedeutet: ein Einem beigelegter Name? *quauh-tla-teconi* Axt zum Holzhauen oder Baumfällen: von *quahuitl* Baum, Holz und *tequi* fchneiden, hauen? *ocuel* Mädchen ift ein Unding; und ein Beifpiel von den Unglücksfällen, welche demjenigen begegnen können, der ohne Kenntnifs von der Sprache die Hülfsmittel ausplündert: in Molina's Lexicon fteht der Artikel *ocuel ychpuchtli, virgen que està aun entera,* noch unverletzte Jungfrau; *ichpochtli* ift Jungfrau: davor find 2 Adverbia getreten, welche nicht einmahl zufammengehören: *oc* noch und *huel* fehr; *huel* ift nur eine Verftärkung zu *ichpochtli,* und der Ausdruck befagt: die noch vollftändig Jungfrau ift; aus noch fehr hat der unglückliche Forfcher Mädchen gemacht.

Ich habe mich nun über die oft fo geringe Annäherung der verglichenen Wortformen zu erklären: wie kann man (No. 3) *yxquatl* mit *kaintschit* vergleichen, *youalli* mit *sülchatl* (14), *uetztoc* mit *azut* (17), *iiqui* mit *itta* (welches letztere im Mex. fehn bedeutet; 18), *coxitia* mit *coatk* (19)? Zu dem letzten habe ich noch zu bemerken, dafs kochen *icoxitia, icuxitia* eigentlich heifst (von *icuci* reifen), deffen *i* nur gelegentlich von Vorfätzen (wie *tla*) verfchluckt wird. Ferner wozu hilft die Vergleichung von ganz langen Wörtern mit kurzen? *acoli* mit *kakaljachatag* (7): und fo No. 10, 11, 16? Welche Ähnlichkeit ift zwifchen *yali* (richtig *yoli*) und *saljaal* (15)? zwifchen *tetocayotiloni* und *kedetudeë* (8)? *camatl* und *kasatll* (5) find auch noch wefentlich verfchieden. Mit diefer Wortvergleichung beider Sprachen ift uns in Rückficht auf Wahrheit der Thatfachen und Wahrfcheinlichkeit der Annäherung etwas zu jämmerliches geboten. Von dem Ganzen bleiben nur als Wörter von einfacher oder allenfalls zuzugebender Ähnlichkeit übrig: in erfter Stelle *cihuatl* Frau, ugal. *süot* oder *syet* (No. 2) ('); dann: *cocolli* Kehle, ugal. *katkakl* (6); *camatl* Mund, ugal. *kasatll* (5); und das Wort Bruder (1): wo jedoch von der ugal. Form *ka* als pron. poss., wie in der azt. *te,* abzuftreichen ift, und nur *achcauh* = *chaoch* in die Vergleichung eingehn. Wenn ich nun die Wörter des Mithr. auf diefe wenigen, fehr unvollkommenen Ähnlichkeiten heruntergefetzt habe, fo will ich von meiner Seite eine aztekifche Ähnlichkeit vorführen: *ltza* Stein (bei *v. Wrangell* S. 99ⁿ); fie ift von *tetl* fehr fern, hängt aber wohl mit dem (anderwärts: Athap. S. 164^{mf, n} und Kolofch. S. 386^{m-mf} vergleichend behandelten) Worte des athapaskifchen Stammes zufammen. Da das ugalenzifche Idiom nach meiner Anficht eine einzelne Form der Kinai-Sprachen und ein Sprofs des athapaskifchen Sprachftammes ift, fo würde ihre Verwandtfchaft mit dem Aztekifchen nur aus der aztekifchen Verwandtfchaft des ganzen Sprachftamms hervorgehen können; da ferner die ugalenzifche und die kolofchifche Sprache nach mir gänzlich verfchieden find, fo heben die Verfuche des Mithr. an beiden Sprachen zugleich einander auf.

§ 714. Ich gehe dazu über das Nöthige über das von mir hiernach dargebotene, aus den Wörtern Refanow's und Wrangell's zufammengemifchte WORTVERZEICHNISS der Ugalenzen

_____

(') Wenn fich die Ähnlichkeit von *süot* Weib mit *cihuatl* nicht abläugnen läfst, fo kann ich diefer Form das kolofchifche Wort *schauát* Frauenzimmer (aus Wenj.) zur Unterftützung an die Seite fetzen.

zu fagen, und Beobachtungen aus ihm zu ziehn. Ein Theil der vom Mithridates aus Refanow ausgefuchten Wörter find ohne Nutzen für die Sprachvergleichung, da fie verlegene Ausdrücke find, welche Niemand von den andren Sprachen ausgewählt oder gegeben hat. Diefe Wörter find: anfangen, befehlen, Kragen, Länge, Meifsel, Pfanne, Seife, Silber, theilen. — Wenn man die Refanow und dem Adm. von Wrangell gemeinfamen Begriffe prüft; fo wird die Identität der Sprache: deffen, was der Mithr. Ugaljachmutzi und Wrangell Ugalenzen nennt, hinlänglich bewiefen. Ganz diefelben Wortformen bieten beide Quellen dar für: Mond, Mutter, Schwan, Waffer, 1; daffelbe Wort mit geringer Verfchiedenheit: Feuer, kalt, Sonne, Vater, 2, 3, ich, du; daffelbe Wort in ziemlich ähnlicher Form: Adler, Erde, Nacht, fchlafen; wohl daffelbe Wort, aber mit fehr verfchiedener Form: Kupfer; zweifelhaft bleibt es, ob das Wort daffelbe fei, in: Sohn. Ganz verfchiedene Wörter liefern beide für: Frau, Himmel, Mann.

§ 715. In der Sprache bemerke ich als rauhe Laute (durch A, M, E: Anfang, Mitte und Ende des Wortes andeutend): *kch* E, *chch* (*chche* Fett), *chl* A; dann das vom Mithr. (f. oben S. 684^{mm}) fo wichtig gefundene *tl* (bei R) oder *tlj* (bei W) E, *chtl* oder *chtlj* E (ähnlich *klj* E); *tlk* M, *tlch* A, *tlcha* E; *tkt* M. Merkwürdig wegen vieler und fchwerer Confonanten ift die Zahl 30: *tutlokfchakch.* — Als lange Wörter nenne ich: *chakljtfchejalsg-a* arbeite, *tekfsekonachalek* Feind, *kodelifchachallilja* Menfch, *kakujasliatenna* theilen, *kakoojaljachliau* theile, *aukatfchetochatle* wegnehmen.

§ 716. In den Subftantiven der Verwandtfchaft und Körpertheile find die PRONOMINA POSS. PRAEFIXA abzufondern. Ich beobachte das pron. mein als *sy* R in Sohn?, Schwefter, *fse?* W in Freund, *fchi?* in Kopf, *fsifs?* W in Sohn; *a* und *e?* als pron. einer andren Perfon in Vater; das pron. *ka*, wohl *jemandes* (= dem kolofchifchen: f. Kol. S. 395^{mm-6af}), herrfchend in den Gliedern des Körpers: Auge, Bauch, Fufs, Hand, Kehle, Mund, Nagel, Nafe, Ohr, Schulter, Stirn, Zunge; vielleicht noch in Bruder. Ohne ein pron. erfcheinen: Vater, Mutter, Haar. — Vom Verbum gebe ich nach Refanow inf. und imperat.

§ 717. Was die VERWANDTSCHAFTS-VERHÄLTNISSE der ugalenzifchen Sprache betrifft, fo läfst fich ein gewiffer nicht unbedeutender kolofchifcher Beftandtheil darin aufweifen. Aufser dem eben genannten Pron. Präfix *ka* ift auffallend *chu* ich, ganz wie im Kol. Aber in allen übrigen pron. ift die Sprache fremd gegen Kol. und fogar Kinai: und es giebt fo das pron. genau das Verhältnifs derfelben gegen die kol. an: wie fie, äufserlich mit einigem auffallenden kolofchifchen Stoff behaftet, an fich gegen diefen Sprachtypus ganz fremd ift. Der Mithr. hat S. 237 kolofchifche Wörter in guter Anzahl im Ugalenzifchen nachgewiefen; davon find gewifs oder ganz identifch: Blaubeere, Häring, Kragen, Löffel, Matte, Meifsel, Pfanne, Rock, Seife, Silber, Staub, Wolle; wohl ähnlich: Farnkraut, Fell, Fufs, Ochfe; vielleicht ähnlich: Bruder, Ei. Aus Wrangell's Vergleichung (S. 99^{mf-af}) ift mit Kol. nur unvollkommen ähnlich: Nacht. ([1]) Aufserdem habe ich als kol. in der Sprache beobachtet die Wörter: Ente, Kopf, Schnee? (ugal. *chetlj*; kol. Wj *tljet*, L *kleytl*, Wolf; ganz nahe ftimmen mit dem Kol. überein die Formen der 2 Wörter: Schwan und weifs (mit der kol. Endung der Adj. der Farbe!), deren erfteres die kolofchifche Sprache von den athapaskifchen aufgenommen hat und deren zweites auch innerhalb derfelben fteht.

Ich habe die ugalenzifche Sprache zu einem Gliede des athapaskifchen Sprachftammes gemacht und als folches tritt fie mit ihrem ganzen Material in meiner Arbeit über denfelben (gelefen 1854, gedruckt 1856) auf. Diefe Beftimmung, auf einer, wenn auch befchränkten Reihe wichtiger

([1]) Wrangell vergleicht dort 11 Wötter zwifchen Atnah, Ugalenzen und Kolofchen: in 4 Wörtern giebt er das kolofchifche gar nicht an, und es ift daher nur Vergleichung zwifchen den 2 Kinai-Dialecten; in Fuchs und Stein, vielleicht auch Feuer, beruht die Ähnlichkeit mit dem Kol. blofs darauf, dafs das letztere ein athapaskifches Wort befitzt. So bleiben nur als ähnlich übrig: Nacht und Frau.

Wort-Gemeinfchaften beruhend, leidet aber aufser dem beträchtlichen kolofchifchen Antheil den bedeutendften Abbruch durch eine unerklärlich grofse Maffe von Wörtern, in denen fie fich aller Theilnahme, fogar an dem *Kinai*-Zweige des grofsen Sprachftamms und dem *Kinai* felbft, entzieht und höchft fremd dafteht. Die ugalenzifche Sprache ift mit diefen Proportionen von gänzlicher Fremdheit und ftarker Verfetzung mit Fremdem ein getreues Mufterbild amerikanifchen Sprachwefens, in dem man kaum und mit grofser Gegengewalt den ächten und eigentlichen Grundtheil erfafst und fefthält. — Ich bleibe dabei ftehn fie für eine athapaskifche Sprache zu erklären: obgleich RADLOFF (in feiner gleich nachher zu nennenden Arbeit) fie — was ich nicht tadelnd, fondern als ein bedeutfames Element zur Sachlage anführe — nicht dafür anzufehen fcheint und, indem er jene Verwandtfchaft kaum als vorhanden behandelt, die Sprache, wie es auch Wrangell (oben S. 684ᵐ) und Holmberg (oben S. 676ⁿⁿ) geradezu thun, vielmehr dem KOLOSCHISCHEN (von ihnen *Thlinkit* genannt) zuwendet. Wie fticht dagegen das Urtheil *Resanow's* (oben S. 684ᵃ) ab: dafs diefe Sprache „eine von den übrigen durchaus verfchiedene fei, obwohl fie einige Wörter von den ... Kolofchen angenommen haben"! Die Sprache der *Ugalachmut*, fagt Radloff (S. 469), „hat nur wenige Anklänge an" *Eskimo* und *Atnah;* „mit dem *Kinai* im engeren Sinne hat es nur wenig Wörter gemein, wohl aber fcheinen vorzüglich das *Atnah* und auch die Sprache der *Koltfchanen (Galzanen),* nach den wenigen Wörtern zu urtheilen, ... als Mittelglieder zwifchen den *Ugalachmut* und dem *Kinai* in feiner weiteren Bedeutung, und fomit auch als Vermittler einer etwaigen Verwandtfchaft deffelben mit den *Athapasca*-Sprachen betrachtet werden zu dürfen, wenn anders fich eine Verwandtfchaft nach dem blofsen Gleichklange einiger weniger Wörter, ohne genauere Kenntnifs des allgemeinen Charakters und Baues der betreffenden Sprachen, beftimmen läfst. Gröfser ift (470) der Zahl derjenigen *Ugalachmut*-Wörter, welche ... mit dem *Thlinkit* übereinftimmen ..." Er findet von 1100 *Ugalachmut*-Wörtern *Resanow's* einige 40 mit ihm ziemlich übereinftimmend (f. fie S. 470ᵃᵃ⁻ᵃᶠ), von *Kinai*-Wörtern nennt er (ᵐ) nur 7, *Atnah* (ᵐ⁻ᵐᵐ) 6 oder 9, mit *Koltfchanen* 5, mit *Kadjak* 2, mit *Tfchugatfchitfchem* 3 übereinftimmende. Er folgert daraus (470ⁿⁿ): „dafs entweder der Verkehr der *Ugalachmut* mit den *Thlinkit* ein lebhafterer fein mufs als mit *Kinai*- und *Eskimo*-Stämmen; oder dafs wirklich, wie *Wrangell* und *Wenjaminow* es geradezu behaupten, engere Verwandtfchaft mit jenen als mit diefen letzteren ftatt findet." Der Vf. unterftützt diefe Zugehörigkeit zum *Thlinkit* 471 durch Betrachtungen über die Art der zufammenftimmenden Wörter; in *Res.'s Ugal.* Wörtern finde fich kein einziges ruffifches „und nur äufserft wenige *Eskimo*-Wörter"; es gebrauche überhaupt wie das *Thlinkit* „nur höchft felten Fremdwörter".

Diefs find einleitende Betrachtungen zu einer fehr werthvollen Arbeit des Herrn Leopold RADLOFF „über die Sprache der Ugalachmut", 21 Aug. /2 Sept. 1857 in der Petersburger Akademie gelefen, welche ich in einem Octav-Abdruck aus T. III. der *mélanges russes* (S. 468-523) durch die Güte des Verfaffers am 22 April 1858 erhielt. Derfelbe liefert nach kurzen grammatifchen Notizen (472-488), die er aus den Wörtern gezogen hat, das, 1132 Wörter (f. S. 471ⁿⁿ) enthaltende Wortverzeichnifs Refanow's (ganz oder nach dem gröfsten Theil feines Inhalts), alphabetifch nach dem Deutfchen geordnet (aber, fehr wohl überlegt, die ugalenzifchen Wörter in der ruffifchen Schrift des Originals), S. 488-524, mit Zufatz der Wörter *Wrangell's.* Ich habe trotz diefer Vermehrung meine, fchon feit mehreren Jahren abgefchloffene Arbeit über die ugalenzifche Sprache unverändert gelaffen; und liefere in dem nachfolgenden, von mir alphabetifch geordneten WORTVERZEICHNISS, neben einander und wie in 2 Columnen gefchieden: in 1ter Stelle die im Mithridates gegebenen Wörter Refanow's, und in 2ter Stelle die Wörter Wrangell's. Ich habe aber Hrn. Radloff's Wortverzeichnifs benutzt: 1) die Wörter *Resanow's* aus dem Mithr. nach der genauen ruffifchen Schreibung zu berichtigen (felten ift diefs durch einen Stern * vor dem Worte angezeigt; wo fich aber ftärkere Unterfchiede ergaben, laffe ich die ächte Form unter einem Stern * in Klammern auf die des Mithr. folgen) 2) den Begriffen meines Wortverzeichniffes, welche ich blofs nach *Wrangell* hatte, habe ich

unter dem Zeichen ° aus *Radloff* das *Resanow*'fche Wort hinzugefügt. Mein ganzes Wortverzeichnifs ift daher zweigliedrig: in erfter Stelle fteht das Wort **Refanow's** (Ugaljachmuzen), in 2ter das
Wrangell's (Ugalenzen); ein Strich — bezeichnet das Ausfallen einer diefer 2 Quellen; die Wörter
beider Sammlungen ftehn ohne Interpunction neben einander: nur wo eine mehrere Wörter hat, macht
ein Semikolon die Scheidung zwifchen beiden Sammlungen. Zu meiner Übertragung der ruffifchen
Buchftaben bemerke ich nur: dafs ich e durch *e* (gleich wie э), aber im Anfang des Wortes durch *je*;
ъ in der Mitte (nach einem Confonanten) durch einen Apoftroph ', aber am Ende des Wortes oder
einer durch einen Strich - abgetrennten Sylbe durch nichts ausdrücke.

Wenn ich die gegenwärtige Arbeit durch den neuen uns durch Herrn *Radloff* gefchenkten
Sprachftoff nicht weiter habe ausdehnen wollen; fo habe ich meiner neuen Arbeit über den athapaskifchen Sprachftamm, welche unter dem Titel des **Apachen**-Idioms erfcheinen wird, und zwar meiner
fyftematifchen Worttafel der athapaskifchen Sprachen, alle wichtigen ugalenzifchen Wörter aus
Radloff, welche ich noch nicht befafs, unter einem kleinen Kreuz × einverleibt. Ich habe dort auch
den neuen wichtigen Zuwachs angegeben, welchen die von mir behauptete athapaskifche Verwandtfchaft
diefer Sprache aus diefem neuen Wortfchatz gewinnt.

§ 718. Wortverzeichnifs der Ugalenzen oder Ugaljachmuzen

nach **Refanow** (im Mithridates, einiges ° oder * bei *Radloff*) und **Wrangell**

A. **Subftantiva, Adjectiva und Verba:** Adler *kutfchkoljuk tkotfchkalak,* anfangen
atfchtfchakl (*°och-fsalj-etlj), imperat. *alisyaatfchakl* — arbeiten **chaklj,* imp. *chaklj-tfchejalsg-a*
(*°chakij-tfcheja leg'a) — auffthn °*kutljan,* imp. °*iljkaa; alikkaa* | Auge *ka·lljag* — Axt
*ljaka-tak-atlj (fteinerne, amerikanifche), °*zatlja-t agyfs* eiferne (ruffifche) — Bär °*licha lecha,*
Bauch *ka·gott* — Beere °*ljammat lamat,* befehlen *chynchochatljach,* imp. *chenchytfchaita* —
bezahlen *kench,* °*kojuchtelle:* imp. *chengikeng,* praet. *kenchit* — Biber — *kochafchk,* Blitz
°*kekoulj jaïjatkacha,* Bogen — *chotlchotl* (*vgl. *chotlj* Flinte, *aljchot* fchiefsen), Boot °*jagake*
(Baidare) *ach,* Bruder *ka·chaoch* — Donner °*utate kagjaulj,* Ei *kota-ut* — Eis °*tyzz ttez,* Eifen
°*tetitutfchj tetetlutfchj,* Ente *kach* — Erde *an a,* effen °*ku-ch'onne,* imp. °*chan'ne; tafchki-
fchetlj* ich will effen (vgl. *fchitlj* Löffel) | Farnkraut *kokotlija* — Feind — *tekfsekonachalek,*
Fett °*che* (э) *chche* (e), Feuer *tukak tukgah,* Fifch °*teja* eine Art Lachs; *tjajeja* (лел) | fragen
augokatlijach, imp *katlijach* — Frau (Weib) *syet, syot* (*aber *fsy·et* R, *fsyot* W uxor; dabei
et mit э gefchr.; *ifsfsy elj* femina, mit э); *kjajatchelj* | Fremder — *kulakaju,* Freund — *fsekoanak,*
Fuchs °*nakadze nakatze,* Fufs *ka·gafch* — Gans °*dagak nagak,* geben °*an'-tfcha,* imp.
**chu'jiifcha* — böfer Geift — *kateleninu,* Gras °*tllech tlech,* grofs °*kulljaga kulege,* Haar
*ljlejelj (Mitte ee): f. noch Wolle — Häring *jaak* — Häuptling °*koljcheite* (*vgl. *koljgete* reich)
kulachjaite, Hand *ka·jak-az* — Haut, Fell *katti* (*ka-tta) — Heidelbeere (Blaubeere) *njet* —
Henne *kanujak* (**kanju-jak-o; jak-o* Dimin. Endung) — Himmel *koafs jaa (auch: Meer), Hund
°*chawa chau-a,* Jahr °*ullekafsy chlatchatalj,* kalt *kateitle* (*tateitle) *kotitlcha,* Kehle *ka·tkaklj*
(*= *ka·takaklj* Hals) — Kind *sukekeit-toju,* °*jagutfchjke fslen* (ähnl. Knabe; vgl. klein) — klein
°*au-uchelj-kutfchk-a* (vielt. *kutfchiki*) *jaakutfchk,* kochen *coatk* — komm her! *atfchtfchj-ie
aanlfchlja,* Kopf *fchi·fchage* — Kragen *tejak* — Kupfer °*kateklj tfche keitfchach,* lachen *lech-
enne* (mit э in der Mitte), imp. *lechljk-alj* — Länge *kuaua* (*lange) — *a* (vgl. Erde),
leben *fsalljaalj* — lieben *uljakechulen,* ich liebe: *uljakefsli* — Löffel *fchitlj* — Mädchen *keëllj*
(eэ) — Mann *fsy·kka,* °*tagomufchija; togoon* (*vgl. *tagog* Ref. Greis) | Matte *kaatfchj* — Meer °*tyja
jaa* (auch: Himmel), Meifsel *taklejüke* (*vgl. *taklj* Hammer) — Menfch *kodelj-tfchachallilja* —
Mond *kacha kacha,* Mund *ka·satll* (**ka·fsat-lja*) — Mutter *amma amma,* Nacht *fsylj-chatlj
chatlj,* Nagel (am Fufs) *ka·jachazlj* (*Nägel an Fingern und Zehen) — Name *kede-tudeë* (e-э) —

Nafe *ka·ljuntfchj* — Nordlicht — *jaatfchila* (*vgl. *jaa* Himmel, Ref. *jatfchillja* Regenbogen), Ochfe *chafs·ka* — Ohr *ka·tfchj·ech* — Otter, Fifchotter °*katezytlj katlezetlj*, Pfanne *fchin* — Pfeil °*az* (in compos.) *teklj*, Rabe °*tfchile tfchijile* (in), Regen °*kulle kule*, Rennthier °*chajan·a chajane*, Rock, d. h. Überrock *kech·afch* — roth *taka·kuete* (эme) — Ruffe °*chaljafsljak·aju chaljatljach·kaju*, Schamane — *chijila* (in), fchenken *autfchatte*, ich fchenke: *auzyljtatlj* — fchlafen *azut zuutj*, fchlecht: *kofchijat* Böfes (doch * fchlecht) — Schnee °*chytlj chetlj*, Schulter *ka·kaljachatag* — Schwan *kochtlj kochtlj*, fchweigen *lechtudeate*, imp. *jatadech (*jntadetech)* — Schwefter *fsy·tok·eja* (a) — See °*ma maa*, fehn *utfchtfchiilj·a* — Seife *chafsfsuche* (*d. h. Rinderfelt) — Silber *tachliz·u* (*tachliza* theuer) — Sohn *fsy·afch* (auch: Tochter) *fsi·fsakchen*, Sonne *katakylj kaketlchj*, Staub *tuzn* — ftechen *fsyzuchtlj*, imp. *azzuchu* — Stein °*zaa tza*; fterben: *kous* ftirbt, *sys* ftarb (*koufs·inlj* fterben, *fsyfs·inlj* geftorben) — Stern °*tljaachztlj* (pl.) *tlacheklj*, Stirn *ka·intfchit* — Tabak °*kyjatlj tawaku*, Tag *kuk·ech* (*kach·ech*, mit a) *a*, theilen: *kukujafsliatenna* zertheilen (*kakauja·*), imp. *kukonjaljachliau (*kak·ojaljachli·au)* — Tochter *fsy·afch* (= Sohn) — tragen *itta* (*imp.; *inf. *utfchj itta*) — trinken °*keja·gufsulj kaatlj* (кэл), *kajakuchtala* (ich will trinken?), imp. *katellja* (*katja* Waffer) — Vater *ata etta* (a), Vetter — *jitten* (и), Vogel °*jachtatlek·atech·ju* (= echtatlik·atech fliegen) *kann·ny*, Wald — *lfs* (*= Baum), warm °*kutak·o katefstekoklj*, Waffer *katja kaja*, wegnehmen *aukatfchetochatle*, imp. *aukachechote (*aukachetote)* — Wolf — *kuulfchi*, Wolke °*ach·akataljuga kojafs*, Wolle *koch·o* (*Haar der Thiere) — Zunge *ka·n·at* —

B. Zahlwörter: 1 *tlink·e, tleki; tlchinke* | 2 *tjaat·te* (a), *lati; loate* | 3 *tooljkoa, tutlkua (*tulkna); totlkoa* | 4 °*kaljachak·o kalakokua*, 5 °*lfchaan·e* (a) *zoan·e*, 6 °*zun zynj*, 7 °*ljatezun laatezynj*, 8 °*katezun katezynj*, 9 °*kozut·e* (a) *kutkte*, 10 °*takkak takakch*, 20 °*tljakak tlekakch*, 30 °*tooljkoa·ach·takak tutlokfschakch*, 100 — *takakch·lekakch*

C. Pronomina: 1) pers.: ich *chu chuu*, du *i y*, er *chynge* — fie (ea) *anfch* — wir *kajúk* (*kajúku*, f. aber ihr) — ihr *kajúku* — fie (iı) *chenge·ochfsatlilj* — fie (eae) *kelj·kaintu* — 2) poss.: mein *kak·ofs* (f. praefixa *fsy* ufw.) — dein *iijak·alle* — fein *ii* (auch: ihm) — unfer *kajúkaja* — euer *kowanakaju* — ihr (leur) *chechenuja (*·nua)* —

§ 719. In der Gegend, in die wir vorgerückt find, ftofsen wir bereits auf Sprachen des ESKIMO-STAMMES, deffen Dafeyn und Einflufs im ruffifchen Nordamerika ftark genug ausgeprägt ift. Schon der Mithridates hat hervorgehoben (207nn), dafs wir an mehreren Punkten der höheren Nordweft-Küfte die Eskimo-Sprache oder nahe Verwandte derfelben antreffen. S. feine Erläuterungen hierzu S. 209; über die Einmifchungen in dortige Sprachen 210, 236, 238 ufw. Seine Neigung diefe Richtung fehr weit zu verfolgen wurde (208nn·9a) durch die Verficherung *La Pérouse's* gemäfsigt, dafs er in 58° 39′ N. B. keine Eskimo, fundern Wilde traf, „die einen gemeinfchaftlichen Urfprung mit allen Bewohnern der inneren Gegenden von Canada und Nordamerika haben". Er findet wahrfcheinlich, dafs der Eskimo-Stamm früher viel weiter nach S herab wohnte, dafs er aber zurückgedrängt wurde; und dafs, neben der Sprachmifchung, wirkliche Überrefte feiner Sprache hier anzunehmen feien. In dem Werke v. Wrangell's und Baer's (X·XII und 59·63) wird hervorgehoben, dafs der lebhafte Handelsverkehr der Tfchuktfchen ein Hauptgrund diefer füdlichen Verbreitung des Eskimo-Idioms fei.

Aus denjenigen Sprachen des ruffifchen Nordamerika's, welche förmlich und ganz Zweige. des grofsen Eskimo-Sprachftammes find, bildet der Mithridates (S. 456·468) den „weftlichen Aft" des Eskimo.

§ 720. Über einen grofsen Theil des ruffifchen Nordamerika's find Sprachen des Eskimo-Stammes verbreitet. WENJAMINOW gebraucht dafür den Namen der KADJAK-Sprache in einem zweiten, umfaffenden Sinne. In diefem Sinne läfst er fich (Kolofchen-Sprache und Kadjak 1846 p. 5ⁿⁿ) fo vernehmen: „Die Kadjak-Sprache ift nach der Anzahl der fie Redenden die ausgebreitetfte von allen ruffifch-, vielleicht überhaupt allen nord-amerikanifchen. Sie geht von *Kadjak* über nach *Alaksa*, von da zum Ufer des Berings- und Eismeers bis zum äufserften nördlichen Vorgebirge *Barrow:* ja noch weiter nach Often; diefe Sprache reden auch die Tfchuktfchen des afiatifchen Ufers (p. 6). Sie zerfällt in 6 Dialecte: den kadjakifchen, aglegmjutifchen, tfchugazifchen (Чугацкое), tfchnagamjutifchen, malegmjutifchen und tfchukotifchen." Ich handle von jeder diefer Sprachen nachher befonders; verweife aber hier auf die verfchiedne Abtheilung des ruffifchen Eskimo-Stammes, von ihm mit dem Namen der Konjagen bezeichnet (vgl. unten S. 694ⁿⁿ⁻ⁿᶠ), durch HOLM-BERG (oben S. 676ⁿⁿ⁻⁷ᵃᶠ).

Cap. Beechey (f. Wrangell 122) nimmt als füdliche Gränze des Stammes, den er die weftlichen Eskimos nennt, an der Weftküfte 60° 34′ N. B. an. Über diefe weftlichen Eskimos überhaupt f. Wrangell 121-6.

§ 721. L. SAGOSKIN's Reife im ruffifchen Amerika: deren Sprachfchätze ich zuerft in *Schott's* deutfcher Übertragung des Auszuges (in *Erman's* Archiv VII, 1849 S. 488-511), einige Jahre darauf (f. § 772) in einer anderen deutfchen Überfetzung des Auszuges in Bd. I. der: Denkfchriften der ruff. geogr. Gefellfchaft zu St. Petersburg, Weimar 1849. 8° S. 359-374, endlich im Aug. 1855 in dem vollftändigen ruffifchen Original der Reife (Часть II. St. Petersb. 1848: 8° Anh. p. 21-36) kennen gelernt habe; liefert uns, nach den Wörtern der *Inkilik* und *Inkalit*, reiche vergleichende Wortverzeichniffe von 4 Eskimo-Sprachen des ruff. Amerika's. Diefe Verzeichniffe find: 1) 2) aus der Sprache des Volkes Kangjulit, wohnend an den Ufern des Berings-Meeres, in 2 Dialecten: dem der Tfchnagmjuten, und dem der Anwohner des Kwichpak und Kuskokwim (Квигпаг- и Кускоквиг-мюотовъ; diefer beiden als eins behandelt); 3) der Sprache der Infel Kadjak (aus den Wörterbüchern in den Reifebefchreibungen von *Billings* und *Lisiansky*); 4) der der Namollen oder anfäffigen, fitzenden Tfchuktfchen (aus dem Wörterbuche *Robjek's* in Billings, im § 851 näher zu bezeichnenden Reife).

Wir werden in den Völkerkreis der Eskimos erft (S. 692ᵐ) eintreten; nachdem wir ein anderes Volk mit feiner merkwürdigen Sprache betrachtet haben werden:

§ 723. Die Wiederkehr eines Volkes und eine Sprache ATNAH, die wir im britifchen Weftlande auch unter den Namen Shushwaps und Kinn-Indianer, von 50° bis 52°½ (brit. Am. S. 320-2ᵃᶠ, 391ᵐ⁻ᵐᵐ) gefehn haben, hier über dem 60ten Breitengrade, am Kupferfluſs, der nach ihnen auch Atnah genannt wird, hat die Neugierde der Sprachforfcher erregt. Schon der Mithridates giebt (215 Anm.) in den ruffifchen Befitzungen, nach ruffifchen Karten, andere *Atnah*-Indianer als die *Mackenzie's* um den 52° an: im N der um den Elias-Berg wohnenden Ugaljachmutzi, etwas land-einwärts; und bemerkt: dafs „es intereffant wäre, zu unterfuchen, ob fie etwas Gemeinfames mit diefen viel füdlicheren Atnah haben". Diefe Frage ift jetzt entfchieden: die Ähnlichkeit des Namens, für diefe nördlichen nach Wenj. *Atnacht*, erfcheint als zufällig (f. näher S. 691ᵃ⁻ᵃᵃ) und die Sprachen haben nicht die Spur von Verwandtfchaft; die füdliche (von mir behandelt beim brit. Nordamerika S. 320ᵐᶠ⁻³ᵃ; auch wieder bei Oregon S. 602ⁿᶠ⁻³ᵃ, 604ᵃᶠ, 615ⁿⁿ) ift ein Glied der *Tsihaili-Selish-*Familie; die nördliche habe ich (in meinem athapask. Sprachftamm) mit dem Kinai, in deffen Gefolge fie ift, als eine athapaskifche Sprache erwiefen.

Wenjaminow nennt in feiner Schrift über die Kolofchen-Sprache (p. 6ⁿ) die Atnachten (Атнахшяне), die Anwohner des Kupferfluffes (der auch felbft auf den Karten *Atnah* heifst), höher N als 60° Br., unter den Völkerfchaften, welche die Kinai-Sprache reden. Ihre Sprache: von ihm die vom Kupferfluſs (Мѣдная рѣка), d. h. die mjednowifche (Мѣдновское нарѣчіе), oder atnachtifche (Атнахшянское) genannt (6ⁿᶠ); ift einer der 4 Dialecte des *Kenai*-Idioms. Ich folgere aus dem Namen, welchen Wenjaminow dem Volke und der Sprache giebt, zu deffen Form am Schluſs wefentlich ein *t* gehört *(Atnacht)*, dafs die darin gefuchte Wiederkehr des Namens der (füdlichen) *Atnah*, auch in der Benennung des Kupferfluffes (als *Atnah*) ausgefprochen, nur eine zufällige und nicht vollftändige Wort-Ähnlichkeit ift und wir an keine Vergleichung beider Völker zu denken haben. (Wrangell urtheilt fchon ähnlich S. 285.) Der Name *Atnah* wird nach der *expl. exp.* (f. brit. Am. S. 320^{nn}) dem füdlichen Volk von den *Tahkali* (Athapasken) gegeben, und foll Fremdling bedeuten (ob es = ift dem Wort *et-dunni* des *Chepewyan*, das [f. Athap. S. 290 No. 88] mit *'tinne* Menfch einen Indianer von fremdem Volke bezeichnet?). Ohne jene Form *Atnacht* könnte man weiter fragen: ob nicht der nördliche Name auch diefe Bedeutung habe, fo dafs die Namen beider ganz verfchiednen Völker doch daffelbe wären? Bei den nördl. *Atnah* felbft heifst ein Fremdling *koltschanjai*, und fie benennen fo ein andres *Kinai*-Volk. — Die atnachtifche oder mjednowfkifche Sprache wird (nach dem Ausdrucke Wenjaminow's) „von den Koltfchanen (Кольчане) und den Anwohnern des Kupferfluffes gefprochen": ein Ausdruck, welcher auffällt, wenn ich fage, dafs beide Sprachen (*Atnah* und ihre „Fremdlinge"! die Koltfchanen) wohl in der kleinen Hälfte ihrer Wörter bedeutend übereinftimmen, aber im übrigen Theile fo ftark wie 2 felbftfländige Dialecte der kinaiifchen Familie von einander abweichen. Wir müffen übrigens unter Koltfchanen hier etwas andres verftehn als die fehr nördlichen deutfchen Karten: die dem Kupferflufs nahen (f. § 783). — Die Atnachten zählen (nach Wenjaminow) nur 60 Familien.

§ 724. Adm. von Wrangell handelt von den „Atnaern" S. 97-100. „Diefe kleine, jetzt ungefähr aus 60 Familien beftehende, Völkerfchaft wohnt an den Ufern des Fluffes Atna und nennt fich Atnaer." Sie find friedlich, und leben mit allen angränzenden Stämmen in gutem Vernehmen und in Handelsverkehr. Ihre Hauptbefchäftigung ift die Jagd auf wilde Rennthiere. Wrangell erklärt das Volk (99^{mm}) für Eines Stammes mit den Kolofchen; der Grund fcheint denn doch auch ihm nicht fo ähnlich zu feyn, denn er fagt nur: „Auch in der Sprache giebt es mehrere Wörter, die auf eine gemeinfchaftliche Wurzel hindeuten." Er vergleicht einige Wörter der Atna und Ugalenzen mit kolofchifchen; mit letzteren find nur ein paar Wörter verwandt, mehr Verwandtfchaft offenbart fich aber zwifchen Atna und Ugalenzifch. Diefs ift natürlich genug; denn ich habe fchon gefagt, und wir werden es unten ausführlicher erfahren, dafs die Atnah-Sprache, gleich der ugalenzifchen, ein Dialect des Kinai-Idioms ift. Eine aztekifche Ähnlichkeit, *tzesch* Stein, geht auf den ganzen athapaskifchen Sprachftamm zurück. Es finden fich nach Wrangell's Bemerkung in der Atnah-Sprache nicht die kolofchifchen Gurgellaute und Endung *tl*, fondern fie ift wohlklingender; ich werde aber fogleich (^{nn}) zeigen, dafs diefes Lob nicht ganz gegründet ift. Wrangell giebt in Col. 6 feiner grofsen Worttafel der 8 Sprachen 96 Wörter der Atnaer am Kupferflufs.

§ 725. Ich entnehme aus diefem Wortverzeichnifs, das ich alphabetifch eingerichtet habe, folgende Beobachtungen: Die Sprache ift nicht frei von Kehllauten; ift *tl*, *kl* und noch anderen und weiteren fchwierigen Confonanten-Complexen; ich nenne (durch A, M und E: Anfang, Mitte und Ende des Wortes andeutend) als folche: *chch* A, *chg* M, *kch* AM; *chlj* E, *ljkch* M; *tk* A, *tkn* A, *tkl* A, *tchl* A, *tkchl* A; *tl* A, *tljl* A, *tljch* E, *lt* oder *ljt* A, *lch* M. — Vor den Subft. finde ich in Gliedern des Körpers das pron. poss. praefixum mein in der Geftalt von *fs* in: Auge, Haar, Hand, Ohr; in der von *fso* in: Nafe (*fsfchi* heifst in der Sprache: ich). Ohne pron. find: Blut, Kopf, Zahn; in den Verwandtfchaftsnamen finde ich das pron. gar nicht (fo: Mutter, Sohn, Vater), aufser vielleicht in Vetter *fs?*

§ 726. Wortverzeichnifs der Atnah am Kupferflufs, nach Wrangell

A. Subftantiva, Adjectiva und Verba: Adler *tfchkuljak*, aufftehn *tkja*, Auge *fsᵉnega* (ᵼ), Bär *tfchaane*, Baum *tken*, Beere *keke*, Biber *man-jote*, Blitz *tknokone*, Blut *tellj*, Bogen *tfchiltchen*, Boot *kaitfche*, Donner *ljtany*, Eis *tten*, Eifen *kettfchi*, Erde, Land *nann*, effen *tkofsjan*,

Feind *kekkunan*, Fett *ch-chja*, Feuer *tkchon*, Fifch *tchlukjaji* (ни), Flufs *ttuu* (d. h. Waffer), Frau (femina) *fchaat*, Fremder *kolifchanjai*, Freund *tafskanann*, Fuchs *nakattfche*, Gans *chach*, gehn *agi*, böfer Geift *kijege* (кie), Gras *tlj-loo*, grofs *taljkchach*, Haar *fs-zega*, Häuptling *chafskeje* (ee), Hand *fs-la*, Himmel *jaat*, Hund *tchlikja*, Jahr *chaje* (ѣ), kalt *atl-lje* (e), klein *taljifchuune;* kommen: *any* komm her, *tanyja* (er) kam her; Kopf *tza*, Kupfer *tfchety*, Mann (vir) *tkichlj*, Mond *goljzei*, Mutter *naakte*, Nacht *tatfche*, Nafe *fso-ntfchifs*, Nord *teljkoattfche*, Nordlicht *jajakchofsj*, Ohr *fs-zega*, Oft *tfchaatljch*, Otter, Fifchotter *takkotjai*, Pfeil *kcha*, Rabe *fchachgane*, Regen *kiaanj*, Rennthier *annaji* (a-н), Ruffe *Kettfchetnjali*, Schamane *tijennan* (ie), fchlafen *mofstja*, Schnee *nataga*, Schwan *chnkofs*, See (Landfee) *bben*, Sohn *tzenen*, Sonne *naai*, Stein *tzefch*, Stern *s'jun*, Süd *taatfchene*, Tabak *ljafchki*, Tag *tfchajane*, trinken *tofstnjan*, Vater *twakte*, Vetter *fs-'ja'je*, Vogel *tfchijtfcha*, Wald *zwojale*, warm *nvaljkchon*, Waffer *ttuu*, Weft *utaat-tfcheny*, Wolf *takchande*, Wolke *janiljai*, Zahn *ggu* B. Zahlwörter: 1 *fchtfchelkai*, 2 *nateakcha*, 3 *taakei*, 4 *tijinjki* (in), 5 *aljtfcheny*, 6 *kafstaany*, 7 *konzegai*, 8 *tkchladenjki*, 9 *tklakolei*, 10 `pla'ja*, 20 *natom-pla'ja*, 30 *taadom-pla'ja*, 100 *trejek* (ee) C. Pronomina: ich *fsfchi*, du *nenn*

§ 727. Die Sprache der TSCHUGATSCHEN oder die des PRINZ-WILLIAMS-SUNDS (wie die tfchugatzkifche Bucht auch heifst: Wrangell S. 5; c. 60-61° N. B. und 145°-148° W. L. v. Gr.) ift ein Zweig der Eskimo- oder Kadjak-Sprache.

Nach Adm. von Wrangell (116) „find die Tfchugatfchen Ankömmlinge von der Infel Kadjack, die, während innerer Zwiftigkeiten von dort vertrieben, fich zu ihren jetzigen Wohnfitzen an den Ufern von *Prince William's Sound* und gegen W bis zum Eingange von *Cook's Inlet* hingewendet haben. Sie gehören unftreitig zu einem Stamme mit den Kadjacken, fprechen diefelbe Sprache ... Der Tradition zufolge (117) find fie von Norden hergekommen, wo fie noch bis auf den heutigen Tag längs der ganzen Küfte von dem Briftol-Bay bis zur Berings-Strafse ihre Landsleute antreffen." Die Tfchugatfchen nennen fich felbft *Tfchugatfchik*, und ihre Anzahl fchätzt der Vf. jetzt auf etwa 100 Familien. — Auf der *Weiland'fchen* Karte von Nordamerika ftehn die Tfchugatfchen an einer ganz andren Stelle: weit in NW, einen Strich füdlich vom Fluffe *Kuskokwim* einnehmend! auf der Karte des ruffifchen Reichs find fie eben da, noch näher am Flufs: das Land nahe am Süd-Ufer des *Kuskokwim* bewohnend. Nach Holmberg (284) bewohnen die Tfchugatfchen „die gröfsten Infeln der Bai *Tschugatsk* (*Prince-William's-Sund* ...): wie *Zukli*, *Chtagaluk* u. a. und ziehen fich an der Südküfte der Halbinfel *Kenai* nach W bis zur Einfahrt in den Kenaifchen Meerbufen."

Das tfchugazifche IDIOM (Чугацкое) der Eskimo- oder grofsen Kadjak-Sprache reden nach Wenjaminow (6ᵃᶠ) die Tfchugazen, die Bewohner der füdlichen Seite von *Alakfa*, gerade Kadjak gegenüber. Ihre Zahl ift nicht bedeutend. Der Mithr. hat fchon (229ᵐᶠ und 456ᵐᵐ) die *Tschugazzi* (wohnend zwifchen den *Kinaitze* und *Ugaljachmutzi*) als von „einerlei Sprache" mit den Bewohnern von Kadjak genannt und zum Eskimo-Stamme gezogen; über diefe Identität der Sprache mit dem Kadjak f. auch Pallas neue nord. Beyträge Bd. VI. S. 202, 217, 218. Einiges grammatifche der Tfchugazzen-Sprache f. im Mithr. 459ⁿᶠ-460, Wörter 466; 87 Wörter der Tfchugatfchen giebt Adm. von Wrangell in Col. 3 feiner 8fachen grofsen Worttafel.

§ 728. Ein kleines Wortverzeichnifs der Sprache des Prinz-Williams-Sundes findet fich in: Nathaniel Portlock, *a voyage round the world; but more particularly to the north-west coast of America: performed in 1785-88, in the King George and Queen Charlotte, captains Portlock and Dixon. By captain Nathaniel Portlock.* Lond: 1789. 4º p. 254-5. (¹) Portlock berichtet auch, was wir von der Sprache wiffen (Mithr. 456ᵐ).

(¹) Ein Buch in 8º mit genau demfelben Titel ift eine völlig verfchiedene, abgekürzte Bearbeitung diefer Reife; eine 3te Bearbeitung, von Dixon allein, habe ich brit. Amer. S. 326ᵃ⁻ᵐ, 327ᵃᶠ genannt.

Vancouver verfichert, dafs die Sprache von Unalafchka auch die vom Prinz-Williams-Sund fei; (') der Mithr. fetzt hinzu (210m): alfo beides Eskimo. Nach den Äufserungen des Mithr. (220aa) über die Verwandtfchaft vieler Punkte diefer Küften könnte man die letztere vermuthen. Der Mithr. rechnet weiter (456m) den Prinz-Williams-Sund beftimmt zu den Eskimos.

Eine Vergleichung der Wörter des Prinz-Williams-Sundes von *Portlock* (p. 254-5) mit kolofchifchen und kinaiifchen zeigt gar keine Übereinftimmung, fondern beweift die gänzliche Verfchiedenheit diefer Sprachen. Eine aztekifche Ähnlichkeit ift: *auckluck* Wind (azt. *ehecatl*).

§ 729. Portlock's Sprache des Prinz-Williams-Sundes ift daffelbe als die tfchugazzifche Wrangell's, wie folgende Zufammenftellung von WÖRTERN beider Sammler (das 1te ift *Portlock's*, das 2te *Wrangell's*) zeigt: auffteha *ishaa* —, Bär *luckluck laklak*, bringen *taakoo* —, Feuer *caunuck knakch*, Frau *ugaanuck aganak*, Glasperlen *yaamack* —; Häuptling *cuskuck* oder *nuskuck*, *angaugok*; Holz *ndago-wacktooke* —, Kind *chilha* —, Marderfell *congaanack* —, nehmen *kaanaa* —; Flufs-Otter *caapuckaa kjuchpachukak*, See-O. *naalunasuck* —; Regen *seeme kailak*, fchlafen *shunewten innachtn*, Schnee *onaukaa* (in einem andren Dialect *naalnakie*) *kategat* oder *annju*, Sonne *maajnck notschak*, Ufer *gauluck* —, Waffer *muck mokch*, Wind *auckluck* —; 10 *coolin kuljlin*, 20 *naanuck schuinok*.

Ganz verfchiedene Wörter geben beide Quellen für: Häuptling, Regen, Schnee, 20; aber ähnlich find: Bär, Feuer, Frau, Otter, Sonne, Waffer. Die Zahlwörter habe ich nach *Dixon's* Reifebefchreibung beim brit. Nordamer. S. 325 gegeben.

Eine von mir angeftellte ·Vergleichung der Wörter *Portlock's* mit KADJAK bei *Lisiansky* ergab als nicht ähnlich: Bär, gut, Kind, nehmen, See-Otter, Regen, fchlafen, Waffer, Wind; als vielleicht ähnlich: Flufs-Otter; als ähnlich aber (1. Prinz-Williams-Sund nach Portlock, 2. Kadjak nach Lifiansky): Feuer *caunuck knok*, Frau (woman) *ugaanuck aganak*, Schnee *onaakaa annué*, Sonne *maajack madzak*, 10 *coolin koolen*; in 20 ftimmt nur die Endung *nuck* überein.

Sehr günftig ift aber das Ergebnifs für die Verwandtfchaft der tfchugazifchen Sprache mit dem Kadjak, welches fich aus der Wrangell'fchen Tafel ergiebt. — Ich füge in 3ter Stelle die verwandten Eskimo-Wörter bei, welche ich fämmtlich entnehme aus der herrlichen Sammlung: *Eskimaux and english vocabulary, for the use of the arctic expeditions. Published by order of the lords commissioners of the admiralty.* Lond. 1850. 8° transv. Ich fetze vorzugsweife das weftliche Eskimo-Wort (vom Kotzebue-Sund), wenn es ähnlich oder da ift; fonft das öftliche (von Labrador) oder mittlere (centrale: von *Winter island* und *Iglulik*); manchmahl mehrere Dialecte zugleich. Wo ich die Stelle leer laffe, hat das Eskimo ein anderes Wort; ein Fragezeichen deutet an, dafs das Eskimo-Wort nicht gegeben wird.

Ähnlich, fogar manchmahl ganz gleich, find (1. tfchugazifch nach Wrangell, 2. Kadjak nach Wrangell, 3. weftliche Eskimos· vom Kotzebue-Sund): Biber *fsfchni fchinik* —, Blut *aukch auk a-ük*, Boot *kajak kajak* ? | Erde, Land *nuna nuna nú-na* (Labr.), Fett *ogokch.ukuk* ? | Feuer *knakch knyk*; *ig-nik*, *ig-nak*; Fifch *egaχluk ikaljuk; khallu-ikht*, Labr. *ekka-lük*) Frau (femina)

(') Diefe Vorftellung ift ganz unrichtig. Die Sprache von Unalafchka ftimmt in denjenigen Wörtern nothwendig mit der tfchugazifchen überein, wo fie (die erftere) Eskimo-Wörter hat: wie in Feuer, Vater, Mutter (f. § 767) und in folgenden 2:

	tfchugaz. nach Wrang.	unalafchk. nach Wrang.	Kadjak	Eskimo
Kupfer	*kannugaak*	*kánujaχ*	*kanuja*	*kanuyak*
Ruffe	*kofchagak*	*kofsákaχ*	*kofchagat*	?

aber in ihrem eignen, grofsen Befitz ift die unalafchkifche Sprache der tfchugazifchen (wie dem Eskimo) ganz fremd; doch giebt es auch in diefem ächten Befitz einige Wort-Verwandtfchaft zwifchen beiden: Regen *kaitak tfchichtaχ*, Gras *keijak χigaχ*.

aganak aganak; úng-na, Labr. *ar-nak; Fuchs kauchgak kauchgjak; kiok-tut, ka-i-yok;* Gott *agaun agajun?* | Hund *pjuchta pjuchta* —, Kupfer *kannugaak kanuja*, Labr. und Igl. *kanu-yak;* Mutter *aanne aanaka;* Labr. *ánanak*, Igl. *ánana;* Nacht *unuchchak unuk*, Labr. und Igl. *únu-ak;* Nordlicht *kichgujet kijugijat* —, Oſt *unnadljgatak unaljak;* Labr. *unang-anut*, Igl. *ni-yak;* Regen *kaitak kytyk?* | Ruſſe *koschagak koschagat?* | Schamane *kadlagegik kaljlaulyk?* | Schnee *ann-ju ann-ſso* —, See *nannokch nannuak*, Labr. *anniyo* Schneetreiben (das übrige fremd); Sonne *natſchak matſchak; nai-ya, maisak;* Stein *jamakch jamak*, Labr. und Igl. *uyarak;* Stern *aagget agijat* —, Tag *aganachok aganyk?* | Vater *attuga attaga;* Labr. *attátak*, Igl. *attáta;* Vetter *uj'juga uſchjchuga?* | warm *magachtok makachtjuk* — ‖ 1 *atljchenok aljchiljuk adaisuk,* 3 *ping-nau pinjenajun;* Labr. *ping-asut*, Igl. *ping-ahúk;* 4 *ſsſchama tſchtamanj sitam-at,* 5 *tjadljgeme talymanj; tdlima, tad-llimat;* 7 *matljchong-e maljchulinj* —, 8 *ing-gemolin in-molinj* —, 9 *kuljlemuen kuljnujanj* —, 10 *kuljlin kulinj* —, 20 *ſchujinok* (**yн**) *ſchwinak* —; ich *chu-j chwyj* —

Von entfernter Ähnlichkeit find: Adler, aufſtehn, Eis, Feind, Fremder, grofs, Himmel, komm her! fremd find zwiſchen beiden Sprachen eine Reihe von Begriffen: Bär, Beere, Bogen, Eiſen, eſſen, Gans, böſer Geiſt, Gras, Häuptling, Jahr, kalt, klein, Mann, Meer, Mond, Nord, Otter, Pfeil, Rabe, Rennthier, ſchlafen, Sohn, Süd, Tabak, trinken, Vogel, Wald, Waſſer, Weſt, Wolf, Wolke; 2, 6; du.

Wenn wir blofs auf das Tſchugaziſche blicken, ſo finden ſich noch folgende Wort-Über-einſtimmungen mit dem Eskimo (das 1te Wort tſchugaziſch nach *Wrangell*, die übrigen [nach dem Semikolon] Eskimo): Bär *laklak;* L *ak-lak*, I *akkla;* Donner *katlchek;* I *kädlakpok* es donnert; Flufs *kulkch;* L *kók*, I *kú*, K *ku-ak*, ein grofser: *kurúk;* grofs *ajingikak* L *ang-iyówok,* Häuptling *angaugok* L *ang-a-yokok*, Meer (= Waſſer) *immokch; imakka, imik;* Mond *taankek;* L *takkek*, K *takkak;* Waſſer *mokch; imik, imakka,* Weſt *uagagtok* I *u-ágnak*, 2 *adellek* I *ardlek.*

Fremd find beide Sprachen gegen einander in folgenden Begriffen: Adler, Beeren, Bogen, Eis, Eiſen, eſſen, Gans, Gras, kalt, komm her! Mann, Nord, Pfeil, Rabe, Rennthier, ſchlafen, Schwan, Sohn, Tabak, Vogel, Wolf, Wolke.

Durch die von mir angeführten zahlreichen Beweiſe iſt die Eskimo-Verwandtſchaft der tſchugaziſchen Sprache hinlänglich dargethan.

§ 730. Die Sprache der Inſel KADJAK iſt das Haupt-Idiom und gleichſam Vorbild der ruſſiſchen Eskimo-Mundarten.

Wenjaminow gebraucht den Namen der Kadjak-Sprache auch in einem umfaſſenden Sinne: in dem, wo ſie als einzelner Repräſentant eines grofsen Sprachſtammes dem Forſcher im ruſſiſchen Amerika nahe liegt: nämlich des Eskimo-Stammes. Ich verweiſe auf S. 676[m] und 689[nf]-690[aa]. Von dieſem grofsen Idiom iſt für Wenjaminow (6[a]) die eigentliche Kadjak-Sprache auf der Inſel Kadjak nur einer ſeiner 6 Dialecte; ſie zerfällt aber in ſich in einen nördlichen und ſüdlichen Dialect. Die Sprache wird nur noch von 2300 Menſchen geſprochen.

Der Mithridates nennt (229[mm]) die Bewohner von Kadjak KONÄGEN; er ſagt beſtimmt (456[n]), dafs die Inſulaner von Kadjak ſich ſelbſt Konägen nennen (ſ. über ſie 456[n]-7[af]). Vor der Ankunft der Ruſſen lebten ſie in beſtändigen Kriegen unter ſich und mit ihren Nachbaren, der Halb-inſel *Alaksa* und den *Kinai*. Chamiſſo (in Kotzebue's Reiſe S. 176) nennt die *Konägen* auf *Kadjak* unter den zum Stamme der *Esquimaux* gehörenden Völkerſchaften. Holmberg ſagt (355): dafs ſich die Bewohner der Inſel *Kadjak* und der herumliegenden mit dem Namen *Konjagen* benennen, und dafs ſie von den Ruſſen *kadjakſche* Aleuten oder ſchlechtweg Kadjaker genannt werden. Der Name *Kadjak*, ſagt er, ſei „eine Verdrehung von *Kikchtak:* welches Wort in der Sprache der *Konjagen* grofse Inſel bedeutet und daher auch als Benennung der gröſsten Inſel dieſer Gruppe diente". Diefs iſt das Eskimo-Wort *kikker-tak* Inſel von Labrador.

Einiges grammatifche der Konägen-Sprache f. im Mithr. 459^{nf}-460. Ich merke oberflächlich an: die ungefähre Ähnlichkeit einiger Kadjak-Wörter mit athapaskifchen: Feuer K *knok*, athap. *kon;* Hand K *taleha*: athap. *la*, Tlatsk. χο·*lda* und *s·la;* Mutter K *anaha*, unalafchk. *annak*, Kinai *annä:* f. die Vergleichung bei Kinai; weifs K *katogalee*, kolofch. *klety·ahetè*, Kinai *talkaè:* f. ib.; und eine aztekifche fcherzhafte Ähnlichkeit: *madzshack* Sonne (bei Billings) * azt. *metztli* Mond.

§ 731. Folgendes ift die Reihe, meift grofser WORTSAMMLUNGEN von der Sprache der Infel Kadjak: 1) Jof. Billings: *an account of a geogr. and astron. Expedition to the northern parts of Russia &c., perf. in the years* 1785-9/i, ... *narrated from the orig. papers by Mart. Sauer.* Lond. 1802. 4° append. No. II p. 9-14; in der ruffifchen Redaction derfelben Reife (1811) p. 121-9 2) Lifiansky, *a voyage round the world* 1803-6, Lond. 1814. 4° p. 329-337 Col. 1 3) eine kleine Wortfammlung der „Koningen der Infel Kodjak" ftellt Chromtfchenko in feiner Reife vom J. 1822 in Vergleichung neben Wörter der *Aglegmuten:* f. näher S. 696^{af-mm} 4) 97 Wörter giebt Wrangell in Col. 2 feiner Worttafel von 8 Sprachen. 5) Ein neueres grofses Verzeichnifs von Wörtern in L. Sagoskin's Reife im ruff. Amerika: a) von Schott in Erman's Archiv VII, 1849 S. 488-511 b) in den Denkfchr. der ruff. geogr. Gefellfchaft zu St. Petersburg Bd. I. Weimar 1849. 8° S. 359-374 c) im ruff. Orig. der ganzen Reife II, Anh. p. 21-36 (f. darüber § 772 und S. 690^{af, m}): bei allen in Col. 3; ift nur aus denen von *Billings* und *Lisiansky* zufammengeftellt. Solche Reproductionen find auch: im Mithr. einige Wörter 466-8; Wörter in Klaproth's *Asia polygl.*, zur Vergleichung mit tfchuktfchifchen gebraucht: f. § 851; kleine Verzeichniffe der *archaeol. amer.* II, 368 und Hale's in den *transact. of the American ethnol. soc.* II, 104.

Wir verdanken dem Hrn. Iwan Wenjaminow in Sitka (f. Kolofchen S. 377ⁿ, 378^{a-af}) eine wichtige neue Aufklärung über die Sprache von Kadjak, beftehend in einem kleinen grammatifchen Abrifs (p. 27-35) und einem kleinen Textftücke (36-37); fie bilden einen kleinen Theil feiner Schrift: замѣчанія о Колошенскомъ и Кадьякскомъ языкахъ, St. Petersb. 1846. 8°.

Kinai.

§§ 732-756. [Eine Hauptfprache und ein Hauptvolk des ruffifchen Nordamerika's find die KINAI oder Kenai. Sie galt bisher als eine felbftftändige und urfprüngliche Sprache, Trägerinn mehrerer anderer. Nach meiner Entdeckung, welche, ohne von ihnen zu wiffen, früheren unbeftimmten Ahndungen und Äufserungen Feftigkeit gegeben hat, ift das Kinai ein Glied des grofsen athapaskifchen Sprachftammes, und feine Verwandten im ruffifchen Nordweften find andere Glieder deffelben; die Unvollkommenheit und die Mängel diefer Verwandtfchaft habe ich nicht verfchwiegen. Ich habe die Kinai-Sprache aus der gegenwärtigen Schrift entfernt und zum zweiten Theile (S. 223-249) meiner Abhandlung oder Schrift über den athapaskifchen Sprachftamm (f. oben S. 323ⁿⁿ) gemacht; die übrigen Kinai-Sprachen aber, Glieder deffelben Sprachftammes, behandle ich hier in ihrer Reihe, weil fie nur geringen Raum erfordern.]

§ 757. Die urfprünglichen Bewohner der Mündung des NUSHAGACK (Wrangell 128) find durch die *Agolegmüten* vertrieben worden; fie find nach der öftlichen Hälfte der Halbinfel Aläska ausgewandert, und jetzt unter den Namen der Sewernowzen (Nordländer) und Ugafchenzen bekannt. *Holmberg* fetzt an den Flufs *Nuschagakh* (oben S. 677ª) die Kijataigmjuten.

§ 758. Beim Flufs *Nuschagak* find alfo jetzt vielmehr die AGLEGMJUTEN, ein Hauptftamm des Eskimo-Volks: d. h. nach *Holmberg* (oben S. 676ⁿⁿ) der *Konjagen,* nach Wenjaminow (oben S. 690 Z. 6) einen Dialect der *Kadjak*-Sprache redend, zu finden. Das aglegmjutifche Idiom der Eskimo- oder grofsen Kadjak-Sprache wird nach Wenjaminow (6ᵃᶠ) gebraucht von den Bewohnern der nördlichen Seite Alakfa's, jetzt nur noch 550 an der Zahl. Wrangell nennt (121ⁿᶠ), als ein Glied der Kadjak-Sprache, die *Agolegmüten,* an den Mündungen der Flüffe *Nuschagack* und *Nackneck.* Sie werden (f. 128) für Ein Volk mit den Kuskokwimen gehalten. Nach Holmberg (284) wohnen die Aglegmjuten „von der Mündung des Fl. *Nuschagakh* bis zum 57° oder 56° an der WKüfte der Halbinfel *Aljaksa,* haben alfo die Ufer der *Bristol-*Bai inne." Die Bewohner des *Norton-*Bufens nannten Saguskin (oben S. 675ⁿᶠ) im S als ihre Stammgenoffen die *Aglegmjuten* und *Kadjaker.*

Im 2ten Bande der *Hertha* (von H. Berghaus und K. F. V. Hoffmann), Stuttg. u. Tüb. 1825. 8°, ift in 3 Stücken ein wichtiges Reife-Journal mitgetheilt (S. 199-222, 258-273, 583-604): „Bruch- ftücke aus dem Reife-Journal des Herrn Chromtfchenko, geführt während einer Fahrt längs den Küften der ruffifchen Niederlaffungen in Nordweft-Amerika.. im J. 1822. Aus dem Ruff. überfetzt." Das Original erfchien in der ruffifchen, vom Staatsrath *Bulgarin* herausgegebenen Zeitfchrift: nordifches Archiv für Gefchichte, Statiftik und Reifen, Jahrg. 1824 No. 11-18. Diefe Mittheilungen liefern eine Menge von Stoff über die Länder, Völker und Sprachen des ruffifchen Gebietes. Die über die *Aglegmuten* und „*Kufskochwogemuten*" f. S. 215-7. Ihre Sprache, fagt der Verf. (217-8), gleicht beinahe der Mundart der *Koniagen* (Einwohner der Infel *Kodjak*). Er liefert, um diefs zu beweifen, S. 218-221 ein Wortverzeichnifs in beiden Sprachen neben einander: *Koniagen, Aglegmuten;* und die Verwandtfchaft ift höchft einfach erfichtlich.

Unalafchka und Aleuten.

§ 759. In Dawydow's und Chwoftow's Reife (vgl. Mithr. 457) wird die Sprache der Halbinfel ALAKSA zu der der Konägen (Kadjak) und Tfchugazzen gerechnet; andere Berichte und Anfichten reden nur von der aleutifchen oder unalafchkifchen Sprache auf diefer Halbinfel, wenigftens auf deren Spitze: und von ihr habe ich hier zu handeln. So heifst es in dem „Auszuge aus einem Reife- bericht des ruffifchen Steuermanns Saikof" in Bd. III. der Neuen Nordifchen Beyträge ufw., St. Pet. u. Lpz. 1782. S° S 284: „Die Bewohner der Infel Kadjak, welche fich Kanäga nennen, reden eine Sprache, welche von der Sprache der Aleuten auf den Infeln und auf dem Vorgebürge Aläska verfchieden ift." Er fpricht dann von den *Schugatschi,* den *Kinaï....* „Die alten und vornehmften Bewohner des amerikanifchen Vorgebürges Aläska verficherten, dafs die Aleuten von ihnen herftammten, in den älteften Zeiten aber von einer Infel zur andern übergegangen wären und fich bis auf die Infeln.... *Atta* und *Agata* verbreitet hätten." In der Vorrede zu Refanow's Wörterbuche wird auch gefagt (Mithr. 457-8): „die unalafchkifche Sprache ift die Wurzelfprache der aleutifchen Infeln. Sie herrfcht auch auf den Fuchs-Infeln bis zum Ende der Halbinfel Alakfa. Aber fchon auf den Andreanowskifchen bekommt fie eine Verfchiedenheit; und zuletzt verändert fie fich durch unmerkliche Schattirungen wei- ter und weiter, und ift auf der Infel *Atchu* fchon für die Bewohner von Unalafchka fchwer zu ver- ftchen." Grammatifches über die unalafchkifche Sprache f. Mithr. 459ⁿᶠ-460.

Wenjaminow fagt in der Schrift über die Sprache der Kolofchen und Kadjak (1846 p. 5ᵐᵐ⁻ⁿⁿ): „die UNALASCHKISCHE Sprache wird von den Bewohnern der aleutifchen Infeln und eines Thei- les von Aljakfa geredet". Er nennt die 2 Dialecte: unalafchkifch und atchifch (Амхинское нарѣчіе; benannt nach der Infel *Atcha:* f. Wrangell S. 4); der erftere werde gefprochen „im Bezirk Unalafchka (въ Уналашкинскомъ отдѣлѣ): d. h. eigentlich (собственно) auf den Fuchs-Infeln (на островахъ Лисьяхъ) und Aljakfa; der zweite auf den andreanowifchen Infeln." In dem Werke über die „aleutifche oder Fuchs-Infel-Sprache" läfst er fich (p. II) fo vernehmen: „In Amerika werden allgemein ALEUTEN die auf Kadjak, und auf den aleutifchen und andreanowifchen Infeln Wohnenden genannt; ([1]) aber die Sprachen der erften find gänzlich unter einander verfchieden; die letzten jedoch reden Eine Sprache mit den Unalafchkern, aber in anderer Mundart, fo dafs fie oft beiderfeitig einander nicht verftehen ... Und hier mufs man unter dem Namen der Aleuten die Infulaner verftehn, welche auf den aleutifchen Infeln leben: deren Sprache ich, zur Unterfcheidung von der kadjakifchen und andreanowifchen, die aleuto-lifsjewifche (Алеутско-Лисьевскій языкъ) nenne. — Die aleuto-lifsjewifche Sprache reden, fo viel bekannt ift, heut zu Tage nur die Infulaner, welche wohnen auf Unalafchka, auf dem Ende (der Spitze) der Halbinfel Aljakfa (Алякса) und den ihnen anliegenden Infeln: d. h. von der Meerenge der 4 Bergkuppen (сопка: Четырехсопочный проливъ) bis zu den Schumagiuifchen Infeln, oder vom 169° zum 159° W. L. von Greenwich." Es reden diefelbe 1495 Menfchen ... „und wenn man zu ihr auch (p. III[a-aa]) die atchifchen und andreanowifchen Aleuten hinzurechnet, fo beträgt die Zahl der jetzt die aleutifche Sprache Redenden nicht mehr als 2200"; früher feien ihrer mehr, doch wohl nicht über 25,000 gewefen.

§ 760. In derfelben gröfseren Arbeit, über das Aleuto-Lifsjewifche, fagt Wenjaminow (III[aa-mf]) weiter: dafs die Aleuten-Sprache von den Sprachen der benachbarten Völker gänzlich ver-fchieden; und bis jetzt noch keine Quelle, aus der fie hervorgegangen, oder eine Verwandte derfelben aufgefunden worden fei: obgleich er meint, es müffe eine folche gegeben haben. Wenn Hr. von *Wrangell* fich zu den Eskimos neigt, das Volk unter die weftlichen Eskimos zählt (obgleich er auch dem entgegenarbeitet; f. nachher S. 698[a-nn]), wie auch die 2te Ausg. von *Vater's* Litt. der Lexica von der Sprache von Unalafchka (428[a]) fagt: „fie ift jedenfalls zu dem Eskimo-Stamme zu rechnen"; fo hat Hr. v. *Baer* (288-9) die Gründe hervorgehoben, welche diefe Verwandtfchaft von Volk und noch mehr Sprache unglaublich machen. ([2]) Schon im 3ten Bande von *Cook's* Reife ift, wie ich beim Norton-Sund (§ 850) näher bezeichnet habe, ein Verfuch gemacht eine Verwandtfchaft der „Sprachen von Unalafchka und vom Norton-Sund" mit der grönländifchen und eskimoifchen nachzuweifen. Ich werde fogleich (S. 698[mm-nf]) über das Eskimo-Verhältnifs weiter reden.

Wrangell findet in den Aleuten-Infulanern entfchiedene afiatifch-mongolifche Ähnlichkeit (124).

§ 761. Für die UNALASCHKISCHE Sprache (denn fie ift unter feiner aleuto-lifsjewifchen zu verftehn) haben wir durch eine grofse Arbeit der Prieſters ([1]) Iwan Wenjaminow in Unalafchka, deffen Verdienfte um die der Kolofchen und des Kadjak ich an anderen Stellen (oben S. 676[af-m] und Kol. S. 377[n], 378[a-af]; um die Aleuten oben S. 676[nf]) erhoben habe, ein umfaffendes Hülfsmittel ge-wonnen: eine vollftändige Grammatik (I-XV, 1-87), ein grofses aleutifch-ruffifches Wörterbuch (1-76), mit ruffifcher Nachweifung (79-111), einige Lieder mit ruffifcher Überfetzung (113-120). In dem

---

([1]) So trägt in *Billings* ruffifcher Reife (f. § 851) die Worttafel: andrejanowifche Infeln, Fuchs-Infeln, Kadjak die allgemeine Überfchrift: „Wörter der auf den Infeln wohnenden Aleuten".

([2]) Wenjaminow fagt in feinen Bemerkungen über die Kadjak-Sprache (bei feiner kolofchifchen Schrift p. 27): dafs die letztgenannte und die Sprache von Unalafchka in ihrer grammatifchen Difpofition, d. h. in dem Schema, der Vertheilung der Categorien, einander fo ähnlich feien, als wären fie aus Einer Form gegoffen; dafs aber die zur Bezeichnung der Categorien von beiden verwandten Laute gänzlich verfchieden feien. Auch feien das Material beider Sprachen, d. h. ihre Wörter, ganz verfchieden: fo fehr, dafs nicht $\frac{1}{10}$ derfelben ähnlich werde gefunden werden.

([3]) Er ift jetzt (f. Sagoskin, пешеходная опись &c. Th. I. 1847 p. 12[a]) Bifchof von Kamtfchatka, der Kurilen und Aleuten.

Titel des Werks wird nur die Grammatik genannt: Опытъ грамматики Алеутско-Лисьевскаго языка, St. Petersb. 1846. 8°. Ein grofser Auffatz Wenjaminow's: „Charakterzüge der Aleuten von den Fuchs-Infeln", findet fich in des Adm. v. Wrangell Nachrichten über die Ruff. Befitzungen an der NWKüfte von Amerika, herausg. von Baer([1]); St. Petersb. 1839. 8° S. 177-225; S. 255-9 wird aus Wenj.'s Catechismus eine Stelle über die aleutifchen Buchftaben und die von ihm in feinem Wörter-buche der Aleuten gebrauchten befonderen Buchftabenzeichen (die er auch in feiner Gramm. p. 3-5 angiebt und erläutert) geliefert. Aus dem, was Wenjaminow von aleutifchem Sprachftoff feiner Über-fetzung des Catechiśmus beigefügt hat, hat Lütke in feinem *Voyage autour du monde, Partie Historique* T. I. Par. 1835 p. 236-244, grammatifche Bemerkungen und 244-7 ein kleines WORT-VERZEICHNISS ausgezogen.

Ein fchönes und grofses Wortverzeichnifs von Unalafchka fchenkte uns Cap. Lifiansky in feinem Werke: *a voyage round the world* 1803-6, London 1814. 4° p. 329-337 Col. 2; eine kleine Wortreihe, *Onolastica* genannt, welche Hale *ethnol. soc.* II, 130 aufftellt, ift aus ihm ausgezogen. 97 Wörter der Aleuten auf den Fuchs-Infeln giebt Adm. von Wrangell in Col. 1 feiner grofsen Worttafel von 8 Sprachen, die zu S. 259 feiner Schrift „über die Ruff. Befitzungen an der Nordweft-küfte von Nordamerika" gehört. Sie find wahrfcheinlich dem Catechismus Wenjaminow's entnommen. — Das grofse Wortverzeichnifs Robeck's in Billings Reife werde ich nachher (S. 699ᵃᵃ⁻ᵐ) nennen: fo wie eine Verkleinerung deffelben, eine zweite derfelben Sprache, durch Hale. — Nur in Handfchrift vorhanden (von dem Verf. des Mithr. benutzt, welcher 458-9 einige Wörter daraus anführt) ift das unalafchkifche Wortverzeichnifs des Hrn. von Refanoff, ein Glied feiner grofsen Wortfammlung (f. Kol. S. 390f-1ᵃᵃ). Über die Wörter bei Cook f. beim Norton-Sund (§ 850); über das kleine Ver-zeichnifs von Coxe, ungewiffer Beziehung, bei den andreanowifchen Infeln (S. 699ᵐ⁻ᵐᵐ). In der 2ten Ausg. von Vater's Litteratur der Lexica (454ᵐf) wird *Abecedarium* in aleutifcher Sprache, s. l. & a. 8° (St. Petersb. 1839 oder 1840), angegeben.

§ 762. Äufserlich betrachtet, fcheint die Sprache von Unalafchka theilweife Verwandt-fchaft mit dem ESKIMO-Stamme zu haben. Diefes Verhältnifs, deffen Fürfprecher ich zum Theil fchon vorhin (S. 697ᵐ⁻ᵐf) angegeben habe, ift nach dem Mithr. (210ᵐ) das wefentliche. Ich werde das End-Refultat unten (S. 702ᵃf⁻ᵐ) ausfprechen. *Vancouver* fagte, dafs die Sprache von Unalafchka auch die den Prinz-Williams-Sund (welche beftimmt eskimoifch ift) fei; ich habe das Irrthümliche diefer Behauptung fchon nachgewiefen (S. 693ᵃ, ⁿⁿ⁻f).

Ich nehme von meiner Seite nicht mehr als eine nicht unbeträchtliche Wort-Gemeinfchaft in Anfpruch, und fage daher, dafs einiger Einflufs der Eskimo-Sprache auf die unalafchkifche nicht ab-zuläugnen ift: wie auch der Mithr. (458ᵐ) behauptet, der unter 1100 Wörtern Refanow's 19 mit Kad-jak- oder tfchugazzifchen Wörtern verwandte (f. fie 458-9) auffand; aber die Eskimo-Sprache felbft, fagt er, erftrecke fich nicht auf die zwifchen Afien und Amerika liegenden Infeln. *Wrangell* redet von dem Verhältnifs der unalafchkifchen Sprache gegen das Eskimo 122ⁿf⁻4; er weift die gänzliche Verfchiedenheit in einigen Wörtern nach (123). In dem von der englifchen Admiralität zum Behufe der arctifchen Expeditionen herausgegebenen kleinen Eskimo-Wörterbuch (*Eskimaux and english vocabulary*, Lond. 1850. 8° transv.) find p. 110-3 einige Wörter durch alle Eskimo-Sprachen durch-geführt, unter denen auch Aleutifch oder Unalafchka fteht; das Verhältnifs ift aber wieder, dafs ein paar Wörter des letzten dem Eskimo verwandt find, die meiften jedoch fremd. S weiter über den Gegenftand unten S. 702ᵃ⁻ᵐ.

Ungefähres Zufammentreffen eines unalafchkifchen Wortes mit einem athapaskifchen: Stern Unal. *stan*, Kinai *fsin*, athap. *thun*.

([1]) Eine gröfsere frühere Arbeit Wenjaminow's über das Gebiet von Unalafchka ift (f. Vater's Litt. der Lex. II, 505ⁿⁿ): Записки объ островахъ Уналашинскаго отдѣла, 3 Bde. St. Petersb. 1840. 8°

§ 763. Von der Sprache, welche auf der langen Kette der weſtlich weit in das Meer von Kamtſchatka, nach Kamtſchatka und Aſien hin, ausgegoſſenen ALEUTISCHEN Inſeln (auch Catharina's Archipel genannt) herrſcht, haben wir geſehen (S. 696ſ-7ᵃᵃ), daſs Wenjaminow ſie zum atchiſchen Dialect der Andreanows-Inſeln rechnet: welche mitten unter ihnen, als eine ihrer Gruppen, liegen (die weſtlichſte Inſel iſt *Attu;* Wrangell S. 4); noch deutlicher haben wir von Reſanow (oben S. 696ⁿⁿ⁻ⁿᶠ) die ſtufenweiſe Entfernung dieſer Sprache von der öſtlichen erfahren. Man kann dieſen weſtlichen Dialect die ALEUTISCHE SPRACHE (im engeren Sinne) nennen.

Die einzige mir bekannte Probe dieſes weſtlichen Dialects verdanken wir der Reiſe des ruſſi-ſchen Capitäns Billings: und zwar dem Stabsarzt der Expedition, nachherigen Staatsrath, Robek oder Robeck. Das ruſſiſche Original der Reiſe liefert uns (p. 121-9) ein groſses WORTVERZEICHNISS beider aleutiſchen Dialecte: der andreanowiſchen Inſeln; und der Sprache von Unalaſchka, bei Billings genannt: des Fuchs-Volkes (Лисьихъ). Die engliſche Redaction und ihre beiden Überſetzungen geben nur das zweite, das ſie aleutiſch oder von den aleutiſchen Inſeln benennen. (¹) Dieſer Ausdruck hat Hale verleitet, in der *ethnol. soc.* II, 130 eine kleine Wortreihe, die er aus der engl. Reiſe von Billings ausgezogen, als *„Aleutan"* neben *„Onolastica"* (aus Liſiansky) aufzuſtellen: als eine andere und zwar, die man folgern muſs, die weſtliche Sprache: da doch beide dieſelbe unalaſchkiſche oder Fuchs-Inſel-Sprache ſind, deren Wörter er nur aus zwei verſchiedenen engliſchen Quellen gezogen hat. Vater allein iſt zu dem ruſſiſchen Original aufgeſtiegen: er hat, wie er ſagt, in der Sprache der An-dreanowskiſchen Inſeln noch weniger Wörter als im Unalaſchkiſchen gefunden, die mit Kadjak über-einſtimmen: 7 unter 250 Billings; er giebt ſie Mithr. S. 459 an. In William Coxe's *account of the russian discoveries between Asia and America,* Lond. 1780. 4° p. 303 finden ſich ein *„specimen of the Aleutian language",* d. h. 12 Wörter und die Zahlen 1-10; es ſind der Wörter zu wenige, um zu entſcheiden, ob ſie unalaſchkiſche oder atchiſche ſind; für das letztere ſprachen mir aber einige Formen. Der 4ten Ausg. (Lond. 1803. 8°) fehlt der ganze *appendix:* und ſomit auch das Wortverzeichniſs, das zu ihm gehört.

Es iſt nicht nöthig geweſen, daſs ich ein Wortverzeichniſs des andreanowiſchen Dialects meinem vierfachen unalaſchkiſchen, zur Vergleichung, an die Seite ſetzte. Das Verhältniſs beider läſst ſich ohne das leicht angeben. Beide Dialecte beſitzen den gröſsten Theil der Wörter gemeinſam, mit Form-Verſchiedenheiten in den verſchiedenen Graden, öfter in dem Beſitz oder Mangel längerer Endungen beſtehend; ſie ſind einander folglich recht ſehr ähnlich. Für einen nicht unbedeutenden Theil der Begriffe beſitzen ſie jedoch ganz verſchiedene Wörter; nämlich für folgende: Bart, Beeren, Berg, Blatt, Blume, breit, Bruder, Erde, Feind, Freund, Froſt, gehn, Gras, Haar (der Thiere), Hals, heiſs, Herbſt, hoch, klein, Knabe, Knie, lang, liegen, Menſchen, Meſſer, Neſt, Nord, pfeifen, riechen, Rücken, ſcharf, Schatten, ſchneiden, ſchreien, Seele, Sommer, Stamm, Staub, Sterne, Süd, tanzen, Thon, Thür, tragen, Ufer, warm, Wellen, Weſt, Wind, Wurm, Wurzel, Zahnfleiſch, Zunge; die Zahlen 9 und 10 (wogegen 1-8 gemeinſam ſind); ich, du, er; jetzt, geſtern; nein.

§ 764. Die Dunkelheit und Verwirrung, welche die verſchiedenen Namen in den Äuſserungen der kundigen Schriftſteller und in den Wortverzeichniſſen verbreiten können, hat mich, neben der Wichtigkeit eines ſo eigenthümlichen Idioms, veranlaſst ein WORTVERZEICHNISS der unalaſch-kiſchen Sprache oder des öſtlichen aleutiſchen Dialects nach vier Quellen aufzuſtellen: *Billings* Fuchs-Volk (Лисьихъ; in der engl. Redaction benannt: „aleutiſch" oder „von den aleutiſchen Inſeln"),

(¹) Ich habe den Titel des ruſſ. Originals von Billings Reiſe, die in ihm enthaltenen Wortver-zeichniſſe von 12 Sprachen, und das eingeſchränkte Verhältniſs, welches die dreifache frühere Redaction: die engliſche, franzöſiſche und deutſche, deren 2 letzte aus der engliſchen gemacht ſind, in den Wortverzeichniſſen gegen das Original einhält; an einer ſpäteren Stelle (§ 851) genau angegeben und entwickelt.

Lisiansky Unalaſchka, *Wenjaminow* aleuto-liſsjewiſch, *Wrangell* Aleuten auf den Fuchs-Inſeln oder
слова лисьевскихъ Алеутъ (Wörter der liſsjewiſchen Aleuten). Die von Billings, Wenjaminow
und Wrangell (Letzterer bedient ſich der künſtlichen Zeichen des Zweiten) habe ich aus dem Ruſſiſchen übertragen; es bedeuten meine Zeichen: *γ* das *g* mit einem Hauch danach, *χ* das *ch* mit
Hauch danach; denſelben nachgeſchlagenen Hauch bezeichnet ein Apoſtroph nach *d, t, l;* der Apoſtroph
vor einem Anfangs-Vocal den vorgeſchlagenen Hauch; *ñg n* mit Hauch danach (vielleicht aber doch
ng?); *u* bezeichnet einen Mittellaut zwiſchen *o* und *u*. Von den Wortformen in Billings ruſſi-
ſchem Original weichen die der engliſchen Redaction nicht nur durch die engliſche Orthographie,
ſondern auch durch viele willkührliche orthographiſche Abänderungen, und öfter durch weſentliche
Verſchiedenheiten ab. Da das ruſſiſche Werk viele Jahre ſpäter erſchienen iſt, ſo kann man die letzten
nicht für Verbeſſerungen halten: ſie ſehen eher wie Fehler aus. Auffallend bleibt dabei, daſs das
engliſche Werk nicht wenige Begriffe enthält, welche in dem ruſſiſchen fehlen; ich habe davon einige
aufgenommen, die in engliſcher Orthographie und durch „(engl.)" bezeichnet ſind (die Wörter: Bogen,
Donner, Eiſen, Ente, Gaus, gut, Leib, Pfeil, Regen, Schweſter; 20, 30; ja). Auf der andren Seite hat
aber wieder die ruſſiſche Redaction den Vorzug mehrerer Begriffe, welche der engliſchen fehlen.

Die allgemeine und nahe Übereinſtimmung aller vier Glieder meiner Wortſammlung
wird beweiſen, daſs, wie Wenjaminow den unalaſchkiſchen oder öſtlichen Dialect des ganzen Aleuten-
Idioms darſtellt, auch die drei anderen Quellen denſelben Dialect betreffen: wenn nicht die von mir
vorgenommene Erläuterung irre führender Abweichungen und das Zurückgehn auf die Quellen dieſe
Thatſache ſchon an ſich feſtgeſtellt hätte.

Den Wörtern Billings habe ich die Kadjak-Wörter beigeſetzt (durch K bezeichnet), mit denen
das unalaſchkiſche Wort identiſch iſt. Ich verweiſe auf § 767 (S. 702ᵃ⁻ᵐ), in welchem ich dieſe
Tendenz fortgeſetzt habe.

§ 765. Wortverzeichniſs des unalaſchkiſchen oder öſtlichen Dialects der Aleuten-Sprache

[das 1te Wort iſt *Billings* liſsiſch, 2. *Lisiansky* unalaſchkiſch, 3. *Wenjaminow* aleuto-liſsjewiſch,
4. *Wrangell* liſsjewiſch-aleutiſch]

A. Subſtantiva, Adjectiva und Verba: Adler *tinglak tehlok tichljaχ tichchljaχ*,
Auge *tgak* — *'daχ 'dáχ*, Backen *uluha* (Kadj.) *ooluak*) *oolloohak uljúgach* —, Bär *tangak*
(K *tagoukat*) *tanhak tánγnχ tangáχ*, Bart *inglak* — *iñgljákun* —, Bauch *kilma sanhoon kílmaχ*
—, Beil *anigaſchik* (K *anigin*) — *aníchſsiχ* —; Berg *gaiuk koothook χájaχ* —, Blut *aamyak
amak ámaχ amaχ*, Bogen *saidegich* (engl.) *saeheek ſsaigiχ Ɣsáigich*, Bruſt *ſsimsin* — *ſsimſsin* —,
Donner *shulukshik* (engl.) — *ſsúljuχ; ſchjuljuch, ſsúljuχ;* Ei *ſchamlok samlokamnaholik* (pl.)
ſsámljaχ, Eis *ktak* — *kda χ kdáχ*, Eiſen *komlegu* (engl.) *komlyahook χumljáγuχ χumljáguχ*,
Ente *tshakutshadok* (engl.) *sakeedak* — —, Erde *tſchekak chekeke tſchikiχ tánaχ*, ich eſſe *kajuhin*
ich eſſe (engl. *kaängen*) *kada χakúχiñg χágta; * Feuer *kignak* (K *knok*) *keyhnak χignaχ χignaχ*,
Finger (pl.) *atchon at-hooneen átchuχ* —, Fleiſch *ullu* — *ulljuχ* —, Frau *aiyagan* — *ajágaχ
ajágaχ*, Fuchs *okotſching ookchuen uχngliñg aikáguχ*, Fuſs *kita keetok kítaχ* —, Gans *llak*
(engl.) — — *kamgañgin, ljagin;* gehn *itſcha icha* — —, gut *tshizshelik* (engl.) *mach-heeseleek*
— —, Haar *emlak imleen* — *imlin*, Hals *uiy* (K *onyagut*) *oouk* — —, Hand, Arm *tſcha chianh;
tſchaχ, tſchach; tſchach;* Haus *uladok* (Hütte) *oollon* — *'Haut katſchka* — *χatſchchiχ* —,
Herz *kanog* (K *kanok*) *kannooheen kannuγ* —, Himmel *inkak innyak iniχ iniχ*, Hund *aikuk
aykok ſságljaχ ſságljaχ*, Inſel *tangik* — *tanγiχ* —, kalt *kinganolik* — *χiñginaχ kiñganáχuχ*,
Keſſel *aſchok* (K *asok*) — *áſsuch* —, klein *aangbnolokon* — — *uñgundguljuχ*, Knochen *kagna* —
χagnaχ —, Kopf *kamga kamhek kámgiχ kámgiχ*, Leib *ooluk* (engl.) — *ulljuχ* —, Lippe

kotfchun (pl.) *athek 'adiχ* —, Mann (maritus) *ugin* (K *ooinga*) — *ugi* —, Meer *alagok allaook aljayúχ allgʉχ*, Menfch *taioch tayaho taijáyʉχ* —, Mond *tugitak tooheedak tugidak tʉgidaχ*, Morgen *kilak keelyam χiljaχ* —, Mund *agilga aheelrek agiljyíχ* —, Mutter *anaan* (K *anaga*) *annak anaχ anaχ*, Nacht *amgik amak 'amach amaχ*, Nagel (am Fiug.) *chogelgun* (pl.) *kaahelren χatdlgi* —, Nafe *angofsin anhozin anyʉfsiχ angʉfsin*, Ohr *totufsak tootoosak tutúfsiχ tʉtʉfsiχ*, Pfeil *agidak* (engl.) *ahathak* — *ʉgljudaχ*, Rabe *kalkagiak* (K *kalnak*) *kalkahyon χalñgáχ; χalχagiχ, káliñgaχ;* Regen *tshiotakik* (engl.) *chehtak tfchichtaχ tfichtaχ*, roth *olutuk oolluthak ʉljúdaχ* —, Sand *tfchooguk choohok tfchʉguχ* —, Schnee *kanek* (K *anneg*) *kanneeh χaníχ χanich*, fchwarz *kaktfchiklulli kahchehzeek χáchtfchaχ* —, Schwefter *angeen* (engl.) *oonheen uñguχ* —, Sohn *alaan* — *'lljaχ, 'ljaχ; ljljaχ;* Sonne *akatak ahhapak ayadak oyádaχ*, Speer *kadmagufchak* — *kadamoyʉ́fsik* —, Stern *fstok stan sthaχ sthan*, Stirn *tannik tannyak tánniχ* —, Tag *angalik anneliak añgáliχ añgáliχ*, tanzen *achata aiuhahada* — —, Tochter *afskin* — *afschinuχ* —, trinken *anogata, taang-ata* (K *taanagok*); *idhootsid tanñgakʉ́χiñg tdñgagta;* Vater *atan* (K *ataga*) *athak adhaχ adaχ*, Waffer *tangak* (K id.) *tanak tañgaχ tdñgaχ*, weifs *komakuk oommeleek χʉmáχ* —, Wind *matguk kycheek míduχ* —, Zahn *ahalun* (pl.) *keahoozeen kigʉ́fsich kigʉ́fsin*, Zunge *agnak ahnak a'gnaχ* —

B. Zahlwörter: 1 *attakon atoken; atáχan, toyátaχ; attáχan;* 2 *alluk arlok 'al'ak alaχ*, 3 *kankun kankoo χánkʉn kankʉn*, 4 *fchitfchin seecheen fslifchin fsatfchin*, 5 *tfchang chaan tfchañg tfcháñg*, 6 *atun atoon atʉ́ng attʉ́ñg*, 7 *olung oolloon ʉlʉ́ñg ʉljljuñg*, 8 *kamtfching kancheen χamtfchiñg kamtfchiñg*, 9 *fsitfching seecheen fsitfchiñg fsiging*, 10 *gasuk atek; "al'uk, "afsach; at'iχ;* 20 *algithematik alhatiah; al'gidim ʉ́tlχ; al'yid'im al'ik;* 30 *kan kuthematik; kankoodem atek; χankʉ́dlm ʉ́tlχ; kankʉ́d'im at'ik* C. Pronomina: ich *kjejenj* (къень) — — *tiñg*, du *inhaan* — — *tchin* D. Adverbia: heute *vonnangalik* — — —, morgen *ilkelagin* — *χiljdgan* —, geftern *kellagon* — *jam* — E. Interjectionen: ja *aang* (engl.) (K id.) — *dñg* —, nein *miseligan* — *kʉgʉ́* —

§ 766. Als Refultat für das VERHÄLTNISS DER VIER QUELLEN zu einander ergiebt fich, dafs die Wörter Billings faft immer mit denen Wenjaminow's identifch find; die Schreibung bildet nur Unterfchiede der geringften Art. Etwas oder ein wenig wirklich abweichend find die Formen der Wörter: Blut, Erde, Fuchs, Haut, Himmel, Nacht, roth, Wind, morgen; ganz andere Wörter werden gegeben für die Begriffe: Hund, Lippe, Nagel, Zahn, geftern, nein. — Beide Verzeichniffe ftimmen wieder faft immer mit Lifiansky genau überein; mehr abweichend find die Formen für: Bauch, Berg, Ente, effen, Hund, Hütte, Morgen, Sonne, Stern, weifs; ein ganz anderes Wort giebt Lifiansky für: trinken, Wind.

Zwifchen Wrangell und Wenjaminow ift die Übereinftimmung in der genaueften Wortform fo allgemein, dafs man annehmen mufs, Wrangell bediente fich der Wörter von Wenjaminow's Catechismus; (¹) die vorkommenden Abweichungen kann man für Berichtigungen anfehn, welche Wenj. die Zeit zwifchen feinen beiden Schriften an die Hand gegeben hat. Die Abweichungen find: Wrangell hat daffelbe Wort als Wenjaminow in etwas verfchiedener Form: kalt, trinken (= Billings), 9; mit ftärkerer Verfchiedenheit in der Form: effen (≠ Lifiansky), Fuchs, Stern (= Lif.); er hat ein ganz anderes Wort: bei Erde. Wrangell verwechfelt aufserdem irrthümlich 20: wofur er *kank.*, mit 30: wofür er *al'y.* angiebt; ich habe die Berichtigung in meiner Tafel gleich vorgenommen: beide Zehner find leicht durch ihre Grundlagen, die Zwei und die Drei, zu erkennen.

(¹) Aus Lütke's Reife (vgl. S. 698ᵃᵃ), wenigftens deren franzöfifcher Überfetzung, find fie nicht; denn dort ftehen, aus Wenjaminow's Catechismus ausgezogen, nur ein paar Subftantiva nebft den umftändlichen Zahlwörtern.

§ 767. Den ESKIMOISCHEN Inhalt der unalafchkifchen Sprache habe ich angefangen im Wortverzeichniffe durch Beifetzung des Kadjak-Wortes in die erfte Columne, wo eine Wort-Identität fich fand, kenntlich zu machen. Beftimmter bezeichne ich hier fchliefslich den oben vielfach befprochenen Eskimo-Antheil durch Auslfetzung der ächten Eskimo-Wörter, nach dem Wörterbuch der englifchen Admiralität (1850), wenn eine folche Wort-Gemeinfchaft fich findet: wobei ich durch

    L: Labrador oder die öftliche Eskimo-Sprache; durch

    I: das Eskimo von *Iglulik* und *Winter Island*, oder die mittlere (centrale); durch

    K: den Kotzebue-Sund oder die weftliche Eskimo-Sprache

andeute: Backe L *ulloak*, I *ulüaga*, K *o-uluat;* Beil K *attighimnak*, Blut I *a-únak* (L, K *a-úk);* Feuer K *ignik, ignak* (L *ikkoma* ufw.); Mann (maritus) L *ui*, I *uing-a;* Mutter L *ánanak*, I *ánana;* roth: L *aupaluktok* es ift roth, Schnee L *kannek;* Vater L *attátak*, I *attáta;* Zahn L *kigut*, I *kiutltka;* ? I L *attausek* ufw., 2 I *ardlek* (L, K ein andres Wort).

    Ich kann das wichtige Refultat meiner Unterfuchung verkünden: dafs, entgegen diefem gemeinfamen Stoffe, fich das aleutifche Idiom (man kann fo über beide Dialecte abfprechen) in feiner Maffe, durch den Befitz ganz anderer, eigenthümlicher Wörter, als ein eigner, von dem grofsen eskimoifchen ganz verfchiedener Sprachtypus erweift.

    Einige Wörter, welche es mit dem Kadjàk gemein hat, find nicht eskimoifch (Bär, Hals, Rabe); man kann hier den umgekehrten Gang vermuthen: dafs das Kadjak fie von den Aleuten habe.

§ 768. Wrangell nennt unter den Völkern, welche dem Kadjack ähnliche Sprachen fprechen: die KIJATEN oder *Kijataigmüten* (121ⁿᶠ) an den Flüffen *Nuschogack* und *Ilgajack*, gegen 400 Köpfe ftark. Ich habe fie fchon (S. 696ᵃ) nach *Holmberg* dort genannt.

§ 769. Sagoskin behandelt die Sprache der Anwohner der Flüffe KWICHPAK und KUSKOKWIM wie eine und diefelbe Sprache (f. oben S. 690ᵐ⁻ᵐᵐ), die er als einen der zwei Dialecte des Volkes der Kangjulit nennt. Nach Holmberg (285) bewohnen die *Kuskokwigmjuten* die Ufer des Fluffes *Kuskokwim* von feiner Mündung bis bei *Kalmakow*. „Diefes Volk foll fich in fpäteren Zeiten auf der Infel *Nuniwok* und ... füdlich vom Kuskokwim bis zur Briftol-Bai angefiedelt haben."

    Sagoskin's Wortverzeichnifs der Sprache *Kwichpak* und *Kuskokwim* in feiner ruff. Reife Th. II. Anh. p. 21-36 geben auch Schott in Erman's Archiv VII S. 488-511 und die Weimar'fchen Denkfchr. I, 359-374: alle in Col. 2.

    Die Sprachen Kuskokwim und Kwichpak, welche Sagoskin zu einer einzigen macht, hat Wenjaminow in einem grofsen Irrthum (Kolofch. p. 6ᵃ; vgl. mein Athap. S. 224ᵃᶠ⁻ᵐᵐ) für zwei der 4 Dialecte des Kinai-Idioms ausgegeben, Einflüffe von Eskimo (befonders im Kwichpak) und Jakutat offenbarend. Ich kann nach genauer Prüfung ausfprechen, dafs diefe Sprache oder Sprachen nicht im geringften verwandt oder ähnlich dem Kinai-Stamme, fondern dafs fie einfach Eskimo-Sprachen find. Zu den Eskimo's zählen fie auch Wrangell (f. noch 282ᵐᵐ) und Sagoskin (Schott in Erman's Archiv 481ᵃᶠ) unbedenklich.

    Die Sprache der KUSKOKWIMEN (Кускоквимцы) (¹) wird nach Wenjaminow (Kolofchen-Spr. 6ⁿᶠ) von den Anwohnern des Fluffes Kuskokwim, 60 Familien, geredet. Wrangell nennt die Kuskokwimer (121ᶠ⁻²ᵃ) unter den Zweigen der Kadjak-Sprache, etwa 700 Seelen: am Kuskokwim nebft feinen Nebenflüffen, und an den Seen füdlich von diefem Fluffe. Er handelt ausführlich von den Kuskokwimern 126-136. Die *Agolegmüten* (f. fie S. 696ᵃ⁻ᵐᵐ) werden für Ein Volk mit ihnen gehalten. Ein grofses Wortverzeichnifs der Kuskokwim giebt Wrangell S. 259-270;

    (¹) In *Chromtfchenko's* Reife (f. Hertha Bd. II. 1825 S. 214, 215; vgl. oben S. 696ᵐ⁻ᵐᵐ) *Kuskochwagemuten* genannt; nach Vater's Litt. der Lex. II, 509 gar auch *Kufchkukchwakmüten:* „zwifchen den Flüffen *Nufchagak, Ilgajak, Chulitna* und *Kuskokwim*, bis zur Seeküfte".

eine englifche Übertragung daraus, durch J. F. von Bach, vom britifchen Mufeum, gemacht, liefert Sir John Richardfon im Vol. II. feiner *arctic searching expedition* (Lond. 1851. 8°) p. 369-382, als einen Dialect des Eskimo, unter dem Namen *Kuskutchewak,* heben dem Dialect *Labrador Eskimo.*

Die Sprache der K w i c h p a k s (Квихпакцы) oder die kwichpakifche (Квихпакское нарѣчіе) wird nach W e n j a m i n o w, der fie (Kolofch. 6ⁿ) irrig (f. vorige S. ⁿ) eine Mundart der Kenai- oder Kinai-Sprache nennt, (6ᶠ-7ᵃ) von den Umwohnern des Fluffes *Kwichpak* gefprochen. Sie zeigt nach ihm (7ᵃ) viele Wörter der Kadjak- und jakutatifchen Sprache: mehr als im Kuskokwim. Wrangell nennt (122ᵃᵃ⁻ᵐᵐ) die *Kwichpacker* unter den Zweigen der Kadjack-Sprache. Er nennt folgende Unterabtheilungen der Kwichpaks: *Magimüten, Agulmüten, Paschtoligmüten, Tatschigmüten, Malimüten, Anlygmüten, Tschnagmüten* (f. diefe im § 849) und *Kuwichpackmüten.* „Alle diefe Völkerfchaften reden Eine Sprache und gehören zu Einem Stamme, der fich auch noch weiter nördlich längs der amerikanifchen Küfte, nach Beechey bis 71° 24′ N. B., ausdehnt."

Wörter f. oben S. 702ᵐᶠ bei Kuskokwim *(Sagoskin).*

§ 770. *Chromtfchenko* berichtet in feinem Reife-Journal, deutfch abgedruckt in Bd. II. der Hertha 1825 (f. oben S. 696ᵃᶠ⁻ᵐᵐ) über die Einwohner der Infel N u n i w o k (Ankerplatz in S 59° 47′ N. B. [Nord-Ende der Infel: 60° 30′] und 166° 25″ W. L.; f. S. 260-9) und der Infel S t u a r t oder *Kichtachpak* (etwa 63° 47′ N. B., 163° W. L.; S. 272-3, 584-8); er fah auch (266) einige vom Stamme der *Nunipajegmuten* vom Feftlande. Die Bewohner der Infel *Stuart* waren mit denen der benachbarten Küfte in der Sprache vollkommen gleich (586, 588, 592), „und diefe gleicht (588) in vielem der Mundart der *Aglegmuten* und *Nuniwoken".* Der Vf. will diefs erweifen durch ein Wortverzeichnifs (588-592) der Bewohner der Infel *Stuart* und der Infel *Nuniwok;* das Refultat ift gefichert: die Abweichungen beider Sprachen von einander find aber häufig, und oft ftark. Der Vf. erhielt auch durch einen Eingebornen des Feftlandes (600) Nachrichten von der Sprache der Einwohner der Infel Tfchuakak oder St. L o r e n z und giebt S. 600-1 ein Wortverzeichnifs derfelben.

Wir lernen durch diefe Mittheilungen wieder drei, unter einander hinlänglich verfchiedene Dialecte des Eskimo-Idioms kennen. Ihre Zugehörigkeit zu diefem erweife ich durch die folgende Zufammenftellung. Indem die Wortformen der drei Mundarten fich oft genug verfchieden von den grofsen Grundtypen der Polar-Sprache: dem öftlichen Labradors (L), dem mittleren der Winter-Infel und Iglulik's (I), und dem weftlichen des Kotzebue-Sundes (K), erweifen; ja in ihnen manche Begriffe mit ganz anderen Wörtern belegt werden: fo gewinnen wir hier zugleich eine Anfchauung von der grofsen Mannigfaltigkeit der Eskimo-Sprache, und eine Belehrung über die verfchiedenartigen Einflüffe, welche ihre Zweige in diefen hohen Weftgegenden erfahren haben.

Wörter der Infeln Stuart, Nuniwok und Tfchuakak
in Vergleichung mit E s k i m o

[das 1te Wort ift von *Stuart,* 2. von *Nuniwok,* 3. von *Tfchuakak;* hinter dem Semikolon fteht 4. das *Eskimo*]

Augen *ik igikka tfchichka;* L *iye,* I *ai-iga,* K *irik* ufw. | Bär *togukak tewutaguka* —; (verfchieden) | Bart *ugat talomok* —; L *uming-a,* K *umikh* | Bogen *uglugüt ugolavok* —; (verfchieden) | Eifen *tfchawük muifsl'chagach tfchawügak;* L *kikki-ek,* I *sau-wik,* K *chau-wik* | Feuer *knük künük* —; K *ig-nik* (LI *ikkoma*) | Fifch *ikaliuchpüt talechnika* —; I *ekkalúk,* K *khallu-ikht* | Frau: 1) femina *agnak agnak agnak* (Mann!); L *arnak* ufw. | 2) uxor *nulialiaka nuleaka nulechka;* L *nulliang-a,* I *nuliya* | Fuchs *kawfsiak kafijagat kawijaka;* K *kaïyok* (LI verfchieden) | Füfse *igut itügomka itüganka;* L *ittikak,* I *ittikatka* ufw. | Haare *nujat nucht* —; L *nuyang-it,* K *nukhet* | Hände *talik aichanka aikanka;* L *aggait,* I *iyutka* ufw. | Hund *kimuchtat keimuchta* —; L *kingmek,* I *kaimeg* | Knie *tfchafchkut tfchafchkok* —; L *serko, serkuk,* I *sitkoa* | Mann *nugalpiak nugafspiak* —; L *ang-ut,* K *iniak* | Mücke *mliugfhok mliumügüt* —; L *kiktoriok,* K *nulikak* | Mund *kipüch kapka kanka;* L *kannek,* 1 *kannira* | Mutter *anaka annaka nang-a;* L *dnanak,* 1 *dnana* | Nafe *knak knaka knaka;* LK *king-ak,* I *king-dra* | Ohren *tfchutüt tfchuat* —; L *siut,* 1 *hiutiga,* K *sitik, chiutik* | Otter *pamoktat* id. —; L *pammi-oktok* | Pfeil *kchut kchupüt* —; L *karksuk,* 1 *kakliok* ufw. | Regen *iwüfhuk iwüjuk nüptfchuku;* (verfchieden) | fchwarz *tangük tfchumüchtfchitok molikchtat;* L *kernatok,* K *kangno-ak* ufw. | Vater *adaka atakka atanna;* L *attatak,* I *attata* | Vogel *tchümiat tüniammiak kawak;* L *tingmiyak* ufw. | Wallfifch *agüwgüt agobok inutuk;* I *hiokkak* u. a. | Waffer (füfses) *mük mnk mok;* LI *immek,* K *imik* | weifs *ikuk katagali kchtfchuktak;* L *kaggortak* u. a. | Wolf *kiklungüt kngopük* —; I *amarok* ufw. | Zähne *kchutüt kchutet kchutanü;* L *kigut,* I *kiutika,* K *kutei* | Zunge *uliu uliuka uliupa;* L *okara,* K *u-wá, ukwáa*

Zahlwörter: 1 *atawtfchik* id. *atawtfchignk;* L *attáusek* ufw. | 2 *aipa* id. *mamofik;* L *maggok,* I *ardlek* | 3 *pingachwa pingaju prengnju;* L *ping-asut* | 4 *tfchtami tfchtamik ftaman;* L *sittamet* | 5 *talimi tafslimik tafsliman;* L *tellimet,* K *tálima* | 6 *agwünga agwüngog* —; K *aghwinnak* | 10 *kulguchtok kulin ullia;* I *irkitkok* u. a. | 20 *juinak tfchuinak ju- wünak;* (fehlt)

Wörter der Infel Tfchuakak mit Eskimo verglichen

Beil *kojugun;* (verfchieden) | Berg *najagat;* L *kakkok,* I *kingnak* | Eis *tfchikuk;* L *sikko,* I *sikku* | Erde *nuna,* L *luna;* Flufs *kijuk;* L *kok,* 1 *ku,* K *kuak* | Himmel *tfchlia,* L *killak* ufw.; Infel *kiich-kagat,* L *kikkertak;* Meer *imak;* Seewaffer: K *imik, imakka* | Menfch *juk;* — | Mond *takik,* L *takkek;* Nacht *upuk,* LI *ünuak;* Sand *tfchirgat;* L *siorket,* I *siukat* | See *naiwagok;* (fehlt) | Sonne *tfchikinuk,* L *sekkinek* (IK *naiya*); Stein *knakgak,* L *uyarak* ufw.; Sterne *ialktagit;* (verfchieden) | Tag *agunik;* (verfchieden) | Wolken *makfsliuk;* (verfchieden)

§ 771. Die Tschinkat oder Tfchinkaten wohnen (Wrangell 120ᵃᵃ) weit im Innern des Landes, hinter den *Inkülüchlüaten* vom *Kwichpak;* ihnen giebt das Gerücht einen Schweif, und läfst fie wie die Thiere ganz mit Haaren bewachfen feyn. Adm. von Wrangell fragt (284ᵃ), ob fie nicht von ganz verfchiedenam Stamme mit den anderen Völkern des Landes, und nicht vielleicht athapas. kifch feien; dafs fie Eskimos feien, bezweifelt er fehr. — Ich mache darauf aufmerkfam, dafs *tfchinkat* im Kolofchifchen das Zahlwort 10 ift.

Inkilik und Inkalit.

§ 772. Die Reife L. Sagoskin's im ruffifchen Amerika hat uns wichtige Aufklärungen über die zwei Sprachen INKILIK und INKALIT-Jug-elnut (Югъельнутъ) gewährt. Er war auf feinen Wanderungen mit den beiden Volksftämmen, die er fo nennt (¹), näher bekannt geworden; und hat in einem Anhange zu feinem Tagebuche Wortverzeichniffe der zwei Sprachen mitgetheilt, welche Hr. Schott in feinem Auffatze in Erman's Archiv VII, 1849 S. 481-7 in deutfche Schrift umgefetzt hat. Erft fpäter habe ich einen anderen Bericht über Sagofkin's Reife kennen gelernt, in den: Denkfchriften der ruffifchen geographifchen Gefellfchaft zu St. Petersburg Bd. I. Weimar 1849. 8°

(¹) S. oben S. 675ⁿᶠ bei Sagoskin die *Jug-eljnuk* als allgemeine Benennung, *Inkaliki* und *Inkality* in Zufammenfetzungen, und letztere Form wie *Inkulichljuaten* allein. — Holmberg fetzt (286ⁿᶠ) die *Inkiliken* „am untern Laufe des *Junna* füdlich von *Nulato.* Sie haben hier verfchiedene Namen: wie *Ulukugmjuten, Takajaksen* ufw. Inkiliken werden fie eigentlich nur von den Küftenbewohnern genannt, welcher allgemeine Name" (287ᵃ) auch den *Junnakachotana* und *Junnachotana* gegeben wird. Er nennt (oben S. 677ᵃᶠ⁻ᵐ) als *Tnaina*-Völker: die *Inkiliken, Jugelnuten* und *Inkalichljuaten.*

S. 308-374. Diefe Überfetzungen find gemacht von dem Auszuge aus Sagofkin's Tagebuch, welcher (in ruffifcher Sprache) vorgelefen wurde in der Verfammlung der ruff. geogr. Gefellfchaft am 8 Jan. 1847 und im 2ten Bd. der ruffifchen Ausgabe der Denkfchriften diefer Gefellfchaft p. 135 sq. abgedruckt ift. Der deutfche Auffatz in den Weimar'fchen Denkfchriften ift wohl geradezu die deutfche Überfetzung des ruffifchen; er ift betitelt: „Auszug aus dem Tagebuche des Herrn Lieutenants Sagofkin über feine Expedition auf dem feften Lande des nordweftlichen Americas. (Verfafst von dem w. Mitglied *S. J. Seleny.*)" Sagofkin machte diefe Reife im Auftrage der Hauptdirection der ruffifchen Colonien in Amerika während der J. 1842-44, und legte von ihr ein grofses Tagebuch vor; der Contre-Admiral Ph. P. Wrangell trug Hrn. *Seleny* auf daraus einen Auszug zu machen. Diefe Reife war gerichtet auf folgende Hauptpunkte: den Flufs *Kuskokwim*, die Norton-Bai, die Infel St. Michael, die Flüffe *Unalaklik* und *Kwichpak*. Erft im Auguft 1855 erhielt ich das Original des vollftändigen Reifeberichts Sagoskin's, welches einen nicht unbedeutenden Umfang in 2 Theilen hat; der Titel lautet: Пешеходная опись части русскихъ владѣній въ Америкѣ. Произведенная Лейтенантомъ Л. Загоскинымъ въ 1842, 1843 и 1844 годахъ. Часть 1. 2. Санкппетербургъ 1847. 48. 8°; mit einer fchönen, genauen Landkarte. Jenes doppelte Wortverzeichnifs, welchem Sagoskin die allgemeine Überfchrift giebt: „kurzes Wortverzeichnifs zweier Stämme des *Ttynai*-Volkes", findet fich in der vollftändigen Reife in einem Anhange zu Th. II. p. 17-20; in den Weimar'fchen Denkfchriften, in 2 Columnen, S. 354-8 (160 Wörter).

§ 773. Meiftentheils ftimmen beide Übertragungen in den Wörtern buchftäblich überein; nur die Wahl verfchiedener Ausdrücke für ruffifche Buchftaben unterfcheidet beide öfter, wobei Hrn. Prof. Schott immer die beffere und richtige Schreibweife zukommt: c: Sch curf. s, Wm ss; ж: Sch curf. *j*, Wm *sh;´ e:* W manchmahl ö 2) *ae, je:* W e 2) *ae, jo:* W ö (z. B. Zähne *tynaljodljo, tynalöillö), ju:* W *u, lja:* W *la, tjt:* W tt.

Nachdem ich in den Befitz des urfprünglichen, ruffifchen Wortverzeichniffes gekommen bin, haben die kleineren oder gröfseren Abweichungen zwifchen beiden deutfchen Übertragungen für mich ihre Bedeutung verloren; ich habe das ruffifche Verzeichnifs mit allem Fleifs benutzt und das meinige danach genau eingerichtet; dabei find auch einige Fehler berichtigt, welche in der deutfchen Redaction fich befinden.

§ 774. Der kleine Schatz, welcher uns durch Sagoskin's Reife geworden ift, erlaubt uns unfre Sammlungen aus den KINAI-Sprachen um zwei wichtige Glieder zu vermehren; denn diefe Wortverzeichniffe beweifen, dafs auch die beiden Sprachen *Inkilik* (Wrangell's *Inkülüchlüaten*) und *Inkalit* auf's beftimmtefte fich den anderen Kinai-Idiomen als zwei Glieder des athapaskifchen / Sprachftammes anfchliefsen; nach manchen Einzelheiten ftehen beide fogar dem fernen Hauptftamme viel näher als Kinai u. a.: vgl. z. B. das Wort für Menfch. Wir befafsen bis dahin nur einige Wörter der *Inkilik* durch Wrangell (von *Wafsiljew*), aber keine der *Inkalit*.

§ 775. Die INKÜLÜCHLÜATEN nennt Wrangell (118-120) als einen kriegerifchen Stamm an dem Fluffe *Chulitna* und den oberen Zulluffen der Ströme *Kuskokwim* und *Kwichpack*, der den Forts *Alexander* und *Michael* unter diefem Namen bekannt ift. Sie follen im Äufseren und in Gebräuchen den Kolofchen fehr ähnlich feyn. Wrangell giebt 119-120 einige Wörter ihrer Sprache, von *Wafsiljew* gefammelt: welche, wie er fagt, „ihre Verwandtfchaft mit den Kenayern, Atanern und Kolofchen beweifen". Ich mufs vor allem fagen (wie ich fchon im vorigen § gethan), dafs ihre Sprache mit dem athapaskifchen Sprachftamme verwandt ift. Ich habe diefs in der allgemeinen Vergleichungs-Tafel der Kinai- und athapaskifchen Sprachen hinlänglich erwiefen.

Wie in Unbekanntfchaft mit dem Wefen der Sprachen Wort-Ähnlichkeiten behauptet werden können, zeigt das *Inkilik*-Wort *tynazga* Ohren, welches an azt. *nacaztli* in feiner fonorifchen Erfcheinung *(naca)* erinnert, indem man *ty* für ein pron. poss. anfähe; es ift aber als pron. poss. *tyna* wegzunehmen: und es bleibt für Ohr *zga*, im Kinai bei Krufenftern *fzoga:* das ein athapaskifches

Wort iſt (f. grofse Worttafel Athap. S. 271 No. 8). — Eine Anzahl Wötter find verfchieden von den athapaskifchen.

§ 776. INKALITEN heifsen nach Wrangell (120-1) die Völker, welche an den Flüffen *Kwichpack, Kuskokwim* und ihren Nebenflüffen leben, und ein Mittelglied zwifchen den Küſten- und Bergbewohnern bilden. Nach *Glasunow* iſt ihre Sprache „ganz verfchieden von der an der Seeküſte gebräuchlichen Sprache der Aleuten von Kadjack"; fie fei ein Gemifch aus den Sprachen der Kenayer, Unalafchken und Atnaer. Auch die Anwigmüten und Magimüten find Inkaliten (?). An einer fpäteren Stelle (281ᵘⁿ) meint Wrangell, „es fcheine, dafs die Inkaliten zu der Familie der Eskimos gehören". Zu letzterer zählt Holmberg (oben S. 677ᵃ) die Magmjuten.

§ 777. Durch das Wortverzeichnifs Sagoskin's iſt die Verwandtfchaft, wenigſtens eines Haupt-theils der Sprache, mit dem athapaskifchen Sprachſtamme erwiefen. Viele Wörter find zwifchen BEIDEN SPRACHEN identifch. Auch die Zahlen werden fummarifch als übereinſtimmend angegeben; f. fie bei *Inkilik.* Aber in manchen Wörtern weichen die Sprachen doch von einander ab: z. B. Vater. Prof. Schott hat fchon (Erman's Archiv VII) mehrere Wörter beider Sprachen als kolofchifche bezeichnet: (S. 481) Zunge Inkil. *tlulja*, kol. *kchatljutl* (vgl. No. 23 meiner kinai-athapaskifchen Worttafeln); (482) Vater Inkil. *takatja*, kol. *achtlja* (es iſt hier noch das Pron. Präfix *ach*-abzu-fchneiden, etwas Ähnlichkeit bleibt aber doch; vgl. meine No. 49); Bruder Inkal. *ega*, kol. *achˣunuch* und *achˣkikch* (vgl. meine No. 91); (484) grün Inkil. *nzukatliza*, kol. *zujechati* (vgl. meine No. 98). Es giebt natürlich noch viel mehr Übereinſtimmungen und noch viel reellere; aber fie find hier nicht zu nennen, weil fie auf allgemeineren Gründen beruhen: auf der Gemeinfamkeit eines Wortes zwifchen den kinai-athapaskifchen Sprachen und der kolofchifchen, namentlich der kolofchifchen Erborgung aus jenen.

§ 778. In der Frage über das LAUTSYSTEM beider Sprachen bemerke ich im Inkilik die fchweren Confonanten und ihre Verbindungen (nach Anfang, Mitte und Ende): *kch* A, *chch* E, *kchch* A; *tt* A, *tl* E und M (z. B. *tamytlj* Netz, ganz aztekifch ausfehend), *ltl* AM (z. B. *ljtljuga* Mefling), *tlj* und *dlj* AM (z. B. *tljotlj* Moos, *tljulja* Zunge, *ljodljo* Zahn); *lkch* M, *klk* M, *chlj* M; *tschd* A; viele Confonanten findet man zufammen in *tutfcht-fchgala* Flufs. Lange Wörter find: Freund, roth, Sohn, verkaufen. — In der Inkilit-Sprache nenne ich: *kch* AM, *chch* E, *chl* E, *glj* M, *glkch* M (*tfchugljkchuja* Fuchs); *tt*, *tl* EM, *tlj* AM, *lt* M.

§ 779., In der Form der Subſtantiva, welche Theile des Körpers ausdrücken, fpringt fogleich das Präfix *tyna* der *Inkilik*-Sprache in die Augen als ein PRONOMEN POSSESSIVUM PRAEFIXUM. Die Ähnlichkeit, welche diefes Präfix mit dem Worte für Menfch in der Sprache hat, iſt fchon vom Prof. Schott befprochen worden. Derfelbe bemerkt (Erman's Archiv VII, 481 Anm.): dafs faſt alle Wörter für Theile des menfchlichen Körpers mit *tyna* beginnen; diefs könne nichts anderes heifsen als Menfch und fei eine Abkürzung des Wortes *ttynaii.* (¹) Wirklich gleich iſt das Präfix dem Subſt. alfo nicht, andere Quellen geben für das Subſt. auch nur *tynni* an; feine Entſtehung. aus Menfch iſt wohl nicht zu läugnen, fie hat ein analogon in dem kolofchifchen Präfix *χá* vor Körpertheilen, wel-ches geradezu das Wort Mann iſt (f. Kol. S. 395ᵐ-6ᵃ). Ich nehme aber beide Präfixa wefentlich und nur als pron. poss. *Jemandes*, ähnlich dem aztk. *te*; und zweitens führe ich die fehr merk-würdige Übereinſtimmung vor, welche die *Inkilik*-Sprache in diefem Vorfatze mit einer Hauptfprache des athapaskifchen Stammes, dem *Northern*, hat, in welchem Dobbs die Körpertheile ſtets mit dem Vorfatze *tene* (einmahl *tena*; f. näher Athap. S. 166ᵐᶠ⁻ᶠ) darbietet. Wir haben hierin wieder eine recht fcharfe Hindeutung auf die Stammverwandtfchaft der kinaiifchen Sprachen mit den athapaskifchen. —

_____

(¹) Näherer Prüfung werth iſt eine andere Bemerkung des Hrn. Prof. Schott (Erman VII, 487): *tyna* in dem *Inkilik*-Zahlworte *tynakakalji* 15 fei Menfch = 10; bei den Kolofchen komme es fchon in 11 vor: *kchatlekch* 11 fei = Menfch und 1.

Unter den Ausdrücken für Verwandtfchaft finde ich das pron. praef. *fs* mein des Sprachftammes be-ftimmt in Schwefter des *Inkilik*, ungewifs in Bruder des *Inkalit* und in Mann beider Sprachen. Ein anderes, *wy*, finde ich vor Schwefter des *Inkalit*.

§ 780. Über die von mir nachftehend gelieferten WORTVERZEICHNISSE, die ich in alpha-betifche Ordnung gebracht, habe ich noch einiges zu fagen. Das der Inkalit-Sprache ift ein kleines und nur nach Sagoskin. — Das Verzeichnifs des Inkilik befteht meift aus Sagoskin's Wörtern, und diefe find nicht bezeichnet. In fie habe ich die 20 Wörter der „*Inkülüchlüaten*" am Fluffe Chulitna gemifcht, welche Wafsiljew gefammelt und Wrangell S. 119-120 feines ruff. Nordamerika's mit-getheilt hat; mehrere find mit der Lifte Sagoskin's gemein, mehrere find Zuwachs; diefe 20 Wörter bezeichne ich durch W. — Indem ich die gemeinfamen Wörter Sagoskin's und Wafsiljew's vergleiche finde ich: eine nur gering verfchiedene Form in: Biber, Wolf; eine etwas verfchiedene in: Menfch; eine fehr verfchiedene, aber daffelbe Wort, in: Zobel; eine fehr verfchiedene, aber viel-leicht doch daffelbe Wort, in: Bifamratte, Fifch; ein ganz anderes Wort in Bär. Die Wörter, welche Wafsiljew hinzuträgt, find: Axt, Dorf, Flufs, Freund, Fuchs, gut, Keffel, miethen, Nadel, fchlecht, Tabak.

§ 781. Wortverzeichnifs der Inkilik nach Sagoskin (und Wafsiljew)

A. Subftantiva, Adjectiva und Verba: alter Mann *tanaljta*, alte Frau *inoguljten;* Ameife *noljtychljtlj*, Angel *taz-oja*, Augen *tynna-noga*, Augenbraunen *tyna-tljokljkua*, Augen-wimpern *tyna-joso*, Axt W *zynalch*, Backen *tyna-natlja;* Bär *fsekgofha*, röthlicher Bär *tljagu'ja;* Bart *tyna-ijada* (-най-), Baumhacker?(¹) *kikitali*, Beinkleider(²) *katfchich;* Biber *noja*, W *nujak;* Birke *kchcheichj*, Birkhuhn(³) *toljtoja;* Bifamratte(⁴) *mykynalja*, W *wytfchinoi;* blau *zyg'ja*, Bruder *fsy-kytlja*, Daumen *tyna-kchytlj*, dingen f. miethen, Donner *nyljtyna*, Dorf W *kchajak*, Eberefche(⁵) *takaufcha*, Eifen *ka'j'jaga* (ift nach Sag. das Wort *kafsjak =* Ruffe), Elennsfell(⁶) *gannoja;* Elennthier(⁷) *ttanika*, unerwachsnes(⁸) *taak*, aus der Mutter gefchnittnes(⁹) *kokkvja;* Ente *nyntalja*, Erle *kchofchj*, effen: *kitli kchat* ich will e., Feuer *ttakuna*, Finger (pl.) *tyna-lljo;* Fifch *tljagafchfchj*, W *choljagki;* Fifchreufe(¹⁰) *taana*, Flufs W *tutfcht-fchgala;* Frau: 1) Frauenzimmer *zuljtan* 2) uxor *moot;* Freund (vgl. Gefährte) W *chutaifsitaglyk*, Frofch *noggoija;* Fuchs W *sogulökoi, nakostai;* Fufs *tyna-kcha*, Gans *tazynna*, Garn aus Rennthier-Sehnen'(¹¹) *tljach*, geben: *inta* gieb her; Gefährte (vgl. Freund): W *chutai walechtok:* wo ift der Gefährte? | Glied: 1) männliches *tyna-go'ja* 2) weibliches *ofszyda;* Grille, d.h. Heufchrecken-Grille(¹²) *katatfchuljka;* grofs *mikfsech*, grün *nzukatliza*, gut W *nyfchsin*, Haar (des Kopfes) *tljuch*, Hagebutte(¹³) *chofchfch*, Hand *tyna-kona*, Handfchuhe *mantaka*, daurifcher Hafe(¹⁴) *chantaka'ja*, Hafelhuhn(¹⁵) *tonaljtliza*, Hecht *kuljkchoja*, heifs *fchama*, Himbeere(¹⁶) *nytakai-tykina;* Hütte W *jach*, Winterhütte(¹⁷) *kunno;* Infel *nu*, jung *kchilja*, kalt *nogljunj*, Keffel W *issjk*, klein *mmakuza*, kommen: *natuga òni* komm her, Kranich *taljtulja*, Krug(¹⁸) *tagatlj*, Kupfer(¹⁹) *tatlja-ka'ja;* Lachs: zerfchnitten und getrocknet(²⁰) *tchjalj, nuljaga;* Arten: хайко *nuljuga*, s. orien-talis(²¹) *kchchatjch*, s. thymallus(²²) *tcholjmjaja*, Schnäpel (s. lavaretus)(²³) *zochlj*, Lachs-Forelle(²⁴) *nyltjaga*, максунъ *ttalljaja;* Leute, Volk *ttynanizy-chotana*, Libelle(²⁵) *toljtamina*, Mädchen *tynakachljon;* Mann: 1) vir *fchakfchaja* 2) Ehemann(²⁶) *fsoot;* Menfch Sag. *tlynaij*(²⁷),

___

(¹) долбинъ (²) штаны; vgl. Schuhe (³) тетерка (⁴) выхухоль (⁵) рябина (⁶) оленья шкура (⁷) лось (⁸) недоросель олений (⁹) выпоротокъ олений (¹⁰) ры-боловная морда (¹¹) нипки оленьихъ жилъ (¹²) кобылка (¹³) шиповникъ (¹⁴) епрашка (¹⁵) рябчикъ, косачь (¹⁶) малина (¹⁷) барабора зимникъ (¹⁸) кружка (¹⁹) мѣдь красная (²⁰) юкола (²¹) чавыча (²²) харюсъ (²³) сигъ (²⁴) нельма (²⁵) стрекоза (²⁶) мужъ (²⁷) штынаий

nach Andern: *tty, tynni;* Meffer *tfchawyk,* Meffing(¹) *ljtljuga,* miethen (dingen) W *knykchati,*
Moltebeere(²) *kchotlj,* Mond *toljtolja,* Moos *tljotlj,* Mücke *kchleich,* Mund *tyna⸱ljot,* Mutter
nakalja, Nadel W *tylakchoni,* Nägel (an d. Fing.) *tyna⸱neljokuna,* Nafe *tyna⸱nizych,* Nafen⸗
löcher *tyna⸱nykntljoch,* Netz (Fifch-) *tamytlj;* Nord *junizy, tzzyzynny;* Ohren *tyna⸱zga,* Oft
juguzy; Otter(³) *mylja'jopa,* Sumpf-Otter(⁴) *takud'ja;* Rebhuhn(⁵) *taljmokà,* Regen *aljkchon,*
roth *mykytynaka'ja;* Sack, d. h. Fifchfack(⁶) *nokotlja;* Sandweide(⁷) *tagutlj,* fchlafen *mmyljaga,*
fchlecht W *tfchduatak,* Schlitten(⁸) *tlik,* Schnee *nataga,* Schnurrbart *tyna⸱ljot;* Schuhe(⁹)
kagyljtak (vgl. Sohlen); Schwefter *fs⸱tatfcha;* See *mynkchat,* grofser See *mynkchatoch;* See⸗
hund(¹⁰) *koggo,* Sohlen(¹¹) *kcha* (vgl. Schuhe), Sohn *choznokochotolja,* Sonne *nooja,* Specht(¹²)
kikintljalja, ftehn: *ntoch* fteh, Stirn *tyna⸱kata;* Süd *jutazy, tonnizyny;* Tabak W *kytun,* Tanne
zuma, tanzen *kazali;* Tatze, Pfote?(¹³) *ochch;* trinken: *tu kchat* ich will trinken (*tu:* Waffer),
Vater *takalja,* verkaufen: *kentytjchotyny* verkauf, Vielfrafs(¹⁴) *nytfchfchitlj,* Volk f. Leute,
Waffer *tu,* weggehn: *kchaljty ko'jny* geh fort oder weiter, weifs *koljchijtu,* Weft *junlizy,*
Wiederhall *knaitoika* (ан, оu), Wind *chatyzych;* wiffen: *mmynaga* ich weifs, *a schu* ich weifs
nicht; Wolf *nukuguna,* W *nykuna;* Zähne *tyna⸱ljodljo,* grofse Zehe *tyna⸱naljkchua;* Zobel
kozogeja, W *kyzgari;* Zunge *tyna⸱tljulja*
    B. Zahlwörter: 1 *kifsleka,* 2 *inteka,* 3 *toka,* 4 *tenki,* 5 *kitfchitnalja,* 6 *tonankeljke,*
7 *tonanteka,* 8 *nyngantenke,* 9 *inko'jnalj-toljakyljkalja,* 10 *inko'jnalja,* 11 *inko'jnalj-keljke,*
12 *inko'jnalj-inteka,* 15 *tynakakalji,* 20 *keljkontuje,* 40 *inteljfchuguje*   **C.** andre Rede⸗
theile: viel *nzoch;* nicht: *my kchalja* ich habe nicht; warum? *kingun*

§ 782.   Wortverzeichnifs der Inkalit-Jug-eljnut, nach Sagoskin

    A. Subftantiva, Adjectiva und Verba: Bär: 1) röthlicher *tfchogose* 2) fchwarzer *nyljt*
3) grofser Bär, als Sternbild *jechzye* (-ыз); Biber *nuja,* Birke *ke* (ке), braun(¹⁵) *zech,* bringen:
wochongo bring, Bruder *ega,* Eifen *ka'j'jaga* (f. Bem. beim Inkilik), Elennthier(¹⁶) *tlanika,* Feuer
kchun, Fifch *tljoljchuna,* Fifchreufe (vgl. Inkilik) *taana;* Frau: 1) Frauenzimmer *nukoljtachlj*
2) uxor woot; Frofch *noggoija,* Fuchs *tfchugljkchuja,* geben: *nta* gieb her, gehn: *tafs etelj* wohin
gehft du? | Grille, d. h. Heufchrecken-Grille(¹⁷) *katatfchuijka;* grofs *ntfchoch,* grün *tokchoi,*
Hagebutte(¹⁸) *chofchfch;* Hütte, d. h. Sommerhütte(¹⁹) *jachch;* Infel *nu,* kalt *nagljun,* Kind
fchakchaios, klein *nyfstlja,* kommen: *untacha* komm her; Lachs; Art: salmo lavaretus, Schnäpel(²⁰)
chaljawaga, Lachs-Forelle(²¹) *fsefch;* Mann: 1) vir *fchakfchaija* 2) Ehemann *fsuut;* Menfch
tynni, Meffer *tfchawyk,* Mücke *zzyjja,* Mutter *wònj,* Nord *tyzynzy,* Nordlicht *jekchoi,* Oft *toozyn,*
Otter *tegjetan* (мэгe-), Quappe(²²) *kysych,* Rebhuhn *kujatljachlj,* roth *bytykykat,* Schlitten(²³)
chotlj, Schnee *natagu,* Schwefter *wy⸱tjtasa;* See *mynkchat,* grofser See *mynkchatoch;* Sohn
fsi⸱jja, Sonne *nooi,* ftehn: *ntoch* fteh, Süd *ittozen,* Tanne *zuma;* Tatze, Pfote? (vgl. Inkilik) *uj;*
tödten: *fsi nuja afstljat* ich habe einen Biber (*nuja*) getödtet; trinken: *te kchat* ich will trinken
(*te* Waffer); Vater *wottoo,* Vielfrafs(²⁴) *nyljtfchesa,* Waffer *te* (ме), weifs *ugafchkan,* Wind
chatyzych, wiffen: *a fchu* ich weifs nicht, Wolf *nekogon,* Zobel *kyzogaji*   **B.** die Zahlwörter
find übereinftimmend mit denen des *Inkilik*   **C.** ich *fsi;* fehr wenig *nyfstleso;* nicht: *my*
kchalja ich habe nicht

    (¹) мѣдь желтая   (²) морошка   (³) выдра   (⁴) норка   (⁵) куропашка   (⁶) рыбій
мѣшокъ   (⁷) пальнякъ   (⁸) нарша   (⁹) wohl: mit Beinkleidern: торбаса   (¹⁰) маклякъ,
шюлень   (¹¹) подошвы торбасовъ   (¹²) дятелъ   (¹³) лапки ходовыя   (¹⁴) росомаха
    (¹⁵) баканный   (¹⁶) лось   (¹⁷) кобылка   (¹⁸) шиповникъ   (¹⁹) бпрабора лѣшникъ
    (²⁰) сигъ   (²¹) нельма   (²²) налимъ   (²³) нарша   (²⁴) росомаха

Koltſchanen.

§ 783. Die KOLTSCHANEN (Кольчане) ſind nach Wenjaminow ein Volk von dem groſsen Kinai-Idiom, und zwar gehören ſie zu der atnachtiſchen Mundart oder der Sprache des Kupfer- fluſſes (ſ. oben S. 691ªᶠ). Die Karte des ruſſiſchen Reichs (Weimar 1853) zeigt die *Golzanen* oder *Koltſchanen* wie ein bedeutendes Volk, ganz im Inneren, in c. *65° N. B.* Nach ihnen habe ich die Stelle bemeſſen, welche ich dem Volke und der Sprache hier anweiſe; da aber das Wortverzeichniſs und alſo unſre ganze Sprachkenntniſs ſich auf die nahen Koltſchanen des *Atnah*-Fluſſes bezieht (ſ. oben S. 691ªᶠ), ſo müſsten ſie eine ſehr frühe Stelle, nach den *Atnah,* einnehmen. Adm. von Wran- gell behandelt ſie S. 101-3. Er ſagt: „Diejenigen Stämme, welche die nördlichen und öſtlichen dem Atna zuſtrömenden Flüſſe und Flüſschen bewohnen, eben ſo die noch weiter, jenſeits der Gebirge le- benden, werden von den Atnaern Koltſchanen, d. h. Fremdlinge, (¹) genannt." Doch unterſcheiden die Atnaer zwiſchen den näher und entfernter lebenden Koltſchanen. „Die verſchiedenen Stämme der Koltſchanen ſind feindſelig gegen einander geſinnt; die entlegenern werden als äuſserſt grauſam ge- ſchildert, und ſollen, im Falle der Noth, ihren Hunger ſogar mit Menſchenfleiſch ſtillen. Die näher wohnenden gehören zu demſelben Stamme wie die Atnaer und Kenayer, und können ſich mit ihnen, obgleich ſie einen anderen Dialekt ſprechen, verſtändigen. Die Kenayer (102) nennen ſie Galzanen, d. h. Gäſte; unter demſelben Namen ſind auch die Stämme bekannt, die in den oberen Gegenden der ins Beeringsmeer mündenden Flüſſe herumſtreifen." Nach Holmberg (287) bewohnen „die *Galzanen* oder *Koltſchanen* (d. h. Fremdlinge, in der Sprache der Athnaer) das Innere des Landes zwiſchen den Quellflüſſen des *Kuskokwim* bis zu den nördl. Zuflüſſen des *Athna-* oder *Kupfer-*Stromes."

§ 784. Wrangell giebt in Col. 7 ſeiner groſsen 8 ſachen Worttafel 93 Wörter der Kol- tſchanen am Kupferfluſſe.

Ich habe in meiner kinaiiſch-athapaskiſchen Wortvergleichung die koltſchaniſche Sprache als ein Glied des Athapasken-Stammes erwieſen.

Die genaue Verwandtſchaft zwiſchen der atnaiſchen und der koltſchaniſchen Sprache, welche in Wrangell's Worten ausgeſprochen iſt, wird durch eine Vergleichung der Wörter beider Sprachen nicht beſtätigt; häuſig dienen jeder andere Wörter: kurz ich finde keine beſondere Nähe beider zu einander; nicht mehr, als die Kinai-Sprachen alle unter ſich haben.

§ 785. In den Wörtern beobachtet man die Conſonanten-Verbindungen *chk* M, *gk* M, *cht* M, *tgt* M, *tſchn* A. Viele und ſchwere Conſonanten gehäuft zeigt das Wort warm: *ſstſchelijſsilj;* ein langes Wort iſt *tiljkanaijaſsja* Nord. Viele Wörter enden auf *ni (ani, oni, ɥni, yni);* viele auf *an* und überhaupt auf *n* (mit andern Vocalen davor).

Das Pron. *ia* ich weicht von den athapaskiſchen und anderen Kinai-Sprachen ganz ab; dennoch ſcheinen die Glieder des Körpers das allgemeine pron. poss. 1. sing. des Sprachſtammes vor ſich zu haben: *tſchi:* Auge; *ſs:* Haar, Kopf? Ohr? *ſsa:* Naſe. Auch Vater hat *ſs,* Sohn *ſsi.* Ohne pron. praefixum ſind: Hand und Zahn.

Ich liefere die WÖRTER WRANGELL'S wieder, wie ich ſonſt gethan, in alphabetiſcher Ord- nung nach dem Deutſchen:

§ 786. Wortverzeichniſs der Koltſchanen am Kupferfluſs, nach Wrangell

A. Subſtantiva, Adjectiva und Verba: Adler *tſchiljkaje,* aufſtehn *ſsta,* Auge *tſchi-ntagi,* Bär *'joſs,* Baum *ſchtſcha,* Beere *tſchike,* Biber *techkuni,* Blitz *tſchnakoni,* Blut *tſchinkani,* Bogen *tſchiljtalj,* Boot *tſchi,* Donner *niljtyni,* Eis *lot,* Eiſen *tſchatſchei,* Erde, Land *ɥynkakit,* eſſen *kochſsan,* Feind *ſsₒₜª,* Fett *chilju,* Fiſch *lukje* (ᵇ), Fluſs *atatnata,* Frau (femina) *tſchakei,*

(¹) S. oben S. 691ªª⁻ªᶠ, und 692ª im Atnah-Wortverzeichniſſe das Wort *koltſchanjai* als Fremder.

Fremder *kifsytachtani*, Freund *klyn*, Fuchs *nakatfchi*, Gans *chach*, böfer Geift *tfchefsjeki*, Gras *tljuch*, grofs *tinjtfchngi*, Haar *fs·tfchiga*, Häuptling *tfchtejin* (u), Hand *kun*, Himmel *jat*, Hund *liki*, Jahr *fsanij*, 'kalt *fsyljtfchitun*, klein *tentfcholei*, kommen: *ani* komm her, Kopf *fs·la*, Kupfer *tfchilfchan*, Mann (vir) *tfchilje* (ß), Meer *jatgtokakitj*, Mond *fsattfchetli*, Mutter *niji* (in), Nacht *tatfchj*, Nafe *fsa·ntfchifs*, Nord *tiljkanaïjufsja*, Nordlicht *lijkafs*, Ohr *fs·zi*, Oft *fsakate· fsan*, Otter, Fifchotter *tichtei*, Pfeil *nugka*, Rabe *tatfchan*, Regen *'jofs* (auch: Schnee), Rennthier *batfchich*, Ruffe *Kitfchetni*, Schamane *tixenne*, fchlafen *fsnate*, Schnee *'jofs* (auch: Regen), Schwan *tykofs*, See *tfchinta*, Sohn *fsi·se*, Sonne *naaitfchete*, Stein *zi*, Sterne *fson*, Süd *tanfsjtfchani*, Tabnk *kun*, Tag *tiljkan*, trinken *tukutfchj*, Vater *fs·la*, Vetter *fsasi*, Vogel *tfchoje* (ß), Wald *litfchj*, warm *fstfchaljfsilj*, Waffer *tokatfchj*, Weft *tetean*, Wolf *tykante*, Wolke *'jjud*, Zähne *nogju*

B. Zahlwörter: 1 *ilite*, 2 *lakeji* (en), 3 *takei*, 4 *tani*, 5 *taljtfchani*, 6 *kifstani*, 7 *kontfchugi*, 8 *tany*, 9 *takolei*, 10 *natitlja*, 20 *natchotetlij*, 30 *tachtonatetle*, 100 *injnilin*

C. Pronomina: ich *ia* (na), du *tynta*

Der athapaskifche Sprachftamm.

§ 787. [Nachdem ich in dem ruffifchen Nordamerika, in meinem regelmäfsigen Laufe von Süden gen Norden, die 6 Kinai-Sprachen, untermifcht mit anderen, durchgegangen; bin ich an die Stelle gekommen, wo ich nach meinem Plane (f. Athap. S. 154ª-5ªª, 249ⁿ-ⁿⁿ) diefelben mit einander zufammenftellen, die von mir entdeckte Verwandtfchaft der Kinai-Sprachen mit den athapaskifchen entwickeln, und den ganzen grofsen ATHAPASKISCHEN SPRACHSTAMM in feiner vollftändigen Entfaltung und in allen feinen Gliedern vor die Augen führen will. Ich habe diefs in dem 3ten Theile meiner dem athapaskifchen Sprachftamme gewidmeten Abhandlung oder Schrift (f. oben S. 323ⁿⁿ), §§ 787-848 oder S. 250-313, gethan: vorzüglich durch Zufammenftellung des Sprachftoffes in grofsen Worttafeln, von einem Reichthum von 15 Sprachen anhebend, bis herab zu immer kleineren.]

---

§ 849. Ich kehre zurück von der grofsen Abfchweifung, zu der mich die Recapitulation der Kinai-Sprachen des ruffifchen Nordamerika's in Vereinigung mit einer Recapitulation der, mehr dem Inneren des grofsen nördlichen Continents angehörenden, athapaskifchen Sprachen behufs der Darftellung ihrer Verwandtfchaft und ihrer anderweitigen mannigfaltigen Verhältniffe geführt hat; wir betrachten, fchon nahe in den HÖCHSTEN NORDEN gelangt, die äufserften Typen der indianifchen Völkerzunge, die wenigen uns noch übrigen Idiome des nördlichften ruffifchen Amerika's.

Wir find durch die 2 grofsen Flüffe Kuskokwim und Kwichpak an den grofsen NORTON-Bufen gelangt, und treten mit ihm noch tiefer in den Völkerkreis der Eskimos ein. An feinem füdlichen Theil bis nördlich über ihn hinaus reden das TSCHNAGMJUTISCHE (bei Wenj. tfchnagamjutifche: oben S. 690ªª) Idiom des Eskimo oder grofsen Kadjak (Wenj. p. 6ᵐ), den einen von Sagoskin's 2 Dialecten des Volks der Kangjulit (oben S. 690ᵐ), „die Bewohner um die Michailowifche Redoute (f. über fie und ihre geographifche Lage S. 675ⁿ-ⁿⁿ), d. h. vom Vorgebirge *Stephens* bis zur Berings-Strafse". Wrangell nennt (122ᵐ) die *Tschnagmüten*, gegen W bis zum Cap *Rodney*, als einen Unterftamm der *Kwichpaks*. Sagoskin's Wortverzeichnifs der Tfchnagmjuten in Th. II. Anh. p. 21-36 Col. 1 gaben auch Schott in Erman's Archiv VII S. 488-511, Col. 1 und die Weimar'fchen Denkfchriften I, 359-374 Col. 1.

§ 850. Das MALEGMJUTISCHE Idiom (Eskimo; Wenjam. 6ᵐᵐ) reden die Bewohner des NORTON- und KOTZEBUE-Sundes, und weiter nach Norden. Der Mithr. discutirt noch (461), ob die Völker um den Norton-Sund für Eskimos zu halten feien; neigt fich aber ftark dazu. WÖRTER des Norton-Sundes find in Cook's *Voyage to the Pacific Ocean* 1776-80, Vol. III. Lond. 1784. 4° p. 554-5. Es befindet fich nämlich hier eine Worttafel, welche die Verwandtfchaft der Sprachen von *Unalaschka* und dem *Norton*-Sund mit der grönländifchen und Eskimo-Sprache beweifen foll; es werden daher in 4 Columnen Wörter diefer 4 Sprachen gegeben: manche Wörter find gemeinfam oder ähnlich, die meiften find es aber nicht. Wörter hieraus find im Mithr. 466. Das vom Cap. F. W. Beechey in feinem *Narrative of a Voyage to the Pacific and Beerings strait ... in the years* 1825-28. (Part 1. 2.) Lond. 1831. 4° gegebene Wortverzeichnifs „der weftlichen Esquimaux" (II p. 620-7) beftimmt *Gallatin* als vom Kotzebue-Sund, indem er aus ihnen No. 2 feiner grofsen Worttafel in der *archaeol. amer.* II, 1836 p. 305-369: *Eskimaux of Kotzebue's Sound*, gebildet hat; einen 2ten Auszug aus Beechey hat *Hale* in *ethnol. soc.* II, 104 gegeben: eine Anzahl Wörter des Kotzebue-Sundes (zum Eskimo-Sprachftamme gerechnet). — Ich habe fchon genugfam angeführt, dafs das fchöne *Eskimaux vocabulary, for the use of the arctic expeditions*, Lond. 1850. 8° transv. (f. S. 693ᵐᶠ), feine 3te und letzte Columne dem „*Kotzebue Sound or Western*" widmet.

§ 851. Der amerikanifche Sprachtypus, die Eskimo-Sprache, reicht hinüber nach ASIEN. Die SESSHAFTEN oder anfäffigen TSCHUKTSCHEN des dem äufserften, ruffifchen Nordweften Amerika's zugewandten Nordoft-Endes von Afien, anftofsend an die Berings-Strafse, reden eine Mundart des Eskimo-Sprachftammes oder Wenjaminow's grofser Kadjak-Sprache (Wenj. 6ᵐᵐ; Чукоцкое нарѣчіе, Сидячіе Чукчи; Mithr. 462). Die ganzen Tfchuktfchen wurden auch (Mithr. 462ᵃ) fchon, ehe man ihre Sprachen kannte, mehr zu Amerika als zu Afien gerechnet, weil fie unabhängig waren. Der andere Stamm von ihnen, die nomadifchen oder Rennthier-Tfchuktfchen, haben nichts in der Sprache mit Amerika gemein, fondern ihre Sprache gehört zu der der Korjäken (Koräken; f. darüber Mithr. 462ᵐᶠ). Dafs aber die Sprache der fefshaften Tfchuktfchen, die von Sagoskin Namollen genannt werden, nach Amerika und zum Eskimo-Stamm gehört, ift fchon vom Mithr. (ib.) zuverfichtlich ausgefprochen worden. S. über Volk und Sprache noch Mithr. 462ⁿⁿ-4ᵐ.

Die WÖRTER-SAMMLUNGEN KRUSENSTERN'S (St. Petersb. 1813. 4°) enthalten (S. 33-44) ein dreifaches Wortverzeichnifs der afiatifchen Tfchuktfchen. Das Hauptverzeichnifs (ohne No.) ift gefammelt vom Lieut. Kofchelew; es gehört demjenigen Stamme diefer Völkerfchaft an, welcher die äufserfte Küfte des öftlichen Afiens, das Vorgebirge *Tschuktschoi* oder *Tschukozkoi Nos* (im S jener Halbinfel), bewohnt. Hierzu fügte der Etatsrath Adelung aus feinen Sammlungen ein Wortverzeichnifs von 2 Dialecten, das der Begleiter Billings, Dr. Merk, auf Pallas Wunfch, gefammelt hatte: I. Dialect der Aiwanski oder *Aiwanschija*, welche die Küfte des öftlichen Oceans um den Ausflufs des *Anadyr* bewohnen; II. der nomadifirenden Rennthier-Tfchuktfchen, welcher von den übrigen tfchuktfchifchen Dialecten völlig abweicht, und nach Krufenftern (IX) der Sprache der benachbarten Koräken verwandt zu feyn fcheint. Über beide Tfchuktfchen-Stämme f. *v. Wrangell* S. 58ⁿⁿ-63.

Klaproth hat in feiner *Asia polyglotta* (1823) die Krufenftern'fche Sammlung in folgenden Geftalten wiedergegeben; er liefert im Hauptbuche (4°): 1) p. 323-4 Wörter des Stammes um das tfchuktfchifche Vorgebirge *(Tschuktschoi Nufs)*, zufammengeftellt mit Grönländifchem; 2) p. 324-5 des Stammes *Aiwanski*, „beffer *Aiwanfchija*, welcher die Seeküfte um den Ausflufs des Anadyr bewohnt", zufammengeftellt mit Kadjak. Er fafst beide Verzeichniffe zufammen unter dem Namen

„Polar-Amerikaner in Afien". Ein gröſseres Wortverzeichniſs giebt er in 2 Columnen im „Sprachatlas zur *Asia polygl.*" (fol.) p. XXXXIX-LVII.

Gallatin hat in der *archaeol. amer.* II. die Sprache der Tfchuktfchen als No. 3 in feine grofse Worttafel p. 307-367 aufgenommen und liefert die Wörter nach Kufchelew (1te, unbezeichnete Columne Krufenftern's). Aus diefer 1ten Col. Krufenftern's nimmt auch Hale (ganz oder faſt ganz) die Anzahl Wörter der „Tfchuktfchen", welche er *ethnol. soc.* II, 104 giebt.

Ein fchönes, grofses Wortverzeichniſs der fefshaften afiatifchen Tfchuktfchen verdanken wir dem Stabsarzt Robeck oder Robek (Робѣкъ) (¹) in der ruffifchen Ausgabe der Reife des Cap. Jofeph Billings; es findet fich aber weder in der englifchen Redaction, diefer Reife noch in deren franzöfifcher und deutfcher Überfetzung. (²) Aus diefem Wortverzeichniſs lieferte ganz neuerdings eine reiche Auswahl „Wörter der Namollen oder fefshaften Tfchuktfchen" L. Sagoskin in feinem abgekürzten Bericht von einer Reife im ruffifchen Amerika: ruffifch in den ruffifchen Denkfchriften der Petersb. geogr. Gefellfch.; dann deutfch in zwei Übertragungen: von Hrn. Schott in A. Erman's Archiv für wiſſ. Kunde von Rufsland Bd. VII. Berl. 1849 S. 488-511; und in den Denkfchr. der ruffifchen geogr. Gefellfchaft zu St. Petersburg, Bd. I. Weimar 1849. 8⁰ S. 359-374; endlich im vollftändigen ruff. Orig. der Reife Th. II. St. Petersb. 1848 Anh. p. 21-36 (vgl. S. 704ⁿⁿ-5ᵐ u. 690ᵃᶠ⁻ᵐᵐ): überall in Col. 4. *Sagoskin* fagt felbft (Th. II. append. p. 21 Anm. 2), daſs das Wortverzeichniſs „ausgewählt" fei „aus der Wortfammlung *Robek's*, welche der Reifebefchreibung von Billings angefügt ift". — Der Mithr. bedient fich beider grofsen Original-Verzeichniſſe: er hat S. 467-8 Wörter nach 3 Quellen: nach *Robek*, *Merk* und *Kofchaleff*.

(¹) v. *Robek* und v. *Robeck* fchreibt der Mithr. III, 464, 459; die Denkfchr. der ruff. geogr. Gefellfchaft I, 1849 fchreiben S. 359 *Robjek*.

(²) Da ich das Reifewerk des Cap. BILLINGS noch an einer anderen Stelle meiner Arbeit anzuführen gehabt habe und es mit Wortverzeichniſſen vieler Sprachen ausgeftattet ift, fo will ich hier feine Verhältniſſe näher angeben. Die ruffifche, 9 Jahre nach der englifchen erfchienene Ausfertigung führt den Titel: Пymeшecmвie Каnиmана Биллинга чрезъ Чукошскую землю omъ Берингова пролива до Нижнеколымского оcmpoгa, и плаваnіe Каnиmана Галла . . . по Сѣвepoвocmoчному Oкeaнy въ 1791 году . . . . Извлечено изъ разныхъ журналовъ . . . Гавриломъ Сарычевымъ. Въ Cанкmnemepбypгѣ, 1811 года. 4⁰. — Der RUSSISCHEN Ausgabe allein find die vom Stabsarzt der Expedition, nachherigem Staatsrath, Robeck (Робѣкъ) gefammelten Wortverzeichniſſe von 12 Völkern des nordöftlichen Theiles von Sibirien und der aleutifchen Infeln vollftändig beigegeben, in 4 Abtheilungen: 1) der Jakuten, Lamuten und Jukagiren p. 93-102 2) der fefshaften, der nomadifirenden Tfchuktfchen und der Reonthier-Korjaken (Оленныхъ Корякoвъ) p. 102-111 3) von 3 Stämmen der Kamtfchadalen: der Большеръцкихъ, derer vom Fluſſe Kamtfchatka, der Тагильскихъ oder Тиг., 111-121 4) der andreanowifchen Infeln, der Bewohner der Fuchs-Infeln (Лиcъихъ) und der Infel Kadjak 121-129. Die englifche Redaction der Reife, welche bereits im Jahr 1802 erfchien: *An account of a geogr. and astron. expedition to the northern parts of Russia, ... performed ... by commodore Joseph Billings, in the Years 1785-94 ... narrated from the orig. papers, by Martin Sauer.* Lond. 1802. 4⁰; bietet davon nur die Hälfte, 6 Wortverzeichniſſe im Anhang: No. I. Yukagiren, Yakuten, Tungufen p. 1-8; No. II. Kamtfchatka (die erfte ruff. Col., *Woljscher.*), Aleutifch (d. h. Fuchs-Infeln), Kadiak p. 9-14. Aus der englifchen Redaction wurden fogleich 2 Überfetzungen gemacht und erfchienen in demfelben Jahre: die franzöfifche (von J. Caſtéra, T. 1. 2. Par. X = 1802. 8⁰) giebt vereinzelt: Yukagiren T. II. p. 256-268, Yakuten 269-280, Tungouth oder Lamut 281-8; kamtfchad. (*Woljscher.*) 289-295, aleutifch (d. h. Fuchs-Inf.) 296-303, Kadiak 304-311; die deutfche (ohne Namen des Überfetzers, Berlin 1802. 8⁰) enthält wieder in 2 Gruppen: 1) Jukadfchir, Jakut, Tungufifch S. 387-398 2) Kamtfchadalifch, Aleutifch, Kadiak 399-406.

Für meine Zwecke (mexicanifch, fonorifch) find, wie überhaupt in den Eskimo-Sprachen, keine Ähnlichkeiten in den Wörtern der Tfchuktfchen.

§ 852. In den hohen nördlichen Regionen, welche wir nun erreicht haben, hätte ich hier noch das Volk der KUTCHIN vorführen müffen, mit feiner athapaskifchen Sprache: die ich, wie das *Dogrib*, dem grofsen continentalen Zweige beigelegt habe. Das Volk wohnt am Fluffe *Yukon* oder *Kwichpak* und über ihm; es dehnt fich nach Richardfon's Karte auf dem 65ten Parallelkreife aus vom 130-150° W. L. v. Gr., und gehört daher zur Hälfte dem britifchen und zur Hälfte dem ruffifchen Nordamerika an. Bei erfterem („Völker und Sprachen im Innern des brit. Nordamer." in dem Monatsbericht der Akad. vom Oct. 1858 S. 482[mf]-3[af]) habe ich das Volk behandelt, auch (483[a, nn]) *Richardson*'s merkwürdige Gleichfetzung deffelben mit den *Loucheux* erzählt. Die Sprache findet fich in dem möglichen (fehr befchränkten) Maafse dargeftellt in meiner Arbeit über den athapaskifchen Sprachftamm (vgl. da S. 155[nf]-6[a]).

Deutfche Karten zeigen uns noch im Nordweft-Ende des ruffifchen Nordamerika's, in diefer fo anders gewandten Küftenlinie, nördlich vom Kotzebue-Sund: im weftlichen Theile des Küftenlandes, das fie Weft-Georgien nennen, vom Cap *Lisburn* (68° 51′ N. B. und 166° 9′ W. L. v. Gr.) bis über das Eiscap (in c. 70° 17′ B. und 161° 38′ L.; nach Richardfon mehr); hinlaufend das Volk der KITEGUEN.

§ 853. Im äufserften Nordoften hat uns Gallatin (*archaeol. amer.* II, 17[aa-m] und *amer. ethnol. soc.* II, CVIII[a]) aufmerkfam gemacht auf das Volk der *LOUCHEUX*, Zänker-Indianer oder *Digothi:* an der Mündung des *Mackenzie*-Fluffes, nach Einigen zu deffen beiden Seiten (weftliche und öftliche); deffen Sprache er nach den Reifenden für fremd den athapaskifchen hielt: worüber fich die neuen Nachrichten noch widerfprechen. Mit ihnen (von mir dargeftellt in den Monatsber. der Akad. aus dem J. 1858 S. 483-5) treten wir aus dem ruffifchen Nordamerika heraus, nach Often in die britifchen Befitzungen; UND MIT DIESEM VOLKE HABE ICH MEINEN LAUF VOLLENDET.

§ 854. Die allgemeine Betrachtung, welche die zerftreuten Refultate zu fammeln und zu erörtern hat, kann hier nicht mehr eintreten. Diefer, von mir an mehreren Stellen verheifsene, letzte Abfchnitt meines Werks, in welchem namentlich die vollgliedrigen Reihen aztekifcher und fonorifcher Wörter erfcheinen follen, mufs, wie einige andre noch unausgeführte Theile des weiten Plans, einer fpäteren Zeit vorbehalten bleiben.

Einleitung
in das geographifche Regifter.

Ich habe einem Werke, welches: einen grofsen Theil der nördlichen Hälfte des amerikanifchen Continents nicht nur in Völkern und Sprachen, fondern nebenbei in einer kurzen geographifchen Überficht, reich befonders in Nomenclatur, behandelnd, viele Hunderte von Völkernamen und Taufende von Ortsnamen, Flüffen u. ä. enthält; durch Beigabe eines ALPHABETISCHEN REGISTERS: trotz feiner unglaublichen Mühe und Zeitaufwands meiner eignen und alleinigen Arbeit, einen höheren Nutzen zu verleihen geglaubt. Ein folches durfte für die Völker ihm kaum fehlen; und die Schwierigkeit und Mühe, mit der ich mir Aufklärung über fo viele geographifche Namen verfchafft habe, gewähren mir die Gewifsheit, dafs ich mit diefem gröfseren Beftandtheil meines Regifters eine Lücke ausfülle. Alle Länder des weftlichen Nordamerika's, der Haupt-Inhalt meines Werks, find ungenügend mit geographifchen, vollends alphabetifchen, Hulfsmitteln bedacht. Die mexicanifchen Nordprovinzen erfcheinen in den Geographien mit fo wenigen Namen, für einen Theil derfelben hat fich mit dem Anfall an die Vereinigten Staaten eine neue Namenwelt erzeugt (welche nur zum kleinften Theil erft in dem *gazetteer* vom J. 1854 zu finden ift); eben fo ift es mit dem grofsen Weftlande der Vereinigten Staaten, Oregon und Wafhington. Die Völkernamen pflegen in den geographifchen Regiftern gar nicht zu erfcheinen. Mein Regifter umfafst in den Namen zugleich die neue und die alte Zeit; es erftreckt fich über mein ganzes Werk der Spuren der aztekifchen Sprache, fo weit daffelbe bis jetzt publicirt ift: d. h. nicht nur über den gegenwärtigen Band, fondern auch über die von ihm als einzelne Abhandlungen oder Schriften abgefonderten Abfchnitte des Werks.

† Diefe ABGESONDERTEN SCHRIFTEN find, mit den fie vor den Seitenzahlen bezeichnenden Chiffren: A meine Abh. oder Schrift über den athapaskifchen Sprachftamm, [AS f. 7 Zeilen weiter], B über die Weftfeite des britifchen Nordamerika's (2ter Theil von Neu-Mexico), KN Kizh und Netela, LVA die Lautveränderung aztekifcher Wörter in den fonorifchen Sprachen und die fonorifche Endung *ame*, MB über das Innere und Oftland des brit. Nordamerika's in den Monatsberichten der Akad. aus dem J. 1858 S. 465-486, NM über Neu-Mexico (1ter Theil einer Abh.), PK über die Pima und die Kolofchen. Der gegenwärtige Band (der Haupttheil des Werks) wird durch die blofse Seitenzahl angezeigt; wenn aber in der Zahlenreihe eine Chiffre obiger ausgefonderter Theile vorausgeht, wird der gegenwärtige Band durch die Chiffre AS (aztekifche Spuren) bezeichnet.

Meine Arbeit und das Regifter erftreckt fich auf das ganze nördliche Mexico (nach feiner ehemahligen Ausdehnung), von der Provinz Guadalaxara an; und auf den ganzen Norden, alles Land nördlich vom 49ten Parallelkreis: da ich vom britifchen Nordamerika nicht nur das Weftland hauptfächlich, fondern auch in einer grofsen und kleinen Arbeit das Innere und Oftland behandelt habe; von diefem Norden aber, vom britifchen und vom ruffifchen Nordamerika, enthält mein Regifter nur die theilweifen Namen, welche in meiner Arbeit vorkommen: da ich bei beiden nördlichen Ländern auf einen geographifchen Abrifs verzichtet habe (f. S. 673mm-n). Dazu kommt nicht nur das Weftland der Vereinigten Staaten (d. h. das Land weftlich von den *Rocky mountains* zwifchen 42° und 49° N. B., das grofse Oregon), fondern meine Arbeit fchweift auch an vielen Stellen über die mir gefteckte Gränze hinaus: fie greift bei Texas ein in die Luifiana, ja in Florida; und nördlich in die Länder im Often der *Rocky mountains:* in *Nebraska* oder das *Indian territory* und in das *Northwest-territory* (Theile des ehemahligen grofsen *Missouri*-Territoriums). Dem ruffifchen Amerika find auch mehrere Infeln angefchloffen, die (im Meer von *Kamtfchatka* ufw. liegend) zu Afien gehören; und ein Volk des afiatifchen Feftlands. Wenn ich die Nachweifung der diefen für mich fremdartigen Ländern angehörenden Namen nicht unterlaffen durfte, fo habe ich ihre F r e m d h e i t und acceffurifche Natur doch

  [ ]   durch Einfchlufs in eine eckige Klammer angezeigt.

Ich habe aber fpäter vieles aus diefen fremden Gegenden zurückziehn müffen, als ich die Nothwendigkeit der Abkürzung meines Regifters einfah. Aus Ländern, die meinem Gegenstande ganz fern liegen: wie dem füdlichen Mexico, Guatemala, Südamerika, habe ich die (gelegentlich) vorkommenden Namen nicht aufgenommen. Auf der andren Seite enthält mein Regifter eine nicht unbedeutende Zahl von N a m e n, die in meiner Arbeit n i c h t v o r k o m m e n und daher nicht mit Seitenzahlen belegt find: nämlich die der von mir ausgearbeiteten Geographie von T e x a s und A l t - C a l i f o r n i e n, von welcher ich nur einen fehr kurzen Auszug hier habe drucken laffen; und mehrerer kleinerer Zufätze.

Ich habe die Namen mit a l l e n S t e l l e n belegt, wo fie vorkommen; diefs ift bei häufigen eine Laft geworden, die ich durch Auslaffung der Gleichgültigen etwas vermindert habe; eine folche Reduction der Stellen zu den Namen habe ich auch allgemein bei den Provinzen Texas und Alt-Californien geübt.

Als ich mein Regifter nach Anfammlung feines ungeheuren Vorraths in Ordnung zufammenftellte, wurde es mir einleuchtend, dafs für es der mir noch übrige Raum bei weitem nicht hinreichte; und ich fand mich zu einer gewaltfamen R E D U C T I O N an den grofsen Artikeln des Regifters genöthigt. Den eben angedeuteten Reichthum habe ich daher dem Publikum, vielleicht zu feiner Schonung, nicht vorlegen dürfen; ich habe die grofsen Artikel für mich zurückbehalten müffen: und es war meine Aufgabe fie gerade recht kurz zu machen, da ich an den kleinen oder aus vielen Gliedern beftehenden Artikeln nichts verkürzen konnte.

  [*] Eine eckige Klammer mit einem Stern in fich dicht hinter dem Namen ift das Zeichen folcher gewaltfam abgekürzten grofsen oder gröfseren Artikel. Statt der vielen Citate von S e i t e n z a h l e n fetzte ich entweder: mich darauf berufend, dafs die mühfame Inhalts-Angabe über den Seiten des Werks ein Erfatz für die Zufammenziehung des vereinzelten Inhalts in Eine Maffe ift, den Umfang der Hauptftelle, wo der Gegenftand behandelt ift (bisweilen mit Aufopferung aller anderen Örter, wo er erwähnt oder auch behandelt wird):

  + S. 298 bis 322, 149-155-170-222, 314mm-8nf, [662a-6n], [*703af-4af]

(die 1te Art geltend für grofse Stellen, die 2te für einen in mehrere Rubriken getheilten Gegenftand, die 3te für kurze Stellen; die 4te für kleine abgekürzte Stücke, denen fpecificirte Citate nachfolgen; die 5te bei den kleinen Artikeln den ganzen Bereich angebend); um ich biete die längeren Stellen dar und habe die kurzen zurückgezogen. Das zweite Mittel der Abkürzung mufste das weglaffen der vielen R u b r i k e n, in die ich einen Gegenftand im Regifter fpecificirt hatte, d e r v i e l e n W o r t e feyn; ich gebe die gröfseren Stellen in den Reihen und Gruppen an, welche ich gebildet hatte, bezeichnet durch ein Semikolon, mit oder ohne Trennftrich: die Bedeutung jeder Reihe mufs aus den Stellen erkannt werden. In kleinen Artikeln habe ich für die häufige Folge: über die W o r t v e r - z e i c h n i f f e oder das Wortverzeichnifs . . . ., über mein Wortverzeichnifs . . ., (mein) Wortverzeichnifs eine Kürzung fuchen müffen:

  W. . . . .; . . . .; *536af-7aa:

das blofse W. bedeutet Wortverzeichnifs oder Wortverzeichniffe; darauf folgen die Citate über das oder die vorhandenen, nach einem Semikolon die über meines (wenn ich eines gebe; fonft fetze ich nur: üb. W. [d. h. über Wortverzeichniffe] oder üb. d. W. [d. h. über das Wortverzeichnifs]); ein Stern vor der Seitenzahl deutet dann die Stelle meines Wortverzeichniffes an.

a

In den gewöhnlichen (nicht abgekürzten) Artikeln: — die, meinem eigentlichen, vorhin (S. 715^{af}) verkündeten Grundſatze nach, mit allen ihren Stellen erſcheinen —, ſind die Hauptſtellen für den Gegenſtand

         † durch curſiven Druck ausgezeichnet;

         * Nebenſtellen von Wichtigkeit, Stellen zweiter Wichtigkeit haben einen Stern vor ſich.

aa

In den den Seitenzahlen beigegebenen Buchſtaben-Chiffren liegt eine, von mir in meinen neueren Arbeiten geübte und in faſt allen (aztek. Ortsnamen S. 5 Anm. 1, A 153^{nf}, NM 414^{mf-nn}, PK 322^{nf}; auch in dieſem Bande S. 3^{mf-nn}) erläuterte Weiſe der Citation von Stellen fremder und eigener Schriften, mit der ich ſchüchtern vor das Publikum trete, weil ſie eine Neuheit iſt. Die Anführung durch die bloſse Seitenzahl iſt etwas zu unvollkommenes; ich bezeichne durch meine Weiſe nicht nur genau die Stelle der Seite, ſondern auch genau die Erſtreckung (die *termini*) des Gegenſtandes, auch ſeine Wiederkehr an derſelben Stelle oder auf derſelben Seite. Ich theile die

, af

Druckſeite in 3 Drittel: die ich a, m, n benenne; und jedes dieſer Drittel wieder in 3 Drittel: deren 1tes ich durch den einfachen Buchſtaben (a, m, n), das mittlere durch deſſen Verdopplung (aa, mm, nn), das letzte durch Zuſatz von ſ (*finis*: af, mf, nf) bezeichne. So bedeutet aa das mittlere Feld des 1ten Drittels; m die kleine, mm die

m

wirkliche, mf die groſse Mitte. Nebenbei bezeichne ich, ohne dieſe Neuntheilung zu ſtören, durch das bloſse f die 2 letzten Zeilen der Seite. Ich meine, dafs man durch das Augenmaaſs leicht dieſe 3mahl 3mahlige Abtheilung und die Räume auf der Druckſeite auffinde; ſonſt läſst ſich die hier nebenſtehende Scala auf einen Papier- oder Pappſtreifen auftragen, welcher, an die Druckſeite angelegt, auf die leichteſte Weiſe zur Auffindung der Stellen oder Örter auf der Seite verhilft.

mm

     † Bei den Seitenzahlen habe ich die Verkürzung eingeführt, dafs ich in den Hunderten die 2 erſten Stellen (Hundert und Zehner) in der Wiederkehr nicht wiederhole, ſondern nur den neuen Einer ſetze; ſtatt 571, 572, 574 nur ſetze: 571, 2, 4 (571m, 2af, 4n).

mf

‖ ‖‖ 2 oder 3 Striche bei dem Buchſtaben einer Seitenzahl bezeichnen das 2- oder 3mahlige Vorkommen des Namens in demſelben Neuntel der Seite.

Es war zu ungenügend das Regiſter nur aus Namen und Stellen beſtehn zu laſſen; ich habe dem Suchenden durch kurze BEISETZUNG der EIGENSCHAFT, durch eine kurze ERKLÄRUNG, bei den Namen die Mühe erſpart ſich dieſe erſt aus den Textſtellen zu entwickeln. Das Maaſs dieſer Erläuterungen hat ſich manchmahl gegen den Wunſch ausgedehnt: beſonders muſste dieſs beim britiſchen und ruſſiſchen Nord-

n

amerika geſchehn, wo das Regiſter für fehlende Geographie erſetzen mufs. Wenn ich bei dieſen beiden Ländern ſogar oft die geographiſche Lage in Graden der Breite und Länge angebe, ſo bemerke ich (vgl. S. 673^{n}), dafs ich dieſe meiſtentheils durch mich ſelbſt von genauen Karten gewonnen habe: ſo dafs ſie nicht abſolute Geltung haben können; ich bemerke ferner, dafs die Längen in dieſen beiden Ländern vom Meridian

nn

von *Greenwich* an ſind: und ich die Rechnung von dem von Paris (W. L. v. P.) exprefs beiſetze, wo ſie ausnahmsweiſe einmahl iſt.

Ich gebe an, in welcher Provinz oder welchem Lande ein Ort oder andrer geographiſcher Gegenſtand ſich befindet; und die Gegend iſt oft ſehr ſpeciell bezeichnet.

nf

Für dieſe Provinzen und Länder bediene ich mich, immer oder (*) gelegentlich zur Erſparung einer Zeile,

f

     † folgender Abkürzungen: ACalif. = Alt-Californien, brit. britiſch, *Chih. Chihuahua, Cin. Cinaloa, *Coah. Coahuila, *Durg. Durango, Flor. Florida, Guadalx. Guadalaxara;

Louif. oder Luif. Louifiana, Luifiana; NBisc. Neu-Biscaja, NCalif. Neu-Californien, NGalic. Neu-Galicien, NLeon Neu-Leon, NMex. Neu-Mexico, NSantd. Neu-Santander; *Or. (felten) Oregon, *Potf. Potofi, Son. Sonora, Tarah. Tarahumara, *Tex. Texas, Verein. St. Vereinigte Staaten; Wafh. Wafhington, oder *Wash. terr. Washington territory;* Zacat. Zacatecas.

Die Volksnamen (und Sprachen) find in ftehender Schrift *(antiqua)*; alles übrige, die geographifchen Namen (wie ich kurz fagen will), mit liegender (curfiver) Schrift an der Spitze der Artikel gedruckt. So unterfcheide ich die beiden Haupt-Beftandtheile des Regifters; und fo durch ftehende, gefperrte Schrift mache ich namentlich die Volksnamen kenntlich, fo dafs ich den Zufatz: Volk unterlaffe. Das Zeichen

+ nach dem Namen zeigt an, dafs er aus Volk und einer andren geographifchen Eigenfchaft oder andren Eigenfchaften gemifcht ift, ein Volk und anderes nebenher (z. B. Volk und Flufs oder Land, Volk und Ort) bedeutet. Selten (wo Volksnamen englifche, fpanifche ufw. Wörter; Ortsnamen ufw. deutfche find) find Völker curfiv, geographifche Namen in *antiqua* gefetzt. Die curfiven Artikel find, wo ich nichts hinzufetze, Ortsnamen, Örter (meift Dorf, *pueblo,* Flecken). Andre Eigenfchaften werden exprefs benannt, als die gewöhnlichen: Stadt; Flufs, See; Gebirge, Berg; werden aber oft auch durch die Beifätze bei den Namen: *rio, river, creek, lake; sierra, mountains, mount;* erkannt. Andre Zufätze find: Quelle; Gegend, Örtlichkeit; Bezirk, *county;* Ebne, Thal, Wald, Pafs u. a.

× Für die Örtlichkeit bediene ich mich des Zeichens × vor der Erklärung.

+ Bei den Flüffen von Texas bezeichnet die eingeklammerte No. den Hauptflufs, zu deffen Syftem einer gehört, nach der S. 412^{nn}-413^{af} zu erfehenden Ziffer; der Zufatz von B vor die Ziffer bezeichnet einen Küftenflufs des Meerbufens im N nach dem grofsen der Ziffer; * vor der No. bedeutet einen Nebenflufs eines Nebenfluffes, × einen Nebenflufs im 3ten Grade (aber bei B ift * fchon Nebenflufs, ** Nebenflufs eines Nebenfluffes).

+ Folgendes find die Abkürzungen, welche ich: gewöhnlich, oder (*) im Nothfall, oder an untergeordneter Stelle, für einige Beifätze oder Eigenfchaften geographifcher Namen anwende: *cr. = creek,* *Df = Dorf,* *Fl.* Flufs, Flk. Flecken, Hac. oder *hac.* Hacienda, Miff. Miffion, Nbfl. Nebenflufs, Pref. oder *pres.* Prefidio, *pu. pueblo,* *r. = river,* Rch = Rancho, Rchria = Rancheria, Zufl. Zuflufs.

Wo ein Name mehr- oder vieldeutig ift (z. B. verfchiedene Örter, Flüffe ufw. fo heifsen), find feine Eigenfchaften nach den Umftänden und nach mannigfaltigen Rückfichten an einander gereiht und gruppirt: das einzelne mit laufender arabifcher Ziffer; die Abtheilungen vermittelft grofser Buchftaben (A, B, C), manchmahl auch der römifchen Zahlen (I, II). Wie mannigfach und wechfelnd die Reihenfolge gebildet fei, fo ift die Ordnung in jedem Artikel eine bedachte.

Das Regifter haben bedeutend belaftet und ausgedehnt die vielen Variationen der Formen, in denen die Völker- und andre geographifche Namen vorkommen: gröfstentheils auf verfchiedner Schreibung oder verfchiedner Auffaffung, nicht felten aber auf Fehlern beruhend: wie folche z. B. in nordamerikanifchen Drucken und Arbeiten häufig find, doch auch in vielen meiner andren Quellen vorkommen; es war aber gerade fein Beruf die Auffindung der Namen auch unter allen ihren Verwandlungen zu bewirken. Es find daher die Variationen unter einer Haupt- oder Normalform zufammengehalten und einzeln auf diefe (nach den Umftänden durch = oder durch f.) verwiefen. Sie ftehn in einer Klammer voran; oder wenn ihrer viele find, bilden fie ein befondres Stück im Anfang. Die Ausftattung jeder Form mit ihren Stellen (ganz oder eingefchränkt) ift eine grofse Laft und Überbürdung für das Regifter gewefen; es kam doch aber darauf an fehen zu laffen, wo und von wem jede gebraucht werde. Wenn ich diefe mühevolle Arbeit wirklich in dem Entwurf meines Regifters durchgeführt habe, fo habe ich bei der fpäter fichtbaren Bedrängnifs des Raums diefe Belegung der Formen mit ihren Stellen zum Theil: und zwar immer, wo deren viele waren, zurückziehn und für mich behalten müffen. Neben diefer Einfchaltung und Vereinzelung wird dann dem Namen (Artikel), ohne Rückficht auf feine Formen, die ganze Reihe der Stellen beigegeben, wo er vorkommt: es werden alfo die bei den Formen vereinzelten wiederholt; felten find die Stellen wirklich zwifchen den Formen getheilt: die Identität naher Namen ift ja manchmahl auch ungewifs.

Eben fo habe ich gewöhnlich die verfchiedenen Namen, welche demfelben geographifchen Gegenftande (einem Orte, Fluffe, Volke ufw.) beigelegt werden oder find (z. B. oft nach Zeiten und Völkern verfchieden), unter Einem zufammengehalten; und die Stellen bald im ganzen gegeben, bald jedem Namen die feinen zugetheilt. Im Gegentheil habe ich aber auch öfter die Namen für denfelben Gegenftand in befondre Artikel getrennt; bei dem einen ift aber dann der andre angeführt: und durch f. ausgedrückt, dafs er feinen befondren Artikel hat.

† Der fpanifche Buchftabe *ñ* ift alphabetifch *nn* gleichgeftellt (während die Spanier ihn als einen befondern Buchftaben nach *n* folgen laffen).

Bei der grofsen Laft, welche die Beifetzung der Erklärung bei den Namen für das Regifter macht, mufste ich manche **Abkürzungen** fuchen; nach den 2 fchon (S. 716[f.-7a] u. 717[mm-mf]) von mir angegebenen Reihen für die Länder und Eigenfchaften, find, allgemein oder (*) im Nothfall und zur gelegentlichen Erfparung, gebraucht die folgenden gemifchten: and. = andrer, eig. eigentlich, gen. genannt, gew. gewöhnlich, gr. grofs, ib. ibidem, Ind. oder *Ind.* Indianer oder *Indians,* it. item, kl. klein, mittl. mittlerer; ndl. nördlich, ndlft. nördlichfter, ndöftl. nordöftlich, ndwftl. nordweftlich; ob. oberer, obft. oberfter; fdl. füdlich, fdlft. füdlichfter; Spr. Sprache oder Sprachen, Syft. Syftem (eines Fluffes); *terr. territory,* Terr. oder Territ. Territorium; übr. übrigens, übrige; unt. unterer, untft. unterfter; Verh. Verhältnifs (d. h. Verwandtfchafts-Verhältnifs), Verwandtfch. oder Verwdtfch. Verh. Verwandtfchafts-Verhältnifs, viell. vielleicht; W. Wortverzeichnifs oder Wortverzeichniffe, Wortverz. Wortverzeichnifs, Wortverzz. Wortverzeichniffe; wftl. weftlich, wftlft. weftlichfter.

Geographifches Regifter
über das Werk
der Spuren der aztekifchen Sprache
oder der Mufterung der Völker und Sprachen Nordamerika's
in feinen bisher erfchienenen Theilen.

A.

A as im Gila-Lande 258nn; *Abasolo:* fo wohl ftatt *Abasoto* in Cuah. 195nf u. *Absalo* in NLeon 189mm *Abert, lake:* im fdl. Oregon 582a, *Abicui* = seq. *Abiquiu* im ndwftl. NMex. NM 238a, 245n, *n-nn,*256a; AS 516n; Formen: *Abiquin; Abiquiri* NM 238a, AS 516n‖; *Abiquico* NM 245n, *Abicui* NM 256a; fehr falfch *Aluquia*   [5aa, *nn Abo* alter *pueblo* im öftl. NMex. NM 243n, 4nf, *Aborozas* in Son.? 209nn, *Abreojos* Cap der WKüfte Alt-Californiens, *Absalo* f. *Abasolo Acagchemem* im füdl. Neu-Californien 547m *Acaponeta* Flecken in Guadalx. 154m, 178af

Acaxee(s) in Topia (*Acaxas* 157mm, 174af; *Acaxis* 162mf, 174m) 1) Volk 24a, 173nn-f, *4a-mm* 2) Sprache 157mm, 173nn-f, 4af, m, mm, 658a‖‖

Accocesaws in Texas 418n, *424af-m,* 641a; NM 270f; *Acha, sierra de:* im Lande des Gila u. Col. und weftl. NMex. 256nf, 299m; NM 235a

Achastlier bei *Monterey,* im mittl. NCalif. *562a-m* 2) Spr. 561m, *2aa, mf-f,* 3n‖; üb. d. W. 562 a, aa, Wörter 562n-nn | *Achkugmjuten* im S des Norton-Bufens 675nf, 6nn, 7a; *Achogoa (Hechojoa)* im nördl. Cin. am *Mayo* 14a, 206a, 210m

Acoclames (Acotlames u. *Acotlanes* 162n) im *bolson de Mapimi* 174mm-n, 183m, 299m; und in Chihuahua 162n‖

A c o m a (*Acome* 287mf) *pueblo* u. Miff. (287mf,
f. übr. *Acuco*) im wftl. NMex. 258a, 287mf; NM
225a, f, 8a, 230nn, 243n, nf, 4a, m, *5nn*, *f*, *256a,*
"mm, 264aa, 272aa, 304a 2) Volk NM298mf 3) S p r.
NM 272nn, 7a, aa, n, 8aa, n, 280aa, 298m, *301nf-
2m*, *mf-3af; * W. 423af; NM 297m-mf, 8m-mf, nf-
9aa; *NM 299af-300mm
Aconchi (*Acontzi*, *Acotzi* 19nn, 201af) Miffion
in Sonora 19mm, nn, 201af
Acoreti in Son. 201af, *Acoti* im ndwftl. NMex.
NM 303f, Acotlames u.-tlanes = Acoclames, *Acotzi*
= *Aconchi; * [*d'Acton*, *rio: * öftl. Nbfl. des *Red r.*
in Louif., wohl = *d'Arbonne*]; Acubadaos bei
Cabeza de Vaca NM 268nn, 270m, mf, f
Acuco (= *Acoma* NM 225a, f) 12nn, 58f
[A d a é s oder A d a i s + Volk, Landtheil u. Ort
im alten öftl. Texas, jetzt in Louifiana; Formen:
*Adays; Adaize; Adaies, Adayes, Adyes; * A. 1)
Volk 424m-nn 2) Spr. *424mf, n*, 449af 3) Lan-
destheil *(los A.)* 405af, 6af, 413m; Miffionen 409
nn-nf, 423mm 4) pres. u. Miff. *de Nu. Sra del Pilar
de los A.* ([*los*] *A.*, *Adaize* 424n) 406af, 9nf, 413m,
424mm, n 5) Miff. *S. Miguel de los Adais* 6) *Adayes* oder *Adaies* jetziger Ort in Louif. 424mm B.
7) *laguna de los Adaes* (= *spanish lake*, Humb.'s
lac espagnol) See ib. 435n 8) *Adayes bayou* Zufl.
des *spanish lake* ib. 435n]
Adaize = Adaes
A d a m s creek in Texas (9 B) [2) Fort *A.* im
Staat Miffifippi NM 242f] 3) *mount A.* im fdwftl.
Wafh. 584mf 4) *point A.* im ndlft. Oregon 581nn
Adayes = Adaes
las *Adjuntas* Real d. Int. Son. (= *SRosa*) 204nn
A d m i r a l i t ä t s-Bai *(Admiralty bay)* = *Be-
rings*-Bai 2) *Admiralitäts*-Infel: gr. Inf. an der ruff.
Küfte öftl. von *Tschitschagow's* Inf., auch der noll.
Baranow-Inf., ndl. über Prinz-*Friedrichs*-Einfahrt,
in 57°-58°⅓ N. B.: B 404mm
A d m i r a l t y inlet: die ndl. Verbindung des *Pu-
get*-Sunds mit dem *Fuca*-Meerarm, der Meerarm in
O u. N, im ndwftl. Wafh. Terr. *585m-mm*ll, *n*, 7n,
nn-8a (Flüße), *8m*, 595af; B 373n
A d o s e s in der weftl. Luifiana 418a, *424nn*
Adyes = *Adaes; * A é s + im öftl. Texas: 1) Volk
424nn 2) *parage; Afegùa* (Vogel-Inf.) in A Calif 464m
Agame = *Aygame*, *Agattu* (*Agata*) Infel der
äufsern Aleuten in W 696nn

A g l e g m j u t e n (Agolegmüaten A 252af; -müten
696a, aa, 702nf) am Fl. *Nuschagak* u. an der NKüfte
von *Aljaksa* A 252af; AS 675nf, 6aa, *nn*, *7a*, *696a,
aa-af, mm* 2) Spr. 690a, 5af; Verh. *696a-af, mm*,
702nf, 3m; über das Wortverz. *696af-mm*
Agolegmüaten, -müten = Aglegmjuten
A g u a A. 1) = Pref. *del Rio grande* f. *S. J u a n
Bautista* in Coah. 2) *la Punta de A.* in Son. 310nf, f
3) *rio de A.* Flufs in Zacat. 178m B. *A. caliente:*
1) × beim *Gila* 261af, PK 330mf 2) im ndl. Son., bei
Arizona 3) im fdlft. N Calif. 535nn 4) Ortfch. im
ndöftl. NMex. *(ojo del A.c.)* NM *245nf-6a, m-mm*,
8aa 5) in Chihuahua *(ojo del A. C.)* f. *Ojo; A.
d u l c e:* 1) kl. Flufs im füdlichften Texas (1B) 2)
laguna de A. d. in Chihuahua NM 246mm; *A.
fresca, bahia del:* in NCalif., wohl = Bai *S.Pablo*
519a, mf; *rio de A. fria* 1) Zufl. des *Colorado* in
Texas 2) Ort im öftl. NMex. NM 244nf; *A. nueva*
Ort in Coah. 195nf; *A. seca, pueblo de:* im ndöftl. NMex. NM 256nn; *A. verde:* 1) Pref. im
ndöftl. Mex. 324f 2) *laguna de A. v.* in Coah. u.
Mapimi 195mf, NM 241af 3) *rio de A. v.* Nebenflufs des *Norte* in Coahuila NM 241af
el Aguage oder *Aguaje* Dorf u. Real in Son. 201m
Aguagos Flufs im mittl. NCalif. 523aa, *Agualequas* in NLeon 189mm; *Aguas Calientes* Stadt in
Neu-Galic. 12nf, 154af = in Zacatecas 178mm
A g u a t u b i oder *Aguatuvi pueblo* des Moqui
282aa, 4f; NM 230nf, 1aa, af, 244mm
Aguayo 1) in NSantd.? 192mm 2) = *Victoria*
in Texas 3) *S. Francisco y S. Miguel de A.* Miff.,
jetzt gr. Ort in NLeon? 189mm = in Coah. 195nf
S. Agueda Rch in ACalif., Aguenes = Deaguanes
A g u i l a 1) Zufl. des *Brazos* in Texas 2) (auch
rio de las A-as) Zufl. des *Colorado* ib. 3) *sierra
de la cola del A.* bei Neu-Mexico 306nf
A g u i l a r 1) *rio de Martin de A.* fabelh. Flufs
im ndl. Mex. (gef. = *Rogue's r.* u. *Umpqua* in
Oregon) 335a, 456f, 513mf; B 317aa, 320aa 2) *ca-
bo blanco de M. de A.* = Cap *Orford* 512mf, 9nf
Aguilas, rio de las = *Aguila*, S. *Agustin* = S. *Aug.*
A g u l j m j u t e n (Agulmüten 703aa) an d. *Kwich-
pak*-Münd. ufw. 675nn, *7a*, 703aa; *Aguy* f. *Mayo*
A h ê a l t im ruff. Ndam. 675mm, *Ahlela pueblo* des
Moqui (= *Harno?*) NM 305nf, Ahni-ninn = Arapaho
A h o m é + *(Haomé* f. 3) in Cin.: 1) Volk am Cin.
157nf, 8a, 160a-af, 208mf 2) Spr. 156nf, *8a-aa*, mm,

657nf 3) Miff. u. Hafen (*Haomé* 14a, 158a, 207aa)
179m 4) Fl. (*S. Maria Aome* 14aa) 14aa, 158a, 179af
Ahorcados, rio de los: in Topia 173aa
Ah-owz-arts Volk der *Vancouver*-Infel B
328m, 349n; *Ahuache* Quelle beim *Paso del Norte*
58f, Ahwashtes bei *S. Francisco* im nördlichen
Neu-Californien 565nn
Aibina oder Aiuinos in Cin. u. Son. *160nf*, 208nf
Aiciachia in Tarah. 22f, *Aigame* in Son. 19mm
[*Aigleville* kurz dauernde Stadt in Louif. 411a]
Aitizzarts Volk der *Vancouver*-Infel B 328m,
349n; Aiuinos = Aibina, [Aiwanschija oder
Aiwanski Stamm der *Eskimo*-Tfchuktfchen um
die Mündung des *Anadyr* in Afien *711nn, f*]
Alabama + 1) [füdl. Staat der Verein. St. 2)
Flufs, der fich mit dem *Tombigbee* vereinigt (auch
Allibami) 424nf, NM 215mm] 3) 2 Zufl. des *Nechas*
in Texas [4) Volk *Alabamas* in WFlor. u. der wftl.
Luif. (*Alubamos, Alibamas, Allibamis*) 424nf-f,
430mm] | *Aláska, Alaksa = Aljaksa*
Alameda 1) Ortfchaft im öftl. NMex. bei *Al-
buquerque* (vgl. *villa Albuquerque y A.* bei *Alb.*)
NM 231f, 246aa, *256mm = *la A. de Mora* NM
250mm, mf-n 2) *county* im mittl. NCalif. 523mm
3) *A. creek* öftl. Zufl. der Bai *S. Francisco* ib. 522nf
Alamillo im füdöftlichen Neu-Mexico NM 256aa,
Alamillos × in Texas
Alamo A. Örter: 1) *el A.* × in Chihuahua NM
246nn 2) in NLeon 189mm 3) *hac.* in Coahuila
195nf 4) Fefte von *S. Antonio de Bexar* in Texas
(auch Miff.) 413nf B. 5) *ojo del A.* × im füdöftl.
NMex. NM 256mm 6) *sierra del A.* oder *de los
Alamos* eben da NM 235m, nn C. 7) *A. gordo* öftl.
Zuflufs des oberften *Pecos* in NMex. NM 242m
Alamos A. 1) *diput.* der Int. Son. 204nn 2) *real
de los A.* Real, auch Stadt (179m) in Cin. 14a, 17aa,
af, 179m, 205f 3) *los A.* Miff. in Son. 19mm, 201m
4) *pu.* in Tarah. 22nf B. 5) *rio de los A.* nördl.
Nbfl. des *Nabajoa* (= dem ob. *Grand r.* 255nn)
253n, 332afll; auch *rio de las Animas* gen. 250f,
3n, 5nn, nf, 332af, 4n; nach And. ift diefs ein Nbfl.
des *S. Juan* 255nf; f. aber auch *Animas* bef.
6) *A. kl.* Flufs in Texas f. *Olmos* C. 7) *sierra de
los A.* f. *Alamo No. 6* 8) *los A. de Catorce* f. *Catorce* D. 9) *punto de tres A.* × im ndl. Son. 314aa
Alaschka oder *Alaska = Aljaksa*
Alba, isla de: f. *Zayas*

Albuquerque (*Alburquerque* 304a; NM
237mm, n, 246mm) 1) (einfach) *villa* im öftl. NMex.
(auch Miff. NM 246mm, 250n)·304a, PK 330m; NM
233af, 6afll, n, 7aa, mm, n, 241mm, *6a-aa, mm-mf*,
250n, *6aa, *mm, *n 2) *Alb. y Alameda villa* ib.
(f. übr. *Alameda*) NM 243m, *6a-aa* 3) *Alb. y
Atrisco* (f. *Atr.*) *villa* ib. NM 246a, *mm-mf*
Alcantara Zufl. des *Norte* in NSantd. 192af, NM
241m; Alchedomas=Jalchedunes, *Alciyco=Alseya*
Aldama villa in NLeon 189m, nf (auch *S. Pedro
de v. A.*); *S. Maria de las Aldamas* ib. 189mf
Alesa ufw. (15a) Fehler für *mesa del Tonati*
ALEUTEN: 1) aleutifche Infeln: Gruppe im
Meer von *Kamtschatka*, in der Richtung von *Aljaksa* gegen *Ka.* hin, c. 56° N.B. 676nf, *7mm*, n, 697
a-af, f, *9a* 2) Volk 673mm, 6nf, *7mm*, 696nn, 7all,
nn, aa, af-m, mf, n, 8a, af, 700a; Verwandtfch.
Verh. 676n, *7mm* (kadjakfche Aleuten = Kadjaker,
f. da) 3) Spr. a) allg. oder die wirkl. weftl. 696n,
nn-nf, f-7m, 9a-aa, af, mm, 700m, mm; Verh.
696n, 7a-aa, *m-mf, 702af* b) meift heifst fo die
aleuto-lifsjewifche Spr. = unalafchkifche (f.)
Alexander, Fort an der NOSpitze der *Bristol-
Bai*, im S der Mündung des *Nuschagak*, in 58° 59'
N. B. und 158° 10' W. L. 705nn
Aleya an der Küfte von Oregon 613f
Algodones im ndöftl. NMex. NM 246aa, 255n
[Aliatans Volk der fdwftl. Verein. St. 634af-m]
Alibamas = Alabamas, Aliche = Eyeish
Alisos, S. Antonio de: Real d. Int. Son. 204nn
Aljaksa (696f, 7af; *Alaksa* 690a; — *Alaschka*
602n, *Aljaska* 677mm, *Alaska* 681nn, *Aläska*
696a, nn) 1) lange Halbinf. im ruff. Ndam. von 55°
(WSpitze) bis nahe 60° N. B. u. 153°-162°½ W. L.
602nn: Volker 677mm, 692n, 4nn, 6a; Sprachen
681nf, 690a, 6aa, af, mf-nnll, f, 7a, af 2) Cap 696n
Allende gr. Ort in Chihuahua 176aa od. Coahuila
195nf, Allibamis = Alabamas
Almagre Zufl. des *Llano* vom *Colorado* in Texas
Almejas 1) Landfpitze im mitti. NCalif. 519a 2)
S. Gabriel de las A. Cap der ndl. OKüfte ACalif.'s
Alonà im wftl. NMex. NM 230nf, 1af, 246aa,
414af; *S. Aloysii = S. Luis Gonzaga, Alseya (Alciyco)* Küftenfl. in Oregon 583n; *Alta, sierra:* im
fdöftl. NMex. NM 235af; Altahmos bei *S. Francisco* im ndl. NCalif. 565nf; *Altamira* 1) in Neu-
Santander 192mm 2) *cerro de A.* in Zacat. 178mm

el *Altar* im weftl. Son.: 1) Bezirk 200m 2) *pres.*
u. Hauptort 201m, 7n, 310nf; auch *pres. S. Gertru-*
dis del A. 201m u. *pueblo del A.* 314a gen. 3) *rio*
del (pres. del) A. nördl. Nebenfl. des *rio Grande*
in Texas 412nn, NM 241af; auch *S. Pedro* genannt
ALT-CALIFORNIEN [*] nordweftliche Provinz Mexico's 455 bis 511; Namen 455n; blofs
Calif.; Unter-C., Nieder-C.; *Lower C-ia; la Basse*
C-ie, la Buxa C-ia; las C-ias; islas Carolinas,
punta de Ballenas (f. *B.*); Antheil an Neu-Albion
512n; — Geogr. (u. Gefch.) 456-460; Völker u. Spr.:
allg. 460-8, einzelne 468-482; Sprachftuff 482-511
Alton in Texas, *Alum bay* vom gr Salzfee 338n
Aluquia = *Abiquiu*, *Alverne* f. *Monte A.*
Amabizca in Son.? 59a, Amac-haves = Mohaves
Amaculi in Dur. 177a; *Amador* 1) im ndöftl NCa-
lif. 523mm 2) *county* ib.; Amaguas f. Mohaves
Amalgua (Nebel-Infel) in Alt-Calif. 464m
Amarillas, *S. Luis de las: pres.* u. Miff. in
Texas 306mf, 414aa; Amarionados bei *Cabeza*
de Vaca NM 268nn, Ambata-ut-'tinnè oder Am-
bawtawoot = *Sheep Ind.*, *Ameca* in Guadalx. 178af
Ameges in Neu-Mexico NM 228a, 264a
American fall(s) im *Snake r.* in Oregon 583aa
2) *A. fork* = *Pahgun-aquint creek* 3) *A. river*
öftl. Nbfl. des *Sacramento* im ndl. NCalif. 517n, f,
520mm, *1mf; estero Americano* Haff im nördl.
Neu-Californien 522nf
AMERIKANISCHE oder indianifche Völker [*]
536n-f, PK 348af-9aa; AS 638mm-nn; 366f-7af,
588mf-f; 284a-af, 637mf-nn 2) amer. Sprachen
588mf-f; 139m-nn, 665af-mf; 9a-af; 38m-39nn;
640nf-1mm | Amoc-have = Mohave
Amola Dorf u. *alc. mayor* in Guadalx. 154m
Ampa lake auf der Gränze des ndl. NCalif. 520n
Amuchaba = Mohaves
Amuña, playa de: in Alt-Californien 464m
Doña ANA (D. Anna) im fdöftl. NMex.: 1) Ort
NM 246aa, 255mf 2) *rio de D. A.* NM 256mf
3) *sierra de D. A.* NM 235nn, 7aa
S. ANA (oft *S. Anna*) A. 1) wohl derf. Ort (auch
S. Anna): a) in Cin. (Oftim.) 14a, 179mm, 205nf,
6m b) in Nayarit 16a c) Miff. in *Tarah. baxa* oder
Chinipas 21a, 22nf 2) in Son. (NW von *Populo*)
3) kl. *pueblo* u. Miff. im weftl. (fo nach der ind.
Karte; öftl.?) N Mex. NM 229n, 239mf, 243nn, 4a,
aa, m, 6aa, *mf*, 7a, *256a; Ort im wftl. NMex.,

wohl = der Miff. NM 256a, mm; Spr. NM 272nn,
7n, 8n, 280aa 4) Dorf im fdl. ACalif. 460m‖, 1af
5) *puerto* der OKüfte ib. 6) Infel der ndl. OKüfte ib.
7) im füdl. Neu-Calif.: a) Rancho KN 502m b) *S.*
Anna mts 516m 8) = *Tampico* B. *rio de S. Ana:*
9) in der Gila-Gegend? 239nf 10) Küftenfl. im füdl.
Neu-Californien 522nn, 533af, 550n, 2nf, 560aa‖
11) See in Texas
Anacape, Infel = *S. Tomas* bei Neu-Calif.
An-ndahhas in Texas 425a-af, NM 270f; For-
men: *An.adukkas*, *Ahnaudahkus*, *Ahmaud.;*
Andnicos, *Anduicos; Anandarkoes*, *Nandakoes*
od. *Nandacoes*, *Nadaco* | Anagados *(Aneg.)* bei
Cabeza de Vaca NM 219aa-af, 268nn, 9f, 270mf, f
Anahuac Ort oder Stadt in Texas 413nn, 6n
Analco in Zacat. 154m, 178nn; Anandarkoes =
An-adahhas, *Anowa* Rancheria in ACalif. 464mm
Anderson 1) Ort u. *county* in Texas 2) *A.'s*
island im Puget-Sund in Wafhington 585n
Andreanowifche oder Andrejanowifche
(-nowskifche 699m) Infeln, oder mittlere Aleuten:
in 52-54° N.B. u. 195 -205° I.. (nach *Stein*) 677mm,
699a; Volk 697a, af; Spr. 696nn, 7a, nn, aa, 9a-aa,
m, mm-n; üb. das Wortverz. 699aa-mf, 712n
S. Andres A. 1) in Tarah. 22nf 2) in Utah 334af
3) *minas de S. A. alcaldia mayor* in NBisc. 161m
4) *salinas de S. A.* in NMex. NM 256mf 5) *paso*
de S. A. im fdöftl. NMex. NM 235mm‖ B 6) Nbfl.
des *Brazos* in Texas (falfch *S. Ardress;* auch
Little r.) 412f 7) *arroyo de S. A.* in ACalif.
8) *ancon de S. A.* im calif. Meerbufen
Anegados = Anag., *Anelo* in Coahuila 195nf
Angel 1) in Guadalx.? 15aa; *A. de la Guarda:*
2) Ort im füdl. ACalif. 3) *isla del A. de la G.* ib.
an der nördl. Oft-Küfte 200n, 2a
los ANGELES A. 1) *pu.* in Son. (viell. = *Guevavi)*
19mm, 201m, 220a‖ (Miff.) 2) Bergwerks-Bez. in
Zacat. 178mm 3) ˣ in Texas 4) a) *pueblo de los A.*
oder *Nu. Sra de los A.* im fdl. NCalif. 61a, nf, 524
af-m, 530aa, 6aa; KN 502mm b) *los A. county*
ib. 523m, mm B. 5) Bai de *los A.* der OKüfte
ACalif.'s; *rio de los A.:* 6) Nbfl. des *S. Gabriel* im
fdl. NCalif. 522nn 7) wohl = *Muddy r.* in Utah
NM 307a 8) *cerro de A.* in Potofi 185m 9) *los A.*
point an der *Fuca*-Strafse in Wafbington 670nn‖
Angelina in Texas: 1) Nbfl. des *Nechas* 413a
2) *county; Anguila, arroyo de la:* in Texas

Anian, estrecho de: im nördlichen Amerika
456nf, f; NM 317aa (319aa-af, m, 320af)
  las *Animas* A. 1) 2) Bai u. Infel de las *A.* der
OKüfte ACalif.'s B. *rio de las A.:* 3) = *Alamos*
4) ein und beim *Colorado* 279mm 5) Nbfl. des
S. Juan 342m 6) fdl. Zufl. des *Arkanfas* im ndöftl.
NMex. NM 239mf 7) *las A.* 2 Wüften und Bäche in
Texa C. 8) *sierra de las A.* in Sonora 200mm
Anjukwares in Alt-Californien 468mf, 9m
  Anlygmjuten (-müten) ndl. vom *Norton*-Sund
677aa, 703aa; *D.* u. *S. Anna = D* u. *S. Ana*
Annahawas (-ways) ein Zweig der *Minnetares*
668m, 670aa; *Año nuevo* A. 1) *puerto del A. n.*
an d. WKüfte ACalif.'s B. *punta del A. n.:* 2) ib.
3) im mittleren Neu-Calif. 518f, 9mm; B 316mf
  Antelope island im gr. Salzfee 338mf, 9af 2) *A.*
river oder *creek* öftl. Zufluſs des *Sacramento* in
Neu-Californien 521mm
  Anton chico im öftl. NMex. NM 246af, 255n, 6n
S. Antonio A. Örter: 1) a) Rch in Cin. 179mm
b) im fdl. Son. 2) in Potofi 185mf 3) Miff. in Chihuahua? am *Norte* NM 246af 4) in Texas f. *Bexar*
5) Dorf im öftl. NMex. NM 246af, 256nll 6) im fdwftl. NMex. NM 246af, 256m 7) Real u. Ort im fdl.
ACalif. 459mm, 460mll, 1af, 472nf 8) in ACalif.
bei *Loreto* 9) *S. A. de Padua (S. A. de los Robles*
261mm) Miff. im mittl. NCalif.*524nn*, 535mf, *561m;*
Spr. 535aa, 8a-aa, mf, 561mm-n; W. 535aa-m, 602af;
*536af-7aa B. Flüffe, *rio de S. A.:* 10) in Durango 176nf 11) in Coah., bei NLeon u. NSantd.
188nf, 191mm, 5m 12) ndwftl. Nbfl. des *Norte* in
NMex. NM 239n 13) 3ter Fl. in Texas 409n-nn,
*412nf*ll 14) angebl. Fl. in NCalif. 15) *S. A. creek*
wftl. Zufl. des *S. Buenaventura* ib. 522nn 16) *vado de S. A.* in Texas 193m C. 17) *cerro de S. A.*
im nordweftlichen Neu-Mexico NM 235n
  Antunes in Son. (bei *Populo*); Anwigmjuten
(-müten, *Inkality A-mj.*) in O des *Norton*-Bufens
675nf, 706aa; *Aome = Ahome*
  APACHEN oder *APACHES*[*] (*Appaches*; adj.
apache 310mf; *Apacheria* 303nn) im nördl. Mexico
298 bis 322: 1) geogr. 249m, 298mm-n, nn-f, 300
n-nf, 1a, af-mm, n-nn, 2a, aa-mm, nn-nf, 3af-nf, 8mm
2) Volk *298af-303a;* PK 324aa, nn, 350mm; NM
253f, 4m-mm, 7af, 265aa, 7nnll, 270aa, 301af, 8nn;
Einfälle *308af-314mm;* PK 322af-m, NM 212nn
3) nach Provinzen 182m-mm, 305mm-6m, 8af,

·314a-mm ....; in NMex. *275mf-6af* ... in Texas
306m-8af, *425nf-mm* 4) Stämme mit Beinamen
303nf-5mf; Apaches Chiricaguis f. bef.; *Coyoteros* 301m, *4a,* mm, 319mf; *Faraones* od. *Phar.*
183m, 258n, 299m, *304a-aa,* 6aall, nf; NM 237mm;
Gileños 280mm, 303n-nn, *4aa-m,* 5a, *n-nf;* von
den Kupfergruben *304mm-mf,* NM 256m; *Lipanes
(Ipandes)* f. bef.; *Llaneros* (falfch *Taneros* 304nn,
314af) 281m, 295a, 303mm, *4nn,* 6aa, 314af, 425
mm, 434mm; *Mescaleros (Mez.; Muskaleras,
Muscalaroes)* 183m, 258n, 299m, 301af, *4nf-f,*
6aall, nf, 8a, aa, 315nf, 9mf, 365m, *425mm-mf;*
NM 235nf; *Mimbreños* 299m, 303mf, nf, 5a, 6af;
Natages f. bef.; *Pelones* 305aa, 8a, 315nf; *Pina-
leños* 304mm, *5aa-af,* 314a, 423aa; *Pinoleros,
Sacramento A.* NM'235nf; *tontos* 208nn, 303nf,
5m-mm, 314a; PK 350af; *Vaqueros* 299n, 305mm;
NM 273af 5) Sprache 270m-mf, 314mm-8nf,
9mf-nn, 688aa-af; NM 274nn-5a
  [*Apalache* in Flor.: 1) alter Ort 2) Fl. 425n;
Apalachen (*Apalaches, Appal, Appalachians*
636mm) Volk aus Flor. am Red r. *425n-nn,* 636mm
(Sprachfam.); *Apalachicola* (auch *App.*) Bai in
Florida NM 214mm, 5aa]
  Apalamn bei *S. Francisco* im ndl. NCalif. 565n
Apate=bahia de los Dolores der OKüfte ACalif.'s
464mm, *playa de A.* ib.; *Apishpa (Apischipa)* fdl.
Zufl. des *Arkansas* im ndöftl. NMex. NM 239mm
Apomas Real der Intendantfchaft Sonora 204nn
Apostel-Flufs im nordweftlichen Mexico 661a
App creek vom Syftem des *Utah*-Sees 340aa
Appalaches=Apalachen, *Appalachicola=Apal.*
  [Appalousa in Louif.: 1) Volk (auch *Appe-
lousas, Opelousas*) *425nn-nf* 2) *Opelousas (Op-
pe., Opeloussas; Appelousa* und *Appelouses*)
Landftrich oder Bezirk 425nn 3) *Opelousas (Oppe-
lousas, Appalousa)* Dorf 425nn, nf]
  Aquamish im *Charlotten*-Sund B 381aa
Aquimari im ndwftl. Son., *Aquismon* in Potofi
185mf, *Aquitoa pu.* in Son 201mm=*Aquitun* 276nn
  Arache = Land Arkansas NM 226a ✻ Aracho
ein Stamm der *Comanches* 367aa; *Arago,* Cap im
fdl. Oregon 581nn; *Aranda* in Guadalaxara 178af
  Aransaso in Texas: 1) Bai *412mm,* 429mf
2) Fluſs (2B) 408mf, *412nn* 3) Ort
  ARAPAHO(s) am ob. *Platte*-Flufs (früher in N);
Formen: *Arapahoe* 610aa, -*hoes* 635mm; *Arra-*

pahoes 609a, 667a; *-haes*, *-hays* 667a; 1) Volk
432a, 608nn, 9a‖, 610aa, 633f, 5mm, 666n-7aa;
NM 265af, 306mf; auch gen.: a) *Fall-Ind.*, Fall-
Ind. (eig. der Hauptftamm 666nn-7a) 634n, 662m,
nf, 3n, 5nf, 6n, *nf,*.7af|‖, 9nf b) *Atsina* 662nf, *f-
3a*, 6n, *nn* c) *Ahni-ninn* 666nn d) *Rapid Ind.*
591nn‖, 9nf, 666nf, *f, 7af* e) *Gros Ventres des
prairies* 662nf, 3m, mm, 6n, 7af f) *Paunch Ind.*
666nf, 9nf g) *Minetares of the prairie*(s) 666nf,
9nf 2) Spr.: Veth. *610nf-1m*, 662nf, 3m, mm,
4mf-n, 7a, *m-nf,* 9nf; über Wortverzeichniffe 610
a, aa, 1a, 663n, *7aa-m;* NM 282n
   Arbadaos bei *Cabeza de Vaca* NM 219nn‖,
268nn, 270mf; *Arboleda* in Cinaloa 14aa
   [*d'Arbonne* weftl. Nebenfufs des grofsen *Washita* (vielleicht = Humboldt's *d'Acton*)]
   [*Arbuckle*, Fort: im *Indian terr.* 442nf, 3af]
   Arch spring bei Zuñi in NMex. NM 305aa, mf
   Arcokisa = *rio de la Trinidad* in Texas 436f
   S. *Ardress* falfch für S. *Andres*
   Arecife in Cin. 14aa; *Arena, punta* oder *barra
de:* im ndl. NCalif. 519a, mf; *Arenas* Cap der Oft-
Küfte Alt-Calif.'s, *Arenoso* Bach in Texas (4B)
   Aretiqui angeblicher Flufs in Utah 334mf
   Arguello punta im füdl. NCalif. 518f, 9m *(Ar-
guilla)* 2) S. *A.* Ort ib. 457af
   Aribeti, -betzi, -bechi (Aribetechi 201mm) Df
u. Miff. in Sonora (*Pim. alta*, Oftim.) 19mm, nn,
201mm, 229mm; Arickara, -rees = Riccaras
   Aripe in ACalif.: 1) Volk 469m, 487a 2) Spr.
474aa, 8af; *Arisiachic* in Chihuahua 310m
   Arispe (Arizpe 314m) 1) Stadt u. Miff. (19nn)
in Sonora 19mm, nn, 20mm, 200m‖, *1mm,* 314m
2) Flufs 230na
   Aristizabal, Infel fdl. v. *Banks-*Infel, an d. brit.
WKüfte (im *Pitts-*Archipel), dem SEnde der *Char-
lotten-*Infel gegenüber, c. 50°¼ N. B.: B 320mm
   Arizona 1) Ort u. Goldwäfche im nördl. Sonora
201mf 2) jetzt Landftrich füdlich vom *Gila,* an die
Vereinigten Staaten abgetreten
   Ark *(Auke)* an der ruff. Küfte 675m, PK 379n
   [*Arkansas* [*] gr. weftl. Nbfl. des *Missisippi*
413af, NM 239m-mm]; *Armadillo, valle del*
oder S. *Isabel del:* in Potofi 185mf
   Arrapahoes (-haes, -hays) = Arapaho
   Arrenamuses in Texas 420mm, 6f; *Arro-* od.
*Arroo-*Archipel, Infeln und Canal: f. *Haro*

Arrow lakes öftl. vom *Okanagan-*See im brit.
Ndam., *Artemisia* Gegend beim gr. Salzfee 339mm
   Artsmilsh an der SKüfte von Wafhington 596n
   Aruy f. S. *Benito; Ascension, rio de la:* in
Son.201a, 2mm,3mm,4mm,219n,nn,221nn;PK349n
   Aseguang auf den *Charlotten-*Infeln B 394aa
   Ashley lake (falfch *Astley*) in Utah 333mm
2) *A.'s fork* Zuflufs des *Green river* 331af
   Asinais + in Texas: 1) Volk (wohl = *Inies* 426a,
431af, 442a) 415m, mm, 426a-aa, 431af 2) pre-
sidio de los Texas, As. oder Miff. de los Indios
A. f. a) *Dolores* b) S *Francisco* 3) *rio de los A.*
   Asineis in Texas 415mm, 426aa
   Assiniboin(s) 1) Volk der Verein. St. nnd des
füdl. brit. Oftlandes (*Assineboin* MB 470nf) MB
469nn-f, *470n-nf;* auch *Stone Ind.* gen. MB 469
nn, nf, 470n 2) Spr. 641m, 670aa; NM 283aa, MB
470nf 3) Flufs = *Red river* No. 4
   Assumpcion=Asuncion, Astley lake=Ashley
   Astoria Dorf, ehem. Fort (*fort George* 613nn),
an der *Columbia* im nordweftlichften Oregon 532m,
583f-4a, 615a, 6nf, 633m
   Asuncion 1) alter Ort in Utah 342af 2) *rio de
la A.* (*Assumpcion* 253a, aa, 264mm, 285mf)
nördl. Nbfl. des *Gila* (= dem weftl. S. *Francisco*
253a) 201a, 251f, 3a|‖, aa, af, 264mm, mf, 285mf;
PK 350af 3) *ensenada de la A.* f. *Heceta*
   Asusa Hacienda in Neu-Californien KN 502mf
   Atahnam Zufl. der *Yakima* von der *Columbia*
in Wafhington 587aa; S. *Atanasio* 1) alter Ort in
Utah 342a, f 2) *pueblo* in Alt-Californien
   Atascosa (Atlascosa) kl Flufs in Texas (*2).
   Atayos bei *Cabeza de Vaca* NM 219mf, 268nn,
270af, mf; *Atcha,* Atchaer f. *Atchu*
   Atchu (*Atcha* 697a) eine öftl. andreanowfche
Infel, nach Weil. in 51°¾ N. B. u. 202-204° L.
696nf-7a 2) Atchaer, Bewohner *677mm* 3) at-
chifcher Dialect 696f-7a, af, 9a, mm
   Atchwigmjut gegen den *Norton-*Bufen 675nn
   Até Flufs von *Nayarit* (auch *rio de Jesus
Maria)* 26m, f, 59af
   Ateacari, sing. Ateanaca: die Anwohner des
Fl. *Até* Dialect von *Nayarit* 26m-mm, 59af
   Atenah = Atnah, *Atequiza* Landhaus in Guadala-
xara 178af; Athabasca, -cans = Athapasca, -sken
   Athapasca + *(Athabasca)* 1) Volk f. Atha-
pasken 2) See im brit. Oftlande, in 58°⅔-59°¼N.B.

u. 106-112° W. L. v. Gr. ... MB 467mf, 470m, 5mm, *6a, aa-af,* m, n, 7m, 9af; auch *lake of the Hills* gen. MB 467mf 3) Fluſs ib., 52°½-59° N. B., in den See *Athap.* mündend MB 467af, *470m-mf,* 4a, 5a, *6aa,* 7m, ſ; auch gen.*Elk r.* MB 467af, 470 m, 6aa, 7m, mf; u. *rivière de la Biche* MB 475a

A t h a p a s k e n [*]: N a m e MB 466af; Formen: *Athapasca, Athabasca, A. 'tinnè; Athapascas, -cans;* 1) einzelnes V o l k um den See *Athapasca* u. weiter (= *Chepewyans,* wo das meifte fteht) A 148n, 150a, nf, 1mm, nf-2a, 251m; MB *476a-af,* 8aa; AS 317a; Spr. (ſ. meift *Chep.*) A 150nf, 1mf-nf, 2a 2) die füdl. oder continentale Völker- u. Sprach-Familie A 149-155-170-222 3) gr. Völker- u. Sprachftammˊ(ˊ*Tinnè*) A 250-260-268-313; MB 465-469-486, AS 710m-nn

Athens in Texas, *Athna* u. Athnaer = *Atnah*

Ati (el A.) Miſſ. u. ind Df im ndwftl. Son. *(Pim. alta)* 19nf, 201mf, 277mf; *Atkins* Zuſl. des *S. Jacinto* in Texas, *Atlascosa = Atascosa*

A t n a h 2 Völker u. Spr. B 320nf: A. füdliche oder Kinn-Ind. *(Chin Ind)* oder S h u s h w a p(s) im füdl. brit. Weftld., c. 51° (*Atenah* 591nf); Formen: *Shoushwap(s), Shoushaps, Soushwap; Shushwapumsh* 2) Spr. B 321n, 2mf, nn; AS 658nf-9a, 690mf; Verh. 602nf, 4af, 658nf-9a, 690n-nn; über Wortverzz. B 320nn, 1a-mf, nn-f, 2a-af, 3aa; AS 604 af, 615nn, 659a. — B. nördliche: im ruſſ. Ndam., am Kupferfl., in 61° [*690 mf-2aſ]: Name 690n, ſ-1aa (*Atnacht,* -ten; *Atna, Athna;* Atnaer, Athnaer); 1) Volk A 158nn, 253m, 5m, 320f; PK 378 mf; AS 598n, 677m, 690mf, nf, 1af-m 2) Spr. A 224af, m, 253m, nf, 5aa, m, mm; AS 690mf, 1 aa-af, mf, 709aa, f, m; auch mjednowifche gen. A 224af, m; AS 690nf, 1aa; Veth. 684m, 5m, 7aſſ, mm, 690n-nn, 1aa-mll, mm-mf, 705nn, 6aa, 9a, af, mm-mf; Wortverzz. 673mm, 691mf-n; *691nf-2af; gramm. 691mf-nn 3) Fluſs = Kupferfluſs

Atotonilco 1) allgemein 59m 2) Rancho und Hacienda in Durango 59m, 179aa, 311m, 2aa, mf, ſ

A t o y a c oder *Atoyaque (Attoyac, Toyac)* 1) Nebenfluſs der *Angelina* vom *Nechas* in Texas 413a, 6f-7a (2) andres 417a)

Atrisco im wftl. NMex. (vgl. *Albuquerque y Atr., villa)* NM 246a-aa, mm, 250a, 6a, mm

Atschemes in Alt-Californien 468mf, 9m

Atsina = Fall Ind. = Arapaho, Atta = Attu

[Attacapa(s) + in Louifiana *(Attacappas, -kapi):* 1) Landftrich oder Bezirk 426aa 2) Ort? 426m, 9nn, nf, 436aa 3) Volk 426aa-af 4) Spr. *(-pa)* 425nf, 6aa, af-mm, 435a, 449af]

Attu (Atta 696nn) die weftlichfte Infel der äuferften Aleuten in W 696nn, *9a*

Auburn im ndöftl. NCalif. 526f, *Auguail* (15aa) ſ.*Nayarit, Augusta creek* Zuſl. der *Vaca* in Texas

S. Augustin A. Örter: 1) in Tarah. 22nf 2) Stadt u. *county* in Texas [3) Fort (u. Stadt *St. A.*) in Flor.] 4) *S. Agustin* in ACalif. B. 5) Fluſs im mittl. NCalif. 523aa 6) Infel bei Son. 200n 7) *St. A.'s pass* im ſdöftl. NMex. NM 235unm | Auke=Ark

A u s t i n in Texas: A. 1) *A.'s* Colonie 411m, 3nn, 6nn, 429m 2) *A.'s and William's grant* Col. 3) *Austin (city)* Hauptftadt 413nn, 421a 4) ſ. *S. Felipe de A.* 5) *county* 6) *port A.* B. 7) 2 kl. Flüffe (5 B, 6 B; falfch *Ausun*) 8) *A. lake | Aute = Auto Autlan* Flk. u. *alc. mayor* in Guadalx. 154all, m

[*Auto (Aute)* alter Ort und Bai in Flor. NM 214 m, 5nf, 268f]; auch bei *Cabeza de Vaca* NM 219mm, n, 268nn, 9f, 270aa, mf

Avinito Real der *diputacion Parral* 177mm

Avonkaree Nebenfluſs des *Colorado* 358mf

[*Avoyelle(s) (Avoyall)* in Louiſ. 426n, 440af, m]

Awakat ind. Ort an der untſt. *Columbia* 613nn

Axa fabelh. Reich im N: NM 226nn, Stadt im NO über Neu-Mexico NM 225nf (auch *Haxa*)

Axixis in Guadalaxara 178af, *Axtla = Aztla*

A x u a s in Son.? 237m-mm, A x u c a s am *Gila* 237mm, *Ayala* Hacienda in Durango 179aa

Ayennes = Inies; A y e s (Ays, wohl = *Eyeish)* in der weftl. Luifiana 424nn, *6mf*

Aygame (Agame) Real in Son. 201mf, 310n

Ayish bayou ſ. bei Eyeish

A y n i c s in Texas (wohl = *Inies*) 421af, 6mf, 431aa

Ayotes = Yutahs; Ayre, cerrito del: in Coahuila oder Neu-Leon 194mf; Ays = Ayes

A y t c h - a r t s auf der *Vancouver*-Infel B 328mm, 349n; Ayutans ſ. Comanchen, *Aztalan = Aztlan*

A z t e c pass 327a 2) *A. range* im weftl. Gila-Lande 534n

A z t e k e n oder M e x i c a n e r [*] (womit meiẛt der ganze Völkerftamm der Nahuatlaken und deren Sprache *nahuatl* gemeint ift) 1-11-43-67-120-135; LVA 433 bis 470; varia: 1) Volk 149n-150 mm, 295aa-m, 7m-nn, 660m-mm, 6af-n; PK 338m-

340aa, mf-n; NM 260mm-1f; LVA 467af-mf; — AS 54m-58mm, 66, 297m-f, 359nf-360af, 648a-mf, 665mf-6n; NM 260mm-3af, 303nn-5a; — AS 58 mm-62mm, NM 262mm-f 2) S p r. 57a-mf; 63m-nf; 149n-152nf; 53a-mm; 51m-53a, 53 }a-mm, 8aa-m, 629-630m; NM 281mf-2af, B 368nf-371a; — AS 151m-mf; — PK 380n-1nn, 3nn-7m; B 330m-3mf, 363a-4m; AS 658af-mf, 672mm-n, 684mf-5nn; 660aa-mm, 684m-mf, 691mf-nn; 630aa-m, 645nf-6mf; 51a-m, B 364af-m; — AS 464aa-m; 144n-6a; LVA 473mm-8af, 483, 513mm-n, 524af-n, 538a-af, 548a-af

Aztla (Axtla) Dorf in Potofi 185n

Aztlan (vgl. *Axa*) 1) Vaterland der Azteken (Prov. NM 261mf) 66mm, n; B 331af-mll; NM 260 mf, n, 1mf; PK 339aa, m-mm 2) ˣ im Staat Wisconfin 66mm, *f*, 67n-nn

Azul A. *rio A.:* 1) ndl. Nbfl. des *Gila* 201a, 251nn, 2mf, n, nn, nf, 3a, aa, 277a, mf, n, 280a, 542mf; PK 328a 2) räthfelh. Flufs in der Nähe des *Colorado* 254mm-mf, 6m-mf B. *sierra A.:* 3) in Son.u.im ndl. ACalif. 200aa 4)wohl eine nördlichere

B.

Babiacora (Babicora 19mm, 201mf; *Babiacoa* 22aa) Miffion, Pfarrdorf und Real in Sonora 19 mm, 20n, 22aa, 198n, *201mf,* 229mm

Babine-Gebirge: neben den *Rocky m.* in W herlaufend, im britifchen Weftland, in Entfernung von der ruffifchen Küfte: c. 56°⅔-60° N. B.: B 401aa

Babispe = Bavispe, Babonoya in Tarah. 22f

Baborigame = Babur., Baboroco Pafs in Son. 198nf, B a b o s a r i g a n e s in Durango? 178nf

Babuli = Baburigame, Babuquibari 1) Ort im ndl. Son. 2)*Babuquibiri* Gebirge in Son. PK 350m

Baburigame (Babor. 21m, 24af) Miffion in der Tepeguana 25aa-af (auch *Babuli* ib.)

Bac (Vac), S. Xavier del: Dorf und Hauptort einer Miffion im nördl. Sonora 19mm, *201mf,* 237 af, 261aa, 2mm, 277mf, 286nf, 8nn; PK 329nf

Baca 1) in Cinaloa *(Vaca* 14a) 156m, 205nf, 6m 2) *la B.* in Texas = *Vaca*

˙*Bacade* in Sonora (wohl = seq.) 19mm, *201m*

Bacadeguatzi oder *-guachi* Dorf und Miffion im öftl. Sonora (vgl. *Bacade*) 19nf, *201n,* 229mm

Bacamzi in Son. bei *Arispe,* wohl=*Bacanutchi*

Bacanora in Oftimuri 205aa

Bacanutchi Real in Son. (vgl. *Bacamzi*) 19mm, 201n; *Bacas = Vacas, Bacatopa* Real der Intendantfch. Son. 203nn, *Bacaverito = Bacuberito*

Bacca = Vaca

Baceoac, S. Maria de: Df u. Miff. in Son. 201nn

Bachimba 2? im ndwftl. Mex. 21nfll, *Bachinela* im öftl. Son.; *Bachiniba* im ndwftl. Mex. (= *Chinipa?*) 21mm, nf (auch *Backinoa* gen. 21nf) [wohl alles Ein Name]

Bacis Bergwerks-Bezirk in Durango 177a

Back river = gr. Fifchflufs, *Backinoa = Bachiniba, Bacoati* und *-atzi = Bacuachi*

Bacuachi (Bacoatzi) pres. v. Goldwäfche in Son. (bei *Arispe*) 201nn, 230a, 314af; = *Bacoati* Miffion 19mm, 201nn

Bacuberito 2 Örter in Cin. 179mm *(-birito),* einer 206af *(-berito),* nn *(Bacaverito)*

Bacun ind. Dorf in Sonora 201nn, 211mm; *Bacuna* in Cinaloa 206m, *Badiroguato* (206nn) oder *Badicuárato* (179mm) gr. Dorf in Cinaloa

gr. B ä r e n f e e im ndwftl. brit. Ndam., 65-67° N.B. u. 117°⅔-123° W.L.: MB 480n, 1a, aa, afll, n, f, 2aa, *af-m,* mm; B a g i o p a s oder Bajiopas in O am *Colorado* 277mm, 8mf, 533nf, 4aa; *Bahcon* oder *Bahicum* Miffion am Süd-Ufer des *Hiaqui* 156af

B A H I A 1) presidio de B. (auch *Bavia*) in Coahuila 195nf 2) *la Bahia:* pres , Miff., Ort u. Stadt in T e x a s 410aa, mf, 3m, *nf,* 4m, 5mf, 429aa, m; ˙Namensformen: *pres. de la B.* od. *la B. del Espiritu Santo* 405af, blofs *(la) Bahia* 414m *(Labadie); pres. del Esp. Sto;* auch pres. de *Nu. Sra del Loreto;* Goliad 413nf, 429aa (auch *county)* 3) Bezirk *B. del Espiritu Santo* ib. 405af

Bahicum = Bahcon, Bainbridge island im fdl. *Admiralty inlet* in Wafh. 585n, Bajiopas = Bag.

Baker, mount: im ndwftl. Wafh. 584n 2) *B.'s* Bai im N an der Mündung der *Columbia* 613nf, 6*f;* auch *Chenook bay* genannt

B a k o w - a im nördl. Neu-Californien 573n

Bald Hill-Ind. bei *Humboldt's* Bai im nördl. NCalif. 570m, 1f, 3f, *4aa;* auch *Oruk* u. *Tchololah* gen. 574aa | *B a l l e n a s* A. 1) *canal de las B.* an der ndl. OKüfte Alt-Californiens; *B. punta de B.:* 2)= Cap *S. Lucas* in Alt-Calif. 3)= Alt-Californien

B a l o b a l l a Spr. = Hailtsa 675m, B 382aa

B a m o a † in Cin.: 1) Volk und Sprache 156nf, 160mm, 209af, mf 2) Dorf 160nf, 206m, 9n

Banamichi (-mitza 201nn, *Banumichi*) Pfarrdorf u. Miffion in Sonora 19mm, nf, *201nn,* 229mm

Banax = Bouaks

Bandera Zufl. der *Medina* vom *S. Antonio* in Texas

Banks-Infel an der brit. WKüfte (im *Pitts-Archipel*), der Mitte der *Charlotten*-Infel gegenüber, c. 53°$\frac{1}{2}$ N. B.: B 320mm (auch *isla de la Calamidad*), 400af

Bañuelos, rio de: in Zacatecas 178m

Banumichi = Banam., Bapispe = Bavispe

Baranow, Infel: im ruff. Nordamer., füdl. von *Tschitschagow's* Infel, von über 56°-57°$\frac{1}{2}$ N. B. (= Infel *Sitka* PK 376m; = König-Georga [III] Inf. PK 376m,9n) PK 376m-mf,9n; B 404af, AS 680mf

[*Barataria (Barrat., Barritara* 440nf) in Louifiana: 1) Bai (oder See) 410n, 429n 2) Infel 440nf]

Barazas in Durango 312mf

S. B A R B A R A A. 1) a) Miff., *pres.* u. Hafen im fdl. N C A L I F. 516n, *524mm*, 535mm-mf, 541aa||, 560m, mm; *county 523m;* Völker 529aa||, Volk 540nn; S p r. 356mf, 531mf, 5aa, *8a-m, mm, 540m, 1a-af,* 560m, 3n-nn; W. 515aa-m, 602af; *536af-7aa* b) Can a l *de S. B.* Meeresftrecke ib. *518nf, f, 9m, mm,* 524af, mf, 535mm, 560m; im Canal: Infel 535mm, 549nf (= *Trinidad?* 540nn); Infeln 513n, 8nn, *9m, mm,* 540mm, nn||; Volk 528a-aa, *540nn-nf;* Spr. *540mm, 1a-m,* 560m; Wörter 540nf; Sprachen am Can. 546af 2) a) Miff. in C h i h u a h u a 176a, NM 246nn; *minas de S. B. (alc. mayor* u. *real)* ib. 161mm, NM 246nn b) Ort in Texas c) Ort im fdwftl. NMex. NM 246af, 255mm, 6m 3) Ort in Potofi 185n B. 4) Bucht in Cin. 5) *sierra de S. B.* in Sonora 314af

Barca alc. mayor u. kl. Stadt in Guadalx. 154af

Baresaca f. *Bazaraca, Barosso = Barroso*

Baroyeca (Bayoreca 202a) in Oftimuri (nördl. vom *Mayo*), al. Real in Son. 202a; *Barra* f. *Salinas*

Barranca Rancho in Durango 311m, 2f; *B. colorada* Dorf in Chihuahua PK 335m

Barrataria = Barat., Barrier river weftl. Zuflufs der *Columbia* im nördl. Wafhington 587aa

Barriga de Plata Berg in Potofi 185m

Barritara = Barataria

Barroso (Barosso) ein Arm der *Trinidad* in Texas

Barrow, point: nördlichfte Spitze des nördl. Continents von Amerika, in 71° 25' oder 24' N. B. und 157° W. L. 690a (703af)

[*Bartholomew river* öftl. Nbfl. des gr. *Washita*]

S. Bartolo in Alt-Californien

S. B a r t o l o m é A. 1) in Chihuahua: Pfarrdorf 176aa; *pres.* 161m; NM *246n-nn, nf,* 7mf; *dlc. mayor* in NBisc. 161mm 2) im öftl. NMex. NM 246m 3) *valle de S. B.* Thal in Chihuahua 198f; NM 227nn, 8aa, f, *246n-f, 7mm-nn* B. 4) Haff in Son. 200n 5) Cap auf einer kl. Infel wftl. v. Prinz-*Wales*-Infel, im ruff. Ndam.; in 55°$\frac{1}{4}$ N.B.: B 319af

Barton's creek in Texas (*6)

Basasiachi (Basaciachi) in Tarahumara 25af

Baseraca = Bazaraca, great Kasin f. *Great*

Basochuca Real in Sonora 19mm, 201nn

Bastrop in Texas: 1) Ort und *county* 413nf 2) kl. Flufs (6B); *Batacosa* in Cin. 14a, 206aa, 210m

Batemaneco in Sonora 310n

Batemdakai-ee am *Eel r.* im nördl. NCalif.: 1) Volk 574nn 2) Sprache 574nn, 5af, *mm-mf*

Batepito in Son. 201nf, *Batequi* ib. 201nf-2a

Batopilas in Chihuahua: 1) Flecken 21nn, 176aa 2) Prov. 161af, 177nn, 8f; *Batopilillas* Miffion in *Tarah.* baxa oder *Chinipas* 21a

Batres Landgut in Durango und Xalisco 177a

Battle creek öftl. Nebenflufs des *Sacramento* in NCalif. 521mm 2) *B. river* weftl. Zuflufs des nördl. Arms des *Saskatchewan* 665nf

B a t u c o + in Son.: 1) Miff. (19nf) u. Pfarrdorf (*Batuca* 222aa, *Batuc* 202a, *Batuso* 202a) 19mm, nf, n, *202a,* 222aa, af 2) Volk u. Spr. *Batuca* 208f, 9a, af, *222a-af* |

Bavia f. *Bahia*

B a v i s p e + (*Babispe* 19mf, 230a; *Vavispe* 19n, 202a, 229mm; *Bapispe* f. No. 2) in Son.: 1) Miff. (19n) u. *pres.* 19mf, n, *202a,* 229mm, 230a, 314m, mm 2) Volk 209a *(Bapispe)* 3) *rio de B.* in Sonora und Chihuahua 175f, 201a

Bay prairie in Texas

Bayaconi Miffion in Sonora 19mm, 202a

Bayona, rio de: in Cin. 14a, 179af (= *Cañas)*

Bayoreca = Baroyeca, Bayta in Cin. 206nn

B a z a r a c a (Baseraca; u. wohl = *Baresaca* 19nf, 202a) Miffion im öftl. Sonora (*S. Maria B.* PK 350mf) 19mm, 202a; PK 350mf, nf

Beale's grant Colonie in Texas

B E A R river: A. 1) Zufl. des gr. Salzfees in Utah (viell. = *S. Buenaventura,* f.) 335mm, *nn-nf, 7a-aa,* 8nn, f, 9a-aa, 583mf, 638a b) Thal 328a, 9aa, 637nn-f c) *Bear r. bay* in gr. Salzfee 338n, nf,

339a, aa 2) Nbfl. des *Green r.* (auch *Yampah* gen.; viell. auch *Yampancas*, viell. auch = *Yampai* No. 1) 331n, 5aa 3) (auch *creek*) öftl. Zufl. des *Sacramento* in NCalif. 521mf 4) Fl der NKüfte NCalif.'s 523a 5) *B. creek* 4 in Texas (5, 6‖, 8); f. noch No. 3 B. 6) *Bear mountains* im füdöftl. Oregon 580nn

Beaulieu weftl. Zuflufs des *Sacramento* in Neu-Californien 522a, *Beaumont* in Texas

Beaver river Anfang des *Churchill*-Fluffes im brit. Ndam. MB 467aa [2] *B. creek* ndl. Zufl. des *Red r.* im *Indian terr.*]; *Beavertown* am *Canadian* NM 312nn, Bedahmarek im ndl. NCalif. 573mm

Bedies, Bedins, Beedi = Bidais

Beer spring Zuflufs des *Bear r.* in Utah 337aa

Begates in Coahuila 195f, *Behrings-Str.* u. a. = *Berings-Str.*, *Bejar* = *Bexar*

Belen A. 1) ind. Dorf in Son. (*Bethlen* 206m, *Bethlem* 202aa, *Bethelen* 202aa, 219aa) 19mm, *202aa*, 6m, 211mm, 9aa 2) im weftl. NMex. NM 246m, 255mm, 6m B. 3) *canal de B.* Meerenge im O der Infel *Revillagigedo*, im füdlichften Theil der ruffifchen Küfte, 55-56° N. B.: B 398nn

Belknap, Fort: in Texas 413nf, 422mm, mf, nn

Bell county in Texas 2) *Bell's landing* = *Marion* Bellahoola = Billechoola, *Belleville* oder *Bęllv.* in Texas; *Bellingham*-Bai im ndlft. Wafh. 584 nf, 5a, mm, n, 6aa-af, 8a, 595mm; Völker an ihr 595mm, 6mm, 670nn; *Belton* in Texas, *fort Bend county* in Texas, *Bendy's landing* ib.

Benicia Stadt im mittleren Neu-Calif. 526af, nn

Benites, vado de: in Texas

S. Benito 1) Thal in Cin. 206aa, nn-nf 2) Flufs im mittl. NCalif. 523aa 3) *S. B. de Aruy* Rch in ACalif.

Beñeme oder Beñame im füdl. Neu-Calif. 262a‖

[*Bent's fort* im füdl. Nebraska, an der NO-Gränze Neu-Mexico's 608nf, 9nn; NM 242n]

Benton county in Oregon 583nn, nf

Berg-Ind. = *Mountain Ind.*, *Bergel* = *Vergel*

BERINGS-Bai (*Behr.* 683nf; auch *Jakutat*, f. bef.) im ruff. Ndam., beiden *Elias*-Berge: in beinahe 60° N. B. u. 139°-140° W. L. 682mf, 3a, nf; B 319mm, 333af, 399a; PK 380n; auch Admiralitäts-Bai 2) *Berings-Meer* (ähnl. *sea of Kamtfchatka*) im W des ruff. Ndam.'s um Cap *Romanzow*, 61-63° N. B. und wohl noch höher 690a, m, 709m 3) *Berings-Strafse:* über dem *Norton*-Sund,

c. 65°⅓-66°⅓ (nach Sag.; weiter, Rich., 63°½-c. 67½) N. B. und c. 168°-169° 40′ W. L. 674aa, 692mm, 711a, mm [B. 4) *Berings*-Infel im O bei Kamtfchatka, 55-56° N. B. und 184° L. 677n]

Berjeles = *Vergeles*

Bermejo oder *Vermejo:* 1) *mar B.* = califurnifcher Meerbufen; *rio B.:* 2) (falfch *Verniego*) viell. = *Zuñi*-Bach im weftl. NMex. NM 224af, f 3) im öftl. Neu-Mexico NM 239mf, 241a

S. Bernabé 1) Erzgang in Zacat. 178mm 2) Bai der füdl. OKüfte ACalif.'s 3) Hafen u. Infel ib., aber nördlicher 4) *rio de S. B.* Nebenflufs des *Buenaventura* in Utah 335n

Bernalejo, S. Martin: Real in Potofi 185n

Bernalillo im öftl. NMex.: 1) kl. Flufs NM 239 mf, 246af, 7a 2) Rancho NM 246a

S. Bernard's peak im füdl. Neu-Calif. 516aa

S. Bernardino A. 1) Ort in Chihuahua (Tarah.) 22nf, 176af 2) Ort in Coahuila f. *Candela* B. im füdl. NCalif.: 3) Küftenfl. 522nn 4) *county* 523nm 5) Berg 515m 6) *S. B. chain* oder *range:* Gebirge 516a, m

S. Bernardo A. 1) Bai = *Matagorda*-Bai 2) *rio de S. B.* in Texas (5 B) 412f B. 3) Infel an der ndl. OKüfte ACalif.'s 4) Infel beim füdl. NCalif. 513mm, 8nn; B 316mf C. 5) Ort in Coahuila 366nn 6) alter Ort in Utah 342a | *Bethelen, Bethlem* und *Bethlen* = *Belen; Bevil's creek* Zuflufs der *Sabina* in Texas 2) *B.'s settlement* ib.

Bexar (Bejar), S. Antonio de (auch *B.* u. meift *S. Ant.* allein): Stadt, Miff. (409n) u. Pref. (409nn) in Texas (bis vor kurzem Hauptft.) 306nn, 7af, 324f, 363aa, 5aa, 405af, *410aa*, n, 3m, nf, 4m, mm 2) *B.* auch Bezirk 405af, jetzt *county*

Biaundó f. *Viggé*

Biber-Ind. im brit. Ndam.: 1) Volk A 151aa, 3nn; MB 475af, mm-f, 9mm 2) Spr. A 151aa, B 321n; MB 473mm, n-nf; üb. W. MB 473nn, 5n-nf

Bican = *Bicum; Biche, rivière de la* = *Athapasca*-Flufs; *Bicum (Bican, Bocon)* ind. Dorf am SUfer des *Hiaqui* (in Son., Oftim.) 202aa, 211mm

Bicuñer, S. Pedro y Pablo de(l): bei den *Yumas* 268aa

Bidaie Ort in Texas 426mf, 436nf

Bidais† in Texas: 1) Zufl. der *Trinidad* (falfch *Bedins*) 426mf, 474a 2) Volk *(Bidaes; Vidais, Bidias; Beedi, Bedies)* 426mf-n

Big 4 Bäche in Texas (5 B, 6, 8, 11); *Big field*
Gegend beim gr. Salzfee 339mf; *Big horn = Long's*
peak; [*Bighorn river* fdl. Nbfl. des *Yellowstone*
r. im Miffouri-Terr., 42° 20'-46° N. B. 633mm]
— fonft wird der Vorfatz *big* nicht gerechnet
Bigler lake zw. Utah u. d. ndl. NCalif. 332a, 520ᵐᵐ
BILLECHOOLA an der Münd. des füdl. (kl.)
Salmon r. und weiter hin, nördl. von den *Hailtsa*
(*Bellahoola* B 382nf, mm): 1) Volk B *382af*, *mm-*
n, 3f-4af, mf 2) Spr. B 322f, 3af-mm; Verh. B
373mm, 382n, nf, 3n-4aa, af, 390a-nf, 9af-m, 400mf,
1mf-n; AS 599m; Wortverz. B 382nn-nf, 3mm, f-
4a, mf, 390mf; AS 602aa; *B 385af-9f
Biloxi = Boluxas, *Binapa* in Cinaloa 206nf
Birch bay am *Puget*-Sund in Wafh. 594m
Birdsville in Texas, Birkenrinden-Volk *(Tan-*
tsa-ut-'dtinnè) = Kupferminen-Indianer
Bisanig (Visanig, Visani 18nf; *Busanic)* 1)
pu. u. *pres.* im ndwftl. Sonora bei *Arizona* 18nf,
202aa 2) im weftl. Sonora bei *Pitiqui*
Bitter creek Zufl. des *Green r.* 331mm‖; *B.*
Root river = St. Mary's river
black: 1) *B. bayou* Zufl. des *Clear lake* im
nordöftlft. Texas u. weftlft. Louifiana 2) *B.'s fork*
Zufl. des *Green r.* 331af, mm-mf [3) *B. hill* Berg
am ob. *Platte*-Fl. 579a, *B. hills* Berge ib. 609af];
b. mountains: 4) fdl. am *Gila* 252mf 5) in NMex.
300nf [6) *b. river* Name für den gr. *Washita* in
Louif. nach dem Einfl. des *Tensas* 437f, NM 242nf]
7) *black rock* am grofsen Salzfee 338nn
BLACKFEET [*] *(Black Feet)* oder·*Black-*
foot-Ind. in den *Rocky m.* [662a-6n]: 1) a)
Volk 662a-3mf, 5mf-6a; auch gen. *Satsika, -kaa*
(662aa, nn‖), *-ca; Siksekai* u. *Seksekai* 662mm;
Schwarzfüfse, -fser, fchwarzfüfsige Ind. b) Bund
od. Ligue der *Bl (Siksekuanak* 662nf), auch die
3 Stämme 662nn-3aa, m-mm 2) Spr. (*Blackfoot,*
*Blackfoot-*Spr.): Verh. 639af-640a, 664nfll-5mf
üb. W. 663mf-4af; gramm. 619n, mf, nn-640a, 7m
Blackfoot 1) f. *Blackfeet* 2) *B. river* füdl.
Nbfl. des *Snake* in Oregon 583af, 6nn 3) *B. fork*
nördlich von diefem 586nn
Blacksmith's fork vom *Bear river* 339a
la BLANCA Real in Zacat. 178mm 2) *Estancia*
B. f. Est. B. *sierra blanca:* 1) NO vom *Gila* 257af,
305aa, 314aa, 330aa, 358nf, 9a 2) im fdöftl. NMex.
NM 235aa, af, mm, nn; auch *White mountains*

genannt NM 235nf, 263mf; *Sierras blancas* Volk
im Gila-Lande? 258nn
BLANCO A. 3 Flüffe in Texas: 1) Zufl. des *Re-*
fugio 2) des *S. Marcos* der *Guadalupe (= arr.*
de S. Rafael?) 3) des *Brazos* (auch *rio de Tierras*
blancas) B. *cabo b.* f. *Orford, S. Sebastian* u.
Aguilar; rio B.: 1) Flufs in NLeon u. NSantd.
(auch *Borbon* gen.) 189aa, 192af 2) Ort in NLeon
188af, m 3) *Jesus de Rio B.* Real in NLeon 190a
Blood-Indians (Blut-Indianer) ein Zweig der
Blackfeet (ungenau = *Piegans* gefetzt 614af, 664af)
1) Volk 661mf, 2aa-af, m, nn, 3m, 5nf; MB 470a,
aa; auch gen. *Kena, Kaëna, Kähna;* sing. *Kene-*
kun 662mm, nn 2) Sprache 662aa, nf, 4afll
blue: 1) *Blue* creek Zuflufs des *Colorado* in
Texas; *B. river:* 2) unbeft. 329nf 3) *B. r.* oder
water ndl. Nbfl. des *Red r.* im Ind. terr. 413af,
442mf 4) *blue mountains* im Innern von Oregon
u. Wafh. 327n, 515n, 580aa, *nf,* 1m, nf, 2n, *4mf,*
637m, nn, 8a, aa
Bluff creek im-ndlft. NCalif. 523a, 574aa, 5a
Blut-Ind.= *Blood Ind.; Boca de Leones* 1) in
NLeon 187nf, 9mf *(S. Pedro de)* 2) Real in Potofi?
185n; *B. del Rio* Ort in Neu-Santander 192mm
Bocas A. 1) Hac. in Potofi 185n 2) *las B.*
Miff. in Chihuahua NM 246nn 3) *(rio) de B.* Flufs
in Durango 176nn B. 4) *Mesa de B. prietas* in
Coah. oder NLeon 194mf (verfchied. *Mesas prie-*
tas bei M) | *Bocaverito* in Cinaloa 14a
Boch-héaf im ndl. NCalif. 573n, *Bocon=Bicum*
BODEGA im ndl. NCalif.: A. 1) Bai (Meerbf.
673aa) 519mm, 531mm, 568aa, 573m; Hafen *B.*
566nn, 7all, aa; *puerto de la B.* 519a, 522f, 566n,
8aa 2) die Niederlaffung an der *B.* Bai f. Fort *Ross*
(576m) 3) *B. head* Landfpitze 519mf B. 4) Völker u. Sprachen an der Bai 531mm, 573m; Volk
566nn, 8aa; Sprache *(Olamentke* gen. 566m, 7n,
8aa, af) 566m, nn, 7mm, n, nn, 8af, 9m-nn, 575nn;
über Text 568a; W. 568a-af, *568af-9m
[*Boeuf bayou* (auch *rivière aux Boeufs*), der
gr.: öftl. Nbfl. des gr. *Washita* in Arkanf u. Louif.
437nn 2) *riv. aux B-s* kl. füdl. Fl. in Louif., beim
Red r. u. in ihn fallend NM 242nf 3) unbeftimmt,
welcher von beiden 429mf] | [*Boggy river* nördl.
Nebenflufs des *Red river* im *Indian terr.* 413af]
Boirie falfch für *Boisée; Bois d'Arc* in Texas:
1) Nbfl. der *Trinidad* 413a 2) fdl. Zufl. d. *Red r.* 413aa

Boisée 1) öftl. Nbfl. des *Snake* in Oregon *583m*, 635nf; auch *big Wood r.* 583m; auch *Reid's r.* 583m, fälfchl. *Red r.* 635nf 2) Fort *B.* an deffen Mündung *635nf* (fälfchlich *Boirie*)

Bolas, cordillera oder *sierra de las:* im nördl. Sonora 314aa, af, m *(cuesta)*; Bolbones bei *S. Francisco* im nördl. NCalif. (= *Olhones?*) 565n

Bolivar in Texas: 1) Ort 413nf 2) *B.* point Landzunge und Ort; *Bolsa* im nordweftl. Neu-Mex. NM 247a, 255mm, 6mm; *Bolson* f. *Mapimi*

Boluxas (auch *Beluxis, Biloxi, Paluxies, Bolixes*) Volk von Florida bis Texas *426n-nf;* *Biloxi* [1) Dorf im Staat Miffifippi 426nn 2) Bai ib. 426nn] 3) *B. bayou* Zuflufs des *Nechas* in Texas 426nn, 436af

BONAKS A. im füdöftl. Oregon, innerhalb der *Schoschonen* füdl.; auch in Utah; manchmahl = *Root-diggers* gef. (636m, nf; f. df.); Formen: a) *Bonacks* 637af, *Bonnaks* 635f; *Bonnacks* 603aa, 637a, 8m, n; *Boonacks* 593mm, 636m; *Banax* 595nn b) *Pannack, Panac* f. No. 3; *Paunaques* 637af; *Pun-ash* 636a, 643aa; *Panasht* 639a, 657 mm; *Ponashita* 592mf, *Punashli* 593mm; 1) Volk 592mf, 3aa, mm, 5nn, 603aa, 635f, *6a-aa*, m, nf, *7a, af-mm*, 8m, mm, n, 643aa, 657mm; NM 306af 2) Sprache 639a, 657mm; Wörter 636a, 657mm *B.* 3) *Pannack* oder *Panac river* f. befonders *Bonamichi* Miff. in Son. 202aa, *Bonancita* Rch ib. 310n; *Boneto* 1) Flufs = *Bonito* 2) *punta B.* in Neu-Californien 519mm; *Bonham* in Texas

Bonita, rio: nördl. Nebenflufs des *Gila* 252mf

Bonito 1) Zufl. der *Angelina* von der *Trin.* in Texas 2) Zuflufs des *Sacramento* vom *Pecos* im öftl. Neu-Mexico NM 242af, m *(Boneto)*

Bonnacks, Bonnaks = Bonaks

Bonpland lake im nördl. NCalif. *520mm*, 1mf

Boonacks = Bonaks, *Booneville* in Texas

boquillas cerradas kl. Meerarm in NSantd. 192m

Borbon 1) Real in Potofi 185n; Ort in NSantd. 192mm 2) Flufs in NLeon und NSantd. (auch *rio Blanco)* 189aa, 192af 3) Berg im nördlft. ACalif.

Boregas creek in Texas (*10)

San Borja 1) Miffion in *Tarah. alta* 21aa, 22nf 2) Örter in Alt-Californien f. *S. Francisco B.*

Bosque: 1) *rio del B.* Nebenflufs des *Brazos* in Texas 2) *B. redondo* Wald im öftl. Neu-Mexico NM 235f

Bosquecito 1) × im ndöftl. NMex. NM 235f 2) im öftl. NM 247a, 255mf, 6mf; *Boston* in Texas *Bowie county* in Texas, *Bowman's creek* Zufl. des *Brazos* ib., *Box elder creek* Zufl. des *Bear r.* 339a, *Braba* in Neu-Mexico? 12nf

Bracito im nördl. NMex. NM 247a, 255mm

Bradshaw place × in Texas 435nf, *Brady's creek* Zufl. des *S. Saba* vom *Colorado* in Texas *la Brue* Flufs im mittleren Neu-Calif. 523aa

Branca weftl. Nbfl. des *Snake* in Oregon 583af *Branciforte, pueblo* oder *villa de:* im mittleren Neu-Californien *525aa;* *Brasses = Nazas Bravo, rio:* 1) f. *rio del Norte* 2) Zufl. deff. im ndl. NMex. NM 239n; *Bray's creek* in Texas (*7)

Brazoria Ort in Texas 413nf, auch *county Brazos:* 1) vollft. *rio de los B. de Dios* (auch *rio de los B.*) der 6te Hauptflufs von Texas 361af, 7aa-af, m-mm, mf, *412f*, 6m-mm, n, 425m, 431af 2) *little B.* Nbfl. deff. 3) Bezirk und *county* ib.

Brenham in Texas; *Bridger, fort:* im ndöftl. Utah 338aa; *Bright creek* Zufl. des gr. Salzfees 339a

Bristol-Bai an der ruff. Küfte, ndl. über *Aljaksa*, 56-59° N. B. u. 157-162° W. L. 692mm, 6af, 702mf

BRITISCHES Nordamerika [*] A. das ganze 673n-4f; MB 465mf-n, 6mm-n; AS 672a-m B. die Weftfeite oder das brit. Weftland B 315 bis 404 C. das brit. Oftland oder das Innere des brit. Nordamerika's MB 465 bis 486, AS 672af-m

Brown: 1) *fort B.* in Texas 2) *B. mountains = sierra Morena* 3) *B.'s creek* Zufl. der *Vaca* in Texas 4) *B.'s hole* ndl. Gegend in Utah 328mm, 9mf, 330nn, nf, 1nf; *Brownsville* 1) Stadt in Utah 342af 2) in Texas 413nf

Bruceport an der SKüfte von Wafhington 596f *Bruches pasturage* × beim gr. Salzfee 339af

S. Bruno 1) Bucht der Oft-Küfte Alt-Californiens 2) *real de S. B.* kurze Niederlaffung da 458m

Brush creek Zufl. des *Green r.* 331af, *Brushy creek* 2 in Texas (*4B,×6); Buasdaba in Son. 209a

Bucareli 1) Hafen im ruff. Ndam., auf der Prinz-*Wales*-Infel, in 55° 24' N. B.: B *317n*, 8a 2) *puerto de B. (-elli)* Bergpafs am *Jaquesila* und Colorado 258a, 287aa, 342aa, nf, f

Bucaros, cajon de los: in Sonora 314m

Buck creek in Texas (*6)

Buckner's creek Zuflufs des *Colorado* ib. 2) *B.'s* Höhe: Hügelkette ib.; *Bucksport* ib. ·

Budd's inlet SSpitze des *Puget*-Sunds 670mf
Buen Tiempo, cerro de = *mount Fairweather*
Buena Esperanza f. *Santiago*
San B U E N A V E N T U R A A. 1) *pres.* im ndwftl.
Chihuahua 176af 2) Miff., jetzt gr. Ort in Coahuila
195f 3) Miff. im ndl. ACalif. *460m,* 7aa, af, *472m,*
mm 4) Miff. im fdl. NCalif. *524mm,* 560m B. *rio
de S. B.:* 1) Zuflufs von *Humb.'s* Salzfee (vieil. =
Bear river 335mm) 250f, 9af, nn, 3.34m, 5mm,
mf-nn, 6f, 342a 2) Fl. in Chihuahua 175f 3) Fl. in
NCalif. *522a-aa, nf;* Thal 515mm; Fl. auch *Salinas* gen. *522a, nf,* 5a; Thal 515nf C. Cap u. Bucht
der Oft-Küfte des nördl. Alt-Californiens
B u e n a v i s t a A. 1) (*Buena Vista* 310nn) *pres.*
im nördl. Son. bei *Guebabi,* füdl. von *Tubac* 18nf,
198mf, 202aa, 310nn 2) in Neu-Leon 189mf B. 3)
See in Neu-Californien 520m 4) Quelle in Texas
la Bufa Zuflufs des *S. Saba* vom *Colorado*
in Texas
B u f f a l o A. 1) *B. bayou* Zufl. des *S. Jacinto* in
Texas 413a, 436nf 2) *B.* Zufl. des *Keechi cr.* von
der *Trinidad* ib. 431mm 3) *B. creek* Zufl. des obft.
Red r. B. 4) 2 Örter in Texas 413nf C. 5) *B. eat-
ers* f. 1) Koolsatick-ara 2) Koochetakers
Bull creek Zufl. des *Colorado* in Texas 2) *Bull
Pound river* füdl. Zuflufs des oberen füdl. *Saskat-
chewan* 662mf
Bulrush lake = Kern l. in Neu-Calif. 520af
Bunkaro river Nebenflufs des *Grand r.* 332a
Burgos in NSantd. 192mm, *Burkeville* in Texas
Burleson county ib.
Burnet in Texas: 1) Colonie 411mm 2) *county;
Burnett's creek* Zufl. des *Nechas* ib., *Burnt river*
weftl. Nebenflufs des *Snake* in Oregon 583af
las Burras 1) Zufl. der *Trinidad* in Texas 2)
sierra de las B. im nördftl. Son. 314aa; *Burro,
sierra del:* im füdweftl. Neu-Mexico NM 235mf
Busanic = Bisanig
Bushumnes = Pujuni
Bustamante f. *Viesca*
Butt., Butte und *Buttes* alles in NCalif.: *Butt*
Berg 516mm; *B u t t e:* A. *B. creek:* 1) fdl. Zufl. des
Tlamath 522mf 2) öftl. Zufl. des *Sacramento* 521mf
B. 3) *B. mts* 516aa 4) *B. county* im ndöftl. 516
mm, *523m;* 1) *three Buttes* Berge 516mf
2) *trois B.* öftl. Zuflufs des *Sacramento* 522a
Buya in Cinaloa 206nf

C.

Caamaño f. *Camano, Caamoa = Camoa*
Cabadonga Hacienda in Durango 179aa
Caballeros: 1) *S. Juan de los C.* f. *S. Juan* 2)
Santiago de los C. Bezirk in Cinaloa? 206aa
Caballo 1) Infel bei Texas 2) *paso C.* Einfahrt
ib. 3) *sierra del C.* f. *Cabello
la Cabellera* Gebirgsgegend? in Sonora 314af
Cabello, sierra del: im öftl. NMexico NM 235
af, nn (*Caballo*); *Cabeza, cerro de la:* im nord-
weftl. Neu-Mexico NM 235n
C a b o r c a (nicht *Cob.* PK 322aa): 1) Miffion u.
Pfarrdorf im weftl. Sonora 19mf, nf, 202aa, 219n,
220f, 1nf; PK 322nn 2) *bahia de C.* ib. 200n,
236mf-n; PK 322aa
Caburic, S. Ignacio: Dorf u. Miff. in Son. 202af
Cacalotlan in Cinaloa 179mm
Cache creek wftl. Nbfl. des *Sacramento* in Neu-
Calif. 520mf, *1a* 2) *C. valley* im ndöftl. Utah 339aa
C A D D O (s), Caddoques, Cadodachos, *Cadodaquis* † [*] in Louif. u. Texas: A. 1) V o l k in
Texas (oft *Caddoes*) .426f-7n; auch *Caddoques,
-kies; Cadodachos* 428a-af *(Caddo-, Cadodache;
Codadachos)* 2) S p r. 427n-8af; 428mf-9aa, 450
aa-af; 444n-f, 8mm-mf; W. 423aa, 443mm, n-f,
4m-n; 443mf, n-4aa, n; *445a-8mm 3) *los Cadodachos* Gegend oder Bezirk 415aa, 428a B. 4)
port Caddo in Louif. 5) *los Cadodachos* Prefidio
428a-aa 6) *Cadodaquis* Ort in Louif.? C. 7) *Cad-
do-See* zw. Texas u. Louif. (vgl. *Ceodo* bei *Soda)*
412n, 426aa, 7af 8) *Caddo fork* Zufl. der *Sabina*
in Texas 9) *Cadodaquis* nördl. Nebenflufs des *Red
river,* vielleicht = *Boggy river* oder *Kimishi*
C a d e g o m ó = Miffion *de la Concepcion* in
Alt-Californien, früher *rancherias 460m,* 4mm, 9m,
470a, 506af; Dialect 469m, 470aa, 1mf, 7a
Cademino alte Örtlichkeit in Alt-Calif. 464mm
Cadereita, S. Juan de: Stadt in Neu-Leon 188
a, m, 9mf; auch *C. Ximenes (-ez)* 189m, mf
Cadet river ndl. Zufl. der unft. *Columbia* 613nn
Cadodachos, *Cadodaquis* f. *Caddo; Caduana*
im füdlft. Alt-Calif. 464mm, Caguillas = Cahuillas
C A H I T A (s) [*] im ndlft. Cin. (auch *Chaita);*
geogr. Beft. 3m-mm, 4a-aa, 5f, m, *16n-17f,* 161a;
1) V o l k 16n, 54nn-nf 2) S p r. 10n, 16nn-f, 17a-f,
210mm-n, 1nf, 212a, 6f-8aa, 656mf; *32mm-33n,*

34mf-35aa, 34f u. 35f; 147af; 3af-m, 4a, 5af-m, nf; 4aa; azt. W. 3a-af, 4af-mf, 5nn; gramm. 37aa

Cahʲos = Kowes

Cahʋalchitz am öftl. Ufer des *Colorado* 534n

CAHUILLO(s) im fdl. NCalif. (*Cahuillas* 552nn, f, *Caguillas* PK 502mf): 1) Volk 550n, *2nn-f,* 656f; KN 502mf; *Cahweeos* 269mf, 534aa; *Cawios* 552nf 2) Spr. 423aa, 550n, nn, 560a-aa; NM 312n; Verh. *554aa-5af,* mf-n, 656nfǁ; W. 423aa, 550n-nn, 2mm, mf, 4af; *551aa-2m; Wortvergl. 555m-6af, *556m-8m; — 559a-n, n-f; 553a-4aa

Cahweeos = Cahuillos, Caihuas = Kiaways

Cailloux = Cayuse, *Cajarichi = Cajurichi*

Cajon = Caxon; Cajuenches am *Gila* 208nn, 238m, n-f, 9mm-f, 260mm, 1m, 7mf, 286nf, 534mm

Cajurichi(Caxu. 177mm, falfch *Cajar.* 21mm) in Tarah.21mm, 22a, *25m;* 2 Reale in Chihuahua 177mm

Calabazas 1) im ndl. Son. 202af, f 2) in ACalif.

Calamidad, isla de la = Bank's Infel

Calapooa = Calapuya

CALAPUYA(s) † im mittl. Oregon; Formen: *Kalapuya; Callapuya; Calapooya, Callapooya(h); Kalapooyah, Kalapooiah; — Cathlapooyas, Calapooa; Callipuoyas, Calipoa;* A. 1) Volk am unt. *Willamet* 590nn, 2n, f-3a, m, *612n-nn, 7mm-mf, n-nn, f,* 629aa 2) Spr. 603a, 7n, 8a, 627n; 628aa; Verh. 599nnǁ, 600aa, 2nf, 4, bᵐ, 612n, 7aa-mm, *mf-nn,* 620a, 8af-m, mm, mf, *nn-nf,* 631n; 629af-mf, 630a-1af, mf, 658af; W. 602aa, 4, bᵐ, 615n, 8, aᵃᶠ, bᵃᶠ, mf, n, *9mf-f,* 620m, mm, 7m-mf; *620n-6aa B. 3) *Calapooya river* oder *Callap. creek* öftl. Nbfl. des *Willamet* (wohl = *Coupé*) 4) *Callapuya* oder *Callapooya mountains* das Küften-Gebirge in Oregon 580af, *1a*

Calasthocle an der NKüfte von Wafh. 592a, 4af

Calaveras 1) Nbfl. des *S. Jouquin* in NCalif. 515nf, *521m* 2) county im mittl. NCalif., in O 515nn, *523m*

Calcusieu = Carcusiu, Calchufines im Gila-Land? 258nn; *Caldas, Nuestra Señora de las:* in Chihuahua NM 247a, 251af

Calderon, S. Lorenzo: Hac. in Durango 312m

Caldwell Ort u. county in Texas, *Calespelins = Kullespelm; Calhona, port:* in Texas

Calhoun county in Texas; *Calichal, hac. del:* in Zacatecas 178nf; *Caliente, ojo:* f. *Ojo*

CALIFORNIEN 1) allg., bef. beide; die Californien, beide Cal. *(las Californias, les Californies)* 294af,

514afǁ; NM 211a, 2m 2) = Alt-Calif. (f. bei A) 3) (auch Ober-Calif., *Upper California* gen.) = Neu-Calif. (f. bei N) 512mm B. 4) californifche Bergkette f. Cafcadeu-Gebirge 5) californifcher Meerbufen; Namen: *golfo* oder *seno Californico, mar de C-ia; mar bermejo, roxo, de Cortes 457nf; mar Mediterraneo, del Oriente; seno* oder *mar Lauretano;* Stellen: 456nn, 7a, 9nǁ-nf

Calinos, costa de: angeblich nördl. über Calif.

Calipoa = Calapuya

Callapooya oder Callapuya = Calapuya

Callejues im füdl. Alt-Californien: 1) Volk 469 m, 474afǁ, 487a 2) Sprache 469m, 474af, 8mf

Callimix = Killamuk, Callipooyas = Calapuya

Caloaot in Oregon 592n; *Calvert's* Infel füdl. von der Infel *Mac Laughlin,* in 51°½, im britifchen Nordamer. B *382mm; Camacho* in Neu-Leon 189mf

Camanchees oder Camanches = Comanchen

Camano island = Mac Donough's island

Camargo 1) in Neu-Santander 192mm, 410a; NM 241m 2) Rancho in Durango 211m-mm, 2fǁ

Camarsches=Comanchen, Camaveta in Cin 159n

Camels Flufs im mittleren Neu-Calif. 523aa

Cameron Ort und *county* in Texas

Camill river nördl. Zuflufs der *Columbia* im fdlft. Wafh.587af, *Caming's creek = Cummin's c.*

Camoa (*Caamoa* 156m) Miffion in Cinaloa am *Mayo* (156m) 14a, 156m, 179mm, 206m

Camoles bei *Cabeza de Vaca* NM 214mf, 268 nn, 270m, mf; = Camones NM 219m, 268nn

CANADIAN river Nbfl. des *Arkansas,* in 2 gr. Armen *(south* u. *north fork):* 1) der ganze Flufs, beide Arme 408mm; NM 215mf, n, 221aa 2) unbeft. 443a 3) *south fork* (*Gualpa* 413af; NM 239n, 240nf; *rio Colorado* 413af; NM 239n, 240af) *413 af,* 422aa, 431mf, 6mm, 9mm, 453, cᵃᶠ; NM *239n-nn,* 240af-m, 1a, 297mf, 303n, 311mm 4) *north fork* (= *Nutrias,* f.) *413af;* NM 240mm, 1a

Canamoas in Cinaloa 14a, 206a, 210m

Cananca (*Cananea*) Real im ndöftl. Son. 19mf, 202af; *Canatlan* in Durango 177a, 9aa (Miffion), 311nf; Cances in Texas *(Cancers, Carees)* 428 *af-mm,* 436nf, 9a; *Candela, S. Bernardino de:* Miffion, Dorf und Bezirk in Coahuila 195f

Candelaria 1) in Alt-Californien 2) *Nuestra Señora de la C.* Miffion in oder bei Texas 308a 3) *laguna de la C.* in Chihuahua 176a

Zzzz 2

Cane brake creek = Caney creek No. 1 2) C.
break Gegend in Texas; Canel river Zuflufs der
Fuca-Strafse im nördl. Wafhington 587n
   Caney creek 3 in Texas: 1) Zufl. des Meerb. (5B),
auch Cane brake c. gen. 412f 2) des Brazos 3) fdl.
des Red r. 4) C. fork Zufl. des Grand r. 331nn, 2a
la Cañada A. 1) Dorf od. villa im öfti. NMex.
(= S. Cruz de la C. [y Taos] NM 243m, 252mm,
mf) NM 233af, m, 243m, 7aa, nf-f, af; blofs S.
Cruz (Miff. NM 246m, 8aa) NM 255mm; = Fuen
clara (f), auch = limpia Concepcion (f., aber
südlicher) NM 237m-n, 249a 2) im füdweftlichen
Neu-Mexico NM 256a   B 3) Flufs f. Liasillo
   Cañas, rio de las: in Cinaloa 179af (auch de
Bayona), 206n; Cannensis = Comanches
   Cañon 1) × im NO bei NMex., in Nebraska 255nn,
NM 247aa 2) C. (Kanyon) creek in Utah = Om-
bitkokechee
   Canoas, bahia de las: an der WKüfte ACalif.'s
   Canoe river nördl. Zufl. der oberen Columbia
582af 2) C. creek Zufl. des Pitt river vom Sacra-
mento in Neu-Californien 521mm 3) C. passage im
nördlichften Admiralty inlet in Wafhington 595mm
   Cantera, cerro de la: in Potofi 185mm; Caoques
= Capoques, Capellania Flk. in Coahuila 196a
   Capestrano = Capistrano
   S. Capilli im nordöftl. Neu-Mexico NM 256nn
   Capistrano (Capestrano) f. S. Juan
   Capitan, sierra: im füdöftl. NMex. NM 235nf
   Capoques (Caoques) bei Cabeza de Vaca 410
mm; NM 268nn, 9nn, 270nn; Capote Pafs in Texas
   Capulin: 1) sierra del C. in Durango 59mm,
312m 2) mina del C. in Zacatecas 179aa
   Caquimà im weftl. Neu-Mex. NM 230nn-nf, 1m,
247aa; Coquimas NM 248n, 256a
   Caracol in Alt-Californien
   CARANCAHUAS in Texas; Formen: Kar.,
-kahuas; Carancouas, -cowasos; Karankaways,
-kowoys; Caranchuas, Kar.; Caranchuhuas;
Coronkawa; — Kirononas 428mf; Volk 428mm-
9mf; Sprache 428n, f B. 2) Caranchua-Bai ib. 428
mf 3) kleiner Flufs diefer Bai (4 B) 428mf
   Carboneras in Durango 312aa; Carca, sierra
del: im nördl. Son. 314m; los Carcamos Real der
Intendantfchaft Son. 204nf, Carcassiou = Carcusiu
   [Carcusiu in Louifiana (Carcassiou 413aa;
Calcasieu 412mf, 3aa, 436aa; Quelqueshoe 436aa):

1) Flufs (10 B) 412mf, 3aa, 436aa 2) Bai 412mf
3) Quelqueshoe Ort 426aa]
   Carces = Cances, Carichic Miff. in Tarah. alta
21aa; Carico, sierra del: in Neu-Santander 192aa
   Don Carlos, arroyo de (auch S. C.): fdl. Zufl.
des Arkansas im nordöftl. NMex. NM 239mm, mf
   S. Carlos A. 1) pres. im ndl. Mex. 60af 2) in
NSantd. 192mm 3) Ort?, playa(s) (de S. C.) und
Infel an der OKüfte ACalif.'s B. rio de S. C.: 4) ndl.
Nbfl. des Gila 252mf, nn, 314a 5) Fl. in NMex. =
Don C. 6) puerto de S. C. Pafs in der Gila-Gegend
239 nf | Carlshofen in Texas 413nf
   Carmel, punta: in NCalif. (=p. Lobos, f.) 519mm
   Carmelo A. 1) Miffion de Nu. Sra del C. im
mittl. NCalif. 524nn, 561nn; Sprache 561nn, 3m
B. 2) Bai del C. ib. 518f, 9mm 3) rio del C. Küftenfl.
ib. 522nf 4) sierra del C. in Alt-Californien
   Carmen: 1) isla del C. an der Oft-Küfte Alt-
Californiens 2) rio del C. in Chihuahua 175f
   Carnadero Flufs im mittleren Neu-Calif. 523aa
   Carnicero, Guadalupe: Hacienda in Potofi 185n
   Carolina in Texas, islas C-nos = Alt-Californien
   los Carpinteros See in Neu-Santander 192m
   Carquinez = Karquines
   Carr's inlet der ndöftl Arm des Puget-Sunds 595aa
   Carreras, punto de: × in Durango 312mf
   Carretas 1) Ort im öftl. Son. 2) las C. öftl. Zufl.
des obft. Pecos in NMex. NM 242m 3) sierra de C.
in Sonora 200mm, 229mm | Carriers = Tahkali
   Carrington island im grofsen Salzfee 338mf
   el Carrizal 1) pu. u. Miff. in Son. 202af, 4nf,
310nf; wohl id. 60af 2) pres. del C. in Chihuahua
176af; hac. del C.: 3) ib. NM 247nf, aa, 251a, m;
= rancho del C. NM 247aa 4) in Coahuila 196a
   Carrizo A. 1) Flufs im fdl. NCalif. 523aa 2) San
C. Flufs f. Pecos B. sierra del C. : 3) im Colorado-
Lande 257mm 4) im füdöftl. Neu-Mexico NM 235nf
   Carson lake im wftl. Utah 333aa 2) C. river ib.
333aa 3) C.'s valley zw. Utah u. Neu-Calif. 515f,
NM 306mm | Carthage in Texas
   Casa blanca im Pima-Lande? 542mf, NM 308
nn; C. colorada × in Neu-Mexico NM 247af
   Casarnee (Keesarn B 393n) wohl an der Küfte?
in der Gegend der Charlotten-Infel B 393n, 4mm
   CASAS GRANDES oder Trümmerftätten: A. 1)
überhaupt PK 336mf, 8m-mm 2) am rio Azul und
Verde 328aa, m 3) in Chihuahua 55af, 63m, 64m,

66a, mf, 175a-aa; PK 325nf, 8nn, *335aa-f* 4) am
S. *Francisco* 263aa-mm, 358a, 9nf, 8nn-9nn, f;
PK 329a, 333n-nn, 4nn-nf, 5a 5) am *Gila* (auch
casa grande) 11nf-12aa, m, 238a, 261aa, 282nn,
9a, 297mm; PK 323aa-af, n, 4aa-nf, *325n-335aa;*
NM 260m, 3aa 6) öftlicher vom *Gila* f *Chichiltic
calli* 7) am *rio Salinas* oder *Salt r.* 263m; PK
333mm-mf, n-nn, 4nn B. 8) *rio de Casas gr.* in
Chihuahua (auch *rio de S. Miguel* PK 335m) 175f,
176a, PK 335m, nn 9) pres. und Stadt ib. 176af,
PK 335mm | *casas de piedras* oder *hottai-ki*
(= *c. grandes*) 263m-mm; PK 327a-nf, 334nn-5aa
     Cascade-Canal in ONO vom *Milbank*-Sund
B *382af* 2) *C. city* an der *Columbia* im füdlichen
Wafhington 588nn 3) *C. Indians* f. *Cascades*
   Cafcaden-Gebirge gegen die WKüfte von Oregon u. Wafh., Fortf. der *sierra Nevada* von Neu-
Calif. (auch gen. calif. Bergkette 617mm) 577mf, n‖,
9a, 580aa, m, *nf-1a*, af, mm, nf, 2m, nn, nf, *4mf-n‖*,
5a, 6af, 7m, 592nf, 3aa, n, 4n, nn, 617mm, 637nn, 8af
   Cascades (Cascade Ind.) Volk in Oregon (=
oberen *Chinuks* oder *Watlala*) 593aa, 4a, aa, n, nf,
6a; Sprache und Wortverz. 604, b^{af}; 618, b^{aa}, mm
   Case's inlet ndwftl. Arm vom *Puget*-Sund 595aa,
670nf‖; [*Cashe creek* nördl. Zufl. des *Red r.* im
Indian territory]; *Casita* 1) in Sonora 310nn
2) weftl. bei oder in Neu-Mex. 258aa, NM 255mm
   Cass county in Texas, *Cassima* f. *Cosumnes*
   Casta, S. Juan de: Landgut an der Gränze des
bolson de Mapimi 183aa
   del Castaño, Wüfte: in Texas; *Castañuela* (neu
Villalongia) Flecken in Coahuila 196n
   Castilla See in Chihuahua 176a, *Castleman's
fork* Zufluß des *Sandy* der Guadalupe in Texas
   Castroville (nicht *Castorv.*) in Texas 413nf
   la Catalana Infel an der OKüfte Alt-Californiens
   S. Catalina (bisw. *S. Catarina*) A. Örter: 1)
Hac. in Durango 311a, aa, af, mm, 2m 2) in Tepeguana 24a 3) in NLeon (auch *S. Catarina*) 189mf
4) *S. Catarina* im ndl. Son. bei *Tucson* 5) Miff. im
ndlft. ACalif. *460m* B. 6) *de S. C.* Fluß in Durango
176nf 7) Infel beim füdl. NCalif. 518nn, 9m, 540nn
   Cataño Hacienda in Coahuila 196a
   Catapoodle + im füdweftlichften Wafhington
(*Cathlapoodle* 587af, *Cathlapootle* 590nn; *Katlaportl* 613n): 1) Volk 590nn, 613n 2) öftl. Nebenfluß der unterften *Columbia* 587m, 613n

Cataract river nördl. Nbfl. der unt. *Columbia*,
viell. = *Klikatat*, oder = *Yakama?* 591m, 2aa‖|
   S. Catarina = *S. Catalina, Catelamet* = *Cathlamet, Catfish bayou* Zufl. der *Trinidad* in Texas
   Cathedral 2 Felfen in Neu-Californien 515nn
   Cathlacumups an der unteren *Columbia* (vgl.
-*kamaps*) 591n, **Cathlakahikits** ib. 590nf, **Cathlakamaps** (vgl -*cumups*) an der Mündung des
Willamet in die *Columbia* 590n
   Cathlamat+ (590m, *Katlamat* 616n; *Cathlamet*
616n, *Kathl.* 592nn, *Catelamet* 592n; *Katlamak*
613nn) im füdwftlft. Wafh.: 1) Volk 590n, 2n, nn,
613nn, 6n 2) Ort kurz vor der Münd. der *Col.* 588m
3) Fluß (*Katlamak*; = *Strong's river?*) 613nn
   Cathlanamens (*Katlaminimin* 613mf)
an d. Münd. des *Willamet* in die *Col.* 590nn, 613mf
   Cathlanaquiahs an der unt. *Columbia* 591mf;
= *Katlagakya?* 613mf; *Cathlapoodle, -pootle*
= *Catapoodle, · Cathlapooya* = *Calapuya*
   CATHLASCON(s) an der *Columbia* (-*cou* 619aa,
-*cos* 590nf, -*latscos* B 374aa): I. allg. u. einfach:
1) Volk B 372af, 3nf; AS 590nf, 9nn, *617a, aa,
m* 2) Spr. (Verhältn.) 599nn, *617a-m*, B 372m
II. *quasi Cathlascon*, Scouler's *Chinuk*, nach mir
Cathlascon (pseudo-Chinuk) Volk u. Spr. um die
Münd. der *Columbia*: Verh. B 372aa‖, 3nn, *4a-aa*,
mm, n, 5a, 8mf-9nn, 390a-nf; AS *617a-m, 9a-af;*
.Volk B 372aa, 3nn-4a; Spr. B 378af-mm; über das
Wortverz. B 372aa, *4m-f;* AS 602aa; Wortverz.
B 375a-8af; Wörter 612af, 3aa; Text 532n
   Cathlathlas im nördl. Oregon, am *Willamet*
590nn, nf; *Cathtatates* = *Klikatat river*
   Catorce 1) (vollft. *la pur. Concepcion de los
Alamos de C.*) Stadt, *partido* u. *diput.* in Potofí
185m, *nn* 2) *cañada de C. u. veta madre de C.* 185nn
   Catumsie = *Kateumzi, Caun* falfch für *Raun
Caurimpo (Cor., Cur.* 179mf) im nördl. Cina-
loa am *Mayo* 14a, 179mf, 206a, 210m, mf
   Cavasan, S. Xavier de: villa in Cinaloa 206nf
   Cawinas im *Gila*-Lande 278n-9a
   Cawios = *Cahuillos*
   Caxititlan Dorf in Guadalaxara 154m
   Caxon (Cojon) pass: im füdl. Neu-Calif. 516aa
   Caxurichi = *Cajurichi,* Cayaguas = Kiaways
   S. Cayetano 1) in Sonora 238a 2) alter Ort in
Utah 342aa, Caygaus = Kiaways
   Cayman, laguna de: in Durango 176nf

Cayugas: an fich im Staat Neu-York; aber gen.
weiter in S: 1) in Texas 420nf, 1a, *431nf-2aa,
nn-nf* 2) bei NMex. 432a, NM 265aa | Cay-uquets
auf der *Vancouver*-Infel B 328mm, 349n
Cayuse(s) (*Cayouses* 637f; *Rayouse* 614a,
Cailloux 616a) im ndl. mittl. Oregon u. fdl. Wafh.,
=*Waiilutpu*(616a; f. da das meifte): 1) Volk 592n,
3aa, m, 4mf, n, nn, 5nn, 614a, *6a-af*, 8, b², 637f, 8aa
2) Spr. 603aa, 4, b²² | Cazcanes in Guadalx. 154af, n
Cebolleta 1) alter *pueblo* im wftl. NMex. NM
247af, 255mm, 9nf; *Cebolletta* NM 247af, 255mm;
Cibolleta NM 243mf, 7af; *Cibolet̨a* NM 242af,
256mf 2) *Sibilleta*: wohl = *Joya de Cibaleta* NM
247af, *252af; Semillete* im öftl. NMex. NM 237aa,
247af 3) *Joya de Cibaleta* od. *-letta* od. *Ciboleta*
im öftl. Neu-Mexico NM 247af, 252af, 6mf, 275nn
Cebolletita in NMex. 296a, *S. Cecilia* f. *Palmas*
Cedar A. 1) *C. river* öftl. Zuflufs des *Admiralty*
inlet in Wafhington 587nn 2) *C. bayou* und *creek*
4 kleine Flüffe in Texas 3) *C. lake creek* ib. B. 4)
C. city in Utah 340n, 2m; NM 306f
Cedral 1) in Potofi 185nn 2) Zuflufs des *Brazos*
in Texas, *Cedro* Zuflufs der *Guadalupe* in Texas
Cedros (od. *Cerros*) Infel an der WKüfte Alt-
Calif.'s, Cenis = Senis, *Centipac = Sentipac*, *Ceodo*-
See = *Soda*-See, Ceris = Seris; *Cerocahun?* oder
Cerogachic? in Tarah. 25nn; gentile *Cerógai* 25nn
Cerralbo od. *Cerralvo* 1) Stadt in NLeon 188a,.
m, 9mf (*S. Gregorio de*); *Cerralvo*: 2) a) Bucht
od. Bai der OKüfte ACalif.'s b) Cap ib. c) Infel ib.
475n | *Cerrito del ayre* f. *ayre*
Cerro abaxo im Lande des Colorado 257mm
Cerro gordo, presidio del: 1) im ndl. Mex.:
unbeft., welches von den beiden folgd. 161m, 415
mm; NM 237nf 2) *pr. de S Carlos de C. g.* in
Chihuahua, ndl. v. der Hauptft. 176af 3) *pr. de S.*
Miguel de C. g. (viell. = Humb.'s 2tem *pr. de C. g.*,
im fdl. Chih., ndl. beim *pr. de Mapimis*) NM 246nn
4) Bezirk *C. g.* im nördl. Mexico 179aa, 312mm
Cerro prieto Berg in Sonora (29°⅓) 200mf
Cerros = Cedros, Chacal *pueblo* des Moqui 282a
Chachamolli in Durango 177a, Chachelis = Chihalis
Chaco 1) Ort? NM 262n 2) *rio de Ch.* Nbfl. des
oberen *Nabajoa* oder *S. Juan* 296aa‖, m, 332m, 8f
Chactas, -taws = Choctaws; [Chactoos in Louif.
(vgl. *Chatteau*) *429mf-n*]; *Chahlat* 1) Küftenfl. im
ndl. Wafh. 587mf 2) Chillates Volk ib. 592a, 4af

Chahta = Choctaw
Chaioli, rio de: Zuflufs des *Puerco* 59mf
Chairel See in Potofi 185af‖, Chaita = Cahita
Chalchiguitec Bergw. Bez. in Zacat. 178mm; *Chal-*
chihuites Real der *diput. Parral* 161aa, 177mm
Challu-eïs am *Charlotten*-Sund B 381a, *Chalon*
creek Zufl. des *S. Buenaventura* in NCalif. 522aa
Chama in NMex.: 1) *hac. de Ch.* in NO? NM
247af, f; in NW: NM 256a, aa 2) *rio de Ch.* (NM
241nn, 5nn, 256mm) oder *de Chamas* ndwftl. Nbfl.
des *Norte* NM 211mm, *240a*, nf, 1nn, 5nn, 256mm
3) *Chama mountains* in NW: NM 235n
Chamak = Tsamak; *Chamal* in Potofi: 1) *pueblo*
184mm-n 2) Abfturz 185mm
Chamala im öftl. Sonota, *Chamas* = *Chama*
Chambers creek Zuflufs der *Trinidad* in Texas
Chamela und *Chametla* = *Chiametla*
Champ d'Asile franz. Colonie in Texas *410nn-f*
Chanacaple Dorf in Chihuahua 176af
Chanate, sierra del: im fdwftl. Texas 174mm,
183m, 299m, 304a, nf, 6aa‖, nf; NM 240nf
Chanwappan in Wafhington 594a
Chaparron Hacienda in Durango 311aa, mf
Chapetones Volk? in NLeon od. NSantd. 191mm
Charay in Cinaloa 14a, 206f-7a
Charcas 1) *pu.* u. Real in Cin. 154af, 204nf,
6f-7a 2) *S. Maria de las Ch.* Flecken u. *diput.* in
Potofi 184nn, 5m, 6a; *los Charcos* Hac. ib. 186a
Charles 1) See im öftl. Neu-Californien 520mm
2) *Ch. creek* Zuflufs des *Nechas* in Texas
Königinn-*Charlotten*-Infel: gr. Infel an
der brit. Weftküfte, in 52°-54° 25' [*B 392 m-
8 m m]: 1) als mehrere Infeln B 393a, f, 4a; PK
377m, MB 472af; AS 675mm, 7f, 8a, mf, nn; die
gr. nördliche B 394aa (auch *Washington island*
gen. B 392mm) 2) geogr. B 317mm‖, 340mm, 381
m, 2a, *392m-n*, 3nn, 9mm, 400af; PK 377m, MB
472af, AS 665f 3) Völker u. Sprachen 598a; über
d. Volk u. die Völker B 393aa-mm, n, *4a-af, mm;*
AS 598mm, n, 678nn 4) Sprache (f. noch *Haidah*;
PK 380m) B 328af, *392n*, 3m, nn, f, 9n; PK 378m;
AS 600aa, 1a; Verh. B *397n-8mf*; AS 598mm,
665m‖, mm, 672nn, 5mm; über Wortverzeichniffe
B 394n-5aa, mein Wortverzeichnifs B 395aa-7n
Königinn-*Charlotten*-Sund: nördlich über der
Vancouver-Infel in 50°¼-51° N. B.: B 380nn,
AS 602nn; Völker B 380nn-1af

Charrucos bei *Cabeza de Vaca* NM 214m,
6nf-7aa, 268nn, 9nf, 270nn; auch *Chorruco* Land
und Gebirge NM 214mm, 6nf, 268nn, 9nf
Chatcheenie im Prinz-*Wales*-Archipel 678aa
Chatham's strait zw. den Infeln *Baranow* u.
Tschitschagow in W u. der Admiralit. Inf. in O:
PK 376n, 9nn 2) *Ch.* Sund an der ndlft. brit. Weft-
küfte, öftl. von *Dixon's* Einfahrt, nördl. über *Pitt's*
Infel; über 54°-54°$\frac{1}{2}$ N. B.: B *400f-1a, aa, nn*
Chatteau in Texas (= Chactoos?) 420m, *9n*
Chaukutl an d. WKüfte der *Vancouver*-Infel
Chaute-uh im nördl. Neu-Calif. 573n, Chawai
= Scheyennes, *Chayenne(s)* = *Scheyenne(s)*
Cheattie im füdl. Oregon 593a, Cheehaylas =
Chihalis, Cheenook = Chinuk; *Chegui, sierra de:*
am mittleren Colorado 253u, 5f, 7ua, 29 if, 333m
Chehalis, Chehaylis, Chekalis = Chihalis
Chelan-See im nördl. Wafhington 586aa, 7aa
Chelly 1) Ort in W von NMex. (= *Chegui?*)
283mf 2) *rio de Ch.* Nebenfl. des *S. Juan* 332mm
C H E M E G U A B A(s) (550n,2mf) auf beiden Ufern
des *Colorado;* auch *Chemehuevi*[s] 423aa, 534mf,
550n, 2mf, n (= *Pal-utes* 534nn, 552n): 1) Volk
259af, mf, 262n, 277nf, 315mm, 9mf, n, 534mm, mf,
nll, nn, nf, 550n, *2mf, n-nn,* 656f; *Chemevet* 260
mm; 1nf, 2aa *(-veti),* aa *(-vets)* (vgl. noch *Che-*
vet); Chemeonohas 259mf, 277nf, 552mf 2) S p r.
423aa, 550n, 2nn; NM 312n; gramm. 553a-4aa;
Veth. *554aa-5af,* mf-n, 656nn, nf; W. 423aa,
550n-nf, 2mm, mf; *551aa-2m; Wortvergl. 555m-
6af, 653aa, m; *556m-8m; — 559a-n, 559n-f
Chemehuevi, Chemevet = Chemeguabas
Chemovi pueblo des Moqui 282aa, Chenook =
Chinuk, Chepeway, -wayan = Chepewyan
C H E P E W Y A N(s) [*] A. in der Mitte des brit.
Ndam.'s (auch Athapasken gen.; f. auch da); F o r-
m e n: *Chippewyan(s), -wayan; Chipeouaïans,*
Tschippewäyans; Cheppeyan; Chepeway
(fälfchl. *Chippeway*s u. ä.); auch *'Tinnè;* 1) Volk
A 149nn, 150a-m, nf-1a; MB 476a-nn, 7m 2) S p r.
A *162*nf-*3m,* n, 6m-f, 254a; B 321mm, n; MB 473
mm, *7a-aa;* Verh. MB 478nf-9m; W. A 156aa-m,
7af-8mf; MB 473nn, 5nn, 6nn, 7a-af, 8mm-n, nf-9a;
*A 174-7, 180nn-3; — *184a-6n, 8mf-190f, 2mm-
6aa,198-209; *210-222 B.3)*Chippewayan* c h a i n
580mf 4) F u r t *Chepewyan (Chip.)* am See *Atha-*
pasca, in 58°$\frac{1}{4}$ N. B.: MB 475mf, 6af, 7mm, mf

Cheppeyan = Chepewyan
Cherokee(s) A. 1) Volk in den Verein. St.; auch
in Texas 420m, n, nf, 1af, 3nf; NM 312nn 2) Spr.
451mm, 636mm B. 3) *Cherokee creek* Zuflufs der
Sabina in Texas 4) *Ch. county* ib.
Cherr'h-quuh im nördl. Neu-Calif. 574aa
Chetimaches = Chitimachas, Chetlessentun
im füdl. Oregon 593a; Chevet (vgl. *Chemevet =*
Chemeguabas) im O am *Colorado* 261nn, 2aa
Chewehilla = *Chowchilla,* Cheyenne(s) =
Scheyenne(s), *Chia = Zia*
Chiametla Prov., Stadt od. *pueblo* in Cinaloa
(-*tlan; Chametla, Chamela*1 4aa): 1) Landfch. od.
Prov. (auch *del Rosario* 206n) 11m, 154mm, mf,
161af, 177nf, 206mf, n 2) Stadt oder *pueblo* 11n,
14aa, 154a, 161mm, 179mm, 457nf; NM 224a
Chican kl. Flufs in Texas (*2), Chiccasaws=Chick.
Chichiltic calli (-ti c. PK 330aa, -ticale)
[*Chichiltic tlalli* 59n, -*tictale*] am *Gila* (= *casa*
de Motezuma PK 330aa) 11mf, nf-12aa, nf, 59nf;
NM 221af, 4aa-af, 6mm, 263a-af; PK 330aa
C H I C H I M E K E N Volk in Mexico (*Chichimecas;*
-cos 287mf; *Mecos* 57nn, 363nf): 1) Volk 1mm, 2nn,
15m-mm, nn, 56m, 57mf-58mm, 66nf, 149nn, 154aa,
nll, 161af-m, 175aa, *mm-n,* 182mm, 4mm-n, 7nn,
8mf, 287mf, 314nn, 363nf-4a, 528f-9a; PK 336
mm, n, 7mm-8aa, mf-f, mm, 9a, nf-340aa 2) Spr.
56m, 57nf-nn, 58af-mm, 63m, 156mf (=otom.), 529a
Chicico ndöftl. Nbfl. d. *Norte* in NMex. NM 240aa,
8m *(Chicito); Chickailish, Chick-alees=Chihalis*
Chickasaw(s) od. Chiccasaw in den Verein. St.,
auch Texas: 1) Volk 367a, 420m, 1mm, 3nf, 440m,
2nll, nn, 7,b^n 2) Sprache 449af, 451mm
[*Chickasawhay* Flufs in Miffifippi 436m] ·
Chickeeles = Chihalis
Chico: 1) *Ch. creek* öftl. Zufl. des *Sacramento*
in NCalif. 521mf [2) *bayou Ch.* Flüfschen in Louif.
430a, mm (*Bayou Chicot* ift ein Dorf ib. im Bezirk
Calcasieu)]; *rio Ch.:* 3) Nebenflufs des *Hiaqui*
in Sonora 201a 4) *Rio Ch.* Ort in Sonora 18nf,
197n: oder vielmehr Oftimuri 205aa, mm
Chicorata † in Cinaloa: 1) Volk u. Spr. 157af,
9n-nn, 657nf 2) Durf 159n u Miff. (*Chicorato*) am
Cin. 156m, 9nn, 206m | *Chiguagua = Chihuahua*
Chiguaguilla in Cinaloa 14a, 60a
C H I H A L I S † an der SKüfte von Wafh.; Formen:
a) *Cheh.; Chekalis, Chick-alees* b) *Chickailish,*

-lis, Chikailish; Chehaylis, Cheehaylas c) Chi-
heelish, Chickeeles; Chikoilish, Chachelis d)
Tsihailish; 1) Flufs 584nf,5mm,7mm-mf, 595a|||,
6mm, n, 613nf, 659nn 2) county 588af 3) Volk u.
Spr. a) Tsihaili-Selish-Fam. 602nf, 4uf-mf, 612m,
658n-661aa, 671mf-n, 690nn; B 320n; W. 604af-
mf, 660a b) Volk u. Spr. 558n, 659m, mf, 671af
4) Volk 589mf, n, 590mf, 2nn, 3mm, mf, 4af, f-5all,
nn, 6n, 613nf, 632f, 659m-mf, nn, 660m 5) Spr.
596nn, 607nn, 627nfll, 632aa, 3a, aa, 659nn-660aa;
B 334aa; — AS 658nf, 660aa-af, mm; Verh. 590af,
602nf, 4mm, 614aa, 633a, 659m, mm; W. 604mm
Chihuahua [*] (Chiguagua) 1) Prov. im ndl.
Mex. [162 bis 176]; 406mm, nf; Völker u. Spr.
162mf-3n, 172a-5n 2) Stadt (villa de S. Felipe
de Chig. 22n, 174f) 21nf, 161nf, 176m, 180af,
410mm; NM 229a, 234ull 3) Real 299nn, nf; Ch. el
viejo Real 176m 4) kleiner Flufs 175f, 6m
Chikailish, Chikoilish = Chihalis .
Chila, laguna de: in Potofi 185af
Chilcart (Chilcat) am Lynn's-Canal im ruff.
Nordamerika 675m, PK 379n; Chilcotin = Tsilc.
Chilili (NM 247m, 256n; oft falfch Chititi)
pu. im öftl. Neu-Mexico NM 243n, nn, 7m, 256n
Chillates f. Chahlat; Chilluckittequaw an
der unteren Columbia 591mm, 4aa; Chilo in Texas
Chiltecpin (-tipin) Bach ib. (*2 B) 417aa
Chilts, -tz and Küfte v. Wafh 592a, 4af, 604mm
Chimakum (Chin-akum[s] 670nn, 1af) in NW
am Admir. inlet in Wafh. 595aa, nn, 670nn, 1af
Chimal Zufl. des Llano vom Col. in Texas 417a
Chimikaine = Tshomakain
Chimmesyan(s) (Chimsyan[s]) an der nördl.
brit. u. füdl. ruff. WKüfte, in 53°½-55°½: 1) Volk
675m; B 399nn, nf, 400aa, nn-1af, mm, 4mf;
Verh. B 383nn, 399af-m, 400nn 2) Spr. u. ihr Verh.
599a, 600nn, 1m-mm, 675m; B 399nn, 400a, aa,
mf-n, nf, 1af-nn; üb. d. Wortverz. 602aa; B 382nn,
3mm, 401mf; Wortverz. B 402a-3nn
Chimnahpum in W der Columbia, nördl. von
der Mündung des Lewis river 591af
Chimney peak im füdöftl. NCalif. (viell. = rock)
516aa 2) chimney rock im Gila-Lande 274, aa
Chimsyan = Chimmesyan, Chin-Indians = Atnah
China in Neu-Leon 189mf
Chinacates: aguage in Zacatecas 178nf
Chin-akum = Chimakum

Chinapa 1) Miff in Son. (bei Arispe) 19mf, 60a,
202af 2) rio de Chinapas in Chihuahua 60a, 175f
Chinarra(s) 1) Volk in Chihuahua 21af, 56m-
mf, nn, 172mm, 5a, 300n 2) Sprache 55m-mf, nn-f,
172mm 3) Ch-as Miffion in Tarah. alta 21aa
Chindea, minas de: alc. mayor in NBisc. 161mm
Chinipa(s) † in Cin. (Tarah. baxa) (fälfchl.
Chiripa[s] 20f, 162a, af): 1) Bezirk 20nf-21mm, f,
23nn, 24af, 56m, nf, 163mf 2) Miff. in Tarah. baxa
21a, nn, 60a 3) pueblo (ob = Bachiniba?) 14a,
29mf, 60a, 162a, 205nf, 6af 4) Volk 20f, 161f-2aa
5) Spr. 161f-2aa, 657f-8a 6) sierra de Ch-as 199n
Chinnook = Chinuk
Chinuk(s) [*] auf beiden Seiten der untft. Columbia; Formen: Chinuc, Tshinuk; Chinook(s),
Cheenook, Chinnook(s); Chenook(s); A. I. allg.:
1) Volk 616m-7aa 2) Spr. 619m-mm, 627n-nf, 632
af-m; — 627mf-8a; Verh. B 374af-m, 390a-nf;
AS 616af-nn; — 629af-631mm; 627af-m, 8mm-
nn; W. 618nn-9nf, 627af-m; *620n-6a; — 626a-mf
II. obere Ch. oder Watlala: 1) Volk 616m-mf
2) Spr. 616m-mm; 628aa; W. 618a, mm, 620m,
mm; *620n-5af III. untere Ch.: 1) Volk 616mf-n
2) Spr. 616n; W. 618aa, af, mf, nf, 9a, aa, m, 620
m, mm; *620n-5af IV. quasi Chinuk, Scouler's
Spr. Cathlascon (nach mir pseudo-Cathl.), die
ich für Chinuk nehme: Spr. B 372af, 4a-aa, mf, 8n;
AS 617a-m, 9a-af; Verh. B 374af-m; AS 617a-m,
628n-nn; W. 602af, 618aa, nf-9af; *620n-6a; —
626aa | B. Chenook: 3) Dorf nördl. an der Mün-
dung der Columbia 616f 4) Ch. bay = Baker's
Bai 5) Ch. river = Gray's river
Chipafora im öftl. Son., Chipavas = Chippeways
Chipeouaïans = Chepewyans   [590nf
Chippanchickchicks in N an der Columbia
[Chippeway(s) Volk der Verein. St. vom Al-
gonkin-Stamm 641m (Ojibuas), 681nf (Chipa-
vas); MB 476aa, nf (Chippewas) 2) irrig für
Chepewyans oder Chipewyans]
Chippewayan, -wyan = Chepewyan .
Chiquihuitillo Berg in Zacatecas 178mm
Chiricagui † 1) -cagui Ort im ndöftl. Sonora,
S vom Gila u. O vom S. Pedro 2) - caquis Volk
im Gila-Lande 262n, 315mm, 9mf; Apaches Ch-guis
303mf, nf-f, 5a 3) sierra de Siricagui im Gila-
Lande 200mf, 257af, 303f
Chiripa(s) falfch für Chinipa(s)

Chitico Küftenflufs im füdl. Oregon 583n
[Chitimachas *(Chittem., Chetimaches)* in
Louif.: 1) Volk *429n*, Spr. *429nn-f* 2) See (auch
Grand lake) 429n]
Chititi = Chilili, Chittemachas = Chitimachas
Chivo, cerro del: in Guadalaxara 178af
Chocolate 1) Ort in Chihuahua 176m 2) 2 Zufl.
des Meerbufens in Texas (4 B, 6 B) 412, 6nn
Chocollo, puerto: Rancho in Neu-Santd. 192mm
Chocouyem = Tchokoyem, Chocreleatan im
füdl. Oregon 593a
Choctaw(s) + *(Choctahs; Chactaws, Chactas;
Chattaw* 447,b[n], *Chahta)* in den füdl. Verein. St.
u. Texas: 1) Volk 423af, *430a-aa,* 443af, m, 7,b[n]
2) Sprache 423aa, 7af, m, 451mm 3) *Choctaw creek*
vom Syftem des *Red river* in Texas
Choloma creek vom Syftem des *S. Buenaven-
tura* in Neu-Californien 522aa
Chopunnish + *(Chopunish* 615af, m) 1) Volk
am *Kooskooskee r.* in Wafh. 59ta||, af, 4aa, *615
af;* ob = *Sahaptan?* 615af, mm-mf 2) Spr. *615m-
mf;* üb. das Wortverz. 615m-mf, n 3) nördl. Neben-
flufs des unteren *Kooskooskee river* 591a, 615af
Chori bei *Trinidad* im nördl. NCalif. 570mf, 3f
Chorisori, -zori in Sonora 310mf, nn
Chorro, hac. del: in Durango 312m; *Chorros*
in Alt-Californien; *Chorruco* f. Charrucos
Chotan-oman-os im nördl. Neu-Calif. 573mf
Choteau = Chouteau, Choumans = Comanches
Chouteau's creek Zuflufs des *south Cana-
dian* 422aa, 431mf, 6mm 2) *Choteau's trading
house* ib. 431n
Chowchilla Nbfl. des *S. Joaquin* in NCalif. 521af
Chow-eshak am *Eel river* im nördl. Neu-
Calif. 573n, 4nn 2) Sprache 574nn, 5af, *mm-mf*
Christenoes = Knisteneaux, *Christmas lake* im
füdl. Oregon 582a, *S. Christobal = S. Cristobal*
Chtagaluk Infel im tfchugazk. Meerbufen 692mf
Chubisca in Tarahumara 22f
Chuchacas = *Quera*-Spr. in NMex. NM 277n
Chulitna (-nak) grofser füdl. Nebenflufs des
Kuskokwim, S-N fliefsend: zwifchen 60° 45' und
61° 45' N. B., und 157° 45' und (Mündung) 156°
50' W. L. 702f, 5n, 7aa
Chulpun (wohl = Chupumnes) bei *S. Francisco*
im nördl. Neu-Californien 565n, Chupumnes (vgl.
vor.) am *Sacramento* ib. 571mm

Churchill-Flufs oder *Missinipi* im brit. Oft-
lande, 55-59° N. B.: Ą 150n, 3nn; MB *467a-aa,*
8aa, n, 476m, n, 7mm, 8a, aa, af 2) Fort *Ch.* an der
Münd. des Fl., in 59°: A 150nn, MB *477mm* 3) *Ch.
tinnè* oder *Ch.* Ind. A 150nn; MB 476m, *7mm,* mf
Chusca, sierra de: in W bei NMex.257m,NM235af
Chute(s) river = Fall r. 2) *des (Des) Chutes*
(Dechutes 592n) Volk in Oregon und Wafhington
592n, 3aa, 4mm, 6a
Chwachamaju bei der *Bodega*-Bai im ndl.
NCalif.: 1) Volk *567n, 8aa ;* auch gen. *Sewernow-
zer* (Сѣверновскіе 567n) 568aa, af (ruff. *Sew.*
f. bef.) 2) Spr. *567nn, 9m-nn,* 575mf; W. 568aa-af;
*568af-9m | Chyennes = Scheyennes
Chyote cave in Neu-Californien 515nn
Cia = Zia, 'Cibaleta oder -letta = Cebolleta
Cibola *(Cibora* 334nf, 5a) fabelh. Stadt (öftl.
v. NMex., im hohen N von Texas 303mm; = Alt-
Zuñi NM 224f, 243mm, 254af, *266mf-n;* Granada
NM 226n) 11m-12m (11n, nf, 12a), 12nn, nf, 334nf-
5a; NM 213nn-4a, 221af, 2mm, 3m, mf-n, 4f, *af-mm,*
n, 5a, 6n, 243mf-n, 263a, 305a-aa
Ciboleta, Cibolleta = Cebolleta
Cibolo, arroyo od. *rio del:* Nbfl. des *S. Antonio*
in Texas 412nf; Cibolos im Lande des Colorado
259a, in Chihuahua? NM 229aa
Cicuyè Stadt in Neu-Mexico (= *Pecos?* NM
225a) 12aa, nn, nf||; NM225a, aa, af, mm, mf, 6a, 7aa
Cienega im öftl. NMex. NM 256n, *C. grande*
in Durango 311mm; *Cienegas:* 1) *de las C.* Dorf
u. Hacienda in Coahuila 196a 2) Hacienda in Durango
311an; *las quatro Zienegas* Bezirk in Chihuahua? NM 227nf, 247m
(la) Cieneguilla: 1) *la C.* Ebne in Sonota 19aa
2) *C.* Rancho ib. 202af 3) *S. Ildefonso C.* Real ib.
202af, 4nf 4) *C.* oder *Zieneguilla: pueblo* im
nordöftl. Neu-Mexico NM 229f, 247m, 8a, 255n, nn
Cienèguita in Sonora 310nn, nf
Cimarron 1) füdl. Zufl. des *Arkansas* im nordöftl. Neu-Mex. NM 239mf 2) *C. chico* vom Syftem
des *Canadian* im öftlichen Neu-Mexico NM 241a
Cinaloa + [*] *(Sinaloa, Zynaloa)* 1) Prov.
[13a-14m, 155mf-161a, 179af-nn, 205mf-
7mf]: Flüffe 179af-m; Örter 14a-af, 179m-nn, 205
mf-7mf; Miff. 156aa-n; Völker u. Sprachen 44m-nf,
156mf-161a; Sprachen 46a-aa, 51a-m, 657nn-8a
2) Stadt 14aa, 161mm; *presidio* 161m, *villa de*

S. Felipe y Santiago de C. 179mm 3) Flufs 14a, 156af, 7nf, 179af 4) Volk Cinaloas (auch *Zyn.*)
155nn, 7nf, *9mm,* 210a 5) Sprache Cinaloa 155nn, 6nn, nf, 7aa, *9mm-mf,* 657nn-8a
    Cinco Señores 1) in Durango 177af *(C. S. de Nazas),* 178nf 2) in Sonora (30° N. B.)
    Cinoquipa Miffion in Sonora 19mf, 60a, 202m
  - Circee(s), Circes, Ciriés = Sussees
    City creek = Nahpopah
    CLACKAMAS + (592n, f; -*mus; Clarkamees* 592a, *Klakimass* 614a) im nördl. Oregon: 1) Volk 422m, 592a-aa, n, f, 614a 2) öftl. Nebenflufs des unteren *Willamet 592a,* f, 614a 3) *county* 583nn, nf
    Clahclellah an der unteren *Columbia* 591mm, 613nf *(Klakhelnk, = Clatsops);* Clalam = Clallam
    CLALLAM(s) an der NWKüfte des Wafh. Terr., an der *Fuca*-Str.; auch auf der füdl. *Vancouver*-Infel; Formen: *Clallem(s), Clellums; Tχlalam, Clalam; Tsclallums, S'Klallams, Sklallum(s);* 1) Volk 593mf, 4m, 5a, nn, 604nn, 670nn, 1aa, af, *n-nn;* B 334a-aa 2) Sprache *671nn* 3) Landftrich in Wafhington 671n 4) *county* ib. 588af
    Clamet(s) = Tlamath; Clamoitomish *(Clamoctomichs)* an der Küfte von Wafh. 592a, 4aa
    Clanimatas an der unteren *Columbia* 591n
    Clannarminnamuns an der unt. *Columbia* 591n
    S. CLARA A. Örter: 1) *pu.* u. Miff. in NMex. NM 230af, 243nn, 4a, m, 8a, *9af;* Spr. NM 273nf, 7nn, 8nf, 280aa 2) im mittl. NCalif.: a) Miff *525m,* 535m, *564f-5a;* Spr. 565a-aa b) *county* 520f, 3aa, m, *mm,* 5af c) Thal 525af 3) in Potofi 186a, f 4)× in Texas 5) *Vegas de S. C.* od. blofs *Vegas:* Gegend im Col. Lande od. in Utah 256m-mm, 8aa, 337m, mm B. Flüffe: *rio de S. Clara:* 6) = dem oberen *Virgen* 7) Küftenfl. im füdl. NCalif. *522n* 8) Bach in Son. 201a 9) *S. C. spring* im nordöftl. Neu-Mexico NM 248a, 249nn C. 10) *sierra de S. C.* in Sonora 199a, 200mm, 237a, 277n (auch *volcan)*
    Clarence, Strafse des Herzogs von: (*Cl.* Strafse) zw. der NHälfte der Prinz-*Wales*-Infel (in W) und Infel des Herzogs von *York* (in O), an der ruffifchen Küfte: 55°⅔-56°⅓ N. B. 675mm
    Clarkamees = Clackamas, *Clark's* r. f. *Clarke* 2
    Clarke: county in Wafh. (vom Flufs ben.) 588af‖
    Clarke's river 1) (oder *fork* 586nn‖) oder *Flathead r.* (586nf, 659a) öftl. Nbfl. der *Columbia* in Wafh. 580nn, 2m, *mf,* n, 5nf‖, *6mf-nf,* 7a, 591

a, 2aa-m, 661af‖ 2) *Clark's r.* kl. füdl. Zufl. des *Snake r.* in Oregon 583af | *Clarksville* in Texas
    Classet(s) + im ndwftl. Ende des *Wash. terr.:* 1) Cap 2) Volk (*Closs.* 670f; wohl = *Klaïzzarts?* f.) 604nn *(Classet),* 670f, 1nf; B 334a-aa
    Clatsacamin in Oregon 592n
    Clatsop(s) + im ndlft. Oregon: 1) Volk um die *Columbia*-Münd. (bef. fdl) (*T'latsap* 604, baf, 616n; = *Clahclellah,* f) 590mf, 1nn, 2n, f, 613nf, 6n 2) Sprache 604, baf; 618, baf, mm 3) Küftenflufs und Fort 4) *county* 583nn, nf 5) *C. point* 613nf‖
    Clay creek in Tex. (*6), Clayoquots = Tlaoquatch
    Clear creek 1) weftl. Zufl. des *Sacramento* in NCalif. 521n 2) wohl ein and. Fl., im ndlft. NCalif. 575a, aa 3) 3 Bäche in Texas 4) vom Syft. des *Utah*-Sees 340aa; *Cl. fork* Zufl. des *Brazos* u. der *Trinidad* in Texas 431af, 441af; *Cl. lake* [1) in Louif.] 2) im ndl. NCalif. *520mf,* 568a; Völker u. Spr. an ihm 573mm, 4n-nn‖; *ClearWater (r.) = Kooskooskia*
    Cle Huse im *Charlotten*-Sund B 381a
    Cleli Kitte ib. B 381aa, Clellums = Clallams
    S. Clemente 1) Infel bei NCalif. = *S. Salvador* 2) *rio de S. C.:* Nebenflufs des *Buenaventura* in Utah 335mf | *Clerke island = St. Lorenz*-Infel
    Cleto, arroyo oder *rio de:* Nbfl. des *S. Antonio* in Texas; Click-atats und Clickitats = Klikatat
    Clict-ass im Prinz-*Wales*-Archipel 678aa
    Clinton in Texas, Clockstar an der unt. *Columbia* 593n, Cloo auf den *Charlotten*-Infeln B 394af
    Clopper's point Ort in Texas (= *New Washington,* f.) 414af; Clussets = Classets, Clow-etsus am *Charlotten*-Sund (viell = *Klaïzzarts?*) B 381a
    Coachic in Tarah. (verfchieden v. *Coyachi)* 60aa
    COAHUILA + [*] 1) ndöftl. Provinz Mex.'s [193aa-7af]; Formen 193nn: *Coaguila; Cohah., Cohag.; Quah., Cogquilla; Nueva Estremadura;* 193aa-nn, 4a-5nf; 429m-nn; Örter 195n-6n, Völker 194a-5aa 2) Stadt (= *Monclova)* 193nf, 6aa 3) Flufs 193nf, 5m 4) Volk (Coahuilen) und Spr. 57a, 193nn-nf 5) *C. valley* im füdl. NCalif. 516m
    Coanopas (auch *Coanpas* 248mm, 278mf) am *Gila* 208nn, 238mm, 278mf, 534aa
    Coast 1) See im füdl. Oregon 582a, 593a 2) *C. fork* fdl. Arm des *Willamet* in Oregon 3) *C. range* od. Küftenkette, Küften-Gebirge (*coast mountains* 516a) im weftl. Neu-Calif., Oregon u. Wafhington 515aa-af, m-mm, mf, n, 6aa, 580aa, 1a, 4n, 617mm

Coayos bei *Cabeza de Vaca* NM 219mf, 268nn, 270af, mf; Cobaji am *Colorado* 262aa

Coborca = Caborca, Cochatis = Coschatis

Cochimi(s) [*] [469mm-472mf] im nördl. Alt-Calif. (= *Laymones*) (auch *Cochimies, Cochlmas; Colimies*): 1) Volk 469mm, 470aa-nn 2) Spr. 469mm-470nn, 1m-mm, 6m-nf; Dial. 469 mf-470aa, 1mf-f; nördl. *C.* 471nf, *2a-aa;* 4te Stammfpr. über dem *C. (Yuma?)* 472af-mf, 538nf-f; Verh. 465a, 471mm, 511n-f; 492nn-3af; 511af-n 3) über Sprachftoff 470nn-1mm, 495aa a) 'Texte 470nf-1m, 495af-nf, 502mf-3mf; *496mf-500n, 1m-2mm b) Wortverz. 502mf-4aa; *504aa-8af; 510n-1aa c) gramm. 471mm, 508m-9aa; 509af-510mf

Cochitas in Cinaloa 179m

Cochite und Cochitemi f. Cochiti

Cochiti + im öftl. (NM 229nf), nach der Ind. Karte im weftl. NMex. (*Cochite* NM 243nn, 8a, 277n): 1) *pueblo* (auch Miff. NM 248a) NM 229n, nf, 231f, 243nn, 4a, aa, m, *8a, mm,* 298aa, m 2) Volk u. Sprache (bef. *Cochitemi* gen., auch *Quime* NM 298a) 470nf, 497m, 8a 3) Spr. NM 272nn, 7n, 8n, 280aa, 298aa, 302mm-nn; W. 423nf; NM 297 m-mf, f-8m, nn-9aa; *NM 299af-300aa

Cochnichnos am *Colorado* (= *Cosninas?*) 279n, *Cochuta* indianifches Dorf in Sonora 202m

Coco Hacienda in NSantander 192mm 2) f. Cocos

Cocomorachic richtig *Cocomorachic*

Cocomaricopas[*][264a-7m] *(Coco-Mar., Coco-Marik.; Maricopas, Mar-ic.)* am untft. *Gila* und *Colorado:* 1) Volk 239a-af, 264a-6a, 422m, 541nf, f-2aa; PK 325a-n, 351af-n 2) Spr 266a-m, n-7m, 270a-af, 541nf, 2nn; Verh. 538nn, 9m, 544 nn; PK 323mm, 5mm; üb. das Wortverz. 266aa-m, 423af, 541nf, 2n-nn; *266mm-n, 7a-m, 542aa-mf

Coco Mongo = Cucamonga

Cocomorache (Cocomarachic, -chi) in Chihuahua 22a, 310m; *Coconnaie* 21mm; Coconoons im mittl. öftl. NCalif. 532a, 564mm, mf, n; Spr. 564mm, n

Cocopah u. Cocopas=Cucapa; *Cocorin (Cocorun* 202m, 211mm) ind. Dorf in Son. (Oftim., am SUfer des *Hiaqui)* 158mm (falfch *Cocoria)*, *202m*, 5aa, 211mm [Cocos in d. wftl. Luif. *430aa* (Coco, vgl. *Cooko*)]

Cocospera pueblo in Sonora 19mf, *202m,* 221a

Cocoyames (vgl. *Coyames*) in Chihuahua 162nll *(Cocoyomes* NM 246nn, *7mf)* und *bolson de Mapimi:* 174mm-mf, 183m, 299m

Codadachos=Cadodachos bei Caddo; *Codornices (God.), punto de las:* × in Durg. od. Chih.? 312mm

Coeur d'Alène (Conerd Helene! 592n; auch *Printed Hearts* 592n) 1) Volk in Oregon u. Wafh. 592n, 4mf, n, 604m, *659aa,* 660mf; auch *Skitsuish* gen. 2) Zufl. von *Clarke's r.* 586nfll 3) *CA.* lake im öftl. Wafh. 585f, 659aa 4) *CA. mts* ib. 584n

Cogquilla, Cohaguila u. *Cohahuila = Coahuila*

Cojotal = Coyotal, Cojuklesatuch an der Weft-Kufte der *Vancouver*-Infel

Cola del Aguila f. *Ag., Cole's* settlement in Tex.

Santa Coleta, arroyo de: in Texas; *rio Coleto* Nebenfluf der *Guadalupe* ib. 412nf

Colhuacan f. 1) (auch *Culh.*) *Huei C.* 2) *Culiacan*

Colhuer *(Colhuas)* alt-mex. Volk 157mf; PK 339all, aa-af; Colinas im Gila-Lande? 258n, *Collani* Miff. in Chih.? NM 229a, *Collin county* in Texas Colnett (= *S. Quintin*) Cap der WKüfte ACalif.'s *Coloma* Dorf im nördlft. Neu-Calif. 517f, 526f *Colorada, casa:* × im öftl. NMex. NM 255mf, 6n *Colorado* I. 1) Stadt und *county* in Texas 2) *C.* Gebirge ib. 412a II:

rio Colorado 1) *de (la) California* [*], de *C-ias* (295af) oder *del occidente* (247m, 253mm), auch *Col. of the west* (254nf); auch *Red river* 255a (= *Tizon,* f.; NM 226mf); oberhalb *S. Raphael,* dann *Zaguananas* gen. (f.); Stellen: 251m-mf, 2, *3m-6nn,* 4nn-5a, 277-9, 288m-9aa, *330m-2mm, 457a,* af, 8f, *9nf,* 513aa-af, mf, *534 mf-nf, 5a;* PK 334aa-af; NM 224mm-n, 304nf-5a; Völker am Fl. 249nn, *533nn-5a,* nf, 540af, 1m, 3a, 565m; *Col.* Land f. *Gila* 2) *rio C. chiquito* od. *little C. = Jaquesila* 3) *rio C.* von *Texas* (auch *Red river [of Texas]* 257a, 412nf) 192af, 3mm, 254nf, 7a, 361af, 5m, 7a, mf, 409nf, mm, *412nf,* 425m 4) *rio C. de Natchitoches = rio Roxo* 5) *rio C. = Canadian* 6) kleiner öftl. Nebenfluf des oberen *Norte* in Neu-Mexico NM 241nf, 256aa 7) *arroyo C.* oder *rio de sal C.* Bach im füdl. Texas

Colutlan Stadt und *alc. mayor* in Guadalaxara (Neu-Galicien) 154m, Colteches f. Noches

Colter's river (Cutter's creek) nördl. Zuflufs des unt. *Kooskooskee* von *Clarke's river* 591a

Columbia A. 1) gr. Flufs in Wafh. u. Oregon [*] 579aa-n, 582a-mm, 4m-mm, 6m-mm, f-7a; auch gen. *Oregon* 371aa, 576nn, 8mm, *582a,* 615m; f. noch *Heceta;* Nebenfl. 582mm-3mm, 6mm-7m;

Völker am Fl. *590mf-*2aa, 613mm-nf 2) *C.* Bai (die
Münd. des Fl.) 581n, nn, *2mm, 5mf,* 7m 3) *county*
im ndlft. Oregon 583nf B. 4) Ort in Tex. 413nf 5)Stadt
in Neu-Calif. 526f C. 6) britifch *C.* f. Neu-Caledonien
  Columbus Ort in Tex. 413nf; *de Columna,* U.L F.:
  f. *Pilar; Colusi county* im ndwftl. NCalif. *523m*
  Colville im ndl. Wafh.: 1) *C. river* Strecke der
  oberen *Columbia* 587a 2) Fort 587a 3) *C.* Indianer
  592mf, *4*mm, n (= *Schwoyelpi,* f.), 5nf, 6a
Comacari Bach in Son.201a, Comaiyah=Comoyah
Comal in Tex.: 1) Zufl.d. *Guadp.* 417a 2) Dfu. *ct.* it.
  C O M A N C H E N oder *C O M A N C H E S* [*] im füdweftl. Texas und füdöftl. Neu-Mexico [361 bis
  403; fpec. 361-9; 370-382-8m; 388mm-392
  af-403nn]; 1) F o r m e n 361nf-2m, 6mm-mf:
  a) *Comanchees; Cumanches; Camanches, -chees,
  Camarsches; — Choumans, Cannensis* b) *Jetans
  (Jelan), Hietans; Ayutans* 362af, 4nn; *Tetans
  (Tetaus)* c) *Na-une, Na-uni; Paduca(s)?* (f. bef.)
  2) geogr. Beft. 361aa-nf, 4n-nf, 5mm-n, 6mf-7mm,
  9a-aa, m; NM 275mf-nf 3) V o l k 361a-aa, 2m-3af,
  nn-9f, 430aa-af; NM 254m-mm; Stämme 362a-m,
  7af-m, 8aa-nn; Raubzüge 366n-nn, 8nf-9nf; NM
  237aa-af, 275nn-nf; Gefch. 307n-nf, NM 232nn-f
  4) Verwandtfch.Verh.316mf-nn, 8m-nn,349, *361a-aa,
  370a-1mf;* comanche-fchofchonifche L i g u e oder
  Sprachfam. 351mm, n, 7n, 648*nf-9mm,* 657aa-mm
  5) S p r a c h e *(Comanche)* 290n, *361a-aa,* 370aa,
  nf, 433n, 641a; Wortverzz. 371a, n-nn, 383af-nf;
  NM 312n-nf, 3a-4af; *371nf-382f,* NM 309n-312n; —
  AS 416af-mm; Wortvgl. 351aa, 388m-390aa, 1mf-
  2aa, 640m, 9n-650af, nf; *392af-403nf, NM 314a-
  af; grammatifches 290mf, 384nf-7n; NM 313a, mm-
  4a; — AS 351n, 386af-7mf; NM 313mm-nf
Comaniopa am *Gila* 264n, Comeya=Comoyah
Commandù, Commantù = Comondú
*Comondú (Comundù) ; Comandù, -tù; Com-
  mandu, -tù)* in ACalif.: 1) Bai der Oftküfte 464mf
  2) Örtlichkeit 464mf, 506af 3) Miffion f. *S. José C.*
Comopori Volk u. Spr. in Cin. 156nf, *8mm,* 657nf
Comoripa (Cumuripa, Conurispas 19mf,202m)
Miffion in Sonora 19nf, 158mm, 202m
Comos bei *Cab. de Vaca* NM 268nn, 270m, mf
Comoux im *Charlotten*-Sund B 381aa = *Co-
  mux(es)* an der Oft-Küfte der *Vancouver*-Infel
C O M O Y A H, -Y A im W des füdl. *Colorado,* in
  NCalif.; Formen: *Comoyei; Comeya, Comaiyah;*

Quemeya, Quemaya; 1) Volk (260mm, 1mf)
  268mm, 9mf-n, 534aa, n, nn, *6a (5nn), af,* 9nn
  (540af) 2) *Comeya*-Spr. 539m, *nn-540aa,* 4mf, n
  Compadre, rio: vom *Grand river* 331nn, 2a
  (Uncompagre); Compostela Stadt u. alc. *mayor*
  in Guadalaxara 154af; NM 214a, 223m, f, 4a
Comurispas=Comoripa, Comux(es)=Comoux
  Conates im weftl. Neu-Mexico NM 256mm
  C O N C E P C I O N (gew.: *la* od. *de la purisima C.*)
  A. Ö t t e r: I. blofs *C.:* 1) in Cin. (Oftim.) 14a, 205nf
  f. *Haygame* 2) *puerto de la C.* im Colorado-Land
  239mf, 258aa, 262mm, 288n 3) in NLeon 189mf
  4) Real in Son. 19mm, 202m 5) in Tarahumara 22nf
  II. 6) *Nu. Sra de la C.* oder *de la pur. C.* Miff. in
  Texas (zuerft bei *Adaes*) 409n, nn, 410aa, *3f* 7)
  Miff. *de la pur. C.* in ACalif. *460m;* auch de *Cadegomó* 460m, 470a, 1mf, 7a; Dialect derf. 469m,
  n, 470a, aa, 1mf, n, 7a 8) *la C. de Nu. Sra* 2 pue-
  blos ib. 9) Miff. *de la pur. C.* im fdl. NCalif. (auch
  blofs *la Purisima* gen. 546nn) 457af, *524mf,* 546nn,
  560mm‖ 10) *la limpia C.=Fuenclara* (f.) im öftl.
  NMex. NM *237m-n,* 249a B. 11) Bai *de la C.* an
  der Oft-Küfte Alt-Californiens C. 12) *monte de la
  purisima C.* in Alt-Californien 13) *punta de la C.*
  Cap im füdl. Neu-Californien 518nf, 9mm, 524mf
Concha, Conchas f. alles bei *Concho* u. *Conchos*
Conchattas = Coschatis
C o n c h o A. 1)Nbfl. des *Colorado* in Texas 412nf
  (falfch *Conjo* 366nf); auch *Enehokue* gen. 366f
  B. Conchó: 2) = Bai od. Bucht von *Loreto* 479aa
  3) *S. Loreto C. =* Miffion Loreto 465nf
  C O N C H O S † in Chihuahua: 1) Volk u. Sprache
  (172n, NM 227nn): meift *Concha(s); Volk 23n,
  55m, nn-f, 57a, 172mm, n; NM 213aa, 227nn, 8a,
  246n, 264aa, 8mm; S p r. 55m, mf, nn-f, 57a 2) *pu.
  u. pres. de S. Francisco de los C.* 172mf-n; auch
  pr. de C-as 176m; auch *Conchos:* 161m, 172mm,
  415mm; *Conchas* Dorf 176m 3) *rio (de) Conchos
  (C-as, de [las] C-as)* gr. fdl. u. wftl. Nbfl. des *Norte*
  172mm, n, 4nf, 183mf, 8nf, 301a; NM 228af, 240nf
Conejo(s) 1) wftl. Nbfl. des ob. *Norte* in NMex. NM
  239m, 240aa, nn, 1nn 2) *C-os* Hac. in Potofí 186a
Conerd Helene falfch für *Coeur d'Alène*
Coneto, S. Miguel de: Df u. Real in Dur. 177a
Confidence, Fort: am nordöftl. Zipfel des grofsen
  Bären-Sees im brit. Nordamerika, c. 67° N. B. und
  119° W. L.: A 156n, 160af; MB *481f-2a*

Conicari † in Cinaloa: 1) Ort 156m, 9m, 206m
2) Spr. 156nf, 7af, *9m*, 657nf; *Conitaca* ib. 179mf
Conjo f. *Concho* in Texas; *Conquifta*, *S. Pedro
de la:* ind. Dorf u. Miffion in Sonora *202mm*, 219n
Conrad, Fort: im fdwftl.? NMex. NM 248a, 255mf,
Contadera Berggehänge in Potofi 185mm [6m
Contenay = Kootanies, *Contotoles* Hacienda in
Coahuila 196a; *Contracosta: county* öftl. von der
Bai *S. Francisco* in Nen-Californien 523m, mm
Couchan = Cuchan | *Co o k's* Einfahrt, - Flufs
oder *inlet* = *Kinai*-Bucht 2) *C.'s spring* im füd-
weftl. Neu-Mexico NM 248a, 255mm
Cookkoo-oose an der WKüfte v. Oregon 592a
[*Cooko prairie* in Louif. (vgl. *Cocos*) 430aa, 6aa]
Coon's rancho im ndöftl. Chih. NM 248a, 255mf
Coopspellar im nordöftl. Wafb. 592af, *Coose
county* in Oregon 533nf, Cootenays = Kootanies
Copala (eig. *Copalla* 66mm) in Cin.: 1) Land-
fchaft 15mm, 66mm, 184nn, 206mf 2) Real 207a
3) *S. José de C.* Pfarrdorf und *diput.* 179mf, 204nn
Copales (-lis) 1) Küftenfl. in Wafh. 587mf, 596n
2) Volk *C-is* ib. 596n; *Copalux* = *Palux*
Copano in Texas: 1) Bai 412mm 2) *creek*
3) Ort 413f | Cop-éh im nördl. Neu-Californien:
1) Volk 574n 2) Sprache 575af, *mf, nn,* 6aa
Copper mines f. Kupfergruben; *Coppermine river* und *Indians* f. Kupferminen-Flufs und Indianer
Coquille river Küftenflufs im füdl. Oregon 583n
Coquimas = *Caquima*
Coquins, rivière des: = *Rogue's river*
Coquontans Kolofchen-Stamm PK 377af
CORA, CORAS I. in Guadalaxara ufw. (ital.
Cori): 1) Volk 5m, 14m-15a, nn-f, 16af, m, 472mf;
10nf, 14m, f, 57f, 63af-64a, 63nf, 64mm, 157nn,
472mf, 5nn 2) Spr. 10n, 14nn, 35mf, 54mm, nf,
157nn, 472mf, 3mm, 656mf; 26a-n; 31mf-32m, 35m;
azt. Sprachftoff 9mf, 45af-mm, nf, 46aa, n, 47a,
af-mf, n-nf, 48nn-nf, 49a-nn, 50a-aa; 2nf, 4nn, 6m,
656mm; *48a-mf, f, 49af, 108mm-110mf; gramm.
8nf, 49a-nn, 50a-aa, nf; 31nf, 38a-m; 36nn-37aa, mm
CORAS II. im fdl. ACalif.: 1) Volk 16mm-mf,
154nf, 461mm‖, 7mf‖, n‖, nn, 8aa, af, *472mf-3mm*,
4af, 480a, mm‖, n‖, 1a-af; vgl. noch die Miffionen
Santiago und *S. José* 2) Sprache *472nn-3m‖, mm*,
4aa, 8mf, 480aa, 3aa 3) *arroyo de los C.* f. bei
der Miff. *S. José de los C.* | *Corchos* in Son. 310nn
Corcitas creek falfch für *Garcitas*

Coreno im weftl. Neu-Mexico NM 256mm
Coreto, minas de: alc. mayor in NBisc. 161mm
Corimpo = *Caur.*, *Corn-eaters* f. Hainena-une
las Cornudas im füdöftl. Neu-Mexico NM 248a
Coro de Guachi f. *Fronteras*
los Coronados Infeln bei ACalif.: 1) an d. OKüfte
in ½ (S), etwas über 26° 2) (auch *las C-as*) an der
ndlft. Weft-Küfte (in der Südfee), c. 32°⅓: 457af
Coronel in NSantand.: 1) Dorf 192mm 2) *cerro
del C.* 192aa; Coronkawa=Carancahuas; *Corpus
Christi* in Texas: 1) Bai *412mm* 2) Bach 3) Dorf
Corrales, vado de: × in Durango 312mf
Corralitos 1) (auch *Correl.*) Stadt in Chihuahua
PK 335af, mm 2) Flufs im mittl. Neu-Calif. 523aa
Corrasalia, ojo: im füdweftlft. NMex. NM 248a,
Corrientes, Cap: in Guadalaxara 459nn [256af
Corsicana in Texas, *mar de Cortes* = califor-
nifcher Meerbufen; *Cosala* in Cinaloa 179mf,
204nn, 7a *(Cosela und Cozela)*
Coschatis in Texas *(Cuchatis, Cushatees,
Coushattee; Coschattas, Coshattas; Conchattas)*
430af-mf (vgl. *Coshatta*) | *Cosemnes* = *Cosumnes*
Coshatta creek Zuflufs der *Trinidad* in Texas
Coshattas = *Coschatis* [(vgl. seq.)
Cosiquiriachi in Tarah. od. Chihuahua 21mf u. nn
(Cusihuiriachie), nf, 22a, f, 176m *(S. Rosa de C.)*
S. Cosme Real in Sonora 19mm, 202mm
Cosninas (-nos 535a) im Gila-Lande: 1) Volk
259af, n, 278mf, *9mf-nn, 535a;* NM 267a 2) *sierra
de los C.*257aa, 9mm, mf,n, 278aa, 9mf, 293nf, 9a, 535a
Costanos (= *Olhones,* f.) bei *S. Francisco* im
ndl. NCalif. 565nn-nf; üb. d. Wortverz. 371a, 565nf-f
Costilla öftl. Nebenflufs des oberen *Norte* in
Neu-Mexico NM 241nf, 256aa
Cosumnes † 1) Volk 571mf 2) öftl. Zuflufs des
Sacramento in Neu-Californien *(Cosemnes;* ob =
Cassima? Kassima) 521mf, 571af
Cosutheutun im füdl. Oregon 593a
Cotonné(s) = Kootanies, *Cotschimi* = Cochimi
Cotter's creek = *Colter's river*
Cottonwood A. C. *creek:* 1) im nordöftl.
NMex. NM 239mf 2) fdl. Zufl. des *Red r.* in Texas
3) Zufl. des gr. *Tule*-Sees in NCalif. 522af 4) Nbfl.
des *S. Joaquin* ib. 521af 5) weftl. Nbfl. des *Sacra-
mento* ib. 522a B. 6) *big C. cr.* = *Weëndequint c.*
7) *little C. cr.* = *Wakonekin c.* 8) *dry C. cr.* =
Sherente c. C. 9) *C. fo r k* Zufl. des *Grand r.* 331nn

* *Coulée, grand:* f. *Grand*

Coultersville Stadt im öftl. mittleren NCalif. 526f

Coupé öftl. Nebenflufs des *Willamet* in Oregon

Coushattee = *Coschati*, *Coutanie* und *Coutonais* =: *Kootanies*; *Covero pueblo* im weftl. Neu-Mexico NM 243mf, *8aa*, *255mm; *Cow creek* 1) 5 in Texas 2) öftl. Nbfl. des *Sacramento* in NCalif. 521mm

Coweliskee, -lits, -litz = *Cowlitz*

Cowes r. = *Kowes*, *Cowewachin* = *Kawitchen*

Cowhouse creek in Texas (x6)

Cowichin und *Cowitchin* = *Kawitchen*

C o w **l i t z** + im fdl. Wafh.; Formen: Cow-elitz, Cowelits, *Coweliskee*, Cowlitzick; Kawelitsk, *Towalitch;* A. 1) Volk (am Fl.) 590n, 2nn, 3mm, 4af, nf|||, 5n, nn, 632fll, *659m, mm, n,* 671af 2) Spr.: Verh. 596nf, 602nf, *4mf, 659m,* 671af; üb. d. W. 604mf B. 3) ndl. Nbfl. der untft. *Columbia* 584nf, *7m*ll, 8m, 591n, 613n, 659mm, n; Völker am Flufs 591n, 4f-5a, 6mm, 613n 4) *county* 587af 5) *Cowlitz farms* 588m

Cox-Canal an der brit. WKüfte B 318nn 2) *Cox's point* Spitze u. Ort in Texas; *Coxcatlan* = *Cozc.*

Coxo, paso del: in Coah. oder Neu-Leon 194mf

Coyachic Miff. in *Tarah. alta* 21aa, 22f *(-chi)*

C o y a m es in Chihuahua (= Cocoy.?) NM 229aa

Coyome presidio in oder bei Chihuahua 60af

Coyotal (für *Coj.*), *S. Fernando del:* × in Zacat. 179a; C o y o t e (533mm) in NCalif.: 1) fdl. Küftenfl. 522nn 2) fdl. Zufl. der Bai *S. Francisco* 522nf (= *Syante?* 523nf); Coyoteros f. Apaches; *los Coyotes* Ort im füdl. Neu-Californien 522nn, 533mm

Cozcatlan (für *Coxc.*) in Potofi 186a, *Cozela* = *Cosala, Craggy* Berg im ndlft. ACalif., Cree f. Crees

C r e e k s (= *Muscohge*, f bef.) in den Verein. St. und Texas: 1) Volk 418n, 423nf, 430mm 2) Sprache 418n, 420n, 3nf, 430mm; NM 283aa

C r e e s (Cree) = Knistenaux

la Creole river = *Rickreal*

Crescent city 2 in Neu-Calif.: 1) im mittleren, in O *526n* 2) im nördlft., am Meer 513aa, 522m, *6n*

S. Cristobal (Chr.) 1) Miffion in Chihuahua? NM 229a = alt. *pueblo* im füdöftl. NMex. NM 230af, 244n, 7m, 256aa 2) ndöftl. Nebenflufs des *Norte* in Neu-Mexico NM 240aa; *Fra Christobal* (wohl = *S. Cr.?*) im füdöftl. (nach Siguenza nordöftl. NM 230m) Neu-Mexico NM 247m, 255mf, 6mf

Crockett in Texas

Crooze's island im W anliegend dem Nord-Ende der *Baranow-*Infel, nach Lifiansky in *57° 1'-7'* (Duflot 57° - 57°⅓) N. B.; PK 376u

C r o s s creek Zofl. des gr. *Tule-*Sees in NCalif. 522af 2) *C.* S u n d Meerenge im ruff. Ndamer. von W-O, c. 58°⅓ N. B.: zw. *Tschitschagow's* Infel (S) u. der Küfte (N), an die *Chatham-*Str. u. *Lynn's* Canal herangehend: *675m, 682mm;* PK 376mf 3) *C. timbers* Waldland im nördl. Texas und weiter 412a-aa, 441a

C r o w s oder *Crow-Ind.* in den *Rocky m.* n. im S des öftl. Laufs des *Missouri* (auch *Upsaroka* gen. 635f, 663a, 8mm): 1) Volk 608n, 614mm, 635a, mm, f-6a, 7nn, 662n, 3a, *8mm;* NM 306mf 2) Spr. 641m; Verh. 666nn, 8mm, *9n-nf;* üb. W.669f-670a

las Cruces 1) in Tarah. 22nf 2) Rch in Dur. 311n 3) *Cr.* im füdöftl. NMex. NM 248aa, 255mf, 6mm

la Cruz 1) in Son. 310n 2) *S. Nicolas de la C.* Bergwerks-Bezirk in Neu-Santander 192mm

Santa C r u z A. 1) in Tarah. 22nf 2) Rancho u. Pref. in Son. (2 Örter?) 202mm, 314aa 3) Miff. ufw. in Cinaloa *(S C. de Mayo)* f. bei *Mayo* 4) Hac. in Zacat. 178mm 5) in ACalif. 6) Miff. im mittl. NCalif. 525aa||, 565a 7) f. *Nutka* 8) *S. Cruz (de la Cañada)* in Neu-Mex. f. *Cañada* B. 9) *county* von NCalif. 523n 10) Bai in Son. 200n 11) Bai der Oft-Küfte ACalif.'s *(bahia de S. C)* 457nf, 8a 12) Infel ib. 13) Infel beim fdl. NCalif. 518nn, 9mm 14) *S. Cr. mountains* in Neu-Calif. 516a, mm 15) *punta de S. Cr.* ib. 519mm C. 16) *S. Lorenzo de la C.* in Texas 307nf-8n, 414aa

C u a b a j a i(s) im füdl. Neu-Californien 262a, aa

C u a j a l a ib. am *Colorado* 262aa

C u a m p i s im Gila-Lande? 258nn

C u c a m o n g a Hac. im füdl. Neu-Calif. KN 502mf = *Coco Mongo* Rancho ib. 552f

C u c a p a(s) am *Gila* u. *Colorado* (= *Cupachas* 208nn, 238mm) (*Cucupah; Cocopas, -pah*) 60m, 208nn, *238m-f, 9mm-n,* 260mm, 7mf, 9mm-mf, 534mm, mf; NM 226mf

C u c h a n(s) eig. ein Zweig der *Yuma*(s), aber auch ihnen gleich gefetzt (*Cuchanes, Coochans):* 1) Volk 268nf, mf, f, 9af, mm, nnf, n, 534mf, nll, nnll, 541n-nn 2) Sprache 268af, m, 9n-mm, 271mf (f. übrigens *Yuma*)

Cuchnras Berggehänge in Potofi 185mm [534a

Cuchillo f. *S. Pedro*, C u c u l a t o s am *Colorado*

Cucurpe Miſſion, Dorf und Real in Sonora 19mf, nf, *202mm;* PK 349mf (falſch *Cucurape*)

Cueganas = Cutguanes, *Cuelpe = Gualpi*

Cuencamé (Que. 155aa) *partido,* Hauptort und Real in Durango 155aa, 177a; *S. Antonio de C. alcaldia mayor* ib. 161mm

Cuercomaches im Gila-Lande 262mm, 288m

Cueres = Queres

Cuervo, ojo del: im füdöſtl. NMex. NM 256mf

Cuesta (Qu.) Stadt im öſtl. Neu-Mexico NM 248aa, 255nf[ll], 6n

las Cuevas Miſſ. in Tarah. u. Chihuahua 22nf, 247nn

Cuije, mina del: in Zacat. 179a; *Cuiles=Cuytes*

Cuitoat Rancheria in Sonora 202mm, 276nn ·

Culebras: 1) *rio de las C. (de la C-a* NM 241 nf, 256aa) öſtl. Nebenfluſs des oberen *Norte* in Neu-Mexico NM 240aa, 1nf, 256aa 2) *punta de las C.* auf der Inſel *Galveston* in Texas

Culhuacan = Culiacan

Culiacan (auch *Culhuacan* 65mm; vgl. *Huei Colhuacan*) in Cinaloa: 1) Landſchaft oder Prov. 11m, nf, 15mf, 20mm, 154mm, 161af, 177nn, nf, 206mf; NM 213f, 222af; Sprachen 157mm 2) Stadt 11n, 13aa, 14aa, nf, 64m, 65mm, 157mf, 179mf, 180aa, 411n; NM 222aa, m, nf, 3af 3) *rio de C.* (früher *Sauceda* 179af) 14a, 154nf, 179af

Cumanches = Comanches; *Cummin's (-ing's, Caming's) creek* Zufluſs des *Colorado* in Texas

Cumpa pueblo des Moqui 282a, *Cumpas (-pao* 202mm) Dorf in Sonora 202mm, 310nf

Cumquekis am *Charlotten-*Sund B 381a

Cumshawa(s) (Cumshewar B 393n) auf der *Charlotten-*Inſel B 393mm, n, 4aa, mm

Cumupa in Son. 209a, *Cumuripa = Comoripa*

Cunames in NMex. NM 238a, 254a, *264a,* 270mf

Cupachas = Cucapas, *Cupisonora* Real der Intendantſchaft Sonora 201f, 4af; *Cuquiarachi* Miſſion u. *pueblo* im nordöſtl. Sonora 19mf, nf, 202mm

Cuquio Dorf in Guadalaxara 154m, 178af

Curichie in Chihuahua 21nn, *Curimpo = Caur.*

Currant creek Zufluſs des *Green river* 331mf

Cushatees = Coschatis

*Cushman-*See im nordweſtl. Waſhington 586af

Cushna im O des *Sacram.* im nördl. NCalif.: 1) Volk *571n,* 611nn 2) Sprache 371a, *571mf-nn*

Cusiarachi in Sonora 314af

Cusihuiriachie = Cusiquiriachi

Cutalchiches (*Cutalches* NM 219mf uſw.) bei *Cabeza de Vaca* NM 219mf, n, 268nn, 270af, mf

Cutguanes (*Cutganes; Cueganas* 533f) am *Colorado* 277mm, 8mf, 533f, 4aa

Cutsa(h)nim im füdweſtl. Waſh. 592aa, 4aa

Cuyamus Zuſl. der *S. Maria* in Neu-Calif. 522nf

Cuyamungué pu. im ndöſtl. NMex. NM 230af, *248aa = Cuyo pu.* NM 233af, 248aa; *Monque pu.* NM 233m, 248aa | *Cuyo* ſ. das vorige

Cuytes in Cinaloa 14a, 60m, 205nf *(Cuites)*

Cypress bayou u. *creek* 6 in Texas: beſonders *(bayou)* der im NO, in den *Ferry*-See gehend 413af

D.

Dahà-'tinnè = Noh'haiè

Dahnohabeh im nördl. Neu-Calif. 573mm

Dallas 1) Ort und *county* in Texas 2) *mount D.* beim *Gila?* 332mm 3) ſ. *Dalles*

Dalles † 1) Enge (auch *great Dallas* 638a) in der unt. *Columbia* 582m, 594mf, 616mf, 638a 2)Volk im nördl. Oregon u. füdl. Waſh. 594aa, mm, n, nn, 6a

Daniel's creek Küſtenfl. im nördl. NCalif. 522nf

Dankavas, Dankaves = Tonkawas,

Danzantes, isla de los: an der OKüſte ACalif.'s

Danzarines Volk am *Gila* 239a, nf, f, 261mm

Darby Zufluſs der *Sabina* in Louiſiana

Datil, der öſtl. Nebenfluſs des oberen *Norte* in Neu-Mexico NM 241nf, 256aa; *Davidson's creek* in Texas (*6), *Davis county* in Utah 342af

Deaguanes bei *Cabeza de Vaca* NM 217m, 268 nn, 9nf = *Aguenes* NM 268nn, 9nf, 270mm, nn

Dean's Canal im NO vom *Milbank-*Sund B 382af

Dechutes = *des Chutes; Decision,* Cap: im ruſſiſchen Nordamerika? B 379nn; *Deckrow's point* Ort in Texas, Deegothee = *Loucheux*

Deer creek öſtl. Zufluſs des *Sacramento* in Neu-Calif. 521mm 2) *Deer's isle* in der unteren *Columbia,* im NW der *Willamet*-Mündung 613n

Defiance, fort: im Lande des Colorado, unter den *Navajos* 258a, NM 278af

Delawares in den Verein. St. u. Texas 420m, f, 1af, m, mf, nf, 2n, 3aa, nf 2) *Delaware creek* weſtl. Nbfl. des öſtl. *Puerco* od. *Pecos* in NMex. NM 242af

Delgada, punta: 1) der füdl. WKüſte Alt-Calif's 2) zwei im nördl. Neu-Californien 519a, aa, mf

S. Demetrio ſ. *Plateros*

Denton fork in Texas (*5) 2) *D. county* ib.

des Chutes f. *Chutes; Deseret* in Utah: 1) Staat 344m, mm, n, nf 2) *county* 342af

Deshite Flufs des *Puget*-Sunds in Wafh. 587n

Destruction island (isle of Grief) an der Nord-Küfte von Wafhington *585mf*

Deuel kl. Flufs vom Syft. des gr. Salzfees 339af

D i a b l o : 1) *sierra del D.* im S bei NMex. (auch *del D. puerco* 306aa) 304a, nf, 6aa, nf 2) *monte D.* in NCalif.: a) Gebirge 516a, mm b) Berg 515mm, 6aa

*Diamond-*Infel bei der unteren *Columbia* 591mf

S. Diaz 1) Dorf im öftl. Neu-Mexico NM 248aa, 272m, mm 2) *vado de S. D.* ˣ in Durango 312mf

Dickinson's (Dickson's, Dicks) creek in Texas (6 B)   [*mf,* 4aa, nn

D i d i ú s *(Didicú* 467nf) in ACalif. 466a, 7nf, *473*

S. D i e g o A. 1) a) [*] Hafen u. Miff. im füdlft. N Calif. *457aa, 9a, 524aa, 535mm, nf;* PK 334af, m b) Bai (Bucht) 518nn, 524aa c) *county* 523m d) V o l k (Name 536aa, 540aa: *Diegueños, Diegunos*) 535nn-nf, 6aa-af, 9nn, *540aa-m* e) Sprache (536aa; fchl. *Diegeno*) *538-9aa,* 657aa; 538mf-nn, 540m; W. 423af, 535aa-n, 6a-aa, nf, 9aa-n, 602af; *536af-7nn; VU 537nf 2) Ort im fdl. N e u - M e x i c o NM 255mf, 6a, mf B. 3) F l u f s in Coahuila 195m 4) Bach in Chihuahua 176a 5) *rio de S. D.* Küftenflufs im füdl. Neu-Californien *522nn,* 560aa

Diggers f. *Root-diggers, Digothi = Loucheux*

Dihastla, minas de: alc. mayor in NBisc. 161mm

S. D i o n i s i o (-nysio) 1) Ort im nördl. Sonora 2) *presidio de S. D.* an der Oft-Küfte Alt-Californiens (= *Loreto*) 460mf 3) *bahia de S. D.* ib. (= von *Loreto;* auch *S. D. de Loreto*)

Disappointment 1) Cap im fdlft. Wafh. 584mm, 5nn 2) *D. creek* nördl. kleiner Nbfl. des *Gila* 252mf

Discovery, port: im Innern des Wafhington-Territoriums, nördl. des *Hood's*-Canals, in 48° 7' N. B. 594m, 5a, 6aa, 604nn; B 329mm

D i x o n' s Einfahrt *(entrance;* auch *Perez* Meerenge oder Einfahrt B 317mm, 400f) breite Meerenge oder -Arm zwifchen der *Charlotten-*Infel in S und Prinz-*Wales*-Infel in N, 54-55° N. B.: B *400f-1a;* ruff. *Kaigani*-Sund oder Gränz-Strafse 678mf

Dog cañon im füdöftl. Neu-Mexico 235mm

D o g r i b(s) im nordweftl. brit. Oftlande (auch *Dogrib-Ind., Dog-ribbed Ind.; Thling-è-ha-'dtinnè; Slaves):* 1) V o l k A 150mm, 1a, mm-mf, 5nn; MB 480aa, nf, 1a, *aa-2aa,* m, mm, mf, 4n

2) S p r a c h e A 151nn-nf, 162f, 3m-mm, 254a; Verh. MB 480af, 2a-aa, mf; AS 713a; üb. d. Wortverz. A 156mf-nf, 160aa-mf; MB 481nf-2a; mein Wortverz. A 179-209, 210-222; grammatifches A 167m-nf

D o g u e n e s bei *Cabeza de Vaca* NM 268nn, 9nf, 270mm, f

D O L O R E S A. F l ü s s e : 1) *los D.* in Son. (in W von *Arispe*) 198n, 201a, aa 2) *rio de D.* in Neu-Santd. 192af 3) it. Nbfl. des *Arkansas* 250m 4) Zufl. des Meerbuf. im fdl. Texas (1 B) 5) *rio de Nu. Sra de los D.* füdl. Nbfl. des *S. Raphael (Colorado)* 253mf, 9af, nn, *330mf-1a,* 342a, 5m B. 1) *b a h i a de los D.* der Oft-Küfte ACalif.'s (= *Apate*) 464mm 2) *islas de los D.* an der ndlft. WKüfte ej. 470n, 513n, 540nn C. Ö R T E R : 1) in Nayarit 16a 2) *Nu. Sra de los D.* Miff. in Son. (vgl. 3) 3) *los D.* Thal u. *pu.* ib. (= 2?) 19mm, 202mf 4) in NSantd. 192mm, 366nn; NM 241m 5) *pres. u. Miff. de los D. de los T e x a s, Asinais* im öftl. Texas 405af, 6af, 413m, *f,* 426a, 438af; auch gen. *Miff. de los Indios Asinais* 426a (vgl. noch *S. Francisco de los Nechas*); blofs *los Thexas* 413f, 438af; Landestheil des *pres. de los Asinais . . .* 413m 6) *Nu. Sra de los Dolores del Sur* in Alt-Californien 460m-mm, 4mm, mf 7) it. *del Norte* ib. 460mm 8) *pueblo* ib. 9) Miffion *Dolores* im nördlichen Neu-Californien = *S. Francisco*

Dolphin island im grofsen Salzfee 338mf

dome: 1) *capital dome hill* im *Gila-*Lande 273, bᶠ 2) *red dome* f. *red*

S. D o m i n g o 1) Miff. der WKüfte Alt-Calif.'s 460m 2) Ort im S ib. 3) *pueblo* (u. Miff. NM 248af) im öftl. NMex. NM 229nf, 233m, 243nn, 4a, aa, m, *8af,* mm-mf, *256aa,* *n,* 272af, m, 9n, 297m, n, 303n, 4m, 5mm; Sprache NM 272nn, 7n, 8n, 280aa, 298aa, n-nn 4) *playa de S. D.* im nordöftl. Sonora

Doña Ana f. *Ana*

el Dorado county im ndöftl. NCalif. 520mm, *3m*

S. Dorothea in Coahuila oder Neu-Leon 194mf

D o t a m e ein Stamm der *Paducas* 363mf

Double bayou in Texas (8 B) 2) *D. peaks* in NCalif. 516mm; *Douglas county* in Oregon 583nf

Drake's port im ndl. NCalif. (= *Reyes,* füdlich von *Bodega:* f. beide): *port,* Hafen *519a, 526mm;* Bai *519mm, 526mm*

Dry: big D. Zuflufs des *S. Jacinto* in Texas; *D. creek:* 1) in Texas = *Pahtosho-untquint*

2) Nbfl. des *S. Joaquin* in NCalif. 521m 3) weftl. Zuflufs des oberen *Sacramento* ib. 522a 4) it. öftl. Nebenflufs 521mm 5) Nebenflufs des *Mokalumne* ib. 521n; *D. lake* im füdöftl. Neu-Calif. 520mm

Dtchata-ut-'tinnè (zum Theil = *Mountain Indians* gefetzt) A 151af; MB 479mm, 480a-aa (*Edchawtawoot* oder *Thick-Wood*)

'Dtinnè = Tinnè, *Du Chesne fork* Zuflufs des *Uintah* 331m, *Dugan* Zuflufs der *Sabina* in Louif.

Dulce Zuflufs des *Brazos* in Texas

Duma, punta: im füdl. Neu-Californien 519m

Dungeness im ndl. Wafh.: A. Örter: 1) *D.* 596aa 2) *New D.* an der *Fuca*-Strafse 588m, 594m, 5aa 3) *false D.* ib. 595aa B. 4) *D. river* öftl. Flufs der *Fuca*-Str. 587n | *Duns* Zufl. des *Brazos* in Texas

DURANGO im mittl Mexico: 1) Prov. [*161aa- 2m, 176n-8aa] 11m, 23nn, 24m, 161aa, mf, 176f, 7nn-f, 8f, 180aa, 2nf, f, 301a, 2nn, f, 406nn, nf; NM 234m, 7af; Flüffe 176nf; Örter 177a-mf, 9aa-af, 311a-3a; Völker u. Spr. *161mf-2m*, 306af, 368f 2) Bifsthum NM 212mm 3) Stadt 177a, mf- 8a, 180aa; auch gen. *Guadiana* 177mf, 8a, 9aa, 183nf, 302f; und *Victoria* 178a 4) Thal von *Guadiana* 177mf

Duresno (wohl *Durasno*) in Guadalaxara? 15aa

Duwamish = *Dwamish*

Dwamish † (*D'Wamish* 595nn, *Duwamish* 584nf, *Neewamish* 670mf, 1a) 1) öftl. Fl. des *Admir. inlet* in Wafh. 584nf, 7nn, 595af, 670mfll 2) See ib. 586aa, 7nn, 595m 3) Volk ib. 595af-m, nn, 670mf, 1a

E.

Eagle lake im ndöftl. NCalif. 520mf 2) *E. river* Nbfl. des *Grand r.* im öftl. Utah 331nn 3) *Eagles nest* kl. Gebirge im ndöftlft. Neu-Mexico NM 236a

Earth creek Zuflufs des *Sulphur r.* vom *Red r.* in Texas; *East bayou* in Texas (8 B) 2) *E. branch* Zuflufs des *S. Jacinto* ib. 3) *E. Union* f. *Union*

Eblin Zuflufs des *Colorado* in Texas

Ecclemachs bei *Monterey* im mittl. Neu-Calif. (auch *Eslen, Eslenen; Escelen, Escelem* B 363nf) 1) Volk 533aa, *561a-af, m-mm, 3mm* 2) Spr. 538 mm, 541a, 561nn, *2aa-mm, 3m, mm*, n, nn; B 363nf; Wortverzz. 562a, m, 3a, af, m; *563a-m, f

Echajoa in Cinaloa 179mf

Echeloot(s) an der *Columbia* 594aa, 604, baf (‡ *Nihaloitih*, f.) 2) Sprache 604, baf; 618, baa, m

Edchawtawoot = Dtchata-ut-'tinnè

Edgecombe (-umbe, -umb): 1) *mount E.* (= *S. Jacinto*) auf *Crooze's island* B 317n, 9m; AS 681mm 2) Cap: die SWSpitze derf. Infel, in 57° N. R. (auch *cabo del Engaño* gen.) B *319m los Edificios* Ruinen in Zacatecas 178mm

Edúes, Edú (*Equù* 467nn, *Equi* 46 if) im fdl. ACalif. (= *Pericues* 462mf, nn, 6a) 461mm, mf, 2nn, 5f, 6aa, 7mfll, nn, 473a, *mf-n*, 9aa, n, 480aa, m, 1mm

E-eh am *Scott's river* im nördlft. NCalif. 574af

Eel river = *Mendocino*

Eelikinoo im ruff. Nordamerika PK 379nn

Eenahs oder Eenaghs im ndlft. NCalif. 574aa

Eesteytoch am *Cascade*-Canal B 382af

S. Efigenia, arroyo de: in Texas

Egg island im gr. Salzfee 338mf; Ehnek am *Klamath* im ndlft. NCalif. 572nf, *3a* 2) Spr. 575af, *nf-6aa*

Eiscap an der NWKüfte des ruff. Ndam.'s *713af*

Elano im füdl. Sonora, *Elbow creek* Zuflufs des grofsen *Tule*-Sees in Neu-Californien 522af

Elcoris? im nordöftl. Neu-Mexico NM 256nn

Eld's inlet fdwftl. Bufen des *Puget*-Sunds 595aa

Elder creek weftl. Zuflufs des *Sacramento* in Neu-Californien 522a, *Eldorado* f. *Dorado*

S Eleazario (*Eleas.*) pres. am *Norte* in Chihuahua 60af, 176mm; NM 240af, *8af*, 255nn; jetzt (NM 264n) *S Elizario* in Texas 303a, *413f-4a;* NM 248af, 264n   [lena]

S. Elena, villa de: in Potcfi 186a (f noch He-St. Elias-Berg auf d. ruff. Küfte, nahe dem brit. Gebiet: da wo diefes in W aufhört u. das ruff. gen N breit wird; in 60° 15' N. B.: 562a, 674a, nn, 6nn, 7n, 680nf, 3a, nn, nf; B 315m, 8a, 9m; Vorgebirge genannt 684af 2) *E. (Eltas) lake* im mittl.

Eliso Real in Guadalax. 178af   [Wafh. (586a)

S. Elizario = *S Eleazario*

Elk creek 1) Zuflufs des oberften *Red river* 2) *E. creek* oder *river* Küftenflufs im nördl. Neu-Calif. 523a 3) *E river* im brit Nordamerika = *Athapasca*-Flufs 4) *Elk head r.* Nbfl. des *Yampah* 331n

Elkhart creek Zuflufs der *Trinidad* in Texas

Elliott-Bai in O am mittleren *Admiralty inlet* in Wafhington 585mm, 7nn, 670nf

Elm creek und *fork* 3 kl. Flüffe in Texas 431af

Elota, rio de: in Cinaloa 179m, 206nfll

Elias = *Elias*

Elwha † 1) Flufs der *Fuca*-Strafse im nördl. Wafhington 587n 2) Volk ib.

el Embudo im nordöftl. Neu-Mex.: 1) Gebirgs-
fchlucht NM 233nf, *248af, mf-n,* 257nn 2) *rancho
del E.* NM 248*af, mf, n-nn,* 251nf, *6aa, *nn
Emidio river Zufl des *Kern r.* in NCalif. 522af
Emigration creek beim grofsen Salzfee 339mf
Emory's hill im Gila-Lande 273, b^{nf}
Emteman = Entenum; Euaghmagh = Spra-
che *Picuri* in Neu-Mexico 436mm, NM 277nn
Encadenado, arroyo del: in Texas; *Encamp-
ment creek* füdl. Zuflufs des *Canadian* NM 240a
Encapa Infel = *S. Tomas* bei Neu-Californien
Encina Hac. in Coah.? 419aa; *Encinillas* in Chi-
huahua: 1) Hacienda NM 233a, 251m 2) See 176a
Enehokue Flufs = *Concho* in Texas
Eneshur(e) an den Engen der *Columbia* 591m,
Enfado, sierra del: in Alt-Californien   [4a
Engaño, cabo del: 1) an der WKüfte ACalif.'s
2) im ruff. Nordamer., in 57° = Cap *Edgecombe* 3)
S. Engracia in Neu-Leon 189mf [Bai f. *Fraser*
Ensign mount beim grofsen Salzfee 339mm
Entames im öftl. Neu-Mexico NM 256n
Enteatkwa (-tqua, -kwu; Enty Catecome)
weftl. Zuflufs der *Columbia* im nördl. Wafh. 587aa
Entenum (Emteman) Zufl. der *Yakima* von der
Columbia in Wafh. 587aa, *Enty Catecome = En-
teatkwa;* Equi, Equú = Edúes; *Escandon* Flecken
in NSantd. 192mm; Escelen (-em) = Ecclemachs
la Escondida kleiner See in Texas, *puerto
Escondido* an der Oft-Küfte Alt-Californiens
Escuinapa parroquia in Cin.14aa (*Escumapa*),
179mf, 207aa (*Esquinapa*); Eshquates = Esquiates
E s k i m o(s) (*Eskimaux, Esquimaux*) 1) Volk
598m, 602mf, 689nn; MB 467m-mm, nf, 8aa, mm,
481m, 2mm, 3m, mm, n, 4nn, 5af, mf, *6a;* PK 348
mf-n 2) S p r a c h e 689n, nn, 698n, 702a-aa, 3mf;
713a; 693mf; W. 693mf, 711af-m; PK 389af-mm;
B 330m, 367af-nn; Einmifchung in and. Spr. PK
378mm-mf, 389aa-nf; B329n-nn, 367af-m; AS 684aa,
7mm, mf, 9n, nn, 693nn-nf, 702n; B 367nn-nn; Sprachen (u. Völker) vom *Eskimo*-Stamm 683aa-mm,
7mm, *9mf-690af,* 2m, n, nn, 3a, 4mf-n, nn, 6a-aa,
8nn, 702n-nn, 3a, aa-af, mm-n, 6aall, 710nf,
1a-2a; Wortvergl. 683af-mm, 693mm-nn, 4n-mf,
702a-aa, 3n-4mm; Spr. (u. Völker) nicht vom *Esk.*
Stamm 681nn, nf, 7m-mf, 8mm-nf, 702af, 4mf
Eslen = Ecclemachs; *de la Espada* Miffion in
Texas 409nn, *414a; lac Espagnol* = See *Adaes*

Espeleta, Rio grande de: pu. des Moqui 282mm
la Espina Berggegend im öftl. NMex. NM 235f
E s p i r i t u S a n t o: A. *bahia del E. S.:* 1) in
Texas (falfch *Labadia*) 409mf, *412mm,* 5mf-n;
NM 215a, aa-m (das *pres.* u. die Stadt *Bahia* f. unt.
Bahia) [2) 2 Baien in Florida NM 214mm, mf, f-5aa:
a) = Bai *Perdido* NM 214mf, 7af-mm, f-8a, 270mm
b) = Bai *Tampa* NM 215a] B. 3) Infel der Oft-
Küfte Alt-Californiens 475n
E s q u i a t e s auf der *Vancouver*-Infel B 328mm
(*Eshquates*), 349n, 370aa, f-1a
Esquimaux=Eskimos, *Esquinapa*=*Escuinapa*
E s s e k u i t a ein Stamm der Comanchen 367a
Essington, port: an der britifchen Weftküfte,
etwas über 54° N.B.: B 400a, *1a-aa*
Estampeda, mesa de: im öftl. NMex. NM 235nf
Estancia Blanca Rancho in Durango 311m, 2f
S. Estanislao A. 1) Miff. Ort in Son. 19mm, 202mf
2) in ACalif. B. 3) Flufs in NCalif. f. *Stanislaus*
Estanzuela in Durango: 1) *hac. de la E.* 311mf,
2a, aa 2) *rio de la Estansuela* 176nf
S. Esteban (-van) 1) Ort in Coah. 196a 2) Hac.
in Durango 311aa 3) *isla de S. E.* bei Son. 200n
Esteros: 1) *venta de E.* in Neu-Santander 192mf
2) Bai in Neu-Californien (auch *Esteras*) 519mm
3) Cap *de los E.* (oder *Estero*) ib. 518f
E u d e v e in Son.: 1) Volk (*Eudebes*) 222mm,
9m 2) Spr. 219mm, 222af, mf-nf, 3af, 290nn; Veth.
227n-9uf, 235mm, 653af, n; Vaterunfer 222nf-3f,
Wortverz. 224a-6nf, End. u. Vorf. 226nf-7n
S Eulalia Flecken u. Real in Tarah. 22nn oder
Chjhuahua 176mm, *S. Eulogio* in Alt-Californien
E u q u a c h e e im fdl. Oregon 593a; E u q u a t o p s
in Texas 308aa, 421nn, 5mf; *S. Eustaquio* Hütten-
werk in Zacat. 178mm; Eutahs, Eutaws = Yutah
E x - e n i n u t h im *Charlotten*-Sund B 381aa
E y e i s h in Texas: 1) Volk ([vgl. *Ayes* u. *Ayish
bayou*]; *Aise* 420m, nn; *Atiche* 418n) 430n-nn,
NM 270f 2) *Ayish bayou* Zufl. der *Angelina* von
der *Trinidad* 430n | *Ezatlan* in Guadalax. 516aa

F.

Facullies = Tacullies = Tahkali
Fairweather, mount (auch *cerro de Buen
Tiempo* B 319m): füdl. von der *Berings*-Bai, etwas
von der Küfte ab, auf der Gränze des ruff. und brit.
Nordam.'s, in 59° N. B. (in Neu-*Norfolk*) B 319m

Fall(s) *river* 1) Zufl. des ob. *Sacramento* oder *Pitt r.* in NCalif. *521nf*, nm 2) füdl. Nbfl. der *Columbia* in Oregon *582nn-nf, 593aa*, 4a; auch gen.: *Chúte*(s), *Shutes r. 582nf, des Chutes r.* 594a; *To-warnabeooks* 634mf 3) *Fall creek* füdl. Zuflufs des *Snake* in Oregon 583af B. 4) *Falls county* in Texas 5) Fall-Indianer f. Arapaho [519m *Falso, puerto:* od. *False bay* im füdlft. NCalif.
Fan creek füdl. Zuflufs des *Red r.* in Texas
Fannin county in Texas, *farallones* f. *Frayles* Faraones f. Apachen | *Fayette county* in Texas 2) *F.* oder *F.'s river* öftl. Nbfl. des *Snake* in Oregon (auch *Shushpellamine, Souxpellulima*) 583m
Santa Fé: 1) *villa de S. Fé* [*] Hauptft. von NMex., im NO; auch Miffion (NM 248nf) u. *pres.* (NM 248f) NM 228m, 238m-mm, 248m, nn-f, *256 aa, *n; PK 330m 2) *rio de S. Fé* f. *Mojado* 3) *S. Fé mountains* bei der Stadt NM 236a, 240m, 8m, nnll
Feather river (*Plumas* 521mf) öfti. Nebenflufs des *Sacramento* in Neu-Californien *521mf*, 571mm
Felipe 1) Dorf im füdlichften Neu-Californien 536a 2) Cap ib. 518nf
San Felipe: A. 1) *villa de S. F. y Santiago* Hauptft. v. Cin. 13f 2) *pueblo* in NMex. (*S. Phelipe; S. F. de* Queres; = *Quirix?* NM 225mf) NM 225mf, 231f, 243nf, 4a, aa, *8mm*, 9a, *256aa, 272aa, m, mm; Spr. NM 272nn, 7aall, n, 8n, 2S0aa 3) *S. F. (de Austin)* in Texas *413nn* 4) f. *Chihuahua* 5) *S. F. de Jesus Guevavi* f. *Guevavi* B. 6) *rio de S. F.* in NCalif., = dem jetz. *S. Joaquin* 262aa, f, 277f, 332n, 5f, 6nf, f, *520nn-nf*, 5a, 564a 7) kleiner jetziger Flufs ib. 520f, 3aa 8) *S. F. de Jesus* Bai der nördl. OKüfte Alt-Calif.'s [518nf, 9m
Fermin (vgl. *Firmin*), *punta:* im füdl. NCalif.
Fernandez 1) kl. Stadt in Potofi 186a 2) f. *Taos S. Fernando* A. 1) Flk. in Coahuila 195af, 6a (auch *villa de Rosas*) 2) Dorf in NSantd. 192mf, 5af 3) *villa de S. F.* in Texas, beinahe = *S. Antonio de Bexar* 414a 4) Miff. im nordweftl. ACalif. 460mm 5) Miff. im fdl. NCalif. *524mm*, 560aa; KN 502m; Spr. *560af-m*, 656nf, 7a B. 6) Fl. in NSantd. (vgl. No. 2; = *Tigre*) 192nf 7) kl. Fl. in Texas (*1B)
Ferrero f. *S. Vicente, Ferry*-See in Louifiana und Texas 412n, *Fierreños* f. *Joya*
Fillmore city Hauptft. von Utah 342af, m 2) *fort F.* im füdöftl. Neu-Mex. NM 235m, 249a, *255mf
S. Firmin (vgl. *Fermin*) Hafen d. OKüfte ACalif.'s

gr. *Fifch-Flufs* oder *Back r.:* Flufs des Eismeers weit in O vom Kupferminen-Flufs, mündend in 66°½ N. B. und 95° W. L : MB 480f
Fish river wftl. Nbfl. des *Snake* in Oregon 583af
Fisher's peak im nordöftlft. NMex. NM 236a
Fishpond creek Zuflufs des *Brazos* in Texas
Fitch's rancho im nördl. Neu-Calif. 573m
Fitzhugh-Sund an der brit. Küfte, nördl. über der *Vancouver*-Infel, in 51°½ bis über 52°: B *381 af-m*, mmll, 2a, m, 3a, 400aa; Spr. B *381mf-f* (mit *Flug river = Peluse r.* [Wörtern), AS 394mf
Flat creek Zull. des gr. *Tule*-Sees in NCalif. 522af
Flatbows 2) *F-ow lake* nach verfchied. Angaben 2: im brit. Ndam. u. ndöftl Wafh. (= *Rootham l.?*) *586a*, 661nf 3) *F. river = Kootanie*
Flathead(s) 1) Volk im ndöftl. Wafh. u. im brit. Weftld. (= *Selish* [f. bef.] 604af, 659a; auch gen. *Palletepallor?* 661n) 584f, 591nf, 2mf, 3n, 4aa, n, nn, 633mm, f, 4a, mf-n, f, *660nn, nf-1aa*, 3a; B 391m 2) Spr (f. auch *Selish*): Verh. 602nf, 4af-m, *659a*, 660nn, 1a; über Wortverzeichniffe 615nn, 660nf 3) *Flathead lake* im nordöftlichften Wafhington *585nf* 4) *F. river = Clarke's river*
Flattery, Cap: das ndwftl. Ende von Wafh., an der *Fuca*-Strafse 585n, *nn*, 6aa, 604nn, 670f; B 334a; Indianer da 592nn, 5a, 670nn (= *Macaw*)
Flax river = Colorado chiquito: f. *Jaquesila*
Flint river = Pedernales 2) *F. stone fork* Zweig des *Eagle river* im öftl. Utah 331nn
Flores in Texas: 1) Rancho 2) *valle de F.* 3) *rio de las F.* (8 B)
Florida [A. 1) Land, jetzt Staat [*] 406n, 7mmm, f, 8n, 9a, aa, *410af, m-mm*, 1a, 578nf; NM 212a, 4-6, 222aa, nm-nn, 6af; — AS 423mm-nn; NM 219nf, 269na] B. 2) *rio F. = Nevajo* (Nbfl. des ob. *Nabajoa*) 3) *la F.* Thal im ndl. Son. 198nn 4) *sierra F.* im füdweftl. Neu-Mexico NM 235mf
Florido, rio: 1) Nbfl. des *Conchos* in Chihuahua 172n, 5f, 6n; NM 246nn, nf, 7mm, n; und Durango 176nf 2) Nebenflufs des *Colorado* in Texas 307nn, 36 laf, *412nf*
Flues kleiner Flufs in Texas (6 B)
Follaties in Oregon (*Tuhwalati*; vgl. *Shallatoos*): Sprache 604,b^m; 618,b^m
Fonclura=Fuen clara, Forlon in NSantd. 192mf
Fort creek Zufl. des *Brazos* in Texas 2) *F settle.*
Foulweather, Cap: in Oregon 581nn [*ment* ib.

Fox 1) Cap am SEnde der ruſſ. Küſte, in 54°¾ N. B.: in der Br. der SSpitze der Pr. *Wales*-Inſel, aber weit in O davon; auf Weil. Kt.: an der nördl. brit. WKüſte, in NO der Spitze der *Charlotten*-Inſel, c. 55° 10′: 675mm 2) *Fox*-Inſel im *Puget*-Sund 585n *Français, port des:* an der ruſſ. Küſte, über dem *Cross-Sund 681nn*, PK 379af; Volk 681nn; Spr. *681nn-2mm* (Wörter 682a-af), PK 379af

San Francisco A. Flüſſe: 1) nördl. Nbfl. des *Gila:* unbeſt. welcher 252n-3n; PK 327a, 8mm; Trümmer an ihm ſ. *casas grandes* 2) der weſtl. (= *Asuncion* 253a, aa; ob = *Salado, Salt r.?*) 252 mf, 3a, 305aa; PK 329a, n, 330a, 4nn-nf, 5a 3) der öſtl. (alt) (= *Azul?*) 201a, 251nn, 2f, 303n; PK 327af-m, mm, mf, 8mm, 331aa, 3n, nf, 4nn‖, 359f 4) in Neu-Calif., = dem jetz. *Sacramento* 332n, 5f, *520nn‖, nf* (auch *rio Grande* 520nn) 5) *rio de S. Fr. de las Sabinas* in Texas ſ. *Sabina* B. 1) Bai u. Hafen der nördl. WKüſte ACalif.'s 2) Bai (Meerbuſen) in NCalif. (vgl. D. No. 9) 336f, 515mm‖, 8mm, 9a, mm, *mf-nn, 520a,* n, nn, nf, 1a, 2nf, 5mm, ſ, 560nf, 4f, 5af, 574mf; Volk an der Bai ſ. bei D. 9 C. *sierra de S. Fr.:* 1) bei Durango 311aa, nn 2) im Gila-Lande 535a D. Örter: 1) Miſſ. in Chihuahua? NM 229a 2) *valle de S. Fr.* in Potoſi 186a 3) 2 Miſſ. in Son. 19mm, 202mf (ſ. noch 13 u. 17) 4) Miſſionen in Texas: unbeſt. 409mf-n 5) it. am *S. Antonio,* bei *Adaes* uſw. 409n 6) Miſſ. *S. Fr. de los Asinais* ib. (vgl. 7) 409n, 414a 7) Miſſ. *S. Fr. de los Nechas* ib. (wohl = *As.* 6) 414a, 426a, 436 nn, 8aa 8) Miſſ. *S. Fr. Solano* an 3 Stellen: in Coah. uſw. (ſ. ferner 11) 9) Miſſ., Præf., Hafen u. Stadt im nördl. NCalif. 260n, 525m-6aa, nn; Miſſ. 525m, nf, 6a, aa; vollſt. Miſſ. *de los Dolores de S. Fr. de Asis* 525m; bloſs *Dolores* 525mm, 565nn, nf, ſ; *pres.,* Fort *525mm, nf, 6a;* Ort früher *Yerba buena* gen. 525nn-f; Völker um *S. Fr.* 565af-f; Völker an der Bai *S. Fr.* 528a, 573mf, 4mf 10) *S. Fr. county* ib. 523m 11) *S. Fr. Solano* Miſſ. u. *pu.* im ndwſtl. NCalif. (eine andre ſ. 8) *526af‖,* 566mm-*mf;* Spr. (gen. *Guiluco*) 566mf 12) *Solano county* ib. *523mm,* 6af, nn E. der Name mit Nachſätzen: a) *S. Fr. de los Asinais* ſ. 6 b) *S. Fr. (de) Borja:* 13) Miſſ. oder Hauptort einer ſolchen in Sonora (ſ. noch *Borja* und No. 3) 19mm, 202mf 14) Miſſ. in ACalif. (oft bloſs *S. Borja* 460mm) 460nm, 472mm; Spr. oder Dial. 469n, 470a, aa, nf‖, 1a‖, m,

mf-nf, 496mf, n, 9n, 506mm 15) *S. Borja* (ſ. auch beſ.) noch 2 Örter ib. c) *S. Fr. de los Nechas* ſ. 7 d) 16) *S. Fr. de Paula* in Nayarit 16a e) *S. Fr. Solano* ſ. 8 und 11 f) *S. Fr. Xavier:* 17) in Sonora (vgl. 3, *Xavier* und *Huerta*) 202mf 18) Miſſion und ein Ort in Alt-Californien ſ. *S. Xavier*

S. Francisquito Küſtenfl. im ſüdl. NCalif. 522nn *Franklin* 1) in Texas NM 264n 2) im öſtl. Neu-Mexico NM *249a,* *255nn

Fraser's (Frazer's) river gr. Fluſs, welcher das brit. Weſtland von N-S in der Mitte durchflieſst, das ganze mit ſ. Nebenflüſſen bewäſſert u. in die Bai *del Engaño,* öſtl. vom SEnde der *Vancouver*-Inſel, in 49°½ mündet: B 320nn, 372nf, *380a,* aa, m, mm, 391mm; MB 471mf, 2m, mf, n, nn; AS 595mf, 603nf, 615nn, 7af, 670nn, 1mm‖

Frayles: 1) *farallones de los F.* (auch bloſs *far.*) bei NCalif. 519a 2) *real de los F.* in Cin. 14a, 207aa *Frazer's river* = *Fraser's r.* (z iſt nicht richtig) *Fredericksburg* = *Friedrichsburg* *Fredonia* ein vorübergehender Freiſtaat in Texas (deſſen Gründer *Fredonians*) 411mm *Fremont basin* = *Great B.* 2) *F. island* im gr. Salzſee 338mf 3) *F.'s pass* im öſtl. Neu-Californien 515nn 4) *F.'s peak* im öſtl. Oregon 580mm, n *French camp creek* Nbfl. d. *S. Joaquin* in NCalif. *Fresh creek* Zufl. des *Brazos* in Texas [521m *Fresnillo* Bergflecken in Zacatecas 154af, 178mf *Fresno* Nebenfluſs des *S. Joaquin* in Neu-Calif. 521af, 564af; Indianer 564af | *Friedrichsburg (Fredericksburg* 414a) Flecken in Texas 411n, 4a *Friendly Cove* = *Nutka* 2) *F. Village* im brit. Nordam., c. 52°½ N. B.: B *322mm-mf,* ſ, 3a, mf, 383af; Bewohner B *323a;* Spr. B *322mm-nn, 3af-mm,* 383af-mm, 391aa; AS 658f; über das Wortverzeichniſs B 322n, ſ, *3aa-m*

Frio, rio: 2 in Texas: 1) Nbfl. des *S. Miguel* vom *Nueces* 412nn 2) (auch *arroyo F.*) Zufl. d. *Colorado* *Frontera* 1) bei *el Paso* im ſüdöſtl. NMex. oder in Texas NM 249a, 255mm, 264n; PK 366af 2) *hac. de F.* in Durango 311n; *Fronteras pres.* in Sonora 161m; mit vollem Titel: *pres. de Coro de Guachi de F.* 202mf-n; auch genannt *Coro de Guachi* 18nf, 282mf, und bloſs *Guachi* 19mf

Fuca-Straſse: zw. dem SOEnde der *Vancouver*-Inſel und dem NWEnde des *Wash. terr.,* c. 48°⅓ N. B. (Str. des *Juan de F.;* canal de F.,

F.'s strait, F.'s Einfahrt; Meerenge) 512mf, 561f, 578nf‖, 9mm, 584m, 5af, *m-mm*, nn, 7*n*, 593mf, 5a, 6n, 670m, mm, nn; B *319mf-nn*, 320af, mf, 3n, 4a, nf, 5a, 352nf‖, 3n, 391a; Völker u. Spr. an ihr 670mm, nn-nf, 1n-nf; B 323nn-nf, 334a-aa, 399a; Spr. vom *s*üdl. Ausgang B *323nf-5aa* (mit W.), 366af Fuchs-In*f*eln im W von *Aljaksa* u. im O der Aleuten, c. 54° N. B. und 213°½-210° L. 673mm, 7mm, 8a; ru*s*f. gen. *li*f*s*f*i*sche In*f*eln 697a, 9af; Volk (Li*f*sjen)... 699nn, 712n; Sprache (*f*. übr. bei *Una-laschka:* aleuto-li*f*sj.) 696nn, 7a‖, nn, 8af, 9nn, 700a *Fuen clara (Fonclara* NM 249aa, 256aa) im ö*f*tl. NMex. (= *Cañada* NM 237m, f.; u. = *limpia Concepcion* NM 237mf, f.) NM 237m-n, 249a-aa, *la Fuente* Ort u. Quelle in NSantd. 192mf [256aa *Fuerte* in Cin.: 1) *rio del F.* (auch in Chih. 175f) 11af‖, 14a, 21nn, 155nf, 175f, 9m, 205nn, nf, 7aa; PK 322n; Mi*f*sionen am Fl. 156m 2) *villa del F.* (früher *Montes Claros*) 14aa, 179mf, 205nn

G.

Gabilan, Gabilanes *f*. *Gav.*
S. Gabriel A. 1) Mi*f*s. im *f*üdl. NCalif. (*S. G. Arcangel* KN 502m) 239nf, 261m, 2a, 286af, nn, nf, 516n‖, *524m*, 546nf, 560aa, 4a, 657a; KN 501mm, 2a-nn; Sprache *f. Kizh* B. 2) *rio de S. G.* Kü*f*tenfl. ib. *522nn*, 550n, 2nf, 560aa‖; KN 502mf 3) Nbfl. des *S. Antonio?* in Texas 435a 4) Zufl. des *S. Andres* vom *Brazos* ib. C. 5) *S. G. de las Almejas* *f. Alm.*
Galeana pres. 60af, Flecken in NLeon 189mf
Galisteo (Galestio NM 245a, 279a) im ö*f*tl. Neu-Mexico: 1) Mi*f*sion NM 230aa, *249aa, mf,* *256n 2) ö*f*tl. Zuflu*f*s des *Norte* (auch *Galestio creek* NM 245a) NM 236a, 240aa, af, 3aa, 5a
Gallinas im ö*f*tl. NMex.: 1) Zufl. des ob*f*t. *Pecos* NM 240aa, *2m*, 279a 2) *sierra de las G.* NM 235af
el Gallo pres. im *f*dl. Chihuahua, *f*dl. beim *pres.* de *Mapimis* 161m, 415mm; NM 237nf; *cuesta de los Gallos* in Poto*f*i 185mm
Galveston in Tex. *(Galvezton, Galveztown):* 1) Stadt *412mm, 4a* 2) In*f*el (auch *S. Luis* 410nn, 2mm) 410n-nn, f, *2mm*, 4a 3) Bai *412mm*
Galzanen = Koltf*f*chanen   [*ra de G.* 312m, nf
Gamon in Durango: 1) *rio de G.* 176nf 2) *sier-Gamotes* Mi*f*sion in Poto*f*i 186a
Gaona: puerto de Nuñez G. NWSpitze der Landzunge oder Kü*f*te *f*üdl. von der *Fuca*-Stra*f*se,

im S der *Vancouver*-In*f*el, in 48° 20′ N. B. (auch *Quinicamet* gen.): B 318nf   [Texas (4B)
Garcitas creek (fal*f*ch *Garettas* u. *Corcitas*) in *Gardiner's* Canal: 3facher Meerarm der briti*f*chen We*f*tkü*f*te in 53°¼ N. B.: B 400m-mm
Garettas = *Garcitas*
Garrapatos, arroyo de: in Texas
Gates Pa*f*s im ndö*f*tl. Utah 339a, *los Gatos* Zu-flu*f*s der *Guadalupe* im mittl. NCalif. 523aa
Gaviel *f. Rito*
Gavilan 1) Real der Int. Son. 204nf 2) *Gabilan mts* in Neu-Calif. 516mm; Gavilanes (*Gabilanes* 190mf) im *bolson de Mapimi* 183n, ? 190nf
Gayabal in Cin. 515mm, Gayamas = Guaymas
Gelves bei *Cabeza de Vaca* NM 268nf
Gemes, Gemez = Jemez; Genigueches oder Geni-gueh = Jenigueih, Genizaros = Jenizaros
S. Genoveva in Alt-Californien
Gens de pitié = *Root-diggers*
[*St.* George In*f*el im Meer von Kamt*f*chatka, NW von *Aljaksa* 677n]; George, Fort = *Astoria*
St. George's point oder *point St. George* im nördlich*f*ten Neu-Californien 248a, 513aa, 9nf, aa, mf, *526n* 2) Hafen oder Bai ib. *526n*
Georgetown in Texas, *Georgia* *f.* Georgien
Georgien, Meerbusen von: (*gulf of Georgia* 585mm; = *canal del Rosario,* f.) der gr. Meerarm im O der *Vancouver*-In*f*el oder *f*eine *f*üdl. Hälfte, im ganzen 48°½-50°¼ N. B.: 585mm‖, B *319nf;* Völker 599mm, Sprachen 600aa   [Nordam. 713af
We*f*t-Georgien am Eismeere im ndw*f*tl*f*t. ru*f*f. König-Georgs(III)-Archipel im ru*f*f. Ndam., 56-58° N. B.: B 316n, *325n*, nn, nf, 7mf-n; PK 376mf König-Georgs(III)-In*f*el im ru*f*f. Nordam. (= In*f*el Sitka oder *Baranow*, f.) PK 376m-mf, 7a, 9n
König-Georgs-Sund = *Nutka*-Sund (eig. im engern Sinne, doch willkührlich ausgedehnt: B *325af-m*) B 317mf, *325aa-m, n-f,* 6mm-nn, 7a, mf-n, 334af]   *S. Gerla* = *S. Gertrudis*
S. Geronimo A. 1) in Tarah. 22nf, *partido* in Chih. 176mm 2) *f. Taos* B 3) 2? kl. Fl. in Texas (*3, 4)
S. Gertrudis A. 1) in Son.: *f. Altar* 2) Mi*f*s. in Alt-Calif. (auch *S. Gerla*) 460mm; Sprache oder Dialect 469nn, 470a, 1a‖, m, n-nn, 497af, 9n 3) Ort ib. B. 4) kleiner Flu*f*s in Texas (1B)
Giganta, cerro de la: in Alt-Calif. *459mm*
Gigedo in Coahuila 196a

GILA $\dagger$ [*] im ndweftl. Mexico: 1) Flufs, in den *Colorado* mündend *251mf-3m, 542mf;* PK 323-334, 350-1 2) das Land des *Gila* u. *Colorado* od. das gr. Wüftenland der wilden Ind. [247-258-263-323] 251af-mf; 249; 247a-9aa, 250a-aa, nn-1af; 250af-1a, 293nn-4mm, 360aa, af; 251m-nf, 6nf-7mf-nn-8af; 258aa, 262uf-3mf, 359a, nn; Völker 258af-m, mf-262n, 305n-f; cinz. 263n-4a, 7mm, 276mm-281mf, 303n-nf, 4af-m; Sprachen 258m-mm, 260 3) a) das Nord-Gila-Land (füdl. Hälfte von No. 2; auch blufs *G.* Land) 324a, m, 7m, 358a, n-nf, 9n-nn, 360mm, 533nn, 4a, aa; NM 210n-1a b) die nördl. Hälfte = *Yutah* 360mm 4) *Gila-Gebirge* (im N des Fluffes) 257af-m 5) Volk *Gila(s) (Gilands, Hilend)* 258n, 260n-nn, 3n-nn 6) *Gileños* 237m; f. ferner *Apachen* und *Pimas*
Gileños f. *Gila* No. 6, *Gillespie creek* in Texas
Gilmer ib., *Gnacsitares* in Utah? 333f, 4a
Gobor's river öftl. Zuflufs der unterften *Columbia* in Wafh. 587m, *Godamyon* an der Süd-Küfte von Oregon 614a, *Godere lake* im füdöftl. Oregon 582a, *Godornices* = *Codornices*
Gold bluff Gegend im nördl. NCalif. 570mf, 3f; Volk da 573f; *Golden Gate* Meerenge ib. 515mm, 7a, 9n, 520a; *Goldsboro* See in Wafh. 586aa
Goliad = *Bahia*
Golownin Bai in W der ndl. *Norton-Bai*, in 64° 15'-46' N.B. und 162° 42'-163° 50' W.L. 677aa
Golzanen, -anje = *Koltfchanen; Gomez, las mesas de Juan:* 2 Berge im nördl. Alt-Calif. 457aa
Gonzales in Texas: 1) Stadt 414a 2) *county*
Goos river Küftenfl. im füdl. Oregon = *Kowes*
Goose lake 1) auf der Gränze v. NCalif. u. Oregon (auch *Pitt's l.*) 513aa, *520mf'll*, 1nf, *581nf* 2) im mittl. Neu-Calif. *520m* B. 3) *G. creek* füdl. Zuflufs des *Snake* in Oregon 583af
Gorda: 1) *punta G.* 2 Landfpitzen in Neu-Calif. 519mm, mf 2) *sierra G.* f. *sierra*
San Gorgonia mount im füdl. Neu-Calif. 516aa
Gracia f. *S. José; Graham, mount:* füdl. am *Gila* 252mf; *Grajero, Cap* = *Todos Santos*
Granada = *Cibola* NM 226n (vgl. *Cibola)*
Granadas, pueblo de: in Sonora 310mf
Grand Coulée Ausweichung um die *Columbia* (al. See) im mittl. Wafh. 586a 2) *G. Eddy* eine obere Strecke der Col. im ndl. Wafh. 587a B. *Grand river:* 3) öftl. Arm des *Colorado* = *rio de los*

Alamos + dem unt. *Nabajoa* (255nn, 6mm, 332af) 251mm, 4n-5a, aa, af, mm, 6mm, 329aa, mf, 330nn||, 1nn-2aa, 1f & 2f, 2af, 342mf, 358mf'll [4) ndL Nebenflufs des *Missouri* im Staat Miffouri MB 469nf]
Grande A. rio *G.:* 1) f. *Norte* 2) = *S. Francisco* in NCalif. 3) = *S. Maria* im füdl. NCalif. B. 4) *G. Ronde (Grand R.* 596a) weftl. Nebenflufs des *Snake* in Oregon 583af; Volk da 594aa, 6a
Grapevine creek weftl. Zuflufs des *Sacramento* in Neu-Californien 522a | *Gravina* Infel zwifchen dem füdl. Theil der Prinz-*Wales*-Infel und der Infel *Revillagigedo,* 54° 59'-55°½ N.B. 677nn, 9mf
Gray's harbor (oder Bai 613nf) Bai im mittl. Wafh. 585mm, 9mf, 595a, 6n||, 613nf||, 659nn 2) *G.'s (Grey's)* river nördl. Zuflufs der unterften *Columbia* in Wafhington 587m (auch *Chenouk r.)*
Grayson county in Texas
Great Basin (G. Salt B. 636nn) gr. wftl. Hälfte von Utah 326n, 7n-f, 341aa-m, 8n, 358m-nn, 583mf, 636nn; NM 306m; auch *Fremont B.* 327n, 8af 2) *G. settlement* im nordöftlft. N Mex. NM 256nn
Green river 1) Anfang oder wftl. Arm des *Colorado* = *S. Rafnel* + *Zaguananas* (255n, 6mm; auch *rio Verde* 254mf, n?) 251mm, 4n-5a, aa, af, mm, n, 6mm, 328aa, mm, 9aa||, mf, 330nn||, *mm,* 1a, *au-n, nn,* f, 2a, af, 7n, 8a, 342mf, 358mf, 583 mf, 636a 2) ein Arm des *Dwamish* vom *Admir. inlet* in Wafh. 587nn, 595m 3) *county* von Utah 342af 4) *Green's creek* in Texas (*7)
Greenhorn river füdl. Zuflufs des *Arkansas* im ndöftl. N Mex. NM 239mm, *Greenville* 2 Örter in Tex.
Gregory, Cap: (oder *Redondo)* in Oregon, bedeutend nördlich vom Cap *Orford,* füdlich vom *Umpqua*-Flufs, in 43°¼ N.B.: 581nn, B 320aa
Grenville in Wafh.: 1) Cap *(point)* in 47°¼ N. B. 596nn, B 317a 2) *port* in 47°¾ N.B. 587nf
Grey's river = *Gray's r.; Grief, isle of* = *Destruction island; Grimes county* in Texas
Gros Bois creek Zuflufs des *Bear river* 339a
Grosventres oder *Gros Ventres* 1) eigentliche = *Minnetare* 2) *G. des prairies* = *Fall Ind.* = *Arapaho* | *Grullas, sierra de las:* im NW von Neu-Mexico 248af, 253mm, 6f, 331a, 345m; NM 211af, mf, 235a, 6mm, 240nn
Guacaros $\dagger$ 1) Volk in oder bei NCalif. 257aa, 334n, 534f 2) *sierra de los G.* in Utah 257aa, 9n, 334mm, n, 345af, 534f-5a

Guachi 1) f. *Fronteras* 2) f. *Bacadeguachi* (202n) 3) *Coro de G.* f. *Fronteras;* Guachichiles in Guadalaxara 154aa, af, n (vgl. *Guichichila, Huachichil); Guachuncla* in Tarahumara 22f

GUADALAXARA (-jara) A. im ndweftl. Mex.: 1) Prov. [*153nn-5mm] 14mf, 16a, af, 153nf, 4m-f, mm, 161mf, 177nf, 180a, 648a; jetzt *Xalisco (Jal.)* 153nf, 180a; Örter 178aa-m, Völker 154mf-f 2) Bisthum 177nn, 194mm 3) Stadt 154 afll, 180a; NM 214a B. 4) *minas* od. *mineral de G. partido* und Hauptort in Potofi 185m, 6n, nf

Guadalcazar Flecken und *partido* in Potofi 185m, 6a, nf

GUADALUPE A. Örter: I. einfach: 1) *Nu.Sra de G.* Miff. in ACalif. (auch *S. Maria de G., N. S. de G. del Sur)* 460aa, mm, 476a; Spr.469nn, 470a, 1n 2) eine 2te Miff. ib. 3) in Chihuahua 176mm, *N. S. de G.* ib.? NM 229a; = in Tarah. 22nf 4) a) in Ciu. 14a, 205nf, 6a, 210m b) in Oftim. 5) Hac. in Coah. 309f, 310mm 6) in NSantd. 192mf f. *Puerta* 7) in Tarah. f. No. 3 8) *pu.* in Zacat. 179aa II. mit Zufätzen: 9) *G. Carnicero* f. *Carn.* 10) *villa de G. Hidalgo* oder *de G.,* früher (Alcedo) *pueblo:* 1 *legua* von Mexico, mit dem ber. Heiligenbilde u. der Collegiat-Kirche von *Nu. Sra de G.* 191f, 3mf, 6f-7af, nf, 514mm, nf; NM 234a 11) *G. de los Nacodoches* f. *Nacogd.* 12) *N. S. de G. del Paso* f. *Paso del Norte* 13) *S. Juan de G.* in Potofi 186aa B. 14) *county* in Texas C. Flüffe: 1) 4ter Hauptfl. in Texas 412nf, 4mm 2) fdl. Zufl. der Bai *S. Francisco* in NCalif. 522nf 3) *cañon de G.* ˟ in NLeon 189mf D. 4) Bai = *Sitka*-Bai PK 377nf 5) Infel der Südfee weit wftl. von ACalif. B 319mm E. 6) Gebirge in Texas 412a, 434nf 7) *G. mounts* im füdöftl. Neu-Mexico NM 235nn, 9n, 275nn

Guadiana f. *Durango,* Guaicones = Guaycones

GUAICUROS [*] im fdl. ACalif (auch *Guayc., -ras, Guaicura; Waïcuros,* Waicuren, waicurifche Spr.): 1) Volk u. Spr. 480a, mf-nn, 1nf-2af; Volk 473m, n-5aa, 9nn-nf, 481a-af 2) Spr. 466aa-nf, 7, 473aa-m, 481aa-m, 7n-nn, 8, 9nn-nf, 483mf-4mf; 492n-3mm; geg. *Paraguay* 473n-nn, 493mm-mf, 4a-mm, 5a-aa 3) üb. Sprachftoff 471m, 5af-mm, 482 nn-nf, 3af-n, 493a; Texte 484m-7mm; W.485mm, *485mf-7aa; Gramm. (485mm) 487af-492n

Guaimas = Guaymas; *Guainamota (Huayn.), S. Ignacio de* (vgl. noch *S.Ign.):* Miff. in Nayarit 15a, 16a

Guajicoria in Guadalaxara 178af

Guojuco = Guaxuco; Gualeguas, S. Nicolas de: villa in Neu-Leon 188a, 9n

Guallapays im Gila-Lande 262af, 286nfll; wohl id. *Jaguallapays* 262aa, *Jaguallipais* 262af; vgl. noch *Jaguapays* | *Gualpa = Canadian*

Gualpi (*Hu.*282mm; *Cuelpe*NM244mm) *pueblo* des Moqui 282a, 3af, 4nf; NM 231aa, 244mmll, 305f

Guamanes = Gumares, *Guanabas* f. *Guanaval*

Guanacevi (Guanasevi 177a) Ort und Bergwerks-Bezirk in Durango 177a = *minas de G. alc. mayor* in Neu-Biscaja 161mm

Guanaval 1) *alc. mayor* in Neu-Bisc. 161mm 2) *Guanabas* (wohl = No. 1) Flufs in Dur. 176nf

Guarabe (ob = *Guazabe ?*) in Cinaloa 14a, 207aa (*el rio G.* Miff.); *Guarisamey* Bergw. Flecken, *partido* und *diputacion* in Durango 177aa

Guasabas = Guazava, Guasai f. *Guazapares Guasopar* und *Guasapares = Guazapar Guasare = Guazare,* Guashitla bei *River's* Canal an der brit. Küfte 382m   [*nope* 179aa

Guatimapa Hacienda in Durango 177aa = *Guati-Guaxuco (-juco)* in NLeon 189mf, *Guaxuquilla* in Guadalaxara 16m, *Guayabe = Guayave*

Guayabos Dorf in Potofi 158m, 184mm

Guayave + in Cin. (*Guayabe* 156m; eins und zu verbinden mit *Guazava,* viell. auch mit *Guarabe*): 1) Miff. am *Cinaloa* 156m, 8m 2) Volk u. Sprache *158aa-m;* Sprache 156nf, 7aa, 657nf

Guaycones (Guaicones) bei *Cabeza de Vaca* NM 268nf, 270m, mm, nn, f; Guaycuros = Guaicuros

GUAYMAS + in Sonora (Formen: *Guaimas, Guaima; Gueymas, Gueimas; Gayamas; Guaymis*): 1) Volk 18nn, 156af, mm, 208aa, mf, *218nf-9m* 2) Spr. *219m-mm, nf* 3) a) Hafenort (ohne Zufatz) b) *S. Fernando de G.* Hafenort 202n, 218f c) *S. José de G.* Flecken 202n 4) Flufs 218f, 9n, 221nn 5) *cabo de G.* (auch *del Haro*) 200mf

Guazabos, Guazabe = Guazava Guazaipares = Guazapares

Guazamota in Nayarit? 16m (nach Alc. in Zacat.)

Guazapares + (ob = *Guazava?*) 1) Ort in Cin. (*Guazaipares* 162af) 14a, 162af, 205nf, 6af 2) *Guasapar* Ort in Tarah. 25n, wohl id. *S. Teresa Guasapares* Miff. in *Tarah. baxa* oder *Chinipas* 21a (*Guasal* gentile davon 25n) 3) *Guazapari* Volk und Sprache 162aa, 657f

Guazare + (vielleicht = *Guazave*) in Cinaloa:
1) Volk 208mf 2) *Guasare parroquia* 179mf
Guazava ufw. + in Cin. (= *Guayave* und mit
ihm zu verbinden; auch viell. = *Guazare* u. *Gua-
rabe*): 1) Miff. u. Ort: *Guazava* 19mf, *Guazabas*
158m, *Guasobas* 19nf, 202nn (in Son. am oberen
Hiaqui); *Guazabe* 206m 2) *Guazave* Volk und
Sprache 158a-aa‖, af
Guebabi = Guevavi, *Guecapa = Guepaca*
Guegochic Miffion in *Tarahumara alta* 21aa
Gueimas = Guaymas; *Guepaca* Miff. in Sonora
202on = *Guecopa* 19mf, 60m; *Guerrero* 1) *villa*
in Coahuila 196a, 309f 2) Bezirk in Chih.? 310m
Guevavi in Son. (ob 1 oder 2 Örter?): 1) allein:
Miff. fdl. von *Tubac* (= *S. Felipe*) 19mf, *202nn-nf*
(auch *Guevavit*); *Guebabi* 19nf, 202nf 2) Miff.
de los Santos Angeles de G. (vgl. *Angeles*) 202nf
3) *S. Felipe de Jesus G. presidio* und Miffion im
nördl. Sonora 18nf, 282mf; PK 322m
Gueymas = Guaymas
Guichichila (vgl. Guachichiles, verfchd. ift aber
Huachichil), *S. José de:* Real in Guadalax. 178af
Guiluco (Sprache) f. *S. Francisco Solano*
Guirivis (-bis) Miff. am fdl. Ufer des *Hiaqui* 156af
Guisuani Real in Son. 19mf (fälfchl *Guisani*),
202nf; *Guitivis = S. Cruz de Mayo* in Cin. 179n
Gumares in Guadalax. 154af, n *(Guamanes)*
Gunnison island im gr. Salzfee 338mf, *Gusano
Tecolote* f. *Tec.*, Guyas bei *Quivira* NM 227af
Guymen bei *S. Francisco* im ndl. NCalif. 565n
Guzman, laguna de: in Chih. 176a, 304mm, nn,
Gypsum creek Zuflufs des obft. *Red r.* [314af

H.

Habenapo im nördl. Neu-Californien 573mm
Hacha, sierra de la: f. *Acha*, Hachos im Gila-
Lande? 258nn; Haeelbzuk, Haeeltzuk = Hailtsa
Hahwalcues = Hawalcos
H A I D A H auf der *Charlotten*-Infel u. der nördl.
brit., auch etwas ruff Küfte (vgl. *Skittaget*): 1) Volk
u. feine Stämme 598mm, 9af, m, 677nf, 8a, m, nf;
B *393aa-mm*, *mf-nn*, *4n-m*, *nm* 2) Spr. B 393m,
nn, PK 380m; Verh. 600aa, 2a, 675mm, 680aa;
B 367nf, *392n-nn*, *3a-aa*, *7n-8mf*, 401mf-nn;
über Wortverzz. 602aa, 678af; B 382nn, 3mm, 393m,
mf, nn, 4m-5aa; mein Wortverz. B 395aa-7n
Haight kleiner Flufs beim grofsen Salzfee 339af

H A I L T S A *(Haeeltzuk, -lbzuk)* fdl. u. ndl. vom
Milbank-Sund, 50°½-53°½ N. B., im brit. Nordam.
(= *Baloballa*, f.): 1) Volk B 322n, 366m, *382a-
aa*, *af*, *4m-mm* 2) Spr. B 322n-nn, f, 3af-mf, 382
aa, 5a-aa; Verh. B *366af.7a*, 381n-f, 2n-nf, 3af-mm,
mf-4uf, *390a-nf*, 9af-mf; über Wortverzeichniffe
602aa, 4nf; B 382nn, 3aa-af, mm, 4mf; B 383nf-4a,
mm-nf, 390mf; mein Wortverzeichnifs B 385af-9f
Hainais = Inies, H a i n e n a - u n e *(corn eaters)*
ein Stamm der Comanchen 368af-m
Haleséatschic oder *Hares.* (von *halesi* wilder
Kürbifs) Dorf der Tarahumaren (aus *Steffel*)
Halica, cuesta de: Berg in Guadalaxara 178af
Hall: 1) *fort H.* im fdöftl. Oregon, am ob. *Snake*
unter *Henry's fork*; in 43° 1' 30" N. B. und 112°
29' 54" W. L. v. Gr.: 330f, 8aa, 346m, 636n, 7a
2) *Hall's creek* in Texas (6 B)
Hallettsville in Texas, *Halt creek* füdl. Zuflufs
des *Canadian* in Neu-Mexico NM 240a
Ham's fork vom *Green river* 331mf
Hamilton in Texas: 1) 2 Örter 2) *H. creek* Zufl.
des *Colorado* | *Hammersly's inlet* die äufserfte
nordweftl. Bai des *Puget*-Sunds in Wafh. 595aa
Han, los de: Volk bei *Cabeza de Vaca* NM
Hanaga = Hennega   [268nf, 9nf
Hannakallnl an der NKüfte von Oregon 592a
Haomé = Ahome, *Hare Indians* = Hafen-Ind.
Haraséatschic = Haleséatschic
Haruo pueblo des *Moqui* (=*Ahlela?* f.) NM 260aa
Haro: A. 1) *cabo de H.* (auch *de Guaymas*)
in Son. 200mf B. 2) *canal de H.* (*H. strait* 585
nn; *Arro-*Canal MB 471f) Meerarm oder -enge (B
319nn) im O des SOEndes der *Vancouver*-Infel, in
48°⅔ bis gegen 49° N. B.: 585nn, B 319nn, MB 471f
3) *Arro-* oder *Arroo*-Archipel u. -Infeln ib. *585nn*
Harris county in Texas, *Harrisburgh* ib. 414a
Harrison county ib.   [585n
Hartsteins (Hartsten) island im *Puget*-Sund
Hafen-Indianer im brit. Nordamer. (*Hare Ind.*;
Kācho-'dtinnè, Kancho): 1) Volk A 150m, 1mm-
mf, 6a, 163mm; MB 480m, 1nf, *2af-mf*, n, 3a, af,
nn 2) Sprache A 150m, MB 482mf
Hat island im grofsen Salzfee in Utah 338mf
Havicuii, S. Rosa: im öftl. Neu-Mex. NM 249aa
Hawalcos in O am *Colorado* 269m *(Hah-
walcues)*, 278n
Hawhaws im mittleren öftl. Neu-Calif. 564mf

Hawkesbury-Infel bei der Münd. des gr. (nördl.)

Salmon r.: nördl. von der Infel *Princess royal*, in O von der *Pitts*-Infel; c. 54° N. B.: B 381mm

Haxa = Axa, Hay's lake im mittleren Wafhington 586a 2) *Hays county* in Texas , [204nf *Haygamè, Concepcion de:* Real der Int. Son.

Heceta (Eceta 579mf, B 320a), *entrada de=* Mündung der *Columbia* 579m, mf; B 317n, 320a; auch gen. *entrada de la Asuncion* 579m, B 319f; od. *ensenada de la A.* 579m | *Hechujoa = Achngoa la Hedionda* in Potufi 186aa, *la Hedionlilla* in Coahuila? oder NLeon? 310mm; Heguis in Son. 18nn, 208aa; Hehigh-cnimmo = Hihighenimmo *St. Helen, mount:* 1) im nördl. NCalif. (auch *St. H.'s; S. Helena* orl. *Moyacino* 567af, m) 516aa, mm, *567af-m* 2) im füdweftlft. Wafh. *584mf*, 614n *S. Helena* (vgl. *Elena*): 1) *sierra de S. H.* in Durango 312m 2) Berg in Neu-Calif. f. *St. Helen Hellgate river* fdl. Nbfl. des *Snake* (*Blackfoot r.*) Hellwits an der unt. *Columbia* 590n, f [586nn Hemes=Jemes, *Henderson* Ort u. *county* in Tex. Hennega *(Hannga)* auf Prinz-*Wales*-Infel im ruffifchen Nordamerika *675m,* PK 379nn

Henry's fork 1) Zufl. des *Green r.* 2) (auch *H.'s river*) ndl. Nbfl. des ob. *Snake* im füdöftl. Oregon Heri(s) in Son. 208mf, 9a, 221aa-af [583m Hermosillo Stadt in Son. (= *Petic*) 201mm, 220 mfll; PK 322n; *Hermoso, morro:* Berg in ACalif. *Hezo=Hiezo* | Hhana am *Sacramento* im ndl. Neu-Calif. *571nf-f*, 611nn; ob = *Ohnah?* Volk im nördl. Neu-Calif. 571f, 4aa | *Hiaquesila = Jaq.*

HIAQUI † im füdl. Sonora: 1) Flufs (*Hiaki, Yaqui;* früher *rio de S. Ignacio* 210aa) 17a, nn, 18mm, 155nn, 6a, 198mf, 201aa, 5aa, 210aa, 1n, 519aa, mf, 526mf; Miffionen am Fl. 156a, aa-af, mm 2) [211-8] Volk (*Hiaqui[s], Yaqui[s]*) 156mm, 8mf, 208mm, *211a-mf,* nn, 9m, f, 229nn, f, 526mf 3) Spr. *17af-f*, 56m, nn, 155nn, 6a, aa, mm, f, 7a-aa, m, 9mm, 210mm-n, *1mf-2aa*, 6f-7a, 290nn, 653af, n, 7nn, nf; üb. ein Wortverz. 216nf; VU 211f, 2af-nn; 213a-6nn; Wortvergl. 217aa-8aa-mf-nn

Hickory creek in Texas: 1) Zuflufs des *Llano* vom *Colorado* 2) ein and. (8?); *Hidalgo:* 1) *S. Nicolas H.* Flecken in NLeon 189n 2) f. *Guadalupe Hiesso = Hiezo,* Hietans = Jetans = Comanchen [*Hiezo* (*Hiesso, Hezo, Yesso*) ein weftl. Land (= japanifche Infel *Jezo*) 294a, 456nf]

Higane Real der Int. Son. 204nf; *High creek* Zufl. des *Bear r.* 339a, *Highland creek* in Texas (6B) *Higos, los de los:* Volk bei *Cabeza de Vaca* NM 214mf, 268nf, 270m, mf; Hihighenimmo = Hehigh-en. im ndöftl. Wafh.592nf,4aa; Hilands=Gilas

Hill county in Texas, *lake of the Hills=Athaposca-*See; Himas in Chihuahua 162n; wohl = *Hina* Volk und Sprache in Topia 173nn-nf, 658a Himeri Volk in Sonora 209a, *221af-m;* ?ob = *Himuris (Imuris)* Ort ib. 202nf, 221m

Hina f. Himas, *Hinac river* Zuflufs von *Smith's river* im nördlichften Neu-Californien 523a

Hinchinbrook Infel am Eingang der Prinz-*Williams*-Bai oder des tfchugazk. Meerbuf. im ruff. Ndam., nach Sag. in 59° 50'-60° 16' N. B. (al. 60° 25') und 146°-146° 33' W. L.: B *318a;* auch gen. *de la Magdalena* B 318a, ruff. Nutschek

Hini = Inies; *S. Hipolito* Real in Sonora 19mm, 202nf; Hitchies = Keechies

Hoabonomas in O am *Colorado* 277mm, 533nf Hohilpo † öftl. Nbfl. von *Clarke's river* im ndöftl. Wafh. 2) Hohilpo(s) Volk da 592m, 4aa des *Puget*-Sunds im ndweftl. Wafh. 592nn, Hois ein Comanchen-Stamm 368af, Hokamish in Wafh. 592nn, Hole im ndl. öftl. NMex. NM 255nn *Holmes* kl. Flufs beim gr. Salzfee in Utah 339af Homamish (596af, *Homanish* 592nn; *S'Homamish* 594mm, *Shomam-ish* 670nf, *S'slomamish*) am *Puget*-Sund und im *Admiralty inlet* in Wafh. 592nn, 4mm, 5nf, 6af, 670nf

Honda, arroyo: 1) (vgl. *Hondo*) im füdl. Texas (*2) 2) (ob = *Hondo* No. 2?) im od. beim ndl. Texas? *Hondo* 1) (vgl. *Honda*) Bach in Texas (**2 B) 2) *rio H.* (vgl. *Honda* No. 2) öftl. Zuflufs des oberen *rio del Norte* in Neu-Mexico NM 241f *Honey creek* in Texas: 1) 2? vom Syftem des *Colorado* 2) Zufl. des *Bois d'Arc* von der *Trinidad* B. 3) *H. eaters* = Penointick-ara

Hooch † im nördl. *Wafhington*: 1) Volk (auch *Hooh;* vgl. *Hookluhmic*) 596nn 2) Küftenfl. 587mf *Hood:* 1) *Hood's* Bai an der füdl. ruff. Küfte 675m, PK 379n 2) *Hood's* Canal: der weftl. Arm des *Puget*-Sunds im ndweftl. Wafh. *585m-mm*, 7n, 8aa, 594m, *5aa-af* ll, 670nn, nf; B 373mf; Völker an ihm 595aa-af, 6aa, af, 670nn, nf 3) *mount H.* im weftl. Oregon 581all, 616af; Hoodsunhoo *(Hootsinoo)* an *Hood's* Bai 675m, PK 379n

Hooh = Hooch

Hookluhmic f. Nook-lummi bei Lummi
Hoopah + 1) Flufs = der unteren *Trinidad* im ndl. NCalif. *574a, f* 2) Volk am Fl. *574aa, f-5a* 3) Spr. *575a, nf-6aa;* üb. d. Wortverz. 574aa, 5af
Hootsinoo=Hoodsunhoo, *Hopkins county* in Tex.
Horcasitas 1) a) kl. Stadt u. *pres.* in Sonora (*S. Miguel de H.* 202f, PK 330f) 18nf, 200mll, *2f,* 261a, 277af; PK 328aa, 330f b) Flufs *S. Miguel de H.* in Sonora 230aa 2) kl. Dorf in NSantd. 192mf
Horn, das grüne: × zw. NMex. u. Texas 232nn
Hospital, laguna del: beim *Gila* 261aa, PK 330mf
Hostell's Miffion in Alt-Californien
Hostimuri = *Ost.*, *Hostotipaquillo* = *Ost.*
Hotlimamish *(S'Hotlem.*, auch *S'Koslem.)* am *Puget-*Sund 595aa, 6af, 670nf u. 1a *(Strootle-mam-ish und Srootlemamish)*
Hotschilutschic ein Dorf der Tarahumaren (Stef-*Hottai-ki* = *casas de piedras* [fel]
Houaguan im Prinz-*Wales-*Archipel 678aa
Houston Stadt 414a und *county* in Texas
Howkuma im nördl. Neu-Californien 573mm
Howteté-oh Volk und Sprache am *Rogue's river* im füdl. Oregon 575aa, 611f [192mf
Hoya in Tarah. 22nf, *Hoyos* gr. Dorf in NSantd.
Huachichil (vgl. *Guachichiles*, *Guichichil*) in Neu-Leon? oder Coahuila? 310mm
Huadibis ind. Df in Son. 202f, 211mm, 222mm
Hualahuises Flecken in Neu-Leon 60m, 189n
Hualpaich am Oft-Ufer des *Colorado* 634n
Hualpi = *Gualpi*, *Huasinapi* × in ACalif. 464mf
Huasquimia in Guadalaxara 178af
Huauchinango Dorf und Real in der Diputacion *Hostotipaquillo* in Guadalaxara 154m
Huaxuquilla = *Guax.*, *Huaynamota* = *Guain.*
Hubates in Neu-Mexico NM 228aa, 264a
Hudsonsbai MB 466a, 7m, nf, 8aa, 477mm, nn, nf, 8af, mmll, nf, 9af 2) H. Gefellfchaft 578nf, 9n, 597mf, 602nn, 633mm, 6n; MB 466a, 471nn, 2mm, n 3) Territorium 532mm; MB 471n, 2mm, 5nn
Hueca, sierra; und Hueco(s) f. bei *Waco(s)*
Huehuetlan in Potofi 186aa
Huei Colhuacan (*Hueic.*; Colhuacan 65af; jetzt *Culiacan*, f. bef.) 14nf, 63m, f, 64a, m, mm, 157mf; Hueicolhues 14f, 157mf-nn, 657nf
Huejoquillo pres. in Chihuahua 176mm
Huejucar in Guadalaxara 178af
Huepaca Miffionsort in Sonora 202f-3a

Huerfano füdl. Nebenflufs des *Arkansas* im nordöftl. Neu-Mexico NM 239mm
Huerta: 1) *S. Francisco Xavier* (vgl. diefes) *de la H. diput.* in Son. 204nn 2) *H. vieja* in ACalif.
Huimi(s) Volk und Sprache in Topia 173nn-nf, 658a; oder Tarahumara 162n [222mm
˙ *Huiribis* Df u. Hafen in Son. od. Oftimuri *203a,* *Huisaches, punto de los:* × in Durango 312mf
Huitcole Volk u. Spr. in Zacatecas *155m-mm*
Huite it. in Cin. *160af-m,* 208mf; Spr. 163af
Huk am *Sacramento* im ndl. NCalif. 571af
Hulanapo = Kul., *Humalla* Flufs in Dur. 176nf
Humanos, Humanas = Xumanas
[Humas (Umas) in Louifiana 418m, 426aa; NM 269a, 270a-aa]
HUMBOLDT: A. 1) Bai im ndlft. NCalif. 519mf, 526mm-mf, 570af, 3m; *H. harbor* ib. *526mm, mf;* Volk u. Spr. der Bai *570af-m, 3nf*ll, f, 4nfll 2) See: *H.('s) lake* im weftl. Utah 332mf, 3aa 3) *H.('s) river* in Utah (auch *Mary's r.* 332mf, 3aa) 332mf, 8aa; NM 306mf 4) *H. (river) mountains* ib. 327nf, 8aa, 332mf, n 5) *H. city* im nördlichften Neu-Californien *526mm*, 570af, *3nn*, 4m 6) *H. county* ib. *523mm*, 6mm
Hunacow am *Cross-*Sund im ruff. Ndam. 675m
˙˙*Hunt* county in Texas, *Hunting* Zuflufs des *Colorado* ib., *Huntsville* ib.
Huras, Hore u. *Hures* f. *Ures; Hurrah creek* öftl. Zuflufs des oberften *Pecos* in NMex. NM 242m
Hurricane Zuflufs der *Trinidad* in Texas

I.

Iakar ein Stamm der *Snakes* 634m
IAKON (*Yakons* 602nf, *Yakones* 612af) an der mittl. Küfte von Oregon: 1) Volk 571a, 593m, 612all, *af-m,* n; auch gen. untere oder füdl. *Killamuks* 602nf, 4,bm, 612af, 659f 2) Sprache 607n, 612m; Verh. 602nf, 4,bm; üb. das Wortverzeichn. 406,bm
Iaquesila = *Jaquesila*, *Ibarra (asientos de)* Bergwerks-Ort und *alc. mayor* in Zacatecas 154m
Icas (Ikas) in ACalif. 467mf, n, nf, 8mf, *475mf*
Icori Dorf in Sonora 203a
˙Idakariuke am *Shaste* im ndlft. NCalif. 574af
[*Igloolik (Iglulik)* Infel im ndöftl. brit. Ndam., an der NOSpitze der Halbinfel *Melville*, in der *Fury-* und *Hecla-*Strafse: in 69° 19′ N. B. und 84° 23′ W. L. v. P. 693mf, 702aa, 3mf]

S. *IGNACIO* A. 1) in Cin. 14a, 205nf 2) *Sl. de
Guainamota* in Nayarit (vielleicht daff.?) f. *Gu.*
3) Miff. u. *pu.* in Son. *(Pim. alta)* 19mm, 203a;
PK 322nn, 349mm 4) f. *Tubaris* 5) Miff. in Alt-
Calif. 459mm, 460mm, 470nf, m, 1a, 504,a^{mm};
Dialect 469nn, 470a, aa, n, 1a, mf-n, 496n 6)*pueblo*
ib. B. 7) Infel der ndl. OKüfte ACalif.'s 8) *punta
de Sl.* bei Cin. 179mf; *rio de Sl.:* 9) alter Name
des *Hiaqui* 201aa 10) Flufs im nördl. Son. 314aa
Iguaces (Yeguaces) bei *Cabeza de Vaca* NM
217nn, 8n-9af, 268nf, 9nf, 270mm, f
Iguana, S. Antonio de la: Real in NLeon 189n;
Iguanas Volk am *Colorado* 533f
Ihio in der Tarahumara 162aa, 658a
Ikaruck am *Shaste* im nördlft. Neu-Calif. 574af
S. Ildefonso A. 1) in Sonora f. *Cieneguilla*
2) Thal (gegen den *rio Grande?* in Coah.?) 3)*pu-
eblo* u. Miff. im ndöftl. Neu-Mex. *(S. Ildeph.)* NM
230af, 3af, 243on, 4a, m, 7af, 9aa, *af, mf,* *256n,
281mm; Sprache NM 273nf, 7nn, 8nf, 280aa
B. 4) Infel der Oft-Küfte Alt-Californiens
Ilgajak (Iljgajakh, -ck) nordöftl. Zuflufs des
oberen *Nuschaguk* im ruff. Nordam. 677a, 702m, f
Illerena = Yllerena
Illuluk, Bai: auf *Unalaschka* 677n
Imaya in Cinaloa: 1) Ort 179mf 2) Flufs (auch
Imala 179mf, *Umaya* 207; Alcedo fälfchlich
Imoya 14aa) 14aa, 179m, 207af, mf
Imoya = Imaya, Imuris = Himuris
Incoque Zuflufs des *Brazos* in Texas
Indeé oder *Indehé* (*Indé* 311aa) Dorf u. Real in
Durango 177aa, 311aa; *Independence* in Tex. 414a
INDIAN: 1) *I. creek* 2 in Texas (x6, 10)
2) *I. point* (od. *Indianola*) Hafen in Texas 414a
[3) *I. territory* in den füdl. Verein. St. (= *Ne-
braska,* f.; NM 210a, 1n) 248nf, 327m, 405nf, 8nll,
nfll, 413aa, 423mm-nn, 442m, mm; NM 210a, 1nll]
. INDIANER f. amerikanifche Völker; das
Land oder gr. Weftland der wilden oder freien
Ind. (f. im übr. Land des *Gila* u. *Colorado*) 247a,
8af, m, mf, 250af, 8mf, 324a, n-nn, 5aa, 360mm, mf,
405nf, 12nf; NM 209f, 210aa, 1af, m-mm, 2mm, n, 3a
Indianola = Indian point
Industry in Texas 414a
S. Ines (auch *S. Inez*) A. 1) Miffion im füdl.
NCalif. *524mf, 560mm;* Spr. *560mm-mf* B. 2) *rio
de S.I.* Küftenfl. ib. *522nn* 3) *ojo de I.* im füdwftl.

Neu-Mexico NM 256af C. 4) Infel bei Sonora 200n
5) *sierra de S. I.* im füdl. NCalif. (f. 1 u. 2) 516m
Ingall's lake auf d Gränze des ndl. NCalif.'s 520n
INIES in Texas (= *Tachies* oder *Texas,* f. bef.;
= *Aynics?* f.; wohl = *Asinais* und *Senis* 442a);
Formen: *Inyes; Ionies; Jawanihs?, Towa-
nihs?; Hainais, Hini; Ayennes;* Volk: 426a,
430nn-1nf, 6nf, 8m, 442a, 3mf; NM 270nn, 312f
Inkalichljuat(en) = Inkilik   [Nachfätze
Inkaliki 1) f. Inkilik 2) l. mit Nachfätzen: f. die
INKALIT am *Kwichpak* u. *Kuskokwim;* Formen: *Inkality,* Inkaliten; *Inkalit-Jug-elnut* (aber
blofs Jugelnuten f. bef.); *Inkalily-Anwigmjuten* f.
Anw.; 1) Volk *675f, 704n, 6a-aa;* A 252f 2) Spr.
704n, A 255mf; Verh. 706a-mm; über das Wortverzeichnifs 705n, 6a; Wortverzeichnifs 708mm-f
INKILIK oberen *Kuskokwim* und *Kwichpak;*
auch: Inkiliken; Inkylychlyaten, Inkül.; *Inkaliki,
Inkalichljuat(en);* 1) Volk 677af, 7m, 704mm, n,
nf-f, 5n-nn 2) Spr. A 255mm, mf; AS 704n; Verh.
705nn-6a; über Wortverzeichniffe 705n, nn, 6aa-
af; *707m-8m;* gramm. 705nf, A 257aa
Inkilik und Inkalit gemeinfam [704n-8f]:
1) Völker 704n-f, A 253mm 2) Sprachen (bef. Verh.)
675uf-6a, *705mf-n, 6af-mm;* A 224f, 7a-aa, 253
mm; PK 388nn; über Wortverzz. ... 690m, 704nn,
5af-mm; gramm. 706mm-7a
Inkylychlyat(en) = Inkilik; *Innocentes, rio de
los:* Nebenflufs der Guadalupe in Texas
Innoka gr. öftl. Nbfl. des *Jukchana,* ihm beinahe gleichlaufend gen SSW: oberhalb *Tatschegno*
(f.bef.), vor der Mündung *Tschageljuk* (677af) gen.;
Anfang in 64° 25' N. B. und 156° W. L., Mündung
in 62° 10' N. B. und 159° 48' W. L. 677af, mll
Inscription rock bei Zuñi im Neu-Mexico NM
Inyes = Inies   [266mm, 305aa
Ionic creek Zuflufs des *Brazos* in Texas
Ionies = Inies; Ipandes, Ipandis = Lipanes; *Iron
county* in Utah 342af, *Isaak creek* in Texas (*6)
Santa Isabel A. Örter: 1) in Tarah. 22nf 2) (auch
S. I.la) Rch in füdlft. NCalif. 536a, PK 334af 3) alter
Ort beim gr. Salzfee 342a B. 4) Infel bei Cin. 179nf
5) Flufs in Chihuahua 175f; *S. Isabela = S. Isabel 2*
Isallet am *Umpqua*-Flufs im füdl. Oregon 614a
S. Isidro im nordweftl. NMex. NM 255mm, 6mm
Isleños Bewohner der Infeln des calif. Meerbf.
beim füdl. Alt-Calif. 474nn, 5mf-nn, 480n, 1a

la I s l e t a 1) (die nördl.) Miſſ. u. *pu.* im öſtl.
Neu-Mex. (*S. Augustin de la I.; = Tigouex?* NM
225m) NM 225m, 9mf, n, 231n?, f, 2m, 243nf, 4a, m,
mf, *9af, mf-n*, 256a, n, 298a; AS 285f-6a; Spr.
NM 274m, 7ᴀᴀ, nn, 8mf, 280aa, 298af 2) im weſtl.
NMex. NM *249uf* 3) (die füdl.) Miſſ. unterh. des
Paso (M. *de la Isl. del Paso* NM 249m): in Chih.
u. Tarah. (22nf), jetzt in Texas 22nf, 436mm; NM
231n?, 243nf, 4a, *9m, n*, 252aa, n, nn, 264m, mm, n,
279aa; Spr. NM 277nn, 8mf, 9aa

Isoguichic (Ys) in oder bei der Tarah. 21nn

Istayú = Scheyennes   [Comanchen 368af

It c h i t - a b u d - a b (kaltes Volk) ein Stamm der

I t h k y e m a mits an der *Columbia* 590nf

Izatlan alc. mayor in Neu-Galicien 154m

J.

Jaakema = Yakima, *Jabala* Fluſs in Cin. 14aa

Jabesua, rancheria de(l): im Gila-Lande 262af,
m, 287a, 8af 2) Yabipais J a b e s u a s Volk ib. 262
mm, 278af, 288af, m | Jacarillas = Xicarillas

S. J a c i n t o A. 1) 2 Örter in ACalif. B. *rio de
S. J.:* 2) 7ter Hauptfluſs in Texas 411mf, *2a* 3) Fl.
im fdl. NCalif. 523aa 4) Bai in Texas C. 5) Berg =
Edgecombe 6) *S. J. mountains* im fdl. NCalif. 516m

J a c k s o n *county:* 1) in Texas 2) in Oregon
583nf B. 3) *J.'s lake* im öftl. Oregon 582a 4) *J.
river* im mittleren Neu-Californien 515nn, 523aa;
Jacksonville 1) in Texas 2) in Oregon 581mf

Jacobi kleine Iufel neben dem Nordweſt-Ende
von *Tschitschagow's* Inſel PK 376n

J a c o m a (Jacome) oder *Jacona* im füdweſtl.
(ndöftl.? 230af) NMex. NM 230af, 3af, *249m*, 256a

Jaguallapays oder -llipais f. Guallapays

Jaguana in Neu-Santander? 366nn

J a g u a p a y s (vgl. Jaguallapays) im Gila-Lande
262af 2) *rio de los J.* ib. 262af | Jakon = Iakon

J a k u t a t + im ruſſ. Ndam.: 1) Bai = Berings-
Bai (f. beſ.) *683a* 2) Ort PK 390nn 3) Sprache
676m, *683a-mm*, mf, n, 702n, 3aa; A 253aa-af,
5af; PK 376af

J a l c h e d u n e s im O des *Colorado;* Formen:
Jalchedum, -mes; Talchedums, Alchedomas;
Volk 259ᵃf, 261af, mm, mf, 2aa, mm, 277nf, 8nfll,
288mm, mf, n, 534mm; PK 330n

Jalisco = *Xal., Jalos* oder *la Villita* in Gua-
Jamajabs = Yamaya   [dalaxara 178af

Jampamolon in Potoſi 186aa, Jamparicka = Yamparicas, J a n a m b r e s in NLeon od. NSantd. 191mm

Jancanhuitz = *Tancanhuitz*

J a n o s + (auch *Xanos; Yanos, Llanos, los Ll.*)
in Chihuahua: 1) Prov. oder Landſtrich 66a, mf-nf,
175a, m, 299a, 300n, 4mm 2) *pu.* und *pres.* 60af,
175aa-m, 6mm, 282mf; PK 335af; *presidio* 161m,
175aa, mf 3) kleiner Fluſs *(Ll.)* 175f, 6a, PK 335nn
4) Volk 162nll, 175m; Sprache 175a

Japarishka = Yamparicas, *Japiam* ind. Ort bei
der *Bodega*-Bai im nördl. Neu-Californien 567nn

J a q u e s i l a *(Iaq., Yaq., Hiaq.)* öſtl. Nbfl. des
Colorado del occid. 62a-aa, 247m, 8m, 251mm,
3m, nn, 5nf-6a, 262af, 278aa, 9n, 281f, 7aa, af, 9a,
293mm, nflll, 334nn, 358nf; NM 211m; auch gen.:
2) *Colorado chiquito* 358mm; NM 266n, 305
mm, mf; *little Col.* 251mm, 3m, 5mm-mf, nf, 6a,
mm, 358mm-mf; NM 224af, f, 266n, 7a, 305mm, mf,
nn 3) *little Red river* 358mm, nf, 9a; *Red river*
255af, nf, 359aa 4) *Flax river* NM 305mm

S. Jara wſtl. Nbfl. des *Norte* in NMex. NM 240aa

Jarrales im weſtl. Neu-Mexico NM 255mm

Jasper Ort u. *county* in Texas; *Jatebo* in Cinaloa
14a, 205nf; *Jaumave* in Potoſi: 1) *pueblo* 186f
2) Wüſte *del J.* 187a; Jawanihs f. Inies

Jefferson A. 1) 2 Örter in Texas 414a; *J. county:*
2) ib. 3) in Waſh. 588afll B. 4) *mount J.* (= *mount
Vancouver* 616af) im weſtl. Oregon 581a, 592a

Jelan falfch für Jetan = Comanchen

J e m e z + im ndwſtl. NMex. *(Jemes, Xemes;
Gemez, Gemes; Hemes):* A. 1) *pueblo* (u. Miſſ.
NM 249m) NM 231f, 3a, 243nn, 4a, aa, m, 5mf,
9m, nn, 251a, *6a, *mm, 272a, 9n; AS 516n 2)
Volk 284n, nn; NM 212aa, 230aa, mm, mf, 3a,
249m, 263mm, 4a, nn, 270mm, *2a; Zias Gemes* f.
Zia 3) Spr. NM 271n, *2a, 3n, 7aa, af, m, nf, 8nll;
W. 279n, *280aa-1m B. 4) *rio Xemes* = dem
rio Puerco NM 242a, 9nn C. 5) *sierra de Jemez*
NM 236mm, 249nn | *Jenecu = Senecu*

J e n i g u e i h am *Colorado;* Formen: *Genigueh*
534mm, *Genigueches* 534af; *Juniguis* 259mf, 277
nf; Volk: 259af, mf, 277uf, 534afll, mm

Jenizaros (Gen.), Indios: in NMex. 285f; NM
231m, 253m, nf, *4m-nn, 271a-m, n-f;* Ortfchaft
derfelben f. *Valencia*

Jennings creek Zufluſs des *Colorado* in Texas

Jesapita Hacienda im füdl. Neu-Calif. KN 502mf

Jesus, rio de: Ort in Nayarit 14f, 16a, 31n;
Jesus Maria A. 1) Miff. von Nayarit 15a, aa, 16a
2) Dorf u. Real in Chihuahua au der Gränze Son.'s
176mm 3) Miff. u. Ort in ACalif. (vgl. Maria) 460mm
B. rio de J. M.: 4) Flufs von Nayarit (auch Até)
26m 5) Arm des ob. Sacramento in NCalif. 521a, mm
Jetans = Comanchen
S. Joaquin A. Örter: 1) in Nayarit 16a 2) in
Chihuahua 176mm (ob = No. 1?) 3) in ACalif. B. 4)
Flufs in NCalif. 520af, nn, 1a-m, mm, 564af, nn; Thal
deff. 515mf, 7a, 9nn 5) county im O des Fl. 523m
St. John, mount: in NCalif. 516aa; John Day's
river füdl. Nebenflufs der Columbia in Oregon
(auch Mhhhah 582nn) 582nn, 593aa, 4a
Johnson's straits beim Charlotten-Sund B 381aa
Jones creek Zuflufs des Colorado in Texas
Jongopavi pueblo des Moqui 284nf; NM 231
aa, 244mm; andre Formen: Xongopavi 282mm;
Jongoapi 282a, 3af; Sumonpavi 282aa; (wohl =
Shumuthpa NM 305nf)   [m, mm, 355nf
Jordan Flufs in Utah 336a, n, nn, 7af, 9m-nn, 341
S. José, alt und älter S. Joseph; manchmahl
(No. A 11, 14ᵇ; B I 2) Señor (Sr.) S. Joseph;
A. Örter: S. José oder S. Joseph: 1) alte Miff.
in Alt-Calif. 458af 2) SJ. de Gracia ib. 3) SJ.
del Cabo (de S. Lucas) oder SJ. de los Coras
Miff. u. pres. im fdlft. ACalif. 459nf, 460mm-mf,
480aa, 1aa; Flufs der Miff. (auch arroyo de los
Coras gen.) 473a 4) SJ. de Comondú nördlichere
Miff. in ACalif. 460mm, 4mf; Spr. der Miff. 469mf,
470a, 1a, m, n, nn, 498a 5) SJ. (de Guadalupe)
im mittl. Neu-Calif.: a) Miff. 525m, 565a b) pu.,
jetzt Stadt 525af-m, nf, 535m, 565a, 660m 6) in
Cin. 179n 7) Hac. in Coahuila 196a 8) in Nayarit
(wahrfch. zuf. S. Maria y SJ.; f. aufserdem Nayarit) 14f, 16a, 31n 9) Hac. in NLeon 189n 10) in
NSantd. 192mf 11) Señor SJ. Real in Oftim. 205af
12) SJ. de Pimas im füdl. Son. 203a, PK 349mf
13) in Tarah. 22nf 14) Miff. in Texas: a) am S. Antonio 409nn, 414aa b) Sr. SJ. de los Nazonis
414a, 435n-nn, 8mf | mit Nachfätzen: S. José del
Cabo I. No. 3, de Comondú 4, de los Coras 3, de
Gracia 2, de Guadalupe 5, de los Nazonis 14,
de Pimas 12 | B. anderes und mit Vorfätzen:
I. Infeln: 1) Infel bei Texas 2) Infel an der OKüfte
ACalif.'s (auch de Señor SJ.) 475nll; islas de SJ.
475aa, n 3) isla del padre SJ. in NSantd. 192m

II. mount St. Joseph in NCalif. 516af III. pa-
trocinio de SJ. in ACalif. IV. rio de S. José:
1) Nbfl. des S. Juan oder Nabajoa 332m 2) Nbfl.
des Puerco im nordweftl. NMex. (auch Manco gen.
332m) NM 235n, 240aa, 1aa, nn, 3mf 3) in Texas?
307nf V. S. Joseph's spring in Utah 337m VI.
valle de SJ.: 1) in Tex. 307nf 2) in Utah 334n, 342a
Joukiousmé (Spr.) f. S. Raphael und Tchokoyem
la Joya 1) Hac. in Coah. 196a 2) Ort im ndöftl.
Neu-Mexico NM 255n, 6mf, nn 3) J. de Cibaleta
im öftl. Neu-Mexico f. Cebolleta 4) la J. de los
Fierreños in Durango 312m; Joyita im öftlichen
Neu-Mexico NM 255mf (Joyito), 6mf
S. Juan [öfter mit dem Zufatz S. Juan Bautista,
felten S. Juan Evangelista: woraus manche Zweifel entftehn] A. Ortschaften: I. S. Juan allein: 1) mehrere in ACalif. (vgl. SJ. Bautista u.
SJ. de Londó) 2) Miffion in Chihuahua? NM 229a
3) in Nayarit 16a 4) in Neu-Leon 189n 5) pueblo
im nordöftl. NMex. NM 230aa, af, 2a, 3m, 243nn,
4a, m, 9mm, *255n, *6aa, 279n; AS 408a; — Miff.
SJ. de los Caballeros NM 249mm, nf-f, 252mm,
297mf; Spr. des pu. NM 273nf, 7nn, 8nn, nf, 280aa,
297nf 6) Grube in Putofi 186aa 7) in Son. (vgl. II, 7)
236n, PK 322aa 8) in Texas (vgl. SJ. Baut.) 409nn
II. mit Nachsätzen: S. Juan Bautista(Bapt.):
1) Miff. im nördl. ACalif. 460mf 2) pueblo ib. (=
SJ. de Londó) 479af 3) puerto der Oftküfte ib.
4) SJB. ([de] Ligui oder Malibat; nachher Dolores delSur) Miff. im füll. ACalif. 460mm, mf, 479af,
506,bᵐ 5) Miff. im mittl. Neu-Calif. 525aa, 565a
6) Miffion in Coahuila, verlegt nach Texas (f. 8)
196a: wohl = der am rio Grande; = presidio del
Rio grande NM 241mm, SJB. der Rio gr. 194m,
6mm; oder blofs Rio gr. 196mm; auch Agua gen.
196mm 7) in Son. a) f. I, 7 u. bahia B. 6 b) f. Prov.
Sonora 8) Miff. am S. Antonio in Texas (verlegt
vom rio Grande her, f. 6) 9) SJ. de los Caballeros f. I, 5; SJ. Capistrano: 10) Miff. in Texas
409n, 14aa 11) Miff. im fdl. N Calif. (Capestrano
KN 510a; vollft. SJ. Cap. de Virtud PK 324mm)
524aa-af, 9aa, 546m, nn, 7a, 550a; KN 501mm,
2a-mm, n-nn; PK 324mm; Thal 547af, m, n (ensenada f. B. 7); das Volk 528nf-9mm, 546n, nf,
7a-8af; die Spr. f. Netela u. das meifte bei Kizh
12) SJ. Evangelista Miff. in Cin. 206m 13) SJ.
Francisco Regis Miff. in Cin. 206m 14) SJ. de

Londó in Alt-Calif. 479af-m (_Londó_ 479af); _SJ._
Nepomuceno: 15) in ACalif. 16) _real de minas
de S. N._ Miff. in Tarah. 21mm 17) _SJ._ del _Rio_ in
Durango 161mm, 311a, m, mm, 2m _(orillas),_ nf, 3a
B. ANDERES: I. Flüffe: 1) _S. Juan_ = dem
ob. _Nabajou_ 251mm, 4n, 5mm, nn, nf, 7mm, 296m,
332a, af, _m-mm,_ 358mf, nn‖; NM 260a; auch gen.
St. John's river 254n, 5af, nn, 8a, 332af 2) Küftenfl.
in NCalif.; Thal 515m 3) öftl. Zufl. des _S. Buena-
ventura_ ib. 522aa 4) wftl. Nbfl. des _Norte_ in NLeon
189aa, NM 241m 5) Bach in Texas (8?) II. 6) _ba-
hia de SJ. Baulista_ in Son (29°½; vgl. A. I 7, II 7)
200n 7) _ensenada_ (Bucht) _de SJ. Capistrano_
im füdl. NCalif. (vgl. II, 11) _518nf,_ 524aa III. 8)
sierra de SJ. im wftl. NMex. 332m, NM 236mm
IV. 9) _cabo de SJ._ der füdl. WKüfte Alt-Calif.'s
10)_punta deSJ._ im füdlft. NCalif. 519m (nicht Infel)
Juchipila = _Xuchipila_
Juchta Stamm der Comanchen und Völkerfchaft
in Texas (viell. = Yutah?) 362af-m, 7aa, _431af-m_
Judac f. _S. Simon y Judas_
Jug-eljnut (aber Inkalit-J. f. bei Inkalit) oder
Jugelnuten _(Jug-eljnuk)_ abwärts vom _Norton_-Bu-
fen, am _Kwichpak_ 675f·6a, _7af,_ 704nn, f; A 252f
Juggyt am _Norton_-Bufen 657nn, _Jukchana_ =
Yukon; S. Julian 1) Hacienda in Durango 311nn,
2mf 2) Zuflufs der _Medina_ in Texas
Julime † 1) Spr. im _bolson de Mapimi_ oder
Coahuila 174nn-nf, 183mm, 658a; PK 352a 2) Ju-
limes (falfch _Tulimes_ 418aa) Volk 307af‖, 418aa
3)_presidio de Julimes (Julines_ 174nf) im _bolson
de Mapimi_ 174nf (auch _pueblo),_ 183mm
Jumanes = Xumanas, Jumas = Yumas
Jumbuicrariri im W des _Zaguananas_ und
am _Colorado_ 259af, nn, 345m, 534af, mm
Juniguis = Jenigueih, _Junna_ = _Yukon_
Junnachotana Volk am Fl. _Junna_ 677af, 704f
Junnaka nördl. Nbfl. des ob. _Jukchana,_ N-S
fliefsend, und mündend in 64° 55′ N. B. u. 157° 40′
W. L. 677af‖; Junnakachotana Volk am Flufs
Junna 677af, 704f | _Junta_ f. _Juntas_ No. 6
las Juntas A. 1) Hac. in Texas? 196aa 2)_presi-
dio de las J._ f. _pres. del Norte_ 3) _pueblo_ de l. _J._
in Oftimuri 205af B. 4)_laguna_ oder _lago de las J._
(Yuntas) in Tex. 193m, 6aa C. 5) _J. de los Rios_ × in
Coah. od. NLeon 194mf, NM 237nn 6) Miffionen de
la Junta de l. R. in Chihuahua NM _228mm-9aa_

Jupangueimas in Sonora 219a‖
Juparivi pueblo des Moqui 282aa, _Jurupa_ Hac.
im füdl. Neu-Calif. KN 502mf | _Jutah_(s) = Yutah
Juyubit im füdl. Neu-Californien KN 502mf

K.

Kaadg-ettee Stamm der _Stikin_ B 404n
Kaaskaquatee it. B 404mf
Kachess-See im nördl. Wafhington 586aa
Kacho-'dtinnè = Hafen-Indianer; _Kadà-Kaaman_
Rancherias in Alt-Californien 504, a^{m-mm}; 506, b^m
KADJAK [*] (_Kadjack, Kodjak; Kichtak_ B
318af) Infel im S der öftl. Halbinf. _Aljaksa,_ in SW
v. d. _Kinai_-Bucht; 56° 12′-57° 45′N. B u. 152-154°
W. L. (nach Lif. 56° 49′-58° und 152°-154° 12′):
1) Infel 684af, m? _(Kajak),_ 692n, _4nf;_ B 318af
2) Volk (Kadjaker,-acker,-cken) 675nf, 694nn-nf;
auch gen. Konjagen (f. bef.) und Aleuten 694nf, 7a,
nn, _aa,_ 706a 3) Spr. 694mf, _5m-mm,_ 7n-nf; PK
389a-aa; — AS 695a, m-mm; im weit. Sinn 689f-
690aa, 4n; Verh. 692m-nn, _3m-nn-4m_ (Wortvgl.), _5mf-n;_ über Wortverzeichniffe 695aa-m
Kaehna oder Kaëna = _Blood Indians_
Kaesua ein Stamm der Comanchen 367aa
Kahtai am ndl. _Admiralty inlet_ in Wafh. 595a
Kahuncles in Oregon 591nn
Kaigan, -ni A. 1) _(-an)_ ruff. Infel im fdl. Theil
des _Prinz-Wales_-Archipel B 393f, _4af;_ AS 677f
2) Hafen (auch _Kaigani_) auf der _Prinz-Wales_-Infel
678m, _mf‖_ 3) _Kaigani_-Sund = _Dixon's_ Einfahrt
B. KAIGANI(s) Volk der Infel u. der Küfte dabei;
Formen: Kaiganen; _Kyganies;_ Kigarnee, _Kygargey:_
4) Volk 677nf, _8a-aa, m.n;_ B 393af, n, _4a-mm_
5) Spr. 675mm, 6mm‖, _7nf, 8aa-af,_ mm, _9a-aa;_
B 393nf, 4a, af; Verh. 678a, m, _n-9a;_ über das
Wortverzeichnifs _678af-mm,_ n; Wörter 679aa-mm
Kainama, -méah oder -méro im nördl. Neu-
Californien 567n, 573m; _Kajak_ = _Kadjak?_
Kajatschim indianifcher Ort bei der _Bodega_-Bai
im nördl. Neu-Californien 567nn
Kake an der ruff. Küfte 675m, PK 379n
Kalama (Kalma; vgl. _Klakalama)_ öftl. Zuflufs
der unteren _Columbia_ in Wafhington 587m, 613n
Kalapooyah = Calapuya, Kalispelm = Kullespelm
Kaljufchen = Kolofchen, _Kalluspehn_ = _Kulles-
pelm, Kalma_ = _Kalama, Kalmakow_ = _Kolm._
Kalofchen = Kolofchen, Kanäga = Konjagen

Kanatat in Wafh. *596a,* Kancho = Hafen-Ind.
Kanenawish ein Stamm der *Paducas* 363mf
Kang-eljnut am *Kuskokwim* 676a
Kangjulit (*Kan'julit* 676a) am *Berings*-Meer
u. *Kwichpak:* 1) Volk 676a‖, 690m 2) Spr. 690m, 702
Kaninchen-Ohr = *Rabbit ear creek* [mm, 710nf
Kan'julit = Kangjulit, *Kanyon = Cañon*
Kaons an der SKüfte von Oregon (= *Kowes?*)
Kapahas = Quapaws [613f
Kaquaith (-tl) beim *Hood*-Can. in Wafh. 595a
Karankahuas, -kaways, -kuhuas = Carancahuas
Karquines (574n; *Carquinez, Karquenas* 526
nn) Meerenge zwifchen den Baien *S. Pablo* und
Suisun in Neu-Californien *520a,* 6nn, 574n
Karweewee an der SKüfte von Wafh. 596n
Kassima f. *Cosumnes* [367a, *Catumsie* 368n
Kateumzi Häuptling eines Comanchen-Stamms
Kathlamet = Cathlamat; Katlagakya f. Cathlana-
quiahs, Katlamak od. -mat = Cathlamat, Katlami-
nimin = Cathlamenamens, Katlaportl = Catapoodle
Katlawewalla am *Willamet* in Oregon 614a
Katteka ein Stamm der *Paducas* 363mf
Kaufmann Dorf und *county* in Texas
Ka-us f. *Kowes,* Kawelitsk = Cowlitz
KAWITCHEN A. am *Frasers*-Fl., beim S der
Vancouver-Infel, und an der Oft-Küfte diefer Infel
(*Kawitshin; Cowichin,* -*tchin; Cowewachin*):
1) Volk 670nn, 1aa‖, mf; B 372nn-3af, mf‖, 380
aa, af-m, mm 2)'Spr. 671m; B 378af-mm, 380af-m;
Verh. 599mm, n, 671aa, m, mm; B 329f, 367aa-af,
372aa-mf, nf, *3m-mm,* 4m, mm, n, *8mf-9nn,* 382
nf, 390a-nf; über das Wortverz. 602aa; B 367af,
372a, *4m-f,* 390mf; Wortverz. B 375a-8af B. 3)
Flüfschen der füdl. OKüfte der *Vanc.*Infel B 373af
Keacheyes = Keechies; [*Kearney,* Fort: am
Platte-Flufs im mittleren *Indian territory* 338a]
Keawas = Kiaways, *Keche-ahquehono* Anfang
des *Red river* in Neu-Mexico und Texas 416mm
KECHI(s) (vgl. *Chechi;* üb. d. Namen 554nn-5a)
im fdl. NCalif.: 1) Volk *530m-mf,* 549nn-f 2) Spr.
(wohl = der von *S. Luis Rey,* daher diefe hier mit
ihr verbunden werden; 549nf, 550a, 4nn, 560a, 656nf)
423aa, *549nn-nf,* 550a-aa, *af-nf,* 2nm; Verh.
554aa-5af, mf-n, 656nn, nf; Text u. Wörter 550
a-mm, 1a-aa; über das Wortverz. 549nn-nf, 550nn,
4af; gramm. 553a-4aa; üb. die fon. Wortvgl. 555m-
6af; fon. Wortvergl. 556m-7aa, azt. Wörter 559a-n

Kechies = Keechies, Kechis f. Kechi
Keeches Stamm der *Chimmesyan* B 401af
Keechi + 1) Volk u. Spr. f. Keechies 2) *K. creek*
2 Nebenflüffe der *Trinidad* in Texas 431mm
KEECHIES in Texas; Formen: *Keechi; Keechyes, Keacheyes; Keychies; Kechies, Koechies; Kitscha; Kichai(s); Hitchies; Keyes;*
1) Volk *431m-nn,* 451nf; NM 312f 2) Spr. 431m,
453mm-n, nf; Verh. 431nn, 448n, nf, 9m, mf, *453n-
5mm,* 668f; üb. das Wortverzeichnifs 423aa, 449m,
451nn-f, 3nn; Wortverz. 452a-3nm, 4m
keechum-akarlo am unt. *Skeena r.* B 400aa
Keek-heatla Stamm der *Sabassas* am *canal
del Principe* über 53° der brit. WKüfte: B 400af
Keen-ath-toix Stamm der *Chimmesyan* B 401af
Keesarn = Casarnee, Keetahhonneet = Tungass
Kelsey's r. Zufl. des *Mendocino* in NCalif. 523a
Kel-utsah Stamm der *Chimmesyan* B 401af
Kena = *Blood Indians;* Kenai, -aier, -aizen oder
-ayer = Kinai; Kenchen Kieg Stamm der *Chim-
mesyan* B 401af, Kenekun = *Blood Indians*
Kera(s) oder Keres f. Queres
Keriachehunova Zufl. des *Brazos* in Texas 416m
Kern lake in Neu-Calif. *520af-m* 2) *K. river*
Zufl. des gr. *Tule*-Sees ib. 520af, *2af* [277n
Keswhaw-hay = *Quera*-Spr. in NMex. NM
Ket-andou Stamm der *Chimmesyan* B 401af
Ketlakaniaks an der unteren *Columbia* 613nn
Ketoon-okshelk am *Nass*-Flufs B 400a
Kettle creek Zufl. der *Trinidad* in Texas; *K.
falls* + 1) Wafferfälle in der *Columbia* 582m
2) Volk in Oregon und ? Wafhington 592mf, 5nf
(*K. fall Ind.*), 604m
Ketwilk-cipa Stamm der *Chimmesyan* B 401af
Keychies und Keyes = Keechies
Kiamicha = Kimishi, Kiataws = Gilas
KIAWAY(s) in Texas; Formen: *Kyaway(s);
Kiawas, Keawas; Kioways, Kiowas;* — *Cai-
huas, Caiguas, Cayguas; Cayoguas;* 1) Volk
259nf, 348m, mm, f, 9a, 363mf, 7m, 423m, *431nn-
2aa,* m, *3m-n, f,* 4a-af, 609nf, 638n, 658aa; NM
301af 2) Spr. 370af, 404aa, 433n, *451n;* Verh.
432aa-nn, 3a-m, nn-f, mm, *451af-nn;* über das
Wortverzeichnifs *432af-m,* mm-mf, *450m-mm;*
Wortverzeichnifs 450mm-1aa
Kichai = Keechies, *Kichtachpak* = Stuart-Infel
Kichtak = Kadjak

Kickapoo creek Zufluſs des *Brazos* und der *Trinidad* in Texas 2) Kickapoos (*Kikapoes* 421mm) Volk in den ſüdl. Verein. Staaten und in Texas 420n, nf, 1af, m, mm, 3nf

Kicksatee Stamm der *Stikin* B 404n

Kickuallis = Kikiallis, Kigarnee = Kaigan

Kíj = Kizh; Kijaten (Kijntaigmjuten, -müten) am Fl. *Nuschagak* 677a, 696a, *702m-mm;* A 252af

Kikapoes = Kickapoos

Kikiallis + (*Kickuallis* 670n, 1na) 1) öſtl. Fluſs des nördlſt. *Admiralty inle*t in Waſhington 595mm, 670n‖ 2) Volk ib. 595mm, 670n, 1aa

Kilamuke = Killamuk [Canal in 53°½: B 400af

Kilcatah Stamm der *Sabassas* an *Gardiner's* Kiliwatshat am *Umpqua*-Fluſs im ſdl. Oregon *612a,* aa, *af,* 3f *(Kiliwatsat)*

KILLAMUK + an der NKüſte von Oregon; Formen: *-muck, -mook; Kilamuke; Tillamook; Callimix, Killimoux;* 1) *K.* und *false K. head* 2 Caps 581nn 2) *K. river* Küſtenfl. *583n* 3) Volk *(pl. Killamuks, -mooks)* 590n, 1n, 2u, f, 3m, 612mm, n; nördl. (+ *Nsietshawas,* f.) oder obere 604mf, 612m, 659m, *f,* mm, *n* b) untere oder ſüdl. ſ. Iakon 4) Spr. 591f, 607nn; Verh. 602nf, 4mf, 612m‖, 4aa, 658nn, 9m, mm, 660n ; W. 604mf

Killawats an der NKüſte von Oregon 591f

Killaxthocles (-okle; verſchieden von *Calasthocle*) an der Küſte von Waſhington 592a, 4af

Kimboll creek Zufluſs des gr. Salzſees 339m

Kimishi (Kiamicha) nördl. Nbfl. des *Red r.* im *Indian terr.* 413af   [Volk ib. 591a

Kimmooenim + 1) ſdl. Nbfl. des unt. *Lewis r.* 2) KINAI + [*] im ruſſ. Ndam. [A 223 bis 249, AS 695mf-nf]; Formen: *Kenai, -aier, -ayer; Kinaitze, -aizi;* A. l. Kinai-Völker *(Ttynai; Tnaina, Thnaina)* 676n-nn, 7af-m; A 226nf, 7a; K. Sprachen 690nn-1mf, 5n-nf, 710m-n; A 154nf-5aa, 223aa-mf, 6mf-7aa, 249nn-258nf; Verh. 702mf-nn; W. A 263af-4aa; *269-301, 310-2 II. 1) einz. Volk 677m; A 223m-4aa, mm-mf, 6nf-7a, 252a-f, 3m 2) Spr. A 223-4, 250nn-1aa, 4mm-5mm, 7mm-8aa; Verh 695mf-nn; gramm. A 224mf-6mm, 231mf-2mm; W. A 227af-nn, 8a-m, 9aa-232mm; 227nn-9aa, 230n-1mf, 2mf-nn; *A 233-245-9; 302-311 B. III. Kinai-Bucht oder kenaiiſcher Meerbuſen, in 59°-61°½ N. B. u. 153° 40'-149° 10' W. L.: 692n, B 318a; auch genannt

Cooks-Fluſs, Cook's Einfahrt, *C.'s inle*t; Spr. B 326mm-nn IV. Halbinſel *Kinai* zwiſchen dem tſchugatſchk. Meerb. u. der *Kinai*-Bucht, in 58° 54'-61° 30' N. B. u. 147° 50'-151° 40' W. L.; Völker 677

Kin-a-walax am *Nass*-Fluſs B 400a [m, 692mf

King's river 2 in NCalif.: 1) der gr.: ndl. Zufl. des gr. *Tule*-Sees 522af; Ind. u. Spr. an ihm 564mm, mf 2) der kl.: ſüdl. Zufluſs des *S. Joaquin* 521af

Kinkla die Völker des *Sacramento*-Thals im ndl. NCalif. 612aa-af, Kinn-lod. *(Chin Ind)=*ſdl. Atnah

Kioame = Kiwomi, Kiowas oder Kioways = Kia-Kiowummi = Kiwomi   [ways

Kipunnjak oder *Kipnojak* Arm des *Kwichpak*-Delta's vom *Kishunak,* in 62°-62° 15' N. B. u. 163° 15'-165° 20' W. L. 677a

Kirononas = Carancahuas

Kish-a-win auf den *Charlotten*-Inſeln B 394af

Kishunak (-nok) ſdl. Arm des *Kwichpak*-Delta's, in 61° 40' N. B. und 162° 42'-165° 48' W. L., mündend in 62° N. B.: 677a‖

Kisky am *Sacramento* im nördl. NCalif. 571af

Kispachalai dy Stamm d. *Chimmesyan* B 401aa

Kit-ahon am *Nass*-Fluſs B 400a

Kitch-aclalth Stamm der *Chimmesyan* B 401af

Kitchelas (-lus, -lis) See im ndl. Waſh. 586aa

Kiteguen im nordweſtlſt ruſſ. Ndam. *713af-m*

Kit-hateen am *Nass*-Fluſs B 400a

Kitlan Stamm der *Chimmesyan* B 401aa

Kitlope Stamm der *Sabassas* am ſdl. *Gardiner's*-Kitscha = Keechies   [Canal, über 51°: B 400m

Kitselaiso am unteren *Skeena river* B 400aa

Kittamahat Stamm der *Sabassas* am ndl. *Gardiner's*-Canal c. 53°½: B 400m

Kitunaha = Kootanies

Kitwillcoits Stamm der *Chimmesyan* B 401af

KIWOMI Volk u. Spr. in Neu-Mex. *(Kiowummi* NM 303nn, *Kioame* NM 297n) 423af; 1) Volk NM 297m, n, 8a, af, 303nn 2) Spr. NM 298aa, *301 f-2m, mm-3nf;* Wortverz. 423af; NM 297n-f, 8aa, nn-9aa, 302m-f; *NM 299af-301nn

KIZH und NETELA 2 Spr. im ſüdl. Neu-Calif.; A. BEIOEZUS.[KN *501 bis 529] (die *Net.* allein ſ. beſ.): *Kizh (Kij* KN 501m) von *S. Gabriel, Net.* Spr. von *S. Juan Capistrano;* 1) geogr. KN 501m-2nn, 3m-mm 2) über beide Spr. 290n, 546af-mm; Verh. KN 503a-4af, 518aa-9n; AS 433a, aa,

451mf, 546af-mm, 552mm, 4af-m, nn-5af, mf, 656nn, nf, f-7a 3) Gramm. KN508, *510n-8aa;* AS 290mf, 553m-mf 4) VU KN509m-nf; Wortvz. KN502nn-3a, 510aa-nn; AS535af, m̓, 602af; 4,bⁿ; *KN 504m-9m; Wortvgl. 519mf-nn; AS351aa, 653af; *KN519n-529 mf B. KIZH ALLEIN... 547m, 554nn, 560n, af, 657a

Klahars auf der *Vancouver-*Inſ. B329aa, 349nn

Klaïzzarts (wohl = *Classets* 2) *Clow-etsus)* auf der *Vancouver-*Inſel B 329a, af, 334a, 349nn; AS 671nf [*lumbia* 613n

Klakalama (vgl. *Kalama*) an der unteren Co-Klakhelnk = Clahclellah, Klakimass = Clackamas Klamath u. Klamet=Tlamath, Klaooquates=Tlaoquatch, *Kleattam (Kleolium)* See im nördl. Waſh.

586aa, Klen-eekate = Thlinkit = Kolofchifch

KLIKATAT(s) † *(Klick-atacks, Click-atats; Kliketat, Clickitats; Tlukatat, Tχlökatat)* 1) nördl. Nebenfluſs der *Columbia* im füdlichften Waſh. *(Cathtatates) 583a, 7af* 2) Volk in Waſh. 592n, 4mm, n, nf, 5nf, *614n-nf,* 670f 3) Spr.: Verh. 599nn, 604n, 614nn, 5mf-n, nn; üb. W. 602aa, 4n, *Knife river* wohl = *Yellow knife r.* [*615n*‖, nn

KNISTENEAUX oder Crees im füdl. u. weftl. brit. Oftlande (auch: sing. *Knisteneau; Knistinaux, Kenistenos; Christenoes):* 1) Volk MB 467n, 470 mf, 6nf, 8a, 481mm; AS 661nn; auch gen. *Cree(s)* 661nn; blofs Crees 641m *(Krihs),* 663a; MB 476af 2) Sprache 662nf

Kodjak = Kadjak, Koechies = Keechies König-Georgs-Archipel, Infel, Sund f. *Georg* [*lotte* Königinn-*Charlotten-*Infel, Infeln, Sund f. *Char-Kokwai-ytoch* am *Milbank*-Sund B 382aa

Kolchans = Koltfchanen, Koljufchen = Kolofchen *Kolmakow's* Redoute *(Kalmakow)* am *Kuskokwim* in 61° 35' N. B. u. 158° 40' W. L. 702mm

Kolnit an der unteren *Columbia* 613nn

KOLOSCHEN [*] an der ruff. Küfte [PK 376 bis 427, 432nn-3]; Formen: a) Колюжн, Koljufchen, -schi; Kulufchen, *Kolush;* Kalufchen, Kaljufchen; Koulifchen, -isken b) auch gen. *Thlinkit* 680nn, *nf;* Klen-eekate 675m, 680n; B404m; vgl. noch *Tschinkitane* u. *Sitka;* 1) Volk 677mm, 680nn-f, 1af-m, 4af; A 253nf-4a; PK 376aa-m, nf-7mm 2) Sprache 680nn, 1af-m; PK 376-9; Verh. 676mm-mf‖, 680aa-mm; PK378af-9aa, 380aa-1af, 3nn-7m-8n, 9; Einfluſs auf and. Spr. 678nn, 9nf, 680aa-mm, 1mm-n, 2af-mm, 6mm-nf, 7mm-mf,

706af-mm; zugehör. Spr. 675m, 680mf-n, 1mm-n, nf, 2, 4m, 7aa, mm-mf, 691mm, 705nn; Stoff PK 377n, 8a-nf, f; 378m-mm, 391n-nn; Wortverzeichniffe PK 390a-1nn; 391nn-7nn, A 259af-nn; *PK 398-411-422nn-7, A 269-312; grammu. PK 380nn-3, 395af-6f; 432nn-nf, B 326mf-nn, 7a-aa

KOLTSCHANEN im ruff. Ndam., gegen den ob. *Atnah-*Fl. u. weiter in N [*709 a-710 af]; Formen: *Kyllschanje, Kolchans;* Golzanen, *Golzanje;* Galzanen; 1) Volk 598n, 677m, 691aa, *af*‖, *709 a-m;* A 252f, 3mm; PK 378mf 2) Spr. A 253mm, 5aa, mm‖; Verh. 687af, mm, 691af, *709a, af-m, mm-mf;* MB 484m; üb. d. Wortverz. 673mm, *709 mm,* nn; Wortverz. 709nn-710af; gramm. 709mf-nn

Kolufchen = Kolofchen

Konick im Wafhington-Territorium 592nn

KONJAGEN (Koniagen, gew. Konägen; *Kanäga)* auf *Kadjak* (und = Kadjaker, vgl. daher fie u. die Spr.): 1) Volk 676nn‖, 694nn-nf, 5aa b) allg. für den ruff. *Eskimo-*Stamm 676n-nn, 7a-af, mm, 690aa, 2a) Sprache (f. übrigens *Kadjak*) 694nf, 5a, 6mm‖; Verwandtfchafts-Verhältnifs 676n, 696mf, n

Koochetakers (vgl. *Koolsatick-ara)* Stamm der Comanchen 368m; oder *buffalo-eaters* 367m, 8m

Kook-atecn ein Stamm der *Stikin* B 404mf

Koolsatick-ara oder *Buffalo-eaters* in Utah 345n (vgl. *Koochetakers)*

Kooskooskia river (Kooskooskee r., Kuskuskia) öftl. Nbfl. des *Snake* im fdl. Waſh. *583mmm*‖, *6n-nn, 591a*‖*, aa,* af, 615a, af; am Ende *Clear Water river* genannt 583mm, 6n, 593aa; Indianer am Fluffe 604nn

KOOTANIE(s) †: A. 1) *K. river* od. *Mc Gillivray's* od. *Flatbow* r. öftl. Nbfl. der *Columbia* im Waſh. Terr. u. brit. Ndam. *(Kootenay)* 582aa, *mf,* 5f-6a, *mf, nf,* 661af‖, m B. VOLK u. SPR. im brit. Weftlande u. ndöftlft. Waſh.; auch *Flatbows* gen. 594n, 604af, 661aa, *n, nf;* B 391mf; For-men: *Cootanies, Koutanie, Coutanie(s); Kootamies, Koutaines; Kootenaies, Cootenays, Contenay, Coutonais, Cotonné(s); Kútani, Kutanä, Kutunäs; Kutnehä, Kutonachä, Kitunaha;* 2) Volk 592mf, 3n-nn, 4aa, mf, n, 5nf, 658nn, 661aa-nf, 3m, mm; B 391mm-n, 2a, aa 3) Spr. *661m, nf-n,* nn; Verh. 604*af, 661m, n, nn,* 3m, mm, 5mm; üb. W. 604af, 615nn, 661n-nn,f

Kooyou im ruff. Nordamerika PK 379nn

K o s e t a h am *Shaste* im nördlſt. Neu-Calif. 574af

K o s k e e m o s an der NWKüſte d. *Vancouver*-Inſ. (wohl = *Kuskemu*)

K o s m i t a s bei *S. Francisco* in Neu-Calif. 565n

K O T Z E B U E - S u n d gr. Meerbuſen im N des *Nor-ton*-Sunds, im O des ndl. Endes der *Berings*-Straſse; in 66°. 67° u. höher N. B. u. 161° 40'- 167° W. L. 713af; Völker an ihm 677af, 693n, 711a-aa; Spr. 702aa, 3mf, *711a-m* | Koulischen, -isken = Kolofchen

K o n t a i n e s, Koutanie = Kootanies

K o w a i an der Küſte von Oregon 613f

K o w e s $+$ 1) Küſtenfluſs im ſüdl. Oregon (auch *Goos r.*, *Cahoos*) 583n, 612nn 2) Volk *Ka-us* am Fl. *612aa* (auch *Kwokwo-os;* ob = *Kaons?*), *af*

K o w w e l t h auf den *Charlotten*-Inſeln B 394af

Kribs = Crees = Knisteneaux

Kuchi-Kuchi = Kutchi-Kutchi

K u i m u c h q u i t a h an *Dean's* Canal B 382af

K u l a n a p o am *Clear lake* im nördl. NCalif.: 1) Volk 573mm *(Hul.)*, 4n-nn 2) Spr. 575af, mm-mſ

K U L L E S P E L M $+$ 1) See im *Flathead r.* in Waſh. *(Kulluspelm, Kalluspehn; = Wayton-See?* f.) 585nf, 594n, 659aa; auch gen. *lake Pend d'Oreilles* 585nf, 594n, oder *Pondera l.* 2) Fluſs 659aa 3) V o l k *(Kalispelm* 595nf, 6a; *Calespe-lins* 592mf; auch gen. *Pend d'Oreilles,* f.) 592mf, 5nf, 6a, *659a, aa* 4) S p r a c h e 604m

K u p f e r f l u f s im ſdöſtl. Ende des breiten Theils d. ruſſ. Ndam.'s, fließend v. N - S zw. 63 u. 60° N. B. u. um 143°½ W. L., in den Pr. *Williams*-Sund fal-lend in 60° 15'N. B.: 673mnll, 7m, 684af, m, 690 nuf, *nf*, 1a, 709m; B 320f; auch gen. *Atnah(-Fluſs, Atna)* 677m, 690mf, nf, 1a, afll, m, n, 709aall, m; Volk u. S p r a c h e vom Fluſs (auch mednowifche, мѣдновское нарѣчіе) = nördl. *Atnah*

K u p f e r g r u b e n (*Copper mines* 316nn) im Gila-Lande 297m, 304mm, 316nn, 7nf; oder weſtl. Neu-Mexico NM 252a, 4a, 6m

K u f e r m i n e n - F l u f s im mittl. brit. Ndam., gen NNW fließend, in 65° - 67°¾ N. B. u. 113 - 116°½ W. L.: MB 468af, 480n, f, 1mm, n 2) I n d. *(Copper-mine Ind.)* MB 478m-mm, *480mf-1a,* m; auch gen.: a) *Tantsa - ut -'dtinnè* A 150mf, MB 480nf, *Tantsawhot-tinneh* MB 480nn; d. h. Birkenrinden-Volk A 150mf, MB 480nf b) *Red-knives* A 150mf; MB 477mf, 480nf, 2mm 3) S p r a c h e MB 478m-mm; Verwandtſchafts-Verhältniſs MB 481a

Kuſchkukchwakmüten ſ. *Kuskokwim* [keemos)

K u s k e m u im *Charlotten*-Sund B 381af (ſ. Kos-*K U S K O K W I M* $+$ 1) F l u f s ſüdl. vom *Kwichpak* im ruſſ. Ndam.: fließeend nach S, dann W, SW; Qu. in 62° 55' N. B. u. 157° W. L., Münd. in 60° 31' N. B. u.. 161° 30' W. L. *677m,* 702nn, 5aa, nn, 6a, 9m, 710nf; Völker am Fl. 676a, aall, 7a, 692mflll, 702m, mf, nn, 5nn, 6a 2) V o l k (Kuskokwimen, -mer, Ку́скоквимцы; Kuskokwigmjuten, Kuſskochwa-gemuten, Kuſchkukchwakmüten; *Kuskutchewak)* 675nn, 6aa, 696mm, *702mm-mf, nf, nn* 3) S p r. A 224m, mm, f, 255aa; AS 690mm, *702mm,* 3a; Verh. 677a, 696aa, mm, *702mm, mf, nn-nf,* 3a, aa; über das Wortverzeichniſs 702mf, nf, 3a

Kuskuskia = Kooskooskia, Kuskutchewak und Kuſskochwagemuten ſ. *Kuskokwim,* Küſtenkette ſ. *coast range;* Kutanä, Kutani = Kootanies

K u t c h a - K u t c h i n Stamm der *Kutchin* MB 483af

K u t c h i - K u t c h i *(Kuchi-Kuchi)* $+$ 1) Fluſs = *Yukon* 2) Volk = Kutcha-Kutchi(n)

K U T C H I N im ndwſtlſt. brit. u. im ruſſ. Ndam.: 1) Volk A 155nf-6a; MB *482mf-3af,* n, nn; AS *713a-aa* 2) S p r. A 156mf, 9f, 163a-m, 254a; PK 378nf, 9nf; MB 482n, 3n, 5a; AS *713a, aa-af;* gramm. A 167af; Wortverz. A 156mf, 9f, 163a; MB 482n-nn; *A 179 - 209, 210 - 222

Kutnehä, Kutunäs = Kootanie; *Kuwichpack = Kwichpak,* Kwaiantl = Quaiantl

K W A L H I O Q U A an der Münd. der *Columbia* im N (Qualioguas 602nf): 1) Volk A *153af-m,* 254aa, 9a; AS *612mm-mf,* f 2) Spr. A 254aa, 9a; Verh. 588n, 602nf, 4aa, *612mm-mf;* W. A 157a, 254aa; AS 604aa; Wortverz. in meinem athap. Sprachſtamm Kwenniwitl = Queniult

Kwichljuak ndl. Arm des *Kwichpak*-Delta's in 62° 41- 49' N. B. u. 163° 42'-164° 48' W. L. 677a; Kwichljuagmjuten Volk da 675nn, 7a

K W I C H P A K 1) Fluſs des ruſſ. Ndam. ndl. vom *Kuskokwim,* der unt. Lauf des *Yukon* (ſ.); ndlſte Mündung in 63° 10' N. B. u. 164° 10' W. L. 677a, aa, *af,* 705aa, nn, 6a, 710nf; Völker am Fl. 676a, 7aa, afll, 702m, 3a, 4mm, 5nn, 6a, 713a 2) V o l k (Kwichpaks, - packer, Квихпакцы; Kwichpag-mjuten, Kuwichpackmüten) *703a, aa-af,* 711a 3) S p r. A 224m, mm, f, 255aa; AS 690mm, *702mm,* 3a; Verh. 702mm, *mf, 3a-af,* 711a; W. 702mf, 3af

Kwokwo-os ſ. *Kowes*

Kwoneatshatka = Newittee

Kyaway=Kiaway; Kyganies, Kygargey f. Kaigan

Kyltfchanje = Koltfchanen

L.

Labadia oder *Labadie* 1) Ort = *la Bahia 2)* Bai
= *Espiritu Santo* [2] f. *Biche*

Labiche 1) ndl. Zufl. der unt. *Columbia* 591mm‖

la Labor del Cura Hacienda in Coahuila 196aa

Laborito Zufl. des *Sacramento* vom *Pecos* im
öftl. Neu-Mexico NM 242af; *Labradores, pueblo
de los:* in Neu-Leon 189n; *Ladrones, sierra de
los:* im füdweftl. Neu-Mexico NM 235af

Laekquelibla am *Charlotten*-Sund B 381a

Lafitte creek Zuflufs der *Sabina* in Louifiana

Lagoon öftl. Zufl. des *Sacramento* in NCalif. 521n

Lagos: 1) *los L.* Örtlichk. od. Seen im öftl. Neu-
Mexico NM 237mf 2)? Flufs in Neu-Calif. f. *Llagos*
3) Stadt in Guadalaxara (Neu-Galicien) 154af

Lagrange in Texas 414aa

Laguna 1) alc. mayor in NBisc. 161mm 2) *la
L. pueblo* im weftl. NMex. NM 243mf, nf, 4a, m,
9mm, 250a, *6a, 9nn‖‖, 260a, 1af, 278af; Sprache
des *pueblo* NM 272nn, 7n, 8aa, af, n, 280aa

Lagunas 1) ˣ im nordöftlft. Neu-Mex. NM 256m
2) *S. Rosa de las L.* Real in Son. od. Cin. 204nf

Lagunillas in Potofi: 1) Ort 186aa 2) Hügel

Lahanna im nordöftl. Wafh. 592aa [185mm

Laimones=Laym., *Laisola* Rch in Durango 311nf

Laja=*Laxa, Lajas y Milpills* in Durango 177af

Lake creek: 2 in Texas (6, *7); *L. fork:* 2)
Zufl. des *Uintah* in Utah 331m, mf 3) der *Sabina*
in Texas 4) des *Tule*-Sees in NCalif. 522m 5) *L.
river* öftl. Zufl. des mittleren *Snake* (nach Parker)
B. 6) *L.* c o u n t y in Oregon 583nf (*Lane* 583nn)

Lamam bei *S. Francisco* im nördl. NCalif. 565n

Lamar Dorf und *county* in Texas

Lampaces (-sas, Lampdoos) Zuflufs des *S. Andres* vom *Brazos* in Texas; *Lampazos* Stadt in
Neu-Leon 189n | Lana f. Tanos

Lana Couco (*Lannacoco*) Zufl. d. *Sabina* in Louif.

Land Pitch Bezirk in Utah 329aa

Lane f. *Lake county, Lannacoco* = *Lana Couco*

Lanterna, sierra de la: zwifchen dem *Grand*
und *Green river* 257mm

Lapage (la Page) fdl. Zufl. der *Columbia* wftl.
vom *Wallawalla* (wohl = *John Day's r.*) 591m

Lapanne = Lipanes

Lapwai † 1) Nbfl. des *Kooskooskia* vom *Snake*
im füdl. Wafhington 583m, 6n (*Lapwai*) 2) Volk
(in 46°⅓ N. B.) 604nn

[*Laramie, fort:* am *main (gaz. north) fork* des
Platte-Fl., im NWEnde des *Indian* terr. 338a, 344a]

Laredo (falfch *Loredo*) 1) Flk. in Neu-Santd.
192mf; jetzt in Texas 414aa, NM 241m 2) *canal
de L.* im O der grofsen Prinzeffinn-Infel der brit.
Weftküfte, von 52°⅓-53° N. R.: B 400mm

Larelles im weftl. Neu-Mexico NM 256m

Lartielo (*Larlielo* 594aa) im nordöftl. Wafh.
592af, 4aa; *Lastaw (Lautaw)* füdöftl. Nebenflnfs
des unt. *Clarke's river* im nordöftl. Wafh. 592*af-m*

Lauretano: 1) *seno* oder *mar L.* = californ.
Meerbufen 2) *nacion L-ana* = Volk von *Loreto* .

Lautaw = *Lastaw, Lavaca* f. *Vaca*

Laxa, S. Joseph de la: in Potofi 186f

L A Y M O N A Spr. u. L A Y M O N E S Volk in ACalif.
(*Laimones*, Laymonen) (= *Cochimis* 466a, 470m,
mm-mf, n, 1m-mm, 5nn-nf, 6af-nf, 506,bᵐ):
1) Volk u. Spr. 475nn- 6nf; Volk 465f, 6aa, 7n,
nf, 470m, mm-mf, 8af‖, m, 9aa, nn 2) Spr. (*Laymona*) 467a, af, mm, 470m, mm-mf, 1m-mm, 7m_
mm, 8m-mm, 482nf, 492nn-3af; Verh. zum *Cochimi*
511af-n, fon. u. azt. 511n-f; üb. Sprachftoff ('Text)
476nf-7af, 482nf, 495nf- 6mm; Text 500n-1af, nf;
über Wörter 471m, 511mf; Wortverz. f. *Cochimi*

S. *Lazaro* in ACalif.: 1) Berg 2) Cap der WKüfte

S. *Leandro* öftl. Zuflufs der Bai S. *Francisco* in
Neu-Californien 522nf

[*Leavenworth, fort:* am *Missouri*, wenig
nördl. vom Einflufs des *Kanzas*, in der SOEcke
des *Indian* terr. 337nn‖, 8af, 609n; NM 233mm]

Leber-Effer = Teuawish

Lee Panes (-nis), Lee Pawnies = Lipanes

Lehi Stadt in Utah 342af

L e m i t a s im Gila-Lande? 258nn

Lenan Zuflufs der *Sabina* in Louifiana

Lentis oder *Lentes (los Lentes ; Leutis; Leu-
nis, las Lunes) pueblo* im weftl. Neu-Mexico
NM 243nf, 4a, m, 5n, 250a-aa, *6mm, 271m;
Sprache NM 271m, 9nn

L e o n in Texas: A. 1) Zufl. des *S. Andres* vom
Brazos (auch S. *Leon*) 2) *arroyo del L.* Zufl. der
Medina (*3) B. 3) Colonie *de L.* 4) *S. Leon* Ort
5) *county* C. 6) *sierra* in nördl. Sonora? 314af

Leona: 1) *rio de L.* in Texas (×2) 2) Ort ib.
3) *L. Vicario = Saltillo* (196mm) 4) *cerro de la*
Le Panis, Lepans = Lipanes [*L.* in Potoſi 185mm
Lepanticlan in Texas 414aa, 7af; *Lete, tiro de:*
in Zacatecas 179aa; *Leunis* und *Leutis = Lentis*
Levaris, punta de: × in Durango 311n
Lewis: 1) *L. river=Snake* 2) *L. fork:* a) ndl.
Zuſl. des ob. *Snake* im ſdóſtl. Oregon 583m b) =
Lewis river, ſ. *Snake* 3) *L. county* in Waſh. 588afll
4)´ *L. and Clarke's pass* im öſtl. Waſh. 580nn
Lexington in Texas
Liards, rivière aux: wſtl. Nbſl. des ob. *Macken-*
zie-Fl., mündend c. 53° N. B.: MB 479mm-mf, nll;
auch gen. *Poplar river* u. *Turnagain* MB 479mm
Liasillo, cañada de: ſüdl. Zuſluſs des *Cana-*
dian in Neu-Mexico NM 240a
Liberty Ort und *county* in Texas 414aa
Liguí ſ. *S. Juan Bautista, Limestone county* in
Limitar im weſtl. Neu-Mex. NM 256m [Texas
Limones kleiner Fluſs in Potoſi 185af
Linares, S. Felipe de (189n): *ciudad* in Neu-
Leon 60m, 188a, m, 9m, n, 410a
Linn: 1) *mount L.* in Neu-Californien 515m, 6aa
2) *county* in Oregon 583nn, nf
Linville in Texas
LIPANES in Texas; **Formen:** *Lipanis, Li-*
Panis; Lipans, Li-Pans; Lee Panes, Lee Panis,
Lee Pawnies, Le Panis; Lepans, Lapanne; Li-
pandes; Ipandes ſ. nachher; 1) **Volk** 195a, 281aa,
304n, 6aa, n, 7m-mm, 8a, 316mm, 367m, 410af,
5nf, 425m, mf, *434nf-nf;* NM 312f; als *Apaches*
Lipanes 303mm, *4mf-n,* 434af; *Apaches Ipandes,*
Ipandis oder *Ip.* allein 304m, mf, 6n, 7a, 410af,
425m, 434af 2) **Sprache** 434m-mm, nn, nf
Lisburn, Cap: an der NWKüſte des ruſſ. Nord-
amerika's *713af* [laſchka (Sprache)
Lifsjen, lifsjewiſch, lifsjiſch ſ. Fuchs-Inſeln 2) Una-
Little river 1) = *S. Andres* in Texas [2) nördl.
Nbſl. des *Red r.* im *Indian terr.* u. in Arkanſas]
Live oak creek in Texas (5 B) 2) *L. oak point*
Livingston in Texas [Landzunge ib.
Liyúes (Liyú *467nf*) in ACalif. 466aa, 7nf, 477
mm, 9af, nn; *Llugos (Llagas, Lagos?)* ndl. Nbſl. des
Paxaro in Neu-Calif. 523aa; Llaneros ſ. Apachen
Llano 1) Nbſl. des *Colorado* in Texas (falſch
Slanos) 366nf, 8n, 412nf 2) *L. de flores* × in Coa-
huila oder Neu-Leon 194mf

Llanos 1) ſ. *Janos* (auch Fluſs) 2) *S. Antonio*
de los L. in NLeon 188af, 9nn 3) *valle de los L.*
Llera in Neu-Santander 192mf [ib. 188m, 9nn
Lobera Miſſion in Cinaloa 206m
Lobos: 1) *isla de los L.* bei Son. 200n 2) *punta*
de los L. in Son. 200mf 3) *p. de L.* in NCalif. (=
Lockhart in Texas   [*Carmel,* ſ.) 519mm
Loess creek Zufluſs des oberſten *Red river*
Logan fork vom *Bear river* 339a
Loma, punta de la: im ſdlſt. NCalif. 518nn, 9m
Londó ſ. *S. Juan de L.*   [341n
Lone peak in SO vom groſsen Salzſee 327f, 339n,
[*Long's peak* im ſüdweſtl. Nebraska (auch *Big*
horn gen.) NM 236m]; *Long Toms river* oder *L.*
Tom fork weſtl. Nbſl. des *Willamet* in Oregon;
rivière Longue in Utah? 333nf-f
Loo Choos = *Loucheux*
Lookout, Cap: im nördl. Oregon 581nn
Lope de Hierro Miſſ. in Chihuahua NM 246nn; *Lo-*
pez od. *L. Lopez* im weſtl. NMex. NM 255mm, 6m
Lopotatimnes am *Sacramento* im nördl. Neu-
Californien 571mf
Loredo 1) Dorf in Chihuahua 176mm 2) in Neu-
Santander ſ. *Laredo*
St. Lorenz-Inſel (auch gen. *Tschuakak* 703mm,
n, nn, 4m; und *Clerke isl.*): lange Inſel weit ab in
W vom ſüdl. *Norton*-Buſen, der aſiat. Küſte nahe:
SOEnde nach Sag. in 62° 55′ N. B. u. 168° 23′ W. L.,
nach Rich. 63° 12′ u. 168° 45′; WEnde nach Rich. 63°
45′ Br. u. 172° 15′ L.: S p r. *703mm*, W. *703n-4mm
San Lorenzo A. 1) in Durango ſ. *Calderon*
2) Miſſ. in Tarah. 22nfll; wohl = im nordöſtl. Chi-
huahua NM 232af, *250aa,* 2aa, n, nn, af, 264m
3) Hac. bei *Parras* 196aa 4) Rch in Son. 310nn, nf
5) in Texas ſ. *S. Cruz* 6) im öſtl. NMex. NM 235f,
256n 7) ſ. *Nutka* B. 8) Inſel an der OKüſte ACalif.'s
C. 9) *rio de S. L.* weſti. Nbſl. des *Norte* im nördlſt.
NMex. NM 240aa, nn 10) öſtl. Zuſl. des *S. Buena-*
ventura in Neu-Calif. 522aa 11) *S. L. creek* öſtl.
Zufluſs der Bai *S. Francisco* ib. 522nf
LORETO A. 1) in Cinaloa 14n, 205f, 6m 2) *Nu.*
Sra de L. in Texas = *Bahia* 3) [*] a) *pres.,* Miſſ.
u. Hauptort in Alt-Calif. *(Nu. Sra de L., San*
L.; = *pres. de S. Dionisio,* ſ.; auch *Conchó)*
460mf, 3n (Real), *470af,* 9n, 514a b) Volk *(nacion*
Lauretana) 477mf-8nn c) Spr. von u. bei *L.* 474a-aa,
7nf-8aa, nn-nf, 481nn-2af; Wörter 478nf-9m

LOUCHEUX Volk im ndwftlft. brit. Ndam.; Formen und Namen: a) *Loo Choos; Squint-Eyes*
b) *Quarrellers*, Zänker-Ind. c) *Dignthi, Deegothee,
Digothi-tdinnè;* 1) Volk MB (467mf) 468m, *483
af-mm, nn-nf, 4a, n-nf, 5mm-nn;* AS *713m-mm*
2) Spr. (Verh.) MB 483aa, m, *mm-5mf,* 6af; AS
713aa, m-mm; Wortverz. MB 483mm, nf-4a, 5mm
Lou Chou fork Zuflufs von *Clarke's r.* 586nf
Lougell Flufs im mittleren Neu-Calif. 523aa
St. Louis 1) Bai = *Matagorda* (verfchieden
davon f. *S. Luis*) 2) altes Fort in Texas
[*Louisiana* (auch die *Luisiana*) 1) geogr. Beft.
405f, 6a (aa), *7a-8mm* 2) Gefch. ufw. 407aa, nf,
9a, aa, *410af, mm* 3) geogr. 408n, nn, f, 412aa, n,
423mm 4) Völker 423mm-nn]
Ltua (Ltu? wohl Infel?) im ruff. Ndam. PK 377mf
San Lucas A. 1) Ort in Nayarit 16a 2) Hafen
u. Haff in Cin. 179n B. 3) Cap der SSpitze ACalif.'s
457a, 9m|| , mm, *nn,* 472nf, 529aa, 588n; B 319mm
4) *S. José* oder Prefidio *del cabo de San Lucas* f.
S. José C. 5) kleiner Flufs in Texas
Luce bayou Zuflufs des *S. Jacinto* in Texas
Lucero, rio del: nordöftl. Nebenflufs des *Norte*
in Neu-Mexico NM 240af, 253mm
Santa Lucia 1) Ort in ACalif. 2) *cerro de S. L.*
in Potofi 185mm 3) *sierra de S. L.* in NCalif. 261m,
mm, 515af, 524nf
Luckimiute (Luckem., Luckiamule) weftl. Ne-
benflufs des *Willamet* in Oregon
Luckkarso an der NKüfte von Oregon 592a
Lucktons in Oregon 591nn
Lughsele am Cap *Fox* d. fdlft. ruff. Küfte 675mm
San Luis A. 1) vgl. *St. Louis* in Texas 2) Infel
u. Hafenftadt in der *Galveston*-Bai ib. 3) Wüfte in
Texas B. 4) Bai der nördl. OKüfte ACalif's 472a
5) *port S. L.* in NCalif. 519mm 6) *valley of S. L.*
im nordweftl. NMex. NM 235n C. 7) *S. L. de las
Amarillas* f. *Am.* 8) *S. L. Gonzaga (S. Aloysii*
456af, 460mf) Miff. in ACalif. 456af, *460mf;* Spr.
483m 9) *S. Luis Obispo (de Tolosa de Francia*
560mm) Miff. im mittl. Neu-Calif. 261m, 516mm,
524n, 535mf, 560mm, mf; Volk 535mm; Spr. 538
a-aa, m, mf, 560mf; W. 535aa-mm, 602af; *536af-
7aa 10) *S. L. Ob. county* ib. 522aa, *3m* 11) *S. L.
Potosi* f. *Potosi* 12) *S. L. Rey (de Francia* 550a)
Miff. im füdlft. Neu-Calif. *524aa,* 530m, mf, 5nn,
549nf, 550a, 2mf, 560a; Volk 530m-mf; Spr. wohl

= *Kechi,* f. daher da 13) *rio de S. L. Rey* Küften-
flufs ib. *522nn,* 533af, 560aa   [591nn
Luisiana = *Louisiana*, Lukawis in Oregon
Lulanna auf der *Charlotten*-Infel B 394aa
Lummi † an der *Bellingham-*Bai im nördlft.
Wafh.: 1) Volk 595mf; *Nook-lummi* it. 594mm,
6mm, wohl = *Hookluhmic-*Ind. 592nn (doch vgl.
Hooch)=*Noot-hum*670nn u. *Noot-hummic* 671aa||
2) *L. island* in der Bai 3) Flufs (viell. = *Nook-
sahk*) 595mm-mf 4) *L. point* 595mf
las Lunes=*Lentis,* Lupayuma im nördl. Neu-
Californien 573mf, Lutnami = Tlamath
Luz 1) f. *S. Maria* 2) *llanos de Nu. Sra de la
L.* in Utah 334mm 3) *paso de N.S. de la L.* im
fdöftl. NMex. NM 235mm | *Lynchburg* in Tex. 414aa
Lynn's - Canal: langer innerer Meerarm im ruff.
Nordamerika von 58°½-59°½ N.B., nördl. Fortfetzung
der *Chatham-*Strafse, nördl. über *Tschitschagow's*
und der Admiralitäts-Infel 675m

M.

Mababi oder *Mavavi* Pafs 203a und *sierra* im
nördl. Sonora 314af, *Macallemai* = *Mokalumne*
Macaw(s) = Makaws
Mac Clellan creek Zuflufs des oberften *Red r.*
Mac Cloud's river = *Mac Loyd's river*
Mac Coy's creek in Texas
Mac Donough's island (Camano [ftatt *Caama-
ño*] *i.* 585n) im ndl. *Admir. inlet* in Wafh. 585n, 7f
Mac Gillivray's river = *Kootanie river*
Machacole in Son.? 60mm, *Machacubiri* Rancho
in Sonora 310mf, Mac-haves = Mohaves
Mackanotin im füdl. Oregon 593a
Mackenzie's river 1) (auch M'*Kenzie's
fork*) öftl. Nbfl. des *Willamet* in Oregon 2) gr. wftl.
Flufs im brit. Ndam., aus dem gr. Sklavenfee kom-
mend (Fortf. des *Slave*) u. in das Eismeer fallend:
61°½ bis beinahe 69° N.B. und 120°-134° W.L.:
MB *470mm,* 9mf, 482a, *nn;* Völker an ihm MB
468nf, 479nf, 480a, aa-mm, n, 1af, 2aa, m||, 3aa,
m, nn, 4a, mf, 5mf-n; AS 713m
Mac Kinley's fork Zufl. des *Chihalis* im füdl.
Wafhington 587mf, *Mackinney* Ort in Texas
Mac Laughlin A. 1) die füdl. Infel der *Prin-
cess-royal*-Infeln, am *Fitzhugh*-Sund, in der Br. der
SSpitze der *Charlotten*-Infel, um 52° N.B.: B *383
aa,* 400af 2) Fort auf diefer Infel B 382aa, *3aa,*

400aa-af B. 3) mount M. oder Pitt im weftl.
Oregon 581a
   Mac Lean's river im öftl. Neu-Calif. 520mm
   Mac Lennan county in Texas
   Mac Loyd's (Mac Cloud's) river Zuflufs des
oberen Sacramento in Neu-Californien 521nf
   Mac Neil Infel im Puget-Sund in Wafh. 585n
   Mac Ness creek im ndöftl. NMex. NM 239mf
   Macorito = Moc. | Mac Pherson, Fort: am
Peel's r. im ndlft. brit. Ndam., in 67° N.B.: MB 482nf
   Macueques im Gila-Lande 261a
   Mad river (falfch Mud r.) Küftenflufs im nördl.
NCalif. 523a, 570aa, af, 3nn, 4m; Volk u. Spr. 570
aa, af, 3nnⅡ-nf, 4nfⅡ | Madison county in Texas
   Madre: 1) laguna M. (falfch del M.) in Neu-
Santander und im füdl. Texas 192m, 412mm; NM
241m 2) sierra M. f. sierra
   Madroño Real in Zacat. 178mf, Magagmjuten =
Magmjuten, Magallanes Pafs in Sonora 203a
   S. Magdalena A. 1) Miff. Df in Son. (wohl =
S. Maria M.) 19mm, 203n, 229f 2) Miff. in ACalif.
f. S. Maria M. 3) (Magd.) hac. in Durango 311nf
B. 4) Bai der WKüfte Alt-Californiens 5) Flufs ib.
6) Infel im ruff. Nordamerika = Hinchinbrook
   Magmjuten (Magagm.; Magimüten) im S des
Norton-Bufens 675mm, 6aa, 7a, 703aa, 6aaⅡ
   Magnolia in Texas; Mag Reading's × im nördl.
Neu-Californien 564mm, mf, nf, 570nf   [177mf
   Maguarichi Real in Chihuahua 21nn (-chio),
Maguey, rio del: in Zacat. 178m; Magui=Moqui
   Mahaw = Makaw, Mahhah = John Day's r.
   Mahhaos (viell. = Mohaves?) am WUfer des
Colorado 269af, mm, 534aa, 543aa, 4af
   Mahumavi Flecken in Neu-Santd. 192aa, mf
   Maiz, valle del: Bezirk und Stadt in Potofi
185m, 6aa, f
   Makaw (Macaw[s], Makahs; Mahaw) Volk
u. Spr. im ndwftlft. Wafh. u. auf der weftl. Van-
couver-Infel 592nn, 5a, 6aa, 670nn, 1aa, n, nn (Spr.
auch Nitteenat genannt)   [Neu-Calif. 567nn
   Makoma ind. Ort bei der Bodega-Bai im nördl.
   Malade river 1) (auch creek) in Utah und im
füdl. Oregon = Roseaux 2) nördl. Zuflufs des Sna-
ke in Oregon (auch Sickly river) 583m
   Malegmjuten ndl. am Norton-Bufen bis zum
Kotzebue-Sund (Maleigm., Naleigm.; Malimüten):
1) Volk 675nn, 7aa-af, 703aa, 711a 2) Spr. 711a-aa

[Malhado, isla de: bei Florida (=Inf. S. Rosa
NM 214mm) NM 214m, mmⅡ, nn, 5aa-m, 6aa-nf,
7a-aa, nn, 8a, 9mf, nf, 269nn]
   Malheur(s), rivière du od. aux: wftl. Nbfl. des
Snake in Oregon (auch Watschlimo) 583af [lista
   Maliacones=Malicones, Malibat f. S. Juan Bau-
   Malicones (Maliac.) bei Cabeza de Vaca
NM 219mf, n-nn, 268nf, 270af, mf
   Malimüten = Malegmjuten   [189n, 191mm
   Malinche, mesa de: bei Neu-Leon u. Neu-Santd.
   Malleyes (Mayeyes, Mayes) in Texas 415mm,
434nf-5aa   [in Cin. 161mm, 207nf
   Maloya, minas de: Gruben-Bezirk u. alc. mayor
   Mal Pais, cuesta del: Berg in Sonora 200mf
   Mammoth tree grove Wald in Neu-Calif. 515nn
   Mamnit an der unteren Columbia 613mf
   Manakiko ein Stamm der Comanchen 367aa
   Manco, rio = S. José in Utah
   MANDAN(s) (Mandane[s]; auch gen. Wah-
tanis 669mf, Numangkake 669mf) im W am Mis-
souri u. kl. Miss., im Northwest terr.: 1) Volk
608mf, nⅡ, nn, 666f, 7f-8aa, af-m, mm, mf-n,
9mfⅠⅡ, n, 670aa 2) Spr. 641m; Verh. 665m, mm, 8a,
af-m, 9n-nf, 670aa¦Ⅱ; üb. Wortverzeichniffe 610a,
663n, 9mm-n; NM 282n; üb. Gramm. 669mf
   las Manos Wüfte in Zacatecas? 178nf
   Mansos 1) Volk in NMex. NM 212aa, 264nn
2) Gebirge de los M. im fdöftl. NMex. od. fdl. da-
   Mantatschtano = Tchalchukh [von NM 237af
   Manti Stadt in Utah 342af
   Manzana = Moxonavi; Manzano (-nas) im
öftl. Neu-Mexico NM 243n, nn, 250af, 5n, 6n
   MAPIMI: 1) bolson de M. [182nn-3f]
(auch blofs Bolson NM 237n, nn) ndöftl. Landftrich
in Mex.: Geogr. 182nn-f, 3nf-n, 324nf, 369a,
407n; NM 237n-nf; Örter 183mm-mf, ind. Grab-
höhle 183a-af; Völker in ihm 174mm, nf, 5mm, 182
m, nf, 3m-mm, mf-nn, f, 195mm, 299a, af-m, 301nn,
4a, nf, 6aa, 361n, 9a-aa; NM 274m; Sprachen 183mm
2) villa (S. Iago de M.) u. pres. (161m, 175mf)
in Durango 174m, 183nf, nn-nf, 419a 3) minas
de M. alcaldía mayor in Neu-Biscaja 161mm
   Maquines in Potofi 186aa; Maquipa, valle del:
in Cinaloa 207af; Maradizos = Root-diggers
   Marcelino Bach in Texas
   S. Marcelo f. Sonaytuc
   S. Marcial Real in Oftimuri 205af

S. Marcos A. 1) Ort in Texás 414aa 2) it. in
ACalif. 3) alter *pueblo* in NMex. NM 244n, 250af
4) Real in Oftimuri 205af B. *rio de S. M.:* 5) in
Son. 201aa, 230mf, n; PK 322aa 6) Nbfl. der Gua-
dalupe in Texas 409mf, *412nf* C. 7) Cap der Oft-
Küfte ACalif.'s 8) *sierra de S. M.* im ndöftl. NCalif.
257aa, 262a, 564a D. 9) *esteros deS. M.* im ndl. Cin.
Mareames = Mariames
[*Marengo* Bezirk u. Colonie in Louifiana 411a]
Margarita Küftenfl. im fdl. NCalif. 522nn, 533
af; *S. Marg.* 1) Inf. an d. WKüfte ACalif.'s 2) Inf. (u.
Cap) an d. NWKüfte der *Charlotten*-Infel B 317mm
Marhoo an der *Shoalwater*-Bai in Wafh. 597a
S. MARIA I. ALLEIN: A. Örter: 1) in Cin. 14a,
207af 2) in Son. (wohl = *SM. Magdalena)* 203aa
(f. aber *Bazaraca)* 3) in Potofi 186f (vgl. *SM. del
Rio)* 4) Flk. in NLeon 189nn 5) mehrere Örter in
ACalif. (vgl. *SM. Magdalena)* B. Flüffe: 6) fdl.
Nbfl. des *Gila* 201aa, 251nf 7) öftl. Nbfl. des *Colorado* (= *Williams fork* 255mf) 252nn, 5mm,
mf, 6aa 8) Küftenflufs im fudl. NCalif. 522nn (auch
rio Grande gen. 522nf) C. 9) Bai in Cin. 179m
10) Cap der WKüfte ACalif.'s II. mit ZUSÄTZEN:
D. 1) *SM. de Guadalupe* f. *Guad.* 2) *SM. y S. Joseph* in Nayarit f. *S Joseph* 3) *SM. de la Luz* × in
ACalif.; *SM. Magdalena:* 4) in Son. (*Pim. alta;*
vgl. *Magd.)* 203aa, 221a 5) Miff. im füdl. ACalif.
460mf 6) Miff. im nördl. it. (meift blofs *SM.* gen.)
460n, 9n, nf, f, 470all, aall; Dialect der Miff. 469n,
470a, aall, nf, 1a, mf-f, *2a-aa,* 496mf, 9n 7) *pueblo*
in ACalif. 8) *SM. de las Nieves* alter Ort in Utah
342aa, f 9) *SM. del Rio: partido* in Potofi 185m
(vgl. No. I, 3) E. 10) *Maria's river* ndl. Zufl. des
ob. *Missouri* 661mm, 2mmll 11) *las tres Marias*
Infeln unter der Süd-Spitze Alt-Californiens
Mariames *(Mareames, Marianes)* bei *Cabeza de Vaca* NM 214nf, 5aa, 7m, nm-*nn,* 8a, aa,
mfll-n, 268nf, 9nf, 270mm | Marianes = Mariames
[*Marianna* Dorf in Florida NM 215aa]
Mariano = Medina, Maricopas = Cocomar.
Marin 1) *villa* in NLeon 189nn 2) *M. county*
im NW von der Bai *R* in NCalif. *523m,* 6aa
Marina Flufs in Neu-Santander 192af
Marion 1) Ort in Texas (auch *Bell's landing)*
414aa; *M. county:* 2) in Neu-Californien 517mm
3) in Oregon 583nn, nf
Mariposa in Neu-Calif.: 1) Nbfl. des *S. Joa-*

quin 521af, 2m, 564af 2) Stadt 526f 3) *county*
521n, *3m,* 564af 4) M. Indianer 564af
Market lake im öftl. Oregon 582a
Marmalilacalla am *Charlotten*-Sund B 381a
Maroma, cerro de la: in Potofi 185mm
Maron river Küftenflufs im ndl. Neu-Calif. 523a
Marques, puerto del: an der WKüfte ACalif.'s
Marsh creek Zuflufs des *Brazos* in Texas
Marshall ib., *S. Martha* in Alt-Californien
Martin 1) wftl. Zufl. des *Sacramento* in Neu-
Calif. 522a 2) *M's fork* Zufl. des *American r.* ib.
521mf 3) *M.* See im brit. Oftlande: in NNW vom
grofsen Sklavenfee, auf halbem Wege gegen den
Bärenfee, in 63°⅔ N. B.: MB *481mm*
S. Martin A. 1) 2 Örter in Potofi 186aa B. 2)
See in Chihuahua 176a 3) Haff in Son. 200n, *bahia
de S. M.* in Cinaloa C. 4) *ojo de S. M.* im füdöftl.
Neu-Mexico NM 256af
Martinez-Spitze in der Gegend der *Puget*-Bai
B 380mm 2) *cerro M.* in Neu-Santander 192aa
Martires, rio de los: weftl. Nbfl. des *Colorado*
(wohl = dem *Mohave*-Fl.) 256aa-af, mf, 279mm
Mary's river 1) Nebenflufs des *Green r.* 331af
2) = *Humboldt's r.* 3) *M.'s creek* 2 in Texas
(*4 B, 8?); *St. Mary's r.* 1) Zufl. des *Blackfoot
r.* vom *Snake* (auch *Bitter Root r.* 595nn) *586nn*
2) weftl. Nebenflufs des *Willamet* in Oregon [583f
Marysville Stadt: 1) in NCalif. *562nf* 2) in Oregon
*Masanais = Moxonavi, Masatan = Mazatlan
Mascatlan* (= *Mazatlan?)* alc. *mayor* in Neu-
Biscaja 161mm, *Mascota* in Guadalaxara 178af
Maskelyne, port: auf der gr. Halbinfel öftl. vom
Chathams-Sund, der nördlichften brit. WKüfte, über
54°½ N. B. (nach And. *port Narvaez):* B 401nn
Masqué, lac: im nördlichften Neu-Calif. 520n
Massachusetts, Fort: im ndöftl. NMex. 255nn, 6nn
Massettes (*Massetta* B 394aa; *Masseets, Mas-
sit* B 393n) auf der *Charlotten*-Infel B 393mm, n,
4aa 2) *Massette* Ort? ib. B 393mf
Masutakaya (-kéa) im nördl. Neu-Calif. 573n
Matachic (-*chiqui* 22f) Miff. in *Tarah. alta*
od. Chihuahua (310af) 21aa, mn, 22all, f, 60mn, 310af
Matagorda in Texas: 1) Bai *412mm,* 428mf;
früher gen. *bahia* oder *lago de S. Bernardo* 409af,
412mm, 428m, nn, 439aa; *St. Louis* 409af, n 2) Infel 412mm 3) Halbinfel *412mm, 428nn-nf;* NM
215m 4) *county* 5) Ort 414aa

Matalans bei *S. Francisco* im ndl. NCalif. 565m

Matamoros (bei den Nordam. gewöhnl. falfch -ras 369nn) Stadt in Neu-Santander 192mf-n

Matancillas Dorf und Real in Potofi 186aa

Matape (-pic; nicht richtig *Metape)* Miffion (19mf) in Sonora 19mf, nf, 60mm, 203aa, 310mm, n

Matatiche (ob = *Matachic??*) in Chih. 176mm

Matavacas f. *Sabatinipa*   [571mf

Matchemnes am *Sacramento* im nördl. NCalif.

Matehuala Dorf und Real in Potofi 186af

S. Mateo (vgl. noch *Matthaeus):* 1) *laguna de S. M.* in der Gila-Gegend 238f 2) *rio de S. M.* weftl. Zufl. der Bai *S. Francisco* in NCalif. 523af 3) *sierra de S. M.* im weftl. Neu-Mexico (vgl. *Matoya; =mount Taylor,* f.) NM 235n

Mat-hat-evatch am OUfer des *Colorado* 534n

Matlatzinken od.*Matlacingos* in Guadalx.154n

Matoya, sierra de: im nordweftl. Neu-Mexico (vielleicht eine Verwechslung mit *S. Mateo?* oder mit *Watoya* im NO?) NM 235aa

[*St. Matthaeus* Infel im Meer von Kamtfchatka, im W von *Nuniwok,* c. 60-61° N. B. 677n]

Maury's island im füdl. *Admir. inlet* in Wafh. 585n | *Mauvais Monde* ein Stamm der *Dogribs* A 156n, 160m, 3m-mm; MB 482a

Mavavi = Mababi, Mawkeys = Moqui

Maya [1) Spr. *Yucatan's:* azt. Wörter in ihr 51mm-nn, f] 2) Volk und Spr. in Sonora f. *Mayo*

Mayes, Mayeyes = Malleyes

MAYO(s) † A. 1) *Mayo:* Flufs zw. Cin. u. Son. 11af, 17a, mm, nn, 155nf, f, 179m, 198mf, 201 aa, 6a, 210all, mll, 526mf; Miffionen am Fl. 156m, 8nf-9a, aa, mm, 206a 2) *Mayos:* Volk in Son. 17n, 208mm, *210a-mm,* 1m, 294nn 3) Spr. *Maya* ib. 17aa-af, 155nn-nf, 6f, *210mm-n,* 657nn, nf B. Örter: 4) *Mayo* in Cinaloa (= No. 5, 6?) 14a 5) *S. Cruz de Mayo* Miff., pu. u. kl. Hafen in Cin. (vgl. 4; auch *Guitivis* 179n) 179n, 206a, m; auch blofs *S. Cruz* 156m, 210aa, af 6) *Mayo y Aguy* in Cinaloa (vgl. No. 4) 205f-6a, 210af

Mazapil Flecken und Real in Zacatecas (*alc. mayor* in Neu-Galicien) 154m, 5af-m, 178mf; Mazapilen *(Mazapili)* Volk und Sprache ib. 55mf, nf, 56mm, 57a, *155af-m*

Mazatlan in Cinaloa: 1) Hafen u. Stadt (auch *presidio* 179n) 179n, 207af *(Masatan),* 311n, 457a 2) *rio de M.* 179m, 207af

Meca, mina de la: in Zacatecas 179aa

Mecos = Chichimeken

Medicine lodge lake im öftl. Oregon 582a

Medina: 1) *rio de M.* (irrig *Mariano)* Nbfl. des *S. Antonio* in Texas 187af, 194af, mm, 406a, af, 8mf, 410n, *2nf* 2) *county* ib.

Medio Zuflufs der *Medina* in Texas [Alt-Calif.

Mediterraneo, mar = calif. Meerbufen: f. bei

Melon (falfch *Milon) creek* in Texas (2 B)

Mendicas bei *Cabeza de Vaca* NM 268nf, 9nf, 270mm

MENDOCINO im ndl. NCalif.: 1) *cabo* 247f, 8a, 250mf, 294af, *512nn,* nf, 3af, mm, mf, n, 6nn, *9a,* aa, mf, 523mf, 534n, 570a-aa, m, mm; B 317aa, 9mf; Volk u. Spr. da 570a-aa, 3nn, 4nf 2) Küftenfl. 523a; auch *Eel r.* gen. *523a,* 570af, 3m, n; Völker u. Sprachen vom *Eel r.* 570afll, 3mm, nn, nfll, 4nn||| 3) *M. city* 526n 4) *county 523m,* 567aa

Menguis, Menquis = Monquis

Merced: 1) *rio de la M.* Nbfl. des *S. Joaquin* in NCalif *521af, n-nf,* 9n, 564af, mm, nnll 2) *Merced*-Ind. 564af, mm, nn 3) *M. city* am Flufs 521n

Merisichi pueblo in Sonora 19mf, 203aa

Mermentas in Louifiana: 1) Flufs (10 B) (auch *Mexicana* genannt 406aa, 413aa) 406a, aa, 412mf, *3aa* 2) Bai 412mf

Mesa f. beim folgenden Namen, fo *M. del Tonati* f. *Ton.; Mesas prietas* × in Coahuila oder Neu-Leon 194mf (aber *M. de bocas pr.* f. *Bocas)*

Mescal: 1) *ranchos de M.* in Durango 177af 2) *sierra del Mezcal* im nördl. Alt-Californien; Mescaleros (Mezc.) f. Apaches

Mesilla in Chihuahua 327a; jetzt im füdweftl. NMex. NM 234f, 5m, *255m, *6m 2) *M.* Thal in NMex. NM 235m; *Mesillas* Hac. in Coahuila 196aa

el Mesquital A. 1) Miff. in Durango (vgl. die folgenden) 179aa 2) *S. Francisco del M. alc. mayor* in NBisc. 161mm 3) *S. Juan d. M.* in Durango 312a 4) *S. Miguel d. M.* Dorf und Real ib. 177af B. 5) *Mesq.* Flufs ib. 176nf; *Mesquite* f. *Mezq., el Mesquito* Bach in Texas (4?)

Mesteñas, mina de las: in Zacatecas 179aa

Metape = Matape

Metate 1) Ort in ACalif. 464nf 2) *cerro del M.* am *Gila* 261af, PK 330n 3) *paso del M.* in Coahuila oder Neu-Leon 194mf   [587a

Methow ndl. Zufl. der *Columbia* im ndl. Wafh.

Mexia, hac. de: alter Poſten in NMex. 230n, nn,
Mexicana, Fluſs = *Mermentas* [250af
Mexicaner, mexicaniſche Sprache ſ. Azteken;
mexicaniſcher Meerbuſen ... NM 214m (*mar del
norte* NM 214m, 220a)
MEXICO, das Reich [*]: 406n; 578af; 406m-
mm, n-f; 196n-7af, 247aa-m, 8n; 576mm; 293nn-
4mm; PK 336-340aa; AS 179nf-180af, m-2n,
403nf-4a; — Behandlung des ganzen nördl. Reichs
nach ſ. Proviuzen: in Bez. auf Geogr., Geſch., u.
vorzügl. die Völker und Sprachen: 153 bis 576
Mezcal = Mescal, Mezcaleros ſ. Apaches
Mezquite 1)^x in Zacatecas 178mf 2) Prairie in
Texas; *S. Miguel Mezquitic* in Potoſi 186af
Micha füdl. Zufluſs des *Red river* in Texas
St. Michael: 1) *river = S. Miguel* 2) Redoute,
die *Michailow'*ſche Redoute auf der Inſel des heil.
Michael im ruſſ. Nordamerika, c. 63°½ N. B.:
675n, 705nn, 710f 3) Inſel (ſ. No. 2) 705aa
Michis, sierra de: in Durango 312m
Michlaïts auf d.*Vancouver*-Inſ. B 328mm, 349a
Micksucksealtom, -on im nordöſtl. Waſh.
592m, 4aa; *Middle creek* und *fork* 3 in Texas
(*2 B, *6, 8); *Midejé = Molejé*
Miemissouks um die *Bellingham-*Bai 670nn
Mier in Neu-Santander 192n, NM 241m̃
Migano in Cinaloa 14aa
S. MIGUEL A. Flüſſe: 1) in Chih. = *rio de
Casas grandes* 2) auch *St. Michael river* genannt,
Nbfl. des *Grand r.* 331nn 3) Nbfl. des *Nueces* in
Texas 412nn 4) Zufluſs des *Red r.* ib. B. Örter:
1) Miſſ an der ndl. WKüſte ACalif.'s 457aa, 460n
2) 2 *pueblos* in ACalif. 3) Miſſion im mittl. NCalif.
524n, 561aa, m; Spr. 561a-af, 604nf 4) in Chihuahua ſ. *Cerro gordo* 5) in Cin. (Oſtimuri) 14a,
205af, 7af; NM 223mm 6) in Louiſ. ſ. *Adaes* 7) im
ndöſtl. NMex. 60f; NM 255n, 6nn 8) ſ. *Nutka* 9) in
Potoſi 186af 10) Miſſ. in Sonora (NW von *Ures*)
11) *SM. Sonoitac* ib. ſ. *Son.* 12) in Tarah. ſ. *Tubaris* C. 1) *SM. (de la Pepena)* 1 oder 2 Caps
der OKüſte ACalif.'s 2) *SM.* Cap der ndl. WKüſte
ej. [3] *estrecho de SM.* in Flor. (alter Name) NM
214mm] 4) Inſel beim füdl. Neu-Calif. 518nn, 9mm
S. Miguelito in Potoſi 186af
Milam in Texas: 1) 2 Örter 414aa 2) *county*
MILBANK-Sund *(Millb.S., Millbank's sound)*
weſtl. vom ndl. Ende des *Fitzhugh*-Sundes, in der

Br. der SSpitze der *Charlotten*-Inſel, in 52°⅓ N.B.:
B 382a, m, *3a-aa*, *4mf,* 399aa, mf, 400aa, mm;
Milb. Ind. B 399mm; Völker u. Spr. um ihn 675m;
B 380n, 399aa, mf; Völker füdlich von ihm bis
nördlich über ihn hinweg B 382a-mm
Miles creek Zufl. des *Mendocino* in NCalif. 523a
Military post im ndöſtl. NMex. NM 255mm, 6nn
Mill creek: 1) in Utah = *Ombit·opah* 2) 2 in
Texas u. 1 in Louiſ. (6, 8, 10) 3) öſtl. Zufl. des *Sa-
cramento* in NCalif. 521mm; B. 4) *Mill river* öſtl.
Zufluſs der *Columbia* unter Fort Colville (Parker)
Millard county in Utah 342af
Millbank-Sund = *Milbank*-Sund
Miller's creek beim grofsen Salzſee 339af
Milon = Melon, *Milpills* ſ. *Lajas*
Milton 1) Stadt in Oregon 583f 2) *M. creek* Zu-
fluſs der *Trinidad* in Texas [*Willamet* in Oregon
Milwaukie (-kee) river öſtl. Nbfl. des unteren
Mimbres: 1) *rio de los M.* weſtl. Nbfl. des
Norte im ſdl. NMex. NM 240af, 1nn 2) *sierra de
los M.* im Wu von NMex. 20mf, 251mf, 6f, 280mm,
304afll, nn, 5a, af, 314af; NM 235a, 6mm, 264mf
Mina Ort in Texas 413nf, *Minas viejas* ^x in
Potoſi 186af
Mineral creek 1) nördl. Zufluſs des *Gila* 252mf
2) *big M. creek* füdl. Zufluſs des *Red r.* in Texas
Minetare, -ree, -res, -ries = Minnetare(s)
MINNETARE(s) im *Northwest terr.*, im W am
Missouri; Formen: *Minetare(s); Minnetaree,
Minetaree, -taries; Mönnitarri(s);* 1) allg. Volksſtamm 668af-mm; Spr.: Verh. 668af-m, 9n-nn
2) beſ. Volk *(stationary M)* 608n, 668aa, m-mm,
670a, aall, af (*M. of the prairie*[s] =*Arapaho);*
auch gen. *Grosventres* (eig., oder des Miſſouri
666n) 670afll, MB 470a 3) Sprache 477mm, 641m,
661nn; Sprache der *Grosventres* 477mm, 666nn;
Verh. 669n-nn, 670a, aall; üb. W. 670a, af
la Mira Hügel bei *Tampico* 192aa, *Miraflores*
in ACalif.; *Miramontes, punta:* in NCalif. 519mm
Miskaiwhu am *Skagit r.* in Waſh. 595mm
Misonk wohl an der *Bellingham*-Bai (vielleicht
= *Nooksaak*) 671aa
Missinipi = Churchill-Fluſs
Mission Indians (Indianer der Miſſionen)
1) in Neu-Calif. 528aa-mm, 530af-mf, 3mm-mf,
6aa, 552mm 2) in Oregon 593aa, 4mf B. 3) *M.
river* in Texas (*2 B)

Mitschirikutamais, -kutaruanajeres,
-**kuteurus** 3 kl. Völker Alt-Calif.'s 468mf, 479m
mjednowifche Spr. (мѣдновское нарѣчie),
d. h. vom Kupferflufs = füdl. *Atnah*
Moabas f. *Mobas*, *Moalcachi* in Tarah. 22f
Mo-alcni im nördl. Neu-Calif. 573mm [*ma* 25m
Moanimehtzé Cora-Name für den *rio de Ler-*
Moap Flufs in Utah = *Muddy river* NM 307a
Mobas (*Moabas* wohl id. 205af) Miffion in
Oftimuri (Sonora) 19mf, nf, 203aa, 5af, 8mf, nf
Mochicahui in Cin. 14a, 60mm, 156mf, 206af, 7af
Mocorito (*Mac.* 206m) in Cinaloa: 1) Miffion
u.*parroquia* 14a, 156m, 179n, 206m 2) Flufs 179m
Mocotzáhta Sombrerete in der Cora-Spr. 25mm
Mocoyaguy in Cinaloa 14a, 206a, 210m
Mönnitarri(s) = Minnetare(s)
Mogoyon, sierra: im NO vom *Gila* 257af, 314aa‖
Moguachis im Gila-Lande? 258nn
M O H A V E (s) im fdl. NCalif.; Formen: *Mohahve*
NM 307a, *Mohavi, Mojave(s); Mac-haves;*
Amac-haves, Amagaguas; Amoc-have, Amucha-
ba 59aa (ob = *Mahhaos?* 544af); 1) Volk am
unt. *Colorado,* bef. in W von ihm 59aa, 279a, *aa-*
mf, 513aa, 534af, m‖, n‖, nn, *541m, nn, 3aa-af,*
4aa-mm; NM 267a, aa 2) S p r. *541m-mm, 3aa,*
4nn; W. 423af, 541mf, 3aa, 4aa, n; *543af-nf;
gramm. 544a-aa 3) Flufs: wftl. Nbfl. des *Colorado*
(wohl = *rio de los Martires* 256af‖) 255m, mf,
279aa, *522af,* 544aa, m-mm; NM 307a
Moiya im ndl. NCalif. 573n; *Mojado, rio* (früher *rio de S. Fé*) nordöftl. Nebenflufs des *Norte* in
Neu-Mex. NM *240af,* 4nn, *8nn;* Mojave=Mohave
Mokelumne (Moquel., Mokal., Mukelemnes,
Macallemai) 1) öftl. Nbfl. des *Sacramento* im öftl.
mittl. Neu-Calif. *521aa,* n 2) *M. hill* Stadt ib. 526f
Molatte r. f. *Molele*
Molejé (Mulejé, Mulegé) falfch *Midejé)* an
der OKüfte ACalif.'s : 1) Miff. *S. Rosalia M.* f. *Ro-*
salia 2) Bai 464mf 3) Flufs 459f, 464mf
M O L E L E im ndwftl. Oregon (auch *Mollales,*
Moolalles; Mole Alleg 592n): 1) Volk 592n, 3a,
m, *616af,* 629aa 2) S p r.: Verh. 603aa, 4, **aa**, 628m,
mf, 631mf, 658af; 630m-1af; W. 604, b**aa**; 618, a**a**,
b**a**, mm, n‖, 9nn, 620m, mm; *620n-5af 3) öftl. Nbfl.
des *Willamet,* fo wohl zu verftehn: *Mollalle* u. *Mo-*
los Molinos Real in Sonora 203aa   [*latte* r.
Mollales, *Mollalle* = Molele

el Mollete in Sonora 310nn; *M o n c l o v a villa*
und *presidio* in Coahuila 194m, 6aa-af, 366nn
Mongue Ort in Neu-Mexico f. *Cuyamungué*
Mongui = Monqui
S. Monica A. 1) Hac. in Coahuila 196af 2) Ort
in Alt-Calif. B. 3) *sierra* im füdl. Neu-Calif. 516m
Monino-Einfahrt: Meerarm der brit. Weftküfte
zwifchen S und N, nördl. von der Prinzeffion-Infel,
öftl. vom *Pitts*-Archipel, von 53-54° N.B.: B 320mf
Mono lake im öftl. Neu-Calif. 333a, *520mm*
M O N Q U I(s) in Alt-Calif. (*Mongui; Moqui;*
*Menquis, Menguis): 1) Volk 461mm, 5n, nn, f,
6a, aa, 7mf, n, nn, nf, 470mm, 3nn, f-4a‖, mm, mf,
5f, 6nn-nf, 7mm, *nn-8a,* aa, af‖, nn‖, m, *9m-480a,*
aa, 1nf-2aa, m 2) Spr. 474mm, 6nn, 7nf-8a, nn, nf, f,
Monsonavi = *Moxonavi*   [*9mf-n,* 482nn
Montagnes, gens des = *Mountain Indians*
Montagu, island = *Zukli*
M o n t e Alverne, S. Rosa de: in Potcfi 186f;
Monte Morelos ciudad in Neu-Leon 189m, nn
Montecillo (-sillo), S. Christobal del: in Po-
tofi 186af
M o n t e r e y A. 1) in NLeon: a) Bisthum 182aa
(= NLeon), 7mf b) Bezirk 187f, 9m c) Hauptft.
187mf, 9nn-f B. im mittl. NCalif. [*]: 2) Miff.,
Pref., Hafen, *pu.* (früher Hauptort) u. Stadt (auch
Monte-Rey; vollft. *S. Carlos de M.* 524nn, B 317
mm; auch blofs *S. Carlos* 562aa, 7mf) *459aa, 513*
mf, 4a‖, 5 24nn-5aa, *561nf;* B 316m, 7mm-mf,
9mm, f; Völker u. Spr. bei *M. 561nf-3f;* V. 529aa,
533aa, 4a, 7mf; Spr. B 363nn-nf 3) B a i od. Bucht
von *M.* (auch *bahia de los Pinos,* f.) *518f, 524nn-*
5a‖, 561nf 4) Flufs von *M.* 525a 5) *county 523m,* 5a
Montes: 1) *S. Nicolas de los M.* in Potofi 186af
2) *M. Claros* in Cinaloa (= *Villa del Fuerte*
14aa) 14a, aa, 179mf
Montesillo = *Montecillo, Montezuma* = *Motez.*
Montgomery Ort und county in Texas
Monticello 1) in Texas 414aa 2) an der unterften *Columbia* in Wafhington 588m
Montoya in Cinaloa 179n, Moolalles = Molele
Moore's creek Zuflufs des gr. *Tule*-Sees in Neu-
Moquelumne = *Mokelumne*   [Calif. 522af
M o q u i I. † [*] (NM 244af; *Magui* NM 259f)
im ndwftl. Mex. [281 bis 293]: 1) Land (*el M.;*
tierras oder *prov. Moquinas;* = *Tusayan* NM
224mm-mf) *281mm-nf;* NM 224mm-mf, 230mm,

nf-1af, *305n-nn* 2) Flufs 252n, 3af-m (= *rio de
Zuñi*), 6a, 281nf-f; NM 275nf 3) L a n d u. V o l k
284m - 5af, 6aa-m, 8nn - 9aa, 479m; 285af-6aa-8nn,
564a; *282af - 4af,* 293-4; NM 230nf-1af; Haupt-
p u e b l o 287af.nf; NM 230f-1aa, 244; PK 324a;
pueblos 282a-m, 3af-n, 7; NM 230f-1af, *4aa-mf,
259f-260aa,* *305nn - 6a;* Völker 277a, 282nf
4) V o l k (*Moquis, Moquinos; Mawkeys* u. *Munchies* 284a) 277-280, *1mm-nn, 3m-nn;* NM 230
mm, f-1aa, 259nn-nf, 277-8; PK 323mf-n 5) S p r.
288nf-9m, 290a-mf, 7n-8a; NM 260aa; W. 289
m-mm, 290m-mm; *289mf-f; Wortvgl. 290mf-1m,
650m-mm; *291mm-3aa, 350m-1a; gramm. 292af-m
M o q u i II. = Monqui in Alt-Californien
M o q u i n o 1) f. *Moqui* 2) *pueblo* im weftl. Neu-
Mexico? NM 243mf, *250nf,* 5mm (*Moquizo*)
Moquizo f. *Moquino; Mora* 1) Ort f. *Alameda*
2) Flufs f. *Moro; Moradores* in Sonora 203aa
Morales, laguna de: in Neu-Santander 192m
Morelos 1) Bergw. Bezirk in Chihuahua 176mm
2) in Neu-Leon f. *Monte M.* 3) in Coahuila 196af
Morena, sierra (auch *Brown mountains* 515
mm) in Neu-Californien 515m, mm, 522aa
Morillos in Coahuila 196af   [od. *Chinipas* 21a
Moris Miff. in Cin. 206af, oder *Tarah. baxa*
M o r m o n e n in Utah 325a, nf, 9a, 337n, 9nf,
341aa, 2mm, *3all-nn,* f, 5aa, 358m; NM 307aa
M o r o 1) Nbfl. des *Pecos* oder ob. Zufl. des *Canadian* in NMex. (auch *Mora*) NM 239n, 240af-m,
1a, 2nf, mm 2) *el M.* × bei *Zuñi* in NMex. NM 305aa
oft 3) *M. peaks* im ndöftl. Neu-Mex. NM 236a, mf
morte, rivière: in Utah? 333f; *Mortero* in Durango 311mf, *Mosanais = Moxonavi, Moses
creek* in Texas (6 B), *Mota* in Neu-Leon 189nf
Motepore Real in Sonora 19mf, 203aa
M o t e z u m a (gew. *Montez.*): 1) Montez. Ort
oder Stadt in Texas 414aa, 6n 2) *casas* oder *casa
de M.* (= *casas grandes,* f.): a) am *Gila* 263mm
b) am *rio Salinas* 263m | *mount* f. den folgd. Namen
Mount Pleasant Ort in Texas
M o u n t a i n: A. 1) *M. Indians* an 2 Stellen
im brit. Oftlande MB *475aa-mm,* n, *9mm, nn-480
af;* auch gen.: *Rocky M. Ind.* MB 475mm, *gens
des Montagnes* MB 480aa, 4n; Berg-Ind. A 151af;
MB 475aa, af, 9f; = '*Dchata - ut -'tinnè* A 151af (f.
bef.), auch = *Strong-bows* (f. bef.) B. 2) *M. ri-
v e r* die untere Hälfte der *rivière aux Liards* im

weftl. brit. Oftlande; *M. f o r k:* 3) Zuflufs des
Brazos in Texas [4) Zuflufs oder Anfang des *Little
river* vom *Red river* im *Indian territory*]
Mouse river = Querquelin   [349a
M o - w a c h - i t s auf der *Vancouver*-Infel B 328m,
M o x o n a v i pueblo des *Moqui* 282mm, 4nf;
NM 231aa, 244mm; andre Formen und Namen:
Monsonavi NM 244mm; *Mosanais* 282a, *Masanais*
283af; *Mushaina* NM 305nf; *Manzana* 282aa
Moyacino = mount St. Helens, M o z e e m l e k
oder M o z e m l e k in Utah? 334a, *Muca = Oraybe
Muchique* Zufl des *Pasigono* vom *Col.* in Texas
M u d: A. 1) *M. island* im gr. Salzfee 338mf, n,
9af B. 2) *M. lake(s)* im weftl. Utah 343a 3) *M.
lake* im füdl. Oregon 582a C. 4) *M. river* in Neu-
Calif. f. *Mad river; M. creek:* 5) Zuflufs der
Angelina vom *Nechas* in Texas [6) nördl. Zuflufs
des *Red river* im *Indian territory*]
M u d d y: 1) *M. river* in Utah NM 307a (auch
Moap, wohl auch *rio de los Angeles*), 307mm
2) *M. fork* zum *Green r.* gehörig 331af, mf 3) *M.
creek* Zuflufs des *Bear r.* in Utah 339a [B 329mm
Mudge, Cap: füdl. von der *Vancouver*-Infel
M u e r t o: 1) *desierto del M.* im öftl. NMex.
NM 237af-mf, 252af, 7nn 2) *jornada del M.* Berg-
gegend im fdöftl. NMex. NM 235mm, 256mf 3) *la-
guna del M.* ib. NM 237aa, 256mf; — *M u e r t o s:*
1) *cuesta de los M.* bei *Saltillo* (in Coah ?) 190nf
2) *puerto de los M.* Rancho in NLeon 189nf-190a
Mukelemnes = Mukalumne
Mulatos: 1) *S. José de los M.* Real in Cin. 179n
2) *rio de M.* in Chihuahua (= dem ob *Hiaqui*) 176a
Mulberry creek in Texas: 1) Zufl. der *Trinidad*
2) Zufl. des obft. *Red r.; Mulegé, -jé = Molejé
Mulgrave, port:* an der *Berings*-Bai im ruff.
Nordamerika, in 59° 34' 20" N. B.: 682mf||, f;
B 319mm; Volk 682mf-n, nn; Spr. 682mf.nn, nf
M u l t o o m a h † 1) Volk an d. Münd. des *Willa-
met* in die *Columbia* (richtig *Mathlanobs*) 590nn
2) *M. island* in der Mündung 613mf||, 6mm, mf
Munchies = Moqui
Murpheys im mittleren öftl. Neu-Calif. 526f
M u r t l p a r am *Charlotten*-Sund B 381a
Murucutachi Pafs in Sonora 203af
Musopin in Sonora 310mf [*rhes Mescaleros*
Muscalaroes, Muscaleras (Muskaleras) f. *Apa-
Muscle shell rapid* in der *Columbia* 591af, m

[Muscohge (*Muscoga, Muscogee*[s]) Volk u.
Sprache der füdl. Verein. Staaten (= *Creeks*, f. be-
fonders) 420m, 430mf; Sprache NM 283aa]
Mushaina = *Moxonavi*, Muskaleras f. Musc.
Muskogee = Muscohge; *Mustang* in Texas: 1)
M. Infel 2) *M. creek* Zuflufs der *Navidad*
Muthelemnes am *Sacramento* im ndl. NCalif.
Mutistul im nördl. Neu-Calif. 573mf　　[571mf
Muutzizti, sing. Muutzicat die Gebirgsbe-
wohner in Cora 26a, mm-mf

N.

Naaneeaaghee Stamm der *Stikin* B 404mf
Naas, Naasker, Naass = Nass　　　　　[367aa
Nabachho Stamm der Comanchen in Texas 294nf,
Nabacoyan Landgut in Durango 177af
Nabadaches, Nabaduchos = Nabedaches
Nabajoa, Nabajos f. *Navajo*
Nabedaches (*Nabadaches, Nabidacho; Na-
baduchos)* in Texas 435aa-af
Nabidacho = Nabedaches, Nabiltse Volk u. Spr.
am *Rogue's r.* im füdl. Oregon 575af, 611f
Nabogame Miff. in *Tarah. baxa* (ob = Naro-
Naboh im fdl. NCalif. 573n　[*game?*) 21m, 24af
Nabopa im nördl. Cinaloa am *Mayo*
Nacadocheets = Nacogdoches; *Nacameri* ✝ in
Sonora: 1) *pu.* u. Pfarre 19mf, 203af 2) Volk 209a
Nacatabori Real der Int. Son. 204nf　[*Nechas
Nachess* = *Nahchess, Nachez* = 1) Natchez 2)
Nacimiento weftl. Nebenflufs des *S. Buenaven-
tura* in Neu-Californien 522aa, *Nackneck* = *Naknek*
Nacogdoches ✝ Stadt u. Volk in Texas; auch
Nagogd., Nacod.; Nacogdochet, Nacodocheets:
1) Miff. (*Nu. Sra de Guadalupe de los Nacod.)*
u. Stadt *410aa*, mf, 1af, mm, 4aa, m, mm, *424*m,
441nf 2) Bezirk 3) county 4) Ebne *S. Pedro de los
Nacod.* 435af, f, 6n B. 5) Volk *415*mm, *435af-m*, f
Nacori in Sonora 205m
Nacosari (*-zari*, faifch *Nazacori)* Pfarrei und
Real in Sonora 19mf, *203af*, 9mm
Nacosura in Son. 209a, *Nacozari* = *Nacosari*
Nacumini Real der Intendantfch. Sonora 204nf
Nadaco = An-adahhas; *Nadadores* in Coahuila:
1) *pueblo* und Miffion 196af 2) *rio de N.* 195m
Naelim an der Nord-Küfte von Oregon 613nf
Nagailer (-rs) = Tahkali? A 158nn, 9a; B 321
af-m, mm, n-nn; MB 471aa, 3a

Nagarith = *Nayarit*, *Nagogdoches* = *Nacogd.*
Nahathaways = Neheth-awas
Nahchess (Nachess) Zufl. der *Yakima* von der
Columbia in Wafhington 587aa
[die Nahen Infeln: ein Theil der Aleuten 677mm]
Nahjo = Navajo, *Nahpopah* Bach beim grofsen
Salzfee (auch *City creek* genannt) 339mm
NAHUATLAKEN mex. Stammvolk (auch gen.
Nahuatl PK 338a, 340n): Herkunft u. Wandrung
(f. das meifte bei Azteken) 1mm-2, 3nn-f, 10nn,
64nn-67f, 149nn, 666mf, n; PK 339aa, n; NM 260
mf, n, f, 1mf-f, 2a; über den Namen der Sprache
(*nahuatl* PK 348aa, AS 666m) 84a-mf
Naknek (Nackneck) Flufs im ruff. Ndam., von
O-W fliefsend, fallend in die Spitze der *Bristol-
Bai* in 58° 42' N. B. und 157° W. L. 696aa
Nalalsemoch an *Smith's inlet* des britifchen
Weftlandes B 382m, Naleigmjuten = Malegmjuten
Namanamin in Oregon 592n
Nambé pueblo und Miffion (NM 250m, n) im
nordöftl. Neu-Mexico NM 230af, 3m, 244a, m, *250
m, n-nn, *6aa*; Sprache NM 273nf, 7nn, 8nf, 280aa
Namiquipa (Nemiq., Namiquiepe 21nf) pre-
sidio (176mm) in Tarahumara (22f) oder Chihua-
hua 21nf, 22f, 23a, 60mm, 176mm
Namoit in Oregon 592nn
Namollen, -er = anfäffige Tfchuktfchen
Nanahaws *(Nanahas)* in NW bei Neu-Mexico
(wohl = *Navajos)* 280nn, 1a-m, 295a, 368af,
434m; NM 275mf
Nanaimo Volk, Spr., Flufs u. Niederlaffung an der
füdl. Oft-Küfte der *Vancouver*-Infel B 373af-m
[*Nanatsoho* in Arkanfas 427m, *430a*]
Nandacoes = An-adahhas
Naola, *S. Ana de:* in Potofi 186f
Napa ✝ im nördl. NCalif.: 1) *N. creek* nördl.
Zufl. der Bai *S. Pablo* 522nf; Thal 567af, 9nn, nf,
574n 2) Ind. 569nn-nf, 574n 3) county 523af, *m*
Napavechi in Tarahumara 23a
[*Napestle (-tla)* Nebenfl. des *Arkansas* 250m,
NM 242mm]; *Napeut* Rancho am *Gila* 276nf
Napobatin Volk u. Spr. im ndl. NCalif. 573mf||-n
Naquidoches = Natchitoches
Nararachic Miff. in *Tarahumara alta* 21aa
Narkocktau im *Charlotten*-Sund B 381aa
Narogame (ob = *Nabogame?* oder = *Noroga-
chic?)* in Chihuahua 21a, 176mm

Narvaez, port = *Maskelyne*

Nasal † 1) Zufluſs der *Shoalwater*-Bai im ſüdl. Waſhington 587mm 2) Volk ib. 597a

Nasas † 1) *rio de las N.* (24aa; *rio de Nazas*, verdreht *Brasses*) in Durango 173aa, 6nf; und Tepeguana 24aa 2) Volk in NLeon 188a 3) *Cinco Nashville* in Texas [*Señores de Nazas* ſ. *Cinco S.*

Naskotin Stamm der *Tahkali* A 153a

Nasomah im ſdl. Oregon 593a, Nasqually=Nisq.

Nass † (auch *Naas, Naass*) A. 1) Fluſs wie No. 2: 674mm, 6nn; B 398f, *400a* 2) *Nasse harbor, N.* Bai: im britiſchen Weſtlande nach Anfang der ruſſ. Küſte, in 54°¾ oder 55° N.B.: B *398nf* B. 3) Volk (*Nass*-lnd., Nausker) B 399aa, af, mm, n, nn, 400n; zu ihm gehörige Völker B *399m-mf, 400a* 4) Spr. an der ndl. brit. Küſte u. auf den Inſeln, beſ. am *Observatory inlet* u. herab bis zum *Milbank*-Sund, c. 55-52° N. B.: B 328af, 383nn, *398mf;* PK 380a; — B 399mf-n; Verwandtſchafts-Verhältnifs 675m; B *399a-f, 400mm-nn*

Nassonis oder Nassonites = Nazonis

Natages od. Natages (-jees 258n), *Apaches*: in Texas 258n, 305aa, 6n, 7a-af, mm, 8a, 410af, 425m [Natchez † *(Natches)* 1) Volk der Luiſ. 151a, 424n, *435mm-mf,* 440m; Spr. 636mm, mf 2) Stadt im Staat Miſſiſippi 435mm 3) See 435mf]

[Natchitoches † in Louiſ. *(-tochy;* ſpan. *Nachitoos* u. *-tós;* falſch *Naquidoches):* A. 1) Stadt und *pres.* 428a, mm, 435m, *mm‖,* mf, 441nf 2) Bezirk 407aa, 441nf 3) *rio Roxo (Rojo)* oder *Colorado de N.,* oder nur *rio de N. (de Nachitoos* od. *-tós)* ſ. *Roxo* B. 4) Volk 422m, *435m-n,* 441nn, 2n 5) Sprache 435m, n]

Nateotetains in Neu-Caled. 591nf, MB 473af 2) Fluſs *N-ain (Natteotain)* = dem ndl. *Salmon r.*

Nathana-Ind. im nordweſtl. brit. Oſtlande MB 482aa, mm [Calif. ſ. *Navidad*

Natividad 1) Ort in NLeon 190a 2) Inſel bei Alt-Natliautin (vgl. seq.) Stamm der *Tahkali* A153a

Natteotain (vgl. vor.) = *Nateotetain*

Na-une, Na-uni = Comanchen

Nauscud dennies im brit. Oſtlande MB 471a

Nava in Coahuila 196af

Navajo † 1) ſ. *Navajos* 2) *rio N.?* ſ. *Nevajo NAVAJOA* oder *Nabajoa* (179n) 1) Ort in Cin. 14a, *179n, 206a,* m, 210m, *294mf-nn;* = *Navohoa,* Miſſ. am Mayo 156m, 294nn 2) Land ſ. *Na-*

vajos 3) Fluſs *Nabajoa* (vgl. *Nevajo)* im Lande der *Navajos:* öſtl. Nbfl. des *Colorado* 297mm-mf, f, *332aa-m;* NM 211m, mf, 273af; der ob. *Nab.* jetzt *S. Juan* oder *St. John's r.* (ſ. *S. Juan),* der untere = dem unteren *Grand river* 255nn, 332aa-af, 358nf

NAVAJO(s) [*] Volk im Col. Laude [293-8]; Formen: *Navajoes, -hoes; -joos, Nabajoas; Navijos; Nahjo* Land; ſ. noch *Nanahaws;* 1) Land der *N.* 249nf; auch *Navajoa* od. *Nab.* gen. 250nf, 9m; NM 212nn 2) Volk 293af-nf, 4mm, 6nn; PK 323mf-n; — 258nn-9n, 281af-m, *293m, n, 4mf, nn-8aa;* NM 259nn-nf; ſ. noch *Nanahaws* 3) Spr. *298a-mm,* 317mf-n, 9; NM 275aa-af, 7nn; A 154mm, 254af; — 321n-nf, 2nf; NM 274nn, f, 5af; — 434nf; W. *320a,* 423aa; NM 283aa; *320; A 259-276, 302-311; Wortvgl. 320nn-f, 1nf-2nn; gramm. 321a-mf

Navarro county in Texas

Navasoto (Navos.) Nbfl. des *Brazos* in Tex. 412f

Navidad 1) Hafen in Guadalaxara 2) Inſel an der Weſt-Küſte Alt-Californiens (auch *Natividad*) 3) *rio de la N.* in Texas (4 B) 412nf

Navijos = *Navajos, Navitoos* in Cinaloa 207af

Navohoa = *Navajoa, Navosoto* = *Navasoto*

Nawaukum Fluſs des *Puget*-Sunds 594m

Naweetee = *Newittee, Nayar* ſ. *Nayarit*

Nayarit (-ith) im ndwftl. Mex.: A. 1) Landſchaft *(Nayaerit, Nayerit; Nagarith; el Nayar, el gran N.; Nacar)* 14mm-16mm; *S. Joseph del N.* Miſſ. Prov. 31n; *alc. mayor* in NGalic. 154m 2) Dorf in Guadalx. 14mf, 15a, m, 63m, 64a, mm, 154nn; *pres.* 161m, mf 3) *Auguail de N.* Ort 15aa B. 4) Volk *(Nayaritas, -tes, Nayeritas, Nayeres,* sing. *el Nayerit)* 14f, 15nn, 16aa, m, mm‖, 154nf 5) Sprache (auch *Ateacari)* 26m-mf

Nayeres, Nayerit ſ. *Nayarit; Nazacori* wohl ein Irrthum für *Nacozari; Nazaren, sierra del:* [in Sonora 199a, 236mm; *Nazas* = *Nasas*

Nazones in NLeon 188a, 435nn; *Nazonis:* 2) (wohl daſſ.; auch *Nassonis, Nassonites)* in Texas 435n-nf 3) *S. José de los N.* ſ. *S. José Neah*-Bai im ndweſtlft. Waſh., an der *Fuca*-Str.

la Neblina Gebirge im N des *Gila* 314aa [670nn‖

Nebo Berg beim *Utah*-See 340af

Nebome 1) Volk (auch *Nebomes* 218nf) und Sprache in Son. 160mm, n, *209mf-f,* 218nf 2) Colonie in Cinaloa 160m; *Nebome alta* 208nf, 9mf, 218nn; *N. baxa* 208nf, 9mf

[*Nebraska* 1) fdl. Territ. der Verein. St., ein
Theil des ehem. *Missouri*-Territ.: bald bezeichnend
den S bis 43° gegen das (nördl.) *Indian* od. *North-
west terr.*, bald ihm gleich gefetzt: 248nf, 327m,
331nn, 579aa, 584m, 608mf, 638af, 663mf; NM
210a, 1n 2) Flufs = grofser *Platte*]

Nechacoke an der unteren *Columbia* 591mf

NECHAS † in Texas (Formen: meift *Neches;
Nechez;* falfch*Nachez,Natchez,Naches*): 1)Volk
413a, 5mll, 426a, 435f. 6a 2) *rio de (los) N.* 9ter
Hauptflufs (auch *rio de las Nieves*) 409m, 413a,
430f, 6a 3)Miff.*S.Francisco de los N.f.S.Francisco
Neches = Nechas, Nechesne* Küftenflufs im
nördl. Oregon 583n, *Nechez = Nechas*

Necumanchee † od *Nickomin* 1)Volk an der
Shoalwater-Bai in Wafh. 596nf 2) Flufs ib. 596f

Necoon (wohl = *Neculta*) auf den Königinn-
Charlotten-Infeln B 394aa

Necubta f. Neculta; Neculta (wohl = Necocn)
im Königinn - *Charlotten* - Sund B 381aa, Quieha
Necubta (vgl. Quecha) ib. B 381aa

Neekectoos an der NKüfte von Oregon 591f

Neekemoch auf *Calvert's* Infel B 382m

Neerchokioon an der unt. *Columbia* 591mm

Neeslous Stamm der *Sabassas* am Canal *de
Laredo*, in 52°⅓-53° N. B.: B 400m

Neewamish = Dwamish

Nehakim Küftenflufs im nördl. Oregon 583m

Neheth-awas im brit.·Oftlande MB 474n, *nf-
6aa (Nahathaways); AS* 662af

Nekas Küftenflufs im nördl. Oregon 583n

Nemalquinner an der Mündung des *Willamet* in Oregon 591mf

Nemar Zuflufs der *Shoalwater*- Bai im füdl.

Nemiquipa = Namiquipa   [Wafh. 587mm

Nemshaw am *Sacramento* im ndl. NCalif.571af

Nepabechi Bach in Chihuahua 176a, *Nephi* Stadt
in Utah 342af, *S. Nepomuceno* f *S. Juan Nep.*

Neselitch an der Küfte von Oregon 613f

Nespod an der WKüfte der *Vancouver*-Infel

Nesquallis und *Nesqually* f. *Nisqually*

NETELA Spr. von *S. Juan Capistrano* im füdl.
NCalif. (faft alles von ihr fteht unter Kizh und ift
mit ihm gemeinfam; hier von ihr allein:) 531mf, 546
m, f, *7mm, 9mm, mf,* 550af-mm, 560a; Verwandtfchafts-Verh. 554af, nf, f, 5a-aa; Wortverz. *548af-
9m, Text 549aa; Wortvergl. 549mm-nn

Neu-*Albion* die nördl. mex. Weft-Küfte 512
mm-n, B *325*mm-mf; f. noch Neu-Californien

Neu-*Archangel (fk)* auf der Infel *Baranow
673aa,* 7mf; PK 376mm

Neu-Biscaja nördl. mex. Provinz (= *Durango*
406nn, nf) *161aa-mf,* 364; NM 237aa

Neu-*Braunfels* Flecken in Texas 411n, 3nf

Neu-Caledonien gr. Theil der fdl. brit. Weftküfte, c. 48°½ - 56° N.B.: B 322m, *5mf;* MB 468nn,
471m-mm, n-nf, 2m.f, 3n; A 152aa, nf, 253nn,
4a; jetzt britifch *Columbia* MB 471nf, 2af-f

NEU-CALIFORNIEN [*] 512 bis 576: 1)
Namen 512a, *m-n;* blufs Calif.; Nord-C.; Ober-C.,
Upper C.ia, Alta C.ia; Neu-Albion *512mm-n,*
B 325mf 2) Gefchichte 512aa-mf, 3m - 5a, 660af-m
3) Geogr. 512-526 4) Bevölkerung 527a-mm; Völker u. Spr. 570n-1a, 4m-6af; ind. Völker im allg.
527a, m, *mm-531a,* 3aa-m, 603af-nn; 531 5)
Sprachen im allg. 531a-2m, 3a-mm 6) fpec. Behandlung der einzelnen Völker und Sprachen nach
einander von S nach N 533n-576m   [mm, 349a

Neuchadlits auf der *Vancouver*- Infel B 328

Neu-*Cornwall* Theil der brit. Weftküfte c. 55-
56° N. B.: B 316mf, *325*mm

Neu-*Estremadura = Coahuila* 194af, mf

Neu-Galicien nördl. mex. Provinz 14mf, n,
56mm, *153f-4m,* 406n, nn; NM 213nn, 223nn, 6m;
Völker 154af, NM 213n

Neu-Georgien (*New Georgia* B 325m) die fdl.
brit. Weftküfte, der *Vancouver*-Infel gegenüber,
c. 48°½-50°¼ N. B.: B 317a, 320af, *5m, mm*

Neu-Hannover die brit. Weftküfte zwifchen dem
N der *Vancouver*-Infel und dem N der *Charlotten*-
Infel, c. 51°-54°⅔ N. B.: B 320m, *5mm*

Neu-Leon (l)ndöftl. mex. Prov.[187a-190aa]:
a) geogr. 181f, 2aa, *7a-n,* 8f-9aa, 194mf, 7a, 406m,
n, nf; NM 212a; Örter 189aa-190aa b) Völker
187af, *n-8nf,* 190nf-f, 310mm, 368f; Sprache NM
263n [2] Bezirk in Michuacan 187n]

NEU-MEXICO (*el Nuevo M.,* auch *la Nueva
M*): I. im weiteften (vagen) Sinne 324, 405nf;
NM *209mf-210af,* 1m-mm, *nf-2aa,* mm, 260nf
II. das nord am., 2fache, Territ. 181mf, 250a-aa,
324m, 7m, 360mf; NM 209n, *210aa-1a, n-nn,* 2mf,
249a, 257aa, 9n, 265aa, 303mm-n, 514nf, mf
III. das weftl. (= dem S des Nord-Gila-Lands)
324a, 7m, 331nf, 358nf, 360mf; NM 210af-m, *n-2a,*

A. 1) Volk (auch *Skwale* gen. 604mm, 659m, 660
mf) 593mm, 4af, 6a, *659m*ǁ*-mm, mf*, 670mf, 1mf;
B *380mm* 2) Spr. 659mf, *671a;* B 334aa; Veth.
604mm, 659m, *mm, 671a,*mmǁ, mf-n; W. 604mm,
660mf B. 3) Fluſs *587nn,* 595af, 6af, mm, 670mf
4) Fort *588m,* 671mm; B *380a*

Nitehata (-heta) indianiſches Dorf in oder bei
Texas 439mf, nn   [(= *Makaws*) 671nn
Nitteenat an der WKüſte des *Vancouver*-Inſel
Noches (*Nochis;* sing. *Noche* 262a) im W des
Colorado 60mf, 262a, ſ, 277f-8a, 345af, *564a;* N.
Colteches 262aa, bloſs *Colt.*60af; *N. Pagninoas* 262
Nocori im öſtl. Son., *Nocosari* = *Nacozari* [aa
Nogales, rio de los: vom Syſt. des *S. Antonio*
Noguera in Cin. 14a, 206m, nn, 7af   [in Texas
Noh'haiè im brit. Nordamerika (= *Dahà-'tinnè*)
A 151m, 3nf-4a; MB *480af*

Noh'hannè (*Nohannies* MB 479n) im weſtl.
brit. Oſtlande A 151af; MB *479mm, mf, n,* 480m
Nokoni, -nies ein Comanchen-Stamm 367a, 8af
Noland's creek oder *river (Nolan)* Nebenfluſs des *Brazos* in Texas

Nombre de Dios 1) Ort in Tarahumara 22nf
oder Durango 311mf 2) Fluſs in Durango 176nf;
N. de Jesus in Potoſi 186af

Nonaum ein Stamm der Comanchen 368af,
Nonenoe it. (wohl idem) 367a

Nonoaba Miſſion in *Tarah. alta* 21aa, 60mf
Nooitly = Newittee, Nook-lummi ſ. Lummi
Nookuoo 1) Nebenfluſs des *Dwamish* vom *Admiralty inlet* in Waſhington (= *Nooskope?*)
587nn 2) See im Fluſſe 586aa, 7nn

Nooksaak † (-*sahk* 588a) 1) öſtl. Fluſs des
Golfs von Georgien im ndwſtlſt. Waſhington 588a,
595mm 2) Volk ib. 595mm (vgl. *Misonk*)

N o o s d a l u m (-*clalum* 592nn, -*tlalums* 596aa)
am *Hood*-Canal im ndwſtl. Waſh.: 1) Volk 592nn,
6aa, 671m-mm; B *373mf* 2) Spr. 671m-mm, B
378af-mm; Verh. B 372aa-m, n, *8mf-9nn, 390a-nf;*
AS 599mm, 671m-mm; üb. d. Wortverz. B 372aa,
4m-f; AS 602aa; Wortverz B 375a-8af

Noosehchatl am *Puget*-Sund in Waſh. 595af
Nooskope ein Arm des *Dwamish* vom *Admiralty inlet* in Waſhington 587nn

Noostlalums = Noosdalum, Noot-hum u. -hummic
= Nook-lummi bei Lummi, *Nootka*(s) = *Nutka*
Noraguas nördlich vom *Gila* 277mf-nn

N o r d w e s t - K ü s t e Amerika's: 1) Entdec-
kungsgeſch. B *315mf-6af, 316af-320mm,* 8nn, 335a,
mm-n; AS 512mm-mf, 3m-mf, 673mf 2) geogr.
B 316aa, 9af, mf, 320a-aa, m-mf, 513nn; AS 577af,
599f 3) Völker u. Spr. 597aa-8af, 602mf-5a;
B 315n, 329nf; Völker 598n-nn, 9aa-nn, 600af-m,
1nf-2a, 638mm-nn, 673af-m; PK 380aa-af 4) S p r a -
c h e n 598nn-605a; mex. Laute B 331m-mm, 2af, 3a-m, f

Norfolk-Sund: Inſelgruppe im ruſſ. Nordam.
c. 56-58° N. B.: PK 376mmǁ, ſ, 8mm, 380n, 9af;
B 333af, AS 682nn; auch = Bai *Sitka* PK 677mf,
PK 376mm; Spr. (= Koloſch.) B 326mm-nn, nn-nf,
7mf; AS 682n 2) *N.* B a i (= Bai *Sitka*) PK 377a,
nf; B 317n

Noria: 1) *S. Pantaleon de la N.* Real in Zacatecas 178mf 2) *la N. de Valle* in Sonora 310f;
las Norias Hacienda in Zacatecas 178mf

Norogachic (vgl. *Narogame*) Miſſion in *Tarahumara alta* 21aa, 25nn (*Norogai* gentile 25nn)

Norotal Real der Intendantſchaft Sonora 204nf

N o r t e: A. 1) *m a r del N.* = mex. Meerbuſen 2)
p r e s i d i o del N. in Chihuahua 60af, 176mm; auch
gen. *pres. de las Juntas* 176mm; NM 228mf, 246n
B. 3) *rio G r a n d e del N O R T E* [*] Fluſs in Neu-
Mex.; zw. Coahuila, NSantd. u. Texas einflieſsend
in die mex. Meerb.; Namen: *rio del N.; rio Bravo
del N., rio Bravo; rio Grande* (= *Tigouex* NM
225m); Stellen: 324nf-f, 369, 407-8, *412nn;* NM
209nn-15, *211nn-nf,* 234m-8mm, *240m-f, 1af-f,*
251-5af; PK 330mm, 358m 4) *p u e r t o del N.
N.* Paſs ndl. über NMex. NM 240nn 5) *p r e s i d i o
del Rio grande* ſ. *S. J u a n Baut.* in Coahuila
6) *Rio Grande city* in Texas   [*ser's r.*

North river Zufl. des *Thompson's r.* von *Fra-
N o r t h e r n Indians* im brit. Oſtlande gegen die
Hudſonsbai (ſ. noch *Saisa-'dtinnè*) PK 376m, 7nn-
9m, 481nǁ 2) Spr. MB 478af-mm, nf-9mm, 481a;
AS 706nf; W. A 157af-nf; MB 477f, aa, 8af, mm-n,
nf-9a B. 3) *N. island* wohl die Inſel nördlich
von der Prinz-*Wales*-Inſel

[*N o r t h w e s t territory* der Verein. St.: ein
nördl. Theil des ehem. *Missouri*-Terr. (nach dem
gaz. = *Missouri terr.,* 43-49° N. B.), deſſen ſüdl.
Theil *Nebraska* iſt, beide geſchieden durch den
43ten Parallel: *579aa,* 608mf, 662mf, 8aa]

N o r t o n-Sund gr. Meerbuſen im ruſſ. Nordam.,
im SO der *Berings*-Str. anliegend, ſdl. vom *Kotze-*

bue-Sund: 63° 23'-65° N. B. u. 160°½-163°-165°
W. L. 705aa; *N.* Bufen 675n, 6aa, 696af, 710nf;
N. Bai 705aa; Völker um ihn *675nn-6nn,* 6aa, nn,
7aa,696af,710nf,*1a-aa;* Spr.681nf,697mf,*710nf-1af*
Nowaukum = Newaukum
Nq'uachamish am *Skagit*-Fl. in Wafh. 595mm
N'quutlmamish = Qunkmamish
Nsietshawas (-wus) an der Küfte von Oregon
(≠ nördl. *Killamuks*) 588n, 604mf; Sprache 660n
Ntshaáutin ein Stamm der *Tahkali* A 153a
Nuchimas oder -mases *(Newchemass)* auf
der *Vancouver*-Infel B 328a, *9a-aa,* 349aa
Nueces: 1) *rio de las N.* 2ter Hauptfl. in Texas,
früher in Coahuila u. N Santander 190nn, 1n, nf, 2af,
4mf, 5mm, 365n, 406a, 7nn‖, 8m, mf, *412nn,* 5nf
2) Bai ib. 412mm 3) *county* ib.
Nuestra Señora: f. das Wort nach diefem Vorfatz;
N. S. del Pilar f. *Pilar; Nueva Estremadura =
Coahuila, Nuevas Philipinas = Texas*
Nulaáutin ein Stamm der *Tahkali* A 153a
Nulato 1) nördl. Zufl. des *Jukchana* im ruff.
Ndam., N-S fliefsend; Qu. in 65°, Münd. in 64° 42'
N. B. und 158° W. L. 677af 2) wie ein Ort (Sag.
Redoute bei der Mündung) 704nf
Numangkake=Mandans, Numpali bei *S. Fran-
cisco* im nördl. Neu-Calif. 565nn; *Nuncio, arroyo
del:* in Texas; Nunipajegmuten f. *Nuniwok*
Nuniwok gr. Infel im W der Münd. des *Kus-
kokwim,* in 59° 54'-60° 30' N. B. u. 165° 10'-167°
30' W. L. 702mm, *3af* b) Volk (Nunipajegmuten)
703af-m c) Spr. *703m-n;* Wortverz. *703n-4af
Nuñez 1) in Oftimuri 2) *N. Gaona* f. *Gaona*
Nure(s) in Son. 208mf, nf, *218nn-nf* = 2) *Nuri
pu.* in Oftim. (zw. *Mayo* u. *Hiaqui*) 205m, 218nf
Nuschagak (-ack, -kh; Nushagack) Flufs im
ruff. Ndam., N-S (etwas W) fliefsend; Qu. in 60°
45' N. B. u. 157° W. L., mündend in das Haff wftl.
von der *Bristol*-Bai in 59° N. B. u. 158°20'W. L.:
677a; Völker an ihm 677a, *696a-af,* 702m, f
NUTKA [*] [B 329 bis 371] (auch *Nootka*)
A. 1) Hafen (f. noch 3) u. Bezirk, der WKüfte der
Vancouver-Infel anliegend, an der brit. Weftküfte
B 341af-m, 8a-9nn; B 318m-nf, 348a-9,a^m; B a i v.
N.; fpan. Col. B 316m, *8m-nf* (Batt. *S. Miguel*)
2) der *N.* Sund (auch gen. König-Georgs-Sund, f.
G): a) im eig. u. eng. Sinne B 325af-m, *7n-f, 8n-nf*
b) willkührlich ausgedehnt B 325af-m 3) der Hafen,

auf der Infel *Yucuatl* B *319mm, 327n-f, 8n-nf*
(*S. Cruz de N.* B 318mf); auch gen. *puerto de
S. Lorenzo* u. *Friendly Cove* B 318mf B. 4) Volk
u. Spr. (auch *Wakash, -shians*) B 330mm-1aa,
AS 599aa-mf; Volk *(Nootkans, -kas)* B 328nn,
330mf-n, 5mf-f 5) Spr. *(Nootkan;* vgl. *Newittee)*
B *329m-333mf,* 5mm-f; Verh. B 324a-5aa, *9m-f,*
330af-mm, 1aa-mf, 2a-af, 3a-m, *364m-8mf,* 372af-
mm, 398m-mf; mex. B 331m-mf, 3a-mm, *363af-4m,*
8n-9a; B 368nf-371nf; W. B 333mf-5af; B
325n-7n; B 357nn-8mm; — B 333mf-n, 357mf-nf;
B 336a-349nn, 350a-4nf; B 355a-7mf, 365af-
6aa, 324; Laute B 330a-af, *358n-363a,* mm-n;
mex. Laute B *363a-4m;* B 333a-m, 363
Nutrias A. 1) = *north fork* des *Canadian*
NM 240mm, 1a 2) kleiner Zuflufs des *Chamas* im
nordweftl. Neu-Mexico NM 240mm B. 3) *las N.*
Ort? im öftl. Neu-Mexico NM 255mf, 6aa
Nutschek, Infel = *Hinchinbrook*
S. Nympha = S. Ninfa

O.

Oacheta = Washita
Oak creek 2 Zufl. des *Colorado* in Texas 2) *Oak
point* am fdl. Ufer der unt. *Columbia* 594mf, 613nn‖
Oapars Rancheria in Sonora 203af, 276nn
Oats creek wftl. Zufl. des *Sacramento* in N Calif.
Obscura, sierra: f. *Oscura*   [522a
Observatory inlet im füdl. Anfang des ruff.
Nordamerika's, von 54°⅔ - 55°½ N. B.: B *398n-f,*
9aa, af, mm, 401a; AS 674a   [262nf
Ocate Flufs im öftl. NMex. NM 239mf, *241a,*
occidente, estado del = ganz *Sonora* 198a-aa
Ochecamnes am *Sacramento* im nördl. Neu.
Oconori = Ocoroni   [Calif. 571mm
Ocoque kl. Flufs in Texas (*6) 416f, NM 262nf
Ocoroni (-mi 208nf; *Ocroni* 159nf, 179n) in
Cin.: 1) Ort 156m, 9nf, 175n; auch (wohl irrig) *Oco-
nori* 159nf, 206m, 7af 2) Flufs 159nf, 179m 3) Volk
und Sprache 157af, *9nf;* Sprache 657nf   [*roni*
Ocosconi in Cin. 14a, 159f, 207af; *Ocroni=Oco-*
Odame, Oddame = Tepeguanen, Tepeguanifch
25a, nf; Ode-eiiah am *Klamath* im nördlichften
Neu-Californien 574af
Ogden city in Utah 339aa, 342af, 4aa 2) *O.'s hole*
Gegend beim gr. Salzfee 339aa B. 3) *O. river* ib.
339aa 4) *O. creek* Nbfl. des *Weber r.* ib. 344aa

Ohnah f.Hhana, Oiatuch an der Weft-Küfte der
Vancouver-Infel, Oï Clela im Charlotten-Sund
B 381aa, Oil creek Zufl. des little Washita vom
Ojibuas = Chippeways   [Red river
el Ojito im füdweftlft. Neu-Mexico NM 256a,
tres Ojitos Bach in Son. (an der Küfte 31°⅓) 201aa
Ojo (bed. Quelle) in Durango 312aa; Ojo de
Aguá caliente: 1) in der Tarah. f. Ojo cal. No. 2
2) in NMex. f. Agua cal.; Ojo caliente: 1) diput.
und partido in Potofi (ob = No. 2?) 185m, 6af
2) Dorf in Chihuahua 176mm; wohl = Ojo del
Agua cal. in der Tarah. NM 246mm (=los Patos);
f. noch flgd. No. 3) im fdwftl. NMex. (wohl = Tarah. No. 2) 256m 4) rio de Ojo cal. in Zacat. 178m;
ojo de Vaca f. Vaca, u. fo öfter beim 2ten Wort;
Ojos de la Yunta Prefidio in Chihuahua 176mm

OKANAGAN(s) + Formen: Okonagan; Okinakan, -kane(s), -kain; Oukinegans; A. 1) Volk
bef. am ob. Fraser-Fl. im fdl. brit. Weftlande 592n,
4aa, mm, n, 5nf, 615nn, 659aa; B 372mm 2) Spr.
(Verh.) 599nn, 602aa, 615mf-n, 659aa; üb. W.
602aa, 615n, nn, 659a B. 3) O. river ndl. Nbfl.
der Columbia im brit. Ndam. u. ndl. Wafh. 586a,
mm, 7a, 659a 4) O. lake ib. 586a 5) Fort O. im
nördl. Wafhington 659af
Okeho Flufs der Fuca-Str. im ndl. Wafh. 587n
Olamentke f. Bodega   [9nn, 261m, 286nn
S. Olaya, laguna de: in der Gila-Gegend 238nn‖,
Old river in Texas (7 B)
Olhones bei S.Francisco im ndl. NCalif. (=Bol-
bones?) 565nn (= Costanos, f.) [in Texas (1 B)
Olmos, rio de los (auch Alamos, ja Alamas):
Olumpali bei S.Francisco im ndl. NCalif. 565n
Olympia 1) Stadt am Puget-Sund im nordtl. Wa-
fhington 584n, 670mf 2) kleiner Flufs ib. 594m;
Olympus Berg im nordweftlichften Wafh. 584n
Ombitkokechee (auch Kañon creek) u. Ombit-
opah creek (auch Mill creek) 2 kleine Flüffe beim
grofsen Salzfee in Utah 319mf‖   [571mf
Omutchumnes am Sacramento im ndl. NCalif.
Onabas (Onavas 208nf; verfchied. von Onapa)
Miffion und Pfarrdorf in Oftimuri oder Sonora 19mf,
nf, 203af; auch Volk?? 208mf, nf
Onapa (verfchd. von Onabas) Miffion in Sonora
19mf, nf, 203m; Onapah Zuflufs des Utah-Sees
339f (auch Salt creek genannt), 340aa, 352m
Onieletoch am Milbank-Sund B 382aa

Onion creek Zuflufs des Colorado in Texas
Onolastica = Unalaschka, Ontehunova (On-
teju) kl.Flufs in Texas (*6) 416mm; Ootlashoot
im öftl. Wafhington und am Miffouri 590f-1a, 2m
Oparsoitac pueblo im Gila-Lande (auch de Si-
mon y Judas gen.; f. bef.) 278nf   [288n
Opas ndl. vom Gila 260mm, 2mm, 276mm-7m,
OPATA(s) in Sonora: 1) Volk 18nn, 201mf, n,
nn, 3m, 8aa, 222mm, 9n-230aa, 276mf, 7aa-af,
314mm 2) Spr. 219mm, 222m, mf-nf, 7nf, 230mm-
mf, 5m-mm, 290nn; Verh. 235mm-6m, 653af, n;
Sprachftoff 234n; 230af-1a; *231aa-4n, 234nn-5m
Opelousas, -ssas = Appalousa; Opesura =
Oposura; Ophir, mount: in Neu-Calif. 516aa
Opodepe (unrichtig Opode) Miff.u.pu.inSon.19mf,
22a, 203m; Opostura(=Oposura?) in Oftim. 205m
Oposura in Son.: 1) gr. Pfarrdorf, Real u. Miff.
(19nf) 19mf, nf, 200m, 3m-mm, 229mm (vgl.
Opostura) 2) Flufs 21mf, 201aa, 229m, 230aa,
314m (Opesura); Opotu in Oftimuri 205m
Oppelousas = Appalousa, Opquive pueblo des
Moqui 282aa; Oquirrh mountain Gebirge im S
vom grofsen Salzfee 338nf, 9m, 341m   [203mm
Oquitoa Dorf u. Miff. Bezirk im nordweftl. Son.
Oraibe = Oraybe, Orange county in Texas
Oraybe: pueblo des Moqui (Orayvi, Oraibe,
Oraivaz, Oriva; Orayxa; Uleowa) 262m, 282a,
m, n‖, 4nf, 7af; NM 231aa-af, 244mm‖, 305nf;
Orayxa=Oraybe [auch gen. Muca 262m, 287af
Orchard, port: in W am mittl. Admiralty inlet
in Wafhington 594af, 6af, 670nf

I. das GROSSE OREGON [*] oder das Weftgebiet (die Weftfeite) der Vereinigten Staaten: d. h. die 2 Territorien Oregon und Washington (Nord-Oregon) zufammen [576. bis
671: aufser 608-11 u. 662-670]: 1) Name 578
mm-mf, 9a-aa 2) Gefch. 579af-580a 3) Geogr. 576-
588 4) Bevölk. 584a; über Völker und Sprachen
576mm-7a, 8mf-9aa, 590m-mm, 7aa-mm; Scouler
597mm-602aa, expl. exp. 602mm-6f, 7mm-8m;
ind.Völker im.allg. 598af-600m, 3; Aufzählung derf.
590m-3nn, 613mm-4af, 670af-1nf 5) Sprachen
im allg. 599nn-605a, 7mm-8m; über Wortverzz.
604-6, 8af-m 6) der jargon 631nf-3aa 7) Behandlung der einzelnen Völker und Sprachen nach
einander 611nf-3m, 614m-661
II. 2) das Territorium OREGON [*] (jetzt

Staat), die füdl. Hälfte des grofsen *Oregon* (f. dort
das meifte): a) Gefch. 578nn - 580a b) Geugr. 577nn-
584a c) Bevölkerung 578nn-nf, *584a;* ind. Völker
im allgemeinen *589af-mm*, 638aa III. 3) *Oregon
city* in Oregon 583f 4) Flufs = *Columbia* 5) *O.
hill* in Neu-Californien 516mm

O r f o r d (oft fälfchl. *Oxford*) 1) Cap (auch *point*)
im fdlft. Oregon, nahe 43° N. B.: 248a, 250mf, 512
nn, *9nn, nf'll-f, aa-af, 581n-nn;* B316mf, 320aa;
auch gen. *cabo Blanco 519nn, nf-f, af, 581n-nn;
cabo bl. de Martin de Aguilar* f. *Ag., cabo bl.
de S. Sebastian* f. *S. Sebastian* 2) *port O.* füdl. vom
Cap (vgl. *point* bei No. 1) *519f,* 581mf, 593a
3) *port O. city* ib. 519af, 581nn

O r g a n o s, *sierra de los:* in SO bei NMex. od.
im fdöftl. 174mm, 299m, 306nfll; NM 235a, aa, mll, mm
Oriente, mar del = califurnifcher Meerbufen
Oriva = *Oraybe, Orozembo* in Texas, *Oruk* =
Bald Hill-Indians [NMex. NM 235a, nn, 246a
Oscura (*Obscura* NM 235a), *sierra:* im öftl.
Ose, mount: in Neu-Californien 516aa
Oso, rio del: im nordöftl.? NMex. NM 241a, 7af
Osoti im Lande des Colorado 258aa
Osoyoos See im nördl. Wafhington 586a
O s s e g o n im nördl. Neu-Californien 570mf, 3f
O s t i m u r i (Host.) 1) weftl. mex. Prov. (*prov.
de S. lldefonso de O.* 205a) 11af, m, 155nf, 6a,
161af, 177nn, 197nn, 8a-m, 200m, 5a-aa; Örter
205a-mm 2) Real und Stadt 204nf, 5m;
Ostotipac in Neu-Galic. 154m; *Ostotipaquillo*
(auch Host.) *diput. de min.* (u. *alc. mayor*) in
Otaez in Durango 311a [Guadalx. 154m, 178af
O t t e h p e t l im nördl. Neu-Californien 574aa
Otter creek Zuflufs des oberften *Red river
Ouachitta, Ouashita* = *Washita;* Oukinegans
= Okanagans, *Ovihe* kl. Flufs in Texas (*2)
Owen's lake im öftl. Neu-Californien 333a, *520mm*
2) *O.'s river* Zuflufs diefes Sees 523af
Owyhee weftl. Nbfl. des *Snake* in Oregon 583af
Oxford falfch für *Orford*
Oyster creek oder *bayou* in Texas (6 B) 412f

P.

P a a l a t in Texas 417nn, 436a
el Pablillo × in Neu-Leon 190a
S. P a b l o A. 1) gr. Dorf in Chihuahua 176mm
2) Rancho der Gila-Gegend 238nn 3) in Alt-Calif.

B. 4) Bai in Neu-Calif. (wohl = *de Agua fresca,*
f.) 519mm, n, *nn* & *520a,* 6aa, nn, 566a, mm
P a c a n a s Volk Florida's bis Texas *436a-aa*
P a c a o s in Texas 417nn, 436a
P a c a s a(s) Volk u. Spr. bei *Culiacan* 157mm
Pacific city an der *Columbia*- Bai im füdweftl.
Wafh. 588m 2) *P. county* im füdl. Wafh. 588afll
Padilla in Neu-Santander 192n, *Padillas* im öftl.
Neu- Mexico 255n; *Padre, isla del:* in Texas;
punta de los Padres × in Durango 311n

P a d u c a(s) † 1) Volk am *Platte*-Flufs ufw. (f.
aufserdem Comanchen) *362a, 3af-n,* 4mf, 433mm,
658aa [2) *P-as fork* ndl. Arm des *Platte*-Fl. 363mm]
Paegan(s), Pagan = Piegan; Pagninoas f. Pawnee
P a h a j o k o 1) Häuptling eines Comanchen-Stam-
mes 367a; auch *Pah-a-yuka* 368nn, 431m; NM
307aa-af = 2) *Pahayutka* Dorf im NW von Texas
431af, m; NM 307aa-af
Pahgun-aquint creek (oder *American fork*)
Zuflufs des *Utah*-Sees 339nn-340a
Pahnih-Picten f. Pawnee-Picts
P a b r a n n e weftlich vom unt. *Colorado* 534nf
Pahtosho-untquint (oder *Dry creek*) Zuflufs des
Utah-Sees 339nn; Pah-Utahs, Pah-Yuta = Payutas
P a i l s h, P a i l s k (= Palux?) an der Küfte von
Wafhington 592a, 4af; Pai-ute(s) = Payutas, *Paja-
rito* u. *Pajaro* = *Pax.;* Palacios, tres *P.* f. bei T
P a l a i k s (613af) od P a l a i h n i h (572af, 604, b*mm)
im fdl. Oregon: 1) Volk *572af-m,* 593m, 603aa, 611
nfll, 3af 2) Spr *572af-m, mm-n,* 608a, 619nn; 604, b*mm
Palenque, mina de: in Zacatecas 179a
Palestine Ort in Texas 414aa
Pallotepallur (vgl. Pelloatpullah) = *Flatheads
P a l m a:* 1) *mision de la P.* in Potofi 186m 2)
sierra de P. in NSantd. 192aa; *Palmas:* 1) *S.
Cecilia de las P. pu.* in Potofi 186f 2) *bahia* oder
ensenada de l. P. an der fdl. OKüfte ACalif.'s 3) *ca-
bo de l. P.* ib. 4) *rio de l. P.* mex. Flufs des mex.
Meerb. NM 215m, 6a; *Palmillas* in Potofi 186f
Palo alto im fdlft. Texas 411nn 2) *P. Gacho* Zufl.
der *Sabina* in Texas 3) *P. pinto* Zufl. des *Brazos* ib.
P a l o m a s † 1) Volk im Gila-Lande? 258n 2) *rio
de P.* in Durango 176nf | *Palos, ojo de:* Zufl. des
Sacramento vom *Pecos* im öftl. NMex. NM 242m
Paloxy creek Zuflufs des *Brazos* in Texas
P a l u x † 1) Volk am folgd. Flufs (vgl. *Pailsk*)
597a 2) *P. river* Zuflufs der *Shoalwater*-Bai im

fūdl. Wafhington 587mm, 597a (auch *Copalux*);
Paluxies in Florida und Texas = Buluxas
Palwas in Oregon 592n; Pame(s) Volk u. Spr.
im ndl. Mex. u. Col. in Potoſi 158m, nf-f, 184m-mm
Panac ſ. *Pannack;* Pananas weit in NW von
Neu-Mexico 258nn, nf, 362f; Panash = Bonaks
Pani(s) = 1) Pawnees 2) Towiaches
Pania Pique, Panias ſ. Towiaches
[Paniassas am obſt.' *Arkansas* (vieil. = *Paw-
nees*) 440nn], Panico ſ. *Panuco,* [Panioussas
am *Missouri* (viell. = *Pawnees*) 440nf]
Pani-Picts ſ. Towiaches, Panis ſ. Pani
Pannack oder *Panac* (iſt wohl der Name der
Bonaks) river (creek) 2 fūdliche Nebenflūſſe des
Snake in Oregon 583*af*
Panola county in Texas, *S. Pantaleon* ſ. *Noria*
Panuco A. 1) Fluſs des mex. Meerb., in Potoſi
u. im ndl. Veracruz 181f, 5af, 192af 2) Provinz u.
Bezirk 191a B. 3) Ort im nördlſt. Veracruz 311a;
NM 215afll, 6af, 8a, mmll, 222mf, 7m 4) Real der
diput. *Parral* 177mf, minas de Panico alc. *ma-
yor* in NBisc. 161mm 5) *S. Juan Bautista de P.*
Real in Zacat. 178mf 6) *S. Nicolas de P.* Real der
Int. Son. 204nf (vgl. sq.) 7) *haciendas de P.* bei
Charcas in Cinaloa (vgl. No. 6) 207m
Panzacola in Cinaloa 179n
Papabi-cotam oder Papabi-ootam ſ. Papabotas
Papabotas (wohl = *Papagos*) in Son. 237aa,
284mm; PK 349nn-350aa; Formen fūr die *Papa-
gos: Papabi-ootam* 208nn, 237a, PK 349nn;
Papabi-cotam 237a
PAPAGOS in Son. (wohl = *Papabotas,* wo
2 Formen fūr die *Papagos* angefchloſſen ſind) (*Pa-
payos* 208un, 237af; *Papaya* 218af): 1) Volk 208m,
221a, 236mf-7af, m, 8af, 262un, 7mf, 276mf, n,
7a, 314a; PK 322m, 349nn 2) Sprache 237a, 658a
Papalote (Papel.) kl. Fl. in Tex. (*2B) 417a-aa, nf
Papasquiaro 1) Flk. in Dur. 177af, 312mf; wohl
= *Santiago P.* ib. 312mm 2) *rio de P.* in Topia 173aa
Papaya u. -yos = Papagos, *Papelote = Papalote*
Papiga, rio de: Nebenſluſs des *Hiaqui* 21mf
Papigochic Miſſion in *Tarahumara alta* 21aa
= *Papigochi: partido* in Chihuahua 176mm
la Parida 1) Ort im öſtl. Neu-Mexico NM 255
mf, 6mf 2) ˣ in Chihuahua NM 246nf 3) Bach in
Texas (x2)
Paris Ort in Texas

Park 1) Gebirgsgegend im fūdl. NCalif. 516aa
2) *three Parks* oder *t. Park mountains* Gebirge
im fdwftl. Nebraska 331nn, 580mf; NM 236m 3)*P.
river* Zuſl. der *Tule*-Seen in NCalif. 522af [368m
Parkeena-um (Waſſervolk) ein Comanchen-St.
Parker's rancho im nördl. Neu-Californien 573n
Parks ſ. *Park, Paroos* = *rio Virgen*
Parovan (*-wan;* auch *little Salt lake city*
NM 306f) Stadt in Utah 333mf, 342m; NM 306f
el Parral in Durango u. Chihuahua: A. 1) Landfchaft od. Bezirk 20mf, 23mf-n, 172a-aa, 229mf,
309nf 2) *real del P.* NM 247mm, mfll; Ort NM 230
aa; *S. José del P. pueblo,* Real und *diputacion* in
Chihuahua *172m, 6mf* B. 3) Volk und Sprache des
P. ſ. *Parras* 4) *rio del P.* in Chihuahua 176a
Parras in Durango, Chih. ufw.: 1) Landfch. od.
Bezirk 23mf-n, 172a-aa; NM 252nn 2) *villa* und
pueblo (zweierlei) in Dur. od. Coah. *172m* (beides),
6mf(*pu.*), 196af(Flk.) 3) See in Dur. 155aa, 176mf,
nf, 195mf, 6af 4) Volk u. Sprache 155aa, 172aa-af
Parvains in Utah NM 306nf
Pasage pu. u. pres. in NBisc., 30 *lg.* NNO von
Durango 161m, NM 237nf; *Pasagochi* in Tarah. 23a
[*Pascagola* in Miſſiſſippi: 1) Fluſs 436af, mll
2) Bai 436m 3) Dorf 436af; Pascagoulas (*Pascagolas, Pasca Ogoulas; Pescagolas*) Volk Florida's bis zum *Red river* 436af-m, 7nnll]
Paschtol (Pastol 677aall) 1) Meerbufen im
fdlſt. *Norton*-Bufen, nahe in SW bei d. Red. *St. Mi-
chael;* in 63° 17' N. B. und 162° 22' W. L.: 677aa
2) kl. Kūftenfl. fdl. vom Cap *P.,* gen NNW flie-
fsend; Qu. in 62° 45', Mūnd. 63° 6' N. B. u. 163° 8'
W. L.: 677aall 3) Volk am Fl. (Pafchtoligmjut[en],
-mūten) 675nn, 7aa, 703aa	[Chihuahua 176a
S. Pascual = *Pasqual; Pasesiuchi, rio de:* in
Pasigono 1) Nebenfl. des *Colorado* in Texas
(*Pash-ahono* 416m) 412nf, 6m 2) *Pas-ihono* =
Canadian NM 311mm
Pasion, rancheria de la: im Gila-Lande 280m
Pasitas in Neu-Leon oder Neu-Santd. 191mm
PASO del NORTE [*] 1) Miſſ. u. pres. (*del P.
d. N.*), am wftl. Ufer des *Norte:* im
frūher in NMex., jetzt in Chihuahua; auch kurz *el
Paso;* pres. 161af; NM 240nf, 250m-1mf; Miſſ.
(NM 247aa) *Nu. Sra de Guadalupe del P.* NM 234
mm, 251f, 2af 2) *el P.* county in Texas NM 264n
Pasos: partido in Chihuahua 176mf

S. Pasqual (Pascual) 1) altes Df im öftl. NMex.
NM 237aa, 256aa 2) Ort in Neu-Calif. PK 334m
Pass creek Zuflufs des *Grand river* 332a [8mm
Passaguates im ndl. Chihuahua NM 228a, 264a,
*Pastol = Paschtol; mision de la Divina Pas-
tora* in Pototi 186m
Patcheena an der SKüfte der *Vancouver*-Infel
Patos A. 1) Dorf in Chihuahua 176mf 2) *hac.* in
Coah.? 419aa B. 3) *laguna de P.* in Chihuahua
176a, mf; NM 246mm   [Texas 414aa
S. Patricio (oder *St. Patrick*) Ort und *county* in
Patron, arroyo del: Zufl. der *Sabina* u. Wüfte
Paul creek Zufl. der *Sabina* in Louif. [in Texas
Paunaques = Bonaks, *Paunch Ind.* = Arapaho
Paurus in ACalif. 468mf, 480a; *el Pavellon*× in
Zacat. 178mf, *Pavilion creek* wohl = *Peluse r.*
PAWNEE(s) *(Pawnies; Pani[s], Panias)* in
Arkanfas u. am *Platte*-Flufs: 1) Volk u. Spr. 151a,
316mm, 364mf, 439m-mm; Volk 440aa, 1mm-mf
2) Völker- oder Sprachfam. oder **Stamm** 420mm,
431nn, 3aa, 441mf, n, 8mf, n||, 9a, m, mf 3) einzelne
Spr. 439mm, 441mf, 8n||; Verwandtfchafts-Verhält-
nifs 439mm, n, 440aa, af, 1aa, mm-n, 8n-nf, 9af-nf,
451n, 3n, 4a-n, 668nn-f, 9aa-mm; üb. W. 439mm,
Pawnee-Picts f. Towiaches   [454aa, af, 669m
Paxarito creek fdl. Zufl. des *Canadian* in Neu-
Mex. NM 240a, *Paxaro* Küftenfl. im mittl. NCalif.
522nf, *isla de los Paxaros* bei Sonora 200n
Payoches = Payutas, *Paysan* Stadt beim *Utah*-
See 342m, *Payuches* = Payutas
PAYUTAS A. Volk in Utah; 1) **Formen:** *Pah-
Yutah(s), -tas, -tes; Pah-Utah(s), Pah-Utes,
Pa-Yutes; Pai-ute(s); Pi-Utahs, Piutes; Payuches, Payoches, Piuches;* (f. weiter No. 3) (das
Volk = *Chemehuevi,* f. diefes); 2) üb. d. Volk in
diefen Formen: 324m, 337f, 346a, mm, *nn,* 8*aa-af,*
nn, 533mf, 4nn, nf, 552mm, *n-nn;* NM 260a, *307
aa-m;* Spr. 552mm 3) andre Formen: *Payides* NM
306f, 7af; *Piedes, Piede*-Ind. 652a, 7aa; NM 306f,
7a-mm 4) *Piede-*Spr. 650a, *7aa;* NM *307m, mm;*
Wörter u. Sätze NM 307mm-8a B. 5) *Pah-Utah
creek* Nebenflufs des *Colorado* 513aa
la Paz: 1) *bahia de la P.* an der OKüfte ACalif.'s
460n, 474nn, 8aa, 482aa 2) Miff., Hafen u. *pres.* ib.
(*de Nu. Sra del Pilar de la P.* 460n, 481aa) 458aa,
m, *460n,* 473af, m, nn, 4nn, 8aa, 481aa, 2aa, 514m;
Sprache 469m, 474af, m, 5aa, 8aa||, 9n, 480m

Peace river = Unija, Peach creek 2 in Texas
Peagans = Piegans   (4, *5 B)
Peaked Berg im nördlichften Alt-Californien
Pecan river oder *bayou* füdl. Zuflufs des *Red
river* in Texas 2) *P. (Peccan) creek* Zuflufs des
Colorado (Trinidad?) ib.   [Tarah. 23a
Peccan = Pecan, Peccos = Pecos, *Pechera* in
PECOS † in Neu-Mex.: 1) Volk *(Peccos* NM
263mm) NM 212aa, 230aa, mm, 251a, 261af, 3mm,
4aa, nn, *273mf-n;* AS 284n 2) Spr. NM 272a, 3n,
7m, nf, 9a, 280aa 3) *pueblo* u. Miff. *de los P.*
im ndöftl. NMex. (= *Quivira* 359nf: f. *Qu.;* = *Cicuyé?* NM 225a) 60f, 359nf; NM 230af, mf, 242aa,
4aa, n, 5mf, *250mm, 1a, mf-n,* *6nn, 273mf, 9a,
304a, af||, m 4) Flufs *(Picos;* auch *Carrizo* gen.
360a): ndl. u. öftl. Nbfl. des *Norte* im öftl. NMex.
u. fdwftl. Texas 302aa, m, nn, 3mm, 4mf, nn, 360a,
7m, 434nn; NM 225mm, 235nf, *242a-n, nn-f,* 251n,
261a, 273mf, 5nn, 6a; auch gen. *rio Puerco:* d. h.
der gr., öftl. u. fdl. *Puerco* (einen wftl. u. mehr ndl.
f. unter *Puerco*) oder *rio de los Puercos:* 193m,
304f, 361nn, 6n, 406a, 412nn, 425mf, 432nn;
NM 240f, 1mf, *2a-n, nn-f*
PECURI(s), -ies (auch *Picuri[s], -ies; Picoris*) im ndöftl. NMex.: 1) Volk NM 212aa, 251aa,
263mm, nn, 4nn, *274a-m* 2) Spr. NM 263mf, *274af-
m,* 7a, m, mf, nn, 8n||, 298af; AS 436mm; W. *280
aa-1m* 3) *pueblo* u. Miff. *de los P.* NM 230m, 243
nn, f, 4m, *251aa, n-nf,* *6aa, 274aa, 9aa 4) *rio de
Pecuris*(Picuris NM 248mf) NM241a,8af,mf,251nn
el Pedernal in Dur. 311mf, *rio de los Pedernales* (auch *Flint r.*) Nbfl. des *Colorado* in Tex. 412f
Don Pedro im öftl. Neu-Mexico NM 256mf
San Pedro A. Örter: 1) Dorf u. Real in Chih.
22nf = *real de SP.* in Tarah. 22nf 2) *SP. del Cuchillo* Miff. in Chih.? NM 229a 3) Hac. in Durango
311a 4) Miff. von Nayarit 15a, 16a 5) Hafen *(puerto de SP.)* u. *pueblo* im füdl. Neu-Calif. 518nf,
524af, m, *560aa;* KN 502mm 6) im öftl. NMex.
NM 255n, 6n 7) *cerro de SP.* f. *Potosi (SP. de
Pot.)* 8) Real in Son. (vgl. *Conquista*) (auch Thal
314aa) 19mm, 203mm, 314aa 9) in Tarah. f. No. 1
10) in Texas 436n 11) ib. f. Nacogdoches; *S. Pedro y S. Pablo:* 12) am unt. Colorado f. *Bicuñer*
13) in ACalif. B. **Flüffe,** *rio de S. Pedro:* 1) in
Chih. 176a, 183mf 2) füdl. Nbfl. des *Gila* in Son.
201aa, 252mf, 304af, 314a, aa; PK 328a, mm,

330aa‖, 1af‖, mm, 4nn, 350af, m 3) Zufl. des *Ne-chas* in Texas 438mf 4) Nbfl. des *rio Grande* ib. = *rio del Altar* 5) *Pedro Pere* Zufl. des *S. Miguel* vom *Nueces* ib. C. 1) *bahia de SP.* im fdl. NCalif. (33° 44') 518nf, 9m 2) Infel bei Son. 200n D. *punta de SP.*, 2 in NCalif.: 3) (Df. *Nolasco*) nahe 35°: 519mm 4) nahe 37°½: 519mm; *cerro de SP.*: 5) Berg in Son. 200mf (6) Ort f. *Potosi*); E. Nachweifung der Zufätze: *S Pedro de la Conquista* f. A. No. 8, *del Cuchillo* 2, *de Nacodoches* 11, *y Pablo* 12 und 13, *Pere* B. 5

    San Pedros Völkerfchaft in Texas 421af, *436n*

    Peel's river wftl. Nbfl. des untft. *Mackenzie*-Fl., S-N fliefsend in 135° W.L.: MB *482nn-nf*, 3nn, 4n

    Pehtsik im nördlichften Neu-Californien 575a

    Pelican-Bai im nördl. NCalif. 513aa, 9mf 2) *P.* Infel an der *Galveston*-Bai in Texas

    Pelloatpullah (= Pallotepallor?) am *Kooskooskee river* 591a, Pelones f. Apachen

    Peloose oder Pelouse = Peluse

    Peluse † im füdl. Wafhington; Formen: *Peloose*(s), *Pelouse*(s); *Pelus*; 1) Volk 594a, mm, n, 5nf, 614m, mf, n; Spr. 604n 2) *Peluse river* (auch *Flag r.* 583mm; und *Pavilion r.*, f.) nördi. Nebenflufs des *Sahaptin* oder *Snake* 583mm, 614n

    Pend d'Oreilles (*P. d'Oreille* 595nf, *Pendoreilles* 659aa) 1) Volk im ndöftlft. Wafh. 594aa, mf, n, 5nf, *659aa*; corrumpirt in *Ponderays* 604m, *659aa*; oder *Ponderas* 592mf (= *Squiaelps!*); = *Kullespelm* (f.) *659aa*; Sprache 604m, 660nn 2) See = *Kullespelm*   [in Neu-Calif. 522nf

    Penitencia creek fdl. Zufl. der Bai *S. Francisco*

    Penn's cove auf *Whidbey's* Infel in Wafhington 588mm, 594af, 5mm

    la Peña Rch in Chihuahua NM 247aa, 251a 2) *P. blanca* × im öftl. NMex. NM 251a; *Peñasco* Rch in Sonora 310n, *la Peñascola* Gebirge? ib. 314af

    Pennington's creek Zuflufs des *little Washita* vom *Red river*

    Peñol blanco Flufs in Durango 176nf; *Peñon*: 1) *salinas del P.* blanco Bezirk in Potofi 185m, 6m 2) *P. llano* füdlich am *Gila* 252mf

    Penn's cove f. als *Penn*

    las Peñuelas im füdöftlichften NMex. NM 256aa

    Penointick-ara od. *Sugar-* od. *Honey-eaters* in Utah 345n 2) *Honey e.* = dem Comanchen-Stamm

    Pepena, Cap de la: f. *S. Miguel*   [*Hois* 368af

    Pequinnetty creek Zuflufs des *Utah*-Sees 340a des *Perez* Einfahrt oder Meerenge = *Dixon's* Einfahrt   [178af

    Perfido, rio :in Zacatecas (auch *de Villanueva*)

    P e r i c ú(s) oder -cúes im fdl. ACalif.: 1) Volk u. Spr. 474n-5a, *480a-nf*; Volk (= *Picos?* f. df.; ‡ *Edues*) 461mm‖, mf, 2nn, 3a, 5nn, 6nn, 7n, nn, 8aa-af, 472n, nn, 3a‖-aa, mf, nf, 5nn, *480nf-1nn* 2) Spr. (*Pericùa*) 465mf, 6n, 7a, 8aa-af, 473nf, 7n, *481af-m*, 2nn; Eigennamen a. d. Spr. 481m-n, 3af

    P e r o ein Comanchen-Stamm (viell. ein Häuptling

    Perpetua, Cap: in Oregon 581nn [*Pedro*) 367a

    Perry's point (Perrey) Landfpitze u. Ort an der *Galveston*-Bai in Texas 413nn

    Pesajunovo = *Pisapehunovo*

    Pescadero 1) Flufs im mittl. Neu-Calif. 523af 2) *el P.* Ort in Son. 203mm; *ojo* [*del*] *Pescado* bei *Zuñi* in Neu-Mexico NM 305aa, mf

    Pescagolas = Pascagoulas, *Pesesse-oge* (oder *Willow*) *creek* Nbfl. des *Jordan* in Utah 339n, 355nf

    Pesqueria und *P. grande* in Neu-Leon 190a

    Petaluma † (-*oma* 574mf)) in Neu-Californien: 1) Volk 574nf-n 2) *P.* creek nördl. Zuflufs der Bai *S. Pablo* 522nf, 574mf‖

    P e t a t l a n in Cinaloa: 1) Ort 11nf, 60n, 160mm (andre Örter 160mf, f) 2) *rio de P.* (*de Petutan* NM 221nf, 270m; *de Petaan* NM 270m) 160m, mm, 209n; NM 219n-f, 221nf, 270m

    San Pete Thal 342af, 358af und *county* in Utah 342af; *Petetenete creek* vom Syftem des *Utah*-Sees 340aa, *Petic* f. *Pitiqui*

    Petoyes falfch für *Peyotes*, *Petutan* = *Petatlan*

    Peyotan (= *S. Rita*) Miff. von Nayarit 15a, 16a;

    Peyotes 2 Miffionen oder *pueblos* in Coahuila: 1) *Jesus* 2) *S. Francisco Vizarron* 196af-mm

    Peyton's creek Zuflufs des *Brazos* in Texas

    Pharaones f. *Apaches*, *S. Philipe* = *S. Felipe las Nuevas Philipinas* = *Texas*, *Philips* kl. Flufs beim gr. Salzfee in Utah 339af   [in Texas

    Piaroya (-*rovo*) Zufl. des *Pasigono* vom *Col.*

    Piastla: 1) *S. Ignacio de P.* gr. Dorf in Cin. 179n 2) *rio de P.* Fl. in Durango 176nf; u. Cin. 14af, 154

    Piatos in Sonora 220m, nf-1aa   [nf, 179m

    Picacho 1) im füdweftlichften Neu-Mexico NM 256a 2) *cuesta del P.* in Sonora 200mf

    Picallipannish = Puyallupamish   [Küfte ACalif.'s

    Pichilingues, puerto u. *punta de (los)* an d. Oft-

Pico, sierra del: in Sonora 199a, 200mm;
Picoris = Pecuris
Picos (= Pericus?) in Alt-Californicn 467m, mm,
480nn-nf, *1n-nn;* Picuries, *-ris* = Pecuri
Piedra pinta (-ada?) Zufl. des *Colorado*in Texas
2) *rio de la P. pintada* wftl. Zufl. des *ob Norte* in
NMex.NM241nn; *Piedras* Zufl.d.*Guadalupe*inTex.
PIEGAN(s) im O der *Rocky m.,* in den Verein.
St. u. dem brit. Ndam.; Formen: *Pigans, Piekan;*
Peagans, Paegan, Pagan; 1) Volk 595nf, 614af,
662aa-af, nf, 3m; MB469nn, 470aa-af 2)Sprache
662aa, nf, 4afll   [588afll
Piekan = Piegan, *Pierce county* in Wafhington
[*Pierre bayou* (auch *Stony creek* 441nn) Zufl.
des *Red river* in Louifiana 424nn, 441nn, 2a]
Pigans = Piegans, *Pigeon river* Küftenfluſs im
nördlichſten Neu-Calif. 523a, Pijmos = Pimas
Pike's pass = *Rabidoux p.* [2) *P.'s peak* im
füdweſtl. Nebraska NM 236m] 3) *P.'s stockade* im
nordweftl. Neu-Mexico NM 255mm
Pilar, Nu. Señora del: (auch blofs *Pilar):*
Miffionen: 1) in Texas oder Louif. f. *Adaes* 2) im
fdl. ACalif. f. *la Paz* 3) im ndl. (auch U. L. F. *de*
Columna) 460n; *sierra de los Pilares* zwifchen
dem NO von Chihuahua und dem füdweftl. Texas
304a, nf, 6aall, nf; NM 240nf
Pillar rock an der unteren *Columbia* 594af
Pillwattas (Pilwattas) See im ndl. Wafh.586aa
Pilon inNLeon: 1) *S. Matheo del P.* 188a, 190a
2) *valle del P.* 188m; Pilones Volk ib. 188a-aa
Pilot grove creek Zufl. des *Bois d'Arc* von
der *Trin.* in Texas; *P. knob:* 2) im Gila-Lande
274,b⁴ 3) Berg im fdöftl..NCalif. 516aa 4) *P. peak*
im öftl. 516af 5) *P. range* im Gila-Lande 274,b⁴
6) *P. rock* beim grofsen Salzfee in Utah 338nn
PIMA(s) [*] in Sonora [PK 321 bis 375:
aufser 325n-349aa] (amer. *Pimos, Pijmos; Pi-*
mes, adj. *Pimico):* 1) Volk *239m, 240a-aa,* 265
n-f; PK *321mm-5n, 351aa-2a* 2) Abtheilungen:
P. altos PK 349n-nn, *P. baxos* PK 349mm-mf,
P. Gileños PK 350af-1nn 3) *Pima*-Dorf oder
Dörfer ... 4) Sprache: Verh. PK 352a-4, 371af-
2aa, 3mf-4aa; Texte u. Erklärung PK 352mm-7aa;
Wortverz. PK 366a-7m, 370aa-1af, NM 308nf-9n;
PK 365nn-7m; *PK 367mm-370aa, NM 308aa-nn;
Gramm. PK 357aa-365nn; über die Wortvergl. PK.
371af-2a, Wortvergl. PK 372a-5m.

Pimeria Landfchaft von Sonora PK 321mm-
2mm; *P. alta* PK 321f, 2n-nf; *P. baxa* 161af,
PK 322n; Miffionen PK 349m-mm | Pimos=Pimas
Pimquan creek Zufluſs des *Utah*-Sees 340a
Pinaleños f. Apaches
Pine creek 3 in Texas (5, 11ll) 2) *P. island*
creek Zufl. des *Nechas* ib.; *Pine* takers ein Comanchen-Stamm 368af, *Piney creek* Zufl. des*Brazos*
in Texas, *Pinitos* ˣ ib., *Pino* in Durango 311nn
Pinos: 1)*bahia de los P.* = Bai von *Monterey*
in NCalif. 513m, mf, 524f 2) Cap od. *punta de P.*
bei *Mont.* 3) *sierra u. real de P.* (auch *diput.,* Bezirk u. *alc. mayor)* in Zacat. (NGalic.) 154af, 178n
Pintada, sierra: in Alt-Calif.; *Pintas* kleiner
Fluſs in Texas (1 B)   [Neu-Calif.522af
Pipauna river Zufluſs des grofsen *Tule*-Sees in
Pira f.Piros | *Piramides sulfureas, rio de las:*
wohl = *rio Virgen* (weftl. Nebenfluſs des *Colo-*
rado) 256aa, mf, 334n
Piros in Neu-Mex. (falfch *Siros?* NM 264m):
1) Volk NM 212aa, 252nn, 263mm, nn, 4nn, 5m,
272nf-3a, 8mm; AS 163a-aa 2) Sprache *(Pira)*
NM 263mf, 7af, 272f, 7mm, *8mm, mf,* nn
Pisapehunova (Pesajunovo) Nebenfluſs des
Colorado in Texas 416m
Piscahoose, Pischous = Pisquos; *Pisco* Zufluſs
der *Yakima* von der *Columbia* im fdl. Wafh. 587aa
Piscous = Pisquos, Pishquitpahs = Pisquitpahs
Piskwaus = Pisquos   [*bia* 591mll
Pisquitpahs (Pishqu.) an der mittleren Colum-
PISQUOS † im ndwftl. Wafh.; Formen: Pis-
quose; Pisquouse, Piscahoose; Piscous, Pis-
chous; Piskwaus; 1) weftl. Nbfl. der *Columbia*
587aa, 592aa, 659af; auch gen. *Wahnachee* oder
Wahnaacha 592aa, *Wenatshapanik, -shawpam*
587aa 2) Volk 592nf, 3n, 4mf, n, 5nf, *659af-m*
3) Sprache 604m, *659af,* 660mf
Pistchin(s) an der *Fuca*-Str. in Wafh. 670nn,1aa
Pitac Rch am *Gila* 276nn; Pitalaque in Texas
Pitaycachi ˣ in Sonora 314af   [417nn, 436a
Pitem bei *S. Francisco* im nördl. NCalif. 565n
Pitic und *Pitiqui* (auch *Petic*) in Sonora:
A. 1) *el Pitic* oder *el Pitiqui* unbeſt. 220m, 1a;
Petic (unbeſt.) 219n 2) *Petic v. Pitiqui* (auch *Pi-*
tiquin) 2 Dörfer 203mm-mf, auch *Pitic* (z. B. 220m)
3) *Pitiqui* und *Petic* (wohl id. 200mm) *pres.* im
wftl. Son. u. Hauptft. 18nf, *203mm-mf* (jetzt *Her-*

mosillo gen.), 219nn, 305nn; auch *Pitiquin* 19n, *203mf* 4) *Pitiquin* Miff. (verfchieden von *Pitiqui*) 203mf B. 5) *rio de Pitiqui* 201aa, 219af
Pitrachiqui in Tarahumara 23a
P i t t : A. 1) *Pitt's*-Archipel an der brit. Weft- küfte (bef. eine gr. lange Infel), der Nord-Hälfte der *Charlotten*-Infel gegenüber, in 53-54° N. B.: B 320mf, *399mm* 2) *P.* Infel (die gr.) ib. B 381m, *399mm,* 400af, 1a 3) *mount Pitt* = *Mac Laughlin* B. 4) *Pitt r.* öftl. Nbfl. des *Sacramen*to in NCalif. 521nf,*mm;*Volk am Fl 574af 5)*Pitt's lake*=*Goose l.*

Piuches = Payutas, *Piuelas* in Oftimuri
Piuipa in Sonora (bei *Oposura*)
Pi-Utahs, Piutes = Payutas
Placer county im nordöftl. Neu-Calif. 523m, *Placeres* × im öftl. Neu-Mexico NM 256n, *Placer- ville* Stadt in Neu-Califurnien 526nf
Plata, cerro de la: im Colorado-Lande 330n-1a
Plate-Flufs = *Platte; Plateros, S. Demetrio de los:* Real in Zacatecas 178n
P L A T T E : [A. *P. river* 2 Nbfl. des *Missouri* in den fdl. Verein. St.: 1) der gr. wftl., W-O fliefsend (*la P.* 432aa, *Plate* 363mm) 331f, 8all, 344a, 9a, 363mm, 432aa, 3mf, 9mm, 440aa, 1mf, 579a, 609a, aa, 610all, 636a, 667a, aa; auch *Nebraska* gen. 609a, 633f 2) der kl. öftl., N-S fliefsend (in Iowa u. Miffouri] B. 3) *rio de la P.* kleiner Nebenflufs des *S. Juan* oder oberen *Nabajoa* 332m
Plioc See im fudl. Oregon 582a, 593a
Plomosas Real der Int. Son. 204nf, *Plumas* = *Feather r., Plumb* creek in Texas (*4)
Poala Dorf in Neu-Mex. NM 228a, 251aa, 273af
Poanas Thal in Durango 177af, *Pogodque* = *Pojuaque, Pohanti* im wftl. NMex. NM 251aa, *9nf*
P o j u a q u e (meift *Puj.; Pogodque* NM 244a) pueblo im ndöftl. NMex. NM 230af, 4af, 243nn, 4a, m, 250m, *4a, 414m;* Sprache deff. NM 273nf, 7nn, 8nf, 280aa
P o j u a t e (*Poguaté* NM 243mf) pueblo im wftl. Neu-Mexico 243mf, 251aa, 414m; Sprache deffelben NM 272nn, 280aa
Polk county 1) in Texas 2) in Oregon 583nn, nf
Polonches um d. Münd des *Snake* im fdl. Wafb. 614af; *Polvadera* × im wftl. NMex. NM 255mm, 6m
P o m o im nördl. Neu-Californien 573n
Pomontquint creek Zufl. des *Utah*-Sees 340a
Ponasbita = Bonaks

Ponderas oder Pondarays = *Pend d'Oreilles*
Ponida kl. Df in Son. (Oftim., *Pim. alta*) 203mf
Ponsette river Zufl. des oberen *Sacramento* in NCalif. 521nf, *Ponton creek* Zufl. der*Vaca* in Texas
Poplar river = *aux Liards*
(el) Populo pu. u. Real in Son. 19n, *203mf,* 220a
Porfia (-as), cabo de la: an d. fdl. OKüfteACalif.'s
P o r t l a n d 1) Stadt im nördlft. Oregon, an der Münd. der *Col.* 574m, 582f, *3nf* 2) *P.* Canal im füdl. Anf. der ruff. Küfte, im W des *Observ. inlet:* 54°¾-55°⅝ N. B.: 674n; B *398nn-nf,* 401a
Portlock's harbour an derWKüfte der*Tschit- schagows*-Infel 681mm, B 327mm; Spr. *681mm- nn;* Wörter 681mm, B 327mmll; *681mm-n
Portneuf's river füdl. Nbfl. des *Snake* im fudl. Oregon 583af, *Posey (Pose) creek* Zuflufs des grofsen *Tule*-Sees in Neu-Californien 522af
Possession sound ein nördl. Theil des *Admi- ralty inlet* in Wafhington 587f, 596m
Post oak creek Zuflufs der *Trinidad* in Texas
Potan indianifches Dorf am SUfer des *Hiaqui* (in Sonora) *203n,* 211mm   [Thington 592a, 4af
P o t o a s h e e s oder -ashs an der Küfte von Wa- *Porost, S. Luis:* 1) nordöftl. Provinz Mexico's [*1 8 4-6] 181nf, 4a-af, 5a-af; Intend. 181n-2af, 406aa, *mmll, nn-nf;* Bezirk 185m; Örter der Prov. 185af-6f; Völker 158nf, 184m-nn 2) Stadt 184nf, 6m-mm 3) *S. Pedro de P.* (auch *cerro de S. Pe- dro* 186m) Flecken u. Real 185a, 6m; *cerro del Pot.*
P o t o y a n t e in NCalif. 529n   [Real 186mm
Potranca Zuflufs der *Medina* in Texas
Potreros, S. José de los: in Chihuahua 176mf
Powder river weftl. Nbfl. des *Snake* in Oregon
Power's grant Colonie in Texas 411mm [583af
Powhattan ib., *Poyas* kleiner Flufs ib. (*9?)
los Pozos, S. Francisco oder *mineral de:* in Potofi 186mm; *Pozuelos* Hac. in Coahuila 196mm
Prairie creek in Texas (5 B)
la Presa in NLeon 190a, *Presas* in NSantd.? 192a, *la Presentacion* in Potofi 186mm
Preuss lake in Utah 333mf
Priest's rapids in der mittl.*Columbia* 594a, 659af
Prieto, rio: nördl. Nebenfl. des *Gila* 252mf, nn
P r i n c e *Frederick's* Sund: Meerarm an der ruff. Küfte, füdl. von der Admiralitäts-Infel, in 57°- 57°⅓ N. B.: PK 379n 2) *P. royal* = *Princess r.* 3) *P. (of) Wales* f. Prinz

Princess royal 1) Infelgruppe (auch *Prince r.* B 400mm) an der brit. Küfte, gegen die SHälfte der *Charlotten*-Infel, 51°¾-53°¼ N. B.: B *400mm* 2) die gr. Prinzeffinn-Infel ndl. von *Mac Laughlin*-Inf. u. füdl. von *Hawkesbury*-Inf., zw. dem Canal *de Laredo* in W u. e. and. Meerarm in O, gen NW anftofsend an *Pitt's* u. *Bank's* Infel: B *400m-mm Principe:* 1) *canal del P.* zw. der *Banks*- u *Pitts*-Infel, über 53°-53°½ N. B.: B *400af* 2) *presidio del P.* in Chihuahua, nördlich über der Hauptftadt und über *Cerro gordo* 176mf
Printed Hearts = *Coeur d'Alène*
Prinz (von) *Wales (Prince of W.):* 1) Archipel (f. Infel) 675mm, 7*nn*, nf, 8a, mf‖, 9m; B 316n, 7n, 39³af, 4af 2) Infel (vgl. *Ulloa*) im fdlft. ruff. Ndam., 54° 40' bis über 56° N. B.: 673a, 4*n*, *nn*, 7*nn*(8mf); B317mm, 320mm, 404aa; PK379nn 3) *Prince of Wales'* Fort an der Hudfonsbai (früher) MB 478nf
Prinz-*Williams*-Bai u. -Sund im ruff. Ndam., zw. der *Berings*-Bai (in S) und der *Kinai*-Bucht, c. 60°-61° N. B. u. 145-8° W.L.: 1) Pr. *W.* Bai B 318a, n; auch gen Pr. *W.* Einfahrt B 318af, 9a, m; tfchugazkifcher od. tfchugatfch. Meerbufen od. Bucht 692m, mf; B *318af*, PK 390nn; Bai *Tschugats* 692mf 2) Pr. *W.* Sund *692af-m*‖, *mf;* B 318nn, 326mm, 7mm‖, 404n; Völker um ihn 682mf, nn, 3nn; Spr. (=tfchugatfch., f. übr. da) 682mf, n, *692af*, nn, 3a-*mm*, 8mf; Wörter B 326mm-nn, 7mm
Prinzeffinn-Infel = *Princess royal*
Proaño Berg in Zacatecas 178n
Promontory point am grofsen Salzfee 338n
Prospect, mount: in Neu-Californien 516mm
Provaux 1) Stadt (auch *Provo* oder *P. city*) am *Utah*-See 342af, m, n 2) Flufs = *Timpanogo*
Providence: 1) Fort *P.* am grofsen Sklavenfee im brit. Nordamerika, c. 62°½ N. B.: MB 480a 2) *P. mts* im füdöftl. Neu-Californien 516m
Puallipawmish, Pualliss = Puyallup
Pubuna im füdl. Neu-Californien 547nn, f, 8a
Pudding river öftl. Nebenflufs des *Willamet* in Oregon
Pueblo = *St. Charles;* Pueblo-Indianer oder Pueblos f. bei Neu-Mexico
Puente de la piedra Bach in Texas (*2)
las Puentecitas Quelle ib. 434f
Puerca, sierra: in Sonora? 314af

Puerco, rio: 1) ungewifs, welcher der 2: 59mf 2) wftl. Nbfl. des *Norte* im ndl. NMex. (auch *Xemes* gen. NM 242a; f.) 62m, 296m, 305m, 314a, 361nn; NM *241a-aa, 2a,* nn, 5nn 2) *r. P.* oder *rio de los Puerc*os nördl. und öftl. Nebenfi. des *Norte* im öftl. Neu-Mexico und füdweftl. Texas: f. *Pecos*
Puerta, Guadalupe de la: diputacion der Intendantfchaft Sonora 204nn
Puerto de Cañas, hac. del: in Durango 311nn
Pugallippi und Pugallipamish = Puyallup ufw.
Puget-Sund eine vielgeftaltige Bai, welche in das ndwftl. Wafh. Terr. eindringt, hauptfächl. der fdl. Theil (*P.* Bai gen. B 380m): a) der ganze Meer-Ergufs 585mm, 6aa, 7*n-8aa* (Flüffe), 670m-nn u. nf (it.) b) *P.* Sund 326nf, 584n, f, 5a‖, aa, *m-mm, n, 7n-nn, 8m,* 596af, 659m, 670m; B *373n-nn,* 9nf, 380a, m; Völker an ihm 589af, 594af-mm, 5aa-mf, 6aa-mf, 659m-mm, 660nn, 670n-nf; V. von ihm gen N: B 380
Puheua ein Stamm der Comanchen 367a [aa-n
Puiale f. Puyallup, *Pujuaque* = *Pojuaque*
Pujune oder Puzhune (*Bushumnes* 571af) am Sacramento in nördl. Neu-Californien: 1) Volk *571aa, af,* 611nn 2) Sprache *571m,* 604nf
Pulpito, cabo del: an der OKüfte Alt-Calif.'s
Punash, Punashli = Bonaks
Pungun spring beim *Utah*-See 340af
la Punta Miffion in Neu-Leon 190a 2) *P. de Agua* f. *Agua* 3) *P. negra* in Cinaloa 179nn
Purbachi in Tarahumara 23a
Purgatorio, rio del: (*Purgatory r.* 434a, NM 236a) füdl. Nbfl. des *Arkansas* im ndöftl. Neu-Mex. 250m, 434a‖; NM 211mm, 236a, 9mm
Purica, sierra de: in Sonora 200mf
Purificacion 1) Stadt und Hafen in Guadalaxara 154af 2) in Alt-Californien
la Purisima f. Concepcion
Puta creek wftl. Zufl. des *Sacramento* in NCalif. 522a, Putuidem im füdl. Neu-Calif. 547aa, af
Puyallup (Puyalup, Pugallippi 596nf; *Pualliss)* 1) Flufs des fdl. *Admir.inlet* in Wafh. 587nn, 595af‖, 6af, 670mf 2) Volk ib.: *Pualliss* 670mf; wohl id. *Puiale* 671mf, B 380aa; aber 6mf. Puyallup-amish 594mm, 5af, 6af; *Puallipamish* 670mf, 1a, *Pugallipamish* 596af; *Picallipannish* 592nn
Puzhune = Pujune
Pyramid hill im Gila-Lande 273, bnf 2) *P. lake* im weftl. Utah 333a, aa-m

Q.

Quack-enamish = Squaks'namish

Quácolth *(Quackoll)* Volk u. Spr. im *Charlotten*-Sund B 380f, 1a; auch auf der N u. OKüſte der *Vancouver*-Inſel (nach *Grant*); Queeha Quacolt Volk ib. B 381a (vgl. Quicha)

Quadra- und *Vancouver*-Inſel ſ. *Vancouver-Quahuila = Coahuila*   [Inſel

Quaiantl (659n; ſonſt*Kwaiantl; Qyan*613nf) an der Küſte von Waſhington bei *Gray's harbor* 604mm, *613nf, 659m, mm-mf*

Quaïnu im Königinn-*Charlotten*-Sund B 381aa

Quaitso = Queets, Quaks'n-amish=Squaks'namish

Qualioguas=Kwalhioqua, Quallyamish=Squall-Quane im *Charlotten*-Sund B 381aa   [yamish

Quapahs *(-pas, -paws; Quappe[s]; Kapahas* 436n) gegen den *Arkansas* u. in Texas *422aa‖, 436mm-n;* MB 470f

Qu'appelle river im brit. Oſtlande MB 470nn

Quarra alter *pueblo* im öſtl. Neu-Mex. (*Quarro* NM 251af) NM 243n‖, 4nf, 5aa, *251af*

Quarrellers = Loucheux, Quartelexos im Gila-Lande? 258n, Quashsnamish=Squaks'namish

Quassare ein Stamm der Comanchen 367a, 442n

Quates Berg in Guadalaxara 178af

Quatomah im ſüdlichen Oregon 593a

Quatsinu auf der NWSeite der *Vancouver-Quayalab* in Potoſi 186mm   [Inſel B 381af

Queeah (ſ. noch Quieha) auf den *Charlotten*-Inſeln B 394af, Queeha (= Queeah) Quacolt ſ. Quacolth, Queen Hythe = Queniult

Queets † 1) Küſtenfl. im nördl. Waſh. 587mf (Quaitso) 2)Volk ib. 592a(*Quieetsos*), 6nn(*Quaitso*)

Quelaiult Küſtenfl. im nördl Waſh. 587mf (auch *Quillehyate*),   Quelaptonlilt † Volk an der *Shoalwater*-Bai in Waſhington 596f (auch Bach)

Quelqueshoe = Carcusiu, Quema in Oſtimuri *la Quemada* Hacienda in Zacatecas 178n

Quemaya und Quemeya = Comoyah

Quenailsath † 1) Fluſs der *Fuca*-Straſse im ndl. Waſh. 587n 2) Quenaitsath (wohl das richtige) Volk an der NKüſte von Waſh.596nn; *Quinnechart, -chaut* (wohl daſſelbe) it. 592a, 4af

Quencame = Cuencame

QUENIULT † an der mittl. Küſte von Waſh.; wohl = *Quenoil* 592nn; Formen: *Quinult, Qwee-*

nylt, Queen Hythe; *Quinaiutl, Kwenaiwitl, Quinaitle; Quinaik, Quiniilts;* 1) Fluſs 586af, *7mf,* 8aa, 613nf 2) See 586af 3) Volk (auch *Queniults)* 592a, nn, 4af, 5a, *6n-nn, 613nf,* 632f, *659 m, mm-mf, n-nn* 4) Sprache: Verh. 590af, 604mm, 614aa, 633a, *659m;* über das Wortverz. 604mm

Quenoil wohl = Queniult, Quera(s) ſ. Queres

Querechos im NO über Neu-Mexico (vgl. Ort *Quirechas)* 12nf, NM 225nn‖

QUERES † 1) Volk in NMex. *(Cueres, Keres; Queras)* 284n, nn, 470nf; NM 211aa, 228a, aa, 230 aa, m, mf, n, nn, 245nn, 6m, 8aa, af, mm, 262f, 3mm, nn, 4aa, nn, 5m, *272aa-n,* 8mm, nn-nf, 298m, 414 m, mf 2) Spr. *Quera (Kera)* 423af; NM 263mf, 271n, *2n-nn,* 7aa, m, 8mm, n, 297mf, 8aa, *301nn-3af,* 414mf; W. 423af; gr. NM 297af-9aa, 302m-nn; kl. NM 279mm, n, 302nn-f; NM *280aa-m, 299af-301nn* 3) Ort ſ. *S. Felipe*

Quérquelin † 1)Flüſschen des *Shoalwater*-Bai inWaſh.587mm (auch*Mouse r.),*597a 2)Volk ib.597a

Quesnell's river 1) ſüdl. Zufl. der *Columbia* in Oregon 582nn 2) öſtl. Zufl. des oberen *Fraser's r.*

Questa = Cuesta

Quevenes bei *Cabeza de Vaca* NM 214nf, *7af,* 8aa, 268nf, 9nf, 270mm

Quiahanless im Prinz-*Wales*-Archipel 678aa

Quianna: pueblo des Moqui 282mm (= *Shiwinna?,* ſ); *Quiburi* in Son. (am ob. *S. Pedro)*

Quicksand river ſüdl. Zufluſs der *Columbia* vor dem *Willamet* 591mf, Quicksut-inut im *Charlotten*-Sund B 381a, Quieetsos = Queets

Quicha (= Queeha) Necubta ſ. Neculta

Quild oder *Quillá* Pfarrdorf in Cinaloa 179nn

Quillehyate = Quelaiult; Quilmurs im Gila-Quime = Cuchitemi   [Lande 278m, ſ *Quimper, port de:* an dem Meerarm ſdl. bei der gr. Halbinſel von *port Maskelyne,* c. 54°½ N.B.: B *401f*

Quinaik, Quinaitle und *Quinaiutl* = Queniult

Quinicamet = Gaona, Quiniilts = Queniult

Quinnechart oder -*chaut* wohl = Quenaitsath

Quintana in Texas 414aa, *S.* Quintin 1) *(=Colnett)* Cap der WKüſte Alt-Californiens 2) Hafen ib.

Quinulls = Queniult

Quiqualnonigo Berg im ſüdl. Neu-Calif. 516aa

Quiquimas im Gila-Lande 260mm, 5m, 277mm, nn-nf, 8mf, 533f, 4a   [*Indian territory*

Quirechas (viell. = *Querechos)* Ort wohl im

Quirix (ob = Queres ?) = S. Felipe in Neu-Mexico 12aa, nn *(Quivix)*, NM *225mf*
Quirotes bei S. Francisco in Neu-Calif. 565m
Quitarae ein Stamm der Comanchen 367a
Quiteo Hac. in Durango 179aa, Quitman in Texas
Quitoles bei *Cabeza de Vaca* NM 268nf, 270
Quituches im Gila-Lande? 258nn [m, mf
Quivira fabelhafte oder alte Stadt in Neu-Mex. (auch *Gran* Q.; auch *Pecos* gen. 359nf: f.) 11nnll, 12af, nfll, 334nn, 5a, 359nf-360aa; NM 223a, 5mm, mf, n-nn, 6aa-af, nn, nf, 7aa, afll, 243mm, 4nf, 5aa,
Quivix = Quirix [263a 2) Prov. 294m
Qunkmamish (auch N'quutlmamish) in O am *Admiralty inlet* in Wafhington 595m
Quoratem + 1) füdl. Zufluſs des *Tlamath* in Neu-Califurnien (auch *Salmon river*, f.) 522mf, 575a 2) Volk am Fluſſe 574af, 5a
Qweenylt = Queniult, Qyan = Quaiantl

R.

Rabb's creek Zufluſs des *Colorado* in Texas
Rabbit ear creek Zuſl. des *north fork* vom *Canadian* im nordöftl. Neu-Mexico und in Texas NM 232nf, 9mf 2) *Rabbit-skins* Volk im nordweftl. britifchen Oftlande MB 482af, 4n
Rabidoux pass (auch *Pike's pass* gen. NM236a) im nordöftl. Neu-Mexico NM 235af, 6a
Racuach Real der Int. Son. 204nf, *Radigeurs =
Root-diggers*, *S. Rafael* = S. Raphael
Raft creek fdl. Zufl. des *Snake* in Oregon 583af 2) *R. river* Küftenfl. im nördl. Wafhington 587mf
Raguapui im nördl. Colorado-Lande 259m, nn, 345mf; *Rahum = Raun; Rainier, mount:* im wftl. Wafh. 584n, nn, 614nnll; *S. Ramon* Miff. in Cin. 206m, *Ramos* Flecken u. Real in Putoſi 186mm
la Rancheria Hacienda im nordweftl. Neu-Mexico oder nördl. Chihuahua NM 251af, uf, 2n
Ranchito Rancho in Durango 311m, 2f, 3a
Rancho Ort im öftl. NMex. NM 233af, 251af, 2a 2) R. grande in Zacat. 178n; *los Ranchos* pu. u. jetzt Stadt im nordöftl. NMex. NM 233aa, 245n, 252a 2) *puesto de los R.* in Coahuila 196mm
S. RAPHAEL (auch *S. Rafael* gefchr.) A. 1) Miff. im mittl. NCalif. 518aa, *526aa-af*, 560nf, 6a, mm, 574mfll; Spr. derf. *(Joukiousmé* gen. 566m, wohl = *Tchokayem)* 566a-mm, 572aa, 4mf, 5nn, 665af; W. 566a, 574mf, 604, bⁿ 2) *(f)* fchöne Gegend am

Colorado 264nf-5a B. 3) *rio de S. R.* Anfang des *Colorado* (= Auf. des *Green r.* 255n) 250f, 3mm, 5n, 9af, *330mm-n*, 1a, 5n 4) *arroyo de S. Raf.* in Texas f. *Blanco* C. 5) *punta de S. Raf.* an der nördl. Weft-Küfte Alt-Californiens
[*Rapid bayou* in Louif. 424f, 5n] 2) *R. Indians* = Arapaho; *Rascal Indians = Tututune*
el Rastrillo beim *Jaquesila* 258a, 342aa
Rastras, rancho de las: in Sonora 310nn
Raton mountains im ndöftlft. NMex. 434aa; NM 235aa, af, 6aa, 306n 2) R. *pass* ib. NM 235af
Ratten-Infeln: ein Theil der Aleuten, weftlich von den Andrejanow. Infeln 677mm; [*Rattle Snake mountains* im nordweftl. *Indian terr.?* 338a]
Raun (fälfchl. *Caun* und *Ruan*) ind. Dorf am SUfer des *Hiaqui*, in Son. (Oftim.) 203n, 6m, 211 mm; wohl = *Rohum* Miff. 156af | Rayouse = Cay.
Real vor Namen hat keine Geltung, der folgende Name ift aufzufuchen
RED bank creek wftl. Zufl. des *Sacramento* in NCalif. 522a; *R. bear creek* Zufl. des *Brazos* in Texas; *R. butte creek* beim gr. Salzfee 339mm; *Red creek* Zufluſs des *Clear lake* im äufserften Texas u. in Louif.; *R. Deer river* Zufluſs des füdl. Arms des *Saskatchewan* MB 470nn, nf; *R. Dome* Berg in Utah 338mm, *Redfish*-Barre auf d. Inf. Gal-*veston* in Texas; *Red fork:* 1) Zufl. des *Green r.* 331mf 2) des *Uintah* in Utah 331m 3) des *Colorado* in Texas 4) des *Brazos* ib. = *S. Teresa*;
Red-knives = Kupferminen-Ind.; *Red oak creek* Zufl. der *Trinidad* in Texas | *Red river:* 1) = *rio Roxo de Natchitoches* 2) = *rio Colorado* von Texas 3) füdöftl. Nbfl. des *Colorado* v. Calif. = kl. Colorado = *Jaquesila* 4) in Oregon, falfch für *Reid's r.* 5) *R. r.* of north (oder *Assiniboin-*Fl.) im fdl. brit. Oftlande, auf der Gränze der V. St.: entfpringend in *Minnesota* u. gehend in den *Winnipeg-*See 608nn; MB 469f, 470nnll; *Red Wood creek* Küftenfluſs im nördl. Neu-Californien 523a
la Redempcion in Alt-Californien
Redonda, Nuestra Señora de la: Miff. in Chihuahua? NM 229a; *Reed creek = Roseaux*
el Refugio A. Örter: 1) in Neu-Santander 192n 2) Rancho in Durango 311m, 2f 3) Miff. u. Ort in Texas 414aa, m 4) *county* ib. B. 5) *bahia del R.* kl. Bai ib. 6) kl. Fluſs ib. (2 B) 412nn
Reges in Son. (am ob. *S. Pedro*, bei *Terrenate*)

Regis f. *S. Juan Francisco; Regla* Infel im *Cooks*-Flufs, im ruff. Ndam., c. 60° N. B.: B 318a

Reid's river=*Boisée, Reinosa* in NSantd. 192n

Relumbres in ACalif.; *los Remedios* 1) *pu.* in Son. 19mm, 203n [2) *R.* Fort in Guanaxuato 410nn]

Republican fork des *Kansas river* 667aa

Resaca de la Palma im füdlft. Texas 411nn

la Resurreccion in Alt-Calif.   [NM 241af

Revilla Flk. in Neu-Santd. 192n, 366nn, 410a; *Revillagigedo* 1) gr. Infel im fdlft. Theil der ruff. Küfte, öftl. v. der SHälfte der Pr. *Wales*-Infel, von beinahe 55° bis beinahe 56° N. B. 677nn, 9mf; B 320mm, *398nn* 2) *la purisima Concepcion de R.* Real in Potofi 186mm

los Reyes 1) Ort in ACalif. 2) Bai (= *Sir F. Drake's* Bai) u. Hafen (= *port of Sir F. Drake*, f.) im nördl. Neu-Californien *526mm* 3) *punta de los R.* ib. 519a, mm, 526mm

Rhett lake im ndlft. NCalif. 520mfll, 2mm; auch *Tuilla l.* ben. 520mf; Ricara, -rees = Riccara(s)

R i c c a r a(s) im W am *Missouri*, im *Northwest terr.; Formen: Ricara(s), Rikkaras; Riccaree, Ricarees; Arickara(s), -rees, -kk-; Ris; Satrahe;* 1) Volk 608mf, *667f-8aa*, m, *mf-n* 2) Spr. 448n, 641m; Verb. 449mf, nf-f, 454af-n, 668a, *nn-f*, *9aa-mm;* üb. W. 663n, *8mf*, nn, *nf-9a*

Richland creek Zuflufs der *Trinidad* in Texas

Richmond in Texas

Rickreall (Rickreal) river (Appl. *Rockread,* Atl. *La Creole r.*) weftl. Nebenflufs des *Willamet*

Rikkaras = Riccaras   [in Oregon 580m

R i o A. in Flufsnamen, auch Ortsnamen, gilt nicht: fie find unter dem nachfolgenden Namen oder Worte eingetr.; 1) *Rio Grande* f. *Norte*, *S. Juan Baptista del R. gr.* oder *pres. del R. gr.* f. *S. Juan Baut.* in Coah. B. 2) *S. Juan del Rio* Ort in Durango (auch Flufs: *de S. J. del R.* 176nf) 3) *S. Maria del Rio* Stadt in Potofi 185m, 6mm 4) *Santiago del Rio* in Potofi 186mm

Ripler, mount: in NCalif. 516aa; Ris = Riccaras

S. Rita 1) Miff. von Nayarit (auch *Peyotan*) 15a; Real bei Cin. 207f 2) Df in Chihuahua 176n 3) *S. R. del cobre* (auch *Rito*) *pu.* u. Bergw. im öftl. Gila-Land, jetzt fdwftl. NMex. 317aa; NM 243mf, *252a*

Rito: 1) f. *S. Rita del cobre* 2) *Rito Don Carlos* × bei NMex. NM 232nn 3) *Rito Gaviel, mesa del:* im öftl. Neu-Mexico NM 235nf

River's Canal beim *Fitzhugh*-Sund an der brit. Küfte, in 51°⅓ N. B.: B *382m*ll   [*ty* ib.

Robalo, arroyo del: in Texas; *Robertson* coun.

Robledero × im füdöftl. Neu-Mexico NM 256mf

Robledillo Dorf im weftl. NMex. NM 252a, 6a

Robledo Engpafs im weftl. NMex. NM 237aa

S. Antonio de los Robles f. *S. Antonio*

Rock creek: 1) 2 in Texas (6, *11) 2) öftl. Zufl. des *Sacramento* in NCalif. 521mf 3) füdl. Zufl. des *Snake* in Oregon 583af B. 4) *R. island* in Wafh.

Rockread river = *Rickreal*   [*594mm*

R o c k y creek 2 in Texas (*4 B, **4B) 2) *R. Dell creek* fdl. Zufl. des *Canadian* NM 240a, 297f, 304mf, 5mf 3) *R. mounds* Berggruppe im füdöftl. NMex. NM 235m 4) *R. mountains* [*] (Felfen-geb.; *Stony m.*, fteinige Geb.) 577-8, 580-6, 590-2, 602-3; NM *236af-mf*, MB 465aa-m; Völker 635-6, 8af-m, 661nf-2aa; *R. mountain* Ind. f. *Mountain Ind.* 5) *R. point* im nördlichften Neu-Californien 519aa 6) *R. range* in Utah 338mm

Rodartes, mina de los: in Zacatecas 179a

Rodney, Cap: an der ruff. Küfte nahe der *Be-rings*-Str., in 64° 40' N. B. u. 166° 9' W. L. 711a

Rodrigo, rio: in Coahuila 195mm

Rodriguez 1) in Texas 2) in Sonora 310n

Rogue Indians = Tututune 2) *Rogue's river (Rogue r.)* Küftenfl. im fdl. Oregon (f. etwas beim Fl. *Tlamath*) 519nf, 575aall, 580af, 1mm, mf, *3n*, 593a, 614a; auch gen. *rivière des Coquins* 519nf, 614a; *Toutouni* (vgl. Volk *Tototin*) 519nf, *Tututna* 522m; Völker u. Sprachen am Flufs 575aa-af,

Rojo, rio = *Roxo*   [593a, 611f, 4a

R o m o n a n s bei *S. Francisco* im nördl. Neu-Calif. 565nf, f; *Ronde, Grande:* f. *Grande*

R o o t - d i g g e r s 1) allg. Name NM *306af-m;* auch gen.: a) *Diggers* 569f, 633n, 6a, 7aa; NM 306 mf, 7a; und *Digger-Indians* 637nf b) *Radigeurs, Maradizos, Gens de pitié* 635a c) *Shoshokies* (f. bef.), gelegtl. = *Bonacks* (f. df.) d) auch *snake-diggers* in Utah gen. 346aa, nn 2) *Root-d.* oder *Diggers* fchofchon. Stamm: a) allg. *633n-nf*, *6a*, mm-mf, 6a ,b) in Utah 346a, nn (wie *Utes*), *mm-n*, 7n, f, 593af, 5nf, 636m, 8af, 648af (auch *snake-diggers* genannt, f. 1, d) c) in Oregon 635a, 6nf, *7aa-af*, *nf*, 8af b) in Neu-Californien (fchofchonifche oder wie allgemein genannt) 529n, 564nn, 9nf, 636nf

Root-eaters 1) f. *Yumpatick-ara* 2) fchofchon. Stamm (wohl = *Root-diggers*) 633n-nf, 6a, 643aa *Rootham* See im ndöftl. Wafh. (=*Flatbow l.?*) Roquechoh im nördl. NCalif. 574aa [585f-6a

S. Rosa A. Örter: 1) in Coah. 196mm 2) Real in d. Intend. Son. (auch *Adjuntas*) 204nn 3) Real ib. f. *Lagunas* 4) im öftl. NMex. f. *Havicuii* 5) *Rosa de Castilla* ib. NM 256aa 6) Miff. im füdl. ACalif. *460n*, 481aa 7) Miff. im ndl. NCalif. *526af-m, 573m* 8) alter Ort in Utah 342a B. *isla de S. R.*: [9) bei Florida (= *Malhado*) NM 214mm, 269nn] 10) beim füdl. Neu-Californien 518nn, 9mm

S. Rosalia 1) ind. Dorf in Son. 203n 2) (*S. R. Muleje, Molege* ufw.; auch blofs *Moleje*; die Formen f. bei *Moleje*) Miff. in ACalif. *460n*, 4mf; Spr. 469nn, 470a, 1n 3) alter Ort in Utah 342a, f *Rosalis* in Texas

(el) Rosario A. 1) *el R.* Miff. von Nayarit 15a 2) Stadt in Cin. 14aa, 207m *(real del R)*; *Asilo del R.* Real u. Stadt ib. 179nn 3) *del R.* = Prov. *Chametla* in Cin. 206n, 7f 4) *el R.* Gegend in Alt-Calif.; *Nu. Sra del R.*: 5) Miff. in Texas 6) Miff. in ACalif. *460n* B. 6) *rio del R.* zw. Guadalax. und Cin. 11af, 14aa, 155f, 179m 7) Canal *del R.* nach Humb.=Meerbf. von Georgien; nach Duflot nur eine Strecke der OGränze des Meerarms im O der *Vancouver*-Iufel, der Mitte der Infel gegenüber, in 49°⅓-⅓ N. B., der mittlere Meerarm 585nn, B 319nf

Rosas, villa de = S. Fernando

Roseaux oder *Reed creek* Zufl. des *Bear r.* im füdl. Oregon und in Utah 337aa, 8f, 583mf; auch *Malade river* oder *creek* genannt 338f, 583mf

Rofs, Colonie: ruff. Col. im ndl. NCalif., an der *Bodega*-Bai (Col. 566nn); Fort, ruff. Forts 532m) 260a, 522f, 532m, 566mf, *n-7m, nf, mm, mf, 8a, aa,* 9nn, 673aa; Spr. 570aa, 3nn; Völker u. Sprachen der Gegend *567af* (V.), *mm-8a,* 573mm, mf, 4nn

Rowlett's creek Zuflufs des *Bois d'Arc* von der *Trinidad* in Texas

I. *rio Roxo (Rojo) de Natchitoches*, nord-amer. und jetzt meift *Red river:* 11ter Hauptflufs von Texas, fein nördl. Gränzfl.; auch Fl. der Luif., in den *Missisippi* fallend; auch gen. *rio de Natchitoches, Nachitos, -toos; rivière Rouge:* 303mm, 4nn, 366n, 439mm; NM 242mm, nn-f B. *rio Colorado de Natch.* gen. 324nf, 408mm, nf, *413aa;* NM 242mm; blofs *rio Col.* C. *Red river* gen.

326nn, 361m, 6n, 406aa, 8m, mm, mf, n, nf, *413aa,* 427m, 610aa‖; NM 242mm, 311mm 2) *Red river county* in Texas

II. *mar roxo* = californifcher Meerbufen *Ruan* falfch für *Raun*

S. Rudesindo Rchria der *Quiquimas* am *Col.* 519n Ruinen in Utah und den angränzenden Ländern 357nf-360aa, *Ruito* Zuflufs des *Sacramento* vom *Pecos* im öftlichen Neu-Mexico NM 242af

Runsen (-sien; Rumsen) im mittl. Neu-Calif.: 1) Volk 533aa, 562a, 3mm 2) Spr. 561m, 2nn-f, 3mm, n‖; B 363nf; W. 562a, 3mf, f; *563mf-n

Rupert, Fort: am ndl. Ende der *Vancouver*-Infel *Rush creek* 1) Zuflufs des *north fork* vom *Red river* 2) Zufl. des *little Washita* vom *Red river* 422aa‖, 437mf, 441aa, 2f, *3af,* m

Rusias in Coahuila und Neu-Leon 194mf *Rusk* Ort 414aa und *county* in Texas

Russian river im ndl. NCalif. *522f-3a, 567aa,* mm, nf, 570aa, 3m, mm, mf, nn, 4nn‖; auch gen. 1) *S. Sebastian* 567aa 2) *Slowjanka* 566aa, *Slawänka* 567mm, nf, *Slawianska* 567aa; Völker und Sprachen am Flüfs f. *Rofs*

RUSSISCHES Nordamerika [*] [672 bis 713] 1) Gefch. 673n-4f, B 318aa-m 2) Geogr. 673a-n, 4a-af; B 391nn-nf, 403nf-4aa, nf 3) Völker u. Sprachen 672mm-3mm, 6a-af, 681a-aa; 675aa-7mm; Völker 676n-nn, B 404n-nf; AS 676a-7mm 4) Sprachen 673af-mm, 6af-mf; 676m-mm 5) fuccelfive Behandlung der einzelnen Völker und Sprachen von S gegen N 677n-713mm

S. Rustico alter Ort in Utah 334n, 342a *Rutersville (Ruterville)* in Texas 414aa

S.

Saaptin (Saaptinic) = Sabaptin *San Saba* in Texas: 1) Miff. u. *pres.* 193m, 306 mf, 7mf, n, nn‖, 363aa, nf-f, *414aa* 2) *rio de S. S.* Nbfl. des *Colorado* 193m, mm, 306mf, 363nf, 5mf, 6nf, *412nf* 3) See 193m 4) Gebirge 412a

Sabaipures = Sobaipures, Sabaripa f. *Saguaripa S. Sabas* in Alt-Californien

Sabassu (*Shebasha* B 399mm, nf) im *Pitts*-Archipel, an der brit. Weftküfte, 53-54° N. B.: 1) Volk B *399mm,* nn, 400aa 2) Sprache B 399nf, 400aa; AS 675m [od. Chihuahua 177mf *Sabatinipas* oder *Matavacas* Real in Durango

SABINA A. 1) 10ter Hauptflufs in Texas (engl. *Sabine*) *(rio de la S., de [las] Sabinas; rio de S. Francisco de las S.,* blofs *S-as)* 406a, aa, 8af, mm, mf, nn, 411a', *3a-aa* 2) Bai ib. (auch *Sabine lake* gen.) *412mm* B. Örter: 3) im öftl. NMex. (auch *Sabino)* NM 255mf, 6mf 4) *S. Sabina* kl. Hafen in Son. *Sabinal* × im weftl. Neu-Mex. NM 256m [203n *Sabinas* A. 1) weftl. Nbfl. des *Norte* in NLeon u. Coahuila (auch *Sabine)* 189aa, 195af, mf; NM 241m 2) Zufl. der *Guadalupe* in Texas (auch *Sabina, Sabine)* 3) *rio de las S.* = *Sabina* in Texas B. 4) *Santiago de las S.* Real in Neu-Leon 190a *Sabine* A. 1) 2) Flüffe f. *Sabina* u *Sabinas* 3) *S. creek* wftl. Zufl. des *Pecos* im öftl. NMex. NM 242m B. 4) *S lake* f. Bai *Sabina* C. 5) *S.* county in Texas *Sabino* Ort f. *Sabina* 3, *Saboribas* f. *Saguaripa Sacaton* (eig. *Zac.*), *punto del:* × im ndl. Son.? 62aa-af, 314a; *Saco* 2 Bäche in Texas (2?, *2 B) (Sanco; auch* = *Sarco* u. *Seco,* f. beide) *SACRAMENTO:* A. 1) *presidio del S.* in Coahuila 194m, 6mm 2) *S. city* in Neu-Calif. (vgl. 6) *526m, nf* 3) *county* ib. 523m B. *rio del S.:* 4) Nbfl. d. *Arkansas* 250m 5) wftl. Nbfl. d. öftl. *Puerco* od. *Pecos* in NMex. NM 242af, m, *n* 6) Fl. im nördl. N Calif. (früher *S. Francisco* oder *rio Grande,* f. *S. Franc.*) 517nll, 520nn, f, *1a-aa*, af, *m-n, nf-f, 2a*, mm, 6m, 570n, 1a, af, m, mm, 3aa, 660m; Völker und Sprachen am Fl. 531mm, 2n, 564mm'||, nf, 5n-nn, 6aa, 9nf, *570nn-1f,* 5nn, 603nf, 4nn, 611 nn, 2aa-af; Thal *515mf,* 7a, 521m, 9nn, 570nf, 1n, 612aa C. 7) Bai in Coahuila (vgl. 1) 194mf D. *sierra del S.,* in NMex.: 8) im füdwftl. Theil 304mf; NM 235a, af, m||, mm, nn|| 9) im füdöftl. *(Sacr. mts)* NM 235nn 10) eine 2te ib., aber mehr öftlich NM 235nn 11) Bergkette beim Fluffe *Sacramento* in Neu-Californien (No. 6) 573mf *Saddle peak* in NCalif. 516mm 2) *S. back peak* füdlich am *Gila* 252mf, *Sagayayumnes* am *Sacramento* im nördl. Neu-Californien 571mf *Sage creek* Zuflufs des *Green r.* 331mf [531mf *Saguaripa* = *Sahu.,* *Sagues* (Sagui) in NCalif. *SAHAPTIN* † A. Volk in der öftl. Hälfte von Oregon u. Wafh., auch *Nez percés* gen. (f. bef.); Formen: *Saaptin(s),* -*tinic; Saptin; Shahaptan(s),* -*toms;* ob = *Chopunish?* (f. bef.); 1) Volk 588n, 593aa, mm, mf-n, *614n-mf,* nn-nf, f-5a, af, 6a, 629aa 2) Sp r. 607n, 615a; Verb. 599n, 603aa,

4mf-n, *614mf,* nn||, 5mm-n, nn, 7n, 628nf-f, 639aa; B372mm; üb.W.602aa,4mf-n,*614nf-5a,* n||; Gramm. *615a-aa,* *615aa-af B. 3) der Flufs = *Snake river Sahehwamish* am *Puget*-Sund 595aa; auch: *Sehehw.* 594m; *Sayhayw.* 596af, *Sayhaymamish Sahmamish* = *Sammamish* [670nf, 1a *Sahnes* im nördl. Neu-Calif. 573n [*bia* 614aa|| *Saho Latak (Sehalutak)* Spr. an der unt. *Colum. Sahuaripa* † *(Sagu., Sogu.; Zaoripa)* 1) Miff. u. Dorf in Son. *(Pim. baxa,* Oftim.) 19n, nf, *203n,* 310n 2) Volk ib.: *Sabaripa* 222a, *Saboribas* 208mf; auch *Sisibotari(s)* gen. 208mf, f, 9aa, *221 nf, 2a,* aa|| 3) Sprache: *Sabaripa* 208f; *Sisibotari Sain* Hac. in Durango 179aa [209af, 221nf-2a, aa *Sainapuchi* in Tarah. 23a, *Sainstcla* = *Saiustkla Saïsa* -'dtinnè (öftl. Volk; *Saw-eessaw-dinneh* MB 476mf, 7n) entweder = *Chepewyans* od. *Northern Ind* MB 476mf-n, *7mm-nn,* 9aa-af; A 150nf *Saiustkla (Sainstcla* A 153m, *Sayonstla* 613f) im S des *Umpqua*-Fluffes im füdl. Oregon 612a, af, 3f; A 153m [*Wafhington* 588a *Sakpam* öftl. Flufs des füdl. *Admiralty* inlet in Wafhington 595mm; daffelbe ift wohl *Sock-amuke* 670nn, 1aa *Sal:* 1) *punta S.* in Neu-Californien 518f, 9mm 2) *monte de Sal Gemme* = *sel gemme Salada* Hacienda in Zacatecas 178n *SALADO:* A. *RIO Salado:* 1) nördl. Flufs des *Gila*-Syft. (ob = *Asuncion* u. dem wftl. *S. Francisco?)* 251f, 2af, mf, n, nn, 3a||, aa, m, 264mm, 5f, 277a; auch gen. *rio Salinas* 252mf, nn, 3a, m, 265f, 279nf, 281f; PK 329a, 334n, nn; oder *Salt river* 252n, 3af; PK 331mf, 3mm, n, nf; Trümmer am Fluffe 263aa, m 2) Nbfl. des *S. Antonio* in T e x a s 412nf 3) Zuflufs des *Pasigono* vom *Colorado* ib. 306nn 4) Bach *(creek)* vom Syft. des *Brazos* ib. 5) Nebenfl. des *S. Juan* oder od. *Nabajoa* 332mm 6) Zuflufs von Humboldt's Salzfee 334m B. 7) *val Salado* im öftl. Neu-Mexico NM 235aa 8) *valle S.* beim grofsen Salzfee in Utah 342a *Salem* Hauptftadt von Oregon 583f *Saletzi* im öftlichen Sonora *las Salinas* A. Örter: 1) gr. Dorf und Real in Potofí? 186mm = Real in NLeon? (vgl. No. 4 u. 5) 190aa; *valle de las S.* in NLeon 190nn 2) *parage de las S.* in Coahuila 196mm 3) *valle de las S.* f. No. 1 4) *S. de la barra* in Coahuila oder Neu-Leon

194mf 5) *S. Victoria: villa* in Neu-Leon 190aa
B. 6) *rio Sal.* Flufs vom *Gila*-Syftem = *Salado*
7) Flufs in Neu-Californien = *S. Buenaventura*
Saline creek: 3 in Texas (6, 8, *11)
la Salinera ˣ im füdweftl. Neu-Mexico 256a
Salineros f. Seres, *Salinilla springs* in Texas
Salish=Selish, *Sallies lake* im mittl. Wafh. 586a
SALMON river A. 2 im brit. Weftlande, fich in
die Südfee ergiefsend: 1) der nördl., grofse, in der
Br. des NEndes der *Charlotten*-Infel, in bein. 54°:
B *381m, 400m*∥; AS 599m (= *Nateotetain, Natteotain* MB 473af) 2) der füdl., kleine, in der Br.
der SSpitze der *Charl.* Infel, c. 52°½ oder ½: B 322
mf, f, 3aa, *381m,* 2af, *mf,* 3af, 4mf B. 3) öftl. Nbfl.
des *Snake* im ndöftl. Oregon *583m,* 593aa (auch
north branch 583m); auch gen. *Waptikakus* 583m
4) *S. creek* oder *r.* fdl. Zufl. des *Tlamath* in Neu-
Calif. *522mf,* 3a (= *Quoratem*) C. 5) *S. mountain*
in NCalif. 516mm 6) *S. mountains* im öftl. Oregon
581a 7) *S. village* am füdl. *S. river:* B322nf, 3a
Salsen bei *S. Francisco* in Neu-Calif. 565m
Sal-si-puedes: punta und Infel der nördl. Oft-
Küfte Alt-Californiens
Salt A. Flüffe: 1) *S. branch* Arm des *Brazos*
in Texas; *S. creek:* 2) = *Onapah* 3) 2 in Texas
(1 B, 8) 4) *S. fork:* 3 in Texas (*5, *6, 11) 441af
(vom *Brazos*) 5) *S. river* = *rio Salinas* B. *Salt
lake* S een: 6) im füdöftl. NMex. NM 256mf 7) im
fdl. Oregon 582a 8) 2 im mittl. Wafh. 586a 9) *great
Salt lake,* gr. *S. l. city* f. gr. Salzfee, gr. *S.* Stadt
10) *Salt pond* kleiner See in Texas
Saltillo (Santiago del S) Hauptft. von Coahuila 161mm (in NBisc.), 190aa, *6mm-mf* (auch
Salto Hac. in Durango 311a [*Leona Vicario)*
Saluria in Texas; *S. Salvador* (od. *S. Clemente)*
Infel beim füdl. Neu-Californien 518nn, 9m
S A L Z S E E: 2 in Utah: A. 1) a) der kleine Salzfee 330af, 7m, 340m, n b) *little Salt lake city* =
Parovan B. 2) der grofse Salzfee (*great Salt
lake;* die ältere Vorftellung f. bei *Timpanogos):*
a) der S ee u. das Thal *338af-*9nn, 340m-mf, nn-f
b) S ee 325m-mm, 6m, 338mf-n, 5nn, 6a, *af-n,* nn,
7a-aa, nn, *340m-mf,* nn-f, 6m, n, 8n, 635nf, 6m,
8n c) Thal *(gr. Salt lake valley)* 325n, 9aa, 337
mm-mf, 8aa∥, 340n, 1a-f, 4a, 5mf, 7mf d) gr. Salzfee-Stadt *(Great Salt lake* city) 326n, 8nn, 9f,
330n, af, 7nn, 8aa∥, 9mm, *342af,* m-mm, 3a, 4af, mm,

7a, aa, 358af *(Utah!);* NM 306nf e) *Great Salt lake
county* 342af | Samamish = Sammamish
Samdan an der ruffifchen Küfte 675m
S amish † 1) öftl. Flufs der *Padilla-*Bai füdl.
von der *Bellingham-*Bai in Wafh. 588a, 595mm
2) See ib. 586aa-af, 8a 3) Volk ib. 595mm
Sammamish † *(Sama.* 595m, *Sahma.* 670mf,
1a) 1) öftl. Flufs des mittleren *Admiralty inlet* in
Wafh. 587nn 2) See ib. *586aa,* 7nn, 670mf 3) Volk
Samamish in O am *Admir. inlet* 595m, 670mf, 1a
Sampitch Thal (u. wohl Flufs) in Utah NM 306
mm; Sampiches Volk ib. 639a, 657m
S amunda im nördl. Neu-Californien 573n
San (= heilig) im Anfang der geogr. Namen wird
S. gefchrieben und alphabetifch nicht berückfichtigt
Sanco = *Saco, Sand creek* Zufl. des *S Jacinto*
Sandeham = *Sandyam* [in Texas
Sanders creek füdl. Zuflufs des *Red r.* in Texas
Sandia im ndöftl. NMex.: 1) *pueblo* 243nf, 4a,
m, 252a-aa, *6n, 298a, af 2) Spr. des *pueblo* NM 274
m, 7aa, nn, 8mf, 280aa 3) *sierra de S.* NM 236a, mm
Sandy viele Flüffe: 1) *S. river* öftl. Nbfl. des
untft. *Willamet* in Oregon 2) *S. creek* 6 in Texas
3) *big Sandy* Zweig des *Green r.* 331aa, 8a 4) *big
S. creek* 2 in Texas (9, *11) 5) *little S.* ein an-
drer Zweig des *Green river* als No. 3: 331aa, 8a
Sandyam = *Santiam*
S anetch an der OKüfte der *Vancouver*-Infel
Sangre de Christo: 1) *sierra de la* (NM 236mf):
im nordöftlichften Neu-Mexico NM 236a, mf, 306n;
AS 434aa 2) Pafs ib. NM 236a
Sanpoila † im nördl. Wafh.: 1) nördl. Zuflufs
der *Columbia* 587a 2) Volk, d. h.: *Senpoils* 592n,
6a; *Sans Puelles* 594aa, 6a | *Sans Puelles* f. *Sanpoila*
S anta (gefchr. *S.)* im Anfange der Namen wird
nicht gerechnet, fondern der folgende Name gilt
Santander in Neu-Santd.: 1) Hauptft. (jetzt
ciudad Victoria 192nf) 188nf, 192nf-3a 2) *laguna de S.* in NSantd. (und im fdl. Texas? dunkel
mit *l. Madre* vermifcht) 192m, NM 241m 3) *rio
de S.* Fl. des mex. Meerbufens 181f, 5af, 9aa, 192af
S A N T I A G O A. 1) in Tepeguana 24a 2) in Potofi
186mf 3) *S. de los Coras* (auch *S. del Sur)* Miff. im
füdl. ACalif. 460aa, n∥, 472n-nn, nf, f, 3a, 480aa,
1aa, m 4) Bezirk in Cin.? f. *Caballeros* B. 5) *brazo de S.* Bucht in NSantd. 192m 6) *cabo de S.* =
S. Lucas in ACalif.; *cerro de S.:* 7) *estancia* in

Durango? 312aa 8) 2 Reale in Zacat. 178mf, nn;
rio de S.: 9) (auch rio de Tololotlan) durch
Guanax., Vallad. u. Guadalax. ftrömend u. bei S. Blas
in die Südfee fallend 15a 10) Fl. in Durango 176nf
11) sierra S. Dorf in Neu-Santander 192n; valle
de S.: 12) in Cinaloa? 206af 13) in Valladolid
Santiaguillo Hacienda in Durango 311nf
Santiam (Atl., Santian sen.; Sandyam gaz.,
Sandeham E) öftl. Nbfl. des Willamet in Oregon
Santillana in Neu-Santd. 192n, Sape = Zape
Saptin = Sahaptin   [204nf
Saracachi (-atzi) Real in Son. (bei Arispe)
la Sarca Hacienda in Durango 177af
Sarco, arroyo: in Texas (2; vgl. Saco u. Seco)
Sardinas Miffion in Coahuila 196mf
Saric Miff. u. Df in Son. (Pim. alta) 19nf, 203n
Sariteka ein Stamm der Comanchen 367aa [wan
Sarsi(s)=Sussee(s), Sascatshawin=Saskatche-
Saskatchewan gr. Flufs mit 2 Armen im brit.
Oftlande, entfpr. in den Rocky m., mündend in den
Winnipeg-See; Formen: Saskachawan; -win,
Sascatshawin, Saskatchawine; Sastatchewine;
Stellen: 577mm, 636af, nn, 662n, nn, 6nf, f; MB
467af, 8n, 9af, 470nfll, 4a, aa
Sastatchewine = Saskatchewan
Saste u. Sasty = Shaste, Satchap = Satsop
Satebot Miff. in Tarah. baxa oder Chinipas 21a
Satrahe=Riccaras, Satsikaa od. -ka=Blackfeet
Satsop † im füdl. Wafh.: 1) Volk (auch Sat-
chap 597aa, 632f) 595a, 7aa, 632fll 2) Zuflufs
von Gray's harbor 587mf
la Sauceda A. 1) Hacienda in Durango 311f
2) Real in Zacatecas 178n B. 3) Flufs in Durango
176nf, nachher de Culiacan genannt 179m
· Saucillo in Durango 311mf, 2aa
Saus 2? kl. Flüffe in Texas (*2 B?, *3; einer
auch Mission river, f.)   [Wafh. 587mf
Sautes river vom Syftem des Chihalis im füdl.
·Sauze in Oftimuri (zwifchen Mayo und Hiaqui)
Savinnars auf der Vancouver-Infel B 328m,
349aa | Sawamish † im nördl. Wafh.: 1) Volk
am weftl. Puget-Sund 595aa 2) Küftenflufs 587mf
3) county 588af
Saw-eessaw-dinneh = Saisa-'dtinnè
Sayhaymamish oder -wamish = Sahehwamish
Sayonstla = Saiustkla   [571mf
Saywamines am Sacramento im ndl. NCalif.

Scatchat = Skagit, Scawhamish=Skywhamish
Schachtolik Meerbufen in der Gegend des Pasch-
Schaf-Indianer = Sheep Indians   [tol 677a
Schanies = Shawnies
SCHEYENNE(s) [*608m-11n]; Formen:
a) Sheyennes, Sheyen (Fl.); Cheyenne(s); Shayennes, Chayenne(s); Shyenne(s), Chyennes,
Shiennes b) Shiehah (Fl.); Shawhays, Chawai;
Shara c) Istayú 609m; A. 1) Volk in O der
Rocky m. an 2 Stellen der Verein. St.: in Nebraska
u. im Northwest terr. 432a, 608mm-9m, mf, nn-
nf, 610a-af, 636mf, 8n, 665m, 7aall, 8a; NM 265af
2) Spr. 36nf, 608mf, 610af, mm-n, 641m; Verh.
610n-1n, 636mf, 664n-nn, 5mmll, 7mf, n; üb. W.
609af-610af, mm-n, 1a; NM 282n; *610m-mm;
gramm.609mm,mf,nf; *36nn, 611mm-mf B.3)Sche-
yenne-Flufs (Sheyen r., Shiehah r.) wftl.Nbfl. des
Missouri im Northwest terr. 608nn, f, 663mf
Schissatuch auf d. WKüfte des Vancouver-Inf.
Schlangen-Ind. = Schofchonen; Schoomad-its
auf der Vancouver-Infel B 328m, 349af
SCHOSCHONEN [*] A. Volk, das bef. den SO
von Oregon einnimmt [633 bis 653]; Formen:
Shoshone(s); -ni(s), -nies, -nee(s); Schoschoni,
-nés; Sosona (vgl. noch Sozonis); auch genannt
2) Snakes od. Snake: Ind. (634f, 5aall); diefe:
a) fpec., = Schofch. b) das gröfsere Volk, von dem
die Schofch. ein Zweig find 633mm-4nn, 7a-m;
auch Schlangen-Ind.; Serpentine Ind., Serpens;
1) Volk 629aa, 633aa-8n, 665mf-n; Verh. 370m-
1mf, *648aa-mf 2)Spr.: Verh. 638nf-9af, 648a-9,
657aa-mm; KN 503; AS 652af-m; 639af-640a; W.
640a-nf, 1n-nn, 5m-n; *641nn-3f, 4a-5m; Wortvgl.
645m-n, 9n-650mf; *639m-640a, 651a-2mm;
gramm.351, 645n-7f B.3) fogen. allgemeine Völker-
und Sprach-Familie (auch Snake-Stamm genannt
649aa) 552mm, 649a-aa; NM 312n
Schregon=Serragoin, Schugatfchi=Tfchugatfchen
Schumagin- oder Schumaginifche Infeln (Schumaginsk 677mm) füdl. von dem nahen WEnde von
Aljaksa, c. 55°-55°⅔ N. B. und 159-161° W. L.
677mm, 697af; B 318m
Schwarzfüfse, -er, fch-fsige Ind. = Blackfeet
Schwoyelpi im ndöftl.Wafh.; Formen: Shwoi-
elpi, Squiaelps; Soayalpi, Soaiatlpi; Whëelpo;
1) Volk 592mf, 4aa, n, 5nf, 6all, 659aa; = Colville
594n, 6a; = Ponderas 592mf 2) Sprache 604m

Scie river Zufl. der *Sabina* in Louif. [gon 583n
Sciisticum (auch *Siuslau*) Küftenflufs in Ore-
Scott 1) Cap: NWSpitze der *Vancouver*-Infel
B 380nf, 1aa, afll 2) *S.'s river* füdl. Nbfl. des *Tla-
math* in NCalif. 522mf; Thal 574af, 5af; Völker am
Fl. 574af, 5aa 3) Scotts-Infeln im W von der NW-
Spitze der *Vancouver*-Infel, etwas unter 51° N.B.:
B *381af* 4) *Scotts*-Infel ib. B 381aa
Seamysty am *Cowlitz*-Fl. im fdl. Wafh. 613n, nn
Seattle Stadt öftlich am mittleren *Admiralty
inlet* in Wafhington 588m
S. Sebastian A. 1) *alc. mayor* in NBiscaja
161mm (wohl = No.3) 2) in Potofi 186mf 3) *villa
de S.S.* in Cin. 179nn, 207m B. Cap: 4) im ndlft.
NCalif., in 41°¾ (auch *punta de S.S.*) 248a, 519nf;
B 317a; ob in NCalif.? 519aa 5) in Oregon, = *port
Orford* 519aa-af; *cabo Blanco de S.S.*: 6) im
ndlft. NCalif., ndl. über *St. George's point*, in 41°¾:
519nn, 526n 7) es fcheint = Cap *Orford* in Oregon,
in nahe 43°: *519nn* 8) allg. od. unbeft. 456f, 513mf
C. 9) *rio de S.S.* im ndl. NCalif. = *Russian river*
10) Bai des *Seb. Vizcaino* f. *Vizcaino* [*co*, vgl.)
Seco, arroyo: 2 in Texas (2?, *3; einer = *Sar-
Secumne*(s) am *Sacramento* im nördl. NCalif.
(auch *Sekumne, Sicumnes, Secamne*): 1) Volk
571aa, af, mf, 611nn 2) Sprache *571m*ll, 604nf
Secunnie = Sicani, *Seguin* in Texas 414aa
Segura, puerto de: in Chihuahua 310m; *porto
Seguro* in Alt-Californien
Sehalatak = Sahu Latak, Sehehwamish = Sahehw.
Seheperrh ind. Dorf im nördlft. Neu-Calif. 574aa
Sejat im füdl. Neu-Californien 547a, aa
Sekamish in O am *Admir. inlet* in Wafh. 595m
Seksekai = Satsikaa = *Blackfeet*
Sekumne = Secumne, Sekunnie = Sicani
sel gemme, montagnes de: am ob. *Colorado*, in
Utah 330mf, 4af; = *monte de Sal Gemme* 253mm,
Self Zuflufs der *Trinidad* in Texas [7aa
SELISH (od. *Salish*) im ndöftl. Wafh. u. etwas
noch im brit. Gebiete (auch *Flatheads*, f. bef.):
1) Volk 588mf, 592mf, 3n, 602f-3a, 614mm, *659a-
aa*, 661aall, 3a; B 320nf, *391af-m*; MB 467nf
b) eig. *Salish* 659aa 2) Spr. 588mf, 607n, 660mf, n;
Verh. 604af-m, *659a*, af, m; üb. W. 604af-m, 660
mf, nf; *Tsihaili-Selish*-Familie f. *Chihalis*
Selloatpallah *(Sewatpalla)* in Wafh. 594a
Semillete f. *Cebolleta*

Philos.-histor. Kl. 1854. *Suppl.-Bd.*

Senatuch an der SKüfte der *Vancouver*-Infel
Seneca = Senecu
Senecu (Sinecu, Senacu, Jenecu, Seneca)
mehrere NM *264aa-mf:* 1) alter *pueblo* in Tarah.
oder im ndöftl. Chihuahua 23a, 163a; NM 231mm,
244nn, *252aa-af, n-nf,* 273all 2) nördl. Ort, in
Neu-Mexico NM 264af, mf
Senis 1) Volk in Texas (auch *Cenis; Simais* u.
Sinaes 437a; wohl = *Asinais* u. *Inies* 436nf, 442a)
426mf, 8af, 435nn, 6nn-7a [2] *Cenis* Dorf in Louif.?
436nn] *Señora, Nuestra:* f. *Nuestra
Senocagui, S. Xavier:* Miff. in Tarah. *baxa* od.
Chinipas 21a; *Senoquipe* in Son. (bei *Banumichi*)
Senpoils = *Sanpoila, Sentipac* Flk. in Guadalx.
154m; *Sepulla creek* Zufl. des *Moro* im öftl. NMex.
NM 240a, m; *Sequalchin* Küftenfl. im fdl. Oregon
la Sequia Zufl. der *Medina* in Texas [583n
S. Serafina alter Ort in Utah 342a; Seraticks
in Texas 421aa, *436a*; Seres u. Seri = Seris
SERIS in Sonora *(Ceris; Seri, Seres):* A. 1)
Volk 156af, mm, 202mm, 8m, 219mm-220nf, f, *1a,
aa*, af, mm, n, 9nn, 303nn 2) Spr. 219nf, 220mf-nf
3) *Ceris Salineros* 219af, 220m; blofs *Salineros*
im Gila-Lande? 258nn B. 4) *cienega de los Seris
Serogachic = Cer.* [See in Son. 200n, 220m, 1n
Serpens, Serpentine Indians = Snakes: f. bei
Schofchonen; Serragoin oder Schregun-Ind. im
nördlft. Neu-Calif. 575a, Serwushamnes am Sa-
cramento im nördl. Neu-Californien 571mm
Sevier lake = *Nicollet l.* 2) *S. river* in Utah
326n, 9aa, *333mm,* 7af; NM 306nf; auch *Nicollet r.*
Sewatpalla = Selloatpallah [332n, 3mm
Sewernowzer 1) in NCalif. = *Chwachamaju* 2)
im öftl. Aljakfa, fonft am Fluffe *Nüschagak* 696a
Sexton's river öftl. Nbfl. des *Willamet* in Oregon
Shahala an der unteren *Columbia* 591mm, 4a
Shahaptan, -toms = Sahaptin; Shallalah an der
Nord-Küfte von Oregon 592a [*lumbia* 592aa
Shallatoos (ob = *Follaties?*) an der unt. *Co-
Shanelkaya* im nördl. NCalif. [368nn
Shanico Häuptling eines Comanchen-Stamms
Shanwappones Volk im fdl. Wafh. 592aa 2)
Shanwappum Zufl. der *Yakima* von der *Col.* ib. 587af
Shara = Scheyennes, Shashta = Shasta
SHASTA oder SHASTE † das meifte im ndlft.
NCalif.; Formen: *Shasté; -ty, -ties; Shashta;
Tshastl, Tshashtl; Saste, Sasty;* A. alles geogr.

Hh hhh

zuf. *572aa-af;* einzeln: 1) Land 571a 2) Gebirge *516af,* 520n, 1m, f, 2mm 3) Berg (auch *Sh. butte*) *515mf,* 6af, 521f 4) *Sh. river* füdl. Nbfl. des *Tlamath 522mf,* 574a, af, 614a 5) Thal 573m, 4af 6) *county* 517nn, *523mm* 7) *Shasta city* 526nf B. 8) Vo l k im ndlft. NCalif. u. fdl. Oregon 570aa, *2af-mm,* 593m, 603aa, 611nfll, 3af, 4a 9) S p r. 570aa, *2af, mm-n,* 5aa, 607n, 8a, 614aa; Verh. u. üb. W. 604,b^{mm} Shasties, Shasty=Shaste; Shawhays=Scheyennes S h a w n e e(s) † 1) Volk der fdl. Verein. St. u. in Texas (*Schanies* 420f) 420n, f, 1af, m, mfll, nf, 423af, nf, 664af 2) *big Shawnee creek* Zuflufs der *Angelina* von der *Trinidad* in Texas

Shayennes = Scheyennes, S h e a s t u k l e s an der NKüfte von Oregon 591f, Shebasha = Sabassas *Sheëbppah lake* im S vom gr. Salzfee 338nf *Sh e e p Indians* (Schaf-Ind.; *Ambata - ut -'tinnè* oder *Ambaw-tawoot*) im brit. Oftlande A 151m; MB *480m-mm,* 2af 2) *S. rock* im ndlft. NCalif. 516af S h e k o m im nördl. Neu-Californien 573mm *Shelby county* und *Shelbyville* in Texas *Sherente creek* (od. *dry Cottonwood c.*) Nbfl. *Sherman* in Texas [des *Jordan* in Utah 339n *Sheyen river* und Sheyennes f. Scheyennes *Shiehah river* und Shiennes f. Scheyennes S h i m - i a h m o o an der *Bellingham*-Bai im nördlichften Wafhington 595mf *Shipap* eine Quelle des *rio del Norte* NM 303nf S h i s t a c o o s t e e im füdl. Oregon 593a [305f *Shiwinna pueblo* des Moqui (= *Quianna*?) NM *Shoalwater*-Bai im füdl. Wafhington *585mf,* 7mm, 596nf, 7a-aa; Indianer oder Völker daran 589mf, 594f, 6n, *nn-7aa*

Sholey's fork nördl. Nebenflufs des *Gila* 252n S'Homamish oder S'homamish = Homamish *Shookum Chuck* = *Skookum Chuck* S h o s h o k i e s einZweig der Schofchonen (=*Rootdiggers*) 635mm, mf; wohl id. *Shuckers* 633n Shoshonee(s), -nes, -ni = Schofchonen S'Hotlemamish = Hotlimamish S h o t o an der unteren *Columbia* 591mf S h o u a g a n im Prinz-*Wales*-Archipel 678aa Shoushaps oder -shwaps = fdl. Atnah, *Shuckers* f. Shoshokies, *Shumuthpa* f. *Jongopavi*, *Shushpellamine*=*Fayette* r., Shushwap(s) od. -wapumsh = füdl. Atnah, *Shutes r.* = *Fall r.*, Shwoi-elpi = Schwoyelpi, Shyennes = Schey., Siahs = Sians

Sianori Dorf und Real in Durango 177af S i a n s oder Siahs im nördlft. Neu-Çalif. 574aa S i b a p o t im Neu-Californien KN 502mf *Sibilleta* f. *Cebolleta*, *Sibirijoa* in Cin. 159a S i c a n i im brit. Weftlande (Neu-Caled.); F o r - m e n: *Sikani; Sicannies, Sicaunies; Sikanni; — Secunnie, Sek.;* — *Tsekanies; Tsitcani, -kani;* 1) V o l k A 152aa (nf), 3a, aa; MB 472a, *3af-nf,* 5aa; AS 591nn 2) S p r. MB 473mm, nf; üb. d. W. *Sickly river* = *Malade* [MB *473n-nf,* 5nn S i c k n a a h u t t y Stamm der *Stikin* B 404mf Sicumnes = Secumnes; S i c u r a b a Volk u. Spr. in Topia 173nn, 658a = S-as in Chihuahua 162n *S I E R R A:* die Namen mit diefem Vorfatz (meift Gebirge) ftehn meift unter den folgenden Worte; A. 1) *Sierra: county* im ndöftl. NCalif. 523mm B. 2) *sierra azul* f. *azul*, *s. blanca* u. Volk *Sierras blancas* f. *blanca* 3) *s. gorda* gr. Bezirk in NLeon u. NSantd. 188af, n, 191m, 2mm; = Prov. NSantd. 191a, af 4) *S. Hermosa* Hac. in Zacat. 178n 5) *s. Madre* im mittl. ndl. Mex. 15mf, 18nf, 20af, m-n, nn, 198mf-n, 247nf, 250a, aa, 1mf, 6nn, 264mm, 280a, nn, 3a, 5aa, 301a, 327mf; NM *235all,* 6aa-af, *mm-mf,* 243mf 6) *S. negra* Real in Potofi 186mf 7) *s. oscura* im mittleren nördl. Neu-Mexico? 257a 8) *s. verde* f. *Verde* [tofi 186mf *Sihue*, *Nu. Sra de Guadalupe* de: Real in Po-Sikani, -anni = Sicani, Siksekai u. Siksekuanak =Satsikaa=*Blackfeet*, *Silla*=*Zia*, Simais=Senis *S. Simeon*, Bai: in NCalif., in 35°⅔ B. 519mm *S. Simon y Judas*, *pueblo de:* im Gila-Lande 278nf (= *Oparsoitac*, f.); ob es = *Judac* ift? in Sonora oder nördlich vom *Gila:* PK 350n *Simpson:* 1) *S.'s river* Flufs der brit. Weftküfte, entfpr. über 56°, mündend in das *Observatory inlet* in 55°½ N. B.: B *398n*, MB *473*mf; F o r t *S.:* 2) an der nördlft. brit. WKüfte, vor dem Anfang der ruff. Küfte, an der NSpitze einer grofsen Halbinfel, c. 54° 38' N. B.: B 394aa, 400a, aall, 1a, aa, *nf*, *4mm*; AS 675mm, 7a, 680mf 3) im ndwftl. brit. Oftlande, am *Mackenzie*-Fl., in 62° 11' N. B. u. 123° 52'W. L. v. P.: A 156nn-nf, 160m-mf; MB *482a Sims creek* in Texas (*7), Sinaes = Senis S i n a h a m i s h † (Sinaahmish) 1) Volk in Wafb. 592nn, 4mm, 5mm 2) *Sinamish river* öftl. Flufs des nördlichften *Admiralty inlet* 595mm [humes Sinahemish = Sinahumes, *Sin-ahomish* = Sina-

Sɪɴᴀʜᴜᴍᴇs † (auch *Sinahoumez*, *Sunahu-mes*; *Sin-ahomish*, *Sinomish*; *Snohomish*): 1) Volk der ſdl. brit. WKüſte u. in Waſh. 587nf, 594 mm, 5m, 670n, 1mf; B *380aa*, *m-mf* 2) Spr. 671aa 3) *Sin-ah.*, *Snoh.* (*Sinomish* 596aſ): öſtl. Fluſs des ndl. *Admir. inlet* in Waſh. (vgl. *Snoqualmie*) *587nn-8a*, 595m-mm, 6aſ, *m-mm*, 670mf, n|| *Sinaloa=Cin.*, *Sinamish* ſ. *Sinaham.*, *Sinecu= Santa Sinforosa* ˣ in Chihuahua? 20aa [*Senecu* Sinhumanish (*Spôkane*) in Waſh. 594mm Sinnamish it. 592nn, *Sinomish = Sinahumes* Siquitchib an der Süd-Küſte von Oregon 614a *Siricagui = Chiricagui*, Siros ſ. Piros Sisibotari(s) ſ. Saboribas bei *Saguaripa Siskiyou mountains* im nordweſtl. Neu-Californien 516aſ 2) *S. county* im nordöſtl. 523mm *Sisoguichic* od. *-huichi* Miſſ. in *Tarah.alta* 21aa, 23a; *Sister grove creek* Zufl. des *Bois d'Arc* von der *Trinidad* in Texas; *Silca*, Sitcahans ſ. *Sitka* Sɪᴛᴋᴀ † (PK 377nn-nf; *-ca*, *-cha*, *-ga*) im ruſſ. Ndam.: 1) *S*. Sund PK 390a, 2nf, 3a 2) Bai (od. Meerbſ.) 673aa,7n; PK 376mm,7a; auch gen.: a) *Nor-folk*-Bai PK 377a b) *Norf*. Sund 673aa, PK 376mm c) *Tschinkitane* oder *Tchink*. (ſ. beſ.) 682f, PK 377a d) = *Guadalupe* PK 377nf 3) Fluſs 675m 4) *S*. Inſeln, eine Gruppe PK 376nn 5) Inſel PK 376m, mm-mf, nn, *7af*, nn-f, 390nn, 1mm, 2nn; AS 598m, 673mm, 5m; auch gen. König-*Georgs*(III)-Inſel PK 376m; oder *Baranow* PK 376m; B 325n, 404mf 6) wie Ort 678a, 680mf 7) Volk u. Spr. (= Kolofchen, wo faſt alles ſteht): Volk (auch *Sitcahans* PK 376nf) PK 376nf, 9n; auch *Tschinkitane* (ſ. beſ., PK 377a) 8) ſitchiſche oder Sitka-Sprache 675m, mm, 9mf, 680n; PK 377mm-mf, 9n, nn, 390 *Siuslau = Sciisticum* [mm||; B 404m *Sivirijoa* in Cinaloa 14a, 204nf, 7mm Skaddals an der unteren *Columbia* 592aa Skadjets und Skagats = Skagit Skagit † 1) öſtl. Fluſs des ndlſt. *Admir. inlet* in Waſh. *588a*, 595mm||, 6m, 670n, nn|| 2) Volk ib. (*Skadjets*, *Scatchat*, *Skagats*) 592nn, 4aſ, 5mm, nf, 6m, 670n 3) Sprache *671aa* Skeawamish=Skywhamish, Skeedans auf den *Charlotten*-Inſeln (viell. = *Skeena ?*) B 394aa · Skeena † 1) Fluſs des brit. Weſtlandes etwas über 54° N. B.: B 400a, 1a 2) Volk am Fluſſe (vgl. *Skeedans*) 675m, B *400a-aa*

Skeetsomish † 1) Nbfl. des *Lastaw* von *Clar-ke's r*. 592m 2) Volk an dieſem Fl. in Waſhington (auch *Skitmish* 594aa) 592aſ-m, 4aa (*Sketsomish*) S'ketehlmish im O am *Admir. inlet* in Waſh. Sketsomish = Skeetsomish [595m Skeysehamish und Skeywhamish = Skywhamish Skiddegat, Skiddegeet, Skidegats = Skittaget Skilloot an der untlſt. *Columbia* 591n [*lène* Skitmish=Skeetsomish, Skitsuish ſ. *Coeur d'A-* Sᴋɪᴛᴛᴀɢᴇᴛ(s) † auf der *Charlotten*-Inſel; Formen: *-gete*, *-geets*; *Skiddegat*, *Skidegats*; *Skittegás*, *Skittdegates*; *Skiddegeet*, *Skittigeet*; 1) Dorf (*Skiddegat*, *Skidegats*) B 393mm, *nn* 2) Volk B 393mm, n, 4aa, mm-mf 3) Spr. (Reprä-ſentant des *Haidah*) B 394mf; Verh. B *397n-8mf*; Wortverzz. B 393nn, 4m-5aa; *B 395aa-7n Skittdegates, Skittegas, Skittigeet = Skittaget S'klallams, Sklallum(s) = Clallams Sklaven-Fluſs=*Slave*; B. Sklaven-See: 2 im brit. Ndam.: 1) der kl., in 55°⅓ N. B. u. 114°½-116°¾ W. L.: MB *475a* 2) der gr., in 61°½ bis bei-nahe 63° N. B. u. 108°-117°½ W. L.: MB 470mm, 5mf, 9nn, 480a||, m, nn, nf, 1aſ, 2m Skokomish † 1) wſtl. Zufl. des ſdl. *Hoods*-Ca-nals in Waſh. 587nf, *8aa* 2) Volk ib. 595aa, 6aſ, 670nf, 1aſ [*halis* im ſüdl. Waſh. 587mf *Skookum Chuck* (*Shookum Ch.*) Zufl. des *Chi-Skope-ahmish* im O am *Admir. inlet* in Waſh. S'Koslemamish = Hutlimamish [595m Sk-tahlejum oder -egum (vgl. *Stuckstan-ajump*) in O an *Admiralty inlet* in Waſh. 595m Skuckstan-ajump = Stuck., Skwale = Nisqually Skywhamish†(*Skeywh.*592nn, *Skeawa*.670n, *Scawh.; Skeysehamish*596m) 1) Zufl. des *Snoqual-mie* vom *Admiralty inlet* in Waſhington 588a, 596 m, 670nf 2) Volk ib. 592nn, 5m, 6m, 670n, 1aa *Slanos* falſch für *Llano Slave*(s) = Dogrib 2) *Slave river* (Sklaven-Fl.) im brit. Nordamer. zw. dem See *Athapasca* u. gr. Sklavenſee, von 59°-61°⅔ N. B.: MB *470mm*, 7m, mf *Slawänka* und *Slawianska = Russian river Slouacus dennies*: im brit. Oſtlande MB 471a *Slowjanka = Russian river* · Smakshop = Smockshop Smalihhu(-lehhu) am *Skagit*-Fl. in Waſh.595mm *Small Robes* ein Zweig der *Blackfeet* 663m *Smattar creek* wohl Zuſl. des *Lewis r*. 591aa

Smelkamish = Smulkamish

Smith: A. *Smith's river:* 1) Küftenfl. im ndlft.
NCalif. 513aa, *523a*‖ 2) ndl. Nbfl. des *Umpqua* im
fdl. Oregon 583n; *S.'s fork:* 3) zum *Green r.* ge-
hörig 331mf 4) Zweig des *Eagle r.* 331nn 5) Zufl.
des *Bear r.* in Utah 337aa B. 6) *S.'s inlet* ndl.
über der *Vancouver*-Infel, fdl. vom *Fitzhugh*-Sund,
in 51°⅓: B *382m* C. 7) Fort *S.* im öftl. Neu-
Mexico NM 255n, 276af 8) *S.* county in Texas
Smither's creek Zufl. der *Vaca* in Texas (*4 B)
Smockshop au der unt. *Columbia* 591mm, 4aa
(Smakshop); Smoke river weftl. Nbfl. des *Snake*
in Oregon 583af, Smulkamish (Smelkamish) in
O am *Admiralty inlet* in Wafhington 595m
SNAKE: A. 1) *S. river* oder *Lewis r.:* der gr.
fdöftl. Nbfl. der *Columbia*, meift in Oregon; a) alles von beiden Namen: 346f, *582n, 3a*‖*-mf*, n,
591a-af, 636a, 643f; Völker am Fl. 614af, m, 634mf,
nn, nf, 7nn ·b) nur *Lewis' r.* 591a-af, 3af, 614mf,
634nn, nf, 5nf; *L. fork* 636nn (2) Zufl. des Fl. f.
bei *Lewis)* c) auch *Saaptin* od. *Saptin* gen. (bef.
der unterfte, im fdl. Wafh.) 346f, *583mm*, 6mm, n;
der ganze 636n, 7m, 643f 2) *little Snake river*
Nebenflufs des *Yampah* 331n B. 3) *snake-diggers = root-diggers* 4) *Snake Indians* od. *Snakes =* Schofchonen

Snohomish = Sinahumes

Snoqualmie † 1) (auch *-mo, -moo* 588a; vgl.
Snohomish) öftl. Flufs des ndl. *Admir. inlet* in
Wafh. *587nn-8a*, 596m, 670n 2) Volk am Fl.:
*Snoqualmook; Snoqual-amuk(e), Snoqualamick,
Snoqualimich:* 592nn, 4mm, 5m, 6m, 670n, 1a
Snoquamish am mittl. *Admir. inlet* in Wafh.
592nn, 670nf, 1a; Soaiatlpi = Schwoyelpi, *Soamca
oder Soanca = Suanca,* Soayalpi = Schwoyelpi
Sobaipures in Sonora; Formen: *-ris, Sohay-
puris; Sovaipure, -ri; Sobaypares; Subaipures,
Sabaip.;* 1) Volk 222a, *237mm-8a,* 264af‖, m
2) Sprache 237nn, *8a-m,* 658aa

Sobas (?) in Sonora 236mm, Sobaypares oder
-pures = Sobaipures, Sock-amuke f. Sakumehu

Soclan f. *S. Francisco* im nördl. NCalif. 565n

Socorro, pueblo del: 1) *pu.* und Miffion (NM
252m) in Tarah. und im nordöftl. Chihuahua 22nf,
303a, 360a; PK 330mm; NM 231mm, *243nf,* 4un,
252aa, n, nn, *af* ‖*-m, 264m-n* 2) im füdweftl. Neu-
Mexico NM 237aa, 244a, *252m, 264u-nn*

Soda lake 1) im fdöftl. NCalif. 520mm [2] (*S.*
See) in Louifiana 412n *(Ceodo* 427af, m; vgl.
Caddo]; [*Sodo bayou* in Louifiana 427a]
Sörsi = Sussee, *Soguaripa* falfch für *Saguaripa*
Soïit-inu im *Charlotten*-Sund B 381a
Söke(s) an der SKüfte der *Vancouver*-Infel
Sokulk(s) an der *Columbia* nördlich von der
Mündung des *Lewis river* 591af, ⚡aa, 4a
Solano, S. Francisco: f. *S. Francisco*
Soledad: A. 1) congreg. *de la S.* in Potofi
(vgl. No. 5) 186mf 2) Hac. in NLeon 190aa 3) *hac.
de la S.* im ndöftl. Neu-Mex. NM 249mm, *252mm*
4) Real *de la S.* in Son. 19mm, 203nn; *Nu. Sra
de la S.:* 5) in Potofi (vgl. No. 1) 184n 6) Miffion
im mittleren Neu-Calif. 524nn, 561a, *aa,* m, n;
Sprache *561af-m,* 2nf-f, 3n, 604nf B. 7) *sierra de
la S.* im füdöftl. Neu-Mexico NM 235nn
Solitarias, islas: an der Weft-Küfte Alt-Calif.'s
Sololumnes am *Sacramento* im nördl. Neu-
Soloma = Sonoma   [Calif. 571mf
Sombrerete Bergftadt in Zacat.25mm,178n,nn;
Sombreretillo 1) Hac. in Durango 312af 2) Berg bei
Sombrerete 178n, *Sombrerito* Berg in Alt-Calif.
Sonoaitac = Sonoytac; *Sonoi* (vgl. *Sonoytac*
1 u. 2) Ort der *Yumas* 256mf, 268aa, 277mf
Sonoita, Sonoitac = Sonoytac
Sonoma (Soloma 573af) im nördl. NCalif.: 1)
pu., jetzt Stadt *526af,* nf, *573af* 2) *county* 523mm,
567aa 3) *S. creek* ndl. Zufl. der Bai *S. Pablo* 522nf
4) Thal 574mf, n; *Sonomi* Volk von *Sonoma* 565n
I. *SONORA* † [*] im ndwftl. Mex.: 1) Provinz
[197 bis 246] (auch *la S., Senora; S. Juan
Baut. de Son.):* Geogr. 18a-19f, 197m-204f,
247n-f, 9mf-nf, 314a-mm, 406nn‖; NM 210n-1a,
m-mm; ind. Völker 207mf-9af; Aufzählung oder
fpec. Behandl. der einzelnen Völker und Sprachen
nach einander 209m-246 2) Thal 11nn, 18mf-n,
201f 3) Flufs 198n, 201aa-mf, 2m, nn, 4m, 9m;
NM 224nn? 4) Ort 203nn, *S. Carlos de S.* ib.
5) *S. Juan Baut. de S.* Stadt u. Bezirk 11n, 19m,
203nn 6) Volk SONORAS 208n, f, 9aa, 221nf
II. SONORISCHE SPRACHEN, der fon. SPRACH-
STAMM [*] 155-7, 648a-mf, 656m-8af; 42mm-nf;
139af-m; 289af-m; 402aa-3mf; 54aa-af; 630n-1mf;
— 157f-9f, 290mf-nn, 432, 554af-mm, 648a-mf;
240af-6; üb. d. Wortvgl. 290mf-1mm, 630n-nf, 649
n-650mf, *2mm-3mm;* Verz. 653mm-n, *653n-6af

III. die 4 fon. HAUPTSPRACHEN [*] 1) allg.
5mm-n, 150a-af; LVA 471; 11.27; 10n-11a, 35mm-
nn, 134aa-5aa, 149mf-150m; 27m-35mm; 25nf-
27m 2) Ähnlk. 38m-39nn; 43a-mf, B 367nf-8mf;
39nf-42mm 3) azt. Stoff 9af-10af; 43n-50, 241-2,
5af-mf, 6; 10, 47, 142n-3m; LVA 466nn-470,
7mm-8af, 524af-n, AS 666a-n; 2af-3af, 4af-mf, 5nn-
8a, NM 281mf-2m; 48, 108mm-110mf; *68-102-8;
110nn-120m, LVA 433-470; 8, 120mm-133 4)
Verb. LVA 472af-mm,483aa-af; 7mm-8nf,134aa-5aa;
135n-141n; 139aa-m, LVA 470mm-2aa; 139-141m
5)üb. mein Wörterb. 135a-mf, 630mm 6) Gramm.
142a-m; 142mm-7a, LVA 472-548; 37mm-38m

Sonoytac (Sonoitac, Sonoaitac 260n; *So-
noytocat* 261aa, PK 329nf; *Sonoita* f. 2; vgl. *Sonoi)*
im ndl. Son., zw. *Tubac* u. *Terrenate* 239n, 260n,
1aa; PK 329nf; *S. Marcelo de Sonoytac* 239n;
blofs *S. Marcelo* 203aa, 261aa; PK 329af 2) *rio de
Sonoita* ndl. vom *Gila* 256mf, 268aa [Suquamish
Soones im N vom *Gila* 279nn-nf, Soquamish =
Sosobular ein Stamm der *Snakes* 634m
Soto la Marina Stadt in Neu-Santd. 192a, nn
South 1) Bezirk in Utah 329aa 2) *S. bay* an der
SSpitze des *Puget*-Sunds 575af, 670mf 3) *S. park*
eine Gruppe der *Rocky mountains* 371af 4) *S. pass*
im NO v. Utah 283f, 331aa, mm, f, 2f, 8a, 341af, 4a,
Souxpellalima = Fayette river [580n, 638a
Sovaipure, Sovaipuri = Sobaipures
Soyennom am *Lewis* r. 591aa, *Soyopa* im
fdl. Sonora; Sozonis ein Stamm der Comanchen
(wohl = Schofchonen) 362m, 7af; *Spackwood's
creek* Zufl. des gr. *Tule*-Sees in Neu-Calif. 522af
Spanish fork Zufl. des *Utah*-Sees 337af 2) *S.
lake* = See *Adaes* 3) *S. peaks* im nordöflifft. Neu-
Mexico NM 235aa, af, 6aa, m, mf [587a
Spilnin ndl. Zufl. der *Columbia* im ndl. Wafh.
Spink's creek Zuflufs der *Trinidad* in Texas
Spipen Zuflufs der *Yakima* von der Col. 587af
SPOKAN(ES) † in Wafh. *(Spokane, -kein;*
615mf): 1) Volk 592n, 4aa, mf, 5f: ✳ *Tsakaitsitlin*
604m, 659aa 2) Sprache 604m, 660nn 3) *S. river*
öftl. Nbfl. der *Columbia* 582n, 5f, 6mm, mf, f,
659a, 660mf 4) *S. plateau* in Wafhington 584n
Spring: A. 1) *S. creek (S.'s cr.)* 3 kl. Flüffe
in Texas (5, *5, 7) 2) *S. fork* Zufl. der *Navidad*
ib. B. 3) *S. bay* Theil des grofsen Salzfees 338mf,
346af 4) *S. valley* am gr. Salzfee 338nn, 346aa

Springfield in Texas; *Springville* Stadt in Utah
342af, Squa-aitl (Squaiaitl) am *Puget*-Sund 595aa
Squaks'nemish ib. 594m, 5aa *(Quaks'n-a.),
6af (Squahsinawmish),* 670nf *(Quack-enamish),*
1a *(Quashsuamish)*

SQUALLYAMISH am *Puget*-Sund, im ndweftl.
Wafh.; Formen: *-lliamish* od. *-iahmish, Squall-
yah.; Quallyamish;* vgl. *Skwale;* 1) Volk
592nn, 4m, 5af, 6af, 670mf, 1m-mm; B 373mf-nn
2) Spr. B 378af-mm, 1m-mm; Verh: 599mm, 671a,
m-mm; B 372aa-m, n, *8mf-9nn, 390a-nf;* Wort-
verzeichnifs 602aa; B 372aa, *4m-f;* *B 375-8af
Squanamish = Squina., Squannaroos an der
unt. *Columbia* 592aa, Squiaelps = Schwoyelpi
Squinamish (Squana.) am nordöftlichften *Ad-
miralty inlet* in Wafhington 595mm, 670n, 1aa
Squint-Eyes = Loucheux, Srootlemamish =
Hotlimamish, S'slommamish = Homamish
Stachip im ruff. Nordamer.? PK 377mf [m, 6mm
Staktamish (-tom. 596mm) am *Puget*-Sund 594
Stanislaus river (S. Estanislao) Nebenflufs des
S. Joaquin in Neu-Californien 521m
Stansbury island im gr. Salzfee in Utah 338mf
Starr county in Texas, *steeple rock* nördlich
am *Gila* 252mf, Stehcasamish = Stellcbasamish
Stehllum oder Stentlum im ndlft. Wafh. 595aa
Steilacoom öftl. am *Puget*-Sund: 1) Ort 588m 2)
S. creek 595af 3) Steilacoom-amish Volk 595af
Stellcbasamish an der SSpitze des *Puget*-
Sunds 596af; auch gen. *Stehchas.* 595af, *Stitchas-
samish* u. *Stitcheosawmish* 670mm, 1a; auch *Turn
Stentlum = Stehllum* [*Water* 670mm
Stephen's Durchfahrt: Meerenge öftl. von der
Admiralitäts-Infel, in 57°½-58°⅓ N. B.: B 404mm
2) *S.'s island* im SW beim *Chathams*-Sund, gegen
die NOSpitze der *Charlotten*-Infel hin, nördl. über
Pitt's Infel, über 54° N. B.: B 401nf *(= las 11 mil
Virgenes?)* | Cap *Stephens* auf der Infel des
heil. *Michael* der ruff. Küfte, in 63°½ N. B. u. 162°
Stickeen, Stikeen = Stikin [W. L. 710f
STIKIN *(Stikeen, Stickeen)* † 1) Volk der
füdl. ruff. u. der nördl. brit. WKüfte 675m, 680mf;
B 403nf, 4aa-af, m-n, nf; PK 379nn 2) Sprache
680mf-ń, B 404af-m 3) Flufs der ruff. Küfte,
mündend in 56°⅔ N. B.: 680mf, B 404aa-af, MB
473af 4) Fort ib., in 56°⅔: 675mm, 8a, 680mf;
Stillaquamish = Stolukwamish [B 404aa-af, m

Stitchassamish u.Stitcheosawmish=Stellchasamish
Stockton Stadt im ndöstl.NCalif.517mm, 521n, *6nf*
S t o l u k w a m i s h † (-*uchw.* 595mm; *Stillaqua-
mish* 670n, 1aa) 1) östl. Fl. des nördlst. *Admiralty
inlet* 588all, 670n 2) Volk ib. 595mm, 670n, 1ᵃᵃ
Stone-Indians = Assiniboins; *Stony creek* [t]=
Pierre bayou in Louis.] 2) wstl.Zustl.des*Sacramento*
in Neu-Calif. 522a 3) *S. mountains* = *Rocky m.*
S t o t o n i a an der Mündung des *Rogue river* im
südl. Oregon 614a
. *Strong's knob* Berg? am gr. Salzsee in Utah 338mf,
346aa 2)*Strong's river* ndl. Zustl. der untst. *Columbia* in Wash.587m (viell.=*Kutlamak?* s.*Cathlumat*)
S t r o n g - b o w s oder *Strong-bow Indians* im
mittl. brit. Ostlande (bald = *Mountain Ind.* gesetzt
[s. da], bald als bes. Volk) MB479mm, *nn, f,* 480a,
Strootlemam-ish = Hotlimamish   [*af;* A 151af
S t u a r t : 1) *port S.* an der sdl. russ. Küste 675mm
2) *S.* Insel im sdlst. Theil des *Norton-Bus.*, in NW
bei der Redoute des heil. *Michael,* 63° 30'-40′N.B.
und 162°-162°½ W. L. [*703 a f-4 a f] *703af-m;*
auch *Kichtachpak* gen. 703m; Volk *703af-m,* Spr.
703m-n; Wortverzeichnis *703n-4af 3) *Stuarts-
See* in Neu-Caledonien? 591nf
S t u c k s t a n - a j u m p † 1) Arm des *Skywhamish*
am *Puget*-Sund 670n 2) Volk am Flusse 670n (vgl.
Sk.tahlejum), 671aa (*Skuckstan-ajump*)
Sturgeon island wohl in der unteren *Columbia,*
zwischen dem *Catapoodle* und *Cowlitz,* oder eine
andre nördlich vom *Cowlitz* 591n
Suagui s. *Zuaque,* S u a l a t i n e in' Oregon 592n
Suamca = *Suanca,* S u a n a i m u c h an der Ost-
Küste der *Vancouver*-Insel
Suanca (*Suamca* 521aa; *Soanca, Soamca*)
Mission in Sonora (*Pimeria alta) 203nf,* 521aa
Suapa pueblo in Son. 203nf, *Suaqui* s. *Zuaque*
Subaipures = Sob., S u c k a m i e r in Oregon 592n
Sugar-eaters s. Penointick-ara
S u i s u n - Bai (-*soon* 521mm, *Suysum* 565nn)
in Neu-Calif. 519mm, *520a,* 1a, aa, mm, 6nn 2) Volk
Sukwames = Suquamish [an der Bai 565nnll, 574n
Sulphur river (ein Arm *S. river* westl.
Nbsl. des *Red river* in Texas und Arkansas *413aa*
S u m a s in N Mex. od. Chih. NM 212aa, 252nn, 264
Summer lake im südl. Oregon 582a   [m, nf
Sumonpavi = *Jongopavi,* S u n a in Son. 209a
Sunahumes = Sinahumes, Suñis = *Zuñi*

S u q u a m i s h *(Soq.; Sukwames)* am *Hood-*Canal
in Wash. 594m, mm, 5af, 6af, 671mf; B 380aa
Sur, punta: in Neu-Calif. (36° 18′) 519mm
Surcis, Surees = Sussees
Surutato Real der Intendantschaft Sonora 204nf
S. Susanna 1) (*S. Suz.)* kl. Flus in Louis. (10 B)
2) *sierra de S. S.* im südl. Neu-Californien 516m
Susee = Sussee   [270af, mf
S u s o l a s bei *Cabeza de Vaca* NM 219mf, 268nf,
S u s s E E(s) im sdwstl. brit. Ostlande; F o r m e n :
Surees, Surcis; *Circee(s), Circes, Ciriés; Sör-
si, Sarsi(s);* 1) V o l k A 151a, 5nf; MB 469n-nn,
470aa, *3f-4nf;* AS 614af, 662n, *nf,* 3mm 2) S p r.
A 160a, 3m, 7af, 254a; MB *474af-mf, n-nn;* AS
662f, 3mm, 5mm; Wortverz. A 160aa; MB 474m,
mm, 7f; *A 183-209-222; *A 261nn-2af
Sutaquison im *Gila-*Lande 276nf; PK 329f, 351nn
S u t h s e t t s auf der *Vancouver*-Insel B 328mm,
Sutter county im ndöstl. NCalif. 523mm   [349af
Suydam creek Zuflus des obersten *Red river*
Suysum = Suisun, *S. Suzanna* = *S. Susanna*
Swamp creek sdl. Zustl. der *Snake* in Oregon 583af
Sweet water creek Zuflus des obersten *Red r.*
Swoctamish 1) östl. Flus des nördlichsten *Ad-
miralty inlet* in Wash. 588a 2) wohl id. Swoda-
Syante s. *Coyote*   [mish Volk ib. 595mm
Sycamore creek wstl. Zustl. des *Sacr.* in NCalif.
Sylanilles See im südl. Oregon 582a   [522n

T.

Tabaco, punta del: ˣ im nördl. Sonora 314a
T a b a h t é a im nördl. NCalif. 573n, *Tabahueto*
Real der Int. Sonora 204nf, *Tabala* = *Tavala*
T a b e g u a c h i s in Utah 259af; *Yutas T.* 259af,
nn, 334n, *5mm, nn* (fälschlich *Tepeguachis*)
Tablas ˣ in NLeon 190aa; *T a b l e hill* in Neu-
Calif. 515mm; *T. mount:* 1) beim *Utah*-See 340aa
2) im udlst. ACalif. (viell. = 3?) 3) (auch *moun-
tain*) in Neu-Calif. (= *T. hill?*) 516aa, mm 4) *T.
mountain creek* vom System des *Sacramento* in
Tabutama, -na = *Tubutama* [NCalif. 521mf
Tacalote = *Tecolote; Tacca, cerro de:* süd-
lich vom *Gila* 261aa, PK 329nf; *Tacco* = *Tako*
Tachies = Texas, *Tachus* = Texas, T a c i t o s
im *Gila-*Lande? 258nn, *Taconipa* s. *Tecoripa*
T a c o o n an der Küste von Oregon 613f
T a c o s in Neu-Mexico NM 230aa, 264aa

Tacuchameta in Cin. 207mm, Tacullies = Tah-
kali, *Tacunova* = *Tahcahunova*, *Tacupeto* Real
in Oftimuri 205mm, *Tacuta* in Tarah.
23a, 60nn
Taeeteetan Stamm der *Stikin* B 404nmf [437n
Taensas (viell. = Tensaws) am *Red r.* 418m,
Taeuaraoe ein Comanchen-Stamm 367a, 439m
Tagique = *Tegique*, Tagnos = Tanos
Tahcahuñova (*-junova*; *Tacunova*, *Tock-
anhono* 367mf) Nebenflufs des *Brazos* in Texas
367mf, 416mm, f   [Calif. 522af
Tahichapa creèk Zuflufs des *Kern r.* in Neu-
T A H K A L I im brit. Weftlande; Formen: a)
Täkuli(Waffer-Volk); *Tacully*, *-llies* (*Facullies*
591nn); *Tokalis*, *Tucullies;* auch gen. b) *Carriers*, *Carrier-Ind.* c) f. noch Nagailer; 1) V o l k
A 152a, *nn-3af*, 9m, mm, 253nf-f, 4a; B 320nn,
2a-mm, 391aa, *n.nn*, *2a-af;* AS 588mf, 591nn-nf,
602f-3a,612mf; MB 468nn,*471af·n, 2a-aa, 3a-aa*,
af, m, mm‖, mf, 5af 2) S p̈r. A 163n, 254a; B 321m,
mm, n-nn, 2a, mm, 401m-mm; MB 473aa; Verh. ..:.
602nf, 4aa, 612mf; W. A 156mm, 8mf-9uf; B 321m,
384mf; MB 471af, 3aa; AS 604aa; *A 177-209-
222; gramm. A 161mm, 7a-aa, 9m 3) die *Tahkali-
Umkwa*-Familie 602nf, *4aa-af*, 7n, *612mm-n*
Tahlewah am *Tlamath* im nördlichften Neu-
Calif.: 1) Volk 572nf 2) Sprache *575a*, af, *nf-6aa*
Tahu Sprache bei *Culiacan* 157mm
Tahuacana, -nos = Tawacanies
Tahuacono (Tanacono, Towacony) Nebenfl.
des *Brazos* in Texas 416mm 2) *Tahuacon* auf
Prefsler's Karte weftl. Nebenflufs der *Trinidad,*
gleich füdlich beim *Pecan* eingehend
Tahuaya = Tawacanies, Tahwaccarros od. Tah-
waecarras = Towacarros, *Tairichi* in Tarah. 23a
Taitin-apam im füdweftl. Wafhington 595a
(Tintinopain), f   [675nf, 704nf
Inkaliki-Takajakfsa im O des *Norton*-Bufens
T a k o (Tacco 678a,680mf; B 404mm) 1) Ort(?)
u. Fort an der ruff. Küfte, nahe in 58° N. B.: an
dem Meerarm *Stephens* Durchfahrt, öftlich von der
Admiralitäts-Infel 675m, 8a, *680mf;* B 404mm;
Indianer von *T.* 675m 2) Flufs ib. 675m‖
Täkuli=Tahkali; *Tala*Df in Guadalx.154m, 178af
Talarenos in Utah 253f, 9nn, 345mm, mf
Talatui im O des *Sacramento* im nördl. NCalif.
571aa-af, mm, 611nn; Spr. *571m*, üb. d. W. 604nf
Talchedum = Jalchedunes

Talkotin Stamm der *Tahkali* A 153a
Tallewitsus 1) = Wacos 441m 2) = *Hueco
river* 441m, 453,c^af; Tallicuamais (*-guamay-
que*534m) ndl. vom *Gila* 238nf, 9mm,n,260mm,534m
Talquatee Stamm der *Stikin* B 404n
Tamailipa = *Tamaul.,* Tamajabs = Yamaya
Tamal bei *S. Francisco* im ndl. NCalif. 565nn‖
Tamaolipan f. *Tumaulipa*
Tamapache in Potofi 186mf
Tamasula oder *-zula* 1) (*-z-)* Hafen in Ci-
naloa 207mm 2) *villa Feliz de T.* (s und z) in
Durango 177m 3) *rio de T.* ib. 176nf
Tamaulipa, -pan, -pas in Neu-Santander:
A. 1) *-pan (Tamaolipan)* Ort 190mf, 1m 2)*S. Jo-
seph de T.* Real 190n 3) *sierra de T-pa (Ta-
mailipa* 190nn) 187a, 8n, 190nn 4) *cerro de T-pa
(Tamaolipa)* od. *-pan* 190nn, 1mm B. *Tamau-
lipas*: 1) Ort 190nn 2) it. f. *Tampico* 3) Staat =
Neu-Santander 4)*S. José de T.* Real 192nn (f. A 2)
Tamazula=*Tamasula*, *Tamazunchale* in Po-
Tamesi kl. Flufs bei *Tampico* 192af [tofi 186mf
Tamos = Tanos, *Tampamoton* in Potofi 186mf
Tampasquin ib. 186mf
Tampico A. 1) *T. el alto* in Veracruz 192nf
2) *pueblo viejo de T.* ib. 192nf 3) *T. de Tamau-
lipas* (auch *S. Ana* 192nn) Stadt in NSantd. 190nn,
2nn B. 4)Flufs 192nn 5)*laguna de T.* ib. 192m, nn
Tamuy oder *Tamuin* in Potofi 186mf
Tanacono = *Tahuacono*   [Texas
Tanaha (Tanck's creek) Zuflufs der *Sabina* in
Tancanhuitz Bezirk u. *pu.* in Potofi 185af, m,
6n (auch *Jancanchuitz);* Tancards = Tonkawas
Tanck's creek=Tanaha, Tancoyas=Tonkawas
Tancuayalab in Potofi 186n
Tanemoe ein Stamm der Comanchen 367a
Taneros, Apaches: falfch für *A. Llaneros*
Tanguanchin in Coahuila oder Neu-Leon 194mf
Tankards, Tankaways und Tanks = Tonkawas
Tanlajas in Potofi 186n
Tañuetla ˣ in Alt-Californien 464mf
Tanos (f. ferner als Volk) 282mm
T A N O S ✝ A. in NMex. (auch *Thanòs, Tagnos,
Tamos): 1) altes V o l k NM 212aa, 244f-5a, 263
mm, 4aa, nn, 5m, *273m-mm*, 8mm,*f-9af* 2) S p r.
(*Lana?* NM 263mf, 273mm) NM 277m, 8mm‖, 9a,
280aa B. 3) *pueblo* des Moqui = *Tanoquevi*

Tantsa-ut-'dtinnè oder Tantsawhot-tinneh = Kupfermineu-Indianer

Taos (Thaos) + im ndöftl. NMex.: 1) Stadt oder Flecken *(pueblo):* a) *S. Cruz de la Cañada y Taos* (f. übr. *Cañada) villa* NM 243m, 252mm, mf b) *Don Fernandez de T.* ein Theil des Fleckens NM 233a, *253a* c) *S. Geronimo de los T.* NM 240mm, 252mf d) *Taos* allein: Stadt, *pu.* u. Mifſ. 163a, 363a, 516mf; NM 230m, 3a, nf, f, 6af, mf, n, 7mf, 240mm, 3nn, f, 4m, *252mm-mf, nf-f, 3mm-nn, 3a,* *6aa, *nn, 8mf, 273a, 4mn-mf, 9n, 304a 2) Volk 284n; NM 212aa, 230m‖, 244af, 263mm, 4aa, nn, 274af 3) Spr. NM 274af, m, nn, 8mf‖, 9aa, 280aa 4) *cerro de Taos* im ndweftl. NMex. NM 235n, 252nf, 3n 5) *rio de Taos* öftl. Zufl. des *Norte* NM 241nf, 2n, *252mm, nf-f, 3mm, n,* 3a

Taouayazes = Tauay.; *Tapona* 1) in Durango 311mf, 2aa 2) Real in Potofi 186n; *Taptul river* = *Yakima, Taquestril* im Colorado-Lande 258aa

TARAHUMARA, TARAHUMAREN[*] im ndwſtl. Mex.: üb. den Namen 23a-af, 25f, 36nf; Formen: *-maras, -mar; Turaumara(s), - res;* 1) Landſchaft und Volk: geogr. 20a-23a, 16ln-nf; *T-ra alta* 21a-af, f, 23nf; *T-ra baxa* = *Chinipas* 21a-mm 2) Gebirge 14nf, 20af-n, 21n‖, 25mf, 63m, f, 64m, 206aa, 309aa 3) Volk 22mm-n, 54mm-n, 62mf-f, 308nn-9aa 4) Spr. 10n, 20nf-21a, 28n-29f, 656mm, n; 26nf-27f; 28m-30nn, 33n-34mf; 1m-3a, 4nn-5a, 45n-46aa, 47, 48, 108mm-110mf; 49-50;

Taraichi in Oftimuri   [35nf-37

Tararecua in Chihuahua 20aa

Taraumara(s) = *Tarahumara(s)*

Taray (Tarray) Nebenfl. des *Brazos* in Texas

Tarrant Ort u. *county* in Texas

Tarray = *Taray, Tasis-*Canal zw. der *Vancouver-*Infel u. der kleinen Infel *Yucuatl* B 327nf

Tatarrax fabelh. Reich im nördl. Mexico 335a

Tate creek in Texas (*6)

Tatschegno oberfter Arm oder Anfang des *Innoka* 677m; Tatſchigmjut(en), -müten gegen den *Norton-*Bufen 675nn, 703aa

Tatshiautin ein Stamm der *Tahkali* A 153a

Tauayazes (Taouay.) im N von Texas (viell. = *Towiaches)* 303mf, 439mf, 440nf

Taureau Zuflufs der *Sabina* in Louifiana

Taùtin ein Stamm der *Tahkali* A 153a

Tavala (Tab.) Flufs in Cinaloa 179m, 206nf

TAWACANIES (437a) in Texas; Formen: *Tawakanies, -ckanies, -khannies; Towakanihs, Towacanno; Towockonies, -cc-, To-woc-onees, -ck-, Townekonies; To-wac-onies, -conays; Tawacones, -kenoes; Tahuacanos, -cana; Tahuaya; Towecas?;* Three Canes; 1) Volk 416 mm, 437a-n, 9nn, 441af; NM 270nn, f 2) Spr. 437

Tawanihs f. Inies   [af, mm, mf, 9nn‖, 443af

Taxpam = *Tuxpam, Taxus* = *Texas*

Taylor's creek in Texas (8 B) 2) *mount T.* im W bei Neu-Mexico (= *sierra de S. Mateo,* f.) 257m; NM 235nf, n, *6mm, nn*

Tayoltita, S. José de: Real in Durango 177m

Taywaugh = Spr. *Picuri* in NMex. NM 277nf

Tchalabones bei *S. Francisco* im nördl. Neu-Californien 565n

Tchalchukh (oder *Montatschtano)* öftl. (und fūdl.) Nebenflufs des *Kuskukwim,* gen W flieſsend, mündend in 61° 48' N. B. und 156°½ W. L.: *677m*

Tchinkitane = *Tschi.,* Tχlalam = Clallam

TCHOKOYEM *(Chocouyem* 566aa; wohl = *Joukiousmé* od. Spr. von *S. Raphael:* f. *S. Raph.)* im *Sonoma-*Thal im nördl. NCalif: 1) Volk *574n,* 611nn 2) Spr. *566aa-af, m,* 9n, 571m, *2a-aa,* 4n,

Tchololah = *Bald Hill-*Indianer   [5af, mf-nn

Tcholovonen (-nes) bei *S. Francisco* im nördl. Neu-Californien 528nf, *565n-nn,* 570nn

Teackwás in Alt-Californien 468mf, 481nn

Teacua[ei]tzisti, sing. -[ei]tzica in Cora 26aa

Teaquari in Oftimuri, *Tebeco* = *Tehueco*

Tecavoldtschic oder *-ordtschic* (Steffel S. 357; viell. id. *Thevloachi)* in Tarahumara 25mf, 60nn

Tecia in Cinaloa (am *Mayo)* 14a, 206a, 210m

Tecolote: 1) *Gusano T.* (falſch *Tacal.)* Ort im ndöftl. NMex. 60nf-61a; NM *253a-aa,* *6nn, *262 mm-nn* 2) *tiro de* Tecolotes in Zacatecas 179aa

Tecoriona f. *Tecoripa*

Tecoripa Mifſ. im fdl. Son. 19n, nf, *203f-4a,* 8nf; wohl id. 1) *Taconipa* Dorf in Sonora 203f 2) vielleicht *Tecoriona* 158mm

Tecuachi Real der Int. Son. 204nf, *Tecualmes* in Nayarit 16a, *Tecualtichi alc. mayor* in Neu-Galic. u. Dorf in Guadalax. 154m; *Tecuibrutschic* in Tarah. 25mf, 60nn; Teenguábebes in Alt-Californien 468mf, 481nn; *Tegny* = *Teguayo*

Tegique (Tag. NM 243n) *pueblo* im öftl. Neu-Mexico NM 243n, nn, 7m, *253af, 5n,* af, *6n

T e g u a(s) in NMex.: 1) Volk NM 212aa, 230af,
2aa, 264aa, nn, 5m, *273aa-m,* 8mm, 297n, nn-nf
2) Spr. NM 277m, 8nn, *nf, 280aa,* 297nn-nf 3) daff.
ift wohl *Tequa: pueblo* des Moqui NM 305f
T e g u a y o *(Tehuajo, Tegayo; Tegujo, Te-
yugo; Thequaio* od. *- ao; Thoyago):* 1) fabelh.
See (in Utah? f. viel bei *Timpanogos)* 334m, mf,
nn, 5all, n, 6a, *nn-f,* 520nf 2) fabelh. Reich im Nor-
Tegueca und *Tegueco = Tehueco* [den 66mm
T e g u i a m a s in Sonora 18nn, 208aa
*Tegujo = Teguayo, Tehoua = Tigueux
Tehuajo = Teguayo,* Tehuas = Tejuas
T e h u e c o † 1) *pu.* u. Miff. in Cin. (auch *Te-
gueco; Tebeco)* 14a, 61a, 156m, 9a, 205mf, 6af, 7mm
2) T e h u e c a (- co) oder Tegueca Volk u. Spr. am
Cinaloa 158n - 9aa; Volk 157aa, nf, 8nn, 208mf;
Sprache 156nf, 8nn, 9aa, 657nf
*Tejame = Texome, Tejas = Texas
Tejon* 1) (nach *Williamson)* der füdlichfte Theil
des *Tular*-Thals in NCalif. 2) *T. Indians* (id. & ib.)
3) *T. creek* von den *Tule*-Seen ib. 522af
T e j u a(s) *(Tchuas)* im O des *Colorado* 259af,
mf, 278mf, n, *305af-m;* NM 273af-m; *Yabipais
(Yavipais) Tejua* (= Apachen) 261mf, 2aa, n,
278aa, af, 287aa, 8af, mmll, 305af, f, 542nn
Temacola oder *Temacula = Temecula
Temasachic = Temosachic
Temazcal* im fdl. NCalif.: 1) Ort (auch *-sc-)* 61a,
533aa; Temescal: 2) Nbfl. des *S. Ana* 533aa 3) *T.
Tembabiche* in ACalif. 464n [*mts* 516m, 533aa
Temblores, bahia de los: beim fdlft. NCalif.519m
Temeachi in Tarahumara (vgl. *Tenachi)* 23a
Temecula (Temacula, -cala) im füdl. NCalif.
Temeichic Miff. in *Tarah. alta* 21aa [61a, 533af
Temescal = Temazcal, Temochic Miff. in *Ta-
rah. alta* 21aa; T e m o r i Volk u. Spr. 162aa, 657f;
Temoris Miffions-Dorf in Cinaloa 14a, 162nf, 205nf
T e m o s a c h i c (23a, 61a) in *Tarah. alta;* auch
Temotzochic 21aa, *Temasachic* 21n, *Temosochi
Tenachi* (vgl. *Temeachi)* in Tarah.? 22a [23a
Tenastian in Guadalaxara 178af
T e n a v a ein Stamm der Comanchen 362af, 5mm
Tenisaws f. Tensaw; *Ten mile creek* in Texas:
1) Zuflufs des *Brazos* 2) Zufl. der *Trinidad
Tenochtitlan* in Texas (auch *Tenoxt., Tenox-
ticlan, Tinoxticlan)* 414af, 6nn
Tenoca, caxon de: im füdl. Neu-Calif. 522nn

Tenoriba Real der Int. Son. 204nf, T e n o x q u i-
n e s in Guadalax. 154n, *Tenoxtitlan = Tenocht.*
[*T e n s a s* oder *T e n s a w* 1) öftl. Nbfl. des gr.
Washita in Louif. 437nf, nn 2) Bezirk ib. 484n;
Tensaw † 1) f. *Tensas* 2) Arm des Fl. *Mobile*
437n, *nf* 3) T e n s a w s oder vielmehr T e n i s a w s
Volk Weft-Florida's und am *Red river* (vielleicht
= *Taensas,* f) 437n-nn]
T e n u c k t t a u im *Charlotten*-Sund B 381aa
Teoacolhuacan 66mm oder *Teocolhuacan* NM
261mf: nördl. fabelh. Reich; T e o a s in Neu-Mexico
NM 263mm, 274af; *Teocalliche* in Guadalx. 178m
*Teocolhuacan=Teoacolh., Teoloachi=Theo.
Teopan* Miffionsort in Sonora 19n, *204a
Tepache (Tepatzi)* kleines Dorf in Sonora 19n,
61aa, *204a,* 310n *(Tepachi)*
T e p a h u e † in Cinaloa: 1) Miffion zwifchen dem
Mayo und *Hiaqui* (vgl. *Tepehue)* 156m 2) Volk
u. Spr. 156nf, 7af, m, *8a-m,* 208mf; Sprache 657nf
Tepanteria Real in Guadalaxara 178m
Tepatzi=Tepache, Tepeguaches=Tabeguachis
T E P E H U A N A oder *T E P E H U A N A* und T E P E-
G U A N E S [*] in Chihuahua ufw.: über den Namen
24mf-25n, nf, 61aa-af; A. 1) L a n d f c h a f t u. Volk:
geogr. Beft. 5m, 20nn, nf, 22mm, *162m,* nn-nf,
172nn, 3nn, 7nn, 8nn, f, 184nn; 23m-25a; 28nf,
56nf, 161af 2) V o l k 22mm, 23f-24aa, n-nn, 25a,
nf, 198nf, 207a; auch *Odame, Oddame* gen. 25a, nf
3) S p r. 5a-aa, nf, 10n, 24f, 30nf, 35mf, 56m, nf,
174nn; 26n-nn, 31mm; 30nf-32m; Verh. 656mf, 8a;
PK 342a-af, 371mm, n, 2aa, *mn-3mf;* — 5aa,
nf; 36af-n, 37af-m, nf-f B. *T e p e h u a n e s* od. *Tepeguanes:* 4) *partido* in Chihuahua 24aa, 176n
5) *pueblo* und *presidio* 24aa 6) Gebirge 16nf
Tepehs, S. Catalina de: in Durango 177m
*Tepehuana, Tepehuanes = Tepeg.
T e p e h u e* (wohl = *Tepahue)* in Cinaloa 14a,
61af; oder *Topehue* zu fchreiben? 206a, 210m
Tepesola in Zacat. 178n, T e p e s u e n e s in Durango 162m; *Tepetates* Real in Son. 19n, 61m, 204a
T e p i c (Tepique 16af) Stadt in Guadalaxara
16af, 154m, mf, 178m
T e p o c a(s) † in Son.: 1) Volk (*-ca* 219n, 221n)
18nn, 208aa, 219a, n, *221mf-nf* 2) *pueblo (-as)* 204
a, 221n 3) *ensenada de T-as* 200n, 219a, 220a, 1n
Tepocohues Bezirk in Chihuahua 162f, 176n
Tepuspe in Sonora, nördlich am mittlern *Hiaqui*

Tequa f. *Tegua, Tequepespa alc. mayor* in Neu-Galicien und Dorf in Guadalaxara 154m

Tequila in Guadalax. 178m, *Tequisquiapan* in *Terapa* in Sonora (bei *Oposura*) [Potofi 186n *S. Teresa* A. 1) Miff. von Nayarit 15a, aa, t6a 2) im nordweftl. Sonora 204aa 3) Miffion in *Tarahumara baxa* f. *Guazapares* B. 4) Zuflufs des *Brazos* in Texas, auch *red fork* genannt

Ternate = Terrenate, Terramen = Texamen Terrenate (Ternate) presidio im nördl. Sonora 204aa, PK 322nn | *Tesico = Thesico*

Tessopaco in Oftimuri (nördlich vom *Mayo*)

Tesuque = Tezuque, Tetans = Comanchen

Tétassee in Texas(=*Yatassees?*)420m, 437nf

Tetaus = Comanchen; *Tetillas* 1) ✕ in Coah. od. Neu-Leon 194mf 2) Bergpafs in Sonora 200mf

Tetla, S. Juan: in Potofi 186n

Tetons, three: f. *three*

Teua oder Teuawish (Leber-Effer) ein Stamm der Comanchen 367a, 8af

Teuilitschic in Tarahumara 25mf, 60nn

Teuricatzi im nordöftlichen Sonora

Texahui Pferrdorf an d. NGränze v. Cin. 179nn

Texamen (-me, Tejame 311nf; falfch *Terramen* 177m) u. *Nu. Sra de Guadalupe de Texame* 2 Reale und Dorf in Durango 177m, 311nf

Texana Ort in Texas 414af

Texas † [*] A. 1) ehemal. nordöftl. Provinz von Mexico, jetzt ein nordamer. Staat [361, 403 bis 455]: 1) Name 405mf-nn, 430nn-nf, 8; Formen: *Tejas; Taxus, Tachus; los Nuevas Philipinas* 2) Gefchichte 306mm-8a, 404, 9a-411nf 3) Geogr. 361a-af, 404-8, 411nf-4af 4) Bevölk. (*Texanos*) 409f-410aa, 4af-nf 5) ind. Völker im allg. 194nn-nf, 414nf-6a, 421a-m, 3m-mf 6) Sprachen im allg. 416a-7af; 416af-7af 7) Aufzählung von Völkern u. Spr. 306a-8af, 417m-423m; alph. Verzeichnifs 423m-4af, *424m-442aa 8) fpec. Behandlung einzelner Sprachen, bef. Wortverzz. von ihnen 442aa-453mm B. 2) Volk der Texas (sing. *Texa; Tachies, Yachies;=Inies,* f.) 405n, 9nn‖, 415m, 7mf, 430nn-nf, 1a, 8a-n, 442a; feine Spr. 427nn, 443mf C. Ortsname: 3) allg. 438nf, 8af, n 4) ind. Dorf 5) *pres. de Nu. Sra de los T.* f. *Dolores*

[Teyas (Teyans NM 226aa) im NO über Neu-Mexico und über Texas 12nf, f; NM *226aa,* af]

Teyugo = Teguayo

Tezuque (Tes., Tus.; Tesuqui) im ndoftl. N. Mex.: 1)*pueblo* u. Miff. 284aa, 8nf; NM 230af, 244a, m, *253af, nn-nf,* *6n, 273n, 282mf, n, 3n 2) Spr. des *pu.* NM 273nn-f, 6m, 7m, mf, nn, 8mf, *280aa,* 2nf, *295nn-6m,* 658mm; W. NM 279mf, 282mm-nf, 295n-nn; AS 610a; *NM 280a-1m, 3n-295mf 3) *rio de T.* öftl. Nebenflufs des *Norte* NM 242n

Thanos = Tanos, Thaus = Taos

*Theoloachi*in Tarah. 23a (ob=*Tecavolatschic?*)

Thequaio oder *Thequao = Teguayo*

Thesico in Oftimuri 205mm

Thetliotin ein Stamm der *Tahkali* A 153a

Thick-Wood=Dtchata-ut-'tinnè, Thling-è-ha-'dtinnè = Dogribs, Thlinkit = Kolufchen

Thljegon = Tlegon, Thnaina = Kinai

Thomas' fork Zufl. des *Bear r.* in Utah 337aa 2) *S. Thomas* f. *S. Tomas; S. Thomé* f. *S. Tomé*

Thompson's river öftl.Nbfl des mittl. *Fraser's r.*

Thorin = Torin; Thorn, Fort: im füdweftl. NMex. NM 253af, 6m; *Thoyago = Teguayo*

Three Buttes Berge im öftl. Oregon 580mm 2) *T. Canes* = Tawacanies 3) *T. Tetons* wie No. 1 : 580

Thurston county in Wafhington 588af‖ [mm, n

Tiburon, isla de: bei Sonora 22aa, 200n, 220mm, f, 1m, mf, nf; Tiburones Volk in Sonora 208mm, 219mf, *221m-mf,* nf

Ticorilla(s) falfch für Xicarilla(s)

Tierra nueva, pueblo de: in Potofi 186n; *rio de Tierras blancas=Blanco; Tigouex=Tiguex*

Tigre Flufs in Neu-Leon, Neu-Santander und Coahuila 189a, 192af (auch *S. Fernando*), 5mf

Tigua(s) und *Tiguex* † *(Tigueux)* in Neu-Mex. find wohl daff., werden aber hier nach einander geftellt: A. Tiguas 1) Volk NM 212aa, 225af, 8a, 252nn, 264aa, m, nn, *273aa-af* 2) Spr. *Tigua* NM 263mf B. *Tiguex* (auch *Tigouex,* gew. *Tigueux; Tigue; Tehoua*): 1) alter Ort (auch *Tigue, Tehoua*) (= oder bei *Isleta?* NM 225m) 11 nn‖; NM 225aa, af-mm‖, 6m, nn, 7aa 2) alte Provinz 12aa, nn 3) Volk *Tiguex* (wohl = *Tiguas* NM 225af) NM 303nn, 4mm, 5f-6a 4) Flufs *Tigouex* (= *Norte*) NM 225m

Tigue und *Tigueux = Tiguex* bei Tigua

Tilhulhwit in Wafh. 592nf, *Tillamook=Kill.*

Tilton Nbfl. des *Cowlitz* im fdwftl. Wafh. 587m

Timber people ein Stamm der Comanchen 368af

Timen pueblo in Sonora 19n, 204aa

Timpa füdl. Zuflufs des *Arkansas* im nordöftl.
Neu-Mexico (*Timpas creek* NM 242n) 356m, 416
nn; NM 239mm‖, 242n-nn, 3a-aa, 262nn
Timpabachi(s) im W des *Zaguananas* (irrthümlich *Timpachis* 345nn) 259af, nn, 345af, nn,
Timpachis f. Timpabachis [356m, 534af, mm, f
TIMPANOGOS oder *TIMPAN-OGO* See und
Flufs in Utah: über den Namen 335af, 355m-6f;
Formen (355n-f, 6af): -nogas, -nagos; Timpan-ozu; 1) See (laguna de T-os) 250f, 1a, 7mf,
325mm, 333n-6af, nf-f, 342mf, 356n-f, 520nf‖
2) Flufs: Zufl. des Utah-Sees 335af-mm, 6f, 7af,
340a, 1mm, 4aa, 356nn, nf, 416nn; NM 243aa, 262nn;
auch *Provaux* gen. 335nf 3) Gebirge: sierra de
T. 257aa, 334af, n; Timpan-ozu mountains 355nn
Timpan-ozu = Timpan-ogo; Timpas: 1) T.
creek = Timpa 2) T. buttes beim creek NM 242nn
Timpisarahea Zufl. des Brazos in Texns 416nn-nf
la Tinaxa (-ja) 2 Wüften: 1) in Zacatecas 178mf
2) in Texas
'Tinnè allg. Name für die Athapasken ('Dtinnè;
f. noch andre Formen bei *Kinai*) A 150aa-m, n,
5a, 251m, 2mf, nf, 3f; PK 379a, f; MB 477mm
Tinoxticlan = Tenochtitlan, Tintinapain =
Taitinapam, Titus county in Texas
Tizon, rio del: im nordweftl. Mexico (= Colorado NM 224n) *66mf, *nn, af-m, 204af, 279m,
f, 360aa-af; NM 224mm-n, 6mf [catecas 178m
Tlacaxlilla = Tlascalilla, Tlacotes Bach in Za-
Tlajomulco alc. mayor in Neu-Galicien u. Dorf
in Guadalaxara 154m, Tlakatat = Klikatat
TLAMATH oder KLAMATH † im ndlft. Neu-
Calif. u. fdl. Oregon: üb. d. Namen 612af, 3aa, af;
Formen (574a): Tlamatl, -ac; Klamet, Cl.;
allg. geogr. 572n‖, 613af-m; A. 1) Flufs 513aa,
8aa, 9nf, 522m-n, 3a, 572nn, 3a, m, 4a, nf, 5af,
583n, 612aa‖, 3aa, m‖, 4a; Völker u. Spr. am Fl.
572nn-nf, 4a, aa, af, 5aa 2) 2 Seen: a) (der kl.) auf
der Gränze von Neu-Calif. u. Oregon b) (great Kl.
lake) im füdl. Oregon: 61mm, 513aa, 520mf‖, 2mm,
581nf-2a, 593a, 613aa, m‖, 4a 3) county im
nördlft. Neu-Calif. 516mm, 7nn, 522n, 3m, 613m
B. 4) Volk (auch Klamaths, Clamets, Clamet-
Ind.) u. Spr. (in beiden Ländern) 572n-nn, 612nn-
3m, 4a; Volk 61mm-mf, 574a, f, 593a, m, 613a,
aa-af, m; auch Lutuami(s) 572m‖, n, 593m, 603aa,
4, bᵐᵐ, 612nf, 3a, aa, 6af 5) Sprache (auch Lu-

tunmi) 607n, 8a; Verwandtfchafts-Verh. 604, bᵐᵐ,
612nf-3n; uber Wortverzz 604, bᵐᵐ, 613a-af
TLAOQUATCH auf der Vancouver-Infel
[*372-9] (auch Clayoquots, Klaooquates):
1) Volk B 328mm, 349af, 364mm, 372mf-n 2) Spr.
B 328a-aa, 372n, 8af-mm, n-nn; Verh. B 364m-6aa,
372a, n-nn, 4mm, mf, 8n-nf, 9nn; AS 574a; Wortverzeichniffe B 364mm-nf, 7af, 372a-aa, 4m-f;
AS 602aa; *B 375a-8af; B 357nn, *365af-6aa
Tlascala (190aa; fonft Tlaxc.) pu. in Potofi?
186n; S. Miguel de T. in Neu-Leon? 187nf, 190aa
Tlascalilla (Tlacaxlilla) in Potofi 186n
Tlatsap = Clatsop
TLATSKANAI in S an der Mündung der Columbia: 1) Volk (auch Tlatskanies 602nf) 602nf,
612mm-mf, f; A 153af-m 2) Spr. A 157a, 160n,
4af-mf, 254aa; Verh.... AS 602nf, 4aa; W. 604aa,
A 160n; *A 190-209-222; gramm. A 162mm-mf,
Tlaxcala = Tlascala [nn-nf, 7nf-8mm, 9m, 170a
Tlegon (Thljegon) füdöftl. Zuflufs des Ta-
tschegno, gen NW fliefsend 677m; Thljegon-
chotana Volk am Fluffe 677m
Tnaina = Kinai; Tntnen ein Stamm der Inki-
lik A 252aa, af; Toanda = Toanhooch
Toanhooch am Hood-Canal in Wafhington
595aa; Formen: Tuanooch 670nn, 1af; Tuanoh
592nn, 6af; Toanda 594m
Toape Pfarrdf in Son. 19n, 204aa (auch Tuape)
Tobar, Tobas = Tubar
Tobosos in Parras und dem nördl. Chihuahua
172aa; NM 228a, 264aa, 8mm; im bolson de Map.
Tock-anhono = Tahcahunova [183n, f, 190nf-f
Tocuistita Real der Intendantfch. Sonora 204f
Todos (los) Santos A. 1) T. S Real in Chi-
huahua 176n 2) Real in Oftimuri 204f 3) in Son.
(ndl. am mittl. Hiaqui) 4) Miff. im fdl. A Calif. 460n,
9m, 472f, 4af, 480af 5) pueblo ib. B. 6) rio de
T. S. weftl. Nbfl. des öftl. Puerco oder Pecos in
NMex. NM 242m 7) Bai der nördl. W Küfte A Calif.'s
512nn C. 8) Cap ib. (auch Grajero) 9) islas de T
los S. ib. 10) puerto de T. S. angebl. nördl. über Calif.
Toparoe ein Stamm der Comanchen 367aa
Tolentino, S Nicolas: in Potofi 186n
Tol-ewah's im nördlichften Neu-Calif. 574aa
Tololotlan, rio de = Santiago No. 9
Tolonas in Neu-Mexico NM 212aa, 264nn
Toloso in Durango 311nf

Tolteken altes Volk in Mexico: überhaupt PK
336mm, 7af-mm, 8a, aa, mm, 9a, m, nn, nf-340aa,
n; Wanderungen und Herkunft 65nn-nf, 149nn,
666m; PK 336mf, 7aa-mm, 347nf   [Calif. 522a
Tom's creek weftl. Zufl. des *Sacramento* in Neu-
Tomales, pt (u. Bai) im ndl. NCalif. 519mm, 533m
Santo Tomas oder *S. Thomas* (f. dort noch
Thomas' fork) A. 1) Miff. in *Tarah. alta* 21aa,
22nf 2) kl. Dorf in Son. *(Pim. baxa)* 204af 3) im
füdweftl. NMex. (viell. = 1) NM 256m 4) Miff. im
ndl. ACalif. *460nn* B. 5) *S. Thomas* od. *S. Thomé*
Fluſs der WKüfte ACalif.'s 6) *S. Tomas* oder *En-*
capa (Anacape 519mm) Infel beim füdl. Neu-
Californien 518nn, 9mm
   Tombeckbe(e) oder *Tombegbe* = *Tombigbee*
[*Tombigbee (Tombig-Bee; Tombeckbee,*
-be, Tombegbe) 1) Fluſs in Alabama u. Miffiffippi
NM 215mm‖ 2) Colonien am Fl. a) 410nf b) 411a]
   Tom Bigg creek Zufluſs des *Green r.* 331mf
   Tomé, cerro de: f. *Valencia; S. Tomé (S.*
Thomé) 1) Fluſs·in Alt-Californien f. bei *S. Tomas*
2) *(S. Thomé)* Infel bei Alt-Californien
   Tomichi = *Tonichi,* Tompiras in Neu-Mexico
NM 263mm, *Tom's creek* f. als *Tom*
   Tonachic (*-chi* 176a, n) 1) Miff. in *Tarah. alta*
21aa = Dorf in Chihuahua 176n 2) *rio de Tonachi*
in Chihuahua 176a   [Galicien 154m
   Tonala Dorf in Guadalax. u. *alc. mayor* in Neu-
Tonati, Mesa del: Miff. von Nayarit 15a, nf, f‖
   Toncahuas = Tonkawas; *Tonequint*-Fl. = *S. Cla-*
ra: f. bei *rio Virgen;* Tongass = Tungass
   Tonichi pu. in Son. (Oftim.) 204aa = *Tomichi*
in Tarahumara 23a, Tonkahiras = Tonkawas
   T O N K A W A S in Texas; F o r m e n 438nn: -ways,
Tonkeways, Tonkewähs, -waes; Toncahuas,
-kohuas; Tankaways, Tancoways; Dankaves;—
Tancards, Tank.; Tonkahiras; Tanks; 1) V o l k
367m, 415n, nf, 420mm, *438n-9af;* NM 312f 2)
S p r a c h e 438nf, 9af, 641a
   Tonkewäbs, -waes, Tonkohuas = Tonkawas
   T o o auf den *Charlotten*-Infeln B 394af
   Tooele = Tuilla; Topago, el Oro de: Real
in Chihuahua 177mf; *Topehue = Tepehue*
   T o p i a + A. 1) Gebirge 13a, mm, 23mm, 172nn,
nf·3n, 207f 2) Bergland u. Landfchaft in Chihuahua
23m-nn, 24m, 28nf, 56nf, *172n-3n,* nf, 7nn, 8f;
Sprachen 173nn-4m, 658a‖ 3) Ort in Durango 177m,

Real der *diput. Parral* 177mf 4) *minas de T. alc.*
mayor in NBisc. 161mm   B. 5) Volk (auch *Topias*)
in Chih. 20nf, 162mf, 173mm-mf, 4a 6) Spr. 173nf,
Toqua See im fdl. Oregon 582a, 593a   [4a, 658a
   T o q u a t u x an der WKüfte der *Vancouver*-Infel
   Tordillo Bach in Texas (×2)
   Torin (Thorin 156af, *Torein)* ind. Dorf (Miff.
156af) am SUfer des *Hiaqui* in Son. 156af, *204aa,*
Toriuash f..Towiaches   [6m, 211mm
   Toriz in Cin. 14a, 205nf; *Toro* Miff. am *Fuerte*
in Cin. 14a, 156m, 205nf, 6m; *Torreon pueblo* im
öftl. Neu-Mexico NM 243n, nn, *253af,* *6n
   Tortuga creek Zufluſs des *Nueces* in Texas
2) *T.* (oder *Turtle) prairie* ib. 437af   [rab. 23a
   Tosagera in Cin. 179nn, *Tosiguerachi* in Ta-
Tosohunova (Tosouova) Zufluſs des *Brazos* in
Texas 416m, *Tototiche* in Guadalaxara 178m
   Tototin(s) = *Tututune; Totten's inlet* wftl. Bufen
des *Puget*-Sunds 595aa, 670nf; *Toutle* im fdwftl.
Wafh.: 1) Nbfl. des *Cowlitz* 587m 2) See 586af
   Toutouni (vgl. Tototin und *Tututulna*) 1) =
Rogue's river 2) (irrig) = Fluſs *Tlamath*
   Towacana Zufluſs des *Brazos* in Texas 416mm
   Towacanno = Tawacanies
   T o w a c a r r o s (*Towacoros; Tahwaccarros*
368a, *Tahwaecarras*) in Texas 368a, 437n, *9af-m*
   Towaconays, To-wac-onies = Tawacanies
   Towacony = Tahcahunova, Towacoros = To-
wacarros; *Towahach* (= Volk *Towiaches*) In-
dianer-Dorf in oder bei Texas 439mf, nn
   Towakanihs, Towakenoes = Towacanies
   Towalitch = Cowlitz, To-warnabeooks =
Falls r., Towas pueblo des *Moqui* NM 244mm
   Towcash = Towiaches, Toweasches od. Toweash
= Towiaches, Towecas = Tawacanies
   Tow-cc-ahge = Towiaches
   T o w i a c h e s in Texas; Formen: *Tow-ee-ahge,*
Tow-e-ash oder *Toweasches;* wohl auch *Tow-*
cash, Toriuash, Taouayazes (f. bef.); 1) V o l k
368a, 437aa, af, m‖, *9m·440af,* 1mm; auch gen.
(uneig.) P a w n e e s *(Panis, Panias)* am *Red r.* u.
Canadian 437af, m, 9m, *mm-mf,* n‖|, nf; auch
Pawnee-Picts (Pahnih-Picten, *Pania Pique*)
433m‖|, *9mm-mf, nf- 440af,* 1mm, mf, 3mm
2) S p r a c h e 439n, nn‖, 440aa, af, 1mm-mf
   Townsend, port: in NW am *Admiralty inlet*
in Wafhington 588m, 594m, 5a, aa, 670nn‖

Towockonies, Towoconees, Towoekonies =
Tawacanies; *Toyac = Atoyac*
T'quaquamish in O am *Puget*-Sund 595af
Trading river auf der brit. WKüſte, wohl dem
ſüdl. Theil der *Vancouver*-Inſel gegenüber B 373a
Trampa im nordöſtl. Ņeu-Mexico NM 256ɑɑ; *rio
de las Trampas* öſtl. Nebenſluſs des *Norte* im
nördl. Neu-Mexico NM 243ɑɑ, 253mm
Trancito Real der Intendantſchaft Sonora 204f
Traverse mountain Bergzug ſdl. vom gr. Salzſee
339mm, 341m, mm; *Travis county* in Texas
Trementinɑs im Gila-Lande? 258nn, *Trencha-
ra r.* öſtl. Zuſl. des ob. *Norte* in NMex. NM 241nf
Tres Alamos Ort im ndl. Son.; *Tres Palacios* in Texas: 1) Bai 2) kl. Fluſs (4 B) 3) *Pala-
cios* Ort bei der Bai 414ɑɑ | *Trinchera* in ACälif.
TRINIDAD (oft engl. *Trinity*, franz. *Trinité*)
A. Örter: 1) *SS. Tr.* Miſſion in Nayarit (= *Mesa
del Tonati*) 15a (= in Oſtimuri?) 2) *pres. de la
T.* in Texas 3) 4 Örter in ACalif. 464n 4) *puerto
de la T.* im ndlſt. NCalif., jetzt Stadt 519ɑɑ, *526mf,
570m-mm;* Volk u. Spr. *570m-mf,* 3f 5) *county*
ib. 523mm‖ B. 6) *bahia de la T.* ib. (auch *Trinity*) 248a, 516af, 9aɑ‖, *mf,* 522n 7) *T. head*
Landſpitze ib. *519mf,* 522m, *6mf* 8) *T.* Cap der
OKüſte ACalif.'s 9) *isla de la T.* beim ſdl. NCalif.
(= *S. Barbara?*) 540nn 10) *lac de la Trinité*
(auch *Trinity lakes* gen. 333m) bei NMex. 293f,
333m C. 11) *rio de la SS. T.* 8ter Hauptſluſs in
Texas, auch *rio de la T.;* gew. *Tr.* oder *Trinity,
Trinity river* gen. (413a) (*Arcokisa* 436f): 361m,
7af, 410mf, nn, nf, *3a* 12) *rio de la Tr.* (auch
Trinity r.; auch *Hoopah*-Fl., f.) ſüdl. Nebenſl. des
Tlamath im ndl. NCalif. 518ɑɑ, 522mm, *mf-nn,* 3a,
572nn, 4a, aa, nf, f, 5a; Volk u. Spr. am Fl. 574a, aa
D. 13) *Trinity mounts* im nordweſtl. NCalif. 516af
Tripas blancas Volk im *bolson de Mapimi*
Troges, S. Juan de los: in Zacat. 178nn [183n
Truchas, rio de las: Küſtenſluſs im mittl. Neu-
Tsakaitsitlin f. Spokan   [Calif. 523af
Tsalel am *Umpqua*-Fl. im ſdl. Oregon *612a, af*
Tsamak (*Chamak* 571af) am *Sacr.* im ndl. N-
Calif.: 1) Volk *571ɑɑ, of,* 611nn 2) Spr. *571m‖,* 604nf
Tsatsnotin ein Stamm der *Tahkali* A 153a
Tschageljuk f. *Innoka*
(*Tschetyr-*) Четырехсопочнiй проливъ
(Meerenge der 4 Vulkane): im W von *Aljaksa* 697af

Tschigmit-Gebirge im O des *Kuskokwim,* NNO
gerichtet, c. 154° W. L. und von 61° 15'-62°⅕ N.
B.: 677m   [*704mm-mf,* A 256a
Tſchinkat(en) im Innern des ruſſ. Nordamer.'s
Tschinkitane (-ni; Tch-) + 1) = *Sitka*-Bai
od. -Sund im ruſſ Nordamer. PK 377a, *nn-f,* 390a,
3a 2) Volk der Inſel *Sitka* PK 377a, *nn-f,* 8af, 393a
(*Tchinkitanéens*); Sprache B 392nn, 3a
Tſchippewäyans = Chepewyans
Tschitschagow's Inſel: die gr. Inſel nördlich von der Inſel *Baranow* im ruſſ. Nordamerika;
in 57°⅗-58°¼ N. B.: PK 376mf, AS 681mm
Tſchnagmjut(en) (-müten 711a, Tſchnagamj.
690ɑɑ, 710nf) am ſdl. *Norton*-Buſen nach N 675nn,
7ɑɑ, 703ɑɑ, *710nf-1a;* Sprache 690ɑɑ, mm, *710nf,*
Tschuakak = *St. Lorenz*-Inſel [*1a;* W. 711a
Tschugatschen (*Tschugazzi,* Tſchugaz-
zen, -gazen; adj. tſchugaziſch, -gazkiſch; *Schugatschi*) am Pr. *Williams*-Sund im ruſſ. Nordamer.:
1) Volk 673mm, 6nn, *692of, m, mm,* n, 6n 2) Spr.
(vgl. noch Prinz-*Williams*-Sund) *692of, nn;* PK
391ɑɑ; Verh. 676nn, 687mm, 690a, *2of-m, mm,
n-nn, 3a-4mf,* 6mf, 8n; üb. W. 673mm, 692nn;
Wortvgl. (und Wörter) *693ɑɑ-4mm;* gramm. 692nn
3) tſchugatſchiſcher Meerbuſen oder Bai *Tschugats* = Prinz-*Williams*-Bai oder -Sund (f. da)
tſchukotiſch f. Tſchuktſchen
[Tschuktschen (adj. tſchukotiſch 690ɑɑ)
1) allg. im ndöſtl. Ende von Aſien 673ɑɑ, *711mm-
mf, nn* 2) nomad. oder Renothier-T. (vom Stamm
der Korjäken) *711mf, nn;* Spr. 711mf, nn; W. 711nn,
2n 3) ſeſshafte T. (mit *Eskimo*-Spr.): an der äuſsſt.
Küſte des ndöſtl. Aſiens, an der *Berings*-Str., am *Tschukozkoi nos* (auch Namollen gen. 690mm, *711mf,*
2ɑɑ) 689nn, 711n, nn; Spr. (bef. Verh.) 690a, ɑɑ,
711mm, mf-n, 3a; üb. W. 690mm, 5m, *711n-2m, n*
Tsclallums = Clallams, *Tseah = Zia,* Tsekanies = Sicani, *Tshamakain (Chimikaine)* Ort in
Tshashtl oder *Tshastl = Shaste* [Waſhington
Tshikatstat am *Puget*-Sund 671mf, B 380ɑɑ
Tshinuk = Chinuk, Tſhaili u. -lish = Chibalis
Tsilcotin (Chil.) ein Stamm der *Tahkali* A 153a
Tsillata-ut-'tinné (*Tsillaw-adoot,* -*awdool*)
im wſtl. brit. Oſtlande A 151af; MB *479mm, mf-
n;* auch *Brushwood Indians* MB 479mf
Tsitcani = Sicani
Tsomɑss an der SKüſte der *Vancouver*-Inſel

Tsooyess Küftenflufs im nördlft. Wafh. 587mf

Ttynai = Kinai und Kinai-Völker

Tuachhare ein Stamm der Comanchen 367af

Tuality (Atl. *Tuallatin*) weftl. Nbfl. des *Willa-*
Tuanoh od. -nooch=Toanhooch [*met* in Oregon

Tuape = *Toape*

T u b a c pres. in Son., füdl. von *S. Xavier del
Bac* 204aa, 230a, 9n, 251nf, 261a; PK 329nn

T u b a r + in Chihuahua u. etwas Cinaloa (auch
Tobar, Tobas, Tubari): 1) Land 21m 2) Volk u.
Spr. 21f, 156nn, 163m_n; Volk 21m, 179m, 236mm
3) S p r. 160m, *3uf-m, nn-4aa*, 218m, 290nn; Verh.
170nn-2a, 653af, n; VU 163n-4nf; Wortverz.
*164nf-8f, Endungen und Anfätze 169a_170nn

T u b a r e s Miff. in Cin. 163n, 206af; *S. Ignacio*
und *S. Miguel T u b a r i s* 2 Miff. in *Tarah. baxa*

Tubari = Tubar   [21m, 163m

Tubasa Rancheria in Sonora 204af, 276nn

T u b u t a m a (Tab., Tabutana 204af) Miffion
(19n, nf) im ndwftl. Son. od. in *Pim. alta* 19n, nf,
204af (S. Pedro y S. Pablo de T.), 221a, 285mm

Tucayan falfch für *Tusayan*

Tuckelata neue Stadt in Neu-Mexico 253m, 5nf

T u c s o n (PK 333nf; *el T.* AS 314a; *Tuczon,
Tugson; Tuscon; Tuizon, Tuyzon:* 204af-m)
pres. im nördl. Son. *(Pim. alta) 204af-m,* 251nn,

Tucullies = Tahkali   [279m, 314n; PK 333uf

Tucumcari 1) *(big* u. *little Turumc.)* Gebirge
im öftl. Neu-Mexico NM 235f 2) *T. creek* füdl.
Zuflufs des *Canadian* in Neu-Mexico NM 240a

Tuczon = *Tucson*   [Mexico NM 243aa

Tuerto, rio: weftl. Nebenfl. des *Norte* in Neu-
Tugson = *Tucson,* Tuhwalati = Follaties

Tuia in Cinaloa 179nn

T u i l l a (oft *Tooele*) in Utah am gr. Salzfee:
1) *Tuilla creek* Zufl. des Sees 338nn, 341m 2) *T.
lake* (im nördlft. NCalif.) = *Rhett l.* 3) *Tooele
county* 342nf 4) *Tooele settlement* 338nf 5) *Tuil-
Tuizon* = *Tucson*   [*la valley* 338nf

T u l a 1) in NSantd.?(wohl=No. 2) 192aa, nf 2) *S.
Antonio de T.* Flecken in Potofi 186f, nn

Tular, -reña, -ños, Tulares f. bei *Tule*

T u L E A. 1) Ort in NCalif. f. bei B 2) Real in
Guadalax. 178m 3) Real in Potofi 186nn B. (mit
deriv.) in Neu-Calif.; über alle Formen 61n_62a,
533a; 1) *los Tulares:* a) Gegend mit Seen 61n,
520m, 533a, 560n b) Seen 61nn, 520aa 2) *Tule-*

Seen 61nn, nf, *520aa-m,* 1af, 2af-m (Zuflüffe),
530nf, 560mf; *los Tulares* gen. 61nn, 520aa, 533a
3) der gr. *Tule-S e e* 520aa||; genannt *Tular-See*
(falfch *Tulare) 520aa-m,* 2af (Flüffe), 533a, 560f
4) *upper Tule lake* = *Kern l.* 520af 5) *Tule ri-
v e r* Zufl. des gr. Sees 522af, 533a 6) *Tule* Ort in
NCalif. 61nf, 533a 7) *Tular(e) county* ib. 520af,
3mm 8) Volk *Tulares* 61f-62a, 560nf (4mm);
Tulareños gen. 533a 9) S p r. *Tulareña* oder *el
Tulareño* 61nn, *560n-f,* 4mm, 5aa, 6aa, *574mf*

Tulimes falfch für Julimes

Tullich's fork Zufl. des *Bear r.* in Utah 337aa

Tulomos f. Tuolumne, *Tumacori* im nördl. Sonora 204af, Tumalehnias an der *Bodega*-Bai im
nördl. Neu-Calif. 573m; *Tumbletee fork* Zufl. des

Tumgarse = Tungass   [*Grand r.* 331nn, 2a

Tunal 1) Ort in Durango 177m 2) (wohl id.)
pueblo in Zacat. 178nn 3) Flufs in Durango 176nf

Tune Cha: 1) *sierra de T.* in NW bei NMex.
257mm, 332mm 2) *T. creek* Nbfl. des *S. Juan* 332mm

T u n g a s s + (fo am beften zu fchreiben für *Tyn
Ghaase,* wie der Ort No. 3; *Tumgarse* PK 379nn,
B 404m; *Tongass*-Ind. 675mm, 9f) an der fdlft.
ruff. Küfte: 1) Volk (auch *Keetahhonneet* 675mm)
598n, 675mm, *9m-n,* f; PK 379nn 2) S p r. 675mm,
9mf'||; PK 380mm; Verh. *680aa-mf;* B *397n-8aa*||,
401mf-nn, 4m; Wortverz. 602aa, 679n; B 382nn,
3mm; *679nn_680a* 3) O r t *(Tungass)* 679mf

Tun Ghaase = Tungass; *Tuni(c)a* in Louif.
418m, 426aa, *440af-mm*]; *Tuñi* = Zuñi

T u o l u m n e in NCalif.: 1) Nbfl. des *S. Joaquin
521m,* 6n, 564m, nn; Völker u. Spr. am Fl. 564m,
mf||-n 2) wohl id. *Tulomos,* Volk bei *S. Francisco
565nf* 3) *Tuolumne county* 523mm

Tupo in Sonora (bei *Tubutama)*   [571nf

T u r e a l e m n e s am *Sacramento* im ndl. NCalif.

Turicachi indianifches Dorf in Sonora 204af

Turlay's M. × im nordöftl. Neu-Mex. NM 255n

Turnogain = *rivière aux Liards; Turnbull,
mount:* im S am *Gila* 252mf; *Turn Water* (Volk)
= Stellchasamish

Turtle creek Zuflufs der *Trinidad* in Texas
2) Prairie = *Tortuga, Turumcari=Tucumcari*

Tusal, S. Juan del: Hacienda in Potofi 186nn

T u s a y a n (falfch *Tucayan)* 1) Prov. im nördl.
Mex. (= *Moqui* NM 224mm) 11n||, 12nn, 62a; NM
224mm, mf 2) Volk T u s a y a n s NM 224mm

Tuscasito in Texas, *Tuscon = Tucson*
Tush-epah = fulgd.; *Tushshcpah* + 1) öftl. Nbfl.
des mittl. *Clarke's r.* 592m 2) Volk ib. 592mll, 4aa
(Tush-epah) | *Tusoninon* im ndl. Son. PK 324n
Tutahaco (Tutaliaco 11n) im ndl. Mex. (viell.=
Tutuaca) 11nll, 12nn, 62a; *Tutaliaco = Tutahaco*
Tutna athapask. Volk des ruff. Nordamer.'s (od.
= *Ttynai)* A 252f; *Tutuaca* Miffion in *Tarahu-
mara alta* (viell. daff. *Tutahaco)* 21aa, 62a
Tututune + (fo kann man fchr. für *Totutune,*
nach den gleichen Formen *Tututulna* u. *Toutouni)*
Volk am *Rogue's r.* im fdl. Oregon; auch *Tototin(s)*
(593all), u. *Rogue* oder *Rascal Ind.* 593all, *612aa*
Tututulna (u. *Toutouni) = Rogue's river*
Tuxpam (Taxpam) öftl. Fluſs des nördl. *Ad-
miralty inlet* in Waſh. 588a | *Tuyzon = Tucson*
Twin peaks 2 Berge in SO vom grofsen Salzfee
339n, 341n; *Twitsip* Zufluſs des *Methow river*
von der *Columbia* im nördl. Waſhington 587a
Tyler Ort und *county* in Texas [MB 475aa
Tzadenes beim kl. Sklavenfee im brit. Oftlande

U.

Uallik öftl. Nebenfluſs des *Kwichpak* in 62° N.
B., mündend in 160° 12' W. L. 677aa; Ubakhéa
im nördl. Neu - Calif. 573n; *Ubalde (Uvalde)* in
Texas: 1) *county* 2) *arroyo de U.* (×2)
Uchiti(εs) im fūdl. Alt-Calif. (auch *Uchitie;
Utschiti, -tas; Utschis?; Vehities, -tis):* 1) Volk
u. Spr. 474m-mf, n-nn, 8aa-af, 480mf-nn, *1nn-2m,*
7a; Volk 467n, nn, nf, 8af, 474af, 481a-af; *Utschis*
wohl daff. 468mf, 475nn, 8m, nn 2) Spr. 465nll,
6aa-af, 7a, afll, 474aa, 7n-nn, 8m, mf, noll, 480a
Uclenu auf der *Scotts-*Infel (im NW der *Vanc.*
Ugalachmjut(en) u. ä.=Ugalenzen [Inf.) B381aa
UGALENZEN oder UGALJACHMJUT(EN)
[*683mf-9mf] an der ruff. Küfte, ndwftl. vom
St. Elias-Berg; Formen: *Ugalachmut,* -mjuten;
-akmiuten, -ächmuten, -afchmiuten; Ugaljachmutzen,
-*mutzi)* 1) Volk 598mf, 683a, *mf-nf,* 4a, *af, m,*
7mm, 690n, 2n; A 253a-aa, 5m; B 404n 2) Spr.
683nf, 6a, 7n; A 253a-af, 5af, m; Verh. 676nn, *683
a-aa,* mf, *4a, m, nn, 6mm-7mf,* 691mm-mf; PK
380mf, 3nn, 4af, 8nn; MB484m; azt. 672mf, 684m-
5nn, f; Wortverzz. 673mm, *683f-4aa, 5nn, 6a-aa,
7n-nn;* PK 391aa; AS 685nn, *7nn-8af;* *688m-
9mf;* gramm. 684mm, *6af-mm,* mf, 7n; B 333m

Ugaljachmjut, -mutzi u. ä. = Ugalenzen
Ugafchenzen im öftl. *Aljaksa,* fonft am Fluffe
Nuschagak 696a
Uintah (Uwinty NM 306mm) Nebenfluſs des
Green river 329aa, 331af-m, mf-n; NM 265aa
Ulates creek weftl. Zufluſs des *Sacramento* in
Neu-Calif. 522a, 533m; *Uleowa = Oraybe*
Ulloa, isla de = der Süd-Küfte der Prinz-
*Wales-*Infel 677nn, B 320mm
Ulseahs an der Nord-Küfte von Oregon 591f
Inkaliki-Ulukagmjuten in O des *Norton-*Bu-
fens 675nf, 704nf; Ululato bei *S. Francisco* im
nördl. Neu-Calif. 565nn; Umah = Yuma
Umanos f. Xumanas, Umas = Humas
Umatilluh (-tilah) fūdl. Nbfl. der *Columbia* in
Oregon 582nn; ob *Umatullum* daffelbe? 634nf
Umaya = Imaya, Umkwa = Umpqua
Umpin bei *S. Francisco* im nördl. NCalif. 565n
UMPQUA + im fdl. Oregon *(Umquas, Umkwa):*
A. 1) Küftenfluſs 580af, 1mm, nf, *3n, nn,* 593a,
9aa, m, 601nn, 612all, aa, *mf, 4a; Völker am Fl.
612a-aa, mf, 4all 2) *U. head* Cap 581nn 3) *U.
county* 583nn, nf B. 4) Volk (f. aufserdem die
*Tahkali-Umkwa-*Familie bei *Tahkali)* 592n, 3a,
m, 603nf, 612a, *mf-nll, 4a,* 7mf, nn; A 152nn, 3m,
254aa 5) Spr. A 157a-aa, 160nn-f, 3mf-n, 4af-mf,
254aa; Verh. ... 599nn, 602nf, 4af, 612n, 7nn; W.
602aa, 4af, 615n; A *160n-f;* *A 180-209-222;
gramm. A 162n-nn, 8mm-nf, 9m | Umqua=Umpqua
Unalaklikh Fluſs des *Norton-*Buf., mündend in
63° 53' N.B. und 160° 35' W. L. 677aall, 705aa
UNALASCHKA *(Onolastica* 698af, 9af) + 1)
eine der Fuchs-Infeln des ruff. Afiens, wftl. von
der WSpitze der Halbinfel *Aljaksa,* 53°¾-54°⅓ N.
B. und 210-211°½ L.: 677n, 697a, n, 8f; PK 390af,
B 318m 2) Volk der Unalafchker (bewohnen die
Fuchs-Infeln ufw.) 677mm 3) Spr. 676m, mm-mfll,
696mf, nn-7af, nn-nf, 9nn, 700a, n, mm-mf; PK
390af, 1aa; Verh. 677mm, 693n, *nn-f, 7aa, m-mf,*
nn-nf,*8mm-nf,* 9mf-n, nn, 700mm, *2a-m,* 6aa, 711aa;
Spr. gen. aleutifche (im eng. Sinne) 696mf, 7a,
8nf, 9af, nn, 712un, nf; Spr.gen. aleuto-lifsjewifch
(der Lifsjen, lifsjifch) 697aa-af, m, mf, 9af, nn,
700all, mfll, 712n; über Wortverzz. 673mm, 697nn,
8a-mm, 9aa-m, mm, nn, 700a, aa-m, 1mm-f, 711aa,
2n, nn, nf, f; üb. mein W. 699nn, *700a-mm,* mein W.
700mm-1mm; gramm. 696nf, 7nn, 8a-aa, mm, 700a-aa

Unataquas in den fdl. Verein. St. u. Texas 420f, 440mm; *Una Vida pueblo* des Moqui NM 244mm
Uncompagre river = *Compadre*
Unija (Unjiga) gr. Flufs im brit. Oftld., 54°½-58°½ N. B., in den See *Athapasca* fallend: MB 469a, 470m-mm, *mf, 1a,* 3af, 5afll, *m,* mm, mf; auch *Peace river* genannt MB 469a, 470m, 5m, mf
Unimak Infel anliegend im W der Weft-Spitze der Halbinfel *Aljaksa,* in 55° N. B.: B 318m
Union creek in Texas (4 B) 2) *East U. bayou* Zufl. des *Brazos* ib. B. 3) *U.* oder *U.* town an der ndlft. Küfte NCalif.'s 574m 4) Fort *U.* im öftl. Neu-Mexico NM 253m, 5n   [*Grand r.* 332a
Unjiga = *Unija, Unka Weep* Nebenflufs des Upatsesatuch an d. WKüfte d. *Vancouver-*Inf.
Upsaroka = *Crows, Upshur county* in Texas
Ugluxlatuch an d. WKüfte d. *Vancouver-*Inf.
Ure(s) † in Son. *(Pim.):* 1) Hure (Huras 208mf) Volk 208mf, f, 9a 2) *Ures (Hures* 19nf, 204mm) Df u. Miff. 19n, 204mm, 211aa, 229f; Stadt 204mm, 313a 3) *rio de los Ures* 230aa, PK 322n
Urique, Nu. Sra de Monserrate de: Real in Chihuahua 176n; *Uriquillo* Bergw. Ort ib. 176n
Uris=Uriz; Urista, mina de: in Zacat. 179a
Uriz (Uris), estrecho de: fabelhafte Meerenge in Weften 282nf, 294a, 363a, 456nn; B 320m
Uruachi in Chihuahua 22a, 177mf (Real)
Utah, Utahs, Utaws f. *Yutah*   [593a
Utila Flufs in Oregon 593aa 2) Utillas Volk ib.
Utschipujes in Alt-Calif. 468mf, 481nn, 2af
Utschis, Utschiti f. *Uchiti*
Utschiun bei *S. Francisco* im ndl. NCalif. 565n
Uturituc pu. beim *Gila* 261aa; PK 329f, 351nn
Uvalde = *Ubalde; Uvas, cañada de las:* im
Uwinty = *Uintah*   [füdl. Neu-Calif. 516aa

V.

Vac = Bac
(*la) Vaca:* A. 1)*V.* Ort in Cin. f. *Baca* 2) *la V.* beabfichtigte Stadt an der *Gila-*Münd. 334af 3) *la V.* 2 Örter in Texas (vgl. No. 5 u. 6) 414af 4) *la V. county* ib. B. 5) *la Vaca* oder *Lavaca* Bai in Texas *(Baca, Bacca; la Baca, Labaca;- Lavacca)* 412mm 6) *rio de la V.* ib. (4 B) 412nf, 429m, mm 7) *ojo de V.* im füdweftlft. NMex. NM 255mm, 6m; — *rancho de las Bacas* im nordöftl. Neu-Mexico NM 246af

Vacca = Vaca
vado de los Padres Fuhrt im *Colorado* 253f-4a
Vajademin × in ACalif 464n, *Val salado* f. *sa-Valdes* Rch in Durango 311af, mm, 2nf   [*lado Valencia* im öftl. NMex. NM 247m, 253m, *nf-f,* 4m-nn, *6aa; *n; = *pueblo de Indios Genizaros* NM 249n, 253nf-f, 271a-af; *Val. y cerro de Tomé* NM 253m, 4mf; *Tomé* bef. Ort NM 254nn
Valentine creek Zuflufs der *Vaca* in Texas
Valero, S. Antonio de: Miffion im nördl. Mex.
Valladolid gegen *Cibola* 12nn   [(wo?) 314mf
Valle: 1) *S. José del V.* in Potofi 186nn 2) *V.* *umbroso* × in Cinaloa 14a, 205nf
Vallecillo, S. Carlos de: Real in NLeon 190aa
Vallejo Stadt im nördl. Neu-Californien 526nf
Valles in Potofi: 1) *partido* 185m 2) *villa de los V.* 186nn, 191a   [5mf, 6mf
Valverde im öftl. Neu-Mexico NM 253m, 4a, VANCOUVER-Infel[*] [*B 325 bis 372] od. Quadra- und *Vancouver-* (blofs *Quadra-*)Infel: grofse, langgeftreckte Infel SO-NW, an der füdl. brit. Küfte, in 48°½ bis nahe 51°: 1) Geogr. (und Gefch.) B 325aa-m, 7n-nf, 349mf-nn, 373, 380-4; MB 471f-2 2) Völker B 328m-n, 9a-m, 349,a^mm-bm, 372a-3af; AS 598mm, 9m-mm 3) Sprachen B 328a-af, 9a, 333nn-4aa, 363nf B. 2) Fort *Vancouver* im fdwftl. Wafh., ndl. an der *Columbia* 578mm, 581mf, *8m,* 613mf, 8nf 3) *mount V.* im weftl. Oregon (wohl = *mt Jefferson*) 616af
Van Dousin = Vendusen, Vanzandt f. *Zandt*
Varohio Volk u Spr. in Tarah. 162aa, 658a
Vashon's island im füdl. *Admiralty inlet* in Wafh. 585n, 595af, 670nf; *Vavispe = Bavispe*
las Vegas 1) Ortfchaft, jetzt Stadt im öftl. Neu-Mexico NM 254a, 5n, nf, 6nn 2) f. *V. de S. Clara* 3) *rio de las V.* in Durango 176nf
Vehiti, Vehities, Vehitis = *Uchiti*
Vehlin Colonie in Texas 411mm
Veladero in Alt-Californien
Velarde in Chihuahua 176n
Velasco in Texas 414af
Velasques alter Ort in Utah 342aa
Venado 1) Flufs in Durango 176nf 2) *pueblo,* Bezirk und Real *del V.* in Potofi 185af, m, 6nn
Vendusen (Van Doosin's) fork: Zuflufs des *Mendocino* in Neu-Californien 523a
Ventanillas in Durango 311af

Verde: A. 1) *arroyo V.* Zufl. der *Guadalupe* in Texas; *rio V.:* 2) nördl. Flufs des *Gila*-Syftems 237mf, 251f, 2af, nn, 3all, aa, ?4mf, 264mm, 277a; PK 328m 3) = *Green river* 4) *Rio verde* Bezirk u. Ort in Potofi 185m, mm B. 5) *sierra V.* im NW bei Neu-Mexico 20mf, 256f, 335mf, n; NM 240n VEREINIGTE STAATEN von Nordamerika 576 bis 671; f. vorzüglich *Oregon* und *Washington:* dann 608m-611n, 662a-670af

Vergel (für *Bergel*) Hac. in Zacat. 178mm, *Vergeles (Berj.)* Flufs im mittleren Neu-Calif. 523af

Vermejo f. *Bermejo*

Vermilion creek Zufl. des *Green r.* 331af, mf

Veta Grande, Guadalupe de: Real in Zacat.

Viboras, rancho de las: in Cin. 179nn [178n

S. Vicente A. 1) *puesto* in Coahuila 196mf 2) *(S. V. Ferrero)* Miff. an d. ndl. WKüfte ACalif.'s 460nn B. 3) *sierra de S. V.* in ACalif. 504,a^m 4) *punta de S. V.* im fdl. Neu-Calif. 518nf, 9m *(Vincent)*

Victoria 1-3) f. *Durango, Salinas, Santander* 4) in Texas: a) Ort (früher *Aguayo*) 414af, m b) *county* 5) auf der *Vancouver*-Infel 671af 6) *Nuestra Señora de la V.* Miffion in Coahuila 196mf

Vidais = *Bidais*

Viesca y Bustamante gr. Dorf in Coahuila 196mf

Viggé Biaundó Örtlichk. = Miff. *S. Xavier* in Altvilla vor Namen: f. den folgd. Namen [Calif. 464n

Villalongia = *Castañuela* [= *Perfido*

Villanueva 1) Flk. in Zacat. 178nn 2) *rio de V.*

la Villita f. *Jalos, Vince's creek* in Texas (*7)

Vincent, Cap = *S. Vicente*

Virgen, rio: 1) wftl. Nbfl. des *Colorado* (= *rio de las Piramides sulfureas* 256aa; einheim. *Paroos* NM 307a) 251m, 5a, m, mf, 6aa, m-mm, nn, 337mmll, 358mf, 534m; NM 307all 2) der obere *rio V.* = *rio de S. Clara* (einheim. *Tonequint* NM 307a) 256mm, 337m; NM 211mf, 306f, 7a

Virgenes: 1) Bai *de las V.* der WKüfte Alt-Calif.'s 2) *punta de las V.* ib. 3) *cabo de las V.* ib. an der OKüfte 4) Vulkan *de las V.* ib. 459mm 5) *las* 11 *mil V.* Infel od. Infeln f. *Stephen's island*

Virginia in Texas: 1) Ort 2) point

Visani(g) = *Bisanig*

Visitacion, bahia de la: der nördl. OKüfte Alt-Calif.'s

Vizarron, S. Francisco: f. *Peyotes* [Calif.'s

Vizcaino: 1) *punta de V.* Cap im nördl. NCalif. 519a, aa 2) Bai *Sebastian V.* der WKüfte ACalif.'s

Philos.-histor. Kl. 1854. *Suppl.-Bd.*

W.

Waakicums = *Wakaikam*

Waatch Küftenfl. im nördlichften Wafh. 587mf

Wabassport am *Cowlitz* im füdl. Wafh. 588m

Waccos = *Wacos*

Wachita = *Washita*

Wachos = *Wacos*

WACO(s) (engl. auszufpr.), richtig gefchrieben HUECO(s) *(440mf, 1m)* + in und über Texas; Formen: 440mm: meift *Wacoes; Wakoes; Waccos, Wachos; Waecoes, Wäkuhs; Whacoes; Wicos;* auch *Tallewitsus* gen. 441m; A. 1) Volk 367af, mm, 8a, 415nf, 423af, 440mm-nn, 1a-mm; NM 270f 2) Spr. 453nn-n, nf-f, 4m; Verh. 433mm, 440n, 1aa, mm-n, 8n, 9m, mf, 453n-5mm, 668f; W. 423aa, 449m, 451nn-f, 3nn; *452a-3mm*; gramm. 453mm-n 3) *Waco* Dorf in Texas 440nn, 1aall, m, 2f B. 4) *Hueco river* 441m, 453,c^af 5) *sierra Hueca (Waco* NM 235m; *Hueco mounts* NM 235nn) im füdöftl. Neu-Mexico NM 235af, m, nn

Waecoes, Wäkuhs = *Wacos*

Wahclellah an der unteren *Columbia* 591mm

Wahhowpum f. *Wascopam,* *Wahkyecums* = *Wakaikam, Wahnaacha* od. *Wahnachee* = *Pisquos river,* *Wahowpum* f. *Wascopam*

Wahsatch mountains in Utah 327n, nf, 8a, aa, 9a, 333mf, 7m, 9aall; 342m, mm, 355nn, 8m

_ *Wahtanis* = *Mandans*

Waicuren oder *Waicuros* = *Guaicuros*

WAIILATPU im mittl. Oregon; auch *Waillatpu; Willetpoos, -pos;* auch *Cayuse* gen. (f. bef.): A. I. einzelnes Volk u. Spr: 1) Volk 593m, 613af, *6a-af* 2) Spr. 608af, 616aa, 627nf, 8a; B 374aa; Verh. 603aa, 4,b^aa, *616a-af,* 628af-m, mf, nf-f; azt. u. fon. 629af-n, 630aa-mll-1af, 658af; W. 604,b^aa, 618,a^a, b^all, nll, 9nn, 620mll; *620n-5af* II. meine gr. Sprachverbindung [*616-631]: 3) Völker derf. 616a-8mf 4) Sprachen 612nn, 627aa-af, mf-n, f-8a, *628af-631nf;* über mein Wortverz. 617nf-620mf, meine Worttafel 620n-5af B. 5) Ort 614f

Wakaikam im N von der *Columbia,* nicht weit von der Mündung; Formen: *Wakaikum, -köm; Waakicums, Wahkyecum(s);* 1) Volk 590n, 604,b^m, 613nn, 6n 2) Spr. 604,b^m; 618, b^af, mm 3) *Warkiacum county* im füdl. Wafh., nahe der Küfte 587af

Kkkkk

Wakamucks (-mass 613n) an der unt. *Columbia*
Wakanascecies in Wafh. 592on [592n, 613n
Wakash, -shians = Nutka; *Wakeelikee creek*
Zuflufs des *Utah*-Sees 340aa, Wakoes = Wacos
Wakonekin creek (oder *little Cottonwood
creek*) Nebenflufs des *Jordan* in Utah 339n
Walagumnes am *Sacramento* im nördl. Neu-
Walawala = Wallawalla　　[Calif. 571mf
Walberger's creek = *Wilberger's
Walimea* Rancheria in Alt-Californien 464n
Walker: A. 1) *W.county* in Texas B. 2) *W.'s
lake* im weftl. Utah 333aa 3) *W.'s river* in Utah
NM 306mm 4) *W.'s creek* Zuflufs des *Kern r.* in
Neu-Calif. 522af C. 5) *W.'s pass* im füdl. Neu-
Californien 330af, 516aa　　　　　[met
Wallamat, Wallammet, Wallaumut = *Willa-
WALLAWALLA(s)* (Walla-walla) † Formen:
*Wallah-wallah, Walla-Wallah; Walawala;
Wollawalla, Wolluh-wollah; Wollaolla* id.?
591af; 1) öftl. Nbfl. der *Columbia* 583nn, 6mm,
mf, n, 593aa, 614n, 6aa 2) Fort an der Mündung
des Fl., im füdlft. Wafh. 582af, 4m, n, 614aa; id.
wohl Fort *Nez Percés* 614n, nn 3) Volk im fdöftl.
Wafh. u. nördl. Oregon 589mn, 590f, 1af, 2n, 3aa,
m, mf, n, 4a, mm, mf, n, nn, f, 603af, 614affl, *mf-n,
nf,* 6a, 637f, 8aa, 660af-m 4) Spr.: Veth. 602nn,
3aa, 4mf; über das Wortverzeichnifs 604mf
Walla-walluo (im nördl. Neu-Calif.) = We-yot
Walnut creek: 5 in Texas .
Wappatoo † (Wapatoo) 1) Volk (wie 2) 591mf
2) *W.* Infel in der Münd. des *Willamet* 591mf, n oft
Waptikakus † 1) = *Salmon r.* in Oregon (f.)
2) Volk Wapticacoes? 614m　　　[Wakaikam
Waring's creek in Texas (x6), *Warkiacum* =
Wascopam(s) † (-paw[s] 592n; -pen f. 2) im
ndl. Oregon: 1) Volk 592n, 3aa; wohl daff. *Wahhowpum:* fdl. an der *Col.,* wftl. vom *Wallawalla*
591m, 4a 2) *Wascopen county* im nördl. Oregon
Wascos im mittleren Oregon 593aa　　　[583nf
[Washas in Louifiana 418nn, 440nf]
WASHINGTON territory [*]: die nördliche
Hälfte des früheren grofsen *Oregon*-Gebiets [f. vieles in letzterm Art.] (auch genannt Nord-Oregon):
1) Geogr. 584aa-8mm 2) Bevölk. 588mm; ind.
Völker im allg. 588mm, 9aa-n, 595nnll-nf, 6mm,
7aa, 602nn-3aa; B 379nf; Aufzählung 592nn-nf,
3mm-7aa, 670m-1nf; einzelne 658n-661f; B 329mm,

373mf, n, 4a 3) Sprachen 589n-590m, 671a-af
B. 2) *W. city* in Texas 414af 3) *New W.* ib.
(auch *Clopper's point,* f.) 414af C. *county:*
4) in Texas 5) in Utah 342af 6) im nördlft. Oregon
583nn, nf D. 7) *W. island* = *Charlotten*-Infel
8) *W. pass* in NW bei Neu-Mexico 257m 9) *W.
river* nördl. Nbfl. des *Red river* 413aa
WASHITA † A. mehrere Flüffe in und um
Texas, alle Nebenflüffe des *Red r.;* 2 auch *Witchita* gen. 442m-mf: 1) a) *Washita river:* ungewifs, welcher NM 240n b) (der uneig. *W.*) füdl.
Nbfl. in Texas (nach And. gefondert in *big* u. *little
W.:* f. c u. d) (auch *Wachita* u. *Witchita*) 367mm,
442m c) *big W.* (oder *Witch., Wich.*) füdl. Nbfl.
in Texas 413aa, 425m, 442m, nn d) *little W.*
[No. 1] (od. *Witch.*) it. 413aa, 442m 2) a) *false
W.* ndl. Nbfl. im *Indian terr.* 413aa, 441m, 2mf, nf
b) *little W.* No. 2: Zufl. od. Fortf. des *false W.,*
nach Marcy = *false W.* 413aa 3) uneig. *W.* =
Blue r.: ndl. Nbfl. im *Indian terr.* 413af, 442mf, n
4) der gr. od. eig. *W.* öftl. Nbfl. in Arkanfas u. Louif.
(*Ouashita, Ouachita; Oacheta*) 413af, 437f, 442mf
B. *Witchita-Berge* 422a, 442nn C. 1) *Washita-
od. Witchita-Dorf (Wachita):* im ndl. Texas u.
2 im *Indian terr.* 441m, 2mm, nn, nfll [2) Ort
in Louif. 442mf 3) *county* in Arkanfas 442mf]
D. *WASHITAS* oder *Witchitas* Volk in u. über
Texas; Formen: *Washittas; Witschitas, Wich.;
Witchetaws, Wich.;* 1) Volk 367a, mm, 441mm,
n, 2af-3mm 2) Spr.: Verh. 433aa, 442nn, 3af, 8mf,
n, f-450af, 3n, 4n-5m, 668f; Wortverzeichniffe
442af, 3mm-n, 4aa, af-n; 443mm-n, 4a-m, n; *445a-
8mm; gramm. 444n-nn, nf, 8mm-mf, 455m
Washookal creek nördl. Zuflufs der *Columbia*
im füdlichften Wafhington 587af
Wasp creek Zuflufs des *Guadalupe* in Texas
Waterhole Zuflufs der *Navidad* ib.
Watlala = obere Chinuks
Watoya, mount: im ndöftl. NMex. NM 235aa
Watschlimo = *Malheur river*
Watshahé-wa Volk und Sprache am *Scott's
river* im nördlichften Neu-Calif. 572nf, 4af, 5aa
Wayton-See wohl = *Koollespelm* 592af, m
Weancum Zuflufs des unt. *Lewis river* 591aa
Webb county in Texas
Weber 1) *county* in Utah 342af 2) *W. river* od.
W.'s fork Zufl. des gr. Salzfees 337aa, 8n, 9aa-af, 344a

Webster, Fort: im fdwftl.NMex.NM 252a,4a,5mm
Weëndequint creek (auch big Cottonwood
creek) Nebenflufs des Jordan in Utah 339mf
Wee-yot = We-yot
Weitletoch am Millbank-Sund B 382aa
Weitspek am Tlamath im nördlft. NCalif.: 1)
Volk u. Spr. 572nf, 4nf, f 2) Spr. 575a, af, nf-6aa
Welsh settlement beim grofsen Salzfee 339mm
Wenass Zuflufs der Yakima von der Columbia
in Wafhington 587aa
Wenatshapanik oder -shawpam = Pisquos r.
Wentuhuysen inlet an der füdl. Oft-Küfte der
Vancouver-Infel B 373af
West creek beim gr. Salzfee 339mm; Weft-Ge-
orgien f. Georgien, Weftküfte Nordamerika's f.
Nordweft-Küfte, das grofse Weftland der wilden
Indianer f. Land des Gila und Colorado
[Wetepahatoes ein Stamm der Paducas 363
mf, 433mm‖] [Charlotten-Sund B 381a
We-warkka, We-warkkum 2 Völker am
We-yot (Wee-yot 574nn, 5af; auch Walla-
walloo 573nf) am Eel r. und an der Humboldt-
Bai im nördl. Neu-Calif.: 1) Volk u. Sprache 570af-
m, 3nf, 4nn 2) Sprache 574nn, 5af, nf
Whacoes = Wacos; [Wharf river Nebenflufs
des Arkansas 250m, 408mf]
Wharhoots an der Shoalwater-Bai in Wafh.
Wharton Ort und county in Texas [596f
Whatcom-See bei der Bellingham-Bai im nörd-
lichften Wafhington 586aa-nf 2) county ib. 588af
Wheelock und W.'s settlement in Texas
Whëelpo = Schwoyelpi, Wheluppa = Wilapah
Whetstone creek im nordöftl. NMex. NM 239mf
Whidbey's (Whitby's; Whitney's) island
im ndl. Admir. inlet in Wafh. 586n‖, 8mm, 670n‖,
nn; Völker der Infel 594m, 5m, mm‖, 6af, m, mm
Whilapah = Wilapah
Whitby's island = Whidbey's island
White: A. 1) Wh. mountains f. sierra Blanca
B. White river: 2) Nbfl. des Green r. in Utah
331m, n, 342nf 3) (auch W. creek) Zufl. des gr.
Tule-Sees in NCalif. 522af 4) ein Arm des Dwa-
mish r. vom Admir. inlet in Wafh. 587nn, 595m‖
[5) weftl. Nbfl. des Missisippi, N-S fliefsend, fich
mündend dicht unter der Münd. des Arkansas NM
215mf] C. White oak bayou: 1) Zuflufs des
Buffalo bayou in Texas 2) Zuflufs des Sulphur

fork vom Red river ib.; Wh. rock creek Zuflufs
der Trinidad ib.
Whitney's island = Whidbey's island
Wicananish = Wickannish; Wichetaws oder
Wichitas = Witchitas: f. Washitas
Wickannish (Wicananish B 328mf, 349af,
m; Wickinninish B 329aa, 349m) auf der Vancouver-Infel B 328mf, 9aa-af, 349af, m
Wickinninish = Wickannish, Wicos = Wacos
Wihinafcht (gew. -nasht) oder weftl. Schofchonen (604, bmf, 640aa) oder weftl. Snakes (635
nf): 1) Volk 635nn, nf 2) Spr. u. ihr Verh. 391aa-
mm, 639nn, 649mm-n, 650n-nf, 7aa-af; azt. Wör-
ter 652af-m; Wortverzeichniffe 604, bmf, 640aa-ni;
*641nn-2f; Wortvergl. 649n-650mf, 3aa, af; *640
m, 651a-2mm; gramm. 639mf, 645nn; Subft. End.
645nf-6nf, Adj. End. 646n-7m; Präfixa 647m-n
Wilapah † (Whi. 596nf, Whelappa; Willopah) 1) Zuflufs der Shoalwater-Bai im füdl.
Wafhington 587mm, 596nf, f 2) Volk 596nf
Wilberger's (Walberger's) creek Zuflufs des
Colorado in Texas [vom Red river
Wild horse creek Zuflufs des little Washita
Willamet; Formen: -mette, -mat, -mmet;
Wallamat, -ammet, -aumut; eig. Wölämt;
1) fdl. Nbfl. der Columbia im wftl. Oregon 580af,
2nf, 590n-nn, 1mm-mf, 2a, 613n, 4a, 7mm, nn,
634mf, nn; auch Multnomah (unrichtig nach dem
Volke fo gen.) 590n, 660f-1a 2) Thal 580af-m,
1af, mm, 3a, 600aa (Ebne), 617mm, nn (Ebnen)
3) Will Indianer 592n 4) Völker am Fl. 590n-nn,
613af, 6mm, 7mm, 620a, 634mf, nn, nf 5) Station
(Wallammet) 619n
Willetpoos oder Willetpos = Wañlatpu
Willewah † 1) weftl. Nebenflufs des Lewis r.
= Grande Ronde 591aa 2) Volk ib. 591aa, 4aa
William's fork 1) (auch W.'s river 534m)
nördl. Nbfl. des Gila 252n, 534m, 544aa (Bill W.
fork) 2) öftl. Nbfl. des Colorado (= rio S. Maria)
252nn, 5mf, 6aa 3) W.'s pass im nordöftlichften
Neu-Mexico NM 235af, 6a
Williamson creek in Texas (*5) 2) W. county ib.
Willopah = Wilapah
Willow creek 1) in Utah = Pesesse-oge
2) weftl. Zufl. des ob. Norte in NMex. NM 241nn
3) 2 weftl. Zuflüffe des Sacramento in Neu-Calif.
522a‖ B. 4) W. spring im S vom gr. Salzfee 338nf

Kkkkk 2

Wilson's creek in Texas (*4 B)
Wind river mountains nördlich bei Utah und
im füdöftl. Oregon 331aa, *580mf,* n
   [*Winter island* im ndöftl. brit. Amer. an der
SOSpitze der Halbinfel*Melville,* über der *Repulse-*
Bai und *Frozen street;* in 66° 11' N. B. und 85°
31' W. L. v. P.: *693mf,* 702aa, 3mf]
Wish-osk Volk u. Spr. an der *Humboldt*-Bai
im ndl. Neu-Calif. 570af-m, 4nf; Spr. 575af, m, *nf*
Wishtenatin im füdlichen Oregon 593a
Witchetaws = Witchitas
Witchita(s) = Washita(s)
de Witt Colonie und *county* in Texas
Wolf creek Zufl. des obft. *Red r.*   [lawalla
   Wollah-wollah, Wollaolla u. Wollawalla = Wal-
Wood county in Texas 2) *big W. river =*
Boisée; Woodville in Texas
Wo sisters creek Zufl. der *Guadalupe* in Texas
Wright's lake im nördlichften Neu-Calif. 520mf
Wyampan in Wafhington 592nf

X.

Xala Df in Guadalx. u. *alc. mayor* in NGalic.154m
Xalisco (Jal. 154mf) A. 1) nordweftl. Prov.
Mex.'s (früher *Guadalaxara,* f.) 14mf, 154aa, mm-
mf 2) *pueblo* 154aa, mf, 161mm, mf 3) *alc. mayor*
in Neu-Bisc. 161mm B. 4) Xaliscos Volk 154n
Xanos = Janos
Xarames am *rio Sabinas* (in Coahuila)
S. XAVIER A. Örter: 1) f. *Bac, S. Francisco,*
Senocagui 2) in Oftimuri 205mm 3) in Texas 434f
4) Miff. in A Calif. (auch *S. Francisco X.*) 460mm,
6mm, 470aa, af, 6aa, af, m; auch gen. *SX. de Viggè*
oder *de Viggè Biaundò* 464n; Spr. od. Dialect der
Miff. 467a, 9mf, 470a, aa", m, nf", 1a, m, mf nn,
497af, 8a, 506mm 5) 2 andre Örter in A Calif. (a) *S.*
Franc. b) *SX.*) 6) *playa de SX.* ib. ganz im N an
der WKüfte 464n, 470n B. 7) *arroyo de SX.* der
WKüfte A Calif.'s 8) *rio de SX.* in Utah 250f, 330mf,
1a, 4n 9) *vado de SX.* in Texas C. 10) Bucht in
Sonora 200n 11) *sierra de SX.* ib. 200mf, 237mf
Xemes = Jemez
Xerez (Xeres) 1) *alc. mayor* in NGalic.154af
u. Flecken in Zacat. 178nn 2) Fluß in Zacat. 178m
3) *creston de X.* in Neu-Santander 192aa
   XICARILLA(S) im *bolson de Map.,* in NMex.
ufw. (auch *Jic.,* falfch *Jac.* 183n); von mir meift

nach Simpfon fehlerhaft Ticorilla(s) gen. (aber
von mir fchon als*Xic.* vermuthet 316af, 7mf, *9a-m,*
320aa): 1) Volk: a) als *Xic.* 183n, f, 258n, 319af;
NM 233aa, 265aa, *274m-n, 5aa, m, mm* b) als
Ticorilla(s) 316af, 7nf, 322nn; A 154mm, 254af,
298m; NM *274n"-5mm* 2) Spr. 258mm, 271a,
298aa, m, 316af, 7mf-n, 8f-9a, nn, f, 323mm;
A 254af, NM *274n-5af;* W. *320, A 269-311;
athap. 320nn-f, 1n-2nf; gramm. 321a-mf, f
   Xilitla in Potofi 186nn
   Ximena gegen *Cibola* 12nn
   Ximenes f. *Cadereita*
   Xixime (-es 162mf) Volk u. Spr. in Topia 173
nn-f, 4mm, 658all; auch in Chihuahua 162mf
   Xongopavi = Jongopavi
   Xuchipila Real der Diputacion *Hostotipaquillo*
in Guadalaxara und *alc. mayor* in Neu-Galic.154m
   XUMANAS A. 1) in Neu-Mex. (auch *Iúmanas,*
Jumanos; Humanas) 269nf-f; NM 228a, 263nn,
4a, *7m-mm,* f, n, 8mm; Spr. *Xumana* NM 263mf,
7m B. 2) Humanos *(Umanos; = Yuma?)* im
Gila-Lande, gar nördl. Son.? 259a, *269n-nf;* NM
267mm-8n C. 3) *sierra de Jumanes* im öftlichen
Neu-Mexico 360a; NM 235aa, 267m

Y.

Yabapais = Yabipais
   YABIPAI(s) im Gila-Lande (= *Yampais?* f.);
Formen: *Yavipais; Yabipias, Yubipias; Yaba-*
pais; f. auch *Jabesuas; Yabipais T'ejua* f. *Tejua;*
1) Volk 259af, mf, 260aa, nf, mm, 2afll, n, 277nf,
8a-m, nfll, 280m, 7a, aa, af, n, 8all, 9aa, 315mm,
9mf, 534afll, n, 542mf, *nn-3aa* (= *Apaches?*);
PK 324all 2) Sprache *Yabipai* 262m, 288a, 297n,
Yacaaws in Wafhington 592nf   [542nf-3a
Yachies falfch für Tachies = Texas
Yagua falfch für *Yegua*
Yahkatt öftl. Zufluß der unterften *Columbia* in
Yahshute im füdl. Oregon 593a [Wafh. 587af
Yakama(s) oder Yakemas = Yakima
Yakima † [verfchd. v. *Yaquima* 583a, viell.
lieber *Yakama* od. *Yakema* zu fchr.] 1) wftl. Nbfl.
der *Columbia* (auch *Yakama) 583a, 6mm, 7aa,
594a, mm, 614n; fonft *Taptul* gen. 591of"ll, mll,
2aall 2) Volk ib. *(Yakima; Yakemas, Iaakema;*
Yakamas) 594a öfter, mm, n, f, 604n, *614mf, n*
3) Sprache 604n

Yakinsee Nebenflufs der *Yakima* von der *Columbia* 587aa

Yakones oder Yakons = Iakon

Yalesumnes am *Sacram.* im ndl. NCalif. 571af

YAMAYA(s) am *Colorado* 259af, mf, 260aa, 2n, 277nf, 534af; auch gen. *Yumayas* 315mm, 9mf, n; wohl = Jamajabs N vom *Gila*, am *Colorado* 260mm,1n|||,nn-nf,2aa,mm,288m; *Tamajabs*534ᵐᵐ

Yam Hill oder *Yamhill* in Oregon: 1) *Y.* river weftl. Nebenflufs des *Willamet* 2) county 583nn, nf 3) *Y.* Indianer 592n

Yamkallie gegen die Quellen des *Willamet* im mittl. weftl. Oregon: 1) Volk 617nn, 620a 2) Spr.: Verh. 599nn, 617mm-nn, 620a, 8mm, nn-nf, 630aa; Wortverz. 602aa, 615n, 8,aᵃᶠ, 620a; *626mf-7a

Yumpah Flufs (vielleicht = *Yampai* 1; vgl. auch *Yampancas*) = *Bear river* No. 2

YAMPAI(s) † 1) Bach im Lande der *Yampais* (viell. = *Yampah*) NM 267aa 2) Volk am öftl. Ufer des *Colorado* (= *Yabipais?*) 534af-m₁||, 542nf; NM 267a, aa; auch: *Yampaio* 269m, 542nf; *Yampayos* 542nf; *Yampaos* 278n, 542nf

Yampancas (viell. = *Yampah* 335aa) Zuflufs des Sees *Timpanogos* in Utah 334aa, mf, 5aa

Yampaos = Yampai, Yamparack = Yamparicas

Yamparicas 1) öftlich vom gr. Salzfee 259nn, 260aa, 334af, 345m, n 2) diefe und andre Formen in Verbindung mit den Comanchen und als ein Stamm von ihnen 362a-aa: *Jamparicka* 362a, *Japarishka* 362af, 7a; *Yamperack, Yamparack*

Yampayos = Yampai [362aa, 4nf, 5mm

Yamperack = Yamparicas, *Yanos = Janos*

Yaquesila = Jaquesila, Yaqui = Hiaqui

Yaquima (verfchd. von *Yakima*) Küftenflufs in Oregon583n (auch *Yaquina*), Yaquis = Hiaquis

Yasumnes am *Sacramento* im ndl. NCalif. 571af

Yatasis = Yatassees [441nn-2a

Yatassees in Texas *(Yatt., Yatasis)* 437nf, n

Yattassees = Yatassees, Yavipais = Yabipais

Yecora in Cinaloa oder *Pimeria* (349mm), und wohl = *Yecorato* 204f, 6af, 349mm

Yegua (falfch *Yagua*) 4 Nebenflüffe des *Brazos* in Texas 412f, Yeguaces = Iguaces

Yehah an der unteren *Columbia* 591mm

Yeletpoo am unteren *Lewis river* 591aa

Yellow knife river: von NNO in den gr. Sklavenfee gehend, c. 65°-62°⅓ N.B.: MB 480a; wohl id.

Knife r. MB 480nn 2) *Yellow-knives* Volk im wftl. brit. Oftlande MB 479f 3) *Yellow Stone river* gr. füdl. Nebenflufs des *Missouri* 663af, 6nf, 8mm

Yeneca Rchria der *Coras* im fdl. ACalif. 473mm

Yepomera in Tarahumara 23a

Yerba buena f. *S. Francisco* in NCalif. (D. No. 9)

Yesso = Hiezo; Yllerena, villa de = Sombrerete 178nn; *Yohamite = Yosemity*

Yolo county im nordweftl. Neu-Calif. 523mm

York: 1) Herzog von *York*-Infel im O bei der gr. Pr. *Wales*-Infel, an der ruff. Küfte, in 56° bis über 56°⅓ N. B.: 677nn, B 404aa 2) *Y.'s creek* Zufl. des *S. Marcos* von den *Guadalupe* in Texas

Yosemity † 1) (auch *Yohamite*) Thal und Wafferfall der *Merced* in Neu-Calif. 521n-nf, 564nn 2) Yosemety ein Schwarm an der *Merced* 564nn, *Youab = Yuab* [NM 306m

Youahnoe im Prinz-*Wales*-Archipel 678a

Youicone und Youitts 2 Völker an der Küfte von Oregon 591f

Young 1) wftl. Zufl. des *Sacramento* in NCalif. 522a 2) *Y.'s river* Küftenfl. im ndlft. Oregon 583n

Yreka Dorf im nördlichften Neu-Californien 526f

Ysoguichic = Isoguichic

Yuab (Youab 340af) Bezirk und *county* in Utah 329aa, 340af *(Y. valley)*, 2af

Yuba in NCalif.: 1) öftl. Nbfl. des *Sacramento* oder zunächft des *Feather river* 521mf, 571n 2) county 516mm, 523mm

Yubipias falfch für Yabipias = Yabipais

Yucuatl kl. Infel im W der nördl. Hälfte der *Vancouver*-Infel, auf welcher *Nutka* liegt: B 319 mm, 327nf, 348af, 9n-nn, 357nn

Yukai (vgl. Yukal) am *Russian river* im nördl. Neu-Calif.: 1) Volk 573n||, 4nn 2) Sprache 569nn, 573n, 4nn, 5af, mm-mf

Yukal (= Yukai?) am *Sacramento* im nördl. Neu-Californien 571af

Yukletah oder *Yukletas* an der Oft-Küfte der *Vancouver*-Infel

Yukon (ruff. *Jukchana* oder *Junna* 677af||, 704nf) langer Flufs im nordweftlichften britifchen und im ruffifchen Nordamerika: fliefsend erft gen Nordweft, dann gegen Weft, weiter gen Südweft; endlich als *Kwichpak* (f. bef.) gen Weft und Nordweft: MB 482nn (auch *Kutchi-Kutchi*), f; AS 713a

Y u m a (s) am unt. *Colorado:* A. (vgl. *Cuchan*)
1) V o l k (auch *Jumas* 259af, 267mm; *Umah, -hs*
259a, NM 268aa;= *Humanos, Umonos?* f. *Xuma-*
nas; sing. *Yuma* 261af, 270aa) 208nn, 238n, nn,
9mm, n, 247nf, 252m, 9mf, 260n, 1af, mm, mf, nf,
2af, mm, 5mmǁ, mf, nf, *7mm-8af, mm-9f,* 270a-
aa, 7mf, 8af, m, 286nn, 8mmǁ, n, 305m, 521aa,
533f, 4mm, mf, nn, 657aa; PK 330nǁ, f; NM 268aa-af
2) S p r a c h e 262m, *6nf-7m, 270a-n,* 6aa-m, mm,
nf, 288a, 315aa-m, 8a; Verwandtfch. Verh. . . . .
433aa, 538nn-9aa, m, nn-540a, m; athapask. Ähn-
lichk. 270mm-1mm; über Wortverzz. 268af-mf,
423af, 541mf-n; Wortverz. 271mf=4mm, Verzeichnung dazu 274mf-6aa 3) allg. S t a m m von Völkern
u. Spr. 423af, 472mf, *541m-mm,* 2nf, 3aaǁ, af, 4mm,
nn; über Worttafeln 541mm-mf, 4mm-nn; Verzeichnifs der Grundwörter 544nf-6aa B. 4) P r o v. *Yuma,*
Land der *Yumas* 260m, 300n 5) F o r t *Yuma* 238n,
267uf, 279aa, 457af, 513af, 544m; PK 323m

Y u m a y a = Yamaya

Y u m p a t i c k - a r a oder *Root-eaters* in Utah 345n
(= *Yumparicas?*); blofs *Root-eaters* als ein fchofchon. Stamm 633n (= *Root diggers,* f. da mehr)

Yunta f. *Ojos*

Yuntas = *Juntas*

Yuqueyunque gegen *Cibola* 12nn

Y u t a h od. *U t a h* † I. L a n d, V o l k und S p r.
im fonftigen nordweftl. Mexico; Schreibung u. N a-
m e n s f o r m e n: allg. 348a-aa; *Yutah:* Land 324a,
5a; Volk 249mm, 324m, 348aa; *Yutahs* 347nf,
8a; *Yutas* 258n, 9af, nf, 299mm, 302af, 324mǁ,
347nn, 8a, mm, 9a; *Jutah, Jutahs* 298a, 348n; —
Utah 181mf, 348a; *Utahs* 345mf, 6a-af, mm, 7nf,
8aa, m; *Utah-Indians* 347mm; — *Utaws* 348a,
mf; *Utas* 334n; *Utes* 346nn, 8aa; — *Eutahs* NM
306mf; *Eutaws* 348a, 9aa, 370n; — *Ayotes* 345.
mm, 8aa, 362af; *Ayutans* f. Comanchen, vgl. da
auch *Juchta* u. *Jetans;* A. 1) Utah-T e r r i t o r i u m
(od. - Gebiet) [324 bis 360] [Benennung 324aa,
5aa, nfǁ, 330m, 312af, nf, 4nf, 5mf, 357f] : Geogr.
im allg. [324-342] 247mm, 8mm, nn, 9a, mm,
251mm, 6nn, 293mm, 324aa-af, mm-nf, 6n, *7aa-mf,*
330aa-af, 403f, 512f, 579aa; fpec. 337af-mm, 8aa, m-
mm, 342mf, 3aa, af, 4a, af-mm, nf, 357nf-8m (Ruinen),
8m-nnǁ, *360mm*ǁ, 513a; PK 336mm; NM 209mf, 210
aa, 306nn.7aa; Gebirge *327mf-8mm,* 580nn; S e e n
332nf-3mf, 340m; der gr. Salzfee und Utah-See: alte

Vorftell. *(Timpanogos) 333mf-6af,* neue Darft.
336of, 340m-f; der gr. Salzfee u. fein Thal *338m-*
9nn, der gr. Salzfee f. bef., das gr. Salzfee-Thal f.
bef.; *Utah*-See 325m-mf, 333mf-n, 5af, 6a, *n-nn,*
7af, 9nn-340af, n, 1mm, 2mf, 6n, 8a, nn, 356nn,
nf-f; NM 306nf; F l ü f f e *330af-2nf,* 355nn, 8mm-n;
NM 306f-.7a; Befchaffenheit 327mf-8mm, 341nn;
NM 306nf; Klima 328mf-nf, 348n; Fruchtbarkeit
328nf-9aa, mf-n; Erzeugniffe 329aa-330a, n-f;
Bevölkerung 342nf-3a (f. noch Mormonen); Völker
280n, *342nf-8nf,* 633af, 6nf, 8m-mm, n; NM *306*
m-mf, nn; *Utah county,* Thal od. kleinerer Landtheil 329aa, 342nf, *mf-n;* Thal 346nf, 7aa; *U. set-*
tlements 340a; Örter und Bezirke im *Utah*-Territ.
251f, 334a-af, mm, *342a-nn* 2) *Utah county,*
Thal oder Landtheil f. 4-3 Zeilen vorher B. 3)
Utah-S e e f. oben Z. 4-6 4) F o r t *Utah* 340a, 2n,
4aa-af, 7m 5) 4 Poftämter *Utah* f. No. 11

C. 6) V o l k der *Yutahs* (vgl. noch *Tabeguachis*)
249mm, 258n, 9af, 280n, 299mm, 324m, 337af,
345mm, mf, 6a, aa, mm, *nn-8aa, af-f,* 9af, 362
af-m, 434aa; PK 324a; NM 212nn, 233aa, 265aaǁ,
306mm-nn, nf 7) S p r a c h e 249mm, 258mm, 290n,
1m, 7nn, 324mm, 339nf-f; Verwandtfch. Verh. 348
m, nf-9aa, nn-350af, 1a, m-mm, 370afǁ, nf-f, mf-
nn, 432afǁ, f, 3aǁ, aa, 451n, 552mm, 4aa, 639a,
649m, 657aa; NM 306n, 414mf; über das Wortverz. 349f-350a, NM 306n; Wortverz. 349aa-nn,
Wörter 345nf; über die Wortvergl. 291f, 351a-m,
650m-mm, 3a, af; fpec. Wortvergl. 352aa-7nf;
Wortvgl. mit dem *Moqui* u. Verwandtfch. Verh. zu
ihm 350m-1a, azt. Wörter 354aa-7mf; Subft. Endungen 351mm-2a, 2nf, 3a-aa, 4nf-5af, 6a II. D. nach
dem Lande und Volke b e n a n n t: *Utah (Yuta)*
creek: 8) nördl. Zufl. des *Canadian (Moro?)* in
Neu-Mexico NM 240a, 3aa 9) Zufl. des *Trenchara*
river vom öftl. Syftem des *Norte* ib. NM 241nf, 3aa
10) *Utah* irrig als Stadt 358af 11) 4 Poftämter
Utah in verfchiedenen Staaten 342nn 12) *cerro de*
los Utahs im nordweftl. Neu-Mexico NM 235n

Z.

Zacateca † 1) *la Z.* ndl. Landfchaft Mex.'s
23mf, 56mm 2) Sprache f. No. 5; Z a c a t e c a s †
1) P r o v. it. [*155a-mm, 178m-9aa] 153f,
4mm, *5a,* 180a, 310a-af; Flüffe u. Örter 178m-9aa,
Völker 368f 2) Stadt 154m (*alc. mayor* in Neu-

Galicien), 178nn, 180a 3) *arroyo de Z.* in Zacat.
178mm 4) V o l k der Zacateken 56mm, 155a-aa,
172af 5) S p r a c h e *Zacateca* 155a, aa, 172aa
Zacaton = Sac., Zänker-Ind. = *Loucheux*
Z a g u a g u a s im Gila-Lande? 258nn
Z a g u a n a n a s 2ter Name des oberen *Colorado*
(= der fdl. Hälfte des *Green r.* 255n, 6mm) 253mf,
5nn, 9n, 263mf, 297mm, 330mm, 1a, 2af, 345af, mf
Zahicallo pueblo in Durango 179af
Zamora, cerro de la: in Potofi 185mm
Zamorano in Durango 179af
van Zandt oder *Vanzandt county* in Texas
Zaoripa = Saguaripa
Zape 1) Miffion in Tepeguana 24mm-mf·2) *Sape*
Flufs in Durango 176nf
Zapopan Dorf in Guadalaxara 154m
Zapote, Nuestra Señora del Monserrate del:
Dorf und Real in Chihuahua 176nn
Zapotlan Dorf in Guadalaxara 154m
Zataque Real der Intendantfchaft Sonora 204f
Zavala in Texas: 1) Colonie *(Z.* u. *.Z.'s grant)*
411mm, 4af 2) Ort
Zayas, isla de: kl. Infel weftl. am nördl. Ende
des *Chatham*-Sunds, nördl. von *Stephen's island,*
in 54°½ N. B.; eine andre Karte hat da eine gröfsere
Infel *isla de Alba:* B 401nf
Zayula Stadt in Guadalx. u. *alc. mayor* in Neu-
Zerocahuy Miff. in Cinaloa 206af [Galic. 154m
Z i a(s) † im wefll. NMex.: A. *Z i a:* 1) *p u e b l o*
u. Miff. (NM 254aa, nn) (auch: *Cia; Chia, Tseah;*
Silla f. nachher) 12nf, 59nf; NM 225mf, 8a, 9n‖,
254a-aa, nn, 264a, 271m, mf; Form *S i l l a:* NM
225mf, 235n, 243nn, 4a, aa, m, 254a-aa, *6mm,
270m 2) kl. Flufs beim *pueblo* NM 243af, 254aa, nn
B. 3) V o l k *Z i a s* NM *271n-n;* Volk *Zias Gemes*
NM 246mf, 270mm 4) S p r a c h e von *Silla* NM
271mf, 2nn, 7n, 8n, 280aa
Zibue in NSantd. 193a; *Zienega, -guilla=Cien.*
Z o e Volk u. Spr. in Cin. 156nn, *160a-af;* 208mf
Zoquete = Zoquite

Zoquite im weftl. Texas: 1) Ort 62m 2) Bach
Zoquete 62m
· Z u a c a und Z u a q u e (s) † in Cin. u. Son.:
1) Volk u; Spr. *Zuaca* 157nf, 8a, *mf-n*, *210n-f;*
Volk *Zuaque*(s) in Sonora 208mm, nf, 210nn-nf
2) Spr.: *Zuoca* 157aa; *Zuaco* 17n, 156f, 7aa,
657nf 3) *Zuaque* F l u f s = dem *Cinaloa* (vgl.
Zuaquéo) 158mf, 210mm, nn 4) wohl daff.: *Suaqui*
(Suagui); vgl. noch *Zuaquéo): Pfarrdorf in So-
nora *203nf,* 210nf
Z u a q u é o 1) Nbfl. des *Hiaqui* in Son. ufw. (vgl.
Zuaque No. 3) 158n, 201af, f 2) Dorf in Oftimuri
(ob = *Suaqui?* bei *Zuaque* No. 4) 205mm, 210f
Zukli Infel im tfchugazk. Meerbufen, der Prinz-
Williams-Infel gegenüber, in 59° 45'-60° 25' N. B.
und 147°-147° 45' W. L. = *Montagu island*
(B 319m): 692mf, B 319m
Z u ñ i im weftl. Neu-Mex.: 1) *p u e b l o* u. Miff.
(NM 254af, nf; *Tuñi* NM 254af) 253af, 8a, 262m,
282m, 4a, 7mf, 358f; PK 324a, 330aa; NM 232n,
243mm, nf, 4a, *254aa-af, nf-f,* *6a, *mm, 8mf,
9f, 261a, *5nn-7af,* 279nn, 304nn, *5a-af;* Alt-*Z.*
NM 224f, m, 245aa, 254af, *266m, mf--n,* nn, 305aa;
= *Cibola* NM 224f, 254af, 266mf-n 2) P r o v. 284nn;
NM 228a, aa, 230mm, 254aa, 266mf, 7aa, 305mm
3) *r i o de Z.* (*Zuñi creek* NM 224f) Nbfl. des kl.
Colorado 253af, m, 5m, mf, 6a, 281f; NM 224f,
266a, n, nf, 7a 4) heil. Quelle NM 304n, 5aa 5) *sierra de Z.* (NM 235mf, 266mm), *Z. mounts,*
mountains: 257m; NM 235af, mf, 266mm 6) V o l k
(*Zuñis* NM 230nn, 264aa, nn, 276m; *Suñis* NM
212aa) NM 212aa, 230mm, nn, 244af, m, 264aa, nn,
5nn-nf, 6af, m-mm, n-nf, 7a, aa, 304n-nf, *5aa-m,* n
7) S p r a c h e 470f; NM 254aa, 266n, *7aa-m,* 276m, ·
7mm, nf, 8aa, nn‖, *296nn-7af,* 302af (*Zura?* NM
263mf, nn); über die 2 Wortverzeichniffe NM 279nn,
282f-3mf, 296m-nn; AS 423af; kleines Wortverz.
NM 280a-1m, grofses NM 283n-295mf
Zuñiga im Gila-Lande 261a
Zura f. *Zuñi, Zynaloa*(s) = *Cinaloa*

Vermifchte Nachweifungen.

Ich mufs dem Lefer noch durch MANNIGFACHE NACHWEISUNGEN dienen.

Über fremde Orthographie oder Schreibung und meine eigne dagegen, vorzüglich in Wort_verzeichniffen; fo wie über den Gebrauch eigenthümlicher Buchftaben und Zeichen berichte `ıu an mehreren Stellen: für Kolofchifch PK 393mm-5a, Ugalenzifch 688a-aa, Unalafchkifch 700a-aa; expl. exped. für die Sprachen von Oregon 605a-6m und n-f, Scouler 602m; Geltung und Schreibung der Vocale 444mf, 450m-mm, 605a, n; NM 283mf; Schoolcraft's Schreibung in Vocalen und Sylben PK 366m-mf; über ah, eh ufw. NM 296a, nn; nordamerikanifche Auflöfung der Wörter in Sylben 444m-mm, NM 295n-nn, PK 366mm-mf; nordamer. Bezeichnung der Tonfylbe 444mm-mf. Ich berichte von den Eigenheiten meiner Schreibung, Zeichen u. einigen eigenthümlichen Buchftaben 606m-n, 7a-mm, 620aa.

Über meine alphabetifche und fyftematifche Einrichtung von Wortverzeichniffen f. . . . . 652nn; A 171mf-n, 232mf-n; PK 397mf-n, B 374nn; über die nordamerikanifchen, nach Materien ge_ordneten NM 282n; das kleine und grofse Schema NM 283a, m.

Man könnte die von mir viel geübte Weife tadeln, dafs ich Stellen von Schriften und andren Verfaffern wörtlich oder überfetzt wiedergebe, ftatt fie zu verarbeiten und (etwa kürzer) felbft abzu_faffen oder darzuftellen. Ich habe mich darüber S. 185n-nf und 209m erläuternd ausgefprochen (über Alcedo f. nachher S. 817mf); man giebt auf diefe Weife genau die Thatfachen, Angaben und Ur_theile wieder: da eine eigne Faffung viel verwifcht und ändert. Ich brauche um meine Vertheidigung nicht beforgt zu feyn, da das, was ich darin fagen wollte, wörtlich von Alexander von Humboldt, der vielfach daffelbe Verfahren beobachtet, in feiner Vorrede zum Kosmos (Bd. I. S. XIVᵃᵃ) gefagt ift. „Wo ich", fagt er, „. . . kurze Sätze aus den Schriften meiner Freunde [es find auch manchmahl lange und aus andern] entlehnt habe, ift die Entlehnung durch den Druck felbft zu erkennen. Ich ziehe nach der Art der Alten die Wiederholung derfelben Worte jeder willkührlichen Subftituirung uneigentlicher oder umfchreibender Ausdrücke vor." (Vergl. noch Bd. III. des Kosmos S. 109mf-nn.) Bei folcher wörtlichen Wiedergabe von Stellen und fremden Textftücken mufste ich auch die Fehler und Druckfehler beibehalten; daher man folche nicht auf meine Rechnung fetzen', oder glauben möge, dafs ich fie nicht bemerkt habe.

Die auf einem kleinen Raum, für einen beftimmten Zweck oder ein Stück gefchaffuen und ge_brauchten Zeichen, Abkürzungen und Chiffren find an den Stellen, meift vorher, immer auf's forgfältigfte angegeben und erklärt. Solche Angaben localer Zeichen ufw. finden fich z. B. S. 108n-nn; NM 239a-af, 245aa-mm. Ich habe unter andrem Chiffren (Buchftaben) für Autoren und Quellen verzeichnet und angegeben S. 404n-5aa, 424a-aa, 455nn-6n, 469aa-af; für Quellen von Wortver_zeichniffen . . . 503mm-mf, 618a-9nn, 645m-n, 702a-aa; KN 510; PK 366a-7m, 392aa-3af; Chiffren (Buchftaben) gebraucht für Sprachen, zum Theil bleibend und allgemein: 68n-nf, 291mm, 351af, 544n, 553nf, 652nf-3aa; B 374nf; für verfchiednes andre: 412nn(-3af), 509af . . . 706mm-mf; LVA 489nf. Die Buchftabenzeichen für die aus diefem Bande als einzelne Abhandlungen oder Schrif_ten ausgefonderten Abfchnitte habe ich vor dem Regifter (S. 714mf-nn) angegeben; ich bemerke noch als häufig vorkommend: G = Scouler oder Tolmie im journal of the geogr. soc. (KN 510), M = Mühlenpfordt (189m, 195n, 199mm), r. = river (412nn).

Ich komme endlich zu einer Reihe von Zeichen, welche ich als in verfchiednem Sinne be_deutungsvoll und die kürzeften Ausdrücke für etwas anzudeutendes gebraucht habe:

* 1) vor Wörtern der Tarahumara- und Cahita-Sprache 30aa-m, 68mm-mf, LVA 485nn-f 2) Flexions-Form 503nf 3) vor Orts- u. a. geogr. Namen zur Bezeichnung einer gewiffen Quelle 189af, 195nn-6n, 199nf; in andrer Weife 206af-mm, mm-7mf, 523nf-6af; zur Bezeichnung einer gewiffen Karte 521af, 522al, nn(-526), 581f, 583aa, 586n, 587mm 4) in Wortverzeichniffen zur Be_zeichnung einer gewiffen Quelle 542n, 544n, 687nf, 688m 5) für andre Beziehungen 653n, 71⁻ n-mm

I ſ. 625m(-626a); II und III 2mahl, 3mahl vorkommend (beſonders im geographiſchen Regiſter) I II und III ſ. 620mm-mſ(-625aſ), 716mf

+ 1) vor Örtern (und Flüſſen) zur.Bezeichnung einer gewiſſen Quelle: 185mf-6nn, NM 239a, 245aſ 2) item in Wortverzeichniſſen 542n (aſ-mſ) 3) *pueblos* (nicht Miſſionen) 523nſ-6 4) vor 1·· ..ern in Wortvergleichungen: eine unvollkommne oder ungewiſſe, ja ſehr ferne Ähnlichkeit, ſtärker abweichende Wörter anzeigend: 267a-m, 449mm, n-nn, 454aa-5aſ, 555nn 5) im Gegentheil ähnliche Wörter: B 384a; Ähnlichkeiten, durch mehrere Sprachen gehend 629mf 6) im Regiſter einen gemiſchten Artikel anzeigend (ſ. S. 717aſ)

?+ ſehr fragliche Wortverwandlſchaft: B 384a

* 1) vor Ortsnamen aus einer gewiſſen Quelle 195nn-6n, 199mf; NM 239a, 245aa 2) weniger ähnliche Wörter andeutend 555nn, B 384a; überhaupt (als Parallel-Zeichen, entgegengeſetzt dem Gleichheits-Zeichen =) ein gewöhnliches Zeichen bei ſchwächeren Wortvergleichungen

× 1) vor Ortsnamen (auch Flüſſen) zur Bezeichnung einer gewiſſen Quelle 199nf, 206aſ-mm; NM 239a, 245aſ 2) vor Wörtern von geringer Verſchiedenheit 267a-m 3) im Regiſter: eine Örtlichkeit (nicht ein Ort); ſ. oben S. 717m, und in einem andren Sinn 717mm

= 1) das Zeichen der Gleichheit, die Identität bei Wortvergleichungen anzeigend

, 2) (zwei kleine Striche) vorn im Worte: die *pronomina possessiva praefixa* (wo ſie ſind oder vielleicht ſeyn können) vom Haupttheil des Wortes abſondernd: A 165nf-6a, PK 396mf-*nf*

○ 1) Wörter, welche unähnlich ſind 267a-m 2) (oben am Worte) mittelmäſſig ähnlich 449mm, n-nn 3) eine Quelle in Wortverzeichniſſen 688a, m

? und ?? vor (oder nach) Wörtern den Zweifel und ſtärkeren Zweifel oder Ungewiſſheit ausdrückend 68m, 103mf; die unvollkommne oder ungewiſſe Ähnlichkeit oder Identität 555nn, eine zufällige Wort-Ähnlichkeit 451aſ-n

[ ] bezeichnen einmahl im Werke (423nn) und ſonſt im Regiſter (oben S. 715aa) das Fremdartige, eigentlich nicht zu ihm Gehörende.

Endlich liefre ich in alphabetiſcher Folge die häuſig (oder * auch nur ſtellenweiſe und gelegentlich) in meinem Werke gebrauchten und genannten Verfaſſer, Bücher und Schriften: mit Nachweiſung der Stellen, wo ihr vollſtändiger Titel oder Nachrichten und Aufklärungen uſw. über ſie gegeben ſind: *Abert* 609m-*nf* (beſ. 609mf-*n*), NM 238nn-nf; *Alcedo* 18m, 180n-nn, 181m-mm; PK 321mf; über meine Mittheilungen aus ihm 175nn-nf, 180n-nn; *Appleton* 517nf; *archaeologia americana* II A 254n, nf; *Arricivita* 181a-aa, 199nf-200a, 260 Anm., 418aa; Atlas der Verein. Staaten ſ. *Rogers, Backus* NM 266n, *Bägert* 456aa-m, *Baldwin* & *Thomas* ſ. gazetteer, *Ballenstedt* 517aſ; *Bartlett* 13a, *153aa*, PK 325nf; *Becher* 308aſ; *Benavides* NM 263m-mm, nf; *Berghaus* 1) Zeitſchr. ſ. Erdkunde 365nf 2) Völker des Erdballs 318nn, 371aa 3) mehrere Werke zuſ. 371aa-aa, 667mm 4) Apachen und Comanchen *301aa*, 318aſ-m, 365uf, 371m; *Billings* 695aa, 699aa-aſ, nf, 712aa, *mm-ſ*; *Bonneville* 635m; *Boscana* 529aſ, *546mf-nf*; *Boturini* 65m, *Bourgoing* B 331mf-ſ & 332aſ-ſ, *Broeck* NM 259mf-*n*, *Bryant* PK 379mm; *Burnet* 365mm, 421aa; *Buschmann* aztek. Ortsnamen 2nf, *Cabeza de Vaca* NM 269aſ-mm; Spr. Cahita: *arte* 34mſ-35aa, 34ſ u. 35ſ; *manual* 3aſ-m, 32mm-nn; *Carvalho* NM 306nn-7aa, *Castañeda* 11mm (NM 223nf); *Catlin* 420nn, 635m, 663aa (B 399ſ); *Chamisso* 528n-nn; *estadistica de Coahuila y Texas* 195nn, 405mm; *Cook*'s 3te Reiſe, 1776-80: B 330nn-nf, 334aſ (m-mm); *Coulter* 530nn-*ſ*, 5aſ, nf, 602aſ; KN 510, PK 366mf-ſ; *Davis* NM 231nn; *Dawydow* A 227mm-mſ, PK 390mf-nn; *Dixon* B 326a-m, *327a-aſ; AS 682nf; *Dobbs* A 157m, MB 478mm-9m; *Domenech* 425aſ; *Doniphan* NM 266aa, aſ; *Duflot de Mofras* 456m-mm, 532aſ-ſ, 577aa-m; KN 502aa, PK 321f; Eiſenbahn-Werk 325nf-7aa, 595mf-*n*; *Emory* 263a, NM 239nn-nf, PK 328nn; Karte dazu NM 238ſ & 239nn-ſ; *Eskimaux vocabulary* 693mf, 8nn; *Espinosa* 1) chronica seraphica 417n 2) Tafel von Alt-Calif. 456nf-*n*; *estadistica de Coahuila y Texas* ſ. Coah.;

ethnol. soc. II 266m, PK 326nn, 390m; *exploring expedition* 571a, 576n, 602mm-mf, 640aa, af; *Frémont* 59mm, *Gairdner* 613mm-mf; *Gallatin* 1) *archaeol. amer.* II MB 466aa-m 2) *in ethnol. soc.* II ·265m, 266mm; *Garcia* NM 260nn, f; *gazetteer* 252f, 325af, 40¹n, 576nn-nf; *journal of the geogr. soc.* XI ſ. *Scouler; Gibbs* 573aa-af, 574m-mm (595nn); *Green* PK 379mm-mf (nn), *Gregg* 365aa, *Gunnison* 325nn (über ihn 337mf, n-nn, nf-f); *Harmon* A 159m, MB 471af; *Hervas* 1) *saggio pratico* und Hauptſtelle über ihn 28a-af, nn-nf, 470nf 2) *vocab. poligl.* 470nn 3) *aritm.* 470nf; *Holley* (365aa) 404nn; *Howse* MB 473n-nn; AS 659a, 664af; *Alex. von Humboldt* 1) *essai pol. de la Nouv. Esp.* 2) *atlas de la Nouv. Esp.* KN 501mm, n-f, 2nf; *carte de la Nouv. Esp.* und die Verkleinerung von *Poirson* KN 501mm, nn-f, 2nf (AS 259aa); *Wilh. von Humboldt* Gramm. der Cora und Tarah. 48nn, nf; *Irving Astoria* 633m; *Jewitt* (B 328af-m, 331a) B 330n, 334mf; *Adam* R. *Johnston* 263 Z. 1, 529mf, nf, 531n, 532aa, 564af-nn; NM 238nf, PK 330m (334m); *Kennedy* 405m-mm; 1) *E. M. Kern* NM 279n 2) Dr. *R. H. Kern* NM 221aa, 223aa, 224m, f, mf, *226mm* (306n); *Kotzebue* 565mm; *Kriwitz* 365nf-f, *371n-nn*; *Krusenstern* A 227af, PK 390nn-nf (auch bis 391m); *Lasuen:* azt. Ortsnamen 14aa, AS 531af; *Latham* 316aa, n, A 152m; *Lewis* und *Clarke* 370a, *418mf-n*, nn, 419a-mm, nn-f *(419m-mm)*, 579mf-n, 615m, nf, 634aa, *mf*; *Lisiansky* A 227mf; PK 376nn, 390aa-af; *Mackenzie* A 157f, B 321a-nn; *Maclean* MB *475nn* (477nf, 484mm), *manual del ·idoma Cahita* ſ. *Cahita; Marchand* PK 390a-aa, B 315f; *Marcy* 1) *from fort Smith to Santa Fe* 58ſ-59a, 319af (349af), NM *276af·m* 2) *Red river* (367mf) 422a, 442af; *Prinz Maximilian zu Wied* 370mm, *640mf-1m* (Titel 640n); *Millard* 420mf; *Mithridates* III, 3: 46af-m, ſ, 475m; PK 322mm; *Morse* 1) Texas *419mm-mf*-nn, 420a-af, m-mm 2) Oregon 590mf; *Mühlenpfordt* 1) Mexico 199mm 2) Texas 404nn; *Olmstedt* 404nf; *Ortega* vocab. 31mf-32a, gramm. 31af-m; *Parker* 348mf (422mm), *618nf* (619n-nn), 635a; *Pfefferkorn* 12mf; PK *352m-mm*, 367aa-af; *Pike* ed. in 8° *18aa-af*, 300n-nn, 432aa; NM 414m, Überſ. mm; 3te Karte 334mm; *Pope* 302n, 326nn, 369aa, 405mf (422m, 433mf, nn); *Portlock* 681m, *692nn-f*; B 327a-m; *Radloff* 678aa-af, 687n; *Resanow* PK *390f-1aa*, AS 683ſ-4aa, 698m; *Ribas* 27mm-nn, 44aa; *Richardson* A 150nf, MB 466m-mf; *von Richthofen* 196nn; *Rinaldini* 5aa, 30ſ-31mf; *Römer* 405a, *Rogers* und *Johnston* Atlas NM *210nn; Ruxton* 67af, 282aa, 315m, 365aa (NM 260af); *Sagoskin* 675n, 690af-mm, *704n-nn*, *5a-m;* A 226mf-7aa, *252nf; Say* 640mm-mf, *Scherpf* 405a; *Schoolcraft* 283f (421n), PK *323nn-f; Scouler* (ſ. auch *Tolmie* und *Coulter*) 535aa-af, 576af, 597^m-n, nf; A 160nn-nf, B 374n-nn, KN 510mm; *Seyd* 513a, *518af*, 521nf; *Siguenza* NM 227mm-mf; *Simpson* 295n-ſ, 319af (nf), NM *276af-m; Silgreaves* NM 266nf-7aa; *de Smet* 577mm-mf, 664aa; Prinz *Solms* 404nf, *Stansbury* 325n (ſ. Perſon und Zug 337mm-8af), *Steffel* 28mf-29m; *Stevens* 595mf-n, nn; *Sutil* y *Mexicana* B *335a* (mm-nn), *Swan* 584aa-af, *Tellechea* 29mm-30n; *Ternaux* 1) Brief 12n, 456m-mf 2) tarah. Wortverzeichn. 30nn, 33n-34mf 3) Cahita-Wortverz. 32nn-33n; *Tolmie* 597mf-n, 598a, nf, 602a; *Trask* 516a; *Turner* 1) allg. *432n* 2) Apachen 301mm-mf, 316aa, 317a, f 3) in *Whipple's report* 432mm-nn; *Umfreville* 634a, A 160a; *Vancouver* 570mm, *Vater* Litt. der Lex. 46n, *Venegas* 455nn-6a; *Villa-Señor* 181af-mm, 199mf, 405aa-af; PK 349nf; *Violet* 301a, 315ſ-6a, *635mf; Wenjaminow* 676af, nf, 695m-mm, 697n-nn, f, 698a-aa, f; PK 377n, 378a-af; *Whipple* 1) Zug von *S. Diego* zum *Gila* 268m, 535n-nn, 541n 2) *report on Indian tribes* und Wortverzeichniſſe 423a-m (Titel *423a*), 432mm-nn (Titel *432mf*); NM 283aa-af, 297m-mm, 303af-mm; *Wrangell* 672nn-3mm, 698af (A 252a), PK *391nf-f; Wyeth* 636n (bis 638aa), *Youkum* 422nn-f.

Verbefferungen.

S. 14 Z. 9: für R*astla,* das Haffel an 2 Stellen hat, lies P*iastla*

S. 25 Z. 16 v. u. fehlen nach: rundfteinig die Schlufs-Gänfefüfse: rundfteinig."

S. 25 Z. 15-14 v. u. ftatt faft alle lies lieber: meift

S. 33mm-n: Herr Ternaux hat alle diefe Zahlwörter mit richtigen Werthen verfebn; f. meine Berichtigung S. 108 Anm.

S. 40 Z. 13 v. u. ift ftatt *sutuisci* zu fetzen *suiuisci;* in Folge deffen ift S. 42 Z. 2-3 die „bedeutende Veränderung . . . von No. 25" zu ftreichen

S. 72m: noch näher gehören zu azt. cen die tarah. Wörter, welche ich S. 127aa nachgetragen habe

S. 87 Z. 6 v. u.: ftatt *neni-la* lies: *teni-la* (*reni* und *reni-ra)*

S. 93mf ift ftatt: *tuy* Teig, *tuligo* Mehl zu fetzen: *mateimade tu-y* Teig, *tuligo tuy* Mehl *(tuligo* ift das fpan. *trigo)*

S. 127 Z. 11 v. u. mufs zu *personalia* gefügt werden: und *possessiva*

S. 176 vorletzte Z. ift *pinavete* zu ftreichen: es ift nicht mex., fondern der fpan. Name *pinabete:* eine Fichtenart, = *pinus + abies*

S. 192 Z. 6 mufs es ftatt *Mahumawi* heifsen *Mahumavi* (wie auch mf fteht)

S. 192mf: ftatt *Loredo* lies *Laredo*

S. 208 Z. 10 v. u.: ftatt *Papäbi-Oatam* lies *P. Ootam*

S. 291 Z. 19 v. u. ftatt Yutah No. 288 lies: 298

S. 321 Z. 14 v. u. ftatt *Ponominal-* lies *Pronominal-*

S. 430m ftatt *Cushatee Chute* ift zu fetzen: *Cushattee Chute*

S. 431 Z. 4 v. u. ift ftatt S. 434a*f* zu lefen S. 434a

S. 431 vorletzte Z. ift ftatt 301, *303*af zu fetzen: 301, 3af

S. 432 Z. 9 v. u. (Ende des Textes) ift ftatt: über ei*n* zu fetzen: über ei*ne*

S. 437 Z. 12 mufs es ftatt *Towocas* heifsen *Towecas*

S. 442 Z. 7 ift ftatt 431nf zu lefen 431af

S. 499m (No. 20) und 504,b Z. 7 v. u. (Art. gut) mufs ftatt *gkambin* ftehn: *gkambim*

S. 521 Z. 6 mufs ftatt *Saisun-*Bai ftehn: *Suisun-*Bai

S. 531mm ift ftatt *Kostrominotow* zu fetzen *Kostromitonow*

S. 566 Z. 8 ift ftatt *Choucouyem* zu fetzen *Chocouyem*

S. 592 Z. 5 ift ftatt *Willaumut* zu fetzen *Wallaumut*

S. 595 in Z. 3 des unterften Abfatzes ift *Chequoss* zu ftreichen

S. 595 letzte Z.: *Yaltinapam* ift ein Fehler in *Stevens* Regifter; es mufs heifsen *Taitinapam* (wie im Text fteht) und vor *Wallah-Wallah* treten

S. 635 Z. 3 v. u. ift *Red r.* des gaz. zu verbeffern in *Reid's r.*

S. 774 Col. 2 mufs in der letzten Z. das letzte Citat eingeklammert werden: NM 210af-m, *(n-2a),*

S. 775 Art. Neu-Santander letzte Z. ift ftatt Sprache zu lefen: Sprache*n*

S. 776 Col. 1 letzte Z. mufs 513nn hinter AS treten: 320a-aa, m-mf; AS 513nn, 577af

CPSIA information can be obtained
at www.ICGtesting.com
Printed in the USA
BVHW04*0835160818
524718BV00007B/21/P

9 780364 998861